SCHÄFFER
POESCHEL

Ralf Hannemann/Ira Steinbrecher/
Thomas Weigl

Mindestanforderungen an das Risikomanagement (MaRisk)

Kommentar

5., überarbeitete und erweiterte Auflage

2019
Schäffer–Poeschel Verlag Stuttgart

Bibliografische Information der Deutschen Nationalbibliothek
Die Deutsche Nationalbibliothek verzeichnet diese Publikation in der Deutschen
Nationalbibliografie; detaillierte bibliografische Daten sind im Internet
über http://dnb.d-nb.de abrufbar.

Print: ISBN 978-3-7910-3775-2 Bestell-Nr. 20222-0002
ePDF: ISBN 978-3-7910-3776-9 Bestell-Nr. 20222-0151

Ralf Hannemann/Ira Steinbrecher/Thomas Weigl
Mindestanforderungen an das Risikomanagement (MaRisk)

5. Auflage, Mai 2019
© 2019 Schäffer-Poeschel Verlag für Wirtschaft · Steuern · Recht GmbH
www.schaeffer-poeschel.de
service@schaeffer-poeschel.de
Produktmanagement: Frank Katzenmayer
Lektorat: Adelheid Fleischer

Schäffer-Poeschel Verlag Stuttgart
Ein Unternehmen der Haufe Group

Vorwort zur fünften Auflage

Dem Abschluss der mittlerweile »fünften MaRisk-Novelle« war eine vergleichsweise lange Bearbeitungszeit vorausgegangen, die von den deutschen Aufsichtsbehörden bereits am 18. Februar 2016 mit der Vorstellung eines ersten Entwurfes eingeläutet wurde.[1] Im Anschluss an eine zweimonatige Konsultationsphase, die nach einer zwischenzeitlichen Verlängerung offiziell am 27. April 2016 beendet war, wurde am 24./25. Mai 2016 im Fachgremium MaRisk[2] u. a. die Stellungnahme der Deutschen Kreditwirtschaft (DK)[3] ausführlich besprochen. Als Ergebnis dieses Meinungsaustausches hat die Aufsicht dem Fachgremium MaRisk am 23. Juni 2016 einen zweiten (inoffiziellen) Entwurf mit kurzer Kommentierungsfrist übermittelt. Die aktuelle Fassung der Mindestanforderungen an das Risikomanagement (MaRisk) wurde von der Bundesanstalt für Finanzdienstleistungsaufsicht (BaFin) in Abstimmung mit der Deutschen Bundesbank schließlich am 27. Oktober 2017 veröffentlicht.[4] Damit ist die deutsche Aufsicht ihrer bisherigen Linie treu geblieben, die MaRisk in allen bisherigen Versionen entweder Ende Oktober mit dem Fall der bunt gefärbten Blätter oder Mitte Dezember mit dem ersten Schnee zu publizieren.

In den letzten Monaten wurde weniger über die Inhalte der MaRisk diskutiert, als vielmehr darüber, für wen das Rundschreiben zukünftig überhaupt noch Gültigkeit besitzt. Diese Diskussion ist vor allem auf die Errichtung des Einheitlichen Aufsichtsmechanismus (»Single Supervisory Mechanism«, SSM) als erste Säule der »Europäischen Bankenunion« zurückzuführen. In der Konsequenz hat die Europäische Zentralbank (EZB) seit dem 4. November 2014 die direkte Aufsicht über die bedeutenden Institute (»Significant Institutions«, SI) in der Eurozone übernommen. Die Aufsicht über die weniger bedeutenden Institute (»Less Significant Institutions«, LSI) obliegt hingegen weiterhin den nationalen Aufsichtsbehörden. Rein formal betrachtet muss die EZB bei ihrer Aufsichtstätigkeit nur das einschlägige Unionsrecht sowie die nationalen Gesetze und Rechtsverordnungen berücksichtigen. Da es sich bei den MaRisk als norminterpretierende Verwaltungsvorschriften zu § 25 a Abs. 1 und § 25 b KWG nicht um eine nationale Rechtsvorschrift handelt, wird zum Teil die Ansicht vertreten, dass die MaRisk die EZB in ihrem Zuständigkeitsbereich nicht binden können. Folgerichtig wäre das Rundschreiben für die von der EZB direkt beaufsichtigten Institute in Deutschland nicht maßgeblich. Die Vertreter dieser Sichtweise wollen daher bis zur Herausbildung einer eigenen harmonisierten Verwaltungspraxis der EZB in erster Linie auf die Leitlinien und Empfehlungen der EBA abstellen. Allerdings bringt der europäische Gesetzgeber durch die Umsetzung der qualitativen Anforde-

---

1 Bundesanstalt für Finanzdienstleistungsaufsicht, Erster Entwurf der MaRisk, Konsultation 02/2016 (BA) vom 18. Februar 2016.

2 Dem Fachgremium MaRisk, das gemeinsam von der BaFin und der Deutschen Bundesbank betreut wird, gehören Fachexperten aus den Instituten, Prüfer und Verbandsvertreter an. Im Rahmen der Konsultationen zur Erarbeitung bzw. Weiterentwicklung der MaRisk wird das Fachgremium zur Erörterung der jeweiligen Entwürfe einberufen. Ansonsten dient es in erster Linie als Forum zur Diskussion von Auslegungsfragen.

3 Die Deutsche Kreditwirtschaft (DK) ist als Zusammenschluss des Bundesverbandes der Deutschen Volksbanken und Raiffeisenbanken (BVR), des Bundesverbandes deutscher Banken (BdB), des Bundesverbandes Öffentlicher Banken Deutschlands (VÖB), des Deutschen Sparkassen- und Giroverbandes (DSGV) und des Verbandes deutscher Pfandbriefbanken (vdp) die Interessenvertretung der kreditwirtschaftlichen Spitzenverbände. Sie ist im August 2011 aus dem Zentralen Kreditausschuss (ZKA) hervorgegangen und führt dessen Arbeit fort.

4 Bundesanstalt für Finanzdienstleistungsaufsicht, Mindestanforderungen an das Risikomanagement (MaRisk), Rundschreiben 09/2017 (BA) vom 27. Oktober 2017.

rungen an das Risikomanagement der Institute aus Basel III[5] in der Bankenrichtlinie (»Capital Requirements Directive«, CRD IV)[6] im Wege einer europäischen Richtlinie, die in nationales Recht umzusetzen ist, klar zum Ausdruck, dass dabei nationale Besonderheiten zu berücksichtigen sind. Darüber hinaus hat der deutsche Gesetzgeber im Rahmen des Trennbankengesetzes mit § 25c Abs. 3, 4a und 4b KWG wesentliche, in den MaRisk enthaltene Anforderungen an das Risikomanagement in Gesetzesrang gehoben und die Geschäftsleitung der Institute ausdrücklich zur Sicherstellung dieser bankaufsichtlichen Regelungen verpflichtet.[7] Ein Verstoß gegen diese Sicherstellungspflichten ist unter bestimmten Bedingungen strafbewehrt.[8] Die Regelungen in § 25c Abs. 4a KWG entsprechen in ihrer Struktur den Anforderungen an das Risikomanagement der Institute gemäß § 25a Abs. 1 Satz 3 Nr. 1 bis 5 KWG.[9] Vor diesem Hintergrund vertritt die deutsche Aufsicht die Auffassung, dass die MaRisk auf alle deutschen Institute, einschließlich der bedeutenden Institute unter der direkten Aufsicht der EZB, anzuwenden sind. Dass die deutsche Aufsicht von einer Beachtung der MaRisk durch bedeutende Institute ausgeht, zeigt sich nicht zuletzt daran, dass sie in der fünften MaRisk-Novelle an verschiedenen Stellen Vorgaben für systemrelevante Institute eingeführt hat, zu denen auch die meisten bedeutenden Institute gehören.

Unabhängig von der weiterhin anhaltenden Diskussion halten wir es für sinnvoll, die Maßgeblichkeit der MaRisk für bedeutende Institute in Deutschland eher unter inhaltlichen Gesichtspunkten zu betrachten. Danach ist weniger der Rechtscharakter der MaRisk als vielmehr deren inhaltliche Grundlage für die Aufsichtspraxis von Interesse. Der Blick auf die Entwicklungsgeschichte der MaRisk zeigt, dass dieses Rundschreiben zum ganz überwiegenden Teil auf Vorgaben internationaler und europäischer Standardsetzer beruht. Bereits die erste Novelle der MaRisk im Jahre 2007 berücksichtigte bspw. die Vorgaben der europäischen Finanzmarktrichtlinie (MiFID) und deren Durchführungsrichtlinie zur Organisation, zum Risikomanagement, zur Internen Revision, zur Geschäftsleiterverantwortung und zu Auslagerungen. Die zweite Novellierung aus dem Jahre 2009 basierte im Wesentlichen auf Vorgaben des Finanzstabilitätsrates (Financial Stability Board, FSB) und darauf aufbauender Folgearbeiten des Baseler Ausschusses für Bankenaufsicht (Basel Committee on Banking Supervision, BCBS) zu Liquiditätsrisiken und Risikokonzentrationen sowie zu Stresstests und zum Risikomanagement auf Gruppenebene. Die dritte MaRisk-Novelle aus dem Jahre 2010 brachte neue Anforderungen an die Strategien und die Risikotragfähigkeit. Die Anpassungen im Zuge der vierten MaRisk-Novelle im Jahre 2012 standen in einem engen Zusammenhang mit der umfassenden Überarbeitung der Eigenkapital- und Liquiditätsvorschriften, die zunächst auf internationaler Ebene erfolgte (Basel III) und anschließend in Europa nachvollzogen wurde (CRD IV-Paket). Einen erheblichen Einfluss hatten damals die EBA-Leitlinien zur internen Governance aus dem Jahre 2011, die insbesondere zu einer

---

5   Basel Committee on Banking Supervision, Basel III: A global regulatory framework for more resilient banks and banking systems, 16. Dezember 2010; Basel Committee on Banking Supervision, Basel III: International framework for liquidity risk measurement, standards and monitoring, 16. Dezember 2010. Unter dem Oberbegriff »Basel III-Regelwerk« werden zahlreiche weitere Dokumente des Baseler Ausschusses für Bankenaufsicht verstanden, die seit 2009 im Zusammenhang mit der Weiterentwicklung von Basel II und der Ergänzung bzw. Konkretisierung von Basel III stehen.

6   Richtlinie 2013/36/EU (Bankenrichtlinie – CRD IV) des Europäischen Parlaments und des Rates vom 26. Juni 2013 über den Zugang zur Tätigkeit von Kreditinstituten und die Beaufsichtigung von Kreditinstituten und Wertpapierfirmen, zur Änderung der Richtlinie 2002/87/EG und zur Aufhebung der Richtlinien 2006/48/EG und 2006/49/EG, Amtsblatt der Europäischen Union vom 27. Juni 2013, L 176/338–436.

7   Beispielsweise verweist § 25c Abs. 4a Nr. 2b KWG auf die gemäß MaRisk durchzuführende Risikoinventur. Weiterhin nimmt § 25c Abs. 4a Nr. 3b KWG auf die in den MaRisk enthaltene Funktionstrennung zwischen Markt und Handel einerseits sowie Marktfolge und Abwicklung und Kontrolle anderseits Bezug. Zudem verweisen § 25c Abs. 4a Nr. 3c KWG auf die besonderen Funktionen, § 25c Abs. 4a Nr. 3d und e KWG auf die Berichtspflichten an die Geschäftsleitung und das Aufsichtsorgan sowie § 25c Abs. 4a Nr. 3f KWG auf die Stresstests.

8   Nach § 54a KWG kann ein Geschäftsleiter einer Bank bei einem Verstoß gegen die Sicherstellungspflichten mit Freiheitsstrafe bis zu fünf Jahren oder mit Geldstrafe belangt werden, wenn er einer vollziehbaren Anordnung der Aufsicht zuwiderhandelt und hierdurch eine Bestandsgefährdung des Institutes herbeigeführt wird.

9   Zudem werden in § 25c Abs. 4a Nr. 6 KWG auch Auslagerungen von Aktivitäten und Prozessen erfasst, um Umgehungstatbestände zu vermeiden.

Stärkung der Risikocontrolling- und Compliance-Funktion sowie der Internen Revision führten. Mit der vierten MaRisk-Novelle wurde in den MaRisk zudem das »Prinzip der Proportionalität nach oben« eingeführt. Große Institute, deren Geschäftsaktivitäten durch besondere Komplexität, Internationalität oder eine besondere Risikoexponierung gekennzeichnet sind, haben seitdem die einschlägigen Veröffentlichungen des Baseler Ausschusses und des FSB in ihre Überlegungen zur angemessenen Ausgestaltung des Risikomanagements einzubeziehen.

Im Rahmen der fünften MaRisk-Novelle aus dem Jahre 2017 wurden u. a. die Anforderungen des Baseler Ausschusses an die Risikodatenaggregation und die Risikoberichterstattung (BCBS 239) sowie die Initiativen des Finanzstabilitätsrates und anderer Standardsetzer zur Etablierung einer angemessenen Risikokultur in den Instituten in die MaRisk aufgenommen. Die im Zuge der Novellierung ebenfalls eingefügten Änderungen zum Umgang mit Auslagerungen gehen zwar auf Erkenntnisse der deutschen Aufsicht aus der Prüfungspraxis der letzten Jahre zurück.[10] Die EBA hat allerdings im Juni 2018 einen Entwurf für Leitlinien zu Auslagerungen zur Konsultation gestellt, der die Anforderungen an Auslagerungen europaweit harmonisieren soll.[11] Diese Leitlinien, mit deren endgültiger Veröffentlichung nach derzeitigem Kenntnisstand frühestens im ersten Halbjahr 2019 zu rechnen ist, werden zeitnah zu einer erneuten Anpassung der MaRisk führen.[12]

Nach der hier vertretenen Sichtweise haben die von der EZB direkt beaufsichtigten deutschen Institute die MaRisk zu beachten, da diese den Anforderungen auf europäischer Ebene entsprechen, die unter Beteiligung von BaFin und Bundesbank formuliert werden. Gemäß dem Prinzip »Comply or Explain« hat die deutsche Aufsicht zu erklären, wenn sie die Leitlinien und Empfehlungen der EBA (in Teilen) nicht umsetzt. Die Übertragung der europäischen Vorgaben in die MaRisk hat für die Institute den entscheidenden Vorteil, dass die MaRisk die Besonderheiten des deutschen Bankensektors, wie z. B. das Drei-Säulen-Modell oder das dualistische System (»Two-tier-system«) mit Geschäftsleitung und Aufsichtsorgan, berücksichtigen. Darüber hinaus stellt die Maßgeblichkeit der MaRisk für alle Institute ein »Level Playing Field« der Bankenregulierung und -aufsicht in Deutschland sicher.

Eine Verpflichtung zur Beachtung der MaRisk setzt jedoch voraus, dass die Auslegungspraxis auf europäischer und nationaler Ebene deckungsgleich ist. Ist dies nicht der Fall, wäre das Ziel der europäischen Bankenregulierung zur Schaffung eines »Level Playing Field« nicht mehr erreichbar. Die bedeutenden Institute in Deutschland hätten insbesondere aufgrund zusätzlicher nationaler Vorgaben einen Wettbewerbsnachteil. Um dies auszuschließen, müssen die MaRisk mit den zahlreichen EBA-Leitlinien abgeglichen und mögliche Abweichungen oder Wertungswidersprüche identifiziert und beseitigt werden.[13] Nicht zuletzt vor diesem Hintergrund hat sich die Deutsche Kreditwirtschaft im Rahmen ihrer Stellungnahmen zur fünften MaRisk-Novelle sowie in der Sitzung des Fachgremiums MaRisk am 24./25. Mai 2016 für eine Klarstellung eingesetzt, dass die BaFin mit den MaRisk jene für das Risikomanagement der Institute maßgeblichen EBA-Leitlinien umsetzt, bei denen sich die deutsche Aufsicht zur Umsetzung verpflichtet hat

---

10 Vgl. Bundesanstalt für Finanzdienstleistungsaufsicht, Rundschreiben 09/2017 (BA) zur Überarbeitung der MaRisk, Übermittlungsschreiben vom 27. Oktober 2017, S. 1; Bundesanstalt für Finanzdienstleistungsaufsicht, Erster Entwurf zur Überarbeitung der MaRisk, Übermittlungsschreiben vom 18. Februar 2016, S. 1 f.

11 Diese Leitlinien aktualisieren die entsprechenden Leitlinien von CEBS aus dem Jahre 2006 und integrieren die Empfehlungen der EBA zum Outsourcing an Cloud-Anbieter, die beide mit Inkrafttreten der EBA-Leitlinien zu Auslagerungen aufgehoben werden. Vgl. European Banking Authority, Consultation Paper – EBA Draft Guidelines on Outsourcing arrangements, EBA/CP/2018/11, 22. Juni 2018, S. 5 f.

12 Die deutsche Aufsicht hat in der Sondersitzung des Fachgremiums MaRisk am 15. März 2018 mitgeteilt, dass ein möglicher Anpassungsbedarf aus den EBA-Leitlinien in den MaRisk berücksichtigt werden soll.

13 Vgl. Hannemann, Ralf, Die MaRisk im Kontext internationaler Vorschriften, Zeitschrift für das gesamte Kreditwesen, Heft 5/2018, S. 21.

(»comply«). Aus Gründen der Rechtssicherheit für die Institute sollte diese grundsätzliche Aussage im Idealfall durch eine detaillierte Liste der relevanten EBA-Leitlinien ergänzt werden.[14]

Aber kehren wir zurück zur fünften MaRisk-Novelle, mit der die bestehenden Vorgaben nicht nur angepasst, sondern auch um neue Anforderungen erweitert wurden. Mit der Überführung der Grundsätze des Baseler Ausschusses für eine effektive Risikodatenaggregation und Risikoberichterstattung[15] in die Aufsichtspraxis war die Integration von zwei neuen Modulen verbunden. Im Modul AT 4.3.4 geht es grundsätzlich um die Optimierung der Datenstrukturen sowie der IT-Infrastrukturen in den systemrelevanten Instituten, um insbesondere im Krisenfall, wenn sich der Handlungsspielraum für Managementmaßnahmen sehr schnell einengen kann, zeitnah und möglichst genau über die Risikopositionen auf unterschiedlichen Aggregationsebenen informiert zu sein. Gleichzeitig sollen manuelle Tätigkeiten im Risikocontrolling durch einen hohen Automatisierungsgrad weitgehend vermieden werden, um operationelle Risiken zu minimieren und über mehr Zeit zum Nachdenken über Handlungsalternativen zu verfügen. Insgesamt soll damit eine Verbesserung der Entscheidungsbasis erreicht werden. Diese Prinzipien können auch zur Verbesserung des Risikomanagements in den nicht systemrelevanten Instituten beitragen. Deshalb hat die deutsche Aufsicht mehrfach an die übrigen Institute appelliert, ebenfalls zu prüfen, inwieweit die Datenaggregationskapazitäten weiter verbessert und ausgebaut werden können.[16] Das Modul BT 3 enthält zum überwiegenden Teil Anforderungen an die Risikoberichterstattung, die zuvor bereits bei den Risikosteuerungs- und -controllingprozessen verankert waren. Die punktuellen Ergänzungen zielen darauf ab, dass die Berichte auf vollständigen, aktuellen und genauen Daten basieren sowie eine zukunftsgerichtete Einschätzung der Risikosituation ermöglichen. Zudem wird von den Aufsichtsbehörden in Zukunft vermutlich näher beleuchtet, wie lange die Institute insbesondere bei volatilen Risiken für die Berichterstellung benötigen und ob das Verhältnis zwischen quantitativen und qualitativen Informationen ausgewogen ist.

Der Finanzstabilitätsrat wiederum hat einen Schwerpunkt auf die Entwicklung, Förderung und Integration einer angemessenen Risikokultur im Institut bzw. in der Gruppe gelegt.[17] Damit werden die Rahmenvorgaben im Risikomanagement um eine weiche und schwer greifbare Komponente ergänzt, die bereits im Erwägungsgrund 54 der Bankenrichtlinie (Capital Requirements Directive, CRD IV) Erwähnung findet. Diesen Vorgaben zufolge sollten Grundsätze und Standards eingeführt werden, die eine wirksame Kontrolle durch die Geschäftsleitung gewährleisten und eine solide Risikokultur auf allen Ebenen fördern, um insbesondere die potenziell schädlichen Auswirkungen schlecht gestalteter Unternehmensführung auf ein solides Risikomanagement einzudämmen. Die Art, der Umfang und die Komplexität der Geschäftsaktivitäten müssen dabei berücksichtigt werden. Die deutsche Aufsicht hat das Proportionalitätsprinzip insofern aufgegriffen, als zur Umsetzung der Risikokultur nur in größeren Instituten mit weit verzweigten Geschäftsaktivitäten ein Verhaltenskodex erforderlich ist. Kleinere Institute mit weniger komplexen Aktivitäten können hingegen davon absehen, da bei ihnen die persönliche Ansprache der Mitarbeiter i.d.R. besser geeignet ist, sie auf die gemeinsamen Werte und Ziele einzuschwören und sicherzustellen, dass tatsächlich nur Geschäfte abgeschlossen und Geschäftspraktiken genutzt werden, die von der Geschäftsleitung als wünschenswert deklariert wurden. Die

---

14 Vgl. Deutsche Kreditwirtschaft, Stellungnahme zum Konsultationspapier 02/2016 der Bundesanstalt für Finanzdienstleistungsaufsicht (BaFin) zur Überarbeitung der MaRisk (Zwischenentwurf vom 24. Juni 2016), 22. Juli 2016, S.3; Deutsche Kreditwirtschaft, Stellungnahme zum Entwurf der MaRisk in der Fassung vom 18. Februar 2016 (Konsultation 02/2016) vom 27. April 2016, S.6 f.

15 Baseler Ausschuss für Bankenaufsicht, Grundsätze für die effektive Aggregation von Risikodaten und die Risikoberichterstattung, BCBS 239, 9. Januar 2013.

16 Vgl. Bundesanstalt für Finanzdienstleistungsaufsicht, Rundschreiben 09/2017 (BA) zur Überarbeitung der MaRisk, Übermittlungsschreiben vom 27.Oktober2017, S. 2 f.; Bundesanstalt für Finanzdienstleistungsaufsicht, Erster Entwurf zur Überarbeitung der MaRisk, Übermittlungsschreiben vom 18.Februar2016, S. 2.

17 Financial Stability Board, Guidance on Supervisory Interaction with Financial Institutions on Risk Culture – A Framework for Assessing Risk Culture, 7. April2014.

Geschäftsleitung sollte die Risikokultur selbst vorleben sowie die Mitarbeiter in die Pflicht nehmen, sich an diesen definierten Werten zu orientieren, und dafür entsprechende monetäre und nicht-monetäre Anreize setzen. Sie sollte definieren, welche Geschäfte, Verhaltensweisen und Praktiken letztlich als wünschenswert angesehen werden, und den kritischen Dialog über die mit den Geschäftsaktivitäten verbundenen Risiken fördern. Das beginnt bereits mit der Festlegung der strategischen Ziele und des Risikoappetits und setzt sich im Aufbau eines Wertesystems fort, das den langfristigen Erfolg des Institutes unter verschiedenen Gesichtspunkten gewährleistet.

Von den übrigen Anpassungen ist insbesondere die Überarbeitung der Anforderungen an Auslagerungen von Bedeutung. Durch die neuen und geänderten Vorgaben und insbesondere die in diesem Bereich noch anstehenden Aktivitäten, die sich aus den in Entwicklung befindlichen Vorgaben der Europäischen Bankenaufsichtsbehörde (European Banking Authority, EBA)[18] ergeben könnten, werden Auslagerungen von Aktivitäten und Prozessen weiter erschwert. Die Vorstellungen der Kreditwirtschaft und der Aufsichtsbehörden zur Ausgestaltung angemessener Regelungen gehen in diesem Bereich besonders weit auseinander. Während die Kreditwirtschaft im Zeitalter der Digitalisierung verstärkt die Zusammenarbeit mit spezialisierten Unternehmen sucht, um von deren Know-how zu profitieren und gleichzeitig die Kosten zu senken, führen die aus Risikosicht zunehmend konservativen Vorgaben der Aufsicht eher dazu, den Nutzen von Auslagerungslösungen durch die Institute generell zu hinterfragen. Die deutsche Aufsicht hat in der Vergangenheit nach eigenen Angaben erhebliche Defizite beim Umgang mit Auslagerungen festgestellt, insbesondere bei Weiterverlagerungen durch die Auslagerungsunternehmen, wodurch die institutsinterne Steuerung und Überwachung der ausgelagerten Aktivitäten und Prozesse zum Teil deutlich erschwert wurde. Die Institute sollen das Management besonderer, mit Auslagerungen verbundener Risiken effektiver gestalten und vor allem möglichen Kontrollverlusten entgegenwirken. Besondere Aufmerksamkeit wird daher nunmehr den bedeutenden Funktionen und den so genannten Kernbankbereichen gewidmet. Insbesondere wird deren teilweise oder vollständige Auslagerung an bestimmte Bedingungen geknüpft, die im Wesentlichen darauf hinauslaufen, dass diese Tätigkeiten bei Bedarf ohne Störung des Betriebsablaufes auch vom Institut selbst weitergeführt werden können. Zudem müssen die Institute ihre Mitwirkung bei Weiterverlagerungen sicherstellen, indem z. B. Zustimmungsvorbehalte oder konkrete Voraussetzungen dafür im Auslagerungsvertrag vereinbart werden. Für Weiterverlagerungen gelten grundsätzlich dieselben Maßstäbe wie für Auslagerungen, wobei nicht auszuschließen ist, dass bei einer wesentlichen Auslagerung Teilprozesse weiterverlagert werden, die unter Risikogesichtspunkten von geringer Bedeutung sind. Bei Instituten mit umfangreichen Auslagerungslösungen muss ein zentrales Auslagerungsmanagement eingerichtet werden, das einen Überblick über die ausgelagerten Prozesse und Aktivitäten hat und eine wichtige Rolle bei deren Management spielt. Mit Blick auf den Umgang mit Auslagerungen von Softwarelösungen und IT-Dienstleistungen wird – unter Berücksichtigung der ergänzenden Bankaufsichtlichen Anforderungen an die IT (BAIT)[19] – über die Auslegung einzelner Vorgaben weiterhin diskutiert. Es herrscht Einigkeit darüber, dass der reine Erwerb von Software für sich genommen keine Auslagerung darstellt, sondern als sonstiger Fremdbezug von Leistungen einzustufen ist. Bei Softwarelösungen, die zur Identifizierung, Beurteilung, Steuerung, Überwachung und Kommunikation der Risiken eingesetzt werden oder für die Durchführung von bankgeschäftlichen Aufgaben von wesentlicher Bedeutung sind, sind die oftmals umfangreichen Unterstützungsleistungen der Anbieter hingegen als Auslagerung einzustufen. Wegen der grundlegenden Bedeutung der IT für die Institute werden an den sonstigen Fremdbezug von IT-Dienstleistungen in den BAIT – im Gegensatz zu den MaRisk – konkrete

---

18 European Banking Authority, Consultation Paper – EBA Draft Guidelines on Outsourcing arrangements, EBA/CP/2018/11, 22. Juni 2018.

19 Bundesanstalt für Finanzdienstleistungsaufsicht, Bankaufsichtliche Anforderungen an die IT (BAIT), Rundschreiben 10/2017 (BA) in der Fassung vom 14. September 2018.

Anforderungen gestellt. So sind vorab Risikobewertungen durchzuführen, deren Ergebnisse bei der Vertragsgestaltung und beim Management der operationellen Risiken berücksichtigt werden müssen und regelmäßig bzw. anlassbezogen zu überprüfen sind. Zudem ist der sonstige Fremdbezug von IT-Dienstleistungen zu steuern und zu überwachen.

In Reaktion auf die Veröffentlichung der EBA-Leitlinien zum SREP im Dezember 2014[20] haben die deutschen Aufsichtsbehörden ihren Leitfaden zur aufsichtlichen Beurteilung bankinterner Risikotragfähigkeitskonzepte (RTF-Leitfaden) vom Dezember 2011[21] in Zusammenarbeit mit der Deutschen Kreditwirtschaft (DK) grundlegend überarbeitet. Im September 2017 hat die deutsche Aufsicht einen ersten Entwurf des neuen Leitfadens zur Konsultation gestellt.[22] Über die Stellungnahmen zu diesem Entwurf wurde in einer Sondersitzung des Fachgremiums MaRisk am 21. November 2017 ausführlich diskutiert. Im Ergebnis wurde den Mitgliedern des Fachgremiums MaRisk im Dezember 2017 ein zweiter Entwurf mit kurzer Kommentierungsfrist von vier Wochen zugeleitet (im Sinne einer »Fatal flaw«-Prüfung), um die Arbeiten möglichst zeitnah abschließen zu können.[23] Der neue RTF-Leitfaden wurde schließlich im Mai 2018 veröffentlicht.[24] Nur wenige Tage später hat die BaFin in Zusammenarbeit mit der Deutschen Bundesbank im Rahmen einer Konferenz »Risikotragfähigkeitsleitfaden – Neuausrichtung 2018«[25] über die konkreten Inhalte und die Hintergründe dieses Leitfadens informiert. Inhaltlich hat sich die deutsche Aufsicht eng an den Vorgaben der EZB für die bedeutenden Institute vom März 2018 orientiert.[26] Im Kern geht es dabei um den bankinternen Prozess zur Sicherstellung einer angemessenen Kapitalausstattung (»Internal Capital Adequacy Assessment Process«, ICAAP), der auf ein Risikotragfähigkeitskonzept mit einer Risikotragfähigkeitsrechnung und einer Kapitalplanung sowie ergänzenden Stresstests hinausläuft.[27] Die Risikotragfähigkeitsrechnung mit einem einjährigen Risikobetrachtungshorizont basiert auf dem ökonomischen Konzept der zweiten Säule (»ökonomische interne Perspektive«) und erfolgt sowohl unter normalen Geschäftsbedingungen mit konservativen Parametern als auch unter Stressbedingungen. Die mehrjährige Kapitalplanung bezieht sich hingegen auf die Einhaltung der relevanten Normen der ersten Säule in einem Basisszenario und in adversen Szenarien (»normative interne Perspektive«). Der ICAAP soll grundsätzlich gewährleisten, dass die Institute aus diesen beiden komplementären Perspektiven über angemessenes Kapital verfügen, um ihren Fortbestand sicherzustellen. Zudem sollten die Ergebnisse aus beiden Perspektiven in die jeweils andere Perspektive einfließen. Es ist im Grunde nicht möglich, die Anforderungen der MaRisk an die Risikotragfähigkeit zu kommentieren, ohne auf die Leitfäden der EZB für die bedeutenden Institute und der deutschen Aufsichtsbehörden für die weniger bedeutenden Institute einzugehen. Deshalb haben wir die wesentlichen Inhalte beider Leitfäden in den Kommentar integriert.

---

20 European Banking Authority, Leitlinien zu gemeinsamen Verfahren und Methoden für den aufsichtlichen Überprüfungs- und Bewertungsprozess (SREP), EBA/GL/2014/13, 19. Dezember 2014.

21 Bundesanstalt für Finanzdienstleistungsaufsicht/Deutsche Bundesbank, Aufsichtliche Beurteilung bankinterner Risikotragfähigkeitskonzepte, Leitfaden vom 7. Dezember 2011.

22 Bundesanstalt für Finanzdienstleistungsaufsicht/Deutsche Bundesbank, Entwurf zur Neuausrichtung des Leitfadens zur aufsichtlichen Beurteilung bankinterner Risikotragfähigkeitskonzepte, 5. September 2017.

23 Bundesanstalt für Finanzdienstleistungsaufsicht/Deutsche Bundesbank, Zweiter Entwurf zur Neuausrichtung des Leitfadens zur aufsichtlichen Beurteilung bankinterner Risikotragfähigkeitskonzepte, 21. Dezember 2017.

24 Bundesanstalt für Finanzdienstleistungsaufsicht/Deutsche Bundesbank, Aufsichtliche Beurteilung bankinterner Risikotragfähigkeitskonzepte und deren prozessualer Einbindung in die Gesamtbanksteuerung (»ICAAP«) – Neuausrichtung, Leitfaden vom 24. Mai 2018.

25 Bundesanstalt für Finanzdienstleistungsaufsicht, Risikotragfähigkeitsleitfaden – Neuausrichtung 2018, Bonn, 29. Mai 2018.

26 Europäische Zentralbank, Leitfaden der EZB für den internen Prozess zur Beurteilung der Angemessenheit des Kapitals (Internal Capital Adequacy Assessment Process – ICAAP), 2. März 2018. Die EZB hat die endgültige Fassung dieses Leitfadens am 9. November 2018 veröffentlicht. Vgl. Europäische Zentralbank, Leitfaden der EZB für den bankinternen Prozess zur Sicherstellung einer angemessenen Kapitalausstattung (Internal Capital Adequacy Assessment Process – ICAAP), 9. November 2018.

27 Vgl. Bundesanstalt für Finanzdienstleistungsaufsicht/Deutsche Bundesbank, Aufsichtliche Beurteilung bankinterner Risikotragfähigkeitskonzepte und deren prozessualer Einbindung in die Gesamtbanksteuerung (»ICAAP«) – Neuausrichtung, Leitfaden vom 24. Mai 2018, S. 7.

Die Einflüsse verschiedener Vorgaben von den maßgeblichen Bankenaufsichts- und Bankenregulierungsbehörden betreffen mittlerweile nahezu die gesamten Themenfelder, die mit den MaRisk beleuchtet werden. Dadurch wird auch die Komplexität des Rundschreibens deutlich erhöht. Wir haben uns deshalb entschlossen, die Einführungsteile zu den einzelnen Modulen, in denen zunächst die wesentlichen Begriffe erklärt und die relevanten Zusammenhänge dargestellt werden, deutlich auszubauen. In manchen Modulen ist der Einführungsteil relativ ausführlich ausgefallen, um ggf. auch Einsteigern einen Überblick über die Materie zu ermöglichen. Darüber hinaus haben wir uns auch diesmal nicht darauf beschränkt, die MaRisk zu kommentieren. Im Kommentar gehen wir vielmehr ausführlich auf die Veröffentlichungen der nationalen Aufsicht ein, die in einem engen Zusammenhang mit den MaRisk stehen. Darüber hinaus stellen wir die wesentlichen Bezüge zu den relevanten Dokumenten der internationalen und europäischen Standardsetzer dar, die bis zum Dezember 2018 veröffentlicht wurden. Dabei haben wir uns davon leiten lassen, dass Institute, die besonders groß sind oder deren Geschäftsaktivitäten durch besondere Komplexität, Internationalität oder eine besondere Risikoexponierung gekennzeichnet sind, auch die Inhalte einschlägiger Veröffentlichungen zum Risikomanagement des Baseler Ausschusses und des Finanzstabilitätsrates in eigenverantwortlicher Weise in ihre Überlegungen zur angemessenen Ausgestaltung des Risikomanagements einbeziehen müssen. Gleichzeitig werden für alle Institute in Deutschland die EBA-Leitlinien und die Antworten der EBA aus dem Prozess zur Beantwortung eingereichter Fragen (»Questions and Answers«, Q&A) immer wichtiger. Die Bedeutung der Leitlinien und der Antworten aus dem Q&A-Prozess ist für die Institute schlagartig gestiegen, nachdem die BaFin per Pressemeldung am 15. Februar 2018 erklärt hat, im Interesse der europäischen Harmonisierung des Aufsichtsrechtes, d.h. einer gemeinsamen Aufsichtskultur und kohärenten Aufsichtspraktiken, grundsätzlich alle Leitlinien sowie Fragen und Antworten der EBA in ihre Verwaltungspraxis zu übernehmen. Konnten die Institute in der Vergangenheit regelmäßig die Umsetzung der europäischen Vorgaben durch die deutsche Aufsicht in nationales Recht oder auf untergesetzlicher Ebene (z.B. MaRisk) abwarten, müssen sie diese nunmehr ggf. parallel zu den nationalen Vorgaben einhalten. Schließlich sind wir uns darüber im Klaren, dass die bedeutenden Institute keinen großen Nutzen von einem Kommentar hätten, der die Vorgaben der EZB außer Acht lässt. Die EZB hat zwischenzeitlich eine Reihe von Leitfäden veröffentlicht, die ihre Aufsichtspraxis widerspiegeln und von den bedeutenden Instituten zwingend zu berücksichtigen sind. De facto ist allerdings davon auszugehen, dass sich die Vorgaben der EZB und der deutschen Aufsicht im Laufe der Zeit weiter angleichen werden, weil die deutsche Aufsicht diesen Prozess begleitet – wie am Beispiel des Risikotragfähigkeitskonzeptes deutlich wurde – und die Harmonisierungsbestrebungen der EZB mittelfristig auch auf die weniger bedeutenden Institute ausgeweitet werden.

Die Kommentierung der MaRisk unter Berücksichtigung der relevanten Veröffentlichungen aller maßgeblichen Bankenaufsichts- und Bankenregulierungsbehörden war für uns drei Autoren eine Herkulesaufgabe. Allerdings kommt uns für die Zukunft entgegen, dass unser Verlag die Digitalisierung vorangetrieben hat und insofern die Möglichkeit besteht, in Zukunft auch einzelne Teile des Kommentars zwischenzeitlich zu überarbeiten und damit auf dem aktuellen Stand zu bleiben. Gleichzeitig wird dadurch der Aufwand für eine mögliche Neuauflage etwas entzerrt.

Der Kommentar wurde – wie mit jeder neuen Auflage – komplett überarbeitet und ergänzt. Das vorliegende Werk soll in erster Linie dazu dienen, den Regelungszweck der einzelnen Anforderungen vor dem Hintergrund der zugrundeliegenden Vorgaben zu verdeutlichen und praktische Hinweise für die Umsetzung der MaRisk zu geben. Der Kommentar gibt getreu dem Motto »Well, we have done our very best« ausschließlich unsere persönliche Auffassung wieder, die nicht zwangsläufig mit den offiziellen Auslegungen der BaFin oder den Ansichten der Prüfer übereinstimmen muss. Mit der fünften Auflage haben wir unser Autorenteam durch Ira Steinbrecher verstärkt. Wir hoffen, durch die verschiedenen Sichtweisen aus der Perspektive der Aufsicht sowie

Vorwort zur fünften Auflage

der betroffenen Institute und ihrer Interessenvertreter unserem Ziel, sowohl die Umsetzung der MaRisk als auch deren Beurteilung erleichtern zu können, wieder ein Stück näher zu kommen.

Für ihre tatkräftige Unterstützung durch wertvolle Hinweise zu einzelnen Themengebieten möchten wir uns diesmal ganz herzlich bei Stefan Breuer, Arne Martin Buscher, Matthias Eisert, Matthias Göttsche, Ute Gündert, Marc Höber, Birgit Höpfner, Markus Hofer, Johannes Hohendorff, Anastasia Homann, Thomas Hornung, Joop Oliver Krüll, Michael Maifarth, Markus Quick, Jürgen Rohrmann, Christian Schmaal, Andre Schmeis und Marina Zaruk (in alphabetischer Reihenfolge) bedanken. Bedanken möchten wir uns auch bei Andreas Schneider, der an früheren Auflagen des Kommentars maßgeblich mitgewirkt hat. Für ihre Geduld und ihr Verständnis danken wir wiederum unseren Familien und Freunden, die aufgrund des ungewöhnlich langen Bearbeitungszeitraumes diesmal besonders zu leiden hatten. Die Abstimmung mit Adelheid Fleischer und Frank Katzenmayer von unserem Verlag erfolgte in gewohnt angenehmer Weise.

Dezember 2018

Ralf Hannemann
Ira Steinbrecher
Thomas Weigl

Die Autoren

Dipl.-Mathematiker **Dr. Ralf Hannemann** ist seit Ende 2000 beim Bundesverband Öffentlicher Banken Deutschlands, VÖB, tätig und leitet dort als Direktor den Bereich »Bankenaufsicht«. Zudem betreut er als EZB-Koordinator für den VÖB die »ECB Industry Group«, eine Interessenvertretung von ca. 30 bedeutenden europäischen Instituten. Herr Dr. Hannemann ist Gründungsmitglied im MaRisk-Fachgremium von BaFin und Deutscher Bundesbank. Zuvor war er u. a. als Firmenkundenbetreuer einer großen Genossenschaftsbank und als Produktmanager für Unternehmenssteuerung eines Finanzdienstleistungsunternehmens der Sparkassenorganisation tätig. Herr Dr. Hannemann ist Autor zahlreicher Fachpublikationen.

Ass. Jur. **Ira Steinbrecher** leitet bei der Bundesanstalt für Finanzdienstleistungsaufsicht (BaFin) das Referat »Grundsatz IT-Aufsicht und Prüfungswesen« (GIT 3) und verantwortet in dieser Funktion unter anderem die Auslegung und Weiterentwicklung der Bankaufsichtlichen Anforderungen an die IT (BAIT) und das Merkblatt »Orientierungshilfe zu Auslagerungen an Cloud-Anbieter«. Zuvor war sie als Referentin in der Grundsatzabteilung der Bankenaufsicht u. a. für die Auslegung und Weiterentwicklung der MaRisk zuständig und in der Fachaufsicht über signifikante Banken (Großbanken) sowie Auslandsbanken tätig. Vor ihrem Wechsel zur BaFin arbeitete Frau Steinbrecher als Rechtsanwältin in einer wirtschaftsrechtlich ausgerichteten Sozietät. Frau Steinbrecher ist Autorin verschiedener Fachpublikationen.

Rechtsanwalt **Thomas Weigl** ist in der Abteilung Compliance und Personal bei der KfW IPEX-Bank GmbH für Bankaufsichtsrecht verantwortlich. Zuvor war er als Referent bei der Bundesanstalt für Finanzdienstleistungsaufsicht (BaFin) in verschiedenen Funktionen tätig und hat u. a. an mehreren Novellierungen des Kreditwesengesetzes maßgeblich mitgewirkt. Zu Beginn seiner beruflichen Tätigkeit war Herr Weigl Rechtsanwalt in einer wirtschaftsrechtlich orientierten Sozietät mit den Schwerpunkten Bank- und Gesellschaftsrecht. Er ist Autor eines Kommentars zur Institutsvergütungsverordnung und weiterer Fachpublikationen zu bankaufsichtlichen Themen.

Inhaltsübersicht

Inhaltsübersicht

Inhaltsübersicht

Abbildungsverzeichnis

Abbildungsverzeichnis

Abkürzungsverzeichnis

3LoD-Modell	Modell der drei Verteidigungslinien (»Three-Lines-of-Defence-Model«)
AAR	Adressenausfallrisiken
ABCP	Forderungsbesicherte Geldmarktpapiere (»Asset Backed Commercial Paper«)
ABS	Forderungsbesicherte Wertpapiere (»Asset Backed Securities«)
AbwMechG	Abwicklungsmechanismusgesetz
ACE	Adjustiertes Buchkapital (»Adjusted Common Equity«)
AFBG	Aufstiegsfortbildungsförderungsgesetz
AFS	Ausschuss für Finanzstabilität von BMF, BaFin und Deutscher Bundesbank
AGB	Allgemeine Geschäftsbedingungen
AIF	Alternative Investmentfonds
AIFMD	Richtlinie über die Verwalter alternativer Investmentfonds (»Alternative Investment Fund Managers Directive«)
AktG	Aktiengesetz
ALCO	Verantwortliches Gremium für das Bilanzstruktur-Management (»Asset Liability Committee«)
ALM	Bilanzstruktur-Management bzw. Aktiv-/Passiv-Management (»Asset-/ Liability-Management«)
AMA	Fortgeschrittene Messansätze (»Advanced Measurement Approaches«) zur Berechnung der regulatorischen Eigenmittelanforderungen für operationelle Risiken
AMAO	Auf internen Modellen beruhender Ansatz (»Advanced Method for Additional Outflows«) für Liquiditätsrisiken
AnzV	Anzeigenverordnung
ASEAN	Verband Südostasiatischer Nationen (»Association of Southeast Asian Nations«)
A-SRI	Anderweitig systemrelevante Institute
A-SRI-Puffer	Kapitalpuffer für anderweitig systemrelevante Institute gemäß § 10g KWG
Asset Encumbrance	Belastung von Vermögensgegenständen
AT	Allgemeiner Teil der MaRisk
AT1	Zusätzliches Kernkapital (»Additional Tier 1«)
AU	Afrikanische Union
AÜG	Arbeitnehmerüberlassungsgesetz
Backtesting	Rückvergleich, bei dem die modellmäßig ermittelten Risikowerte mit den »tatsächlichen« Werten (unter Berücksichtigung der Modellannahmen) verglichen werden

Abkürzungsverzeichnis

BaFin	Bundesanstalt für Finanzdienstleistungsaufsicht
BAföG	Bundesausbildungsförderungsgesetz
Bail-in	Beteiligung der Gläubiger eines Institutes an den Kosten seiner Sanierung oder Abwicklung
BAIT	Bankaufsichtliche Anforderungen an die IT
Basel I	Baseler Eigenkapitalvereinbarung vom Juli 1988
Basel II	Rahmenvereinbarung zur internationalen Konvergenz der Kapitalmessung und Eigenkapitalanforderungen vom Juni 2004 als Weiterentwicklung von Basel I
Basel III	Internationale Rahmenvereinbarung zur Stärkung der Widerstandfähigkeit der Banken inklusive Vorgaben zum Liquiditätsrisikomanagement vom Dezember 2010 sowie zusätzliche Empfehlungen zur Weiterentwicklung von Basel II
BauSpkG	Bausparkassengesetz
b. a. w.	bis auf weiteres
BCBS	Baseler Ausschuss für Bankenaufsicht (»Basel Committee on Banking Supervision«)
BCBS 239	Anforderungen des Baseler Ausschusses für Bankenaufsicht an die Risikodatenaggregation und die Risikoberichterstattung vom Januar 2013
BCM	Notfallmanagement zur Geschäftsfortführung unter schwierigen Bedingungen (»Business Continuity Management«)
BCP	Geschäftsfortführungspläne (»Business Continuity Plans«)
BdB	Bundesverband deutscher Banken
BDSG	Bundesdatenschutzgesetz
BEEG	Bundeselterngeld- und Elternzeitgesetz
BEICF	Geschäftsumfeld und interne Kontrollsysteme (»Business Environment and Internal Control Factors«) für operationelle Risiken
BelWertV	Beleihungswertermittlungsverordnung
BI	Geschäftsindikator (»Business Indicator«) für operationelle Risiken
BIA	Basisindikatoransatz (»Basis Indicator Approach«) zur Berechnung der regulatorischen Eigenmittelanforderungen für operationelle Risiken
BIA	Analyse zu den Geschäftsauswirkungen (»Business Impact Analysis«)
BIC	Geschäftsindikatorkomponente (»Business Indicator Component«) für operationelle Risiken
Big Data	Synonym für den Einsatz der IT-Technologie beim Umgang mit großen Datenmengen
BilMoG	Bilanzrechtsmodernisierungsgesetz
BIP	Bruttoinlandsprodukt
BIS	Bank für Internationalen Zahlungsausgleich (»Bank for International Settlements«)
BMF	Bundesministerium der Finanzen
BMJV	Bundesministerium der Justiz und für Verbraucherschutz
BMWi	Bundesministerium für Wirtschaft und Energie
BörsG	Börsengesetz

BoS	Rat der Aufseher der EBA (»Board of Supervisors«)
BPO	Auslagerung von Geschäftsprozessen (»Business Process Outsourcing«)
BPV	Kennzahl zur Bestimmung der Barwertänderung eines Finanzproduktes (»Basis-Point-Value« oder »Present-Value-of-a-Basis-Point«)
BRRD	Sanierungs- und Abwicklungsrichtlinie (»Banking Recovery and Resolution Directive«)
BSG	Gremium mit 30 Vertretern relevanter Interessengruppen der EBA (»Banking Stakeholder Group«): Vertreter der Kreditinstitute und Wertpapierhäuser, des Finanzsektors, kleiner und mittlerer Unternehmen, Nutzer von Bankdienstleistungen, Verbraucher und mindestens fünf unabhängige Wissenschaftler
BSI	Bundesamt für Sicherheit in der Informationstechnik
BT	Besonderer Teil der MaRisk
BTO	Besondere Anforderungen an die Aufbau- und Ablauforganisation in den MaRisk
BTR	Besondere Anforderungen an die Risikosteuerungs- und -controllingprozesse in den MaRisk
BTS	Verbindliche technische Regulierungs- und Durchführungsstandards (»Binding Technical Standards«) der EBA
BVI	Bundesverband Investment und Asset Management e.V.
BVR	Bundesverband der Deutschen Volksbanken und Raiffeisenbanken
BwA	Betriebswirtschaftliche Auswertung
CA	Zuständige Behörden (»Competent Authorities«)
CAS	Erklärung zur Angemessenheit des Kapitals (»Capital Adequacy Statement«)
CBR	Kombinierte Kapitalpufferanforderung (»Combined Buffer Requirement«) gemäß § 10i KWG
CC	Liquiditätsdeckungspotenzial (»Counterbalancing Capacity«)
CCB	Kapitalerhaltungspuffer (»Capital Conservation Buffer«) gemäß § 10c KWG
CCF	Kreditumrechnungsfaktor (»Credit Conversion Factor«)
CCP	Zentraler Kontrahent bzw. zentrale Gegenpartei (»Central Counterparty«)
CCyB	Institutsspezifische antizyklischer Kapitalpuffer (»Institution-specific Countercyclical Capital Buffer«) gemäß § 10d KWG
CDO	Portfolio aus festverzinslichen Wertpapieren, das in Tranchen mit unterschiedlichem Ausfallrisiko aufgeteilt wird (»Collateralized Debt Obligations«)
CDS	Kreditausfallversicherungen (»Credit Default Swaps«)
CEBS	Ausschuss der Europäischen Bankaufsichtsbehörden (»Committee of European Banking Supervisors«), die Vorgängerinstitution der EBA
CEO	Vorstandsvorsitzender (»Chief Executive Officer«)
CET1	Hartes Kernkapital (»Common Equity Tier 1«)
CFaR	Risikomaß für das Liquiditätsrisiko im engeren Sinne (»Cashflow-at-Risk« bzw. »Liquidity-at-Risk«)
CFO	Finanzvorstand (»Chief Financial Officer«)

Abkürzungsverzeichnis

CFP	Notfallplan für die Liquiditätsversorgung (»Contingency Funding Plan«)
CFR	Kern-Refinanzierungsquote (»Core Funding Ratio«)
CIO	IT-Vorstand (»Chief Information Officer«)
CISO	Informationssicherheitsbeauftragter (»Chief Information Security Officer«)
Clawback	Vereinbarung einer Rückzahlung von variabler Vergütung des Risikoträgers im Falle schweren Fehlverhaltens
CMDB	Datenbank zur Verwaltung von IT-Systemen (»Configuration Management Database«)
COE	Eigenkapitalkosten (»Cost of Equity«)
Comply or Explain	Stellungnahme der zuständigen Aufsichtsbehörden, ob sie bestimmte Leitlinien oder Empfehlungen der EBA umsetzen (»Comply«) oder warum sie dies (in Teilen) nicht zu tun gedenken (»Explain«)
COO	Vorstand für das operative Geschäft (»Chief Operational Officer«), im Sinne der MaRisk insbesondere zuständig für Organisation und IT
CORF	Unabhängige zentrale OpRisk-Einheit (»Corporate Operational Risk Function«)
COSO	Organisation in den USA, die sich mit der Verbesserung der Finanzberichterstattung beschäftigt (»Committee of Sponsoring Organizations of the Treadway Commission«)
CP	Konsultationspapier (»Consultation Paper«)
CpD	Konto für nicht eindeutig zuzuordnende Buchungsvorgänge (»Conto-pro-Diverse«), wie z. B. Zahlungseingänge, deren Empfänger aufgrund fehlerhafter oder unvollständiger Daten nicht zweifelsfrei bestimmt werden kann
CRA	Ratingagenturverordnung (»Credit Rating Agencies Regulation«)
CRD	Bankenrichtlinie (»Capital Requirements Directive«)
CreditMetrics	Kreditrisikomodell (J. P. Morgan, 1997)
CreditPortfolioView	Kreditrisikomodell (McKinsey, 1997)
CreditRisk+	Kreditrisikomodell (Credit Suisse, 1997)
Credit-VaR	Bestimmung des Value-at-Risk im Kreditportfolio
CRO	Risikovorstand (»Chief Risk Officer«)
CRR	Bankenverordnung (»Capital Requirements Regulation«)
CSR	Verantwortung der Unternehmen für die nachhaltige Entwicklung der Gesellschaft (»Corporate Social Responsibility«)
CSRBB	Credit-Spread-Risiko im Anlagebuch (»Credit Spread Risk in the Banking Book«)
CTP	Korrelationshandelsportfolio (»Correlation Trading Portfolio«)
Cum-ex-Geschäfte	Bewusst herbeigeführte mehrfache Erstattung nur einmal abgeführter Kapitalertragsteuer beim »Dividendenstripping«, d. h. bei Kombination aus dem Verkauf einer Aktie kurz vor der Dividendenzahlung und dem Rückkauf derselben Aktie kurz nach dem Dividendentermin
CVA	Anpassungen der Kreditbewertung (»Credit Valuation Adjustments«)
DakOR	Datenkonsortium zu operationellen Risiken
DAX	Deutscher Aktienindex

DCF-Modelle	Bewertungsmodelle für Wertpapiere (»Discounted-Cashflow-Modelle«)
DCGK	Deutscher Corporate Governance Kodex
DGS	Amtlich anerkanntes Einlagensicherungssystem (»Deposit Guarantee Scheme«)
DGSD	Einlagensicherungsrichtlinie (»Deposit Guarantee Scheme Directive«)
DGV	Dienstgütevereinbarungen
DIF	Gemeinsamer Einlagensicherungsfonds (»Deposit Insurance Fund«)
DIIR	Deutsches Institut für Interne Revision e. V.
DK	Deutsche Kreditwirtschaft
DPG	Gremium mit Vertretern amerikanischer Banken und Investment-Häuser zur Vorgabe von Verhaltensregeln für den Umgang mit Derivaten (»Derivatives Policy Group«)
DQI	Indikatoren zur Beurteilung der Datenqualität (»Data Quality Indicators«)
DRV	Deutsche Rahmenverträge für Finanztermingeschäfte
DSGV	Deutscher Sparkassen- und Giroverband
DSGVO	Datenschutz-Grundverordnung
D-SIB	National systemrelevante Banken (»Domestic Systemically Important Banks«)
DTA	Latente Steueransprüche (»Deferred Tax Assets«)
DV	Delegierte Verordnungen der EU-Kommission
EAD	Forderungshöhe bei Ausfall (»Exposure at Default«)
EaR-Konzept	Methode zur Bewertung von Schwankungen der Gewinn- und Verlustrechnung (»Earnings-at-Risk-Konzept«)
EBA	Europäische Bankenaufsichtsbehörde (»European Banking Authority«)
EBITDA	Ergebnis vor Zinsen, Steuern und Abschreibungen auf Sachanlagen und immaterielle Vermögengegenstände (»Earnings before Interests, Taxes, Depreciation and Amortisation«)
EC	Das ökonomische Kapital (»Economic Capital«) ist das erforderliche Kapital zur Abdeckung der Risiken auf aggregierter Ebene
ECAI	Externe Ratingagentur (»External Credit Assessment Institution«)
EDIS	Europäisches Einlagensicherungssystem (»European Deposit Insurance Scheme«)
EFQM-Modell	Bewertungsmodell der »European Foundation for Quality Management«
EFSF	Europäische Finanzstabilisierungsfazilität (»European Financial Stability Facility«)
EFSRP	Europäische Initiative von Zentralbanken und Bankaufsichtsbehörden (»European Forum on the Security of Retail Payments«)
EFTA	Europäische Freihandelsassoziation (»European Free Trade Association«)
EGHGB	Einführungsgesetz zum Handelsgesetzbuch
EIOPA	Europäische Aufsichtsbehörde für das Versicherungswesen und die betriebliche Altersvorsorge (»European Insurance and Occupational Pensions Authority«)

Abkürzungsverzeichnis

EL	Der erwartete Verlust (»Expected Loss«) ist der statistische durchschnittliche Verlust, den ein Institut über einen bestimmten Zeitraum hinweg erwartet
EMA	Einheitlicher Rahmenvertrag für Finanzgeschäfte, der von den europäischen Spitzenverbänden der Kreditwirtschaft entwickelt wurde (»European Master Agreement«)
EMIR	Verordnung über OTC-Derivate, zentrale Gegenparteien und Transaktionsregister (»European Market Infrastructure Regulation«)
EMZK	Eigenmittelzielkennziffer, siehe P2G
ERM	Ganzheitliches, unternehmensweites Risikomanagement (»Enterprise Risk Management«)
ES	Erwartungswert aller Verluste, die größer sind als der Value-at-Risk (»Expected Shortfall« oder »Conditional Value-at-Risk«)
ESFS	Europäisches System der Finanzaufsicht (»European System of Financial Supervision«)
ESG-Risiken	Risiken aus den Bereichen Umwelt, Soziales und Unternehmensführung (»Environmental, Social and Governance Risks«); werden auch als »Nachhaltigkeitsrisiken« bezeichnet
ESM	Europäischer Stabilitätsmechanismus (»European Stability Mechanism«)
ESMA	Europäische Wertpapier- und Marktaufsichtsbehörde (»European Securities and Markets Authority«)
ESRB	Europäischer Ausschuss für Systemrisiken (»European Systemic Risk Board«)
ESZB	Europäisches System der Zentralbanken und der EZB
EuGH	Europäischer Gerichtshof
EV	Konzept des wirtschaftlichen Wertes (»Economic Value«) zur Steuerung der Zinsänderungsrisiken im Anlagebuch
EVaR	Maximale Eigenmitteländerung für ein bestimmtes Konfidenzniveau (»Economic Value-at-Risk«)
EVE	Ökonomischer Wert der Eigenmittel (»Economic Value of Equity«)
EWR	Europäischer Wirtschaftsraum
EZB	Europäische Zentralbank
EZB-Rat	Oberstes Beschlussorgan der EZB (»Governing Council«) mit sechs Mitgliedern des EZB-Direktoriums sowie den Präsidenten der nationalen Zentralbanken der Staaten der Eurozone
Failing or likely to fail	Einstufung eines Institutes als »ausfallend bzw. ausfallgefährdet« im Sinne von Art. 32 Abs. 2 BRRD
FASB	Rechnungslegungsgremium in den USA (»Financial Accounting Standards Board«)
Fat Tails	Verlustgefahren aus extremen Marktsituationen aufgrund der besonderen Art der Wahrscheinlichkeitsverteilung
FC	Finanzkomponente (»Financial Component«) für operationelle Risiken
FCA	Teil der aktuellen Finanzaufsichtsbehörde im Vereinigten Königreich (»Financial Conduct Authority«)
FinaRisikoV	Finanz- und Risikotragfähigkeitsinformationenverordnung

Finanzmarktkrise	Die »Subprimekrise« im Jahre 2007 weitete sich spätestens mit der Insolvenz von Lehman Brothers im Jahre 2008 zur »Finanzmarktkrise« aus und hatte einen erheblichen Anteil an der schwierigen Situation einiger Staaten im Euroraum
Fintech	Finanztechnologie-Unternehmen (»Financial Technology«)
Fire Sales	Notverkäufe unter Zeitdruck
Fit & Proper	Nachweis der Zuverlässigkeit und fachlichen Eignung eines Mitgliedes der Geschäftsleitung oder des Aufsichtsorgans gegenüber den Aufsichtsbehörden
FKAG	Gesetz zur zusätzlichen Aufsicht über beaufsichtigte Unternehmen eines Finanzkonglomerates (»Finanzkonglomerate-Aufsichtsgesetz«)
FMSA	Bundesanstalt für Finanzmarktstabilisierung; wurde zum 1. Januar 2018 als neuer Geschäftsbereich »Abwicklung« in die BaFin eingegliedert
FMVAStärkG	Gesetz zur Stärkung der Finanzmarkt- und Versicherungsaufsicht
Forbearance	Zugeständnisse hinsichtlich der Rückzahlungsmodalitäten zugunsten eines Kreditnehmers
FRA	Zinsausgleichsvereinbarungen (»Forward Rate Agreements«)
FRTB	Umfassende Überarbeitung der bankaufsichtlichen Vorschriften zu Handelsaktivitäten (»Fundamental Review of the Trading Book«)
FRUG	Finanzmarktrichtlinie-Umsetzungsgesetz
FSA	Ehemalige Finanzaufsichtsbehörde im Vereinigten Königreich (»Financial Services Authority«)
FSAP	Gemeinsames Programm des Internationalen Währungsfonds und der Weltbank zur Bewertung des Finanzsektors (»Financial Sector Assessment Program«)
FSB	Finanzstabilitätsrat (»Financial Stability Board«)
FSF	Vorgängerinstitution vom FSB (»Financial Stability Forum«)
FSI	Institut für Finanzstabilität bei der BIS (»Financial Stability Institute«)
FTP	Liquiditätstransferpreissystem (»Funds Transfer Pricing«)
Fully Loaded	Vollständige Berücksichtigung von regulatorischen Vorgaben, für die eigentlich noch Übergangsfristen bestehen
FVOCI	Beizulegender Zeitwert von Finanzinstrumenten mit Auswirkungen auf das sonstige Ergebnis (»Fair Value Through Other Comprehensive Income«)
FVTPL	Beizulegender Zeitwert von Finanzinstrumenten mit Auswirkungen auf die Gewinn- und Verlustrechnung (»Fair Value Through Profit or Loss«)
FX Lending Risk	Fremdwährungskreditrisiko
FX Risk	(Fremd-)Währungsrisiko bzw. Wechselkursrisiko
G7	Ein 1975 gegründetes informelles Forum der Staats- und Regierungschefs aus sieben Industrieländern (»Group of Seven«)
G8	Zwischenzeitliche Erweiterung der G7 von 1998 bis März 2014 durch Einschluss von Russland (»Group of Eight«)
G10	Eine 1962 gegründete Gruppe führender Industrienationen (»Group of Ten«)

Abkürzungsverzeichnis

G20	Eine 1999 gegründete Gruppe von 19 Staaten und der EU als zentrales informelles Forum für die internationale wirtschaftliche Zusammenarbeit der bedeutendsten Industrie- und Schwellenländer, die ca. 90 % des weltweiten Bruttoinlandsprodukts, ca. 80 % des Welthandels und rund zwei Drittel der Weltbevölkerung repräsentieren (»Group of Twenty«)
GenG	Genossenschaftsgesetz
Gesamtrisikoprofil	Überblick über die Risiken auf der Ebene des gesamten Institutes
GL	Leitlinien (»Guidelines«)
GlA	Gremium laufende Aufsicht von BaFin und Deutscher Bundesbank
GRDGF	Rahmenwerk für die Steuerung der Risikodaten auf Gruppenebene (»Group Risk Data Governance Framework«)
GRI	Initiative zur Entwicklung von Standards für die Erstellung von Nachhaltigkeitsberichten (»Global Reporting Initiative«)
GroMiKV	Großkredit- und Millionenkreditverordnung
Gruppe-1-Institute	International tätige Institute mit einem Kernkapital von mindestens 3 Mrd. Euro
Gruppe-2-Institute	Alle übrigen Institute, die nicht der Gruppe 1 angehören
G-SIB	Global systemrelevante Banken (»Global Systemically Important Banks«)
G-SII	Global systemrelevante Institute (»Global Systemically Important Institutions«)
G-SRI	Global systemrelevante Institute
G-SRI-Puffer	Kapitalpuffer für global systemrelevante Institute gemäß § 10f KWG
GuV	Gewinn- und Verlustrechnung
GwG	Geldwäschegesetz
Haircuts	Bewertungsabschläge bei Wertpapieren
Herstatt-Krise	Bankenpleite der Nachkriegsgeschichte durch hochspekulative Devisengeschäfte und mangelhafte interne Kontrollsysteme, die den Begriff »Herstatt-Risiko« als Synonym für das Erfüllungsrisiko im Rahmen von Devisentransaktionen geprägt hat
HFLI	Kleinere Schadensfälle, die in regelmäßigen Abständen aufgrund derselben Ursache sehr häufig auftreten (»High Frequency, Low Impact«)
HGB	Handelsgesetzbuch
HHI	Kennzahl zur Messung von Konzentrationen (»Herfindahl-Hirschman-Index«)
HILF	Selten eintretende Ereignisse mit gravierenden Folgen (»High Impact, Low Frequency«)
HLBA	Historischer Rückschauansatz (»Historical Look-Back Approach«) vom Baseler Ausschuss für Bankenaufsicht
HP LSI	Weniger bedeutende Institute (LSI) mit hoher Priorität (»High Priority LSI«)
HR	Vorgegebener Schwellenwert (»Hurdle Rate«)
HQLA	Erstklassige liquide Aktiva (»High-Quality Liquid Assets«)
IaaS	Bereitstellung von Rechenleistungen und Speicherplatz (»Infrastructure as a Service«)

IASB	Internationales Gremium zur Entwicklung von Rechnungslegungsstandards (»International Accounting Standards Board«)
ICAAP	Bankinterner Prozess zur Sicherstellung einer angemessenen Kapitalausstattung (»Internal Capital Adequacy Assessment Process«)
ID-Nummer	Eindeutige Vorgabe einer Händleridentifikation (Identifikations-Nummer)
IDR	Inhärentes Ausfallrisiko (»Incremental Default Risk«) eines Emittenten
IDV	Individuelle Datenverarbeitung
IDW	Institut der Wirtschaftsprüfer
IDW RS BFA 3	IDW-Stellungnahme zur verlustfreien Bewertung von zinsbezogenen Geschäften des Anlagebuches
IFRS	Internationale Rechnungslegungsvorschriften (»International Financial Reporting Standards«) vom IASB
IIA	Internationaler Berufsverband für Interne Revisoren mit Sitz in den USA (»The Institute of Internal Auditors«)
IIF	Internationale Interessenvertretung der Finanzindustrie (»Institute of International Finance«)
IIR	Verkürzte Schreibweise für Deutsches Institut für Interne Revision e. V.
IKS	Internes Kontrollsystem
IKT	Informations- und Kommunikationstechnologie
ILAAP	Bankinterner Prozess zur Sicherstellung einer angemessenen Liquiditätsausstattung (»Internal Liquidity Adequacy Assessment Process«)
ILDC	Zins-, Leasing- und Dividendenkomponente (»Interest, Leases and Dividend Component«) für operationelle Risiken
ILM	Interner Verlustfaktor (»Internal Loss Mulitplier«) für operationelle Risiken
ILO	Internationale Arbeitsorganisation (»International Labour Organization«)
IMA	Internes Modell zur Berechnung der regulatorischen Eigenmittelanforderungen für Marktpreisrisiken (»Internal Models Approach«)
IMF/IWF	Internationaler Währungsfonds (»International Monetary Fund«)
IMFC	Internationaler Währungs- und Finanzausschuss (»International Monetary and Finance Committee«)
IMM	Internes Modell zur Berechnung der regulatorischen Eigenmittelanforderungen für Kontrahentenrisiken (»Internal Model Method«)
ImmoKWPLV	Immobiliar-Kreditwürdigkeitsprüfungsleitlinien-Verordnung
InstitutsVergV	Institutsvergütungsverordnung
Inverser Stresstest	Bei einem inversen Stresstest (»Reverse Stress Test«) werden auf Basis eines vordefinierten Ergebnisses (z.B. die Gefährdung der Überlebensfähigkeit des Institutes) Szenarien und Umstände untersucht, die dieses Ergebnis verursachen könnten
InvG	Investmentgesetz
InvMaRisk	Mindestanforderungen an das Risikomanagement für Investmentgesellschaften

Abkürzungsverzeichnis

IRBA	Auf internen Ratings basierender Ansatz (»Internal Ratings Based Approach«) zur Berechnung der regulatorischen Eigenmittelanforderungen für Adressenausfallrisiken
IRC	Zusätzliches Ausfall- und Migrationsrisiko (»Incremental Risk Charge«)
IRRBB	Zinsänderungsrisiko im Anlagebuch (»Interest Rate Risk of the Banking Book«)
IRT	Internes Abwicklungsteam (»Internal Resolution Team«)
ISB	Informationssicherheitsbeauftragter, siehe auch CISO
ISDA	Handelsorganisation am Markt für OTC-Derivate (»International Swaps and Derivatives Assoziation«), die entsprechende Rahmenverträge herausgibt
ISEAL Alliance	Meta-Governance-System mit dem Ziel der Vereinheitlichung von Standards verschiedener Nachhaltigkeitsinitiativen (»International Social and Environmental Accreditation and Labelling Alliance«)
ISM	Informationssicherheitsmanager, siehe auch CISO
IT	Informationstechnologie
ITS	Verbindlicher technischer Durchführungsstandard (»Implementing Technical Standard«) der EBA
ITSEC	Zertifikat nach den Kriterien für die Bewertung der Sicherheit von Systemen oder Informationstechnik (»Information Technology Security Evaluation Criteria«)
Joint Committee	Gemeinsamer Ausschuss der Europäischen Aufsichtsbehörden
JST	Gemeinsames Aufsichtsteam (»Joint Supervisory Team«)
KAGB	Kapitalanlagegesetzbuch
KAGG	Gesetz über Kapitalanlagegesellschaften
KAMaRisk	Mindestanforderungen an das Risikomanagement von Kapitalverwaltungsgesellschaften
KEV	Verfahren der Deutschen Bundesbank zur Einreichung und Verwaltung von Kreditforderungen
KI	Künstliche Intelligenz
KMU	Kleine und mittlere Unternehmen
KMV	Kreditrisikomodell (Kealhofer/McQuoan/Vasiček, 1999)
KonTraG	Gesetz zur Kontrolle und Transparenz im Unternehmensbereich
KPI	Leistungskennzahlen (»Key Performance Indicators«)
KPO	Auslagerung von Expertenwissen (»Knowledge Process Outsourcing«)
KRI	Risikokennzahlen (»Key Risk Indicators«)
KSA	Kreditrisikostandardansatz zur Berechnung der regulatorischen Eigenmittelanforderungen für Adressenausfallrisiken
KVG	Kapitalverwaltungsgesellschaften
KWG	Kreditwesengesetz
KYB	Kenntnis über die Geschäftsaktivitäten des Institutes (»Know your Business«)
KYC	Kenntnis über die Bedürfnisse der Kunden des Institutes (»Know your Clients«)

KYS	Kenntnis über die rechtliche, organisatorische und operative Struktur des Institutes (»Know your Structure«)
LaR	Risikomaß für das Liquiditätsrisiko im engeren Sinne (»Liquidity-at-Risk« bzw. »Cashflow-at-Risk«)
LAS	Erklärung zur Angemessenheit der Liquidität (»Liquidity Adequacy Statement«)
LC	Verlustkomponente (»Loss Component«) für operationelle Risiken
LCR	Liquiditätsdeckungsquote (»Liquidity Coverage Ratio«)
LGD	Verlustquote bei Ausfall (»Loss Given Default«)
LiqR	Liquiditätsrisiken
LiqV	Liquiditätsverordnung
LR	Verschuldungsquote (»Leverage Ratio«)
LSI	Weniger bedeutende Institute (»Less Significant Institutions«)
LSI-ICAAP	ICAAP für die weniger bedeutenden Institute (»Less Significant Institutions«)
LTD	Verhältnis von Krediten zu Einlagen (»Loan-to-Deposit Ratio«)
LVaR	Risikomaß für das Liquiditätsrisiko im weiteren Sinne auf Basis des Value-at-Risk (»Liquidity-Value-at-Risk«)
LVPS	Individualzahlungssystem (»Large Value Payment System«)
M&A	Fusionen und Übernahmen (»Mergers & Acquisitions«)
MaBail-in	Mindestanforderungen zur Umsetzbarkeit eines Bail-in
MaBV	Makler- und Bauträgerverordnung
MaComp	Mindestanforderungen an die Compliance-Funktion und weitere Verhaltens-, Organisations- und Transparenzpflichten
MaComp II	Besondere Organisatorische Anforderungen für den Betrieb eines multilateralen Handelssystems nach §§ 31f und 31g WpHG
MaGo	Mindestanforderungen an die Geschäftsorganisation von Versicherungsunternehmen
MaH	Mindestanforderungen an das Betreiben von Handelsgeschäften
MAID	Software-Modul zur Überwachung der Einhaltung von gesetzlichen Vorgaben und internen Regeln (»Market Abuse & Insider Dealing Detection«)
MaIR	Mindestanforderungen an die Ausgestaltung der Internen Revision
MaK	Mindestanforderungen an das Kreditgeschäft
MaRisk	Mindestanforderungen an das Risikomanagement
MaRisk VA	Mindestanforderungen an das Risikomanagement von Versicherungsunternehmen
MaRisk-Fachgremium	Gremium von BaFin und Deutscher Bundesbank mit Fachexperten aus Instituten, Prüfern und Verbandsvertretern zur Erarbeitung bzw. Weiterentwicklung der MaRisk und zur Diskussion von Auslegungsfragen
Markt	Bereich, der Kreditgeschäfte initiiert und bei den Kreditentscheidungen über ein Votum verfügt
Marktfolge	Bereich, der bei den Kreditentscheidungen über ein weiteres Votum verfügt
Mark-to-Market	Bewertung durch Marktpreise

Abkürzungsverzeichnis

Mark-to-Matrix	Bewertung durch abgeleitete Marktpreise
Mark-to-Model	Bewertung durch modellbasierte Preise
MaSan	Mindestanforderungen an die Ausgestaltung von Sanierungsplänen
MaSI	Mindestanforderungen an die Sicherheit von Internetzahlungen
MCR	Mindestkapitalanforderung (»Minimum Capital Requirement«) für Versicherungen
MDA	Maximal ausschüttungsfähiger Betrag (»Maximum Distributable Amount«)
MiFID	Richtlinie über Märkte für Finanzinstrumente (»Markets in Financial Instruments Directive«, Finanzmarktrichtlinie)
MiFIR	Verordnung über Märkte für Finanzinstrumente (»Markets in Financial Instruments Regulation«, Finanzmarktverordnung)
MIS	Interne Risikoberichterstattung (»Management Information System«)
MPR	Marktpreisrisiken
MREL	Mindestanforderungen an Eigenmittel und berücksichtigungsfähige Verbindlichkeiten (»Minimum Requirements for Own Funds and Eligible Liabilities«)
MTF	Multilaterale Handelssysteme (»Multilateral Trading-Facilities«)
MVP	Melde- und Veröffentlichungsplattform der BaFin
NCA	National zuständige Behörden (»National Competent Authorities«)
NCFA	Initiative zur nachhaltigen Finanzierung (»Natural Capital Finance Alliance«)
Need-to-know-Prinzip	Vergabe von Berechtigungen und Kompetenzen nach dem Sparsamkeitsgrundsatz
NEPAD	Wirtschaftliches Entwicklungsprogramm der Afrikanischen Union (»New Partnership for Africa's Development«)
NFR	Nicht-finanzielle Risiken (»Non-Financial Risks«)
NMD	Nicht fällige Einlagen (»Non-Maturity Deposits«)
Normative Perspektive	Beurteilung der Fähigkeit der Institute, auf mittlere Sicht alle regulatorischen und aufsichtlichen Kapital- und Liquiditätsanforderungen zu erfüllen sowie sonstigen externen finanziellen Zwängen Rechnung zu tragen, womit auf die Anforderungen der ersten Säule Bezug genommen wird
NPE	Notleidende Risikopositionen (»Non-performing Exposures«)
NPL	Notleidende Kredite (»Non-performing Loans«)
NPNM	Andere Bezeichnung für NPP (»Neue Produkte Neue Märkte«)
NPP	Neu-Produkt-Prozess
NPP-Light	Verkürzter NPP
NSFR	Strukturelle Liquiditätsquote (»Net Stable Funding Ratio«)
NZU	Niedrigzinsumfeld
NZU-Umfrage	Jährlich durchgeführte Umfrage der deutschen Aufsicht zur Lage deutscher Kreditinstitute im Niedrigzinsumfeld
OCR	Gesamtkapitalanforderung gemäß der zweiten Säule (»Overall Capital Requirement«)
OECD	Organisation für Wirtschaftliche Zusammenarbeit und Entwicklung (»Organisation for Economic Co-operation and Development«)

Ökonomische Perspektive	Identifizierung und Quantifizierung aller wesentlichen Risiken, die aus ökonomischer Sicht Verluste verursachen und das interne Kapital substanziell verringern bzw. die Liquiditätsposition beeinträchtigen könnten, womit auf die Anforderungen der zweiten Säule Bezug genommen wird
OFAC	Kontrollbehörde des US-Finanzministeriums (»Office of Foreign Assets Control«)
OGAW	Richtlinie zur Koordinierung der Rechts- und Verwaltungsvorschriften betreffend bestimmte Organismen für gemeinsame Anlagen in Wertpapieren (Investmentfondsrichtlinie)
Opinions	Stellungnahmen der EBA
OpRisk	Operationelle Risiken
Opt-in-Klausel	Möglichkeit der EU-Mitgliedstaaten außerhalb der Euro-Zone, freiwillig am SSM teilzunehmen
Op-VaR	Messung von operationellen Risiken auf Basis des Value-at-Risk (»Operational-Value-at-Risk«)
ORX	Datenkonsortium der »Operational Riskdata eXchange Association«
O-SII	Anderweitig systemrelevante Institute (»Other Systemically Important Institutions«)
OTC-Derivate	Außerbörslich (»Over the Counter«) gehandelte Derivate
P2G	Institutsspezifische Säule-2-Kapitalempfehlung (»Pillar 2 Guidance«), auch als Eigenmittelzielkennziffer (EMZK) bezeichnet
P2R	Institutsspezifischer Säule-2-Kapitalzuschlag (»Pillar 2 Requirement«), auch als SREP-Kapitalzuschlag bezeichnet
PaaS	Bereitstellung von Entwicklerplattformen (»Platform as a Service«)
PD	Ausfallwahrscheinlichkeit (»Probability of Default«)
PD-Shift	Verschiebung der Ausfallwahrscheinlichkeit
PEX	Deutscher Pfandbriefindex
PfandBG	Pfandbriefgesetz
PFE	Zukünftig zu erwartende Risikoerhöhung (»Potential Future Exposure«)
Phase-in Period	Übergangszeitraum, in dem neue Vorgaben schrittweise eingeführt werden
PIIGS-Staaten	Staaten mit vergleichsweise hoher Verschuldung während der Euro-Krise (Portugal, Irland, Italien, Griechenland und Spanien)
P&L	Gewinn- und Verlustrechnung (»Profit and Loss«), siehe auch GuV
PPNR	Nettoumsatz vor Risikovorsorge (»Pre-Provision Net Revenue«)
PRA	Teil der aktuellen Finanzaufsichtsbehörde im Vereinigten Königreich (»Prudential Regulation Authority«)
PRB	UNEP-Initiative zur Berücksichtigung von Nachhaltigkeitskriterien im Bankgeschäft (»Principles for Sustainable Banking«)
PRI	UNEP-Initiative zum verantwortlichen Investieren (»Principles for Responsible Investment«)
PRIIPs	Basisinformationsblätter für verpackte Anlageprodukte für Kleinanleger und Versicherungsanlageprodukte (»Packaged Retail and Insurance-based Investment Products«)

Abkürzungsverzeichnis

PrüfbV	Prüfungsberichtsverordnung
PSI	Potenziell systemgefährdende Institute
PSI	UNEP-Initiative zur Berücksichtigung von Nachhaltigkeitskriterien im Versicherungsgeschäft (»Principles for Sustainable Insurance«)
PVBP	Kennzahl zur Bestimmung der Wertänderung einer Anleihe (»Price-Value-of-a-Basis-Point«)
Q&A	Prozess zur Beantwortung eingereichter Fragen (»Questions and Answers«)
QIS	Quantitative Auswirkungsstudie (»Quantitative Impact Study«)
RAF	Rahmen für die Risikobereitschaft (»Risk Appetite Framework«)
RAROC	Risikoadjustierte Rendite auf das Kapital (»Risk Adjusted Return on Capital«)
RAS	Erklärung zum Risikoappetit (»Risk Appetite Statement«)
RAS	Risikobewertungssystem (»Risk Assessment System«) der EZB
RC	Wiederbeschaffungskosten (»Replacement Cost«)
RechKredV	Verordnung über die Rechnungslegung der Kreditinstitute und Finanzdienstleistungsinstitute
Repo	Pensionsgeschäft, d. h. Rückkaufvereinbarung zur Beschaffung von Refinanzierungsmitteln (»Sale and Repurchase Operation/Agreement«)
REX	Deutscher Rentenindex
RGF	Rahmen für die Risikosteuerung (»Risk Governance Framework«)
RIA	Risikobewertungssystem der EZB (»Risk Analysis Network«)
RIGA	Thematische Überprüfung der Risiko-Governance und des Risikoappetits durch die EZB (»Risk Governance and Risk Appetite«)
Risikoträger	Mitarbeiter, die einen wesentlichen Einfluss auf das Gesamtrisikoprofil des Institutes haben (»Risk Taker«)
RMF	Rahmen für das Risikomanagement (»Risk Management Framework«)
ROE	Eigenkapitalrendite (»Return on Equity«)
RORAC	Rendite auf das risikoadjustierte Kapital (»Return on Risk Adjusted Capital«)
RSA	Selbsteinschätzung, bei der die potenziellen Bedrohungen und Schwachstellen bewertet werden (»Risk Self Assessment«)
RSCP	Prozesse zur Identifizierung, Beurteilung, Steuerung, Überwachung und Kommunikation der Risiken (Risikosteuerungs- und -controllingprozesse)
RTF	Risikotragfähigkeit
RTF-Leitfaden	Leitfaden der deutschen Aufsicht zur aufsichtlichen Beurteilung bankinterner Risikotragfähigkeitskonzepte und deren Einbindung in die Gesamtbanksteuerung (ICAAP) als Abgrenzung zum SSM-Leitfaden der EZB
RTGS	Echtzeit-Bruttozahlungssystem (»Real-Time Gross Settlement«)
RTS	Verbindlicher technischer Regulierungsstandard (»Regulatory Technical Standard«) der EBA
Rundschreiben 11/2001	BaFin-Rundschreiben zur Auslagerung von Bereichen auf ein anderes Unternehmen vom Dezember 2001
RWA	Risikogewichtete Aktiva (»Risk-weighted Assets«)

SA	Standardansatz (»Standardised Approach«) zur Berechnung der regulatorischen Eigenmittelanforderungen für operationelle Risiken
SaaS	Bereitstellung von Softwareapplikationen (»Software as a Service«)
Säule 1	Die erste Säule von Basel II/III enthält die Vorgaben zur Berechnung der regulatorischen Eigenmittel (»Minimum Capital Requirements«); diese Vorgaben sind auf europäischer Ebene in der CRR niedergelegt
Säule 2	Die zweite Säule von Basel II/III betrifft den aufsichtlichen Überprüfungsprozess (»Supervisory Review Process«) hinsichtlich der Ausstattung der Institute mit internem Kapital und Liquidität sowie der Qualität ihres Risikomanagements; diese Vorgaben sind auf europäischer Ebene in der CRD enthalten
Säule-1-Plus-Ansatz	Ansatz der EBA, wonach die Kapitalanforderungen der ersten Säule für die dort behandelten Risikoarten jeweils als Untergrenze in die Kapitalfestsetzung der zweiten Säule eingehen (»on a risk-by-risk basis«)
SAG	Gesetz zur Sanierung und Abwicklung von Kreditinstituten
SC	Dienstleistungskomponente (»Services Component«) für operationelle Risiken
SCRC	Solvabilitätsanforderung (»Solvency Capital Requirement«) für Versicherungen
SFO	Schriftlich fixierte Ordnung
SGV	Risikobewertungssystem der EBA (»Standing Group on Risks and Vulnerabilities«)
SI	Bedeutende Institute (»Significant Institutions«)
SIFI	Systemrelevante Finanzinstitute (»Systemically Important Financial Institutions«)
SI-ICAAP	ICAAP für die bedeutenden Institute (»Significant Institutions«)
SII RRL	Solvency-II-Richtlinie für Versicherungen
SLA	Dienstleistungsvereinbarung (»Service Level Agreement«)
SolvV	Solvabilitätsverordnung
SPV	Zweckgesellschaft (»Special Purpose Vehicle«)
SRA	Strategie- und Risikoausschuss als Allfinanzgremium der BaFin
SRB	Ausschuss für die einheitliche Abwicklung (»Single Resolution Board«)
SRB	Kapitalpuffer für systemische Risiken (»Systemic Risk Buffer«) gemäß § 10e KWG
SREP	Aufsichtlicher Überprüfungs- und Bewertungsprozess (»Supervisory Review and Evaluation Process«)
SRF	Einheitlicher Abwicklungsfonds (»Single Resolution Fund«)
SRM	Einheitlicher Abwicklungsmechanismus (»Single Resolution Mechanism«)
SRM-VO	SRM-Verordnung
SRP	Aufsichtlicher Überprüfungsprozess (»Supervisory Review Process«)
SSG	Gruppe von ranghohen Vertretern der Aufsichtsbehörden aus mehreren Ländern (»Senior Supervisors Group«)
SSM	Einheitlicher Aufsichtsmechanismus (»Single Supervisory Mechanism«)

Abkürzungsverzeichnis

SSM-Leitfaden	Leitfaden der EZB für den bankinternen Prozess zur Sicherstellung einer angemessenen Kapitalausstattung (ICAAP) als Abgrenzung zum RTF-Leitfaden der deutschen Aufsicht
SSM-VO	SSM-Verordnung
Step-in-Risiken	Unterstützungsrisiken
Structural FX Risk	Strukturelles Fremdwährungsrisiko
STS-Verbriefungen	Besonders hochwertige Verbriefungen (»simple, transparente und standardisierte Verbriefungen«)
Supervisory Board	Aufsichtsgremium der EZB mit einem Vorsitzenden, einem stellvertetenden Vorsitzenden, vier Vertretern der EZB und je einem Vertreter der beteiligten nationalen Aufsichtsbehörden zur Planung, Erörterung und Ausführung der Aufgaben in der Bankenaufsicht
SVaR	Methode zur Ermittlung des Risikopotenzials unter Stressbedingungen (»Stressed Value-at-Risk«, »Stressed VaR«)
SWOT-Analyse	Analyse der Stärken, Schwächen, Chancen und Risiken einer Transaktion
SWIFT	Organisation im Bankenbesitz zur Standardisierung des weltweiten Nachrichten- und Transaktionsverkehrs der Banken über sichere Telekommunikationsnetze (»Society for Worldwide Interbank Financial Telecommunication«)
T2	Ergänzungskapital (»Tier 2«)
TCE	Materielles Eigenkapital (»Tangible Common Equity«)
TCFD	Expertengruppe für die Erarbeitung branchenspezifischer Empfehlungen zur Berücksichtigung und Offenlegung von klimarelevanten Daten (»Task Force on Climate-Related Financial Disclosure«)
TEG	Technische Expertengruppe der EU-Kommission für die Erarbeitung einer Taxonomie zu Nachhaltigkeitsaspekten
TLAC	Zusätzliche Verlustabsorptionsfähigkeit (»Total Loss-Absorbing Capacity«)
TransPubG	Transparenz- und Publizitätsgesetz
TREA	Gesamtrisikobetrag (»Total Risk Exposure Amount«)
TRIM	Gezielte Überprüfung interner Modelle (»Targeted Review of Internal Models«) durch die EZB
TSCR	SREP-Gesamtkapitalanforderung (»Total SREP Capital Requirements«)
UL	Der unerwartete Verlust (»Unexpected Loss«) ist der über den erwarteten Verlust hinausgehende Gesamtverlust, der aus einem nachteiligen Extremereignis resultiert
UmwG	Umwandlungsgesetz
UN/VN	Vereinte Nationen (»United Nations«)
UNEP	UN-Umweltprogramm (»United Nations Environment Programme«)
URCF	Unabhängige Risikocontrolling-Funktion für Versicherungen
US-GAAP	Rechnungslegungsgrundsätze der USA (»United States Generally Accepted Accounting Principles«)
USP	Alleinstellungsmerkmal (»Unique Selling Proposition«)
VAG	Gesetz über die Beaufsichtigung der Versicherungsunternehmen

VaR	Der »Value at Risk« bezeichnet den geschätzten maximalen Wertverlust einer Einzelposition oder eines Portfolios, der unter den Marktbedingungen der zurückliegenden Jahre (Beobachtungszeitraum) innerhalb eines festgelegten Zeitraumes in der Zukunft (Risikobetrachtungshorizont) mit einer bestimmten Wahrscheinlichkeit (Konfidenzniveau) eintreten kann
VBA	Skriptsprache (»Visual Basic for Appplications«)
vdp	Verband deutscher Pfandbriefbanken
VerkProspG	Wertpapier-Verkaufsprospektgesetz
VÖB	Bundesverband Öffentlicher Banken Deutschlands e. V.
WB	Weltbank (»World Bank«)
WBCSD	Organisation von Vorständen verschiedener Unternehmen, die sich mit dem Thema Wirtschaft und Nachhaltigkeit befassen (»World Business Council for Sustainable Development«)
WpDVerOV	Wertpapierdienstleistungs-Verhaltens- und Organisationsverordnung
WpDPV	Wertpapierdienstleistungs-Prüfungsverordnung
WpHG	Wertpapierhandelsgesetz
WpHGMaAnzV	WpHG-Mitarbeiteranzeigeverordnung
WpPG	Wertpapierprospektgesetz
WpÜG	Wertpapiererwerbs- und Übernahmegesetz
WTO	Welthandelsorganisation (»World Trade Organisation«)
XBRL	Eine auf XML basierende maschinenlesbare Sprache, die insbesondere für den Datenaustausch im Finanzbereich verwendet wird (»eXtensible Business Reporting Language«)
XML	Maschinenlesbare Sprache zur Strukturierung von Texten und Datenmengen (»eXtensible Markup Language«)
ZÄR	Zinsänderungsrisiken
ZAG	Zahlungsdiensteaufsichtsgesetz
ZKA	Zentraler Kreditausschuss, Vorgänger der DK

Teil I:
Hintergründe, Rahmen und Umsetzung

Teil I

1 Bedeutung des Risikomanagements

1 Risiken sind fester Bestandteil der menschlichen Umwelt. Neben gesundheitlichen Risiken, politischen Risiken oder unternehmerischen Risiken existiert eine Vielzahl weiterer Risiken. Ihre Dimensionen rücken dabei häufig erst durch Katastrophen, Unternehmenspleiten, Unfälle oder Krankheiten in das Bewusstsein unserer Gesellschaft. Risiken sind allgegenwärtig. Je offener sie zutage treten, desto größer wird das Bedürfnis nach Sicherheit. Risiken werden daher administriert, akzeptiert, nicht akzeptiert, versichert oder debattiert. Wir leben in einer »Risikogesellschaft«[1] und sind auf dem besten Weg in eine »(Rück-)Versicherungsgesellschaft«.[2] Trotz ihrer Allgegenwärtigkeit ist das Verständnis für das Management der Risiken unterschiedlich ausgeprägt. Daher lohnt sich zunächst ein Blick in die Historie, um verstehen zu können, warum Risikomanagement so bedeutsam ist.

2 Naturkatastrophen, Unfälle, Hungersnöte oder Seuchen galten Jahrhunderte lang als von Gott, Natur oder Schicksal ausgelöste Ereignisse, auf die der Mensch keinen Einfluss hat. Der Mensch war nur sehr beschränkt in der Lage, »vorweg zu denken«, um die Folgen negativer Ereignisse durch gezielte Maßnahmen zu beeinflussen. Im Ergebnis führte dies dazu, dass die meisten Menschen Risiken intuitiv ablehnten bzw. eine fatalistische Einstellung gegenüber Risiken entwickelten. In diesem gesellschaftlichen Kontext war das Management von Risiken eine bedeutungslose Übung. Selbst in der heutigen Alltagssprache ist der Begriff »Risiko« regelmäßig negativ belegt. Die Assoziationen reichen von Verlusten, Schäden oder Gefahren bis hin zu unkalkulierbaren Wagnissen. Eine Befragung der Bevölkerung zur Semantik des Begriffes »Risiko« hätte wahrscheinlich zum Ergebnis, dass die meisten Befragten mit spontaner Ablehnung reagieren würden.

3 Erst in der Seefahrt der Renaissance gewann das Risikomanagement an Bedeutung. Die Unwägbarkeiten des Seehandels, wie z.B. Klippen, Seeräuber und Unwetter, sollten durch die Beur-

---

1 Vgl. Beck, Ullrich, Risikogesellschaft – Auf dem Weg in eine andere Moderne, Frankfurt a.M., 1986.
2 Vgl. Banse, Gerhard, Herkunft und Anspruch der Risikoforschung, in: Banse, Gerhard (Hrsg.), Risikoforschung zwischen Disziplinarität und Interdisziplinarität, Berlin, 1996, S.9.

teilung der möglichen Folgen in abschätzbare Wägbarkeiten gewandelt werden. Dieses individuelle Entscheidungskalkül stand im krassen Widerspruch zum vorherrschenden Dogma, das allein einer höheren, übermenschlichen Instanz das Recht einräumte, in die Zukunft zu blicken. An die Stelle eines statischen, vornehmlich religiösen Weltbildes trat zunehmend der »Anspruch der Vernunft«. Mündige und aufgeklärte Bürger versuchten, die Gefährdungs- und Chancenpotenziale ihrer eigenen Entscheidungen durch bewusste Einflussnahme, Eigeninitiative und Verantwortungsbereitschaft aktiv zu gestalten. Als konkretes Werkzeug zur Optimierung der Risiko-/Chancen-Profile setzte der Seehandel in der Renaissance erstmals Versicherungen ein. Die rationale Seeversicherung trat an die Stelle des Schutzpatrons der Meere.

Für Banken und Finanzdienstleister ist es heutzutage allerdings erheblich schwieriger geworden, die »Klippen« erfolgreich zu umschiffen. Zu den Risiken der »höheren Gewalt« – wie z. B. Naturkatastrophen – oder der Bedrohung durch Seeräuber gesellen sich im Zeitalter der Globalisierung vollkommen neue Risikodimensionen. Vor allem der technische Fortschritt hat dazu beigetragen, dass sich alle Extreme, die negativen wie die positiven, aufgrund der ausgeprägten Vernetzungen zwischen den Märkten zunehmend stärker auswirken. Die Nutzung und der Ausbau neuer Informations- und Kommunikationstechnologien haben die Schlagzahl der Innovationen auf den Finanzmärkten deutlich erhöht. Damit einher geht ein massiver Wettbewerbsdruck, der schon lange nicht mehr an den Grenzen einzelner Nationalstaaten haltmacht. Umfassende Deregulierungsmaßnahmen taten ihr Übriges, um das Entwicklungstempo weiter zu beschleunigen. Der erzielte Fortschritt auf den Finanzmärkten leistete auf der einen Seite mit Sicherheit einen großen Beitrag dazu, dass der Wohlstand in den westlichen Industriestaaten und in vielen anderen Regionen der Welt sukzessive vermehrt wurde. Auf der anderen Seite erhöhte sich die Anfälligkeit des Gesamtsystems, da sich Einzelrisiken aufgrund der Vernetzung der Marktteilnehmer zu einer systemischen Destabilisierung aufschaukeln können.[3]

Die ersten Destabilisierungstendenzen zeigten sich bereits in den siebziger Jahren des letzten Jahrhunderts, als das erst nach dem Zweiten Weltkrieg neu geordnete internationale Währungssystem von festen Wechselkursen (»Bretton-Woods-System«) zugunsten eines Systems freier Wechselkurse abgeschafft wurde. Die Marktteilnehmer mussten sich seitdem auf Volatilitäten einstellen, denen einige Institute nicht gewachsen waren. Prominentes Beispiel ist der Konkurs des deutschen Bankhauses Herstatt, das sich mit Devisengeschäften verspekulierte und dadurch sogar kurzfristige Störungen des internationalen Zahlungsverkehrs verursachte. Die Finanzindustrie reagierte auf die zunehmenden Volatilitäten mit der Konstruktion vielfältiger derivativer Absicherungsinstrumente, die die Marktteilnehmer vor den Schwankungen ihrer Marktpreisrisikopositionen schützen sollten. Die zunehmende Globalisierung des Finanzgeschäftes und die daran geknüpfte Vernetzung der Marktteilnehmer machten den Weg frei für den Vorstoß in neue Unsicherheitszonen. Im Zeitablauf entwickelte sich der Markt für derivative Sicherungsinstrumente explosionsartig. Dabei wurden Derivate nicht nur über die Börse, sondern auch außerbörslich (»Over the Counter«) gehandelt.

Die Entwicklung innovativer Finanzinstrumente blieb jedoch nicht bei der Absicherung gegen Marktpreisrisiken stehen. Die Handelbarkeit der Risiken erreichte im nächsten Schritt auch die Welt der Kreditrisiken mit weitreichenden geschäfts- und risikostrategischen Konsequenzen. Viele Institute verabschiedeten sich von der traditionellen »Buy and Hold«-Strategie, bei der die vergebenen Kredite vom Institut selbst bis zur Endfälligkeit gehalten werden, und gingen zu einer »Originate to Distribute«-Strategie über. Mit dem Ziel, Risiken zu diversifizieren, wurde das eigene Kreditportfolio in handgerechte Pakete verpackt und mit Unterstützung von Investmentbanken und Ratingagenturen an Investoren in der ganzen Welt verkauft. Die Kompositionsgabe der Erfinder dieser Produkte kannte im Weiteren jedoch keine Grenzen: Durch »Verbriefungen von

---

3   Vgl. Willke, Helmut, Dystopia – Studien zur Krisis des Wissens in der modernen Gesellschaft, Frankfurt a. M., 2002, S. 30.

Verbriefungen«, so genannte »Collateralized Debt Obligations of Asset-Backed Securities«, wurden Teile einzelner Verbriefungen gebündelt, dann strukturiert und schließlich erneut an Investoren verkauft (»Wiederverbriefungen«). Die exakte Position einer Tranche in der Kapitalstruktur, die im Wesentlichen von den angenommenen Ausfallkorrelationen determiniert wird, entschied nunmehr über die Höhe des Risikos.[4] Das Verhängnis nahm seinen Lauf, als sich herausstellte, dass die Bonität der zugrundeliegenden Underlyings in vielen Fällen schlechter war als angenommen. Laxe Kreditstandards führten im Boom steigender Häuserpreise zu einer beispiellosen Expansion der Kreditvolumina in den USA. Das Wachstum wurde vor allem durch eine große Schar von Kreditvermittlern, die mit ihren abschlussorientierten Vergütungen einen Anreiz hatten, auch bonitätsschwache Kaufinteressenten zu einer Kreditaufnahme und zum Kauf einer Wohnimmobilie zu bewegen, weiter angefeuert.[5] In der Gesamtschau führten diese Entwicklungen dazu, dass der Großteil der Kreditnehmer im amerikanischen »Subprimesegment«, d.h. mit einer vergleichsweise geringen Bonität, zum Zeitpunkt der Kreditvergabe nicht kreditwürdig war. Die hinter dem »Originate to Distribute«-Ansatz stehende Logik sorgte dafür, dass sich der »Toxic Stuff« auf der ganzen Weltkugel verteilte. Die dadurch ab Mitte 2007 einsetzende Vertrauenskrise auf den globalen Finanzmärkten war der Auslöser dafür, dass die gesamte Finanzwelt nach der Insolvenz der US-amerikanischen Investmentbank Lehman Brothers in den tiefen Abgrund der Systemkrise blickte. Diese Krise hatte auch erhebliche Auswirkungen auf die Realwirtschaft.

7   Die Finanzmarktkrise ist allerdings auf vielfältige Ursachen zurückzuführen. Sie ist das Ergebnis einer Kette von Fehleinschätzungen von Bankmanagern, aber auch Ratingagenturen, Politikern, Zentralbanken und Aufsichtsbehörden. Deutlich wurde zudem, wie wichtig angemessene und wirksame Risikomanagementstrukturen für die Unternehmen der Finanzbranche sind: Banken und Finanzdienstleister können nur dann ihre Risiko-/Chancen-Profile optimieren und dadurch ihre Existenz nachhaltig sichern, wenn sie über geeignete Risikomanagementinstrumente verfügen. Andernfalls werden sie über kurz oder lang aus dem Wettbewerb ausscheiden müssen. Auch die internationale Interessenvertretung der Finanzindustrie, das Institute of International Finance (IIF), mahnte vor dem Hintergrund der Finanzmarktkrise eine Verbesserung des Risikomanagements an.[6]

8   Mittlerweile scheint die Finanzmarktkrise weitgehend überwunden zu sein, wenngleich nach wie vor über Regulierungsmaßnahmen diskutiert wird, die sich mit ihren Auswirkungen befassen und weder abschließend ausgestaltet noch umgesetzt sind. Gleichzeitig rücken neue Risiken in den Fokus der Bankenaufsicht, die zum großen Teil auf die rasanten Entwicklungen im Bereich der Informationstechnologie zurückzuführen sind. Begriffe wie »Finanztechnologie (Fintech)«, »Cloud Computing«, »Blockchain«, »IT-Sicherheit«, »IT-Sicherheitsbeauftragter«, »IT-Schutzbedarf«, »Risiken der Informations- und Kommunikationstechnologie« und »Cyberrisiken« spielen seit einiger Zeit auch in der Kreditwirtschaft eine zunehmende Rolle. Gleichzeitig nimmt die Bedeutung sogenannter »Non-Financial Risks« kontinuierlich zu. Dazu gehören u.a. »Reputationsrisiken« und »(Fehl-)Verhaltensrisiken«. Für das Risikomanagement besteht insofern die Herausforderung, sich permanent auf neue Gefahrensituationen einzustellen und darauf die richtigen Antworten zu finden.

---

4   Vgl. Gisdakis, Philip, Kreditportfolio-Tranchierung: Einfache Einsichten in ein komplexes Problem, in: Risiko-Manager, Heft 11/2008, S. 6.

5   Vgl. Rudolph, Bernd, Die internationale Finanzkrise: Ursachen, Treiber, Veränderungsbedarf und Reformansätze, Fakultät für Betriebswirtschaft der Ludwig-Maximilians-Universität München, Diskussionspapier, August 2009, S. 9.

6   »Failures in risk management policies, procedures, and techniques were evident at a number of firms – in particular, the lack of a comprehensive approach to firm-wide risk management often meant that key risks were not identified or effectively managed.« Institute of International Finance, Final Report of the IIF Committee on Market Best Practices: Principles of Conduct and Best Practice Recommendations, Financial Services Industry Response to the Market Turmoil of 2007–2008, 21. Juli 2008, S. 9.

2 MaRisk: Beweggründe und Historie

Natürlich muss die Bankenaufsicht ebenfalls ihre Lehren aus den relevanten Ereignissen der **9** Vergangenheit ziehen. Um den grenzüberschreitenden Aktivitäten vieler Institute gerecht zu werden, muss auch die Zusammenarbeit der Aufsichtsbehörden weiter vorangetrieben werden. Ferner werden seit einigen Jahren makroökonomische Entwicklungen bei der Beaufsichtigung der Institute stärker berücksichtigt. Deutlich wurde außerdem, dass den geschäftspolitischen Zielen und den zur Umsetzung dieser Ziele eingerichteten Risikomanagementstrukturen ein noch größerer Stellenwert von Seiten der Aufsicht eingeräumt werden muss.[7] Das setzt zunächst voraus, dass die Bankenaufsicht über genügend personelle und technisch-organisatorische Kapazitäten verfügt, um das vor Ort in den Instituten betriebene Risikomanagement verstehen zu können.

In diesem Zusammenhang stellt sich auch die Frage nach dem Regulierungsansatz: Wie sollte **10** eine am institutsinternen Risikomanagement ausgerichtete Regulierung gestaltet werden? Das klassische – quantitativ geprägte – aufsichtsrechtliche Instrumentarium hat sich in dieser Hinsicht als unvollkommen erwiesen. Die Einhaltung bestimmter Kennziffern – z. B. des Solvabilitätskoeffizienten oder der Großkreditgrenzen – ist zwar nach wie vor ein wichtiger Faktor, sagt aber im Grunde genommen sehr wenig über die Qualität des Risikomanagements in den Instituten aus. Bei vielen Schieflagen waren folglich auch keine nennenswerten Abweichungen hinsichtlich der quantitativen Kennziffern zu verzeichnen.[8] Moderne Regelsetzung darf sich daher nicht nur auf quantitative Kennziffern verlassen. Sie muss ihr Instrumentarium um Anforderungen erweitern, die eine Beurteilung der Qualität des Risikomanagements in den Instituten zulassen.[9] Die Bundesanstalt für Finanzdienstleistungsaufsicht (BaFin)[10] trägt dieser Notwendigkeit bereits seit Längerem Rechnung, indem sie nach und nach eine ganze Reihe qualitativer Regelwerke veröffentlichte, die auf die Verbesserung des Risikomanagements in den Instituten abzielen. Ein besonders prägnantes Beispiel hierfür sind die im Dezember 2002 veröffentlichten »Mindestanforderungen an das Kreditgeschäft« (MaK).

Basel II und korrespondierende EU-Richtlinien gaben schließlich den Anstoß für die Entwick- **11** lung eines umfassenden Regelwerkes, das auf der Basis einer ganzheitlichen Risikobetrachtung einen Rahmen für das Management aller wesentlichen Risiken vorgibt. Ergebnis sind die »Mindestanforderungen an das Risikomanagement« (MaRisk), die von der BaFin im Dezember 2005 nach intensiven Diskussionen mit der Praxis erstmals veröffentlicht wurden. Bereits bestehende qualitative Regelwerke – wie etwa die erwähnten MaK – hat die BaFin in modernisierter Form in die MaRisk überführt. Ergänzend hierzu wurden neue Elemente in die MaRisk eingefügt, die in maßgeblichen Baseler und Brüsseler Dokumenten enthalten sind und für die bis zu diesem Zeitpunkt noch keine oder nur fragmentarische qualitative Regelungen in Deutschland existierten (z. B. Anforderungen an das Management von Zinsänderungsrisiken im Anlagebuch).

Der Konsolidierungsprozess war damit jedoch noch nicht abgeschlossen. Im Rahmen einer **12** ersten, groß angelegten Anpassungsaktion wurden die MaRisk im Oktober 2007 auf der Basis von

---

7 Vgl. Sanio, Jochen, Bankenaufsicht und Systemrisiko, in: Burghof, Hans-Peter/Johanning, Lutz/Schäfer, Klaus/Wagner, Hannes/Rodt, Sabine (Hrsg.), Risikomanagement und kapitalmarktorientierte Finanzierung, Festschrift zum 65. Geburtstag von Bernd Rudolph, Frankfurt a. M., 2009, S. 24 ff.

8 Vgl. Artopoeus, Wolfgang, Kreditrisiko: Erfahrungen und Ansichten eines Aufsehers, in: Herausforderung Kreditrisiko – The Challenge of Credit Risk, Zusammenstellung der Redebeiträge des Symposiums der Deutschen Bundesbank am 24. November 1998, Frankfurt a. M., 1998, S. 9 f.; Groupe de Contact, The Causes of Banking Difficulties in the EEA 1988–1998, August 1999, S. 1 f.

9 Vgl. Sanio, Jochen, Die MaRisk und die neue Aufsicht, in: Die SparkassenZeitung vom 23. Juni 2006, S. 3.

10 Der BaFin ist nach Maßgabe des § 6 Abs. 2 KWG vom Gesetzgeber die Aufgabe übertragen worden, »Missständen im Kredit- und Finanzdienstleistungswesen entgegenzuwirken, welche die Sicherheit der den Instituten anvertrauten Vermögenswerte gefährden, die ordnungsgemäße Durchführung der Bankgeschäfte oder Finanzdienstleistungen beeinträchtigen oder erhebliche Nachteile für die Gesamtwirtschaft herbeiführen können«.

europäischen Richtlinienvorgaben vor allem um modernisierte Outsourcing-Regelungen ergänzt (»erste MaRisk-Novelle«). Vor dem Hintergrund der Finanzmarktkrise in Angriff genommene internationale Regulierungsinitiativen führten schließlich zu einer weiteren umfangreichen Ergänzung (»zweite MaRisk-Novelle«). Die Fassung der MaRisk vom August 2009 sah vor allem Erweiterungen in den Bereichen Risikokonzentrationen, Stresstests, Liquiditätsrisiken und Risikomanagement auf Gruppenebene vor. Außerdem wurden bestehende Pflichten der Geschäftsleitung gegenüber dem Aufsichtsorgan[11] ausgebaut. Die in dieser Fassung zunächst berücksichtigten Anforderungen an Vergütungssysteme wurden aufgrund neuer regulatorischer Vorgaben kurzfristig in ein gesondertes Rundschreiben[12] und anschließend in eine neue Verordnung[13] überführt, die mittlerweile Gegenstand einer separaten Kommentierung ist.[14]

13   Auch die vierte Fassung der MaRisk vom Dezember 2010 war ein Produkt der Finanzmarktkrise (»dritte MaRisk-Novelle«). In den Fokus rückten u. a. die Berücksichtigung von Inter-Risikokonzentrationen, die Durchführung inverser Stresstests und die Qualität vorzuhaltender Liquiditätspuffer. Erstmalig wurden dabei – abweichend vom relativ allgemeinen Charakter des Proportionalitätsprinzips – für kapitalmarktorientierte Institute besondere Anforderungen formuliert. Schwerpunktmäßig auf Erfahrungen aus der Aufsichts- und Prüfungspraxis zurückzuführen waren die Forderung nach Einrichtung eines Strategieprozesses und die Einschränkungen bei der Inanspruchnahme kapitalsparender Diversifikationseffekte im Risikotragfähigkeitskonzept.

14   Das im Dezember 2010 veröffentlichte Regelwerk Basel III bzw. seine Entsprechung auf europäischer Ebene (CRD IV) führten in Kombination mit zahlreichen Leitlinien und Empfehlungen europäischer Standardsetzer zur Fassung vom Dezember 2012 (»vierte MaRisk-Novelle«). Ergänzt wurden insbesondere spezielle Anforderungen an die Risikocontrolling-Funktion und die in den MaRisk erstmals explizit genannte Compliance-Funktion. Daneben wird seither von großen Instituten mit komplexen Geschäftsaktivitäten die Einführung eines Liquiditätstransferpreissystems gefordert, während die übrigen Institute auf einfachere Verfahren zur internen Verrechnung der Liquiditätskosten, -nutzen und -risiken bis hin zu einfachen Kostenverrechnungssystemen zurückgreifen können. Außerdem müssen Institute, die besonders groß sind oder deren Geschäftsaktivitäten durch besondere Komplexität, Internationalität oder eine besondere Risikoexponierung gekennzeichnet sind, seit dieser Novelle dem so genannten »Prinzip der Proportionalität nach oben« zufolge weitergehende Vorkehrungen zur Sicherstellung der Angemessenheit und Wirksamkeit ihres Risikomanagements treffen. Darüber hinaus wurde die konservative Sichtweise aus dem Auslegungspapier der deutschen Aufsicht zur Beurteilung bankinterner Risikotragfähigkeitskonzepte vom Dezember 2011 stärker betont.

---

11 Im Kommentar wird in Anlehnung an den Sprachgebrauch der MaRisk durchgängig der Begriff »Aufsichtsorgan« verwendet. Gemeint ist damit ein im dualistischen System übliches Kontrollgremium, das aufgrund gesetzlicher oder anderer Vorgaben zur Überwachung der Geschäftsleitung eingerichtet werden muss oder kann (→ AT 4.4.3 Tz. 2). Nach dem Aktiengesetz und dem Genossenschaftsgesetz handelt es sich dabei um einen »Aufsichtsrat«, nach öffentlichem Recht um einen »Verwaltungsrat«. Deshalb ist in anderen Regelwerken, wie z. B. im KWG oder in der InstitutsVergV, auch vom »Aufsichts- oder Verwaltungsorgan« die Rede.

12 Bundesanstalt für Finanzdienstleistungsaufsicht, Aufsichtsrechtliche Anforderungen an die Vergütungssysteme von Instituten, Rundschreiben 22/2009 (BA) vom 21. Dezember 2009.

13 Verordnung über die aufsichtsrechtlichen Anforderungen an die Vergütungssysteme von Instituten (Instituts-Vergütungsverordnung – InstitutsVergV) in der Fassung vom 6. Oktober 2010 (BGBl. I Nr. 50, S. 1374), veröffentlicht am 12. Oktober 2010.

14 Buscher, Arne Martin/Link, Vivien/Harbou, Christopher von/Weigl, Thomas, Verordnung über die aufsichtsrechtlichen Anforderungen an Vergütungssysteme von Instituten (Institutsvergütungsverordnung – InstitutsVergV), 2. Auflage, Stuttgart, 2018.

Die endgültige Fassung der CRD IV wurde am 27. Juni 2013 als Paket, bestehend aus einer **15** Verordnung[15] und einer Richtlinie[16] im Amtsblatt der Europäischen Union veröffentlicht, das deutsche CRD IV-Umsetzungsgesetz[17] anschließend am 3. September 2013 im Bundesgesetzblatt. Allein aus diesen beiden Regelwerken hat sich weiterer Anpassungsbedarf ergeben. Die Schwerpunkte bei der Überarbeitung der aktuell geltenden sechsten Fassung der MaRisk vom Oktober 2017 (»fünfte MaRisk-Novelle«) waren die Prinzipien zur Risikodatenaggregation und zur Risikoberichterstattung vom Baseler Ausschuss für Bankenaufsicht (BCBS)[18], die Vorgaben verschiedener Standardsetzer zur Einrichtung und Förderung einer angemessenen Risikokultur im Institut sowie neue Anforderungen an ausgelagerte Aktivitäten und Prozesse, die auf Erfahrungen aus der Aufsichtspraxis beruhen.

Obwohl es sich bei den MaRisk um ein relativ junges Regelwerk handelt, kann es also bereits auf **16** eine bewegte Historie zurückblicken. Im Folgenden werden die Etappen der MaRisk-Entwicklung sowie die maßgeblichen Beweggründe ausführlich dargestellt.

2.1 Erstmalige Veröffentlichung der MaRisk: Fassung vom 20. Dezember 2005

2.1.1 Internationale Vorgaben durch Basel II

Anstoß für die Entwicklung der MaRisk gaben zunächst verschiedene Initiativen, die auf Baseler **17** Ebene vorangetrieben wurden. Am 26. Juni 2004 hatten die Notenbankgouverneure der G10-Staaten[19] und die Präsidenten der Aufsichtsbehörden dieser Staaten der vom Baseler Ausschuss für Bankenaufsicht überarbeiteten Rahmenvereinbarung zur internationalen Konvergenz der Kapitalmessung und Eigenkapitalanforderungen (Basel II)[20] zugestimmt. Damit konnten die Verhandlungen nach über fünfjährigen Beratungen zum Abschluss und eine der bedeutendsten regulatorischen Änderungen seit den achtziger Jahren auf den Weg gebracht werden. Durch Basel II sollten

15 Verordnung (EU) Nr. 575/2013 (Bankenverordnung – CRR) des Europäischen Parlaments und des Rates vom 26. Juni 2013 über Aufsichtsanforderungen an Kreditinstitute und Wertpapierfirmen und zur Änderung der Verordnung (EU) Nr. 646/2012, Amtsblatt der Europäischen Union vom 27. Juni 2013, L 176/1–337.

16 Richtlinie 2013/36/EU (Bankenrichtlinie – CRD IV) des Europäischen Parlaments und des Rates vom 26. Juni 2013 über den Zugang zur Tätigkeit von Kreditinstituten und die Beaufsichtigung von Kreditinstituten und Wertpapierfirmen, zur Änderung der Richtlinie 2002/87/EG und zur Aufhebung der Richtlinien 2006/48/EG und 2006/49/EG, Amtsblatt der Europäischen Union vom 27. Juni 2013, L 176/338–436.

17 Gesetz zur Umsetzung der Richtlinie 2013/36/EU über den Zugang zur Tätigkeit von Kreditinstituten und die Beaufsichtigung von Kreditinstituten und Wertpapierfirmen und zur Anpassung des Aufsichtsrechts an die Verordnung (EU) Nr. 575/2013 über Aufsichtsanforderungen an Kreditinstitute und Wertpapierfirmen (CRD IV-Umsetzungsgesetz) vom 28. August 2013 (BGBl. I Nr. 53, S. 3395), veröffentlicht am 3. September 2013.

18 Der bei der Bank für Internationalen Zahlungsausgleich (Bank for International Settlement, BIS) angesiedelte Baseler Ausschuss für Bankenaufsicht (Basel Committee on Banking Supervision, BCBS) setzt rechtlich nicht verbindliche weltweite Standards für die Bankenregulierung, die jedoch in der Regel über Verordnungen und Richtlinien in europäisches Recht umgesetzt werden. Mitglieder des BCBS sind die Vertreter von Notenbanken und Aufsichtsbehörden wichtiger Industrie- und Schwellenländer.

19 Die »G10« (Group of Ten, Zehnergruppe) ist eine 1962 gegründete Gruppe führender Industrienationen (Belgien, Deutschland, Frankreich, Großbritannien, Italien, Japan, Kanada, Niederlande, Schweden, USA). 1983 trat auch die Schweiz der G10 bei, wobei der Name beibehalten wurde. Diese Gruppe ist nicht zu verwechseln mit der »G7« (Group of Seven, Gruppe der Sieben). Die »G7« ist ein informelles Forum der Staats- und Regierungschefs aus sieben Industrieländern (Deutschland, Frankreich, Großbritannien, Italien, Japan, Kanada, USA). Das erste Treffen fand 1975 noch als G6 statt. Kanada kam 1976 hinzugestoßen. Seit 1981 ist auch die Europäische Union (damals noch als Europäische Gemeinschaft) regelmäßig bei allen Treffen als Beobachter vertreten. Zwischen 1998 und März 2014 existierte eine »G8« unter Einschluss von Russland. In der gleichen Zusammensetzung finden auch Treffen auf Ministerebene verschiedener Ressorts (z.B. Außen-, Finanz-, Umwelt- und Entwicklungsminister) statt, so dass die G7-Staaten mittlerweile ganzjährig gemeinsame Positionen auf diversen Politikgebieten abstimmen. Vgl. www.bundesregierung.de.

20 Basel Committee on Banking Supervision, International Convergence of Capital Measurement and Capital Standards – A Revised Framework (Basel II), 26. Juni 2004.

Schwächen der damals geltenden Eigenkapitalregelungen (Basel I)[21] beseitigt werden. Darüber hinaus sollten Anreize für den Einsatz risikosensitiver Verfahren in den Banken geschaffen werden. Wie schon bei Basel I stand zudem die Schaffung eines »Level Playing Field« im Fokus der Bemühungen. Basel II setzte auf einer Drei-Säulen-Architektur auf, an der sich auch durch die Weiterentwicklungen der folgenden Jahre grundsätzlich nichts geändert hat[22]:

– Regelungen hinsichtlich der Berechnung der aufsichtsrechtlich erforderlichen Eigenmittel sind Gegenstand der ersten Säule (»Minimum Capital Requirements«). Sie betrafen zum damaligen Zeitpunkt nur die Kreditrisiken, die operationellen Risiken sowie die Marktpreisrisiken des Handelsbuches. Über eine eventuelle Ausweitung, z. B. auf das Zinsänderungsrisiko im Anlagebuch, wird immer wieder diskutiert.

– Im Vordergrund der zweiten Säule, die das eigentlich innovative Element darstellte, steht der so genannte »Supervisory Review Process« (SRP). Im Rahmen des SRP sollen die Institute einen internen Prozess zur Sicherstellung ihrer Risikotragfähigkeit einrichten. Zudem müssen sich die Bankenaufseher verstärkt aus eigener Anschauung einen Eindruck über die Qualität des Risikomanagements in den Instituten verschaffen. Die Anforderungen an die zweite Säule wurden im Laufe der Jahre deutlich ausgeweitet. Insbesondere wird nicht mehr nur auf die ökonomische Kapitalausstattung der Institute abgestellt, sondern ebenso auf ihre Liquiditätssituation.

– Die dritte Säule (»Market Discipline«) enthält diverse Offenlegungsvorschriften, die eine Verbesserung der Transparenz auf den Finanzmärkten bewirken sollen.

2.1.2 Europäische Umsetzung von Basel II durch die Capital Requirements Directive (CRD)

18 Auf europäischer Ebene war in diesem Zusammenhang die am 28. September 2005 vom Europäischen Parlament verabschiedete »Capital Requirements Directive« (CRD) von entscheidender Bedeutung. Mit deren Hilfe hat die EU-Kommission die Anforderungen von Basel II in europäisches Recht transformiert. Dieser Umsetzungsprozess betraf die Neufassung der Bankenrichtlinie[23] sowie die Änderung der Kapitaladäquanzrichtlinie.[24] Beide Richtlinien wurden unter dem Oberbegriff »CRD« zusammengefasst (→ Kapitel 3.1). Von besonderer Relevanz für die MaRisk waren die Richtlinienvorgaben zum »Supervisory Review Process«.

19 Der »Supervisory Review Process« (SRP) stellte und stellt als Strategie einer verstärkt qualitativ ausgerichteten Bankenaufsicht insbesondere auf die Qualität des institutsinternen Risikomanage-

---

21 Basel Committee on Banking Supervision, International convergence of capital measurement and capital standards (Basel I), Juli 1988.

22 Es sei darauf hingewiesen, dass das Baseler Rahmenwerk auf Veranlassung der Gruppe der wichtigsten Industrie- und Schwellenländer (G20) vom Baseler Ausschuss für Bankenaufsicht regelmäßig ergänzt und überarbeitet wird. Dies gilt in Analogie auch für die Überführung der Baseler Vorgaben in europäisches und – bei Richtlinienvorgaben – anschließend in nationales Recht. Mit Basel III aus dem Jahre 2011 wurden z. B. diverse Überarbeitungen und Erweiterungen vorgenommen, die insbesondere die Definition und Zusammensetzung des Eigenkapitals inkl. verschiedener Puffer, das Management von Liquiditätsrisiken und Kontrahentenrisiken und die Einführung einer »Leverage Ratio« betreffen. Der Baseler Ausschuss hat im Dezember 2017 nach einer mehrjährigen Konsultationsphase ein überarbeitetes Rahmenwerk zu »Basel III« veröffentlicht. Das am Markt aufgrund der weitreichenden Änderungen vielfach als »Basel IV« bezeichnete Reformpaket enthält insbesondere eine Überarbeitung der Standardansätze zur RWA-Unterlegung und schränkt gleichzeitig die Verwendung interner Modelle stark ein. Ferner wird ein sukzessive ansteigender Output-Floor eingeführt, der ab 2022 bei 50 % und schließlich 2027 bei 72,5 % liegt. Vgl. Basel Committee on Banking Supervision, Basel III: Finalising post-crisis reforms, BCBS d424, 7. Dezember 2017, S. 2.

23 Richtlinie 2006/48/EG (Bankenrichtlinie – CRD) des Europäischen Parlaments und des Rates vom 14. Juni 2006 über die Aufnahme und Ausübung der Tätigkeit der Kreditinstitute (Neufassung), Amtsblatt der Europäischen Union vom 30. Juni 2006, L 177/1–200.

24 Richtlinie 2006/49/EG (Kapitaladäquanzrichtlinie – CAD) des Europäischen Parlaments und des Rates vom 14. Juni 2006 über die angemessene Eigenkapitalausstattung von Wertpapierfirmen und Kreditinstituten (Neufassung), Amtsblatt der Europäischen Union vom 30. Juni 2006, L 177/201–255.

ments ab. Die jeweils zuständigen Aufsichtsbehörden sollen sich dabei verstärkt aus eigener Anschauung einen Eindruck von der Qualität des Risikomanagements in den Instituten verschaffen. Nach der Bankenrichtlinie sowie einem ergänzenden Dokument von CEBS[25] bestand der SRP zunächst im Wesentlichen aus zwei Elementen, deren Anforderungen zum einen an die Institute und zum anderen unmittelbar an die Aufsicht gerichtet sind: dem »Internal Capital Adequacy Assessment Process« (ICAAP) und dem »Supervisory Review and Evaluation Process« (SREP).

Die Institute sollten gemäß Art. 123 der Bankenrichtlinie im Rahmen des ICAAP gewährleisten, **20** dass sie entsprechend ihrem individuellen Risikoprofil über genügend »internes Kapital« zur Abdeckung aller wesentlichen Risiken verfügen. Für diese Zwecke waren geeignete Strategien und Verfahren zur Steuerung und Überwachung der Risiken zu implementieren.[26] Ferner wurden die Institute gemäß Art. 22 der Bankenrichtlinie dazu verpflichtet, angemessene interne »Governance«-Strukturen einzurichten (»Robust Governance Arrangements«). Diese Strukturen umfassten klare aufbau- und ablauforganisatorische Vorgaben, Prozesse zur Identifizierung, Beurteilung, Steuerung, Überwachung und Kommunikation der Risiken sowie angemessene interne Kontrollmechanismen (»Internal Control Mechanisms«).[27] Hierzu gehörte auch die Einrichtung einer Internen Revision.

Von den nationalen Aufsichtsbehörden wurde gemäß Art. 124 der Bankenrichtlinie im Rahmen **21** des SREP verlangt, u. a. die Qualität des ICAAP und der internen »Governance«-Strukturen in den Instituten zu beurteilen.[28] Die Anforderungen der Bankenrichtlinie waren damit – wie es bei aufsichtsrechtlichen Reglementierungen normalerweise der Fall ist – nicht einseitig an die Institute adressiert. Den nationalen Aufsichtsbehörden wurde mit dem SREP ein klarer Auftrag erteilt, den sie zu erfüllen hatten. Die beschriebenen Prozesse im Rahmen des SRP haben nach wie vor Bestand, werden mittlerweile aber durch weitere Vorgaben ergänzt. Hierauf wird noch ausführlich eingegangen (→ AT 1 Tz. 2).

Im Hinblick auf den ICAAP und den SREP wurde das »Prinzip der doppelten Proportionalität« **22** eingeführt. Zum einen musste die konkrete, institutsspezifische Ausgestaltung des Risikomanagements der Größe und der Art der betriebenen Geschäfte sowie dem spezifischen Risikoprofil des Institutes angemessen sein (Proportionalität aus Sicht des Institutes). Zum anderen sollte die Intensität der aufsichtlichen Überwachung den institutsspezifischen Gegebenheiten, insbesondere der systemischen Relevanz des Institutes, entsprechen (Proportionalität aus Sicht der

---

25 Committee of European Banking Supervisors, Guidelines on the Application of the Supervisory Review Process under Pillar 2 (GL 03), 25. Januar 2006.

26 Gemäß Art. 108 CRD IV verpflichten die zuständigen Behörden alle betroffenen Institute, den Pflichten nach Artikel 73 CRD IV auf individueller Basis nachzukommen. Diesem Art. 73 CRD IV zufolge müssen die Institute über solide, wirksame und umfassende Strategien und Verfahren verfügen, mit denen sie die Höhe, die Arten und die Verteilung des internen Kapitals, das sie zur quantitativen und qualitativen Absicherung ihrer aktuellen und etwaigen künftigen Risiken für angemessen halten, kontinuierlich bewerten und auf einem ausreichend hohen Stand halten können. Diese Strategien und Verfahren sollen regelmäßig intern überprüft werden, um zu gewährleisten, dass sie der Art, dem Umfang und der Komplexität der Geschäfte des Institutes stets angemessen sind und keinen Aspekt außer Acht lassen. Es sei darauf hingewiesen, dass an dieser Stelle keine Einschränkung auf »wesentlichen« Risiken erfolgt.

27 Laut Art. 74 Abs. 1 und 2 CRD IV müssen die Institute über solide Regelungen für die Unternehmensführung und -kontrolle verfügen, wozu eine klare Organisationsstruktur mit genau festgelegten, transparenten und kohärenten Zuständigkeiten, wirksame Verfahren zur Ermittlung, Steuerung, Überwachung und Meldung der tatsächlichen und potenziellen künftigen Risiken, angemessene interne Kontrollmechanismen, einschließlich solider Verwaltungs- und Rechnungslegungsverfahren, sowie eine Vergütungspolitik und -praxis, die mit einem soliden und wirksamen Risikomanagement vereinbar und diesem förderlich sind, zählen. Diese Regelungen, Verfahren und Mechanismen müssen der Art, dem Umfang und der Komplexität der dem Geschäftsmodell innewohnenden Risiken und den Geschäften des Kreditinstitutes angemessen sein und dürfen keinen Aspekt außer Acht lassen. Dabei muss den technischen Kriterien der Art. 76 bis 95 CRD IV Rechnung getragen werden. Die EBA ist laut Art. 74 Abs. 3 CRD IV aufgefordert, entsprechende Leitlinien herauszugeben.

28 Art. 97 Abs. 3 CRD IV zufolge müssen die zuständigen Behörden auf der Grundlage einer aufsichtlichen Überprüfung und Bewertung nach Art. 97 Abs. 1 CRD IV und unter Berücksichtigung der technischen Kriterien gemäß Art. 98 CRD IV feststellen, ob die von den Instituten angewandten Regelungen, Strategien, Verfahren und Mechanismen sowie ihre Eigenmittelausstattung und Liquidität ein solides Risikomanagement und eine solide Risikoabdeckung gewährleisten.

Teil I

Aufsicht). Dieses Prinzip, das auf Initiative der deutschen Aufsicht in die Bankenrichtlinie aufgenommen wurde, unterstrich die Notwendigkeit einer differenzierten Betrachtungsweise. Im deutschen Verwaltungsrecht findet es sein Pendant im »Grundsatz der Verhältnismäßigkeit«[29] (→ AT 1 Tz. 3).

2.1.3 Nationale Umsetzung der CRD

23 Die Art. 22 und 123 der Bankenrichtlinie wurden in Deutschland durch eine Präzisierung des § 25a Abs. 1 KWG umgesetzt. Auf der »untergesetzlichen Ebene« wurden ferner Anforderungen an ein gesamtbankbezogenes holistisches Risikomanagement entwickelt. Ergebnis waren die MaRisk in der Fassung vom 20. Dezember 2005, die auf der Basis des § 25a KWG einen qualitativen Rahmen für die Ausgestaltung des Risikomanagements in den Instituten vorgegeben haben.

24 Die Bankenaufsicht hatte bereits vor der Bekanntmachung der MaRisk mehrere qualitative Regelwerke veröffentlicht.[30] Diese bezogen sich allerdings nur auf bestimmte Teilbereiche. So gaben die MaK und die MaH vor allem einen Rahmen für die Ausgestaltung des internen Kontrollsystems im Kreditgeschäft bzw. im Handelsgeschäft vor. Die MaIR enthielten Anforderungen an die Ausgestaltung der Internen Revision. Durch die MaRisk wurden die genannten Verlautbarungen der Bankenaufsicht unter Berücksichtigung von zusätzlichen Vorgaben, die sich aus der Richtlinie ergaben, zu einem umfassenden Rahmenwerk konsolidiert. Auf Basis der terminologisch abgestimmten MaRisk konnten sich alle betroffenen Gruppen (Institute, Prüfer, Verbände, aber auch die Aufsicht selbst) einen wesentlich besseren Überblick über die qualitativen Anforderungen der Bankenaufsicht verschaffen. Redundanzen, Schnittstellenprobleme und Wertungswidersprüche, die naturgemäß bei konkurrierenden Einzelregelungen anfallen, konnten durch die Konsolidierung nach und nach beseitigt werden. Neben den genannten Verlautbarungen der Aufsicht wurde gleichzeitig eine ganze Reihe weiterer Auslegungsschreiben aufgehoben (→ Anlage 5).

2.1.3.1 Mindestanforderungen an das Betreiben von Handelsgeschäften (1995)

25 Bei der am 23. Oktober 1995 veröffentlichten Verlautbarung über die Mindestanforderungen an das Betreiben von Handelsgeschäften (MaH) handelte es sich um das erste qualitative Rahmenwerk der deutschen Bankenaufsicht, das sich mit dem »Handelsgeschäft« auf einen kompletten Geschäftsbereich bezog. Allerdings hatten auch die MaH ihre Vorläufer. Dazu zählten die »Mindestanforderungen für bankinterne Kontrollmaßnahmen bei Devisengeschäften – Kassa und Termin« aus dem Jahre 1975 und die »Anforderungen an das Wertpapierhandelsgeschäft der Institute« aus dem Jahre 1980. Diese Regelwerke wurden durch die MaH zusammengefasst und darüber hinaus auf alle Handelsgeschäfte ausgedehnt (Geldmarktgeschäft, Edelmetallgeschäft und Geschäft in Derivaten). Bedeutung kommt ferner einem Dokument des Baseler Ausschusses

---

29 Gemäß Art. 97 Abs. 4 Satz 1 CRD IV müssen die zuständigen Behörden unter Berücksichtigung der Größe, der Systemrelevanz, der Art, des Umfangs und der Komplexität der Geschäfte des betreffenden Institutes die Häufigkeit und Intensität der Überprüfung und Bewertung nach Art. 97 Abs. 1 CRD IV festlegen und dabei dem Grundsatz der Verhältnismäßigkeit Rechnung tragen.

30 Bundesaufsichtsamt für das Kreditwesen, Mindestanforderungen an das Betreiben von Handelsgeschäften der Kreditinstitute (MaH), Verlautbarung vom 23. Oktober 1995; Bundesaufsichtsamt für das Kreditwesen, Mindestanforderungen an die Ausgestaltung der Internen Revision der Kreditinstitute (MaIR), Rundschreiben 1/2000 vom 17. Januar 2000; Bundesanstalt für Finanzdienstleistungsaufsicht, Mindestanforderungen an das Kreditgeschäft der Kreditinstitute (MaK), Rundschreiben 34/2002 (BA) vom 20. Dezember 2002.

für Bankenaufsicht zu[31], an dem sich die Deutsche Bundesbank, von der die MaH federführend ausgearbeitet wurden, orientierte.[32]

Anlass für die Entwicklung der MaH und ihre Vorläufer waren vor allem diverse Schieflagen von **26** Instituten, die in erster Linie auf Schwachstellen in den internen Kontrollsystemen beruhten. Beim Kölner Bankhaus Herstatt führten Devisenfehlspekulationen sowie mangelhafte interne Kontrollen im Jahre 1974 zu Verlusten, die ungefähr das Zehnfache des haftenden Eigenkapitals betrugen. Daraufhin musste Herstatt von der Bankenaufsicht die Lizenz entzogen werden. Die so genannte »Herstatt-Krise« hatte sogar kurzfristige Auswirkungen auf die Abwicklung des internationalen Zahlungsverkehrs, da sich aufgrund der Zahlungsunfähigkeit des Bankhauses offene Positionen bei Kontrahentenbanken im Ausland ergaben. Rund zwanzig Jahre später führten mangelhafte Kontrollen im Handelsbereich bei der Barings Bank zu einem ähnlich spektakulären Fall. Die Aktivitäten von Nick Leeson veranschaulichten drastisch, welche Konsequenzen unkontrollierte Handlungen einzelner Mitarbeiter in verantwortlicher Stellung und die Konzentration zentraler Zuständigkeiten bei wenigen Mitarbeitern oder sogar nur einer Person im Handel haben können. Zum Sprengsatz werden solche Handlungen, wenn – wie im Fall Barings geschehen – gleichzeitig noch erfolgsabhängige Vergütungen an denselben Mitarbeiter ausgezahlt werden.[33] Die Notwendigkeit geeigneter organisatorischer Vorkehrungen im Handelsbereich wird auch durch die Fälle bei Daiwa, Orange County, Metallgesellschaft, Sumitomo, NatWest und Société Générale unterstrichen.

Zu den Kernelementen der MaH gehörten: **27**
- aufbauorganisatorische Vorgaben, die zwecks Vermeidung von Interessenkollisionen die Trennung zwischen Handelsbereichen und handelsunabhängigen Bereichen (Abwicklung und Kontrolle, Rechnungswesen, Risikocontrolling) forderten,
- prozessuale Anforderungen, wie z.B. Marktgerechtigkeitskontrolle, Bestätigungsverfahren, Neu-Produkt-Prüfung, sowie
- Anforderungen, die insbesondere auf die Überwachung der Risiken im Handelsgeschäft abzielten, wie z.B. regelmäßige Bewertung und Reporting.

Diese Kernelemente finden sich auch in den MaRisk wieder, da sie unverzichtbarer Bestandteil **28** einer ordnungsgemäßen Geschäftsorganisation im Handelsgeschäft der Institute sind. Allerdings sind die Anforderungen durch den Einbau von Öffnungsklauseln wesentlich flexibler ausgestaltet worden, um vor allem den Instituten mit überschaubaren Handelsaktivitäten mehr Gestaltungsspielräume zu belassen. Es ist zwar zutreffend, dass auch die MaH solche Öffnungsklauseln enthielten. So waren die Anforderungen unter Berücksichtigung von Art und Umfang der betriebenen Geschäfte sowie der Größe der Institute umzusetzen.[34] Das darf jedoch nicht darüber hinwegtäuschen, dass sich bei den MaH eine Auslegungs- und Prüfungspraxis herausbildete, die viele dieser Spielräume nach und nach einengte.

---

31 Basel Committee on Banking Supervision, Risk Management Guidelines for Derivatives, Juli 1994.
32 Zur Entstehungsgeschichte und zum Inhalt der MaH vgl. Stützle, Wolfgang, Zehn Jahre MaH, in: Eller, Roland (Hrsg.), Gesamtbanksteuerung und qualitatives Aufsichtsrecht, Stuttgart, 2005, S.13–32; Stützle, Wolfgang, Prozess der Weiterentwicklung der Mindestanforderungen (MaH, MaIR, MaK) zu den Mindestanforderungen an das Risikomanagement (MaRisk), in: Becker, Axel/Gruber, Walter/Wohlert, Dirk (Hrsg.), Handbuch MaRisk, Frankfurt a.M., 2006, S.9–28; Hanenberg, Ludger, Zur Verlautbarung über Mindestanforderungen an das Betreiben von Handelsgeschäften, in: Die Wirtschaftsprüfung, Heft 18/1996, S.637–648; Haake, Manfred/Leitschuh, Gerhard/Gorsulowsky, Hans-Joachim, Mindestanforderungen an die Interne Revision, in: Zeitschrift für das gesamte Kreditwesen, Heft 5/2000, S.812–818.
33 Vgl. Tschoegl, Adrian E., The Key to Risk Management: Management, Wharton Financial Institutions Center, 1999, S.12.
34 Vgl. Stützle, Wolfgang, Zehn Jahre MaH, in: Eller, Roland (Hrsg.), Gesamtbanksteuerung und qualitatives Aufsichtsrecht, Stuttgart, 2005, S.19.

2.1.3.2 Mindestanforderungen an die Ausgestaltung der Internen Revision

29 Die am 17. Januar 2000 veröffentlichten Mindestanforderungen an die Ausgestaltung der Internen Revision (MaIR) legten – im Unterschied zu den MaK und den MaH – ihren Schwerpunkt auf den prozessunabhängigen Bestandteil der internen Kontrollverfahren, also auf die Interne Revision. Mit der Entwicklung der MaIR und der Modernisierung der bis dahin geltenden Anforderungen[35] trug die Aufsicht der wachsenden Bedeutung der Internen Revision in einem immer komplexer werdenden Umfeld der Institute Rechnung. Daran hat sich bis heute grundsätzlich nichts geändert. So kann die Interne Revision i.d.R. schneller auf Fehlentwicklungen innerhalb der Institute hinweisen als externe Prüfer oder die Aufsicht. Da sie frühzeitig zur Beseitigung solcher Fehlentwicklungen beitragen kann, besteht nicht nur aus Sicht der Institute und der Aufsicht ein erhebliches Interesse an einer funktionsfähigen Revision. Auch der Gesetzgeber hat durch ihre explizite Verankerung in § 25a Abs. 1 KWG im Rahmen der Novellierung des Kreditwesengesetzes vom Dezember 2004 ihre Bedeutung herausgestellt. Darüber hinaus existieren auf internationaler Ebene mehrere Dokumente, die sich mittelbar oder unmittelbar mit der Internen Revision befassen (→ AT 4.4.3 Tz. 1).

30 In den MaIR wurde dem Postulat der Unabhängigkeit der Internen Revision ein besonderer Stellenwert eingeräumt. Sie sollte im Auftrag der Geschäftsleitung alle Aktivitäten innerhalb der Organisation einschließlich der prozessabhängigen Überwachungsmechanismen, also des internen Kontrollsystems, prüfen und beurteilen. Die Interne Revision durfte daher im Rahmen ihrer Aufgaben weder für die zu prüfenden Bereiche noch für die wirtschaftlichen Ergebnisse dieser Bereiche verantwortlich sein. Unabhängigkeit ist nach wie vor eine zentrale Voraussetzung für eine funktionsfähige Interne Revision. Weitere wichtige Aspekte der MaIR betrafen Informationsrechte der Internen Revision, die Prüfungsplanung sowie die Revisionsberichte. Sie spielen auch in den MaRisk eine wichtige Rolle.

31 Die MaIR waren aber auch in anderer Hinsicht bemerkenswert. In ihnen wurde erstmals systematisch zwischen den prozessabhängigen und den prozessunabhängigen Überwachungsmechanismen unterschieden. Diese Begriffssystematik ist später im Rahmen der Novellierung des § 25a Abs. 1 KWG berücksichtigt worden. Sie liegt auch den MaRisk zugrunde.

2.1.3.3 Mindestanforderungen an das Kreditgeschäft (2002)

32 Die Mindestanforderungen an das Kreditgeschäft (MaK) waren ein Meilenstein der qualitativen Aufsicht in Deutschland. Durch ihre Bezugnahme auf das Kreditgeschäft formulierten sie Anforderungen an das Kerngeschäft der Banken und hatten aufgrund ihrer flexiblen und praxisnahen Grundausrichtung Vorbildfunktion für die MaRisk.

33 Ausschlaggebend für die am 20. Dezember 2002 veröffentlichten MaK waren erhebliche Verluste, die diverse Banken wegen organisatorischer Defizite im Kreditgeschäft hinnehmen mussten. Die Schwachstellen reichten von Fantasiestrategien, mangelhaften Kreditprozessen bis hin zu unzureichendem Reporting über die Risiken im Kreditgeschäft. In zahlreichen Fällen führten diese Defizite zu Schieflagen oder sogar zu Bankeninsolvenzen.[36] Die MaK waren daher eine unmittelbare Reaktion der Bankenaufsicht auf konkrete Missstände im Kreditgeschäft der Institute.

34 Bei der Entwicklung der MaK orientierte sich die Bankenaufsicht u.a. an den »Principles for the Management of Credit Risk«, die im September 2000 vom Baseler Ausschuss für Bankenaufsicht veröffentlicht wurden.[37] Eine wesentlich wichtigere Rolle spielten jedoch Erkenntnisse aus der

---

35 Bundesaufsichtsamt für das Kreditwesen, Anforderungen an die Ausgestaltung der Innenrevision, Schreiben vom 28. Mai 1976.

36 Vgl. Bundesanstalt für Finanzdienstleistungsaufsicht, Übermittlungsschreiben zum zweiten Entwurf der Mindestanforderungen an das Kreditgeschäft der Kreditinstitute (MaK) vom 2. Oktober 2002, S. 3.

37 Basel Committee on Banking Supervision, Principles for the Management of Credit Risk, BCBS 75, 27. September 2000.

Praxis. Die Bankenaufsicht kooperierte bei der Entwicklung der MaK in einer bis dahin einmaligen Intensität mit der Kreditwirtschaft. Intensive Gespräche wurden mit rund 20 Banken aus allen Institutsgruppen aber auch mit Prüfern und den Verbänden der Kreditwirtschaft geführt. Nach der Veröffentlichung der MaK wurde darüber hinaus ein MaK-Fachgremium[38] eingerichtet, in dem Auslegungsfragen von grundsätzlicher Bedeutung diskutiert und prüfungsrelevante Sachverhalte erörtert wurden.

Zu den zentralen Elementen der MaK gehörten: **35**

- die Festlegung einer Strategie für das Kreditgeschäft (Kreditrisikostrategie),
- aufbauorganisatorische Anforderungen, die bei risikorelevanten Engagements im Rahmen der Kreditentscheidung zu beachten waren (Funktionstrennung und Votierung),
- ablauforganisatorische Anforderungen, die sich auf alle Prozesse im Kreditgeschäft bezogen,
- die Implementierung eines Verfahrens zur systematischen Beurteilung von Adressenausfallrisiken (Risikoklassifizierungsverfahren),
- ein Verfahren zur Früherkennung von Risiken im Kreditgeschäft sowie
- Verfahren zur Identifizierung, Steuerung und Überwachung sowie zum Reporting der Risiken im Kreditgeschäft.

Kennzeichnend für die MaK war das Vorhandensein einer Vielzahl von Öffnungsklauseln, die den **36** Instituten abhängig von ihrer Größe, ihren Geschäftsschwerpunkten sowie ihrer Risikosituation angemessene Spielräume für individuelle Umsetzungslösungen ließen. Dem Konzept der Öffnungsklauseln wird auch in den MaRisk ein zentraler Stellenwert eingeräumt.

2.2 Die »erste MaRisk-Novelle«: Fassung vom 30. Oktober 2007

2.2.1 Umsetzung der MiFID

Als das »Finanzmarktrichtlinie-Umsetzungsgesetz« (FRUG)[39] am 11. Mai 2007 die letzte parlamen- **37** tarische Hürde nahm, war der Weg frei für die Umsetzung der Richtlinie über Märkte für Finanzinstrumente – kurz »Finanzmarktrichtlinie« – in nationales Recht. Die Finanzmarktrichtlinie, besser bekannt unter der Bezeichnung »MiFID« (Markets in Financial Instruments Directive)[40], sowie deren Durchführungsrichtlinie[41] waren für die Regulierung des Kapitalmarktes von erheblicher Bedeutung. Durch sie wurden insbesondere die Bedingungen für den Wertpapierhandel europaweit weiterentwickelt und harmonisiert. Darüber hinaus wurde der Anlegerschutz durch neue Verhaltens- und Transparenzpflichten verbessert. Schließlich sollten die Richtlinienvorgaben dazu beitragen, dass der Wettbewerb zwischen Handelsplattformen gefördert wird. Durch

---

38 Dem MaK-Fachgremium, das gemeinsam von der BaFin und der Deutschen Bundesbank betreut wurde, gehörten Fachexperten aus den Instituten, Prüfer und Verbandsvertreter an.

39 Gesetz zur Umsetzung der Richtlinie über Märkte für Finanzinstrumente und der Durchführungsrichtlinie der Kommission (Finanzmarktrichtlinie-Umsetzungsgesetz) vom 16. Juli 2007 (BGBl. I Nr. 31, S. 1330), veröffentlicht am 19. Juli 2007.

40 Richtlinie 2004/39/EG (MiFID) des Europäischen Parlaments und des Rates vom 21. April 2004 über Märkte für Finanzinstrumente, Amtsblatt der Europäischen Union vom 30. April 2004, L 145/1–44. Die MiFID wurde zum 3. Januar 2018 durch die MiFID II ersetzt. Richtlinie 2014/65/EU (MiFID II) des Europäischen Parlaments und des Rates vom 15. Mai 2014 über Märkte für Finanzinstrumente sowie zur Änderung der Richtlinien 2002/92/EG und 2011/61/EU, Amtsblatt der Europäischen Union vom 12. Juni 2014, L 173/349–496.

41 Richtlinie 2006/73/EG (MiFID-Durchführungsrichtlinie) der Europäischen Kommission vom 10. August 2006 zur Durchführung der Richtlinie 2004/39/EG des Europäischen Parlaments und des Rates in Bezug auf die organisatorischen Anforderungen an Wertpapierfirmen und die Bedingungen für die Ausübung ihrer Tätigkeit sowie in Bezug auf die Definition bestimmter Begriffe für die Zwecke der genannten Richtlinie, Amtsblatt der Europäischen Union vom 2. September 2006, L 241/26–58.

das Regelungspaket des FRUG wurden sowohl die MiFID als auch die Vorgaben der teilweise sehr detaillierten MiFID-Durchführungsrichtlinie umgesetzt.[42]

38 Die nationale Umsetzung durch das FRUG berührte verschiedene Gesetze (z. B. WpHG, BörsG). Darüber hinaus war der Erlass von ergänzenden Rechtsverordnungen bzw. die Anpassung bestehender Verordnungen erforderlich.[43] Betroffen waren aber auch einzelne Normen des KWG. Von besonderer Relevanz waren dabei KWG-Änderungen, die mittelbar die MaRisk betrafen. Richtlinienvorgaben zur allgemeinen Organisation, zum Risikomanagement, zur Internen Revision und zur Geschäftsleiterverantwortung machten Anpassungen des § 25a Abs. 1 KWG erforderlich. Änderungsbedarf ergab sich ferner bei § 25a Abs. 2 KWG (jetzt § 25b KWG) – dem zentralen gesetzlichen Anknüpfungspunkt für die Auslagerungsaktivitäten der Institute.

39 Der von den Richtlinien geforderte, darüberhinausgehende Grad an Konkretisierung wurde unmittelbar durch die MaRisk nachgezogen. Bei der Entwicklung der Fassung vom 30. Oktober 2007 spielten vor allem die umfangreichen Anforderungen zur Auslagerung betrieblicher Aufgaben nach Art. 13 Abs. 5 der MiFID i. V. m. Art. 13 und 14 der MiFID-Durchführungsrichtlinie eine wichtige Rolle (→ AT 1 Tz. 4). Die Umsetzung dieser Vorgaben wurde zum Anlass genommen, die bestehenden Regelungen der Aufsicht zur Auslagerung von Bereichen auf ein anderes Unternehmen[44] zu modernisieren und in die MaRisk zu überführen.

2.2.2 Regelungen zur Auslagerung von Bereichen auf ein anderes Unternehmen (2001)

40 Der Gesetzgeber hatte bereits 1998 mit § 25a Abs. 2 KWG (jetzt § 25b KWG) einen gesetzlichen Rahmen für die Auslagerungsaktivitäten der Institute geschaffen. Obwohl sich die Industrie eine Präzisierung der gesetzlichen Anforderungen wünschte, dauerte es eine ganze Weile, bis die Aufsicht Verwaltungsvorschriften zu § 25a Abs. 2 KWG vorlegen konnte. Der endgültigen Fassung des Rundschreibens 11/2001 vom Dezember 2001 ging eine intensive, teils kontroverse Debatte auf der Grundlage mehrerer Entwürfe voraus. Das Rundschreiben konnte deshalb erst nach einer ungewöhnlich langen Konsultationsphase veröffentlicht werden. Zu den Kernelementen gehörten:
– Regelungen zur Zulässigkeit von Auslagerungen,
– Anforderungen an die Auswahl des Auslagerungsunternehmens,
– diverse Anforderungen an den Auslagerungsvertrag (z. B. Vereinbarung von Weisungsrechten und Zustimmungsvorbehalten),
– Anforderungen an die Steuerung und Überwachung der Auslagerungsaktivitäten sowie
– diverse Sonderregelungen (z. B. für Auslagerungen auf so genannte »Mehrmandantendienstleister«).

41 Obwohl kein Zweifel daran bestand, dass nahezu alle Regelungen des Rundschreibens 11/2001 im Kern sinnvolle Anforderungen statuierten, führte deren Anwendung in der Praxis der Institute und der Aufsicht immer wieder zu Problemen. Dazu hatten sicherlich auch der hohe Detaillierungsgrad des Rundschreibens sowie einige Inkonsistenzen beigetragen. Neben dem Rundschreiben 11/2001 waren noch einige weitere Schreiben der Aufsicht für die Auslagerungsaktivitäten der Institute von

---

42 Vgl. Carny, Hans-Georg/Neusüß, Martin, Das Finanzmarktrichtlinie-Umsetzungsgesetz, in: BaFinJournal, Ausgabe Mai 2007, S. 14 ff.

43 So hat das Bundesministerium für Finanzen die Wertpapierdienstleistungs-Verhaltens- und Organisationsverordnung (WpDVerOV) erlassen. Durch die Finanzmarktrichtlinie waren Anpassungen der Finanzanalyseverordnung (FinAV) sowie der Wertpapierhandel-Meldeverordnung (WpHMV) erforderlich.

44 Bundesaufsichtsamt für das Kreditwesen, Auslagerung von Bereichen auf ein anderes Unternehmen gemäß § 25a Abs. 2 KWG, Rundschreiben 11/2001 vom 6. Dezember 2001.

Relevanz. Die meisten wurden gemeinsam mit dem Rundschreiben 11/2001 zum Zeitpunkt des Inkrafttretens der neuen MaRisk in der Fassung vom 30. Oktober 2007 aufgehoben (→ Anlage 12).

2.3 Die »zweite MaRisk-Novelle«: Fassung vom 14. August 2009

Die ab dem Jahre 2007 anhaltende Finanzmarktkrise hatte die internationale Staatengemeinschaft **42** dazu veranlasst, eine Reform der globalen Finanzarchitektur in Angriff zu nehmen. Hierzu hatte die G20[45] anlässlich ihres Gipfels Ende September 2009 in Pittsburgh eine ganze Reihe von Vorgaben formuliert, die weltweit umgesetzt werden sollten. Das Programm reichte von einer Verschärfung der Eigenkapitalvorschriften über eine effektivere Bankenaufsicht bis hin zu Maßnahmen gegen Staaten, die sich der neuen Finanzarchitektur entziehen wollen.[46] Das Financial Stability Board (FSB)[47] unterstützte die G20 bei der Umsetzung ihres Programms. Schon im April 2008 hatte das FSB – damals noch unter der Bezeichnung »Financial Stability Forum« (FSF) – zahlreiche Empfehlungen veröffentlicht, zu deren Umsetzung sich auch Deutschland verpflichtet hatte.[48] Die Vorgaben des FSB sowie diverse Folgearbeiten des Baseler Ausschusses für Bankenaufsicht und der EU befassten sich mit unterschiedlichen Aspekten, wie z. B. der verbesserten Kooperation der Aufsichtsbehörden oder der Kontrolle von Ratingagenturen. Ein hoher Stellenwert wurde auch dem Risikomanagement der Institute eingeräumt, denn dort wurde erheblicher Verbesserungsbedarf konstatiert.[49]

Bezüglich der Umsetzung dieser Anforderungen war man zwar in Deutschland schon recht gut **43** aufgestellt, da man mit den MaRisk bereits auf ein umfassendes Regelwerk zum Risikomanagement zurückgreifen konnte. Aufgrund der internationalen Vorgaben bestand dennoch in einigen Bereichen Anpassungsbedarf. In der Fassung der MaRisk vom 14. August 2009 wurde dies berücksichtigt. Ausgebaut wurden z. B. die Anforderungen zu Liquiditätsrisiken und Risikokonzentrationen sowie zu Stresstests und zum Risikomanagement auf Gruppenebene. Ferner wurde die Position des Aufsichtsorgans gestärkt, indem die Pflichten der Geschäftsleitung gegenüber dem Aufsichtsorgan erweitert wurden.[50] Bei den Änderungen im Bereich der Handelsgeschäfte spielten

---

45 Die »G20« ist die 1999 gegründete Gruppe der wichtigsten Industrie- und Schwellenländer. Der G20 gehören 19 Staaten (Argentinien, Australien, Brasilien, China, Deutschland, Frankreich, Großbritannien, Indien, Indonesien, Italien, Japan, Kanada, Mexiko, Russland, Saudi-Arabien, Südafrika, Südkorea, Türkei, USA) sowie die EU an. Die G20 ist nach dem Beschluss ihrer Staats- und Regierungschefs vom September 2009 das zentrale informelle Forum für die internationale wirtschaftliche Zusammenarbeit der bedeutendsten Industrie- und Schwellenländer. Die G20-Staaten repräsentieren ca. 90 % des weltweiten Bruttoinlandsprodukts, ca. 80 % des Welthandels und rund zwei Drittel der Weltbevölkerung. An den G20-Gipfeln nehmen auf Einladung der Präsidentschaft regelmäßig auch der Internationale Währungsfonds (IWF), die Weltbank (WB), die Europäische Zentralbank (EZB), das Financial Stability Board (FSB), die Organisation für Wirtschaftliche Zusammenarbeit und Entwicklung (OECD), die Welthandelsorganisation (WTO), der Internationale Währungs- und Finanzausschuss (IMFC), die Internationale Arbeitsorganisation (ILO) und die Vereinten Nationen (VN) teil. Darüber hinaus werden regelmäßig weitere Staaten und Regionalorganisationen eingeladen, wie z. B. die Vorsitzenden der Afrikanischen Union (AU), der New Partnership for Africa's Development (NEPAD) und der Association of Southeast Asian Nations (ASEAN). Die jeweilige G20-Präsidentschaft hält engen Kontakt mit verschiedenen Interessengruppen und Nicht-G20-Ländern (so genanntes »Outreach«). Vgl. www.bundesregierung.de.

46 Vgl. G20, Leaders' Statement: The Pittsburgh Summit, September 2009.

47 Dem FSB, das bis Mitte 2009 unter der Bezeichnung Financial Stability Forum (FSF) firmierte, gehören hochrangige Vertreter von Notenbanken, Aufsichtsbehörden und Finanzministerien der wichtigsten Industrie- und Schwellenländer (G20) sowie des Baseler Ausschusses für Bankenaufsicht, des Internationalen Währungsfonds (IWF), der Weltbank und anderer internationaler Institutionen an.

48 Financial Stability Forum, Report of the Financial Stability Forum on Enhancing Market and Institutional Resilience, 7. April 2008.

49 Im Hinblick auf die Folgearbeiten sind insbesondere zwei Veröffentlichungen des Baseler Ausschuss für Bankenaufsicht von Relevanz: Basel Committee on Banking Supervision, Principles for sound stress testing practices and supervision, BCBS 155, 20. Mai 2009; Basel Committee on Banking Supervision, Principles for Sound Liquidity Risk Management and Supervision, BCBS 144, 25. September 2008.

50 Vgl. Hannemann, Ralf/Schneider, Andreas, Wesentliche Neuerungen der MaRisk, in: BankPraktiker, Heft 10/2009, S. 456–461; Schneider, Andreas, Finanzmarktkrise und Risikomanagement: Die neuen Mindestanforderungen an das Risikomanagement der deutschen Bankenaufsicht, in: Die Wirtschaftsprüfung, Heft 6/2010, S. 269–277.

zudem Erkenntnisse aus der laufenden Aufsichts- und Prüfungspraxis sowie aus bekanntgewordenen Manipulationsfällen (Société Générale) eine Rolle. Die in der Fassung vom 14. August 2009 eingearbeiteten Anforderungen an Vergütungssysteme wurden kurzfristig aufgrund neuer regulatorischer Vorgaben in ein gesondertes Rundschreiben[51] überführt. Die Halbwertzeit dieses Rundschreibens war jedoch gering, denn die Anforderungen an Vergütungssysteme von Instituten sind seit Oktober 2010 in der Institutsvergütungsverordnung[52] geregelt.

2.4 Die »dritte MaRisk-Novelle«: Fassung vom 15. Dezember 2010

44 Hauptgrund für die erneute Überarbeitung der MaRisk waren zunächst Regulierungsinitiativen, die auf europäischer Ebene vorangetrieben wurden. CEBS hatte in den Jahren 2009 und 2010 eine ganze Reihe von Leitlinien ausgearbeitet, die sich mit unterschiedlichen Aspekten des Risikomanagements auseinandersetzen. Änderungsbedarf für die MaRisk ergab sich dadurch vor allem bei den Themen Risikokonzentrationen, Stresstests und Liquiditätsrisiken. Dabei konnte die Aufsicht grundsätzlich auf bereits vorhandenen Anforderungen der MaRisk aufbauen und diese weiter konkretisieren:
- Der umfassende Charakter von Risikokonzentrationen wurde stärker herausgestellt, um das während der Finanzmarktkrise zu Tage getretene »Silo-Problem« bei der Unternehmenssteuerung zu überwinden.
- Die Institute mussten ihre Stresstestprogramme um inverse Stresstests ergänzen. Bei diesen Stresstests sollen die Institute analysieren, welche Szenarien ein vorgegebenes Stresstestergebnis, nämlich die Nichtfortführbarkeit des eigenen Geschäftsmodells, zur Folge haben könnten.
- Ausgebaut wurden schließlich die Anforderungen an das Management von Liquiditätsrisiken. Insbesondere an die Qualität vorzuhaltender Liquiditätspuffer werden seitdem detaillierte Anforderungen gestellt. Von diesen Anforderungen sind jedoch grundsätzlich nur solche Institute betroffen, die sich schwerpunktmäßig über die Geld- und Kapitalmärkte refinanzieren (»kapitalmarktorientierte Institute«). Für die breite Masse der deutschen Institute sind die Anforderungen somit nicht von Relevanz.

45 Weitere Neuerungen waren vorrangig auf Erfahrungen aus der Aufsichts- und Prüfungspraxis zurückzuführen. So hatte die Aufsicht die Anforderungen an die Strategien weiter ausgebaut, um identifizierte Schwachstellen in der Praxis zu beseitigen (z. B. rein formale Umsetzung, Ausblenden wesentlicher Einflussfaktoren, unbestimmte Zielformulierungen). Zwecks Stärkung der Governance[53] haben die Institute seit dieser Novelle insbesondere einen Strategieprozess einzurichten. Durch eine Verschärfung der Anforderungen im Bereich Risikotragfähigkeit wurde vor allem die Inanspruchnahme kapitalsparender Diversifikationseffekte deutlich eingeschränkt.

---

51 Bundesanstalt für Finanzdienstleistungsaufsicht, Aufsichtsrechtliche Anforderungen an die Vergütungssysteme von Instituten, Rundschreiben 22/2009 (BA) vom 21. Dezember 2009.

52 Verordnung über die aufsichtsrechtlichen Anforderungen an Vergütungssysteme von Instituten (Instituts-Vergütungsverordnung – InstitutsVergV) in der Fassung vom 6. Oktober 2010 (BGBl. I Nr. 50, S. 1374), veröffentlicht am 12. Oktober 2010.

53 Unter dem Begriff »Governance« werden im Wesentlichen »Grundsätze einer ordnungsgemäßen Geschäftsführung« verstanden. Jedenfalls hat die deutsche Aufsicht diese Übersetzung im Rahmen der Gesetzesbegründung zum CRD IV-Umsetzungsgesetz (§ 6b Abs. 1 Satz 3 Nr. 14 KWG) erstmalig verwendet.

2.5 Die »vierte MaRisk-Novelle«: Fassung vom 14. Dezember 2012

2.5.1 Basel III und EU-Richtlinienvorgaben

Die erneute Anpassung und Ergänzung der MaRisk war u. a. auf die umfassende Überarbeitung der **46** Eigenkapitalvorschriften und die Ausarbeitung der Liquiditätsvorschriften zurückzuführen, die zunächst auf internationaler Ebene erfolgte (Basel III)[54] und anschließend in Europa nachvoll- zogen wurde – unter Berücksichtigung einiger Besonderheiten des europäischen Finanzmarktes. Auf europäischer Ebene wurde die Weiterentwicklung der Capital Requirements Directive (CRD) als Entsprechung von Basel II etappenweise vollzogen. In einer ersten Etappe wurde am 16. September 2009 die CRD II verabschiedet, bei der die Qualität des Eigenkapitals, die Steuerung von Liquiditätsrisiken und Großkrediten sowie die Verbesserung des Risikomanagements für Verbriefungen im Mittelpunkt standen. Anschließend wurde am 24. November 2010 die CRD III veröffentlicht. Dabei ging es vor allem um die Eigenkapitalanforderungen für das Handelsbuch und für Wiederverbriefungen sowie die Vergütungspolitik. Ein erster Entwurf zur Umsetzung von Basel III wurde am 20. Juli 2011 von der EU-Kommission zur Konsultation gestellt.[55]

Mit der zum damaligen Zeitpunkt noch nicht verabschiedeten CRD IV wurden unter dem **47** Stichwort »Corporate Governance« auch die Anforderungen an den »Supervisory Review Process« (SRP) ausgeweitet bzw. konkretisiert. In eine ähnliche Richtung zielten die Vorschläge der Europäischen Bankenaufsichtsbehörde (EBA) in den Leitlinien zur internen Governance vom September 2011.[56] In Deutschland wurden die neuen Vorgaben zu den Unternehmensorganen, zum Zusammenwirken zwischen der Geschäftsleitung und dem Aufsichtsorgan und zur Einrich- tung einer Compliance-Funktion als Teil des internen Kontrollsystems (IKS) im Rahmen des CRD IV-Umsetzungsgesetzes[57] zu einem späteren Zeitpunkt im KWG verankert. Hingegen sind die detaillierten Anforderungen mit Bezug zum Risikomanagement im Vorgriff darauf größtenteils direkt in den MaRisk ergänzt worden. Das betraf hauptsächlich die explizite Zuweisung bestimm- ter Aufgaben zur Compliance- und zur Risikocontrolling-Funktion sowie die deutliche Aufwertung der Position des Leiters Risikocontrolling.

2.5.2 Vorgaben anderer Standardsetzer

Darüber hinaus bezogen sich die neuen Regeln auf verschiedene Leitlinien und Empfehlungen **48** europäischer Standardsetzer, zu deren Umsetzung sich die deutsche Aufsicht verpflichtet hatte. Ergänzungen in anderen Bereichen waren deshalb z. B. auf zwei Papiere von CEBS zurück- zuführen, die erst Ende 2010 finalisiert wurden und deshalb nicht mehr (vollständig) im Rahmen

---

54 Basel Committee on Banking Supervision, Basel III: A global regulatory framework for more resilient banks and banking systems, 16. Dezember 2010; Basel Committee on Banking Supervision, Basel III: International framework for liquidity risk measurement, standards and monitoring, 16. Dezember 2010. Unter dem Oberbegriff »Basel III-Regelwerk« werden zahlreiche weitere Dokumente des Baseler Ausschusses für Bankenaufsicht verstanden, die seit 2009 im Zusammenhang mit der Weiterentwicklung von Basel II und der Ergänzung bzw. Konkretisierung von Basel III stehen. Dazu gehören auch die unter dem Stichwort »Basel 2.5« oder »Basel II plus« erfolgten Anpassungen.

55 European Commission, Proposal for a Directive of the European Parliament and of the Council on the access to the activity of credit institutions and the prudential supervision of credit institutions and investment firms and amending Directive 2002/87/EC of the European Parliament and of the Council on the supplementary supervision of credit institutions, insurance undertakings and investment firms in a financial conglomerate, 20. Juli 2011; European Commission, Proposal for a Regulation of the European Parliament and of the Council on prudential requirements for credit institutions and investment firms, 20. Juli 2011.

56 European Banking Authority, EBA Guidelines on Internal Governance (GL 44), 27. September 2011.

57 Gesetzesbeschluss des Deutschen Bundestages zur Umsetzung der Richtlinie 2013/.../EU über den Zugang zur Tätigkeit von Kreditinstituten und die Beaufsichtigung von Kreditinstituten und Wertpapierfirmen und zur Anpassung des Auf- sichtsrechts an die Verordnung (EU) Nr..../2013 über die Aufsichtsanforderungen an Kreditinstitute und Wertpapierfir- men (CRD IV-Umsetzungsgesetz) vom 16. Mai 2013, Bundesrats-Drucksache 374/13 vom 17. Mai 2013.

der dritten MaRisk-Novelle berücksichtigt werden konnten. Dabei handelte es sich um Anforderungen an das Management operationeller Risiken bei marktbezogenen Aktivitäten[58], die u. a. einmal jährlich eine Unterbrechung der Positionsverantwortung von Händlern für zehn Handelstage fordern, und an die Allokation von Liquiditätskosten, -nutzen und -risiken.[59] Mit letztgenanntem Papier war für einige Institute die Einführung von Liquiditätstransferpreissystemen verbunden.

49   Zu nennen sind zudem die Leitlinien von CEBS zu Vergütungsregelungen[60] (mit Blick auf die InstitutsVergV) die Empfehlungen des Europäischen Ausschusses für Systemrisiken (ESRB)[61] zur (Re-)Finanzierung der Kreditinstitute in US-Dollar[62] und zu Fremdwährungskrediten[63], die zu einer stärkeren Berücksichtigung der Risiken im Umgang mit Fremdwährungen führten. Aufgegriffen wurden darüber hinaus Aspekte aus dem Auslegungspapier zur aufsichtlichen Beurteilung bankinterner Risikotragfähigkeitskonzepte.[64] Einige dieser Anpassungen dienten angabegemäß auch dazu, »die Erwartungshaltung der Aufsicht hinsichtlich schon existierender Vorgaben stärker zu verdeutlichen«.[65] Dabei ging es insbesondere darum, Frühwarnindikatoren auch für risikoartenübergreifende Effekte abzuleiten und die in das Risikotragfähigkeitskonzept einbezogenen – also grundsätzlich quantifizierbaren – Risiken i. d. R. mit Hilfe eines Limitsystems zu begrenzen und zu überwachen.

50   Außerdem müssen Institute, die besonders groß sind oder deren Geschäftsaktivitäten durch besondere Komplexität, Internationalität oder eine besondere Risikoexponierung gekennzeichnet sind, seit dieser Novelle dem so genannten »Prinzip der Proportionalität nach oben« zufolge weitergehende Vorkehrungen zur Sicherstellung der Angemessenheit und Wirksamkeit ihres Risikomanagements treffen.

2.5.3   Endgültige Verabschiedung der CRD IV

51   Die endgültige Umsetzung von Basel III in europäisches Recht durch das sogenannte »CRD IV-Paket«[66] erfolgte nach langwierigen Verhandlungen schließlich Ende Juni 2013 und damit zeitlich nach Veröffentlichung der vierten MaRisk-Novelle. Das CRD IV-Paket setzt sich aus einer Verordnung (»Capital Requirements Regulation«, CRR)[67] und einer Richtlinie (»Capital Require-

---

58 Committee of European Banking Supervisors, Guidelines on the management of operational risks in market-related activities (GL 35), 12. Oktober 2010.

59 Committee of European Banking Supervisors, Guidelines on Liquidity Cost Benefit Allocation (GL 36), 27. Oktober 2010.

60 Committee of European Banking Supervisors, Guidelines on Remuneration Policies and Practices (GL 42), 10. Dezember 2010.

61 Der Europäische Ausschuss für Systemrisiken (ESRB) ist als unabhängiges Gremium der Europäischen Union für die makroprudenzielle Überwachung des Finanzsystems und die Früherkennung systemischer Risiken verantwortlich. Im ESRB sitzen Vertreter der EZB, der EU-Kommission sowie der nationalen Notenbanken und Aufsichtsbehörden.

62 Empfehlung des Europäischen Ausschusses für Systemrisiken zu der Finanzierung der Kreditinstitute in US-Dollar (ESRB/2011/2) vom 22. Dezember 2011, Amtsblatt der Europäischen Union vom 10. März 2012, C 72/1–21.

63 Empfehlung des Europäischen Ausschusses für Systemrisiken zu Fremdwährungskrediten (ESRB/2011/1) vom 21. September 2011, Amtsblatt der Europäischen Union vom 22. November 2011, C 342/1–47.

64 Bundesanstalt für Finanzdienstleistungsaufsicht/Deutsche Bundesbank, Aufsichtliche Beurteilung bankinterner Risikotragfähigkeitskonzepte, Leitfaden vom 7. Dezember 2011.

65 Bundesanstalt für Finanzdienstleistungsaufsicht, Übermittlungsschreiben zum Rundschreiben 10/2012 (BA) vom 14. Dezember 2012, S. 1.

66 Im Kommentar wird durchgängig der Begriff »CRD IV-Paket« als Oberbegriff für die Bankenverordnung (CRR) und die Bankenrichtlinie (CRD IV) verwendet. In der Praxis dient der Begriff »CRD IV« dagegen uneinheitlich einerseits als Oberbegriff für beide Regelwerke und andererseits nur als Abkürzung für die Bankenrichtlinie. Ähnlich verhält es sich mit der Bezeichnung »CRD«, die sowohl für die damalige Bankenrichtlinie (CRD) als auch für Bankenrichtlinie und Kapitaladäquanzrichtlinie (CAD) gemeinsam genutzt wurde. In einigen Veröffentlichungen werden Bankenrichtlinie und -verordnung auch als Kapitaladäquanzrichtlinie und -verordnung bezeichnet.

67 Verordnung (EU) Nr. 575/2013 (Bankenverordnung – CRR) des Europäischen Parlaments und des Rates vom 26. Juni 2013 über Aufsichtsanforderungen an Kreditinstitute und Wertpapierfirmen und zur Änderung der Verordnung (EU) Nr. 646/2012, Amtsblatt der Europäischen Union vom 27. Juni 2013, L 176/1–337.

ments Directive IV«, CRD IV)[68] zusammen (→ Kapitel 3.1). Die Regelungen in der CRR betreffen die Eigenkapitaldefinition, die Liquiditätsstandards, die Großkreditvorschriften, die Verschuldungs-quote (»Leverage Ratio«), das Kontrahentenrisiko und die Offenlegung. Die CRD IV enthält diejenigen Vorschriften, die sich an die nationalen Aufsichtsbehörden richten oder aufgrund der unterschiedlichen Struktur der Banken- bzw. der Rechts- und Verwaltungssysteme besser auf nationaler Ebene geregelt werden. Darunter fallen z. B. die Anforderungen an die Zulassung eines Institutes, die Niederlassungs- und Dienstleistungsfreiheit, die Corporate Governance, die Kapital-puffer sowie die Definition und Behandlung »systemrelevanter« Institute. Auch die zur »zweiten Säule« zählenden und für die MaRisk maßgeblichen Anforderungen sind in der CRD IV geregelt.

Das deutsche CRD IV-Umsetzungsgesetz[69] wurde am 3. September 2013 im Bundesgesetzblatt **52** veröffentlicht. Die zur »zweiten Säule« zählenden Anforderungen wurden in das KWG überführt und werden nun durch die MaRisk und die Institutsvergütungsverordnung (InstitutsVergV)[70] weiter konkretisiert. Nach der Institutsvergütungsverordnung müssen die Vergütungssysteme der Institute angemessen, transparent und auf eine nachhaltige Entwicklung ausgerichtet sein. Die Verordnung enthält allgemeine Anforderungen an die Vergütungssysteme, die für alle Institute und sämtliche Mitarbeiter gelten. Danach darf beispielsweise die variable Vergütung der Mit-arbeiter des Institutes nicht höher als 100 % der fixen Vergütung sein (»Bonus Cap«). Die deutlich anspruchsvolleren besonderen Anforderungen sind dagegen nur von den bedeutenden Instituten im Sinne der Institutsvergütungsverordnung zu erfüllen. Diese haben auf der Grundlage einer Risikoanalyse die Mitarbeiter zu ermitteln, die wesentlichen Einfluss auf das Gesamtrisikoprofil des Institutes haben (»Risk Taker«). Für die variable Vergütung dieser Risk Taker gelten besonders strenge Anforderungen. Da die Höhe des Auszahlungsanspruches letztlich von der Nachhaltigkeit des Erfolges abhängen soll, muss ein erheblicher Teil der variablen Vergütung über einen mehr-jährigen Zurückbehaltungszeitraum gestreckt werden und kann zu einem späteren Zeitpunkt vom Institut ggf. zurückbehalten werden. Bei einem besonders schweren Fehlverhalten des Risk Takers kann sogar eine bereits ausgezahlte variable Vergütung wieder zurückgefordert werden (»Claw-back«). Die bedeutenden Institute haben zudem einen Vergütungsbeauftragten zu benennen (→ Kapitel 8.4). Mit dem CRD IV-Umsetzungsgesetz und dem Trennbankengesetz[71] wurden zudem die Anforderungen an die Geschäftsleiter (§ 25c KWG) und das Aufsichtsorgan (§ 25d KWG) in eigenen Paragrafen umfassend neu geregelt. Dabei wurden auch die Vorstellungen der EBA aus den Leitlinien zur internen Governance vom September 2011 berücksichtigt[72] (→ Kapitel 4.1.4 und 4.1.5). Zudem wurden die Anforderungen an Auslagerungen in § 25b KWG verschoben (→ Kapitel 4.1.3).

---

68 Richtlinie 2013/36/EU (Bankenrichtlinie – CRD IV) des Europäischen Parlaments und des Rates vom 26. Juni 2013 über den Zugang zur Tätigkeit von Kreditinstituten und die Beaufsichtigung von Kreditinstituten und Wertpapierfirmen, zur Änderung der Richtlinie 2002/87/EG und zur Aufhebung der Richtlinien 2006/48/EG und 2006/49/EG, Amtsblatt der Europäischen Union vom 27. Juni 2013, L 176/338–436.

69 Gesetz zur Umsetzung der Richtlinie 2013/36/EU über den Zugang zur Tätigkeit von Kreditinstituten und die Beauf-sichtigung von Kreditinstituten und Wertpapierfirmen und zur Anpassung des Aufsichtsrechts an die Verordnung (EU) Nr. 575/2013 über Aufsichtsanforderungen an Kreditinstitute und Wertpapierfirmen (CRD IV-Umsetzungsgesetz) vom 28. August 2013 (BGBl. I Nr. 53, S. 3395), veröffentlicht am 3. September 2013.

70 Verordnung über die aufsichtsrechtlichen Anforderungen an Vergütungssysteme von Instituten (Institutsvergütungsver-ordnung – InstitutsVergV) in der Fassung vom 16. Dezember 2013 (BGBl. I Nr. 74, S. 4270), veröffentlicht am 19. Dezem-ber 2013. Die aktuelle Fassung der Vergütungsverordnung ist am 4. August 2017 in Kraft getreten. Mit der Änderung der Vergütungsverordnung aus dem Jahre 2017 wurden in erster Linie die Anforderungen der EBA-Leitlinien für eine solide Vergütungspolitik in nationales Recht umgesetzt. Die deutsche Aufsicht hat am 15. Februar 2018 eine umfangreiche Auslegungshilfe zur Institutsvergütungsverordnung veröffentlicht. Vgl. Verordnung zur Änderung der Institutsver-gütungsverordnung vom 25. Juli 2017 (BGBl. I Nr. 54, S. 3042), veröffentlicht am 3. August 2017; Auslegungshilfe zur Verordnung über die aufsichtsrechtlichen Anforderungen an Vergütungssysteme von Instituten (Institutsvergütungsver-ordnung – InstitutsVergV) in der Fassung vom 15. Februar 2018.

71 Gesetzesbeschluss des Deutschen Bundestages zur Abschirmung von Risiken und zur Planung der Sanierung und Abwicklung von Kreditinstituten und Finanzgruppen (Trennbankengesetz) vom 17. Mai 2013, Bundesrats-Drucksache 378/13 vom 17. Mai 2013.

72 European Banking Authority, EBA Guidelines on Internal Governance (GL 44), 27. September 2011.

2.6 Die »fünfte MaRisk-Novelle«: Fassung vom 27. Oktober 2017

53 Die deutsche Aufsicht hat im Februar 2016 einen ersten Entwurf der fünften MaRisk-Novelle zur Konsultation gestellt.[73] Auslöser der erneuten Überarbeitung waren vor allem die vom Baseler Ausschuss veröffentlichten Grundsätze zur Risikodatenaggregation und Risikoberichterstattung (BCBS 239) sowie Initiativen des Finanzstablitätsrates (Financial Stability Board, FSB) und anderer Standardsetzer zur Etablierung einer angemessenen Risikokultur in den Instituten. Die umfangreichen Änderungen zum Umgang mit Auslagerungen (→ AT 9) sowie zahlreiche weitere Anpassungen sind auf Erkenntnisse aus der Aufsichts- und Prüfungspraxis der letzten Jahre zurückzuführen.[74] Nach einer umfassenden Stellungnahme der Deutschen Kreditwirtschaft (DK)[75] vom 27. April 2016[76] und einer Sitzung des Fachgremiums MaRisk am 24./25. Mai 2016 hat die deutsche Aufsicht am 24. Juni 2016 einen inoffiziellen Zwischenentwurf vorgelegt, in dem zahlreiche Anmerkungen der DK berücksichtigt wurden. Die endgültige Fassung der fünften MaRisk-Novelle wurde von der BaFin in Abstimmung mit der Deutschen Bundesbank schließlich am 27. Oktober 2017 veröffentlicht.[77]

2.6.1 Risikodatenaggregation und Risikoberichterstattung (BCBS 239)

54 Im Januar 2013 hat der Baseler Ausschuss für Bankenaufsicht Grundsätze für die effektive Aggregation von Risikodaten und die Risikoberichterstattung veröffentlicht.[78] Mit diesen Grundsätzen hat er auf einen entsprechenden Beschluss der G20 und damit verbundene Anforderungen des FSB vom 4. November 2011 reagiert (→ AT 4.3.2 Tz. 3 und BT 3.1 Tz. 1). Betroffen sind das Risikomanagement und die Informationstechnologie gleichermaßen. Vom Risikomanagement wird in erster Linie eine Optimierung der Kapazitäten zur Risikodatenaggregation und eine damit einhergehende Verbesserung der Risikoberichterstattung erwartet. Dafür sollen die Möglichkeiten, die sich bei optimaler Ausgestaltung der Informationstechnologie bieten, genutzt werden. Vertreter der Bankenaufsicht hatten bereits frühzeitig in Publikationen auf die Bedeutung kurzer Reaktionszeiten für die Risikosteuerung und hinreichend granularer Informationen im Zusammenhang mit der Datenbereitstellung hingewiesen.[79] Folglich wurden die neuen Anforderungen an die Risikodatenaggregation und die Risikoberichterstattung zum großen Teil in die MaRisk integriert.

---

73 Bundesanstalt für Finanzdienstleistungsaufsicht, Erster Entwurf der MaRisk, Konsultation 02/2016 (BA) vom 18. Februar 2016.

74 Vgl. Bundesanstalt für Finanzdienstleistungsaufsicht, Rundschreiben 09/2017 (BA) zur Überarbeitung der MaRisk, Übermittlungsschreiben vom 27. Oktober 2017, S. 1; Bundesanstalt für Finanzdienstleistungsaufsicht, Erster Entwurf zur Überarbeitung der MaRisk, Übermittlungsschreiben vom 18. Februar 2016, S. 1 f.

75 Die Deutsche Kreditwirtschaft (DK) ist als Zusammenschluss der Bundesverbandes der Deutschen Volksbanken und Raiffeisenbanken (BVR), des Bundesverbandes deutscher Banken (BdB), des Bundesverbandes Öffentlicher Banken Deutschlands (VÖB), des Deutschen Sparkassen- und Giroverbandes (DSGV) und des Verbandes deutscher Pfandbriefbanken (vdp) der Interessenvertretung der kreditwirtschaftlichen Spitzenverbände. Sie ist im August 2011 aus dem Zentralen Kreditausschuss (ZKA) hervorgegangen und führt dessen Arbeit fort.

76 Deutsche Kreditwirtschaft, Stellungnahme zum Entwurf der MaRisk in der Fassung vom 18. Februar 2016 (Konsultation 02/2016) vom 27. April 2016.

77 Bundesanstalt für Finanzdienstleistungsaufsicht, Mindestanforderungen an das Risikomanagement (MaRisk), Rundschreiben 09/2017 (BA) vom 27. Oktober 2017. Die Deutsche Kreditwirtschaft (DK) hat auch zu dem Zwischenentwurf der deutschen Aufsicht vom 24. Juni 2016 ausführlich Stellung genommen. Vgl. Deutsche Kreditwirtschaft, Stellungnahme zum Konsultationspapier 02/2016 der Bundesanstalt für Finanzdienstleistungsaufsicht (BaFin) zur Überarbeitung der MaRisk (Zwischenentwurf vom 24. Juni 2016), 22. Juli 2016.

78 Baseler Ausschuss für Bankenaufsicht, Grundsätze für die effektive Aggregation von Risikodaten und die Risikoberichterstattung, BCBS 239, 9. Januar 2013.

79 Vgl. Hanenberg, Ludger, Internationale Konzepte für die Aufsicht über Großbanken – Neue Perspektiven für die Governance und das Risikomanagement der Institute, in: Die Wirtschaftsprüfung, Heft 20/2012, S. 1103.

Das neue Modul »Datenmanagement, Datenqualität und Aggregation von Risikodaten«   **55**
(→ AT 4.3.4) adressiert jene Teile von BCBS 239, die sich mit der Datenarchitektur und der IT-Infrastruktur auseinandersetzen. Die Anforderungen dieses Moduls richten sich ausschließlich an systemrelevante Institute und gelten sowohl auf Gruppenebene als auch auf Ebene der wesentlichen gruppenangehörigen Institute. Die deutsche Aufsicht hat allerdings mehrfach darauf hingewiesen, dass ein eventueller Optimierungsbedarf hinsichtlich einer angemessenen Risikodatenaggregation auch im wohlverstandenen Eigeninteresse von den anderen Instituten geprüft werden sollte, um damit die Entscheidungsbasis zu verbessern.[80] Die Vorgaben zur Risikoberichterstattung werden im neuen Modul »Anforderungen an die Risikoberichterstattung« (→ BT 3) aufgegriffen und mit den bisher schon bestehenden Berichtspflichten zusammengeführt. Die Anforderungen an die Risikoberichterstattung gelten für alle Institute. Die inhaltliche Ausgestaltung unterliegt dem Grundsatz der Proportionalität.[81] Die Anforderungen an die Informationstechnologie aus BCBS 239 wurden in den »Bankaufsichtlichen Anforderungen an die IT« (BAIT)[82] umgesetzt (→ Kapitel 8.9).

2.6.2   Etablierung einer angemessenen Risikokultur

Defizite in der Unternehmensführung, verbunden mit einer mangelhaften Unternehmens- und   **56**
Risikokultur in Banken, gelten als Hauptgründe für die Finanzmarktkrise im Jahre 2008. Das Erfordernis einer angemessenen »Risikokultur« in den Instituten ist daher seit einigen Jahren im Fokus der internationalen und europäischen Standardsetzer. Der Baseler Ausschuss definiert in seinen Prinzipien zur Corporate Governance aus dem Jahre 2015 die Risikokultur als die Normen, Einstellungen und Verhaltensweisen eines Institutes im Hinblick auf das Risikobewusstsein, die Risikobereitschaft und das Risikomanagement sowie die Kontrollen, die für Entscheidungen über Risiken maßgeblich sind.[83] Diese Definition baut auf einem Vorschlag des Finanzstablitätsrates (Financial Stability Board, FSB) vom April 2014 auf und wird auch von der EBA in ihren überarbeiteten Leitlinien zur internen Governance aus dem Jahre 2018 verwendet.[84] Die EBA erwartet zudem, dass die zuständigen Aufsichtsbehörden im Rahmen des aufsichtlichen Überprüfungs- und Bewertungsprozesses (SREP) prüfen, inwieweit die Institute über eine solide Risikokultur verfügen.[85]

Mit der fünften MaRisk-Novelle setzt die deutsche Aufsicht die Vorgaben der verschiedenen   **57**
Standardsetzer in nationales Recht um und weist die Verantwortung für die Etablierung einer angemessenen Risikokultur der Geschäftsleitung zu. Die Geschäftsleiter haben nunmehr als Teil ihrer Gesamtverantwortung für eine ordnungsgemäße Geschäftsorganisation eine angemessene Risikokultur innerhalb des Institutes und der Gruppe zu entwickeln, zu fördern und zu integrieren (→ AT 3 Tz. 1). Mit dem Konzept einer angemessenen Risikokultur wird kein neuer Risikomana-

---

80   Vgl. Bundesanstalt für Finanzdienstleistungsaufsicht, Rundschreiben 09/2017 (BA) zur Überarbeitung der MaRisk, Übermittlungsschreiben vom 27. Oktober 2017, S. 2 f; Bundesanstalt für Finanzdienstleistungsaufsicht, Erster Entwurf zur Überarbeitung der MaRisk, Übermittlungsschreiben vom 18. Februar 2016, S. 2.

81   Vgl. Bundesanstalt für Finanzdienstleistungsaufsicht, Rundschreiben 09/2017 (BA) zur Überarbeitung der MaRisk, Übermittlungsschreiben vom 27. Oktober 2017, S. 2 f.

82   Die BAIT wurden am 3. November 2017 veröffentlicht und am 14. September 2018 um ein weiteres Modul ergänzt. Vgl. Bundesanstalt für Finanzdienstleistungsaufsicht, Bankaufsichtliche Anforderungen an die IT (BAIT), Rundschreiben 10/2017 (BA) in der Fassung vom 14. September 2018.

83   Vgl. Basel Committee on Banking Supervision, Guidelines – Corporate governance principles for banks, BCBS d328, 8. Juli 2015, S. 10.

84   Vgl. Financial Stability Board, Guidance on Supervisory Interaction with Financial Institutions on Risk Culture – A Framework for Assessing Risk Culture, 7. April 2014, S. 1; European Banking Authority, Leitlinien zur internen Governance, EBA/GL/2017/11, 21. März 2018, S. 4 f.

85   Vgl. European Banking Authority, Guidelines on common procedures and methodologies for the supervisory review and evaluation process (SREP) and supervisory stress testing, EBA/GL/2014/13, Consolidated version, 19. Juli 2018, S. 54 f.

gementansatz angestrebt. Die Aufsicht erwartet vielmehr, dass sich die Institute zukünftig mit der Thematik verstärkt auseinandersetzen und für sich definieren, welche Geschäfte, Verhaltensweisen und Praktiken letztlich als wünschenswert angesehen werden und welche nicht.[86] Das im Institut festgelegte Wertesystem sollte sich in den von der Geschäftsleitung zu verabschiedenden Grundsätzen für eine stabile Unternehmensführung, in den Geschäfts- und Risikostrategien sowie im Risikoappetit des Institutes widerspiegeln. Zur erforderlichen Transparenz kann ein Verhaltenskodex für Mitarbeiter beitragen, den größere Institute seit der fünften MaRisk-Novelle in ihre Organisationsrichtlinien aufnehmen sollen (→ AT 5 Tz. 3).

2.6.3 Weitere Erkenntnisse aus Aufsichts- und Prüfungspraxis

58   Die überarbeiteten MaRisk konkretisieren auch die Anforderungen an die Auslagerung von Prozessen und Aktivitäten. Die besonderen Funktionen Risikocontrolling, Compliance und Interne Revision stellen für die Geschäftsleitung wichtige Steuerungsinstrumente dar. Eine vollständige Auslagerung dieser Funktionen ist daher nur in bestimmten Ausnahmefällen möglich.[87] Die Institute haben bei einer Auslagerung der besonderen Funktionen oder von Aktivitäten und Prozessen in Kernbankbereichen weiterhin über Kenntnisse und Erfahrungen zu verfügen, die eine wirksame Überwachung der vom Auslagerungsunternehmen erbrachten Dienstleistung gewährleistet. Zudem wurden die Anforderungen an unbeabsichtigte und unerwartete Beendigungen von Auslagerungen dahingehend ergänzt, dass das Institut über die bisher bereits vorzuhaltenden Handlungsoptionen – soweit sinnvoll und möglich – auch Ausstiegsprozesse festzulegen hat. Die deutsche Aufsicht hält darüber hinaus bei Instituten mit umfangreichen Auslagerungen ein zentrales Auslagerungsmanagement für erforderlich. Weitere Änderungen betreffen die Abgrenzung zwischen Auslagerungen und sonstigem Fremdbezug von Leistungen im Bereich der Software, die bei wesentlichen Auslagerungen durchzuführende Risikoanalyse sowie den Umgang mit Weiterverlagerungen (→ AT 9).

59   Darüber hinaus wurden mit der fünften MaRisk-Novelle die Anforderungen an das Risikotragfähigkeitskonzept (→ AT 4.1), die Vermeidung von Interessenkonflikten bei einem Wechsel von Mitarbeitern der Handels- und Marktbereiche in nachgelagerte Bereiche bzw. Kontrollbereiche (→ AT 4.3.1 Tz. 1), die organisatorische Aufstellung der Risikocontrolling- und Compliance-Funktion (→ AT 4.4.1 und AT 4.4.2), die technisch-organisatorische Ausstattung der Institute, z. B. in Bezug auf IT-Berechtigungen (→ AT 4.3.1 Tz. 2 und AT 7.2), den Neu-Produkt-Prozess (→ AT 8), die Prozesse im Kreditgeschäft, z. B. im Hinblick auf die Berücksichtigung der Kapitaldienstfähigkeit, der Sicherheiten und eventueller Forbearance-Maßnahmen (→ BTO 1), die Erlösquotensammlung (→ BTR 1), die Steuerungsperspektiven beim Management der Zinsänderungsrisiken im Anlagebuch (→ BTR 2.3), die Fristigkeiten der Liquiditätsübersichten, die Diversifikation der Liquiditätspuffer und Refinanzierungsquellen, die Berücksichtigung von belasteten Vermögensgegenständen, die Durchführung von Stresstests für Liquiditätsrisiken, die Ermittlung des Überlebenshorizontes und die Aufstellung eines internen Refinanzierungsplanes (→ BTR 3), den Umgang mit nicht eindeutig zuordenbaren Schadensfällen und Beinahe-Verlusten und die Erfassung von Schadensfällen (→ BTR 4) sowie die Übergangsfristen beim Wechsel in die Interne Revision, die Risikobewertungsverfahren und die Berichterstattung der Internen Revision (→ BT 2) und der Konzernrevision (→ AT 4.5 Tz. 6) ergänzt bzw. verschärft. Da das CRD IV-Umsetzungsgesetz erst im September 2013 und damit zeitlich nach der vierten MaRisk-Novelle

---

86 Vgl. Bundesanstalt für Finanzdienstleistungsaufsicht, Rundschreiben 09/2017 (BA) zur Überarbeitung der MaRisk, Übermittlungsschreiben vom 27. Oktober 2017, S. 3 f.

87 Bundesanstalt für Finanzdienstleistungsaufsicht, Rundschreiben 09/2017 (BA) zur Überarbeitung der MaRisk, Übermittlungsschreiben vom 27. Oktober 2017, S. 5.

veröffentlicht wurde, konnten die in Art. 79 bis 87 CRDIV enthaltenen Anforderungen an das Management bestimmter Risikoarten im Detail erst im Zuge der fünften MaRisk-Novelle berücksichtigt werden.

2.6.4 Umsetzungsfristen

Die Anforderungen der fünften MaRisk-Novelle sind grundsätzlich mit ihrer Veröffentlichung am **60** 27. Oktober 2017 in Kraft getreten. Hintergrund für den weitgehenden Verzicht auf eine Übergangsfrist ist, dass zahlreiche Änderungen nach Ansicht der Aufsicht lediglich Klarstellungen zu bereits vorhandenen Anforderungen darstellen bzw. lediglich die bestehende Verwaltungspraxis widerspiegeln. Für neue Anforderungen wurde den Instituten eine Umsetzungsfrist bis zum 31. Oktober 2018 eingeräumt.[88] Die von der Aufsicht zunächst angekündigte Übersicht zu den wirklich neuen Anforderungen wurde letztlich nicht veröffentlicht.

Die genannte Umsetzungsfrist gilt allerdings nicht für die Anforderungen an die Risikodaten- **61** aggregation und die Risikoberichterstattung, die sich nur an systemrelevante Institute richten. Für die Umsetzung der Anforderungen des neuen Moduls AT 4.3.4 wird den Instituten eine Umsetzungsfrist von drei Jahren ab Benennung als systemrelevantes Institut eingeräumt.[89] Wurde ein Institut bereits vor der Veröffentlichung der Novelle am 27. Oktober 2017 als (anderweitig) systemrelevant eingestuft, läuft die dreijährige Umsetzungsfrist bereits ab dem Zeitpunkt dieser Einstufung. Die meisten betroffenen deutschen Institute wurden im Frühjahr 2016 als anderweitig systemrelevant eingestuft, so dass deren Übergangsfrist im Frühjahr 2019 ausläuft. Soweit ein Institut erst nach der Veröffentlichung der neuen MaRisk erstmalig als systemrelevant eingestuft wird, beginnt die dreijährige Frist ab dem Zeitpunkt dieser Einstufung zu laufen.[90]

3 Verlagerung der Bankenregulierung und der Bankenaufsicht nach Europa

Unter dem Eindruck der Finanzmarktkrise hatte die EU-Kommission im Jahre 2008 eine Experten- **62** gruppe unter dem Vorsitz des früheren französischen Zentralbankchefs Jacques de Larosière beauftragt, Vorschläge zu unterbreiten, wie die europäische Bankenregulierung sowie die bestehenden Aufsichtsstrukturen in der Europäischen Union verbessert werden könnten. Der De-Laro-

---

88 Die relativ lange Umsetzungsfrist geht auf die Deutsche Kreditwirtschaft (DK) zurück, die in ihren Stellungnahmen auf die mit der Umsetzung der neuen Anforderungen verbundene, zu erwartende hohe Belastung der Institute verwiesen hatte. Vgl. Deutsche Kreditwirtschaft, Stellungnahme zum Konsultationspapier 02/2016 der Bundesanstalt für Finanzdienstleistungsaufsicht (BaFin) zur Überarbeitung der MaRisk (Zwischenentwurf vom 24. Juni 2016), 22. Juli 2016, S. 3; Deutsche Kreditwirtschaft, Stellungnahme zum Entwurf der MaRisk in der Fassung vom 18. Februar 2016 (Konsultation 02/2016) vom 27. April 2016, S. 2 f.

89 Die Umsetzungsfrist von drei Jahren ab Benennung als systemrelevantes Institut entspricht den Vorgaben des Baseler Ausschusses gemäß BCBS 239. Die BaFin hat im Übermittlungsschreiben zur Veröffentlichung der Endfassung der fünften MaRisk-Novelle darauf hingewiesen, dass global systemrelevante Institute die Anforderungen gemäß BCBS 239 schon seit Januar 2016 einzuhalten haben. Vgl. Bundesanstalt für Finanzdienstleistungsaufsicht, Rundschreiben 09/2017 (BA) zur Überarbeitung der MaRisk, Übermittlungsschreiben vom 27. Oktober 2017, S. 6.

90 Vgl. Bundesanstalt für Finanzdienstleistungsaufsicht, Rundschreiben 09/2017 (BA) zur Überarbeitung der MaRisk, Übermittlungsschreiben vom 27. Oktober 2017, S. 6 f.

sière-Bericht[91] wurde im Februar 2009 veröffentlicht. Die Expertengruppe kam in ihrem Bericht u. a. zu dem Ergebnis, dass Spielräume bei der nationalen Umsetzung bzw. zahlreiche Wahlrechte zu einem Mangel an Kohärenz und Geschlossenheit im europäischen Regulierungsrahmen geführt haben.[92] Darüber hinaus wurde eine stärkere Integration der europäischen Finanzaufsicht empfohlen, die neben der Überwachung der einzelnen Institute (mikroprudenzielle Aufsicht) auch eine makroprudenzielle Aufsicht umfassen soll, die mögliche Systemrisiken für die Finanzstabilität beleuchtet.[93]

63   Auf der Grundlage des De-Larosière-Berichtes hat die EU-Kommission ihre bis dahin verfolgte Strategie der Mindestharmonisierung im Bereich der Bankenregulierung geändert und setzt nunmehr auf ein Einheitliches Regelwerk (»Single Rule Book«). Der Europäische Rat hat darüber hinaus am 19. Juni 2009 die Errichtung des Europäischen Systems der Finanzaufsicht (ESFS) bestätigt, das am 1. Januar 2011 seine Arbeit aufgenommen hat. Dieses dezentrale, mehrstufige Netzwerk aus mikro- und makroprudenziellen Aufsichtsbehörden hat die Entwicklung einer gemeinsamen Aufsichtskultur und die Schaffung eines einheitlichen europäischen Finanzmarktes zum Ziel. Das ESFS umfasst die Aufsicht über Banken und Versicherungen sowie Wertpapierfirmen und Finanzmärkte. Auf europäischer Ebene wurden hierzu drei europäische Aufsichtsbehörden gegründet, u. a. die Europäische Bankaufsichtsbehörde (»European Banking Authority«, EBA). Die EBA hat seitdem erheblich zur Vereinheitlichung der Bankenregulierung und einer gemeinsamen Aufsichtspraxis in den EU-Mitgliedstaaten beigetragen.

64   Darüber hinaus wurde in der Eurozone mit Wirkung zum 4. November 2014 die Bankenaufsicht auf den Einheitlichen Aufsichtsmechanismus (»Single Supervisory Mechanism«, SSM) übertragen. Der SSM besteht aus der Europäischen Zentralbank (EZB) und den nationalen Aufsichtsbehörden der teilnehmenden Mitgliedstaaten. Mit der Errichtung des SSM hat die EZB die direkte Aufsicht über die bedeutenden Institute (»Significant Institutions«, SI) in der Eurozone übernommen. Die Aufsicht über die weniger bedeutenden Institute (»Less Significant Institutions«, LSI) verbleibt im Wesentlichen bei den nationalen Aufsichtsbehörden. Die weitgehende Übertragung der Aufsichtskompetenzen auf die EZB in der Eurozone ist eine wesentliche Voraussetzung dafür, dass der Europäische Stabilitätsmechanismus (»European Stability Mechanism«, ESM) mit Sitz in Luxemburg in Not geratene Institute direkt rekapitalisieren kann.

65   Der SSM ist die erste Säule der »Europäischen Bankenunion«, von der sich die EU-Kommission entscheidende Impulse zur Stabilisierung und Vertrauensbildung des Finanzsystems verspricht. Der Einheitliche Abwicklungsmechanismus (»Single Resolution Mechanism«, SRM) bildet die zweite Säule der Bankenunion. Der SRM besteht aus dem Ausschuss für die einheitliche Abwicklung (»Single Resolution Board«, SRB)[94] und den nationalen Abwicklungsbehörden der teilnehmenden Mitgliedstaaten. Das SRB mit Sitz in Brüssel hat im Jahre 2015 seine Arbeit aufgenommen. Damit wurde die grundlegende Philosophie des SSM auf das Krisenmanagement übertragen. Wann und in welcher Form diese beiden Säulen durch ein Einheitliches Einlagensicherungssystem (»European Deposit Insurance Scheme«, EDIS) als dritte Säule ergänzt werden, ist seit einiger Zeit Gegenstand politischer Diskussionen.

---

91 The High-Level Group on Financial Supervision in the EU, Chaired by Jacques de Larosière, Report (De-Larosière-Bericht), Brüssel, 25. Februar 2009.

92 The High-Level Group on Financial Supervision in the EU, Chaired by Jacques de Larosière, Report (De-Larosière-Bericht), Brüssel, 25. Februar 2009, S. 27.

93 The High-Level Group on Financial Supervision in the EU, Chaired by Jacques de Larosière, Report (De-Larosière-Bericht), Brüssel, 25. Februar 2009, S. 38.

94 Der SRB wird teilweise auch als »Einheitlicher Abwicklungsausschuss« oder »Einheitliches Abwicklungsgremium« bezeichnet.

3.1 Einheitliches Regelwerk (»Single Rule Book«)

Bis zur Finanzmarktkrise verfolgte die EU-Kommission bei der europäischen Bankenregulierung **66** den Ansatz der Mindestharmonisierung. Sie beschränkte sich grundsätzlich auf die Vorgabe von aufsichtsrechtlichen Mindeststandards, die von den Mitgliedstaaten in nationales Recht umzusetzen waren. Die Einführung von Mindeststandards ermöglichte die gegenseitige Anerkennung der nationalen Aufsichtssysteme und damit eine europaweite Beaufsichtigung der Institute nach dem »Prinzip der Herkunftslandkontrolle«. Vor diesem Hintergrund wurden die maßgeblichen Vorschriften im europäischen Bankaufsichtsrecht (CRD, CRD II und CRD III) stets als Richtlinie erlassen. Europäische Richtlinien sind hinsichtlich des Zieles verbindlich, überlassen den Mitgliedstaaten jedoch die Wahl der Form und der Mittel für die nationale Umsetzung. Auch wenn diese Richtlinien zum großen Teil bereits sehr detaillierte Vorgaben enthielten (z. B. hinsichtlich Eigenkapital, Großkrediten und Risikogewichtung), ließ diese Vorgehensweise den EU-Mitgliedstaaten bzw. den nationalen Aufsichtsbehörden gewisse Handlungsspielräume bzw. Wahlrechte bei der Umsetzung der europäischen Vorgaben in nationales Recht und bei der Ausgestaltung der laufenden Bankenaufsicht.

Aufgrund der Erkenntnisse des De-Larosière-Berichtes hat die EU-Kommission ihre Strategie **67** geändert und strebt nunmehr bei der Bankenregulierung ein Einheitliches Regelwerk (»Single Rule Book«) an. Damit vollzieht die EU-Kommission einen Paradigmenwechsel in der Gesetzgebungstechnik der europäischen Bankenregulierung. Ein europaweites »Single Rule Book« lässt sich am einfachsten durch den Erlass von EU-Verordnungen schaffen, da diese unmittelbar anzuwendendes europäisches Recht darstellen und – anders als EU-Richtlinien – keiner Umsetzung mehr in nationales Recht bedürfen. Vor diesem Hintergrund unterscheidet sich das am 26. Juni 2013 verabschiedete »CRD IV-Paket« in zwei wesentlichen Punkten von der zuvor erlassenen CRD bzw. den Änderungsrichtlinien CRD II und III. Zum einen ist die CRD IV keine Änderungsrichtlinie, sondern ersetzt die bisherigen Regelungen der Bankenrichtlinie und der Kapitaladäquanzrichtlinie. Zum anderen besteht das »CRD IV-Paket«[95] aus zwei verschiedenen Arten von Gesetzestexten, der Bankenverordnung (Capital Requirements Regulation, CRR)[96] und der Bankenrichtlinie (Capital Requirements Directive, CRD IV).[97]

Der Großteil der infolge von Basel III verschärften bankaufsichtlichen Regelungen befindet sich **68** in der CRR, die als Verordnung in allen Mitgliedstaaten unmittelbar gilt. Eine Umsetzung in nationales Recht ist weder erforderlich noch möglich, sodass – über die in der CRR selbst eingeräumten Wahlrechte und Gestaltungsspielräume hinaus – keine nationalen Abweichungen mehr zulässig sind. In der CRR sind insbesondere die Anforderungen an das Eigenkapital, die Liquiditätsstandards, die Verschuldungsquote (Leverage Ratio), das Kontrahentenrisiko, die Großkredite sowie die Offenlegungsvorschriften geregelt. Die als Richtlinie erlassene CRD IV beinhaltet dagegen diejenigen Vorschriften, die sich an die nationalen Aufsichtsbehörden richten oder aufgrund der unterschiedlichen Struktur der Banken- bzw. der Rechts- und Verwaltungssysteme besser auf nationaler Ebene geregelt werden. Dazu gehören insbesondere die Anforde-

---

95 Im Kommentar wird durchgängig der Begriff »CRD IV-Paket« als Oberbegriff für die Bankenverordnung (CRR) und die Bankenrichtlinie (CRD IV) verwendet. In der Praxis dient der Begriff »CRD IV« dagegen uneinheitlich einerseits als Oberbegriff für beide Regelwerke und andererseits nur als Abkürzung für die Bankenrichtlinie. Ähnlich verhält es sich mit der Bezeichnung »CRD«, die sowohl für die damalige Bankenrichtlinie (CRD) als auch für Bankenrichtlinie und Kapitaladäquanzrichtlinie (CAD) gemeinsam genutzt wurde. In einigen Veröffentlichungen werden Bankenrichtlinie und -verordnung auch als Kapitaladäquanzrichtlinie und -verordnung bezeichnet.

96 Verordnung (EU) Nr. 575/2013 (Bankenverordnung – CRR) des Europäischen Parlaments und des Rates vom 26. Juni 2013 über Aufsichtsanforderungen an Kreditinstitute und Wertpapierfirmen und zur Änderung der Verordnung (EU) Nr. 646/2012, Amtsblatt der Europäischen Union vom 27. Juni 2013, L 176/1–337.

97 Richtlinie 2013/36/EU (Bankenrichtlinie – CRD IV) des Europäischen Parlaments und des Rates vom 26. Juni 2013 über den Zugang zur Tätigkeit von Kreditinstituten und die Beaufsichtigung von Kreditinstituten und Wertpapierfirmen, zur Änderung der Richtlinie 2002/87/EG und zur Aufhebung der Richtlinien 2006/48/EG und 2006/49/EG, Amtsblatt der Europäischen Union vom 27. Juni 2013, L 176/338–436.

rungen an die Zulassung von Instituten, die Kapitalpuffer, die Corporate Governance, die Vergütungsregelungen, die zur »zweiten Säule« zählenden Anforderungen sowie die bankaufsichtlichen Sanktionen. Durch das Zusammenwirken aus Verordnung (CRR) und Richtlinie (CRDIV) soll in der Bankenregulierung das von der EU-Kommission angestrebte Einheitliche Regelwerk geschaffen werden. Dies gilt umso mehr, als viele Wahlrechte und Ermessensspielräume nach und nach eingeschränkt oder sogar aufgehoben werden.

69　Die Umsetzung der CRDIV in Deutschland, d.h. die Überführung der Regelungen in das Kreditwesengesetz in Verbindung mit den nachgeordneten Verordnungen (SolvV, GroMiKV etc.) sowie in die MaRisk, erfolgte mit Hilfe des CRDIV-Umsetzungsgesetzes. Die Änderungen sind zeitgleich mit der CRR am 1.Januar 2014 in Kraft getreten, wobei für einige Vorgaben Umsetzungsfristen bzw. ein schrittweises Wirksamwerden über mehrere Jahre (»Phase-in-Periode«) vorgesehen waren. Im Rahmen des CRDIV-Umsetzungsgesetzes wurde darüber hinaus das deutsche Bankaufsichtsrecht um jene Regelungen »bereinigt«, die nunmehr in der CRR geregelt sind und damit unmittelbar gelten.

3.2　Europäisches System der Finanzaufsicht (ESFS)

70　Das Europäische System der Finanzaufsicht (»European System of Financial Supervision«, ESFS) hat zum 1.Januar 2011 seine Arbeit aufgenommen. Beim ESFS handelt es sich um ein Aufsichtsnetzwerk, das aus den nationalen Aufsichtsbehörden der 28 EU-Mitgliedstaaten, den drei europäischen Aufsichtsbehörden (»European Supervisory Authorities«, ESAs), dem gemeinsamen Ausschuss der ESAs (»Joint Committee«) und dem Europäischen Ausschuss für Systemrisiken (»European Systemic Risk Board«, ESRB) besteht.

71　Die drei europäischen Aufsichtsbehörden sind die Europäische Bankenaufsichtsbehörde (»European Banking Authority«, EBA), die Europäische Aufsichtsbehörde für das Versicherungswesen und die betriebliche Altersvorsorge (»European Insurance and Occupational Pensions Authority«, EIOPA) und die Europäische Wertpapier- und Marktaufsichtsbehörde (»European Securities and Markets Authority«, ESMA). Die EU-Aufsichtsbehörden für Banken, Wertpapierfirmen und Versicherungen sollen gemeinsam mit den nationalen Aufsichtsbehörden die Qualität und Kohärenz der mikroprudenziellen Finanzaufsicht in der EU verbessern. Die Zuständigkeit für die laufende Beaufsichtigung der bedeutenden Institute (»Significant Institutions«, SI) liegt allerdings seit dem 4. November 2014 bei der Europäischen Zentralbank (EZB) bzw. für die weniger bedeutenden Institute (»Less Significant Institutions«, LSI) mittels Delegation dieser Aufgabe weiterhin bei den nationalen Behörden, in Deutschland bei der BaFin und der Deutschen Bundesbank. Das Joint Committee bietet ein Forum für eine regelmäßige und enge Zusammenarbeit der drei europäischen Behörden.

72　Der bei der Europäischen Zentralbank (EZB) in Frankfurt angesiedelte ESRB ist als europäisches Kooperationsgremium für die makroprudenzielle Aufsicht zuständig, d.h. die Aufsicht über die Stabilität des gesamten Finanzsystems.[98] Die Hauptaufgabe des ESRB ist es, einen Beitrag zur Abwendung oder Eindämmung von Systemrisiken für die Finanzstabilität in der EU zu leisten, die aus Entwicklungen innerhalb des Finanzsystems erwachsen. Stellt der ESRB signifikante Risiken für die Finanzstabilität fest, kann er Warnungen und Empfehlungen aussprechen. Adressat dieser

---

98　Der ESRB, der keine eigene Rechtspersönlichkeit besitzt, wird durch den jeweils amtierenden EZB-Präsidenten geführt. Das wichtigste Beschlussorgan des ESRB ist der Verwaltungsrat, dem als stimmberechtigte Mitglieder der EZB-Präsident, der EZB-Vizepräsident, die Präsidenten der nationalen Zentralbanken, ein Mitglied der EU-Kommission sowie die Vorsitzenden der drei europäischen Aufsichtsbehörden EBA, ESMA und EIOPA angehören. Die nationalen Aufsichtsbehörden sind nicht stimmberechtigte Mitglieder im Verwaltungsrat. Vgl. Osman, Yasmin, Basiswissen Bankenaufsicht, Stuttgart, 2018, S. 47 f.

Warnungen und Empfehlungen können die EU-Kommission, die EU-Mitgliedstaaten, die drei europäischen Aufsichtsbehörden sowie die nationalen Aufsichtsbehörden sein.[99] Die Ratschläge des ESRB sind rechtlich nicht verbindlich. Die Adressaten der Warnungen und Empfehlungen haben dem ESRB jedoch mitzuteilen, welche Maßnahmen sie zur Umsetzung der Ratschläge ergreifen bzw. wie sie ein eventuelles Nichthandeln rechtfertigen (»Comply or Explain«).[100]

Als Pendant zum ESRB wurde in Deutschland im Frühjahr 2013 der Ausschuss für Finanz- **73** stabilität (AFS) zur makroprudenziellen Überwachung des deutschen Finanzsystems gegründet.[101] Der AFS berät nicht nur über den Umgang mit Warnungen und Empfehlungen des Europäischen Ausschusses für Systemrisiken (ESRB), sondern kann auch selbst Warnungen oder Empfehlungen abgeben, wenn er auf Basis der Analysen der Deutschen Bundesbank ungünstige Entwicklungen bzw. Risiken für die Stabilität des Finanzsystems befürchtet. Daneben tauschen sich die BaFin und die Deutsche Bundesbank im »Gremium laufende Aufsicht« (GlA) über die Risikosituation im Bankensektor aus und legen auf dieser Basis die Aufsichtsstrategie und die operative Aufsichtsplanung fest bzw. passen diese bei Bedarf unterjährig an. Dabei werden die beobachteten Risiken aus der mikroprudenziellen Aufsicht in geeigneter Weise aggregiert. Schließlich hat die BaFin noch einen »Strategie- und Risikoausschuss« (SRA) als Allfinanzgremium eingerichtet, um Themen zu behandeln, die eine übergreifende Relevanz besitzen. Zu den Aufgabengebieten des SRA gehören die Steuerung von Strategie- und Risikothemen sowie die regelmäßige Erstellung von Risikoberichten und Themenlandkarten. Die Deutsche Bundesbank ist in diesem Gremium beratend beteiligt.

3.3 Europäische Bankenaufsichtsbehörde (EBA)

Am 1. Januar 2011 hat die Europäische Bankenaufsichtsbehörde (EBA) mit Sitz in London ihre Arbeit **74** aufgenommen.[102] Die EBA hat einen Doppelstatus: Sie ist eine europäische Behörde mit eigener Rechtspersönlichkeit und gleichzeitig ein Kooperationsgremium für die nationalen Aufsichtsbehörden. Die EBA ist im Wege der Rechtsnachfolge aus dem Committee of European Banking Supervisors (CEBS) hervorgegangen und hat dessen Aufgaben übernommen. Die EBA soll gemeinsam mit der Europäischen Zentralbank (EZB) und den nationalen Aufsichtsbehörden die Qualität und Kohärenz

---

99 Vgl. Osman, Yasmin, Basiswissen Bankenaufsicht, Stuttgart, 2018, S. 46 f.

100 Vgl. Brixner, Joachim/Schaber, Mathias, Bankenaufsicht, Stuttgart, 2016, S. 6.

101 Dem Ausschuss für Finanzstabilität (AFS) gehören je drei stimmberechtigte Vertreter des Bundesministeriums der Finanzen (BMF), der Bundesanstalt für Finanzdienstleistungsaufsicht (BaFin) und der Deutschen Bundesbank sowie in beratender Funktion als nicht-stimmberechtigter Vertreter das für den Geschäftsbereich Abwicklung zuständige Mitglied des Direktoriums der BaFin an. Vgl. Deutsche Bundesbank, Glossareintrag auf der Internetseite, November 2018. Der AFS berichtet regelmäßig über seine Tätigkeit an den Deutschen Bundestag. Vgl. Ausschuss für Finanzstabilität, Fünfter Bericht an den Deutschen Bundestag zur Finanzstabilität in Deutschland, 27. Juni 2018. Der AFS tagt einmal pro Quartal, wobei bei Bedarf zusätzliche Sitzungen einberufen werden können. Den Vorsitz hat das BMF. Die Überwachung der Stabilität des deutschen Finanzmarktes erfolgt arbeitsteilig durch den AFS und die Deutsche Bundesbank. Die Bundesbank hat nach dem FinStabG insbesondere den Auftrag, laufend die für die Finanzstabilität maßgeblichen Sachverhalte zu analysieren, Gefahren zu identifizieren und ggf. dem AFS Vorschläge für entsprechende Warnungen zu unterbreiten. Zudem soll sie Maßnahmen zur Abwehr dieser Gefahren empfehlen. Weitere Aufgaben des Ausschusses sind die Beratung über den Umgang mit Warnungen und Empfehlungen des ESRB und die Stärkung der Zusammenarbeit der im Ausschuss vertretenen Institutionen im Fall einer Finanzkrise. Der AFS kann mit dem ESRB und jenen Behörden, die in den anderen Mitgliedstaaten der EU für die Wahrung der Finanzstabilität zuständig sind, Informationen austauschen. Er informiert zudem den ESRB über seine Warnungen und Empfehlungen. Sind wesentliche grenzüberschreitende Wirkungen zu erwarten, so muss er dies tun, bevor er eine Warnung oder Empfehlung ausspricht. Vgl. O. V., Ausschuss für Finanzstabilität: Neues Gremium für die makroprudenzielle Überwachung des deutschen Finanzsystems, in: BaFinJournal, Ausgabe April 2013, S. 14 ff.

102 Die EU-Ratsminister haben am 20. November 2017 entschieden, dass die EBA aufgrund des geplanten EU-Austrittes von Großbritannien ihren Standort von London nach Paris verlegen wird. Vgl. Verordnung (EU) 2018/1717 des Europäischen Parlaments und des Rates vom 14. November 2018 zur Änderung der Verordnung (EU) Nr. 1093/2010 in Bezug auf den Sitz der Europäischen Bankenaufsichtsbehörde, Amtsblatt der Europäischen Union vom 16. November 2018, L 291/1–2.

der Bankenaufsicht in der Europäischen Union und die Beaufsichtigung grenzüberschreitend tätiger Institute verbessern.

75   Die EBA wird von einem Vorsitzenden geführt, der den Rat der Aufseher (»Board of Supervisors«, BoS) und den Verwaltungsrat (»Management Board«) leitet und für einen Zeitraum von fünf Jahren ernannt wird. Der Exekutivdirektor, dessen Amtszeit ebenfalls fünf Jahre beträgt, leitet das Tagesgeschäft der EBA. Der Rat der Aufseher ist das Leitungsorgan der EBA, das die fachlichen Entscheidungen trifft. Er setzt sich aus den 28 Aufsichtsbehörden der EU-Mitgliedstaaten zusammen, die jeweils stimmberechtigte Mitglieder sind. Darüber hinaus sind im Rat der Aufseher als nicht stimmberechtigte Mitglieder der EBA-Vorsitzende sowie jeweils ein Vertreter der EU-Kommission, der EZB, des ESRB, der ESMA und der EIOPA vertreten. Der Rat der Aufseher ernennt den EBA-Vorsitzenden und den Exekutivdirektor, fasst Beschlüsse, gibt Stellungnahmen und Empfehlungen ab, gibt Leitlinien vor, bestimmt das Arbeitsprogramm und beschließt die Geschäftsordnung.[103] Der Verwaltungsrat der EBA hat eine eher vorbereitende Funktion. Er erörtert mit dem Rat der Aufseher das Jahresarbeitsprogramm und hat Haushalts- und Personalbefugnisse.[104]

76   Die EU-Kommission hat im September 2017 einen Vorschlag zu einer Reform des Regelungsrahmens der Europäischen Aufsichtsbehörden vorgelegt, der auch die EBA betrifft.[105] Nach diesem Entwurf sollen der EBA zahlreiche zusätzliche Aufgaben und Befugnisse übertragen werden. Sie soll zukünftig u. a. EU-weit gültige aufsichtsrechtliche Ziele (»Strategic Supervisory Plans«) festlegen, an denen die EZB und die nationalen Aufsichtsbehörden gemessen werden. Darüber hinaus soll die EBA durch die Schaffung einer Geschäftsleitung (»Executive Board«), die sich aus Vertretern der EBA zusammensetzt, von den Aufsichtsbehörden unabhängiger werden. Die BaFin hat sich im Rahmen der Konsultation unter Berufung auf das Subsidiaritätsprinzip zu diesem Entwurf kritisch geäußert. Sie macht geltend, dass das Europäische System der Finanzaufsicht (ESFS) bewusst als Netz aus nationalen und europäischen Aufsichtsbehörden errichtet wurde und sich auch bewährt hat. Vor diesem Hintergrund spricht sie sich gegen eine »Aufsicht über die Aufsicht« aus.[106] Es bleibt abzuwarten, ob der Vorschlag der EU-Kommission zur Neuordnung des ESFS die erforderliche Mehrheit findet.

77   Das von der EU-Kommission angestrebte Einheitliche Regelwerk (»Single Rule Book«) wird nur dann zu gleichen bankaufsichtlichen Anforderungen für die Institute führen, wenn die Regelungen auch europaweit einheitlich implementiert und ausgelegt werden. CRR und CRDIV enthalten daher an zahlreichen Stellen den Auftrag an die EBA, Entwürfe für verbindliche technische

---

103 Vgl. Osman, Yasmin, Basiswissen Bankenaufsicht, Stuttgart, 2018, S. 27f.

104 Der Verwaltungsrat besteht aus dem Vorsitzenden, den die stimmberechtigten Mitglieder des EBA-Rates aus ihren Reihen heraus bestimmen, sowie sechs weiteren Mitgliedern. Zu den Organen der EBA vgl. Osman, Yasmin, Basiswissen Bankenaufsicht, Stuttgart, 2018, S. 28; Lehmann, Matthias/Manger-Nestler, Cornelia, Das neue europäische Finanzaufsichtssystem, Zeitschrift für Bankrecht und Bankwirtschaft (ZBB), Heft 1/2011, S. 7f.

105 Europäische Kommission, Vorschlag für eine Verordnung des Europäischen Parlaments und des Rates zur Änderung der Verordnung (EU) Nr. 1093/2010 zur Errichtung einer Europäischen Aufsichtsbehörde (Europäische Bankenaufsichtsbehörde), der Verordnung (EU) Nr. 1094 zur Errichtung einer Europäischen Aufsichtsbehörde (Europäische Aufsichtsbehörde für das Versicherungswesen und die betriebliche Altersversorgung), der Verordnung (EU) Nr. 1095/2010 zur Errichtung einer Europäischen Aufsichtsbehörde (Europäische Wertpapier- und Marktaufsichtsbehörde), der Verordnung (EU) Nr. 345/2013 über Europäische Risikokapitalfonds, der Verordnung (EU) Nr. 346/2013 über europäische Fonds für soziales Unternehmertum, der Verordnung (EU) Nr. 600/2014 über Märkte für Finanzinstrumente, der Verordnung (EU) 2015/760 über europäische langfristige Investmentfonds, der Verordnung (EU) 2016/1011 über Indizes, die bei Finanzinstrumenten und Finanzkontrakten als Referenzwert oder zur Messung der Wertentwicklung eines Investmentfonds verwendet werden, und der Verordnung (EU) 2017/1129 über den Prospekt, der beim öffentlichen Angebot von Wertpapieren oder bei deren Zulassung zum Handel auf einem geregelten Markt zu veröffentlichen ist, vom 20. September 2017.

106 Vgl. Bundesanstalt für Finanzdienstleistungsaufsicht, Jahresbericht 2017, 3. Mai 2018, S. 59.

Regulierungs- und Durchführungsstandards zu entwickeln (»Binding Technical Standards«, BTS), die anschließend von der EU-Kommission als Verordnungen oder Beschlüsse angenommen werden.[107] Mit Annahme durch die EU-Kommission werden die technischen Standards für alle Institute innerhalb des Europäischen Wirtschaftsraumes zu unmittelbar geltendem Recht, eine Umsetzung in nationales Recht ist weder erforderlich noch möglich.

Darüber hinaus kann die EBA – wie vormals CEBS – Leitlinien und Empfehlungen zur Verein- **78**
heitlichung der Aufsichtspraxis erlassen. Diese richten sich regelmäßig an die EZB und die nationalen Aufsichtsbehörden und sind rechtlich nicht verbindlich. Nach dem Prinzip »Comply or Explain« müssen die Aufsichtsbehörden die Leitlinien und Empfehlungen der EBA jedoch entweder umsetzen oder erklären, warum sie dies (in Teilen) nicht zu tun beabsichtigen. Dadurch wird der Anwendungsdruck auf die Aufsichtsbehörden deutlich erhöht.[108] Die EBA-Leitlinien sind neben den Aufsichtsbehörden ausdrücklich auch an die Institute adressiert, sodass sie nicht ausschließlich Verwaltungsvorschriften darstellen.[109] In der Vergangenheit wurden sie jedoch von der deutschen Aufsicht regelmäßig in nationales Recht oder auf untergesetzlicher Ebene umgesetzt, wie z.B. in den MaRisk, sodass für die Institute letztlich die nationalen Vorgaben maßgeblich waren. Die EBA hat nach pflichtgemäßem Ermessen zu entscheiden, ob vor der endgültigen Veröffentlichung der Leitlinien eine öffentliche Anhörung oder eine Kosten-Nutzen-Analyse durchzuführen sind.

Die EBA hat auf ihrer Internetseite zudem einen Prozess zur Beantwortung eingereichter Fragen **79**
(»Questions and Answers«, Q&A) eingerichtet, um eine einheitliche europäische Aufsichtspraxis zu gewährleisten. Der Q&A-Prozess beinhaltet Antworten der EBA zu Auslegungsfragen zur CRR, CRD IV, BRRD, den technischen Durchführungs- und Regulierungsstandards sowie den Leitlinien der EBA etc.[110] Die von der EBA veröffentlichten Antworten sind ebenfalls rechtlich nicht verbindlich. In der Praxis entfalten sie jedoch eine Art faktische Bindungswirkung, da sich die EZB und die nationalen Aufsichtsbehörden weitgehend daran orientieren. Anders als bei den Leitlinien besteht kein »Comply or Explain«-Mechanismus für die Aufsichtsbehörden. Die EBA hat schließlich die Möglichkeit, zu ausgewählten Themen Stellungnahmen (»Opinions«) abzugeben.

Die Bedeutung der Leitlinien und der Antworten der EBA aus dem Q&A-Prozess ist für die **80**
deutschen Institute schlagartig gestiegen, nachdem die BaFin per Pressemeldung am 15. Februar 2018 erklärt hat, im Interesse der europäischen Harmonisierung des Aufsichtsrechts, d.h. einer gemeinsamen Aufsichtskultur und kohärenten Aufsichtspraktiken, grundsätzlich alle Leitlinien sowie Fragen und Antworten der EBA in ihre Verwaltungspraxis zu übernehmen. Zwar sollen die Besonderheiten des deutschen Aufsichtsrechts auch in Zukunft berücksichtigt werden. Allerdings obliegt es damit den (teilweise sehr kleinen) Instituten, die grundsätzlich in englischer Sprache verfassten Ausführungen der EBA auf Relevanz für die eigenen Geschäftsaktivitäten zu prüfen. Im Gegensatz zur bisherigen Praxis wird die BaFin zukünftig nur noch auf ihrer Internetseite verlautbaren, wenn sie ausnahmsweise eine Leitlinie oder Antwort der EBA (teilweise) nicht in ihre

---

107 Die Differenzierung zwischen Regulierungs- und Durchführungsstandards erklärt sich aus den verschiedenen Kompetenzgrundlagen, auf die sich die EU-Kommission beim Erlass stützen kann. Regulierungsstandards werden auf der Grundlage von Art. 290 AEUV erlassen, Durchführungsstandards gehen auf Art. 291 AEUV zurück. Im ersten Fall werden der Kommission quasi-legislative Befugnisse von Rat und Parlament übertragen. Im zweiten Fall besitzt die Kommission anstelle der Mitgliedstaaten die Befugnis, Sekundärrecht aus Gründen der unionseinheitlichen Durchsetzung zu vollziehen und die dazu notwendigen Durchführungsrechtsakte zu erlassen. Vgl. Lehmann, Matthias/Manger-Nestler, Cornelia, Das neue europäische Finanzaufsichtssystem, Zeitschrift für Bankrecht und Bankwirtschaft (ZBB), Heft 1/2011, S. 10.

108 Die EBA veröffentlicht eine Nichtbefolgung darüber hinaus in ihrem jährlichen Bericht an das EU-Parlament, den Rat und die EU-Kommission. Vgl. Lehmann, Matthias/Manger-Nestler, Cornelia, Das neue europäische Finanzaufsichtssystem, Zeitschrift für Bankrecht und Bankwirtschaft (ZBB), Heft 1/2011, S. 12.

109 Vgl. Lehmann, Matthias/Manger-Nestler, Cornelia, Das neue europäische Finanzaufsichtssystem, Zeitschrift für Bankrecht und Bankwirtschaft (ZBB), Heft 1/2011, S. 13.

110 Abrufbar unter www.eba.europa.eu/single-rule-book-qa.

Verwaltungspraxis übernimmt. Lediglich zu ausgewählten Q&As sollen unverbindliche eigene Übersetzungen zur Verfügung gestellt werden.[111]

81 Die deutschen Aufsichtsbehörden erläuterten im Fachgremium MaRisk am 5. November 2018, dass zur Umsetzung von Leitlinien in nationales Recht zukünftig grundsätzlich drei Varianten denkbar seien: In einigen Fällen wird eine Übernahme der Leitlinien durch eine gesetzliche Regelung erforderlich sein, beispielsweise die Anpassung einer Rechtsverordnung. In anderen Fällen könnten die MaRisk erneut überarbeitet werden. Schließlich bliebe noch als dritte Möglichkeit, dass die deutsche Aufsicht die EBA-Leitlinien selbst als unmittelbar anwendbar erklärt. Die letzte Variante hätte für die Kreditwirtschaft den erheblichen Nachteil, dass sie ihre Interessen nicht mehr über die Verbände bei einer nationalen Umsetzung einbringen könnte. Die deutschen Institute hätten zwar ggf. die Möglichkeit zur Teilnahme an einem Konsultationsverfahren der EBA, die jedoch in der Vergangenheit auf die Besonderheiten der nationalen Bankensektoren (in Deutschland z.B. auf das Drei-Säulen-Modell) wenig Rücksicht genommen hat.

82 Mit der Errichtung des Single Supervisory Mechanism wurde der EBA zudem die Befugnis zur Durchführung von Stresstests bei Instituten übertragen, um potenzielle Risiken und Schwachstellen im Finanzsystem zu identifizieren. Die EBA koordiniert die EU-weiten Stresstests in Zusammenarbeit mit der EZB und den nationalen Aufsichtsbehörden. Die Ergebnisse der Stresstests werden auf der Internetseite der EBA veröffentlicht und sollen den relevanten Interessensgruppen und der Öffentlichkeit Informationen zur Widerstandsfähigkeit der Banken liefern. Hierbei geht es vor allem um die Fähigkeit der Institute, in einem ungünstigen makroökonomischen Umfeld Schocks abzufedern und die aufsichtsrechtlichen Eigenkapital- und Liquiditätsanforderungen einzuhalten. Zuletzt hat die EBA im Jahre 2018 einen EU-weiten Stresstest durchgeführt. Der Stresstest betraf 48 ausgewählte Banken aus der EU. Die Ergebnisse des EBA-Stresstests sind am 2. November 2018 veröffentlicht worden.[112]

---

111 Vgl. Bundesanstalt für Finanzdienstleistungsaufsicht, Europäische Aufsichtsbehörden: BaFin übernimmt grundsätzlich alle Leitlinien sowie Fragen und Antworten in ihre Verwaltungspraxis, Pressemeldung vom 15. Februar 2018.

112 Die Methodik für die Stresstests wurde am 17. November 2017 veröffentlicht, die den Stresstests zugrundeliegenden makroökonomischen Szenarien am 31. Januar 2018. Parallel zur EBA hat die EZB einen SREP-Stresstest bei jenen Instituten durchgeführt, die der direkten Aufsicht der EZB unterliegen, aber nicht in den Anwendungsbereich des EU-weiten Stresstests fielen. Zuvor hatte die EBA bereits in den Jahren 2014 (als Teil des Comprehensive Assessment im Rahmen der Übertragung der Bankenaufsicht auf die EZB) und 2016 vergleichbare EU-weite Stresstests durchgeführt. Diese Stresstests basierten im Wesentlichen auf zwei makroökonomischen Szenarien, einem so genannten Baseline-Szenario, das als solches keine eigentlichen Stresselemente enthält, und einem vom ESRB erarbeiteten adversen Szenario. Zu den Eckpunkten des adversen Szenarios und den methodischen Vorgaben vgl. Quinten, Daniel/Wehn, Carsten, SSM, SREP und Säule I +, Stuttgart, 2017, S. 65 ff. Die Methodik für den Stresstest im Jahre 2018 baut im Wesentlichen auf den Vorgaben des Stresstests 2016 auf, berücksichtigt jedoch zum ersten Mal die seit dem 1. Januar 2018 zu beachtenden Vorgaben des Rechnungslegungsstandards IFRS 9.

3.4 Einheitlicher Aufsichtsmechanismus (»Single Supervisory Mechanism«, SSM)

Die EU-Finanzminister haben sich Mitte Dezember 2012 darauf geeinigt, bestimmte Institute unter **83** eine einheitliche Aufsicht zu stellen, die bei der Europäischen Zentralbank angesiedelt wird. Der durch die SSM-Verordnung[113] umgesetzte Einheitliche Aufsichtsmechanismus (»Single Supervisory Mechanism«, SSM) setzt sich aus der EZB und den nationalen Aufsichtsbehörden der Staaten der Eurozone zusammen.[114] In den EU-Mitgliedstaaten, die der Euro-Zone nicht angehören, sind weiterhin ausschließlich die nationalen Aufsichtsbehörden für die Bankenaufsicht zuständig. Die EU-Mitgliedstaaten außerhalb der Euro-Zone haben jedoch die Möglichkeit, freiwillig am SSM teilzunehmen (»Opt-in-Klausel«).

Lange Zeit wurde darüber gestritten, ob die Unabhängigkeit der EZB und eine Trennung der **84** Geldpolitik von der Aufsichtsfunktion sichergestellt werden können. Diese Ziele sollten dadurch erreicht werden, dass bei der EZB ein Aufsichtsgremium (»Supervisory Board«) etabliert wurde, in dem neben einem Vorsitzenden, einem stellvertretenden Vorsitzenden und vier weiteren Vertretern der EZB je ein Vertreter der beteiligten nationalen Aufsichtsbehörden sitzen. Die Vorsitzende des SSB für den Zeitraum 2014 bis 2019 ist Danièle Nouy, ihre Stellvertreterin Sabine Lautenschläger. Beide Verträge enden allerdings Anfang 2019.[115] Das Aufsichtsgremium übernimmt die Planung, Erörterung und Ausführung der Aufgaben in der Bankenaufsicht. Entsprechende Beschlussentwürfe legt es dem EZB-Rat (»Governing Council«) vor. Der EZB-Rat ist das oberste Beschlussorgan der EZB und setzt sich aus den sechs Mitgliedern des EZB-Direktoriums sowie den Präsidenten der nationalen Zentralbanken der Staaten der Eurozone zusammen. Außerdem wurde eine Schlichtungsstelle (»Mediation Panel«) eingerichtet, die Streitfälle lösen soll, wenn der EZB-Rat die Vorschläge des Aufsichtsgremiums nicht akzeptiert. Darüber hinaus existiert ein administrativer Überprüfungsausschuss (»Administrative Board of Review«), der aus fünf unabhängigen Mitgliedern besteht, die weder bei der EZB noch bei einer nationalen Aufsichtsbehörde beschäftigt sind, und eine interne Überprüfung der von der EZB im Rahmen ihrer Aufsichtsbefugnisse gefassten Beschlüsse durchführt.[116]

Die EZB hat am 4. November 2014 die direkte Aufsicht einschließlich hoheitlicher Befugnisse **85** über die »bedeutenden Institute« der teilnehmenden Mitgliedstaaten erhalten.[117] Die maßgeblichen Kriterien hierfür sind die Größe des Institutes, die Relevanz für die Wirtschaft der Europä-

---

113 Verordnung (EU) Nr. 1024/2013 des Rates vom 15. Oktober 2013 zur Übertragung besonderer Aufgaben im Zusammenhang mit der Aufsicht über Kreditinstitute auf die Europäische Zentralbank (SSM-Verordnung), Amtsblatt der Europäischen Union vom 29. Oktober 2013, L 287/63–89.

114 Neben der SSM-Verordnung hat die EZB am 23. April 2014 die »SSM-Rahmenverordnung« (»Framework Regulation«) veröffentlicht. Die SSM-Rahmenverordnung enthält insbesondere Regeln und Verfahren im Hinblick auf die »Oversight-Aufsicht« der EZB, die Zusammenarbeit zwischen der EZB und den nationalen Aufsichtsbehörden, allgemeine Grundsätze für die Durchführung bankaufsichtlicher Verfahren durch die EZB sowie für Verwaltungssanktionen bei Verstößen gegen bankaufsichtliche Anforderungen. Vgl. Verordnung (EU) Nr. 468/2014 der Europäischen Zentralbank vom 16. April 2014 zur Errichtung eines Rahmenwerks für die Zusammenarbeit zwischen der Europäischen Zentralbank und den nationalen zuständigen Behörden und den nationalen benannten Behörden innerhalb des einheitlichen Aufsichtsmechanismus (SSM-Rahmenverordnung), Amtsblatt der Europäischen Union vom 14. Mai 2014, L 141/1–50.

115 Der Nachfolger von Danièle Nouy wird voraussichtlich Andrea Enria, der gegenwärtig der amtierende Vorsitzende der EBA ist.

116 Zu den Beschlussfassungsverfahren innerhalb des SSM vgl. Europäische Zentralbank, Leitfaden zur Bankenaufsicht, 3. November 2014, S. 14 ff.

117 Vor dem Übergang der Aufsichtsverantwortung auf die EZB wurde im Jahre 2014 bei den voraussichtlich unter die EZB-Aufsicht fallenden Instituten ein »Comprehensive Assessment« durchgeführt. Das Comprehensive Assessment setzte sich zusammen aus einem »Risk Assessment«, vergleichbar mit der Erstellung des bankaufsichtlichen Risikoprofils, bei dem die wesentlichen Risiken eines Institutes im Fokus stehen, einem »Asset Quality Review«, d.h. einer Werthaltigkeitsprüfung besonders risikobehafteter Portfolien für Institute durch die nationalen Aufsichtsbehörden und die EZB, sowie einem Stresstest, der in Zusammenarbeit mit der EBA durchgeführt wurde. Die endgültige Entscheidung, welche Institute seit dem 4. November 2014 der direkten Aufsicht der EZB unterfallen, wurde im Anschluss an das Comprehensive Assessment im September 2014 getroffen.

ischen Union oder eines teilnehmenden Mitgliedstaates sowie die Bedeutung der grenzüberschreitenden Tätigkeiten (Vernetztheit). Nach der SSM-Verordnung gelten Kreditinstitute (auf Gruppenebene) mit einer Bilanzsumme von über 30 Mrd. Euro oder mehr als 20 % des Bruttoinlandsproduktes eines Mitgliedstaates (bei einer Bilanzsumme von über 5 Mrd. Euro) grundsätzlich als »bedeutend« (»significant«).[118] Darüber hinaus wird die EZB mindestens die drei größten Kreditinstitute eines jeden teilnehmenden Mitgliedstaates beaufsichtigen sowie diejenigen Kreditinstitute, die von ESM oder EFSF direkte Unterstützung beantragt oder erhalten haben. Derzeit unterstehen insgesamt 118 Bankengruppen der direkten Aufsicht der EZB, davon 21 deutsche Bankengruppen.[119]

86   Die Aufsicht über die »weniger bedeutenden« (»less significant«) Institute verbleibt weitgehend bei den nationalen Behörden, d.h. in Deutschland bei der Bundesanstalt für Finanzdienstleistungsaufsicht (BaFin) und der Deutschen Bundesbank (Bundesbank).[120] Die EZB hat allerdings die Aufsicht (»oversight«) über das Gesamtsystem, um eine qualitativ gleichwertige Aufsichtspraxis in der Eurozone zu gewährleisten. Zur Wahrung einheitlicher Aufsichtsstandards kann die EZB zudem die Aufsicht über weniger bedeutende Institute an sich ziehen sowie für die Aufsicht über diese Institute gemeinsame Standards festlegen.

87   Die laufende Beaufsichtigung der bedeutenden Institute wird von gemeinsamen Aufsichtsteams (»Joint Supervisory Teams«, JST) ausgeübt, wobei sich das jeweilige JST pro Institut aus Mitarbeitern der EZB, darunter der »JST-Koordinator« als Leiter dieses Teams, und der nationalen Aufsichtsbehörden zusammensetzt. Die konkrete Ausgestaltung der Zusammenarbeit bzw. Arbeitsteilung zwischen der EZB und den nationalen Aufsichtsbehörden wird im Leitfaden zur Bankenaufsicht[121] dargestellt und muss sich allerdings noch einspielen.[122]

88   Vor dem Hintergrund der genannten Aufgaben und Verantwortlichkeiten besteht die Organisation der Bankenaufsicht in der EZB aus vier Generaldirektionen. Die Generaldirektionen I und II sind für die laufende Aufsicht über die von der EZB direkt beaufsichtigten bedeutenden Institute zuständig. Die Generaldirektion III verantwortet die indirekte Aufsicht über die weniger bedeutenden Institute, indem sie die Aufsichtstätigkeit und Beziehungen zu den nationalen Aufsichtsbehörden überwacht. Die Generaldirektion IV hat eine Querschnittsfunktion und beschäftigt sich insbesondere mit Zulassungsverfahren, aufsichtlichen Grundsatzfragen, Aufsichtsplanung, internen Modellen, Krisenmanagement, Methodik und Entwicklung von Standards, Risikoanalysen und Vor-Ort-Prüfungen.[123]

89   Darüber hinaus kann die EZB zur Wahrnehmung der ihr durch die SSM-Verordnung übertragenen Aufgaben Leitlinien und Empfehlungen veröffentlichen sowie Beschlüsse fassen. Hiervon macht die EZB in der Praxis inzwischen in erheblichem Umfang Gebrauch, um einheitliche

---

118 Vgl. Verordnung (EU) Nr. 1024/2013 des Rates vom 15. Oktober 2013 zur Übertragung besonderer Aufgaben im Zusammenhang mit der Aufsicht über Kreditinstitute auf die Europäische Zentralbank (SSM-Verordnung), Amtsblatt der Europäischen Union vom 29. Oktober 2013, L 287/76.

119 Vgl. Europäische Zentralbank, Liste bedeutender beaufsichtigter Unternehmen, Stand: 1. April 2018. Folgende deutsche Institute bzw. Institutsgruppen unterstehen der direkten EZB-Aufsicht: Aareal Bank AG, Barclays Bank PLC Frankfurt Branch, Bayerische Landesbank, Commerzbank Aktiengesellschaft, Deka Bank Deutsche Girozentrale, Deutsche Apotheker- und Ärztebank eG, Deutsche Bank AG, DZ Bank AG Deutsche Zentral-Genossenschaftsbank, Erwerbsgesellschaft der S-Finanzgruppe mbH & Co KG, HASPA Finanzholding, HSH Beteiligungs Management GmbH, Deutsche Pfandbriefbank AG, Landesbank Baden-Württemberg, Landesbank Hessen-Thüringen Girozentrale, Landeskreditbank Baden-Württemberg-Förderbank, Landwirtschaftliche Rentenbank, Münchener Hypothekenbank eG, Norddeutsche Landesbank – Girozentrale, NRW.BANK, State Street Europe Holdings Germany S.a.r.l. & Co. KG, Volkswagen Bank Gesellschaft mit beschränkter Haftung.

120 Gemäß Art. 4 SSM-Verordnung wurden bestimmte aufsichtliche Kompetenzen wie bspw. die Erteilung und der Entzug von Bankzulassungen sowie die Überprüfung des Käufers hinsichtlich Zuverlässigkeit und finanzielle Solidität bei dem Erwerb eines qualifizierten Anteils an einer Bank (Beteiligung > 10 %) vollständig auf die EZB übertragen. In diesen Bereichen ist die EZB somit auch direkt für die Aufsicht über die weniger bedeutenden Institute zuständig.

121 Europäische Zentralbank, Leitfaden zur Bankenaufsicht, 3. November 2014.

122 Vgl. Deutsche Bundesbank, Gemeinsame europäische Bankenaufsicht – Erster Schritt auf dem Weg zur Bankenunion, in: Monatsbericht, Juli 2013, S. 15 ff; Deutsche Bundesbank, Der Start in die Bankenunion, in: Monatsbericht, Oktober 2014, S. 52 f.

123 Vgl. Europäische Zentralbank, Leitfaden zur Bankenaufsicht, 3. November 2014, S. 17.

aufsichtliche Verfahren zu fördern und ihre Aufsichtspraxis für den Bankensektor transparent zu machen. Dabei ist die EZB gemäß Art 4 Abs. 3 SSM-Verordnung an die von der EBA ausgearbeiteten und von der EU-Kommission angenommenen verbindlichen technischen Durchführungs- und Regulierungsstandards gebunden. Darüber hinaus muss die EZB als Aufsichtsbehörde – wie auch die nationalen Aufsichtsbehörden – die von der EBA veröffentlichten Leitlinien und Empfehlungen entweder umsetzen oder erklären, warum sie dies (in Teilen) nicht zu tun beabsichtigt (»Comply or Explain«).

3.5 Zuständigkeit von BaFin und Deutscher Bundesbank im Single Supervisory Mechanism

Wie bereits ausgeführt, wird die direkte Aufsicht über bedeutende Institute im SSM von gemeinsamen Aufsichtsteams (»Joint Supervisory Teams«, JST) der EZB und der nationalen Aufsichtsbehörden durchgeführt. Die BaFin und die Deutsche Bundesbank sind somit unter der Federführung der EZB in die Beaufsichtigung der bedeutenden Institute in Deutschland in erheblichem Umfang eingebunden. Zudem sind die deutschen Aufsichtsbehörden in den Gremien des SSM vertreten (→ Kapitel 3.4). **90**

Auch nach der Errichtung des SSM im November 2014 sind die BaFin und die Bundesbank im Wesentlichen für die Aufsicht über die weniger bedeutenden Institute in Deutschland zuständig. Darunter fallen diejenigen Institute, die nicht die Kriterien für eine direkte Beaufsichtigung durch die EZB gemäß SSM-VO erfüllen. Darüber hinaus sind bei der BaFin die Bereiche der Bankenaufsicht verblieben, die sich auf den Verbraucherschutz sowie die Verhinderung von Geldwäsche und Terrorismusfinanzierung beziehen. Die deutschen Aufsichtsbehörden verantworten außerdem die Überwachung von Spezialgesetzen, wie das Gesetz über Bausparkassen oder das Pfandbriefgesetz. **91**

Anders als die EZB ist die BaFin eine Allfinanzaufsicht, die neben der Aufsicht über Kredit- und Finanzdienstleistungsinstitute auch die Überwachung von Versicherungen und Pensionsfonds sowie den Wertpapierhandel umfasst. Mit Wirkung zum 1. Januar 2018 wurde zudem die bis zu diesem Zeitpunkt bei der Bundesanstalt für Finanzmarktstabilisierung (FMSA) angesiedelte nationale Abwicklungsbehörde als neuer Geschäftsbereich in die BaFin eingegliedert (→ Kapitel 3.6). **92**

Die BaFin ist eine selbständige Anstalt des öffentlichen Rechts und unterliegt der Rechts- und Fachaufsicht des Bundesministeriums der Finanzen (BMF). Die Bundesanstalt wird von einem Direktorium geführt, das aus dem Präsidenten und fünf Exekutivdirektoren für die Bereiche Bankenaufsicht, Wertpapieraufsicht, Versicherungs- und Pensionsaufsicht, Abwicklung sowie Innere Verwaltung und Recht besteht. Derzeit ist Felix Hufeld der Präsident der BaFin. Die Mitglieder des Direktoriums leiten und verwalten die BaFin in gemeinsamer Verantwortung. Der Verwaltungsrat der BaFin, der aus 17 stimmberechtigten Mitgliedern besteht, überwacht die Geschäftsführung der Bundesanstalt und unterstützt sie bei der Erfüllung ihrer Aufgaben. Im Verwaltungsrat sind u.a. das BMF, das Bundesministerium für Wirtschaft und Energie (BMWi) und das Bundesministerium der Justiz und für Verbraucherschutz (BMJV) vertreten. Daneben besteht ein 24-köpfiger Fachbeirat, der sich aus Vertretern der Finanzwissenschaft, der Kredit- und Versicherungswirtschaft, der Verbraucherschutzvereinigungen und der Deutschen Bundesbank zusammensetzt. **93**

Die Zusammenarbeit zwischen BaFin und Bundesbank ist im Einzelnen in § 7 KWG geregelt. Danach ist allein die BaFin berechtigt, hoheitliche Maßnahmen, wie Erlaubniserteilung, Prüfungsanordnung nach § 44 KWG, Anordnung aufsichtsrechtlicher Maßnahmen etc., gegenüber den **94**

Instituten zu treffen. Die Bundesbank ist für die laufende Überwachung der Institute zuständig. Darunter fallen vor allem die Auswertung der von den Instituten eingereichten Unterlagen, der Prüfungsberichte nach § 26 KWG und der Jahresabschlussunterlagen sowie die Durchführung und Auswertung bestimmter bankgeschäftlicher Prüfungen, wie IRBA-Zulassungsprüfungen, MaRisk-Prüfungen etc.

95   Die in § 7 KWG geregelte Aufgabenteilung zwischen BaFin und Bundesbank gilt gemäß § 7 Abs. 1a KWG auch, wenn die BaFin und die Bundesbank die EZB bei der Aufsicht über bedeutende Institute als Mitglieder der Joint Supervisory Teams unterstützen.

3.6   Einheitlicher Abwicklungsmechanismus (»Single Resolution Mechanism«, SRM)

96   In Analogie zum SSM fallen im Rahmen des Einheitlichen Abwicklungsmechanismus (»Single Resolution Mechanism«, SRM) grundsätzlich alle bedeutenden Institute in der Eurozone in den Zuständigkeitsbereich des Ausschusses für die einheitliche Abwicklung (»Single Resolution Board«, SRB) mit Sitz in Brüssel. Für die Abwicklung der weniger bedeutenden Institute in Deutschland war bis Ende 2017 die Bundesanstalt für Finanzmarktstabilisierung (FMSA) verantwortlich. Mit dem FMSA-Neuordnungsgesetz wurde die Abwicklungsbehörde mit Wirkung zum 1. Januar 2018 als neuer Geschäftsbereich in die BaFin überführt.[124] Die BaFin ist nunmehr auf nationaler Ebene sowohl für die Sanierung als auch für die Abwicklung von Instituten zuständig. Die Verantwortung für die Sanierung von bedeutenden Instituten liegt bei der EZB. BaFin und EZB stellen letztlich fest, ob ein Institut in eine gefährliche Schieflage geraten ist und möglicherweise abgewickelt werden muss.

97   Das SRB besteht aus sechs Mitgliedern, darunter der Vorsitzenden und ihrem Stellvertreter sowie den Vertretern der nationalen Abwicklungsbehörden.[125] Seit Dezember 2014 ist Elke König die Vorsitzende des SRB. Kernaufgaben des SRB sind die Erstellung von Abwicklungsplänen, die Festlegung der Mindestanforderungen an Eigenmittel und berücksichtigungsfähige Verbindlichkeiten (»Minimum Requirements for Own Funds and Eligible Liabilities«, MREL), die Vorbereitung von Abwicklungsmaßnahmen und die Verwaltung des Einheitlichen Abwicklungsfonds (»Single Resolution Fund«, SRF). Ähnlich den JST bei der laufenden Beaufsichtigung gibt es interne Abwicklungsteams (»Internal Resolution Teams«, IRT) von Mitarbeitern des SRB und der nationalen Abwicklungsbehörden, die im Rahmen des SRM ein bedeutendes oder grenzüberschreitend tätiges Institut betreuen. IRT sind insbesondere verantwortlich für die Erstellung von Abwicklungsplänen für die Institute.

98   Sofern im Abwicklungsfall im Rahmen des SRM die Verlustabsorption eines Kreditinstitutes mittels eines »Bail-in« (Gläubigerbeteiligung) nicht ausreichen sollte, soll der SRF etwaige Abwicklungsverfahren im nächsten Schritt auffangen. Das Zielvolumen des SRF soll mindestens ein Prozent der gedeckten Einlagen aller vom SRM erfassten Institute umfassen (voraussichtlich 55 Milliarden Euro) und bis Ende 2023 durch vorab erhobene Jahresbeiträge erbracht werden. Der

---

124 Die FMSA war ab 20. Oktober 2008 zunächst für die Verwaltung des Sondervermögens Finanzmarktstabilisierungsfonds (SoFFin) zuständig und übernahm von 2015 bis 2018 die Funktion der nationalen Abwicklungsbehörde. Mit dem FMSA-Neuordnungsgesetz aus dem Jahre 2016 wurden die Aufgaben der FMSA neu geordnet. Es sah vor, dass die nationale Abwicklungsbehörde zum 1. Januar 2018 als neuer Geschäftsbereich in die BaFin eingegliedert wird. Die Aufgaben im Zusammenhang mit der Verwaltung und Abwicklung des Finanzmarktstabilisierungsfonds wurden zu diesem Zeitpunkt in die Bundesrepublik Deutschland Finanzagentur GmbH überführt. Vgl. Gesetz zur Neuordnung der Aufgaben der Bundesanstalt für Finanzmarktstabilisierung (FMSA-Neuordnungsgesetz – FMSANeuOG) vom 23. Dezember 2016 (BGBl. I Nr. 65 S. 3171), veröffentlicht am 28. Dezember 2016.

125 Zum Aufbau des SRB vgl. Osman, Yasmin, Basiswissen Bankenaufsicht, Stuttgart, 2018, S. 52 f.

SRF ersetzt die nationale Bankenabgabe. Als Reaktion auf die Eurokrise und den provisorischen Rettungsschirm zur Sicherstellung der Zahlungsfähigkeit der Eurozone hatten die Mitgliedstaaten zunächst die Europäische Finanzstabilisierungsfazilität (»European Financial Stability Facility«, EFSF) gegründet. Die EFSF wurde am 1. Juli 2013 durch den Europäischen Stabilitätsmechanismus (»European Stability Mechanism«, ESM) abgelöst. Der ESM zielt als europäischer Schutz- und Nothilfemechanismus auf die Sicherstellung der Zahlungsfähigkeit der Eurozone ab. Unter bestimmten Voraussetzungen kann der SRF auch auf Mittel des ESM zurückgreifen, sofern das Volumen des SRF für Abwicklungsverfahren von Instituten nicht ausreichen sollte.

Während die CRD IV ein maßgebliches Regelwerk für den SSM darstellt, wurde für die Zwecke des SRM die Sanierungs- und Abwicklungsrichtlinie (»Bank Recovery and Resolution Directive«, BRRD)[126] erarbeitet. Ergänzt wird die BRRD durch die SRM-Verordnung[127] und eine Delegierte Verordnung[128] sowie zahlreiche technische Standards bzw. Regulierungsstandards der EBA für die Sanierungs- und Abwicklungsplanung von Instituten. **99**

Zur Umsetzung der BRRD in das nationale Recht sind zum 1. Januar 2015 das Gesetz zur Sanierung und Abwicklung von Kreditinstituten (SAG)[129] und mehrere Begleitgesetze in Kraft getreten.[130] Konkretisiert werden die gesetzlichen Vorgaben durch die Mindestanforderungen an die Ausgestaltung von Sanierungsplänen (MaSan). Die derzeit lediglich als Rundschreiben der deutschen Aufsicht veröffentlichten MaSan sollen durch die MaSan-Verordnung ersetzt und damit auf die Gesetzesebene gehoben werden. Die regulatorischen Anforderungen an die Sanierungsplanung werden sich somit zukünftig aus der Delegierten Verordnung der EU, dem SAG, der MaSan-Verordnung und einem erläuternden Merkblatt der BaFin zusammensetzen (→ Kapitel 8.6). **100**

Im Rahmen des SREP wird beim Gesamtscore die Kategorie F (»failing or likely to fail« gemäß Art. 32 BRRD) verwendet, um die laufende Beaufsichtigung der Institute mit dem Krisenmanagement (Sanierung und Abwicklung) zu verknüpfen (→ AT 1 Tz. 2). Im Rahmen des SREP steht die Überlebensfähigkeit der Institute im Fokus. Auf Grundlage der Score-Werte können die zuständigen Behörden u. a. Kapitalzuschläge oder zusätzliche Liquiditätspuffer verlangen. Deshalb dienen die SREP-Score-Werte auch als Trigger für entsprechende Aufsichts- oder Frühinterventionsmaßnahmen. Informationspflichten der Aufsichtsbehörden gegenüber den Abwicklungsbehörden **101**

---

126 Richtlinie 2014/59/EU (Sanierungs- und Abwicklungsrichtlinie) des Europäischen Parlaments und des Rates vom 15. Mai 2014 zur Festlegung eines Rahmens für die Sanierung und Abwicklung von Kreditinstituten und Wertpapierfirmen und zur Änderung der Richtlinie 82/891/EWG des Rates, der Richtlinien 2001/24/EG, 2002/47/EG, 2004/25/EG, 2005/56/EG, 2007/36/EG, 2011/35/EU, 2012/30/EU und 2013/36/EU sowie der Verordnungen (EU) Nr. 1093/2010 und (EU) Nr. 648/2012 des Europäischen Parlaments und des Rates, Amtsblatt der Europäischen Union vom 12. Juni 2014, L 173/190–348. Die BRRD wird häufig nur als Abwicklungsrichtlinie bezeichnet. Teilweise ist auch von der Krisenmanagementrichtlinie die Rede.

127 Verordnung (EU) Nr. 806/2014 (SRM-Verordnung) des Europäischen Parlaments und des Rates vom 15. Juli 2014 zur Festlegung einheitlicher Vorschriften und eines einheitlichen Verfahrens für die Abwicklung von Kreditinstituten und bestimmten Wertpapierfirmen im Rahmen eines einheitlichen Abwicklungsmechanismus und eines einheitlichen Abwicklungsfonds sowie zur Änderung der Verordnung (EU) Nr. 1093/2010, Amtsblatt der Europäischen Union vom 30. Juli 2014, L 225/1–90.

128 Delegierte Verordnung (EU) 2016/1075/EU der Kommission vom 23. März 2016 zur Ergänzung der Richtlinie 2014/59/EU des Europäischen Parlaments und des Rates durch technische Regulierungsstandards, in denen der Inhalt von Sanierungsplänen, Abwicklungsplänen und Gruppenabwicklungsplänen, die Mindestkriterien, anhand deren die zuständige Behörde Sanierungs- und Gruppensanierungspläne zu bewerten hat, die Voraussetzungen für gruppeninterne finanzielle Unterstützung, die Anforderungen an die Unabhängigkeit der Bewerter, die vertragliche Anerkennung von Herabschreibungs- und Umwandlungsbefugnissen, die Verfahren und Inhalte von Mitteilungen und Aussetzungsbekanntmachungen und die konkrete Arbeitsweise der Abwicklungskollegien festgelegt wird, Amtsblatt der Europäischen Union vom 8. Juli 2016, L 184/1-71.

129 Gesetz zur Sanierung und Abwicklung von Instituten und Finanzgruppen (Sanierungs- und Abwicklungsgesetz – SAG) vom 10. Dezember 2014 (BGBl. I S. 2091), das zuletzt durch Artikel 3 des Gesetzes vom 23. Dezember 2016 (BGBl. I S. 3171) geändert worden ist.

130 Gesetz zur Umsetzung der Richtlinie 2014/59/EU des Europäischen Parlaments und des Rates vom 15. Mai 2014 zur Festlegung eines Rahmens für die Sanierung und Abwicklung von Kreditinstituten und Wertpapierfirmen und zur Änderung der Richtlinie 82/891/EWG des Rates, der Richtlinien 2001/24/EG, 2002/47/EG, 2004/25/EG, 2005/56/EG, 2007/36/EG, 2011/35/EU, 2012/30/EU und 2013/36/EU sowie der Verordnungen (EU) Nr. 1093/2010 und (EU) Nr. 648/2012 des Europäischen Parlaments und des Rates (BRRD-Umsetzungsgesetz) vom 10. Dezember 2014 (BGBl. I Nr. 59 S. 2091), veröffentlicht am 18. Dezember 2014.

bestehen schon bei einem Gesamtscore von 4, Frühinterventionsmaßnahmen können bereits ab einem Gesamtscore von 3 und einem Teilscore von 4 greifen. Auch über Abwicklungsmaßnahmen kann bereits ab einem Gesamtscore von 4 nachgedacht werden, sofern das Institut die damit verbundenen Aufsichts- oder Frühinterventionsmaßnahmen nicht befolgen sollte. Parallelen bestehen darüber hinaus bei der Durchführung von Stresstests, wobei sich die im Rahmen der Sanierungsplanung zu entwickelnden Szenarien hinsichtlich ihrer Strenge zwischen den in den MaRisk geforderten normalen und inversen Stressszenarien einordnen.

3.7   Einheitliches Einlagensicherungssystem

102   Die EU-Kommission möchte als dritte Säule der Bankenunion ein Europäisches Einlagensicherungssystem (»European Deposit Insurance Scheme«, EDIS) errichten. EDIS soll für alle amtlich anerkannten Einlagensicherungssysteme (»Deposit Guarantee Schemes«, DGS) sowie ihre angeschlossenen Banken gelten. Unter einem DGS werden insbesondere gesetzliche sowie amtlich anerkannte Sicherungssysteme verstanden, die Einlagen bis zu einer Höhe von 100 TEUR pro Kunde und Institut absichern. Die Einlagensicherungsrichtlinie (»Deposit Guarantee Scheme Directive«, DGSD)[131] regelt die Errichtung und Funktionsweise von (nationalen) Einlagensicherungssystemen und legt die Verfahren dafür fest. Im Rahmen von EDIS ist auch ein gemeinsamer Einlagensicherungsfonds (»Deposit Insurance Fund«, DIF) geplant, an den alle beteiligten Banken Pflichtbeiträge entrichten müssen. Die EU-Kommission hatte den schrittweisen Aufbau von EDIS ursprünglich zwischen Anfang 2017 und Ende 2023 vorgesehen. Das Ziel der EU-Kommission bestand darin, ab dem Jahre 2024 eine gemeinsame Einlagensicherung mit einem Volumen von ca. 43 Mrd. EUR vom Ausschuss für die einheitliche Abwicklung (»Single Resolution Board«, SRB) verwalten zu lassen.

103   Die Errichtung eines einheitlichen Einlagensicherungssystems scheitert bisher vor allem daran, dass eine damit verbundene Vergemeinschaftung der Risiken zu Lasten jener Staaten der Eurozone erfolgen würde, deren Institute einen vergleichsweise geringen Bestand an notleidenden Krediten (»Non-performing Loans«, NPL) und nur sehr überschaubare Investitionen in Staatsanleihen mit tendenziell hohem Risiko aufweisen. Institute in anderen Ländern haben dagegen einen vergleichsweise hohen Bestand an NPL und risikobehafteten Staatsanleihen. Sofern in diesen Staaten der Eurozone kein signifikanter Abbau der Risiken erfolgt, wäre dies mit einem nicht zu rechtfertigenden Haftungstransfer verbunden. Vor diesem Hintergrund wurden zwischenzeitlich zahlreiche Initiativen gestartet, die auf einen Risikoabbau in den betroffenen Ländern abzielen. Zur Wirkungsweise dieser Initiativen und den damit verbundenen Nebeneffekten bestehen allerdings verschiedene Ansichten. Die Kritiker von EDIS bemängeln zudem die zum Teil sehr unterschiedliche Kapitalausstattung der in den Staaten der Eurozone bestehenden nationalen Einlagensicherungssysteme.

---

131 Richtlinie 2014/49/EU (Einlagensicherungsrichtlinie – DGSD) des Europäischen Parlaments und des Rates vom 16. April 2014 über Einlagensicherungssysteme, Amtsblatt der Europäischen Union vom 12. Juni 2014, L 173/149–178.

4 Nationaler rechtlicher Rahmen

4.1 Gesetzliche Vorgaben durch das KWG

4.1.1 Risikomanagement auf Institutsebene[132] nach § 25a Abs. 1 KWG

Gesetzliche Grundlage der MaRisk und Anknüpfungspunkt für die Umsetzung des SRP ist § 25a Abs. 1 KWG, der von den Instituten eine »ordnungsgemäße Geschäftsorganisation« fordert. Das KWG zielt diesbezüglich in erster Linie auf ein aus qualitativer Sicht angemessenes Risikoumfeld in den Instituten ab, das zur Stärkung des Risikobewusstseins beitragen soll. In die gleiche Richtung gehende Ziele werden auch von anderen Normen verfolgt. So fordert der im Rahmen des Gesetzes zur Kontrolle und Transparenz im Unternehmensbereich (KonTraG) in das Aktiengesetz eingefügte § 91 Abs. 2 von den Vorständen der Aktiengesellschaften die Einrichtung eines Überwachungssystems. Ein derartiges Überwachungssystem wird als besonders geeignete Maßnahme angesehen, damit den Fortbestand der Gesellschaft gefährdende Entwicklungen früh erkannt werden. Von Bedeutung ist auch ein Verhaltenskodex, der die wichtigsten Corporate-Governance-Grundsätze[133] zusammenfasst bzw. um Empfehlungen ergänzt, die von den Vorständen und Aufsichtsräten aller börsennotierten Unternehmen beachtet werden sollten (Deutscher Corporate Governance Kodex).[134] Diese Grundsätze zielen insbesondere auf eine Verbesserung der Qualität der Abläufe und Entscheidungsprozesse innerhalb der Unternehmen ab und betreffen vor allem das Zusammenspiel zwischen Vorständen und Aufsichtsräten. **104**

§ 25a Abs. 1 KWG ist nach seiner erstmaligen Einfügung in das KWG im Jahre 1998 mehrmals novelliert worden. Dabei ging es i. d. R. weniger um materielle Erweiterungen als um begriffliche Präzisierungen und Strukturierungsfragen (→ AT 1 Tz. 1). In seiner aktuellen Fassung wird das unter dem Oberbegriff »ordnungsgemäße Geschäftsorganisation« umrissene Terrain in der Vorschrift selbst in mehreren Unterpunkten abgeschritten. Von besonderer Bedeutung für den SRP und die MaRisk ist dabei die Forderung nach einem angemessenen und wirksamen Risikomanagement (§ 25a Abs. 1 Satz 3 KWG). In der Literatur und Praxis gibt es keine einheitliche Definition für den Begriff »Risikomanagement«. Zum Teil wird unter Risikomanagement die Steuerung im engeren Sinne verstanden, wozu z. B. die Festlegung und Anpassung von Limiten für bestimmte Risikoarten gehört. In anderen Fällen werden steuernde Funktionen im engeren Sinne und Überwachungsfunktionen (z. B. Risikocontrolling) unter dem Begriff Risikomanagement zusammengefasst. Es existieren jedoch auch Definitionen, die dem Risikomanagement eine wesentlich umfassendere Bedeutung zuweisen, indem z. B. die Interne Revision mit einbezogen wird.[135] **105**

In enger Anlehnung an die Art. 74 und 97 CRD IV orientiert sich auch der deutsche Gesetzgeber an einem weit gefassten Risikomanagementbegriff. Auf Basis des angemessenen und wirksamen Risikomanagements ist insbesondere die Risikotragfähigkeit laufend sicherzustellen. Dafür sind entsprechende Verfahren zur Ermittlung und Sicherstellung der Risikotragfähigkeit einzurichten, wobei eine vorsichtige Ermittlung der Risiken und des zu ihrer Abdeckung verfügbaren Risikodeckungspotenzials zugrunde zu legen ist. Außerdem umfasst das Risikomanagement gemäß § 25a Abs. 1 Satz 3 KWG insbesondere **106**

---

132 Im Kommentar wird durchgängig zwischen den Begriffen »Institutsebene« und »Gruppenebene« unterschieden. Auf eine Verwendung des in bankaufsichtlichen Regelwerken häufig genutzten Begriffes »Einzelinstitutsebene« als Synonym für die Institutsebene wurde verzichtet.

133 Es gibt eine Vielzahl von Definitionen für den Begriff »Corporate Governance«. Vgl. Helmis, Sven, Corporate Governance in Deutschland – Eigentums- und Kontrollstrukturen und rechtliche Rahmenbedingungen in der »Deutschland AG«, Institute for Mergers & Acquisitions (IMA), September 2002, S. 3 ff.

134 Vgl. Regierungskommission Deutscher Corporate Governance Kodex, Deutscher Corporate Governance Kodex, Fassung vom 7. Februar 2017.

135 Vgl. Lück, Wolfgang, Elemente eines Risiko-Managementsystems, in: Der Betrieb, Heft 1 und 2/1998, S. 9 ff.

- die Festlegung von Strategien, insbesondere die Festlegung einer auf die nachhaltige Entwicklung des Institutes gerichteten Geschäftsstrategie und einer damit konsistenten Risikostrategie,
- die Einrichtung von Prozessen zur Planung, Umsetzung, Beurteilung und Anpassung der Strategien sowie
- die Einrichtung angemessener interner Kontrollverfahren.

107 Bei den internen Kontrollverfahren wird weiter differenziert. Sie bestehen nach dem Wortlaut des Gesetzes aus

- dem (prozessabhängigen) internen Kontrollsystem, das neben aufbau- und ablauforganisatorischen Regelungen mit klarer Abgrenzung der Verantwortungsbereiche auch Prozesse zur Identifizierung, Beurteilung, Steuerung, Überwachung und Kommunikation der Risiken entsprechend den in Titel VII Kapitel 2 Abschnitt II Unterabschnitt 2 CRD IV niedergelegten Kriterien[136] sowie eine Risikocontrolling-Funktion und eine Compliance-Funktion umfasst und
- der (prozessunabhängigen) Internen Revision.

108 Seit der Novellierung des § 25a KWG durch die Finanzmarktrichtlinie zählen auch eine angemessene personelle und technisch-organisatorische Ausstattung sowie die Festlegung eines angemessenen Notfallkonzeptes, insbesondere für IT-Systeme, zum Risikomanagement im Sinne des KWG. Dabei handelt es sich um Aspekte, die bereits vorher Gegenstand der MaRisk waren und mit der Umsetzung der Finanzmarktrichtlinie auf Gesetzesebene gehoben wurden. Eine weitere Ergänzung betraf angemessene, transparente und auf eine nachhaltige Entwicklung des Institutes ausgerichtete Vergütungssysteme, die allerdings nur zwischenzeitlich Gegenstand der MaRisk waren und mittlerweile in der Institutsvergütungsverordnung (→ Kapitel 8.4) reguliert werden.

109 Die Ausgestaltung des Risikomanagements hängt dem Proportionalitätsprinzip zufolge von Art, Umfang, Komplexität und Risikogehalt der Geschäftstätigkeit ab (§ 25a Abs. 1 Satz 4 KWG). Seine Angemessenheit und Wirksamkeit ist vom Institut regelmäßig zu überprüfen (§ 25a Abs. 1 Satz 5 KWG). Eine ordnungsgemäße Geschäftsorganisation umfasst nach § 25a Abs. 1 Satz 6 KWG darüber hinaus

- angemessene Regelungen, anhand derer sich die finanzielle Lage des Institutes jederzeit mit hinreichender Genauigkeit bestimmen lässt,
- eine vollständige Dokumentation der Geschäftstätigkeit, die eine lückenlose Überwachung durch die BaFin für ihren Zuständigkeitsbereich gewährleistet, wobei erforderliche Aufzeichnungen mindestens fünf Jahre aufzubewahren sind[137], sowie

---

136 In diesem Unterabschnitt (Art. 76 bis 87 CRD IV) geht es um die technischen Kriterien für die Organisation und Behandlung von Risiken. Neben allgemeinen Anforderungen werden insbesondere die internen Ansätze zur Berechnung der Eigenmittelanforderungen näher beleuchtet. Zudem werden Vorgaben für spezielle Risikoarten gemacht, wie Kredit- und Kontrahentenausfallrisiko, Restrisiko, Konzentrationsrisiko, Verbriefungsrisiko, Marktrisiko, Zinsänderungsrisiko des Anlagebuches, operationelles Risiko, Liquiditätsrisiko und Risiko einer übermäßigen Verschuldung.

137 Im KWG wird klargestellt, dass § 257 Abs. 4 HGB unberührt bleibt und § 257 Abs. 3 und 5 HGB entsprechend gilt. Demzufolge sind Handelsbücher, Inventare, Eröffnungsbilanzen, Jahresabschlüsse, Einzelabschlüsse nach § 325 Abs. 2a HGB, Lageberichte, Konzernabschlüsse, Konzernlageberichte sowie die zu ihrem Verständnis erforderlichen Arbeitsanweisungen und sonstigen Organisationsunterlagen, genauso wie Belege für Buchungen in den nach § 238 Abs. 1 HGB zu führenden Büchern zehn Jahre aufzubewahren. Hingegen genügt für die empfangenen Handelsbriefe und Wiedergaben der abgesandten Handelsbriefe eine Aufbewahrungsfrist von sechs Jahren, wobei Handelsbriefe Schriftstücke sind, die ein Handelsgeschäft betreffen. Mit Ausnahme der Eröffnungsbilanzen und Abschlüsse können die aufgeführten Unterlagen auch als Wiedergabe auf einem Bildträger oder auf anderen Datenträgern aufbewahrt werden, wenn dies den Grundsätzen ordnungsmäßiger Buchführung entspricht und sichergestellt ist, daß die Wiedergabe oder die Daten mit den empfangenen Handelsbriefen und den Buchungsbelegen bildlich und mit den anderen Unterlagen inhaltlich übereinstimmen, wenn sie lesbar gemacht werden, während der Dauer der Aufbewahrungsfrist verfügbar sind und jederzeit innerhalb angemessener Frist lesbar gemacht werden können. Sind Unterlagen aufgrund des § 239 Abs. 4 Satz 1 HGB auf Datenträgern hergestellt worden, können statt des Datenträgers die Daten auch ausgedruckt aufbewahrt werden. Die ausgedruckten Unterlagen können entsprechend aufbewahrt werden. Die Aufbewahrungsfrist beginnt mit dem Schluss des Kalenderjahres, in dem die letzte Eintragung in das Handelsbuch gemacht, das Inventar aufgestellt, die Eröffnungsbilanz oder der Jahresabschluss festgestellt, der Einzelabschluss nach § 325 Abs. 2a HGB oder der Konzernabschluss aufgestellt, der Handelsbrief empfangen oder abgesandt worden oder der Buchungsbeleg entstanden ist.

– einen Prozess, der es den Mitarbeitern unter Wahrung der Vertraulichkeit ihrer Identität ermöglicht, Verstöße gegen die Bankenverordnung[138], die Marktmissbrauchsverordnung[139], das KWG oder zugehörige Rechtsverordnungen sowie etwaige strafbare Handlungen innerhalb des Unternehmens an geeignete Stellen zu berichten.

4.1.2 Risikomanagement auf Gruppenebene nach § 25a Abs. 3 KWG

Ein angemessenes und wirksames Risikomanagement ist auch auf Gruppenebene sicherzustellen. Verantwortlich hierfür sind nach § 25a Abs. 3 KWG die Geschäftsleiter des jeweils übergeordneten Unternehmens der Gruppe. Wie auf der Institutsebene erstreckt sich das gruppenbezogene Risikomanagement insbesondere auf die Aspekte Strategien, Risikotragfähigkeit, internes Kontrollsystem und Interne Revision. Allerdings ist die Regelungstiefe der Anforderungen auf Gruppenebene in den MaRisk noch deutlich weniger ausgeprägt als auf Institutsebene. Abhängig von Art, Umfang, Komplexität und Risikogehalt der innerhalb einer Gruppe betriebenen Geschäfte hat z. B. die gruppenweite Strategie eher den Charakter einer Rahmenvorgabe, die von den einzelnen Instituten mit Leben zu füllen ist. Darüber hinaus ist es nicht zweckmäßig und häufig auch nicht möglich, aufbauorganisatorische Vorgaben auf die übergeordnete Ebene zu übertragen, da sie eindeutig mit bestimmten Geschäftsaktivitäten der einzelnen Institute verbunden sind. Das betrifft insbesondere das Prinzip der Funktionstrennung bei risikorelevanten Kreditentscheidungen. Vor diesem Hintergrund wurden die Anforderungen an das Risikomanagement auf Gruppenebene deutlich abstrakter formuliert (→ AT 4.5). **110**

Im Rahmen des Trennbankengesetzes[140] wurden allerdings auch die Anforderungen an die Geschäftsleiter des übergeordneten Unternehmens in § 25c Abs. 4b KWG in Form von Sicherstellungspflichten umfassend geregelt. Neben einigen redaktionellen Abweichungen zu den MaRisk werden die Anforderungen an das Risikomanagement auf Gruppenebene in diesem Zusammenhang detailliert aufgeführt. Dabei wird deutlich, dass sich diese Vorgaben nur marginal von jenen Anforderungen unterscheiden, die auf Institutsebene zu berücksichtigen sind. Es ist insofern nicht verwunderlich, dass die Anforderungen an das Risikomanagement auf Gruppenebene im Rahmen der fünften MaRisk-Novelle etwas detaillierter ausgestaltet wurden. Die auf § 25c Abs. 4b Satz 2 KWG zurückzuführenden Ergänzungen betrafen in erster Linie die Berichterstattung an die Geschäftsleiter des übergeordneten Unternehmens, die Berichterstattung der Konzernrevision an die Geschäftsleitung und das Aufsichtsorgan sowie die Durchführung regelmäßiger (und anlassbezogener) Stresstests für das Gesamtrisikoprofil auf Gruppenebene. Zudem wurden die Anforderungen an die Revisionstätigkeit auf Gruppen- und Institutsebene stärker aufeinander abgestimmt. **111**

---

138 Verordnung (EU) Nr. 575/2013 (Bankenverordnung – CRR) des Europäischen Parlaments und des Rates vom 26. Juni 2013 über Aufsichtsanforderungen an Kreditinstitute und Wertpapierfirmen und zur Änderung der Verordnung (EU) Nr. 646/2012, Amtsblatt der Europäischen Union vom 27. Juni 2013, L 176/1–337.

139 Verordnung (EU) Nr. 596/2014 (Marktmissbrauchsverordnung) des Europäischen Parlaments und des Rates vom 16. April 2014 über Marktmissbrauch und zur Aufhebung der Richtlinie 2003/6/EG des Europäischen Parlaments und des Rates und der Richtlinien 2003/124/EG, 2003/125/EG und 2004/72/EG der Kommission, Amtsblatt der Europäischen Union vom 12. Juni 2014, L 173/1–61.

140 Gesetzesbeschluss des Deutschen Bundestages zur Abschirmung von Risiken und zur Planung der Sanierung und Abwicklung von Kreditinstituten und Finanzgruppen (Trennbankengesetz) vom 17. Mai 2013, Bundesrats-Drucksache 378/13 vom 17. Mai 2013.

4.1.3 Auslagerung von Aktivitäten und Prozessen nach § 25b KWG

112 Durch die Integration der überarbeiteten Outsourcing-Regelungen in die MaRisk wurde die gesetzliche Grundlage, auf die sich die MaRisk beziehen, erweitert. Die MaRisk dienen seither auch der Auslegung von § 25b KWG (§ 25a Abs. 2 KWG a. F.) – der zentralen gesetzlichen Norm im Bereich der Auslagerung von Aktivitäten und Prozessen, die im Zuge der Umsetzung des Finanzmarktrichtlinie-Umsetzungsgesetzes (FRUG) angepasst wurde (→ AT 9, Einführung). Zu § 25b KWG besteht auch insoweit ein enger Zusammenhang, als eine Auslagerung die Ordnungsmäßigkeit der Geschäftsorganisation im Sinne des § 25a Abs. 1 KWG nicht beeinträchtigen darf. Insbesondere muss ein angemessenes und wirksames Risikomanagement durch das Institut gewährleistet bleiben, das die ausgelagerten Aktivitäten und Prozesse einbezieht (§ 25b Abs. 1 KWG).

113 Der Zusammenhang zwischen beiden Paragrafen lässt sich auch heute noch wie folgt charakterisieren: »Die in § 25a Abs. 2 KWG (jetzt § 25b KWG) normierten Spezialregelungen für die Auslagerung von Unternehmensbereichen sind Ausfluss der allgemeinen Grundsätze ordnungsgemäßer Geschäftsführung und ergänzen und konkretisieren die Anforderungen an eine ordnungsgemäße Organisation, die der Gesetzgeber in § 25a Abs. 1 KWG im Kern normiert hat. § 25a Abs. 2 KWG (jetzt § 25b KWG) ist deshalb nicht isoliert zu betrachten. Anforderungen und Grenzen der Auslagerung sind vielmehr an diesen allgemeinen Organisationsregeln und den mit ihnen verfolgten aufsichtsrechtlichen Zielen sowie an den mit der Auslagerung verbundenen speziellen Risiken zu messen.«[141]

114 Auch darf eine Auslagerung nicht zu einer Übertragung der Verantwortung der Geschäftsleiter an das Auslagerungsunternehmen führen. Das Institut bleibt bei einer Auslagerung für die Einhaltung der vom Institut zu beachtenden gesetzlichen Bestimmungen verantwortlich (§ 25b Abs. 2 KWG). Weitere gesetzliche Vorgaben betreffen insbesondere die Auskunfts- und Prüfungsrechte sowie Kontrollmöglichkeiten der BaFin (§ 25b Abs. 3 und 4 KWG).

115 Im Zuge des Abwicklungsmechanismusgesetzes (AbwMechG)[142] wurde in § 25b Abs. 5 KWG eine Rechtsverordnungsermächtigung geschaffen, um die bisher in den MaRisk enthaltenen Auslagerungsanforderungen ggf. zukünftig in eine Verordnung zu überführen. Bisher hat das Bundesministerium der Finanzen von dieser Ermächtigung allerdings keinen Gebrauch gemacht. Vielmehr hat die deutsche Aufsicht die erheblichen Verschärfungen der Vorgaben zu Auslagerungen von Kernbankbereichen und besonderen Funktionen im Jahre 2017 erneut im Wege einer Novellierung der MaRisk veröffentlicht (→ AT 9).

4.1.4 Anforderungen an die Geschäftsleiter nach § 25c KWG

116 Zu den Anforderungen an die Geschäftsleiter nach § 25c KWG besteht eine enge Verbindung. Diese Anforderungen beziehen sich in Abs. 3 zunächst auf die Gesamtverantwortung für die ordnungsgemäße Geschäftsorganisation, die in Abs. 4 durch die Forderung nach angemessenen personellen und finanziellen Ressourcen zur Bewältigung dieser Aufgabe sowie in Abs. 4a bzw. Abs. 4b durch entsprechende Sicherstellungspflichten für das jeweilige Institut bzw. die Gruppe konkretisiert werden.

---

141 Bundesaufsichtsamt für das Kreditwesen, Auslagerung von Bereichen auf ein anderes Unternehmen gemäß § 25a Abs. 2 KWG, Rundschreiben 11/2001 vom 6. Dezember 2001, Tz. 2.

142 Gesetz zur Anpassung des nationalen Bankenabwicklungsrechts an den Einheitlichen Abwicklungsmechanismus und die europäischen Vorgaben zur Bankenabgabe (Abwicklungsmechanismusgesetz – AbwMechG) in der Fassung vom 2. November 2015 (BGBl. I Nr. 43 S. 1864), veröffentlicht am 5. November 2015.

So müssen die Geschäftsleiter nach § 25c Abs. 4a KWG dafür Sorge tragen, dass das Institut über **117** eine auf die nachhaltige Entwicklung des Institutes gerichtete Geschäftsstrategie und eine damit konsistente Risikostrategie sowie Prozesse zur Planung, Umsetzung, Beurteilung und Anpassung der Strategien nach § 25a Abs. 1 Satz 3 Nummer 1 KWG, Verfahren zur Ermittlung und Sicherstellung der Risikotragfähigkeit nach § 25a Abs. 1 Satz 3 Nummer 2 KWG, interne Kontrollverfahren mit einem internen Kontrollsystem und einer Internen Revision nach § 25a Abs. 1 Satz 3 Nummer 3 lit. a bis c KWG, eine angemessene personelle und technisch-organisatorische Ausstattung des Institutes nach § 25a Abs. 1 Satz 3 Nummer 4 KWG sowie für Notfälle in zeitkritischen Aktivitäten und Prozessen angemessene Notfallkonzepte nach § 25a Abs. 1 Satz 3 Nummer 5 KWG verfügt. Im Fall einer Auslagerung von Aktivitäten und Prozessen auf ein anderes Unternehmen nach § 25b Abs. 1 Satz 1 KWG müssen zudem mindestens angemessene Verfahren und Konzepte vorhanden sein, um übermäßige zusätzliche Risiken sowie eine Beeinträchtigung der Ordnungsmäßigkeit der Geschäfte, Dienstleistungen und der Geschäftsorganisation im Sinne des § 25a Abs. 1 KWG zu vermeiden. Dasselbe gilt gemäß § 25c Abs. 4b KWG auf Gruppenebene.

Die Sicherstellungspflichten der Geschäftsleiter werden weiter konkretisiert. So müssen die **118** Geschäftsleiter nach § 25c Abs. 4a bzw. Abs. 4b KWG mindestens dafür Sorge tragen, dass

- jederzeit das Gesamtziel des Institutes/der Gruppe, die Ziele des Institutes/der Gruppe für jede wesentliche Geschäftsaktivität sowie die Maßnahmen zur Erreichung dieser Ziele dokumentiert werden,
- die Risikostrategie des Institutes/der Gruppe jederzeit die Ziele der Risikosteuerung der wesentlichen Geschäftsaktivitäten sowie die Maßnahmen zur Erreichung dieser Ziele umfasst,
- die strategische Ausrichtung der gruppenangehörigen Unternehmen mit den gruppenweiten Geschäfts- und Risikostrategien abgestimmt wird,
- die wesentlichen Risiken des Institutes/der Gruppe, insbesondere Adressenausfall-, Marktpreis-, Liquiditäts- und operationelle Risiken, regelmäßig und anlassbezogen im Rahmen einer Risikoinventur identifiziert und definiert werden (Gesamtrisikoprofil des Institutes/der Gruppe),
- im Rahmen der Risikoinventur Risikokonzentrationen innerhalb des Institutes/der Gruppe berücksichtigt sowie mögliche wesentliche Beeinträchtigungen der Vermögenslage, der Ertragslage oder der Liquiditätslage des Institutes/der Gruppe geprüft werden,
- im Rahmen der Aufbau- und Ablauforganisation des Institutes/der Gruppe Verantwortungsbereiche klar abgegrenzt werden, wobei wesentliche Prozesse und damit verbundene Aufgaben, Kompetenzen, Verantwortlichkeiten, Kontrollen sowie Kommunikationswege innerhalb des Institutes/der Gruppe klar zu definieren sind und sicherzustellen ist, dass Mitarbeiter keine miteinander unvereinbaren Tätigkeiten ausüben,
- beim Institut/bei den gruppenangehörigen Unternehmen eine grundsätzliche Trennung zwischen dem Bereich, der Kreditgeschäfte initiiert und bei den Kreditentscheidungen über ein Votum verfügt (Markt), sowie dem Bereich Handel einerseits und dem Bereich, der bei den Kreditentscheidungen über ein weiteres Votum verfügt (Marktfolge), und den Funktionen, die dem Risikocontrolling und die der Abwicklung und Kontrolle der Handelsgeschäfte dienen, andererseits besteht,
- in angemessenen Abständen, mindestens aber vierteljährlich, gegenüber der Geschäftsleitung über die Risikosituation einschließlich einer Beurteilung der Risiken berichtet wird,
- in angemessenen Abständen, mindestens aber vierteljährlich, auf Instituts-/Gruppenebene seitens der Geschäftsleitung gegenüber dem Aufsichtsorgan über die Risikosituation des Institutes/der Gruppe einschließlich einer Beurteilung der Risiken berichtet wird,
- das interne Kontrollsystem des Institutes/der Gruppe eine Risikocontrolling-Funktion und eine Compliance-Funktion sowie Risikosteuerungs- und -controllingprozesse zur Identifizierung,

Beurteilung, Steuerung, Überwachung und Kommunikation der wesentlichen Risiken und damit verbundener Risikokonzentrationen umfasst,

– regelmäßig angemessene Stresstests für die wesentlichen Risiken und das Gesamtrisikoprofil auf Instituts-/Gruppenebene durchgeführt werden und auf Grundlage der Ergebnisse möglicher Handlungsbedarf geprüft wird,

– die Interne Revision/Konzernrevision in angemessenen Abständen, mindestens aber vierteljährlich, an die Geschäftsleitung und an das Aufsichtsorgan berichtet,

– die quantitative und qualitative Personalausstattung und der Umfang und die Qualität der technisch-organisatorischen Ausstattung des Institutes/der gruppenangehörigen Unternehmen die jeweiligen betriebsinternen Erfordernisse, die Geschäftsaktivitäten und die Risikosituation des Institutes/der gruppenangehörigen Unternehmen berücksichtigen, sowie

– regelmäßig Notfalltests zur Überprüfung der Angemessenheit und Wirksamkeit des Notfallkonzeptes auf Instituts-/Gruppenebene durchgeführt werden und über die Ergebnisse den jeweils Verantwortlichen berichtet wird.

119   Der Jahresabschlussprüfer hat nach § 11 Abs. 4 PrüfbV zu beurteilen, ob die Geschäftsleiter im Rahmen ihrer Pflichten und ihrer Gesamtverantwortung für die ordnungsgemäße Geschäftsorganisation diesen Aufgaben nachgekommen sind.

120   Von besonderer Brisanz werden diese Vorgaben durch die Strafvorschriften in § 54a KWG, die bei Verletzung dieser Sicherstellungspflichten unter bestimmten Bedingungen in Freiheitsstrafen von bis zu fünf Jahren oder Geldstrafen münden können. Es handelt sich insofern um einen deutlichen Hinweis des Gesetzgebers an die Geschäftsleiter, die Anforderungen des § 25c KWG entsprechend zu würdigen. Das hat möglicherweise auch Einfluss auf die Umsetzung der Vorgaben zu § 25a KWG.

4.1.5   Anforderungen an das Aufsichtsorgan nach § 25d KWG

121   Bei den Anforderungen an das Aufsichtsorgan geht es in § 25d Abs. 2 KWG u. a. darum, dass das Aufsichtsorgan in seiner Gesamtheit über die Kenntnisse, Fähigkeiten und Erfahrungen verfügen muss, die zur Wahrnehmung der Kontrollfunktion sowie zur Beurteilung und Überwachung der Geschäftsleitung des Institutes oder der Gruppe notwendig sind. Nach § 25d Abs. 4 KWG müssen angemessene personelle und finanzielle Ressourcen eingesetzt werden, um den Mitgliedern des Aufsichtsorgans die Einführung in ihr Amt zu erleichtern und die Fortbildung zu ermöglichen, die zur Aufrechterhaltung der erforderlichen Sachkunde notwendig ist. Insofern besteht eine Parallele zu den Anforderungen an die Geschäftsleiter.

122   Das Aufsichtsorgan muss die Geschäftsleiter nach § 25d Abs. 6 KWG auch im Hinblick auf die Einhaltung der einschlägigen bankaufsichtsrechtlichen Regelungen überwachen. Es muss u. a. der Erörterung von Strategien und Risiken ausreichend Zeit widmen.

123   Das Aufsichtsorgan soll nach § 25d Abs. 7 KWG abhängig von der Größe, der internen Organisation und der Art, des Umfangs, der Komplexität und dem Risikogehalt der Geschäfte des Unternehmens aus seiner Mitte Ausschüsse bestellen, die es bei seinen Aufgaben beraten und unterstützen. Jeder Ausschuss soll eines seiner Mitglieder zum Vorsitzenden ernennen. Die Mitglieder der Ausschüsse müssen die zur Erfüllung der jeweiligen Ausschussaufgaben erforderlichen Kenntnisse, Fähigkeiten und Erfahrungen besitzen. Um die Zusammenarbeit und den fachlichen Austausch zwischen den einzelnen Ausschüssen sicherzustellen, soll mindestens ein Mitglied eines jeden Ausschusses einem weiteren Ausschuss angehören. Die BaFin kann die Bildung eines Ausschusses oder mehrerer Ausschüsse verlangen, wenn dies insbesondere unter

Berücksichtigung der relevanten Kriterien oder zur ordnungsgemäßen Wahrnehmung der Kontrollfunktion des Aufsichtsorgans erforderlich erscheint.

Relevant für die MaRisk sind der Risikoausschuss nach § 25d Abs. 8 KWG und der Prüfungs- **124** ausschuss nach § 25d Abs. 9 KWG. Der Risikoausschuss berät das Aufsichtsorgan zur aktuellen und zukünftigen Gesamtrisikobereitschaft und -strategie des Unternehmens und unterstützt es bei der Überwachung der Umsetzung dieser Strategie durch die obere Leitungsebene. Der Risikoausschuss wacht darüber, dass die Konditionen im Kundengeschäft mit dem Geschäftsmodell und der Risikostruktur des Unternehmens im Einklang stehen. Soweit dies nicht der Fall ist, verlangt der Risikoausschuss von der Geschäftsleitung Vorschläge, wie die Konditionen entsprechend ausgestaltet werden können, und überwacht deren Umsetzung. Der Risikoausschuss kann, soweit erforderlich, den Rat externer Sachverständiger einholen. Der Risikoausschuss oder, falls ein solcher nicht eingerichtet wurde, das Aufsichtsorgan bestimmt Art, Umfang, Format und Häufigkeit der Informationen, die die Geschäftsleitung zum Thema Strategie und Risiko vorlegen muss. Der Prüfungsausschuss unterstützt das Aufsichtsorgan u. a. bei der Überwachung der Wirksamkeit des Risikomanagementsystems, insbesondere des internen Kontrollsystems und der Internen Revision. Der Vorsitzende des Prüfungsausschusses muss über entsprechenden Sachverstand verfügen. Der Vorsitzende des Risikoausschusses und der Vorsitzende des Prüfungsausschusses oder, falls solche Ausschüsse nicht eingerichtet wurden, der Vorsitzende des Aufsichtsorgans, können unmittelbar beim Leiter der Internen Revision und beim Leiter der Risikocontrolling-Funktion Auskünfte einholen. Die Geschäftsleitung muss hierüber unterrichtet werden. Unter bestimmten Voraussetzungen kann ein gemeinsamer Risiko- und Prüfungsausschuss bestellt werden.[143]

Bisher haben lediglich die Vorgaben zur Einholung von Auskünften durch den Vorsitzenden des **125** Prüfungsausschusses oder des Aufsichtsorgans beim Leiter der Internen Revision den Weg in die MaRisk gefunden (→ AT 4.4.3 Tz. 2).

Die EBA fordert in ihren Leitlinien zur internen Governance nicht nur ein Auskunftsrecht des **126** Aufsichtsorgans gegenüber der Risikocontrolling-Funktion und der Internen Revision. Nach den Vorstellungen der EBA sollten vielmehr alle Leiter der besonderen Funktionen (→ AT 4.4) gegenüber dem Aufsichtsorgan ihre Bedenken äußern bzw. dieses warnen können, wenn nachteilige Risikoentwicklungen das Institut beeinträchtigen oder beeinträchtigen können.[144] Es stellt sich allerdings die Frage, ob ein derartiges »Rederecht« der Leiter der Risikocontrolling- und Compliance-Funktion sowie der Internen Revision überhaupt mit dem deutschen Gesellschaftsrecht vereinbar ist. Da die EBA ihre Anforderung im Hinblick auf das Rederecht der Leiter der besonderen Funktionen explizit unter den Vorbehalt des anwendbaren nationalen Gesellschaftsrechts stellt, bleibt eine mögliche Umsetzung in das nationale Recht abzuwarten.[145]

4.2 Norminterpretierende Verwaltungsvorschriften

Bei den MaRisk handelt es sich – wie schon bei den »alten« qualitativen Regelwerken – um **127** norminterpretierende Verwaltungsvorschriften der BaFin (→ AT 1 Tz. 1). Sie legen unbestimmte

---

143 Gemäß § 11 Abs. 5 PrüfbV hat der Jahresabschlussprüfer zu beurteilen, ob die Strukturen des Institutes dem Aufsichtsorgan ermöglichen, seine Aufgaben ordnungsgemäß wahrzunehmen. Im Rahmen dieser Beurteilung hat er auch auf die Einrichtung oder Nichteinrichtung der gesetzlich vorgegebenen Ausschüsse einzugehen. Der Jahresabschlussprüfer hat zudem zu beurteilen, ob der Vorsitzende des Aufsichtsorgans bzw. der jeweiligen Ausschüsse unmittelbar beim Leiter der Internen Revision, beim Leiter des Risikocontrollings oder bei den Leitern der für die Ausgestaltung der Vergütungssysteme zuständigen Organisationseinheiten Auskünfte einholen kann.

144 Vgl. European Banking Authority, Leitlinien zur internen Governance, EBA/GL/2017/11, 21. März 2018, S. 13 und 41.

145 Nach den EBA-Leitlinien soll das Aufsichtsorgan das Rederecht der besonderen Funktionen sicherstellen, »unbeschadet der nach dem anwendbaren nationalen Gesellschaftsrecht zugewiesenen Zuständigkeiten«. Vgl. European Banking Authority, Leitlinien zur internen Governance, EBA/GL/2017/11, 21. März 2018, S. 12 f.

Rechtsbegriffe der §§ 25a und 25b KWG aus und bringen damit auf transparente Weise zum Ausdruck, was die BaFin z. B. unter einem »angemessenen Risikomanagement«, »Strategien« und »internen Kontrollverfahren« oder auch einer »angemessenen Einbindung der ausgelagerten Aktivitäten und Prozesse in das Risikomanagement« versteht. Für die Institute stellen derartige Verwaltungsvorschriften einen nicht zu unterschätzenden Gewinn an Rechts- und Planungssicherheit dar. Das Aufsichtshandeln der BaFin wird transparenter, da sie bei der Auslegung der gesetzlichen Normen ihre eigenen Verwaltungsvorschriften, also die MaRisk, heranzieht.[146] Zudem binden die MaRisk die BaFin bei der Ausübung ihrer Eingriffsbefugnisse im Rahmen ihrer Ermessensausübung. Solche Benchmarks, die der Auslegung übergeordneten Rechtes dienen, werden auch von anderen Aufsichtsbehörden entwickelt.[147]

128 Wegen ihrer Funktion als Benchmark ist es von erheblicher Bedeutung, dass die Terminologie der MaRisk auf die einschlägigen Begriffe des Gesetzes abgestimmt ist. Erst durch einen terminologischen Gleichklang können die MaRisk ihre Funktion als norminterpretierende Verwaltungsvorschriften sowohl im Interesse der Institute als auch der Aufsicht sachgerecht erfüllen. Abbildung 1 zeigt, dass dieser Notwendigkeit Rechnung getragen wurde.

129 Neben der deutschen Aufsicht veröffentlichen auch die EBA und die EZB rechtlich nicht verbindliche Leitlinien, Empfehlungen, Leitfäden und Beschlüsse, die ihre Erwartungshaltung zu einem angemessenen und wirksamen Risikomanagement der Institute zum Ausdruck bringen. Die EZB macht hiervon in der Praxis inzwischen in erheblichem Umfang Gebrauch, um einheitliche aufsichtliche Verfahren zu fördern und ihre Aufsichtspraxis für den Bankensektor transparent zu machen.

---

146 Vgl. Bundesanstalt für Finanzdienstleistungsaufsicht, Entwicklung von Mindestanforderungen an das Risikomanagement (MaRisk), Schreiben vom 15. April 2004, S. 3.

147 Aus Sicht der britischen Financial Services Authority (FSA) konnten die beaufsichtigten Institute von einer Gesetzeskonformität ausgehen (»Rules«), wenn die dazu erlassenen »Guidelines« der FSA beachtet wurden. Die britischen »Guidelines«, die gegenüber den Instituten keine unmittelbare Bindungswirkung entfalten, erfüllen somit im Ergebnis den gleichen Zweck wie die norminterpretierenden Verwaltungsvorschriften der BaFin. Vgl. Financial Services Authority, Reader's Guide: an introduction to the Handbook, Juli 2005, S. 22. Die Aufgaben der FSA wurden zum 1. April 2013 auf die Financial Conduct Authority (FCA) und die Prudential Regulation Authority (PRA) übertragen.

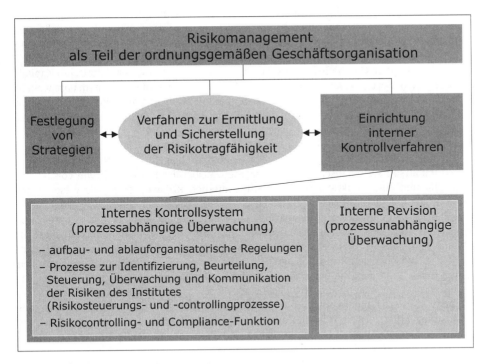

Abb. 1: Kernelemente des Risikomanagements nach § 25a Abs. 1 KWG

4.3 Bankaufsichtliche Reaktionen

Reaktionen der BaFin auf festgestellte Mängel bei den Instituten können abhängig vom konkreten **130** Einzelfall unterschiedlich ausfallen. In der Regel lassen sich die Probleme durch »informelle Handlungen« der BaFin ausräumen. Hierzu zählen bspw. Gespräche mit den Instituten oder Schreiben, in denen die Institute um Stellungnahme zu bestimmten Feststellungen in Prüfungsberichten gebeten werden. Soweit erforderlich, ergreift die BaFin jedoch auch »formelle Handlungen«, also bankaufsichtliche Maßnahmen, wie etwa Verwarnungen oder Abberufungen von Geschäftsleitern.

Das formelle Maßnahmeninstrumentarium der BaFin wurde vor dem Hintergrund der Finanz- **131** marktkrise deutlich geschärft. Bundeskanzlerin Angela Merkel hatte schon im Jahre 2008 angekündigt, die Eingriffsbefugnisse der Bankenaufsicht zu stärken. Der Gesetzgeber hat diesem Anliegen durch das »Gesetz zur Stärkung der Finanzmarkt- und Versicherungsaufsicht« (FMVAStärkG) vom Juli 2009 entsprochen. Die Neuerungen reichen von Ausschüttungsverboten (§ 45 Abs. 2 KWG) bis hin zur Untersagung oder Beschränkung von Zahlungen an konzernangehörige Unternehmen, wenn diese für das Institut nachteilig sind (§ 46 Abs. 1 Satz 3 KWG). Außerdem statuiert § 25d KWG neue Anforderungen an die Aufsichtsorgane der Institute.

§ 25a KWG wurde durch das FMVAStärkG zwar nicht substanziell verändert. Mittelbar besteht **132** allerdings ein enger Zusammenhang, denn zwei der im FMVAStärkG verankerten neuen Eingriffsbefugnisse beziehen sich auf § 25a KWG und damit auch auf die MaRisk. So kann die BaFin (regulatorische) Kapitalaufschläge verlangen, wenn bei einem Institut die Risikotragfähigkeit nicht mehr gegeben ist (§ 10 Abs. 3 Nr. 2 KWG). Die Neufassung des § 45b KWG ermöglicht es der BaFin zudem, im Falle organisatorischer Mängel deutlich einfacher als bisher gegen Institute vorzugehen. Insbesondere kann die BaFin Maßnahmen zur Risikoreduzierung ergreifen (auch mit Blick auf Auslagerungen), Geschäfte beschränken oder untersagen sowie (regulatorische) Kapitalaufschläge festlegen. Bei organisatorischen Mängeln kann die BaFin ferner anordnen, dass weitere Zweigstellen nur mit ihrer Zustimmung errichtet werden dürfen. Durch diese Regelungen wurde insoweit das Maßnahmeninstrumentarium der BaFin nicht unerheblich ausgeweitet, um auf Verstöße gegen § 25a KWG angemessen reagieren zu können.

133   Vertreter der deutschen Aufsicht hatten schon vor einigen Jahren in Fachpublikationen angekündigt, dass die Aufsicht zukünftig verstärkt von Kapitalzuschlägen Gebrauch machen wird.[148] Dieses Instrument soll systematisch eingesetzt werden, wobei der Fokus nach wie vor auf der Prozessqualität und einer funktionierenden institutsinternen Risikosteuerung als wesentlicher Faktor für die Stabilität des Bankensystems liegen soll.[149] Die sich seit dem Jahre 2016 abzeichnende Praxis bei der Durchführung des aufsichtlichen Überprüfungs- und Bewertungsprozesses (»Supervisory Review and Evaluation Process«, SREP) für weniger bedeutende Institute in Deutschland zeigt, dass institutsspezifische »Säule-2-Eigenmittelanforderungen« (»Pillar 2 Requirement«, P2R) inzwischen den Normalfall darstellen. Die Säule-2-Eigenmittelanforderungen sollen dabei jene Risiken abdecken, die nicht oder nicht hinreichend durch die regulatorischen Eigenmittelanforderungen der ersten Säule abgedeckt sind. Die sogenannte »Eigenmittelzielkennziffer« (EMZK) bzw. »Säule-2-Kapitalempfehlung« (»Pillar 2 Guidance«, P2G), die das Konzept des Kapitalerhaltungspuffers erweitert, stellt dagegen keine harte Kapitalanforderung dar. Auch die EZB ordnet bei den bedeutenden Instituten regelmäßig entsprechende Säule-2-Eigenmittelanforderungen und Säule-2-Kapitalempfehlungen an.

134   Darüber hinaus wurden der Katalog der Ordnungswidrigkeiten in § 56 KWG erweitert und der bei Verstößen gegen bankaufsichtsrechtliche Vorgaben maßgebliche Bußgeldrahmen deutlich erhöht. Die BaFin kann bei Verstößen gegen bestimmte aufsichtsrechtliche Vorgaben gegenüber natürlichen Personen ein Bußgeld von bis zu 5 Mio. Euro verhängen. Gegenüber juristischen Personen besteht die Möglichkeit, ein Bußgeld von bis zu 10 % des im vorausgegangenen Geschäftsjahr erzielten Jahresnettoumsatzes des Institutes zu verhängen.

135   Verstöße gegen die MaRisk können für sich allein gesehen noch keine bankaufsichtlichen Reaktionen zur Folge haben. Diese können nur auf der Basis der übergeordneten Normen, also § 25a bzw. § 25b KWG, erlassen werden. Allerdings wird die BaFin bei der Frage der Abweichung von den Normen sowie ggf. erforderlicher Reaktionen die MaRisk als Benchmark heranziehen. Dabei ist sie – wie jede Behörde – an übergeordnete Verwaltungsgrundsätze (Grundsatz der Verhältnismäßigkeit, milderes Mittel) gebunden, denen auf EU-Ebene durch das Prinzip der doppelten Proportionalität entsprochen wird.

---

148 Vgl. Volk, Tobias, Risikotragfähigkeit von Kreditinstituten, in: BankPraktiker, Heft 6/2013, S. 231.

149 Vgl. Deutsche Bundesbank, Bankinterne Methoden zur Ermittlung und Sicherstellung der Risikotragfähigkeit und ihre bankaufsichtliche Bedeutung, in: Monatsbericht, März 2013, S. 44.

5 Rechtsverbindlichkeit der MaRisk auf europäischer Ebene

5.1 MaRisk als norminterpretierende Verwaltungsvorschrift

In Deutschland haben sich die von BaFin und Bundesbank im Jahre 2005 erstmals veröffentlichten MaRisk zur Konkretisierung der gesetzlichen Anforderungen gemäß § 25a Abs. 1 KWG und § 25b KWG bewährt. Bei dem Rundschreiben handelt es sich um norminterpretierende Verwaltungsvorschriften, die für die Institute rechtlich nicht verbindlich sind. Sie tragen jedoch als »Benchmark« der deutschen Aufsichtsbehörden erheblich zur Rechts- und Planungssicherheit der Institute bei und haben in der Praxis daher eine Art faktische Bindungswirkung entwickelt (→ Kapitel 4.2). Mit der weitgehenden Übertragung der Bankenaufsicht auf die Europäische Zentralbank im Rahmen des Single Supervisory Mechanism (SSM) im Jahre 2014 stellt sich allerdings die Frage, ob die direkt von der EZB beaufsichtigten Institute in Deutschland das Rundschreiben weiterhin zu beachten haben. Dies wird gegenwärtig durchaus kontrovers diskutiert. **136**

Auf diese Frage gibt es zunächst eine formale Antwort: Nach Erwägungsgrund 34 und Art. 4 Abs. 3 SSM-Verordnung wendet die EZB zur Wahrnehmung der ihr übertragenen Aufgaben und mit dem Ziel, hohe Aufsichtsstandards zu gewährleisten, das einschlägige Unionsrecht an. Wenn das Unionsrecht aus Richtlinien besteht, hat die EZB die nationalen Rechtsvorschriften zu berücksichtigen, mit denen diese Richtlinien umgesetzt wurden. Zudem hat die EZB bei den bedeutenden Instituten das autonome nationale Recht ohne Bezug zu Richtlinien anzuwenden.[150] Klar ist somit, dass die EZB bei der Aufsicht über die bedeutenden Institute in Deutschland nationale Rechtsvorschriften wie z.B. das KWG oder die Institutsvergütungsverordnung anzuwenden hat. Der deutsche Gesetzgeber hat daher durch das BRRD-Umsetzungsgesetz[151] an vielen Stellen im KWG den Begriff »Bundesanstalt« durch die neutrale Bezeichnung »Aufsichtsbehörde« ersetzt. Der Begriff »Aufsichtsbehörde« ist in § 1 Abs. 5 KWG legal definiert. Im Einzelfall ist entweder die EZB oder die BaFin als Aufsichtsbehörde adressiert, abhängig davon, ob es um ein bedeutendes oder ein weniger bedeutendes Institut geht. **137**

Da es sich bei den MaRisk um eine nationale Verwaltungsvorschrift handelt und formal nicht um eine nationale Rechtsvorschrift im Sinne von Art. 4 Abs. 3 SSM-VO, wird in der Fachliteratur zum Teil die Ansicht vertreten, dass die MaRisk die EZB in ihrem Zuständigkeitsbereich nicht binden kann.[152] Folgerichtig wäre das Rundschreiben für die von der EZB direkt beaufsichtigten deutschen Institute nicht maßgeblich. Von Vertretern der EZB wird in diesem Zusammenhang auch geltend gemacht, dass die Berücksichtigung von unterschiedlichen nationalen Verwaltungsvorschriften dem angestrebten Ziel eines europäischen »Single Rule Book« mit einer europaweit harmonisierten Aufsichtspraxis entgegensteht. Die EZB geht dabei offenbar vom Willen des europäischen Gesetz- **138**

---

150 Ein Beispiel für derartiges autonomes nationales Recht ohne Bezug zu Richtlinien ist § 14 KWG, der seit dem Jahre 1934 eine Anzeigepflicht für Millionenkredite enthält. Auf der europäischen Ebene existieren derartige Anzeigepflichten für Millionenkredite nicht.

151 Gesetz zur Umsetzung der Richtlinie 2014/59/EU des Europäischen Parlaments und des Rates vom 15. Mai 2014 zur Festlegung eines Rahmens für die Sanierung und Abwicklung von Kreditinstituten und Wertpapierfirmen und zur Änderung der Richtlinie 82/891/EWG des Rates, der Richtlinien 2001/24/EG, 2002/47/EG, 2004/25/EG, 2005/56/EG, 2007/36/EG, 2011/35/EU, 2012/30/EU und 2013/36/EU sowie der Verordnungen (EU) Nr. 1093/2010 und (EU) Nr. 648/2012 des Europäischen Parlaments und des Rates (BRRD-Umsetzungsgesetz) vom 10. Dezember 2014 (BGBl. I Nr. 59 S. 2091), veröffentlicht am 18. Dezember 2014.

152 Vgl. Langen, Markus, in: Schwennicke, Andreas/Auerbach, Dirk (Hrsg.), KWG, 3. Auflage, München, 2016, § 25a KWG, Tz. 6b.

gebers aus, die Aufsicht über bedeutende Institute möglichst umfassend bei der EZB zu zentralisieren.[153] Die Vertreter dieser Ansicht wollen daher bis zur Herausbildung einer eigenen harmonisierten Verwaltungspraxis der EZB in erster Linie auf die Leitlinien und Empfehlungen der EBA abstellen.[154]

139   Andererseits bringt der europäische Gesetzgeber durch die Verankerung der qualitativen Anforderungen an das Risikomanagement der Institute in der CRD IV als einer europäischen Richtlinie, die in nationales Recht umzusetzen ist, und nicht in der CRR als einer unmittelbar geltenden europäischen Verordnung klar zum Ausdruck, dass nationale Besonderheiten zu berücksichtigen sind. Die MaRisk konkretisieren die §§ 25a und 25b KWG, die insoweit das maßgebliche nationale Richtlinienumsetzungsrecht darstellen. Die deutsche Aufsicht vertritt daher die Auffassung, dass die MaRisk für alle deutschen Institute einschließlich der von der EZB direkt beaufsichtigten Institute maßgeblich sind. Dies zeigt sich nicht zuletzt am Vorgehen in der fünften MaRisk-Novelle, indem die deutsche Aufsicht an verschiedenen Stellen Vorgaben für systemrelevante Institute einführt, die regelmäßig gleichzeitig bedeutende Institute im Sinne der SSM-Verordnung sind.[155] Die Formulierung expliziter Anforderungen an systemrelevante bzw. bedeutende Institute ist nur dann sinnvoll, wenn diese Institute die MaRisk auch zu beachten haben. Für diese Ansicht spricht, dass der deutsche Gesetzgeber im Rahmen des Trennbankengesetzes mit § 25c Abs. 3, 4a und 4b KWG wesentliche, in den MaRisk enthaltene Anforderungen an das Risikomanagement in Gesetzesrang gehoben und die Geschäftsleitung der Institute ausdrücklich zur Sicherstellung dieser bankaufsichtlichen Regelungen verpflichtet hat.[156] Ein Verstoß gegen diese Sicherstellungspflichten ist unter bestimmten Bedingungen strafbewehrt.[157] Die Regelung in § 25c Abs. 4a KWG entspricht in ihrer Struktur den Anforderungen an das Risikomanagement der Institute gemäß § 25a Abs. 1 Satz 3 Nr. 1 bis 5 KWG.[158] Als nationale Rechtsvorschrift ist § 25c Abs. 3, 4a und 4b KWG von der EZB in Bezug auf die bedeutenden Institute in Deutschland anzuwenden. Zu beachten ist darüber hinaus, dass der Europäische Gerichtshof (EuGH) hinsichtlich der Frage der Umsetzung einer Richtlinie in innerstaatliches Recht klargestellt hat, dass nach seiner ständigen Rechtsprechung nicht notwendigerweise eine förmliche und wörtliche Übernahme ihrer Bestimmungen in eine ausdrückliche und spezifische Rechtsnorm erforderlich ist und sich auf einen allgemeinen rechtlichen Kontext beschränken kann, wenn dieser die vollständige Anwendung der Richtlinie tatsächlich hinreichend klar und bestimmt gewährleistet.[159] Je nach

---

153 Vgl. Glos, Alexander/Benzing, Markus, in: Binder, Jens-Hinrich/Glos, Alexander/Riege, Jan (Hrsg.), Handbuch Bankenaufsichtsrecht, Köln, 2018, § 2 KWG, Tz. 33 ff. Danach beansprucht die EZB bei der Aufsicht über bedeutende Institute nicht nur die Auslegungshoheit beim nationalen Richtlinienumsetzungsrecht (z.B. § 25a Abs. 1 KWG, mit dem Teile der CRD IV umgesetzt werden), sondern auch bei autonomem nationalem Recht, das keinen Bezug zu europäischen Richtlinien hat.

154 Allerdings gibt es auch in den für die laufende Aufsicht zuständigen Generaldirektionen I und II der EZB Vertreter, die ungeachtet der Frage nach der Maßgeblichkeit der MaRisk für bedeutende Institute vor allem auf deren Inhalte und Grundlagen abstellen. Vgl. Hannemann, Ralf, Die MaRisk im Kontext internationaler Vorschriften, Zeitschrift für das gesamte Kreditwesen, Heft 5/2018, S. 20.

155 Darunter fallen insbesondere die Anforderungen an das Datenmanagement, die Datenqualität und die Aggregation von Risikodaten (→ AT 4.3.4) sowie besondere Vorgaben für die Leiter und die organisatorische Aufstellung der Risikocontrolling- und der Compliance-Funktion (→ AT 4.4.1 Tz. 5 und AT 4.4.2 Tz. 4). Darüber hinaus haben nur systemrelevante und kapitalmarktorientierte Institute den Risikobericht über die Liquiditätsrisiken und die Liquiditätssituation mindestens monatlich zu erstellen (→ BT 3.2 Tz. 5).

156 Beispielsweise verweist § 25c Abs. 4a Nr. 2b KWG auf die gemäß MaRisk durchzuführende Risikoinventur. Weiterhin nimmt § 25c Abs. 4a Nr. 3b KWG auf die in den MaRisk enthaltene Funktionstrennung zwischen Markt und Handel einerseits sowie Marktfolge und Abwicklung und Kontrolle andererseits Bezug. Zudem verweisen § 25c Abs. 4a Nr. 3c KWG auf die besonderen Funktionen, § 25c Abs. 4a Nr. 3d und e KWG auf die Berichtpflichten an die Geschäftsleitung und das Aufsichtsorgan ab. § 25c Abs. 4a Nr. 3f KWG auf die Stresstests.

157 Nach § 54a KWG kann ein Geschäftsleiter einer Bank bei einem Verstoß gegen die Sicherstellungspflichten mit Freiheitsstrafe bis zu fünf Jahren oder mit Geldstrafe belangt werden, wenn er einer vollziehbaren Anordnung der Aufsicht zuwiderhandelt und hierdurch eine Bestandsgefährdung des Institutes herbeiführt.

158 Zudem werden in § 25c Abs. 4a Nr. 6 KWG auch Auslagerungen von Aktivitäten und Prozessen erfasst, um Umgehungstatbestände zu vermeiden.

159 Vgl. EuGH, Urteil vom 15. März 1990, C-339/87, Rn. 6, EuGH, Urteil vom 28. Februar 1991, C-131/88, Rn 6, EuGH, Urteil vom 15. November 2001, C-49/00, Rn. 21, und EuGH, Urteil vom 28. April 2005, C-410/03, Rn. 60.

Inhalt der Richtlinie kann ein allgemeiner rechtlicher Kontext genügen, wenn dieser tatsächlich die vollständige Anwendung der Richtlinie mit hinreichender Klarheit und Genauigkeit gewährleistet, um die Begünstigten in die Lage zu versetzen, von allen ihren Rechten Kenntnis zu erlangen und diese ggf. vor den nationalen Gerichten geltend zu machen.[160] Der EuGH führt zwar aus, dass eine bloße Verwaltungspraxis, die die Verwaltung naturgemäß beliebig ändern kann, keine korrekte Umsetzung darstellt. Die MaRisk sind jedoch keine bloße (innerbehördlich bekannte) Verwaltungspraxis, sondern werden vielmehr vor Erlass mit der Deutschen Kreditwirtschaft konsultiert und im Anschluss auf der Internetseite von BaFin und Bundesbank veröffentlicht, sodass die Institute Kenntnis erlangen und aufgrund der Selbstbindung der deutschen Aufsicht Rechte vor den Gerichten geltend machen können. Dies gilt auch für die bedeutenden Institute, deren Aufsicht von gemeinsamen Aufsichtsteams (»Joint Supervisory Teams«) der EZB sowie BaFin und Bundesbank als nationale Aufsichtsbehörden durchgeführt wird. Schließlich wird aufgrund des für alle deutschen Institute geltenden § 29 Abs. 1 KWG auch in der Prüfungspraxis nach wie vor ganz klar auf die MaRisk referenziert.[161] Das Deutsche Institut für Interne Revision (DIIR) stellt bei seinen Prüfungen ebenfalls auf die MaRisk ab.[162]

Unabhängig von der anhaltenden Diskussion halten wir es für sinnvoll, die Maßgeblichkeit der **140** MaRisk für bedeutende Institute in Deutschland eher inhaltlich zu betrachten.[163] Danach ist weniger der Rechtscharakter der MaRisk als vielmehr deren inhaltliche Grundlage für die Aufsichtspraxis von Interesse. Ein Blick auf die Entwicklungsgeschichte der MaRisk (→ Kapitel 2) zeigt, dass das Rundschreiben zum ganz überwiegenden Teil auf Vorgaben internationaler und europäischer Standardsetzer beruht. Bereits die erste Novelle der MaRisk im Jahre 2007 berücksichtigte bspw. die Vorgaben der europäischen Finanzmarktrichtlinie (MiFID) und deren Durchführungsrichtlinie zur Organisation, zum Risikomanagement, zur Internen Revision, zur Geschäftsleiterverantwortung und zu Auslagerungen. Die zweite Novellierung aus dem Jahre 2009 basierte im Wesentlichen auf Vorgaben des Financial Stability Board (FSB) und darauf aufbauender Folgearbeiten des Baseler Ausschusses für Bankenaufsicht zu Liquiditätsrisiken und Risikokonzentrationen sowie zu Stresstests und zum Risikomanagement auf Gruppenebene. Die dritte MaRisk-Novelle aus dem Jahre 2010 brachte neue Anforderungen an die Strategien und die Risikotragfähigkeit. Die Anpassungen im Zuge der vierten MaRisk-Novelle im Jahre 2012 standen in einem engen Zusammenhang mit der umfassenden Überarbeitung der Eigenkapital- und Liquiditätsvorschriften, die zunächst auf internationaler Ebene erfolgte (Basel III) und anschließend in Europa nachvollzogen wurde (CRD IV-Paket). Einen erheblichen Einfluss hatten damals die EBA-Leitlinien zur internen Governance aus dem Jahre 2011, die insbesondere zu einer Stärkung der Risikocontrolling- und Compliance-Funktion sowie der Internen Revision führten.[164] Mit der vierten MaRisk-Novelle wurde in den MaRisk zudem das »Prinzip der Proportionalität nach oben« eingeführt. Große Institute, deren Geschäftsaktivitäten durch besondere Komplexität, Internationalität oder eine besondere Risikoexponierung gekennzeichnet sind, haben seitdem die einschlägigen Veröffentlichungen des Baseler Ausschusses und des FSB in ihre Überlegungen zur angemessenen Ausgestaltung des Risikomanagements einzubeziehen (→ AT 1 Tz. 3). Auch die

---

160 Vgl. EuGH, Urteil vom 28. Februar 1991, C-131/88, 1. Leitsatz.

161 Gemäß § 29 Abs. 1 KWG hat der Abschlussprüfer bei seiner Prüfung der Jahres- und der Zwischenabschlüsse die wirtschaftlichen Verhältnisse der Institute zu beurteilen. Die Einzelheiten sind in der Prüfungsberichtsverordnung geregelt, die explizite Anforderungen an die Angemessenheit und Wirksamkeit des Risikomanagements sowie die Ordnungsmäßigkeit der Geschäftsorganisation enthält (§ 11 PrüfbV). Verordnung über die Prüfung der Jahresabschlüsse der Kreditinstitute und Finanzdienstleistungsinstitute sowie über die darüber zu erstellenden Berichte (Prüfungsberichtsverordnung – PrüfbV) vom 11. Juni 2015 (BGBl. I S. 930), zuletzt geändert durch Art. 1 der Verordnung vom 16. Januar 2018 (BGBl. I S. 134).

162 Vgl. Deutsches Institut für Interne Revision e. V., Online-Revisionshandbuch, Stand Dezember 2017.

163 Vgl. Hannemann, Ralf, Die MaRisk im Kontext internationaler Vorschriften, Zeitschrift für das gesamte Kreditwesen, Heft 5/2018, S. 20.

164 Vgl. Hannemann, Ralf, Die MaRisk im Kontext internationaler Vorschriften, Zeitschrift für das gesamte Kreditwesen, Heft 5/2018, S. 20 f.

BaFin hat im Übermittlungsschreiben zur endgültigen Fassung der fünften MaRisk-Novelle betont, dass bereits in der Vergangenheit in den MaRisk wesentliche Teile der EU-Richtlinienanforderungen zum Risikomanagement, aber auch einschlägige Leitlinien von CEBS bzw. der EBA in die nationale Aufsichtspraxis überführt wurden. Explizit genannt werden die Leitlinien zu Liquiditätspuffern[165], zu Stresstests[166], zu Risikokonzentrationen[167], zu operationellen Risiken in Handelsaktivitäten[168], zur Liquiditätskostenverrechnung[169] sowie wesentliche Teile der Leitlinien zur internen Governance[170], soweit diese nicht ohnehin durch das KWG oder anderweitiges Recht umgesetzt werden.[171]

141   Im Rahmen der fünften MaRisk-Novelle aus dem Jahre 2017 wurden u. a. die Anforderungen des Baseler Ausschusses an die Risikoaggregation und Risikoberichterstattung (BCBS 239) sowie die Initiativen des FSB und anderer Standardsetzer zur Etablierung einer angemessenen Risikokultur in den Instituten in die MaRisk aufgenommen. Die im Zuge der Novellierung ebenfalls eingefügten Änderungen zum Umgang mit Auslagerungen gehen zwar auf Erkenntnisse der deutschen Aufsicht aus der Prüfungspraxis der letzten Jahre zurück.[172] Die EBA hat allerdings im Juni 2018 einen Entwurf für Leitlinien zu Auslagerungen zur Konsultation gestellt, der die Anforderungen an Auslagerungen europaweit harmonisieren soll.[173] Diese Leitlinien, mit deren endgültiger Veröffentlichung nach derzeitigem Kenntnisstand frühestens im ersten Halbjahr 2019 zu rechnen ist, werden zeitnah zu einer erneuten Anpassung der MaRisk führen.[174]

142   Nach der hier vertreten Sichtweise haben die von der EZB direkt beaufsichtigten deutschen Institute die MaRisk zu beachten, da diese den Anforderungen auf europäischer Ebene entsprechen, die unter Beteiligung von BaFin und Bundesbank formuliert werden. Nach dem Prinzip »Comply or Explain« hat die deutsche Aufsicht zu erklären, wenn sie die Leitlinien und Empfehlungen der EBA (in Teilen) nicht umsetzt. Die Übertragung der europäischen Vorgaben in die MaRisk hat für die Institute den entscheidenden Vorteil, dass die MaRisk die Besonderheiten des deutschen Bankensektors, wie z.B. das Drei-Säulen-Modell oder das dualistische System (»Two-tier-system«) mit Geschäftsleitung und Aufsichtsorgan, berücksichtigen.[175] Darüber hinaus stellt die Maßgeblichkeit der MaRisk für alle Institute ein »Level Playing Field« der Bankenregulierung und -aufsicht in Deutschland sicher.

143   Eine Verpflichtung zur Beachtung der MaRisk für die direkt von der EZB beaufsichtigten Institute in Deutschland setzt jedoch voraus, dass die Auslegungspraxis auf europäischer und

---

165 Committee of European Banking Supervisors, Guidelines on Liquidity Buffers & Survival Periods (GL 28), 9. Dezember 2009.

166 Committee of European Banking Supervisors, Revised Guidelines on Stress Testing (GL 32), 26. August 2010.

167 Committee of European Banking Supervisors, Guidelines on the management of concentration risk under the supervisory review process (GL 31), 2. September 2010.

168 Committee of European Banking Supervisors, Guidelines on the management of operational rsiks in market-related activities (GL 35), 12. Oktober 2010.

169 Committee of European Banking Supervisors, Guidelines on Liquidity Cost Benefit Allocation (GL 36), 27. Oktober 2010.

170 European Banking Authority, EBA Guidelines on Internal Governance (GL 44), 27. September 2011.

171 Vgl. Bundesanstalt für Finanzdienstleistungsaufsicht, Rundschreiben 09/2017 (BA) zur Überarbeitung der MaRisk, Übermittlungsschreiben vom 27. Oktober 2017, S. 1 f.

172 Vgl. Bundesanstalt für Finanzdienstleistungsaufsicht, Rundschreiben 09/2017 (BA) zur Überarbeitung der MaRisk, Übermittlungsschreiben vom 27. Oktober 2017, S. 1; Bundesanstalt für Finanzdienstleistungsaufsicht, Erster Entwurf zur Überarbeitung der MaRisk, Übermittlungsschreiben vom 18. Februar 2016, S. 1 f.

173 Die Leitlinien aktualisieren die CEBS-Leitlinien aus dem Jahre 2006 und integrieren die Empfehlungen der EBA zu Outsourcing an Cloud-Anbieter, die beide mit Inkrafttreten der EBA-Leitlinien zu Auslagerungen aufgehoben werden. Vgl. European Banking Authority, Consultation Paper – EBA Draft Guidelines on Outsourcing arrangements, EBA/CP/2018/11, 22. Juni 2018, S. 5 f..

174 Die deutsche Aufsicht hat in der Sondersitzung des Fachgremiums MaRisk am 15. März 2018 mitgeteilt, dass ein möglicher Anpassungsbedarf aus den EBA-Leitlinien in den MaRisk berücksichtigt werden soll.

175 So kann z.B. bei verbundinternen Auslagerungen auf die Erstellung von Ausstiegsprozessen verzichtet werden (→ AT 9 Tz. 6 Erläuterung). Zudem ist bei Verbundbeteiligungen nicht zwingend ein gesondertes Risikocontrolling erforderlich (→ BTO 1 Tz. 1, Erläuterung). Die BAIT sehen bei regional tätigen (insbesondere verbundangehörigen) Instituten Erleichterungen vor. Diese Institute haben im Hinblick auf die regelmäßig verbundseitig vorhandenen Kontrollmechanismen die Möglichkeit, einen gemeinsamen Informationssicherheitsbeauftragten zu bestellen (Tz. 20 BAIT).

nationaler Ebene deckungsgleich ist. Ist dies nicht der Fall, wäre das Ziel der europäischen Bankenregulierung zur Schaffung eines »Level Playing Field« nicht mehr erreichbar. Die bedeutenden Institute in Deutschland hätten insbesondere aufgrund zusätzlicher nationaler Vorgaben einen Wettbewerbsnachteil. Um dies auszuschließen, müssen die MaRisk mit den zahlreichen EBA-Leitlinien abgeglichen und mögliche Abweichungen oder Wertungswidersprüche identifiziert und beseitigt werden.[176] Nicht zuletzt vor diesem Hintergrund hat sich die Deutsche Kreditwirtschaft im Rahmen ihrer Stellungnahmen zur fünften MaRisk-Novelle sowie in der Sitzung des Fachgremiums MaRisk am 24./25. Mai 2016 für eine Klarstellung eingesetzt, dass die BaFin mit den MaRisk jene für das Risikomanagement der Institute maßgeblichen EBA-Leitlinien umsetzt, bei denen sich die deutsche Aufsicht zur Umsetzung verpflichtet hat (»comply«). Aus Gründen der Rechtssicherheit für die Institute sollte diese grundsätzliche Aussage im Idealfall durch eine detaillierte Liste der relevanten EBA-Leitlinien ergänzt werden.[177]

Gleichzeitig werden für alle Institute in Deutschland die EBA-Leitlinien und die Antworten der **144** EBA aus dem Prozess zur Beantwortung eingereichter Fragen (»Questions and Answers«, Q&A) immer wichtiger. Die Bedeutung der Leitlinien und Antworten aus dem Q&A-Prozess ist für die Institute schlagartig gestiegen, nachdem die BaFin per Pressemeldung am 15. Februar 2018 erklärt hat, im Interesse der europäischen Harmonisierung des Aufsichtsrechts, d. h. einer gemeinsamen Aufsichtskultur und kohärenten Aufsichtspraktiken, grundsätzlich alle Leitlinien sowie Fragen und Antworten der EBA in ihre Verwaltungspraxis zu übernehmen.[178] Zwar sollen die Besonderheiten des deutschen Aufsichtsrechtes auch in Zukunft berücksichtigt werden. Allerdings obliegt es damit den (teilweise sehr kleinen) Instituten, die grundsätzlich in englischer Sprache verfassten Ausführungen der EBA auf Relevanz für die eigenen Geschäftsaktivitäten zu prüfen. Im Gegensatz zur bisherigen Praxis wird die BaFin zukünftig nur noch auf ihrer Internetseite verlautbaren, wenn sie ausnahmsweise eine Leitlinie oder Antwort der EBA (teilweise) nicht in ihre Verwaltungspraxis übernimmt.[179] Konnten die Institute in der Vergangenheit regelmäßig die Umsetzung der europäischen Vorgaben durch die deutsche Aufsicht in nationales Recht oder auf untergesetzlicher Ebene (z. B. MaRisk) abwarten, müssen sie diese nunmehr ggf. parallel zu den nationalen Vorgaben einhalten.

Darüber hinaus treibt die Europäische Zentralbank (EZB) die Harmonisierung in Europa weiter **145** voran, indem sie bereits eine Reihe von Leitfäden veröffentlicht hat, die ihre Aufsichtspraxis widerspiegeln und von den bedeutenden Instituten zwingend zu berücksichtigen sind. De facto ist allerdings davon auszugehen, dass sich die Vorgaben der EZB und der deutschen Aufsicht im Laufe der Zeit weiter angleichen werden, weil die deutsche Aufsicht diesen Prozess begleitet – wie am Beispiel des Risikotragfähigkeitskonzeptes deutlich wurde – und die Harmonisierungsbestrebungen der EZB mittelfristig auch auf die weniger bedeutenden Institute ausgeweitet werden.

Das Nebeneinander von nationalen und europäischen Regelungen führt für die Institute zu einer **146** bislang nicht bekannten Komplexität bei der Einhaltung der aufsichtsrechtlichen Anforderungen. Vor diesem Hintergrund ist es für die Institute von entscheidender Bedeutung, dass die verschie-

---

176 Vgl. Hannemann, Ralf, Die MaRisk im Kontext internationaler Vorschriften, Zeitschrift für das gesamte Kreditwesen, Heft 5/2018, S. 21.

177 Vgl. Deutsche Kreditwirtschaft, Stellungnahme zum Konsultationspapier 02/2016 der Bundesanstalt für Finanzdienstleistungsaufsicht (BaFin) zur Überarbeitung der MaRisk (Zwischenentwurf vom 24. Juni 2016), 22. Juli 2016, S. 3; Deutsche Kreditwirtschaft, Stellungnahme zum Entwurf der MaRisk in der Fassung vom 18. Februar 2016 (Konsultation 02/2016) vom 27. April 2016, S. 6 f.

178 Im Gegensatz zur bisherigen Praxis wird die BaFin zukünftig nur noch auf ihrer Internetseite verlautbaren, wenn sie ausnahmsweise eine Leitlinie oder Antwort der EBA nicht in ihre Verwaltungspraxis übernimmt. Vgl. Bundesanstalt für Finanzdienstleistungsaufsicht, Europäische Aufsichtsbehörden: BaFin übernimmt grundsätzlich alle Leitlinien sowie Fragen und Antworten in ihre Verwaltungspraxis, Pressemeldung vom 15. Februar 2018.

179 Zudem sollen lediglich zu ausgewählten Q&As unverbindliche eigene Übersetzungen zur Verfügung gestellt werden. Vgl. Bundesanstalt für Finanzdienstleistungsaufsicht, Europäische Aufsichtsbehörden: BaFin übernimmt grundsätzlich alle Leitlinien sowie Fragen und Antworten in ihre Verwaltungspraxis, Pressemeldung vom 15. Februar 2018.

denen Standardsetzer auf europäischer und nationaler Ebene bei der Erstellung der jeweiligen regulatorischen Vorgaben darauf achten, dass diese konsistent und widerspruchsfrei sind.

5.2 MaRisk als Rechtsverordnung

147 Angesichts der anhaltenden Diskussion über den Rechtscharakter der MaRisk gibt es durchaus Überlegungen des deutschen Gesetzgebers, das Rundschreiben auf die Ebene einer Rechtsverordnung zu heben. Die MaRisk würden dann unter den in § 4 Abs. 3 SSM-VO genannten Begriff »nationale Rechtsvorschrift« fallen und wären von der EZB in Bezug auf die bedeutenden Institute in Deutschland anzuwenden.

148 So wurde das Bundesministerium der Finanzen (BMF) im Zuge des Abwicklungsmechanismusgesetzes (AbwMechG)[180] gemäß § 25a Abs. 4 KWG ermächtigt, durch Rechtsverordnung, die nicht der Zustimmung des Bundesrates bedarf, im Einvernehmen mit der Deutschen Bundesbank und nach Anhörung der EZB nähere Bestimmungen über die Ausgestaltung eines angemessenen und wirksamen Risikomanagements auf Instituts- und Gruppenebene gemäß § 25a Abs. 1 Satz 3 Nummer 1 bis 5 und Abs. 3 KWG und der jeweils zugehörigen Tätigkeiten und Prozesse zu erlassen. Dasselbe gilt gemäß § 25b Abs. 5 KWG im Benehmen mit der Deutschen Bundesbank für nähere Bestimmungen über das Vorliegen einer Auslagerung, die bei einer Auslagerung zu treffenden Vorkehrungen zur Vermeidung übermäßiger zusätzlicher Risiken, die Grenzen der Auslagerbarkeit, die Einbeziehung der ausgelagerten Aktivitäten und Prozesse in das Risikomanagement sowie die Ausgestaltung der Auslagerungsverträge. Im Rahmen der fünften MaRisk-Novelle ist von diesen Verordnungsermächtigungen kein Gebrauch gemacht worden. Das heißt allerdings nicht, dass die MaRisk auch zukünftig als Rundschreiben bestehen bleiben. Schließlich wird die Überführung eines Rundschreibens in eine Verordnung mit den Mindestanforderungen an Sanierungspläne (MaSan) gerade durchgespielt.

149 Dass die EZB im Falle einer MaRisk-Verordnung angehört werden muss, hat formale Gründe: Nach Art. 127 Abs. 4 des Vertrages über die Arbeitsweise der Europäischen Union wird die EZB zu allen Vorschlägen für Rechtsakte der Union sowie zu allen Entwürfen für Rechtsvorschriften der nationalen Behörden angehört – jeweils in ihrem Zuständigkeitsbereich und innerhalb der Grenzen und unter den Bedingungen, die der Rat nach dem Verfahren des Artikels 129 Abs. 4 festlegt. Zudem kann die EZB gegenüber den zuständigen Organen, Einrichtungen oder sonstigen Stellen der Union und den nationalen Behörden Stellungnahmen zu in ihren Zuständigkeitsbereich fallende Fragen abgeben. Insofern hat die EZB in diesen Fällen eine beratende Funktion. Der Wortlaut dieser Befugnisse wird in Art. 4 der Satzung des Europäischen Systems der Zentralbanken und der Europäischen Zentralbank (ESZB-Satzung) wiederholt.[181] Laut Erwägungsgrund 3 der Entscheidung des Rates vom 29. Juni 1998 über die Anhörung der Europäischen Zentralbank durch die nationalen Behörden zu Entwürfen für Rechtsvorschriften (98/415/EG) ist die darin enthaltene Aufzählung bestimmter Zuständigkeitsbereiche nicht abschließend. Insbesondere lässt Art. 2 Abs. 1 (sechster Gedankenstrich) dieser Entscheidung, wonach die EZB auch zu Bestimmungen zu Finanzinstituten anzuhören ist, soweit diese die Stabilität der Finanzinstitute und Finanzmärkte »wesentlich beeinflussen«, die gegenwärtige Zuordnung der Zuständigkeiten für Maßnahmen auf dem Gebiet der Aufsicht über die Kreditinstitute und der Stabilität des Finanz-

---

180 Gesetz zur Anpassung des nationalen Bankenabwicklungsrechts an den Einheitlichen Abwicklungsmechanismus und die europäischen Vorgaben zur Bankenabgabe (Abwicklungsmechanismusgesetz – AbwMechG) in der Fassung vom 2. November 2015 (BGBl. I Nr. 43 S. 1864), veröffentlicht am 5. November 2015.

181 Vgl. Europäische Zentralbank, Leitfaden zur Anhörung der Europäischen Zentralbank durch die nationalen Behörden zu Entwürfen für Rechtsvorschriften, Oktober 2015, S. 4f.

systems unberührt. Mit der Einrichtung des Einheitlichen Aufsichtsmechanismus (Single Supervisory Mechanism, SSM) fallen nunmehr auch Aufsichtsaufgaben im Rahmen ihrer beratenden Funktion gemäß Art. 127 Abs. 4 des Vertrages über die Arbeitsweise der Europäischen Union in die Zuständigkeit der EZB.[182]

Es hat den Anschein, dass die nationalen Behörden nicht gerade auf Konfrontationskurs mit der **150** EZB gehen möchten. Das wurde bei der Einbeziehung der EZB in den Überarbeitungsprozess im Rahmen der fünften MaRisk-Novelle deutlich. Im Grunde ist die deutsche Aufsicht von ihren über die Jahre immer wieder weiterentwickelten Mindestanforderungen an das Risikomanagement schlicht überzeugt und möchte diese Vorgaben auf die europäische Ebene exportieren. Ähnliches gilt im Übrigen für die niederländische Aufsichtsbehörde mit Blick auf den ILAAP. Es bleibt abzuwarten, ob aus diesen Entwicklungen eines Tages eine Art europäische MaRisk resultieren.

6 Prinzipienorientierte Regulierung

Fast jeder Mensch hat eine mehr oder minder stark ausgeprägte Abneigung gegen Unordnung. **151** Unordnung erhöht die Komplexität, erschwert die Orientierung und schürt darüber hinaus die Angst vor dem unkalkulierbaren Chaos. Es liegt daher in der Natur des Menschen, die Unordnung durch Regeln beherrschbar zu machen. Dementsprechend liegt der Organisation moderner Gesellschaften eine Vielzahl von Gesetzen, Verordnungen und anderen Vorschriften zugrunde, die das Zusammenleben regeln und so zu einem funktionierenden Gemeinwesen beitragen sollen. Ordnung muss sein, aber jede Ordnung hat auch ihre Grenzen. Diese Grenzen sind dann erreicht, wenn überbordende Regelwerke Privatpersonen oder Unternehmen bevormunden und dadurch jegliche private Initiative im Keim erstickt wird. Eine starre, überreglementierte Ordnung kann vor diesem Hintergrund ähnlich gravierende Auswirkungen haben wie die Unberechenbarkeit des Chaos.

Auch die Finanzmarktregulierung bewegt sich auf einem schmalen Grat. Auf der einen Seite darf **152** die Innovationskraft der Marktteilnehmer nicht über alle Maßen eingeschränkt werden. Auf der anderen Seite muss Regulierung »Erwartungssicherheit« schaffen. Institute, Prüfer und Aufseher benötigen einen verlässlichen Rahmen, an dem sie sich orientieren können. Wie kann Regulierung diesen gegensätzlichen Ansprüchen gerecht werden? Vor allem wenn es um die Qualität des Risikomanagements geht, scheinen ausbuchstabierte Detailregelungen und Festschreibungen jedenfalls schnell an ihre Grenzen zu stoßen: Die Güte des Risikomanagements lässt sich nicht mit dem Zollstock nachmessen. Die MaRisk folgen daher einem »prinzipienorientierten« Regulierungsansatz. Diesem Ansatz wird nicht nur auf nationaler Ebene ein immer höherer Stellenwert gegenüber »regelbasierten« Ansätzen eingeräumt. Auch andere Aufsichtsbehörden, wie etwa die EBA oder die EZB, fühlen sich der prinzipienorientierten Regulierung grundsätzlich verpflichtet.[183] Sogar die zum Teil äußerst detaillierte MiFID nimmt für sich in Anspruch, ein prinzipienorientiertes Regelwerk zu sein.[184]

---

182 Vgl. Europäische Zentralbank, Leitfaden zur Anhörung der Europäischen Zentralbank durch die nationalen Behörden zu Entwürfen für Rechtsvorschriften, Oktober 2015, S. 17.

183 Ebenso die damalige britische Financial Services Authority (FSA). Vgl. Financial Services Authority, Principles-based regulation, April 2007. Die Aufgaben der FSA wurden zum 1. April 2013 auf die Financial Conduct Authority (FCA) und die Prudential Regulation Authority (PRA) übertragen.

184 Vgl. European Commission, Background Note, Draft Commission Directive implementing the Markets in Financial Instruments Directive 2004/39/EC (MiFID), 6. Februar 2006, Abschnitt 2.1.

153   Unter einem »Prinzip« versteht man im Allgemeinen eine Richtschnur, einen Grundsatz oder auch eine Idee, die einer Sache zugrunde liegt bzw. nach der etwas wirkt. Im Unterschied zu regelbasierten Ansätzen eröffnet ein »Prinzip« Gestaltungsspielräume für alternative Umsetzungslösungen. Komplexe Einzelregelungen oder Festschreibungen, die im Detail beschreiben, wie man den Erwartungen des Regulators entspricht, rücken in den Hintergrund. Für die Institute kommt es bei der prinzipienorientierten Regulierung im Wesentlichen darauf an, dem Sinn und Zweck der Anforderungen Rechnung zu tragen.[185] Auf welche Weise dies geschieht, liegt weitgehend in der Verantwortung der Institute. Das »Prinzip« stärkt daher auch deren Eigenverantwortung.

154   Prinzipienorientierte Regulierung muss allerdings nicht immer die beste Lösung sein. In bestimmten Bereichen, wie etwa den Wachstumsbegrenzungsnormen des KWG (z. B. Großkreditgrenzen), sind regelbasierte Ansätze grundsätzlich leistungsfähiger. Im Hinblick auf das Risikomanagement der Institute gibt es jedoch keine echte Alternative zum prinzipienorientierten Ansatz, wie die BaFin anlässlich der Veröffentlichung der MaRisk-Fassung vom 14. August 2009 herausstellte.[186]

6.1   Berücksichtigung der bestehenden Heterogenität

155   Prinzipienorientierte Regulierung sichert für Institute und Aufsicht die gerade im heterogenen deutschen Bankenmarkt notwendigen Handlungs- und Gestaltungsspielräume. Es liegt auf der Hand, dass das Risikomanagement von international tätigen Großbanken ganz andere Herausforderungen bewältigen muss als das einer kleineren Genossenschaftsbank mit regionalem Geschäftsschwerpunkt. Die Wahrung von Gestaltungsspielräumen durch den Einbau von Öffnungsklauseln (→ AT 1 Tz. 5), die dem Prinzip der doppelten Proportionalität in der nationalen Umsetzung des SRP Geltung verschaffen, ist eines der Kernelemente der MaRisk. Die zahlreichen Öffnungsklauseln lassen in Abhängigkeit von der Größe der Institute, deren Geschäftsschwerpunkten und der Risikosituation eine vereinfachte Umsetzung der Anforderungen zu.

156   Mit der vierten MaRisk-Novelle wurde das so genannte »Prinzip der Proportionalität nach oben« eingeführt und in den MaRisk verankert (→ AT 1 Tz. 3). Diesem Prinzip zufolge sollen Institute, die besonders groß sind oder deren Geschäftsaktivitäten durch besondere Komplexität, Internationalität oder eine besondere Risikoexponierung gekennzeichnet sind, weitergehende Vorkehrungen zur Sicherstellung der Angemessenheit und Wirksamkeit ihres Risikomanagements treffen. Zu diesem Zweck sollen sie die einschlägigen Veröffentlichungen des Baseler Ausschusses für Bankenaufsicht und des Financial Stability Board in eigenverantwortlicher Weise in ihre Überlegungen einbeziehen. Die Aufsicht behält sich vor, einzelne Themen aus diesen Papieren aufzugreifen und ihre Berücksichtigung im Risikomanagement mit den betroffenen Instituten zu diskutieren.[187]

157   Es ließ sich allerdings nicht ganz vermeiden, bestimmte Regelungsbereiche im Laufe der letzten Jahre auf besondere Kategorien von Instituten einzuschränken. So wurden bestimmte Anforderungen an das Management von Liquiditätsrisiken im Rahmen der vierten MaRisk-Novelle für kapitalmarktorientierte Institute und große Institute mit komplexen Geschäftsaktivitäten eingeführt. Mit der fünften MaRisk-Novelle sind detaillierte Anforderungen an die Aggregation von

---

185 Die Financial Services Authority fasst es so zusammen: »Our approach to supervision will rely increasingly on principles and outcome-focused rules rather than detailed rules prescribing how outcomes must be achieved.« Financial Services Authority, Principles-based regulation, April 2007, S. 2.

186 Vgl. Bundesanstalt für Finanzdienstleistungsaufsicht, Übermittlungsschreiben zum Rundschreiben 15/2009 (BA) vom 14. August 2009, S. 5.

187 Vgl. Bundesanstalt für Finanzdienstleistungsaufsicht, Übermittlungsschreiben zum Rundschreiben 10/2012 (BA) vom 14. Dezember 2012, S. 2.

Risikodaten ergänzt worden, deren Anwendungsbereich schon im zugrundeliegenden Papier des Baseler Ausschusses für Bankenaufsicht auf systemrelevante Institute eingeschränkt wurde. Die systemrelevanten Institute müssen zudem besondere Vorgaben bei der organisatorischen Zuordnung des Leiters der Risikocontrolling-Funktion und der Compliance-Funktion beachten. Darüber hinaus müssen sie zusätzliche Anforderungen im Rahmen der Risikoberichterstattung erfüllen. Diese direkten Vorgaben haben unweigerlich Einschränkungen bei den Gestaltungsspielräumen zur Folge.

In den MaRisk werden trotzdem in weiten Teilen keine konkreten Methoden für die Ausgestaltung des Risikomanagements in den Instituten vorgegeben. Insoweit besteht auch bei der Auswahl von Risikomanagementinstrumenten weitgehend Methodenfreiheit, solange dem Sinn und Zweck der Anforderungen entsprochen wird. Die Methodenfreiheit sollte im Eigeninteresse der Institute nicht mit »Beliebigkeit« verwechselt werden.   **158**

6.2 Anpassungsfähigkeit

Bereits Max Weber machte deutlich, dass die klassischen Mittel der Regelsetzung, also z.B.   **159** Gesetze oder Verordnungen, bei einer dynamischen Ökonomie an ihre Grenzen stoßen. Auch bei der Finanzmarktregulierung besteht das grundsätzliche Problem, dass die Regulatoren mit den dynamischen und innovationsfreudigen Entwicklungen nicht Schritt halten können. Regulatorische Initiativen sind häufig das Ergebnis eines (zeit-)aufwendigen Prozesses (z.B. Meinungsbildung, parlamentarische Umsetzung), so dass die klassische Regelsetzung mittels Normen regelmäßig den tatsächlichen Entwicklungen hinterherhinkt und somit gleichsam Gefahr läuft, ausgekontert zu werden.[188] In der Literatur spricht man in diesem Zusammenhang auch von »regulatorischer Dialektik«.[189] Ergebnis davon sind neue Regulierungsimpulse, die allerdings zum Zeitpunkt ihrer Verabschiedung auch schon wieder veraltet sein können. Im Extremfall wird eine nicht enden wollende Regulierungsspirale in Gang gesetzt, die außer erheblichen bürokratischen Zusatzkosten keinen erkennbaren Beitrag zur Finanzmarktstabilität leistet.

Das »Prinzip« ist in dieser Hinsicht deutlich anpassungsfähiger. Um dem Regelungszweck   **160** gerecht zu werden, kommen grundsätzlich verschiedene Umsetzungsalternativen in Betracht. Soweit erforderlich, kann das Prinzip sogar flexibel an neue Situationen angepasst werden. Es lässt damit ausreichend Luft für dynamische Entwicklungen und schränkt gleichzeitig die Innovationsfreudigkeit der Institute nicht unnötig ein. Um dies zu betonen, wurde in den MaRisk der Grundsatz verankert, dass die Anforderungen gegenüber der laufenden Fortentwicklung der Prozesse und Verfahren im Risikomanagement offen sind, soweit diese im Einklang mit den Zielen der MaRisk stehen (→ AT 1 Tz. 5). Damit wird zugleich eine Brücke zwischen betriebswirtschaftlichen Optimierungskalkülen und regulatorischen Notwendigkeiten geschlagen. Dies wird durch Umfrageergebnisse bestätigt: Nach einer Erhebung des DIW verstehen fast drei Viertel aller Institute die qualitative Aufsicht als »Chance zur marktgerechten Gestaltung ihrer Geschäftsabläufe«.[190]

---

188 Vgl. Kette, Sven/Kussin, Matthias, Normen an ihren Grenzen – Zur Beherrschbarkeit eines wissensbasierten Finanzsystems, Vortrag im Rahmen der Veranstaltungsreihe »Wandel des Staates – Transformation von Herrschaft?« am 1. April 2006 in Bremen, S.4 f.

189 Vgl. Strulik, Torsten/Kussin, Matthias, Finanzmarktregulierung und Wissenspolitik, in: Zeitschrift für Rechtssoziologie, Heft 1/2005, S.108.

190 Vgl. Deutsches Institut für Wirtschaftsforschung e.V. (DIW Berlin), Evaluierungsuntersuchungen zur Bewertung der Aufsicht der Kreditwirtschaft und Erstellung eines Erfahrungsberichts (Erfahrungsbericht Bankenaufsicht), Reihe »Politikberatung kompakt« Nr.24, 2. Auflage, Berlin, 2006, S.57 und Appendix 3, Frage 30.

6.3 Einbindung der Praxis

161 Da es bei den MaRisk um den flüchtigen und schwer zu fassenden Stoff der Qualität der instituts-internen Prozesse und Strukturen geht, können die Anforderungen nicht »am grünen Tisch« eines Aufsehers ausgearbeitet werden. Bereits bei der Entwicklung der Mindestanforderungen an das Kreditgeschäft (MaK) setzte die BaFin daher auf die Expertise aus der Praxis. Nach Veröffentlichung der MaK im Dezember 2002 hat die BaFin diesen praxisorientierten Ansatz institutionalisiert, indem sie ein MaK-Fachgremium einrichtete, dem Experten aus kleineren und größeren Instituten, Prüfer und Verbandsvertreter angehörten. Aufgabe des Fachgremiums war die Klärung von Auslegungsfragen sowie die Erörterung von prüfungsrelevanten Sachverhalten. Auch bei den MaRisk und deren Weiterentwicklung wurde konsequent auf den institutionalisierten Austausch mit der Praxis gesetzt.

162 Die Fachgremienstruktur ist allerdings nicht nur im Bereich der MaRisk fester Bestandteil der regulatorischen Aufsichtsphilosophie der BaFin und der Deutschen Bundesbank. Für die nationale Umsetzung bankaufsichtlicher Regelwerke hat die Aufsicht weitere Fachgremien eingerichtet, die – in den Anfangsjahren koordiniert durch den »Arbeitskreis Bankenaufsicht« – einen wichtigen Beitrag zur Umsetzung neuer Regelungen leisten. Durch die laufende Diskussion können sich die Regulatoren aktuelles Praxiswissen zu eigen machen und auf diese Weise das Problem der »regulatorischen Dialektik« zumindest abschwächen. Die Institute können auf der anderen Seite ihre spezielle Expertise in den Prozess der Regelsetzung einbringen und somit für eine größere Praxisorientierung sorgen. Dadurch werden wechselseitige Austausch- und Anpassungsprozesse generiert, die insgesamt die Leistungsfähigkeit der Regulierung in einem dynamischen Umfeld stärken und darüber hinaus zu deren Akzeptanz in der Kreditwirtschaft beitragen können.

163 Zukünftig spielen die Vorgaben auf internationaler und europäischer Ebene, nicht zuletzt durch die Einführung eines Einheitlichen Regelwerkes (»Single Rule Book«) und die Änderungen in der europäischen Aufsichtsstruktur, auch für die deutsche Kreditwirtschaft eine immer größere Rolle (→ Kapitel 3). Es ist erklärtes Ziel von BaFin und Deutscher Bundesbank, die Fachgremien wesentlich stärker in die Prozesse zur Ausarbeitung von Leitlinien und Standards der EBA (und des Baseler Ausschusses für Bankenaufsicht) einzubinden. Um dieses Ziel zu erreichen, besteht noch Optimierungsbedarf. Zudem bleibt abzuwarten, inwiefern nach der weitgehenden Verlagerung der Gesetzgebung auf die EU-Kommission bzw. deren weiterer Konkretisierung auf die EBA zukünftig eine sachgerechte Einbindung der Institute in den Prozess der Regelsetzung stattfinden wird.

164 Auf der europäischen Ebene wurde zwischenzeitlich die Banking Stakeholder Group (BSG) eingerichtet, um den Dialog der EBA mit den relevanten Interessengruppen zu fördern. Die BSG setzt sich aus 30 Mitgliedern zusammen, darunter Vertreter von Kreditinstituten und Wertpapier-häusern, Vertreter von Beschäftigten aus dem Finanzsektor, Nutzer von Bankdienstleistungen, Verbraucher, kleine und mittlere Unternehmen sowie mindestens fünf unabhängige Wissenschaftler. Interessierte Personen können sich zu einem bestimmten Zeitpunkt nach einem »Aufruf der Interessenbekundung« durch die EBA bewerben. Die Entscheidung über die Zusammensetzung trifft der Rat der Aufseher der EBA.

6.4 Herausforderungen

165 Prinzipienorientierte Regulierung schafft Freiräume. Das bedeutet aber noch lange nicht, dass jeder »nach Lust und Laune« tun und lassen kann, was er will. Auch Prinzipien müssen »Erwartungssicherheit« schaffen. Institute, Prüfer und Aufseher benötigen einen verlässlichen

Rahmen, an dem sie sich bei der Umsetzung und Auslegung von § 25a Abs. 1 und 3 KWG sowie § 25b KWG orientieren können. Regulierung ist ferner nur ein, wenn auch wichtiger, Baustein der Aufsichtsphilosophie. Qualitative Aufsicht kann erst dann ihre volle Wirkung entfalten, wenn alle Beteiligten (Institute, Prüfer und Aufsicht) ihrer Rolle gerecht werden.

6.4.1 Institute

Die Institute sind verpflichtet, die Gestaltungsspielräume, die ihnen die MaRisk mit dem prinzi- **166** pienorientierten Regelungsansatz und zahlreichen Öffnungsklauseln einräumen, sachgerecht und unter Berücksichtigung der institutsspezifischen Notwendigkeiten mit Leben zu füllen. Die MaRisk geben lediglich eine »Benchmark« vor, an der sich die Aufsicht bei der Beurteilung der Angemessenheit des Risikomanagements orientiert. Diese Benchmark entbindet die Institute nicht von der Pflicht, selbst zu einer institutsspezifisch angemessenen Umsetzung der Anforderungen zu finden. Es ist deshalb nicht empfehlenswert, nur auf den Wortlaut der Anforderungen abzustellen und die Spielräume bis an die äußerste Grenze auszunutzen. Ebenso wenig kann es um ein »Schaulaufen für die Aufsicht« gehen.[191] Jedes Institut hat vielmehr auf der Basis seines konkreten Gesamtrisikoprofils den Grad der Ausnutzung der Öffnungsklauseln zu bestimmen, um auf diese Weise zu einer passenden Umsetzungslösung zu gelangen. Der offene Regelungsrahmen der MaRisk fordert somit von den Instituten, dass sie ihren Pflichten eigenverantwortlich nachkommen.

6.4.2 Prüfer

Die MaRisk räumen den Instituten bewusst Ermessensspielräume bei der Umsetzung der Anfor- **167** derungen ein. Im Interesse aller Beteiligten wäre es daher wenig zweckmäßig, wenn die offene Grundausrichtung der prinzipienorientierten Regelungen durch eine Prüfungspraxis, die allein auf das »Abhaken« formaler Kriterien abstellt, weitgehend konterkariert würde. Derartige Befürchtungen werden in der Praxis häufig von Verbänden und Instituten geäußert. Die Prüfung, ob prinzipienorientierte Regelwerke eingehalten werden, erfordert daher einen risikoorientierten Prüfungsansatz. Dieser muss an den spezifischen Verhältnissen vor Ort ansetzen (Gesamtrisikoprofil, Institutsgröße, Geschäftsumfang, Komplexität der Geschäfte usw.). Nur so können ausgewogene Ergebnisse erzielt werden. Auf die Notwendigkeit risikoorientierter Prüfungshandlungen wird in den MaRisk explizit hingewiesen (→ AT 1 Tz. 7).

Die Bundesbank hat ein MaRisk-Prüfungskonzept entwickelt, in dem der risikoorientierte **168** Prüfungsansatz an zentraler Stelle verankert wurde. Gemäß § 11 Abs. 1 Satz 1 PrüfbV hat der Jahresabschlussprüfer die Angemessenheit und die Wirksamkeit des Risikomanagements unter Berücksichtigung der Komplexität und des Risikogehalts der betriebenen Geschäfte zu beurteilen. Auch nach einschlägigen Standards des Instituts der Wirtschaftsprüfer (IDW) liegt der Prüfungspraxis der Wirtschafts- und Verbandsprüfer ein risikoorientierter Prüfungsansatz zugrunde.[192]

---

191 Vgl. Bundesanstalt für Finanzdienstleistungsaufsicht, Übermittlungsschreiben zum Rundschreiben 15/2009 (BA) vom 14. August 2009, S. 5.
192 Vgl. Institut der Wirtschaftsprüfer, Prüfungsstandard 261 (IDW PS 261), Feststellung und Beurteilung von Fehlerrisiken und Reaktionen des Abschlussprüfers auf die beurteilten Fehlerrisiken, in: Die Wirtschaftsprüfung, Heft 22/2006, S. 1433; Institut der Wirtschaftsprüfer, Prüfungsstandard 525 (IDW PS 525), Die Prüfung des Risikomanagements von Kreditinstituten im Rahmen der Abschlussprüfung, in: Die Wirtschaftsprüfung Supplement, Heft 3/2010, S. 4ff.

6.4.3 Bankenaufsicht

169   Der Aufsichtsansatz der BaFin bleibt nicht bei der Ausarbeitung eines umfassenden Regelwerkes zum Risikomanagement stehen, denn der offene Charakter der MaRisk stellt auch für die Bankenaufseher eine echte Herausforderung dar. Die Frage, was im Einzelfall angemessen ist oder nicht, wird sich in vielen Fällen nur vor dem Hintergrund der spezifischen Verhältnisse vor Ort im Institut und seiner Stellung im Markt beantworten lassen. Dies setzt zwingend voraus, dass sich die Mitarbeiter der Aufsicht tiefere Kenntnisse über die Funktionsweise des Risikomanagements verschaffen. Nur wenn es gelingt, die Expertise der Aufsicht – z.B. über die Durchführung von Quervergleichen – nachhaltig zu verbessern, ist ein konstruktiver und kritischer Dialog zwischen Instituten und Aufsicht möglich, der für beide Seiten von Vorteil ist. Eine präventiv agierende Aufsicht, die frühzeitig Schwächen im Risikomanagement identifiziert und diese zwecks Beseitigung mit den Instituten diskutiert, verspricht einen hohen gesamtwirtschaftlichen Nutzen, der auch vor dem Hintergrund der Finanzmarktkrise nicht unterschätzt werden sollte. Das Thema »Expertise« und die dafür aufzuwendenden Kosten bleiben ein zentrales Anliegen der Bankenaufsicht. Jedenfalls hat der Blick »in die ungeheure Tiefe des Abgrunds ... gezeigt, dass die Kosten einer funktionsfähigen Bankenaufsicht – gemessen an der augenblicklichen Schadendimension – vernachlässigbar gering sind«.[193]

170   Eine besondere Herausforderung besteht seit Ende 2014 darin, dass die EZB eigene Vorstellungen von der Beaufsichtigung der Institute hat, diese aber nur intern kommuniziert. Insbesondere für die direkt von der EZB beaufsichtigten Institute stellt sich die Frage, ob der mehrere hundert Seiten starke Leitfaden der EZB zum SREP mit den MaRisk im Einklang steht (→ Kapitel 5). Es bleibt zu hoffen, dass sich die EZB nach und nach von ihrer sehr restriktiven Haltung zur Transparenz gegenüber den beaufsichtigten Unternehmen verabschiedet.

7   Aufbau der MaRisk

171   Die MaRisk sind modular strukturiert. Der allgemeine Teil (Modul AT) enthält grundlegende Anforderungen. Besondere Anforderungen an die Ausgestaltung des internen Kontrollsystems für bestimmte Geschäftsarten und Risikoarten, die Ausgestaltung der Internen Revision und die Risikoberichterstattung sind Gegenstand des besonderen Teils (Moduls BT). Die modulare Struktur hat den Vorteil, dass notwendige Anpassungen in bestimmten Regelungsfeldern auf die zeitnahe Überarbeitung einzelner Module beschränkt werden können. Falls erforderlich, können auch vollkommen neue Regelungsbereiche in die MaRisk einfließen, indem neue Module hinzugefügt werden (→ AT 1 Tz. 8).

---

193 Sanio, Jochen, Bankenaufsicht und Systemrisiko, in: Burghof, Hans-Peter/Johanning, Lutz/Schäfer, Klaus/Wagner, Hannes/Rodt, Sabine (Hrsg.), Risikomanagement und kapitalmarktorientierte Finanzierung, Festschrift zum 65. Geburtstag von Bernd Rudolph, Frankfurt a. M., 2009, S. 30.

7.1 Allgemeiner Teil

Modul AT umfasst in erster Linie übergeordnete Anforderungen an die Ausgestaltung des Risiko-   **172**
managements, bei denen grundsätzlich kein konkreter Bezug zu bestimmten Geschäftsbereichen
oder Risikoarten besteht. Viele Regelungen der »alten« Mindestanforderungen sind wegen ihres
übergreifenden Charakters in diesem Modul »vor die Klammer« gezogen worden. Das betrifft z. B.
die Gesamtverantwortung der Geschäftsleitung und die Qualifikation der Mitarbeiter. Darüber
hinaus enthält das Modul Definitionen, die für die Anwendung des Moduls BT von Bedeutung
sind. Im Einzelnen besteht das Modul AT aus neun thematisch abgegrenzten Bereichen, die
unterschiedlich stark untergliedert sind:

- In Modul AT 1 (Vorbemerkung) befinden sich vor allem allgemeine Aussagen über die
  gesetzliche Grundlage der MaRisk, ihr Verhältnis zum SRP und zur MiFID, das Proportionalitätsprinzip, die Öffnungsklauseln der MaRisk, die Notwendigkeit adäquater Prüfungshandlungen sowie den Aufbau der MaRisk (→ AT 1).
- Modul AT 2 (Anwendungsbereich) hat in erster Linie definitorischen Charakter. In diesem
  Modul befinden sich neben Aussagen zum Anwenderkreis (→ AT 2.1) auch Erläuterungen
  zum risikobezogenen und geschäftsbezogenen Anwendungsbereich der MaRisk (→ AT 2.2
  und 2.3).
- Das bereits im Gesetz verankerte Prinzip der Gesamtverantwortung der Geschäftsleitung wird
  in Modul AT 3 ausdrücklich betont (→ AT 3).
- Modul AT 4 (Allgemeine Anforderungen an das Risikomanagement) ist das Herzstück des
  allgemeinen Teils. In ihm werden die Kernelemente des Risikomanagements (Risikotragfähigkeit, Strategien, internes Kontrollsystem, besondere Funktionen) im Sinne eines umfassenden
  Regelkreislaufes miteinander verknüpft. Die Vorgaben zum internen Kontrollsystem betreffen
  die Aufbau- und Ablauforganisation (→ AT 4.3.1), die Risikosteuerungs- und -controllingpro-
  zesse (→ AT 4.3.2), die Stresstests (→ AT 4.3.3) und den Umgang mit Risikodaten (→ AT 4.3.4).
  Unter den besonderen Funktionen sind die Risikocontrolling-Funktion (→ AT 4.4.1), die Compliance-Funktion (→ AT 4.4.2) und die Interne Revision (→ AT 4.4.3) zu verstehen. Außerdem
  werden Anforderungen an das Risikomanagement auf Gruppenebene statuiert (→ AT 4.5).
- Bei den Modulen AT 5 (Organisationsrichtlinien) und AT 6 (Dokumentation) geht es um die
  schriftlich fixierte Ordnung sowie das Erfordernis angemessener Dokumentationen (→ AT 5
  und 6).
- Modul AT 7 (Ressourcen) betont die Notwendigkeit angemessener personeller sowie tech-
  nisch-organisatorischer Ressourcen (→ AT 7.1 und 7.2). Darüber hinaus wird die Ausarbei-
  tung eines Notfallkonzeptes gefordert (→ AT 7.3).
- Die Auswirkungen verschiedener Arten von Anpassungsprozessen stehen im Mittelpunkt des
  Moduls AT 8. Die Anforderungen an den Neu-Produkt-Prozess (NPP) beziehen sich dabei im
  Unterschied zu vergleichbaren Regelungen der MaK und MaH nicht nur auf Kredit- oder
  Handelsgeschäfte (→ AT 8.1). Berücksichtigt werden in diesem Modul auch die Änderungen
  von betrieblichen Prozessen oder Strukturen (→ AT 8.2) sowie Übernahmen und Fusionen
  (→ AT 8.3).
- Gegenstand des Moduls AT 9 sind die Vorschriften für Auslagerungen (→ AT 9).

7.2 Besonderer Teil

Das Modul BT besteht aus drei Hauptteilen, in denen besondere Anforderungen an die internen   **173**
Kontrollverfahren, d.h. das interne Kontrollsystem (→ BT 1) und die Interne Revision (→ BT 2),

sowie die Risikoberichterstattung (→ BT 3) abgehandelt werden. Dieser Unterteilung liegt die vom Gesetzgeber vorgegebene Differenzierung zwischen prozessabhängigen und prozessunabhängigen Überwachungsmechanismen zugrunde. Auch im Hinblick auf die weitere Untergliederung des Moduls BT 1 (Besondere Anforderungen an das interne Kontrollsystem) lehnen sich die MaRisk eng an den Wortlaut des § 25a Abs. 1 KWG an. In diesem Modul wird dementsprechend zwischen aufbau- und ablauforganisatorischen Regelungen (→ BTO) sowie Prozessen zur Identifizierung, Beurteilung, Steuerung, Überwachung und Kommunikation der Risiken (→ BTR) differenziert (siehe Abbildung 2). Durch diese Aufspaltung wird eine immer wieder diskutierte Schnittstellenproblematik systematisch aufgelöst, da sowohl Risikoarten als auch Geschäftsarten Eigenheiten aufweisen, denen jeweils durch adäquate Anforderungen Rechnung zu tragen ist.[194] Die Brücke zu schlagen zwischen den Dimensionen Risiko und Geschäft war die eigentliche konzeptionelle Herausforderung der MaRisk.

Abb. 2: Die Dimensionen Risiko und Geschäft im internen Kontrollsystem

7.2.1 Aufbau- und ablauforganisatorische Regelungen

174 Gegenstand des Moduls BTO sind in erster Linie bekannte aufbau- und ablauforganisatorische Regelungen der MaK und der MaH. Regelungen zur Funktionstrennung und zu den Prozessen im Kreditgeschäft sind im Modul BTO 1 niedergelegt, korrespondierende Regelungen für das Handels-

---

194 Vgl. Eller, Roland/Wenzel, Andreas, MaRisk – Entwicklung und Umsetzung von Mindestanforderungen an das Risikomanagement, in: Eller, Roland (Hrsg.), Gesamtbanksteuerung und qualitatives Aufsichtsrecht, Stuttgart, 2005, S. 178 f.

geschäft sind in das Modul BTO2 überführt worden. Geschäftsartenunabhängige Anforderungen zur Funktionstrennung werden am Beginn des Moduls BTO formuliert. Zu beachten sind dabei allerdings auch die speziellen Regelungen zu den besonderen Funktionen, die teilweise Auswirkungen auf die Aufbauorganisation eines Institutes haben (→ AT 4.4). Die organisatorischen Anforderungen an das Handelsgeschäft sind flexibler und praxisnäher ausgestaltet worden. Die organisatorischen Anforderungen der MaK wurden hingegen weitgehend deckungsgleich in die MaRisk integriert und im Rahmen der zahlreichen Novellen kaum angepasst. Maßgeblich für die Anwendung der Module BTO1 und BTO2 sind die Definitionen für das Kreditgeschäft und das Handelsgeschäft (→ AT 2.3).

7.2.2 Risikosteuerungs- und -controllingprozesse

Die Prozesse zur Identifizierung, Beurteilung, Steuerung, Überwachung und Kommunikation der Risiken (Risikosteuerungs- und -controllingprozesse) beziehen sich auf alle für das Institut wesentlichen Risiken. Maßgeblich ist der risikobezogene Anwendungsbereich der MaRisk (→ AT 2.2). Für jedes Institut sind unter Berücksichtigung von Risikokonzentrationen grundsätzlich Adressenausfallrisiken, Marktpreisrisiken, Liquiditätsrisiken und operationelle Risiken als wesentlich anzusehen. Für diese Risikoarten formulieren die MaRisk daher auch spezielle Anforderungen an die zugrundeliegenden Prozesse (→ BTR 1 bis 4). Von wesentlicher Bedeutung für ein wirksames Risikomanagement ist eine zeitnahe und umfassende Risikoberichterstattung, zu der detaillierte Vorgaben gemacht werden (→ BT 3).

175

7.2.3 Interne Revision

Modul BT2 umfasst besondere Anforderungen an die prozessunabhängigen Überwachungsmechanismen, also die Ausgestaltung der Internen Revision, die im Auftrag der Geschäftsleitung grundsätzlich alle Aktivitäten und Prozesse auf ihre Ordnungsmäßigkeit prüft und beurteilt. Die Interne Revision hat u. a. auch die Wirksamkeit und Angemessenheit des Risikomanagements im Allgemeinen und des internen Kontrollsystems im Besonderen, also der prozessabhängigen Kontrollen, zu prüfen und zu beurteilen (→ AT 4.4.3 Tz.3). Im Modul BT2 finden sich viele Regelungen der MaIR wieder.

176

7.2.4 Risikoberichterstattung

Im Rahmen der fünften MaRisk-Novelle wurden die spezifischen Anforderungen an die Berichterstattung über die wesentlichen Risiken im Modul BT3 zusammengeführt und ergänzt. Damit wird die besondere Bedeutung der Risikoberichterstattung für ein angemessenes Risikomanagement betont. Gleichzeitig wird der Risikocontrolling-Funktion der Überblick über die verschiedenen Berichtspflichten erleichtert.

177

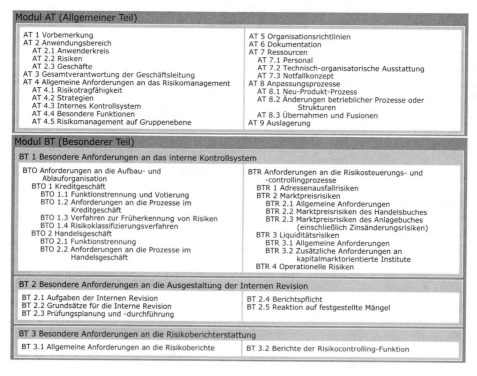

Abb. 3: Die modulare Struktur der MaRisk im Überblick

8 Affinitäten zu anderen Regelwerken

178 Auch die anderen beiden Säulen der Finanzdienstleistungsaufsicht, also die Versicherungs- und die Wertpapieraufsicht, haben sich im Zuge der Finanzmarktkrise veranlasst gesehen, bestimmte Bereiche mit mehr oder minder ausgeprägtem Bezug zum Risikomanagement stärker zu regulieren. Daneben wurden und werden von der Bankenaufsicht weitere Dokumente auf den Weg gebracht, mit deren Hilfe die MaRisk weiter konkretisiert bzw. ergänzt werden oder die in einem direkten Zusammenhang zum bankinternen Risikomanagement stehen. Diese Regelwerke können im Rahmen des Kommentars nur begrenzt berücksichtigt werden. Im Folgenden wird kurz auf die jeweiligen Regelungsinhalte eingegangen.

8.1 Mindestanforderungen an die Geschäftsorganisation von Versicherungsunternehmen (MaGo)

Die prominenteste Schwester der MaRisk für Banken und Finanzdienstleistungsinstitute waren die im Januar 2009 von der BaFin veröffentlichten »Mindestanforderungen an das Risikomanagement von Versicherungsunternehmen« (MaRisk VA).[195] Die MaRisk VA gaben auf der Basis des damaligen § 64a des Gesetzes über die Beaufsichtigung der Versicherungsunternehmen (VAG) einen Rahmen für die Ausgestaltung des Risikomanagements von Versicherungsunternehmen vor. Schwerpunktmäßig ging es in den MaRisk VA um einen strategischen Rahmen für das Risikomanagement, angemessene organisatorische Vorkehrungen, das interne Steuerungs- und Kontrollsystem und die Interne Revision. Bei vielen Anforderungen bestand eine enge Verbindung zu den MaRisk der Bankenaufsicht (z.B. bei den Anforderungen an die Interne Revision). Auch dem Proportionalitätsprinzip wurde ein hoher Stellenwert eingeräumt. Die Anforderungen waren unter Berücksichtigung der unternehmensindividuellen Risiken, der Art und des Umfanges des Geschäftsbetriebes sowie der Komplexität des Geschäftsmodells zu erfüllen. Spezielle Regelungen betrafen das versicherungstypische Geschäft. Hierzu zählten z.B. die ablauforganisatorischen Anforderungen im Bereich des versicherungstechnischen Geschäftes, der Reservierung, des Kapitalanlagemanagements und des passiven Rückversicherungsmanagements.

179

Zum 1. Januar 2016 ist die Solvency-II-Richtlinie (SII RRL)[196] in das nationale Recht umgesetzt worden. Die Vorgaben der Art. 41-49 SII RRL betreffen die Geschäftsorganisation (Governance-System) und sind in den §§ 23 bis 32 des Versicherungsaufsichtsgesetzes (VAG)[197] geregelt. Gemäß § 23 VAG (Art. 41 SII RRL) müssen Versicherungsunternehmen über eine Geschäftsorganisation verfügen, die wirksam und ordnungsgemäß sowie der Art, dem Umfang und der Komplexität ihrer Tätigkeiten angemessen ist. Hierzu gehört insbesondere eine angemessene, transparente Organisationsstruktur mit einer klaren Zuweisung und einer angemessenen Trennung der Zuständigkeiten sowie ein wirksames Kommunikationssystem. Der Vorstand hat dafür zu sorgen, dass die Geschäftsorganisation regelmäßig intern überprüft wird. Die Unternehmen haben über schriftliche Leitlinien zu verfügen, die mindestens Vorgaben zum Risikomanagement, zum internen Kontrollsystem, zur Internen Revision und ggf. zur Ausgliederung von Funktionen und Tätigkeiten machen. Zudem haben die Unternehmen angemessene Vorkehrungen, einschließlich der Entwicklung von Notfallplänen, zu treffen, um die Kontinuität und Ordnungsmäßigkeit der Tätigkeiten zu gewährleisten. § 26 VAG (Art. 44 SII RRL) regelt Anforderungen an das Risikomanagementsystem und die unabhängige Risikocontrollingfunktion (URCF). Das Risikomanagementsystem beinhaltet u.a. Strategien, Prozesse und interne Meldeverfahren. Die URCF muss so strukturiert sein, dass sie die Umsetzung des Risikomanagementsystems maßgeblich befördert, und hat im Rahmen der Verwendung interner Modelle zusätzliche Aufgaben. § 27 VAG (Art. 45 SII RRL) betrifft die unternehmenseigene Risiko- und Solvabilitätsbeurteilung und dient u.a. der Überprüfung des Gesamtsolvabilitätsbedarfs mit Blick auf das eigene Risikoprofil. § 29 VAG (Art. 46 SII RRL) stellt Anforderungen an das interne Kontrollsystem und die Compliance-Funktion. Als Mindestelemente des internen Kontrollsystems sind Verwaltungs- und Rechnungslegungsverfahren, ein interner Kontrollrahmen, eine angemessene unternehmensinterne Berichterstattung auf allen Unternehmensebenen und die Compliance-Funktion vorgeschrieben. Die Compliance-Funktion überwacht

180

---

195 Bundesanstalt für Finanzdienstleistungsaufsicht, Aufsichtsrechtliche Mindestanforderungen an das Risikomanagement (MaRisk VA), Rundschreiben 3/2009 (VA) vom 21. Januar 2009.

196 Richtlinie 2009/138/EG (Solvabilität II) des Europäischen Parlaments und des Rates vom 25. November 2009 betreffend die Aufnahme und Ausübung der Versicherungs- und der Rückversicherungstätigkeit (Neufassung), Amtsblatt der Europäischen Union vom 17. Dezember 2009, L 335/1–155.

197 Gesetz über die Beaufsichtigung der Versicherungsunternehmen (Versicherungsaufsichtsgesetz – VAG) vom 1. April 2015 (BGBl. I S. 434), das zuletzt durch Artikel 6 des Gesetzes vom 17. August 2017 (BGBl. I S. 3214) geändert worden ist. Das VAG und die MaGo verwenden die Begriffe »Geschäftsorganisation« und »Governance-System« als Synonyme.

die Einhaltung der Gesetze und der Verwaltungsvorschriften, die für den Betrieb des Versicherungsgeschäftes gelten. Sie berät den Vorstand in Bezug auf die Einhaltung der Anforderungen, beurteilt Auswirkungen von Rechtsänderungen auf das Unternehmen und identifiziert und beurteilt die mit der Nichteinhaltung rechtlicher Vorgaben verbundenen Compliance-Risiken. § 30 VAG (Art. 47 SII RRL) betrifft die Funktion der Internen Revision. Sie überprüft die gesamte Geschäftsorganisation und das interne Kontrollsystem auf deren Angemessenheit und Wirksamkeit. Darüber hinaus müssen Versicherungsunternehmen über eine wirksame versicherungsmathematische Funktion gemäß § 31 VAG verfügen, die Aufgaben in Bezug auf die Berechnungen der versicherungstechnischen Rückstellungen wahrnimmt. Gemäß § 32 VAG (Art. 49 SII RRL) bleibt ein Versicherungsunternehmen bei jeder Ausgliederung – auch von nicht wichtigen Funktionen oder Versicherungstätigkeiten – für die Einhaltung aller aufsichtsrechtlichen Vorschriften und Anforderungen verantwortlich. Die Regelung enthält außerdem besondere Anforderungen an die Ausgliederung von wichtigen Funktionen oder Versicherungstätigkeiten.[198]

181   Mit der EU-Solvabilitätsverordnung II[199] aus dem Jahre 2015 werden die Anforderungen der genannten Artikel näher bestimmt. Diese Delegierte Verordnung gilt unmittelbar in allen Mitgliedstaaten. Darüber hinaus werden die Anforderungen der SII RRL und der Delegierten Verordnung durch Leitlinien von EIOPA weiter konkretisiert.

182   Mit dem Inkrafttreten des neuen VAG am 1. Januar 2016 und der damit verbundenen Umsetzung der Solvency-II-Richtlinie (SII RRL) entfiel die bisherige Rechtsgrundlage für die MaRisk VA. Vor diesem Hintergrund hat die BaFin die MaRisk VA zum 31. Dezember 2015 aufgehoben. Mehr als ein Jahr danach hat die BaFin am 25. Januar 2017 die »Mindestanforderungen an die Geschäftsorganisation von Versicherungsunternehmen« (MaGo)[200] veröffentlicht. In der Übergangsphase vom 1. Januar 2016 bis zum Inkrafttreten der MaGo hat die BaFin auf zahlreiche Auslegungsentscheidungen zur Geschäftsorganisation und zur Beurteilung der eigenen Risiken abgestellt, die sie zur Vorbereitung auf Solvency II bereits in den Jahren 2014 und 2015 veröffentlicht hatte.[201]

183   Die MaGo konkretisieren die Vorschriften über die Geschäftsorganisation im VAG und in der EU-Solvabilitätsverordnung II im Sinne einer norminterpretierenden Verwaltungsvorschrift. Damit steht bei den MaGo – im Unterschied zu den MaRisk VA – neben der versicherungsinternen Beurteilung des Risikos vor allem die Geschäftsorganisation der Versicherungsunternehmen im Vordergrund.[202] Das Rundschreiben betont zunächst die Gesamtverantwortung der Geschäftsleitung für die ordnungsgemäße und wirksame Geschäftsorganisation. Darüber hinaus formulieren die MaGo allgemeine Governance-Anforderungen an die Aufbau- und Ablauforganisation, die interne Überprüfung des Governance-Systems, die schriftlichen Leitlinien sowie das Zusammenwirken von Geschäftsleitung und Aufsichtsorgan. Das Rundschreiben verlangt eine hervorgehobene Stellung der einzurichtenden »Schlüsselfunktionen« Interne Revision, Compliance- und

---

198 Vgl. Bundesanstalt für Finanzdienstleistungsaufsicht, Artikel auf der Internetseite der Behörde zum Thema »Governance« vom 1. Januar 2016.

199 Delegierte Verordnung (EU) 2015/35 (Solvabilitätsverodnung II) der Kommission vom 10. Oktober 2014 zur Ergänzung der Richtlinie 2009/138/EG des Europäischen Parlaments und des Rates betreffend die Aufnahme und Ausübung der Versicherungs- und der Rückversicherungstätigkeit (Solvabilität II), Amtsblatt der Europäischen Union vom 1. Januar 2015, L 12/1–797.

200 Bundesanstalt für Finanzdienstleistungsaufsicht, Mindestanforderungen an die Geschäftsorganisation von Versicherungsunternehmen (MaGo), Rundschreiben 2/2017 (VA) vom 25. Januar 2017, geändert am 2. März 2018. Das Rundschreiben ist am 1. Februar 2017 in Kraft getreten.

201 Die Auslegungsentscheidungen zu allgemeinen Governance-Anforderungen an Versicherungsunternehmen vom 1. Januar 2016, Risikomanagement in Versicherungsunternehmen vom 1. Januar 2016, Outsourcing bei Versicherungsunternehmen vom 21. Dezember 2015, versicherungsmathematische Funktion in Versicherungsunternehmen vom 21. Dezember 2015, interne Kontrollen und Interne Revision in Versicherungsunternehmen vom 21. Dezember 2015 sowie Eigenmittelanforderungen und Governance-System vom 21. Dezember 2015 wurden durch die MaGo zum 31. Januar 2017 aufgehoben.

202 Vgl. Krimphove, Dieter, Das BaFin-Rundschreiben »Aufsichtrechtliche Mindestanforderungen an die Geschäftsorganisation von Versicherungsunternehmen« (MaGo), Zeitschrift für Versicherungsrecht, 15. März 2017, S. 327.

Risikocontrolling-Funktion sowie versicherungsmathematische Funktion. Zudem enthalten die MaGo konkrete Vorgaben für das Risikomanagementsystem, das interne Kontrollsystem, Ausgliederungen und das Notfallmanagement. Die Versicherungsunternehmen haben sicherzustellen, dass sie jederzeit mindestens über ausreichend anrechnungsfähige Eigenmittel verfügen, um die Solvabilitätsanforderung (»Solvency Capital Requirement«, SCRC) und die Mindestkapitalanforderung (»Minimum Capital Requirement«, MCR) einzuhalten. Vor diesem Hintergrund formuliert das Rundschreiben umfangreiche Anforderungen an die Geschäftsorganisation zur Sicherstellung der Eigenmittel. Die Anforderungen an das Governance-System für Unternehmen gelten auf Gruppenebene entsprechend. Zusätzlich enthalten die MaGo gruppenspezifische Anforderungen, bspw. an die konsistente Umsetzung der Risikomanagementsysteme, der internen Kontrollsysteme und des Berichtswesens auf Gruppenebene.

8.2 Mindestanforderungen an das Risikomanagement von Kapitalverwaltungsgesellschaften (KAMaRisk)

Ursprünglich galten die MaRisk in abgestufter Form auch für Investmentgesellschaften. Nachdem **184** diese jedoch im Jahre 2007 durch das Investmentänderungsgesetz ihre Institutseigenschaft verloren, ergab sich – zumindest formal gesehen – eine Lücke. Vor diesem Hintergrund entwickelte die deutsche Aufsicht zunächst separate »Mindestanforderungen an das Risikomanagement für Investmentgesellschaften« (InvMaRisk), die im Juni 2010 veröffentlicht wurden.[203] Die InvMaRisk gaben auf der Grundlage von § 9a Investmentgesetz (InvG) einen flexiblen und praxisnahen Rahmen für die Ausgestaltung einer ordnungsgemäßen Geschäftsorganisation der Kapitalanlagegesellschaften und selbstverwalteten Investmentaktiengesellschaften vor. Viele Anforderungen orientierten sich an den MaRisk der Bankenaufsicht (z.B. Auslagerung, Interne Revision). Spezifische Anforderungen wurden insbesondere im Zusammenhang mit der Verwaltung von Investmentvermögen formuliert.

Seit Veröffentlichung der InvMaRisk gab es zahlreiche Entwicklungen im Bereich des Invest **185** mentrechts. Hierzu gehören vor allem die Richtlinie über die Verwalter alternativer Investmentfonds (»Alternative Investment Fund Managers Directive«, AIFMD)[204] aus dem Jahre 2011, die zur Durchführung der AIFM-Richtlinie erlassene Delegierte Verordnung[205] aus dem Jahre 2013 sowie das ebenfalls im Jahre 2013 zur Umsetzung der AIFM-Richtlinie in das nationale Recht neu eingeführte Kapitalanlagegesetzbuch (KAGB).[206] Das KAGB ersetzt das bis dahin geltende Investmentgesetz, dessen Regelungen in das KAGB integriert und um zahlreiche neue Produktregeln und Vorgaben erweitert wurden. Vor diesem Hintergrund hat die deutsche Aufsicht im Jahre 2017 neue »Mindestanforderungen an das Risikomanagement von Kapitalverwaltungsgesellschaften« (KAMaRisk)[207] veröffentlicht, die die InvMaRisk aus dem Jahre 2010 ersetzen. Die KAMaRisk

---

203 Bundesanstalt für Finanzdienstleistungsaufsicht, Mindestanforderungen an das Risikomanagement für Investmentgesellschaften (InvMaRisk), Rundschreiben 5/2010 (WA) vom 30.Juni 2010.

204 Richtlinie (AIFM-Richtlinie) des Europäischen Parlaments und des Rates über die Verwalter alternativer Investmentfonds und zur Änderung der Richtlinien 2003/41/EG und 2009/65/EG und der Verordnungen (EG) Nr. 1060/2009 und (EU) Nr. 1095/2010 vom 8. Juni 2011.

205 Delegierte Verordnung (EU) Nr. 231/2013 der Kommission vom 19. Dezember 2012 zur Ergänzung der Richtlinie 2011/61/EU des Europäischen Parlaments und des Rates im Hinblick auf Ausnahmen, die Bedingungen für die Ausübung der Tätigkeit, Verwahrstellen, Hebelfinanzierung, Transparenz und Beaufsichtigung, Amtsblatt der Europäischen Union vom 22. März 2013, L 83/1–95.

206 Kapitalanlagegesetzbuch (KAGB) vom 4. Juli 2013 (BGBl. I S. 1981), zuletzt geändert durch Art. 9 des Gesetzes vom 10. Juli 2018 (BGBl. I S. 1102). Neben dem KAGB leiten sich die rechtlichen Rahmenbedingungen für das Risikomanagement von Kapitalverwaltungsgesellschaften aus der DerivateV und der KAVerOV ab.

207 Bundesanstalt für Finanzdienstleistungsaufsicht, Mindestanforderungen an das Risikomanagement von Kapitalverwaltungsgesellschaften (KAMaRisk), Rundschreiben 01/2017 (WA) vom 10. Januar 2017.

interpretieren das KAGB und die unmittelbar geltende Delegierte Verordnung zur Durchführung der AIFM-Richtlinie im Hinblick auf Anforderungen an die Organisation, das Risikomanagement und Auslagerungen durch Kapitalverwaltungsgesellschaften.

186   Die KAMaRisk sind in zwölf Abschnitte gegliedert und enthalten Vorgaben zum Risikomanagement sowohl auf Ebene der Kapitalverwaltungsgesellschaft als auch auf Ebene der Investmentvermögen. Der erste Abschnitt der KAMaRisk enthält in den Vorbemerkungen u. a. die Bezüge zu den gesetzlichen Regelungen auf nationaler und europäischer Ebene, die durch das Rundschreiben konkretisiert werden, den Grundsatz der Proportionalität sowie den maßgeblichen Umsetzungszeitpunkt. Die Abschnitte zwei und drei regeln den Anwendungsbereich des Rundschreibens und enthalten Ausführungen zur Gesamtverantwortung der Geschäftsleitung. Die allgemeinen Anforderungen an das Risikomanagement, wie Strategien, das interne Kontrollsystem, die Risk Management Policy sowie die organisatorische Trennung der Bereiche Fondsmanagement, Marktfolge und Risikocontrolling etc., sind im vierten Abschnitt der KAMaRisk enthalten. Hervorzuheben sind die im fünften Abschnitt geregelten besonderen Anforderungen an das Risikomanagement von AIF-Kapitalverwaltungsgesellschaften, die für Rechnung des AIF Gelddarlehen gewähren oder in unverbriefte Darlehensforderungen investieren. Die Vorgaben an die Funktionstrennung und Votierung, die Anforderungen an die Prozesse im Darlehensgeschäft und an die Verfahren zu Früherkennung von Risiken etc. basieren im Wesentlichen auf den Regelungen zum Kreditgeschäft in den MaRisk und wurden an die Besonderheiten der Darlehensvergabe und -investition im Rahmen der kollektiven Portfolioverwaltung angepasst. Die weiteren Abschnitte der KAMaRisk enthalten Anforderungen an die Organisationsrichtlinien und die Dokumentation, die vorzuhaltenden Ressourcen für die elektronische Datenverarbeitung und das Notfallkonzept, die Aktivitäten in neuen Produkten oder auf neuen Märkten, Auslagerungen, die Compliance-Funktion und die Interne Revision. Darüber hinaus hat die deutsche Aufsicht ein Merkblatt veröffentlicht, das die Anforderungen an Auslagerungen gemäß § 36 KAGB konkretisiert.[208]

8.3   Mindestanforderungen an Compliance (MaComp)

187   Im Juni 2010 hat die deutsche Aufsicht das Rundschreiben »Mindestanforderungen an Compliance und die weiteren Verhaltens-, Organisations- und Transparenzpflichten nach §§ 31ff. WpHG« (MaComp) veröffentlicht.[209] Das Rundschreiben präzisierte einzelne Regelungen des sechsten Abschnittes des Gesetzes über den Wertpapierhandel (WpHG) sowie hierzu erlassene Verordnungen (z. B. die Finanzanalyseverordnung). Anschließend wurden die MaComp von der Aufsicht mehrfach überarbeitet, u. a. aufgrund von entsprechenden Leitlinien der Europäischen Wertpapieraufsichtsbehörde (ESMA)[210] und Erkenntnissen aus der Prüfungspraxis zu Auslagerungen. Zuletzt hat die deutsche Aufsicht das Rundschreiben am 19. April 2018 inhaltlich und redaktionell an aktuelle Rechtsentwicklungen und Verwaltungspraktiken angepasst und als »Mindestanforderungen an die Compliance-Funktion und weitere Verhaltens-, Organisations-

---

208 Bundesanstalt für Finanzdienstleistungsaufsicht, Häufige Fragen zum Thema Auslagerung gemäß § 36 KAGB, 10. Juli 2013, geändert am 15. November 2017.

209 Bundesanstalt für Finanzdienstleistungsaufsicht, Mindestanforderungen an Compliance und die weiteren Verhaltens-, Organisations- und Transparenzpflichten nach §§ 31ff. WpHG (MaComp), Rundschreiben 4/2010 (WA) vom 7.Juni 2010.

210 European Securities and Markets Authority, Leitlinien zu Vergütungsgrundsätzen und -verfahren (MiFID), 3.Juni 2013; European Securities and Markets Authority, Leitlinien zu einigen Aspekten der MiFID-Anforderungen an die Compliance-Funktion, 25.Juni 2012; European Securities and Markets Authority, Leitlinien zu einigen Aspekten der MiFID-Anforderungen an die Eignung, 25.Juni 2012.

und Transparenzpflichten – MaComp«[211] veröffentlicht. Die aktuelle Fassung setzt zahlreiche gesetzliche Änderungen um, die aufgrund der am 3. Januar 2018 in Kraft getretenen europäischen Finanzmarktrichtlinie (»Markets in Financial Instruments Directive II«, MiFID II) notwendig wurden. Dabei handelt es sich insbesondere um das neue Wertpapierhandelsgesetz (WpHG), die neugefasste Wertpapierdienstleistungs-Verhaltens- und Organisationsverordnung (WpDVerOV), die Delegierte Verordnung zu den Organisationsanforderungen der MiFID II[212] sowie weitere Vorgaben der ESMA zur Konkretisierung der MiFID II.

Die MaComp präzisieren einzelne Regelungen der nunmehr im 11. Abschnitt des WpHG **188** enthaltenen Verhaltens-, Organisations- und Transparenzpflichten gemäß §§ 63 ff. WpHG sowie der Art. 21 ff. der Delegierten Verordnung zu den Organisationsanforderungen der MiFID II (DV). Das Rundschreiben setzt hierbei einen flexiblen und praxisnahen Rahmen für die Ausgestaltung der Geschäftsorganisation des Wertpapiergeschäftes der unter die Vorschriften fallenden Unternehmen. Es soll insbesondere kleineren Unternehmen Orientierungshilfen geben und enthält an verschiedenen Stellen eine beispielhafte Auflistung möglicher Maßnahmen zur Einhaltung der Anforderungen. Die MaComp dienen als Kompendium, das die jeweilige Verwaltungspraxis der BaFin zu einzelnen Regelungen gemäß §§ 63 ff. WpHG und der Art. 21 ff. DV zusammenführt.

Wie die MaRisk ist das Rundschreiben modular aufgebaut und enthält einen allgemeinen Teil **189** (AT) mit allgemeinen Anforderungen für Wertpapierdienstleistungsunternehmen und einen besonderen Teil (BT) mit besonderen Anforderungen nach §§ 63 ff. WpHG. Im allgemeinen Teil finden sich neben dem Anwendungsbereich vor allem grundsätzliche Prinzipien zur Gesamtverantwortung der Geschäftsleitung, zur Zusammenarbeit mehrerer Wertpapierdienstleistungsunternehmen, allgemeine Anforderungen z. B. an die Aufbau- und Ablauforganisation, Aufzeichnungspflichten und Anforderungen an Auslagerungen. Im besonderen Teil finden sich umfangreiche Anforderungen an die Organisation und Tätigkeit der Compliance-Funktion gemäß § 80 Abs. 1 WpHG und Art. 22 DV. Diese Funktion ist grundsätzlich von einem Compliance-Beauftragten wahrzunehmen, dessen Benennung und Abberufung der BaFin angezeigt werden muss. Dem Compliance-Beauftragten wird eine unabhängige Stellung eingeräumt. Er hat ferner bestimmte Qualifikationsanforderungen zu erfüllen und genießt einen besonderen Kündigungsschutz.[213] Zudem empfehlen die MaComp zur Wahrung der Unabhängigkeit des Compliance-Beauftragten einen Mindestbestellzeitraum von 24 Monaten. Durch die MaComp wird die Stellung des Compliance-Beauftragten in den Instituten erheblich aufgewertet.

Die Anforderungen an die Organisation und Tätigkeit der Compliance-Funktion gemäß Ma- **190** Comp sind deutlich detaillierter als die im Zuge der vierten MaRisk-Novelle eingeführten Anforderungen an die Compliance-Funktion, die auf entsprechende Vorgaben der EBA zurückgehen und nicht auf Wertpapierdienstleistungen beschränkt sind (→ AT 4.4.2). Die Compliance-Funktion gemäß MaRisk hat die Aufgabe, jenen Risiken entgegenzuwirken, die sich aus der Nichteinhaltung rechtlicher Regelungen und Vorgaben ergeben können, und diesbezüglich insbesondere auf die Implementierung wirksamer Verfahren und entsprechender Kontrollen hinzuwirken. Die Anforderungen an die Compliance-Funktion nach MaComp bleiben davon unberührt (→ AT 4.4.2 Tz. 1, Erläuterung).

---

211 Die deutsche Aufsicht hat bereits am 9. Mai 2018 eine erneut geänderte Fassung der MaComp vom 19. April 2018 veröffentlicht. Vgl. Bundesanstalt für Finanzdienstleistungsaufsicht, Mindestanforderungen an die Compliance-Funktion und weitere Verhaltens-, Organisations- und Transparenzpflichten – MaComp, Rundschreiben 05/2018 (WA) vom 19. April 2018, zuletzt geändert am 9. Mai 2018.

212 Delegierte Verordnung (EU) 2017/565 (MiFID II-Durchführungsverordnung) der Kommission vom 25. April 2016 zur Ergänzung der Richtlinie 2014/65/EU des Europäischen Parlaments und des Rats in Bezug auf die organisatorischen Anforderungen an Wertpapierfirmen und die Bedingungen für die Ausübung ihrer Tätigkeit sowie in Bezug auf die Definition bestimmter Begriffe für die Zwecke der genannten Richtlinie, Amtsblatt der Europäischen Union vom 31. März 2017, L 879/1-83.

213 Nach BT 1.3.3.4 Tz. 4 MaComp ist ein geeignetes Mittel zur Stärkung des Compliance-Beauftragten die Vereinbarung einer zwölfmonatigen Kündigungsfrist seitens des Arbeitgebers. Vgl. auch Kuthe, Thorsten/Zipperle, Madeleine, MaComp – Compliance-Standards für alle?, in: Corporate Finance Law, Heft 5/2010, S. 339 ff.

191   Gegenstand der MaComp sind jedoch nicht nur Compliance-Themen. Das Rundschreiben befasst sich u. a. auch mit Anforderungen an die Überwachung von Mitarbeitergeschäften, die bestmögliche Ausführung von Kundenaufträgen (»Best Execution«), das Produktfreigabeverfahren (»Product Governance«), die Zurverfügungstellung der Geeignetheitserklärung, die Vergütungssysteme im Zusammenhang mit Wertpapierdienstleistungen und Wertpapiernebendienstleistungen, die Handhabung von Interessenkonflikten im Zusammenhang mit Staffelprovisionen, die Zuwendungen, die Qualifikation der Mitarbeiter von Wertpapierdienstleistungsunternehmen, das Beschwerdemanagement und den Beschwerdebericht, den Umgang mit komplexen Finanzinstrumenten sowie Querverkäufe.

192   Das Modul »Beschwerdemanagement und Beschwerdebericht« (BT 12) enthält vergleichbare Anforderungen wie die im Jahre 2018 veröffentlichten »Mindestanforderungen an das Beschwerdemanagement«[214], die für CRR-Kreditinstitute, Kapitalverwaltungsgesellschaften, Zahlungsinstitute und E-Geld-Institute gelten (→ Kapitel 8.10). Wertpapierdienstleistungsunternehmen haben jedoch zusätzlich einmal jährlich einen Beschwerdebericht zu erstellen, der u. a. die Anzahl der aktuellen Beschwerden von Kunden oder potenziellen Kunden, die Angabe der Bearbeitungsstände, die Anzahl der im Kalenderjahr erfolgreich abgearbeiteten Beschwerden, Kulanzzahlungen im Zusammenhang mit Beschwerden sowie anhängige Gerichtsverfahren und Schlichtungsverfahren enthält. Der Beschwerdebericht ist erstmals bis zum 1. März 2020 für das Kalenderjahr 2019 aufzustellen und bei der BaFin einzureichen.

193   Die Module »Prüfung der Geeignetheit« (BT 7) sowie »Anforderungen an die Vergütungssysteme im Zusammenhang mit Wertpapierdienstleistungen und Wertpapiernebendienstleistungen« (BT 8) wurden bisher wegen der noch nicht erfolgten Finalisierung der einschlägigen ESMA-Leitlinien nicht überarbeitet.

194   Im Dezember 2012 wurde von der BaFin zudem das ergänzende Rundschreiben »Besondere Organisatorische Anforderungen für den Betrieb eines multilateralen Handelssystems nach §§ 31f und 31g WpHG« (MaComp II)[215] veröffentlicht. Den durch dieses Rundschreiben konkretisierten gesetzlichen Vorgaben liegen diverse supranationale Quellen und Abkommen zugrunde. Da auch Betreiber eines multilateralen Handelssystems Wertpapierdienstleistungsunternehmen sind, müssen sie insbesondere die organisatorischen Anforderungen des 11. Abschnittes des WpHG einhalten, die mit den MaComp konkretisiert wurden. Die Aufsicht hat sich gegen eine Integration der neuen Vorschriften in die MaComp entschieden, da der Anwenderkreis relativ begrenzt ist. Kredit- und Finanzdienstleistungsinstitute, die ein multilaterales Handelssystem betreiben, müssen sowohl die MaComp als auch die MaComp II beachten.

8.4   Institutsvergütungsverordnung (InstitutsVergV)

195   Die Ausgestaltung der institutsinternen Vergütungssysteme steht seit der Finanzmarktkrise im Fokus internationaler und nationaler Regulierungsmaßnahmen, weil unangemessene Vergütungs-

---

214 Das Modul BT 12 der MaComp und die Mindestanforderungen an das Beschwerdemanagement gehen auf die Leitlinien zur Beschwerdeabwicklung für den Wertpapierhandel (ESMA) und das Bankwesen (EBA) des gemeinsamen Ausschusses der Europäischen Aufsichtsbehörden (»Joint Committee«) aus dem Jahre 2014 zurück. Vgl. Joint Committee of the European Supervisory Authorities, Leitlinien zur Beschwerdeabwicklung für den Wertpapierhandel (ESMA) und das Bankwesen (EBA), 27. Mai 2014.

215 Bundesanstalt für Finanzdienstleistungsaufsicht, Besondere Organisatorische Anforderungen für den Betrieb eines multilateralen Handelssystems nach §§ 31f und 31g WpHG (MaComp II), Rundschreiben 8/2012 (WA) vom 10. Dezember 2012. Die Anforderungen an multilaterale Handelssysteme sind seit der Neufassung des WpHG im Jahre 2018 in §§ 72 ff. WpHG geregelt.

praktiken und -strukturen im Finanzsektor als eine maßgebliche Ursache dieser Krise gelten. Die verschiedenen regulatorischen Initiativen, insbesondere vom Finanzstabilitätsrat (Financial Stability Board, FSB) und von der Europäischen Union im Rahmen der beiden Änderungsrichtlinien zur Bankenrichtlinie in den Jahren 2010 (CRD III)[216] und 2013 (CRD IV)[217], waren deshalb darauf ausgerichtet, die Vergütungsstrukturen stärker am längerfristigen Erfolg des Institutes zu orientieren und die eingegangenen Risiken besser zu berücksichtigen. Vergütungssysteme sollen angemessen, transparent und auf eine nachhaltige Entwicklung ausgerichtet sein.

Ausgehend von diesem risikobasierten Ansatz wurden auf nationaler Ebene die regulatorischen **196** Anforderungen an Vergütungssysteme im Jahre 2009 zunächst in den MaRisk formuliert, aufgrund internationaler Entwicklungen allerdings bereits im Dezember 2009 in ein gesondertes Rundschreiben[218] überführt. Seit Oktober 2010 sind die Anforderungen an Vergütungssysteme von Instituten auf der Grundlage von § 25a Abs. 6 KWG in der Verordnung über die aufsichtsrechtlichen Anforderungen an Vergütungssysteme von Instituten (»Institutsvergütungsverordnung«, InstitutsVergV)[219] geregelt. Die aktuelle Fassung der Vergütungsverordnung ist am 4. August 2017 in Kraft getreten.[220] Verordnungsgeberin ist nunmehr die BaFin. Mit der Änderung der Vergütungsverordnung aus dem Jahre 2017 wurden in erster Linie die Anforderungen der Leitlinien der EBA für eine solide Vergütungspolitik in deutsches Recht umgesetzt.[221] Im Februar 2018 hat die BaFin eine Auslegungshilfe zur geänderten Vergütungsverordnung veröffentlicht.[222]

Gemäß § 25a Abs. 1 Satz 6 KWG haben die Institute als Bestandteil ihres Risikomanagements **197** über angemessene, transparente und auf eine nachhaltige Entwicklung des Institutes ausgerichtete Vergütungssysteme für Geschäftsleiter und Mitarbeiter zu verfügen. Der Gesetzgeber sieht somit einen engen Zusammenhang zwischen der Ausgestaltung der Vergütungssysteme und dem Risikomanagement der Institute. Die Vergütungsverordnung regelt die speziellen bankaufsichtlichen Anforderungen an die Vergütungssysteme der Institute. Die Verordnung ist in fünf Abschnitte gegliedert. Der erste Abschnitt legt den Anwendungsbereich und die Begriffsbestimmungen fest. Die Vergütungsverordnung richtet sich grundsätzlich an alle Kredit- und Finanzdienst-

---

216 Richtlinie 2010/76/EU (Bankenrichtlinie – CRD III) des Europäischen Parlaments und des Rates vom 24. November 2010 zur Änderung der Richtlinien 2006/48/EG und 2006/49/EG im Hinblick auf die Eigenkapitalanforderungen für Handelsbuch und Wiederverbriefungen und im Hinblick auf die aufsichtliche Überprüfung der Vergütungspolitik vom 24. November 2010, Amtsblatt der Europäischen Union vom 14. Dezember 2010, L 329/3-35.

217 Richtlinie 2013/36/EU (Bankenrichtlinie – CRD IV) des Europäischen Parlaments und des Rates vom 26. Juni 2013 über den Zugang zur Tätigkeit von Kreditinstituten und die Beaufsichtigung von Kreditinstituten und Wertpapierfirmen, zur Änderung der Richtlinie 2002/87/EG und zur Aufhebung der Richtlinien 2006/48/EG und 2006/49/EG, Amtsblatt der Europäischen Union vom 27. Juni 2013, L 176/338–436.

218 Bundesanstalt für Finanzdienstleistungsaufsicht, Aufsichtsrechtliche Anforderungen an die Vergütungssysteme von Instituten, Rundschreiben 22/2009 (BA) vom 21. Dezember 2009.

219 Verordnung über die aufsichtsrechtlichen Anforderungen an Vergütungssysteme von Instituten (Instituts-Vergütungs-verordnung – InstitutsVergV) in der Fassung vom 6. Oktober 2010 (BGBl. I Nr. 50, S. 1374), veröffentlicht am 12. Oktober 2010. Am 1. Januar 2014 ist eine umfassend überarbeitete und deutlich erweiterte Novellierung der Vergütungsverordnung in Kraft getreten, die auf das CRD IV-Umsetzungsgesetz sowie auf zahlreiche weitere internationale und europäische Vorgaben zurückzuführen ist. Vgl. Verordnung über die aufsichtsrechtlichen Anforderungen an Vergütungssysteme von Instituten (Institutsvergütungsverordnung – InstitutsVergV) in der Fassung vom 16. Dezember 2013 (BGBl. I Nr. 74, S. 4270), veröffentlicht am 19. Dezember 2013. Kurze Zeit später hat die BaFin eine überarbeitete Auslegungshilfe auf ihrer Internetseite zur Verfügung gestellt. Vgl. Auslegungshilfe zur Verordnung über die aufsichtsrechtlichen Anforderungen an Vergütungssysteme von Instituten (Institutsvergütungsverordnung – InstitutsVergV) in der Fassung vom 1. Januar 2014.

220 Verordnung zur Änderung der Institutsvergütungsverordnung vom 25. Juli 2017 (BGBl. I Nr. 54, S. 3042), veröffentlicht am 3. August 2017.

221 Die Leitlinien der EBA aus dem Jahre 2016, mit denen die in der CRD IV und CRR enthaltenen Vergütungsregeln konkretisiert werden, legen diese europarechtlichen Vorgaben zum Teil deutlich strenger aus als die Vergütungsverordnung aus dem Jahre 2014, sodass erhebliche Anpassungen erforderlich waren. Vgl. European Banking Authority, Leitlinien für eine solide Vergütungspolitik gemäß Artikel 74 Absatz 3 und Artikel 75 Absatz 2 der Richtlinie 2013/36/EU und Angaben gemäß Artikel 450 der Verordnung (EU) Nr. 575/2013, EBA/GL/2015/22, 27. Juni 2016.

222 Auslegungshilfe zur Verordnung über die aufsichtsrechtlichen Anforderungen an Vergütungssysteme von Instituten (Institutsvergütungsverordnung – InstitutsVergV) in der Fassung vom 15. Februar 2018. Die Auslegungshilfe ersetzt die Vorversion vom 1. Januar 2014.

leistungsinstitute sowie an alle Mitarbeiter.[223] Allerdings sollen nicht alle Institute und alle Mitarbeiter in gleicher Weise von den Vergütungsregeln betroffen sein. Um eine sachgerechte Differenzierung zu erreichen, wendet die Vergütungsverordnung den »Grundsatz der zweistufigen Proportionalität« an und differenziert sowohl auf der Ebene der Institute als auch auf der Ebene der Mitarbeiter nach Verhältnismäßigkeitsgesichtspunkten. Die Vergütungsverordnung unterscheidet zwischen allgemeinen Anforderungen an die Vergütungssysteme, die für alle unter den Anwendungsbereich der Verordnung fallenden Institute und für die Vergütungssysteme sämtlicher Mitarbeiter dieser Institute relevant sind (»erste Stufe der Proportionalität«), und den deutlich anspruchsvolleren besonderen Anforderungen an bedeutende Institute, die nur für einen bestimmten Teil der Mitarbeiter (»Risikoträger«) maßgeblich sind (»zweite Stufe der Proportionalität«).[224]

198   Die allgemeinen Anforderungen im zweiten Abschnitt der Verordnung regeln die Verantwortlichkeiten für eine angemessene Ausgestaltung der Vergütungssysteme, die Ausrichtung der Vergütungssysteme und der Vergütungsstrategie an den Geschäfts- und Risikostrategien des Institutes, die Angemessenheit der Vergütung und der Vergütungssysteme insgesamt, die Angemessenheit des Verhältnisses von variabler zu fixer Vergütung sowie die Festsetzung des Gesamtbetrages der variablen Vergütungen. Darüber hinaus sind zusätzliche Anforderungen an die Vergütung von Mitarbeitern der Kontrolleinheiten und der Geschäftsleiter, die internen Informations- und externen Offenlegungspflichten sowie die Aufgaben eines ggf. einzurichtenden Vergütungskontrollausschusses[225] enthalten.

199   Die besonderen Anforderungen im dritten Abschnitt der Verordnung gelten nur für die bedeutenden Institute. »Bedeutend« im Sinne der Vergütungsverordnung sind jene Institute, deren Bilanzsumme im Durchschnitt zu den jeweiligen Stichtagen in den letzten drei abgeschlossenen Geschäftsjahren 15 Mrd. EUR erreicht oder überschritten hat, es sei denn, sie weisen der Aufsicht auf der Grundlage einer Risikoanalyse nach, dass sie nicht bedeutend sind. Des Weiteren gelten bestimmte Institute ausnahmslos und zwingend als bedeutend. Darunter fallen sämtliche Institute, die der direkten Aufsicht der EZB unterliegen, alle von der Aufsicht als »potenziell systemgefährdend« eingestuften Institute sowie alle Finanzhandelsinstitute gemäß § 25f Abs. 1 KWG. Die bedeutenden Institute haben auf der Grundlage einer Risikoanalyse eigenverantwortlich ihre »Risikoträger« (»Risk Taker«) zu ermitteln. Dabei handelt es sich um solche Mitarbeiter, deren berufliche Tätigkeit sich wesentlich auf das Risikoprofil eines Institutes auswirkt.[226] Im Sprachgebrauch hat sich für die Risikoträger auch auf nationaler Ebene der Begriff »Risk Taker« herausgebildet.

200   An die variable Vergütung von Risikoträgern bedeutender Institute werden im dritten Abschnitt der Verordnung sehr hohe Anforderungen gestellt. Die variable Vergütung der Risikoträger ist unter angemessener Berücksichtigung des Gesamterfolges des Institutes oder der Gruppe, des Erfolgsbeitrages der jeweiligen Organisationseinheit und des individuellen Erfolgsbeitrages zu ermitteln. Es sind nachhaltige Vergütungsparameter zu verwenden, die die eingegangenen Risiken, deren Laufzeiten und die Kapital- und Liquiditätskosten berücksichtigen (»Ex-ante-Risikoadjustierung«). Überschreitet die ermittelte variable Vergütung eine Freigrenze von 50 TEUR, muss

---

223 Der Mitarbeiterbegriff der Vergütungsverordnung umfasst seit der Änderung der Verordnung im Jahre 2017 auch die Geschäftsleiter eines Institutes (§ 2 Abs. 7 InstitutsVergV).

224 Zur zweistufigen Proportionalität vgl. Buscher, Arne Martin/Link, Vivien/Harbou, Christopher von/Weigl, Thomas, Verordnung über die aufsichtsrechtlichen Anforderungen an Vergütungssysteme von Instituten (Institutsvergütungsverordnung – InstitutsVergV), 2. Auflage, Stuttgart, 2018, § 1 Tz. 15 ff.

225 Die Vergütungsverordnung regelt nicht, wann ein Vergütungskontrollausschuss einzurichten ist. Die hierfür maßgeblichen Vorgaben finden sich in § 25d Abs. 7 und 12 KWG.

226 Die für die Risikoanalyse zu verwendenden Kriterien bestimmen sich dabei nach der Delegierten Verordnung (EU) Nr. 604/2014 der Kommission vom 4. März 2014 zur Ergänzung der Richtlinie 2013/36/EU des Europäischen Parlaments und des Rates im Hinblick auf technische Regulierungsstandards in Bezug auf qualitative und angemessene quantitative Kriterien zur Ermittlung der Mitarbeiterkategorien, deren berufliche Tätigkeit sich wesentlich auf das Risikoprofil eines Instituts auswirkt, Amtsblatt der Europäischen Union vom 6. Juni 2014, L 167/30-35.

ein erheblicher Teil der variablen Vergütung über einen mehrjährigen Zurückbehaltungszeitraum gestreckt werden. Während des Zurückbehaltungszeitraumes erfolgt eine nachträgliche Überprüfung, ob die ursprüngliche Ermittlung der variablen Vergütung auch rückblickend noch zutreffend erscheint (»Ex-post-Risikoadjustierung«). Bei negativer Abweichung des Überprüfungsergebnisses ist die zurückbehaltene variable Vergütung (ggf. bis auf null) zu reduzieren. Zudem darf ein erheblicher Teil der gesamten variablen Vergütung nicht in bar gewährt werden, sondern muss sich aus Instrumenten zusammensetzen, über die erst nach einer bestimmten Sperrfrist verfügt werden darf. Im Zuge der geänderten Vergütungsverordnung im Jahre 2017 neu eingeführt wurde die Verpflichtung der bedeutenden Institute zur Vereinbarung einer Rückzahlung von variabler Vergütung des Risikoträgers im Falle schweren Fehlverhaltens (»Clawback«). Schließlich haben die bedeutenden Institute einen Vergütungsbeauftragten zu bestellen, um eine angemessene, dauerhafte und wirksame Kontrolle der Vergütung der Mitarbeiter sicherzustellen.[227] Die Aufgaben des Vergütungsbeauftragten resultieren aus seiner »Doppelfunktion«. Er ist einerseits für die Geschäftsleitung des Institutes und andererseits für das Aufsichtsorgan und dessen Vergütungskontrollausschuss tätig.[228]

Der vierte Abschnitt der Verordnung enthält ergänzende Vorschriften für die Vergütungssysteme auf Gruppenebene, wobei auch hier der Grundsatz der zweistufigen Proportionalität gilt. Dabei wird zwischen allgemeinen Anforderungen an die gruppenweite Vergütungsstrategie, die für alle Institutsgruppen, Finanzholding-Gruppen und gemischten Finanzholding-Gruppen sowie für sämtliche Mitarbeiter gelten, und besonderen Anforderungen an die gruppenweite Vergütungsstrategie, die lediglich für Gruppen mit einem übergeordneten Unternehmen, das bedeutend nach § 17 InstitutsVergV ist, sowie nur für einen bestimmten Teil der Mitarbeiter der gruppenangehörigen Unternehmen (»Gruppen-Risikoträger«) maßgeblich sind, unterschieden. Gruppenrisikoträger sind diejenigen Mitarbeiter, deren berufliche Tätigkeit sich wesentlich auf das Gesamtrisikoprofil einer Gruppe auswirkt. Das übergeordnete Unternehmen hat die Einhaltung der gruppenweiten Vergütungsstrategie in den nachgeordneten Unternehmen sicherzustellen, d.h. im Rahmen seiner rechtlichen Möglichkeiten darauf hinzuwirken, dass ein nachgeordnetes Unternehmen die maßgeblichen Anforderungen umsetzt.[229] Im fünften Abschnitt der Verordnung sind einige Übergangsregelungen und das Inkrafttreten geregelt.

201

---

227 Zu den Anforderungen an den Vergütungsbeauftragten, seine Aufgaben sowie die Anforderungen an die Personal- und Sachausstattung und die Organisationsrichtlinien vgl. Buscher, Arne Martin/Link, Vivien/Harbou, Christopher von/Weigl, Thomas, Verordnung über die aufsichtsrechtlichen Anforderungen an Vergütungssysteme von Instituten (InstitutsVergütungsverordnung – InstitutsVergV), 2. Auflage, Stuttgart, 2018, §§ 23 bis 26.

228 Nach § 24 InstitutsVergV hat der Vergütungsbeauftragte zunächst die Vergütungssysteme der Mitarbeiter unterhalb der Geschäftsleiterebene ständig zu überwachen sich dabei eng mit dem Vorsitzenden des Vergütungskontrollausschusses bzw. des Aufsichtsorgans abzustimmen. Darüber hinaus hat er das Aufsichtsorgan und dessen Vergütungskontrollausschuss bei deren Überwachungs- und Ausgestaltungsaufgaben, die sich sowohl auf die Vergütungssysteme der Geschäftsleiter als auch diejenigen der anderen Mitarbeiter beziehen, zu unterstützen und dem Vorsitzenden des Vergütungskontrollausschusses bzw. des Aufsichtsorgans insoweit auch Auskunft zu erteilen. Schließlich muss der Vergütungsbeauftragte regelmäßig einen so genannten Vergütungskontrollbericht über die Angemessenheit der Ausgestaltung der Vergütungssysteme der Mitarbeiter unterhalb der Geschäftsleiterebene erstellen, der gleichzeitig der Geschäftsleitung und dem Aufsichtsorgan und dessen Vergütungskontrollausschuss vorzulegen ist. Erforderlichenfalls muss der Vergütungsbeauftragte auch anlassbezogen Bericht erstatten.

229 Soweit geboten, hat das übergeordnete Unternehmen auf die Einrichtung eines Vergütungskontrollausschusses in den nachgeordneten Unternehmen hinzuwirken. Die Aufgaben des Vergütungsbeauftragten können zentral durch den Vergütungsbeauftragten des übergeordneten Unternehmens erfüllt werden, aber nur für nicht bedeutende gruppenangehörige Institute. Zur Sicherstellung der Einhaltung der gruppenweiten Vergütungsstrategie vgl. Buscher, Arne Martin/Link, Vivien/Harbou, Christopher von/Weigl, Thomas, Verordnung über die aufsichtsrechtlichen Anforderungen an Vergütungssysteme von Instituten (Institutsvergütungsverordnung – InstitutsVergV), 2. Auflage, Stuttgart, 2018, § 27 Tz. 37 ff.

202   Im November 2018 hat das Bundesministerium der Finanzen einen Referentenentwurf vorgelegt, der durch eine Neuregelung des § 25a Abs. 5a bis 5c KWG die arbeitsrechtliche Gleich-
stellung von Risikoträgern bedeutender Institute mit den leitenden Angestellten enthält.[230] Der
Entwurf setzt eine Vereinbarung aus dem Koalitionsvertrag um, wonach als Folge des Brexit der
Kündigungsschutz für Risikoträger im Bankensektor angepasst werden soll. Darüber hinaus
werden im Rahmen des Entwurfes derzeit noch in der Institutsvergütungsverordnung enthaltene
Regelungen zur Ermittlung der Risikoträger und zur Einstufung von Instituten als bedeutendes
Institut im Sinne der Verordnung in das KWG überführt. Vor dem Hintergrund, dass auch der im
November 2016 von der EU-Kommission vorgelegte Entwurf zur Überarbeitung des CRR II/
CRD V-Paketes von der Institutsvergütungsverordnung abweichende Regelungen enthält, ist
bereits heute eine erneute Änderung der Verordnung absehbar.

8.5   Leitfaden zur aufsichtlichen Beurteilung bankinterner Risikotragfähigkeitskonzepte

203   Im Rahmen der vierten MaRisk-Novelle wurden im Modul AT 4.1 einige Aspekte aus dem
Leitfaden zur aufsichtlichen Beurteilung bankinterner Risikotragfähigkeitskonzepte (RTF-Leitfaden) vom Dezember 2011[231] aufgegriffen. Gleichzeitig wurde in die MaRisk der explizite Hinweis
aufgenommen, dass sich Einzelheiten zur weiteren Auslegung der Anforderungen aus diesem
Leitfaden ergeben (→ AT 4.1 Tz. 2, Erläuterung).

204   In Reaktion auf die Veröffentlichung der EBA-Leitlinien zum SREP im Dezember 2014[232] haben
die deutschen Aufsichtsbehörden im Frühjahr 2016 im Rahmen einer Konferenz ihr neues Konzept
zum SREP für die weniger bedeutenden Institute vorgestellt.[233] Damals kristallisierte sich bereits
heraus, dass der RTF-Leitfaden grundlegend überarbeitet und an die Vorgaben der EBA angepasst
werden muss. Ab diesem Zeitpunkt haben sich die BaFin und die Deutsche Bundesbank mehrfach
mit der Deutschen Kreditwirtschaft (DK) über die geplante Weiterentwicklung des Leitfadens
ausgetauscht. Zudem fanden diverse Gespräche zu diesem Thema statt, die zunächst auf entsprechenden Vorschlägen der DK beruhten. Im September 2017 hat die deutsche Aufsicht einen
ersten Entwurf des neuen Leitfadens zur Konsultation gestellt.[234] Über die Stellungnahmen zu
diesem Entwurf wurde in einer Sondersitzung des Fachgremiums MaRisk am 21. November 2017
ausführlich diskutiert. Im Ergebnis wurde den Mitgliedern des Fachgremiums MaRisk im Dezem-

---

230 Risikoträger gemäß § 2 Abs. 8 InstitutsVergV, deren jährliche regelmäßige Grundvergütung das Dreifache der Beitrags-
     bemessungsgrenze in der Rentenversicherung überschreitet (gegenwärtig 208 TEUR (Ost) und 234 TEUR (West)), sollen
     danach im Kündigungsschutz leitenden Angestellten gleichgestellt werden. Bei diesen Mitarbeitern bedarf der Auf-
     lösungsantrag des Arbeitgebers im arbeitsgerichtlichen Kündigungsschutzprozess nach § 9 Abs. 1 Satz 2 Küdigungs-
     schutzgesetz keiner Begründung. Die Zahl der von der Regelung betroffenen Risikoträger soll nach der Gesetzesbegrün-
     dung voraussichtlich 5.000 Mitarbeiter nicht überschreiten. Vgl. Bundesministerium der Finanzen, Gesetz zur Ergänzung
     des Gesetzes über steuerliche Begleitregelungen zum Austritt des Vereinigten Königreichs Großbritannien und Nord-
     irland aus der Europäischen Union (Brexit-Steuerbegleitgesetz – Brexit-StBG), Referentenentwurf vom 20. November
     2018.

231 Bundesanstalt für Finanzdienstleistungsaufsicht/Deutsche Bundesbank, Aufsichtliche Beurteilung bankinterner Risiko-
     tragfähigkeitskonzepte, Leitfaden vom 7. Dezember 2011.

232 European Banking Authority, Leitlinien zu gemeinsamen Verfahren und Methoden für den aufsichtlichen Überprüfungs-
     und Bewertungsprozess (SREP), EBA/GL/2014/13, 19. Dezember 2014.

233 Bundesanstalt für Finanzdienstleistungsaufsicht, Neues SREP-Konzept der Aufsicht, Bonn, 4. Mai 2016.

234 Bundesanstalt für Finanzdienstleistungsaufsicht/Deutsche Bundesbank, Entwurf zur Neuausrichtung des Leitfadens zur
     aufsichtlichen Beurteilung bankinterner Risikotragfähigkeitskonzepte, 5. September 2017.

ber 2017 ein zweiter Entwurf mit kurzer Kommentierungsfrist von vier Wochen zugeleitet (im Sinne einer »Fatal flaw«-Prüfung), um die Arbeiten möglichst zeitnah abschließen zu können.[235] Der neue RTF-Leitfaden wurde schließlich im Mai 2018 veröffentlicht.[236] Nur wenige Tage später hat die BaFin in Zusammenarbeit mit der Deutschen Bundesbank im Rahmen einer Konferenz »Risikotragfähigkeitsleitfaden – Neuausrichtung 2018«[237] über die konkreten Inhalte und die Hintergründe dieses Leitfadens informiert.

Inhaltlich hat sich die deutsche Aufsicht eng an den Vorgaben der EZB für die bedeutenden **205** Institute vom März 2018 orientiert.[238] Grob zusammengefasst entspricht der bankinterne Prozess zur Sicherstellung einer angemessenen Kapitalausstattung (»Internal Capital Adequacy Assessment Process«, ICAAP) nach den Vorstellungen der deutschen Aufsichtsbehörden einem Risikotragfähigkeitskonzept mit einer Risikotragfähigkeitsrechnung und einer Kapitalplanung sowie ergänzenden Stresstests.[239] Die Risikotragfähigkeitsrechnung mit einem einjährigen Risikobetrachtungshorizont basiert auf dem ökonomischen Konzept der zweiten Säule (»ökonomische interne Perspektive«) und erfolgt sowohl unter normalen Geschäftsbedingungen mit konservativen Parametern als auch unter Stressbedingungen (→ AT 4.1 Tz. 1). Die mehrjährige Kapitalplanung bezieht sich hingegen auf die Einhaltung der relevanten Normen der ersten Säule in einem Basisszenario und in adversen Szenarien (»normative interne Perspektive«). Beim Basisszenario handelt es sich im Einklang mit der Geschäfts- und Budgetplanung des Institutes um eine Kombination von erwarteten Entwicklungen interner und externer Faktoren. Untersucht werden dabei die Auswirkungen dieser Entwicklungen auf die Kapitaladäquanz des Institutes. Beim adversen Szenario werden hingegen ungünstige Entwicklungen der internen und externen Faktoren unterstellt, um die Widerstandsfähigkeit der Kapitaladäquanz des Institutes gegenüber potenziellen adversen Entwicklungen zu bewerten (→ AT 4.1 Tz. 11). Bei Betrachtung hinreichend strenger adverser Szenarien sind bei der Kapitalplanung nach den Vorgaben der deutschen Aufsicht keine ergänzenden Stresstests erforderlich. Der ICAAP soll grundsätzlich gewährleisten, dass die Institute aus diesen beiden komplementären Perspektiven über angemessenes Kapital verfügen, um ihren Fortbestand sicherzustellen. Zudem sollten die Ergebnisse aus beiden Perspektiven in die jeweils andere Perspektive einfließen.

Vor dem Hintergrund der Bedeutung der beiden Leitfäden von der EZB und von den deutschen **206** Aufsichtsbehörden für die Anforderungen an das Risikotragfähigkeitskonzept wurden ihre wesentlichen Inhalte vollständig in den Kommentar integriert (→ AT 4.1).

---

235 Bundesanstalt für Finanzdienstleistungsaufsicht/Deutsche Bundesbank, Zweiter Entwurf zur Neuausrichtung des Leitfadens zur aufsichtlichen Beurteilung bankinterner Risikotragfähigkeitskonzepte, 21. Dezember 2017.

236 Bundesanstalt für Finanzdienstleistungsaufsicht/Deutsche Bundesbank, Aufsichtliche Beurteilung bankinterner Risikotragfähigkeitskonzepte und deren prozessualer Einbindung in die Gesamtbanksteuerung (»ICAAP«) – Neuausrichtung, Leitfaden vom 24. Mai 2018.

237 Bundesanstalt für Finanzdienstleistungsaufsicht, Risikotragfähigkeitsleitfaden – Neuausrichtung 2018, Bonn, 29. Mai 2018.

238 Europäische Zentralbank, Leitfaden der EZB für den internen Prozess zur Beurteilung der Angemessenheit des Kapitals (Internal Capital Adequacy Assessment Process – ICAAP), 2. März 2018. Die EZB hat die endgültige Fassung dieses Leitfadens am 9. November 2018 veröffentlicht. Vgl. Europäische Zentralbank, Leitfaden der EZB für den bankinternen Prozess zur Sicherstellung einer angemessenen Kapitalausstattung (Internal Capital Adequacy Assessment Process – ICAAP), 9. November 2018.

239 Vgl. Bundesanstalt für Finanzdienstleistungsaufsicht/Deutsche Bundesbank, Aufsichtliche Beurteilung bankinterner Risikotragfähigkeitskonzepte und deren prozessualer Einbindung in die Gesamtbanksteuerung (»ICAAP«) – Neuausrichtung, Leitfaden vom 24. Mai 2018, S. 7.

8.6 Mindestanforderungen an die Ausgestaltung von Sanierungsplänen (MaSan)

207 Als Reaktion auf die Finanzmarktkrise hat das Financial Stability Board (FSB) erstmals im Herbst 2011 Standards für die Sanierung und die geordnete Abwicklung von Finanzunternehmen entwickelt.[240] Die Vorschläge zielen darauf ab, eine Rettung von in Schieflage geratenen Instituten durch den Steuerzahler zu vermeiden. Um dieses Ziel zu erreichen, sollten zunächst die systemrelevanten Institute u. a. Sanierungspläne vorweisen, die ihr Überleben aus eigener Kraft ermöglichen. Daneben müssen die Aufsichtsbehörden für den Notfall Abwicklungspläne erstellen, womit eine umfangreiche Informationspflicht der betroffenen Institute verbunden ist.

208 Die EU-Kommission hat die Vorschläge des FSB bereits im Juni 2012 mit einem eigenen Richtlinienvorschlag aufgegriffen.[241] Damit sollten in erster Linie global systemrelevante Institute verpflichtet werden, entsprechende Sanierungspläne zu erarbeiten. Obwohl die Richtlinie noch nicht verabschiedet war, wurden die betroffenen Institute zur Abgabe der Pläne im ersten Quartal 2013 aufgefordert. Der EU-Finanzministerrat hat sich erst am 27. Juni 2013 auf eine allgemeine Ausrichtung hinsichtlich der Richtlinie einigen können. Um eine einheitliche Vorgehensweise auf europäischer Ebene voranzutreiben und ein gewisses Maß an Homogenität bei der Ausgestaltung der Sanierungspläne sicherzustellen, hat zudem die Europäische Bankenaufsichtsbehörde (EBA) Anfang 2013 eine Empfehlung und mehrere Entwürfe für rechtlich verbindliche Standards (→ Kapitel 3.3) zum Inhalt des Sanierungsplanes, zur aufsichtlichen Prüfung der Sanierungspläne und zur Szenarioauswahl veröffentlicht.[242] Die europäische Sanierungs- und Abwicklungsrichtlinie (Banking Recovery and Resolution Directive, BRRD)[243] wurde am 15. Mai 2014 endgültig verabschiedet. Diese Richtlinie wird durch eine Delegierte Verordnung[244] ergänzt. Diese Verordnung setzt den technischen Regulierungsstandard der EBA zum Inhalt der Sanierungspläne (EBA/RTS/2014/11) und den technischen Regulierungsstandard der EBA zur Bewertung von Sanierungsplänen durch die Aufsichtsbehörden (EBA/RTS/2014/12) um.

209 Die deutsche Aufsicht hat für systemrelevante Institute und die Tochterinstitute ausländischer global systemrelevanter Banken, die in Deutschland als potenziell systemgefährdend eingestuft

---

240 Financial Stability Board, Key Attributes of Effective Resolution Regimes for Financial Institutions, 4. November 2011.

241 European Commission, Proposal for a Directive of the European Parliament and of the Council establishing a framework for the recovery and resolution of credit institutions and investment firms and amending Council Directives 77/91/EEC and 82/891/EC, Directives 2001/24/EC, 2002/47/EC, 2004/25/EC, 2005/56/EC, 2007/36/EC and 2011/35/EC and Regulation (EU) No 1093/2010, 6. Juni 2012.

242 European Banking Authority, Recommendation on the development of recovery plans, EBA/REC/2013/02, 23. Januar 2013; European Banking Authority, Consultation paper – Draft Regulatory Technical Standards on the content of recovery plans under the draft directive establishing a framework for the recovery and resolution of credit institutions and investment firms, EBA/CP/2013/01, 11. März 2013; European Banking Authority, Consultation paper – Draft Regulatory Technical Standards on the assessment of recovery plans under the draft directive establishing a framework for the recovery and resolution of credit institutions and investment firms, EBA/CP/2013/08, 20. Mai 2013; European Banking Authority, Consultation paper – Draft Regulatory Technical Standards specifying the range of scenarios to be used in recovery plans under the draft directive establishing a framework for the recovery and resolution of credit institutions and investment firms, EBA/CP/2013/09, 20. Mai 2013.

243 Richtlinie 2014/59/EU (Sanierungs- und Abwicklungsrichtlinie) des Europäischen Parlaments und des Rates vom 15. Mai 2014 zur Festlegung eines Rahmens für die Sanierung und Abwicklung von Kreditinstituten und Wertpapierfirmen und zur Änderung der Richtlinie 82/891/EWG des Rates, der Richtlinien 2001/24/EG, 2002/47/EG, 2004/25/EG, 2005/56/EG, 2007/36/EG, 2011/35/EU, 2012/30/EU und 2013/36/EU sowie der Verordnungen (EU) Nr. 1093/2010 und (EU) Nr. 648/2012 des Europäischen Parlaments und des Rates, Amtsblatt der Europäischen Union vom 12. Juni 2014, L 173/190–348. Die BRRD wird häufig nur als Abwicklungsrichtlinie bezeichnet. Teilweise ist auch von der Krisenmanagementrichtlinie die Rede.

244 Delegierte Verordnung (EU) 2016/1075/EU der Kommission vom 23. März 2016 zur Ergänzung der Richtlinie 2014/59/EU des Europäischen Parlaments und des Rates durch technische Regulierungsstandards, in denen der Inhalt von Sanierungsplänen, Abwicklungsplänen und Gruppenabwicklungsplänen, die Mindestkriterien, anhand deren die zuständige Behörde Sanierungs- und Gruppensanierungspläne zu bewerten hat, die Voraussetzungen für gruppeninterne finanzielle Unterstützung, die Anforderungen an die Unabhängigkeit der Bewerter, die vertragliche Anerkennung von Herabschreibungs- und Umwandlungsbefugnissen, die Verfahren und Inhalte von Mitteilungen und Aussetzungsbekanntmachungen und die konkrete Arbeitsweise der Abwicklungskollegien festgelegt wird, Amtsblatt der Europäischen Union vom 8. Juli 2016, L 184/1-71.

wurden, eine analoge Vorgehensweise gewählt, wobei deren Sanierungspläne bis zum Jahresende 2013 einzureichen waren. Die Rechtsgrundlage wurde im Rahmen des Trennbankengesetzes in §§ 47 und 47a KWG eingefügt. Konkretisiert wurden die gesetzlichen Vorgaben durch die »Mindestanforderungen an die Ausgestaltung von Sanierungsplänen« (MaSan). Ein erster Entwurf wurde bis Ende November 2012 zur Konsultation gestellt.[245] Die endgültige Fassung der MaSan wurde allerdings erst am 25. April 2014 veröffentlicht[246], ergänzt um entsprechende Erläuterungen.[247] Darin fordert die Aufsicht, dass die Institute – abhängig von Unternehmensstruktur, Geschäftsaktivitäten und Vernetzungen – Handlungsoptionen aufzeigen sollen, die ihre eigene Finanzstärke im Krisenfall sichern könnten. Diese Handlungsoptionen müssen sie anschließend verschiedenen Belastungsszenarien unterziehen. Aus ihren Erkenntnissen sollen die Banken dann geeignete Sanierungsindikatoren ableiten, so dass sie im Krisenfall frühzeitig geeignete Maßnahmen sowohl in organisatorischer als auch in strategischer Hinsicht ergreifen können. Ein Kernelement der MaSan ist – wie in den MaRisk – die Auseinandersetzung mit den für das Institut wesentlichen Risiken. Auch müssen bestimmte Stressszenarien durchgespielt werden, die tendenziell strenger als die normalen Stresstests sein sollen, aber nicht so streng wie die beim inversen Stresstest zugrundeliegenden Szenarien (→ AT 4.3.3 Tz. 4).

Mit dem Gesetz zur Sanierung und Abwicklung von Instituten und Finanzgruppen (»Sanierungs- und Abwicklungsgesetz«, SAG) vom 10. Dezember 2014 hat sich die Rechtsgrundlage für die MaSan geändert. Damit verbunden war insbesondere die Ausweitung der Pflicht zur Erstellung von Sanierungsplänen auf sämtliche Kreditinstitute. Diese Ausweitung ging auf die BRRD zurück, nach der unter Proportionalitätsgesichtspunkten nur vereinfachte Anforderungen möglich sind. In Deutschland sind die vereinfachten Anforderungen in § 19 SAG niedergelegt. Aus § 20 SAG folgt, dass potenziell systemgefährdende Institute nicht in den Genuss vereinfachter Anforderungen kommen können. Der Kreis der potenziell systemgefährdenden Institute setzt sich aus systemrelevanten Instituten, deren Bestandsgefährdung auf jeden Fall zu einer Systemgefährdung führen würde, und den sonstigen potenziell systemgefährdenden Instituten zusammen. Bei Letzteren kann die Bestandsgefährdung unter bestimmten Umständen zu einer Systemgefährdung führen. Die Einstufung als potenziell systemgefährdendes Institut erfolgt durch die BaFin im Einvernehmen mit der Deutschen Bundesbank auf Basis einer international anerkannten Methode.[248] Die BaFin hat den restlichen potenziell systemgefährdenden Instituten mit Blick auf die umfangreiche Bilanzprüfung (Comprehensive Assessment) im Zusammenhang mit dem Einheitlichen Aufsichtsmechanismus zur Erstellung der Sanierungspläne mehr Zeit eingeräumt. Zudem wurden die kreditwirtschaftlichen Verbände zu den Besonderheiten ihrer Mitglieder befragt.

210

Schließlich wurde das Bundesministerium der Finanzen im Zusammenhang mit dem Abwicklungsmechanismusgesetz (AbwMechG)[249] gemäß § 21a SAG ermächtigt, durch Rechtsverordnung ohne Zustimmung des Bundesrates im Benehmen mit der Deutschen Bundesbank nähere Bestimmungen über die Anforderungen an die Ausgestaltung von Sanierungsplänen, den Inhalt von vereinfachten Anforderungen an Sanierungspläne und den Antrag auf Befreiung von den vollumfänglichen Anforderungen an Sanierungspläne zu erlassen. Diese Ermächtigung konnte unter bestimmten Voraussetzungen auch auf die BaFin übertragen werden. Im Ergebnis hat die BaFin Anfang Juli 2016 einen ersten Entwurf der geplanten MaSan-Verordnung im Fachgremium

211

---

245 Bundesanstalt für Finanzdienstleistungsaufsicht, Entwurf eines Rundschreibens zu Mindestanforderungen an die Ausgestaltung von Sanierungsplänen (MaSan), Konsultation 12/2012 (BA) vom 2. November 2012.

246 Bundesanstalt für Finanzdienstleistungsaufsicht, Mindestanforderungen an die Ausgestaltung von Sanierungsplänen (MaSan), Rundschreiben 3/2014 (BA) vom 25. April 2014.

247 Bundesanstalt für Finanzdienstleistungsaufsicht, Erläuterungen zu den MaSan 03/2014, 25. April 2014.

248 Vgl. Ludwig, Björn, Potenziell systemgefährdende Institute – Ganzheitliche Identifizierungsmethode für eine konsistente und kohärente Aufsicht, in: BaFinJournal, Ausgabe Mai 2016, S. 11 ff.

249 Gesetz zur Anpassung des nationalen Bankenabwicklungsrechts an den Einheitlichen Abwicklungsmechanismus und die europäischen Vorgaben zur Bankenabgabe (Abwicklungsmechanismusgesetz – AbwMechG) in der Fassung vom 2. November 2015 (BGBl. I Nr. 43 S. 1864), veröffentlicht am 5. November 2015.

Krisenmanagement vorgestellt und den Mitgliedern des Fachgremiums bis zum 19. Juli 2016 Gelegenheit zur Stellungnahme gegeben. Die MaSan-Verordnung soll die MaSan ersetzen, wobei sich die regulatorischen Anforderungen an die Sanierungsplanung zukünftig aus der Delegierten Verordnung der EU, dem SAG, der MaSan-Verordnung und einem erläuternden Merkblatt der BaFin zusammensetzen werden.

212   Mit der MaSan-Verordnung werden insbesondere die Leitlinien der EBA über die bei Sanierungsplänen zugrundezulegende Bandbreite an Szenarien (EBA/GL/2014/06) und zur Mindestliste der qualitativen und quantitativen Indikatoren des Sanierungsplanes (EBA/GL/2015/02) in geltendes Recht überführt. Mit dem Merkblatt der BaFin wird das Zusammenspiel der o. g. Rechtsvorschriften näher erläutert und ein Leitfaden für die Erarbeitung und Aktualisierung eines Sanierungsplanes zur Verfügung gestellt.

8.7   Anforderungen an Systeme und Kontrollen für den Algorithmushandel von Instituten

213   Im Dezember 2013 hat die BaFin ein Rundschreiben mit Anforderungen an Systeme und Kontrollen für den Algorithmushandel von Instituten veröffentlicht.[250] Mit Hilfe dieses Rundschreibens sollen jene Teile der Leitlinien der Europäischen Wertpapieraufsichtsbehörde (ESMA) vom Februar 2012 zu Systemen und Kontrollen für Handelsplattformen, Wertpapierfirmen und zuständige Behörden in einem automatisierten Handelsumfeld umgesetzt werden, die sich speziell an Wertpapierfirmen richten.[251] Die vom Rundschreiben betroffenen organisatorischen Anforderungen sind prinzipienorientiert und betreffen ein angemessenes und wirksames Risikomanagement gemäß § 25a Abs. 1 Satz 3 KWG. Für den Anwenderkreis ist das Rundschreiben als ergänzende Vorschrift zu den MaRisk und den MaComp zu verstehen, wobei einzelne Anforderungen an bestehende Regelungen anknüpfen und diese im Hinblick auf den Algorithmushandel konkretisieren. Betroffen ist laut Einschätzung der BaFin lediglich eine kleinere Anzahl von Instituten, die Eigenhandel oder Eigengeschäft mittels Algorithmushandel betreiben. Eingeschlossen sind Institute, die einen direkten oder geförderten Marktzugang bieten. Nicht betroffen ist hingegen das einfache elektronische Durchleiten von Kundenorders.

214   Mit diesem Rundschreiben sollen die Risiken der Institute eingedämmt und Marktmanipulationen verhindert werden. Bei der Umsetzung der Anforderungen verlangt die Aufsicht ein überdurchschnittlich ausgereiftes Risiko- und Compliance-Management von großen Instituten und solchen, die einen komplexen und schnellen Algorithmushandel betreiben.[252]

---

250 Bundesanstalt für Finanzdienstleistungsaufsicht, Anforderungen an Systeme und Kontrollen für den Algorithmushandel von Instituten, Rundschreiben 2/2013 (BA) vom 18. Dezember 2013.

251 European Securities and Markets Authority, Systeme und Kontrollen für Handelsplattformen, Wertpapierfirmen und zuständige Behörden in einem automatisierten Handelsumfeld, Leitlinien vom 24. Februar 2012.

252 Vgl. Kramer, Dirk, Algorithmushandel – BaFin-Rundschreiben stellt hohe Anforderungen an Systeme und Kontrollen in Instituten, in: BaFinJournal, Ausgabe April 2014, S. 12 ff.

8.8 Mindestanforderungen an die Sicherheit von Internetzahlungen (MaSI) und Rundschreiben zur Meldung schwerwiegender Zahlungssicherheitsvorfälle

Am 31. Januar 2013 hat die EZB organisatorische Vorgaben zum Zahlungsverkehr gemacht, die **215** Berührungspunkte mit den Anforderungen der MaRisk haben. Die Empfehlungen wurden von einer europäischen Initiative von Zentralbanken und Bankaufsichtsbehörden (»European Forum on the Security of Retail Payments«) erarbeitet und sollten ursprünglich bis zum 1. Februar 2015 umgesetzt sein.[253] Kern der Empfehlungen sind vier grundlegende Prinzipien zu regelmäßigen Risikobewertungen für die Abwicklung von Internet-Zahlungen, zur Kundenauthentifizierung für die Internet-Zahlungsdienste und den Zugang zu sensiblen Zahlungsdaten, zur Etablierung wirksamer Prozesse für die Autorisierung von Transaktionen und für die Entdeckung anormaler Transaktionsabläufe und zur geeigneten Information der Kunden über Sicherheitsthemen.

Auf dieser Basis hat die EBA Leitlinien zur Sicherheit von Internetzahlungen vorgelegt[254], die **216** wortgleich von der BaFin in die Mindestanforderungen an die Sicherheit von Internetzahlungen (MaSI)[255] überführt wurden. Die MaSI gelten seit ihrer Veröffentlichung und sollten ursprünglich nur die Zeit bis zum Inkrafttreten der Zahlungsdiensterichtlinie II[256] Mitte Januar 2016 überbrücken. Da die Richtlinie jedoch erst Ende 2015 veröffentlicht wurde, hatten die Mitgliedstaaten zur Umsetzung der Richtlinie in das nationale Recht bis Ende 2017 Zeit.

Das Zahlungsdiensteaufsichtsgesetz (ZAG), das die Zahlungsdiensterichtlinie II in nationales **217** Recht umsetzt, ist am 13. Januar 2018 in Kraft getreten.[257] Um die Marktteilnehmer rechtzeitig über das geänderte Regelwerk zu informieren, hat die deutsche Aufsicht Ende 2017 ein neues Merkblatt zum ZAG veröffentlicht.[258] Gemäß § 54 Abs. 1 Satz 1 ZAG hat ein Zahlungsdienstleister die BaFin unverzüglich über einen schwerwiegenden Betriebs- oder Sicherheitsvorfall zu unterrichten. Diese Regelung soll dazu beitragen, die Sicherheit im Zahlungsverkehr zu erhöhen. Sie ersetzt die bisherige Meldepflicht gemäß Nummer 3.2 der MaSI. Das von der deutschen Aufsicht im Juni 2018 veröffentlichte Rundschreiben zur Meldung schwerwiegender Zahlungssicherheitsvorfälle[259] enthält Kriterien darüber, wann ein Betriebs- oder Sicherheitsvorfall schwerwiegend und damit meldepflichtig ist, sowie Regelungen über Format und Verfahren der Meldungen. Sie beziehen sich auf alle Vorfälle, die unter die Definition von schwerwiegenden Betriebs- oder Sicherheitsvorfällen fallen, in die sowohl externe als auch interne Ereignisse, in böswilliger Absicht oder versehentlich verursacht, eingeschlossen sind. Das Rundschreiben definiert einen Betriebs- oder Sicherheitsvorfall als ein einzelnes Ereignis (oder eine Reihe zusammenhängender Ereignisse), das vom Zahlungsdienstleister nicht beabsichtigt wurde und sich negativ auf die Integrität, die Verfügbarkeit, die Vertraulichkeit, die Authentizität und/oder die Kontinuität von zahlungsbezogenen Diensten auswirkt oder aller Wahrscheinlichkeit nach eine solche negative Auswirkung

---

253 European Central Bank, Recommendations for the Security of Internet Payments, 31. Januar 2013.

254 European Banking Authority, Final guidelines on the security of internet payments, EBA/GL/2014/12Rev1, 19. Dezember 2014.

255 Bundesanstalt für Finanzdienstleistungsaufsicht, Mindestanforderungen an die Sicherheit von Internetzahlungen (MaSI), Rundschreiben 4/2015 (BA) vom 5. Mai 2015.

256 Richtlinie (EU) 2015/2366 (Zahlungsdiensterichtlinie II – PSD II) des Europäischen Parlaments und des Rates vom 25. November 2015 über Zahlungsdienste im Binnenmarkt, zur Änderung der Richtlinien 2002/65/EG, 2009/110/EG und 2013/36/EU und der Verordnung (EU) Nr. 1093/2010 sowie zur Aufhebung der Richtlinie 2007/64/EG, Amtsblatt der Europäischen Union vom 23. Dezember 2015, L 337/35–127.

257 Gesetz über die Beaufsichtigung von Zahlungsdiensten (Zahlungsdiensteaufsichtsgesetz – ZAG) vom 17. Juli 2017 (BGBl. I S. 2446).

258 Bundesanstalt für Finanzdienstleistungsaufsicht, Merkblatt – Hinweise zum Zahlungsdiensteaufsichtsgesetz (ZAG), 22. Dezember 2011, geändert am 29. November 2017.

259 Das Rundschreiben ist anwendbar auf alle CRR-Kreditinstitute, Zahlungsinstitute und E-Geld-Institute mit Sitz im Inland. Vgl. Bundesanstalt für Finanzdienstleistungsaufsicht, Rundschreiben 08/2018 (BA) zur Meldung schwerwiegender Zahlungssicherheitsvorfälle vom 7. Juni 2018.

haben wird. Die Kriterien für eine Klassifizierung eines Vorfalles als »schwerwiegend« und damit meldepflichtig gehen auf einschlägige Leitlinien der EBA zurück.[260]

218   Das Rundschreiben unterscheidet bei den Meldungen zwischen Erst-, Zwischen- und Abschlussmeldung. Zur Erfüllung der Meldepflicht stellt die deutsche Aufsicht ein elektronisches Meldeverfahren zur Verfügung, das auf der Melde- und Veröffentlichungsplattform der BaFin (MVP) beruht. Das Rundschreiben enthält besondere Anforderungen, wenn Zahlungsdienstleister ihre Meldepflichten auf einen Dritten delegieren (auslagern). Zudem ist sicherzustellen, dass alle Verantwortlichkeiten für die Meldung von Vorfällen sowie die umgesetzten Prozesse zur Einhaltung der Anforderungen des Rundschreibens in den Betriebs- und Sicherheitsrichtlinien klar definiert sind. Die BaFin leitet die bei ihr eingereichten Meldungen an die EZB, die EBA und die Bundesbank weiter. Sie kann die Meldungen zudem an andere deutsche Behörden übermitteln, die in ihrer Zuständigkeit betroffen sind.

8.9   Bankaufsichtliche Anforderungen an die IT (BAIT)

219   Die Grundsätze des Baseler Ausschusses für Bankenaufsicht für die effektive Aggregation von Risikodaten und die Risikoberichterstattung[261] enthalten nicht nur Vorgaben für das Risikomanagement (→ Kapitel 2.6.1), sondern betreffen in einem hohen Maße auch die Informationstechnologie. Die IT-relevanten Vorgaben wurden im November 2017 als Konkretisierung der MaRisk als »Bankaufsichtliche Anforderungen an die IT« (BAIT) veröffentlicht.[262] Dem vorausgegangen waren seit dem Frühjahr 2016 intensive Fachgespräche im Fachgremium IT zu verschiedenen Entwurfsständen der BAIT. Zudem beschäftigt sich ein »IT Round Table«, an dem die größeren Institute beteiligt sind, mit diesen Fragestellungen.

220   Die deutsche Aufsicht betont in den Vorbemerkungen der BAIT die zentrale Bedeutung der Informationstechnik (IT) für die Finanzwirtschaft, die in der Zukunft noch zunehmen wird. Das Rundschreiben gibt auf der Grundlage des § 25a Abs. 1 KWG einen flexiblen und praxisnahen Rahmen für die technisch-organisatorische Ausstattung der Institute vor, insbesondere für das Management der IT-Ressourcen und für das IT-Risikomanagement. Es konkretisiert die Anforderungen der MaRisk im Hinblick auf die IT-Ressourcen, die technisch-organisatorische Ausstattung der IT-Systeme, unter besonderer Berücksichtigung der Anforderungen an die Informationssicherheit, sowie an ein angemessenes Notfallkonzept. Da die Institute in erheblichem Umfang IT-Dienstleistungen von Dritten beziehen, enthalten die BAIT auch Regelungen, die die Anforderungen an Auslagerungen gemäß § 25b KWG i. V. m. AT 9 MaRisk konkretisieren.

221   Darüber hinaus sollen die BAIT das unternehmensweite IT-Risikobewusstsein in den Instituten und dabei vor allem in den Führungsebenen erhöhen. Unter IT-Risiko versteht die Aufsicht alle Risiken für die Vermögens- und Ertragslage der Institute, die aufgrund von Mängeln entstehen, die das IT-Management bzw. die IT-Steuerung, die Verfügbarkeit, Vertraulichkeit, Integrität und Authentizität der Daten, das interne Kontrollsystem der IT-Organisation, die IT-Strategie, -Leit-

---

260 European Banking Authority, Leitlinien für die Meldung schwerwiegender Vorfälle gemäß der Richtlinie (EU) 2015/2366 (PSD 2), EBA/GL/2017/10, 19. Dezember 2017.

261 Baseler Ausschuss für Bankenaufsicht, Grundsätze für die effektive Aggregation von Risikodaten und die Risikoberichterstattung, BCBS 239, 9. Januar 2013.

262 Bundesanstalt für Finanzdienstleistungsaufsicht, Bankaufsichtliche Anforderungen an die IT (BAIT), Rundschreiben 10/2017 (BA) vom 3. November 2017, geändert am 14. September 2018. Zu dem Entwurf der BAIT vom 22. März 2017 hat die Deutsche Kreditwirtschaft eine umfassende Stellungnahme abgegeben. Vgl. Deutsche Kreditwirtschaft, Stellungnahme zur Konsultation des Rundschreibens »Bankaufsichtliche Anforderungen an die IT« (BAIT) vom 22. März 2017, 4. Mai 2017.

linien und -Aspekte der Geschäftsordnung oder den Einsatz von Informationstechnologie betreffen.[263]

Das Rundschreiben ist in acht Module gegliedert, die nach Regelungstiefe und -umfang nicht **222** abschließender Natur sind. Die Institute haben bei der konkreten Ausgestaltung der IT-Systeme und der dazugehörigen IT-Prozesse – über die BAIT hinaus – grundsätzlich weiter auf die gängigen Standards abzustellen. Dazu gehören z. B. die IT-Grundschutzkataloge des Bundesamtes für Sicherheit in der Informationstechnik und der internationale Sicherheitsstandard ISO/IEC 2700X der International Organization for Standardization.

Das Rundschreiben enthält zunächst Anforderungen an die IT-Strategie und IT-Governance. Die **223** Geschäftsleitung hat eine nachhaltige IT-Strategie festzulegen, in der die Ziele sowie die Maßnahmen zu deren Erreichung dargestellt werden. Die IT-Governance ist die Struktur zur Steuerung sowie Überwachung des Betriebes und der Weiterentwicklung der IT-Systeme einschließlich der dazugehörigen IT-Prozesse auf Basis der IT-Strategie. Darüber hinaus formulieren die BAIT detaillierte Anforderungen an das Informationsrisikomanagement und das Informationssicherheitsmanagement der Institute. Das Institut hat unter Berücksichtigung seiner Risikosituation eine Informationssicherheitsleitlinie zu beschließen und intern bekanntzumachen. Die im Rahmen des Informationsrisikomanagements definierten Schutzbedarfe sind durch Informationssicherheitsrichtlinien zu konkretisieren. Der organisatorisch und prozessual unabhängige Informationssicherheitsbeauftragte ist die zentrale Instanz für die Einhaltung und Überwachung der Informationssicherheit. Die BAIT bringen ferner die Erwartungshaltung der Aufsicht im Hinblick auf die Steuerung und Überwachung des operativen IT-Betriebes zum Ausdruck, einschließlich Berechtigungsmanagement, Anforderungen an das IT-Projektmanagement und die Anwendungsentwicklung. Die BAIT stellen weiter klar, dass auch Cloud-Dienstleistungen eine Auslagerung im Sinne des AT 9 darstellen können. Die BAIT definieren Cloud-Dienstleistungen als IT-Dienstleistungen, die dem Institut durch ein Dienstleistungsunternehmen über ein Netz bereitgestellt werden (z. B. Rechenleistung, Speicherplatz, Plattformen oder Software) und deren Angebot, Nutzung und Abrechnung dynamisch und an den Bedarf angepasst über definierte technische Schnittstellen sowie Protokolle erfolgen. Darüber hinaus werden mit den BAIT die Vorgaben des Moduls AT 9 der MaRisk, nach denen die Durchführung einer Risikoanalyse lediglich bei Auslagerungen erforderlich ist, deutlich verschärft. Nach den BAIT sind demgegenüber auch Risiken aus dem sonstigen Fremdbezug von IT-Dienstleistungen zu bewerten, damit die vollständige Risikosituation ermittelt und ggf. Konzentrationsrisiken erkannt werden.

Im September 2018 hat die deutsche Aufsicht die um ein zusätzliches KRITIS-Modul ergänzten **224** BAIT veröffentlicht. Das KRITIS-Modul erläutert, welche zusätzlichen Anforderungen notwendig sind, damit der Jahresabschlussprüfer den Nachweis gemäß § 8a Abs. 3 BSI-Gesetz erbringen kann. Der Abschlussprüfer hat gemäß § 13 PrüfbV die Angemessenheit und Wirksamkeit der organisatorischen, personellen und technischen Vorkehrungen zur Sicherstellung der Integrität, Vertraulichkeit, Authentizität und Verfügbarkeit der bankaufsichtlich relevanten Daten zu prüfen und zu bestätigen. Er kann dies nunmehr ggf. gleichzeitig auch im Hinblick auf die Erfüllung der Anforderungen des § 8 Abs. 1 BSI-Gesetz tun.

Die Aufsicht hat bereits weitere Ergänzungen der BAIT angekündigt. Derzeit prüft die deutsche **225** Aufsicht, ob die von den G7-Staaten im Oktober 2016 veröffentlichen wesentlichen Elemente der Cyber-Sicherheit durch Anpassungen im Rundschreiben umgesetzt werden können. Darüber hinaus ist eine Ergänzung der BAIT zum Thema IT-Notfallplanung einschließlich Test- und Wiederherstellungsverfahren geplant.[264]

---

263 Vgl. Essler, Renate/Gampe, Jens, IT-Sicherheit – Aufsicht konkretisiert Anforderungen an die Kreditwirtschaft, in: BaFinJournal, Ausgabe Januar 2018, S. 18.

264 Vgl. Essler, Renate/Gampe, Jens, IT-Sicherheit – Aufsicht konkretisiert Anforderungen an die Kreditwirtschaft, in: BaFinJournal, Ausgabe Januar 2018, S. 21.

8.10 Mindestanforderungen an das Beschwerdemanagement

226 Die BaFin beaufsichtigt Banken, Finanzdienstleister, private Versicherungsunternehmen und den Wertpapierhandel und ist in diesen Bereichen auch für den kollektiven Verbraucherschutz zuständig. Am 4. Mai 2018 hat die BaFin die Mindestanforderungen an das Beschwerdemanagement veröffentlicht.[265] Adressat dieses Rundschreibens sind CRR-Kreditinstitute, Kapitalverwaltungsgesellschaften, Zahlungsinstitute und E-Geldinstitute (beaufsichtigte Unternehmen). Das Rundschreiben ergänzt die Regelungen für das Beschwerdemanagement von Wertpapierdienstleistungsunternehmen im Modul BT 12 der im Jahre 2018 überarbeiteten MaComp. Die Mindestanforderungen an das Beschwerdemanagement und das neue Modul BT 12 der MaComp setzen gemeinsam die »Leitlinien zur Beschwerdeabwicklung für den Wertpapierhandel (ESMA) und das Bankwesen (EBA)« des gemeinsamen Ausschusses der Europäischen Aufsichtsbehörden (»Joint Committee«) aus dem Jahre 2014[266] in das nationale Recht um.

227 Die Mindestanforderungen an das Beschwerdemanagement bilden auf der Grundlage von § 25a Abs. 1 KWG, § 27 Abs. 1 und § 62 ZAG sowie § 28 Abs. 1 und 2 KAGB i. V. m. § 4 Abs. 3 KAVerOV einen Rahmen für die Behandlung von Beschwerden durch die beaufsichtigten Unternehmen. Im Hinblick auf die konkrete Ausgestaltung gilt der Grundsatz der Proportionalität.

228 Das Rundschreiben definiert eine Beschwerde als jede Äußerung der Unzufriedenheit, die eine natürliche oder juristische Person (Beschwerdeführer) an ein beaufsichtigtes Unternehmen im Zusammenhang mit dessen Erbringung einer nach dem KWG, ZAG oder KAGB beaufsichtigten Dienstleistung bzw. eines entsprechenden Geschäftes richtet. Der Begriff »Beschwerde« muss dabei nicht zwingend verwandt werden. Zudem bedarf die Beschwerde keiner bestimmten Form.

229 Die beaufsichtigten Unternehmen haben zur Einhaltung des Rundschreibens interne Vorkehrungen und interne Verfahren zur Beschwerdebearbeitung vorzuhalten. Zu den internen Vorkehrungen zur Beschwerdebearbeitung gehört, dass Beschwerden zuverlässig aufgenommen und ausgewertet werden. Darüber hinaus sind Erkenntnisse aus den eingegangenen Beschwerden in das Risikomanagement einzubeziehen und von der Internen Revision zu berücksichtigen. Die Deutsche Kreditwirtschaft (DK) hat bei der Konsultation des Rundschreibens kritisiert, dass keine pauschale Relevanz von Beschwerdetatbeständen für das Risikomanagement und die Interne Revision unterstellt werden kann. Vielmehr sind nach Ansicht der DK mit Blick auf das Risikomanagement insoweit das operationelle Risiko bzw. das Rechtsrisiko sowie das Reputationsrisiko maßgebend.[267] Die Aufsicht hat die Kritik der DK in der endgültigen Fassung des Rundschreibens jedoch nicht berücksichtigt. Weiter haben die beaufsichtigten Unternehmen in diesem Zusammenhang wirksame und angemessene Verfahren zur Beschwerdebearbeitung festzulegen sowie eine Beschwerdemanagementfunktion einzurichten.[268] Die internen Verfahren zur Beschwerdebearbeitung umfassen insbesondere die Einrichtung eines internen Beschwerderegisters, in dem alle Beschwerden, ihre Bearbeitung, die getroffenen Maßnahmen sowie die abschließenden Entscheidungen ohne unnötige Verzögerung systematisch zu dokumentieren sind. Darüber hinaus hat ein beaufsichtigtes Unternehmen auf leicht zugängliche Weise über seine Verfahren zur Beschwerde-

---

265 Bundesanstalt für Finanzdienstleistungsaufsicht, Mindestanforderungen an das Beschwerdemanagement, Rundschreiben 06/2018 (BA und WA) vom 4. Mai 2018.

266 Joint Committee of the European Supervisory Authorities, Leitlinien zur Beschwerdeabwicklung für den Wertpapierhandel (ESMA) und das Bankwesen (EBA), 27. Mai 2014.

267 Vgl. Deutsche Kreditwirtschaft, Stellungnahme zur Umsetzung der ESMA/EBA-Leitlinien zur Beschwerdeabwicklung – Konsultation der BaFin vom 23. Juni 2017; Entwurf eines Rundschreibens »Mindestanforderungen an das Beschwerdemanagement« (BaFin-Konsultation 06/2017) und Anhörung zu einer Allgemeinverfügung zur Einreichung von Berichten über Kundenbeschwerden durch CRR-Kreditinstitute, 4. August 2017, S. 5.

268 Die Beschwerdemanagementfunktion soll dafür sorgen, dass alle Beschwerden objektiv und angemessen im Einklang mit den Grundsätzen und Verfahren der Beschwerdebearbeitung untersucht und mögliche Interessenkonflikte identifiziert werden sowie eine Beeinträchtigung der Beschwerdebearbeitung durch Interessenkonflikte vermieden wird.

bearbeitung zu informieren (z.B. Broschüren, Merkblätter, Vertragsunterlagen oder auf der Internetseite).

Die zeitgleich von der deutschen Aufsicht mit der Konsultation des Rundschreibens zu Mindest- **230** anforderungen an das Beschwerdemanagement am 23. Juni 2017 angehörte Allgemeinverfügung, die eine Beschwerdeberichtspflicht von CRR-Kreditinstituten einführen sollte, wurde bis auf Weiteres nicht erlassen.[269] Die Deutsche Kreditwirtschaft hatte insofern kritisiert, dass für die Einführung einer derartigen jährlichen Berichterstattungspflicht für CRR-Kreditinstitute keine ausreichende Rechtsgrundlage besteht.[270] Die deutsche Aufsicht vertritt hierzu allerdings eine andere Auffassung, sodass die Erstellung eines Beschwerdeberichtes zukünftig noch gefordert werden könnte.

Das Modul BT 12 der MaComp enthält für Wertpapierdienstleistungen und Wertpapiereben- **231** dienstleistungen vergleichbare Anforderungen an das Beschwerdemanagement. Diese haben jedoch zusätzlich einmal jährlich einen Beschwerdebericht zu erstellen und bei der BaFin ein- zureichen (→ Kapitel 8.3).

8.11 Mindestanforderungen zur Umsetzbarkeit eines Bail-in (MaBail-in)

Die deutsche Aufsicht möchte klare Definitionen für sämtliche Begriffe festlegen, die im Zusam- **232** menhang mit den Regularien zur Abwicklungsplanung (BRRD, SRM-VO und SAG) eine Rolle spielen. Damit sollen einerseits die Auslegungsspielräume auf ein aufsichtlich akzeptables Maß eingeschränkt werden und andererseits den Instituten klare Leitlinien zur Datenbereitstellung an die Hand gegeben werden, um bei Bedarf innerhalb kürzester Zeit auf entsprechende Anforderun- gen reagieren zu können. Im Mittelpunkt dieser Überlegungen steht mit dem »Bail-in« ein Instru- ment der Gläubigerbeteiligung im Sinne von Art. 27 SRM-VO bzw. § 90 SAG. Nach aktueller Planung wird ein Entwurf mit Mindestanforderungen zur Umsetzbarkeit eines Bail-in (MaBail-in), die nur jene weniger bedeutenden Institute betreffen sollen, die bei der Abwicklungsplanung nicht in die Kategorie »Vereinfachungsstufe 2«[271] eingeordnet werden, ab Mitte Januar 2019 für ca. einen Monat zur Konsultation gestellt. Die Veröffentlichung der endgültigen Fassung könnte noch im ersten Quartal 2019 erfolgen.

Für Institute, die in den direkten Zuständigkeitsbereich des Ausschusses für die einheitliche **233** Abwicklung (»Single Resolution Board«, SRB) fallen, wird beim SRB bereits an einer »SRB Bail-in Guidance« gearbeitet. Da die deutsche Aufsicht an deren Ausarbeitung beteiligt ist, werden sich die beiden Regelwerke vermutlich nicht wesentlich voneinander unterscheiden.

---

269 Bundesanstalt für Finanzdienstleistungsaufsicht, Anhörung nach § 28 Abs. 1 VwVfG zu einer Allgemeinverfügung zur Einreichung von Berichten über Kundenbeschwerden durch CRR-Kreditinstitute, 23. Juni 2017.

270 Nach Ansicht der DK war die Berichterstattungspflicht unverhältnismäßig und widersprach dem prinzipienorientierten Ansatz. Ferner konnten aus der Begründung auch nicht die Erforderlichkeit bzw. Angemessenheit der Allgemeinver- fügung abgeleitet werden. Vgl. Deutsche Kreditwirtschaft, Stellungnahme zur Umsetzung der ESMA/EBA-Leitlinien zur Beschwerdeabwicklung – Konsultation des BaFin vom 23. Juni 2017; Entwurf eines Rundschreibens »Mindestanforde- rungen an das Beschwerdemanagement« (BaFin-Konsultation 06/2017) und Anhörung zu einer Allgemeinverfügung zur Einreichung von Berichten über Kundenbeschwerden durch CRR-Kreditinstitute, 4. August 2017, S. 15.

271 Bei der »Vereinfachungsstufe 2« geht es insbesondere um einen stark reduzierten Abwicklungsplan und eine Abwick- lungsstrategie im Sinne eines regulären Insolvenzverfahrens.

9 Ausblick

234 Obwohl es sich bei den MaRisk um ein relativ junges Regelwerk handelt, waren in den letzten zwölf Jahren schon fünf umfangreiche Novellierungen erforderlich. Bisher war dafür in erster Linie der enorme Regulierungsdruck verantwortlich, der vor dem Hintergrund der Finanzmarktkrise auf den (politischen) Entscheidungsträgern lastete. Die mit den »großen« Regulierungsvorhaben Basel III auf der internationalen und CRD IV-Paket auf der europäischen Ebene verbundenen Vorgaben zur zweiten Säule sind jedoch mittlerweile weitgehend umgesetzt.

235 Die Zeit umfassender Regulierungspakete ist aber keineswegs vorbei. Die Europäische Kommission hat am 23. November 2016 einen ersten Vorschlag für ein überarbeitetes CRR II/CRD V-Paket (»CRR/CRD review«) veröffentlicht. Das Paket besteht aus Entwürfen der überarbeiteten Capital Requirements Regulation (CRR II)[272] und Capital Requirements Direktive (CRD V).[273] Das Ziel des CRR II/CRD V-Paketes ist vor allem der Abschluss des Basel III-Reformvorhabens.[274] Darüber hinaus hat der Baseler Ausschuss im Dezember 2017 nach einer mehrjährigen Konsultationsphase ein überarbeitetes Rahmenwerk zu »Basel III« veröffentlicht, das am Markt aufgrund der weitreichenden Änderungen vielfach als »Basel IV« bezeichnet wird.[275] Die genannten Regulierungsvorhaben betreffen mit einer wichtigen Ausnahme allerdings nicht vorrangig Themen der zweiten Säule im Sinne der Drei-Säulen-Architektur von Basel II. Nur die im CRD V-Entwurf enthaltenen Vorschläge zur Konkretisierung des SREP sind der zweiten Säule zuzurechnen. Allerdings wurden die Vorgaben der CRD V an den SREP im Wesentlichen bereits durch die einschlägigen EBA-Leitlinien zum SREP und die darauf aufbauende Aufsichtspraxis von EZB und deutscher Aufsicht vorweggenommen. Inwieweit sich aus den Regulierungsvorhaben CRR II/CRD V-Paket und Basel IV ein erneuter Anpassungsbedarf für die MaRisk ergibt, bleibt somit abzuwarten.

236 Vollkommen anders verhält es sich hingegen mit den Harmonisierungsbemühungen auf europäischer Ebene im Rahmen des SSM. Die EBA hatte zwischenzeitlich geplant, im Jahre 2015 auch für den Bereich des Risikomanagements verbindliche Standards zu setzen. Für nationale Regelwerke – wie etwa die MaRisk – hätten solche Standards einschneidende Konsequenzen. Letztlich hat die EBA bei den Anforderungen an das Risikomanagement nicht auf »Binding Technical Standards« gesetzt. Dafür gab es auf europäischer Ebene wegen der daran geknüpften Verantwortung (z.B. im Hinblick auf die Klärung von Auslegungsfragen) und der Heterogenität der

---

272 Europäische Kommission, Vorschlag für eine Verordnung des Europäischen Parlaments und des Rates zur Änderung der Verordnung (EU) Nr. 575/2013 in Bezug auf die Verschuldensquote, die strukturelle Liquiditätsquote, Anforderungen an Eigenmittel und berücksichtigungsfähige Verbindlichkeiten, das Gegenparteiausfallrisiko, das Marktrisiko, Risikopositionen gegenüber zentralen Gegenparteien, Risikopositionen gegenüber Organismen für gemeinsame Anlagen, Großkredite, Melde- und Offenlegungspflichten und zur Änderung der Verordnung (EU) Nr. 648/2012 vom 23. November 2016.

273 Europäische Kommission, Vorschlag für eine Richtlinie des Europäischen Parlaments und des Rates zur Änderung der Richtlinie 2013/36/EU im Hinblick auf von der Anwendung ausgenommene Unternehmen, Finanzholdinggesellschaften, gemischte Finanzholdinggesellschaften, Vergütung, Aufsichtsmaßnahmen und -befugnisse und Kapitalverhaltungsmaßnahmen vom 23. November 2016.

274 Mit dem CRR II/CRD V-Paket sollen insbesondere noch die Quote für die stabile langfristige Refinanzierung (»Net Stable Funding Ratio«, NSFR) und verbindliche Mindestwerte für die »Leverage Ratio« sowie Vorgaben zu Markt- und Kontrahentenausfallrisiken umgesetzt werden. Das Paket beinhaltet jedoch auch neue Anforderungen, wie z.B. die direkte Beaufsichtigung von Finanzholding-Gesellschaften durch die Aufsichtsbehörden. Darüber hinaus wurden in das Paket weitere Empfehlungen von internationalen Standardsetzern aufgenommen, z.B. die Vorgaben des FSB zur »Total Loss Absorbing Capacity« (TLAC) und des Baseler Ausschusses zum »Fundamental Review of the Trading Book« (FRTB).

275 Das am Markt aufgrund der weitreichenden Änderungen vielfach als »Basel IV« bezeichnete Reformpaket beinhaltet insbesondere eine Überarbeitung der Standardansätze für Kredit-, CVA- und operationale Risiken. Die neuen risikosensitiven Standardverfahren sollen die von den Instituten verwandten internen Modelle zum Teil ablösen. Zudem werden im Bereich des Kreditrisikos interne Modelle insoweit eingeschränkt, dass für bestimmte Forderungsklassen zukünftig nur noch der Basis-IRBA zulässig ist. Zusätzlich ergeben sich inhaltliche Anpassungen beim IRBA, insbesondere hinsichtlich neuer Untergrenzen für die Parameter PD, LDG und CCF/EAD. Ferner wird ein sukzessive ansteigender Output-Floor eingeführt, der ab 2022 bei 50 % und schließlich 2027 bei 72,5 % liegt. Zudem wird für global systemrelevante Institute ein Kapitalzuschlag (»Add-on«) von der Hälfte des im Rahmen der regulatorischen Mindestquote einzuhaltenden G-SIB-Kapitalpuffers eingeführt. Das Basel IV-Reformpaket soll zum 1. Januar 2022 in Kraft treten. Vgl. Basel Committee on Banking Supervision, Basel III: Finalising post-crisis reforms, BCBS d424, 7. Dezember 2017.

europäischen Märkte keine Mehrheit. Die EBA veröffentlicht jedoch zur Vereinheitlich der Aufsichtspraxis in den EU-Mitgliedstaaten in erheblichem Umfang Leitlinien und Empfehlungen, die von den Aufsichtsbehörden nach dem Prinzip »Comply or Explain« umgesetzt werden müssen (→ Kapitel 3.3). Die Vorgaben der EBA weichen zum Teil deutlich von den Anforderungen der MaRisk ab. Als Beispiel hierfür kann der Entwurf der EBA-Leitlinien zu Auslagerungen vom Juni 2018 dienen, der über die MaRisk hinausgehend ein umfassendes Auslagerungsregister, einen Due Diligence-Prozess beim Auslagerungsunternehmen sowie eine Anzeigepflicht von (wesentlichen) Auslagerungen fordert[276] (→ AT 9). Darüber hinaus veröffentlicht die EZB zunehmend Leitfäden und Empfehlungen, die ihre Aufsichtspraxis konkretisieren und eine entsprechende Erwartungshaltung gegenüber den Instituten zum Ausdruck bringen. Häufig stimmen diese Erwartungen ebenfalls nicht mit den Vorgaben der MaRisk überein. So führte z. B. bereits der Entwurf des im November 2018 veröffentlichten EZB-Leitfadens zum ICAAP zu einer umfassenden Überarbeitung des nationalen Leitfadens zur aufsichtsrechtlichen Beurteilung bankinterner Risikotragfähigkeitskonzepte (→ Kapitel 8.5).

Weiterer Anpassungsbedarf für die MaRisk kann sich aus den verschiedenen Initiativen für eine **237** nachhaltige Finanzierung im Zusammenhang mit den Maßnahmen gegen den Klimawandel ergeben. Bisher stehen zwar die Kapitalmarktaktivitäten und die Offenlegungspflichten im Mittelpunkt. Zunehmend wird aber auch darüber nachgedacht, wie die so genannten »ESG-Risiken«, unter denen die Risiken aus den Bereichen Umwelt, Soziales und Unternehmensführung (»Environmental, Social and Governance Risks«, ESG Risks) zu verstehen sind, sinnvoll im Risikomanagement der Institute berücksichtigt werden können. Den Änderungsanträgen der Mitglieder des Europäischen Parlaments zum zweiten Verordnungsvorschlag zur Offenlegung von Nachhaltigkeit in Anlage- sowie Risikoprozessen zufolge existieren diverse Ideen für eine Konkretisierung des Begriffes »Nachhaltigkeitsrisiko« (»Sustainability Risk«). Die Bandbreite reicht dabei von einem Abstellen auf ESG-Risiken bis hin zu komplexen Definitionen, die eine ganze Reihe von möglichen Indikatoren einschließen. Auch die deutsche Aufsicht beschäftigt sich bereits seit 2017 mit diesem Thema, zunächst über die Mitarbeit in internationalen Gremien, mittlerweile im Hinblick auf die Einbeziehung von Nachhaltigkeitsaspekten in ihren risikobasierten Aufsichtsansatz. Über eine Berücksichtigung der ESG-Risiken in den MaRisk wird bereits nachgedacht. Angedacht ist auch, eine Checkliste zu erarbeiten, die in den turnusmäßigen Aufsichtsgesprächen mit den Instituten besprochen werden könnte und darauf abstellt, wie die Institute mit diesem Thema umgehen.

Vor diesem Hintergrund kann jedenfalls nicht ausgeschlossen werden, dass in absehbarer Zeit **238** schon mit den Arbeiten an der »sechsten MaRisk-Novelle« begonnen wird. Die deutsche Aufsicht hat im November 2018 angekündigt, im Frühjahr 2019 entsprechende Überlegungen anzustellen und mit dem Fachgremium MaRisk zu besprechen. Denkbar – aber derzeit nicht sehr wahrscheinlich – ist in diesem Zusammenhang auch eine Überführung des derzeitigen Rundschreibens in eine Rechtsverordnung. Eine entsprechende Ermächtigung wurde dem Bundesministerium der Finanzen bereits im Zusammenhang mit dem Abwicklungsmechanismusgesetz (AbwMechG)[277] eingeräumt. Die Europäische Zentralbank wäre in diesem Falle anzuhören. Möglicherweise könnten jedoch die ganzheitlich ausgerichteten MaRisk, die sich in Deutschland bewährt haben, auch ein Vorbild für die Entwicklung eines entsprechenden europäischen Regelwerkes sein. Die Zuständigkeit für die Entwicklung derartiger »Mindestanforderungen an das Risikomanagement für europäische Banken« läge federführend bei der EBA unter Einbeziehung der EZB und der

---

276 European Banking Authority, Consultation Paper – EBA Draft Guidelines on Outsourcing arrangements, EBA/ CP/2018/11, 22. Juni 2018. In diesem Papier wird u. a. eine Anzeigepflicht von (wesentlichen) Auslagerungen gefordert, wie sie in der Vergangenheit in Deutschland bis zur Abschaffung durch das FRUG im Jahre 2007 schon einmal bestand. Aus gutem Grund haben die deutschen Aufsichtsbehörden damals auf diese Anzeigen verzichtet.

277 Gesetz zur Anpassung des nationalen Bankenabwicklungsrechts an den Einheitlichen Abwicklungsmechanismus und die europäischen Vorgaben zur Bankenabgabe (Abwicklungsmechanismusgesetz – AbwMechG) in der Fassung vom 2. November 2015 (BGBl. I Nr. 43 S. 1864), veröffentlicht am 5. November 2015.

nationalen Aufsichtsbehörden. Für die Institute wäre es in jedem Fall ein großer Vorteil, wenn ihnen auch auf der europäischen Ebene ein umfassendes und in sich stimmiges Rahmenwerk zur Konkretisierung der bankaufsichtlichen Anforderungen an ein angemessenes und wirksames Risikomanagement zur Verfügung gestellt wird.

239 Bislang blieb die prinzipienorientierte Ausrichtung der MaRisk von den zahlreichen Über-arbeitungen weitgehend unberührt, wenngleich mit den letzten Novellen auch spezifische An-forderungen ergänzt wurden, die z.B. nur für systemrelevante oder kapitalmarktorientierte Institute gelten. Es bleibt zu hoffen, dass dies auch in Zukunft so sein wird. Denn solange es um das Risikomanagement der Institute geht, gibt es zum prinzipienorientierten Ansatz keine ernst-hafte Alternative.

Teil II:
Kommentierung der MaRisk

AT Allgemeiner Teil

Der allgemeine Teil der MaRisk enthält Anforderungen, die grundsätzlich für alle Geschäfts- und **1** Risikoarten Gültigkeit besitzen. Er umfasst auch die relevanten Definitionen und Abgrenzungen. Das Modul AT ist aufgrund seines allgemeingültigen Charakters insoweit von den spezifischen Anforderungen des Moduls BT abzugrenzen, das besondere Anforderungen an die Aufbau- und Ablauforganisation im Kredit- und Handelsgeschäft (→ BTO), die Risikosteuerungs- und -controllingprozesse für alle wesentlichen Risikoarten (→ BTR), die Interne Revision (→ BT2) sowie die Risikoberichterstattung (→ BT3) umfasst. Die allgemeinen Anforderungen des Moduls AT bestehen aus neun Themenbereichen, die unterschiedlich stark untergliedert sind (siehe Abbildung 4).

AT Allgemeine Anforderungen

AT 1 Vorbemerkung
AT 2 Anwendungsbereich
    AT 2.1 Anwenderkreis
    AT 2.2 Risiken
    AT 2.3 Geschäfte
AT 3 Gesamtverantwortung der Geschäftsleitung
AT 4 Allgemeine Anforderungen an das Risikomanagement
    AT 4.1 Risikotragfähigkeit
    AT 4.2 Strategie
    AT 4.3 Internes Kontrollsystem
        AT 4.3.1 Aufbau- und Ablauforganisation
        AT 4.3.2 Risikosteuerungs- und -controllingprozesse
        AT 4.3.3 Stresstests
        AT 4.3.4 Datenmanagement, Datenqualität und Aggregation von Risikodaten
    AT 4.4 Besondere Funktionen
        AT 4.4.1 Risikocontrolling-Funktion
        AT 4.4.2 Compliance-Funktion
        AT 4.4.3 Interne Revision
    AT 4.5 Risikomanagement auf Gruppenebene
AT 5 Organisationsrichtlinien
AT 6 Dokumentation
AT 7 Ressourcen
    AT 7.1 Personal
    AT 7.2 Technisch-organisatorische Ausstattung
    AT 7.3 Notfallkonzept
AT 8 Anpassungsprozesse
    AT 8.1 Neu-Produkt-Prozess
    AT 8.2 Änderungen betrieblicher Prozesse oder Strukturen
    AT 8.3 Übernahmen und Fusionen
AT 9 Auslagerung

Abb. 4: Allgemeine Anforderungen im Überblick

AT 1 Vorbemerkung

1 Einführung und Überblick

Der Vorbemerkung des Rundschreibens kommt die Funktion einer Präambel zu. In ihr werden **1** zentrale Aspekte der MaRisk hervorgehoben. Hierzu zählen Hinweise auf:

- § 25a KWG, der die gesetzliche Grundlage für die Anforderungen an das Risikomanagement auf Instituts- und Gruppenebene darstellt,
- § 25b KWG, der nach Überführung des § 25a Abs. 2 und 3 KWG a.F. mit dem CRD IV-Umsetzungsgesetz seit dem Jahre 2014 der gesetzliche Regelungsrahmen für die Auslagerungsaktivitäten der Institute ist,
- Vorgaben zum »Supervisory Review Process« (SRP) aus der zweiten Säule von Basel II[1] bzw. der Bankenrichtlinie[2], die als EU-weite Anforderungen im Zusammenhang mit der Ausarbeitung der MaRisk eine wichtige Rolle spielten,
- das Verhältnis der MaRisk zu den Regelungen für die aufsichtsrechtliche Unterlegung von Risiken mit Eigenmitteln aus der ersten Säule von Basel II bzw. der Bankenrichtlinie,

---

1 Basel Committee on Banking Supervision, International Convergence of Capital Measurement and Capital Standards – A Revised Framework (Basel II), 26. Juni 2004.

2 Richtlinie 2006/48/EG (Bankenrichtlinie – CRD) des Europäischen Parlaments und des Rates vom 14. Juni 2006 über die Aufnahme und Ausübung der Tätigkeit der Kreditinstitute (Neufassung), Amtsblatt der Europäischen Union vom 30. Juni 2006, L 177/1–200. Seit dem 1. Januar 2014 gilt die CRD IV. Die Inhalte der Art. 22, 123 und 124 der Bankenrichtlinie finden sich seitdem in Art. 73, 74 und 97 CRD IV wieder.

AT 1 Vorbemerkung

- das Verhältnis der MaRisk zu den Vorgaben der MiFID[3] und ihrer Durchführungsrichtlinie[4],
- die Flexibilität und Praxisnähe der Anforderungen sowie die sich daraus ergebende Notwendigkeit adäquater Prüfungshandlungen (»Prinzip der doppelten Proportionalität«),
- das »Prinzip der Proportionalität nach oben«, womit für größere und komplexere Institute weitergehende Vorkehrungen zur Sicherstellung der Angemessenheit und Wirksamkeit ihres Risikomanagements verbunden sind,
- der Verweis auf die global und anderweitig systemrelevanten Institute gemäß § 10f KWG und § 10g KWG, und schließlich
- die modulare Struktur der MaRisk, die eine zeitnahe Überarbeitung des Regelwerkes ermöglicht und sich bereits im Rahmen von fünf MaRisk-Novellen bewährt hat.

2 Insofern werden die Regelwerke und Themen von genereller Bedeutung für die MaRisk und ihre Weiterentwicklung in der Vorbemerkung adressiert. Insbesondere durch die Betonung des Proportionalitätsprinzips in beide Richtungen gibt die deutsche Aufsicht eine erste Orientierung über die grundsätzliche Konzeption und Ausrichtung der Anforderungen. Damit soll gleichzeitig eine grobe Richtung für konkrete Umsetzungsfragen aufgezeigt werden.

---

3 Richtlinie 2004/39/EG (MiFID) des Europäischen Parlaments und des Rates vom 21. April 2004 über Märkte für Finanzinstrumente, Amtsblatt der Europäischen Union vom 30. April 2004, L 145/1–44. Die MiFID wurde zum 3. Januar 2018 durch die MiFID II ersetzt. Richtlinie 2014/65/EU (MiFID II) des Europäischen Parlaments und des Rates vom 15. Mai 2014 über Märkte für Finanzinstrumente sowie zur Änderung der Richtlinien 2002/92/EG und 2011/61/EU, Amtsblatt der Europäischen Union vom 12. Juni 2014, L 173/349–496.

4 Richtlinie 2006/73/EG (MiFID-Durchführungsrichtlinie) der Europäischen Kommission vom 10. August 2006 zur Durchführung der Richtlinie 2004/39/EG des Europäischen Parlaments und des Rates in Bezug auf die organisatorischen Anforderungen an Wertpapierfirmen und die Bedingungen für die Ausübung ihrer Tätigkeit sowie in Bezug auf die Definition bestimmter Begriffe für die Zwecke der genannten Richtlinie, Amtsblatt der Europäischen Union vom 2. September 2006, L 241/26–58.

2 Rechtsgrundlage für ein angemessenes und wirksames Risikomanagement (Tz. 1)

1 Dieses Rundschreiben gibt auf der Grundlage des § 25a Abs. 1 des Kreditwesengesetzes (KWG) einen flexiblen und praxisnahen Rahmen für die Ausgestaltung des Risikomanagements der Institute vor. Es präzisiert ferner die Anforderungen des § 25a Abs. 3 KWG (Risikomanagement auf Gruppenebene) sowie des § 25b KWG (Auslagerung). Ein angemessenes und wirksames Risikomanagement umfasst unter Berücksichtigung der Risikotragfähigkeit insbesondere die Festlegung von Strategien sowie die Einrichtung interner Kontrollverfahren. Die internen Kontrollverfahren bestehen aus dem internen Kontrollsystem und der Internen Revision. Das interne Kontrollsystem umfasst insbesondere

- Regelungen zur Aufbau- und Ablauforganisation,
- Prozesse zur Identifizierung, Beurteilung, Steuerung, Überwachung sowie Kommunikation der Risiken (Risikosteuerungs- und -controllingprozesse) und
- eine Risikocontrolling-Funktion und eine Compliance-Funktion.

Das Risikomanagement schafft eine Grundlage für die sachgerechte Wahrnehmung der Überwachungsfunktionen des Aufsichtsorgans und beinhaltet deshalb auch dessen angemessene Einbindung.

2.1 § 25a Abs. 1 KWG: Von der 6. KWG-Novelle bis zum CRD IV-Umsetzungsgesetz

4 § 25a Abs. 1 KWG kann als zentraler gesetzlicher Anknüpfungspunkt der qualitativen Bankenaufsicht auf eine etwas längere Geschichte zurückblicken. Die gesetzliche Regelung wurde seit ihrer Einfügung in das KWG im Rahmen der 6. KWG-Novelle mehrmals angepasst und terminologisch geschärft. In ihrer ursprünglichen Fassung aus dem Jahre 1998 wurden u. a. »geeignete Regelungen zur Steuerung, Kontrolle und Überwachung der Risiken«, eine »ordnungsgemäße Geschäftsorganisation« sowie »angemessene interne Kontrollverfahren« gefordert. Eine klare begriffliche Systematik war zum damaligen Zeitpunkt (noch) nicht erkennbar. Die Begrifflichkeiten waren auch nicht abgestimmt auf die Terminologie der Mindestanforderungen an das Betreiben von Handelsgeschäften (MaH), die schon seit Ende 1995 existierten.

5 Die Entwicklung der Mindestanforderungen an die Ausgestaltung der Internen Revision (MaIR) wurde zum Anlass genommen, zumindest für die Verwaltungsvorschriften eine Systematisierung der Begriffe auf der Basis des § 25a Abs. 1 KWG herbeizuführen. Ausgangpunkt dieser Systematisierung war der Begriff »interne Kontrollverfahren«, der in enger Anlehnung an die Begriffswelt der Wirtschaftsprüfer in prozessabhängige und prozessunabhängige Überwachungsmechanismen zerlegt wurde. Nach den MaIR bestand das interne Kontrollverfahren dementsprechend aus dem (prozessabhängigen) internen Kontrollsystem und der (prozessunabhängigen) Internen Revision.[5] Der Gesetzgeber sah sich im Rahmen der Umsetzung der Finanzkonglomerate-Richtlinie

---

5 Vgl. Bundesaufsichtsamt für das Kreditwesen, Mindestanforderungen an die Ausgestaltung der Internen Revision der Kreditinstitute (MaIR), Rundschreiben 1/2000 vom 17. Januar 2000, Abschnitt 2; Hanenberg, Ludger/Schneider, Andreas, Bankaufsichtliche Rahmenbedingungen für interne Überwachungssysteme, in: Die Wirtschaftsprüfung, Heft 19/2001, S. 1058.

dazu veranlasst, diese (erste) aufsichtsrechtliche Begriffssystematik in den § 25a Abs. 1 KWG zu überführen. In der Fassung vom 27. Dezember 2004 forderte die gesetzliche Norm unter dem Oberbegriff »ordnungsgemäße Geschäftsorganisation« u. a. die Festlegung von Strategien sowie die Einrichtung interner Kontrollverfahren, die aus einem internen Kontrollsystem und der Internen Revision bestehen. Diese Formulierung war terminologischer Ausgangspunkt für die MaRisk.

6   Die Umsetzung der Art. 22 und 123 der Bankenrichtlinie wurde dazu genutzt, die Begriffswelten von Gesetz und MaRisk vollständig anzugleichen. Diese Angleichung war von erheblicher Bedeutung für Institute und Aufsicht, da die MaRisk als norminterpretierende Verwaltungsvorschrift der Auslegung des § 25a Abs. 1 KWG dienen. Sie sind damit die Benchmark, anhand derer die BaFin die Angemessenheit des Risikomanagements in den Instituten beurteilt. Die Anpassungen durch das »Finanzmarktrichtlinie-Umsetzungsgesetz« (FRUG)[6] haben daran trotz einiger Ergänzungen grundsätzlich nichts geändert (→ Teil I, Kapitel 5 und AT 1 Tz. 4). Auch weitere Änderungen, z. B. veranlasst durch das »Gesetz zur Stärkung der Finanzmarkt- und Versicherungsaufsicht« vom Juli 2009, hatten bezüglich der Begriffssystematik des § 25a KWG keine materiellen Auswirkungen.[7] Die maßgeblichen Terminologien sind also weiterhin aufeinander abgestimmt. Seit dem 1. Januar 2014 finden sich die bisherigen Art. 22 und 123 der Bankenrichtlinie weitgehend inhaltsgleich in Art. 73 und 74 CRD IV wieder.

2.2   Ordnungsgemäße Geschäftsorganisation nach § 25a Abs. 1 KWG

7   § 25a Abs. 1 KWG fordert von allen Instituten die Einrichtung einer ordnungsgemäßen Geschäftsorganisation. Die ordnungsgemäße Geschäftsorganisation hat allerdings nicht mehr nur die Einhaltung der vom Institut zu beachtenden gesetzlichen Bestimmungen sicherzustellen. Sie muss auch »betriebswirtschaftlichen Notwendigkeiten« Rechnung tragen. Der Zusatz, der auf Initiative des Bundesrates in § 25a Abs. 1 Satz 1 KWG eingefügt wurde, lässt Spielraum für unterschiedliche Interpretationen. Ausweislich der Gesetzesbegründung zum FRUG liegt die Berücksichtigung betriebswirtschaftlicher Notwendigkeiten im Eigeninteresse der Institute, sodass § 25a Abs. 1 KWG dadurch keine materielle Änderung erfahren hat.[8]

8   Nach dem Willen des Gesetzgebers umfasst die »Ordnungsmäßigkeit der Geschäftsorganisation« neben der Einrichtung eines angemessenen und wirksamen Risikomanagements (§ 25a Abs. 1 Satz 3 KWG) noch folgende weitere Elemente:
– angemessene Regelungen zur jederzeitigen und hinreichend genauen Bestimmung der finanziellen Lage eines Institutes (§ 25a Abs. 1 Satz 6 Nr. 1 KWG),
– eine vollständige Dokumentation der Geschäftstätigkeit, die eine lückenlose Überwachung durch die BaFin für ihren Zuständigkeitsbereich gewährleistet und für diesen Zweck vorgegebene Aufbewahrungspflichten berücksichtigt (§ 25a Abs. 1 Satz 6 Nr. 2 KWG) sowie

---

6   Gesetz zur Umsetzung der Richtlinie über Märkte für Finanzinstrumente und der Durchführungsrichtlinie der Kommission (Finanzmarktrichtlinie-Umsetzungsgesetz) vom 16. Juli 2007 (BGBl. I Nr. 31, S. 1330), veröffentlicht am 19. Juli 2007.

7   Bezüglich § 25a KWG haben sich durch das »Gesetz zur Stärkung der Finanzmarkt- und Versicherungsaufsicht« allerdings Änderungen substanzieller Natur auf der Rechtsfolgenseite ergeben. So kann die BaFin (regulatorische) Kapitalaufschläge festsetzen, wenn bei einem Institut die Risikotragfähigkeit nicht mehr gegeben ist (§ 10 Abs. 3 Nr. 2 KWG). Die Neufassung des § 45b KWG ermöglicht es der BaFin darüber hinaus, im Falle organisatorischer Mängel deutlich effektiver gegen Institute vorzugehen. Insbesondere kann die BaFin Maßnahmen zur Risikoreduzierung ergreifen (auch mit Blick auf Auslagerungen), Geschäfte beschränken oder untersagen sowie (regulatorische) Kapitalaufschläge festlegen. Bei organisatorischen Mängeln kann die BaFin ferner anordnen, dass weitere Zweigstellen nur mit ihrer Zustimmung errichtet werden dürfen. Durch die Neuregelungen werden die Eingriffsbefugnisse der BaFin bei Verstößen gegen § 25a KWG insoweit erheblich ausgedehnt.

8   Regierungsbegründung zum Entwurf eines Gesetzes zur Umsetzung der Richtlinie über Märkte für Finanzinstrumente und der Durchführungsrichtlinie der Kommission (Finanzmarktrichtlinie-Umsetzungsgesetz), Bundesrats-Drucksache 833/06, 8. Dezember 2006, S. 221.

– einen Prozess, der es den Mitarbeitern unter Wahrung der Vertraulichkeit ihrer Identität ermöglicht, Verstöße gegen die CRR oder das KWG oder gegen die aufgrund des KWG erlassenen Rechtsverordnungen sowie etwaige strafbare Handlungen innerhalb des Unternehmens an geeignete Stellen zu berichten (§ 25a Abs. 1 Satz 6 Nr. 3 KWG).

Durch § 25a Abs. 2 KWG wird der BaFin ferner die Möglichkeit eingeräumt, Vorgaben zur **9** Ausgestaltung einer plötzlichen und unerwarteten Zinsänderung und zur Ermittlungsmethodik der Auswirkungen auf den Barwert bezüglich der Zinsänderungsrisiken aus den nicht unter das Handelsbuch fallenden Geschäften festzulegen. Die BaFin hat zuletzt im Juni 2018 entsprechende Vorgaben veröffentlicht[9] (→ BTR 2.3 Tz. 6).

2.3 Risikomanagementbegriff

Die dem Risikomanagementbegriff der MaRisk zugrundeliegende Systematik ist durch die **10** verschiedenen Novellierungen des § 25a Abs. 1 KWG ebenfalls weitgehend unberührt geblieben. Grundsätzlich gilt das Proportionalitätsprinzip: Die Ausgestaltung des Risikomanagements hängt von Art, Umfang, Komplexität und Risikogehalt der Geschäftstätigkeit ab (→ AT 1 Tz. 5). Vom Gesetzgeber wird nicht nur die »Angemessenheit« des Risikomanagements, sondern auch seine »Wirksamkeit« eingefordert. Dadurch soll zum Ausdruck gebracht werden, dass die mit dem Management der Risiken verfolgten Ziele auch tatsächlich erreicht werden müssen. Das Risikomanagement soll also im Eigeninteresse des Institutes »gelebt« werden. Die Angemessenheit und die Wirksamkeit des Risikomanagements sind vom Institut regelmäßig zu überprüfen (→ AT 4.4.3 Tz. 3).

Auf Basis des Risikomanagements ist die Risikotragfähigkeit laufend sicherzustellen. Die **11** Notwendigkeit von Verfahren zur Ermittlung und Sicherstellung der Risikotragfähigkeit wird daher vom Gesetzgeber besonders betont. Das Risikomanagement im Sinne des § 25a Abs. 1 Satz 3 KWG umfasst insbesondere
– die Festlegung von Strategien (→ AT 4.2),
– Verfahren zur Ermittlung und Sicherstellung der Risikotragfähigkeit (→ AT 4.1) sowie
– die Einrichtung interner Kontrollverfahren, die aus dem (prozessabhängigen) internen Kontrollsystem (→ AT 4.3) und der (prozessunabhängigen) Internen Revision (→ AT 4.4.3) bestehen.

Mit dem CRD IV-Umsetzungsgesetz erfolgten im Gesetzestext einige Klarstellungen. So werden **12** laut § 25a Abs. 1 Satz 3 Nr. 1 KWG insbesondere die Festlegung einer auf die nachhaltige Entwicklung des Institutes gerichteten Geschäftsstrategie und einer damit konsistenten Risikostrategie sowie die Einrichtung von Prozessen zur Planung, Umsetzung, Beurteilung und Anpassung der Strategien gefordert (→ AT 4.2). Hinsichtlich der Verfahren zur Ermittlung und Sicherstellung der Risikotragfähigkeit wird in § 25a Abs. 1 Satz 3 Nr. 2 KWG betont, dass eine vorsichtige Ermittlung der Risiken und des zu ihrer Abdeckung verfügbaren Risikodeckungspotenzials zugrunde zu legen ist (→ AT 4.1). Diese Vorgaben wurden bereits mit der vierten MaRisk-Novelle berücksichtigt. Außerdem hat das Institut eine angemessene personelle und technisch-organisatorische Ausstattung sicherzustellen (→ AT 7.1 und AT 7.2) sowie ein Notfallkonzept, insbesondere für IT-Systeme, festzulegen (→ AT 7.3).

---

9 Vgl. Bundesanstalt für Finanzdienstleistungsaufsicht, Zinsänderungsrisiken im Anlagebuch – Ermittlung der Auswirkungen einer plötzlichen und unerwarteten Zinsänderung, Rundschreiben 9/2018 (BA) vom 12. Juni 2018.

13   Seit der Verabschiedung des »Gesetzes über die aufsichtsrechtlichen Anforderungen an die Vergütungssysteme von Instituten und Versicherungsunternehmen« erstreckt sich der Risikomanagementbegriff des KWG auch auf »angemessene, transparente und auf eine nachhaltige Entwicklung des Institutes ausgerichtete Vergütungssysteme für Geschäftsleiter und Mitarbeiter« (§ 25a Abs. 1 Satz 3 Nr. 6 KWG). Einzelheiten hierzu werden seit Oktober 2010 in der Institutsvergütungsverordnung geregelt.[10] Die aktuelle Fassung der Vergütungsverordnung ist am 4. August 2017 in Kraft getreten.[11] Die Änderung der Vergütungsverordnung aus dem Jahre 2017 setzte in erster Linie die Anforderungen der Leitlinien der EBA für eine solide Vergütungspolitik in deutsches Recht um[12] (→ Teil I, Kapitel 8.4).

2.4   Prozessabhängige Überwachungsmechanismen – Internes Kontrollsystem

14   Das interne Kontrollsystem umfasst alle Formen von Überwachungsmechanismen, die integraler Bestandteil der zu überwachenden Prozesse sind (prozessabhängige Überwachung). Die für derartige Überwachungsaufgaben zuständigen Mitarbeiter oder Stellen sind an den jeweiligen Arbeitsprozessen beteiligt und häufig auch für das Ergebnis der zu überwachenden Prozesse verantwortlich. Zu den prozessabhängigen Kontrollen zählen z. B. Funktionstrennungen, innerbetriebliche Organisationsrichtlinien und das Vier-Augen-Prinzip. Im weiteren Sinne sind auch die Aufgaben des Risikocontrollings dazuzurechnen. Das interne Kontrollsystem wird gemäß § 25a Abs. 1 Satz 3 KWG weiter unterteilt in aufbau- und ablauforganisatorische Regeln mit klarer Abgrenzung der Verantwortungsbereiche (→ AT 4.3.1) sowie Prozesse zur Identifizierung, Beurteilung, Steuerung sowie Überwachung und Kommunikation der Risiken entsprechend den in Titel VII Kapitel 2 Abschnitt 2 Unterabschnitt 2 der CRD IV niedergelegten Kriterien (→ AT 4.3.2).[13]

15   Seit dem 1. Januar 2014 haben die Institute gemäß § 25a Abs. 1 Satz 3 Nr. 3 KWG als Bestandteil des internen Kontrollsystems ausdrücklich auch über eine Risikocontrolling- und eine Compliance-Funktion zu verfügen. Im Rahmen der vierten MaRisk-Novelle wurden für diese Funktionen zahlreiche Anforderungen formuliert (→ AT 4.4.1 und AT 4.4.2). Unabhängig von der konkreten Ausgestaltung der beiden Funktionen wird durch die Zuordnung zum internen Kontrollsystem der prozessabhängige Charakter ihrer Tätigkeiten betont. Diese Erweiterung der Anforderungen an das interne Kontrollsystem geht auf die von der Europäischen Bankenaufsichtsbehörde (EBA) im September 2011 veröffentlichten Leitlinien zur internen Governance zurück. Danach muss ein Institut sowohl eine umfassende und unabhängige Risikocontrolling-Funktion als auch eine Compliance-Funktion einrichten.[14] Die EBA hat ihre Leitlinien zwischenzeitlich überarbeitet, um die bankaufsichtlichen Anforderungen an die interne Governance der Institute einschließlich der

---

10 Verordnung über die aufsichtsrechtlichen Anforderungen an Vergütungssysteme von Instituten (Instituts-Vergütungsverordnung – InstitutsVergV) in der Fassung vom 6. Oktober 2010 (BGBl. I Nr. 50, S. 1374), veröffentlicht am 12. Oktober 2010. Am 1. Januar 2014 ist eine umfassende Novellierung der Vergütungsverordnung in Kraft getreten, die auf das CRD IV-Umsetzungsgesetz sowie auf zahlreiche weitere internationale und europäische Vorgaben zurückzuführen ist. Verordnung über die aufsichtsrechtlichen Anforderungen an Vergütungssysteme von Instituten (Institutsvergütungsverordnung – InstitutsVergV) in der Fassung vom 16. Dezember 2013 (BGBl. I Nr. 74, S. 4270), veröffentlicht am 19. Dezember 2013.

11 Verordnung zur Änderung der Institutsvergütungsverordnung vom 25. Juli 2017 (BGBl. I Nr. 54, S. 3042), veröffentlicht am 3. August 2017.

12 European Banking Authority, Leitlinien für eine solide Vergütungspolitik gemäß Artikel 74 Absatz 3 und Artikel 75 Absatz 2 der Richtlinie 2013/36/EU und Angaben gemäß Artikel 450 der Verordnung (EU) Nr. 575/2013, EBA/GL/2015/22, 27. Juni 2016.

13 Zur Vertiefung dieser Thematik vgl. Helfer, Michael/Ullrich, Walter (Hrsg.), Interne Kontrollsysteme in Banken und Sparkassen, 2. Auflage, Heidelberg, 2010.

14 Vgl. European Banking Authority, EBA Guidelines on Internal Governance (GL 44), 27. September 2011, S. 38 und 43.

Vorgaben für die Risikocontrolling- und die Compliance-Funktion europaweit weiter zu vereinheitlichen.[15] Vor dem Hintergrund der neuen EBA-Leitlinien sowie entsprechender Erfahrungen aus der Aufsichtspraxis, hat die deutsche Aufsicht im Zuge der fünften MaRisk-Novelle die Anforderungen an die besonderen Funktionen an verschiedenen Stellen ergänzt (→ AT 4.4, Einführung).

2.5 Prozessunabhängige Überwachungsmechanismen – Interne Revision

Zu den prozessunabhängigen Überwachungsmechanismen zählt die Interne Revision, die im Auftrag der Geschäftsleitung grundsätzlich alle Aktivitäten und Prozesse auf ihre Ordnungsmäßigkeit prüft und beurteilt. Die Interne Revision hat u. a. auch die Wirksamkeit und Angemessenheit des Risikomanagements im Allgemeinen und des internen Kontrollsystems im Besonderen, also der prozessabhängigen Kontrollen, zu prüfen und zu beurteilen. Die Mitarbeiter der Internen Revision sind im Rahmen ihrer Aufgaben weder in die zu prüfenden Bereiche und Abläufe eingebunden noch für das Ergebnis des zu überwachenden Prozesses verantwortlich. Nur auf diese Weise ist eine unabhängige Überprüfung durch die Interne Revision gewährleistet.

16

2.6 Terminologie der Wirtschaftsprüfer

Die Trennung zwischen »prozessabhängigen« – bzw. im Sprachgebrauch des IDW »prozessintegrierten« – und »prozessunabhängigen« Überwachungsmaßnahmen liegt auch der Systematik des Berufsstandes der Wirtschaftsprüfer zugrunde. Einzelne Begrifflichkeiten weichen jedoch von der Terminologie der Bankenaufsicht ab. So wird z. B. der Begriff »internes Überwachungssystem« anstelle der Formulierung »interne Kontrollverfahren« verwendet, obwohl die Begriffsinhalte weitgehend deckungsgleich sind. Darüber hinaus bezeichnen die Wirtschaftsprüfer mit dem »internen Kontrollsystem« übergreifend sämtliche Regelungen zur Steuerung der Unternehmensaktivitäten und deren Überwachung, während die Bankenaufsicht denselben Begriff lediglich für die prozessabhängigen Überwachungsmechanismen verwendet (siehe Abbildung 5). Zwischen der inhaltlichen Ausrichtung von Wirtschaftsprüfern und Bankenaufsicht besteht, unabhängig davon, ein gedanklicher Gleichklang.[16] Die Veröffentlichung eines Prüfungsstandards zur Prüfung des Risikomanagements bei Kreditinstituten durch das Institut der Wirtschaftsprüfer (IDW) hat daran grundsätzlich nichts geändert.[17] Trotzdem wird es als nicht unproblematisch empfunden, dass der Gesetz-

17

---

15 Der Kommentar stellt auf die deutsche Übersetzung der Leitlinien ab, die am 21. März 2018 als Leitlinien zur internen Governance veröffentlicht wurden. Irrtümlicherweise wurde die deutsche Fassung der Leitlinien – im Gegensatz zu allen anderen Sprachfassungen – auf den 15. März 2018 datiert. Wir haben uns für die aus unserer Sicht korrekte Zitierweise entschieden. Vgl. European Banking Authority, Leitlinien zur internen Governance, EBA/GL/2017/11, 21. März 2018.

16 Vgl. z. B. Institut der Wirtschaftsprüfer, Prüfungsstandard 261 (IDW PS 261), Feststellung und Beurteilung von Fehlerrisiken und Reaktionen des Abschlussprüfers auf die beurteilten Fehlerrisiken, in: Die Wirtschaftsprüfung, Heft 22/2006, S. 1433 ff.; Göttgens, Michael/Wolfgarten, Wilhelm, Die Prüfung des internen Kontrollsystems von Kreditinstituten im Rahmen der Abschlussprüfung (Teil 1), in: Die Wirtschaftsprüfung, Heft 24/2005, 1368 f.; Denter, Klaus, Die Bedeutung der MaRisk für die Abschlussprüfung, in: Becker, Axel/Gruber, Walter/Wohlert, Dirk (Hrsg.), Handbuch MaRisk, Frankfurt a. M., 2006, S. 627 ff.

17 Institut der Wirtschaftsprüfer, Prüfungsstandard 525 (IDW PS 525), Die Prüfung des Risikomanagements von Kreditinstituten im Rahmen der Abschlussprüfung, in: Die Wirtschaftsprüfung Supplement, Heft 3/2010, S. 4 ff.

geber auf Begriffe zurückgreifen muss, die in der Betriebswirtschaft nicht eindeutig definiert sind und für die das IDW in der Praxis quasi die Definitionshoheit hat.[18]

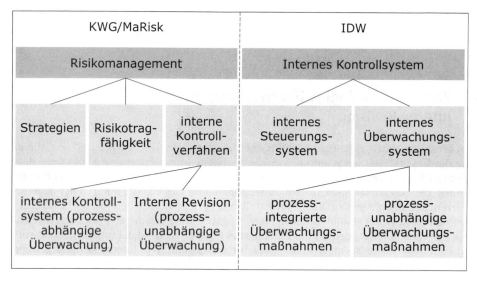

Abb. 5: Terminologie von Gesetzgeber und IDW im Vergleich

2.7 Einbeziehung ausgelagerter Aktivitäten und Prozesse nach § 25b KWG

18   Seit dem 30. Oktober 2007 (»erste MaRisk-Novelle«) konkretisieren die MaRisk auch die Anforderungen an eine ordnungsgemäße Geschäftsorganisation für die ausgelagerten Aktivitäten und Prozesse nach dem damaligen § 25a Abs. 2 KWG. Mit dem CRD IV-Umsetzungsgesetz wurde § 25a Abs. 2 KWG a. F. zum 1. Januar 2014 in § 25b KWG überführt, ohne dass damit eine inhaltliche Änderung verbunden war. Danach muss das Institut »abhängig von Art, Umfang, Komplexität und Risikogehalt einer Auslagerung von Aktivitäten und Prozessen auf ein anderes Unternehmen, die für die Durchführung von Bankgeschäften, Finanzdienstleistungen oder sonstigen institutstypischen Dienstleistungen wesentlich sind, angemessene Vorkehrungen treffen, um übermäßige zusätzliche Risiken zu vermeiden«. Im Einzelnen stellt der Gesetzgeber insbesondere folgende Anforderungen an die Institute:
- Eine Auslagerung darf die ordnungsgemäße Durchführung der Bankgeschäfte, Finanzdienstleistungen oder sonstigen institutstypischen Dienstleistungen sowie die Ordnungsmäßigkeit der Geschäftsorganisation gemäß § 25a Abs. 1 KWG nicht beeinträchtigen (→ AT 9 Tz. 3 und 4).
- Die ausgelagerten Aktivitäten und Prozesse müssen in das Risikomanagement des auslagernden Institutes einbezogen werden (→ AT 9 Tz. 2 und 7).

---

18 Vgl. Hoffmann-Becking, Michael, Risiko und Risikosteuerung im Aktienrecht, in: Die Wirtschaftsprüfung, Sonderheft 2/2010, S. S104 f.

- Eine Auslagerung darf nicht zu einer Delegation (Übertragung) der Verantwortung der Geschäftsleiter des Institutes an das Auslagerungsunternehmen führen (→ AT 9 Tz. 4).
- Bei einer Auslagerung von Aktivitäten und Prozessen in Kontrollbereichen und Kernbankbereichen müssen Kenntnisse und Erfahrungen im Institut verbleiben, die eine wirksame Überwachung der vom Auslagerungsunternehmen erbrachten Dienstleistungen gewährleisten; eine vollständige Auslagerung der besonderen Funktionen ist lediglich unter bestimmten Voraussetzungen zulässig (→ AT 9 Tz. 5).
- Das Institut bleibt gemäß § 25b Abs. 2 Satz 2 KWG auch bei einer Auslagerung für die Einhaltung der vom Institut zu beachtenden gesetzlichen Bestimmungen verantwortlich; dies gilt auch im Fall einer Weiterverlagerung (→ AT 9 Tz. 7 lit. g, Tz. 8 und Tz. 11).
- Durch eine Auslagerung darf die BaFin an der Wahrnehmung ihrer Aufgaben nicht gehindert werden. Ihre Auskunfts- und Prüfungsrechte sowie Kontrollmöglichkeiten müssen in Bezug auf die ausgelagerten Aktivitäten und Prozesse auch bei einer Auslagerung auf ein Unternehmen mit Sitz in einem Staat des Europäischen Wirtschaftsraumes oder einem Drittstaat durch geeignete Vorkehrungen gewährleistet werden. Entsprechendes gilt für die Wahrnehmung der Aufgaben der Prüfer des Institutes (→ AT 9 Tz. 7 lit. b und c).
- Eine Auslagerung bedarf einer schriftlichen Vereinbarung, welche die zur Einhaltung der vorstehenden Voraussetzungen erforderlichen Rechte des Institutes, einschließlich Weisungs- und Kündigungsrechten, sowie die korrespondierenden Pflichten des Auslagerungsunternehmens festlegt (→ AT 9 Tz. 7 lit. a, d und f).
- Das Institut hat bei wesentlichen Auslagerungen für den Fall der Beendigung der Auslagerungsvereinbarung Vorkehrungen zu treffen, um die Kontinuität und Qualität der ausgelagerten Aktivitäten und Prozesse auch nach Beendigung der Auslagerung zu gewährleisten (→ AT 9 Tz. 6).
- Das Institut hat die mit den wesentlichen Auslagerungen verbundenen Risiken angemessen zu steuern und die Ausführung der ausgelagerten Aktivitäten und Prozesse ordnungsgemäß zu überwachen; hierfür hat das Institut klare Verantwortlichkeiten festzulegen (→ AT 9 Tz. 9 und 10).
- Größere Institute mit umfangreichen Auslagerungslösungen haben ein zentrales Auslagerungsmanagement einzurichten, dem bestimmte Aufgaben zugewiesen werden (→ AT 9 Tz. 12 und 13).

Erwähnenswert ist noch der Hinweis des Gesetzgebers in § 25b Abs. 3 KWG, dass die Auskunfts- und Prüfungsrechte sowie Kontrollmöglichkeiten der BaFin sowie die damit korrespondierenden Aufgaben der Prüfer auch bei einer Auslagerung in das Ausland sicherzustellen sind. Auslagerungen im Inland sollen dadurch regulatorisch grundsätzlich nicht anders behandelt werden als Auslagerungen in das Ausland, was auch unter dem Gesichtspunkt der Vermeidung von »Aufsichtsarbitrage« gerechtfertigt ist. **19**

Sind bei Auslagerungen die Prüfungsrechte und Kontrollmöglichkeiten der BaFin beeinträchtigt, kann sie gemäß § 25b Abs. 4 KWG im Einzelfall Anordnungen treffen, die geeignet und erforderlich sind, diese Beeinträchtigung zu beseitigen. Die Befugnisse der BaFin nach § 25a Abs. 2 Satz 2 KWG bleiben unberührt. **20**

2.8 Risikomanagement auf Gruppenebene nach § 25a Abs. 3 KWG

§ 25a Abs. 3 KWG wurde im Rahmen der Umsetzung der Finanzkonglomerate-Richtlinie im Dezember 2004 zunächst als § 25a Abs. 1a in das KWG eingefügt. Dadurch hat der Gesetzgeber **21** der zunehmenden »Konzernierung« in der Finanzindustrie Rechnung getragen. Nach seinem Wortlaut sind die Geschäftsleiter des übergeordneten Unternehmens für die Ordnungsmäßigkeit der Geschäftsorganisation in der Gruppe und somit auch für das »Risikomanagement auf Gruppenebene« verantwortlich. Um der Anwendung der gruppenbezogenen Anforderungen an das Risikomanagement noch mehr Gewicht zu verleihen, hat die BaFin bestehende Anforderungen der MaRisk ergänzt und diese im Rahmen der zweiten MaRisk-Novelle in ein eigenständiges Modul integriert, das im Laufe der Zeit mehrfach überarbeitet wurde (→ AT 4.5).

22   Mittlerweile werden vom Anwenderkreis nur noch Institutsgruppen, Finanzholding-Gruppen, gemischte Finanzholding-Gruppen und Unterkonsolidierungsgruppen nach Art. 22 CRR erfasst. Mit dem im Juli 2013 in Kraft getretenen Gesetz zur zusätzlichen Aufsicht über beaufsichtigte Unternehmen eines Finanzkonglomerates (»Finanzkonglomerate-Aufsichtsgesetz«, FKAG) wurden die Regelungen für Finanzkonglomerate einschließlich der Anforderungen an das Risikomanagement auf Gruppenebene in einem eigenen Gesetz zusammengefasst. Folgerichtig wurden im Rahmen der fünften MaRisk-Novelle die Finanzkonglomerate aus dem Anwenderkreis gestrichen.[19]

2.9   Rechtsnatur der MaRisk

23   Bankaufsichtsrechtliche Regelwerke können auf verschiedenen Grundlagen beruhen, wie z. B. auf Gesetzen, Verordnungen oder Verwaltungsvorschriften. Während Gesetze oder Verordnungen materielles Recht darstellen, das gegenüber den Instituten unmittelbare Bindungswirkung entfaltet, handelt es sich bei den MaRisk um norminterpretierende Verwaltungsvorschriften[20] (→ Teil I, Kapitel 5). Unter dem Begriff »Verwaltungsvorschriften« werden sämtliche Regelungen subsumiert, mit deren Hilfe die Organisation und das Handeln einer Behörde näher bestimmt werden. Sie entfalten gegenüber den Instituten keine unmittelbare Bindungswirkung, sondern lediglich gegenüber der erlassenden Behörde, also der BaFin. Es handelt sich dabei um ein so genanntes »Innenrecht« der Behörde. Mit Hilfe der Verwaltungsvorschriften werden unbestimmte Rechtsbegriffe des § 25a KWG durch die BaFin ausgelegt, so dass zum Ausdruck kommt, was die deutsche Aufsicht unter einem angemessenen Risikomanagement und dessen Kernbestandteilen (Strategien, Risikotragfähigkeit, interne Kontrollverfahren, Einbeziehung ausgelagerter Aktivitäten und Prozesse) auf der Ebene des einzelnen Institutes und auf Gruppenebene versteht.

24   Für die Institute bedeutet die Auslegung der unbestimmten Rechtsbegriffe des Gesetzestextes durch die MaRisk einen Gewinn an Rechts- und Planungssicherheit, da die Handlungsweise der deutschen Aufsicht auf der Grundlage der übergeordneten Norm berechenbar wird. Zudem kann auf diese Weise ein möglichst einheitliches Verwaltungshandeln sichergestellt werden. Ein Verzicht auf norminterpretierende Verwaltungsvorschriften hätte negative Konsequenzen und wäre darüber hinaus ineffizient. Die einzelnen Aufseher der BaFin müssten sich von Grund auf eigene Beurteilungsmaßstäbe erarbeiten, so dass sich im Hinblick auf die Bedeutung der unbestimmten Rechtsbegriffe des § 25a Abs. 1 KWG ein unüberschaubares Geflecht an Interpretationen ergeben

---

19 Gemäß § 25 Abs. 1 Satz 1 FKAG muss ein Finanzkonglomerat über eine ordnungsgemäße Geschäftsorganisation nach Maßgabe von Art. 9 der Finanzkonglomerate-Richtlinie verfügen, wobei nach § 25 Abs. 1 Satz 2 FKAG die gesetzlichen Vorgaben in § 25a Abs. 1 KWG und § 64a Abs. 1 VAG entsprechend gelten und die Geschäftsleiter des übergeordneten Unternehmens für die ordnungsgemäße Geschäftsorganisation des Finanzkonglomerates verantwortlich sind. Vgl. Gesetz zur Umsetzung der Richtlinie 2011/89/EU des Europäischen Parlaments und des Rates vom 16. November 2011 zur Änderung der Richtlinien 98/78/EG, 2002/87/EG, 2006/48/EG und 2009/138/EG hinsichtlich der zusätzlichen Beaufsichtigung der Finanzunternehmen eines Finanzkonglomerats vom 27. Juni 2013 (BGBl. I Nr. 33, S. 1862), veröffentlicht am 3. Juli 2013, S. 1870 f.

20 Vgl. auch Langen, Markus, in: Schwennicke, Andreas/Auerbach, Dirk (Hrsg.), KWG, 3. Auflage, München, 2016, § 25a KWG, Tz. 6; Braun, Ulrich, in: Boos, Karl-Heinz/Fischer, Reinfrid/Schulte-Mattler, Hermann (Hrsg.), Kreditwesengesetz, VO (EU) Nr. 575/2013 (CRR), Band 1, 5. Auflage, München, 2016, § 25a KWG, Tz. 97.

würde. Gleiches würde für die Prüfer und die Institute gelten. Unter diesen Bedingungen könnten eine möglichst einheitliche Aufsichtspraxis sowie Rechts- und Planungssicherheit kaum gewährleistet werden.[21]

Verwaltungsvorschriften stellen für eine prinzipienorientierte Regulierung das optimale Vehikel **25** dar: Solange Anpassungen mit der (abstrakten) übergeordneten Norm korrespondieren, können diese zeitnah, d. h. ohne aufwendigen parlamentarischen Gesetzgebungsprozess, von der Aufsicht initiiert und gemeinsam mit der Praxis (MaRisk-Fachgremium[22]) entwickelt werden. Zudem werden Novellierungen der MaRisk vor Veröffentlichung stets mit dem Bundesfinanzministerium abgestimmt. Der Heterogenität der Institute wird dabei durch strikte Beachtung des Proportionalitätsgrundsatzes entsprochen.

Neben der deutschen Aufsicht veröffentlichen auch die EBA und die EZB rechtlich nicht **26** verbindliche Leitlinien, Empfehlungen, Leitfäden und Beschlüsse, die ihre Erwartungshaltung zu einem angemessenen und wirksamen Risikomanagement der Institute zum Ausdruck bringt. Die EZB kann zur Wahrnehmung der ihr durch die SSM-Verordnung übertragenen Aufgaben Leitfäden und Empfehlungen veröffentlichen sowie Beschlüsse fassen. Hiervon macht die EZB in der Praxis inzwischen in erheblichem Umfang Gebrauch, um einheitliche aufsichtliche Verfahren zu fördern und ihre Aufsichtspraxis für den Bankensektor transparent zu machen (→ Teil I, Kapitel 3).

2.10   Transparenz der Aufsichtspraxis

Verwaltungsvorschriften werden von nahezu jeder Behörde mit ganz unterschiedlichen Bezeich- **27** nungen veröffentlicht (z.B. Richtlinien, Erlasse, technische Anweisungen, Verwaltungsverordnungen). In der öffentlichen Diskussion um Bürokratieabbau sind sie vor allem deshalb in die Kritik geraten, weil sie häufig nicht transparent gemacht werden und das Handeln der Behörden damit für Bürger und Unternehmen undurchschaubar wird. Kritisiert wird darüber hinaus, dass sie zu viele Details reglementieren. Angesichts dieser Probleme haben staatliche Stellen Initiativen ergriffen, die auf einen Abbau von Verwaltungsvorschriften abzielen. Die BaFin verfolgt im Umgang mit den Verwaltungsvorschriften zum Risikomanagement einen modernen Ansatz. Die MaRisk sind im Internet veröffentlicht und damit transparent. Durch die Einbindung des MaRisk-Fachgremiums in die Ausarbeitung und Weiterentwicklung der MaRisk werden zudem Flexibilität und Praxisnähe der Anforderungen kontinuierlich sichergestellt. Damit steigt nicht nur die Akzeptanz der Regelungen bei den Instituten. Auf diese Weise können gleichzeitig Überreglementierungen vermieden werden.[23]

---

21 Vgl. Bundesanstalt für Finanzdienstleistungsaufsicht, Entwicklung von Mindestanforderungen an das Risikomanagement (MaRisk), Schreiben vom 15. April 2004, S. 3.

22 Dem MaRisk-Fachgremium, das gemeinsam von der BaFin und der Deutschen Bundesbank betreut wird, gehören Fachexperten aus den Instituten, Prüfer und Verbandsvertreter an. Im Rahmen der Konsultationen zur Erarbeitung bzw. Weiterentwicklung der MaRisk wird das Fachgremium zur Erörterung der jeweiligen Entwürfe einberufen. Ansonsten dient es in erster Linie als Forum zur Diskussion von Auslegungsentscheidungen.

23 In Großbritannien geht man bei der Einbindung der Praxis sogar noch einen Schritt weiter. In Einzelfällen hat die damalige FSA über begrenzte Zeiträume von der Industrie erstellte »Guidelines«, bestätigt, wie beispielsweise die »Industry Guidance« zu den Outsourcing-Anforderungen der MiFID. Vgl. Financial Services Authority, FSA confirmation of Industry Guidance, PS 07/16, September 2007; Clifford Chance, MiFID-Connect – Guideline on the Application of the Outsourcing Requirements under the FSA Rules implementing MiFID and the CRD in the UK, 2007.

2.11   Stärkung der Governance-Strukturen

28   Unter dem Eindruck der Finanzmarktkrise sind angemessene »Corporate Governance«-Strukturen verstärkt in den Fokus der Aufsicht gerückt.[24] Der Begriff »Corporate Governance« bezeichnet kurz gefasst den rechtlichen und faktischen Ordnungsrahmen für die Leitung und Überwachung eines Unternehmens. Er umfasst durch Festlegung von Informations- und Entscheidungsrechten verschiedener Akteure bzw. Interessengruppen primär die Binnenordnung des Unternehmens bzw. die »Unternehmensverfassung« (interne Governance-Perspektive) sowie Fragen der rechtlichen und faktischen Einbindung des Unternehmens in sein Umfeld (externe Governance-Perspektive). Die interne Governance-Perspektive (»Internal Governance«) beschäftigt sich vorrangig mit den jeweiligen Rollen, Kompetenzen und Funktionsweisen sowie dem Zusammenwirken der Unternehmensorgane, wie der Geschäftsleitung und dem Aufsichtsorgan. Die externe Governance-Perspektive betrifft das Verhältnis der (Träger der) Unternehmensführung zu den wesentlichen Bezugsgruppen des Unternehmens (Stakeholder), wobei den Anteilseignern (Shareholder) dabei eine besondere Bedeutung zukommt.[25]

2.12   Überwachungsfunktion des Aufsichtsorgans

29   Funktionsfähige interne Governance-Strukturen setzen voraus, dass die Aufsichtsorgane der Institute ihre Überwachungsfunktion sachgerecht wahrnehmen.[26] Die Überwachungsfunktion der Aufsichtsorgane ist in unterschiedlichen gesetzlichen Normen fest verankert. Nach § 111 Abs. 1 AktG hat der Aufsichtsrat die Geschäftsführung zu überwachen. Bei Kreditinstituten in der Rechtsform der Genossenschaft hat der Aufsichtsrat gemäß § 38 Abs. 1 GenG den Vorstand bei seiner Geschäftsführung zu überwachen. Bei Sparkassen sind entsprechende Regelungen in den Sparkassengesetzen der Länder festgelegt. Nach dem Wortlaut des § 15 Abs. 1 des Gesetzes über die Sparkassen sowie über die Sparkassen- und Giroverbände (SpkG) des Landes Nordrhein-Westfalen bestimmt der Verwaltungsrat sogar die Richtlinien der Geschäftspolitik. Der Verwaltungsrat hat ferner die Geschäftsführung zu überwachen. Der Überwachungsfunktion des Aufsichtsorgans wird demnach vom Gesetzgeber nicht nur bei Aktiengesellschaften, sondern auch bei Sparkassen und Genossenschaftsbanken ein hoher Stellenwert eingeräumt.[27]

30   Seit der Finanzmarktkrise stehen die Anforderungen an Aufsichtsräte von Banken verstärkt im Fokus neuer gesetzlicher und regulatorischer Vorgaben. So sieht etwa das Bilanzrechtsmodernisierungsgesetz (BilMoG) eine Stärkung der Qualifikation und Unabhängigkeit des Aufsichtsrates vor. Noch weiter gingen die gesetzgeberischen Initiativen bei Banken (und Versicherungsunter-

---

24 Vgl. European Banking Authority, Leitlinien zur internen Governance, EBA/GL/2017/11, 21. März 2018; European Banking Authority, EBA Guidelines on Internal Governance (GL 44), 27. September 2011; Committee of European Banking Supervisors, Consultation paper on the Guidebook on Internal Governance (CP 44), 13. Oktober 2010; Basel Committee on Banking Supervision, Principles for enhancing corporate governance, BCBS 176, 4. Oktober 2010.

25 Vgl. von Werder, Axel, Ökonomische Grundfragen der Corporate Governance, in: Hommelhoff, Peter/Hopt, Klaus J./von Werder, Axel (Hrsg.), Handbuch Corporate Governance – Leitung und Überwachung börsennotierter Unternehmen in der Rechts- und Wirtschaftspraxis, 2. Auflage, Stuttgart, 2009, S. 4.

26 Im Kommentar wird in Anlehnung an den Sprachgebrauch der MaRisk durchgängig der Begriff »Aufsichtsorgan« verwendet. Gemeint ist damit ein im dualistischen System übliches Kontrollgremium, das aufgrund gesetzlicher oder anderer Vorgaben zur Überwachung der Geschäftsleitung eingerichtet werden muss oder kann (→ AT 4.4.3 Tz. 2). Nach dem Aktiengesetz und dem Genossenschaftsgesetz handelt es sich dabei um einen »Aufsichtsrat«, nach öffentlichem Recht um einen »Verwaltungsrat«. Deshalb ist in anderen Regelwerken, wie z. B. im KWG oder in der InstitutsVergV, auch vom »Aufsichts- oder Verwaltungsorgan« die Rede. Die Veröffentlichungen von EBA und EZB haben sowohl das monistische als auch das dualistische System zu berücksichtigen. EBA und EZB verwenden daher für Aufsichts- oder Verwaltungsorgane regelmäßig den Begriff »Leitungsorgan in seiner Aufsichtsfunktion«.

27 Zur Vertiefung dieser Thematik vgl. Bellavite-Hövermann, Yvette/Lindner, Grit/Lüthje, Bernd, Leitfaden für den Aufsichtsrat: Betriebswirtschaftliche und rechtliche Grundlagen für die Aufsichtsratsarbeit, Stuttgart, 2005.

nehmen). Seit der Verabschiedung des »Gesetzes zur Stärkung der Finanzmarkt- und Versicherungsaufsicht« im Juli 2009 müssen die Mitglieder der Aufsichtsorgane ihre persönliche Zuverlässigkeit und Sachkunde im Rahmen eines »Fit & Proper«-Tests gegenüber den zuständigen Aufsichtsbehörden nachweisen.

2.13 Anforderungen an die Mitglieder des Aufsichtsorgans nach § 25d KWG

Mit dem CRD IV-Umsetzungsgesetz wurden zum 1. Januar 2014 die Anforderungen an die Aufsichts- **31** organe der Institute grundlegend neu geregelt (§ 25d KWG)[28] und dabei deutlich erweitert. Die sehr umfangreichen Regelungen dienen der Stärkung der internen Governance-Strukturen und gehen zum großen Teil auf Vorgaben der CRD IV[29] sowie Leitlinien der EBA[30] bzw. ihres Vorgängers CEBS[31] zurück. Den Regelungen auf europäischer Ebene zufolge ändert sich die Rolle der Aufsichtsorgane insofern, als ein Wandel von einer reinen Kontrolltätigkeit hin zu einer aktiven Einbindung in Entscheidungen von grundlegender Bedeutung zu beobachten ist. Unter dem Aufsichtsorgan wird jedes Organ verstanden, dem die Überwachung der Geschäftsleitung des Institutes obliegt, ohne dass es dabei auf die Terminologie in dem einschlägigen, die Rechtsform regelnden Gesetz ankommt.[32] In der Gesetzesbegründung ist klargestellt, dass § 25d KWG bei Instituten ohne gesetzlich notwendiges Aufsichtsorgan nicht die Bildung eines Aufsichts- oder Verwaltungsrates verlangt.

Neben Zuverlässigkeit und Sachkunde verlangt § 25d Abs. 1 KWG nunmehr ausdrücklich, dass ein **32** Mitglied des Aufsichtsorgans der Wahrnehmung seiner Aufgaben ausreichend Zeit widmet. Die Anforderung betont das Gebot der persönlichen und eigenverantwortlichen Amtsausübung. Gleichzeitig wird eine Höchstzahl von Aufsichtsmandaten gesetzlich festgeschrieben (§ 25d Abs. 3 KWG). Die Regelung schließt darüber hinaus mögliche Interessenkonflikte aus. Die BaFin hat in einem Merkblatt die Anforderungen an die Sachkunde, die Zuverlässigkeit und die zeitliche Verfügbarkeit der Mitglieder der Aufsichtsorgane konkretisiert.[33] Im Hinblick auf die notwendige Sachkunde muss ein Mitglied eines Aufsichtsorgans insbesondere fachlich in der Lage sein, die Geschäftsleiter seines Institutes angemessen zu kontrollieren, zu überwachen und die Entwicklung des Institutes aktiv zu begleiten. Das Mitglied des Aufsichtsorgans muss dazu die vom Institut getätigten Geschäfte verstehen und deren Risiken beurteilen können. Zudem muss es mit den für das Institut wesentlichen gesetzlichen Regelungen vertraut sein.[34] Im Gegensatz zu der von Geschäftsleitern verlangten fachlichen Eignung erfordert »Sachkunde« bei den Mitgliedern des Aufsichtsorgans finanztech-

---

28 Die Anforderungen an die Zuverlässigkeit und Sachkunde von Mitgliedern des Aufsichtsorgans ergaben sich bis zum CRD IV-Umsetzungsgesetz nur aus einem Umkehrschluss aus § 36 Abs. 3 KWG.

29 Vgl. Art. 88 ff. CRD IV, wobei in der CRD IV von »Leitungsorganen in ihrer Aufsichtsfunktion« die Rede ist.

30 Vgl. European Banking Authority, EBA Guidelines on Internal Governance (GL 44), 27. September 2011, S. 21 ff. Die Rolle des Aufsichtsorgans wird auch in den überarbeiteten Leitlinien der EBA beleuchtet. Vgl. European Banking Authority, Leitlinien zur internen Governance, EBA/GL/2017/11, 21. März 2018, S. 12 ff.

31 Vgl. Committee of European Banking Supervisors, Guidelines on Remuneration Policies and Practices (GL 42), 10. Dezember 2010, S. 28 ff.

32 Vgl. Bundesanstalt für Finanzdienstleistungsaufsicht, Merkblatt zu Mitgliedern von Verwaltungs- und Aufsichtsorganen gemäß KWG und KAGB vom 4. Januar 2016, zuletzt geändert am 12. November 2018, S. 8.

33 Das Merkblatt regelt neben den Anforderungen an die Mitglieder von Aufsichtsorganen (Sachkunde, Zuverlässigkeit, Interessenkonflikte, zeitliche Verfügbarkeit, Mandatsbegrenzungen) die Pflichten der Mitglieder von Aufsichtsorganen, die Anzeigepflichten der Institute sowie mögliche Maßnahmen der Aufsichtsbehörden gegenüber Mitgliedern von Aufsichtsorganen. Vgl. Bundesanstalt für Finanzdienstleistungsaufsicht, Merkblatt zu Mitgliedern von Verwaltungs- und Aufsichtsorganen gemäß KWG und KAGB vom 4. Januar 2016, zuletzt geändert am 12. November 2018.

34 Die Anforderungen an die Sachkunde der Mitglieder des Aufsichtsorgans richten sich nach dem Umfang und der Komplexität der vom Institut betriebenen Geschäfte und sind für jeden Einzelfall zu beurteilen. Vgl. Bundesanstalt für Finanzdienstleistungsaufsicht, Merkblatt zu Mitgliedern von Verwaltungs- und Aufsichtsorganen gemäß KWG und KAGB vom 4. Januar 2016, zuletzt geändert am 12. November 2018, S. 20.

nisches Fachwissen (nur) in einem Ausmaß, das die Person zur Mitwirkung an der Kollektiventscheidung befähigt. Nicht sämtliche Mitglieder müssen über alle notwendigen Spezialkenntnisse verfügen. Es kommt vielmehr darauf an, dass das Aufsichtsorgan in seiner Gesamtheit die zur Wahrnehmung der Kontrollfunktion sowie zur Beurteilung und Überwachung der Geschäftsleitung notwendigen Kenntnisse, Fähigkeiten und Erfahrungen hat (§ 25d Abs. 2 KWG). Die erforderliche Sachkunde ist laufend aufrechtzuerhalten. Die Aufsicht misst der Fort- und Weiterbildung der Aufsichtsorgane hohe Bedeutung bei.[35] Zudem müssen die Institute zukünftig angemessene personelle und finanzielle Ressourcen einsetzen, um den Mitgliedern des Aufsichtsorgans die Einführung in ihr Amt zu erleichtern und Fortbildungen zu ermöglichen (§ 25d Abs. 4 KWG). Hinsichtlich der zeitlichen Verfügbarkeit ist erforderlich, dass das Mitglied des Aufsichtsorgans unter Berücksichtigung seiner beruflichen und gesellschaftlichen Verpflichtungen nach allgemeiner Anschauung in der Lage ist, für das einzelne Mandat Zeit aufzubringen, und zum anderen, dass das Mitglied die erforderliche Zeit auch tatsächlich aufwendet.[36]

33 Die Beurteilung der Sachkunde, Zuverlässigkeit und zeitlichen Verfügbarkeit der Mitglieder von Aufsichtsorganen eines Institutes erfolgt seit Inkrafttreten des Einheitlichen Aufsichtsmechanismus (Singe Supervisory Mechanism, SSM) am 4. November 2014 durch die EZB, die ihre Entscheidung dem Institut unmittelbar mitteilt.[37] Die EZB hat im Mai 2017 einen Leitfaden zur Beurteilung der fachlichen Qualifikation und persönlichen Zuverlässigkeit von Geschäftsleitern und Mitgliedern von Aufsichtsorganen veröffentlicht, der unter Berücksichtigung der einschlägigen EBA-Leitlinien im Mai 2018 aktualisiert wurde.[38]

34 Nach § 25d Abs. 6 Satz 1 KWG hat das Aufsichtsorgan die Geschäftsleiter auch im Hinblick auf die Einhaltung der einschlägigen bankaufsichtsrechtlichen Regelungen zu überwachen. Vom Aufsichtsorgan wird explizit gefordert, der Erörterung von Strategien, Risiken und Vergütungssystemen für Geschäftsleiter und Mitarbeiter ausreichend Zeit zu widmen (§ 25d Abs. 6 KWG). Das Aufsichtsorgan hat sich somit zukünftig verstärkt auch mit den Vergütungssystemen der Mitarbeiter des Institutes auseinanderzusetzen, insbesondere hinsichtlich der »Risk Taker« und der Leiter von besonderen Funktionen im Aufsichtsrecht (z. B. Risikocontrolling- und Compliance-Funktion, Interne Revision, Geldwäschebeauftragter). Zu den Aufgaben des Aufsichtsorgans gehört gemäß § 25d Abs. 8 KWG des Weiteren die Bewertung der Auswirkungen der Vergütungssysteme auf die Risiko-, Kapital- und Liquiditätsstruktur des Unternehmens sowie die Wahrscheinlichkeit und Fälligkeit von Einnahmen. Nach § 25d Abs. 5 KWG darf die Ausgestaltung der Vergütungssysteme für Mitglieder des Aufsichtsorgans im Hinblick auf die wirksame Wahrnehmung seiner Überwachungsfunktion keine Interessenkonflikte erzeugen.

35 Gemäß den Vorstellungen der EBA überwacht und berät das Aufsichtsorgan die Geschäftsleitung. Die Aufsichtsfunktion besteht vor allem darin, die Erstellung der Strategie eines Institutes konstruktiv zu begleiten und zu hinterfragen, die Leistung der Geschäftsleitung und die Verwirklichung der vereinbarten Ziele zu überwachen und die Verlässlichkeit und Vollständigkeit der Finanzinformationen sowie ein wirksames Risikomanagement und interne Kontrollen zu gewährleisten. Seit der Überarbeitung der EBA-Leitlinien zur internen Governance hat das Aufsichtsorgan

---

35 Vgl. Bundesanstalt für Finanzdienstleistungsaufsicht, Merkblatt zu Mitgliedern von Verwaltungs- und Aufsichtsorganen gemäß KWG und KAGB vom 4. Januar 2016, zuletzt geändert am 12. November 2018, S. 22 f.

36 Vgl. Bundesanstalt für Finanzdienstleistungsaufsicht, Merkblatt zu Mitgliedern von Verwaltungs- und Aufsichtsorganen gemäß KWG und KAGB vom 4. Januar 2016, zuletzt geändert am 12. November 2018, S. 25.

37 Die notwendigen Anzeigen der Mitglieder des Aufsichtsorgans sind regelmäßig bei BaFin und Bundesbank einzureichen, bei bedeutenden Instituten (significant institutions) zusätzlich bei der EZB. Vgl. Bundesanstalt für Finanzdienstleistungsaufsicht, Merkblatt zu Mitgliedern von Verwaltungs- und Aufsichtsorganen gemäß KWG und KAGB vom 4. Januar 2016, zuletzt geändert am 12. November 2018, S. 5.

38 Vgl. Europäische Zentralbank, Leitfaden zur Beurteilung der fachlichen Qualifikation und persönlichen Zuverlässigkeit, 28. Mai 2018. Die EBA hat entsprechende Vorgaben in den Leitlinien zur Beurteilung der Eignung von Geschäftsleitern, Mitgliedern der Aufsichtsorgane und so genannten »Inhabern von Schlüsselfunktionen« (»Key Function Holder«) formuliert. Vgl. European Banking Authority/European Securities and Markets Authority, Leitlinien zur Bewertung der Eignung von Mitgliedern des Leitungsorgans und Inhabern von Schlüsselfunktionen, EBA/GL/2017/12, 21. März 2018. S. 24 f.

zudem zu überwachen, dass die Risikokultur des Institutes konsequent umgesetzt wird (→ AT 3). Auch die Beaufsichtigung der Umsetzung und Pflege des Verhaltenskodex des Institutes (→ AT 5 Tz. 3 lit. g) und wirksamer Richtlinien zur Vermeidung von Interessenkonflikten gehört seitdem zu den Aufgaben des Aufsichtsorgans.[39]

2.14 Bildung von Ausschüssen (§ 25d Abs. 7 bis 12 KWG)

Das Aufsichtsorgan eines Institutes hat grundsätzlich aus seiner Mitte einen Risikoausschuss, **36** einen Prüfungsausschuss, einen Nominierungsausschuss und einen Vergütungskontrollausschuss zu bilden, die es bei seinen Aufgaben beraten und unterstützen sollen (§ 25d Abs. 7 KWG). Für die Ausschüsse ist jeweils ein Vorsitzender zu benennen, der über die erforderlichen Kenntnisse, Fähigkeiten und Erfahrungen verfügt. Zudem soll ihre Tätigkeit durch wechselseitige Mitgliedschaften untereinander abgestimmt werden. Nach der Gesetzesbegründung können die Institute von der Bildung der Ausschüsse absehen, wenn dem Aufsichtsorgan weniger als zehn Mitglieder angehören. Ab einer Mindestanzahl von zehn Mitgliedern im Gesamtorgan erscheint die Bildung der Ausschüsse dem Gesetzgeber hingegen sinnvoll und notwendig. Zu beachten ist, dass die Aufsicht die Bildung der Ausschüsse verlangen kann, wenn dies unter Wahrung des Proportionalitätsgrundsatzes zur ordnungsgemäßen Wahrnehmung der Kontrollfunktion des Aufsichtsorgans erforderlich erscheint. In den MaRisk wird bisher nicht explizit gefordert, entsprechende Ausschüsse zu bilden.

Der so genannte »Risikoausschuss« soll das Aufsichtsorgan zur aktuellen und künftigen Gesamt- **37** risikobereitschaft und -strategie des Institutes beraten und bei der Beaufsichtigung der Umsetzung dieser Strategie unterstützen. Der Vorsitzende soll unter Einbeziehung der Geschäftsleitung unmittelbar beim Leiter der Internen Revision und beim Leiter Risikocontrolling Auskünfte einholen können. Existiert ein solcher Ausschuss nicht, wird das Auskunftsrecht dem Vorsitzenden des Aufsichtsorgans eingeräumt. Es soll auch die Möglichkeit bestehen, den Rat außenstehender Sachverständiger einzuholen. Der Risikoausschuss soll Art, Umfang, Format und Häufigkeit der Informationen bestimmen, die von der Geschäftsleitung zum Thema Strategie und Risiko vorgelegt werden müssen (§ 25d Abs. 8 KWG).

Auch der Baseler Ausschuss für Bankenaufsicht schlägt für den Leiter Risikocontrolling einen **38** ungehinderten Zugang zum Aufsichtsorgan und seinem Risikoausschuss vor. Zudem soll er unabhängig von den normalen Berichtslinien auch an diese Organe berichten. Die Mitglieder des Aufsichtsorgans sollten wiederum das Recht haben, sich in Abwesenheit der Geschäftsleitung regelmäßig mit dem Leiter Risikocontrolling zu treffen.[40]

Der »Prüfungsausschuss« soll das Aufsichtsorgan bei der Überwachung des Rechnungslegungs- **39** prozesses, der Wirksamkeit des Risikomanagementsystems und der Durchführung der Abschlussprüfungen unterstützen. Er soll zudem die zügige Behebung der vom Prüfer festgestellten Mängel durch die Geschäftsleitung mittels geeigneter Maßnahmen überprüfen (§ 25d Abs. 9 KWG). Es ist ggf. möglich, einen gemeinsamen Risiko- und Prüfungsausschuss zu bilden (§ 25d Abs. 10 KWG). Der »Nominierungsausschuss« soll das Aufsichtsorgan bei der Stellenbesetzung in der Geschäftsleitung und ggf. im Aufsichtsorgan unterstützen, die Struktur, Größe, Zusammensetzung und Leistung der Geschäftsleitung und des Aufsichtsorgans sowie die Kenntnisse, Fähigkeiten und Erfahrung der einzelnen Mitglieder und des jeweiligen Organs in seiner Gesamtheit bewerten sowie die Geschäftsleitung bei der Auswahl und Ernennung der oberen Leitungsebene überprüfen

---

39 Vgl. European Banking Authority, Leitlinien zur internen Governance, EBA/GL/2017/11, 21. März 2018, S. 12 f.
40 Vgl. Basel Committee on Banking Supervision, Principles for enhancing corporate governance, BCBS 176, 4. Oktober 2010, S. 18.

(§ 25d Abs. 11 KWG). Schließlich soll der »Vergütungskontrollausschuss« das Aufsichtsorgan bei der Überwachung der angemessenen Ausgestaltung der Vergütungssysteme unterstützen, die Auswirkungen dieser Systeme auf das Risiko-, Kapital- und Liquiditätsmanagement und die ordnungsgemäße Einbeziehung der internen Kontroll- und aller sonstigen maßgeblichen Bereiche bei der Ausgestaltung der Vergütungssysteme bewerten und die Beschlüsse des Aufsichtsorgans über die Vergütung der Geschäftsleiter unter besonderer Berücksichtigung der Auswirkungen dieser Beschlüsse auf die Risiken und das Risikomanagement des Unternehmens vorbereiten (§ 25d Abs. 12 KWG). Eine analoge Möglichkeit zur Einholung von Auskünften wie beim Risikoausschuss besteht laut § 25d Abs. 9 Satz 4 KWG für den Vorsitzenden des Prüfungsausschusses und – bezogen auf den Leiter der Internen Revision und den Leiter der für die Ausgestaltung der Vergütungssysteme zuständigen Organisationseinheit – nach § 25d Abs. 12 Satz 7 KWG für den Vorsitzenden des Vergütungskontrollausschusses.

40   Die gesetzlichen Auskunftsrechte des Vorsitzenden des Aufsichtsorgans bzw. eines Ausschusses gegenüber den Leitern besonderer Funktionen sind derzeit nur rudimentär in den MaRisk enthalten. Bisher ist lediglich der Vorsitzende des Aufsichtsorgans oder des Prüfungsausschusses berechtigt, beim Leiter der Internen Revision Auskünfte einzuholen. Ein Auskunftsrecht des Vorsitzenden des Aufsichtsorgans oder des Risikoausschusses gegenüber dem Leiter Risikocontrolling besteht demgegenüber in den MaRisk noch nicht.

41   Die EBA verlangt in ihren Leitlinien zur internen Governance nicht nur ein Auskunftsrecht des Aufsichtsorgans gegenüber der Risikocontrolling-Funktion und der Internen Revision. Nach den Vorstellungen der EBA sollten vielmehr alle Leiter der besonderen Funktionen (→ AT 4.4) gegenüber dem Aufsichtsorgan ihre Bedenken äußern bzw. dieses warnen können, wenn nachteilige Risikoentwicklungen das Institut beeinträchtigen oder beeinträchtigen können.[41] Es stellt sich die Frage, ob ein derartiges »Rederecht« der Leiter der Risikocontrolling- und Compliance-Funktion sowie der Internen Revision überhaupt mit dem deutschen Gesellschaftsrecht vereinbar ist. Da die EBA ihre Anforderung im Hinblick auf das Rederecht der Leiter der besonderen Funktionen explizit unter den Vorbehalt des anwendbaren nationalen Gesellschaftsrechtes stellt, bleibt eine mögliche Umsetzung in das nationale Recht abzuwarten.[42] Die deutsche Aufsicht hat die Anforderung der EBA zumindest in der fünften MaRisk-Novelle nicht übernommen (→ AT 4.4.2 Tz. 7 und AT. 4.4.3 Tz. 2).

2.15   Angemessene Einbindung des Aufsichtsorgans nach MaRisk

42   Das Aufsichtsorgan spielt auch in den MaRisk eine wichtige Rolle. Allerdings sind die Anforderungen in erster Linie an die Geschäftsleitung des Institutes und nicht etwa unmittelbar an das Aufsichtsorgan selbst gerichtet. Nach den MaRisk wird die Geschäftsleitung dazu verpflichtet, »eine angemessene Einbindung des Aufsichtsorgans« sicherzustellen, damit dieses seine Überwachungsfunktion sachgerecht wahrnehmen kann. Was darunter im Einzelnen zu verstehen ist, wird an verschiedenen Stellen präzisiert:
-    Die Strategien sowie erforderliche Anpassungen der Strategien sind dem Aufsichtsorgan des Institutes zur Kenntnis zu geben und mit diesem zu erörtern (→ AT 4.2 Tz. 5). Die Erörte-

---

41 Vgl. European Banking Authority, Leitlinien zur internen Governance, EBA/GL/2017/11, 21. März 2018, S. 13 und 41.

42 Nach den EBA-Leitlinien soll das Aufsichtsorgan das Rederecht der besonderen Funktionen sicherstellen, »unbeschadet der nach dem anwendbaren nationalen Gesellschaftsrecht zugewiesenen Zuständigkeiten«. Vgl. European Banking Authority, Leitlinien zur internen Governance, EBA/GL/2017/11, 21. März 2018, S. 12 f.

rung erstreckt sich auch auf die Ursachenanalyse im Falle von Zielabweichungen (→ AT 4.2 Tz. 4).

– Die Geschäftsleitung hat das Aufsichtsorgan mindestens vierteljährlich in angemessener Weise über die Risikosituation zu unterrichten. Die Berichterstattung ist in nachvollziehbarer, aussagefähiger Art und Weise zu verfassen und hat neben der Darstellung auch eine Beurteilung der Risikosituation zu enthalten. Auf besondere Risiken für die Geschäftsentwicklung und dafür geplante Maßnahmen der Geschäftsleitung ist ferner gesondert einzugehen. Darüber hinaus besteht eine Ad-hoc-Berichtspflicht der Geschäftsleitung bei unter Risikogesichtspunkten wesentlichen Informationen (→ BT 3.1 Tz. 5).

– Die Geschäftsleitung hat das Aufsichtsorgan über den Wechsel der Leitung der Risikocontrolling-Funktion (→ AT 4.4.1 Tz. 6), der Position des Compliance-Beauftragten (→ AT 4.4.2 Tz. 8) und der Leitung der Internen Revision (→ AT 4.4.3 Tz. 6) rechtzeitig vorab unter Angabe der Gründe für den Wechsel zu informieren.

– Die jährlichen bzw. anlassbezogenen Berichte der Compliance-Funktion an die Geschäftsleitung sind an das Aufsichtsorgan weiterzuleiten (→ AT 4.4.2 Tz. 7).

– Die Geschäftsleitung hat sicherzustellen, dass der Vorsitzende des Aufsichtsorgans (ggf. der Vorsitzende des Prüfungsausschusses) direkt beim Leiter der Internen Revision Auskünfte einholen kann (→ AT 4.4.3 Tz. 2).

– Die Interne Revision hat die Quartalsberichte neben der Geschäftsleitung parallel dem Aufsichtsorgan vorzulegen. Zudem hat die Revision über die im Jahresverlauf festgestellten schwerwiegenden sowie über die noch nicht behobenen wesentlichen Mängel an die Geschäftsleitung und das Aufsichtsorgan zu berichten (Jahresbericht). Über besonders schwerwiegende Mängel ist dem Aufsichtsorgan unverzüglich Bericht zu erstatten. Die Berichterstattung an das Aufsichtsorgan kann auch über die Geschäftsleitung erfolgen, sofern damit keine nennenswerte Verzögerung der Information des Aufsichtsorgans verbunden und der Inhalt der Berichterstattung an Geschäftsleitung und Aufsichtsorgan identisch ist (→ BT 2.4 Tz. 4, inkl. Erläuterung).

– Bei schwerwiegenden Feststellungen der Internen Revision gegen einzelne Geschäftsleiter hat die Geschäftsleitung u. a. den Vorsitzenden des Aufsichtsorgans zu unterrichten. Sollte die Geschäftsleitung dieser Berichtspflicht nicht nachkommen, hat die Interne Revision den Vorsitzenden des Aufsichtsorgans zu informieren (→ BT 2.4 Tz. 5).

43 Sieht man vom direkten Auskunftsrecht gegenüber der Internen Revision ab, so finden sich vergleichbare Regelungen auch im Aktiengesetz, dem Deutschen Corporate Governance Kodex sowie verschiedenen Spezialgesetzen. Sie waren in ähnlicher Form auch schon Gegenstand der MaIR und der MaK.[43] Die Erfüllung der Anforderungen sollte daher für die Institute keine große Herausforderung darstellen.

44 In bestimmten Fällen stoßen die Anforderungen jedoch an Grenzen: Für ein in der Rechtsform der GmbH organisiertes Institut ist erst ab einer bestimmten Mitarbeiterzahl die Einrichtung eines Aufsichtsrates erforderlich.[44] Ferner existiert bei Zweigstellen von Unternehmen mit Sitz im Ausland, die nach der »Verselbständigungsfiktion« gemäß § 53 Abs. 1 KWG als Institute einzustufen sind, kein Aufsichtsorgan. Diese Zweigstellen sind im Grunde genommen nur Abteilungen der ausländischen Unternehmenszentralen. In solchen Fällen haben die Zweigstellen ihre Unternehmenszentrale im Ausland in angemessener Form einzubeziehen (→ AT 1 Tz. 1, Erläuterung).

---

43 Vgl. Bundesanstalt für Finanzdienstleistungsaufsicht, Mindestanforderungen an das Kreditgeschäft der Kreditinstitute (MaK), Rundschreiben 34/2002 (BA) vom 20. Dezember 2002, Tz. 10 und 84; Bundesaufsichtsamt für das Kreditwesen, Mindestanforderung an die Ausgestaltung der Internen Revision der Kreditinstitute (MaIR), Rundschreiben 1/2000 vom 17. Januar 2000, Tz. 34.

44 Vgl. Bundesanstalt für Finanzdienstleistungsaufsicht, Protokoll der ersten Sitzung des MaRisk-Fachgremiums am 4. Mai 2006, S. 4.

45 Die wichtigsten Berichtspflichten und Auskunftsrechte aus der Sicht des Aufsichtsorgans sind Abbildung 6 zu entnehmen.

Geschäftsleitung hat Informationspflicht über:		Aufsichtsorgan (Vorsitzender) hat Auskunftsrecht gegenüber:
Strategien/Zielabweichung/Ursachen*1, Vergütungssysteme	Politik	Leiter der Internen Revision und Leiter der zuständigen Organisationseinheiten (unter Einbeziehung der Geschäftsleitung)*4
Risikosituation*1 (mind. vierteljährlich), unter Risikogesichtspunkten wesentliche Informationen (unverzüglich), Compliance-Risiko (jährlich, anlassbezogen), Wechsel Leiter Risikocontrolling, Wechsel Compliance-Beauftragter	Risiko	Leiter der Internen Revision und Leiter Risikocontrolling (unter Einbeziehung der Geschäftsleitung)*4
schwerwiegende Feststellungen gegen Geschäftsleiter (unverzüglich)*2, Wechsel Leiter Interne Revision; Verlagerung zur Internen Revision*3: schwerwiegende und noch nicht behobene wesentliche Mängel (jährlich), besonders schwerwiegende Mängel (unverzüglich)	Revision	Leiter der Internen Revision (unter Einbeziehung der Geschäftsleitung)*4

*1 Information kann auch an einen dafür eingerichteten Ausschuss des Aufsichtsorgans erfolgen
*2 Information an Vorsitzenden des Aufsichtsorgans (bei Nichtbeachtung durch Interne Revision)
*3 Information kann unter bestimmten Voraussetzungen auch über die Geschäftsleitung erfolgen
*4 Auskunft kann Vorsitzender des Aufsichtsorgans oder des Vergütungskontroll-, Risiko- bzw. Prüfungsausschusses einholen

Abb. 6: Berichtspflichten und Auskunftsrechte aus Sicht des Aufsichtsorgans (KWG und MaRisk)

3   Zusammenhang zum ICAAP, ILAAP und SREP (Tz. 2)

2 Das Rundschreiben gibt zudem einen qualitativen Rahmen für die Umsetzung maßgeb- **46** licher Artikel der Richtlinie 2013/36/EU (Bankenrichtlinie – »CRD IV«) zur Organisation und zum Risikomanagement der Institute vor. Danach sind von den Instituten insbesondere angemessene Leitungs-, Steuerungs- und Kontrollprozesse (»Robust Governance Arrangements«), wirksame Verfahren zur Ermittlung, Steuerung, Überwachung und Kommunikation tatsächlicher oder potenzieller Risiken sowie angemessene interne Kontrollmechanismen einzurichten. Ferner müssen sie über wirksame und umfassende Verfahren und Methoden verfügen, die gewährleisten, dass genügend internes Kapital zur Abdeckung aller wesentlichen Risiken vorhanden ist (Interner Prozess zur Sicherstellung der Risikotragfähigkeit – »Internal Capital Adequacy Assessment Process«). Die Angemessenheit und Wirksamkeit dieser Verfahren, Methoden und Prozesse sind von der Aufsicht gemäß Art. 97 der Bankenrichtlinie im Rahmen des bankaufsichtlichen Überwachungsprozesses regelmäßig zu beurteilen (»Supervisory Review and Evaluation Process«). Das Rundschreiben ist daher unter Berücksichtigung des Prinzips der doppelten Proportionalität der Regelungsrahmen für die qualitative Aufsicht in Deutschland. Im Hinblick auf die Methoden zur Berechnung der aufsichtsrechtlich erforderlichen Eigenmittel der Bankenrichtlinie sind die Anforderungen des Rundschreibens insofern neutral konzipiert, als sie unabhängig von der gewählten Methode eingehalten werden können.

3.1   Supervisory Review Process in der CRD I bis III

Der »Supervisory Review Process« (SRP) stellt als Strategie einer verstärkt präventiv agierenden **47** Aufsicht insbesondere auf die Qualität des Risikomanagements in den Instituten ab (→ Teil I, Kapitel 2.1.2). Die nationalen Aufsichtsbehörden sollen sich dabei – mehr als in der Vergangenheit – aus eigener Anschauung ein Bild über die Qualität des Risikomanagements verschaffen. Die Regelungen aus der zweiten Säule von Basel II sind über die im Herbst 2005 verabschiedete CRD in EU-Recht transformiert worden und Mitte 2006 in der Bankenrichtlinie aufgegangen.

Nach den Artikeln 22, 123 und 124 der Bankenrichtlinie sowie hierzu erlassenen Guidelines und **48** Standards von CEBS bzw. der EBA formuliert der SRP Anforderungen, die sowohl an die Institute als auch an die nationalen Aufsichtsbehörden adressiert sind. Die Institute müssen einen so genannten »Internal Capital Adequacy Assessment Process« (ICAAP) bzw. einen »internen Prozess zur Sicherstellung einer angemessenen Kapitalausstattung« einrichten, der gewährleistet, dass entsprechend dem individuellen Risikoprofil genügend internes Kapital zur Abdeckung aller wesentlichen Risiken vorhanden ist (→ AT 4.1 Tz. 1). Darüber hinaus sind angemessene interne »Governance«-Strukturen (»Robust Governance Arrangements«) von den Instituten zu implementieren. Von den nationalen Aufsichtsbehörden wird erwartet, dass sie sich im Rahmen des »Supervisory Review and Evaluation Process« (SREP) bzw. des »aufsichtlichen Überprüfungs- und Bewertungsprozesses« u.a. einen Eindruck über die Qualität des ICAAP und der internen »Governance«-Strukturen verschaffen.

3.2   Supervisory Review Process in der CRD IV

49   Seit dem 1. Januar 2014 stellt die CRD IV die maßgebliche Rechtsgrundlage dar. An der Funktionsweise des Supervisory Review Process hat sich durch die Überarbeitungen der europäischen Richtlinien grundsätzlich nichts geändert hat. Dieser zweistufige Prozess, bestehend aus dem »Internal Capital Adequacy Assessment Process« (ICAAP) und dem »Supervisory Review and Evaluation Process« (SREP), ist nach wie vor auch Gegenstand der CRD IV. Die Aufsichtsbehörden stellen jedoch mittlerweile nicht mehr nur auf die Kapitalausstattung der Institute ab, sondern mit Einführung des »Internal Liquidity Adequacy Assessment Process« (ILAAP) nunmehr verstärkt auch auf ihre Liquiditätssituation. Folgerichtig haben die Aufsichtsbehörden beim SREP sowohl den ICAAP als auch den ILAAP zu beurteilen. Die EBA hat Leitlinien zur Ausgestaltung des SREP veröffentlicht, um diesen Prozess auf europäischer Ebene weiter zu harmonisieren. Auf der Grundlage dieser Leitlinien haben die EZB für die bedeutenden Institute und die deutschen Aufsichtsbehörden für die weniger bedeutenden Institute eine SREP-Methodik entwickelt.

50   Die Institute müssen gemäß Art. 73 CRD IV im Rahmen des ICAAP gewährleisten, dass sie über solide, wirksame und umfassende Strategien und Verfahren verfügen, mit denen sie die Höhe, die Arten und die Verteilung des »internen Kapitals«, das sie zur quantitativen und qualitativen Absicherung ihrer aktuellen und etwaigen künftigen Risiken für angemessen halten, kontinuierlich bewerten und auf einem ausreichend hohen Stand halten können. Diese Strategien und Verfahren müssen regelmäßig intern überprüft werden, um zu gewährleisten, dass sie der Art, dem Umfang und der Komplexität der Geschäftsaktivitäten des Institutes stets angemessen sind und keinen Aspekt außer Acht lassen.[45]

51   Nach Art. 74 Abs. 1 CRD IV müssen die Institute darüber hinaus über solide Regelungen für die Unternehmensführung und -kontrolle verfügen (»Robust Governance Arrangements«), wozu eine klare Organisationsstruktur mit genau festgelegten, transparenten und kohärenten Zuständigkeiten, wirksame Verfahren zur Ermittlung, Steuerung, Überwachung und Meldung der tatsächlichen und potenziellen künftigen Risiken, angemessene interne Kontrollmechanismen, einschließlich solider Verwaltungs- und Rechnungslegungsverfahren, sowie eine Vergütungspolitik und -praxis, die mit einem soliden und wirksamen Risikomanagement vereinbar und diesem förderlich sind, zählen.

52   Darüber hinaus erwarten die Aufsichtsbehörden von den Instituten, dass sie gemäß Art. 86 CRD IV über solide Strategien, Grundsätze, Verfahren und Systeme verfügen, mit denen sie das Liquiditätsrisiko über eine angemessene Auswahl von Zeiträumen, die auch nur einen Geschäftstag betragen können, ermitteln, messen, steuern und überwachen können. Diese Strategien, Grundsätze, Verfahren und Systeme müssen der Komplexität, dem Risikoprofil und dem Tätigkeitsbereich der Institute sowie der von der Geschäftsleitung festgelegten Risikotoleranz angemessen sein und die Bedeutung des Institutes in jedem Mitgliedstaat, in dem es tätig ist, widerspiegeln.

53   Die zuständigen Aufsichtsbehörden müssen im Rahmen des SREP die Regelungen, Strategien, Verfahren und Mechanismen, die die Institute zur Einhaltung der CRD IV und der CRR geschaffen haben, nach Art. 97 Abs. 1 CRD IV überprüfen und insbesondere die Risiken, denen die Institute ausgesetzt sind oder ausgesetzt sein könnten, bewerten. Sie müssen auf dieser Grundlage gemäß Art. 97 Abs. 3 CRD IV feststellen, ob die von den Instituten angewandten Regelungen, Strategien, Verfahren und Mechanismen sowie ihre Eigenmittelausstattung und Liquidität ein solides Risikomanagement und eine solide Risikoabdeckung gewährleisten.

54   Grundsätzlich erhalten geblieben ist auch das »Prinzip der doppelten Proportionalität«. Die institutsinternen Regelungen, Verfahren und Mechanismen müssen nach Art. 74 Abs. 2 CRD IV der Art, dem Umfang und der Komplexität der dem Geschäftsmodell innewohnenden Risiken und

---

45   Es sei darauf hingewiesen, dass an dieser Stelle keine Einschränkung auf die »wesentlichen« Risiken erfolgt.

den Geschäftsaktivitäten des Institutes angemessen sein und dürfen keinen Aspekt außer Acht lassen. Den technischen Kriterien der Art. 76 bis 95 CRD IV ist dabei Rechnung zu tragen. Nach Art. 97 Abs. 4 CRD IV müssen die zuständigen Behörden unter Berücksichtigung der Größe, der Systemrelevanz sowie der Art, des Umfangs und der Komplexität der Geschäftsaktivitäten des betreffenden Institutes die Häufigkeit und Intensität der Überprüfung und Bewertung festlegen und dabei dem Grundsatz der Verhältnismäßigkeit Rechnung tragen.

3.3 Leitlinien der EBA zum SREP

Die EBA hat im Jahre 2014 erstmals Leitlinien für den aufsichtlichen Überprüfungs- und Bewertungsprozess (SREP) herausgegeben. Im Rahmen der Weiterentwicklung des SREP hat sie am 19. Juli 2018 überarbeitete SREP-Leitlinien veröffentlicht, die nunmehr auch die Anforderungen an die aufsichtlichen Stresstests enthalten.[46] Mit diesen Leitlinien wird ein umfassendes SREP-Rahmenwerk eingeführt, das aus verschiedenen Komponenten besteht. Zunächst werden die Institute dem Proportionalitätsgedanken folgend in vier Kategorien eingeteilt, wobei die aufsichtlich bedeutendsten Institute zur ersten Kategorie gehören. Diese Kategorisierung basiert auf Größe, Struktur und interner Organisation sowie Art, Umfang und Komplexität der Geschäftsaktivitäten eines Institutes und soll das vom Institut ausgehende Risiko für das Finanzsystem reflektieren. In Abhängigkeit von ihrer Einstufung unterliegen die Institute einem unterschiedlichen Mindestlevel der Beaufsichtigung, was grundsätzlich auch der bisherigen Philosophie der »bankaufsichtlichen Risikoprofile« von der Deutschen Bundesbank entspricht. Praktisch wirkt sich dies auf den Turnus zur Überwachung von bestimmten Schlüsselindikatoren, zur Bewertung verschiedener Kernbereiche sowie für den regelmäßigen Aufsichtsdialog aus. **55**

Im besonderen Fokus der Bewertungen stehen die Analyse des Geschäftsmodells, die interne Governance und die institutsweiten Kontrollen, die wesentlichen Risiken und deren Management sowie die Angemessenheit der Eigenkapital- und Liquiditätsausstattung. Jede einzelne Komponente wird mit einem Scoring-System bewertet. Anschließend werden diese Teilergebnisse auf einen SREP-Gesamt-Score verdichtet. Die Score-Werte bewegen sich zwischen 1 (kein erkennbares Risiko) und 4 (hohes Risiko). Entsprechende Scoring-Tabellen sind als Orientierungsmaßstab zu jedem genannten Element in den Leitlinien enthalten. Für den SREP-Gesamt-Score existiert zusätzlich die Kategorie F (»failing or likely to fail« gemäß Art. 32 BRRD). Damit beabsichtigt die EBA eine Verknüpfung zwischen laufender Beaufsichtigung und Krisenmanagement (Sanierung und Abwicklung). Die Score-Werte müssen geeignet sein, um eine Indikation für die Überlebensfähigkeit der Institute und die Notwendigkeit von Aufsichtsmaßnahmen oder Frühinterventionsmaßnahmen zu liefern. Auf Grundlage dieser Score-Werte können die zuständigen Behörden u. a. Kapitalzuschläge oder zusätzliche Liquiditätspuffer verlangen. Im Fokus stehen dabei neben der SREP-Gesamtkapitalanforderung (»Total SREP Capital Requirements«, TSCR) auch die Kapitalpufferanforderungen und die makroprudenziellen Anforderungen, über deren weitere Berücksichtigung im Rahmen des SREP derzeit auf politischer Ebene beraten wird. Die Summe aus diesen drei Elementen bezeichnet die Gesamtkapitalanforderung gemäß der zweiten Säule (»Overall Capital Requirement«, OCR). **56**

Gemäß den überarbeiteten SREP-Leitlinien enthält der SREP-Bescheid einen institutsindividuellen Kapitalzuschlag für jene Risiken, die mit der Säule 1-Eigenmittelanforderung (8 % der **57**

---

46 European Banking Authority, Guidelines on common procedures and methodologies for the supervisory review and evaluation process (SREP) and supervisory stress testing, EBA/GL/2014/13, Consolidated version, 19. Juli 2018.

risikogewichteten Aktiva) nicht abgedeckt sind.[47] Dieser als »Pillar 2 Requirement« (P2R) bezeichnete Kapitalzuschlag muss dieselben Anforderungen an die Kapitalqualität und die Kapitalzusammensetzung erfüllen, wie sie in der Säule 1 für die dortigen Kapitalanforderungen gestellt werden. Er stellt eine harte Kapitalanforderung dar, die von den Instituten jederzeit eingehalten werden muss. Im Falle einer Unterschreitung der harten Kapitalanforderung kann die Aufsichtsbehörde zur Verbesserung der Eigenmittelausstattung des Institutes bankaufsichtliche Maßnahmen anordnen. Parallel zur SREP-Gesamtkapitalfestsetzung teilt die Aufsichtsbehörde den Instituten die sogenannte Eigenmittelzielkennziffer (»Pillar 2 Guidance«, P2G) mit. Die Eigenmittelzielkennziffer, die sich aus den Ergebnissen der aufsichtlichen Stresstests ableitet, erweitert das Konzept des Kapitalerhaltungspuffers und kann mit dem Kapitalerhaltungspuffer gemäß § 10c KWG verrechnet werden. Sie gibt die Höhe des Kapitals an, das ein Institut aus aufsichtlicher Sicht zusätzlich vorhalten sollte, damit es langfristig und unter Berücksichtigung möglicher Verluste in Stressphasen jederzeit die SREP-Gesamtkapitalanforderung einhalten kann. Anders als bei der harten Kapitalanforderung führt eine Unterschreitung der Eigenmittelzielkennziffer nicht zwingend zu bankaufsichtlichen Maßnahmen. Allerdings wird sich die Aufsichtsintensität bei dem betroffenen Institut regelmäßig erhöhen.

58   Den Leitlinien der EBA und der aktuellen Praxis zufolge läuft der SREP viel stärker auf Benchmark-Vergleiche innerhalb von so genannten Peer-Groups hinaus und ist auch deutlich quantitativer ausgerichtet, als dies zuvor in Deutschland der Fall war. Das mag im Interesse einer besseren Vergleichbarkeit der Institute für die Aufsichtsbehörden sinnvoll erscheinen, führt aber unweigerlich dazu, dass die individuellen Besonderheiten eines Institutes bei der Bewertung zunächst einmal in den Hintergrund rücken. Der neue SREP stellt zudem einen »Säule-1-Plus-Ansatz« dar, indem die Kapitalanforderungen aus Säule 1 je Risikoart als Mindestanforderungen für die Zwecke der Säule 2 anzusehen sind. Letztlich führt der SREP damit zu steigenden Kapitalanforderungen.

3.4   Der SREP in der Aufsichtspraxis

59   Die zuständigen Aufsichtsbehörden berücksichtigen die SREP-Leitlinien der EBA bei ihrer Aufsichtätigkeit seit Januar 2016. Aufgrund der Unterscheidung zwischen bedeutenden Instituten (SI) und weniger bedeutenden Instituten (LSI) ist die Europäische Zentralbank (EZB) seit dem 4. November 2014 für den »SI-SREP« verantwortlich, während sich die BaFin in Abstimmung mit der Deutschen Bundesbank um den »LSI-SREP« in Deutschland kümmert. Bei der Anwendung des SREP in ihrer Aufsichtspraxis gehen die EZB und die deutschen Aufsichtsbehörden dabei durchaus eigene Wege.

60   Die EZB hat die von ihr gemeinsam mit den nationalen Aufsichtsbehörden der Eurozone auf der Grundlage der EBA-Leitlinien entwickelte SREP-Methodik für die bedeutenden Institute (SI) erstmal im Februar 2016 veröffentlicht.[48] Die Broschüre zur SREP-Methodik wurde zuletzt im Dezember 2017 aktualisiert und ergänzt.[49] Im November 2018 hat die EZB zwei SSM-Leitfäden

---

47 Das bedeutendste Risiko, das die Aufsicht im SREP-Kapitalzuschlag berücksichtigt, ist das Zinsänderungsrisiko im Anlagebuch. Weitere wesentliche Risiken können z. B. das Credit-Spread-Risiko im Anlagebuch, d. h. das Risiko, dass sich die Bonität eines Kreditnehmers verschlechtert und dadurch ein Abschreibungsbedarf oder stille Lasten entstehen, oder das Refinanzierungskostenrisiko, d. h. das Risiko, das die Refinanzierung der Aktivseite nur zu höheren Kosten möglich werden wird, sein. Vgl. Deutsche Bundesbank, Der aufsichtliche Überprüfungs- und Bewertungsprozess für kleinere Institute und Überlegungen zur Proportionalität, in: Monatsbericht, Oktober 2017, S. 49.

48 Europäische Zentralbank, Broschüre zur SREP-Methodik des SSM, Februar 2015.

49 Europäische Zentralbank, Broschüre zur SREP-Methodik des SSM, Dezember 2017.

zum ICAAP und zum ILAAP vorgelegt, in denen sie auf der Grundlage der einschlägigen Richtlinien und Leitlinien der EBA ihre Erwartungshaltung an die Institute formuliert.[50]

Die BaFin hat im Jahre 2016 mit der nationalen Umsetzung der SREP-Leitlinien der EBA **61** begonnen. Die deutschen Aufsichtsbehörden entwickelten gemeinsam mit der EZB und weiteren nationalen Aufsichtsbehörden eine harmonisierte SREP-Methodik für die weniger bedeutenden Institute (LSI). Die deutsche Aufsicht stellt dabei im Hinblick auf den ICAAP und den ILAAP im Wesentlichen auf die MaRisk und ihren Leitfaden zur aufsichtlichen Beurteilung bankinterner Risikotragfähigkeitskonzepte ab[51] (→ Teil I, Kapitel 8.5). Daneben entwickelt die deutsche Aufsicht derzeit eine spezielle Methode zur Analyse der Geschäftsmodelle. Im Juli 2018 hat die EZB eine in Zusammenarbeit mit den nationalen Aufsichtsbehörden erarbeitete Broschüre zu einer europaweit harmonisierten SREP-Methodik für die weniger bedeutenden Institute (»SSM-LSI-SREP-Methodik«) veröffentlicht.[52] Die neue SSM-LSI-SREP-Methodik, die sich stark an der SREP-Methodik für bedeutende Institute orientiert, soll im Jahre 2018 zumindest auf die LSI mit hoher Priorität (»High Priority LSI, HP LSI«) angewendet werden. Spätestens ab dem Jahre 2020 soll sie für alle weniger bedeutenden Institute gelten. Dabei sollen die Besonderheiten auf nationaler Ebene, wie z. B. die spezifischen Rechnungslegungsstandards in den Staaten der Eurozone, berücksichtigt werden. Gemäß der EZB-Broschüre sind für den SREP der weniger bedeutenden Institute und die Festlegung der entsprechenden Kapitalzuschläge und Eigenmittelzielkennziffer weiterhin die nationalen Aufsichtsbehörden zuständig.[53]

3.5 Supervisory Review Process im KWG

Auf nationaler Ebene sind die für den ICAAP maßgeblichen qualitativen Regelungen der CRD IV **62** durch eine Anpassung des § 25a Abs. 1 KWG umgesetzt worden (→ Teil I, Kapitel 4 und 5 sowie AT 1 Tz. 1). Die MaRisk dienen als norminterpretierende Verwaltungsvorschriften der Auslegung der unbestimmten Rechtsbegriffe des § 25a Abs. 1 KWG. Sie sind somit auch die maßgebliche Benchmark der Aufsicht für die Beurteilungen im Rahmen des SREP. Zugleich sind sie Orientierungspunkt für die Institute, die ihre internen Strukturen entsprechend anpassen können, um übergeordneten gesetzlichen Regelungen zu genügen. Im Rahmen des CRD IV-Umsetzungsgesetzes wurden einige Verschiebungen und Ergänzungen im KWG vorgenommen, die sich auch auf die MaRisk ausgewirkt haben. So finden sich z. B. die Anforderungen an das Risikomanagement auf Gruppenebene nunmehr in § 25a Abs. 3 KWG und die Anforderungen an Auslagerungen in § 25b KWG.

Auch die Anforderungen an den aufsichtlichen Überprüfungs- und Bewertungsprozess (SREP) **63** wurden neu im KWG verankert. Gemäß § 6b Abs. 1 KWG müssen BaFin und Deutsche Bundesbank die Regelungen, Strategien, Verfahren und Prozesse, die ein Institut zur Einhaltung der aufsichtlichen Anforderungen geschaffen hat, die Risiken, denen es ausgesetzt ist oder sein könnte, insbesondere auch die Risiken, die unter Berücksichtigung der Art, des Umfanges und der Komplexität der Geschäftstätigkeit eines Institutes bei Stresstests festgestellt wurden, sowie die Risiken,

---

50 Europäische Zentralbank, Leitfaden der EZB für den bankinternen Prozess zur Sicherstellung einer angemessenen Kapitalausstattung (Internal Capital Adequacy Assessment Process – ICAAP), 9. November 2018; Europäische Zentralbank, Leitfaden der EZB für den bankinternen Prozess zur Sicherstellung einer angemessenen Liquiditätsausstattung (Internal Liquidity Adequacy Assessment Process – ILAAP), 9. November 2018.

51 Bundesanstalt für Finanzdienstleistungsaufsicht/Deutsche Bundesbank, Aufsichtliche Beurteilung bankinterner Risikotragfähigkeitskonzepte und deren prozessualer Einbindung in die Gesamtbanksteuerung (»ICAAP«) – Neuausrichtung, Leitfaden vom 24. Mai 2018.

52 Europäische Zentralbank, SSM-LSI-SREP-Methodik, Ausgabe 2018, 4. Juli 2018.

53 Die EZB weist jedoch an mehreren Stellen der Broschüre darauf hin, dass sie bei Bedarf die direkte Aufsicht über die weniger bedeutenden Institute an sich ziehen könnte. Vgl. Europäische Zentralbank, SSM-LSI-SREP-Methodik, Ausgabe 2018, 4. Juli 2018, S. 5, 6 und 17.

die es nach Maßgabe der Ermittlung und Messung des Systemrisikos gemäß Art. 23 CRR und ggf. unter Berücksichtigung von Empfehlungen des ESRB für das Finanzsystem darstellt, beurteilen. Die Rechtsgrundlage für den so genannten SREP-Kapitalzuschlag (»Pillar 2 Requirement«, P2R) ist § 10 Abs. 3 KWG.

3.6   Bankaufsichtliche Risikoprofile der Institute

64   Die im Rahmen des SREP gewonnenen Erkenntnisse fließen vollständig in die so genannten »bankaufsichtlichen Risikoprofile« der von der deutschen Aufsicht weiterhin beaufsichtigten weniger bedeutenden Institute (LSI) ein.[54] Diese Risikoprofile spiegeln die ständig zu aktualisierende Beurteilung der Risikolage und des Risikomanagements der Institute durch die Aufsicht wider. Sie werden von den Hauptverwaltungen der Deutschen Bundesbank erstellt und der BaFin zur abschließenden Abstimmung zugeleitet (»Finalisierung«). Beleuchtet werden dabei alle nach Einschätzung der Aufsichtsbehörden wesentlichen Risikoaspekte eines Institutes, wie

– seine Eigentümerstruktur,
– seine Ertragslage und Bilanzpolitik,
– seine (regulatorische) Kapitalausstattung,
– die Ausgestaltung und Angemessenheit seines ICAAP,
– seine »Internal Governance«, also insbesondere die Ordnungsmäßigkeit seiner Geschäftsorganisation,
– seine wesentlichen Risiken, wobei nach den Bereichen Kreditrisiken, Beteiligungsrisiken, Zinsänderungsrisiken im Anlagebuch, sonstigen Marktpreisrisiken, Liquiditätsrisiken, operationellen Risiken und weiteren Risiken unterschieden wird, die von der Aufsicht institutsindividuell als materiell angesehen werden,
– die Umsetzung der Compliance-Regelungen nach §§ 33, 33b WpHG sowie
– die Angemessenheit seiner Sicherungssysteme gegen Geldwäsche und gegen betrügerische Handlungen zu Lasten des Institutes nach §§ 25f bis m KWG.

65   Die Beurteilung der einzelnen Aspekte durch die Aufsicht bezieht sich neben der Ausprägung des jeweiligen Risikos in erster Linie auf die Qualität der zugrundeliegenden Prozesse, wobei auch »Trends« berücksichtigt werden. Unterschieden wird mit insgesamt vier Abstufungen zwischen einer hohen Qualität (Stufe A bzw. »grün«) und einer niedrigen Qualität (Stufe D bzw. »rot«). Im Rahmen der wiederum qualitativ geprägten Verdichtung auf ein Gesamturteil werden auch die Relevanz der einzelnen Risikobereiche für das Institut sowie ein möglicherweise dazu noch bestehender Informationsbedarf einbezogen.

66   Das auf diese Weise ermittelte Gesamturteil wird im nächsten Schritt mit der Einschätzung kombiniert, ob eine Schieflage des jeweiligen Institutes (z. B. Solvenz- oder Liquiditätskrise) hohe, mittlere oder niedrige Auswirkungen auf die Stabilität des Finanzsystems hätte. Zur Beurteilung dieser Frage wird in erster Linie auf die Größe des Institutes, die Intensität seiner Interbankenbeziehungen sowie seine Verflechtung mit dem Ausland abgestellt. Durch Kombination der ermittelten Qualitätsstufe und der unterstellten Relevanz für die Finanzstabilität ergibt sich eine Zuordnung des jeweiligen Institutes in die bankaufsichtliche »Zwölf-Felder-Risikomatrix« (siehe Abbildung 7).

---

54 Vgl. Bundesanstalt für Finanzdienstleistungsaufsicht/Deutsche Bundesbank, Bankaufsichtliches Risikoprofil als Teil der bankaufsichtlichen Überprüfung und Bewertung von Instituten, November 2007, S. 2.

		Qualität des Institutes unter Risikogesichtspunkten			
		A	B	C	D
		»grün«	»gelb«	»orange«	»rot«
Auswirkung einer Schieflage des Institutes auf die Stabilität des Finanzsystems	niedrig				
	mittel				
	hoch				

Abb. 7: Zwölf-Felder-Risikomatrix der Bankenaufsicht

Diese bankaufsichtliche Risikomatrix bildet letztlich die Grundlage für die risikoorientierte Auf **67** sichts- und Prüfungsplanung. Es versteht sich von selbst, dass ein Institut mit hoher Relevanz für die Finanzstabilität und niedriger Qualitätseinstufung (C oder D) wesentlich intensiver von der Aufsicht geprüft werden muss als ein Institut mit geringer Relevanz für die Finanzstabilität und einem qualitativ hochwertigen Risikoprofil. Eine derartige Praxis berücksichtigt das Prinzip der doppelten Proportionalität.

Den Instituten wird ihre Einstufung mündlich im Rahmen der Aufsichtsgespräche erläutert und **68** auf diese Weise Transparenz geschaffen. Die Einstufung darf vom Institut nicht gegenüber Dritten kommuniziert werden, wenngleich dies im Fall eines positiven Ergebnisses verlockend erscheint. Die Institute können daraus auf andere Weise ihren Nutzen ziehen, indem sie z. B. die Anregungen der Aufsicht im Sinne einer Stärken-/Schwächen-Analyse in ihre weiteren strategischen Überlegungen einfließen lassen. Die Systematik zur Ermittlung der bankaufsichtlichen Risikoprofile wird seit dem Jahre 2012 laufend überarbeitet.

3.7 MaRisk und die Regelungen aus der ersten Säule von Basel II

Die Regelungen aus der ersten Säule von Basel II zur Unterlegung von Adressenausfallrisiken, **69** Marktpreisrisiken und operationellen Risiken mit Eigenmitteln wurden in Deutschland bis zum Inkrafttreten des CRD IV-Paketes am 1. Januar 2014 durch die Solvabilitätsverordnung (SolvV)[55] umgesetzt. Seit diesem Zeitpunkt werden die bankaufsichtlichen Anforderungen zur Abdeckung von Kredit-, Markt- und operationellen Risiken weitgehend in der unmittelbar geltenden

---

55 Verordnung über die angemessene Eigenmittelausstattung von Instituten, Instituтsgruppen und Finanzholdinggruppen (Solvabilitätsverordnung – SolvV) vom 14. Dezember 2006 (BGBl. I Nr. 61, S. 2926), aufgehoben durch § 39 der Verordnung vom 6. Dezember 2013 (BGBl. I Nr. 73, S. 4168).

CRR geregelt. Die um die entsprechenden Regelungen entkernte SolvV[56] enthält allerdings u. a. weiterhin die Verfahrensbestimmungen, wie z. B. die von den Instituten zu beachtenden Antrags- und Anzeigepflichten. Zur Berechnung der Unterlegung von Adressenausfallrisiken mit Eigenmitteln haben die Institute die Wahl zwischen unterschiedlich anspruchsvollen Verfahren (Standardansatz, auf internen Ratings basierender Basisansatz und fortgeschrittener Ansatz). Dies gilt in Analogie für die operationellen Risiken (Basisindikatoransatz, Standardansatz, ambitionierte Messansätze) und die Marktpreisrisiken, für deren Berechnung mit Zustimmung der BaFin eigene Risikomodelle verwendet werden dürfen. Vor allem an die Verwendung der anspruchsvollen Ansätze sind komplexe und teilweise qualitativ geprägte Zusatzanforderungen geknüpft. Im Ergebnis geht es jedoch bei allen Verfahren immer um die Festlegung einer Kennzahl (Solvabilitätskoeffizient). Die einzelnen Verfahren sind daher der quantitativen Bankenaufsicht zuzuordnen. Im Rahmen der aktuellen Überarbeitung der CRR werden allerdings die anspruchsvolleren Ansätze und deren Eignung zur Ermittlung der regulatorischen Eigenmittelunterlegung infrage gestellt.

70 Bei den MaRisk steht hingegen die Güte des institutsinternen Risikomanagements im Vordergrund, weshalb das Rundschreiben der qualitativen Bankenaufsicht zuzurechnen ist. Die qualitativen Anforderungen der ersten Säule an die Verwendung der fortgeschrittenen Verfahren zur Eigenmittelunterlegung sind zum Teil mathematisch-statistischer Natur (z. B. die Vorgaben für die Schätzung der Ausfallwahrscheinlichkeiten). Derartige Anforderungen sind nicht Gegenstand der MaRisk, da man die Institute ansonsten, quasi durch die Hintertür, in die fortgeschrittenen Verfahren hineingezwungen hätte. Das würde dem Prinzip der doppelten Proportionalität widersprechen. Die MaRisk sind daher so konzipiert, dass sie unabhängig von der gewählten Methode zur Unterlegung der Risiken mit Eigenmitteln umgesetzt werden können.

---

56 Verordnung zur angemessenen Eigenmittelausstattung von Instituten, Institutsgruppen, Finanzholdinggruppen und gemischten Finanzholding-Gruppen (Solvabilitätsverordnung – SolvV) vom 6. Dezember 2013 (BGBl. I Nr. 73, S. 4168), zuletzt geändert durch Artikel 1 der Verordnung vom 12. September 2016 (BGBl. I Nr. 44, S. 2146).

4 Proportionalitätsprinzip und Proportionalität nach oben (Tz. 3)

3 Der sachgerechte Umgang mit dem Proportionalitätsprinzip seitens der Institute beinhaltet in dem prinzipienorientierten Aufbau der MaRisk auch, dass Institute im Einzelfall über bestimmte, in den MaRisk explizit formulierte Anforderungen hinaus weitergehende Vorkehrungen treffen, soweit dies zur Sicherstellung der Angemessenheit und Wirksamkeit des Risikomanagements erforderlich sein sollte. Insofern haben Institute, die besonders groß sind oder deren Geschäftsaktivitäten durch besondere Komplexität, Internationalität oder eine besondere Risikoexponierung gekennzeichnet sind, weitergehende Vorkehrungen im Bereich des Risikomanagements zu treffen als weniger große Institute mit weniger komplex strukturierten Geschäftsaktivitäten, die keine außergewöhnliche Risikoexponierung aufweisen. Erstgenannte Institute haben dabei auch die Inhalte einschlägiger Veröffentlichungen zum Risikomanagement des Baseler Ausschusses für Bankenaufsicht und des Financial Stability Board in eigenverantwortlicher Weise in ihre Überlegungen zur angemessenen Ausgestaltung des Risikomanagements einzubeziehen. **71**

4.1 Proportionalitätsprinzip

Gemäß § 25a Abs. 1 Satz 4 KWG hängt die Ausgestaltung des Risikomanagements von Art, Umfang, Komplexität und Risikogehalt der Geschäftsaktivitäten eines Institutes ab. Das mit dem »Finanzmarktrichtlinie-Umsetzungsgesetz« (FRUG)[57] in das KWG aufgenommene Proportionalitätsprinzip ist die Grundlage für den prinzipienorientierten Ansatz der MaRisk. Der Grundsatz der Proportionalität bedeutet zum einen, dass die konkrete, institutsspezifische Ausgestaltung des Risikomanagements der Größe und der Art der betriebenen Geschäfte sowie dem spezifischen Risikoprofil des Institutes angemessen sein muss (Proportionalität aus Sicht des Institutes). Zum anderen sollte die Intensität der aufsichtlichen Überwachung den institutsspezifischen Gegebenheiten, insbesondere der systemischen Relevanz des Institutes, entsprechen (Proportionalität aus Sicht der Aufsicht). Dieses »Prinzip der doppelten Proportionalität« (→ AT 1 Tz. 2) unterstreicht die Notwendigkeit einer differenzierten Betrachtungsweise.[58] **72**

Das Proportionalitätsprinzip trägt der heterogenen Institutsstruktur und der Vielzahl der Geschäftsaktivitäten in Deutschland Rechnung. Infolge des Grundsatzes der Proportionalität finden sich in den MaRisk zahlreiche Öffnungsklauseln, die den Instituten diverse Gestaltungsspielräume einräumen bzw. eine institutsindividuelle Umsetzung der Anforderungen ermöglichen. Auch die Verwendung von unbestimmten Rechtsbegriffen (»angemessen«, »wesentlich« oder »sachgerecht« etc.) ist Ausdruck des Prinzips der doppelten Proportionalität (→ AT 1 Tz. 5). **73**

Im Zuge der fünften MaRisk-Novelle wurden in die MaRisk Anforderungen aufgenommen, die sich ausschließlich an systemrelevante Institute richten. Darunter fallen insbesondere die **74**

---

57 Gesetz zur Umsetzung der Richtlinie über Märkte für Finanzinstrumente und der Durchführungsrichtlinie der Kommission (Finanzmarktrichtlinie-Umsetzungsgesetz) vom 16. Juli 2007 (BGBl. I Nr. 31, S. 1330), veröffentlicht am 19. Juli 2007.

58 Das Prinzip der »doppelten« Proportionalität ist zu unterscheiden von der »zweistufigen« Proportionalität, die in der Institutsvergütungsverordnung zur Anwendung kommt. Zur zweistufigen Proportionalität vgl. Buscher, Arne Martin/Link, Vivien/Harbou, Christopher von/Weigl, Thomas, Verordnung über die aufsichtsrechtlichen Anforderungen an Vergütungssysteme von Instituten (Institutsvergütungsverordnung – InstitutsVergV), 2. Auflage, Stuttgart, 2018, § 1, Tz. 15 ff.

Anforderungen an das Datenmanagement, die Datenqualität und die Aggregation von Risikodaten (→ AT 4.3.4). Für systemrelevante Institute gelten zudem besondere Anforderungen an die Leiter der Risikocontrolling- und Compliance-Funktion (→ AT 4.4.1 Tz. 5 und AT 4.4.2 Tz. 4). Darüber hinaus haben sie den Risikobericht über die Liquiditätsrisiken und die Liquiditätssituation mindestens monatlich zu erstellen (→ BT 3.2 Tz. 5). Die Beschränkung des Anwendungsbereiches der genannten Normen auf besonders große Institute mit sehr komplexen Geschäftsaktivitäten, besonderer Risikoexponierung und internationaler Ausrichtung ist ebenfalls Ausfluss des Proportionalitätsprinzips. Soweit in den MaRisk auf systemrelevante Institute Bezug genommen wird, handelt es sich dabei um global systemrelevante Institute nach § 10f KWG und um anderweitig systemrelevante Institute nach § 10g KWG (→ AT 1 Tz. 6).

75   Auf der europäischen Ebene ist das Prinzip der Proportionalität u.a. in Art. 74 CRD IV niedergelegt.[59] Die EBA hat in den überarbeiteten Leitlinien zur internen Governance betont, dass der in Art. 74 Abs. 2 CRD IV verankerte Grundsatz der Verhältnismäßigkeit sicherstellt, dass die internen Governanceregelungen mit dem individuellen Risikoprofil und dem Geschäftsmodell des Institutes im Einklang stehen, sodass die aufsichtsrechtlichen Anforderungen wirksam umgesetzt werden. Die Institute sollten ihre Größe und interne Organisation sowie die Art, den Umfang und die Komplexität ihrer Geschäfte bei der Erarbeitung und Umsetzung interner Governanceregelungen berücksichtigen. Auch nach den Vorstellungen der EBA sollten Institute von erheblicher Bedeutung über ausdifferenziertere Governanceregelungen verfügen, während kleine und weniger komplexe Institute einfachere Governanceregelungen einführen können. Die Leitlinien enthalten zudem einen sehr detaillierten Katalog zur Konkretisierung dieser Kriterien.[60]

4.2   Prinzip der Proportionalität nach oben

76   Mit der vierten MaRisk-Novelle wurde das so genannte »Prinzip der Proportionalität nach oben« in den MaRisk verankert. Diesem Prinzip zufolge sollen Institute, die besonders groß sind oder deren Geschäftsaktivitäten durch besondere Komplexität, Internationalität oder eine besondere Risikoexponierung gekennzeichnet sind, weitergehende Vorkehrungen zur Sicherstellung der Angemessenheit und Wirksamkeit ihres Risikomanagements treffen als weniger große Institute mit weniger komplex strukturierten Geschäftsaktivitäten, die keine außergewöhnliche Risikoexponierung aufweisen. Zu diesem Zweck sollen die betroffenen Institute auch die einschlägigen Veröffentlichungen des Baseler Ausschusses für Bankenaufsicht und des Finanzstabilitätsrates (Financial Stability Board, FSB) in eigenverantwortlicher Weise in ihre Überlegungen zur angemessenen Ausgestaltung des Risikomanagements einbeziehen (siehe Abbildung 8). Die Aufsicht stellt damit klar, dass sie es nicht für sachgerecht hält, das Proportionalitätsprinzip lediglich in einer Weise auszulegen, die mit der maximal möglichen Ausnutzung von Öffnungsklauseln einhergeht. Konkret soll das Proportionalitätsprinzip »nicht ausschließlich im Zusammenhang mit einer weniger anspruchsvollen Anwendung bei weniger großen Instituten diskutiert«[61] werden.

---

59 Gemäß Art. 74 Abs. 1 CRD IV haben die Institute über solide Regelungen für die Unternehmensführung und -kontrolle zu verfügen, wozu eine klare Organisationsstruktur mit genau festgelegten, transparenten und kohärenten Zuständigkeiten, wirksame Verfahren zur Ermittlung, Steuerung, Überwachung und Meldung der tatsächlichen und potenziellen künftigen Risiken, angemessene interne Kontrollmechanismen, einschließlich solider Verwaltungs- und Rechnungslegungsverfahren, sowie eine Vergütungspolitik und -praxis, die mit einem soliden und wirksamen Risikomanagement vereinbar und diesem förderlich sind, zählen. Gemäß Art. 74 Abs. 2 CRD IV sind die in Absatz 1 genannten Regelungen, Verfahren und Mechanismen der Art, dem Umfang und der Komplexität der dem Geschäftsmodell innewohnenden Risiken angemessen und lassen keinen Aspekt außer Acht.

60 Vgl. European Banking Authority, Leitlinien zur internen Governance, EBA/GL/2017/11, 21. März 2018, S. 10 f.

61 Bundesanstalt für Finanzdienstleistungsaufsicht, Übermittlungsschreiben zum Rundschreiben 10/2012 (BA) vom 14. Dezember 2012, S. 2.

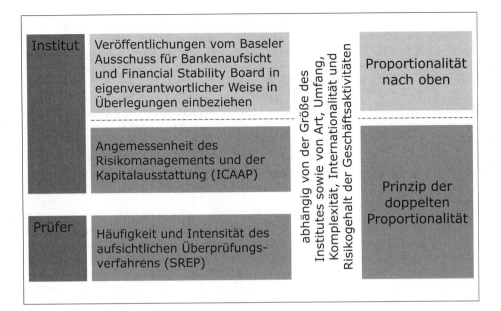

Abb. 8: Proportionalitätsprinzipien in den MaRisk

Grundsätzlich wird diese Sichtweise auch von der Kreditwirtschaft geteilt. Uneinigkeit herrscht **77** allerdings hinsichtlich der Frage, ob die Vorschläge der genannten Standardsetzer – wie von der BaFin ausgeführt – »über bestimmte, in den MaRisk explizit formulierte Anforderungen hinaus« – oder aber – den Vorstellungen der Kreditwirtschaft entsprechend – »im Rahmen der Erfüllung bzw. Umsetzung der bestehenden Anforderungen« zu berücksichtigen sind. Beide Sichtweisen sind nicht unbegründet: Die BaFin verweist auf den nach oben offenen Begriff »Mindestanforderungen« und schließt daraus, dass für größere Institute tendenziell mehr gelten müsse. Die Kreditwirtschaft argumentiert mit dem nach unten offenen Begriff »Öffnungsklauseln« und dem damit verbundenen Umsetzungsspielraum für kleinere Institute. Sie kritisiert, dass die mit Veröffentlichung der MaRisk intendierte Normkonkretisierung des § 25a Abs. 1 KWG wieder infrage gestellt und der in AT 1 Tz. 1 formulierte Zweck, einen verlässlichen Rahmen für die Ausgestaltung des Risikomanagements zu formulieren, nicht mehr erreicht werde. Da die Anforderungen an ein angemessenes und wirksames Risikomanagement sanktionsbewehrt sind, hält die Kreditwirtschaft eine Deckelung nach oben zur Gewährleistung eines Mindestmaßes an Rechtssicherheit für erforderlich. Nach ihrem Verständnis ist es gerade die Aufgabe der EBA (auf europäischer Ebene) bzw. der BaFin im Benehmen mit der Deutschen Bundesbank (auf nationaler Ebene), relevante Empfehlungen internationaler Standardsetzer in eigenen Leitlinien oder Ähnlichem aufzugreifen und dabei die Besonderheiten des europäischen bzw. nationalen Finanzsystems zu berücksichtigen. Als ein Beispiel für widersprüchliche Forderungen auf internationaler und nationaler Ebene wurde der Vorschlag des Baseler Ausschusses für Bankenaufsicht zur Anbindung der Internen Revision an das Aufsichtsorgan genannt.[62] Es bleibt abzuwarten, ob diese Anforderung in der Prüfungspraxis zu überzogenen Vorgaben führt.

---

62 Vgl. Deutsche Kreditwirtschaft, Stellungnahme zum Konsultationspapier 01/2012 der Bundesanstalt für Finanzdienstleistungsaufsicht (BaFin) – »Überarbeitung der MaRisk«, 5. Juni 2012, S. 2 ff.

78 Durch die Formulierung »im Einzelfall« wird verdeutlicht, dass von den betroffenen Instituten nicht erwartet wird, sämtliche Vorschläge der beiden Standardsetzer schablonenhaft zu sichten und undifferenziert umzusetzen. Vielmehr sollen diese Ausarbeitungen in die institutsinternen Überlegungen zur Verbesserung des Risikomanagements einbezogen werden, um ggf. im prinzipienorientierten Rahmen der MaRisk in dieser Form nicht explizit adressierte Anregungen aufzugreifen. Die BaFin behält sich vor, einzelne Themen aus den Papieren des Baseler Ausschusses für Bankenaufsicht und des FSB aufzugreifen und ihre Berücksichtigung im Risikomanagement mit den betroffenen Instituten zu diskutieren. Da die Veröffentlichungen der genannten Gremien nicht rechtsverbindlich sind, ist diese Anforderung ohnehin nicht als (rechts-)verbindliche Vorgabe zu verstehen, sondern besitzt in erster Linie Appellcharakter.[63] Konsequenterweise hätte vor diesem Hintergrund dem Sprachgebrauch der MaRisk folgend das Wort »haben« durch den Begriff »sollten« ersetzt werden müssen, um den Empfehlungscharakter zu verdeutlichen. Das wurde auch von der Deutschen Kreditwirtschaft vorgeschlagen[64], im Rahmen der Endredaktion aber nicht aufgegriffen.

79 Dem Wortlaut zufolge sind die maßgeblichen Faktoren (besonders große Institute, besonders komplexe Geschäftsaktivitäten, besonders internationale Geschäftsaktivitäten, besondere Risikoexponierung) jeweils einzeln zu betrachten, um die Betroffenheit eines Institutes zu prüfen. Es kann allerdings davon ausgegangen werden, dass die mögliche Berücksichtigung der Vorschläge des Baseler Ausschusses für Bankenaufsicht und des FSB auf jene Kriterien reduziert werden können, die ein Institut als »betroffen« qualifizieren. Sofern ein Institut z.B. besonders komplexe Geschäftsaktivitäten betreibt, allerdings nicht oder nur in vernachlässigbarem Ausmaß grenzüberschreitend tätig ist, wären jene Ausarbeitungen, die vor allem auf die Internationalität abzielen, für dieses Institut nicht maßgeblich. In der Praxis wird sich erweisen, ob diese Einschränkung von Relevanz ist, da die genannten Faktoren i.d.R. vermutlich zusammentreffen.

---

63 Vgl. Bundesanstalt für Finanzdienstleistungsaufsicht, Übermittlungsschreiben zum Rundschreiben 10/2012 (BA) vom 14. Dezember 2012, S. 2.

64 Vgl. Deutsche Kreditwirtschaft, Stellungnahme zum Konsultationspapier 01/2012 der Bundesanstalt für Finanzdienstleistungsaufsicht (BaFin) – »Überarbeitung der MaRisk« (Zwischenentwurf vom 2. August 2012), 12. September 2012, S. 3.

5 Schutz der Wertpapierdienstleistungskunden (Tz. 4)

4 Durch das Rundschreiben wird zudem über § 33 Abs. 1 des Gesetzes über den Wert- **80**
papierhandel (WpHG) in Verbindung mit § 25a Abs. 1 KWG Art. 13 der Richtlinie
2004/39/EG (Finanzmarktrichtlinie) umgesetzt, soweit diese auf Kreditinstitute und Finanzdienstleistungsinstitute gleichermaßen Anwendung findet. Dies betrifft die allgemeinen organisatorischen Anforderungen gemäß Art. 5, die Anforderungen an das Risikomanagement und die Interne Revision gemäß Art. 7 und 8, die Anforderungen zur Geschäftsleiterverantwortung gemäß Art. 9 sowie an Auslagerungen gemäß Art. 13 und 14 der
Richtlinie 2006/73/EG (Durchführungsrichtlinie zur Finanzmarktrichtlinie). Diese Anforderungen dienen der Verwirklichung des Ziels der Finanzmarktrichtlinie, die Finanzmärkte in der Europäischen Union im Interesse des grenzüberschreitenden Finanzdienstleistungsverkehrs und einheitlicher Grundlagen für den Anlegerschutz zu harmonisieren.

5.1 Die gemeinsame Plattform

Die Umsetzung der MiFID[65] und ihrer begleitenden Durchführungsrichtlinie im Jahre 2007 machte **81**
Anpassungen in verschiedenen Regelwerken erforderlich. Eine besondere Herausforderung stellte
dabei die Umsetzung des Art. 13 MiFID i. V. m. den Artikeln 5, 7, 8, 9, 13 und 14 MiFID-Durchführungsrichtlinie dar. Die dort statuierten Vorgaben sind schwerpunktmäßig organisatorischer Natur und
dienen dem Schutz der Interessen der Wertpapierdienstleistungskunden. Unter inhaltlichen Gesichtspunkten werden die Richtlinienvorgaben zwar weitgehend durch Vorgaben der CRD IV sowie
bestehende nationale Regelwerke abgedeckt (§ 25a KWG, MaRisk). Jedoch haben diese Regelwerke
in erster Linie einen solvenzrechtlichen Bezug (→ AT 2 Tz. 1). Die konkrete Herausforderung bei der
Umsetzung der genannten Vorgaben der MiFID und der MiFID-Durchführungsrichtlinie bestand
darin, für die auf EU-Ebene verursachten Überlappungen eine tragfähige nationale Lösung zu entwickeln. Insbesondere mussten »Doppelregulierungen« so weit wie möglich vermieden werden.

Der Gesetzgeber entschied sich vor diesem Hintergrund für die Schaffung einer »gemeinsamen **82**
Plattform«, die sowohl dem Anlegerschutzgedanken der MiFID als auch bestehenden solvenzrechtlichen Aspekten des KWG Rechnung trägt. Die Plattform basiert auf einer Verknüpfung zwischen
WpHG und KWG: Nach § 33 WpHG a. F. (jetzt § 80 WpHG)[66] haben Wertpapierdienstleistungsunternehmen[67] die organisatorischen Pflichten nach § 25a Abs. 1 KWG zu beachten.[68] Durch diesen
Verweis wird die Brücke zwischen dem Anlegerschutz und dem Solvenzschutz geschlagen. Der über
die Anpassungen im WpHG und KWG hinausgehende richtlinienbedingte Konkretisierungsbedarf

---

65 Die MiFID wurde zwischenzeitlich zum 3. Januar 2018 durch die Richtlinie 2014/65/EU (MiFID II) des Europäischen
Parlaments und des Rates vom 15. Mai 2014 über Märkte für Finanzinstrumente sowie zur Änderung der Richtlinien
2002/92/EG und 2011/61/EU, Amtsblatt der Europäischen Union vom 12. Juni 2004, L 173/349–496, ersetzt.

66 Das WpHG wurde durch das am 3. Januar 2018 in Kraft getretene Zweite Finanzmarktnovellierungsgesetz an die neuen
Vorgaben der MiFID II angepasst. Vgl. Zweites Gesetz zur Novellierung von Finanzmarktvorschriften aufgrund europäischer Rechtsakte (Zweites Finanzmarktnovellierungsgesetz – 2. FiMaNoG) vom 23. Juni 2017 (BGBl. I Nr. 39), veröffentlicht am 24. Juni 2017, S. 1693 ff.

67 Nach § 2 Abs. 4 WpHG handelt es sich bei Wertpapierdienstleistungsunternehmen um Kreditinstitute, Finanzdienstleistungsinstitute und nach § 53 Abs. 1 Satz 1 KWG tätige Unternehmen, die Wertpapierdienstleistungen allein oder zusammen mit Wertpapiernebendienstleistungen gewerbsmäßig oder in einem Umfang erbringen, der einen in kaufmännischer
Weise eingerichteten Geschäftsbetrieb erfordert.

68 Im Zusammenhang mit dem Themenkomplex »Outsourcing« existiert ebenfalls ein derartiger Verweis. So haben Wertpapierdienstleistungsunternehmen gemäß § 33 Abs. 2 WpHG a. F. (jetzt § 80 Abs. 6 WpHG) bei einer Auslagerung von
Aktivitäten und Prozessen sowie von Finanzdienstleistungen die Anforderungen nach § 25b KWG einzuhalten.

wird durch die MaRisk nachgezogen. Zur »Plattform-Lösung« gab es keine echte Alternative. Die Statuierung separater Regelwerke hätte dazu geführt, dass weitgehend vergleichbare Anforderungen von nahezu allen deutschen Instituten gleichzeitig zu erfüllen gewesen wären.[69]

5.2 Richtlinienvorgaben

83 Die relevanten Vorgaben der MiFID bzw. MiFID-Durchführungsrichtlinie decken die folgenden Inhalte ab:
- In Art. 5 MiFID-Durchführungsrichtlinie werden allgemeine organisatorische Anforderungen an Wertpapierfirmen gestellt. Dazu gehören z. B. die Einrichtung klarer Entscheidungsprozesse und Organisationsstrukturen, die Implementierung angemessener Kontrollmechanismen und Systeme, mit denen die Sicherheit, Integrität und Vertraulichkeit der Daten gewährleistet werden.
- Das Risikomanagement ist Gegenstand von Art. 7 MiFID-Durchführungsrichtlinie. Danach haben Wertpapierfirmen insbesondere wirksame Vorkehrungen zur Steuerung der mit den Geschäften und Systemen der Firma verbundenen Risiken unter Zugrundelegung der »Risikotoleranzschwelle« zu treffen.
- Art. 8 MiFID-Durchführungsrichtlinie statuiert Anforderungen an die Interne Revision. Die Richtlinie fordert eine unabhängige Innenrevisionsfunktion. Deren Hauptaufgabe besteht darin, ein Revisionsprogramm zu entwickeln und umzusetzen, das eine Prüfung und Bewertung der Angemessenheit und Wirksamkeit der Systeme, internen Kontrollmechanismen und Vorkehrungen der Wertpapierfirmen gewährleisten soll.
- Zuständigkeiten der Geschäftsleitung sind Gegenstand von Art. 9 MiFID-Durchführungsrichtlinie. Zum Beispiel ist die Geschäftsleitung verpflichtet, dem Aufsichtsorgan regelmäßig schriftliche Berichte zuzuleiten (u. a. zum Risikomanagement nach Art. 7 und zur Innenrevisionsfunktion nach Art. 8 MiFID-Durchführungsrichtlinie).
- Art. 13 und 14 MiFID-Durchführungsrichtlinie stellen umfangreiche Anforderungen an die Auslagerung von betrieblichen Aufgaben.

5.3 Konkrete Umsetzung durch die MaRisk (»erste MaRisk-Novelle«)

84 Zahlreiche der an dieser Stelle nur ausschnittweise abgehandelten Richtlinienvorgaben der MiFID waren in Deutschland bereits durch § 25a KWG bzw. die MaRisk umgesetzt. Insgesamt hielt sich dadurch der Änderungsbedarf auf der Ebene des Gesetzes in Grenzen (→ AT 1 Tz. 1). Bei den MaRisk waren im Jahre 2007 richtlinienbedingt vor allem die folgenden Anpassungen von Bedeutung (»erste MaRisk-Novelle«):
- Bei der Erbringung von Wertpapierdienstleistungen und Wertpapiernebendienstleistungen sind die Anforderungen mit der Maßgabe einzuhalten, die Interessen der Wertpapierdienstleistungskunden zu schützen (→ AT 2 Tz. 1).

---

69 Vor diesem Hintergrund entschied man sich auch in anderen europäischen Staaten für eine »gemeinsame Plattform«. Vgl. Financial Services Authority, Organisational Systems and Controls – Common Platform for Firms, CP 06/09, Mai 2006, S. 13 ff.

- Die bis dahin sehr offene und weitgehend unbestimmte Formulierung hinsichtlich der Anwendung der MaRisk auf Finanzdienstleistungsinstitute und Wertpapierhandelsbanken wurde an einigen Stellen präzisiert. Vor allem der Umsetzung der Module AT 3, AT 5, AT 7 und AT 9 wird seither ein höherer Stellenwert eingeräumt ($\rightarrow$ AT 2.1 Tz. 2).
- Die Outsourcing-Regelungen, die unter Berücksichtigung der umfangreichen Vorgaben der Art. 13 und 14 MiFID-Durchführungsrichtlinie schwerpunktmäßig in das Modul AT 9 überführt wurden ($\rightarrow$ AT 9), gestatten eine stärker risikoorientierte Behandlung von Auslagerungen.

6 Berücksichtigung der heterogenen Institutsstruktur (Tz. 5)

85   **5** Das Rundschreiben trägt der heterogenen Institutsstruktur und der Vielfalt der Geschäftsaktivitäten Rechnung. Es enthält zahlreiche Öffnungsklauseln, die abhängig von der Größe der Institute, den Geschäftsschwerpunkten und der Risikosituation eine vereinfachte Umsetzung ermöglichen. Insoweit kann es vor allem auch von kleineren Instituten flexibel umgesetzt werden. Das Rundschreiben ist gegenüber der laufenden Fortentwicklung der Prozesse und Verfahren im Risikomanagement offen, soweit diese im Einklang mit den Zielen des Rundschreibens stehen. Für diese Zwecke wird die Bundesanstalt für Finanzdienstleistungsaufsicht einen fortlaufenden Dialog mit der Praxis führen.

6.1 Flexibilität durch Öffnungsklauseln

86   Die Anforderungen zum Risikomanagement müssen der Heterogenität des deutschen Institutssektors sowie der Schnelllebigkeit der internen Strukturen, die aufgrund der Entwicklungen auf den Finanzmärkten einem ständigen Anpassungsdruck ausgesetzt sind, gerecht werden. Sie sollten praxisgerecht ausgestaltet und darüber hinaus so konstruiert sein, dass zwischen betriebswirtschaftlichen Effizienzzielen und regulatorischen Notwendigkeiten kein Gegensatz entsteht[70] (→ Teil I, Kapitel 6). In die MaRisk sind daher zahlreiche Öffnungsklauseln eingebaut worden, die den Instituten diverse Gestaltungsspielräume für maßgeschneiderte Umsetzungslösungen belassen. Der Begriff »Öffnungsklauseln« stammt eigentlich aus dem deutschen Tarifrecht. Er hat sich jedoch seit 2003 auch im Bereich der qualitativen Bankenaufsicht einen festen Platz erkämpft.[71]

87   Die Öffnungsklauseln umschreiben die Menge an Gestaltungsalternativen, mittels derer die Institute einzelnen Anforderungen der MaRisk Rechnung tragen können. Sie lassen in Abhängigkeit von der Größe der Institute, deren Geschäftsschwerpunkten sowie der Risikosituation eine vereinfachte Umsetzung der Anforderungen zu. So wird z. B. ein international aktives Institut mit komplexem Portfolio ausdifferenzierte Instrumente verwenden, um die Risiken beherrschbar zu machen. Für ein kleines Institut mit überschaubarem Portfolio wären solche Verfahren hingegen wenig zweckmäßig. Unter Kosten-/Nutzen-Gesichtspunkten wären sie vermutlich sogar kontraproduktiv. Dementsprechend können weniger anspruchsvolle Verfahren zur Anwendung kommen, ohne dass dabei das Ziel, nämlich die Beherrschung der Risiken, konterkariert wird. Im Ergebnis kommt es also immer darauf an, dass jedes Institut für sich selbst eine sachgerechte Lösung im Umgang mit den Öffnungsklauseln entwickelt.

88   Das gilt auch für den Umgang mit den unbestimmten Rechtsbegriffen der MaRisk (z. B. Wesentlichkeit oder Angemessenheit), aus denen sich ebenfalls Gestaltungsalternativen ergeben. Bestimmte Institutsgruppen befinden sich darüber hinaus aufgrund ihrer speziellen Geschäftsausrichtung, die sich auch in ihrer KWG-rechtlichen Einordnung widerspiegelt, in einer besonderen Situation. Dies ist bei Finanzdienstleistungsinstituten und Wertpapierhandelsbanken trotz

---

70 Vgl. Sanio, Jochen, Die MaRisk und die neue Aufsicht, in: Die SparkassenZeitung vom 23. Juni 2006, S. 3.
71 Vgl. Hannemann, Ralf, Die Mindestanforderungen an das Kreditgeschäft der Kreditinstitute – Überblick und Öffnungsklauseln, in: Eller, Roland/Gruber, Walter/Reif, Markus (Hrsg.), Handbuch MaK, Stuttgart, 2003, S. 3–42.

ihrer Instituteigenschaft der Fall. Für diese Institutsgruppen bestehen daher weitergehende Gestaltungsspielräume (→ AT 2.1 Tz. 2).

Die Öffnungsklauseln sind ein Kernelement der MaRisk. Durch sie wird nicht nur dem Gebot der **89** Verhältnismäßigkeit sowie dem in der Bankenrichtlinie verankerten Prinzip der doppelten Proportionalität entsprochen. Sie sind darüber hinaus ein Meilenstein, der die Abkehr der Aufsicht von detaillierten und komplexen Regelungen hin zu einer prinzipienorientierten Regulierung markiert. Der Umgang mit den Öffnungsklauseln wird maßgeblich darüber entscheiden, ob das Konzept der qualitativen Aufsicht ein Erfolg wird. Größere Gestaltungsspielräume wahrzunehmen, bedeutet nicht nur für die Institute, sondern auch für die Prüfer und Bankenaufseher ein Mehr an Eigenverantwortung. Die Bereitschaft, diese Verantwortung uneingeschränkt zu übernehmen, ist scheinbar nicht in jedem Fall vorhanden, wie die Diskussion im Anschluss an die Abschaffung der sehr detaillierten Schreiben der Bankenaufsicht zu § 18 KWG gezeigt hat.[72]

In den MaRisk sind mehr als einhundertzwanzig »echte« Öffnungsklauseln enthalten, die über **90** allgemein gehaltene Formulierungen und die Verwendung unbestimmter Begriffe hinausgehen. Einschränkungen, die auf die »Möglichkeit« der Umsetzung bestimmter Anforderungen abstellen, sind dabei noch nicht berücksichtigt. Was praktisch nicht möglich ist, kann ohnehin nicht beachtet werden. Es ist allerdings weder empfehlenswert noch verantwortungsbewusst, die MaRisk lediglich nach Öffnungsklauseln zu durchforsten und anschließend die größtmöglichen Spielräume in Anspruch zu nehmen. Auf diese Weise würde regelmäßig nicht der Intention der MaRisk entsprochen. Aus diesem Grund wird darauf verzichtet, die »echten« Öffnungsklauseln ohne Beschreibung von deren Zweckbestimmung einzeln aufzulisten. Stattdessen werden sie an den entsprechenden Stellen des Kommentars ausführlich erläutert.

6.2 Unbestimmte Rechtsbegriffe

Gestaltungsalternativen ergeben sich auch aus unbestimmten Rechtsbegriffen, deren Präzisierung **91** für allgemeingültige Zwecke weder möglich noch zweckmäßig ist. Insgesamt werden derartige Begriffe in den MaRisk und den zugehörigen Erläuterungen aufgrund der heterogenen Bankenlandschaft in Deutschland ungefähr zweihundert Mal verwendet. Die Verwendung von unbestimmten Rechtsbegriffen ist insofern auch Ausdruck des »Prinzips der doppelten Proportionalität«. Mit ihrer Hilfe wird vor allem den Besonderheiten kleinerer Institute entsprochen. Die unbestimmten Rechtsbegriffe der MaRisk können folgendermaßen systematisiert werden:
- Diverse Anforderungen betonen die »Wesentlichkeit« bestimmter Handlungen oder Orientierungsgrößen. So beziehen sich die Anforderungen der MaRisk auf das Management aller für das Institut wesentlichen Risiken und damit verbundener Risikokonzentrationen (→ AT 2.2 Tz. 1). Diese Einschränkung zieht sich durch die gesamte MaRisk und wird an verschiedenen Stellen nochmals betont, so z. B. im Zusammenhang mit der Sicherstellung der Risikotragfähigkeit, der Einrichtung angemessener Risikosteuerungs- und -controllingprozesse, der Durchführung von Stresstests auf Basis der wesentlichen Risikofaktoren und dem Risikomanagement auf Gruppenebene. Die Verantwortung der Geschäftsleitung erstreckt sich über alle wesentlichen Elemente des Risikomanagements (→ AT 3 Tz. 1). In der Geschäftsstrategie sind die Ziele für jede wesentliche Geschäftsaktivität sowie die Maßnahmen zur Erreichung dieser Ziele zu berücksichtigen (→ AT 4.2 Tz. 1). Die Risikostrategie hat wiederum die Ziele der Risikosteuerung der wesentlichen Geschäftsaktivitäten zu umfassen (→ AT 4.2 Tz. 2). Die Schnitt-

---

72 Bundesanstalt für Finanzdienstleistungsaufsicht, Schreiben an den Zentralen Kreditausschuss zu § 18 KWG vom 9. Mai 2005.

stellen der institutsinternen Prozesse zu wesentlichen Auslagerungen müssen auf angemessene Weise in das Risikomanagement einbezogen werden (→ AT 4.3.1 Tz. 2). Unter Risikogesichtspunkten wesentliche Informationen sind im Rahmen der Ad-hoc-Berichterstattung unverzüglich an die Geschäftsleitung (→ AT 4.3.2 Tz. 4) und das Aufsichtsorgan (→ BT 3.1 Tz. 5) weiterzuleiten. Über wesentliche Änderungen im Risikomanagement ist die Interne Revision rechtzeitig zu informieren (→ AT 4.4.3 Tz. 5). Die für die Einhaltung der MaRisk wesentlichen Handlungen und Festlegungen, auch zur Inanspruchnahme wesentlicher Öffnungsklauseln, sind nachvollziehbar zu dokumentieren (→ AT 6 Tz. 2). Die IT-Systeme sind nach wesentlichen Veränderungen zu testen und abzunehmen (→ AT 7.2 Tz. 3). Die Institute müssen auf der Grundlage einer Risikoanalyse eigenverantwortlich ermitteln, welche Auslagerungen von Aktivitäten und Prozessen unter Risikogesichtspunkten wesentlich sind (→ AT 9 Tz. 2). Insofern stehen die Institute vor der Aufgabe, sich darüber klar zu werden, welche Aspekte aus ihrer Sicht jeweils als »wesentlich« einzustufen sind. Das Gesamtrisikoprofil des Institutes ist in diesem Zusammenhang ein wichtiges Hilfsmittel (→ AT 2.2 Tz. 1).

– Bezüglich anderer Anforderungen wird herausgestellt, dass die Verfahren, Prozesse oder auch Instrumente »geeignet«, »angemessen« oder »sachgerecht« sein müssen. So ist z. B. eine angemessene Risikokultur von der Geschäftsleitung zu entwickeln, zu fördern und zu integrieren (→ AT 3 Tz. 1). Die Angemessenheit der Methoden zur Ermittlung der Risikotragfähigkeit ist zumindest jährlich von den fachlich zuständigen Mitarbeitern zu überprüfen (→ AT 4.1 Tz. 9). Die Organisationsrichtlinien müssen sachgerecht sein (→ AT 5 Tz. 1, Erläuterung) und sind den Mitarbeitern in geeigneter Weise bekanntzumachen (→ AT 5 Tz. 2). Was im Einzelnen »geeignet«, »angemessen« oder »sachgerecht« ist, kann nur vom Institut selbst in eigener Verantwortung bestimmt werden.

– Spielräume ergeben sich darüber hinaus durch den Begriff »grundsätzlich«, wodurch Ausnahmen von der Regel ermöglicht werden. So ist z. B. die klare aufbauorganisatorische Trennung der Bereiche Markt und Marktfolge bis einschließlich der Ebene der Geschäftsleitung der maßgebliche Grundsatz für die Ausgestaltung der Prozesse im Kreditgeschäft (→ BTO 1.1 Tz. 1). Folglich sind bei Kreditentscheidungen jeweils ein Votum aus dem Bereich Markt und ein weiteres Votum aus dem Bereich Marktfolge einzuholen. Abweichungen vom Zwei-Voten-Prinzip bzw. von der Funktionstrennung sind u. a. bei nicht-risikorelevanten Kreditgeschäften möglich (→ BTO 1.1 Tz. 4). Die Interne Revision hat die Aktivitäten und Prozesse des Institutes grundsätzlich alle drei Jahre zu überprüfen. Wenn besondere Risiken bestehen, ist sogar jährlich zu prüfen. Andererseits kann bei unter Risikogesichtspunkten nicht wesentlichen Aktivitäten und Prozessen auch vom dreijährigen Turnus abgewichen werden (→ BT 2.3 Tz. 1).

92 Zeitliche Dimensionen werden durch die Begriffe »unverzüglich«, »zeitnah« bzw. Umschreibungen wie »innerhalb eines angemessenen Zeitraumes« adressiert, ohne dass dabei konkrete Vorgaben gemacht werden. »Unverzüglich« bedeutet in Anlehnung an § 121 Abs. 1 BGB »ohne schuldhaftes Zögern«. So ist z. B. bei unter Risikogesichtspunkten wesentlichen Informationen eine unverzügliche Weiterleitung an die Geschäftsleitung erforderlich (→ AT 4.3.2 Tz. 4). Der Begriff »zeitnah« lässt hingegen größere Gestaltungsspielräume zu, wenn eine unverzügliche Reaktion aus guten Gründen nicht ohne weiteres möglich ist oder die jeweiligen Prozesse zeitaufwendig sind. Beispielsweise sind die Risikosteuerungs- und -controllingprozesse zeitnah an sich ändernde Bedingungen anzupassen (→ AT 4.3.2 Tz. 5). »Zeitnah« bedeutet daher »so schnell wie möglich« oder auch »so schnell wie nötig«.[73] Die gleiche Bedeutung hat die Umschreibung »innerhalb eines angemessenen Zeitraumes«. So müssen z. B. Wiederanlaufpläne im Notfall die Rückkehr zum Normalbetrieb innerhalb eines angemessenen Zeitraumes ermöglichen (→ AT 7.3 Tz. 2).

---

73 Vgl. Deutscher Sparkassen- und Giroverband, Mindestanforderungen an das Risikomanagement – Interpretationsleitfaden, Version 3.0, Berlin, November 2009, S. 31.

6.3   Laufende Entwicklungen im Risikomanagement

Die innovativen Entwicklungen auf den Finanzmärkten erfordern eine laufende Anpassung des   **93**
Risikomanagements in den Instituten. Vor allem der technische Fortschritt im IT-Bereich trägt
dazu bei, dass neue Konzepte schnell und erfolgreich von den Instituten umgesetzt werden
können. An dieser Stelle sei z.B. auf die Digitalisierung sowie die zunehmende Bedeutung der
Informationstechnologie (IT) und der Finanztechnologien (FinTech) hingewiesen, die in einem
immer stärkeren Umfang zur Anwendung kommen. Die MaRisk sind gegenüber der laufenden
Fortentwicklung jedweder Konzepte offen, solange diese im Einklang mit den intendierten Zielen
der Mindestanforderungen stehen. Es sind vor allem die zahlreichen Öffnungsklauseln, die in
dieser Hinsicht praktikable und betriebswirtschaftlich sinnvolle Lösungen zulassen.

Die Notwendigkeit, auf sich verändernde Bedingungen zu reagieren, wird an verschiedenen   **94**
Stellen der MaRisk explizit hervorgehoben. So hat die Geschäftsleitung einen Strategieprozess
einzurichten, der sich vor allem auf die Prozessschritte Planung, Umsetzung, Beurteilung und
Anpassung der Strategien erstreckt (→ AT 4.2 Tz. 3). Änderungen der strategischen Ausrichtung
werden regelmäßig weitergehende Anpassungen erforderlich machen (z.B. Gesamtrisikoprofil,
Risikotragfähigkeit, Ausgestaltung der Risikosteuerungs- und -controllingprozesse, Organisationsrichtlinien). Veränderungen der Risikosituation sind insoweit von den Instituten in ihrem eigenen
Interesse zu antizipieren. Dabei spielt es keine Rolle, ob die neue Risikosituation auf eine Veränderung der externen Rahmenbedingungen oder auf interne Faktoren, wie z.B. die Festlegung
neuer strategischer Vorgaben, zurückzuführen ist.

6.4   Praxisnähe der Anforderungen

Regelungen zum Risikomanagement können nicht am grünen Tisch des Aufsehers entwickelt   **95**
werden. Schon bei der Entwicklung der MaK und ihrer weiteren Auslegung hat die BaFin auf die
Kooperation mit der Praxis gesetzt. An diesem Ansatz wurde bei der Ausarbeitung und Überarbeitung der MaRisk konsequent festgehalten. Das MaRisk-Fachgremium hat nicht nur einen
ganz wesentlichen Beitrag zur Entwicklung der MaRisk geleistet. Es wirkt auch an der laufenden
Auslegung sowie der Erörterung prüfungsrelevanter Fragestellungen mit. Die BaFin hat die
Notwendigkeit eines fortlaufenden Dialogs mit der Praxis explizit in den MaRisk verankert.

Das Fachgremium MaRisk setzt sich derzeit wie folgt zusammen: **96**
- zehn Experten aus den Instituten, die verschiedenen Verbänden zugeordnet sind,
- vier Prüfer, wovon zwei vom Institut der Wirtschaftsprüfer (IDW) entsandt wurden und
  jeweils einer als Verbandsprüfer im Sparkassensektor bzw. im Genossenschaftssektor tätig ist,
- zwei Innenrevisoren,
- sieben Vertreter unterschiedlicher Verbände und schließlich
- acht Vertreter der Aufsicht (BaFin und Deutsche Bundesbank).

7 Definition systemrelevanter Institute (Tz. 6)

97 **6** Soweit in den MaRisk auf systemrelevante Institute referenziert wird, handelt es sich dabei um global systemrelevante Institute nach § 10f KWG und um anderweitig systemrelevante Institute nach § 10g KWG.

7.1 Anforderungen an systemrelevante Institute

98 Mit Basel III wurden für »global systemrelevante Institute« (G-SRI) und »anderweitig systemrelevante Institute« (A-SRI) aufgrund ihrer Systemrelevanz zusätzliche Kapitalpuffer eingeführt. Die Festlegung des Kapitalpuffers ist für G-SRI in § 10f KWG und für A-SRI in § 10g KWG geregelt.

99 Die im Zuge der fünften MaRisk-Novelle aufgenommenen Anforderungen richten sich teilweise nur an systemrelevante Institute. Darunter fallen insbesondere die Anforderungen an das Datenmanagement, die Datenqualität und die Aggregation von Risikodaten (→ AT 4.3.4). Darüber hinaus haben systemrelevante Institute besondere Anforderungen an die Risikocontrolling- und die Compliance-Funktion einzuhalten (→ AT 4.4.1 Tz. 5 und AT 4.4.2 Tz. 4). Außerdem haben nur systemrelevante und kapitalmarktorientierte Institute den Risikobericht über die Liquiditätsrisiken und die Liquiditätssituation mindestens monatlich zu erstellen (→ BT 3.2 Tz. 5). Soweit in den MaRisk auf systemrelevante Institute Bezug genommen wird, handelt es sich dabei um global systemrelevante Institute im Sinne von § 10f KWG und um anderweitig systemrelevante Institute im Sinne von § 10g KWG.

7.2 Global systemrelevante Institute (G-SRI)

100 Bei der Ermittlung der global systemrelevanten Institute ist der vom Baseler Ausschuss für Bankenaufsicht entwickelte Ansatz zur Identifikation und Behandlung von global systemrelevanten Banken (G-SIB) zu beachten.[74] Die Identifizierung von G-SRI erfolgt mit einem einheitlichen indikatorbasierten Messansatz unter Berücksichtigung der Kategorien Größe, Verflechtung, Ersetzbarkeit/Finanzinstitutsinfrastruktur, Komplexität und grenzüberschreitende Aktivitäten.[75] Die Vorgaben des Baseler Ausschusses wurden durch den europäischen Gesetzgeber in Art. 131 CRD IV umgesetzt. Gemäß Art. 131 Abs. 2 CRD IV beruht die Methode zur Ermittlung der G-SRI auf den Kategorien Größe der Gruppe, Verflechtung der Gruppe mit dem Finanzsystem, Ersetzbarkeit der von der Gruppe erbrachten Dienstleistungen oder zur Verfügung gestellten Finanzinfrastrukturen, Komplexität der Gruppe, grenzüberschreitenden Tätigkeit der Gruppe, einschließlich der grenzüberschreitenden Tätigkeiten zwischen Mitgliedstaaten sowie zwischen einem Mitgliedstaat und

---

74 Basel Committee on Banking Supervision, Global systemically important banks: updated assessment methodology and the higher loss absorbency requirement, BCBS 255. 3. Juli 2013; Basel Committee on Banking Supervision, The G-SIB assessment methodology – score calculation, BCBS d296, 6. November 2014.
75 Vgl. Basel Committee on Banking Supervision, Global systemically important banks: updated assessment methodology and the higher loss absorbency requirement, BCBS 255, 3. Juli 2013, S. 6 f.; Basel Committee on Banking Supervision, The G-SIB assessment methodology – score calculation, BCBS d296, 6. November 2014, S. 1 f.

einem Drittland. Die Indikatoren für die Kategorien werden in einer Delegierten Verordnung der Kommission aus dem Jahre 2014 konkretisiert und die Methode abschließend vorgegeben.[76]

Der deutsche Gesetzgeber hat die Vorgaben für die Festlegung des Kapitalpuffers für G-SRI in **101** § 10f KWG geregelt. § 10f KWG beinhaltet insbesondere die Methode, nach der die BaFin (im Einvernehmen mit der Bundesbank) ein G-SRI zu bestimmen hat, die Anforderungen an den Kapitalpuffer sowie die Mitteilungspflichten der Institute und der BaFin. Gemäß § 10f Abs. 1 KWG kann die BaFin von G-SRI auf konsolidierter Basis – abhängig vom Grad der globalen Systemrelevanz der Gruppe – einen individuellen zusätzlichen Kapitalpuffer aus hartem Kernkapital (CET1) in Höhe von 1,0 bis 3,5 % des Gesamtforderungsbetrages des Institutes im Sinne des Art. 92 Abs. 3 CRR verlangen.[77] Die als G-SRI identifizierten Institute werden vom Financial Stability Board jährlich unter Angabe des jeweils individuell einzuhaltenden Kapitalpuffers veröffentlicht.[78]

7.3 Anderweitig systemrelevante Institute (A-SRI)

Für die Identifizierung der anderweitig systemrelevanten Institute hat der Baseler Ausschuss für **102** Bankenaufsicht ein auf Grundsätzen basierendes Rahmenwerk für die Behandlung von national systemrelevanten Banken erarbeitet.[79] Dieses Rahmenwerk räumt den nationalen Aufsichtsbehörden einen gewissen Ermessensspielraum ein, um den strukturellen Merkmalen des nationalen Finanzsystems Rechnung zu tragen. Gemäß dem Baseler Ausschuss sind die Institute anhand der Faktoren Größe, Verflechtung, Ersetzbarkeit/Finanzinstitutsinfrastruktur und Komplexität (einschließlich zusätzlicher Komplexität aufgrund grenzüberschreitender Aktivitäten) zu beurteilen. Die Vorgaben des Baseler Ausschusses für A-SRI wurden durch den europäischen Gesetzgeber ebenfalls in Art. 131 CRD IV umgesetzt. Gemäß Art. 131 Abs. 3 CRD IV wird die Systemrelevanz auf der Grundlage mindestens einer der folgenden Kriterien bewertet: Größe, Relevanz für die Wirtschaft der Europäischen Union oder des betreffenden Mitgliedstaates, Bedeutung der grenzüberschreitenden Tätigkeiten, Verflechtungen des Institutes oder der Gruppe mit dem Finanzsystem. Zusätzlich hat die EBA Leitlinien zur Bestimmung der anderweitig systemrelevanten Institute veröffentlicht.[80]

Der deutsche Gesetzgeber hat die Vorgaben für die Festlegung des Kapitalpuffers für A-SRI in § 10g **103** KWG umgesetzt. Gemäß § 10g Abs. 2 KWG bestimmt die BaFin (im Einvernehmen mit der Bundesbank) im Rahmen ihrer laufenden Aufsichtstätigkeit jährlich, welche Institute auf konsolidierter, unterkonsolidierter oder Einzelinstitutsebene als A-SRI eingestuft werden.[81] Bei der auf der relevanten Ebene durchgeführten quantitativen und qualitativen Analyse werden für die untersuchte Instituteinheit jeweils insbesondere die Faktoren Größe, wirtschaftliche Bedeutung für den Europäischen Wirtschaftsraum und die Bundesrepublik Deutschland, grenzüberschreitende Aktivitäten sowie Vernetztheit mit dem Finanzsystem berücksichtigt. Nach § 10g Abs. 1 KWG haben die als

---

76 Vgl. Delegierte Verordnung (EU) Nr. 1222/2014 der Kommission vom 8. Oktober 2014 zur Ergänzung der Richtlinie 2013/36/EU des Europäischen Parlaments und des Rates durch technische Regulierungsstandards zur Festlegung der Methode zur Bestimmung global systemrelevanter Institute und zur Festlegung der Teilkategorien global systemrelevanter Institute, Amtsblatt der Europäischen Union vom 15. November 2014, L 330/27-36.

77 Der G-SRI-Puffer wird durch Einstufung der Institute in fünf Kategorien (»buckets«) festgelegt. Die Kapitalpuffer können danach 1 %, 1,5 %, 2,0 %, 2,5 % oder 3,5 % betragen. Derzeit ist kein Institut der höchsten Kategorie (3,5 %) zugeordnet.

78 Vgl. Financial Stability Board, 2018 list of global systemically important banks (G-SIBs) vom 16. November 2018. Nach dieser Liste sind derzeit 29 Institute auf der konsolidierten Ebene als G-SIB eingestuft, darunter die Deutsche Bank AG.

79 Vgl. Basel Committee on Banking Supervision, A framework for dealing with domestic systemically important banks, Oktober 2012, S. 2 f.

80 Vgl. European Banking Authority, Leitlinien für die Kriterien zur Festlegung der Anwendungsvoraussetzungen für Artikel 131 Absatz 3 der Richtlinie 2013/36/EU (CRD) in Bezug auf die Bewertung von anderen systemrelevanten Instituten (A-SRI), EBA/GL/2014/10, 16. Dezember 2014.

81 Als A-SRI können dabei nur Institute eingestuft werden, die auf nationaler Ebene Systemrelevanz besitzen und nicht gleichzeitig global systemrelevant im Sinne des § 10f KWG sind.

AT 1 Vorbemerkung

A-SRI eingestuften Institute einen individuellen zusätzlichen Kapitalpuffer aus hartem Kernkapital (CET1) in Höhe von bis zu 2,0 % des nach Art. 92 Abs. 3 CRR ermittelten Gesamtforderungsbetrages vorzuhalten. Derzeit sind in Deutschland 13 Institute als A-SRI eingestuft.[82]

---

[82] Vgl. Bundesanstalt für Finanzdienstleistungsaufsicht, In Deutschland identifizierte anderweitig systemrelevante Institute und deren Kapitalpuffer, 20. Dezember 2018.

8 Proportionalität in der Püfungspraxis (Tz. 7)

7 Die Bundesanstalt für Finanzdienstleistungsaufsicht erwartet, dass der flexiblen Grund-   104
ausrichtung des Rundschreibens im Rahmen von Prüfungshandlungen Rechnung getragen wird. Prüfungen sind daher auf der Basis eines risikoorientierten Prüfungsansatzes
durchzuführen.

8.1 Kritik an der Prüfungspraxis

Die Öffnungsklauseln der MaRisk gestatten den Instituten erhebliche Freiräume, innerhalb derer   105
sich passende individuelle Umsetzungslösungen realisieren lassen. Der risikoorientierte Charakter
der MaRisk könnte jedoch durch eine Prüfungspraxis, die ausschließlich auf das Abhaken formaler
Kriterien abstellt, konterkariert werden. Bei der Prüfung der MaH, vereinzelt auch der MaK,
wurden von Verbänden und einzelnen Instituten in der Vergangenheit immer wieder Beschwerden über eine überformalisierte Prüfungspraxis geäußert. Die Kritik richtete sich dabei nicht nur
gegen Wirtschaftsprüfer. Auch Verbandsprüfer aus dem Sparkassen- und Genossenschaftsbereich
sowie Prüfer der Deutschen Bundesbank waren davon betroffen.

8.2 Risikoorientierter Prüfungsansatz

Die deutsche Aufsicht kann den Prüfern nicht konkret vorschreiben, wie sie ihrer Tätigkeit   106
nachkommen sollen. Sie hat dennoch die Kritik an der Prüfungspraxis aufgegriffen und zum
wiederholten Male mit bemerkenswerter Deutlichkeit auf die Notwendigkeit risikoorientierter
Prüfungshandlungen hingewiesen.[83] Nicht zuletzt deshalb wurde die Notwendigkeit risikoorientierter Prüfungshandlungen fest in den MaRisk verankert. Die BaFin hat darüber hinaus
zusätzliche Prüfer um eine Mitarbeit im Fachgremium gebeten, so dass Probleme aus der
Prüfungspraxis auf einer breiteren Ebene diskutiert werden können.

Die Prüfung qualitativer Anforderungen erfordert aus Sicht der BaFin einen Prüfungsansatz, der   107
an den institutsspezifischen Gegebenheiten, wie z.B. der Größe des Institutes, dem Geschäftsumfang, der Komplexität der betriebenen Geschäfte sowie dem Risikoprofil, ansetzt und diese
angemessen berücksichtigt. Nur so können aussagekräftige Ergebnisse über die Qualität des
Risikomanagements in den Instituten abgeleitet werden. Prüfungstechnisch rückt die Systemprüfung in den Mittelpunkt, bei der die Beurteilung der Qualität wesentlicher Prozesse, Verfahren und
Kontrollen im Vordergrund steht. Ergänzend sind auf der Grundlage geeigneter Stichproben
Einzelfallprüfungen durchzuführen, die sich z.B. auf Kreditengagements beziehen und die Ergebnisse der Systemprüfung im Sinne eines Soll-/Ist-Abgleiches validieren.

Im Grunde genommen stellt der von der BaFin bevorzugte Ansatz für die Prüfer keine grund-   108
legende Neuerung dar. So führen die Mitarbeiter der Deutschen Bundesbank ihre Prüfungen schon
seit längerem auf der Basis eines Prüfungskonzeptes durch, in dem der Risikoorientierung ein

---

83 Vgl. Bundesanstalt für Finanzdienstleistungsaufsicht, Übermittlungsschreiben zum Rundschreiben 18/2005 (BA) vom
20. Dezember 2005, S. 4; Bundesanstalt für Finanzdienstleistungsaufsicht, Übermittlungsschreiben zum Rundschreiben
34/2002 (BA) vom 20. Dezember 2002, S. 1 f.

zentraler Stellenwert eingeräumt wird. Die Risikoorientierung ist ferner Gegenstand einschlägiger Standards des Berufsstandes der Wirtschaftsprüfer.[84] Nach der Satzung des Instituts der Wirtschaftsprüfer (IDW) haben diese Standards verbindlichen Charakter für seine Mitglieder.[85]

8.3 Prüfung des Risikomanagements im Rahmen der Jahresabschlussprüfung

109 Der Gesetzgeber hat an verschiedenen Stellen (AktG, HGB, KWG) deutlich zum Ausdruck gebracht, dass das Risikomanagement aufgrund seiner Bedeutung für die wirtschaftliche Entwicklung eines Unternehmens elementarer Bestandteil der Jahresabschlussprüfung ist.[86]

110 Diese Notwendigkeit ergibt sich nicht nur aus aufsichtsrechtlichen Normen. Gemäß § 91 Abs. 2 AktG sind alle Aktiengesellschaften dazu verpflichtet, ein Überwachungssystem einzurichten, damit bestandsgefährdende Entwicklungen frühzeitig erkannt werden können. Soweit es sich um börsennotierte Aktiengesellschaften handelt, ist dieses Überwachungssystem gemäß § 317 Abs. 4 HGB im Rahmen der Abschlussprüfung zu prüfen. Das Institut der Wirtschaftsprüfer (IDW) hat für dieses Prüfungsgebiet einen Standard entwickelt.[87]

111 Das Erfordernis der Überprüfung des Risikomanagements durch den Abschlussprüfer kann auch unmittelbar aus aufsichtsrechtlichen Normen abgeleitet werden. So hat der Abschlussprüfer nach § 29 Abs. 1 KWG auch die Einhaltung des § 25a Abs. 1 KWG zu überprüfen, der die gesetzliche Grundlage für die MaRisk darstellt. Die Notwendigkeit der Überprüfung des Risikomanagements auf der Basis des § 25a Abs. 1 KWG ist dementsprechend auch in der Prüfungsberichtsverordnung (PrüfbV) verankert.[88] Die MaRisk sind daher Gegenstand der Abschlussprüfung.[89]

---

84 Vgl. Institut der Wirtschaftsprüfer, Prüfungsstandard 261 (IDW PS 261), Feststellung und Beurteilung von Fehlerrisiken und Reaktionen des Abschlussprüfers auf die beurteilten Fehlerrisiken, in: Die Wirtschaftsprüfung, Heft 22/2006, S. 1433; Institut der Wirtschaftsprüfer, Prüfungsstandard 525 (IDW PS 525), Die Prüfung des Risikomanagements von Kreditinstituten im Rahmen der Abschlussprüfung, in: Die Wirtschaftsprüfung Supplement, Heft 3/2010, S. 4 ff.

85 Nach § 4 Abs. 9 der Satzung des IDW hat jedes Mitglied im Rahmen seiner beruflichen Eigenverantwortlichkeit die von den Fachausschüssen des IDW abgegebenen Fachgutachten, Prüfungsstandards, Stellungnahmen zur Rechnungslegung und Standards, welche die Berufsauffassung der Wirtschaftsprüfer zu fachlichen Fragen der Rechnungslegung und Prüfung sowie zu sonstigen Gegenständen und Inhalten der beruflichen Tätigkeiten darlegen oder zu ihrer Entwicklung beitragen, zu beachten. Jedes Mitglied hat deshalb sorgfältig zu prüfen, ob die in einem Fachgutachten, Prüfungsstandard, einer Stellungnahme zur Rechnungslegung oder einem Standard aufgestellten Grundsätze bei seiner Tätigkeit und in dem von ihm zu beurteilenden Fall anzuwenden sind. Abweichungen von diesen Grundsätzen sind schriftlich und an geeigneter Stelle (z. B. im Prüfungsbericht) hervorzuheben und ausführlich zu begründen. Vgl. Institut der Wirtschaftsprüfer, Satzung des Instituts der Wirtschaftsprüfer in der Fassung der auf dem 27. Wirtschaftsprüfertag am 19. September 2005 in Neuss beschlossenen Satzungsänderung.

86 Vgl. Schmitz-Lippert, Thomas/Schneider, Andreas, Die qualitative Aufsicht der Zukunft: ein weiterer Schritt – Der zweite Entwurf der BaFin zu den Mindestanforderungen an das Risikomanagement vom 22.9.2005, in: Die Wirtschaftsprüfung, Heft 24/2005, S. 1362 f.

87 Vgl. Institut der Wirtschaftsprüfer, Prüfungsstandard 340 (IDW PS 340), Die Prüfung des Risikofrüherkennungssystems nach § 317 Abs. 4 HGB, in: Die Wirtschaftsprüfung, Heft 16/1999, S. 658 ff.

88 Vgl. Hanenberg, Ludger, Das neue Konzept einer risikoorientierten Prüfungsberichtsverordnung der Kreditinstitute, in: Die Wirtschaftsprüfung, Heft 14/2009, S. 713 ff.

89 Vgl. Sanio, Jochen, Die MaRisk und die neue Aufsicht, in: Die SparkassenZeitung vom 23. Juni 2006, S. 3; Sanio, Jochen, »The times, they are a-changing«, in: Genossenschaftsblatt für Rheinland und Westfalen, Heft 3/2006, S. 9; Institut der Wirtschaftsprüfer, Prüfungsstandard 525 (IDW PS 525), Die Prüfung des Risikomanagements von Kreditinstituten im Rahmen der Abschlussprüfung, in: Die Wirtschaftsprüfung Supplement, Heft 3/2010, S. 4 ff.

8.4 Beurteilung des Risikomanagements im Rahmen von Sonderprüfungen

Die BaFin kann gemäß § 44 Abs. 1 KWG Prüfungen bei den Instituten anordnen. Sie beauftragt mit diesen Sonderprüfungen regelmäßig Dritte, wie Wirtschaftsprüfungsgesellschaften, Prüfungsverbände oder die Deutsche Bundesbank. Eigene Prüfungen führt die BaFin nur in überschaubarem Umfang durch. Durch die Sonderprüfungen wird die BaFin in die Lage versetzt, umfangreiche Sachverhaltsermittlungen für die Zwecke der Aufsicht anzustellen. Sonderprüfungen gemäß § 44 Abs. 1 KWG können von der BaFin auch »ohne besonderen Anlass« angeordnet werden. Durch diese Formulierung im Gesetz soll vermieden werden, dass die geprüften Institute einen Reputationsverlust erleiden, da eine Sonderprüfung von Dritten ggf. als Indiz für Verstöße gegen aufsichtsrechtliche Normen oder für wirtschaftliche Schwierigkeiten aufgefasst werden könnte. **112**

Sonderprüfungen beziehen sich, im Gegensatz zur umfassenden Jahresabschlussprüfung, immer auf einen abgegrenzten Bereich. Viele Sonderprüfungen haben z. B. die Werthaltigkeit von Kreditengagements zum Gegenstand. In der Vergangenheit wurden von Wirtschaftsprüfern, Verbandsprüfern und der Deutschen Bundesbank MaK-, MaH- und MaRisk-Prüfungen durchgeführt, die sich regelmäßig auf bestimmte Module beschränkten. Nach der Aufsichtsrichtlinie, die die Zusammenarbeit zwischen BaFin und Deutscher Bundesbank auf der Basis von § 7 KWG präzisiert, werden MaRisk-Prüfungen jedoch nur von der Deutschen Bundesbank durchgeführt. **113**

8.5 Auslagerungen und Prüfungen

Die zunehmende Bedeutung von Auslagerungen tangiert natürlich auch die Prüfer. Für den Prüfer des auslagernden Unternehmens stellt sich vor allem die Frage, ob sich aus der Ausgestaltung der (dienstleistungsbezogenen) Kontrollstrukturen beim Auslagerungsunternehmen Risiken ergeben können, die auf das zu prüfende Unternehmen durchschlagen. § 25b KWG kann bei Kredit- und Finanzdienstleistungsinstituten Gegenstand einer Sonderprüfung gemäß § 44 Abs. 1 KWG sein. Bei der Jahresabschlussprüfung muss sich der Prüfer aufgrund gesetzlicher Vorgaben mit dem Thema Auslagerung auseinandersetzen. Der Gesetzgeber hat daran auch nach mehreren richtlinienbedingten Novellierungen des KWG keinen Zweifel gelassen. § 29 Abs. 1 KWG enthält dementsprechend weiterhin eine ganze Liste an konkreten Prüfungspflichten, die der Jahresabschlussprüfer bei der Prüfung von Kredit- und Finanzdienstleistungsinstituten zu berücksichtigen hat. Auch § 25b KWG wird von dieser Liste erfasst, so dass der Abschlussprüfer feststellen muss, ob das Institut die entsprechenden Anforderungen erfüllt hat. Grundlage für diese Prüfungshandlungen sind die Anforderungen der MaRisk an Auslagerungen, die als Verwaltungsvorschriften § 25b KWG auslegen. Damit der Prüfer seinen Verpflichtungen ggf. auch vor Ort im Auslagerungsunternehmen effektiv nachkommen kann, hat das Institut mit dem Auslagerungsunternehmen Prüfungsrechte zu vereinbaren. Diese Anforderung ergibt sich sowohl aus § 25b Abs. 3 Satz 3 KWG als auch aus den MaRisk (→ AT 9 Tz. 7 lit. b). **114**

Auslagerungen sind daher auch nach der Prüfungsberichtsverordnung (PrüfbV)[90] Gegenstand der Abschlussprüfung. Nach § 8 Abs. 3 PrüfbV hat der Abschlussprüfer über Auslagerungen von wesentlichen Aktivitäten und Prozessen unter Berücksichtigung der in § 25b KWG genannten Anforderungen gesondert zu berichten. Maßgeblich sind also die entsprechenden Anforderungen **115**

---

90 Verordnung über die Prüfung der Jahresabschlüsse der Kreditinstitute und Finanzdienstleistungsinstitute sowie über die darüber zu erstellenden Berichte (Prüfungsberichtsverordnung – PrüfBV) vom 11. Juni 2015 (BGBl. I S. 930), zuletzt geändert durch Art. 1 der Verordnung vom 16. Januar 2018 (BGBl. I S. 134).

der MaRisk. Der Abschlussprüfer hat dabei insbesondere die Wirksamkeit der Einbindung der ausgelagerten Aktivitäten und Prozesse in das Risikomanagement des auslagernden Institutes zu beurteilen. Eventuelle Schwachpunkte sind aufzuzeigen. Anhaltspunkte, die auf eine Beeinträchtigung der Auskunfts-, Prüfungs- und Kontrollmöglichkeiten der BaFin sowie der Auskunfts- und Prüfungsrechte der Internen Revision des Institutes oder der externen Prüfer hindeuten, sind zu vermerken.[91]

---

91 Vgl. Begründung zur Verordnung über die Prüfung der Jahresabschlüsse der Kreditinstitute und Finanzdienstleistungs-institute sowie die darüber zu erstellenden Berichte (Prüfungsberichtsverordnung – PrüfbV) vom 23. November 2009, S. 8.

9 Modulare Struktur der MaRisk (Tz. 8)

8 Das Rundschreiben ist modular strukturiert, so dass notwendige Anpassungen in bestimmten Regelungsfeldern auf die zeitnahe Überarbeitung einzelner Module beschränkt werden können. In einem allgemeinen Teil (Modul AT) befinden sich grundsätzliche Prinzipien für die Ausgestaltung des Risikomanagements. Spezifische Anforderungen an die Organisation des Kredit- und Handelsgeschäftes sind in einem besonderen Teil niedergelegt (Modul BT). Unter Berücksichtigung von Risikokonzentrationen werden in diesem Modul auch Anforderungen an die Identifizierung, Beurteilung, Steuerung sowie die Überwachung und Kommunikation von Adressenausfallrisiken, Marktpreisrisiken, Liquiditätsrisiken sowie operationellen Risiken gestellt. Darüber hinaus wird in Modul BT ein Rahmen für die Ausgestaltung der Internen Revision in den Instituten sowie für die Ausgestaltung der Risikoberichterstattung vorgegeben. **116**

9.1 Aufbau der MaRisk

Die MaRisk sind im Unterschied zu älteren qualitativen Regelwerken der Bankenaufsicht modular strukturiert (→ Teil I, Kapitel 7). Allgemeine Anforderungen, die grundsätzlich nicht zwischen bestimmten Geschäfts- oder Risikoarten unterscheiden, sind in einen allgemeinen Teil vorgezogen worden. Spezifische Anforderungen an das interne Kontrollsystem sowie die Interne Revision sind im besonderen Teil niedergelegt. Eine ähnliche Struktur lag zwar bereits den MaK und MaH zugrunde, da auch bei diesen Regelwerken allgemeine Anforderungen vorangestellt wurden. Allerdings bezogen sich diese Regelungen nur auf bestimmte Geschäftsbereiche (Kreditgeschäft, Handelsgeschäft) und die damit zusammenhängenden Risiken. Der allgemeine Teil der MaRisk hat hingegen einen weiten Geltungsbereich, der sich nicht nur auf die Risiken aus dem Kreditgeschäft und dem Handelsgeschäft bezieht. **117**

Im besonderen Teil der MaRisk finden sich viele spezifische Anforderungen aus den MaK, MaH und MaIR wieder. Aufbau- und ablauforganisatorische Regelungen aus den MaK und MaH sind im Modul BTO der MaRisk niedergelegt. MaK- und MaH-relevante Anforderungen sind aber auch in das Modul BTR eingeflossen. Dieses Modul ist darüber hinaus um Regelungsbereiche ergänzt worden, für die es bislang noch keine oder nur ansatzweise qualitative Anforderungen der Aufsicht gab. Beispielsweise stellen die Regelungen zu den Risikosteuerungs- und -controllingprozessen für Marktpreisrisiken des Anlagebuches (→ BTR 2.3), Liquiditätsrisiken (→ BTR 3) sowie grundsätzlich auch operationelle Risiken (→ BTR 4) Neuerungen gegenüber den alten Mindestanforderungen dar. **118**

In das Modul BT 2 wurden die Textziffern der MaIR integriert. Diese Anforderungen sind zunächst im Wesentlichen deckungsgleich in die MaRisk überführt worden. Allerdings wurden einige Festlegungen, die für die Tätigkeit der Internen Revision von grundsätzlicher Bedeutung sind, in den allgemeinen Teil verschoben (→ AT 4.4.3). Erst im Rahmen der folgenden MaRisk-Novellen ergaben sich vereinzelt materielle Änderungen, durch die jedoch die grundsätzliche Ausrichtung der Anforderungen an die Interne Revision nicht infrage gestellt wird. **119**

Im Zuge der fünften MaRisk-Novelle wurden im Modul BT 3 die Anforderungen an die Risikoberichterstattung gebündelt. Zudem wird zwischen den allgemeinen Anforderungen an die Risikoberichte (→ BT 3.1) und den speziellen Anforderungen an die Berichte der Risikocontrolling-Funktion (→ BT 3.2) unterschieden. **120**

9.2 Vorteile der modularen Struktur

121 Die modulare Struktur der MaRisk hat gegenüber dem Aufbau der alten Mindestanforderungen erhebliche Vorteile für Institute, Prüfer, Verbände, Aufsicht und andere Betroffene. Anpassungen des Regelwerkes führen nicht mehr automatisch zu weiteren Rundschreiben der BaFin. Ein zusätzlicher Vorteil besteht darin, dass im Bedarfsfall vollkommen neue Regelungsbereiche in die MaRisk integriert werden können, ohne die grundlegende Struktur ändern zu müssen. So konnten mit der ersten MaRisk-Novelle die Regelungen der BaFin zur Auslagerung von Bereichen auf andere Unternehmen nach einer grundsätzlichen Überarbeitung problemlos in die MaRisk überführt werden (→ AT 9). Im Rahmen der zweiten MaRisk-Novelle wurden die Anforderungen an das Risikomanagement auf Gruppenebene ergänzt (→ AT 4.5). Mit der dritten MaRisk-Novelle wurde das Regelwerk um eigenständige Module zu den Themenkomplexen Stresstests (→ AT 4.3.3) und Liquiditätsrisikomanagement für kapitalmarktorientierte Institute (→ BTR 3.2) erweitert. Mit der vierten MaRisk-Novelle sind die Module zu den besonderen Funktionen (→ AT 4.4) und zu den Anpassungsprozessen (→ AT 8) umgestaltet worden, indem Anforderungen an die Risikocontrolling-Funktion (→ AT 4.4.1) und die Compliance-Funktion (→ AT 4.4.2) sowie zu Änderungen betrieblicher Prozesse oder Strukturen (→ AT 8.1) hinzugefügt wurden. In diesem Zusammenhang mussten die bereits bestehenden Regelungen zur Internen Revision (→ AT 4.4.3), zum Neu-Produkt-Prozess (→ AT 8.1) sowie zu Übernahmen und Fusionen (→ AT 8.3) lediglich in neue Module verschoben werden.

122 Seit der fünften MaRisk-Novelle werden die vom Baseler Ausschuss veröffentlichten Grundsätze zur Risikodatenaggregation und Risikoberichterstattung (BCBS 239) im neuen Modul »Datenmanagement, Datenqualität und Aggregation von Risikodaten« (→ AT 4.3.4) adressiert, soweit sie sich mit der Datenarchitektur und der IT-Infrastruktur auseinandersetzen. Die Vorgaben zur Risikoberichterstattung werden im neuen Modul »Anforderungen an die Risikoberichterstattung« (→ BT 3) aufgegriffen und mit den bisher schon bestehenden Berichtspflichten zusammengeführt. Die Vorgaben der verschiedenen Standardsetzer zur Etablierung einer angemessenen Risikokultur wurden ebenfalls in den MaRisk verankert (→ AT 3 Tz. 1). Die Novelle enthält schließlich neue Anforderungen an Auslagerungen sowie umfassende Ergänzungen und Konkretisierungen der bereits bestehenden Vorgaben, die vor allem auf Erfahrungen aus der Aufsichts- und Prüfungspraxis beruhen (→ AT 9). Die modulare Struktur ist insgesamt sehr flexibel und anpassungsfähig.

AT 2 Anwendungsbereich

1 Einführung und Überblick

1.1 Eingrenzung des Anwendungsbereiches

Der Anwendungsbereich der MaRisk setzt sich aus den folgenden Ebenen zusammen: 1
- Das Modul AT 2.1 nimmt auf verschiedene gesetzliche Vorgaben Bezug, aus denen sich der Anwenderkreis ergibt (institutsbezogene Ebene).
- Die verschiedenen Risikoarten stehen im Fokus des Moduls AT 2.2 (risikobezogene Ebene).
- Die relevanten Geschäftsarten werden schließlich im Modul AT 2.3 definiert (geschäftsbezogene Ebene).

Durch die explizite Erwähnung der risikobezogenen Ebene kommt zum Ausdruck, dass sich das 2 Regelwerk auf das Management aller wesentlichen Risiken bezieht. Insbesondere sind auch jene Risikoarten zu untersuchen, bei denen nicht zwingend ein unmittelbarer Zusammenhang zu einzelnen Geschäften bestehen muss (z.B. operationelle Risiken, Liquiditätsrisiken). Auf diese Weise werden die MaRisk ihrem holistischen (ganzheitlichen) Anspruch gerecht.

1.2 Institutsbezogener Anwendungsbereich

3 Durch die Bezugnahme auf Kredit- und Finanzdienstleistungsinstitute nach § 1 Abs. 1b KWG wird § 25a Abs. 1 KWG Rechnung getragen, der sich auf beide Institutsarten bezieht, ohne zu differenzieren. Die Regelungen der MaRisk sind jedoch von Finanzdienstleistungsinstituten und Wertpapierhandelsbanken grundsätzlich nur insoweit zu beachten, wie dies vor dem Hintergrund der Institutsgröße sowie von Art, Umfang, Komplexität und Risikogehalt der Geschäftsaktivitäten zur Einhaltung der gesetzlichen Pflichten aus §§ 25a und 25b KWG geboten erscheint. Eine vergleichbare Regelung gilt für Leasing- und Factoringunternehmen (→ AT 2.1 Tz. 2).

4 Bezüglich des Risikomanagements auf Gruppenebene werden von den MaRisk auch die übergeordneten Unternehmen von Gruppen in die Pflicht genommen. So ist das an der Spitze einer Institutsgruppe, Finanzholding-Gruppe oder gemischten Finanzholding-Gruppe stehende Institut als übergeordnetes Unternehmen für ein angemessenes und wirksames Risikomanagement auf Gruppenebene verantwortlich. Durch diese Anforderung wird gesetzlichen Vorgaben entsprochen, die in § 25a Abs. 3 KWG niedergelegt sind.[1] Im Rahmen der zweiten MaRisk-Novelle wurden bereits bestehende Anforderungen ergänzt und in ein neues Modul überführt. Zwischenzeitlich sind diese Vorgaben ausgeweitet worden (→ AT 4.5).

1.3 Risikobezogener Anwendungsbereich

5 Die MaRisk beziehen sich auf alle für das Institut wesentlichen Risiken, wobei auch für die übrigen Risiken angemessene Vorkehrungen zu treffen sind. Dieser umfassende risikobezogene Anwendungsbereich stützt sich auf EU-Vorgaben (Art. 74 und 108 CRD IV) und entsprechende nationale Regelungen (§ 25a Abs. 1 KWG), die auf eine übergreifende Risikobetrachtung unter Einschluss aller wesentlichen Risiken abstellen.

6 Welche Risiken bzw. Risikoarten als »wesentlich« einzustufen sind, hat jedes Institut in eigener Verantwortung auf Basis des im Rahmen einer Risikoinventur ermittelten Gesamtrisikoprofils festzulegen (→ AT 2.2 Tz. 1). Grundsätzlich sind die klassischen Risikoarten als wesentlich zu betrachten, wie die Adressenausfallrisiken (Art. 79 CRD IV), die Marktpreisrisiken (Art. 83 CRD IV) inkl. der Zinsänderungsrisiken im Anlagebuch (Art. 84 CRD IV), die operationelle Risiken (Art. 85 CRD IV) und die Liquiditätsrisiken (Art. 86 CRD IV). Für diese Risikoarten werden im besonderen Teil der MaRisk spezielle Anforderungen formuliert (→ BTR 1 bis 4).

7 Abhängig vom konkreten Gesamtrisikoprofil eines Institutes sind ggf. auch sonstige Risiken als wesentlich einzustufen. Potenzielle Kandidaten dafür sind neben den Reputationsrisiken (→ AT 2.2 Tz. 2, Erläuterung) zunächst die übrigen in der Bankenrichtlinie aufgeführten Risikoarten, also die Restrisiken[2] (Art. 80 CRD IV), die Konzentrationsrisiken[3] (Art. 81 CRD IV), die Verbriefungsrisiken (Art. 82 CRD IV) und die Risiken einer übermäßigen Verschuldung (Art. 87

---

1 Die Anforderungen an das Risikomanagement auf Gruppenebene ergeben sich für Finanzkonglomerate seit Inkrafttreten des Finanzkonglomerate-Aufsichtsgesetzes (FKAG) im Juli 2013 aus § 25 Abs. 1 FKAG (→ AT 1 Tz. 1).

2 Die Restrisiken betreffen die Wirksamkeit von Kreditminderungstechniken und werden auch als Besicherungsrisiken bezeichnet.

3 Die (Kredit-)Konzentrationsrisiken werden in den MaRisk nicht als eigenständige Risikokategorie betrachtet, sondern als ein spezieller Aspekt der Risikokonzentrationen behandelt.

CRD IV). Als direkte Reaktion auf die Finanzmarktkrise erwartet die deutsche Aufsicht zudem, sich mit den Risiken aus außerbilanziellen Gesellschaftskonstruktionen zu beschäftigen, selbst wenn diese nicht konsolidierungspflichtig sein sollten. Damit wird vor allem auf Zweckgesellschaften abgezielt (→ AT 2.2 Tz. 2, Erläuterung).

Zusätzlich kann es erforderlich sein, bestimmte Unterkategorien einzelner Risikoarten aufgrund ihrer besonderen Bedeutung für einzelne Sachverhalte separat zu betrachten. Verschiedene Beispiele dafür finden sich in den Leitlinien der EBA zum SREP.[4] Auch die EZB hat ihre Vorstellungen zur Berücksichtigung bestimmter Risikoarten verdeutlicht.[5] Einige dieser Risikoarten werden unter dem Begriff »nicht-finanzielle Risiken« (»Non-Financial Risks«, NFR) zusammengefasst.

Mit wesentlichen Risiken verbundene Risikokonzentrationen sind jeweils zu berücksichtigen. Dazu gehören neben Adressenkonzentrationen auch Intra- und Inter-Risikokonzentrationen, die durch den Gleichlauf von Risikopositionen innerhalb einer Risikoart bzw. über verschiedene Risikoarten hinweg entstehen (→ AT 2.2 Tz. 1).

1.4 Geschäftsbezogener Anwendungsbereich

Der geschäftsbezogene Anwendungsbereich hat in erster Linie definitorischen Charakter. Die Definitionen sind im Wesentlichen für die Anwendung der besonderen aufbau- und ablauforganisatorischen Regelungen für das Kredit- und Handelsgeschäft von Bedeutung (→ BTO). Zum Teil finden sie auch im allgemeinen Teil und bei den Anforderungen an die Risikosteuerungs- und -controllingprozesse Verwendung, da dort an einzelnen Stellen auf Kredit- und Handelsgeschäfte Bezug genommen wird (→ AT 8, AT 9, BTR 1 und BTR 2).

Wie schon in den MaK wird für die Definition des Kreditgeschäftes auf den weiten Kreditbegriff des § 19 Abs. 1 KWG[6] abgestellt, der praktisch alle Geschäfte mit Adressenausfallrisiken umfasst. Bei den Handelsgeschäften gilt weiterhin die aus den MaH bekannte »Liste der Handelsgeschäfte«, die an einzelnen Stellen präzisiert wurde. Während der Entwicklung der MaRisk wurde darüber diskutiert, ob in diesem Zusammenhang eine durchgängige Orientierung an KWG-Definitionen zweckmäßig wäre. Zunächst hatte sich der hierfür ggf. infrage kommende Begriff der Finanzinstrumente gemäß § 1 Abs. 11 KWG als unvollständig erwiesen. Mittlerweile besteht dieses Problem zwar grundsätzlich nicht mehr. Dies wurde von der Aufsicht bislang jedoch noch nicht zum Anlass genommen, die Definition der Handelsgeschäfte in den MaRisk anzupassen (→ AT 2.3 Tz. 3).

---

4   Vgl. European Banking Authority, Guidelines on common procedures and methodologies for the supervisory review and evaluation process (SREP) and supervisory stress testing, EBA/GL/2014/13, Consolidated version, 19. Juli 2018, S. 77 ff.

5   Vgl. Europäische Zentralbank, Aufsichtliche Erwartungen an ICAAP und ILAAP sowie harmonisierte Erhebung von ICAAP- und ILAAP-Informationen, Schreiben von Daniele Nouy an die Geschäftsleitung bedeutender Banken vom 8. Januar 2016, Anhang A, S. 3.

6   Die Vorgaben zum weiten Kreditbegriff in § 19 Abs. 1 KWG gelten seit 1. Januar 2014 nur noch für den Bereich der Millionenkredite, während der Kreditbegriff für Großkredite (»Risikopositionen«) seitdem in Art. 389 CRR geregelt ist.

2 Zielsetzung der MaRisk (Tz. 1)

12 **1** Die Beachtung der Anforderungen des Rundschreibens durch die Institute soll dazu beitragen, Missständen im Kredit- und Finanzdienstleistungswesen entgegenzuwirken, welche die Sicherheit der den Instituten anvertrauten Vermögenswerte gefährden, die ordnungsgemäße Durchführung der Bankgeschäfte oder Finanzdienstleistungen beeinträchtigen oder erhebliche Nachteile für die Gesamtwirtschaft herbeiführen können. Bei der Erbringung von Wertpapierdienstleistungen und Wertpapiernebendienstleistungen müssen die Institute die Anforderungen darüber hinaus mit der Maßgabe einhalten, die Interessen der Wertpapierdienstleistungskunden zu schützen.

2.1 Verbesserung des Anlegerschutzes auf europäischer Ebene

13 Bereits mit der europäischen Finanzmarktrichtlinie (Markets in Financial Instruments Directive, MiFID)[7] wurden die Erhöhung der Markttransparenz sowie die Stärkung des Wettbewerbes unter Anbietern von Finanzdienstleistungen und damit die Verbesserung des Anlegerschutzes angestrebt. Die MiFID hat außerdem den Börsenhandel liberalisiert, indem mit den »Multilateralen Handelssystemen« (»Multilateral Trading-Facilities«, MTF) alternative Handelsplattformen geschaffen wurden. Nachdem die G20[8] anlässlich ihres Gipfels Ende September 2009 in Pittsburgh beschlossen hatten, die globalen »Over-the-Counter-Derivatemärkte« (»OTC-Derivatemärkte«) zu reformieren, hat die Europäische Kommission 2011 eine Revision der MiFID eingeleitet. Im Ergebnis wurden im Frühjahr 2014 eine zweite Richtlinie (MiFID II)[9] und eine begleitende Verordnung (MiFIR)[10] verabschiedet, die mit Hilfe von Durchführungsrechtsakten bzw. delegierten Rechtsakten weiter konkretisiert werden.

14 Insgesamt ist mit diesen Regelwerken der Anlegerschutz durch strengere Anforderungen in den Bereichen Portfolioverwaltung, unabhängige Anlageberatung, Zuwendungen, Produkt-Governance, Produktintervention sowie Aufzeichnungspflichten weiter verbessert worden. Die MiFIR ist als europäische Verordnung in den EU-Mitgliedstaaten unmittelbar anzuwenden. Die am 3. Januar 2018 in Kraft getretene MiFID II war als europäische Richtlinie demgegenüber in

---

7 Richtlinie 2004/39/EG (MiFID) des Europäischen Parlaments und des Rates vom 21. April 2004 über Märkte für Finanzinstrumente, Amtsblatt der Europäischen Union vom 30. April 2004, L 145/1–44.

8 Die »G20« ist die 1999 gegründete Gruppe der wichtigsten Industrie- und Schwellenländer. Der G20 gehören 19 Staaten (Argentinien, Australien, Brasilien, China, Deutschland, Frankreich, Großbritannien, Indien, Indonesien, Italien, Japan, Kanada, Mexiko, Russland, Saudi-Arabien, Südafrika, Südkorea, Türkei, USA) sowie die EU an. Die G20 ist nach dem Beschluss ihrer Staats- und Regierungschefs von September 2009 das zentrale informelle Forum für die internationale wirtschaftliche Zusammenarbeit der bedeutendsten Industrie- und Schwellenländer. Die G20-Staaten repräsentieren ca. 90 % des weltweiten Bruttoinlandsprodukts, ca. 80 % des Welthandels und rund zwei Drittel der Weltbevölkerung. An den G20-Gipfeln nehmen auf Einladung der Präsidentschaft regelmäßig auch der Internationale Währungsfonds (IWF), die Weltbank (WB), die Europäische Zentralbank (EZB), das Financial Stability Board (FSB), die Organisation für Wirtschaftliche Zusammenarbeit und Entwicklung (OECD), die Welthandelsorganisation (WTO), der Internationale Währungs- und Finanzausschuss (IMFC), die Internationale Arbeitsorganisation (ILO) und die Vereinten Nationen (VN) teil. Darüber hinaus werden regelmäßig weitere Staaten und Regionalorganisationen eingeladen, wie z. B. die Vorsitzenden der Afrikanischen Union (AU), der New Partnership for Africa's Development (NEPAD) und der Association of Southeast Asian Nations (ASEAN). Die jeweilige G20-Präsidentschaft hält engen Kontakt mit verschiedenen Interessengruppen und Nicht-G20-Ländern (so genanntes »Outreach«). Vgl. www.bundesregierung.de.

9 Richtlinie 2014/65/EU (MiFID II) des Europäischen Parlaments und des Rates vom 15. Mai 2014 über Märkte für Finanzinstrumente sowie zur Änderung der Richtlinien 2002/92/EG und 2011/61/EU, Amtsblatt der Europäischen Union vom 12. Juni 2014, L 173/349–496.

10 Verordnung (EU) Nr. 600/2014 (MiFIR) des Europäischen Parlaments und des Rates vom 15. Mai 2014 über Märkte für Finanzinstrumente und zur Änderung der Verordnung (EU) Nr. 648/2012, Amtsblatt der Europäischen Union vom 12. Juni 2014, L 173/84–148.

nationales Recht umzusetzen und führte zu erheblichen Anpassungen bei dem Wertpapierhandelsgesetz (WpHG), der Wertpapierdienstleistungs-Verhaltens- und Organisationsverordnung (WpDVerOV) sowie den Mindestanforderungen an die Compliance-Funktion und weiteren Verhaltens-, Organisations- und Transparenzpflichten (MaComp)[11] (→ Teil I, Kapitel 8.3).

2.2 Solvenzaufsicht

Die Beachtung der MaRisk soll dazu beitragen, Missständen im Kredit- und Finanzdienstleistungswesen entgegenzuwirken, welche die Sicherheit der den Instituten anvertrauten Vermögenswerte gefährden, die ordnungsgemäße Durchführung der Bankgeschäfte oder Finanzdienstleistungen beeinträchtigen oder erhebliche Nachteile für die Gesamtwirtschaft herbeiführen können. Durch diese Passage wird die Aufgabenstellung der BaFin im Bereich des KWG betont (§ 6 Abs. 2 KWG), die im Sprachgebrauch auch unter der Bezeichnung »Solvenzaufsicht« zusammengefasst wird. Das KWG gibt Instituten Regeln vor, die sie bei der Gründung und beim Betreiben ihrer Geschäfte zu beachten haben. Diese Regeln sind darauf ausgerichtet, Fehlentwicklungen vorzubeugen, die das reibungslose Funktionieren des Bankenapparates stören könnten. Wie intensiv Institute beaufsichtigt werden, hängt von Art und Umfang der Geschäfte ab, die sie betreiben. Die Aufsicht richtet grundsätzlich ihr Hauptaugenmerk darauf, dass Institute genügend Eigenkapital und Liquidität vorhalten und angemessene »Risikokontrollmechanismen« installiert haben. § 25a KWG und den MaRisk kommt insoweit bei der Solvenzaufsicht eine wichtige Rolle zu.

15

2.3 Wertpapieraufsicht

Ziel der Wertpapieraufsicht ist es, die Transparenz und Integrität des Finanzmarktes sowie den Anlegerschutz zu gewährleisten. Die wertpapieraufsichtlichen Anforderungen ergeben sich seit Anfang 2018 zum Teil unmittelbar aus europäischen Regelungen, wie z. B. der MiFIR, die als europäische Verordnung in den EU-Mitgliedstaaten direkt anzuwenden ist. Auf nationaler Ebene bilden insbesondere das Wertpapierhandelsgesetz (WpHG), das Wertpapiererwerbs- und Übernahmegesetz (WpÜG), das Wertpapierprospektgesetz (WpPG) und das Wertpapier-Verkaufsprospektgesetz (VerkProspG) die Grundlage für die Wertpapieraufsicht. Daneben spielen die Wertpapierdienstleistungs-Verhaltens- und -Organisationsverordnung (WpDVerOV), die Wertpapierdienstleistungs-Prüfungsverordnung (WpDPV) sowie die WpHG-Mitarbeiteranzeigeverordnung (WpHGMaAnzV) eine wichtige Rolle.

16

---

11 Bundesanstalt für Finanzdienstleistungsaufsicht, Mindestanforderungen an die Compliance-Funktion und weitere Verhaltens-, Organisations- und Transparenzpflichten – MaComp, Rundschreiben 05/2018 (WA) vom 19. April 2018, zuletzt geändert am 9. Mai 2018. Die MaComp präzisieren neben den Regelungen nach §§ 63 ff. WpHG auch Regelungen der unmittelbar anzuwendenden Art. 21 ff. der Delegierten Verordnung zu den Organisationsanforderungen der MiFID II. Vgl. Delegierte Verordnung (EU) 2017/565 der Kommission vom 25. April 2016 zur Ergänzung der Richtlinie 2014/65/EU des Europäischen Parlaments und des Rates in Bezug auf die organisatorischen Anforderungen an Wertpapierfirmen und die Bedingungen für die Ausübung ihrer Tätigkeit sowie in Bezug auf die Definition bestimmter Begriffe für die Zwecke der genannten Richtlinie, Amtsblatt der Europäischen Union vom 31. März 2017, L 87/1-83.

AT 2 Anwendungsbereich

17   Im Wesentlichen geht es bei der Wertpapieraufsicht um die Bekämpfung von Insidergeschäften, die Sicherstellung der Ad-hoc-Publizität sowie der Transparenz über Geschäfte mit eigenen Aktien (»Directors' Dealings«) und der Stimmrechtsmeldungen für Anteile einer bestimmten Größenordnung, die Verfolgung von Marktmanipulation, die Kontrolle der Vollständigkeit von Wertpapierprospekten und die Überwachung der Einhaltung von Verhaltensregeln und Organisationspflichten. Die seit der Umsetzung der MiFID II im 11. Abschnitt des WpHG enthaltenen Verhaltens-, Organisations- und Transparenzpflichten gemäß §§ 63 ff. WpHG werden durch die MaComp konkretisiert (→ Teil I, Kapitel 8.3).

2.4   Verknüpfung zwischen KWG und WpHG

18   Die Umsetzung der organisatorischen Anforderungen des Art. 13 MiFID i. V. m. den Artikeln 5, 7, 8, 9, 13 und 14 MiFID-Durchführungsrichtlinie[12] durch das KWG und die MaRisk im Jahre 2007 führte zwangsläufig dazu, dass die angepassten Normen und Verwaltungsvorschriften nicht mehr nur solvenzaufsichtlichen Zielen, sondern auch dem Schutz der Interessen der Wertpapierdienstleistungskunden dienen (→ AT 1 Tz. 4). Auf Gesetzesebene wird dies durch entsprechende Verweise in § 80 Abs. 1 Satz 1 bzw. Abs. 6 Satz 1 WpHG nachgezogen. Danach hat ein Wertpapierdienstleistungsunternehmen u. a. die organisatorischen Pflichten gemäß § 25a Abs. 1 bzw. § 25b KWG und damit auch nach den MaRisk zu beachten. Die Einrichtung eines angemessenen und wirksamen Risikomanagements und seine Gewährleistung im Falle einer Auslagerung dienen insoweit auch dem Anlegerschutz.

19   Es ist allerdings zu bezweifeln, dass ein Anleger daraus Schadenersatzansprüche herleiten kann (z. B. bei mangelhaftem Risikomanagement). Da die Möglichkeit von Schadenersatzansprüchen in § 80 WpHG nicht unmittelbar adressiert wird, kann ein Anleger in solchen Fällen nur dann einen Anspruch gegen ein Institut geltend machen, wenn gegen ein Schutzgesetz im Sinne von § 823 Abs. 2 BGB verstoßen wurde. Bei einem Schutzgesetz handelt es sich um eine individualschützende Norm. Dem Gesetz muss der Charakter einer Gebots- oder Verbotsnorm zukommen, die den Schutz eines anderen bezweckt. Zudem muss der Anspruchsteller in den persönlichen und sachlichen Schutzbereich des Gesetzes fallen. Nach der Literaturmeinung ist § 80 WpHG »weder als Schutzgesetz i. S. d. § 823 Abs. 2 BGB zu qualifizieren, noch strahlt er unmittelbar auf die schuldrechtlichen Beziehungen zwischen Anlegern und Wertpapierdienstleistungsunternehmen aus«.[13]

---

12 Richtlinie 2006/73/EG (MiFID-Durchführungsrichtlinie) der Europäischen Kommission vom 10. August 2006 zur Durchführung der Richtlinie 2004/39/EG des Europäischen Parlaments und des Rates in Bezug auf die organisatorischen Anforderungen an Wertpapierfirmen und die Bedingungen für die Ausübung ihrer Tätigkeit sowie in Bezug auf die Definition bestimmter Begriffe für die Zwecke der genannten Richtlinie, Amtsblatt der Europäischen Union vom 2. September 2006, L 241/26–58.

13 Vgl. Koller, Ingo, in: Assmann, Heinz-Dieter/Schneider, Uwe H., Wertpapierhandelsgesetz, 4. Auflage, Köln, 2006, § 33, Tz. 1.

AT 2.1 Anwenderkreis

1 Anwendung auf Instituts- und Gruppenebene

1   1 Die Anforderungen des Rundschreibens sind von allen Instituten im Sinne von § 1 Abs. 1b KWG bzw. im Sinne von § 53 Abs. 1 KWG zu beachten. Sie gelten auch für die Zweigniederlassungen deutscher Institute im Ausland. Auf Zweigniederlassungen von Unternehmen mit Sitz in einem anderen Staat des Europäischen Wirtschaftsraumes nach § 53b KWG finden sie keine Anwendung. Die Anforderungen in Modul AT 4.5 des Rundschreibens sind von übergeordneten Unternehmen bzw. übergeordneten Finanzkonglomeratsunternehmen einer Institutsgruppe, einer Finanzholding-Gruppe oder eines Finanzkonglomerates auf Gruppenebene zu beachten.

1.1 Anwenderkreis auf Institutsebene

2   Maßgeblich für den Anwenderkreis der MaRisk auf Institutsebene ist der Institutsbegriff nach den §§ 1 Abs. 1b und 53 Abs. 1 KWG.

3   Gemäß § 1 Abs. 1b KWG zählen zu den Instituten im Sinne des Kreditwesengesetzes sowohl Kreditinstitute (§ 1 Abs. 1 KWG) als auch Finanzdienstleistungsinstitute (§ 1 Abs. 1a KWG). Erfasst werden daher alle deutschen Kredit- und Finanzdienstleistungsinstitute sowie die rechtlich unselbständigen Zweigniederlassungen deutscher Institute im Ausland. Ende 2017 beaufsichtigte die BaFin 1.553 Kreditinstitute durch den Geschäftsbereich Bankenaufsicht sowie 722 Finanzdienstleistungsinstitute durch den Geschäftsbereich Wertpapieraufsicht/Asset-Management. Ohne die bedeutenden Institute, für deren Beaufsichtigung seit Ende 2014 die EZB direkt zuständig ist, wobei die deutschen Aufsichtsbehörden in den gemeinsamen Aufsichtsteams (»Joint Supervisory Teams«, JST) aktiv mitwirken, waren es immer noch 1.490 Kreditinstitute.[1]

4   Darüber hinaus gelten die MaRisk grundsätzlich auch für die rechtlich unselbständigen Zweigstellen von Unternehmen mit Sitz im Ausland (§ 53 Abs. 1 KWG), wobei alle Zweigniederlassungen von Unternehmen mit Sitz in einem Staat des Europäischen Wirtschaftsraumes (EWR) nach § 53b KWG aufgrund einer vergleichbaren Überwachung durch die Aufsichtsbehörde des jeweiligen Heimatlandes ausgenommen sind. Ende 2017 standen 106 inländische Zweigstellen ausländischer Unternehmen unter der Aufsicht des Geschäftsbereiches Wertpapieraufsicht/Asset-Management der BaFin. Die inländischen Zweigstellen ausländischer Unternehmen unter der Aufsicht des Geschäftsbereiches Bankenaufsicht sind bei den insgesamt 1.553 Kreditinstituten bereits enthalten.[2]

5   Aufgrund der Eigenart ihrer Geschäftsaktivitäten und ihrer heterogenen Struktur gelten die MaRisk für Wertpapierhandelsbanken und Finanzdienstleistungsinstitute nur in eingeschränktem Umfang (→ AT 2.1 Tz. 2). Für Kapitalverwaltungsgesellschaften sind die MaRisk überhaupt nicht mehr einschlägig, da diese mit dem Inkrafttreten des Investmentänderungsgesetzes[3] im Dezember 2007 ihre Institutseigenschaft im Sinne des KWG verloren haben. Dementsprechend wurde das Investmentgeschäft (§ 1 Abs. 1 Satz 2 Nr. 6 KWG a. F.) aus dem Katalog der Bankgeschäfte gestrichen. Durch den Verlust der Institutseigenschaft, der in der Investmentbranche offenbar auf geteilte Zustimmung stieß[4], unterliegen die Kapitalverwaltungsgesellschaften auch nicht mehr den Regelun-

---

1   Vgl. Bundesanstalt für Finanzdienstleistungsaufsicht, Jahresbericht 2017, 3. Mai 2018, S. 80 und 89.

2   Vgl. Bundesanstalt für Finanzdienstleistungsaufsicht, Jahresbericht 2017, 3. Mai 2018, S. 81 und 89.

3   Gesetz zur Änderung des Investmentgesetzes und zur Anpassung anderer Vorschriften (Investmentänderungsgesetz) vom 21. Dezember 2007 (BGBl. I Nr. 68, S. 3089), veröffentlicht am 27. Dezember 2007.

4   Vgl. Seip, Stefan, Neues Investmentgesetz stärkt den Fondsstandort, in: Sonderbeilage der Börsenzeitung vom 10. November 2007, S. B1.

gen der MaRisk. Vor diesem Hintergrund hat die BaFin im Juni 2010 zunächst die Mindestanforderungen an das Risikomanagement für Investmentgesellschaften (InvMaRisk) veröffentlicht.[5]

Seit Veröffentlichung der InvMaRisk gab es zahlreiche Entwicklungen im Bereich des Investmentrechtes. Hierzu gehören vor allem die Richtlinie über die Verwalter alternativer Investmentfonds (»Alternative Investment Fund Managers Directive«, AIFMD)[6] aus dem Jahre 2011, die zur Durchführung der AIFM-Richtlinie erlassene Delegierte Verordnung[7] aus dem Jahre 2013 sowie das ebenfalls im Jahre 2013 zur Umsetzung der AIFM-Richtlinie in das nationale Recht neu eingeführte Kapitalanlagegesetzbuch (KAGB).[8] Das KAGB ersetzt das bis dahin geltende Investmentgesetz, dessen Regelungen in das KAGB integriert und um zahlreiche neue Produktregeln und Vorgaben erweitert wurden. Vor diesem Hintergrund hat die deutsche Aufsicht im Jahre 2017 neue Mindestanforderungen an das Risikomanagement von Kapitalverwaltungsgesellschaften (KAMaRisk)[9] veröffentlicht, die die InvMaRisk aus dem Jahre 2010 ersetzen. Die KAMaRisk interpretieren das KAGB und die unmittelbar geltende Delegierte Verordnung zur Durchführung der AIFM-Richtlinie im Hinblick auf Anforderungen an die Organisation, das Risikomanagement und Auslagerungen durch Kapitalverwaltungsgesellschaften (→ Teil I, Kapitel 8.2) und sind an die MaRisk angelehnt.

6

1.2 Kreditinstitute gemäß § 1 Abs. 1 KWG

Kreditinstitute gemäß § 1 Abs. 1 KWG sind Unternehmen, die Bankgeschäfte gewerbsmäßig oder in einem Umfang betreiben, der einen in kaufmännischer Weise eingerichteten Geschäftsbetrieb erfordert. Welche Geschäfte als Bankgeschäfte zu qualifizieren sind, ergibt sich aus der Liste des § 1 Abs. 1 KWG, die derzeit zwölf unterschiedliche Geschäftsarten umfasst:

7

- das Einlagengeschäft, zu dem die Annahme fremder Gelder als Einlagen oder anderer unbedingt rückzahlbarer Gelder des Publikums zählt, sofern der Rückzahlungsanspruch nicht in Inhaber- oder Orderschuldverschreibungen verbrieft wird, ohne Rücksicht darauf, ob Zinsen vergütet werden (§ 1 Abs. 1 Satz 2 Nr. 1 KWG),
- das Pfandbriefgeschäft gemäß § 1 Abs. 1 Satz 2 des Pfandbriefgesetzes (§ 1 Abs. 1 Satz 2 Nr. 1a KWG),
- zum Kreditgeschäft zählen die Gewährung von Gelddarlehen und Akzeptkrediten (§ 1 Abs. 1 Satz 2 Nr. 2 KWG),
- der Ankauf von Wechseln und Schecks ist Gegenstand des Diskontgeschäftes (§ 1 Abs. 1 Satz 2 Nr. 3 KWG),
- das Finanzkommissionsgeschäft umfasst die Anschaffung und die Veräußerung von Finanzinstrumenten im eigenen Namen für fremde Rechnung (§ 1 Abs. 1 Satz 2 Nr. 4 KWG),

---

5 Bundesanstalt für Finanzdienstleistungsaufsicht, Mindestanforderungen an das Risikomanagement für Investmentgesellschaften (InvMaRisk), Rundschreiben 5/2010 (WA) vom 30. Juni 2010.

6 Richtlinie 2011/61/EU (AIFM-Richtlinie) des Europäischen Parlaments und des Rates vom 8. Juni 2011 über die Verwalter alternativer Investmentfonds und zur Änderung der Richtlinien 2003/41/EG und 2009/65/EG und der Verordnungen (EG) Nr. 1060/2009 und (EU) Nr. 1095/2010, Amtsblatt der Europäischen Union vom 1. Juli 2011, L 174/1–73.

7 Delegierte Verordnung (EU) Nr. 231/2013 der Kommission vom 19. Dezember 2012 zur Ergänzung der Richtlinie 2011/61/EU des Europäischen Parlaments und des Rates im Hinblick auf Ausnahmen, die Bedingungen für die Ausübung der Tätigkeit, Verwahrstellen, Hebelfinanzierung, Transparenz und Beaufsichtigung, Amtsblatt der Europäischen Union vom 22. März 2013, L 83/1–95.

8 Kapitalanlagegesetzbuch (KAGB) vom 4. Juli 2013 (BGBl. I S. 1981), zuletzt geändert durch Art. 9 des Gesetzes vom 10. Juli 2018 (BGBl. I S. 1102). Neben dem KAGB leiten sich die rechtlichen Rahmenbedingungen für das Risikomanagement von Kapitalverwaltungsgesellschaften aus der Derivateverordnung (DerivateV) und der Kapitalanlage-Verhaltens- und -Organisationsverordnung (KAVerOV) ab.

9 Bundesanstalt für Finanzdienstleistungsaufsicht, Mindestanforderungen an das Risikomanagement von Kapitalverwaltungsgesellschaften (KAMaRisk), Rundschreiben 01/2017 (WA) vom 10. Januar 2017.

- zum Depotgeschäft gehören die Verwahrung und Verwaltung von Wertpapieren für andere (§ 1 Abs. 1 Satz 2 Nr. 5 KWG),
- die Tätigkeit als Zentralverwahrer im Sinne von § 1 Abs. 6 KWG (§ 1 Abs. 1 Satz 2 Nr. 6 KWG),
- die Eingehung der Verpflichtung, zuvor veräußerte Darlehensforderungen vor Fälligkeit zurück zu erwerben (§ 1 Abs. 1 Satz 2 Nr. 7 KWG),
- zum Garantiegeschäft gehört die Übernahme von Bürgschaften, Garantien und sonstigen Gewährleistungen für andere (§ 1 Abs. 1 Satz 2 Nr. 8 KWG),
- die Durchführung des bargeldlosen Scheckeinzugs (Scheckeinzugsgeschäft), des Wechseleinzugs (Wechseleinzugsgeschäft) und die Ausgabe von Reiseschecks als Reisescheckgeschäft (§ 1 Abs. 1 Satz 2 Nr. 9 KWG),
- zum Emissionsgeschäft zählen die Übernahme von Finanzinstrumenten für eigenes Risiko zur Platzierung oder die Übernahme gleichwertiger Garantien (§ 1 Abs. 1 Satz 2 Nr. 10 KWG),
- die Tätigkeit als zentrale Gegenpartei (zentraler Kontrahent),[10] im Sinne von § 1 Abs. 31 KWG (§ 1 Abs. 1 Satz 2 Nr. 12 KWG).

8   Soweit ein Unternehmen auch nur eines der genannten Bankgeschäfte betreibt, ist es grundsätzlich als Kreditinstitut zu qualifizieren und unterliegt damit den einschlägigen Regelungen des KWG. Es spielt dabei keine Rolle, ob es sich um inländische Tochterunternehmen ausländischer Unternehmen handelt. Auch diese Tochterunternehmen erwerben die Institutseigenschaft, sobald sie eines der in der Liste des § 1 Abs. 1 KWG genannten Bankgeschäfte betreiben.

1.3   Zentralverwahrer

9   Ein »Zentralverwahrer« ist laut § 1 Abs. 6 KWG ein Unternehmen im Sinne des Art. 2 Abs. 1 Nr. 1 der entsprechenden europäischen Verordnung.[11] Dieser Verordnung zufolge handelt es sich bei einem Zentralverwahrer zusammengefasst um eine juristische Person, die ein Wertpapierliefer- und -abrechnungssystem (»Abwicklungsdienstleistung«) betreibt und darüber hinaus entweder die erstmalige Verbuchung von Wertpapieren im Effektengiro (»notarielle Dienstleistung«) oder die Bereitstellung und Führung von Depotkonten auf oberster Ebene (»zentrale Kontoführung«) als eine weitere von diesen drei möglichen Kerndienstleistungen eines Zentralverwahrers erbringt. Natürlich ist es auch möglich, alle drei Kerndienstleistungen eines Zentralverwahrers anzubieten.

1.4   Zentraler Kontrahent

10   Gemäß § 1 Abs. 31 Satz 1 KWG handelt es sich bei einer »zentralen Gegenpartei« bzw. einem »zentralen Kontrahenten« um ein Unternehmen im Sinne von Art. 2 Nr. 1 der »European Market Infrastructure Regulation« (EMIR).[12] Danach ist eine zentrale Gegenpartei (»Central Counter-

---

10 Die Begriffe »zentrale Gegenpartei« und »zentraler Kontrahent« (»Central Counterparty«, CCP) werden synonym verwendet. Da die MaRisk auf Kontrahentenlimite abstellen, ist die Formulierung »zentraler Kontrahent« für die Zwecke des Kommentars besser geeignet.

11 Verordnung (EU) Nr. 909/2014 des Europäischen Parlaments und des Rates vom 23. Juli 2014 zur Verbesserung der Wertpapierlieferungen und -abrechnungen in der Europäischen Union und über Zentralverwahrer sowie zur Änderung der Richtlinien 98/26/EG und 2014/65/EU und der Verordnung (EU) Nr. 236/2012, Amtsblatt der Europäischen Union vom 28. August 2014, L 257/1–72.

12 Verordnung (EU) Nr. 648/2012 (EMIR) des Europäischen Parlaments und des Rates vom 4. Juli 2012 über OTC-Derivate, zentrale Gegenparteien und Transaktionsregister, Amtsblatt der Europäischen Union vom 27. Juli 2012, L 201/1–59.

party«, CCP) eine juristische Person, die zwischen die Gegenparteien der auf einem oder mehreren Märkten gehandelten Kontrakte tritt und somit als Käufer für jeden Verkäufer bzw. als Verkäufer für jeden Käufer fungiert. Hiermit wird eine in der Bankenrichtlinie mit spezifischen Rechtsfolgen verknüpfte Funktion innerhalb des Finanzmarktes regulatorisch erfasst. Da Institute, die Geschäfte mit einem zentralen Kontrahenten abschließen, aufgrund des von diesem zur Erfüllungsabsicherung zu unterhaltenden Sicherungssystems (»Marginsystem«) eine verminderte bzw. (derzeit) unter bestimmten Umständen sogar auf null reduzierte Eigenkapitalunterlegung für solche Geschäfte vornehmen können, muss die Institution eines zentralen Kontrahenten mit seinem Sicherungssystem einer effektiven Beaufsichtigung unterworfen sein. Ein Ausfall einer solchen Institution hätte gravierende Auswirkungen auf das gesamte über sie verknüpfte Finanzsystem. Durch die Einbeziehung zentraler Kontrahenten hat der Gesetzgeber eine bereits in anderen europäischen Ländern geübte Praxis der Beaufsichtigung nachgezogen.[13]

Da zentrale Kontrahenten ein hohes systemisches Risiko für die Finanzbranche darstellen, **11** fordert auch der Baseler Ausschuss für Bankenaufsicht strenge Regeln für deren Risikomanagement. Einem Auftrag der G20 folgend[14], hat der Baseler Ausschuss entsprechende Vorschläge für neue Anforderungen unterbreitet, die auch im Rahmen der CRR bereits weitgehend nachvollzogen werden. Demnach dürfen die Institute ihre Forderungen gegenüber einem zentralen Kontrahenten mit einem Risikogewicht von 2 % anrechnen, sofern er relativ anspruchsvolle Qualitätskriterien erfüllt (»qualifizierter zentraler Kontrahent«), die in der EMIR festgelegt sind.[15] Darüber hinaus sollen Institute, die als »direkte Teilnehmer« bei einem zentralen Kontrahenten registriert sind, finanzielle Mittel in einen Sonderfonds einzahlen. Mit Hilfe dieser Einzahlungen sollen im Falle einer Insolvenz des zentralen Kontrahenten eventuell entstandene Verluste abgefedert werden. Die Höhe der Einzahlungen ist neben der Qualität des zentralen Kontrahenten vom Umfang seiner Kapitalausstattung abhängig (»Waterfall Approach«).[16] Werden die Kriterien als qualifizierter zentraler Kontrahent hingegen nicht erfüllt, so gelten die Eigenmittelanforderungen für bilaterale Geschäfte. Für diese Geschäfte sind Kapitalzuschläge für Marktwertschwankungen (»Credit Valuation Adjustment«) und, sofern die »interne Modellmethode« verwendet wird, im Rahmen einer Maximalbetrachtung ggf. für künftige Krisen (»Stressed Value-at-Risk«) vorzuhalten.[17]

1.5   Finanzdienstleistungsinstitute gemäß § 1 Abs. 1a KWG

Finanzdienstleistungsinstitute sind nach § 1 Abs. 1a Satz 1 KWG Unternehmen, die Finanzdienst-   **12** leistungen für andere gewerbsmäßig oder in einem Umfang erbringen, der einen in kaufmännischer Weise eingerichteten Geschäftsbetrieb erfordert, und die keine Kreditinstitute sind. Welches Unternehmen insofern als Finanzdienstleistungsinstitut zu qualifizieren ist, bestimmt sich aus der Liste der Finanzdienstleistungen gemäß § 1 Abs. 1a Satz 2 KWG. Folgende Geschäftsarten zählen im Sinne des KWG zu den Finanzdienstleistungen:
– die Anlagevermittlung ist als die Vermittlung von Geschäften über die Anschaffung und die Veräußerung von Finanzinstrumenten definiert (§ 1 Abs. 1a Satz 2 Nr. 1 KWG),

---

13 Vgl. Regierungsbegründung zum Entwurf eines Gesetzes zur Umsetzung der neu gefassten Bankenrichtlinie und der neu gefassten Kapitaladäquanzrichtlinie, Bundesrats-Drucksache 153/06, 24. Februar 2006, S. 78.

14 Vgl. G20, Leaders' Statement: The Pittsburgh Summit, September 2009.

15 Gemäß Art. 4 Abs. 1 Nr. 88 CRR ist eine »qualifizierte zentrale Gegenpartei« eine zentrale Gegenpartei, die entweder nach Art. 14 EMIR zugelassen oder – sofern sie in einem Drittstaat ansässig ist – nach Art. 25 EMIR anerkannt wurde.

16 Vgl. Basel Committee on Banking Supervision, Capitalisation of bank exposures to central counterparties, Consultative document, 20. Dezember 2010, S. 3 ff.

17 Vgl. Basel Committee on Banking Supervision, Basel III: A global regulatory framework for more resilient banks and banking systems, 16. Dezember 2010, S. 29 ff.

AT 2.1 Anwenderkreis

- die Anlageberatung betrifft die Abgabe von persönlichen Empfehlungen an Kunden oder deren Vertreter, die sich auf Geschäfte mit bestimmten Finanzinstrumenten beziehen, sofern die Empfehlung auf eine Prüfung der persönlichen Umstände des Anlegers gestützt oder als für ihn geeignet dargestellt wird und nicht ausschließlich über Informationsverbreitungskanäle oder für die Öffentlichkeit bekanntgegeben wird (§ 1 Abs. 1a Satz 2 Nr. 1a KWG),
- der Betrieb eines multilateralen Handelssystems bringt die Interessen einer Vielzahl von Personen am Kauf und Verkauf von Finanzinstrumenten innerhalb des Systems und nach festgelegten Bestimmungen in einer Weise zusammen, die zu einem Vertrag über den Kauf dieser Finanzinstrumente führt (§ 1 Abs. 1a Satz 2 Nr. 1b KWG),
- das Platzierungsgeschäft beschäftigt sich mit dem Platzieren von Finanzinstrumenten (d. h. der Veräußerung von Finanzinstrumenten im fremden Namen für fremde Rechnung im Rahmen einer Emission mit Platzierungsabrede[18]) ohne feste Übernahmeverpflichtung (§ 1 Abs. 1a Satz 2 Nr. 1c KWG),
- der Betrieb eines organisierten Handelssystems, bei dem es sich nicht um einen organisierten Markt oder ein multilaterales Handelssystem handelt, führt die Interessen einer Vielzahl Dritter am Kauf und Verkauf von Schuldverschreibungen, strukturierten Finanzprodukten, Emissionszertifikaten oder Derivaten innerhalb des Systems in einer Weise zusammen, die zu einem Vertrag über den Kauf dieser Finanzinstrumente führt (§ 1 Abs. 1a Satz 2 Nr. 1d KWG),
- zur Abschlussvermittlung zählt die Anschaffung und die Veräußerung von Finanzinstrumenten im fremden Namen für fremde Rechnung (§ 1 Abs. 1a Satz 2 Nr. 2 KWG),
- die Finanzportfolioverwaltung umfasst die Verwaltung einzelner in Finanzinstrumenten angelegter Vermögen für andere mit Entscheidungsspielraum (§ 1 Abs. 1a Satz 2 Nr. 3 KWG),
- der Eigenhandel (§ 1 Abs. 1a Satz 2 Nr. 4 KWG) ist definiert als
  a) das kontinuierliche Anbieten des An- und Verkaufes von Finanzinstrumenten zu selbst gestellten Preisen für eigene Rechnung unter Einsatz des eigenen Kapitals,
  b) das häufige organisierte und systematische Betreiben von Handel für eigene Rechnung in erheblichem Umfang außerhalb eines organisierten Marktes oder eines multilateralen oder organisierten Handelssystems, wenn Kundenaufträge außerhalb eines geregelten Marktes oder eines multilateralen oder organisierten Handelssystems ausgeführt werden, ohne dass ein multilaterales Handelssystem betrieben wird (systematische Internalisierung),
  c) das Anschaffen oder Veräußern von Finanzinstrumenten für eigene Rechnung als Dienstleistung für andere oder
  d) das Kaufen oder Verkaufen von Finanzinstrumenten für eigene Rechnung als unmittelbarer oder mittelbarer Teilnehmer eines inländischen organisierten Marktes oder eines multilateralen oder organisierten Handelssystems mittels einer hochfrequenten algorithmischen Handelstechnik (Hochfrequenzhandel), die gekennzeichnet ist durch
     aa) eine Infrastruktur zur Minimierung von Netzwerklatenzen und anderen Verzögerungen bei der Orderübertragung (Latenzen), die mindestens eine der folgenden Vor-

---

18 Vgl. Bundesanstalt für Finanzdienstleistungsaufsicht, Merkblatt Platzierungsgeschäft vom 10. Dezember 2009, geändert am 25. Juli 2013, S. 1 f.

richtungen für die Eingabe algorithmischer Aufträge aufweist: Kollokation, Proximity Hosting oder direkter elektronischer Hochgeschwindigkeitszugang[19],

bb) die Fähigkeit des Systems, einen Auftrag ohne menschliche Intervention im Sinne des Art. 18 zum algorithmischen Handel der Delegierten Verordnung zur MiFID II[20] einzuleiten, zu erzeugen, weiterzuleiten oder auszuführen und

cc) ein hohes untertägiges Mitteilungsaufkommen im Sinne des Art. 19 zur hochfrequenten algorithmischen Handelstechnik der Delegierten Verordnung zur MiFID II in Form von Aufträgen, Kursangaben oder Stornierungen, auch ohne dass eine Dienstleistung für andere vorliegt,

- zur Drittstaateneinlagenvermittlung gehört die Vermittlung von Einlagengeschäften mit Unternehmen mit Sitz außerhalb des EWR (§ 1 Abs. 1a Satz 2 Nr. 5 KWG),
- das Sortengeschäft, also der Handel mit Sorten (§ 1 Abs. 1a Satz 2 Nr. 7 KWG),
- das Factoring umfasst den laufenden Ankauf von Forderungen auf der Grundlage von Rahmenverträgen mit oder ohne Rückgriff (§ 1 Abs. 1a Satz 2 Nr. 9 KWG),
- das Finanzierungsleasing, also der Abschluss von Finanzierungsleasingverträgen als Leasinggeber und die Verwaltung von Objektgesellschaften im Sinne des § 2 Abs. 6 Satz 1 Nr. 17 KWG außerhalb der Verwaltung eines Investmentvermögens im Sinne des § 1 Abs. 1 Kapitalanlagegesetzbuch (§ 1 Abs. 1a Satz 2 Nr. 10 KWG),
- zur Anlageverwaltung zählt die Anschaffung und die Veräußerung von Finanzinstrumenten außerhalb der Verwaltung eines Investmentvermögens im Sinne des § 1 Abs. 1 Kapitalanlagegesetzbuch für eine Gemeinschaft von Anlegern, die natürliche Personen sind, mit Entscheidungsspielraum bei der Auswahl der Finanzinstrumente, sofern dies ein Schwerpunkt des angebotenen Produktes ist und zu dem Zweck erfolgt, dass diese Anleger an der Wertentwicklung der erworbenen Finanzinstrumente teilnehmen (§ 1 Abs. 1a Satz 2 Nr. 11 KWG),
- das eingeschränkte Verwahrgeschäft, also die Verwahrung und die Verwaltung von Wertpapieren ausschließlich für alternative Investmentfonds (AIF) im Sinne des § 1 Abs. 3 Kapitalanlagegesetzbuch (§ 1 Abs. 1a Satz 2 Nr. 12 KWG).

Das Eigengeschäft, d. h. die Anschaffung und die Veräußerung von Finanzinstrumenten für eigene Rechnung, die nicht Eigenhandel im Sinne des § 1 Abs. 1a Satz 2 Nr. 4 KWG ist, gilt gemäß § 1 Abs. 1a Satz 3 KWG als Finanzdienstleistung, wenn es von einem Unternehmen betrieben wird, das **13**

1. dieses Geschäft, ohne bereits aus anderem Grunde Institut zu sein, gewerbsmäßig oder in einem Umfang betreibt, der einen in kaufmännischer Weise eingerichteten Geschäftsbetrieb erfordert, und

2. einer Instituts-, einer Finanzholding- oder gemischten Finanzholding-Gruppe oder einem Finanzkonglomerat angehört, der oder dem ein CRR-Kreditinstitut angehört.

---

19 Dabei geht es in erster Linie um die Minimierung von Latenzzeiten. Nach aktuellem Kenntnisstand kommt es dabei vor allem auf die Distanz zwischen dem Computer des Handelsplatzes, der die Aufträge miteinander abgleicht (»Matching-Maschine«), und dem Server, auf dem die Algorithmen ausgeführt werden, sowie auf die Datenmenge, die pro Sekunde durch die Leitung übertragen wird (»Bandbreite«), an. »Kollokation« liegt vor, wenn Marktteilnehmer ihre Computersysteme in unmittelbarer räumlicher Nähe zur Matching-Maschine aufstellen. Unter »Proximity Hosting« ist die Bereitstellung von Computersystemen in unmittelbarer räumlicher Nähe zur Matching-Maschine eines Handelsplatzes durch Dritte zu verstehen. »Direkte elektronische Hochgeschwindigkeitszugänge« sind Verbindungen, die eine Übermittlung von Mitteilungen, inklusive Einleitung, Änderung oder Löschen von Aufträgen, in Sekundenbruchteilen ermöglichen. Die BaFin geht daher vom Vorliegen einer hochfrequenten algorithmischen Handelstechnik nur dann aus, wenn die drei genannten Kriterien kumulativ erfüllt sind und dabei eine Bandbreite von 10 Gigabit pro Sekunde genutzt wird. Vgl. Bundesanstalt für Finanzdienstleistungsaufsicht, Häufig gestellte Fragen zum Hochfrequenzhandelsgesetz, Stand per 28. Februar 2014.

20 Delegierte Verordnung (EU) 2017/565 (MiFID II-Durchführungsverordnung) der Kommission vom 25. April 2016 zur Ergänzung der Richtlinie 2014/65/EU des Europäischen Parlaments und des Rates in Bezug auf die organisatorischen Anforderungen an Wertpapierfirmen und die Bedingungen für die Ausübung ihrer Tätigkeit sowie in Bezug auf die Definition bestimmter Begriffe für die Zwecke der genannten Richtlinie, Amtsblatt der Europäischen Union vom 31. März 2017, L 87/1–83.

14 Ein Unternehmen, das als Finanzdienstleistung geltendes Eigengeschäft nach Satz 3 betreibt, gilt gemäß § 1 Abs. 1a Satz 4 KWG als Finanzdienstleistungsinstitut. Die Sätze 3 und 4 gelten nicht für Abwicklungsanstalten nach § 8a Abs. 1 Satz 1 Finanzmarktstabilisierungsfondsgesetz.

15 Ob ein häufiger systematischer Handel im Sinne des § 1 Abs. 1a Satz 2 Nr. 4 lit. b KWG vorliegt, bemisst sich nach der Zahl der Geschäfte außerhalb eines Handelsplatzes im Sinne des § 2 Abs. 22 Wertpapierhandelsgesetz (OTC-Handel) mit einem Finanzinstrument zur Ausführung von Kundenaufträgen, die für eigene Rechnung durchgeführt werden. Ob ein Handel in erheblichem Umfang im Sinne des § 1 Abs. 1a Satz 2 Nr. 4 lit. b KWG vorliegt, bemisst sich entweder nach dem Anteil des OTC-Handels an dem Gesamthandelsvolumen des Unternehmens in einem bestimmten Finanzinstrument oder nach dem Verhältnis des OTC-Handels des Unternehmens zum Gesamthandelsvolumen in einem bestimmten Finanzinstrument in der EU. Die Voraussetzungen der systematischen Internalisierung sind erst dann erfüllt, wenn sowohl die in den Artikeln 12 bis 17 bestimmte Obergrenze für häufigen systematischen Handel als auch die bestimmte einschlägige Obergrenze für den Handel laut der Delegierten Verordnung zur MiFID in erheblichem Umfang überschritten werden oder wenn ein Unternehmen sich freiwillig den für die systematische Internalisierung geltenden Regelungen unterworfen und einen entsprechenden Erlaubnisantrag bei der BaFin gestellt hat.

1.6   CRR-Institute nach § 1 Abs. 3d KWG

16 Mit dem CRD IV-Umsetzungsgesetz wurde in § 1 Abs. 3d Satz 1 KWG der Begriff »CRR-Kreditinstitut« eingeführt. Der in der CRR enthaltene europäische Kreditinstitutsbegriff ist auf Unternehmen beschränkt, die das Einlagen- und das Kreditgeschäft betreiben, und damit deutlich enger gefasst als der Begriff des Kreditinstitutes nach § 1 Abs. 1 Satz 2 KWG. Auch die Definition des Finanzdienstleistungsinstitutes nach § 1 Abs. 1a Satz 2 KWG ist erheblich weiter gefasst als die der CRR-Wertpapierfirma. CRR-Institut ist der Oberbegriff für CRR-Kreditinstitut und CRR-Wertpapierfirma.[21]

17 Aufgrund der abweichenden Definitionen auf nationaler und europäischer Ebene hätten nicht alle Institute nach § 1 Abs. 1b KWG die seit dem 1. Januar 2014 für die CRR-Institute unmittelbar geltende CRR anzuwenden. Der deutsche Gesetzgeber hat jedoch in § 1a KWG ausdrücklich geregelt, dass grundsätzlich alle Unternehmen, die unter den weiten Institutsbegriff nach dem KWG fallen, die Vorgaben der CRR einschließlich der auf der CRR basierenden verbindlichen technischen Standards der EBA einzuhalten haben.

1.7   Leasing- und Factoringunternehmen

18 Nach dem Jahressteuergesetz 2009 werden Leasing- und Factoringunternehmen zwecks Vermeidung gewerbesteuerlicher Nachteile stärker wie Banken behandelt. Im Gegenzug müssen diese Unternehmen jedoch auch höhere bankaufsichtliche Anforderungen erfüllen. Seit dem 25. Dezember 2008 sind daher Unternehmen, die das Finanzierungsleasing oder das Factoring

---

21 Der Begriff »CRR-Kreditinstitut« in § 1 Abs. 3d Satz 1 KWG entspricht der europäischen Definition eines Kreditinstitutes. Für die Zwecke der CRR wird bei Instituten (Art. 4 Abs. 1 Nr. 3 CRR) zwischen Kreditinstituten (Art. 4 Abs. 1 Nr. 1 CRR) und Wertpapierfirmen (Art. 4 Abs. 1 Nr. 2 CRR) unterschieden. Kreditinstitute sind gemäß Art. 4 Abs. 1 Nr. 1 CRR Unternehmen, deren Tätigkeit darin besteht, Einlagen oder andere rückzahlbare Gelder des Publikums entgegenzunehmen und Kredite für eigene Rechnung zu gewähren.

gemäß § 1 Abs. 1a Satz 2 Nr. 9 oder 10 KWG betreiben, Finanzdienstleistungsinstitute im Sinne des KWG. Zwar sind zentrale bankaufsichtliche Vorschriften, wie etwa die Eigenmittelanforderungen, für diese Unternehmen nicht einschlägig. Jedoch haben sie u. a. § 25a KWG und damit auch die MaRisk zu beachten.

Die für die Aufsicht über Leasing- und Factoringunternehmen verantwortlichen Referate der **19** Deutschen Bundesbank und der BaFin gehen dabei mit Fingerspitzengefühl vor[22]: Auf den Grundsatz der Proportionalität sowie die für Finanzdienstleistungsinstitute geltenden speziellen Vereinfachungen wird – ähnlich wie bei den Finanzdienstleistungsinstituten und Wertpapierhandelsbanken – besonders hingewiesen. Die Anforderungen der MaRisk sind demnach von Leasing- und Factoringunternehmen nur insoweit zu beachten, wie dies vor dem Hintergrund der Institutsgröße sowie von Art, Umfang, Komplexität und Risikogehalt der Geschäftsaktivitäten zur Einhaltung der gesetzlichen Pflichten aus §§ 25a und 25b KWG geboten erscheint (→ AT 2.1 Tz. 2).

Verzichtet werden kann grundsätzlich auf die Anwendung der handelsgeschäftsbezogenen **20** Anforderungen der MaRisk. Für den Fall, das Risiken aufgrund von Besonderheiten innerhalb der Leasing- und Factoringbranche nicht von den MaRisk adressiert werden, bittet die Aufsicht aufgrund der vergleichsweise geringen Erfahrungen gleichwohl um eine Berücksichtigung im Risikomanagement und bietet einen laufenden Dialog mit der Branche an. Im Sinne einer Fortentwicklung der Anwendung der MaRisk appellieren die Deutsche Bundesbank und die BaFin, Spezifika innerhalb der Branche und die daraus abzuleitenden Maßnahmen auf der Basis von Fakten gegenüber der Aufsicht nachvollziehbar darzulegen.

1.8   Institute gemäß § 53 Abs. 1 KWG

Die MaRisk sind darüber hinaus grundsätzlich auch von rechtlich unselbständigen Zweigstellen von **21** Unternehmen mit Sitz im Ausland zu beachten. In der Regel handelt es sich dabei allerdings um Abteilungen von Unternehmen mit Sitz im Ausland (Unternehmenszentralen). Diese Zweigstellen gelten nach der »Verselbständigungsfiktion« des § 53 Abs. 1 KWG als Institute.[23] Ausgenommen davon sind jedoch alle Zweigniederlassungen von Unternehmen mit Sitz in einem Staat des Europäischen Wirtschaftsraumes (EWR) nach § 53b KWG. Diese Niederlassungen besitzen den »Europäischen Pass« und werden daher im Wesentlichen von der Aufsichtsbehörde des jeweiligen Heimatlandes überwacht (»Prinzip der Herkunftslandkontrolle«).[24] Im Umkehrschluss haben demnach alle unselbständigen Zweigstellen von Unternehmen, deren Sitz außerhalb des EWR liegt, die MaRisk grundsätzlich zu beachten.

Bei diesen Instituten ergeben sich aufgrund der engen Verzahnung zwischen Zweigstelle und **22** Unternehmenszentrale bestimmte Eigenarten, die eine vollständige Umsetzung der MaRisk er-

---

22 Vgl. Bundesanstalt für Finanzdienstleistungsaufsicht/Deutsche Bundesbank, Begleitschreiben für Finanzierungsleasing- und Factoringinstitute zu den Mindestanforderungen an das Risikomanagement (MaRisk) vom 22. September 2009, S. 1 f.

23 Unterhält ein Unternehmen mit Sitz im Ausland eine Zweigstelle im Inland, die Bankgeschäfte betreibt oder Finanzdienstleistungen erbringt, gilt die Zweigstelle als Kreditinstitut oder Finanzdienstleistungsinstitut. Unterhält das Unternehmen mehrere Zweigstellen im Inland, gelten sie als ein Institut.

24 Das Bundesministerium der Finanzen hat im November 2018 einen Referentenentwurf vorgelegt, der eine Übergangsregelung für den Fall eines ungeregelten Ausscheidens des Vereinigten Königreiches Großbritannien und Nordirlands aus der Europäischen Union am 29. März 2019 ohne Abschluss eines »Brexit-Abkommens« regelt. Danach kann die BaFin zur Vermeidung von Nachteilen für die Funktionsfähigkeit oder die Stabilität der Finanzmärkte bestimmen, dass für diese Institute mit Sitz in Großbritannien und Nordirland für einen Zeitraum von bis zu 21 Monaten ganz oder teilweise der »Europäische Pass« weiter gilt, falls diese Institute am 29. März 2019 über einen entsprechenden Europäischen Pass verfügten. Für diese Institute gilt dann § 53b Abs. 1 bis 9 KWG entsprechend. Vgl. Bundesministerium der Finanzen, Gesetz zur Ergänzung des Gesetzes über steuerliche Begleitregelungen zum Austritt des Vereinigten Königreichs Großbritannien und Nordirland aus der Europäischen Union (Brexit-Steuerbegleitgesetz – Brexit-StBG), Referentenentwurf vom 20. November 2018.

schweren bzw. unmöglich machen.[25] Die Zweigstellen verfügen z.B. nicht über ein Aufsichtsorgan, das nach den MaRisk in angemessener Weise in das Risikomanagement einzubinden ist. Stattdessen sind bei solchen Zweigstellen die Unternehmenszentralen im Ausland in angemessener Form einzubeziehen (→ AT 1 Tz. 1, Erläuterung).

1.9 Risikomanagement auf Gruppenebene gemäß § 25a Abs. 3 KWG

23 Die »Ordnungsmäßigkeit der Geschäftsorganisation« ist gemäß § 25a Abs. 3 KWG auch auf Gruppenebene sicherzustellen: Die Geschäftsleiter des übergeordneten Unternehmens sind für die ordnungsgemäße Geschäftsorganisation der Institutsgruppe, der Finanzholding-Gruppe oder der gemischten Finanzholding-Gruppe verantwortlich. Diese Verantwortung bezieht sich grundsätzlich auch auf die Einrichtung eines angemessenen Risikomanagements als wesentlichem Bestandteil der ordnungsgemäßen Geschäftsorganisation (→ AT 1 Tz. 1).

24 Durch § 25a Abs. 3 KWG gewinnt die Gruppenebene automatisch auch für die MaRisk an Bedeutung.[26] Im Zuge der zweiten MaRisk-Novelle wurden die Anforderungen an die einzelnen Elemente des Risikomanagements auf Gruppenebene präzisiert und in ein gesondertes Modul überführt (→ AT 4.5). Danach setzt die Etablierung eines »Risikomanagements auf Gruppenebene« vor allem Folgendes voraus:
- die Festlegung von Strategien für die Gruppe,
- die Sicherstellung der Risikotragfähigkeit in der Gruppe,
- die Einrichtung von aufbau- und ablauforganisatorischen Regelungen für die Gruppe,
- die Implementierung von gruppenweiten Risikosteuerungs- und -controllingprozessen,
- die Einrichtung einer Risikocontrolling- und einer Compliance-Funktion sowie
- die Einrichtung einer Konzernrevision.

25 Im Rahmen des Trennbankengesetzes wurden die Anforderungen an die Geschäftsleiter des übergeordneten Unternehmens in § 25c Abs. 4b KWG in Form von Sicherstellungspflichten umfassend geregelt. Abgesehen von einigen redaktionellen Abweichungen zu den MaRisk werden die Anforderungen an das Risikomanagement auf Gruppenebene in diesem Zusammenhang detailliert aufgeführt. Dabei wird deutlich, dass sich diese Vorgaben nur marginal von jenen Anforderungen unterscheiden, die auf Institutsebene zu berücksichtigen sind. Diese weitgehende Interpretation der Anforderungen auf Gruppenebene hat im Rahmen der fünften MaRisk-Novelle zu Anpassungen in diesem Modul geführt, insbesondere im Hinblick auf die Vorgaben zur Konzernrevision (→ AT 4.5 Tz. 6).

---

25 Vgl. Vahldiek, Wolfgang, in: Boos, Karl-Heinz/Fischer, Reinfrid/Schulte-Mattler, Hermann (Hrsg.), Kreditwesengesetz, 4. Auflage, München, 2012, § 53 KWG, Tz. 95 ff.

26 Die Regelung des § 25a Abs. 3 Satz 1 KWG ist im Hinblick auf die Reichweite eines gruppenweiten Risikomanagements nicht deckungsgleich mit AT 4.5 Tz. 1 MaRisk, die neben Institutsgruppen, Finanzholding-Gruppen und gemischten Finanzholding-Gruppen auch Finanzkonglomerate umfasst. Da sich die Anforderungen an das Risikomanagement auf Gruppenebene für Finanzkonglomerate seit Inkrafttreten des Finanzkonglomerate-Aufsichtsgesetzes (FKAG) im Juli 2013 aus § 25 Abs. 1 FKAG ergeben, wurden Finanzkonglomerate folgerichtig in § 25a Abs. 3 KWG gestrichen. Die in § 25a Abs. 3 KWG genannten Unterkonsolidierungsgruppen gemäß Art. 22 CRR werden in AT 4.5 Tz. 1 MaRisk nicht aufgeführt (→ AT 4.5 Tz. 1).

2 Finanzdienstleistungsinstitute und Wertpapierhandelsbanken (Tz. 2)

2 Finanzdienstleistungsinstitute und Wertpapierhandelsbanken haben die Anforderungen des Rundschreibens insoweit zu beachten, wie dies vor dem Hintergrund der Institutsgröße sowie von Art, Umfang, Komplexität und Risikogehalt der Geschäftsaktivitäten zur Einhaltung der gesetzlichen Pflichten aus §§ 25a und 25b KWG geboten erscheint. Dies gilt insbesondere für die Module AT 3, AT 5, AT 7 und AT 9. **26**

2.1 Finanzdienstleistungsinstitute

Die Gruppe der Finanzdienstleistungsinstitute ist in jeder Hinsicht ausgesprochen heterogen (z.B. hinsichtlich Größe, Geschäftsschwerpunkten und Mitarbeiterzahl), was nicht zuletzt auch in der Aufteilung der Finanzdienstleistungsinstitute in verschiedene Untergruppen für die Zwecke der Erlaubniserteilung gemäß § 32 Abs. 1 KWG zum Ausdruck kommt. Insgesamt existieren fünf Untergruppen, an die entsprechend ihrer konkreten Geschäftstätigkeit unterschiedlich hohe Ansprüche zur Erlaubniserteilung gestellt werden.[27] Während der Entwicklung der MaRisk fanden intensive Gespräche zwischen der Aufsicht und Vertretern aus dem Bereich der Finanzdienstleistungsinstitute statt. Diese Gespräche hatten zum Ergebnis, dass die vollständige Anwendung der MaRisk auf alle Finanzdienstleistungsinstitute angesichts der bestehenden Heterogenität nicht angemessen wäre. Auch die Anwendung einzelner Module für bestimmte Untergruppen der Finanzdienstleistungsinstitute erwies sich als problematisch, da selbst innerhalb solcher Untergruppen keine homogenen Strukturen existieren. Finanzdienstleistungsinstitute haben daher die MaRisk grundsätzlich nur insoweit zu beachten, wie dies vor dem Hintergrund der Institutsgröße sowie von Art, Umfang, Komplexität und Risikogehalt der Geschäftsaktivitäten zur Einhaltung der gesetzlichen Pflichten aus §§ 25a und 25b KWG geboten erscheint. **27**

Die Umsetzung der MiFID im Jahre 2007 machte es allerdings erforderlich, für Finanzdienstleistungsinstitute nochmals gesondert auf die Bedeutung folgender Anforderungen hinzuweisen: **28**
- die Gesamtverantwortung der Geschäftsleitung (→ AT 3),
- das Vorhandensein von Organisationsrichtlinien (→ AT 5),
- die angemessene personelle und technisch-organisatorische Ausstattung und die Implementierung von Notfallkonzepten (→ AT 7) sowie
- die risikoadäquate Behandlung von Auslagerungen (→ AT 9).

---

27 Die unterschiedlichen Anforderungen an das Anfangskapital der Finanzdienstleistungsinstitute ergeben sich aus § 33 Abs. 1 Satz 1 Buchstaben a bis c, e und f KWG Das für Finanzdienstleistungsinstitute erforderliche Anfangskapital liegt danach – abhängig vom Erlaubnistatbestand – zwischen TEUR 25 und TEUR 730.

2.2   Wertpapierhandelsbanken

29   Gemäß § 1 Abs. 3d Satz 5 KWG handelt es sich bei Wertpapierhandelsbanken um Kreditinstitute, die keine CRR-Kreditinstitute[28] sind und die Bankgeschäfte im Sinne des § 1 Abs. 1 Satz 2 Nr. 4 oder 10 KWG (Finanzkommissionsgeschäft oder Emissionsgeschäft) betreiben oder Finanzdienstleistungen im Sinne des § 1 Abs. 1a Satz 2 Nr. 1 bis 4 KWG (Anlagevermittlung, Anlageberatung, Betrieb eines multilateralen Handelssystems, Platzierungsgeschäft, Betrieb eines organisierten Handelssystems, Abschlussvermittlung, Finanzportfolioverwaltung, Eigenhandel) erbringen. Zwischen den Geschäftsaktivitäten von Finanzdienstleistungsinstituten und Wertpapierhandelsbanken besteht also in bestimmten Bereichen eine weitgehende Übereinstimmung, was nicht zuletzt darin zum Ausdruck kommt, dass Wertpapierhandelsbanken und bestimmte Untergruppen der Finanzdienstleistungsinstitute innerhalb der BaFin gemeinsam beaufsichtigt werden. In den MaRisk wird zwischen Wertpapierhandelsbanken und Finanzdienstleistungsinstituten regulatorisch nicht differenziert. Auch Wertpapierhandelsbanken haben daher die Anforderungen nur insoweit zu beachten, wie dies vor dem Hintergrund der Institutsgröße sowie von Art, Umfang, Komplexität und Risikogehalt der Geschäftsaktivitäten zur Einhaltung der gesetzlichen Pflichten aus §§ 25a und 25b KWG geboten erscheint. Den Modulen AT 3, AT 5, AT 7 und AT 9 ist dabei ein besonderer Stellenwert einzuräumen.

---

28   CRR-Kreditinstitute sind gemäß Art. 4 Abs. 1 Nr. 1 CRR Unternehmen, deren Tätigkeit darin besteht, Einlagen oder andere rückzahlbare Gelder des Publikums entgegenzunehmen und Kredite für eigene Rechnung zu gewähren.

AT 2.2 Risiken

1 Gesamtrisikoprofil und wesentliche Risiken (Tz. 1)

1 **1** Die Anforderungen des Rundschreibens beziehen sich auf das Management der für das Institut wesentlichen Risiken. Zur Beurteilung der Wesentlichkeit hat sich die Geschäftsleitung regelmäßig und anlassbezogen im Rahmen einer Risikoinventur einen Überblick über die Risiken des Institutes zu verschaffen (Gesamtrisikoprofil). Die Risiken sind auf der Ebene des gesamten Institutes zu erfassen, unabhängig davon, in welcher Organisationseinheit die Risiken verursacht wurden.

Grundsätzlich sind zumindest die folgenden Risiken als wesentlich einzustufen:

a) Adressenausfallrisiken (einschließlich Länderrisiken),
b) Marktpreisrisiken,
c) Liquiditätsrisiken und
d) operationelle Risiken.

Mit wesentlichen Risiken verbundene Risikokonzentrationen sind zu berücksichtigen. Für Risiken, die als nicht wesentlich eingestuft werden, sind angemessene Vorkehrungen zu treffen.

1.1 Dimensionen des Risikobegriffs

2 Zwar ist das Thema »Risiko« in nahezu jeder wissenschaftlichen Disziplin fest verankert. Dennoch hat sich bislang noch keine allgemein akzeptierte Risikodefinition über alle Disziplinen hinweg herausgebildet. Unterschiedliche Ansätze zur Beschreibung des Begriffes Risiko finden sich z. B. in der Mathematik, der Psychologie oder den Gesellschaftswissenschaften. Möglicherweise hat diese Heterogenität den Gesetzgeber dazu veranlasst, auf eine Definition zu verzichten. Auch in den MaRisk oder anderen aufsichtsrechtlichen Regelwerken wird der Begriff Risiko nicht definiert.

3 Die Etymologie des Risikobegriffes beginnt bei dem altgriechischen Wort »rhiza«, das Wurzel oder Klippe bedeutet. Dieser Begriff ist später in die lateinische Sprache übernommen worden: »risicare« bedeutet so viel wie »eine Klippe umfahren«. Der lateinische Begriff hat in der Renaissance Eingang in die italienische und spanische Sprache gefunden (risco, (ar)risco). Die entsprechenden Verben (risicare, (ar)riscar) bedeuten »abwägen« oder »Gefahr laufen«.

4 Erste systematische Ansätze aus der ökonomischen Theorie, die der Klärung des Begriffes Risiko dienten, gehen auf die zwanziger Jahre des letzten Jahrhunderts zurück. Risiko wird als Unsicherheit bezeichnet, die jedoch kalkulierbar ist, so dass einigermaßen verlässliche Wahrscheinlichkeitsaussagen abgeleitet werden können. Davon abgegrenzt werden Unsicherheiten (»Uncertainties«), die z. B. wegen eines unvollkommenen Erfahrungswissens nicht kalkulierbar sind.[1] Ursprünglich wurden die nicht-kalkulierbaren Unsicherheiten als der entscheidende Treiber für die Generierung von Profit bzw. gesellschaftlichen Fortschritt angesehen, während den kalkulierbaren Risiken keine weitere Bedeutung eingeräumt wurde. Ungewissheit wurde also nicht einseitig negativ im Sinne von Unberechenbarkeit interpretiert, sondern als Herausforderung, die nach dem Motto »Wer nicht wagt, der nicht gewinnt.« die Quelle des gesellschaftlichen Fortschritts ist. In der weiteren Entwicklung der ökonomischen Theorie spielten die Unsicherheiten jedoch nur noch eine untergeordnete Rolle. Vielmehr wurde der Aspekt der Ungewissheit in der ökonomischen Theorie durch die Konzentration auf das Konzept des messbaren, also quantifizierbaren Risikos quasi eliminiert. Ergebnis dieser

---

1 Vgl. Knight, Frank H., Risk, Uncertainty and Profit, Boston, 1921, 170f.

Entwicklung ist z. B. die moderne Volkswirtschaftslehre, die weitgehend von quantitativen Modellen und deren Annahmen geprägt ist (z. B. die Existenz eines rationalen »Homo oeconomicus«).

Auch die bankbetriebliche Praxis wurde im Zeitverlauf immer mehr vom Konzept des mess- **5** baren Risikos dominiert. Betrachtet man die quantitativen Regelwerke zur Eigenmittelunterlegung aus der ersten Säule von Basel III, so hat sich selbst die Bankenaufsicht weite Teile dieses Konzeptes zu eigen gemacht. Möglicherweise handelt es sich dabei um einen Irrweg, denn die Finanzmarktkrise hat gezeigt, dass sich bestimmte Risiken mit erheblichen Schadenspotenzialen nicht ohne weiteres in das Korsett statistischer Gesetze stecken lassen (z. B. Reputationsrisiken oder Inter-Risikokonzentrationen). Die Nicht-Quantifizierbarkeit von Risiken darf jedenfalls nicht dazu führen, dass man sie aus dem Risikomanagement ausblendet.[2]

1.2 Ursachen- und wirkungsbezogene Risikobetrachtung

In der Betriebswirtschaftslehre lassen sich grundsätzlich zwei Ansätze voneinander unterschei- **6** den. Die so genannten »ursachenbezogenen Ansätze« knüpfen an der Möglichkeit an, dass dem Eintritt bestimmter (unsicherer) Ereignisse Wahrscheinlichkeiten zugeordnet werden können. Dabei kann es sich um objektiv messbare Wahrscheinlichkeiten handeln, wie sie etwa bei Versicherungen aufgrund statistischer Berechnungen ermittelt werden können, oder um subjekti- ve Schätzungen, die die Entscheidungsträger aus der Einschätzung einer bestimmten Situation oder aus ihrer Erfahrung ableiten. »Wirkungsbezogene Ansätze« stellen hingegen auf die Risiko- wirkung ab. Risiko wird als die Möglichkeit einer negativen Zielverfehlung verstanden, mit der gleichzeitig die Chance einer möglichen positiven Zielverfehlung einhergeht. Der Risikobegriff wird demnach im Zusammenhang mit bestimmten subjektiven Zielsetzungen interpretiert, so dass abhängig vom zugrundeliegenden Anspruchsniveau negative und positive Zielabweichungen möglich sind. Die wirkungsbezogenen Ansätze betonen insoweit die Subjektivität des Risikos.

Die beiden betriebswirtschaftlichen Definitionen können nicht vollkommen voneinander ge- **7** trennt werden. So setzt die wirkungsbezogene Interpretation immer auch eine ursachenbezogene voraus. Risiko resultiert daher ursachenbezogen aus der Unsicherheit zukünftiger Ereignisse und schlägt sich wirkungsbezogen in einer negativen Abweichung von einer festgelegten Zielgröße nieder.[3] Diese umfassende Risikodefinition, die beide Ansätze miteinander verbindet, stellt auf negative Abweichungen ab. Da jedem (bewusst eingegangenen) Risiko auch immer eine Chance gegenübersteht, sind wirkungsbezogen sowohl negative als auch positive Zielabweichungen denkbar.[4] Andere Definitionen unterscheiden diesbezüglich nicht zwischen Risiken und Chancen und antizipieren insofern die Überlegungen, die bereits den ersten systematischen Ansätzen aus dem letzten Jahrhundert innewohnten: »Risk is the threat or possibility that an action or event will adversely or beneficially affect an organisation's ability to achieve its objectives.«[5]

---

2   Vgl. Sanio, Jochen, Bankenaufsicht und Systemrisiko, in: Burghof, Hans-Peter/Johanning, Lutz/Schäfer, Klaus/Wagner, Hannes/Rodt, Sabine (Hrsg.), Risikomanagement und kapitalmarktorientierte Finanzierung, Festschrift zum 65. Geburts- tag von Bernd Rudolph, Frankfurt a. M., 2009, S. 22 ff.

3   Vgl. Schulte, Michael/Horsch, Andreas, Wertorientierte Banksteuerung II: Risikomanagement, Frankfurt a. M., 2002, S. 15.

4   Vgl. Joint Technical Committee, Australian/New Zealand Standard: Risk Management, AS/NZS 4360:2004, Wellington, 2004, S. 4.

5   Higher Education Funding Council for England (HEFCE), Risk Management, Mai 2001, S. 4.

1.3 Gesamtrisikoprofil

8   Die MaRisk beziehen sich auf das Management der für das Institut »wesentlichen« Risiken, wobei auch für die übrigen Risiken angemessene Vorkehrungen zu treffen sind. Dieser umfassende risikobezogene Anwendungsbereich stützt sich auf EU-Vorgaben (Art. 74 und 108 CRD IV) und korrespondierende nationale Regelungen (§ 25a Abs. 1 KWG), die auf eine übergreifende Risikobetrachtung abstellen. Um die wesentlichen Risiken bestimmen zu können, hat sich jedes Institut in eigener Verantwortung zunächst einen Überblick über die Risiken auf der Ebene des gesamten Institutes zu verschaffen.

9   Dieser Überblick über jene Risiken, denen das (gesamte) Institut ausgesetzt ist, wird auch als »(Gesamt-)Risikoprofil« bezeichnet. Konkret ist das (Gesamt-)Risikoprofil (»risk profile«) das Ergebnis der mit Hilfe verschiedener Instrumente und Maßnahmen zu einem bestimmten Zeitpunkt (»point-in-time«) vorgenommenen Bewertung der von einem Unternehmen tatsächlich eingegangenen gesamten Risiken, die mit seinen Geschäftsaktivitäten verbunden sind.[6] Das Gesamtrisikoprofil ist im Rahmen einer »Risikoinventur« zu ermitteln, für deren Ausgestaltung zwar keine methodischen Vorgaben gemacht werden, aber die wesentlichen Orientierungsgrößen genannt werden (→ AT 2.2 Tz. 2).

10 Besonders betont wird die Tatsache, dass die Auseinandersetzung mit dem eigenen Gesamtrisikoprofil keine einmalige Angelegenheit darstellt, bei der es ein Institut für alle Zeit bewenden lassen kann. Das Institut hat sich vielmehr »regelmäßig und anlassbezogen« einen Überblick über seine Risiken zu verschaffen. Während für den »regelmäßigen« Überblick institutsintern ein (fester) Turnus festgelegt werden könnte, bezieht sich die »anlassbezogene« Überprüfung vor allem auf die Ad-hoc-Berichtpflicht gegenüber der Geschäftsleitung, in deren Rahmen über besonders risikorelevante Sachverhalte informiert wird (→ AT 4.3.2 Tz. 4) oder auf die Auswirkungen möglicher Anpassungsprozesse (→ AT 8). Daraus kann sich auch die Notwendigkeit ergeben, das Gesamtrisikoprofil zu überprüfen.

11 Auf Vollständigkeit zielt die Anforderung ab, die Risiken auf der Ebene des gesamten Institutes zu erfassen, unabhängig davon, in welcher Organisationseinheit sie verursacht wurden. Das Fehlen einer solchen umfassenden Betrachtungsweise wurde mit Blick auf die Finanzmarktkrise als eine wesentliche Schwäche vieler Institute identifiziert.[7] Von der Geschäftsleitung wird deshalb explizit erwartet, dass sie sich einen Überblick über die Risiken des Institutes verschafft, also mit dem Gesamtrisikoprofil auseinandersetzt. Vollständigkeit ist auch auf Gruppenebene sicherzustellen. So basiert der interne Prozess zur Sicherstellung der Risikotragfähigkeit auf Gruppenebene auf dem Gesamtrisikoprofil der Gruppe (→ AT 4.5 Tz. 3). Verantwortlich für die dafür erforderliche Risikoanalyse ist die Geschäftsleitung des jeweils übergeordneten Unternehmens der Gruppe (→ AT 4.5 Tz. 1).

1.4 Bedeutung des Gesamtrisikoprofils für das Risikomanagement

12 Die Erstellung des institutsindividuellen Gesamtrisikoprofils ist der Ausgangspunkt für ein umfassendes Risikomanagement. Dieses »Self-Assessment« ist die Basis für diverse daran anschließende Prozessschritte, die im Mittelpunkt der MaRisk stehen. So ist auf Grundlage des Risiko-

---

6   Vgl. Senior Supervisors Group, Observations on Developments in Risk Appetite Frameworks and IT Infrastructure, 23. Dezember 2010, S. 5 (Fußnote 2).

7   »In particular, the lack of a comprehensive approach to firm-wide risk management was a primary contributing factor to the failure of certain firms to identify their risks.« Institute of International Finance, Final Report of the IIF Committee on Market Best Practices: Principles of Conduct and Best Practice Recommendations, Financial Services Industry Response to the Market Turmoil of 2007–2008, 21. Juli 2008, S. 31.

profils ein interner Prozess zur Sicherstellung der Risikotragfähigkeit einzurichten (→ AT 4.1 Tz. 2). Die Risikotragfähigkeit bezeichnet die maximale Höhe jener Risiken, die ein Institut angesichts seiner Eigenmittelausstattung, seiner Risikomanagement- und Kontrollkapazitäten sowie seiner aufsichtsrechtlichen Beschränkungen maximal eingehen kann.[8] Im engeren Sinne wird das Risikodeckungspotenzial den wesentlichen Risiken gegenübergestellt. Reicht das Risikodeckungspotenzial bzw. sein im Institut zur Verlustabsorption bereitgestellter Anteil (Risikodeckungsmasse) zur Abdeckung der wesentlichen Risiken aus, ist die Risikotragfähigkeit aus ökonomischer Sicht gegeben.

Die Geschäftsleitung legt im Rahmen der Strategieformulierung den Risikoappetit des Institutes **13** für alle wesentlichen Risiken fest und trifft damit eine bewusste Entscheidung darüber, in welchem Umfang sie bereit ist, Risiken einzugehen (→ AT 4.2 Tz. 2 inkl. Erläuterung). Diese Entscheidung geht damit einher, den Anteil der Risikodeckungsmasse am Risikodeckungspotenzial festzulegen. Dabei wird häufig nicht bis an die Grenze der Risikotragfähigkeit gegangen. Durch die Gegenüberstellung der wesentlichen Risiken mit dem Risikodeckungspotenzial bzw. der Risikodeckungsmasse wird der Rahmen abgesteckt, innerhalb dessen das Institut weitere Risiken eingehen kann. Dadurch wird wiederum die Brücke zu übergeordneten geschäftspolitischen Entscheidungen geschlagen, die sich auf die Geschäftsstrategie bzw. die Risikostrategie auswirken.

Umgekehrt hat vor allem der Inhalt der Geschäftsstrategie Einfluss auf das Risikoprofil, da an die **14** Festlegung geschäftspolitischer Zielsetzungen, wie z. B. einen geplanten Ausbau des Firmenkundengeschäftes, immer auch das Eingehen bestimmter Risiken geknüpft ist. Die genannten Aspekte stehen außerdem im Fokus der Internen Revision, die risikoorientiert und prozessunabhängig die Wirksamkeit und Angemessenheit des »Risikomanagements im Allgemeinen« zu überprüfen hat (→ AT 4.4.3 Tz. 3).

Das Gesamtrisikoprofil ist somit ein wichtiger Baustein des Risikomanagements. Anforderungen **15** an das Management der verschiedenen Risikoarten, die von der BaFin im Zusammenhang mit dem Gesamtrisikoprofil herausgestellt werden, sind vor allem Gegenstand des Moduls BTR.

1.5 Potenzielle wesentliche Risiken

Die deutsche Aufsicht sah sich aufgrund der Finanzmarktkrise dazu veranlasst, die Sensibilität der **16** Institute für die Frage der Wesentlichkeit ihrer Risiken im Rahmen der zweiten MaRisk-Novelle zu schärfen. Praktisch von der Aufsicht vorgegeben werden seitdem eine Reihe typischer bankgeschäftlicher Risiken[9], die von den Instituten als wesentlich einzustufen sind. Unter Berücksichtigung von Risikokonzentrationen zählen hierzu:
- Adressenausfallrisiken (einschließlich Länderrisiken),
- Marktpreisrisiken (einschließlich Zinsänderungsrisiken im Anlagebuch),
- Liquiditätsrisiken und
- operationelle Risiken.

Die Verwendung des Wortes »grundsätzlich« lässt zwar einen gewissen Spielraum für Ausnahmen **17** zu. Dieser Spielraum kann aber nur dann in Anspruch genommen werden, wenn besondere Umstände vorliegen. Zudem hat die Aufsicht vor dem Hintergrund der Heterogenität der Geschäftsmodelle deutscher Kreditinstitute, der teilweise fehlenden allgemeingültigen Definitionen für weitere Risikoarten und der unterschiedlichen Abgrenzung einzelner Risikoarten im Einklang mit der institutsinternen Steuerungsphilosophie bewusst nur wenige Regelbeispiele für wesentliche Risiken

---

8 Vgl. Basel Committee on Banking Supervision, Guidelines – Corporate governance principles for banks, BCBS d328, 8. Juli 2015, S. 2; European Banking Authority, Leitlinien zur internen Governance, EBA/GL/2017/11, 21. März 2018, S. 4 ff.

9 Der Begriff »Risiken« wird in den MaRisk teilweise als Synonym für »Risikoarten« verwendet.

genannt. Damit wird den Instituten die Aufgabe – aber auch die Flexibilität – überlassen, eigenständig eine umfassende und eindeutige Identifizierung ihrer wesentlichen Risiken durchzuführen.[10]

18   Für die von der deutschen Aufsicht aufgezählten und auch in der CRD IV explizit genannten Risikoarten werden im besonderen Teil der MaRisk spezielle Anforderungen formuliert (→ BTR 1 bis 4). In Abhängigkeit vom konkreten Gesamtrisikoprofil eines Institutes sind ggf. auch sonstige Risiken als wesentlich einzustufen. Potenzielle Kandidaten dafür sind neben den Reputationsrisiken (→ AT 2.2 Tz. 2, Erläuterung) zunächst die übrigen in der Bankenrichtlinie aufgeführten Risikoarten, also die Restrisiken[11] (Art. 80 CRD IV), die Konzentrationsrisiken[12] (Art. 81 CRD IV), die Verbriefungsrisiken (Art. 82 CRD IV) und die Risiken einer übermäßigen Verschuldung (Art. 87 CRD IV). Als direkte Reaktion auf die Finanzmarktkrise erwartet die deutsche Aufsicht zudem, sich mit den Risiken aus außerbilanziellen Gesellschaftskonstruktionen zu beschäftigen, selbst wenn diese nicht konsolidierungspflichtig sein sollten. Damit wird vor allem auf Zweckgesellschaften abgezielt (→ AT 2.2 Tz. 2, Erläuterung).

19   Institute, die besonders groß sind oder deren Geschäftsaktivitäten durch besondere Komplexität, Internationalität oder eine besondere Risikoexponierung gekennzeichnet sind, haben die Inhalte einschlägiger Veröffentlichungen zum Risikomanagement des Baseler Ausschusses für Bankenaufsicht und des Financial Stability Board in eigenverantwortlicher Weise in ihre Überlegungen zur angemessenen Ausgestaltung des Risikomanagements einzubeziehen (→ AT 1 Tz. 3). Insofern empfiehlt es sich insbesondere für die bedeutenden Institute, die in diesen Veröffentlichungen erwähnten Risikoarten auf Wesentlichkeit zu prüfen.

1.6   Kriterien für die Wesentlichkeit von Risiken

20   Die Erstellung des Gesamtrisikoprofils und die Beurteilung der Wesentlichkeit der erfassten Risiken sind Gegenstand einer »Risikoinventur«, deren Ausgestaltung institutsindividuell erfolgen kann. Seit der dritten MaRisk-Novelle wird zur Bestimmung der Wesentlichkeit von der deutschen Aufsicht konkret darauf abgestellt, welche Risiken die Vermögenslage (inkl. Kapitalausstattung), die Ertragslage oder die Liquiditätslage wesentlich beeinträchtigen können (→ AT 2.2 Tz. 2). Die EZB legt für die bedeutenden Institute vergleichbare Maßstäbe zugrunde, indem sie die Auswirkungen auf die angemessene Kapital- und Liquiditätsausstattung der Institute betrachtet.[13]

21   Letztlich müssen die Institute auf dieser Basis selbst festlegen, welche Risiken vor dem Hintergrund ihrer Geschäftsaktivitäten und ihres Gesamtrisikoprofils wesentlich sind und wie mit diesen Risiken bei der Steuerung und Überwachung umgegangen werden soll. Von der EBA wird eine Reihe von Unterkategorien der wesentlichen Risiken genannt, die beim SREP berücksichtigt werden sollten.[14] Auch nach den Vorgaben der EZB müssen von den Instituten bestimmte

10 Vgl. Deutsche Bundesbank, Bankinterne Methoden zur Ermittlung und Sicherstellung der Risikotragfähigkeit und ihre bankaufsichtliche Bedeutung, in: Monatsbericht, März 2013, S. 36.

11 Die Restrisiken betreffen die Wirksamkeit von Kreditminderungstechniken und werden auch als Besicherungsrisiken bezeichnet.

12 Die (Kredit-)Konzentrationsrisiken werden in den MaRisk nicht als eigenständige Risikokategorie betrachtet, sondern als ein spezieller Aspekt der Risikokonzentrationen behandelt.

13 Vgl. Europäische Zentralbank, Leitfaden der EZB für den bankinternen Prozess zur Sicherstellung einer angemessenen Kapitalausstattung (Internal Capital Adequacy Assessment Process – ICAAP), 9. November 2018, S. 47; Europäische Zentralbank, Leitfaden der EZB für den bankinternen Prozess zur Sicherstellung einer angemessenen Liquiditätsausstattung (Internal Liquidity Adequacy Assessment Process – ILAAP), 9. November 2018, S. 37.

14 Vgl. European Banking Authority, Guidelines on common procedures and methodologies for the supervisory review and evaluation process (SREP) and supervisory stress testing, EBA/GL/2014/13, Consolidated version, 19. Juli 2018, S. 77 ff.

Unterkategorien bei der Prüfung der Wesentlichkeit der Risiken einbezogen werden.[15] Nähere Ausführungen zur Definition und zu den Unterkategorien der Adressenausfallrisiken ($\rightarrow$ BTR 1, Einführung), der Marktpreisrisiken und der Zinsänderungsrisiken im Anlagebuch ($\rightarrow$ BTR 2, Einführung), der Liquiditäts- und Refinanzierungsrisiken ($\rightarrow$ BTR 3, Einführung) sowie der operationellen Risiken ($\rightarrow$ BTR 4, Einführung) finden sich an anderer Stelle.

1.7 Nicht wesentliche Risiken

Die deutsche Aufsicht hat ausdrücklich auf die Notwendigkeit »angemessener Vorkehrungen« für die **22** als »nicht wesentlich« eingestuften Risiken hingewiesen. Diese Anforderung wird im Weiteren nicht präzisiert und bleibt somit unbestimmt. Insbesondere mit Blick auf Prüfungshandlungen ist sie also nicht ganz unproblematisch. Im Ergebnis geht es auch hier um eine stärkere Sensibilisierung der Institute. So darf die Einstufung als »nicht wesentlich« nicht dazu führen, dass solche Risiken komplett ausgeblendet werden. Schließlich können Änderungen interner und externer Rahmenbedingungen zur Folge haben, dass vernachlässigbare Risiken rasch an Bedeutung gewinnen. Insbesondere sind diese Risiken jeweils einzubeziehen, wenn eine Risikoinventur durchgeführt wird.

1.8 Systemrisiken

Das »Systemrisiko« bezeichnet laut Art. 3 Abs. 1 Nr. 10 CRD IV das Risiko einer Störung des **23** Finanzsystems mit möglicherweise schwerwiegenden negativen Auswirkungen auf das Finanzsystem und die Realwirtschaft. Das Systemrisiko wird grundsätzlich von den makroprudenziellen Behörden[16] überwacht, zu denen auch der bei der EZB angesiedelte Europäische Ausschuss für Systemrisiken (ESRB) gehört. Derzeit besteht im Zusammenhang mit der Überarbeitung der CRD IV kein Konsens darüber, inwiefern der im Rahmen des SREP festgelegte Kapitalzuschlag (»Pillar 2 Requirement«, P2R) auch für die Zwecke des Systemrisikos dienen kann. Dafür sind bereits verschiedene Puffer aus hartem Kernkapital vorgesehen, nämlich die Puffer für global systemrelevante Institute (G-SRI-Puffer) bzw. anderweitig systemrelevante Institute (A-SRI-Puffer) gemäß Art. 131 Abs. 4 CRD IV sowie der von den nationalen Behörden ggf. festzulegende Systemrisiko-

---

15 Vgl. Europäische Zentralbank, Aufsichtliche Erwartungen an ICAAP und ILAAP sowie harmonisierte Erhebung von ICAAP- und ILAAP-Informationen, Schreiben von Daniele Nouy an die Geschäftsleitung bedeutender Banken vom 8. Januar 2016, Anhang A, S. 3.

16 In Deutschland hat der »Ausschuss für Finanzstabilität« (AFS) am 18. März 2013 auf Grundlage des zum 1. Januar 2013 in Kraft getretenen Gesetzes zur Überwachung der Finanzstabilität (FinStabG) die Arbeit aufgenommen. Aufgabe des Ausschusses ist die makroprudenzielle Überwachung des deutschen Finanzsystems und deren Verzahnung mit der mikroprudenziellen Aufsicht. Dem AFS gehören jeweils drei stimmberechtigte Vertreter des Bundesministeriums der Finanzen (BMF), der Bundesanstalt für Finanzdienstleistungsaufsicht (BaFin) und der Deutschen Bundesbank sowie in beratender Funktion als nicht-stimmberechtigter Vertreter das für den Geschäftsbereich Abwicklung zuständige Mitglied des Direktoriums der BaFin an. Vgl. Deutsche Bundesbank, Glossareintrag auf der Internetseite, November 2018. Der AFS tagt einmal pro Quartal, wobei bei Bedarf zusätzliche Sitzungen einberufen werden können. Den Vorsitz hat das BMF. Die Überwachung der Stabilität des deutschen Finanzmarktes erfolgt arbeitsteilig durch den AFS und die Deutsche Bundesbank. Die Bundesbank hat nach dem FinStabG insbesondere den Auftrag, laufend die für die Finanzstabilität maßgeblichen Sachverhalte zu analysieren, Gefahren zu identifizieren und ggf. dem AFS Vorschläge für entsprechende Warnungen zu unterbreiten. Zudem soll sie Maßnahmen zur Abwehr dieser Gefahren empfehlen. Weitere Aufgaben des Ausschusses sind die Beratung über den Umgang mit Warnungen und Empfehlungen des ESRB und die Stärkung der Zusammenarbeit der im Ausschuss vertretenen Institutionen im Fall einer Finanzkrise. Der AFS kann mit dem ESRB und jenen Behörden, die in den anderen Mitgliedstaaten der EU für die Wahrung der Finanzstabilität zuständig sind, Informationen austauschen. Er informiert zudem den ESRB über seine Warnungen und Empfehlungen. Sind wesentliche grenzüberschreitende Wirkungen zu erwarten, so muss er dies tun, bevor er eine Warnung oder Empfehlung ausspricht. Vgl. O. V., Ausschuss für Finanzstabilität: Neues Gremium für die makroprudenzielle Überwachung des deutschen Finanzsystems, in: BaFinJournal, Ausgabe April 2013, S. 14 ff.

puffer gemäß Art. 133 CRD IV, mit dessen Hilfe die nicht von der CRR erfassten langfristigen nicht-zyklischen Systemrisiken oder Makroaufsichtsrisiken vermieden oder gemindert werden sollen.[17] Die global systemrelevanten Institute werden vom Financial Stability Board (FSB) festgelegt, die anderweitig systemrelevanten Institute von den jeweils zuständigen Behörden. Als Basis für diese Festlegungen dienen entsprechende Vorgaben der EBA.

24 Der deutsche Gesetzgeber hat die Vorgaben für die Festlegung des Kapitalpuffers für global systemrelevante Institute (G-SRI) in § 10f KWG und für anderweitig systemrelevante Institute (A-SRI) in § 10g KWG geregelt ($\rightarrow$ AT 1 Tz. 6). Den Systemrisikopuffer, der im KWG als »Kapitalpuffer für systemische Risiken« bezeichnet wird, kann die BaFin nach § 10e KWG zur Vermeidung bzw. Verminderung langfristiger, nicht zyklischer System- oder Makroaufsichtsrisiken, welche nicht bereits durch andere Instrumente der CRR oder die Anforderungen der §§ 10c und 10d KWG sowie § 10 Abs. 3 KWG erfasst sind, gegenüber allen Instituten oder bestimmten Arten oder Gruppen von Instituten anordnen.

---

17 Als langfristige nicht-zyklische Systemrisiken oder Makroaufsichtsrisiken definiert Art. 133 Abs. 1 CRD IV das Risiko einer Störung des Finanzsystems mit möglichen ernsthaften nachteiligen Auswirkungen auf das Finanzsystem und die Realwirtschaft in einem spezifischen Mitgliedstaat.

2 Kernfragen der Risikoinventur (Tz. 2)

2 Das Institut hat im Rahmen der Risikoinventur zu prüfen, welche Risiken die Ver- **25**
mögenslage (inkl. Kapitalausstattung), die Ertragslage oder die Liquiditätslage wesentlich beeinträchtigen können. Die Risikoinventur darf sich dabei nicht ausschließlich an den Auswirkungen in der Rechnungslegung sowie an formalrechtlichen Ausgestaltungen orientieren.

2.1 Mögliche Ausgestaltung der Risikoinventur

Die Anforderungen der MaRisk beziehen sich auf das Management der für das Institut wesentli- **26**
chen Risiken. Zur Beurteilung der Wesentlichkeit hat sich die Geschäftsleitung regelmäßig und anlassbezogen im Rahmen einer Risikoinventur einen Überblick über die Risiken auf der Ebene des gesamten Institutes (Gesamtrisikoprofil) zu verschaffen (→ AT 2.2 Tz. 1). Hinsichtlich der Ausgestaltung der Risikoinventur besteht grundsätzlich Methodenfreiheit. Die Auseinandersetzung mit den wesentlichen Risiken sollte in den Instituten jedoch in strukturierter Form erfolgen und sich insbesondere von einem lediglich unreflektierten Festlegen der in den MaRisk aufgezählten Risikoarten unterscheiden.[18]

Die Beschäftigung mit dem Gesamtrisikoprofil wird als exklusive Aufgabe der Geschäftsleitung **27**
angesehen (→ AT 2.2 Tz. 1). Dabei kann sie selbstverständlich auf geeignete Mitarbeiter des Institutes zurückgreifen. In einigen Instituten werden für diese Zwecke so genannte »Risiko-Workshops« durchgeführt, an denen Mitarbeiter aus unterschiedlichen Bereichen mitwirken (z.B. Vertrieb, Risikocontrolling, Interne Revision). In diesen Workshops werden z.B. im Rahmen eines »Brainstorming« verschiedene Risikoszenarien unter Berücksichtigung möglicher Änderungen der internen oder externen Rahmenbedingungen durchgespielt, um die für das Institut relevanten Risiken zu identifizieren. Dabei wird häufig auf Basis einer Bewertung der Eintrittswahrscheinlichkeit und der potenziellen Schadenshöhe relevanter Risiken auch über deren potenzielle Auswirkungen sowie über die Zweckmäßigkeit alternativer Risikosteuerungsmaßnahmen diskutiert. Auf diese Weise können die Informationsbasis für die Erarbeitung des Gesamtrisikoprofils verbreitert und das Risiko einer unvollständigen Sichtweise vermindert werden. Der positive Nebeneffekt von Risiko-Workshops besteht darin, dass sich die Teilnehmer bewusst mit den aus ihrer Tätigkeit resultierenden Risiken und deren möglichen Auswirkungen auseinandersetzen. Dadurch kann ihr Risikobewusstsein geschärft werden, was wiederum einen positiven Einfluss auf die Risikokultur des Institutes hat (→ AT 3 Tz. 1).

Für eine Risikoinventur kommen natürlich auch andere Vorgehensweisen infrage. So ist es z.B. **28**
denkbar, zunächst die theoretisch möglichen Risikoarten daraufhin zu untersuchen, wo sie im Institut überhaupt auftreten könnten. Auf dieser Basis kann anschließend deren Abschätzung bzw. Quantifizierung erfolgen. Auch in diesem Fall wäre eine Art »Brainstorming« mit den Experten für die einzelnen Risikoarten erforderlich. Die EBA setzt in den letzten Jahren, wie z.B. bei den Anforderungen an interne Stresstests, verstärkt auf Expertenurteile, um verschiedene Sachver-

---

18 Vgl. Hofer, Markus, MaRisk: Erneute Überarbeitung vor dem Hintergrund internationaler Standards, in: BaFinJournal, Ausgabe Januar 2011, S. 6 f.

halte zu plausibilisieren.[19] Im Rahmen einer Risikoinventur, die durch eine Befragung der Mitarbeiter und Führungskräfte auf der Basis strukturierter Fragebögen ergänzt werden kann, könnte gleichzeitig eine Analyse der Aufbau- und Ablauforganisation erfolgen, z.B. im Hinblick auf vorhandene Kompetenzlücken oder Schnittstellenprobleme.[20] Darüber hinaus können die üblichen Maßnahmen im Rahmen der Risikoidentifizierung auch für die Zwecke der Risikoinventur genutzt werden (→ AT 4.3.2 Tz. 1).

29   Unabhängig vom gewählten Ansatz steht bei der Erstellung des Gesamtrisikoprofils grundsätzlich immer eine intensive Analyse der internen und externen Rahmenbedingungen des Institutes im Vordergrund. Zu den Rahmenbedingungen, die für das interne Umfeld des Institutes maßgeblich sind, gehören zunächst einmal die geschäftspolitischen Zielsetzungen, die unmittelbaren Einfluss auf die Risikosituation haben. Daneben spielen andere Faktoren, wie z.B. die Unternehmenskultur, die interne Organisation sowie personelle und technisch-organisatorische Ressourcen, eine wichtige Rolle. Als wesentliche Informationsquellen kommen z.B. Strategiedokumente, Risikoberichte, Zahlen aus dem Rechnungswesen und Controlling oder Revisionsberichte infrage. Zu den wesentlichen externen Rahmenbedingungen zählen z.B. die Marktverhältnisse, das Wettbewerbsumfeld, das rechtliche und politische Umfeld des Institutes sowie das Verhalten von Kapitalgebern. Ferner kann die Entwicklung externer Marktpreise, wie des allgemeinen Zinsniveaus oder der Börsenkurse, eine große Bedeutung haben. Von Relevanz ist ggf. auch die Einschätzung durch externe Ratingagenturen (bspw. im Hinblick auf die Refinanzierungsbedingungen).

30   Welche Aspekte im Einzelnen in die Analyse einbezogen werden, hängt von den speziellen Gegebenheiten vor Ort ab und ist von jedem Institut in eigener Verantwortung festzulegen. Das gilt auch für die Tiefe der Analyse des Gesamtrisikoprofils. So sollte die Analyse z.B. für kleinere Institute mit überschaubarem Geschäftsumfang in stabilen Märkten keine besondere Herausforderung darstellen. Diesbezüglich sind darüber hinaus Abstufungen denkbar. Bei Instituten, die ausnahmslos im standardisierten Mengengeschäft aktiv sind, wird den Zinsänderungsrisiken im Anlagebuch und ggf. auch den operationellen Risiken vermutlich ein höherer Stellenwert eingeräumt werden als z.B. den Adressenausfallrisiken. Diese werden hingegen bei jenen Instituten in den Vordergrund rücken, die vornehmlich im Firmenkundengeschäft oder im Bereich der strukturierten Finanzierungen aktiv sind. Derartige Zusammenhänge zwischen den relevanten Risiken und den jeweils betriebenen Geschäften lassen sich relativ problemlos herleiten. Auf dieser Basis ist es z.B. auch möglich, die jeweiligen Geschäftsfelder in Abhängigkeit von ihrer Risikorelevanz in eine Rangfolge zu überführen, die sich wiederum je nach Risikoart unterscheiden kann. Das Institut kann auf diese Weise festlegen, in welchen Bereichen für die Risikoanalyse komplexe Prozesse erforderlich sind und wo relativ einfache Methoden genügen.

31   Die EZB erwartet von den bedeutenden Instituten, im Rahmen des ICAAP einen regelmäßigen Prozess zur Identifizierung sämtlicher bestehenden oder potenziell eintretenden wesentlichen Risiken zu implementieren, der sowohl die ökonomische als auch die normative Perspektive berücksichtigt. Die Risikoidentifizierung sollte unter Berücksichtigung von Risikokonzentrationen und Risiken von Schattenbankunternehmen[21] mindestens jährlich unter Einbeziehung aller relevanten Rechtssubjekte, Geschäftsbereiche und Risikopositionen erfolgen. Dabei sollten auch die zugrundeliegenden Risiken aus finanziellen und nichtfinanziellen Beteiligungen, Tochterge-

---

19 Vgl. European Banking Authority, Final Report – Guidelines on institution's stress testing, EBA/GL/2018/04, 19. Juli 2018, S. 16 f. und 27 f.

20 Vgl. Deutscher Genossenschafts- und Raiffeisenverband e.V., Das Risikomanagement als Grundsatz ordnungsmäßiger Geschäftsführung, DGRV-Schriftenreihe, Band 42, Wiesbaden, 2000, S. 32 f.

21 Vgl. hierzu European Banking Authority, Leitlinien zu Obergrenzen für Risikopositionen gegenüber Schattenbankunternehmen, die außerhalb eines Regelungsrahmens Banktätigkeiten ausüben, gemäß Artikel 395 Absatz 2 der Verordnung (EU) Nr. 575/2013, EBA/GL/2015/20, 3. Juni 2016.

sellschaften und sonstigen verbundenen Unternehmen einbezogen werden, wie z. B. Unterstützungs- und Gruppenrisiko, Reputations- und operationelles Risiko, Risiken im Zusammenhang mit Patronatserklärungen usw. Zudem sollte durchaus über den aufsichtlichen Konsolidierungskreis hinausgeblickt werden. Die Nicht-Wesentlichkeit bestimmter Risiken sollte begründet werden.[22]

2.2 Prüfungsschwerpunkte

Die BaFin hat eine Empfehlung von CEBS aus dem Jahre 2010 im Rahmen der dritten MaRisk-Novelle aufgegriffen. Demzufolge muss jedes Institut im Rahmen einer (ganzheitlichen) Risikoinventur prüfen, welche Risiken seine Vermögenslage (inkl. Kapitalausstattung), Ertragslage oder Liquiditätslage wesentlich beeinträchtigen können. Nach diesen Kriterien sollen die Institute bestimmen, welche Risiken als wesentlich eingestuft werden müssen. Was unter einer »wesentlichen« Beeinträchtigung zu verstehen ist, hängt in erster Linie vom vorhandenen Risikodeckungspotenzial und vom Risikoappetit der Geschäftsleitung ab (→ AT 4). **32**

Die EZB versteht unter einem wesentlichen Risiko in vergleichbarer Weise ein kapital- oder liquiditätsbezogenes Abwärtsrisiko, das basierend auf den internen Definitionen der Institute wesentliche Auswirkungen auf ihr gesamtes Risikoprofil hat und somit die Kapital- oder Liquiditätsadäquanz der Institute beeinträchtigen kann.[23] Zwischen den internen Prozessen zur Sicherstellung einer angemessenen Kapitalausstattung (»Internal Capital Adequacy Assessment Process«, ICAAP) und Liquiditätsausstattung (»Internal Liquidity Adequacy Assessment Process«, ILAAP) wird insofern unterschieden, als in der ökonomischen Perspektive alle Risiken berücksichtigt werden müssen, die wesentliche Auswirkungen auf die Kapital- bzw. die Liquiditätsposition haben können.[24] **33**

Mit Hilfe dieser Anforderung lässt sich die Funktionsweise des Prinzips der doppelten Proportionalität verdeutlichen (→ AT 1 Tz. 3, 5 und 6). Letztlich hilft es einem Institut nicht weiter, wenn es im Rahmen bestimmte Anforderungen in Abhängigkeit von Art, Umfang, Komplexität und Risikogehalt seiner Geschäftsaktivitäten umsetzt (einfache Proportionalität) und anschließend von der Aufsicht im Rahmen des aufsichtlichen Überprüfungs- und Bewertungsprozesses (»Supervisory Review and Evaluation Process«, SREP) andere Maßstäbe zugrundegelegt werden. Hinsichtlich der Risikobeurteilung wird das Prinzip der doppelten Proportionalität tatsächlich »gelebt«. Die deutsche Aufsicht verschafft sich selbst einen Überblick über die Qualität des institutsinternen Risikomanagements sowie die Risiken der Institute und erstellt auf dieser Basis so genannte »bankaufsichtliche Risikoprofile«. Diese Risikoprofile spiegeln die Beurteilung der Risikolage und des Risikomanagements der Institute wider (→ AT 1 Tz. 2). Dabei werden u. a. die Ausgestaltung und Angemessenheit des ICAAP und des ILAAP, die wesentlichen Risiken eines Institutes, seine Ertragslage und Bilanzpolitik sowie seine Kapital- sowie Liquiditätsausstattung bewertet. In ähnlicher Weise funktioniert das »Risk Assessment System« (RAS) der EZB. Insofern besteht eine weitgehende Übereinstimmung zwischen den Prüfungsschwerpunkten **34**

---

22 Vgl. Europäische Zentralbank, Leitfaden der EZB für den bankinternen Prozess zur Sicherstellung einer angemessenen Kapitalausstattung (Internal Capital Adequacy Assessment Process – ICAAP), 9. November 2018, S. 28 ff.

23 Vgl. Europäische Zentralbank, Leitfaden der EZB für den bankinternen Prozess zur Sicherstellung einer angemessenen Kapitalausstattung (Internal Capital Adequacy Assessment Process – ICAAP), 9. November 2018, S. 47; Europäische Zentralbank, Leitfaden der EZB für den bankinternen Prozess zur Sicherstellung einer angemessenen Liquiditätsausstattung (Internal Liquidity Adequacy Assessment Process – ILAAP), 9. November 2018, S. 37.

24 Vgl. Europäische Zentralbank, Leitfaden der EZB für den bankinternen Prozess zur Sicherstellung einer angemessenen Kapitalausstattung (Internal Capital Adequacy Assessment Process – ICAAP), 9. November 2018, S. 20; Europäische Zentralbank, Leitfaden der EZB für den bankinternen Prozess zur Sicherstellung einer angemessenen Liquiditätsausstattung (Internal Liquidity Adequacy Assessment Process – ILAAP), 9. November 2018, S. 17.

der Institute und der Aufsicht. Diese Übereinstimmung ist eine wesentliche Voraussetzung für die Wirksamkeit des Prinzips der doppelten Proportionalität.

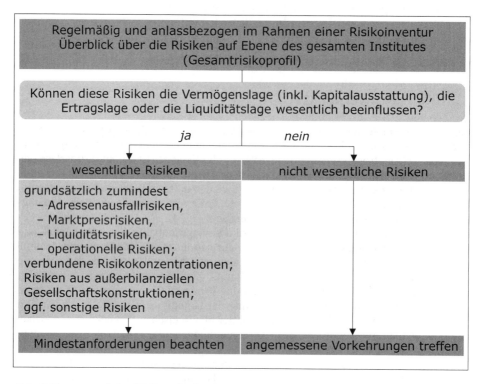

Abb. 9: Umgang mit den Risiken des Institutes

35 Die Risikoinventur muss aussagekräftig sein. Sie darf sich deshalb nicht ausschließlich an den Auswirkungen in der Rechnungslegung sowie an formalrechtlichen Ausgestaltungen orientieren. Mit dieser Anforderung möchte die Aufsicht bewusst den ökonomischen Gehalt der Risikoinventur in den Vordergrund rücken. Insbesondere soll dadurch verhindert werden, dass bestimmte Risiken einfach ausgeblendet werden. Das könnte z. B. bei Reputationsrisiken oder Risiken aus außerbilanziellen Gesellschaftskonstruktionen der Fall sein.[25] Auch die EZB weist darauf hin, dass ein Risiko – unabhängig von der angewandten Rechnungslegungspraxis – z. B. als wesentlich angesehen werden kann, wenn sein Eintritt, seine Nicht-Berücksichtigung oder seine fehlerhafte Darstellung die angemessene Kapitalausstattung, die Profitabilität oder den Fortbestand des Institutes, aus der ökonomischen Perspektive betrachtet, wesentlich verändern oder beeinflussen würde.[26]

---

25 Vgl. Hofer, Markus, MaRisk: Erneute Überarbeitung vor dem Hintergrund internationaler Standards, in: BaFinJournal, Ausgabe Januar 2011, S. 7.

26 Vgl. Europäische Zentralbank, Leitfaden der EZB für den bankinternen Prozess zur Sicherstellung einer angemessenen Kapitalausstattung (Internal Capital Adequacy Assessment Process – ICAAP), 9. November 2018, S. 30.

In diesem Zusammenhang betont die deutsche Aufsicht, dass auch solche Risiken zu berück- **36**
sichtigen sind, die sich unter Umständen erst im Zeitverlauf, d. h. nach Ablauf des einjährigen
Risikobetrachtungshorizontes der Risikotragfähigkeitsrechnung, materialisieren bzw. materialisieren können. Das trifft z. B. auf Zinsänderungsrisiken zu.[27]

2.3 Risikoinventar und -taxonomie

Von den bedeutenden Instituten sollten die identifizierten Risiken mit ihren Merkmalen in ein **37**
umfassendes internes Risikoinventar aufgenommen werden, das regelmäßig (mindestens jährlich) und anlassbezogen zu aktualisieren ist. Anlassbezogene Aktualisierungen sind erforderlich,
wenn die wesentlichen Risiken nicht mehr widergespiegelt werden, z. B. weil ein neues Produkt
eingeführt wurde oder bestimmte Geschäftsaktivitäten erweitert wurden.[28]

Bei der Erstellung des internen Risikoinventars müssen die Institute eine interne Risikotaxono- **38**
mie[29] festlegen. Dabei sollte nicht einfach eine regulatorische Risikokategorisierung übernommen
werden, sondern mit Blick auf die individuelle Risikosituation vorgegangen werden.[30]

Wird ein bestimmtes Risiko, dem ein Institut ausgesetzt ist, als nicht wesentlich eingestuft, so ist **39**
dies zu begründen.[31]

2.4 Bruttoansatz bei der Risikoidentifizierung

Der FSB und der Baseler Ausschuss für Bankenaufsicht erwarten, dass die Institute sowohl die **40**
Bruttorisikoposition, d. h. die Risikoposition vor Anwendung von Risikominderungen, als auch die
Nettorisikoposition, also unter Berücksichtigung von Risikominderungen, innerhalb und über jede
wesentliche Risikokategorie hinweg auf der Basis aktueller oder zukunftsorientierter Annahmen
berechnen.[32]

Auch die EZB erwartet von den bedeutenden Instituten, bei der Risikoidentifizierung einem **41**
»Bruttoansatz« zu folgen, d. h. spezifische Maßnahmen zur Minderung der zugrundeliegenden
Risiken zunächst nicht zu berücksichtigen und erst anschließend die Wirksamkeit dieser Min-
derungsmaßnahmen zu beurteilen. Sofern z. B. das Zinsstrukturkurvenrisiko, d. h. das sich aus
Veränderungen der Steigung und Form der Zinsstrukturkurve ergebende Risiko, aufgrund der
Fälligkeitsstruktur des Anlagebuches als wesentlich gilt, sollte es zunächst ohne Berücksichtigung
von Managementmaßnahmen zur Risikominderung identifiziert, bewertet und im Risikoinventar

---

27 Vgl. Bundesanstalt für Finanzdienstleistungsaufsicht/Deutsche Bundesbank, Aufsichtliche Beurteilung bankinterner
    Risikotragfähigkeitskonzepte und deren prozessualer Einbindung in die Gesamtbanksteuerung (»ICAAP«) – Neuausrich-
    tung, Leitfaden vom 24. Mai 2018, S. 7.

28 Vgl. Europäische Zentralbank, Leitfaden der EZB für den bankinternen Prozess zur Sicherstellung einer angemessenen
    Kapitalausstattung (Internal Capital Adequacy Assessment Process – ICAAP), 9. November 2018, S. 28.

29 Unter der »Risikotaxonomie« versteht die EZB eine Kategorisierung der verschiedenen Risikoarten und -faktoren, die es
    den Instituten ermöglicht, Risiken anhand einer gemeinsamen Risiko-Nomenklatur und -Zuordnung konsistent zu
    bewerten, zu aggregieren und zu steuern. Vgl. Europäische Zentralbank, Leitfaden der EZB für den bankinternen Prozess
    zur Sicherstellung einer angemessenen Kapitalausstattung (Internal Capital Adequacy Assessment Process – ICAAP), 9.
    November 2018, S. 47.

30 Vgl. Europäische Zentralbank, Leitfaden der EZB für den bankinternen Prozess zur Sicherstellung einer angemessenen
    Kapitalausstattung (Internal Capital Adequacy Assessment Process – ICAAP), 9. November 2018, S. 29.

31 Vgl. Europäische Zentralbank, Leitfaden der EZB für den bankinternen Prozess zur Sicherstellung einer angemessenen
    Kapitalausstattung (Internal Capital Adequacy Assessment Process – ICAAP), 9. November 2018, S. 29.

32 Vgl. Financial Stability Board, Principles for An Effective Risk Appetite Framework, 18. November 2013, S. 3; Basel
    Committee on Banking Supervision, Guidelines – Corporate governance principles for banks, BCBS d328, 8. Juli 2015, S. 2.

erfasst werden. Erst anschließend sollte entschieden werden, ob das Zinsstrukturkurvenrisiko durch eine Kombination aus Derivaten und vertraglichen Vereinbarungen gemindert und deshalb nicht als wesentlich eingestuft und auch nicht mit Kapital unterlegt wird.[33]

2.5   Risiken aus außerbilanziellen Gesellschaftskonstruktionen

42   Bei der Risikoinventur sind auch Risiken aus außerbilanziellen Gesellschaftskonstruktionen zu betrachten, wie z.B. Risiken aus nicht konsolidierungspflichtigen Zweckgesellschaften (→ AT 2.2 Tz. 2, Erläuterung). Diesbezüglich besteht ein enger Zusammenhang zwischen den Reputations- und den Liquiditätsrisiken. Um eine gute Reputation zu wahren und damit negative Wahrnehmungen durch den Markt zu vermeiden, können die Institute unter Umständen gezwungen sein, Finanzierungsleistungen für assoziierte Parteien (wie insbesondere Zweckgesellschaften) zu erbringen, wenngleich sie dazu nicht vertraglich verpflichtet sind. In der Folge könnten derartige Maßnahmen zu einer signifikanten Verschlechterung der Liquiditätssituation führen.[34]

43   Die Institute sollten die Risiken im Zusammenhang mit Verpflichtungen aus außerbilanziellen Gesellschaftskonstruktionen für strukturierte Kreditprodukte und die Möglichkeit, dass diese Vermögenswerte aus Reputationsgründen auf die Bilanz genommen werden müssen, sorgfältig prüfen. Daher sollten die Institute in ihre Stresstestprogramme Szenarien zur Beurteilung der Größe und Tragfähigkeit dieser Gesellschaftskonstruktionen im Vergleich zu ihrer eigenen Finanz-, Liquiditäts- und (regulatorischen) Kapitalausstattung aufnehmen. Diese Analyse sollte auch die Bilanzstrukturpolitik, die Solvenz, die Liquidität und andere Risikofaktoren beinhalten, einschließlich der Effekte von Vereinbarungen und auslösenden Ereignissen (»trigger events«).[35] Im Verlauf der Finanzmarktkrise sahen sich eine ganze Reihe von Instituten dazu gezwungen, so genannte »troubled assets« wieder zurück auf ihre eigene Bilanz zu nehmen, ohne dass dafür rechtliche Verpflichtungen bestanden.[36]

2.6   Sonstige Risiken

44   Grundsätzlich sind die klassischen Risikoarten als wesentlich einzustufen, wobei damit verbundene Risikokonzentrationen zu berücksichtigen sind (→ AT 2.2 Tz. 1). Die wesentlichen Risiken der Institute beschränken sich aufgrund der heterogenen Bankenlandschaft jedoch nicht notwendigerweise auf die von der Aufsicht quasi vorgegebene Liste der wesentlichen Risiken, d.h. die Adressenausfall-, Marktpreis-, Liquiditäts- und operationellen Risiken. Abhängig vom konkreten Gesamtrisikoprofil des Institutes sind ggf. auch sonstige Risiken als wesentlich einzustufen (→ AT 2.2 Tz. 2, Erläuterung). Diverse Beispiele werden an anderer Stelle genannt, insbesondere mit Bezug auf die Unterkategorien der Kapitalrisiken (→ BTR 1, BTR 2 und BTR 4) sowie die Liquiditäts- und Refinanzierungsrisiken (→ BTR 3).

---

33   Vgl. Europäische Zentralbank, Leitfaden der EZB für den bankinternen Prozess zur Sicherstellung einer angemessenen Kapitalausstattung (Internal Capital Adequacy Assessment Process – ICAAP), 9. November 2018, S. 30 f.

34   Vgl. Committee of European Banking Supervisors, Revised Guidelines on the management of concentration risk under the supervisory review process (GL 31), 2. September 2010, S. 30.

35   Vgl. Committee of European Banking Supervisors, Revised Guidelines on Stress Testing (GL 32), 26. August 2010, S. 33.

36   Vgl. Institute of International Finance, Final Report of the IIF Committee on Market Best Practices: Principles of Conduct and Best Practice Recommendations, Financial Services Industry Response to the Market Turmoil of 2007–2008, 21. Juli 2008, S. 69.

Auch nach den Vorgaben der EBA sollten die zuständigen Behörden beim SREP sonstige Risiken **45** einbeziehen, die für ein Institut zwar als wesentlich identifiziert werden, in den EBA-Leitlinien aber nicht aufgeführt sind. Beispielhaft werden Pensionsrisiken, Versicherungsrisiken und strukturelle Fremdwährungsrisiken genannt.[37] Hinsichtlich der Bedeutung sonstiger Risiken für die Kreditwirtschaft geraten – wenn auch nicht ausschließlich – mehr und mehr die »nicht-finanziellen Risiken« in den Fokus.

---

37 Vgl. European Banking Authority, Guidelines on common procedures and methodologies for the supervisory review and evaluation process (SREP) and supervisory stress testing, EBA/GL/2014/13, Consolidated version, 19. Juli 2018, S. 72 f.

AT 2.3 Geschäfte

1 Kreditgeschäfte (Tz. 1)

1   Kreditgeschäfte im Sinne dieses Rundschreibens sind grundsätzlich Geschäfte nach   1
Maßgabe des § 19 Abs. 1 KWG (Bilanzaktiva und außerbilanzielle Geschäfte mit Adressenausfallrisiken).

1.1 Kreditgeschäft im Sinne des § 19 Abs. 1 KWG

Die für das Kreditgeschäft relevanten Module der MaRisk, insbesondere die aufbau- und ablauf-   2
organisatorischen Anforderungen im besonderen Teil, sind nicht nur auf die eher als klassische
Geschäftsarten zu bezeichnenden Bereiche, wie die Vergabe von Darlehen, Bürgschaften oder
Garantien, beschränkt (→ BTO 1 und BTR 1). Grundsätzlich werden alle Geschäfte erfasst, die
einem Adressenausfallrisiko unterliegen. Der für die MaRisk maßgebliche Kreditbegriff des § 19
Abs. 1 KWG[1] erfasst Bilanzaktiva, Derivate und andere außerbilanzielle Geschäfte, die einer
Adresse zuzuordnen sind und folglich einem Adressenausfallrisiko unterliegen.

Die BaFin trägt mit diesem weiten Anwendungsbereich der Tatsache Rechnung, dass sich   3
Adressenausfallrisiken nicht nur auf das traditionelle Kreditgeschäft beschränken. Mit Adressenausfallrisiken behaftet sind u. a. auch Handelsgeschäfte, Beteiligungen oder Unternehmensanleihen. Darüber hinaus hat die Aufsicht klargestellt, dass die Einstufung als Kreditgeschäft unabhängig davon gilt, ob die maßgeblichen Positionen Gegenstand von Verbriefungen sein sollen oder
nicht (→ AT 2.3 Tz. 1, Erläuterung). Demzufolge gelten für diese Positionen auch dieselben
organisatorischen Anforderungen an das Kreditgeschäft, die auf einen ordnungsgemäßen Prozess
zur Kreditvergabe hinauslaufen (→ BTO 1).

Diese Klarstellung ist eine Reaktion auf die Finanzmarktkrise, für deren Ausbruch auch die   4
(zwischenzeitlich) laxe Kreditvergabepraxis in den USA verantwortlich gemacht wird. So war die
Risikobereitschaft der Institute im so genannten »Subprimesegment« kontinuierlich gestiegen,
weil sich derartige Kredite in großem Umfang über strukturierte Anlageformen am Kapitalmarkt
refinanzieren ließen. Demzufolge mussten potenziell schlechte Kredite nicht in den Bankbüchern
gehalten werden, sondern wurden weiterverkauft (→ AT 4.3.3 Tz. 1). Als Konsequenz aus diesen
Schwachstellen soll zukünftig auch das Risikobewusstsein für Positionen geschärft werden, die
zur Verbriefung vorgesehen sind.

Neben der bereits erwähnten Einstufung als Kreditgeschäft darf ein Institut, das nicht als   5
Originator, Sponsor oder ursprünglicher Kreditgeber handelt, das Kreditrisiko einer Verbriefungsposition in seinem Handelsbuch oder Anlagebuch gemäß Art. 405 CRR nur dann eingehen,
wenn der Originator, Sponsor oder ursprüngliche Kreditgeber gegenüber dem Institut ausdrücklich erklärt hat, dass er kontinuierlich einen materiellen Nettoanteil (»Net Economic Interest«)
von mindestens 5 % halten wird. Die EBA hat gemäß Art. 410 Abs. 2 und 3 CRR seit Ende 2013
verschiedene Entwürfe für technische Regulierungs- und Durchführungsstandards vorgelegt,

---

1   Die Vorgaben zum weiten Kreditbegriff in § 19 Abs. 1 KWG gelten seit 1. Januar 2014 nur noch für den Bereich der
Millionenkredite, während der Kreditbegriff für Großkredite (»Risikopositionen«) seitdem in Art. 389 CRR geregelt ist.

die u. a. die Selbstbehaltanforderungen konkretisieren.[2] Nach Annahme durch die EU-Kommission sind diese Standards von den Instituten unmittelbar anzuwenden, d. h. eine nationale Umsetzung der Standards ist nicht erforderlich.[3]

6   Die Implementierung angemessener und sachgerechter Prozesse und Verfahren ist grundsätzlich für alle mit Adressenausfallrisiken behafteten Geschäfte erforderlich. Zur weiteren Differenzierung aufgrund geschäftsspezifischer Besonderheiten sind Erleichterungen bei der Umsetzung der Anforderungen gestattet, die sich am Risikogehalt der Geschäfte orientieren. Zudem enthalten die MaRisk weitgehende Erleichterungen für Handelsgeschäfte und Beteiligungen. So ist für diese Geschäftsarten aufgrund ihrer Eigenarten nur eine sinngemäße Umsetzung der aufbau- und ablauforganisatorischen Anforderungen an das Kreditgeschäft erforderlich (→ BTO 1 Tz. 1).

1.2   Bilanzaktiva

7   Zu den Geschäften nach § 19 Abs. 1 KWG gehört eine ganze Reihe von Bilanzaktiva. Dazu zählen die Guthaben bei Zentralnotenbanken und Postgiroämtern, Schuldtitel öffentlicher Stellen und Wechsel, die zur Refinanzierung bei Zentralnotenbanken zugelassen sind, bevorschusste Einzugswerte (z. B. Schecks, Zins-, Ertrags- und Gewinnanteilscheine, fällige Schuldverschreibungen), Forderungen an Kreditinstitute und Kunden (inkl. Warenforderungen von Kreditinstituten mit Warengeschäft sowie in der Bilanz aktivierte Ansprüche aus Leasingverträgen auf Zahlungen, zu denen der Leasingnehmer verpflichtet ist oder verpflichtet werden kann, und Optionsrechte des Leasingnehmers zum Kauf der Leasinggegenstände, die einen Anreiz zur Ausübung des Optionsrechts bieten), Schuldverschreibungen und andere festverzinsliche Wertpapiere (z. B. festverzinsliche Inhaberschuldverschreibungen, Schatzwechsel, Schatzanweisungen, Geldmarktpapiere, Null-Coupon-Anleihen), Aktien und andere nicht festverzinsliche Wertpapiere, Beteiligungen, Anteile an verbundenen Unternehmen und sonstige Vermögensgegenstände, die einem Adressenausfallrisiko unterliegen.

1.3   Beteiligungen

8   Aus ökonomischer Sicht ist es grundsätzlich kein wesentlicher Unterschied, ob das Institut einem Unternehmen einen Kredit gewährt oder ob es eine Beteiligung an diesem Unternehmen

2   Vgl. European Banking Authority, EBA Final Draft Regulatory Technical Standards on the retention of net economic interest and other requirements relating to exposures to transferred credit risk (Articles 405, 406, 408 and 409) of Regulation (EU) No 575/2013, EBA/RTS/2013/12, 17. Dezember 2013; EBA Final Draft Implementing Technical Standards Relating to the convergence of supervisory practices with regard to the implementation of additional risk weights (Article 407) of Regulation (EU) No 575/2013, EBA/ITS/2013/08, 17. Dezember 2013; European Banking Authority, EBA Final Draft Regulatory Technical Standards – Specifying the requirements for originators, sponsors and original lenders relating to risk retention pursuant to Article 6(7) of Regulation (EU) 2017/2402, EBA/RTS/2018/01, 31. Juli 2018.

3   Delegierte Verordnung (EU) Nr. 625/2014 der Kommission vom 13. März 2014 zur Ergänzung der Verordnung (EU) Nr. 575/2013 des Europäischen Parlaments und des Rates durch technische Regulierungsstandards zur Präzisierung der Anforderungen, denen Anleger, Sponsoren, ursprüngliche Kreditgeber und Originatoren in Bezug auf Risikopositionen aus übertragenen Kreditrisiken unterliegen, Amtsblatt der Europäischen Union vom 13. Juni 2014, L 174/16–25; Durchführungsverordnung (EU) Nr. 602/2014 der Kommission vom 4. Juni 2014 zur Festlegung technischer Durchführungsstandards zur Erleichterung der Konvergenz der Aufsichtspraxis bezüglich der Anwendung zusätzlicher Risikogewichte gemäß Verordnung (EU) Nr. 575/2013 des Europäischen Parlaments und des Rates, Amtsblatt der Europäischen Union vom 5. Juni 2014, L 166/22–24; Delegierte Verordnung (EU) 2015/1798 der Kommission vom 2. Juli 2015 zur Berichtigung der delegierten Verordnung (EU) Nr. 625/2014 zur Ergänzung der Verordnung (EU) Nr. 575/2013 des Europäischen Parlaments und des Rates durch technische Regulierungsstandards zur Präzisierung der Anforderungen, denen Anleger, Sponsoren, ursprüngliche Kreditgeber und Originatoren in Bezug auf Risikopositionen aus übertragenen Kreditrisiken unterliegen, Amtsblatt der Europäischen Union vom 8. Oktober 2015, L 263/12–13.

erwirbt. Vor diesem Hintergrund ist es nachvollziehbar, dass auch Beteiligungen vom weiten Anwendungsbereich des § 19 Abs. 1 KWG erfasst werden. Allerdings haben sich in der Praxis des Beteiligungsgeschäftes Besonderheiten herausgebildet, so dass die für das Kreditgeschäft relevanten Anforderungen der MaRisk nicht unmittelbar und vollständig auf diese Geschäftsart übertragen werden können. Daher sind insbesondere die aufbau- und ablauforganisatorischen Anforderungen zum Kreditgeschäft für Beteiligungen nur sinngemäß umzusetzen (→ BTO 1 Tz. 1). Die sinngemäße Umsetzung umfasst – unabhängig davon, ob es sich im Einzelfall um kreditnahe bzw. kreditsubstituierende oder strategische Beteiligungen handelt – grundsätzlich die Festlegung einer Beteiligungsstrategie sowie die Einrichtung eines Beteiligungscontrollings.

Handelt es sich um kreditnahe bzw. kreditsubstituierende Beteiligungen, sind darüber hinaus **9** grundsätzlich auch die aufbau- und ablauforganisatorischen Anforderungen zu beachten. Bei Verbundbeteiligungen oder Pflichtbeteiligungen (z. B. Beteiligungen, die nach den Sparkassengesetzen oder satzungsmäßig vorgegeben sind oder Beteiligungen an der SWIFT) ist hingegen nicht zwingend ein gesondertes Risikocontrolling erforderlich. Der notwendigen laufenden Überwachung kann in diesen Fällen auch durch andere Maßnahmen entsprochen werden. Infrage kommt z. B. die Durchsicht von Jahresabschlüssen und Geschäftsberichten oder die Kontrolle der Beteiligungskonten (→ BTO 1 Tz. 1, Erläuterung).

1.4   Handelsgeschäfte

Vom weiten Kreditbegriff des § 19 Abs. 1 KWG werden auch Handelsgeschäfte erfasst, da diese **10** i. d. R. Adressenausfallrisiken unterliegen. Zu den Handelsgeschäften gehören nach den MaRisk grundsätzlich alle Abschlüsse, die ein Geldmarktgeschäft, Wertpapiergeschäft, Devisengeschäft, Geschäft in handelbaren Forderungen (z. B. Handel in Schuldscheinen), Geschäft in Waren oder Geschäft in Derivaten zur Grundlage haben und die im eigenen Namen und für eigene Rechnung abgeschlossen werden (→ AT 2.3 Tz. 3). Zwischen § 19 Abs. 1 KWG und der Definition der Handelsgeschäfte bestehen lediglich geringe Abweichungen. So werden z. B. Edelmetallgeschäfte nicht vom Gesetzestext erfasst.

Trotz dieser nahezu vollständigen Erfassung der Handelsgeschäfte durch § 19 Abs. 1 KWG sind die für **11** das Kreditgeschäft geltenden Regelungen von den Instituten nur sinngemäß zu beachten. Das gilt insbesondere für die Anwendung der aufbau- und ablauforganisatorischen Anforderungen, die eher auf das klassische Kreditgeschäft zugeschnitten sind (→ BTO 1 Tz. 1). Kontrahenten- und Emittentenlimite sind allerdings grundsätzlich auf der Basis einer Votierung aus dem Bereich Marktfolge festzulegen, wobei für Emittentenlimite weitere Erleichterungen eingeräumt wurden (→ BTO 1.1 Tz. 3 sowie BTR 1 Tz. 3 und 4). Ähnliche Regelungen lagen bereits den MaH zugrunde. Danach waren die Limite von einer unabhängigen Stelle »unter Beachtung der für die Kreditgewährung geltenden Vorschriften und Verfahrensregeln festzusetzen und (hatten) etwaige Bonitätsveränderungen der Gegenparteien zu berücksichtigen«.[4]

---

4   Bundesaufsichtsamt für das Kreditwesen, Mindestanforderungen an das Betreiben von Handelsgeschäften der Kreditinstitute (MaH), Verlautbarung vom 23. Oktober 1995, Abschnitt 2.3.

1.5 Derivate

12 Zu den Derivaten gehören alle Formen der so genannten »innovativen Finanzprodukte«, deren Risikoprofil und Preis sich aus zugrundeliegenden Basiswerten ableiten lassen. Derivate sind als Handelsgeschäfte zu qualifizieren (→ AT 2.3 Tz. 3). Sie werden als Termingeschäfte definiert, deren Preis sich von einem zugrundeliegenden Aktivum, von einem Referenzpreis, Referenzzins, Referenzindex oder einem im Voraus definierten Ereignis ableitet. Die Derivate-Definition der MaRisk umfasst durch die Bezugnahme auf ein »im Voraus definiertes Ereignis« auch Kreditderivate, die als andere außerbilanzielle Geschäfte ohnehin in den Anwendungsbereich fallen würden (→ AT 2.3 Tz. 4). Als weitere Beispiele für Derivate seien Futures, Swaps (z. B. Zins- oder Währungsswaps), Forward Rate Agreements, Optionsgeschäfte und Termingeschäfte genannt. Dabei ist es unerheblich, ob die den Derivaten zugrundeliegenden Basiswerte an einer Börse gehandelt werden oder als OTC-Geschäft (»Over the Counter«) ausgestaltet sind. Nicht als Kredite gelten nach § 19 Abs. 1 KWG hingegen Stillhalterverpflichtungen aus Kaufoptionen sowie die dafür übernommenen Gewährleistungen, d. h. Optionsgeschäfte, bei denen das Institut als Stillhalter fungiert und die Optionsprämie vom Optionskäufer zu Beginn des Geschäftes gezahlt wurde. In diesem Fall hat der Käufer mit Zahlung der Prämie seine Verpflichtungen erfüllt, und es besteht somit kein Adressenausfallrisiko mehr.

13 Derivate sind daher zwar weitgehend als Kredite im Sinne des § 19 Abs. 1a KWG zu qualifizieren.[5] Da sie jedoch gleichzeitig den Handelsgeschäften zuzurechnen sind, gelten die aufbau- und ablauforganisatorischen Anforderungen der MaRisk zum Kreditgeschäft nur sinngemäß (→ BTO 1 Tz. 1).

1.6 Andere außerbilanzielle Geschäfte

14 Die anderen außerbilanziellen Geschäfte werden in § 19 Abs. 1 Satz 3 KWG aufgezählt. Im Wesentlichen handelt es sich dabei um Geschäfte, die unter den Bilanzvermerken auf der Passivseite auszuweisen sind. Dazu zählen den Kreditnehmern abgerechnete eigene Ziehungen im Umlauf, Indossamentsverbindlichkeiten aus weitergegebenen Wechseln, Bürgschaften und Garantien für Bilanzaktiva, Erfüllungsgarantien und andere als die genannten Garantien und Gewährleistungen, Eröffnung und Bestätigung von Akkreditiven, unbedingte Ablösungsverpflichtungen der Bausparkassen für fremde Vorfinanzierungs- und Zwischenkredite, Haftungen aus der Bestellung von Sicherheiten für fremde Verbindlichkeiten, beim Pensionsgeber vom Bestand abgesetzte Bilanzaktiva, die dieser mit der Vereinbarung auf einen anderen übertragen hat, dass er sie auf Verlangen zurücknehmen muss (unechte Pensionsgeschäfte), Verkäufe von Bilanzaktiva mit Rückgriff, bei denen das Kreditrisiko bei dem verkaufenden Institut verbleibt, Terminkäufe auf Bilanzaktiva, bei denen eine unbedingte Verpflichtung zur Abnahme des Liefergegenstandes besteht, Plazierung von Termineinlagen auf Termin, Ankaufs- und Refinanzierungszusagen, noch nicht in Anspruch genommene Kreditzusagen, Kreditderivate, noch nicht in der Bilanz aktivierte Ansprüche aus Leasingverträgen auf Zahlungen, zu denen der Leasingnehmer verpflichtet ist oder verpflichtet werden kann, und Optionsrechte des Leasingnehmers zum Kauf der Leasinggegenstände, die einen Anreiz zur Ausübung des Optionsrechts bieten, sowie sonstige außerbilanzielle Geschäfte, sofern sie einem Adressenausfallrisiko unterliegen.

---

5 Derivate im Sinne von § 19 Abs. 1a KWG sind als Kauf, Tausch oder durch anderweitigen Bezug auf einen Basiswert ausgestaltete Festgeschäfte oder Optionsgeschäfte, deren Wert durch den Basiswert – der auch ein Derivat sein kann – bestimmt wird und sich infolge eines für wenigstens einen Vertragspartner zeitlich hinausgeschobenen Erfüllungszeitpunktes künftig ändern kann, einschließlich finanzieller Differenzgeschäfte.

2 Kreditentscheidung (Tz. 2)

2 Im Sinne dieses Rundschreibens gilt als Kreditentscheidung jede Entscheidung über   **15**
Neukredite, Krediterhöhungen, Beteiligungen, Limitüberschreitungen, die Festlegung
von kreditnehmerbezogenen Limiten sowie von Kontrahenten- und Emittentenlimiten, Prolongationen und Änderungen risikorelevanter Sachverhalte, die dem Kreditbeschluss zugrunde lagen (z. B. Sicherheiten, Verwendungszweck). Dabei ist es unerheblich, ob diese
Entscheidung ausschließlich vom Institut selbst oder gemeinsam mit anderen Instituten
getroffen wird (so genanntes Konsortialgeschäft).

2.1 Bedeutung der Kreditentscheidung

Der Kreditentscheidung kommt eine zentrale Bedeutung zu. Mit einer positiven Kreditentscheidung legt   **16**
das Institut letztendlich fest, dass das jeweilige Adressenausfallrisiko als tragbar angesehen wird. Vor
allem bei Betrachtung des klassischen Kreditgeschäftes wird die Bedeutung der Kreditentscheidung
offensichtlich. Bei diesen Geschäften (z. B. bei Investitionskrediten) wird regelmäßig eine Vereinbarung
über einen mittel- bis langfristigen Zeitraum getroffen. Selbst wenn sich in diesem Zeitraum einschneidende Verschlechterungen der wirtschaftlichen Situation des Kreditnehmers ergeben sollten, ist nicht
gewährleistet, dass sich das Institut einseitig vom Kreditnehmer trennen kann. Dagegen können sowohl
rechtliche als auch wirtschaftliche Aspekte sprechen. Die leistungsgestörten Engagements verbleiben
dann in den Büchern des Institutes. Aber auch bei Geschäften, die nicht unbedingt dem klassischen
Kreditgeschäft zuzurechnen sind, kommt der Kreditentscheidung ein besonderer Stellenwert zu. So
führen im Bereich der Handelsgeschäfte willkürliche Festlegungen von Kontrahenten- und Emittentenlimiten unter Umständen zu unkontrollierten Ausdehnungen der Handelsaktivitäten. Wie wichtig
eine fundierte Kreditentscheidung bei Beteiligungen ist, zeigt sich allein schon an dem erheblichen
Abschreibungsbedarf, den zahlreiche deutsche Institute in der Vergangenheit vornehmen mussten.

Es ist daher nicht überraschend, dass sich wesentliche Teile der MaRisk auf diesen Aspekt   **17**
beziehen. So sind im risikorelevanten Kreditgeschäft grundsätzlich vor jeder Kreditentscheidung
zwei Voten aus den Bereichen Markt und Marktfolge einzuholen. Zudem muss der Kreditentscheidung ein geordneter Bearbeitungsprozess zugrundeliegen. Insoweit knüpfen sowohl aufbauorganisatorische als auch ablauforganisatorische Anforderungen u. a. an der Entscheidungsfindung im Kreditgeschäft an (→ BTO 1.1 und BTO 1.2). Die Kreditentscheidung spielt aber auch im
Rahmen des Erwerbes von Beteiligungen oder bei der Festlegung von Kontrahenten- und Emittentenlimiten eine wichtige Rolle (→ BTR 1 Tz. 3 und 4). In den MaRisk werden verschiedene
Tatbestände aufgezählt, die als Kreditentscheidungen zu qualifizieren sind.

2.2 Liste der Kreditentscheidungen

Die Liste von Kreditentscheidungen umfasst folgende Tatbestände: **18**
- Neukredite,
- Krediterhöhungen,
- Festlegung von kreditnehmerbezogenen Limiten,

AT 2.3 Geschäfte

- Limitüberschreitungen,
- Festlegung von Kontrahenten- und Emittentenlimiten,
- Prolongationen,
- Erwerb von Beteiligungen und
- Änderungen risikorelevanter Sachverhalte, die dem Kreditbeschluss zugrunde lagen.

19 Eine Kreditentscheidung liegt auch dann vor, wenn diese im Rahmen von Konsortialgeschäften gemeinsam mit anderen Instituten getroffen wird. Insoweit ist auch die Entscheidung über die Mitwirkung an einer Konsortialfinanzierung durch den Konsorten als Kreditentscheidung im Sinne der MaRisk zu qualifizieren.

2.3 Neukredite und Krediterhöhungen

20 Zu den Kreditentscheidungen zählen zunächst die Entscheidungen über Neukredite und über Krediterhöhungen. Der Neukredit umfasst grundsätzlich den erstmaligen Abschluss von Krediten auf der Ebene des Einzelengagements. Dazu zählen u.a. die erstmalige Überlassung von Finanzmitteln bzw. Kapital (z.B. Geldleihen, Avale) oder auch der Abschluss derivativer Finanzinstrumente. Die Krediterhöhung setzt hingegen am Bestandsgeschäft an und stellt einen Beschluss über die Erhöhung eines bestehenden Einzelengagements dar. Die Entscheidung über einen Neukredit zieht die Festlegung eines Limits nach sich, während die Krediterhöhung mit einer Limitanpassung einhergeht.

2.4 Festlegung von kreditnehmerbezogenen Limiten

21 Jede Kreditentscheidung begründet die Festlegung eines kreditnehmerbezogenen Limits (→ BTR 1 Tz. 2). Hierzu zählen formal sowohl die Vereinbarung eines dem Kunden bekannten Limits (externes Limit) als auch die Festsetzung eines dem Kunden nicht bekannten Limits (internes Limit). Erfasst werden dabei sowohl Kreditnehmer als auch Kreditnehmereinheiten nach § 19 Abs. 2 KWG.[6] Im Hinblick auf die Differenzierung zwischen externen und internen Limiten spielen folgende Gesichtspunkte eine wichtige Rolle: Extern zugesagte Limite können ohne Mitwirkung des Kreditnehmers nicht beliebig angepasst werden. Gegebenenfalls zusätzlich eingeräumte interne Limite können sich von den externen Limiten hinsichtlich der Höhe und der Laufzeit unterscheiden. So ist es einerseits denkbar, bestimmten Kreditnehmern risikoabhängig ein etwas höheres internes Limit einzuräumen, um den institutsinternen Aufwand zur Bearbeitung von Limitüberschreitungen zu reduzieren, die sich hinsichtlich ihrer Dauer und ihrer Höhe in engen Grenzen halten. Andererseits werden in der Praxis z.B. Betriebsmittelkredite extern ohne feste Laufzeit (»bis auf weiteres«) zugesagt und intern jährlich nach Vorlage der Jahresabschlüsse prolongiert. Demzufolge kommt es im Ergebnis vor allem auf die Festlegung des internen Limits an, da es mit einem höheren Risiko für das Institut verbunden ist bzw. eine größere Relevanz für die Risikosteuerung besitzt. Der Abschluss von Geschäften innerhalb genehmigter Limite ist grundsätzlich zulässig (z.B. bei so genannten »Vorratsbeschlüssen«).

---

6 Die Vorgaben zu den Kreditnehmereinheiten in § 19 Abs. 2 KWG gelten seit 1. Januar 2014 nur noch für die Millionenkredite. Die Anforderungen an Großkredite sind mittlerweile in der unmittelbar anzuwendenden CRR geregelt, die in Art. 4 Abs. 1 Nr. 39 CRR die »Gruppe verbundener Kunden« definiert.

2.5   Limitüberschreitungen

Da eine Kreditentscheidung einer Limitfestsetzung gleichkommt, handelt es sich bei einer Limit-   **22**
überschreitung folglich um die Überschreitung eines bereits festgesetzten externen oder – sofern
vorhanden – abweichenden internen Limits. Demzufolge ist jede Entscheidung über den Umgang
mit Limitüberschreitungen grundsätzlich als Kreditentscheidung zu qualifizieren. Für Limitüberschreitungen können jedoch auf der Basis klarer Vorgaben vereinfachte Verfahren zur Anwendung
kommen (→ BTO 1.2 Tz. 8). Interessant ist insbesondere der Fall, dass für einen Kreditnehmer
sowohl ein externes als auch ein (höheres) internes Limit eingerichtet sind. In diesem Fall könnte
im institutsinternen Verfahren zur Behandlung von Limitüberschreitungen durchaus festgelegt sein,
dass keine Maßnahmen zu ergreifen sind, solange das interne Limit nicht überschritten wird.

2.6   Festlegung von Kontrahenten- und Emittentenlimiten

Kontrahenten- und Emittentenlimite beziehen sich auf die Begrenzung von Kontrahenten- und   **23**
Emittentenrisiken und stellen einen Sonderfall der kreditnehmerbezogenen Limite dar. Durch ihre
explizite Berücksichtigung in der Liste der Kreditentscheidungen wird der Tatsache Rechnung
getragen, dass auch Handelsgeschäfte regelmäßig Adressenausfallrisiken unterliegen und dafür
insofern angemessene Bearbeitungsprozesse erforderlich sind. Demzufolge war bereits in den
MaH geregelt, dass ohne Kontrahentenlimit kein Handelsgeschäft abgeschlossen werden darf.[7]
Diese Anforderung wurde durch die MaK auf Emittentenlimite ausgedehnt.[8] Nach den MaRisk
sind daher bei Handelsgeschäften Kontrahenten- und Emittentenlimite auf der Basis einer Votierung aus dem Bereich Marktfolge festzulegen (→ BTO 1.1 Tz. 3). Eine weitere Votierung aus dem
Bereich Markt wird nicht gefordert. Im Hinblick auf die Festlegung von Emittentenlimiten
bestehen weitere Vereinfachungsmöglichkeiten, die auch für liquide Kreditprodukte in Anspruch
genommen werden können (→ BTR 1 Tz. 4).

2.7   Prolongationen

Unter Prolongationen sind Verlängerungen der Laufzeit bestehender Einzelengagements zu verstehen,   **24**
ohne dass gleichzeitig eine Erhöhung des Engagements vorliegt. Dazu gehören grundsätzlich auch
interne Prolongationen, wie z. B. die interne Verlängerung von extern »bis auf weiteres« (b. a. w.)
zugesagten Krediten ohne feste Laufzeit, da zu diesem Zeitpunkt praktisch auf die mögliche Ausübung
eines Kündigungsrechtes verzichtet wird. Insofern wird hinsichtlich des Begriffes »Prolongationen«
grundsätzlich nicht zwischen externen und internen Prolongationen unterschieden (→ AT 2.3 Tz. 2,
Erläuterung). Bei Prolongationen ist die Anwendung vereinfachter Verfahren möglich (→ BTO 1.2 Tz. 8).

Im Gegensatz zu den internen Prolongationen handelt es sich bei so genannten »internen   **25**
Überwachungsvorlagen«, die letztlich nur der periodischen Beurteilung von extern zugesagten
Krediten während der vereinbarten Laufzeit dienen, regelmäßig nicht um Prolongationen im Sinne
der MaRisk (→ AT 2.3 Tz. 2, Erläuterung).

---

7   Vgl. Bundesaufsichtsamt für das Kreditwesen, Mindestanforderungen an das Betreiben von Handelsgeschäften der
     Kreditinstitute (MaH), Verlautbarung vom 23. Oktober 1995, Abschnitt 2.3.
8   Vgl. Bundesanstalt für Finanzdienstleistungsaufsicht, Mindestanforderungen an das Kreditgeschäft der Kreditinstitute
     (MaK), Rundschreiben 34/2002 (BA) vom 20. Dezember 2002, Tz. 7 und 81.

2.8   Erwerb von Beteiligungen

26   Da Beteiligungen vom weiten Anwendungsbereich des § 19 Abs. 1 KWG erfasst werden, ist deren Erwerb eine Kreditentscheidung zugrunde zu legen. Im Hinblick auf Beteiligungen ist allerdings nur eine sinngemäße Umsetzung der Anforderungen des Rundschreibens erforderlich. Diesbezüglich unterscheiden die MaRisk zwischen kreditnahen bzw. kreditsubstituierenden und strategischen Beteiligungen (→ BTO 1 Tz. 1, Erläuterung).

2.9   Änderungen risikorelevanter Sachverhalte

27   Zu den Kreditentscheidungen im Sinne der MaRisk zählen auch Änderungen risikorelevanter Sachverhalte, die dem Kreditbeschluss zugrunde lagen. Dies kann z. B. dann der Fall sein, wenn sich während der Laufzeit des Kredites neue Aspekte ergeben, denen unter Risikogesichtspunkten eine wichtige Bedeutung zukommt und die insoweit eine neue Kreditentscheidung erforderlich machen. Für eine Kreditentscheidung sind unter Risikogesichtspunkten insbesondere die Bonität des Kreditnehmers sowie der Wert der vereinbarten Sicherheiten von Relevanz. Aus diesem Grund sind anlassbezogene Beurteilungen des Adressenausfallrisikos immer dann erforderlich, wenn aus externen oder internen Quellen Informationen bekanntwerden, die auf eine negative Änderung der Risikoeinschätzung der Engagements oder der Sicherheiten hindeuten (→ BTO 1.2.2 Tz. 4). Derartige Aspekte begründen zwar nicht zwangsläufig die Notwendigkeit einer neuen Kreditentscheidung, sondern zunächst nur das Erfordernis einer anlassbezogenen Beurteilung des Adressenausfallrisikos. Sie können jedoch u. a. Anhaltspunkte dafür liefern, ob sich der Wert der Sicherheiten geändert hat und folglich die Bestellung neuer Sicherheiten oder die Neustrukturierung bestehender Sicherheiten erforderlich werden.

28   Ähnliches gilt grundsätzlich auch im Hinblick auf Zinsanpassungen nach Ablauf von Zinsbindungsfristen. Darlehensverträge mit langen Laufzeiten enthalten häufig Zinsbindungsfristen, die nicht mit der Gesamtlaufzeit übereinstimmen. In derartigen Verträgen wird i. d. R. vereinbart, dass sich der Zinssatz nach Ablauf der Zinsbindungsfrist an marktüblichen Konditionen orientiert. Insbesondere ist es also möglich, dass sich der Zinssatz zu diesem Zeitpunkt erhöht. Dieser Effekt ist z. B. im Fördergeschäft, in dem i. d. R. zinsverbilligte Darlehen vergeben werden, der Normalfall. Entsprechende Zinsanpassungen innerhalb der Laufzeit können zu einem höheren Gesamtkapitaldienst oder zu einer Verlängerung der Gesamtkreditlaufzeit führen. Allerdings muss bereits im Zusammenhang mit der Kreditentscheidung beurteilt werden, ob der Kreditnehmer aus Sicht des Institutes in der Zukunft auch einen höheren Kapitaldienst oder eine längere Darlehenslaufzeit verkraften könnte, wenn die Zinsbindungsfrist kürzer ist als die Kreditlaufzeit. Insofern handelt es sich hierbei nicht um eine Kreditentscheidung im Sinne einer »Änderung risikorelevanter Sachverhalte«. Andernfalls müsste für sämtliche Kredite mit variabler Verzinsung bei jeder Zinsanpassung ein neuer Kreditbeschluss gefasst werden. Demzufolge erfordern Zinsanpassungen grundsätzlich keinen neuen Kreditbeschluss (→ AT 2.3 Tz. 2, Erläuterung).

29   Im Gegensatz dazu handelt es sich bei Stundungen nicht um von vornherein geplante Änderungen des Kreditverhältnisses. Sie dienen z. B. der kurzzeitigen Überbrückung der Zeit bis zu einer Sanierung und sind grundsätzlich als »Änderungen risikorelevanter Sachverhalte« zu qualifizieren. Entscheidungen über Stundungen sind insofern Kreditentscheidungen im Sinne der MaRisk (→ AT 2.3 Tz. 2, Erläuterung).

2.10   Konsortialfinanzierungen

Bei Konsortialgeschäften, die i.d.R. als risikorelevant einzustufen sind, ist davon auszugehen, dass   **30**
regelmäßig das als Konsortialführer agierende Institut alle nach den MaRisk zur Entscheidungsvorbereitung und -durchführung notwendigen Schritte unternimmt. Aber auch die Konsorten
müssen zumindest für ihren Teil des Engagements die in den MaRisk niedergelegten Anforderungen
beachten. Üblicherweise werden die wesentlichen Informationen über das Engagement bzw. den
Kreditnehmer vom Konsortialführer bereitgestellt und vorab ausgewertet. Auf diese Analysen
können die Konsorten zurückgreifen, wobei ggf. auch weitere eigene Auswertungen sinnvoll und
notwendig sind. Wegen der besonderen Stellung der Konsorten ist es zulässig, wenn sie auf die
Einholung eines Votums aus dem Bereich Markt verzichten, da die Initiierung durch den Konsortialführer erfolgt. Eine Einbindung oder ggf. sogar eine zusätzliche Votierung des Marktes sind natürlich
weiterhin möglich und evtl. auch sachgerecht. In der Praxis wird der Marktbereich ohnehin bereits
im Vorfeld in die Überlegungen zur Beteiligung an einer Konsortialfinanzierung eingebunden.

3   Handelsgeschäfte (Tz. 3)

31 **3** Handelsgeschäfte sind grundsätzlich alle Abschlüsse, die ein

a) Geldmarktgeschäft,
b) Wertpapiergeschäft,
c) Devisengeschäft,
d) Geschäft in handelbaren Forderungen (z. B. Handel in Schuldscheinen),
e) Geschäft in Waren oder
f) Geschäft in Derivaten

zur Grundlage haben und die im eigenen Namen und für eigene Rechnung abgeschlossen werden. Als Wertpapiergeschäfte gelten auch Geschäfte mit Namensschuldverschreibungen sowie die Wertpapierleihe, nicht aber die Erstausgabe von Wertpapieren. Handelsgeschäfte sind auch, ungeachtet des Geschäftsgegenstandes, Vereinbarungen von Rückgabe- oder Rücknahmeverpflichtungen sowie Pensionsgeschäfte.

3.1   Liste der Handelsgeschäfte

32 Die Liste der Handelsgeschäfte, die sich weitgehend am produktbezogenen Anwendungsbereich der MaH orientiert, ist sehr weit gefasst. So sind u. a. Geldmarktgeschäfte, Wertpapiergeschäfte, Devisengeschäfte, Geschäfte in handelbaren Forderungen, Warengeschäfte sowie Derivate erfasst, die im eigenen Namen und für eigene Rechnung abgeschlossen werden. Für die aufbau- und ablauforganisatorischen Anforderungen spielt es grundsätzlich keine Rolle, ob die jeweiligen Geschäfte dem Handelsbuch oder dem Anlagebuch zugeordnet sind (→ BTO 2). Dementsprechend kommt es bei diesen Anforderungen mit einer Ausnahme (Geschäfte in handelbaren Forderungen) weder auf die Regelungen zur Abgrenzung des Handelsbuches noch auf den Verwendungszweck an, also die Handelsabsicht, für deren Klassifizierung mehrere Möglichkeiten infrage kommen (→ BT 1). Durch die Bezugnahme auf die weite Handelsgeschäftsdefinition trägt die BaFin dem Umstand Rechnung, dass z. B. auch Wertpapiere der Liquiditätsreserve oder andere »Handelsgeschäfte« des Anlagebuches einer risikoadäquaten Bearbeitung bedürfen. Die Motivation des Geschäftes, d. h. die »Erzielung eines kurzfristigen Eigenhandelserfolges«, spielt allerdings für die Umsetzung der Risikosteuerungs- und -controllingprozesse eine Rolle. So wird bei den Marktpreisrisiken zwischen Handels- und Anlagebuch unterschieden (→ BTR 2.2 und BTR 2.3).

3.2   Finanzinstrumente gemäß § 1 Abs. 11 KWG

33 Kreditgeschäfte im Sinne der MaRisk sind grundsätzlich alle Geschäfte nach § 19 Abs. 1 KWG. Diese Verknüpfung zwischen KWG und MaRisk wäre auch hinsichtlich der Definition der Handelsgeschäfte erstrebenswert. Schließlich handelt es sich bei den MaRisk um die Präzisierung eines Paragrafen aus dem KWG. Im Rahmen verschiedener Sitzungen des MaRisk-Fachgremiums wurde u. a. über den Rückgriff auf die Definition der Finanzinstrumente des KWG diskutiert. Zu den Finanzinstrumenten gemäß § 1 Abs. 11 KWG zählen neben Wertpapieren, Geldmarktinstrumenten, Devisen und

Rechnungseinheiten sowie Emissionszertifikaten auch Derivate. Als problematisch wurde seitens der Bankenaufsicht insbesondere die als unvollständig empfundene Definition der Derivate in § 1 Abs. 11 Satz 4 KWG eingestuft, von der Kreditderivate zunächst unberücksichtigt blieben. Gemäß den Vorgaben der »MiFID«[9] sind derivative Instrumente für den Transfer von Kreditrisiken, also Kreditderivate, jedoch explizit als Finanzinstrumente anzusehen. Diese Sichtweise hat sich mittlerweile sowohl in § 2 Abs. 4 WpHG als auch in § 1 Abs. 11 Satz 4 Nr. 4 KWG niedergeschlagen.

Diese Gesetzesänderungen wurden von der Aufsicht bislang jedoch noch nicht zum Anlass **34** genommen, die Definition der Handelsgeschäfte in den MaRisk anzupassen. Dies mag auch daran gelegen haben, dass im KWG bis zum Inkrafttreten des CRD IV-Umsetzungsgesetzes zwei unterschiedliche Definitionen von Finanzinstrumenten enthalten waren. Neben dem bereits erwähnten Paragrafen im Zusammenhang mit erlaubnispflichtigen Geschäften diente ein anderer Paragraf zur Abgrenzung von Handels- und Anlagebuch. Danach galten, vorbehaltlich § 1 Abs. 11 KWG, alle Verträge, die für eine der beteiligten Seiten einen finanziellen Vermögenswert und für die andere Seite eine finanzielle Verbindlichkeit oder ein Eigenkapitalinstrument schaffen, als Finanzinstrumente im Sinne des § 1a Abs. 3 KWG a. F. Diesbezüglich wurde u. a. bemängelt, dass die Legaldefinition des Kreditderivates gemäß § 19 Abs. 1a Satz 1 KWG (→ AT 2.3 Tz. 4) nur schwer vom Begriff des Finanzinstrumentes gemäß § 1a Abs. 3 KWG abzugrenzen sei, was in der praktischen Handhabung zu Irritationen führe und folglich weiteren Klärungsbedarf erfordere.[10] Im Rahmen des CRD IV-Umsetzungsgesetzes sind einige Begriffsbestimmungen im KWG entfallen, da die maßgeblichen Definitionen mittlerweile in der CRR enthalten sind, so z. B. in Art. 4 Abs. 1 Nr. 50 CRR zu Finanzinstrumenten.[11] Es bleibt abzuwarten, ob sich dies mittelfristig auf die Definition der Handelsgeschäfte in den MaRisk auswirken wird.

Angesichts dieser Unschärfen hat die Aufsicht vom Begriff der Finanzinstrumente gemäß § 1 **35** Abs. 11 KWG für die Zwecke der MaRisk zunächst Abstand genommen. Unabhängig davon wäre es im Interesse aller Beteiligten wünschenswert, wenn zukünftig ein Gleichlauf zwischen KWG, MaRisk und CRR hergestellt werden könnte. Dafür wären jedoch zunächst eine vollständige Neustrukturierung und Überarbeitung des KWG erforderlich, das – vor allem bedingt durch die Umsetzung von EU-Richtlinien – mittlerweile eine Komplexität erreicht hat, die auch von sachkundigen Personen kaum noch in ihrer Gesamtheit nachvollzogen werden kann. Erschwerend kommt hinzu, dass seit Inkrafttreten des CRD IV-Paketes am 1. Januar 2014 das KWG und die CRR für dieselben Begriffe zum Teil unterschiedliche Definitionen enthalten. Die Spitzenverbände der Kreditwirtschaft haben vor diesem Hintergrund bereits vor längerer Zeit empfohlen, das KWG einer grundlegenden Überarbeitung zu unterziehen.[12]

---

9 Vgl. Richtlinie 2004/39/EG (MiFID) des Europäischen Parlaments und des Rates vom 21. April 2004 über Märkte für Finanzinstrumente, Amtsblatt der Europäischen Union vom 30. April 2004, Anhang I, Abschnitt C, Nr. 8, L 145/41 f.

10 Vgl. Sönksen, Wolfgang/Klemmer, Hans-Wilhelm, Erfahrungsbericht zur Umsetzung von Basel II und der KWG-Novelle, in: BankPraktiker, Heft 11/2007, S. 518 ff.

11 Laut Art. 4 Abs. 1 Nr. 50 CRR bezeichnet der Ausdruck »Finanzinstrument« a) einen Vertrag, der für eine der beteiligten Seiten einen finanziellen Vermögenswert und für die andere Seite eine finanzielle Verbindlichkeit oder ein Eigenkapitalinstrument schafft, b) ein in Anhang I Abschnitt C der Richtlinie 2004/39/EG genanntes Instrument (Finanzinstrument im Sinne der MiFID), c) ein derivatives Finanzinstrument, d) ein Primärfinanzinstrument und e) ein Kassainstrument. Die unter den Buchstaben a, b und c genannten Instrumente sind allerdings nur dann als Finanzinstrumente zu betrachten, wenn ihr Wert sich aus dem Kurs eines zugrundeliegenden Finanzinstrumentes oder eines anderen Basiswertes, einem Satz oder einem Index errechnet.

12 Vgl. Zentraler Kreditausschuss, Stellungnahme zum Referentenentwurf eines Gesetzes zur Umsetzung der neu gefassten Bankenrichtlinie und der neu gefassten Kapitaladäquanzrichtlinie vom 17. Januar 2006, S. 2.

3.3 Geschäfte im eigenen Namen und für eigene Rechnung

36 Vom geschäftsbezogenen Anwendungsbereich werden nur jene Handelsgeschäfte erfasst, die im eigenen Namen und für eigene Rechnung des Institutes abgeschlossen werden. Keine Handelsgeschäfte im Sinne der MaRisk sind daher Abschlüsse, die im fremden Namen oder für fremde Rechnung – also im Rahmen einer offenen Stellvertretung – abgeschlossen werden (Abschlussvermittlung). Ebenfalls nicht erfasst werden die Fälle, in denen ein Institut als Kommissionär auftritt. Nach § 383 HGB liegt ein Kommissionsgeschäft dann vor, wenn eine Person (Kommissionär) für Rechnung eines anderen (Kommittent) gewerbsmäßig Waren oder Wertpapiere kauft oder verkauft. Der Kommissionär handelt zwar im eigenen Namen, aber im Rahmen einer verdeckten Stellvertretung auf fremde Rechnung. Insoweit ist das Finanzkommissionsgeschäft kein Handelsgeschäft im Sinne der MaRisk, so dass die Anforderungen des Moduls BTO 2 keine unmittelbare Anwendung finden.

37 Der explizite Verzicht auf die Einbeziehung des Finanzkommissionsgeschäftes in den geschäftsbezogenen Anwendungsbereich der MaRisk darf jedoch nicht darüber hinwegtäuschen, dass auch diese Geschäftsart bestimmten Risiken unterliegt. Zwar spielt das Marktpreisrisiko i. d. R. keine Rolle, da der Kommittent im Rahmen eines derartigen Auftragsverhältnisses das Preisrisiko, also z. B. den potenziellen Kursverlust oder -gewinn, selbst trägt und der Kommissionär lediglich an einer angemessenen Provision interessiert ist. Jedoch können z. B. bei Termingeschäften Kontrahentenrisiken schlagend werden, wenn das Konto des Kommittenten bei Wertänderungen des Termingeschäftes nicht ausreichend gedeckt ist oder wenn erst gar keine Gegenwerte vom Kommittenten gehalten werden. Schwierigkeiten können sich darüber hinaus ergeben, wenn das Auftragsverhältnis nicht hinreichend klar definiert ist oder wenn sich Lieferverzögerungen ergeben. Daher sind die Anforderungen des allgemeinen Teiles der MaRisk und des Moduls BTR zumindest sinngemäß zu beachten. In der Praxis wird den genannten Risiken sogar häufig dadurch Rechnung getragen, dass Finanzkommissionsgeschäfte den gleichen prozessualen Regelungen unterworfen werden wie die Geschäfte, die im eigenen Namen und auf eigene Rechnung abgeschlossen werden.

3.4 Geldmarktgeschäfte

38 Die Geldmarktgeschäfte umfassen grundsätzlich alle Geldaufnahme- und Geldanlagegeschäfte sowie Geschäfte mit Geldmarktpapieren (z. B. »Certificates of Deposit«, »Commercial Paper«), unabhängig von deren Fristigkeit. Es spielt keine Rolle, ob es sich um Geldhandel im engeren Sinne oder um Geschäfte im Rahmen der Liquiditätsdisposition handelt. Nach den MaH wurden Festgeldanlagen von Kunden (Termingelder) aufgrund der überschaubaren Risiken vom Anwendungsbereich ausgenommen. Diese Ausnahmeregelung kann vermutlich auch für die Zwecke der MaRisk Geltung beanspruchen.

3.5 Wertpapiergeschäfte

39 Nach einer einschlägigen Definition handelt es sich bei einem Wertpapier um eine Urkunde, die ein privates Vermögensrecht in der Weise verbrieft, dass es ohne ihren Besitz nicht ausgeübt werden kann.[13] Unter wirtschaftlichen Gesichtspunkten erfüllen Wertpapiere verschiedene Funk-

---

13 Vgl. Kuhner, Christoph/Schilling, Dirk, Wertpapiere, in: Ballwieser, Wolfgang/Coenenberg, Adolf G./Wysocki, Klaus von (Hrsg.), Handwörterbuch der Rechnungslegung und Prüfung, 3. Auflage, Stuttgart, 2002, S. 2677 ff.

tionen. Im Kapitalverkehr dienen sie insbesondere als Instrument der Kapitalaufbringung und der Kapitalanlage (z. B. Aktien oder Schuldverschreibungen).

In den MaRisk wird der Begriff des Wertpapiergeschäftes nicht definiert. Nach § 1 Abs. 11 Satz 1 **40** Nr. 1 bis 4 KWG werden Wertpapiere den Finanzinstrumenten zugerechnet. Zu den Wertpapieren zählen Aktien und andere Anteile an in- oder ausländischen juristischen Personen, Personengesellschaften und sonstigen Unternehmen, soweit sie Aktien vergleichbar sind, Hinterlegungsscheine, die Aktien oder Aktien vergleichbare Anteile vertreten, Vermögensanlagen im Sinne des § 1 Abs. 2 Vermögensanlagengesetz mit Ausnahme von Anteilen an einer Genossenschaft im Sinne des § 1 Genossenschaftsgesetz, Schuldtitel, insbesondere Genussscheine, Inhaberschuldverschreibungen, Orderschuldverschreibungen und diesen Schuldtiteln vergleichbare Rechte, die ihrer Art nach auf den Kapitalmärkten handelbar sind, mit Ausnahme von Zahlungsinstrumenten, Hinterlegungsscheine, die diese Schuldtitel vertreten, sowie sonstige Rechte, die zum Erwerb oder zur Veräußerung von solchen Rechten berechtigen oder zu einer Barzahlung führen, die in Abhängigkeit von solchen Rechten, von Währungen, Zinssätzen oder anderen Erträgen, von Waren, Indizes oder Messgrößen bestimmt wird.

Eine nahezu deckungsgleiche Definition für Wertpapiere befindet sich in § 2 Abs. 1 WpHG. **41** Allerdings geht der Wertpapierbegriff im KWG – durch Verweis auf § 1 Abs. 2 Vermögensanlagengesetz – und in den MaRisk über den Wertpapierbegriff im WpHG hinaus, da er auch Namensschuldverschreibungen umfasst, die aufgrund fehlender Zirkulationsfähigkeit nicht handelbar sind. Für die Handelbarkeit genügt grundsätzlich der Nachweis der Fungibilität, d.h. die Austauschbarkeit und Zirkulationsfähigkeit müssen gegeben sein. Wertpapierleihgeschäfte, bei denen der Entleiher Wertpapiere mit der Verpflichtung übereignet, Papiere gleicher Art und Güte nach Ablauf der vereinbarten Frist zurückzuübereignen, sind nach den MaRisk ebenfalls den Wertpapieren zuzurechnen.

Äußerungen der Bankenaufsicht zu den MaH aus der Vergangenheit legen nahe, dass beim **42** Wertpapierbegriff der MaRisk eine gewisse Affinität zur handelsrechtlichen Definition besteht.[14] Insoweit sind Wertpapiere des Handelsbestandes und der Liquiditätsreserve ebenso wie Wertpapiere, die wie Anlagevermögen behandelt werden, dem Wertpapiergeschäft im Sinne der MaRisk zuzurechnen. Hinsichtlich der Definition der Wertpapiere kann auch auf § 7 Abs. 1 der Verordnung über die Rechnungslegung der Kreditinstitute und Finanzdienstleistungsinstitute (RechKredV) zurückgegriffen werden. Demnach sind als Wertpapiere auszuweisen:

– Aktien, Zwischenscheine, Anteile oder Aktien an Investmentvermögen, Optionsscheine, Zins- und Gewinnanteilscheine, börsenfähige Inhaber- und Ordergenussscheine sowie börsenfähige Inhaberschuldverschreibungen, auch wenn sie vinkuliert sind, unabhängig davon, ob sie in Wertpapierurkunden verbrieft oder als Wertrechte ausgestaltet sind,
– börsenfähige Orderschuldverschreibungen, soweit sie Teile einer Gesamtemission sind,
– andere festverzinsliche Inhaberpapiere, soweit sie börsenfähig sind, und
– andere nicht festverzinsliche Wertpapiere, soweit sie börsennotiert sind.

Hierzu gehören auch ausländische Geldmarktpapiere, die zwar auf den Namen lauten, aber wie **43** Inhaberpapiere gehandelt werden. Gemäß § 7 Abs. 2 RechKredV gelten Wertpapiere als »börsenfähig«, wenn sie die Voraussetzungen einer Börsenzulassung erfüllen. Bei Schuldverschreibungen genügt es, dass alle Stücke einer Emission hinsichtlich Verzinsung, Laufzeitbeginn und Fälligkeit einheitlich ausgestattet sind. Laut § 7 Abs. 3 RechKredV gelten Wertpapiere als »börsennotiert«, wenn sie an einer deutschen Börse zum Handel im regulierten Markt zugelassen sind bzw. wenn sie an ausländischen Börsen zugelassen sind oder gehandelt werden.

Explizit ausgenommen von der Definition der Handelsgeschäfte wird die Erstausgabe von Wert- **44** papieren (→ AT 2.3 Tz. 3, Erläuterung). Hingegen stellt der Ersterwerb aus einer Emission grund-

---

14 Vgl. Bundesaufsichtsamt für das Kreditwesen, Übermittlungsschreiben zu den Mindestanforderungen an das Betreiben von Handelsgeschäften der Kreditinstitute vom 23. Oktober 1995, S. 2.

sätzlich ein Handelsgeschäft im Sinne der MaRisk dar. Beim Ersterwerb sind allerdings Erleichterungen im Hinblick auf die Marktgerechtigkeitskontrolle möglich (→ BTO 2.2.2 Tz. 5, Erläuterung).

3.6 Devisengeschäfte

45 Im Rahmen des Handels mit ausländischen Währungen lassen sich im Wesentlichen zwei Grundformen voneinander unterscheiden: Devisenkassa- und Devisentermingeschäfte. Devisenkassageschäfte dienen in erster Linie der Abwicklung des grenzüberschreitenden Zahlungsverkehrs in Fremdwährungen. Zwischen Geschäftsabschluss und Lieferung der gekauften oder verkauften Devisen liegt daher nur eine relativ kurze Zeitspanne. Die Kassadevisen stehen dem Käufer in der Praxis zwei Geschäftstage nach dem Kauf zur Verfügung. Hingegen handelt es sich bei Devisentermingeschäften um Vereinbarungen, einen bestimmten Devisenbetrag zu einem fest vereinbarten Kurs und zu einem späteren Zeitpunkt zu liefern bzw. abzunehmen. Devisentermingeschäfte dienen in erster Linie der Absicherung von Kurs- und Währungsrisiken im Rahmen der Finanzierung von Außenhandelsgeschäften. Sie werden aber auch zu rein spekulativen Zwecken eingesetzt. Nach dem Wegfall des festen Wechselkursregimes (Abkommen von Bretton Woods) wurde offensichtlich, welche Risiken solchen Geschäften innewohnen. Die wohl bekannteste Bankenpleite der Nachkriegsgeschichte (Herstatt-Krise) war auf hochspekulative Devisengeschäfte und katastrophale interne Kontrollsysteme zurückzuführen. Die Bezeichnung »Herstatt-Risiko« ist bis in die heutige Zeit ein gängiger Begriff für das Erfüllungsrisiko im Rahmen von Devisentransaktionen. Die Erfahrungen aus dieser Zeit veranlassten die Bankenaufsicht zu ersten regulatorischen Initiativen.[15]

3.7 Geschäfte in handelbaren Forderungen

46 Handelbare Forderungen, wie z. B. der Handel in Schuldscheinen, stellen in der Liste der Handelsgeschäfte eine Besonderheit dar, da es bei der Frage der Qualifikation als Handelsgeschäft im Unterschied zu den ansonsten im Katalog aufgezählten Geschäften auf den Verwendungszweck ankommt. Forderungen sind dann als Handelsgeschäfte zu qualifizieren, wenn von Seiten des Institutes eine Handelsabsicht besteht. Hierzu hat das Institut geeignete Kriterien festzulegen (→ AT 2.3 Tz. 3, Erläuterung). Es liegt nahe, dass sich das Institut dabei an den Kriterien orientiert, deren Aufstellung der Gesetzgeber für die Zwecke der Abgrenzung des Handelsbuches vom Anlagebuch für erforderlich hält. Diese Kriterien sind auch für die Anwendung der Prozesse zur Identifizierung, Beurteilung, Steuerung, Überwachung und Kommunikation der Marktpreisrisiken von zentraler Bedeutung (→ BTR 2.2 und 2.3).

47 Nach Art. 4 Abs. 1 Nr. 85 CRR werden unter »Positionen, die mit Handelsabsicht gehalten werden«, a) Eigenhandelspositionen und Positionen, die sich aus Kundenbetreuung und Marktpflege ergeben, b) Positionen, die zum kurzfristigen Wiederverkauf gehalten werden, und c) Po-

---

15 Vgl. Bundesaufsichtsamt für das Kreditwesen, Risiken aus Währungstermingeschäften, Schreiben vom 6. Mai 1974.

sitionen, bei denen die Absicht besteht, aus bestehenden oder erwarteten kurzfristigen Kursunterschieden zwischen Ankaufs- und Verkaufskurs oder aus anderen Kurs- oder Zinsschwankungen Profit zu ziehen, verstanden. Gemäß Art. 4 Abs. 1 Nr. 86 CRR gehören zum »Handelsbuch« alle Positionen in Finanzinstrumenten und Waren, die ein Institut entweder mit Handelsabsicht oder zur Absicherung anderer mit Handelsabsicht gehaltener Positionen des Handelsbuches hält. Das Anlagebuch ergibt sich implizit aus der Abgrenzung zum Handelsbuchbegriff.[16]

Es sind allerdings auch andere Vorgehensweisen denkbar, die z. B. zwischen der direkten Kreditvergabe an einen Kreditnehmer (»Primärmarktgeschäfte«) und sonstigen Geschäften mit Forderungen – wie dem Kauf von Krediten (»Sekundärgeschäfte«) – unterscheiden, bei denen ebenfalls das Vorliegen einer »Handelsabsicht« im Sinne der MaRisk unterstellt werden könnte[17] (→ BT 1). **48**

3.8 Geschäfte in Waren

Die Bankenaufsicht hatte lange Zeit erhebliche Bedenken gegen die Durchführung von Warentermingeschäften. 1974 teilte das damalige BAKred den Instituten mit, dass die Durchführung solcher Geschäfte wegen der damit verbundenen Risiken nicht vereinbar sei mit den Grundsätzen ordnungsgemäßer Geschäftsführung.[18] Erst im Jahre 1997 wurde dieses Geschäftsverbot aufgehoben.[19] Geschäfte in Waren haben mittlerweile bei einigen Instituten eine nicht unerhebliche Bedeutung erlangt. Nach den MaRisk zählen zu den Geschäften in Waren insbesondere der Handel mit Edelmetallen und Rohwaren (Produkte der Urproduktion, Halbfabrikate, Fertigprodukte) sowie der CO_2-Handel und der Stromhandel (→ AT 2.3 Tz. 3, Erläuterung). **49**

Privilegiert wird das traditionelle Warengeschäft von gemischtwirtschaftlichen Kreditgenossenschaften, das von etwa einem Dutzend Instituten in Deutschland neben dem Bankgeschäft betrieben wird. Die meisten dieser Institute führen das Warengeschäft nur in sehr geringem Umfang durch, so dass eine Umsetzung der Anforderungen an das Handelsgeschäft in diesen Fällen unverhältnismäßig wäre. Die wenigen Institute mit umfangreichen Geschäftsaktivitäten haben zumindest eine sinngemäße Umsetzung der Anforderungen sicherzustellen (→ AT 2.3 Tz. 3, Erläuterung). Insbesondere werden bei solchen Instituten auch Warengeschäfte, die infolge fest getroffener Vereinbarungen über die Abnahme bzw. Lieferung der jeweiligen Ware zum Zeitpunkt der Erfüllung geschlossene Positionen während der gesamten Geschäftsdauer begründen, nicht als Handelsgeschäfte eingestuft (→ AT 2.3 Tz. 3, Erläuterung). **50**

---

16 Die von der EU-Kommission im November 2016 vorgelegten Entwürfe der überarbeiteten CRR und CRD IV (CRR II/CRD V-Paket) sehen eine umfassende Überarbeitung der Regelungen für die Abgrenzung des aufsichtsrechtlichen Handels- und Anlagebuches vor, die auf vom Baseler Ausschuss im Januar 2016 vorgelegte Standards (»Fundamental Review of the Trading Book«, FRTB) zurückgehen. Vgl. Basel Committee on Banking Supervision, Minimum capital requirements for market risk, Standards, 14. Januar 2016. Die Definitionen des Art. 4 Abs. 1 Nr. 85 und 86 CRR sind hiervon jedoch nicht betroffen. Vgl. Europäische Kommission, Vorschlag für eine Richtlinie des Europäischen Parlaments und des Rates zur Änderung der Richtlinie 2013/36/EU in Hinblick auf von der Anwendung ausgenommene Unternehmen, Finanzholdinggesellschaften, gemischte Finanzholdinggesellschaften, Vergütung, Aufsichtsmaßnahmen und -befugnisse und Kapitalerhaltungsmaßnahmen vom 23. November 2016 (→ BTR 2, Einführung).

17 Vgl. Rehbein, Ronny, Auslegungsfragen der MaRisk, in: Ramke, Thomas/Wohlert, Dirk (Hrsg.), Risikomanagement im Handelsgeschäft, Stuttgart, 2009, S. 203 ff.

18 Vgl. Bundesaufsichtsamt für das Kreditwesen, Betreiben von Warentermingeschäften, Schreiben vom 24. Oktober 1974.

19 Vgl. Bundesaufsichtsamt für das Kreditwesen, Warentermingeschäfte, Rundschreiben 12/97 vom 7. November 1997.

3.9 Geschäfte in Derivaten

51 Zu den Geschäften in Derivaten gehören Termingeschäfte, deren Preis sich von einem zugrunde-liegenden Aktivum, von einem Referenzpreis, Referenzzins, Referenzindex oder einem im Voraus definierten Ereignis ableitet. Die Derivate-Definition umfasst neben den herkömmlichen Derivaten auch Kreditderivate (→ AT 2.3 Tz. 4). Garantien, Avale u. Ä. fallen hingegen nicht unter die Derivate-Definition der MaRisk (→ AT 2.3 Tz. 4, Erläuterung).

3.10 Pensionsgeschäfte und Wertpapierleihgeschäfte

52 Der Abschluss von Pensionsgeschäften dient i. d. R. der vorübergehenden Beschaffung von liquiden Mitteln. Man bezeichnet diese als Rückkaufvereinbarung ausgestaltete Sonderform der Refinanzie-rungsmittelbeschaffung auch als »Repo-Geschäft« (»Sale and Repurchase Operation/Agreement«). Pensionsgeschäfte werden zu Bilanzierungszwecken im HGB definiert. Gemäß § 340b HGB handelt es sich bei Pensionsgeschäften um Verträge, durch die ein Kreditinstitut oder der Kunde eines Kreditinstitutes (Pensionsgeber) ihm gehörende Vermögensgegenstände (vor allem Wertpapiere) einem anderen Kreditinstitut oder einem seiner Kunden (Pensionsnehmer) gegen Zahlung eines Betrages überträgt und in denen gleichzeitig vereinbart wird, dass die Vermögensgegenstände später gegen Entrichtung des empfangenen oder eines im Voraus vereinbarten anderen Betrages an den Pensionsgeber zurückübertragen werden müssen oder können. Je nach Ausgestaltung der Rück-gabeverpflichtung ergeben sich unterschiedliche Formen von Pensionsgeschäften. Ist der Pensions-nehmer verpflichtet, die Vermögensgegenstände zu einem bestimmten oder vom Pensionsgeber zu bestimmenden Zeitpunkt zurückzuübertragen, so handelt es sich um ein echtes Pensionsgeschäft. Ein unechtes Pensionsgeschäft liegt dann vor, wenn der Pensionsnehmer lediglich dazu berechtigt ist. In beiden Fällen besteht jedoch eine Rückkaufverpflichtung des Pensionsgebers. Die Abtretung des Vermögensgegenstandes erfolgt i. d. R. durch Eigentumsübertragung.[20]

53 Vom echten Pensionsgeschäft zu unterscheiden ist das Wertpapierleihgeschäft, bei dem der Entleiher Wertpapiere mit der Verpflichtung übereignet, Papiere gleicher Art und Güte nach Ablauf der vereinbarten Frist zurückzuübereignen. Für den Zeitraum der Überlassung entrichtet er eine Leihprovision, während beim Pensionsgeschäft der Pensionsgeber vom Pensionsnehmer den Gegenwert der Wertpapiere und damit Liquidität erhält. Mit Hilfe der geliehenen Wertpapiere kann der Entleiher Lieferverzögerungen überbrücken sowie Arbitragegeschäfte oder Geschäfte zur Risikoabsicherung zwischen Kassamarkt und Terminmarkt betreiben. Devisentermingeschäfte, Finanztermingeschäfte und ähnliche Geschäfte sowie die Ausgabe eigener Schuldverschreibungen auf abgekürzte Zeit gelten gemäß § 340b Abs. 6 HGB ebenfalls nicht als Pensionsgeschäfte.

3.11 Ausnahmen

54 Die vor allem für die Anwendung des Moduls BTO 2 maßgebliche Definition der Handelsgeschäfte ist zwar weit gefasst, jedoch bestehen auch einige Ausnahmen. So sind z. B. die Abschlussvermittlung und das Finanzkommissionsgeschäft keine Handelsgeschäfte im Sinne der MaRisk, da solche Geschäfte nicht im eigenen Namen und für eigene Rechnung abgeschlossen werden. Nicht erfasst wird grund-

---

20 Vgl. Büschgen, Hans E., Bankbetriebslehre, Bankgeschäfte und Bankmanagement, 5. Auflage, Wiesbaden, 1998, S. 395.

sätzlich auch die Erstausgabe von Wertpapieren, also das Emissionsgeschäft. Es besteht auch kein Anlass, davon auszugehen, dass sich im Hinblick auf bestimmte Geschäfte die frühere Auslegungspraxis der Bankenaufsicht geändert haben sollte. So sind Festgeldanlagen von Kunden, das Sortengeschäft oder Reiseschecks keine Handelsgeschäfte im Sinne der MaRisk, da sie weder ihrer Art noch – regelmäßig – ihrem Umfang nach geeignet sind, eine Basis für bedeutende Risiken des jeweiligen Institutes zu werden.[21] Auch überschaubare Bestände an Edelmetallgeschäften können, soweit dies unter Risikogesichtspunkten vertretbar ist, vom Anwendungsbereich ausgenommen werden.

---

21 Vgl. Bundesaufsichtsamt für das Kreditwesen, Übermittlungsschreiben zu den Mindestanforderungen an das Betreiben von Handelsgeschäften der Kreditinstitute vom 23. Oktober 1995, S. 2.

4   Geschäfte in Derivaten (Tz. 4)

55   4 Zu den Geschäften in Derivaten gehören Termingeschäfte, deren Preis sich von einem zugrundeliegenden Aktivum, von einem Referenzpreis, Referenzzins, Referenzindex oder einem im Voraus definierten Ereignis ableitet.

4.1   Bedeutung von Derivaten

56   Derivaten kommt seit Beginn der achtziger Jahre des letzten Jahrhunderts eine immer größere Bedeutung zu. Ursprünglich zurückzuführen ist das Wachstum von Derivaten auf den Zusammenbruch des im Abkommen von Bretton Woods installierten Systems fester Wechselkurse. Weitere Deregulierungen sowie damit einhergehende stärkere Vernetzung der internationalen Finanzmärkte führten seit Mitte der siebziger Jahre zu einer erhöhten Volatilität von Zinsen, Wechsel- und Aktienkursen. Nicht nur bei Kreditinstituten stieg vor diesem Hintergrund das Bedürfnis nach geeigneten Absicherungsinstrumenten gegen diese Risiken. Derivate werden allerdings nicht nur zu Absicherungszwecken verwendet. Sie dienen auch der Arbitrage oder der Spekulation.[22] Im Verlauf der Zeit entwickelte sich der Markt für Derivate rasant. Sie werden nicht nur über die Börse, sondern als OTC-Derivate (»Over the Counter«) auch außerbörslich gehandelt. Das Spektrum reicht von Finanzderivaten (z. B. Futures, Optionen) bis hin zu Rohstoffderivaten (Commodities).

57   Seit einigen Jahren hat die Bedeutung von Kreditderivaten deutlich zugenommen.[23] Die Finanzmarktkrise hat gezeigt, dass die mit OTC-Derivaten – insbesondere Kreditausfallversicherungen (»Credit Default Swaps«, CDS) – verbundenen Risiken teilweise nur schwer abzuschätzen sind. Bereits im Oktober 2008 hat die EU-Kommission die Industrie aufgerufen, konkrete Vorschläge zur Minderung der mit CDS verbundenen Risiken vorzulegen. Im Juli 2009 haben die wichtigsten Händler mit dem Clearing geeigneter CDS mittels »zentraler Kontrahenten« (»Central Counterparty«, CCP) begonnen. Seitdem wurden von der Europäischen Kommission diverse Vorschläge unterbreitet, um mehr Transparenz zu schaffen sowie Kontrahentenrisiken und systemische Risiken zu reduzieren.[24] Im Jahre 2010 wurde von einigen Marktakteuren im Zusammenhang mit der »Euro-Krise« als direkter Folge aus der Finanzmarktkrise mit CDS auf die Anleihen hoch verschuldeter Staaten spekuliert. Zur Beruhigung der Märkte hat die Europäische Zentralbank (EZB) Staatsanleihen dieser Staaten im Volumen von mehreren Milliarden Euro auf dem Sekundärmarkt erworben. Gleichzeitig hat sich die Politik eingeschaltet (→ AT 2.2 Tz. 1).

58   Da zentrale Kontrahenten ein hohes systemisches Risiko für die Finanzbranche darstellen, fordert auch der Baseler Ausschuss für Bankenaufsicht strenge Regeln für deren Risikomanagement. Einem Auftrag der G20 folgend[25], hat der Baseler Ausschuss entsprechende Vorschläge für Anforderungen unterbreitet, die u. a. Kriterien für »qualifizierte« zentrale Kontrahenten festlegen. Diese Vorschläge haben Eingang in die Bankenverordnung gefunden. Gemäß Art. 4 Abs. 1 Nr. 88 CRR ist eine »qualifizierte zentrale Gegenpartei« (qualifizierte ZGP) eine zentrale Gegenpartei, die

---

22 Vgl. Büschgen, Hans E., Bankbetriebslehre, Bankgeschäfte und Bankmanagement, 5. Auflage, Wiesbaden, 1998, S. 449 ff.

23 Vgl. Bank for International Settlements, 75th Annual Report, Juni 2005, S. 116 ff.

24 Vgl. Bundesverband Öffentlicher Banken Deutschlands, Kreditwirtschaftlich wichtige Vorhaben in der EU, Berlin/Brüssel, September 2009, S. 104 f.

25 Vgl. G20, Leaders' Statement: The Pittsburgh Summit, September 2009.

entweder nach Art. 14 EMIR[26] zugelassen oder – sofern sie in einem Drittstaat ansässig ist – nach Art. 25 EMIR anerkannt wurde (→ AT 2.1 Tz. 1).

4.2   Derivate-Definitionen in der Wissenschaft

In der Wissenschaft werden zum Teil voneinander abweichende Derivate-Definitionen verwendet. **59** Weit überwiegend werden Derivate als Kontrakte bezeichnet, deren Wert von einem anderen Wert bestimmt bzw. abgeleitet wird. Zwischen dem Wert des Derivates und dem Wert ökonomischer Größen, die als Bezugsbasis für das Derivat dienen (»Underlying« oder »Basiswert«), besteht ein enger Zusammenhang. Da Derivate über ein in die Zukunft gerichtetes Vertragselement verfügen, bezeichnet man sie häufig auch als »Termingeschäfte im weiteren Sinne«.[27] Bei Derivaten handelt es sich demnach um eine vertragliche Vereinbarung zwischen mehreren Parteien, aus der sich zukünftig Zahlungen ergeben, wenn ein bei Vertragsabschluss festgelegter Zustand eintritt.[28]

4.3   Derivate-Definitionen des KWG

Im KWG existieren zwei Derivate-Definitionen. Die erste Definition wurde zuletzt durch die **60** Vorgaben der »MiFID«[29] angepasst, wonach derivative Instrumente für den Transfer von Kreditrisiken, also Kreditderivate, explizit als Finanzinstrumente anzusehen sind. Gemäß § 1 Abs. 11 Satz 4 KWG sind Derivate

1. als Kauf, Tausch oder anderweitig ausgestaltete Festgeschäfte oder Optionsgeschäfte, die zeitlich verzögert zu erfüllen sind und deren Wert sich unmittelbar oder mittelbar vom Preis oder Maß eines Basiswertes ableitet (Termingeschäfte), mit Bezug auf die folgenden Basiswerte:
   a) Wertpapiere oder Geldmarktinstrumente,
   b) Devisen, soweit das Geschäft nicht die Voraussetzungen des Art. 10 MiFID II-Durchführungsverordnung[30] erfüllt, oder Rechnungseinheiten,
   c) Zinssätze oder andere Erträge,
   d) Indizes der Basiswerte des Buchstaben a, b, c oder f, andere Finanzindizes oder Finanzmessgrößen,
   e) Derivate oder
   f) Emissionszertifikate;
2. Termingeschäfte mit Bezug auf Waren, Frachtsätze, Klima- oder andere physikalische Variablen, Inflationsraten oder andere volkswirtschaftliche Variablen oder sonstige Vermögenswerte, Indizes oder Messwerte als Basiswerte, sofern sie

---

26 Verordnung (EU) Nr. 648/2012 (EMIR) des Europäischen Parlaments und des Rates vom 4. Juli 2012 über OTC-Derivate, zentrale Gegenparteien und Transaktionsregister, Amtsblatt der Europäischen Union vom 27. Juli 2012, L 201/1–59.

27 Auch Zinsswaps können diesem Termingeschäftsbegriff im weiteren Sinne zugerechnet werden, da sie einen Kontrakt darstellen, der den zukünftigen Austausch von Zinszahlungen regelt.

28 Vgl. Beike, Rolf/Köhler, Andreas, Risk-Management mit Finanzderivaten, München, 1997, S. 2.

29 Vgl. Richtlinie 2004/39/EG (MiFID) des Europäischen Parlaments und des Rates vom 21. April 2004 über Märkte für Finanzinstrumente, Amtsblatt der Europäischen Union vom 30. April 2004, Anhang I, Abschnitt C, Nr. 8, L 145/41 f.

30 Delegierte Verordnung (EU) 2017/565 (MiFID II-Durchführungsverordnung) der Kommission vom 25. April 2016 zur Ergänzung der Richtlinie 2014/65/EU des Europäischen Parlaments und des Rates in Bezug auf die organisatorischen Anforderungen an Wertpapierfirmen und die Bedingungen für die Ausübung ihrer Tätigkeit sowie in Bezug auf die Definition bestimmter Begriffe für die Zwecke der genannten Richtlinie, Amtsblatt der Europäischen Union vom 31. März 2017, L 87/1–83.

a) durch Barausgleich zu erfüllen sind oder einer Vertragspartei das Recht geben, einen Barausgleich zu verlangen, ohne dass dieses Recht durch Ausfall oder ein anderes Beendigungsereignis begründet ist,

b) auf einem organisierten Markt oder in einem multilateralen oder organisierten Handelssystem geschlossen werden soweit es sich nicht um über ein organisiertes Handelssystem gehandelte Energiegroßhandelsprodukte handelt, die effektiv geliefert werden müssen, oder

c) die Merkmale anderer Derivatekontrakte im Sinne des Art. 7 MiFID II-Durchführungsverordnung aufweisen und nichtkommerziellen Zwecken dienen,

und sofern sie keine Kassageschäfte im Sinne des Art. 7 MiFID II-Durchführungsverordnung sind;

3. finanzielle Differenzgeschäfte;

4. als Kauf, Tausch oder anderweitig ausgestaltete Festgeschäfte oder Optionsgeschäfte, die zeitlich verzögert zu erfüllen sind und dem Transfer von Kreditrisiken dienen (Kreditderivate);

5. Termingeschäfte mit Bezug auf die in Art. 8 MiFID II-Durchführungsverordnung genannten Basiswerte, sofern sie die Bedingungen der Nummer 2 erfüllen.

61 Eine weitere Derivate-Definition, die im Rahmen der Umsetzung der Bankenrichtlinie sowie der Kapitaladäquanzrichtlinie durch § 19 Abs. 1a in das KWG integriert wurde, bezieht sich auf die Definition des Kreditbegriffes für die Zwecke der Großkredit- und Millionenkreditverordnung (GroMiKV).[31] Diese Vorgaben gelten seit dem 1. Januar 2014 nur noch für den Bereich der Millionenkredite, während der Kreditbegriff für Großkredite (»Risikopositionen«) mittlerweile in Art. 389 CRR geregelt ist.

62 Derivate sind gemäß § 19 Abs. 1a Satz 1 KWG als Kauf, Tausch oder durch anderweitigen Bezug auf einen Basiswert ausgestaltete Festgeschäfte oder Optionsgeschäfte, deren Wert durch den Basiswert bestimmt wird und sich infolge eines für wenigstens einen Vertragspartner zeitlich hinausgeschobenen Erfüllungszeitpunktes künftig ändern kann, einschließlich finanzieller Differenzgeschäfte. Basiswert im Sinne von § 19 Abs. 1a Satz 1 KWG kann auch ein Derivat sein.

63 In Anhang II CRR werden drei Arten von Derivatgeschäften unterschieden:

1. Zinsbezogene Geschäfte
   a) Zinsswaps in einer einzigen Währung,
   b) Basis-Swaps,
   c) Zinsausgleichsvereinbarungen (»Forward Rate Agreements«),
   d) Zinsterminkontrakte,
   e) gekaufte Zinsoptionen und
   f) andere vergleichbare Geschäfte;

2. Fremdwährungsbezogene Geschäfte und Geschäfte auf Goldbasis
   a) Zinsswaps in mehreren Währungen,
   b) Devisentermingeschäfte,
   c) Devisenterminkontrakte,
   d) gekaufte Devisenoptionen,
   e) andere vergleichbare Geschäfte und
   f) auf Goldbasis getätigte Geschäfte ähnlicher Art wie unter den Buchstaben a bis e;

3. Geschäfte ähnlicher Art wie unter Nr. 1 und 2 (außer andere vergleichbare Geschäfte und auf Goldbasis getätigte Geschäfte ähnlicher Art) mit anderen Basiswerten oder Indizes. Dies schließt zumindest alle unter den Nummern 4 bis 7, 9 und 10 in Abschnitt C in Anhang I der MiFID genannten Instrumente ein, die nicht in anderer Weise in Nummer 1 oder 2 enthalten sind.

---

31 Verordnung zur Ergänzung der Großkreditvorschriften nach der Verordnung (EU) Nr. 575/2013 des Europäischen Parlaments und des Rates vom 26. Juni 2013 über Aufsichtsanforderungen an Kreditinstitute und Wertpapierfirmen und zur Änderung der Verordnung (EU) Nr. 646/2012 und zur Ergänzung der Millionenkreditvorschriften nach dem Kreditwesengesetz (Großkredit- und Millionenkreditverordnung – GroMiKV) vom 6. Dezember 2013 (BGBl. I S. 4183), zuletzt geändert durch Artikel 1 und 2 der Verordnung vom 20. Dezember 2017 (BGBl. I S. 4024).

Die Derivatedefinition in § 19 Abs. 1a Satz 1 KWG ist weiter als die Definition in § 1 Abs. 11 Satz 4 **64** KWG, da sie auf eine Aufzählung von Basiswerten verzichtet. Der weite Derivatebegriff in § 19 Abs. 1a Satz 1 KWG dient unter Risikogesichtspunkten dazu, einen Einblick in Umfang, Art und Qualität der Kreditgewährung durch Derivate zu erhalten. Die enge Derivatedefinition in § 1 Abs. 11 Satz 3 KWG ist vor allem für die Erlaubnistatbestände der Institute gemäß § 1 Abs. 1 und 1a KWG von Bedeutung. Die Definition ist enger, da sie nur die aufsichtlich »beobachtungsbedürftigen« Geschäfte erfasst.[32]

4.4 Derivate-Definition der MaRisk

Die Derivate-Definition der MaRisk knüpft weitgehend an den bekannten Wortlaut der MaH an **65** und erweitert diesen.[33] Zu den Geschäften in Derivaten gehören Termingeschäfte, deren Preis sich von einem
– zugrundeliegenden Aktivum,
– Referenzpreis,
– Referenzzins (z. B. der LIBOR[34] bei Forward Rate Agreements),
– Referenzindex oder
– im Voraus definierten Ereignis
ableitet. Die Derivate-Definition der MaRisk ist umfassend. Durch die Bezugnahme auf »im Voraus definierte Ereignisse« werden auch Kreditderivate erfasst.

4.5 Einbeziehung von Kreditderivaten

Unter Kreditderivaten versteht man Kontrakte, die es dem Sicherungsnehmer (»Protection Buyer«) **66** erlauben, Adressenausfallrisiken gegen Zahlung einer Prämie an einen Sicherungsgeber (»Protection Seller«) abzutreten, ohne die abzusichernde Forderung verkaufen zu müssen. Der Sicherungsgeber verpflichtet sich zu einer Ausgleichszahlung, falls ein bestimmtes, im Kontrakt definiertes Ereignis eintritt (»Credit Event«). Diese Struktur liegt grundsätzlich allen Kreditderivaten zugrunde. Allerdings können sich im Hinblick auf die konkrete Ausgestaltung Unterschiede ergeben, sei es in der Form des Derivates (z. B. Credit Default Swap, Credit Spread Option, Total Return Swap), in der Definition des Ereignisses oder in der Art und Zahl der zugrundeliegenden Underlyings. Im weiteren Sinne werden auch Verbriefungstransaktionen zu den Kreditderivaten gerechnet (Credit Linked Notes).[35]

Kreditderivate haben viele Vorteile. Ein Institut kann durch ihren Einsatz seine Abhängigkeit von **67** bestimmten Einzelrisiken, wie z. B. dominanten Kreditnehmern in bestimmten Branchen, reduzieren. Darüber hinaus können Kreditderivate die Transparenz und Qualität der Preisbildung verbessern. So sind die Prämien für Credit Default Swaps (CDS) grundsätzlich ein anerkannter Indikator für die Kreditqualität von Unternehmen, Instituten und Staaten. Die Komplexität der Produkte und

---

32 Vgl. hierzu Bock, Hellmuth, in: Boos, Karl-Heinz/Fischer, Reinfrid/Schulte-Mattler, Hermann (Hrsg.), Kreditwesengesetz und VO (EU) Nr. 575/2013, Band 1, 5. Auflage, München, 2016, § 19 KWG, Tz. 58.

33 Vgl. Bundesaufsichtsamt für das Kreditwesen, Mindestanforderungen an das Betreiben von Handelsgeschäften der Kreditinstitute (MaH), Verlautbarung vom 23. Oktober 1995, Abschnitt 1.

34 Es ist allerdings offen, inwiefern der Londoner Interbanken-Angebotszins (»London Interbank Offered Rate«, LIBOR) für diese Zwecke noch verwendet werden kann. Grundsätzlich ist seine Ablösung für Ende 2021 vorgesehen, da seine Glaubwürdigkeit von einem Manipulationsskandal in Zweifel gezogen wurde. Derzeit ist die »Intercontinental Exchange Benchmark Administration Ltd.« (ICE) als Administrator für den LIBOR tätig.

35 Vgl. Horat, Robert, Kreditderivate, in: Der Schweizer Treuhänder, Heft 11/2003, S. 969 ff.

damit verbundene Spekulationsgeschäfte machen es jedoch schwierig, die Risiken adäquat einzuschätzen. In der Praxis verfügten Anfang des 21. Jahrhunderts nur relativ wenige Institute über das spezifische Know-how und entsprechend ausgefeilte Verfahren, um die Risiken aus Kreditderivaten zu managen.[36] Die Verwendung von Rahmenverträgen[37] hat zwar zu einer Reduzierung von Rechtsrisiken beigetragen und das Prozedere beim Abschluss von Kreditderivaten erheblich beschleunigt. Dennoch ergeben sich im Rahmen der Abwicklung von Kreditderivaten offenbar immer wieder Schwierigkeiten.[38] Eine Reduzierung dieses Problems ist durch die Einschaltung »qualifizierter zentraler Gegenparteien« möglich (→ AT 2.1 Tz. 1).

68   Da Kreditderivate nach den MaRisk als Handelsgeschäfte zu qualifizieren sind, müssen vor allem die aufbau- und ablauforganisatorischen Anforderungen des Moduls BTO 2 grundsätzlich beachtet werden. Im Hinblick auf die Bewertungs- und Berichtsintervalle sind insbesondere die Module BTR 1, BTR 2 und BT 3 zu berücksichtigen. Zur Klarstellung weist die BaFin darauf hin, dass klassische Kreditprodukte trotz ihrer Nähe zu derivativen Produkten nicht als Derivate im Sinne der MaRisk zu qualifizieren sind. Hierzu zählen z. B. Garantien oder Avale (→ AT 2.3 Tz. 4, Erläuterung).

---

36 Vgl. Deutsche Bundesbank, Instrumente zum Kreditrisikotransfer: Einsatz bei deutschen Banken und Aspekte der Finanzstabilität, in: Monatsbericht, April 2004, S. 36 ff.; Deutsche Bank Research, Credit Derivatives: Effects on the Stability of Financial Markets, in: Current Issues, Juni 2004, S. 1 ff.

37 Die International Swaps and Derivatives Association (ISDA) hat hierzu entsprechende Standarddokumente veröffentlicht.

38 Vgl. Beales, Richard, Errors double in Derivatives Trading, in: Financial Times vom 31. Mai 2006, S. 29.

AT 3 Gesamtverantwortung der Geschäftsleitung

1   Einführung und Überblick

Führung bedeutet, bewusst auf das Verhalten anderer Menschen einzuwirken, um ein bestimmtes **1**
Ziel zu erreichen. Nichts anderes gilt für die leitenden Manager von Unternehmen. Sie wirken
zielgerichtet auf ihre Mitarbeiter ein, um z. B. Strategien umzusetzen. Führung geht immer mit der
Übernahme von Verantwortung einher. Solange sich dabei keine Schwierigkeiten ergeben, ist dies
ein Vorgang, der weitgehend geräuschlos abläuft. Und doch sind an die Übernahme von Verantwortung weitreichende Konsequenzen geknüpft. Man kann ebenso wenig ein »bisschen Verantwortung« übernehmen wie ein »klein wenig Führungskraft« sein. Führung und Verantwortung
sind daher zwei Seiten der gleichen Medaille. Wie sehr der Umfang an übernommener Verant-

wortung unterschätzt wird, zeigt sich – nicht nur bei Unternehmen – häufig erst in schwierigen Situationen. Nicht selten wird Führung auch mit reinem Statusdenken verwechselt. Die an die Führung geknüpfte Verantwortung wird hingegen vollständig ausgeblendet. Wer aber verantwortungslos handelt, schadet regelmäßig seinen Mitarbeitern und seinem Unternehmen.

2   Das Aktiengesetz geht in § 76 Abs. 1 AktG vom »Prinzip der Gesamtleitung« aus, d. h. dass die Leitungstätigkeiten sowie die Besetzung der Führungsstellen nicht delegierbare Aufgaben des Vorstandes als Kollegialorgan sind.[1] Nicht delegierbar ist ferner die Pflicht des Gesamtorgans zur Selbstkontrolle.[2] Nach dem »Prinzip der Gesamtleitung« ist jedes Vorstandsmitglied für das ordnungsgemäße Funktionieren des Unternehmens verantwortlich, unabhängig von der intern festgelegten Geschäftsverteilung. Verletzen Vorstandsmitglieder ihre Sorgfaltspflichten, so können sie gemäß § 93 AktG für den entstandenen Schaden haftbar gemacht werden. Das einzelne Vorstandsmitglied haftet unabhängig von der Geschäftsverteilung gesamtschuldnerisch. Insoweit bleibt auch das im Einzelfall nicht zuständige Vorstandsmitglied haftungsrechtlich verantwortlich.[3] Natürlich sind die Grenzen der Verantwortung im Einzelfall schwer zu ziehen. Ein Vorstandsmitglied kann wohl kaum für jeden kleineren Fehler seiner Mitarbeiter verantwortlich gemacht werden. Eine ordnungsgemäße, d. h. im Einklang mit den gesetzlichen Anforderungen stehende Organisation liegt daher nicht nur im Interesse des Unternehmens. Sie leistet auch einen wesentlichen Beitrag zur Vermeidung persönlicher Haftung der einzelnen Vorstandsmitglieder.[4]

3   Dem »Prinzip der Gesamtleitung« des Vorstandes bzw. »Prinzip der Gesamtverantwortung« der Geschäftsleitung wird daher im Gesellschaftsrecht und in verschiedenen Spezialgesetzen[5] ein hoher Stellenwert eingeräumt. Da Banken und Finanzdienstleister einem besonders vertrauensanfälligen Wirtschaftssektor angehören, gelten für die Geschäftsleiter von Instituten besonders strenge Regelungen. Das KWG betont nicht nur die Verantwortung der Geschäftsleiter für die Ordnungsmäßigkeit der Geschäftsorganisation. Es stellt darüber hinaus auch hohe Anforderungen an die Eignung von Geschäftsleitern, die zuverlässig und fachlich geeignet sein müssen.

---

1   Vgl. Hüffer, Uwe, Aktiengesetz, 12. Auflage, München, 2016, § 76, Tz. 1 ff.

2   Vgl. Hüffer, Uwe, Aktiengesetz, 12. Auflage, München, 2016, § 77, Tz. 18.

3   Vgl. Hüffer, Uwe, Aktiengesetz, 12. Auflage, München, 2016, § 77, Tz. 14 f.

4   Vgl. Turiaux, André/Knigge, Dagmar, Vorstandshaftung ohne Grenzen? – Rechtssichere Vorstands- und Unternehmensorganisation als Instrument der Risikominimierung, in: Der Betrieb, Heft 41/2004, S. 2200.

5   Nach § 23 des Sparkassengesetzes für Baden-Württemberg (SpG) in der Fassung vom 19. Juli 2005 leitet der Vorstand die Sparkasse in eigener Verantwortung. Gleiches gilt für den Vorstand einer Genossenschaft nach § 27 Abs. 1 des Gesetzes betreffend die Erwerbs- und Wirtschaftsgenossenschaften (GenG). Diese spezialgesetzlichen Normen decken sich nahezu wortgleich mit § 76 Abs. 1 AktG, der dem Prinzip der Gesamtverantwortung des Vorstandes bei Aktiengesellschaften zugrundeliegt.

2 Gesamtverantwortung der Geschäftsleitung und Risikokultur (Tz. 1)

1 Alle Geschäftsleiter (§ 1 Abs. 2 KWG) sind, unabhängig von der internen Zuständigkeits- **4**
regelung, für die ordnungsgemäße Geschäftsorganisation und deren Weiterentwicklung
verantwortlich. Diese Verantwortung bezieht sich unter Berücksichtigung ausgelagerter
Aktivitäten und Prozesse auf alle wesentlichen Elemente des Risikomanagements. Die Geschäftsleiter werden dieser Verantwortung nur gerecht, wenn sie die Risiken beurteilen
können und die erforderlichen Maßnahmen zu ihrer Begrenzung treffen. Hierzu zählen auch
die Entwicklung, Förderung und Integration einer angemessenen Risikokultur innerhalb des
Institutes und der Gruppe. Die Geschäftsleiter eines übergeordneten Unternehmens einer
Institutsgruppe oder Finanzholding-Gruppe bzw. eines übergeordneten Finanzkonglomeratsunternehmens sind zudem für die ordnungsgemäße Geschäftsorganisation in der Gruppe und
somit auch für ein angemessenes und wirksames Risikomanagement auf Gruppenebene
verantwortlich (§ 25a Abs. 3 KWG).

2.1 Gesamtverantwortung der Geschäftsleitung

Nach der Legaldefinition des § 1 Abs. 2 Satz 1 KWG sind Geschäftsleiter im Sinne des KWG diejenigen **5**
natürlichen Personen, die nach Gesetz, Satzung oder Gesellschaftsvertrag zur Führung der Geschäfte
und zur Vertretung eines Institutes in der Rechtsform einer juristischen Person oder einer Personenhandelsgesellschaft berufen wurden. Durch die Bezugnahme auf § 1 Abs. 2 KWG richten sich die
MaRisk unmittelbar an alle Geschäftsleiter. Sie sind für die ordnungsgemäße Geschäftsorganisation
nach § 25a Abs. 1 Satz 1 KWG und somit – unter Berücksichtigung ausgelagerter Aktivitäten und
Prozesse – auch für die Einrichtung eines angemessenen Risikomanagements verantwortlich.

Angelehnt an die Regelungen im AktG bedeutet Gesamtverantwortung in diesem Zusammenhang, **6**
dass jedes einzelne Mitglied der Geschäftsleitung für die Ordnungsmäßigkeit der Geschäftsorganisation verantwortlich ist. Die institutsindividuelle interne Geschäftsverteilung, die wegen des Grundsatzes der Funktionstrennung bei den Instituten die Regel ist, ändert daran grundsätzlich nichts.
Auch der im Einzelfall nicht zuständige Geschäftsleiter bleibt für die ordnungsgemäße Geschäftsorganisation verantwortlich. Seine Verantwortung wandelt sich in diesem Fall in eine allgemeine
Überwachungsfunktion über die Verantwortungsbereiche der übrigen Geschäftsleiter. Dies führt im
Ergebnis zu der aus dem AktG bekannten Selbstkontrolle der Geschäftsleitung als Kollegialorgan.

Das Postulat der Gesamtverantwortung der Geschäftsleitung, das schon in älteren qualitativen **7**
Regelwerken der Bankenaufsicht enthalten war (z. B. den MaK), ergibt sich seit 2004 unmittelbar aus
§ 25a Abs. 1 Satz 2 KWG. Die Anforderung wurde durch den im Rahmen des CRD IV-Umsetzungsgesetzes eingefügten § 25a Abs. 1 Satz 2 KWG (zweiter Halbsatz) insoweit ergänzt, als die
Geschäftsleiter die erforderlichen Maßnahmen für die Ausarbeitung der entsprechenden institutsinternen Vorgaben zu ergreifen haben, sofern nicht das Verwaltungs- oder Aufsichtsorgan entscheidet.

2.2 Anforderungen an die Geschäftsleiter nach § 25c Abs. 3 KWG

8 Mit dem CRDIV-Umsetzungsgesetz wurden die Anforderungen von Art. 76 Abs. 2 und Art. 88 Abs. 1 CRDIV an die Geschäftsleiter sowie die Vorgaben der EBA Guidelines on Internal Governance hinsichtlich »know your structure« und »non-standard or non-transparant activities«[6] in § 25c Abs. 3 KWG aufgenommen. Danach müssen die Geschäftsleiter im Rahmen ihrer Gesamtverantwortung für die ordnungsgemäße Geschäftsorganisation insbesondere Grundsätze einer ordnungsgemäßen Geschäftsführung beschließen, deren Wirksamkeit überwachen und regelmäßig bewerten, angemessene Schritte zur Behebung von Mängeln einleiten und der Festlegung von Strategien und der Befassung mit den Risiken (insbesondere Adressenausfall- und Marktrisiken sowie operationelle Risiken) ausreichend Zeit widmen. Darüber hinaus müssen die Geschäftsleiter für eine angemessene und transparente Unternehmensstruktur sorgen, die an der Geschäftsstrategie und den weiteren Strategien des Institutes ausgerichtet ist. Die Geschäftsleiter müssen die Unternehmensstrukturen innerhalb der Gruppe und des übergeordneten Unternehmens in ausreichendem Maße kennen, und zwar auch bei komplexen Gruppenstrukturen. Schließlich müssen die Geschäftsleiter die Richtigkeit des Rechnungswesens und der Finanzberichterstattung sicherstellen sowie die Prozesse hinsichtlich Offenlegung und Kommunikation überwachen.

2.3 Sicherstellungspflichten der Geschäftsleiter nach § 25c Abs. 4a KWG

9 Die Finanzmarktkrise im Jahre 2008 hat eindrucksvoll gezeigt, dass Unternehmenskrisen im Banken- und Versicherungssektor zu erheblichen Verwerfungen auf den Finanzmärkten führen können – mit entsprechend negativen Auswirkungen auf die Unternehmen des Finanzsektors sowie die Realwirtschaft. Darüber hinaus haben die notwendig gewordenen staatlichen Stützungsmaßnahmen die öffentlichen Haushalte erheblich belastet. Gleichzeitig bestanden nach Ansicht des Gesetzgebers nur unzureichende Möglichkeiten, Geschäftsleiter von Kreditinstituten oder Versicherungsunternehmen strafrechtlich zur Verantwortung zu ziehen, wenn ein Institut oder ein Versicherungsunternehmen durch Missmanagement in eine Schieflage geraten ist.

10 Der Gesetzgeber hat vor diesem Hintergrund im Rahmen des Trennbankengesetzes Regelungen in das Kreditwesengesetz aufgenommen, die es ermöglichen, zukünftig Pflichtverletzungen von Geschäftsleitern im Risikomanagement strafrechtlich zu sanktionieren. In § 25c Abs. 4a KWG werden wesentliche, bisher nur in den MaRisk geregelte Anforderungen an das Risikomanagement in Gesetzesrang gehoben und die Geschäftsleitung ausdrücklich zur Sicherstellung der genannten bankaufsichtlichen Regelungen verpflichtet. Nach § 54a KWG kann ein Geschäftsleiter einer Bank bei einem Verstoß gegen diese Sicherstellungspflichten mit Freiheitsstrafe bis zu fünf Jahren oder mit Geldstrafe belangt werden, wenn er einer vollziehbaren Anordnung der Aufsicht zuwiderhandelt und hierdurch eine Bestandsgefährdung des Institutes herbeigeführt wird. Die Strafbarkeit verfolgt laut Gesetzesbegründung sowohl präventiv das Ziel, Geschäftsleiter zur Vermeidung zukünftiger Unternehmenskrisen durch Missstände im Risikomanagement anzuhal-

---

6 Vgl. European Banking Authority, EBA Guidelines on Internal Governance (GL 44), 27. September 2011. Die überarbeiteten EBA-Leitlinien zur internen Governance sind deutlich detaillierter ausformuliert und unterscheiden nunmehr zwischen den Prinzipien »Kenntnis der eigenen Struktur (know your structure)« und »Komplexe Strukturen und nicht-standardisierte oder intransparente Tätigkeiten«. Vgl. European Banking Authority, Leitlinien zur internen Governance, EBA/GL/2017/11, 21. März 2018, S. 21 ff. Der deutsche Gesetzgeber hat bisher keine Notwendigkeit zur Anpassung des § 25c Abs. 3 Nr. 4 KWG gesehen.

ten, als auch repressiv den Zweck, im Fall der Gefährdung der Finanzmarktstabilität durch Institutskrisen die individuell verantwortlichen Personen auf Managementebene haftbar zu machen. Pflichtverletzungen der Geschäftsleiter im Risikomanagement werden strafrechtlich geahndet, wenn in der Folge das Institut in seinem Bestand gefährdet ist. Die Straftatbestände greifen auch in Fällen, in denen der Eintritt der Gefährdung des Bestandes des Institutes durch staatliche Stützungsmaßnahmen (»korrigierende Maßnahmen«) abgewendet wird.

Da durch die Strafbewehrung von Risikomanagementpflichten erhöhte Anforderungen an die **11** gesetzlich bestimmte Ausgestaltung der Pflichten der Geschäftsleitung bestehen (»Bestimmtheitsgrundsatz«), werden in § 25c Abs. 4a Nr. 1 bis 5 KWG die wichtigsten – zuvor lediglich in den MaRisk enthaltenen – Pflichten der Geschäftsleiter detailliert aufgeführt. Die Regelung entspricht in ihrer Struktur den Anforderungen an das Risikomanagement der Institute nach § 25a Abs. 1 Satz 3 Nr. 1 bis 5 KWG und konkretisiert die dortigen Vorgaben für eine ordnungsgemäße Geschäftsorganisation und ein angemessenes und wirksames Risikomanagement, indem die entsprechenden Anforderungen der MaRisk jeweils als Mindeststandard hinzugefügt wurden. Zudem werden in § 25c Abs. 4a Nr. 6 KWG auch die Auslagerungen von Aktivitäten und Prozessen erfasst, um Umgehungstatbestände zu vermeiden (siehe Abbildung 10).

§ 25c Abs. 4a KWG-neu (Institut)	§ 25c Abs. 4b KWG-neu (Gruppe)
Die Geschäftsleiter des Institutes bzw. des übergeordneten Unternehmens der Gruppe haben in folgenden Bereichen für angemessene Strategien, Prozesse, Verfahren, Funktionen und Konzepte Sorge zu tragen: 1. Geschäfts- und Risikostrategie, 2. Ermittlung und Sicherstellung der Risikotragfähigkeit, 3. interne Kontrollverfahren (IKS und Interne Revision), 4. personelle und technisch-organisatorische Ausstattung, 5. Notfallkonzepte sowie 6. Risiken aus Auslagerungen.	
Detaillierungen entsprechen i. W. den Vorgaben der MaRisk	Detaillierungen gehen an vielen Stellen über die MaRisk hinaus
Zuwiderhandlungen gegen eine vollziehbare Anordnung der BaFin zur Beseitigung von Verstößen werden mit Geldstrafe oder Freiheitsstrafe – bis zu fünf Jahren bei Vorsatz (§ 54a Abs. 1 KWG-neu) und – bis zu zwei Jahren bei Fahrlässigkeit (§ 54a Abs. 2 KWG-neu) bestraft, sofern hierdurch eine Bestandsgefährdung des Institutes, des übergeordneten Unternehmens oder eines gruppenangehörigen Institutes herbeiführt wird (§ 54a Abs. 3 KWG-neu).	

Abb. 10: Haftung der Geschäftsleiter im Risikomanagement

Im Einzelnen haben die Geschäftsleiter im Rahmen ihrer Gesamtverantwortung für die ordnungs- **12** gemäße Geschäftsorganisation nach § 25c Abs. 4a Nr. 1 bis 6 KWG dafür Sorge zu tragen, dass das Institut über folgende Strategien, Prozesse, Verfahren, Funktionen und Konzepte verfügt:
1. eine auf die nachhaltige Entwicklung des Institutes gerichtete Geschäftsstrategie und eine damit konsistente Risikostrategie sowie Prozesse zur Planung, Umsetzung, Beurteilung und

AT 3 Gesamtverantwortung der Geschäftsleitung

Anpassung der Strategien nach § 25a Abs. 1 Satz 3 Nr. 1 KWG, mindestens haben die Geschäftsleiter dafür Sorge zu tragen, dass

a) jederzeit das Gesamtziel, die Ziele des Instituts für jede wesentliche Geschäftsaktivität sowie die Maßnahmen zur Erreichung dieser Ziele dokumentiert werden;

b) die Risikostrategie jederzeit die Ziele der Risikosteuerung der wesentlichen Geschäftsaktivitäten sowie die Maßnahmen zur Erreichung dieser Ziele umfasst;

2. Verfahren zur Ermittlung und Sicherstellung der Risikotragfähigkeit nach § 25a Abs. 1 Satz 3 Nr. 2 KWG, mindestens haben die Geschäftsleiter dafür Sorge zu tragen, dass

a) die wesentlichen Risiken des Instituts, insbesondere Adressenausfall-, Marktpreis-, Liquiditäts- und operationelle Risiken, regelmäßig und anlassbezogen im Rahmen einer Risikoinventur identifiziert und definiert werden (Gesamtrisikoprofil);

b) im Rahmen der Risikoinventur Risikokonzentrationen berücksichtigt sowie mögliche wesentliche Beeinträchtigungen der Vermögenslage, der Ertragslage oder der Liquiditätslage geprüft werden;

3. interne Kontrollverfahren mit einem internen Kontrollsystem und einer Internen Revision nach § 25a Abs. 1 Satz 3 Nr. 3 lit. a bis c KWG, mindestens haben die Geschäftsleiter dafür Sorge zu tragen, dass

a) im Rahmen der Aufbau- und Ablauforganisation Verantwortungsbereiche klar abgegrenzt werden, wobei wesentliche Prozesse und damit verbundene Aufgaben, Kompetenzen, Verantwortlichkeiten, Kontrollen sowie Kommunikationswege klar zu definieren sind und sicherzustellen ist, dass Mitarbeiter keine miteinander unvereinbaren Tätigkeiten ausüben;

b) eine grundsätzliche Trennung zwischen dem Bereich, der Kreditgeschäfte initiiert und bei den Kreditentscheidungen über ein Votum verfügt (Markt), sowie dem Bereich Handel einerseits und dem Bereich, der bei den Kreditentscheidungen über ein weiteres Votum verfügt (Marktfolge), und den Funktionen, die dem Risikocontrolling und die der Abwicklung und Kontrolle der Handelsgeschäfte dienen, andererseits besteht;

c) das interne Kontrollsystem Risikosteuerungs- und -controllingprozesse zur Identifizierung, Beurteilung, Steuerung, Überwachung und Kommunikation der wesentlichen Risiken und damit verbundener Risikokonzentrationen sowie eine Risikocontrolling-Funktion und eine Compliance-Funktion umfasst;

d) in angemessenen Abständen, mindestens aber vierteljährlich, gegenüber der Geschäftsleitung über die Risikosituation einschließlich einer Beurteilung der Risiken berichtet wird;

e) in angemessenen Abständen, mindestens aber vierteljährlich, seitens der Geschäftsleitung gegenüber dem Verwaltungs- oder Aufsichtsorgan über die Risikosituation einschließlich einer Beurteilung der Risiken berichtet wird;

f) regelmäßig angemessene Stresstests für die wesentlichen Risiken sowie das Gesamtrisikoprofil des Institutes durchgeführt werden und auf Grundlage der Ergebnisse möglicher Handlungsbedarf geprüft wird;

g) die Interne Revision in angemessenen Abständen, mindestens aber vierteljährlich, an die Geschäftsleitung und an das Aufsichtsorgan berichtet;

4. eine angemessene personelle und technisch-organisatorische Ausstattung des Instituts nach § 25a Abs. 1 Satz 3 Nr. 4 KWG, mindestens haben die Geschäftsleiter dafür Sorge zu tragen, dass die quantitative und qualitative Personalausstattung und der Umfang und die Qualität der technisch-organisatorischen Ausstattung die betriebsinternen Erfordernisse, die Geschäftsaktivitäten und die Risikosituation berücksichtigen;

5. für Notfälle in zeitkritischen Aktivitäten und Prozessen angemessene Notfallkonzepte nach § 25a Abs. 1 Satz 3 Nr. 5 KWG, mindestens haben die Geschäftsleiter dafür Sorge zu tragen, dass regelmäßig Notfalltests zur Überprüfung der Angemessenheit und Wirksamkeit des

Notfallkonzeptes durchgeführt werden und über die Ergebnisse den jeweils Verantwortlichen berichtet wird;

6. im Fall einer Auslagerung von Aktivitäten und Prozessen auf ein anderes Unternehmen nach § 25b Abs. 1 Satz 1 KWG mindestens angemessene Verfahren und Konzepte, um übermäßige zusätzliche Risiken sowie eine Beeinträchtigung der Ordnungsmäßigkeit der Geschäfte, Dienstleistungen und der Geschäftsorganisation im Sinne des § 25a Abs. 1 KWG zu vermeiden.

Die Geschäftsleiter haften für die Einhaltung der aufgeführten Sicherstellungspflichten im Rahmen ihrer Gesamtverantwortung, d. h. die Pflichten können nicht delegiert werden. Die Ausgestaltung der Geschäftsleiterpflichten trägt gemäß der Gesetzesbegründung der Prinzipienorientierung der MaRisk dadurch Rechnung, dass die Sicherstellungspflichten der Geschäftsleiter institutsbezogen auszulegen sind.[7] Die Deutsche Kreditwirtschaft hat in diesem Zusammenhang kritisiert, dass der Katalog der Sicherstellungspflichten eine Vielzahl unbestimmter, wertungsoffener Rechtsbegriffe enthält (z. B. »angemessen«, »nachhaltig«, »wesentlich«), die mit dem verfassungsrechtlichen Bestimmtheitsgrundsatz nach Art. 103 Abs. 2 GG kaum vereinbar sein dürften.[8]   **13**

Die genannten Sicherstellungspflichten der Geschäftsleiter gingen bei Einfügung des § 25c Abs. 4a KWG durch das Trennbankengesetz in einzelnen Punkten über die zu dem damaligen Zeitpunkt bestehenden Anforderungen der MaRisk hinaus. So haben die Geschäftsleiter im Rahmen der Ermittlung und Sicherstellung der Risikotragfähigkeit zu gewährleisten, dass regelmäßig Stresstests durchgeführt werden, die sich auf das Gesamtrisikoprofil der Bank erstrecken. Darüber hinaus soll die Interne Revision zukünftig mindestens vierteljährlich an die Geschäftsleitung und das Aufsichtsorgan berichten. Die gesetzlich geforderten Stresstests für das Gesamtrisikoprofil des Institutes (→ AT 4.3.3 Tz. 2) und die gemeinsame und einheitliche Berichterstattung der Internen Revision an Geschäftsleitung und Aufsichtsorgan wurden erst mit der fünften MaRisk-Novelle im Jahre 2017 zeitlich verzögert in den MaRisk verankert (→ BT 9 Tz. 4).   **14**

2.4   Einbeziehung der Geschäftsleitung in das Risikomanagement

Die Einbeziehung der Geschäftsleiter in das Risikomanagement kann in Abhängigkeit von der Größe des Institutes sowie von der Art und dem Umfang der betriebenen Geschäfte unterschiedlich ausgeprägt sein. So ist es bei kleinen Instituten mit überschaubaren Geschäftsaktivitäten möglich, dass sich die einzelnen Geschäftsleiter einen vertieften Einblick in alle übrigen Ressortbereiche verschaffen. Vor allem bei größeren Instituten sind diesem Bestreben jedoch praktische Grenzen gesetzt. Bei solchen Instituten haben sich in den letzten Jahrzehnten eine deutliche Tendenz zur Spezialisierung und eine damit verbundene ausgeprägte Arbeitsteilung in der Geschäftsleitung herausgebildet. Gleichzeitig rückt insbesondere auf der Ebene der Geschäftsleitung größerer Institute immer mehr die strategische Komponente in den Vordergrund, während die zweite Managementebene häufig für wichtige Entscheidungen auf operativer Ebene zuständig ist.   **15**

---

7   Vgl. Bundesministerium der Finanzen, Arbeitsentwurf eines Gesetzes zur Abschirmung von Risiken und zur Planung der Sanierung und Abwicklung von Kreditinstituten, 30. Januar 2013, S. 63.
8   Vgl. Deutsche Kreditwirtschaft, Stellungnahme zum Entwurf eines Gesetzes zur Abschirmung von Risiken und zur Planung der Sanierung und Abwicklung von Kreditinstituten, 17. April 2013, S. 23.

16   Solche internen Zuständigkeitsregelungen spielen jedoch im Kontext des Gesetzes keine entscheidende Rolle, da der einzelne Geschäftsleiter aufgrund des im Gesetz verankerten Postulats für die Ordnungsmäßigkeit der Geschäftsorganisation verantwortlich bleibt. Schon aus haftungsrechtlicher Sicht ist es daher wichtig, dass sich die Geschäftsleiter in angemessener Weise mit den wesentlichen Elementen des Risikomanagements (Strategien, Risikotragfähigkeit, internes Kontrollsystem und Interne Revision) auseinandersetzen. Das gilt auch im Hinblick auf ausgelagerte Aktivitäten und Prozesse. Wird die Ordnungsmäßigkeit der Geschäftsorganisation durch Auslagerungen beeinträchtigt, kann dies der Geschäftsleitung des auslagernden Institutes zur Last gelegt werden. Es spielt dabei grundsätzlich keine Rolle, ob es sich um eine wesentliche Auslagerung handelt oder nicht (→ AT 9 Tz. 3).

2.5   Unmittelbare Pflichten der Geschäftsleitung in den MaRisk

17   In den MaRisk werden verschiedene Aspekte besonders betont, die den einzelnen Geschäftsleitern bzw. der Geschäftsleitung insgesamt im Zusammenhang mit ihrer Verantwortung für das Risikomanagement als unmittelbare Pflichten auferlegt werden. Dazu gehören insbesondere folgende Anforderungen:
- Die Geschäftsleitung hat sich zur Beurteilung der Wesentlichkeit regelmäßig und anlassbezogen einen Überblick über die Risiken des Institutes (Gesamtrisikoprofil) zu verschaffen (→ AT 2.2 Tz. 1).
- Die Festlegung wesentlicher Elemente der Risikotragfähigkeitssteuerung sowie wesentlicher zugrundeliegender Annahmen ist von der Geschäftsleitung zu genehmigen (→ AT 4.1 Tz. 8).
- Die Geschäftsleitung hat unter Berücksichtigung von externen und internen Einflussfaktoren sowie deren zukünftiger Entwicklung eine nachhaltige Geschäftsstrategie festzulegen, in der die Ziele des Institutes für jede wesentliche Geschäftsaktivität sowie die Maßnahmen zur Erreichung dieser Ziele dargestellt werden (→ AT 4.2 Tz. 1). Der Inhalt der Geschäftsstrategie liegt allein in der Verantwortung der Geschäftsleitung (→ AT 4.2 Tz. 1, Erläuterung).
- Die Geschäftsleitung hat eine mit der Geschäftsstrategie und den daraus resultierenden Risiken konsistente Risikostrategie festzulegen, die sich auf die Ziele der Risikosteuerung der wesentlichen Geschäftsaktivitäten sowie die Maßnahmen zu deren Erreichung bezieht. Dabei ist unter Berücksichtigung von Risiko- und Ertragskonzentrationen für alle wesentlichen Risiken der Risikoappetit des Institutes festzulegen (→ AT 4.2 Tz. 2).
- Die Geschäftsleitung muss für die Umsetzung der Strategien Sorge tragen. Außerdem ist sie für die Festlegung und Anpassung der Strategien verantwortlich, wobei diese Verantwortung ausdrücklich nicht delegierbar ist (→ AT 4.2 Tz. 3). Für diese Zwecke hat sie einen Strategieprozess einzurichten, der sich insbesondere auf die Prozessschritte Planung, Umsetzung, Beurteilung (inkl. Zielabweichungsanalyse) und Anpassung der Strategien erstreckt (→ AT 4.2 Tz. 4).
- Auch wenn dies nicht explizit erwähnt wird, kann davon ausgegangen werden, dass die Erörterung der Strategien inkl. der ggf. erforderlichen Anpassungen sowie der Ursachenanalyse im Falle von Zielabweichungen mit dem Aufsichtsorgan durch die Geschäftsleitung zu erfolgen hat (→ AT 4.2 Tz. 5).
- Die Geschäftsleitung hat sich in angemessenen Abständen über die Risikosituation berichten zu lassen (→ AT 4.3.2 Tz. 3 und BT 3.1 Tz. 1).
- Das Aufsichtsorgan ist von der Geschäftsleitung vierteljährlich in angemessener Weise schriftlich über die Risikosituation zu informieren, wobei neben der Darstellung auch eine Beurteilung der Risikosituation erforderlich ist. Auf besondere Risiken für die Geschäftsentwick-

lung und dafür geplante Maßnahmen der Geschäftsleitung ist gesondert einzugehen. Für das Aufsichtsorgan unter Risikogesichtspunkten wesentliche Informationen sind von der Geschäftsleitung unverzüglich weiterzuleiten. Hierfür hat die Geschäftsleitung gemeinsam mit dem Aufsichtsorgan ein geeignetes Verfahren festzulegen ($\rightarrow$ BT 3.1 Tz. 5).

- Die Geschäftsleitung hat die instituts- und gruppenweit geltenden Grundsätze für das Datenmanagement, die Datenqualität und die Aggregation von Risikodaten zu genehmigen und in Kraft zu setzen ($\rightarrow$ AT 4.3.4 Tz. 1).
- Die Leitung der Risikocontrolling-Funktion ist bei wichtigen risikopolitischen Entscheidungen der Geschäftsleitung zu beteiligen. Bei systemrelevanten Instituten hat die Wahrnehmung der Leitung der Risikocontrolling-Funktion durch einen Geschäftsleiter zu erfolgen ($\rightarrow$ AT 4.4.1 Tz. 5).
- Unbeschadet der Aufgaben der Compliance-Funktion bleiben die Geschäftsleiter und die Geschäftsbereiche für die Einhaltung rechtlicher Regelungen und Vorgaben uneingeschränkt verantwortlich ($\rightarrow$ AT 4.4.2 Tz. 1, Erläuterung).
- Weisungen und Beschlüsse der Geschäftsleitung, die für die Compliance-Funktion wesentlich sind, sind ihr bekanntzugeben ($\rightarrow$ AT 4.4.2 Tz. 6).
- Weisungen und Beschlüsse der Geschäftsleitung, die für die Interne Revision von Bedeutung sein können, sind ihr bekanntzugeben ($\rightarrow$ AT 4.4.3 Tz. 5).
- Das Konzept für den Neu-Produkt-Prozess und die Aufnahme der laufenden Geschäftstätigkeit sind von den zuständigen Geschäftsleitern unter Einbeziehung der für die Überwachung der Geschäfte verantwortlichen Geschäftsleiter zu genehmigen, wobei dafür Delegationsmöglichkeiten bestehen ($\rightarrow$ AT 8.1 Tz. 6).
- Die Geschäftsleitung hat im Fall der vollständigen Auslagerung der besonderen Funktionen jeweils einen Beauftragten zu benennen, der eine ordnungsgemäße Durchführung der jeweiligen Aufgaben gewährleisten muss ($\rightarrow$ AT 9 Tz. 10).
- In kleinen Instituten müssen die Bearbeitung und die Beschlussfassung von risikorelevanten Krediten von der Geschäftsleitung selbst durchgeführt werden, wenn auf eine Funktionstrennung verzichtet wird ($\rightarrow$ BTO 1.1 Tz. 1, Erläuterung). Ähnliches gilt für den Verzicht auf die Funktionstrennung im Handel ($\rightarrow$ BTO 2.1 Tz. 2, Erläuterung) und den Verzicht auf die Einrichtung einer Revisionseinheit ($\rightarrow$ AT 4.4.3 Tz. 1), sofern dieser jeweils aus Gründen der Betriebsgröße erfolgt.
- Das System zur verursachungsgerechten internen Verrechnung der jeweiligen Liquiditätskosten, -nutzen und -risiken ist von der Geschäftsleitung zu genehmigen ($\rightarrow$ BTR 3.1 Tz. 5).
- Die Prüfungsplanung der Internen Revision sowie wesentliche Anpassungen dieser Planung sind von der Geschäftsleitung zu genehmigen ($\rightarrow$ BT 2.3 Tz. 5).
- Bei schwerwiegenden Feststellungen der Internen Revision gegen einzelne Geschäftsleiter hat die Geschäftsleitung unverzüglich den Vorsitzenden des Aufsichtsorgans sowie die BaFin und die Deutsche Bundesbank zu informieren ($\rightarrow$ BT 2.4 Tz. 5).
- Die Berichterstattung der Internen Revision an das Aufsichtsorgan kann auch über die Geschäftsleitung erfolgen, sofern dadurch keine nennenswerte Verzögerung der Information des Aufsichtsorgans verbunden und der Inhalt der Berichterstattung an Geschäftsleitung und Aufsichtsorgan deckungsgleich ist ($\rightarrow$ BT 2.4 Tz. 4, Erläuterung).

Durch diese Anforderungen, die explizit an die Geschäftsleitung gerichtet sind, wird die Bedeutung ihrer Einbeziehung in das Risikomanagement betont. Allerdings kann der Grad der Einbindung variieren. So ist zwar die Festlegung der Strategien originäre Aufgabe der Geschäftsleitung und nicht delegierbar. Allerdings ist es durchaus möglich, wenn nicht sogar erforderlich, dass damit im Zusammenhang stehende unterstützende Tätigkeiten von den Ebenen unterhalb der Geschäftsleitung durchgeführt werden. Gleiches gilt z.B. für das Gesamtrisikoprofil, das vor

18

allem bei größeren Instituten ohne die Mitwirkung der nachgelagerten Leitungsebenen kaum erstellt werden kann.

19   Die Pflichten der Geschäftsleiter des übergeordneten Unternehmens einer Gruppe sind vergleichsweise überschaubar, wenn man nur den Regelungstext zugrunde legt. Allerdings sind sie für die Einrichtung eines angemessenen und wirksamen Risikomanagements auf Gruppenebene verantwortlich (→ AT 4.5 Tz. 1). Insofern sind einige Anforderungen, wie z. B. hinsichtlich der Sicherstellung der Risikotragfähigkeit oder des Strategieprozesses, prinzipiell auf die Gruppenebene übertragbar.

2.6   Risikobeurteilung durch die Geschäftsleitung

20   Die Geschäftsleiter werden ihrer Verantwortung für alle wesentlichen Elemente des Risikomanagements nur gerecht, wenn sie die Risiken beurteilen können und die erforderlichen Maßnahmen zu ihrer Begrenzung treffen. Die Beurteilung der Risiken setzt nicht notwendigerweise umfassende methodische Kenntnisse im Bereich einzelner Risikomanagementinstrumente voraus. Das wäre allein aus Gründen der üblichen Spezialisierung auf der Geschäftsleitungsebene in größeren Instituten kaum umsetzbar. Von größerer Bedeutung ist es, dass die Geschäftsleitung organisatorische Voraussetzungen für eine entsprechende Informationsgrundlage schafft. Selbstverständlich müssen die Geschäftsleiter diese Informationen nachvollziehen und interpretieren können. Hinweise darauf, in welcher Weise die Geschäftsleitung in die Lage versetzt werden soll, die Risikosituation des Institutes einschätzen zu können, finden sich an verschiedenen Stellen der MaRisk. Neben dem erforderlichen Überblick über das Gesamtrisikoprofil des Institutes (→ AT 2.2 Tz. 1) trägt dazu insbesondere die »Top-down-Berichtsanforderung« durch die Geschäftsleitung bei (→ AT 4.3.2 Tz. 3 und BT 3.1 Tz. 1), die mit bestimmten »Bottom-up-Berichtspflichten« verbunden ist:

–   Im Rahmen der Risikoberichterstattung an die Geschäftsleitung hat eine Beurteilung der Risikosituation zu erfolgen (→ BT 3.1 Tz. 1). Außerdem sind die Ergebnisse der Stresstests und deren potenzielle Auswirkungen auf die Risikosituation und das Risikodeckungspotenzial darzustellen. Ebenfalls darzustellen sind die den Stresstests zugrundeliegenden wesentlichen Annahmen. Darüber hinaus ist gesondert auf Risikokonzentrationen und deren potenzielle Auswirkungen einzugehen (→ BT 3.1 Tz. 2).

–   Der Geschäftsleitung sind zumindest vierteljährlich Berichte über die eingegangenen Adressenausfallrisiken mit den wesentlichen strukturellen Merkmalen des Kreditgeschäftes (unter Berücksichtigung von Risikokonzentrationen) und Marktpreisrisiken (unter Einbeziehung von internen Handelsgeschäften) vorzulegen (→ BT 3.2 Tz. 3 und BT 3.2 Tz. 4). Ab einer unter Risikogesichtspunkten festgelegten Höhe sind Überschreitungen von Kontrahenten- und Emittentenlimiten den zuständigen Geschäftsleitern täglich anzuzeigen (→ BTR 1 Tz. 5). Die Gesamtrisikopositionen, Ergebnisse und Limitauslastungen sind grundsätzlich zeitnah am nächsten Geschäftstag dem für das Risikocontrolling zuständigen Geschäftsleiter zu berichten (→ BT 3.2 Tz. 4).

–   Der Geschäftsleitung ist regelmäßig über die Liquiditätssituation des Institutes, die Ergebnisse der Stresstests sowie über wesentliche Änderungen des Notfallplanes für Liquiditätsengpässe Bericht zu erstatten, wobei auf besondere Liquiditätsrisiken aus außerbilanziellen Gesellschaftskonstruktionen gesondert einzugehen ist (→ BT 3.2 Tz. 5). Sie ist zumindest jährlich über bedeutende Schadensfälle und wesentliche operationelle Risiken zu unterrichten (→ BT 3.2 Tz. 6).

- Unter Risikogesichtspunkten wesentliche Informationen sind unverzüglich an die Geschäftsleitung weiterzuleiten (→ AT 4.3.2 Tz. 4).
- Die Festlegung wesentlicher Elemente der Risikotragfähigkeitssteuerung sowie wesentlicher zugrundeliegender Annahmen ist von der Geschäftsleitung zu genehmigen, was eine entsprechende vorherige Information voraussetzt (→ AT 4.1 Tz. 8).
- Grundsätzlich ist die Compliance-Funktion unmittelbar der Geschäftsleitung berichtspflichtig (→ AT 4.4.2 Tz. 3). Die Compliance-Funktion hat mindestens jährlich sowie anlassbezogen der Geschäftsleitung über ihre Tätigkeit Bericht zu erstatten. Darin ist auf die Angemessenheit und Wirksamkeit der Regelungen zur Einhaltung der wesentlichen rechtlichen Regelungen und Vorgaben einzugehen. Ferner hat der Bericht auch Angaben zu möglichen Defiziten sowie zu Maßnahmen zu deren Behebung zu enthalten.
- Die Geschäftsleitung ist zu informieren oder anderweitig einzubeziehen, sofern der Vorsitzende des Aufsichtsorgans bzw. der Vorsitzende des Prüfungsausschusses direkt beim Leiter der Internen Revision Auskünfte einholen möchte (→ AT 4.4.3 Tz. 2 inkl. Erläuterung).
- Die zuständigen Geschäftsleiter sind bei bedeutenden Engagements regelmäßig über den Stand der Sanierung zu unterrichten (→ BTO 1.2.5 Tz. 5). Die Geschäftsleitung ist unverzüglich über einen erheblichen Risikovorsorgebedarf zu informieren (→ BTO 1.2.6 Tz. 2).
- Abschlüsse von Handelsgeschäften zu nicht marktgerechten Bedingungen sind der Geschäftsleitung bei entsprechender Bedeutung bekanntzugeben (→ BTO 2.2.1 Tz. 2 lit. d). Geschäftsabschlüsse außerhalb der Geschäftsräume sind vom Händler unverzüglich dem zuständigen Geschäftsleiter bzw. einer von ihm autorisierten Organisationseinheit zur Kenntnis zu bringen (→ BTO 2.2.1 Tz. 3). Der für die Marktgerechtigkeitskontrolle zuständige Geschäftsleiter ist unverzüglich zu unterrichten, wenn Handelsgeschäfte in unzulässiger Weise zu nicht marktgerechten Bedingungen abgeschlossen werden (→ BTO 2.2.2 Tz. 5).
- Die Interne Revision ist unmittelbar der Geschäftsleitung berichtspflichtig (→ AT 4.4.3 Tz. 2). Über jede Prüfung muss von der Internen Revision zeitnah ein schriftlicher Bericht mit einer Darstellung des Prüfungsgegenstandes und der Prüfungsfeststellungen, ggf. einschließlich der vorgesehenen Maßnahmen, angefertigt und grundsätzlich den fachlich zuständigen Mitgliedern der Geschäftsleitung vorgelegt werden. Bei schwerwiegenden Mängeln muss der Bericht unverzüglich der Geschäftsleitung vorgelegt werden (→ BT 2.4 Tz. 1). Die von der Internen Revision zu erstellenden Quartalsberichte und der Jahresbericht sind der Geschäftsleitung zeitnah vorzulegen (→ BT 2.4 Tz. 4). Werden die wesentlichen Mängel nicht in einer angemessenen Zeit beseitigt, so hat der Leiter der Internen Revision darüber zunächst den fachlich zuständigen Geschäftsleiter schriftlich zu informieren. Soweit wesentliche Mängel nicht beseitigt wurden, ist die Geschäftsleitung hierüber spätestens im Rahmen des nächsten Gesamtberichtes zu informieren (→ BT 2.5 Tz. 2). Bei schwerwiegenden Feststellungen gegen Geschäftsleiter im Rahmen von Prüfungen durch die Interne Revision ist die Geschäftsleitung unverzüglich zu informieren (→ BT 2.4 Tz. 5).

Die Geschäftsleitung wird insbesondere durch diese Informationen befähigt, sich ein Bild über die Risikosituation des Institutes zu verschaffen. Sie sind die Grundlage für alle wichtigen Entscheidungen der Geschäftsleitung, die letztlich auch zur Stärkung der Wettbewerbsposition des Institutes beitragen sollen. **21**

2.7 Förderung und Integration einer angemessenen Risikokultur

22 Defizite in der Unternehmensführung, mangelhafte kulturelle Grundlagen und ein bedeutendes kulturelles Versagen werden als Hauptgründe für die Finanzmarktkrise im Jahre 2008 sowie die Skandale der letzten Jahre genannt.[9] Diese Gründe haben dazu beigetragen, dass eine Reihe von Instituten übermäßig hohe Risiken eingegangen ist, was zum Ausfall einzelner Institute und zu Systemproblemen in der ganzen Welt geführt hat.[10] Reputationsschäden und der Verlust des Vertrauens der Öffentlichkeit in die Banken werden als weitere Folgen genannt, ebenso wie hohe finanzielle Schäden sowohl für Unternehmen in Bezug auf Geldbußen, Rechtsstreitigkeiten und regulatorische Maßnahmen als auch für die Gesellschaft insgesamt.[11] Auch die Diskussionen um das Betreiben von Briefkastenfirmen (»Panama Papers«) und »Dividendenstripping« bzw. »Cum-ex-Geschäfte« machen eines deutlich: Moralisch zumindest fragwürdiges Verhalten hat, unabhängig von der Frage der Rechtmäßigkeit, nicht nur unmittelbare Auswirkungen auf ein einzelnes Institut, sondern schwächt auch das Vertrauen in den gesamten Bankensektor.[12] Nicht zuletzt vor diesem Hintergrund ist das Vertrauen der Kunden in die Banken weltweit gesunken, obwohl der Ausbruch der Finanzmarktkrise schon viele Jahre zurückliegt. Einer entsprechenden Umfrage aus dem Jahre 2016 zufolge haben in Deutschland zwei von fünf Bankkunden angegeben, dass ihr Vertrauen in die Branche gesunken sei. Von einem Vertrauensgewinn haben hingegen nur elf Prozent der Befragten berichtet.[13]

23 Die Aufsicht hat insbesondere für ein sicheres und effektives Finanzsystem zu sorgen. Hierfür ist die Wiederherstellung des Vertrauens in die Banken von fundamentaler Bedeutung.[14] Einer der möglichen Wege, dieses Vertrauen wiederherzustellen, ist die Einführung von Grundsätzen und Standards, die eine wirksame Kontrolle von Risiken durch die Geschäftsleitung gewährleisten, und die Förderung einer soliden Risikokultur in den Instituten. In der CRD IV ist deshalb die Erwartungshaltung an die EU-Mitgliedstaaten formuliert, eine solide Risikokultur auf allen Unternehmensebenen als Teil eines wirksamen Risikomanagements zu fördern und die zuständigen Behörden in die Lage zu versetzen, sich der Angemessenheit der internen Unternehmensführungsregelungen zu versichern.[15]

24 Mit der fünften MaRisk-Novelle im Jahre 2017 hat die BaFin die Entwicklung, Förderung und Integration einer angemessenen Risikokultur als Aufgabe der Geschäftsleitung im Rahmen ihrer Gesamtverantwortung für eine ordnungsgemäße Geschäftsorganisation besonders hervorgehoben und damit diese Erwartungshaltung aufgegriffen. Gleichzeitig setzt die BaFin damit die Empfehlungen des Baseler Ausschusses für Bankenaufsicht aus seinen überarbeiteten Prinzipien zur Corporate Governance vom Juli 2015 um, nach denen die Institute für eine angemessene Risikokul-

---

9 Vgl. The Group of Thirty, Banking Conduct and Culture – A Call for Sustained and Comprehensive Reform (G 30-Report), 1. Juli 2015, Seite 11.

10 Vgl. Richtlinie 2013/36/EU (Bankenrichtlinie – CRD IV) des Europäischen Parlaments und des Rates vom 26. Juni 2013 über den Zugang zur Tätigkeit von Kreditinstituten und die Beaufsichtigung von Kreditinstituten und Wertpapierfirmen, zur Änderung der Richtlinie 2002/87/EG und zur Aufhebung der Richtlinien 2006/48/EG und 2006/49/EG, Amtsblatt der Europäischen Union vom 27. Juni 2013, L 176/343 (Erwägungsgrund 53).

11 Vgl. The Group of Thirty, Banking Conduct and Culture – A Call for Sustained and Comprehensive Reform (G 30-Report), 1. Juli 2015, Seite 11.

12 Vgl. Steinbrecher, Ira, MaRisk – Neue Mindestanforderungen an das Risikomanagement der Banken, in: BaFinJournal, Ausgabe November 2017, S. 21.

13 Vgl. Ernst & Young GmbH, EY Global Consumer Banking Survey 2016 – Welche Bedeutung und Relevanz haben Banken für ihre Kunden noch?, Pressegespräch, 17. Oktober 2016, Seite 5.

14 Vgl. The Group of Thirty, Banking Conduct and Culture – A Call for Sustained and Comprehensive Reform (G 30-Report), 1. Juli 2015, Seite 11.

15 Vgl. Richtlinie 2013/36/EU (Bankenrichtlinie – CRD IV) des Europäischen Parlaments und des Rates vom 26. Juni 2013 über den Zugang zur Tätigkeit von Kreditinstituten und die Beaufsichtigung von Kreditinstituten und Wertpapierfirmen, zur Änderung der Richtlinie 2002/87/EG und zur Aufhebung der Richtlinien 2006/48/EG und 2006/49/EG, Amtsblatt der Europäischen Union vom 27. Juni 2013, L 176/343 (Erwägungsgrund 54).

tur zu sorgen haben.[16] Der Baseler Ausschuss definiert in seinen Prinzipien die »Risikokultur« als die Normen, Einstellungen und Verhaltensweisen eines Institutes im Hinblick auf das Risikobewusstsein, die Risikobereitschaft und das Risikomanagement sowie die Kontrollen, die für Entscheidungen über Risiken maßgeblich sind. Die Risikokultur beeinflusst die Entscheidungen der Geschäftsleitung und der Mitarbeiter im Tagesgeschäft und hat Auswirkungen auf die Risiken, die sie eingehen.[17] Diese Definition baut auf einem Vorschlag des Financial Stability Board (FSB) vom April 2014 auf[18] und wird auch von der EBA in ihren überarbeiteten Leitlinien zur internen Governance verwendet, die im Jahre 2018 veröffentlicht wurden.[19] Zudem erwartet die EBA von den zuständigen Behörden, sich im Rahmen des aufsichtlichen Überprüfungs- und Bewertungsprozesses (SREP) davon zu überzeugen, dass die Institute über eine solide Risikokultur verfügen, die auf fundierten, klar zum Ausdruck gebrachten Werten beruht, welche dem Risikoappetit des Institutes Rechnung tragen.[20]

25 Die Geschäftsleitung sollte nach den Vorstellungen der EBA unter Berücksichtigung der individuellen Situation des Institutes hohe ethische und berufliche Standards entwickeln und fördern und für deren Umsetzung Sorge tragen. Diese Standards sollten auf eine Reduzierung jener Risiken abzielen, denen das Institut ausgesetzt ist, insbesondere operationelle Risiken und Reputationsrisiken, die erhebliche nachteilige Auswirkungen auf die Rentabilität und den Fortbestand des Institutes zur Folge haben können. Die Geschäftsleitung sollte klar darlegen, wie diese Standards zu erfüllen sind, und dabei u. a. darauf hinweisen, dass alle Tätigkeiten unter Einhaltung des anwendbaren Rechts und im Einklang mit den Unternehmenswerten durchgeführt werden sollten, die in erster Linie in einer strengen Risikokultur zum Ausdruck kommen und bei Fehlverhalten entsprechende Konsequenzen nach sich ziehen. Eine solide und konsistente Risikokultur sollte ein Schlüsselelement eines wirksamen Risikomanagements sein und dazu beitragen, fundierte Entscheidungen treffen zu können.[21]

2.8 Elemente einer angemessenen Risikokultur

26 Die Risikokultur beschreibt allgemein die Art und Weise, wie Mitarbeiter des Institutes im Rahmen ihrer Tätigkeit mit Risiken umgehen (sollen). Sie soll die Identifizierung und den bewussten Umgang mit Risiken fördern und sicherstellen, dass Entscheidungsprozesse zu Ergebnissen führen, die auch unter Risikogesichtspunkten ausgewogen sind. Kennzeichnend für eine angemessene Risikokultur ist vor allem das klare Bekenntnis der Geschäftsleitung zu risikoangemessenem Verhalten, die strikte Beachtung des durch die Geschäftsleitung kommunizierten Risikoappetits durch alle Mitarbeiter und die Ermöglichung und Förderung eines transparenten und offenen Dialoges innerhalb des Institutes zu risikorelevanten Fragen (→ AT 3 Tz. 2, Erläuterung).

27 Die Risikokultur zielt insofern auf die bewusste Auseinandersetzung mit Risiken im täglichen Geschäft ab, die fest in der Unternehmenskultur der Institute verankert werden sollte. Auf diese Weise soll sowohl bei der Geschäftsleitung als auch bei den Mitarbeitern auf den verschiedenen Ebenen des Institutes ein Risikobewusstsein geschaffen werden, das das tägliche Denken und

---

16 Vgl. Basel Committee on Banking Supervision, Guidelines – Corporate governance principles for banks, BCBS d328, 8. Juli 2015, S. 10.

17 Vgl. Basel Committee on Banking Supervision, Guidelines – Corporate governance principles for banks, BCBS d328, 8. Juli 2015, S. 2.

18 Vgl. Financial Stability Board, Guidance on Supervisory Interaction with financial institutions on Risk Culture – A Framework for Assessing Risk Culture, 7. April 2014, S. 1.

19 Vgl. European Banking Authority, Leitlinien zur internen Governance, EBA/GL/2017/11, 21. März 2018, S. 4 f.

20 Vgl. European Banking Authority, Guidelines on common procedures and methodologies for the supervisory review and evaluation process (SREP) and supervisory stress testing, EBA/GL/2014/13, Consolidated version, 19. Juli 2018, S. 54 f.

21 Vgl. European Banking Authority, Leitlinien zur internen Governance, EBA/GL/2017/11, 21. März 2018, S. 23 ff.

Handeln prägt.[22] Dafür müssen die Institute individuell festlegen, welche Geschäfte, Verhaltensweisen und Praktiken als wünschenswert angesehen werden und welche nicht. Zudem wird vor allem von den Führungskräften durch das »Vorleben« einer angemessenen Risikokultur erwartet, die Mitarbeiter auf gemeinsame Werte und Praktiken einzuschwören und den kritischen Dialog über die mit den Geschäften verbundenen Risiken im Institut zu fördern.[23] Für die Führungskräfte kommt es im Wesentlichen darauf an, die Mitarbeiter durch materielle und immaterielle Anreize zu motivieren, sich entsprechend dem Wertesystem zu verhalten und innerhalb der festgelegten Risikotoleranzen zu agieren. Dabei ist es unerlässlich, Überzeugungsarbeit für ethisch und ökonomisch wünschenswertes Verhalten zu leisten[24] und die Mitarbeiter in die Pflicht zu nehmen, sich an diesen definierten Werten zu orientieren.[25] Ein risikoangemessenes Verhalten kann z. B. auch durch Auszeichnungen oder andere karrierefördernde Maßnahmen erreicht werden.[26]

28   Die Risikokultur im weiteren Sinne ist insofern ein vielschichtiger Begriff, der einerseits die Angemessenheit der Rahmenbedingungen zum Risikomanagement in den Instituten betrifft und andererseits darauf abzielt, dass diese Rahmenbedingungen von der Geschäftsleitung vorgelebt und von den Mitarbeitern eingehalten werden. Die Risikokultur eines Institutes prägt somit den Umgang der Geschäftsleiter und Mitarbeiter mit den Risiken und hat folglich großen Einfluss auf nahezu alle Handlungen und Entscheidungen, die von den Geschäftsleitern und den zuständigen Mitarbeitern getroffen werden. Die Aufsicht will in erster Linie sicherstellen, dass die Geschäftsleitung sowie die leitenden Angestellten ihren Mitarbeitern auf jeder Ebene klar kommunizieren, welches Verhalten gewünscht ist und welches nicht. Dafür müssen auf allen Ebenen klare Verantwortlichkeiten festgelegt sein und den Mitarbeitern die Konsequenzen möglicher Verstöße bewusst gemacht werden.[27] Im engeren Sinne sind unter der Risikokultur insofern das Verständnis und das Verhalten der Mitarbeiter von bzw. gegenüber Risiken zu verstehen, die mit ihrem täglichen Handeln unweigerlich verbunden sind. Die Risikokultur sollte sich daher bereits in den von der Geschäftsleitung zu verabschiedenden Grundsätzen für eine stabile Unternehmensführung, in der Geschäfts- und Risikostrategie sowie im Risikoappetit des Institutes widerspiegeln.

29   Die deutsche Aufsicht versteht die Beschäftigung mit der Risikokultur eines Unternehmens nicht als neuen Risikomanagementansatz. Vielmehr ist die neue Anforderung an eine angemessene Risikokultur als Ergänzung einer Reihe von bereits vorhandenen Risikomanagement-Elementen zu verstehen, in denen die Risikokultur eines Institutes zum Ausdruck kommen kann. Dazu gehören z. B. die Festlegung strategischer Ziele und des Risikoappetits inklusive der umfassenden Kommunikation dieser Ziele im Institut oder auch die Anforderungen an Kontrollen bzw. an die besonderen Funktionen.[28] Diese Elemente können eine angemessene Risikokultur jedoch nicht allein begründen.

---

22 Vgl. Bundesanstalt für Finanzdienstleistungsaufsicht, Erster Entwurf zur Überarbeitung der MaRisk, Übermittlungsschreiben vom 18. Februar 2016.

23 Vgl. Bundesanstalt für Finanzdienstleistungsaufsicht, Rundschreiben 09/2017 (BA) zur Überarbeitung der MaRisk, Übermittlungsschreiben vom 27. Oktober 2017.

24 Vgl. Bundesanstalt für Finanzdienstleistungsaufsicht, Erster Entwurf zur Überarbeitung der MaRisk, Übermittlungsschreiben vom 18. Februar 2016.

25 Vgl. Bundesanstalt für Finanzdienstleistungsaufsicht, Rundschreiben 09/2017 (BA) zur Überarbeitung der MaRisk, Übermittlungsschreiben vom 27. Oktober 2017.

26 Vgl. Steinbrecher, Ira, MaRisk – Neue Mindestanforderungen an das Risikomanagement der Banken, in: BaFinJournal, Ausgabe November 2017, S. 21.

27 Vgl. Steinbrecher, Ira, MaRisk – Neue Mindestanforderungen an das Risikomanagement der Banken, in: BaFinJournal, Ausgabe November 2017, S. 21.

28 Vgl. Bundesanstalt für Finanzdienstleistungsaufsicht, Erster Entwurf zur Überarbeitung der MaRisk, Übermittlungsschreiben vom 18. Februar 2016.

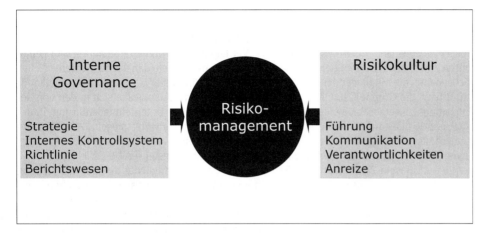

Abb. 11: Zusammenspiel von Interner Governance, Risikokultur und Risikomanagement

Bei der Prüfung, ob die Risikokultur eines Institutes angemessen ist, orientiert sich die Aufsicht an **30** den vom Financial Stability Board (FSB) im April 2014 formulierten vier Indikatoren für eine angemessene Risikokultur[29], die in den Leitlinien der EBA zur internen Unternehmensführung ebenfalls wiedergegeben sind.[30] Diese Indikatoren sind allerdings weder abschließend noch als Checkliste der Aufsicht zu verstehen[31]:

1. die Leitungskultur (»Tone from the Top«),
2. Verantwortlichkeiten der Mitarbeiter (»Accountability«),
3. offene Kommunikation und kritischer Dialog (»Effective Communication and Challenge«) sowie
4. angemessene Anreizstrukturen (»Incentives«).

Die Indikatoren sind nicht klar voneinander zu trennen, sondern vielmehr miteinander verzahnt. **31** So kann z.B. die Leitungskultur nur mithilfe einer effektiven Kommunikation in das Unternehmen getragen werden. Die Festlegung von Verantwortlichkeiten ist wiederum notwendig, um die gewünschten Unternehmenswerte im täglichen Handeln zu verankern.[32] Insoweit sollten die jeweiligen Ausführungen zu diesen Indikatoren nicht isoliert betrachtet werden.

Von den Instituten werden die Indikatoren des FSB teilweise institutsindividuell angepasst und **32** um Leitsätze zu deren Operationalisierung ergänzt, um sie für eine »Messung« praktikabler auszugestalten. Teilweise werden auch zusätzliche Elemente betont, die eng mit den FSB-Indikatoren verknüpft sind, wie z.B. der Risikoappetit. Es sollte aber klar sein, dass die »Messung« der Risikokultur nicht mit einer Quantifizierung der wesentlichen Risiken vergleichbar ist. Grundsätzlich geht es dabei eher um qualitative Einschätzungen.

29 Vgl. Financial Stability Board, Guidance on Supervisory Interaction with financial institutions on Risk Culture – A Framework for Assessing Risk Culture, 7. April 2014, S. 3 f.
30 Vgl. European Banking Authority, Leitlinien zur internen Governance, EBA/GL/2017/11, 21. März 2018, S. 26 f.
31 Vgl. Steinbrecher, Ira, Risikokultur – Anforderungen an eine verantwortungsvolle Unternehmensführung, in: BaFinJournal, Ausgabe August 2015, S. 20-23.
32 Vgl. The Group of Thirty, Banking Conduct and Culture – A Call for Sustained and Comprehensive Reform (G 30-Report), 1. Juli 2015, S. 28.

AT 3 Gesamtverantwortung der Geschäftsleitung

2.8.1 Leitungskultur

33 Einer der wesentlichen Indikatoren für eine angemessene Risikokultur innerhalb eines Unternehmens ist die Leitungskultur, da Mitarbeiter das Verhalten ihrer Vorgesetzten häufig sehr genau beobachten und sich daran orientieren, indem sie ihr eigenes Handeln danach ausrichten.

34 Zunächst haben die Mitglieder der Geschäftsleitung die gewünschten Werte und Erwartungen für das Institut bzw. die Gruppe festzulegen. Das so definierte Wertesystem sollte sich in den von der Geschäftsleitung zu verabschiedenden Grundsätzen für eine stabile Unternehmensführung, in der Geschäfts- und Risikostrategie sowie im Risikoappetit des Institutes widerspiegeln. Anschließend müssen diese Vorgaben den betroffenen Mitarbeitern in geeigneter Weise bekanntgegeben werden. Zur notwendigen Transparenz kann z.B. ein Verhaltenskodex beitragen (→ AT 5 Tz. 3 lit. g).

35 Wesentlich in diesem Zusammenhang ist vor allem, dass die Mitglieder der Geschäftsleitung ihrer Vorbildfunktion gerecht werden und sich dem definierten Wertesystem entsprechend verhalten, es also vorleben (»walk the talk«). Eine Vorbildfunktion haben aber nicht nur die Geschäftsleiter. Die EBA nimmt auch die Inhaber von Schlüsselfunktionen in die Pflicht, zur internen Kommunikation von Kernwerten und Erwartungen an die Mitarbeiter beizutragen.[33] Dies ist konsequent, weil Mitarbeiter sich erfahrungsgemäß stärker an ihrem direkten Vorgesetzten orientieren. Das gilt umso mehr, je weniger Kontakt sie in ihrer täglichen Arbeit mit den Mitgliedern der Geschäftsleitung haben. Insoweit empfiehlt sich hinsichtlich der Festlegung der Inhaber von Schlüsselfunktionen in diesem Zusammenhang eine weite Auslegung, sodass grundsätzlich alle Mitarbeiter mit Personalverantwortung im Fokus stehen sollten.

36 Abhängig von der Größe bzw. Komplexität des Institutes kommt den leitenden Angestellten auf verschiedenen Ebenen eine wichtige Rolle zu. Sie sind das Bindeglied zwischen der Geschäftsleitung und jenen Organisationseinheiten, für die sie die Verantwortung tragen. Bei ihrer Aufgabe, diejenigen Risiken zu identifizieren, zu beurteilen und zu überwachen, die innerhalb ihrer Zuständigkeitsbereiche entstehen können, haben sie nicht nur die Risikolimite, sondern auch die Unternehmenswerte zu beachten. Die Geschäftsleitung sollte daher sicherstellen, dass leitende Angestellte diese Aufgabe erfüllen können. Eine sinnvolle Maßnahme könnte z.B. eine entsprechende Verankerung in den Rahmenbedingungen zur hausinternen Talentförderung sein. Sowohl für leitende Angestellte im Speziellen als auch für Mitarbeiter im Allgemeinen sind grundsätzlich Schulungsmaßnahmen zielführend, um deren Bewusstsein im Hinblick auf risikoangemessenes Verhalten zu schärfen.

37 Ein Indiz dafür, dass sich leitende Angestellte bzw. Mitglieder der Geschäftsleitung an den internen Vorgaben und Werten messen lassen, ist die Anwendung der gleichen Compliance-Vorgaben wie für die (übrigen) Mitarbeiter des Institutes bzw. der Gruppe. Die Mitglieder der Geschäftsleitung haben zudem zu prüfen, ob die Mitarbeiter verstanden haben, welches Verhalten gewünscht ist und welches nicht. Hierfür sollten sie geeignete Verfahren einführen, wie z.B. »360 Grad-Feedbacks«.

38 Zu einer Leitungskultur, die eine angemessene Risikokultur fördern soll, gehört auch ein entsprechender »Lessons-Learned-Prozess«, durch den die Ursachen für Mängel im Risikomanagement identifiziert werden, um sie durch entsprechende Maßnahmen zu beheben. Dies schließt auch ein, das Wertesystem und die internen Prozesse regelmäßig zu hinterfragen und bei Bedarf ggf. anzupassen.

---

33 Vgl. European Banking Authority, Leitlinien zur internen Governance, EBA/GL/2017/11, 21. März 2018, S. 27.

2.8.2 Verantwortlichkeiten der Mitarbeiter

Für eine angemessene Risikokultur ist es wesentlich, dass die Mitglieder der Geschäftsleitung und **39** die Mitarbeiter ihr eigenes Verhalten am Wertesystem des Institutes ausrichten und dabei die Vorgaben zum Risikoappetit und zu den Risikolimiten berücksichtigen. Sie sollten in der Lage sein, ihre Aufgaben wahrzunehmen, und sich bewusst sein, dass sie für ihre Handlungen im Zusammenhang mit dem Risikoverhalten zur Verantwortung gezogen werden können.[34] Voraussetzung hierfür ist, dass die Konsequenzen für bestimmte Entscheidungen bekannt sind, sowohl im Positiven als auch im Negativen. Den Mitarbeitern sollte nicht nur klar kommuniziert werden, wann ihnen disziplinarische Maßnahmen als Folge unerwünschten Verhaltens drohen, wie z.B. Kürzungen der variablen Vergütung, Abmahnungen oder im Extremfall auch Kündigungen. Das Institut sollte ihnen gegenüber auch deutlich machen, welche positiven Konsequenzen gewünschtes Verhalten hat, wie z.B. die entsprechende Ausgestaltung der Höhe der variablen Vergütung oder die weiteren möglichen Karriereschritte.

Die EBA weist darauf hin, dass sich die Mitarbeiter ihrer Verantwortung hinsichtlich des **40** Risikomanagements voll und ganz bewusst sein sollten. Das Risikomanagement sollte nicht auf Risikospezialisten oder interne Kontrollfunktionen beschränkt werden. Die Geschäftseinheiten sollten in erster Linie für das tägliche Risikomanagement im Einklang mit den Richtlinien, Verfahren und Kontrollen des Institutes unter Berücksichtigung des Risikoappetits und der Risikotragfähigkeit verantwortlich sein.[35] Damit verweist die EBA auf das »Three-Lines-of-Defence-Modell« (→ AT 4.4, Einführung).

In den Instituten müssen für eine Vielzahl von Prozessen klare Verantwortlichkeiten festgelegt **41** werden, um ein angemessenes und wirksames Risikomanagement als wesentlichen Bestandteil der ordnungsgemäßen Geschäftsorganisation sicherstellen zu können. Dies betrifft konkret die Verantwortung für die ordnungsgemäße Geschäftsorganisation und deren Weiterentwicklung (→ AT 3 Tz. 1), die Einrichtung angemessener Kontroll- und Überwachungsprozesse im jeweiligen Zuständigkeitsbereich (→ AT 3 Tz. 2), die Wahl der Methoden und Verfahren zur Beurteilung der Risikotragfähigkeit (→ AT 4.1 Tz. 8), die Festlegung und Anpassung der Strategien (→ AT 4.1 Tz. 3), die Prozesse zur Aggregation von Risikodaten (→ AT 4.3.4 Tz. 7), die Prozesse zur unverzüglichen Weitergabe von unter Risikogesichtspunkten wesentlichen Informationen an die Geschäftsleitung, die jeweiligen Verantwortlichen und ggf. die Interne Revision (→ AT 4.4.1 Tz. 2), die Einhaltung rechtlicher Regelungen und Vorgaben (→ AT 4.4.2 Tz. 1), das angemessene und wirksame Risikomanagement auf Gruppenebene (→ AT 4.5 Tz. 1), die Steuerung und Überwachung wesentlicher Auslagerungen (→ AT 9 Tz. 10), die Entwicklung und Qualität der verschiedenen Kreditprozesse und der Risikovorsorge (→ BTO 1.2 Tz. 1), die Zuordnungskriterien zur Intensivbetreuung (→ BTO 1.2.4 Tz. 1) sowie Sanierung bzw. Abwicklung (→ BTO 1.2.5 Tz. 1), die Anwendung der Risikoklassifizierungsverfahren (→ BTO 1.4 Tz. 2) und die Entwicklung und Qualität sowie die regelmäßige Überprüfung des Liquiditätstransferpreissystems (→ BTR 3.1 Tz. 7).

Ganz grundsätzlich sind die Prozesse sowie die damit verbundenen Aufgaben, Kompetenzen, **42** Verantwortlichkeiten, Kontrollen sowie Kommunikationswege auf Instituts- und Gruppenebene klar zu definieren und aufeinander abzustimmen (→ AT 4.3.1 Tz. 2 und AT 4.5 Tz. 4). Daraus folgt insbesondere, dass die Verantwortlichkeiten für alle Prozesse im Institut festgelegt und die dafür erforderlichen Kompetenzen vorhanden sein müssen. Insofern wird von den Mitarbeitern erwartet, ihrer jeweiligen Verantwortung gerecht zu werden. Schließlich müssen die Mitarbeiter sowie deren Vertreter abhängig von ihren Aufgaben, Kompetenzen und Verantwortlichkeiten über die erforderlichen Kenntnisse und Erfahrungen verfügen (→ AT 7.1 Tz. 2). Insofern ist es mit einer angemes-

---

34 Vgl. European Banking Authority, Leitlinien zur internen Governance, EBA/GL/2017/11, 21. März 2018, S. 27.
35 Vgl. European Banking Authority, Leitlinien zur internen Governance, EBA/GL/2017/11, 21. März 2018, S. 27.

senen Risikokultur nicht vereinbar, über festgestellte Probleme im eigenen Verantwortungsbereich lediglich die nächsthöhere Leitungsebene zu informieren oder einen Eskalationsprozess anzustoßen, ohne den Versuch einer Lösung unternommen zu haben. Damit würde das Problem lediglich auf andere Personen oder Gruppen übertragen.

43   Unabhängig davon sind angemessene Berichts- und Eskalationsprozesse Bestandteile einer soliden Risikokultur. Dazu gehört auch eine Ad-hoc-Berichterstattung (→ AT 4.3.2 Tz. 4) und ein »Whistleblowing-Prozess«, wie in § 25a Abs. 1 Satz 6 Nr. 3 KWG gefordert. Zu einer angemessenen Risikokultur gehört aber nicht nur, dass ein Institut einen solchen Prozess formal eingerichtet hat. Wichtig ist für die Aufsicht ebenso der Umgang mit den Informationen, die sich aus einem solchen Prozess ergeben, insbesondere ob und wie die Geschäftsleitung sich damit befasst, wie schnell bekanntgewordene Missstände beseitigt werden und ob bzw. in welchem Maße diese Informationen in den »Lessons-Learned-Prozess« einfließen.

2.8.3   Offene Kommunikation und kritischer Dialog

44   Das »Silodenken« wurde als einer der Gründe für die Finanzmarktkrise genannt. Der Baseler Ausschuss für Bankenaufsicht erwartet daher, dass die Institute organisatorische »Silos« vermeiden, die eine effektive Weitergabe von Informationen erschweren und zu Entscheidungen führen, die isoliert vom Rest der Bank getroffen werden.[36] Die zum großen Teil mit der fünften MaRisk-Novelle ergänzten Vorgaben für eine angemessene Risikodatenaggregation (→ AT 4.4.3) und Risikoberichterstattung (→ BT 3) sind hierfür wichtige Werkzeuge. Damit Institute Sachverhalte und Risiken auch bereichsübergreifend betrachten können, bedarf es eines offenen Dialoges zwischen den Beteiligten. Dabei kommt es sowohl auf die Kommunikation auf vertikaler Ebene an, also zwischen dem Aufsichtsorgan und der Geschäftsleitung sowie der Geschäftsleitung bzw. den leitenden Angestellten und den Mitarbeitern, als auch auf den kritischen Dialog zwischen verschiedenen Organisationseinheiten und Funktionen eines Institutes oder einer Gruppe.

45   Auch hier zeigt sich wieder, dass die vier Indikatoren miteinander verbunden sind. Denn auch für die gewünschte Kommunikation ist eine entsprechende Leitungskultur wichtig. Offene Kommunikation und kritischer Dialog sollte den Mitarbeitern vorgelebt werden. Den Mitarbeitern sollte es auf diese Weise leicht gemacht werden, »ihre Hand zu heben«, um alternative Sichtweisen, konstruktive Anregungen bzw. Kritik aussprechen zu können, ohne negative Folgen fürchten zu müssen.

46   Damit ein kritischer Dialog innerhalb des Institutes geführt und gefördert werden kann, müssen die Risikocontrolling- und die Compliance-Funktion sowie die Interne Revision angemessen ausgestattet sein (→ AT 4.4), direkten Zugang zur Geschäftsleitung bzw. dem Aufsichtsorgan haben und einen entsprechenden Status im Institut genießen, um durchsetzungsfähig zu sein und sich insbesondere gegen die Geschäftsbereiche behaupten zu können. Auch in dieser Hinsicht wirkt sich eine entsprechende Leitungskultur auf das Verhalten der Mitarbeiter aus.

---

36 Vgl. Basel Committee on Banking Supervision, Guidelines – Corporate governance principles for banks, BCBS d328, 8. Juli 2015, S. 30.

2.8.4 Angemessene Anreizstrukturen

Um eine angemessene Risikokultur sicherzustellen, sollten die Mitarbeiter dazu motiviert werden, sich **47** entsprechend dem Wertesystem zu verhalten und innerhalb der festgelegten Risikotoleranzen zu agieren.[37] Vorgaben für die Ausgestaltung der finanziellen Anreize sind in der Institutsvergütungsverordnung (InstitutsVergV) enthalten. Gemäß § 4 Satz 1 InstitutsVergV müssen die Vergütungsstrategie und die Vergütungssysteme der Institute auf die Erreichung der Ziele ausgerichtet sein, die in den Geschäfts- und Risikostrategien des jeweiligen Institutes niedergelegt sind. Seit der Änderung der InstitutsVergV im Jahre 2017 sind dabei die Unternehmenskultur und insbesondere die Risikokultur zu berücksichtigen (§ 4 Satz 2 InstitutsVergV). Die Vergütungsverordnung enthält folgende wesentlichen Elemente einer angemessenen Risikokultur im Hinblick auf die Ausgestaltung der Vergütungssysteme:

-   Festlegung einer Vergütungsstrategie, welche die Ziele und Anforderungen an die Ausgestaltung der Vergütungssysteme auf Einzelinstitutsebene (§ 4 InstitutsVergV) und auf Gruppenebene (§ 27 Abs. 1 und 2 InstitutsVergV) bestimmt,
-   Errichtung einer umfassenden Vergütungs-Governance in den Instituten, einschließlich der Festlegung der Verantwortlichkeiten der Geschäftsleitung, des Aufsichtsorgans und der Kontrolleinheiten (§ 3 InstitutsVergV), sowie Errichtung eines Vergütungskontrollausschusses (§ 15 InstitutsVergV) und bei bedeutenden Instituten Benennung eines Vergütungsbeauftragten (§ 23 ff. InstitutsVergV),
-   Anforderungen an eine angemessene Ausgestaltung der Vergütung und der Vergütungssysteme (§ 5 InstitutsVergV) und ein angemessenes Verhältnis zwischen variabler und fixer Vergütung (§ 6 InstitutsVergV),
-   formalisierter, transparenter und nachvollziehbarer Prozess zur Festsetzung des Gesamtbetrages der variablen Vergütung unter Berücksichtigung der Risikotragfähigkeit sowie der Eigenmittel- und Liquiditätsausstattung des Institutes (§ 7 InstitutsVergV),
-   Verbot der Einschränkung oder Aufhebung der Risikoadjustierung (§ 8 InstitutsVergV),
-   zusätzliche Anforderungen an die Vergütung der Mitarbeiter der Kontrolleinheiten bzw. der Geschäftsleitung (§§ 9 und 10 InstitutsVergV),
-   Veröffentlichung der Grundsätze zu den Vergütungssystemen in den Organisationsrichtlinien sowie Dokumentationspflichten (§ 11 InstitutsVergV),
-   Überprüfung und Anpassung der Vergütungssysteme (§ 12 InstitutsVergV),
-   Informationspflichten über die Vergütungssysteme (§ 13 InstitutsVergV) und Offenlegungspflichten (§ 16 InstitutsVergV),
-   bei bedeutenden Instituten gemäß § 17 Berücksichtigung des Gesamterfolges des Instituts, des Erfolgsbeitrags der Organisationseinheit und des Mitarbeiters bei der Ermittlung der variablen Vergütung (§ 19 Abs. 1 InstitutsVergV),
-   bei bedeutenden Instituten gemäß § 17 InstitutsVergV Voraussetzungen und Parameter für eine teilweise Reduzierung oder einen vollständigen Verlust der variablen Vergütung bei Fehlverhalten der Mitarbeiter (§ 18 Abs. 5) sowie Möglichkeit der Rückforderung (§ 20 Abs. 6 InstitutsVergV),
-   gruppenweite Regelungen für Vergütungssysteme (§ 27 InstitutsVergV).[38]

---

[37] Vgl. auch European Banking Authority, Leitlinien zur internen Governance, EBA/GL/2017/11, 21. März 2018, S. 27. Die EBA verweist darin auf ihre Leitlinien für eine solide Vergütungspolitik. Deren Veröffentlichung erfolgte zunächst am 21. Dezember 2015 in englischer Sprache und anschließend am 27. Juni 2016 in deutscher Sprache. Im Kommentar wird, sofern verfügbar, grundsätzlich immer auf die deutsche Fassung von EBA-Leitlinien abgestellt. Vgl. European Banking Authority, Leitlinien für eine solide Vergütungspolitik gemäß Artikel 74 Absatz 3 und Artikel 75 Absatz 2 der Richtlinie 2013/36/EU und Angaben gemäß Artikel 450 der Verordnung (EU) Nr. 575/2013, EBA/GL/2015/22, 27. Juni 2016.

[38] Zu den einzelnen Elementen vgl. Buscher, Arne Martin/Link, Vivien/Harbou, Christopher von/Weigl, Thomas, Verordnung über die aufsichtsrechtlichen Anforderungen an Vergütungssysteme von Instituten (Institutsvergütungsverordnung – InstitutsVergV), 2. Auflage, Stuttgart, 2018, § 4, Tz. 1 ff.

48 Zu beachten ist hierbei jedoch, dass neben variablen Vergütungen weitere Anreize eine wichtige Rolle spielen, um ein risikoangemessenes Verhalten zu erreichen. Hierzu gehört z. B. die klare Vorgabe, dass Beförderungen nur möglich sind, wenn Mitarbeiter sich auch langfristig an das Wertesystem und die Risikolimite des Institutes halten. Die Personalentwicklungskonzepte (→ AT 7.1 Tz. 2) und die Nachfolgeplanung als Teil dieser Konzepte sollten daher auch abbilden, dass nur Mitarbeiter in leitende Positionen befördert werden, die neben Erfahrungen aus dem Tagesgeschäft auf eine entsprechende Praxis im Risikomanagement verweisen können. Job-Rotationen können hierfür nicht nur ein wichtiges Steuerungsinstrument sein, sondern gleichzeitig dazu beitragen, »Silodenken« abzubauen und eine offene Kommunikation zwischen verschiedenen Einheiten zu fördern. »360 Grad-Feedbacks« bzw. sogenannte »Upward-Feedbacks«, die eine Beurteilung des Vorgesetzten durch den Mitarbeiter vorsehen, sind eine gute Möglichkeit, um z. B. nachzuvollziehen, ob »Talente« auch mit anderen Mitarbeitern offen kommunizieren und kritischen Dialog zulassen bzw. fördern. Auch sollten Weiterbildungsprogramme zur Verfügung stehen, die es Mitarbeitern ermöglichen, sich notwendige Kenntnisse und Fähigkeiten im Risikomanagement anzueignen und diese zu erhalten bzw. weiterzuentwickeln.

2.9 Umsetzung der Risikokultur in den Instituten

49 Die Verantwortung für die Umsetzung der Anforderungen zur Risikokultur ist in den Instituten häufig der Risikocontrolling-Funktion zugeordnet, teilweise aber auch anderen Funktionen der zweiten Verteidigungslinie, wie z. B. der Compliance-Funktion, der Rechtsabteilung, dem Vorstandsstab oder der Unternehmensentwicklung. Die Risikocontrolling-Funktion und die Compliance-Funktion sollten zumindest beteiligt werden. Auch andere betroffene Bereiche, wie z. B. die Organisations- und die Personalabteilung, sollten im Bedarfsfall einbezogen werden.

50 Aus der Zuordnung der Verantwortung ergibt sich häufig auch, in welchen Regelwerken das Thema verankert wird. Neben der Verankerung in einem separaten Rahmenwerk, im Verhaltenskodex oder in der schriftlich fixierten Ordnung (SFO) kann auch eine direkte Berücksichtigung in der Risikostrategie erfolgen. Grundsätzlich ist es den Instituten freigestellt, wo die Vorgaben zur Risikokultur niedergelegt werden. In der Regel wird ohnehin auf bereits vorhandene Dokumente verwiesen, die mit der Risikokultur zusammenhängen, wie z. B. die Risikostrategie, das Rahmenwerk zum Risikomanagement oder die Organisationsrichtlinien.

51 Zur Entwicklung, Förderung und Integration der Risikokultur sind verschiedene Maßnahmen denkbar. So können z. B. bei einer repräsentativen Anzahl von Mitarbeitern Umfragen durchgeführt werden, um den aktuellen Wissensstand zu diesem Themenkomplex zu ermitteln. Auf Basis der daraus gewonnenen Erkenntnisse können z. B. Schulungen oder Workshops angeboten werden, in denen die angestrebte Ziel-Risikokultur sowie Beispiele für (un-)erwünschte Verhaltensweisen erläutert werden können, um den Mitarbeitern das Thema näher zu bringen. Dabei sollte insbesondere auf die in den Umfragen festgestellten Defizite eingegangen werden. Zur Sensibilisierung der Mitglieder der Geschäftsleitung und des oberen Managements kann dieses Thema z. B. im Rahmen von Klausurtagungen oder Führungskräfte-Workshops gezielt behandelt werden. Sofern die Schulungen mit einem Abschlusstest verbunden werden, können dessen Ergebnisse für die »Messung« der Risikokultur verwendet werden. Um das gegenseitige Verständnis zwischen den Mitarbeitern zu fördern, können insbesondere in Bereichen, zwischen denen Interessenkonflikte bestehen oder vermutet werden, Hospitationen angeboten werden. Auch eine Rotation von Mitarbeitern kann ggf. sinnvoll sein. Im Zusammenhang mit

allen Maßnahmen, von denen die Mitarbeiter direkt betroffen sind, sollten ggf. die Personalabteilung und der Betriebsrat eingebunden werden.

Die Berichterstattung über die Risikokultur erfolgt in der Regel im Zusammenhang mit dem operationellen Risiko über die vierteljährlichen Risikoberichte an die Geschäftsleitung. Denkbar ist natürlich auch ein separater Bericht zur Risikokultur, der z. B. auf einem Soll-/Ist-Vergleich unter Berücksichtigung der Ziel-Risikokultur mittels eines Ampelsystems basieren und ggf. auch Handlungsvorschläge enthalten kann. **52**

2.10 Angemessene Risikokultur auf Gruppenebene

Die Anforderung an die Entwicklung, Förderung und Integration einer angemessenen Risikokultur ist nicht nur auf der Ebene des einzelnen Institutes zu beachten, sondern auch auf Gruppenebene. Die Verantwortung hierfür liegt bei der Geschäftsleitung des übergeordneten Unternehmens (→ AT 4.5). Aus Gründen der Praktikabilität erscheint es sinnvoll, einen eher allgemein ausgestalteten Rahmen für die Risikokultur der Gruppe zu formulieren, damit die Risikokultur eines beteiligten Institutes daran orientiert seine individuellen Besonderheiten berücksichtigen kann. **53**

Insgesamt sollte eine angemessene Risikokultur im Institut bzw. in der Gruppe dazu beitragen, das Verständnis zum Umgang mit den Risiken auf allen Ebenen zu verbessern, um auf diese Weise die Prozesse im Risikomanagement zu optimieren und die Basis für fundierte Entscheidungen weiter zu stärken. **54**

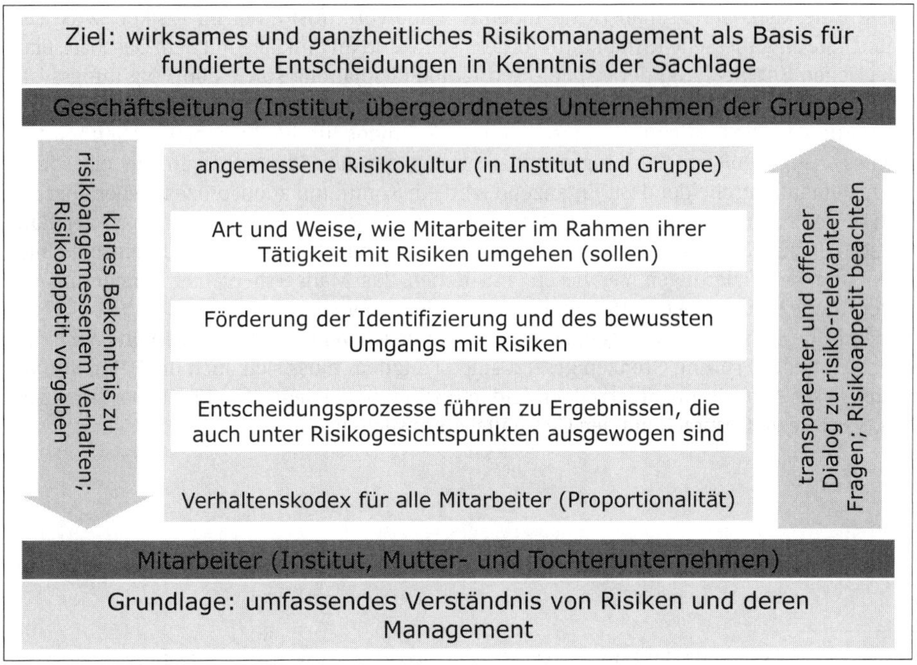

Abb. 12: Einfluss der Risikokultur auf die Prozesse im Risikomanagement

2.11   Bedeutung der Risikokultur für den SREP

55   Im Rahmen des SREP sollten die zuständigen Behörden prüfen, ob das Institut über eine angemessene, transparente und zweckmäßige Unternehmensstruktur und eine solide und umfassende Unternehmens- und Risikokultur verfügt, die der Art, dem Umfang und der Komplexität der dem Geschäftsmodell und den Aktivitäten des Institutes innewohnenden Risiken angemessen und mit dem Risikoappetit des Institutes vereinbar ist. Dabei sollten die zuständigen Behörden u. a. prüfen, ob die Geschäftsleitung die rechtliche, organisatorische und operative Struktur des Institutes kennt und versteht (»know your structure«) und sicherstellt, dass sie mit ihren genehmigten Geschäfts- und Risikostrategien und ihrem Risikoappetit übereinstimmt, ob das Institut eine integrierte und institutsweite Risikokultur entwickelt hat, die auf einem umfassenden Verständnis und einer ganzheitlichen Sichtweise der Risiken, denen es ausgesetzt ist, und deren Management unter Berücksichtigung des Risikoappetits beruht, ob die ethische Unternehmens- und Risikokultur des Institutes ein Umfeld schafft, in dem die Entscheidungsprozesse ein breites Meinungsspektrum fördern (z. B. durch die Aufnahme unabhängiger Mitglieder in die Leitungsgremien), ob das Institut unabhängige Whistleblowing-Prozesse und -Verfahren eingeführt hat, ob das Institut Interessenkonflikte auf unternehmensweiter Ebene bewältigen kann und eine Richtlinie zur Vermeidung von Konflikten zwischen den persönlichen Interessen der Mitarbeiter und den Interessen des Unternehmens festgelegt hat, ob es eine klare, belastbare und wirksame Kommunikation von Strategien, Unternehmenswerten, dem Verhaltenskodex, den Risikomanagement- und anderen Richtlinien an alle relevanten Mitarbeiter gibt und die Risikokultur auf allen Ebenen des Institutes angewendet wird.[39]

56   Die EZB erwartet von den Instituten die Entwicklung und Einrichtung eines umfassenden Rahmens für die Risikobereitschaft (Risk-Appetite-Framework, RAF), der ihr Risikobewusstsein stärken und eine angemessene Risikokultur fördern sollte und im Einklang mit dem Geschäftsplan, der strategischen Entwicklung, der Kapital- und Liquiditätsplanung sowie den Vergütungssystemen steht.[40] Damit verbunden sind klar definierte Zuständigkeiten für Risikomanagement- und Kontrollfunktionen. Die Einrichtung eines effektiven Rahmens für die Risikobereitschaft wird als strategisches Instrument zur Stärkung der Risikokultur gesehen, die wiederum für ein solides Risikomanagement entscheidend ist. Ergänzend wird ein Kommunikationsprozess gegenüber den Mitarbeitern gefordert, um ihnen zu erklären, wie ihre Arbeit die Risikobereitschaft der Bank beeinflusst. Beispielhaft wird auf Schulungsprogramme zur Risikobereitschaft einschließlich Prüfungen und Zertifizierungen verwiesen, mit denen das Management das Verständnis der Mitarbeiter für die Risikobereitschaft und die Risikokultur überwachen kann.[41]

57   Der BaFin ist bewusst, dass das Thema Risikokultur nur schwer greifbar ist und damit auch dem Instrumentarium der Prüfung Grenzen gesetzt sind. Trotzdem muss sich auch die BaFin von der Umsetzung dieser Anforderung überzeugen und in Instituten, bei denen Nachholbedarf angezeigt erscheint, das direkte Gespräch mit den Geschäftsleitern suchen.[42]

---

39 Vgl. European Banking Authority, Guidelines on common procedures and methodologies for the supervisory review and evaluation process (SREP) and supervisory stress testing, EBA/GL/2014/13, Consolidated version, 19. Juli 2018, S. 54 f.

40 Vgl. European Central Bank, SSM supervisory statement on governance and risk appetite, 21. Juni 2016, S. 3.

41 Vgl. European Central Bank, SSM supervisory statement on governance and risk appetite, 21. Juni 2016, S. 15 ff.

42 Vgl. Bundesanstalt für Finanzdienstleistungsaufsicht, Rundschreiben 09/2017 (BA) zur Überarbeitung der MaRisk, Übermittlungsschreiben vom 27. Oktober 2017.

2.12 Gesamtverantwortung und Geschäftsleitereignung

Seit der erstmaligen Veröffentlichung der MaRisk im Jahre 2005 hat der Wortlaut zur Gesamtver- **58** antwortung der Geschäftsleitung einige interessante Änderungen erfahren. Zunächst hieß es, dass die Geschäftsleiter ihrer Verantwortung für das Risikomanagement nur gerecht werden, wenn sie die Risiken beurteilen können und die erforderlichen Maßnahmen zu ihrer Begrenzung treffen. Später wurde diese Formulierung geändert, um klarzustellen, dass die MaRisk weniger auf die fachliche Eignung von Geschäftsleitern, als vielmehr auf die sachgerechte Ausgestaltung des Risikomanagements abzielen.[43] In der Konsequenz wurde die Anforderung im Rahmen der ersten MaRisk-Novelle im Jahre 2007 dahingehend geändert, dass das Risikomanagement den Geschäftsleitern ermöglichen muss, die Risiken zu beurteilen und auf dieser Basis die erforderlichen Maßnahmen zu ihrer Begrenzung zu treffen.

Mit der zweiten MaRisk-Novelle hat die Aufsicht den Schwerpunkt wieder stärker auf die Risiko- **59** beurteilung durch die Geschäftsleiter selbst gelegt, indem die ursprüngliche Formulierung aus dem Jahre 2005 reaktiviert wurde. Diese Klarstellung ist eine unmittelbare Reaktion der Aufsicht auf die Finanzmarktkrise. Was die Risikosituation angeht, waren die Geschäftsleiter und das obere Management nicht immer ausreichend informiert. Teilweise war das erforderliche Wissen einfach nicht vorhanden. In anderen Fällen fehlte es schlicht an der notwendigen Expertise, um Informationen aus der Risikoberichterstattung nachvollziehen zu können. Solche Defizite wurden nicht nur von Bankenaufsehern, sondern auch von der Finanzindustrie selbst identifiziert.[44]

In den MaRisk bringt die Anpassung des Wortlautes unter materiellen Gesichtspunkten gleich- **60** wohl keine großen Änderungen mit sich. Insbesondere geht es der Aufsicht nicht um Fragen der Geschäftsleitereignung, da solche Aspekte – wie nachfolgend ausgeführt – an anderer Stelle im Gesetz abgehandelt werden. Mit Blick auf die Finanzmarktkrise hat die Anpassung eher Signalcharakter. Unabhängig davon wird durch sie eine Selbstverständlichkeit zum Ausdruck gebracht, da wichtige Steuerungsmaßnahmen der Geschäftsleitung immer auch eine Beurteilung der Risikosituation des Institutes voraussetzen. Letztendlich soll mit dieser Anforderung das Risikobewusstsein an der Spitze des Unternehmens mit dem Ziel der Etablierung einer Risikokultur im gesamten Institut gefördert werden. Diese Philosophie wird nicht nur vom Baseler Ausschuss für Bankenaufsicht vertreten.[45] Sie hat darüber hinaus Eingang in die Corporate-Governance-Diskussion gefunden.[46]

2.13 Anforderungen der BaFin an die Geschäftsleitereignung

§ 25a KWG und die MaRisk statuieren keine unmittelbaren Anforderungen an die Eignung von **61** Geschäftsleitern. Nach der Veröffentlichung der MaK im Jahre 2002 ergaben sich jedoch Berührungspunkte zu dieser Thematik. Die Funktion eines Geschäftsleiters setzt persönliche Zuverlässigkeit und fachliche Eignung voraus. Durch diese Anforderungen soll sichergestellt werden, dass die

---

43 Vgl. Bundesanstalt für Finanzdienstleistungsaufsicht, Protokoll der zweiten Sitzung des MaRisk-Fachgremiums am 17. August 2006, S. 1.

44 Bemerkenswert schonungslos fällt in diesem Zusammenhang die Einschätzung der internationalen Interessenvertretung der Finanzindustrie aus: »As already incorporated in Basel II and set forth in legal requirements in some jurisdictions, Boards need to be educated on risk issues and to be given the means to understand risk appetite and the firm's performance against it. ... Even more basically – but this did not exist at all firms – Boards need to understand the firm's business strategy from a forward-looking perspective, not just to review current risk issues and audit reports.« Institute of International Finance, Interim Report of the IIF Committee on Market Best Practices, April 2008, S. 6.

45 Vgl. Basel Committee on Banking Supervision, Framework for the Evaluation of Internal Control Systems, Januar 1998, S. 11 f.

46 Vgl. Lück, Wolfgang, Managementrisiken, in: Dörner, Dietrich/Horváth, Peter/Kagermann, Henning (Hrsg.), Praxis des Risikomanagements, Stuttgart, 2000, S. 336 ff.; Weidemann, Morten/Wieben, Hans-Jürgen, Zur Zertifizierbarkeit von Risikomanagement-Systemen, in: Der Betrieb, Heft 34/2001, S. 1790.

AT 3 Gesamtverantwortung der Geschäftsleitung

Institute im Interesse des Schutzes der Finanzmarktstabilität und der Einlegergelder nur von geeigneten Personen geleitet werden. Die fachliche Eignung erfordert ausreichende theoretische Kenntnisse und praktische Erfahrungen bzgl. der betriebenen Geschäfte sowie Leitungserfahrung. Sie ist regelmäßig dann anzunehmen, wenn eine dreijährige leitende Tätigkeit bei einem Institut von vergleichbarer Größe und Geschäftsart nachgewiesen wird. Die Aufsicht hat die einzureichenden Unterlagen für die Beurteilung der fachlichen Eignung und Zuverlässigkeit in einem Merkblatt geregelt.[47]

62 Im Rahmen des CRD IV-Umsetzungsgesetzes wurden die Anforderungen an die Geschäftsleiter der Institute erstmals in § 25c Abs. 1 KWG positiv formuliert[48] und zudem deutlich ausgeweitet. Die Geschäftsleiter müssen neben der bisher bereits normierten Zuverlässigkeit und fachlichen Eignung zukünftig der Wahrnehmung ihrer Aufgaben ausreichend Zeit widmen. Die fachliche Eignung ist ferner ausdrücklich fortlaufend zu gewährleisten. Nach § 25c Abs. 4 KWG müssen die Institute angemessene personelle und finanzielle Ressourcen einsetzen, um den Geschäftsleitern die Einführung in das Amt zu erleichtern und eine Fortbildung zur Aufrechterhaltung der fachlichen Eignung zu ermöglichen.

63 Nach der Verwaltungspraxis der BaFin war die Zuerkennung der Geschäftsleitereignung lange Zeit vor allem von der tatsächlichen Ausübung von Kreditkompetenzen im Kreditgeschäft abhängig. Schon nach der Veröffentlichung der MaK ergab sich daraus in bestimmten Konstellationen ein Anreizproblem für leitende Mitarbeiter des Bereiches Marktfolge. Die qualitativen Anforderungen der BaFin enthalten zwar Vorgaben im Hinblick auf die Votierung und die Funktionstrennung im Kreditgeschäft. Jedoch bestehen bezüglich der Zuordnung von Kompetenzen Gestaltungsspielräume für die Institute (→ BTO 1.1 Tz. 5). Für den Fall, dass Kreditkompetenzen im Bereich Markt konzentriert sind, hätte also für einen leitenden Mitarbeiter aus dem Bereich Marktfolge keine Möglichkeit bestanden, Geschäftsleiter zu werden. Die damit verbundene negative Anreizwirkung für die Marktfolge hätte nicht nur aus Sicht der Institute, sondern auch aus der Perspektive der Bankenaufsicht negative Konsequenzen zur Folge gehabt. Dieses Problem war Gegenstand der Diskussion im MaK-Fachgremium[49] und wurde anschließend pragmatisch gelöst.

64 Die BaFin hat erstmals mit der Veröffentlichung der MaK den Bereich Marktfolge in den Instituten nicht unerheblich aufgewertet. Grundsätzlich haben leitende Mitarbeiter dieses Bereiches über die Ausübung der marktunabhängigen Votierung – unabhängig von der Zuordnung der Kompetenz im Einzelfall – maßgeblichen Einfluss auf die konkrete Kreditentscheidung. Der für die marktunabhängige Votierung zuständige Mitarbeiter trägt insoweit ein hohes Maß an Verantwortung. Die Wahrnehmung dieser Verantwortung setzt zudem fundierte Fachkenntnisse und Erfahrungen im Kreditgeschäft voraus. Die BaFin hat vor diesem Hintergrund klargestellt, dass im Rahmen der Beurteilung der Geschäftsleitereignung u. a. auch eine leitende Tätigkeit im Bereich Marktfolge, unabhängig von der tatsächlichen Zuweisung oder Ausübung einer entsprechenden Kreditkompetenz, zu berücksichtigen ist.[50]

65 Mit der Einführung der MaRisk gingen neue Impulse auf die Verwaltungspraxis der BaFin zur Geschäftsleitereignung aus. Die MaRisk beziehen sich auf alle wesentlichen Risiken eines Institutes und nicht nur auf einzelne Geschäftsbereiche, wie z. B. das Kreditgeschäft. Die mit den MaRisk verbundene Stärkung des Risikomanagements und die damit einhergehende Erweiterung der

---

47 Das Merkblatt der BaFin ist in zwei Abschnitte gegliedert. Der erste enthält Informationen zum Anzeigeverfahren gemäß § 24 Abs. 1 Satz 1 Nr. 1 KWG einschließlich der einzureichenden Unterlagen. Der zweite Abschnitt erläutert die Anforderungen, die die BaFin an die Geschäftsleiter im Einzelnen stellt. Vgl. Bundesanstalt für Finanzdienstleistungsaufsicht, Merkblatt zu den Geschäftsleitern gemäß KWG, ZAG und KAGB vom 4. Januar 2016, geändert am 31. Januar 2017.

48 Bis zu diesem Zeitpunkt ergaben sich die Anforderungen an die Zuverlässigkeit und fachliche Eignung von Geschäftsleitern lediglich aus einem Umkehrschluss aus § 33 Abs. 1 Satz 1 Nr. 2 und 4 KWG und § 36 Abs. 1 KWG (Erlaubnisversagungsgründe und Maßnahmen wie etwa ein Abberufungsverlangen). Gleichzeitig wurden mit dem CRD IV-Umsetzungsgesetz die Vorschriften auf Anforderungsseite von den Regelungen auf der Maßnahmenseite getrennt.

49 Vgl. Bundesanstalt für Finanzdienstleistungsaufsicht, Protokoll der dritten Sitzung des MaK-Fachgremiums am 12. November 2003, S. 3.

50 Vgl. Bundesanstalt für Finanzdienstleistungsaufsicht, Protokoll der vierten Sitzung des MaK-Fachgremiums am 27. April 2004, S. 2 f.

Aufgaben der Geschäftsleitung lassen sich daher von der Frage der Geschäftsleitereignung nur schwer trennen.[51] Vor diesem Hintergrund verlangt die BaFin in ihrer Verwaltungspraxis nunmehr von den Geschäftsleitern eines Institutes neben der praktischen Erfahrung im Kreditgeschäft auch ausdrücklich praktische Kenntnisse im Risikomanagement.[52]

Die Geschäftsleiter müssen für die Erfüllung ihrer Aufgaben im Institut ausreichend Zeit haben. **66** Gemäß § 25c Abs. 2 Satz 1 KWG sind bei der Zahl der Leitungs- oder Aufsichtsmandate, die ein Geschäftsleiter gleichzeitig innehaben kann, der Einzelfall sowie die Art, der Umfang und die Komplexität der Geschäfte des Institutes zu berücksichtigen. § 25c Abs. 2 Satz 2 KWG enthält zudem explizite Mandatsbeschränkungen für CRR-Institute von erheblicher Bedeutung. Ein Institut ist gemäß § 25c Abs. 2 Satz 6 KWG grundsätzlich von erheblicher Bedeutung, wenn seine Bilanzsumme im Durchschnitt zu den jeweiligen Stichtagen der letzten drei abgeschlossenen Geschäftsjahre 15 Milliarden Euro erreicht oder überschritten hat. Darüber hinaus gelten als Institute von erheblicher Bedeutung stets

- Institute, die im Rahmen des Single Supervisory Mechanism (SSM) von der EZB beaufsichtigt werden,
- Institute, die als potenziell systemgefährdend im Sinne des § 20 Abs. 1 Satz 3 SAG eingestuft werden, und
- Finanzhandelsinstitute im Sinne des § 25f Abs. 1 KWG.

2.14 Gesamtverantwortung der Geschäftsleitung auf Gruppenebene

Nach § 25a Abs. 3 KWG sind die Geschäftsleiter des übergeordneten Unternehmens einer Instituts- **67** gruppe, Finanzholding-Gruppe, gemischten Finanzholding-Gruppe und Unterkonsolidierungsgruppe gemäß Art. 22 CRR für die Einhaltung der aufsichtsrechtlichen Anforderungen auf Gruppenebene verantwortlich[53] (»Prinzip der Gesamtverantwortung«). Vor diesem Hintergrund ist im Rahmen der zweiten MaRisk-Novelle auch die Verantwortlichkeit von Geschäftsleitern für das gruppenweite Risikomanagement stärker in den Fokus der Anforderungen gerückt.

Im Unterschied zur Institutsebene sind die Verantwortlichkeiten auf Gruppenebene jedoch nicht **68** immer klar zurechenbar. Das ist insbesondere dann der Fall, wenn Interessenlagen auf Instituts- und Gruppenebene voneinander abweichen. Die Geschäftsleiter der nachgeordneten Unternehmen sind in erster Linie gegenüber ihrem eigenen Unternehmen verpflichtet. Nicht nur das Gesellschaftsrecht (§ 76 AktG), sondern letztlich auch das Bankaufsichtsrecht selbst (§ 25a Abs. 1 KWG) schreiben diese Rangordnung explizit vor. Das daraus resultierende Spannungsfeld wird in einschlägigen bankaufsichtlichen Regelungen zwar adressiert, bislang aber nicht zufriedenstellend gelöst (→ AT 4.5 Tz. 1).

Im Rahmen des Trennbankengesetzes wurden auch die Anforderungen an die Geschäftsleiter **69** des übergeordneten Unternehmens in § 25c Abs. 4b KWG in Form von Sicherstellungspflichten

---

51 In der Fachliteratur wurde daher frühzeitig die Meinung vertreten, dass die Befähigung zur Erfüllung der erweiterten Aufgaben der MaRisk letztlich auch eine Frage der fachlichen Eignung der Geschäftsleitung ist. Vgl. Piepel, Bernhard, MaRisk-Novelle: Erschwerter Zugang zur Geschäftsleiterposition?, in: BankPraktiker, Heft 9/2010, S. 312 ff.

52 Vgl. Bundesanstalt für Finanzdienstleistungsaufsicht, Merkblatt zu den Geschäftsleitern gemäß KWG, ZAG und KAGB vom 4. Januar 2016, geändert am 31. Januar 2017, S. 19.

53 In Deutschland existierte mit § 25a Abs. 1a KWG a. F. bereits seit dem Finanzkonglomeraterichtlinie-Umsetzungsgesetz aus dem Jahre 2004 eine gesetzliche Vorschrift, die das Risikomanagement auf Gruppenebene und die Verantwortung der Geschäftsleitung des übergeordneten Unternehmens betrifft. Die Regelung erstreckte sich zunächst auf Institutsgruppen, Finanzholding-Gruppen, gemischte Finanzholding-Gruppen und Finanzkonglomerate. Für Finanzkonglomerate ergeben sich die Anforderungen an das Risikomanagement auf Gruppenebene seit Inkrafttreten des Finanzkonglomerate-Aufsichtsgesetzes (FKAG) im Juli 2013 aus § 25 Abs. 1 FKAG. Die Vorgaben des § 25a Abs. 1a KWG a. F. wurden später durch das CRD IV-Umsetzungsgesetz angepasst und nach § 25a Abs. 3 KWG verschoben (→ AT 4.5 Tz. 1).

umfassend geregelt. Neben einigen redaktionellen Abweichungen zu den MaRisk werden die Anforderungen an das Risikomanagement auf Gruppenebene in diesem Zusammenhang detailliert aufgeführt. Dabei wird deutlich, dass sich diese Vorgaben nur marginal von jenen Anforderungen unterscheiden, die auf Institutsebene zu berücksichtigen sind.

2.15 Anforderungen von EBA und EZB an die Geschäftsleitereignung

70 Nach dem in Deutschland vorherrschenden dualistischen System der Verwaltungsorgane unterscheidet das KWG (und damit auch die MaRisk) zwischen der Geschäftsleitung gemäß § 25c KWG und dem Aufsichtsorgan gemäß § 25d KWG. Die Anforderungen der EBA an Geschäftsleiter und Aufsichtsorgane decken vor dem Hintergrund unterschiedlicher Unternehmensführungsstrukturen in den EU-Mitgliedstaaten dagegen sowohl das monistische (Geschäftsführungs- und Aufsichtsaufgaben obliegen einem Organ) als auch das dualistische System der Verwaltungsorgane (Geschäftsführungs- und Aufsichtsaufgaben obliegen zwei Organen) ab. Folgerichtig unterscheiden die EBA-Leitlinien zwischen dem »Leitungsorgan in seiner Leitungsfunktion« (d. h. der Geschäftsleitung gemäß § 25c KWG) und dem »Leitungsorgan in seiner Aufsichtsfunktion« (d. h. dem Aufsichtsorgan gemäß § 25d KWG).[54] Die EBA-Leitlinien zur internen Governance enthalten umfangreiche Vorgaben für die Rollen und die Zusammensetzung der Leitungsorgane (Geschäftsleitung und Aufsichtsorgan) sowie für die Vorsitzenden dieser Leitungsorgane und deren Ausschüsse.[55] Die Anforderungen an die individuelle und kollektive Eignung der Mitglieder der Leitungsorgane sind in den gemeinsam von der EBA und der ESMA veröffentlichten Leitlinien zur Bewertung der Eignung von Mitgliedern des Leitungsorgans und Inhabern von Schlüsselfunktionen geregelt.[56]

71 Mit dem Inkrafttreten des Einheitlichen Aufsichtsmechanismus (Single Supervisory Mechanism, SSM) am 4. November 2014 ist die Zuständigkeit für die Beurteilung der fachlichen Qualifikation und persönlichen Zuverlässigkeit der Mitglieder der Geschäftsleitung von Instituten auf die EZB übergegangen, wenn es sich um bedeutende Institute (Significant Institutions, SI) handelt. Gemäß § 6 Abs. 4 SSM-Verordnung verbleibt lediglich die Zuständigkeit für reguläre Bestellungen von Geschäftsleitern in weniger bedeutenden Instituten (Less Significant Institutions, LSI), d. h. nicht im Zusammenhang mit Zulassungen oder qualifizierten Beteiligungen, bei der BaFin. Auch die EZB unterscheidet zwischen der »Leitungsfunktion« (mit Geschäftsführungsverantwortung) und der »Aufsichtsfunktion« (ohne Geschäftsführungsverantwortung).[57] Die EZB beurteilt in ihrer Verwaltungspraxis die fachliche Qualifikation und die persönliche Zuverlässigkeit der Geschäftsleiter anhand von fünf Kriterien:

– Erfahrung,
– Leumund,
– Interessenkonflikte und Unvoreingenommenheit,

---

54 Vgl. European Banking Authority, Leitlinien zur internen Governance, EBA/GL/2017/11, 21. März 2018, S. 3 f.; European Banking Authority/European Securities and Markets Authority, Leitlinien zur Bewertung der Eignung von Mitgliedern des Leitungsorgans und Inhabern von Schlüsselfunktionen, EBA/GL/2017/12, 21. März 2018, S. 4.

55 Vgl. European Banking Authority, Leitlinien zur internen Governance, EBA/GL/2017/11, 21. März 2018, S. 9 ff.

56 European Banking Authority/European Securities and Markets Authority, Leitlinien zur Bewertung der Eignung von Mitgliedern des Leitungsorgans und Inhabern von Schlüsselfunktionen, EBA/GL/2017/12, 21. März 2018.

57 Vgl. Europäische Zentralbank, Leitfaden zur Beurteilung der fachlichen Qualifikation und persönlichen Zuverlässigkeit, 15. Mai 2017, S. 4.

- Zeitaufwand, sowie
- kollektive Eignung.[58]

Auch nach den Vorstellungen der EZB müssen die Geschäftsleiter ausreichende Kenntnisse, **72** Fähigkeiten und Erfahrung für die Wahrnehmung ihrer Aufgaben besitzen. Die EZB erwartet konkret, dass alle Mitglieder der Geschäftsleitung mindestens über grundlegende theoretische Erfahrung im Bankgeschäft verfügen, die ihnen ein Verständnis der Geschäfte des Institutes und der wesentlichen Risiken erlaubt. Voraussetzung ist eine grundlegende theoretische Erfahrung in den folgenden Bereichen[59]:

- Finanzmärkte,
- Regulierungsrahmen und rechtliche Anforderungen,
- strategische Planung, einschließlich Verständnis von der Geschäftsstrategie bzw. dem Geschäftsplan eines Kreditinstitutes und deren Umsetzung,
- Risikomanagement (Ermittlung, Bewertung, Überwachung, Kontrolle und Eindämmung der Hauptrisiken eines Kreditinstitutes), einschließlich Erfahrung mit direktem Bezug zu den Verantwortlichkeiten des jeweiligen Mitgliedes,
- Rechnungslegung und Revision,
- Beurteilung der Wirksamkeit von Regelungen eines Kreditinstitutes im Hinblick auf eine effektive Unternehmensführung und Überwachung sowie wirksame Kontrollen,
- Auswertung von Finanzinformationen eines Kreditinstitutes, Aufdeckung von wesentlichen Problemen auf Basis dieser Informationen sowie angemessene Kontrollen und Maßnahmen.

Die Beurteilung der praktischen Erfahrung erfolgt nach den Vorgaben der EZB vor dem Hinter- **73** grund früherer Positionen unter Berücksichtigung der Beschäftigungsdauer, der Größe des Unternehmens, des Verantwortungsbereiches, der Zahl der unterstellten Mitarbeiter, der Art der ausgeführten Tätigkeiten, der Relevanz der gesammelten Erfahrung etc.[60]

---

58 Vgl. Europäische Zentralbank, Leitfaden zur Beurteilung der fachlichen Qualifikation und persönlichen Zuverlässigkeit, 15. Mai 2017, S. 11 ff. Die fünf Kriterien entsprechen den Vorgaben von EBA und ESMA. Vgl. European Banking Authority/European Securities and Markets Authority, Leitlinien zur Bewertung der Eignung von Mitgliedern des Leitungsorgans und Inhabern von Schlüsselfunktionen, EBA/GL/2017/12, 21. März 2018, S. 16 ff.

59 Vgl. Europäische Zentralbank, Leitfaden zur Beurteilung der fachlichen Qualifikation und persönlichen Zuverlässigkeit, 15. Mai 2017, S. 11 f. Vgl. auch die Mindestvorgaben von EBA und ESMA in European Banking Authority/European Securities and Markets Authority, Leitlinien zur Bewertung der Eignung von Mitgliedern des Leitungsorgans und Inhabern von Schlüsselfunktionen, EBA/GL/2017/12, 21. März 2018, S. 20 f.

60 Vgl. Europäische Zentralbank, Leitfaden zur Beurteilung der fachlichen Qualifikation und persönlichen Zuverlässigkeit, 15. Mai 2017, S. 12. Die EZB verwendet zur Beurteilung der fachlichen Qualifikation und Zuverlässigkeit einen zweistufigen Ansatz, wobei in Stufe 1 die Erfahrung des betreffenden Geschäftsleiters anhand von Schwellenwerten beurteilt und dabei ein ausreichendes Maß an Erfahrung unterstellt wird. Wenn diese Schwellenwerte nicht erreicht werden, kann der betreffende Geschäftsleiter noch nach einer ergänzenden Beurteilung (Stufe 2) als geeignet betrachtet werden. Vgl. Europäische Zentralbank, Leitfaden zur Beurteilung der fachlichen Qualifikation und persönlichen Zuverlässigkeit, 15. Mai 2017, S. 12 ff.

3 Einzelverantwortung der Geschäftsleiter (Tz. 2)

74 **2** Ungeachtet der Gesamtverantwortung der Geschäftsleitung für die ordnungsgemäße Geschäftsorganisation und insbesondere für ein angemessenes und wirksames Risikomanagement ist jeder Geschäftsleiter für die Einrichtung angemessener Kontroll- und Überwachungsprozesse in seinem jeweiligen Zuständigkeitsbereich verantwortlich.

3.1 Verantwortung für den Geschäftsbereich

75 Im Zuge der fünften MaRisk-Novelle wurde eine neue Textziffer ergänzt, wonach jeder Geschäftsleiter für die Einrichtung angemessener Kontroll- und Überwachungsmaßnahmen in seinem jeweiligen Verantwortungsbereich verantwortlich ist. Es handelt sich lediglich um eine Klarstellung, dass ein Geschäftsleiter für den ihm nach der Geschäftsverteilung zugewiesenen Geschäftsbereich verantwortlich ist und sich nicht auf die in § 25a Abs. 1 KWG und den MaRisk verankerte Gesamtverantwortung der Geschäftsleitung zurückziehen kann.

76 Die Regelung gilt für alle Geschäftsleiter eines Institutes und ist Ausdruck des Modells der drei Verteidigungslinien, wonach sowohl die erste als auch die zweite Verteidigungslinie über Kontroll- und Überwachungsprozesse verfügen müssen (→ AT 4.4, Einführung). Die Interne Revision als dritte Verteidigungslinie hat risikoorientiert und prozessunabhängig die Wirksamkeit und Angemessenheit des Risikomanagements im Allgemeinen und des internen Kontrollsystems im Besonderen sowie die Ordnungsmäßigkeit grundsätzlich aller Aktivitäten und Prozesse zu prüfen und zu beurteilen (→ AT 4.4,3 Tz. 3).

AT 4 Allgemeine Anforderungen an das Risikomanagement

1 Einführung und Überblick

1.1 Risikomanagement im Überblick

Das Modul AT 4 ist das Herzstück des allgemeinen Teils der MaRisk. Die wesentlichen Elemente des Risikomanagements werden in strenger terminologischer Anlehnung an §25a Abs.1 KWG präzisiert und im Sinne eines übergeordneten Regelkreislaufes miteinander in Beziehung gesetzt **1**

(→ AT4.1 Tz. 2). Der allgemeine Charakter dieses Moduls spiegelt sich vor allem darin wider, dass im Wesentlichen weder ein konkreter Bezug zu bestimmten Geschäftsarten besteht noch eine Eingrenzung auf bestimmte Risikoarten erfolgt. Die Anforderungen finden daher unter Beachtung des Grundsatzes der Wesentlichkeit auf alle Geschäfts- und Risikoarten Anwendung. Modul AT4 ist folgendermaßen untergliedert:

- Risikotragfähigkeit (→ AT4.1),
- Strategien (→ AT4.2),
- Internes Kontrollsystem (→ AT4.3),
- Besondere Funktionen (→ AT4.4) und
- Risikomanagement auf Gruppenebene (→ AT4.5).

2 Modul AT4 ist darüber hinaus der materielle und terminologische Anknüpfungspunkt für die Module im besonderen Teil der MaRisk. Modul BT1 präzisiert die Anforderungen an das interne Kontrollsystem für bestimmte Geschäftsarten (→ BTO) sowie bestimmte Risikoarten (→ BTR). Konkretisiert werden im besonderen Teil darüber hinaus die Anforderungen an die Ausgestaltung der Internen Revision (→ BT2). Abschließend werden die Anforderungen an die Risikoberichterstattung näher erläutert (→ BT3).

3 Zum Risikomanagement gehören nach den Vorstellungen des Baseler Ausschusses für Bankenaufsicht sämtliche Prozesse, die eingerichtet wurden, um sicherzustellen, dass alle wesentlichen Risiken und die damit verbundenen Risikokonzentrationen identifiziert, gemessen, begrenzt, kontrolliert, gemindert sowie zeitnah und umfassend in die Berichterstattung einbezogen werden.[1]

1.2 Risikotragfähigkeit

4 Der Schwerpunkt der bankbetrieblichen Aktivitäten liegt im Umgang mit Risiken. Es ist daher nicht vollständig vermeidbar, dass übernommene Risiken schlagend werden und somit Verluste entstehen. Mit Hilfe der Risikotragfähigkeitsrechnung wird ermittelt, ob sich ein Institut auftretende Verluste auch »leisten« kann. Im engeren Sinne wird das Risikodeckungspotenzial den wesentlichen Risiken gegenübergestellt. Reicht das Risikodeckungspotenzial bzw. sein im Institut zur Verlustabsorption bereitgestellter Anteil (Risikodeckungsmasse) zur Abdeckung der wesentlichen Risiken aus, ist die Risikotragfähigkeit aus ökonomischer Sicht gegeben.[2] Im umgekehrten Fall ist eine Schieflage i.d.R. kaum zu vermeiden und damit der Bestand des Institutes gefährdet (→ AT4.1).

---

1 Vgl. Basel Committee on Banking Supervision, Guidelines – Corporate governance principles for banks, BCBS d328, 8.Juli 2015, S.2.

2 Im Einführungsteil zum Modul AT 4.1 (Risikotragfähigkeit) wird genauer ausgeführt, was unter dem internen Prozess zur Sicherstellung einer angemessenen Kapitalausstattung (»Internal Capital Adequacy Assessment Process«, ICAAP) zu verstehen ist. Grob zusammengefasst entspricht der ICAAP sowohl nach den Vorstellungen der EZB als auch der deutschen Aufsichtsbehörden einem Risikotragfähigkeitskonzept mit einer Risikotragfähigkeitsrechnung und einer Kapitalplanung sowie ergänzenden Stresstests. Die Risikotragfähigkeitsrechnung basiert auf dem ökonomischen Konzept der zweiten Säule (ökonomische Perspektive). Sie muss einerseits unter normalen Geschäftsbedingungen mit konservativen Parametern und andererseits unter Stressbedingungen erfolgen. Die Kapitalplanung bezieht sich auf die Einhaltung der relevanten Normen der ersten Säule in einem Basisszenario und in adversen Szenarien (normative Perspektive). Bei Betrachtung hinreichend strenger adverser Szenarien sind ergänzende Stresstests nicht erforderlich. Der ICAAP soll grundsätzlich gewährleisten, dass die Institute aus diesen beiden komplementären Perspektiven über angemessenes Kapital verfügen, um ihren Fortbestand sicherzustellen. Zudem sollten die Ergebnisse aus beiden Perspektiven in die jeweils andere Perspektive einfließen. Unter dem Risikotragfähigkeitskonzept wurde bisher nur die an dieser Stelle genannte Risikotragfähigkeitsrechnung verstanden. Die Kapitalplanung ist selbst nach dem Wortlaut der MaRisk eigentlich eine Ergänzung des Risikotragfähigkeitskonzeptes, um auch die zukünftige Fähigkeit der Institute, die eigenen Risiken tragen zu können, angemessen zu überwachen und zu planen (→ AT4.1 Tz. 11, Erläuterung). Die Leitfäden der EZB und der deutschen Aufsichtsbehörden ordnen die Kapitalplanung definitorisch nunmehr jedoch dem Risikotragfähigkeitskonzept zu. Diese etwas unklare Situation spiegelt sich in nahezu allen Regelwerken der Aufsichts- und Regulierungsbehörden wider. Es lässt sich daher nicht vollständig vermeiden, dass unter dem Begriff »Risikotragfähigkeit« an einigen Stellen nur die enge Definition (Risikotragfähigkeitsrechnung) und an anderen Stellen die weite Definition (Risikotragfähigkeitskonzept) zu verstehen ist.

1.3 Strategien

Die Vorgabe von Strategien und deren Umsetzung ist die Basis für den Erfolg eines Institutes und darüber hinaus Ausdruck unternehmerischer Initiative. Durch den Vergleich der in einem bestimmten Zeitraum erzielten Ist-Ergebnisse mit den ursprünglich angestrebten Soll-Vorgaben können darüber hinaus Abweichungen festgestellt werden, die wertvolle Hinweise auf Schwachstellen im Unternehmen oder auf zuvor falsch eingeschätzte bzw. zwischenzeitlich geänderte Umweltbedingungen liefern. Um die Planung auf eine solide Basis zu stellen, müssen zudem die maßgeblichen Einflussfaktoren gründlich analysiert werden. In den MaRisk wird zwischen Geschäfts- und Risikostrategie differenziert. Hinsichtlich der Strategien werden allgemeine Vorgaben gemacht, die grundsätzlich bei jeder Unternehmensplanung zu berücksichtigen sind. Die Anforderungen an den prozessualen Rahmen, in dem Institute ihre Strategien planen, umsetzen, beurteilen und anpassen, wurden im Zuge der dritten MaRisk-Novelle weiter ausgebaut ($\rightarrow$ AT 4.2). **5**

1.4 Interne Kontrollverfahren

Mit Blick auf § 25a Abs. 1 Satz 3 KWG fällt auf, dass ein wesentlicher Begriff aus dem Gesetzestext in der Gliederung dieses Moduls gar nicht auftaucht. Im KWG werden als Kernbestandteile eines angemessenen und wirksamen Risikomanagements an erster Stelle die Risikotragfähigkeit, die Strategien und die »internen Kontrollverfahren« genannt, die wiederum aus einem internen Kontrollsystem und einer Internen Revision bestehen. Das interne Kontrollsystem umfasst laut KWG insbesondere die Aufbau- und Ablauforganisation ($\rightarrow$ AT 4.3.1), die Risikosteuerungs- und -controllingprozesse ($\rightarrow$ AT 4.3.2), die Risikocontrolling-Funktion und die Compliance-Funktion. In der MaRisk werden den besonderen Funktionen, zu denen die Risikocontrolling-Funktion ($\rightarrow$ AT 4.4.1), die Compliance-Funktion ($\rightarrow$ AT 4.4.2) und die Interne Revision ($\rightarrow$ AT 4.4.3) gehören, im Rahmen des traditionellen Modells der drei Verteidigungslinien bestimmte Aufgaben zugewiesen. Aufgrund ihrer herausragenden Bedeutung für das Risikomanagement eines Institutes werden die besonderen Funktionen separat behandelt. **6**

Die Bezeichnung »interne Kontrollverfahren« wird allerdings nicht einheitlich verwendet. Zum Beispiel versteht der Baseler Ausschuss für Bankenaufsicht unter dem »internen Kontrollsystem« (»internal control system«) eine Zusammenstellung von Regeln und Kontrollen, die die Aufbau- und Ablauforganisation eines Institutes bestimmen, einschließlich der Prozesse zur Berichterstattung, sowie der Risikocontrolling-Funktion, der Compliance-Funktion und der Internen Revision.[3] Da die Interne Revision, die laut KWG als prozessunabhängige Überwachungseinheit gerade nicht zum internen Kontrollsystem gehört, ebenso aufgeführt wird, stellt der Baseler Ausschuss damit auf die »internen Kontrollverfahren« im Sinne des KWG ab. In Deutschland wiederum werden die »internen Kontrollverfahren« nach KWG vom Institut der Wirtschaftsprüfer (IDW) als »internes Überwachungssystem« bezeichnet. Darüber hinaus verstehen die Wirtschaftsprüfer unter dem »internen Kontrollsystem« übergreifend sämtliche Regelungen zur Steuerung der Unternehmensaktivitäten und deren Überwachung.[4] **7**

---

3 Vgl. Basel Committee on Banking Supervision, Guidelines – Corporate governance principles for banks, BCBS d328, 8. Juli 2015, S. 1.
4 Vgl. Institut der Wirtschaftsprüfer, Prüfungsstandard 525 (IDW PS 525), Die Prüfung des Risikomanagements von Kreditinstituten im Rahmen der Abschlussprüfung, in: Die Wirtschaftsprüfung Supplement, Heft 3/2010, S. 4 ff.

1.5 Internes Kontrollsystem

8 Das interne Kontrollsystem umfasst alle Formen von Überwachungsmechanismen, die integraler Bestandteil der zu überwachenden Prozesse sind (prozessabhängige Überwachung). Die für derartige Überwachungsaufgaben zuständigen Mitarbeiter oder Stellen sind an den jeweiligen Arbeitsprozessen beteiligt und häufig auch für das Ergebnis der zu überwachenden Prozesse verantwortlich. Zu den prozessabhängigen Kontrollen zählen z.B. Funktionstrennungen, innerbetriebliche Organisationsrichtlinien und das Vier-Augen-Prinzip. In Anlehnung an § 25a Abs. 1 KWG wird bei den Anforderungen an das interne Kontrollsystem zwischen den aufbau- und ablauforganisatorischen Regelungen (→ AT 4.3.1) und den Risikosteuerungs- und -controllingprozessen differenziert (→ AT 4.3.2). Vor dem Hintergrund umfangreicher regulatorischer Initiativen wurden im Rahmen der dritten MaRisk-Novelle die Anforderungen an die Durchführung von Stresstests in ein gesondertes Modul überführt (→ AT 4.3.3). Mit der fünften MaRisk-Novelle wurden die Anforderungen an das Management und die Aggregation von Risikodaten ergänzt (→ AT 4.3.4).

1.6 Besondere Funktionen

9 Die Risikocontrolling- und die Compliance-Funktion gehören ebenfalls zum internen Kontrollsystem. Diese beiden Funktionen werden seit der vierten MaRisk-Novelle explizit genannt (→ AT 4.4.1 und AT 4.4.2). Die Risikocontrolling-Funktion ist vorrangig für die Überwachung der Risiken und die damit verbundene Berichterstattung zuständig. Die Compliance-Funktion muss in erster Linie dafür Sorge tragen, dass jene Risiken, die sich aus der Nichteinhaltung rechtlicher Regelungen und Vorgaben ergeben können, wirksam überwacht und gesteuert werden. Mit der fünften MaRisk-Novelle wurden für beide Funktionen die organisatorischen Vorgaben präzisiert.

10 Die Interne Revision prüft und beurteilt als unabhängige Instanz (prozessunabhängige Überwachung) im Auftrag der Geschäftsleitung vor allem die Wirksamkeit und Angemessenheit wesentlicher Elemente des Risikomanagements (→ AT 4.4.3). Hierzu zählen neben dem internen Kontrollsystem insbesondere auch das Risikotragfähigkeitskonzept sowie die Strategieprozesse des Institutes. Die Geschäftsleitung kann somit auf der Grundlage der Prüfungsergebnisse der Internen Revision frühzeitig gegen Mängel im internen Kontrollsystem oder andere Unstimmigkeiten vorgehen. Die Interne Revision leistet damit einen wichtigen Beitrag zur Qualitätssicherung wesentlicher Elemente des Risikomanagements. Eine funktionsfähige Interne Revision stiftet daher auch aus betriebswirtschaftlicher Sicht einen großen Nutzen für das Institut.

1.7 Risikomanagement auf Gruppenebene

11 Die zweite MaRisk-Novelle vom August 2009 führte zu einer Konsolidierung und Ergänzung der Anforderungen an das Risikomanagement auf Gruppenebene (→ AT 4.5). Damit reagierte die Aufsicht auf den Umstand, dass die Finanzmärkte immer stärker von Konzernen dominiert werden. Zudem wurden die für die Gruppenebene maßgeblichen gesetzlichen Regelungen erstmalig umfassend durch Verwaltungsvorschriften präzisiert. Wie auf Institutsebene geht es auch auf Gruppenebene um die Festlegung und Umsetzung von Strategien, die Sicherstellung der Risikotragfähigkeit, prozessuale Vorgaben, die Einrichtung angemessener Risikosteuerungs- und -controllingprozesse sowie eine »Konzernrevision«. Verantwortlich für das Risikomanagement auf

Gruppenebene ist das übergeordnete Unternehmen der Gruppe (in Abstimmung mit den übrigen gruppenangehörigen Unternehmen). Die Ausgestaltung des Risikomanagements auf Gruppenebene hängt insbesondere von Art, Umfang, Komplexität und Risikogehalt der von der Gruppe betriebenen Geschäfte ab. Außerdem sind die gesellschaftsrechtlichen Möglichkeiten zu berücksichtigen, die sich in der Praxis häufig als problematisch erweisen. Die »Reichweite« des gruppenweiten Risikomanagements erstreckt sich auf alle »wesentlichen Risiken« der Gruppe, unabhängig davon, ob sie von konsolidierungspflichtigen Unternehmen verursacht werden oder nicht.

1.8 Abgrenzung von Risikoappetit, Risikotragfähigkeit und Risikoprofil

Eine Arbeitsgruppe der Senior Supervisors Group (SSG)[5] hat die Begriffe »Risikoappetit«, »Risikotragfähigkeit« und »Risikoprofil« im Dezember 2010 wie folgt voneinander abgegrenzt und gleichzeitig deren Zusammenhänge dargestellt[6]: **12**
- Der »Risikoappetit« (»risk appetite«) beschreibt die Art und das Niveau der Risiken, die ein Unternehmen angesichts seiner wirtschaftlichen Ziele und Verpflichtungen gegenüber den Anspruchsberechtigten in der Lage und willens ist, mit seinen Geschäftsaktivitäten einzugehen.[7] Der Risikoappetit wird i.d.R. sowohl in quantitativer als auch in qualitativer Hinsicht ausgedrückt und sollte auch extreme Bedingungen, Ereignisse und Ergebnisse berücksichtigen. Darüber hinaus sollte der Risikoappetit mögliche Auswirkungen auf die Ertragssituation, die Kapitalausstattung und die Liquiditäts-/Refinanzierungssituation widerspiegeln.
- Die »Risikotragfähigkeit« (»risk capacity«) bezeichnet die Art und das gesamte Niveau der Risiken, auf dem ein Unternehmen im Rahmen der Beschränkungen durch die Kapitalausstattung und die Liquiditäts-/Refinanzierungssituation sowie durch weitere Verpflichtungen gegenüber externen Anspruchsberechtigten tätig sein kann.[8] Die Risikotragfähigkeit ist eine Maximalgröße, deren vollständige Auslastung nicht unbedingt wünschenswert ist. Das bedeutet, dass ein Unternehmen einen Puffer zwischen der Risikotragfähigkeit und dem Risikoappetit festlegen und regelmäßig steuern könnte.
- Das »Risikoprofil« (»risk profile«) ist die mit Hilfe verschiedener Instrumente und Maßnahmen zu einem bestimmten Zeitpunkt (»point-in-time«) vorgenommene Bewertung der von einem Unternehmen tatsächlich eingegangenen gesamten Risiken, die mit seinen Geschäftsaktivitäten verbunden sind. Generell sollte ein Unternehmen bestrebt sein, sein Risikoprofil innerhalb seines vorgegebenen Risikoappetits zu halten, und sicherstellen, dass sein Risikoprofil nicht seine Risikotragfähigkeit überschreitet.

Die dargestellte Abgrenzung eignet sich grundsätzlich auch für die Zwecke der MaRisk. Dabei sollte allerdings die folgende Unterscheidung beachtet werden: Einige Institute verwenden als Synonym für »Risikoappetit« im o.g. Sinne u.a. auch die Begriffe »Risikobereitschaft«, »Risikoneigung« oder **13**

---

5 In der »Senior Supervisors Group« (SSG) arbeiten ranghohe Vertreter von Aufsichtsbehörden aus mehreren Ländern zusammen (Deutschland, Frankreich, Großbritannien, Italien, Japan, Kanada, Niederlande, Schweiz, Spanien, USA). Für Deutschland ist in der SSG die BaFin vertreten. Insofern können die Papiere der SSG auch als maßgeblich für die Aufsichtspraxis der BaFin angesehen werden.

6 Vgl. Senior Supervisors Group, Observations on Developments in Risk Appetite Frameworks and IT Infrastructure, 23. Dezember 2010, S. 5 (Fußnote 2).

7 Die EBA verweist darauf, dass der Risikoappetit auch im Einklang mit dem Geschäftsmodell zum Erreichen der strategischen Ziele festgelegt werden sollte. Vgl. European Banking Authority, Leitlinien zur internen Governance, EBA/GL/2017/11, 21. März 2018, S. 4 f.

8 Die EBA nennt zusätzlich auch die regulatorischen Beschränkungen. Vgl. European Banking Authority, Leitlinien zur internen Governance, EBA/GL/2017/11, 21. März 2018, S. 5.

»Risikotoleranz«. Andere Institute unterscheiden zwischen der absoluten Risikohöhe, die sie grundsätzlich akzeptieren möchten (»Risikoappetit«) und den tatsächlichen Beschränkungen (wie z. B. Risikolimiten), in deren Rahmen sie ihrem Risikoappetit im Tagesgeschäft nachkommen (»Risikotoleranz«).

14   CEBS hat die Begriffe Risikotoleranz und Risikoappetit grundsätzlich synonym verwendet, die skizzierte zweistufige Vorgehensweise jedoch als eine mögliche Option betrachtet.[9] Auch der Finanzstabilitätsrat (FSB) räumt ein, dass diese Begriffe mit leicht unterschiedlicher Bedeutung verwendet werden können, sieht aber von einer Unterscheidung ab und verwendet der Übersichtlichkeit und Einfachheit halber nur den Begriff Risikoappetit.[10]

1.9   Zusammenhang von Risikoappetit, Risikotragfähigkeit und Risikoprofil

15   Das Risikoprofil betrifft insofern die konkrete Ausgangssituation zum Betrachtungszeitpunkt, wenn es um die Festlegung des Risikoappetits geht. Der FSB und der Baseler Ausschuss für Bankenaufsicht erwarten von den Instituten, sowohl die Bruttorisikoposition, d. h. die Risikoposition vor Anwendung von Risikominderungen, als auch die Nettorisikoposition, also unter Berücksichtigung von Risikominderungen, innerhalb und über jede wesentliche Risikokategorie hinweg auf der Basis aktueller oder zukunftsorientierter Annahmen zu berechnen.[11] Das Risikoprofil wird im Rahmen der Risikoinventur bestimmt (→ AT 2.2 Tz. 1). Die bedeutenden Institute sollten bei der Risikoidentifizierung nach den Vorstellungen der EZB ebenfalls einem »Bruttoansatz« folgen und die Wirksamkeit der Risikominderungsmaßnahmen erst anschließend beurteilen.[12]

16   Auf der Grundlage des Risikoprofils ist ein interner Prozess zur Sicherstellung der Risikotragfähigkeit einzurichten (→ AT 4.1 Tz. 1 und 2). Die Risikotragfähigkeit bezeichnet die maximale Höhe jener Risiken, die ein Institut angesichts seiner Eigenmittelausstattung, seiner Risikomanagement- und Kontrollkapazitäten sowie seiner aufsichtsrechtlichen Beschränkungen eingehen kann.[13] Insofern geht es bei der Berechnung der Risikotragfähigkeit zunächst darum, die bestehenden Möglichkeiten des Institutes zum Eingehen von Risiken auszuloten. Dabei spielt neben dem Risikoniveau auch eine Rolle, welchen Arten von Risiken das Institut durch seine Geschäftsaktivitäten in welchem Ausmaß konkret ausgesetzt ist. Ebenso wichtig sind die Qualität des Risikomanagements, die sich hinsichtlich der verschiedenen Risikoarten durchaus unterscheiden kann, sowie die technische Infrastruktur und das im Institut vorhandene Fachwissen.[14]

17   Besteht insoweit Klarheit über die vorhandenen Möglichkeiten, so geht es schließlich um die institutsinterne Festlegung, in welchem Umfang diese Möglichkeiten zum Eingehen von Risiken vom Institut tatsächlich genutzt werden möchten. Der Risikoappetit zielt also auf die Bereitschaft

---

9   Vgl. Committee of European Banking Supervisors, Consultation paper on the Guidebook on Internal Governance (CP 44), 13. Oktober 2010, S. 7.

10   Vgl. Financial Stability Board, Principles for An Effective Risk Appetite Framework, 18. November 2013, S. 3.

11   Vgl. Financial Stability Board, Principles for An Effective Risk Appetite Framework, 18. November 2013, S. 3; Basel Committee on Banking Supervision, Guidelines – Corporate governance principles for banks, BCBS d328, 8. Juli 2015, S. 2.

12   Vgl. Europäische Zentralbank, Leitfaden der EZB für den bankinternen Prozess zur Sicherstellung einer angemessenen Kapitalausstattung (Internal Capital Adequacy Assessment Process – ICAAP), 9. November 2018, S. 29; Europäische Zentralbank, Leitfaden der EZB für den bankinternen Prozess zur Sicherstellung einer angemessenen Liquiditätsausstattung (Internal Liquidity Adequacy Assessment Process – ILAAP), 9. November 2018, S. 23.

13   Vgl. Basel Committee on Banking Supervision, Guidelines – Corporate governance principles for banks, BCBS d328, 8. Juli 2015, S. 2; European Banking Authority, Leitlinien zur internen Governance, EBA/GL/2017/11, 21. März 2018, S. 4 ff.

14   Vgl. Financial Stability Board, Principles for an Effective Risk Appetite Framework, 18. November 2013, S. 2.

des Institutes ab, Risiken in einer bestimmten Höhe im Rahmen seiner Risikotragfähigkeit sowie im Einklang mit seinem Geschäftsmodell zum Erreichen seiner strategischen Ziele einzugehen.[15] Welchen Anteil der Risikoappetit an der Risikotragfähigkeit ausmacht, kann auch davon abhängen, wie konservativ bereits bei der Berechnung der Risikotragfähigkeit vorgegangen wurde. Insbesondere bei einer weniger konservativen Vorgehensweise ist es nicht ratsam, den Risikoappetit lediglich am normalen Geschäftsverlauf zu orientieren und dabei mögliche adverse Entwicklungen vollständig auszublenden. Die Geschäftsleitung hat den Risikoappetit des Institutes für alle wesentlichen Risiken im Rahmen der Strategieformulierung festzulegen (→ AT 4.2 Tz. 2). Damit trifft sie eine bewusste Entscheidung darüber, in welchem Umfang sie bereit ist, Risiken einzugehen. Der Risikoappetit kann sowohl durch quantitative Vorgaben (z.B. Strenge der Risikomessung, Globallimite, Festlegung von Puffern für bestimmte Stressszenarien) als auch durch qualitative Festlegungen (z.B. Anforderung an die Besicherung von Krediten, Vermeidung bestimmter Geschäfte) zum Ausdruck gebracht werden (→ AT 4.2 Tz. 2, Erläuterung).

1.10 Corporate und Internal Governance

Im Rahmen der gesamten Unternehmensführung (»Corporate Governance«) umfasst die interne Governance (»Internal Governance«) die Definition der Rollen und Verantwortlichkeiten der relevanten Personen, Funktionen, Gremien und Ausschüsse innerhalb eines Institutes sowie deren Zusammenspiel. Die interne Governance bezieht sich insofern auf die interne Organisation eines Institutes sowie die Art und Weise, wie es seine Geschäfte betreibt und seine Risiken steuert.[16] **18**

Die »interne Governance« umfasst alle Standards und Grundsätze, die mit der Festlegung der Ziele, der Strategien und des Rahmens für das Risikomanagement (»Risk Management Framework«, RMF) eines Institutes zusammenhängen. Dazu gehören auch die Vorgaben, wie seine Geschäftätigkeit organisiert ist, wie Verantwortlichkeiten und Kompetenzen definiert und zugewiesen werden, wie Berichtslinien eingerichtet werden und welche Informationen sie vermitteln und wie der interne Kontrollrahmen organisiert und umgesetzt wird, einschließlich der Rechnungslegung und der Vergütungspolitik. Die interne Governance umfasst auch solide Informationstechnologiesysteme, Auslagerungsvereinbarungen und das Management der Geschäftsfortführung unter schwierigen Bedingungen (»Business Continuity Management«, BCM).[17] **19**

1.11 Rahmen für den Risikoappetit

Die interne Governance und das Risikomanagement eines Institutes haben einen erheblichen Einfluss auf sein Gesamtrisikoprofil und die Tragfähigkeit seines Geschäftsmodells. Die EZB konzentriert sich im Rahmen des SREP deshalb insbesondere auf die Solidität der Geschäftsmodelle und die Rentabilität des Bankensektors in einem Umfeld, in dem die Institute mit wirtschaftlichen, finanziellen, wettbewerblichen und regulatorischen Herausforderungen konfrontiert sind. Geringe Rentabilität und Druck auf die Geschäftsmodelle könnten nach Einschätzung der EZB einige Institute **20**

---

15 Vgl. Financial Stability Board, Principles for An Effective Risk Appetite Framework, 18. November 2013, S. 3; Basel Committee on Banking Supervision, Guidelines – Corporate governance principles for banks, BCBS d328, 8. Juli 2015, S. 1 f.; European Banking Authority, Leitlinien zur internen Governance, EBA/GL/2017/11, 21. März 2018, S. 4 ff.

16 Vgl. European Central Bank, SSM supervisory statement on governance and risk appetite, 21. Juni 2016, S. 4.

17 Vgl. European Banking Authority, Final Report – Guidelines on internal governance under Directive 2013/36/EU, EBA/GL/2017/11, 26. September 2017, S. 7.

zu einer gefährlichen Suche nach Rendite zwingen, insbesondere im Zusammenhang mit preiswerten und umfangreichen Refinanzierungsmaßnahmen. Die Institute und die Aufsichtsbehörden müssen daher darauf achten, dass sich die Geschäftsmodelle langfristig nachhaltig entwickeln.[18]

21 Dies lenkt den Fokus auf solide Governance- und Risikomanagementpraktiken innerhalb eines klar formulierten Rahmens für den Risikoappetit (»Risk Appetite Framework«, RAF). Der RAF ist das Gesamtkonzept, mit dem der Risikoappetit festgelegt, kommuniziert und überwacht wird, einschließlich der zugehörigen Richtlinien, Prozesse, Kontrollen und Systeme. Der RAF umfasst die Erklärung zum Risikoappetit, das Limitsystem und eine Beschreibung der Aufgaben und Verantwortlichkeiten derjenigen, die für die Umsetzung und Überwachung des RAF verantwortlich sind. Das betrifft vor allem die besonderen Funktionen (→ AT 4.4). Der RAF sollte die wesentlichen Risiken für das Institut und seine Reputation hinsichtlich der Anspruchsberechtigten, Einleger, Investoren und Kunden berücksichtigen und sich an der Strategie des Institutes orientieren.[19]

22 Der Baseler Ausschuss für Bankenaufsicht hat zusätzlich zwischen dem RAF und dem Rahmen für die Risikosteuerung (»risk governance framework«, RGF) unterschieden. Dabei wurde der RGF als Rahmen definiert, in dem die Geschäftsleitung und das Management die Strategie und den Umgang mit Risiken begründet und entsprechende Entscheidungen trifft, den Risikoappetit und die Risikolimite unter Berücksichtigung der Strategie festlegt und deren Einhaltung überwacht sowie die Risiken identifiziert, beurteilt, steuert und überwacht.[20]

23 In den MaRisk werden alle genannten Komponenten des RGF und des RAF berücksichtigt. Im Kern hat die Geschäftsleitung eine mit der Geschäftsstrategie und den daraus resultierenden Risiken konsistente Risikostrategie festzulegen. In der Risikostrategie ist, unter Berücksichtigung von Risikokonzentrationen, insbesondere für alle wesentlichen Risiken der Risikoappetit des Institutes festzulegen (→ AT 4.2 Tz. 2).

24 Aus Sicht der EZB sollte letztlich das Gesamtrisikoprofil der Institute vom gruppenweiten RAF und seiner Umsetzung begrenzt und bestimmt werden. Darüber hinaus ist der RAF ein entscheidendes Element in der Entwicklung und Umsetzung der Strategie eines Institutes, indem er auf strukturierte Art und Weise die Verbindung zwischen den übernommenen Risiken und der Angemessenheit der Kapitalausstattung sowie den strategischen Zielen des Institutes darlegt. Im Rahmen des RAF sollten die Institute auch ihre möglichen Management-Puffer festsetzen und berücksichtigen (→ AT 4.1 Tz. 11).[21]

25 Die EZB erwartet von den bedeutenden Instituten die Entwicklung und Einführung eines umfassenden RAF, der ihr Risikobewusstsein stärken und eine angemessene Risikokultur fördern sollte. Es sollten Risikokennzahlen und -limite entlang der Geschäftsbereiche festgelegt werden, für die eine regelmäßige Überwachung und Berichterstattung an die Geschäftsleitung und das Aufsichtsorgan erfolgt. Der RAF sollte außerdem im Einklang mit der Geschäftsplanung, der strategischen Entwicklung, der Kapital- und Liquiditätsplanung, der Sanierungsplanung sowie den Vergütungssystemen der Institute stehen.[22] Die EZB empfiehlt den bedeutenden Instituten zudem ein aggregiertes und konsolidiertes Dashboard, in dem die Risikopositionen und Risikolimite mit dem Risikoappetit verglichen werden, um die Geschäftsleitung bei der Überwachung des Risikoprofils zu unterstützen. Die wesentlichen nicht-finanziellen Risiken (»non financial risks«, NFR), wie insbesondere Compliance-Risiken, Reputationsrisiken, IT-Risiken, Rechtsrisiken und Verhaltensrisiken, sollten zumindest mit qualitativen Aussagen berücksichtigt werden. Um die Übersichtlichkeit des Dashboards

---

18 Vgl. European Central Bank, SSM supervisory statement on governance and risk appetite, 21. Juni 2016, S. 2 ff.

19 Vgl. Financial Stability Board, Principles for An Effective Risk Appetite Framework, 18. November 2013, S. 2; Basel Committee on Banking Supervision, Guidelines – Corporate governance principles for banks, BCBS d328, 8. Juli 2015, S. 2.

20 Vgl. Basel Committee on Banking Supervision, Guidelines – Corporate governance principles for banks, BCBS d328, 8. Juli 2015, S. 2.

21 Vgl. Europäische Zentralbank, Leitfaden der EZB für den bankinternen Prozess zur Sicherstellung einer angemessenen Kapitalausstattung (Internal Capital Adequacy Assessment Process – ICAAP), 9. November 2018, S. 11.

22 Vgl. European Central Bank, SSM supervisory statement on governance and risk appetite, 21. Juni 2016, S. 2 ff.

sicherzustellen, sollte eine Beschränkung auf eine angemessene Anzahl von Kennzahlen erfolgen, die je nach Größe und Komplexität des Institutes zwischen 20 und 30 liegen könnte.[23]

Im Auftrag der EZB wurde im Jahre 2015 bei 113 bedeutenden Instituten eine thematische **26** Überprüfung der Risiko-Governance und des Risikoappetits (»risk governance and appetite«, RIGA) durchgeführt. Zum Zeitpunkt der Überprüfung waren rund 30 % der RAF erst innerhalb der letzten 18 Monate entwickelt worden, 12 % befanden sich noch in der Entwicklungsphase.[24]

1.12 Erklärung zum Risikoappetit

In verschiedenen Ausarbeitungen der Aufsichtsbehörden wird eine förmliche Erklärung zum **27** Risikoappetit (»Risk Appetite Statement«, RAS) gefordert, in der die Geschäftsleitung ihre Einschätzung zu den Risikoarten und -beträgen zum Ausdruck bringt, die das Institut zur Erfüllung seiner strategischen Ziele zu übernehmen bereit ist.[25] Im weiteren Sinne werden sowohl qualitative Aussagen als auch Informationen über quantitative Maßnahmen erwartet, die sich auf Ergebnis, Kapital, Risikomaße, Liquidität etc. beziehen. Dabei sollte auf schwieriger zu quantifizierende Risiken, wie z.B. Reputations- und Fehlverhaltensrisiken, sowie Geldwäsche und unethische Praktiken zumindest in qualitativer Hinsicht eingegangen werden.[26]

Die EZB erwartet von den bedeutenden Instituten, mit der RAS ein klares und eindeutiges Bild **28** von jenen Maßnahmen zu vermitteln, die sie im Hinblick auf ihre Risiken und im Einklang mit ihrer Geschäftsstrategie ergreifen wollen. Die RAS sollte insbesondere die Beweggründe für die Akzeptanz oder die Vermeidung bestimmter Arten von Risiken, Produkten oder Regionen enthalten.[27] Inhaltlich besteht eine enge Verbindung zur Erklärung zur Angemessenheit des Kapitals (»Capital Adequacy Statement«, CAS)[28] bzw. der Liquidität (»Liquidity Adequacy Statement«, LAS)[29] durch die Geschäftsleitungen der bedeutenden Institute (→ AT 4.1 Tz. 8 bzw. BTR 3.1 Tz. 5 und 9).

1.13 Rahmen zum Risikomanagement

Die Institute sollten über einen ganzheitlichen institutsweiten Rahmen für das Risikomanage- **29** ment (»risk management framework«, RMF) verfügen, der sich auf alle Geschäftsbereiche und internen Einheiten, einschließlich der internen Kontrollfunktionen, erstreckt und dem ökonomischen Gehalt aller Risikopositionen voll und ganz Rechnung trägt. Der RMF sollte das Institut in die Lage versetzen, fundierte Entscheidungen über das Eingehen von Risiken in Kenntnis der Sachlage zu treffen. Er sollte bilanzielle und außerbilanzielle Risiken sowie aktuelle und künftige

---

23 Vgl. European Central Bank, SSM supervisory statement on governance and risk appetite, 21. Juni 2016, S. 15 f.

24 Vgl. European Central Bank, SSM supervisory statement on governance and risk appetite, 21. Juni 2016, S. 15.

25 Vgl. Europäische Zentralbank, Leitfaden der EZB für den bankinternen Prozess zur Sicherstellung einer angemessenen Kapitalausstattung (Internal Capital Adequacy Assessment Process – ICAAP), 9. November 2018, S. 43 f.; European Central Bank, SSM supervisory statement on governance and risk appetite, 21. Juni 2016, S. 15.

26 Vgl. Financial Stability Board, Principles for An Effective Risk Appetite Framework, 18. November 2013, S. 2; Basel Committee on Banking Supervision, Guidelines – Corporate governance principles for banks, BCBS d328, 8. Juli 2015, S. 2.

27 Vgl. Europäische Zentralbank, Leitfaden der EZB für den bankinternen Prozess zur Sicherstellung einer angemessenen Kapitalausstattung (Internal Capital Adequacy Assessment Process – ICAAP), 9. November 2018, S. 11.

28 Vgl. Europäische Zentralbank, Leitfaden der EZB für den bankinternen Prozess zur Sicherstellung einer angemessenen Kapitalausstattung (Internal Capital Adequacy Assessment Process – ICAAP), 9. November 2018, S. 6 ff.

29 Vgl. Europäische Zentralbank, Leitfaden der EZB für den bankinternen Prozess zur Sicherstellung einer angemessenen Liquiditätsausstattung (Internal Liquidity Adequacy Assessment Process – ILAAP), 9. November 2018, S. 6 ff.

Risiken, denen das Institut möglicherweise ausgesetzt ist, einschließen. Die Risiken sollten nach dem Bottom-up-Ansatz und dem Top-down-Ansatz, innerhalb der Geschäftsbereiche und geschäftsbereichsübergreifend beurteilt werden, wobei im gesamten Institut sowie auf konsolidierter oder teilkonsolidierter Ebene eine konsistente Terminologie und kompatible Methoden zugrundegelegt werden sollten. Alle relevanten finanziellen und nicht-finanziellen Risiken sollten vom RMF erfasst werden, einschließlich Kreditrisiken, Marktrisiken, Liquiditätsrisiken, Konzentrationsrisiken, operationelle Risiken, IT-Risiken, Reputationsrisiken, Rechtsrisiken, Verhaltensrisiken, Compliancerisiken und strategische Risiken. Der RMF sollte Richtlinien, Verfahren, Risikolimite und Risikokontrollen enthalten, um so eine angemessene, zeitnahe und laufende Identifizierung, Messung oder Bewertung, Überwachung, Steuerung, Minderung und Berichterstattung über die Risiken auf Ebene der Geschäftsbereiche und des Institutes sowie auf konsolidierter und teilkonsolidierter Ebene sicherzustellen. Der RMF sollte konkrete Orientierungshilfen für die Umsetzung der Strategien vorsehen, indem z.B. interne Limite festgelegt werden, die mit dem Risikoappetit konsistent sind und mit dem ordnungsgemäßen Geschäftsbetrieb, der Ertragskraft, Kapitalausstattung und den strategischen Zielen im Einklang stehen. Das Risikoprofil eines Institutes sollte sich innerhalb der festgelegten Limite bewegen. Der RMF sollte sicherstellen, dass im Fall der Verletzung der Risikolimite ein definierter Eskalationsprozess zur Adressierung dieser Verletzung im Rahmen eines angemessenen Mängelbeseitigungsverfahrens besteht.[30]

30 Zum RMF gehören nach den Vorstellungen der EBA u.a. die internen Prozesse zur Sicherstellung einer angemessenen Kapitalausstattung (ICAAP) und Liquiditätsausstattung (ILAAP), was insbesondere auf die Fähigkeit des Institutes hinausläuft, Risikostrategien umzusetzen, die mit dem Risikoappetit und mit soliden Kapital- und Liquiditätsplänen vereinbar sind.[31] Darüber hinaus sollte die Sanierungsplanung in den RMF eingebettet werden, wobei es insbesondere darum geht, die Wechselwirkungen zwischen dem ICAAP und dem ILAAP sowie der Sanierungsplanung in Bezug auf die Governance, die Sanierungsindikatoren, die Sanierungsoptionen und die Szenarioanalysen zu berücksichtigen.[32] Zudem wird der Neu-Produkt-Prozess (NPP) als Teil des RMF genannt[33], was darauf zurückzuführen ist, dass im Rahmen des NPP zunächst der Risikogehalt der neuen Geschäftsaktivitäten sowie deren Auswirkungen auf das Gesamtrisikoprofil und die sich daraus ergebenden wesentlichen Konsequenzen für das Risikomanagement geprüft werden (→ AT 8.1 Tz. 1). Schließlich stellt die EBA klar, dass auch der Rahmen für den Risikoappetit (»Rsik Appetite Framework«, RAF) als Bestandteil des RMF gesehen wird.[34]

31 Im Rahmen des SREP sollten die zuständigen Behörden auch die Angemessenheit des RMF und der Risikomanagementprozesse beurteilen. Sie sollten dabei zumindest überprüfen, ob die Risikostrategie, der Risikoappetit und der RMF angemessen sind und auf individueller und konsolidierter Basis umgesetzt werden, ob das Institut eine unabhängige Risikocontrolling-Funktion eingerichtet hat, die das gesamte Institut abdeckt und aktiv an der Erstellung der Erklärung zum Risikoappetit (»Risk Appetite Statement«, RAS) beteiligt ist, ob das Institut einen Leiter der Risikocontrolling-Funktion mit ausreichender Sachkenntnis, Unabhängigkeit und Dienstalter und ggf. direktem Zugang zum Aufsichtsorgan hat, ob die unabhängige Risikocontrolling-Funktion sicherstellt, dass die Prozesse zur Messung, Bewertung und Überwachung der Risiken angemessen sind, ob das Institut Richtlinien und Verfahren zur Identifizierung, Messung, Überwachung, Minderung und Meldung

---

30 Vgl. European Banking Authority, Leitlinien zur internen Governance, EBA/GL/2017/11, 21. März 2018, S. 36 f.

31 Vgl. European Banking Authority, Guidelines on common procedures and methodologies for the supervisory review and evaluation process (SREP) and supervisory stress testing, EBA/GL/2014/13, Consolidated version, 19. Juli 2018, S. 12.

32 Vgl. European Banking Authority, Guidelines on common procedures and methodologies for the supervisory review and evaluation process (SREP) and supervisory stress testing, EBA/GL/2014/13, Consolidated version, 19. Juli 2018, S. 15.

33 Vgl. European Banking Authority, Guidelines on common procedures and methodologies for the supervisory review and evaluation process (SREP) and supervisory stress testing, EBA/GL/2014/13, Consolidated version, 19. Juli 2018, S. 51.

34 Vgl. European Banking Authority, Guidelines on common procedures and methodologies for the supervisory review and evaluation process (SREP) and supervisory stress testing, EBA/GL/2014/13, Consolidated version, 19. Juli 2018, S. 142.

von Risiken und damit verbundenen Risikokonzentrationen eingeführt hat und ob diese mit den Risikolimiten und der Risikobereitschaft des Institutes übereinstimmen. Beurteilt werden zudem der ICAAP, der ILAAP und die internen Stresstests sowie die Risikostrategie und alle wesentlichen Entscheidungen des Risikomanagements. Dabei soll berücksichtigt werden, inwieweit der RMF in die Gesamtstrategie eingebettet ist und diese beeinflusst. Die zuständigen Behörden sollten insbesondere prüfen, ob es geeignete und kohärente Verbindungen zwischen der Geschäftsstrategie, der Risikostrategie, der Risikobereitschaft und dem Risikomanagement sowie dem Kapital- und Liquiditätsmanagement gibt.[35]

1.14   Risikoappetit und Limitsystem

Das Limitsystem sollte im Einklang mit der Gesamtstrategie und dem Risikoappetit des Institutes festgelegt werden, um Risiken und Verluste im Einklang mit dem Konzept zur angemessenen Kapitalausstattung effektiv begrenzen zu können. Insofern sollte es wirksame Grenzen für die Risikoübernahme beinhalten.[36] Unter diesen Risikogrenzen sind spezifische quantitative Maßnahmen oder Limite zu verstehen, die z. B. auf zukunftsgerichteten Annahmen beruhen und das Gesamtrisiko des Institutes unter Berücksichtigung von Konzentrationen auf Geschäftsfelder, Geschäftsbereiche, ggf. rechtliche Einheiten der Gruppe, verschiedene Risikoarten, Produkte etc. verteilen.[37] **32**

Die Festlegung und Überwachung der Limite wurde von der EZB bei den bedeutenden Instituten im Jahre 2015 noch als verbesserungswürdig angesehen, weil z. B. kein angemessenes Verhältnis zum Risikoappetit bestand, die Risikokonzentrationen nicht hinreichend berücksichtigt wurden, der Eskalationsprozess bei einer Limitüberschreitung nicht definiert war bzw. Mängel aufwies oder Datenaggregationsprobleme eine effektive Meldung von Limitüberschreitungen verhinderten. So sollte bei Limitüberschreitungen ausreichend Spielraum bis zum Schwellenwert für den Risikoappetit zur Verfügung stehen. Damit werden Korrekturmaßnahmen erleichtert, um sich weiterhin im Rahmen des allgemeinen Risikoappetits zu bewegen.[38] Zudem sollte das Limitsystem von hinreichender Granularität sein und z. B. einzelnen Risiken, Teilrisiken[39], Unternehmen und Geschäftsbereichen bestimmte Limite zuweisen. Außerdem sollten wirksame Eskalationsverfahren vorhanden sein.[40] **33**

Auch nach den MaRisk müssen die Institute durch geeignete Maßnahmen gewährleisten, dass die Risiken und die damit verbundenen Risikokonzentrationen unter Berücksichtigung der Risikotragfähigkeit und des Risikoappetits wirksam begrenzt und überwacht werden (→ AT 4.3.2 Tz. 1). **34**

---

35 Vgl. European Banking Authority, Guidelines on common procedures and methodologies for the supervisory review and evaluation process (SREP) and supervisory stress testing, EBA/GL/2014/13, Consolidated version, 19. Juli 2018, S. 57 f.

36 Vgl. Europäische Zentralbank, Leitfaden der EZB für den bankinternen Prozess zur Sicherstellung einer angemessenen Kapitalausstattung (Internal Capital Adequacy Assessment Process – ICAAP), 9. November 2018, S. 41. Das Limitsystem sollte auch im Einklang mit dem Konzept zur angemessenen Liquiditätsausstattung stehen. Vgl. Europäische Zentralbank, Leitfaden der EZB für den bankinternen Prozess zur Sicherstellung einer angemessenen Liquiditätsausstattung (Internal Liquidity Adequacy Assessment Process – ILAAP), 9. November 2018, S. 35 f.

37 Vgl. Financial Stability Board, Principles for An Effective Risk Appetite Framework, 18. November 2013, S. 3; Basel Committee on Banking Supervision, Guidelines – Corporate governance principles for banks, BCBS d328, 8. Juli 2015, S. 2.

38 Vgl. European Central Bank, SSM supervisory statement on governance and risk appetite, 21. Juni 2016, S. 16 ff.

39 Der Begriff »Risiken« wird in den MaRisk – und ebenso in den Leitlinien der EZB – teilweise als Synonym für »Risikoarten« verwendet. In diesem Sinne sind unter den »Teilrisiken« im deutschsprachigen Leitfaden der EZB vermutlich die verschiedenen »Unterkategorien« der einzelnen Risikoarten zu verstehen. Die Granularität von Limitsystemen kann über diese Unterkategorien natürlich noch hinausgehen.

40 Vgl. Europäische Zentralbank, Leitfaden der EZB für den bankinternen Prozess zur Sicherstellung einer angemessenen Kapitalausstattung (Internal Capital Adequacy Assessment Process – ICAAP), 9. November 2018, S. 11 f.

1.15 Risikoappetit und Risikokultur

35 Unter der Risikokultur (»risk culture«) werden die Normen, Einstellungen und Verhaltensweisen eines Institutes im Zusammenhang mit dem Risikobewusstsein, dem Risikoappetit und dem Risikomanagement sowie die Kontrollen verstanden, die für Riskoentscheidungen maßgeblich sind. Die Risikokultur beeinflusst die Entscheidungen der Geschäftsleitung und der Mitarbeiter im Tagesgeschäft und wirkt sich auf die von ihnen eingegangenen Risiken aus.[41]

36 Die Risikokultur beschreibt allgemein die Art und Weise, wie Mitarbeiter des Institutes im Rahmen ihrer Tätigkeit mit Risiken umgehen (sollen). Die Risikokultur soll die Identifizierung und den bewussten Umgang mit Risiken fördern und sicherstellen, dass Entscheidungsprozesse zu Ergebnissen führen, die auch unter Risikogesichtspunkten ausgewogen sind. Kennzeichnend für eine angemessene Risikokultur ist vor allem das klare Bekenntnis der Geschäftsleitung zu risikoangemessenem Verhalten, die strikte Beachtung des durch die Geschäftsleitung kommunizierten Risikoappetits durch alle Mitarbeiter und die Ermöglichung und Förderung eines transparenten und offenen Dialogs innerhalb des Institutes zu risikorelevanten Fragen (→ AT 3.1 Tz. 1, Erläuterung).

37 Die Geschäftsleiter sind für die ordnungsgemäße Geschäftsorganisation und deren Weiterentwicklung verantwortlich, wozu auch die Entwicklung, Förderung und Integration einer angemessenen Risikokultur innerhalb des Institutes und ggf. der Gruppe gehört (→ AT 3.1 Tz. 1).

---

41 Vgl. European Banking Authority, Leitlinien zur internen Governance, EBA/GL/2017/11, 21. März 2018, S. 4 ff.; Basel Committee on Banking Supervision, Guidelines – Corporate governance principles for banks, BCBS d328, 8. Juli 2015, S. 2.

AT 4.1 Risikotragfähigkeit

AT 4.1 Risikotragfähigkeit

1 Einführung und Überblick

1.1 Bedeutung des ICAAP im Rahmen des SREP

Der aufsichtliche Überprüfungsprozess (»Supervisory Review Process«, SRP) besteht im Wesentlichen aus zwei Elementen, deren Anforderungen zum einen an die Institute und zum anderen an die Aufsicht gerichtet sind: den internen Prozessen zur Sicherstellung einer angemessenen Kapitalausstattung (»Internal Capital Adequacy Assessment Process«, ICAAP) und Liquiditätsausstattung (»Internal Liquidity Adequacy Assessment Process«, ILAAP) sowie dem aufsichtlichen Überprüfungs- und Bewertungsprozess (»Supervisory Review and Evaluation Process«, SREP). **1**

Den Vorgaben zum ICAAP gemäß Art. 73 CRD IV zufolge müssen die Institute über solide, **2** wirksame und umfassende Strategien und Verfahren verfügen, mit denen sie die Höhe, die Arten

AT 4.1 Risikotragfähigkeit

und die Verteilung des internen Kapitals[1], das sie zur quantitativen und qualitativen Absicherung ihrer aktuellen und etwaigen künftigen Risiken für angemessen halten, kontinuierlich bewerten und auf einem ausreichend hohen Stand halten können.[2] Die Anforderungen an den ILAAP stellen nach Art. 86 CRD IV darauf ab, dass die Institute über solide Strategien, Grundsätze, Verfahren und Systeme verfügen, mit denen sie das Liquiditätsrisiko über eine angemessene Auswahl von Zeiträumen, die auch nur einen Geschäftstag betragen können, ermitteln, messen, steuern und überwachen können, um stets über angemessene Liquiditätspuffer zu verfügen.[3]

3   Im Rahmen des SREP machen sich die zuständigen Behörden laut Art. 97 CRD IV ein eigenes Bild davon, ob die von den Instituten angewandten Regelungen, Strategien, Verfahren und Mechanismen sowie ihre Eigenmittelausstattung und Liquidität ein solides Risikomanagement und eine solide Risikoabdeckung gewährleisten.[4] Die Aufsichtsbehörden sollen im Rahmen des SREP die Solidität, Wirksamkeit und Vollständigkeit des ICAAP und des ILAAP überprüfen. Außerdem sollen sie bewerten, wie diese Prozesse in das (Gesamt-)Risikomanagement und das strategische Management, einschließlich Kapital- und Liquiditätsplanung, integriert sind. Diese Bewertungen sollen sie zur Sicherstellung einer angemessenen Kapital- und Liquiditätsausstattung sowie zur Berechnung des SREP-Kapitalzuschlags (»Pillar 2 Requirement«, P2R) heranziehen.[5] Mit Blick auf den ICAAP geht es dabei insbesondere um die Frage, ob nach Einschätzung der Aufsichtsbehörden mit seiner Hilfe die Unsicherheit eines Institutes bei der Ermittlung und Bewertung der relevanten Risiken verringert und die Fähigkeit, seinen Fortbestand durch eine angemessene Kapitalausstattung und eine effektive Risikosteuerung zu gewährleisten, gestärkt werden kann.[6]

4   Da die Institute und die Aufsichtsbehörden jeweils ihre eigenen Methoden und Verfahren verwenden, kann zwischen den institutsintern ermittelten Ergebnissen für die wesentlichen Risiken und der aufsichtlichen Berechnung des SREP-Kapitalzuschlags zwar kein direkter Zusammenhang hergestellt werden.[7] Allerdings fließt der ICAAP als bedeutender Input-Faktor in die SREP-Bewertung des Geschäftsmodells, der internen Governance und des allgemeinen Risikomanagements sowie der Risikokontrollen in Bezug auf die Kapitalrisiken und das Verfahren zur Ermittlung des SREP-Kapitalzuschlags ein.[8] Die Anforderungen an den SREP spielen für die

---

1   Wie eingangs erwähnt, wurde unter dem Risikotragfähigkeitskonzept bisher im engeren Sinne eine Risikotragfähigkeitsrechnung verstanden, die auf dem ökonomischen Konzept der zweiten Säule basiert (ökonomische Perspektive). Unter dieser Prämisse kann das »interne Kapital« mit dem Risikodeckungspotenzial gleichgesetzt werden. Bei der geschilderten weiten Betrachtung des Risikotragfähigkeitskonzeptes, d. h. bei Einbeziehung der Kapitalplanung (normative Perspektive), spielt im ICAAP zwar auch die Angemessenheit des regulatorischen Kapitals eine Rolle. Diese Angemessenheit wird allerdings über den »Säule-1-Plus-Ansatz«, nach dem die Kapitalanforderungen der ersten Säule für die in der zweiten Säule behandelten Risikoarten jeweils als Untergrenze in die Kapitalfestsetzung eingehen, implizit berücksichtigt (→ AT 4.1 Tz. 1).

2   Vgl. Richtlinie 2013/36/EU (Bankenrichtlinie – CRD IV) des Europäischen Parlaments und des Rates vom 26. Juni 2013 über den Zugang zur Tätigkeit von Kreditinstituten und die Beaufsichtigung von Kreditinstituten und Wertpapierfirmen, zur Änderung der Richtlinie 2002/87/EG und zur Aufhebung der Richtlinien 2006/48/EG und 2006/49/EG, Amtsblatt der Europäischen Union vom 27. Juni 2013, L 176/377.

3   Vgl. Richtlinie 2013/36/EU (Bankenrichtlinie – CRD IV) des Europäischen Parlaments und des Rates vom 26. Juni 2013 über den Zugang zur Tätigkeit von Kreditinstituten und die Beaufsichtigung von Kreditinstituten und Wertpapierfirmen, zur Änderung der Richtlinie 2002/87/EG und zur Aufhebung der Richtlinien 2006/48/EG und 2006/49/EG, Amtsblatt der Europäischen Union vom 27. Juni 2013, L 176/382.

4   Vgl. Richtlinie 2013/36/EU (Bankenrichtlinie – CRD IV) des Europäischen Parlaments und des Rates vom 26. Juni 2013 über den Zugang zur Tätigkeit von Kreditinstituten und die Beaufsichtigung von Kreditinstituten und Wertpapierfirmen, zur Änderung der Richtlinie 2002/87/EG und zur Aufhebung der Richtlinien 2006/48/EG und 2006/49/EG, Amtsblatt der Europäischen Union vom 27. Juni 2013, L 176/390.

5   Vgl. European Banking Authority, Guidelines on common procedures and methodologies for the supervisory review and evaluation process (SREP) and supervisory stress testing, EBA/GL/2014/13, Consolidated version, 19. Juli 2018, S. 59.

6   Vgl. Europäische Zentralbank, Leitfaden der EZB für den bankinternen Prozess zur Sicherstellung einer angemessenen Kapitalausstattung (Internal Capital Adequacy Assessment Process – ICAAP), 9. November 2018, S. 3.

7   Vgl. Bundesanstalt für Finanzdienstleistungsaufsicht/Deutsche Bundesbank, Aufsichtliche Beurteilung bankinterner Risikotragfähigkeitskonzepte und deren prozessualer Einbindung in die Gesamtbanksteuerung (»ICAAP«) – Neuausrichtung, Leitfaden vom 24. Mai 2018, S. 3 ff.

8   Vgl. Europäische Zentralbank, Leitfaden der EZB für den bankinternen Prozess zur Sicherstellung einer angemessenen Kapitalausstattung (Internal Capital Adequacy Assessment Process – ICAAP), 9. November 2018, S. 2 f.

Institute auch deshalb eine wichtige Rolle, weil sie letztlich die Prüfungsmaßstäbe betreffen und damit spiegelbildlich die Erwartungen an die Institute zum Ausdruck bringen.

1.2   Normative und ökonomische Perspektive

Die Umsetzung der einschlägigen Vorgaben zum ICAAP gemäß Art. 73 CRD IV in nationales Recht   **5** ist über § 25a Abs. 1 Satz 3 Nr. 2 KWG erfolgt. Demnach haben die Institute Verfahren zur Ermittlung und Sicherstellung der Risikotragfähigkeit einzurichten, wobei eine vorsichtige Ermittlung der Risiken und des zu ihrer Abdeckung verfügbaren Risikodeckungspotenzials zugrunde zu legen ist. Dieser »interne Prozess zur Sicherstellung der Risikotragfähigkeit« umfasst ein Risikotragfähigkeitskonzept mit einer Risikotragfähigkeitsrechnung und einer Kapitalplanung sowie ergänzende Stresstests.[9] Die Kapitalplanung bezieht sich vorrangig auf die Einhaltung der relevanten Normen der ersten Säule, während die Risikotragfähigkeitsrechnung auf dem ökonomischen Konzept der zweiten Säule basiert.

Unter der »normativen internen Perspektive« versteht die EZB eine mehrere Jahre umfassende   **6** ICAAP-Perspektive, in der die Institute die Angemessenheit ihrer Kapitalausstattung steuern, indem sie sicherstellen, dass sie kontinuierlich alle kapitalbezogenen »rechtlichen und aufsichtlichen Anforderungen« erfüllen sowie anderen internen und externen Kapitalzwängen Rechnung tragen können.[10] An anderer Stelle verwendet die EZB – genau wie die deutsche Aufsicht – die Formulierung »regulatorische und aufsichtliche Anforderungen«.[11] Im Grunde geht es darum, auf Basis hinreichender »Eigenmittel« sämtliche Anforderungen der ersten Säule einzuhalten. Umgesetzt wird die normative Perspektive über einen mehrdimensionalen internen Kapitalplanungsprozess auf Basis der Szenarien, Strategien und Geschäftspläne der Institute, der eine mehrere Jahre umfassende Projektion des Kapitalbedarfs und des vorhandenen Kapitals darstellt. Diese Kapitalplanung erfolgt unter Berücksichtigung gesamtwirtschaftlicher und finanzieller Entwicklungen für ein Basisszenario und ein adverses Szenario oder mehrere adverse Szenarien über einen Zeitraum von mindestens drei Jahren (→ AT 4.1 Tz. 11). Beim Basisszenario handelt es sich im Einklang mit der Geschäfts- und Budgetplanung des Institutes um eine Kombination von erwarteten Entwicklungen interner und externer Faktoren. Untersucht werden dabei die Auswirkungen dieser Entwicklungen auf die angemessene Kapitalausstattung des Institutes. Beim adversen Szenario werden hingegen ungünstige Entwicklungen der internen und externen Faktoren unterstellt, um die Widerstandsfähigkeit der angemessenen Kapitalausstattung des Institutes gegenüber potenziellen adversen Entwicklungen zu bewerten. Die angenommenen Entwicklungen sollten schwerwiegend, aber plausibel sein, auf schlüssige Weise miteinander kombiniert werden und jene Risiken und Schwachstellen widerspiegeln, die als die wichtigsten Bedrohungen für das Institut angesehen werden.[12]

Die »ökonomische interne Perspektive« dient der Sicherstellung der angemessenen Kapital-   **7** ausstattung aus ökonomischer Sicht. Mit diesem Ansatz stellt ein Institut sicher, dass seine

---

9 Vgl. Bundesanstalt für Finanzdienstleistungsaufsicht/Deutsche Bundesbank, Aufsichtliche Beurteilung bankinterner Risikotragfähigkeitskonzepte und deren prozessualer Einbindung in die Gesamtbanksteuerung (»ICAAP«) – Neuausrichtung, Leitfaden vom 24. Mai 2018, S. 7.

10 Vgl. Europäische Zentralbank, Leitfaden der EZB für den bankinternen Prozess zur Sicherstellung einer angemessenen Kapitalausstattung (Internal Capital Adequacy Assessment Process – ICAAP), 9. November 2018, S. 45.

11 Vgl. Europäische Zentralbank, Leitfaden der EZB für den bankinternen Prozess zur Sicherstellung einer angemessenen Kapitalausstattung (Internal Capital Adequacy Assessment Process – ICAAP), 9. November 2018, S. 16; Bundesanstalt für Finanzdienstleistungsaufsicht/Deutsche Bundesbank, Aufsichtliche Beurteilung bankinterner Risikotragfähigkeitskonzepte und deren prozessualer Einbindung in die Gesamtbanksteuerung (»ICAAP«) – Neuausrichtung, Leitfaden vom 24. Mai 2018, S. 8.

12 Vgl. Europäische Zentralbank, Leitfaden der EZB für den bankinternen Prozess zur Sicherstellung einer angemessenen Kapitalausstattung (Internal Capital Adequacy Assessment Process – ICAAP), 9. November 2018, S. 43.

ökonomischen Risiken hinreichend durch verfügbares »internes Kapital« abgedeckt sind, wobei auch Zeitwertbetrachtungen einfließen. Bei diesem Ansatz geht es also darum, alle wesentlichen Risiken zu identifizieren und zu quantifizieren, die wirtschaftliche Verluste verursachen und einen Rückgang des internen Kapitals bewirken können (→ AT 2.2 Tz. 1 und 2). Diese Risiken sollen mit einem einjährigen Risikobetrachtungshorizont fortwährend durch internes Kapital abgesichert sein, damit die Risikotragfähigkeit gegeben ist (→ AT 4.1 Tz. 1). Es wird nicht generell erwartet, dass die Institute »ökonomische Kapitalmodelle« verwenden, um die Angemessenheit der Kapitalausstattung aus ökonomischer Perspektive sicherzustellen. Allerdings müssen angemessene Methoden zur Risikoquantifizierung vorhanden sein.[13] Auch in der ökonomischen Perspektive müssen Stressszenarien betrachtet werden. Allerdings werden in dieser Perspektive keine mehrjährigen Szenario-Projektionen gefordert.[14]

8 Der ICAAP soll grundsätzlich gewährleisten, dass die Institute aus diesen beiden komplementären Perspektiven über angemessenes Kapital verfügen, um ihren Fortbestand sicherzustellen. Die Erkenntnisse aus beiden Perspektiven sollten in der jeweils anderen Perspektive berücksichtigt werden. Außerdem sollten sie in alle wesentlichen Geschäftsaktivitäten und -entscheidungen einfließen.[15]

9 Die wesentlichen Beurteilungsmaßstäbe der beiden Perspektiven sind in Abbildung 13 dargestellt.

	1. Jahr	2. Jahr	3. Jahr	Beurteilungsmaßstab (Fortführung der Geschäftstätigkeit)
Ökonomische Perspektive	Risikotragfähigkeit (Basisszenario)			Genügt das Kapital für ein Jahr den ökonomischen Anforderungen unter normalen Bedingungen?
	Risikotragfähigkeit (Stressszenarien)			... unter plötzlich eintretenden Stressbedingungen (ohne Berücksichtigung von Managementmaßnahmen)?
Normative Perspektive	Kapitalplanung (Basisszenario)	Kapitalplanung (Basisszenario)	Kapitalplanung (Basisszenario)	Genügt das Kapital für drei Jahre den regulatorischen Anforderungen unter normalen Bedingungen?
	Kapitalplanung (Stressszenarien)	Kapitalplanung (Stressszenarien)	Kapitalplanung (Stressszenarien)	... unter im Zeitverlauf eintretenden Stressbedingungen (ggf. unter Berücksichtigung von Managementmaßnahmen)?

Abb. 13: Beurteilungsmaßstäbe in der ökonomischen und der normativen Perspektive

10 Die von der deutschen Aufsicht verwendeten Begriffe orientieren sich eng an den Vorgaben aus dem ICAAP-Leitfaden der EZB. Das liegt – neben den Harmonisierungsbestrebungen auf europä-

---

13 Vgl. Europäische Zentralbank, Leitfaden der EZB für den bankinternen Prozess zur Sicherstellung einer angemessenen Kapitalausstattung (Internal Capital Adequacy Assessment Process – ICAAP), 9. November 2018, S. 45.

14 Vgl. Europäische Zentralbank, Leitfaden der EZB für den bankinternen Prozess zur Sicherstellung einer angemessenen Kapitalausstattung (Internal Capital Adequacy Assessment Process – ICAAP), 9. November 2018, S. 40.

15 Vgl. Europäische Zentralbank, Leitfaden der EZB für den bankinternen Prozess zur Sicherstellung einer angemessenen Kapitalausstattung (Internal Capital Adequacy Assessment Process – ICAAP), 9. November 2018, S. 15.

ischer Ebene – vor allem daran, dass Vertreter der deutschen Aufsicht in führender Rolle an der Erarbeitung dieses Leitfadens mitgewirkt haben.

1.3 Proportionalitätsprinzip

Dem »Prinzip der doppelten Proportionalität« zufolge muss die institutsspezifische Ausgestaltung **11** des Risikomanagements zum einen der Größe und der Art der betriebenen Geschäfte sowie dem spezifischen Risikoprofil des Institutes angemessen sein (Proportionalität aus Sicht des Institutes). Zum anderen sollte die Intensität der aufsichtlichen Überwachung den institutsspezifischen Gegebenheiten, insbesondere der systemischen Relevanz des Institutes, entsprechen (Proportionalität aus Sicht der Aufsicht).

Dieses Prinzip, das im deutschen Verwaltungsrecht dem »Grundsatz der Verhältnismäßigkeit« **12** entspricht, wurde auf Initiative der deutschen Aufsicht in die Bankenrichtlinie aufgenommen. Gemäß Art. 73 Satz 2 CRD IV müssen die Strategien und Verfahren für die Zwecke des ICAAP der Art, dem Umfang und der Komplexität der Geschäfte des Institutes stets angemessen sein und keinen Aspekt außer Acht lassen.[16] Es liegt daher in der Verantwortung der einzelnen Institute, diesen internen Prozess glaubwürdig und nach dem Grundsatz der Verhältnismäßigkeit (Proportionalität) umzusetzen.[17] Gemäß Art. 97 Abs. 4 Satz 1 CRD IV müssen die zuständigen Behörden unter Berücksichtigung der Größe, der Systemrelevanz, der Art, des Umfanges und der Komplexität der Geschäfte des betreffenden Institutes die Häufigkeit und Intensität der Überprüfung und Bewertung nach Art. 97 Abs. 1 CRD IV festlegen und dabei dem Grundsatz der Verhältnismäßigkeit Rechnung tragen.[18] Auch um diesem Prinzip europaweit zu entsprechen, strebt die EZB gemeinsam mit den national zuständigen Behörden (»National Competent Authorities«, NCAs) die Entwicklung gemeinsamer Methoden und somit die Gewährleistung hoher Aufsichtsstandards an.[19]

Vor dem Hintergrund des Einheitlichen Aufsichtsmechanismus (»Single Supervisory Mecha-**13** nism«, SSM) kommt das Proportionalitätsprinzip vorrangig darin zum Ausdruck, dass sich die Anforderungen an den ICAAP für bedeutende und weniger bedeutende Institute (geringfügig) voneinander unterscheiden. Zur Verdeutlichung wird im Folgenden getrennt auf die Anforderungen der EZB an die bedeutenden Institute (»SSM-Leitfaden«) und die Anforderungen der deutschen Aufsichtsbehörden an die weniger bedeutenden Institute (»RTF-Leitfaden«) eingegangen.

1.4 ICAAP für bedeutende Institute (SI-ICAAP)

Die EZB hat ihr Verständnis von einem angemessenen ICAAP für die bedeutenden Institute im **14** SSM-Leitfaden skizziert, der regelmäßig aktualisiert sowie kontinuierlich weiterentwickelt werden

---

16 Vgl. Richtlinie 2013/36/EU (Bankenrichtlinie – CRD IV) des Europäischen Parlaments und des Rates vom 26. Juni 2013 über den Zugang zur Tätigkeit von Kreditinstituten und die Beaufsichtigung von Kreditinstituten und Wertpapierfirmen, zur Änderung der Richtlinie 2002/87/EG und zur Aufhebung der Richtlinien 2006/48/EG und 2006/49/EG, Amtsblatt der Europäischen Union vom 27. Juni 2013, L 176/378.

17 Vgl. Europäische Zentralbank, Leitfaden der EZB für den bankinternen Prozess zur Sicherstellung einer angemessenen Kapitalausstattung (Internal Capital Adequacy Assessment Process – ICAAP), 9. November 2018, S. 4.

18 Vgl. Richtlinie 2013/36/EU (Bankenrichtlinie – CRD IV) des Europäischen Parlaments und des Rates vom 26. Juni 2013 über den Zugang zur Tätigkeit von Kreditinstituten und die Beaufsichtigung von Kreditinstituten und Wertpapierfirmen, zur Änderung der Richtlinie 2002/87/EG und zur Aufhebung der Richtlinien 2006/48/EG und 2006/49/EG, Amtsblatt der Europäischen Union vom 27. Juni 2013, L 176/390.

19 Vgl. Europäische Zentralbank, Leitfaden der EZB für den bankinternen Prozess zur Sicherstellung einer angemessenen Kapitalausstattung (Internal Capital Adequacy Assessment Process – ICAAP), 9. November 2018, S. 4.

soll. Mit diesem Leitfaden gewährt die EZB, ähnlich wie die deutsche Aufsicht mit ihren Rundschreiben, Einblick in ihre Verwaltungspraxis und ihre Erwartungshaltung an die Institute. Es handelt sich zwar nicht um ein rechtlich bindendes Regelwerk. Allerdings werden damit die Beurteilungskriterien der EZB transparent gemacht.

15 Die EZB verweist zunächst darauf, dass Ausmaß und Schwere finanzieller Schocks oft durch Schwächen bei der Ermittlung und Bewertung der Risiken sowie unzureichendes und qualitativ minderwertiges Kapital im Bankensektor verstärkt werden, wie sich zuletzt in der Finanzmarktkrise gezeigt hat. In der Folge müssen die Institute ihre Kapitalbasis genau dann neu aufbauen, wenn es aufgrund des mit einer Krise verbundenen Vertrauensverlustes gerade am schwierigsten ist. Um die Widerstandsfähigkeit der Institute in Stressperioden zu stärken, sollen die zukunftsorientierten internen Prozesse zur Sicherstellung einer angemessenen Kapitalausstattung, einschließlich umfassender Stresstests und Kapitalplanungsverfahren, verbessert werden. Die Institute müssen vorausschauend sicherstellen, dass alle wesentlichen Risiken ermittelt, wirksam gesteuert und hinreichend mit Kapital von hoher Qualität unterlegt werden. Die Risikosteuerung soll durch eine angemessene Kombination aus Risikoquantifizierung und Risikoüberwachung umgesetzt werden. Die soliden, wirksamen und umfassenden ICAAPs der bedeutenden Institute sollen daher konservativ ausgestaltet sein, auf einer ökonomischen und einer normativen Perspektive beruhen, die sich ergänzen und deren Erkenntnisse ineinander einfließen, eine klare Bewertung der Kapitalrisiken ermöglichen und in die Gesamtsteuerung des Institutes eingebunden sein.[20]

16 Die EZB leitet aus den Vorgaben zum ICAAP gemäß Art. 73 CRD IV sieben Grundsätze ab, die aus aufsichtlicher Perspektive von Bedeutung sind und auch im Rahmen des SREP und der regelmäßigen Aufsichtsgespräche mit den Instituten (»supervisory dialogue«) berücksichtigt werden (siehe Abbildung 14). Da es sich beim ICAAP um einen institutsinternen Prozess handelt und die Kreditwirtschaft heterogen ist, liegt es in der Verantwortung der Institute, weitere wichtige Aspekte ergänzend zu berücksichtigen.[21] Es gibt nicht einen Muster-ICAAP für alle möglichen Konstellationen, weshalb die Bewertung des ICAAP auch individuell erfolgt.

---

20 Vgl. Europäische Zentralbank, Leitfaden der EZB für den bankinternen Prozess zur Sicherstellung einer angemessenen Kapitalausstattung (Internal Capital Adequacy Assessment Process – ICAAP), 9. November 2018, S. 2 f.

21 Vgl. Europäische Zentralbank, Leitfaden der EZB für den bankinternen Prozess zur Sicherstellung einer angemessenen Kapitalausstattung (Internal Capital Adequacy Assessment Process – ICAAP), 9. November 2018, S. 4.

Beschaffung von Kapital und Liquidität in Krisensituationen schwierig
Sicherstellung einer angemessenen Kapital- und Liquiditätsausstattung bereits unter normalen Bedingungen auch für ungünstige Entwicklungen
Umsetzung dieser Anforderungen durch jeweils sieben Grundsätze
1 Verantwortung der Geschäftsleitung für solide Governance
2 Prozesse als integraler Bestandteil des Gesamtsteuerungsrahmens
3 Sicherstellung der angemessenen Kapital-/Liquiditätsausstattung aus verschiedenen Perspektiven als Beitrag zum Fortbestand der Institute
4 Identifizierung und Berücksichtigung aller wesentlichen Risiken
5 hohe Qualität von Kapital bzw. Liquiditätspuffern, stabile Refinanzierung
6 angemessene und konsistente Risikoquantifizierung, unabhängige Validierung
7 regelmäßige Stresstests für adverse Bedingungen

Abb. 14: Sieben identische Grundsätze der EZB für den ICAAP und den ILAAP

1.5   ICAAP für weniger bedeutende Institute (LSI-ICAAP)

Der Kerngedanke des internen Prozesses zur Sicherstellung einer angemessenen Kapitalaus-   **17**
stattung besteht darin, dass die Institute entsprechend ihrem individuellen Risikoprofil genügend »internes Kapital« zur Abdeckung aller wesentlichen Risiken vorhalten müssen (→ Teil I,
Kapitel 3.1). Zu diesem Zweck müssen sie ihre wesentlichen Risiken im Rahmen einer Risikoinventur bestimmen (→ AT 2.2 Tz. 1) und sich darüber klar werden, welches interne Kapital ihnen
zur Verlustabsorption quantitativ und qualitativ überhaupt zur Verfügung steht (→ AT 4.1
Tz. 1).

Der deutsche Gesetzgeber hat sich diesen Gedanken zu eigen gemacht und für die Umsetzung des   **18**
ICAAP in nationales Recht auf das Risikotragfähigkeitskonzept abgestellt. Gemäß § 25a Abs. 1 Satz 3
Nr. 2 KWG ist den Verfahren zur Ermittlung und Sicherstellung der Risikotragfähigkeit eine vorsichtige
Ermittlung der Risiken und des zu ihrer Abdeckung verfügbaren Risikodeckungspotenzials zugrunde-
zulegen. Die rechtliche Anforderung wird in diesem Modul konkretisiert. Ergänzend hat die deutsche

AT 4.1 Risikotragfähigkeit

Aufsicht Grundsätze, Prinzipien und Kriterien formuliert, die bei der Beurteilung der bankinternen Risikotragfähigkeitskonzepte von weniger bedeutenden Instituten zugrundegelegt werden.[22]

19 Insgesamt lassen sich viele Parallelen zwischen den Vorgaben der EZB für die bedeutenden Institute und den Vorgaben der deutschen Aufsicht für die weniger bedeutenden Institute ziehen: Die Grundprinzipien der EZB finden sich auch im RTF-Leitfaden der deutschen Aufsicht wieder. Während die EZB von soliden, effektiven und umfassenden ICAAPs spricht, orientiert sich die deutsche Aufsicht bei der Überprüfung der ICAAPs an den EBA-Geboten der Konsistenz (Solidität) und Wirksamkeit (Effektivität) der Verfahren, der Vollständigkeit der Risikoabbildung und dem bereits erwähnten Vorsichtsprinzip aus dem KWG. Auch die deutsche Aufsicht würdigt die Besonderheiten eines Einzelfalls, die ein Abweichen von den im RTF-Leitfaden niedergelegten Prinzipien und Kriterien ermöglichen kann. Die Beurteilung der Konzepte erfolgt grundsätzlich in Form einer Gesamtwürdigung aller Elemente der Risikotragfähigkeitssteuerung, wobei auch für weniger bedeutende Institute ergänzende Aspekte eine Rolle spielen können. Ähnlich wie beim SSM-Leitfaden ist eine laufende Anpassung an internationale Entwicklungen und die Praxis der Kreditwirtschaft vorgesehen.[23]

1.6 Die »alte Welt« der Going- und Gone-Concern-Ansätze

20 In der »alten Welt« der Risikotragfähigkeitskonzepte, die bis zur fünften MaRisk-Novelle Bestand hatte, wurde hinsichtlich des Absicherungszieles und des einbezogenen Risikodeckungspotenzials grundsätzlich zwischen dem »Going-Concern-Ansatz« und dem »Gone-Concern-Ansatz« unterschieden.[24] Vergleichbare Ansätze haben auch andere Aufsichtsbehörden verwendet.[25]

21 Als »Going-Concern-Ansätze« werden solche Steuerungskreise bezeichnet, bei denen ein Institut unter Einhaltung der bankaufsichtlichen Mindestkapitalanforderungen selbst dann noch fortgeführt werden könnte, wenn der zur Verlustabsorption eingesetzte Teil des Risikodeckungspotenzials durch schlagend werdende Risiken aufgezehrt würde.[26] Folglich wird der gebundene Teil der regulatorischen Eigenmittel bei Going-Concern-Ansätzen im Risikotragfähigkeitskonzept nicht zur Risikoabdeckung herangezogen. Bei der Steuerung nach diesen Ansätzen geht es vorrangig um die Interessen der Eigenkapitalgeber des Institutes. Absicherungsziel ist die Fortführung der geordneten operativen Geschäftstätigkeit ohne Berücksichtigung von Kapitalbestandteilen, die nur im Falle einer Insolvenz zur Verfügung stehen würden. Die Fortführung des Geschäftsbetriebes steht bei den Aufsichtsbehörden ebenfalls im Vordergrund. Der Going-Concern-Ansatz wird deshalb auch als »Fortführungsansatz« bezeichnet.

---

22 Da Finanzdienstleistungsinstitute gemäß AT 2.1 Tz. 2 MaRisk die Anforderungen an das Risikomanagement nur insofern zu beachten haben, wie dies vor dem Hintergrund der Institutsgröße sowie von Art, Umfang, Komplexität und Risikogehalt der Geschäftsaktivitäten zur Einhaltung der gesetzlichen Pflichten aus § 25a KWG geboten erscheint, ist eine Übertragbarkeit der Grundsätze und Kriterien aus dem RTF-Leitfaden auf Finanzdienstleistungsinstitute nicht ohne weiteres möglich und geboten. Beispielhaft können hier die Ausführungen zur normativen Perspektive angeführt werden. Diese beanspruchen keine Geltung für Finanzdienstleistungsinstitute, die jenseits der Verpflichtung zur laufenden Sicherstellung ihrer Risikotragfähigkeit keinen regulatorischen Anforderungen an ihre Eigenmittelausstattung unterliegen. Bei Finanzdienstleistungsinstituten müssen vielmehr stärker an den jeweiligen Geschäftsaktivitäten ausgerichtete Lösungsansätze in Betracht gezogen werden. Vgl. Bundesanstalt für Finanzdienstleistungsaufsicht/Deutsche Bundesbank, Aufsichtliche Beurteilung bankinterner Risikotragfähigkeitskonzepte und deren prozessualer Einbindung in die Gesamtbanksteuerung (»ICAAP«) – Neuausrichtung, Leitfaden vom 24. Mai 2018, S. 3 f.

23 Vgl. Bundesanstalt für Finanzdienstleistungsaufsicht/Deutsche Bundesbank, Aufsichtliche Beurteilung bankinterner Risikotragfähigkeitskonzepte und deren prozessualer Einbindung in die Gesamtbanksteuerung (»ICAAP«) – Neuausrichtung, Leitfaden vom 24. Mai 2018, S. 5 f.

24 Vgl. Bundesanstalt für Finanzdienstleistungsaufsicht/Deutsche Bundesbank, Aufsichtliche Beurteilung bankinterner Risikotragfähigkeitskonzepte, Leitfaden vom 7. Dezember 2011, S. 2 f.

25 Vgl. Finanzmarktaufsicht/Österreichische Nationalbank, Leitfaden zur Gesamtbankrisikosteuerung: Internal Capital Adequacy Assessment Process, Januar 2006, S. 65 ff.

26 Vgl. Bundesanstalt für Finanzdienstleistungsaufsicht/Deutsche Bundesbank, Aufsichtliche Beurteilung bankinterner Risikotragfähigkeitskonzepte und deren prozessualer Einbindung in die Gesamtbanksteuerung (»ICAAP«) – Neuausrichtung, Leitfaden vom 24. Mai 2018, S. 20.

Bei Gone-Concern-Ansätzen wird geprüft, ob im Falle der fiktiven Liquidation des Institutes – **22** ohne Abstellen auf Zerschlagungswerte – die Ansprüche der Gläubiger noch vollständig befriedigt werden könnten. Geschützt werden sollen also vorrangig die Interessen der nicht nachrangigen Gläubiger des Institutes (z.B. der Spareinleger und der Inhaber von Schuldverschreibungen). Dabei umfasst das definierte Risikodeckungspotenzial auch Positionen, bei deren Aufzehrung die Fortführung des Institutes nicht mehr möglich wäre, sofern keine Aufstockung von außen erfolgt. Der Gone-Concern-Ansatz wird deshalb auch als »Liquidationsansatz« bezeichnet. Bei Gone-Concern-Ansätzen können im Risikodeckungspotenzial gebundene Elemente der regulatorischen Eigenmittel oder Positionen berücksichtigt werden, die per se nur im Insolvenz- bzw. Liquidationsfall zum Verlustausgleich zur Verfügung stehen, was insbesondere auf typische Nachrangverbindlichkeiten zutrifft. Andererseits können Plangewinne zukünftiger Perioden aufgrund der bevorstehenden Liquidation nicht einbezogen werden. Eine Aufzehrung des regulatorischen Eigenkapitals bedeutet zwar nicht zwangsläufig, dass ein Institut tatsächlich liquidiert werden muss. Allerdings ist bei nachhaltiger Unterschreitung der regulatorischen Mindesteigenkapitalanforderungen eine selbstbestimmte Geschäftsführung nicht mehr möglich, womit zumindest die potenzielle Gefahr einer Liquidation besteht.[27]

Nicht zuletzt aufgrund der Tatsache, dass insbesondere bei kleineren Instituten (noch) ein **23** deutlicher Schwerpunkt auf Going-Concern-Ansätzen mit bilanz- bzw. GuV-orientierter Ableitung des Risikodeckungspotenzials liegt[28], werden diese Ansätze von der deutschen Aufsicht bis auf weiteres anerkannt.

Die Gone-Concern-Ansätze alter Prägung werden für die Zwecke des ICAAP hingegen mit Blick **24** auf die potenzielle Gefahr einer Liquidation nicht mehr zugelassen. Da es auch bei den Gone-Concern-Ansätzen alter Prägung nur theoretisch um eine Zerschlagung des Institutes ging und diese Ansätze in erster Linie durch vergleichsweise strenge Anforderungen an die Risikomessung und an die Ableitung des Risikodeckungspotenzials gekennzeichnet waren[29], weil über das Risikodeckungspotenzial hinaus keinerlei weitere Reserven zur Befriedigung von Gläubigeransprüchen zur Verfügung standen[30], besteht allerdings eine große Nähe zur ökonomischen Perspektive der neuen Ansätze (siehe Abbildung 15).

---

27 Vgl. Volk, Tobias/Wiesemann, Bernd, Aufsichtliche Beurteilung bankinterner Risikotragfähigkeitskonzepte, in: Zeitschrift für das gesamte Kreditwesen, Heft 6/2012, S.19.

28 Vgl. Deutsche Bundesbank, »Range of Practice« zur Sicherstellung der Risikotragfähigkeit bei deutschen Kreditinstituten, 11.November 2010, S.6.

29 Vgl. Volk, Tobias/Wiesemann, Bernd, Aufsichtliche Beurteilung bankinterner Risikotragfähigkeitskonzepte, in: Zeitschrift für das gesamte Kreditwesen, Heft 6/2012, S.19.

30 Vgl. Deutsche Bundesbank, Bankinterne Methoden zur Ermittlung und Sicherstellung der Risikotragfähigkeit und ihre bankaufsichtliche Bedeutung, in: Monatsbericht, März 2013, S.34.

AT 4.1 Risikotragfähigkeit

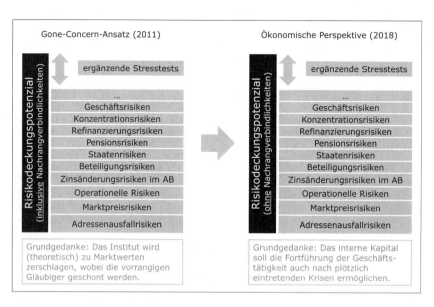

Abb. 15: Vergleichbare Systematik zwischen Gone-Concern-Ansatz und ökonomischer Perspektive

25 Die bei Verwendung von Gone-Concern-Ansätzen bisher separat geforderte Betrachtung der Anforderungen der ersten Säule findet sich nunmehr in den Anforderungen an die normative Perspektive wieder (siehe Abbildung 16). Eine große Herausforderung wird darin bestehen, die Erkenntnisse aus beiden Perspektiven sinnvoll und in konsistenter Weise miteinander zu verknüpfen.

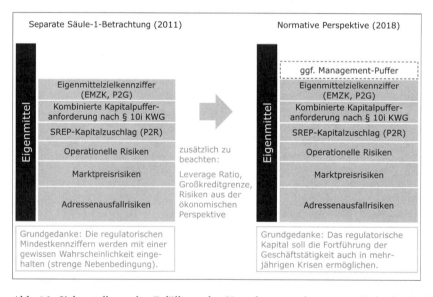

Abb. 16: Sicherstellung der Erfüllung der Vorgaben aus der ersten Säule durch die normative Perspektive

1.7 »Going Concern-Ansätze alter Prägung«

Insofern sind die »Going-Concern-Ansätze alter Prägung« neben dem SI-ICAAP und dem LSI- 26
ICAAP im Moment eine dritte zulässige Variante zur Sicherstellung der Risikotragfähigkeit. Die
überarbeiteten Grundsätze für diese Ansätze sind in den Annex des neuen RTF-Leitfadens
verschoben worden, womit ihre zukünftige Rolle verdeutlicht wird. Bei Nutzung dieser Ansätze
sind die Vorgaben aus dem RTF-Leitfaden – abgesehen von den allgemeinen Grundsätzen und
Zielen – nicht maßgeblich. Insbesondere fällt die Unterscheidung von ökonomischer und normativer Perspektive weg. Die Ausgestaltung dieser Ansätze setzt implizit die Erfüllung der Anforderungen aus normativer Sicht voraus und beschäftigt sich trotz bilanz- bzw. GuV-orientierter
Ableitung des Risikodeckungspotenzials mit der Angemessenheit des internen Kapitals aus ökonomischer Sicht.

Allerdings kann ein Going-Concern-Ansatz je nach konkreter Ausgestaltung über mehrere Jahre 27
hinweg durchaus eine hinreichende Risikotragfähigkeit abbilden, obwohl damit eine Aushöhlung
der Substanz des Institutes einhergeht.[31] Zudem ist davon auszugehen, dass die Harmonisierung
des LSI-SREP auf europäischer Ebene weiter vorangetrieben wird und sich die zu erwartenden
Vorgaben eng am neuen Konzept der EZB für die bedeutenden Institute orientieren werden.
Insofern erscheint es grundsätzlich ratsam, sich auch als weniger bedeutendes Institut mittelfristig
mit den neuen Anforderungen auseinanderzusetzen. Auch die deutsche Aufsicht erwartet vor dem
Hintergrund der Harmonisierungsbestrebungen innerhalb des SSM, dass die Zukunft der Going-
Concern-Ansätze zeitlich begrenzt sein wird. Sie empfiehlt den Instituten deshalb, bereits darüber
nachzudenken, wie sie die neuen Ansätze sinnvoll in ihre eigenen Risikotragfähigkeitskonzepte
transformieren können und wann sie sich in die neue »ICAAP-Welt« begeben wollen. Entsprechende Änderungen ihrer Sichtweise wird die Aufsicht allerdings rechtzeitig vorher mit den
kreditwirtschaftlichen Verbänden und den betroffenen Instituten erörtern.[32]

1.8 Risikotragfähigkeitskonzept bzw. -rechnung

Das Risikotragfähigkeitskonzept besteht den nationalen Vorgaben zufolge aus einer Risikotragfä- 28
higkeitsrechnung und einer Kapitalplanung.[33] Es lässt sich zwar trefflich darüber streiten, ob diese
Zuordnung wirklich sachgerecht ist, da der zukunftsgerichtete Kapitalplanungsprozess rein formal
betrachtet als eine Ergänzung des Risikotragfähigkeitskonzeptes verstanden wird (→ AT 4.1 Tz. 11,
Erläuterung) und insofern ausdrücklich kein Bestandteil des Risikotragfähigkeitskonzeptes ist. Im
Endeffekt ist dies aber eine akademische Diskussion, weil dem ICAAP auch auf europäischer
Ebene eine Risikotragfähigkeitsrechnung (ökonomische Perspektive), ein Kapitalplanungsprozess
(normative Perspektive) und ergänzende Stresstests zugeordnet werden.

Mit Hilfe eines Risikotragfähigkeitskonzeptes bzw. im Sinne des RTF-Leitfadens einer Risiko- 29
tragfähigkeitsrechnung soll vor allem ermittelt werden, ob ein Institut das Eintreten von Verlusten
ohne Bestandsgefährdung und im Wesentlichen ohne schwerwiegende negative Auswirkungen
auf seine Geschäftsaktivitäten ausgleichen kann. Für diese Zwecke ist das zur Abdeckung
schlagend werdender Verluste geeignete »Risikodeckungspotenzial«, das im Kontext der MaRisk

---

31 Vgl. Volk, Tobias/Wiesemann, Bernd, Aufsichtliche Beurteilung bankinterner Risikotragfähigkeitskonzepte, in: Zeitschrift
    für das gesamte Kreditwesen, Heft 6/2012, S. 22.
32 Vgl. Bundesanstalt für Finanzdienstleistungsaufsicht, Veröffentlichung der Endfassung des Leitfadens zur aufsichtlichen
    Beurteilung bankinterner Risikotragfähigkeitskonzepte, Übermittlungsschreiben vom 24. Mai 2018, S. 2.
33 Vgl. Bundesanstalt für Finanzdienstleistungsaufsicht/Deutsche Bundesbank, Aufsichtliche Beurteilung bankinterner
    Risikotragfähigkeitskonzepte und deren prozessualer Einbindung in die Gesamtbanksteuerung (»ICAAP«) – Neuausrich-
    tung, Leitfaden vom 24. Mai 2018, S. 7.

mit dem im ICAAP verwendeten Begriff »internes Kapital« gleichgesetzt wird, für einen Zeitraum von üblicherweise einem Jahr (»Risikobetrachtungshorizont«) den wesentlichen Risiken (»Risikopotenzial«) gegenüberzustellen. Das erforderliche Kapital zur Abdeckung dieser Risiken auf aggregierter Ebene wird in Anlehnung an das zugrundeliegende Berechnungskonzept auch als »ökonomisches Kapital« (»Economic Capital«, EC) bezeichnet. Mit Hilfe des ökonomischen Kapitals können die bestehenden Risiken, die nötige Risikodeckung sowie der risikoadjustierte Ertrag quantifiziert werden.[34]

30 Die Risikotragfähigkeit gilt gemeinhin als gegeben, sofern das Risikodeckungspotenzial des Institutes, d.h. das maximal verfügbare Kapital zur Risikoabsicherung, größer oder gleich dem Risikopotenzial bzw. dem dafür berechneten ökonomischen Kapital ist. Inwiefern dabei Wechselwirkungen innerhalb der und zwischen den einzelnen Risikoarten zu berücksichtigen sind (»Risikokonzentrationen«) bzw. berücksichtigt werden können (»Diversifikationseffekte«), wird an verschiedenen Stellen in den MaRisk (→ AT 4.1 Tz. 1, 6 und 7) und in ergänzenden Leitfäden der jeweils zuständigen Aufsichtsbehörden[35] geregelt. Übersteigt das Risikopotenzial hingegen das Risikodeckungspotenzial, ist die Risikotragfähigkeit nicht mehr gegeben. In diesem Fall müssen entweder Risiken abgebaut oder das Risikodeckungspotenzial erhöht werden. An der Risikotragfähigkeit lässt sich insoweit direkt ablesen, ob sich ein Institut die Übernahme von zusätzlichen Risiken überhaupt leisten kann. Die Systematik des Risikotragfähigkeitskonzeptes bzw. der Risikotragfähigkeitsrechnung wirkt auf den ersten Blick ohne weiteres nachvollziehbar. Die praktische Umsetzung dieses Konzeptes ist allerdings eine echte Herausforderung für die Institute.

31 Mit Hilfe des (ergänzenden) Kapitalplanungsprozesses soll die Risikotragfähigkeit über den Risikobetrachtungshorizont hinaus antizipiert werden, um auf einen eventuellen Kapitalbedarf in der Zukunft rechtzeitig vorbereitet zu sein.

1.9 Entwicklung der Risikotragfähigkeitskonzepte in Deutschland

32 Die Aufsicht beobachtet seit 2004 eine deutliche methodische Weiterentwicklung der Risikotragfähigkeitskonzepte in deutschen Kreditinstituten. Anfang 2007 hat die Deutsche Bundesbank eine Befragung einzelner Institute zur internen Steuerung durchgeführt. Dabei wurden die Themenbereiche »interner Kapitalbegriff«, »Ermittlung des ökonomischen Kapitalbedarfes« und »Steuerung mittels ökonomischen Kapitals« untersucht. Beteiligt hatten sich auf freiwilliger Basis fast alle großen, international tätigen Banken sowie einige kleinere und mittlere Institute mit einem an der Bilanzsumme gemessenen Abdeckungsgrad von ca. 55 % des gesamten inländischen Bankensystems.

33 Damals verfügten alle analysierten Institute im Vergleich zu den Vorjahren über Risikotragfähigkeitskonzepte, die allerdings ein sehr unterschiedliches Niveau aufwiesen. Insbesondere variierte der Grad ihrer Nutzung für Steuerungszwecke erheblich. Das war u.a. darauf zurückzuführen, dass viele Limite in der Praxis nur zu Bruchteilen ausgelastet waren und die Limitsysteme insofern kaum Steuerungsimpulse aussenden konnten. Als problematisch hatte sich zudem die parallele Steuerung nach regulatorischem und ökonomischem Kapital erwiesen, da beide Systeme zum Teil widersprüchliche Steuerungssignale generierten. So wurden für die regulatorischen Mindestkapitalanforderungen die nach den bankaufsichtlichen Vorgaben ermittelten Risikoaktiva mit dem

---

34 Vgl. PricewaterhouseCoopers/Economist Intelligence Unit, Effective capital management: Economic capital as an industry standard?, PwC Global Financial Services Briefing Programme, Dezember 2005.

35 Vgl. Europäische Zentralbank, Leitfaden der EZB für den bankinternen Prozess zur Sicherstellung einer angemessenen Kapitalausstattung (Internal Capital Adequacy Assessment Process – ICAAP), 9. November 2018; Bundesanstalt für Finanzdienstleistungsaufsicht/Deutsche Bundesbank, Aufsichtliche Beurteilung bankinterner Risikotragfähigkeitskonzepte und deren prozessualer Einbindung in die Gesamtbanksteuerung (»ICAAP«) – Neuausrichtung, Leitfaden vom 24. Mai 2018.

regulatorischen Eigenkapital verglichen, für den ICAAP hingegen die institutsintern gemessenen Risiken mit dem intern definierten Risikodeckungspotenzial. Die regulatorischen Vorgaben wurden häufig als strenge Nebenbedingung an die institutsinterne Steuerung formuliert, da sie i. d. R. zu einem höheren Kapitalbedarf führten als aus institutsinterner Sicht nötig wäre. Daraus ergab sich nach Einschätzung der Deutschen Bundesbank ein (ungewünschter) Kapitalpuffer im Verhältnis von Risikodeckungspotenzial und intern ermitteltem ökonomischen Kapitalbedarf.[36] Kritisiert wurde darüber hinaus die Wahl des Risikobetrachtungshorizontes von i. d. R. einem Jahr, der keine Verknüpfung mit der längerfristigen Strategie gewährleistet. Auch sollten sich die Stresstests nicht nur auf einzelne Risikoarten beziehen, um die kombinierten Auswirkungen negativer Entwicklungen auf alle Risikoarten zu analysieren.[37]

Nach Veröffentlichung einer Publikation des Baseler Ausschusses für Bankenaufsicht zu diesem Themenkomplex[38] wurde durch die Deutsche Bundesbank Ende 2009/Anfang 2010 eine weitere Untersuchung durchgeführt, in die auch die Ergebnisse aus der Prüfungspraxis eingeflossen sind. Damals wurden 150 ausgewählte Kreditinstitute zu ihrem jeweiligen Risikotragfähigkeitskonzept und den daraus abgeleiteten Steuerungsimpulsen befragt, wobei neben den größten und bedeutendsten Instituten bewusst auch überproportional viele Institute einbezogen wurden, deren Risikotragfähigkeitskonzepten die Aufsicht kritisch gegenüberstand.[39] Dieser Prozess fand mit der Veröffentlichung einer Bestandsaufnahme der Deutschen Bundesbank im November 2010 seinen vorläufigen Abschluss.[40] Über die daraus abgeleiteten möglichen Konsequenzen für die Ausgestaltung der Risikotragfähigkeitskonzepte haben die Deutsche Bundesbank und die BaFin im Rahmen einer Sondersitzung des Fachgremiums MaRisk am 29. November 2010 Auskunft gegeben und sich mit den Vertretern der Kreditwirtschaft ausgetauscht. Als Ergebnis dieses Prozesses wurde im Dezember 2011 von der deutschen Aufsicht ein erster Leitfaden zur aufsichtlichen Beurteilung bankinterner Risikotragfähigkeitskonzepte publiziert.[41] Dieses Papier diente viele Jahre als Orientierungshilfe für die Prüfer und die Institute.

34

Von der Aufsicht war geplant, die weitere Entwicklung auf diesem Gebiet im engen Austausch mit der Kreditwirtschaft zu begleiten. Vor diesem Hintergrund wurde im Dezember 2012 in Zusammenarbeit mit Fachexperten aus der Kreditwirtschaft ein »Forum Risikotragfähigkeit bei Kreditinstituten«[42] veranstaltet, um offene Fragen in der praktischen Anwendung sowie entsprechende Lösungsansätze zu erörtern. Schon zu diesem Zeitpunkt mussten die deutschen Institute auch einen internationalen Vergleich nicht mehr scheuen. Nachholbedarf hatte die Aufsicht damals noch hinsichtlich des Umfanges der Berücksichtigung von Risiken, der Zukunftsorientierung bei der Risikobeurteilung und der kritischen Reflexion der Grenzen und Beschränkungen der eingesetzten Risikoquantifizierungsverfahren gesehen. Außerdem mussten noch erhebliche Anstrengungen unternommen werden, um die Folgen der Finanzmarktkrise endgültig zu überwinden und damit ein angemessenes Verhältnis zwischen dem Risikodeckungspotenzial und den Risiken über Institute und Institutsgruppen hinweg für die Zukunft nachhaltig sicherzustellen.[43]

35

---

36 Vgl. Deutsche Bundesbank, Zum aktuellen Stand der bankinternen Risikosteuerung und der Bewertung der Kapitaladäquanz im Rahmen des aufsichtlichen Überprüfungsprozesses, in: Monatsbericht, Dezember 2007, S. 66 f.

37 Vgl. Deutsche Bundesbank, Zum aktuellen Stand der bankinternen Risikosteuerung und der Bewertung der Kapitaladäquanz im Rahmen des aufsichtlichen Überprüfungsprozesses, in: Monatsbericht, Dezember 2007, S. 71 f.

38 Basel Committee on Banking Supervision, Range of practices and issues in economic capital frameworks, März 2009.

39 Vgl. Volk, Tobias/Wiesemann, Bernd, Aufsichtliche Beurteilung bankinterner Risikotragfähigkeitskonzepte, in: Zeitschrift für das gesamte Kreditwesen, Heft 6/2012, S. 17.

40 Deutsche Bundesbank, »Range of Practice« zur Sicherstellung der Risikotragfähigkeit bei deutschen Kreditinstituten, 11. November 2010.

41 Bundesanstalt für Finanzdienstleistungsaufsicht/Deutsche Bundesbank, Aufsichtliche Beurteilung bankinterner Risikotragfähigkeitskonzepte, Leitfaden vom 7. Dezember 2011.

42 Bundesanstalt für Finanzdienstleistungsaufsicht, Forum Risikotragfähigkeit bei Kreditinstituten, Bonn, 4. Dezember 2012.

43 Vgl. Deutsche Bundesbank, Bankinterne Methoden zur Ermittlung und Sicherstellung der Risikotragfähigkeit und ihre bankaufsichtliche Bedeutung, in: Monatsbericht, März 2013, S. 44 f.

AT 4.1 Risikotragfähigkeit

36   Dieser allgemein als fruchtbar eingeschätzte Dialog wurde auch in den kommenden Jahren weitergeführt. In Reaktion auf die Veröffentlichung der EBA-Leitlinien zum SREP[44] haben die deutschen Aufsichtsbehörden im Frühjahr 2016 im Rahmen einer Konferenz ihr neues Konzept zum SREP für die weniger bedeutenden Institute vorgestellt.[45] Damals kristallisierte sich bereits heraus, dass der Leitfaden zur Beurteilung bankinterner Risikotragfähigkeitskonzepte vom Dezember 2011 grundlegend überarbeitet und an die Vorgaben der EBA angepasst werden muss. Ab diesem Zeitpunkt haben sich die BaFin und die Deutsche Bundesbank mehrfach mit der Deutschen Kreditwirtschaft (DK) über die geplante Weiterentwicklung des Leitfadens ausgetauscht. Zudem fanden diverse Gespräche zu diesem Thema statt, die zunächst auf entsprechenden Vorschlägen der DK beruhten. Im September 2017 hat die Aufsicht einen ersten Entwurf des neuen Leitfadens zur Konsultation gestellt.[46] Über die Stellungnahmen zu diesem Entwurf wurde in einer Sondersitzung des Fachgremiums MaRisk am 21. November 2017 ausführlich diskutiert. Im Ergebnis wurde den Mitgliedern des Fachgremiums MaRisk im Dezember 2017 ein zweiter Entwurf mit kurzer Kommentierungsfrist von vier Wochen zugeleitet (im Sinne einer »Fatal flaw«-Prüfung), um die Arbeiten möglichst zeitnah abschließen zu können.[47] Der neue RTF-Leitfaden wurde schließlich im Mai 2018 veröffentlicht.[48] Nur wenige Tage später hat die BaFin in Zusammenarbeit mit der Deutschen Bundesbank im Rahmen einer Konferenz »Risikotragfähigkeitsleitfaden – Neuausrichtung 2018«[49] über die konkreten Inhalte und Hintergründe dieses Leitfadens informiert.

1.10   Allgemeine Anforderungen an institutsinterne Risikotragfähigkeitskonzepte

37   Im Grundsatz geht es beim geforderten Risikotragfähigkeitskonzept darum, dass die wesentlichen Risiken des Institutes durch sein Risikodeckungspotenzial laufend abgedeckt sind (→ AT 4.1 Tz. 1) und dabei – unter Berücksichtigung von Risikokonzentrationen – hinreichend konservativ vorgegangen wird. Die Konservativität bei der Bestimmung des Risikodeckungspotenzials hängt vor allem davon ab, welche Kapitalkomponenten zur Verlustabsorption herangezogen werden (→ AT 4.1 Tz. 1) und wie der Risikoappetit der Geschäftsleitung festgelegt wird (→ AT 4.2 Tz. 2). Bei der Risikoquantifizierung kommt es in erster Linie darauf an, welche Risiken im Rahmen der Risikoinventur als wesentlich eingestuft werden (→ AT 2.2 Tz. 1 und 2).

38   Beim Risikotragfähigkeitskonzept müssen alle wesentlichen Risiken in angemessener Weise einbezogen (→ AT 4.1 Tz. 4) und für deren Quantifizierung geeignete Verfahren verwendet werden (→ AT 4.1 Tz. 5). Im Einzelfall kann es erforderlich sein, qualifizierte Expertenschätzungen zur Festlegung plausibler Risikobeträge heranzuziehen (→ AT 4.1 Tz. 5). Die zugrundeliegenden Annahmen, z.B. hinsichtlich der Berücksichtigung risikomindernder Diversifikationseffekte, und die verwendeten Daten müssen im Einklang mit der institutsindividuellen Risikosituation stehen. Dies gilt in besonderem Maße bei Verwendung externer Daten. Bei Schätzungen ist hinreichend

---

44 European Banking Authority, Leitlinien zu gemeinsamen Verfahren und Methoden für den aufsichtlichen Überprüfungs- und Bewertungsprozess (SREP), EBA/GL/2014/13, 19. Dezember 2014.

45 Bundesanstalt für Finanzdienstleistungsaufsicht, Neues SREP-Konzept der Aufsicht, Bonn, 4. Mai 2016.

46 Bundesanstalt für Finanzdienstleistungsaufsicht/Deutsche Bundesbank, Entwurf zur Neuausrichtung des Leitfadens zur aufsichtlichen Beurteilung bankinterner Risikotragfähigkeitskonzepte, 5. September 2017.

47 Bundesanstalt für Finanzdienstleistungsaufsicht/Deutsche Bundesbank, Zweiter Entwurf zur Neuausrichtung des Leitfadens zur aufsichtlichen Beurteilung bankinterner Risikotragfähigkeitskonzepte, 21. Dezember 2017.

48 Bundesanstalt für Finanzdienstleistungsaufsicht/Deutsche Bundesbank, Aufsichtliche Beurteilung bankinterner Risikotragfähigkeitskonzepte und deren prozessualer Einbindung in die Gesamtbanksteuerung (»ICAAP«) – Neuausrichtung, Leitfaden vom 24. Mai 2018.

49 Bundesanstalt für Finanzdienstleistungsaufsicht, Risikotragfähigkeitsleitfaden – Neuausrichtung 2018, Bonn, 29. Mai 2018.

konservativ vorzugehen (→ AT 4.1 Tz. 6). Der Risikobetrachtungshorizont beträgt in der Regel ein Jahr und muss ggf. verlängert werden, wenn das Konzept an Jahresabschluss-Größen anknüpft (→ AT 4.1 Tz. 3).

Der interne Prozess zur Sicherstellung der Risikotragfähigkeit hat sowohl das Ziel der Fort- **39** führung des Institutes aus normativer Perspektive als auch den Schutz der Gläubiger vor Verlusten aus ökonomischer Perspektive angemessen zu berücksichtigen (→ AT 4.1 Tz. 2). Sowohl die EZB als auch die deutsche Aufsicht fordern von den Instituten deshalb, diese beiden komplementären internen Perspektiven, die wechselseitig berücksichtigt werden sollen, zu implementieren. Die ökonomische Perspektive entspricht vom Grundgedanken her dem Gone-Concern-Ansatz des bisherigen nationalen Risikotragfähigkeitskonzeptes der zweiten Säule. Allerdings können mit Blick auf die angestrebte Fortführung des Institutes in der ökonomischen Perspektive keine Kapitalbestandteile mehr verwendet werden, die grundsätzlich nur bei Insolvenz des Institutes zur Verfügung stehen. Die normative Perspektive stellt auf alle regulatorischen und aufsichtlichen Kapital- und Liquiditätsanforderungen und die darauf basierenden internen Anforderungen sowie die sonstigen externen finanziellen Zwänge ab, also in erster Linie auf die Vorgaben der ersten Säule.[50] Sie wird mit Hilfe eines zukunftsgerichteten Kapitalplanungsprozesses über einen Zeitraum von drei Jahren umgesetzt (→ AT 4.1 Tz. 11). Bei der Kapitalplanung müssen absehbare interne und externe Entwicklungen berücksichtigt werden. Zudem muss möglichen adversen Entwicklungen angemessen Rechnung getragen werden (→ AT 4.1 Tz. 11). In Ergänzung zur Kapitalplanung haben die Institute auch einen internen Refinanzierungsplan aufzustellen (→ BTR 3.1 Tz. 12).

Die Institute müssen jederzeit einen vollständigen und aktuellen Überblick über die Methoden **40** und Verfahren haben, die zur Risikoquantifizierung verwendet werden (→ AT 4.1 Tz. 9). Grundsätzlich sind sie bei deren Auswahl nicht eingeschränkt (→ AT 4.1 Tz. 8). Allerdings ist die Angemessenheit der Methoden und Verfahren mit besonderem Fokus auf das Modellrisiko und die Verwendung externer Daten zumindest jährlich durch die fachlich zuständigen Mitarbeiter zu überprüfen (→ AT 4.1 Tz. 9). Regelmäßig und anlassbezogen überprüft werden müssen zudem die Verlässlichkeit und die Stabilität der Diversifikationsannahmen (→ AT 4.1 Tz. 7). Bei vergleichsweise komplexen Methoden und Verfahren, Annahmen, Parametern oder einfließenden Daten ist eine entsprechend umfassende quantitative und qualitative Validierung dieser Komponenten sowie der Risikoergebnisse in Bezug auf ihre Verwendung erforderlich (→ AT 4.1 Tz. 9). In diesem Fall ist eine angemessene Unabhängigkeit zwischen Methodenentwicklung und Validierung zu gewährleisten. Die wesentlichen Ergebnisse der Validierung und ggf. Vorschläge für Maßnahmen zum Umgang mit bekannten Grenzen und Beschränkungen der Methoden und Verfahren sind der Geschäftsleitung vorzulegen (→ AT 4.1 Tz. 10).

Unter Governance-Gesichtspunkten ist die Risikotragfähigkeit bei der Festlegung und Anpas- **41** sung der Strategien zu berücksichtigen. Zudem müssen geeignete Risikosteuerungs- und -controllingprozesse eingerichtet werden, um die Risikotragfähigkeit zu gewährleisten (→ AT 4.1 Tz. 2). Die Festlegung wesentlicher Elemente der Risikotragfähigkeitssteuerung sowie wesentlicher zugrundeliegender Annahmen, die nachvollziehbar begründet werden müssen, ist von der Geschäftsleitung zu genehmigen (→ AT 4.1 Tz. 8).

---

50 Vgl. Europäische Zentralbank, Leitfaden der EZB für den bankinternen Prozess zur Sicherstellung einer angemessenen Kapitalausstattung (Internal Capital Adequacy Assessment Process – ICAAP), 9. November 2018, S. 14; Bundesanstalt für Finanzdienstleistungsaufsicht/Deutsche Bundesbank, Aufsichtliche Beurteilung bankinterner Risikotragfähigkeitskonzepte und deren prozessualer Einbindung in die Gesamtbanksteuerung (»ICAAP«) – Neuausrichtung, Leitfaden vom 24. Mai 2018, S. 8.

1.11 Praktische Fragestellungen bei der Umsetzung

42 Aufgrund der massiven Überarbeitung der aufsichtlichen Anforderungen an die bankinternen Risikotragfähigkeitskonzepte und der qualitativen Ausgestaltung der Rahmenwerke von der EZB und den deutschen Aufsichtsbehörden ist einerseits mit praktischen Fragestellungen der Institute im Rahmen ihres internen Umsetzungsprozesses zu rechnen. Andererseits muss sich auch die Aufsicht dazu eine Meinung bilden, um den Prüfern geeignete Orientierungshilfen an die Hand zu geben, in welchem Rahmen sich die Institute bewegen können. Vor diesem Hintergrund befinden sich die Deutsche Bundesbank und die BaFin nach wie vor im Dialog mit der Deutschen Kreditwirtschaft (DK), um sich ein Bild von der gängigen Praxis in den Instituten zu machen und über mögliche Lösungsansätze zu beraten. In den nächsten Monaten werden voraussichtlich noch Sitzungen des Fachgremiums MaRisk stattfinden, in denen über die Umsetzung der neuen Anforderungen und die damit verbundenen Meldeanforderungen gesprochen wird. Mögliche Ergebnisse werden auf den Internetseiten der Aufsichtsbehörden oder über die kreditwirtschaftlichen Verbände bekanntgegeben.

1.12 Risikotragfähigkeitsinformationen

43 Dem im Rahmen des CRD IV-Umsetzungsgesetzes neu gestalteten § 25 Abs. 1 KWG zufolge müssen die Institute unverzüglich nach Ablauf eines jeden Quartals der Deutschen Bundesbank Informationen zu ihrer finanziellen Situation (Finanzinformationen) einreichen (→ AT 4.2 Tz. 1). Außerdem müssen sie unverzüglich einmal jährlich zu einem von der BaFin festgelegten Stichtag der Deutschen Bundesbank Informationen zu ihrer Risikotragfähigkeit nach § 25a Abs. 1 Satz 3 KWG und den Verfahren nach § 25a Abs. 1 Satz 3 Nr. 2 KWG einreichen (Risikotragfähigkeitsinformationen). Dasselbe gilt gemäß § 25 Abs. 2 KWG für übergeordnete Unternehmen im Sinne des § 10a KWG mit Blick auf Informationen über die Gruppe auf zusammengefasster Ebene. Der Aufsicht geht es in erster Linie darum, Einblick in die Entwicklung der Vermögens-, Ertrags- und Risikolage sowie die Verfahren der Risikosteuerung zu erhalten. Die Deutsche Bundesbank muss die Meldungen der Institute an die BaFin mit ihrer Stellungnahme weiterleiten, wobei die BaFin auch auf die Weiterleitung bestimmter Angaben verzichten kann. Die BaFin kann außerdem den Berichtszeitraum für ein Institut bzw. ein übergeordnetes Unternehmen verkürzen, soweit dies zur Erfüllung ihrer Aufgaben erforderlich ist.

44 Nähere Bestimmungen über Art und Umfang der Informationen, die zulässigen Datenträger, Übertragungswege und Datenformate, weitere Angaben sowie eine Verkürzung des Berichtszeitraumes für bestimmte Arten oder Gruppen von Instituten können das Bundesministerium der Finanzen bzw. die BaFin im Benehmen mit der Deutschen Bundesbank laut § 25 Abs. 3 KWG durch Rechtsverordnung erlassen. Die Angaben der Gruppen können sich auch auf nachgeordnete Unternehmen im Sinne des § 10a KWG sowie auf Tochterunternehmen mit Sitz im In- oder Ausland, die nicht in die Beaufsichtigung auf zusammengefasster Basis einbezogen sind, sowie auf gemischte Unternehmen mit nachgeordneten Instituten beziehen. Die gemischten Unternehmen haben den Instituten die erforderlichen Angaben zu übermitteln.

45 Einen ersten Entwurf für einen »Bericht Risikotragfähigkeit« hat die Aufsicht am 24. Februar 2011 im Rahmen der Modernisierung des bankaufsichtlichen Meldewesens zur Konsultation gestellt. Die endgültige Fassung der Verordnung zur Einreichung von Finanz- und Risikotragfähigkeitsinformationen nach dem Kreditwesengesetz (Finanz- und Risikotragfähigkeitsinformationenverordnung, FinaRisikoV) wurde am 6. Dezember 2013 veröffentlicht und ist am 1. Januar 2014 in Kraft getreten. Die Vorgaben zur Übermittlung der Risikotragfähigkeitsinformationen sind in

Abschnitt 3 dieser Verordnung niedergelegt. Gemäß § 8 Abs. 1 FinaRisikoV bestehen die Risikotragfähigkeitsinformationen aus den Angaben zur Konzeption der Risikotragfähigkeitssteuerung, zum Risikodeckungspotenzial, zu den Risiken sowie zu Verfahren zu ihrer Ermittlung, Steuerung und Überwachung. Entsprechende Meldeformulare mit Pflichtangaben und freiwilligen Angaben sind in den Anlagen 14 bis 24 der Verordnung enthalten.

Die Risikotragfähigkeitsinformationen sind laut § 9 Abs. 1 FinaRisikoV grundsätzlich einmal jährlich einzureichen. Nach § 9 Abs. 2 und 3 FinaRisikoV sind sie innerhalb von sieben Wochen nach dem festgelegten Meldestichtag elektronisch der Deutschen Bundesbank zu übermitteln, die auf ihrer Internetseite die zu verwendenden Datenformate und den Übertragungsweg veröffentlicht. Gemäß § 12 Abs. 1 FinaRisikoV unterliegen die bedeutenden Institute, die potenziell systemgefährdenden Institute (PSI) und die Finanzhandelsinstitute im Sinne des § 25f Abs. 1 KWG einer erhöhten Meldefrequenz in halbjährlichem Turnus. Dasselbe gilt nach § 12 Abs. 2 FinaRisikoV für das übergeordnete Unternehmen einer Gruppe, wenn dieser Gruppe mindestens ein inländisches Kreditinstitut gemäß § 12 Abs. 1 FinaRisikoV angehört oder die Bilanzsumme dieser Gruppe im Durchschnitt zu den jeweiligen Jahresabschlussstichtagen der letzten drei abgeschlossenen Geschäftsjahre 50 Milliarden Euro erreicht oder überschritten hat. Unabhängig davon kann die BaFin laut § 12 Abs. 3 FinaRisikoV auch im Einzelfall eine erhöhte Meldefrequenz für ein Institut oder eine Gruppe anordnen, soweit dies zur Erfüllung ihrer Aufgaben erforderlich ist.

Kreditinstitute im Sinne der §§ 53b und 53c Nr. 2 KWG und Wertpapierhandelsbanken im Sinne des § 1 Abs. 3d Satz 5 KWG sind gemäß § 10 Abs. 2 FinaRisikoV von der Meldepflicht befreit. Dies gilt laut § 10 Abs. 3 FinaRisikoV in Analogie auch für Kreditinstitute, die vom Waiver gemäß Art. 7 CRR Gebrauch machen. Übergeordnete Unternehmen einer Gruppe, zu der mindestens ein Kreditinstitut mit Sitz im Inland gehört, haben die Risikotragfähigkeitsinformationen der Gruppe nach § 11 Abs. 1 FinaRisikoV auf zusammengefasster Ebene einzureichen. Gehören zu einer Gruppe nur inländische Kreditinstitute, die von der Meldepflicht befreit sind, so muss auch das übergeordnete Unternehmen nach § 11 Abs. 2 FinaRisikoV keine Risikotragfähigkeitsinformationen einreichen.

Mit der Anpassung der aufsichtlichen Beurteilungskriterien bankinterner Risikotragfähigkeitskonzepte ist auch eine Überarbeitung der FinaRisikoV erforderlich geworden. Die BaFin hat in einem ersten Schritt bei Kreditinstituten und übergeordneten Unternehmen, die einer erhöhten Meldefrequenz unterliegen, auf die Einreichung der Risikotragfähigkeitsinformationen zum Meldestichtag 30. Juni 2018 verzichtet.[51] Es ist nicht ausgeschlossen, dass diese erhöhte Meldefrequenz dauerhaft entfällt. Anschließend haben die Aufsichtsbehörden in einer Sondersitzung des Fachgremiums MaRisk zum Risikotragfähigkeitsmeldewesen am 19. Juni 2018 eine Übergangslösung für die Meldung zum Stichtag 31. Dezember 2018 vorgestellt. Institute, die bereits ein Konzept implementiert haben oder in absehbarer Zeit implementieren werden, das den Kriterien des neuen RTF-Leitfadens entspricht, sollen auf Basis der existierenden Meldebögen ihre Risikotragfähigkeitsinformationen einreichen. Dabei sollen die normative und die ökonomische Perspektive in separaten Meldebögen abgebildet werden. Die Ausfüllhinweise werden zur besseren Nachvollziehbarkeit der Befüllung vermutlich durch Fallbeispiele angereichert.

Die Übergangslösung soll bis Ende 2018 in der endgültigen Version veröffentlicht werden. Ebenfalls bis Ende 2018 ist eine weitere Sitzung des Fachgremiums MaRisk geplant, um über die Anpassungen der FinaRisikoV für die Meldestichtage ab 2019 zu informieren. Zu diesem Zeitpunkt sollte auch feststehen, ob die deutsche Aufsicht an den Meldungen der bedeutenden Institute festhält, die derartige Informationen bereits der EZB zuleiten müssen. Die Konsultation zur Anpassung der FinaRisikoV ist für das erste Quartal 2019 vorgesehen.

46

47

48

49

---

51 Vgl. Bundesanstalt für Finanzdienstleistungsaufsicht, Verzicht auf Risikotragfähigkeitsinformationen nach § 25 KWG zum Meldestichtag 30.06.2018, Schreiben an die Verbände der Kreditwirtschaft vom 12. Juni 2018, S. 1.

2 Sicherstellung der Risikotragfähigkeit (Tz. 1)

50 **1** Auf der Grundlage des Gesamtrisikoprofils ist sicherzustellen, dass die wesentlichen Risiken des Institutes durch das Risikodeckungspotenzial, unter Berücksichtigung von Risiko-konzentrationen, laufend abgedeckt sind und damit die Risikotragfähigkeit gegeben ist.

2.1 Risikotragfähigkeitsrechnung zur Umsetzung der ökonomischen Perspektive

51 Das (Gesamt-)Risikoprofil (»risk profile«) ist das Ergebnis der mit Hilfe verschiedener Instrumente und Maßnahmen zu einem bestimmten Zeitpunkt (»point-in-time«) vorgenommenen Bewertung der von einem Unternehmen tatsächlich eingegangenen gesamten Risiken, die mit seinen Geschäftsaktivitäten verbunden sind.[52] Die Institute müssen das Gesamtrisikoprofil im Rahmen einer »Risikoinventur« ermitteln (→ AT 2.2 Tz. 1 und 2). Das Gesamtrisikoprofil bildet insofern auch den Ausgangspunkt zur Beurteilung der Risikotragfähigkeit.

52 Dazu ist zunächst zu klären, welche wesentlichen Risiken im Risikotragfähigkeitskonzept berücksichtigt werden, welche wesentlichen Risiken auf andere Weise gesteuert werden und deshalb von diesem Konzept ausgenommen sind (→ AT 4.1 Tz. 4) und bei welchen der einbezogenen Risiken eine Quantifizierung ggf. auf Basis von Schätzungen erfolgen muss, weil dafür keine geeigneten Risikoquantifizierungsverfahren zur Verfügung stehen (→ AT 4.1 Tz. 5). Für die abschließende Beurteilung der Risikotragfähigkeit ist zunächst eine Aggregation der einbezogenen wesentlichen Risiken erforderlich. In diesem Zusammenhang ist zu klären, in welchem Maße risikoerhöhende Konzentrationen angerechnet werden müssen bzw. risikomindernde Diversifikationseffekte angerechnet werden können (→ AT 4.1 Tz. 6 und 7).

53 Ergänzend zu dieser Risikobetrachtung muss das Risikodeckungspotenzial ermittelt werden, womit das interne Kapital zur Verlustabsorption gemeint ist. Für die abschließende Bewertung der Risikotragfähigkeit ist zudem der Risikoappetit der Geschäftsleitung von wesentlicher Bedeutung (→ AT 4.2 Tz. 2 inkl. Erläuterung).

54 Mit der an dieser Stelle geforderten Risikotragfähigkeitsrechnung stellt die Aufsicht also auf die ökonomische Perspektive ab. Im Folgenden wird zunächst die grundlegende Vorgehensweise nach dem SSM-Leitfaden und dem RTF-Leitfaden skizziert. Anschließend wird erläutert, welche grundsätzlichen Anforderungen an die Risikoquantifizierung und die Ermittlung des Risikodeckungspotenzials im Rahmen der Risikotragfähigkeitsrechnung gestellt werden.

2.2 Grundlegende Vorgehensweise nach dem SSM-Leitfaden

55 Die bedeutenden Institute müssen zunächst die Risiken quantifizieren und das verfügbare Risikodeckungspotenzial ermitteln, wobei die EZB trotz weitgehender Methodenfreiheit jeweils eine konservative Herangehensweise erwartet (→ AT 4.1 Tz. 8). Die zeitpunktbezogene Risikoquantifi-

---

52 Vgl. Senior Supervisors Group, Observations on Developments in Risk Appetite Frameworks and IT Infrastructure, 23. Dezember 2010, S. 5 (Fußnote 2).

zierung für die am Stichtag vorherrschende Situation sollte durch eine mittelfristige Betrachtung der Auswirkungen wesentlicher zukünftiger Entwicklungen ergänzt werden, wozu zwangsläufig die normative Perspektive herangezogen werden muss. Dazu gehören z. B. Veränderungen des externen Umfeldes oder potenzielle Managementmaßnahmen, wie Kapitalmaßnahmen, der Kauf oder Verkauf von Geschäftsbereichen, Veränderungen des Risikoprofils usw. In der ökonomischen Perspektive sollen letztlich sämtliche Risiken berücksichtigt werden, die wesentliche Auswirkungen auf die Kapitalposition haben könnten, wobei sich die Institute, z. B. in Bezug auf die Vermögenswerte und Verbindlichkeiten des Institutes, am wirtschaftlichen Wert orientieren sollten.[53]

Im Ergebnis sollten die Institute ein Konzept zur Angemessenheit der Kapitalausstattung aus ökonomischer Perspektive vorlegen, dass es ihnen ermöglicht, wirtschaftlich existenzfähig zu bleiben. Die EZB erwartet zudem, dass auf dieser Basis die Strategie des Institutes verfolgt werden kann. Mit Hilfe geeigneter Steuerungsprozesse soll frühzeitig ermittelt werden, ob Handlungsbedarf besteht, um einen aufkommenden Mangel an internem Kapital zu beseitigen und wirksame Maßnahmen zu ergreifen, um den internen Schwellenwert für die angemessene Kapitalausstattung gar nicht erst zu unterschreiten (z. B. durch Kapitalerhöhung oder Risikominderung). Auf diese Weise soll eine mögliche Unterkapitalisierung von vornherein vermieden werden. Dafür ist eine aktive Überwachung und Steuerung der Kapitalposition erforderlich. Unterschreiten die Institute ihren internen Schwellenwert für die angemessene Kapitalausstattung dennoch, sollten sie geeignete Gegenmaßnahmen ergreifen und darlegen, wie die Angemessenheit der Kapitalausstattung mittelfristig wieder gewährleistet werden kann. Gleichzeitig sollte ein Unterschreiten dieses internen Schwellenwertes zum Anlass genommen werden, die Strategie und den Risikoappetit zu hinterfragen (siehe Abbildung 17).[54]

56

---

53 Vgl. Europäische Zentralbank, Leitfaden der EZB für den bankinternen Prozess zur Sicherstellung einer angemessenen Kapitalausstattung (Internal Capital Adequacy Assessment Process – ICAAP), 9. November 2018, S. 21.

54 Vgl. Europäische Zentralbank, Leitfaden der EZB für den bankinternen Prozess zur Sicherstellung einer angemessenen Kapitalausstattung (Internal Capital Adequacy Assessment Process – ICAAP), 9. November 2018, S. 21 f.

AT 4.1 Risikotragfähigkeit

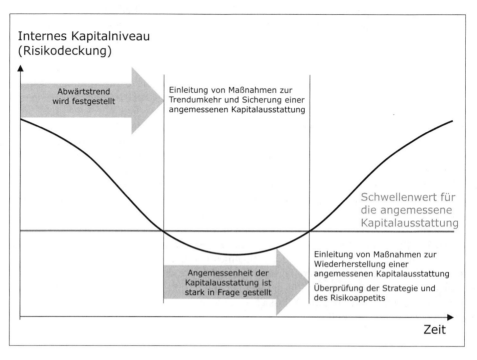

Abb. 17: Managementüberlegungen im Rahmen der ökonomischen Perspektive

57 Die EZB weist darauf hin, dass diese Abbildung lediglich das (normale) Absinken des ökonomischen Kapitals illustrieren soll, zu dem es im Zeitverlauf, über die normalen konjunkturzyklischen Entwicklungen hinaus, kommen kann. Die Institute sollten auf diese Situation hinreichend vorbereitet sein, indem sie die Angemessenheit ihrer Kapitalausstattung aktiv steuern und über eine Strategie verfügen, um ein solches Absinken zu vermeiden.[55] Eine vergleichbare Vorgehensweise empfiehlt sich grundsätzlich auch für den Fall, dass zusätzliche institutsinterne Management-Puffer oder Warnschwellen oberhalb des internen Schwellenwertes für die angemessene Kapitalausstattung festgelegt wurden.

2.3 Grundlegende Vorgehensweise nach dem RTF-Leitfaden

58 Auch die deutsche Aufsicht stellt klar, dass durch die geforderte ökonomische Sichtweise, die sowohl für die Risikoquantifizierung als auch für die Ermittlung des Risikodeckungspotenzials maßgeblich ist, auch jene Bestandteile erfasst werden sollen, die in der Rechnungslegung und in den aufsichtlichen Eigenmittelanforderungen nicht oder nicht angemessen abgebildet werden. Bilanzielle Ansatz- und Bewertungsregeln, die im Hinblick auf die ökonomische Betrachtung

---

55 Vgl. Europäische Zentralbank, Leitfaden der EZB für den bankinternen Prozess zur Sicherstellung einer angemessenen Kapitalausstattung (Internal Capital Adequacy Assessment Process – ICAAP), 9. November 2018, S. 22.

verzerrend wirken können, müssen in geeigneter Weise ausgeglichen werden.[56] Auf der einen Seite wird hiermit zwar eine umfassende ökonomische Risikosicht sichergestellt. Auf der anderen Seite besteht allerdings die Gefahr, dass in der ökonomischen Perspektive Sachverhalte abgebildet werden, die sich bei Fortführung des Institutes auf die Bilanz oder Gewinn- und Verlustrechnung gar nicht auswirken können und damit das Institut auch nicht ernsthaft in Gefahr bringen würden, wie z.B. stille Lasten im Anlagebuch.

Insgesamt ist die Vorgehensweise mit dem im SSM-Leitfaden dargestellten Verfahren vergleichbar, wobei die deutsche Aufsicht weniger ins Detail geht. Das ist vermutlich darauf zurückzuführen, dass sich z.B. die Anforderungen an die Einbindung des ICAAP in den übergreifenden Managementrahmen direkt aus den MaRisk ergeben (→ AT 4.1 Tz. 2 und 8) und insofern keiner weiteren Konkretisierung bedürfen. Auf der anderen Seite betont die deutsche Aufsicht stärker das Proportionalitätsprinzip, was wiederum mit dem unterschiedlichen Anwenderkreis der beiden Leitfäden zu tun hat. **59**

2.4 Relevante Zeiträume für Risikoquantifizierung und Kapitalplanung

Für die Risikoquantifizierung und die Kapitalplanung spielen verschiedene Zeiträume eine wichtige Rolle, die zum besseren Verständnis der nachfolgenden Ausführungen kurz erläutert werden: **60**
- Die »Haltedauer« gibt an, wie lange eine Position aus operativer Sicht durchschnittlich im Portfolio »gehalten« werden soll. Für Positionen des Handelsbuches kann die Haltedauer relativ kurz sein, wie z.B. ein Tag oder zehn Tage. Der Ansatz kurzer Haltedauern erfordert den Nachweis, dass eine Schließung der betreffenden Positionen in diesem Zeitraum im Hinblick auf die strategische Ausrichtung, die internen Prozesse und die Portfoliostruktur des Institutes überhaupt möglich und gewollt ist.[57] Werden für unterschiedliche Portfolien unterschiedliche Haltedauern angenommen, ist das schwierige Problem einer konsistenten Aggregation zu lösen.
- Der »Risikobetrachtungshorizont« beschreibt jenen einheitlich langen, in die Zukunft gerichteten Zeitraum, für den die Messung und Steuerung der in das Risikotragfähigkeitskonzept einbezogenen Risiken erfolgen soll. Er dient in erster Linie der positionsunabhängigen Bewertung des Portfolios und beträgt in der ökonomischen Perspektive und bei Going-Concern-Ansätzen alter Prägung üblicherweise ein Jahr.[58] Auch in der normativen Perspektive ist der Einjahreshorizont bereits in den aufsichtlich vorgegebenen Verfahren zur Risikomessung verankert.[59] Sofern für bestimmte Positionen Risikobeträge auf Basis einer unterstellten kürzeren Haltedauer ermittelt werden, wie bei Handelsgeschäften durchaus üblich, müssen diese auf den Risikobetrachtungshorizont skaliert oder in anderer Weise angepasst werden, um das damit verbundene Risiko nicht zu unterschätzen.
- Der »Beobachtungszeitraum« bezeichnet jenen Zeitraum in der Vergangenheit, auf dem die Datenermittlung basiert, mit deren Hilfe – zumindest teilweise – die Bewertung des zukünfti-

56 Vgl. Bundesanstalt für Finanzdienstleistungsaufsicht/Deutsche Bundesbank, Aufsichtliche Beurteilung bankinterner Risikotragfähigkeitskonzepte und deren prozessualer Einbindung in die Gesamtbanksteuerung (»ICAAP«) – Neuausrichtung, Leitfaden vom 24. Mai 2018, S. 13.

57 Vgl. Volk, Tobias/Wiesemann, Bernd, Aufsichtliche Beurteilung bankinterner Risikotragfähigkeitskonzepte, in: Zeitschrift für das gesamte Kreditwesen, Heft 6/2012, S. 21.

58 Vgl. Bundesanstalt für Finanzdienstleistungsaufsicht/Deutsche Bundesbank, Aufsichtliche Beurteilung bankinterner Risikotragfähigkeitskonzepte und deren prozessualer Einbindung in die Gesamtbanksteuerung (»ICAAP«) – Neuausrichtung, Leitfaden vom 24. Mai 2018, S. 16 und 29.

59 Vgl. Bundesanstalt für Finanzdienstleistungsaufsicht/Deutsche Bundesbank, Aufsichtliche Beurteilung bankinterner Risikotragfähigkeitskonzepte und deren prozessualer Einbindung in die Gesamtbanksteuerung (»ICAAP«) – Neuausrichtung, Leitfaden vom 24. Mai 2018, S. 9.

gen Risikos erfolgen soll. Da in diesem Zeitraum die Entwicklung bestimmter Parameter zur Risikoquantifizierung beobachtet wird, sind an deren Verwendung für das Risikotragfähigkeitskonzept bestimmte Voraussetzungen geknüpft. Sofern der Beobachtungszeitraum ausschließlich oder überwiegend Zeiten geordneter und ruhiger Marktverhältnisse umfasst, sind bei der Risikoermittlung auch die Auswirkungen stärkerer Parameterveränderungen angemessen zu berücksichtigen, wenn diese für den in der Risikotragfähigkeitsbetrachtung angenommenen Risikohorizont nicht auszuschließen sind.[60] Dadurch soll insbesondere vermieden werden, dass Daten aus Zeiten geordneter oder ruhiger Marktverhältnisse für die Risikoquantifizierung in Zeiten mit stärkeren Parameterveränderungen verwendet werden.

– Der »Planungshorizont« ist der angemessen lange, mehrjährige Zeitraum, für den die Institute ihren zukünftigen Kapitalbedarf planen. Der zukunftsgerichtete Kapitalplanungsprozess dient als Ergänzung zum Risikotragfähigkeitskonzept dem Zweck, unter Berücksichtigung absehbarer Veränderungen und möglicher adverser Entwicklungen den zukünftigen internen und regulatorischen Kapitalbedarf so zu planen, dass die Risikotragfähigkeit auch über den Risikobetrachtungshorizont hinaus gegeben ist (→ AT 4.1 Tz. 11 inkl. Erläuterung). Dieser Zeitraum soll sich nach den Vorstellungen der deutschen Aufsicht i. d. R. zwei bis drei Jahre über den Risikobetrachtungshorizont des Risikotragfähigkeitskonzeptes hinweg erstrecken.[61] Auch den Vorstellungen der EZB zufolge sollte der Kapitalplan einen zukunftsgerichteten Zeithorizont von mindestens drei Jahren abdecken.[62]

61 Die EZB verwendet den Begriff »Risikohorizont« für den angenommenen Zeitraum, über den das Risiko bewertet wird, also synonym zum Risikobetrachtungshorizont.[63]

2.5   Einzubeziehende Risikoarten

62 Die Risikotragfähigkeit ist auf der Grundlage des Gesamtrisikoprofils sicherzustellen. Das Gesamtrisikoprofil ist das Ergebnis der – regelmäßig und anlassbezogen durchzuführenden – Risikoinventur. In deren Rahmen verschafft sich das Risikocontrolling einen Überblick über die Risiken auf der Ebene des gesamten Institutes. Dabei wird insbesondere beurteilt, welche Risiken für das Institut wesentlich sind. Mit wesentlichen Risiken verbundene Risikokonzentrationen werden berücksichtigt (→ AT 2.2 Tz. 1). Diese Risiken sind damit zunächst aussichtsreiche Kandidaten für eine Einbeziehung in das Risikotragfähigkeitskonzept. Die Freiheitsgrade für die Institute werden von vornherein dadurch eingeschränkt, dass zumindest Adressenausfallrisiken inkl. Länderrisiken, Marktpreisrisiken inkl. Zinsänderungsrisiken im Anlagebuch, Liquiditätsrisiken und operationelle Risiken grundsätzlich als wesentlich einzustufen sind (→ AT 2.2 Tz. 1). Daraus ergibt sich formal betrachtet zwar eine klare Festlegung, welche Risikoarten in den ICAAP einzubeziehen sind. Allerdings handelt es sich weder um eine abschließende Aufzählung, die sämtlichen Instituten gerecht wird, noch um eine verbindliche Vorgabe. Insbesondere eignet sich

---

60   Vgl. Bundesanstalt für Finanzdienstleistungsaufsicht/Deutsche Bundesbank, Aufsichtliche Beurteilung bankinterner Risikotragfähigkeitskonzepte und deren prozessualer Einbindung in die Gesamtbanksteuerung (»ICAAP«) – Neuausrichtung, Leitfaden vom 24. Mai 2018, S. 17 und 29 f.

61   Vgl. Bundesanstalt für Finanzdienstleistungsaufsicht, Übermittlungsschreiben zum Rundschreiben 10/2012 (BA) vom 14. Dezember 2012, S. 3.

62   Vgl. Europäische Zentralbank, Leitfaden der EZB für den bankinternen Prozess zur Sicherstellung einer angemessenen Kapitalausstattung (Internal Capital Adequacy Assessment Process – ICAAP), 9. November 2018, S. 17 und 43.

63   Vgl. Europäische Zentralbank, Leitfaden der EZB für den bankinternen Prozess zur Sicherstellung einer angemessenen Kapitalausstattung (Internal Capital Adequacy Assessment Process – ICAAP), 9. November 2018, S. 42.

nicht jede dieser Risikoarten für eine Absicherung durch vorzuhaltende Kapitalbestandteile (→ AT 4.1 Tz. 4) oder für eine sachgerechte Quantifizierung (→ AT 4.1 Tz. 5).

Auf der anderen Seite werden von der Aufsicht konkretisierende Vorgaben zur Berücksichtigung einiger spezifischer Risikoarten gemacht, die nicht notwendigerweise im Rahmen der Risikoinventur als wesentlich eingestuft werden, wie z.B. Credit-Spread-Risiken, Fondsrisiken, Beteiligungsrisiken und Migrationsrisiken.[64] Zudem fehlen für weitere Risikoarten teilweise noch allgemeingültige Definitionen oder Abgrenzungen zu anderen Risikoarten, wodurch sich deren verbindliche Vorgabe verbietet (→ AT 2.2 Tz. 1).   **63**

Reputations-, Geschäfts- bzw. Vertriebsrisiken, wie das Risiko stark sinkender Erträge, weil bestimmte Produkte nicht mehr nachgefragt werden, Beteiligungsrisiken, Immobilienrisiken und Versicherungsrisiken werden vor allem von kleineren Instituten kaum berücksichtigt. Bei größeren Instituten, die diesen Risikoarten in Abhängigkeit von ihrem Geschäftsmodell tendenziell eine größere Bedeutung beimessen, unterscheidet sich die Art und Weise ihrer Einbeziehung in das Risikotragfähigkeitskonzept. Das liegt zum Teil an fehlenden Quantifizierungsmethoden, weshalb eine nur pauschale Unterlegung mit internem Kapital erfolgen kann.[65]   **64**

Auch Modellrisiken, die sich aus vereinfachenden Modellannahmen, fehlerhaften Eingangsdaten und Schätzwerten oder vereinfachten Berechnungsverfahren ergeben, wie z.B. bei der Skalierung von Konfidenzniveau und Zeithorizont, wurden vor einigen Jahren nur vereinzelt und – durch Verwendung von konservativen Schätzwerten – auch nur indirekt berücksichtigt.[66] Modellrisiken können z.B. auch darin bestehen, dass die eingesetzten Bewertungsmodelle nicht alle Spezifika des Produktes abdecken. CEBS hat frühzeitig auf Modellrisiken hingewiesen, die z.B. aufgrund nicht berücksichtigter Risikofaktoren, unausgegorener Annahmen, fehlender Datenqualität oder einfach durch falsche Verwendung der Modelle (»misuse of the model«) schlagend werden können.[67] Modellrisiken spielen insbesondere bei der mindestens jährlichen Überprüfung der Angemessenheit der Methoden und Verfahren und der Verwendung externer Daten durch die fachlich zuständigen Mitarbeiter eine Rolle. Die Aufsichtsbehörden haben dabei keine pauschalen Modellrisikoaufschläge im Sinn, sondern eher eine einzelfallbezogene Berücksichtigung substanzieller Modellrisiken, sofern diese z.B. bei der Validierung komplexer Verfahren beobachtet werden (→ AT 4.1 Tz. 9).   **65**

2.6 Risiken auf Gruppenebene

Der ICAAP sollte nach den Vorstellungen der EZB auf Gruppenebene konsistent und kohärent sein, um die Angemessenheit des Kapitals unternehmensübergreifend effektiv bewerten und aufrechterhalten zu können. Die Strategien, die Risikomanagementverfahren, die Entscheidungsprozesse und die zur Quantifizierung des Kapitalbedarfes verwendeten Methoden und Annahmen müssen im jeweils einbezogenen Unternehmenskreis durchweg kohärent sein. In Abhängigkeit von nationalen Besonderheiten können sich die Ansätze für bestimmte Unternehmen oder Untergruppen ggf. bis zu einem gewissen Grad voneinander unterscheiden. Dadurch sollte allerdings   **66**

---

64 Vgl. Bundesanstalt für Finanzdienstleistungsaufsicht/Deutsche Bundesbank, Aufsichtliche Beurteilung bankinterner Risikotragfähigkeitskonzepte und deren prozessualer Einbindung in die Gesamtbanksteuerung (»ICAAP«) – Neuausrichtung, Leitfaden vom 24. Mai 2018, S. 16 f. und 28 f.

65 Vgl. Deutsche Bundesbank, Zum aktuellen Stand der bankinternen Risikosteuerung und der Bewertung der Kapitaladäquanz im Rahmen des aufsichtlichen Überprüfungsprozesses, in: Monatsbericht, Dezember 2007, S. 62.

66 Vgl. Deutsche Bundesbank, Zum aktuellen Stand der bankinternen Risikosteuerung und der Bewertung der Kapitaladäquanz im Rahmen des aufsichtlichen Überprüfungsprozesses, in: Monatsbericht, Dezember 2007, S. 65.

67 Vgl. Committee of European Banking Supervisors, Consultation paper on technical aspects of diversification under Pillar 2 (CP 20), 27. Juni 2008, S. 4.

die Wirksamkeit und Konsistenz des ICAAP auf allen relevanten Ebenen nicht beeinträchtigt werden. Ein besonderer Fokus liegt dabei auf der Gruppenebene. Dabei sollten auch mögliche Hindernisse für die Übertragbarkeit von Kapital innerhalb der Gruppe konservativ und umsichtig geprüft und im ICAAP berücksichtigt werden. Die EZB verweist hinsichtlich des relevanten Konsolidierungskreises auf die Anwendungsebene gemäß Art. 108 CRD IV.[68]

67 Beispielhaft erläutert die EZB das erwartete Vorgehen des übergeordneten Unternehmens mit Blick auf eine bedeutende nichtfinanzielle Tochtergesellschaft, deren aufsichtliche Behandlung auf ihren Risikopositionsbeträgen beruht. Das übergeordnete Unternehmen sollte insbesondere prüfen, ob die Geschäfte und Risikopositionen dieser Tochtergesellschaft Risiken beinhalten, die ihren Buchwert oder ihr Beteiligungsrisiko übersteigen. So könnte es z.B. erforderlich sein, das Kundenprofil und die Investitionen der Tochtergesellschaft bei Annahmen zur Konzentration und zur Abhängigkeit auf Gruppenebene zu berücksichtigen. Ebenso könnten sich die Rechtsrisiken der Tochtergesellschaft negativ auf das operationelle Risikoprofil des übergeordneten Unternehmens auswirken. Folglich könnten die zugrundeliegenden Risiken der Tochtergesellschaft die am Buchwert festgemachten Risiken aufgrund von Reputations- und Unterstützungsrisiken sowie einer erhöhten Konzentration erheblich übersteigen.[69]

68 Nach den Vorstellungen der deutschen Aufsichtsbehörden erstreckt sich die Reichweite des Risikomanagements auf Gruppenebene auf alle wesentlichen Risiken, unabhängig davon, ob diese von konsolidierungspflichtigen Unternehmen begründet werden oder nicht (→ AT 4.5 Tz. 1). Das übergeordnete Unternehmen hat auf der Grundlage des Gesamtrisikoprofils der Gruppe einen internen Prozess zur Sicherstellung der Risikotragfähigkeit auf Gruppenebene (→ AT 4.5 Tz. 3) sowie angemessene Risikosteuerungs- und -controllingprozesse einzurichten, die die gruppenangehörigen Unternehmen einbeziehen. Für die wesentlichen Risiken und das Gesamtrisikoprofil auf Gruppenebene sind zudem angemessene Stresstests durchzuführen (→ AT 4.5 Tz. 5). Insofern werden Gruppenrisiken implizit einbezogen.

2.7 Kohärente Risikoquantifizierung

69 Im Rahmen des Risikotragfähigkeitskonzeptes wird das Risikodeckungspotenzial den wesentlichen Risiken gegenübergestellt. Das Risikotragfähigkeitskonzept setzt insoweit eine substanzielle Aussage über die Höhe der wesentlichen Risiken voraus. Ein sinnvolles Verfahren zur Messung der Risiken sollte nach der Fachliteratur vor allem folgende Eigenschaften besitzen:
- Eine Verdoppelung der eingesetzten risikobehafteten Anlage führt zur Verdoppelung des Risikomaßes (»positive Homogenität«).
- Mehr Risiko bedeutet ein höheres Risikomaß (»Monotonie«).
- Das Risikomaß eines Portfolios aus zwei risikobehafteten Anlagen ist kleiner oder gleich der Summe der Risikomaße der beiden einzelnen risikobehafteten Anlagen (»Subadditivität« oder »Diversifikation«).
- Eine zusätzliche Investition in eine risikolose Anlage verringert das Risikomaß um genau diesen Betrag (»Translationsinvarianz«).

---

68 Vgl. Europäische Zentralbank, Leitfaden der EZB für den bankinternen Prozess zur Sicherstellung einer angemessenen Kapitalausstattung (Internal Capital Adequacy Assessment Process – ICAAP), 9. November 2018, S. 9 und 12 f.

69 Vgl. Europäische Zentralbank, Leitfaden der EZB für den bankinternen Prozess zur Sicherstellung einer angemessenen Kapitalausstattung (Internal Capital Adequacy Assessment Process – ICAAP), 9. November 2018, S. 31.

Besitzt ein Verfahren diese Eigenschaften, so wird es in der wissenschaftlichen Literatur als »kohärent« bezeichnet.[70] Dies gilt vorbehaltlich eventueller Auswirkungen von Risikokonzentrationen.

70

2.8 Umfassende Risikoquantifizierung

Aufgrund der generellen Methodenfreiheit sind die einzelnen Elemente des Risikotragfähigkeitskonzeptes und deren Zusammenspiel in den Instituten sehr unterschiedlich ausgestaltet.[71] Im Gegensatz zur Zusammensetzung des Risikodeckungspotenzials ist es deshalb deutlich schwieriger, zur Risikoquantifizierung übergreifende methodische Grundüberlegungen anzustellen.[72]

71

Der EZB geht es in erster Linie darum, dass die Risiken, denen das Institut ausgesetzt ist oder sein könnte, angemessen quantifiziert werden. Deshalb sollten die Risikoquantifizierungsmethoden auf die jeweilige Situation zugeschnitten sein, d.h. mit dem Risikoappetit, den Markterwartungen, dem Geschäftsmodell, dem Risikoprofil, der Größe und der Komplexität der Institute im Einklang stehen. Die für beide Perspektiven verwendeten Risikoquantifizierungsmethoden und -annahmen sollten robust, hinreichend stabil, risikosensitiv und außerdem konservativ genug für die Quantifizierung selten auftretender Verluste sein.[73]

72

2.9 Value-at-Risk als Maß für den internen Kapitalbedarf

Die Institute haben insbesondere auf dem Gebiet der Messung von Adressenausfall- und Marktpreisrisiken bedeutende Fortschritte gemacht.[74] Zu den gängigsten Messverfahren im Bereich der Marktpreis- und Adressenausfallrisiken zählen so genannte »Value-at-Risk-Ansätze«, die bei vielen Instituten zur Anwendung kommen. Der Value-at-Risk (VaR) ist der geschätzte maximale Wertverlust einer Einzelposition oder eines Portfolios, der unter den Marktbedingungen der zurückliegenden Jahre (Beobachtungszeitraum) innerhalb eines festgelegten Zeitraumes in der Zukunft (Risikobetrachtungshorizont) mit einer bestimmten Wahrscheinlichkeit (Konfidenzniveau) eintreten kann.[75] Bei den Value-at-Risk-Ansätzen unterscheidet man im Wesentlichen zwischen Varianz-/Kovarianz-Ansätzen, historischen Simulationen und Monte-Carlo-Simulationen. Die Ansätze sind sehr anspruchsvoll, da ihr Einsatz an das Vorhandensein umfangreicher Datenhistorien geknüpft ist. In der Praxis bedient man sich daher in vielen Fällen weniger anspruchsvoller Sensitivitätsmaße (z.B. Duration) oder Szenarioansätze.

73

Beim Rückgriff auf Value-at-Risk-Ansätze muss das Institut zunächst individuell festlegen, welche mit der angestrebten Wahrscheinlichkeit eintretenden Verluste es durch sein internes

74

---

70 Vgl. Artzner, Philippe/Delbaen, Freddy/Eber, Jean-Marc/Heath, David, Coherent Measures of Risk, in: Mathematical Finance, Heft 9 (3)/1999, S. 203–228.

71 Vgl. Wiesemann, Bernd, Aufsichtliche Beurteilung von Risikotragfähigkeitskonzepten, in: BaFinJournal, Ausgabe Februar 2012, S. 18.

72 Vgl. Deutsche Bundesbank, Bankinterne Methoden zur Ermittlung und Sicherstellung der Risikotragfähigkeit und ihre bankaufsichtliche Bedeutung, in: Monatsbericht, März 2013, S. 44.

73 Vgl. Europäische Zentralbank, Leitfaden der EZB für den bankinternen Prozess zur Sicherstellung einer angemessenen Kapitalausstattung (Internal Capital Adequacy Assessment Process – ICAAP), 9. November 2018, S. 35.

74 Im Rahmen der Kommentierung werden verschiedene Risikomaße nur grob erläutert. Eine umfassende Beschreibung und Diskussion der jeweiligen Vor- und Nachteile würden den Rahmen der Kommentierung sprengen. Zur Vertiefung dieser Thematik vgl. z.B. Albrecht, Peter/Maurer, Raimond, Investment- und Risikomanagement, 3. Auflage, Stuttgart, 2008.

75 Vgl. Schierenbeck, Henner, Ertragsorientiertes Bankmanagement, Band 2: Risiko-Controlling und integrierte Rendite-/Risikosteuerung, 8. Auflage, Wiesbaden, 2003, S. 17.

Kapital abdecken möchte und für welche im Allgemeinen sehr hohen, aber unwahrscheinlichen Verluste es im Umkehrschluss in Kauf nimmt, die eigene Risikotragfähigkeit zu gefährden. Von zentraler Bedeutung ist folglich die Festlegung des Konfidenzniveaus, das z. B. aus dem angestrebten externen Rating des Institutes oder den bankaufsichtlichen Vorgaben für Mindestkapitalquoten in der ersten Säule (99,9 % für Kreditrisiken und operationelle Risiken, 99,0 % für Marktpreisrisiken) abgeleitet werden kann.[76]

2.10   Grad der Konservativität

75   Unabhängig davon, ob die weniger bedeutenden Institute überhaupt Value-at-Risk-Ansätze zur Risikoquantifizierung verwenden, erwartet die deutsche Aufsicht, dass sie dabei hinreichend konservativ vorgehen. Insgesamt sollen sich die Institute am Konfidenzniveau der internen Modelle der ersten Säule orientieren, das unter Berücksichtigung aller Parameter in etwa 99,9 % entspricht.[77]

76   Die EZB fordert grundsätzlich dasselbe von den bedeutenden Instituten. Sie verweist allerdings darauf, dass der Gesamtgrad der Konservativität nicht durch einzelne Faktoren bestimmt wird, sondern durch das Zusammenspiel der zugrundeliegenden Annahmen und Parameter. Demnach kann ein Ansatz in der Praxis auch dann hinreichend konservativ sein, wenn einzelne Annahmen weniger konservativ sind, solange der Gesamtgrad an Konservativität hoch (genug) ist. Je nach Risikoprofil könnten die internen Risikoparameter im Vergleich zur ersten Säule selbst dann als insgesamt konservativer betrachtet werden, wenn das Konfidenzniveau unter 99,9 % liegt. Dies hängt davon ab, wie dieses Konfidenzniveau mit den verwendeten Risikofaktoren, Verteilungsannahmen, Haltedauern, Korrelationsannahmen sowie weiteren Parametern und Annahmen kombiniert wird. Sofern mehrere Stressszenarien verwendet werden, sollten kohärente Methoden für ihre Zusammenfassung genutzt werden, um eine entsprechende Gesamtkonservativität zu erreichen.[78]

77   Diese Vorgehensweise ist vermutlich auch darauf zurückzuführen, dass die EBA die Anforderung der CRD, wonach jene Risiken in der zweiten Säule mit internem Kapital unterlegt werden müssen, die nach den Vorgaben der CRR in der ersten Säule nicht oder nicht hinreichend durch regulatorisches Kapital abgedeckt sind, in ihren Leitlinien zum SREP auf die Einzelrisiken bezieht (»on a risk-by-risk basis«). Bei diesem sogenannten »Säule-1-Plus-Ansatz« gehen die Kapitalanforderungen der ersten Säule für die dort behandelten Risikoarten jeweils als Untergrenze in die Kapitalfestsetzung der zweiten Säule ein.[79] Diese Anforderung ist schlicht nicht umsetzbar, wenn die Verfahren zur Risikoquantifizierung in der zweiten Säule weniger konservativ ausgestaltet sind als die im Rahmen der ersten Säule verwendeten internen Modelle.

78   Grundsätzlich muss die Wahl der Parameter mit der Perspektive der Risikotragfähigkeitsbetrachtung im Einklang stehen. Bei Verwendung von Going-Concern-Ansätzen alter Prägung

---

76 Vgl. Deutsche Bundesbank, Zum aktuellen Stand der bankinternen Risikosteuerung und der Bewertung der Kapitaladäquanz im Rahmen des aufsichtlichen Überprüfungsprozesses, in: Monatsbericht, Dezember 2007, S. 59 f.

77 Vgl. Bundesanstalt für Finanzdienstleistungsaufsicht/Deutsche Bundesbank, Aufsichtliche Beurteilung bankinterner Risikotragfähigkeitskonzepte und deren prozessualer Einbindung in die Gesamtbanksteuerung (»ICAAP«) – Neuausrichtung, Leitfaden vom 24. Mai 2018, S. 17.

78 Vgl. Europäische Zentralbank, Leitfaden der EZB für den bankinternen Prozess zur Sicherstellung einer angemessenen Kapitalausstattung (Internal Capital Adequacy Assessment Process – ICAAP), 9. November 2018, S. 35 f.

79 Vgl. European Banking Authority, Guidelines on common procedures and methodologies for the supervisory review and evaluation process (SREP) and supervisory stress testing, EBA/GL/2014/13, Consolidated version, 19. Juli 2018, S. 133.

sind die Parameter der Risikomessung in Abhängigkeit davon festzulegen, wie eng die Definition des Risikodeckungspotenzials ist.[80]

2.11   Grenzen des Value-at-Risk-Konzeptes

Jedes Institut sollte sich über die Grenzen der auf Wahrscheinlichkeiten basierenden Value-at-Risk-Ansätze im Klaren sein. Der Markt ist und bleibt ein launischer Spieler. Die Risiken sind häufig vielschichtig und können sich überraschend ändern, so dass die Modelle trotz ihrer mathematisch-statistischen Komplexität die Realität nie vollständig abbilden können.   **79**

Da Value-at-Risk-Ansätze auf historischen Daten basieren, sind sie einerseits auf die Vergangenheit kalibriert und unterstellen andererseits für die Zukunft vergleichbare Bedingungen. Auf diese Weise werden künftige Marktentwicklungen vollständig ausgeblendet. Nur in den Rückspiegel zu blicken, kann aber leicht dazu führen, dass die Fahrt am nächsten Baum endet. Die Realität lässt sich zudem nicht ohne weiteres in das Annahmenkorsett mathematischer Optimierungskalküle zwängen. Einerseits werden die Risiken auch unter normalen Marktbedingungen systematisch unterschätzt, weil die Eintrittswahrscheinlichkeit von Ereignissen an den Rändern der Verteilung höher ist, als die typischerweise unterstellte Normalverteilungsannahme suggeriert. Die Verletzung der Normalverteilungsannahme kann allerdings durch die Auswahl von Verteilungen mit einer höheren Wahrscheinlichkeitsmasse an den Rändern kompensiert werden. Andererseits können die statistischen Annahmen bei der Berechnung des Value-at-Risk während des Eintretens von Stressereignissen nicht aufrechterhalten werden, da die wesentlichen Parameter (Erwartungswert, Varianz und Kovarianz) im Zeitverlauf nicht mehr als konstant angesehen werden können und der betrachtete stochastische Prozess somit nicht mehr schwach stationär ist. Das liegt insbesondere daran, dass sich in Stresssituationen die Volatilitäten erhöhen und gleichzeitig ein ausgeprägtes Herdenverhalten sowie damit verbundene veränderte Korrelationsbeziehungen zu beobachten sind. Gleichzeitig wird das Auftreten extremer Beobachtungswerte wahrscheinlicher.[81]   **80**

Die Aussagekraft des Value-at-Risk hängt ferner nicht nur von den verwendeten Eingangsparametern und unterstellten Szenarien ab, sondern auch davon, ob die jeweils zugrundeliegenden Bedingungen von den Entscheidungsträgern verstanden und richtig interpretiert werden. Schließlich sagt der Value-at-Risk nichts über die Höhe der Verluste bei seiner Überschreitung aus und ist insofern auch nicht zur Bestimmung des theoretisch möglichen Maximalverlustes geeignet. In diesem Zusammenhang findet der so genannte »Expected Shortfall« Verwendung, der auch als »Conditional Value-at-Risk« bezeichnet wird und dem Erwartungswert aller Verluste entspricht, die größer sind als der Value-at-Risk (siehe Abbildung 18). Allerdings sind die zum Value-at-Risk alternativen Risikomaße in Kreditinstituten noch nicht sehr stark verbreitet.[82]   **81**

Value-at-Risk-Ansätze können daher nur dann ihre volle Wirksamkeit entfalten, wenn sie sich auf zusätzliche Informationen und Analysen stützen.[83] In die Zukunft gerichtete Szenariobetrachtungen und die regelmäßige Überprüfung der Modellannahmen hinsichtlich ihres Aussagegehaltes   **82**

---

80 Vgl. Bundesanstalt für Finanzdienstleistungsaufsicht/Deutsche Bundesbank, Aufsichtliche Beurteilung bankinterner Risikotragfähigkeitskonzepte und deren prozessualer Einbindung in die Gesamtbanksteuerung (»ICAAP«) – Neuausrichtung, Leitfaden vom 24. Mai 2018, S. 30.

81 Vgl. Bühn, Andreas/Klauck, Kai-Oliver, Mit modernen Stresstests das Risikoprofil analysieren, in: Betriebswirtschaftliche Blätter, Heft 6/2007, S. 355.

82 Vgl. Deutsche Bundesbank, Bankinterne Methoden zur Ermittlung und Sicherstellung der Risikotragfähigkeit und ihre bankaufsichtliche Bedeutung, in: Monatsbericht, März 2013, S. 37 f.

83 Vgl. Deutsche Bundesbank, Zum aktuellen Stand der bankinternen Risikosteuerung und der Bewertung der Kapitaladäquanz im Rahmen des aufsichtlichen Überprüfungsprozesses, in: Monatsbericht, Dezember 2007, S. 60.

spielen in diesem Zusammenhang eine wichtige Rolle (→ AT4.3.3 Tz. 1 und 4). Insofern können sich Value-at-Risk-Ansätze und Stresstests in idealer Weise ergänzen. Ebenso nimmt die Bedeutung von Expertenschätzungen kontinuierlich zu, die zur Plausibilisierung der quantitativen Ergebnisse herangezogen werden können (→ AT4.1 Tz. 5).

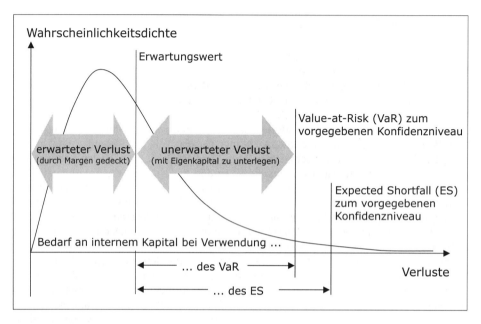

Abb. 18: Risikomaße und internes Kapital

83   Die Ereignisse in der Finanzmarktkrise haben verdeutlicht, wie wichtig es ist, dass bei den mathematischen Modellen ein enger Bezug zur Realität hergestellt wird. Nicht zuletzt vor diesem Hintergrund wurde im Rahmen der vierten MaRisk-Novelle ergänzt, dass bei der zumindest jährlich durchzuführenden Angemessenheitsprüfung den Grenzen und Beschränkungen, die sich aus den eingesetzten Methoden und Verfahren, den ihnen zugrundeliegenden Annahmen und den in die Risikoquantifizierung einfließenden Daten ergeben, hinreichend Rechnung zu tragen ist. Die Aussagekraft der quantifizierten Risiken ist insofern kritisch zu analysieren (→ AT4.1 Tz. 9).

2.12   Berücksichtigung erwarteter und unerwarteter Verluste

84   Der erwartete Verlust (»Expected Loss«, EL) ist der statistische durchschnittliche Verlust, den ein Institut über einen bestimmten Zeitraum hinweg erwartet. Der unerwartete Verlust (»Unexpected Loss«, UL) ist der darüberhinausgehende Gesamtverlust, der aus einem nachteiligen Extremereignis resultiert.[84]

---

84 Vgl. Europäische Zentralbank, Leitfaden der EZB für den bankinternen Prozess zur Sicherstellung einer angemessenen Kapitalausstattung (Internal Capital Adequacy Assessment Process – ICAAP), 9. November 2018, S. 44. Gemäß Art. 5 Nr. 3 CRR beschreibt der »erwartete Verlust« das Verhältnis der Höhe des Verlustes, der bei einem etwaigen Ausfall der Gegenpartei oder bei einer Verwässerung über einen Ein-Jahres-Zeitraum zu erwarten ist, zum Betrag der ausstehenden Risikoposition zum Zeitpunkt des Ausfalls.

Der erwartete Verlust lässt sich im Kreditgeschäft als Produkt aus der geschätzten Ausfallwahr- **85** scheinlichkeit (»Probability of Default«, PD), der Verlustquote bei Ausfall (»Loss Given Default«, LGD) und der Forderungshöhe bei Ausfall (»Exposure at Default«, EAD) berechnen. Wie der Name schon sagt, handelt es sich um einen Verlust, der aufgrund der Erfahrungen aus der Vergangenheit von vornherein in der Zukunft erwartet wird. Deshalb gilt der Grundsatz, dass der erwartete Verlust als Bestandteil der »durchschnittlichen Kosten« des Bankbetriebes durch entsprechende Margeneinkommen abgedeckt sein sollte.[85] Aus der Beschreibung des Value-at-Risk-Konzeptes wird deutlich, dass der erwartete Verlust als Erwartungswert der Verlustverteilung interpretiert werden kann, während der unerwartete Verlust der (negativen) Abweichung von diesem Erwartungswert entspricht. Sofern also der erwartete Verlust durch entsprechende Risikomargen abgedeckt ist, resultiert das eigentliche Risiko aus dem unerwarteten Verlust. Daraus folgt, dass die unerwarteten Verluste zwingend bei der Risikoquantifizierung berücksichtigt werden müssen. Die erwarteten Verluste müssen hingegen nur dann erfasst werden, wenn sie bei der Ableitung des Risikodeckungspotenzials nicht adäquat einbezogen wurden.

Die EZB erwartet von den bedeutenden Instituten unter Proportionalitätsgesichtspunkten, ihre **86** eigenen Verfahren und Methoden anzuwenden, um die erwarteten und unerwarteten Verluste zu identifizieren, zu quantifizieren und mit internem Kapital zu unterlegen. Die erwarteten Verluste können alternativ auch bei der Ermittlung des internen Kapitals berücksichtigt werden.[86]

In vergleichbarer Weise wird von den deutschen Aufsichtsbehörden gefordert, dass die weniger **87** bedeutenden Institute bei der Risikoquantifizierung der als wesentlich identifizierten Risiken sowohl erwartete als auch unerwartete Verluste einbeziehen, ohne dabei zwingend auf mathematisch-statistische Verfahren abzustellen. Auf die Abbildung erwarteter Verluste auf der Risikoseite kann wiederum verzichtet werden, sofern sie bereits bei der Bestimmung des Risikodeckungspotenzials berücksichtigt wurden. Dies trifft in Analogie auch auf das Gesamtkonzept der Going-Concern-Ansätze alter Prägung zu.[87]

Erwartete Verluste, wie z.B. erwartete Ausfälle von Schuldnern oder durchschnittlich erwartete **88** operationelle Schäden, müssen in jedem Fall bei der Ermittlung des Barwertes aktivischer Positionen angemessen berücksichtigt werden. Dies kann durch eine Anpassung der Zahlungsströme, die in die Barwertermittlung von Aktivpositionen eingehen, oder durch Korrektur der mit einem risikolosen Zinssatz ermittelten Barwerte mittels risikoadäquater Spread-Aufschläge, also durch Verwendung risikogerechter Zinssätze bei der Abzinsung der Cashflows, erfolgen. Für Kredite kann diese Korrektur alternativ auch durch den Abzug von Standardrisikokosten vom ermittelten Barwert vorgenommen werden, sofern diese auch die Laufzeit der betrachteten Portfolien angemessen berücksichtigen. Dies kann z.B. mit Hilfe der durchschnittlichen Kapitalbindungsdauer erfolgen.[88]

---

85 Vgl. Deutsche Bundesbank, Zum aktuellen Stand der bankinternen Risikosteuerung und der Bewertung der Kapitaladäquanz im Rahmen des aufsichtlichen Überprüfungsprozesses, in: Monatsbericht, Dezember 2007, S. 59 f.

86 Vgl. Europäische Zentralbank, Leitfaden der EZB für den bankinternen Prozess zur Sicherstellung einer angemessenen Kapitalausstattung (Internal Capital Adequacy Assessment Process – ICAAP), 9. November 2018, S. 21.

87 Vgl. Bundesanstalt für Finanzdienstleistungsaufsicht/Deutsche Bundesbank, Aufsichtliche Beurteilung bankinterner Risikotragfähigkeitskonzepte und deren prozessualer Einbindung in die Gesamtbanksteuerung (»ICAAP«) – Neuausrichtung, Leitfaden vom 24. Mai 2018, S. 14 f. und 29.

88 Vgl. Bundesanstalt für Finanzdienstleistungsaufsicht/Deutsche Bundesbank, Aufsichtliche Beurteilung bankinterner Risikotragfähigkeitskonzepte und deren prozessualer Einbindung in die Gesamtbanksteuerung (»ICAAP«) – Neuausrichtung, Leitfaden vom 24. Mai 2018, S. 14.

2.13 Berechnung des Kapitalbedarfes für Marktpreisrisiken

89 Zur Berechnung des internen Kapitalbedarfes für Marktpreisrisiken inkl. der Zinsänderungsrisiken im Anlagebuch nutzen viele große Institute mittlerweile eigene Modelle. Die verschiedenen Verfahren zur Messung von Marktpreisrisiken (→ BTR 2.2 Tz. 2) und speziell von Zinsänderungsrisiken (→ BTR 2.3 Tz. 6) werden im Modul BTR 2 ausführlich beschrieben.

90 Unabhängig vom gewählten Ansatz muss bei Marktpreisrisiken sichergestellt werden, dass auch bei wechselnden Positionen und zwischenzeitlichen Glattstellungen insgesamt nicht mehr Risikodeckungspotenzial aufgezehrt werden kann, als für diese Risiken für den gesamten Risikobetrachtungshorizont allokiert ist. Um die Risikonahme über den gesamten Risikobetrachtungshorizont steuern zu können, sind insbesondere die Festlegung der Haltedauer für Marktrisikopositionen und ein konsistentes Limitsystem erforderlich.[89] Der Anforderung an ein konsistentes Limitsystem kann am einfachsten durch ein stringent implementiertes System »selbstverzehrender Limite«, d. h. durch eine permanente Anrechnung eingetretener Verluste auf das Limit im Risikobetrachtungshorizont, entsprochen werden.[90]

91 Mit Blick auf die für Handelsgeschäfte übliche Haltedauer von wenigen Tagen und den geforderten Risikobetrachtungshorizont von üblicherweise 250 Handelstagen müssen zudem geeignete Annahmen für die Zusammensetzung des Portfolios bis zum Ende des Risikobetrachtungshorizontes getroffen werden. Eine Übernahme der zur operativen Steuerung verwendeten Haltedauern würde die Marktpreisrisiken im Rahmen der Risikotragfähigkeitsrechnung und der risikoorientierten Performancemessung eklatant unterschätzen. Andererseits könnte die Verwendung der enormen Beträge für Marktpreisrisiken aus der Risikotragfähigkeitsrechnung für deren operative Steuerung zu einer sehr trägen und marktfernen Strategie führen.[91]

92 Für die sinnvolle Verbindung der operativen Steuerung mit der Risikotragfähigkeitsbetrachtung müssen die operative Haltedauer und der Risikobetrachtungshorizont in geeigneter Weise zusammengeführt werden.[92] Die Integration des Marktpreisrisikos in das Risikotragfähigkeitskonzept ist deshalb methodisch sehr anspruchsvoll. Dafür stehen im Wesentlichen vier Methoden zur Verfügung (siehe Abbildung 19)[93]:

a) Skalierung des Risikos der Einzelpositionen auf 250 Handelstage: Unterstellung von unveränderten Einzelpositionen im Portfolio über den gesamten Risikobetrachtungshorizont und entsprechende Multiplikation des auf Basis einer kürzeren Haltedauer gemessenen Risikowertes mit einem Faktor,

b) Simulation: Berücksichtigung realistischer Portfolioumschichtungen während des Risikobetrachtungshorizontes sowie antizipierter Maßnahmen des Institutes beim Überschreiten eines im Vorfeld festgelegten Risikolimits durch das aktuelle Risikoniveau (»Limitbruch«),

c) Unterstellung eines konstanten Risikoniveaus (»constant level of risk«): Unterstellte Neuinvestition in Einzelpositionen vergleichbaren Risikogehaltes nach Verkauf der ursprünglichen Positionen,

---

89 Vgl. Bundesanstalt für Finanzdienstleistungsaufsicht/Deutsche Bundesbank, Aufsichtliche Beurteilung bankinterner Risikotragfähigkeitskonzepte und deren prozessualer Einbindung in die Gesamtbanksteuerung (»ICAAP«) – Neuausrichtung, Leitfaden vom 24. Mai 2018, S. 16 und 29.

90 Vgl. Wiesemann, Bernd, Aufsichtliche Beurteilung von Risikotragfähigkeitskonzepten, in: BaFinJournal, Ausgabe Februar 2012, S. 22.

91 Vgl. Volk, Tobias/Wiesemann, Bernd, Aufsichtliche Beurteilung bankinterner Risikotragfähigkeitskonzepte, in: Zeitschrift für das gesamte Kreditwesen, Heft 6/2012, S. 21.

92 Vgl. Volk, Tobias/Wiesemann, Bernd, Aufsichtliche Beurteilung bankinterner Risikotragfähigkeitskonzepte, in: Zeitschrift für das gesamte Kreditwesen, Heft 6/2012, S. 21.

93 In Anlehnung an Deutsche Bundesbank, Bankinterne Methoden zur Ermittlung und Sicherstellung der Risikotragfähigkeit und ihre bankaufsichtliche Bedeutung, in: Monatsbericht, März 2013, S. 39.

d) Vollständiger Positionsabbau vor Ende des Risikobetrachtungshorizontes: Abbau oder Absicherung des Risikos deutlich vor dem Ende des Risikobetrachtungshorizontes und daraus resultierender Verzicht auf die potenziellen Erträge.

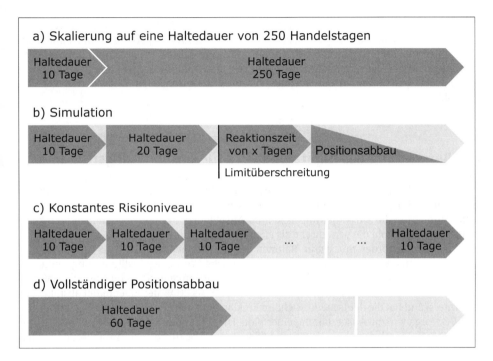

Abb. 19: Überführung der Haltedauer in den Risikobetrachtungshorizont

In der Praxis ist die Skalierung des Risikos der Einzelpositionen auf einen Jahreshorizont am häufigsten zu beobachten. Von methodisch fortgeschrittenen Instituten wird versucht, ihre konkrete Limitstruktur, Erkenntnis- und Reaktionszeiten, Marktliquiditätsaspekte sowie die verfolgten Handelsstrategien mit Hilfe einer Simulationsrechnung abzubilden. Die Annahme eines konstanten Risikoniveaus ist in Anlehnung an die Verfahren der ersten Säule zur Messung von Ausfall- und Migrationsrisiken im Rahmen der »Incremental Risk Charge« möglich.[94] Ein potenzieller Abbau von Risikopositionen kann daher nur dann als Steuerungsmaßnahme berücksichtigt werden, wenn diese nachweislich mit den Strategien, Risikosteuerungs- und -controllingprozessen sowie der Portfoliostruktur im Einklang steht. Dazu gehört folglich auch die konsistente Berücksichtigung der Ertrags- und Kostensituation nach einem unterstellten Abbau von Risikopositionen.[95] Die Aufsicht erwartet einen Nachweis derartiger wenig konservativer Annahmen nicht nur auf theoretischer Basis, sondern auch anhand realer Situationen aus der Praxis. Die

93

---

94 Vgl. Deutsche Bundesbank, Bankinterne Methoden zur Ermittlung und Sicherstellung der Risikotragfähigkeit und ihre bankaufsichtliche Bedeutung, in: Monatsbericht, März 2013, S. 39 f.

95 Vgl. Bundesanstalt für Finanzdienstleistungsaufsicht/Deutsche Bundesbank, Aufsichtliche Beurteilung bankinterner Risikotragfähigkeitskonzepte und deren prozessualer Einbindung in die Gesamtbanksteuerung (»ICAAP«) – Neuausrichtung, Leitfaden vom 24. Mai 2018, S. 16 und 29.

AT4.1 Risikotragfähigkeit

Erfahrungen aus der Finanzmarktkrise hätten angabegemäß gezeigt, dass es vielen Marktteilnehmern am nötigen Willen und der ökonomischen Fähigkeit zu einem solchen Vorgehen mangelt.[96] Die damit einhergehende Unterschätzung der stark durch exogene Faktoren beeinflussten Marktpreisrisiken ist auch der Grund für die insgesamt sehr restriktive Positionierung der Deutschen Bundesbank.[97]

94　　Bei Going-Concern-Ansätzen alter Prägung mit bilanz- bzw. GuV-orientierter Ableitung des Risikodeckungspotenzials können Kursrisiken bei Positionen im Anlagebestand im Hinblick auf die Bewertungsvorschriften zur externen Rechnungslegung ggf. unberücksichtigt bleiben. Dies setzt allerdings voraus, dass das Institut die Positionen dauerhaft halten will und kann und eine Realisierung der Kursrisiken in der Rechnungslegung im betrachteten Zeithorizont nicht zu erwarten ist.[98]

2.14　　Berechnung des Kapitalbedarfes für Zinsänderungsrisiken

95　　Eine besondere Rolle spielen für viele (vor allem kleinere) Institute aufgrund ihres Schwerpunktes im Kredit- und Einlagengeschäft und der damit verbundenen volkswirtschaftlich wichtigen Fristentransformation die Zinsänderungsrisiken im Anlagebuch. Für deren Quantifizierung kommen grundsätzlich sowohl die periodische als auch die wertorientierte Sichtweise infrage.

96　　Die zuständigen Behörden müssen im Rahmen des SREP gemäß Art. 98 Abs. 5 CRD IV zumindest dann Maßnahmen ergreifen, wenn der wirtschaftliche Wert eines Institutes aufgrund einer plötzlichen und unerwarteten Zinsänderung von 200 Basispunkten oder einer in den maßgeblichen Leitlinien der EBA[99] definierten Änderung um mehr als 20 % der Eigenmittel absinkt. Vor diesem Hintergrund hat die deutsche Aufsicht im Einklang mit den Leitlinien der EBA gemäß § 25a Abs. 2 KWG Vorgaben zur Ausgestaltung einer plötzlichen und unerwarteten Zinsänderung und zur Ermittlungsmethodik der Auswirkungen auf den Barwert bezüglich der Zinsänderungsrisiken im Anlagebuch gemacht.[100]

97　　Die barwertigen Auswirkungen einer Parallelverschiebung der Zinsstrukturkurve von ± 200 Basispunkten (»Zinsschock«) auf die regulatorischen Eigenmittel sind von allen Instituten mindestens vierteljährlich zu ermitteln und der jeweils zuständigen Aufsichtsbehörde zu melden. Bei Instituten, die von der Ausnahmeregelung nach § 2a Abs. 1 und 2 oder 5 KWG Gebrauch machen und die Zinsänderungsrisiken auf Anwendungsebene des Gruppen-Waivers steuern, sind die Anforderungen auf Gruppenebene zu beachten.[101]

98　　Vor dem Hintergrund des Negativzinsumfeldes hat die EBA eine Untergrenze des Zinssatzes von 0 % vorgegeben, die von der deutschen Aufsicht in Abhängigkeit von der konkreten Ausgestaltung der Zinsstrukturkurve umgesetzt wird. Sofern die Zinsstrukturkurve an einer Stützstelle einen negativen Zinssatz aufweist, ist dieser negative Zinssatz für die Anhebung des Zinssatzes als

---

96　Vgl. Deutsche Bundesbank, Bankinterne Methoden zur Ermittlung und Sicherstellung der Risikotragfähigkeit und ihre bankaufsichtliche Bedeutung, in: Monatsbericht, März 2013, S. 40.

97　Vgl. Volk, Tobias, Risikotragfähigkeit von Kreditinstituten, in: BankPraktiker, Heft 6/2013, S. 229 f.

98　Vgl. Bundesanstalt für Finanzdienstleistungsaufsicht/Deutsche Bundesbank, Aufsichtliche Beurteilung bankinterner Risikotragfähigkeitskonzepte und deren prozessualer Einbindung in die Gesamtbanksteuerung (»ICAAP«) – Neuausrichtung, Leitfaden vom 24. Mai 2018, S. 28.

99　European Banking Authority, Leitlinien zur Steuerung des Zinsänderungsrisikos bei Geschäften des Anlagebuchs, EBA/GL/2015/08, 5. Oktober 2015 bzw. European Banking Authority, Final Report – Guidelines on the management of interest rate risk arising from non-trading book activities, EBA/GL/2018/02, 19. Juli 2018 (anwendbar ab 30. Juni 2019).

100　Bundesanstalt für Finanzdienstleistungsaufsicht, Zinsänderungsrisiken im Anlagebuch, Rundschreiben 07/2018 (BA) vom 24. Mai 2018.

101　Vgl. Bundesanstalt für Finanzdienstleistungsaufsicht, Zinsänderungsrisiken im Anlagebuch, Rundschreiben 07/2018 (BA) vom 24. Mai 2018, S. 2 f.

Ausgangsbasis zu verwenden, während keine weitere Absenkung des negativen Zinssatzes erfolgt. Weist die Zinsstrukturkurve an einer Stützstelle einen positiven Zinssatz auf, so erfolgt die Absenkung des Zinssatzes nur bis zur Untergrenze von 0 %.[102]

Bei Instituten, deren wirtschaftlicher Wert durch diese ad hoc (»über Nacht«) eintretende, **99** parallele Verschiebung der Zinsstrukturkurve um mehr als 20 % ihrer regulatorischen Eigenmittel absinkt (»Institute mit erhöhtem Zinsänderungsrisiko«), muss die Aufsicht prüfen, ob die Eigenmittelausstattung des Institutes insgesamt noch angemessen ist oder erhöhte Anforderungen gestellt werden müssen. Die Aufsicht weist allerdings darauf hin, dass die Anordnung aufsichtlicher Maßnahmen auch für Institute möglich ist, die nicht als »Institute mit erhöhtem Zinsänderungsrisiko« im Sinne des Rundschreibens gelten.[103] Dabei wird insbesondere berücksichtigt, ob die institutsinternen Verfahren und Methoden zur Steuerung und Überwachung von Zinsänderungsrisiken im Einklang mit dem gewählten Steuerungsansatz zur Risikotragfähigkeit stehen und ob das betroffene Institut in der Lage ist, die wesentlichen Risiken insgesamt durch das Risikodeckungspotenzial abzudecken (→ BTR 2.3 Tz. 6).

Die interne Messung und Steuerung des Zinsänderungsrisikos im Anlagebuch sollte nach **100** Auffassung der Aufsicht allerdings weitere Szenarien jenseits des Zinsschocks in Betracht ziehen, da eine ausschließliche Berücksichtigung einer Parallelverschiebung der Zinsstrukturkurve in den meisten Fällen als nicht ausreichend erachtet wird.[104]

Außerdem sollte bei der Beurteilung der Kapitaladäquanz des Zinsänderungsrisikos im Anlage- **101** buch nach den Vorgaben der EBA, die ab dem 30. Juni 2019 anzuwenden sind, u. a. Folgendes berücksichtigt werden[105]:

a) die Höhe und die Laufzeit der internen Limite für die relevanten Positionen und ob diese zum Zeitpunkt der Kapitalberechnung erreicht werden oder nicht,

b) die erwarteten Kosten für die Absicherung offener Positionen (hedging) mit Blick auf das künftige Zinsniveau,

c) die Sensitivität der internen Zinsrisikomaße gegenüber den wesentlichen oder unvollkommenen Modellierungsannahmen,

d) die Auswirkungen von Schock- und Stressszenarien auf Positionen mit unterschiedlichen Zinsindizes (Basisrisiko),

e) die Auswirkungen von nicht übereinstimmenden Positionen in verschiedenen Währungen auf den ökonomischen Wert und das Ergebnis, einschließlich der Auswirkungen auf den beizulegenden Zeitwert durch das sonstige Ergebnis (»Fair Value Through Other Comprehensive Income«, FVOCI),

f) die Auswirkungen von eingebetteten Verlusten und Gewinnen,

g) die Verteilung des Kapitals im Verhältnis zu den Risiken auf die in den aufsichtsrechtlichen Konsolidierungskreis der Gruppe einbezogenen rechtlichen Einheiten sowie die Angemessenheit des Gesamtkapitals auf konsolidierter Basis,

h) die Treiber des zugrundeliegenden Risikos und

i) die Umstände, unter denen dieses Risiko eintreten kann.

Bei Ermittlung des Zinsänderungsrisikos auf Basis der Going Concern-Ansätze alter Prägung ist **102** neben dem Zinsspannenrisiko auch der Gefahr eines Rückstellungsbedarfes im Rahmen der

---

102 Vgl. Bundesanstalt für Finanzdienstleistungsaufsicht, Zinsänderungsrisiken im Anlagebuch, Rundschreiben 07/2018 (BA) vom 24. Mai 2018, S. 3.

103 Vgl. Bundesanstalt für Finanzdienstleistungsaufsicht, Zinsänderungsrisiken im Anlagebuch, Rundschreiben 07/2018 (BA) vom 24. Mai 2018, S. 6 f.

104 Vgl. Deutsche Bundesbank, Bankinterne Methoden zur Ermittlung und Sicherstellung der Risikotragfähigkeit und ihre bankaufsichtliche Bedeutung, in: Monatsbericht, März 2013, S. 39 f.

105 Vgl. European Banking Authority, Final Report – Guidelines on the management of interest rate risk arising from non-trading book activities, EBA/GL/2018/02, 19. Juli 2018, S. 19.

verlustfreien Bewertung des Zinsbuches nach IDW RS BFA 3[106] Rechnung zu tragen. Soweit stille Reserven im Zinsbuch vorliegen, die bei etwaiger Materialisierung dieses Risikos einen Rückstellungsbedarf vermeiden würden, kann auf den Ansatz des Risikos bei der Risikotragfähigkeitssteuerung verzichtet werden.[107]

2.15 Berechnung des Kapitalbedarfes für Adressenausfallrisiken

103 Bei der Messung und Steuerung von Adressenausfallrisiken haben sich die Institute in der Vergangenheit vor allem an deren GuV-Wirksamkeit orientiert. GuV-wirksame Adressenausfallrisiken setzen sich aus Bewertungsänderungen in Form von Einzelwertberichtigungen, Rückstellungen oder Direktabschreibungen zusammen. Darüber hinaus werden Pauschalwertberichtigungen gebildet.

104 Heute verwenden zahlreiche Institute zur Messung und Steuerung der Adressenausfallrisiken geeignete Kreditportfoliomodelle, die neben der Bonität der Kreditnehmer auch deren Abhängigkeiten untereinander berücksichtigen und damit insbesondere Krediten in konzentrierten Segmenten implizit mehr Kapital zuordnen. Mit Hilfe von Kreditportfoliomodellen kann durch umfangreiche Simulationen oder analytische Näherungen die Wahrscheinlichkeitsverteilung der künftigen bonitätsbedingten Wertveränderungen des Kreditportfolios und damit der unerwartete Verlust innerhalb des Risikobetrachtungshorizontes quantifiziert werden. Durch den gewählten Steuerungsansatz des Institutes wird vorgegeben, ob diese Berechnungen bilanz- oder wertorientiert zu erfolgen haben.[108] Auf die mit dem Einsatz von Kreditportfoliomodellen verbundenen Herausforderungen wird an anderer Stelle ausführlich eingegangen (→ BTR 1 Tz. 1).

105 Alternativ kann der Kapitalbedarf für Adressenausfallrisiken nach den Vorgaben für die regulatorischen Mindestkapitalanforderungen gemäß der CRR berechnet werden. Größere Institute verwenden hierbei einen der auf internen Ratings basierenden Ansätze. Kleinere Institute arbeiten teilweise auch institutsintern mit den weniger risikosensitiven Risikogewichten des Kreditrisiko-Standardansatzes. Diese Verfahren bilden allerdings keine Risikokonzentrationen ab, die folglich über andere Impulse aus dem Risikomanagement, wie z. B. eine Limitierung der Kreditvergabe an bestimmte Segmente, gesteuert werden müssen.[109] Hinsichtlich der Messung von Adressenausfallrisiken sei an dieser Stelle auch auf die Ausführungen zum Einsatz von Risikoklassifizierungsverfahren (→ BTO 1.4 Tz. 1) verwiesen.

106 Bei der Berechnung des Kapitalbedarfs für Adressenausfallrisiken sind auch bereits ausgefallene Positionen und Eventualverbindlichkeiten einzubeziehen, wobei das Risiko einer (ggf. weiteren) Wertverschlechterung der Positionen geschätzt werden muss.[110]

---

106 Das IDW beschäftigt sich in seinem am 30. August 2012 als Verlautbarung veröffentlichten und zuletzt am 16. Oktober 2017 überarbeiteten Rechnungslegungsstandard mit Einzelfragen der verlustfreien Bewertung von zinsbezogenen Geschäften des Anlagebuches (Zinsbuches). Dabei geht es in erster Linie darum, ob für das Zinsbuch als Ganzes eine Rückstellungsbildung aufgrund von stillen Reserven oder Lasten erforderlich wird. Bei der entsprechenden Prüfung kann eine GuV-orientierte oder eine wertorientierte Methode verwendet werden. Vgl. Institut der Wirtschaftsprüfer, IDW Stellungnahme zur Rechnungslegung: Einzelfragen der verlustfreien Bewertung von zinsbezogenen Geschäften des Bankbuchs (IDW RS BFA 3), 16. Oktober 2017.

107 Vgl. Bundesanstalt für Finanzdienstleistungsaufsicht/Deutsche Bundesbank, Aufsichtliche Beurteilung bankinterner Risikotragfähigkeitskonzepte und deren prozessualer Einbindung in die Gesamtbanksteuerung (»ICAAP«) – Neuausrichtung, Leitfaden vom 24. Mai 2018, S. 28.

108 Vgl. Deutsche Bundesbank, Bankinterne Methoden zur Ermittlung und Sicherstellung der Risikotragfähigkeit und ihre bankaufsichtliche Bedeutung, in: Monatsbericht, März 2013, S. 37.

109 Vgl. Deutsche Bundesbank, Zum aktuellen Stand der bankinternen Risikosteuerung und der Bewertung der Kapitaladäquanz im Rahmen des aufsichtlichen Überprüfungsprozesses, in: Monatsbericht, Dezember 2007, S. 62 f.

110 Vgl. Bundesanstalt für Finanzdienstleistungsaufsicht/Deutsche Bundesbank, Aufsichtliche Beurteilung bankinterner Risikotragfähigkeitskonzepte und deren prozessualer Einbindung in die Gesamtbanksteuerung (»ICAAP«) – Neuausrichtung, Leitfaden vom 24. Mai 2018, S. 16.

2.16 Berechnung des Kapitalbedarfes für Credit-Spread-Risiken

In Steuerungskreisen mit wertorientierter Ableitung des Risikodeckungspotenzials sind Credit-Spread-Risiken, unabhängig von der Zuordnung der betroffenen Positionen zum Handels- oder Anlagebuch, grundsätzlich zu berücksichtigen. Darauf kann nur dann verzichtet werden, wenn keine aussagekräftigen Marktinformationen zu den Kreditnehmern im Hinblick auf das Credit-Spread-Risiko verfügbar sind.[111]

107

Bei Going-Concern-Ansätzen alter Prägung mit bilanz- bzw. GuV-orientierter Ableitung des Risikodeckungspotenzials sind aufgrund der Erfahrungen aus der Finanzmarktkrise für zinstragende Geschäfte im »Depot A« grundsätzlich auch Credit-Spread-Risiken zu berücksichtigen. Das Depot), A wird auch als »Eigendepot« bezeichnet und dient der Aufnahme der eigenen Wertpapiere des hinterlegenden Kreditinstitutes sowie derjenigen Wertpapiere seiner Kunden, die für alle Forderungen des Drittverwahrers gegen ihn unbeschränkt als Pfand haften (§ 12 Abs. 4 und § 13 DepotG), und der Wertpapiere, die nach §§ 19 bis 21 DepotG im Eigentum des Zwischenverwahrers stehen.[112] Die Aufsicht gestattet allerdings eine differenzierte Herangehensweise. Bei Depot-A-Positionen, die dem Handelsbestand zugeordnet bzw. wie Umlaufvermögen bewertet sind, müssen Credit-Spread-Risiken stets berücksichtigt werden. Hintergrund ist die Tatsache, dass sie im Falle ihrer Realisierung grundsätzlich eine Wertanpassung in der Rechnungslegung auslösen. Entsprechendes gilt bei Ansätzen, die auf der IFRS-Rechnungslegung basieren, für die mit dem Fair Value bewerteten Depot-A-Bestände. Hingegen kann bei Depot-A-Positionen des Anlagebestandes unter bestimmten Voraussetzungen auf den Ansatz von Credit-Spread-Risiken verzichtet werden. Diese Voraussetzungen laufen – in Analogie zur Behandlung stiller Lasten – darauf hinaus, dass keine Zweifel an der unterstellten Dauerhalteabsicht und -fähigkeit sowie an der angenommenen Wertaufholung herrschen. Eine Verwirklichung der Credit-Spread-Risiken hätte dann nur die nicht zwingend rechnungslegungswirksame Entstehung bzw. Erhöhung stiller Lasten zur Folge. Sind hingegen Zweifel am Vorliegen dieser Voraussetzungen begründet, so ist von einer Realisierung der Credit-Spread-Risiken auszugehen. In diesem Fall sind sie entweder vom Risikodeckungspotenzial abzuziehen oder als Risikobetrag anzusetzen. Credit-Spread-Risiken in erheblicher Größenordnung müssen in jedem Fall vollständig berücksichtigt werden. Ausnahmen sind in Analogie zur Behandlung stiller Lasten lediglich im Zusammenhang mit der verlustfreien Bewertung des Zinsbuches nach IDW RS BFA 3[113] denkbar. Die Aussagen zu den dem Anlagebestand zugeordneten Depot-A-Positionen gelten entsprechend für die in der IFRS-Rechnungslegung nicht zum Fair Value bewerteten Positionen.[114]

108

---

111 Vgl. Bundesanstalt für Finanzdienstleistungsaufsicht/Deutsche Bundesbank, Aufsichtliche Beurteilung bankinterner Risikotragfähigkeitskonzepte und deren prozessualer Einbindung in die Gesamtbanksteuerung (»ICAAP«) – Neuausrichtung, Leitfaden vom 24. Mai 2018, S. 16.

112 Vgl. Bundesanstalt für Finanzdienstleistungsaufsicht, Bekanntmachung über die Anforderungen an die Ordnungsmäßigkeit des Depotgeschäfts und der Erfüllung von Wertpapierlieferungsverpflichtungen vom 21. Dezember 1998, Abschnitt 10, Abs. 4.

113 Institut der Wirtschaftsprüfer, IDW Stellungnahme zur Rechnungslegung: Einzelfragen der verlustfreien Bewertung von zinsbezogenen Geschäften des Bankbuchs (IDW RS BFA 3), 16. Oktober 2017.

114 Vgl. Bundesanstalt für Finanzdienstleistungsaufsicht/Deutsche Bundesbank, Aufsichtliche Beurteilung bankinterner Risikotragfähigkeitskonzepte und deren prozessualer Einbindung in die Gesamtbanksteuerung (»ICAAP«) – Neuausrichtung, Leitfaden vom 24. Mai 2018, S. 28 f.

2.17 Berechnung des Kapitalbedarfes für Migrationsrisiken

109 Migrationsrisiken müssen bei wertorientierter Ableitung des Risikodeckungspotenzials als spezieller Aspekt der Adressenausfallrisiken grundsätzlich auch betrachtet werden.[115] Sie bezeichnen das Risiko einer Wertverschlechterung von Krediten aufgrund gestiegener Ausfallrisiken, ohne dass es bereits zu einem Ausfall der betroffenen Kreditnehmer gekommen ist.[116] Migrationsrisiken können sich in Abhängigkeit vom Rechnungslegungsstandard und von der Buchungskategorie unterschiedlich auf die GuV auswirken. Wenngleich die Realisierung von Migrationsrisiken nicht unbedingt einen rechnungslegungsrelevanten Aufwand zur Folge hat, verringert sich in jedem Fall der ökonomische Wert der betroffenen Position. Insbesondere wirken sie sich auf die risikogewichteten Aktiva in zukünftigen Perioden aus: direkt durch eine erhöhte Ausfallwahrscheinlichkeit (PD) in internen Ratingverfahren (IRB-Verfahren) oder indirekt durch den Wechsel in eine Risikopositionsklasse mit einem anderen Risikogewicht im Kreditrisikostandardansatz (KSA). Die Berücksichtigung von Migrationsrisiken kann innerhalb eines Kreditportfoliomodells erfolgen. Sofern ein derartiges Modell nicht zur Verfügung steht, können auch andere Verfahren genutzt werden, wie insbesondere entsprechende Stresstests, deren Ergebnisse als Risikowert im Rahmen der Risikotragfähigkeitsbetrachtung angesetzt werden. So kann die Einbeziehung der Migrationsrisiken auch durch eine Verschiebung der Ausfallwahrscheinlichkeiten (PD-Shift) erfolgen.[117]

110 Weil der Credit-Spread als Risikoaufschlag für kreditrisikobehaftete Positionen gegenüber dem risikolosen und fristenkongruenten Zinssatz auch erwartete Migrationen enthält, sind Credit-Spread- und Migrationsrisiken im Rahmen der Risikomessung nicht völlig überschneidungsfrei bestimmbar. Deshalb können die Institute den im Risikotragfähigkeitskonzept anzusetzenden Risikobetrag um diesen Überlappungseffekt bereinigen, wenn sie den entsprechenden Nachweis erbringen.[118] Diese Vorgehensweise muss anhand eines fundierten Ansatzes gegenüber der Aufsicht untermauert werden, der auch die zeitliche Stabilität des Effektes angemessen berücksichtigt. Die Aufsichtspraxis zeigt, dass die derzeit genutzten Verfahren diesen Anforderungen i. d. R. noch nicht genügen.[119]

2.18 Berechnung des Kapitalbedarfes für Beteiligungsrisiken

111 Älteren Umfragen der Aufsicht zufolge werden Beteiligungsrisiken von den Instituten teilweise beim Marktpreisrisiko berücksichtigt. Ist dies nicht möglich, erfolgt eine gesonderte Modellierung, wobei der Kapitalbedarf häufig auf Basis von Marktwerten der Beteiligungen sowie deren Volatilitäten ermittelt und ein Kapitalfaktor festgelegt wird. Alternativ werden Beteiligungsrisiken in ähnlicher Weise wie Kreditrisiken erfasst, allerdings mit Anpassungen bezüglich der Ausfalldefi-

---

115 Vgl. Bundesanstalt für Finanzdienstleistungsaufsicht/Deutsche Bundesbank, Aufsichtliche Beurteilung bankinterner Risikotragfähigkeitskonzepte und deren prozessualer Einbindung in die Gesamtbanksteuerung (»ICAAP«) – Neuausrichtung, Leitfaden vom 24. Mai 2018, S. 17.

116 Vgl. Volk, Tobias/Wiesemann, Bernd, Aufsichtliche Beurteilung bankinterner Risikotragfähigkeitskonzepte, in: Zeitschrift für das gesamte Kreditwesen, Heft 6/2012, S. 21.

117 Vgl. Bundesanstalt für Finanzdienstleistungsaufsicht/Deutsche Bundesbank, Aufsichtliche Beurteilung bankinterner Risikotragfähigkeitskonzepte und deren prozessualer Einbindung in die Gesamtbanksteuerung (»ICAAP«) – Neuausrichtung, Leitfaden vom 24. Mai 2018, S. 17.

118 Vgl. Bundesanstalt für Finanzdienstleistungsaufsicht/Deutsche Bundesbank, Aufsichtliche Beurteilung bankinterner Risikotragfähigkeitskonzepte und deren prozessualer Einbindung in die Gesamtbanksteuerung (»ICAAP«) – Neuausrichtung, Leitfaden vom 24. Mai 2018, S. 17.

119 Vgl. Deutsche Bundesbank, Bankinterne Methoden zur Ermittlung und Sicherstellung der Risikotragfähigkeit und ihre bankaufsichtliche Bedeutung, in: Monatsbericht, März 2013, S. 36.

nition sowie der angesetzten Verlustquoten.[120] In diesem Fall sollte den tendenziell längeren Laufzeiten von Beteiligungen im Vergleich zu Krediten durch entsprechende Annahmen Rechnung getragen werden.

Die deutschen Aufsichtsbehörden erwarten von den weniger bedeutenden Instituten, dass die **112** Risikoquantifizierungsverfahren zur Abbildung möglicher Wertschwankungen dem Charakter der Positionen gerecht werden. Diese Wertschwankungen werden typischerweise bei börsennotierten Beteiligungen mittels Börsenkursen, bei sonstigen Unternehmensbeteiligungen durch ein Mapping auf die Indizes bzw. die Einzelwerte und bei Verbundbeteiligungen als plausibler Pauschalbetrag abgebildet.[121]

2.19 Berechnung des Kapitalbedarfes für operationelle Risiken

Aufgrund der zahlreichen Schadensfälle aufgrund von Rechtsrisiken und internem Betrug, die **113** definitionsgemäß Bestandteile der operationellen Risiken sind, erwartet die Aufsicht auch für diese Risikoart eine Reservierung von Kapitalbestandteilen im Rahmen des Risikotragfähigkeitskonzeptes. Mittlerweile werden die operationellen Risiken deshalb von nahezu allen Instituten im Risikotragfähigkeitskonzept berücksichtigt.[122]

Methodische Vorstellungen zur Messung von operationellen Risiken auf Basis des Value-at-Risk **114** (Op-VaR) werden erst seit Anfang dieses Jahrhunderts entwickelt.[123] Seit einigen Jahren streben einige Institute zur Berechnung der regulatorischen Kapitalanforderungen für operationelle Risiken fortgeschrittene Messansätze an. Im Fokus stehen dabei die Schadenshöhe und die Schadenshäufigkeit mit Blick auf die aufsichtlich vorgegebenen acht Geschäftsfelder laut Art. 317 CRR (Unternehmensfinanzierung/-beratung, Handel, Wertpapierprovisionsgeschäft, Firmenkundengeschäft, Privatkundengeschäft, Zahlungsverkehr und Verrechnung, Depot- und Treuhandgeschäfte, Vermögensverwaltung) und sieben Ereigniskategorien gemäß Art. 324 CRR (interner Betrug, externer Betrug, Beschäftigungspraxis und Arbeitsplatzsicherheit, Kunden, Produkte und Geschäftsgepflogenheiten, Sachschäden, Geschäftsunterbrechungen und Systemausfälle sowie Ausführung, Lieferung und Prozessmanagement). Zur Modellierung der Schadenshäufigkeit und der Schadenshöhe kommen verschiedene Verteilungen infrage, die teilweise auch miteinander kombiniert werden. Der Op-VaR wird zumeist mit Hilfe einer Monte-Carlo-Simulation berechnet.[124] Alternativ können auch Copula-Modelle verwendet werden.

Hilfreich bei der Entwicklung eigener Modelle ist die in den letzten Jahren deutlich verbesserte **115** Verfügbarkeit von Schadensdaten. Im Gegensatz zu Marktpreisrisiken, die durch die Risikocharakteristika der gehandelten Finanzinstrumente bestimmt sind, werden operationelle Risiken stark von institutsspezifischen Besonderheiten beeinflusst. Seit der fünften MaRisk-Novelle müssen Schadensfälle erfasst werden, von größeren Instituten ab einem angemessenen Schwellenwert in Form einer Schadensfalldatenbank (→ BTR4 Tz. 3, Erläuterung). Um die Zuverlässigkeit ihrer Schätzungen signifikant zu verbessern, erweitern viele Institute ihre Datenbasis aus eigenen Schadenszeitreihen durch Hinzunahme externer Datenhistorien (→ BTR4 Tz. 3). Auch

---

120 Vgl. Deutsche Bundesbank, Zum aktuellen Stand der bankinternen Risikosteuerung und der Bewertung der Kapitaladäquanz im Rahmen des aufsichtlichen Überprüfungsprozesses, in: Monatsbericht, Dezember 2007, S. 64.

121 Vgl. Bundesanstalt für Finanzdienstleistungsaufsicht/Deutsche Bundesbank, Aufsichtliche Beurteilung bankinterner Risikotragfähigkeitskonzepte und deren prozessualer Einbindung in die Gesamtbanksteuerung (»ICAAP«) – Neuausrichtung, Leitfaden vom 24. Mai 2018, S. 17.

122 Vgl. Deutsche Bundesbank, Bankinterne Methoden zur Ermittlung und Sicherstellung der Risikotragfähigkeit und ihre bankaufsichtliche Bedeutung, in: Monatsbericht, März 2013, S.40.

123 Vgl. Buhr, Reinhard, Messung von Betriebsrisiken – ein methodischer Ansatz, in: Die Bank, Heft 3/2000, S.186ff.

124 Vgl. Bundesanstalt für Finanzdienstleistungsaufsicht/Deutsche Bundesbank, Bericht über die Industrieaktion AMA operationelles Risiko 2005, September 2005, S.18.

beim operationellen Risiko könnte theoretisch auf die bankaufsichtlichen Mindestkapitalanforderungen nach den einfachen Verfahren in der CRR (Basisindikatoransatz oder Standardansatz) zurückgegriffen werden.[125] Deren Systematik ist allerdings so weit von einer angemessenen Risikosteuerung entfernt, dass ihre Eignung für eine Skalierung auf einen Ein-Jahres-Risikohorizont und das entsprechende Konfidenzniveau für die Gesamtrisikobetrachtung mehr als fraglich erscheint.

116   Die Aufsicht gibt grundsätzlich kein konkretes Verfahren zur Berechnung des Kapitalbedarfes für operationelle Risiken vor. Selbst bei Nutzung eines einfachen Verfahrens für die Zwecke der ersten Säule kann im Rahmen des Risikotragfähigkeitskonzeptes auch ein höher entwickeltes Verfahren verwendet werden, sofern dafür eine ausreichende Datengrundlage vorhanden und die Modellierung methodisch überzeugend ist. Zur Plausibilisierung empfiehlt die BaFin, die mit Hilfe des Basisindikator- oder Standardansatzes ermittelten Beträge zum Vergleich heranzuziehen. Sofern die Risikobeträge aus der VaR-Modellierung deutlich geringer ausfallen, sollte dies zu einer besonders sorgfältigen Validierung und ggf. weiteren kompensierenden Vorkehrungen (z. B. Einbau von Puffern, Verwendung verschärfter Annahmen) führen.[126]

2.20   Berechnung des Kapitalbedarfes für Fehlverhaltensrisiken

117   Bei der Bewertung verhaltensbezogener Risiken sollten die Institute die Unsicherheit bezüglich Rückstellungen oder erwarteter Verluste aus verhaltensbezogenen Ereignissen und extreme Verluste im Zusammenhang mit Tail-Risiken (unerwartete Verluste) berücksichtigen. Die Institute sollten ihren Kapitalbedarf unter solchen Ereignissen und Szenarien bewerten und auch die Reputationswirkung von Verhaltensverlusten berücksichtigen. Grundsätzlich sollten erwartete Verluste aus bekannten verhaltensbezogenen Sachverhalten durch Rückstellungen gedeckt und in der Gewinn- und Verlustrechnung erfasst werden, während die unerwarteten Verluste quantifiziert und durch Eigenkapitalanforderungen des Institutes gedeckt werden. Die mögliche Überschreitung von Beträgen nach Hochrechnung von gestressten Verhaltensverlusten sollte in die Bewertung des potenziellen Kapitalbedarfes der Institute einbezogen werden. Um das Risiko zu erfassen, dass die Rückstellungen unzureichend oder nicht fristgerecht erfolgen, sollten die Institute erwartete Verluste aus Verhaltensrisiken, die über die bestehenden Rechnungslegungsvorschriften hinausgehen, bewerten und in ihren Prognosen berücksichtigen. Gegebenenfalls sollten die Institute prüfen, ob künftige Gewinne ausreichen, um diese zusätzlichen Verluste oder Kosten in den Szenarien zu decken, und diese Informationen in ihre Kapitalpläne aufnehmen.[127]

118   Die Institute sollten quantitative und qualitative Informationen über den Umfang ihrer Geschäftstätigkeit in relevanten, gefährdeten Bereichen sammeln und analysieren. Die Institute sollten auch Informationen zur Verfügung stellen, um wesentliche Annahmen zu untermauern, die ihren Schätzungen der verhaltensbezogenen Kosten zugrundeliegen. In seltenen Fällen, in denen ein Institut aufgrund des Ausmaßes der Unsicherheit nicht in der Lage ist, eine Schätzung für ein individuelles Verhaltensrisiko abzugeben, sollte ein Institut klarstellen, dass dies der Fall ist, und Beweise und Annahmen vorlegen, die seine Bewertung stützen. Die Institute sollten sich einen Überblick über die unerwarteten Verluste verschaffen, die aus verhaltensbezogenen Ereignissen entstehen können, und zwar auf der Grundlage einer Kombination aus Beurteilung,

---

125 Vgl. Deutsche Bundesbank, Zum aktuellen Stand der bankinternen Risikosteuerung und der Bewertung der Kapitaladäquanz im Rahmen des aufsichtlichen Überprüfungsprozesses, in: Monatsbericht, Dezember 2007, S.64f.

126 Vgl. Bundesanstalt für Finanzdienstleistungsaufsicht, Protokoll der 22. Sitzung des Gesprächskreises kleiner Institute vom 15.Mai 2013, S.4.

127 Vgl. European Banking Authority, Final Report – Guidelines on institution's stress testing, EBA/GL/2018/04, 19. Juli 2018, S. 41.

historischen Verlusten (z. B. dem größten Verhaltensverlust des Institutes in den letzten fünf Jahren), der Höhe des erwarteten jährlichen Verlustes für verhaltensbezogene Risiken, verhaltensbezogenen Szenarien, in denen potenzielle Risiken über einen kürzeren Zeithorizont (z. B. fünf Jahre) berücksichtigt werden, und Verlusten, die von ähnlichen Unternehmen oder von Unternehmen in ähnlichen Situationen (z. B. im Falle von Prozesskosten) eintreten.[128]

2.21 Berechnung des Kapitalbedarfes für Liquiditätsrisiken

Die Meinungen über eine mögliche Kapitalunterlegung für Liquiditätsrisiken gehen in der Praxis weit auseinander. Einerseits wird die schrittweise Integration von einzelnen Komponenten der Liquiditätsrisiken in das Value-at-Risk-Konzept auf Basis eines »Liquidity-Value-at-Risk« (LVaR) zur Steuerung der Erfolgsrisiken für sinnvoll gehalten.[129] Dabei werden die Konzepte des »Liquidity-at-Risk« (LaR) und des LVaR, mit deren Hilfe sogar hohe, in der Vergangenheit nicht beobachtete Risikowerte geschätzt werden können, als sich in der dispositiven und strukturellen Liquiditätsrisikosteuerung ergänzend angesehen.[130] Andererseits gibt es Stimmen aus der Praxis, die eine Übertragung des VaR-Konzeptes auf die Liquiditätsrisiken grundsätzlich ablehnen, »da ausreichende Liquidität eine strikte und jederzeit zu erfüllende Bedingung darstellt und nicht mit einem bestimmten Konfidenzniveau einzuhalten ist«.[131] Diese sich scheinbar widersprechenden Sichtweisen sind zumindest teilweise darauf zurückzuführen, dass bereits bei der Definition des Liquiditätsrisikos – und zwar insbesondere bei der Abgrenzung der Komponenten des Liquiditätsrisikos im weiteren Sinne – Unterschiede gemacht werden. **119**

Unter dem »Liquiditätsrisiko im engeren Sinne« wird allgemein die Gefahr verstanden, dass ein Institut nicht mehr uneingeschränkt seinen Zahlungsverpflichtungen nachkommen kann.[132] Es wird deshalb auch als »Zahlungsunfähigkeitsrisiko« bezeichnet. Für die Abbildung des Zahlungsunfähigkeitsrisikos eignet sich eher ein Risikomaß wie der »Liquidity-at-Risk« (LaR), der auf das Ausmaß von Liquiditätsanforderungen abstellt, indem der sich aus der kurzfristigen Steuerung der Mittelzu- und -abflüsse ergebende dispositive Nettofinanzbedarf geschätzt wird (→ BTR 3). Von den grundsätzlich als wesentlich einzustufenden Risikoarten kann im Grunde nur das Zahlungsunfähigkeitsrisiko vom Risikotragfähigkeitskonzept ausgenommen werden (→ AT 4.1 Tz. 4). **120**

Die möglichen Bestandteile des »Liquiditätsrisikos im weiteren Sinne« werden in unterschiedlicher Weise voneinander abgegrenzt und im Rahmen der internen Steuerung behandelt. Unter Zugrundelegung der in diesem Kommentar vorgenommenen Abgrenzung (→ BTR 3) wird das »Marktliquiditätsrisiko« in der Praxis häufig anhand eines von der ökonomischen Kapitalsteuerung unabhängigen Prozesses überwacht und gesteuert. Diese Vorgehensweise wird damit begründet, dass mangelnde Marktliquidität nicht durch höheres Kapital aufgefangen werden kann. Da eine geringe Marktliquidität in einer hohen »Geld-Brief-Spanne« (»Bid-Ask-Spread«) zum Ausdruck kommt, sind aber auch andere Vorgehensweisen denkbar. So könnte für mögliche Verluste durch Verkäufe zum niedrigeren Geldkurs z. B. ein Puffer gebildet werden (»Bid-Ask-Reserve«), der folglich einer Min- **121**

---

128 Vgl. European Banking Authority, Final Report – Guidelines on institution's stress testing, EBA/GL/2018/04, 19. Juli 2018, S. 41.

129 Vgl. Ramke, Thomas/Schöning, Stephan, MaRisk: Einbeziehung von Liquiditätsrisiken in das Risikomanagement, in: Zeitschrift für das gesamte Kreditwesen, Heft 13/2006, S. 34.

130 Vgl. Zeranski, Stefan, Liquiditätsmanagement im Licht der Subprime-Krise, in: portfolio institutionell, Ausgabe 9, November 2007, S. 18 ff.

131 ACI Deutschland e. V. – Arbeitsgruppe Liquiditätsmanagement, Diskussionspapier über Mindeststandards für interne Modelle im Liquiditätsmanagement von Kreditinstituten, Dezember 2005, S. 6.

132 Vgl. Schulte, Michael/Horsch, Andreas, Wertorientierte Banksteuerung II: Risikomanagement, Frankfurt a. M., 2002, S. 53.

derung des Liquiditätsdeckungspotenzials entsprechen würde. Die meisten Institute berücksichtigen das Marktliquiditätsrisiko jedoch durch allgemeine Bewertungsabschläge (»Haircuts«).

122   Zur Abbildung des »Liquiditätsspreadrisikos« bzw. »Refinanzierungsspreadrisikos« könnte ein Risikomaß wie der »Liquidity-Value-at-Risk« (LVaR), der auf die (negativen) Vermögenswertschwankungen aufgrund einer Veränderung der eigenen Refinanzierungskurve (»Spreadausweitung«) abzielt, durchaus herangezogen werden. Diese typische Erfolgsrisikokomponente ist grundsätzlich quantifizierbar und eignet sich demzufolge auch zur Kapitalunterlegung. Allerdings wird insbesondere bei Liquiditätsrisiken, die gerade in extremen Marktsituationen schlagend werden, ein alleiniges Abstellen auf historische Daten nicht nur von der Bankenaufsicht als unzureichend angesehen.[133] Die EBA stützt sich deshalb bei den Festlegungen zur Liquiditätsdeckungsquote (LCR) auf die Vorgabe von Zufluss- und Abflussraten, die eher mit Stressbetrachtungen als mit mathematischen Standardmodellen begründet werden. Von der Aufsicht wird erwartet, das sich aus höheren Refinanzierungskosten ergebende »Refinanzierungsrisiko«, zu dem auch das Liquiditätsspreadrisiko gehört, im Falle der Wesentlichkeit aufgrund seines ertrags- und vermögensschädigenden Potenzials im Risikotragfähigkeitskonzept zu berücksichtigen.[134] Die Deutsche Bundesbank hatte noch vor wenigen Jahren konstatiert, dass das Refinanzierungsrisiko von einigen Instituten vorrangig mit Hilfe von Liquiditätspuffern in Form liquider Wertpapiere gesteuert und von anderen Instituten mit Kapital unterlegt wird.[135]

123   In der Praxis werden die hier genannten Risikomaße bisher kaum verwendet. Diesbezüglich hat sich noch kein einheitlicher Standard herausgebildet.[136] Zwar wurden konkrete Vorschläge gemacht, auf welcher Basis entsprechende Kennziffern berechnet werden könnten.[137] Die bisher diskutierten Ansätze, die in erster Linie für den normalen Geschäftsbetrieb geeignet sein können, unterscheiden sich allerdings hinsichtlich der Definition des Risikoeintritts und der Verteilungsannahme für die Risikoschätzung.[138]

2.22   Berechnung des Kapitalbedarfes für sonstige Risiken

124   Die Übertragung des Value-at-Risk-Konzeptes auf andere Risikoarten gestaltet sich schwierig. So existiert zwar ein Ansatz zur Bestimmung des Value-at-Risk für das allgemeine Geschäftsrisiko. Diese Risikoart beschreibt im Grunde die Gefahr, dass der Deckungsbeitrag (als Differenz aus Erlösen und variablen Kosten) unter die Fixkosten fällt. Die Wahrscheinlichkeitsverteilung sowie die entsprechende Standardabweichung können in diesem Fall ermittelt werden. Der Value-at-Risk orientiert sich dabei am Fixkostenwert. Geschäftsrisiken, für die es in der Fachliteratur keine einheitliche Definition gibt (→ BTR Tz. 1), werden derzeit allerdings nur von wenigen Instituten im Rahmen interner Kapitalmodelle berücksichtigt. Typischerweise werden sie durch Szenario-

---

133 Vgl. Bartetzky, Peter, Liquiditätsrisikomanagement – Status quo, in: Bartetzky, Peter/Gruber, Walter/Wehn, Carsten S. (Hrsg.), Handbuch Liquiditätsrisiko – Identifikation, Messung und Steuerung, Stuttgart, 2008, S. 18 f.

134 Vgl. Volk, Tobias, Risikotragfähigkeit von Kreditinstituten, in: BankPraktiker, Heft 6/2013, S. 228; Deutsche Bundesbank, Bankinterne Methoden zur Ermittlung und Sicherstellung der Risikotragfähigkeit und ihre bankaufsichtliche Bedeutung, in: Monatsbericht, März 2013, S. 35 f.

135 Vgl. Deutsche Bundesbank, Zum aktuellen Stand der bankinternen Risikosteuerung und der Bewertung der Kapitaladäquanz im Rahmen des aufsichtlichen Überprüfungsprozesses, in: Monatsbericht, Dezember 2007, S. 62.

136 Vgl. Ramke, Thomas/Schöning, Stephan, MaRisk: Einbeziehung von Liquiditätsrisiken in das Risikomanagement, in: Zeitschrift für das gesamte Kreditwesen, Heft 13/2006, S. 32.

137 Vgl. z. B. Schulte, Michael/Horsch, Andreas, Wertorientierte Banksteuerung II: Risikomanagement, Frankfurt a. M., 2002, S. 59 f; Zeranski, Stefan, Liquidity at Risk zur Steuerung des liquiditätsmäßig-finanziellen Bereichs von Kreditinstituten, Chemnitz, 2005; Zeranski, Stefan, Liquidity at Risk bankbetrieblicher Zahlungsströme, in: BankPraktiker, Heft 5/2006, S. 252 ff.

138 Vgl. Ramke, Thomas/Schöning, Stephan, MaRisk: Einbeziehung von Liquiditätsrisiken in das Risikomanagement, in: Zeitschrift für das gesamte Kreditwesen, Heft 13/2006, S. 32.

ansätze unter Verwendung von Expertenschätzungen und historischen Erlös- und Kostenschwankungen bestimmt.[139] Auch die schwer quantifizierbaren strategischen Risiken und Reputationsrisiken werden bei den methodisch fortgeschrittenen Instituten auf Basis von Szenarioanalysen ermittelt und von den übrigen Instituten oftmals über einen pauschalen Betrag für sonstige Risiken in das Risikotragfähigkeitskonzept einbezogen.[140]

2.23　Aggregation der wesentlichen Risiken

Da die einzelnen Risikoarten nicht immer eindeutig abgegrenzt werden können, besteht das mittelfristige Ziel in einer integrierten Risikomessung unter Berücksichtigung der Wechselwirkungen zwischen allen relevanten Risikoarten. Es ist noch nicht abschließend geklärt, inwiefern dies auf der Basis eines »Total-Value-at-Risk« sinnvoll ist bzw. möglich sein wird. Insbesondere ist der Value-at-Risk nicht subadditiv, weshalb Diversifikationseffekte nicht richtig abgebildet werden. Ob das Value-at-Risk-Konzept in Zukunft tatsächlich die entscheidende Rolle in der Gesamtbanksteuerung spielen wird, ist deshalb zumindest nicht unumstritten.   **125**

In jedem Fall sollte versucht werden, die wesentlichen Risiken des Institutes in geeigneter Weise zu aggregieren und auf diese Weise zu beurteilen, ob sie durch das gesamte Risikodeckungspotenzial abgedeckt sind. Dabei ist zu beachten, dass insbesondere Risiken, die aufgrund ihrer Eigenart nicht sinnvoll durch Risikodeckungspotenzial begrenzt werden können, nicht in das Risikotragfähigkeitskonzept einbezogen werden müssen (→ AT4.1 Tz.4). Aber selbst die Zusammenfassung der quantifizierbaren Risiken ist nicht unproblematisch. Einerseits sind ihr wegen unterschiedlicher Messmethoden in der Praxis Grenzen gesetzt. Andererseits können sich selbst bei Verwendung einheitlicher Messmethoden (z.B. Value-at-Risk-Ansatz) allein aufgrund unterschiedlicher zeitlicher Perspektiven (Haltedauern) Schwierigkeiten ergeben.   **126**

Ferner führt die einfache Addition der Risiken nur dann zu einem plausiblen Ergebnis, wenn die Risiken vollständig positiv korreliert sind. Normalerweise ist das Institut diesen Risiken zwar gleichzeitig ausgesetzt, allerdings bestehen zwischen ihnen verschiedene Wechselwirkungen. Solche Risikoverbundeffekte können sich erheblich auf das Gesamtrisiko eines Institutes auswirken. Unter normalen Marktbedingungen werden die Einzelrisiken i.d.R. nicht gleichzeitig in voller Höhe schlagend, d.h. sie weisen einen Korrelationskoeffizienten auf, der kleiner als eins ist. Die reine Addition der jeweiligen Risikopotenziale würde insoweit den gesamten Bedarf an Risikodeckungspotenzial systematisch überschätzen.[141] Es ist daher sinnvoll, wenn solche Risikoverbundeffekte über die Bestimmung von Korrelationen mit in die Betrachtung einfließen. Allerdings ist eine seriöse Ermittlung der Risikoverbundeffekte wegen des hohen Aufwandes bei der Abschätzung von Korrelationen für viele Institute nicht ohne weiteres möglich. Zudem können sich die Abhängigkeiten in Stresssituationen drastisch ändern.   **127**

Einer Untersuchung der Deutschen Bundesbank aus dem Jahre 2007 zufolge fand zum damaligen Zeitpunkt noch nicht überall eine institutsinterne Auseinandersetzung mit der Frage der Wesentlichkeit von Risiken statt. Häufig unberücksichtigt blieben auch kapitalzehrende Risiko-   **128**

139　Vgl. Deutsche Bundesbank, Zum aktuellen Stand der bankinternen Risikosteuerung und der Bewertung der Kapitaladäquanz im Rahmen des aufsichtlichen Überprüfungsprozesses, in: Monatsbericht, Dezember 2007, S.65.

140　Vgl. Deutsche Bundesbank, Bankinterne Methoden zur Ermittlung und Sicherstellung der Risikotragfähigkeit und ihre bankaufsichtliche Bedeutung, in: Monatsbericht, März 2013, S.35f.

141　Vgl. Knippschild, Martin, Bankinterne Kapitalsteuerung vor dem Hintergrund der Anforderungen von Basel II/Säule II, in: Rolfes, Bernd (Hrsg.), Herausforderung Bankmanagement – Entwicklungslinien und Steuerungsansätze, Festschrift zum 60. Geburtstag von Henner Schierenbeck, Frankfurt a.M., 2006, S.699.

AT 4.1 Risikotragfähigkeit

konzentrationen und kapitalschonende Diversifikationseffekte.[142] Bei Berücksichtigung von risikomindernden Diversifikationseffekten erfolgte oftmals ein pauschaler Ansatz, ohne dass dafür hinreichend valide Erkenntnisse vorlagen. Vor diesem Hintergrund wurde die Berücksichtigung von risikomindernden Diversifikationseffekten bereits im Rahmen der dritten MaRisk-Novelle stärker reglementiert (→ AT 4.1 Tz. 6 und 7).

129 Inter-Risikodiversifikationen dürfen nach den Vorgaben der EBA zur Bestimmung der zusätzlichen Eigenmittelanforderungen im SREP mittlerweile gar nicht mehr berücksichtigt werden.[143] Sowohl die EZB als auch die deutschen Aufsichtsbehörden haben diese Sichtweise aufgegriffen. Allerdings ist es sowohl den bedeutenden als auch den weniger bedeutenden Instituten gestattet, diese Effekte mit hinreichender Vorsicht im ICAAP abzubilden. In diesem Fall müssen sie jedoch in der Lage sein, ihre wesentlichen Risiken auch ohne Diversifikationseffekte auszuweisen (Bruttobetrachtung).[144]

2.24   Berücksichtigung von Risikokonzentrationen

130 Gleichzeitig müssen in die Risikotragfähigkeitsbetrachtung auch Risikokonzentrationen einbezogen werden. Diese Anforderung geht auf eine Empfehlung von CEBS zurück, wonach die Intra- und Inter-Risikokonzentrationen (→ AT 2.2 Tz. 1) angemessen im ICAAP und bei der Kapitalplanung berücksichtigt werden müssen. Insbesondere sollten die Institute beurteilen, ob das vorhandene Kapital hinsichtlich der Risikokonzentrationen in ihrem Portfolio angemessen ist.[145]

131 Hinsichtlich der grundsätzlichen Behandlung von Intra-Risikokonzentrationen besteht zwischen Aufsicht und Kreditwirtschaft weitgehend Einigkeit. Intra-Risikokonzentrationen sollten entweder im Rahmen des Risikomanagements der zugrundeliegenden Risikoarten oder separat berücksichtigt werden.[146] Auch aus Sicht der BaFin können Risikokonzentrationen durchaus als Bestandteil der klassischen Risikoarten bei der Beurteilung der Risikotragfähigkeit berücksichtigt werden, was in der Konsequenz darauf hinausläuft, dass für sie nicht isoliert Kapital vorgehalten werden muss.[147]

132 Als problematisch für den Umsetzungsprozess in den Instituten könnte sich die Behandlung von Inter-Risikokonzentrationen erweisen. So werden Inter-Risikokonzentrationen laut Einschätzung von CEBS nicht in vollem Umfang berücksichtigt, sofern die Risiken je Risikoart auf »Stand-Alone-Basis« gemessen und anschließend auf einfache Weise addiert werden.[148] Auch die BaFin bemängelt, dass teilweise keine Kommunikation zwischen den für das Management

---

142 Vgl. Deutsche Bundesbank, Zum aktuellen Stand der bankinternen Risikosteuerung und der Bewertung der Kapitaladäquanz im Rahmen des aufsichtlichen Überprüfungsprozesses, in: Monatsbericht, Dezember 2007, S. 70 f.

143 Vgl. European Banking Authority, Opinion of the European Banking Authority on the interaction of Pillar 1, Pillar 2 and combined buffer requirements and restrictions on distributions, EBA/Op/2015/24, 16. Dezember 2015, S. 9; European Banking Authority, Guidelines on common procedures and methodologies for the supervisory review and evaluation process (SREP) and supervisory stress testing, EBA/GL/2014/13, Consolidated version, 19. Juli 2018, S. 134.

144 Vgl. Bundesanstalt für Finanzdienstleistungsaufsicht/Deutsche Bundesbank, Aufsichtliche Beurteilung bankinterner Risikotragfähigkeitskonzepte und deren prozessualer Einbindung in die Gesamtbanksteuerung (»ICAAP«) – Neuausrichtung, Leitfaden vom 24. Mai 2018, S. 17; Europäische Zentralbank, Leitfaden der EZB für den bankinternen Prozess zur Sicherstellung einer angemessenen Kapitalausstattung (Internal Capital Adequacy Assessment Process – ICAAP), 9. November 2018, S. 37 f.

145 Vgl. Committee of European Banking Supervisors, Revised Guidelines on the management of concentration risk under the supervisory review process (GL 31), 2. September 2010, S. 13.

146 Vgl. Committee of European Banking Supervisors, Revised Guidelines on the management of concentration risk under the supervisory review process (GL 31), 2. September 2010, S. 8.

147 Vgl. Hofer, Markus, MaRisk: Erneute Überarbeitung vor dem Hintergrund internationaler Standards, in: BaFinJournal, Ausgabe Januar 2011, S. 8.

148 Vgl. Committee of European Banking Supervisors, Revised Guidelines on the management of concentration risk under the supervisory review process (GL 31), 2. September 2010, S. 8.

verschiedener Risikoarten zuständigen Einheiten erfolgt (»Silo-Ansatz«) und folglich die Abhängigkeiten zwischen den verschiedenen Risikoarten nicht hinreichend berücksichtigt werden.[149] Wie einige Beispiele für Inter-Risikokonzentrationen (→ BTR 1) zeigen, würden in der Tat bestimmte Konzentrationen bei separater Beurteilung der verschiedenen Risikoarten möglicherweise gar nicht als solche erkannt werden. Abhilfe können die institutsweiten Stresstests schaffen. Als sinnvoll könnte sich auch ein Brainstorming über die einzelnen Einheiten (»Silos«) hinweg erweisen, in dessen Rahmen überlegt wird, welche Kombinationen realistischer Weise überhaupt auftreten könnten.

Seitens der Kreditwirtschaft wird eine Addition der Risikobeträge der einzelnen Risikoarten **133** durchaus als hinreichend konservative Herangehensweise zur Berücksichtigung von Risikokonzentrationen angesehen.[150] Diese Einschätzung basiert darauf, dass ein Korrelationskoeffizient aus mathematischer Sicht nicht größer als eins sein kann, was einem vollständig positiven linearen Zusammenhang zwischen den jeweils betrachteten Größen entspricht. Aufgrund der »Subadditivität« kann das Gesamtrisiko demzufolge nicht größer sein als die Summe der Risikobeträge je Risikoart. Dabei wird unterstellt, dass die Intra-Risikokonzentrationen in den Risikobeträgen der einzelnen Risikoarten implizit berücksichtigt sind. Allerdings ist diese Argumentation nicht ganz korrekt, zumal die Risikomessung vielfach auf dem Konzept des Value-at-Risk basiert, der (im Gegensatz zum Expected Shortfall) gerade kein subadditives Risikomaß ist. So wurde im Verlauf der Finanzmarktkrise deutlich, dass sich im Stressfall alle Asset-Klassen in dieselbe Richtung bewegen. Im Extremfall kann das Gesamtrisiko daher im Vergleich zu den Einzelrisiken sogar ansteigen (»super additivity« oder »compounding effects«).[151] Insoweit können sich die Vorteile der Diversifikation in bestimmten Situationen sogar in ihr Gegenteil verkehren (→ AT4.3.3 Tz.6).

Auch diesbezüglich stimmen Aufsicht und Kreditwirtschaft eigentlich überein. Unterschiedli- **134** che Auffassungen bestehen jedoch hinsichtlich der damit verbundenen Konsequenzen. Die Kreditwirtschaft hat ausgeführt, dass es im Stressfall durch die einfache Addition zwar zu einer Unterzeichnung des Gesamtrisikos kommen könne. Allerdings erfolge die Risikosteuerung nicht auf Basis von Stressereignissen, die zudem durch separate Anforderungen abgefedert würden[152] (→ AT4.3.3 Tz.1). CEBS räumt ein, dass es nicht in jedem Fall notwendig oder möglich sein wird, explizit für Risikokonzentrationen (im Sinne einer separaten Risikokategorie) Kapital zu allozieren. Allerdings müssen sämtliche wesentlichen Risiken im ICAAP berücksichtigt werden, wozu ggf. auch die Intra- und Inter-Risikokonzentrationen gehören. Je stärker die Risikokonzentrationen ausgeprägt sind, desto mehr besteht die Notwendigkeit, deren Auswirkungen auf das Kapital zu beurteilen. CEBS empfiehlt aber auch, im Rahmen des ICAAP die Möglichkeiten zur Minderung von Risikokonzentrationen zu prüfen.[153] Im Endeffekt wird es vermutlich darauf ankommen, institutsindividuell eine vernünftige Balance zwischen der Begrenzung von Risikokonzentrationen durch Limitvorgaben oder ähnliche Maßnahmen und deren (nicht zwingend separater) Unterlegung mit Kapital im Rahmen des Risikotragfähigkeitskonzeptes zu finden.

Es bleibt abzuwarten, in welcher Weise und ab welchem Zeitpunkt die Institute dazu in der Lage **135** sein werden, Intra- und Inter-Risikokonzentrationen angemessen bei der Kapitalplanung zu

---

149 Vgl. Hofer, Markus, MaRisk: Erneute Überarbeitung vor dem Hintergrund internationaler Standards, in: BaFinJournal, Ausgabe Januar 2011, S.8.

150 Vgl. Zentraler Kreditausschuss, Stellungnahme zum inoffiziellen Konsultationsentwurf der MaRisk vom 4. November 2010, 24. November 2010, S.5.

151 Vgl. Basel Committee on Banking Supervision, Findings on the Interaction of Market and Credit Risk, Working Paper Nr.16, 14. Mai 2009, S.10.

152 Vgl. Zentraler Kreditausschuss, Stellungnahme zum inoffiziellen Konsultationsentwurf der MaRisk vom 4. November 2010, 24. November 2010, S.5.

153 Vgl. Committee of European Banking Supervisors, Revised Guidelines on the management of concentration risk under the supervisory review process (GL 31), 2. September 2010, S.13.

berücksichtigen. Der Weg dahin ist noch weit. Bisher werden Risikokonzentrationen ausschließlich qualitativ oder volumensorientiert gesteuert, insbesondere mit Hilfe von Strukturlimiten nach Größenklassen, Forderungsklassen, Bonitäten oder Branchen. Diese Limite orientieren sich i. d. R. an den Vorgaben der ersten Säule und haben insofern keinen direkten Bezug zum Risikodeckungspotenzial. Bisher werden Risikokonzentrationen lediglich hinsichtlich der Adressenausfallrisiken bei Verwendung von Kreditportfoliomodellen implizit quantifiziert.[154]

2.25 Regulatorische Eigenmittel und internes Kapital

136 Nachdem die wesentlichen Risiken quantifiziert wurden, geht es im nächsten Schritt darum, das zur Verlustabsorption verfügbare Kapital zu ermitteln. Während in der normativen Perspektive die »regulatorischen Eigenmittel« im Vordergrund stehen, dient in der ökonomischen Perspektive das »interne Kapital« als risikotragende Komponente. Diese Unterscheidung ist darauf zurückzuführen, dass die normative Perspektive auf die Einhaltung der Vorgaben der CRR abstellt, in der sogar die Zusammensetzung der regulatorischen Eigenmittel – hartes Kernkapital (Art. 26–50 CRR), zusätzliches Kernkapital (Art. 51–61 CRR) und Ergänzungskapital (Art. 62–71 CRR) – im Detail vorgegeben ist. Die ökonomische Perspektive beleuchtet hingegen die Anforderungen der CRD, die explizit auf das interne Kapital (Art. 73 CRD IV) abstellt.

137 Das interne Kapital sollte von solider Qualität sein sowie umsichtig und konservativ bestimmt werden. Die Definition des internen Kapitals sollte daher mit dem institutsinternen Konzept für eine angemessene Kapitalausstattung aus der ökonomischen Perspektive im Einklang stehen und sich, z. B. in Bezug auf die Vermögenswerte und Verbindlichkeiten des Institutes, am wirtschaftlichen Wert orientieren. Unter Zugrundelegung eines umsichtigen und konservativen Ansatzes sollte die Definition den Instituten im Zeitverlauf eine konsequente und aussagekräftige Beurteilung der Angemessenheit ihrer Kapitalausstattung aus der ökonomischen Perspektive ermöglichen. Dabei sollten sie berücksichtigen, dass das verfügbare interne Kapital aus der ökonomischen Perspektive aufgrund unterschiedlicher Bewertungsmethoden und -annahmen für Vermögenswerte, Verbindlichkeiten und Transaktionen beträchtlich von den Eigenmitteln aus der normativen Perspektive abweichen kann.[155] Theoretisch würde einem Institut aufgrund der wegfallenden Beschränkungen grundsätzlich mehr internes Kapital als regulatorische Eigenmittel zur Verfügung stehen. Praktisch werden von den Aufsichtsbehörden allerdings auch an die Bestandteile des internen Kapitals hohe qualitative Anforderungen gestellt. So können mit Blick auf die angestrebte Fortführung des Institutes in der ökonomischen Perspektive keine Kapitalbestandteile verwendet werden, die grundsätzlich nur bei Insolvenz des Institutes zur Verfügung stehen. In dieser Hinsicht werden an die Zusammensetzung des internen Kapitals also sogar strengere Anforderungen gestellt als in der ersten Säule.

138 Die Definition des internen Kapitals erfolgt zwar institutsindividuell. Streng genommen wird von den Aufsichtsbehörden auch keine Methode zur Ermittlung des internen Kapitals vorgegeben. Allerdings werden klare Rahmenbedingungen gesetzt, um die Verlustabsorptionsfähigkeit der Kapitalbestandteile sicherzustellen. Die EZB gestattet den bedeutenden Instituten die Verwendung von Methoden, die sich innerhalb einer Bandbreite von einem voll entwickelten Nettobarwertmodell bis hin zu Verfahren erstreckt, die von den regulatorischen Eigenmitteln

---

154 Vgl. Deutsche Bundesbank, »Range of Practice« zur Sicherstellung der Risikotragfähigkeit bei deutschen Kreditinstituten, 11. November 2010, S. 15.

155 Vgl. Europäische Zentralbank, Leitfaden der EZB für den bankinternen Prozess zur Sicherstellung einer angemessenen Kapitalausstattung (Internal Capital Adequacy Assessment Process – ICAAP), 9. November 2018, S. 32.

ausgehen und diese durch Zeitwertbetrachtungen bereinigen.[156]

Die deutschen Aufsichtsbehörden fordern von den weniger bedeutenden Instituten ebenfalls **139** eine von den Bilanzierungskonventionen in der externen Rechnungslegung losgelöste Ableitung des Risikodeckungspotenzials. Insofern müssen bei Verwendung von Bilanzgrößen oder aufsichtlichen Kapitalgrößen Ansatz- und Bewertungsregeln, die im Hinblick auf die ökonomische Betrachtung verzerrend wirken können, in geeigneter Weise eliminiert werden.[157]

Die EZB erwartet von den bedeutenden Instituten, dass sie bezüglich ihres internen Kapitals **140** (gegenüber der Aufsicht) transparent sind. Insbesondere sollen sie klar aufzeigen, wie ihr internes Kapital für die Absicherung der Risiken zur Verfügung steht und somit die Fortführung der Geschäftstätigkeit gewährleistet wird. Diese Anforderung ergibt sich aus Art. 73 CRD IV, nach dem die Institute über solide, wirksame und umfassende Strategien und Verfahren verfügen müssen, mit denen sie die Höhe, die Arten und die Verteilung des internen Kapitals, das sie zur quantitativen und qualitativen Absicherung ihrer aktuellen und etwaigen künftigen Risiken für angemessen halten, kontinuierlich bewerten und auf einem ausreichend hohen Stand halten können. Die geforderte Transparenz soll so weit wie möglich eine Abstimmung zwischen Eigenmitteln innerhalb der normativen Perspektive und dem verfügbaren internen Kapital innerhalb der ökonomischen Perspektive ermöglichen. Unter dieser »Abstimmung« versteht die EZB eine Gegenüberstellung von Unterschieden und Gemeinsamkeiten.[158]

2.26 Möglichkeiten zur Ableitung des Risikodeckungspotenzials

Mit Hilfe des Risikodeckungspotenzials sollen die wesentlichen Risiken des Institutes abgedeckt **141** werden. Bei der Festlegung der einzelnen Komponenten des Risikodeckungspotenzials kann grundsätzlich zwischen einer »bilanz- bzw. GuV-orientierten Ableitung« und einer »wertorientierten Ableitung« unterschieden werden.

Bei einer bilanz- bzw. GuV-orientierten Ableitung des Risikodeckungspotenzials werden **142** Bilanzpositionen oder Plangewinne so angesetzt, wie sie in der externen Rechnungslegung erwartet werden (»periodische Sichtweise«). Allerdings müssen die aus der Rechnungslegung übernommenen Werte in angemessener Weise bereinigt werden. Insbesondere darf das bilanzielle Eigenkapital nicht unreflektiert als Risikodeckungspotenzial übernommen werden, »wenn in der Rechnungslegung Geschäfts- oder Firmenwerte (Goodwill), aktive latente Steuern oder Anteile im Fremdbesitz angesetzt sind oder Eigenbonitätseffekte aus einer Zeitwert-Bilanzierung von Verbindlichkeiten zum Tragen kommen«.[159] Ausgangspunkt ist grundsätzlich das bilanzielle Eigenkapital (»Buchwert des Eigenkapitals« oder »Buchkapital«). Größere Institute, insbesondere aktive Kapitalmarktteilnehmer, für die das externe Rating von großer Bedeutung ist und die demzufolge besonderen Wert auf eine Konsistenz zwischen ihrem internen Risikomanagement und den Anforderungen der externen Ratingagenturen legen, haben als Risikodeckungspoten-

---

156 Vgl. Europäische Zentralbank, Leitfaden der EZB für den bankinternen Prozess zur Sicherstellung einer angemessenen Kapitalausstattung (Internal Capital Adequacy Assessment Process – ICAAP), 9. November 2018, S. 32.

157 Vgl. Bundesanstalt für Finanzdienstleistungsaufsicht/Deutsche Bundesbank, Aufsichtliche Beurteilung bankinterner Risikotragfähigkeitskonzepte und deren prozessualer Einbindung in die Gesamtbanksteuerung (»ICAAP«) – Neuausrichtung, Leitfaden vom 24. Mai 2018, S. 13.

158 Vgl. Europäische Zentralbank, Leitfaden der EZB für den bankinternen Prozess zur Sicherstellung einer angemessenen Kapitalausstattung (Internal Capital Adequacy Assessment Process – ICAAP), 9. November 2018, S. 32 f.

159 Volk, Tobias/Wiesemann, Bernd, Aufsichtliche Beurteilung bankinterner Risikotragfähigkeitskonzepte, in: Zeitschrift für das gesamte Kreditwesen, Heft 6/2012, S. 20.

AT4.1 Risikotragfähigkeit

zial häufig das adjustierte Buchkapital (»Adjusted Common Equity«, ACE) verwendet. Dabei wird das bilanzielle Eigenkapital um noch nicht realisierte Gewinne aus Wertpapieren und voraussichtliche Dividendenzahlungen gekürzt.[160] Hat ein Institut Vorzugsaktien in relevanter Höhe ausgegeben, kann es auch sinnvoll sein, bei der Festlegung des Risikodeckungspotenzials mit dem materiellen Eigenkapital (»Tangible Common Equity«, TCE) zu starten, indem die immateriellen Vermögenswerte und das Vorzugskapital vom bilanziellen Eigenkapital abgezogen werden.

143   Bei einer wertorientierten Ableitung wird das Risikodeckungspotenzial hingegen aus rein ökonomischer Perspektive grundsätzlich losgelöst von der Abbildung in der externen Rechnungslegung definiert (»wertorientierte Sichtweise«). Bei dieser Vorgehensweise kommen bilanzielle Ansatz- und Bewertungsregeln, die im Hinblick auf die ökonomische Betrachtung verzerrend wirken können, nicht zum Tragen.[161] Diese Verfahren basieren entweder auf dem Unternehmensbarwert oder auf einer barwertnahen Ableitung des Risikodeckungspotenzials.

144   Im Folgenden werden die regulatorischen Vorgaben zur Ableitung des Risikodeckungspotenzials für die verschiedenen Ansätze näher erläutert.

2.27   Barwertige Ableitung des Risikodeckungspotenzials

145   Bei einer barwertigen Ableitung des Risikodeckungspotenzials ist grundsätzlich der Barwert sämtlicher Vermögenswerte und Verbindlichkeiten des Institutes – inklusive außerbilanzieller Positionen – unter Berücksichtigung der erwarteten Verluste und der Verwaltungskosten zu ermitteln.[162] Die deutschen Aufsichtsbehörden knüpfen diesen Ansatz an verschiedene Vorgaben, die nachfolgend erläutert werden.

2.27.1   Verwaltungskosten

146   Bei der Ermittlung des ökonomischen Risikodeckungspotenzials müssen in konsistenter Weise auch die Verwaltungskosten berücksichtigt werden, die für die Fortführung und Verwaltung der Positionen über die gesamte Laufzeit voraussichtlich erforderlich sind. Auch in diesem Fall kann zur angemessenen Abbildung der Laufzeit der betrachteten Portfolien u. a. auf die durchschnittliche Kapitalbindungsdauer abgestellt werden. Die Ermittlung der Verwaltungskosten kann auch mithilfe von vereinfachten Verfahren bzw. Ansätzen erfolgen.[163]

2.27.2   Ablauffiktionen

147   Die bei der Barwertermittlung verwendeten Ablauffiktionen für Zahlungsströme aus Positionen mit unbestimmter Laufzeit, wie z. B. Girokonto- oder Spareinlagen, oder aus möglichen vertrag-

---

160 Vgl. Bundesanstalt für Finanzdienstleistungsaufsicht/Deutsche Bundesbank, Range of Practice – Aufsichtliche Schlussfolgerungen, Vortrag im Rahmen einer Sondersitzung des MaRisk-Fachgremiums zum ICAAP am 29. November 2010.

161 Vgl. Bundesanstalt für Finanzdienstleistungsaufsicht/Deutsche Bundesbank, Aufsichtliche Beurteilung bankinterner Risikotragfähigkeitskonzepte und deren prozessualer Einbindung in die Gesamtbanksteuerung (»ICAAP«) – Neuausrichtung, Leitfaden vom 24. Mai 2018, S. 13.

162 Vgl. Bundesanstalt für Finanzdienstleistungsaufsicht/Deutsche Bundesbank, Aufsichtliche Beurteilung bankinterner Risikotragfähigkeitskonzepte und deren prozessualer Einbindung in die Gesamtbanksteuerung (»ICAAP«) – Neuausrichtung, Leitfaden vom 24. Mai 2018, S. 13.

163 Vgl. Bundesanstalt für Finanzdienstleistungsaufsicht/Deutsche Bundesbank, Aufsichtliche Beurteilung bankinterner Risikotragfähigkeitskonzepte und deren prozessualer Einbindung in die Gesamtbanksteuerung (»ICAAP«) – Neuausrichtung, Leitfaden vom 24. Mai 2018, S. 14.

lichen Optionen, wie z. B. Kündigungsrechten der Schuldner, sind plausibel festzulegen. Bei dieser Plausibilisierung ist grundsätzlich das beobachtete Kundenverhalten maßgeblich zu berücksichtigen. In bestimmten Fällen können qualifizierte Expertenschätzungen zur Festlegung der Ablauffiktionen angemessen sein. Dies gilt insbesondere dann, wenn andere Methoden aufgrund fehlender Daten ausscheiden. Die Aufsicht hat vor einigen Jahren beispielhaft eine starke Veränderung des Kundenverhaltens, eine erwartete Änderung des Kundenverhaltens aufgrund von Umfeldveränderungen und die Geschäfte in neuen Produkten bzw. auf neuen Märkten genannt.[164] In jedem Fall sind zur Ermittlung des Barwertes aus Positionen mit unbestimmter Laufzeit oder möglichen vertraglichen Optionen angemessene Annahmen über Ablauffiktionen und Ausübungen zu treffen.[165]

2.27.3   Barwert der eigenen Verbindlichkeiten

Sofern zur Ermittlung des Barwertes der eigenen Verbindlichkeiten Abzinsungssätze angewendet werden, die im Vergleich mit einem risikolosen Zins einen Spread beinhalten, führt dies grundsätzlich zu einem zu niedrigen Ansatz der Verbindlichkeiten. Es ist lediglich in eng begrenzten Ausnahmefällen möglich, die Abzinsung mit einem oberhalb der risikolosen Zinskurve liegenden Zinssatz vorzunehmen, wobei allenfalls der allgemeine Spread jener Assetklasse berücksichtigt werden kann, der das Institut angehört. Denkbar ist diese Vorgehensweise z. B. dann, wenn die zinsbedingte Wertentwicklung bestimmter Aktiva perfekt mit der zinsbedingten Wertentwicklung bestimmter Passiva korreliert. Wie bei der bilanz- bzw. GuV-orientierten Ableitung des Risikodeckungspotenzials darf ein negativer Eigenbonitätseffekt nicht zu einer Erhöhung des ermittelten barwertigen Reinvermögens führen.[166]   **148**

Auch die EZB weist darauf hin, dass sie es nicht als umsichtige Vorgehensweise werten würde, wenn ein Institut sein verfügbares internes Kapital im Zusammenhang mit einer Herabstufung seiner eigenen Bonität erhöhen würde.[167]   **149**

2.27.4   Erwartete Vermögenszuwächse

In Übereinstimmung mit den aufsichtlichen Anforderungen an die Ermittlung von Zinsänderungsrisiken im Anlagebuch muss bei der Ermittlung der Barwerte von einer statischen Betrachtung ausgegangen werden. Daher dürfen Ertragsbestandteile, die auf geplantem Neugeschäft beruhen, grundsätzlich nicht angesetzt werden. Nur in Ausnahmefällen, insbesondere bei transaktions- bzw. handelslastigen Instituten mit geringem Bestandsgeschäft, dürfen (voraussichtlich erzielbare) Ertragsbestandteile für die bestehende Geschäftstätigkeit bei unverändertem Geschäfts-   **150**

---

164 Vgl. Bundesanstalt für Finanzdienstleistungsaufsicht/Deutsche Bundesbank, Aufsichtliche Beurteilung bankinterner Risikotragfähigkeitskonzepte, Leitfaden vom 7. Dezember 2011, S. 11.

165 Vgl. Bundesanstalt für Finanzdienstleistungsaufsicht/Deutsche Bundesbank, Aufsichtliche Beurteilung bankinterner Risikotragfähigkeitskonzepte und deren prozessualer Einbindung in die Gesamtbanksteuerung (»ICAAP«) – Neuausrichtung, Leitfaden vom 24. Mai 2018, S. 14.

166 Vgl. Bundesanstalt für Finanzdienstleistungsaufsicht/Deutsche Bundesbank, Aufsichtliche Beurteilung bankinterner Risikotragfähigkeitskonzepte und deren prozessualer Einbindung in die Gesamtbanksteuerung (»ICAAP«) – Neuausrichtung, Leitfaden vom 24. Mai 2018, S. 14.

167 Vgl. Europäische Zentralbank, Leitfaden der EZB für den bankinternen Prozess zur Sicherstellung einer angemessenen Kapitalausstattung (Internal Capital Adequacy Assessment Process – ICAAP), 9. November 2018, S. 34.

umfang angesetzt werden, sofern diese hinreichend konservativ angesetzt und plausibel begründet werden.[168]

151 Der ICAAP soll aus einer Kapitalperspektive zum Fortbestand der Institute beitragen, indem er gewährleistet, dass sie auch im Falle langanhaltender adverser Entwicklungen über hinreichend Kapital verfügen, um ihre Risiken tragen, Verluste auffangen und ihre Strategie nachhaltig verfolgen zu können.[169] Vor diesem Hintergrund sollten Kapitalpositionen, die lediglich bei Nichtfortführung der Geschäftstätigkeit der Institute zur Verlustabsorption herangezogen werden können, bei Nettobarwertansätzen als Verbindlichkeiten behandelt werden. Insgesamt setzt die EZB stark darauf, dass das interne Kapital generell mit der Verlustabsorptionsfähigkeit des harten Kernkapitals im Einklang steht. Zudem sollten Institute, die einen modellbasierten Nettobarwertansatz zugrunde legen, ausschließlich verständliche, klar dargelegte und fundierte Methoden und Annahmen verwenden und einen umsichtigen Ansatz verfolgen.[170]

2.28 Barwertnahe Ableitung des Risikodeckungspotenzials

152 Bei einer barwertnahen Ableitung des Risikodeckungspotenzials dienen das bilanzielle Eigenkapital oder die regulatorischen Eigenmittel als Ausgangsgrößen. Wenn diese Größen durch Berücksichtigung stiller Lasten und Reserven in eine ökonomische Betrachtung überführt werden, werden sie von den deutschen Aufsichtsbehörden als Näherung für eine wertorientierte Ableitung des Risikodeckungspotenzials akzeptiert.[171] Die erforderlichen Korrekturen führen letztlich zu einer indirekten und methodisch sehr komplexen Ermittlung des Unternehmensbarwertes, deren Auswirkungen auf die Bestimmung der Risikotragfähigkeit von der Aufsicht genau beurteilt werden.[172] Um stille Reserven und Lasten im Anlagebuch zu berücksichtigen, kann z. B. das Verfahren im Jahresabschluss zur verlustfreien Bewertung des Zinsgeschäfts (IDW RS BFA 3)[173] genutzt werden, wobei im Falle von wesentlichen Wertpapierbeständen ein Abgleich mit Marktwerten erforderlich ist und bei wesentlichen Abweichungen der niedrigere Wert zur Bestimmung des barwertnahen Risikodeckungspotenzials heranzuziehen ist.[174]

153 Sofern die bedeutenden Institute die regulatorischen Eigenmittel als Ausgangsbasis für die Definition ihres internen Kapitals verwenden, sollte ein Großteil des internen Kapitals aus hartem Kernkapital (»Common Equity Tier 1«, CET1) bestehen. Zudem sind bestimmte konzeptionelle Anpassungen erforderlich, damit das Kapital mit dem der ökonomischen Perspektive zugrundeliegenden Konzept des wirtschaftlichen Wertes im Einklang steht. Solche Anpassungen sollten bei der Bestimmung des internen Kapitals und bei der Risikoquantifizierung in konsistenter Weise vorgenommen werden. So könnten die stillen Lasten sowohl vom internen Kapital als auch vom

---

168 Vgl. Bundesanstalt für Finanzdienstleistungsaufsicht/Deutsche Bundesbank, Aufsichtliche Beurteilung bankinterner Risikotragfähigkeitskonzepte und deren prozessualer Einbindung in die Gesamtbanksteuerung (»ICAAP«) – Neuausrichtung, Leitfaden vom 24. Mai 2018, S. 13 f.

169 Vgl. Europäische Zentralbank, Leitfaden der EZB für den bankinternen Prozess zur Sicherstellung einer angemessenen Kapitalausstattung (Internal Capital Adequacy Assessment Process – ICAAP), 9. November 2018, S. 15.

170 Vgl. Europäische Zentralbank, Leitfaden der EZB für den bankinternen Prozess zur Sicherstellung einer angemessenen Kapitalausstattung (Internal Capital Adequacy Assessment Process – ICAAP), 9. November 2018, S. 29.

171 Vgl. Bundesanstalt für Finanzdienstleistungsaufsicht/Deutsche Bundesbank, Aufsichtliche Beurteilung bankinterner Risikotragfähigkeitskonzepte und deren prozessualer Einbindung in die Gesamtbanksteuerung (»ICAAP«) – Neuausrichtung, Leitfaden vom 24. Mai 2018, S. 13.

172 Vgl. Deutsche Bundesbank, Bankinterne Methoden zur Ermittlung und Sicherstellung der Risikotragfähigkeit und ihre bankaufsichtliche Bedeutung, in: Monatsbericht, März 2013, S. 35.

173 Institut der Wirtschaftsprüfer, IDW Stellungnahme zur Rechnungslegung: Einzelfragen der verlustfreien Bewertung von zinsbezogenen Geschäften des Bankbuchs (IDW RS BFA 3), 16. Oktober 2017.

174 Vgl. Bundesanstalt für Finanzdienstleistungsaufsicht/Deutsche Bundesbank, Aufsichtliche Beurteilung bankinterner Risikotragfähigkeitskonzepte und deren prozessualer Einbindung in die Gesamtbanksteuerung (»ICAAP«) – Neuausrichtung, Leitfaden vom 24. Mai 2018, S. 13.

Risikoengagement abgezogen werden. Alternativ könnte das interne Kapital unverändert gelassen und das Risiko als erwarteter Verlust quantifiziert werden. Sofern stille Reserven einbezogen werden sollen, was die EZB offensichtlich sehr kritisch beurteilt, so sollte das Risikoengagement um den Betrag erhöht werden, der den einbezogenen stillen Reserven entspricht. Wenngleich die Institute selbst für die Definition des internen Kapitals verantwortlich sind, sollten sämtliche Bilanzpositionen, die unter der Annahme einer Geschäftsfortführung des Institutes nicht zur Verlustdeckung zur Verfügung stehen, von den regulatorischen Eigenmitteln abgezogen werden. Dazu werden u. a. das Ergänzungskapital (»Tier 2«, T2) und latente Steueransprüche (»Deferred Tax Assets«, DTA)[175] gezählt. Darüber hinaus sollte berücksichtigt werden, dass von Tochtergesellschaften begebenes Eigenkapital, das von Dritten gehalten wird (Minderheitsbeteiligungen), in der Regel nur zur Abdeckung von Risiken der betreffenden Tochtergesellschaft herangezogen werden kann.[176]

2.29 Risikodeckungspotenzial bei »Going-Concern-Ansätzen alter Prägung«

In der Praxis liegt insbesondere bei kleineren Instituten (noch) ein deutlicher Schwerpunkt auf der Bilanzorientierung und dabei wiederum auf Going-Concern-Ansätzen.[177] Wie bereits ausgeführt, werden die Going-Concern-Ansätze alter Prägung von der deutschen Aufsicht bis auf weiteres für die Zwecke des ICAAP anerkannt. Dabei darf jener Teil der regulatorischen Eigenmittel, der für die Erfüllung der SREP-Gesamtkapitalanforderung (»Total SREP Capital Requirement«, TSCR) erforderlich ist, im Risikotragfähigkeitskonzept nicht zur Risikoabdeckung berücksichtigt werden.[178] Die TSCR setzt sich aus den harten Eigenmittelanforderungen der CRR und dem SREP-Kapitalzuschlag (»Pillar 2 Requirement«, P2R) zusammen. Going-Concern-Ansätze stellen auf die laufende Einhaltung der regulatorischen Mindesteigenkapitalanforderungen ab, die auf Bilanzwerten basieren. Insofern ist es folgerichtig, das Risikodeckungspotenzial ebenfalls bilanzorientiert zu erfassen.[179]

    154

Von den Instituten wird – wie schon in der Vergangenheit – erwartet, die wesentlichen Risiken zumindest in einem Steuerungskreis mit strengen, auf seltene Verlustausprägungen abstellenden Risikomaßen und Parametern zu quantifizieren, ohne dabei auf die Anforderungen des neuen RTF-Leitfadens an die Risikoquantifizierung in der ökonomischen Perspektive abzustellen. In einem solchen Steuerungskreis kann auch der Kapitalerhaltungspuffer nach § 10c KWG zur Abdeckung der Risiken herangezogen werden.[180]

    155

---

175 Mit Ausnahme von DTA gemäß Art. 39 CRR, wenn die zugrundeliegenden Positionen bei der Quantifizierung von internem Kapital und Risiko gleichbehandelt werden. Vgl. Europäische Zentralbank, Leitfaden der EZB für den bankinternen Prozess zur Sicherstellung einer angemessenen Kapitalausstattung (Internal Capital Adequacy Assessment Process – ICAAP), 9. November 2018, S. 34.

176 Vgl. Europäische Zentralbank, Leitfaden der EZB für den bankinternen Prozess zur Sicherstellung einer angemessenen Kapitalausstattung (Internal Capital Adequacy Assessment Process – ICAAP), 9. November 2018, S. 33 f.

177 Vgl. Deutsche Bundesbank, »Range of Practice« zur Sicherstellung der Risikotragfähigkeit bei deutschen Kreditinstituten, 11. November 2010, S. 6.

178 Vgl. Bundesanstalt für Finanzdienstleistungsaufsicht/Deutsche Bundesbank, Aufsichtliche Beurteilung bankinterner Risikotragfähigkeitskonzepte und deren prozessualer Einbindung in die Gesamtbanksteuerung (»ICAAP«) – Neuausrichtung, Leitfaden vom 24. Mai 2018, S. 5 und 20.

179 Vgl. Deutsche Bundesbank, Bankinterne Methoden zur Ermittlung und Sicherstellung der Risikotragfähigkeit und ihre bankaufsichtliche Bedeutung, in: Monatsbericht, März 2013, S. 35.

180 Vgl. Bundesanstalt für Finanzdienstleistungsaufsicht/Deutsche Bundesbank, Aufsichtliche Beurteilung bankinterner Risikotragfähigkeitskonzepte und deren prozessualer Einbindung in die Gesamtbanksteuerung (»ICAAP«) – Neuausrichtung, Leitfaden vom 24. Mai 2018, S. 20.

AT 4.1 Risikotragfähigkeit

156 Folglich wird bei Going-Concern-Ansätzen alter Prägung eine bilanz- bzw. GuV-orientierte Ableitung des Risikodeckungspotenzials unterstellt.

2.29.1 Bilanzielles Eigenkapital und ähnliche Positionen

157 Die Berücksichtigung von bilanziellem Eigenkapital und ähnlichen Positionen bei der bilanz- bzw. GuV-orientierten Ableitung des Risikodeckungspotenzials ist in Analogie zur ersten Säule – also nach Abzug eigener Anteile im Bestand des Institutes – gestattet. Das betrifft grundsätzlich auch den Fonds für allgemeine Bankrisiken nach §340g HGB.[181]

158 Beim Fonds für allgemeine Bankrisiken muss gemäß §340e Abs.4 HGB aus dem Nettoertrag des Handelsbestandes eine Risikoreserve dotiert und separat ausgewiesen werden, ggf. als Davon-Vermerk. Die Bildung dieser Unterposition ist zwingend, unterliegt also nicht der Disposition des Institutes und kann folglich auch nicht beliebig zum Verlustausgleich herangezogen werden. Der Ansatz eines entsprechend addierten Betrages der gebildeten Risikoreserve als Risikodeckungspotenzial bei Going-Concern-Ansätzen kommt insofern nur dann infrage, wenn die Voraussetzungen aus § 340e Abs. 4 Satz 2 HGB zur Auflösung dieses Postens erfüllt sind, also nur

1. insoweit, wie auf der anderen Seite Risiken des Handelsbestandes angesetzt sind und diese Risiken einen geplanten Nettoertrag des Handelsbestandes übersteigen, sofern dieser als Bestandteil des Planergebnisses in das Risikodeckungspotenzial einfließt (§ 340e Abs. 4 Satz 2 Nr. 1 HGB),
2. sofern dem Risikodeckungspotenzial kein Gewinnvortrag aus dem Vorjahr hinzugerechnet wurde oder die gebildete Risikoreserve einen als Risikodeckungspotenzial angesetzten Gewinnvortrag übersteigt (§ 340e Abs. 4 Satz 2 Nr. 2 HGB),
3. soweit ein Verlustvortrag aus dem Vorjahr mindernd beim Risikodeckungspotenzial berücksichtigt wurde (§ 340e Abs. 4 Satz 2 Nr. 3 HGB) oder
4. soweit die gebildete Risikoreserve 50 % des Durchschnitts der letzten fünf jährlichen Nettoerträge des Handelsbestandes übersteigt (§ 340e Abs. 4 Satz 2 Nr. 4 HGB).[182]

2.29.2 Plangewinne

159 An die Berücksichtigung von geplanten, also noch nicht erzielten Gewinnen als Risikodeckungspotenzial sind strenge Vorgaben geknüpft. Insbesondere müssen Plangewinne vorsichtig ermittelt werden, um dem damit verbundenen Risiko negativer Abweichungen Rechnung zu tragen. Dies kann entweder durch geeignete Abschläge beim Risikodeckungspotenzial oder durch eine angemessene Risikoquantifizierung erfolgen.[183] Dafür kommt z. B. eine explizite Modellierung von Geschäftsrisiken infrage.[184] Dabei sollte berücksichtigt werden, dass z. B. ein großer Verlust zum Beginn der Planungsperiode erst durch die kontinuierlich über die Periode entstehenden Gewinne abgedeckt

---

181 Vgl. Bundesanstalt für Finanzdienstleistungsaufsicht/Deutsche Bundesbank, Aufsichtliche Beurteilung bankinterner Risikotragfähigkeitskonzepte und deren prozessualer Einbindung in die Gesamtbanksteuerung (»ICAAP«) – Neuausrichtung, Leitfaden vom 24. Mai 2018, S. 21.

182 Vgl. Bundesanstalt für Finanzdienstleistungsaufsicht/Deutsche Bundesbank, Aufsichtliche Beurteilung bankinterner Risikotragfähigkeitskonzepte und deren prozessualer Einbindung in die Gesamtbanksteuerung (»ICAAP«) – Neuausrichtung, Leitfaden vom 24. Mai 2018, S. 22.

183 Vgl. Bundesanstalt für Finanzdienstleistungsaufsicht/Deutsche Bundesbank, Aufsichtliche Beurteilung bankinterner Risikotragfähigkeitskonzepte und deren prozessualer Einbindung in die Gesamtbanksteuerung (»ICAAP«) – Neuausrichtung, Leitfaden vom 24. Mai 2018, S. 20 f.

184 Vgl. Deutsche Bundesbank, Bankinterne Methoden zur Ermittlung und Sicherstellung der Risikotragfähigkeit und ihre bankaufsichtliche Bedeutung, in: Monatsbericht, März 2013, S. 42.

werden könnte.[185] Es ist umso konservativer vorzugehen, je volatiler bzw. unsicherer die mit positiven Ergebnisbeiträgen in den Plangewinn einfließenden Komponenten sind. Zudem muss gewährleistet sein, dass negative Abweichungen von der ursprünglichen Planung durch unterjährig eintretende Veränderungen im Jahresverlauf verfolgt werden und ggf. zu einer Anpassung des ursprünglich angesetzten Plangewinnes führen. Ein Planverlust ist im Übrigen stets vom Risikodeckungspotenzial abzuziehen. Sollte sich im Jahresverlauf jedoch ein geringerer Verlust oder sogar ein Gewinn abzeichnen, kann der angesetzte Wert entsprechend angepasst werden.[186]

Bei Ansatz des geplanten »Ergebnisses nach Bewertung« als Risikodeckungspotenzial wird unterstellt, dass die – konservativ kalkulierten – geplanten Bewertungsaufwendungen (erwartete Verluste) bereits enthalten sind. In diesen Fällen kann sich der Risikoansatz also grundsätzlich auf unerwartete Bewertungsverluste beschränken. Wird hingegen das geplante »Ergebnis vor Bewertung« als Risikodeckungspotenzial angesetzt, so müssen zusätzlich auch die erwarteten Bewertungsaufwendungen in den Risikobetrag einfließen. Sofern bei Verwendung des Plangewinnes in einem Going-Concern-Ansatz auch Neugeschäft berücksichtigt wird, müssen die den Neugeschäftsannahmen immanenten Risiken durch Ansatz auf der Risikoseite oder entsprechend konservative Kalkulation auf der Kapitalseite angemessen abgebildet werden.[187] **160**

2.29.3   Anteile im Fremdbesitz

Von Dritten gehaltene Anteile an Tochterunternehmen haften grundsätzlich nur für Risiken, die **161** bei dem jeweiligen Tochterunternehmen schlagend werden. Diesem Umstand kann bei der Ermittlung der Risikotragfähigkeit auf Gruppenebene grundsätzlich durch die folgenden alternativen Vorgehensweisen Rechnung getragen werden[188]:

- Die Anteile Dritter werden maximal in der Höhe als Risikodeckungspotenzial der Gruppe angesetzt, die ihrem prozentualen Anteil am quantifizierten Risikobetrag des jeweiligen Tochterunternehmens entspricht.
- Risiken und Risikodeckungspotenzial der Tochterunternehmen werden entsprechend der Beteiligungsquote der Gruppe jeweils quotal angesetzt.

Sofern bei der Ermittlung der Risikotragfähigkeit auf Gruppenebene ein Netting der Positionen **162** über die rechtlichen Einheiten hinweg erfolgt, kann der Beitrag des betreffenden Tochterunternehmens zum Gesamtrisikowert der Gruppe deutlich geringer sein als der Risikobetrag auf Ebene der Tochter. In diesem Fall wäre eine weitere Verringerung des auf Gruppenebene ansetzbaren Anteils der Fremdanteile geboten. In den Steuerungskreisen der Tochterunternehmen können die Minderheitenanteile im Übrigen auch dann als Risikodeckungspotenzial berücksichtigt werden, wenn sie die tatsächlichen anteiligen Risiken auf der Ebene der jeweiligen Tochter übersteigen.[189]

185 Vgl. Deutsche Bundesbank, Zum aktuellen Stand der bankinternen Risikosteuerung und der Bewertung der Kapitaladäquanz im Rahmen des aufsichtlichen Überprüfungsprozesses, in: Monatsbericht, Dezember 2007, S. 60 f.

186 Vgl. Bundesanstalt für Finanzdienstleistungsaufsicht/Deutsche Bundesbank, Aufsichtliche Beurteilung bankinterner Risikotragfähigkeitskonzepte und deren prozessualer Einbindung in die Gesamtbanksteuerung (»ICAAP«) – Neuausrichtung, Leitfaden vom 24. Mai 2018, S. 21.

187 Vgl. Bundesanstalt für Finanzdienstleistungsaufsicht/Deutsche Bundesbank, Aufsichtliche Beurteilung bankinterner Risikotragfähigkeitskonzepte und deren prozessualer Einbindung in die Gesamtbanksteuerung (»ICAAP«) – Neuausrichtung, Leitfaden vom 24. Mai 2018, S. 21.

188 Vgl. Bundesanstalt für Finanzdienstleistungsaufsicht/Deutsche Bundesbank, Aufsichtliche Beurteilung bankinterner Risikotragfähigkeitskonzepte und deren prozessualer Einbindung in die Gesamtbanksteuerung (»ICAAP«) – Neuausrichtung, Leitfaden vom 24. Mai 2018, S. 22.

189 Vgl. Bundesanstalt für Finanzdienstleistungsaufsicht/Deutsche Bundesbank, Aufsichtliche Beurteilung bankinterner Risikotragfähigkeitskonzepte und deren prozessualer Einbindung in die Gesamtbanksteuerung (»ICAAP«) – Neuausrichtung, Leitfaden vom 24. Mai 2018, S. 22.

2.29.4 Stille Lasten in Wertpapieren des Anlagebestandes

163 Der Anwendungsbereich wird zunächst auf Wertpapiere des Anlagebestandes eingeschränkt, wobei die Herangehensweise grundsätzlich auch für Wertpapiere maßgeblich ist, die der Deckungsmasse für fandbriefe nach dem PfandBG zugeordnet sind. Zudem gelten die nachfolgenden Aussagen auch für Schuldscheindarlehen, soweit die in der internen Steuerung eines Institutes wie Wertpapiere behandelt werden.[190] Die Aufsicht möchte diese Vorgaben sogar bei der Behandlung sämtlicher Finanzinstrumente zugrunde legen, die einen leicht zu ermittelnden Marktwert haben, wie z. B. bei Derivaten.[191]

164 Die Institute müssen sich unabhängig vom gewählten Steuerungsansatz mit ihren stillen Lasten befassen. Diese resultieren aus der Abweichung zwischen Marktwerten und Bilanzansätzen in der Rechnungslegung und signalisieren, dass die bilanziellen Wertansätze nicht der aktuellen ökonomischen Situation entsprechen.[192] Die Behandlung stiller Lasten in Wertpapieren des Anlagebestandes orientiert sich daher an den einschlägigen Rechnungslegungsvorschriften. Die Vorgaben in diesem Abschnitt stellen auf die HGB-Rechnungslegung ab. Sofern ein Institut an die IFRS-Rechnungslegung anknüpft, gelten die Ausführungen analog für die nicht zum Fair Value bewerteten IFRS-Kategorien.[193]

165 Nach den Vorschriften des HGB dürfen wie Anlagevermögen bewertete Wertpapiere im Jahresabschluss unter bestimmten Voraussetzungen mit einem höheren als dem zum Bilanzstichtag »beizulegenden Zeitwert«[194] angesetzt werden. Dafür muss einerseits davon auszugehen sein, dass sich die aus dem höheren Wertansatz resultierende stille Last im Zeitablauf wieder auflöst, also eine entsprechende Wertaufholung erfolgt. Andererseits muss das bilanzierende Institut nachweisen können, dass es das entsprechende Aktivum dauerhaft zu halten beabsichtigt und hierzu auch in der Lage ist.[195]

166 Vor diesem Hintergrund ist eine Bereinigung der stillen Lasten in Wertpapieren des Anlagebestandes bei Going-Concern-Ansätzen nicht erforderlich, sofern keine Zweifel an der angenommenen Wertaufholung sowie der unterstellten Dauerhalteabsicht und -fähigkeit bestehen. Andernfalls ist von einer Realisierung der stillen Lasten auszugehen. Sie müssen daher entweder vom Risikodeckungspotenzial abgezogen oder auf der Risikoseite dem Risikobetrag zugeschlagen werden. Liegen stille Lasten in Wertpapieren des Anlagebestandes in erheblicher Größenordnung vor, so erwartet die Aufsicht, dass diese vollständig berücksichtigt werden. Die vorstehenden Anforderungen sind nicht anwendbar, sofern es sich um ausschließlich zinsinduzierte stille Lasten

---

190 Vgl. Bundesanstalt für Finanzdienstleistungsaufsicht/Deutsche Bundesbank, Aufsichtliche Beurteilung bankinterner Risikotragfähigkeitskonzepte und deren prozessualer Einbindung in die Gesamtbanksteuerung (»ICAAP«) – Neuausrichtung, Leitfaden vom 24. Mai 2018, S. 25.

191 Vgl. Volk, Tobias/Wiesemann, Bernd, Aufsichtliche Beurteilung bankinterner Risikotragfähigkeitskonzepte, in: Zeitschrift für das gesamte Kreditwesen, Heft 6/2012, S. 20.

192 Vgl. Deutsche Bundesbank, Bankinterne Methoden zur Ermittlung und Sicherstellung der Risikotragfähigkeit und ihre bankaufsichtliche Bedeutung, in: Monatsbericht, März 2013, S. 42.

193 Vgl. Bundesanstalt für Finanzdienstleistungsaufsicht/Deutsche Bundesbank, Aufsichtliche Beurteilung bankinterner Risikotragfähigkeitskonzepte und deren prozessualer Einbindung in die Gesamtbanksteuerung (»ICAAP«) – Neuausrichtung, Leitfaden vom 24. Mai 2018, S. 25.

194 Nach § 255 Abs. 4 HGB entspricht der »beizulegende Zeitwert« dem Marktpreis. Soweit kein aktiver Markt besteht, anhand dessen sich der Marktpreis ermitteln lässt, ist der beizulegende Zeitwert mit Hilfe allgemein anerkannter Bewertungsmethoden zu bestimmen. Lässt sich der beizulegende Zeitwert weder anhand des Marktpreises noch mit Hilfe allgemein anerkannter Bewertungsmethoden ermitteln, sind die Anschaffungs- oder Herstellungskosten, d. h. der zuletzt nach einem der obigen Verfahren ermittelte beizulegende Zeitwert, gemäß § 253 Abs. 4 HGB fortzuführen. Nach § 253 Abs. 4 HGB sind bei Vermögensgegenständen des Umlaufvermögens Abschreibungen vorzunehmen, um diese mit einem niedrigeren Wert anzusetzen, der sich aus einem Börsen- oder Marktpreis am Abschlussstichtag ergibt. Ist ein Börsen- oder Marktpreis nicht festzustellen und übersteigen die Anschaffungs- oder Herstellungskosten den Wert, der den Vermögensgegenständen am Abschlussstichtag beizulegen ist, so ist auf diesen Wert abzuschreiben.

195 Vgl. Bundesanstalt für Finanzdienstleistungsaufsicht/Deutsche Bundesbank, Aufsichtliche Beurteilung bankinterner Risikotragfähigkeitskonzepte und deren prozessualer Einbindung in die Gesamtbanksteuerung (»ICAAP«) – Neuausrichtung, Leitfaden vom 24. Mai 2018, S. 25.

handelt, die sich bei Wertpapieren ergeben, welche in die verlustfreie Bewertung des Zinsbuches nach IDW RS BFA 3[196] einfließen.[197]

Nicht immer existiert für Wertpapiere des Anlagebestandes ein aktiver Markt. In diesen Fällen **167** kann – analog zu den Rechnungslegungsvorschriften zur Ermittlung des beizulegenden Zeitwertes von wie Umlaufvermögen bewerteten Wertpapieren – als Referenzgröße auf Werte zurückgegriffen werden, die anhand anerkannter Bewertungsmodelle ermittelt wurden, wie z. B. »Discounted-Cashflow-Modelle« (DCF-Modelle). Die Differenz zwischen dem Modell-Wert und einem ggf. vorhandenen indikativen Wert muss grundsätzlich nicht als stille Last behandelt werden. Allerdings muss die Entwicklung der Differenzen zwischen Modell-Werten und ggf. vorliegenden indikativen Werten regelmäßig beobachtet und analysiert werden.[198]

2.29.5 Stille Lasten aus Pensionsverpflichtungen

Sofern die Ableitung des Risikodeckungspotenzials auf Basis der IFRS-Rechnungslegung erfolgt, **168** sind die möglichen künftigen Wertschwankungen des »Planvermögens«[199] als Risiko zu berücksichtigen. IAS 19 schreibt hinsichtlich der Abbildung von versicherungsmathematischen Gewinnen und Verlusten seit dem 1. Januar 2013 die Vereinnahmung über die Eigenkapitalposition »Other Comprehensive Income« vor.[200]

Den nach HGB bilanzierenden Unternehmen hat der Gesetzgeber zugestanden, die aus der **169** Methodikumstellung nach dem Bilanzrechtsmodernisierungsgesetz (BilMoG) resultierenden Rückstellungs-Fehlbeträge über einen Zeitraum von maximal 15 Jahren gestreckt aufzustocken. Wird bei Going-Concern-Ansätzen ein Plangewinn als Risikodeckungspotenzial angesetzt, so ist darin der in der betreffenden Periode zu erwartende Aufstockungsbetrag aus der Methodikumstellung zu berücksichtigen. In der HGB-Rechnungslegung können weitere stille Lasten aus Altzusagen vor dem 1. Januar 1987 resultieren, bei denen gemäß Art. 28 Einführungsgesetz zum Handelsgesetzbuch (EGHGB) auf die Bildung von Rückstellungen nach § 249 Abs. 1 Satz 1 HGB verzichtet werden kann. Derartige stille Lasten sind in angemessener Weise zu ermitteln.[201]

2.29.6 Vorsorgereserven nach § 340f HGB und sonstige Bewertungsreserven

Vorsorgereserven nach § 340f HGB haben hinsichtlich ihrer Verlustausgleichsfunktion eine mit **170** den offenen Eigenkapitalposten vergleichbare Qualität. Ihr Ansatz als Risikodeckungspotenzial ist

---

196 Institut der Wirtschaftsprüfer, IDW Stellungnahme zur Rechnungslegung: Einzelfragen der verlustfreien Bewertung von zinsbezogenen Geschäften des Bankbuchs (IDW RS BFA 3), 16. Oktober 2017.

197 Vgl. Bundesanstalt für Finanzdienstleistungsaufsicht/Deutsche Bundesbank, Aufsichtliche Beurteilung bankinterner Risikotragfähigkeitskonzepte und deren prozessualer Einbindung in die Gesamtbanksteuerung (»ICAAP«) – Neuausrichtung, Leitfaden vom 24. Mai 2018, S. 25.

198 Vgl. Bundesanstalt für Finanzdienstleistungsaufsicht/Deutsche Bundesbank, Aufsichtliche Beurteilung bankinterner Risikotragfähigkeitskonzepte und deren prozessualer Einbindung in die Gesamtbanksteuerung (»ICAAP«) – Neuausrichtung, Leitfaden vom 24. Mai 2018, S. 25.

199 Das »Planvermögen« umfasst nach IAS 19 Vermögen, das durch einen langfristig ausgelegten Fonds zur Erfüllung von Leistungen an Arbeitnehmer gehalten wird, und qualifizierende Versicherungsverträge.

200 Vgl. Bundesanstalt für Finanzdienstleistungsaufsicht/Deutsche Bundesbank, Aufsichtliche Beurteilung bankinterner Risikotragfähigkeitskonzepte und deren prozessualer Einbindung in die Gesamtbanksteuerung (»ICAAP«) – Neuausrichtung, Leitfaden vom 24. Mai 2018, S. 26.

201 Vgl. Bundesanstalt für Finanzdienstleistungsaufsicht/Deutsche Bundesbank, Aufsichtliche Beurteilung bankinterner Risikotragfähigkeitskonzepte und deren prozessualer Einbindung in die Gesamtbanksteuerung (»ICAAP«) – Neuausrichtung, Leitfaden vom 24. Mai 2018, S. 26.

deshalb bei Konzepten, die an die HGB-Rechnungslegung anknüpfen, grundsätzlich möglich.[202] Dabei spielt auch eine Rolle, dass diese Reserven im nächsten Jahresabschluss ohne steuerliche Belastung durch einen schlichten Bewertungsvorgang gehoben und zum Verlustausgleich herangezogen werden könnten.[203] Dies gilt in gleicher Weise für »Alt-Reserven« nach § 26a (alt) KWG sowie »versteuerte Pauschalwertberichtigungen« gemäß § 336 Abs. 2 (alt) i. V. m. §§ 279 (alt) und 253 Abs. 4 (alt) HGB oder nach § 253 Abs. 3 Satz 3 (alt) HGB, soweit sie nach Art. 67 Abs. 4 EGHGB fortgeführt werden. Soweit Vorsorgereserven bereits den regulatorischen Eigenmitteln hinzugerechnet werden, ist bei Ermittlung des Risikodeckungspotenzials eine Doppelanrechnung zu vermeiden.[204]

171   Die Behandlung der ungebundenen Vorsorgereserven nach § 340f HGB als fiktives Kernkapital kann sich allerdings auf die in der ersten Säule vorzunehmenden Kappungen auswirken. Deshalb ist bei der Festlegung des Ansatzes auch die Zusammensetzung des Eigenkapitals zu beachten, was die Aufsicht wegen der verschiedenen Kappungsgrenzen für Ergänzungskapital und hybride Kapitalelemente mit dem Going-Concern-Ansatz für vereinbar hält. Dies betrifft in Analogie auch die darüberhinausgehenden Großkrediteinzel- und -gesamtobergrenzen, deren Einhaltung bei einer verminderten Eigenmittelausstattung aufgrund schlagend werdender Risiken plötzlich gefährdet sein könnte.[205]

172   Neben den oben genannten Bewertungsreserven existieren seit dem Wegfall des Beibehaltungswahlrechts zum Bilanzstichtag grundsätzlich keine stillen Reserven mehr, die in vergleichbarer Weise durch schlichten Buchungsvorgang gehoben werden könnten. Das trifft lediglich noch auf die aus Wertminderungen herrührenden, vor Inkrafttreten des BilMoG vorgenommenen »Zuschreibungsreserven« zu, die jedoch eine im Zeitablauf abnehmende Bedeutung haben und deshalb an dieser Stelle vernachlässigt werden. Allerdings können sowohl nach HGB als auch nach IFRS unterjährig rechnungslegungsrelevante Bewertungsgewinne auflaufen, die aus dem (zwingenden) Wertaufholungsgebot resultieren und grundsätzlich dem Risikodeckungspotenzial zugerechnet werden können. In diesem Fall müssen allerdings etwaige steuerliche Belastungen bei Realisierung der Reserve berücksichtigt werden. Außerdem muss sich die Risikomessung dann am erhöhten Wert orientieren.[206]

2.29.7   Durch Transaktionen realisierbare stille Reserven

173   Das Anschaffungskostenprinzip gemäß § 253 Abs. 1 HGB hat zur Folge, dass die Buchwerte von Aktiva ggf. unter deren aktuell realisierbaren Marktwerten liegen, ohne dass eine Zuschreibung im Jahresabschluss zulässig wäre. Anders als bei den Vorsorgereserven nach § 340f HGB und den sonstigen Bewertungsreserven können diese Reserven nur durch Transaktionsvorgänge realisiert werden. Dabei besteht das Problem, dass die Bewertung und Realisierung stiller Reserven aus wenig fungiblen Positionen mit einer erhöhten Unsicherheit verbunden sind. Deshalb kommt der

---

202 Vgl. Bundesanstalt für Finanzdienstleistungsaufsicht/Deutsche Bundesbank, Aufsichtliche Beurteilung bankinterner Risikotragfähigkeitskonzepte und deren prozessualer Einbindung in die Gesamtbanksteuerung (»ICAAP«) – Neuausrichtung, Leitfaden vom 24. Mai 2018, S. 23.

203 Vgl. Volk, Tobias/Wiesemann, Bernd, Aufsichtliche Beurteilung bankinterner Risikotragfähigkeitskonzepte, in: Zeitschrift für das gesamte Kreditwesen, Heft 6/2012, S. 20.

204 Vgl. Bundesanstalt für Finanzdienstleistungsaufsicht/Deutsche Bundesbank, Aufsichtliche Beurteilung bankinterner Risikotragfähigkeitskonzepte und deren prozessualer Einbindung in die Gesamtbanksteuerung (»ICAAP«) – Neuausrichtung, Leitfaden vom 24. Mai 2018, S. 23.

205 Vgl. Volk, Tobias/Wiesemann, Bernd, Aufsichtliche Beurteilung bankinterner Risikotragfähigkeitskonzepte, in: Zeitschrift für das gesamte Kreditwesen, Heft 6/2012, S. 19.

206 Vgl. Bundesanstalt für Finanzdienstleistungsaufsicht/Deutsche Bundesbank, Aufsichtliche Beurteilung bankinterner Risikotragfähigkeitskonzepte und deren prozessualer Einbindung in die Gesamtbanksteuerung (»ICAAP«) – Neuausrichtung, Leitfaden vom 24. Mai 2018, S. 23.

Ansatz stiller Reserven in Immobilien oder nicht handelbaren Beteiligungswerten nur unter folgenden Voraussetzungen in Betracht[207]:

- Der dem betroffenen Aktivum beigemessene Wert muss durch zeitnahe und valide Bewertungsgutachten bestätigt werden.
- Dabei müssen vorsichtige Annahmen und nachvollziehbare Bewertungsparameter zugrundegelegt werden.
- Die mit der Realisierung der stillen Reserven verbundenen Risiken müssen angemessen berücksichtigt werden.
- Den mit dem Ansatz stiller Reserven verbundenen Unsicherheiten muss durch angemessen hohe Wertabschläge Rechnung getragen werden.

Zusätzlich müssen – wie bei den sonstigen Bewertungsreserven – etwaige steuerliche Belastungen bei Realisierung der Reserve berücksichtigt und die Risikomessung am erhöhten Wert orientiert werden. Dasselbe gilt in Analogie bei Anwendung der entsprechenden IFRS-Vorschriften. Andernfalls werden stille Reserven in nicht handelbaren Beteiligungen oder in Immobilien von der Aufsicht nicht als Risikodeckungspotenzial akzeptiert.[208] Insgesamt steht die Aufsicht dem Ansatz derartiger stiller Reserven als Risikodeckungspotenzial sehr reserviert gegenüber.[209] **174**

Allgemein muss der Ansatz stiller Reserven konsistent zu anderen Elementen des Risikotragfähigkeitskonzeptes erfolgen. So sollte darauf geachtet werden, dass durch die Realisierung stiller Reserven keine Sicherungsbeziehungen »aufreißen«. Zudem darf es beim Risikodeckungspotenzial nicht zu Doppelanrechnungen kommen. Dies könnte z.B. passieren, wenn die in einem Festzins-Aktivum ruhende zinsinduzierte stille Reserve angesetzt wird und zugleich der im laufenden Jahr erwartete Zinsertrag aus dieser Position in einen berücksichtigten Plangewinn einfließt.[210] **175**

2.29.8 Eigenbonitätseffekt

Die Erstbewertung finanzieller Verbindlichkeiten muss gemäß IFRS grundsätzlich zum beizulegenden Zeitwert erfolgen, wobei in bestimmten Fällen auch die Folgebewertung mit dem zum jeweiligen Bilanzstichtag beizulegenden Zeitwert vorzunehmen bzw. als Wahlrecht zugelassen ist. Diese Vorgehensweise führt dazu, dass hinsichtlich der Refinanzierung eines Institutes eigentlich negative Entwicklungen eine Verbesserung der in der Rechnungslegung ausgewiesenen Verhältnisse nach sich ziehen. Dies kann sich in gleicher Weise auf das aus dem bilanziellen Eigenkapital abgeleitete Risikodeckungspotenzial auswirken. Deshalb ist der so genannte »Eigenbonitätseffekt«, d.h. die auf dem allein das jeweilige Institut betreffenden Bonitätseffekt beruhende Verbesserung der in der Rechnungslegung ausgewiesenen Verhältnisse, bei der Ermittlung des Risikodeckungspotenzials zu eliminieren. Dasselbe gilt mit Blick auf die HGB-Rechnungslegung beim Ansatz stiller Reserven aus eigenen Verbindlichkeiten.[211] **176**

---

207 Vgl. Bundesanstalt für Finanzdienstleistungsaufsicht/Deutsche Bundesbank, Aufsichtliche Beurteilung bankinterner Risikotragfähigkeitskonzepte und deren prozessualer Einbindung in die Gesamtbanksteuerung (»ICAAP«) – Neuausrichtung, Leitfaden vom 24. Mai 2018, S. 23 f.

208 Vgl. Bundesanstalt für Finanzdienstleistungsaufsicht/Deutsche Bundesbank, Aufsichtliche Beurteilung bankinterner Risikotragfähigkeitskonzepte und deren prozessualer Einbindung in die Gesamtbanksteuerung (»ICAAP«) – Neuausrichtung, Leitfaden vom 24. Mai 2018, S. 24.

209 Vgl. Volk, Tobias/Wiesemann, Bernd, Aufsichtliche Beurteilung bankinterner Risikotragfähigkeitskonzepte, in: Zeitschrift für das gesamte Kreditwesen, Heft 6/2012, S. 20.

210 Vgl. Bundesanstalt für Finanzdienstleistungsaufsicht/Deutsche Bundesbank, Aufsichtliche Beurteilung bankinterner Risikotragfähigkeitskonzepte und deren prozessualer Einbindung in die Gesamtbanksteuerung (»ICAAP«) – Neuausrichtung, Leitfaden vom 24. Mai 2018, S. 24.

211 Vgl. Bundesanstalt für Finanzdienstleistungsaufsicht/Deutsche Bundesbank, Aufsichtliche Beurteilung bankinterner Risikotragfähigkeitskonzepte und deren prozessualer Einbindung in die Gesamtbanksteuerung (»ICAAP«) – Neuausrichtung, Leitfaden vom 24. Mai 2018, S. 27.

2.29.9 Aktive latente Steuern

177 Ein Ansatz »aktiver latenter Steuern« läuft materiell auf eine Steuerentlastung in zukünftigen Perioden hinaus, da die ihnen zugrundeliegenden abweichenden Wertansätze eine aus HGB-Sicht[212] bzw. aus IFRS-Sicht[213] zunächst zu hohe tatsächliche Steuerzahlung bedingen. Demzufolge resultiert aus dem Ansatz aktiver latenter Steuern eine Erhöhung des bilanziell ausgewiesenen Eigenkapitals. Auch mit Blick auf das Risikodeckungspotenzial kann sich der in den aktiven latenten Steuern abgebildete Steuerentlastungseffekt nur insoweit realisieren, wie in den zukünftigen Perioden ein steuerpflichtiges Einkommen erzielt wird. Sofern also bei Going-Concern-Ansätzen zumindest mittelfristig von steuerlichen Ertragsüberschüssen in entsprechender Größenordnung auszugehen ist, wären die aktiven latenten Steuern realisierbar und müssen folglich bei einem als Risikodeckungspotenzial angesetzten Plangewinn nicht eliminiert werden. Sofern allerdings Anhaltspunkte dafür vorliegen, dass ein Institut auch über mehrere Jahre hinweg keinen steuerlichen Gewinn erzielen wird, ist eine Auflösung der gebildeten aktiven latenten Steuern im nächsten Jahresabschluss zu unterstellen. In diesem Fall müssen sie daher eliminiert werden. Ungeachtet der Frage, ob hinreichende steuerliche Ertragsüberschüsse zu erwarten sind, müssen aktive latente Steuern stets gemäß den einschlägigen Vorschriften der CRR eliminiert werden, sofern die nicht zur Einhaltung der regulatorischen Anforderungen erforderlichen Eigenmittel (»freie Eigenmittel«) als Risikodeckungspotenzial berücksichtigt werden.[214]

2.29.10 Goodwill

178 Ein »Goodwill« im Sinne eines »derivativen Geschäfts- oder Firmenwertes« entspricht einer rechentechnischen Restgröße.[215] Werden »freie Eigenmittel« als Risikodeckungspotenzial angesetzt, so ist ein Goodwill gemäß den einschlägigen CRR-Vorschriften zu eliminieren[216], obwohl einzelne Komponenten unter der Going-Concern-Perspektive im Falle einer erwartungsgemäß positiven Zukunfts-

---

212 Bestehen zwischen den handelsrechtlichen Wertansätzen von Vermögensgegenständen, Schulden und Rechnungsabgrenzungsposten und ihren steuerlichen Wertansätzen Differenzen, die sich in späteren Geschäftsjahren voraussichtlich abbauen, so kann sich daraus insgesamt ergebende Steuerentlastung gemäß § 274 Abs. 1 HGB als »aktive latente Steuern« in der Bilanz angesetzt werden. Die ausgewiesenen Posten sind gemäß § 274 Abs. 2 HGB aufzulösen, sobald die Steuerentlastung eintritt oder mit ihr nicht mehr zu rechnen ist.

213 Die »latenten Steueransprüche« sind gemäß IAS 12.5 jene Beträge an Ertragsteuern, die in zukünftigen Perioden erstattungsfähig sind und aus abzugsfähigen temporären Differenzen, dem Vortrag noch nicht genutzter steuerlicher Verluste und dem Vortrag noch nicht genutzter steuerlicher Gewinne resultieren. Da der wirtschaftliche Nutzen dem Unternehmen in Form verminderter Steuerzahlungen nur dann zufließt, wenn es ausreichende zu versteuernde Ergebnisse erzielt, gegen die Abzüge saldiert werden können, sollen latente Steueransprüche gemäß IAS 12.27 nur dann bilanziert werden, wenn es wahrscheinlich ist, dass zu versteuernde Ergebnisse zur Verfügung stehen, gegen welche die abzugsfähigen temporären Differenzen verwendet werden können.

214 Vgl. Bundesanstalt für Finanzdienstleistungsaufsicht/Deutsche Bundesbank, Aufsichtliche Beurteilung bankinterner Risikotragfähigkeitskonzepte und deren prozessualer Einbindung in die Gesamtbanksteuerung (»ICAAP«) – Neuausrichtung, Leitfaden vom 24. Mai 2018, S. 27.

215 Der »derivative Geschäfts- oder Firmenwert« ergibt sich, wenn ein Unternehmen zu einem Kaufpreis erworben wird, der den Wert seines bilanziellen Eigenkapitals übersteigt. Er zählt gemäß § 266 Abs. 2 HGB zu den immateriellen Vermögensgegenständen. Der Unterschiedsbetrag, um den die für die Übernahme eines Unternehmens bewirkte Gegenleistung den Wert der einzelnen Vermögensgegenstände des Unternehmens abzüglich der Schulden im Zeitpunkt der Übernahme übersteigt (entgeltlich erworbener Geschäfts- oder Firmenwert), gilt gemäß § 246 Abs. 1 HGB als zeitlich begrenzt nutzbarer Vermögensgegenstand. Für den »originären Geschäfts- oder Firmenwert«, der auf selbst geschaffene immaterielle Vermögensgegenstände und eine damit verbundene Höherbewertung des eigenen Unternehmens gegenüber dem Wert des bilanziellen Eigenkapitals abstellt, besteht im HGB ein Aktivierungswahlrecht. Gemäß § 248 Abs. 2 HGB können selbst geschaffene immaterielle Vermögensgegenstände des Anlagevermögens als Aktivposten in die Bilanz aufgenommen werden, sofern es sich nicht um selbst geschaffene Marken, Drucktitel, Verlagsrechte, Kundenlisten oder vergleichbare immaterielle Vermögensgegenstände handelt. Das Aktivierungswahlrecht kann allerdings nur in Anspruch genommen werden, wenn dafür die Eigenschaften eines Vermögensgegenstandes nachgewiesen werden können.

216 Vgl. Bundesanstalt für Finanzdienstleistungsaufsicht/Deutsche Bundesbank, Aufsichtliche Beurteilung bankinterner Risikotragfähigkeitskonzepte und deren prozessualer Einbindung in die Gesamtbanksteuerung (»ICAAP«) – Neuausrichtung, Leitfaden vom 24. Mai 2018, S. 27.

entwicklung möglicherweise valide Werte darstellen. Das hängt insbesondere damit zusammen, dass sich diese Werte – vor allem in Krisenzeiten – sehr schnell verflüchtigen können.

2.29.11 Patronatserklärungen, Haftsummenzuschläge u. Ä.

Unabhängig von der konkreten Ausgestaltung des jeweils genutzten Ansatzes und der damit **179** verbundenen Steuerungssignale besteht die Zielsetzung eines Risikotragfähigkeitskonzeptes insbesondere darin, das langfristige Fortführen der Unternehmenstätigkeit auf Basis der eigenen Substanz und Ertragskraft zu gewährleisten. Es sind daher nur solche Ansätze der Risikotragfähigkeitsbetrachtung angemessen, die auf die Risikotragfähigkeit des Institutes aus eigener derzeitiger Substanz und Ertragskraft heraus abstellen. Dadurch soll verhindert werden, dass die Überlebensfähigkeit des Institutes bzw. die Gläubigerbefriedigung nur durch Stützungsleistungen Dritter gewährleistet werden können. Eine Berücksichtigung von erhofften Leistungen Dritter, auf die bei eigener Unfähigkeit des Institutes zum Risikoausgleich etwaige Lasten abgewälzt werden sollen, würde – unbenommen der Möglichkeit eines »Waivers« nach Art. 7 CRR – der eigentlichen Zielsetzung interner Risikotragfähigkeitskonzepte widersprechen.[217]

Vor diesem Hintergrund ergibt sich eine klare Aussage zur Anrechnung von Stützungsleistun- **180** gen Dritter. Patronatserklärungen, die z.B. von einer Muttergesellschaft abgegeben werden, sind im Hinblick auf die fehlende effektive Kapitalaufbringung nicht als Risikodeckungspotenzial ansetzbar. Dasselbe gilt für allgemeine Beistandserklärungen, wie sie z.B. Verbundorganisationen für ihre Mitgliedsinstitute abgeben, und Haftsummenzuschläge der Kreditgenossenschaften, die nicht unmittelbar im Institut zum Verlustausgleich zur Verfügung stehen.[218] Nach Einschätzung der Aufsicht bieten auch der Abschluss von Ergebnisabführungsverträgen und die damit verbundene Pflicht der Konzernobergesellschaft zum Verlustausgleich keine Gewähr für die Risikotragfähigkeit des ergebnisabführenden Institutes aus sich heraus. Unabhängig davon müsste bei der Betrachtung der Risikotragfähigkeit des Tochterunternehmens gleichzeitig auch die Risikotragfähigkeit der Mutter unter Berücksichtigung aller konkret oder abstrakt abgegebenen Zusagen beurteilt werden, was im Widerspruch zu § 25a KWG und dem Prinzip der Einzelinstitutsaufsicht stehen würde.[219]

Werden hingegen von Dritten, wie z.B. Verbund- oder Sicherungseinrichtungen, konkrete **181** Ausfallgarantien für bestimmte bzw. exakt bestimmbare Vermögensgegenstände rechtsverbindlich abgegeben, kann dies auf der Risikoseite berücksichtigt werden, indem z.B. das Risikogewicht abgesenkt wird.[220]

In Abbildung 20 wird die Einbeziehung bestimmter Positionen bei bilanz- bzw. GuV-orientierter **182** Ableitung des Risikodeckungspotenzials für Institute illustriert, die nach HGB bilanzieren.[221]

---

217 Vgl. Bundesanstalt für Finanzdienstleistungsaufsicht/Deutsche Bundesbank, Aufsichtliche Beurteilung bankinterner Risikotragfähigkeitskonzepte und deren prozessualer Einbindung in die Gesamtbanksteuerung (»ICAAP«) – Neuausrichtung, Leitfaden vom 24. Mai 2018, S. 7.

218 Vgl. Bundesanstalt für Finanzdienstleistungsaufsicht/Deutsche Bundesbank, Aufsichtliche Beurteilung bankinterner Risikotragfähigkeitskonzepte und deren prozessualer Einbindung in die Gesamtbanksteuerung (»ICAAP«) – Neuausrichtung, Leitfaden vom 24. Mai 2018, S. 27 f.

219 Vgl. Volk, Tobias/Wiesemann, Bernd, Aufsichtliche Beurteilung bankinterner Risikotragfähigkeitskonzepte, in: Zeitschrift für das gesamte Kreditwesen, Heft 6/2012, S. 19.

220 Vgl. Bundesanstalt für Finanzdienstleistungsaufsicht/Deutsche Bundesbank, Aufsichtliche Beurteilung bankinterner Risikotragfähigkeitskonzepte und deren prozessualer Einbindung in die Gesamtbanksteuerung (»ICAAP«) – Neuausrichtung, Leitfaden vom 24. Mai 2018, S. 27 f.

221 In Anlehnung an Wiesemann, Bernd, Aufsichtliche Beurteilung von Risikotragfähigkeitskonzepten, in: BaFinJournal, Ausgabe Februar 2012, S. 20.

AT 4.1 Risikotragfähigkeit

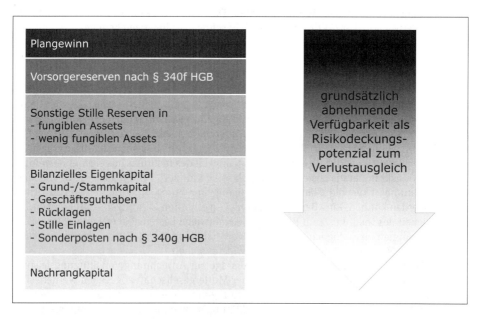

Abb. 20: Bilanz- bzw. GuV-orientierte Ableitung des Risikodeckungspotenzials

2.30 Stützungsleistungen Dritter

183 Das übergeordnete Ziel eines jeden ICAAP besteht darin, die Risikotragfähigkeit jederzeit und somit auch das langfristige Fortführen der Unternehmenstätigkeit auf Basis der eigenen Substanz und Ertragskraft sicherzustellen. Es sind daher nur solche Ansätze der Risikotragfähigkeits-betrachtung angemessen, die auf die Risikotragfähigkeit des Institutes aus eigener derzeitiger Substanz und Ertragskraft heraus abstellen. Eine Berücksichtigung erhoffter Leistungen Dritter, auf die bei eigenem Unvermögen, schlagend werdende Risiken auszugleichen, etwaige Lasten abgewälzt werden sollen, würde dieser übergeordneten Zielsetzung widersprechen.[222] Die internen Risikotragfähigkeitskonzepte sollen gerade verhindern, dass die Überlebensfähigkeit von Instituten bzw. die Gläubigerbefriedigung nur durch Stützungsleistungen Dritter gewährleistet werden können.[223]

2.31 Laufende Sicherstellung der Risikotragfähigkeit

184 Das Institut hat sicherzustellen, dass die wesentlichen Risiken durch das Risikodeckungspotenzial laufend abgedeckt sind. Die Wahl des Begriffes »laufend« ist allerdings nicht so zu interpretieren,

---

222 Die Möglichkeit eines »Waivers« nach Art. 7 CRR bleibt unter den dort genannten Voraussetzungen unberührt.

223 Vgl. Bundesanstalt für Finanzdienstleistungsaufsicht/Deutsche Bundesbank, Aufsichtliche Beurteilung bankinterner Risikotragfähigkeitskonzepte und deren prozessualer Einbindung in die Gesamtbanksteuerung (»ICAAP«) – Neuausrichtung, Leitfaden vom 24. Mai 2018, S. 7.

dass die Risikotragfähigkeit täglich beurteilt werden muss. Für die Beurteilung reicht es grund-sätzlich aus, wenn sich das Institut an den internen Reportingzeiträumen orientiert, die auch in Abhängigkeit vom Risikoappetit der Geschäftsleitung festgelegt werden sollten (→ AT 4.2 Tz. 2).

In älteren Fassungen der MaRisk wurde von der Aufsicht zudem gefordert, beim internen **185** Prozess zur Sicherstellung der Risikotragfähigkeit zu analysieren, wie sich beabsichtigte Verän-derungen der eigenen Geschäftstätigkeit oder der strategischen Ziele sowie erwartete Verän-derungen des wirtschaftlichen Umfeldes auf die zukünftige Risikotragfähigkeit auswirken. Inso-fern sollte bei der laufenden Sicherstellung der Risikotragfähigkeit auch deren mittelfristige Entwicklung im Auge behalten werden. Diese Anforderung wurde mit Blick auf den relativ kurzen Risikobetrachtungshorizont von i.d.R. einem Jahr in verallgemeinerter Form zum geforderten Planungsprozess für den zukünftigen Kapitalbedarf verschoben (→ AT 4.1 Tz. 11). Es leuchtet ein, dass sich derartige Veränderungen zum Teil längerfristig ankündigen und insofern bereits einen Einfluss auf den mehrjährigen Planungshorizont haben können. Sofern das Institut jedoch auch Auswirkungen auf den kürzeren Risikobetrachtungshorizont absehen kann, sollten diese natür-lich Berücksichtigung finden. Diesem Anspruch wird zukünftig durch die gegenseitige Information der beiden Perspektiven wieder stärker gerecht.

2.32 »Säule-1-Plus-Ansatz« und »Säule-1-Plus-Risikotragfähigkeit«

Bei der Berechnung der Risikotragfähigkeit sollte darauf geachtet werden, dass die EBA die **186** Anforderung der CRD, wonach jene Risiken in der zweiten Säule mit Kapital unterlegt werden müssen, die nach den Vorgaben der CRR in der ersten Säule nicht oder nicht hinreichend abgedeckt sind, in ihren Leitlinien zum SREP auf die Einzelrisiken bezieht (»on a risk-by-risk basis«). Bei diesem sogenannten »Säule-1-Plus-Ansatz« gehen die Kapitalanforderungen der ersten Säule für die dort behandelten Risikoarten jeweils als Untergrenze in die Kapitalfestsetzung der zweiten Säule ein.[224] Es sollte geprüft werden, inwieweit dieser Effekt durch die Verknüpfung der normativen und der ökonomischen Perspektive bereits berücksichtigt ist oder weitere Anpassun-gen erforderlich sind.

Die EZB erwartet von den bedeutenden Instituten, sich an ihren Vorgaben zur technischen **187** Umsetzung der EBA-Leitlinien zu für SREP erhobene ICAAP- und ILAAP-Informationen[225] zu orientieren, um eine bessere Vergleichbarkeit der Risikoquantifizierungen der ersten Säule mit den Risikoquantifizierungen im ICAAP zu ermöglichen. Dies sollte unabhängig davon geschehen, welche Ansätze in der ersten Säule verwendet werden. Bei Unterschieden zwischen den Vorgehens-weisen für die beiden Säulen sollten die Institute die wichtigsten Faktoren dafür erläutern.[226]

---

224 Vgl. European Banking Authority, Guidelines on common procedures and methodologies for the supervisory review and evaluation process (SREP) and supervisory stress testing, EBA/GL/2014/13, Consolidated version, 19. Juli 2018, S. 133.

225 Europäische Zentralbank, Technische Umsetzung der EBA-Leitlinien zu für SREP erhobene ICAAP- und ILAAP-Informa-tionen, Konkretisierung der aufsichtlichen Erwartungen an die Erhebung von ICAAP- und ILAAP-Informationen vom 21. Februar 2017.

226 Vgl. Europäische Zentralbank, Leitfaden der EZB für den bankinternen Prozess zur Sicherstellung einer angemessenen Kapitalausstattung (Internal Capital Adequacy Assessment Process – ICAAP), 9. November 2018, S. 36.

3 Prozessuale Einbindung des Risikotragfähigkeitskonzeptes (Tz. 2)

188 **2** Das Institut hat einen internen Prozess zur Sicherstellung der Risikotragfähigkeit einzurichten. Die hierzu eingesetzten Verfahren haben sowohl das Ziel der Fortführung des Institutes als auch den Schutz der Gläubiger vor Verlusten aus ökonomischer Sicht angemessen zu berücksichtigen. Die Risikotragfähigkeit ist bei der Festlegung der Strategien (AT4.2) sowie bei deren Anpassung zu berücksichtigen. Zur Umsetzung der Strategien bzw. zur Gewährleistung der Risikotragfähigkeit sind ferner geeignete Risikosteuerungs- und -controllingprozesse (AT4.3.2) einzurichten.

3.1 Interner Prozess zur Sicherstellung der Risikotragfähigkeit

189 Den Vorgaben zum ICAAP gemäß Art. 73 CRD IV zufolge müssen die Institute über solide, wirksame und umfassende Strategien und Verfahren verfügen, mit denen sie die Höhe, die Arten und die Verteilung des internen Kapitals, das sie zur quantitativen und qualitativen Absicherung ihrer aktuellen und etwaigen künftigen Risiken für angemessen halten, kontinuierlich bewerten und auf einem ausreichend hohen Stand halten können.[227] Die Umsetzung der einschlägigen Vorgaben zum ICAAP gemäß Art. 73 CRD IV in nationales Recht ist über § 25a Abs. 1 Satz 3 Nr. 2 KWG erfolgt. Demnach haben die Institute Verfahren zur Ermittlung und Sicherstellung der Risikotragfähigkeit einzurichten, wobei eine vorsichtige Ermittlung der Risiken und des zu ihrer Abdeckung verfügbaren Risikodeckungspotenzials zugrunde zu legen ist. Dieser »interne Prozess zur Sicherstellung der Risikotragfähigkeit« umfasst ein Risikotragfähigkeitskonzept mit einer Risikotragfähigkeitsrechnung und einer Kapitalplanung sowie ergänzende Stresstests.[228]

190 Das »interne Kapital« fungiert dabei allerdings nicht nur als Risikodeckungsgröße, sondern stellt vielmehr auch eine Steuerungsgröße dar, die immanenter Bestandteil einer weitergehenden Prozesskette ist.[229] Vor diesem Hintergrund hat jedes Institut gemäß § 25a Abs. 1 Satz 3 KWG ein angemessenes und wirksames Risikomanagement einzurichten, das die Festlegung von Strategien, die Verfahren zur Ermittlung und Sicherstellung der Risikotragfähigkeit sowie die Einrichtung interner Kontrollverfahren beinhaltet. Der deutsche Gesetzgeber bringt insoweit deutlich zum Ausdruck, dass die einzelnen Elemente des Risikomanagements (Strategien, Risikotragfähigkeit, interne Kontrollverfahren) nicht losgelöst voneinander betrachtet werden können. So erfordert die laufende Sicherstellung der Risikotragfähigkeit eine enge Verzahnung mit den Entscheidungsprozessen, der Geschäfts- und Risikostrategie, den Risikosteuerungs- und

---

227 Vgl. Richtlinie 2013/36/EU (Bankenrichtlinie – CRDIV) des Europäischen Parlaments und des Rates vom 26.Juni 2013 über den Zugang zur Tätigkeit von Kreditinstituten und die Beaufsichtigung von Kreditinstituten und Wertpapierfirmen, zur Änderung der Richtlinie 2002/87/EG und zur Aufhebung der Richtlinien 2006/48/EG und 2006/49/EG, Amtsblatt der Europäischen Union vom 27.Juni 2013, L 176/377.

228 Vgl. Bundesanstalt für Finanzdienstleistungsaufsicht/Deutsche Bundesbank, Aufsichtliche Beurteilung bankinterner Risikotragfähigkeitskonzepte und deren prozessualer Einbindung in die Gesamtbanksteuerung (»ICAAP«) – Neuausrichtung, Leitfaden vom 24. Mai 2018, S. 7.

229 Vgl. Bundesanstalt für Finanzdienstleistungsaufsicht, Übermittlungsschreiben zum ersten Entwurf der Mindestanforderungen an das Risikomanagement vom 2.Februar 2005, S.7; Bauer, Helmut/Schneider, Andreas, Bankenaufsicht im 21. Jahrhundert: Von der Quantität zur Qualität, in: Rolfes, Bernd (Hrsg.), Herausforderung Bankmanagement – Entwicklungslinien und Steuerungsansätze, Festschrift zum 60. Geburtstag von Henner Schierenbeck, Frankfurt a. M., 2006, S.724f.

-controllingprozessen, der Risikolimitierung und der Risikoberichterstattung.[230] Zu diesem Zweck ist der »interne Prozess zur Sicherstellung der Risikotragfähigkeit« einerseits mit der Geschäfts- und Risikostrategie zu verknüpfen, andererseits sind zur Umsetzung der Strategien und zur Gewährleistung der Risikotragfähigkeit geeignete Risikosteuerungs- und -controllingprozesse für die wesentlichen Risiken einzurichten.[231] Die MaRisk präzisieren sowohl die Ausgestaltung dieser Elemente als auch deren Zusammenspiel untereinander.

Auch die EZB betont, dass die verschiedenen ICAAP-Elemente kohärent zusammenpassen müssen **191** und der ICAAP aus einem adäquaten quantitativen Rahmen für die Bewertung der Kapitaladäquanz sowie einem qualitativen Rahmen für deren Steuerung besteht. Insofern spielen nicht nur das Risiko- und Kapitalniveau, sondern auch die Qualität des Risikomanagements und der Kapitalbestandteile zur Verlustabsorption eine wichtige Rolle.[232] Die quantitativen und qualitativen Elemente sollten aufeinander abgestimmt und prozessual eng miteinander verknüpft sein (siehe Abbildung 21).

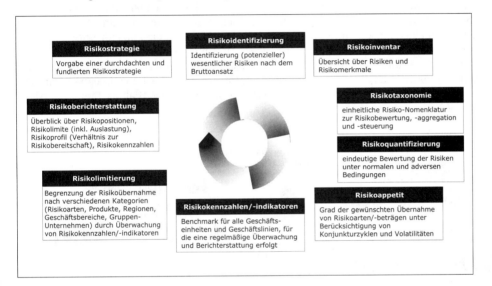

Abb. 21: Regelkreislauf der wesentlichen Bestandteile des ICAAP mit den angrenzenden Prozessen

3.2 Einbindung in den übergreifenden Steuerungsrahmen

Die Institute sollten die Ergebnisse und Kennzahlen, die aus der Beurteilung der Adäquanz der **192** Kapitalausstattung aus ökonomischer Sicht resultieren, zur strategischen und operativen Steuerung sowie zur Überprüfung ihres Risikoappetits und ihrer Geschäftsstrategien verwenden.[233]

---

230 Vgl. Deutsche Bundesbank, Bankinterne Methoden zur Ermittlung und Sicherstellung der Risikotragfähigkeit und ihre bankaufsichtliche Bedeutung, in: Monatsbericht, März 2013, S. 31.

231 Vgl. Bundesanstalt für Finanzdienstleistungsaufsicht/Deutsche Bundesbank, Aufsichtliche Beurteilung bankinterner Risikotragfähigkeitskonzepte und deren prozessualer Einbindung in die Gesamtbanksteuerung (»ICAAP«) – Neuausrichtung, Leitfaden vom 24. Mai 2018, S. 3.

232 Vgl. Europäische Zentralbank, Leitfaden der EZB für den bankinternen Prozess zur Sicherstellung einer angemessenen Kapitalausstattung (Internal Capital Adequacy Assessment Process – ICAAP), 9. November 2018, S. 9.

233 Vgl. Europäische Zentralbank, Leitfaden der EZB für den bankinternen Prozess zur Sicherstellung einer angemessenen Kapitalausstattung (Internal Capital Adequacy Assessment Process – ICAAP), 9. November 2018, S. 21.

AT4.1 Risikotragfähigkeit

193   Insbesondere die quantitative Risikoanalyse sollte mit Blick auf mögliche Schlussfolgerungen bei allen wesentlichen Geschäftsaktivitäten und Entscheidungen berücksichtigt werden, wie z. B. bei der strategischen Planung auf Gruppenebene, der Überwachung der Indikatoren für die Angemessenheit der Kapitalausstattung zur rechtzeitigen Ermittlung und Bewertung potenzieller Bedrohungen, der Festlegung der Kapitalallokation und der Gewährleistung der anhaltenden Wirksamkeit des Rahmens für den Risikoappetit (»Rsik Appetite Framework«, RAF). Außerdem können praktische Schlussfolgerungen zum Ergreifen präventiver Maßnahmen getroffen werden. Die EZB empfiehlt in diesem Zusammenhang die Verwendung von ICAAP-basierten risikoadjustierten Performanceindikatoren bei der Festlegung der variablen Vergütung sowie bei Erörterungen zur Geschäftstätigkeit und zur Risikosituation in den Sitzungen der Geschäftsleitung und der relevanten Ausschüsse, wie dem Aktiv-Passiv-Ausschuss und dem Risikoausschuss.[234]

194   Insgesamt erwartet die EZB, dass der ICAAP in den übergreifenden Managementrahmen eingebunden wird, um ein Silodenken zu vermeiden. Dafür sollten die einzelnen Elemente konsequent in einen effektiven Gesamtprozess integriert werden, um auch im Zeitverlauf über eine angemessene Kapitalausstattung zu verfügen. Zudem sollten die ICAAP-Elemente mit der Geschäftsstrategie und dem Risikoappetit des Institutes im Einklang stehen sowie in die Geschäfts-, Entscheidungs- und Risikomanagementprozesse des Institutes integriert sein. Dadurch kann der ICAAP auch ein angemessenes Nutzen-/Risiko-Verhältnis fördern[235] (siehe Abbildung 22).

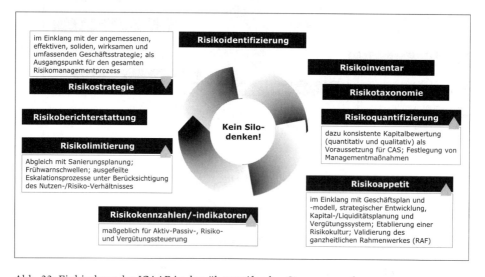

Abb. 22: Einbindung des ICAAP in den übergreifenden Steuerungsrahmen

---

234 Vgl. Europäische Zentralbank, Leitfaden der EZB für den bankinternen Prozess zur Sicherstellung einer angemessenen Kapitalausstattung (Internal Capital Adequacy Assessment Process – ICAAP), 9. November 2018, S. 9 f.

235 Vgl. Europäische Zentralbank, Leitfaden der EZB für den bankinternen Prozess zur Sicherstellung einer angemessenen Kapitalausstattung (Internal Capital Adequacy Assessment Process – ICAAP), 9. November 2018, S. 9.

3.3 ICAAP-(Gesamt-)Architektur

In verschiedenen Regelwerken ist in diesem Zusammenhang von der »ICAAP-(Gesamt-)Architektur« die Rede, womit die verschiedenen Elemente des ICAAP und ihr Zusammenspiel bezeichnet werden.[236] Die übergreifende ICAAP-(Gesamt-)Architektur sollte solide und effektiv sein sowie sicherstellen, dass diese Elemente kohärent zusammenpassen, ihr Zusammenspiel dokumentiert wird und der ICAAP als integraler Bestandteil in die Gesamtsteuerung der Institute eingebunden ist. Die Institute sollten eine klare Vorstellung davon haben, wie diese Elemente konsequent in einen effektiven Gesamtprozess eingebunden werden, der es dem Institut ermöglicht, im Zeitverlauf eine angemessene Kapitalausstattung sicherzustellen.[237] **195**

Die Dokumentation zum ICAAP sollte eine Beschreibung der ICAAP-(Gesamt-)Architektur enthalten, z. B. einen Überblick über die wichtigsten ICAAP-Elemente und ihr Zusammenspiel. In der Beschreibung der ICAAP-Architektur sollte die Struktur des ICAAP grob dargestellt werden. Darüber hinaus sollten die Verbindungen zwischen dem ICAAP und den Geschäfts- und Risikostrategien, der Erklärung zum Risikoappetit, den Kapitalplänen, den Risikoidentifizierungsprozessen, den Limitsystemen, den Risikoquantifizierungsmethoden, dem Stresstestprogramm und der internen Berichterstattung dargestellt werden. Zudem sollte aus der Dokumentation hervorgehen, wie der ICAAP in die Gesamtsteuerung eingebettet ist und wie seine Ergebnisse in den Instituten verwendet werden.[238] **196**

3.4 Fortführungsziel und Gläubigerschutz

Der ICAAP soll insbesondere gewährleisten, dass die Institute auch im Falle langanhaltender adverser Entwicklungen über hinreichend Kapital verfügen, um ihre Risiken tragen, Verluste auffangen und ihre Strategie nachhaltig verfolgen zu können.[239] Wie bereits ausgeführt, sollen diesem Zweck zwei sich ergänzende Perspektiven Rechnung tragen, in denen auch Stresstests durchgeführt werden (→ AT4.3.3 Tz. 1). **197**

Die zur Sicherstellung der Risikotragfähigkeit (und zur enthaltenen oder ergänzenden Kapitalplanung) eingesetzten Verfahren haben sowohl das Ziel der »Fortführung des Institutes« als auch den »Schutz der Gläubiger vor Verlusten aus ökonomischer Sicht« angemessen zu berücksichtigen. Die Aufsicht erwartet von den Instituten, zur Erfüllung der beiden Schutzziele zwei Perspektiven für ihr Risikotragfähigkeitskonzept zugrunde zu legen: eine normative Perspektive (→ AT4.1 Tz. 11) und eine ökonomische Perspektive (→ AT4.1 Tz. 1). Die Betrachtungen in der normativen Perspektive dienen dem geforderten Ziel der Fortführung des Institutes. Die ökonomische Perspektive dient der langfristigen Sicherung der Substanz des Institutes und mithin dem geforderten Schutz der Gläubiger vor Verlusten aus ökonomischer Sicht.[240] Diese klare Zuordnung findet sich im Leitfaden der EZB allerdings nicht. **198**

---

236 Vgl. Europäische Zentralbank, Leitfaden der EZB für den bankinternen Prozess zur Sicherstellung einer angemessenen Kapitalausstattung (Internal Capital Adequacy Assessment Process – ICAAP), 9. November 2018, S. 44.

237 Vgl. Europäische Zentralbank, Leitfaden der EZB für den bankinternen Prozess zur Sicherstellung einer angemessenen Kapitalausstattung (Internal Capital Adequacy Assessment Process – ICAAP), 9. November 2018, S. 10.

238 Vgl. Europäische Zentralbank, Leitfaden der EZB für den bankinternen Prozess zur Sicherstellung einer angemessenen Kapitalausstattung (Internal Capital Adequacy Assessment Process – ICAAP), 9. November 2018, S. 10.

239 Vgl. Europäische Zentralbank, Leitfaden der EZB für den bankinternen Prozess zur Sicherstellung einer angemessenen Kapitalausstattung (Internal Capital Adequacy Assessment Process – ICAAP), 9. November 2018, S. 15.

240 Vgl. Bundesanstalt für Finanzdienstleistungsaufsicht/Deutsche Bundesbank, Aufsichtliche Beurteilung bankinterner Risikotragfähigkeitskonzepte und deren prozessualer Einbindung in die Gesamtbanksteuerung (»ICAAP«) – Neuausrichtung, Leitfaden vom 24. Mai 2018, S. 8 f. und 13.

3.5 Zusammenspiel zwischen der ökonomischen und der normativen Perspektive

199 Ist ein konkreter Steuerungsansatz aus der Perspektive eines der beiden Schutzziele ausgestaltet, so ist dem jeweils anderen Ziel durch entsprechende Adjustierungen bzw. Ergänzungen dieses Steuerungsansatzes ggf. Rechnung zu tragen (→ AT 4.1 Tz. 2, Erläuterung). Die Erkenntnisse aus beiden Perspektiven sollten also in geeigneter Weise in der jeweils anderen Perspektive berücksichtigt werden. Außerdem sollten sie in alle wesentlichen Geschäftsaktivitäten und -entscheidungen einfließen. Mit dem solide und konservativ ausgestalteten ICAAP soll insofern sichergestellt werden, dass die Institute aus diesen beiden komplementären Perspektiven über angemessenes Kapital verfügen, um ihren Fortbestand sicherzustellen.[241]

200 In der »alten Welt« der Going- und Gone-Concern-Ansätze hatte die deutsche Aufsicht unter einem »Steuerungskreis« mit einer Fokussierung auf den ökonomischen Kapitalbedarf jede Gesamtheit zusammenhängender, steuerungsrelevanter Verfahren verstanden, die darauf abzielen, dass die auf Instituts- bzw. Gruppenebene aggregierten Risiken durch das Risikodeckungspotenzial laufend abgedeckt sind und damit die Risikotragfähigkeit gegeben ist. Die Steuerungsrelevanz ergab sich nach den Vorstellungen der Aufsicht insbesondere aus einer geeigneten Limitierung der Risiken und einem angemessenen Reporting.[242] Die Institute haben auch damals schon vor der Herausforderung gestanden, die Steuerungsimpulse aus dem regulatorischen Kapitalbedarf der ersten Säule und dem ökonomischen Kapitalbedarf der zweiten Säule in geeigneter Weise zusammenzuführen. In der Regel liefern diese beiden Konzepte unterschiedliche Ergebnisse, weil die regulatorischen Vorgaben für alle Institute gleichermaßen gelten und insofern die institutsspezifischen Besonderheiten nicht (vollständig) berücksichtigen können. Deshalb sind die Vorgaben der ersten Säule oftmals als strenge Nebenbedingung in das zur internen Steuerung dienende Risikotragfähigkeitskonzept eingeflossen oder umgekehrt. Der primäre Steuerungskreis ergab sich i. d. R. daraus, ob der kapitalmäßige Engpass auf die Vorgaben der ersten oder zweiten Säule zurückzuführen war.

201 Um diese beiden Steuerungskreise miteinander zu verknüpfen, wurden sie von einigen Instituten z. B. in ein »Koordinatensystem« überführt, in dem der jeweilige Grad der Auslastung der limitierten Risiken direkt abgelesen werden konnte. In diesem Koordinatensystem war es zudem möglich, Planungs- oder Stressszenarien und eine Art Frühwarnfunktion zu integrieren. Andere Institute haben den regulatorischen Steuerungskreis mittels »Überleitungsrechnung« hinsichtlich der Risikomessung in den ökonomischen Steuerungskreis überführt. Dabei wurden die risikogewichteten Aktiva (»Risk-weighted Assets«, RWA) aus den regulatorischen Vorgaben im Wesentlichen in »ökonomische RWA« umgerechnet. Das Ziel bestand letztlich darin, die Steuerung des Institutes auf Basis einer einheitlichen Risikomessung und eines für beide Perspektiven maßgeblichen Risikodeckungspotenzials zu bewältigen.[243]

202 An dieser Forderung hat sich mit der Neuausrichtung der Risikotragfähigkeitskonzepte für die weniger bedeutenden Institute grundsätzlich nichts geändert. Aufgrund der klaren Zielzuordnung der Fortführung des Institutes zur normativen Perspektive (erste Säule) und des Gläubigerschutzes zur ökonomischen Perspektive (zweite Säule) steht nunmehr das Zusammenspiel dieser

---

241 Vgl. Europäische Zentralbank, Leitfaden der EZB für den bankinternen Prozess zur Sicherstellung einer angemessenen Kapitalausstattung (Internal Capital Adequacy Assessment Process – ICAAP), 9. November 2018, S. 15.

242 Vgl. Bundesanstalt für Finanzdienstleistungsaufsicht/Deutsche Bundesbank, Aufsichtliche Beurteilung bankinterner Risikotragfähigkeitskonzepte, Leitfaden vom 7. Dezember 2011, S. 2.

243 Buchberger, Robert, Risikotragfähigkeitsrechnung im Wandel, Vortrag beim »BaFin-Forum Risikotragfähigkeit bei Kreditinstituten«, Bonn, 4. Dezember 2012.

beiden Perspektiven, als notwendige Voraussetzung für eine gleichgerichtete Steuerung[244], im Mittelpunkt. Die EZB betont, dass keine der beiden Perspektiven – im Zeitverlauf und institutsübergreifend – automatisch stringenter ist als die andere.[245]

3.6 Ergebnisse der ökonomischen Perspektive als Input für die normative Perspektive

Die ökonomische Perspektive gestattet einen sehr umfassenden (zeitpunktbezogenen) Überblick über **203** die wirtschaftlichen Risiken, weil sie sich unmittelbar und in vollem Umfang auf das interne Kapital auswirken. Einige dieser Risiken können ganz oder teilweise auf die normative Perspektive durchschlagen, z.B. über Buchverluste, eine Reduzierung der Eigenmittel oder Aufsichtsbestimmungen. Deshalb sollten die Institute in der normativen Perspektive beurteilen, wie stark sich die in der ökonomischen Perspektive quantifizierten Risiken zukünftig auf ihre bilanziellen bzw. regulatorischen Eigenmittel und ihren Gesamtrisikobetrag (»Total Risk Exposure Amount«, TREA) auswirken könnten. Die im Rahmen der ökonomischen Perspektive gewonnenen Erkenntnisse sollten daher angemessen bei den Projektionen der künftigen Kapitalposition in der normativen Perspektive berücksichtigt werden.[246] Dabei geht es – allein aufgrund methodischer Unterschiede – nicht darum, die in der ökonomischen Perspektive ermittelten Risiken eins zu eins in die normative Perspektive zu übertragen.

Eine negative Auswirkung von Zinsänderungen im Anlagebuch auf den wirtschaftlichen Wert, die **204** bei der ökonomischen Perspektive sofort sichtbar sind, kann z.B. Aufschluss über die möglichen Langzeiteffekte auf die Gesamtforderungen des Institutes geben. Dabei kann es allerdings mehrere Jahre dauern, bis sich die vollständigen Auswirkungen von GuV-Effekten auf die Eigenkapitalquoten der ersten Säule in der normativen Perspektive zeigen, z.B. durch einen Ergebnisrückgang oder eine Transaktion im Zusammenhang mit dem betreffenden Portfolio.[247] Ein konzeptioneller Unterschied zwischen den beiden Perspektiven besteht z.B. darin, dass die Vermögenswerte in der ökonomischen Perspektive zum wirtschaftlichen Wert bzw. Nettobarwert berücksichtigt werden und in der normativen Perspektive auf Rechnungslegungs- und Regulatorik-basierten Werten beruhen. Aus einem Vergleich dieser Werte können stille Lasten resultieren. In der normativen Perspektive sollte berücksichtigt werden, in welchem Umfang sich diese stillen Lasten möglicherweise auch in der Bilanz bzw. GuV niederschlagen könnten.[248] Auch sind z.B. Credit-Spread-Risiken in Positionen des Anlagebuches, für die in der ökonomischen Perspektive ein Kapitalbedarf errechnet wird, normalerweise erst dann in den Szenarien der normativen Perspektive sichtbar, wenn wegen voraussichtlich dauerhafter Wertminderung ein Abschreibungsbedarf induziert wird.[249]

Allerdings sollten Risiken, die in der ökonomischen und in der normativen Perspektive ver- **205** schiedene Ausprägungen erfahren, in beiden Perspektiven auch unterschiedlich abgebildet wer-

---

244 Vgl. Bundesanstalt für Finanzdienstleistungsaufsicht/Deutsche Bundesbank, Aufsichtliche Beurteilung bankinterner Risikotragfähigkeitskonzepte und deren prozessualer Einbindung in die Gesamtbanksteuerung (»ICAAP«) – Neuausrichtung, Leitfaden vom 24. Mai 2018, S. 18.

245 Vgl. Europäische Zentralbank, Leitfaden der EZB für den bankinternen Prozess zur Sicherstellung einer angemessenen Kapitalausstattung (Internal Capital Adequacy Assessment Process – ICAAP), 9. November 2018, S. 23.

246 Vgl. Europäische Zentralbank, Leitfaden der EZB für den bankinternen Prozess zur Sicherstellung einer angemessenen Kapitalausstattung (Internal Capital Adequacy Assessment Process – ICAAP), 9. November 2018, S. 23.

247 Vgl. Europäische Zentralbank, Leitfaden der EZB für den bankinternen Prozess zur Sicherstellung einer angemessenen Kapitalausstattung (Internal Capital Adequacy Assessment Process – ICAAP), 9. November 2018, S. 25.

248 Vgl. Europäische Zentralbank, Leitfaden der EZB für den bankinternen Prozess zur Sicherstellung einer angemessenen Kapitalausstattung (Internal Capital Adequacy Assessment Process – ICAAP), 9. November 2018, S. 25.

249 Vgl. Bundesanstalt für Finanzdienstleistungsaufsicht/Deutsche Bundesbank, Aufsichtliche Beurteilung bankinterner Risikotragfähigkeitskonzepte und deren prozessualer Einbindung in die Gesamtbanksteuerung (»ICAAP«) – Neuausrichtung, Leitfaden vom 24. Mai 2018, S. 18.

den. Hinsichtlich der Zinsänderungsrisiken im Anlagebuch haben verschiedene Szenarien zwar eine Änderung des Barwertes vom Zinsbuch zur Folge. In der normativen Perspektive kann sich das Zinsergebnis aber deutlich weniger verändern, wobei allerdings auch die Auswirkungen auf die verlustfreie Bewertung des Zinsbuches nach IDW RS BFA 3[250] zu berücksichtigen sind.[251]

3.7 Ergebnisse der normativen Perspektive als Input für die ökonomische Perspektive

206 Die im Rahmen der normativen Perspektive erzielten Ergebnisse sollten wiederum in die Risikoquantifizierungen nach dem ökonomischen Ansatz einbezogen werden, insbesondere wenn die Risiken schwerer zu quantifizieren sind und nach den Erkenntnissen aus der normativen Perspektive nicht angemessen erfasst wurden.[252]

207 Die aus den mittelfristigen Betrachtungen der jeweils zugrundeliegenden Szenarien in der normativen Perspektive sichtbaren Veränderungen sind nicht in der zeitpunktbezogenen Risikoquantifizierung der ökonomischen Perspektive am betreffenden Stichtag berücksichtigt und sollten deshalb dort einfließen. Bei der zukunftsorientierten Betrachtung der ökonomischen Perspektive sollten ebenso die geplanten Managementmaßnahmen beurteilt werden, wie z.B. Kapitalmaßnahmen, Dividendenzahlungen, Käufe oder Verkäufe von Geschäftsbereichen. Damit soll sichergestellt werden, dass diese Maßnahmen die Angemessenheit der Kapitalausstattung aus ökonomischer Perspektive nicht beeinträchtigen. Erwarteten Veränderungen der Zinskurven sowie bereits beschlossenen Managementmaßnahmen, die während des Risikohorizonts durchgeführt werden, wird hingegen im Normalfall schon bei der zeitpunktbezogenen kurzfristigen Beurteilung im Rahmen der ökonomischen Perspektive Rechnung getragen. Sofern bei der Simulation der institutsspezifischen Schwachstellen in den adversen Szenarien der normativen Perspektive festgestellt wird, dass eine bestimmte Risikoart erhebliche Auswirkungen hat, sollte dieses Risiko bei der zeitpunktbezogenen Berechnung oder bei zusätzlichen Beurteilungen (z.B. Stresstests) im Rahmen der ökonomischen Perspektive angemessen quantifiziert werden.[253]

3.8 Stufenkonzepte der Risikotragfähigkeit

208 Zur Vorgehensweise bei der Sicherstellung der Risikotragfähigkeit werden den Instituten vor dem Hintergrund der Methodenfreiheit keine konkreten Vorgaben gemacht. In der Praxis kommen teilweise so genannte »Stufenkonzepte der Risikotragfähigkeit« zum Einsatz. Dabei werden die als Risikopuffer dienenden Kapitalbestandteile nach ihrer Verlustabsorptionsfähigkeit bzw. nach dem Grad ihrer Außenwirkung bei Verlustabsorption (Publizitätspflichten) angeordnet und dem internen Kapitalbedarf für unterschiedliche Verlustniveaus bzw. Risikopotenziale gegenübergestellt. Für diese Zwecke wird z.B. zwischen primären, sekundären und tertiären Risikodeckungs-

---

250 Institut der Wirtschaftsprüfer, IDW Stellungnahme zur Rechnungslegung: Einzelfragen der verlustfreien Bewertung von zinsbezogenen Geschäften des Bankbuchs (IDW RS BFA 3), 16. Oktober 2017.

251 Vgl. Bundesanstalt für Finanzdienstleistungsaufsicht/Deutsche Bundesbank, Aufsichtliche Beurteilung bankinterner Risikotragfähigkeitskonzepte und deren prozessualer Einbindung in die Gesamtbanksteuerung (»ICAAP«) – Neuausrichtung, Leitfaden vom 24. Mai 2018, S. 18.

252 Vgl. Europäische Zentralbank, Leitfaden der EZB für den bankinternen Prozess zur Sicherstellung einer angemessenen Kapitalausstattung (Internal Capital Adequacy Assessment Process – ICAAP), 9. November 2018, S. 23.

253 Vgl. Europäische Zentralbank, Leitfaden der EZB für den bankinternen Prozess zur Sicherstellung einer angemessenen Kapitalausstattung (Internal Capital Adequacy Assessment Process – ICAAP), 9. November 2018, S. 26 f.

potenzialen für den Normalbelastungsfall, den negativen Belastungsfall und den Maximalbelastungsfall unterschieden. Teilweise erfolgt sogar eine noch stärkere Untergliederung. Es handelt sich hierbei quasi um »Verteidigungslinien« bei eintretenden Risiken, die in dieser Reihenfolge zur Verlustabdeckung herangezogen werden. Die Verteidigungslinien können mit Risikobelastungsszenarien verknüpft werden, um auf diese Weise die Beziehungen zwischen Risikodeckungspotenzialen und Risikopotenzialen zu objektivieren.[254] Für diese Zwecke können die Berechnungen z.B. mit unterschiedlichen Konfidenzniveaus erfolgen.

209

Mit Hilfe von Stufenkonzepten kann das Risikotragfähigkeitskonzept hinsichtlich der Kapitaldeckung im Übrigen auch auf das Liquiditätsrisiko im engeren Sinne (Zahlungsunfähigkeitsrisiko) übertragen werden. Dabei wird das Risikodeckungspotenzial nach abnehmender Verfügbarkeit gegliedert (liquide Mittel, Liquiditätsreserve, Liquidität gemäß Notfallplan für Liquiditätsengpässe) und den mit ebenfalls abnehmender Wahrscheinlichkeit verbundenen Risikopotenzialen (Liquiditätsbedarf im Normalfall zu unterschiedlichen Konfidenzniveaus und im Stressfall) gegenübergestellt. Auf diese Weise kann ein liquiditätsorientiertes Risikotragfähigkeitskonzept aufgebaut werden, das gleichzeitig die Anforderungen an das Management von Liquiditätsrisiken berücksichtigt.[255] Diese Vorgehensweise ist bankaufsichtlich allerdings nicht gefordert (→ BTR 3).

3.9 Risikodeckungspotenzial als interne Steuerungsgröße

Die Bedeutung des Risikotragfähigkeitskonzeptes ist nicht auf die Gegenüberstellung der wesentlichen Risiken mit dem Risikodeckungspotenzial beschränkt. Das Risikodeckungspotenzial kann seine Funktion als zentrale interne Steuerungsgröße erst dann vollständig entfalten, wenn das Risikotragfähigkeitskonzept mit den geschäfts- und risikostrategischen Vorgaben der Geschäftsleitung sowie den Prozessen zur Identifizierung, Beurteilung, Steuerung, Überwachung und Kommunikation der Risiken verknüpft wird. Zwischen diesen zentralen Elementen des Risikomanagements bestehen vielfältige Zusammenhänge im Sinne eines Regelkreislaufes (siehe Abbildung 23). Die Effizienz dieses Regelkreislaufes ist abhängig vom schwächsten Glied in der Kette. So könnte z.B. die Wirkung anspruchsvoller Risikosteuerungs- und -controllingprozesse möglicherweise vollständig ins Leere laufen, wenn die Komponenten des Risikodeckungspotenzials keinen hinreichenden Beitrag zur Abdeckung der wesentlichen Risiken leisten. Dieser »interne Prozess zur Sicherstellung der Risikotragfähigkeit« ist insofern von zentraler Bedeutung für die Risikosteuerungs- und -controllingprozesse, die in eine gemeinsame Ertrags- und Risikosteuerung (»Gesamtbanksteuerung«) einzubinden sind (→ AT 4.3.2 Tz. 1).

210

---

254 Vgl. Schulte, Michael, Bank-Controlling II: Risikopolitik in Kreditinstituten, Frankfurt a.M., 1998, S. 29 ff.; Schierenbeck, Henner, Ertragsorientiertes Bankmanagement, Band 2: Risiko-Controlling und integrierte Rendite-/Risikosteuerung, 8. Auflage, Wiesbaden, 2003, S. 14 ff.

255 Vgl. Wimmer, Konrad/Wagner, Roland, Risiken ohne Kapitalunterlegung, in: Wimmer, Konrad (Hrsg.), MaRisk NEU – Handlungsbedarf in der Banksteuerung, Heidelberg, 2009, S. 138.

AT 4.1 Risikotragfähigkeit

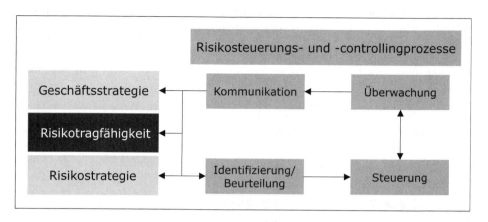

Abb. 23: Regelkreislauf zwischen den Elementen des Risikomanagements

211 In der Vergangenheit bestand zwischen dem Risikotragfähigkeitskonzept und den sonstigen Elementen des Regelkreislaufes bzw. der operativen Steuerung nur eine fragmentarische oder überhaupt keine Verknüpfung. Nachholbedarf wurde von der Aufsicht z. B. im Hinblick auf das Reporting an die Geschäftsleitung gesehen. So sollten die Angaben zur aktuellen Kapitalausstattung und zum Kapitalbedarf in die Managementinformationssysteme der Institute einfließen und insofern monatlich oder quartalsweise der Geschäftsleitung und den jeweils Verantwortlichen übermittelt werden. Nur auf diese Weise lässt sich regelmäßig hinterfragen, inwieweit die gemessenen Risiken dem angestrebten Risikoprofil entsprechen und mit der Risikostrategie im Einklang stehen. In der Prüfungspraxis war sogar der Eindruck entstanden, dass der gesamte »interne Prozess zur Sicherstellung der Risikotragfähigkeit« den Charakter einer Pflichtübung hat, die ausschließlich für die Aufsicht durchgeführt wird und insofern keinerlei Steuerungsrelevanz besitzt. Auch CEBS hat sich gegen ein derartiges »Schaulaufen für die Aufsicht« ausgesprochen.[256] Mittlerweile haben die Institute diesbezüglich große Fortschritte gemacht.

212 Mit der dritten MaRisk-Novelle wurde die Anforderung ergänzt, bei Festlegung der Risikostrategie für alle wesentlichen Risiken explizit Risikotoleranzen festzulegen und Risikokonzentrationen dabei zu berücksichtigen. Im Rahmen der vierten MaRisk-Novelle wurde klarstellend erläutert, dass die Geschäftsleitung mit der Festlegung der Risikotoleranzen eine bewusste Entscheidung darüber trifft, in welchem Umfang sie bereit ist, Risiken einzugehen. Schließlich wurde mit der fünften MaRisk-Novelle durch Begriffsänderung auf den Risikoappetit abgestellt (→ AT 4.2 Tz. 2 inkl. Erläuterung). Dieser Risikoappetit der Geschäftsleitung sollte folglich bei der Beurteilung der Risikotragfähigkeit berücksichtigt werden. Dabei sollte im Auge behalten werden, dass sich der Risikoappetit sowohl auf das Risikodeckungspotenzial als auch auf das Risikopotenzial auswirken kann.

---

256 »The ICAAP should be embedded in the institution's business and organisational processes, and not simply regarded as an add-on that permits the management body (both supervisory and management functions) to \‚tick a box' and indicate that supervisory expectations nominally have been met.« Committee of European Banking Supervisors, Guidelines on the Application of the Supervisory Review Process under Pillar 2 (GL 03), 25. Januar 2006, S. 7.

3.10   Risikoappetit und Risikodeckungsmasse

Da ein Institut auch bei Eintreten eines extremen Verlustes überlebensfähig bleiben soll, wird die   **213**
Geschäftsleitung regelmäßig nicht das gesamte Risikodeckungspotenzial zur Abdeckung der Risiken
verwenden. In der Regel wird daher ein bestimmter Anteil am Risikodeckungspotenzial festgelegt,
der zur Abdeckung der wesentlichen Risiken und damit verbundenen Risikokonzentrationen zur
Verfügung steht. Mit dieser risikostrategischen Festlegung dokumentiert die Geschäftsleitung ihren
Risikoappetit. Zur Unterscheidung vom gesamten Risikodeckungspotenzial wird der von der Geschäftsleitung zur Risikoabschirmung bereitgestellte Anteil als »Risikodeckungsmasse« bezeichnet.[257] Die Bereitstellung eines verhältnismäßig hohen Anteiles vom gesamten Risikodeckungspotenzial zur Abdeckung der wesentlichen Risiken ist Ausdruck eines ausgeprägten Risikoappetits
der Geschäftsleitung, während ein relativ geringer Anteil ein Indiz für einen weniger großen
Risikoappetit ist. Die Risikodeckungsmasse ist – wie in Abbildung 24 dargestellt – als Gesamtbanklimit zugleich die Ausgangsbasis für die gesamte Limitstruktur des Institutes bzw. zur Festlegung des
Risikoappetits für alle wesentlichen Risiken (→ AT4.2 Tz. 2 inkl. Erläuterung).

Mit Blick auf die von der EZB geforderten Management-Puffer bietet es sich für die bedeuten-   **214**
den Institute an, für diesen Zweck auf die (gesamte) Differenz zwischen dem Risikodeckungspotenzial und der Risikodeckungsmasse abzustellen.

Grundsätzlich gilt die Risikotragfähigkeit nach den MaRisk zwar als gegeben, sofern die   **215**
wesentlichen Risiken des Institutes durch das Risikodeckungspotenzial, d.h. das maximal
verfügbare Kapital zur Risikoabsicherung, unter Berücksichtigung von Risikokonzentrationen
laufend abgedeckt sind. Sofern ein Institut jedoch eine Risikodeckungsmasse als Teilmenge
seines Risikodeckungspotenzials zur Risikoabsorption festlegt, sollten sich die Anforderungen
des Moduls AT4.1 an dieser Größe orientieren.

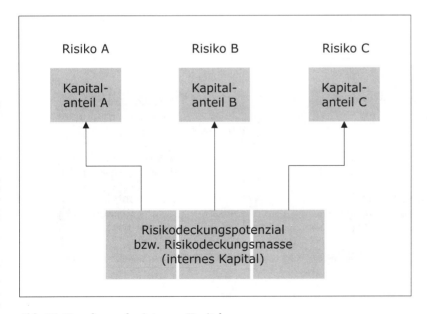

Abb. 24: Zuordnung des internen Kapitals

---

257 Der Risikotragfähigkeitsbegriff der MaRisk bezieht sich auf eine Gegenüberstellung der wesentlichen Risiken und des
Risikodeckungspotenzials. Der Risikoappetit der Geschäftsleitung spielt im Rahmen des ICAAP und des SREP eine nicht
zu unterschätzende Rolle.

AT 4.1 Risikotragfähigkeit

3.11 Risikoappetit und Risikotoleranzen

216 Im Zusammenhang mit der Formulierung der Risikostrategie ist für alle wesentlichen Risiken der »Risikoappetit des Institutes« festzulegen (→ AT 4.2 Tz. 2). Dies deutet bereits darauf hin, dass es sich hierbei eher um die auf das gesamte Institut bezogene Risikobereitschaft handelt, als um die Beantwortung der Frage, in welchem Ausmaß ein Institut jeweils gewillt ist, ganz bestimmte Risiken einzugehen, um seine Ziele zu erreichen. Es wird also zunächst nicht zwischen den verschiedenen wesentlichen Risiken unterschieden. Es ist möglich und wird von der Aufsicht vermutlich auch erwartet, den übergreifenden Risikoappetit des Institutes durch Risikotoleranzen für die einzelnen Risikoarten zu ergänzen, worauf ältere Formulierungen bis zur vierten MaRisk-Novelle hindeuten. Diese Risikotoleranzen dürfen allerdings nicht losgelöst voneinander betrachtet werden, sondern sollten aufeinander abgestimmt sein, um Fehlsteuerungen zu vermeiden. Damit schließt sich wieder der Kreis bei der Festlegung des Risikoappetits auf Gesamtbankebene.

217 Letztlich wird durch den Risikoappetit der Geschäftsleitung das Kapitallimit für das gesamte Institut vorgegeben. Die Festlegung von Risikotoleranzen entspricht hingegen einer Aufteilung dieses übergreifenden Kapitallimits auf einzelne Limit-Vorgaben je Risikoart, sofern dies für die betrachtete Risikoart sinnvoll erscheint. Der Risikoappetit kann neben rein quantitativen Vorgaben, die sich z. B. in der Strenge der Risikomessung, in Globallimiten oder in der Festlegung von Puffern für bestimmte Stressszenarien äußern, auch mittels Festlegung qualitativer Vorgaben, wie z. B. Anforderungen an die Besicherung von Krediten oder die Vermeidung bestimmter Geschäfte, zum Ausdruck kommen (→ AT 4.2 Tz. 2, Erläuterung). Insofern wird der Risikoappetit der Geschäftsleitung über die Festlegung von Risikotoleranzen mit Blick auf die wesentlichen Risiken quasi »operationalisiert« (siehe Abbildung 25). Mit der Festlegung von Risikotoleranzen trifft die Geschäftsleitung eine Entscheidung darüber, welche Risiken sie in welchem Umfang eingehen möchte. Die entsprechenden Festlegungen werden im Rahmen der strategischen Planung getroffen. Ob diese Planung auf Basis eines einstufigen oder zweistufigen Verfahrens erfolgt, bleibt den Instituten überlassen (→ AT 4.2 Tz. 2).

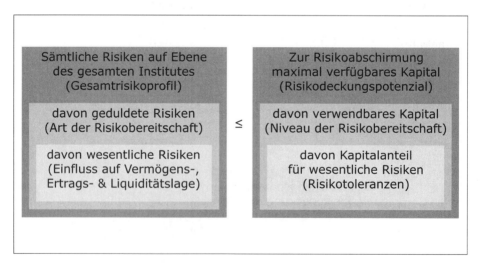

Abb. 25: Risikoappetit und Risikotoleranzen

3.12 Verknüpfung mit den Strategien

Es ist unmittelbar einleuchtend, dass zwischen der Risikotragfähigkeit und den strategischen 218 Vorgaben der Geschäftsleitung Interdependenzen bestehen. Die Risikotragfähigkeit gibt einerseits einen Rahmen vor, der die Menge an möglichen strategischen Festlegungen beschränkt. Geplante Geschäftsaktivitäten können nur dann realisiert werden, wenn die daraus resultierenden Risiken durch das Risikodeckungspotenzial abgedeckt werden. Andererseits kann die Realisierung bestimmter Strategien natürlich auch Anpassungen des Risikodeckungspotenzials erforderlich machen, das z. B. durch Zuführung von neuen Mitteln erhöht werden könnte. Sind Risikotragfähigkeit und Strategie vollkommen voneinander entkoppelt, führt dies i. d. R. zu »Fantasiestrategien« und damit einhergehend zu unwirksamen Steuerungs- und Überwachungsmechanismen.

3.13 Verknüpfung mit den Risikosteuerungs- und -controllingprozessen

Zur Gewährleistung der Risikotragfähigkeit sind von den Instituten Prozesse zur Identifizierung, 219 Beurteilung, Steuerung, Überwachung und Kommunikation der Risiken (Risikosteuerungs- und -controllingprozesse) einzurichten. Auch dieser Zusammenhang ist intuitiv klar, da die Bestimmung des Risikodeckungspotenzials überflüssig wäre, wenn das Institut nicht in der Lage ist, seine »Risikoposition« zu beurteilen und zu steuern. Die einzelnen Schritte der Risikosteuerungs- und -controllingprozesse zielen vor allem darauf ab, dass die wesentlichen Risiken mit dem Risikodeckungspotenzial und damit auch mit der strategischen Planung des Institutes korrespondieren.

Eine zentrale Rolle spielt dabei die Limitierung der Risiken, an die mit Blick auf die Adressen- 220 ausfall- und Marktpreisrisiken bereits detaillierte Anforderungen gestellt werden (→ BTR 1 und BTR 2). Im Rahmen der vierten MaRisk-Novelle wurde die Bedeutung der Risikosteuerungs- und -controllingprozesse für die laufende Sicherstellung der Risikotragfähigkeit noch stärker betont. So ist durch geeignete Maßnahmen zu gewährleisten, dass die Risiken und die damit verbundenen Risikokonzentrationen unter Berücksichtigung der Risikotragfähigkeit und des Risikoappetits wirksam begrenzt und überwacht werden (→ AT 4.3.2 Tz. 1). Zu diesem Zweck »wird nunmehr für alle im Risikotragfähigkeitskonzept berücksichtigten Risiken ein Limitsystem zur Begrenzung der Risiken gefordert«.[258] Im Endeffekt kommt es darauf an, dass die Prozesse als Ganzes im Hinblick auf das vorhandene Risikodeckungspotenzial rechtzeitig Steuerungsimpulse auslösen, damit keine übermäßigen Risiken eingegangen werden.[259]

Nicht zuletzt vor diesem Hintergrund wurden auch die Anforderungen an die Verfahren zur 221 Früherkennung von Risiken auf eine allgemeinere Basis gestellt. So hat das Institut für die frühzeitige Identifizierung von Risiken sowie von risikoartenübergreifenden Effekten geeignete Indikatoren abzuleiten, die je nach Risikoart auf quantitativen und/oder qualitativen Risikomerkmalen basieren (→ AT 4.3.2 Tz. 2). Dieser Anforderung liegt die Erkenntnis zugrunde, dass gerade solche Institute die Finanzmarktkrise vergleichsweise gut überstanden haben, die aufgrund entsprechender Frühwarnindikatoren Fehlentwicklungen schon in einem frühen Stadium erkennen und somit deutlich schneller auf sich anbahnende Ereignisse reagieren konnten. In diesem

---

258 Bundesanstalt für Finanzdienstleistungsaufsicht, Übermittlungsschreiben zum ersten Entwurf zur Überarbeitung der Mindestanforderungen an das Risikomanagement vom 26. April 2012, S. 3.
259 Vgl. Bundesanstalt für Finanzdienstleistungsaufsicht, Übermittlungsschreiben zum ersten Entwurf zur Überarbeitung der Mindestanforderungen an das Risikomanagement vom 26. April 2012, S. 3.

Stadium konnten die Gegensteuerungsmaßnahmen noch wirksam werden und sind nicht ergebnislos verpufft.[260]

3.14   Risikotragfähigkeit und Stresstests

222   Bei der Beurteilung der Risikotragfähigkeit sind die Ergebnisse der Stresstests angemessen zu berücksichtigen (→ AT 4.3.3 Tz. 6). Im Rahmen der Durchführung von Stresstests soll auch die Anfälligkeit des Institutes für außergewöhnliche, aber plausibel mögliche Ereignisse aufgezeigt werden (→ AT 4.3.3 Tz. 3), wobei den Auswirkungen eines schweren konjunkturellen Abschwungs besondere Aufmerksamkeit zu schenken ist (→ AT 4.3.3 Tz. 6). Stresstests werden als Ergänzung zum Risikotragfähigkeitskonzept sowohl für die normative als auch für die ökonomische Perspektive gefordert. Die Vorgehensweise zwischen beiden Perspektiven unterscheidet sich allerdings deutlich.

223   Bei der Kapitalplanung nach der normativen Perspektive müssen über einen Zeitraum von mindestens drei Jahren auch adverse Entwicklungen, die von den Erwartungen abweichen, zugrundegelegt werden. Die entsprechenden Anforderungen werden an anderer Stelle ausführlich erläutert (→ AT 4.1 Tz. 11). Für die Institute besteht die Möglichkeit, sich bei der Ausgestaltung der adversen Szenarien an den vom Institut durchgeführten Stresstests zu orientieren. Dabei kann unter den im RTF-Leitfaden genannten Voraussetzungen auch auf den geforderten schweren konjunkturellen Abschwung (→ AT 4.3.3 Tz. 6) abgestellt werden.[261]

224   Bei Verwendung von Going-Concern-Ansätzen alter Prägung sind die Anforderungen an Stresstests aus dem RTF-Leitfaden zwar nicht maßgeblich. Die Aufsicht weist allerdings darauf hin, dass die Auswirkungen etwaiger Marktverwerfungen in den grundsätzlich von allen Instituten durchzuführenden Stresstests (→ AT 4.3.3 Tz. 1) eine umso stärkere Berücksichtigung finden müssen, je weniger sie bei der Festlegung der Haltedauern eine Rolle spielen.[262]

225   In einem angemessenen Umfang müssen darüber hinaus in der ökonomischen Perspektive auch Stresstests durchgeführt werden, die sich von den zugrundeliegenden Prämissen der eingesetzten Risikomessverfahren lösen. Dabei geht es um die Analyse potenzieller Ereignisse, die bei wahrscheinlichkeitsbasierter Risikoquantifizierung nicht (hinreichend) abgebildet sind, weil z. B. die Marktverhältnisse während des Beobachtungszeitraumes wenig volatil waren.[263] Die Auswirkungen etwaiger Marktverwerfungen sind umso mehr im Rahmen von Stresstests zu untersuchen, je weniger solche Stressgesichtspunkte bei der Festlegung der Haltedauern berücksichtigt wurden.[264]

226   Eine Unterlegung mit Risikodeckungspotenzial ist zumindest dann erforderlich, wenn die Stresstests bewusst zur Quantifizierung bestimmter Risiken eingesetzt werden (→ AT 4.3.3 Tz. 6, Erläuterung). Diese Vorgehensweise ist bisher eher die Ausnahme.[265] Zudem beziehen sich

---

260 Vgl. Bundesanstalt für Finanzdienstleistungsaufsicht, Übermittlungsschreiben zum ersten Entwurf zur Überarbeitung der Mindestanforderungen an das Risikomanagement vom 26. April 2012, S. 3 f.

261 Vgl. Bundesanstalt für Finanzdienstleistungsaufsicht/Deutsche Bundesbank, Aufsichtliche Beurteilung bankinterner Risikotragfähigkeitskonzepte und deren prozessualer Einbindung in die Gesamtbanksteuerung (»ICAAP«) – Neuausrichtung, Leitfaden vom 24. Mai 2018, S. 12.

262 Vgl. Bundesanstalt für Finanzdienstleistungsaufsicht/Deutsche Bundesbank, Aufsichtliche Beurteilung bankinterner Risikotragfähigkeitskonzepte und deren prozessualer Einbindung in die Gesamtbanksteuerung (»ICAAP«) – Neuausrichtung, Leitfaden vom 24. Mai 2018, S. 29.

263 Vgl. Bundesanstalt für Finanzdienstleistungsaufsicht/Deutsche Bundesbank, Aufsichtliche Beurteilung bankinterner Risikotragfähigkeitskonzepte und deren prozessualer Einbindung in die Gesamtbanksteuerung (»ICAAP«) – Neuausrichtung, Leitfaden vom 24. Mai 2018, S. 18.

264 Vgl. Bundesanstalt für Finanzdienstleistungsaufsicht/Deutsche Bundesbank, Aufsichtliche Beurteilung bankinterner Risikotragfähigkeitskonzepte und deren prozessualer Einbindung in die Gesamtbanksteuerung (»ICAAP«) – Neuausrichtung, Leitfaden vom 24. Mai 2018, S. 29.

265 Vgl. Deutsche Bundesbank, Stresstests: Methoden und Anwendungsgebiete, in: Finanzstabilitätsbericht 2007, November 2007, S. 102.

derartige Stresstests häufig nicht auf außergewöhnliche Ereignisse, sondern auf Belastungsfälle mit einer höheren Eintrittswahrscheinlichkeit.[266] Ein derart abgestuftes Vorgehen ist durchaus möglich, da die Stresstests »auch« außergewöhnliche, aber plausibel mögliche Ereignisse abzubilden haben. Folglich können z.B. Szenarien mit weniger gravierenden, aber wahrscheinlicheren Auswirkungen zur Überprüfung der Risikotragfähigkeit genutzt werden. Stresstests kommt im Zusammenhang mit dem Risikotragfähigkeitskonzept allerdings insbesondere dann eine komplettierende Funktion zu, wenn sie »nicht bloß in Form von Sensitivitätsanalysen durchgeführt werden, sondern eine kritische Reflexion der für die Risikoquantifizierung gewählten Modellannahmen ermöglichen«.[267] Die Aufsicht hat die Anforderungen, um einen Risikobetrag auf diese Weise für die Risikotragfähigkeitsbetrachtung verwenden zu können, mittlerweile konkretisiert. So muss bei Ausgestaltung der Stresstests sinngemäß auch die Anforderung beachtet werden, dass die Quantifizierung bzw. Beurteilung der wesentlichen Risiken auch mit strengen, auf seltene Verlustausprägungen abstellenden Risikomaßen und Parametern erfolgen soll.[268]

3.15 ICAAP-Stresstests

Die Institute müssen im Rahmen des ICAAP mindestens jährlich und – in Abhängigkeit von den jeweiligen Umständen – ggf. in kürzeren Abständen eine auf sie zugeschnittene eingehende Überprüfung ihrer Schwachstellen durchführen und dabei institutsweit alle wesentlichen Risiken erfassen, die sich aus ihrem Geschäftsmodell und ihrem operativen Umfeld unter makroökonomischen und finanziellen Stressbedingungen ergeben. Auf der Grundlage dieser Überprüfung sollten die Institute ein angemessenes Stresstestprogramm für die normative und die ökonomische Perspektive festlegen.[269] Hintergrund dafür sind vor allem die bereits geschilderten Scheingenauigkeiten bei Verwendung mathematisch-statistischer Modelle. So fordert die EZB die bedeutenden Institute direkt auf, die Risikoquantifizierungsmethoden auf der Grundlage ihres eigenen Risikoappetits zu kalibrieren, anstatt mechanistisch auf externe Bonitätsbeurteilungen und statistische Konfidenzniveaus abzuzielen. Deshalb sollen sich die Institute Gedanken darüber machen, welche möglichen Verluste sie im Zeitverlauf absorbieren können und wollen. Auf dieser Basis sollen sie entsprechende Risikoquantifizierungsmethoden festlegen, die ihnen auch bei seltenen Extremereignissen oder gravierenden künftigen Entwicklungen eine hinreichende Sicherheit bieten, dass diese Verluste nicht überstiegen werden. Diese Methoden laufen automatisch auf Stresstests hinaus.[270] **227**

Die Vorgaben zu institutsinternen Stresstests werden an anderer Stelle ausführlich beschrieben (→ AT4.3.3). Die EZB konkretisiert im SSM-Leitfaden, dass das Stresstestprogramm sowohl die normative als auch die ökonomische Perspektive abdecken sollte. Für die Stresstests nach dem ökonomischen Ansatz werden keine mehrjährigen Szenario-Projektionen gefordert. In der normativen Perspektive entsprechen die Stresstests den adversen Szenarien in der Kapitalplanung. Durch die Verknüpfung beider Perspektiven sollen die in der ökonomischen Perspektive beobachteten **228**

---

266 Vgl. Deutscher Sparkassen- und Giroverband, Mindestanforderungen an das Risikomanagement – Interpretationsleitfaden, Version 3.0, Berlin, November 2009, S.216.

267 Volk, Tobias/Wiesemann, Bernd, Aufsichtliche Beurteilung bankinterner Risikotragfähigkeitskonzepte, in: Zeitschrift für das gesamte Kreditwesen, Heft 6/2012, S.22.

268 Vgl. Bundesanstalt für Finanzdienstleistungsaufsicht/Deutsche Bundesbank, Aufsichtliche Beurteilung bankinterner Risikotragfähigkeitskonzepte und deren prozessualer Einbindung in die Gesamtbanksteuerung (»ICAAP«) – Neuausrichtung, Leitfaden vom 24. Mai 2018, S. 7.

269 Vgl. Europäische Zentralbank, Leitfaden der EZB für den bankinternen Prozess zur Sicherstellung einer angemessenen Kapitalausstattung (Internal Capital Adequacy Assessment Process – ICAAP), 9. November 2018, S.39.

270 Vgl. Europäische Zentralbank, Leitfaden der EZB für den bankinternen Prozess zur Sicherstellung einer angemessenen Kapitalausstattung (Internal Capital Adequacy Assessment Process – ICAAP), 9. November 2018, S.36.

Effekte in der normativen Perspektive in angemessener Weise berücksichtigt werden. Da es letztlich darum geht, die Angemessenheit des Kapitals unter widrigen Bedingungen zu überprüfen, sollen die Szenarien wesentliche Auswirkungen auf das interne und das regulatorische Kapital haben, beispielsweise auf die CET1-Quote. Bei wesentlichen Änderungen sollten die Institute deren potenzielle Auswirkungen auf die Angemessenheit ihres Kapitals im Jahresverlauf bewerten.[271]

3.16 Zusammenspiel zwischen ICAAP- und ILAAP-Stresstests

229 Die Institute sollten die potenziellen Auswirkungen relevanter Szenarien, einschließlich der Auswirkungen auf das Kapital und die Liquidität sowie potenzieller Rückkoppelungen, bewerten. Zu diesem Zweck sollten die zugrundeliegenden Annahmen der ICAAP- und ILAAP-Stresstests, deren Ergebnisse und die projizierten Managementmaßnahmen beiderseits Berücksichtigung finden. Dabei sollten insbesondere Verluste berücksichtigt werden, die aus der Verwertung von Aktiva oder einem Anstieg der Refinanzierungskosten in Stressperioden resultieren. Zum Beispiel sollten die Institute die Auswirkungen eines sinkenden Kapitalniveaus – entsprechend der Projektion im ICAAP – auf ihre Liquiditätslage bewerten. Eine Herabstufung durch eine externe Ratingagentur könnte z. B. direkte Auswirkungen auf die Refinanzierungsfähigkeit eines Institutes haben. Umgekehrt könnten der Refinanzierungsbedarf und die Refinanzierungsbedingungen, die in den Liquiditäts- und Refinanzierungsplänen abgeschätzt wurden, wesentliche Auswirkungen auf die Refinanzierungskosten haben, was sich wiederum auf die Angemessenheit der Kapitalausstattung auswirken würde.[272]

3.17 Inverse Stresstests

230 Die EZB erwartet, dass von den Instituten unter Proportionalitätsgesichtspunkten mindestens einmal jährlich auch »inverse Stresstests« (»reverse stresstests«) durchgeführt werden, um die Vollständigkeit und Konservativität der Annahmen des ICAAP-Rahmens in beiden Perspektiven auf den Prüfstand zu stellen.[273] Bei einem inversen Stresstest werden auf Basis eines vordefinierten Ergebnisses Szenarien und Umstände untersucht, die dieses Ergebnis verursachen könnten.[274] Konkret wird bei einem inversen Stresstest untersucht, welche Ereignisse ein Institut in seiner Überlebensfähigkeit gefährden könnten. Die Überlebensfähigkeit ist dann als gefährdet anzunehmen, wenn sich das ursprüngliche Geschäftsmodell als nicht mehr durchführbar bzw. tragbar erweist (→ AT4.3.3 Tz. 4, Erläuterung). Die EZB nennt als mögliche Ereignisse, die im Zusammenhang mit den inversen Stresstests untersucht werden sollten, ein Unterschreiten der SREP-Gesamtkapitalanforderung (»Total SREP Capital Requirement«, TSCR) oder der Management-Puffer der Institute (→ AT4.1 Tz. 11).

---

271 Vgl. Europäische Zentralbank, Leitfaden der EZB für den bankinternen Prozess zur Sicherstellung einer angemessenen Kapitalausstattung (Internal Capital Adequacy Assessment Process – ICAAP), 9. November 2018, S. 39 f.

272 Vgl. Europäische Zentralbank, Leitfaden der EZB für den bankinternen Prozess zur Sicherstellung einer angemessenen Kapitalausstattung (Internal Capital Adequacy Assessment Process – ICAAP), 9. November 2018, S. 41.

273 Vgl. Europäische Zentralbank, Leitfaden der EZB für den bankinternen Prozess zur Sicherstellung einer angemessenen Kapitalausstattung (Internal Capital Adequacy Assessment Process – ICAAP), 9. November 2018, S. 41 ff.

274 Vgl. Europäische Zentralbank, Leitfaden der EZB für den bankinternen Prozess zur Sicherstellung einer angemessenen Kapitalausstattung (Internal Capital Adequacy Assessment Process – ICAAP), 9. November 2018, S. 46; European Banking Authority, Final Report – Guidelines on institution's stress testing, EBA/GL/2018/04, 19. Juli 2018, S. 14 f.

3.18   Zusammenhang zur Sanierungsplanung

Ein Sanierungsplan gemäß Art. 5 BRRD[275] zielt darauf ab, die Maßnahmen darzulegen, die von **231** einem Institut im Fall einer erheblichen Verschlechterung seiner Finanzlage zu ergreifen sind, um seine finanzielle Stabilität wiederherzustellen. Da eine unzureichende Kapitalausstattung eine der größten Bedrohungen für die Geschäftsfortführung bzw. die Überlebensfähigkeit eines Institutes darstellt, besteht eine natürliche Verbindung zwischen dem ICAAP, der die Fortführung der Geschäftätigkeit eines Institutes im Rahmen seiner Strategie und seines angestrebten Geschäftsmodells sicherstellt, und dem Sanierungsplan, der die Überlebensfähigkeit eines in Schieflage geratenen Institutes wiederherstellen soll. Deshalb wird von den Instituten erwartet, die Konsistenz und Kohärenz zwischen ihrem ICAAP einerseits sowie ihren Sanierungsplänen und den damit verbundenen Vorkehrungen, wie z. B. Schwellenwerten für Frühwarnsignale und Indikatoren des Sanierungsplanes sowie Eskalationsverfahren, andererseits als Teil ein und desselben Risikomanagement-Rahmens sicherzustellen. Darüber hinaus sollen potenzielle ICAAP-Managementmaßnahmen mit wesentlichen Auswirkungen unverzüglich in den Sanierungsplan einfließen und umgekehrt, um sicherzustellen, dass die Verfahren und Informationen in den dazugehörigen Dokumenten konsistent und auf dem aktuellen Stand sind.[276] Auch die in der normativen Perspektive zugrundegelegten Annahmen für die Kapitalplanung sollten ggf. mit dem Sanierungsplan in Einklang stehen.[277]

Ein besonders enger Zusammenhang der Sanierungsplanung besteht zu den inversen Stresstests, **232** mit deren Hilfe untersucht wird, welche Ereignisse ein Institut in seiner Überlebensfähigkeit gefährden könnten. Die EBA nennt beispielhaft die Situation, dass ein Institut als »ausfallend bzw. ausfallgefährdet« (»failing or likely to fail«) im Sinne von Art. 32 Abs. 2 BRRD[278] angesehen werden kann.[279] Die inversen Stresstests könnten nach Einschätzung der EZB deshalb auch als Ausgangspunkt für die Entwicklung von Szenarien für die Sanierungsplanung verwendet werden.[280] Die EBA hält es sogar für sachgerecht, spezifische inverse Stresstests im Rahmen der Sanierungsplanung anzuwenden, um mit ihrer Hilfe z. B. die Bedingungen zu ermitteln, unter denen die Sanierung möglicherweise vorzusehen ist.[281] Dabei sollten ausfallnahe Szenarien (»Beinahe-Ausfälle«) entwickelt werden, die dazu führen, dass das Geschäftsmodell eines Institutes oder einer Gruppe nicht mehr tragfähig ist, sofern die Sanierungsmaßnahmen nicht erfolgreich umgesetzt werden.[282] Hintergrund dafür ist die Überlegung, dass das Ziel der Sanierungsplanung gerade darin besteht, mögliche

275 Vgl. Richtlinie 2014/59/EU (Sanierungs- und Abwicklungsrichtlinie) des Europäischen Parlaments und des Rates vom 15. Mai 2014 zur Festlegung eines Rahmens für die Sanierung und Abwicklung von Kreditinstituten und Wertpapierfirmen und zur Änderung der Richtlinie 82/891/EWG des Rates, der Richtlinien 2001/24/EG, 2002/47/EG, 2004/25/EG, 2005/56/EG, 2007/36/EG, 2011/35/EU, 2012/30/EU und 2013/36/EU sowie der Verordnungen (EU) Nr. 1093/2010 und (EU) Nr. 648/2012 des Europäischen Parlaments und des Rates, Amtsblatt der Europäischen Union vom 12. Juni 2014, L 173/223.

276 Vgl. Europäische Zentralbank, Leitfaden der EZB für den bankinternen Prozess zur Sicherstellung einer angemessenen Kapitalausstattung (Internal Capital Adequacy Assessment Process – ICAAP), 9. November 2018, S. 12.

277 Vgl. Europäische Zentralbank, Leitfaden der EZB für den bankinternen Prozess zur Sicherstellung einer angemessenen Kapitalausstattung (Internal Capital Adequacy Assessment Process – ICAAP), 9. November 2018, S. 19.

278 Vgl. Richtlinie 2014/59/EU (Sanierungs- und Abwicklungsrichtlinie) des Europäischen Parlaments und des Rates vom 15. Mai 2014 zur Festlegung eines Rahmens für die Sanierung und Abwicklung von Kreditinstituten und Wertpapierfirmen und zur Änderung der Richtlinie 82/891/EWG des Rates, der Richtlinien 2001/24/EG, 2002/47/EG, 2004/25/EG, 2005/56/EG, 2007/36/EG, 2011/35/EU, 2012/30/EU und 2013/36/EU sowie der Verordnungen (EU) Nr. 1093/2010 und (EU) Nr. 648/2012 des Europäischen Parlaments und des Rates, Amtsblatt der Europäischen Union vom 12. Juni 2014, L 173/249.

279 Vgl. European Banking Authority, Final Report – Guidelines on institution's stress testing, EBA/GL/2018/04, 19. Juli 2018, S. 14 f.

280 Vgl. Europäische Zentralbank, Leitfaden der EZB für den bankinternen Prozess zur Sicherstellung einer angemessenen Kapitalausstattung (Internal Capital Adequacy Assessment Process – ICAAP), 9. November 2018, S. 41.

281 Vgl. European Banking Authority, Final Report – Guidelines on institution's stress testing, EBA/GL/2018/04, 19. Juli 2018, S. 14 f.

282 Vgl. Europäische Zentralbank, Leitfaden der EZB für den bankinternen Prozess zur Sicherstellung einer angemessenen Kapitalausstattung (Internal Capital Adequacy Assessment Process – ICAAP), 9. November 2018, S. 41.

Optionen zur Sicherung und Wiederherstellung der Finanzkraft und der Rentabilität eines Institutes zu beschreiben, wenn es unter starkem Stress steht (→ AT 4.3.3 Tz. 4).[283]

3.19 Charakter »interner« Verfahren bewahren

233 In Teilen der Kreditwirtschaft wird befürchtet, dass die Methodenfreiheit durch immer mehr Veröffentlichungspflichten automatisch eingeschränkt werden könnte. So sollten insbesondere die institutsindividuellen Ergebnisse von Risikotragfähigkeitsanalysen und Stresstests nicht der Offenlegung unterliegen. Es ist zwar nicht von der Hand zu weisen, dass interessierten Dritten dadurch wertvolle Zusatzinformationen für die Beurteilung der Risikolage eines Institutes geliefert werden. Allerdings würde der Umfang der dafür erforderlichen Begleitinformationen jeden vernünftigen Rahmen sprengen, um eine angemessene Interpretation dieser Ergebnisse – auch im Vergleich mit anderen Instituten – zu ermöglichen. Hinsichtlich des Risikotragfähigkeitskonzeptes würde z. B. eine Aussage zum Auslastungsgrad des Risikodeckungspotenzials ohne tiefgreifende Kenntnis von der verwendeten Methodik und den zugrundeliegenden Annahmen keine verwertbare Information liefern. Dies könnte unter Umständen sogar zu Fehlinterpretationen führen, wie z. B. der europaweite Stresstest der EBA im Jahre 2011 verdeutlicht hat.[284] Zudem wären damit ggf. auch negative Anreize für die Institute verbunden, sich nicht ausreichend mit Extremszenarien zu beschäftigen.[285]

---

283 Vgl. Financial Stability Board, Recovery and Resolution Planning for Systemically Important Financial Institutions: Guidance on Recovery Triggers and Stress Scenarios, 16. Juli 2013, S. 8 f.

284 Im Jahre 2011 wollte die EBA die stille Einlage des Trägers einer Bank aus formalen Gründen nicht als hartes Kernkapital anerkennen, obwohl dafür bereits eine verbindliche Verpflichtung vorlag. In der Folge hätte diese (kerngesunde) Bank den Stresstest der EBA aufgrund des damals noch vorgegebenen Schwellenwertes rein rechnerisch nicht bestanden. Die Bank hatte deshalb zur Vermeidung von Reputationsrisiken auf eine Veröffentlichung ihres Ergebnisses durch die EBA verzichtet und stattdessen auf Basis der von der EBA vorgegebenen Szenarien ihr Ergebnis unter Einbeziehung der besagten stillen Einlage vorab in Eigenregie veröffentlicht.

285 Vgl. Bott, Claudia/Rönn, Oliver von, Risikotragfähigkeitsanalyse und aktuelle Veränderungen aufsichtlicher Anforderungen vor dem Hintergrund der Finanzmarktkrise, in: Becker, Axel/Gruber, Walter/Wohlert, Dirk (Hrsg.), Handbuch MaRisk und Basel III, Frankfurt a. M., 2012, S. 438 f. und S. 458.

4 Angemessener Betrachtungshorizont (Tz. 3)

3 Knüpft das Risikotragfähigkeitskonzept an Jahresabschluss-Größen an, so ist eine an-   **234**
gemessene Betrachtung über den Bilanzstichtag hinaus erforderlich.

4.1 Zukunftsorientierung des ICAAP

Die Risikotragfähigkeitskonzepte der meisten Institute in Deutschland knüpfen an Jahresabschluss-   **235**
Größen an. Da der »Risikobetrachtungshorizont« in der ökonomischen Perspektive und in Analogie
dazu auch bei Going-Concern-Ansätzen alter Prägung einen einheitlich langen künftigen Zeitraum
umfasst und i.d.R. ein Jahr beträgt[286], wird von diesen Instituten gefordert, eine angemessene
Betrachtung über den Bilanzstichtag hinaus anzustellen. In der Regel wird dafür eine Betrachtung
bis zum übernächsten Bilanzstichtag als zweckmäßig erachtet, die spätestens in der Mitte des
aktuellen Geschäftsjahres angestoßen werden sollte. Ebenso kann eine rollierende 12-Monats-Be-
trachtung erfolgen (→ AT4.1 Tz.3, Erläuterung). Beide Lösungsansätze decken sich weitgehend mit
den Vorstellungen der Kreditwirtschaft.[287] Allerdings handelt es sich bei den Hinweisen der BaFin
nicht um verbindliche Anforderungen, wie in der »Kann-Formulierung« zum Ausdruck kommt.
Insoweit sind alternative Verfahrensweisen grundsätzlich möglich, solange sie mit dem Sinn und
Zweck der Regelung (Berücksichtigung der zukünftigen Risikotragfähigkeit) korrespondieren.

Die Zukunftsorientierung des ICAAP wird seit der vierten MaRisk-Novelle noch stärker betont.   **236**
Mit dieser Novelle wurde die Forderung ergänzt, nach der jedes Institut über einen Prozess zur
Planung des zukünftigen Kapitalbedarfes verfügen und der entsprechende Planungshorizont
einen angemessen langen, mehrjährigen Zeitraum umfassen muss. Dabei ist zu berücksichtigen,
wie sich über den Risikobetrachtungshorizont des Risikotragfähigkeitskonzeptes hinaus Veränderungen der eigenen Geschäftstätigkeit oder der strategischen Ziele sowie Veränderungen des
wirtschaftlichen Umfeldes auf den Kapitalbedarf auswirken. Möglichen adversen Entwicklungen,
die von den Erwartungen abweichen, ist bei der Planung angemessen Rechnung zu tragen
(→ AT4.1 Tz.11).

Mit der fünften MaRisk-Novelle und insbesondere der Veröffentlichung des SSM-Leitfadens   **237**
sowie des RTF-Leitfadens wird dieser Aspekt insbesondere durch das geforderte Zusammenspiel
der normativen und der ökonomischen Perspektive weiter vorangetrieben (→ AT4.1 Tz.2).

---

286 Vgl. Bundesanstalt für Finanzdienstleistungsaufsicht/Deutsche Bundesbank, Aufsichtliche Beurteilung bankinterner
   Risikotragfähigkeitskonzepte und deren prozessualer Einbindung in die Gesamtbanksteuerung (»ICAAP«) – Neuausrichtung, Leitfaden vom 24. Mai 2018, S. 16 und 29.
287 Vgl. Zentraler Kreditausschuss, Stellungnahme zum Entwurf über die Mindestanforderungen an das Risikomanagement
   vom 9. Juli 2010, 30. August 2010, S. 5.

5 Ausnahme wesentlicher Risiken (Tz. 4)

238 4 Wesentliche Risiken, die nicht in das Risikotragfähigkeitskonzept einbezogen werden, sind festzulegen. Ihre Nichtberücksichtigung ist nachvollziehbar zu begründen und nur dann möglich, wenn das jeweilige Risiko aufgrund seiner Eigenart nicht sinnvoll durch Risikodeckungspotenzial begrenzt werden kann (z. B. das Zahlungsunfähigkeitsrisiko). Es ist sicherzustellen, dass solche Risiken angemessen in den Risikosteuerungs- und -controllingprozessen berücksichtigt werden.

5.1 Wirksamkeit des Risikotragfähigkeitskonzeptes

239 Mit Hilfe des Risikotragfähigkeitskonzeptes soll ermittelt werden, ob ein Institut das Eintreten von Verlusten ohne Bestandsgefährdung und im Wesentlichen ohne schwerwiegende negative Auswirkungen auf seine Geschäftsaktivitäten ausgleichen kann (→ AT4.1 Tz.1). Die Risikotragfähigkeit gilt als gegeben, sofern das Risikodeckungspotenzial bzw. sein in Abhängigkeit vom Risikoappetit der Geschäftsleitung bereitgestellter Anteil (Risikodeckungsmasse) zur Abdeckung der wesentlichen Risiken ausreicht. Die Differenz zwischen dem Risikodeckungspotenzial und der Risikodeckungsmasse dient als »Puffer« zur Absicherung gegen einen unvorhergesehenen Anstieg der Risiken. Grundsätzlich ist nicht zu beanstanden, wenn diese Puffer mit den von der EZB von den bedeutenden Instituten geforderten Management-Puffern gleichgesetzt werden. Damit besteht für die Institute ein gewisser Spielraum hinsichtlich der Festlegung der Risikodeckungsmasse. Mit wachsendem Risikoappetit fällt dieser Puffer kleiner aus.

240 Werden unter diesen Umständen die wesentlichen Risiken nicht vollständig erfasst oder nicht hinreichend genau quantifiziert, kann die Risikotragfähigkeit nicht sichergestellt werden. Die Wirksamkeit des Risikotragfähigkeitskonzeptes hängt auf der Risikoseite vor allem von vier Faktoren ab: dem Risikoappetit, der vollständigen Risikoerfassung und ihrer möglichst genauen (hinreichend konservativen) Quantifizierung sowie dem konsequenten Gegensteuern beim Schlagendwerden von Risiken (→ AT4.1 Tz.5).

5.2 Nichtberücksichtigung wesentlicher Risiken

241 Zu den wesentlichen Risiken zählen grundsätzlich Adressenausfallrisiken inkl. Länderrisiken, Marktpreisrisiken inkl. Zinsänderungsrisiken, Liquiditätsrisiken und operationelle Risiken (→ AT2.2 Tz.1). Wesentliche Risiken, die nicht in das Risikotragfähigkeitskonzept einbezogen werden, sind vom Institut festzulegen. Dabei ist zu beachten, dass die diesbezüglichen Freiheitsgrade der Institute mit der zweiten MaRisk-Novelle etwas eingeschränkt wurden. So müssen jene wesentlichen Risiken zwingend in das Risikotragfähigkeitskonzept einbezogen werden, die »sinnvoll« durch Risikodeckungspotenzial begrenzt werden können. Die Aufsicht hat im MaRisk-Fachgremium zwar klargestellt, dass es nicht um eine wissenschaftliche Analyse geht, welche Risiken theoretisch mit Kapital begrenzt werden können. Insbesondere mit Blick auf die Spezifika der zahlreichen schwer quantifizierbaren Risikokategorien (ESG-Risiken, Fehlverhaltensrisiken, IKT-Risiken, Modellrisiken, Step-in-Risiken usw.), die in regelmäßigen Abständen »neu erfunden« werden, bleibt allerdings abzuwarten, wie in der Praxis nachgewiesen werden soll, ob eine Kapitalunterlegung »aufgrund der Eigenart des jeweiligen Risikos« sinnvoll ist oder nicht, und wie damit umgegangen wird, wenn Institut und Prüfer unterschiedlicher Ansicht sind. Vermutlich wird sich diesbezüglich im Laufe der Zeit ein allgemein akzeptierter Standard herausbilden.

5.3 Angemessene Behandlung aller wesentlichen Risiken

Die wesentlichen Risiken werden im Risikotragfähigkeitskonzept also unterschiedlich behandelt. **242** Einerseits können bestimmte Risiken, die aufgrund ihrer Eigenart nicht sinnvoll durch Risikodeckungspotenzial zu begrenzen sind, unberücksichtigt bleiben. Das trifft z. B. auf das Zahlungsunfähigkeitsrisiko zu, das als »Liquiditätsrisiko im engeren Sinne« auf andere Weise überwacht und gesteuert wird. Andererseits werden für bestimmte Risiken lediglich Risikobeträge auf der Basis einer Plausibilisierung festgelegt, sofern das Institut nicht über geeignete Verfahren zu deren Quantifizierung oder über keine hinreichende Datenbasis verfügt (→ AT 4.1 Tz. 5). Das betrifft in vielen Fällen die operationellen Risiken oder deren Unterkategorien.

Vor diesem Hintergrund wird für Liquiditätsrisiken (→ BTR 3) und operationelle Risiken **243** (→ BTR 4) im Gegensatz zu Adressenausfall- und Marktpreisrisiken (→ BTR 1 Tz. 1 und BTR 2.1 Tz. 1) auch nicht explizit die Einrichtung eines Limitsystems auf Basis der Risikotragfähigkeit gefordert. Die Begrenzung und Überwachung von im Risikotragfähigkeitskonzept einbezogenen Risiken soll auf der Basis eines wirksamen Limitsystems erfolgen, »soweit dies sinnvoll erscheint« (→ AT 4.3.2 Tz. 1, Erläuterung). Insbesondere muss die Risikobegrenzung mit Blick auf schwerer quantifizierbare Risiken nicht zwingend auf der Basis »harter« Limite erfolgen, sondern kann – je nach Art des Risikos – ggf. auch durch Ampel- oder Warnsysteme erfolgen.[288] Bei Risiken, die nicht sinnvoll anhand einer Limitierung begrenzt und überwacht werden können, sind auch schwerpunktmäßig qualitative Instrumente denkbar, wie z. B. regelmäßige Risikoanalysen (→ AT 4.3.2 Tz. 1, Erläuterung). Letztlich müssen alle wesentlichen Risiken angemessen überwacht und gesteuert werden.

Soweit ein Institut von der Ausnahmeregelung Gebrauch macht, ist dies nachvollziehbar zu **244** begründen. Auch die EZB erwartet von den bedeutenden Instituten, dass sie zur Absicherung aller als wesentlich identifizierten Risiken entweder Kapital vorhalten oder die Begründung für das Nichtvorhalten von Kapital dokumentieren.[289] Außerdem ist sicherzustellen, dass diese Risiken angemessen in den Risikosteuerungs- und -controllingprozessen berücksichtigt werden.

5.4 Management des Zahlungsunfähigkeitsrisikos

Insbesondere das Zahlungsunfähigkeitsrisiko kann nicht sinnvoll durch Risikodeckungspotenzial **245** begrenzt werden und muss demzufolge auch nicht in das Risikotragfähigkeitskonzept einbezogen werden. Diese Sonderbehandlung ist darauf zurückzuführen, dass das Zahlungsunfähigkeitsrisiko durch einen angemessen hohen Liquiditätspuffer abgesichert wird. Insofern entspricht der Liquiditätspuffer bei einer liquiditätsbezogenen Risikotragfähigkeitsrechnung der Risikodeckungs-

---

288 Vgl. Bundesanstalt für Finanzdienstleistungsaufsicht, Übermittlungsschreiben zum ersten Entwurf zur Überarbeitung der Mindestanforderungen an das Risikomanagement vom 26. April 2012, S. 3.

289 Vgl. Europäische Zentralbank, Leitfaden der EZB für den bankinternen Prozess zur Sicherstellung einer angemessenen Kapitalausstattung (Internal Capital Adequacy Assessment Process – ICAAP), 9. November 2018, S. 28.

masse bei der Berechnung der ökonomischen Risikotragfähigkeit. In Analogie dazu wird von den Regulierungsbehörden in der ersten Säule eine Unterlegung des Zahlungsunfähigkeitsrisikos durch hoch liquide Aktiva und nicht durch Eigenkapital gefordert, was in den Anforderungen zur Liquiditätsdeckungsquote (»Liquidity Coverage Ratio«, LCR) nach Art. 412 Abs. 1 CRR zum Ausdruck kommt (→ BTR 3).

246   An das Management von Liquiditätsrisiken werden sehr umfangreiche und detaillierte Anforderungen gestellt (→ BTR 3). Das Liquiditätsrisiko im engeren Sinne wird häufig mit Hilfe der Liquiditätsübersicht durch eine Gegenüberstellung der Liquiditäts-Gaps mit den freien zentralbankfähigen Sicherheiten gesteuert. Dabei werden die Zahlungsströme (»Cashflows«) danach unterschieden, ob sie hinsichtlich Volumen und Fälligkeit aufgrund vertraglicher Vereinbarungen als bekannt vorausgesetzt werden können (»deterministische Cashflows«) oder zunächst modelliert werden müssen (»stochastische Cashflows«), was z. B. bei Kreditlinien der Fall ist. Die deterministischen Cashflows werden im Normalfall mit ihrer vertraglichen Restlaufzeit (»Contractual Maturity«) und im Stressfall häufig mit ihrer ökonomischen Restlaufzeit (»Economic Maturity«) angesetzt.[290]

247   Als etwas anspruchsvollere und komplexere Methode kommt die Ermittlung der Liquiditätsanforderungen mit Hilfe des »Liquidity-at-Risk« (LaR) bzw. »Cashflow-at-Risk« (CFaR) infrage. Mit seiner Hilfe wird der sich aus der kurzfristigen Steuerung der Mittelzu- und -abflüsse ergebende dispositive Nettofinanzbedarf geschätzt. Der Liquidity-at-Risk ist demzufolge ein Maß für die Liquiditätsbelastung, die mit einer bestimmten Wahrscheinlichkeit in einem bestimmten Zeitraum nicht überschritten wird.[291] Näheres dazu findet sich an anderer Stelle (→ BTR 3).

---

290 Vgl. Bundesanstalt für Finanzdienstleistungsaufsicht/Deutsche Bundesbank, Praxis des Liquiditätsrisikomanagements in ausgewählten deutschen Kreditinstituten, Januar 2008, S. 13.

291 Zur Vertiefung vgl. Zeranski, Stefan, Liquidity at Risk zur Steuerung des liquiditätsmäßig-finanziellen Bereichs von Kreditinstituten, Chemnitz, 2005.

6 Schätzung der Risikobeträge (Tz. 5)

5 Verfügt ein Institut über keine geeigneten Verfahren zur Quantifizierung einzelner   **248** Risiken, die in das Risikotragfähigkeitskonzept einbezogen werden sollen, so ist für diese auf der Basis einer Plausibilisierung ein Risikobetrag festzulegen. Die Plausibilisierung kann auf der Basis einer qualifizierten Expertenschätzung durchgeführt werden.

6.1 Festlegung plausibler Risikobeträge

Nachdem festgelegt wurde, welche Risiken (bzw. Risikoarten) grundsätzlich in das Risikotragfä-   **249** higkeitskonzept einbezogen werden sollen (→ AT 4.1 Tz. 4), geht es anschließend darum, das vorhandene Risikodeckungspotenzial (bzw. die Risikodeckungsmasse) in einer angemessenen Aufteilung auf diese Risiken zu allozieren. Schwierig gestaltet sich dieser Prozess für jene Risiken, die sich einer Quantifizierung entziehen. Das kann z. B. der Fall sein, wenn die methodischen Ansätze für bestimmte Risikoarten oder -unterarten selbst in der Theorie noch nicht vorhanden bzw. unausgereift sind. Ebenso möglich ist es, dass im Institut (noch) keine hinreichende Datenbasis oder geeigneten Verfahren zur Quantifizierung zur Verfügung stehen. Auch könnte es wegen des hohen Aufwandes vor allem für kleinere Institute unter Kosten-/Nutzen-Gesichtspunkten unverhältnismäßig sein, entsprechende Methoden einzuführen.

Selbst wenn sich die Quantifizierbarkeit von Risiken aufgrund dieser Umstände als schwierig   **250** erweist, dürfen diese Risiken nicht von der Beurteilung ausgenommen werden. Die EZB erwartet von den bedeutenden Instituten, dass sie geeignete Methoden für die Quantifizierung unerwarteter Verluste entwickeln und hinreichend konservative Risikowerte festlegen. Als geeignete Methode wird von der EZB u. a. auf die Expertenschätzung verwiesen, wobei alle relevanten Informationen berücksichtigt werden sollten. In erster Linie kommt es auf die Angemessenheit, Vergleichbarkeit und Konsistenz der gewählten Methoden an, die so weit wie möglich mit den insgesamt für die Risikomessung verwendeten Annahmen in Einklang stehen sollten.[292]

Um Scheingenauigkeiten zu vermeiden, die für die interne Steuerung des Institutes im Ergebnis   **251** ein Muster ohne Wert bleiben würden[293], muss für derartige Risiken auf der Basis einer Plausibilisierung ein Risikobetrag festgelegt werden. An die Art und Weise der Plausibilisierung werden keine konkreten Anforderungen gestellt. Ausdrücklich gestattet, aber nicht zwingend vorgeschrieben, wird die Verwendung qualifizierter Expertenschätzungen. Alternativ kann die Plausibilisierung z. B. auch durch den Einsatz von Stresstests erfolgen.[294] Im Endeffekt muss die Festlegung des Risikobetrages – insbesondere hinsichtlich seiner Höhe – nachvollziehbar sein. Der gesamte Prozess zur Berücksichtigung der wesentlichen Risiken im Risikotragfähigkeitskonzept ist zur Illustration in Abbildung 26 dargestellt.

---

292 Vgl. Europäische Zentralbank, Leitfaden der EZB für den bankinternen Prozess zur Sicherstellung einer angemessenen Kapitalausstattung (Internal Capital Adequacy Assessment Process – ICAAP), 9. November 2018, S. 35.

293 Vgl. Bauer, Helmut/Schneider, Andreas, Bankenaufsicht im 21. Jahrhundert: Von der Quantität zur Qualität, in: Rolfes, Bernd (Hrsg.), Herausforderung Bankmanagement – Entwicklungslinien und Steuerungsansätze, Festschrift zum 60. Geburtstag von Henner Schierenbeck, Frankfurt a. M., 2006, S. 724 f.

294 Vgl. Deutsche Bundesbank, Bankinterne Methoden zur Ermittlung und Sicherstellung der Risikotragfähigkeit und ihre bankaufsichtliche Bedeutung, in: Monatsbericht, März 2013, S. 40 f.

AT 4.1 Risikotragfähigkeit

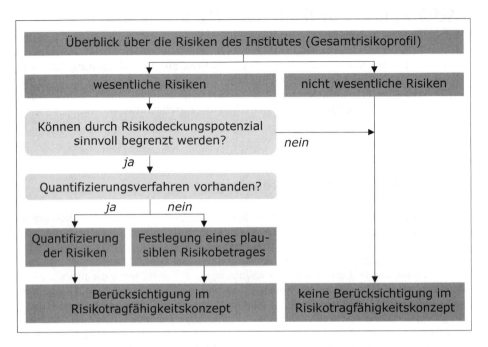

Abb. 26: Berücksichtigung von Risiken im Risikotragfähigkeitskonzept

6.2 Bedeutung von Expertenschätzungen

252 Unter dem Eindruck der Finanzmarktkrise hat die Bedeutung von Expertenschätzungen deutlich zugenommen. Mathematische Modelle können – insbesondere bei vielschichtigen, komplexen Risikostrukturen – schnell an ihre Grenzen stoßen. In Extremsituationen können sie ggf. sogar komplett versagen, weil sie dafür entweder nicht konzipiert sind oder die zugrundeliegende Datenhistorie ggf. keine vergleichbaren Ereignisse enthält. Auf die Notwendigkeit von Expertenschätzungen wurde daher von der Kreditwirtschaft schon vor einigen Jahren explizit hingewiesen.[295] Diese Einsicht hat sich mittlerweile auch bei der Aufsicht durchgesetzt. So betonte bereits CEBS den Nutzen, den Expertenschätzungen stiften können.[296]

253 Die EBA weist u. a. darauf hin, dass die Ergebnisse von quantitativen Bewertungsmethoden, einschließlich Stresstests, weitgehend von den Grenzen und Annahmen der verwendeten Modelle abhängen. Die Bestimmung, in welcher Höhe Risiken eingegangen werden, sollte daher nicht nur auf quantitativen Informationen oder Ergebnissen von Modellen beruhen, sondern auch qualitative Aspekte einbeziehen, wozu insbesondere Expertenschätzungen gehören.[297] Der

---

295 »The risk management framework of firms should clearly avoid over-reliance on single risk methodologies and specific models. Modeling and other risk management techniques should always be a part of the comprehensive risk management system and should be applied using expert judgment.« Institute of International Finance, Final Report of the IIF Committee on Market Best Practices, Juli 2008, S. 7.

296 »Institutions should avoid over reliance on any specific risk methodology or model. Modelling and risk management techniques should be only one part of the risk management system and should always be tempered by expert judgment.« Committee of European Banking Supervisors, High level principles for risk management, 16. Februar 2010, S. 6.

297 Vgl. European Banking Authority, Leitlinien zur internen Governance, EBA/GL/2017/11, 21. März 2018, S. 38.

Baseler Ausschuss für Bankenaufsicht ist der Ansicht, dass ein Kapitalplanungsverfahren das Wissen verschiedener Experten aus der ganzen Bank widerspiegeln sollte, insbesondere von Mitarbeitern der Geschäftseinheiten, des Risikomanagements, des Finanzwesens und der Treasury. Gemeinsam können diese Experten am besten eine Darstellung der aktuellen Strategie der Bank, der mit dieser Strategie verbundenen Risiken und eine Einschätzung darüber liefern, inwieweit diese Risiken gemessen an internen und regulatorischen Standards einen Kapitalbedarf verursachen.[298]

Im Zusammenhang mit Stresstests werden Expertenschätzungen geradezu gefordert. Selbst im Rahmen des SREP sollten die zuständigen Behörden u. a. untersuchen, ob ein Institut in den Stressszenarien nicht nur historische Begebenheiten berücksichtigt, sondern auch auf Expertenurteilen basierende Hypothesen einbezieht.[299] Das liegt insbesondere daran, dass nur mit Hilfe von Expertenurteilen sich verändernde Risikoumfelder (z. B. beobachtete Strukturbrüche) und Stressereignisse berücksichtigt werden können, die in ähnlichen Risikoumfeldern außerhalb der historischen Erfahrung eines Institutes beobachtet wurden. Deshalb sollten Expertenurteile auch bei der Plausibilisierung interner Stressszenarien eine Schlüsselrolle spielen.[300] Die Experten sollten sowohl bei der Konzeption als auch bei der Validierung des Stresstestprogramms eine Schlüsselrolle spielen, wobei das jeweilige Fachwissen für bestimmte Themen berücksichtigt werden sollte.[301] Wenn die Datenverfügbarkeit oder -qualität oder strukturelle Brüche in historischen Daten keine aussagekräftigen Schätzungen auf Basis von Modellen zulassen, sollten quantitative Analysen durch qualitative Expertenurteile unterstützt werden.[302] Qualitative Analysen und Bewertungen, die Expertenurteile aus verschiedenen Geschäftsbereichen kombinieren, sollten für die Herleitung relevanter Stressszenarien maßgeblich sein.[303] Die Analyse der Stresstestereignisse sollte auch deshalb Expertenurteile beinhalten, um seltene, aber schwerwiegende Ereignisse einbeziehen zu können.[304]

Selbst im Rahmen des Datenaggregationsprozesses, der in der Idealvorstellung des Baseler Ausschusses für Bankenaufsicht weitgehend automatisiert erfolgen sollte, können gelegentlich Expertenschätzungen zur Ergänzung unvollständiger Daten herangezogen werden.[305]

In den MaRisk wird den Instituten im Rahmen der Plausibilisierung von Risikobeträgen ebenfalls die Möglichkeit eingeräumt, auf Expertenschätzungen zurückzugreifen, soweit sie nicht über geeignete Verfahren zur Messung bestimmter Risiken verfügen (z. B. für operationelle Risiken). Die BaFin betont in diesem Zusammenhang die Notwendigkeit von »qualifizierten« Expertenschätzungen. Das Vorliegen entsprechender Kenntnisse und Erfahrungen ist daher zwingend erforderlich. Ebenso sind potenzielle Interessenkonflikte zu vermeiden, die einer möglichst objektiven Expertenbeurteilung im Wege stehen könnten. Sofern sich die Experten zusätzlich auf eine aussagekräftige Datenhistorie stützen können, werden ihre Prognosen regelmäßig noch verlässlicher ausfallen. Diesem Zweck dienen z. B. die Erlösquotensammlung

254

255

256

---

298 Vgl. Baseler Ausschuss für Bankenaufsicht, Grundlagen für ein solides Verfahren zur Kapitalplanung – Solide Praktiken, BCBS 277, 23. Januar 2014, S. 3.

299 Vgl. European Banking Authority, Guidelines on common procedures and methodologies for the supervisory review and evaluation process (SREP) and supervisory stress testing, EBA/GL/2014/13, Consolidated version, 19. Juli 2018, S. 162.

300 Vgl. European Banking Authority, Final Report – Guidelines on institution's stress testing, EBA/GL/2018/04, 19. Juli 2018, S. 15 f.

301 Vgl. European Banking Authority, Final Report – Guidelines on institution's stress testing, EBA/GL/2018/04, 19. Juli 2018, S. 20.

302 Vgl. European Banking Authority, Final Report – Guidelines on institution's stress testing, EBA/GL/2018/04, 19. Juli 2018, S. 26.

303 Vgl. European Banking Authority, Final Report – Guidelines on institution's stress testing, EBA/GL/2018/04, 19. Juli 2018, S. 33.

304 Vgl. European Banking Authority, Final Report – Guidelines on institution's stress testing, EBA/GL/2018/04, 19. Juli 2018, S. 39.

305 Vgl. Baseler Ausschuss für Bankenaufsicht, Grundsätze für die effektive Aggregation von Risikodaten und die Risikoberichterstattung, BCBS 239, 9. Januar 2013, S. 5.

AT4.1 Risikotragfähigkeit

im Bereich der Adressenausfallrisiken ($\rightarrow$ BTR1 Tz. 7) und die Schadensfalldatenbank im Bereich der operationellen Risiken ($\rightarrow$ BTR4 Tz. 3). Zum Pflichtprogramm gehört auch eine nachvollziehbare Begründung und Dokumentation. Vor allem für interne und externe Prüfer muss beurteilbar sein, ob die Höhe der Risikobeträge angemessen ist.

7   Berücksichtigung von Diversifikationseffekten (Tz. 6)

6 Soweit ein Institut innerhalb oder zwischen Risikoarten risikomindernde Diversifikati-   **257**
onseffekte im Risikotragfähigkeitskonzept berücksichtigt, müssen die zugrundeliegenden Annahmen anhand einer Analyse der institutsindividuellen Verhältnisse getroffen werden und auf Daten basieren, die auf die individuelle Risikosituation des Institutes als übertragbar angesehen werden können. Die zugrundeliegenden Datenhistorien müssen ausreichend lang sein, um Veränderungen von Diversifikationseffekten in konjunkturellen Auf- und Abschwungphasen widerzuspiegeln. Diversifikationseffekte müssen so konservativ geschätzt werden, dass sie auch in konjunkturellen Abschwungphasen sowie bei im Hinblick auf die Geschäfts- und Risikostruktur des Institutes ungünstigen Marktverhältnissen als ausreichend stabil angenommen werden können.

7.1   Diversifikationseffekte

Da Verluste bei unterschiedlichen Risiken im Normalfall nicht gleichzeitig auftreten, ist das   **258**
Gesamtrisiko i. d. R. kleiner als die Summe der Einzelrisiken. Risikodiversifikationseffekte beruhen deshalb auf der Annahme, dass einzeln geschätzte Risiken nicht vollständig korreliert sind bzw. nicht gleichzeitig vollständig eintreten, und führen damit zu einem Abschlag bei der Quantifizierung des Gesamtrisikos eines Institutes.[306] Zumindest in normalen Zeiten können die Institute durch die Berücksichtigung solcher Diversifikationseffekte Risikodeckungspotenziale einsparen. Diversifikationseffekte werden nicht nur zwischen verschiedenen Risikoarten berücksichtigt (»Inter-Risikodiversifikation«). Sie spielen auch innerhalb einzelner Risikoarten eine wichtige Rolle (»Intra-Risikodiversifikation«).[307] Relevant sind in diesem Zusammenhang vor allem Effekte innerhalb des Marktpreisrisikos und des Adressenausfallrisikos, soweit Kreditportfoliomodelle zum Einsatz kommen. Die Höhe der Diversifikationseffekte wird dabei von den angenommenen Korrelationen verschiedener Asset-Klassen bestimmt.

Die Finanzmarktkrise hat allerdings gezeigt, dass Diversifikationseffekte nicht nur vergänglich   **259**
sind. In fallenden Märkten bewegen sich alle Asset-Klassen in dieselbe Richtung. Im Extremfall werden sogar umgekehrte Effekte wirksam, weil nicht-lineare Beziehungen eine verstärkende Wirkung haben können, so dass das Gesamtrisiko im Vergleich zu den Einzelrisiken ansteigt (»super additivity« oder »compounding effects«).[308] Insoweit können die Vorteile der Diversifikation in bestimmten Situationen verpuffen oder sich sogar in ihr Gegenteil verkehren, insbesondere also gerade dann, wenn man sie eigentlich am dringendsten benötigt. Auch Analysen der Bundes-

---

306 Vgl. Europäische Zentralbank, Leitfaden der EZB für den bankinternen Prozess zur Sicherstellung einer angemessenen Kapitalausstattung (Internal Capital Adequacy Assessment Process – ICAAP), 9. November 2018, S. 43.

307 Als dritte Kategorie wurden von CEBS »Intragruppen-Diversifikationseffekte« genannt. Diese beziehen sich allerdings – im Gegensatz zu den Intragruppenforderungen gemäß §10c KWG – nicht nur auf gruppenangehörige Unternehmen. Vielmehr werden darunter auch Diversifikationseffekte verstanden, die zwischen verschiedenen Geschäftsbereichen bzw. -aktivitäten oder Einrichtungen grenzüberschreitend tätiger Institute existieren können und in erster Linie aus deren Einsatz in verschiedenen Regionen, Märkten und Branchen resultieren. Vgl. Committee of European Banking Supervisors, CEBS's position paper on the recognition of diversification benefits under Pillar 2, 2. September 2010, S. 4.

308 Vgl. Basel Committee on Banking Supervision, Findings on the Interaction of Market and Credit Risk, Working Paper Nr. 16, 14. Mai 2009, S. 10.

AT 4.1 Risikotragfähigkeit

bank haben gezeigt, dass das Gesamtrisiko aufgrund von Ansteckungseffekten gerade in wirtschaftlichen Stresszeiten die Summe der Einzelrisiken übersteigen kann.[309]

260 Angesichts dessen ist es nicht überraschend, dass sich die Aufsichtsbehörden verstärkt dem Thema Diversifikation zuwenden. Vor allem im Hinblick auf die Berücksichtigung von Diversifikationseffekten zwischen verschiedenen Risikoarten bestehen von Seiten der Aufseher Bedenken. Unter dem Eindruck der Finanzmarktkrise wurde auf europäischer Ebene zeitweise sogar darüber diskutiert, die Anrechnung solcher Effekte gänzlich zu verbieten. CEBS hat parallel an Regelungen gearbeitet, die einen Rahmen für die Berücksichtigung von Diversifikationseffekten abstecken sollten. Über ein Entwurfsstadium sind diese Arbeiten allerdings bis heute nicht hinausgekommen.[310] Später folgte die Veröffentlichung eines »Positionspapiers«, das in der Tendenz den Charakter einer stark verkürzten »Range of Practice« hat. Damit brachte CEBS seine Erwartung zum Ausdruck, dass sich die nationalen Aufsichtsbehörden künftig deutlich intensiver mit der Thematik befassen.[311]

261 Zum Zwecke des SREP nach Art. 98 Abs. 1 lit. f CRD IV sowie zur Bestimmung der zusätzlichen Eigenmittelanforderungen sollten die zuständigen Behörden die Diversifikationseffekte aufgrund der geografischen, der sektoralen oder anderer maßgeblicher Treiber in jeder wichtigen Risikokategorie betrachten (Intra-Risikodiversifikationen). Für alle in der ersten Säule erfassten Kapitalrisiken dürfen die nach Art. 92 CRR berechneten Mindesteigenmittelanforderungen durch diese Diversifikationseffekte nicht verringert werden. Zudem sollten die Diversifikationseffekte zwischen Risiken verschiedener Kategorien (Inter-Risikodiversifikationen) – sowohl in der ersten als auch in der zweiten Säule – bei der Bestimmung der zusätzlichen Eigenmittelanforderungen nicht berücksichtigt werden.[312]

262 Das bedeutet im Umkehrschluss, dass Intra-Risikodiversifikationen für die Zwecke der zweiten Säule genutzt werden können, Inter-Risikodiversifikationen hingegen nicht. Die EZB hat darauf bereits mehrfach hingewiesen und gleichzeitig ihrer Erwartung Ausdruck verliehen, dass sich die bedeutenden Institute auch für die Zwecke des ICAAP mit der Berücksichtigung von Inter-Risikodiversifikationen zurückhaltend verhalten. Sofern sie davon trotzdem Gebrauch machen möchten, müssen sie eine vollständige Transparenz gewährleisten und neben den Nettowerten zumindest auch die Bruttowerte ohne Diversifikationseffekte ausweisen. Aufgrund der beschriebenen Effekte sollen die bedeutenden Institute außerdem die Intra-, Inter- und Intragruppen-Risikodiversifikationen in ihren Stresstests und bei ihrer Kapitalplanung berücksichtigen, um sicherzustellen, dass die Risiken auch unter Stressbedingungen hinreichend durch Kapital abgedeckt sind.[313]

263 In Deutschland waren es vor allem Erfahrungen aus der Prüfungspraxis, die die Aufsicht dazu veranlasste, regulatorische Initiativen zu ergreifen.[314] So haben sich die von den Instituten berücksichtigten risikomindernden Diversifikationseffekte zwischen den Risikoarten in der Vergangen-

309 Vgl. Deutsche Bundesbank, Bankinterne Methoden zur Ermittlung und Sicherstellung der Risikotragfähigkeit und ihre bankaufsichtliche Bedeutung, in: Monatsbericht, März 2013, S. 41.

310 Committee of European Banking Supervisors, Consultation paper on technical aspects of diversification under Pillar 2 (CP 20), 27. Juni 2008.

311 »Supervisors remain cautious about relying on methodologies developed by institutions for solvency and capital adequacy assessment purposes (including assessing and recognising diversification benefits). This is due to the inherent difficulty in capturing the \‚real-life' loss distributions that give the correct probabilities of tail events.« Committee of European Banking Supervisors, CEBS's position paper on the recognition of diversification benefits under Pillar 2, 2. September 2010, S. 1.

312 Vgl. European Banking Authority, Opinion of the European Banking Authority on the interaction of Pillar 1, Pillar 2 and combined buffer requirements and restrictions on distributions, EBA/Op/2015/24, 16. Dezember 2015, S. 9; European Banking Authority, Guidelines on common procedures and methodologies for the supervisory review and evaluation process (SREP) and supervisory stress testing, EBA/GL/2014/13, Consolidated version, 19. Juli 2018, S. 134.

313 Vgl. Europäische Zentralbank, Leitfaden der EZB für den bankinternen Prozess zur Sicherstellung einer angemessenen Kapitalausstattung (Internal Capital Adequacy Assessment Process – ICAAP), 9. November 2018, S. 37 f.

314 Vgl. Bundesanstalt für Finanzdienstleistungsaufsicht, Übermittlungsschreiben zum ersten Entwurf zur Überarbeitung der MaRisk vom 9. Juli 2010, S. 2 f.

heit beim tatsächlichen Eintritt des Risikofalls oftmals als nicht belastbar herausgestellt.[315] In den MaRisk wird ein Rahmen vorgegeben, an dem sich die Institute bei der Berücksichtigung von Diversifikationseffekten zu orientieren haben. Demnach gestatten die deutschen Aufsichtsbehörden eine risikomindernde Berücksichtigung von Diversifikationseffekten innerhalb oder zwischen den Risikoarten für die Zwecke des ICAAP unter bestimmten Voraussetzungen. Diversifikationseffekte zwischen den Risikoarten werden allerdings auch bei den weniger bedeutenden Instituten im Rahmen der aufsichtlichen Kapitalfestsetzung nicht berücksichtigt. Außerdem müssen die Institute ebenfalls in der Lage sein, ihre wesentlichen Risiken auch ohne Diversifikationseffekte auszuweisen (Bruttobetrachtung).[316]

7.2 Anrechnung von Diversifikationseffekten bei deutschen Instituten

In den Jahren 2009 und 2010 führte die Deutsche Bundesbank Umfragen bei insgesamt 150 deutschen Instituten durch, um einen tieferen Einblick in die institutsinternen Risikotragfähigkeitskonzepte zu gewinnen. Der auf Basis dieser Umfrage erstellte Bericht der Deutschen Bundesbank befasst sich auch mit dem Themenkomplex Diversifikation. Demnach ging die Mehrzahl der in der Stichprobe berücksichtigten (kleineren) deutschen Institute bei »Inter-Risikodiversifikationen« von einer perfekt positiven Korrelation bzw. von einem Korrelationskoeffizienten in Höhe von 1 aus.[317] Der daran geknüpfte Verzicht auf die Anrechnung kapitalsparender Diversifikationseffekte wird als Ausdruck einer konservativen Risikoabschätzung bewertet, wie auch die Auswertungen früherer Umfragen der Deutschen Bundesbank nahelegen.[318] **264**

Eine ganze Reihe von Instituten (19 Institute) hatte Diversifikationseffekte jedoch geltend gemacht. Im Hinblick auf die Reduzierung der Gesamtrisikoposition ergab sich bei diesen Instituten eine Spannweite zwischen 5 % und 35 %. Im Durchschnitt, d. h. über alle 19 Institute hinweg, lag die Reduktion bei 20 %. Somit führte die Berücksichtigung von Diversifikationseffekten zwischen verschiedenen Risikoarten bei einigen Instituten zu einer erheblichen Kapitalersparnis. Aufgrund der absoluten Höhe von Adressenausfallrisiken und Marktpreisrisiken wurden Diversifikationseffekte vor allem zwischen diesen beiden Risikoarten geltend gemacht. Bedeutsam waren aber auch Effekte zwischen operationellen Risiken und anderen Risikoarten. Von geringerer Relevanz waren hingegen Effekte zwischen Marktpreisrisiken und Beteiligungsrisiken, wobei die Deutsche Bundesbank vor dem Hintergrund der vergleichbaren Struktur dieser Risikoarten ihre Verwunderung darüber zum Ausdruck brachte, dass zum Teil sehr niedrige Korrelationen zwischen den genannten Risikoarten angenommen wurden.[319] Jene Institute, die Diversifikationseffekte zwischen den Risikoarten nach wie vor geltend machen wollen, scheitern häufig an ihrem empirischen Nachweis.[320] **265**

---

315 Vgl. Deutsche Bundesbank, Bankinterne Methoden zur Ermittlung und Sicherstellung der Risikotragfähigkeit und ihre bankaufsichtliche Bedeutung, in: Monatsbericht, März 2013, S. 41.

316 Vgl. Bundesanstalt für Finanzdienstleistungsaufsicht/Deutsche Bundesbank, Aufsichtliche Beurteilung bankinterner Risikotragfähigkeitskonzepte und deren prozessualer Einbindung in die Gesamtbanksteuerung (»ICAAP«) – Neuausrichtung, Leitfaden vom 24. Mai 2018, S. 17.

317 Vgl. Deutsche Bundesbank, »Range of Practice« zur Sicherstellung der Risikotragfähigkeit bei deutschen Kreditinstituten, 11. November 2010, S. 23 ff.

318 Vgl. Deutsche Bundesbank, Zum aktuellen Stand der bankinternen Risikosteuerung und der Bewertung der Kapitaladäquanz im Rahmen des aufsichtlichen Überprüfungsprozesses, in: Monatsbericht, Dezember 2007, S. 65.

319 Vgl. Deutsche Bundesbank, »Range of Practice« zur Sicherstellung der Risikotragfähigkeit bei deutschen Kreditinstituten, 11. November 2010, S. 24.

320 Vgl. Deutsche Bundesbank, Bankinterne Methoden zur Ermittlung und Sicherstellung der Risikotragfähigkeit und ihre bankaufsichtliche Bedeutung, in: Monatsbericht, März 2013, S. 41.

AT4.1 Risikotragfähigkeit

266   Für die Zwecke der Aggregation einzelner Risikoarten wird von den meisten Instituten eine »korrelierte Addition« praktiziert. Die Institute schätzen eine Korrelationsmatrix und multiplizieren die einzelnen Risikoarten mit dieser Matrix. Die Korrelationsmatrizen werden i.d.R. auf der Basis von Expertenschätzungen oder Benchmarkanalysen abgeleitet. Eine besonders anspruchsvolle Schätzung der Diversifikationseffekte basiert auf so genannten »Copula-Funktionen«. Copula-Funktionen beschreiben die funktionale Abhängigkeit zwischen verschiedenen Zufallsvariablen bzw. ihren (Rand-)Verteilungsfunktionen und ihrer gemeinsamen Wahrscheinlichkeitsverteilung.[321] Der Vorteil der Copula-Funktionen liegt darin, dass die Art der Verteilungsfunktion der betrachteten Risikoarten keine Rolle spielt und zwischen ihnen kein lineares Abhängigkeitsverhältnis bestehen muss.[322] Nachteilig wirkt sich aus, dass auch hier die Korrelationen zwischen den Risikoarten auf geeignete Weise geschätzt werden müssen. Copulas werden nach den Erkenntnissen der Deutschen Bundesbank allerdings nur von wenigen Instituten tatsächlich eingesetzt.[323] Dies deckt sich weitgehend mit den Erfahrungen von CEBS. Soweit Diversifikationseffekte geltend gemacht werden, basieren diese bei europäischen Banken in erster Linie auf Korrelationsmatrizen.[324]

267   Die Umfrage der Deutschen Bundesbank erstreckt sich zwar nicht auf die systematische Erhebung von Informationen über Diversifikationseffekte, die innerhalb von Risikoarten geltend gemacht werden (»Intra-Risikodiversifikationen«). Jedoch werden bei Marktpreisrisiken durchgehend und bei Adressenausfallrisiken in Verbindung mit dem Einsatz von Kreditportfoliomodellen Diversifikationseffekte berücksichtigt. Die Deutsche Bundesbank geht davon aus, dass Diversifikationseffekte innerhalb des Marktpreisrisikos sowie in Kreditportfolien in ihren Auswirkungen weit über »Inter-Risikodiversifikationen« hinausgehen.[325]

7.3   Stabilität der Annahmen

268   Stabilität beschreibt die Fähigkeit eines Systems, nach einer Störung wieder in den Ausgangszustand zurückzukehren. Damit wird ein hoher Anspruch an die Schätzung der zugrundeliegenden Korrelationsannahmen gestellt, denn diese müssen so konservativ geschätzt werden, dass sie auch in konjunkturellen Abschwungphasen sowie bei ungünstigen Marktverhältnissen als ausreichend stabil angenommen werden können. Der auf Stabilität abzielenden konservativen Betrachtungsweise kann mit Hilfe verschiedener Maßnahmen Rechnung getragen werden:
-   Im Rahmen von Stresstests kann sich das Institut einen Eindruck darüber verschaffen, wie sich außergewöhnliche, aber plausibel mögliche Ereignisse auf die Korrelationsannahmen auswirken. Die Stresstests haben sich daher nach den MaRisk auch auf die veranschlagten Diversifikationseffekte innerhalb und zwischen den Risikoarten zu erstrecken ($\rightarrow$ AT4.3.3 Tz.1). Auch für ungünstige Marktverhältnisse, die die Geschäfts- und Risikostruktur des Institutes berühren, kann somit die Stabilität der Annahmen demonstriert werden. Sollten die Ergebnisse der Stresstests auf Anpassungsbedarf bei den Korrelationsannahmen hindeuten, so ist dies vom Institut zu berücksichtigen.

---

321   Zur Vertiefung dieser Thematik wird insbesondere Wehn, Carsten S./von Zanthier, Ulrich, Risikosteuerung im Rahmen der ökonomischen Kapitalsteuerung, in: Bartetzky, Peter, Praxis der Gesamtbanksteuerung: Methoden – Lösungen – Anforderungen der Aufsicht, Stuttgart, 2012, S.169ff., empfohlen.

322   Vgl. Beck, Andreas/Lesko, Michael/Wimmer, Konrad, Copulas im Risikomanagement, in: Zeitschrift für das gesamte Kreditwesen, Heft 14/2006, S.29ff.

323   Vgl. Deutsche Bundesbank, »Range of Practice« zur Sicherstellung der Risikotragfähigkeit bei deutschen Kreditinstituten, 11.November 2010, S.24.

324   Vgl. Committee of European Banking Supervisors, CEBS's position paper on the recognition of diversification benefits under Pillar 2, 2.September 2010, S.7.

325   Vgl. Deutsche Bundesbank, »Range of Practice« zur Sicherstellung der Risikotragfähigkeit bei deutschen Kreditinstituten, 11.November 2010, S.25.

– Eine konservative Herangehensweise wird auch dadurch unterstrichen, dass bei der Schätzung von Korrelationsannahmen ein »Sicherheitspuffer« einkalkuliert wird (»adequate margin of conservatism«). Die Höhe des Puffers richtet sich dabei vor allem nach der Robustheit der Methoden und Verfahren. Bei komplexen Modellen, verhältnismäßig kurzen Datenhistorien oder auch bei der Inanspruchnahme von Leistungen Dritter sollte der Puffer entsprechend höher veranschlagt werden.[326]

Insofern kann davon ausgegangen werden, dass die Ableitung von Diversifikationseffekten innerhalb der Adressenausfallrisiken grundsätzlich von einem »Through-the-Cycle-Ansatz« ausgehen kann, sofern in der Datenhistorie ein kompletter Konjunkturzyklus abgebildet ist und die Ermittlung hinreichend konservativ erfolgt, damit die Effekte auch in für das Institut ungünstigen Marktphasen Bestand haben. Die im Falle sehr starker Konjunktureinbrüche (Krisen) eintretenden Korrelationen können in geeigneter Weise über Stresstests berücksichtigt werden. Andernfalls müssten in den Kreditrisikomodellen im Extremfall dauerhaft die für ein Institut ungünstigsten Marktverhältnisse betrachtet werden, was weder dem tatsächlichen Risiko entspräche noch eine Relevanz für die Steuerung hätte. Schließlich trägt auch die zugrundeliegende Datenhistorie dazu bei, die Stabilität der veranschlagten Diversifikationseffekte begründen zu können. **269**

7.4   Datenhistorien

Die BaFin fordert explizit das Vorhandensein einer Datenhistorie, auf deren Basis die Diversifikationseffekte zu ermitteln sind. Diversifikationseffekte, die ausschließlich auf Expertenschätzungen beruhen, werden daher von der Aufsicht nicht akzeptiert. An die Datenhistorien werden im Weiteren noch besondere Anforderungen gestellt. Sie müssen ausreichend lang sein, damit sie Veränderungen der Effekte in konjunkturellen Auf- und Abschwungphasen widerspiegeln. Bezüglich der Länge eines Konjunkturzyklus kann man unterschiedliche Auffassungen vertreten. In der Regel geht man von einem Zeitraum von sechs bis acht Jahren aus. Es ist nicht zu erwarten, dass sich die BaFin hierzu konkret äußern wird. **270**

Interne Datenreihen enthalten auf natürliche Weise die historischen Portfolioveränderungen, die im Zeitablauf durchaus gravierend sein können. Für die korrekte Abbildung von Diversifikationseffekten, die der aktuellen Portfoliostruktur entsprechen, müssten diese Veränderungen im Grunde eliminiert werden. Das ist nicht ohne weiteres möglich und würde zudem die Datenbasis reduzieren. Insofern könnten auf die individuelle Situation zugeschnittene externe Daten, also eine zur aktuellen Portfoliostruktur passende Datenhistorie, in bestimmten Fällen ggf. besser geeignet sein, wenn es um eine Widerspiegelung der aktuellen institutsindividuellen Verhältnisse geht. Da interne und externe Daten unterschiedliche Vor- und Nachteile haben (z. B. hinsichtlich ihrer Verfügbarkeit, Aktualität, Überprüfbarkeit oder Übertragbarkeit auf die individuelle Situation), ist nicht auszuschließen, dass sich in der Praxis bestimmte Mischformen herauskristallisieren werden. **271**

Problematisch sind reine Durchschnittsbetrachtungen, da diese signifikante Schwankungen aus der Vergangenheit quasi nivellieren. Die Ableitung von Diversifikationseffekten in Form einer reinen Durchschnittsbildung über konjunkturelle Auf- und Abschwungphasen hinweg ist daher nur dann ausreichend, wenn sich die Diversifikationseffekte über den gesamten Konjunkturzyklus hinweg als »sehr stabil« erwiesen haben und keine Anhaltspunkte dafür vor- **272**

---

326 Vgl. Committee of European Banking Supervisors, Consultation paper on technical aspects of diversification under Pillar 2 (CP 20), 27. Juni 2008, S. 9.

liegen, dass sie in Zukunft nicht stabil bleiben werden. Ergibt die Analyse der Datenhistorie, dass diese Bedingungen nicht erfüllt sind, können Diversifikationseffekte höchstens in dem Ausmaß berücksichtigt werden, wie sie auch in für das Institut sehr ungünstigen Marktphasen Bestand haben (→ AT4.1 Tz.6, Erläuterung). Der gesamte Prüfungsprozess vor einer möglichen risikomindernden Anrechnung von Diversifikationseffekten ist in Abbildung 27 dargestellt.

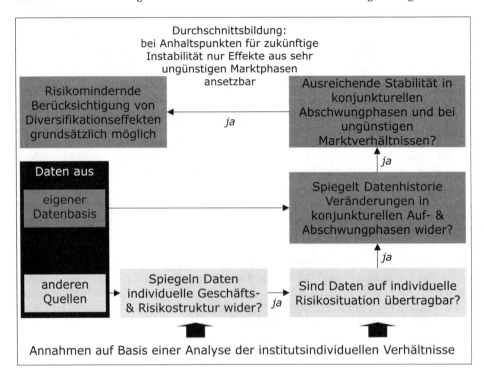

Abb. 27: Berücksichtigung von Diversifikationseffekten

273 Die Deutsche Kreditwirtschaft hatte befürchtet, dass mit dieser Anforderung die sehr strengen Voraussetzungen an die Verwendung interner Marktrisikomodelle für die Zwecke der ersten Säule von Basel III (so genannter »StressedVaR«) auf die zweite Säule übertragen werden und damit insbesondere kleinere Institute erheblichen Zusatzbelastungen ausgesetzt werden, die im Hinblick auf die eingegangenen Marktpreisrisiken nicht verhältnismäßig sind.[327] Der Aufsicht geht es laut Auskunft im MaRisk-Fachgremium aber insbesondere darum, dass keine Diversifikationseffekte angesetzt werden, deren zukünftige Wirksamkeit bereits zum Zeitpunkt ihrer Berücksichtigung als fraglich eingeschätzt wird. Auf welche Weise dies sichergestellt wird, bleibt den Instituten überlassen.

---

327 Vgl. Deutsche Kreditwirtschaft, Stellungnahme zum Konsultationspapier 01/2012 der Bundesanstalt für Finanzdienstleistungsaufsicht (BaFin) – »Überarbeitung der MaRisk« (Zwischenentwurf vom 2. August 2012), 12. September 2012, S. 3 f.

7.5 »Intra-Risikodiversifikation« bei Marktpreisrisiken

Im Hinblick auf die Ermittlung von Diversifikationseffekten innerhalb von Marktpreisrisiken hat die BaFin Erleichterungen eingeräumt. Ein angemessener Betrachtungshorizont lässt sich bei Marktpreisrisiken aufgrund ihrer Eigenart i. d. R. schon über kürzere Zeitreihen darstellen. Außerdem existieren bezüglich der Anerkennung bankinterner Modelle mit § 365 CRR bereits einschlägige bankaufsichtliche Regelungen, die kürzere Zeitreihen explizit vorsehen. Die Festlegung von Diversifikationsannahmen innerhalb der Marktpreisrisiken kann daher auf Zeitreihen beruhen, die nicht alle Phasen eines Konjunkturzyklus abdecken. Dabei ist allerdings sicherzustellen, dass Diversifikationseffekte auf der Basis eines Zeitraumes ermittelt werden, der im Hinblick auf das aktuelle Portfolio des Institutes eine ungünstige Marktphase darstellt. Beinhaltet die beobachtbare Historie keine entsprechend geeignete Marktphase, kann anstelle einer historischen ausnahmsweise eine hypothetische Marktphase berücksichtigt werden, die entsprechend konservativ ausgestaltet sein muss (→ AT4.1 Tz. 6, Erläuterung). 274

Das mögliche Abstellen auf hypothetische Marktphasen ist zwar als Erleichterung zu verstehen. Allerdings fehlt ein geeigneter Orientierungsmaßstab, wie in der Praxis eine solche hypothetische Marktphase konstruiert werden soll. Letztlich kann nur eine Orientierung an denselben Risikofaktoren erfolgen, für die keine entsprechenden historischen Daten existieren. Laut Ansicht der Deutschen Kreditwirtschaft sollten insofern auf hypothetischer Basis Zeitreihen generiert bzw. Diversifikationseffekte konservativ abgeschätzt werden dürfen, wenn für einige Risikofaktoren keine historischen Zeitreihen verfügbar sind.[328] Die Aufsicht hat eine entsprechende Klarstellung dieser Erläuterung nach der Sitzung des Fachgremiums MaRisk zwar nochmals geprüft, letztlich aber davon Abstand genommen. 275

7.6 Dokumentation

Aus Eigeninteresse sollten die Institute sicherstellen, dass der Berücksichtigung von Diversifikationseffekten eine nachvollziehbare Dokumentation zugrundeliegt. Die Dokumentation sollte sich insbesondere auf folgende Aspekte erstrecken[329]: 276

- Formale Darstellung des Modells, die um qualitative Erläuterungen inkl. der maßgeblichen Definitionen ergänzt wird. Insbesondere sollten die Korrelationsannahmen und deren Relevanz für den Umfang der berücksichtigten Diversifikationseffekte dargestellt werden. Die Stabilität der Korrelationsannahmen sollte begründet werden.
- Informationen über die zugrundeliegenden Datenhistorien.
- Änderungen der Modelle, insbesondere bei den Korrelationsannahmen, sind darzulegen und zu begründen. Die Änderungen sollten in einer Historie erfasst werden, so dass sie auch im Nachhinein noch plausibilisiert werden können.
- Darstellung der Maßnahmen, die auf die Stabilität der Korrelationsannahmen abzielen (z. B. Höhe und Begründung des Schätzpuffers sowie Berücksichtigung der Annahmen im Rahmen von Stresstests).
- Werden Leistungen Dritter in Anspruch genommen (z. B. Datenhistorien, Korrelationsmatrizen), so sollten Produktbeschreibungen vorliegen und die Relevanz der Produkte für das eigene Modell erläutert werden.

---

328 Vgl. Deutsche Kreditwirtschaft, Stellungnahme zum Konsultationspapier 01/2012 der Bundesanstalt für Finanzdienstleistungsaufsicht (BaFin) – »Überarbeitung der MaRisk«, 5. Juni 2012, S. 4.

329 Vgl. Committee of European Banking Supervisors, Consultation Paper on Technical Aspects of Diversification under Pillar 2 (CP 20), 27. Juni 2008, Tz. 4 f.

AT 4.1 Risikotragfähigkeit

277 Eine nachvollziehbare Dokumentation ist nicht nur für die Institute von Nutzen. Auch (kritische) Diskussionen mit Prüfern und Aufsehern sollten auf deren Basis deutlich an Effizienz und Effektivität gewinnen.

8 Verlässlichkeit und Stabilität der Diversifikationsannahmen (Tz. 7)

7 Die Verlässlichkeit und die Stabilität der Diversifikationsannahmen sind regelmäßig und   **278**
ggf. anlassbezogen zu überprüfen.

8.1 Überprüfung der Korrelationsannahmen

Veränderungen des ökonomischen Umfeldes oder Anpassungen der strategischen Ziele berühren   **279**
regelmäßig auch die Geschäftstätigkeit der Institute, insbesondere deren Portfoliostruktur. Da sich
daraus ggf. erhebliche Konsequenzen für die Korrelationsannahmen ergeben können, ist deren
Verlässlichkeit und Stabilität einer regelmäßigen Überprüfung zu unterziehen. Auf das Erfordernis
einer intensiven Überprüfung hat auch CEBS hingewiesen.[330] Zum Überprüfungsturnus macht die
BaFin keine konkreten Vorgaben. Dies ist auch nicht von entscheidender Bedeutung, solange
sichergestellt ist, dass entsprechende Prüfungen anlassbezogen durchgeführt werden. Vor dem
Hintergrund der geforderten Ad-hoc-Überprüfung steht das Institut in der Pflicht, sich schon im
Vorfeld Gedanken über (potenzielle) Ereignisse zu machen, die Auswirkungen auf die Verlässlichkeit und Stabilität der Annahmen haben können. Selbstverständlich erstreckt sich die Prüfung
auch auf die Leistungen (z.B. Datenhistorien, Modellparameter), die von Dritten im Rahmen so
genannter »Vendor Models« oder »Pool-Lösungen« in Anspruch genommen werden (→ AT4.1
Tz. 6). Auch in dieser Hinsicht korrespondieren die Vorgaben der MaRisk mit Anforderungen, die
der Baseler Ausschuss für Bankenaufsicht – allerdings im Hinblick auf die Nutzung von IRB-Verfahren – an die Institute gestellt hat.[331]

---

330 »Inter-risk diversification benefits ... could only be accepted in cases where an in-depth supervisory check has shown that
... there has been a rigorous independent internal assessment and throughout review of the models ... by the institution.«
Committee of European Banking Supervisors, CEBS's position paper on the recognition of diversification benefits under
Pillar 2, 2. September 2010, S. 19.
331 Vgl. Basel Committee on Banking Supervision, Use of Vendor Products in the Basel II IRB Framework, Newsletter Nr. 8,
März 2006, S. 3 ff.

9 Festlegung der Methoden und Verfahren (Tz. 8)

280 **8** Die Wahl der Methoden und Verfahren zur Beurteilung der Risikotragfähigkeit liegt in der Verantwortung des Institutes. Die den Methoden und Verfahren zugrundeliegenden Annahmen sind nachvollziehbar zu begründen. Die Festlegung wesentlicher Elemente der Risikotragfähigkeitssteuerung sowie wesentlicher zugrundeliegender Annahmen ist von der Geschäftsleitung zu genehmigen.

9.1 Methodenfreiheit

281 Wenngleich die Institute den Anforderungen hinsichtlich der Angemessenheit und Wirksamkeit der Risikotragfähigkeitskonzepte grundsätzlich durch unterschiedlich ausgestaltete interne Verfahren entsprechen können, findet die Methodenfreiheit dort ihre Grenze, wo die internen Verfahren das aufsichtsrechtlich vorgegebene Ziel »Sicherstellung der Risikotragfähigkeit« unter Beachtung der gesetzlichen Vorgaben des § 25a Abs. 1 Satz 3 Nr. 2 KWG nicht hinreichend zu gewährleisten in der Lage sind.[332] Um die Risikotragfähigkeit sicherzustellen, sind die den Methoden und Verfahren zugrundeliegenden Annahmen nachvollziehbar zu begründen und mit den übrigen Elementen der Risikotragfähigkeitssteuerung – im Falle ihrer Wesentlichkeit – vor endgültiger Festlegung von der Geschäftsleitung zu genehmigen. Außerdem ist die Angemessenheit der Methoden und Verfahren zumindest jährlich durch die fachlich zuständigen Mitarbeiter zu überprüfen, wobei den Grenzen und Beschränkungen hinreichend Rechnung zu tragen ist. Die zentrale Bedeutung des Risikotragfähigkeitskonzeptes für das institutsinterne Risikomanagement äußert sich nicht zuletzt darin, dass die Aufsicht bereits im Dezember 2011 ihren ergänzenden RTF-Leitfaden veröffentlicht hatte, der zwischen Ende 2016 und Anfang 2018 stark überarbeitet wurde und die in diesem Modul niedergelegten Vorgaben in vielerlei Hinsicht weiter konkretisiert.

282 Die deutschen Aufsichtsbehörden erwarten in erster Linie, dass die Risikoquantifizierung und die Ermittlung des Risikodeckungspotenzials in konsistenter Weise erfolgt und die der jeweiligen Modellierung zugrundeliegenden Annahmen transparent gemacht werden. Folglich müssen bei einer barwertigen Ableitung des Risikodeckungspotenzials auch die Risiken barwertig gemessen werden. Sofern bei der Ableitung des Risikodeckungspotenzials jedoch auf Vereinfachungen zurückgegriffen wird, kann bei der Risikoquantifizierung analog vorgegangen werden. Die Aufsicht bezeichnet diese Vorgehensweise als »barwertnahe« Risikoermittlung und verweist beispielhaft für Zinsänderungs- und Spreadrisiken auf die Rückstellungsprüfung gemäß verlustfreier Bewertung des Zinsbuches nach IDW RS BFA 3.[333] Die barwertige und die barwertnahe Risikotragfähigkeit gelten als nahezu gleichwertige Konzepte, sofern sie angemessen ausgestaltet sind. Unter Proportionalitätsgesichtspunkten gestattet die deutsche Aufsicht »sehr kleinen und zugleich wenig komplexen Instituten«, zur Annäherung an die ökonomische Perspektive auch einen Ansatz zu verwenden, bei dem zu den Risikowerten der ersten Säule für dort nicht oder nicht hinreichend berücksichtigte wesentliche Risikoarten nur vereinfacht quantifizierte Risikowerte oder Risikobeträge auf Basis einer Plausibilisierung addiert werden (→ AT4.1 Tz. 5). Für diese Zwecke kann

---

332 Vgl. Bundesanstalt für Finanzdienstleistungsaufsicht/Deutsche Bundesbank, Aufsichtliche Beurteilung bankinterner Risikotragfähigkeitskonzepte und deren prozessualer Einbindung in die Gesamtbanksteuerung (»ICAAP«) – Neuausrichtung, Leitfaden vom 24. Mai 2018, S. 4.

333 Institut der Wirtschaftsprüfer, IDW Stellungnahme zur Rechnungslegung: Einzelfragen der verlustfreien Bewertung von zinsbezogenen Geschäften des Bankbuchs (IDW RS BFA 3), 16. Oktober 2017.

z.B. an die Auswirkungen einer plötzlichen und unerwarteten Zinsänderung (»Zinsschock«) gemäß dem zugrundeliegenden BaFin-Rundschreiben[334] angeknüpft werden (siehe Abbildung 28).[335] Diese sogenannte »Säule-1-Plus-Risikotragfähigkeit« ist allerdings nicht identisch mit dem »Säule-1-Plus-Ansatz« der EBA.[336] Die deutsche Aufsicht hat lediglich den Grundgedanken der EBA aufgegriffen, um ein vereinfachtes Konzept zur Ermittlung der Risikotragfähigkeit anzubieten und gleichzeitig die Risiken nicht zu unterzeichnen.

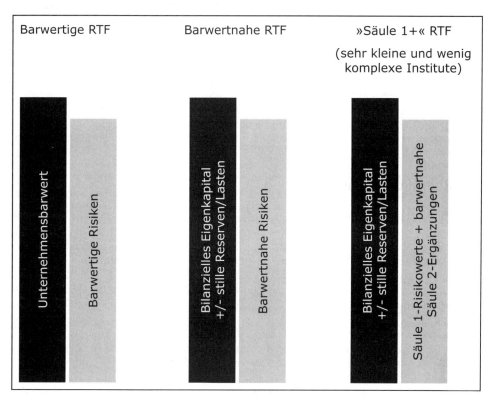

Abb. 28: Umsetzungsmöglichkeiten der Kapital- und Risikoermittlung in der ökonomischen Perspektive

Auch die EZB überlässt es grundsätzlich den bedeutenden Instituten, in eigener Verantwortung angemessene Verfahren und Methoden zur Risikoquantifizierung in der ökonomischen Perspektive und zur Erstellung von Projektionen für die Zwecke der Kapitalplanung in der normativen Perspektive zu implementieren. So steht es den Instituten insgesamt frei, zur Quantifizierung bestehender oder potenzieller Risiken (angepasste) Methoden der ersten Säule (z.B. zur Berücksichtigung von Konzentrationsrisiken), Modelle für die Berechnung des ökonomischen Kapitals, Stresstest-

283

---

334 Vgl. Bundesanstalt für Finanzdienstleistungsaufsicht, Zinsänderungsrisiken im Anlagebuch, Rundschreiben 07/2018 (BA) vom 24. Mai 2018, S. 3.

335 Vgl. Bundesanstalt für Finanzdienstleistungsaufsicht/Deutsche Bundesbank, Aufsichtliche Beurteilung bankinterner Risikotragfähigkeitskonzepte und deren prozessualer Einbindung in die Gesamtbanksteuerung (»ICAAP«) – Neuausrichtung, Leitfaden vom 24. Mai 2018, S. 15.

336 Vgl. European Banking Authority, Guidelines on common procedures and methodologies for the supervisory review and evaluation process (SREP) and supervisory stress testing, EBA/GL/2014/13, Consolidated version, 19. Juli 2018, S. 133.

ergebnisse oder andere Methoden (z. B. multiple Szenarien) zu verwenden. Allerdings wird erwartet, dass die angewandten Verfahren und Methoden hinreichend konservativ ausgestaltet sind und sowohl miteinander als auch mit der jeweiligen Perspektive und der Kapitaldefinition im Einklang stehen. Außerdem sollten größere oder komplexere Institute sowie Institute mit komplexeren Risiken anspruchsvollere Risikoquantifizierungsmethoden verwenden, um die Risiken angemessen zu erfassen.[337] Insbesondere in der ökonomischen Perspektive sollten sich die bedeutenden Institute am Konzept des wirtschaftlichen Wertes (»Economic Value«, EV) aus den EBA-Leitlinien zur Steuerung des Zinsänderungsrisikos bei Geschäften des Anlagebuches[338] orientieren.[339]

284　　Die EZB warnt zudem davor, Risikoquantifizierungsmethoden zu implementieren, die nicht vollständig verstanden werden und deshalb für das interne Risikomanagement und die interne Entscheidungsfindung nicht verwendbar sind. Die bedeutenden Institute sollten darlegen können, dass die verwendeten Methoden angesichts ihrer jeweiligen Situation und ihres Risikoprofils angemessen sind. Extern entwickelte Modelle sollten nicht mechanistisch übernommen werden. Die Institute sollten diese Modelle vollständig verstehen und sich davon überzeugen, dass sich diese Modelle für ihre Geschäftsaktivitäten und ihr Risikoprofil eignen und darauf zugeschnitten sind.[340]

9.2　　Begründung der Annahmen

285　　Die Annahmen spielen bei der Risikotragfähigkeitsbetrachtung eine wichtige Rolle, da bereits geringfügige Variationen erhebliche Auswirkungen auf das Ergebnis haben können. Annahmen liegen regelmäßig sowohl der Bestimmung der Risikodeckungspotenziale als auch der Einschätzung der Risiken zugrunde. Von zentraler Bedeutung sind sie bei der Bestimmung der Risikodeckungspotenziale vor allem dann, wenn auf Plangrößen abgestellt wird. In diese Plangrößen fließen z. B. Einschätzungen über die künftige Entwicklung der Zinsen oder auch Erwartungen hinsichtlich der Entwicklung bestimmter Geschäftsfelder ein (z. B. Provisionsgeschäft). Zu den Schlüsselparametern und -annahmen für die Risikoquantifizierung zählen u. a. Konfidenzniveaus, Korrelationsannahmen und Annahmen für die Erstellung von Szenarien.[341] Einen wesentlichen Einfluss auf die resultierenden Risikowerte haben auch die Korrelationskoeffizienten.[342] So spielen bei der Einschätzung der Risiken sowohl die Korrelationsannahmen innerhalb bestimmter Risikoarten (»Intra-Risikokorrelationen«) als auch zwischen verschiedenen Risikoarten (»Inter-Risikokorrelationen«) eine entscheidende Rolle. Die den Methoden und Verfahren zur Beurteilung der

---

337 Vgl. Europäische Zentralbank, Leitfaden der EZB für den bankinternen Prozess zur Sicherstellung einer angemessenen Kapitalausstattung (Internal Capital Adequacy Assessment Process – ICAAP), 9. November 2018, S. 36 f.

338 In diesen Leitlinien wird u. a. vorgegeben, für welche Zwecke die Institute das erforderliche Kapital für die Zinsänderungsrisiken im Anlagebuch im ICAAP berechnen sollen. Dabei wird zwischen dem internen Kapital, das im Zusammenhang mit Risiken für den wirtschaftlichen Wert, die aus plötzlich auftretenden Zinsschocks entstehen könnten, gehalten wird, und den zukünftigen internen Kapitalanforderungen, die aus den Auswirkungen von Zinsänderungen auf die zukünftige Ertragskraft entstehen, mit den daraus folgenden Implikationen für die internen Kapitalpuffer, unterschieden. Vgl. European Banking Authority, Leitlinien zur Steuerung des Zinsänderungsrisikos bei Geschäften des Anlagebuchs, EBA/GL/2015/08, 5. Oktober 2015, S. 21 ff. An dieser Vorgehensweise hat auch die Überarbeitung der Leitlinien nichts geändert, die ab dem 30. Juni 2019 maßgeblich sein wird. Vgl. European Banking Authority, Final Report – Guidelines on the management of interest rate risk arising from non-trading book activities, EBA/GL/2018/02, 19. Juli 2018, S. 18 ff.

339 Vgl. Europäische Zentralbank, Leitfaden der EZB für den bankinternen Prozess zur Sicherstellung einer angemessenen Kapitalausstattung (Internal Capital Adequacy Assessment Process – ICAAP), 9. November 2018, S. 20 f.

340 Vgl. Europäische Zentralbank, Leitfaden der EZB für den bankinternen Prozess zur Sicherstellung einer angemessenen Kapitalausstattung (Internal Capital Adequacy Assessment Process – ICAAP), 9. November 2018, S. 37.

341 Vgl. Europäische Zentralbank, Leitfaden der EZB für den bankinternen Prozess zur Sicherstellung einer angemessenen Kapitalausstattung (Internal Capital Adequacy Assessment Process – ICAAP), 9. November 2018, S. 35.

342 Vgl. Bundesanstalt für Finanzdienstleistungsaufsicht/Deutsche Bundesbank, Aufsichtliche Beurteilung bankinterner Risikotragfähigkeitskonzepte und deren prozessualer Einbindung in die Gesamtbanksteuerung (»ICAAP«) – Neuausrichtung, Leitfaden vom 24. Mai 2018, S. 30.

Risikotragfähigkeit zugrundeliegenden Annahmen sind daher im Eigeninteresse des Institutes nachvollziehbar zu begründen. Die wichtigsten Parameter und Annahmen sollten im Übrigen in der gesamten Gruppe über alle Risikoarten hinweg konsistent sein.[343]

9.3   Einbeziehung der Geschäftsleitung

Bis zur vierten MaRisk-Novelle mussten rein formal betrachtet nur die Diversifikationsannahmen von der Geschäftsleitung genehmigt werden. Selbst in dieser Hinsicht gingen die MaRisk noch über die damaligen Vorgaben von CEBS hinaus, die – bezogen auf Diversifikationseffekte – kein explizites Genehmigungserfordernis durch die Geschäftsleitung vorsahen.[344] Diese Situation hat sich in den letzten Jahren deutlich geändert. Durch den ICAAP soll die Angemessenheit der Kapitalausstattung eines Institutes kontinuierlich gewährleistet sein. Er soll den Führungsebenen eines Institutes Steuerungssignale für die operative Geschäftstätigkeit liefern und ist insofern für das Management der Risiken und der angemessenen Kapitalallokation von erheblicher Bedeutung. Deshalb liegt die Ausgestaltung des ICAAP, inklusive der Festlegung wesentlicher Elemente der Risikotragfähigkeitssteuerung sowie wesentlicher zugrundeliegender Annahmen, in der originären Verantwortung der Geschäftsleitung.[345]   **286**

Das setzt voraus, dass die Geschäftsleitung über alle wesentlichen Aspekte regelmäßig unterrichtet wird. Unter anderem sollte sie über jene Vorkehrungen informiert werden, die auf die Stabilität und Verlässlichkeit der Annahmen und damit verbundene potenzielle Gefahren abzielen. Darüber hinaus sollten der Geschäftsleitung die Auswirkungen der Annahmen und der verwendeten Methoden für das eigene Institut veranschaulicht werden, wie z. B. die Auswirkungen eines Übergangs vom Going-Concern-Ansatz alter Prägung in die neue Welt des RTF-Leitfadens, die mittelfristig unvermeidlich sein wird.   **287**

Die Geschäftsleitung ist für die Sicherstellung einer soliden und wirksamen ICAAP-(Gesamt-)Architektur und deren Einbindung in die Gesamtsteuerung des Institutes verantwortlich.[346] Angesichts der besonderen Bedeutung des ICAAP sollte er auch nach den Vorstellungen der EZB in allen Kernelementen von der Geschäftsleitung genehmigt werden. Als Voraussetzung dafür soll die Geschäftsleitung den ICAAP mit dem Management und den zuständigen Gremien effektiv erörtern und hinterfragen. Zu den Kernelementen des ICAAP zählt die EZB den Governance-Rahmen mit einer klaren und transparenten Zuweisung der Verantwortlichkeiten, die dem Funktionstrennungsprinzip Rechnung trägt, die internen Regelungen zur Dokumentation, den Anwendungsbereich, den Risikoidentifizierungsprozess sowie das interne Risikoinventar und die interne Risikotaxonomie, aus denen der Umfang der wesentlichen Risiken sowie die Abdeckung dieser Risiken durch Kapital hervorgeht, die Risikoquantifizierungsmethoden, einschließlich wesentlicher Annahmen und Parameter für die Risikomessung (z. B. Zeithorizont, Diversifikationsannahmen und Konfidenzniveaus), die sich auf zuverlässige Daten und solide Datenaggregationssysteme stützen, den zur Sicherstellung der angemessenen Kapitalausstattung gewählten Ansatz (einschließlich des Stresstestrahmens und   **288**

---

343 Vgl. Europäische Zentralbank, Leitfaden der EZB für den bankinternen Prozess zur Sicherstellung einer angemessenen Kapitalausstattung (Internal Capital Adequacy Assessment Process – ICAAP), 9. November 2018, S. 34.

344 Allerdings war die Geschäftsleitung für den ICAAP verantwortlich und damit – zumindest mittelbar – auch für die Diversifikationsannahmen. Vgl. Committee of European Banking Supervisors, Consultation Paper on Technical Aspects of Diversification under Pillar 2 (CP 20), 27. Juni 2008, Tz. 15 f.

345 Vgl. Bundesanstalt für Finanzdienstleistungsaufsicht/Deutsche Bundesbank, Aufsichtliche Beurteilung bankinterner Risikotragfähigkeitskonzepte und deren prozessualer Einbindung in die Gesamtbanksteuerung (»ICAAP«) – Neuausrichtung, Leitfaden vom 24. Mai 2018, S. 6 f.

346 Vgl. Europäische Zentralbank, Leitfaden der EZB für den bankinternen Prozess zur Sicherstellung einer angemessenen Kapitalausstattung (Internal Capital Adequacy Assessment Process – ICAAP), 9. November 2018, S. 10.

einer präzisen Definition einer angemessenen Kapitalausstattung) und einen klaren Ansatz für die regelmäßige interne Überprüfung und Validierung des ICAAP.[347]

9.4 Erklärung zur Angemessenheit des Kapitals

289 Mit der Erklärung zur Angemessenheit der Kapitalausstattung (»Capital Adequacy Statement«, CAS) soll die Geschäftsleitung der bedeutenden Institute ihre Einschätzung zur Angemessenheit der Kapitalausstattung darlegen und näher erläutern. Damit soll gegenüber der EZB der Nachweis erbracht werden, dass die Geschäftsleitung über ein gutes Verständnis von der Angemessenheit der Kapitalausstattung, den wichtigsten Eingangsdaten, Bestimmungsfaktoren, Ergebnissen und Schwachstellen des ICAAP, den zugrundeliegenden Parametern und Prozessen sowie der Konsistenz zwischen ICAAP und strategischer Planung verfügt.[348] Insofern besteht ein enger Zusammenhang zur Erklärung zum Risikoappetit (»Risk Appetite Statement«, RAS), in der die Geschäftsleitung ihre Einschätzung zu den Risikoarten und -beträgen zum Ausdruck bringt, die das Institut zur Erfüllung seiner strategischen Ziele zu übernehmen bereit ist.[349]

---

347 Vgl. Europäische Zentralbank, Leitfaden der EZB für den bankinternen Prozess zur Sicherstellung einer angemessenen Kapitalausstattung (Internal Capital Adequacy Assessment Process – ICAAP), 9. November 2018, S. 6 f.

348 Vgl. Europäische Zentralbank, Leitfaden der EZB für den bankinternen Prozess zur Sicherstellung einer angemessenen Kapitalausstattung (Internal Capital Adequacy Assessment Process – ICAAP), 9. November 2018, S. 8.

349 Vgl. Europäische Zentralbank, Leitfaden der EZB für den bankinternen Prozess zur Sicherstellung einer angemessenen Kapitalausstattung (Internal Capital Adequacy Assessment Process – ICAAP), 9. November 2018, S. 43 f.; European Central Bank, SSM supervisory statement on governance and risk appetite, 21. Juni 2016, S. 15.

10 Überprüfung der Methoden und Verfahren (Tz. 9)

9 Die Angemessenheit der Methoden und Verfahren ist zumindest jährlich durch die fachlich **290** zuständigen Mitarbeiter zu überprüfen. Im Rahmen dieser Überprüfung ist den Grenzen und Beschränkungen, die sich aus den eingesetzten Methoden und Verfahren, den ihnen zugrunde-liegenden Annahmen und den in die Risikoquantifizierung einfließenden Daten ergeben, hinrei-chend Rechnung zu tragen. Die Stabilität und Konsistenz der Methoden und Verfahren sowie die Aussagekraft der damit ermittelten Risiken sind insofern kritisch zu analysieren.

10.1 Überprüfung der Angemessenheit

Die Risikosteuerungs- und -controllingprozesse sowie die zur Risikoquantifizierung eingesetzten **291** Methoden und Verfahren sind regelmäßig sowie bei sich ändernden Bedingungen auf ihre Angemessenheit zu überprüfen und ggf. anzupassen. Dies betrifft insbesondere auch die Plausibi-lisierung der ermittelten Ergebnisse und der zugrundeliegenden Daten (→ AT 4.3.2 Tz. 5). Konkret ist die Angemessenheit der Methoden und Verfahren zur Ermittlung der Risikotragfähigkeit von den Instituten zumindest jährlich zu überprüfen. Gegebenenfalls kann es sich auch als notwendig erweisen, diesen Turnus in Abhängigkeit vom Risikoappetit der Geschäftsleitung zu verkürzen oder eine bereits abgeschlossene Überprüfung aufgrund bestimmter Ereignisse zwischenzeitlich anlassbezogen zu wiederholen. Die Überprüfungen haben durch die fachlich zuständigen Mit-arbeiter zu erfolgen. Zu diesem Zweck müssen die Institute zunächst einmal gewährleisten, dass sie jederzeit einen vollständigen und aktuellen Überblick über die Methoden und Verfahren haben, die sie zur Risikoquantifizierung verwenden (→ AT 4.1 Tz. 9, Erläuterung). Hinsichtlich der Überprüfung selbst empfiehlt sich eine Orientierung an den Vorstellungen der zuständigen Aufsichtsbehörden.

Die deutsche Aufsicht beurteilt die Angemessenheit der bankinternen Methoden und Verfahren **292** unter Beachtung des Prinzips der Wesentlichkeit grundsätzlich in Form einer Gesamtwürdigung aller Elemente der institutsinternen Risikotragfähigkeitssteuerung, wobei Art, Umfang, Komplexi-tät und Risikogehalt der Geschäftsaktivitäten sowie Umfeld und Größe des jeweiligen Kredit-institutes berücksichtigt werden. Sie wird sich im Rahmen des bankaufsichtlichen Überprüfungs-prozesses an den Geboten der Vollständigkeit der Risikoabbildung, der Konsistenz und Wirk-samkeit der Verfahren sowie am Vorsichtsprinzip orientieren. Dabei werden – auch mit Blick auf die gebotene Einheitlichkeit ihres Verwaltungshandelns – grundsätzlich jene Prinzipien und Kriterien zugrundegelegt, die im RTF-Leitfaden festgehalten sind. Insofern können konkrete Fallgestaltungen von vornherein als inkonsistent oder nicht hinreichend konservativ eingestuft werden. Da im RTF-Leitfaden nicht alle Aspekte zu jedem denkbaren Einzelfall aufgegriffen werden können, fließen in die Beurteilung ggf. zusätzliche Gesichtspunkte ein. Insofern kann bei nachvollziehbarer und schlüssiger Begründung von diesen Prinzipien und Kriterien ausnahms-weise abgewichen werden, sofern die Besonderheiten eines Einzelfalls dies rechtfertigen.[350] Unabhängig davon spiegelt der RTF-Leitfaden natürlich nur die aktuelle Verwaltungspraxis wider. So muss die Aufsicht einerseits auf neue Erkenntnisse aus der Prüfungspraxis reagieren. Anderer-

---

350 Vgl. Bundesanstalt für Finanzdienstleistungsaufsicht/Deutsche Bundesbank, Aufsichtliche Beurteilung bankinterner Risikotragfähigkeitskonzepte und deren prozessualer Einbindung in die Gesamtbanksteuerung (»ICAAP«) – Neuaus-richtung, Leitfaden vom 24. Mai 2018, S. 5 f.

seits ist eine Weiterentwicklung hinsichtlich der definitorischen Abgrenzungen oder einzelner Beurteilungskriterien mit Blick auf die Entwicklungen im Aufsichtsrecht und in der Rechnungslegung jederzeit möglich.[351]

293 Nach den Vorstellungen der EZB sollten die bedeutenden Institute über angemessene Richtlinien und Verfahren für interne Überprüfungen verfügen. Diese Überprüfungen umfassen ein breites Spektrum von Kontrollen, Bewertungen und Berichten, mit denen sichergestellt werden soll, dass die Strategien, Prozesse und Methoden solide, umfassend, effektiv und angemessen sind.[352] Sie sollten von den drei Verteidigungslinien ihren jeweiligen Aufgaben und Zuständigkeiten entsprechend durchgeführt werden, d. h. von den Geschäftsbereichen und den unabhängigen internen Kontrollfunktionen (Risikomanagement, Compliance und Interne Revision). Dabei sollten sowohl qualitative als auch quantitative Aspekte berücksichtigt werden, beispielweise die Verwendung der ICAAP-Ergebnisse, der Stresstestrahmen, die Risikoerfassung, die Datenaggregationsprozesse sowie angemessene Prozesse zur Validierung der internen Methoden zur Risikoquantifizierung. Die Annahmen und Ergebnisse des ICAAP sollten einer angemessenen internen Überprüfung unterzogen werden, die z. B. die Kapitalplanung, die Szenarien und die Risikoquantifizierung abdeckt. Bei wesentlichen Änderungen, die z. B. mit dem Neu-Produkt-Prozess oder mit Veränderungen der Struktur der Gruppe oder des Finanzkonglomerates verbunden sein können, sollte eine Anpassung des ICAAP anhand eines festgelegten Verfahrens erfolgen.[353]

10.2 Überprüfung der eingesetzten Methoden und Verfahren

294 Bei der Überprüfung sollten sich die Institute vor Augen führen, dass jegliche Methoden und Verfahren die Realität nicht vollständig abzubilden vermögen. Deshalb ist dem Umstand, dass die Risikowerte Ungenauigkeiten – sowohl auf Ebene der Einzelrisiken als auch auf aggregierter Ebene – aufweisen oder das Risiko unterschätzen könnten, bei der Beurteilung der Risikotragfähigkeit hinreichend Rechnung zu tragen (→ AT4.1 Tz. 9, Erläuterung). Die Deutsche Bundesbank hat noch vor wenigen Jahren festgestellt, dass sich viele kleine und mittlere Institute mit wesentlichen Modellannahmen, der Qualität der Datenbasis und den Modellergebnissen noch nicht hinreichend kritisch auseinandersetzen und folglich auch nicht der Grenzen komplexer Verfahren bewusst sind.[354]

295 Zwar kann auf eine weitergehende Analyse verzichtet werden, sofern bei vergleichsweise einfachen und transparenten Verfahren die damit ermittelten Risikowerte im Hinblick auf die Grenzen und Beschränkungen der Verfahren erkennbar hinreichend konservativ sind (→ AT4.1 Tz. 9, Erläuterung). Sind die Methoden und Verfahren, die ihnen zugrundeliegenden Annahmen, Parameter oder die einfließenden Daten hingegen vergleichsweise komplex, so ist eine entsprechend umfassende quantitative und qualitative Validierung dieser Komponenten sowie der Risikoergebnisse in Bezug auf ihre Verwendung erforderlich (→ AT4.1 Tz. 9, Erläuterung).

296 Mit welchen Risikomaßen die verschiedenen Risiken im Wesentlichen quantifiziert werden können und welche Grundsätze für die Ableitung des Risikodeckungspotenzials jeweils zu beachten sind, wurde bereits ausführlich erläutert (→ AT4.1 Tz. 1). Auch der Einfluss von

---

351 Vgl. Volk, Tobias/Wiesemann, Bernd, Aufsichtliche Beurteilung bankinterner Risikotragfähigkeitskonzepte, in: Zeitschrift für das gesamte Kreditwesen, Heft 6/2012, S. 22.

352 Vgl. Europäische Zentralbank, Leitfaden der EZB für den bankinternen Prozess zur Sicherstellung einer angemessenen Kapitalausstattung (Internal Capital Adequacy Assessment Process – ICAAP), 9. November 2018, S. 44.

353 Vgl. Europäische Zentralbank, Leitfaden der EZB für den bankinternen Prozess zur Sicherstellung einer angemessenen Kapitalausstattung (Internal Capital Adequacy Assessment Process – ICAAP), 9. November 2018, S. 7 f.

354 Vgl. Deutsche Bundesbank, Bankinterne Methoden zur Ermittlung und Sicherstellung der Risikotragfähigkeit und ihre bankaufsichtliche Bedeutung, in: Monatsbericht, März 2013, S. 36.

Korrelationskoeffizienten auf die Risikoquantifizierung wurde detailliert dargestellt (→ AT4.1 Tz.1, 6 und 7). Darüber hinaus können weitere Parameter – in Abhängigkeit von der Wahl der Risikomaße – einen wesentlichen Einfluss auf die Ermittlung der Risikowerte haben. Wichtig ist, dass die Wahl der Parameter mit dem Risikoappetit und dem Grad der Konservativität der Risikotragfähigkeitsbetrachtung im Einklang steht. Ergänzend wird seit der vierten MaRisk-Novelle gefordert, den Grenzen und Beschränkungen, die sich aus den eingesetzten Methoden und Verfahren, den ihnen zugrundeliegenden Annahmen und den in die Risikoquantifizierung einfließenden Daten ergeben, hinreichend Rechnung zu tragen. Diese Anforderung zielt in erster Linie auf komplexere Methoden und Verfahren und damit auf das Modellrisiko (→ AT4.1 Tz.10) sowie auf die Verwendung externer Daten ab. So ist einerseits die Aussagekraft der quantifizierten Risiken kritisch zu analysieren. Mit Blick auf die zugrundeliegenden Annahmen und die für die Risikoquantifizierung verwendeten Daten steht bei der Analyse andererseits im Vordergrund, ob diese für die institutsindividuellen Verhältnisse überhaupt hinreichend repräsentativ sind.

Das Proportionalitätsprinzip wird im Übrigen zwar bei der Entscheidung zugunsten einer **297** geeigneten Methode zur Risikoquantifizierung berücksichtigt. Steht diese Entscheidung jedoch fest, kann die praktische Anwendung einer bestimmten Risikomessmethode nur noch in äußerst begrenztem Umfang dem Proportionalitätsgedanken unterliegen. Das liegt in erster Linie daran, dass insbesondere an den Einsatz fortgeschrittener Methoden zur Risikoquantifizierung im Allgemeinen relativ anspruchsvolle Voraussetzungen und Bedingungen geknüpft sind. Sofern sich also ein Institut mit tendenziell überschaubaren, einfachen und risikoarmen Geschäftsaktivitäten für eine fortgeschrittene Risikoquantifizierungsmethode entscheidet, kann es sich hinsichtlich der anzulegenden Maßstäbe für deren Anwendung nicht auf das Proportionalitätsprinzip berufen.[355] Auch dieser Aspekt sollte unter dem Stichwort »Angemessenheit« von den Instituten berücksichtigt werden. So empfiehlt die Deutsche Bundesbank Instituten, von denen die erforderlichen Voraussetzungen zur Anwendung komplexer Methoden und Verfahren aufgrund begrenzter Ressourcen im Risikomanagement nicht erfüllt werden können, entweder die erforderliche Methodenkompetenz aufzubauen oder ihrer überschaubaren Geschäftstätigkeit und Risikosituation entsprechend auf einfachere Verfahren zurückzugreifen.[356]

10.3 Berücksichtigung der institutsindividuellen Verhältnisse

Die deutsche Aufsicht legt besonders großen Wert darauf, dass die Korrelationsannahmen **298** portfoliospezifisch sind, d.h. die Geschäfts- und Risikostruktur des Institutes widerspiegeln. Dass ein enger Zusammenhang zwischen der Geschäfts- und Risikostruktur des Institutes und den Korrelationsannahmen bestehen muss, wird auch von CEBS betont.[357] Individualität kann vor allem durch eine enge Orientierung an der Geschäftsstrategie sowie dem ökonomischen Umfeld und dem daraus resultierenden Gesamtrisikoprofil hergestellt werden.

Die Anforderung zielt insofern schwerpunktmäßig auf Konstellationen ab, bei denen Institute die **299** Dienste von Dritten in Anspruch nehmen. In der Praxis ist es weit verbreitet, dass Institute für die Zwecke der Ermittlung von Diversifikationseffekten Daten von entsprechenden Anbietern beziehen (z.B. Datenhistorien oder Modellparameter). Auf den Märkten haben sich eine ganze Reihe von

---

355 Vgl. Deutsche Bundesbank, Bankinterne Methoden zur Ermittlung und Sicherstellung der Risikotragfähigkeit und ihre bankaufsichtliche Bedeutung, in: Monatsbericht, März 2013, S. 36.
356 Vgl. Deutsche Bundesbank, Bankinterne Methoden zur Ermittlung und Sicherstellung der Risikotragfähigkeit und ihre bankaufsichtliche Bedeutung, in: Monatsbericht, März 2013, S. 36.
357 Vgl. Committee of European Banking Supervisors, CEBS's position paper on the recognition of diversification benefits under Pillar 2, 2. September 2010, S. 19.

AT4.1 Risikotragfähigkeit

Unternehmen etabliert, die den Instituten im Rahmen so genannter »Vendor Models« oder »Pool-Lösungen« entsprechende Leistungen anbieten. Der Rückgriff auf externe Quellen hat durchaus Vorteile, weil auf der Basis größerer Datenmengen i.d.R. zuverlässigere Korrelationsannahmen abgeleitet werden können. Gleichwohl müssen die zugrundeliegenden Beobachtungen auf das Institut übertragbar sein. Darin besteht zwischen Aufsicht und Kreditwirtschaft Einigkeit.[358]

300 Schwierigkeiten bei einer Nutzung von Pool-Lösungen für Kreditportfoliomodelle ergeben sich u.a. aus der Tatsache, dass für Kreditportfolios in verschiedenen Regionen dieselben Korrelationen verwendet werden. Die Aufsicht leitet daraus das Erfordernis einer umfangreichen und sorgfältigen quantitativen und qualitativen Validierung ab.[359] Daraus können sich nach Einschätzung von Aufsichtsvertretern Konsequenzen für die Verwendung derartiger Modelle bei kleineren Instituten ergeben, wenn diese z.B. in Verbünden zentral entwickelt werden.[360]

301 In den MaRisk wird daher eine kritische Auseinandersetzung mit derartigen Konstellationen gefordert. Werden Daten und Korrelationsannahmen unreflektiert von Dritten übernommen, so dürfen auf dieser Basis ermittelte Diversifikationseffekte nicht im Risikotragfähigkeitskonzept berücksichtigt werden. Bei Verwendung von auf externen Daten beruhenden Annahmen zu Diversifikationseffekten (z.B. im Rahmen von Kreditportfoliomodellen) müssen gewisse Voraussetzungen erfüllt sein. Im Rahmen der fünften MaRisk-Novelle wurde diese Anforderung auf sämtliche Parameter für die Risikodeckungspotenzial- und Risikoermittlung sowie die Risikodatenaggregation ausgeweitet. Derartige Parameter, die auf der Basis von externen Daten und Annahmen ermittelt werden, dürfen nur dann übernommen werden, wenn das Institut plausibel darlegen kann, dass die zugrundeliegenden Daten die tatsächlichen Verhältnisse des Institutes angemessen widerspiegeln (→ AT4.1 Tz.9, Erläuterung). Auf welche Weise dies geschehen soll, ist in den MaRisk nicht vorgegeben. Vermutlich wird sich eine angemessene Praxis erst im Rahmen der Umsetzung der neuen Anforderungen herauskristallisieren. Diese Einschränkung betrifft jedenfalls nicht die inhaltliche Überprüfung der Richtigkeit von öffentlich zugänglichen Marktinformationen, wie Zinssätzen, Marktpreisen, Renditen etc. (→ AT4.1 Tz.9, Erläuterung).

302 Es liegt grundsätzlich nicht im Interesse der Aufsicht, wenn die Institute auf den Einsatz fortgeschrittener Verfahren zur Risikomessung und -steuerung verzichten. Kreditrisikomodelle lassen sich allerdings nur mit »Marktdaten« betreiben, die von Unternehmen ohne Kapitalmarktzugang per Definition nicht verfügbar sind. Von verschiedenen Marktdatenanbietern stehen zwar teilweise sehr differenzierte Informationen auf Länder- und Branchenebene zur Verfügung. Diese werden jedoch naturgemäß auf der Grundlage öffentlich verfügbarer Daten von börsennotierten Unternehmen ermittelt. Je nach Portfoliozusammensetzung besteht für viele Institute somit das Problem, eine Repräsentativität dieser Daten für z.B. das KMU-Segment nachzuweisen.

303 Den Vorstellungen der Kreditwirtschaft zufolge sollten die Institute in erster Linie prüfen, ob die institutsspezifischen Verhältnisse einer Zugrundelegung der betreffenden Daten entgegenstehen (indirekter Nachweis).[361] Ein Nachweis im Sinne eines unwiderlegbaren Beweises ist i.d.R. weder möglich noch sinnvoll. Es obliegt jedoch den Instituten, neben der Übertragbarkeit der Daten auf die institutsindividuellen Verhältnisse auch die Stabilität und konservative Ermittlung der berücksichtigten Diversifikationseffekte in geeigneter Weise zu belegen. Eine derartige Plausibilisierung ist auch dann erforderlich, wenn Risikomodelle im Rahmen von Poollösungen (z.B. in einem Institutsverbund) genutzt werden.[362]

---

358 Vgl. Zentraler Kreditausschuss, Stellungnahme zum Entwurf über die Mindestanforderungen an das Risikomanagement vom 9. Juli 2010, 30. August 2010, S. 7.

359 Vgl. Deutsche Bundesbank, Bankinterne Methoden zur Ermittlung und Sicherstellung der Risikotragfähigkeit und ihre bankaufsichtliche Bedeutung, in: Monatsbericht, März 2013, S. 37 f.

360 Vgl. Volk, Tobias, Risikotragfähigkeit von Kreditinstituten, in: BankPraktiker, Heft 6/2013, S. 229.

361 Vgl. Zentraler Kreditausschuss, Stellungnahme zum Entwurf über die Mindestanforderungen an das Risikomanagement vom 9. Juli 2010, 30. August 2010, S. 7.

362 Vgl. Hofer, Markus, MaRisk: Erneute Überarbeitung vor dem Hintergrund internationaler Standards, in: BaFinJournal, Ausgabe Januar 2011, S. 7.

Die Anforderungen der MaRisk korrespondieren weitgehend mit den Erwartungen des Baseler **304** Ausschusses für Bankenaufsicht, der bezüglich fortgeschrittener Methoden zur Eigenmittelberechnung (IRB-Verfahren) Anforderungen an die Verwendung von Leistungen Dritter geknüpft hat.[363] Danach muss das Institut die bezogenen Produkte vollumfänglich verstehen und ihre Bedeutung für das eigene IRB-Verfahren auch gegenüber Prüfern und Aufsicht darstellen können. Die Leistungen Dritter müssen außerdem zu dem Kreditportfolio des Institutes sowie dem darauf aufbauenden IRB-Verfahren passen.[364] Der Berücksichtigung institutsindividueller Verhältnisse wird insoweit auch vom Baseler Ausschuss für Bankenaufsicht ein hoher Stellenwert eingeräumt.

10.4   Datenqualität

Nach den Vorstellungen der EZB sollten die bedeutenden Institute über angemessene Prozesse **305** und Kontrollmechanismen zur Gewährleistung der Datenqualität verfügen. Das Datenqualitäts-Rahmenwerk soll alle relevanten Risikodaten und Datenqualitätsdimensionen umfassen und sicherstellen, dass verlässliche Risikoinformationen eine solide Entscheidungsfindung unterstützen. Die Datenqualität betrifft z.B. die Vollständigkeit, Genauigkeit, Konsistenz, Aktualität, Eindeutigkeit, Validität und Rückverfolgbarkeit der Daten. Weiterführende Anforderungen finden sich im Zusammenhang mit der Verwendung interner Modelle für die Zwecke der ersten Säule im Leitfaden der EZB zur gezielten Überprüfung interner Modelle (»Targeted Review of Internal Models«, TRIM)[365] vom Februar 2017.[366]

10.5   Datenlieferung durch Fondsgesellschaften

Spätestens seit dem Jahre 2011 stehen seitens der Aufsicht die Methoden zur Ermittlung von **306** Kennzahlen für Immobilienfonds durch Kapitalverwaltungsgesellschaften (KVG)[367] zur Verwendung für die Risikomesssysteme der Institute im besonderen Fokus. Um den aufsichtsrechtlichen Anforderungen sowie den Anfragen der in Fonds investierenden Institute gerecht zu werden, hatte der Bundesverband Investment und Asset Management e.V. (BVI) zunächst entsprechende Methoden zur Ermittlung von Kennzahlen zur Abbildung des Immobilienrisikos bei Immobilienfonds für die Zwecke der zweiten Säule erarbeitet und sich darüber mit der Deutschen Kreditwirtschaft (DK) ausgetauscht. Das Ziel bestand darin, einen Branchenstandard zu erarbeiten und damit für die Institute Rechtssicherheit herzustellen.

Anfang 2016 ist die Deutsche Bundesbank zunächst von einem Auslagerungstatbestand aus- **307** gegangen, wenn Institute Risikokennzahlen von einer KVG bezogen und diese für ihre interne

---

363 Vgl. Basel Committee on Banking Supervision, Use of Vendor Products in the Basel II IRB Framework, Newsletter Nr. 8, März 2006, S. 3 f.

364 Eine kritische Auseinandersetzung ist vor allem deshalb ratsam, weil der Baseler Auschuss für Bankenaufsicht im Hinblick auf die Produktpalette solcher Anbieter einige Schwachstellen identifiziert hat (z.B. Defizite bei den Modellbeschreibungen und bei der Darstellung der Verwendungsmöglichkeiten bestimmmter Datenhistorien). Vgl. Basel Committee on Banking Supervision, Vendor models for credit risk measurement and management, Working Paper Nr. 17, Februar 2010, S. 3 ff.

365 Vgl. European Central Bank, Guide for the Targeted Review of Internal Models (TRIM), Consultation paper, 28. Februar 2017, S. 34 ff.

366 Vgl. Europäische Zentralbank, Leitfaden der EZB für den bankinternen Prozess zur Sicherstellung einer angemessenen Kapitalausstattung (Internal Capital Adequacy Assessment Process – ICAAP), 9. November 2018, S. 37.

367 Die ehemaligen Kapitalanlagegesellschaften (KAG) gemäß § 2 Investmentgesetz werden seit dem Außerkrafttreten des Investmentgesetzes am 22. Juli 2013 laut § 17 Kapitalanlagegesetzbuch (KAGB) als Kapitalverwaltungsgesellschaften (KVG) bezeichnet.

AT4.1 Risikotragfähigkeit

Risikotragfähigkeitsrechnung verwendet haben. In Einzelfällen wurde von den Prüfern die Auffassung vertreten, dass von einem sonstigen Fremdbezug von Leistungen ausgegangen werden kann, sofern ein Institut über hinreichende Kenntnisse des verwendeten Risikomodells und der Evaluierungsprozesse verfügt und somit in der Lage ist, die Berechnung der gelieferten Kennzahlen nachzuvollziehen. In anderen Fällen wurde sogar beanstandet, wenn die Institute diesen Bezug von Risikokennzahlen nicht als wesentliche Auslagerung eingestuft hatten. Im Rahmen der Konsultation zur fünften MaRisk-Novelle wurde seitens der Aufsicht etwa zeitgleich erläutert, dass sich ein Institut aussagekräftige Informationen zu wesentlichen Annahmen und Parametern und zu Änderungen dieser Annahmen und Parameter vorlegen lassen muss, wenn die Risikoermittlung auf Berechnungen Dritter beruht, wie es z.B. bei Fondsgesellschaften der Fall ist (→ AT4.1 Tz.9, Erläuterung).

308   Der BVI und die DK haben diese Klarstellung zunächst so interpretiert, dass die Lieferung von Fondskennziffern nicht als Auslagerung zu behandeln ist, sofern die Institute mit den zugrundeliegenden Annahmen und Parametern vertraut sind und diese mit den institutsinternen Vorgaben übereinstimmen, so dass einer Übernahme der Risikokennziffern nichts im Wege steht. Eine entsprechende Anfrage bei der deutschen Aufsicht ist jedoch so beantwortet worden, dass die Institute im Rahmen der regelmäßigen Risikoinventur zunächst beurteilen müssen, ob ihre Fondsanlagen wesentlich oder unwesentlich sind. Sofern die »Wesentlichkeit« festgestellt wird, ist die Risikomessung durch die KVG nur dann zulässig, wenn die Verantwortung beim Institut verbleibt und seine Einwirkungsmöglichkeit gewährleistet ist. Dies setzt nach Einschätzung der Aufsicht wiederum die Anwendung der Auslagerungsvorschrift im Sinne des § 25b KWG voraus (→ AT9 Tz.2). Im Falle der »Unwesentlichkeit« kann das Risiko der Fondsanlagen nach vereinfachten Verfahren ermittelt werden. Allerdings ist hierbei zu beachten, dass das Institut über hinreichende Kenntnisse von den Risikomessmethoden verfügen muss, die von den KVG verwendet werden.[368]

309   Es ist davon auszugehen, dass bei der Beurteilung der Frage der »Wesentlichkeit« von Fondsanlagen auf die Gesamtheit aller Fondsinvestments (Gesamtfondsposition) eines Institutes abzustellen ist und nicht auf die einzelnen Fondsanlagen. Dafür spricht auch die Tatsache, dass die deutsche Aufsicht fordert, zur Sicherstellung einer angemessenen Risikotragfähigkeitsbetrachtung bei Wesentlichkeit der Gesamtfondsposition eine Durchschau auf Einzelpositionen durchzuführen.[369] Die »Wesentlichkeit« der Gesamtfondsposition kann nur institutsindividuell beurteilt werden. Demzufolge erscheint die Festlegung allgemeiner prozentualer Richtwerte zur Bestimmung der Wesentlichkeit nicht sinnvoll. Vom Auslagerungstatbestand ist insbesondere auszugehen, wenn die Gesamtfondsposition als wesentlich eingestuft ist und die KVG direkt ermittelte Risikokennzahlen liefert. Die reine Lieferung von Rohdaten sollte nicht als Auslagerung, sondern als sonstiger Fremdbezug von Leistungen eingestuft werden. Wie eine von der KVG vorgenommene Durchschau auf Einzelpositionen einzustufen ist, hängt wiederum von der Wesentlichkeit der Gesamtfondsposition ab. Letztlich geht es um die mit der jeweiligen Dienstleistung für das Institut verbundenen Risiken.

---

368 Vgl. Bundesanstalt für Finanzdienstleistungsaufsicht/Deutsche Bundesbank, Nutzung der von Fondsgesellschaften bereitgestellten Kennzahlen im Risikomanagement der Kreditinstitute, Antwortschreiben an die Deutsche Kreditwirtschaft (DK) und den Bundesverband Investment und Asset Management (BVI) vom 1. Juni 2017.

369 Vgl. Bundesanstalt für Finanzdienstleistungsaufsicht/Deutsche Bundesbank, Aufsichtliche Beurteilung bankinterner Risikotragfähigkeitskonzepte und deren prozessualer Einbindung in die Gesamtbanksteuerung (»ICAAP«) – Neuausrichtung, Leitfaden vom 24. Mai 2018, S. 16.

11 Validierung bei hoher Komplexität (Tz. 10)

10 Ist aufgrund der vergleichsweisen Komplexität der Verfahren und Methoden, der zugrundeliegenden Annahmen oder der einfließenden Daten eine umfassende Validierung dieser Komponenten gemäß Tz. 9 durchzuführen, ist hierbei eine angemessene Unabhängigkeit zwischen Methodenentwicklung und Validierung zu gewährleisten. Die wesentlichen Ergebnisse der Validierung und ggf. Vorschläge für Maßnahmen zum Umgang mit bekannten Grenzen und Beschränkungen der Methoden und Verfahren sind der Geschäftsleitung vorzulegen. **310**

11.1 Umfassende Validierung

Sind die verwendeten Methoden und Verfahren, die ihnen zugrundeliegenden Annahmen, Parameter oder die einfließenden Daten vergleichsweise komplex, so ist eine entsprechend umfassende quantitative und qualitative Validierung dieser Komponenten sowie der Risikoergebnisse in Bezug auf ihre Verwendung erforderlich (→ AT 4.1 Tz. 9, Erläuterung). Die Validierung ist also ein Spezialfall der Überprüfung der Angemessenheit der Methoden und Verfahren. Sie beinhaltet Prozesse und Tätigkeiten zur Prüfung der Frage, ob die Risikoquantifizierungsmethoden und die Risikodaten der Institute trotz dieser hohen Komplexität die relevanten Risikoaspekte adäquat erfassen.[370] **311**

Die deutsche Aufsicht versteht unter »vergleichsweise komplexen« Verfahren und Methoden z. B. Value-at-Risk-Verfahren und Risikomodelle. Sie hält es für empfehlenswert, dass die Institute in erster Linie die einfachen Verfahren und Methoden ermitteln, um diese positiv abgrenzen zu können. Die verbleibenden Verfahren und Methoden bilden dann eine Art »Grauzone«, über deren Einstufung sich die Institute im Einzelfall mit der Aufsicht verständigen müssen. Hinsichtlich der zugrundeliegenden Annahmen und Parameter oder einfließenden Daten gilt grundsätzlich dasselbe. Als eher komplex werden z. B. ein Mapping auf die Zinsstrukturkurve und eine aufwendige Vorverarbeitung von Daten angesehen.[371] **312**

Die wesentlichen Ergebnisse dieser Validierung und ggf. Vorschläge für Maßnahmen zum Umgang mit bekannten Grenzen und Beschränkungen der Methoden und Verfahren sind der Geschäftsleitung vorzulegen. Auch die EZB erwartet, dass die Gesamtergebnisse des Validierungsprozesses der Geschäftsleitung und dem Management gemeldet werden, damit sie in die regelmäßige Überprüfung und Anpassung der Quantifizierungsmethoden einfließen und bei der Beurteilung der Angemessenheit der Kapitalausstattung berücksichtigt werden.[372] **313**

---

370 Vgl. Europäische Zentralbank, Leitfaden der EZB für den bankinternen Prozess zur Sicherstellung einer angemessenen Kapitalausstattung (Internal Capital Adequacy Assessment Process – ICAAP), 9. November 2018, S. 44.

371 Vgl. Sitzung des MaRisk-Fachgremiums am 5. November 2018 (Protokoll lag bei Redaktionsschluss noch nicht vor).

372 Vgl. Europäische Zentralbank, Leitfaden der EZB für den bankinternen Prozess zur Sicherstellung einer angemessenen Kapitalausstattung (Internal Capital Adequacy Assessment Process – ICAAP), 9. November 2018, S. 38 f.

11.2 Berücksichtigung des Modellrisikos

314 Da die internen Modelle im Laufe der Zeit zunehmend komplexer geworden sind, wird auch die Beurteilung, ob die Risiken damit hinreichend erfasst werden, für Institute und Aufsichtsbehörden immer schwieriger. Zudem sind in verschiedenen Benchmarking-Studien der EBA zum Zwecke des aufsichtlichen Vergleiches interner Modelle zur Berechnung der regulatorischen Eigenmittelanforderungen gemäß Art. 78 CRD IV, deren technische Standards mittlerweile auf Basis einer entsprechenden Verordnung vorgegeben werden[373], trotz Verwendung von Referenzportfolios stark variierende Risikoparameterschätzungen festgestellt worden. Dies liegt nach Einschätzung der EBA daran, dass die aufsichtsrechtlichen Anforderungen an interne Modelle für die Zwecke der ersten Säule im Rahmen der Zulassungsprüfungen durch die national zuständigen Behörden europaweit nicht einheitlich ausgelegt und deshalb auch unterschiedlich umgesetzt wurden. Zudem bestehen in einzelnen Bereichen Auslegungsspielräume für die Institute, die diesen Trend teilweise verstärken. Vor diesem Hintergrund wurde die Eignung interner Modelle zur Bestimmung der regulatorischen Eigenmittelanforderungen von Aufsicht und Politik zwischenzeitlich infrage gestellt.

315 Die EBA hat im Rahmen ihres Mandates Leitlinien und technische Regulierungsstandards erarbeitet, die den Umgang mit internen Modellen hinsichtlich verschiedener Aspekte konkretisieren und damit in diesen Bereichen für eine gewisse Vereinheitlichung der Aufsichtspraxis sorgen.[374] Ergänzend dazu hat die EZB im Jahre 2015 ein Projekt zur gezielten Überprüfung interner Modelle (»Targeted Review of Internal Models«, TRIM) ins Leben gerufen, das im Frühjahr 2017 mit Vor-Ort-Prüfungen bei knapp 70 betroffenen Instituten gestartet wurde. Zuvor wurde der Entwurf eines entsprechenden Leitfadens veröffentlicht, auf dem diese Vor-Ort-Prüfungen basieren.[375] Im Rahmen dieses Projektes will sich die EZB über einen Zeitraum von ca. drei Jahren ein eigenes Bild von der Eignung der bereits durch die nationalen Aufsichtsbehörden genehmigten internen Modelle zur Berechnung der regulatorischen Eigenmittelanforderungen für Kreditrisiken (»Internal Ratings-based Approach«, IRBA), Kontrahentenrisiken (»Internal Model Method«, IMM) und Marktpreisrisiken (»Internal Models Approach«, IMA) machen. Letztlich soll sichergestellt werden, dass die institutsinternen Berechnungen der risikogewichteten Aktiva (»Risk-weighted Assets«, RWA) auch unter Wettbewerbsgesichtspunkten auf Basis einer einheitlichen Auslegung der regulatorischen Anforderungen von allen Instituten in konsistenter Weise erfolgen.

316 Im März 2018 hat die EZB in Zusammenarbeit mit den national zuständigen Behörden das erste Kapitel eines modulartig aufgebauten Leitfadens zu internen Modellen zur Konsultation gestellt, in dem die Erfahrungen aus dem TRIM-Projekt berücksichtigt werden.[376] Mit Hilfe dieses Leitfadens, der in der Zukunft um weitere Kapitel ergänzt wird, soll ein einheitliches Vorgehen hinsichtlich der wesentlichen Aspekte der geltenden Anforderungen an interne Modelle für die bedeutenden Institute sichergestellt werden. Es ist davon auszugehen, dass damit mittelfristig eine Art »Best Practice« für alle Institute, also auch für die weniger bedeutenden Institute, vorgegeben wird. Zudem sind die Vorgaben nicht auf die Modelle der ersten Säule beschränkt. So erwartet die EZB

---

373 Delegierte Verordnung (EU) 2017/180 der Kommission vom 24. Oktober 2016 zur Ergänzung der Richtlinie 2013/36/EU des Europäischen Parlaments und des Rates durch technische Regulierungsstandards zur Festlegung der Normen für die Referenzportfoliobewertung und der Verfahren für die gemeinsame Nutzung der Bewertungen, Amtsblatt der Europäischen Union vom 3. Februar 2017, L 29/1-9.

374 European Banking Authority, Leitlinien für die PD-Schätzung, die LGD-Schätzung und die Behandlung von ausgefallenen Risikopositionen, EBA/GL/2017/16, 23. April 2018; European Banking Authority, Final Draft Regulatory Technical Standards on the specification of the assessment methodology for competent authorities regarding compliance of an institution with the requirements to use the IRB Approach in accordance with Articles 144(2), 173(3) and 180(3)(b) of Regulation (EU) No 575/2013, EBA/RTS/2016/03, 21. Juli 2016.

375 European Central Bank, Guide for the Targeted Review of Internal Models (TRIM), Consultation paper, 28. Februar 2017.

376 Europäische Zentralbank, Leitfaden der EZB zu internen Modellen, Kapitel General Topics, Konsultationspapier, 28. März 2018.

von den bedeutenden Instituten, sich im Rahmen des ICAAP bei der Überprüfung bzw. Validierung der Risikoquantifizierungsmethoden am TRIM-Leitfaden zu orientieren.[377]

11.3 Unabhängige Validierung

Bei der umfassenden Validierung ist eine angemessene Unabhängigkeit zwischen Methodenentwicklung und Validierung zu gewährleisten. Zur Ausgestaltung dieser Unabhängigkeit werden von der deutschen Aufsicht keine weiteren Vorgaben gemacht. Insbesondere wird keine Funktionstrennung gefordert. **317**

Nach den Vorstellungen der EZB sollten alle Risikoquantifizierungsmethoden grundsätzlich einer »unabhängigen internen Validierung« unterzogen werden.[378] Letztlich erwartet auch die EZB, dass die Validierung der Risikoquantifizierungsmethoden dem Prinzip der Verhältnismäßigkeit entsprechend unabhängig und unter Beachtung jener Grundsätze durchgeführt wird, die den für interne Modelle der ersten Säule festgelegten Standards zugrundeliegen.[379] Entsprechend verweist sie auf den Leitfaden der EZB zur gezielten Überprüfung interner Modelle (TRIM- Leitfaden).[380] **318**

Die EZB ordnet dem Prozess der Methodenentwicklung die Ausgestaltung, Entwicklung, Implementierung und Überwachung der Risikoquantifizierungsmethoden zu.[381] Zur Sicherstellung der geforderten Unabhängigkeit zwischen Methodenentwicklung und Validierung nennt sie drei Möglichkeiten: eine Trennung in zwei separate Organisationseinheiten, die an unterschiedliche Mitglieder der Geschäftsleitung berichten (Funktionstrennung auf Geschäftsleiterebene bzw. unabhängiger Bereich im Sinne der MaRisk), eine Trennung in zwei separate Organisationseinheiten, die an dasselbe Mitglied der Geschäftsleitung berichten (Funktionstrennung auf Bereichsleiterebene bzw. unabhängige Stelle im Sinne der MaRisk) eine Aufgabenzuordnung an verschiedene Mitarbeiter in derselben Organisationseinheit (keine Funktionstrennung). Die EZB stellt zudem klar, dass die Interne Revision als dritte Verteidigungslinie für diese Aufgabe nicht infrage kommt.[382] **319**

---

377 Vgl. Europäische Zentralbank, Leitfaden der EZB für den bankinternen Prozess zur Sicherstellung einer angemessenen Kapitalausstattung (Internal Capital Adequacy Assessment Process – ICAAP), 9. November 2018, S. 39.

378 Vgl. Europäische Zentralbank, Leitfaden der EZB für den bankinternen Prozess zur Sicherstellung einer angemessenen Kapitalausstattung (Internal Capital Adequacy Assessment Process – ICAAP), 9. November 2018, S. 34.

379 Vgl. Europäische Zentralbank, Leitfaden der EZB für den bankinternen Prozess zur Sicherstellung einer angemessenen Kapitalausstattung (Internal Capital Adequacy Assessment Process – ICAAP), 9. November 2018, S. 44.

380 Vgl. European Central Bank, Guide for the Targeted Review of Internal Models (TRIM), Consultation paper, 28. Februar 2017, S. 16 ff.

381 Vgl. Europäische Zentralbank, Leitfaden der EZB für den bankinternen Prozess zur Sicherstellung einer angemessenen Kapitalausstattung (Internal Capital Adequacy Assessment Process – ICAAP), 9. November 2018, S. 39.

382 Vgl. Europäische Zentralbank, Leitfaden der EZB für den bankinternen Prozess zur Sicherstellung einer angemessenen Kapitalausstattung (Internal Capital Adequacy Assessment Process – ICAAP), 9. November 2018, S. 39.

12 Planung des zukünftigen Kapitalbedarfes (Tz. 11)

320 **11** Jedes Institut muss über einen Prozess zur Planung des zukünftigen Kapitalbedarfes verfügen. Der Planungshorizont muss einen angemessen langen, mehrjährigen Zeitraum umfassen. Dabei ist zu berücksichtigen, wie sich über den Risikobetrachtungshorizont des Risikotragfähigkeitskonzeptes hinaus Veränderungen der eigenen Geschäftstätigkeit oder der strategischen Ziele sowie Veränderungen des wirtschaftlichen Umfeldes auf den Kapitalbedarf auswirken. Möglichen adversen Entwicklungen, die von den Erwartungen abweichen, ist bei der Planung angemessen Rechnung zu tragen.

12.1 Prozess zur Kapitalplanung

321 Beim geforderten Kapitalplanungsprozess geht es darum, etwaigen Kapitalbedarf, der sich über den Risikobetrachtungshorizont hinaus ergeben könnte, rechtzeitig zu identifizieren und erforderlichenfalls frühzeitig geeignete Maßnahmen einzuleiten (→ AT4.1 Tz.11, Erläuterung). Hintergrund für diese Anforderung ist das im Zuge der Finanzmarktkrise flächendeckend beobachtete Problem, dass eine Kapitalbeschaffung in Zeiten krisenhafter Entwicklungen nur unter sehr restriktiven Umständen möglich ist.[383] Der Kapitalplanungsprozess ist insofern als Ergänzung des Risikotragfähigkeitskonzeptes zu verstehen, um auch die zukünftige Fähigkeit, die eigenen Risiken tragen zu können, angemessen zu überwachen und zu planen (→ AT4.1 Tz.11, Erläuterung). Zumindest bis vor wenigen Jahren haben die Institute ihre Möglichkeiten, die Kapitalplanung auch für die längerfristige Risikobetrachtung und die Generierung von Steuerungsimpulsen einzusetzen, noch nicht umfassend ausgeschöpft.[384]

322 Damit dies möglichst frühzeitig geschieht, muss dieser Planungsprozess einen angemessen langen, mehrjährigen Zeitraum umfassen. Dieser Zeitraum soll sich nach den Vorstellungen der BaFin i.d.R. zwei bis drei Jahre über den Risikobetrachtungshorizont des Risikotragfähigkeitskonzeptes von grundsätzlich einem Jahr hinweg erstrecken, ohne den Risikobetrachtungshorizont selbst über den genannten Zeitraum auszudehnen.[385] Im MaRisk-Fachgremium hat die Aufsicht den Instituten freigestellt, sich ggf. am internen Planungshorizont der Geschäfts- und Risikostrategie zu orientieren. Letztlich geht es vor allem darum, in einem möglichst frühen Stadium geeignete Gegensteuerungsmaßnahmen in die Wege leiten zu können.[386]

323 Es ist unmittelbar einleuchtend, dass bei einer mehrjährigen Planung die weiter in der Zukunft liegenden Zeiträume von vielen unsicheren und unkalkulierbaren Faktoren abhängig sind und durch entsprechend ungenaue Ergebnisse folglich keine nachhaltigen Steuerungsimpulse mehr liefern können. Insofern wird insbesondere nicht erwartet, im Kapitalplanungsprozess bei der Risikomessung mit einer dem Risikotragfähigkeitskonzept vergleichbaren Genauigkeit vorzugehen. Nicht zuletzt vor diesem Hintergrund kann es unter Umständen sogar sinnvoll sein, das aktuelle Risikoprofil für die Zwecke der Kapitalplanung in die Zukunft fortzuschreiben, sofern

---

383 Vgl. Bundesanstalt für Finanzdienstleistungsaufsicht, Übermittlungsschreiben zum ersten Entwurf zur Überarbeitung der Mindestanforderungen an das Risikomanagement vom 26. April 2012, S. 3.

384 Vgl. Deutsche Bundesbank, Bankinterne Methoden zur Ermittlung und Sicherstellung der Risikotragfähigkeit und ihre bankaufsichtliche Bedeutung, in: Monatsbericht, März 2013, S. 43.

385 Vgl. Bundesanstalt für Finanzdienstleistungsaufsicht, Übermittlungsschreiben zum Rundschreiben 10/2012 (BA) vom 14. Dezember 2012, S. 2 f.

386 Vgl. Bundesanstalt für Finanzdienstleistungsaufsicht, Übermittlungsschreiben zum ersten Entwurf zur Überarbeitung der Mindestanforderungen an das Risikomanagement vom 26. April 2012, S. 3.

diesbezüglich keine grundlegenden Änderungen vorgesehen sind. Damit entspräche die Kapitalplanung quasi einer angenäherten Planung der zukünftigen Risikotragfähigkeit.

12.2 Berücksichtigung von internem und regulatorischen Kapitalbedarf

Die BaFin betont, dass bei der Planung sowohl der interne als auch der regulatorische Kapitalbedarf berücksichtigt werden müssen (→ AT4.1 Tz.11, Erläuterung). Dieser Vorgabe wird dadurch entsprochen, dass die Ergebnisse der normativen Perspektive (regulatorisches Kapital) und der ökonomischen Perspektive (internes Kapital) in geeigneter Weise in die jeweils andere Perspektive einfließen sollen. Auf diese Weise wird die Bedeutung des internen Kapitals für die normative Perspektive unterstrichen. Von der Aufsicht wurde noch vor wenigen Jahren kritisiert, dass beim Kapitalplanungsprozess häufig das Finanzcontrolling die Richtung vorgebe und das Risikocontrolling bestenfalls ein Mitspracherecht habe. Demzufolge stehe in den meisten Fällen nur das regulatorische Kapital im Fokus, während das interne Kapital vernachlässigt werde.[387] Zudem spielt der regulatorische Kapitalbedarf beim Going-Concern-Ansatz alter Prägung als eine Art strenge Nebenbedingung ohnehin eine wichtige Rolle.
324

In der Praxis erfolgt die Planung für den regulatorischen Kapitalbedarf üblicherweise über die Definition von »Mindestkapitalquoten«, wie z.B. die Kernkapitalquote. Diese regulatorischen Kapitalquoten sind aufgrund der weitgehend harmonisierten Vorgaben aus der ersten Säule relativ gut vergleichbar und stehen deshalb verstärkt im Fokus der verschiedenen Bankaufsichtsbehörden und der internationalen Ratingagenturen. Die Planung für den internen Kapitalbedarf kann u. a. mittels Definition von »Mindestrisikodeckungsquoten« zur Sicherstellung der Risikotragfähigkeit erfolgen.[388]
325

12.3 Antizipation künftiger Entwicklungen

Beim Planungsprozess soll auch berücksichtigt werden, wie sich über den Risikobetrachtungshorizont des Risikotragfähigkeitskonzeptes hinaus Veränderungen der eigenen Geschäftstätigkeit oder der strategischen Ziele sowie des wirtschaftlichen Umfeldes auf den Kapitalbedarf auswirken. Durch diese Anforderung, die im Zuge der dritten MaRisk-Novelle mit Bezug auf das Risikotragfähigkeitskonzept ergänzt und mit der vierten MaRisk-Novelle in verallgemeinerter Form zum Kapitalplanungsprozess verschoben wurde, soll die Zukunftsperspektive des ICAAP stärker herausgestellt werden.
326

Allerdings wurde zunächst auf »beabsichtigte« Veränderungen der eigenen Geschäftstätigkeit oder der strategischen Ziele und »erwartete« Veränderungen des wirtschaftlichen Umfeldes abgestellt. Wenngleich diese Einschränkungen eliminiert worden sind, ist nicht davon auszugehen, dass sich daraus – abgesehen vom zeitlichen Betrachtungshorizont – materiell eine weitergehende Anforderung ergibt. Zumindest ist nur schwer vorstellbar, wie ein Institut »unbeabsichtigte« Veränderungen der eigenen Geschäftstätigkeit oder der strategischen Ziele in seine Überlegungen einbeziehen sollte. Schließlich spielt das Institut bei diesem Planungsprozess die aktive Rolle.
327

387 Vgl. Volk, Tobias, Risikotragfähigkeit von Kreditinstituten, in: BankPraktiker, Heft 6/2013, S.230.

388 Vgl. Deutsche Bundesbank, Bankinterne Methoden zur Ermittlung und Sicherstellung der Risikotragfähigkeit und ihre bankaufsichtliche Bedeutung, in: Monatsbericht, März 2013, S.43.

Ähnliches gilt für »unerwartete« Veränderungen des wirtschaftlichen Umfeldes, die in eine halbwegs realistische Planung eher nicht einfließen sollten. Allerdings können diese »unerwarteten« Veränderungen des wirtschaftlichen Umfeldes als mögliche adverse Entwicklungen betrachtet werden, die von den Erwartungen abweichen.

328   Es liegt auf der Hand, dass künftige Entwicklungen die Wirksamkeit des ICAAP wesentlich beeinflussen können. So werden z. B. künftige Kapitalaufnahmen, die Rückzahlung von stillen Einlagen oder Gewinnausschüttungen Einfluss auf die Höhe und Struktur des Risikodeckungspotenzials und damit auch die Risikotragfähigkeit haben, so dass deren frühzeitige Antizipation im Rahmen einer Kapitalplanung zweckmäßig ist. Bei der Antizipation künftiger Entwicklungen wird nicht erwartet, dass die Institute künftige Entwicklungen perfekt vorhersehen können. Es geht zunächst um Veränderungen der eigenen Geschäftstätigkeit sowie der eigenen Ziele. Da den Instituten ihre eigenen Absichten regelmäßig bekannt sein sollten, müssten etwaige Konsequenzen für den ICAAP schon frühzeitig abgeschätzt werden können. Darüber hinaus werden Veränderungen des wirtschaftlichen Umfeldes explizit adressiert, die für ein Institut allein schon vor dem Hintergrund seiner strategischen Planung von Interesse sein sollten.

329   Grundsätzlich können über die an anderer Stelle geforderte Verknüpfung von Strategien, Risikotragfähigkeitskonzept sowie Risikosteuerungs- und -controllingprozessen wertvolle Informationen generiert werden, die im Hinblick auf den Prozess zur Planung des zukünftigen Kapitalbedarfes von Relevanz sind ($\rightarrow$ AT4.1 Tz. 2). Dies läuft auf eine Art dynamische Risikotragfähigkeitsanalyse hinaus, die – auch in der Variante einer Mehrjahressicht – schon in vielen Instituten beim Prozess zur Erstellung der Risikostrategie eine Rolle spielt und sinnvolle Impulse für die Geschäftsstrategie liefert.[389] Auch die Ergebnisse der Stresstests können hierzu einen wichtigen Beitrag leisten ($\rightarrow$ AT4.1 Tz. 2 und AT4.3.3).

12.4   Berücksichtigung möglicher adverser Entwicklungen

330   Jeglichen Planungsprozessen gemeinsam ist ihre Abhängigkeit von den zugrundeliegenden Annahmen, die mit gewissen Unsicherheiten verbunden sind, weil der Blick in die Zukunft keine exakte Wissenschaft sein kann. Die deutsche Aufsicht erwartet deshalb, möglichen adversen Entwicklungen, die von den Erwartungen abweichen, bei der Planung angemessen Rechnung zu tragen. Wie bereits ausgeführt, sind diesbezüglich z. B. Szenarien zu »unerwarteten« Veränderungen des wirtschaftlichen Umfeldes vorstellbar. Ebenso könnten die Erfolgsaussichten geplanter Veränderungen der eigenen Geschäftstätigkeit oder der strategischen Ziele etwas konservativer bewertet werden als im eigentlichen Planungsprozess.

331   Die Anforderung zielt auch auf ein kritisches Hinterfragen der getroffenen Annahmen zur Entwicklung der Kapitalbestandteile und der ihnen im Rahmen der Planung gegenübergestellten Risiken ab. Eine aus Sicht der BaFin sinnvolle Vorgehensweise könnte z. B. darin bestehen, durch eine Variation dieser Annahmen und der künftigen Entwicklungen verschiedene Szenarien abzubilden.[390] Auf diese Weise kann die Sensibilität der Institute gegenüber kritischen Situationen erhöht werden. In der Vergangenheit wurden limitierende Faktoren bei der Kapitalbeschaffung von den Instituten mitunter zu wenig einbezogen.[391] Unabhängig davon versteht es sich von

---

389 Vgl. Bott, Claudia/Rönn, Oliver von, Risikotragfähigkeitsanalyse und aktuelle Veränderungen aufsichtlicher Anforderungen vor dem Hintergrund der Finanzmarktkrise, in: Becker, Axel/Gruber, Walter/Wohlert, Dirk (Hrsg.), Handbuch MaRisk und Basel III, Frankfurt a. M., 2012, S. 432 f.

390 Vgl. Bundesanstalt für Finanzdienstleistungsaufsicht, Übermittlungsschreiben zum Rundschreiben 10/2012 (BA) vom 14. Dezember 2012, S. 2 f.

391 Vgl. Deutsche Bundesbank, Bankinterne Methoden zur Ermittlung und Sicherstellung der Risikotragfähigkeit und ihre bankaufsichtliche Bedeutung, in: Monatsbericht, März 2013, S. 43.

selbst, die der Planung ursprünglich zugrundeliegenden Annahmen im Rahmen der unterjährigen Überprüfung an die tatsächlichen Entwicklungen anzupassen.

Unter den geforderten Szenariobetrachtungen wird von der deutschen Aufsicht nicht zwingend **332** ein Stresstest im Sinne des Moduls AT 4.3.3 verstanden.[392] Im MaRisk-Fachgremium wurde zur Klarstellung zwischenzeitlich überlegt, den Passus »adverse Entwicklungen« durch die Formulierung »für das Institut ungünstige Entwicklungen« zu ersetzen. Darauf hat die BaFin letztlich aber verzichtet. Da der Kapitalplanungsprozess eine Erweiterung der Risikotragfähigkeitsrechnung darstellt, gelten die speziellen Anforderungen an die Risikotragfähigkeitsbetrachtung für die Kapitalplanung nicht. Erfolgt also die Quantifizierung bestimmter Risiken im Rahmen des Kapitalplanungsprozesses bewusst unter Verwendung von Stresstestergebnissen, etwa bei der Berücksichtigung adverser Entwicklungen, so muss das Institut auf dieser Grundlage nicht notwendigerweise seine Risikotragfähigkeit beurteilen (→ AT 4.3.3 Tz. 6 inkl. Erläuterung).

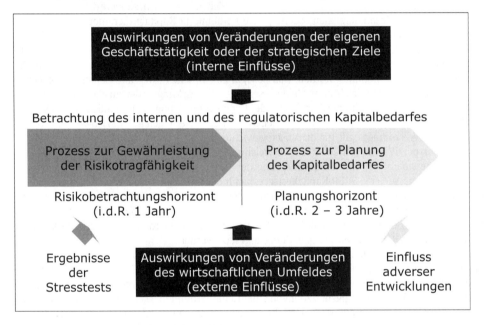

Abb. 29: Risikotragfähigkeit und Kapitalplanung

12.5 Kapitalplanung nach dem RTF-Leitfaden

Die deutsche Aufsicht hat die Vorgaben an die Kapitalplanung im RTF-Leitfaden in einer Weise **333** konkretisiert, dass die weniger bedeutenden Institute damit gleichzeitig den Anforderungen an die Kapitalplanung nach den MaRisk vollumfänglich gerecht werden.[393] Danach hat jedes Institut zur Sicherstellung der Risikotragfähigkeit in der normativen Perspektive eine Kapitalplanung zu

---

392 Vgl. Bundesanstalt für Finanzdienstleistungsaufsicht, Übermittlungsschreiben zum Rundschreiben 10/2012 (BA) vom 14. Dezember 2012, S. 2 f.

393 Vgl. Bundesanstalt für Finanzdienstleistungsaufsicht/Deutsche Bundesbank, Aufsichtliche Beurteilung bankinterner Risikotragfähigkeitskonzepte und deren prozessualer Einbindung in die Gesamtbanksteuerung (»ICAAP«) – Neuausrichtung, Leitfaden vom 24. Mai 2018, S. 12.

erstellen, die sich zum Zeitpunkt ihrer Erstellung über einen Zeitraum von mindestens drei Jahren erstreckt und mindestens jährlich fortgeschrieben wird. Im Planszenario werden die von den Instituten erwarteten Entwicklungen dargestellt. Dabei sind erwartete Veränderungen der eigenen Geschäftstätigkeit oder der strategischen Ziele, Veränderungen des Markt- und Wettbewerbsumfeldes sowie bindende oder bereits beschlossene rechtliche und regulatorische Änderungen zu berücksichtigen. Damit sind auch jene Anforderungen gemeint, für die eine schrittweise Einführung (»phase-in period«) vorgesehen ist. Die entsprechenden Auswirkungen sollten in der mehrjährigen Projektion verdeutlicht werden. Im Planszenario müssen alle regulatorischen Anforderungen und Zielgrößen eingehalten werden. Die Aufsicht zählt dazu insbesondere die verbindlich einzuhaltenden Kapitalanforderungen, d. h. die Kernkapitalanforderung, die SREP-Gesamtkapitalanforderung, die kombinierte Kapitalpufferanforderung und die Höchstverschuldungsquote.[394]

334   Ausgangspunkt der normativen Perspektive sind also die regulatorischen und aufsichtlichen Kennzahlen sowie deren Berechnungslogik. Zu diesen Kennzahlen gehören insbesondere die Kernkapitalanforderung, die SREP-Gesamtkapitalanforderung, die kombinierte Kapitalpufferanforderung und die Eigenmittelzielkennziffer sowie sämtliche Strukturanforderungen hinsichtlich des Kapitals, wie z. B. die Höchstverschuldungsquote und die Großkreditgrenzen. Einige dieser Kennzahlen, wie z. B. die risikogewichteten Aktiva, der Gesamtrisikobetrag und die Eigenmittel, können direkt aus dem aufsichtlichen Meldewesen übernommen werden. Das ist sogar zu empfehlen, weil abweichende Angaben in der Kapitalplanung im Vergleich zum Meldewesen eher zu Rückfragen der zuständigen Behörden führen würden. Dasselbe gilt für die Berechnung der Kapitalanforderungen hinsichtlich der Risiken aus der ersten Säule, die nach aufsichtlich vorgegebenen Ansätzen zu erfolgen hat. Ein Abweichen von der vorgegebenen Berechnungslogik für die »risikogewichteten Positionsbeträge« würde dem Sinn der normativen Perspektive zuwiderlaufen. Die Abweichung der Ergebnisse zwischen den verschiedenen Szenarien sollte sich allein aus der Veränderung der Risikosituation und damit der maßgeblichen Parameter ergeben. Auch die SREP-Kapitalfestsetzung für das jeweilige wesentliche Risiko muss in der Kapitalplanung plausibel fortgeschrieben werden. Sofern keine Erkenntnisse vorliegen, die auf eine Veränderung des SREP-Kapitalzuschlages oder der Eigenmittelzielkennziffer hindeuten, kann der aktuell festgesetzte Betrag auf die zukünftigen Perioden übertragen werden. Planergebnisse künftiger Perioden können im Rahmen der Kapitalplanung angesetzt werden.[395]

335   Die anzuwendenden Verfahren zur Risikoquantifizierung ergeben sich für Adressenausfallrisiken, Marktpreisrisiken und operationelle Risiken aus den Anforderungen der CRR, mit denen risikogewichtete Positionsbeträge zu ermitteln sind. Mit den in der ersten Säule vorgegebenen Verfahren ist gleichzeitig ein Risikobetrachtungshorizont von einem Jahr verbunden. Das Risikodeckungspotenzial besteht konsequenter Weise aus regulatorischen Eigenmitteln sowie ggf. weiteren Kapitalbestandteilen, soweit diese aufsichtsseitig zur Abdeckung von aufsichtlichen Kapitalanforderungen und -erwartungen (einschließlich Eigenmittelzielkennziffer) anerkannt werden. Gemeint sind die § 340f HGB-Reserven, die von der deutschen Aufsicht im Rahmen des ICAAP als verlustabsorbierend angenommen werden. Bei der Ermittlung der zur Verfügung stehenden regulatorischen Eigenmittel in späteren Planungsperioden können vorgesehene Umwandlungen von § 340f HGB-Reserven (bzw. Reserven gemäß § 26a KWG a. F.) in Rücklagen berücksichtigt werden. Allerdings muss das Ergänzungskapital entsprechend verringert werden, wenn die Vorsorgereserven zuvor dort einbezogen

---

394 Vgl. Bundesanstalt für Finanzdienstleistungsaufsicht/Deutsche Bundesbank, Aufsichtliche Beurteilung bankinterner Risikotragfähigkeitskonzepte und deren prozessualer Einbindung in die Gesamtbanksteuerung (»ICAAP«) – Neuausrichtung, Leitfaden vom 24. Mai 2018, S. 10.

395 Vgl. Bundesanstalt für Finanzdienstleistungsaufsicht/Deutsche Bundesbank, Aufsichtliche Beurteilung bankinterner Risikotragfähigkeitskonzepte und deren prozessualer Einbindung in die Gesamtbanksteuerung (»ICAAP«) – Neuausrichtung, Leitfaden vom 24. Mai 2018, S. 8.

wurden. Bei der Planung sollte beachtet werden, dass die Unsicherheit hinsichtlich der Annahmen bei weiter in der Zukunft liegenden Planungszeiträumen wächst.[396]

Bei der Kapitalplanung müssen auch adverse Entwicklungen, die von den Erwartungen abweichen, zugrundegelegt werden. In geeigneter Weise sollen dabei die Risiken aus der ökonomischen Perspektive in der Gewinn- und Verlustrechnung, bei den regulatorischen Eigenmitteln und den risikogewichteten Positionsbeträgen quantitativ berücksichtigt werden. Diese adversen Entwicklungen müssen nicht zwingend einem Stressszenario entsprechen. Vor dem Hintergrund des Vorsichtsprinzips wird vor allem erwartet, dass die Szenarien für das Institut widrige Entwicklungen widerspiegeln, die einen spürbaren Einfluss auf die zukünftige Kapitalausstattung und Kapitalplanung des Institutes haben oder haben können und insofern mit den Auswirkungen einer Rezession oder eines für das Institut ähnlich schweren Szenarios vergleichbar sind. Die Nutzung der regulatorischen Eigenkapitalelemente zur Risikoabdeckung sollte konsistent zur Schwere der angenommenen Szenarien und dem Risikoappetit des Institutes erfolgen. Insofern sollte insbesondere eine Unterschreitung der kombinierten Kapitalpufferanforderung nach § 10i KWG nur in schweren adversen Szenarien angenommen werden. Für diesen Fall sind – ggf. unter Verwendung des Sanierungsplanes nach den MaSan – im Einklang mit der Strategie Handlungsoptionen zur Wiederherstellung der Einhaltung aller regulatorischen und aufsichtlichen Anforderungen und Zielgrößen darzustellen. In jedem Fall muss auch unter adversen Bedingungen mindestens die SREP-Gesamtkapitalanforderung eingehalten werden. Die deutschen Aufsichtsbehörden haben die mögliche Unterschreitung der kombinierten Kapitalpufferanforderung nach § 10i KWG und der Eigenmittelzielkennziffer im RTF-Leitfaden beispielhaft dargestellt (siehe Abbildungen 30 und 31).[397]

336

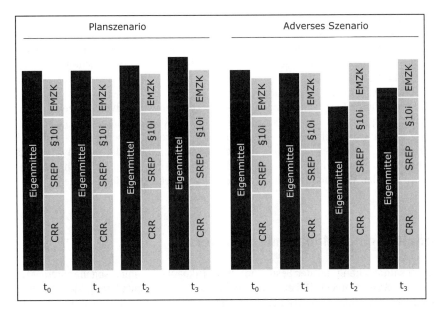

Abb. 30: Verhältnis von Eigenmitteln zu Kapitalanforderungen im Plan- und adversen Szenario im Zeitverlauf

---

396 Vgl. Bundesanstalt für Finanzdienstleistungsaufsicht/Deutsche Bundesbank, Aufsichtliche Beurteilung bankinterner Risikotragfähigkeitskonzepte und deren prozessualer Einbindung in die Gesamtbanksteuerung (»ICAAP«) – Neuausrichtung, Leitfaden vom 24. Mai 2018, S. 9.

397 Vgl. Bundesanstalt für Finanzdienstleistungsaufsicht/Deutsche Bundesbank, Aufsichtliche Beurteilung bankinterner Risikotragfähigkeitskonzepte und deren prozessualer Einbindung in die Gesamtbanksteuerung (»ICAAP«) – Neuausrichtung, Leitfaden vom 24. Mai 2018, S. 11 f.

AT 4.1 Risikotragfähigkeit

Anforderungen · Szenarien	Planszenario	Adverses Szenario
Eigenmittelanforderungen nach CRR und erhöhte Eigenmittelanforderungen nach § 10 Abs. 3 oder 4 KWG (TSCR)	ja	ja
darunter: SREP-Gesamtkapitalanforderung (P2R)	*ja*	*ja*
Kombinierte Kapitalpufferanforderung nach § 10i Abs. 1 KWG (CBR)	ja	nein
Eigenmittelzielkennziffer (P2G)	(ja)	nein

Abb. 31: Aufsichtliche Erwartung zu regulatorischen und aufsichtlichen Kapitalanforderungen/Zielgrößen

337 Im Gegensatz zur EZB besteht die deutsche Aufsicht nicht auf der Einhaltung der Eigenmittelzielkennziffer im Planszenario, da sie als aufsichtliche »Erwartungsgröße« für Stressphasen keine verbindliche Kapitalanforderung begründet. Mit der Eigenmittelzielkennziffer verdeutlicht die Aufsicht allerdings, welche Gesamtkapitalausstattung sie bei Eintritt von bestimmten adversen Szenarien als erforderlich ansieht bzw. ansehen wird. Deshalb sollte ihre Berücksichtigung in der Kapitalplanung zumindest in einem sukzessiven Aufbau des Kapitals bestehen, das für die vollständige Erfüllung dieser Zielkennziffer notwendig ist.[398]

338 Für die Institute besteht die Möglichkeit, sich bei der Ausgestaltung der adversen Szenarien an den vom Institut durchgeführten Stresstests zu orientieren. Dabei kann unter den genannten Voraussetzungen auch auf den geforderten schweren konjunkturellen Abschwung (→ AT 4.3.3 Tz. 6) abgestellt werden.[399] Die Verwendung eines schweren konjunkturellen Abschwungs als einziges maßgebliches Szenario wird von der deutschen Aufsicht mittlerweile kritisch gesehen, weil damit die individuellen Verwundbarkeiten ggf. nicht hinreichend abgebildet werden.[400]

12.6 Vorhalten eines Management-Puffers

339 Die EZB hat im Zusammenhang mit der Festlegung des Risikoappetits einen sogenannten »Management-Puffer« ins Spiel gebracht. Dabei handelt es sich um einen Kapitalbetrag, der über den Mindestvorgaben der Aufsichts- und Regulierungsbehörden und eventuellen institutsinternen

---

398 Vgl. Bundesanstalt für Finanzdienstleistungsaufsicht/Deutsche Bundesbank, Aufsichtliche Beurteilung bankinterner Risikotragfähigkeitskonzepte und deren prozessualer Einbindung in die Gesamtbanksteuerung (»ICAAP«) – Neuausrichtung, Leitfaden vom 24. Mai 2018, S. 11.

399 Vgl. Bundesanstalt für Finanzdienstleistungsaufsicht/Deutsche Bundesbank, Aufsichtliche Beurteilung bankinterner Risikotragfähigkeitskonzepte und deren prozessualer Einbindung in die Gesamtbanksteuerung (»ICAAP«) – Neuausrichtung, Leitfaden vom 24. Mai 2018, S. 12.

400 Vgl. Austausch der Deutschen Kreditwirtschaft (DK) mit der BaFin und der Deutschen Bundesbank am 5. November 2018 zum Risikotragfähigkeitskonzept (Protokoll lag bei Redaktionsschluss noch nicht vor).

Schwellenwerten für das Kapital liegt. Er soll den bedeutenden Instituten als Sicherheitspuffer dienen, um unter Einhaltung ihrer Kapitaladäquanz ihr Geschäftsmodell nachhaltig betreiben und flexibel gegenüber eventuellen Geschäftschancen bleiben zu können, ohne ihre angemessene Kapitalausstattung zu gefährden.[401] Der Baseler Ausschuss für Bankenaufsicht hatte sich zuvor schon zu soliden Praktiken bei der Kapitalplanung geäußert und dabei u. a. einen Kapitalpuffer für Schwächen im Risikomanagement genannt, um sich als Institut hinsichtlich der Kapitalausstattung nicht in falscher Sicherheit zu wiegen und auf unerwartete Ereignisse reagieren zu können.[402]

Die EZB führt zwar aus, dass ein Institut je nach betrachtetem Szenario bei einem Management-Puffer von null immer noch in der Lage sein könnte, sein Geschäftsmodell nachhaltig zu verfolgen. Gleichzeitig weist sie aber darauf hin, dass in der Regel von einem Management-Puffer größer als null ausgegangen wird. Insofern ist damit zu rechnen, dass der Verzicht auf einen Management-Puffer kaum vermeidbare Diskussionen zur Folge hätte. Ob die Erwartungen der Märkte, Anleger und Geschäftspartner tatsächlich auf einen relevanten Management-Puffer hinauslaufen, ist schwer zu sagen. Schließlich soll mit dem Einsatz des Kapitals eine möglichst gute Rendite erwirtschaftet werden. Nachvollziehbar erscheint hingegen die Berücksichtigung von Bonus- und Dividendenzahlungen sowie Zahlungen auf Instrumente des zusätzlichen Kernkapitals (»Additional Tier 1 Capital«, AT1). Die EZB erwartet, dass die Management-Puffer auch Unsicherheiten im Zusammenhang mit Projektionen der Kapitalquoten und sich daraus möglicherweise ergebende Schwankungen dieser Quoten abfedern.[403] **340**

Der Sicherstellung der Einhaltung der aufsichtlichen Kapitalanforderungen unter adversen Bedingungen dienen grundsätzlich auch die in Art. 128 CRD IV geforderten Kapitalpuffer, d. h. der »Kapitalerhaltungspuffer« (»Capital Conservation Buffer«, CCB) gemäß § 10c KWG, der »institutsspezifische antizyklische Kapitalpuffer« (»Institution-specific Countercyclical Capital Buffer«, CCyB) nach § 10d KWG, der »Kapitalpuffer für global systemrelevante Institute« (G-SRI-Puffer, G-SII Buffer) laut § 10f KWG bzw. der »Kapitalpuffer für anderweitig systemrelevante Institute« (A-SRI-Puffer, O-SII Buffer) gemäß § 10g KWG und der »Kapitalpuffer für systemische Risiken« (»Systemic Risk Buffer«) nach § 10e KWG, die unter dem Begriff »kombinierte Kapitalpufferanforderung« (»Combined Buffer Requirement«, CBR) laut § 10i KWG zusammengefasst werden.[404] **341**

Sämtliche Kapitalpuffer dienen dazu, die Verlustabsorptionsfähigkeit der Institute zu verbessern, indem in wirtschaftlich guten Zeiten Puffer aus hartem Kernkapital (»Common Equity Tier 1 Capital«, CET1) aufgebaut werden, die in Stresssituationen die Erfüllung der aufsichtsrechtlichen Anforderungen erleichtern sollen. Durch den Kapitalerhaltungspuffer in Höhe von 2,5 % der risikogewichteten Aktiva eines Institutes soll seine allgemeine Verlustabsorptionsfähigkeit verbessert werden. Der antizyklische Kapitalpuffer kann von der national zuständigen Behörde bei einem übermäßigen Kreditwachstum in der jeweiligen Volkswirtschaft ebenso auf bis zu 2,5 % festgelegt und in einer Krise wieder herabgesetzt werden. Der Kapitalpuffer für global oder anderweitig **342**

---

401 Vgl. Europäische Zentralbank, Leitfaden der EZB für den bankinternen Prozess zur Sicherstellung einer angemessenen Kapitalausstattung (Internal Capital Adequacy Assessment Process – ICAAP), 9. November 2018, S. 45. In Analogie dazu kann es auch einen Management-Puffer für die Liquiditätsausstattung geben. Vgl. Europäische Zentralbank, Leitfaden der EZB für den bankinternen Prozess zur Sicherstellung einer angemessenen Liquiditätsausstattung (Internal Liquidity Adequacy Assessment Process – ILAAP), 9. November 2018, S. 36.

402 Vgl. Baseler Ausschuss für Bankenaufsicht, Grundlagen für ein solides Verfahren zur Kapitalplanung – Solide Praktiken, BCBS 277, 23. Januar 2014, S. 5 ff.

403 Vgl. Europäische Zentralbank, Leitfaden der EZB für den bankinternen Prozess zur Sicherstellung einer angemessenen Kapitalausstattung (Internal Capital Adequacy Assessment Process – ICAAP), 9. November 2018, S. 15. Vergleichbare Vorgaben macht die EZB auch im Zusammenhang mit der Liquiditätsausstattung der Institute. Vgl. Europäische Zentralbank, Leitfaden der EZB für den bankinternen Prozess zur Sicherstellung einer angemessenen Liquiditätsausstattung (Internal Liquidity Adequacy Assessment Process – ILAAP), 9. November 2018, S. 16.

404 Vgl. Richtlinie 2013/36/EU (Bankenrichtlinie – CRD IV) des Europäischen Parlaments und des Rates vom 26. Juni 2013 über den Zugang zur Tätigkeit von Kreditinstituten und die Beaufsichtigung von Kreditinstituten und Wertpapierfirmen, zur Änderung der Richtlinie 2002/87/EG und zur Aufhebung der Richtlinien 2006/48/EG und 2006/49/EG, Amtsblatt der Europäischen Union vom 27. Juni 2013, L 176/403-404.

systemrelevante Institute dient ebenso wie der Kapitalpuffer für systemische Risiken letztlich der Stabilität des Finanzsystems.

343   Auch die sogenannte »Säule-2-Kapitalempfehlung« soll die Auswirkungen von Stressszenarien auf die Kapitalausstattung abfedern und hat insofern eine große Nähe zum Kapitalerhaltungspuffer. Die EBA hat sich im Juni 2016 dazu geäußert, wie die Ergebnisse des EU-weiten Stresstests zukünftig im aufsichtlichen Überprüfungs- und Bewertungsprozess (SREP) verwendet werden sollten. Dabei geht es in erster Linie um die Frage, ob ein Institut die SREP-Gesamtkapitalanforderung (»Total SREP Capital Requirement«, TSCR) auch unter Stressbedingungen erfüllen kann. Bei potenziellen Verstößen gegen die TSCR können die zuständigen Behörden neben der Festlegung entsprechender aufsichtlicher Maßnahmen seit diesem Zeitpunkt auch eine Kapitalempfehlung über die kombinierte Kapitalpufferanforderung hinaus aussprechen. Diese Kapitalempfehlung wird nicht in die Berechnung des maximal ausschüttungsfähigen Betrages (»Maximum Distributable Amount«, MDA) einbezogen und stellt auch keine verbindlich einzuhaltende Eigenmittelanforderung dar. Sie soll von den Instituten trotzdem eingehalten werden, was die zuständigen Behörden wiederum überwachen müssen.[405]

344   Etwa zeitgleich hat die EU-Kommission vorgeschlagen, zwischen der jederzeit einzuhaltenden Eigenmittelanforderung (»Additional Own Funds Requirement«) in Art. 104a CRD V-E und der Kapitalempfehlung (»Guidance on Additional Own Funds«) in Art. 104b CRD V-E zu unterscheiden. Es kann mittlerweile davon ausgegangen werden, dass diese Unterscheidung im anstehenden Gesetzgebungsprozess umgesetzt wird.

345   Die EZB hat im November 2016 auf ihrer Internetseite verlautbart, dass der aus dem SREP resultierende Kapitalbedarf nunmehr aus zwei Teilen besteht: den »Säule-2-Eigenmittelanforderungen« (»Pillar 2 Requirement«, P2R) und der »Säule-2-Kapitalempfehlung« (»Pillar 2 Guidance«, P2G). Die nicht verbindliche P2G dient dazu, Stresssituationen zu widerstehen. Wenngleich Verstöße gegen die P2G keine direkten Rechtsfolgen für die Institute haben können, erwartet die EZB trotzdem, dass sie eingehalten wird.[406]

346   Die deutschen Aufsichtsbehörden verwenden für die P2R die Bezeichnung »SREP-Kapitalzuschlag« und für die P2G den Ausdruck »Eigenmittelzielkennziffer« (EMZK). Der SREP-Kapitalzuschlag betrifft jene Risiken, die nicht oder nicht hinreichend durch die Säule-1-Eigenmittelanforderungen gemäß CRR abgedeckt sind. Mit der Eigenmittelzielkennziffer soll sichergestellt werden, dass die SREP-Gesamtkapitalanforderung (TSCR), also die harten Eigenmittelanforderungen der CRR und der SREP-Kapitalzuschlag, auch in Stresszeiten eingehalten wird. Mit ihrer Hilfe wird eine aufsichtliche Erwartungshaltung zum Ausdruck gebracht. Ihre Unterschreitung kann zu einer Erhöhung der Aufsichtsintensität und zur Anforderung eines Kapitalplanes führen.[407]

347   Mit Hilfe der Management-Puffer soll von den bedeutenden Instituten sichergestellt werden, dass unter Basisszenario-Bedingungen die Gesamtkapitalanforderung (»Overall Capital Requirements«, OCR), also die TSCR und die CBR, sowie die P2G über einen mittelfristigen Zeitraum nicht unterschritten werden. In längeren Phasen adverser Entwicklungen, die zu einem gravierenden Rückgang des harten Kernkapitals führen können, geht es hingegen nur um die Sicherstellung der Einhaltung der TSCR.[408] Beispielhaft stellt die EZB darauf ab, dass kapitalmarktorientierte Institute gezwungen sein könnten, ausgerechnet dann Kapitalinstrumente zu emittieren, wenn das Vertrauen der Anleger

---

405 Vgl. European Banking Authority, Information update on the 2016 EU-wide stress test, 1. Juli 2016.

406 Vgl. European Central Bank, The Supervisory Review and Evaluation Process: what's new?, Newsletter articles, 16. November 2016.

407 Vgl. Deutsche Bundesbank, Der aufsichtliche Überprüfungs- und Bewertungsprozess für kleinere Institute und Überlegungen zur Proportionalität, in: Monatsbericht, Oktober 2017, S. 49.

408 Vgl. Europäische Zentralbank, Leitfaden der EZB für den bankinternen Prozess zur Sicherstellung einer angemessenen Kapitalausstattung (Internal Capital Adequacy Assessment Process – ICAAP), 9. November 2018, S. 18 f.

gesunken ist. Damit wären aufgrund höherer Risikoaufschläge zumindest Mehrkosten verbunden. Ein angemessener Management-Puffer könnte diese Situation vermeiden.[409]

Die deutschen Aufsichtsbehörden haben die Vorgabe eines zusätzlichen Management-Puffers (bisher) nicht aufgegriffen. Von den weniger bedeutenden Instituten wird zwar erwartet, Transparenz über sämtliche für die Steuerung relevanten Aspekte herzustellen, wozu auch mögliche institutsintern definierte Warnschwellen, Managementpuffer o. ä. gehören, sofern ein Institut davon Gebrauch machen sollte.[410] Allerdings sollen die Institute im Rahmen der Risikotragfähigkeitsrechnung die dort einbezogenen Risiken auch mit strengen, auf seltene Verlustausprägungen abstellenden Risikomaßen und Parametern quantifizieren bzw. beurteilen, womit die Möglichkeit besteht, sogar das gesamte Risikodeckungspotenzial den ermittelten Risiken gegenüberzustellen.[411] Die deutschen Aufsichtsbehörden vertrauen insofern stärker als die EZB darauf, möglichen Schwächen der bankinternen Risikotragfähigkeitskonzepte durch aufsichtliche Maßnahmen entgegenwirken zu können. Sie profitieren jetzt davon, dass sie frühzeitig entsprechende Vorgaben zur Risikotragfähigkeit gemacht haben und die deutschen Institute insofern auf angemessene Konzepte zurückgreifen können. Gleichzeitig lassen sie eine Verrechnung des Kapitalerhaltungspuffers mit der Eigenmittelzielkennziffer zu.[412]

348

12.7 Kapitalplanung nach dem SSM-Leitfaden

In der normativen Perspektive müssen die bedeutenden Institute über einen soliden aktuellen Kapitalplan für einen zukunftsgerichteten Zeithorizont von mindestens drei Jahren verfügen, der mit ihren Strategien, ihrem Risikoappetit und ihren Kapitalressourcen vereinbar ist. Damit sollen sie ihre Fähigkeit beurteilen, ihre quantitativen regulatorischen und aufsichtlichen Kapitalanforderungen und -vorgaben zu erfüllen und sonstigen externen finanziellen Zwängen Rechnung zu tragen.[413] Im Mittelpunkt dieser Perspektive stehen dieselben Kennziffern wie im RTF-Leitfaden. Im Basisszenario, das dem Planszenario im RTF-Leitfaden entspricht, sind jene Entwicklungen zugrunde zu legen, die von den Instituten unter normalen Bedingungen erwartet werden, wobei die Geschäftsstrategie und glaubwürdige Annahmen in Bezug auf Erträge, Kosten, Risikoeintritt usw. zu berücksichtigen sind.[414] Die Institute sollten die Auswirkungen bevorstehender Änderungen des Rechts-, Regulierungs- oder Rechnungslegungsrahmens berücksichtigen und eine fundierte und begründete Entscheidung treffen, wie diesen Änderungen bei der Kapitalplanung Rechnung getragen wird. Je nach der Wahrscheinlichkeit und den potenziellen Auswirkungen bestimmter Änderungen können die Institute unterschiedlich vorgehen. Einige Änderungen können z. B. sehr unwahrscheinlich erscheinen, aber dennoch so große Auswirkungen auf

349

---

409 Vgl. Europäische Zentralbank, Leitfaden der EZB für den bankinternen Prozess zur Sicherstellung einer angemessenen Kapitalausstattung (Internal Capital Adequacy Assessment Process – ICAAP), 9. November 2018, S. 19.

410 Vgl. Bundesanstalt für Finanzdienstleistungsaufsicht/Deutsche Bundesbank, Aufsichtliche Beurteilung bankinterner Risikotragfähigkeitskonzepte und deren prozessualer Einbindung in die Gesamtbanksteuerung (»ICAAP«) – Neuausrichtung, Leitfaden vom 24. Mai 2018, S. 9.

411 Vgl. Bundesanstalt für Finanzdienstleistungsaufsicht/Deutsche Bundesbank, Aufsichtliche Beurteilung bankinterner Risikotragfähigkeitskonzepte und deren prozessualer Einbindung in die Gesamtbanksteuerung (»ICAAP«) – Neuausrichtung, Leitfaden vom 24. Mai 2018, S. 7.

412 Vgl. Deutsche Bundesbank, Der aufsichtliche Überprüfungs- und Bewertungsprozess für kleinere Institute und Überlegungen zur Proportionalität, in: Monatsbericht, Oktober 2017, S. 49.

413 Vgl. Europäische Zentralbank, Leitfaden der EZB für den bankinternen Prozess zur Sicherstellung einer angemessenen Kapitalausstattung (Internal Capital Adequacy Assessment Process – ICAAP), 9. November 2018, S. 16 f.

414 Vgl. Europäische Zentralbank, Leitfaden der EZB für den bankinternen Prozess zur Sicherstellung einer angemessenen Kapitalausstattung (Internal Capital Adequacy Assessment Process – ICAAP), 9. November 2018, S. 40.

ein Institut haben, dass es zumindest Notfallmaßnahmen erarbeiten sollte.[415] Die Kapitalplanung sollte im Basisszenario mittelfristig die Erfüllung der Gesamtkapitalanforderung (»Overall Capital Requirements«, OCR) und der Säule-2-Kapitalempfehlung (»Pillar 2 Guidance«, P2G) ermöglichen[416] (siehe Abbildung 32).

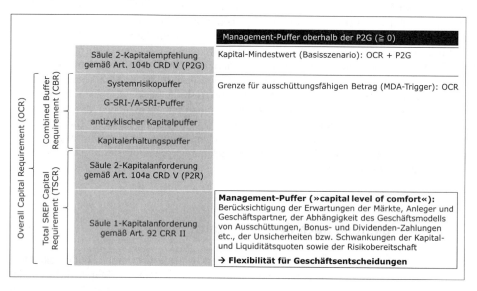

Abb. 32: Kapitalanforderungen und Management-Puffer im Basisszenario der normativen Perspektive

350 In den adversen Szenarien im Rahmen der normativen Perspektive sollten die Institute außergewöhnliche, aber plausible Entwicklungen zugrunde legen, die sich auf schwerwiegende wirtschaftliche Abschwünge und finanzielle Schocks, relevante institutsspezifische Anfälligkeiten, Forderungen gegenüber bedeutenden Kontrahenten und plausible Kombinationen dieser Aspekte beziehen. Gemessen an ihren Auswirkungen auf die aufsichtsrechtlichen Kapitalquoten (insbesondere die CET1-Quote) sollten die Szenarien aus Sicht der Institute so schwerwiegend sein wie Entwicklungen, die in einer Krisensituation auf den Märkten und im Hinblick auf jene Faktoren und Bereiche, die für eine angemessene Kapitalausstattung des Institutes am wichtigsten sind, beobachtet werden könnten. Um die unterschiedlichen plausiblen Risikokombinationen angemessen widerzuspiegeln, werden in der Regel mehrere adverse Szenarien notwendig sein. Die angemessene Anzahl hängt u. a. vom Risikoprofil ab.[417] Geht ein Institut in seiner Kapitalplanung von Managementmaßnahmen aus, sollte es auch die Durchführbarkeit und die erwarteten Auswirkungen dieser Maßnahmen in den jeweiligen Szenarien beurteilen und die quantitativen Auswirkungen der einzelnen Maßnahmen auf die Planzahlen transparent machen. Die zugrundegelegten Annahmen sollten ggf. mit dem Sanierungsplan in Einklang stehen.[418]

---

415 Vgl. Europäische Zentralbank, Leitfaden der EZB für den bankinternen Prozess zur Sicherstellung einer angemessenen Kapitalausstattung (Internal Capital Adequacy Assessment Process – ICAAP), 9. November 2018, S. 17.

416 Vgl. Europäische Zentralbank, Leitfaden der EZB für den bankinternen Prozess zur Sicherstellung einer angemessenen Kapitalausstattung (Internal Capital Adequacy Assessment Process – ICAAP), 9. November 2018, S. 16.

417 Vgl. Europäische Zentralbank, Leitfaden der EZB für den bankinternen Prozess zur Sicherstellung einer angemessenen Kapitalausstattung (Internal Capital Adequacy Assessment Process – ICAAP), 9. November 2018, S. 40 f.

418 Vgl. Europäische Zentralbank, Leitfaden der EZB für den bankinternen Prozess zur Sicherstellung einer angemessenen Kapitalausstattung (Internal Capital Adequacy Assessment Process – ICAAP), 9. November 2018, S. 19.

In den adversen Szenarien sollten die Institute geeignete Methoden zur Quantifizierung **351** potenzieller künftiger Veränderungen der Eigenmittel und des Gesamtrisikobetrages (»Total Risk Exposure Amount«, TREA) verwenden.[419] Auch wenn die Ergebnisse in aufsichtsrechtlichen Messgrößen ausgedrückt werden, sollten alle maßgeblichen Risiken berücksichtigt werden, die anhand der ökonomischen Perspektive quantifiziert wurden, sofern sie im angewandten Szenario im Planungszeitraum eintreten könnten. Die Institute sollten auch in längeren Phasen ungünstiger Entwicklungen, die zu einem gravierenden Rückgang des harten Kernkapitals (CET1) führen können, die kontinuierliche Erfüllung ihrer SREP-Gesamtkapitalanforderung (»Total SREP Capital Requirement«, TSCR) anstreben. Bei hinreichend adversen Szenarien kann unter Umständen akzeptiert werden, dass die Institute ihre Säule-2-Kapitalempfehlung (»Pillar 2 Guidance«, P2G) und ihre kombinierte Kapitalpufferanforderung (»Combined Buffer Requirement«, CBR) nicht erfüllen[420] (siehe Abbildung 33).

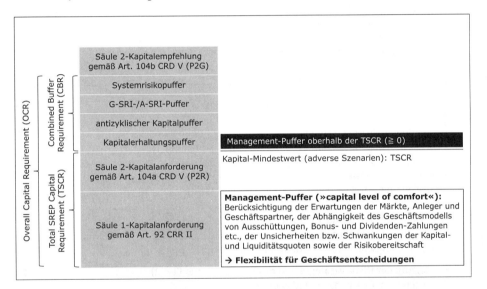

Abb. 33: Kapitalanforderungen und Management-Puffer in den adversen Szenarien der normativen Perspektive

---

419 Vgl. Europäische Zentralbank, Leitfaden der EZB für den bankinternen Prozess zur Sicherstellung einer angemessenen Kapitalausstattung (Internal Capital Adequacy Assessment Process – ICAAP), 9. November 2018, S. 34.

420 Vgl. Europäische Zentralbank, Leitfaden der EZB für den bankinternen Prozess zur Sicherstellung einer angemessenen Kapitalausstattung (Internal Capital Adequacy Assessment Process – ICAAP), 9. November 2018, S. 15 ff.

AT 4.2 Strategien

1 Einführung und Überblick

1.1 Sinn und Zweck von Strategien

Der Begriff »Strategie« erfreut sich nicht nur in der Wirtschaft großer Beliebtheit. Es gibt z. B. **1** strategische Schlüsselkunden, Allfinanzstrategien, Verdrängungsstrategien oder Nischenstrategien. Mitunter wird dieser Begriff jedoch nur als Schlagwort und nicht in jedem Fall hinreichend reflektiert verwendet. Selbst in der Wissenschaft gibt es keine einheitliche Definition für den Begriff Strategie.[1] Unumstritten ist lediglich, dass er seine Wurzeln im militärischen Bereich hat. Der aus dem Alt-Griechischen stammende Begriff »strategos« bedeutet so viel wie die Kunst der Heerführung. Clausewitz sorgte im Weiteren dafür, dass dem Begriff Strategie in den Militärwissenschaften eine zentrale Bedeutung eingeräumt wurde. Strategie ist nach Clausewitz »der Gebrauch des Gefechts zum Zweck des Krieges; sie muss also dem ganzen kriegerischen Akt ein Ziel setzen, welches dem Zweck entspricht, d. h. sie entwirft einen Kriegsplan, und an dieses Ziel knüpft sie die Reihe der Handlungen, welche zu demselben führen sollen, d. h. sie macht die Entwürfe zu den einzelnen Feldzügen und ordnet in diesen die einzelnen Gefechte ein«.[2] Das einzelne Gefecht ist hingegen Gegenstand der Taktik. Die Ergebnisse der einzelnen Gefechte für die eigenen Ziele nutzbar zu machen, fällt wiederum der Strategie zu.

---

1 Vgl. Welge, Martin/Al-Laham, Andreas, Strategisches Management, 4. Auflage, Wiesbaden, 2003, S. 12.
2 Vgl. Clausewitz, Carl von, Vom Kriege, 19. Auflage, Bonn, 1980, S. 345.

AT4.2 Strategien

2   Überträgt man diese Überlegungen auf ein Unternehmen, so beantwortet die Strategie die Frage, wohin sich das Unternehmen entwickeln soll. Die Taktik beantwortet die Frage, wie das Unternehmen dorthin gelangen soll. Zwar kann die Logik der Militärwissenschaften nicht ohne weiteres auf betriebswirtschaftliche Fragestellungen übertragen werden. Der Einfluss militärischer Grundmuster ist jedoch auch in der Kreditwirtschaft unverkennbar (z. B. Eroberung von Marktanteilen, Brechen des Marktwiderstandes). Das spiegelt sich in betriebswirtschaftlichen Strategiebegriffen wider. Strategie umfasst nach einer gängigen Definition die Festlegung der langfristigen Ziele eines Unternehmens, der Politik und Richtlinien sowie die Mittel und Wege zur Erreichung dieser Ziele. Kennzeichnend für den Strategiebegriff sind die Berücksichtigung von Handlungen anderer Marktteilnehmer, proaktive Handlungen (Planung) sowie die Langfristigkeit des strategischen Handelns im Gegensatz zu kurz- bis mittelfristigen operativen Maßnahmen.[3] Spieltheoretisch ist die Strategie die Spezifikation dessen, was in jeder Situation des Spiels zu tun ist oder eben nicht. Voraussetzung hierfür ist die Kenntnis der eigenen Fähigkeiten und der Fähigkeiten des Gegners. Sie ist der Plan, der für unterschiedliche Umweltzustände eine Anweisung enthält, welcher Spielzug auf welche Weise auszuführen ist.[4]

3   Strategie ist von essenzieller Bedeutung für jedes Unternehmen. Wenn man nicht weiß, wohin man sich entwickeln möchte, was man erreichen will und wozu, bleibt nur Improvisation oder Ad-hoc-Management. Damit haben viele Institute in der Vergangenheit negative Erfahrungen gemacht. Natürlich kann sich ein Unternehmen auch ganz ohne Planung allein auf sein Glück verlassen. Die Erfolgsaussichten sind allerdings wesentlich geringer als bei einer strategischen Herangehensweise, da man auf diese Weise den zukünftigen Erfolg nicht allein dem Zufall überlässt.

4   Der strategischen Positionierung kommt insbesondere auf dem Markt für Finanzdienstleistungen eine erhebliche Bedeutung zu, da sich viele Produkte ohne weiteres von der Konkurrenz kopieren lassen. Das Ergebnis sind Preiskämpfe um die gleichen Produkte, die letztlich über massive Kostensenkungen in den Instituten geführt werden. Ein Institut kann sich diesem zum Teil ruinösen Preiskampf nur entziehen, indem es Produkte anbietet, die sich von denen anderer Konkurrenten unterscheiden und die gleichzeitig den Kundenwünschen Rechnung tragen. Strategie setzt sich somit mit der Kernfrage des Unternehmens auseinander, nämlich der Frage nach der eigenen Existenzberechtigung. Diese Existenzberechtigung hat ein Unternehmen insbesondere dann, wenn es etwas besser oder kostengünstiger für seine Kunden tun kann als die Konkurrenten und auf diese Weise ein nachhaltiger Wettbewerbsvorteil gegenüber der Konkurrenz generiert wird.

5   Die Fähigkeit, sich besser als Konkurrenten an sich ändernde Umweltbedingungen anpassen zu können, ist ein großer Mehrwert, den strategisches Handeln stiftet (»responsiveness«). Parallelen zur Evolutionstheorie, die maßgeblich von Charles Darwin vorangetrieben wurde, sind offensichtlich: »It's not the strongest of the species that survive, nor the most intelligent, but those that are the most responsive to change«.[5] Strategien haben noch eine weitere wichtige Funktion: Den operativen Unternehmensbereichen und den Aufsichtsorganen werden durch die Strategien die geschäfts- und risikopolitischen Absichten der Unternehmensleitung verdeutlicht. Auf diese Weise lässt sich innerhalb des Unternehmens ein gemeinsames Grundverständnis zu wesentlichen Fragen der Unternehmensentwicklung herstellen. Strategien sollten daher grundsätzlich einfach sein, so dass sie von allen Beteiligten nachvollzogen werden können.[6] Je größer die Anzahl der Mitarbeiter, bei denen eine Strategie auf Akzeptanz stößt, desto effizienter und auch schneller kann diese Strategie umgesetzt werden.[7]

---

3 Vgl. Staehle, Wolfgang H., Management, 4. Auflage, München, 1989, S. 563.

4 Vgl. Bieta, Volker, Wenn der Mensch ins Glücksrad greift: Die Grenzen des Physikalismus im Risikomanagement, in: Zeitschrift für das gesamte Kreditwesen, Heft 8/2005, S. 418.

5 Vgl. Darwin, Charles, The Origin of Species by Means of Natural Selection, New York, 1859, S. 45.

6 Vgl. Theilacker, Bertram, Warum Banken Strategien einfach brauchen, in: Börsen-Zeitung vom 4. Januar 2006, S. 4.

7 Vgl. Schierenbeck, Henner, Grundzüge der Betriebswirtschaftslehre, 16. Auflage, München/Wien, 2003, S. 51.

1.2 Strategien und Geschäftsmodelle

Der Begriff »Geschäftsmodell« wird grundsätzlich als abstrakte Umschreibung für die Aktivitäten **6** eines Unternehmens verstanden.[8] Ein Geschäftsmodell bildet in stark vereinfachter und aggregierter Form ab, welche Ressourcen in das Unternehmen fließen und wie diese Ressourcen durch den innerbetrieblichen Leistungserstellungs- bzw. Wertschöpfungsprozess in vermarktungsfähige Informationen, Produkte oder Dienstleistungen transformiert werden.[9] Konkret geht es um die Beantwortung der Fragen, welchen Nutzen das Unternehmen seinen Kunden und seinen strategischen Partnern stiftet, die an der Wertschöpfung beteiligt sind (»Nutzenversprechen«, »Wertangebot« oder »Value Proposition«), wie das Unternehmen diese Leistung erbringt (»Wertschöpfungsarchitektur« mit einer Beschreibung ihrer verschiedenen Stufen, wirtschaftlichen Agenten und Rollen) und welche Einnahmen das Unternehmen aus welchen Quellen generiert (»Ertragsmodell« – ggf. untergliedert in »Erlösmodell« und »Kostenmodell« – mit einer Fokussierung auf die zukünftigen Einnahmen). Die zukünftigen Einnahmen entscheiden letztlich über den Wert des Geschäftsmodells und damit über seine »Nachhaltigkeit«. Durch die Betonung der Wertschöpfung wird das Geschäftsmodell bewusst nicht über die Produkte oder Marktbereiche definiert, die nur als Mittel zum Zweck betrachtet werden.[10]

Dabei erlauben die drei Gliederungsebenen »Nutzenversprechen« (Reputationsrisiken), »Wert- **7** schöpfungsarchitektur« (operationelle Risiken) und »Ertragsmodell« (finanzielle Risiken) insbesondere in der Kreditwirtschaft einen angepassten Blick auf die damit verbundenen Risiken.[11] Zu diesem Zweck werden z. B. auf der Unternehmensseite Schlüsselressourcen, Schlüsselaktivitäten, Schlüsselpartner und Kostenstruktur sowie auf der Marktseite Kundenbeziehungen, Kommunikations- und Distributionskanäle, bearbeitete Kundensegmente und Einnahmequellen beleuchtet.[12]

Ein Geschäftsmodell ist zwar keine Strategie. Allerdings kann die bewusste Veränderung des **8** Geschäftsmodells eine Strategie sein.[13] Mit der Strategie bzw. dem Geschäftsmodell als »Verkörperung« der Strategie erfolgt gleichzeitig die Positionierung im Wettbewerb.[14] Ein Unternehmen kann sich u. a. durch die stimmige Anordnung seiner Aktivitäten von anderen Wettbewerbern unterscheiden und auf diese Weise Wettbewerbsvorteile gegenüber der Konkurrenz generieren.[15]

Die Beschreibung eines Geschäftsmodells, also die logische Funktionsweise, wie ein Unterneh- **9** men Gewinne erwirtschaftet, soll dabei helfen, die Schlüsselfaktoren des Unternehmenserfolges oder -misserfolges zu analysieren. Insofern wird ein Geschäftsmodell in Unternehmen regelmäßig für strategische Analysen verwendet, wodurch die eigenen Geschäftsaktivitäten hinterfragt werden können, um sich besser von Wettbewerbern zu unterscheiden oder Schwächen abzustellen, wenn neue Wettbewerber mit neuen Geschäftsmodellen im Markt aktiv werden. Gleichzeitig kann auf dieser Basis eine neue Geschäftsidee systematisch dargestellt und somit evaluiert werden,

---

8 Vgl. Göttgens, Michael, Risikomanagementsysteme und Geschäftsmodelle von Banken – Welche Erkenntnisse erlauben Abschluss- und Sonderprüfung?, in: Die Wirtschaftsprüfung, Sonderheft 2/2010, S. S74.

9 Vgl. Wirtz, Bernd W., Business Model Management: Design – Instrumente – Erfolgsfaktoren von Geschäftsmodellen, Wiesbaden, 2010.

10 Vgl. Stähler, Patrick, Geschäftsmodelle in der digitalen Ökonomie: Merkmale, Strategien und Auswirkungen, Köln-Lohmar, 2001, S. 41 f.

11 Vgl. Göttgens, Michael, Risikomanagementsysteme und Geschäftsmodelle von Banken – Welche Erkenntnisse erlauben Abschluss- und Sonderprüfung?, in: Die Wirtschaftsprüfung, Sonderheft 2/2010, S. S74.

12 Vgl. Osterwalder, Alexander/Pigneur, Yves, Business Modell Generation, John Wiley & Sons, Hoboken NJ, 2010.

13 Vgl. Stähler, Patrick, Geschäftsmodelle in der digitalen Ökonomie: Merkmale, Strategien und Auswirkungen, Köln-Lohmar, 2001, S. 41 f.

14 Vgl. Göttgens, Michael, Risikomanagementsysteme und Geschäftsmodelle von Banken – Welche Erkenntnisse erlauben Abschluss- und Sonderprüfung?, in: Die Wirtschaftsprüfung, Sonderheft 2/2010, S. S74.

15 Vgl. Porter, Michael E., What is Strategy?, in: Porter, Michael E. (Hrsg.), On Competition, Boston, 1998, S. 39 ff.

worin sich die neue Geschäftsidee von bestehenden unterscheidet, wo die Wettbewerbsvorteile liegen, welches Alleinstellungsmerkmal (»Unique Selling Proposition«) die neue Geschäftsidee aufweist und welche Erfolgswahrscheinlichkeit sie hat.[16]

10   Das kritische Hinterfragen des eigenen Geschäftsmodells ist aufgrund des anhaltenden Niedrigzinsumfeldes, der zahlreichen regulatorischen Vorgaben, der fortschreitenden Digitalisierung sowie der zunehmenden Bedeutung von Informationstechnologie (IT) und Finanztechnologie (FinTech) sowie der damit verbundenen Zunahme des Wettbewerbs in der Finanzbranche – auch durch völlig neue und andersartige Player – für die Institute zu einer Überlebensfrage geworden.[17]

1.3   Forderungen des Gesetzgebers

11   Der Gesetzgeber räumt der Notwendigkeit von Strategien einen hohen Stellenwert ein. So hat der Vorstand nach § 90 Abs. 1 AktG dem Aufsichtsrat u. a. über die beabsichtigte Geschäftspolitik und andere grundsätzliche Fragen der Unternehmensplanung zu berichten. Dabei ist auch auf Abweichungen der tatsächlichen Entwicklung von früher berichteten Zielen unter Angabe von Gründen einzugehen. Die Strategie spielt auch im Deutschen Corporate Governance Kodex eine wichtige Rolle, der sich an börsennotierte Unternehmen wendet. So hat der Vorstand die strategische Ausrichtung des Unternehmens zu entwickeln, mit dem Aufsichtsrat abzustimmen und für ihre Umsetzung zu sorgen. Er hat außerdem in regelmäßigen Abständen den Stand der Strategieumsetzung mit dem Aufsichtsrat zu erörtern. Zu diesem Zweck muss der Vorstand den Aufsichtsrat regelmäßig, zeitnah und umfassend über alle für das Unternehmen relevanten Fragen der Strategie, der Planung, der Geschäftsentwicklung, der Risikolage, des Risikomanagements und der Compliance informieren und dabei auf Abweichungen des Geschäftsverlaufes von den aufgestellten Plänen und Zielen unter Angabe von Gründen eingehen. Auch zwischen den Sitzungen mit dem Vorstand bzw. seinem Vorsitzenden soll der Aufsichtsratsvorsitzende regelmäßig Kontakt halten und mit ihm Fragen zu den genannten Themen beraten. Umgekehrt soll der Vorsitzende des Vorstandes den Aufsichtsratsvorsitzenden unverzüglich über wichtige Ereignisse, die für die Beurteilung der Lage und Entwicklung sowie für die Leitung des Unternehmens von wesentlicher Bedeutung sind, informieren, damit dieser den Aufsichtsrat unterrichten und ggf. eine außerordentliche Aufsichtsratssitzung einberufen kann.[18]

12   Strategien sind darüber hinaus Gegenstand des KWG. Institute haben gemäß § 25a Abs. 1 KWG ein angemessenes Risikomanagement einzurichten, dass u. a. die Festlegung von Strategien umfasst. Dabei verwendet der Gesetzgeber bewusst den Plural. Nach der Regierungsbegründung zur Umsetzung der Bankenrichtlinie und der Kapitaladäquanzrichtlinie ist neben einer Risikostrategie grundsätzlich auch eine Geschäftsstrategie festzulegen, in der die Ziele und Planungen aller wesentlichen Geschäftsaktivitäten niederzulegen sind. Zwischen Geschäfts- und Risikostrategie muss ein konsistenter Zusammenhang bestehen. Über § 25b KWG wird darüber hinaus ein Zusammenhang zu den Auslagerungsaktivitäten des Institutes hergestellt. Die ausgelagerten Aktivitäten und Prozesse sind in das Risikomanagement und somit auch in die Strategien des Institutes einzubeziehen. In der Regierungsbegründung wird allerdings auch zum Ausdruck gebracht, dass der Inhalt der Geschäftsstrategie allein in der Verantwortung der Geschäftsleitung

---

16 Vgl. Stähler, Patrick, Geschäftsmodelle in der digitalen Ökonomie: Merkmale, Strategien und Auswirkungen, Köln-Lohmar, 2001, S. 38 ff.

17 Zur Vertiefung dieser Thematik mit Blick auf die Analyse und Entwicklung von Geschäftsmodellen siehe insbesondere Andrae, Silvio, Geschäftsmodelle im Banking – Analyse und Entwicklung, Stuttgart, 2017.

18 Vgl. Regierungskommission Deutscher Corporate Governance Kodex, Deutscher Corporate Governance Kodex, Fassung vom 7. Februar 2017, Abschnitte 3.2, 3.4 und 4.1.2, 5.2.

liegt und somit Eingriffe in die Entscheidungsautonomie der Institute unzulässig sind. Diese Aspekte werden dementsprechend in den MaRisk betont, die als norminterpretierende Verwaltungsvorschriften der BaFin den Wortlaut des Gesetzes auch mit Bezug zu den Strategien der Institute präzisieren (→ AT4.2 Tz. 1, Erläuterung).

Seit Inkrafttreten des Trennbankengesetzes[19] haben die Geschäftsleiter im Rahmen ihrer **13** Gesamtverantwortung für die ordnungsgemäße Geschäftsorganisation des Institutes gemäß § 25c Abs. 3a Satz 1 Nr. 1 KWG dafür Sorge zu tragen, dass jederzeit das Gesamtziel, die Ziele des Institutes für jede wesentliche Geschäftsaktivität sowie die Maßnahmen zur Erreichung dieser Ziele dokumentiert werden und die Risikostrategie jederzeit die Ziele der Risikosteuerung der wesentlichen Geschäftsaktivitäten sowie die Maßnahmen zur Erreichung dieser Ziele umfasst.

1.4 Lehren aus der Finanzmarktkrise

Bei der Aufarbeitung der Finanzmarktkrise spielt auch das Thema Strategie eine prominente Rolle. **14** So wird etwa von der globalen Interessenvertretung der Finanzindustrie, dem Institute of International Finance (IIF), herausgestellt, dass sich das leitende Management ein besseres Verständnis für die eigene geschäftspolitische Ausrichtung und deren Weiterentwicklung verschaffen muss. Das leitende Management darf sich nicht nur auf aktuelle Risiko- und Revisionsberichte verlassen. Es muss auch prüfen, wie sich das eigene Geschäftsmodell im Zeitverlauf entwickelt, und Abweichungen vom eigenen Zielsystem registrieren. Das Risikomanagement darf sich außerdem nicht nur auf eine Überwachungsfunktion reduzieren. Vielmehr muss die Geschäftsstrategie und deren Weiterentwicklung eng damit verknüpft werden.[20] Potenzielle Risiken im Zusammenhang mit Strategieanpassungen oder auch unterlassener Anpassungen müssen im Kontext sich verändernder Marktbedingungen im Risikomanagement berücksichtigt werden.[21] Vor diesem Hintergrund hat zunächst das Financial Stability Board – bezogen auf Finanzinstitute (Systemically Important Financial Institutions, SIFI) – Initiativen entwickelt, die dafür sorgen sollen, dass sich die Aufsichtsbehörden deutlich intensiver mit den Strategien der Institute befassen.[22] Zuvor hatte sich bereits CEBS mit dem Thema »Business and Strategic Risk« beschäftigt.[23]

Die deutsche Aufsicht sah sich vor diesem Hintergrund dazu veranlasst, die bereits bestehenden **15** Anforderungen in den MaRisk weiter auszubauen. Dabei spielten auch konkrete Erfahrungen aus der Aufsichts- und Prüfungspraxis eine wichtige Rolle. Verbesserungsbedarf bestand aus Sicht der Aufsicht vor allem im Hinblick auf den prozessualen Rahmen, in dem die Institute ihre Strategien entwickeln, umsetzen, beurteilen und ggf. anpassen. Teilweise reduzierte sich die Anwendung der bereits bestehenden Anforderungen bei den Instituten nur auf eine rein formale Umsetzung. In anderen Fällen wurden wesentliche Einflussfaktoren, wie etwa Veränderungen der ökonomischen Umwelt und ihre Bedeutung für das Institut, nicht ausreichend gewürdigt. In einigen Instituten waren die in den Strategien niedergelegten Ziele nach den Erfahrungen der Aufsicht derart unbestimmt, dass sich diese Institute keinen Eindruck über den Grad der Zielerreichung verschaf-

---

19 Gesetzesbeschluss des Deutschen Bundestages zur Abschirmung von Risiken und zur Planung der Sanierung und Abwicklung von Kreditinstituten und Finanzgruppen (Trennbankengesetz) vom 17. Mai 2013, Bundesrats-Drucksache 378/13 vom 17. Mai 2013.

20 »Regardless of organization, it is no longer appropriate for risk management to be only a monitoring function. It needs to be included in development of firm strategy. CROs should not just be risk managers but also risk strategists.« Institute of International Finance, Interim Report of the IIF Committee on Market Best Practices, April 2008, S. 7.

21 Vgl. Walker, David, A Review of Corporate Governance in UK Banks and other Financial Industry Entities – Final Recommendations (»Walker Review«), 26. November 2009, S. 54.

22 Vgl. Financial Stability Board, Intensity and Effectiveness of SIFI Supervision, 2. November 2010, S. 10f.

23 Vgl. Committee of European Supervisors, Draft CEBS deliverables, 2. November 2009, S. 2.

fen konnten. Schließlich wurde die geforderte Konsistenz zwischen Geschäfts- und Risikostrategie nicht immer bis in die letzte Konsequenz von den Instituten gelebt. Konsistenz ließe sich – so die Aufsicht – jedenfalls nur schwer herstellen, wenn beide Strategien in unterschiedlichen Organisationseinheiten vorbereitet würden, ohne dass ein Austausch zwischen diesen Einheiten stattfindet.[24] So ist es in der Praxis z.B. üblich, dass die Geschäftsstrategie in einer strategischen Stabsabteilung und die Risikostrategie im Risikocontrolling ausgearbeitet werden.

16 Die Anforderungen an die Strategien wurden daher im Rahmen der dritten MaRisk-Novelle weiter ausgebaut. Allerdings wurde die bisherige Zielrichtung grundsätzlich beibehalten, indem die neuen Anforderungen auf den bereits bestehenden Regelungen aufbauen und diese weiter präzisieren, um die Governance in diesem Bereich zu stärken. Im Rahmen der vierten MaRisk-Novelle wurden einige Ergänzungen vorgenommen, die auf eine Konkretisierung der Bestandteile einer Strategie hinauslaufen.

1.5 Auswirkungen des aufsichtlichen Überprüfungs- und Bewertungsprozesses (SREP)

17 Den Leitlinien der EBA zu gemeinsamen Verfahren und Methoden für den aufsichtlichen Überprüfungs- und Bewertungsprozess (SREP) zufolge sollen die zuständigen Behörden bei der Überprüfung des Risikoprofils und der Überlebensfähigkeit eines Institutes auch auf sein Geschäftsmodell und seine Geschäftsstrategie abstellen.[25] Konkret sollen sie die Tragfähigkeit des Geschäftsmodells und die Nachhaltigkeit der Geschäftsstrategie sowie alle aus dieser Bewertung resultierenden potenziellen Risiken für die Überlebensfähigkeit eines Institutes beurteilen. Dabei wird in erster Linie auf das Erzielen einer akzeptablen Rendite Wert gelegt.[26] Zur Beurteilung der Rendite wird u.a. geprüft, wie sich die Eigenkapitalrendite (ROE) im Verhältnis zu den Eigenkapitalkosten (COE), die Gesamtkapitalrentabilität oder die risikoadjustierte Kapitalrendite (RAROC) – auch im Zeitverlauf – verhalten. Gleichzeitig wird untersucht, ob der Refinanzierungsmix dem Geschäftsmodell und der Geschäftsstrategie unter Berücksichtigung möglicher Volatilitäten und Inkongruenzen angemessen ist. Schließlich wird auch bewertet, ob das Geschäftsmodell oder die Geschäftsstrategie des Institutes auf einem Risikoappetit basiert, der für die Erzielung einer ausreichenden Rendite als hoch einzustufen ist oder sogar einen Ausreißer im Vergleich zu den Werten der Peergroup darstellt.[27]

18 Vor diesem Hintergrund war es nicht mehr möglich, die im Rahmen der sogenannten »Strategiedebatte« gewählte Formulierung, wonach der Inhalt der Geschäftsstrategie nicht Gegenstand von Prüfungshandlungen durch externe Prüfer ist, länger aufrecht zu erhalten (→ AT4.2 Tz.3). Mit der fünften MaRisk-Novelle wurde den Prüfern deshalb die Möglichkeit eingeräumt, die Geschäftsstrategie außerhalb der Jahresabschlussprüfung näher zu beleuchten und damit ihrem Prüfungsauftrag für die Zwecke des SREP nachkommen zu können (→ AT4.2 Tz.1, Erläuterung). Die EBA betont allerdings, dass die zuständigen Behörden die Verantwortung der Geschäftsleitung

---

24 Vgl. Bundesanstalt für Finanzdienstleistungsaufsicht, Übermittlungsschreiben zum ersten Entwurf zur Überarbeitung der MaRisk vom 9.Juli 2010, S.3.

25 Vgl. European Banking Authority, Guidelines on common procedures and methodologies for the supervisory review and evaluation process (SREP) and supervisory stress testing, EBA/GL/2014/13, Consolidated version, 19.Juli 2018, S.29 ff.

26 Vgl. European Banking Authority, Guidelines on common procedures and methodologies for the supervisory review and evaluation process (SREP) and supervisory stress testing, EBA/GL/2014/13, Consolidated version, 19.Juli 2018, S.41 ff.

27 Vgl. European Banking Authority, Guidelines on common procedures and methodologies for the supervisory review and evaluation process (SREP) and supervisory stress testing, EBA/GL/2014/13, Consolidated version, 19.Juli 2018, S.47.

im Rahmen der Geschäftsmodellanalyse sowie der Bewertung der Geschäfts- und strategischen Risiken nicht unterminieren und keine bestimmten Geschäftsmodelle priorisieren sollten.[28]

Die Geschäftsmodellanalyse durch die zuständigen Behörden beginnt mit einer Bestandsaufnahme der Marktposition des Institutes. Dafür werden – auch im Zeitverlauf – zunächst die wichtigsten geografischen Regionen, Tochterunternehmen/Zweigstellen, Geschäftsfelder und Produktlinien aufgrund ihres Beitrages zum Gewinn (z.B. auf Basis der Gewinn- und Verlustrechnung), ihres Risikos (z.B. auf Basis des Gesamtforderungsbetrages) und/oder ihrer organisatorischen/gesetzlichen Prioritäten (z.B. spezielle Verpflichtung von Instituten im öffentlichen Sektor, bestimmte Produkte anzubieten) als Schwerpunkte ermittelt. Neben der auf diese Weise abgeleiteten Wesentlichkeit bestimmter Geschäftsfelder können weitere Aspekte von Bedeutung sein, wie z.B. frühere Aufsichtsergebnisse, Ergebnisse thematischer Überprüfungen (»Thematic Reviews«), Ergebnisse und Feststellungen aus internen und externen Prüfungsberichten, strategische Pläne zum Aus- oder Abbau von Geschäftsfeldern, festgestellte Änderungen des Geschäftsmodells und Peergroup-Vergleiche. Außerdem sollte das Geschäftsumfeld analysiert werden, um die Plausibilität der strategischen Annahmen des Institutes zu beurteilen, indem die makroökonomischen und allgemeinen Markttrends sowie das Wettbewerbsumfeld und seine voraussichtliche Entwicklung unter Berücksichtigung der Aktivitäten der Peergroup analysiert werden. Die Geschäftsmodellanalyse sollte auf qualitativen und quantitativen Faktoren beruhen. Aus quantitativer Sicht geht es vor allem um die Entwicklung der Gewinn- und Verlustrechnung, der Bilanz, möglicher Konzentrationen in Bezug auf Kunden, Sektoren und geografische Regionen sowie den Risikoappetit und die damit verbundene Limitierung. Anhand von qualitativen Merkmalen sollen die Erfolgstreiber (Bereiche mit Wettbewerbsvorteil) sowie die wichtigsten externen und internen Abhängigkeiten bestimmt werden.[29]

Bei der Analyse der Geschäftsstrategie sollten die zuständigen Behörden die wichtigsten quantitativen und qualitativen Managementziele (Gesamtstrategie) und das geplante Ergebnis bewerten. Daneben sollten die für das aktuelle Geschäftsmodell vorgeschlagenen wesentlichen Änderungen, die einen Beitrag zur Erreichung der Ziele leisten (Erfolgstreiber), bestimmt werden. Großer Wert wird dabei auf die Plausibilität und die Kohärenz der zugrundeliegenden Annahmen (Einflussfaktoren) und die vorhandenen Kapazitäten zur Umsetzung der Ziele (Ausführungskapazitäten) gelegt, wobei die zuständigen Behörden auch die Erfolgsbilanz der Geschäftsleitung bei der Einhaltung früherer Strategien und Prognosen sowie die Komplexität und Zielsetzung der Strategie im Vergleich zum aktuellen Geschäftsmodell (Risikoniveau der Strategie) berücksichtigen und daraus eine Erfolgswahrscheinlichkeit ableiten.[30]

1.6 Anforderungen an die Strategien im Überblick

Die Geschäftsleitung hat eine nachhaltige Geschäftsstrategie festzulegen, in der die Ziele des Institutes für jede wesentliche Geschäftsaktivität sowie die Maßnahmen zur Erreichung dieser Ziele dargestellt werden (→ AT 4.2 Tz. 1). Die Strategie umfasst somit mehr als nur die Formulierung bestimmter Ziele. Es geht auch um die Darstellung der Maßnahmen, mit deren Hilfe diese Ziele erreicht werden sollen, also insgesamt um die Eckpunkte für die operative Planung. Das

---

28 Vgl. European Banking Authority, Guidelines on common procedures and methodologies for the supervisory review and evaluation process (SREP) and supervisory stress testing, EBA/GL/2014/13, Consolidated version, 19. Juli 2018, S. 41.

29 Vgl. European Banking Authority, Guidelines on common procedures and methodologies for the supervisory review and evaluation process (SREP) and supervisory stress testing, EBA/GL/2014/13, Consolidated version, 19. Juli 2018, S. 42 ff.

30 Vgl. European Banking Authority, Guidelines on common procedures and methodologies for the supervisory review and evaluation process (SREP) and supervisory stress testing, EBA/GL/2014/13, Consolidated version, 19. Juli 2018, S. 46 ff.

betrifft z. B. die personellen und technisch-organisatorischen Ressourcen sowie die finanziellen Mittel, die zur Zielerreichung erforderlich sind.

22 Darüber hinaus sind vor allem die folgenden Anforderungen von besonderer Relevanz:

– Bei der Festlegung und Anpassung der Geschäftsstrategie hat das Institut interne Einflussfaktoren (z. B. Risikotragfähigkeit, Liquidität, Ertragslage, personelle und technisch-organisatorische Ressourcen) und externe Einflussfaktoren (z. B. Marktentwicklung, Wettbewerbssituation, regulatorisches Umfeld) zu berücksichtigen. Im Hinblick auf die künftige Entwicklung der relevanten Einflussfaktoren sind Annahmen zu treffen, die einer regelmäßigen und anlassbezogenen Überprüfung zu unterziehen sind. Im Zweifel muss die Geschäftsstrategie angepasst werden (→ AT 4.2 Tz. 1).

– Die Geschäftsleitung hat sicherzustellen, dass zwischen der Geschäftsstrategie (und den daraus erwachsenden Risiken) sowie der Risikostrategie Konsistenz besteht. In der Risikostrategie ist, unter Berücksichtigung von Risikokonzentrationen, für alle wesentlichen Risiken der Risikoappetit des Institutes festzulegen. Risikokonzentrationen sind auch mit Blick auf die Ertragssituation des Institutes (Ertragskonzentrationen) zu berücksichtigen, so dass die Erfolgsquellen voneinander abgegrenzt und quantifiziert werden müssen (→ AT 4.2 Tz. 2).

– Herausgestellt wird ferner die (nicht delegierbare) Verantwortung der Geschäftsleitung für die Festlegung und die Umsetzung der Strategien (→ AT 4.2 Tz. 3). Die Geschäftsleitung hat für diese Zwecke einen Strategieprozess einzurichten, der sich auf die Prozessschritte Planung, Umsetzung, Beurteilung und Anpassung der Strategien erstreckt. Sollte sich im Rahmen der Beurteilung der Strategien zeigen, dass Anspruch und Wirklichkeit auseinanderfallen, ist eine Ursachenanalyse durchzuführen (→ AT 4.2 Tz. 4).

– Das Aufsichtsorgan des Institutes ist einzubeziehen. Die Strategien sowie ggf. erforderliche Anpassungen sind dem Aufsichtsorgan zur Kenntnis zu geben und mit diesem zu erörtern. Die Erörterungen erstrecken sich im Falle von Zielabweichungen auch auf die ggf. erforderliche Ursachenanalyse (→ AT 4.2 Tz. 5).

– Schließlich hat das Institut in geeigneter Weise für (interne) Transparenz zu sorgen. Inhalte und Änderungen der Strategien sind innerhalb des Institutes zu kommunizieren (→ AT 4.2 Tz. 6).

23 Trotz der Präzisierungen im Zuge der dritten bis fünften MaRisk-Novelle sind die Anforderungen an die Strategien weiterhin flexibel formuliert. Ein Institut kann daher auf der Basis vielfältiger Umsetzungsmöglichkeiten diejenige Vorgehensweise wählen, die seinem spezifischen Profil am besten entspricht. Das gilt auch im Hinblick auf den Detaillierungsgrad. Die deutsche Aufsicht betont, dass der Detaillierungsgrad der Strategien abhängig von Umfang und Komplexität sowie vom Risikogehalt der geplanten Geschäftsaktivitäten ist (→ AT 4.2 Tz. 3).

2 Festlegung und Anpassung der Geschäftsstrategie (Tz. 1)

1 Die Geschäftsleitung hat eine nachhaltige Geschäftsstrategie festzulegen in der die Ziele 24 des Institutes für jede wesentliche Geschäftsaktivität sowie die Maßnahmen zur Erreichung dieser Ziele dargestellt werden. Bei der Festlegung und Anpassung der Geschäftsstrategie sind sowohl externe Einflussfaktoren (z. B. Marktentwicklung, Wettbewerbssituation, regulatorisches Umfeld) als auch interne Einflussfaktoren (z. B. Risikotragfähigkeit, Liquidität, Ertragslage, personelle und technisch-organisatorische Ressourcen) zu berücksichtigen. Im Hinblick auf die zukünftige Entwicklung der relevanten Einflussfaktoren sind Annahmen zu treffen. Die Annahmen sind einer regelmäßigen und anlassbezogenen Überprüfung zu unterziehen; erforderlichenfalls ist die Geschäftsstrategie anzupassen.

2.1 Nachhaltige Geschäftsstrategie

Die Geschäftsstrategie muss »nachhaltig« sein. Diese Anforderung bleibt weitgehend unbe- 25 stimmt. Zwar sollte klar sein, dass allein auf den kurzfristigen Erfolg ausgerichtete Strategien und die gleichzeitige Übernahme unverhältnismäßig hoher Risiken nicht viel mit Nachhaltigkeit zu tun haben. Trotzdem wäre eine umfassende Beschreibung des Begriffes »Nachhaltigkeit« wünschenswert. Dieser Begriff wird gerne und häufig, wenn nicht sogar inflationär, in unterschiedlichem Kontext verwendet. Mitunter dient er auch nur als Schlagwort, so dass ihm eine gewisse Plattitüde anhaftet. Ursprünglich geht der Begriff »Nachhaltigkeit«, bzw. »nachhaltige Entwicklung«, auf das Jagdwesen zurück (Wahrung eines Grundstockes an Wildbeständen). Seine Verbreitung erfolgte in der Wald- und Forstwirtschaft. Carl von Carlowitz verlangte 1713, die Nutzung eines Waldes nur dann zu gestatten, wenn seine Produktionsfähigkeit dadurch nicht beeinträchtigt wird. Damit wurde das Ziel verfolgt, nicht mehr zu ernten als auch wieder nachwachsen kann.[31] Nachhaltigkeit befasst sich – einer allgemeinen Beschreibung zufolge – mit der Überlebensfähigkeit der Gesellschaft und der Frage, wie ihre natürlichen Lebensgrundlagen dauerhaft sichergestellt werden können.[32] Die Gemeinsamkeit der verschiedenen Nachhaltigkeitsdefinitionen besteht im Erhalt eines Systems bzw. bestimmter Charakteristika eines Systems, so dass immer etwas bewahrt werden soll zum Wohle der zukünftigen Generationen.[33] Lange Zeit wurde der Begriff »Nachhaltigkeit« vorrangig im politischen Kontext verwendet, wobei die drei Komponenten ökonomische, ökologische und soziale Nachhaltigkeit unterschieden wurden. In letzter Zeit ist mehr und mehr auch die Verantwortung der Unternehmen für eine nachhaltige Entwicklung ins Blickfeld geraten. Insbesondere aus Investorensicht wird damit neben den Bereichen Umwelt und Soziales verstärkt auch eine entsprechende Unternehmensführung (»Governance«) hinterfragt (→ BTR Einführung).

---

31 Vgl. Birnbacher, Dieter/Schicha, Christian, Vorsorge statt Nachhaltigkeit – ethische Grundlagen der Zukunftsverantwortung, in: Kastenholz, H. G./Erdmann, K.-H./Wolff, M. (Hrsg.), Nachhaltige Entwicklung – Zukunftschancen für Mensch und Umwelt, Berlin 1996, S. 141 ff.

32 Vgl. Becke, Guido, Auf dem Weg zur Nachhaltigkeit – Vom Change Management zum Mindful Change, in: Organisations-Entwicklung, Heft 4/2010, S. 5.

33 Vgl. Klauer, Bernd, Was ist Nachhaltigkeit und wie kann man eine nachhaltige Entwicklung erreichen?, Zeitschrift für angewandte Umweltforschung (ZAU), Heft 1/1999, S. 69 ff.

AT 4.2 Strategien

26   Aus betriebswirtschaftlicher Sicht ist Nachhaltigkeit ein dynamischer Prozess, in dessen Rahmen ein Unternehmen aus seiner Perspektive sinnvolle strategische Ziele definieren und deren Umsetzung durch entsprechende Maßnahmen sicherstellen muss.[34] Das gilt grundsätzlich auch für die strategische Positionierung von Instituten. Kein Institut würde von sich aus preisgeben, dass seine Strategie nicht auf Nachhaltigkeit – also auf die langfristige Sicherstellung der eigenen Existenz – ausgerichtet ist. Dennoch ist im Einzelfall schwer zu beurteilen, ob eine Strategie nachhaltig ist oder eben nicht. Zwischen kurz- und mittelfristig orientierter Ertragsmaximierung und den auf Nachhaltigkeit ausgelegten langfristigen Zielen kann ein Interessenkonflikt entstehen, der die langfristige Sicherstellung der Existenz gefährdet. Von Nachhaltigkeit kann jedenfalls keine Rede mehr sein, wenn aufgrund einseitiger Ertragsmaximierung unverhältnismäßig hohe Risikopositionen aufgebaut werden, denen das Institut über kurz oder lang nicht mehr gewachsen ist. Dieser Interessenkonflikt wurde im Rahmen der Finanzmarktkrise virulent, als in einigen Instituten verstärkt auf eine kurzfristige Maximierung des Gewinnes zugunsten einer höheren Bonifikation und ohne Rücksicht auf die »Gesundheit« des Unternehmens als Ganzes gesetzt wurde. Seit dem Inkrafttreten des Vergütungsgesetzes[35] aus dem Jahre 2010 muss ein Institut daher ausdrücklich über angemessene, transparente und auf eine nachhaltige Entwicklung des Institutes ausgerichtete Vergütungssysteme für Geschäftsleiter und Mitarbeiter verfügen (§ 25a Abs. 1 Satz 3 Nr. 6 KWG).

27   Aus der Analyse der Ertragssituation, insbesondere der Quellen des Erfolges, und der gleichzeitigen Betrachtung der Risiken können sich insoweit wichtige Indizien ergeben, ob ein Institut dem eigenen Anspruch tatsächlich gerecht wird und eine nachhaltige Geschäftsstrategie verfolgt.[36] So gesehen ist der Begriff Nachhaltigkeit mehr als nur ein Modewort. Die Notwendigkeit einer auf Nachhaltigkeit ausgerichteten Geschäftspolitik wird auch im Deutschen Corporate Governance Kodex (DCGK) herausgestellt. Danach hat der Vorstand das Unternehmen im Unternehmensinteresse, also unter Berücksichtigung der Belange der Aktionäre, seiner Arbeitnehmer und der sonstigen dem Unternehmen verbundenen Gruppen (Stakeholder), mit dem Ziel nachhaltiger Wertschöpfung zu leiten. Auch die Vergütungsstruktur für die Mitglieder des Vorstandes und des Aufsichtsorgans ist auf eine nachhaltige Unternehmensentwicklung auszurichten.[37]

2.2   Kompatibilität zwischen strategischer und operativer Ebene

28   Während der Konsultationen zur dritten MaRisk-Novelle stand die Frage nach der Abgrenzung zwischen strategischer und operativer Ebene im Fokus der Diskussionen. So wurde von Seiten der Spitzenverbände der Kreditwirtschaft u. a. darauf hingewiesen, dass die Strategien der Institute üblicherweise nur qualitative Leitsätze und Ziele enthalten, die erst auf der nachgeordneten, operativen Ebene in nachprüfbare Zielwerte übersetzt werden können. Angesichts dessen sei das Erkennen von Fehlentwicklungen auch erst auf der operativen Ebene möglich. Die Identifizierung von Fehlentwicklungen im Rahmen der Banksteuerung und damit verbundenen Auswirkungen auf

---

34   Vgl. O. V., Eigeninteresse versus Selbstlosigkeit – Ist nachhaltiges Wirtschaften mit den Interessen der Anleger vereinbar?, Interview mit Paola Ghillani, in: NZZ Online vom 22. Januar 2008.

35   Gesetz über die aufsichtsrechtlichen Anforderungen an die Vergütungssysteme von Instituten und Versicherungsunternehmen (VergAnfG) vom 21. Juli 2010 (BGBl. I Nr. 38, S. 950), veröffentlicht am 26. Juli 2010.

36   »Persistently high levels of profitability can be alarming signals. Very high profitability can imply excessive risk-taking and a buildup of vulnerabilities, which would eventually jeopardise sustainable profitability. The focus should be on predictability and low volatility of earnings in order to enable performance sustainability.« European Central Bank, Beyond ROE – How to measure Bank Performance, September 2010, S. 27.

37   Vgl. Regierungskommission Deutscher Corporate Governance Kodex, Deutscher Corporate Governance Kodex, Fassung vom 7. Februar 2017, Abschnitte 4.1.1, 4.2.3 und 5.4.6.

die Risikotragfähigkeit müsse aus diesem Grund vom Strategiebegriff und den strategischen Zielen getrennt werden.[38]

Von Seiten der Aufsicht besteht nicht die Absicht, die Strategie mit Einzelheiten aus der **29** operativen Planung zu überfrachten. Es kommt vielmehr in erster Linie darauf an, dass ein enger Zusammenhang zwischen der strategischen und der operativen Ebene besteht. Ansonsten würden zentrale Steuerungsentscheidungen der Geschäftsleitung auf strategischer Ebene zwangsläufig ins Leere laufen, weil sie auf operativer Ebene keine Impulse auslösen. Die strategischen Ziele sowie die Maßnahmen zur Erreichung dieser Ziele stecken daher die Eckpunkte für die operative Planung ab und müssen hinreichend konkret formuliert sein, um plausibel in die operative Planung überführt werden zu können (→ AT4.2 Tz.1, Erläuterung). Eine möglichst konkrete Formulierung ist auch deshalb erforderlich, weil die strategischen Ziele einer Beurteilung zugänglich sein müssen (→ AT4.2 Tz.4).

Die strategische und die operative Ebene sind insoweit nicht voneinander abgekoppelt. Sie **30** müssen miteinander kompatibel sein. Der Umstand, dass die operative Planung regelmäßig kurz- bis mittelfristig ausgerichtet ist, während sich die Strategie mit der Erreichung langfristiger Ziele befasst, ändert daran grundsätzlich nichts (→ AT4.2 Tz.4). Unterschiedliche Zeitdimensionen dürfen dem in den MaRisk geforderten Zusammenhang zwischen strategischer und operativer Ebene nicht entgegenstehen. Die daran geknüpfte Transformationsleistung stellt eine Herausforderung dar, die bewältigt werden muss, wenn ein Institut eine Strategie wirksam umsetzen will.[39]

Bei quantitativen Zielen sollte es dem Institut regelmäßig keine größeren Schwierigkeiten **31** bereiten, die »Eckpunkte« der operativen Planung in der Geschäftsstrategie darzustellen (z.B. geplantes Ergebnis als Differenz aus Erträgen und Kosten für jede wesentliche Geschäftsaktivität, geplantes Wachstum in bestimmten Marktsegmenten). Bei qualitativen Zielen ist es zwar etwas schwieriger, geeignete Messgrößen zu entwickeln. Aber auch damit müssen sich die Institute auseinandersetzen. So könnten sie sich etwa dem Ziel »höhere Kundenzufriedenheit« durch die Formulierung von Unterzielen annähern, für die sich Messgrößen ableiten lassen (z.B. Reduzierung der absoluten oder prozentualen Anzahl der Kundenbeschwerden). Übergeordnete Zielsetzungen, wie etwa die »Förderung der regionalen Wirtschaft« können zudem über die Messung geeigneter Teilziele greifbar gemacht werden. So wird die Förderung der regionalen Wirtschaft kaum möglich sein, wenn ein Institut keine auskömmlichen Erträge erwirtschaftet. Der Planertrag käme insoweit als Messgröße für die Erreichung der übergeordneten Ziele in Betracht.

Der in den MaRisk geforderte Zusammenhang zwischen strategischer und operativer Ebene **32** erstreckt sich allerdings nicht nur auf die Ziele. Er gilt grundsätzlich auch im Hinblick auf die »Maßnahmen zur Erreichung der Ziele«, bei denen ebenfalls die Eckpunkte der operativen Planung in der Geschäftsstrategie darzustellen sind (z.B. geplanter Personalbedarf, notwendige IT-Verfahren). Bezüglich des Detaillierungsgrades sind ausschweifende Darstellungen weder sinnvoll noch bankaufsichtlich erwünscht.

---

38 »Während in der Strategie üblicherweise qualitative Leitsätze und Ziele formuliert werden, findet eine Übersetzung in nachprüfbare quantitative Zielwerte und operative Steuerungsvorgaben erst nachgeordnet statt. Das Erkennen von Fehlentwicklungen im Rahmen der Banksteuerung und damit verbundenen Auswirkungen auf die Risikotragfähigkeit muss daher vom Strategiebegriff und den strategischen Zielen getrennt werden. Die Vorgaben der MaRisk könnten sonst dazu führen, dass die Institute zur Aufgabe erfolgreich gelebter Steuerungskreisläufe zugunsten möglicher idealtypischer Vorstellungen der Prüfer gezwungen werden. Ähnliches gilt hinsichtlich der notwendigen Flexibilität im Tagesgeschäft: Abhängig von der Größe eines Institutes, der Eigentümerstruktur und anderer Faktoren müssen Teilbereichsplanungen ein engeres Korsett vorgeben oder aber auch größere Spielräume zur Nutzung auftretender Opportunitäten einräumen. Solange dies mit der Risikotragfähigkeit eines Institutes vereinbar ist, sollten die MaRisk diese Flexibilität nicht unnötig beschränken«. Zentraler Kreditausschuss, Stellungnahme zum Entwurf über die Mindestanforderungen an das Risikomanagement vom 9.Juli 2010, 30.August 2010, S.7f.

39 »Key issues, elements and needs of the business strategy must be translated into shorter-term objectives and action plans, and this translation process is an integral and vital part of the execution of strategy.« Hrebiniak, Lawrence G., Making Strategy Work: Leading Effective Execution and Change, New Jersey, 2005, S.49.

2.3   Berücksichtigung interner und externer Einflussfaktoren

33   Da Strategien in die Zukunft gerichtet sind und sich die Zukunft nicht perfekt vorhersagen lässt, bleibt im Hinblick auf die erfolgreiche Umsetzung der Strategien immer ein mehr oder minder hohes (strategisches) Restrisiko. Die erfolgreiche Umsetzung einer Geschäftsstrategie bzw. der strategischen Ziele hängt ganz wesentlich davon ab, ob das Institut die notwendigen (internen) Voraussetzungen dafür schafft. Typischerweise gehören dazu angemessene personelle und technisch-organisatorische Ressourcen sowie eine ausreichende Ausstattung im liquiditätsmäßig-finanziellen Bereich. Es versteht sich von selbst, dass bestimmte Ziele, wie etwa eine Fokussierung auf die Projektfinanzierung, unrealistisch sind, solange das Institut nicht über ausreichend Personal mit entsprechender Expertise verfügt. Im Hinblick auf die Generierung neuer Erfolgspotenziale, aber auch bezüglich der Absicherung bereits bestehender Potenziale, spielen solche internen Einflussfaktoren eine wichtige Rolle.

34   Abhängig von der konkreten Geschäftsstrategie kann sich die Einschätzung externer Einflussfaktoren als deutlich komplizierter erweisen. Im Unterschied zu internen Einflussfaktoren kann das Institut z.B. die Entwicklung auf den Märkten regelmäßig nicht (allein) beeinflussen. Die Märkte sind ein launischer Spieler, und sie werden es auch bleiben. Aber auch andere externe Einflussfaktoren, wie Änderungen der steuerlichen Rahmenbedingungen oder regulatorische Vorgaben (z.B. die permanente Weiterentwicklung des Baseler Rahmenwerkes und dessen Umsetzung auf europäischer Ebene und die neuen Vorgaben zum Krisenmanagement der Institute) oder die Übernahme der direkten Beaufsichtigung der bedeutenden Institute durch die EZB, können die geschäftsstrategische Ausrichtung eines Institutes ganz erheblich beeinflussen.

35   Der Erfolg einer Strategie hängt daher ganz wesentlich davon ab, ob sich das Institut intensiv mit der Zukunft auseinandersetzt. Konkret hat es Annahmen bezüglich der künftigen Entwicklung relevanter interner und externer Einflussfaktoren zu treffen. Diese Annahmen sind letztlich das Fundament, auf dem die weitere strategische Planung aufsetzt. Die Festlegung von Annahmen wird regelmäßig in den folgenden Bereichen erforderlich sein:
– Künftige volkswirtschaftliche Entwicklungen: Für die breite Masse der deutschen Institute, die in Zeiten eines normalen Zinsumfeldes über die Fristentransformation Erträge generiert, ist z.B. die Entwicklung des Hauptrefinanzierungssatzes der Europäischen Zentralbank von erheblicher Bedeutung.
– Kundenverhalten: Beispielsweise könnten sich Verhaltensänderungen bei den Einlegern auf die Refinanzierungssituation und damit auch auf die Ertragslage auswirken. Von Relevanz können in diesem Zusammenhang auch sozio-demografische Faktoren sein (z.B. die Altersstruktur der Kunden).
– Eigene Position im Wettbewerb: Diese könnte z.B. durch die Konkurrenz von Direktbanken oder Anbietern von innovativen Lösungen im Bereich der Finanztechnologie (»FinTechs«) bedroht sein.
– Vorstellungen und Wünsche wichtiger Stakeholder.
– Ressourcenentwicklung: Ungenaue Hypothesen im Hinblick auf die qualitative und quantitative Personalausstattung sowie die technisch-organisatorische Ausstattung (z.B. mit Blick auf Innovationen im IT-Bereich) könnten die Zielerreichung massiv gefährden.

2.4 Ausgestaltung der IT-Systeme

Aufgrund ihrer besonderen Bedeutung für das Funktionieren der Prozesse hat das Institut in **36** Abhängigkeit von Art, Umfang, Komplexität und Risikogehalt der Geschäftsaktivitäten auch Aussagen zur zukünftig geplanten Ausgestaltung der IT-Systeme zu treffen (→ AT 4.2 Tz. 1, Erläuterung). Damit wird die in den letzten Jahren ständig gestiegene Bedeutung der Informationstechnologie für (nahezu) alle Geschäftsaktivitäten besonders betont. Mit Hinweis auf die Erfahrungen aus der Prüfungspraxis geht es den Ausführungen der Aufsicht im MaRisk-Fachgremium zufolge sowohl um die Bereitstellung ausreichender IT-technischer Ressourcen als auch um den Aspekt der zukünftigen IT-Architektur. Unter bestimmten Voraussetzungen kann es allerdings im Interesse des Institutes liegen, bestimmte Überlegungen für die Zukunft nicht zu frühzeitig im Rahmen der Strategie transparent zu machen, um deren Umsetzung nicht zu gefährden.

Eine separate IT-Strategie wird in den MaRisk zwar nicht explizit erwähnt. Allerdings enthalten **37** die im November 2017 veröffentlichten Bankaufsichtlichen Anforderungen an die IT (BAIT) ein Modul »IT-Strategie«, in dem gemäß Tz. 1 BAIT eine nachhaltige IT-Strategie gefordert wird, in der ein Institut seine (IT-bezogenen) Ziele sowie die Maßnahmen zur Erreichung dieser Ziele darstellen soll. Laut Tz. 2 BAIT werden als Mindestinhalte dieser mit der Geschäftsstrategie konsistenten IT-Strategie Aussagen zur strategischen Entwicklung der IT-Aufbau- und IT-Ablauforganisation des Institutes sowie der Auslagerungen von IT-Dienstleistungen, zur Zuordnung der gängigen Standards, an denen sich das Institut orientiert, auf die Bereiche der IT, zu den Zuständigkeiten und zur Einbindung der Informationssicherheit in die Organisation, zur strategischen Entwicklung der IT-Architektur, zum Notfallmanagement unter Berücksichtigung der IT-Belange sowie zu den in den Fachbereichen selbst betriebenen bzw. entwickelten IT-Systemen (Hardware- und Software-Komponenten) gefordert. Klarstellend wird zudem erläutert, dass zu den genannten Mindestinhalten u. a. eine Beschreibung der Rolle, der Positionierung und des Selbstverständnisses der IT im Hinblick auf den Personaleinsatz und das Budget der IT-Aufbau- und IT-Ablauforganisation sowie eine Darstellung und strategische Einordnung der IT-Dienstleistungen erwartet wird. Aussagen zu Auslagerungen von IT-Dienstleistungen können auch in den strategischen Ausführungen zu Auslagerungen enthalten sein. Hinsichtlich der gängigen Standards geht es vornehmlich um deren Auswahl und Umsetzung auf die IT-Prozesse des Institutes sowie eine Darstellung des avisierten Implementierungsumfangs der jeweiligen Standards. Die Beschreibung der Bedeutung der Informationssicherheit im Institut sollte auch die Einbettung der Informationssicherheit in die Fachbereiche und in das jeweilige Zusammenarbeitsmodell mit den IT-Dienstleistern beinhalten. Die Darstellung des Zielbildes der IT-Architektur sollte in Form eines Überblicks über die Anwendungslandschaft erfolgen.

Für die deutsche Aufsicht steht die Anforderung im Vordergrund, dass sich die Geschäftsleitung mit **38** den strategischen Implikationen der verschiedenen Aspekte der IT für die Geschäftsstrategie regelmäßig auseinandersetzt. Durch die Festlegung der IT-Strategie sowie durch daraus abgeleitete Maßnahmen zur Erreichung der Strategieziele soll gleichzeitig Klarheit über die Bedeutung der IT für die Durchführung der Bankgeschäfte geschaffen werden, die für das IT-Risikobewusstsein notwendig ist.[40] Auf Basis dieser IT-Strategie sind gemäß Tz. 4 BAIT Regelungen zur IT-Aufbau- und IT-Ablauforganisation festzulegen und bei Veränderungen der Aktivitäten und Prozesse zeitnah anzupassen.

Die EBA erwartet ebenfalls das Vorhandensein einer IKT-Strategie[41], die im Einklang mit der **39** Geschäftsstrategie steht, insbesondere im Hinblick auf die kontinuierliche Erneuerung der Informations- und Kommunikationstechnologie (IKT) und die Planung oder Umsetzung wichtiger und

---

40 Vgl. Essler, Renate/Gampe, Jens, IT-Sicherheit – Aufsicht konkretisiert Anforderungen an die Kreditwirtschaft, in: BaFinJournal, Ausgabe Januar 2018, S. 19.

41 Die EBA verwendet die Bezeichnung »IKT-Strategie«, weil sie insgesamt auf die Informations- und Kommunikationstechnologie (IKT) abstellt, also die Kommunikationsprozesse im Institut einbezieht.

komplexer Änderungen in diesem Bereich, und das Geschäftsmodell des Institutes unterstützt. Der Rahmen für die Ausarbeitung und Entwicklung der IKT-Strategie sollte im Einklang mit der Art, dem Umfang und der Komplexität der IKT-Tätigkeiten stehen. Bei der Bewertung im Rahmen des SREP sollten die zuständigen Behörden u. a. berücksichtigen, ob der zuständige Geschäftsleiter angemessen an der Festlegung der strategischen IKT-Prioritäten des Institutes beteiligt und über die Entwicklung, Gestaltung und Initiierung wichtiger Geschäftsstrategien und -initiativen informiert ist, um die kontinuierliche Abstimmung zwischen IKT-Systemen, IKT-Diensten und der IKT-Funktion (d. h. die für die Verwaltung und den Einsatz dieser Systeme und Dienstleistungen verantwortlichen Personen) sowie der Geschäftsstrategie des Institutes sicherzustellen, und ob die IKT wirksam erneuert wird. Zudem sollte geprüft werden, ob die IKT-Strategie dokumentiert und durch konkrete Umsetzungspläne unterstützt wird, insbesondere in Bezug auf die wichtigen Meilensteine und die Ressourcenplanung (einschließlich der Finanz- und Personalressourcen), um sicherzustellen, dass sie realistisch sind und die Umsetzung der IKT-Strategie ermöglichen, ob das Institut seine IKT-Strategie insbesondere bei einer Änderung der Geschäftsstrategie regelmäßig überarbeitet, um eine kontinuierliche Abstimmung zwischen der IKT und den mittel- bis langfristigen Zielen, Plänen und Aktivitäten zu gewährleisten, und ob die Geschäftsleitung des Institutes die IKT-Strategie und die Umsetzungspläne genehmigt und ihre Umsetzung überwacht.[42]

2.5 Ausbau und Verbesserung der Risikodatenaggregationskapazitäten

40 Im Rahmen der fünften MaRisk-Novelle wurden einige Anforderungen auf Basis der Vorgaben des Baseler Ausschusses für Bankenaufsicht für systemrelevante Institute zum Ausbau und zur Verbesserung der Kapazitäten zur Risikodatenaggregation[43] in die MaRisk integriert.[44] Dabei geht es um die Festlegung instituts- und gruppenweit geltender Grundsätze für das Datenmanagement, die Datenqualität und die gesamte Verfahrens- und Prozesskette von der Erhebung und Erfassung über die Verarbeitung bis hin zur Auswertung und Berichterstattung von Risikodaten nach bestimmten Kriterien (→ AT 4.3.4 Tz. 1, Erläuterung), und zwar sowohl unter gewöhnlichen Umständen als auch in Stressphasen (→ AT 4.3.4 Tz. 5). Mit der Umsetzung dieser Anforderungen, für die den Instituten grundsätzlich drei Jahre ab Benennung als systemrelevantes Institut eingeräumt werden, sind gewaltige Herausforderungen verbunden. Das zeigt sich auch daran, dass die global systemrelevanten Institute, die von den Vorgaben des Baseler Ausschusses bereits seit einigen Jahren betroffen sind, regelmäßig dafür gerügt werden, mit ihren Projekten nicht hinreichend schnell voranzukommen.[45] Sämtliche systemrelevanten Institute haben deshalb in ihrer Geschäftsstrategie auch Aussagen zur Möglichkeit der Verbesserung von Aggregationskapazitäten für Risikodaten zu treffen (→ AT 4.2 Tz. 1, Erläuterung).

41 Diese Anforderung stellt darauf ab, dass die Geschäftsleitung nach den Vorstellungen des Baseler Ausschusses sicherzustellen hat, dass die IT-Strategie Möglichkeiten zur Verbesserung der Datenaggregationskapazitäten und Risikomeldeverfahren sowie zur Behebung von Verstößen gegen die

---

42 Vgl. European Banking Authority, Leitlinien für die IKT-Risikobewertung im Rahmen des aufsichtlichen Überprüfungs- und Bewertungsprozesses (SREP), EBA/GL/2017/05, 11. September 2017, S. 9.

43 Baseler Ausschuss für Bankenaufsicht, Grundsätze für die effektive Aggregation von Risikodaten und die Risikoberichterstattung, BCBS 239, 9. Januar 2013.

44 Hinsichtlich der Definition der systemrelevanten Institute verweisen die MaRisk auf die global systemrelevanten Institute (G-SRI) nach § 10h KWG und die anderweitig systemrelevanten Institute (A-SRI) nach § 10g KWG (→ AT 1 Tz. 6).

45 Anders als die anderweitig systemrelevanten Institute (A-SRI), haben die global systemrelevanten Institute (G-SRI) die Anforderungen gemäß BCBS 239 schon seit Januar 2016 einzuhalten. Vgl. Bundesanstalt für Finanzdienstleistungsaufsicht, Rundschreiben 09/2017 (BA) zur Überarbeitung der MaRisk, Übermittlungsschreiben vom 27. Oktober 2017, S. 6.

Grundsätze zur Risikodatenaggregation und zur Risikoberichterstattung vorsieht, wobei auch die sich verändernden Anforderungen der laufenden Geschäftstätigkeit zu berücksichtigen sind.[46]

2.6 Strategien und Auslagerungen

Gemäß §25b Abs.1 Satz3 KWG sind die ausgelagerten Aktivitäten und Prozesse in das Risikomanagement des Institutes einzubeziehen. Da die Strategien vom weiten Risikomanagementbegriff des §25a Abs.1 KWG erfasst werden, geht der Gesetzgeber davon aus, dass die Institute ihre Auslagerungsaktivitäten auch unter strategischen Gesichtspunkten angemessen berücksichtigen. Das Vorhaben, wesentliche Aktivitäten und Prozesse auf andere Unternehmen auszulagern, hat immer eine strategische Dimension. Ein Institut trennt sich ggf. für einen längeren Zeitraum oder sogar für immer von bestimmten Abschnitten der internen Leistungserstellung und vertraut stattdessen auf die Dienste eines Dritten. Der damit einhergehende tendenzielle Verlust an Kontrolle muss insbesondere durch geeignete Vorkehrungen zur Steuerung und Überwachung der ausgelagerten Aktivitäten und Prozesse kompensiert werden. Daneben stellen sich vielfältige sonstige Fragen, wie bspw. zur Relevanz der gesetzlichen Regelungen zum Betriebsübergang nach §613a BGB oder zu steuerlichen Aspekten. An die »Make or Buy«-Entscheidung sind insoweit Konsequenzen geknüpft, die stark auf die Organisation des auslagernden Institutes ausstrahlen.

42

Vor diesem Hintergrund ist es auch unter betriebswirtschaftlichen Gesichtspunkten sinnvoll, wenn sich die Geschäftsleitung frühzeitig mit den möglichen Implikationen eines Auslagerungsvorhabens auseinandersetzt. Zunächst stellt sich die Frage, ob die Auslagerung von Aktivitäten und Prozessen überhaupt mit dem eigenen Geschäftsmodell kompatibel ist.[47] Abhängig vom Geschäftsmodell kann ein Institut ggf. schon an dieser Stelle zu einem negativen Ergebnis gelangen, z.B. weil der Rückgriff auf Dritte bei den Schlüsselkunden zu unüberbrückbaren Akzeptanzproblemen führen würde. Darüber hinaus stellt sich die Frage, welchen Beitrag Auslagerungen zur Erreichung der in der Geschäftsstrategie niedergelegten Ziele leisten können und welche Gründe für eine Auslagerungsentscheidung im Vordergrund stehen. Maßgeblich können sowohl Kostengründe als auch Qualitäts- oder Servicegründe sein oder eine Kombination dieser beiden Gesichtspunkte. Die Beantwortung dieser Fragen hat Einfluss auf alle daraus abgeleiteten Folgeentscheidungen (z.B. Auswahlentscheidung, Vertragsgestaltung, Steuerungs- und Überwachungsmechanismen) und muss aus diesem Grund sehr sorgfältig unter Abwägung aller relevanten Aspekte erfolgen.[48] Gegebenenfalls kann ein Institut an dieser Stelle auch zum Ergebnis kommen, dass die »Eigenoptimierung« gegenüber einer Auslagerungsmaßnahme vorteilhafter ist.[49] Eine wichtige Erkenntnisquelle kann dabei die nach den MaRisk bei Auslagerungsvorhaben durchzuführende Risikoanalyse sein (→AT9 Tz.2).

43

Es versteht sich von selbst, dass vor einer Auslagerung wesentlicher Bereiche eines Institutes strategische Überlegungen angestellt werden, die dann auch schriftlich niedergelegt sind. Das ergibt sich bereits aus der Anforderung, auf der Grundlage einer Risikoanalyse eigenverantwortlich festzulegen, welche Auslagerungen von Aktivitäten und Prozessen unter Risikogesichtspunkten wesentlich sind (→AT9 Tz.2). Die Bedeutung von Auslagerungsvereinbarungen kann unter Risikogesichtspunkten für ein Institut in der Summe allerdings vergleichbare Dimensionen

44

---

46 Vgl. Baseler Ausschuss für Bankenaufsicht, Grundsätze für die effektive Aggregation von Risikodaten und die Risikoberichterstattung, BCBS 239, 9. Januar 2013, S.7.

47 Vgl. Gross, Jürgen/Bordt, Jörg/Musmacher, Matias, Business Process Outsourcing, Wiesbaden, 2006, S.180.

48 Vgl. Sure, Matthias, Vorbereitung, Planung und Realisierung von Business Process Outsourcing bei kaufmännischen und administrativen Backoffice-Prozessen, in: Wullenkord, Axel (Hrsg.), Praxishandbuch Outsourcing, München, 2005, S.261f.

49 Vgl. Wagemann, Ralf, Prozessoptimierung und Outsourcing, in: Sparkassen Management Praxis, Heft 52/2006, S.10f.

annehmen, wenn eine Vielzahl weniger relevanter Bereiche ausgelagert wird. Auf diesen Sachverhalt, der für die Risikoanalyse im Rahmen der Anforderungen an Auslagerungen keine Rolle spielt, zielt die im Rahmen der vierten MaRisk-Novelle eingefügte Erläuterung ab, wonach insbesondere im Falle umfangreicher Auslagerungen in der Strategie auch entsprechende Ausführungen erforderlich sind (→ AT 4.2 Tz. 1, Erläuterung). Sofern ein Institut diverse Aktivitäten und Prozesse auslagert, kann erwartet werden, dass es dazu auch strategische Überlegungen anstellt. Insbesondere ist in der Strategie darzulegen, welche Aktivitäten grundsätzlich im Institut verbleiben sollen und was in der Zukunft alles zur Auslagerung vorgesehen ist. Von der Kreditwirtschaft wurde deshalb vorgeschlagen, begrifflich nicht auf »umfangreiche Auslagerungen«, sondern auf »eine Vielzahl von Auslagerungen« abzustellen.[50] Dieser Vorschlag wurde allerdings nicht aufgegriffen. Hintergrund ist vermutlich die Sorge der Aufsicht, dass bei einer Auslagerung weniger, aber für ein Institut sehr wesentlicher Bereiche keinerlei Aussagen in der Strategie getroffen werden.

45 Im Rahmen des SREP sollten die zuständigen Behörden bei der Bewertung der internen Unternehmensführung auch prüfen, ob im Institut eine Strategie zu Auslagerungen und entsprechende Richtlinien vorhanden sind, in denen die Auswirkungen auf die Geschäftsaktivitäten des Institutes und die damit verbundenen Risiken berücksichtigt werden.[51]

2.7 Überprüfung der Strategien

46 Da die relevanten Annahmen von grundsätzlicher Bedeutung für die Umsetzung der Strategie sind, müssen sie einer regelmäßigen und anlassbezogenen Überprüfung unterzogen werden. Auf diese Weise wird sichergestellt, dass das Institut zeitnah reagieren kann, wenn die Realität von den maßgeblichen Annahmen abweicht.[52] Im Grunde beschränkt sich die Überprüfung nicht allein auf die Korrektheit und Stimmigkeit der zugrundeliegenden Annahmen und darauf basierenden Soll-Vorgaben (Prämissenkontrolle). Ebenso wichtig ist die Überprüfung der Umsetzung der Strategien inkl. der dazu festgelegten Maßnahmen (Durchführungskontrolle), wofür die Geschäftsleitung zuständig ist (→ AT 4.2 Tz. 3). Schließlich sollte auch hinterfragt werden, ob die angestrebten Ziele mit Hilfe der gewählten Strategien überhaupt erreicht werden konnten (Wirksamkeitskontrolle), was auf eine Zielabweichungsanalyse hinausläuft (→ AT 4.2 Tz. 4). Es wird empfohlen, das Risikomanagement auch als Qualitätsmanagement zu begreifen und den Strategieprozess vor diesem Hintergrund kontinuierlich zu verbessern. Das schließt insbesondere eine konsequente Ursachenforschung ein, sofern sich im Rahmen der Strategiekontrollen Probleme ergeben (→ AT 4.2 Tz. 4). Negative Zielabweichungen lassen sich durch eine letztlich immer vorhandene Planungsunsicherheit nie ganz vermeiden. Sie sollten als Indikatoren dafür verstanden werden, wo Korrekturmaßnahmen erforderlich sind, also als wichtiger Beitrag zur Unternehmensführung.[53]

---

50 Vgl. Deutsche Kreditwirtschaft, Stellungnahme zum Konsultationspapier 01/2012 der Bundesanstalt für Finanzdienstleistungsaufsicht (BaFin) – »Überarbeitung der MaRisk« (Zwischenentwurf vom 2. August 2012), 12. September 2012, S. 4.

51 Vgl. European Banking Authority, Guidelines on common procedures and methodologies for the supervisory review and evaluation process (SREP) and supervisory stress testing, EBA/GL/2014/13, Consolidated version, 19. Juli 2018, S. 52 f.

52 Vgl. Bundesanstalt für Finanzdienstleistungsaufsicht, Übermittlungsschreiben zum ersten Entwurf zur Überarbeitung der MaRisk vom 9. Juli 2010, S. 3.

53 Vgl. Hofer, Markus, MaRisk: Erneute Überarbeitung vor dem Hintergrund internationaler Standards, in: BaFinJournal, Ausgabe Januar 2011, S. 7.

Gegenstand der Prüfung ist außerdem der Strategieprozess an sich (→ AT 4.2 Tz. 4). Die deutsche **47** Aufsicht betont allerdings, dass der Inhalt der Geschäftsstrategie allein in der Verantwortung der Geschäftsleitung liegt und nicht durch den Jahresabschlussprüfer oder die Interne Revision zu prüfen ist. Vor dem Hintergrund des SREP wurde den Aufsichtsbehörden im Rahmen der fünften MaRisk-Novelle zwar die Möglichkeit eingeräumt, die Geschäftsstrategie außerhalb der Jahresabschlussprüfung näher zu beleuchten. Allerdings dürfen sie die Verantwortung der Geschäftsleitung dabei nicht unterminieren.[54] Auf diese Weise soll insbesondere klargestellt werden, dass die unternehmerischen Entscheidungen allein von der Geschäftsleitung zu treffen sind. Die Geschäftsstrategie ist allerdings bei der Überprüfung der Risikostrategie heranzuziehen, um die Konsistenz zwischen beiden Strategien nachvollziehen zu können (→ AT 4.2 Tz. 1, Erläuterung).

Bei der internen Überprüfung der Strategien sollte auch berücksichtigt werden, dass die Auf- **48** sichtsbehörden zum Teil sehr detaillierte Prüfungen in den Instituten durchführen. So sollte von den zuständigen Behörden z. B. geprüft werden, ob die Auslagerungsstrategie ordnungsgemäß auf die Auslagerung von IT-Dienstleistungen, einschließlich der gruppeninternen Auslagerungen, Anwendung findet. Außerdem sollten die zuständigen Behörden bewerten, ob das Institut über einen wirksamen Rahmen für die Ermittlung, das Verständnis und die Bewertung des IT-Auslagerungsrisikos und insbesondere über Kontrollen und ein Kontrollumfeld zur Risikominderung in Bezug auf erhebliche IT-Auslagerungsdienste verfügt, die der Größe, den Geschäftsaktivitäten und dem IT-Risikoprofil des Institutes angemessen sind. Dabei geht es insbesondere um eine Bewertung der Auswirkungen der IT-Auslagerung auf das Risikomanagement des Institutes im Zusammenhang mit der Nutzung von Diensten (z. B. Cloud-Diensten) während des Beschaffungsprozesses, die dokumentiert und von der Geschäftsleitung bei der Entscheidung für oder gegen die Auslagerung der Dienste berücksichtigt wird. Hinterfragt wird dabei auch, ob das Institut die Richtlinien zum IT-Risikomanagement sowie die IT-Kontrollen und das Kontrollumfeld des Dienstleisters regelmäßig überprüft, um sicherzustellen, dass sie die institutsinternen Ziele im Hinblick auf das Risikomanagement und den Risikoappetit erfüllen.[55]

2.8 Herausforderungen für die Aufsicht

Von den zuständigen Behörden wird im Rahmen des SREP erwartet, die Tragfähigkeit der Geschäfts- **49** modelle und die Nachhaltigkeit der Geschäftsstrategien der Institute einer bankaufsichtlichen Beurteilung zu unterziehen. Bis zum Ausbruch der Finanzmarktkrise hat sich die Aufsicht in dieser Hinsicht eher zurückgehalten, indem sie sich schwerpunktmäßig auf die Risiken und weniger auf die Geschäfte konzentrierte. Die Frage, ob eine Geschäftsstrategie nachhaltig bzw. unter Berücksichtigung der Unternehmensressourcen und des Marktumfeldes realistisch erscheint, war allenfalls Nebenkriegsschauplatz. Die in diesem Zusammenhang geäußerte Kritik erschien gerechtfertigt.[56] Aktuell werden daher von Seiten der Aufsicht Anstrengungen unternommen, die darauf abzielen, der Beurteilung von Geschäftsstrategien einen höheren Stellenwert in der bankaufsichtlichen Praxis einzuräumen.

Da es beim Thema Strategie letztendlich um die Frage geht, wie Institute gedenken, in einer **50** komplexen Umwelt Geld zu verdienen, muss sich die Aufsicht zunächst verstärkt mit den Ertragsquellen der Institute befassen. Wenn Institute hohe Erträge erwirtschaften, ist dies natürlich (auch) aus Sicht der Aufsicht erfreulich. Allerdings sind hohe Erträge in bestimmten Geschäftsfeldern häufig

54 Vgl. European Banking Authority, Guidelines on common procedures and methodologies for the supervisory review and evaluation process (SREP) and supervisory stress testing, EBA/GL/2014/13, Consolidated version, 19. Juli 2018, S. 41.
55 Vgl. European Banking Authority, Leitlinien für die IKT-Risikobewertung im Rahmen des aufsichtlichen Überprüfungs- und Bewertungsprozesses (SREP), EBA/GL/2017/05, 11. September 2017, S. 24 f.
56 Vgl. Institut der deutschen Wirtschaft Köln, Arbeitsweise der Bankenaufsicht vor dem Hintergrund der Finanzmarktkrise, 17. Februar 2009, S. 90 f.

ein Indiz für das Vorliegen erheblicher Risikopositionen. Die kritische und differenzierte Würdigung der Ertragslage der Institute ist daher zunehmend in den Vordergrund der bankaufsichtlichen Off-Site-Analyse gerückt.[57] Für diese Zwecke benötigt die Aufsicht hinreichend aktuelle Daten von den Instituten. Die Deutsche Bundesbank und die BaFin haben vor wenigen Jahren mit der Modernisierung des Meldewesens begonnen, das die Aufsicht im Bereich der Ertragsdaten flächendeckend und regelmäßig mit aktuellen Informationen versorgen soll.[58] Im Zentrum der Analyse stehen die Komponenten Zinsüberschuss, separiert nach Konditionen- und Strukturbeitrag, Provisionen sowie das Eigenhandelsergebnis. Diese »Quellen des Erfolges« spiegeln die Geschäftsaktivitäten der weitaus meisten deutschen Institute gut wider. Bei systemrelevanten Instituten ist aufgrund der Komplexität der betriebenen Geschäftsaktivitäten eine weitere Differenzierung erforderlich: Hier müssen die Erträge aus den unterschiedlichen Geschäftssegmenten analysiert werden, um ihre Bedeutung für den Gesamtertrag der Bank einschätzen zu können. Bei der bankaufsichtlichen Analyse geht es schwerpunktmäßig um die Identifizierung von auffälligen Ertragsvolatilitäten. Natürlich sind auch Ertragskonzentrationen für die Aufsicht von Relevanz, da die Finanzmarktkrise gezeigt hat, dass bei Instituten, die von bestimmten Ertragsquellen stark abhängig sind, tendenziell eine höhere Anfälligkeit gegenüber Marktveränderungen besteht. Die Analyse der Ertragslage hat allerdings lediglich (Frühwarn-)Indikatorfunktion.

51 Die veränderte Ausrichtung der Bankenaufsicht zielt (noch) nicht auf Eingriffe in die Geschäftspolitik der Institute ab. Der unternehmerische Gestaltungsspielraum der Institute wird insoweit nicht eingeschränkt. Unter dem Eindruck der Finanzmarktkrise stellen sich die Aufsichtsbehörden jedoch zunehmend die Frage, ob eine solche Philosophie angesichts der enormen Kosten der Krise, für die letztlich der Steuerzahler aufgekommen ist, noch zeitgemäß ist. Für eine derartige Erweiterung der Kompetenzen der Aufsichtsbehörden im Hinblick auf die Geschäftsstrategien der Institute wäre jedoch ein entsprechendes ausdrückliches Mandat durch den Gesetzgeber erforderlich.

2.9 Aufsichtliches Meldewesen

52 Gemäß § 25 Abs. 1 KWG müssen die Institute der Deutschen Bundesbank quartalsweise Informationen zu ihrer finanziellen Situation (Finanzinformationen) sowie einmal jährlich zu einem von der BaFin festgelegten Stichtag Informationen zu ihrer Risikotragfähigkeit nach § 25a Abs. 1 Satz 3 KWG und den Verfahren nach § 25a Abs. 1 Satz 3 Nr. 2 KWG einreichen. Dasselbe gilt gemäß § 25 Abs. 2 KWG für übergeordnete Unternehmen im Sinne des § 10a KWG mit Blick auf Informationen über die Gruppe auf zusammengefasster Ebene. Der Aufsicht geht es in erster Linie darum, Einblick in die Entwicklung der Vermögens-, Ertrags- und Risikolage sowie die Verfahren der Risikosteuerung zu erhalten. Die Deutsche Bundesbank muss die Meldungen der Institute an die BaFin mit ihrer Stellungnahme weiterleiten, wobei die BaFin auch auf die Weiterleitung bestimmter Angaben verzichten kann. Die BaFin kann außerdem den Berichtszeitraum für ein Institut bzw. ein übergeordnetes Unternehmen verkürzen, soweit dies zur Erfüllung ihrer Aufgaben erforderlich ist. Nähere Bestimmungen über Art und Umfang der Informationen, die zulässigen Datenträger, Übertragungswege und Datenformate, weitere Angaben sowie eine Verkürzung des Berichtszeitraumes für bestimmte Arten oder Gruppen von Instituten sind in der Verordnung zur Einreichung

---

57 »Splitting the different sources of revenue is indeed key in the analysis, since banking is no more a monoline activity, but has become a franchise over the past decade, with many businesses driven by different economic risk factors.« European Central Bank, Beyond ROE – How to measure Bank Performance, September 2010, S. 31.

58 Vgl. Bundesanstalt für Finanzdienstleistungsaufsicht/Deutsche Bundesbank, Modernisierung des deutschen Meldewesens – Konzept der deutschen Bankenaufsicht, Entwurf vom 23. Februar 2011.

von Finanz- und Risikotragfähigkeitsinformationen nach dem Kreditwesengesetz (Finanz- und Risikotragfähigkeitsinformationenverordnung – FinaRisikoV)[59] geregelt.

Vor dem Hintergrund der Anpassung des Leitfadens für bankinterne Risikotragfähigkeits- **53** konzepte[60] an die Vorgaben der EZB[61] ist eine Überarbeitung des nationalen Meldewesens zur Risikotragfähigkeit erforderlich. Zum Halbjahr 2018 wurde von der deutschen Aufsicht zunächst auf Meldungen zur Risikotragfähigkeit verzichtet. Für Ende 2018 ist eine Übergangslösung geplant, die mit einer Erweiterung der Formulare um drei neue Meldevordrucke zur Kapitalplanung, zu Stresstests und zum ILAAP einhergehen soll. Eine Konsultation der FinaRisikoV ist für das erste Quartal 2019 vorgesehen. Es ist noch offen, ob sich die deutsche Aufsicht zukünftig damit zufriedengeben wird, wenn sich die bedeutenden Institute bei ihren Meldungen ausschließlich an den Vorgaben der EZB orientieren.

2.10   Makroökonomische Einflüsse auf die Strategie

Da der Erfolg einer Geschäftsstrategie auch von externen Umwelteinflüssen abhängt, die **54** permanent auf die Geschäftsmodelle der Institute einwirken, muss die Aufsicht auch dafür ein besseres Verständnis gewinnen. Unter der Bezeichnung »makroprudenzielle Aufsicht« wurden in den letzten Jahren eine ganze Reihe von Projekten vorangetrieben. Übergeordnete Informationen, die für Teile des Finanzsektors oder sogar den gesamten Sektor von Relevanz sind, sollen systematisch in den konkreten Aufsichtsprozess eingespielt und dort verarbeitet werden. Infrage kommen Veränderungen wirtschaftlicher Eckdaten, wie etwa die Entwicklung der Immobilienpreise oder auch der Marktzinssätze, die auf die Institute mehr oder minder stark einwirken können. Aber auch von regulatorischen Anpassungen können erhebliche Auswirkungen ausgehen.

Entsprechende Initiativen wurden auf europäischer Ebene durch die Gründung des Europäi- **55** schen Ausschusses für Systemrisiken (ESRB) vorangetrieben. Der bei der EZB in Frankfurt angesiedelte ESRB ist als europäisches Kooperationsgremium für die makroprudenzielle Aufsicht zuständig, d. h. die Aufsicht über die Stabilität des gesamten Finanzsystems. Die Hauptaufgabe des ESRB ist es, einen Beitrag zur Abwendung oder Eindämmung von Systemrisiken für die Finanzstabilität in der EU zu leisten, die aus Entwicklungen innerhalb des Finanzsystems erwachsen (→ Teil I, Kapitel 3.2). Daneben beschäftigen sich z. B. auch das »Risk Analysis Network« (RIA) der EZB und die »Standing Group on Risks and Vulnerabilities« (SGV) der EBA mit der Risikolage in den europäischen Mitgliedstaaten. In diesem Zusammenhang werden regelmäßig Risikoberichte und -analysen erstellt.[62]

---

59 Die FinaRisikoV wird gemäß § 25 Abs. 3 KWG durch das Bundesministerium der Finanzen bzw. die BaFin im Benehmen mit der Deutschen Bundesbank erlassen. Vgl. Verordnung zur Einreichung von Finanz- und Risikotragfähigkeitsinformationen nach dem Kreditwesengesetz (Finanz- und Risikotragfähigkeitsinformationenverordnung – FinaRisikoV) vom 6. Dezember 2013 (BGBl. I S. 4209), zuletzt geändert durch Art. 1 der Verordnung vom 4. Juli 2018 (BGBl. I S. 1086).

60 Bundesanstalt für Finanzdienstleistungsaufsicht/Deutsche Bundesbank, Aufsichtliche Beurteilung bankinterner Risikotragfähigkeitskonzepte und deren prozessualer Einbindung in die Gesamtbanksteuerung (»ICAAP«) – Neuausrichtung, Leitfaden vom 24. Mai 2018.

61 Europäische Zentralbank, Leitfaden der EZB für den bankinternen Prozess zur Sicherstellung einer angemessenen Kapitalausstattung (Internal Capital Adequacy Assessment Process – ICAAP), 9. November 2018.

62 Vgl. European Banking Authority, Risk Dashboard – Data as of Q1 2018, 19. Juli 2018; European Banking Authority, Risk Assessment Questionnaire – Summary of Results, 19. Juli 2018; European Systemic Risk Board, ESRB risk dashboard, 14. Juni 2018; European Central Bank, Financial Stability Review, 15. Mai 2018; European Banking Authority, Risk Assessment of the European Banking System, 14. Dezember 2018.

AT 4.2 Strategien

56   Die deutschen Aufsichtsbehörden haben vor diesem Hintergrund ebenfalls verschiedene Gremien eingerichtet, die als »Transmissionsriemen« zwischen der Institutsaufsicht (Mikroebene) und der makroprudenziellen Ebene agieren sollen.[63] Zu nennen wäre zunächst der im Frühjahr 2013 gegründete »Ausschuss für Finanzstabilität« (AFS) zur makroprudenziellen Überwachung des deutschen Finanzsystems.[64] Daneben tauschen sich die BaFin und die Deutsche Bundesbank im »Gremium laufende Aufsicht« (GlA) über die Risikosituation im Bankensektor aus und legen auf dieser Basis die Aufsichtsstrategie und die operative Aufsichtsplanung fest bzw. passen diese bei Bedarf unterjährig an. Dabei werden die beobachteten Risiken aus der mikroprudenziellen Aufsicht in geeigneter Weise aggregiert. Schließlich hat die BaFin noch einen »Strategie- und Risikoausschuss« (SRA) als Allfinanzgremium eingerichtet, um Themen zu behandeln, die eine übergreifende Relevanz besitzen. Zu den Aufgabengebieten des SRA gehören die Steuerung von Strategie- und Risikothemen sowie die regelmäßige Erstellung von Risikoberichten und Themenlandkarten. Die Deutsche Bundesbank ist in diesem Gremium beratend beteiligt.

57   Das Herausfiltern relevanter Umweltveränderungen sowie die adressatengerechte Weiterleitung der Informationen ist jedoch alles andere als trivial. Ist der Filter zu durchlässig, ist mit einem »Information Overkill« zu rechnen, der die Institutsaufseher auf Mikroebene schnell überfordern würde. Um in dieser Hinsicht eine tragfähige Balance zu finden, ist noch viel Übung erforderlich. Die makroprudenzielle Aufsicht benötigt insoweit Zeit, um einen echten Mehrwert für die Stabilität der Finanzmärkte stiften zu können.

---

63 Vgl. Bundesanstalt für Finanzdienstleistungsaufsicht, Jahresbericht 2009, 25. Mai 2010, S. 147 f.

64 Der Ausschuss für Finanzstabilität (AFS) berät nicht nur über den Umgang mit Warnungen und Empfehlungen des Europäischen Ausschusses für Systemrisiken (ESRB), sondern kann auch selbst Warnungen oder Empfehlungen abgeben, wenn er auf Basis der Analysen der Deutschen Bundesbank ungünstige Entwicklungen bzw. Risiken für die Stabilität des Finanzsystems befürchtet. Ihm gehören je drei stimmberechtigte Vertreter des Bundesfinanzministeriums (BMF), der Bundesanstalt für Finanzdienstleistungsaufsicht (BaFin) und der Deutschen Bundesbank sowie das für den Geschäftsbereich Abwicklung zuständige Mitglied des Direktoriums der BaFin (als Berater ohne Stimmrecht) an. Vgl. Deutsche Bundesbank, Glossareintrag auf der Internetseite, September 2018.

3 Festlegung der Risikostrategie und des Risikoappetits (Tz. 2)

2 Die Geschäftsleitung hat eine mit der Geschäftsstrategie und den daraus resultierenden   **58**
Risiken konsistente Risikostrategie festzulegen. Die Risikostrategie hat, ggf. unterteilt in Teilstrategien für die wesentlichen Risiken, die Ziele der Risikosteuerung der wesentlichen Geschäftsaktivitäten sowie die Maßnahmen zur Erreichung dieser Ziele zu umfassen. Insbesondere ist, unter Berücksichtigung von Risikokonzentrationen, für alle wesentlichen Risiken der Risikoappetit des Institutes festzulegen. Risikokonzentrationen sind dabei auch mit Blick auf die Ertragssituation des Institutes (Ertragskonzentrationen) zu berücksichtigen. Dies setzt voraus, dass das Institut seine Erfolgsquellen voneinander abgrenzen und diese quantifizieren kann (z.B. im Hinblick auf den Konditionen- und den Strukturbeitrag im Zinsbuch).

3.1 Konsistenz von Geschäfts- und Risikostrategie

Die Geschäftsleitung eines Institutes ist dazu verpflichtet, eine mit der Geschäftsstrategie und den   **59**
daraus resultierenden Risiken konsistente Risikostrategie festzulegen. Über die Forderung nach Konsistenz wird letztlich die Brücke zwischen Geschäft und Risiko(-steuerung) geschlagen. Im Kern geht es darum, für die aus den (geplanten) Geschäftsaktivitäten resultierenden Risiken adäquate Managementvorkehrungen zu treffen – mithin eine Selbstverständlichkeit. Dennoch sah sich die Aufsicht im Rahmen der dritten MaRisk-Novelle aufgrund beobachteter Defizite in der Praxis dazu veranlasst, die Bedeutung der Konsistenzanforderung nochmals deutlich herauszustellen. Konsistenz – so die Aufsicht – lasse sich jedenfalls nur schwer herstellen, wenn beide Strategien in unterschiedlichen Organisationseinheiten vorbereitet werden (z.B. strategische Stabsstelle und Risikocontrolling), ohne dass ein Austausch zwischen diesen Einheiten stattfindet.[65] Die Notwendigkeit einer engen Verzahnung von Geschäft und Risiko wird auch auf internationaler Ebene betont.[66]

Die Geschäftsstrategie soll hinsichtlich der Ziele des Institutes für jede wesentliche Geschäfts-   **60**
aktivität sowie der Maßnahmen zur Erreichung dieser Ziele »nachhaltig« sein (→ AT 4.2 Tz. 1). Mit der Anforderung, dass die Risikostrategie konsistent zu den aus der Geschäftsstrategie resultierenden Risiken sein muss, folgt implizit, dass der Nachhaltigkeitsaspekt spiegelbildlich auch im Risikomanagement der Institute verstärkt eine Rolle spielen wird. In letzter Zeit wird im Zusammenhang mit »Nachhaltigkeitsrisiken« vorrangig auf die sogenannten »ESG-Risiken« abgestellt, unter denen zusammengefasst die Risiken aus den Bereichen Umwelt, Soziales und Unternehmensführung (»Environmental, Social and Governance Risks«, ESG Risks) zu verstehen sind (→ BTR, Einführung).

---

65 Vgl. Bundesanstalt für Finanzdienstleistungsaufsicht, Übermittlungsschreiben zum ersten Entwurf zur Überarbeitung der MaRisk vom 9. Juli 2010, S. 3.
66 Vgl. Institute of International Finance, Final Report of the IIF Committee on Market Best Practices: Principles of Conduct and Best Practice Recommendations, Financial Services Industry Response to the Market Turmoil of 2007–2008, 21. Juli 2008, S. 32 ff.

3.2 Risikostrategie

61 In der Risikostrategie, die grundsätzlich auf eine Jahressicht fokussiert und häufig gemeinsam mit der operativen Geschäftsplanung erarbeitet wird, sind unter Berücksichtigung geschäftsstrategischer Vorgaben (→ AT 4.2 Tz. 1) nicht nur die »Ziele der Risikosteuerung« der wesentlichen Geschäftsaktivitäten sondern auch die »Maßnahmen zur Erreichung dieser Ziele« darzustellen. Die Umschreibung »Ziele der Risikosteuerung« wird dabei nicht weiter präzisiert. Aus dem Kontext der MaRisk lassen sich jedoch bestimmte Mindestinhalte der Risikostrategie ableiten:

- Aussagen über den Risikoappetit der Geschäftsleitung: Die Bereitschaft, Risiken einzugehen, spiegelt sich vor allem in der Höhe und Zusammensetzung des Anteiles am Risikodeckungspotenzial wider, der z. B. in Form der Risikodeckungsmasse von der Geschäftsleitung zur Deckung der wesentlichen Risiken zur Verfügung gestellt wird (→ AT 4.1 Tz. 1).
- Aussagen zu den Risiken, die die Geschäftsleitung eingehen will, und wie diese Risiken durch das Risikodeckungspotenzial bzw. die Risikodeckungsmasse abgedeckt sind: Konkret ist für alle wesentlichen Risiken der Risikoappetit des Institutes festzulegen, der z. B. in einem Globallimit für Adressenausfallrisiken und Marktpreisrisiken münden kann. Der Risikoappetit ist – soweit möglich – auf operativer Ebene der Ausgangspunkt für die Entwicklung konsistenter Limitsysteme.[67]
- Allgemeine Aussagen über die Prozesse zur Identifizierung, Beurteilung, Steuerung, Überwachung und Kommunikation der wesentlichen Risiken (→ AT 4.3.2 Tz. 1): Insbesondere sollten die den Maßnahmen zur Steuerung der wesentlichen Risiken zugrundeliegende Philosophie (z. B. Risikovermeidung, -verminderung, -überwälzung oder -übernahme) und die hierfür eingesetzten Instrumente erläutert werden. Dabei ist auch auf wesentliche Risiken einzugehen, die nicht im Rahmen des Risikotragfähigkeitskonzeptes berücksichtigt werden (→ AT 4.1 Tz. 4).
- Die Darstellung risikopolitischer Grundsätze, die die Gesamtheit der zentralen Verhaltensregeln für den Umgang mit Risiken innerhalb des Institutes beschreiben: Hierzu kann z. B. der Grundsatz gehören, dass bei nicht überschaubarer Risikolage im Einzelfall dem Vorsichtsprinzip Rechnung zu tragen ist und das Risiko daher vermieden wird. Ebenso denkbar ist z. B. eine generelle Festlegung, in welchen Ratingklassen ein Institut aktiv sein will.

62 Wie bei der Geschäftsstrategie empfiehlt es sich aus Gründen der Praktikabilität, die Risikostrategie nicht mit umfassenden Ausführungen zu deren operativer Umsetzung zu überfrachten. Derartige Vorgaben sind z. B. in Rahmenanweisungen oder auch Organisationsrichtlinien besser aufgehoben. Die Risikostrategie gibt letztlich einen übergeordneten Rahmen vor, der für die Mitarbeiter des Institutes verbindlichen Charakter besitzt. Daher ist es auch erforderlich, dass die Risikostrategie in geeigneter Weise kommuniziert wird (→ AT 4.2 Tz. 5). Durch die Kommunikation der Risikostrategie wird die Entwicklung eines einheitlichen Begriffs- und Risikoverständnisses innerhalb des Institutes gefördert. Damit einhergehend steigt bei den Mitarbeitern die Akzeptanz für die risikostrategischen Vorgaben der Geschäftsleitung.

63 Ohne eine geeignete Kommunikation der Risikostrategie ist ferner eine Überwachung der Einhaltung der risikostrategischen Vorgaben nicht möglich. Dieser Überwachungsprozess stellt für die Institute eine große Herausforderung dar. Abweichungen von der Risikostrategie könnten z. B. Eingang in die turnusmäßige Berichterstattung finden.

---

67 CEBS hat die Begriffe Risikotoleranz und Risikoappetit grundsätzlich auch synonym verwendet, die skizzierte zweistufige Vorgehensweise jedoch als eine mögliche Option betrachtet. Vgl. Committee of European Banking Supervisors, Consultation paper on the Guidebook on Internal Governance (CP 44), 13. Oktober 2010, S. 7.

3.3   Risikostrategie und Risikoappetit

Die Definition und Abgrenzung der Begriffe »Risikoappetit«, »Risikotragfähigkeit« und »Risikoprofil«   **64**
wurde bereits an anderer Stelle ausführlich erläutert (→ AT 4, Einführung). Demnach beschreibt der
»Risikoappetit« (»risk appetite«)[68] in qualitativer und quantitativer Weise die Art und das Niveau der
Risiken, die ein Unternehmen angesichts seiner wirtschaftlichen Ziele und Verpflichtungen gegenüber den Anspruchsberechtigten in der Lage und willens ist, mit seinen Geschäftsaktivitäten
einzugehen. Der Risikoappetit sollte auch extreme Bedingungen, Ereignisse und Ergebnisse berücksichtigen. Darüber hinaus sollte er mögliche Auswirkungen auf die Ertragssituation, die Kapitalausstattung und die Liquiditäts-/Refinanzierungssituation – und damit auf die entscheidenden
Kriterien zur Bestimmung der wesentlichen Risiken im Rahmen der Risikoinventur – widerspiegeln.[69]
Vorgaben zum Risikoappetit können sich z.B. auf einige der folgenden Elemente beziehen[70]:
- gewünschte Geschäftsausrichtung und Bilanzstruktur mit Risikopräferenzen (z.B. Fokussierung auf das Retailgeschäft bei Tolerierung bestimmter Risiken in der Unternehmensfinanzie-
  rung hinsichtlich des Kreditrisikos sowie Absicherung gegen das Marktrisiko durch Hedge-
  geschäfte),
- gewünschtes Risiko-/Chancen-Profil,
- Toleranzbereiche für die Volatilität,
- Schwellenwerte für das regulatorische und ökonomische Kapital und die Verschuldungsquote
  (Leverage Ratio),
- Toleranzbereiche für Verluste im Stressfall,
- Zielratings und optimale Liquiditätskennziffern.

Der Risikoappetit zielt also auf die Bereitschaft des Institutes ab, Risiken in einer bestimmten Höhe   **65**
im Rahmen seiner Risikotragfähigkeit sowie im Einklang mit seinem Geschäftsmodell zum
Erreichen seiner strategischen Ziele einzugehen.[71] Insgesamt handelt es sich folglich um Festlegungen, die direkt mit der Geschäfts- und Risikostrategie bzw. dem Geschäftsmodell eines
Institutes verbunden sind.

Die Institute sollten sich darüber im Klaren sein, dass mit zunehmendem Risikoappetit die   **66**
Anforderungen an die internen Kontrollverfahren steigen. Infrage kommen dann z.B. ein ver-
kürzter Turnus für die Risikoberichterstattung oder verstärkte Prüfungen durch die Interne
Revision. Der mit der Risikostrategie festzulegende Risikoappetit verlangt daher den Aufbau
risikoadäquater interner Strukturen (→ AT 4.1 Tz. 2). Dieser Zusammenhang ist nicht zuletzt auch
Ausfluss des Prinzips der doppelten Proportionalität.

---

68 Einige Institute verwenden als Synonym für »Risikoappetit« auch die Begriffe »Risikobereitschaft«, »Risikoneigung« oder
    »Risikotoleranz«. Andere Institute unterscheiden zwischen der absoluten Risikohöhe, die sie grundsätzlich akzeptieren
    möchten (»Risikoappetit«) und den tatsächlichen Beschränkungen (wie z.B. Risikolimiten), in deren Rahmen sie ihrem
    Risikoappetit im Tagesgeschäft nachkommen (»Risikotoleranz«). Sowohl CEBS als auch der Finanzstabilitätsrat (FSB)
    haben eingeräumt, dass diese Begriffe mit leicht unterschiedlicher Bedeutung verwendet werden können, letztlich aber
    von einer Unterscheidung abgesehen. Vgl. Committee of European Banking Supervisors, Consultation paper on the
    Guidebook on Internal Governance (CP 44), 13. Oktober 2010, S. 7; Financial Stability Board, Principles for an Effective
    Risk Appetite Framework, 18. November 2013, S. 3.
69 Vgl. Senior Supervisors Group, Observations on Developments in Risk Appetite Frameworks and IT Infrastructure,
    23. Dezember 2010, S. 5 (Fußnote 2).
70 Vgl. Senior Supervisors Group, Observations on Developments in Risk Appetite Frameworks and IT Infrastructure,
    23. Dezember 2010, S. 5.
71 Vgl. Financial Stability Board, Principles for an Effective Risk Appetite Framework, 18. November 2013, S. 3; Basel
    Committee on Banking Supervision, Guidelines – Corporate governance principles for banks, BCBS d328, 8. Juli 2015, S. 1
    f.; European Banking Authority, Leitlinien zur internen Governance, EBA/GL/2017/11, 21. März 2018, S. 4 ff.

3.4 Festlegung des Risikoappetits

67 Unter Berücksichtigung von Risikokonzentrationen ist für alle wesentlichen Risiken der »Risikoappetit« des Institutes festzulegen. Dafür muss sich ein Institut zunächst Klarheit über die vorhandenen Möglichkeiten verschaffen. Im Rahmen der Risikoinventur wird daher das aktuelle Gesamtrisikoprofil ermittelt, d. h. die zu einem bestimmten Zeitpunkt vorgenommene Bewertung der von einem Unternehmen tatsächlich eingegangenen gesamten Risiken, die mit seinen Geschäftsaktivitäten verbunden sind (→ AT 2.2 Tz. 1). Anschließend werden die wesentlichen Risiken (→ AT 2.2 Tz. 2) und das insgesamt vorhandene Risikodeckungspotenzial (→ AT 4.1 Tz. 1 und 2) ermittelt.

68 Bei der institutsinternen Festlegung des Risikoappetits für alle wesentlichen Risiken geht es im ersten Schritt darum, in welchem Umfang die maximal vorhandenen Möglichkeiten zum Eingehen von Risiken (in Abhängigkeit von der Risikotragfähigkeit) vom Institut tatsächlich genutzt werden möchten. Welcher Anteil am gesamten Risikodeckungspotenzial zur Verlustabsorption eingesetzt werden soll (Risikodeckungsmasse), kann u. a. davon abhängen, wie konservativ bei der Berechnung der Risikotragfähigkeit vorgegangen wurde, d. h. ob die potenziellen Risiken und das verfügbare Kapital hinreichend vorsichtig abgeschätzt wurden. Insbesondere bei einer weniger konservativen Vorgehensweise ist es nicht ratsam, den Risikoappetit lediglich am normalen Geschäftsverlauf zu orientieren und dabei mögliche adverse Entwicklungen vollständig auszublenden.

69 In einem zweiten Schritt werden auf Basis der Risikodeckungsmasse – als Teilmenge des Risikodeckungspotenzials – in quantitativer Hinsicht konkrete Limite oder vergleichbare Begrenzungen für die wesentlichen Risiken festgelegt. Mögliche Vorgaben beziehen sich z. B. auf die Strenge der Risikomessung (bestimmte Konfidenzniveaus etc.), die Festlegung von Globallimiten oder die Festlegung von Puffern für bestimmte Stressszenarien (→ AT 4.2 Tz. 2, Erläuterung). Bei wesentlichen Risiken, die schwer quantifizierbar sind, werden quantitative Vorgaben jedoch kaum möglich sein. Im Rahmen der vierten MaRisk-Novelle wurde deshalb klargestellt, dass der Risikoappetit in vielfacher Weise zum Ausdruck gebracht werden kann, nämlich insbesondere auch in der Festlegung von qualitativen Festlegungen. Darunter sind z. B. Anforderungen an die Besicherung von Krediten oder die Vermeidung bestimmter Geschäfte zu verstehen (→ AT 4.2 Tz. 2, Erläuterung).

70 Bei der Bestimmung des Risikoappetits sind also unterschiedliche Aspekte zu berücksichtigen, wie etwa die Geschäftsstrategie sowie deren ggf. erforderliche Anpassungen, die Höhe des Risikodeckungspotenzials bzw. der Risikodeckungsmasse oder auch die eigene Risikomanagementexpertise.[72] Die einzelnen Maßnahmen zur Risikobegrenzung dürfen nicht losgelöst voneinander betrachtet werden. Sie sollten aufeinander abgestimmt sein, um Fehlsteuerungen zu vermeiden.[73] In der Summe müssen sie in ihrer aggregierten Wirkung der Risikobereitschaft auf Gesamtbankebene entsprechen und die Risikotragfähigkeit sicherstellen. Mit der Festlegung des Risikoappetits trifft die Geschäftsleitung letztlich eine bewusste Entscheidung darüber, in welchem Umfang sie bereit ist, Risiken einzugehen (→ AT 4.2 Tz. 2, Erläuterung).

---

72 Vgl. Institute of International Finance, Final Report of the IIF Committee on Market Best Practices: Principles of Conduct and Best Practice Recommendations, Financial Services Industry Response to the Market Turmoil of 2007–2008, 21. Juli 2008, S. 32.

73 Vgl. Committee of European Banking Supervisors, High level principles for risk management, 16. Februar 2010, S. 3 f.

3.5 Kapitalstrategie

Im Zusammenhang mit der Kapitalplanung (→ AT 4.1 Tz. 11) wird vom Baseler Ausschuss für **71** Bankenaufsicht auch der Begriff »Kapitalstrategie« ins Spiel gebracht, mit der jene Grundsätze festgelegt werden, auf denen die Entscheidungen der Geschäftsleitung zum Einsatz des Kapitals eines Institutes beruhen sollen. Dabei geht es um Informationen über die Geschäfts- und Risikostrategie, die für das Kapitalmanagement des Institutes von Bedeutung sind, wie u. a. zur Festlegung von Renditezielen, Risikolimiten und vergütungsbezogenen Anreizstrukturen auf Konzern- und Geschäftsbereichsebene sowie zum Risikoappetit. Verschiedene kapital- und ergebnisbezogene Messgrößen werden zur Überwachung der Einhaltung der Kapitalstrategie herangezogen. Dies können sowohl regulatorische Kapitalmessgrößen, wie die harte Kernkapitalquote oder die zusätzliche Eigenkapitalanforderung für global systemrelevante Institute (G-SRI), als auch nicht regulatorisch bedingte Messgrößen sein, die sich i. d. R. auf Renditegesichtspunkte beziehen. Zu den geläufigen Renditekennzahlen gehören vor allem die Eigenkapitalrendite (»Return on Equity«, ROE), die Rendite auf das risikoadjustierte Kapital (»Return on Risk Adjusted Capital«, RORAC) und die risikoadjustierte Rendite auf das Kapital (»Risk Adjusted Return on Capital«, RAROC).[74] Eine separate Kapitalstrategie wird von der deutschen Aufsicht nicht gefordert. In einigen größeren Instituten wird aufgrund des engen Zusammenhangs der Risiken mit der Kapitalausstattung eine integrierte Risiko- und Kapitalstrategie festgelegt.

3.6 Beispiel Liquiditätsrisiko

Gemäß Art. 86 CRD IV müssen die Institute über solide Strategien, Grundsätze, Verfahren und **72** Systeme verfügen, mit denen sie das Liquiditätsrisiko über eine angemessene Auswahl von Zeiträumen, die auch nur einen Geschäftstag betragen können, ermitteln, messen, steuern und überwachen können. Diese Strategien, Grundsätze, Verfahren und Systeme werden auf Geschäftsfelder, Währungen, Zweigniederlassungen und Rechtssubjekte zugeschnitten und umfassen u. a. Mechanismen für eine angemessene Allokation der Liquiditätskosten, -vorteile und -risiken. Sie müssen der Komplexität, dem Risikoprofil und dem Tätigkeitsbereich der Institute sowie der von der Geschäftsleitung festgelegten Risikotoleranz angemessen sein und die Bedeutung des Institutes in jedem Mitgliedstaat, in dem es tätig ist, widerspiegeln. Die Institute teilen allen relevanten Geschäftsbereichen die Risikotoleranz mit.

Der Baseler Ausschuss für Bankenaufsicht fordert konkret die Entwicklung und Umsetzung **73** einer der Art, dem Umfang und der Komplexität der Geschäftsaktivitäten angemessenen Liquiditätsrisikostrategie in Übereinstimmung mit dem Risikoappetit des Institutes. Die Strategie sollte spezifische Vorgaben für das Liquiditätsmanagement enthalten, wie die Zusammensetzung und Fälligkeit von Aktiva und Passiva, die Vielfalt und Stabilität der Refinanzierungsquellen, den Ansatz für das Liquiditätsmanagement in verschiedenen Währungen, grenzüberschreitend und über Geschäftsbereiche und Rechtseinheiten hinweg, den Ansatz für das untertägige Liquiditätsrisikomanagement und die Annahmen über die Liquidität und Marktfähigkeit von Aktiva. Bei der Formulierung der Strategie sollte das Institut seine rechtlichen Strukturen, die wichtigsten Geschäftsfelder, die Breite und Vielfalt der Märkte, Produkte und Jurisdiktionen, in denen es tätig ist, sowie die regulatorischen Anforderungen im In- und Ausland berücksichtigen. Berücksichtigt werden sollten auch die Zusammenhänge zwischen dem Liquiditätsrisiko und dem Marktliquidi-

---

74 Vgl. Baseler Ausschuss für Bankenaufsicht, Grundlagen für ein solides Verfahren zur Kapitalplanung – Solide Praktiken, BCBS 277, 23. Januar 2014, S. 4 f.

tätsrisiko sowie die Auswirkungen anderer Risikoarten auf das Liquiditätsrisiko. Die Strategie sollte sowohl den Liquiditätsbedarf unter normalen Bedingungen als auch die Liquiditätsauswirkungen in Zeiten von Liquiditätsstress berücksichtigen, die institutsspezifisch oder marktweit oder eine Kombination aus beidem sein können. Insgesamt kann die Strategie verschiedene übergreifende quantitative und qualitative Ziele beinhalten. Sie sollte jedoch durch klare Leitlinien und operative Standards (z.B. in Form von Richtlinien, Kontrollen oder Verfahren) umgesetzt werden. Die Geschäftsleitung sollte aktuelle Trends und potenzielle Marktentwicklungen, die erhebliche, noch nie dagewesene und komplexe Herausforderungen für das Management des Liquiditätsrisikos darstellen können, genau beobachten, um bei Bedarf angemessene und rechtzeitige Änderungen der Liquiditätsstrategie vornehmen zu können.[75] Allein zur Steuerung des untertägigen Liquiditätsrisikos werden sechs operative Elemente genannt, die in die Strategie einer Bank einbezogen werden sollten. Dabei geht es grob zusammengefasst um eine möglichst genaue Zeitplanung der erwarteten täglichen Liquiditätszuflüsse und -abflüsse sowie um die Fähigkeit, auf Basis der verfügbaren Ressourcen jederzeit eine ausreichende untertägige Refinanzierung sicherzustellen und dabei auch mit unerwarteten Störungen umgehen zu können.[76]

74   Der Baseler Ausschuss für Bankenaufsicht erwartet zudem, dass ein Institut den Risikoappetit für das Liquiditätsrisiko im Hinblick auf seine Geschäftsziele, seine strategische Ausrichtung und seine gesamte Risikobereitschaft festlegt. Dabei sollte sichergestellt werden, dass der Risikoappetit mit Blick auf die Geschäftsstrategie und die Rolle des Institutes im Finanzsystem angemessen ist sowie die finanzielle Lage und die Refinanzierungskapazität des Institutes widerspiegelt. Der Risikoappetit sollte sicherstellen, dass das Institut seine Liquidität in normalen Zeiten so steuert, dass es einer längeren Belastungsphase standhalten kann. Er sollte in qualitativer oder quantitativer Hinsicht so klar formuliert sein, dass alle Managementebenen die Abwägung zwischen Risiken und Erträgen verstehen.[77]

75   Im Rahmen des SREP sollten die zuständigen Behörden u.a. bewerten, ob ein Institut seine auf Liquiditätsrisiken bezogene Risikostrategie und Risikotoleranz korrekt festgelegt hat und diese ordnungsgemäß mitteilt.[78]

3.7   Beispiel Adressenausfallrisiko

76   Gemäß Art. 73 CRD IV müssen die Institute über solide, wirksame und umfassende Strategien und Verfahren verfügen, mit denen sie die Höhe, die Arten und die Verteilung des internen Kapitals, das sie zur quantitativen und qualitativen Absicherung ihrer aktuellen und etwaigen künftigen Risiken für angemessen halten, kontinuierlich bewerten und auf einem ausreichend hohen Stand halten können. Diese Strategien und Verfahren sollen regelmäßig intern überprüft werden, um zu gewährleisten, dass sie der Art, dem Umfang und der Komplexität der Geschäfte des Institutes stets angemessen sind und keinen Aspekt außer Acht lassen. Das gilt für alle in der CRD IV genannten Risikoarten gleichermaßen. In Art. 79 CRD IV, in dem es um das Adressenausfallrisiko als Oberbegriff für das Kreditrisiko und das Gegenparteiausfallrisiko geht, ist explizit von einer Kreditstrategie die Rede.

---

75 Vgl. Basel Committee on Banking Supervision, Principles for Sound Liquidity Risk Management and Supervision, BCBS 144, 25. September 2008, S. 7 ff.

76 Vgl. Basel Committee on Banking Supervision, Monitoring tools for intraday liquidity management, BCBS 248, 11. April 2013, S. 1.

77 Vgl. Basel Committee on Banking Supervision, Principles for Sound Liquidity Risk Management and Supervision, BCBS 144, 25. September 2008, S. 7.

78 Vgl. European Banking Authority, Guidelines on common procedures and methodologies for the supervisory review and evaluation process (SREP) and supervisory stress testing, EBA/GL/2014/13, Consolidated version, 19. Juli 2018, S. 158 f.

Die zuständigen Behörden sollten im Rahmen des SREP bewerten, ob ein Institut über eine **77** solide, klar formulierte und dokumentierte Kreditrisikostrategie verfügt. Im Rahmen dieser Bewertung sollten sie u. a. untersuchen, ob die Kreditrisikostrategie und der Risikoappetit sowie das Verfahren zu deren Überprüfung klar zum Ausdruck gebracht werden, ob die Kreditrisikostrategie ordnungsgemäß umgesetzt und überwacht wird, damit gewährleistet ist, dass die Geschäftstätigkeiten mit der festgelegten Strategie im Einklang stehen, ob schriftliche Verfahren entwickelt und eingerichtet werden und die Zuständigkeiten eindeutig und korrekt zugewiesen sind, ob die Kreditrisikostrategie mit Blick auf das Kreditrisiko und das Gegenparteiausfallrisiko den unterschiedlichen Risikoappetit widerspiegelt und mit dem allgemeinen Risikoappetit des Institutes im Einklang steht, ob die Kreditrisikostrategie angesichts des Geschäftsmodells, des allgemeinen Risikoappetits, des Marktumfeldes und der Rolle des Institutes im Finanzsystem sowie der Finanzlage, Finanzkraft und Eigenmittelausstattung angemessen ist, ob die Kreditrisikostrategie das Kreditvergabegeschäft und die Sicherheitenverwaltung sowie die Verwaltung notleidender Kredite abdeckt und zur Unterstützung risikobasierter Entscheidungen beiträgt, indem z. B. die Art der Forderungen (Unternehmens- oder Immobilienforderungen, Forderungen gegenüber Verbrauchern oder Staaten), der Wirtschaftszweig, die geografische Region, die Währung und die Laufzeit, einschließlich Konzentrationstoleranzen, berücksichtigt werden, ob die Kreditrisikostrategie alle Aktivitäten des Institutes, in deren Zusammenhang das Kreditrisiko erheblich sein kann, im Wesentlichen abdeckt, ob die Kreditrisikostrategie zyklische Aspekte inkl. Stressbedingungen sowie die daraus resultierenden Verschiebungen bei der Zusammensetzung des Kreditportfolios berücksichtigt und ob das Institut über ein angemessenes Rahmenwerk verfügt, das sicherstellt, dass die Kreditrisikostrategie allen betroffenen Mitarbeitern ordnungsgemäß mitgeteilt wird.[79]

Diese Kriterien können sinngemäß auf die anderen wesentlichen Risiken übertragen werden **78** und sind für verschiedene Risiken im Einzelnen den Leitlinien der EBA zum SREP zu entnehmen.

3.8   Rahmen und Erklärung zum Risikoappetit

Wie an anderer Stelle bereits dargelegt (→ AT4, Einführung), erwarten der FSB, der Baseler **79** Ausschuss für Bankenaufsicht und die EZB von den bedeutenden Instituten die Festlegung eines Rahmens für den Risikoappetit (»Risk Appetite Framework«, RAF). Darunter wird das Gesamtkonzept verstanden, mit dem der Risikoappetit festgelegt, kommuniziert und überwacht wird. Der RAF sollte die wesentlichen Risiken für das Institut und seine Reputation hinsichtlich der Anspruchsberechtigten, Einleger, Investoren und Kunden berücksichtigen und sich an der Strategie des Institutes orientieren.[80] Der RAF sollte das Zusammenspiel mit anderen strategischen Prozessen – wie dem ICAAP, dem ILAAP, dem Sanierungsplan und dem Vergütungssystem – formalisieren. Er sollte auf strukturierte Art und Weise die Verbindung zwischen den eingegangenen Risiken, der Angemessenheit der Kapital- und Liquiditätsausstattung und den strategischen Zielen des Institutes herstellen. In enger Verzahnung mit dem ICAAP sollte er einen Grundpfeiler eines soliden Risiko- und Kapitalmanagements bilden. Der RAF sollte zur Bestimmung und Begrenzung des Gesamtrisikoprofils sowie zur Entwicklung und Umsetzung der

79 Vgl. European Banking Authority, Guidelines on common procedures and methodologies for the supervisory review and evaluation process (SREP) and supervisory stress testing, EBA/GL/2014/13, Consolidated version, 19. Juli 2018, S. 85 f.

80 Vgl. Financial Stability Board, Principles for an Effective Risk Appetite Framework, 18. November 2013, S. 2; Basel Committee on Banking Supervision, Guidelines – Corporate governance principles for banks, BCBS d328, 8. Juli 2015, S. 2.

Strategie herangezogen werden. Im Rahmen des RAF sollten die Institute auch ihre möglichen Management-Puffer festlegen und berücksichtigen (→ AT4.1 Tz. 11).[81]

80 Ein ausgereifter RAF sollte in der Erklärung zum Risikoappetit (»Risk Appetite Statement«, RAS) gipfeln, in der die Geschäftsleitung ihre Einschätzung zu den Risikobeträgen und -arten zum Ausdruck bringt, die das Institut zur Erfüllung seiner strategischen Ziele zu übernehmen bereit ist.[82] Die RAS sollte ein klares und eindeutiges Bild jener Maßnahmen vermitteln, die von der Geschäftsleitung im Hinblick auf ihre Risiken und im Einklang mit ihrer Geschäftsstrategie ergriffen werden wollen, und insbesondere die Beweggründe für die Übernahme oder das Vermeiden bestimmter Arten von Risiken, Produkten oder Regionen enthalten.[83] Im weiteren Sinne werden sowohl qualitative Aussagen als auch Informationen über quantitative Maßnahmen erwartet, die sich auf Ergebnis, Kapital, Risikomaße, Liquidität etc. beziehen.[84] Inhaltlich besteht eine enge Verbindung zur Erklärung zur Angemessenheit des Kapitals (»Capital Adequacy Statement«, CAS)[85] bzw. der Liquidität (»Liquidity Adequacy Statement«, LAS)[86] durch die Geschäftsleitungen der bedeutenden Institute (→ AT4.1 Tz. 8 bzw. BTR3.1 Tz. 5 und 9).

81 Ein Institut sollte sicherstellen, dass die RAS über die Zeit hinweg stabil ist und als Treiber der Strategie verwendet wird, anstelle dass die Strategie die Risikobereitschaft vorschreibt. Die RAS sollte alle Risikoarten und -niveaus beschreiben, die das Institut im Rahmen seiner Risikotragfähigkeit zur Erreichung seiner strategischen Ziele und seiner Geschäftsplanung zu übernehmen bereit ist. Daher sollte die RAS unter Berücksichtigung von Konjunkturzyklen und finanziellen Schwankungen die jährliche Limitsetzung regeln und sicherstellen, dass bei Überschreiten eines Limits im Einklang mit der Gesamtrisikobereitschaft jederzeit ausreichend Spielraum für Schwellenwerte zur Risikobereitschaft zur Verfügung steht, um Korrekturmaßnahmen zu erleichtern. Angesichts dessen sollte der RAF Flexibilität ermöglichen, um auf Umweltveränderungen reagieren zu können. Die Aussagen zum Risikoappetit müssen jedoch andererseits so genau und konsistent sein, dass ein strategisches Abdriften vermieden wird.[87]

3.9 Zusammenhang zur Risikokultur

82 Wie die Mitarbeiter eines Institutes im Rahmen ihrer Tätigkeit mit Risiken umgehen und ob sie dabei die Vorgaben der Geschäftsleitung zum Risikoappetit berücksichtigen, ist wiederum eine Frage der Risikokultur (»risk culture«). Die Risikokultur beeinflusst insofern die Entscheidungen der Geschäftsleitung und der Mitarbeiter im Tagesgeschäft und wirkt sich auf die von ihnen eingegangenen Risiken aus.[88] Die strikte Beachtung des durch die Geschäftsleitung kommunizierten Risikoappetits durch alle Mitarbeiter ist ein Merkmal für eine angemessene Risikokultur (→ AT3.1 Tz. 1, Erläuterung).

---

81 Vgl. Europäische Zentralbank, Leitfaden der EZB für den bankinternen Prozess zur Sicherstellung einer angemessenen Kapitalausstattung (Internal Capital Adequacy Assessment Process – ICAAP), 9. November 2018, S. 11 f.

82 Vgl. Europäische Zentralbank, Leitfaden der EZB für den bankinternen Prozess zur Sicherstellung einer angemessenen Kapitalausstattung (Internal Capital Adequacy Assessment Process – ICAAP), 9. November 2018, S. 43 f.

83 Vgl. Europäische Zentralbank, Leitfaden der EZB für den bankinternen Prozess zur Sicherstellung einer angemessenen Kapitalausstattung (Internal Capital Adequacy Assessment Process – ICAAP), 9. November 2018, S. 11.

84 Vgl. Financial Stability Board, Principles for an Effective Risk Appetite Framework, 18. November 2013, S. 2; Basel Committee on Banking Supervision, Guidelines – Corporate governance principles for banks, BCBS d328, 8. Juli 2015, S. 2.

85 Vgl. Europäische Zentralbank, Leitfaden der EZB für den bankinternen Prozess zur Sicherstellung einer angemessenen Kapitalausstattung (Internal Capital Adequacy Assessment Process – ICAAP), 9. November 2018, S. 8 ff.

86 Vgl. Europäische Zentralbank, Leitfaden der EZB für den bankinternen Prozess zur Sicherstellung einer angemessenen Liquiditätsausstattung (Internal Liquidity Adequacy Assessment Process – ILAAP), 9. November 2018, S. 6 ff.

87 Vgl. European Central Bank, SSM supervisory statement on governance and risk appetite, 21. Juni 2016, S. 18.

88 Vgl. European Banking Authority, Leitlinien zur internen Governance, EBA/GL/2017/11, 21. März 2018, S. 4 ff.; Basel Committee on Banking Supervision, Guidelines – Corporate governance principles for banks, BCBS d328, 8. Juli 2015, S. 2.

Sowohl die Geschäftsleitung als auch die Mitarbeiter eines Institutes sollen ihre Tätigkeit am **83** Wertesystem, am festgelegten Risikoappetit und an den bestehenden Risikolimiten ausrichten. Dafür sind sie jeweils selbst verantwortlich (»Accountability«). Sie sollen sich über die Konsequenzen bewusst sein, wenn sie die von ihnen erwarteten Verhaltensweisen nicht erfüllen, die z. B. auf disziplinarische Maßnahmen hinauslaufen können, wie Kürzungen der Boni, Abmahnungen oder im Extremfall auch Kündigungen.[89]

3.10 Berücksichtigung von Risikokonzentrationen

Bei der Festlegung und Anpassung der Risikostrategien sind auch Risikokonzentrationen zu **84** berücksichtigen. Hierzu gehören zunächst Risikopositionen gegenüber Einzeladressen, die allein aufgrund ihrer Größe eine Risikokonzentration darstellen (Klumpenrisiko). Die schiere Größe einer einzelnen Adresse ist jedoch nicht der einzige Risikotreiber (→ AT 2.2 Tz. 1, Erläuterung). Risikokonzentrationen können auch durch den Gleichlauf von Risikopositionen innerhalb einer Risikoart entstehen (Intra-Risikokonzentrationen). Sie können ferner das Ergebnis eines Gleichlaufs von Risikopositionen über verschiedene Risikoarten hinweg sein (Inter-Risikokonzentrationen). Üblicherweise haben sich Institute mit Risiken zu befassen, die sich aus einer Fokussierung der Geschäftsaktivitäten auf bestimmte Branchen, Länder, Regionen oder Kreditnehmer(-einheiten) ergeben. Konzentrationen können aber auch dann entstehen, wenn das Institut umfangreiche Aktivitäten und Prozesse auf einen oder wenige Dienstleister auslagert. Die Institute haben daher etwaigen Risikokonzentrationen im Rahmen der Festlegung des Risikoappetits gerecht zu werden.

Die Anforderung zielt nicht darauf ab, dass Risikokonzentrationen unter allen Umständen zu **85** vermeiden sind, da die Begrenzung oder Reduzierung von Risikokonzentrationen in bestimmten Fällen sehr schwierig bzw. unmöglich ist. Hierfür sind teilweise Vorgaben innerhalb der kreditwirtschaftlichen Verbünde (Regionalprinzip), Vorgaben laut Satzung (Förderauftrag) sowie der durch das wirtschaftliche Umfeld eines Institutes oder seinen geographischen Standort bedingte mangelnde Zugang zu verschiedenartigen Kreditnehmern verantwortlich. Darüber hinaus können Institute in einem bestimmten Industriezweig oder Wirtschaftsbereich aus ihrer speziellen Expertise Kapital schlagen, indem sie die bewusste Übernahme der damit verbundenen Risiken durch die Vereinbarung entsprechend höherer Risikoprämien abgelten.[90] Die Aufsicht hat vor diesem Hintergrund betont, dass die Anforderungen keinen »Zwang zur Diversifizierung« statuieren.[91] Dieses Bekenntnis befreit die Institute natürlich nicht davon, sich in angemessener Weise mit ihren jeweiligen »Klumpenrisiken« auseinanderzusetzen. Institute, die hohe Konzentrationen in bestimmten Geschäftsfeldern, Produkten oder Regionen aufweisen, sollten – unabhängig von ihrem besonderen Know-how als Spezialisten – den Risikokonzentrationen eine besondere Aufmerksamkeit widmen, da sie diesen Risiken gegenüber besonders sensitiv sind und insofern von Problemen in bestimmten Märkten oder mit bestimmten Produkten möglicherweise stärker betroffen sind.[92] Das trifft in ähnlicher Weise auf gruppenangehörige Unternehmen zu, die sich aufgrund der Diversifikationsstrategie in der Gruppe auf bestimmte Geschäftsfelder konzentrieren.

89 Vgl. Steinbrecher, Ira, Risikokultur – Anforderungen an eine verantwortungsvolle Unternehmensführung, in: BaFinJournal, Ausgabe August 2015, S. 22.

90 Vgl. Basel Committee on Banking Supervision, Principles for the Management of Credit Risk, BCBS 75, 27. September 2000, Tz. 67.

91 Vgl. Bundesanstalt für Finanzdienstleistungsaufsicht, Übermittlungsschreiben zum Rundschreiben 15/2009 (BA) vom 14. August 2009, S. 2.

92 Vgl. Committee of European Banking Supervisors, Revised Guidelines on the management of concentration risk under the supervisory review process (GL 31), 2. September 2010, S. 6.

Derartige Konstellationen überwachen die Aufsichtsbehörden auch im Rahmen der Colleges of Supervisors eng.[93]

3.11   Berücksichtigung von Ertragskonzentrationen

86   Bei der Festlegung und Anpassung der Strategien sind seit der zweiten MaRisk-Novelle auch Ertragskonzentrationen zu berücksichtigen. Diese Anforderung ist eine direkte Reaktion auf die Finanzmarktkrise, in deren Rahmen u. a. deutlich wurde, dass bei stark von bestimmten Ertragsquellen abhängigen Instituten tendenziell eine höhere Anfälligkeit gegenüber (Markt-)Veränderungen besteht. Zum Beispiel kann ein Institut hinsichtlich seiner Erträge aus einer einzigen Branche oder einer einzigen geographischen Region in einem größeren Ausmaß von sektoralen oder regionalen Konjunkturzyklen beeinflusst werden. Verschiedene Ertragsquellen mögen zudem nicht unabhängig voneinander sein. Auf der anderen Seite sollte jedoch beachtet werden, dass eine Fokussierung auf bestimmte Branchen, Produkte oder Regionen häufig auch mit einer hohen Expertise einhergehen. Dies sollte sich in einer ausgewogenen Berücksichtigung der Ertragskonzentrationen niederschlagen.[94] Die Anforderung zielt darauf ab, dass sich die Institute etwaiger Ertragskonzentrationen bewusst sind und diese in ihr Kalkül einbeziehen. Um »potenzielle Ertragseinbußen« oder anspruchsvolle »Systeme zur Gesamtbanksteuerung« geht es dabei hingegen nicht.[95] Das Zusammenspiel der Ertrags- und der Risikosteuerung ist insofern betroffen, als die Ertragskonzentrationen häufig in der Geschäftsstrategie und deren Auswirkungen auf das Gesamtrisikoprofil in der Risikostrategie thematisiert werden. Dabei können auch Konzern- bzw. Verbundgesichtspunkte eine Rolle spielen.

87   Die Umsetzung dieser Anforderung setzt voraus, dass die Institute ihre wesentlichen Erfolgsquellen kennen und diese voneinander abgrenzen können. Bei Instituten mit überschaubaren Geschäftsaktivitäten wird sich eine solche Ergebnisaufspaltung in erster Linie auf den Konditionen- und den Strukturbeitrag im Kreditgeschäft, den Eigenhandelserfolg sowie den Erfolg aus Provisionen bzw. Gebühren erstrecken. Bei Instituten mit umfangreichen und komplexen Geschäftsaktivitäten wird die Segmentierung naturgemäß differenzierter ausfallen. Mit Blick auf Fristentransformationsrisiken weist die Aufsicht insbesondere auf die Abgrenzung zwischen Konditionen- und Strukturbeitrag im Zinsbuch hin. Um einen »Blindflug« zu vermeiden, sollten Institute angesichts der früher oder später eintretenden Zinswende auf den Märkten unbedingt wissen, welcher Anteil ihres Zinsertrages auf diese beiden Komponenten entfällt.

88   Die Ergänzung der MaRisk um die Berücksichtigung von Ertragskonzentrationen ist ein Indiz dafür, dass sich die Aufsicht künftig insgesamt intensiver mit den Ertragsquellen der Institute befassen wird. Mit dem Wissen um diese Quellen und ihre Verteilung auf die unterschiedlichen Geschäftssegmente kann die Präventivfunktion der Aufsicht gestärkt werden. Da Risiken häufig dort anfallen, wo viele Erträge generiert werden, kann sie ihren Fokus auf jene Bereiche lenken, auf die es tatsächlich ankommt (→ AT 4.2 Tz. 1).

---

93   Vgl. Committee of European Banking Supervisors, Revised Guidelines on the management of concentration risk under the supervisory review process (GL 31), 2. September 2010, S. 5.

94   Vgl. Committee of European Banking Supervisors, Revised Guidelines on the management of concentration risk under the supervisory review process (GL 31), 2. September 2010, S. 6.

95   Vgl. Bundesanstalt für Finanzdienstleistungsaufsicht, Übermittlungsschreiben zum Rundschreiben 15/2009 (BA) vom 14. August 2009, S. 2 f.

3.12   Darstellung der Risikostrategie

Die Art und Weise der Darstellung der Risikostrategie liegt im Ermessen des Institutes. Neben einer zusammenfassenden Darstellung in einem Dokument ist auch eine Darstellung über mehrere Dokumente (z.B. entlang der wesentlichen Risikoarten) möglich, soweit zwischen diesen ein konsistenter Zusammenhang besteht. Die risikostrategischen Vorgaben der Geschäftsleitung können daher in einer umfassenden »Gesamtbankrisikostrategie« dargestellt werden. Alternativ käme aber auch die Entwicklung von Teilstrategien in separaten Dokumenten infrage. Mit der vierten MaRisk-Novelle wurde diese Möglichkeit rein formal betrachtet auf die wesentlichen Risiken eingeschränkt. So kann es in Abhängigkeit von Umfang, Komplexität und Risikogehalt der Geschäftsaktivitäten sinnvoll sein, separate Teilstrategien für die wesentlichen Risikoarten zu entwickeln, wie z.B. eine Strategie hinsichtlich der Adressenausfallrisiken. Möglicherweise befürchtet die Aufsicht, dass bei einer nach Geschäftsarten unterteilten Strategie der ganzheitliche Blick auf die wesentlichen Risikoarten erschwert würde. Fakt ist jedoch, dass die Risikostrategie die Ziele der Risikosteuerung der wesentlichen Geschäftsaktivitäten umfassen muss. Da sich die Methoden der Risikosteuerung für verschiedene Geschäftsarten erheblich unterscheiden können, kann es unter Umständen auch sinnvoll sein, die Teilstrategien nach Geschäftsfeldern auszurichten. Letztlich darf die Risikostrategie keine Lücken aufweisen. Der Detaillierungsgrad der Teilstrategien kann natürlich variieren. Eine Konsistenz ist sowohl zwischen den Teilstrategien als auch mit Blick auf die Geschäftsstrategie im Eigeninteresse des Institutes sicherzustellen.

4 Verantwortung für Inhalte und Umsetzung der Strategien (Tz. 3)

90 **3** Die Geschäftsleitung ist verantwortlich für die Festlegung und Anpassung der Strategien; diese Verantwortung ist nicht delegierbar. Die Geschäftsleitung muss für die Umsetzung der Strategien Sorge tragen. Der Detaillierungsgrad der Strategien ist abhängig von Umfang und Komplexität sowie dem Risikogehalt der geplanten Geschäftsaktivitäten. Es bleibt dem Institut überlassen, die Risikostrategie in die Geschäftsstrategie zu integrieren.

4.1 Verantwortung der Geschäftsleitung

91 Seit Inkrafttreten des Trennbankengesetzes[96] haben die Geschäftsleiter im Rahmen ihrer Gesamtverantwortung für die ordnungsgemäße Geschäftsorganisation des Institutes gemäß § 25c Abs. 3a S. 1 Nr. 1 KWG dafür Sorge zu tragen, dass jederzeit das Gesamtziel, die Ziele des Institutes für jede wesentliche Geschäftsaktivität sowie die Maßnahmen zur Erreichung dieser Ziele dokumentiert werden und die Risikostrategie jederzeit die Ziele der Risikosteuerung der wesentlichen Geschäftsaktivitäten sowie die Maßnahmen zur Erreichung dieser Ziele umfasst.

92 Da die inhaltliche Ausgestaltung der Strategien maßgeblichen Einfluss auf die gesamte Ausrichtung des Institutes hat, muss sowohl ihre Festlegung als auch ihre Anpassung eine zentrale Managementaufgabe sein. Dementsprechend liegt die Verantwortung für derartige Entscheidungen ausschließlich bei der Geschäftsleitung, was in den MaRisk nochmals besonders herausgestellt wird. Diese Verantwortung kann weder an externe Dritte noch an andere Mitarbeiter des Institutes delegiert werden. Betont wird ferner, dass die Geschäftsleitung für die Umsetzung der Strategien Sorge tragen muss. Dadurch wird dem Umstand Rechnung getragen, dass Strategien, die nicht umgesetzt werden, ein Muster ohne Wert sind. Vor diesem Hintergrund haben die Anforderungen eher deklaratorischen Charakter.

93 Unabhängig davon, dass die Verantwortung für die Festlegung und Anpassung der Strategien bei der Geschäftsleitung liegt, kann dabei selbstverständlich auf die Expertise eigener Mitarbeiter oder Dritter (z.B. Unternehmensberatungsgesellschaften) zurückgegriffen werden. Im Hinblick auf die Umsetzung gilt dies erst recht, da eine Umsetzung der Strategien ohne die Mitwirkung der Mitarbeiter regelmäßig nicht möglich ist. In der Praxis sind in aller Regel bestimmte Stabsbereiche oder die Fachbereiche mit der Vorbereitung der planerisch-strategischen Überlegungen betraut. Institute mit umfangreichen und komplexen Geschäftsaktivitäten setzen für die Zwecke der Umsetzung der Strategie häufig auch strategisch ausgerichtete Controllingeinheiten ein. Die unter betriebswirtschaftlichen Gesichtspunkten sinnvolle Einbindung der Mitarbeiter berührt jedoch nicht die Gesamtverantwortung der Geschäftsleitung. Die Verantwortung für die Festlegung und die Anpassungen der Strategien ist klar bei der Geschäftsleitung verortet. Darüber hinaus ist die Geschäftsleitung dafür verantwortlich, einen Strategieprozess einzurichten, mit dessen Hilfe die Governance im Bereich der Strategien auf eine tragfähige Basis gestellt werden soll (→ AT4.2 Tz. 4).

---

96 Gesetzesbeschluss des Deutschen Bundestages zur Abschirmung von Risiken und zur Planung der Sanierung und Abwicklung von Kreditinstituten und Finanzgruppen (Trennbankengesetz) vom 17. Mai 2013, Bundesrats-Drucksache 378/13 vom 17. Mai 2013.

4.2 Eignung der Geschäftsleitung

Bereits bei der Bewertung der Kenntnisse, Fähigkeiten und Erfahrungen eines Mitgliedes der Geschäftsleitung soll die theoretische und die praktische Erfahrung im Zusammenhang mit der strategischen Planung, das Verständnis der Geschäftsstrategie oder des Geschäftsplanes eines Institutes und deren Erfüllung berücksichtigt werden. Die Mitglieder der Geschäftsleitung sollten außerdem kollektiv in der Lage sein, geeignete Entscheidungen unter Berücksichtigung des Geschäftsmodells, des Risikoappetits, der Strategie und der Märkte, auf denen das Institut tätig ist, zu treffen.[97] Damit werden frühzeitig die Voraussetzungen geschaffen, die die Geschäftsleitung in die Lage versetzen, ihrer Verantwortung für die Festlegung und Anpassung der Strategien nachzukommen.

94

4.3 Proportionalitätsprinzip

Der Proportionalitätsgrundsatz gilt grundsätzlich auch im Hinblick auf die Strategien. Naturgemäß werden die Strategien kleinerer Institute mit überschaubaren Geschäftsaktivitäten anders ausgestaltet sein als jene von international aktiven Großbanken. In den MaRisk wird daher nochmals besonders betont, dass der Detaillierungsgrad der Strategien vom Umfang und der Komplexität sowie dem Risikogehalt der geplanten Geschäftsaktivitäten abhängt. Dabei bleibt es dem Institut überlassen, ob es die Risikostrategie in die Geschäftsstrategie integriert. Vor allem bei kleineren Instituten bietet sich eine derartige Lösung an. Die Verschärfungen des Regelwerkes im Rahmen der dritten MaRisk-Novelle stehen daher einer prägnanten Formulierung der Strategien grundsätzlich nicht im Wege. Eine prägnante Darstellung kann sogar dazu beitragen, dass die Strategien von den Mitarbeitern besser nachvollzogen werden, was mit Blick auf die Umsetzung der Strategien regelmäßig von Vorteil ist.

95

4.4 Eingriffe in die Geschäftspolitik der Institute?

Vor Veröffentlichung der ersten Fassung der MaRisk vom 20. Dezember 2005 wurde eine Debatte über die Reichweite der bankaufsichtlichen Anforderungen an die Strategien geführt (so genannte »Strategiedebatte«). Insbesondere die Bezugnahme auf die Geschäftsstrategie löste in der Kreditwirtschaft die Befürchtung aus, dass im Rahmen von Prüfungshandlungen möglicherweise Eingriffe in die Entscheidungsautonomie der Geschäftsleitung zu erwarten seien. Die BaFin brachte daraufhin unmissverständlich zum Ausdruck, dass der Inhalt der Geschäftsstrategie ausschließlich in der Verantwortung der Geschäftsleitung des Institutes liegt. Dieser Standpunkt wurde unter dem Eindruck der Finanzmarktkrise nicht nur unter Aufsehern intensiv diskutiert. Teilweise wurde von Seiten der Politik sogar gefordert, dass die Aufsicht aktiv in die Geschäftspolitik der Institute eingreifen muss. Es liegt jedenfalls auf der Hand, dass Bankenaufseher regelmäßig nicht die besseren Banker sind. Ebenso kann und darf die Aufsicht den Instituten nicht ein bestimmtes Geschäftsmodell vorgeben, da dies nicht mit den Grundsätzen der Unternehmensfreiheit vereinbar wäre. Überzogene Interventionen könnten ferner zur Konsequenz haben, dass unternehmerische Verantwortung Schritt für Schritt auf die Bankenaufsicht verlagert und im Ergebnis ein verantwortungsloses Handeln von Bankmanagern sogar verstärkt wird (»Moral Hazard Problem«).

96

---

97 Vgl. European Securities and Markets Authority/European Banking Authority, Leitlinien zur Bewertung der Eignung von Mitgliedern des Leitungsorgans und Inhabern von Schlüsselfunktionen, EBA/GL/2017/12, 21. März 2018, S. 20 f.

AT4.2 Strategien

Gleichmacherei in großem Stil wäre nicht auszuschließen, so dass sich die Anfälligkeit des Gesamtsystems gegen Marktveränderungen unter Umständen deutlich erhöhen könnte (»Herdenverhalten«). Die Vorgabe eines bestimmten Geschäftsmodells durch die Aufsicht scheidet daher aus. Für solche weitreichenden Eingriffe fehlt der Aufsicht auch das politische Mandat. Der Europäische Ausschuss für Systemrisiken (ESRB) empfiehlt den makroprudenziellen Behörden im Hinblick auf die Zwischenziele und Instrumente für makroprudenzielle Maßnahmen u. a. die Begrenzung systemischer Auswirkungen von Fehlanreizen zwecks Verringerung von Moral Hazard (Empfehlung A).[98]

97   Der Inhalt der Geschäftsstrategie liegt daher allein in der Verantwortung der Geschäftsleitung und ist nicht Gegenstand von Prüfungshandlungen durch Jahresabschlussprüfer oder die Interne Revision (→ AT4.2 Tz. 1, Erläuterung).[99] Bis zur vierten MaRisk-Novelle war es externen Prüfern, einschließlich des Jahresabschlussprüfers, generell untersagt, den Inhalt der Geschäftsstrategie einer Prüfung zu unterziehen. Nachdem die EBA im Dezember 2014 die Tragfähigkeit des Geschäftsmodells und die Nachhaltigkeit der Geschäftsstrategie erstmals zum Gegenstand des aufsichtlichen Überprüfungs- und Bewertungsprozesses (SREP) erklärt hatte, war diese grundsätzliche Untersagung nicht mehr durchzuhalten. Mit der fünften MaRisk-Novelle wurde externen Prüfern deshalb die Möglichkeit eingeräumt, die Geschäftsstrategie außerhalb der Jahresabschlussprüfung näher zu beleuchten und damit ihrem Prüfungsauftrag für die Zwecke des SREP nachkommen zu können. Die EBA betont allerdings, dass die zuständigen Behörden die Verantwortung der Geschäftsleitung im Rahmen der Geschäftsmodellanalyse sowie der Bewertung der Geschäfts- und strategischen Risiken nicht unterminieren und keine bestimmten Geschäftsmodelle priorisieren sollten.[100] Der Jahresabschlussprüfer hat lediglich zu beurteilen, ob die Strategien auf die nachhaltige Entwicklung ausgerichtet sind.[101]

98   Zwischen der Geschäftsstrategie und den sich daraus ergebenden risikopolitischen Notwendigkeiten (z.B. Limitvorgaben, die in der Risikostrategie festgelegt sind) muss zudem eine enge Verknüpfung bestehen. Risiken sind regelmäßig das Ergebnis bestimmter Geschäftsaktivitäten. Die Entwicklung bzw. Gewährleistung einer risikoadäquaten internen Organisationsstruktur setzt daher immer auch die Kenntnis über die (geplanten) Geschäftsaktivitäten voraus. Insoweit besteht zwischen der Geschäftsstrategie und der Risikostrategie ein Zusammenhang, der nur über die Betrachtung beider Strategien hergestellt werden kann. Die Geschäftsleitung hat deshalb eine Geschäftsstrategie und eine dazu konsistente Risikostrategie festzulegen (→ AT4.2 Tz. 2). Bei der Überprüfung der Risikostrategie ist folglich die Geschäftsstrategie heranzuziehen, um die Konsistenz zwischen beiden Strategien nachvollziehen zu können. Gegenstand der Prüfung ist außerdem der prozessuale Rahmen, in dem die Geschäftsstrategie entwickelt und umgesetzt wird. Auch hier steht die Qualität der bankinternen Governance im Fokus, nicht jedoch der »Inhalt« der Geschäftsstrategie (→ AT4.2 Tz. 1, Erläuterung). Diese Vorgehensweise entspricht der gängigen Prüfungspraxis. So hat sich z.B. der Abschlussprüfer im Rahmen von Prüfungshandlungen u. a. einen Eindruck über die Geschäftsaktivitäten des Institutes zu verschaffen. Auch diese für eine sachgerechte Prüfung notwendige Information zielt nicht auf Eingriffe in die Geschäftspolitik der Institute ab.[102] Trotz dieser beschränkten Eingriffsbefugnisse wird die Aufsicht künftig einen stärkeren Fokus auf die Geschäftsmodelle der Institute legen müssen (→ AT4.2 Tz. 1).

---

98 Vgl. Empfehlung des Europäischen Ausschusses für Systemrisiken zu Zwischenzielen und Instrumenten für makroprudenzielle Maßnahmen (ESRB/2013/1) vom 4. April 2013, Amtsblatt der Europäischen Union vom 15. Juni 2013, C 170/3.

99 Diese Sichtweise wurde von der Aufsicht im Rahmen der dritten MaRisk-Novelle nochmals bestätigt. Vgl. Bundesanstalt für Finanzdienstleistungsaufsicht, Übermittlungsschreiben zum ersten Entwurf zur Überarbeitung der MaRisk vom 9. Juli 2010, S. 3.

100 Vgl. European Banking Authority, Guidelines on common procedures and methodologies for the supervisory review and evaluation process (SREP) and supervisory stress testing, EBA/GL/2014/13, Consolidated version, 19. Juli 2018, S. 41.

101 Vgl. § 29 Abs. 1 Satz 2 Nr. 2 lit. a KWG i. V. m. § 11 Abs. 2 Nr. 1 PrüfBV.

102 Vgl. Institut der Wirtschaftsprüfer, Prüfungsstandard 230 (IDW PS 230), Kenntnisse über die Geschäftstätigkeit sowie das wirtschaftliche und rechtliche Umfeld des zu prüfenden Unternehmens im Rahmen der Abschlussprüfung, in: Die Wirtschaftsprüfung, Heft 4/2006, S. 218 ff.

5 Einrichtung eines Strategieprozesses (Tz. 4)

4 Die Geschäftsleitung hat einen Strategieprozess einzurichten, der sich insbesondere auf   **99**
die Prozessschritte Planung, Umsetzung, Beurteilung und Anpassung der Strategien
erstreckt. Für die Zwecke der Beurteilung sind die in den Strategien niedergelegten Ziele so
zu formulieren, dass eine sinnvolle Überprüfung der Zielerreichung möglich ist. Die Ursachen für etwaige Abweichungen sind zu analysieren.

5.1 Strategieprozess

Was den Inhalt der Strategien angeht, enthalten die MaRisk keine konkreten Vorgaben. Die   **100**
inhaltliche Ausgestaltung der Strategien verbleibt somit ausschließlich in der Verantwortung der
Geschäftsleitung (→ AT 4.2 Tz. 1, Erläuterung). Allerdings wurde der prozessuale Rahmen, in
dem die Strategien geplant, umgesetzt, beurteilt und angepasst werden, im Zuge der dritten
MaRisk-Novelle geschärft. Durch den Strategieprozess soll die interne »Governance«-Struktur,
also die Geschäftsorganisation als Ganzes, weiter gestärkt werden (→ AT 1 Tz. 2 und AT 4.4.3
Tz. 2). Dabei kommt es weniger darauf an, dass die einzelnen Prozessschritte formalistisch
umgesetzt werden. Vielmehr muss dem Sinn und Zweck der Regelung Genüge getan werden.
Ausgangspunkt ist dabei die Geschäftsstrategie des Institutes, deren Ausrichtung über die
Formulierung einer konsistenten Risikostrategie konsequent in eine tragfähige interne »Governance«-Struktur des gesamten Institutes übersetzt wird.

Auch die EBA betont im Zusammenhang mit der Umsetzung der Strategie am Beispiel der   **101**
IT-Strategie besonders den Prozesscharakter. Insbesondere in jenen Fällen, in denen die IT-
Strategie des Institutes die Umsetzung wichtiger und komplexer IKT-Anpassungen oder Änderungen mit erheblichen Auswirkungen auf das Geschäftsmodell des Institutes erfordert, sollten
die zuständigen Behörden bewerten, ob das Institut über einen Kontrollrahmen verfügt, der
seiner Größe, seinen IKT-Aktivitäten und dem Grad der Änderungsaktivitäten angemessen ist,
um die wirksame Umsetzung der IT-Strategie zu unterstützen. Bei der Bewertung im Rahmen
des SREP sollten die zuständigen Behörden berücksichtigen, ob dieser Kontrollrahmen Governance-Prozesse (z. B. Fortschritts- und Budgetüberwachung sowie eine zugehörige Berichterstattung) und relevante Stellen (z. B. ein Projektmanagementbüro oder eine IT-Lenkungs-
gruppe) umfasst, um die Umsetzung der IT-Strategieprogramme wirksam zu unterstützen, ob
die Rollen und Verantwortlichkeiten für die Umsetzung von IT-Strategieprogrammen festgelegt
und zugewiesen sind, wobei den Erfahrungen der wichtigsten Akteure bei der Organisation,
Steuerung und Überwachung wichtiger und komplexer IKT-Anpassungen und der Bewältigung
der organisatorischen und persönlichen Auswirkungen (z. B. Umgang mit Widerstand gegen
Änderungen, Schulung, Kommunikation) besondere Aufmerksamkeit geschenkt wird, ob die
unabhängige Kontrollfunktion und die Interne Revision einbezogen sind, um sicherzustellen,
dass die mit der Umsetzung der IT-Strategie verbundenen Risiken ermittelt, bewertet und
wirksam gemindert wurden, ob der vorhandene Governance-Rahmen für die Umsetzung der
IT-Strategie wirksam ist und ob ein Planungs- und Planungsüberprüfungsprozess vorhanden ist,
der flexibel genug ist, um auf wichtige ermittelte Probleme (z. B. festgestellte Probleme oder
Verzögerungen bei der Umsetzung) oder externe Entwicklungen (z. B. wichtige Veränderungen

im Geschäftsumfeld, technologische Fragen oder Innovationen) zu reagieren und eine rechtzeitige Anpassung der strategischen Umsetzung zu gewährleisten.[103]

102   Nachfolgend werden – bezogen auf die Geschäftsstrategie – die einzelnen Schritte des Strategieprozesses erläutert. Bezüglich der einzelnen Prozessschritte ist bei der Risikostrategie grundsätzlich analog zu verfahren, wobei durchgehend auf die geforderte Konsistenz zwischen Geschäftsstrategie und Risikostrategie zu achten ist (→ AT 4.2 Tz. 2).

5.2   Planung

103   Ausgangspunkt geschäftsstrategischer Planungen ist die Existenz von Zielen. Häufig werden die
Ziele aus übergeordneten Absichten, Wertorientierungen, Missionen oder Unternehmensleitbil-
dern abgeleitet. Bei vielen Instituten werden derartige Leitbilder auch nicht unwesentlich durch
Statuten oder sogar Gesetze bestimmt. Bei Sparkassen, Landesbanken und Förderinstituten wird
z. B. der Förderung der regionalen Wirtschaft ein erheblicher Stellenwert eingeräumt. Für solche
Institute geht es im Planungsprozess zunächst darum, die Leitbilder in »messbare« Ziele zu
transformieren (z. B. geplante Erträge in bestimmten Geschäftsfeldern). Um die Kompatibilität
zwischen strategischer und operativer Ebene sicherzustellen, sind zumindest die Eckpunkte der
operativen Planung in den Strategien festzulegen. Liegen hinreichend präzise Ziele vor, geht es im
nächsten Schritt um die Festlegung der Maßnahmen zur Erreichung dieser Ziele (→ AT 4.2 Tz. 1).

104   In der Phase des strategischen Planungsprozesses sind interne und externe Einflussfaktoren zu
berücksichtigen (→ AT 4.2 Tz. 1). Die konkrete Planung hängt ganz wesentlich z. B. von den
Mitarbeiterkapazitäten, der technisch-organisatorischen Ausstattung und den Ressourcen im
liquiditätsmäßig-finanziellen Bereich ab. Außerdem spielen die Ansprüche anderer Gruppen, wie
z. B. der Eigentümer (»Shareholder«) oder aller Anspruchsberechtigten (»Stakeholder«) regelmäßig eine wichtige Rolle. Bei den externen Einflussfaktoren können neben wirtschaftlichen, technologischen, rechtlichen und politischen ggf. auch kulturelle Faktoren von Bedeutung sein.
Beispielsweise sollten Umweltveränderungen bzw. Trends berücksichtigt werden, die das Verhalten der Kunden nachhaltig beeinflussen können (z. B. der Trend von der Industrie- zur
Informationsgesellschaft oder der demografische Wandel).

105   Am Ende des Planungsprozesses trifft die Geschäftsleitung – ggf. auf der Basis verschiedener
Strategieoptionen – die strategische Entscheidung und macht damit den Weg frei für die Umsetzung der Strategie. Bei der Planung der Risikostrategie ist aufgrund der geforderten Konsistenz
eine analoge Vorgehensweise erforderlich, da die aus der Geschäftsstrategie resultierenden
Risiken die Ausgestaltung der Risikostrategie determinieren (→ AT 4.2 Tz. 2).

5.3   Planungshorizont

106   Die Entscheidung über die strategischen Planungshorizonte wird der Geschäftsleitung des Institutes überlassen. Es ist üblich, dass planerisch-strategische Überlegungen in verschiedenen Zyklen
erfolgen. Häufig wird zwischen kurz-, mittel- und langfristiger Planung unterschieden, die jeweils
Zeiträume von einem über drei bis fünf oder sogar zehn Jahre umfassen. Darüber hinaus wird die
Planung in vielen Unternehmen »revolvierend« ausgestaltet, d. h. auch längerfristige Planungen

---

103 Vgl. European Banking Authority, Leitlinien für die IKT-Risikobewertung im Rahmen des aufsichtlichen Überprüfungs-
und Bewertungsprozesses (SREP), EBA/GL/2017/05, 11. September 2017, S. 9 f.

werden in kürzeren Abständen überprüft und ggf. angepasst. Der Planungsturnus wird bei den meisten Instituten vom Detaillierungsgrad der strategischen Überlegungen und den daraus abgeleiteten konkreten Vorgaben beeinflusst.

In der Praxis bezieht sich die strategische Planung häufig auf einen Zeitraum von mehreren Jahren und betrifft u. a. die Bereiche Finanzplanung, Kapitalplanung sowie Geschäftsplanung (z. B. geplantes Ergebnis für jede wesentliche Geschäftsaktivität, geplantes Wachstum in bestimmten Marktsegmenten). Darauf aufbauend erfolgt i. d. R. die operative Planung für das nächste Geschäftsjahr. In diesem Rahmen wird u. a. eine Kapitalallokation auf die wesentlichen Risiken vorgenommen, ein Interaktionsprozess zur Abstimmung der Top-down-Vorgaben mit den Bottom-up-Vorstellungen (insbesondere auf Gruppenebene) durchgeführt und ggf. eine Anpassung der Anreizsysteme an die geplante Geschäftsentwicklung vorgenommen. **107**

Ein konkreter Planungszeitraum wird in den MaRisk zwar nicht vorgegeben. Allerdings muss jedes Institut u. a. über einen Prozess zur Planung des zukünftigen Kapitalbedarfes verfügen, wobei dieser Planungsprozess einen angemessen langen, mehrjährigen Zeitraum umfassen muss (→ AT4.1 Tz. 11). Dieser Zeitraum soll sich i. d. R. zwei bis drei Jahre über den Risikobetrachtungshorizont des Risikotragfähigkeitskonzeptes von grundsätzlich einem Jahr hinweg erstrecken.[104] Die deutsche Aufsicht hat die Vorgaben im RTF-Leitfaden in einer Weise konkretisiert, dass die weniger bedeutenden Institute zur Sicherstellung der Risikotragfähigkeit in der normativen Perspektive eine Kapitalplanung zu erstellen haben, die sich zum Zeitpunkt ihrer Erstellung über einen Zeitraum von mindestens drei Jahren erstreckt und mindestens jährlich fortgeschrieben wird.[105] Auch den Vorstellungen der EZB zufolge sollte der Kapitalplan der bedeutenden Institute einen zukunftsorientierten (mittleren) Zeithorizont von mindestens drei Jahren abdecken und die Kapitalposition über diesen Zeitraum erfassen.[106] Damit ist ein gewisser Rahmen gesetzt, der im Strategieprozess nicht ignoriert werden sollte. Grundsätzlich ist die Vorgabe eines Planungshorizontes allerdings nicht zwingend erforderlich, da die weiteren Etappen des Strategieprozesses sicherstellen, dass erforderlichenfalls strategische Korrekturen durchgeführt werden. **108**

5.4   Umsetzung

Die Formulierung der Strategien ist für sich gesehen bereits eine schwierige Aufgabe. Als echte Herausforderung kann sich jedoch die Umsetzung der Strategien im eigenen Unternehmen erweisen, da sie regelmäßig organisatorische Änderungen zur Folge hat.[107] Betroffen sind davon möglicherweise alle Bereiche des Institutes (z. B. Vertriebseinheiten, Back-Office-Bereiche). Die Umsetzung der Strategien erfolgt letztlich über die Berücksichtigung der strategischen Vorgaben bei der operativen Planung. **109**

Wesentliche Voraussetzung für eine erfolgreiche Umsetzung ist die angemessene Kommunikation der Strategien. Die Angemessenheit bezieht sich nicht nur auf die Wahl eines geeigneten Mediums oder Zeitpunktes für die Kommunikation, sondern auch auf den passenden Adressatenkreis. So kann es zwar nachvollziehbar sein, dass z. B. ein konkret geplanter Personalabbau in bestimmten Abteilungen, ein strategischer Rückzug aus bestimmten Geschäftsbereichen oder ein **110**

---

104 Vgl. Bundesanstalt für Finanzdienstleistungsaufsicht, Übermittlungsschreiben zum Rundschreiben 10/2012 (BA) vom 14. Dezember 2012, S. 2 f.

105 Vgl. Bundesanstalt für Finanzdienstleistungsaufsicht/Deutsche Bundesbank, Aufsichtliche Beurteilung bankinterner Risikotragfähigkeitskonzepte und deren prozessuale Einbindung in die Gesamtbanksteuerung (»ICAAP«) – Neuausrichtung, Leitfaden vom 24. Mai 2018, S. 10.

106 Vgl. Europäische Zentralbank, Leitfaden der EZB für den bankinternen Prozess zur Sicherstellung einer angemessenen Kapitalausstattung (Internal Capital Adequacy Assessment Process – ICAAP), 9. November 2018, S. 17 und 45.

107 Vgl. Hrebiniak, Lawrence G., Making Strategy Work: Leading Effective Execution and Change, New Jersey, 2005, S. 24.

vorgesehener Verkauf bestimmter Beteiligungen aus geschäftspolitischen Gründen nicht breit kommuniziert werden soll. Den Mitarbeitern müssen jedoch sämtliche strategischen Vorgaben bekannt sein, die zur Erfüllung ihrer Aufgaben von Belang sind.

111   Durch die Kommunikation der Strategien wird die Basis für eine breite Akzeptanz bei den Mitarbeitern geschaffen, ohne deren aktive Mitwirkung die Strategien im Extremfall ins Leere laufen können. Defizite in diesem Bereich können unangenehme Nebenwirkungen zur Folge haben. Organisationen reagieren regelmäßig träge auf (notwendige) Veränderungen des Status quo. Teile der Belegschaft könnten die Strategien als verfehlt betrachten und mit Passivität, Verweigerung oder sogar Sabotage auf die Anpassungen reagieren.[108] Vor diesem Hintergrund ist es von erheblicher Bedeutung, dass die Gründe für eine Änderung des Status quo nachvollziehbar dargestellt und kommuniziert werden (→ AT4.2 Tz. 6).

5.5 Beurteilung

112   Bei der Beurteilung der Strategien geht es schwerpunktmäßig um die Frage, inwieweit das Institut seine Ziele tatsächlich erreicht hat. Konkret ist die Zielerreichung einer Überprüfung zu unterziehen, was im Ergebnis auf einen »Soll-/Ist-Abgleich« bzw. eine »Zielabweichungsanalyse« hinausläuft. Damit ein solcher Abgleich erfolgreich durchgeführt werden kann, müssen mit Blick auf alle wesentlichen Geschäftsaktivitäten hinreichend präzise Ziele formuliert werden. In den meisten Fällen dürfte dies kein größeres Problem darstellen. So lassen sich bei quantitativen Zielen (z.B. geplanten Wachstums- oder Ertragszielen) ohne weiteres derartige Abgleiche durchführen. Etwas schwieriger gestaltet sich die Überprüfung der Zielerreichung bei qualitativen Zielen. Bei solchen Zielen ist im Rahmen der Möglichkeiten eine Übersetzung in »Quantitäten« oder eine Orientierung an abgeleiteten Zielen erforderlich (→ AT4.2 Tz. 1).

113   Letztendlich kommt das Institut schon aus eigenem Interesse nicht um einen Abgleich herum. Nur über diesen Prozessschritt kann es Zielabweichungen identifizieren und darauf mit geeigneten Korrekturmaßnahmen reagieren. In vielen Instituten wird die Geschäftsleitung bei der regelmäßigen Überprüfung von eigens für diese Zwecke eingerichteten strategischen Controllingeinheiten unterstützt. Die Überprüfung kann in Abhängigkeit von den jeweiligen Veränderungen der relevanten Rahmenbedingungen unterschiedlich intensiv ausfallen. Bei wesentlichen (negativen oder positiven) Abweichungen ist das Institut ferner dazu verpflichtet, eine Ursachenanalyse durchzuführen. Die Ursachenanalyse stellt die Basis für die Durchführung von Korrekturmaßnahmen der Geschäftsleitung dar. Wegen ihrer Bedeutung für das gesamte Institut ist sie auch mit dem Aufsichtsorgan zu erörtern (→ AT4.2 Tz. 5).[109]

5.6 Anpassung

114   Anpassungen der Geschäfts- oder der Risikostrategie können aus vielerlei Gründen notwendig sein. Zunächst können Änderungen bei den internen oder externen Einflussfaktoren strategische

---

108 Vgl. Kreutzer, Markus/Lechner, Christoph, Implementierung von Strategien, in: OrganisationsEntwicklung, Heft 1/2009, S.7.

109 Um Fehlinterpretationen zu vermeiden, hat die Aufsicht deutlich gemacht, dass es bei der Überprüfung der Zielerreichung nicht etwa darum geht, die Geschäftsleitung im Falle von Zielabweichungen zu stigmatisieren. Vgl. Bundesanstalt für Finanzdienstleistungsaufsicht, Übermittlungsschreiben zum ersten Entwurf zur Überarbeitung der MaRisk vom 9. Juli 2010, S. 4.

Korrekturen erforderlich machen. Ausgangspunkt ist dabei regelmäßig die bei wesentlichen Zielabweichungen durchzuführende Ursachenanalyse, aus der sich entsprechende Hinweise ergeben können. Selbstverständlich kann aber auch eine angestrebte geschäftspolitische Neuorientierung eine Anpassung in Teilbereichen, ggf. sogar eine Totalrevision der Strategien, nach sich ziehen. Die Planung der Strategien ist entsprechend zu adjustieren, damit die nachfolgenden Schritte des Strategieprozesses (Umsetzung, Beurteilung und Anpassung) ihre volle Wirkung entfalten können. Strategische Anpassungen müssen nicht zwingend zu Korrekturen bei den Zielen führen. Ebenso sind Änderungen bei den Maßnahmen zur Zielerreichung denkbar.

5.7 Einbeziehung der Risikocontrolling-Funktion

Die Risikocontrolling-Funktion hat u. a. die Aufgabe, die Geschäftsleitung in allen risikopolitischen Fragen zu unterstützen, insbesondere bei der Entwicklung und Umsetzung der Risikostrategie sowie bei der Ausgestaltung eines Systems zur Begrenzung der Risiken (→ AT 4.4.1 Tz. 2). Zudem ist die Leitung der Risikocontrolling-Funktion bei wichtigen risikopolitischen Entscheidungen der Geschäftsleitung zu beteiligen (→ AT 4.4.1 Tz. 4). **115**

Auch die EBA fordert, die Risikocontrolling-Funktion frühzeitig und aktiv in die Erarbeitung der Risikostrategie einzubinden. Sie sollte der Geschäftsleitung alle wichtigen risikobezogenen Informationen vorlegen, um sie in die Lage zu versetzen, das Niveau des Risikoappetits des Institutes festzulegen. Die Risikocontrolling-Funktion sollte die Stabilität und Nachhaltigkeit der Risikostrategie und des Risikoappetits bewerten. Sie sollte sicherstellen, dass der Risikoappetit angemessen in konkrete Risikolimite umgesetzt wird. Die Risikocontrolling-Funktion sollte die Risikostrategien der Geschäftsbereiche bewerten, einschließlich der von den Organisationseinheiten vorgeschlagenen Ziele, und sollte eingebunden werden, bevor die Geschäftsleitung eine Entscheidung bezüglich der Risikostrategien trifft. Die Ziele sollten plausibel und mit der Risikostrategie des Institutes konsistent sein.[110] **116**

Im Rahmen des SREP sollten die zuständigen Behörden auch bewerten, ob vom Institut eine unabhängige Risikocontrolling-Funktion eingerichtet wurde, die aktiv an der Entwicklung der Risikostrategie des Institutes und an allen wichtigen Risikomanagemententscheidungen beteiligt ist und die der Geschäftsleitung alle relevanten risikobezogenen Informationen liefert.[111] **117**

---

110 Vgl. European Banking Authority, Leitlinien zur internen Governance, EBA/GL/2017/11, 21. März 2018, S. 43 f.

111 Vgl. European Banking Authority, Guidelines on common procedures and methodologies for the supervisory review and evaluation process (SREP) and supervisory stress testing, EBA/GL/2014/13, Consolidated version, 19. Juli 2018, S. 57 f.

6 Information des Aufsichtsorgans (Tz. 5)

118 5 Die Strategien sowie ggf. erforderliche Anpassungen der Strategien sind dem Aufsichtsorgan des Institutes zur Kenntnis zu geben und mit diesem zu erörtern. Die Erörterung
erstreckt sich auch auf die Ursachenanalyse nach AT4.2 Tz.4 im Falle von Zielabweichungen.

6.1 Einbindung des Aufsichtsorgans

119 Nach einschlägigen gesetzlichen Vorgaben (z. B. AktG, GenG) besteht die Hauptaufgabe des
Aufsichtsorgans darin, die durch den Vorstand ausgeübte Geschäftsführung des Unternehmens
zu überwachen. Es versteht sich daher von selbst, dass sich das Aufsichtsorgan im Rahmen seiner
Überwachungspflichten auch intensiv mit der strategischen Ausrichtung des Institutes und deren
Weiterentwicklung befasst. Mit einer gewissenhaften Mandatsausübung wäre es jedenfalls nicht
vereinbar, wenn die Mitglieder des Aufsichtsorgans die Strategien des Institutes ignorieren
würden. Versäumnisse in diesem Bereich müssten sich die Mandatsträger aufgrund gesellschaftsrechtlicher Regelungen vorwerfen lassen. Die Mitglieder von Aufsichtsorganen unterliegen –
bezogen auf ihren Pflichtenkreis – regelmäßig den gleichen Haftungsregelungen wie Vorstände.
Mittlerweile kann auch die BaFin im Falle des Vorliegens von Defiziten gegen Mitglieder von
Aufsichtsorganen vorgehen. So kann die BaFin seit dem Inkrafttreten des Gesetzes zur Stärkung
der Finanzmarkt- und Versicherungsaufsicht im September 2009 einschneidende Sanktionen
gegen Mitglieder des Aufsichtsorgans ergreifen, wenn diesen »wesentliche Verstöße des Unternehmens gegen die Grundsätze einer ordnungsgemäßen Geschäftsführung wegen sorgfaltswid-
riger Ausübung ihrer Überwachungs- und Kontrollfunktion verborgen geblieben sind oder sie
nicht alles Erforderliche zur Beseitigung festgestellter Verstöße veranlasst« haben. Erforderlichenfalls wird die BaFin nach §36 Abs.3 KWG sogar die Abberufung von Mitgliedern des Aufsichtsorgans verlangen oder die Ausübung der Tätigkeit untersagen.

120 Bisher werden das Aufsichtsorgan bzw. seine Mitglieder durch §25a KWG allerdings nicht
unmittelbar verpflichtet. Im Fokus der bankaufsichtlichen Regelung steht vielmehr die Verantwortung der Geschäftsleitung für die Ordnungsmäßigkeit der Geschäftsorganisation. Vor diesem
Hintergrund statuieren die MaRisk verschiedene Pflichten, die die Geschäftsleitung gegenüber
dem Aufsichtsorgan zu erfüllen hat. Die Geschäftsleitung hat daher u.a. auch die Strategien
(Geschäfts- und Risikostrategie) sowie Änderungen der Strategien dem Aufsichtsorgan zur Kenntnis zu geben und mit diesem zu erörtern. Dieses Erfordernis kann grundsätzlich aus den
Regelungen des §90 Abs. 1 AktG abgeleitet werden. Demnach hat der Vorstand dem Aufsichtsrat
u.a. über die beabsichtigte Geschäftspolitik und andere grundsätzliche Fragen der Unternehmensplanung zu berichten. Dabei ist auch auf Abweichungen der tatsächlichen Entwicklung von früher
berichteten Zielen unter Angabe von Gründen einzugehen.

121 Nach dem auf börsennotierte Unternehmen anzuwendenden Deutschen Corporate Governance
Kodex (DCGK) hat der Vorstand die strategische Ausrichtung des Unternehmens zu entwickeln,
mit dem Aufsichtsrat abzustimmen und für ihre Umsetzung zu sorgen. Er hat darüber hinaus in
regelmäßigen Abständen die Umsetzung der Strategien mit dem Aufsichtsrat zu erörtern. Zu
diesem Zweck muss der Vorstand den Aufsichtsrat regelmäßig, zeitnah und umfassend über alle
für das Unternehmen relevanten Fragen der Strategie, der Planung, der Geschäftsentwicklung, der
Risikolage, des Risikomanagements und der Compliance informieren und dabei auf Abweichun-

gen des Geschäftsverlaufes von den aufgestellten Plänen und Zielen unter Angabe von Gründen eingehen. Auch zwischen den Sitzungen mit dem Vorstand bzw. seinem Vorsitzenden soll der Aufsichtsratsvorsitzende regelmäßig Kontakt halten und mit ihm Fragen zu den genannten Themen beraten. Umgekehrt soll der Vorsitzende des Vorstandes den Aufsichtsratsvorsitzenden unverzüglich über wichtige Ereignisse, die für die Beurteilung der Lage und Entwicklung sowie für die Leitung des Unternehmens von wesentlicher Bedeutung sind, informieren, damit dieser den Aufsichtsrat unterrichten und ggf. eine außerordentliche Aufsichtsratssitzung einberufen kann.[112]

Nach §25d Abs. 6 Satz 2 KWG muss das Aufsichtsorgan der Erörterung von Strategien, Risiken und Vergütungssystemen für Geschäftsleiter und Mitarbeiter ausreichend Zeit widmen. Gemäß §25d Abs. 8 Satz 2 KWG berät der Risikoausschuss das Aufsichtsorgan zur aktuellen und künftigen Gesamtrisikobereitschaft und -strategie des Unternehmens und unterstützt es bei der Überwachung der Umsetzung dieser Strategie durch die obere Leitungsebene. Der Risikoausschuss oder, falls ein solcher nicht eingerichtet wurde, das Aufsichtsorgan bestimmt laut §25d Abs. 8 Satz 10 KWG Art, Umfang, Format und Häufigkeit der Informationen, die die Geschäftsleitung zum Thema Strategie und Risiko vorlegen muss. Mindestens ein Mitglied des Vergütungskontrollausschusses muss nach §25d Abs. 12 Satz 3 KWG über ausreichend Sachverstand und Berufserfahrung im Bereich Risikomanagement und Risikocontrolling verfügen, insbesondere im Hinblick auf Mechanismen zur Ausrichtung der Vergütungssysteme an der Gesamtrisikobereitschaft und -strategie und an der Eigenmittelausstattung des Unternehmens. **122**

6.2 Erörterung der Ursachenanalyse bei Zielabweichungen

Bei den Erörterungen mit dem Aufsichtsorgan ist ebenfalls auf die geforderte Ursachenanalyse im Falle von Zielabweichungen einzugehen (→ AT 4.2 Tz. 4). Auf diese Weise kann das Aufsichtsorgan ein breiteres Verständnis für die strategische Positionierung entwickeln. Außerdem kann es sich mit Blick auf die aus der Ursachenanalyse zu ziehenden Schlussfolgerungen konstruktiv in die Diskussion mit der Geschäftsleitung einbringen. Auch bei dieser Anforderung orientieren sich die MaRisk an aktienrechtlichen Regelungen. Nach dem DCGK hat der Vorstand den Aufsichtsrat nicht nur regelmäßig, zeitnah und umfassend über alle für das Unternehmen relevanten Fragen der Strategie, der Planung, der Geschäftsentwicklung, der Risikolage, des Risikomanagements und der Compliance zu informieren. Er hat auch auf Abweichungen des Geschäftsverlaufes von den aufgestellten Plänen und Zielen unter Angabe von Gründen einzugehen.[113] Die MaRisk unterstreichen somit die Notwendigkeit der Einbindung des Aufsichtsorgans u. a. auch bei strategischen Fragestellungen. Den Mitgliedern des Aufsichtsorgans ist – auch aus Eigeninteresse – dringend anzuraten, dass sie bei ihrer Mandatsausübung entsprechende Schwerpunkte legen. **123**

6.3 Ausschüsse des Aufsichtsorgans

Bei den vorgenannten Pflichten der Geschäftsleitung gegenüber dem Aufsichtsorgan kann auch auf Ausschüsse des Aufsichtsorgans zurückgegriffen werden. Auch hier orientieren sich die MaRisk an bereits bestehenden gesellschaftsrechtlichen Regelungen. Der Deutsche Corporate **124**

---

112 Vgl. Regierungskommission Deutscher Corporate Governance Kodex, Deutscher Corporate Governance Kodex, Fassung vom 7. Februar 2017, Abschnitte 3.2, 3.4 und 4.1.2, 5.2.

113 Vgl. Regierungskommission Deutscher Corporate Governance Kodex, Deutscher Corporate Governance Kodex, Fassung vom 7. Februar 2017, Abschnitt 3.4.

AT 4.2 Strategien

Governance Kodex begrüßt die Bildung fachlich qualifizierter Ausschüsse ausdrücklich, da man sich davon eine Steigerung der Effizienz der Arbeit des Aufsichtsrates vor allem im Zusammenhang mit der Behandlung komplexer Sachverhalte verspricht. Unberührt von solchen Beschlüssen bleibt jedoch das Recht jedes Mitgliedes des Aufsichtsrates auf Einsichtnahme in die Strategien.

125   Die Einschaltung eines Ausschusses des Aufsichtsorgans ist – in Anlehnung an die Vorgaben des Aktiengesetzes und des Deutschen Corporate Governance Kodex – an bestimmte Voraussetzungen geknüpft (→ AT 4.2 Tz. 5, Erläuterung):
- Es liegt ein entsprechender Beschluss des Aufsichtsorgans vor, die Beschäftigung mit diesen Themen an einen Ausschuss zu delegieren.
- Der Vorsitzende des Ausschusses muss regelmäßig das gesamte Aufsichtsorgan informieren.
- Jedem Mitglied des Aufsichtsorgans muss weiterhin das Recht eingeräumt werden, die an den Ausschuss geleiteten Unterlagen einsehen zu können.

126   In analoger Weise kann hinsichtlich der regelmäßigen Information des Aufsichtsorgans über die Risikosituation verfahren werden (→ BT 3.1 Tz. 5, Erläuterung).

6.4   Verschwiegenheitspflichten der Organmitglieder

127   Im Verlauf der Erörterungen der Anforderungen an die Geschäftsleitung mit Bezug zum Aufsichtsorgan wurde des Öfteren mehr oder minder offen das Thema Verschwiegenheit adressiert. Informationen mit strategischem Hintergrund können für das Institut aus unterschiedlichen Gründen sehr sensibel sein, so dass sie nicht an unberechtigte Dritte weitergegeben werden sollten (z. B. Positionierung im Wettbewerb). Ein funktionierendes Zusammenspiel setzt eine offene Diskussion zwischen Geschäftsleitung und Aufsichtsorgan voraus. Die Wahrung der Vertraulichkeit ist eine wichtige Voraussetzung dafür, dass dieser Austausch tatsächlich im Interesse des Institutes mit Leben gefüllt wird. Von allen Organmitgliedern ist daher – auch mit Bezug auf die von ihnen eingeschalteten Mitarbeiter – sicherzustellen, dass die Verschwiegenheitspflichten beachtet werden. In diesem Zusammenhang sei darauf verwiesen, dass Verstöße gegen die Geheimhaltungspflicht nach gesellschaftsrechtlichen Regelungen Straftatbestände darstellen, die mit Geld- oder sogar Freiheitsstrafen geahndet werden können (§ 404 AktG, § 151 GenG). Verschwiegenheitspflichten des Aufsichtsorgans können natürlich auch bei anderen Anforderungen der MaRisk berührt sein, wie z. B. bei den Berichtspflichten der Geschäftsleitung über die Risikosituation (→ AT 4.3.2 Tz. 3 und BT 3.1 Tz. 5).

7 Kommunikation der Strategien (Tz. 6)

6 Die Inhalte sowie Änderungen der Strategien sind innerhalb des Institutes in geeigneter Weise zu kommunizieren. **128**

7.1 Information über Inhalte und Änderungen der Strategien

Entscheidungen von zentraler Bedeutung, wie etwa die Festlegung oder Anpassung der Strategien, werden zwar von der Geschäftsleitung getroffen. Die beste Strategie wird jedoch kaum erfolgreich sein, wenn sie nicht an diejenigen kommuniziert wird, die sie umsetzen sollen, nämlich die Mitarbeiter. Zwingende Voraussetzung für die Umsetzung der Strategien ist daher eine geeignete Kommunikation ihrer Inhalte. Eine Strategie, die nicht kommuniziert wird, läuft ins Leere. Sie bleibt letztendlich ein Muster ohne Wert. Beispielsweise wäre eine sinnvolle Ausdifferenzierung der Limitsysteme auf operativer Ebene schlichtweg unmöglich, solange den für die Limiteinrichtung verantwortlichen Mitarbeitern der durch den Risikoappetit der Geschäftsleitung bestimmte Globalrahmen nicht bekannt ist ($\rightarrow$ AT4.2 Tz. 2). **129**

Die Inhalte und Änderungen der Strategien sind daher in geeigneter Weise innerhalb des Institutes zu kommunizieren. Die Anforderung bezieht sich auf die Kommunikation sowohl der Geschäftsstrategie als auch der Risikostrategie.[114] Die Mitarbeiter kennen dadurch den von der Geschäftsleitung gesetzten strategischen Rahmen und können ihren Beitrag zur Umsetzung der Strategien leisten. Abweichungen von den strategischen Vorgaben der Geschäftsleitung können bspw. im Rahmen der Risikoberichterstattung weitergegeben werden, so dass die Geschäftsleitung in die Lage versetzt wird, ggf. erforderliche Korrekturen vorzunehmen. Die Kommunikation der Strategien hat noch weitere Vorteile. Die Mitarbeiter können sich mit den übergeordneten Vorgaben der Geschäftsleitung identifizieren, so dass die Akzeptanz der Strategien im Institut erhöht wird. Sie können darüber hinaus eigene Vorschläge zur konkreten Umsetzung der Strategien unterbreiten, sofern sie nicht ohnehin in irgendeiner Weise an deren Ausarbeitung beteiligt sind. Die Kommunikation der Strategien wird daher regelmäßig auch positive Auswirkungen auf die Motivation der Mitarbeiter haben und deren Risikobewusstsein im Interesse des Institutes schärfen. **130**

Letztlich ist die Kommunikation der Strategien auch eine Frage der Risikokultur. So sollten die Institute eine Risikokultur mittels eines Verhaltenskodex[115] sowie Richtlinien, Kommunikation und Fortbildungen der Mitarbeiter bezüglich der Tätigkeiten, der Strategie und des Risikoprofils des Institutes entwickeln und anpassen, um der Verantwortung der Mitarbeiter bezüglich Risikoappetit und Risikomanagement Rechnung zu tragen.[116] Die kontinuierliche Kommunikation über Risikothemen, einschließlich der Risikostrategie, im gesamten Institut ist ein wesentlicher Grundsatz einer starken Risikokultur. Eine starke Risikokultur sollte das Risikobewusstsein fördern und eine offene Kommunikation und Herausforderung in Bezug auf das Eingehen von Risiken innerhalb des Institutes sowie vertikal zur und von der Geschäftsleitung fördern. Das obere Management sollte aktiv mit den Kontrollfunktionen über die wichtigsten Pläne und Aktivitäten des **131**

---

114 Vor der dritten MaRisk-Novelle war eine Kommunikation lediglich mit Blick auf die Risikostrategie zwingend erforderlich. Eine Kommunikation der Geschäftsstrategie war nicht verpflichtend geregelt.

115 Gemäß AT 5 Tz. 3 lit. g MaRisk haben Institute abhängig von ihrer Größe sowie der Art, dem Umfang, der Komplexität und dem Risikogehalt der Geschäftsaktivitäten einen Verhaltenskodex vorzuhalten.

116 Vgl. European Banking Authority, Leitlinien zur internen Governance, EBA/GL/2017/11, 21. März 2018, S. 26.

Managements kommunizieren und diese konsultieren, damit die Kontrollfunktionen ihre Aufgaben wirksam wahrnehmen können.[117]

7.2 Art und Weise der Kommunikation

132 Die Bedeutung der Art und Weise der Kommunikation der Strategien sollte nicht unterschätzt werden. Letztlich können die Mitarbeiter die Strategien nicht nachvollziehen, wenn sie unverständlich sind. Oberflächliche Darstellungen sind in diesem Zusammenhang ebenso wenig hilfreich wie komplexe Beschreibungen, die mit überbordenden Zahlenkolonnen bestückt sind.[118] Bei der Kommunikation muss daher ein geeigneter Mittelweg gefunden werden, da die Strategien ansonsten nicht auf breite Akzeptanz bei den Mitarbeitern stoßen. Die Information über die Richtlinien und die Strategien des Institutes sollte in jedem Fall auf klare und einheitliche Art und Weise erfolgen. Dies kann in Form von schriftlichen Leitlinien, Handbüchern oder anderweitig erfolgen.[119]

133 In den MaRisk wird deshalb explizit eingefordert, dass die Strategien »in geeigneter Weise« zu kommunizieren sind, ohne dabei allerdings eine bestimmte Kommunikationsform vorzuschreiben. Es wäre auch wenig zweckmäßig, wenn die Aufsicht in diesem Bereich konkrete Anforderungen stellen würde. So wird es z.B. bei einem kleinen Institut mit überschaubaren Geschäftsaktivitäten i.d.R. relativ einfach sein, die geschäfts- und risikostrategische Ausrichtung innerhalb des Institutes zu kommunizieren. Deutlich schwieriger wird das Unterfangen bei international agierenden Bankkonzernen mit Tausenden von Mitarbeitern. In der Praxis werden die risikostrategischen Vorgaben der Geschäftsleitung häufig in Rahmenanweisungen fixiert, die neben der geschäftsstrategischen Ausrichtung und den Organisationsrichtlinien Bestandteil der gesamten schriftlich fixierten Ordnung des Institutes sind (→ AT4.2 Tz.2 und AT5 Tz.1).

7.3 Zielgerichtete Kommunikation

134 Die Strategien müssen auch nicht unbedingt jedem Mitarbeiter des Institutes bekanntgemacht werden. So wird etwa die strategische Ausrichtung des Institutes für die Tätigkeit bestimmter Mitarbeiter nur von geringer oder sogar überhaupt keiner Bedeutung sein (z.B. Boten oder Pförtner). Nach den Vorgaben der EBA sollten allen betroffenen Mitarbeitern die Strategien sowie jene Richtlinien und Verfahren mitgeteilt werden, die mit ihren Aufgaben und Verantwortlichkeitsbereichen in Verbindung stehen, damit sie ihre jeweiligen Aufgaben wahrnehmen können.[120] Daher ist bei der internen Kommunikation grundsätzlich auch eine Schwerpunktsetzung möglich.

135 Der Baseler Ausschuss für Bankenaufsicht erwartet z.B., dass die Liquiditätsstrategie sowie die wichtigsten Richtlinien zur Umsetzung dieser Strategie und die Struktur des Liquiditätsrisikomanagements in geeigneter Weise unternehmensweit kommuniziert werden. Insbesondere sollten sich alle Geschäftseinheiten, die liquiditätswirksame Aktivitäten durchführen, der Liquiditätsstrategie voll bewusst sein und im Rahmen der genehmigten Richtlinien, Verfahren, Limite und

---

117 Vgl. Basel Committee on Banking Supervision, Guidelines – Corporate governance principles for banks, BCBS d328, 8. Juli 2015, S. 30.

118 Vgl. Bucher, Silvan/Holstein, William K./Campell, Duri, Wie sich Strategien erfolgreich umsetzen lassen, in: io new management, Heft 12/2007, S. 57.

119 Vgl. European Banking Authority, Leitlinien zur internen Governance, EBA/GL/2017/11, 21. März 2018, S. 51.

120 Vgl. European Banking Authority, Leitlinien zur internen Governance, EBA/GL/2017/11, 21. März 2018, S. 51.

Kontrollen arbeiten. Die für das Liquiditätsrisikomanagement verantwortlichen Personen sollten darüber hinaus enge Beziehungen zu denjenigen unterhalten, die die Marktbedingungen überwachen, sowie zu anderen Personen, die Zugang zu kritischen Informationen haben, wie z.B. Kreditrisikomanagern.[121]

7.4 Erleichterung der Kommunikation

Die Basis für eine funktionierende Kommunikation kann im Prinzip schon bei der Entwicklung der Strategien geschaffen werden. Die Ziele und die zur Zielerreichung erforderlichen Maßnahmen müssen nicht qua Kommando von der Geschäftsleitung verordnet werden. Vielmehr kann die Geschäftsleitung bereits in dieser Phase leitende Manager (z.B. Abteilungs- oder Bereichsleiter) aus verschiedenen Organisationseinheiten in den Prozess einbeziehen, um auf der Grundlage fundierter Diskussionen Entscheidungen herbeizuführen. Auf der Basis eines breiten Konsenses lässt sich die strategische Ausrichtung deutlich leichter kommunizieren.[122] Das leitende Management kann im Weiteren als Vermittler zwischen Geschäftsleitung und Mitarbeitern agieren. Strategieworkshops, Informationsveranstaltungen sowie Umlaufverfahren, E-Mail-Benachrichtigungen oder das Intranet kommen in diesem Zusammenhang als mögliche Kommunikationsmittel in Betracht.

136

---

121 Vgl. Basel Committee on Banking Supervision, Principles for Sound Liquidity Risk Management and Supervision, BCBS 144, 25. September 2008, S. 8.
122 Vgl. Kreutzer, Markus/Lechner, Christoph, Implementierung von Strategien, in: OrganisationsEntwicklung, Heft 1/2009, S. 5.

AT 4.3 Internes Kontrollsystem

1 Einführung und Überblick

1.1 Bestandteile des internen Kontrollsystems

1 Nach §25a Abs.1 Satz 3 Nr. 3 KWG umfasst das »interne Kontrollsystem« insbesondere die aufbau- und ablauforganisatorischen Regelungen mit klarer Abgrenzung der Verantwortungsbereiche, die Prozesse zur Identifizierung, Beurteilung, Steuerung sowie Überwachung und Kommunikation der Risiken entsprechend den in Art. 76 bis 87 CRD IV niedergelegten technischen Kriterien sowie die Risikocontrolling- und die Compliance-Funktion.

2 Die allgemeinen Anforderungen an die Aufbau- und Ablauforganisation (→ AT 4.3.1) sowie an die Risikosteuerungs- und -controllingprozesse (→ AT 4.3.2) sind in diesem Modul niedergelegt. Die Anforderungen an die Durchführung von institutsinternen Stresstests wurden vor dem Hintergrund umfangreicher regulatorischer Initiativen und aus Gründen der Übersichtlichkeit im Rahmen der dritten MaRisk-Novelle in ein separates Modul überführt (→ AT 4.3.3). Mit der fünften MaRisk-Novelle wurden außerdem die Vorgaben zum Management und zur Aggregation von Risikodaten ergänzt (→ AT 4.3.4), die vor allem für die Risikoberichterstattung von zentraler Bedeutung sind.

3 Die besonderen Funktionen, zu denen neben der Risikocontrolling-Funktion (→ AT 4.4.1) und der Compliance-Funktion (→ AT 4.4.2), die beide der zweiten Verteidigungslinie zugerechnet werden, außerhalb des internen Kontrollsystems als dritte Verteidigungslinie auch die Interne Revision (→ AT 4.4.3) gehört, werden aufgrund ihrer übergreifenden Bedeutung für das Risikomanagement eines Institutes separat behandelt (→ AT 4.4).

1.2 Aufbau- und Ablauforganisation

Das interne Kontrollsystem umfasst alle Formen von Überwachungsmechanismen, die integraler **4** Bestandteil der zu überwachenden Prozesse sind (prozessabhängige Überwachung). Die für derartige Überwachungsaufgaben zuständigen Mitarbeiter oder Stellen sind an den jeweiligen Arbeitsprozessen beteiligt und häufig auch für das Ergebnis der zu überwachenden Prozesse verantwortlich. Deshalb kommt es vor allem darauf an, Interessenkonflikte zu vermeiden, indem z.B. miteinander unvereinbare Tätigkeiten durch unterschiedliche Mitarbeiter durchgeführt werden oder Mitarbeitern keine Tätigkeiten zugewiesen werden, die gegen das Verbot der Selbstprüfung und -überprüfung verstoßen (→ AT4.3.1 Tz.1).

Um für die entsprechenden Festlegungen eine solide Basis zu haben, müssen die jeweiligen **5** Prozesse sowie die damit verbundenen Aufgaben, Kompetenzen, Verantwortlichkeiten, Kontrollen und Kommunikationswege zunächst klar definiert und aufeinander abgestimmt werden. Dabei sollten die Institute darauf achten, dass die Berechtigungen und Kompetenzen am tatsächlichen Bedarf orientiert und regelmäßig hinterfragt werden (→ AT4.3.1 Tz.2).

1.3 Risikosteuerungs- und -controllingprozesse

Die Institute müssen angemessene Prozesse zur Identifizierung, Beurteilung, Steuerung sowie **6** Überwachung und Kommunikation der wesentlichen Risiken und der damit verbundenen Risikokonzentrationen (Risikosteuerungs- und -controllingprozesse) einrichten. Diese Prozesse sollten nicht für sich betrachtet werden, sondern in eine gemeinsame Ertrags- und Risikosteuerung (»Gesamtbanksteuerung«) eingebunden werden (→ AT4.3.2 Tz.1). Die Identifizierung der Risiken auf Basis geeigneter Indikatoren muss frühzeitig erfolgen (→ AT4.3.2 Tz.2), damit die Maßnahmen zur Risikobegrenzung und -überwachung unter Berücksichtigung der Risikotragfähigkeit und des Risikoappetits ihre Wirkung überhaupt entfalten können. Für die Risikoberichterstattung ist es von besonderer Bedeutung, dass die wesentlichen Risiken vollständig erfasst und in angemessener Weise dargestellt werden, um daraus Steuerungsimpulse generieren zu können.

Diesem Zweck dient die regelmäßige Berichterstattung der Risikocontrolling-Funktion an die **7** Geschäftsleitung. Die Geschäftsleitung hat wiederum mindestens vierteljährlich das Aufsichtsorgan über die Risikosituation zu informieren, damit es seiner Überwachungsfunktion nachkommen kann (→ AT4.3.2 Tz.3). Unter besonderen Umständen kann es auch erforderlich sein, die Geschäftsleitung, die jeweiligen Verantwortlichen und ggf. die Interne Revision ad hoc über risikorelevante Sachverhalte in Kenntnis zu setzen (→ AT4.3.2 Tz.4).

Schließlich müssen die Risikosteuerungs- und -controllingprozesse sowie die zur Risikoquanti- **8** fizierung eingesetzten Methoden und Verfahren regelmäßig und anlassbezogen überprüft und ggf. angepasst werden. Dafür gelten grundsätzlich dieselben Anforderungen wie zur Überprüfung der Angemessenheit der Methoden und Verfahren zur Sicherstellung der Risikotragfähigkeit (→ AT4.3.2 Tz.5). Das bedeutet, dass den Grenzen und Beschränkungen, die sich aus den eingesetzten Methoden und Verfahren, den ihnen zugrundeliegenden Annahmen und den in die Risikoquantifizierung einfließenden Daten ergeben, hinreichend Rechnung zu tragen ist. Insbesondere sind aus anderen Quellen stammende Daten und Annahmen auf ihre Eignung für das eigene Institut zu überprüfen. Zudem sollten vergleichsweise komplexe Prozesse, Methoden und Verfahren in angemessener Weise validiert werden (→ AT4.1 Tz.9).

1.4 Stresstests

9 Die Institute müssen regelmäßig und anlassbezogen Stresstests für die wesentlichen Risiken durchführen, die ihren Geschäftsaktivitäten angemessen sind. Damit sollen sie ihr individuelles Gefährdungspotenzial bezüglich außergewöhnlicher, aber plausibel möglicher Ereignisse auf Portfolio-, Geschäftsbereichs- oder Institutsebene etc. überprüfen (→ AT 4.3.3 Tz. 1). Auch für das Gesamtrisikoprofil des Institutes sind – wie in § 25c Abs. 4a Satz 1 Nr. 3 lit. f KWG gefordert – die Auswirkungen geeigneter übergeordneter Stressszenarien zu analysieren, die instituteigene und marktweite Ursachen sowie die Wechselwirkungen zwischen den Risikoarten berücksichtigen (→ AT 4.3.3 Tz. 2).

10 Die zugrundegelegten Szenarien sollten sich unter Berücksichtigung der strategischen Ausrichtung des Institutes und seines wirtschaftlichen Umfeldes nicht auf historische Ereignisse beschränken, sondern auch auf hypothetischen Ereignissen basieren. Zu analysieren sind dabei u. a. die Auswirkungen eines schweren konjunkturellen Abschwungs auf Gesamtinstitutsebene (→ AT 4.3.3 Tz. 3). Je nach Art, Umfang, Komplexität und Risikogehalt der Geschäftsaktivitäten sind zudem sogenannte »inverse Stresstests« in qualitativer oder quantitativer Hinsicht durchzuführen, die auch zur Beurteilung der Angemessenheit der »normalen Stresstests« und der zugrundeliegenden Annahmen herangezogen werden können (→ AT 4.3.3 Tz. 4). Diese Beurteilung hat mindestens jährlich zu erfolgen (→ AT 4.3.3 Tz. 5).

11 Die Ergebnisse der Stresstests sollen kritisch reflektiert und zur Ermittlung eines möglichen Handlungsbedarfes herangezogen werden. Dieser Handlungsbedarf kann neben einer Unterlegung mit Risikodeckungspotenzial auch in einer verschärften Überwachung der Risiken sowie in einer Anpassung der Limite oder der geschäftspolitischen Ausrichtung münden (→ AT 4.3.3 Tz. 6).

1.5 Risikodatenaggregation

12 Systemrelevante Institute müssen institutsweit und gruppenweit geltende Grundsätze für das Datenmanagement, die Datenqualität und die Aggregation von Risikodaten festlegen, um insbesondere ihre Fähigkeiten zur zeitnahen Risikoanalyse und -berichterstattung zu verbessern (→ AT 4.3.4 Tz. 1). Dies gilt auch für jene Situationen, in denen Risikopositionen ad hoc nach unterschiedlichen Kriterien und auf unterschiedlichen Ebenen (Geschäftsfelder, Portfolios, ggf. Einzelgeschäfte) auszuweisen und zu analysieren sind (→ AT 4.3.4 Tz. 6). Vor diesem Hintergrund müssen die aggregierten Risikodaten sowohl unter gewöhnlichen Umständen als auch in Stressphasen zeitnah zur Verfügung stehen, wofür das Institut interne Vorgaben festlegen muss (→ AT 4.3.4 Tz. 5).

13 Die Fähigkeit zur zeitnahen Berichterstattung basiert in erster Linie auf einer Datenstruktur und Datenhierarchie, bei der die Daten zweifelsfrei identifiziert, zusammengeführt und ausgewertet werden können (→ AT 4.3.4 Tz. 2). Um eine möglichst automatisierte Auswertung und Aggregation der Daten nach unterschiedlichen Kategorien zu gewährleisten, hat das Institut interne Anforderungen an die Genauigkeit und Vollständigkeit der Daten zu formulieren (→ AT 4.3.4 Tz. 3).

14 Zur Qualitätskontrolle müssen die Risikodaten und die Daten in den Risikoberichten mit anderen verfügbaren Informationen abgeglichen werden, um sie zu plausibilisieren und Datenfehler bzw. Schwachstellen in der Datenqualität zu identifizieren. Dafür können z. B. Daten aus dem Rechnungswesen und dem Meldewesen herangezogen werden (→ AT 4.3.4 Tz. 4). Für alle Prozessschritte sind Verantwortlichkeiten festzulegen und prozessabhängige Kontrollen einzurichten. Die Einhaltung der institutsinternen Regelungen, Verfahren, Methoden und Prozesse ist von einer von den geschäftsinitiierenden bzw. -abschließenden Einheiten unabhängigen Stelle regelmäßig zu überprüfen (→ AT 4.3.4 Tz. 7).

2 Implementierung des internen Kontrollsystems (Tz. 1)

1 In jedem Institut sind entsprechend Art, Umfang, Komplexität und Risikogehalt der **15** Geschäftsaktivitäten

a) Regelungen zur Aufbau- und Ablauforganisation zu treffen,

b) Risikosteuerungs- und -controllingprozesse einzurichten und

c) eine Risikocontrolling-Funktion und eine Compliance-Funktion zu implementieren.

2.1 Bestandteile des internen Kontrollsystems

An dieser Stelle wird mit Blick auf den Wortlaut von §25a Abs. 1 Satz 3 Nr. 3 KWG lediglich zum **16** Ausdruck gebracht, dass alle Institute über die wesentlichen Komponenten des internen Kontrollsystems verfügen müssen, d. h. über

– aufbau- und ablauforganisatorische Regelungen mit klarer Abgrenzung der Verantwortungsbereiche (→ AT4.3.1),

– Risikosteuerungs- und -controllingprozesse, also Prozesse zur Identifizierung, Beurteilung, Steuerung, Überwachung und Kommunikation der Risiken (→ AT4.3.2) sowie

– eine Risikocontrolling-Funktion (→ AT4.4.1) und eine Compliance-Funktion (→ AT4.4.2).

Gleichzeitig verweist die deutsche Aufsicht darauf, dass die Ausgestaltung des internen Kontroll- **17** systems von Art, Umfang, Komplexität und Risikogehalt der Geschäftsaktivitäten abhängig ist. Insofern gilt das Proportionalitätsprinzip auch für die einzelnen Komponenten des internen Kontrollsystems.

Es sei darauf hingewiesen, dass sich die in Modul AT4.3.1 formulierten Prinzipien zur Aufbau- **18** und Ablauforganisation, die insbesondere darauf abzielen, dass Interessenkonflikte vermieden (→ AT4.3.1 Tz.1) und die Prozesse sowie die damit verbundenen Aufgaben, Kompetenzen, Verantwortlichkeiten, Kontrollen und Kommunikationswege klar definiert und aufeinander abgestimmt werden (→ AT4.3.1 Tz.2), grundsätzlich auch auf die Ausgestaltung der Risikosteuerungs- und -controllingprozesse beziehen.

Die Regelungen zur Aufbau- und Ablauforganisation werden zunächst aus übergreifender Sicht **19** (→ BTO) sowie anschließend speziell für das Kreditgeschäft (→ BTO1) und das Handelsgeschäft (→ BTO2) eines Institutes weiter präzisiert. Auch die näheren Ausführungen zu den Risikosteuerungs- und -controllingprozessen für die Adressenausfallrisiken (→ BTR1), die Marktpreisrisiken (→ BTR2), die Zinsänderungsrisiken im Anlagebuch (→ BTR2.3), die Liquiditätsrisiken (→ BTR3) und die operationellen Risiken (→ BTR4) sind im besonderen Teil der MaRisk niedergelegt. Die konkreten Anforderungen an die Berichterstattung über die verschiedenen Risikoarten wurden allerdings im Zuge der fünften MaRisk-Novelle an einer Stelle zusammengeführt, um die Bedeutung einer integrierten Risikoberichterstattung zu betonen (→ BT3).

Die aufbauorganisatorischen Vorgaben zur Risikocontrolling-Funktion (→ AT4.4.1) und zur **20** Compliance-Funktion (→ AT4.4.2) sowie deren wesentliche Aufgabenbereiche im Rahmen der Risikosteuerungs- und -controllingprozesse werden im Anschluss dargelegt (→ AT4.4).

AT 4.3.1 Aufbau- und Ablauforganisation

1 Vermeidung von Interessenkonflikten (Tz 1)

1 Bei der Ausgestaltung der Aufbau- und Ablauforganisation ist sicherzustellen, dass miteinander unvereinbare Tätigkeiten durch unterschiedliche Mitarbeiter durchgeführt und auch bei Arbeitsplatzwechseln Interessenkonflikte vermieden werden. Beim Wechsel von Mitarbeitern der Handels- und Marktbereiche in nachgelagerte Bereiche und Kontrollbereiche sind für Tätigkeiten, die gegen das Verbot der Selbstprüfung und -überprüfung verstoßen, angemessene Übergangsfristen vorzusehen.

1.1 Interessenkonflikte

Die Konzentration verschiedener Aufgaben auf einzelne Personen kann bei Instituten zu mehr oder minder stark ausgeprägten Interessenkonflikten führen, die sich negativ auf die Ziele des Institutes auswirken können. Interessenkonflikte sind grundsätzlich auf allen Hierarchiestufen möglich und können verschiedene Abläufe innerhalb einer Organisation berühren. Mit besonders drastischen Auswirkungen ist dann zu rechnen, wenn risikorelevante Aufgaben bei hochrangigen Entscheidungsträgern konzentriert sind und diese keiner weiteren Kontrolle unterliegen. Sie können sich im ungünstigen Fall zu einem Sprengsatz ausweiten, wenn zugleich erfolgsabhängige Vergütungen an dieselben Entscheidungsträger gezahlt werden, die das Eingehen von unverhältnismäßigen Risiken geradezu fördern. Der Bankrott der britischen Investmentbank Barings im Jahre 1995 war unmittelbar auf eine solche Konstellation zurückzuführen. Abschluss und Abwicklung von riskanten Spekulationsgeschäften lagen in der Hand eines einzelnen Mitarbeiters. Das Fehlen geeigneter Kontrollmechanismen nutzte dieser Mitarbeiter für betrügerische Handlungen im eigenen Interesse aus.

In den Unternehmen bedient man sich verschiedener Mittel, um die negativen Folgen bestehender Interessenkonflikte zu vermeiden oder doch zumindest abzuschwächen. Ein wirksames Mittel ist Transparenz. Dementsprechend wird dem Deutschen Corporate Governance Kodex zufolge u. a. empfohlen, dass jedes Vorstandsmitglied bestehende Interessenkonflikte gegenüber dem Aufsichtsrat und den übrigen Vorstandsmitgliedern unverzüglich offenzulegen hat.[1] In eine ähnliche Richtung zielen die Berichtspflichten der MaRisk ($\rightarrow$ AT 4.3.2 Tz. 3 und BT 3.1 Tz. 1). Sie sind daher nicht nur eine wichtige Grundlage für die Steuerung und Überwachung der Risiken. Durch die transparente Darstellung der Risikosituation wird darüber hinaus die Problematik ggf. vorhandener Interessenkonflikte grundsätzlich entschärft. Transparenz ist allerdings nur ein Mittel zur Milderung der Auswirkungen von Interessenkonflikten. Eine weitere Maßnahme ist die Implementierung geeigneter Kontrollmechanismen. Hierzu gehören insbesondere Vorkehrungen, die gewährleisten, dass miteinander unvereinbare Tätigkeiten von unterschiedlichen Personen durchgeführt werden. Die MaRisk sehen in diesem Zusammenhang unterschiedlich ausgeprägte Trennungen von Funktionen, Stellen oder Bereichen vor, die im Grunde genommen alle auf das gängige »Vier-Augen-Prinzip« zurückgehen.

Darüber hinaus können sich Interessenkonflikte ergeben, wenn ein Mitarbeiter seine persönlichen Interessen über die Institutsinteressen stellt und diese persönlichen Interessen die Hand-

---

1 Der Deutsche Corporate Governance Kodex ist auf börsennotierte Unternehmen anzuwenden. Vgl. Regierungskommission Deutscher Corporate Governance Kodex, Deutscher Corporate Governance Kodex, Fassung vom 7. Februar 2017, Abschnitt 4.3.3.

lungen bzw. Entscheidungen des betreffenden Mitarbeiters bestimmen. Aus dem Verhalten des Mitarbeiters könnte für das Institut ggf. ein Schaden entstehen, z. B. ein finanzieller Schaden oder ein Reputationsschaden. Vor diesem Hintergrund enthält das Aufsichtsrecht neben den Anforderungen der MaRisk an die Ausgestaltung der Aufbau- und Ablauforganisation zahlreiche weitere Regelungen zur Vermeidung von Interessenkonflikten. So regelt z. B. § 15 KWG die Modalitäten der Kreditvergabe an Personen oder Unternehmen, die dem Kredit gewährenden Institut aufgrund personeller oder finanzieller Verflechtungen eng verbunden sind (Organkredite). Darüber hinaus haben die Institute gemäß § 25h Abs. 1 Satz 1 KWG über ein angemessenes Risikomanagement und über Verfahren und Grundsätze zu verfügen, die der Verhinderung von sonstigen strafbaren Handlungen dienen, die zu einer Gefährdung des Vermögens des Institutes führen können.[2] Die Institute haben hierfür angemessene geschäfts- und kundenbezogene Sicherungssysteme zu schaffen und zu aktualisieren sowie Kontrollen durchzuführen. Als mitarbeiterbezogene Sicherungsmaßnahmen müssen die Institute z. B. über Richtlinien zu Einladungen und Geschenken verfügen.[3] Auch das WpHG enthält zahlreiche Vorgaben zur Vermeidung von Interessenkonflikten. So haben z. B. Wertpapierdienstleistungsunternehmen gemäß § 80 Abs. 1 Satz 1 Nr. 2 WpHG auf Dauer wirksame Vorkehrungen für angemessene Maßnahmen zu treffen, um Interessenkonflikte bei der Erbringung von Wertpapierdienstleistungen oder -nebendienstleistungen zwischen dem Unternehmen selbst (einschließlich Geschäftsleitern, Mitarbeitern, vertraglich gebundenen Vermittlern und durch Kontrolle im Sinne von Art. 4 Abs. 1 Nr. 37 CRR verbundenen Personen und Unternehmen) und seinen Kunden oder zwischen seinen Kunden untereinander zu erkennen und zu vermeiden oder zu regeln. Dies umfasst auch solche Interessenkonflikte, die durch die Annahme von Zuwendungen Dritter sowie durch die eigene Vergütungsstruktur oder sonstige Anreizstrukturen des Wertpapierdienstleistungsunternehmens verursacht werden. Die internen organisatorischen Vorkehrungen zur Identifizierung und zum Management von Interessenkonflikten werden durch die geschäftsbezogenen Verhaltenspflichten nach § 63 WpHG ergänzt. Diese Verhaltenspflichten sollen dazu führen, dass Interessenkonflikte erst gar nicht entstehen.

5   Auch nach den Vorstellungen der EBA haben die Institute über Richtlinien für den Umgang mit Interessenkonflikten innerhalb des Institutes zu verfügen. Hierzu gehört eine geeignete Aufgabentrennung, wie z. B. die Übertragung kollidierender Tätigkeiten auf unterschiedliche Personen.[4] Zudem enthalten die EBA-Leitlinien zur internen Governance umfangreiche Vorgaben im Hinblick auf den Umgang mit tatsächlichen und potenziellen Konflikten zwischen den Interessen des Institutes und den persönlichen Interessen der Mitarbeiter.[5]

---

2   Der Begriff der »sonstigen strafbaren Handlung« ist im KWG nicht definiert. Erfasst werden sollen alle vorsätzlichen versuchten oder vollendeten Handlungen im Inland oder einem anderen Rechtskreis, in dem das Kreditinstitut durch Tochtergesellschaften, Filialen oder Niederlassungen vertreten ist oder in sonstiger Weise seine Dienstleistungen aktiv erbringt, und die zu einer wesentlichen Gefährdung des Vermögens des Institutes führen können. Zu den strafbaren Handlungen gehören insbesondere Betrug und Untreue (§§ 263 ff. StGB), Diebstahl (§ 242 StGB), Unterschlagung (§ 246 StGB), Raub und Erpressung (§§ 249 ff. StGB), Korruptionsstraftaten (§§ 331 ff. StGB), Steuerstraftaten (§§ 269 ff. AO), Begünstigung (§ 257 StGB) sowie Straftaten gegen den Wettbewerb (§§ 298 ff. StGB). Die Institute haben den Begriff institutsspezifisch auszulegen. Diese Auslegung stellt die Grundlage für eine systematische Risikoidentifizierung sowie die darauf aufbauenden Definition und die Entwicklung von konkreten Sicherungsmaßnahmen dar. Vgl Auerbach, Dirk/ Hentschel, Simone, in: Schwennicke, Andreas/Auerbach, Dirk (Hrsg.), KWG, 3. Auflage, München, 2016, § 25h, Tz. 16.
3   Vgl. Auerbach, Dirk/Hentschel, Simone, in: Schwennicke, Andreas/Auerbach, Dirk (Hrsg.), KWG, 3. Auflage, München, 2016, § 25h KWG, Tz. 55.
4   Vgl. European Banking Authority, Leitlinien zur internen Governance, EBA/GL/2017/11, 21. März 2018, S. 29.
5   Vgl. European Banking Authority, Leitlinien zur internen Governance, EBA/GL/2017/11, 21. März 2018, S. 29 ff.

1.2 Vier-Augen-Prinzip

Das branchenübergreifend praktizierte Vier-Augen-Prinzip bezweckt, dass bestimmte Tätigkeiten **6** oder Entscheidungen eines Mitarbeiters durch einen zweiten Mitarbeiter kontrolliert werden. Klassisches Beispiel sind betriebsintern festgelegte Unterschriftenregelungen, nach denen unter rechtlichen Gesichtspunkten relevante Entscheidungen (z.B. Kaufverträge) von zwei Mitarbeitern zu unterzeichnen sind. In der Praxis zielt die Kontrolle durch ein zweites Augenpaar auch häufig auf die Einhaltung innerbetrieblicher Richtlinien ab. Zum Teil werden diese Kontrollen nur rein formal durchgeführt, d.h. der dem Vorgang innewohnende materielle Gehalt wird durch das zweite Augenpaar nicht kontrolliert. Durch die konsequente Anwendung des Vier-Augen-Prinzips können Fehler von vornherein vermieden werden (»Controls before the Fact«). Dieses Prinzip muss aber nicht nur der Fehlerprävention dienen. Es kann auch dazu verwendet werden, bereits bestehende Fehler aufzudecken (»Controls after the Fact«). Heutzutage wird das Vier-Augen-Prinzip auf breiter Ebene durch IT-Systeme unterstützt, so dass sich der an seine Implementierung geknüpfte Aufwand immer weiter reduziert. Die Funktion der zweiten Unterschrift entspricht in diesen Fällen z.B. einer IT-gestützten Freigabe.

Mit Hilfe des Vier-Augen-Prinzips lassen sich insbesondere Fehler reduzieren. Es dient somit der **7** Qualitätssicherung und -verbesserung. Ob es immer auch einen effektiven Beitrag zur Reduzierung von Interessenkonflikten leistet, hängt von seiner konkreten Ausgestaltung ab. Problematisch wäre z.B. eine Aufgabenverteilung, bei der Händler zugleich für Abwicklungsaufgaben zuständig sind und diese untereinander das Vier-Augen-Prinzip praktizieren.

1.3 Funktionstrennung auf personenbezogener Ebene

In den MaRisk wird betont, dass miteinander unvereinbare Tätigkeiten von unterschiedlichen **8** Mitarbeitern durchzuführen sind. Mit dieser Anforderung wird das klassische Vier-Augen-Prinzip an einer wichtigen Stelle präzisiert. Das Prinzip der Funktionstrennung auf personenbezogener Ebene gilt unabhängig von den speziellen Funktionstrennungsregelungen, die im besonderen Teil der MaRisk niedergelegt sind (→ BTO, BTO 1.1 und BTO 2.1). Es handelt sich daher um ein allgemeines Prinzip der Funktionstrennung, das die gesamte Aufbau- und Ablauforganisation des Institutes einbezieht.

Ob im Einzelfall Trennungen von Funktionen notwendig sind, die über die Anforderungen im **9** Modul BTO hinausgehen, sollte von jedem Institut in eigener Verantwortung beurteilt werden. Aus dem Gesamtrisikoprofil des Institutes können sich in dieser Hinsicht ggf. wichtige Erkenntnisse ableiten lassen. Im Vorfeld entsprechender Festlegungen sollte allerdings der voraussichtliche Kontrollnutzen dem zu erwartenden Kontrollaufwand gegenübergestellt werden. Eine überbordende Kontrollkultur kann ebenso wenig zweckmäßig sein wie das vollständige Fehlen von Kontrollen.

1.4 Funktionstrennung auf Bereichs- und Stellenebene

Die Anforderungen an die Funktionstrennung werden in Anbetracht des Bestehens spezifischer **10** Interessenkonfliktpotenziale bei bestimmten Geschäftsarten im besonderen Teil der MaRisk enger gefasst. Insbesondere sind in bestimmten Konstellationen aufbauorganisatorische Trennungen verschiedener Organisationseinheiten (Bereiche, Stellen) erforderlich. Zunächst sind bestimmte Bereiche (Markt, Handel) grundsätzlich bis einschließlich der Ebene der Geschäftsleitung von anderen Bereichen (Marktfolge) oder Funktionen (z. B. Risikocontrolling, Abwicklung und Kontrolle) zu trennen (→ BTO Tz. 3 und 4). Bei weniger ausgeprägten Interessenkonfliktpotenzialen ist zwar immer noch eine aufbauorganisatorische Trennung erforderlich. Jedoch ist in diesen Fällen keine Trennung bis einschließlich der Ebene der Geschäftsleitung vorgeschrieben. So sind das Rechnungswesen und die für die Überprüfung wesentlicher Rechtsrisiken zuständige Stelle zwar in Organisationseinheiten außerhalb der Vertriebsbereiche anzusiedeln, womit die Ebene unterhalb der Geschäftsleitung angesprochen wird. Jedoch ist deren Trennung von Handel und Markt auf der Ebene der Geschäftsleitung nicht erforderlich (→ BTO 1 Tz. 7 und 8).

11   Es empfiehlt sich, auch die Anforderungen in anderen Modulen mit den allgemeinen Funktionstrennungsprinzipien abzugleichen. Im Einzelfall könnte sich ggf. aus der geforderten Trennung der Risikocontrolling-Funktion bis einschließlich der Ebene der Geschäftsleitung von jenen Bereichen, die für die Initiierung bzw. den Abschluss von Geschäften zuständig sind, ein Handlungsbedarf ergeben (→ AT 4.4.1 Tz. 1). Ähnlich sieht es mit der geforderten Exklusivität der Leitung der Risikocontrolling-Funktion (→ AT 4.4.1 Tz. 4 und 5), den Vorgaben zur Anbindung der Compliance-Funktion an andere Kontrolleinheiten und deren Unabhängigkeit von Markt und Handel (→ AT 4.4.2 Tz. 3 inkl. Erläuterung) oder der Unabhängigkeit der Internen Revision (→ BT 2.2 Tz. 1 und 2) aus.

1.5   Vermeidung von Interessenkonflikten bei Arbeitsplatzwechseln

12   Interessenkonflikte sind auch bei Arbeitsplatzwechseln von Mitarbeitern zu vermeiden. Hierbei handelt es sich um eine Anforderung, die im Rahmen der dritten MaRisk-Novelle eingefügt wurde. Sie orientiert sich an entsprechenden Vorgaben von CEBS, die allerdings ihren Schwerpunkt auf die Handelsaktivitäten der Institute legen (»Market-related Activities«).[6] So können bspw. Interessenkonflikte nicht ausgeschlossen werden, wenn ein ursprünglich im Handel tätiger Mitarbeiter in einen Überwachungsbereich wechselt (z. B. Risikocontrolling, Abwicklung und Kontrolle). Mit Schwierigkeiten ist vor allem dann zu rechnen, wenn der Mitarbeiter dadurch Geschäfte überwacht, die er in seinem vorherigen Aufgabenbereich noch selbst initiiert hat. Ebenso problematisch kann unter Umständen auch ein Wechsel in die andere Richtung sein, da den Mitarbeitern der Überwachungsbereiche die ggf. vorhandenen Schwachstellen im Überwachungsprozess genau bekannt sind. Es ist insofern nicht auszuschließen, dass diese Schwachstellen ausgenutzt werden.

13   Im Unterschied zu CEBS hat die BaFin den Anwendungsbereich der Anforderung ausgedehnt. Sie ist damit nicht nur für den Bereich der Handelsaktivitäten von Relevanz, sondern gilt grundsätzlich im Hinblick auf alle Geschäftsaktivitäten der Institute. Diese Erweiterung ist schlüssig, denn vergleichbare Interessenkonflikte können auch im Kreditgeschäft der Institute virulent werden (z. B. bei einem Arbeitsplatzwechsel zwischen den Bereichen Markt und Marktfolge oder vom Markt in die Problemkreditbearbeitung). Die Anforderung bezieht sich zudem nicht nur auf dauerhafte Arbeitsplatzwechsel von Mitarbeitern. Interessenkonflikte sind auch dann zu vermeiden, wenn Mitarbeiter im Rahmen ihrer Arbeitszeit ständig an mehreren Arbeitsplätzen eingesetzt werden (z. B. Springer, Personalreserve).

14   Bezüglich der Vorkehrungen zur Vermeidung von Interessenkonflikten hat die BaFin zunächst keine konkreten Anforderungen gestellt. Die Institute waren insoweit aufgefordert, in eigener

---

6   »If staff change job positions between front, middle and back offices or IT this should be properly tracked. The potential risks stemming from a change in positions, especially if occurring within the same activity or product line, should be counterbalanced by appropriate control procedures.« Committee of European Banking Supervisors, Guidelines on the management of operational risks in market-related activities (GL 35), 12. Oktober 2010, S. 5.

Verantwortung geeignete Regelungen zu treffen. Als Maßnahme zur Vermeidung von Interessenkonflikten kommt z. B. eine genaue Definition der (neuen) Aufgabenbereiche des Mitarbeiters in Betracht, um konfliktträchtige Berührungspunkte zur vorherigen Tätigkeit auszuschließen. Denkbar ist ferner die Festlegung einer Karenzzeit für bestimmte Tätigkeiten, denen Interessenkonflikte innewohnen. Alternativ könnte auch eine temporäre Implementierung zusätzlicher Kontrollen erfolgen, wie z. B. eines Vier-Augen-Prinzips. Dabei gilt natürlich der Grundsatz der Proportionalität. Eine wichtige Rolle spielt dabei jeweils die Frage, wie intensiv und auf welcher Hierarchiestufe ein Mitarbeiter bei seinen früheren Tätigkeiten in bestimmte Entscheidungsprozesse involviert war. So wird eine lediglich begleitende Tätigkeit im Sinne einer Mitwirkung anders zu beurteilen sein, als die Wahrnehmung von Kompetenzen (z. B. beim Abschluss von risikoträchtigen Handelsgeschäften). Von Relevanz sind aber auch betriebswirtschaftliche Aspekte. Beispielsweise dürfte es vor allem für kleinere Institute mit eingeschränkten Personalressourcen kaum darstellbar sein, längere Karenzzeiten bei einem Arbeitsplatzwechsel von Mitarbeitern einzurichten.

In der Praxis erfolgt die Prüfung eines möglichen Interessenkonfliktes bei Arbeitsplatzwechseln **15** regelmäßig durch die Führungskraft des aufnehmenden Geschäftsbereiches (ggf. in Abstimmung mit dem abgebenden Bereich), die in Ausübung ihres Direktionsrechtes dem neuen Mitarbeiter seinen zukünftigen Aufgabenbereich zuweist. Die Prüfung beinhaltet – sofern notwendig – auch die Festlegung geeigneter Maßnahmen zur Vermeidung von Interessenkonflikten, wie z. B. eine angemessene Übergangs- oder Ausschlussfrist für bestimmte Tätigkeiten oder die Implementierung von geeigneten Kontrollen. Das Prüfungsergebnis ist zu dokumentieren.

1.6 Verbot der Selbstprüfung und -überprüfung

Mit der fünften MaRisk-Novelle hat die deutsche Aufsicht ergänzend gefordert, beim Wechsel von **16** Mitarbeitern der Handels- und Marktbereiche in nachgelagerte Bereiche und Kontrollbereiche für Tätigkeiten, die gegen das Verbot der Selbstprüfung und -überprüfung verstoßen, angemessene Übergangsfristen vorzusehen. Klassische Kontrollbereiche im Sinne der MaRisk sind die Risikocontrolling-Funktion und die Compliance-Funktion. Das Verbot der Selbstprüfung und -überprüfung ist allerdings auch bei einem Mitarbeiterwechsel in andere Kontrolleinheiten, wie z. B. die Compliance-Funktion nach MaComp, zu berücksichtigen.[7] Als nachgelagerte Bereiche im Kredit- bzw. Handelsgeschäft gelten in erster Linie die Marktfolge bzw. die Abwicklung und Kontrolle (→ AT 4.3.1 Tz. 1, Erläuterung).

Bei der erwähnten Selbstprüfung und -überprüfung geht es nicht darum, dass ein Mitarbeiter **17** seine eigene Tätigkeit kritisch hinterfragt, was durchaus gewünscht ist. Gemeint ist damit eine Kontrollhandlung im Sinne des Vier-Augen-Prinzips, die zur Vermeidung von Interessenkonflikten im Institut prozessual vorgesehen ist und nicht durch ein Zwei-Augen-Prinzip ausgehebelt werden darf. Mit dieser Klarstellung wird aber auch präzisiert, dass die betroffenen Mitarbeiter in ihren neuen Organisationseinheiten unmittelbar nach ihrem Wechsel durchaus mit Aufgaben betraut werden dürfen, die für das neue Arbeitsgebiet typisch sind. In der neuen Organisationseinheit ist mit dem Wechsel eines Mitarbeiters häufig ja gerade die Erwartung verbunden, dass damit auch ein gewünschter Know-how-Transfer einhergeht. Es wäre insofern betriebswirtschaftlich nicht sinnvoll, dieses Potenzial vollständig ungenutzt zu lassen und den neuen Mitarbeiter aus Vorsichtsgründen komplett aus den jeweiligen Arbeitsprozessen herauszuhalten.

---

[7] Bei dieser Interpretation wird unterstellt, dass sich die in den MaRisk genannte Compliance-Funktion von der Compliance-Funktion nach MaComp unterscheidet, wie in der Praxis durchaus üblich.

AT 4.3.1 Aufbau- und Ablauforganisation

18   Zur Umsetzung des Verbotes der Selbstprüfung und -überprüfung sind angemessene Übergangsfristen vorzusehen. Die deutsche Aufsicht hat darauf verzichtet, konkrete Zeiten vorzugeben, weil die Angemessenheit dieser Fristen wesentlich davon abhängt, wie groß das Konfliktpotenzial im konkreten Fall überhaupt ist. In Abhängigkeit davon können sich diese Fristen in einem Institut durchaus deutlich voneinander unterscheiden.

19   Sofern die Übergangsfristen zu einer unverhältnismäßigen Verzögerung im Betriebsablauf führen, können kleinere, weniger komplexe Institute abweichend hiervon alternative angemessene Kontrollmechanismen einrichten (→ AT 4.3.1 Tz. 1, Erläuterung). Damit sind z.B. die bereits erwähnten zusätzlichen Kontrollen gemeint, die auf ein Vier-Augen-Prinzip ohne funktionale Trennungen hinauslaufen können.

1.7   Strengere Vorgaben für die Interne Revision

20   Für die Interne Revision ist das Verbot der Selbstprüfung und -überprüfung bereits seit vielen Jahren eine Selbstverständlichkeit. Trotzdem wurde an anderer Stelle eine vergleichbare Vorgabe für den Wechsel von Mitarbeitern anderer Organisationseinheiten zur Internen Revision ergänzt. In diesem Fall wird von der deutschen Aufsicht sogar erwartet, in der Regel Übergangsfristen von mindestens einem Jahr vorzusehen. Erleichterungen hinsichtlich der Übergangsfristen sind in Abhängigkeit von der Art, dem Umfang, der Komplexität und dem Risikogehalt der betriebenen Geschäftsaktivitäten möglich (→ BT 2.2 Tz. 3).

21   Für die Tätigkeit der Internen Revision gelten zusätzliche Regelungen. So dürfen die in der Revision beschäftigten Mitarbeiter grundsätzlich keine revisionsfremden Aufgaben übernehmen. Das gilt insbesondere für Aufgaben, die mit ihrer Prüfungstätigkeit nicht im Einklang stehen. Andernfalls könnten diese Mitarbeiter in die Situation geraten, später ihre eigene Tätigkeit prüfen zu müssen. Soweit die Unabhängigkeit der Internen Revision jedoch gewährleistet ist, kann sie im Rahmen ihrer Aufgaben für die Geschäftsleitung oder andere Organisationseinheiten des Institutes beratend tätig sein (→ BT 2.2 Tz. 2).

22   Mitarbeiter, die in anderen Organisationseinheiten des Institutes beschäftigt sind, dürfen wiederum grundsätzlich nicht mit Aufgaben der Internen Revision betraut werden. Das schließt jedoch nicht aus, dass in begründeten Einzelfällen andere Mitarbeiter aufgrund ihres Spezialwissens zeitweise für die Interne Revision tätig werden können (→ BT 2.2 Tz. 3). In diesen Fällen ist jedoch sorgfältig abzuwägen, ob die Unabhängigkeit der Bewertung von Sachverhalten durch Hinzuziehung interner Experten noch gewährleistet ist. Auch dabei geht es letztlich um das Verbot der Selbstprüfung und -überprüfung.

2 Prozessabstimmung und Berechtigungsmanagement (Tz. 2)

2 Prozesse sowie die damit verbundenen Aufgaben, Kompetenzen, Verantwortlichkeiten, Kontrollen sowie Kommunikationswege sind klar zu definieren und aufeinander abzustimmen. Berechtigungen und Kompetenzen sind nach dem Sparsamkeitsgrundsatz (Need-to-know-Prinzip) zu vergeben und bei Bedarf zeitnah anzupassen. Dies beinhaltet auch die regelmäßige und anlassbezogene Überprüfung von IT-Berechtigungen, Zeichnungsberechtigungen und sonstigen eingeräumten Kompetenzen innerhalb angemessener Fristen. Die Fristen orientieren sich dabei an der Bedeutung der Prozesse und, bei IT-Berechtigungen, dem Schutzbedarf verarbeiteter Informationen. Das gilt auch bezüglich der Schnittstellen zu wesentlichen Auslagerungen.

23

2.1 Definition und Abstimmung

Kernelement jeder funktionierenden Organisation ist die klare und aufeinander abgestimmte Definition von Prozessen und daran geknüpfter Aufgaben, Kompetenzen, Verantwortlichkeiten, Kontrollen und Kommunikationswege. Diese Anforderung stellt eine nicht zu unterschätzende Herausforderung für die Institute dar. Zwar sollte die Definition der genannten Elemente für sich genommen keine allzu großen Schwierigkeiten verursachen, da sie bereits weitgehend in Organisationsrichtlinien fixiert sind. Die Kunst besteht jedoch darin, diese Kernbestandteile der institutsinternen Prozesse sinnvoll aufeinander abzustimmen. Fehlt es an klaren und sinnvoll abgestimmten Festlegungen, sind Doppelarbeiten, Verantwortungslücken oder auch Verantwortlichkeiten ohne tatsächliche Einflussmöglichkeiten vorprogrammiert. Solche organisatorischen Schwächen sind nicht nur unter Risikogesichtspunkten, sondern auch aus betriebswirtschaftlicher Sicht kontraproduktiv. Insoweit wird an dieser Stelle unterstrichen, dass betriebswirtschaftliche Kalküle und regulatorische Notwendigkeiten keinen unüberbrückbaren Widerspruch darstellen. Vielmehr können sich beide Seiten sinnvoll ergänzen. So wurden bereits im Rahmen der Umsetzung der MaK umfangreiche Projekte initiiert, die z. B. darauf abzielten, das für die regional aufgestellten Institute so wichtige Kreditgeschäft auch unter Effizienz- und Qualitätsgesichtspunkten zu optimieren.[8]

24

2.2 Prozesse

Prozesse werden als sachlogisch zusammenhängende und inhaltlich abgeschlossene Aktivitäten oder Funktionen definiert, die eine Wertschöpfung erbringen und damit zur Umsetzung der Unternehmensziele beitragen. Prozesse haben typischerweise einen eindeutigen Startpunkt und einen festgelegten Abschluss. Sie bestehen in Abhängigkeit von ihrer Komplexität häufig aus unterschiedlichen Teilprozessen und werden in immer stärkerem Maße durch die Informationstechnologie unterstützt. In den MaRisk werden Anforderungen an die Ausgestaltung der für ein

25

---

8 Vgl. Krause, Ralf Henning/Patock, Ralf, Konkrete Lösungen für eine optimierte Kreditbearbeitung, in: Die Sparkasse, Heft 5/2003, S. 226.

Institut wesentlichen Prozesse gestellt. Dies betrifft die Prozesse im Kredit- und Handelsgeschäft (→ BTO) sowie die Risikosteuerungs- und -controllingprozesse (→ BTR).

2.3 Aufgaben

26 Unter Aufgaben versteht man i. d. R. für einzelne Mitarbeiter bestehende Pflichten, eine vorgegebene Handlung durchzuführen und dabei ein bestimmtes Ergebnis anzustreben. Die MaRisk beziehen sich auf vielfältige Aufgaben, die häufig Kontrollcharakter besitzen. So sind z.B. im Rahmen der Abwicklung von Handelsgeschäften auf der Basis der vom Handel erhaltenen Unterlagen Bestätigungen auszufertigen und an die Kontrahenten weiterzuleiten (→ BTO 2.2.2 Tz. 1). Wird diese Aufgabe nicht klar definiert, ergeben sich zwangsläufig Störungen im Bestätigungsverfahren, die dem reibungslosen Ablauf der Handelsaktivitäten entgegenstehen. Allerdings müssen nicht alle Aufgaben zwingend durch Handlungen von Mitarbeitern erfüllt werden. Die Bestätigungen zwischen den Instituten werden z.B. in vielen Fällen automatisch über IT-Plattformen generiert (→ BTO 2.2.1 Tz. 5), wenn zuvor die Eingabe aller relevanten Daten ordnungsgemäß abgeschlossen wurde.

2.4 Kompetenzen

27 Der Begriff »Kompetenz« hat verschiedene Bedeutungen. Einerseits kann damit auf die Fähigkeiten einer Person abgestellt werden, wie z.B. auf ihre Fach-, Methoden-, Sozial- oder Sprachkompetenz. Andererseits können im Zusammenhang mit organisatorischen Vorgaben die Zuständigkeiten, Befugnisse oder Berechtigungen gemeint sein, um die es auch im Zusammenhang mit den MaRisk geht. Kompetenzen beschreiben neben den Berechtigungen also Zuständigkeiten bzw. Befugnisse, die es den Mitarbeitern oder Geschäftsleitern ermöglichen, bestimmte Aufgaben selbständig durchzuführen oder in einem für ihre Tätigkeit notwendigen Rahmen Entscheidungen zu treffen. Gemeint sind insofern vor allem Entscheidungs-, Weisungs-, Vertretungs- und Unterschriftskompetenzen. Die Kompetenzordnung umfasst die Gesamtheit bestehender Zuständigkeiten und Befugnisse innerhalb eines Institutes. Sie ist als Bestandteil der Organisationsrichtlinien in geeigneter Weise transparent zu machen und bei Veränderungen anzupassen (→ AT 5 Tz. 3). Besonders betont wird die Notwendigkeit einer Kompetenzordnung für das Kreditgeschäft, mit deren Hilfe die Befugnisse für Kreditvergabeentscheidungen innerhalb des Institutes geregelt werden (→ BTO 1.1 Tz. 6).

28 Eine »Berechtigung« ist eine besondere Form der Kompetenz und steht in einem engen Zusammenhang mit bestimmten Rechten, wie z.B. dem Zugriffsrecht auf bestimmte Daten, Informationen oder Systeme. Im Zeitalter der Informationstechnologie handelt es sich häufig um IT-Berechtigungen. Das Vorhandensein von Berechtigungskonzepten impliziert automatisch, dass diese Rechte nicht jedem Mitarbeiter in der Organisation eingeräumt werden. Dafür kann es verschiedene Gründe geben, die z.B. auf das Erfordernis bestimmter Qualifikationen und Berufserfahrungen oder ein besonderes Schutzbedürfnis bestimmter Daten zurückzuführen sind. Teilweise wird bei den Berechtigungen auch danach unterschieden, ob bestimmte Daten nur gelesen oder auch verändert bzw. gelöscht werden dürfen. Um den Aufwand für den Aufbau und die Pflege von Berechtigungskonzepten in Grenzen zu halten, werden die Berechtigungen manchmal nicht an einzelne Personen vergeben, sondern im Rahmen so genannter »Rollenmodelle« an bestimmte Funktionen (→ AT 7.2 Tz. 2).

Ohne das Rollenmodell grundsätzlich infrage zu stellen, sind Berechtigungen und Kompetenzen allerdings nach dem Sparsamkeitsgrundsatz (»Need-to-know-Prinzip«) zu vergeben. Das bedeutet, dass jeder Mitarbeiter nach Möglichkeit genau jene Berechtigungen und Kompetenzen zugewiesen bekommt, die er für die Ausübung seiner Tätigkeit tatsächlich benötigt. Auf diese Weise können Interessenkonflikte vermieden und Fehlerquellen reduziert werden.
  29

2.5   Verantwortlichkeiten

Verantwortung bedeutet, die Folgen für eigene oder fremde Handlungen zu tragen. Sie zieht immer Verantwortlichkeit nach sich, d. h. dafür Sorge zu tragen, dass sich der Verantwortungsbereich im gewünschten Rahmen entwickelt. Gemäß § 25a Abs. 1 KWG ist die Geschäftsleitung für die ordnungsgemäße Geschäftsorganisation und somit für die Einrichtung eines angemessenen Risikomanagements verantwortlich. Diese Verantwortung umfasst auch die Festlegung von Strategien und die Einrichtung interner Kontrollverfahren. Die MaRisk adressieren darüber hinaus weitere Verantwortlichkeiten für die Geschäftsleitung (→ AT 3 Tz. 1). So hat die Geschäftsleitung z. B. dafür Sorge zu tragen, dass die Strategien umgesetzt werden (→ AT 4.2 Tz. 3). Verantwortlichkeiten existieren natürlich auch auf anderen Hierarchieebenen. Durch Delegation bestimmt die Geschäftsleitung maßgeblich deren konkrete Verteilung innerhalb des Institutes, wie z. B. auf Bereiche, Abteilungen, Gruppen oder einzelne Mitarbeiter.
  30

Aufgaben, Kompetenzen und Verantwortlichkeiten sollten gängigen Organisationsprinzipien zufolge grundsätzlich zusammenfallen (Kongruenzprinzip). Dabei sind allerdings verschiedene Varianten denkbar. Beispielsweise kann dem für die marktunabhängige Votierung zuständigen Mitarbeiter bei risikorelevanten Kreditgeschäften (Aufgabe, Verantwortlichkeit, Votierungskompetenz) gleichzeitig auch die Befugnis zur Entscheidung (Entscheidungskompetenz) eingeräumt werden. Votierungs- und Entscheidungskompetenz müssen aber nicht zwingend zusammenfallen, da die Entscheidungskompetenz nach der Kompetenzordnung auch einem anderen Mitarbeiter zugewiesen sein kann (→ BTO 1.1 Tz. 6).
  31

2.6   Kontrollen

Unter Kontrolle versteht man die Überprüfung oder Nachprüfung bestimmter Sachverhalte. Kontrollen sind als Bestandteil des internen Kontrollsystems den prozessabhängigen Überwachungsmechanismen (→ AT 1 Tz. 1) zuzurechnen. Demzufolge sind die für die Kontrollaufgaben zuständigen Mitarbeiter oder Organisationseinheiten an den jeweiligen Arbeitsprozessen beteiligt und häufig auch für das Ergebnis der zu kontrollierenden Prozesse verantwortlich. Mit Hilfe solcher Kontrollen soll z. B. gewährleistet werden, dass die Vorgaben der Organisationsrichtlinien von den Mitarbeitern beachtet werden. Klassisches Beispiel hierfür sind die erforderlichen Kreditbearbeitungskontrollen (→ BTO 1.2.3). Von derartigen prozessabhängigen Kontrollen abzugrenzen sind die Aufgaben der (prozessunabhängigen) Internen Revision. Sie prüft und beurteilt u. a. die Wirksamkeit und Angemessenheit des Risikomanagements im Allgemeinen und des internen Kontrollsystems im Besonderen, also auch die prozessabhängigen Kontrollen (→ AT 4.4.3 Tz. 3). Die Mitarbeiter der Internen Revision sind im Rahmen ihrer Aufgaben weder in die zu prüfenden Bereiche und Abläufe eingebunden noch für das Ergebnis des zu überwachenden Prozesses verantwortlich.
  32

AT 4.3.1 Aufbau- und Ablauforganisation

2.7 Kommunikationswege

33 Der wechselseitige Austausch von Informationen ist eine wichtige Voraussetzung für ein funktionierendes Risikomanagement. Für diese Zwecke sind Kommunikationswege zu definieren, durch die der Austausch von Informationen erst möglich wird. Bestehen z.B. hinsichtlich der regelmäßigen Berichterstattung über die Risikosituation an die Geschäftsleitung ($\rightarrow$ AT 4.3.2 Tz. 3 und BT 3.1 Tz. 1) keine geeigneten Kommunikationswege, läuft die Berichterstattung ins Leere. Gegebenenfalls erforderliche Steuerungsmaßnahmen auf der Basis der Risikoberichterstattung könnten von der Geschäftsleitung nicht eingeleitet werden, so dass sich negative Konsequenzen für das gesamte Institut ergeben. Auch das Aufsichtsorgan kann seine Überwachungsaufgaben nicht sachgerecht wahrnehmen, wenn es nicht regelmäßig über die Risikosituation des Institutes informiert wird ($\rightarrow$ AT 4.3.2 Tz. 3 und BT 3.1 Tz. 5). Die MaRisk enthalten darüber hinaus Anforderungen an die Kommunikation der Strategien. So sind die Inhalte und Änderungen der Strategien innerhalb des Institutes in geeigneter Weise zu kommunizieren ($\rightarrow$ AT 4.2 Tz. 6).

2.8 Überprüfung von Berechtigungen und Kompetenzen

34 Die Definition der Prozesse und deren Abstimmung mit den verbundenen Aufgaben, Kompetenzen, Verantwortlichkeiten, Kontrollen sowie Kommunikationswegen beinhalten spätestens seit der vierten MaRisk-Novelle auch die regelmäßige und anlassbezogene Überprüfung von IT-Berechtigungen, Zeichnungsberechtigungen und sonstigen eingeräumten Kompetenzen.

35 Die Bankaufsichtlichen Anforderungen an die IT (BAIT) interpretieren die Vorgaben der MaRisk an Berechtigungen und Kompetenzen. Berechtigungen können laut Erläuterung zu Tz. 24 BAIT für personalisierte, für nicht personalisierte und für technische Benutzer vorliegen. Nicht personalisierte Berechtigungen müssen nach Tz. 25 BAIT allerdings – möglichst automatisiert – jederzeit zweifelsfrei einer handelnden Person zuzuordnen sein. Abweichungen in begründeten Ausnahmefällen und die hieraus resultierenden Risiken sind zu genehmigen und zu dokumentieren.

36 An die IT-Berechtigungsvergabe werden in der Praxis der Institute hohe Anforderungen gestellt, denn jeder Benutzer (inkl. der Administratoren) sollte nach dem Sparsamkeitsgrundsatz nur auf jene Datenbestände zugreifen und jene Programme ausführen dürfen, die er für seine tägliche Arbeit tatsächlich benötigt (»Need-to-Know-Prinzip«).[9] Ist dies nicht der Fall, sind unautorisierte Übergriffe auf bestimmte Daten oder Programme kaum vermeidbar. Die Institute sind zudem häufig organisatorischen und personellen Veränderungen ausgesetzt, die mehr oder minder starke Auswirkungen auf die IT-Landschaft haben (z.B. strategische Neuausrichtungen, Unternehmensübernahmen, Ausgliederungen, Umorganisation, Personalfluktuation, Neueinstellungen). Damit solche Veränderungen nicht zu unkontrollierbaren Wucherungen von Benutzerberechtigungen führen, muss der Eintritt und Austritt von Benutzern klar geregelt werden. Beispielsweise werden bei Arbeitsplatzwechseln in andere Bereiche häufig die Benutzerberechtigungen nicht angepasst oder gelöscht.[10]

37 In den MaRisk wird vor diesem Hintergrund die Einrichtung von Prozessen für eine angemessene IT-Berechtigungsvergabe gefordert, die sicherstellen, dass jeder Benutzer nur über jene Rechte verfügt, die er für seine Tätigkeit benötigt und die laut Tz. 23 BAIT auch den organisatorischen und fachlichen Vorgaben des Institutes entsprechen müssen. Um dies sicherzustellen, hat

---

9 Vgl. Bundesamt für Sicherheit und Informationstechnik, Leitfaden Informationssicherheit in der Fassung vom Februar 2012, S. 28.

10 Vgl. Müller, Klaus-Rainer, Stellungnahme zum ersten Entwurf der Mindestanforderungen an das Risikomanagement vom 16. Februar 2009, S. 1.

das Institut im Rahmen des Benutzerberechtigungsmanagements nach Tz. 24 BAIT vollständig und nachvollziehbar ableitbare Berechtigungskonzepte zu entwickeln, in denen der Umfang und die Nutzungsbedingungen, wie z.B. Befristungen, aller eingeräumten Berechtigungen für die IT-Systeme konsistent zum ermittelten Schutzbedarf festgelegt werden. Dabei sind der Sparsamkeitsgrundsatz zu beachten, die Funktionstrennung zu wahren und Interessenkonflikte des Personals zu vermeiden.

Die Einrichtung, Änderung, Deaktivierung sowie Löschung von Berechtigungen und die Rezertifizierung sind laut Tz. 28 BAIT nachvollziehbar und auswertbar zu dokumentieren. **38**

Um den Aufwand für die Umsetzung des Sparsamkeitsgrundsatzes in verträglichen Grenzen zu **39** halten, wird die Zusammenfassung von Berechtigungen in Form so genannter »Rollenmodelle« ausdrücklich gestattet. Dabei werden notwendige Berechtigungen in passenden Berechtigungsprofilen zusammengefasst. Auf deren Basis werden im Anschluss wahlweise geeignete Benutzergruppen oder Rollen festgelegt. Die individuellen Rechte eines Benutzers lassen sich über dessen Gruppenzugehörigkeiten oder über die Rollen steuern, welche der Benutzer annehmen darf. Allerdings dürfen die eingerichteten Berechtigungen nicht im Widerspruch zur organisatorischen Zuordnung von Mitarbeitern stehen. Insbesondere bei Berechtigungsvergaben im Rahmen von Rollenmodellen ist darauf zu achten, dass Funktionstrennungen beibehalten bzw. Interessenkonflikte vermieden werden (→ AT 7.2 Tz. 2, Erläuterung). Bei IT-gestützter Bearbeitung ist die Funktionstrennung durch entsprechende Verfahren und Schutzmaßnahmen sicherzustellen (→ BTO Tz. 9).

2.9 Regelmäßige und anlassbezogene Überprüfung der IT-Berechtigungen

Die regelmäßige Überprüfung muss innerhalb angemessener Fristen erfolgen. Bei Zeichnungs- **40** berechtigungen in Verbindung mit Zahlungsverkehrskonten sowie bei wesentlichen IT-Berechtigungen wird eine mindestens jährliche Überprüfung erwartet. Alle anderen Berechtigungen und Kompetenzen müssen mindestens alle drei Jahre überprüft werden. Besonders kritische IT-Berechtigungen, wie sie beispielsweise Administratoren aufweisen, sind mindestens halbjährlich zu überprüfen (→ AT 4.3.1 Tz. 2, Erläuterung). Insofern ist der Überprüfungsturnus risikoorientiert auszugestalten. Dabei muss institutsintern beurteilt werden, was unter »wesentlichen« oder »besonders kritischen« IT-Berechtigungen zu verstehen ist.

Die BAIT machen auch hier detailliertere Vorgaben. Laut Tz. 26 BAIT haben die Verfahren zur **41** Einrichtung, Änderung, Deaktivierung oder Löschung von Berechtigungen für Benutzer, die jeweils die Umsetzung des Berechtigungsantrages im Zielsystem umfassen, durch Genehmigungs- und Kontrollprozesse sicherzustellen, dass die Vorgaben des Berechtigungskonzeptes eingehalten werden. Dabei ist die fachlich verantwortliche Stelle angemessen einzubinden, so dass sie ihrer fachlichen Verantwortung nachkommen kann. Unabhängig von der turnusmäßigen Überprüfung der IT-Berechtigungen haben die Institute laut Tz. 29 BAIT nach Maßgabe des Schutzbedarfes und der Soll-Anforderungen Prozesse zur Protokollierung und Überwachung einzurichten, die überprüfbar machen, dass die Berechtigungen nur wie vorgesehen eingesetzt werden. Die übergeordnete Verantwortung für diese Prozesse muss einer Stelle zugeordnet werden, die unabhängig vom berechtigten Benutzer oder dessen Organisationseinheit ist. Aufgrund weitreichender Eingriffsmöglichkeiten privilegierter Benutzer wird das Institut insbesondere für deren Aktivitäten angemessene Prozesse zur Protokollierung und Überwachung einrichten. Einer Umgehung der Vorgaben der Berechtigungskonzepte ist gemäß Tz. 30 BAIT durch begleitende technisch-organisatorische Maßnahmen vorzubeugen. Die deutsche Aufsicht nennt beispielhaft die Auswahl angemessener Authentifizierungsverfahren, die Implementierung einer Richtlinie zur Wahl sicherer Passwörter, automatische passwortgesicherte Bildschirmschoner, die Verschlüsselung von Daten, eine manipulationssichere Implementierung der Protokollierung und Maßnahmen zur Sensibilisierung der Mitarbeiter.

42   In regelmäßigen Abständen sollte daher nach Tz. 27 BAIT im Rahmen eines Rezertifizierungsprozesses überprüft werden, ob die eingeräumten Berechtigungen weiterhin benötigt werden und ob sie dem Berechtigungskonzept entsprechen oder ggf. Einschränkungen erforderlich sind. Manche Einschränkungen könnten auch nur temporär erforderlich sein. So sollte sich ein Institut z. B. darüber Gedanken machen, wie mit Mitarbeitern verfahren wird, die bestimmte Berechtigungen nur gelegentlich benötigen, wie z. B. im Vertretungsfall. Insgesamt sollte jedoch beachtet werden, dass der Zugriff für Mitarbeiter aus Kontrolleinheiten nicht unsachgemäß beschränkt wird. Außerdem ist bei der Berechtigungsvergabe für Prüfungseinheiten das jederzeitige und uneingeschränkte Informationsrecht zu berücksichtigen. In den Rezertifizierungsprozess sind die für die Einrichtung, Änderung, Deaktivierung oder Löschung von Berechtigungen zuständigen Kontrollinstanzen einzubeziehen. Wurden außerhalb des vorgeschriebenen Verfahrens Berechtigungen eingeräumt, so werden diese der Erläuterung zu Tz. 26 BAIT zufolge gemäß den Regelverfahren zur Einrichtung, Änderung und Löschung von Berechtigungen entzogen.

43   Anlassbezogene Überprüfungen sind z. B. bei Arbeitsplatzwechseln anzuraten. In vielen Instituten werden die eingeräumten Berechtigungen und Kompetenzen bei einem Arbeitsplatzwechsel zunächst komplett gelöscht und dann bedarfsgerecht neu zugewiesen. Auf diese Weise können Fehler und nicht mehr benötigte Kompetenzen vermieden werden. Weitere Anlässe für außerplanmäßige Überprüfungen können Anpassungen von IT-Systemen, Änderungen von Zahlungsverkehrskonten, ein Anstieg operationeller Risiken oder Schadensfälle sowie Unstimmigkeiten und Auffälligkeiten, die im Rahmen der Abwicklung und Kontrolle festgestellt wurden (→ BTO 2.2.2 Tz. 6), sein.

44   Bei Bedarf sind dann natürlich auch die Berechtigungen und Kompetenzen zeitnah anzupassen, um weiterhin dem Sparsamkeitsgrundsatz zu entsprechen.

45   Um leichter einen Überblick über die Zugriffsberechtigungen zu erhalten, können alle Benutzerberechtigungen regelmäßig mit passenden Werkzeugen untersucht werden. Dadurch werden offene Flanken aufgedeckt, die möglicherweise ungewollt einen Zugriff für beliebige Dritte ermöglichen. Nach Auskunft des Bundesamtes für Informationssicherheit stehen solche Werkzeuge häufig sogar kostenlos zur Verfügung.[11]

---

11 Vgl. Bundesamt für Sicherheit und Informationstechnik, Leitfaden Informationssicherheit in der Fassung vom Februar 2012, S. 42.

	Überprüfungen	
	regelmäßig	anlassbezogen
Besonders kritische IT-Berechtigungen (z.B. für Administratoren)	mindestens halbjährlich	Arbeitsplatzwechsel Anpassungen von IT-Systemen
Zeichnungsberechtigungen in Verbindung mit Zahlungsverkehrskonten und wesentliche IT-Berechtigungen	mindestens jährlich	Änderungen von Zahlungsverkehrskonten Auffälligkeiten erhöhte Risiken
Sonstige IT-Berechtigungen und eingeräumte Kompetenzen	mindestens alle drei Jahre	Schadensfälle Rezertifizierung

Abb. 34: Überprüfung von Berechtigungen und Kompetenzen

Die Kreditwirtschaft hatte den zunächst geforderten mindestens halbjährlichen Turnus für kriti- **46** sche Berechtigungen für zu kurz gehalten und vor dem Hintergrund der anlassbezogenen Überprüfungen und der üblicherweise längerfristigen Änderungsraten hinsichtlich Organisation und Verantwortlichkeiten angeregt, eher auf das Vorhandensein risikomindernder Maßnahmen und insgesamt auf einen mindestens jährlichen Turnus abzustellen.[12] Dieser Vorschlag wurde zunächst nicht aufgegriffen. Im Rahmen der fünften MaRisk-Novelle wurde allerdings zwischen besonders kritischen und wesentlichen IT-Berechtigungen unterschieden und der Kreditwirtschaft in diesem Sinne entgegengekommen.

2.10 Schnittstellen zu ausgelagerten Aktivitäten und Prozessen

Arbeitsteilung ist ein wesentlicher Treiber des technischen Fortschritts. Der daran geknüpfte **47** zunehmende Spezialisierungsgrad schafft jedoch neue Schnittstellen, an denen regelmäßig Probleme auftreten. Zum einen besteht die Gefahr, dass Informationen an den (inner- oder zwischenbetrieblichen) Schnittstellen unvollständig, ungenau, verändert oder verfälscht weitergegeben werden. Zum anderen sind Unstimmigkeiten oder sogar Schuldzuweisungen vorprogrammiert, wenn Verantwortungsbereiche nicht klar abgegrenzt werden. Die genannten Schnittstellenprobleme führen daher regelmäßig zu einem erhöhten Koordinationsaufwand, der mit dem Grad der Arbeitsteilung ansteigt. Arbeitsteilung hat insofern immer auch einen gewissen Preis, der sorgfältig einkalkuliert werden sollte.[13]

---

12 Vgl. Deutsche Kreditwirtschaft, Stellungnahme zum Konsultationspapier 01/2012 der Bundesanstalt für Finanzdienstleistungsaufsicht (BaFin) – »Überarbeitung der MaRisk« (Zwischenentwurf vom 2. August 2012), 12. September 2012, S. 5.
13 Vgl. Bea, Franz Xaver/Göbel, Elisabeth, Organisation, 3. Auflage, Stuttgart, 2006, S. 422 ff.

AT 4.3.1 Aufbau- und Ablauforganisation

48 In diesem Zusammenhang spielt es keine große Rolle, ob es sich um innerbetriebliche oder zwischenbetriebliche Arbeitsteilung handelt. Auch bei Auslagerungen können erhebliche Kostenbelastungen anfallen, wenn die Schnittstellen zwischen Outsourcer und Insourcer nicht ausreichend aufeinander abgestimmt werden. Hier gilt die fast schon sprichwörtliche Einsicht, dass der Gesamtprozess nur so leistungsfähig und sicher sein kann wie das schwächste Glied in der Prozesskette. Bei zwischenbetrieblichen Formen der Arbeitsteilung sind diese Gefahren sogar besonders ausgeprägt, da unter Umständen sehr unterschiedliche Organisationen an den Schnittstellen zusammentreffen (z. B. Geschäftsmodelle, Mitarbeiter, Kulturen, Sprachen). Um Komplikationen an den gemeinsamen Grenzlinien zwischen dem auslagernden Institut und dem Auslagerungsunternehmen zu vermeiden, sind Prozesse sowie die damit verbundenen Aufgaben, Kompetenzen, Verantwortlichkeiten, Kontrollen sowie Kommunikationswege auch bezüglich der Schnittstellen zu wesentlichen Auslagerungen klar zu definieren und aufeinander abzustimmen.

AT 4.3.2 Risikosteuerungs- und -controllingprozesse

1 Einrichtung der Prozesse und Einbindung in die Gesamtbanksteuerung (Tz. 1)

1 **1** Das Institut hat angemessene Risikosteuerungs- und -controllingprozesse einzurichten, die eine
a) Identifizierung,
b) Beurteilung,
c) Steuerung sowie
d) Überwachung und Kommunikation
der wesentlichen Risiken und damit verbundener Risikokonzentrationen gewährleisten. Diese Prozesse sind in eine gemeinsame Ertrags- und Risikosteuerung (»Gesamtbanksteuerung«) einzubinden. Durch geeignete Maßnahmen ist zu gewährleisten, dass die Risiken und die damit verbundenen Risikokonzentrationen unter Berücksichtigung der Risikotragfähigkeit und des Risikoappetits wirksam begrenzt und überwacht werden.

1.1 Risikosteuerungs- und -controllingprozesse

2 Gemäß §25a Abs.1 Satz 3 KWG wird von allen Instituten die Einrichtung eines angemessenen Risikomanagements gefordert, zu dessen Bestandteilen u.a. Prozesse zur Identifizierung, Beurteilung, Steuerung, Überwachung und Kommunikation der Risiken entsprechend den in Art. 76 bis 87 CRD IV niedergelegten technischen Kriterien zählen (→TeilI, Kapitel4.1 und AT1 Tz.1). Der Gesetzgeber greift damit eine Prozesskette auf, die nicht nur von vielen Instituten, sondern auch von zahlreichen anderen Unternehmen und sogar Behörden erfolgreich praktiziert wird. In den MaRisk werden die Prozesse zur Identifizierung, Beurteilung, Steuerung, Überwachung und Kommunikation der Risiken unter dem Begriff »Risikosteuerungs- und -controllingprozesse« (RSCP) zusammengefasst.[1]

3 Die Ausführungen zu den Risikosteuerungs- und -controllingprozessen sind in den verschiedenen Regelwerken der Aufsichtsbehörden nicht immer einheitlich. So fordert die EBA von der Risikocontrolling-Funktion z.B. die Sicherstellung, dass alle Risiken von den zuständigen Organisationseinheiten des Institutes ermittelt, gemessen, beurteilt, gesteuert, minimiert, überwacht und ordnungsgemäß berichtet werden.[2] In anderen Dokumenten ist auch von einer Analyse der Risiken die Rede. Die in den MaRisk nicht explizit genannten Prozesse sind allerdings insofern berücksichtigt, als sie von den verwendeten Begriffen abgedeckt werden. So wird unter der Identifizierung der Risiken im Rahmen der Risikoinventur z.B. auch deren Analyse verstanden, zudem spielt die Risikoanalyse auch im Rahmen der Risikoüberwachung eine Rolle. Die Beurteilung der Risiken umfasst grundsätzlich deren Messung oder Quantifizierung. Im Rahmen der Steuerung der Risiken geht es auch um deren Minimierung, z.B. durch Nutzung von Risikominderungstechniken.

---

1 In der Literatur werden die Prozesse zur Identifizierung, Beurteilung, Steuerung, Überwachung und Kommunikation der Risiken häufig auch als »Risikomanagementprozesse« bezeichnet. Die BaFin hat auf diese Bezeichnung verzichtet, weil sich ansonsten begriffliche Überlappungen ergeben hätten. Das Wort »Risikomanagement« hat in den MaRisk eine umfassendere Bedeutung und wird dementsprechend als Oberbegriff verwendet (Mindestanforderungen an das Risikomanagement). Vor diesem Hintergrund hat die BaFin die einzelnen Prozessschritte unter dem Begriff »Risikosteuerungs- und -controllingprozesse« zusammengefasst.

2 Vgl. European Banking Authority, Leitlinien zur internen Governance, EBA/GL/2017/11, 21. März 2018, S.44.

AT 4.3.2 Risikosteuerungs- und -controllingprozesse

Die Risikosteuerungs- und -controllingprozesse ermöglichen einen systematischen Umgang mit **4** unternehmerischen Chancen und Risiken. Die Prozesskette gewährleistet nicht nur eine Identifizierung und Beurteilung wesentlicher Risiken. Sie unterstützt darüber hinaus Steuerungsentscheidungen, die zu einer optimalen Ausnutzung von Chancen-/Risiko-Relationen führen sollen. Die Überwachung und Kommunikation der Risiken lässt ferner Raum für ggf. erforderliche Maßnahmen zur Nachsteuerung. Ihre volle Wirkung entfaltet diese Prozesskette allerdings erst durch die Verknüpfung mit den geschäfts- und risikostrategischen Vorgaben sowie dem Risikotragfähigkeitskonzept. Ebenso wichtig ist das Vorhandensein eines ausgeprägten Risikobewusstseins innerhalb des Institutes. Die Risikosteuerungs- und -controllingprozesse laufen ins Leere, wenn die daran beteiligten Mitarbeiter oder Führungskräfte eine ausreichende Risikosensibilität vermissen lassen. Sie werden erst dann zentraler Bestandteil eines übergeordneten Regelkreislaufes, wenn sie von den Mitarbeitern verstanden und »gelebt« werden (→ AT4.1 Tz.2).

1.2   Risikoidentifizierung

Bei der Risikoidentifizierung geht es in erster Linie darum, herauszufinden, welchen wesentlichen **5** Risiken das Institut ausgesetzt ist. Da die Erstellung des Gesamtrisikoprofils (→ AT2.2 Tz.1) den gleichen Zweck verfolgt, bietet es sich an, dass das Institut beide Aspekte gemeinsam behandelt. Die Identifizierung der wesentlichen Risiken ist die kritische Phase der Risikosteuerungs- und -controllingprozesse, da dieser Prozessschritt den Ausgangspunkt für die nachgelagerten Schritte darstellt. Wesentliche Risiken, die im Rahmen der Identifizierung nicht erfasst werden, könnten im weiteren Verlauf bei der Beurteilung, Steuerung, Überwachung und Kommunikation der Risiken ggf. ausgeblendet werden. Eine Vernachlässigung von wesentlichen Risiken, ob nun bewusst oder unbewusst, erzeugt daher Ungewissheit bzw. Unwissen. Das Institut kann sich folglich erheblichen Verlustgefahren aussetzen. Die Risikoidentifizierung determiniert nicht nur die Qualität der Risikosteuerungs- und -controllingprozesse. Sie berührt aufgrund bestehender Interdependenzen auch das Risikotragfähigkeitskonzept sowie die geschäfts- und risikostrategische Ausrichtung des Institutes (→ AT4.1 Tz.2). Schwachstellen im Bereich der Risikoidentifizierung werden ggf. erst durch die prozessunabhängige Interne Revision transparent gemacht (→ AT4.3 Tz.3).

Neue wesentliche Risiken können sich – neben der Aufnahme von Geschäftsaktivitäten in neuen **6** Produkten oder auf neuen Märkten (→ AT8.1) – vor allem aus Änderungen der internen oder externen Rahmenbedingungen ergeben. Die internen Rahmenbedingungen werden insbesondere von der geschäfts- und risikostrategischen Ausrichtung des Institutes bestimmt (→ AT4.2 Tz.1 und 2). Berücksichtigt werden sollte auch die möglicherweise neue Risikosituation durch Änderungen von betrieblichen Prozessen oder Strukturen (→ AT8.2) sowie durch Übernahmen und Fusionen (→ AT8.3). Maßgeblich für die externen Rahmenbedingungen sind u.a. Entwicklungen auf den für das Institut relevanten Märkten. Das Institut hat sich im Rahmen der Identifizierung der wesentlichen Risiken auf angemessene Art und Weise mit den Rahmenbedingungen bzw. deren Änderungen auseinanderzusetzen (→ AT2.2 Tz.1 und 2). Diese Auseinandersetzung kann in Abhängigkeit von Art, Umfang und Komplexität der Geschäftsaktivitäten unterschiedlich intensiv ausgestaltet sein. Für kleinere Institute mit überschaubaren Geschäftsaktivitäten in stabilen Marktsegmenten wird die Identifizierung der wesentlichen Risiken vermutlich keine besonders große Herausforderung darstellen. Für Institute mit umfangreichen und komplexen Geschäftsaktivitäten trifft tendenziell das Gegenteil zu.

AT4.3.2 Risikosteuerungs- und -controllingprozesse

7   Wegen der besonderen Bedeutung der Risikoidentifizierung werden an anderer Stelle der MaRisk zusätzliche Aspekte besonders hervorgehoben, die bei der Identifizierung wesentlicher Risiken zu berücksichtigen sind (→ AT4.3.2 Tz. 2):

- Je früher ein wesentliches Risiko identifiziert wird, desto schneller kann das Institut darauf reagieren. Dies ist vor allem deshalb von Bedeutung, weil die Handlungsspielräume im Zeitverlauf häufig eingeengt werden. Die Identifizierung wesentlicher Risiken und risikoartenübergreifender Effekte hat daher auf Basis geeigneter Indikatoren möglichst frühzeitig zu erfolgen.
- Von Unvollständigkeiten gehen Auswirkungen auf das gesamte Risikomanagement aus. Diese Unvollständigkeit kann sich daraus ergeben, dass bestimmte Risiken gar nicht erkannt oder falsch eingeschätzt werden, so dass sie nicht als wesentlich eingestuft sind. Die wesentlichen Risiken müssen daher möglichst vollständig erfasst werden.
- Die identifizierten wesentlichen Risiken sind angemessenen darzustellen, so dass sie im Rahmen der anschließenden Prozessschritte nachvollzogen und sachgerecht behandelt werden können.

8   In der Praxis bedient man sich für die Zwecke einer systematischen Identifizierung der wesentlichen Risiken verschiedener Instrumente, die unter dem Begriff »Risikoinventur« zusammengefasst werden (→ AT2.2 Tz. 2). Die Risikoidentifizierung kann entweder »retrograd« oder »progressiv« durchgeführt werden. Bei einer retrograden Identifizierung werden bekannte oder vermutete Risikowirkungen bis zu den (auslösenden) Risikofaktoren zurückverfolgt. Bei einer progressiven Identifizierung wird von möglichen Risikofaktoren auf die Risikowirkung geschlossen.[3]

1.3   Risikobeurteilung

9   Der zweite Schritt der Risikosteuerungs- und -controllingprozesse dient der näheren Bestimmung des Gefährdungspotenzials der Risiken, die als wesentlich identifiziert wurden. Eine solche Beurteilung ist aus verschiedenen Gründen von Bedeutung. Zum einen ist das Ergebnis der Beurteilung von wesentlichen Risiken eine wichtige Entscheidungsgrundlage für Maßnahmen, die der Steuerung dieser Risiken dienen. Zum anderen spielt die Beurteilung der wesentlichen Risiken eine bedeutende Rolle im Zusammenhang mit dem Risikotragfähigkeitskonzept, in dessen Rahmen die wesentlichen Risiken dem Risikodeckungspotenzial bzw. der Risikodeckungsmasse gegenüberzustellen sind (→ AT4.1 Tz. 1). Die EZB versteht unter der »Risikoquantifizierung« deshalb auch ganz konkret den Prozess der Quantifizierung von identifizierten Risiken durch die Entwicklung und Verwendung von Methoden, anhand derer Risikogrößen bestimmt und die Risiken eines Institutes dem verfügbaren Kapital des Institutes gegenübergestellt werden.[4]

10   Die deutsche Aufsicht hat für diesen zweiten Prozessschritt ganz bewusst den weiten Begriff »Beurteilung« anstelle von »Quantifizierung« oder »Messung« gewählt. Zwar haben die Institute in den letzten Jahrzehnten insbesondere bei der Einschätzung von Adressenausfallrisiken und Marktpreisrisiken bedeutende Fortschritte gemacht. Bei bestimmten anderen Risiken ist jedoch aufgrund ihrer Besonderheiten eine seriöse Quantifizierung weiterhin schwer möglich. Versuche, solche Risiken dennoch exakt zu quantifizieren, verursachen regelmäßig Scheingenauigkeiten, die letztendlich ein Muster ohne Wert bleiben. Darüber hinaus ist zu berücksichtigen, dass anspruchs-

---

3   Vgl. Ködel, Wilhelm, Risikoorientierte Abschlussprüfung: Integration in das Risikomanagement von Prüfungsunternehmen, Wiesbaden, 1997, S. 29.

4   Vgl. Europäische Zentralbank, Leitfaden der EZB für den bankinternen Prozess zur Sicherstellung einer angemessenen Kapitalausstattung (Internal Capital Adequacy Assessment Process – ICAAP), 9. November 2018, S. 47.

volle Verfahren zur Quantifizierung der Risiken einen erheblichen Aufwand verursachen, der vor allem für kleinere Institute mit begrenzten Ressourcen unverhältnismäßig wäre. Im Rahmen der näheren Bestimmung der Gefährdungspotenziale kann daher grundsätzlich sowohl auf quantitative als auch auf qualitative Methoden zurückgegriffen werden. Die MaRisk orientieren sich insoweit an der sprichwörtlichen Einsicht: »Lieber ungefähr richtig als genau falsch.«

1.4   Risikosteuerung

An die Prozesse der Identifizierung und Beurteilung der Risiken schließt sich als dritter Schritt die **11** Risikosteuerung an. Das Bündel an potenziellen Steuerungsmaßnahmen lässt sich, stark vereinfacht, auf vier grundsätzliche Varianten einschränken:

- Auf die Durchführung bestimmter risikobehafteter Handlungen wird vollständig verzichtet, so dass ein Risiko erst gar nicht entstehen kann (Risikovermeidung). Beispielsweise kann im Kreditgeschäft auf den Abschluss neuer Engagements oder die Ausweitung bestehender Engagements in bestimmten Geschäftsfeldern bewusst verzichtet werden.
- Das Institut leitet Maßnahmen zur Verringerung der Risiken ein (Risikoverminderung). Beispiele hierfür sind der Abbau von Risikoaktiva oder die Hereinnahme von (zusätzlichen) Garantien oder Sicherheiten sowie die Herabsetzung von Limiten im Kreditgeschäft oder im Handel.
- Risiken werden vom Institut auf Dritte abgewälzt oder übertragen (Risikoüberwälzung). So kann das Institut z. B. bestimmte Risiken gegen Zahlung einer Prämie auf Versicherungen transferieren oder verbriefen.
- Das Institut übernimmt ganz bewusst bestimmte Risiken auf Basis der risikostrategischen Vorgaben der Geschäftsleitung, weil es im Rahmen der Risiko-/Chancen-Abwägung zu einem positiven Ergebnis kommt (Risikotragung). Demzufolge werden entweder keine Maßnahmen ergriffen oder sogar zusätzliche Risiken in Kauf genommen. Ein Beispiel hierfür wäre die Ausweitung von Limiten im Rahmen der gegebenen Risikotragfähigkeit.

Die einzelnen Varianten sind Ausdruck der Risikobereitschaft der Geschäftsleitung, die insbesondere **12** in der Festlegung des Risikoappetits für alle wesentlichen Risiken zum Ausdruck kommt (strategische Ebene). Da die jeweilige Steuerungsphilosophie grundsätzlich Gegenstand der Risikostrategie ist, muss der Risikoappetit für die wesentlichen Risiken auch bei deren Ausarbeitung festgelegt werden (→ AT 4.2 Tz. 2). Konkrete Maßnahmen im Rahmen der risikostrategischen Vorgaben der Geschäftsleitung werden hingegen regelmäßig von den für die Steuerung zuständigen Mitarbeitern eingeleitet (operative Ebene). Der Prozess der Risikosteuerung ist ferner eng verzahnt mit dem daran anschließenden Schritt der Überwachung und Kommunikation der Risiken. So können die Erkenntnisse, die im Rahmen der Überwachung gewonnen werden, für korrigierende Steuerungsmaßnahmen genutzt werden (Nachsteuerung). Diesem Zweck dienen auch die Zielabweichungsanalyse und die damit ggf. verknüpfte Ursachenanalyse (→ AT 4.2 Tz. 4 und 5).

Bei den genannten Varianten ist zu berücksichtigen, dass jedem Risiko regelmäßig auch eine **13** Chance gegenübersteht. Das wird bei Betrachtung der einzelnen Varianten besonders deutlich. So bedeutet z. B. Risikovermeidung immer auch ein Verzicht auf die Nutzung von Chancen. Die bewusste Risikoübernahme geht hingegen regelmäßig mit dem Ergreifen von Chancen einher. Die Einbettung der steuernden Maßnahmen in die Risikosteuerungs- und -controllingprozesse trägt daher zu einer Optimierung der Chancen-/Risiko-Profile bei, was sich dementsprechend positiv auf die Ertragssituation des Institutes auswirkt.

1.5 Risikoüberwachung und Risikokommunikation

14 Durch den letzten Prozessschritt der Risikosteuerungs- und -controllingprozesse soll insbesondere sichergestellt werden, dass die Risikosituation mit den risikostrategischen Vorgaben der Geschäftsleitung vereinbar ist. Der Schritt der »Überwachung und Kommunikation« wird unter dem Begriff Risikocontrolling zusammengefasst. Die Funktion des Risikocontrollings ist zur Vermeidung von Interessenkonflikten insbesondere im Bereich des Kredit- und Handelsgeschäftes von anderen (geschäftsverantwortlichen) Bereichen aufbauorganisatorisch zu trennen (→ AT4.4.1 Tz.1 und BTO Tz.7 lit. d).

15 Die Überwachung der Risiken kann unterschiedlich ausgestaltet sein. Bei Adressenausfall- und Marktpreisrisiken geht es vor allem um die regelmäßige Überwachung von Limiten, die auf der Basis der übergeordneten risikostrategischen Vorgaben der Geschäftsleitung heruntergebrochen wurden (→ BTR1 und BTR2). Bei nicht oder nur schwer quantifizierbaren Risiken bietet sich eine qualitative Auseinandersetzung mit den jeweiligen Risiken an, um auf diese Weise eine angemessene Überwachung sicherzustellen.

16 In der Fachliteratur wird teilweise zwischen der Risikokommunikation und der Risikoberichterstattung unterschieden, teilweise werden beide Begriffe auch synonym verwendet. Häufig wird z.B. die interne Risikokommunikation von der externen Risikoberichterstattung abgegrenzt. In anderen Fällen werden die Top-down-Berichtswege mit dem Begriff Risikokommunikation umschrieben, um den Unterschied zur Bottom-up-Berichterstattung zu verdeutlichen. Für die Zwecke der MaRisk ist die Kommunikation der Risiken eher als Oberbegriff zu verstehen. Dabei geht es im Wesentlichen um die Darstellung der Ergebnisse der Risikoüberwachung. Im Zentrum steht die Bottom-up-Risikoberichterstattung, die in erster Linie an die Geschäftsleitung gerichtet ist. Die MaRisk unterscheiden in diesem Zusammenhang zwischen turnusmäßigen und Ad-hoc-Berichtspflichten (→ AT4.3.2 Tz.3 und 4). Der weite Begriff »Kommunikation« wurde von der deutschen Aufsicht bewusst gewählt, da die Berichterstattung einerseits nicht ausschließlich an die Geschäftsleitung oder andere Mitarbeiter gerichtet ist. So ist auch das Aufsichtsorgan turnusmäßig über die Risikosituation des Institutes zu unterrichten (→ AT4.3.2 Tz.3 und BT3.1 Tz.5). Andererseits bestehen auch Top-down-Informationspflichten, z.B. im Zusammenhang mit risikorelevanten Informationen, die für die Tätigkeit der Risikocontrolling-Funktion (→ AT4.4.1 Tz.4), der Compliance-Funktion (→ AT4.4.2 Tz.6) oder der Internen Revision (→ AT4.4.3 Tz.5) von Bedeutung sind.

1.6 Begrenzung der Risiken

17 Im Rahmen der Risikosteuerung kommt der Begrenzung der Risiken eine besondere Bedeutung zu. Durch geeignete Maßnahmen ist zu gewährleisten, dass die Risiken unter Berücksichtigung der Risikotragfähigkeit und des Risikoappetits wirksam begrenzt und überwacht werden. Geeignete Maßnahmen zur Begrenzung von Risiken und damit verbundenen Risikokonzentrationen können quantitative Instrumente und qualitative Instrumente umfassen. Qualitative Maßnahmen können z.B. auf regelmäßige Risikoanalysen hinauslaufen. Unter quantitativen Instrumenten sind z.B. Limitsysteme oder Ampelsysteme zu verstehen (→ AT4.3.2 Tz.1, Erläuterung). Die deutsche Aufsicht führt dazu ergänzend aus, dass gerade mit Blick auf schwer quantifizierbare Risiken keine mathematisch korrekt bis auf die unterste Ebene heruntergebrochenen »harten« Limite erforderlich sind und die angestrebte Risikobegrenzung ggf. auch durch Ampel- oder Warnsysteme erreicht werden kann. Entscheidend ist letztlich das rechtzeitige Auslösen von Steuerungsimpulsen im

Rahmen der gesamten Prozesskette, um eine übermäßige Risikonahme zu verhindern und somit die Risikotragfähigkeit sicherzustellen.[5]

Die Begrenzung und Überwachung von im Risikotragfähigkeitskonzept einbezogenen Risiken soll »in der Regel« auf der Basis eines wirksamen Limitsystems erfolgen. Die Relativierung dieser Anforderung durch den Ausdruck »in der Regel« wird von der deutschen Aufsicht durch den Einschub »soweit sinnvoll« weiter konkretisiert. Sofern es also für bestimmte Risiken nicht sinnvoll erscheint, mit Limiten zu operieren, obwohl diese Risiken in das Risikotragfähigkeitskonzept einbezogen werden, kann deren Begrenzung und Überwachung auf andere geeignete Weise erfolgen. Konkret dürfen bei Risiken, die nicht sinnvoll anhand einer Limitierung begrenzt und überwacht werden können, auch andere, schwerpunktmäßig qualitative Instrumente eingesetzt werden (→ AT 4.3.2 Tz. 1, Erläuterung).

18

Mit Bezug auf die grundsätzlich in allen Instituten wesentlichen Risikoarten ergibt sich folgendes Bild: Die Adressenausfall- und Marktpreisrisiken werden normalerweise durch Limite begrenzt und überwacht. Entsprechende Vorgaben werden auch bei den Risikosteuerungs- und -controllingprozessen gemacht (→ BTR 1 Tz. 1, 2 und 3, BTR 2.1 Tz. 1 und 2).

19

Nicht ganz so eindeutig ist die Situation bei den Liquiditätsrisiken. Das Zahlungsunfähigkeitsrisiko kann aufgrund seiner Eigenart im Allgemeinen nicht sinnvoll durch Risikodeckungspotenzial begrenzt werden und muss daher auch nicht in das Risikotragfähigkeitskonzept einbezogen werden. Dies ist darauf zurückzuführen, dass das Zahlungsunfähigkeitsrisiko nur durch einen angemessen hohen Liquiditätspuffer abgesichert werden kann. Insofern entspricht der Liquiditätspuffer bei einer liquititätsbezogenen Risikotragfähigkeitsrechnung der Risikodeckungsmasse bei der Berechnung der ökonomischen Risikotragfähigkeit (→ AT 4.1 Tz. 4). Andererseits kann sich das Liquiditätsspreadrisiko durchaus für eine Einbeziehung in das Risikotragfähigkeitskonzept eignen. So wird von den Instituten erwartet, das sich aus höheren Refinanzierungskosten ergebende Risiko im Falle der Wesentlichkeit aufgrund seines ertrags- und vermögensschädigenden Potenzials im Risikotragfähigkeitskonzept zu berücksichtigen.[6]

20

Für die operationellen Risiken existieren im Grunde selbst in der ersten Säule noch Berechnungsmethoden, die mit dieser Risikoart ungefähr so viel zu tun haben wie die Jungfrau mit dem Kind. Zudem bestehen insbesondere bei einigen Unterkategorien dieser Risikoart grundsätzlich auch keine kurzfristigen Reaktionsmöglichkeiten, weshalb Steuerungsimpulse i. d. R. einen mittelfristigen Charakter haben. Die Kreditwirtschaft hat es insofern noch vor wenigen Jahren als besonders wichtig erachtet, für die Zwecke der Risikotragfähigkeit auf Konzern- oder Gruppenebene (sofern relevant) einen entsprechenden Puffer vorzuhalten. Hingegen erschien ihr eine »Begrenzung« der operationellen Risiken auf unteren Ebenen selbst über »weiche« Kriterien nicht sinnvoll darstellbar, da die operationellen Risiken i. d. R. erst über mehrere Prozessketten hinweg entstehen.[7] Mittlerweile wird von den zuständigen Aufsichtsbehörden allerdings durchgängig erwartet, die operationellen Risiken im Risikotragfähigkeitskonzept angemessen zu berücksichtigen, womit sie grundsätzlich auch für eine Limitierung infrage kommen. Zudem haben einige Unterkategorien durch die Leitlinien der EBA zum SREP und andere Regelwerke an Bedeutung gewonnen. Das betrifft z. B. die Reputationsrisiken, die Modellrisiken, die Fehlverhaltensrisiken sowie die Informations- und Kommunikationstechnologie-Risiken (IKT-Risiken).[8] Nicht zuletzt vor diesem Hintergrund wurde im Rahmen der fünften MaRisk-Novelle die Anforderung ergänzt,

21

---

5 Vgl. Bundesanstalt für Finanzdienstleistungsaufsicht, Übermittlungsschreiben zum ersten Entwurf zur Überarbeitung der Mindestanforderungen an das Risikomanagement vom 26. April 2012, S. 3.

6 Vgl. Volk, Tobias, Risikotragfähigkeit von Kreditinstituten, in: BankPraktiker, Heft 6/2013, S. 228; Deutsche Bundesbank, Bankinterne Methoden zur Ermittlung und Sicherstellung der Risikotragfähigkeit und ihre bankaufsichtliche Bedeutung, in: Monatsbericht, März 2013, S. 35 f.

7 Vgl. Deutsche Kreditwirtschaft, Stellungnahme zum Konsultationspapier 01/2012 der Bundesanstalt für Finanzdienstleistungsaufsicht (BaFin) – »Überarbeitung der MaRisk«, 5. Juni 2012, S. 7.

8 Vgl. European Banking Authority, Guidelines on common procedures and methodologies for the supervisory review and evaluation process (SREP) and supervisory stress testing, EBA/GL/2014/13, Consolidated version, 19. Juli 2018, S. 104 ff.

AT4.3.2 Risikosteuerungs- und -controllingprozesse

für IT-Risiken angemessene Überwachungs- und Steuerungsprozesse einzurichten, die insbesondere die Feststellung von IT-Risikokriterien, die Identifizierung von IT-Risiken, die Festlegung des Schutzbedarfs, daraus abgeleitete Schutzmaßnahmen für den IT-Betrieb sowie die Festlegung entsprechender Maßnahmen zur Risikobehandlung und -minderung umfassen (→ AT7.2 Tz.4). Diese Vorgaben werden in den BAIT weiter konkretisiert.

22   Unabhängig davon, welche Risiken letztlich berücksichtigt werden, sollte das Limitsystem im Einklang mit der Gesamtstrategie und dem Risikoappetit des Institutes festgelegt werden, um Risiken und Verluste in Übereinstimmung mit dem Konzept zur angemessenen Kapitalausstattung wirksam begrenzen zu können. Insofern sollte es wirksame Grenzen für die Risikoübernahme beinhalten.[9] Unter diesen Risikogrenzen sind spezifische quantitative Maßnahmen oder Limite zu verstehen, die z. B. auf zukunftsgerichteten Annahmen beruhen und das Gesamtrisiko des Institutes unter Berücksichtigung von Konzentrationen auf Geschäftsfelder, Geschäftsbereiche, ggf. rechtliche Einheiten der Gruppe, verschiedene Risikoarten und Produkte etc. verteilen.[10]

1.7   Berücksichtigung der verbundenen Risikokonzentrationen

23   Die Risikosteuerungs- und -controllingprozesse beziehen sich neben den wesentlichen Risiken auch auf die damit verbundenen Risikokonzentrationen. Auch der Europäische Ausschuss für Systemrisiken (ESRB) empfiehlt den makroprudenziellen Behörden im Hinblick auf die Zwischenziele und Instrumente für makroprudenzielle Maßnahmen u. a. die Begrenzung direkter und indirekter Risikokonzentrationen (Empfehlung A).[11]

24   Diese allgemeinen Aussagen werden im Rahmen der besonderen Anforderungen an die Risikosteuerungs- und -controllingprozesse für einzelne Risikoarten weiter konkretisiert. So hat das Institut durch geeignete Maßnahmen sicherzustellen, dass Adressenausfallrisiken und damit verbundene Risikokonzentrationen unter Berücksichtigung der Risikotragfähigkeit begrenzt werden können (→ BTR1 Tz.1). Ebenso ist ein Limitsystem zur Begrenzung der Marktpreisrisiken auf der Grundlage der Risikotragfähigkeit unter Berücksichtigung von Risikokonzentrationen einzurichten (→ BTR2.1 Tz.1). Zur Begrenzung der Liquiditätsrisiken ist eine ausreichende Diversifikation der Refinanzierungsquellen und der Liquiditätspuffer zu gewährleisten (→ BTR3.1 Tz.1). Im Ergebnis werden Risikokonzentrationen von vornherein vermieden. Diese Maßnahmen zählen zu den quantitativen Instrumenten. Im Bereich der operationellen Risiken wird eher auf qualitative Vorkehrungen gesetzt, indem bedeutende Schadensfälle unverzüglich hinsichtlich ihrer Ursachen zu analysieren sind (→ BTR4 Tz.3). Sofern sich im Rahmen dieser Analyse bestimmte Risikokonzentrationen als ursächlich für die Schäden erweisen, sollten Maßnahmen zu ihrer Begrenzung getroffen werden.

25   Als wichtiges Instrument zur Identifizierung von Risikokonzentrationen gelten Stresstests, mit deren Hilfe Abhängigkeiten zwischen den Engagements, Wechselwirkungen und versteckte Konzentrationen identifiziert werden können, die ggf. nur unter Stressbedingungen sichtbar werden (→ AT4.3.3 Tz.1). Deshalb sollten Portfolios und Geschäftsfelder bzw. -bereiche zur

---

9 Vgl. Europäische Zentralbank, Leitfaden der EZB für den bankinternen Prozess zur Sicherstellung einer angemessenen Kapitalausstattung (Internal Capital Adequacy Assessment Process – ICAAP), 9. November 2018, S.45. Das Limitsystem sollte auch im Einklang mit dem Konzept zur Liquiditätssäquanz stehen. Vgl. Europäische Zentralbank, Leitfaden der EZB für den bankinternen Prozess zur Sicherstellung einer angemessenen Liquiditätsausstattung (Internal Liquidity Adequacy Assessment Process – ILAAP), 9. November 2018, S.35 f.

10 Vgl. Financial Stability Board, Principles for An Effective Risk Appetite Framework, 18. November 2013, S.3; Basel Committee on Banking Supervision, Guidelines – Corporate governance principles for banks, BCBS d328, 8.Juli 2015, S.2.

11 Vgl. Empfehlung des Europäischen Ausschusses für Systemrisiken zu Zwischenzielen und Instrumenten für makroprudenzielle Maßnahmen (ESRB/2013/1) vom 4.April 2013, Amtsblatt der Europäischen Union vom 15.Juni 2013, C 170/3.

Ermittlung von Intra- und Inter-Risikokonzentrationen, d.h. zur Identifizierung der gemeinsamen Risikofaktoren innerhalb und zwischen Risikoarten, gestresst werden.[12] Mit Hilfe von Stresstests können auch Kettenreaktionen und Zweitrunden- oder Rückkopplungseffekte (»feedback effects«) sichtbar gemacht werden.[13] Die (institutsweiten) Stresstests haben sich deshalb auch auf die angenommenen Risikokonzentrationen und Diversifikationseffekte innerhalb und zwischen den Risikoarten zu erstrecken (→ AT4.3.3 Tz.1). Auf die Ergebnisse der Stresstests hinsichtlich der Risikokonzentrationen und deren potenzieller Auswirkungen ist in den Risikoberichten sogar gesondert einzugehen (→ AT4.3.2 Tz.4).

Unter Umständen kann es auch erforderlich sein, bestimmte Risikokonzentrationen im Rahmen **26** des Risikotragfähigkeitskonzeptes mit Kapital zu unterlegen. Das kann insbesondere dann der Fall sein, wenn es nicht gelingt, diese Risikokonzentrationen hinreichend zu begrenzen (→ AT4.1 Tz.1). Der Prozess der Begrenzung von Risikokonzentrationen beginnt bereits bei der Festlegung der Risikostrategie. In diesem Rahmen ist, unter Berücksichtigung von Ertrags- und Risikokonzentrationen, für alle wesentlichen Risiken der Risikoappetit des Institutes festzulegen (→ AT4.2 Tz.2). Da die Risikokonzentrationen keine separate Risikoart darstellen, erfolgt ihre Begrenzung und Überwachung i.d.R. nicht auf Basis einer eigenen Limitierung.

1.8   Gesamtbanksteuerung

Unter dem Oberbegriff »Gesamtbanksteuerung« sind im Kontext der MaRisk die Prozesse zur **27** Steuerung der wesentlichen Risiken und der damit verbundenen Risikokonzentrationen mit der Ertragssteuerung zu verknüpfen. Anknüpfungspunkte dazu finden sich an verschiedenen Stellen der MaRisk. So hat das Institut im Rahmen der Risikoinventur u.a. zu prüfen, welche Risiken die Ertragslage wesentlich beeinträchtigen können (→ AT2.2 Tz.2). Im Rahmen der Festlegung und Anpassung der Geschäftsstrategie sind auch interne Einflussfaktoren, wie die Ertragslage, zu berücksichtigen. Im Hinblick auf deren zukünftige Entwicklung sind Annahmen zu treffen und einer laufenden Überprüfung zu unterziehen (→ AT4.2 Tz.1). Bei der Festlegung der zur Geschäftsstrategie konsistenten Risikostrategie ist, unter Berücksichtigung von Risikokonzentrationen, für alle wesentlichen Risiken der Risikoappetit des Institutes festzulegen. Dabei sind auch Risikokonzentrationen mit Blick auf die Ertragssituation des Institutes (Ertragskonzentrationen) zu berücksichtigen. Zu diesem Zweck müssen die Institute ihre Erfolgsquellen voneinander abgrenzen und diese quantifizieren können (→ AT4.2 Tz.2). Die Geschäftsleitung muss ein Verständnis dafür entwickeln, wie sich bestimmte Konzentrationen aus dem jeweiligen Geschäftsmodell ableiten lassen. Nicht zuletzt vor diesem Hintergrund ist es gestattet, Ertragsaspekte in die Risikoberichterstattung aufzunehmen, da Risikoaspekte nicht isoliert davon diskutiert werden können (→ BT3.2 Tz.2, Erläuterung). Schließlich sollen die Institute Verrechnungssysteme für Liquiditätskosten, -nutzen und -risiken etablieren (→ BTR3.1 Tz.5 bis 7). Aufsichtsvertreter erwarten, dass die realistische Ergebniszerlegung heutzutage zu einem guten Risikomanagement gehört.[14]

Die »Gesamtbanksteuerung« als Synonym für eine gemeinsame Ertrags- und Risikosteuerung **28** bezieht sich insofern nicht nur auf die wesentlichen Risiken und Erfolgsquellen sowie die damit

---

12 Vgl. European Banking Authority, Final Report – Guidelines on institution's stress testing, EBA/GL/2018/04, 19. Juli 2018, S. 25.

13 Vgl. European Banking Authority, Final Report – Guidelines on institution's stress testing, EBA/GL/2018/04, 19. Juli 2018, S. 45; Committee of European Banking Supervisors, Revised Guidelines on the management of concentration risk under the supervisory review process (GL 31), 2. September 2010, S. 8f.

14 Vgl. Volk, Tobias, Risikotragfähigkeit von Kreditinstituten, in: BankPraktiker, Heft 6/2013, S. 228.

verbundenen Risiko- und Ertragskonzentrationen eines Institutes. Sie soll u. a. dazu in der Lage sein, die bestehenden Wechselwirkungen zu beurteilen, so dass im Ergebnis die Gesamtsituation eines Institutes möglichst genau bestimmbar ist (→ AT4.1 Tz. 1). Die Risiken sollen dabei auf der Basis von Verfahren gemessen werden, die sie so gut wie möglich vergleichbar machen. Auf diese Weise kann im Rahmen des Risikotragfähigkeitskonzeptes eine optimale Menge an Risikodeckungsmasse vorgehalten werden, die wiederum auf verschiedene Geschäftsbereiche verteilt wird, um deren Risiko-/Chancen-Verhältnis zu optimieren. Die Einbindung der Risikosteuerungs- und -controllingprozesse in die Gesamtbanksteuerung sollte konsistent über alle Risikoarten (inklusive Liquiditätsrisiken) sowie die ökonomische und die normative Perspektive (→ AT4.1 Tz. 2) hinweg geschehen. Deshalb ist insbesondere nachvollziehbar zu dokumentieren, wie diese beiden Perspektiven in der Steuerung berücksichtigt werden. Darüber hinaus sollten die Institute auf das Verhältnis des Risikotragfähigkeitskonzeptes zur Liquiditätssteuerung, dabei insbesondere auf die Konsistenz der kapital- und liquiditätsseitig verwendeten Szenarien, und zu weiteren Steuerungsbereichen eingehen, wie z. B. zur Bilanz-, Volumen- und Margenplanung.[15]

29   In der Praxis hat sich bisher allerdings noch kein einheitliches Verständnis vom Begriff »Gesamtbanksteuerung« durchgesetzt. In der Aufsichtspraxis sollten daher keine allzu hohen Erwartungen an die gegenwärtige Praxis der Gesamtbanksteuerung gestellt werden. So kommen selbst ausgewiesene Fachexperten zu der Einschätzung, dass die Gesamtbanksteuerung – trotz bedeutender Fortschritte der Institute und der Aufsichtsbehörden im Hinblick auf methodische Fragen und deren praktische Umsetzung – bisher keineswegs ein geschlossenes System im Sinne einer integrierten Ertrags- und Risikosteuerung darstellt. Vielmehr existieren noch nicht einmal für alle wesentlichen Fragestellungen allgemein akzeptierte Lösungen und in der Konsequenz erst recht kein alles umfassender Standard.[16] Das Zusammenwachsen der Ertrags- und Risikosteuerung wird zudem aus anderen Gründen zusätzlich erschwert. So kann z. B. die geforderte Exklusivität des Leiters der Risikocontrolling-Funktion (→ AT4.4.1 Tz. 4 inkl. Erläuterung) und – damit einhergehend – das Verbot einer gemeinsamen Zuständigkeit für die Ressorts Finanzen und Risikocontrolling auf Ebene der Geschäftsleitung größerer Institute (CFO und CRO)[17] ein Hindernis sein, zumal das Finanzcontrolling häufig dem CFO zugeordnet ist.

1.9   Intragruppenforderungen

30   Bei der Berechnung der risikogewichteten Positionsbeträge zur Unterlegung mit regulatorischem Kapital kann Intragruppenforderungen unter den Voraussetzungen von Art. 113 Abs. 6 CRR nach vorheriger Genehmigung durch die zuständigen Behörden ein Risikogewicht von 0 % zugewiesen werden. Insofern gelten diese Transaktionen nach der CRR quasi als risikolos. Da die Intragruppenforderungen für das Risikomanagement jedoch durchaus eine Rolle spielen, sind sie in den Risikosteuerungs- und -controllingprozessen angemessen abzubilden (→ AT4.3.2 Tz. 1, Erläuterung). Die Abbildung der Intragruppenforderungen in den Risikosteuerungs- und -con-

---

15 Vgl. Bundesanstalt für Finanzdienstleistungsaufsicht/Deutsche Bundesbank, Aufsichtliche Beurteilung bankinterner Risikotragfähigkeitskonzepte und deren prozessualer Einbindung in die Gesamtbanksteuerung (»ICAAP«) – Neuausrichtung, Leitfaden vom 24. Mai 2018, S. 18.

16 Vgl. Bartetzky, Peter, Praxis der Gesamtbanksteuerung: Methoden – Lösungen – Anforderungen der Aufsicht, Stuttgart, 2012, S. V. Dieses Fachbuch gibt einen kompakten und vollständigen Überblick über die gegenwärtige Praxis der Gesamtbanksteuerung.

17 Vgl. Bundesanstalt für Finanzdienstleistungsaufsicht, Antwortschreiben an die DK zur Leitung der Risikocontrolling-Funktion vom 18. Juli 2013, S. 2.

trollingprozessen läuft in erster Linie darauf hinaus, dass sie in die Risikoüberwachung und die Risikoberichterstattung einzubeziehen sind.

Diese Anforderung war im ersten Entwurf zur fünften MaRisk-Novelle zunächst im Zusammenhang mit dem Risikomanagement auf Gruppenebene derart ausgestaltet, dass die Intragruppenforderungen angemessen bei der Beurteilung der Risikotragfähigkeit abgebildet werden sollten. Die DK hatte dafür plädiert, diese Anforderung wieder zu streichen, weil z. B. bei Betrachtung zweier konsolidierungspflichtiger gruppenangehöriger Unternehmen ein Kredit eines Unternehmens an ein anderes Unternehmen durch die Konsolidierung aus Gruppensicht wegfallen würde.[18] Die Aufsicht ist diesem Vorschlag gefolgt und hat die Berücksichtigung von Intragruppenforderungen in allgemeiner Form zu den Anforderungen an die Risikosteuerungs- und -controllingprozesse verschoben. **31**

Der Baseler Ausschuss für Bankenaufsicht verweist u. a. darauf, dass mit konzerninternen Transaktionen auch potenzielle Interessenkonflikte verbunden sein können, mit denen in angemessener Weise umgegangen werden muss. Besonders komplexe Strukturen mit einer großen Anzahl juristischer Einheiten können mit Blick auf die gruppeninternen Transaktionen zwischen diesen Einheiten zudem zu Herausforderungen bei der Identifizierung und Steuerung der Risiken der Organisation als Ganzes führen.[19] Auch nach den Vorstellungen der EBA sollte die Geschäftsleitung eines konsolidierenden Institutes nicht nur die rechtliche, organisatorische und operative Struktur der Gruppe, sondern auch die Tätigkeiten der einzelnen Einheiten sowie die Verbindungen und Beziehungen zwischen ihnen verstehen. Hierzu gehört auch das Verständnis für gruppenspezifische operationelle Risiken und gruppeninterne Risikopositionen sowie mögliche Beeinträchtigungen der Refinanzierung der Gruppe, ihres Eigenkapitals, ihrer Liquidität und ihrer Risikoprofile unter normalen und unter Stressszenarien.[20] **32**

---

18 Vgl. Deutsche Kreditwirtschaft, Stellungnahme zum Entwurf der MaRisk in der Fassung vom 18. Februar 2016 (Konsultation 02/2016) vom 27. April 2016, S. 23.

19 Vgl. Basel Committee on Banking Supervision, Guidelines – Corporate governance principles for banks, BCBS d328, 8. Juli 2015, S. 22 f.

20 Vgl. European Banking Authority, Leitlinien zur internen Governance, EBA/GL/2017/11, 21. März 2018, S. 21.

2 Angemessener Umgang mit den wesentlichen Risiken (Tz. 2)

33 2 Die Risikosteuerungs- und -controllingprozesse müssen gewährleisten, dass die wesentlichen Risiken – auch aus ausgelagerten Aktivitäten und Prozessen – frühzeitig erkannt, vollständig erfasst und in angemessener Weise dargestellt werden können. Hierzu hat das Institut geeignete Indikatoren für die frühzeitige Identifizierung von Risiken sowie von risikoartenübergreifenden Effekten abzuleiten, die je nach Risikoart auf quantitativen und/oder qualitativen Risikomerkmalen basieren.

2.1 Frühzeitige Risikoidentifizierung

34 Wesentliche Risiken, die zu spät identifiziert werden, können die Qualität der Risikosteuerungs- und -controllingprozesse erheblich beeinträchtigen, da die an die Identifizierung anschließenden Prozessstufen (Beurteilung, Steuerung, Überwachung und Kommunikation der Risiken) ihre Wirkung in diesem Fall nicht rechtzeitig entfalten. Im Extremfall kann eine zu späte Identifizierung sogar falsche Steuerungsimpulse auslösen, die sich negativ auf die Risikosituation des Institutes auswirken. Angesichts dessen ist es besonders wichtig, dass die wesentlichen Risiken möglichst frühzeitig identifiziert werden. Ein geeignetes Instrument zur frühzeitigen Identifizierung von Risiken auf einzelkreditnehmerbezogener Ebene ist das Verfahren zur Früherkennung von Risiken (→ BTO 1.3). Mit Blick auf das gesamte Institut dienen insbesondere die Anforderungen an die Ad-hoc-Berichterstattung gegenüber der Geschäftsleitung, den jeweils Verantwortlichen und der Internen Revision (→ AT 4.3.2 Tz. 4) sowie gegenüber dem Aufsichtsorgan (→ BT 3.1 Tz. 5) dem Ziel einer möglichst frühzeitigen Risikoerkennung. Ein weiteres Beispiel sind die Verfahren zur frühzeitigen Erkennung eines sich abzeichnenden Liquiditätsbedarfes (→ BTR 3.1 Tz. 2).

35 Im Rahmen der vierten MaRisk-Novelle wurde die Anforderung an eine Früherkennung von Risiken und risikoartenübergreifenden Effekten auf eine breitere Basis gestellt. Für deren frühzeitige Identifizierung hat ein Institut geeignete Indikatoren abzuleiten, die je nach Risikoart auf quantitativen und/oder qualitativen Risikomerkmalen basieren können. Es ist zu vermuten, dass sich die Unterscheidung zwischen quantitativen und qualitativen Instrumenten letztlich wie ein roter Faden durch die gesamte Prozesskette im Risikomanagement zieht. Erfolgt die Begrenzung und Überwachung bestimmter Risiken in erster Linie auf Basis qualitativer Instrumente, so dürfte es schwerfallen, eine Früherkennung auf quantitative Risikomerkmale zu stützen. Hingegen wäre eine Früherkennung anhand ausschließlich qualitativer Risikomerkmale für bestimmte wesentliche Risiken, die mit Hilfe von Limit, Ampel- oder vergleichbaren Warnsystemen begrenzt und überwacht werden, weder sinnvoll noch angemessen.

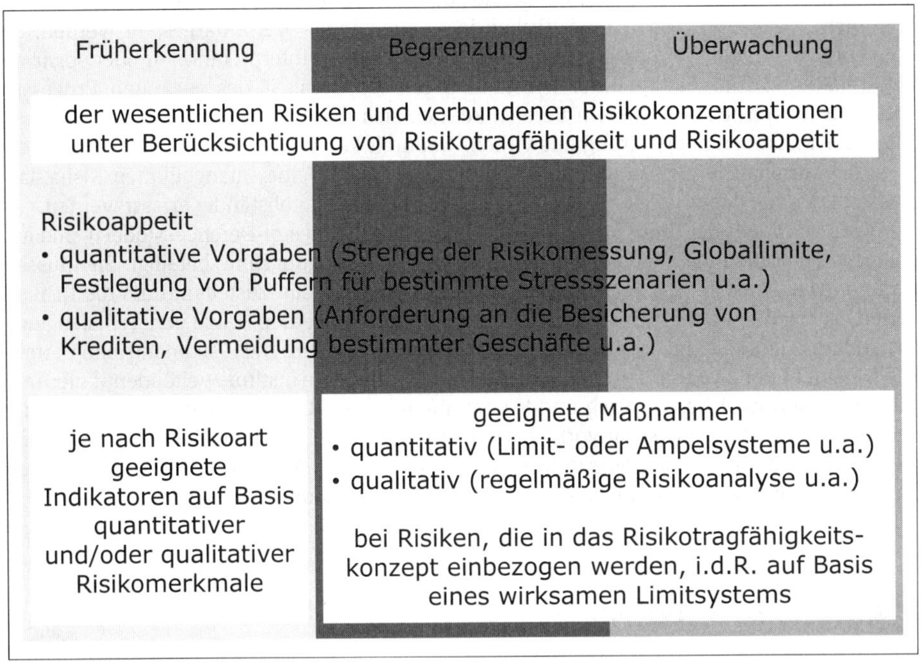

Abb. 35: Risikomanagementprozesse im Überblick

Die deutsche Aufsicht begründet diese neue Anforderung mit den Erfahrungen aus der Finanzmarkt- **36**
krise. So hätten gerade jene Institute die Verwerfungen an den Märkten vergleichsweise gut über-
standen, die aufgrund entsprechender Frühwarnindikatoren deutlich schneller auf sich anbahnende
Ereignisse reagieren konnten. Es geht also darum, Fehlentwicklungen schon in einem frühen
Stadium zu erkennen, damit eventuelle Gegensteuerungsmaßnahmen noch wirksam werden kön-
nen und nicht ergebnislos verpuffen. Erwartet werden nicht zwingend komplex konstruierte
Indikatoren. Aus Sicht der Aufsicht können auch recht einfache Indikatoren die erwünschte
Steuerungswirkung entfalten, sofern ihre Entwicklung kontinuierlich beobachtet wird.[21]

2.2 Vollständige Erfassung und angemessene Darstellung

Das Postulat der Vollständigkeit hängt eng mit der Identifizierung der wesentlichen Risiken zusam- **37**
men. Werden im Zuge der Risikoidentifizierung, z. B. wegen methodischer Schwächen oder einer
ungenügenden Datenbasis, bestimmte wesentliche Risiken nicht bzw. nicht vollständig erfasst,
können sie folglich auch nicht bzw. nicht in angemessener Weise im Rahmen der folgenden Stufen
der Risikosteuerungs- und -controllingprozesse berücksichtigt werden. Werden diese Risiken schlagend, ist das Institut im Extremfall vollkommen unvorbereitet und kann in der Konsequenz
erhebliche Verluste erleiden.

---

21 Vgl. Bundesanstalt für Finanzdienstleistungsaufsicht, Übermittlungsschreiben zum ersten Entwurf zur Überarbeitung der
Mindestanforderungen an das Risikomanagement vom 26. April 2012, S. 4.

AT4.3.2 Risikosteuerungs- und -controllingprozesse

38   Die Risikosteuerungs- und -controllingprozesse können darüber hinaus ihre volle Wirkung nur dann entfalten, wenn die wesentlichen Risiken in angemessener Weise dargestellt werden. So können wenig verständliche Darstellungen zu unterschiedlichen Interpretationen oder sogar zu Fehlinterpretationen führen, die unter Umständen die Wirksamkeit des gesamten Prozesses vermindern. Schwachstellen in diesem Bereich können sich insbesondere negativ auf den Aussagegehalt der Risikoberichterstattung auswirken. Dadurch kann die wichtigste Entscheidungsgrundlage der Geschäftsleitung entwertet werden. Die Wirkung einer mangelhaften Risikodarstellung ist im Grunde damit vergleichbar, dass diese Risiken nicht vollständig erfasst werden.

39   Im Sinne des »Modells der drei Verteidigungslinien« (»Three-Lines-of-Defence-Model«) sind am Risikomanagement auch die Geschäftsbereiche als erste Verteidigungslinie beteiligt. Sie müssen deshalb über geeignete Prozesse und Kontrollen verfügen, um sicherzustellen, dass die Risiken identifiziert, beurteilt, gesteuert, überwacht und kommuniziert werden. Dazu gehören also auch die vollständige Erfassung und angemessene Darstellung der Risiken. Die Risikocontrolling-Funktion ist als Element der zweiten Verteidigungslinie hingegen für die institutsweite Identifizierung, Beurteilung, Steuerung, Überwachung und Kommunikation der Risiken und damit für die ganzheitliche Sicht auf die Risiken verantwortlich. Insofern muss die Risikocontrolling-Funktion auch sicherstellen, dass die Prozesse und Kontrollen, die in der ersten Verteidigungslinie vorhanden sind, richtig konzipiert und wirksam sind, und im Zweifel Anpassungen einfordern.[22]

2.3   Ausgelagerte Aktivitäten und Prozesse

40   Bei den Prozessen zur Identifizierung, Beurteilung, Steuerung sowie Überwachung und Kommunikation der wesentlichen Risiken wird grundsätzlich nicht zwischen den Prozessen und Aktivitäten differenziert, die im Institut ablaufen oder ausgelagert sind. In ähnlicher Weise hat die Interne Revision risikoorientiert und prozessunabhängig die Ordnungsmäßigkeit grundsätzlich aller Aktivitäten und Prozesse zu prüfen und zu beurteilen, unabhängig davon, ob diese ausgelagert sind oder nicht (→ AT4.4.3 Tz.3). Deshalb müssen die Risikosteuerungs- und -controllingprozesse gewährleisten, dass auch die wesentlichen Risiken aus ausgelagerten Aktivitäten und Prozessen frühzeitig erkannt, vollständig erfasst und in angemessener Weise dargestellt werden können. Insbesondere sind dabei die für Auslagerungen typischen Risiken angemessen zu berücksichtigen. Entsprechende Anforderungen hierzu finden sich vor allem in Modul AT9.

---

22 Vgl. European Banking Authority, Final Report – Guidelines on internal governance under Directive 2013/36/EU, EBA/GL/2017/11, 26. September 2017, S. 9 f.

3 Risikoberichterstattung an die Geschäftsleitung und das Aufsichtsorgan (Tz. 3)

3 Die Geschäftsleitung hat sich in angemessenen Abständen über die Risikosituation 41 berichten zu lassen. Zudem hat die Geschäftsleitung das Aufsichtsorgan mindestens vierteljährlich über die Risikosituation in angemessener Weise schriftlich zu informieren. Einzelheiten zur Risikoberichterstattung an die Geschäftsleitung und an das Aufsichtsorgan sind in BT 3 geregelt.

3.1 Risikoberichterstattung an die Geschäftsleitung

Die Geschäftsleitung hat sich »in angemessenen Abständen« über die Risikosituation berichten zu 42 lassen, wobei die Einzelheiten zu Art, Umfang und Turnus der Risikoberichterstattung seit der fünften MaRisk-Novelle an zentraler Stelle in BT 3 geregelt sind. Demnach hat sich die Geschäftsleitung »regelmäßig« auf Basis vollständiger, genauer und aktueller Daten und in nachvollziehbarer sowie aussagefähiger Art und Weise über die Risikosituation berichten zu lassen. Insbesondere ist die Risikosituation nicht nur darzustellen, sondern auch zu beurteilen und um eine zukunftsorientierte Risikoeinschätzung sowie ggf. um Handlungsvorschläge zu ergänzen (→ BT 3.1 Tz. 1).

Die Verantwortung für den mindestens vierteljährlich zu erstellenden Gesamtrisikobericht über 43 die als wesentlich eingestuften Risikoarten wird der Risikocontrolling-Funktion übertragen (→ BT 3.2 Tz. 1). Dies entspricht auch der Aufgabenzuordnung, nach der die Risikocontrolling-Funktion u. a. für die regelmäßige Erstellung der Risikoberichte für die Geschäftsleitung verantwortlich ist (→ AT 4.4.1 Tz. 2).

Die allgemeine Berichtspflicht wird durch besondere turnusmäßige Berichtspflichten an die Geschäftsleitung über bestimmte Risikoarten präzisiert:

- Die Geschäftsleitung ist zumindest vierteljährlich über die Adressenausfallrisiken einschließlich der wesentlichen strukturellen Merkmale im Kreditgeschäft zu unterrichten (→ BT 3.2 Tz. 3).
- Ebenfalls mindestens vierteljährlich ist der Geschäftsleitung ein Risikobericht über die vom Institut insgesamt eingegangenen Marktpreisrisiken einschließlich der Zinsänderungsrisiken zuzuleiten (→ BT 3.2 Tz. 4).
- Das täglich zu ermittelnde Ergebnis für das Handelsbuch, die jeweils zum Geschäftsschluss zu Gesamtrisikopositionen zusammenzufassenden Risikopositionen und die zugehörigen Limitauslastungen sind nach Abstimmung mit dem Handelsbereich zeitnah am nächsten Geschäftstag dem für das Risikocontrolling zuständigen Geschäftsleiter zu berichten (→ BT 3.2 Tz. 4). Bei Nicht-Handelsbuchinstituten mit unter Risikogesichtspunkten überschaubaren Positionen im Handelsbuch, die von den Erleichterungen gemäß Art. 94 Abs. 1 CRR profitieren (können), kann allerdings auf die tägliche Berichterstattung zugunsten eines längeren Turnus verzichtet werden (→ BT 3.2 Tz. 4, Erläuterung).
- Die Geschäftsleitung ist mindestens vierteljährlich über die Liquiditätsrisiken und die Liquiditätssituation zu informieren. Systemrelevante und kapitalmarktorientierte Institute haben diesen Risikobericht mindestens monatlich zu erstellen (→ BT 3.2 Tz. 5).
- Mindestens jährlich ist die Geschäftsleitung über bedeutende Schadensfälle sowie wesentliche operationelle Risiken zu unterrichten (→ BT 3.2 Tz. 6).

AT 4.3.2 Risikosteuerungs- und -controllingprozesse

– Die Geschäftsleitung ist mindestens vierteljährlich über die sonstigen vom Institut als wesentlich identifizierten Risiken zu unterrichten (→ BT 3.1 Tz. 7).

44   Explizit wird zwar weder eine Zusammenfassung dieser besonderen Berichtspflichten noch eine zwingende Trennung der Berichte gefordert. Beim vierteljährlich zu erstellenden Gesamtrisikobericht wird, wie der Name schon sagt, von den Aufsichtsbehörden jedoch von einem einzigen Dokument ausgegangen. Diese Einschätzung wird dadurch gestützt, dass die zwischenzeitliche Erläuterung, wonach die Berichte zu den einzelnen wesentlichen Risiken alternativ zu einem Gesamtrisikobericht auch gesondert erstellt und gemeinsam der Geschäftsleitung vorgelegt werden können, in der Endfassung zur fünften MaRisk-Novelle wieder gelöscht worden ist.

3.2   Risikoberichterstattung an das Aufsichtsorgan

45   Das Aufsichtsorgan ist aufgrund verschiedener gesetzlicher Normen dazu verpflichtet, die Geschäftsleitung zu überwachen (→ AT 1 Tz. 1). Diese Überwachungsfunktion kann das Aufsichtsorgan nur dann sachgerecht wahrnehmen, wenn es die Risikosituation des Unternehmens überhaupt kennt. Die Geschäftsleitung hat das Aufsichtsorgan daher vierteljährlich über die Risikosituation in angemessener Weise schriftlich zu informieren. Für die Berichterstattung der Geschäftsleitung an das Aufsichtsorgan oder einen dafür gebildeten Ausschuss des Aufsichtsorgans gelten grundsätzlich dieselben Vorgaben wie für die Berichterstattung an die Geschäftsleitung. Auf besondere Risiken für die Geschäftsentwicklung und dafür geplante Maßnahmen der Geschäftsleitung ist dabei gesondert einzugehen (→ BT 3.1 Tz. 5).

46   Hinsichtlich der Berichterstattung an das Aufsichtsorgan orientieren sich die MaRisk an den zahlreichen Initiativen des Gesetzgebers (Kreditwesengesetz, KWG; Aktiengesetz, AktG; Deutscher Corporate Governance Kodex, DCGK; Gesetz zur Kontrolle und Transparenz im Unternehmensbereich, KonTraG; Transparenz- und Publizitätsgesetz, TransPubG), die auf eine Stärkung der internen Strukturen in den Unternehmen abzielen und insbesondere auch die wichtige Rolle der Aufsichtsorgane betonen. So muss die Geschäftsleitung gemäß § 25c Abs. 4a Nr. 3 lit. e KWG gegenüber dem Aufsichtsorgan in angemessenen Abständen, mindestens aber vierteljährlich, über die Risikosituation berichten und dabei die Risiken beurteilen. In Analogie dazu hat der Vorstand nach § 90 AktG umfangreiche Berichtspflichten gegenüber dem Aufsichtsrat, die u. a. auch die vierteljährliche Berichterstattung über den Gang der Geschäfte und die Lage der Gesellschaft umfassen.

47   Die Vorgaben für die Risikoberichterstattung an das Aufsichtsorgan korrespondieren mit den Anforderungen an die Sachkunde der Mitglieder des Aufsichtsorgans. Diese müssen fachlich auch in der Lage sein, die Geschäftsleiter des Institutes angemessen zu kontrollieren, zu überwachen und die Entwicklung des Institutes aktiv zu begleiten. Die Mitglieder des Aufsichtsorgans müssen dazu insbesondere die vom Institut getätigten Geschäfte verstehen und deren Risiken beurteilen können.[23]

---

23 Die Anforderungen an die Sachkunde der Mitglieder des Aufsichtsorgans richten sich nach dem Umfang und der Komplexität der vom Institut betriebenen Geschäfte und sind für jeden Einzelfall zu beurteilen. Vgl. Bundesanstalt für Finanzdienstleistungsaufsicht, Merkblatt zu Mitgliedern von Verwaltungs- und Aufsichtsorganen gemäß KWG und KAGB vom 4. Januar 2016, zuletzt geändert am 12. November 2018, S. 20.

3.3   Schriftliche Information des Aufsichtsorgans

Die Information des Aufsichtsorgans hat schriftlich zu erfolgen, da nicht davon auszugehen ist, **48** dass das Aufsichtsorgan ausschließlich auf der Basis von Gesprächen mit der Geschäftsleitung die Risikosituation des Institutes hinreichend nachvollziehen kann. Auch das Aktiengesetz und der Deutsche Corporate Governance Kodex betonen, dass die Berichts- und Informationspflichten des Vorstandes gegenüber dem Aufsichtsrat i.d.R. in Textform zu erstatten sind. Dieses Regelerfordernis lässt einen gewissen Raum für Ausnahmen von der Textform zu, etwa aus Gründen der Aktualität oder wegen eines gesteigerten Geheimhaltungsbedürfnisses.[24]

---

24 Vgl. Hüffer, Uwe, Aktiengesetz, 8. Auflage, München, 2008, § 90, Tz. 13.

4   Ad-hoc-Berichterstattung (Tz. 4)

49   **4** Unter Risikogesichtspunkten wesentliche Informationen sind unverzüglich an die Geschäftsleitung, die jeweiligen Verantwortlichen und ggf. die Interne Revision weiterzuleiten, so dass geeignete Maßnahmen bzw. Prüfungshandlungen frühzeitig eingeleitet werden können. Hierfür ist ein geeignetes Verfahren festzulegen.

4.1   Grenzen der turnusmäßigen Berichterstattung

50   Die turnusmäßige Berichterstattung verfehlt ggf. ihren Zweck, wenn zwischen den Berichtsintervallen Ereignisse eintreten, die für das Institut von erheblicher Relevanz sind. Nach den MaRisk sind daher unter Risikogesichtspunkten wesentliche Informationen unverzüglich an die Geschäftsleitung, die jeweiligen Verantwortlichen und ggf. die Interne Revision weiterzuleiten (Ad-hoc-Berichterstattung). Die Ad-hoc-Berichterstattung versetzt die Empfänger der Informationen in die Lage, frühzeitig geeignete Maßnahmen zu ergreifen. Unter Risikogesichtspunkten wesentliche Informationen können aber auch dazu führen, dass die Interne Revision involviert wird. Die Interne Revision könnte z. B. kurzfristig eine Sonderprüfung durchführen (→ BT 2.3 Tz. 4).

4.2   Unter Risikogesichtspunkten wesentliche Informationen

51   Die Umschreibung »unter Risikogesichtspunkten wesentliche Informationen« ist wie andere Begriffe der MaRisk unbestimmt (→ AT 1 Tz. 4). Das Institut hat demnach in eigenem Ermessen festzulegen, welche Informationen aus seiner Sicht unter Risikogesichtspunkten als wesentlich zu qualifizieren sind. Zwei Indizien sprechen dafür, dass es sich um besonders bedeutsame Ereignisse handeln muss, die eine Ad-hoc-Berichterstattung auslösen. Zum einen ist immer die gesamte Geschäftsleitung, also die oberste Managementebene, Empfänger dieser Ad-hoc-Berichterstattung. Zum anderen greifen auch alle sonstigen unverzüglichen Berichtspflichten ausnahmslos Ereignisse auf, die von erheblicher Relevanz für das Institut sind. Der Adressatenkreis sowie der Vergleich zu sonstigen unverzüglichen Berichtspflichten sind Anhaltspunkte dafür, dass es sich um Informationen handeln muss, die die Gesamtorganisation des Institutes beeinträchtigen oder sogar ihren Bestand gefährden können.

4.3   Unverzügliche Weiterleitung der Informationen

52   Die unter Risikogesichtspunkten wesentlichen Informationen sind unverzüglich an die Empfänger weiterzuleiten. Durch die Wahl des Begriffes »unverzüglich« wird klargestellt, dass die Berichterstattung »ohne schuldhaftes Zögern« erfolgen muss. Ein bewusstes Zurückhalten der Informationen ist daher nicht statthaft und liegt auch kaum im Interesse des Institutes, da in diesem Fall ggf. erforderliche Maßnahmen der Geschäftsleitung oder anderer Entscheidungsträger entweder zu spät oder überhaupt nicht mehr eingeleitet werden können.

4.4   Adressatenkreis der Ad-hoc-Berichterstattung

Empfänger der Ad-hoc-Berichterstattung ist zunächst die gesamte Geschäftsleitung. Darüber   53
hinaus sind die jeweiligen Verantwortlichen zu informieren. In der Regel wird es sich dabei um
leitende Mitarbeiter oder Kompetenzträger handeln, also z. B. Bereichs-, Abteilungs- oder Grup-
penleiter, denen die Informationen weiterzuleiten sind. Je nachdem, auf welcher Hierarchieebene
der Absender der Informationen angesiedelt ist, kann viel Zeit vergehen, wenn jeweils nur der
direkte Vorgesetzte benachrichtigt wird. Vor diesem Hintergrund ist es sinnvoll, Regelungen
festzulegen, die eine zeitgleiche Benachrichtigung aller Empfänger sicherstellen.

Die unter Risikogesichtspunkten wesentlichen Informationen sind ggf. an die Interne Revision   54
weiterzuleiten. Durch die Wahl des Wortes »gegebenenfalls« kommt zum Ausdruck, dass die
Interne Revision nicht zwingend Empfänger jeder Ad-hoc-Berichterstattung sein muss. Je höher
allerdings die Latte hinsichtlich der Ad-hoc-Berichtspflichten institutsintern gelegt wird, desto
größer ist die Notwendigkeit, die Interne Revision parallel zur Geschäftsleitung zu informieren.
Eine Informationspflicht gegenüber der Internen Revision besteht zumindest dann, wenn nach
Einschätzung der Fachbereiche unter Risikogesichtspunkten relevante Mängel zu erkennen oder
bedeutende Schadensfälle aufgetreten sind oder ein konkreter Verdacht auf Unregelmäßigkeiten
besteht (→ AT 4.3.2 Tz. 4, Erläuterung). Die Interne Revision sollte daher in den Adressatenkreis
aufgenommen werden, wenn ihre eigenen Aufgaben durch die Informationen mittelbar oder
unmittelbar berührt sind (→ AT 4.4.3 Tz. 3).

4.5   Maßnahmen

Unter Maßnahmen sind Handlungen zu verstehen, die darauf abzielen, sich abzeichnende oder   55
eingetretene negative Entwicklungen abzuwenden bzw. in ihrer Wirkung einzudämmen. Als
mögliche Maßnahmen kommen z. B. die Abwicklung bestimmter Kreditnehmer, die Aufstockung
des Risikodeckungspotenzials oder strategische Neuausrichtungen in Betracht. Dem Institut steht
es darüber hinaus frei, die Ad-hoc-Berichterstattung auf positive Ereignisse auszudehnen. Die
Berichterstattung kann also auch zum Anlass genommen werden, eine Chance durch entsprechende Weichenstellungen rasch zu nutzen, um auf diese Weise die Wettbewerbsposition des
Institutes zu stärken.

Insgesamt kommt es sowohl im positiven Fall als auch bei negativen Entwicklungen in erster   56
Linie darauf an, schnell reagieren zu können. Dafür ist es jeweils erforderlich, alle relevanten
Informationen zu kennen. Nicht zuletzt vor diesem Hintergrund muss ein Institut neben der
regelmäßigen Risikoberichterstattung auch in der Lage sein, im Bedarfsfall ad hoc Risikoinformationen zu generieren (→ BT 3.1 Tz. 1).

4.6   Sonstige unverzügliche Informationspflichten

Neben der allgemeinen Ad-hoc-Berichterstattung existieren in den MaRisk noch einige weitere   57
besondere Informationspflichten gegenüber der Geschäftsleitung bzw. einzelnen Geschäftsleitern.
Bei diesen Berichtspflichten wird ebenfalls das Erfordernis der Unverzüglichkeit betont:
–   Ein erheblicher Risikovorsorgebedarf ist der Geschäftsleitung unverzüglich mitzuteilen
    (→ BTO 1.2.6 Tz. 2).

AT 4.3.2 Risikosteuerungs- und -controllingprozesse

- Der für die Marktgerechtigkeitskontrolle zuständige Geschäftsleiter ist unverzüglich zu unterrichten, wenn – abweichend von BTO 2.2.1 Tz. 2 – Handelsgeschäfte zu nicht marktgerechten Bedingungen abgeschlossen werden (→ BTO 2.2.2 Tz. 5).
- Soweit von der Internen Revision schwerwiegende Mängel festgestellt werden, ist der Revisionsbericht unverzüglich der Geschäftsleitung vorzulegen (→ BT 2.4 Tz. 1). Auch über besonders schwerwiegende Mängel hat die Interne Revision unverzüglich zu berichten (→ BT 2.4 Tz. 4). Sollten sich ferner bei den Prüfungen durch die Interne Revision schwerwiegende Feststellungen gegen einzelne Geschäftsleiter ergeben, ist die gesamte Geschäftsleitung unverzüglich zu unterrichten (→ BT 2.4 Tz. 5 Satz 1).

58 Für die Geschäftsleitung selbst bzw. andere Funktionen bestehen darüber hinaus unverzügliche Berichtspflichten gegenüber dem Aufsichtsorgan bzw. der BaFin und der Deutschen Bundesbank:
- Für das Aufsichtsorgan unter Risikogesichtspunkten wesentliche Informationen sind von der Geschäftsleitung unverzüglich weiterzuleiten. Hierfür hat die Geschäftsleitung gemeinsam mit dem Aufsichtsorgan ein geeignetes Verfahren festzulegen (→ BT 3.1 Tz. 5).
- Ergeben sich im Rahmen der Prüfungen durch die Interne Revision schwerwiegende Feststellungen gegen einzelne Geschäftsleiter, hat die Geschäftsleitung nach Kenntnisnahme unverzüglich den Vorsitzenden des Aufsichtsorgans sowie die BaFin und die Deutsche Bundesbank zu informieren (→ BT 2.4 Tz. 5 Satz 2).
- Die Interne Revision hat das Aufsichtsorgan unverzüglich über besonders schwerwiegende Mängel zu unterrichten (→ BT 2.4 Tz. 4). Diese Berichterstattung kann auch über die Geschäftsleitung erfolgen, sofern dadurch keine nennenswerte Verzögerung der Information des Aufsichtsorgans verbunden und der Inhalt der Berichterstattung an Geschäftsleitung und Aufsichtsorgan deckungsgleich ist (→ BT 2.4 Tz. 4, Erläuterung).

59 Der Internen Revision ist von der Geschäftsleitung ein vollständiges und uneingeschränktes Informationsrecht einzuräumen. Der Internen Revision sind daher auf Anfrage unverzüglich die erforderlichen Informationen zu erteilen (→ AT 4.4.3 Tz. 4).

Weitere unverzügliche Informationspflichten sind für das Kreditgeschäft und das Handelsgeschäft von Relevanz:
- Soweit dem Institut Informationen bekanntwerden, die auf eine wesentliche negative Änderung der Risikoeinschätzung eines Kreditengagements oder der Sicherheiten hindeuten, sind diese Informationen unverzüglich an die einzubindenden Organisationseinheiten weiterzuleiten (→ BTO 1.2.2 Tz. 4).
- Abschlüsse von Handelsgeschäften außerhalb der Geschäftsräume sind vom Händler unverzüglich in geeigneter Form dem eigenen Institut anzuzeigen, besonders zu kennzeichnen und dem zuständigen Geschäftsleiter bzw. einer von ihm autorisierten Organisationseinheit zur Kenntnis zu bringen (→ BTO 2.2.1 Tz. 3).

60 Auch den Mitarbeitern der Risikocontrolling-Funktion und der Compliance-Funktion ist ein uneingeschränkter Zugang zu allen Informationen einzuräumen, die für die Erfüllung ihrer Aufgaben erforderlich sind (→ AT 4.4.1 Tz. 3 und AT 4.4.2 Tz. 6).[25]

---

25 Dies entspricht den Vorstellungen der EBA, wonach die internen Kontrollfunktionen für die Erfüllung ihrer Aufgaben über angemessene und ausreichende Befugnisse, ein ausreichendes Gewicht und Zugang zum Leitungsorgan verfügen sollen. Vgl. European Banking Authority, Leitlinien zur internen Governance, EBA/GL/2017/11, 21. März 2018, S. 34 f.

4.7 Einrichtung eines Verfahrens zur Ad-hoc-Berichterstattung

Grundsätzlich kann bezüglich der auslösenden Momente für die Ad-hoc-Berichterstattung die **61** Vereinbarung von Kriterien sinnvoll sein (z. B. drohende Verluste in bestimmter Höhe, Insolvenz wichtiger Kreditnehmer, Umwälzungen auf bestimmten Märkten, in denen das Institut aktiv ist, sich abzeichnende gravierende Leistungsstörungen bei ausgelagerten Aktivitäten und Prozessen). Auch die Formulierung »nach Einschätzung der Fachbereiche« schließt nicht aus, dass die Interne Revision verbindliche Kriterien vorgibt, die den Fachbereichen bei der Einschätzung bestimmter Sachverhalte behilflich sind. Derartige Kriterienkataloge erfahren insbesondere dann eine hohe Akzeptanz, wenn sie gemeinsam von den Fachbereichen und der Internen Revision ausgearbeitet und von der Geschäftsleitung anschließend genehmigt werden. Aus Sicht der BaFin liegt es im Ermessen der Institute, in dieser Hinsicht eine praktikable Lösung zu finden.[26]

Ob solche Kriterienkataloge vor allem bei kleinen Instituten mit überschaubaren Geschäfts- **62** aktivitäten praktikabel und unter betriebswirtschaftlichen Gesichtspunkten zweckmäßig sind, ist allerdings fraglich. Auch für die großen Institute ist es schlichtweg nicht möglich, sämtliche Ad-hoc-Berichtserfordernisse im Vorfeld zu kennen und somit »ex ante« genaue Kriterien für letztlich unbekannte Sachverhalte festzulegen. Dieses Problem hat sich gerade beim Ausbruch der Finanzmarktkrise deutlich gezeigt. Die BaFin schreibt daher die Formulierung von Kriterien nicht zwingend vor. Jedes Institut muss im eigenen Ermessen festlegen, wie die Ad-hoc-Berichterstattung im Einzelnen ausgestaltet wird.

Allerdings muss im Sinne prozessualer Vorgaben ein Verfahren zur Ad-hoc-Berichterstattung **63** festgelegt werden. Damit soll insbesondere verhindert werden, dass diese Anforderung nach Gutdünken beachtet wird, was in der Vergangenheit im Rahmen von Prüfungshandlungen moniert wurde. Mit Hilfe dieses Verfahrens sollte grundsätzlich festgelegt werden, was aus Risikosicht unter wesentlichen Informationen zu verstehen ist, wer genau die jeweiligen Verantwortlichen sind und unter welchen Umständen auch die Interne Revision zum Adressatenkreis gehört. Da keine konkreten Vorgaben zu diesem Verfahren gemacht werden, ist es u. a. möglich, die Berichterstattung in abgestufter Form auch auf Gremien der genannten Organe einzuschränken, wie etwa einen Risikoausschuss. Auf diese Weise kann der Geschäftsverteilung und den speziellen Zuständigkeiten Rechnung getragen werden. Die unterschiedlichen Pflichten mit dem Ziel einer unverzüglichen Information können dazu genutzt werden, in verallgemeinerter Form einen Rahmen zur Ad-hoc-Berichterstattung im Institut festzulegen. Somit kann diese besondere Form der Berichterstattung hinsichtlich der verbundenen Prozesse institutionalisiert werden. Die Methodenverantwortung für die Ad-hoc-Berichterstattung wurde im Rahmen der vierten MaRisk-Novelle der Risikocontrolling-Funktion zugewiesen (→ AT 4.4.1 Tz. 2).

4.8 Whistleblowing-Prozess

Mit dem CRD IV-Umsetzungsgesetz umfasst eine ordnungsgemäße Geschäftsorganisation gemäß **64** § 25a Abs. 1 Satz 6 Nr. 3 KWG zukünftig auch einen Prozess, der es den Mitarbeitern unter Wahrung der Vertraulichkeit ihrer Identität ermöglicht, Verstöße gegen die CRR, die Marktmissbrauchsverordnung, die Verordnung über Märkte für Finanzinstrumente (»Markets in Financial Instruments Regulation«, MiFIR), die PRIIP-Verordnung (»Packaged Retail and Insurance-based Investment Products«, PRIIPs), das KWG, das WpHG oder gegen die aufgrund des KWG oder des

---

26 Vgl. Bundesanstalt für Finanzdienstleistungsaufsicht, Protokoll der ersten Sitzung des MaRisk-Fachgremiums am 4. Mai 2006, S. 4.

AT 4.3.2 Risikosteuerungs- und -controllingprozesse

WpHG erlassenen Rechtsverordnungen sowie etwaige strafbare Handlungen innerhalb des Unternehmens an geeignete Stellen zu berichten (»Whistleblowing«). Bei der Ausgestaltung des Whistleblowing-Verfahrens haben die Institute eine weitgehende Gestaltungsfreiheit im Hinblick auf den Adressaten der Meldung. So sind z.B. interne oder externe Anlaufstellen möglich.

65 Auch die EBA fordert im Interesse der Gewährleistung einer objektiven Entscheidungsfindung, Aufsicht und Einhaltung externer und interner Anforderungen, einschließlich der Strategien und Risikolimite der Institute, dass die Institute eine Richtlinie zum Umgang mit Interessenkonflikten und interne Whistleblowing-Verfahren einführen sollten.[27]

66 Bei diesem Prozess geht es in erster Linie darum, Missstände in einer Weise adressieren zu können, dass deswegen anschließend keine Repressalien zu befürchten sind. Dafür eignet sich am besten das Mittel der Anonymität. Es kann allerdings nicht ausgeschlossen werden, dass derartige Informationen auch für die Ad-hoc-Berichterstattung von Interesse sind. Insofern sollten die Institute einen Weg finden, die relevanten anonymen Informationen in geeigneter Weise in diesen Prozess einzuspeisen.

---

27 Vgl. European Banking Authority, Final Report – Guidelines on internal governance under Directive 2013/36/EU, EBA/GL/2017/11, 26. September 2017, S. 10.

5 Überprüfung und Anpassung der Methoden und Verfahren (Tz. 5)

5 Die Risikosteuerungs- und -controllingprozesse sowie die zur Risikoquantifizierung **67** eingesetzten Methoden und Verfahren sind regelmäßig sowie bei sich ändernden Bedingungen auf ihre Angemessenheit zu überprüfen und ggf. anzupassen. Dies betrifft insbesondere auch die Plausibilisierung der ermittelten Ergebnisse und der zugrundeliegenden Daten. AT 4.1 Tz. 9 ist entsprechend anzuwenden.

5.1 Änderungen der internen und externen Rahmenbedingungen

Aus (plötzlichen) Veränderungen interner und externer Rahmenbedingungen können sich **68** (schlagartig) neue Anforderungen an die konkrete Ausgestaltung der Risikosteuerungs- und -controllingprozesse sowie der zur Risikoquantifizierung eingesetzten Methoden und Verfahren ergeben. Eine Veränderung der internen Rahmenbedingungen ergibt sich z. B. dann, wenn die Geschäftsleitung eine strategische Neuausrichtung beschließt. Umwälzungen auf den Märkten, neue Wettbewerber oder auch staatliche Eingriffe können auf der anderen Seite zu Veränderungen der externen Rahmenbedingungen führen.

5.2 Notwendigkeit der Anpassung

Vor diesem Hintergrund ist es von erheblicher Bedeutung, dass die Risikosteuerungs- und -con- **69** trollingprozesse sowie die zur Risikoquantifizierung eingesetzten Methoden und Verfahren regelmäßig und bei sich ändernden Bedingungen auch anlassbezogen überprüft und ggf. zeitnah angepasst werden. Dazu gehört auch die Plausibilisierung der mit diesen Prozessen, Methoden und Verfahren ermittelten Ergebnisse und der jeweils zugrundeliegenden Daten. Falls solche Anpassungen unterbleiben oder zu spät in Angriff genommen werden, besteht die Gefahr, dass diese Prozesse, Methoden und Verfahren ihre Wirksamkeit verlieren. Da sie zentrales Element des grundlegenden Regelkreislaufes sind, ist in der Folge das gesamte Risikomanagement negativ betroffen, was wiederum die Position des Institutes im Wettbewerb beeinträchtigen könnte. Eine solche Konstellation kann sich insbesondere bei Instituten ergeben, die komplexe Geschäfte in hochvolatilen Märkten betreiben. Hingegen wird bei Instituten mit traditionellen Geschäftsaktivitäten in überschaubaren Märkten vermutlich nur selten ein Anpassungsbedarf bestehen.

5.3   Regelmäßige und anlassbezogene Anpassungen

70   In einer früheren Entwurfsfassung der MaRisk war bereits ein jährlicher Turnus für eine regelmäßige Überprüfung der Wirksamkeit und Angemessenheit der Risikosteuerungs- und -controllingprozesse vorgesehen, auf die seinerzeit jedoch verzichtet wurde.[28] Seit der fünften MaRisk-Novelle wird nunmehr auch eine regelmäßige Überprüfung der Risikosteuerungs- und -controllingprozesse sowie der zur Risikoquantifizierung eingesetzten Methoden und Verfahren gefordert, ohne jedoch einen konkreten Turnus vorzugeben.

71   Eine mögliche Anpassung der Risikosteuerungs- und -controllingprozesse sowie der zur Risikoquantifizierung eingesetzten Methoden und Verfahren hat, in Analogie zu den Organisationsrichtlinien (→ AT5 Tz.2), darüber hinaus auch anlassbezogen zu erfolgen. Welche Änderungen der internen und externen Rahmenbedingungen Anlass zu Anpassungen dieser Prozesse, Methoden und Verfahren sowie zur Plausibilisierung der damit ermittelten Ergebnisse und der jeweils zugrundeliegenden Daten geben, ist von den Instituten in eigener Verantwortung zu entscheiden.

5.4   Orientierung an den Vorgaben aus dem Risikotragfähigkeitskonzept

72   Wenngleich an dieser Stelle keine konkreten Vorgaben zum Turnus und zur Ausgestaltung der geforderten Überprüfung gemacht werden, wird eine Analogie zu den Anforderungen an die Methoden und Verfahren zur Risikoquantifizierung im Rahmen des Risikotragfähigkeitskonzeptes hergestellt. Die Angemessenheit der Methoden und Verfahren zur Risikoquantifizierung, über die das Institut jederzeit einen vollständigen und aktuellen Überblick haben muss, ist zumindest jährlich durch die fachlich zuständigen Mitarbeiter zu überprüfen. Im Rahmen dieser Überprüfung ist den Grenzen und Beschränkungen, die sich aus den eingesetzten Methoden und Verfahren, den ihnen zugrundeliegenden Annahmen und den in die Risikoquantifizierung einfließenden Daten ergeben, hinreichend Rechnung zu tragen. Die Stabilität und Konsistenz der Methoden und Verfahren sowie die Aussagekraft der damit ermittelten Risiken sind insofern kritisch zu analysieren (→ AT4.1 Tz.9).

73   Sind die Methoden und Verfahren, die ihnen zugrundeliegenden Annahmen, Parameter oder die einfließenden Daten vergleichsweise komplex, so ist eine entsprechend umfassende quantitative und qualitative Validierung dieser Komponenten sowie der Risikoergebnisse in Bezug auf ihre Verwendung erforderlich (→ AT4.1 Tz.9, Erläuterung). Bei Verwendung externer Daten oder Annahmen zu Parametern müssen die tatsächlichen Verhältnisse des Institutes angemessen widergespiegelt werden. Dies gilt umso mehr, wenn auch die Risikoermittlung auf Berechnungen Dritter basiert (→ AT4.1 Tz.9, Erläuterung). In diesem Fall sind unter bestimmten Voraussetzungen auch die Anforderungen an Auslagerungen zu beachten.

---

28 Vgl. Bundesanstalt für Finanzdienstleistungsaufsicht, Mindestanforderungen an das Risikomanagement (MaRisk), zweiter Entwurf eines Rundschreibens vom 22.September 2005, AT4.3.2 Tz.7.

5.5 Zeitnahe Anpassung

Zeitliche Dimensionen werden in den MaRisk vor allem durch die Begriffe »unverzüglich« bzw. **74** »zeitnah« umschrieben. Durch diese Begriffe werden zwar keine konkreten Zeiträume vorgegeben. Jedoch sind beide Begriffe in einer ordinalen Rangfolge darstellbar. »Unverzüglich« bedeutet »ohne schuldhaftes Zögern«. Der Begriff »zeitnah« lässt hingegen größere Spielräume zu, wenn eine unverzügliche Reaktion aus bestimmten Gründen nicht ohne weiteres möglich ist (→ AT 1 Tz. 5). Im Hinblick auf erforderliche Anpassungen ist die Wahl des Begriffes »zeitnah« sachgerecht. Es ist nicht auszuschließen, dass Anpassungen der Risikosteuerungs- und -controllingprozesse oder der zur Risikoquantifizierung eingesetzten Methoden und Verfahren umfangreiche Arbeiten an der bestehenden IT-Systemlandschaft erforderlich machen. Diese Arbeiten sollten so schnell wie nötig abgeschlossen werden, um der geforderten Zeitnähe im eigenen Interesse zu entsprechen.

5.6 Rückvergleiche (»Backtesting«)

In der Finanzmarktkrise wurde möglicherweise nicht (hinreichend) bedacht, dass Risikomanage- **75** mentsysteme versagen können und sich die Grundannahmen, auf denen sie beruhen, als falsch herausstellen können (»Fehler zweiter Art«). Das kritische Hinterfragen von komplexen Sachverhalten, Risiken, Prozessen und geschäftlichen Grundannahmen wird jedoch immer wichtiger.[29] Auch vor diesem Hintergrund erscheint es sinnvoll, die Angemessenheit der zur Risikoquantifizierung eingesetzten Methoden und Verfahren regelmäßig zu überprüfen und die zugrundeliegenden Annahmen sowie die ermittelten Risikowerte regelmäßig einer Plausibilitätsprüfung zu unterziehen. Eine derartige Prüfung kann grundsätzlich auf Basis eines Rückvergleiches (»Backtesting«) erfolgen, bei dem die modellmäßig ermittelten Risikowerte mit den »tatsächlichen« Werten (unter Berücksichtigung der Modellannahmen) verglichen werden. Gefordert wird von der Aufsicht allerdings nur eine Plausibilitätsprüfung, ohne eine bestimmte Methode vorzugeben. Im Vordergrund dieser Überprüfung steht die Prognosegüte der eingesetzten Methoden und Verfahren. Ergeben sich Anhaltspunkte für eine ungenaue oder sogar falsche Risikoermittlung, also bspw. eine Häufung von Fällen, in denen die tatsächlichen Verluste den Betrag der modellmäßig ermittelten Risikowerte signifikant übersteigen, so müssen die Ursachen hierfür ergründet werden. In der Regel werden in diesem Fall die Angemessenheit der eingesetzten Methoden und Verfahren infrage gestellt und ggf. Anpassungsmaßnahmen eingeleitet.

Für den sensiblen Bereich der Marktpreisrisiken wird diese Anforderung noch konkretisiert. So **76** sind die Verfahren zur Beurteilung der Marktpreisrisiken regelmäßig zu überprüfen. Dabei geht es ergänzend um eine Beurteilung, ob die Verfahren auch bei schwerwiegenden Marktstörungen zu verwertbaren Ergebnissen führen. Für länger anhaltende Fälle fehlender, veralteter oder verzerrter Marktpreise sind für wesentliche Positionen alternative Bewertungsmethoden festzulegen (→ BTR 2.1 Tz. 3). Die modellmäßig ermittelten Risikowerte der Handelsbuchpositionen sind fortlaufend mit der tatsächlichen Entwicklung zu vergleichen (→ BTR 2.2 Tz. 4).

---

29 Vgl. Göttgens, Michael, Risikomanagementsysteme und Geschäftsmodelle von Banken – Welche Erkenntnisse erlauben Abschluss- und Sonderprüfung?, in: Die Wirtschaftsprüfung, Sonderheft 2/2010, S. S75 f.

5.7 Vorgaben der ersten Säule

77 Für Institute, die ihre Eigenmittelunterlegung im Handelsbuch auf der Basis interner Modelle ermitteln, stellt die Anforderung eines Backtesting im Bereich der Marktpreisrisiken keine Neuerung dar. Schon vor zehn Jahren war die Prognosegüte eines Risikomodells nach der damaligen Solvabilitätsverordnung und ergänzenden Schreiben[30] im Rahmen eines täglichen Vergleiches zu beurteilen. Konkret war der mit dem Risikomodell für eine Haltedauer von einem Arbeitstag ermittelte potenzielle Risikobetrag (i. d. R. der »Value-at-Risk«) mit der Wertveränderung der in die modellmäßige Berechnung einbezogenen einzelnen Finanzinstrumente oder Finanzinstrumentsgruppen zu vergleichen (»Clean Backtesting«).[31] Soweit ein Wertverlust eingetreten war und dieser betragsmäßig den potenziellen Risikobetrag überstieg, waren die BaFin und die Deutsche Bundesbank über diese Ausnahme, ihre Größe und den Grund ihres Entstehens unverzüglich zu unterrichten.

78 Vergleichbare Anforderungen finden sich mittlerweile in der CRR und in noch in der Entwicklung befindlichen Leitfäden der EZB zu internen Modellen, die von den bedeutenden Instituten zu beachten sind.[32] Das gilt unter Berücksichtigung der jeweiligen Besonderheiten der verschiedenen Verfahren zur Risikoermittlung im Übrigen auch für andere Risikoarten. So muss z. B. im Bereich der Adressenausfallrisiken die Zuordnung der Schuldner zu einer bestimmten Ratingklasse im Rahmen von IRB-Verfahren mindestens jährlich überprüft und ggf. angepasst werden. Die Aussagekraft der IRB-Verfahren wird im Wesentlichen durch deren »Trennschärfe« bestimmt, d. h. durch ihre Fähigkeit, solvente von insolvenzgefährdeten Kreditnehmern zu unterscheiden.

79 Die Anforderungen der MaRisk sind weniger ausdifferenziert, da sie sich an alle Institute richten und nicht etwa nur an Institute, die ihre regulatorische Eigenmittelunterlegung auf der Basis interner Modelle berechnen. Grundsätzlich müssen jeweils die zuvor ermittelten Risiken auf geeignete Weise den nunmehr tatsächlich eingetretenen Verlusten gegenübergestellt werden. In den MaRisk wird in dieser Hinsicht kein festes Modell vorgeschrieben. Die Institute sollten nachweisen, dass die verwendeten Methoden und Verfahren zu den Charakteristika und den Abhängigkeitsstrukturen des eigenen Portfolios passen. Sofern relevante Portfoliomerkmale unberücksichtigt bleiben, kann das Risiko allerdings unterschätzt werden.[33]

5.8 Angemessene Umsetzung

80 Die geforderten Angemessenheits- und Plausibilitätsprüfungen beziehen sich auf alle Risikoarten, die im Modul BTR adressiert werden. Sie sind daher nicht nur im Hinblick auf die Methoden und Verfahren zur Quantifizierung von Marktpreisrisiken (im Handelsbuch), sondern auch bei Adressenausfallrisiken, Liquiditätsrisiken und operationellen Risiken erforderlich. Da die Geschäftsleitung mindestens vierteljährlich auch über die sonstigen vom Institut als wesentlich identifizierten Risiken zu unterrichten ist (→ BT 3.1 Tz. 7), müssen diese Risiken ebenfalls auf geeignete

---

30 Bundesanstalt für Finanzdienstleistungsaufsicht/Deutsche Bundesbank, Merkblatt zur Meldung von Ausnahmen bei Rückvergleichen bei internen Marktrisikomodellen gemäß § 318 SolvV, 30. Oktober 2009; Bundesanstalt für Finanzdienstleistungsaufsicht/Deutsche Bundesbank, Merkblatt zu Modelländerungen bei internen Marktrisikomodellen, 19. April 2010.

31 Sofern in die Betrachtung auch untertägige Positionsveränderungen einbezogen werden, spricht man vom »Dirty Profit & Loss«. Derartige Verfahren eignen sich folglich weniger zur Beurteilung der Prognosegüte von Methoden und Verfahren.

32 Vgl. European Central Bank, Draft ECB guide to internal models – Risk-type-specific chapters, Consultation paper, 7. September 2018; Europäische Zentralbank, Leitfaden der EZB zu internen Modellen, Kapitel General Topics, 28. März 2018; European Central Bank, Guide to the Targeted Review of Internal Models (TRIM), 28. Februar 2017.

33 Vgl. Committee of European Banking Supervisors, Revised Guidelines on the management of concentration risk under the supervisory review process (GL 31), 2. September 2010, S. 14 f.

Weise quantifiziert werden. Es ist insofern davon auszugehen, dass für die jeweils verwendeten Methoden und Verfahren vergleichbare Anforderungen gelten.

Dabei dürfte es vor allem bei den operationellen Risiken vielen Instituten schwerfallen, einen **81** »exakten Risikowert« zu ermitteln, der den Ausgangspunkt für die Plausibilitätsprüfung darstellt. Die Anforderung der deutschen Aufsicht ist diesbezüglich jedoch nicht zu eng auszulegen. Bei solchen Risiken sollte es grundsätzlich ausreichend sein, dass im Nachhinein identifizierte Schwachstellen bei der Beurteilung der Risiken korrigiert werden.

AT 4.3.3 Stresstests

1 Einführung und Überblick

1.1 Sinn und Zweck von Stresstests

1 In den letzten Jahrzehnten haben die Institute ihre Verfahren zur Beurteilung der wesentlichen Risiken permanent weiterentwickelt. So hat sich bei vielen Instituten als Standard zur Risikomessung der Value-at-Risk-Ansatz durchgesetzt, der insbesondere bei der Bestimmung des notwendigen Eigenkapitals und der internen Kapitalallokation Verwendung findet (→ AT 4.1 Tz. 1).

2 Die Beurteilung des Risikos allein auf der Grundlage einer solchen Kennzahl ist jedoch aus verschiedenen Gründen nicht unproblematisch. Einerseits sind die gängigen Value-at-Risk-Ansätze in ihrer Grundausrichtung nicht dazu geeignet, Verlustgefahren aus extremen Marktsituationen (so genannte »Fat Tails«) adäquat abzuschätzen. In diesem Zusammenhang spricht man auch von »Tail Risks«, die als Restanten verbleiben. Andererseits orientiert sich die Messung des Risikos an einem Pool von historischen Daten, der lediglich in die Zukunft fortgeschrieben wird. Damit sind hypothetische, in der Vergangenheit noch nicht beobachtete Ereignisse bei der Risikobetrachtung praktisch ausgeschlossen. Die EBA erwartet von den Instituten daher, geeignete Ansätze zu entwickeln, um die Unterschätzung dieser »Tail Risks« durch historische Daten zu bestimmen, z. B. durch Anwendung strenger hypothetischer Szenarien. Sofern das Risiko anhand prozentualer Konfidenzniveaus bewertet wird, sollten die »Fat Tails« jenseits dieser Konfidenzniveaus in geeigneter Weise berücksichtigt werden.[1] Weitere Schwachstellen des Value-at-Risk-Ansatzes betreffen die Abbildung nichtlinearer Abhängigkeiten und die systematische Unterschätzung der Korrelationen in Krisenzeiten.

3 Die Verlässlichkeit statistischer Modelle für Aussagen über die Zukunft ist insofern grundsätzlich eingeschränkt, was in Zeiten dynamischer Veränderungen umso mehr gilt.[2] Ergänzende qualitative Analysen können deren Leistungsfähigkeit erheblich steigern. Dies ist z. B. mit Hilfe von Stresstests möglich.[3] Stresstests bieten die Möglichkeit, vom gewohnten Modell- oder Analyserahmen abzuweichen und daraus abgeleitete Risikobeurteilungen kritisch zu hinterfragen. Eine hohe Bedeutung haben sie insbesondere dann, wenn aufgrund der Datenlage bestimmte Risiken nur ungenügend erfasst werden können.[4] So können mit Hilfe von Stresstests auch extreme Marktentwicklungen simuliert werden. Insbesondere kann durch szenariobasierte Stresstests überprüft werden, ob ein Institut bei bestimmten negativen Marktentwicklungen noch ausreichende Risikodeckungsmassen besitzt.[5] Stresstests sind insofern ein wichtiges (qualitatives) Instrument, um die erwähnten Schwächen der statistisch basierten (quantitativen) Risikomessverfahren zu kompensieren.[6] Ihre Ergebnisse lassen sich in transparenter Weise kommunizieren.

---

1 Vgl. European Banking Authority, Final Report – Guidelines on institution's stress testing, EBA/GL/2018/04, 19. Juli 2018, S. 38.

2 Vgl. Deutsche Bundesbank, Änderung der neu gefassten EU-Bankenrichtlinie und der EU-Kapitaladäquanzrichtlinie sowie Anpassung der Mindestanforderungen an das Risikomanagement, in: Monatsbericht, September 2009, S. 78.

3 Allerdings können die genannten Schwachstellen teilweise mit Hilfe anderer Risikomaße ausgeglichen werden (→ AT 4.1 Tz. 1 und 6). So kann z. B. der »Expected Shortfall« als Erwartungswert aller den Value-at-Risk übersteigenden Verluste herangezogen werden. Bei Verwendung von »Copula-Funktionen« muss kein lineares Abhängigkeitsverhältnis zwischen den Risikoarten unterstellt werden. Wertvolle Hinweise kann auch die Extremwerttheorie liefern. Vgl. Eulering, Georg, Integration von Stresstests in Risikosteuerung und -controlling, in: Pfeifer, Guido/Ullrich, Walter (Hrsg.), MaRisk-Interpretationshilfen, 2. Auflage, Heidelberg, 2009, S. 141.

4 Vgl. Deutsche Bundesbank, Stresstests: Methoden und Anwendungsgebiete, in: Finanzstabilitätsbericht 2007, November 2007, S. 102.

5 Vgl. Deutsche Bundesbank, Zum aktuellen Stand der bankinternen Risikosteuerung und der Bewertung der Kapitaladäquanz im Rahmen des aufsichtlichen Überprüfungsprozesses, in: Monatsbericht, Dezember 2007, S. 71 f.

6 Vgl. Reitz, Stefan, Stresstests, in: Becker, Axel/Gruber, Walter/Wohlert, Dirk (Hrsg.), Handbuch MaRisk, Frankfurt a. M., 2006, S. 572.

Allerdings liegen den betrachteten Szenarien häufig selbst umfangreiche statistische Untersuchungen zugrunde, die wiederum durch qualitative Expertenurteile unterstützt werden sollen.[7] Auf diese Weise soll vermieden werden, dass eine unzureichende Fundierung der Szenarien unter Umständen zu Fehlschlüssen führt. Insofern schließen sich Stresstests und statistische Verfahren nicht gegenseitig aus, sondern ergänzen sich bei der Bewertung der Gesamtrisikolage der Institute.[8] In diesem Sinne dienen Stresstests vor allem dazu, die Erkenntnisse der klassischen Risikomessinstrumente, die unter normalen Marktbedingungen im Allgemeinen gute Ergebnisse liefern, aus einem anderen Blickwinkel zu beurteilen.[9] Eine absolute Sicherheit bieten allerdings auch Stresstests nicht, da zukünftige Diskontinuitäten und Brüche in den Märkten nie vollständig antizipiert werden können.[10]   **4**

Stresstests können ihren geschilderten Zweck allerdings nur dann erfüllen, wenn ihre Ergebnisse tatsächlich zur Verbesserung des institutsinternen Risikomanagements genutzt werden. Diesbezüglich wurden von den Aufsichtsbehörden im Rahmen der Finanzmarktkrise erhebliche Schwächen aufgedeckt.[11] So hat sich u. a. gezeigt, dass Stresstests oft nicht angemessen in das Risikomanagement der Institute integriert sind und die gewählten Stressszenarien mögliche Risiken häufig nur unzureichend widerspiegeln. In der Konsequenz wurden von den einschlägigen Institutionen zahlreiche Empfehlungen erarbeitet und Anforderungen formuliert, deren Grundgedanken Eingang in die MaRisk gefunden haben.   **5**

1.2 Orientierungshilfen der Aufsichts- und Regulierungsbehörden

Mit der Ausgestaltung bankinterner Stresstests hat sich auf internationaler Ebene zunächst der Baseler Ausschuss für Bankenaufsicht intensiv beschäftigt.[12] Die Vorschläge des Baseler Ausschusses gelten zwar vornehmlich für international tätige Institute. Allerdings hat CEBS die Empfehlungen aus dem Jahre 2009 für die europäischen Institute nahezu eins zu eins übernommen.[13] Zumindest in einigen Punkten wäre dabei mit Rücksicht auf die vielen kleineren, regional tätigen Institute eine deutlichere Betonung des Proportionalitätsprinzips wünschenswert gewesen. Mittlerweile wurden die Leitlinien von CEBS von der EBA grundlegend überarbeitet.[14] Dabei werden neben den Stresstests für die verschiedenen Risikoarten auch spezielle Anforderungen an Stresstests für die Zwecke des ICAAP und des ILAAP formuliert. Auch in anderen Veröffent-   **6**

---

7 Vgl. European Banking Authority, Final Report – Guidelines on institution's stress testing, EBA/GL/2018/04, 19. Juli 2018, S. 27.

8 Vgl. Deutsche Bundesbank, Stresstests: Methoden und Anwendungsgebiete, in: Finanzstabilitätsbericht 2007, November 2007, S. 99.

9 Vgl. Zentraler Kreditausschuss, Stellungnahme zum ersten Entwurf einer Neufassung der Mindestanforderungen an das Risikomanagement (MaRisk) vom 16. Februar 2009 – Konsultation 03/2009, 23. März 2009, S. 3.

10 Vgl. Zentraler Kreditausschuss, Stellungnahme zum Konsultationspapier »Principles for sound stress testing practices and supervision« des Baseler Ausschusses für Bankenaufsicht, 13. März 2009, S. 2.

11 Vgl. Financial Stability Forum, Report of the Financial Stability Forum on Enhancing Market and Institutional Resilience, 7. April 2008, S. 20 f.

12 Basel Committee on Banking Supervision, Principles for Sound Liquidity Risk Management and Supervision, BCBS 144, 25. September 2008; Basel Committee on Banking Supervision, Principles for sound stress testing practices and supervision, BCBS 155, 20. Mai 2009; Baseler Ausschuss für Bankenaufsicht, Grundsätze für die effektive Aggregation von Risikodaten und die Risikoberichterstattung, BCBS 239, 9. Januar 2013; Basel Committee on Banking Supervision, Monitoring tools for intraday liquidity management, BCBS 248, 11. April 2013; Basel Committee on Banking Supervision, Working Paper No. 24, Liquidity stress testing: a survey of theory, empirics and current industry and supervisory practices, 23. Oktober 2013; Baseler Ausschuss für Bankenaufsicht, Grundlagen für ein solides Verfahren zur Kapitalplanung – Solide Praktiken, BCBS 277, 23. Januar 2014; Basel Committee on Banking Supervision, Stress testing principles, BCBS d450, 17. Oktober 2018.

13 Committee of European Banking Supervisors, Revised Guidelines on Stress Testing (GL 32), 26. August 2010.

14 European Banking Authority, Final Report – Guidelines on institution's stress testing, EBA/GL/2018/04, 19. Juli 2018.

AT 4.3.3 Stresstests

lichungen der EBA finden sich zahlreiche Hinweise auf die Erwartungen der zuständigen Behörden an bankinterne Stresstests.[15] Weitere Vorgaben sind u. a. den Ausarbeitungen des Finanzstabilitätsrates[16] und der EZB zu entnehmen.[17] Auch die deutschen Aufsichtsbehörden haben sich in den vergangenen Jahren intensiv mit den bankinternen Stresstests auseinandergesetzt.[18]

7　　Die genannten Papiere werden in diesem Modul an verschiedenen Stellen berücksichtigt, um die Intention der Aufsicht zu einzelnen Vorgaben näher zu erläutern. Aufgrund der Vielzahl dieser Vorgaben wird allerdings kein Anspruch auf Vollständigkeit erhoben. Es sei ausdrücklich darauf hingewiesen, dass es sich nur zum Teil um verbindliche Anforderungen handelt, die aus den MaRisk hergeleitet werden können. Die Vorgaben aus den verschiedenen Leitlinien der EBA werden vor allem deshalb aufgegriffen, weil sich sowohl die BaFin als auch die EZB grundsätzlich zur Umsetzung dieser Leitlinien verpflichtet haben. Insofern sind die Leitlinien der EBA für bedeutende und weniger bedeutende Institute gleichermaßen relevant.

8　　Dabei sollte allerdings beachtet werden, dass in der qualitativen Bankenaufsicht grundsätzlich das Prinzip der doppelten Proportionalität gilt. Insofern sollte die Umsetzung der jeweiligen Anforderungen von den Instituten und den Aufsichtsbehörden in angemessener Weise erfolgen, wobei insbesondere die Größe des Institutes sowie die Art, die Komplexität und der Risikogehalt der Geschäftsaktivitäten zu berücksichtigen sind. Der Baseler Ausschuss für Bankenaufsicht weist explizit darauf hin, dass seine Grundsätze auf große, international tätige Institute ausgerichtet sind. Kleinere Institute können von den Grundsätzen als Richtschnur profitieren, indem sie die potenziellen Auswirkungen negativer Szenarien auf ihr Geschäft in strukturierter Weise betrachten, auch wenn sie keine formalen Stresstests durchführen, sondern einfachere Methoden verwenden.[19]

15　European Banking Authority, Leitlinien zu Kapitalmaßnahmen für Fremdwährungskreditvergabe an nicht abgesicherte Kreditnehmer im Rahmen der aufsichtlichen Überprüfung und Bewertung (SREP), EBA/GL/2013/02, 20. Dezember 2013; European Banking Authority, Leitlinien zu für SREP erhobene ICAAP- und ILAAP-Informationen, EBA/GL/2016/10, 10. Februar 2017; European Banking Authority, Guidelines on common procedures and methodologies for the supervisory review and evaluation process (SREP) and supervisory stress testing, EBA/GL/2014/13, Consolidated version, 19. Juli 2018.

16　Financial Stability Board, Recovery and Resolution Planning for Systemically Important Financial Institutions: Guidance on Recovery Triggers and Stress Scenarios, 16. Juli 2013; Financial Stability Board, Principles for An Effective Risk Appetite Framework, 18. November 2013.

17　Europäische Zentralbank, Aufsichtliche Erwartungen an ICAAP und ILAAP sowie harmonisierte Erhebung von ICAAP- und ILAAP-Informationen, Schreiben von Daniele Nouy an die Geschäftsleitung bedeutender Banken vom 8. Januar 2016; Europäische Zentralbank, Technische Umsetzung der EBA-Leitlinien zu für SREP erhobene ICAAP- und ILAAP-Informationen, Konkretisierung der aufsichtlichen Erwartungen an die Erhebung von ICAAP- und ILAAP-Informationen vom 21. Februar 2017; Europäische Zentralbank, Leitfaden der EZB für den bankinternen Prozess zur Sicherstellung einer angemessenen Kapitalausstattung (Internal Capital Adequacy Assessment Process – ICAAP), 9. November 2018; Europäische Zentralbank, Leitfaden der EZB für den bankinternen Prozess zur Sicherstellung einer angemessenen Liquiditätsausstattung (Internal Liquidity Adequacy Assessment Process – ILAAP), 9. November 2018.

18　Deutsche Bundesbank, Das deutsche Bankensystem im Stresstest, in: Monatsbericht, Dezember 2003, S. 55–63; Deutsche Bundesbank, Stresstests bei deutschen Banken – Methoden und Ergebnisse, Monatsbericht, Oktober 2004, S. 79–88; Deutsche Bundesbank, Stresstests: Methoden und Anwendungsgebiete, in: Finanzstabilitätsbericht 2007, November 2007, S. 99–115; Deutsche Bundesbank, Zum aktuellen Stand der bankinternen Risikosteuerung und der Bewertung der Kapitaladäquanz im Rahmen des aufsichtlichen Überprüfungsprozesses, in: Monatsbericht, Dezember 2007, S. 57–72; Mager, Ferdinand/Schmieder, Christian, Stress testing of real credit portfolios, Deutsche Bundesbank, Discussion Paper, Series 2: Banking and Financial Studies, No. 17/2008; Düllmann, Klaus/Erdelmeier, Martin, Stress testing German banks in a downturn in the automobile industry, Deutsche Bundesbank, Discussion Paper, Series 2: Banking and Financial Studies, No. 2/2009; Deutsche Bundesbank, Änderung der neu gefassten EU-Bankenrichtlinie und der EU-Kapitaladäquanzrichtlinie sowie Anpassung der Mindestanforderungen an das Risikomanagement, in: Monatsbericht, September 2009, S. 67–83; Bundesanstalt für Finanzdienstleistungsaufsicht, Liquiditätsstresstests deutscher Kapitalverwaltungsgesellschaften – Bericht mit Leitlinien, 8. Dezember 2017; Bundesanstalt für Finanzdienstleistungsaufsicht/Deutsche Bundesbank, Aufsichtliche Beurteilung bankinterner Risikotragfähigkeitskonzepte und deren prozessualer Einbindung in die Gesamtbanksteuerung (»ICAAP«) – Neuausrichtung, Leitfaden vom 24. Mai 2018.

19　Vgl. Basel Committee on Banking Supervision, Stress testing principles, BCBS d450, 17. Oktober 2018, S. 1.

1.3 Definition von Stresstests

Älteren Ausführungen des Baseler Ausschusses für Bankenaufsicht zufolge dienen Stresstests dem **9** Management des Institutes zur Warnung vor nachteiligen unerwarteten Folgen im Zusammenhang mit diversen Risiken und geben Aufschluss darüber, wie viel Kapital zur Verlustabsorption erforderlich sein würde, wenn große Schocks eintreten sollten.[20] Grundsätzlich hat sich an dieser Zielsetzung nichts geändert. Allerdings ist die Bedeutung von Stresstests insgesamt gestiegen, was darin zum Ausdruck kommt, dass ihre Ergebnisse in vielen Bereichen einfließen. Der Baseler Ausschuss betont neben der Verwendung von Stresstests für die Kapital- und Liquiditätsplanung z. B. ihre Rolle als integraler Bestandteil des Risikomanagements.[21]

In den MaRisk wird der Ausdruck »Stresstests« allgemein als Oberbegriff für die unterschiedli- **10** chen Methoden verwendet, mit denen die Institute ihr individuelles Gefährdungspotenzial auch bezüglich außergewöhnlicher, aber plausibel möglicher Ereignisse (→ AT 4.3.3 Tz. 3) auf den jeweils relevanten Ebenen des Institutes überprüfen (→ AT 4.3.3 Tz. 1, Erläuterung). Als relevante Ebenen kommen z. B. die Portfolio-, die Geschäftsbereichs-, die Instituts- oder die Gruppenebene infrage. So sind Stresstests u. a. auch für das Gesamtrisikoprofil des Institutes (→ AT 4.3.3 Tz. 2) und der Gruppe (→ AT 4.5 Tz. 5) durchzuführen.

Verschiedenen Untersuchungen der Deutschen Bundesbank zufolge sind die angewandten **11** Stresstestmethoden und die hierfür unterstellten Szenarien in den deutschen Instituten sehr vielfältig. Trotz dieser Heterogenität liegt den Methoden eine ähnliche Struktur zugrunde. Die Bundesbank fasst deshalb unter dem Begriff »Stresstest« in Analogie zu den MaRisk eine Reihe von Analysetechniken zusammen, die auf die Bestimmung und Bewertung von Risikoquellen und Schwachstellen im Portfolio eines Institutes für den Fall abzielen, dass sich das makroökonomische Umfeld gravierend ändert oder andere außergewöhnliche, aber plausible Situationen (Schocks) eintreten.[22]

1.4 Portfolioabhängige und portfoliounabhängige Stresstests

Ausgangspunkt für einen Stresstest ist jeweils ein bestimmtes Ereignis. Ereignisgetriebene Stress- **12** tests können sowohl »portfolioabhängig« als auch »portfoliounabhängig« (standardisiert) ausgestaltet sein.[23] Standardisierte Stresstests eignen sich insbesondere für einen Benchmarkvergleich. Vorschläge für standardisierte Stresstests stammen z. B. von der Derivatives Policy Group (DPG)[24]: eine Parallelverschiebung der Zinsstrukturkurve um 100 Basispunkte nach oben bzw. unten, eine Erhöhung bzw. Reduzierung der Steigung der Zinsstrukturkurve um 25 Basispunkte für Laufzeiten von zwei bis zehn Jahren, eine Erhöhung bzw. Reduzierung der Volatilität des 3-Monats-Zinssatzes um 20 % usw.

Zur Ermittlung des individuellen Gefährdungspotenzials eines Institutes auf den verschiedenen **13** Ebenen eignen sich die portfolioabhängigen Stresstests grundsätzlich besser, wobei ein Geschäftsbereich oder das gesamte Institut bzw. die Gruppe als Summe aus mehreren Portfolios angesehen

---

20 Vgl. Basel Committee on Banking Supervision, Principles for sound stress testing practices and supervision, BCBS 155, 20. Mai 2009, S. 1.

21 Vgl. Basel Committee on Banking Supervision, Stress testing principles, BCBS d450, 17. Oktober 2018, S. 1.

22 Vgl. Deutsche Bundesbank, Stresstests: Methoden und Anwendungsgebiete, in: Finanzstabilitätsbericht 2007, November 2007, S. 99.

23 Vgl. Monetary Authority of Singapore, Technical Paper on Credit Stress-Testing, MAS Information Paper 01/2003, März 2003, S. 25 ff.

24 Vgl. Derivatives Policy Group, Framework for voluntary oversight: A framework for voluntary oversight of the OTC derivatives activities of securities firm affiliates to promote confidence and stability in financial markets, März 1995.

werden können. Mit Hilfe von Stresstests können u. a. die möglichen Auswirkungen von Risiko-konzentrationen, institutionellen Verflechtungen und Ansteckungseffekten auf die Verlustraten des untersuchten Portfolios beurteilt werden.[25] Bei einem Stresstest auf Portfolioebene wird insofern beleuchtet, wie sich die extreme Veränderung eines einzelnen Risikofaktors oder mehrerer Risikofaktoren auf ein einzelnes Portfolio oder mehrere Portfolios auswirkt.[26]

1.5 Risikofaktoren und Risikoparameter

14 Unter den »Risikofaktoren« werden grundsätzlich jene internen oder externen Faktoren verstanden, die sich auf ein Institut risikomindernd oder risikoverstärkend auswirken können. Insofern hängt die Risikosituation entscheidend von der Entwicklung der für das Institut wesentlichen Risikofaktoren ab. Die deutsche Aufsicht hatte zwischenzeitlich erwogen, zwischen eher ursachenbezogenen »Risikotreibern« und eher wirkungsbezogenen »Risikofaktoren« zu unterscheiden, die im Rahmen der Stresstests variiert werden. Diese Unterscheidung wurde jedoch wieder verworfen, zumal beide Begriffe in der Fachliteratur häufig synonym verwendet werden.

15 CEBS hatte beispielhaft relevante Risikofaktoren aufgezählt und dabei zwischen makroökonomischen (Zinsen, Arbeitslosenquote, Insolvenzquote, Inflationsrate, Bruttoinlandsprodukt, Verbraucherpreise, Immobilienpreise usw.), finanziellen (Marktvolatilität usw.), externen (besondere Einflüsse auf das Marktgeschehen, bestimmte Regionen oder Branchen usw.) und risikoartenspezifischen (eine Änderung des Konkursrechtes oder der Ausfallwahrscheinlichkeiten im Kreditrisikobereich usw.) Einflussgrößen unterschieden.[27]

16 Diese Risikofaktoren können entweder anhand der Marktentwicklung (Marktparameter) ermittelt oder mit Hilfe von Modellen (Modellparameter) hergeleitet werden. Sie müssen vor der Durchführung eines Stresstests in relevante »Risikoparameter« überführt werden, die im Risikomanagement der Institute eine wesentliche Rolle spielen. Dazu gehören z. B. die Ausfallwahrscheinlichkeit (Probability of Default, PD), die Verlustquote (Loss Given Default, LGD), die Forderungshöhe beim Ausfall (Exposure at Default, EAD), mögliche Bewertungsabschläge (»Haircuts«), Wertberichtigungen, Abschreibungen und Rückstellungen.

1.6 Zweitrunden- und Ansteckungseffekte

17 Die EBA erwartet, dass bei den Stresstests zu einzelnen Risikoarten die Auswirkungen von Zweitrundeneffekten (»second round effects«) berücksichtigt werden.[28] Dabei handelt es sich ursprünglich um einen Begriff, der für die Geldpolitik der Zentralbanken von Bedeutung ist und insbesondere auf die drohende Preis-Lohn-Spirale abzielt. So ist grundsätzlich davon auszugehen, dass z. B. die Gewerkschaften auf Preissteigerungen (Erstrundeneffekt) mit der Forderung nach Lohnerhöhungen reagieren, um die Kaufkraft ihrer Mitglieder zu erhalten. Dies kann im Extremfall dazu führen, dass sich die Preise und die Löhne gegenseitig aufschaukeln. Im Zusammenhang mit

---

25 Vgl. European Banking Authority, Final Report – Guidelines on institution's stress testing, EBA/GL/2018/04, 19. Juli 2018, S. 12 f.
26 Vgl. European Banking Authority, Final Report – Guidelines on institution's stress testing, EBA/GL/2018/04, 19. Juli 2018, S. 14.
27 Vgl. Committee of European Banking Supervisors, Revised Guidelines on Stress Testing (GL 32), 26. August 2010, S. 12 ff.
28 Vgl. European Banking Authority, Final Report – Guidelines on institution's stress testing, EBA/GL/2018/04, 19. Juli 2018, S. 34.

den Stresstests betreffen Zweitrunden- oder Rückkopplungseffekte (»feedback effects«) die Folge-wirkungen (»spillover effects«), die durch die Reaktionen einzelner Institute auf ein externes Stressereignis hervorgerufen werden. Diese nicht auf makroökonomische Gesichtspunkte be-schränkten Effekte verstärken insgesamt das ursprüngliche Stressereignis und verursachen da-durch eine zusätzliche negative Rückkopplungsschleife.[29]

Die Institute sollten, wenn möglich, die Zweitrundeneffekte auf individueller Ebene qualitativ **18** bewerten, insbesondere dann, wenn keine belastbaren quantitativen Schätzungen vorgenommen werden können. Beispielsweise kann ein Institut Preis- oder Volumenanpassungen vornehmen, um strategische Auswirkungen (z. B. auf das Niveau der Kreditvergabe) zu berücksichtigen und intern auf das Szenario zu reagieren.[30] Zweitrundeneffekte können vor allem in mehrperiodischen Stresstests differenziert dargestellt werden. Bei schockartig eintretenden, barwertig wirkenden Szenarien werden diese Effekte meist direkt im Szenario berücksichtigt.

Ansteckungseffekte (»contagion effects«) zielen darauf ab, dass zwischen den verschiedenen **19** Risikoarten durchaus Wechselwirkungen bestehen. Insofern können sich Änderungen der Situa-tion hinsichtlich einer bestimmten Risikoart auch auf andere Risikoarten auswirken. Die Institute sollten Portfolios und Geschäftsfelder bzw. -einheiten zur Ermittlung von Intra- und Inter-Risiko-konzentrationen – d. h. von gemeinsamen Risikofaktoren innerhalb und zwischen den Risikoarten einschließlich Ansteckungseffekten – gesamthaft stressen.[31]

1.7 Univariate und multivariate Methoden

Die mit dem Begriff »Stresstest« verbundenen Analysetechniken unterscheiden sich im Wesentli- **20** chen darin, ob ein oder mehrere Risikofaktoren variiert werden. Im ersten Fall spricht man grundsätzlich von »univariaten Methoden«, im zweiten Fall von »multivariaten Methoden«.

Bei univariaten Methoden geht es darum, den Einfluss einer extremen Veränderung einzelner **21** Risikofaktoren, die von anderen Faktoren isoliert werden, auf ein Portfolio abzuschätzen. Die Ursache für die unterstellte Veränderung ist dabei unbedeutend. Insbesondere muss kein Bezug zu einem realen Ereignis hergestellt werden. Es wird untersucht, wie sich der Wert des Portfolios ändert, wenn der betrachtete Risikofaktor z. B. um einen bestimmten Prozentsatz variiert. Auf diese Weise können Schwachstellen in der Portfoliostruktur relativ gut beurteilt werden. Die univariaten Methoden werden auch als »Sensitivitätsanalysen« bezeichnet.

Sensitivitätsanalysen sollten Informationen über die wichtigsten Risiken liefern und das Ver- **22** ständnis über mögliche Risikokonzentrationen verbessern.[32] Sie sind neben der Identifizierung von Hauptrisikoquellen insbesondere zur Abschätzung sehr kurzfristiger Schockwirkungen ge-eignet.[33] Da sich in Stresssituationen selten nur ein Risikofaktor isoliert verändert, werden sie für das mittel- bis langfristige Risikomanagement hingegen weniger verwendet. Weil Sensitivitäts-analysen keine Korrelationen zwischen einzelnen Risikofaktoren berücksichtigen, blenden sie zudem deren potenzielle Kumulation weitgehend aus. Ebenso wenig werden Verhaltensanpas-sungen der Marktteilnehmer an die betrachteten Schocks berücksichtigt. Somit vernachlässigen

---

29 Vgl. European Banking Authority, Final Report – Guidelines on institution's stress testing, EBA/GL/2018/04, 19. Juli 2018, S. 15.

30 Vgl. European Banking Authority, Final Report – Guidelines on institution's stress testing, EBA/GL/2018/04, 19. Juli 2018, S. 29.

31 Vgl. European Banking Authority, Final Report – Guidelines on institution's stress testing, EBA/GL/2018/04, 19. Juli 2018, S. 24.

32 Vgl. Committee of European Banking Supervisors, Revised Guidelines on Stress Testing (GL 32), 26. August 2010, S. 12.

33 Vgl. Deutsche Bundesbank, Stresstests: Methoden und Anwendungsgebiete, in: Finanzstabilitätsbericht 2007, November 2007, S. 100.

AT 4.3.3 Stresstests

Sensitivitätsanalysen ökonomische Wirkungszusammenhänge. Dadurch besteht die Gefahr, dass die Risiken falsch eingeschätzt werden.[34]

23 Diesen Nachteil kompensieren multivariate Methoden, die auch als »Szenarioanalysen« bezeichnet werden. Sie untersuchen die simultane Veränderung einer Vielzahl von Risikofaktoren, deren Variation sich aus einem vordefinierten Stressereignis ergibt. Sie können daher auch Korrelationen zwischen den einzelnen Risikofaktoren berücksichtigen. Hierfür müssen allerdings die Abhängigkeiten bekannt sein und quantifiziert werden können, wobei in Stresssituationen die üblichen Korrelations- und Linearitätsannahmen normalerweise nicht mehr gelten. Abhilfe können hinreichend lange Zeitreihen historischer Daten schaffen, sofern sie auch kritische Marktphasen einschließen. Alternativ finden hypothetische Szenarien Verwendung, bei denen auch Aspekte einbezogen werden können, die nicht auf den Erfahrungen aus der Vergangenheit beruhen.[35] Aufgrund der Komplexität der Modellierung hypothetischer Szenarien sollten sich die Institute allerdings des Modellrisikos bewusst sein und die Annahmen und Mechanismen von Experten überprüfen lassen.[36] Insgesamt liefern Szenarioanalysen eine realistischere Darstellung des Portfolioverhaltens in Stresssituationen als Sensitivitätsanalysen.[37]

24 Unter einer Szenarioanalyse versteht die EBA die Beurteilung der Widerstandsfähigkeit eines Institutes oder eines Portfolios gegenüber einem bestimmten Szenario, das eine Reihe von Risikofaktoren mit bestimmten Merkmalen umfasst. Demzufolge sollten die Risikofaktoren intern konsistent ausgerichtet sein und das gleichzeitige Eintreten von zukunftsgerichteten Ereignissen voraussetzen, die eine Reihe von Risiken und Geschäftsbereichen abdecken. Zudem sollten die Risikofaktoren die Art der verbundenen Risiken über Portfolios und Zeiträume hinweg, systemweite Wechselwirkungen sowie Zweitrundeneffekte so weit wie möglich aufzeigen.[38]

25 Sowohl Sensitivitätsanalysen als auch Szenarioanalysen gelten als Stresstests im Sinne der MaRisk (→ AT 4.3.3 Tz. 1, Erläuterung). Die Abgrenzung zwischen beiden Verfahren ist in der Aufsichtspraxis allerdings nicht ganz so eindeutig wie beschrieben. So erwähnte bereits CEBS »einfache Multi-Faktor-Sensitivitätsanalysen«, bei denen von einer kombinierten Risikoausprägung ausgegangen wird, ohne unbedingt ein Szenario vor Augen zu haben.[39] Die EBA versteht unter einer Sensitivitätsanalyse einen Stresstest, der die potenziellen Auswirkungen eines bestimmten einzelnen Risikofaktors oder »einfacher Multirisikofaktoren«, die sich auf das Kapital oder die Liquidität auswirken, auf ein bestimmtes Portfolio oder das Institut als Ganzes misst.[40] Vor diesem Hintergrund wird in den MaRisk relativiert, dass bei Sensitivitätsanalysen »im Allgemeinen« nur ein Risikofaktor variiert wird (→ AT 4.3.3 Tz. 1, Erläuterung).

---

34 Vgl. Bühn, Andreas/Klauck, Kai-Oliver, Mit modernen Stresstests das Risikoprofil analysieren, in: Betriebswirtschaftliche Blätter, Heft 6/2007, S. 352.

35 Vgl. Deutsche Bundesbank, Stresstests: Methoden und Anwendungsgebiete, in: Finanzstabilitätsbericht 2007, November 2007, S. 100 f.

36 Vgl. European Banking Authority, Final Report – Guidelines on institution's stress testing, EBA/GL/2018/04, 19. Juli 2018, S. 27.

37 Vgl. Bühn, Andreas/Klauck, Kai-Oliver, Mit modernen Stresstests das Risikoprofil analysieren, in: Betriebswirtschaftliche Blätter, Heft 6/2007, S. 353.

38 Vgl. European Banking Authority, Final Report – Guidelines on institution's stress testing, EBA/GL/2018/04, 19. Juli 2018, S. 14.

39 Vgl. Committee of European Banking Supervisors, Revised Guidelines on Stress Testing (GL 32), 26. August 2010, S. 12. Auch die EBA fordert, die Analyse eines einzelnen Risikofaktors durch »einfache Multi-Risikofaktoranalysen« (»simple multi-risk factor analyses«) zu ergänzen, bei denen ein kombiniertes Auftreten angenommen wird, ohne notwendigerweise ein Szenario zu definieren. Vgl. European Banking Authority, Final Report – Guidelines on institution's stress testing, EBA/GL/2018/04, 19. Juli 2018, S. 27.

40 Vgl. European Banking Authority, Final Report – Guidelines on institution's stress testing, EBA/GL/2018/04, 19. Juli 2018, S. 14.

1.8 Top-down- und Bottom-up-Stresstests

Hinsichtlich der Arten von Stresstests kann grundsätzlich zwischen »Top-down-Stresstests« und »Bottom-up-Stresstests« unterschieden werden. Beim Top-down-Stresstest werden die möglichen Auswirkungen eines vorab definierten Ausgangsszenarios auf die unterschiedlichen Risiken zusammengeführt. Beim Bottom-up-Stresstest werden zunächst je Risikoart die Auswirkungen spezifischer Szenarien analysiert und anschließend die Zusammenhänge identifiziert, um auf diese Weise ein Institutsszenario zu entwickeln.[41] Während also beim Top-down-Stresstest von vornherein von einem konsistenten Szenario ausgegangen wird, wozu z. B. ein schwerer konjunktureller Abschwung gehören kann (→ AT 4.3.3 Tz. 3), müssen die einzelnen Ereignisse beim Bottom-up-Stresstest zunächst in geeigneter Weise miteinander verbunden werden, um daraus ein konsistentes Zielszenario ableiten zu können. Damit ist der Top-down-Stresstest deutlich praktikabler.[42] **26**

Dieser Unterscheidung zufolge werden z. B. im Bereich Adressenausfallrisiko bei einem Top-down-Stresstest die Exposures als Pools mit homogenen Eigenschaften behandelt, während die Analyse bei einem Bottom-up-Stresstest auf Kontrahenten- oder Kreditnehmerebene deutlich granularer erfolgt. Die Risikotreiber für ein bestimmtes Segment oder eine Branche sind i. d. R. mit makroökonomischen Variablen korreliert. Die granulare Analyse auf Kreditnehmer- und Kontrahentenebene kann den Umgang mit Konzentrationen erleichtern und als Basis für das risikobasierte Pricing, die Kapital- und Liquiditätsplanung sowie die Festlegung des Risikoappetits und der Limitierung dienen. **27**

Neueren Definitionen zufolge werden Top-down-Stresstests von den zuständigen Behörden auf Basis der von ihnen vorgegebenen Annahmen oder Szenarien unter Beteiligung der Institute durchgeführt. Die Ergebnisse werden insbesondere dazu verwendet, die Auswirkungen bestimmter Stressszenarien über alle an der Übung beteiligten Institute hinweg vergleichend zu bewerten. Im Gegensatz dazu basieren Bottom-up-Stresstests auf eigenen Annahmen oder Szenarien der Institute mit möglichen konservativen Einschränkungen durch die Behörden. Diese Stresstests werden von den Instituten auf Basis eigener, intern entwickelter Modelle durchgeführt. Dabei werden institutsinterne Daten verwendet, ggf. ergänzt um externe Daten für zusätzliche Informationen.[43] Insofern sind unter den Top-down-Stresstests tendenziell portfoliounabhängige (standardisierte) Stresstests und unter den Bottom-up-Stresstests portfolioabhängige Stresstests zu verstehen. Bei den in den MaRisk geforderten Stresstests handelt es sich diesen Definitionen zufolge regelmäßig um portfolioabhängige bzw. Bottom-up-Stresstests, da diese Stresstests von den Instituten individuell zu definieren sind. **28**

1.9 Statische und dynamische Bilanzannahme

Die Durchführung von Stresstests kann bei normalem Geschäftsverlauf methodisch auf einer »statischen« oder auf einer »dynamischen« Bilanzannahme basieren. **29**

---

41 Vgl. Eulering, Georg, Integration von Stresstests in Risikosteuerung und -controlling, in: Pfeifer, Guido/Ullrich, Walter (Hrsg.), MaRisk-Interpretationshilfen, 2. Auflage, Heidelberg, 2009, S. 157 f.

42 Vgl. Buchmüller, Patrick/Rahn, Ulrich/Braune, Alexander/Nickisch, Sebastian, Integration von Stresstests in Risikosteuerung und Risikocontrolling, in: Buchmüller, Patrick/Pfeifer, Guido (Hrsg.), MaRisk-Interpretationshilfen, 5. Auflage, Heidelberg, 2018, S. 342 ff.

43 Vgl. European Banking Authority, Final Report – Guidelines on institution's stress testing, EBA/GL/2018/04, 19. Juli 2018, S. 12 f.

30   Bei der statischen Bilanzannahme (»constant balance sheet assumption«) wird die gesamte Bilanzgröße und -zusammensetzung durch die Annahme eines gleichförmigen (die Eigenschaften des Bestandsgeschäftes erhaltenden) Ersatzes von Aktiva und Passiva bei deren Auslaufen beibehalten.[44] Insofern wird davon ausgegangen, dass die Bilanz über den gesamten Betrachtungszeitraum konstant bleibt (gleiche Ursprungslaufzeiten, gleiche Bonitäten etc.) und das Geschäftsmodell ebenfalls nicht geändert wird. Insbesondere dürfen die eigentlich unvermeidlichen Veränderungen der Aktiva und Passiva des Institutes, die sich z.B. aus Managementmaßnahmen, Anpassungen bestehender Kreditverträge, Laufzeitinkongruenzen oder anderen Merkmalen dieser Aktiva oder Passiva ergeben, nicht berücksichtigt werden. Es ist lediglich möglich, neue Aktiva und Passiva zu berücksichtigen, sofern sie die gleichen wesentlichen Merkmale aufweisen wie die im Zeitverlauf abgebauten Positionen, d.h. gleiche Laufzeiten und Risikoprofile usw. Diese Annahme ist nicht sonderlich realistisch, weil in Stresssituationen Veränderungen des Bilanzumfangs und der Zusammensetzung der Bilanz – insbesondere hinsichtlich der Kapitalausstattung – eigentlich unvermeidlich sind, z.B. aufgrund neuer Ausfälle, Wertminderungen, Bestandserhöhungen oder Wertberichtigungen von finanziellen Vermögenswerten. Allerdings wird mit der statischen Bilanzannahme die Vergleichbarkeit der Ergebnisse des Stresstests zwischen den beteiligten Instituten verbessert, weshalb sie insbesondere bei aufsichtlichen Stresstests verwendet wird.[45] Ein Stresstest im Rahmen der ökonomisch-barwertigen Perspektive ist per Definition immer statisch, da beim Barwertkonzept die künftigen Zahlungsströme des aktuellen Portfolios diskontiert werden.

31   Bei der dynamischen Bilanzannahme (»dynamic balance sheet assumption«) werden die zukünftigen Geschäftserwartungen berücksichtigt und konsistent an das jeweilige Szenario angepasst.[46] Im Gegensatz zur statischen Bilanzannahme kann dabei sowohl von einer Veränderung der Bilanz als auch von einem sich entwickelnden Geschäftsmodell während des Betrachtungszeitraums ausgegangen werden. Insofern spiegelt das Ergebnis des Stresstests in diesem Fall eine Kombination aus den Auswirkungen des zugrundeliegenden Szenarios und den vom Management ergriffenen Maßnahmen wider. Der Umfang dieser Maßnahmen kann begrenzt oder unbegrenzt sein, indem z.B. nur die von Anfang an geplanten und vom Stressszenario unabhängigen Maßnahmen berücksichtigt werden dürfen oder auch die direkt vom Stressszenario abhängigen Maßnahmen. Zwangsläufig wird in diesem Fall die Vergleichbarkeit der Ergebnisse zwischen den Instituten verringert.[47]

32   Im ungünstigsten Fall kann auch eine »Abwicklungsbilanz« (»Run-off balance sheet«) unterstellt werden, bei der bestehende Nichthandelsbuchpositionen amortisiert und nicht durch Neugeschäft ersetzt werden.[48]

1.10   Stresstests im Rahmen der ersten Säule

33   Stresstests waren schon Gegenstand der ersten Säule von Basel II. Die damit verbundenen Anforderungen wurden im Herbst 2005 in die Bankenrichtlinie überführt. Derartige Stresstests

---

44 Vgl. European Banking Authority, Final Report – Guidelines on the management of interest rate risk arising from non-trading book activities, EBA/GL/2018/02, 19. Juli 2018, S. 15.

45 Vgl. European Banking Authority, Final Report – Guidelines on institution's stress testing, EBA/GL/2018/04, 19. Juli 2018, S. 13.

46 Vgl. European Banking Authority, Final Report – Guidelines on the management of interest rate risk arising from non-trading book activities, EBA/GL/2018/02, 19. Juli 2018, S. 15.

47 Vgl. European Banking Authority, Final Report – Guidelines on institution's stress testing, EBA/GL/2018/04, 19. Juli 2018, S. 13 f.

48 Vgl. European Banking Authority, Final Report – Guidelines on the management of interest rate risk arising from non-trading book activities, EBA/GL/2018/02, 19. Juli 2018, S. 15.

sind vor allem für jene Institute obligatorisch, die die anspruchsvollen Verfahren zur Ermittlung der aufsichtsrechtlichen Eigenmittelanforderungen verwenden. Daran hat sich grundsätzlich auch mit den Vorgaben von Basel III bzw. der CRD IV/CRR nichts geändert.

So muss ein Institut bei Verwendung eines IRB-Verfahrens nach Art. 177 Abs. 1 CRR zur **34** Bewertung der Angemessenheit seiner Eigenmittelausstattung über solide Stresstestverfahren verfügen. Bei den Stresstests sind auch mögliche Ereignisse oder künftige Veränderungen der ökonomischen Rahmenbedingungen zu ermitteln, die sich nachteilig auf die Kreditrisikopositionen eines Institutes auswirken könnten, wobei auch die Fähigkeit des Institutes zu bewerten ist, derartigen Veränderungen standzuhalten. Ein Institut führt gemäß Art. 177 Abs. 2 CRR regelmäßig Stresstests zum Kreditrisiko durch, um den Einfluss bestimmter Bedingungen auf seine gesamten Eigenmittelanforderungen für das Kreditrisiko abzuschätzen. Der Test wird vom Institut vorbehaltlich der aufsichtlichen Überprüfung ausgewählt. Der zu verwendende Test ist aussagekräftig und berücksichtigt die Auswirkungen schwerer, aber plausibler Rezessionsszenarien. Ein Institut bewertet die Migration von Bonitätsbeurteilungen unter den Bedingungen der Stressszenarien. Die im Rahmen der Stresstests untersuchten Portfolios umfassen die überwiegende Mehrheit aller Risikopositionen des Institutes. Institute, die den risikogewichteten Forderungsbetrag gemäß den Vorgaben in Art. 153 Abs. 3 CRR durch alternative Verwendung der Ausfallwahrscheinlichkeit von Sicherungsgebern anpassen, berücksichtigen im Rahmen ihrer Stresstests laut Art. 177 Abs. 3 CRR die Auswirkungen einer Bonitätsverschlechterung von Sicherungsgebern, insbesondere die Auswirkungen der Tatsache, dass Sicherungsgeber die Anerkennungskriterien nicht mehr erfüllen.

Verschiedene Vorgaben werden zu Kreditrisikominderungstechniken gemacht. Die Verwen- **35** dung interner Modelle für Netting-Rahmenvereinbarungen ist nur möglich, wenn die daraus resultierenden Risiken angemessen gesteuert werden. Eine Voraussetzung dafür ist laut Art. 221 Abs. 4 lit. g CRR die häufige Durchführung von Stresstests, deren Ergebnisse von der Geschäftsleitung geprüft und in den von ihr festgelegten Grundsätzen und Obergrenzen berücksichtigt werden. Auf eigenen Schätzungen beruhende Volatilitätsanpassungen bei der umfassenden Methode zur Berücksichtigung finanzieller Sicherheiten müssen nach Art. 225 Abs. 2 lit. d CRR in einer Weise erfolgen, dass geprüft wird, ob historische Daten möglicherweise eine Unterschätzung der potenziellen Volatilität bewirken. In solchen Fällen müssen die Daten einem Stresstest unterzogen werden.

Bei der Berechnung des Risikopositionswertes für das Gegenparteiausfallrisiko auf Basis eines **36** internen Modelles müssen gemäß Art. 284 Abs. 3 CRR ebenso Stresstests herangezogen werden. Die Vorgaben dazu werden in Art. 286 Abs. 8 CRR und Art. 290 Abs. 1 bis 10 CRR konkretisiert. Anschließend werden in Art. 291 Abs. 3 CRR Anforderungen zu Stresstests für das allgemeine Korrelationsrisiko, d. h. das Risiko einer positiven Korrelation zwischen der Ausfallwahrscheinlichkeit von Gegenparteien und allgemeinen Marktrisikofaktoren, formuliert. In Art. 292 CRR werden diese Vorgaben mit Blick auf die Korrektheit und Vollständigkeit des Modellierungsprozesses ergänzt. Laut Art. 302 Abs. 2 CRR müssen die Institute anhand geeigneter Stresstests bewerten, ob die Höhe der Eigenmittel zur Unterlegung der Risikopositionen gegenüber einer zentralen Gegenpartei, einschließlich der potenziellen künftigen Wiederbeschaffungswerte, Risikopositionen aus Beiträgen zu Ausfallfonds und – wenn das Institut als Clearingmitglied auftritt – Risikopositionen aus vertraglichen Vereinbarungen gemäß Art. 304 CRR, die diesen Geschäften innewohnenden Risiken angemessen widerspiegelt.

Mit Blick auf das Modellrisiko sei für die Zwecke der ersten Säule auf die Definitionen und **37** Anforderungen verwiesen, die in der gemäß Art. 312 Abs. 4 CRR erlassenen Delegierten Verordnung der Kommission festgelegt sind.[49] Diese Verordnung bezieht sich auf die Beurteilung der Wesentlichkeit von Erweiterungen und Änderungen des auf internen Ratings basierenden Ansatzes (»Internal Ratings Based Approach«, IRBA) zur Bewertung der Kreditrisiken und der fortgeschrittenen Messansätze (»Advanced Measurement Approaches«, AMA) zur Bewertung der operationellen Risiken.

38   Hinsichtlich des operationellen Risikos darf ein Institut bei Verwendung fortgeschrittener Messansätze gemäß Art 322 Abs. 2 lit. d CRR nur dann Korrelationen bei Verlusten zwischen einzelnen Schätzungen verwenden, wenn seine Systeme der Unsicherheit bei der Schätzung dieser Korrelationen, insbesondere in Stressphasen, Rechnung tragen. Nach Art. 322 Abs. 2 CRR müssen die vier Elemente zur Messung des operationellen Risikos (interne Daten, externe Daten, Szenarioanalysen und bestimmte Faktoren) angemessen gewichtet werden. Gemäß Art. 322 Abs. 5 CRR müssen die Institute auf der Grundlage von Expertenmeinungen in Verbindung mit externen Daten Szenarioanalysen einsetzen, um ihre Gefährdung durch sehr schwerwiegende Risikoereignisse zu bewerten. Diese Bewertungen sollen regelmäßig überprüft und durch Vergleich mit den tatsächlichen Verlusterfahrungen angepasst werden, um ihre Aussagekraft sicherzustellen.[50]

39   Laut Art. 321 Abs. 6 CRR muss ein Institut bei Verwendung fortgeschrittener Messansätze hinsichtlich der Risikofaktoren, die das Geschäftsumfeld und die internen Kontrollsysteme (»Business Environment and Internal Control Factors«, BEICF) betreffen, zusätzliche Anforderungen erfüllen. Diese laufen darauf hinaus, die wesentlichen Risikofaktoren, die sein operationelles Risikoprofil beeinflussen können, zu erfassen und auf Basis der Erfahrungen und unter Einbeziehung von Expertenmeinungen bezüglich der betroffenen Geschäftsbereiche zu begründen. Derartige Institute sollten deshalb ihr Geschäftsumfeld und die internen Kontrollsysteme ebenfalls einem Stress unterziehen.[51]

40   Die Erlaubnis zur Verwendung interner Modelle für die Berechnung der Eigenmittelanforderungen für das Marktrisiko ist gemäß Art. 363 Abs. 3 CRR eng mit der Berechnung des Risikopotenzials des aktuellen Portfolios unter Stressbedingungen (»Stressed Value-at-Risk«) nach Art. 365 Abs. 2 CRR verbunden. Diese Berechnung hat mindestens wöchentlich zu erfolgen, wobei die Modellparameter für das Risikopotenzial unter Stressbedingungen aus historischen Daten eines ununterbrochenen Zwölfmonatszeitraumes mit signifikantem und für das Portfolio des Institutes maßgeblichem Stress ermittelt werden müssen. Die Auswahl dieser historischen Daten unterliegt der mindestens jährlichen Überprüfung durch das Institut, das den zuständigen Behörden das Ergebnis mitteilt. Die EBA überwacht die Bandbreite der Praxis für die Berechnung des Risikopotenzials unter Stressbedingungen und hat dazu Leitlinien herausgegeben.[52]

41   Für Institute, die zur Berechnung der Eigenkapitalanforderungen für Marktpreisrisiken interne Modelle verwenden und gemäß Art. 365 Abs. 2 CRR ein strenges Stresstestprogramm durchführen müssen, hatte CEBS zwischenzeitlich verschiedene Risikofaktoren genannt, die in Abhängigkeit von der Art des Portfolios berücksichtigt werden sollten. Dazu gehören u. a. Illiquidität bzw. hohe

---

49 Delegierte Verordnung (EU) Nr. 529/2014 der Kommission vom 12. März 2014 zur Ergänzung der Verordnung (EU) Nr. 575/2013 des Europäischen Parlaments und des Rates durch technische Regulierungsstandards für die Beurteilung der Wesentlichkeit von Erweiterungen und Änderungen des auf internen Beurteilungen basierenden Ansatzes und des fortgeschrittenen Messansatzes, Amtsblatt der Europäischen Union vom 20. Mai 2014, L 148/36-49.

50 Vgl. Committee of European Banking Supervisors, Guidelines on Stress Testing (CP 32), Consultative document, 14. Dezember 2009, S. 25.

51 Vgl. European Banking Authority, Final Report – Guidelines on institution's stress testing, EBA/GL/2018/04, 19. Juli 2018, S. 39.

52 Siehe auch European Banking Authority, Guidelines on Stressed Value at Risk (Stressed VaR), EBA/GL/2012/2, 16. Mai 2012.

Preisschwankungen (inkl. Zinsen und Wechselkurse), Positionskonzentrationen (im Verhältnis zum Marktumsatz), einseitig ausgerichtete Märkte, nichtlineare Produkte bzw. Positionen »weit aus dem Geld«, Ausfallsteigerungen sowie nennenswerte Änderungen der Korrelationen und Volatilitäten. Die Stresstests sollten insbesondere jene Risikofaktoren abdecken, die möglicherweise nicht angemessen von den Mindesteigenkapitalanforderungen für Marktpreisrisiken erfasst werden, wie Unsicherheiten hinsichtlich der Verwertungsquoten, implizite Korrelationen und schiefe Risikoverteilungen.[53]

Laut Art. 368 Abs. 1 lit. g CRR müssen im Rahmen der qualitativen Anforderungen auch so **42** genannte »inverse Stresstests« (»Reverse Stress Tests«) durchgeführt werden, bei denen auf Basis eines vordefinierten Ergebnisses Szenarien und Umstände untersucht werden, die dieses Ergebnis verursachen könnten.[54] Das Stresstestprogramm muss insbesondere die Illiquidität von Märkten unter angespannten Marktbedingungen, das Konzentrationsrisiko, ein Vorhandensein von aus Käufer- oder Verkäufersicht wenig liquiden Märkten (»one-way market«), das Kreditereignisrisiko und das Risiko eines plötzlichen Kreditausfalls (»jump-to-default«), fehlende Produktlinearität, weit aus dem Geld notierte Positionen, Positionen mit hohen Preisschwankungen und andere Risiken, die vom internen Modell unter Umständen nicht ausreichend abgedeckt werden, erfassen. Bei der Simulierung von Schocks muss der Art der Portfolios und der Zeit, die unter schwierigen Marktbedingungen zur Absicherung oder Steuerung von Risiken erforderlich sein könnte, Rechnung getragen werden.

Bei Verwendung interner Modelle zur Berechnung der Eigenmittelanforderungen für das spezi- **43** fische Risiko besteht nach Art. 372 CRR die Pflicht zur Bereitstellung eines internen Modells für das zusätzliche Ausfall- und Migrationsrisiko (IRC-Modell). Dabei werden gemäß Art. 374 Abs. 2 CRR auch Emittenten-Konzentrationen abgebildet, die innerhalb von Produktklassen und über Produktklassen hinweg unter Stressbedingungen entstehen können. Laut Art. 374 Abs. 5 CRR werden die Liquiditätshorizonte danach festgelegt, wie viel Zeit erforderlich ist, um die Position unter Stressbedingungen am Markt zu verkaufen oder alle damit verbundenen wesentlichen Preisrisiken abzusichern, wobei insbesondere die Höhe der Position zu berücksichtigen ist. Bei der Zwischenfinanzierung des Ankaufs von Forderungen im Hinblick auf ihre Verbriefung (»Warehousing«) spiegelt der Liquiditätshorizont nach Art. 374 Abs. 7 CRR jenen Zeitraum wider, der benötigt wird, um die Vermögenswerte aufzubauen, zu verkaufen und zu verbriefen oder die damit verbundenen wesentlichen Risikofaktoren unter Stressbedingungen am Markt abzusichern. Die Anpassung von Absicherungsgeschäften im internen IRC-Modell ist nach Art. 375 Abs. 2 lit. c CRR vom Nachweis abhängig, dass eine solche Anpassung auch in Stressphasen möglich ist. Im Rahmen der unabhängigen Prüfung und der Validierung der internen Modelle müssen gemäß Art. 376 Abs. 3 lit. b CRR verschiedene Stresstests durchgeführt werden, um die qualitative und quantitative Angemessenheit des internen Modells, insbesondere in Bezug auf die Behandlung von Konzentrationen, zu bewerten.

Weitere Vorgaben zu Stresstests existieren im Zusammenhang mit der Verwendung interner **44** Modelle für Korrelationshandelsaktivitäten in Art. 377 Abs. 5 CRR. Danach müssen mindestens wöchentlich eine Reihe spezifischer, vorgegebener Stressszenarien angewendet werden, mit deren Hilfe die Auswirkungen angespannter Situationen auf Ausfallquoten, Erlösquoten, Risikoprämien (»Credit Spreads«), Basisrisiken, Korrelationen und andere einschlägige Risikofaktoren auf das Korrelationshandelsportfolio analysiert werden. Zur Berechnung der Eigenmittelanforderung für das Risiko einer Anpassung der Kreditbewertung (»Credit Valuation Adjustment«, CVA) wird gemäß Art. 383 Abs. 5 CRR auch das Risikopotenzial unter Stressbedingungen (»Stressed Value-at-Risk«, Stressed VaR) herangezogen.

---

53 Vgl. Committee of European Banking Supervisors, Guidelines on Stress Testing (CP 32), Consultative document, 14. Dezember 2009, S. 25.
54 Vgl. European Banking Authority, Final Report – Guidelines on institution's stress testing, EBA/GL/2018/04, 19. Juli 2018, S. 14 f.

AT 4.3.3 Stresstests

45   Für die Berechnung der Wirkung von Kreditrisikominderungstechniken auf die Obergrenze für Großkredite müssen laut Art. 401 Abs. 3 CRR regelmäßig Stresstests in Bezug auf die Kreditrisikokonzentrationen durchgeführt werden, die auch den Veräußerungswert etwaiger Sicherheiten einschließen. Getestet wird bei diesen Stresstests auf Risiken, die aus möglichen Veränderungen der Marktbedingungen resultieren, welche die Angemessenheit der Eigenmittelausstattung des Institutes infrage stellen könnten, sowie auf Risiken, die mit der Veräußerung von Sicherheiten in Krisensituationen verbunden sind. Deshalb sollten bei Stresstests von finanziellen Sicherheiten jene Bedingungen identifiziert werden, die sich nachteilig auf den realisierbaren Wert der Sicherheiten auswirken können, einschließlich einer Verschlechterung der Bonität des Emittenten oder einer Illiquidität des Marktes[55], wodurch die Abwicklungsperiode beeinflusst werden könnte.

46   Institute müssen in Bezug auf ihre Verbriefungspositionen regelmäßig selbst geeignete Stresstests durchführen. Dabei dürfen sie sich laut Art. 406 Abs. 1 CRR auf die von einer externen Ratingagentur (»External Credit Assessment Institution«, ECAI) entwickelten finanziellen Modelle stützen, sofern sie nachweisen können, dass sie vor der Investition die Strukturierung der Modelle und die diesen zugrundeliegenden relevanten Annahmen mit der gebotenen Sorgfalt validiert haben und die Methoden, Annahmen und Ergebnisse verstanden haben.

47   Gemäß Art. 412 Abs. 1 CRR müssen die Institute für die Zwecke der Liquiditätsdeckungsanforderung (»Liquidity Coverage Ratio«, LCR) über liquide Aktiva verfügen, deren Gesamtwert die Liquiditätsabflüsse abzüglich der Liquiditätszuflüsse (Netto-Liquiditätsabflüsse) unter Stressbedingungen abdeckt. Damit soll gewährleistet werden, dass sie über angemessene Liquiditätspuffer verfügen, um sich einem möglichen Ungleichgewicht zwischen Liquiditätszuflüssen und -abflüssen unter erheblichen Stressbedingungen während 30 Tagen stellen zu können. In Stressperioden dürfen die Institute ihre liquiden Aktiva zur Deckung ihrer Netto-Liquiditätsabflüsse verwenden. Die Besonderheit bei der LCR besteht darin, dass es sich bereits in der Meldegröße um eine »gestresste« Kennzahl handelt. In einem tatsächlichen Stressfall dürfen die gesetzlichen Schwellen daher nach der CRR temporär unterschritten werden.

1.11   Stresstests im Rahmen der zweiten Säule

48   Nach Art. 73 bzw. 86 CRD IV müssen die Institute über solide Strategien und Verfahren verfügen, mit denen sie ihrem individuellen Risikoprofil entsprechend die Angemessenheit des internen Kapitals (»Internal Capital Adequacy Assessment«, ICAAP) bzw. der internen Liquidität (»Internal Liquidity Adequacy Assessment«, ILAAP) sicherstellen. Im Rahmen dieser Prozesse sollten die Institute die Zuverlässigkeit ihrer Kapital- und Liquiditätspläne unter Stressbedingungen bewerten, um sicherzustellen, dass sie die für sie geltenden Eigenkapitalanforderungen und ihre Verbindlichkeiten bei Fälligkeit auch unter diesen Bedingungen erfüllen können. Sie sollten dabei den Grad der Übertragbarkeit der Kapital- und Liquiditätsressourcen unter angespannten Bedingungen bewerten sowie die Szenarioschwere und die Eintrittswahrscheinlichkeit und mögliche Hindernisse, einschließlich rechtlicher, organisatorischer und betrieblicher Art, berücksichtigen.[56]

49   Die ICAAP- und ILAAP-Stresstests sollten als umfassende institutsweite Stresstests durchgeführt werden und alle wesentlichen Risikokategorien und Unterkategorien abdecken, denen die Institute in Bezug auf die bilanziellen und außerbilanziellen Positionen sowie alle wesentlichen Portfolios oder Sektoren/Länder, einschließlich relevanter strukturierter Einheiten, ausgesetzt sind.

---

55 Vgl. European Banking Authority, Final Report – Guidelines on institution's stress testing, EBA/GL/2018/04, 19. Juli 2018, S. 35.

56 Vgl. European Banking Authority, Final Report – Guidelines on institution's stress testing, EBA/GL/2018/04, 19. Juli 2018, S. 48.

Dabei sollten die Institute einen klaren Zusammenhang zwischen ihrer Risikobereitschaft, ihrer Geschäftsstrategie und ihren ICAAP- und ILAAP-Stresstests nachweisen. Insbesondere sollten sie ihre Kapital- und Liquiditätspläne sowie alle internen Kapitalplanungen, einschließlich der Managementpuffer, im Einklang mit ihrer angegebenen Risikobereitschaft und Strategie und dem gesamten internen Kapitalbedarf bewerten.[57]

Insbesondere sollten die Institute ihre Fähigkeit beurteilen, auch unter gestressten Bedingungen die geltenden regulatorischen und aufsichtsrechtlichen Eigenkapitalanforderungen einzuhalten, um damit die Fortführung ihrer Geschäftstätigkeit zu gewährleisten. Das läuft insbesondere auf die SREP-Gesamtkapitalanforderung (»Total SREP Capital Requirement«, TSCR) hinaus, also die Säule-1-Kapitalanforderungen und die Säule-2-Kapitalanforderungen (Pillar 2 Requirement, P2R), da die Gesamtkapitalanforderung (»Overall Capital Requirement«, OCR) auch die kombinierte Kapitalpufferanforderung (»Combined Buffer Requirement«, CBR) umfasst, die im Stressfall unter Umständen unterschritten werden kann. Bei der Durchführung von Solvenzstresstests sollten die Institute auch die Auswirkungen der Szenarien auf die Einhaltung der Verschuldungsquote (»Leverage Ratio«) und der Mindestanforderung an Eigenmittel und berücksichtigungsfähige Verbindlichkeiten (»Minimum Requirement for Own Funds and Eligible Liabilities«, MREL) untersuchen. **50**

Die EZB erwartet, dass die ICAAP- und ILAAP-Stresstests ineinander einfließen. Umgesetzt werden soll diese Anforderung dadurch, dass die zugrundeliegenden Annahmen, die Stresstestergebnisse und die projizierten Managementmaßnahmen beiderseits Berücksichtigung finden. Zum Beispiel sollte die Auswirkung eines Stressereignisses in Bezug auf die Credit Spreads oder Ratings der Aktiva im Liquiditätspuffer, die im ILAAP getestet wird, auch im ICAAP Berücksichtigung finden und umgekehrt.[58] Da bei der Definition plausibler Stressszenarien der Schwerpunkt auf die größten Schwachstellen zu legen ist, werden die Institute vermutlich nicht umhinkommen, diese Schwachstellen sowohl aus Kapital- als auch aus Liquiditätssicht separat in Szenarien zu überführen und diese Szenarien dann für alle wesentlichen Risiken einzeln durchzuspielen. Die Bewertung der potenziellen Auswirkungen dieser Szenarien soll dann die Auswirkungen auf Kapital und Liquidität gleichermaßen zum Ziel haben. Dabei sollen potenzielle Zweitrundeneffekte berücksichtigt werden, wie insbesondere Verluste, die aus der Verwertung von Aktiva oder einem Anstieg der Refinanzierungskosten resultieren.[59] **51**

1.12 Stresstests im Rahmen der Sanierungsplanung

Gemäß Art. 5 Abs. 6 BRRD sollen die Institute in ihren Sanierungsplänen verschiedene Szenarien erheblicher makroökonomischer und finanzieller Belastung mit Bezug zu ihren spezifischen Bedingungen in Betracht ziehen, einschließlich systemweiter Ereignisse und auf bestimmte individuelle juristische Personen oder auf Gruppen beschränkter Belastungsszenarien.[60] Die EBA **52**

---

57 Vgl. European Banking Authority, Final Report – Guidelines on institution's stress testing, EBA/GL/2018/04, 19. Juli 2018, S. 48.

58 Vgl. Europäische Zentralbank, Leitfaden der EZB für den bankinternen Prozess zur Sicherstellung einer angemessenen Kapitalausstattung (Internal Capital Adequacy Assessment Process – ICAAP), 9. November 2018, S. 41.

59 Vgl. Europäische Zentralbank, Leitfaden der EZB für den bankinternen Prozess zur Sicherstellung einer angemessenen Liquiditätsausstattung (Internal Liquidity Adequacy Assessment Process – ILAAP), 9. November 2018, S. 31 f.

60 Vgl. Richtlinie 2014/59/EU (Sanierungs- und Abwicklungsrichtlinie) des Europäischen Parlaments und des Rates vom 15. Mai 2014 zur Festlegung eines Rahmens für die Sanierung und Abwicklung von Kreditinstituten und Wertpapierfirmen und zur Änderung der Richtlinie 82/891/EWG des Rates, der Richtlinien 2001/24/EG, 2002/47/EG, 2004/25/EG, 2005/56/EG, 2007/36/EG, 2011/35/EU, 2012/30/EU und 2013/36/EU sowie der Verordnungen (EU) Nr. 1093/2010 und (EU) Nr. 648/2012 des Europäischen Parlaments und des Rates, Amtsblatt der Europäischen Union vom 12. Juni 2014, L 173/223.

wurde laut Art. 5 Abs. 7 BRRD mandatiert, in Zusammenarbeit mit dem Europäischen Ausschuss für Systemrisiken (ESRB) entsprechende Leitlinien herauszugeben.[61]

53   In Umsetzung dieser europäischen Vorgaben müssen die Sanierungspläne laut § 13 Abs. 2 Nr. 7 des Gesetzes zur Sanierung und Abwicklung von Instituten und Finanzgruppen (Sanierungs- und Abwicklungsgesetz, SAG) eine Darstellung von Szenarien für schwerwiegende Belastungen, die einen Krisenfall auslösen können, und deren Auswirkungen auf das Institut oder die Gruppe enthalten. Diese Belastungsszenarien sollen sowohl systemweite Ereignisse als auch das einzelne Institut oder die ganze Gruppe betreffende Ereignisse beinhalten, welche die instituts- oder gruppenspezifischen Gefährdungspotenziale abbilden. Nach § 13 Abs. 2 Nr. 8 SAG müssen die Institute die Wirksamkeit und Umsetzbarkeit ihrer Sanierungspläne anhand dieser Belastungsszenarien prüfen.

54   Laut Abschnitt 3.3 der Mindestanforderungen an die Ausgestaltung von Sanierungsplänen (MaSan)[62] müssen sowohl bei der Erstellung der Sanierungspläne als auch bei jeder Aktualisierung entsprechende Belastungsanalysen durchgeführt werden. Die Kriterien für die verschiedenen Belastungsszenarien sind mit denen eines schweren Stresstests vergleichbar. Im Fokus steht dabei die Existenzgefährdung des Institutes oder der Gruppe. Untersucht werden müssen die Auswirkungen auf das Kapital, die Risikotragfähigkeit, die Liquidität, die Ertragskraft, das Risikoprofil und die Fortführung der Geschäftstätigkeit. Zudem sind die wesentlichen und kritischen Geschäftsaktivitäten zu identifizieren, die in den Belastungsszenarien in eine Krise geraten könnten. Aufsichtliche Maßnahmen können laut § 16 Abs. 6 SAG insbesondere dann angeordnet werden, wenn sich die festgestellten Sanierungshindernisse bei einer drohenden Belastungssituation nicht mehr rechtzeitig beheben lassen und daher die Gefahr besteht, dass sich bei Eintritt eines Krisenfalls die Bestandsgefährdung des Institutes nicht mehr wirksam vermeiden lässt.

55   Ein besonders enger Zusammenhang besteht zwischen den Belastungsszenarien für die Sanierungsplanung und den inversen Stresstests (→ AT4.1 Tz.4). So sollten die Institute nach den Vorstellungen der EBA spezifische inverse Stresstests verwenden, um diese ausfallnahen Belastungsszenarien (Beinahe-Ausfälle) zu entwickeln und zur Beurteilung der Effizienz und Wirksamkeit ihrer Sanierungsmaßnahmen und ihrer Sanierungsplanung sowie zur Analyse von Sensibilitäten in Bezug auf die jeweiligen Annahmen zu verwenden.[63] Auch die EZB hält inverse Stresstests als Ausgangspunkt zur Entwicklung von Belastungsszenarien für die Sanierungsplanung für geeignet.[64]

1.13   Stresstests als Mittel für Systemstabilitätsuntersuchungen

56   Stresstests haben zwar ihren Ursprung im Risikomanagement der Institute. Seit Anfang des Jahrtausends greift aber auch die Bankenaufsicht verstärkt auf solche Instrumente zurück. Dabei stehen allerdings systemische Risiken im Mittelpunkt, die – soweit sie schlagend werden – eine Gefahr für die Stabilität des gesamten Finanzmarktes darstellen. Mit Hilfe so genannter »Makro-

---

61 European Banking Authority, Guidelines on the range of scenarios to be used in recovery plans, EBA/GL/2014/06, 18. Juli 2014.

62 Bundesanstalt für Finanzdienstleistungsaufsicht, Mindestanforderungen an die Ausgestaltung von Sanierungsplänen (MaSan), Rundschreiben 3/2014 (BA) vom 25. April 2014.

63 Vgl. European Banking Authority, Final Report – Guidelines on institution's stress testing, EBA/GL/2018/04, 19. Juli 2018, S. 34 f.

64 Vgl. Europäische Zentralbank, Leitfaden der EZB für den bankinternen Prozess zur Sicherstellung einer angemessenen Kapitalausstattung (Internal Capital Adequacy Assessment Process – ICAAP), 9. November 2018, S. 41.

stresstests« soll eine Einschätzung darüber gewonnen werden, wie sich das plötzliche Eintreten eines bestimmten Krisenszenarios auf den Finanzmarkt bzw. das Bankensystem auswirkt.[65]

Die Deutsche Bundesbank hat dafür schon frühzeitig zwei sich ergänzende Ansätze verwendet, **57** bei denen jeweils bestimmte Stressszenarien zentral vorgegeben werden. Im Rahmen eines »Bottom-up-Ansatzes« werden die Institute direkt zu bestimmten Risikopositionen befragt, wobei die Ergebnisse der institutsindividuellen Stresstests von der Aufsicht in geeigneter Weise aggregiert werden. Mit Hilfe eines »Top-down-Ansatzes« werden von der Aufsicht auf Basis der ihr vorliegenden Bilanzdaten und anderen Informationen aus bankaufsichtlichen Quellen selbst Stresstests durchgeführt und die Risiken analysiert.[66]

Auch der Ausschuss der Europäischen Bankaufsichtsbehörden (CEBS) hat in den Jahren 2009 **58** und 2010 in Zusammenarbeit mit den nationalen Aufsehern und der EZB jeweils EU-weite Stresstests durchgeführt. Daran hatten sich anfangs 91 Kreditinstitute aus 20 Mitgliedstaaten beteiligt, die mit Bezug auf die Bilanzsumme ca. 65 % des EU-Bankensystems repräsentierten. Auch diese Stresstests, die seit dem Jahre 2011 ca. alle zwei Jahre unter der Führung der Europäischen Bankenaufsichtsbehörde (EBA) durchgeführt werden, dienen einer Einschätzung der Widerstandsfähigkeit des europäischen Bankensystems für den Fall eines konjunkturellen Abschwungs und einer negativen Entwicklung der Finanzmärkte. Unterschieden wird dabei zwischen einem makroökonomischen Basisszenario, das auf die Prognosen der EU-Kommission für die wirtschaftliche Entwicklung innerhalb des Stresstesthorizontes von drei Jahren abstellt, und einem Stressszenario, in dem vom Europäischen Ausschuss für Systemrisiken (ESRB) für denselben Zeitraum eine bestimmte Konjunkturentwicklung in der Eurozone insgesamt und in einzelnen Ländern unter Berücksichtigung der jeweiligen Spezifika unterstellt wird.[67] Die weiteren Annahmen dieser Stressszenarien beziehen sich z. B. auf die Entwicklung der Zinsstrukturkurve und bestimmter Ratingklassen oder Risikoprämien.[68]

Im Jahre 2011 wurden die Staatsanleihenportfolios aus aktuellem Anlass genauer analysiert. **59** Später ging es mehrmals auch um die Immobilien- und Schiffsportfolios. Im Jahre 2014 wurde die Entwicklung der Staatsanleihen und der Refinanzierungskosten besonders beleuchtet. Insgesamt standen die Auswirkungen der wesentlichen Risikotreiber für die verschiedenen Risikoarten auf die Solvenz der Institute im Vordergrund. Zudem wurde vor dem Hintergrund der anhaltenden Niedrigzinsphase der Zinsüberschuss untersucht. In Ergänzung dazu sind im Jahre 2016 Vorgaben zum Fehlverhaltensrisiko und zum Fremdwährungskreditrisiko aufgenommen worden. Die größte Herausforderung beim Stresstest im Jahre 2018 war die Umstellung auf die Vorgaben von IFRS 9, die insbesondere mit einer geänderten Systematik bei der Ermittlung der Risikovorsorge verbunden war (»Stagetransfer«). Mittlerweile füllen die methodischen Vorgaben ein ganzes Buch.[69] Beim EU-weiten Stresstest der EBA und dem seit 2016 daran gekoppelten SREP-Stresstest der EZB handelt es sich im Grunde um eine Mischform. Dem Bottom-up-Ansatz folgend sind die Institute dazu aufgefordert, die vorgegebenen Szenarien auf ihr Institut zu projizieren und die institutsspezifischen Auswirkungen auf die Risikogrößen selbst zu ermitteln. Diese Ergebnisse werden von der EZB mithilfe einer eigenen Top-down-Stresstestarchitektur auf Plausibilität geprüft.

Von den kreditwirtschaftlichen Verbänden sind der EBA Vorschläge zur Verbesserung der **60** Stresstests unterbreitet worden.[70] Auf Basis dieser Vorschläge haben bereits im Dezember 2012

---

65 Vgl. Deutsche Bundesbank, Das deutsche Bankensystem im Stresstest, in: Monatsbericht, Dezember 2003, S. 55–63.

66 Vgl. Deutsche Bundesbank, Stresstests: Methoden und Anwendungsgebiete, in: Finanzstabilitätsbericht 2007, November 2007, S. 99–115.

67 Vgl. z. B. European Systemic Risk Board, Adverse macro-financial scenario for the 2018 EU-wide banking sector stress test, 16. Januar 2018.

68 Vgl. Bundesanstalt für Finanzdienstleistungsaufsicht/Deutsche Bundesbank, Gemeinsame Pressenotiz zu den Ergebnissen der EU-weiten Stresstests für Deutschland, 23. Juli 2010.

69 Vgl. European Banking Authority, 2018 EU-Wide Stress Test – Methodological Note, 31. Januar 2018.

70 Vgl. Association of German Banks/Association of German Public Banks, Position paper on the design of the EBA's 2013 stress test, 19. Oktober 2012.

AT 4.3.3 Stresstests

Gespräche mit der EBA stattgefunden. Trotzdem geht es bei den Stresstests erst seit 2016 nicht mehr um die Einhaltung eines quantitativ vorgegebenen Schwellenwertes (»Hurdle Rate«). Diese Vorgehensweise war mit dem Nachteil verbunden, knapp unter diesem Schwellenwert schon als krisenanfällig zu gelten (»durchgefallen«), während eine geringfügig bessere Kapitalausstattung den Anschein erweckt hat, als sei alles in bester Ordnung (»bestanden«). Der interessierten Öffentlichkeit ist dann nur schwer vermittelbar, dass sich die Risikosituation zwischen zwei Instituten, deren Kapitalausstattung sich nach dem (fiktiven) Stressereignis knapp über bzw. unter dem Schwellenwert bewegt, kaum voneinander unterscheidet.

61   Auch bei den weniger bedeutenden Instituten führen die deutschen Aufsichtsbehörden seit 2013 alle zwei Jahre einen Stresstest durch, der als Umfrage zur Lage deutscher Kreditinstitute im Niedrigzinsumfeld (»NZU-Umfrage«) ausgestaltet ist. Ziel dieser Umfrage ist es, der deutschen Aufsicht einen Eindruck über die Auswirkungen verschiedener Zinsszenarien zu verschaffen. In diesem Zusammenhang muss von den Instituten u. a. abgeschätzt werden, wie sich eine plötzliche Verschiebung der Zinsstrukturkurve nach oben sowie nach unten auf die Gewinn- und Verlustrechnung bzw. die Bilanz der kommenden Jahre auswirkt. Komplettiert werden diese Zinsszenarien durch die Simulation verschiedener Schock-Effekte. Diese betreffen sowohl die Kredit- als auch die Marktpreisrisiken der Institute.

62   Die mittlerweile gemäß Art. 100 CRD IV regelmäßig durchgeführten aufsichtlichen Stresstests sollten nicht als Ersatz für die Verpflichtungen der Institute zur Durchführung von Stresstests im Rahmen ihres ICAAP und ILAAP angesehen werden.[71] Insbesondere wird erwartet, dass die Institute eigene Szenarien entwickeln, die auf ihre Geschäftsaktivitäten zugeschnitten sind und ihre institutsspezifischen Schwachstellen berücksichtigen, und nicht von Szenarien der Aufsichtsbehörden abhängig sind.[72] Allerdings kann ein Benchmarking mit aufsichtsrechtlichen Stresstests sinnvoll sein.[73] Auch bei Berücksichtigung aufsichtlicher Stresstests bleiben die Institute dafür verantwortlich, Szenarien in einer Weise festzulegen, die ihrer individuellen Situation am besten Rechnung trägt.[74]

1.14   Solvenz- und Liquiditätsstresstests

63   Die EBA unterscheidet zwischen »Solvenzstresstests«, bei denen die Kapitalrisiken im Vordergrund stehen, und »Liquiditätsstresstests«. Bei den Solvenzstresstests wird untersucht, wie sich bestimmte Entwicklungen auf die Eigenmittelausstattung eines Institutes auswirken. Dabei werden die Eigenmittelausstattung und -anforderungen des Institutes in die Zukunft projiziert, wobei seine Schwachstellen hervorgehoben werden und seine Fähigkeit zur Verlustabsorption beurteilt wird. Die zugrundeliegenden Entwicklungen basieren auch auf makro- oder mikroökonomischen Szenarien. Bei den Liquiditätsstresstests ($\rightarrow$ BTR 3.1 Tz. 8, BTR 3.2 Tz. 3) geht es in vergleichbarer Weise um die Auswirkungen bestimmter Entwicklungen auf die Liquiditätsausstattung und die Refinanzierungsmöglichkeiten eines Institutes.[75]

---

71 Vgl. European Banking Authority, Final Report – Guidelines on institution's stress testing, EBA/GL/2018/04, 19. Juli 2018, S. 49.

72 Vgl. European Banking Authority, Final Report – Guidelines on institution's stress testing, EBA/GL/2018/04, 19. Juli 2018, S. 29.

73 Vgl. Basel Committee on Banking Supervision, Stress testing principles, BCBS d450, 17. Oktober 2018, S. 6.

74 Vgl. Europäische Zentralbank, Leitfaden der EZB für den bankinternen Prozess zur Sicherstellung einer angemessenen Kapitalausstattung (Internal Capital Adequacy Assessment Process – ICAAP), 9. November 2018, S. 40.

75 Vgl. European Banking Authority, Final Report – Guidelines on institution's stress testing, EBA/GL/2018/04, 19. Juli 2018, S. 12.

Die »Kapitalrisiken« umfassen dabei jene speziellen Risiken, die sich im Falle ihres Eintritts in **64** aufsichtlicher Hinsicht wesentlich auf die Eigenmittel des Institutes über die nächsten zwölf Monate auswirken. Nach den Vorgaben der EBA gehören dazu ausdrücklich alle in Art. 79 bis 87 CRD IV aufgeführten Risikoarten, d.h. das Adressenausfallrisiko, also das Kreditrisiko und das Gegenparteiausfallrisiko (Art. 79 CRD IV), das Restrisiko, dass sich die Kreditrisikominderungstechniken als weniger wirksam erweisen als erwartet (Art. 80 CRD IV), das Konzentrationsrisiko (Art. 81 CRD IV), das Verbriefungsrisiko (Art. 82 CRD IV), das Marktrisiko (Art. 83 CRD IV), das Zinsänderungsrisiko im Anlagebuch (Art. 84 CRD IV), das operationelle Risiko (Art. 85 CRD IV), das Liquiditätsrisiko (Art. 86 CRD IV) sowie das Risiko einer übermäßigen Verschuldung, das sich auf die Verschuldungsquote (»Leverage Ratio«) nach Art. 429 CRR sowie Inkongruenzen zwischen Vermögenswerten und Verbindlichkeiten bezieht (Art. 87 CRD IV). Diese Aufzählung von Kapitalrisiken ist nicht als abschließend zu verstehen.[76]

Die Einbeziehung des Liquiditätsrisikos in den Solvenzstresstest ist darauf zurückzuführen, **65** dass bestimmte Komponenten des Liquiditätsrisikos im weiteren Sinne durchaus in das Risikotragfähigkeitskonzept einbezogen und insofern auch durch Kapitalbestandteile abgesichert werden können (→ BTR 3, Einführung). Grundsätzlich werden die Liquiditätsrisiken jedoch einem Liquiditätsstresstest unterzogen.

1.15 Bedeutung der internen Stresstests für den SREP

Die zuständigen Behörden sollten eine qualitative Bewertung der Stresstestprogramme sowie eine **66** quantitative Bewertung der Ergebnisse der Stresstests vornehmen und diese Bewertungen zusammen mit den Ergebnissen der aufsichtlichen Stresstests beim SREP berücksichtigen. Genutzt werden können die Erkenntnisse u.a. für die Beurteilung der Qualität des Risikomanagements der einzelnen Kapital- und Liquiditätsrisiken, insbesondere hinsichtlich der Sensitivität und Angemessenheit der verwendeten Modelle und der Quantifizierung der einzelnen Risiken, für die Beurteilung der internen Governance-Regelungen, der institutsweiten Kontrollen und der Kapitalplanung sowie für die Beurteilung der Tragfähigkeit des Geschäftsmodells und der Nachhaltigkeit der Strategie.[77]

Zu diesem Zweck werden sich die zuständigen Behörden von den Instituten Informationen über **67** das Stresstestprogramm vorlegen lassen, die u.a. Angaben zur Datenarchitektur und IT-Infrastruktur, zu den Governance-Vereinbarungen, Methoden, Szenarien, Schlüsselannahmen, Ergebnissen und geplanten Maßnahmen umfassen. Dabei werden sie auch auf interne Bewertungen und Validierungen oder Überprüfungen durch unabhängige Kontrollfunktionen sowie ggf. Informationen und Schätzungen Dritter zurückgreifen. Bei der Bewertung der Stresstestprogramme und der Ergebnisse der Stresstests werden die zuständigen Behörden besonders darauf achten, dass die Auswahl der relevanten Szenarien und die zugrundeliegenden Annahmen und Methoden sowie die Verwendung der Ergebnisse im Risikomanagement und im Strategieprozess angemessen sind. Für diese Zwecke werden sie das Ausmaß, in dem die Stresstests in das Risikomanagement eingebettet sind, die Einbindung der Geschäftsleitung und des oberen Managements, die Integration der Stresstests und ihrer Ergebnisse in die Entscheidungsprozesse und die Fähigkeit der Institute, das Stresstestprogramm mit Blick auf ihre Infrastruktur und ihr Datenmanagement in einzelnen Geschäftsbereichen und -einheiten sowie ggf. konzernweit durchzuführen, näher

---

76 Vgl. European Banking Authority, Guidelines on common procedures and methodologies for the supervisory review and evaluation process (SREP) and supervisory stress testing, EBA/GL/2014/13, Consolidated version, 19. Juli 2018, S. 24.

77 Vgl. European Banking Authority, Guidelines on common procedures and methodologies for the supervisory review and evaluation process (SREP) and supervisory stress testing, EBA/GL/2014/13, Consolidated version, 19. Juli 2018, S. 61 f.

AT 4.3.3 Stresstests

beleuchten. Bei der Bewertung der Stresstestprogramme spielen institutseigene und marktweite Aspekte eine Rolle. Die Maßnahmen, bei denen auch die erforderlichen Umsetzungsfristen beachtet werden müssen, werden zunächst primär mit Blick auf die Besonderheiten der Institute auf ihre Plausibilität geprüft. Aus marktweiter Sicht geht es vor allem darum, dass andere Institute wahrscheinlich ähnliche Maßnahmen in Betracht ziehen, die deren Wirksamkeit wieder infrage stellen könnten. Zudem werden die zuständigen Behörden prüfen, inwiefern die Übertragbarkeit von Kapital und Liquidität, auch aufgrund entsprechender Vereinbarungen für Liquiditätshilfen etc., zwischen den Geschäftseinheiten unter gestressten Bedingungen möglich ist.[78]

68 Daneben werden die zuständigen Behörden die Auswahl und Verwendung der Szenarien und Annahmen, deren Schwere und deren Relevanz für das Geschäftsmodell sowie die Ergebnisse der Stresstests, insbesondere der Stresstests für ICAAP- und ILAAP-Zwecke, bewerten und hinterfragen. Dazu werden als Vergleichsmaßstab (»Benchmarks« bzw. »Proxies«) vor allem die Erkenntnisse aufsichtlicher Stresstests herangezogen. Hinsichtlich der Schwere der Stresstests sollten die Auswirkungen auf die Kapitalausstattung spürbar sein, wobei besonders darauf geachtet wird, ob das Institut in der Lage ist, die geltende Gesamtkapitalanforderung aus dem SREP (»Total SREP Capital Requirement«, TSCR) jederzeit in einem ungünstigen Szenario aufrechtzuerhalten. Die TSCR umfasst die Säule-1-Kapitalanforderungen und die Säule-2-Kapitalanforderungen (»Pillar 2 Requirement«, P2R). Mit Blick auf das Zusammenspiel von ICAAP und ILAAP geht es um eine kombinierte Bewertung der Auswirkungen der Stresstestergebnisse auf den Kapital- und Liquiditätsbedarf sowie auf andere relevante aufsichtsrechtliche Anforderungen. Das betrifft z. B. die Auswirkungen der Stresstests auf die Verschuldungsquote (»Leverage Ratio«) oder die Mindestanforderung an Eigenmittel und berücksichtigungsfähige Verbindlichkeiten (»Minimum Requirement for Own Funds and Eligible Liabilities«, MREL). Auch bereits bekannte regulatorische Anforderungen, die sich auf den Zeithorizont des Stresstests auswirken, werden berücksichtigt.[79]

69 Werden Mängel bei der Gestaltung der Szenarien oder Annahmen festgestellt, können die zuständigen Behörden von den Instituten verlangen, dass sie (bestimmte Teile des) Stresstests auf der Grundlage aufsichtsrechtlicher Vorgaben erneut durchführen.[80] Die EZB hat zum Zusammenspiel zwischen ICAAP und ILAAP beispielhaft darauf verwiesen, dass die Institute die potenziellen Auswirkungen relevanter Szenarien bewerten und dabei insbesondere Verluste berücksichtigen, die aus der Verwertung von Aktiva oder einem Anstieg der Refinanzierungskosten in Stressperioden resultieren. Zum Beispiel sollten sie die Auswirkungen eines entsprechend der Projektion im ICAAP sinkenden Kapitalniveaus auf ihre Liquiditätslage bewerten. So könnte eine Herabstufung durch eine externe Ratingagentur direkte Auswirkungen auf die Refinanzierungsfähigkeit eines Institutes haben. Umgekehrt könnten der Refinanzierungsbedarf und die Refinanzierungsbedingungen, die in den Liquiditäts- und Refinanzierungsplänen abgeschätzt wurden, wesentliche Auswirkungen auf die Refinanzierungskosten haben, was sich wiederum auf die Angemessenheit der Kapitalausstattung auswirken würde.[81]

70 Der Baseler Ausschuss für Bankenaufsicht betont insbesondere die Notwendigkeit der Dokumentation einer umfassenden Governance-Struktur für alle Aspekte der Stresstestprogramme, einschließlich der Abgrenzung der Rollen für alle relevanten Beteiligten, der abteilungsübergreifenden Koordinierung der Stresstests sowie der Art und Häufigkeit der Berichterstattung über

---

78 Vgl. European Banking Authority, Guidelines on common procedures and methodologies for the supervisory review and evaluation process (SREP) and supervisory stress testing, EBA/GL/2014/13, Consolidated version, 19. Juli 2018, S. 62 f.

79 Vgl. European Banking Authority, Guidelines on common procedures and methodologies for the supervisory review and evaluation process (SREP) and supervisory stress testing, EBA/GL/2014/13, Consolidated version, 19. Juli 2018, S. 64.

80 Vgl. European Banking Authority, Guidelines on common procedures and methodologies for the supervisory review and evaluation process (SREP) and supervisory stress testing, EBA/GL/2014/13, Consolidated version, 19. Juli 2018, S. 64.

81 Vgl. Europäische Zentralbank, Leitfaden der EZB für den bankinternen Prozess zur Sicherstellung einer angemessenen Kapitalausstattung (Internal Capital Adequacy Assessment Process – ICAAP), 9. November 2018, S. 42.

deren Ergebnisse.[82] Die zuständigen Behörden sollten das Management auffordern, alle im Rahmen der Stresstests festgestellten wesentlichen Mängel zu beheben, einschließlich jener Fälle, in denen die Ergebnisse der Stresstests bei der Entscheidungsfindung der Institute nicht angemessen berücksichtigt wurden.[83]

1.16 Ökonomische und normative Perspektive

Im November 2014 hat die EBA die Grundidee der zweiten Säule, wonach jene Risiken berück-   **71** sichtigt werden sollen, die nach den Vorgaben der ersten Säule nicht oder nicht hinreichend abgedeckt sind, erstmals so ausgelegt, dass dabei auf die Einzelrisiken abgestellt wird (»on a risk-by-risk basis«). Die Kapitalanforderungen der ersten Säule gehen nach dieser Methode für die dort behandelten Risikoarten jeweils als Untergrenze in die Kapitalfestsetzung der zweiten Säule ein.[84] Diese Vorgehensweise wird deshalb auch als »Säule-1-Plus-Ansatz« bezeichnet.

Die EZB hat diesen Ansatz aufgegriffen und in einer Weise ausgebaut, dass von den bedeutenden   **72** Instituten erwartet wird, zwei komplementäre interne Perspektiven zu implementieren. Mit der normativen Perspektive sollen sie ihre Fähigkeit beurteilen, auf mittlere Sicht stets alle regulatorischen und aufsichtlichen Kapital- und Liquiditätsanforderungen zu erfüllen sowie sonstigen externen finanziellen Zwängen Rechnung zu tragen, womit auf die Anforderungen der ersten Säule Bezug genommen wird.[85] Ergänzend dazu sollen sie mit der ökonomischen Perspektive alle wesentlichen Risiken identifizieren und quantifizieren, die aus ökonomischer Sicht Verluste verursachen und das interne Kapital substanziell verringern bzw. ihre Liquiditätsposition beeinträchtigen könnten, was der Philosophie der zweiten Säule entspricht. Die Erkenntnisse aus diesen beiden Perspektiven sollen wechselseitig sowie in alle wesentlichen Geschäftsaktivitäten und -entscheidungen einfließen.[86] Insofern werden die erste und die zweite Säule so miteinander verknüpft, dass sie im Idealfall angemessene Steuerungsimpulse aus Gesamtbanksicht liefern können. In beiden Perspektiven werden Stresstests gefordert.

Eine ähnliche Vorgehensweise haben die BaFin und die Deutsche Bundesbank für den ICAAP   **73** der weniger bedeutenden Institute gewählt. In der normativen Perspektive, die auf der Kapitalplanung beruht, sind alle regulatorischen und aufsichtlichen Vorgaben sowie die darauf basierenden internen Anforderungen zu berücksichtigen und in mindestens einem adversen Szenario fortzuschreiben.[87] Risiken aus der ökonomischen Perspektive sind dabei quantitativ zu berücksichtigen. Im Unterschied zur EZB müssen die bei der Kapitalplanung zu betrachtenden adversen Entwicklungen theoretisch nicht zwingend einem Stresstest entsprechen, praktisch allerdings mit

---

82 Vgl. Basel Committee on Banking Supervision, Stress testing principles, BCBS d450, 17. Oktober 2018, S. 4.

83 Vgl. Basel Committee on Banking Supervision, Stress testing principles, BCBS d450, 17. Oktober 2018, S. 10.

84 Vgl. European Banking Authority, Guidelines on common procedures and methodologies for the supervisory review and evaluation process (SREP) and supervisory stress testing, EBA/GL/2014/13, Consolidated version, 19. Juli 2018, S. 137.

85 Vgl. Europäische Zentralbank, Leitfaden der EZB für den bankinternen Prozess zur Sicherstellung einer angemessenen Kapitalausstattung (Internal Capital Adequacy Assessment Process – ICAAP), 9. November 2018, S. 14; Europäische Zentralbank, Leitfaden der EZB für den bankinternen Prozess zur Sicherstellung einer angemessenen Liquiditätsausstattung (Internal Liquidity Adequacy Assessment Process – ILAAP), 9. November 2018, S. 16.

86 Vgl. Europäische Zentralbank, Leitfaden der EZB für den bankinternen Prozess zur Sicherstellung einer angemessenen Kapitalausstattung (Internal Capital Adequacy Assessment Process – ICAAP), 9. November 2018, S. 14 f.; Europäische Zentralbank, Leitfaden der EZB für den bankinternen Prozess zur Sicherstellung einer angemessenen Liquiditätsausstattung (Internal Liquidity Adequacy Assessment Process – ILAAP), 9. November 2018, S. 15 und 21.

87 Vgl. Bundesanstalt für Finanzdienstleistungsaufsicht/Deutsche Bundesbank, Aufsichtliche Beurteilung bankinterner Risikotragfähigkeitskonzepte und deren prozessualer Einbindung in die Gesamtbanksteuerung (»ICAAP«) – Neuausrichtung, Leitfaden vom 24. Mai 2018, S. 8.

Auswirkungen einer Rezession oder eines für das Institut ähnlich schweren Szenarios vergleichbar sein.[88] In jedem Fall sind in beiden Perspektiven auch Stresstests durchzuführen.[89]

1.17 Änderungen der Rahmenbedingungen

74 Gerade die letzten Jahre seit der Finanzmarktkrise sind dadurch gekennzeichnet, dass in relativ kurzen Abständen neue Regulierungsinitiativen diskutiert werden. Manche dieser Initiativen sind sehr komplex und erstrecken sich deshalb sowohl bei der Ausformulierung als auch bei der späteren Umsetzung über einen längeren Zeitraum. In einigen Fällen wird zur Abmilderung erheblicher Auswirkungen eine schrittweise Einführung neuer Anforderungen vereinbart (»phase-in period«). Dabei steht von vornherein fest, zu welchem Zeitpunkt welche Regelungen gelten. In anderen Fällen scheitert eine zeitnahe Umsetzung an der Ausgestaltung umstrittener Details oder daran, dass sich die Beteiligten schlicht nicht einig werden. Dann können die Auswirkungen unter Umständen nur grob abgeschätzt werden. Gegebenenfalls kommen diese Regelungen auch nie zum Tragen. Beide Varianten haben gemein, dass die zuständigen Behörden deren Berücksichtigung in der Vorausschau grundsätzlich erwarten.

75 Die bedeutenden Institute sollten die Auswirkungen bevorstehender Änderungen des Rechts-, Regulierungs- oder Rechnungslegungsrahmens berücksichtigen und eine fundierte und begründete Entscheidung treffen, wie diesen Änderungen bei der Kapitalplanung Rechnung getragen wird. Je nach der Wahrscheinlichkeit und potenzieller Auswirkung einer bestimmten Änderung können die Institute unterschiedlich vorgehen. Einige Änderungen können z. B. sehr unwahrscheinlich erscheinen, aber dennoch so große Auswirkungen auf ein Institut haben, dass es zumindest entsprechende Notfallmaßnahmen erarbeiten sollte.[90]

76 Auch die weniger bedeutenden Institute haben bindende oder bereits beschlossene rechtliche bzw. regulatorische Änderungen im Basisszenario der normativen Perspektive zu berücksichtigen. In diesem Szenario erwartet die Aufsicht, dass alle regulatorischen Anforderungen und Zielgrößen eingehalten werden.[91]

1.18 Definition inverser Stresstests

77 Bei einem »inversen Stresstest« (»reverse stress test«) werden auf Basis eines vordefinierten Ergebnisses Szenarien und Umstände untersucht, die dieses Ergebnis verursachen könnten.[92] Im Fokus stehen Szenarien, die Institute potenziell zum Scheitern bringen könnten und somit bei der

---

88 Vgl. Bundesanstalt für Finanzdienstleistungsaufsicht/Deutsche Bundesbank, Aufsichtliche Beurteilung bankinterner Risikotragfähigkeitskonzepte und deren prozessualer Einbindung in die Gesamtbanksteuerung (»ICAAP«) – Neuausrichtung, Leitfaden vom 24. Mai 2018, S. 12.

89 Vgl. Bundesanstalt für Finanzdienstleistungsaufsicht/Deutsche Bundesbank, Aufsichtliche Beurteilung bankinterner Risikotragfähigkeitskonzepte und deren prozessualer Einbindung in die Gesamtbanksteuerung (»ICAAP«) – Neuausrichtung, Leitfaden vom 24. Mai 2018, S. 18.

90 Vgl. Europäische Zentralbank, Leitfaden der EZB für den bankinternen Prozess zur Sicherstellung einer angemessenen Kapitalausstattung (Internal Capital Adequacy Assessment Process – ICAAP), 9. November 2018, S. 17.

91 Vgl. Bundesanstalt für Finanzdienstleistungsaufsicht/Deutsche Bundesbank, Aufsichtliche Beurteilung bankinterner Risikotragfähigkeitskonzepte und deren prozessualer Einbindung in die Gesamtbanksteuerung (»ICAAP«) – Neuausrichtung, Leitfaden vom 24. Mai 2018, S. 10.

92 Vgl. European Banking Authority, Final Report – Guidelines on institution's stress testing, EBA/GL/2018/04, 19. Juli 2018, S. 14 f.

Identifizierung ihrer wesentlichen Schwachstellen hilfreich sein können.[93] Konkret wird bei einem inversen Stresstest also untersucht, welche Ereignisse ein Institut in seiner Überlebensfähigkeit gefährden könnten. Die Überlebensfähigkeit ist dann als gefährdet anzunehmen, wenn sich das ursprüngliche Geschäftsmodell als nicht mehr durchführbar bzw. tragbar erweist (→ AT 4.3.3 Tz. 4, Erläuterung). Die EBA nennt beispielhaft auch die Situation, dass ein Institut als »ausfallend bzw. ausfallgefährdet« (»failing or likely to fail«) im Sinne von Art. 32 Abs. 2 BRRD[94] angesehen werden kann.[95] Aufgrund ihrer Konstruktionsweise steht bei inversen Stresstests insofern die kritische Reflexion der Ergebnisse im Vordergrund. Sie stellen somit eine Ergänzung zu den sonstigen Stresstests dar (→ AT 4.3.3 Tz. 4, Erläuterung).

Inverse Stresstests sollten nach den Vorstellungen der EBA eines oder mehrere der folgenden Merkmale aufweisen[96]: **78**

- Die inversen Stresstests werden als Instrument des Risikomanagements eingesetzt, um das Bewusstsein im Institut für seine Schwachstellen zu schärfen, indem das Institut die Szenarien oder eine Kombination der Szenarien, die zu einem vordefinierten Ergebnis führen, explizit identifiziert und bewertet.
- Das Institut entscheidet auf Basis der Ergebnisse der inversen Stresstests über Art und Zeitpunkt der Managementmaßnahmen oder anderer Maßnahmen, die sowohl zur Behebung von Geschäftsausfällen oder anderen Problemen als auch zur Anpassung seiner Risikobereitschaft an die tatsächlichen Risiken erforderlich sind, wobei die auslösenden Ereignisse (»triggering events«) eine zentrale Rolle spielen.
- Spezifische inverse Stresstests können auch im Rahmen der Sanierungsplanung angewendet werden, indem mit ihrer Hilfe z. B. die Bedingungen ermittelt werden, unter denen die Sanierung möglicherweise vorzusehen ist.

Hingegen müssen die Ergebnisse inverser Stresstests aufgrund ihrer Konstruktion bei der Beurteilung der Risikotragfähigkeit i. d. R. nicht berücksichtigt werden (→ AT 4.3.3 Tz. 4, Erläuterung). **79**

1.19 Schweregrad eines Stressszenarios

Unter dem »Schweregrad« (»severity«) – oder alternativ der Härte, der Schwere bzw. der Strenge – eines Stressszenarios ist die Strenge der zugrundeliegenden Annahmen oder der Grad der Verschlechterung im Vergleich zum Basisszenario zu verstehen. Die Strenge der Annahmen ergibt sich insbesondere aus den verwendeten makroökonomischen und finanziellen Variablen. Ein größerer Schweregrad des Stressszenarios hat folglich im Allgemeinen eine stärkere Auswirkung des Stresstests auf das Institut zur Folge, woraus sich die tatsächliche Strenge des Stressszenarios ableiten lässt. Von den zuständigen Aufsichtsbehörden wird zum Teil ein »Anker-Szenario« (»anchor scenario«) festgelegt, um den Schweregrad für einen bestimmten Stresstest vorzuge- **80**

---

93 Vgl. Basel Committee on Banking Supervision, Stress testing principles, BCBS d450, 17. Oktober 2018, S. 6.

94 Vgl. Richtlinie 2014/59/EU (Sanierungs- und Abwicklungsrichtlinie) des Europäischen Parlaments und des Rates vom 15. Mai 2014 zur Festlegung eines Rahmens für die Sanierung und Abwicklung von Kreditinstituten und Wertpapierfirmen und zur Änderung der Richtlinie 82/891/EWG des Rates, der Richtlinien 2001/24/EG, 2002/47/EG, 2004/25/EG, 2005/56/EG, 2007/36/EG, 2011/35/EU, 2012/30/EU und 2013/36/EU sowie der Verordnungen (EU) Nr. 1093/2010 und (EU) Nr. 648/2012 des Europäischen Parlaments und des Rates, Amtsblatt der Europäischen Union vom 12. Juni 2014, L 173/249.

95 Vgl. European Banking Authority, Final Report – Guidelines on institution's stress testing, EBA/GL/2018/04, 19. Juli 2018, S. 14.

96 Vgl. European Banking Authority, Final Report – Guidelines on institution's stress testing, EBA/GL/2018/04, 19. Juli 2018, S. 14 f.

ben. Dieses Anker-Szenario ist dann von den Instituten entweder direkt oder als Benchmark für die Entwicklung eigener Szenarien zu verwenden.[97]

1.20 Plausibilität eines Stressszenarios

81 Die »Plausibilität« eines Stressszenarios, d. h. die Wahrscheinlichkeit seines Eintritts, lässt sich aus einer Kombination von verschiedenen Gesichtspunkten ableiten. Insbesondere sollte dieses Szenario mit den aktuellen makroökonomischen und finanziellen Variablen sinnvoll zusammenhängen sowie durch eine schlüssige Argumentation, Wahrscheinlichkeitsverteilung und historische Erfahrungen gestützt sein. Allerdings sollte die Plausibilität nicht auf historische Erfahrungen beschränkt bleiben, so dass Expertenurteile über sich verändernde Risikoumfelder sowie Stressereignisse, die in ähnlichen Risikoumfeldern außerhalb der eigenen historischen Erfahrung des Institutes beobachtet wurden, eine Schlüsselrolle spielen.[98]

1.21 Risikoberichterstattung und Risikodatenaggregation

82 In den Risikoberichten sind auch die Ergebnisse der Stresstests und deren potenzielle Auswirkungen auf die Risikosituation und das Risikodeckungspotenzial darzustellen, um möglichen Handlungsbedarf identifizieren zu können. Auf Risikokonzentrationen und deren potenzielle Auswirkungen, die häufig nur durch Stresstests sichtbar werden, ist dabei gesondert einzugehen. Ebenfalls darzustellen sind die den Stresstests zugrundeliegenden wesentlichen Annahmen, um ein Gefühl für die Eintrittswahrscheinlichkeit der Stressszenarien zu bekommen (→ BT 3.1 Tz. 2). Von den Instituten wird zudem erwartet, dass sie in Stressphasen des eigenen Institutes den Berichtsturnus erhöhen, soweit dies für die aktive und zeitnahe Steuerung der Risiken erforderlich erscheint (→ BT 3.2 Tz. 1, Erläuterung).

83 Diesen Berichtspflichten kann ein Institut nur dann entsprechen, wenn die zugrundeliegenden Risikodaten in geeigneter Weise vorliegen. Zumindest die Kapazitäten zur Risikodatenaggregation der systemrelevanten Institute müssen deshalb gewährleisten, dass aggregierte Risikodaten, sowohl unter gewöhnlichen Umständen als auch in Stressphasen, zeitnah zur Verfügung stehen (→ AT 4.3.4 Tz. 5). Unter »Risikodatenaggregation« versteht der Baseler Ausschuss für Bankenaufsicht die Definition, Sammlung und Verarbeitung von Risikodaten gemäß den Anforderungen der Risikoberichterstattung des Institutes, damit das Institut seine Performance mit seiner Risikobereitschaft abgleichen kann. Dazu gehört das Sortieren, Zusammenführen oder Aufschlüsseln von Datensätzen.[99] Die deutsche Aufsicht bezeichnet die Risikodatenaggregation in Anlehnung an diese Vorgaben konkret als die gesamte Verfahrens- und Prozesskette von der Erhebung und Erfassung der Daten über die Verarbeitung bis hin zur Auswertung nach bestimmten Kriterien und zur Berichterstattung von Risikodaten (→ AT 4.3.4 Tz. 1, Erläuterung). Die physischen und organisatorischen Strukturen und Einrichtungen zum Aufbau und zur Pflege der Daten- und

---

97 Vgl. European Banking Authority, Final Report – Guidelines on institution's stress testing, EBA/GL/2018/04, 19. Juli 2018, S. 15.

98 Vgl. European Banking Authority, Final Report – Guidelines on institution's stress testing, EBA/GL/2018/04, 19. Juli 2018, S. 15 f.

99 Vgl. European Banking Authority, Final Report – Guidelines on institution's stress testing, EBA/GL/2018/04, 19. Juli 2018, S. 16.

IT-Architektur eines Institutes zur Unterstützung seiner internen Risikodatenaggregation und Risikoberichterstattung nennt man »Dateninfrastrukturen«.[100]

1.22 Entwicklungsstand von Stresstests

Im Jahre 2006 hatten die Deutsche Bundesbank und die BaFin eine Umfrage zur Verwendung von Stresstests durchgeführt, an der sich zwölf große deutsche Institute beteiligt haben. Damals wurden nur im Marktrisikobereich von allen befragten Instituten regelmäßig Stresstests durchgeführt. Im Bereich der anderen Risikoarten, wo die Modellierungsprobleme größer sind, wurde bei vielen Instituten noch an deren Einführung gearbeitet.[101] Allein aufgrund der Tatsache, dass die Bewertung von handelbaren Aktiva leichter als die von illiquiden Titeln ist, waren Stresstests im Marktrisikobereich stärker verbreitet als im Bereich der Adressenausfallrisiken. Zudem konnten die Institute im Bereich des Marktpreisrisikos auf einen größeren Datenbestand zurückgreifen. Insofern ist es auch nicht verwunderlich, dass der Schwerpunkt der historischen Analysen im Marktrisikobereich lag, für den »lange Zeitreihen zu täglichen Marktpreisänderungen ohne weiteres verfügbar sind und auch reale Stressereignisse umfassen«.[102]   **84**

Mittlerweile verfügen insbesondere die größeren Institute über historische Daten in verschiedenen Risikobereichen. Auch im Rahmen der fünften MaRisk-Novelle wurden einige Anforderungen ergänzt, die zur Verbesserung des Datenbestandes beitragen werden und insofern auch der Durchführung von Stresstests zugutekommen könnten. So müssen die Institute zukünftig eine angemessene Erfassung der Erlöse aus der Abwicklung von Kreditengagements sowie der zugehörigen historischen Werte der Kreditsicherheiten in einer Erlösquotensammlung gewährleisten (→ BTR1 Tz. 7). Zudem haben größere Institute eine Ereignisdatenbank für Schadensfälle einzurichten, bei welcher die vollständige Erfassung aller Schadensereignisse oberhalb angemessener Schwellenwerte sichergestellt ist (→ BTR4 Tz. 3, Erläuterung).   **85**

Im Jahre 2006 war die Deutsche Bundesbank noch der Ansicht, dass die Untersuchung der Zusammenhänge zwischen den einzelnen Risikoarten weiterer Forschungsanstrengungen bedarf.[103] Die meisten Institute führten Stresstests zu diesem Zeitpunkt lediglich für einzelne Risikoarten isoliert durch. Eine Analyse der kombinierten Auswirkungen negativer Entwicklungen auf alle Risikoarten erfolgte häufig noch nicht.[104] Methodisch befanden sich Stresstests lange Zeit in einem Prozess der Weiterentwicklung.[105] Mittlerweile hat sich diese Situation deutlich geändert. Verantwortlich dafür sind einerseits die zahlreichen Vorgaben der Aufsichtsbehörden. Andererseits hat die Finanzmarktkrise verdeutlicht, welche Bedeutung den Stresstests allein für das Management von Liquiditätsrisiken zukommt. Mittlerweile gehören Stresstests in den großen Instituten zum Standard beim Risikomanagement der wesentlichen Risiken. Eine kontinuierliche Weiterentwicklung dieser Verfahren liegt insofern auch im Interesse der Institute.   **86**

---

100 Vgl. European Banking Authority, Final Report – Guidelines on institution's stress testing, EBA/GL/2018/04, 19. Juli 2018, S. 16.

101 Vgl. Deutsche Bundesbank, Stresstests: Methoden und Anwendungsgebiete, in: Finanzstabilitätsbericht 2007, November 2007, S. 102.

102 Deutsche Bundesbank, Stresstests: Methoden und Anwendungsgebiete, in: Finanzstabilitätsbericht 2007, November 2007, S. 104.

103 Vgl. Deutsche Bundesbank, Stresstests: Methoden und Anwendungsgebiete, in: Finanzstabilitätsbericht 2007, November 2007, S. 114.

104 Vgl. Deutsche Bundesbank, Zum aktuellen Stand der bankinternen Risikosteuerung und der Bewertung der Kapitaladäquanz im Rahmen des aufsichtlichen Überprüfungsprozesses, in: Monatsbericht, Dezember 2007, S. 71 f.

105 Vgl. Bühn, Andreas/Klauck, Kai-Oliver, Mit modernen Stresstest das Risikoprofil analysieren, in: Betriebswirtschaftliche Blätter, Heft 6/2007, S. 355. Zur Vertiefung dieser Thematik wird insbesondere auf Großmann, Stefan, Aktuelle stochastische Methoden zur Anwendung im Rahmen von Stresstests, in: Klauck, Kai-Oliver/Stegmann, Claus, Stresstests in Banken – Von Basel II bis ICAAP, Stuttgart, 2006, S. 23–41, verwiesen.

AT 4.3.3 Stresstests

87   Nach wie vor ist es jedoch eine große Herausforderung, mit Hilfe von Stresstests sämtliche Zusammenhänge zweifelsfrei abzubilden. Ähnlich schwierig gestaltet sich die Berücksichtigung der Verhaltensanpassung der verschiedenen Marktteilnehmer. Stresstestmodelle zeichnen nur ein unvollständiges Bild der Risikosituation, wenn sie die Möglichkeit der Verhaltensanpassung, wie z.B. Portfolioanpassungen zur Risikominderung oder Verbesserung der Risikotragfähigkeit, nicht ausreichend berücksichtigen. Die Risiken werden tendenziell unterschätzt, weil in Zeiten von Krisen ein ausgeprägtes Herdenverhalten zu beobachten ist, was die Marktsituation i.d.R. noch verschärft.

88   Ähnlich komplex ist die Abschätzung von Folgewirkungen (»second round effects«). So waren von der Finanzmarktkrise auch Institute betroffen, die weder in das Subprimesegment investiert hatten noch anderweitig mit den ursächlichen Problemen der Krise in Verbindung standen. Aufgrund des allgemeinen Vertrauensverlustes wurden auch die Refinanzierungsmöglichkeiten der von der Krise im eigentlichen Sinne nicht betroffenen Institute in Mitleidenschaft gezogen, wobei nicht nur die Anleger, sondern auch die Institute sehr zurückhaltend bei der Mittelvergabe innerhalb des Bankensystems waren.[106] Methodisch nach wie vor besonders herausfordernd ist zudem die Durchführung inverser Stresstests, von deren Sinn und Zweck längst nicht alle Fachleute überzeugt sind.

---

106 Vgl. Deutsche Bundesbank, Stresstests: Methoden und Anwendungsgebiete, in: Finanzstabilitätsbericht 2007, November 2007, S. 114 f.

2 Angemessene Stresstests für die wesentlichen Risiken (Tz. 1)

1 Es sind regelmäßig sowie anlassbezogen angemessene Stresstests für die wesentlichen **89** Risiken durchzuführen, die Art, Umfang, Komplexität und den Risikogehalt der Geschäftsaktivitäten widerspiegeln. Hierfür sind die für die jeweiligen Risiken wesentlichen Risikofaktoren zu identifizieren. Die Stresstests haben sich auch auf die angenommenen Risikokonzentrationen und Diversifikationseffekte innerhalb und zwischen den Risikoarten zu erstrecken. Risiken aus außerbilanziellen Gesellschaftskonstruktionen und Verbriefungstransaktionen sind im Rahmen der Stresstests zu berücksichtigen.

2.1 Untersuchung der wesentlichen Risiken

Den Vorgaben der EBA zufolge sollten die Stresstests im Hinblick auf die bilanziellen und außer- **90** bilanziellen Aktiva und Passiva eines Institutes alle Arten von wesentlichen Risiken (»all types of material risk«) berücksichtigen, einschließlich relevanter strukturierter Einheiten (»structured entities«).[107] Die Ermittlung der wesentlichen Risiken erfolgt durch einen soliden und umfassenden Risikoidentifizierungsprozess, in dem auch Risiken berücksichtigt werden sollten, die sich aus Ertragsschwächen und anderen Faktoren ergeben, die die Solvenz- oder Liquiditätslage des Institutes beeinflussen könnten.[108]

Im Fokus der Stresstests stehen insofern die wesentlichen Risiken eines Institutes, die regelmäßig **91** und anlassbezogen im Rahmen der Risikoinventur ermittelt werden (→ AT 2.2 Tz. 1). Mit der Risikoinventur wird geprüft, welche Risiken die Vermögenslage (inklusive Kapitalausstattung), die Ertragslage oder die Liquiditätslage des Institutes wesentlich beeinträchtigen können (→ AT 2.2 Tz. 2). Dabei sind auch mit wesentlichen Risiken verbundene Risikokonzentrationen zu berücksichtigen (→ AT 2.2 Tz. 1). In die Risikoinventur sind zudem Risiken aus außerbilanziellen Gesellschaftskonstruktionen und ggf. sonstige Risiken, wie etwa Reputationsrisiken, einzubeziehen (→ AT 2.2 Tz. 2, Erläuterung). Grundsätzlich gelten zumindest Adressenausfallrisiken (einschließlich Länderrisiken), Marktpreisrisiken, Liquiditätsrisiken und operationelle Risiken als wesentlich (→ AT 2.2 Tz. 1, Erläuterung). In diesem Zusammenhang nimmt das Liquiditätsrisiko eine Sonderstellung ein. Selbst dessen eventuelle Einstufung als »nicht wesentlich« befreit diese Risikoart aufgrund entsprechender Vorgaben nicht von der Durchführung angemessener Stresstests (→ BTR 3.1 Tz. 8 und BTR 3.2 Tz. 3).

2.2 Wesentliche Risikofaktoren

Die regelmäßige Durchführung angemessener Stresstests für die wesentlichen Risiken hat auf **92** Basis der dafür jeweils identifizierten »wesentlichen« Risikofaktoren zu erfolgen. Insofern müssen

---

107 Vgl. European Banking Authority, Final Report – Guidelines on institution's stress testing, EBA/GL/2018/04, 19. Juli 2018, S. 23.

108 Vgl. Basel Committee on Banking Supervision, Stress testing principles, BCBS d450, 17. Oktober 2018, S. 6.

insbesondere jene Risikofaktoren identifiziert werden, die einen maßgeblichen Einfluss auf die Vermögens-, Ertrags- oder Liquiditätssituation des Institutes haben können. Damit wird zum Ausdruck gebracht, dass der Identifizierung der für ein Institut wesentlichen Risikofaktoren für die Durchführung angemessener Stresstests eine besondere Bedeutung zukommt. Die Ermittlung der Risikofaktoren sollte ein möglichst vollständiges Bild für jede Risikoart liefern, um daraus – wie im Einführungsteil zu diesem Modul näher erläutert – die internen Risikoparameter ableiten zu können.

93   Dabei sollten die Veränderungen in den Korrelationen zwischen Risikoarten und Risikofaktoren auf individueller und gruppenweiter Ebene berücksichtigt und von Fall zu Fall analysiert werden, wie sie sich in bestimmten Szenarien verhalten. So nehmen die Korrelationen in Zeiten wirtschaftlicher oder finanzieller Not tendenziell zu.[109] Die Institute sollten deshalb geeignete, aussagekräftige und robuste Mechanismen zur Überführung der Risikofaktoren in relevante interne Risikoparameter (z. B. PD, LGD, Abschreibungen, Haircuts usw.) festlegen, die eine instituts- und ggf. gruppenweite Sicht auf die Risiken ermöglichen. Die Institute sollten mögliche nichtlineare Wechselwirkungen zwischen Risikofaktoren und gestressten Risikoparametern bewerten. Mit Blick auf die Einhaltung der aufsichtsrechtlichen Anforderungen auf verschiedenen Ebenen sollten die relevanten Risikofaktoren für Portfolios, Geschäftseinheiten und geografische Standorte ermittelt werden. Die Institute sollten sicherstellen, dass alle relevanten Risikofaktoren bzw. -parameter erfasst werden, einschließlich makroökonomischer und finanzieller Variablen, statistischer Aspekte der Risikoparameter (z. B. Volatilität der Ausfallwahrscheinlichkeiten) und institutseigener Faktoren (z. B. operationelle Risiken). Dafür sollten auch qualitative Expertenurteile herangezogen werden. Die Institute sollten zudem ein Verzeichnis der identifizierten Risikofaktoren erstellen.[110]

94   Falls bestimmte Risikofaktoren aus wesentlichen Risikoarten nicht in den Stresstest aufgenommen werden, muss dies von den Instituten schlüssig begründet werden. Dies ist besonders dann erforderlich, wenn bestimmte wesentliche Risiken komplett aus den Szenarien ausgeschlossen werden. In diesem Fall erwartet der Baseler Ausschuss für Bankenaufsicht eine entsprechende Erläuterung und Dokumentation.[111]

2.3   Sensitivitäts- und Szenarioanalysen

95   Zu den Stresstests im Sinne der MaRisk gehören sowohl univariate als auch multivariate Methoden, also Sensitivitätsanalysen, bei denen im Allgemeinen nur ein Risikofaktor variiert wird, und Szenarioanalysen, bei denen mehrere oder alle Risikofaktoren, deren Änderung sich aus einem vordefinierten Ereignis ergeben, simultan verändert werden (→ AT4.3.3 Tz. 1, Erläuterung). Auf die wesentlichen Merkmale und Unterschiede dieser beiden Methoden ist im Einführungsteil zu diesem Modul bereits ausführlich eingegangen worden.

---

109 Vgl. European Banking Authority, Final Report – Guidelines on institution's stress testing, EBA/GL/2018/04, 19. Juli 2018, S. 24.

110 Vgl. European Banking Authority, Final Report – Guidelines on institution's stress testing, EBA/GL/2018/04, 19. Juli 2018, S. 26 f.

111 Vgl. Basel Committee on Banking Supervision, Stress testing principles, BCBS d450, 17. Oktober 2018, S. 6.

2.4 Ablauf von Sensitivitätsanalysen

Bei Sensitivitätsanalysen wird im Allgemeinen ein Risikofaktor variiert, um seinen Einfluss auf ein **96** Portfolio abzuschätzen. Mögliche Vorgehensweisen bei der Variation der wesentlichen Risiko- faktoren könnten u. a. sein[112]:

- Es erfolgt eine proportionale Änderung der relevanten Risikofaktoren, wobei es im Ermessen des Institutes liegt, welche Parameter in welchem Ausmaß »gestresst« werden. Insbesondere könnten einige Risikofaktoren bereits ausreichend konservativ geschätzt sein, so dass sich deren Änderung erübrigt. Diese Grundvariante wurde z. B. im Rahmen der IWF-Umfrage zum »Financial Sector Assessment Program« (FSAP) als Standardszenario verwendet.
- Die proportionale Änderung der relevanten Risikofaktoren kann dergestalt verfeinert werden, dass sie auf Teilportfolios mit spezifischen Merkmalen und damit verbundenen Wirkungs- mechanismen hinsichtlich der Risikofaktoren eingeschränkt wird. Diese Verfeinerung kann deshalb erforderlich sein, weil sich die Änderung von Risikofaktoren teilweise unterschiedlich auswirkt. So würden sich z. B. branchenspezifische Probleme auf die Ausfallwahrscheinlich- keit der in dieser Branche tätigen Unternehmen zumindest stärker auswirken als auf andere Unternehmen. In ähnlicher Weise könnte z. B. ein regional begrenzter Verfall der Immobilien- preise unterschiedliche Folgen für die maßgeblichen Risikofaktoren haben.
- Eine Erweiterungsmöglichkeit der beschriebenen Vorgehensweisen besteht darin, die zeitliche Komponente in die Betrachtungen einzubeziehen. Auf diese Weise können die Auswirkungen der Veränderungen der relevanten Risikofaktoren im Zeitverlauf beurteilt werden.
- In analoger Weise können andere Einflussfaktoren in die Betrachtungen einbezogen werden, wie z. B. konjunkturelle Entwicklungen und Marktentwicklungen. Dies ist z. B. mit Hilfe konjunkturabhängiger Migrationsmatrizen möglich.

2.5 Vorgaben für Sensitivitätsanalysen

Die EBA erwartet, dass die Institute selbst beurteilen, auf welcher Aggregationsebene – also z. B. **97** auf der Ebene einzelner Engagements, Portfolios, Geschäftseinheiten oder des gesamten Institutes – und für welche Risikoarten Sensitivitätsanalysen sinnvoll durchführbar sind. Dabei sollte auch die mögliche Nutzung von Expertenurteilen geprüft werden. Im Rahmen der Sensitivitätsanalysen werden die Risikofaktoren mit unterschiedlichen Schweregraden gestresst, um Nichtlinearitäten und Schwelleneffekte aufzudecken, d. h. kritische Werte dieser Risikofaktoren, bei deren Über- schreiten Stressreaktionen beschleunigt werden.[113] Mögliche Beispiele für solche Schwelleneffekte sind die »Stage-Grenzen« nach dem neuen Risikovorsorge-Konzept nach IFRS 9, die Risikogewich- te für Verbriefungen nach Basel III oder mit Blick auf das Liquiditätsrisiko auch Ratingtrigger.

Mit Hilfe von Sensitivitätsanalysen können also jene Risikofaktoren identifiziert werden, die **98** einen erheblichen Einfluss auf das Risikoprofil bzw. auf die Vermögens-, Ertrags- oder Liquiditäts- situation eines Institutes und seine Anfälligkeit gegenüber bestimmten Ereignissen haben. Die Ergebnisse der Sensitivitätsanalysen hinsichtlich einzelner Risikofaktoren sollten insofern ver- wendet werden, um geeignete Szenarien festzulegen, mit denen die wesentlichen Risikofaktoren

---

112 Vgl. Bundesanstalt für Finanzdienstleistungsaufsicht/Deutsche Bundesbank, Empfehlungen des Fachgremiums IRBA (jetzt Fachgremium Kredit) zu Stresstests, 21. Dezember 2007, S. 6 ff.
113 Vgl. European Banking Authority, Final Report – Guidelines on institution's stress testing, EBA/GL/2018/04, 19. Juli 2018, S. 27.

kombiniert gestresst werden können. Konkret sollten die Risikofaktoren einen quantitativen Hintergrund für die Gestaltung der Szenarien liefern.[114]

2.6   Ablauf von Szenarioanalysen

99   Im Fokus einer Szenarioanalyse steht jeweils ein bestimmtes Portfolio. Als Stressereignisse für die Konstruktion von Szenarien dienen oftmals makroökonomische Schocks oder Krisensituationen.[115] Die beiden großen Herausforderungen bestehen darin, einerseits ein Szenario zu konstruieren, das alle Facetten des ökonomischen Umfeldes in geeigneter Weise berücksichtigt (→ AT4.3.3 Tz.3), und andererseits die relevanten makroökonomischen und sonstigen Risikofaktoren in die wesentlichen institutsinternen Risikoparameter zu transformieren. Dazu müssen in erster Linie die Abhängigkeitsstrukturen zwischen den zugrundeliegenden Risikofaktoren und den Risikoparametern geschätzt werden. Wichtig ist ein tiefes Verständnis über die Auswirkungen der makroökonomischen Variablen und institutsspezifischen Effekte zu jedem Zeitpunkt der Stresstestmodellierung. Sofern keine hinreichende Datenbasis vorhanden ist, sollten auch dabei Expertenschätzungen genutzt werden.[116]

100   Schließlich werden die Änderungen der Risikofaktoren simuliert und die Ergebnisse bewertet. Daraus können wiederum Handlungsempfehlungen abgeleitet werden. Mit Blick auf die Anforderungen der MaRisk geht es letztlich darum, die unter den geänderten Umgebungsbedingungen entstehende Risikosituation, den daraus resultierenden Wert des jeweils untersuchten Portfolios sowie die damit verbundenen Konsequenzen für die Kapital- und Liquiditätssituation zu bestimmen. In der Fachliteratur werden zur Beurteilung der Stresstestergebnisse vier Perspektiven mit konkreten Messgrößen verknüpft[117]: die regulatorische Perspektive (Eigenkapital, risikogewichtete Aktiva), die ökonomische Perspektive (Gewinn, Verlust, ökonomisches Kapital), die bilanzielle Perspektive (Gewinn- und Verlustrechnung, bilanzielles Eigenkapital) sowie die Liquiditätsperspektive (Liquiditätskennzahlen). Die Aufsichtsbehörden stellen mittlerweile auf eine Beurteilung der Kapital- und Liquiditätsrisiken aus der normativen (regulatorischen) und der ökonomischen Perspektive ab und legen dabei großen Wert auf die Berücksichtigung der jeweiligen Wechselwirkungen. Ähnliche Bewertungsmaßstäbe gelten auch für die Risikoinventur (→ AT2.2 Tz.2).

2.7   Vorgaben für Szenarioanalysen

101   Szenarioanalysen sollten nach den Vorstellungen der EBA grundsätzlich ein zentraler Bestandteil des Stresstestprogramms sein. Dabei sollte eine Reihe von sinnvollen und durchführbaren Szenarien in Betracht gezogen werden, die verschiedene Ereignisse und Schweregrade betreffen. Die Institute sollten sicherstellen, dass ihre Szenarien mindestens die folgenden Anforderungen erfüllen: Die wichtigsten Risikofaktoren, denen das Institut ausgesetzt sein kann, sollten berücksichtigt werden, ebenso wie die bedeutenden institutsspezifischen Schwachstellen, die sich aus

---

114 Vgl. European Banking Authority, Final Report – Guidelines on institution's stress testing, EBA/GL/2018/04, 19. Juli 2018, S. 35.

115 Vgl. Bühn, Andreas/Klauck, Kai-Oliver, Mit modernen Stresstests das Risikoprofil analysieren, in: Betriebswirtschaftliche Blätter, Heft 6/2007, S.353.

116 Vgl. Committee of European Banking Supervisors, Revised Guidelines on Stress Testing (GL 32), 26.August 2010, S.14.

117 Vgl. Müller, Georg, MaRisk und Anforderungen an Stresstests im europäischen Regulierungskontext, in: Wimmer, Konrad (Hrsg.), MaRisk NEU – Handlungsbedarf in der Banksteuerung, Heidelberg, 2009, S.61.

den regionalen und sektoralen Besonderheiten eines Institutes, seinem spezifischen Produktportfolio und seinen Geschäftsbereichen sowie seiner Refinanzierungspolitik ergeben. Intra- und Inter-Risikokonzentrationen sollten a priori identifiziert werden. Ein schlüssiges Szenario sollte alle relevanten Risikofaktoren und deren zukunftsgerichtete Entwicklung umfassen und auf mehrere auslösende Ereignisse abstellen, z. B. auf die Entwicklung der Geldpolitik, des Finanzsektors, der Rohstoffpreise oder auf politische Ereignisse und Naturkatastrophen. Die Institute sollten sicherstellen, dass das Szenario mit der simultanen Veränderung der wesentlichen Risikofaktoren und der entsprechenden Reaktion der Marktteilnehmer plausibel und widerspruchsfrei ist. Sofern dabei bestimmte Risikofaktoren ausgeschlossen werden, sollte dies begründet und dokumentiert sein. Die Szenarien sollten insofern stimmig sein, als sich die identifizierten Risikofaktoren im Stress konsistent zu anderen Risikofaktoren verhalten und explizite Schätzungen und Annahmen über die Abhängigkeitsstruktur unter den wichtigsten zugrundeliegenden Risikofaktoren vorhanden sind. Sie sollten Innovationen und insbesondere technologische Entwicklungen oder anspruchsvolle Finanzprodukte berücksichtigen, ohne ihre Wechselwirkung mit traditionelleren Produkten zu vernachlässigen, und sicherstellen, dass die gestressten Risikofaktoren intern in konsistente Risikoparameter überführt werden.[118]

2.8 Angemessenheit von Stresstests

Der Definition der »Stresstests« in der Einführung zu diesem Modul zufolge geht es für die Institute **102** in erster Linie darum, ihr individuelles Gefährdungspotenzial auch bezüglich außergewöhnlicher, aber plausibel möglicher Ereignisse auf den jeweils relevanten Ebenen zu überprüfen. Im besonderen Fokus steht dabei jeweils die zukünftige Entwicklung der Kapital- und der Liquiditätsposition des Institutes. Mit Blick auf jene wesentlichen (Kapital-)Risiken, die sinnvoll durch Risikodeckungspotenzial begrenzt werden können, geht es somit vor allem um die Sicherstellung der Risikotragfähigkeit (→ AT 4.1 Tz. 4), mit Blick auf das Liquiditätsrisiko in erster Linie um die Sicherstellung der Zahlungsfähigkeit des Institutes (→ BTR 3.1 Tz. 1). Im engeren Sinne ist ein Stresstest insofern angemessen, wenn das zugrundeliegende Szenario einen hinreichenden Schweregrad aufweist (→ AT 4.3.3 Tz. 3).

Angesichts der Heterogenität der deutschen Kreditwirtschaft verzichtet die Aufsicht bewusst auf **103** eine Vorgabe standardisierter Stresstests. Es liegt allein in der Verantwortung der Institute, die Stresstests so auszugestalten, dass sie ihrer individuellen Situation angemessen Rechnung tragen. Die Institute sind gehalten, »geeignete, aussagekräftige Stresstests zu entwickeln, um auf diese Weise die Sensibilität gegenüber den für sie möglicherweise kritischen Situationen zu erhöhen und so die notwendigen Steuerungsimpulse zu erhalten«.[119] Im Hinblick auf die Angemessenheit der Stresstests gilt also der Grundsatz der Methodenfreiheit. Die konkrete Ausgestaltung der Szenarien hängt vor allem von Art, Umfang, Komplexität und Risikogehalt der betriebenen Geschäfte und der jeweiligen Marktsituation ab. Das gilt sowohl für die »normalen« (→ AT 4.3.3 Tz. 1) als auch für die »inversen« (→ AT 4.3.3 Tz. 4) Stresstests. Dabei ist eine übertriebene Schwarzmalerei ebenso wenig hilfreich wie allzu großer Optimismus.

---

118 Vgl. European Banking Authority, Final Report – Guidelines on institution's stress testing, EBA/GL/2018/04, 19. Juli 2018, S. 27 ff.

119 Deutsche Bundesbank, Änderung der neu gefassten EU-Bankenrichtlinie und der EU-Kapitaladäquanzrichtlinie sowie Anpassung der Mindestanforderungen an das Risikomanagement, in: Monatsbericht, September 2009, S. 78.

AT 4.3.3 Stresstests

2.9 Angemessenheit von Stresstestprogrammen

104 In vielen Veröffentlichungen ist von »Stresstestprogrammen« die Rede. Darunter ist grundsätzlich der gesamte Prozess zu verstehen, der mit der Entwicklung von Stresstests beginnt und neben deren Durchführung auch die Ableitung von Maßnahmen umfasst, mit deren Hilfe ein Institut besser auf Stresssituationen vorbereitet sein soll. Auch die Anforderungen der MaRisk an Stresstests orientieren sich an diesen Prozessen. Im weiteren Sinne geht es bei der Angemessenheit der Stresstests insofern vorrangig um die Angemessenheit des gesamten Stresstestprogramms eines Institutes. Folglich ist die Angemessenheit im Sinne der MaRisk grundsätzlich gewährleistet, wenn die Stresstests:

- Art, Umfang, Komplexität und Risikogehalt der Geschäftsaktivitäten widerspiegeln (→ AT 4.3.3 Tz. 1),
- regelmäßig sowie anlassbezogen durchgeführt werden (→ AT 4.3.3 Tz. 1),
- die wesentlichen Risiken, für die wiederum die wesentlichen Risikofaktoren identifiziert werden, die angenommenen Risikokonzentrationen und Diversifikationseffekte innerhalb und zwischen den Risikoarten, die Risiken aus außerbilanziellen Gesellschaftskonstruktionen und Verbriefungstransaktionen berücksichtigen (→ AT 4.3.3 Tz. 1),
- auf Basis geeigneter übergeordneter Szenarien auch das Gesamtrisikoprofil des Institutes beleuchten (→ AT 4.3.3 Tz. 1),
- dabei institutseigene und marktweite Ursachen sowie eine Kombination daraus verwenden, um die Wechselwirkungen zwischen den Risikoarten zu berücksichtigen (→ AT 4.3.3 Tz. 2),
- geeignete historische und hypothetische Szenarien darstellen (→ AT 4.3.3 Tz. 3),
- auch außergewöhnliche, aber plausibel mögliche Ereignisse abbilden (→ AT 4.3.3 Tz. 3),
- die Auswirkungen eines schweren konjunkturellen Abschwungs auf Gesamtinstitutsebene analysieren (→ AT 4.3.3 Tz. 3),
- die strategische Ausrichtung des Institutes und sein wirtschaftliches Umfeld bei der Festlegung der Szenarien berücksichtigen (→ AT 4.3.3 Tz. 3),
- durch inverse Stresstests ergänzt werden (→ AT 4.3.3 Tz. 4),
- inklusive der zugrundeliegenden Annahmen in regelmäßigen Abständen, mindestens aber jährlich, überprüft werden (→ AT 4.3.3 Tz. 5) sowie
- hinsichtlich ihrer Ergebnisse – auch bei der Beurteilung der Risikotragfähigkeit – kritisch reflektiert werden, wobei möglicher Handlungsbedarf identifiziert und den Auswirkungen eines schweren konjunkturellen Abschwungs besondere Aufmerksamkeit gewidmet wird (→ AT 4.3.3 Tz. 6).

105 Nach den Vorstellungen der EBA sollten die Institute über ein Stresstestprogramm verfügen, aus dem sich die folgenden Punkte ableiten lassen: die Arten von Stresstests sowie deren wesentliche Ziele und Anwendungsbereiche, die Häufigkeit der verschiedenen Stresstests, die internen Vorgaben zur Unternehmensführung mit klar definierten, transparenten und kohärenten Verantwortungsbereichen und Verfahren, die methodischen Details, einschließlich der verwendeten Modelle und möglichen Wechselwirkungen, die Bandbreite der Annahmen und der für jeden Stresstest vorgesehenen Abhilfemaßnahmen sowie die entsprechende Dateninfrastruktur. Sofern relevant, sollten die gruppenangehörigen Unternehmen bei der Erstellung ihres individuellen Stresstestprogramms das jeweilige Stresstestprogramm der Gruppe berücksichtigen. In diesem Fall muss das Stresstestprogramm zusätzlich Auskunft über den Kreis der einbezogenen Unternehmen und den Anwendungsbereich, z. B. hinsichtlich der untersuchten Risikoarten und Portfolios, geben. Die Institute sollten sicherstellen, dass ihre Stresstestprogramme praktikabel und plausibel sind, und die Entscheidungsprozesse auf allen relevanten Managementebenen mit Informationen über die bestehenden und potenziellen wesentlichen Risiken versorgen.[120] All diese Komponenten sollten zudem angemessen dokumentiert werden[121], um den Nachweis für die Angemessenheit des Stresstestprogramms zu führen.

2.10 Proportionalitätsgesichtspunkte

Die Stresstests sollten die Art, den Umfang, die Komplexität und den Risikogehalt der Geschäftsaktivitäten widerspiegeln. Insgesamt sollte dabei immer eine Aufwand-/Nutzen-Betrachtung angestellt werden. Außerdem kann es unter Umständen sinnvoll sein, die verwendeten Stresstestprogramme zu straffen, um die Transparenz zu erhöhen sowie die Komplexität und die Kosten zu verringern.

106

Gemäß dem Grundsatz der Verhältnismäßigkeit (Proportionalitätsprinzip) sollte das Stresstestprogramm eines Institutes mit seinem individuellen Risikoprofil und Geschäftsmodell übereinstimmen. Die Institute sollten daher bei der Entwicklung und Durchführung des Stresstestprogramms ihre Größe, ihre interne Organisation sowie die Art, den Umfang und die Komplexität ihrer Geschäftsaktivitäten berücksichtigen. Im Hinblick auf die Anwendung des Proportionalitätsprinzips sollten die folgenden Kriterien berücksichtigt werden: die Bilanzsumme oder der Umfang der vom Institut oder seinen Tochterunternehmen nach aufsichtsrechtlicher Konsolidierung gehaltenen Vermögenswerte, der Umfang der grenzüberschreitenden Tätigkeiten in den einzelnen Jurisdiktionen, die Rechtsform und im Falle der Gruppenzugehörigkeit die Bedeutung des Institutes für diese Gruppe, die mögliche Börsennotierung, die aufsichtsrechtliche Zulassung interner Modelle zur Berechnung der Eigenmittelanforderungen (z.B. IRB-Verfahren), die Art der genehmigten Geschäftsaktivitäten und Dienstleistungen (z.B. Kredite und Einlagen, Investmentbanking), das zugrundeliegende Geschäftsmodell und die Strategie, die Art und Komplexität der Geschäftätigkeiten, die Organisationsstruktur, die Risikostrategie, der Risikoappetit und das aktuelle Risikoprofil des Institutes unter Berücksichtigung der Ergebnisse des ICAAP[122], die Eigentumsverhältnisse und die Refinanzierungsstruktur des Institutes, die Art der Kunden (z.B. Privatkunden, KMU, Unternehmen, Institute, öffentliche Gebietskörperschaften) und die Komplexität der Produkte oder Verträge, die Auslagerungen und die Vertriebskanäle, die IT-Systeme, einschließlich Geschäftsfortführungs-Systeme und Auslagerungen in diesem Bereich, z.B. Cloud Computing. Zusammengefasst müssen das spezifische Design, die Komplexität und der Detaillierungsgrad der Stresstests der Größe des Institutes sowie der Komplexität und dem Risikogehalt seiner Geschäftätigkeit angemessen sein, wobei die Strategie und das Geschäftsmodell sowie die Portfoliomerkmale des Institutes berücksichtigt werden sollten.[123]

107

Der Umfang der Stresstests kann nach dem Proportionalitätsprinzip von einfachen Sensitivitätsanalysen auf Portfolioebene über individuelle Risikoanalysen bis hin zu umfassenden institutsweiten Szenarioanalysen variieren. Bedeutende und komplexere Institute und Gruppen sollten anspruchsvollere Stresstestprogramme verwenden, während kleine und weniger komplexe Insti-

108

---

120 Vgl. European Banking Authority, Final Report – Guidelines on institution's stress testing, EBA/GL/2018/04, 19. Juli 2018, S. 18.

121 Vgl. European Banking Authority, Final Report – Guidelines on institution's stress testing, EBA/GL/2018/04, 19. Juli 2018, S. 19 f.

122 Ohne explizit genannt zu werden, spielt die Liquiditätsposition des Institutes unter Berücksichtigung der Ergebnisse des ILAAP allerdings eine ähnlich wichtige Rolle.

123 Vgl. European Banking Authority, Final Report – Guidelines on institution's stress testing, EBA/GL/2018/04, 19. Juli 2018, S. 25.

tute und Gruppen (konsolidierte Ebene) einfachere Stresstestprogramme durchführen können.[124] Kleinere oder weniger komplexe Institute sollten die spezifischen Risikoarten, denen sie vornehmlich ausgesetzt sind, in quantitativer Hinsicht den einfacheren Sensitivitätsanalysen unterziehen. Damit können sie ihre Widerstandsfähigkeit gegenüber Schocks in Bezug auf ihre wesentlichen Risiken identifizieren, bewerten und testen. Die komplexeren Szenarioanalysen sollten diese Institute zumindest in qualitativer Hinsicht ins Auge fassen. Von großen und komplexen Instituten wird erwartet, dass sie über geeignete Dateninfrastrukturen verfügen, um eine Vielzahl von Stresstestverfahren durchzuführen, von einfachen portfoliobasierten Sensitivitätsanalysen bis zu komplexen Verfahren, die auf makroökonomischen Szenarien beruhen.[125]

2.11 Governance-Aspekte des Stresstestprogramms

109 Die Geschäftsleitung ist für die Genehmigung des Stresstestprogramms und die Überwachung seiner Umsetzung und Durchführung verantwortlich. Sie muss deshalb die wesentlichen Aspekte des Stresstestprogramms verstehen, um sich aktiv an Diskussionen mit den für die Stresstests verantwortlichen Gremien bzw. Mitarbeitern oder externen Beratern zu beteiligen, wichtige Modellannahmen, die Auswahl der Szenarien und die den Stresstests zugrundeliegenden Annahmen generell infrage zu stellen und über die erforderlichen Managementmaßnahmen zu entscheiden und diese mit den zuständigen Aufsichtsbehörden zu erörtern. Insbesondere muss die Geschäftsleitung in der Lage sein, die Auswirkungen von Stressereignissen auf das Gesamtrisikoprofil des Institutes vollständig zu verstehen. Die Durchführung des Stresstestprogramms sollte in Übereinstimmung mit den einschlägigen internen Richtlinien und Verfahren erfolgen. Die Geschäftsleitung muss sicherstellen, dass dafür klare Zuständigkeiten und hinreichende Ressourcen (z. B. IT-Systeme und qualifiziertes Personal) zugewiesen werden. Zudem müssen alle Elemente des Stresstestprogramms angemessen dokumentiert und bei Bedarf angepasst werden.[126]

110 Die Zeiten, in denen in Aufsichtsgesprächen bei Detailfragen auf die anwesenden Fachspezialisten verwiesen werden konnte, sind mittlerweile vorbei. Grundlegende Kenntnisse über die Kernelemente des Risikomanagements werden auch von der Geschäftsleitung – und in zunehmendem Maße ebenfalls vom Aufsichtsorgan – erwartet und von den zuständigen Aufsichtsbehörden immer öfter hinterfragt.

111 Die Bereitstellung der erforderlichen Ressourcen ist häufig problematisch, weil von den zahlreichen Datenabfragen in den Instituten immer dieselben (wenigen) Spezialisten betroffen sind. Dieses Problem wird dadurch verstärkt, dass mit den Stresstests auf natürliche Weise ein gewisser Zeitdruck verbunden ist und deren Durchführung häufig auch die Wochenenden einbeziehen kann. Erschwerend kommt hinzu, dass die Stresstest-Verantwortlichen über Expertise in Risikomethodik, Regulatorik, Volkswirtschaft, Rechnungslegung und Liquiditätssteuerung verfügen sollten – eine Kombination, auf die man eher selten trifft. Auch ein grundlegendes Verständnis von den Geschäftsaktivitäten und damit verbundenen strategischen Aspekten sollte vorhanden sein. Der Baseler Ausschuss für Bankenaufsicht erwartet deshalb, dass die an der Umsetzung von Stresstests beteiligten Mitarbeiter ein klares Verständnis für die Ziele des Stresstestprogramms haben, um jegliche Ermessens- oder Beurteilungsspielräume entsprechend zu lenken.[127]

---

124 Vgl. European Banking Authority, Final Report – Guidelines on institution's stress testing, EBA/GL/2018/04, 19. Juli 2018, S. 25.

125 Vgl. Committee of European Banking Supervisors, Revised Guidelines on Stress Testing (GL 32), 26. August 2010, S. 5.

126 Vgl. European Banking Authority, Final Report – Guidelines on institution's stress testing, EBA/GL/2018/04, 19. Juli 2018, S. 21 f.

127 Vgl. Basel Committee on Banking Supervision, Stress testing principles, BCBS d450, 17. Oktober 2018, S. 7.

Aufgrund der besonderen Bedeutung, die den Stresstests im Rahmen der Risikosteuerungs- und -controllingprozesse zukommt, empfiehlt es sich, die wesentlichen Festlegungen zur Durchführung der Stresstests mit den jeweils Verantwortlichen abzustimmen. Auf diese Weise kann sichergestellt werden, dass die erzielten Ergebnisse im Rahmen der Risikoberichterstattung auch ernst genommen werden. **112**

Der Baseler Ausschuss für Bankenaufsicht erwartet, dass die Rollen und Verantwortlichkeiten der am Stresstest beteiligten Gremien und Mitarbeiter für alle relevanten Aspekte klar festgelegt und diese Festlegungen entsprechend dokumentiert und auf dem neuesten Stand gehalten werden. Explizit nennt er neben der Geschäftsleitung auch die besonderen Funktionen der zweiten und dritten Verteidigungslinie, also das Risikocontrolling, die Compliance und die Interne Revision. Zu den wesentlichen Aspekten, die durch entsprechende Richtlinien und Verfahren abgedeckt werden müssen, gehören u. a. die Szenarioentwicklung und -genehmigung, die Modellentwicklung und -validierung, die Berichterstattung und ggf. der Prozess zur Anfechtung der Ergebnisse (Eskalationsverfahren) sowie die Verwendung der Stresstestergebnisse.[128] **113**

2.12 Regelmäßige und anlassbezogene Durchführung von Stresstests

Gefordert wird eine »regelmäßige« Durchführung der Stresstests für alle wesentlichen Risiken, die Art, Umfang, Komplexität und Risikogehalt der Geschäftsaktivitäten widerspiegeln. Ein konkreter Turnus wird von der Aufsicht nicht vorgegeben. Entsprechende Festlegungen sind daher institutsintern zu treffen und könnten sich u. a. am Turnus der Risikoberichterstattung, in deren Rahmen auf die Ergebnisse der Stresstests Bezug genommen wird, orientieren. Als Maßstab kann auch die Volatilität der untersuchten Risiken dienen, d. h. wie schnell und in welchem Ausmaß sich die untersuchten Portfolios und die zugehörigen Risikofaktoren ändern können. CEBS hatte diesbezüglich zwischen Stresstests auf Ebene spezifischer Portfolios und institutsweiten Stresstests unterschieden, die mit geringerer Häufigkeit durchgeführt werden können. Zusätzlich sollte das Stresstestprogramm auch Ad-hoc-Stresstests ermöglichen.[129] **114**

Möglicherweise wurde diese Empfehlung zum Anlass genommen, im Rahmen der vierten MaRisk-Novelle zusätzlich eine »anlassbezogene« Durchführung von Stresstests zu fordern. Es ist anzunehmen, dass jedes Institut auch ohne besondere Aufforderung einen Stresstest durchführen würde, wenn dazu ein spezieller Anlass besteht. Das kann z. B. dann der Fall sein, wenn sich die Umgebungsbedingungen stärker als gewöhnlich ändern und der Zeitpunkt für den nächsten regulären Stresstest in weiter Ferne liegt. So fordern andere Aufsichtsbehörden z. B. bei wesentlichen Änderungen des Geschäftsmodells oder des wirtschaftlichen oder politischen Umfeldes die Durchführung von Ad-hoc-Stresstests.[130] In Abhängigkeit von den jeweiligen Umfeldbedingungen ist es ggf. auch erforderlich, den Turnus der regelmäßigen Stresstests zumindest vorübergehend anzupassen. Der Baseler Ausschuss für Bankenaufsicht bewertet die Fähigkeit, Ad-hoc-Szenarien außerhalb der normalen Stresstestverfahren durchzuspielen, als Merkmal einer soliden Kapitalplanung[131] und einer hinreichenden Flexibilität der vorhandenen Infrastruktur.[132] **115**

---

128 Vgl. Basel Committee on Banking Supervision, Stress testing principles, BCBS d450, 17. Oktober 2018, S. 3 f.

129 Vgl. Committee of European Banking Supervisors, Revised Guidelines on Stress Testing (GL 32), 26. August 2010, S. 8.

130 Vgl. Finanzmarktaufsicht Liechtenstein, ILAAP (»Internal Liquidity Adequacy Assessment Process«), FMA-Mitteilung 2017/6, 21. November 2017, S. 11.

131 Vgl. Baseler Ausschuss für Bankenaufsicht, Grundlagen für ein solides Verfahren zur Kapitalplanung – Solide Praktiken, BCBS 277, 23. Januar 2014, S. 6.

132 Vgl. Basel Committee on Banking Supervision, Stress testing principles, BCBS d450, 17. Oktober 2018, S. 8.

AT 4.3.3 Stresstests

116 Aus Sicht der Kreditwirtschaft und mit Blick auf vergangene Krisen wird ein Stresstest allerdings gerade in einer akuten Krise als Management-Tool zunehmend uninteressant, da der Fokus dann auf dem Management der Ist-Position liegt. In dieser Situation sind eher Analysen über die Wirkung von Handlungsoptionen sowie ein deutlich kürzerer Berichtsturnus gefragt. Aus dieser Erfahrung wurde vermutlich auch die Anforderung abgeleitet, in Stressphasen den Berichtsturnus zu erhöhen, soweit dies für die aktive und zeitnahe Steuerung der Risiken erforderlich erscheint (→ BT 3.2 Tz. 1, Erläuterung). Die systemrelevanten Institute sollten in der Lage sein, ihre Risikodaten so flexibel und anpassungsfähig zu aggregieren, dass sie eine große Bandbreite an Ad-hoc-Anfragen zur Risikoberichterstattung bearbeiten und aufkommende Risiken bewerten können, insbesondere in Stressphasen oder Krisen.[133] Eine Ad-hoc-Berichterstattung sollte insbesondere in Zeiten sich schnell ändernder Marktbedingungen ermöglicht werden.[134]

117 Nach Auffassung des Baseler Ausschusses für Bankenaufsicht und der EBA können Stresstests nur dann eine Bedeutung für das Risikomanagement eines Institutes haben, wenn sie mit angemessener Häufigkeit durchgeführt werden. Diese Häufigkeit sollte unter Berücksichtigung von Art und Umfang der Stresstests sowie von Art, Umfang, Größe und Komplexität der Institute, der Merkmale des Portfolios sowie der Veränderungen des makroökonomischen Umfeldes oder der Geschäftstätigkeit des Institutes festgelegt werden.[135] Stresstests zu Zinsänderungsrisiken im Anlagebuch sollten mindestens jährlich durchgeführt werden, in Zeiten erhöhter Zinsvolatilität und bei erhöhten Zinsänderungsrisiken durchaus auch häufiger.[136] Die EZB erwartet von den Instituten, dass die Stresstests mindestens jährlich durchgeführt werden, anlassbezogen auch in kürzeren Abständen.[137]

2.13   Angemessener Zeithorizont

118 Die Institute sollten den Zeithorizont des Stresstests im Einklang mit dem Ziel der Übung, den Merkmalen des untersuchten Portfolios, wie z. B. der Laufzeit der gestressten Positionen, und ggf. dem Risikoprofil festlegen.[138] ICAAP- und ILAAP-Stresstests sollten denselben vorausschauenden Zeithorizont abdecken wie der ICAAP bzw. der ILAAP des Institutes und mindestens ebenso regelmäßig aktualisiert werden. ICAAP-Stresstests sollten einen Zeitraum von mindestens zwei Jahren umfassen.[139] Im Bereich der Adressenausfallrisiken werden von der EBA unterschiedliche Zeithorizonte gefordert, die von »über Nacht« bis zu längeren Laufzeiten reichen und insofern Sondereffekte ebenso abdecken wie z. B. einen schleichenden Konjunkturabschwung.[140] Die EZB erwartet von den bedeutenden Instituten, im Rahmen der normativen Perspektive institutsspezi-

---

133 Vgl. Baseler Ausschuss für Bankenaufsicht, Grundsätze für die effektive Aggregation von Risikodaten und die Risikoberichterstattung, BCBS 239, 9. Januar 2013, S. 10 f.

134 Vgl. Basel Committee on Banking Supervision, Stress testing principles, BCBS d450, 17. Oktober 2018, S. 8.

135 Vgl. Basel Committee on Banking Supervision, Stress testing principles, BCBS d450, 17. Oktober 2018, S. 4 f.; European Banking Authority, Final Report – Guidelines on institution's stress testing, EBA/GL/2018/04, 19. Juli 2018, S. 22.

136 Vgl. European Banking Authority, Final Report – Guidelines on the management of interest rate risk arising from non-trading book activities, EBA/GL/2018/02, 19. Juli 2018, S. 35.

137 Vgl. Europäische Zentralbank, Leitfaden der EZB für den bankinternen Prozess zur Sicherstellung einer angemessenen Kapitalausstattung (Internal Capital Adequacy Assessment Process – ICAAP), 9. November 2018, S. 39.

138 Vgl. European Banking Authority, Final Report – Guidelines on institution's stress testing, EBA/GL/2018/04, 19. Juli 2018, S. 29.

139 Vgl. European Banking Authority, Final Report – Guidelines on institution's stress testing, EBA/GL/2018/04, 19. Juli 2018, S. 48.

140 Vgl. European Banking Authority, Final Report – Guidelines on institution's stress testing, EBA/GL/2018/04, 19. Juli 2018, S. 35.

fische adverse Szenarien in der Kapitalplanung über einen zukunftsgerichteten Zeithorizont von mindestens drei Jahren zu betrachten.[141] Diese adversen Szenarien sind gleichbedeutend mit entsprechenden Stressszenarien.

Die Wahl des Zeithorizontes kann sich gravierend auf das Ergebnis des Stresstestes auswirken. **119** Im Grunde hat jede Methode gewisse Vor- und Nachteile. Sofern eine Orientierung am Zeithorizont des Risikotragfähigkeitskonzeptes erfolgt und die Parameteränderungen im Verlauf eines unterstellten Krisenszenarios auf diesen Zeitraum bezogen werden, wird eine direkte Verbindung zur Risikotragfähigkeit hergestellt und damit die Interpretation der Ergebnisse und die Berichterstattung erleichtert.[142]

2.14   Stresstests für wesentliche Risiken

Bereits aus der Definition der wesentlichen Risikoarten folgt implizit, dass sich die Risikofaktoren **120** je Risikoart zumindest teilweise voneinander unterscheiden müssen. Die EBA erwartet, dass die Stresstests zu einzelnen Risikoarten in einem angemessenen Verhältnis zu Art, Umfang und Komplexität der Geschäftsaktivitäten und der damit verbundenen Risiken stehen.[143] Sie hat zur Durchführung von Stresstests für einzelne Risikoarten diverse Vorschläge unterbreitet, die im Folgenden erläutert werden.

Grundsätzlich sollen alle in Art. 79 bis 87 CRD IV aufgeführten Risikoarten im Falle ihrer Wesent- **121** lichkeit einem Stresstest unterzogen werden. Das »Restrisiko« gemäß Art. 80 CRD IV, also die Gefahr, dass sich die Kreditrisikominderungstechniken als weniger wirksam erweisen als erwartet, wird i.d.R. im Rahmen des Adressenausfallrisikos mit beleuchtet. Das Konzentrationsrisiko laut Art. 81 CRD IV betrifft diverse Risikoarten und wird daher unter dem Stichwort »Risikokonzentrationen« behandelt. Die EBA erwartet darüber hinaus, dass einige Unterkategorien des operationellen Risikos, nämlich das »(Fehl-)Verhaltensrisiko«, das »IKT-Risiko« und das »Modellrisiko« aufgrund ihrer besonderen Bedeutung separat beleuchtet werden.[144] Auf das »Reputationsrisiko« wird bei den Wechselwirkungen zwischen den einzelnen Risikoarten näher eingegangen (→ AT4.3.3 Tz.2). Zur Ermittlung, Steuerung und Überwachung des »Risikos einer übermäßigen Verschuldung« gemäß Art. 87 CRD IV wird auf die Verschuldungsquote (»Leverage Ratio«) nach Art. 429 CRR verwiesen.[145] Die Einhaltung der Vorgaben zur Verschuldungsquote muss von den Instituten ohnehin regelmäßig geprüft werden. Laut Art. 87 Abs. 2 CRD IV müssen die Institute dieses Risiko präventiv in Angriff nehmen, indem sie prüfen, ob sie einer potenziellen Erhöhung durch erwartete oder realisierte Verluste und der dadurch bedingten Verringerung der Eigenmittel in unterschiedlichen Krisensituationen standhalten können. Vermutlich ist es dafür grundsätzlich ausreichend, die Entwicklung der Verschuldungsquote unter verschiedenen Szenarien zu prognostizieren.

---

141 Vgl. Europäische Zentralbank, Leitfaden der EZB für den bankinternen Prozess zur Sicherstellung einer angemessenen Kapitalausstattung (Internal Capital Adequacy Assessment Process – ICAAP), 9. November 2018, S. 17.

142 Vgl. Eulering, Georg, Integration von Stresstests in Risikosteuerung und -controlling, in: Pfeifer, Guido/Ullrich, Walter (Hrsg.), MaRisk-Interpretationshilfen, 2. Auflage, Heidelberg, 2009, S. 147f.

143 Vgl. European Banking Authority, Final Report – Guidelines on institution's stress testing, EBA/GL/2018/04, 19. Juli 2018, S. 34.

144 Vgl. European Banking Authority, Guidelines on common procedures and methodologies for the supervisory review and evaluation process (SREP) and supervisory stress testing, EBA/GL/2014/13, Consolidated version, 19.Juli 2018, S. 108.

145 Die Aufsichtsbehörde berücksichtigt im Rahmen des SREP gemäß § 6b Abs. 2 Nr. 13 KWG auch das Risiko einer übermäßigen Verschuldung eines Institutes, wie es aus dem Indikatoren für eine übermäßige Verschuldung hervorgeht, wozu auch die gemäß Art. 429 CRR in der jeweils geltenden Fassung bestimmte Verschuldungsquote zählt. Bei der Beurteilung der Angemessenheit der Verschuldungsquote eines Institutes und der vom Institut zur Steuerung des Risikos einer übermäßigen Verschuldung eingeführten Regelungen, Strategien, Verfahren und Mechanismen berücksichtigt die Aufsichtsbehörde das Geschäftsmodell des Institutes.

AT 4.3.3 Stresstests

122   Die EZB erwartet von den bedeutenden Instituten, im Rahmen der Risikoinventur zumindest die folgenden Risiken zu berücksichtigen: Kreditrisiko (einschließlich Fremdwährungskreditrisiko, Länderrisiko, Kreditkonzentrationsrisiko, Migrationsrisiko), Marktrisiko (einschließlich Credit-Spread-Risiko, strukturelles Fremdwährungsrisiko), operationelles Risiko (einschließlich Fehlverhaltensrisiko, Rechtsrisiko, Modellrisiko), Zinsänderungsrisiko im Anlagebuch (einschließlich Risiko aus Optionen, z. B. zur vorzeitigen Tilgung), Beteiligungsrisiko, Staatsrisiko (»Sovereign Risk«), Pensionsrisiko, Finanzierungskostenrisiko, Risikokonzentrationen sowie Geschäfts- und strategisches Risiko. Im Falle von Konglomeraten oder wesentlichen Beteiligungen müssen die Institute auch die inhärenten Risiken berücksichtigen, wie z. B. das Versicherungsrisiko.[146]

2.15   Stresstests für Adressenausfallrisiken

123   Im Rahmen der Stresstests für Adressenausfallrisiken werden das Kreditrisiko sowie das Gegenparteiausfallrisiko (Kontrahenten- und Emittentenrisiko) näher untersucht.

124   Zur Ermittlung des individuellen Gefährdungspotenzials in Stresssituationen sind für ein Institut vor allem die Abweichungen vom erwarteten Verlust (»Expected Loss«, EL) von Interesse, die nicht über entsprechende Risikomargen abgedeckt werden. Da sich der erwartete Verlust als Produkt aus der geschätzten Ausfallwahrscheinlichkeit (»Probability of Default«, PD), der Verlustquote (»Loss Given Default«, LGD) und der Forderungshöhe beim Ausfall (»Exposure at Default«, EAD) berechnen lässt ($\rightarrow$ AT 4.1 Tz. 1), spielen diese drei Risikoparameter für das Adressenausfallrisiko eine zentrale Rolle. Vor diesem Hintergrund ist es nicht verwunderlich, dass die EBA von den Instituten bei den Stresstests für Adressenausfallrisiken zumindest eine Analyse der Fähigkeit der Kreditnehmer zur Tilgung ihrer Verbindlichkeiten (d. h. der Ausfallwahrscheinlichkeit), der Verwertungsquote beim Ausfall eines Kreditnehmers unter Berücksichtigung einer möglichen Verschlechterung des Wertes der Sicherheiten oder der Bonität des Garantiegebers (d. h. der Verlustquote) sowie der Höhe und Dynamik des Kreditengagements, einschließlich der Auswirkungen nicht in Anspruch genommener Kreditzusagen (d. h. der Forderungshöhe beim Ausfall), erwartet. Zur Berechnung der Forderungshöhe beim Ausfall sollten die Institute auch den Kreditumrechnungsfaktor (»Credit Conversion Factor«, CCF) und die Möglichkeiten des Institutes zur einseitigen Kündigung nicht in Anspruch genommener Kreditlinien unter Stressbedingungen berücksichtigen.[147]

125   Letztlich spielt bei der Bemessung der Risikovorsorge und damit der GuV- und Kapitalwirkung der Rechnungslegungsstandard die entscheidende Rolle. Daher sollten die Besonderheiten des jeweiligen Standards im Stresstest beachtet werden. Dies gilt in besonderem Maße für Institute, die von den Regelungen des IFRS 9 betroffen sind. Hier kommt es an der »Stage-Schwelle« zur Änderung der Ermittlungsmethodik und damit u. U. zu drastischen prozyklischen Klippeneffekten.[148] Dabei ist auch zu berücksichtigen, dass nicht alle Kreditnehmer einheitlich um eine bestimmte Anzahl Ratingstufen migrieren werden, sondern vielmehr ein bestimmtes Migrations-

---

146 Vgl. Europäische Zentralbank, Aufsichtliche Erwartungen an ICAAP und ILAAP sowie harmonisierte Erhebung von ICAAP- und ILAAP-Informationen, Schreiben von Daniele Nouy an die Geschäftsleitung bedeutender Banken vom 8. Januar 2016, Anhang A, S. 3.

147 Vgl. European Banking Authority, Final Report – Guidelines on institution's stress testing, EBA/GL/2018/04, 19. Juli 2018, S. 34 f.

148 In der ersten Stufe wird die Risikovorsorge auf Basis der erwarteten Verluste im Jahreshorizont geschätzt. Bei einem Übergang in die zweite Stufe aufgrund einer signifikanten Verschlechterung der Kreditqualität wird die Risikovorsorge auf Basis der erwarteten Verluste über die Restlaufzeit (»Expected Lifetime Loss«) berechnet. In Abhängigkeit von der Restlaufzeit kann mit dem Übergang von der ersten zur zweiten Stufe (»Stagetransfer«) also ein drastischer Anstieg der Risikovorsorge verbunden sein.

verhalten vorliegt, welches vom Ausgangsrating abhängt und über Migrationsmatrizen abzubilden ist. Die EZB hat dies in ihrer Methodik beim Stresstest 2018 berücksichtigt.

Die Verfahren zur Berechnung der Eigenmittelanforderungen stellen in der Regel bei der **126** Ausfallwahrscheinlichkeit auf den gesamten Konjunkturzyklus und bei der Verlustquote auf widrige Umstände ab. Sofern ein Institut z. B. ein IRB-Verfahren verwendet, sollte berücksichtigt werden, dass sich die risikogewichteten Aktiva (Risk-weighted Assets, RWA) in Abhängigkeit vom Konjunkturzyklus ändern könnten. Zur Abschätzung künftiger Verluste in Stresssituationen sollten sich die Institute deshalb ggf. auch auf andere Risikoparameter stützen. Insbesondere sollten die Institute zur Bewertung von Kreditverlusten in Übereinstimmung mit dem Schweregrad des Szenarios zeitpunktbezogene Schätzungen vornehmen.[149]

Die Stresstests sollten die möglichen Auswirkungen der Szenarien und die Notwendigkeit für **127** eventuelle Maßnahmen verdeutlichen, einschließlich einer Erhöhung der Eigenmittel. Diese Auswirkungen sollten die Institute in Bezug auf Kreditverluste (z. B. Rückstellungen), Risikopositionen, Erträge und RWA quantifizieren. Außerdem sollten die Institute in der Lage sein, diese Auswirkungen für relevante Segmente bzw. Portfolios einzeln zu quantifizieren. Sie sollten ggf. interne Modellansätze für Kreditrisiken verwenden, die historische Beziehungen und Daten infrage stellen, sowie Migrationen der Kreditqualität von Forderungskategorien simulieren, um eine Schätzung der Verluste zu ermöglichen.[150]

Darüber hinaus sollten sich die Institute bemühen, weitere spezifische Risikofaktoren zu **128** ermitteln. Diese Risikofaktoren sollten sich ggf. nach Forderungsklassen oder Branchen unterscheiden, da ihre jeweilige Bedeutung für verschiedene Forderungsklassen oder Branchen deutlich variieren kann. So sind z. B. für Immobilienfinanzierungen andere Risikofaktoren relevant als für Unternehmensfinanzierungen.[151]

Beim institutsweiten Stresstest spielt der Aspekt der Vollständigkeit eine besondere Rolle. Die **129** Institute sollten deshalb sicherstellen, dass dabei alle Positionen des Anlage- und Handelsbuches abgedeckt sind, einschließlich der Absicherungspositionen und der Engagements bei zentralen Kontrahenten.[152]

Sofern die Institute über hohe Bruttoforderungen gegenüber bestimmten Kontrahenten ver- **130** fügen, wie z. B. Hedgefonds oder Private-Equity-Unternehmen (→ BTO 1.2 Tz. 2, Erläuterung), könnten sie bestimmten Marktbewegungen stärker ausgesetzt sein. Unter normalen Bedingungen sind diese Forderungen i. d. R. vollständig durch Sicherheiten und fortlaufende Nachschussvereinbarungen abgesichert, wodurch die Nettoforderungen gegen null gehen oder zumindest sehr gering sind. In Fällen von schwerwiegenden Marktschocks können sich diese Forderungen jedoch schlagartig erhöhen und potenziell eine »Kreuzkorrelation« zwischen der Bonität der Gegenparteien und den Risiken der abgesicherten Forderungen zur Folge haben.[153] Bei der Bewertung ihres Risikos für stark fremdfinanzierte Kontrahenten (»Leveraged Counterparties«) oder Schattenbanken sollten die Institute deshalb insbesondere davon ausgehen, dass Sicherheiten oder Nachschussvereinbarungen im Falle schwerer Marktschocks möglicherweise nicht verfügbar sind.[154]

---

149 Vgl. European Banking Authority, Final Report – Guidelines on institution's stress testing, EBA/GL/2018/04, 19. Juli 2018, S. 36.

150 Vgl. European Banking Authority, Final Report – Guidelines on institution's stress testing, EBA/GL/2018/04, 19. Juli 2018, S. 36.

151 Vgl. European Banking Authority, Final Report – Guidelines on institution's stress testing, EBA/GL/2018/04, 19. Juli 2018, S. 35.

152 Vgl. European Banking Authority, Final Report – Guidelines on institution's stress testing, EBA/GL/2018/04, 19. Juli 2018, S. 35.

153 Vgl. Committee of European Banking Supervisors, Revised Guidelines on Stress Testing (GL 32), 26. August 2010, S. 38.

154 Vgl. European Banking Authority, Final Report – Guidelines on institution's stress testing, EBA/GL/2018/04, 19. Juli 2018, S. 36.

2.16 Stresstests für Fremdwährungskreditrisiken

131 Kredite in einer anderen Währung als dem gesetzlichen Zahlungsmittel des Landes, in dem der Kreditnehmer ansässig ist, nennt man »Fremdwährungskredite«. Folglich bezeichnet das »Fremdwährungskreditrisiko« das bestehende oder künftige Risiko in Bezug auf die Erträge und Eigenmittel des Institutes infolge von Fremdwährungskrediten an »nicht abgesicherte Kreditnehmer«.[155, 156] Ergänzend zu dieser engen Definition nennt die EBA darüber hinaus Komponenten des Fremdwährungskreditrisikos, die sich auf das reine Kredit- und Devisenmarktrisiko beziehen, durch eine nichtlineare Beziehung von Kredit- und Devisenmarktrisikokomponenten gekennzeichnet sind, durch das allgemeine Wechselkursrisiko beeinflusst werden und sich aus einem Verhaltensrisiko ergeben können.[157]

132 Das »strukturelle Fremdwährungsrisiko« bezeichnet hingegen das Risiko infolge des Einsatzes von Eigenkapital in Offshore-Niederlassungen und Tochterunternehmen in einer Währung, die nicht der Berichtswährung des Mutterunternehmens entspricht, und wird i.d.R. beim Marktpreisrisiko berücksichtigt.[158]

133 Den entsprechenden Leitlinien der EBA zufolge sollen die Institute im Falle der Wesentlichkeit dieses Risikos fremdwährungsbedingte Schocks in ihre Stressszenarien einbeziehen, um zu prüfen, ob sie starken Wechselkursschwankungen standhalten können. Diese Stresstests sollen ggf. Schocks der Währungsvereinbarungen und daraus resultierende Änderungen der Rückzahlungsfähigkeit der Kreditnehmer für das gesamte Portfolio und für jede einzelne Währung einschließen. Den Ergebnissen der Stresstests sollen die Institute durch angemessene Abhilfemaßnahmen Rechnung tragen. Sofern die zuständigen Behörden Zweifel an der Angemessenheit dieser Stresstests haben, können sie den Instituten z.B. Szenarien empfehlen oder aufsichtliche Stresstests auf institutsspezifischer Basis durchführen.[159]

134 Die Institute sollten u.a. berücksichtigen, dass das Fremdwährungskreditrisiko durch eine nichtlineare Beziehung von Kredit- und Devisenmarktrisikokomponenten gekennzeichnet ist, durch das allgemeine Wechselkursrisiko beeinflusst wird und sich aus dem Fehlverhaltensrisiko ergeben kann. Außerdem kann die Unfähigkeit des Kreditnehmers zur Schuldentilgung auf Risiken im Zusammenhang mit seiner Einkunftsquelle, mit der wirtschaftlichen Lage des Landes, auf das die Währung lautet, oder mit der Währung selbst zurückzuführen sein. Das Fremdwährungskreditrisiko kann sich in einer Erhöhung des ausstehenden Kreditbetrages, einer Erhöhung des ausstehenden Kapitaldienstes oder einer Minderung des Wertes der auf die Landeswährung lautenden Sicherheiten niederschlagen. In den Stressszenarien sollte u.a. angenommen werden, dass der Wechselkurs der Leitwährung um einen bestimmten Prozentsatz steigt, sich der Wechselkurs um einen bestimmten Prozentpunkt ändert oder beides gleichzeitig passiert. Die aus dem

---

155 Unter »nicht abgesicherten Kreditnehmern« werden Privatpersonen sowie kleine und mittlere Unternehmen (KMU) als Kreditnehmer ohne natürliche oder finanzielle Absicherung verstanden, die Inkongruenzen zwischen der Kreditwährung und der Absicherungswährung ausgesetzt sind. Zu den natürlichen Absicherungen zählt insbesondere das Erzielen von Einkünften in Fremdwährung, z.B. durch Überweisungen oder Exporterlöse. Finanzielle Absicherungen setzen normalerweise einen Vertrag mit einem Institut voraus. Vgl. European Banking Authority, Guidelines on common procedures and methodologies for the supervisory review and evaluation process (SREP) and supervisory stress testing, EBA/GL/2014/13, Consolidated version, 19.Juli 2018, S. 25.

156 Vgl. European Banking Authority, Guidelines on common procedures and methodologies for the supervisory review and evaluation process (SREP) and supervisory stress testing, EBA/GL/2014/13, Consolidated version, 19.Juli 2018, S. 16 f.

157 Vgl. European Banking Authority, Final Report – Guidelines on institution's stress testing, EBA/GL/2018/04, 19. Juli 2018, S. 45 f.

158 Vgl. European Banking Authority, Guidelines on common procedures and methodologies for the supervisory review and evaluation process (SREP) and supervisory stress testing, EBA/GL/2014/13, Consolidated version, 19.Juli 2018, S. 24.

159 Vgl. European Banking Authority, Leitlinien zu Kapitalmaßnahmen für Fremdwährungskreditvergabe an nicht abgesicherte Kreditnehmer im Rahmen der aufsichtlichen Überprüfung und Bewertung (SREP), EBA/GL/2013/02, 20. Dezember 2013, S. 13.

Fremdwährungskreditrisiko resultierenden Verluste sollten getrennt von den übrigen Kreditrisiko-verlusten ermittelt werden.[160]

Beim Stresstest des Fremdwährungskreditrisikos sollten die Institute zumindest die folgenden **135** Faktoren berücksichtigen: die Art des Wechselkursregimes und deren mögliche Auswirkung auf die Entwicklung des Wechselkurses zwischen inländischen und ausländischen Währungen, die Sensitivität der Wechselkursschwankungen in Bezug auf die Kreditwürdigkeit der Kreditnehmer, mögliche Konzentrationen der Kreditvergabe in einer einzigen Fremdwährung oder in einer begrenzten Anzahl hoch korrelierter Fremdwährungen, mögliche Konzentrationen der Kredit-vergabe in bestimmten Wirtschaftszweigen in Landeswährung, die in Fremdwährungsländern oder -märkten zum Kerngeschäft gehören und deren Entwicklung stark mit Fremdwährungen korreliert ist, sowie die Fähigkeit, die Refinanzierung für diese Art von Portfolio zu sichern. Bei der Bewertung der potenziellen Auswirkungen von Fremdwährungskrediten auf die Rentabilität in einem bestimmten Szenario sollten die Institute ggf. die Rechtsordnung und die entsprechende Rechtsprechung einbeziehen, die die Institute dazu zwingen können, Fremdwährungskredite in Landeswährung zu Wechselkursen zu vergeben, die deutlich unter denen des Marktes liegen.[161]

Bei einem angemessenen Umgang mit dem Fremdwährungskreditrisiko sollte allerdings auch **136** darauf geachtet werden, dass bestimmte Umstände, wie z. B. die Arbeitsplatzsituation in grenz-nahen Gebieten, nicht unbedingt mit einem erhöhten Risiko verbunden sind. So kann es z. B. möglich sein, dass sich die Kreditwährung zwar von der Heimatwährung unterscheidet, allerdings nicht von der (sicheren) Einkunftsquelle. In diesem Fall wäre das Risiko bei einem Kredit in der Heimatwährung sogar größer. Im Unternehmensbereich ist es wiederum nicht unüblich, dass die Einnahmen in verschiedenen Währungen durch ein professionelles Zins- und Währungsmanage-ment der Treasury gegen Risiken abgesichert werden.

2.17 Stresstests für außerbilanzielle Gesellschaftskonstruktionen und Verbriefungstransaktionen

Im Rahmen der Stresstests sind auch Risiken aus außerbilanziellen Gesellschaftskonstruktionen und **137** Verbriefungstransaktionen zu berücksichtigen. Das Verbriefungsrisiko ergibt sich aus strukturierten Kreditprodukten, die in der Regel durch Umschichtung der Zahlungsströme (»Cashflows«) aus einem Pool von Vermögenswerten in verschiedene Tranchen oder forderungsbesicherte Wertpapie-re (»Asset Backed Securities«) unter Berücksichtigung der unterschiedlichen Positionen entstehen, die ein Institut im Verbriefungsprozess als Originator, Sponsor oder Investor einnehmen kann.[162]

Bei der Risikoinventur, in deren Rahmen sich ein Institut einen Überblick über seine Risiken **138** verschafft und diese anschließend auf Wesentlichkeit prüft, sind auch Risiken aus außerbilanziel-len Gesellschaftskonstruktionen zu betrachten, wie z. B. Risiken aus nicht konsolidierungspflich-tigen Zweckgesellschaften (→ AT 2.2 Tz. 2, Erläuterung). Deshalb sollten die Stresstests im Hin-blick auf die bilanziellen und außerbilanziellen Aktiva und Passiva eines Institutes die relevanten strukturierten Einheiten (»structured entities«) nicht außer Acht lassen.[163]

---

160 Vgl. European Banking Authority, Final Report – Guidelines on institution's stress testing, EBA/GL/2018/04, 19. Juli 2018, S. 46.
161 Vgl. European Banking Authority, Final Report – Guidelines on institution's stress testing, EBA/GL/2018/04, 19. Juli 2018, S. 46 f.
162 Vgl. European Banking Authority, Final Report – Guidelines on institution's stress testing, EBA/GL/2018/04, 19. Juli 2018, S. 36.
163 Vgl. European Banking Authority, Final Report – Guidelines on institution's stress testing, EBA/GL/2018/04, 19. Juli 2018, S. 23.

AT 4.3.3 Stresstests

139   Wie sich in der Finanzmarktkrise gezeigt hat, wurden Risiken aus komplexen strukturierten Produkten häufig unterschätzt, weil sich die Institute zu sehr auf externe Ratings oder historisch beobachtete Credit Spreads (scheinbar) ähnlicher Produkte, wie Institutsanleihen mit dem gleichen externen Rating, verlassen haben. Auf diese Weise konnten die relevanten Risikomerkmale nicht hinreichend erfasst werden. Sofern bei der Beurteilung des Risikos von Verbriefungsprodukten auf externe Ratings abgestellt wird, sollten die externen Ratings kritisch überprüft werden, indem diese Ratings einschließlich der spezifischen Wertminderungsraten je Ratingklasse selbst gestresst werden, z. B. durch einen Stress von (historischen) Ratingübergangsmatrizen.[164]

140   Beim Stresstest für Verbriefungen muss das Kreditrisiko des zugrundeliegenden Pools von Vermögenswerten, einschließlich des Ausfallrisikos und der möglicherweise nichtlinearen und dynamischen Ausfallkorrelationen sowie der Entwicklung der Sicherheitenwerte, berücksichtigt werden. Die Institute sollten alle relevanten Informationen in Bezug auf die spezifische Struktur jeder Verbriefung berücksichtigen, wie z. B. die Seniorität der Tranche, die Stärke der Tranche, Kreditverbesserungen und die Granularität, ausgedrückt in der tatsächlichen Anzahl der Forderungen. Die Sensitivität gegenüber systemischen Effekten auf allen Ebenen des strukturierten Produktes, die sich z. B. in Liquiditätsausfällen oder erhöhten Korrelationen zeigt, sollte umsichtig berücksichtigt werden. Auch die Auswirkungen von Reputationsrisiken, z. B. auf die Refinanzierung, sollten bewertet werden. Die Stresstests sollten alle relevanten vertraglichen Vereinbarungen, die möglichen Auswirkungen der in die Verbriefungsstruktur eingebetteten auslösenden Ereignisse (»trigger events«), wie z. B. Regelungen für eine vorzeitige Rückzahlung, die Hebelwirkung der Verbriefungsstruktur und die aus der Struktur resultierenden Liquiditäts- bzw. Refinanzierungsrisiken, wie z. B. Zahlungsinkongruenzen oder Vorauszahlungsmodalitäten auch in Bezug auf Zinsänderungen, berücksichtigen. Schließlich sollten die Stressszenarien auch den Ausfall einer oder mehrerer der an der Verbriefungsstruktur beteiligten Vertragsparteien in Betracht ziehen, insbesondere derjenigen, die als Garanten für bestimmte Tranchen fungieren.[165] In diesem Zusammenhang sollte ggf. auch das »Platzierungsrisiko« berücksichtigt werden. Dieses Risiko entsteht, wenn ein Institut aufgrund von institutsspezifischen oder marktweiten Stresssituationen nicht in der Lage ist, den erforderlichen Zugang zum Markt für Verbriefungen zu bekommen (→ AT 2.2 Tz. 2).

141   Bei der Konzeption der Stresstests für strukturierte Kreditprodukte sollten die Institute berücksichtigen, dass sich deren Auswirkungen auf der Ebene des Forderungspools in erhöhten Ausfällen (oder Ausfallwahrscheinlichkeiten und Verlustquoten) niederschlagen und somit erhöhte erwartete Verluste, Wertminderungsraten und regulatorische Eigenkapitalanforderungen (sowie erhöhte Wahrscheinlichkeiten für Herabstufungen) erwarten lassen. Zusätzliche Auswirkungen können sich aus einem Rückgang der Netto-Zahlungsströme, höheren Handelsverlusten und Wertberichtigungen oder aus der Verschlechterung aufsichtsrechtlicher Kennzahlen ergeben, wie z. B. der strukturellen Liquiditätsquote (»Net Stable Funding Ratio«, NSFR).[166]

2.18   Stresstests für Marktpreisrisiken des Handelsbuches

142   Stresstests sind auch für die Marktpreisrisiken inklusive der Zinsänderungsrisiken im Handelsbuch erforderlich. Dabei geht es in erster Linie um jene Risiken, die sich aus nachteiligen Wertän-

---

164 Vgl. European Banking Authority, Final Report – Guidelines on institution's stress testing, EBA/GL/2018/04, 19. Juli 2018, S. 37.

165 Vgl. European Banking Authority, Final Report – Guidelines on institution's stress testing, EBA/GL/2018/04, 19. Juli 2018, S. 37.

166 Vgl. European Banking Authority, Final Report – Guidelines on institution's stress testing, EBA/GL/2018/04, 19. Juli 2018, S. 37.

derungen von Positionen wie Rohstoffen, Krediten, Aktien, Wechselkursen und Zinssätzen aufgrund von Marktpreisschwankungen ergeben. Die Institute sollten mit Blick auf die entsprechenden Rechnungslegungsvorschriften zur Klassifizierung von finanziellen Vermögenswerten bei den Stresstests sowohl die Positionen u.a. aus dem Handelsbestand, die sich in der Gewinn- und Verlustrechnung niederschlagen (»Fair Value Through Profit or Loss«, FVTPL), als auch jene Positionen einbeziehen, die sich im sonstigen Ergebnis finden (»Fair Value Through Other Comprehensive Income«, FVOCI). Verbriefungspositionen und Pfandbriefe sollten dabei berücksichtigt werden.[167]

Die Institute sollten eine Reihe strenger, aber plausibler Szenarien auf sämtliche Positionen anwenden, z.B. außergewöhnliche Veränderungen der Marktpreise, Liquiditätsengpässe auf den Märkten oder Ausfälle großer Marktteilnehmer. Abhängigkeiten und Korrelationen zwischen verschiedenen Märkten und daraus resultierende nachteilige Veränderungen dieser Korrelationen sowie die Auswirkungen auf die Bewertungsanpassungen (»Credit Valuation Adjustments«, CVA) und die mit den Portfolios verbundenen Rücklagen (z.B. Liquiditätsreserven, Rücklagen für Modellrisiken) sollten bei den Stresstests in fundierter Weise berücksichtigt werden. Die Institute sollten die Folgen bedeutender Marktstörungen abschätzen und plausible Szenarien identifizieren, die außerordentlich hohe Verluste nach sich ziehen könnten. Diese Szenarien sollten ggf. auch Ereignisse mit geringer Wahrscheinlichkeit für die wesentlichen Risikoarten umfassen. Bei der Kalibrierung der Stresstests sollten die Institute zumindest die Art und die Merkmale ihrer Portfolios und der damit verbundenen Finanzinstrumente (z.B. Plain-Vanilla-Produkte oder exotische Produkte, Liquidität, Laufzeit), ihre Handelsstrategien sowie die Möglichkeiten, die Kosten und die Zeit zur Absicherung oder Steuerung von Risiken unter schwierigen Marktbedingungen berücksichtigen. Da sich die Finanzinstrumente und die Handelsstrategien im Laufe der Zeit ändern, sollten die Stresstests diesen Veränderungen Rechnung tragen.[168]

Typische Vorgehensweisen bei Stresstests für Marktpreisrisiken beziehen sich auf Parallelverschiebungen oder Drehungen von Zinskurven, Veränderungen von Aktienindizes, Wertpapierkursen oder Wechselkursen und Volatilitäten. Darüber hinaus können Sensitivitätsanalysen wertvolle Hinweise für die Entwicklung des Portfolios liefern, indem z.B. kurzfristige Veränderungen des »Credit Spread«, d.h. des Zinsaufschlages für bestimmte Bonitätsklassen gegenüber dem risikolosen Zins, untersucht werden.[169] Unter dem »Credit-Spread-Risiko« wird das Risiko verstanden, dass aus Schwankungen des Credit Spreads eine (negative) Änderung des Marktwerts von Schuldverschreibungen resultiert.[170]

Zur Analyse des Zinsänderungsrisikos kann ein Zinsanstieg oder ein Zinsrückgang unterstellt werden. Steigende Zinsen führen bei einer klassischen Bilanzstruktur mit überwiegend kurzfristigen Passiva und überwiegend langfristigen Aktiva zu Verlusten und spielen daher in Stresstests eine größere Rolle. Hinsichtlich des Aktienkursrisikos, das insbesondere für die größeren Institute wegen ihres stärkeren Engagements im Eigenhandel von wesentlicher Bedeutung ist, wurde z.B. im Jahre 2007 ein weltweiter Aktienkursrutsch von 30 % als angemessenes Szenario angesehen. Für das Wechselkursrisiko konnte damals von einer Euro-Aufwertung und einer Euro-Abwertung von jeweils 15 % gegenüber allen anderen Währungen ausgegangen werden. Zur Ermittlung des Volatilitätsrisikos, das insbesondere für die Bewertung außerbilanzieller Positionen eine Rolle spielt, konnte eine Zunahme der jeweiligen Volatilitäten um 50 % unterstellt

143

144

145

---

167 Vgl. European Banking Authority, Final Report – Guidelines on institution's stress testing, EBA/GL/2018/04, 19. Juli 2018, S. 37.

168 Vgl. European Banking Authority, Final Report – Guidelines on institution's stress testing, EBA/GL/2018/04, 19. Juli 2018, S. 37.

169 Vgl. Federal Reserve Bank of San Francisco, Stress Tests: Useful Complements to Financial Risk Models, in: FRBSF Economic Letter 2005-14, Juni 2005.

170 Vgl. European Banking Authority, Guidelines on common procedures and methodologies for the supervisory review and evaluation process (SREP) and supervisory stress testing, EBA/GL/2014/13, Consolidated version, 19. Juli 2018, S. 23.

werden. Für die Ermittlung des Credit-Spread-Risikos konnten die unterstellten Änderungen je nach Bonitätsklasse zwischen 10 und 200 Basispunkten variieren.[171] Die damals vorgeschlagenen Veränderungen sollten jeweils an die aktuelle Marktsituation angepasst werden. Betrachtet man z. B. die enormen Wertschwankungen, denen im Zuge der Staatsschuldenkrise im Euroraum die Anleihen einiger Mitgliedstaaten ausgesetzt waren und immer noch sind, so lagen diese sicherlich außerhalb der bisherigen Vorstellungskraft der Marktteilnehmer. Insofern wäre ein zuvor erdachtes Stressszenario vermutlich einer Unterzeichnung des tatsächlichen Risikos gleichgekommen.

146   Die Durchführung von Stresstests im Marktpreisrisikobereich kann in Abhängigkeit von der Komplexität der zugrundeliegenden Produkte alles andere als trivial sein. So entstehen z. B. aufgrund von eingebetteten Optionen asymmetrische Auszahlungsprofile oder Hebelwirkungen, die sich bereits bei kleinen Änderungen der Risikoparameter erheblich auf den Wert des untersuchten Portfolios auswirken können. Darüber hinaus kann die Anfälligkeit von Produkten, die ständigen Anpassungen unterliegen (wie z. B. Fonds), gegenüber Parameteränderungen stark schwanken. Schließlich können bestimmte Produkte auf einige Szenarien überhaupt nicht und auf andere Szenarien dafür umso stärker reagieren. Diese Probleme stellen die Institute vor große Herausforderungen bei der Wahl geeigneter Verfahren.[172]

2.19   Stresstests für Zinsänderungsrisiken des Anlagebuches

147   Unter dem »Zinsänderungsrisiko« versteht man generell das bestehende oder künftige Risiko in Bezug auf die Erträge und Eigenmittel des Institutes infolge ungünstiger Zinssatzänderungen.[173] Das »Zinsänderungsrisiko im Anlagebuch« (»Interest Rate Risk of the Banking Book«, IRRBB) betrifft konkret die Auswirkung ungünstiger Zinssatzänderungen auf zinssensitive Instrumente, einschließlich Gap-Risiko, Basisrisiko und Optionsrisiko. Das sich aus der Laufzeitstruktur zinssensitiver Instrumente ergebende Risiko, das aus zeitlichen Unterschieden bei der Zinsänderung resultiert und die Veränderungen der Zinsstruktur abdeckt, nennt man »Gap-Risiko«. Es kann über die Zinskurve hinweg konsistent (paralleles Risiko) oder differenziert nach Perioden (nicht-paralleles Risiko) auftreten. Das Risiko einer Auswirkung von relativen Zinsänderungen auf zinssensitive Instrumente, die ähnliche Laufzeiten haben, aber mit unterschiedlichen Zinsindizes bewertet werden, nennt man »Basisrisiko«. Es ergibt sich aus der unvollkommenen Korrelation bei der Anpassung der erhaltenen und gezahlten Zinssätze verschiedener zinssensitiver Instrumente mit ansonsten ähnlichen Zinsänderungseigenschaften. Das Risiko aus eingebetteten und expliziten Optionen, bei denen das Institut oder sein Kunde die Höhe und den Zeitpunkt der Zahlungsströme ändern kann, nennt man »Optionsrisiko«. Dabei handelt es sich entweder um das aus zinssensitiven Instrumenten resultierende Risiko, bei denen der Inhaber die Option mit großer Wahrscheinlichkeit ausüben wird, wenn es in seinem finanziellen Interesse liegt (eingebettete oder explizit automatische Optionen), oder das von Anpassungen abhängige Risiko, die implizit oder vertraglich bei zinssensitiven Instrumenten eingebettet sind, so dass Änderungen der Zinssätze eine Änderung des Verhaltens des Kunden beeinflussen können (eingebettete Verhaltensoptionen).[174]

---

171 Vgl. Deutsche Bundesbank, Stresstests: Methoden und Anwendungsgebiete, in: Finanzstabilitätsbericht 2007, November 2007, S. 108.

172 Vgl. Eulering, Georg, Integration von Stresstests in Risikosteuerung und -controlling, in: Pfeifer, Guido/Ullrich, Walter (Hrsg.), MaRisk-Interpretationshilfen, 2. Auflage, Heidelberg, 2009, S. 144 f.

173 Vgl. European Banking Authority, Guidelines on common procedures and methodologies for the supervisory review and evaluation process (SREP) and supervisory stress testing, EBA/GL/2014/13, Consolidated version, 19. Juli 2018, S. 23.

174 Vgl. European Banking Authority, Final Report – Guidelines on the management of interest rate risk arising from non-trading book activities, EBA/GL/2018/02, 19. Juli 2018, S. 13 f.

Für Stresstests zu Zinsänderungsrisiken im Anlagebuch gelten zunächst die entsprechenden **148** Vorgaben aus den spezifischen EBA-Leitlinien. Demzufolge sollten die Institute im Rahmen des ICAAP strenge, vorausschauende IRRBB-Stresstests durchführen, um die eventuellen nachteiligen Auswirkungen gravierender Veränderungen der Marktbedingungen auf ihre Kapitalausstattung oder ihre Ertragssituation zu beurteilen, auch unter Berücksichtigung von Änderungen im Verhalten ihrer Kundenbasis. Das IRRBB-Stresstestprogramm sollte klar definierte Ziele, auf die Geschäftsaktivitäten und Risiken des Institutes zugeschnittene Szenarien, gut dokumentierte Annahmen und solide Methoden enthalten.[175]

Zur Prüfung von Schwachstellen unter Stressbedingungen sollten die Institute größere und **149** extremere Verschiebungen und Änderungen der Zinssätze verwenden als für die Zwecke des laufenden Risikomanagements. Berücksichtigt werden sollten zumindest wesentliche Änderungen im Verhältnis zwischen den wichtigsten Marktzinsen (Basisrisiko), plötzliche und erhebliche Verschiebungen der Zinskurve – sowohl parallel als auch nicht-parallel (Gap-Risiko), ein Versagen der wichtigsten Annahmen zum Verhalten von Aktiva und Passiva, Änderungen der Annahmen zur Leitzinskorrelation, wesentliche Änderungen der aktuellen Marktbedingungen und makroökonomischen Bedingungen sowie des Wettbewerbs- und Wirtschaftsumfeldes und deren mögliche Entwicklung sowie spezifische Szenarien, die sich auf das individuelle Geschäftsmodell und Risikoprofil des Institutes beziehen.[176]

Die für Stresstests zu Zinsänderungsrisiken im Anlagebuch verwendeten Szenarien sollten so **150** gewählt werden, dass sie sowohl für die Zwecke des Art. 98 Abs. 5 CRD IV im ICAAP als auch zur Identifizierung aller wesentlichen Zinsänderungsrisiken geeignet sind, d. h. für das Gap-/Zinskurvenrisiko, das Basis-/Spreadrisiko und das Options-/Vorfälligkeitsrisiko. Das Spreadrisiko ergibt sich aus der Inkongruenz der Referenzzinssätze aufgrund der zeitlichen Differenz zwischen Refinanzierung und Investitionen. Das Vorfälligkeitsrisiko besteht bei Verträgen mit eingebetteten Optionen, die das Institut ggf. in eine neue Transaktion zu ungünstigeren Konditionen zwingen könnten.[177]

Bei Verwendung weniger komplexer Finanzinstrumente sollten die Institute die Auswirkungen **151** eines Schocks mittels Sensitivitätsanalyse berechnen, ohne Identifizierung der Ursache des Schocks und durch einfache Anwendung des Schocks auf das Portfolio. Werden hingegen komplexere Finanzinstrumente eingesetzt, bei denen der Schock vielfältige und indirekte Auswirkungen hat, sollten die Institute fortgeschrittene Ansätze mit einer spezifischen Definition der adversen (Stress-)Bedingungen verwenden, die die relevanten institutseigenen Risiken widerspiegeln.[178]

2.20 Stresstests für operationelle Risiken

Gemäß Art. 4 Abs. 1 Nr. 52 CRR bezeichnet das »operationelle Risiko« das Risiko von Verlusten, **152** die durch die Unangemessenheit oder das Versagen von internen Verfahren, Menschen und Systemen oder durch externe Ereignisse verursacht werden, einschließlich Rechtsrisiken. Vor diesem Hintergrund sollten sich die Institute darüber im Klaren sein, dass die relevanten Risiko-

---

175 Vgl. European Banking Authority, Final Report – Guidelines on the management of interest rate risk arising from non-trading book activities, EBA/GL/2018/02, 19. Juli 2018, S. 35.

176 Vgl. European Banking Authority, Final Report – Guidelines on the management of interest rate risk arising from non-trading book activities, EBA/GL/2018/02, 19. Juli 2018, S. 35.

177 Vgl. European Banking Authority, Final Report – Guidelines on institution's stress testing, EBA/GL/2018/04, 19. Juli 2018, S. 44.

178 Vgl. European Banking Authority, Final Report – Guidelines on institution's stress testing, EBA/GL/2018/04, 19. Juli 2018, S. 44.

parameter für operationelle Risiken aus eben diesen unzureichenden oder misslungenen internen Verfahren und Systemen usw. resultieren und alle Prozesse und Aktivitäten beeinflussen können.[179] Die typischen Risikofaktoren für operationelle Risiken ergeben sich aus der Definition. Die entscheidenden Bewertungskriterien sind folglich die Schadenshöhe und die Schadenshäufigkeit.

153   Um die relevanten Risikoparameter zu stressen, sollten die Institute als wesentlichen Orientierungsmaßstab den Effekt der operativen Verluste auf ihre Gewinn- und Verlustrechnung (»Profit and Loss«, P&L) verwenden. Jede durch das operationelle Risikoereignis verursachte Auswirkung sollte als operationeller Schadensfall betrachtet werden, z.B. spezifische Auswirkungen von Opportunitätskosten oder interne Kosten für Überstunden, Boni usw., sofern sie sich auf ein operationelles Risikoereignis beziehen. Für die Zwecke des Stresstests sollten zusätzlich alle zukünftigen Ertragsausfälle, die auf operationelle Risikoereignisse zurückzuführen sind, berücksichtigt werden. Zumindest jene Institute, die fortgeschrittene Messansätze (»Advanced Measurement Approaches«, AMA) verwenden, sollten auch jene Verluste berücksichtigen, die zur Berechnung des zusätzlichen Kapitalbedarfes in die interne Schadensfalldatenbank einfließen. Bei Verwendung von historischen Daten, externen Daten oder Szenarien für GuV- und RWA-Projektionen sollten die Institute mögliche Doppelzählungen vermeiden.[180]

154   Die Stresstests sollten auf internen und externen Daten basieren. Dabei sollten die Institute die Verwendung von Skalierungsfaktoren, z.B. zur Reduzierung des Einflusses externer Daten, und die Auswirkungen von einer Anpassung der Skalierungsfaktoren in Stresssituationen sowie die Kriterien zur Beurteilung der Relevanz von Daten, z.B. zur Berücksichtigung von unter normalen Umständen ausgeblendeten seltenen Extremereignissen, sorgfältig analysieren. Die Analyse der Stressereignisse sollte zumindest im Hinblick auf die mögliche Einbeziehung von seltenen Extremereignissen auch Expertenurteile beinhalten. Die Annahmen für die strengen, aber plausiblen Stressereignisse können im Bereich der operationellen Risiken von den Annahmen der Stressszenarien im Kredit- und Marktpreisrisikobereich durchaus abweichen.[181]

155   Die Institute sollten im Stresstestprogramm für operationelle Risiken bestimmte Aspekte analysieren, wozu die EBA die Geschäftsaktivitäten und die damit verbundene Risikokultur, die operativen Verluste in den letzten Jahren, mit einem Fokus auf der Höhe und der Veränderung der Verluste und des Bruttoeinkommens, das Geschäftsumfeld, einschließlich der geografischen Standorte und der makroökonomischen Bedingungen, die Entwicklung der Mitarbeiterzahl sowie der Bilanzsumme und -komplexität in den letzten Jahren, einschließlich struktureller Veränderungen aufgrund von Fusionen und Übernahmen usw., die Änderungen an wesentlichen Elementen der IT-Infrastruktur, den Grad und die Ausrichtung der Anreize in den Vergütungssystemen, die Komplexität von Prozessen und Verfahren, Produkten und IT-Systemen, den Umfang der Auslagerungen unter Berücksichtigung damit verbundener Risikokonzentrationen und externer Marktinfrastrukturen, die Anfälligkeit für Modellrisiken, insbesondere in den Bereichen Handel mit Finanzinstrumenten, Risikomessung und -management sowie Kapitalallokation, zählt.[182]

179 Vgl. European Banking Authority, Final Report – Guidelines on institution's stress testing, EBA/GL/2018/04, 19. Juli 2018, S. 38.

180 Vgl. European Banking Authority, Final Report – Guidelines on institution's stress testing, EBA/GL/2018/04, 19. Juli 2018, S. 38 f.

181 Vgl. European Banking Authority, Final Report – Guidelines on institution's stress testing, EBA/GL/2018/04, 19. Juli 2018, S. 39.

182 Vgl. European Banking Authority, Final Report – Guidelines on institution's stress testing, EBA/GL/2018/04, 19. Juli 2018, S. 39.

2.21   Stresstests für Fehlverhaltensrisiken

Das »(Fehl-)Verhaltensrisiko« (»(mis-)conduct risk«) bezeichnet das bestehende oder künftige **156** Risiko von Verlusten eines Institutes infolge der unangemessenen Erbringung von Finanzdienstleistungen und der damit verbundenen Prozesskosten, einschließlich Fällen vorsätzlichen oder fahrlässigen Fehlverhaltens.[183] Dieses Risiko wird von der Aufsicht und den Instituten als Unterkategorie der operationellen Risiken betrachtet.

In ihren Stresstests zu Fehlverhaltensrisiken sollten die Institute die Relevanz und Bedeutung **157** der folgenden Risiken und der damit verbundenen Prozesskosten bewerten: Fehlverkäufe von Produkten, sowohl im Retail- als auch im Unternehmensgeschäft, Cross-Selling-Forcierung von nicht benötigten Produkten an Privatkunden, wie z. B. Kontopakete oder Zusatzprodukte, Interessenkonflikte bei der Geschäftsabwicklung, Manipulation von Referenzzinssätzen, Wechselkursen oder anderen Finanzinstrumenten oder Indizes, um die Gewinne des Institutes zu steigern, unlautere Beschränkungen für den Wechsel von Finanzprodukten während ihrer Laufzeit oder für den Wechsel von Finanzdienstleistern, schlecht gestaltete Vertriebskanäle, die Interessenkonflikte mit falschen Anreizen ermöglichen können, unlautere automatische Produktverlängerungen oder Ausstiegsstrafen sowie unsachgemäße Bearbeitung von Kundenreklamationen.[184]

Bei der Bewertung verhaltensbezogener Risiken sollten die Institute die Unsicherheit bezüglich **158** der gebildeten Risikovorsorge für erwartete Verluste und des potenziellen Kapitalbedarfes für unerwartete Verluste aus extremen Ereignissen unter Berücksichtigung der Reputationswirkung von Verhaltensverlusten untersuchen. Hinsichtlich der Risikovorsorge für erwartete Verluste empfiehlt die EBA insbesondere einen Abgleich mit den bestehenden Rechnungslegungsvorschriften, wobei künftige Gewinne einbezogen werden können. Zur Beurteilung extremer Verluste eignet sich insbesondere ein Stresstest. Neben eigenen Einschätzungen sollten zur Bewertung von Fehlverhaltensrisiken historische Verluste, wie z. B. der größte Verhaltensverlust des Institutes in den letzten fünf Jahren, die Höhe des erwarteten jährlichen Verlustes für verhaltensbezogene Risiken, verhaltensbezogene Szenarien, in denen potenzielle Risiken über einen Zeithorizont von z. B. fünf Jahren berücksichtigt werden, sowie Verluste von ähnlichen Unternehmen oder von Unternehmen in ähnlichen Situationen, wie z. B. im Falle von Prozesskosten, berücksichtigt werden.[185]

Die Institute sollten quantitative und qualitative Informationen über den Umfang ihrer Ge- **159** schäftstätigkeit in relevanten, gefährdeten Bereichen sammeln und analysieren. Sie sollten über Informationen zu den wesentlichen Annahmen verfügen, die ihren Schätzungen der verhaltensbezogenen Kosten zugrundeliegen. Sofern eine Schätzung für ein bestimmtes Verhaltensrisiko aufgrund besonders großer Unsicherheit im Ausnahmefall nicht möglich ist, sollte dies klargestellt und nachgewiesen werden.[186]

Da Verhaltensrisiken vielfältige Aspekte umfassen und zahlreichen Geschäftsprozessen und **160** Produkten innewohnen können, werden die zuständigen Behörden im Rahmen des SREP auch die Ergebnisse der Geschäftsmodellanalyse nutzen und die Anreizpolitik prüfen, um einen umfassenden Einblick in die Quellen von Verhaltensrisiken zu erlangen. Dabei geht es auch um eine etwaige marktbeherrschende Stellung des Institutes als wesentliches Risiko für ein Fehlverhalten, z. B. infolge eines kartellartigen Verhaltens.[187]

---

183 Vgl. European Banking Authority, Guidelines on common procedures and methodologies for the supervisory review and evaluation process (SREP) and supervisory stress testing, EBA/GL/2014/13, Consolidated version, 19. Juli 2018, S. 22.

184 Vgl. European Banking Authority, Final Report – Guidelines on institution's stress testing, EBA/GL/2018/04, 19. Juli 2018, S. 40 f.

185 Vgl. European Banking Authority, Final Report – Guidelines on institution's stress testing, EBA/GL/2018/04, 19. Juli 2018, S. 40.

186 Vgl. European Banking Authority, Final Report – Guidelines on institution's stress testing, EBA/GL/2018/04, 19. Juli 2018, S. 41.

187 Vgl. European Banking Authority, Guidelines on common procedures and methodologies for the supervisory review and evaluation process (SREP) and supervisory stress testing, EBA/GL/2014/13, Consolidated version, 19. Juli 2018, S. 109.

2.22 Stresstests für IKT-Risiken

161 Das »Informations- und Kommunikationstechnologie-Risiko« (IKT-Risiko) wurde zunächst als Risiko von Verlusten aufgrund der Unzweckmäßigkeit oder des Versagens der Hard- und Software technischer Infrastrukturen verstanden, welche die Verfügbarkeit, Integrität, Zugänglichkeit und Sicherheit dieser Infrastrukturen oder der Daten beeinträchtigen können.[188] Neueren Definitionen zufolge wird damit das Risiko von Verlusten durch die Verletzung der Vertraulichkeit, das Versagen der System- und Datensicherheit, die Unangemessenheit oder Nichtverfügbarkeit von Systemen und Daten oder die Unfähigkeit, die IT innerhalb angemessener Zeit und mit angemessenem Aufwand zu ändern, wenn sich die Umgebungsbedingungen oder die Geschäftsanforderungen ändern (z. B. Agilität), bezeichnet.[189]

162 Das IKT-Risiko kann wiederum in verschiedene Risikokategorien unterteilt werden, die durch geeignete Wahl der Risikofaktoren beim Stresstest entsprechend berücksichtigt werden müssten. Unter dem »IKT-Verfügbarkeits- und Kontinuitätsrisiko« wird das Risiko verstanden, dass die Leistung und die Verfügbarkeit von IKT-Systemen und -Daten nachteilig beeinflusst werden. Dazu gehört auch die mangelnde Fähigkeit, die Dienste des Institutes infolge eines Ausfalls von IKT-Hardware- oder -Softwarekomponenten, von Schwächen im IKT-Systemmanagement oder eines sonstigen Ereignisses rechtzeitig wiederherzustellen. Das »IKT-Sicherheitsrisiko« betrifft das Risiko eines unbefugten Zugangs zu IKT-Systemen und eines unbefugten Datenzugriffs von innerhalb oder außerhalb des Institutes, z. B. durch Cyber-Attacken. Das »IKT-Änderungsrisiko« beschreibt das Risiko, das sich aus der mangelnden Fähigkeit des Institutes ergibt, IKT-Systemänderungen zeitgerecht und kontrolliert zu steuern, insbesondere was umfangreiche und komplexe Änderungsprogramme angeht. Unter dem »IKT-Datenintegritätsrisiko« wird das Risiko verstanden, dass die gespeicherten und verarbeiteten Daten über verschiedene IKT-Systeme hinweg unvollständig, ungenau oder inkonsistent sind, z. B. aufgrund mangelhafter oder fehlender IKT-Kontrollen während der verschiedenen Phasen des Lebenszyklus dieser Daten. Dies führt dazu, dass die Fähigkeit eines Institutes zur Erbringung von Dienstleistungen und zur ordnungsgemäßen und zeitgerechten Produktion von (Risiko-)Management- und Finanzinformationen beeinträchtigt wird. Der Lebenszyklus der Daten betrifft den Entwurf der Datenarchitektur, die Entwicklung des Datenmodells oder der Datenbeschreibungsverzeichnisse, die Überprüfung von Dateneingaben sowie die Kontrolle von Datenextraktionen, -übertragungen und -verarbeitungen, einschließlich der erfolgten Datenausgaben. Das »IKT-Auslagerungsrisiko« zielt auf das Risiko, dass die Beauftragung eines Dritten oder eines anderen Gruppenunternehmens (gruppeninterne Auslagerung) mit der Bereitstellung von IKT-Systemen oder der Erbringung damit zusammenhängender Dienstleistungen die Leistungsfähigkeit und das Risikomanagement des Institutes nachteilig beeinflusst.[190] Die EBA hat diesen fünf Risikokategorien zur besseren Orientierung eine nicht erschöpfende Liste von potenziell schwerwiegenden IKT-Risiken oder IKT-Risiken mit operationellen, reputationsbezogenen oder finanziellen Auswirkungen zugeordnet.[191]

163 Die IT-Systeme (Hardware- und Software-Komponenten) und die zugehörigen IT-Prozesse müssen die Integrität, die Verfügbarkeit, die Authentizität sowie die Vertraulichkeit der Daten sicherstellen (→ AT 7.2 Tz. 2). Nähere Vorgaben dazu finden sich in den Bankaufsichtlichen Anforderungen an die IT (BAIT).

---

188 Vgl. European Banking Authority, Guidelines on common procedures and methodologies for the supervisory review and evaluation process (SREP) and supervisory stress testing, EBA/GL/2014/13, Consolidated version, 19. Juli 2018, S. 23.

189 Vgl. European Banking Authority, Guidelines on common procedures and methodologies for the supervisory review and evaluation process (SREP) and supervisory stress testing, EBA/GL/2014/13, Consolidated version, 19. Juli 2018, S. 23.

190 Vgl. European Banking Authority, Leitlinien für die IKT-Risikobewertung im Rahmen des aufsichtlichen Überprüfungs- und Bewertungsprozesses (SREP), EBA/GL/2017/05, 11. September 2017, S. 3 f.

191 Vgl. European Banking Authority, Leitlinien für die IKT-Risikobewertung im Rahmen des aufsichtlichen Überprüfungs- und Bewertungsprozesses (SREP), EBA/GL/2017/05, 11. September 2017, S. 27 ff.

Bei der Bewertung des Risikomanagements und der internen Kontrollen des Institutes müssen **164** die zuständigen Behörden für die Zwecke des SREP u.a. prüfen, ob die IKT-Risiken bei den operationellen Risiken unter normalen und adversen Bedingungen angemessen berücksichtigt sind.[192] Insofern müssen die Institute auch in diesem Bereich geeignete Stresstests durchführen. Hier wird allerdings weniger eine Auswirkung auf das Eigenkapital oder die Gewinn- und Verlustrechnung simuliert, als vielmehr die Widerstandsfähigkeit des Institutes gegenüber diesen Risiken untersucht. Die Angemessenheit des Risikomanagements hinsichtlich der IKT-Risiken wird neben der Beachtung entsprechender Industriestandards im IT-Bereich vor allem an folgenden Gesichtspunkten festgemacht: der Qualität und Wirksamkeit von Tests und Plänen zur Aufrechterhaltung des Geschäftsbetriebes, der Sicherheit des internen und externen Zugangs zu Systemen und Daten, der Genauigkeit und Integrität der für Berichterstattung, Risikomanagement, Rechnungslegung, Bestandsführung usw. verwendeten Daten sowie der Agilität hinsichtlich der Durchführung von notwendigen Anpassungen, wobei die Komplexität der IT-Architektur sowie deren Auswirkung auf die vorstehenden Elemente zu berücksichtigen sind. Die zuständigen Behörden werden beim SREP dazu insbesondere Berichte über interne Zwischenfälle und ggf. interne Prüfberichte sowie weitere Indikatoren heranziehen, die vom Institut zur Messung und Überwachung des IKT-Risikos verwendet werden. Um festzustellen, in welchem Ausmaß sich das IKT-Risiko auf Verluste oder einen Reputationsschaden für das Institut auswirken kann, werden sie auch entsprechende Stresstestergebnisse verwenden.[193]

2.23 Stresstests aufgrund von Modellrisiken

Im Rahmen des SREP werden die zuständigen Behörden auch das Modellrisiko bewerten, das sich **165** aus der Verwendung interner Modelle in den wesentlichen Geschäftsbereichen und Geschäftstätigkeiten ergibt.[194] Dabei unterscheidet die EBA zwischen dem Risiko einer Unterschätzung der Eigenmittelanforderungen durch die genehmigungspflichtigen Modelle und dem Risiko von Verlusten, die durch vom Institut entwickelte, umgesetzte oder nicht korrekt verwendete andere Modelle für Entscheidungsprozesse herbeigeführt werden können, wie z.B. zum Pricing, zur Bewertung von Finanzinstrumenten oder zur Limit-Überwachung. Das Modellrisiko der internen Modelle für die Zwecke der ersten Säule sollte in die Bewertung der jeweiligen Kapitalrisiken einfließen. Das Risiko hinsichtlich der anderen Modelle, die vornehmlich für die Zwecke der zweiten Säule genutzt werden, sollte im Rahmen der Bewertung des operationellen Risikos berücksichtigt werden.[195]

Die EBA verweist für die Zwecke der ersten Säule auf die Definitionen und Anforderungen, die in **166** der gemäß Art. 312 Abs. 4 CRR erlassenen Delegierten Verordnung der Kommission festgelegt sind.[196] Darauf wurde bereits im Einführungsteil zu diesem Modul ausführlich eingegangen. Die EBA weist in diesem Zusammenhang insbesondere darauf hin, dass sich das Modellrisiko in schweren

---

192 Vgl. European Banking Authority, Leitlinien für die IKT-Risikobewertung im Rahmen des aufsichtlichen Überprüfungs- und Bewertungsprozesses (SREP), EBA/GL/2017/05, 11. September 2017, S. 11.

193 Vgl. European Banking Authority, Guidelines on common procedures and methodologies for the supervisory review and evaluation process (SREP) and supervisory stress testing, EBA/GL/2014/13, Consolidated version, 19. Juli 2018, S. 110.

194 Vgl. European Banking Authority, Guidelines on common procedures and methodologies for the supervisory review and evaluation process (SREP) and supervisory stress testing, EBA/GL/2014/13, Consolidated version, 19. Juli 2018, S. 110.

195 Vgl. European Banking Authority, Guidelines on common procedures and methodologies for the supervisory review and evaluation process (SREP) and supervisory stress testing, EBA/GL/2014/13, Consolidated version, 19. Juli 2018, S. 104 f.

196 Delegierte Verordnung (EU) Nr. 529/2014 der Kommission vom 12. März 2014 zur Ergänzung der Verordnung (EU) Nr. 575/2013 des Europäischen Parlaments und des Rates durch technische Regulierungsstandards für die Beurteilung der Wesentlichkeit von Erweiterungen und Änderungen des auf internen Beurteilungen basierenden Ansatzes und des fortgeschrittenen Messansatzes, Amtsblatt der Europäischen Union vom 20. Mai 2014, L 148/36-49.

AT 4.3.3 Stresstests

Stressszenarien erhöht und zu einem Ausfall der Modellvorhersagbarkeit führen kann.[197] Dies sollte nicht nur bei den Stresstests für die Zwecke der ersten Säule berücksichtigt werden.

167 Mit Blick auf das Risiko aus der Verwendung von Modellen für die Zwecke der zweiten Säule wird von den Instituten erwartet, dass sie sich dessen Auswirkungen bewusst sind und diesen auf angemessene Weise begegnen. Dafür sollten die Institute insbesondere beurteilen, welche Bedeutung die jeweiligen Entscheidungsprozesse für das Institut haben, und auf dieser Basis angemessene Kontrollmechanismen einrichten. In der Regel werden derartige Modelle vorrangig beim Handel mit Finanzinstrumenten, bei der Risikomessung und dem Risikomanagement sowie bei der Kapitalallokation eingesetzt und zuvor intern abgenommen. Die Kontrollmechanismen können z. B. auf eine interne Validierung, einen Rückvergleich (»Backtesting«) oder eine Überprüfung auf Basis von Expertenurteilen hinauslaufen. Für diejenigen Geschäftsbereiche, die Modelle in höherem Maße nutzen, kann mit Hilfe von Stresstests beurteilt werden, wie bedeutend die Auswirkung des Modellrisikos sein kann.[198] In der Praxis werden zu diesem Zweck vorrangig Sensitivitätsanalysen für einzelne Risikofaktoren durchgeführt.

168 Bei Verwendung von Modellen zur Berechnung des Kapitalbedarfes für bestimmte Risikoarten sollten die jeweiligen Besonderheiten dieser Risikoarten angemessen berücksichtigt werden. Zum Beispiel sollte sich das zusätzliche Risiko im Zusammenhang mit der Kreditvergabe in Fremdwährungen in höheren Risikogewichten dieser Aktiva niederschlagen. Die nicht abschließende Liste der in den Modellen verwendeten Variablen sollte Zinsdisparitäten, Kredit-LTV, Währungs-Kreuzkorrelation und Volatilitäten umfassen. Die Institute sollten mögliche Schwächen interner Modelle berücksichtigen, die z. B. darauf zurückzuführen sein können, dass sich die Geldpolitik in Krisenzeiten vielfach auf die Stimulierung der Realwirtschaft durch eine deutliche Senkung der Referenzzinsen konzentriert, und Währungsaufwertungen teilweise durch sinkende Zinssätze ausgeglichen werden, was aufgrund der beschränkten oder nicht vorhandenen Möglichkeiten insbesondere im Niedrig- oder Nullzinsumfeld zu einer Unterschätzung des Fremdwährungskreditrisikos führen kann.[199]

169 Der Baseler Ausschuss für Bankenaufsicht erwartet, dass die Modelle dem jeweiligen Zweck der Stresstests entsprechen. Das läuft vor allem darauf hinaus, die Abdeckung, Segmentierung und Granularität der Daten und Risikoarten im Einklang mit den Zielen des Stresstestprogramms angemessen zu definieren sowie die Komplexität der Modelle an den Zielen der Übung sowie der Art und der Bedeutung der untersuchten Portfolios zu orientieren. An der Modellentwicklung sollten neben den Fachexperten auch die vom Stresstest direkt Betroffenen beteiligt sein, um Einblicke in die zu modellierenden Risiken zu gewinnen und die Geschäftsziele, Geschäftsfaktoren, Risikofaktoren und andere für den Stresstest relevanten Informationen zu identifizieren. Die Wechselwirkungen zwischen den verschiedenen Risikoarten sowie die Verknüpfungen zwischen den Modellen sollten berücksichtigt werden, ebenso die Zusammenhänge zwischen Solvenz- und Liquiditätsstresstests. Besonders betont wird die Verwendung von Expertenschätzungen zur Qualitätssicherung. Für die Stresstests sollten zudem angemessene Prozesse zur Inventarisierung und zum Management der Modelle vorhanden sein, einschließlich einer robusten Validierungsfunktion.[200]

---

197 Vgl. European Banking Authority, Final Report – Guidelines on institution's stress testing, EBA/GL/2018/04, 19. Juli 2018, S. 32.

198 Vgl. European Banking Authority, Guidelines on common procedures and methodologies for the supervisory review and evaluation process (SREP) and supervisory stress testing, EBA/GL/2014/13, Consolidated version, 19. Juli 2018, S. 110 f.

199 Vgl. European Banking Authority, Final Report – Guidelines on institution's stress testing, EBA/GL/2018/04, 19. Juli 2018, S. 46 f.

200 Vgl. Basel Committee on Banking Supervision, Stress testing principles, BCBS d450, 17. Oktober 2018, S. 8 f.

2.24 Stresstests für Liquiditätsrisiken

»Liquiditäts- und Refinanzierungsrisiken« sind spezielle Risiken, die sich im Falle ihres Eintritts in **170** aufsichtlicher Hinsicht wesentlich auf die Liquidität des Institutes über unterschiedliche Zeithorizonte auswirken.[201] Das Liquiditätsrisiko deckt dabei den kurzfristigen Bereich von bis zu einem Jahr ab. Das »Refinanzierungsrisiko« ist konkret das Risiko, dass das Institut mittel- und langfristig über keine stabilen Refinanzierungsquellen verfügt, was das bestehende oder künftige Risiko in sich birgt, dass das Institut seinen finanziellen Verpflichtungen wie Zahlungen und benötigten Sicherheiten, die mittel- bis langfristig fällig sind, gar nicht oder nicht ohne inakzeptable Erhöhung seiner Refinanzierungskosten nachkommen kann.[202] Stresstests für Liquiditätsrisiken werden an anderer Stelle ausführlich behandelt (→ BTR 3.1 Tz. 8 und BTR 3.2 Tz. 3).

2.25 Stresstests für Risikokonzentrationen

Da Stresstests die Zusammenhänge zwischen Risikofaktoren und ihren Auswirkungen auf ein **171** Institut unter ungünstigen ökonomischen Bedingungen aufdecken können, sind sie insbesondere dazu geeignet, Risikokonzentrationen zu identifizieren. Die Stresstests haben sich deshalb auch auf die angenommenen Risikokonzentrationen innerhalb und zwischen den Risikoarten zu erstrecken. Die Aufsicht unterscheidet dabei zwischen Intra-Risikokonzentrationen, die auf den Gleichlauf von Risikopositionen innerhalb einer Risikoart zurückzuführen sind, und Inter-Risikokonzentrationen, die durch den Gleichlauf von Risikopositionen über verschiedene Risikoarten hinweg zustande kommen (→ AT 2.2 Tz. 1, Erläuterung). So sollten Portfolios und Geschäftsfelder bzw. -bereiche zur Ermittlung von Intra- und Inter-Risikokonzentrationen, d. h. zur Identifizierung der gemeinsamen Risikofaktoren innerhalb und zwischen Risikoarten, gestresst werden.[203] Auch in den Risikoberichten ist auf Risikokonzentrationen und deren potenzielle Auswirkungen einzugehen (→ BT 3.1 Tz. 2).

Stresstests sollten ein Schlüsselinstrument zur Identifizierung von Risikokonzentrationen sein, **172** da sie den Instituten ermöglichen, Abhängigkeiten zwischen den Engagements und versteckte Konzentrationen zu erkennen, die ggf. nur unter Stressbedingungen sichtbar werden. Die Institute sollten bei der Beurteilung von Inter-Risikokonzentrationen eine aggregierte Betrachtung anstellen, insbesondere über Markt- und Kreditrisiken hinweg, um ein besseres Verständnis über ihre potenziellen Risikokonzentrationen in Stresssituationen zu erhalten. Die Institute sollten mögliche Zusammenhänge zwischen Engagements, die bei wirtschaftlicher oder finanzieller Notlage riskant sein könnten, identifizieren und Annahmen über Abhängigkeiten und Korrelationen zwischen den Risikofaktoren in einer Stresssituation hinterfragen. Sie sollten Veränderungen im Geschäftsumfeld berücksichtigen, die zu einem Schlagendwerden des Konzentrationsrisikos führen können. Insbesondere sollten bei Stresstests ungewöhnliche, aber plausible Veränderungen der Korrelationen zwischen verschiedenen Arten von Risikofaktoren sowie extreme und ungewöhnliche Veränderungen der Risikoparameter, die über einzelne Risikofaktoren hinausgehen, berück-

---

201 Vgl. European Banking Authority, Guidelines on common procedures and methodologies for the supervisory review and evaluation process (SREP) and supervisory stress testing, EBA/GL/2014/13, Consolidated version, 19. Juli 2018, S. 24.

202 Vgl. European Banking Authority, Guidelines on common procedures and methodologies for the supervisory review and evaluation process (SREP) and supervisory stress testing, EBA/GL/2014/13, Consolidated version, 19. Juli 2018, S. 23.

203 Vgl. European Banking Authority, Final Report – Guidelines on institution's stress testing, EBA/GL/2018/04, 19. Juli 2018, S. 24.

sichtigt werden, um Szenarien zu betrachten, die zusammenhängende Risikofaktoren untersuchen und auch Zweitrundeneffekte sichtbar machen.[204]

173   Bei der Bewertung des Adressenausfallrisikos sollten unter Berücksichtigung der bilanziellen und außerbilanziellen Positionen auch die zusätzlichen Risikoquellen berücksichtigt werden, die sich aus dem ähnlichen Verhalten bestimmter Engagements ergeben können, also eine erhöhte Korrelation aufweisen. Dazu gehören u. a. Gruppen verbundener Kunden im Sinne von Art. 4 Abs. 39 CRR[205], sektorale oder geografische Konzentrationen sowie Konzentrationen hinsichtlich bestimmter Produkte bzw. Sicherheiten und Garantien. Die Institute sollten prüfen, wie sich derartige Engagements hinsichtlich derselben Risikofaktoren entwickeln. Um das Ex-ante-Konzentrationsrisiko oder die Auswirkungen des Szenarios auf die Konzentrationen zu bewerten, sollten die Institute ggf. mehr oder weniger komplexe Indikatoren heranziehen, beispielsweise den Herfindahl-Hirschman-Index (HHI) und die Gini-Koeffizienten. Die Institute sollten auf mögliche Überschneidungen zwischen verschiedenen Konzentrationen achten und dabei nicht nur die Auswirkungen addieren, sondern auch Aggregationsmethoden verwenden, die die zugrundeliegenden Risikofaktoren berücksichtigen.[206]

174   Auch bei der Bewertung ihres Risikos für unterstützte Gegenparteien oder Schattenbanken sollten die Institute Risikokonzentrationen beachten und insbesondere nicht davon ausgehen, dass Sicherheiten oder Nachschussverpflichtungen im Falle schwerer Marktschocks verfügbar sind. Die Institute sollten sich bemühen, solche korrelierten »Tail Risks« angemessen zu erfassen.[207]

2.26   Berücksichtigung von Diversifikationseffekten

175   Ebenso zu berücksichtigen sind Diversifikationseffekte innerhalb und zwischen den Risikoarten. Im Grunde wird von der Aufsicht erwartet, unter Stressbedingungen die normalerweise geltenden Diversifikationseffekte kritisch zu hinterfragen bzw. die Auswirkungen zu prüfen, wenn diese nicht mehr gelten.

176   Inter-Risikodiversifikationen werden von den zuständigen Behörden im Rahmen des SREP grundsätzlich nicht anerkannt. Die EZB erwartet von den bedeutenden Instituten, dies im Rahmen des ICAAP zu bedenken und Inter-Risikodiversifikationen bei der Beurteilung der Angemessenheit ihres internen Kapitals zurückhaltend anzuwenden. Zumindest müssen Inter-Risikodiversifikationen transparent gemacht werden, indem neben den Nettowerten auch die Bruttowerte ohne entsprechende Effekte angegeben werden. Da sich die meisten Diversifikationseffekte nach Ansicht der EZB unter Stressbedingungen auflösen oder nichtlinear verhalten bzw. in einem Extremszenario sogar gegenseitig verstärken, sollen die Institute dies außerdem bei ihren Stresstests und ihrer Kapitalplanung berücksichtigen.[208]

---

204 Vgl. European Banking Authority, Final Report – Guidelines on institution's stress testing, EBA/GL/2018/04, 19. Juli 2018, S. 44 f.

205 Siehe auch European Banking Authority, Leitlinien zu verbundenen Kunden gemäß Artikel 4 Absatz 1 Nummer 39 der Verordnung (EU) Nr. 575/2013, EBA/GL/2017/15, 23. Februar 2018.

206 Vgl. European Banking Authority, Final Report – Guidelines on institution's stress testing, EBA/GL/2018/04, 19. Juli 2018, S. 45 f.

207 Vgl. European Banking Authority, Final Report – Guidelines on institution's stress testing, EBA/GL/2018/04, 19. Juli 2018, S. 36.

208 Vgl. Europäische Zentralbank, Aufsichtliche Erwartungen an ICAAP und ILAAP sowie harmonisierte Erhebung von ICAAP- und ILAAP-Informationen, Schreiben von Daniele Nouy an die Geschäftsleitung bedeutender Banken vom 8. Januar 2016, Anhang A, S. 4.

3 Stresstests für das Gesamtrisikoprofil (Tz. 2)

2 Regelmäßige und ggf. anlassbezogene Stresstests sind auch für das Gesamtrisikoprofil **177**
des Institutes durchzuführen. Dazu sind ausgehend von Art, Umfang, Komplexität und
Risikogehalt der Geschäftsaktivitäten geeignete übergeordnete Szenarien zu definieren, die
sowohl instituteigene als auch marktweite Ursachen berücksichtigen. Deren potenzielle
Auswirkungen auf die wesentlichen Risikoarten sind kombiniert in einer Weise abzubilden,
die die Wechselwirkungen zwischen den Risikoarten berücksichtigt.

3.1 Änderung der Betrachtungsweise

Im Rahmen ihrer Gesamtverantwortung für die ordnungsgemäße Geschäftsorganisation des **178**
Institutes haben die Geschäftsleiter gemäß § 25c Abs. 4a Satz 1 Nr. 3 lit. f KWG dafür Sorge zu
tragen, dass regelmäßig angemessene Stresstests für die wesentlichen Risiken und für das Gesamt-
risikoprofil des Institutes durchgeführt werden und auf Grundlage der Ergebnisse möglicher
Handlungsbedarf geprüft wird. Eine vergleichbare Anforderung besteht nach § 25c Abs. 4b Satz 2
Nr. 3 lit. f KWG auch für das Gesamtrisikoprofil auf Gruppenebene (→ AT 4.5 Tz. 5).

Das Erfordernis der Durchführung von Stresstests für das Gesamtrisikoprofil des Institutes ergibt **179**
sich auch aus den Vorgaben der EBA. Dies lässt sich zumindest im Umkehrschluss ableiten, da die
Institute sicherstellen sollten, dass ihre Geschäftsleitung in der Lage ist, die Auswirkungen von
Stressereignissen auf das Gesamtrisikoprofil des Institutes vollständig zu verstehen.[209]

Das Gesamtrisikoprofil entspricht im Grunde einer aggregierten Betrachtung sämtlicher Risiken, **180**
denen ein Institut im Rahmen seiner Geschäftstätigkeit ausgesetzt ist. Es wird von den Instituten
regelmäßig und anlassbezogen im Rahmen der Risikoinventur ermittelt und dient in erster Linie
dazu, dass bei der Beurteilung der Wesentlichkeit der Risiken kein Aspekt (keine Risikoart) außer
Acht gelassen wird (→ AT 2.2 Tz. 1). Im Gegensatz zu den regelmäßig und anlassbezogen durchzuführenden Stresstests für die einzelnen wesentlichen Risiken (→ AT 4.3.3 Tz. 1) geht es hierbei
um eine ganzheitliche Betrachtung der Auswirkungen bestimmter Szenarien auf das gesamte
Institut. Insofern bestehen gewisse Überschneidungen zur Ermittlung und Beurteilung von Inter-
Risikokonzentrationen in Stresssituationen. Im besonderen Fokus stehen dabei die Wechselwirkungen zwischen den verschiedenen Risikoarten.

Im Rahmen von Szenarioanalysen müssen sämtliche Organisationsbereiche berücksichtigt **181**
werden, die davon wesentlich betroffen sind, damit die Auswirkungen der einzelnen Szenarien
auf das Institut insgesamt beurteilt werden können. Zu diesem Zweck sollte zunächst geprüft
werden, in welchen Bereichen des Institutes die vorgesehene Änderung der wesentlichen Risikofaktoren relevante Auswirkungen zur Folge hat. Anschließend sollten die Stresstests unter Einbeziehung dieser Bereiche, also auf Institutsebene, durchgeführt werden. Dabei können Bereiche,
die von einer Variation der untersuchten Risikofaktoren nicht oder nur unwesentlich betroffen
sind, ggf. ausgeblendet werden.

Von den Instituten sollte berücksichtigt werden, dass die Risiken auf Institutsebene durch **182**
einfache Aggregation von Stresstests für Portfolios, einzelne Risikobereiche oder Geschäftseinheiten nicht hinreichend gut abgebildet werden können. Korrelationen, Kompensationen einzel-

---

209 Vgl. European Banking Authority, Final Report – Guidelines on institution's stress testing, EBA/GL/2018/04, 19. Juli
 2018, S. 20 f.

ner Engagements und Konzentrationen können entweder zu einer Doppelzählung von Risiken oder zu einer Unterschätzung der Auswirkungen gestresster Risikofaktoren führen. Auf Instituts-ebene können auch spezifische Gruppenrisiken auftreten. Daher sollten die Institute sicherstellen, dass alle wesentlichen Risiken und ihre jeweiligen Risikofaktoren auch auf institutsweiter Ebene identifiziert werden. Dabei sollte den Risikokonzentrationen auf ganzheitlicher Basis besondere Aufmerksamkeit geschenkt werden.[210]

183 International tätige Institute oder Gruppen sollten ergänzend auch Stresstests für bestimmte geographische Regionen, Unternehmens- oder Geschäftsbereiche durchführen, um die verschie-denen Risikofaktoren für diese Ebenen zu berücksichtigen.[211]

3.2 Berücksichtigung der Wechselwirkungen zwischen den Risikoarten

184 CEBS hatte als Konsequenz aus der Finanzmarktkrise bereits 2010 gefordert, die Notwendigkeit im Auge zu behalten, außerbilanzielle Gesellschaftskonstruktionen aus Reputationsgründen auf die eigene Bilanz nehmen zu müssen. Daher sollten die Stresstestprogramme Szenarien zur Beur-teilung der Größe und Tragfähigkeit dieser Gesellschaftskonstruktionen im Vergleich zur eigenen Finanz-, Liquiditäts- und Kapitalposition umfassen. Um Folgewirkungen zu begrenzen und das Marktvertrauen aufrechtzuerhalten, sollten die Institute Verfahren zur Messung der Auswirkung von Reputationsrisiken auf andere Risikoarten entwickeln, mit besonderem Schwerpunkt auf Adressenausfall-, Markt- und Liquiditätsrisiken.[212] Derartige Auswirkungen sind allerdings ebenso in umgekehrter Richtung denkbar.[213]

185 Auch fast zehn Jahre später wird das »Reputationsrisiko« häufig als erstes genannt, wenn es um die Wechselwirkungen zwischen verschiedenen Risikoarten geht. Es bezeichnet das bestehende oder künftige Risiko eines Institutes in Bezug auf seine Erträge, seine Eigenmittel oder seine Liquidität infolge einer Schädigung seines Rufes.[214] Insofern ist es für jene Institute von besonderer Bedeutung, die mit börsennotierten Aktien bzw. Schuldtiteln oder in Interbankenmärkten operie-ren.[215] Das Reputationsrisiko sollte den Vorstellungen der EBA zufolge als Unterkategorie beim operationellen Risiko eingeordnet werden, da sich die meisten operationellen Risikoereignisse entscheidend auf die Reputation eines Institutes auswirken und diese beiden Risiken somit wirkungsbezogen eng zusammenhängen.[216]

186 Dabei handelt es sich allerdings nur um eine formale Zuordnung. Die Behandlung des Reputa-tionsrisikos erfolgt in der Praxis häufig als eigenständige Risikokategorie. Das ist vor allem darauf zurückzuführen, dass die Risikoarten vorrangig ursachenbezogenen definiert werden. Die Ursa-che des operationellen Risikos sind Verfahren, Menschen, Systeme und externe Ereignisse. Die

---

210 Vgl. European Banking Authority, Final Report – Guidelines on institution's stress testing, EBA/GL/2018/04, 19. Juli 2018, S. 24.

211 Vgl. European Banking Authority, Final Report – Guidelines on institution's stress testing, EBA/GL/2018/04, 19. Juli 2018, S. 25.

212 Vgl. Committee of European Banking Supervisors, Revised Guidelines on Stress Testing (GL 32), 26. August 2010, S. 33.

213 Vgl. European Banking Authority, Guidelines on common procedures and methodologies for the supervisory review and evaluation process (SREP) and supervisory stress testing, EBA/GL/2014/13, Consolidated version, 19. Juli 2018, S. 112.

214 Vgl. European Banking Authority, Guidelines on common procedures and methodologies for the supervisory review and evaluation process (SREP) and supervisory stress testing, EBA/GL/2014/13, Consolidated version, 19. Juli 2018, S. 24.

215 Vgl. European Banking Authority, Guidelines on common procedures and methodologies for the supervisory review and evaluation process (SREP) and supervisory stress testing, EBA/GL/2014/13, Consolidated version, 19. Juli 2018, S. 111.

216 Vgl. European Banking Authority, Guidelines on common procedures and methodologies for the supervisory review and evaluation process (SREP) and supervisory stress testing, EBA/GL/2014/13, Consolidated version, 19. Juli 2018, S. 104.

Wirkung kann ein Reputationsschaden sein – letzterer kann aber auch aus vielen anderen Risikoarten resultieren.

Verschiedene Wechselwirkungen bestehen jedoch auch zwischen den anderen Risikoarten. **187** Insbesondere zu Beginn der Finanzmarktkrise im Sommer 2007 war zu beobachten, dass erhöhte Markt- und Kreditrisiken bei gestiegener Unsicherheit über die Risikoabsorptionsfähigkeit der Marktteilnehmer schnell zu Verwerfungen in bestimmten Marktsegmenten und zu gravierenden Liquiditätsengpässen führen können. Ebenso kann das operationelle Risiko eines Ausfalls wichtiger Abwicklungs- bzw. Zahlungsverkehrssysteme erhebliche Auswirkungen auf das Liquiditätsrisiko haben. Darüber hinaus könnten bei einem Institut, das in Verbriefungen (ABS) und Credit Default Swaps (CDS) investiert, gleichzeitig Markt- und Kreditrisiken auftreten, wenn die ABS-Werte fallen und das Institut durch die Ratingagenturen herabgestuft wird. Greifen wegen der Herabstufung bestimmte Klauseln in den CDS-Kontrakten (»Trigger«), muss das Institut weitere Verpflichtungen erfüllen (z. B. die Lieferung zusätzlicher Sicherheiten). Dies wiederum schränkt die Möglichkeiten besicherter Refinanzierungen ein. In der Konsequenz könnte das Institut dazu veranlasst werden, ABS zu Unzeiten zu verkaufen (»Fire Sales«), was zu einer weiteren Verringerung des Portfoliowertes führen würde.[217]

Die Institute sollten sich aber auch möglicher indirekter Effekte der Zinsänderungsrisiken **188** bewusst sein, die an anderer Stelle Verluste auslösen könnten. Zum Beispiel könnte ein Durchreichen von (vergleichsweise hohen) Kreditzinsen aufgrund einer damit verbundenen Verschlechterung der Zahlungsfähigkeit der Kunden weitere Kreditverluste auslösen.[218] Bei den institutsweiten Stresstests sollten das Zusammenspiel der Zinsänderungsrisiken im Anlagebuch mit anderen Risikoarten, wie z. B. Kreditrisiken, Liquiditätsrisiken und Marktpreisrisiken, und etwaige Zweitrundeneffekte berechnet werden.[219] Dasselbe gilt für die operationellen Risiken und deren Zusammenhang mit den Liquiditäts- und Eigenmittelanforderungen. Die Institute sollten das mögliche Zusammenspiel von operationellen Risikoverlusten mit Kredit- und Marktpreisrisiken sorgfältig analysieren.[220] Auch bei der Konzeption von Szenarien für Adressenausfallrisiken sollten die Institute die Auswirkungen von Stressereignissen auf andere Risikoarten, z. B. Liquiditätsrisiken und Marktpreisrisiken, sowie die Möglichkeit von Folgewirkungen (»spillover effects«) berücksichtigen, die durch die Reaktionen einzelner Institute auf ein externes Stressereignis hervorgerufen werden können.[221]

3.3 Definition übergeordneter Szenarien

Wie bereits ausgeführt, können mit Hilfe von Sensitivitätsanalysen jene Risikofaktoren identifi- **189** ziert werden, die einen erheblichen Einfluss auf das Risikoprofil bzw. auf die Vermögens-, Ertrags- oder Liquiditätssituation eines Institutes und damit auf seine Anfälligkeit gegenüber bestimmten Ereignissen haben. Diese Erkenntnisse werden i. d. R. zur Festlegung geeigneter Szenarien genutzt, mit denen die wesentlichen Risikofaktoren kombiniert gestresst werden können (→ AT 4.3.3 Tz. 1). Das funktioniert nicht nur für Stresstests hinsichtlich einzelner Risikoarten,

---

217 Vgl. Committee of European Banking Supervisors, Revised Guidelines on Stress Testing (GL 32), 26. August 2010, S. 21.
218 Vgl. European Banking Authority, Final Report – Guidelines on institution's stress testing, EBA/GL/2018/04, 19. Juli 2018, S. 44.
219 Vgl. European Banking Authority, Final Report – Guidelines on the management of interest rate risk arising from non-trading book activities, EBA/GL/2018/02, 19. Juli 2018, S. 35.
220 Vgl. European Banking Authority, Final Report – Guidelines on institution's stress testing, EBA/GL/2018/04, 19. Juli 2018, S. 39 f.
221 Vgl. European Banking Authority, Final Report – Guidelines on institution's stress testing, EBA/GL/2018/04, 19. Juli 2018, S. 35.

sondern ebenso mit Blick auf das Gesamtrisikoprofil eines Institutes. Von besonderem Interesse sind dabei jene Risikofaktoren, die für verschiedene Risikoarten eine wesentliche Rolle spielen und im Stressfall auch Auswirkungen auf die Wechselwirkungen zwischen den Risikoarten haben.

190 Die Aufsicht fordert zunächst, geeignete übergeordnete Szenarien auf Basis der Verwundbarkeiten des Institutes zu definieren, die sowohl institutseigene als auch marktweite Ursachen berücksichtigen. Auf welche Weise diese übergeordneten Szenarien festgelegt werden, bleibt den Instituten überlassen. Insofern ist es sowohl möglich, auf den bereits für die einzelnen Risikoarten definierten Szenarien aufzusetzen und daraus geeignete übergeordnete Szenarien abzuleiten, als auch von übergeordneten Szenarien auszugehen und diese anschließend auf die einzelnen Risikoarten anzupassen. Letztgenannte Vorgehensweise liegt auch dem EU-weiten Stresstest zugrunde, sodass zumindest einige Institute damit regelmäßig Erfahrungen sammeln. Sofern auf die risikoartenspezifischen Szenarien zurückgegriffen wird, sollten jene Szenarien miteinander kombiniert werden, die für sich betrachtet hinreichend schwere Auswirkungen haben, sofern sie konsistent sind.

191 Konkrete Vorgaben, welche institutseigenen und marktweiten Ursachen von den Instituten zu berücksichtigen sind, werden in den MaRisk nur für Liquiditätsrisiken gemacht ($\rightarrow$ BTR 3.1 Tz. 8 und BTR 3.2 Tz. 3). Bestimmte Vorgaben zu Stressszenarien für Zinsänderungsrisiken im Anlagebuch ergeben sich aus Art. 98 Abs. 5 CRD IV, wonach von den zuständigen Behörden zumindest dann Maßnahmen zu ergreifen sind, wenn der wirtschaftliche Wert eines Institutes aufgrund einer plötzlichen und unerwarteten Zinsänderung von 200 Basispunkten oder einer in den Leitlinien der EBA definierten Änderung um mehr als 20 % der Eigenmittel absinkt. Nach § 25a Abs. 2 KWG kann die BaFin Regelungen zur Ausgestaltung dieser Zinsänderung und zur Ermittlungsmethodik der Auswirkungen auf den Barwert bezüglich der Zinsänderungsrisiken im Anlagebuch festlegen. Davon hat die BaFin zuletzt im Mai 2018 Gebrauch gemacht.[222] Auch für Stresstests zum Adressenausfallrisiko sollen nach den Vorstellungen der EBA neben marktweiten Ursachen, wozu z. B. eine starke Konjunkturabschwächung gehören kann, die sich auf die Portfolioqualität aller Gläubiger auswirkt, sowie branchen- und regionalspezifischen Ursachen auch institutseigene Ursachen, wie z. B. der Konkurs des größten Gläubigers, und eine Kombination daraus berücksichtigt werden.[223]

192 Die Kombination von institutseigenen und marktweiten Ursachen wird auch von der EZB erwartet. So sollte die Bandbreite an adversen Szenarien in der normativen Perspektive schwerwiegende wirtschaftliche Abschwünge und finanzielle Schocks, relevante institutsspezifische Anfälligkeiten, Forderungen gegenüber bedeutenden Kontrahenten und plausible Kombinationen dieser Aspekte angemessen abdecken.[224]

193 Sofern die Institute ihr adverses Szenario in der Kapitalplanung der normativen Perspektive identisch dem schweren konjunkturellen Abschwung ($\rightarrow$ AT 4.3.3 Tz. 6) unter den im RTF-Leitfaden genannten Voraussetzungen ausgestalten ($\rightarrow$ AT 4.1 Tz. 11), erfüllen sie nach Einschätzung der deutschen Aufsichtsbehörden im Regelfall sämtliche Mindestanforderungen an Stresstests für das Gesamtrisikoprofil gemäß MaRisk.[225]

---

222 Vgl. Bundesanstalt für Finanzdienstleistungsaufsicht, Zinsänderungsrisiken im Anlagebuch, Rundschreiben 7/2018 (BA) vom 24. Mai 2018, S. 8.

223 Vgl. European Banking Authority, Final Report – Guidelines on institution's stress testing, EBA/GL/2018/04, 19. Juli 2018, S. 35.

224 Vgl. Europäische Zentralbank, Leitfaden der EZB für den bankinternen Prozess zur Sicherstellung einer angemessenen Kapitalausstattung (Internal Capital Adequacy Assessment Process – ICAAP), 9. November 2018, S. 41.

225 Vgl. Bundesanstalt für Finanzdienstleistungsaufsicht/Deutsche Bundesbank, Aufsichtliche Beurteilung bankinterner Risikotragfähigkeitskonzepte und deren prozessualer Einbindung in die Gesamtbanksteuerung (»ICAAP«) – Neuausrichtung, Leitfaden vom 24. Mai 2018, S. 17 f.

4 Festlegung der Szenarien (Tz. 3)

3 Die Stresstests haben auch außergewöhnliche, aber plausibel mögliche Ereignisse abzubil-   **194**
den. Dabei sind geeignete historische und hypothetische Szenarien darzustellen. Anhand
der Stresstests sind dabei auch die Auswirkungen eines schweren konjunkturellen Abschwungs auf Gesamtinstitutsebene zu analysieren. Bei der Festlegung der Szenarien sind die
strategische Ausrichtung des Institutes und sein wirtschaftliches Umfeld zu berücksichtigen.

4.1 Abbildung außergewöhnlicher, aber plausibel möglicher Ereignisse

Wie bereits ausgeführt, werden unter dem Oberbegriff »Stresstests« die unterschiedlichen Methoden   **195**
zusammengefasst, mit denen ein Institut seine Verlustanfälligkeit auch bezüglich außergewöhnlicher,
aber plausibel möglicher Ereignisse überprüfen kann (→ AT 4.3.3 Tz. 1, Erläuterung). Mit Blick auf die
Intention dieser Anforderung kann unter einem außergewöhnlichen Ereignis, das gleichzeitig plausibel möglich sein soll, im Grunde nur ein Ereignis verstanden werden, das mit einer sehr geringen
Eintrittswahrscheinlichkeit auftritt und vergleichsweise starke Änderungen der wesentlichen Risikofaktoren bewirkt. Derartige Ereignisse, wie z. B. ein schwerer konjunktureller Abschwung, ziehen
i. d. R. erhebliche Veränderungen der Rahmenbedingungen nach sich. Mögliche Auswirkungen sind
z. B. eine verringerte Marktliquidität, eine nachlassende Wirkung von Hedging-Maßnahmen und
Diversifikationseffekten sowie veränderte Korrelationsbeziehungen. In der Folge kann es auch zu
einer plötzlichen Konzentration von Risiken in Portfolios kommen. Gleichzeitig ist es nur noch
eingeschränkt möglich, Risiken durch das Schließen offener Positionen zu verringern. Die Herausforderungen für die Institute bestehen darin, jene Stresstestmethoden zu wählen, die am besten zu
ihrem Risikoprofil und ihrer Risikosystematik passen, sowie darauf zu achten, dass die durchgeführten
Stresstests ökonomische Zusammenhänge sinnvoll abbilden und hinreichend plausibel sind.[226]

4.2 Ereignisse unterschiedlicher Schweregrade

Auch wenn dies nicht explizit gefordert wird, ergibt sich implizit aus dem Regelungstext, dass das   **196**
Stresstestprogramm eine Reihe von plausiblen Szenarien mit unterschiedlichen Schweregraden
umfassen muss. Nach den Vorstellungen der EBA sollten die Institute sowohl bei Sensitivitäts- als
auch bei Szenarioanalysen unterschiedliche Schweregrade berücksichtigen.[227]

Die Szenarien sollten so ausgestaltet sein, dass die Stresstests über den gesamten Konjunktur-   **197**
zyklus hinweg aussagekräftig im Hinblick auf die Stabilität des Institutes sind. Wenn eine
Rezession eintritt, muss nicht zwangsläufig ein höheres Stressniveau angenommen werden.
Gegebenenfalls kann es dann auch genügen, die unter normalen Umständen gewählten Szenarien
lediglich durch spezifische Schocks (z. B. der Zinssätze oder der Wechselkurse) zu ergänzen. Bei

---

226 Vgl. Bühn, Andreas/Klauck, Kai-Oliver, Mit modernen Stresstests das Risikoprofil analysieren, in: Betriebswirtschaftliche
Blätter, Heft 6/2007, S. 352.
227 Vgl. European Banking Authority, Final Report – Guidelines on institution's stress testing, EBA/GL/2018/04, 19. Juli
2018, S. 29.

AT 4.3.3 Stresstests

der Entwicklung der Stresstestmethoden einschließlich der Szenarien und der Festlegung möglicher Maßnahmen sollten die Institute deshalb darauf achten, in welcher Phase innerhalb des Konjunkturzyklus sie sich gerade befinden.[228]

198   Szenarien können absolute oder relative Veränderungen der Risikofaktoren beinhalten. Grundsätzlich sollten die Institute in den Szenarien beide Aspekte berücksichtigen. Eine absolute Veränderung der Risikofaktoren hat zyklusneutral immer denselben Schweregrad, der insofern nicht vom aktuellen Niveau abhängt. Die Auswirkung wäre in einer Abschwungphase allerdings geringer als in einem günstigen wirtschaftlichen Umfeld. Eine relative Veränderung der Risikofaktoren führt hingegen zu einer Belastung der jeweils vorherrschenden Situation und würde sich damit in einer Abschwungphase stärker auswirken. Andererseits würde z. B. eine relative negative Veränderung des Bruttoinlandsproduktes (BIP) bei einem sehr positiven Ausgangsniveau nicht unbedingt zu einem starken Stresseffekt in absoluten Zahlen führen. Die Institute sollten sicherstellen, dass ihre Wahl der Szenarien sowohl in absoluter als auch in relativer Hinsicht hinreichend streng ist. Die Auswahl der Szenarien und ihre Auswirkungen auf den Schweregrad sollten begründet und dokumentiert werden.[229]

199   Die Stresstests sollten in konsistenter Weise im gesamten Institut verwendet werden, wobei die Auswirkungen identischer Szenarien nicht notwendigerweise für alle Geschäftsbereiche gleichermaßen schwerwiegend sind. Die Institute sollten daher hinreichend schwerwiegende Szenarien in Bezug auf spezifische Portfolios und die spezifischen Risikoarten durchführen, die ihr Geschäftsmodell betreffen. Zum Beispiel würden für ein Immobilienportfolio ein starker Rückgang der Immobilienpreise, eine hohe Arbeitslosigkeit und ein Rückgang des Bruttoinlandsproduktes einem schwerwiegenden Szenario entsprechen. Von einem international tätigen Institut wird auch erwartet, Stresstests auf der Ebene der Geschäftseinheiten in bestimmten geographischen Regionen durchzuführen. Die Institute sollten insgesamt sicherstellen, dass die Stresstests auf strengen, aber plausiblen Szenarien beruhen und der Schweregrad den jeweiligen Zweck widerspiegelt. Die Szenarien sollten insofern aussagekräftig sein, als sie sich mit den für das Institut im Hinblick auf seine Stabilität relevanten Risiken unter ungünstigen Bedingungen befassen. Bei systemrelevanten Banken sollte zudem die Stabilität des Finanzsystems in allen Phasen des Konjunkturzyklus und bei Marktschwankungen inkl. der Refinanzierungsmärkte beleuchtet werden.[230]

200   Zur Beurteilung des angemessenen Schweregrades der Szenarien sollten diese auch mit jenen Szenarien verglichen werden, die beim inversen Stresstest verwendet werden. Die Institute sollten die durch die inversen Stresstests ermittelten Szenarien als Ergänzung zu den von ihnen durchgeführten Stresstests und zu Vergleichszwecken verwenden, um den Gesamtschweregrad zu bewerten und so die Identifizierung schwerer, aber dennoch plausibler Szenarien zu ermöglichen.[231]

201   Außergewöhnliche Stressereignisse gab es bereits in der Vergangenheit und wird es vermutlich auch immer wieder geben.[232] Beispiele dafür sind die Weltwirtschaftskrise (1929), die Dollarkrise (1971), die Ölkrise (1973), die großen Börsen-Crashs (1987, 1994), der Golfkrieg (1990/91), die EWS-Krise (1992), der Rentenmarktcrash (1994), die Währungskrisen in Lateinamerika (1994/95), Asien (1997/98) und Russland (1998), der Zusammenbruch des erst vier Jahre zuvor von John Meriwether gegründeten Hedgefonds Long-Term Capital Management (1998), an dessen

---

228 Vgl. European Banking Authority, Final Report – Guidelines on institution's stress testing, EBA/GL/2018/04, 19. Juli 2018, S. 26.

229 Vgl. European Banking Authority, Final Report – Guidelines on institution's stress testing, EBA/GL/2018/04, 19. Juli 2018, S. 30.

230 Vgl. European Banking Authority, Final Report – Guidelines on institution's stress testing, EBA/GL/2018/04, 19. Juli 2018, S. 29 f.

231 Vgl. European Banking Authority, Final Report – Guidelines on institution's stress testing, EBA/GL/2018/04, 19. Juli 2018, S. 30 f.

232 Zahlreiche Beispiele können den Anhängen einer Veröffentlichung der Bank für Internationalen Zahlungsausgleich entnommen werden. Vgl. Committee on the Global Financial System, Stress testing at major financial institutions: survey results and practice, Januar 2005, S. 18 ff.

Leitung auch die beiden Nobelpreisträger Myron Samuel Scholes und Robert C. Merton beteiligt waren, die von den Internetfirmen ausgelöste Börsenblase (2000), die auch als »Dot-com Bubble« bekannt wurde, die Währungskrise in Argentinien (2001), die Terroranschläge vom 11. September in den USA (2001) und in Spanien (2004), der Irak-Krieg (2003) und der Ausbruch der Subprime-krise (2007), die sich spätestens mit der Insolvenz von Lehman Brothers (2008) zur Finanzmarkt-krise ausweitete und zumindest einen erheblichen Anteil an der gegenwärtigen Situation einiger Staaten im Euroraum hatte. Auch die anhaltende Krise einiger Staaten im Euroraum (ab 2010), die Negativzinsphase (ab 2014), der Brexit (ab 2016) und der drohende Handelskrieg mit den USA sowie die Spannungen im Nahen und Mittleren Osten können unter gewissen Umständen einen erheblichen Stress an den Finanzmärkten auslösen.

In Abhängigkeit von der jeweiligen Geschäftsausrichtung können auch weniger spektakuläre **202** Fälle schon als außergewöhnliche Stressereignisse angesehen werden. Allein mit Blick auf das Handelsgeschäft wären z. B. die Fälle bei Herstatt, Daiwa, Orange County, Metallgesellschaft, Sumitomo, NatWest, Barings und Société Générale zu nennen. Für regional tätige Institute können wiederum Szenarien eine große Bedeutung haben, deren Auswirkungen vor allem das jeweilige Geschäftsgebiet betreffen. Dazu können z. B. Abwanderungen oder Insolvenzen bedeutender regionaler Arbeitgeber, eine Veränderung des Marktumfeldes bzw. der Konkurrenzsituation oder lokale Naturkatastrophen, wie z. B. das Oderhochwasser (1997), gehören.

4.3 Die »Subprimekrise« als Beispiel

Ein Beispiel für eine extreme Marktsituation ist die »Subprimekrise«, an der gleichzeitig die **203** vielfältigen Zusammenhänge zwischen den einzelnen Risikoarten deutlich werden. Extrem niedrige Zinssätze führten in den USA dazu, dass in großem Umfang Kredite an Privatpersonen vergeben wurden, die nur eine geringe Bonität besaßen. Naturgemäß besteht in diesem so genannten »Subprimesegment« wenig Spielraum für einen Kreditnehmer, wenn sich die Umgebungsbedingungen zu seinem Nachteil ändern. Mit dem kontinuierlichen Anstieg der Leitzinsen in den USA ab dem Jahr 2004 gerieten insbesondere jene Kreditnehmer aus dem Subprimesegment in Zahlungsschwierigkeiten, deren Finanzierung auf variablen Zinssätzen oder kurzen Zinsfestschreibungszeiträumen beruhte, da die mittlerweile angepassten Kreditraten ihre finanziellen Möglichkeiten überstiegen. Durch den gleichzeitigen Verfall der Immobilienpreise war es diesen Kreditnehmern auch nicht mehr möglich, die Immobilien so zu veräußern, dass die Kredite durch den Verkaufserlös abgelöst werden konnten.

Diese Situation hatte sich durch systematische Fehlanreize in der internen Risikosteuerung der **204** Banken weiter verschärft. Hierzu haben z. B. »Lockzinsangebote« mit der so genannten »2/28-Finanzierungsstruktur« beigetragen, bei der den Kreditnehmern für die ersten beiden Jahre zunächst ein extrem geringer Zinssatz ab einem Prozent angeboten wird. Nach Ablauf dieser Festschreibungsperiode wird der Kredit variabel weiterfinanziert, was bei einer üblicherweise 30-jährigen Kreditlaufzeit für die restlichen 28 Jahre in Abhängigkeit vom Zinsniveau zu einer deutlich gestiegenen Kreditrate führen kann. Darüber hinaus war die Risikobereitschaft der Institute auch vor dem Hintergrund gestiegen, dass sich derartige Kredite in großem Umfang über strukturierte Anlageformen, wie z. B. Asset Backed Commercial Paper (ABCP), Asset Backed Securities (ABS) oder Collateralized Debt Obligations (CDO), am Kapitalmarkt refinanzieren ließen. Demzufolge mussten potenziell schlechte Kredite nicht in den Bankbüchern gehalten werden, sondern konnten weiterverkauft werden. Das Wissen um die geplante Verbriefung hatte die Kreditvergabe weiter beschleunigt. Hinzu kam, dass die Risiken teilweise auch von den Ratingagenturen falsch eingeschätzt wurden. Ansonsten hätte z.B. eine Triple-A-Struktur kaum innerhalb von neun Monaten mit einem 90 %-igen Verlust komplett ausfallen können.[233]

205   Mit zunehmendem Preisverfall der Immobilien, der sich auch auf die Besicherung der genannten Anlageformen auswirkte, wuchs die Zahl der Kreditausfälle dramatisch und nahm die Risikobereitschaft der Anleger gleichzeitig deutlich ab. Die Situation weitete sich schnell zur so genannten »Subprimekrise« aus. Zunächst gerieten die auf Subprimekredite spezialisierten Hypothekenfinanzierer in ernsthafte Liquiditätsschwierigkeiten, nach ersten Herabstufungen von ABS-Konstruktionen durch die Ratingagenturen kurze Zeit später auch einige Hedgefonds und mit derartigen Transaktionen beschäftigte Zweckgesellschaften, die so genannten »Conduits«, sowie beteiligte Institute. Einige Institute sicherten als »Sponsoren« die Rückzahlung der von den Conduits begebenen Wertpapiere mit Kreditlinien kurzer Laufzeiten ab, die nach Basel I nicht mit Eigenkapital unterlegt werden mussten.

206   Schließlich brach der so genannte Subprimemarkt, d.h. der Markt für Wertpapiere, die auf Krediten für Schuldner aus dem Subprimesegment beruhen, zusammen. Marktpreise ließen sich in einigen Segmenten nicht mehr ermitteln. Die Preiskalkulation beruhte mehr und mehr auf Annahmen, die kaum noch verifiziert werden konnten. Aufgrund der unklaren Beteiligungssituation an den verlustreichen Transaktionen haben die Institute in der Folge auch untereinander bestehende Liquiditätslinien zum Teil nicht mehr verlängert, was die EZB und andere Zentralbanken aufgrund der steigenden Geldmarktsätze dazu veranlasste, dem Geldmarkt Liquidität in Milliardenhöhe zur Verfügung zu stellen und auf diese Weise eine weitere Verschärfung der Krise abzuwenden.

207   Das tatsächliche Ausmaß dieser Krise kann eigentlich bis heute nicht richtig eingeschätzt werden, weil daraus verschiedene Folgewirkungen resultieren. Was also mit einer unkontrollierten Kreditvergabepraxis US-amerikanischer Institute begann und massive Verluste zur Folge hatte, führte zu handfesten Liquiditätsproblemen auf globaler Ebene. Viele Marktteilnehmer waren angesichts der Komplexität der Verbriefungstransaktionen und der damit einhergehenden Risiken überfordert. In diesem Zusammenhang stellte sich auch die Frage, ob die Möglichkeiten von Stresstests als Bestandteil des Risikomanagements ausreichend genutzt wurden.

4.4   Erwartungen der EZB an bedeutende Institute

208   Die bedeutenden Institute sollen durch regelmäßige Stresstests die Angemessenheit des Kapitals unter adversen Bedingungen sicherstellen. Dafür müssen sie zunächst ihre größten Schwachstellen ermitteln und ein angemessenes Stresstestprogramm für die normative und die ökonomische Perspektive festlegen, das sich auf diese Schwachstellen konzentriert. So sollen die Institute bei der Festlegung ihrer Stresstestszenarien unter Berücksichtigung ihres individuellen Geschäftsmodells, ihres Risikoprofils sowie der externen Bedingungen, mit denen sie konfrontiert sind, ihren wesentlichen Anfälligkeiten Rechnung tragen. Dabei sollten auch die Erkenntnisse aus anderen vom Institut durchgeführten Stresstests, wie z.B. Sensitivitätsanalysen, in die Szenarien einfließen. Bei der normativen Perspektive sollten mehrere adverse Szenarien über einen mehrjährigen Zeithorizont verwendet werden, deren Anzahl u.a. vom Risikoprofil des Institutes und davon abhängt, wie die unterschiedlichen plausiblen Risikokombinationen angemessen widergespiegelt werden können. Während beim Basisszenario die erwarteten Entwicklungen unter normalen Bedingungen und unter Berücksichtigung der Geschäftsstrategie zugrundegelegt werden, sollten bei den adversen Szenarien

---

233 Vgl. Hagen, Hans von der/Finke, Björn, Erst Haus, dann Auto, am Ende der Fernseher, Interview mit Jochen Felsenheimer, in: Süddeutsche Zeitung vom 5. Dezember 2007, S. 34.

außergewöhnliche, aber plausible Entwicklungen berücksichtigt werden, die gemessen an ihren Auswirkungen auf die aufsichtsrechtlichen Kapitalquoten, insbesondere die harte Kernkapitalquote (Common Equity Tier 1, CET1), einen adäquaten Schweregrad aufweisen. Dabei geht es um plausible Entwicklungen, die aber aus Sicht der Institute so schwerwiegend sind wie Entwicklungen, die in einer Krisensituation auf den Märkten und im Hinblick auf die Faktoren und Bereiche, die für eine angemessene Kapitalausstattung des Institutes am wichtigsten sind, zu beobachten sein könnten. In der ökonomischen Perspektive werden keine mehrjährigen Szenario-Projektionen erwartet. Stresstests können im Rahmen der ökonomischen Perspektive z. B. eingesetzt werden, um die Sensitivität von Risikoquantifizierungen für Modellierungsannahmen und Risikotreiber oder die Auswirkungen von veränderten externen Bedingungen, insbesondere ungünstigen Entwicklungen, auf die Angemessenheit der Kapitalausstattung aus ökonomischer Perspektive zu bewerten.[234]

In Gesprächen mit der EZB in den Jahren 2017 und 2018 wurde mehrfach deutlich, dass **209** Szenarien, bei denen im Stressfall nur die Säule-2-Kapitalempfehlung (Pillar 2 Guidance, P2G) gerissen wird, nicht ernst genommen würden. Damit würde ein Institut selbst im Stressfall noch die Gesamtkapitalanforderung (Overall Capital Requirement, OCR) einhalten, d.h. die geltende Gesamtkapitalanforderung aus dem SREP (Total SREP Capital Requirement, TSCR) und die kombinierten Kapitalpufferanforderungen (Combined Buffer Requirements, CBR). Die TSCR umfasst die Säule-1-Kapitalanforderungen und die Säule-2-Kapitalanforderungen (Pillar 2 Requirement, P2R). Die EZB erwartet, dass in einem schweren Szenario die P2G und die CBR so weit aufgezehrt werden, dass sich das Ergebnis noch etwas oberhalb der TSCR und dem mittlerweile zusätzlich geforderten Managementpuffer bewegt.

Grundsätzlich wird von den bedeutenden Instituten erwartet, auch in längeren Phasen ungün- **210** stiger Entwicklungen die kontinuierliche Erfüllung ihrer TSCR anzustreben. Zu diesem Zweck sollen sie angemessene, über die TSCR hinausgehende Managementpuffer festlegen und in den Kapitalplänen berücksichtigen. Die EZB zielt damit auf eventuelle Markterwartungen ab, nach denen die TSCR ggf. auch unter adversen Bedingungen übertroffen werden sollte.[235]

4.5   Historische Szenarien

In der Praxis werden häufig historische Daten verwendet, um die innerhalb eines bestimmten **211** Zeitraumes beobachteten größten Veränderungen zur Definition der Stressszenarien zu nutzen. Auf diese Weise kann untersucht werden, wie sich das aktuelle Portfolio entwickeln könnte, sofern ein in der Vergangenheit beobachtetes Stressereignis erneut eintreten würde. Damit kann gleichzeitig ein Gefühl für die Wahrscheinlichkeit des Eintritts bestimmter Ereignisse entwickelt werden. Allerdings ist die ausschließliche Verwendung historischer Daten aus verschiedenen Gründen nicht unproblematisch.

So müssen die Zeitreihen hinreichend lang sein und kritische Marktphasen einschließen, was **212** häufig nur auf den Marktpreisrisikobereich zutrifft, in dem entsprechende Daten zu täglichen Marktpreisänderungen ohne weiteres verfügbar sind und auch reale Stressereignisse umfassen. Die Deutsche Bundesbank ist allerdings davon ausgegangen, dass mit dem Aufbau bzw. der Verbesserung der Datenbanken die Verwendung historischer oder statistisch basierter Szenarien

---

234 Vgl. Europäische Zentralbank, Leitfaden der EZB für den bankinternen Prozess zur Sicherstellung einer angemessenen Kapitalausstattung (Internal Capital Adequacy Assessment Process – ICAAP), 9. November 2018, S. 39 ff.
235 Vgl. Europäische Zentralbank, Leitfaden der EZB für den bankinternen Prozess zur Sicherstellung einer angemessenen Kapitalausstattung (Internal Capital Adequacy Assessment Process – ICAAP), 9. November 2018, S. 19.

auch beim Kredit- und Liquiditätsrisiko zunehmen wird.[236] Liegen derartige Zeitreihen nicht in der erforderlichen Qualität vor, wird i. d. R. keine hinreichend große Variation wesentlicher Risikofaktoren über einen angemessenen Zeithorizont dargestellt. Da historische Szenarien rein rückwärtsgerichtet sind, werden zudem die jüngsten Entwicklungen und aktuellen Gefahrenpotenziale vernachlässigt.[237] Insbesondere können bis dato noch nicht beobachtete, aber durchaus mögliche Ereignisse nicht allein aus diesen Zeitreihen abgeleitet werden.[238]

213   Darüber hinaus können Strukturänderungen im Beobachtungszeitraum dazu führen, dass ursprüngliche Zusammenhänge zwischen Risikofaktoren nicht mehr bzw. nicht mehr in der gewohnten Weise bestehen.[239] So führen die in einer Krisensituation jeweils zutage getretenen Schwachstellen häufig zu Anpassungen der gesetzlichen bzw. regulatorischen Rahmenbedingungen. Auch die immer kürzeren Produktinnovationszyklen haben permanente Anpassungen der Zusammensetzung der Portfolios zur Folge. Dadurch wird es schwieriger, seltene historische Stressereignisse mit einem angemessenen Bezug zum jeweils betrachteten Portfolio zu identifizieren.[240] Die ausschließliche Betrachtung historischer Entwicklungen verstellt zudem gerade nach langen Perioden mit stabilen Entwicklungen den Blick auf deren abruptes Ende oder eine Trendumkehr.[241] Schließlich hatten die bisherigen Krisen keine allzu großen Gemeinsamkeiten, sondern eher sehr spezifische Charakteristika.[242]

214   Allen Unwägbarkeiten zum Trotz hat die Verwendung historischer Szenarien auch eine Reihe von Vorteilen. Zunächst einmal handelt es sich jeweils um plausible Ereignisse, die bereits in der Vergangenheit zu beobachten waren. Außerdem können daraus wertvolle Erkenntnisse über das Verhalten und Zusammenspiel der Risikofaktoren während der Stressereignisse gewonnen werden. Schließlich ist der damit verbundene Aufwand noch überschaubar, was nicht nur für kleinere Institute mit begrenzten Ressourcen, sondern auch für größere Institute, die sich in der Aufbauphase von Stresstestprogrammen befinden, nützlich sein kann.[243]

4.6   Hypothetische Szenarien

215   Die Ausgestaltung der Stressszenarien sollte zukunftsorientiert sein und geplante sowie institutsspezifische Veränderungen in der Gegenwart und der absehbaren Zukunft berücksichtigen. Zu diesem Zweck sollten die Institute versuchen, auf externe Daten aus ähnlichen Risikoumfeldern zurückzugreifen, die für Institute mit vergleichbaren Geschäftsmodellen relevant sind.[244] Da hypothetische Szenarien nicht auf vergangenheitsbezogenen Daten basieren, können auch vollkommen neue Aspekte in die Überlegungen einbezogen werden. Hypothetische Szenarien kom-

---

236 Vgl. Deutsche Bundesbank, Stresstests: Methoden und Anwendungsgebiete, in: Finanzstabilitätsbericht 2007, November 2007, S. 104.

237 Vgl. Committee of European Banking Supervisors, Revised Guidelines on Stress Testing (GL 32), 26. August 2010, S. 12.

238 Vgl. Deutsche Bundesbank, Änderung der neu gefassten EU-Bankenrichtlinie und der EU-Kapitaladäquanzrichtlinie sowie Anpassung der Mindestanforderungen an das Risikomanagement, in: Monatsbericht, September 2009, S. 78 f.

239 Vgl. Deutsche Bundesbank, Stresstests: Methoden und Anwendungsgebiete, in: Finanzstabilitätsbericht 2007, November 2007, S. 100.

240 Vgl. Bühn, Andreas/Klauck, Kai-Oliver, Mit modernen Stresstests das Risikoprofil analysieren, in: Betriebswirtschaftliche Blätter, Heft 6/2007, S. 353.

241 Vgl. Deutsche Bundesbank, Änderung der neu gefassten EU-Bankenrichtlinie und der EU-Kapitaladäquanzrichtlinie sowie Anpassung der Mindestanforderungen an das Risikomanagement, in: Monatsbericht, September 2009, S. 79.

242 Vgl. Committee on the Global Financial System, Stress testing at major financial institutions: survey results and practice, Januar 2005, S. 6.

243 Vgl. Bühn, Andreas/Klauck, Kai-Oliver, Mit modernen Stresstests das Risikoprofil analysieren, in: Betriebswirtschaftliche Blätter, Heft 6/2007, S. 353.

244 Vgl. European Banking Authority, Final Report – Guidelines on institution's stress testing, EBA/GL/2018/04, 19. Juli 2018, S. 28.

men insbesondere dann zum Einsatz, wenn die aktuellen Risiken des betrachteten Portfolios durch historische Szenarien nicht hinreichend widergespiegelt werden. Schwierig ist hierbei die Abschätzung der Plausibilität der betrachteten Ereignisse, für die ein zusätzlicher Rückgriff auf (externes) Expertenwissen sinnvoll sein kann.[245] Auch wenn ein Institut seine Geschäftsaktivitäten auf dem regionalen oder internationalen Markt durch Fusionen und Übernahmen, die Gestaltung neuer Produkte oder die Entwicklung neuer Geschäftsfelder ausbaut, sollten die strengen, aber plausiblen Stresstestszenarien auf Expertenwissen beruhen, um den möglichen Mangel an historischen Informationen zu überwinden.[246] Der Baseler Ausschuss für Bankenaufsicht hält die Einbeziehung von (internen) Experten aus allen relevanten Bereichen eines Institutes ebenfalls für besonders wichtig.[247]

Hypothetische Szenarien gehen von den wesentlichen Risikofaktoren in einem Portfolio aus und werden deshalb auch als portfoliospezifische (portfolioabhängige) Ansätze bezeichnet.[248] Sie eignen sich insbesondere für die Simulation folgender Stressereignisse[249]:   **216**

- Im einfachsten Fall werden die Risikofaktoren ermittelt und den maximalen historischen Veränderungen unterworfen. Anschließend wird daraus ein »Worst-Case-Szenario« konstruiert. Diese Vorgehensweise kann allerdings zu unplausiblen und ökonomisch unrealistischen Szenarien führen, weil die Korrelationsbeziehungen zwischen den einzelnen Risikofaktoren nicht berücksichtigt werden.
- Alternativ können die wesentlichen Risikofaktoren eines Portfolios ermittelt und nach subjektiven Maßstäben verändert werden. In diesem Fall spricht man auch von einem »Selektionsszenario«.
- Schließlich besteht noch die Möglichkeit, so genannte »antizipative Szenarien« zu bilden, in denen völlig neue Kombinationen von Risikofaktoren genutzt werden können.[250] Dabei handelt es sich entweder um Ereignisse, die bisher noch nicht beobachtet wurden, oder um Szenarien, denen das Institut subjektiv eine höhere Eintrittswahrscheinlichkeit zubilligt, als ihnen nach Analyse der ökonomischen Vergangenheit zuzuordnen wäre.

4.7 Hybridszenarien

Eine dritte Variante besteht in einer Kombination aus historischen und hypothetischen Szenarien, die auch als »Hybridszenario« bezeichnet wird. Dabei dienen die historischen Marktbewegungen zwar dazu, die Veränderungen der Risikofaktoren zu kalibrieren. Allerdings werden die maßgeblichen Risikofaktoren nicht explizit im Kontext eines historischen Ereignisses kombiniert[251], sondern in flexibler Weise nach eigenem Ermessen.[252] In der Fachliteratur findet sich teilweise die Empfehlung, auf Basis historischer Szenarien eine Ausweitung (»Pessimisation«) vorzuneh-   **217**

---

245 Vgl. Deutsche Bundesbank, Stresstests: Methoden und Anwendungsgebiete, in: Finanzstabilitätsbericht 2007, November 2007, S. 104.

246 Vgl. European Banking Authority, Final Report – Guidelines on institution's stress testing, EBA/GL/2018/04, 19. Juli 2018, S. 39.

247 Vgl. Basel Committee on Banking Supervision, Stress testing principles, BCBS d450, 17. Oktober 2018, S. 8 f.

248 Vgl. Committee on the Global Financial System, Stress testing at major financial institutions: survey results and practice, Januar 2005, S. 4.

249 Vgl. Bühn, Andreas/Klauck, Kai-Oliver, Mit modernen Stresstests das Risikoprofil analysieren, in: Betriebswirtschaftliche Blätter, Heft 6/2007, S. 353 f.

250 Vgl. Riskmetrics Group, Risk Management. A Practical Guide, August 1999, S. 27.

251 Vgl. Bühn, Andreas/Klauck, Kai-Oliver, Mit modernen Stresstests das Risikoprofil analysieren, in: Betriebswirtschaftliche Blätter, Heft 6/2007, S. 354.

252 Vgl. Committee on the Global Financial System, Stress testing at major financial institutions: survey results and practice, Januar 2005, S. 5.

men und auf diese Weise neue Szenarien zu entwickeln.[253] Hypothetische Szenarien sind von Hybridszenarien aufgrund der jeweiligen Verwendung historischer Daten allerdings nicht leicht abzugrenzen.

218   Der Baseler Ausschuss für Bankenaufsicht erwartet ebenfalls, dass bei den Stresstests historische und hypothetische Ereignisse berücksichtigt werden, die neue Informationen und Risiken in der Gegenwart und nahen Zukunft berücksichtigen. Seiner Ansicht nach können »historische« Szenarien insbesondere dann gerechtfertigt sein, wenn neue Schwachstellen oder erhöhte Risiken identifiziert werden oder historische Daten keine schwere Krisenperiode enthalten.[254]

4.8   Darstellung geeigneter historischer und hypothetischer Szenarien

219   Neben historischen müssen auch hypothetische Ereignisse verwendet werden, obwohl vermutlich nicht bei jedem Stresstest beide Arten von Szenarien sinnvoll sein werden. Die Aufsicht hatte im Verlauf der Konsultation zur zweiten MaRisk-Novelle zwar zunächst zum Ausdruck gebracht, dass nur dann zwingend hypothetische Szenarien einbezogen werden müssen, wenn die Datenhistorie nicht geeignet ist, auch außergewöhnliche Ereignisse abzubilden. Zwischenzeitlich wurde sogar klargestellt, dass bei den Stresstests ausschließlich auf historische Szenarien abgestellt werden kann, sofern diese eine hinreichend große Variation wesentlicher Risikofaktoren über einen angemessenen Zeitraum enthalten. Diese Erläuterung wurde jedoch vor dem Hintergrund der ausufernden Finanzmarktkrise wieder gestrichen. Im Grunde wird damit versucht, die im Zuge der Krise aufgetretenen Fehler nicht zu wiederholen. Es stellt sich allerdings die Frage, inwieweit derartige Extremfälle tatsächlich hypothetisch vorausgesehen werden können.

220   Bei der Ermittlung und Messung oder Beurteilung von Risiken sollte ein Institut geeignete Methoden und Verfahren entwickeln, die sowohl zukunfts- als auch vergangenheitsorientiert ausgestaltet sind. Mit diesen Methoden sollte es möglich sein, sämtliche Risiken geschäftsbereichsübergreifend zu aggregieren und Risikokonzentrationen zu identifizieren. Die Instrumente sollten die Bewertung des tatsächlichen Risikoprofils im Verhältnis zum Risikoappetit des Institutes sowie die Ermittlung und Bewertung potenzieller und angespannter Risikopositionen unter gestressten Bedingungen im Hinblick auf die Risikotragfähigkeit des Institutes umfassen und Informationen über eventuell notwendige Anpassungen des Risikoprofils liefern. Die Institute sollten angemessene konservative Annahmen bei der Konzeption von Stressszenarien zugrunde legen.[255] Der Zusammenhang zwischen den gestressten Risikofaktoren und den Risikoparametern und die Ausgestaltung der Stressszenarien sollten nicht nur auf institutsspezifischen historischen Erfahrungen und Analysen beruhen, sondern auch hypothetische Szenarien berücksichtigen sowie durch Benchmarks aus externen Quellen und nach Möglichkeit durch aufsichtsrechtliche Vorgaben ergänzt werden. Dabei sollten die Institute allerdings nur Daten verwenden, die für sie relevant sind.[256]

221   Auch die EZB fordert von den bedeutenden Instituten, bei der Festlegung der Stressszenarien und Sensitivitäten vielfältige Informationen zu historischen und hypothetischen Stressereignissen zu verwenden. Sofern dabei aufsichtliche Stresstests berücksichtigt werden, sollten die Szenarien

---

253 Vgl. Rowe, David, Whither stress testing?, in: Risk, Heft 18/2005, Nr. 10, S. 65.
254 Vgl. Basel Committee on Banking Supervision, Stress testing principles, BCBS d450, 17. Oktober 2018, S. 6.
255 Vgl. European Banking Authority, Leitlinien zur internen Governance, EBA/GL/2017/11, 21. März 2018, S. 33 f.
256 Vgl. European Banking Authority, Final Report – Guidelines on institution's stress testing, EBA/GL/2018/04, 19. Juli 2018, S. 26 ff.

und Sensitivitäten der individuellen Situation Rechnung tragen, um auf dieser Basis Risiko-, Verlust- und Kapitalkennziffern zu erstellen.[257]

4.9   Schwerer konjunktureller Abschwung

Anhand der Stresstests sind auch die Auswirkungen eines schweren konjunkturellen Abschwungs auf (Gesamt-)Institutsebene zu analysieren. Bei der Darstellung eines schweren konjunkturellen Abschwungs kann die aktuelle Lage im Konjunkturzyklus berücksichtigt werden, um in einer Rezession keine vollkommen unrealistischen Annahmen zu treffen. Allerdings sollte beachtet werden, dass selbst in einer Rezessionsphase ein Abschwung möglich ist. Auf die Institutsebene wird deshalb der Fokus gelegt, weil zwischen den Risikoarten in Stresssituationen häufig stärkere Korrelationen zu beobachten sind als unter normalen Bedingungen. Werden also lediglich einzelne Portfolios untersucht, so könnte dies zu einer Vernachlässigung der Wechselwirkungen und damit zu einer Unterzeichnung des Risikos für das gesamte Institut führen. **222**

Auch bei den ICAAP- und ILAAP-Stresstests sollte eine Reihe von Szenarien in Betracht gezogen werden, die zumindest ein schwerwiegendes, aber plausibles negatives Wirtschaftsszenario umfassen, wie z. B. einen schweren konjunkturellen Abschwung oder einen marktweiten und institutseigenen Liquiditätsschock.[258] Die Berücksichtigung mindestens eines schweren konjunkturellen Abschwungs wird konkret für die Beurteilung der Kapitaladäquanz und der Kapitalplanung gefordert.[259] Dies ist möglicherweise darauf zurückzuführen, dass Stresstests auch nach den Vorstellungen des Baseler Ausschusses für Bankenaufsicht ein fester Bestandteil des Kapitalplanungsverfahrens sein sollten und die Institute ihren potenziellen Eigenkapitalbedarf mindestens unter der Annahme eines Basisszenarios und eines wirtschaftlichen Abwärtsszenarios einschätzen sollen.[260] **223**

4.10   Strategische Ausrichtung und wirtschaftliches Umfeld des Institutes

Es ist unmittelbar einleuchtend, dass sich die Umfeldbedingungen für ein Institut in Stresssituationen gravierend ändern können. Um die Auswirkungen dieser Veränderungen realistisch bewerten zu können, muss zunächst Klarheit darüber herrschen, in welchem wirtschaftlichen Umfeld sich das Institut vor dem Stress genau befindet. Veränderungen können nur dann verlässlich bewertet werden, wenn die jeweilige Ausgangsbasis klar ist. Von besonderer Bedeutung ist dabei das konjunkturelle Umfeld, welches von dieser Anforderung vorrangig betroffen ist. **224**

Unabhängig davon liefern Stresstests Hinweise auf mögliche institutsinterne Schwachstellen, die durch geeignete Maßnahmen beseitigt werden können. Um die Wirksamkeit derartiger Maßnahmen einschätzen zu können, müssen die verschiedenen Handlungsoptionen auf die konkrete Situation des Institutes bezogen werden. So kann z. B. ein Nischenanbieter nicht plötzlich aus **225**

---

257 Vgl. Europäische Zentralbank, Leitfaden der EZB für den bankinternen Prozess zur Sicherstellung einer angemessenen Kapitalausstattung (Internal Capital Adequacy Assessment Process – ICAAP), 9. November 2018, S. 40.

258 Vgl. European Banking Authority, Final Report – Guidelines on institution's stress testing, EBA/GL/2018/04, 19. Juli 2018, S. 48.

259 Vgl. European Banking Authority, Final Report – Guidelines on institution's stress testing, EBA/GL/2018/04, 19. Juli 2018, S. 29.

260 Vgl. Baseler Ausschuss für Bankenaufsicht, Grundlagen für ein solides Verfahren zur Kapitalplanung – Solide Praktiken, BCBS 277, 23. Januar 2014, S. 6.

AT4.3.3 Stresstests

Gründen der Risikodiversifikation in vollkommen neuen Geschäftsfeldern erfolgreich Akquise betreiben, wenn ihm das erforderliche Know-how fehlt. Vor diesem Hintergrund sollte die strategische Ausrichtung des Institutes hinreichend gewürdigt werden. Vereinzelt wird sogar empfohlen, die Umsetzung von Stresstests mit einer umfassenden Strategieanalyse einschließlich Self-Assessment zu beginnen. Damit kann sich das Institut einen umfassenden Eindruck über seine Verwundbarkeit unter Berücksichtigung der Geschäftsstrategie verschaffen.[261]

226 Die Stressszenarien sollten unter Berücksichtigung der spezifischen Anfälligkeit der Institute für ein bestimmtes Szenario auf der Grundlage ihres Geschäftsmodells festgelegt werden. Für diese Zwecke sollten sie den regionalen und sektoralen Merkmalen eines Institutes gerecht werden sowie die spezifischen Produkte, Geschäftsbereiche und Refinanzierungsmaßnahmen berücksichtigen. Dabei sollten sich die Institute der Dynamik des Risikoumfeldes und der Erfahrungen von Instituten mit ähnlichen Geschäftsmodellen bewusst sein.[262] Außerdem sollten die technologischen Entwicklungen, wie neu entwickelte komplexe Finanzprodukte, und ihre Auswirkung auf die Bewertung von traditionellen Produkten beachtet werden. Nicht unbedeutend kann auch die Wettbewerbssituation mit dem Schattenbankensektor sein. Die Institute sollten sicherstellen, dass die Stresstests explizit dynamische Wechselwirkungen berücksichtigen, z.B. zwischen verschiedenen Wirtschaftsregionen und -sektoren, einschließlich des Finanzsektors. Die engen Beziehungen zwischen der realen Wirtschaft und der Finanzwirtschaft sowie der Prozess der Globalisierung haben die Notwendigkeit verstärkt, auf systemweite Wechselwirkungen und Zweitrundeneffekte zu achten. Dazu gehören z.B. Interdependenzen zwischen wirtschaftlichen Regionen und Branchen, eine wachsende Verschuldung im gesamten System oder die Schließung von Märkten und Risikokonzentrationen in einer Assetklasse, wie z.B. der Immobilienfinanzierung.[263]

227 Die bedeutenden Institute sollten neue Bedrohungen, Schwachstellen und Veränderungen ihres wirtschaftlichen Umfeldes kontinuierlich überwachen und mindestens vierteljährlich überprüfen, ob ihre Stressszenarien weiterhin angemessen sind bzw. angepasst werden müssen. Die Auswirkungen der Szenarien sollten regelmäßig aktualisiert werden. Bei wesentlichen Veränderungen sollten die Institute deren potenzielle Auswirkungen auf die Angemessenheit ihrer Kapitalausstattung im Jahresverlauf bewerten.[264]

---

261 Vgl. SKS Schweers, Kemps & Schuhmann Unternehmensberatung GmbH & Co. KG, Stress Testing, http://www.sks-ub.info/risikomanagement-stress-testing.html.

262 Vgl. European Banking Authority, Final Report – Guidelines on institution's stress testing, EBA/GL/2018/04, 19. Juli 2018, S. 29.

263 Vgl. European Banking Authority, Final Report – Guidelines on institution's stress testing, EBA/GL/2018/04, 19. Juli 2018, S. 29.

264 Vgl. Europäische Zentralbank, Leitfaden der EZB für den bankinternen Prozess zur Sicherstellung einer angemessenen Kapitalausstattung (Internal Capital Adequacy Assessment Process – ICAAP), 9. November 2018, S. 39 f.

5 Durchführung inverser Stresstests (Tz. 4)

4 Das Institut hat auch so genannte »inverse Stresstests« durchzuführen. Die Ausgestaltung und Durchführung ist abhängig von Art, Umfang, Komplexität und Risikogehalt der Geschäftsaktivitäten und kann qualitativ oder quantitativ erfolgen. **228**

5.1 Definition »inverser« Stresstests

Im Unterschied zu den »normalen« ereignisgetriebenen Stresstests (→ AT 4.3.3 Tz. 1), die zur Abgrenzung teilweise auch als »(Straight) Forward Stresstests« bezeichnet werden[265], geht man bei portfoliogetriebenen Stresstests den umgekehrten Weg.[266] Sie werden deshalb als »inverse« Stresstests (»Reverse Stresstests«) bezeichnet. Der Ausgangspunkt ist kein bestimmtes Ereignis, sondern ein bedeutender Portfolioverlust, der den Fortbestand des Institutes gefährden könnte. Ausgehend von diesem Portfolioverlust soll ergründet werden, wie sich die Risikofaktoren ändern müssten, um einen derartigen Verlust zur Folge zu haben, und welche Ereignisse eine entsprechende Änderung der Risikofaktoren bewirken. Im Ergebnis muss ein Institut bei einem inversen Stresstest also Ereignisse identifizieren, die seinen Fortbestand gefährden könnten, sowie deren Eintrittswahrscheinlichkeit bewerten. Teilweise wird in der Literatur mit einem inversen Stresstest gleichzeitig die Beschreibung von Maßnahmen verbunden, die zur Absicherung gegen Existenz gefährdende Szenarien eingeleitet werden sollten. **229**

Auch bei inversen Stresstests im Sinne der MaRisk wird untersucht, welche Ereignisse das Institut in seiner »Überlebensfähigkeit« gefährden könnten. Die Überlebensfähigkeit ist dann als gefährdet anzunehmen, wenn sich das ursprüngliche Geschäftsmodell als nicht mehr durchführbar bzw. tragbar erweist (→ AT 4.3.3 Tz. 4, Erläuterung). Dies ist insbesondere dann der Fall, wenn eine Insolvenz droht. **230**

Im MaRisk-Fachgremium wurde über das Problem diskutiert, die so genannte »Nulllinie« (Gefährdung der Überlebensfähigkeit) in der Praxis sinnvoll zu ermitteln. Die Aufsicht hatte diese Diskussion zum Anlass genommen, zwischenzeitlich eine Orientierungshilfe zu geben. Demnach sollte von einer Gefährdung der Überlebensfähigkeit spätestens dann ausgegangen werden, wenn die bankaufsichtlichen Mindestkapitalanforderungen nicht mehr eingehalten werden.[267] Die Kreditwirtschaft hatte jedoch bemängelt, dass auf diese Weise eine weniger sinnvolle Verknüpfung zwischen dem regulatorischen Kapitalbegriff der ersten Säule und dem ökonomischen Kapitalbegriff der zweiten Säule eingeführt werde. Die Beurteilung von inversen Stressszenarien im Rahmen der zweiten Säule sollte ausschließlich auf Grundlage der (potenziellen) Veränderung ökonomischer Kapitalgrößen erfolgen. In der Konsequenz wurde vorgeschlagen, im Kontext der MaRisk auf den Verlust der Risikotragfähigkeit abzustellen.[268] Die BaFin hat die zwischenzeitliche Konkretisierung daraufhin wieder gestrichen. Im Grunde ist ein Institut immer dann gefährdet, wenn entweder die ökonomischen oder die regulatorischen Vorgaben nicht mehr eingehalten werden. Der Engpass **231**

265 Vgl. Drüen, Jörg/Florin, Sascha, Reverse Stresstests: Stress-Kennzahlen für die praktische Banksteuerung, in: Risikomanager, Heft 10/2010, S. 1.

266 Vgl. Committee on the Global Financial System, Stress testing at major financial institutions: survey results and practice, Januar 2005, S. 6 f.

267 Vgl. Bundesanstalt für Finanzdienstleistungsaufsicht, Mindestanforderungen an das Risikomanagement (MaRisk), zweiter Entwurf vom 4. November 2010, AT 4.3.3 Tz. 3, Erläuterung.

268 Vgl. Zentraler Kreditausschuss, Stellungnahme zum inoffiziellen Konsultationsentwurf der MaRisk vom 4. November 2010, 24. November 2010, S. 8.

kann je nach Ausgestaltung der Konzepte beide Steuerungskreise betreffen. Mit Einführung der normativen und der ökonomischen Perspektive im ICAAP und der damit verbundenen Verknüpfung der ersten und zweiten Säule hat sich dieses Problem eigentlich erledigt.

232   In der Fachliteratur werden verschiedene Vorgehensweisen vorgeschlagen, um mögliche Gründe für eine Bestandsgefährdung des Institutes zu identifizieren. So können die Risikoparameter der »normalen« Stresstests z. B. solange geshiftet werden, bis die Insolvenz eintritt. Dabei können Insolvenzschwellen für bestimmte Parameterausprägungen und deren Eintrittswahrscheinlichkeit ermittelt werden. Alternativ können mögliche Untergangsszenarien durch ein »Brainstorming« im Rahmen von Workshops herausgearbeitet werden, wie bereits im Zusammenhang mit der Risikoinventur ausführlich dargestellt ($\rightarrow$ AT 2.2 Tz. 2). Die Auswirkungen dieser Untergangsszenarien können im Anschluss vom Risikocontrolling analysiert und bewertet werden, soweit möglich auch quantitativ. Besondere Aufmerksamkeit sollte dabei den Wirkungsketten innerhalb eines Szenarios oder zwischen verschiedenen Szenarien gewidmet werden, da unter Umständen nicht die Primäreffekte, sondern erst die Sekundär- oder Tertiäreffekte bestandsgefährdend sind. Ein möglichst vollständiges Bild der Gefährdungssituation lässt sich aus einer Kombination dieser beiden Vorgehensweisen ermitteln. Aus den Analyseergebnissen können schließlich Gegensteuerungsmaßnahmen und Handlungsempfehlungen für die Geschäftsleitung abgeleitet werden.[269]

233   Letztlich kommt es für die Institute bei der Ausgestaltung der inversen Stresstests in erster Linie darauf an, die richtigen Fragen zu stellen. So sollten sich die Institute insbesondere darüber klar werden, inwieweit sich bestimmte schwerwiegende Ereignisse (z. B. die Lehman-Pleite, der Brexit oder die aktuellen wirtschaftlichen Schwierigkeiten in Griechenland, Zypern und Italien) auf die eigene Geschäftstätigkeit auswirken können.

5.2   Sinn und Zweck inverser Stresstests

234   Inverse Stresstests werden als eine Art »Backtesting« für die hinreichende Schwere der Szenarien der »normalen« Stresstests angesehen. Die Institute sollen ein Gefühl dafür bekommen, wie weit entfernt sie sich mit ihren zugrundegelegten Szenarien von der Gefährdung ihrer Überlebensfähigkeit befinden. Mit ihrer Hilfe kann insofern besser begründet werden, ob die gewählten Szenarien im Stresstestprogramm hinreichend schwerwiegend sind. Inverse Stresstests können auch dabei helfen, potenzielle Gefahren für das eigene Geschäftsmodell besser zu erkennen.[270]

235   Inverse Stresstests sind insoweit als Ergänzung zu den »normalen« Stresstests zu verstehen. Aufgrund ihrer Konstruktionsweise steht bei inversen Stresstests die kritische Reflexion der Ergebnisse im Vordergrund. Handlungsbedarf besteht insbesondere in jenen Fällen, in denen die Existenz des Institutes bereits bei relativ moderaten Szenarien gefährdet ist. Die Ergebnisse inverser Stresstests müssen bei der Beurteilung der Risikotragfähigkeit i. d. R. nicht berücksichtigt werden ($\rightarrow$ AT 4.3.3 Tz. 4, Erläuterung), da sich die Risikosteuerung nicht ausschließlich am Stressfall orientieren sollte.

236   Allerdings können inverse Stresstests im Idealfall einen vollständigen Überblick über alle existenzgefährdenden Szenarien für das Institut liefern. Auf dieser Basis können die verschiedenen Bereiche eines Institutes mit ihrem jeweiligen Expertenwissen die für sie relevanten (Teil-)Szenarien mit den verbundenen Konsequenzen für ihre Positionen bewerten. Dadurch kann

---

269 Vgl. Bott, Claudia/Rönn, Oliver von, Risikotragfähigkeitsanalyse und aktuelle Veränderungen aufsichtlicher Anforderungen vor dem Hintergrund der Finanzmarktkrise, in: Becker, Axel/Gruber, Walter/Wohlert, Dirk (Hrsg.), Handbuch MaRisk und Basel III, Frankfurt a. M., 2012, S. 455 f.

270 Vgl. Hofer, Markus, MaRisk: Erneute Überarbeitung vor dem Hintergrund internationaler Standards, in: BaFinJournal, Ausgabe Januar 2011, S. 9.

auch die Akzeptanz der für die »normalen« Stresstests verwendeten Szenarien und damit des Stresstestprogramms insgesamt verbessert werden.[271]

In der Praxis tun sich die Institute mit diesem Instrument allerdings schwer. Inverse Stresstests **237** werden häufig als regulatorische Pflicht und theoretische Rechenübung ohne inhaltlichen Mehrwert angesehen. So ist eine Vorhersage, auf welche Art ein Institut an den Rand des Scheiterns geraten könnte, oft nur sehr eingeschränkt möglich. Dies gilt umso mehr, je größer und komplexer die Institute sind. Naturgemäß können in diesen Fällen nur einzelne besonders gravierende Szenarien im Rahmen von inversen Stresstests durchgespielt werden. In dem Wissen, dass es sich dabei um hoch spekulative Annahmen handelt, erscheint eine Herleitung von Handlungsalternativen nur eingeschränkt möglich. Die häufig sehr geringe Eintrittswahrscheinlichkeit dieser ausgewählten Szenarien trägt ebenfalls nicht dazu bei, dass die Geschäftsleitung daraus irgendwelche Steuerungsimpulse ableitet.

5.3   Tragfähigkeit des Geschäftsmodells

Mittlerweile hat die EBA umfangreiche Vorgaben zu inversen Stresstests formuliert. So sollten die **238** Institute im Rahmen ihres Stresstestprogramms als Ergänzung zu den normalen Stresstests auch angemessene inverse Stresstests durchführen, die unter Proportionalitätsgesichtspunkten grundsätzlich den gleichen Anforderungen unterliegen. Kleine und weniger komplexe Institute können sich mehr auf die qualitativen Aspekte der inversen Stresstests konzentrieren, während von größeren und komplexeren Instituten anspruchsvollere inverse Stresstests verlangt werden. Die inversen Stresstests sollten hinsichtlich der Verantwortlichkeiten und zugewiesenen Ressourcen klar festgelegt und durch eine geeignete und flexible Infrastruktur sowie schriftlich fixierte Richtlinien und Verfahren unterstützt werden. Inverse Stresstests sollten regelmäßig von allen Instituten und auf der gleichen Anwendungsebene wie ICAAP und ILAAP durchgeführt werden, d. h. institutsweit und unter Berücksichtigung aller relevanten Risikoarten.[272]

Die Institute sollten nach Ansicht der EBA inverse Stresstests regelmäßig einsetzen, um ihr **239** Bewusstsein für aktuelle und potenzielle Schwachstellen zu verbessern und so einen Mehrwert für das Risikomanagement zu schaffen. Im Rahmen ihrer Geschäftsplanung sollten die Institute inverse Stresstests verwenden, um die Überlebensfähigkeit und Nachhaltigkeit ihres Geschäftsmodells und ihrer Strategien zu verstehen und jene Umstände zu ermitteln, unter denen sie als »ausfallend bzw. ausfallgefährdet« (»failing or likely to fail«) im Sinne von Art. 32 Abs. 2 BRRD[273] gelten könnten. Dies schließt sowohl die Bewertung der Fähigkeit, in den folgenden Monaten Erträge zu erzielen, als auch die Nachhaltigkeit der Strategie ein, d. h. auf der Grundlage der strategischen Pläne und finanziellen Prognosen über einen längeren Zeitraum rentabel zu sein. Es ist von großer Bedeutung, Indikatoren zu identifizieren, die Warnsignale liefern, wann ein Szenario Wirklichkeit wird. Zu diesem Zweck sollten die Institute das vordefinierte Ergebnis bestimmen, das getestet werden soll, wie z. B. dass das Geschäftsmodell nicht mehr fortgeführt werden kann. Zudem sollten sie mögliche ungünstige Umstände ermitteln, die sie schwerwiegend

---

271 Vgl. Drüen, Jörg/Florin, Sascha, Reverse Stresstests: Stress-Kennzahlen für die praktische Banksteuerung, in: Risikomanager, Heft 10/2010, S. 6.

272 Vgl. European Banking Authority, Final Report – Guidelines on institution's stress testing, EBA/GL/2018/04, 19. Juli 2018, S. 30.

273 Vgl. Richtlinie 2014/59/EU (Sanierungs- und Abwicklungsrichtlinie) des Europäischen Parlaments und des Rates vom 15. Mai 2014 zur Festlegung eines Rahmens für die Sanierung und Abwicklung von Kreditinstituten und Wertpapierfirmen und zur Änderung der Richtlinie 82/891/EWG des Rates, der Richtlinien 2001/24/EG, 2002/47/EG, 2004/25/EG, 2005/56/EG, 2007/36/EG, 2011/35/EU, 2012/30/EU und 2013/36/EU sowie der Verordnungen (EU) Nr. 1093/2010 und (EU) Nr. 648/2012 des Europäischen Parlaments und des Rates, Amtsblatt der Europäischen Union vom 12. Juni 2014, L 173/249.

gefährden könnten und das vordefinierte Ergebnis verursachen würden. Ebenso sollten sie unter Proportionalitätsgesichtspunkten die Wahrscheinlichkeit von in den Szenarien enthaltenen Ereignissen, die zu dem vordefinierten Ergebnis führen, bewerten und wirksame Vorkehrungen treffen, um die identifizierten Risiken und Schwachstellen zu verhindern oder zu mindern.[274]

240   Inverse Stresstests spielen auch für die einzelnen Risikoarten eine wichtige Rolle. So sollten die Institute inverse Stresstests insbesondere im Bereich der Zinsänderungsrisiken im Anlagebuch durchführen, um Zinsszenarien zu identifizieren, die ihre Kapitalausstattung und Ertragssituation ernsthaft gefährden könnten, und um Schwachstellen aufzudecken, die sich aus ihren Absicherungsstrategien und dem potenziellen Verhalten ihrer Kunden ergeben.[275] Institute mit speziellen Geschäftsmodellen, z. B. Wertpapierfirmen, sollten inverse Stresstests einsetzen, um ihre Anfälligkeit für extreme Ereignisse zu untersuchen, insbesondere wenn ihre Risiken nicht ausreichend durch traditionellere Stressszenarien (z. B. zur Solvenz und Liquidität) auf der Grundlage makroökonomischer Schocks erfasst werden. Institute, die interne Modelle für Adressenausfallrisiken und Marktpreisrisiken verwenden, sollten bei der Durchführung von inversen Stresstests gemäß Art. 177, Art. 290 Abs. 8 und Art. 368 Abs. 1 lit. g CRR versuchen, schwere, aber plausible Szenarien zu ermitteln, die zu erheblichen nachteiligen Ergebnissen führen und die Rentabilität der Institute insgesamt infrage stellen könnten. Die Institute sollten diese inversen Stresstests als eine wesentliche Ergänzung ihrer internen Modelle zur Berechnung der Eigenkapitalanforderungen und als ein regelmäßiges Instrument des Risikomanagements zur Aufdeckung möglicher Unzulänglichkeiten dieser internen Modelle betrachten.[276]

241   Ergibt der inverse Stresstest, dass das Risiko des Versagens des Geschäftsmodells eines Institutes unannehmbar hoch und mit seiner Risikobereitschaft unvereinbar ist, sollte das Institut Maßnahmen zur Vermeidung oder Minderung dieses Risikos planen. Dabei ist die Zeit zu berücksichtigen, die das Institut benötigt, um auf diese Ereignisse zu reagieren und die geplanten Maßnahmen umzusetzen. Zudem sollte das Institut prüfen, ob Änderungen an seinem Geschäftsmodell erforderlich sind. Die aus dem inversen Stresstest abgeleiteten Maßnahmen, einschließlich etwaiger Änderungen des Geschäftsmodells, sollten detailliert in die ICAAP-Dokumentation einfließen. Die Institute sollten allerdings bedenken, dass das vordefinierte Ergebnis des inversen Stresstests auch durch andere Umstände hervorgerufen werden kann, als die im Stresstest analysierten. So sollten sie bei der Durchführung ihrer inversen Stresstests auch in Erwägung ziehen, ob der Ausfall einer oder mehrerer ihrer wichtigsten Kontrahenten oder eine erhebliche Marktstörung infolge des Versagens eines wesentlichen Marktteilnehmers (in getrennter oder kombinierter Form) das vorab festgelegte Ergebnis verursachen würde.[277]

5.4   Qualitative und quantitative Analyse

242   Die Ausgestaltung und Durchführung der inversen Stresstests kann qualitativ oder quantitativ erfolgen. Die Institute sollten als Ausgangspunkt für inverse Stresstests ggf. eine Sensitivitätsanalyse verwenden, z. B. die Verschiebung eines oder mehrerer relevanter Parameter auf ein extremes Niveau, um vordefinierte Ergebnisse zu erzielen. Sie sollten verschiedene inverse

---

274 Vgl. European Banking Authority, Final Report – Guidelines on institution's stress testing, EBA/GL/2018/04, 19. Juli 2018, S. 31.

275 Vgl. European Banking Authority, Final Report – Guidelines on the management of interest rate risk arising from non-trading book activities, EBA/GL/2018/02, 19. Juli 2018, S. 35.

276 Vgl. European Banking Authority, Final Report – Guidelines on institution's stress testing, EBA/GL/2018/04, 19. Juli 2018, S. 32.

277 Vgl. European Banking Authority, Final Report – Guidelines on institution's stress testing, EBA/GL/2018/04, 19. Juli 2018, S. 31.

Sensitivitätsanalysen für das Kreditrisiko (z. B. wie viele Großkunden ausfallen müssten, bevor das verlustabsorbierende Kapital aufgebraucht ist), das Marktpreisrisiko, das Liquiditätsrisiko (z. B. Stress auf Einlagen im Retailbereich und Umstände, die die Liquiditätspuffer des Institutes verbrauchen würden) und das operationelle Risiko sowie eine Kombination daraus berücksichtigen, bei der alle Risiken gleichzeitig abgedeckt werden.

Zur Herleitung des relevanten Szenarios für den inversen Stresstest sollten die Institute allerdings nicht in erster Linie Sensitivitätsanalysen und einfache Metriken verwenden. Die Herleitung dieses Szenarios sollte in qualitativer Hinsicht durch Kombination von Expertenurteilen aus verschiedenen Geschäftsbereichen erfolgen. Dabei sollte ein gleichzeitiger Stress aller relevanten Risikoparameter anhand ihrer statistischen Aspekte (z. B. Volatilität der Risikofaktoren im Einklang mit historischen Beobachtungen, ergänzt durch hypothetische, aber plausible Annahmen) entwickelt werden. Die Plausibilität der erforderlichen Parameterverschiebungen, die zum vordefinierten Ergebnis führen, ermöglicht eine erste Vorstellung über eventuelle Schwachstellen im Institut. Zur Beurteilung der Plausibilität können u. a. historische (multivariate) Wahrscheinlichkeitsverteilungen herangezogen werden, die durch Expertenurteile angepasst werden. Qualitative Analysen und Bewertungen, die Expertenurteile aus verschiedenen Geschäftsbereichen kombinieren, sollten für die Herleitung der relevanten Szenarien maßgeblich sein. Die qualitative Analyse sollte auch genutzt werden, um mögliche Zweitrunden- und nichtlineare Effekte zu verstehen, wobei die Dynamik von Risiken, die Kombination von Risiken und die Wechselwirkungen zwischen und über Risikoarten hinweg zu berücksichtigen sind. Zudem sollten die Institute externe Ereignisse, wie z. B. wirtschaftliche Umbrüche, einen Branchencrash, politische Ereignisse, Rechtsstreitigkeiten oder Naturereignisse, ebenso berücksichtigen wie die relevanten Risikofaktoren und die jeweilige Kombination von Ereignissen und Risikofaktoren.[278]

Unter Proportionalitätsgesichtspunkten sollten die Institute auch eine quantitative und differenziertere Analyse durchführen, indem sie spezifische Verlustquoten oder andere negative Auswirkungen auf ihr Kapital, ihre Liquidität (z. B. den Zugang zu Refinanzierungsquellen, insbesondere die Erhöhung der Refinanzierungskosten) oder ihre Vermögensposition darlegen. Die Institute sollten dabei rückwärts vorgehen, um die Risikofaktoren und die erforderliche Änderungsamplitude zu ermitteln, die diesen Verlust oder diese negativen Auswirkungen verursachen könnten (z. B. Festlegung des angemessenen Verlustniveaus oder eines anderen Maßes von Interesse für die Bilanz, wie Kapitalquoten oder Refinanzierungsmittel). Die Institute sollten die Risikotreiber (z. B. Angabe der exakten Faktorziehungen, die den größten Einfluss auf die Extrembereiche des Portfolios hatten), die wichtigsten Geschäftsfelder sowie die Schwachstellen und die jeweiligen Szenarien (z. B. die zugrundeliegenden Annahmen und die Sensitivität der Ergebnisse gegenüber diesen Annahmen im Zeitverlauf) verstehen und detailliert dokumentieren, die das vordefinierte Ergebnis und die Ereigniskette sowie den wahrscheinlichen Durchfluss verursachen. Zum Beispiel können die wichtigsten Faktoren in Abhängigkeit von den Kombinationen für einen bestimmten Zielverlust im Verhältnis zum Kapital in einem Portfolio auf makroökonomische Variablen übertragen werden. Dabei sollten versteckte Schwachstellen (z. B. versteckte Korrelationen und Konzentrationen) und überlappende Effekte identifiziert werden.[279]

243

244

---

278 Vgl. European Banking Authority, Final Report – Guidelines on institution's stress testing, EBA/GL/2018/04, 19. Juli 2018, S. 31 f.

279 Vgl. European Banking Authority, Final Report – Guidelines on institution's stress testing, EBA/GL/2018/04, 19. Juli 2018, S. 32.

5.5 Turnus inverser Stresstests

245 Auch wenn in den MaRisk keine speziellen zeitlichen Vorgaben für die inversen Stresstests gemacht werden, ergeben sich diese aus den allgemeinen Anforderungen an Stresstests. Inverse Stresstests sollten mindestens jährlich durchgeführt werden.[280] Dies entspricht auch den Vorstellungen der EZB.[281]

5.6 Proportionalitätsprinzip

246 Die Ausgestaltung und Durchführung inverser Stresstests unterliegt dem Proportionalitätsprinzip. Sie ist insofern abhängig von Art, Umfang, Komplexität und Risikogehalt der Geschäftsaktivitäten. Die Palette inverser Stresstests reicht von einer qualitativen Analyse der wichtigsten Risikofaktoren, die insbesondere zum Einstieg empfohlen wird, bis zu anspruchsvolleren quantitativen Ansätzen, die vorrangig von größeren Instituten erwartet werden. Insgesamt gab es bei Aufnahme dieser Anforderung in die MaRisk nur recht überschaubare Erfahrungen mit dieser Art des Stresstests. Die BaFin hatte daher betont, dass sie die weitere Entwicklung auf diesem Gebiet mit Augenmaß begleiten und zunächst keine zu hohen Erwartungen an die Implementierung von inversen Stresstests stellen wird. Als Einstieg wurde grundsätzlich eine schwerpunktmäßig qualitative Auseinandersetzung als ausreichend erachtet. Lediglich von größeren Instituten wurde ergänzend eine quantitative Analyse erwartet.[282]

247 Die Kreditwirtschaft hat in diesem Kontext angemerkt, dass die Anwendung des Proportionalitätsprinzips bei inversen Stresstests aus methodischen Gründen an seine Grenzen stoße. So könne die Gefährdung der Überlebensfähigkeit bei größeren, komplexen Instituten theoretisch zwar auf eine sehr hohe Anzahl dafür infrage kommender Szenarien zurückgeführt werden. Allerdings wäre deren Eintrittswahrscheinlichkeit dann möglicherweise zu klein, um daraus wertvolle Erkenntnisse abzuleiten. Folglich könne bei diesen Instituten aus inversen Stresstests keine Entscheidungsfindung im Risikomanagementprozess abgeleitet werden, was der geforderten handlungsorientierten Ausgestaltung von Stresstests widerspräche.[283]

248 Vermutlich besteht die Herausforderung für große Institute gerade darin, jene Szenarien zu identifizieren, deren Eintrittswahrscheinlichkeit nicht vernachlässigt werden sollte. Auf der anderen Seite stellt sich die Frage, ob sehr kleine Institute mit überschaubaren Geschäftsaktivitäten tatsächlich ein »Backtesting« benötigen, um die hinreichende Schwere ihrer Stressszenarien beurteilen zu können. Die Antwort auf diese Frage hat die Aufsicht im Rahmen der vierten MaRisk-Novelle gegeben, indem das Wort »grundsätzlich« gestrichen wurde. Folglich wird kein Institut mehr an der Durchführung inverser Stresstests vorbeikommen. Das Proportionalitätsprinzip sorgt allerdings dafür, dass sich insbesondere kleine Institute vorrangig auf qualitative Analysen beschränken können.

---

280 Vgl. Hofer, Markus, MaRisk: Erneute Überarbeitung vor dem Hintergrund internationaler Standards, in: BaFinJournal, Ausgabe Januar 2011, S. 9.

281 Vgl. Europäische Zentralbank, Leitfaden der EZB für den bankinternen Prozess zur Sicherstellung einer angemessenen Kapitalausstattung (Internal Capital Adequacy Assessment Process – ICAAP), 9. November 2018, S. 41.

282 Vgl. Hofer, Markus, MaRisk: Erneute Überarbeitung vor dem Hintergrund internationaler Standards, in: BaFinJournal, Ausgabe Januar 2011, S. 7; Bundesanstalt für Finanzdienstleistungsaufsicht, Übermittlungsschreiben zum Rundschreiben 11/2010 (BA) vom 15. Dezember 2010, S. 4.

283 Vgl. Zentraler Kreditausschuss, Stellungnahme zum Konsultationspapier »Principles for sound stress testing practices and supervision« des Baseler Ausschusses für Bankenaufsicht, 13. März 2009, S. 12.

5.7 Zusammenhang zur Sanierungsplanung

Die Institute sollten auch makroökonomische und finanzielle Stressszenarien entwickeln, die in ihrer **249** Schwere variieren, sich system-, gruppen- und institutsweit auswirken können und für die Sanierungspläne gemäß Art. 5 Abs. 6 BRRD und den entsprechenden EBA-Leitlinien[284] verwendet werden. Außerdem sollten sie spezifische inverse Stresstests verwenden, um ausfallnahe Szenarien (Beinahe-Ausfälle) zu entwickeln und zur Beurteilung der Effizienz und Wirksamkeit ihrer Sanierungsmaßnahmen und ihrer Sanierungsplanung sowie zur Analyse von Sensibilitäten in Bezug auf die jeweiligen Annahmen zu verwenden.[285] Wie in den EBA-Leitlinien über die bei Sanierungsplänen zugrunde zu legende Bandbreite an Szenarien dargelegt, sollten diese Szenarien nur Beinahe-Ausfälle berücksichtigen, d.h. sie sollten dazu führen, dass das Geschäftsmodell eines Institutes oder einer Gruppe nicht mehr tragfähig ist, sofern die Sanierungsmaßnahmen nicht erfolgreich umgesetzt werden.[286] Hintergrund dafür ist die Überlegung, dass das Ziel der Sanierungsplanung gerade darin besteht, mögliche Optionen zur Sicherung und Wiederherstellung der Finanzkraft und der Rentabilität eines Institutes zu beschreiben, wenn es unter starkem Stress steht.[287]

Die auf diese Weise generierten Szenarien sollten eine Abschätzung der jeweiligen Eignung aller **250** verfügbaren Sanierungsoptionen ermöglichen. Aus der Beschreibung der Sanierungsszenarien sollte hervorgehen, welche Sanierungsoptionen unter bestimmten Stressszenarien getestet wurden. Sie sollte hinsichtlich der quantitativen Annahmen und der qualitativen Beschreibung hinreichend detailliert sein, um festzustellen, ob das jeweilige Szenario für das Institut relevant ist und wie schwerwiegend es ist. Die Ereignisse sollten in logischer Reihenfolge beschrieben sein. Die den Haupttreibern (z.B. Nettoertrag, RWA, Kapital) zugrundeliegenden Annahmen sollten klar festgelegt werden. Die Stresstests sollten auch die möglichen Wechselwirkungen bei Ausübung verschiedener Sanierungsoptionen im jeweiligen Szenario berücksichtigen. Die Szenarien sollten es durch Vorgabe eines angemessenen Zeitrahmens auch ermöglichen zu verstehen, wie sich die Ereignisse entwickeln und zu welchem Zeitpunkt bestimmte Maßnahmen anstehen. Dies kann Auswirkungen auf die Glaubwürdigkeit und Durchführbarkeit der Sanierungsoptionen haben. Ziel dieser Übung ist es, die Wirksamkeit der Sanierungsoptionen des Institutes zur Wiederherstellung der Finanzkraft und Rentabilität zu testen, wenn das Institut unter solch einem starken Stress steht. Aufgrund der unterschiedlichen Zielsetzungen sollten die inversen Stresstests für ICAAP- und ILAAP-Zwecke und für die Sanierungsplanung nach den Vorstellungen der EBA nicht miteinander verknüpft, sondern miteinander verglichen werden. Inverse Stresstests sollten durch eine dynamische und quantitative Beschreibung für die Szenarien des Sanierungsplanes zu folgenden Punkten einen Beitrag leisten:

a) die Sanierungs-Trigger, d.h. zu welchem Zeitpunkt das Institut Sanierungsmaßnahmen im hypothetischen Szenario durchführen würde,

b) die erforderlichen Sanierungsmaßnahmen und ihre erwartete Wirksamkeit, einschließlich der Methode zur Bewertung dieser Wirksamkeit (d.h. Indikatoren, die überwacht werden sollten, um festzustellen, dass keine weiteren Maßnahmen erforderlich sind),

c) den geeigneten Zeitpunkt und das geeignete Verfahren für diese Sanierungsmaßnahmen,

---

284 European Banking Authority, Guidelines on the range of scenarios to be used in recovery plans, EBA/GL/2014/06, 18. Juli 2014.

285 Vgl. European Banking Authority, Final Report – Guidelines on institution's stress testing, EBA/GL/2018/04, 19. Juli 2018, S. 33 f.

286 Vgl. Europäische Zentralbank, Leitfaden der EZB für den bankinternen Prozess zur Sicherstellung einer angemessenen Kapitalausstattung (Internal Capital Adequacy Assessment Process – ICAAP), 9. November 2018, S. 41.

287 Vgl. Financial Stability Board, Recovery and Resolution Planning for Systemically Important Financial Institutions: Guidance on Recovery Triggers and Stress Scenarios, 16. Juli 2013, S. 8 f.

AT 4.3.3 Stresstests

d) die Buchstaben b) und c) für eventuell erforderliche zusätzliche Sanierungsmaßnahmen zur Bewältigung von Restrisiken bei anhaltendem Stress.[288]

251 Nach den Vorstellungen der EZB sollen inverse Stresstests verwendet werden, um die Vollständigkeit und Konservativität der Annahmen des ICAAP-Rahmens in beiden Perspektiven zu überprüfen. Im ICAAP-Kontext könnten inverse Stresstests zudem als Ausgangspunkt für die Entwicklung von Szenarien für die Sanierungsplanung genutzt werden.[289]

252 Insgesamt ist es sicherlich erstrebenswert, zwischen den unterschiedlichen Szenarien für die verschiedenen aufsichtlichen Zwecke einen sinnvollen Zusammenhang aufzuzeigen. Andernfalls würde das häufig kritisierte Silodenken geradezu gefördert. Zudem sollte der Geschäftsleitung noch nachvollziehbar vermittelt werden können, aus welchen Vorgaben letztlich welche Steuerungsimpulse resultieren.

---

288 Vgl. European Banking Authority, Final Report – Guidelines on institution's stress testing, EBA/GL/2018/04, 19. Juli 2018, S. 34.

289 Vgl. Europäische Zentralbank, Leitfaden der EZB für den bankinternen Prozess zur Sicherstellung einer angemessenen Kapitalausstattung (Internal Capital Adequacy Assessment Process – ICAAP), 9. November 2018, S. 41.

6 Überprüfung der Angemessenheit der Stresstests und Annahmen (Tz. 5)

5 Die Angemessenheit der Stresstests sowie deren zugrundeliegende Annahmen sind in regelmäßigen Abständen, mindestens aber jährlich, zu überprüfen. **253**

6.1 Überprüfungsturnus für Stresstests

Die Aussagekraft von Stresstests wird durch eine ganze Reihe von Faktoren beeinflusst, wobei die **254** Modellspezifikationen und die den Stresstests zugrundeliegenden Annahmen vermutlich die wichtigste Rolle spielen.[290] Vor diesem Hintergrund muss die Angemessenheit der Stresstests regelmäßig überprüft werden. Ebenso sind die den Stresstests zugrundeliegenden Annahmen regelmäßig zu hinterfragen, wobei es dabei grundsätzlich auch um deren Angemessenheit geht. Ein Hinterfragen der Annahmen und der Plausibilität der Ergebnisse im Vergleich zur Markterfahrung kommt der Interpretation der Ergebnisse zugute und stellt sicher, dass der Stresstest keine rein statistische oder hypothetische Übung ist. Es ist entscheidend für die Verbesserung der Zuverlässigkeit von Stresstestergebnissen, für das Verständnis ihrer Grenzen, für die Identifizierung von Bereichen, in denen der Stresstestansatz verbessert werden sollte, und für die Gewährleistung, dass die Stresstestergebnisse in einer Weise verwendet werden, die mit den Zielen des Stresstestprogramms vereinbar ist.[291]

Die Aufsicht erwartet von den Instituten, dass diese Überprüfung mindestens jährlich erfolgt. **255** Auch in den Risikoberichten sind die den Stresstests zugrundeliegenden wesentlichen Annahmen darzustellen (→ BT3.1 Tz.2). Die EBA fordert von den Instituten ebenfalls, ihr Stresstestprogramm regelmäßig auf seine Wirksamkeit und Robustheit hin zu überprüfen und ggf. zu aktualisieren. Die Überprüfung sollte mindestens einmal jährlich erfolgen und die sich ändernden externen und internen Bedingungen in vollem Umfang widerspiegeln. Die Institute sollten beim Überprüfungsturnus die Häufigkeit der entsprechenden Stresstestanwendungen berücksichtigen.[292]

Sofern die Angemessenheit der Stresstests oder der Annahmen zwischenzeitlich infrage gestellt **256** wird, muss ein Institut unter Umständen vom festgelegten Überprüfungsturnus abweichen. Dies kann z.B. dann der Fall sein, wenn im Rahmen der turnusmäßigen Risikoberichterstattung Zweifel an den Ergebnissen der Stresstests aufkommen oder die zugrundeliegenden Szenarien als nicht schwerwiegend genug angesehen werden. Wie die Finanzmarktkrise gezeigt hat, können sich die Art und das Ausmaß vorstellbarer Szenarien im Zeitverlauf rapide ändern. Auf derartige Entwicklungen sollte durch zeitnahe Anpassung der Szenarien angemessen reagiert werden. Darüber hinaus sind die verwendeten Stresstestmethoden regelmäßig an die aktuellen Entwicklungen im Risikomanagement anzupassen.

Dabei sollte allerdings berücksichtigt werden, dass jede Anpassung der den Stresstests zugrun- **257** deliegenden Methoden die Aussagekraft der Ergebnisse im Zeitablauf reduzieren könnte. Nicht in jedem Fall wird es erforderlich sein, die turnusmäßigen Stresstests sofort an die aktuelle Situation anzupassen. So kann z.B. auf vorübergehende Änderungen des Marktumfeldes auch in der Weise

---

290 Vgl. Deutsche Bundesbank, Stresstests: Methoden und Anwendungsgebiete, in: Finanzstabilitätsbericht 2007, November 2007, S. 102.
291 Vgl. Basel Committee on Banking Supervision, Stress testing principles, BCBS d450, 17. Oktober 2018, S. 9 f.
292 Vgl. European Banking Authority, Final Report – Guidelines on institution's stress testing, EBA/GL/2018/04, 19. Juli 2018, S. 18 f.

reagiert werden, dass zusätzliche Ad-hoc-Stresstests durchgeführt werden, die das Stresstestprogramm eines Institutes sinnvoll ergänzen (→ AT 4.3.3 Tz. 1). Auch Änderungen der gesetzlichen oder bilanzrechtlichen Rahmenbedingungen könnten antizipiert werden, wie z. B. die Auswirkungen von IFRS 9 oder der Vollendung von Basel III. Auf diese Weise kann der Anpassungs- und Überprüfungsaufwand in betriebswirtschaftlich vernünftigen Grenzen gehalten werden.

6.2 Rahmenbedingungen zur Überprüfung von Stresstests

258 Das Stresstestprogramm sollte institutsweit infrage gestellt werden. Zur Vermeidung von Interessenkonflikten sollten bei der Überprüfung Geschäftseinheiten oder externe Experten eine Schlüsselrolle spielen, die nicht für die Konzeption und Anwendung des Programms verantwortlich sind, wobei das jeweilige Fachwissen für bestimmte Themen berücksichtigt werden sollte. Die Institute sollten sowohl bei der Konzeption als auch bei der Bewertung des Stresstestprogramms sicherstellen, dass Experten aus allen Geschäftsbereichen einbezogen werden.[293]

259 Die Bewertung sollte sowohl auf der Grundlage einer quantitativen als auch einer qualitativen Analyse erfolgen. Die qualitative Analyse sollte auf Expertenurteile oder Benchmarking-Bewertungen zurückgreifen. Die quantitative Analyse sollte solide Backtesting-Tools zur Validierung der Annahmen, Parameter und Ergebnisse von Stresstestmodellen (z. B. Kreditrisikomodelle, Marktrisikomodelle, Nettoertragsmodelle vor Rückstellungen) umfassen.[294] Praktisch läuft ein derartiges »Backtesting« vermutlich eher auf einen Soll-/Ist-Vergleich hinaus, bei dem der Soll-Zustand auf die Szenarien abstellt.

260 Bei der Bewertung ihres Stresstestprogramms sollten die Institute die Wirksamkeit des Programms im Hinblick auf die damit verfolgten Ziele und die Notwendigkeit von Verbesserungen berücksichtigen. Zudem sollten die identifizierten Risikofaktoren, Definitionen und Begründungen für die relevanten Szenarien, die Modellannahmen und die Sensitivität der Ergebnisse hinsichtlich dieser Annahmen sowie die Rolle von Expertenmeinungen beurteilt werden, um sicherzustellen, dass das Programm mit einer fundierten Analyse einhergeht. Die Effizienz der Modelle, auch hinsichtlich jener Daten, die nicht für die Modellentwicklung verwendet wurden (»out-of-sample data«), die Rückmeldungen der zuständigen Behörden zu aufsichtlichen oder sonstigen Stresstests sowie sämtliche Annahmen und geplante Maßnahmen, basierend auf Zweck, Art und Ergebnis des Stresstests, einschließlich einer Bewertung der Durchführbarkeit der Maßnahmen in Stresssituationen und in einem sich verändernden Geschäftsumfeld, sollten in die Bewertung einbezogen werden. Außerdem sollte die Angemessenheit der Berücksichtigung von Verknüpfungen zwischen Solvenz- und Liquiditätsstresstests, inklusive möglicher negativer Solvenz-Liquiditäts-Schleifen, der Dateninfrastruktur (Implementierung der Systeme und Datenqualität), der Beteiligung der Geschäftsleitung und des oberen Managements sowie der einschlägigen Unterlagen, bewertet werden.[295]

261 Aufgrund der Komplexität der Modellierung hypothetischer und makroökonomischer Szenarien sollten sich die Institute des Modellrisikos bewusst sein und sicherstellen, dass bei der Festlegung der Risikofaktoren bzw. Szenarien eine regelmäßige und ausreichend konservative Überprüfung der Annahmen und Mechanismen des Modells durch Experten durchgeführt und ein hinreichend

---

293 Vgl. European Banking Authority, Final Report – Guidelines on institution's stress testing, EBA/GL/2018/04, 19. Juli 2018, S. 20.

294 Vgl. European Banking Authority, Final Report – Guidelines on institution's stress testing, EBA/GL/2018/04, 19. Juli 2018, S. 19.

295 Vgl. European Banking Authority, Final Report – Guidelines on institution's stress testing, EBA/GL/2018/04, 19. Juli 2018, S. 19.

konservativer Ansatz zur Berücksichtigung des Modellrisikos verfolgt wurde. Bei der Festlegung von Annahmen, die zwar quantitativ schwer messbar sind, wie z.B. Diversifikationen, projiziertes exponentielles Wachstum, projizierte Gebühren oder zukunftsgerichtete Sichtweisen des Managements, aber Auswirkungen auf die Ergebnisse des Modells haben können, sollte ebenfalls hinreichend konservativ vorgegangen werden. Schließlich sollten die Abhängigkeiten der Ergebnisse von den Annahmen und die jeweiligen Sensitivitäten erkannt und ihre Auswirkungen regelmäßig bewertet werden.[296]

262

Defizite von Modellen und Mechanismen, bei denen die Risikofaktoren mit Verlusten oder erhöhten Risikoparametern in Verbindung gebracht werden, sollten verstanden, klar kommuniziert und bei der Interpretation der Ergebnisse berücksichtigt werden. Die Modelle sollten die Wechselwirkungen zwischen Solvenz, Liquidität und Refinanzierungskosten berücksichtigen, um die Auswirkungen eines Schocks nicht systematisch und signifikant zu unterschätzen. Wenn möglich, sollten die Ergebnisse verschiedener Modellierungsansätze verglichen werden. So sollte z.B. bei der Modellierung des Nettoumsatzes vor Risikovorsorge (»pre-provision net revenue«, PPNR) ein Vergleich zwischen dem verwendeten Modell und anderen möglichen Ansätzen mit Begründung für ihre Ablehnung vorliegen. Diese Wechselwirkungen sollten auf robusten statistischen Modellen beruhen. Wenn jedoch die Datenverfügbarkeit oder -qualität oder strukturelle Brüche in historischen Daten keine aussagekräftigen Schätzungen zulassen, sollten quantitative Analysen durch qualitative Expertenurteile ergänzt werden. Aber auch in den Fällen, wo der zugrundeliegende Modellierungsprozess robust ist, sollten Expertenurteile beim Hinterfragen der Modellergebnisse eine Rolle spielen. Für die Modellierung des Nettoumsatzes vor Risikovorsorge sind z.B. historische Daten über einen Zinszyklus und einen Konjunkturzyklus und Informationen über Anpassungen der Geschäftsstrategie und der Organisationsstruktur erforderlich.[297]

263

Bestehen Unsicherheiten über die Robustheit der geschätzten Abhängigkeit zwischen den Risikofaktoren und den Risikoparametern oder ist es erforderlich, die Ergebnisse umfassender Szenarioanalysen zu validieren, sollten die Institute auch Sensitivitätsanalysen durchführen, indem statistische Aspekte der Risikoparameter des Portfolios nach historischen Verteilungen, ergänzt durch hypothetische Annahmen (z.B. in Bezug auf künftige Volatilitäten), gestresst werden.[298]

264

Umstritten ist die Forderung des Baseler Ausschusses für Bankenaufsicht, die Angemessenheit der Stresstests anhand externer Benchmarks zu beurteilen.[299] Nach Auffassung der Kreditwirtschaft liefern Stresstests vor allem dann einen Erkenntnisgewinn, wenn sie auf das jeweilige Portfolio zugeschnitten sind, also für das Institut tatsächlich relevant sind.[300] Da sich die Stresstests auf die für das Institut wesentlichen Risiken beziehen, könnte die Überprüfung von deren Angemessenheit mit der regelmäßigen und anlassbezogenen Untersuchung des Gesamtrisikoprofils einhergehen (→ AT 2.2 Tz. 1). Wird die Wesentlichkeit einzelner Risiken vom Institut neu bewertet, so hat dies direkte Auswirkungen auf die Ausgestaltung der Stresstests.

---

296 Vgl. European Banking Authority, Final Report – Guidelines on institution's stress testing, EBA/GL/2018/04, 19. Juli 2018, S. 26.

297 Vgl. European Banking Authority, Final Report – Guidelines on institution's stress testing, EBA/GL/2018/04, 19. Juli 2018, S. 27.

298 Vgl. European Banking Authority, Final Report – Guidelines on institution's stress testing, EBA/GL/2018/04, 19. Juli 2018, S. 27.

299 Vgl. European Banking Authority, Final Report – Guidelines on institution's stress testing, EBA/GL/2018/04, 19. Juli 2018, S. 26. Vgl. Basel Committee on Banking Supervision, Principles for sound stress testing practices and supervision, BCBS 155, 20. Mai 2009, S. 12. Diese Forderung ist auch in den überarbeiteten Leitlinien des Baseler Ausschusses enthalten.

300 Vgl. Zentraler Kreditausschuss, Stellungnahme zum Konsultationspapier »Principles for sound stress testing practices and supervision« des Baseler Ausschusses für Bankenaufsicht, 13. März 2009, S. 9.

6.3 Inhalte der Überprüfung von Stresstests

265 Stresstests und damit auch deren zugrundeliegende Annahmen können in jedem Fall als angemessen angesehen werden, wenn deren Ergebnisse die Realität in Stresssituationen möglichst genau widerspiegeln. Der Nachweis dieser Angemessenheit ist allerdings schwierig, da die unterstellten außergewöhnlichen Ereignisse keine hohe Eintrittswahrscheinlichkeit haben und insofern nur in Ausnahmefällen realisiert werden. Folglich wird es für derartig schwerwiegende Stressereignisse nur in Ausnahmefällen möglich sein, die angenommenen mit den tatsächlich realisierten Veränderungen der wesentlichen Risikofaktoren zu vergleichen. Insofern müssen i.d.R. andere Kriterien zum Nachweis der Angemessenheit herangezogen werden.

266 Geprüft werden sollte z.B., ob die wesentlichen Risiken, einschließlich der verbundenen Risikokonzentrationen und der ggf. vorhandenen Risiken aus außerbilanziellen Gesellschaftskonstruktionen und Verbriefungstransaktionen, von den Stresstests hinreichend berücksichtigt wurden. In diesem Zusammenhang ist von großem Interesse, ob die zugehörigen wesentlichen Risikofaktoren identifiziert wurden (→ AT 4.3.3 Tz. 1). Dafür eignen sich insbesondere Sensitivitätsanalysen. Ebenso sollte überprüft werden, ob der gewählte Turnus zur Durchführung von Stresstests angemessen ist (→ AT 4.3.3 Tz. 1). Vor allem in Krisensituationen hat es sich als hilfreich erwiesen, den normalen Turnus vorübergehend deutlich zu verkürzen und insofern den Maßstab für den Begriff »regelmäßig« zeitweise anzupassen. Ähnlich wichtig ist der jeweils gewählte Zeithorizont für die Stressperiode. Darüber hinaus sollte geprüft werden, inwiefern sich die Stresstests neben einzelnen Portfolios auch auf die Institutsebene beziehen (→ AT 4.3.3 Tz. 1).

267 Ein wichtiger Punkt ist zudem die Ausgestaltung der Szenarien. Sofern diese Szenarien tendenziell nur normale Marktereignisse berücksichtigen, sind die Ergebnisse der Stresstests für die Zwecke der MaRisk unbrauchbar. Insofern sollten in die Szenarien auch solche außergewöhnlichen, aber plausibel möglichen Ereignisse einfließen, die sich nicht zwangsläufig aus historischen Daten generieren lassen. Das betrifft z.B. Szenarien, in denen die Wechselwirkungen zwischen den Risikofaktoren nicht den aus empirischen Beobachtungen ermittelten statistischen Zusammenhängen folgen.[301] In diesem Sinne wäre zu überprüfen, ob sich die wesentlichen Risikofaktoren deutlicher ändern als unter normalen Bedingungen, was im Falle außergewöhnlicher Ereignisse vorausgesetzt wird (→ AT 4.3.3 Tz. 3). Einerseits muss es sich in der Tat um außergewöhnliche Ereignisse handeln. Das bedeutet, dass der Stress hinreichend stark und für das betrachtete Portfolio relevant sein sollte. Andererseits müssen diese Ereignisse trotzdem plausibel möglich sein, also mit einer positiven Wahrscheinlichkeit eintreten können. Des Weiteren sollte geprüft werden, ob sich die strategische Ausrichtung des Institutes sowie sein wirtschaftliches Umfeld in den Annahmen widerspiegeln und auf entsprechende Änderungen schnell und angemessen reagiert wird (→ AT 4.3.3 Tz. 3). Zu diesem Zweck sollten vor allem die zugrundeliegenden (internen) Anpassungsprozesse hinterfragt werden. Da in Krisensituationen i.d.R. auch aufsichtsrechtliche Vorgaben geändert werden, sollten ebenso die veränderten (externen) Rahmenbedingungen berücksichtigt werden, um die Plausibilität der Szenarien sicherzustellen.

268 Geprüft werden sollte zudem, ob die Stresstests auch auf das Gesamtrisikoprofil des Institutes angewendet wurden und die dafür definierten übergeordneten Szenarien sowohl institutseigene als auch marktweite Ursachen und eine Kombination daraus berücksichtigen, um die Wechselwirkungen zwischen den Risikoarten abzubilden (→ AT 4.3.3 Tz. 2). Ebenso sollten die Art und Weise sowie der Turnus der Durchführung inverser Stresstests hinterfragt werden (→ AT 4.3.3 Tz. 4).

269 Schließlich wäre noch die angemessene Verwendung der Ergebnisse der Stresstests nachzuvollziehen. Dabei geht es nicht nur um die Beurteilung der Risikotragfähigkeit oder der Kapitalausstattung, sondern ebenso um die Nutzung der Ergebnisse zur generellen Verbesserung der Risi-

---

301 Vgl. Bühn, Andreas/Klauck, Kai-Oliver, Mit modernen Stresstests das Risikoprofil analysieren, in: Betriebswirtschaftliche Blätter, Heft 6/2007, S. 353 f.

kosteuerungs- und -controllingprozesse (→ AT 4.3.3 Tz. 6). Eine wichtige Voraussetzung für die Berücksichtigung der Stresstestergebnisse ist eine regelmäßige Berichterstattung gegenüber der Geschäftsleitung (→ BT 3.1 Tz. 2). So könnte z. B. geprüft werden, ob die wesentlichen Ergebnisse der Stresstests und deren Auswirkungen auf die Risikosituation und die Risikotragfähigkeit sowie deren zugrundeliegende Annahmen in den turnusmäßigen Berichten enthalten sind. Sinnvoll erscheint auch, dass die Geschäftsleitung explizit im Rahmen ihrer Vorgaben zum Risikoappetit (→ AT 4.2 Tz. 2) festlegt, welche Szenarien mit der Kapitalausstattung überstanden werden sollten (»Stressresistenz«).

6.4 Angemessene Einbindung in das Risikomanagement

Stresstests sind mittlerweile ein wichtiges Element und integraler Bestandteil des Risikomanagements der Institute. Dies sollte sich insbesondere in den Zielen der internen Stresstests widerspiegeln. Diese Ziele sollten die Grundlage für die Festlegung der Anforderungen und Erwartungen an das Rahmenwerk für Stresstests bilden und mit der Risikobereitschaft, dem Risikomanagement und der Governance-Struktur der Institute in Einklang stehen. Folglich sollten die Stresstests auch dazu beitragen, strategische und geschäftspolitische Ziele zu formulieren und zu verfolgen.[302] **270**

Die Stresstests sollten über Organisationsstrukturen verfügen, die ihren Zielen angemessen sind. Governance-Prozesse sollten die Angemessenheit der Ressourcen für Stresstests sicherstellen, einschließlich der erforderlichen Fähigkeiten. Dies ist durch den Aufbau der Fähigkeiten des internen Personals, den Wissenstransfer an das interne Personal sowie die Einstellung von Personal mit speziellen Stresstest-Fähigkeiten möglich. Zu den typischerweise erforderlichen Kompetenzen gehören u. a. hinreichende Kenntnisse von Liquiditätsrisiko, Adressenausfallrisiko, Marktpreisrisiko, von den Kapitalanforderungen, der Finanzbuchhaltung, der Modellierung und dem Projektmanagement. Dabei sollte berücksichtigt werden, dass Stresstests im Laufe der Zeit anspruchsvoller geworden sind und dadurch insbesondere der Bedarf an spezialisiertem Personal gestiegen ist.[303] **271**

Die Institute sollten sicherstellen, dass wirksame Richtlinien und interne Kontrollen vorhanden sind, um die Systeme und Prozesse zu steuern, die bei Stresstests zum Einsatz kommen. Bei zentralisierten Ansätzen sollten Governance-Systeme vorhanden sein, die den Geschäftsbereichen ermöglichen, sich über die Auswirkungen der Stressszenarien auf ihre Portfolios zu informieren. Bei dezentralen Ansätzen sollten entsprechende Vorgaben auf Gruppenebene sicherstellen, dass die Umsetzung der Stressszenarien in aggregierbare Auswirkungen für eine kohärente Beurteilung der Risiken für das Institut ausreichend konsistent ist. Sofern von Dritten erbrachte Dienstleistungen zur Ergänzung interner Ressourcen genutzt werden, sollten die Richtlinien und Verfahren eine angemessene Due Diligence, Überwachung und Kontrolle im Einklang mit einem soliden Auslagerungsmanagement gewährleisten.[304] **272**

6.5 Dateninfrastruktur

Korrekte Ergebnisse der Stresstests setzen eine angemessene Dateninfrastruktur voraus. Die EBA erwartet von den Instituten, dass ihr Stresstestprogramm durch eine angemessene Dateninfrastruk- **273**

---

302 Vgl. Basel Committee on Banking Supervision, Stress testing principles, BCBS d450, 17. Oktober 2018, S. 3 ff.
303 Vgl. Basel Committee on Banking Supervision, Stress testing principles, BCBS d450, 17. Oktober 2018, S. 7.
304 Vgl. Basel Committee on Banking Supervision, Stress testing principles, BCBS d450, 17. Oktober 2018, S. 7.

AT 4.3.3 Stresstests

tur unterstützt wird.[305] Unter Proportionalitätsgesichtspunkten sollte dabei auf die Vorgaben des Baseler Ausschusses für Bankenaufsicht für eine wirksame Risikodatenaggregation und Risikoberichterstattung (BCBS 239)[306] abgestellt werden.[307] Unter der Aggregation von Risikodaten ist die gesamte Verfahrens- und Prozesskette von der Erhebung und Erfassung von Daten über die Verarbeitung bis hin zur Auswertung nach bestimmten Kriterien und zur Berichterstattung von Risikodaten zu verstehen (→ AT 4.3.4 Tz. 1, Erläuterung). Die Anforderungen zur Risikodatenaggregation richten sich zwar ausschließlich an systemrelevante Institute (→ AT 4.3.4 Tz. 1). Die BaFin hat allerdings auch an die übrigen Institute appelliert, deren Kapazitäten zur Risikodatenaggregation im eigenen Interesse weiter auszubauen[308], um insbesondere ihre Entscheidungsbasis zu verbessern.[309]

274   Die Dateninfrastruktur muss die Institute in die Lage versetzen, den umfangreichen Datenbedarf ihres Stresstestprogramms zu erfassen und die Stresstests auf Basis geeigneter Mechanismen mit Blick auf alle wesentlichen Risiken, denen sie ausgesetzt sind, planmäßig durchzuführen. Die Dateninfrastruktur sollte in einem angemessenen Verhältnis zur Größe und Komplexität der Institute sowie zum Risikogehalt der Geschäftsaktivitäten stehen und sowohl eine hinreichende Flexibilität als auch ein angemessenes Maß an Kontrolle ermöglichen. Die Institute sollten sicherstellen, dass sie auf jeder Ebene angemessene personelle, finanzielle und materielle Ressourcen bereitstellen, um die wirksame Weiterentwicklung und Wartung ihrer Dateninfrastruktur, einschließlich der IT-Systeme, zu gewährleisten. Die Institute sollten die Dateninfrastruktur für die Stresstests auch als Teil ihrer gesamten IT-Infrastruktur betrachten und bei der Planung der Geschäftsfortführung, der Festlegung langfristiger Investitionen und anderen IT-Prozessen angemessen berücksichtigen.[310]

275   Die Infrastrukturfähigkeiten der Institute sollten flexibel genug sein, um Daten sowohl für interne Stresstests als auch für die Beteiligung an bankaufsichtsrechtlichen Stresstests abzurufen. Gegebenenfalls sollten die Institute die Konsistenz der Datenquellen sowie der Verarbeitung und Aggregation der Daten über ihre Stresstests hinweg sicherstellen. Die Institute sollten sicherstellen, dass die Daten, die sie für Stresstests erstellen, mit ihrem Gesamtrisikomanagement kohärent sind.[311]

276   Zur Durchführung der Stresstests müssen die Institute über korrekte und zuverlässige Risikodaten verfügen und diese auf dem aktuellen Stand halten. Zudem sollten sie sicherstellen, dass ihre Verfahren zur Aggregation von Risikodaten durch Korrektheit, Integrität, Vollständigkeit, Aktualität und Anpassungsfähigkeit gekennzeichnet sind. Die Daten sollten weitgehend automatisiert aggregiert werden, um die Fehleranfälligkeit zu minimieren. Insbesondere sollte ein umfassendes Abstimmungs- und Kontrollsystem vorhanden sein. Die Risikodaten sollten auch außerbilanzielle Risiken vollständig erfassen und auf jeder Ebene des Institutes leicht zugänglich sein. Die Wesentlichkeit im Hinblick auf aktuelle und potenzielle Risiken sollte berücksichtigt werden. Die Institute sollten in der Lage sein, aggregierte Risikoinformationen rechtzeitig zu erstellen, um alle Berichtsanforderungen während des gesamten Prozesses der Stresstests nach verschiedenen Stufen zur Qualitätssicherung und Überprüfung zu erfüllen. Sie sollten dazu eine effiziente Struktur entwickeln, um die Aktualität zu gewährleisten. Die Institute sollten auch in der Lage

---

305 Vgl. European Banking Authority, Final Report – Guidelines on institution's stress testing, EBA/GL/2018/04, 19. Juli 2018, S. 22.

306 Baseler Ausschuss für Bankenaufsicht, Grundsätze für die effektive Aggregation von Risikodaten und die Risikoberichterstattung, BCBS 239, 9. Januar 2013.

307 Vgl. European Banking Authority, Final Report – Guidelines on institution's stress testing, EBA/GL/2018/04, 19. Juli 2018, S. 22 f. In vergleichbarer Weise äußert sich der Baseler Ausschuss für Bankenaufsicht. Vgl. Basel Committee on Banking Supervision, Stress testing principles, BCBS d450, 17. Oktober 2018, S. 8.

308 Vgl. Bundesanstalt für Finanzdienstleistungsaufsicht, Erster Entwurf zur Überarbeitung der MaRisk, Übermittlungsschreiben vom 18. Februar 2016, S. 2.

309 Vgl. Bundesanstalt für Finanzdienstleistungsaufsicht, Rundschreiben 09/2017 (BA) zur Überarbeitung der MaRisk, Übermittlungsschreiben vom 27. Oktober 2017, S. 2 f.

310 Vgl. European Banking Authority, Final Report – Guidelines on institution's stress testing, EBA/GL/2018/04, 19. Juli 2018, S. 22.

311 Vgl. Basel Committee on Banking Supervision, Stress testing principles, BCBS d450, 17. Oktober 2018, S. 8.

sein, aggregierte Daten zu generieren, um verschiedene Ad-hoc-Anfragen zu erfüllen, die sich sowohl aus dem internen Bedarf als auch aus aufsichtsrechtlichen Anfragen ergeben.[312]

Damit die Risiken erkannt und die Ergebnisse der Stresstests verlässlich sind, sollten die **277** verwendeten Daten genau und vollständig sowie auf einer ausreichend granularen Ebene rechtzeitig verfügbar sein. Die Institute sollten über eine robuste Dateninfrastruktur verfügen, die in der Lage ist, in Stresstests verwendete Informationen von angemessener Qualität abzurufen, zu verarbeiten und zu melden, um die Ziele des Stresstests zu erreichen. Zur Behebung festgestellter Mängel hinsichtlich der wesentlichen Informationen sollten entsprechende Verfahren vorhanden sein. Die Institute sollten auch historische Daten, die für ihre internen Stresstests relevant sind, sammeln, sichern und pflegen. Sie sollten sicherstellen, dass sie in der Lage sind, die mit Fusionen und Übernahmen verbundenen Daten in ihren historischen Datensatz zu integrieren.[313]

Die EBA greift damit Vorschläge des Baseler Ausschusses für Bankenaufsicht auf, der insbeson- **278** dere in Stressphasen oder Krisen eine Bereitstellung von aggregierten Risikodaten zu sämtlichen relevanten und kritischen Risiken in kürzester Zeit erwartet. Die Institute sollten regelmäßig überprüfen, ob innerhalb der vorgegebenen Zeiträume auch genaue Berichte erstellt werden können. Nur so ist es möglich, sich entwickelnden Risiken effektiv zu begegnen. Informationen zu bestimmten Positionen oder Engagements müssen für diesen Zweck möglicherweise sogar sofort (im Tagesverlauf) zur Verfügung stehen.[314] Vor allem bei größeren und komplexen Instituten hat die Aufsicht diesbezüglich Mängel festgestellt.[315]

---

312 Vgl. European Banking Authority, Final Report – Guidelines on institution's stress testing, EBA/GL/2018/04, 19. Juli 2018, S. 22 f.

313 Vgl. Basel Committee on Banking Supervision, Stress testing principles, BCBS d450, 17. Oktober 2018, S. 8.

314 Vgl. Baseler Ausschuss für Bankenaufsicht, Grundsätze für die effektive Aggregation von Risikodaten und die Risikoberichterstattung, BCBS 239, 9. Januar 2013, S. 10 ff.

315 Vgl. Steinbrecher, Ira, MaRisk – Neue Mindestanforderungen an das Risikomanagement der Banken, in: BaFinJournal, Ausgabe November 2017, S. 20.

7 Verwendung der Ergebnisse der Stresstests (Tz. 6)

279 **6** Die Ergebnisse der Stresstests sind kritisch zu reflektieren. Dabei ist zu ergründen, inwieweit und, wenn ja, welcher Handlungsbedarf besteht. Die Ergebnisse der Stresstests sind auch bei der Beurteilung der Risikotragfähigkeit angemessen zu berücksichtigen. Dabei ist den Auswirkungen eines schweren konjunkturellen Abschwungs besondere Aufmerksamkeit zu schenken.

7.1 Kritische Reflexion der Stresstestergebnisse

280 Wenngleich Stresstests so ausgestaltet sein sollten, dass die zugrundeliegenden Szenarien Ausnahmesituationen darstellen, sollen sie dennoch plausibel mögliche Ereignisse widerspiegeln (→AT4.3.3 Tz.3). Folglich muss ein Institut auch auf derartige Ereignisse vorbereitet sein. Die Durchführung von Stresstests wäre für das Institut vollkommen wertlos, wenn deren Ergebnisse keinen Einfluss auf sein Risikomanagement hätten. Die Ergebnisse sollten insbesondere genutzt werden, um mögliche Schwachstellen in potenziellen Stresssituationen durch geeignete Maßnahmen zu beseitigen. Auf Basis von Stresstests kann das Institut ferner einen tieferen Einblick in das eigene Risikoprofil gewinnen. Aus diesem Grund sind die Ergebnisse der Stresstests stets kritisch zu reflektieren und auf einen eventuellen Handlungsbedarf zu untersuchen.

281 Die Ergebnisse der Stresstests, die insbesondere Auskunft über implizite Verluste, Kapital- und Liquiditätsanforderungen sowie verfügbares Kapital und verfügbare Liquidität geben sollten, sind auch nach den Vorstellungen der EBA kritisch zu reflektieren, insbesondere im Hinblick auf möglichen Handlungsbedarf. Zu diesem Zweck müssen die Ergebnisse der Stresstests über Geschäftsbereiche und Managementebenen hinweg kommuniziert werden, um das Risikobewusstsein zu schärfen und Diskussionen über bestehende und potenzielle Risiken sowie über mögliche Maßnahmen anzuregen. Die im Rahmen der Stresstests beobachteten Einschränkungen, Schwachstellen und Mängel sollten bewertet und bei der Genehmigung der strategischen Planung des Institutes sowie bei allen relevanten Entscheidungen, die die Kapital-, Liquiditäts-, Sanierungs- und Abwicklungsplanung betreffen, berücksichtigt werden. Die Ergebnisse der Stresstests sollten auch zur Festlegung des Risikoappetits und der Limite eines Institutes verwendet werden. Darüber hinaus sollten sie als Planungsinstrument dienen, um die Wirksamkeit neuer und bestehender Geschäftsstrategien und deren Auswirkungen auf den Kapitaleinsatz zu ermitteln.[316] Diese Vorgaben gelten analog in angepasster Form auch für die einzelnen Risikoarten, wie z.B. für Zinsänderungsrisiken im Anlagebuch.[317]

282 Die Institute sollten sicherstellen, dass die Ergebnisse der Stresstests in Übereinstimmung mit den Zielen sowie internen Richtlinien und Verfahren des Stresstestprogramms effektiv genutzt werden. Sie sollten die Geschäftsleitung bei wichtigen strategischen und geschäftspolitischen Entscheidungen unterstützen. Dazu müssen sie der Geschäftsleitung regelmäßig auf den relevanten Aggregationsebenen mitgeteilt werden, wobei auf die wichtigsten Modellierungs- und Szenarioannahmen sowie alle wesentlichen Einschränkungen eingegangen werden soll. Dies betrifft z.B. die Relevanz der zugrundeliegenden Szenarien, die Risikotragfähigkeit und das Modellrisiko.

---

316 Vgl. European Banking Authority, Final Report – Guidelines on institution's stress testing, EBA/GL/2018/04, 19. Juli 2018, S. 21 f.

317 Vgl. European Banking Authority, Final Report – Guidelines on the management of interest rate risk arising from non-trading book activities, EBA/GL/2018/02, 19. Juli 2018, S. 35 f.

Die Verwendung der Ergebnisse kann in vielfacher Hinsicht erfolgen, wie z. B. zur Festlegung des Risikoappetits und der Risikolimite, zur Finanz- und Kapitalplanung, zur Liquiditäts- und Refinanzierungsrisikobewertung, zur Notfallplanung, zur Sanierungs- und Abwicklungsplanung, für den ICAAP und den ILAAP, zur Unterstützung des Portfoliomanagements und des Neu-Produkt-Prozesses oder zur Unterstützung anderer unternehmerischer Entscheidungsprozesse wie der Bewertung strategischer Optionen.[318]

7.2 Festlegung angemessener Maßnahmen

Als mögliche Reaktion auf Stresssituationen sollten die Institute glaubwürdige und relevante Maßnahmen, die ihre Solvenz im Stressszenario sicherstellen können, sowie deren Einsatzmöglichkeiten festlegen. Dabei sollten sie berücksichtigen, dass einige Maßnahmen sofort umsetzbar sind und andere Maßnahmen von bestimmten Ereignissen abhängen. Für diese Maßnahmen sollten zuvor die Auslöser (»trigger«) klar definiert werden. Sämtliche Maßnahmen sollten mit den festgelegten Strategien und Richtlinien übereinstimmen, wie z. B. mit der Dividendenpolitik.[319] Diese Maßnahmen werden üblicherweise im Sanierungsplan dokumentiert, der als Instrument des erweiterten Risikomanagements eine wichtige Rolle spielt. **283**

Die Institute sollten ihre Fähigkeit, risikomindernde Maßnahmen umzusetzen, vorsichtig bewerten und dabei die möglichen Auswirkungen der Stressszenarien auf andere Märkte berücksichtigen. Sie sollten die qualitativen und quantitativen Auswirkungen vor und nach risikomindernden Maßnahmen erläutern. Die Auswirkungen vor Risikominderung sollten Annahmen über Strategie, Wachstum und damit verbundene Erträge beinhalten, aber keine Maßnahmen, die in einem Stressszenario nicht umsetzbar wären, wie z. B. die Auflösung eines Geschäftszweiges oder die Beschaffung von Kapital. Akzeptable Maßnahmen können in Abhängigkeit von der Einschätzung der zuständigen Behörden grundsätzlich die Überprüfung der internen Risikolimite, die Überprüfung des Einsatzes von Risikominderungstechniken, die Anpassung von Richtlinien, z. B. in Bezug auf die Adäquanz der Liquidität oder des Kapitals, die Reduzierung der Ausschüttungen an die Aktionäre, die Anpassung der Geschäftsstrategie, der Geschäftsplanung und der Risikobereitschaft sowie die Generierung von Kapital oder Refinanzierungsmitteln sein.[320] **284**

Die voraussichtlichen Maßnahmen, differenziert nach Szenarien und angepasst an deren Schwere, sollten dokumentiert werden. Die Institute sollten die Verringerung ihrer Rentabilität als Folge extrem schwerer Stresssituationen in Betracht ziehen. In ihren ICAAP- und ILAAP-Informationen, die den zuständigen Behörden zur Verfügung zu stellen sind, sollten die Institute auch bereits ergriffene Maßnahmen auf der Grundlage der Ergebnisse der Stresstests erläutern.[321] In der Praxis dürften die Stresstestergebnisse allerdings selten die alleinige Grundlage entsprechender Maßnahmen sein. **285**

Die verschärfte Überwachung der Risiken kann sowohl mit einer Verkürzung des Turnus zur Risikomessung und Berichterstattung als auch mit einer Anpassung der Warnschwellen und Limite einhergehen. Die Geschäftspolitik könnte dergestalt geändert werden, dass höhere Liquiditätspuffer erforderlich sind oder der Spielraum zur Vergabe von Blankokrediten bzw. Krediten mit hohen Blankoanteilen eingeschränkt wird. In bestimmten Situationen kann es auch erforderlich **286**

---

318 Vgl. Basel Committee on Banking Supervision, Stress testing principles, BCBS d450, 17. Oktober 2018, S. 5.

319 Vgl. European Banking Authority, Final Report – Guidelines on institution's stress testing, EBA/GL/2018/04, 19. Juli 2018, S. 49.

320 Vgl. European Banking Authority, Final Report – Guidelines on institution's stress testing, EBA/GL/2018/04, 19. Juli 2018, S. 49 f.

321 Vgl. European Banking Authority, Final Report – Guidelines on institution's stress testing, EBA/GL/2018/04, 19. Juli 2018, S. 50.

sein, das Engagement in einzelnen Ländern, Regionen, Sektoren, Portfolios oder Produkten zurückzufahren. Insgesamt können die empfohlenen Maßnahmen danach unterschieden werden, ob sie unmittelbar oder erst bei Eintritt eines vordefinierten Ereignisses umgesetzt werden sollen. Letztlich liegt es vor allem im Interesse der Institute, ihre Überlebensfähigkeit zu sichern. Rein formale Umsetzungen oder gar ein »Schaulaufen« für die Aufsicht sind weder im Interesse der Institute noch der Aufsicht.[322] Stresstests bilden in deutschen Instituten häufig eine Diskussionsgrundlage zur Bestimmung der Risikostrategie. Insbesondere im Markt- und Liquiditätsrisikomanagement werden sie auch zur Festlegung von Limiten und Absicherungsstrategien verwendet. Eingang in die risikoadjustierte Erfolgsmessung der verschiedenen Geschäftsfelder finden sie bisher nur in Einzelfällen.[323] Möglich sind ebenso der Einsatz von Sicherungsinstrumenten (Hedging) sowie andere Maßnahmen zur Schließung offener Positionen. Allerdings sollte die Wirksamkeit der Risikominderungstechniken insbesondere für Situationen systematisch überprüft werden, in denen die Märkte nicht voll funktionsfähig sind und mehrere Institute gleichzeitig ähnliche Strategien verfolgen. Die Institute sollten ihre Fähigkeit zur Risikoreduzierung nicht überschätzen und für den Bedarfsfall auch alternative Möglichkeiten in Erwägung ziehen.

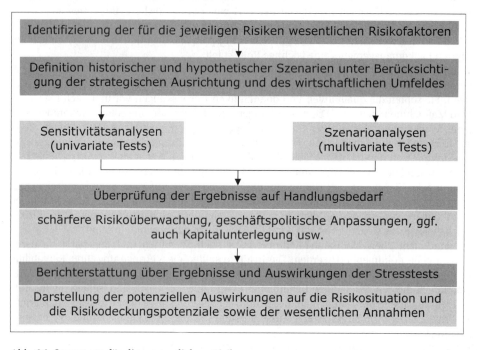

Abb. 36: Stresstests für die wesentlichen Risiken

---

322 Vgl. Bundesanstalt für Finanzdienstleistungsaufsicht, Übermittlungsschreiben zum Rundschreiben 15/2009 (BA) vom 14. August 2009, S. 5.

323 Vgl. Deutsche Bundesbank, Stresstests: Methoden und Anwendungsgebiete, in: Finanzstabilitätsbericht 2007, November 2007, S. 102.

7.3 Berücksichtigung bei der Beurteilung der Risikotragfähigkeit

Im Rahmen des Risikotragfähigkeitskonzeptes wird das Risikodeckungspotenzial – bzw. in **287** Abhängigkeit vom Risikoappetit der Geschäftsleitung die Risikodeckungsmasse – den wesentlichen Risiken gegenübergestellt. Die Risikotragfähigkeit ist gegeben, sofern die wesentlichen Risiken durch das Risikodeckungspotenzial »laufend« abgedeckt sind (→ AT 4.1 Tz. 1). Grundsätzlich existieren im Rahmen des Risikotragfähigkeitskonzeptes also drei wesentliche Einflussgrößen für die Quantifizierung: das Risikodeckungspotenzial, die wesentlichen Risiken für das Institut und die jeweilige Berechnungsmethode. Die vierte Einflussgröße, nämlich die Festlegung des Risikoappetits durch die Geschäftsleitung, läuft häufig auf die Vereinbarung eines prozentualen Anteiles am Risikodeckungspotenzial hinaus und bereitet insofern grundsätzlich weniger Probleme.

Die Quantifizierung der wesentlichen Risiken auf der einen Seite und des Risikodeckungs- **288** potenzials auf der anderen Seite ist hingegen deutlich komplexer. Dazu bedienen sich die Institute der klassischen Risikomanagementverfahren. Die Ergebnisse der Stresstests beleuchten die Situation aus einer anderen Perspektive und zeigen insofern nicht direkt an, ob die Risikotragfähigkeit gegeben ist. Wenngleich über die potenziellen Auswirkungen von Stresssituationen auf die Risikosituation und das Risikodeckungspotenzial zu berichten ist (→ BT 3.1 Tz. 2), besteht keine Notwendigkeit, die Stresstestergebnisse zur Quantifizierung der Risiken im Rahmen des Risikotragfähigkeitskonzeptes zu verwenden. Sie sollten aber dazu genutzt werden, die Resultate der klassischen Risikomanagementverfahren infrage zu stellen. Daraus können sich durchaus auch Anpassungen des Risikotragfähigkeitskonzeptes ergeben.[324]

Die Durchführung von Stresstests kann sich in doppelter Hinsicht auf die Risikotragfähigkeit **289** auswirken. Je nach Ausgestaltung des Risikotragfähigkeitskonzeptes kann sich z. B. eine Erhöhung der geschätzten Ausfallwahrscheinlichkeiten sowohl auf den Barwert des Portfolios als auch auf den Credit-VaR auswirken. Damit würde gleichzeitig das Risikodeckungspotenzial absinken und das Risiko ansteigen. Beide Komponenten sollten daher berücksichtigt werden.[325] Um bei der Berechnung der Risikotragfähigkeit realistische Ergebnisse zu erzielen, müssen auf beiden Seiten (Kapital und Risiko) gleiche Maßstäbe angesetzt werden. So sollten dem Risikodeckungspotenzial z. B. keine zukünftigen Erträge zugerechnet werden, wenn bei der Berechnung der wesentlichen Risiken lediglich auf den Status quo abgestellt wird. Werden hingegen zukünftige Erträge beim Risikodeckungspotenzial berücksichtigt, so kann es durchaus sinnvoll sein, die Ertragsstabilität unter Stressbedingungen näher zu beleuchten.[326]

Die Aufsicht hat klargestellt, dass identifizierter Handlungsbedarf nicht automatisch in eine **290** Unterlegung mit Risikodeckungspotenzial münden muss. Eine zwingende Verwendung der Ergebnisse von Stresstests zur Bemessung der Höhe der ökonomischen Kapitalanforderungen wird auch von der Kreditwirtschaft aufgrund der spezifischen Zielsetzung von Stresstests kritisch gesehen. Insbesondere wird befürchtet, auf diese Weise den ungewollten Anreiz zu setzen, lediglich moderate Stresstests durchzuführen. In der Konsequenz könnte die Suche nach wirklich existenz-

---

324 Vgl. Eulering, Georg, Integration von Stresstests in Risikosteuerung und -controlling, in: Pfeifer, Guido/Ullrich, Walter (Hrsg.), MaRisk-Interpretationshilfen, 2. Auflage, Heidelberg, 2009, S. 132.

325 Vgl. Eulering, Georg, Integration von Stresstests in Risikosteuerung und -controlling, in: Pfeifer, Guido/Ullrich, Walter (Hrsg.), MaRisk-Interpretationshilfen, 2. Auflage, Heidelberg, 2009, S. 152 f. Zur Vertiefung werden dort insbesondere Drehmann, Mathias, A Market Based Macro Stress Test for the Corporate Credit Exposure of UK Banks, Working Paper, Bank of England, April 2005; Mager, Ferdinand/Schmieder, Christian, Stress testing of real credit portfolios, Deutsche Bundesbank, Discussion Paper, Series 2: Banking and Financial Studies, No. 17/2008 und Düllmann, Klaus/Erdelmeier, Martin, Stress testing German banks in a downturn in the automobile industry, Deutsche Bundesbank, Discussion Paper, Series 2: Banking and Financial Studies, No. 2/2009, empfohlen.

326 Vgl. Schirsch, Claudia, Bankindividuelle Stresstests – pragmatische Umsetzung in der Bankpraxis, in: Wimmer, Konrad (Hrsg.), MaRisk NEU – Handlungsbedarf in der Banksteuerung, Heidelberg, 2009, S. 88.

AT 4.3.3 Stresstests

bedrohenden Risiken mit Hilfe von Stresstests nicht mehr unvoreingenommen stattfinden.[327] Nicht zuletzt vor diesem Hintergrund werden von der Aufsicht verschiedene Handlungsmöglichkeiten gestattet. So können alternativ zur Unterlegung mit Risikodeckungspotenzial auch andere Maßnahmen geeignet sein, wie z.B. eine verschärfte Überwachung der Risiken, Limitanpassungen oder Anpassungen in der geschäftspolitischen Ausrichtung. Eine Unterlegung mit Risikodeckungspotenzial ist allerdings zumindest dann erforderlich, wenn die Stresstests bewusst zur Quantifizierung des internen Kapitalbedarfes eingesetzt werden (→ AT 4.3.3 Tz. 6, Erläuterung). Was dabei ggf. beachtet werden muss, wird an anderer Stelle näher ausgeführt (→ AT 4.1 Tz. 2).

291 Die Stresstests haben auch einen schweren konjunkturellen Abschwung darzustellen, der auf (Gesamt-)Institutsebene zu analysieren ist (→ AT 4.3.3 Tz. 3). Diesem Ereignis ist bei der Beurteilung der Risikotragfähigkeit besondere Aufmerksamkeit zu schenken. Demzufolge muss insbesondere hinterfragt werden, in welchem Ausmaß sich die im Risikotragfähigkeitskonzept unterstellten Annahmen im Falle eines schweren konjunkturellen Abschwungs ändern und ob dem Institut in diesem Fall genügend Handlungsspielraum verbleibt, um die Risikotragfähigkeit auch unter diesen Umständen zu gewährleisten.

7.4   Kommunikation der Stresstestergebnisse

292 Die Institute sollten über Prozesse verfügen, die eine regelmäßige Kommunikation und Koordination zwischen den Stresstestfunktionen auf Gruppenebene und einzelnen Tochterunternehmen oder anderen relevanten Rechtssubjekten unterstützen. Sie sollten in der Lage sein, die Stresstestergebnisse über alle Rechtssubjekte hinweg zu aggregieren und zu berichten. Außerdem sollten sie sich bemühen, die Konsistenz von Ansätzen und Auswirkungen über alle Rechtssubjekte hinweg zu gewährleisten. Die gemeinsame Nutzung der Ergebnisse kann ggf. wichtige Perspektiven auf Risiken eröffnen, die einer einzelnen Organisationseinheit sonst nicht zur Verfügung stünden.[328]

---

327 Vgl. Zentraler Kreditausschuss, Stellungnahme zum Konsultationspapier »Principles for sound stress testing practices and supervision« des Baseler Ausschusses für Bankenaufsicht, 13. März 2009, S. 2.
328 Vgl. Basel Committee on Banking Supervision, Stress testing principles, BCBS d450, 17. Oktober 2018, S. 10 f.

AT 4.3.4 Datenmanagement, Datenqualität und Aggregation von Risikodaten

1 Einführung und Überblick

1.1 Risikodaten und deren Aggregation

1 Der Baseler Ausschuss für Bankenaufsicht (Basel Committee on Banking Supervision, BCBS) erwartet, dass die »Risikodaten« mit anderen im Institut zur Verfügung stehenden Daten (ggf. auch mit »Rechnungslegungsdaten«) abgeglichen werden, um ihre Genauigkeit sicherzustellen. Diese Anforderung wurde von der deutschen Aufsicht aufgegriffen und auf die »Daten aus dem Rechnungswesen und ggf. dem Meldewesen« übertragen (→ AT 4.3.4 Tz. 3 inklusive Erläuterung). Insofern ist davon auszugehen, dass mit den »Risikodaten« die »Daten aus dem Risikocontrolling« gemeint sind. Dabei kann es sich auch um Daten handeln, die dem Risikocontrolling für die Zwecke der Risikoberichterstattung von anderen Bereichen zugeliefert werden. Letztlich geht es darum, ob diese Daten im Risikocontrolling verwendet werden.

2 Der Baseler Ausschuss versteht unter der »Aggregation von Risikodaten« die Definition, Erhebung und Verarbeitung von Risikodaten gemäß den Anforderungen an die interne Risikoberichterstattung, um dem Institut einen Abgleich der eigenen Performance mit dem festgelegten Risikoappetit zu ermöglichen. Dazu gehören das Sortieren, Zusammenführen und Auflösen von Datensätzen.[1] Die EBA hat diese Definition in identischer Form aufgegriffen.[2] Die deutsche Aufsicht bezeichnet die Aggregation von Risikodaten in Anlehnung an diese Vorgaben konkret als die gesamte Verfahrens- und Prozesskette von der Erhebung und Erfassung der Daten über die Verarbeitung bis hin zur Auswertung nach bestimmten Kriterien und zur Berichterstattung von Risikodaten (→ AT 4.3.4 Tz. 1, Erläuterung). Insofern ist der Prozess der Risikodatenaggregation im gesamten Verlauf zu betrachten (»front to end«).

---

[1] Vgl. Baseler Ausschuss für Bankenaufsicht, Grundsätze für die effektive Aggregation von Risikodaten und die Risikoberichterstattung, BCBS 239, 9. Januar 2013, S. 3.

[2] Vgl. European Banking Authority, Final Report – Guidelines on institution's stress testing, EBA/GL/2018/04, 19. Juli 2018, S. 16.

AT 4.3.4 Datenmanagement, Datenqualität und Aggregation von Risikodaten

1.2 Lehren aus der Finanzmarktkrise

Nach Auffassung des Finanzstablitätsrates (Financial Stability Board, FSB) hat die Finanzmarktkrise **3** verdeutlicht, dass viele Institute hinsichtlich ihrer Informationstechnologie und Datenarchitektur nicht in der Lage waren, Risikodaten vollständig und schnell genug zu aggregieren. Eine angemessene Steuerung der Risiken war daher nur eingeschränkt möglich, was bekanntlich weitreichende Folgen für einzelne Institute und die Stabilität des Finanzsystems als Ganzes hatte. Der FSB hat deshalb in Reaktion auf einen entsprechenden Beschluss der G20[3] insbesondere gefordert, dass die Kapazitäten der internen Risikoberichterstattung (»Management Information System«, MIS) unter schnell wechselnden Bedingungen eine vollständige und exakte Sicht auf das Gesamtrisikoprofil ermöglichen sollen und diese Informationen von den Instituten hinreichend detailliert und genau sowie schnell genug bereitgestellt werden müssen.[4] Deshalb sollten in Zusammenarbeit mit den normgebenden Gremien eine Reihe von aufsichtlichen Erwartungen formuliert werden, nach denen vor allem die Datenaggregationskapazitäten von systemrelevanten Instituten so auszugestalten sind, dass die relevanten Risiken in den MIS-Berichten korrekt wiedergegeben werden.[5]

Vor diesem Hintergrund hat der Baseler Ausschuss für Bankenaufsicht im Januar 2013 all- **4** gemeine Grundsätze zur effektiven Risikodatenaggregation und Risikoberichterstattung veröffentlicht.[6] Diese Grundsätze sind unter der Kurzbezeichnung »BCBS 239«[7] bekannt. Sie beziehen sich auf die Gesamtunternehmensführung und Infrastruktur, die Kapazitäten zur Aggregation von Risikodaten und die Risikoberichterstattung und haben folgende Ziele:

- Verbesserung der für die Berichterstattung an die Geschäftsleitung verwendeten Infrastruktur,
- Verbesserung der konzernweiten Entscheidungsprozesse,
- Reduzierung von Verlusten, die aus Schwächen im Risikomanagement resultieren,
- Verbesserung des Informationsmanagements über verschiedene Einheiten der Institute hinweg,
- Beschleunigung des Berichtsprozesses und damit der Entscheidungsprozesse sowie
- Verbesserung der strategischen Planungsfähigkeit der Institute und des Managements von neuen Produkten und Dienstleistungen.

---

3   Die »G20« ist die 1999 gegründete Gruppe der wichtigsten Industrie- und Schwellenländer. Der G20 gehören 19 Staaten (Argentinien, Australien, Brasilien, China, Deutschland, Frankreich, Großbritannien, Indien, Indonesien, Italien, Japan, Kanada, Mexiko, Russland, Saudi-Arabien, Südafrika, Südkorea, Türkei, USA) sowie die EU an. Die G20 ist nach dem Beschluss ihrer Staats- und Regierungschefs vom September 2009 das zentrale informelle Forum für die internationale wirtschaftliche Zusammenarbeit der bedeutenden Industrie- und Schwellenländer. Die G20-Staaten repräsentieren ca. 90 % des weltweiten Bruttoinlandsprodukts, ca. 80 % des Welthandels und rund zwei Drittel der Weltbevölkerung. An den G20-Gipfeln nehmen auf Einladung der Präsidentschaft regelmäßig auch der Internationale Währungsfonds (IWF), die Weltbank (WB), die Europäische Zentralbank (EZB), das Financial Stability Board (FSB), die Organisation für Wirtschaftliche Zusammenarbeit und Entwicklung (OECD), die Welthandelsorganisation (WTO), der Internationale Währungs- und Finanzausschuss (IMFC), die Internationale Arbeitsorganisation (ILO) und die Vereinten Nationen (VN) teil. Darüber hinaus werden regelmäßig weitere Staaten und Regionalorganisationen eingeladen, wie z. B. die Vorsitzenden der Afrikanischen Union (AU), der New Partnership for Africa's Development (NEPAD) und der Association of Southeast Asian Nations (ASEAN). Die jeweilige G20-Präsidentschaft hält engen Kontakt mit verschiedenen Interessengruppen und Nicht-G20-Ländern (so genanntes »Outreach«). Vgl. www.bundesregierung.de.

4   Vgl. Financial Stability Board, Key Attributes of Effective Resolution Regimes for Financial Institutions, 27. Oktober 2011, S. 30.

5   Vgl. Financial Stability Board, Intensity and Effectiveness of SIFI Supervision – Progress report on implementing the recommendations on enhanced supervision, 27. Oktober 2011, S. 3.

6   Baseler Ausschuss für Bankenaufsicht, Grundsätze für die effektive Aggregation von Risikodaten und die Risikoberichterstattung, BCBS 239, 9. Januar 2013.

7   Der Baseler Ausschuss für Bankenaufsicht vergibt – wie andere Organisationen auch – für seine Ausarbeitungen laufende Nummern. Da manche Dokumente (mehrfach) überarbeitet werden und später in neuer Version zur Verfügung stehen, ist die Kurzbezeichnung zur eindeutigen Identifizierung besonders gut geeignet und hat sich in der Praxis durchgesetzt.

AT 4.3.4 Datenmanagement, Datenqualität und Aggregation von Risikodaten

1.3 Überblick über die Grundsätze des Baseler Ausschusses

5   Die insgesamt vierzehn Grundsätze des Baseler Ausschusses werden nach einem allgemeinen Teil in die Abschnitte »Gesamtunternehmensführung und Infrastruktur« (Grundsätze 1 und 2), »Fähigkeit zur Aggregation von Risikodaten« auf verschiedenen Ebenen (Grundsätze 3 bis 6), »Praxis der Risikoberichterstattung« (Grundsätze 7 bis 11) und »Aufsichtliche Überprüfung, Instrumente und Zusammenarbeit« (Grundsätze 12 bis 14) unterteilt. Die für die Institute relevanten Grundsätze 1 bis 11 regeln Folgendes:

6   I. Gesamtunternehmensführung und Infrastruktur
  – Grundsatz 1 (Governance): Die Risikodaten-Aggregationskapazitäten und Verfahren zur Risikoberichterstattung einer Bank sollten strengen Prinzipien zur Unternehmensführung in Übereinstimmung mit anderen vom Baseler Ausschuss veröffentlichten Grundsätzen und Empfehlungen unterliegen.
  – Grundsatz 2 (Datenarchitektur und IT-Infrastruktur): Eine Bank hat eine interne Datenarchitektur und IT-Infrastruktur zu entwerfen, einzurichten und zu pflegen, die die Risikodaten-Aggregationskapazitäten und Verfahren zur Risikoberichterstattung nicht nur unter gewöhnlichen Umständen, sondern auch in Stressphasen oder Krisen vollumfänglich unterstützt, wobei die übrigen Grundsätze unverändert gelten.

7   II. Risikodatenaggregationskapazitäten
  – Grundsatz 3 (Genauigkeit und Integrität): Eine Bank sollte in der Lage sein, genaue und verlässliche Risikodaten zu generieren, um den Genauigkeitsanforderungen im Berichtswesen unter gewöhnlichen Umständen sowie in Stressphasen oder Krisen gerecht zu werden. Die Daten sind möglichst auf automatisierter Basis zu aggregieren, um die Fehlerwahrscheinlichkeit so gering wie möglich zu halten.
  – Grundsatz 4 (Vollständigkeit): Eine Bank sollte in der Lage sein, sämtliche wesentlichen Risikodaten innerhalb des Konzerns zu generieren und zu aggregieren. Die Daten sollten nach unterschiedlichen Kategorien geordnet zur Verfügung stehen (u.a. Geschäftsfelder, Konzerngesellschaften, Art des Vermögenswertes, Branche und Region), wobei das jeweils zu betrachtende Risiko für die Auswahl derjenigen Kategorien maßgeblich ist, die die Identifizierung und Meldung von Risikopositionen, Risikokonzentrationen sowie aufkommenden Risiken ermöglichen.
  – Grundsatz 5 (Aktualität): Eine Bank sollte in der Lage sein, aggregierte und aktuelle Risikodaten in einem angemessenen zeitlichen Rahmen zu generieren. Die Grundsätze hinsichtlich Genauigkeit, Integrität, Vollständigkeit und Anpassungsfähigkeit gelten dabei unverändert. Die genaue Terminierung hängt von der Art und der potenziellen Volatilität des zu erfassenden Risikos sowie von dessen Beitrag zum Gesamtrisikoprofil der Bank ab. Die genaue Terminierung ist darüber hinaus abhängig von den bankinternen Häufigkeitsanforderungen an die Risikoberichterstattung – unter Berücksichtigung der Charakteristik und des Gesamtrisikoprofils der Bank (sowohl unter gewöhnlichen Umständen als auch in Stressphasen oder Krisen).
  – Grundsatz 6 (Anpassungsfähigkeit): Eine Bank sollte in der Lage sein, aggregierte Risikodaten zu generieren, um eine große Bandbreite an Ad-hoc-Anfragen an die Risikoberichterstattung bearbeiten zu können. Hierzu zählen u.a. Anfragen in Stressphasen oder Krisen, Anfragen im Zusammenhang mit geänderten internen Anforderungen sowie Anfragen der Aufsicht.

8   III. Risikoberichterstattung
  – Grundsatz 7 (Genauigkeit): Risikomanagementberichte müssen aggregierte Risikodaten genau und präzise vermitteln und Risiken akkurat wiedergeben. Einzelne Berichte müssen abgeglichen und validiert werden.

AT4.3.4 Datenmanagement, Datenqualität und Aggregation von Risikodaten

– Grundsatz 8 (Umfassender Charakter): Ein Risikomanagementbericht muss alle wesentlichen Risikobereiche abdecken, die einen Bankkonzern betreffen. Umfang und Detailliertheit eines Berichtes haben dabei der Bedeutung und Komplexität der Geschäftstätigkeit der Bank, deren Risikoprofil sowie den Anforderungen der Adressaten Rechnung zu tragen.

– Grundsatz 9 (Klarheit und Nutzen): Risikomanagementberichte müssen klar und prägnant formuliert sein. Sie müssen leicht verständlich und gleichzeitig umfassend genug sein, um fundierte Entscheidungen zu ermöglichen. Die in ihnen enthaltenen Informationen müssen relevant und auf die Bedürfnisse der Adressaten abgestimmt sein.

– Grundsatz 10 (Häufigkeit): Die Häufigkeit, mit der Risikomanagementberichte erstellt und verbreitet werden, ist vom Aufsichtsorgan und von der Geschäftsleitung (oder ggf. anderen Adressaten) zu bestimmen. Dabei sind die Bedürfnisse der Adressaten ebenso zu berücksichtigen wie die Art der Risiken, die gemeldet werden, die Geschwindigkeit, mit der Risiken sich wandeln können, sowie die Bedeutung der Berichte für ein solides Risikomanagement und eine effektive und effiziente Entscheidungsfindung in der gesamten Bank. In Stressphasen oder Krisen ist die Häufigkeit der Berichte zu erhöhen.

– Grundsatz 11 (Verbreitung): Risikomanagementberichte müssen unter Gewährleistung der Vertraulichkeit an die zuständigen Stellen verteilt werden.

Die deutsche Aufsicht hat die Grundsätze 1 bis 6 im Modul AT 4.3.4 verarbeitet und die Grundsätze 7 bis 11 bei den Anforderungen an die Risikoberichterstattung berücksichtigt (→ BT 3). Die Grundsätze 12 bis 14 finden sich nicht in den MaRisk wieder, weil sie sich unmittelbar an die Aufsichtsbehörden richten.   **9**

Das Ziel der deutschen Aufsicht besteht darin, dass die relevanten Risikoinformationen schnell die verantwortlichen Entscheidungsträger erreichen und auf möglichst vollständigen, genauen und aktuellen Daten basieren.[8] Hierfür ist es notwendig, die IT-Infrastruktur der systemrelevanten Institute (→ AT 4.3.4 Tz. 1) dahingehend zu verbessern, dass eine umfassende, genaue und zeitnahe Aggregation der Risikopositionen eines Institutes ermöglicht wird und diese Informationen zeitnah für das Berichtswesen zur Verfügung gestellt werden können.[9]   **10**

1.4   Relevante Daten

Die Grundsätze des Baseler Ausschusses beziehen sich auf alle Daten, die für das Risikomanagement wesentlich sind. Die Grundsätze sollen auf sämtliche Daten angewendet werden, die für die Risikosteuerung eines Institutes notwendig sind. Sie betreffen zudem alle wichtigen internen Risikomodelle, wie die Modelle für die Berechnung des internen Kapitals der zweiten Säule und die speziellen Value-at-Risk-Modelle sowie die Modelle zur Berechnung der regulatorischen Eigenmittelanforderungen der ersten Säule etc.[10]   **11**

Als »steuerungsrelevante« Risikodaten bzw. Risikokennzahlen können z.B. jene Daten angesehen werden, die aus den institutsinternen Strategien abgeleitet sind, die für den Gesamtrisikobericht verwendet werden, d.h. die wesentlichen Risiken widerspiegeln, die für die regelmäßige Überwachung der Auslastung des Risikoappetits als wesentlich erachtet werden, die von wesent-   **12**

---

8   Vgl. Bundesanstalt für Finanzdienstleistungsaufsicht, Rundschreiben 09/2017 (BA) zur Überarbeitung der MaRisk, Übermittlungsschreiben vom 27. Oktober 2017, S. 2.

9   Vgl. Bundesanstalt für Finanzdienstleistungsaufsicht, Erster Entwurf zur Überarbeitung der MaRisk, Übermittlungsschreiben vom 18. Februar 2016, S. 2.

10 Vgl. Baseler Ausschuss für Bankenaufsicht, Grundsätze für die effektive Aggregation von Risikodaten und die Risikoberichterstattung, BCBS 239, 9. Januar 2013, S. 4.

licher Bedeutung für die materiellen Entscheidungsprozesse auf Ebene der Geschäftsleitung und des oberen Managements sind oder die eine direkte Steuerungswirkung entfalten. Insofern stehen sowohl der ökonomische als auch der regulatorische Steuerungskreis im Fokus. Aufgrund des »Säule-1-Plus-Ansatzes«[11] haben die Risikodaten der ersten Säule mittlerweile ohnehin an Bedeutung für die zweite Säule gewonnen. Teilweise werden auch Risikodaten einbezogen, die Gegenstand von (regelmäßigen) Anfragen der Aufsichtsbehörden sind. Die Daten aus dem Rechnungswesen und dem »Finanzcontrolling« bzw. »Ertragscontrolling« spielen hingegen i. d. R. nur für den geforderten Abgleich der Risikodaten eine Rolle (→ AT 4.3.4 Tz. 4).

13   Mit Hilfe dieser Grundsätze soll das Risikomanagement sowohl auf Instituts- als auch auf Gruppenebene verbessert werden, insbesondere im Hinblick auf die Fähigkeit zur Aggregation von Risikodaten auf verschiedenen Ebenen und die Risikoberichterstattung.[12] Gleichzeitig soll damit sichergestellt werden, dass die Institute besser auf Stresssituationen vorbereitet sind und folglich die Wahrscheinlichkeit eines Rückgriffs auf Steuergelder reduziert wird.

1.5   Anwenderkreis und Umsetzungsfristen

14   Global systemrelevante Institute (G-SRI)[13] haben die Grundsätze des Baseler Ausschusses mit Blick auf die Vorgaben des FSB bereits seit Anfang 2016 vollständig zu berücksichtigen, da für sie ursprünglich ab diesem Zeitpunkt die Anforderung an die zusätzliche Verlustabsorptionsfähigkeit (»Total Loss-Absorbing Capacity«, TLAC) schrittweise eingeführt werden sollte. Eventuell später noch benannte G-SRI haben für die Umsetzung jeweils drei Jahre ab ihrer Einstufung Zeit. Der gleiche Umsetzungszeitraum soll auch für die anderweitig systemrelevanten Institute (A-SRI) gelten[14], wobei die dreijährige Frist zur Umsetzung der Grundsätze ab dem Zeitpunkt der Einstufung als A-SRI zu laufen beginnt.[15] Die meisten deutschen Institute sind im Frühjahr 2016 als anderweitig systemrelevant eingestuft worden, so dass die Umsetzungsfrist für diese Institute im Frühjahr 2019 abläuft.

15   Ob die systemrelevanten (deutschen) Institute die Anforderungen innerhalb der gesetzten Frist umsetzen können, ist zumindest fraglich. Aus den im Folgenden noch erwähnten Fortschrittsberichten des Baseler Ausschusses wird deutlich, dass auch die G-SRI den Umsetzungsaufwand deutlich unterschätzt haben und ihre Projektpläne nachträglich ändern mussten. Angesichts des Umstandes, dass fast die Hälfte der vom Baseler Ausschuss in 2017 untersuchten global systemrelevanten Banken über die gesetzte Frist hinaus auch Ende 2018 die Grundsätze nicht vollständig umgesetzt haben werden, ist zu vermuten, dass alle betroffenen Institute

---

11 Mit ihren Leitlinien zum SREP vom November 2014 hat die EBA die Grundidee der zweiten Säule, wonach jene Risiken berücksichtigt werden sollen, die nach den Vorgaben der ersten Säule nicht oder nicht hinreichend abgedeckt sind, erstmals strikt auf die einzelnen Risikoarten bezogen. Damit wird die Prüfung der Angemessenheit jeweils auf die Einzelrisiken abgestellt (»on a risk-by-risk basis«). Das bedeutet konkret, dass u. a. die Kapitalanforderungen der ersten Säule für die dort behandelten Risikoarten jeweils als Untergrenze in die Kapitalfestsetzung der zweiten Säule eingehen. Diese Vorgehensweise wird deshalb auch als »Säule-1-Plus-Ansatz« bezeichnet. Vgl. European Banking Authority, Guidelines on common procedures and methodologies for the supervisory review and evaluation process (SREP) and supervisory stress testing, EBA/GL/2014/13, Consolidated version, 19. Juli 2018, S. 133.

12 Vgl. Baseler Ausschuss für Bankenaufsicht, Grundsätze für die effektive Aggregation von Risikodaten und die Risikoberichterstattung, BCBS 239, 9. Januar 2013, S. 4.

13 Vgl. Financial Stability Board, 2018 list of global systemically important banks (G-SIBs) vom 16. November 2018. Nach dieser Liste sind derzeit 29 Institute auf der konsolidierten Ebene als G-SIB eingestuft, darunter die Deutsche Bank AG.

14 Der Baseler Ausschuss für Bankenaufsicht bezieht sich beim Anwenderkreis insbesondere auf die global systemrelevanten Banken (»Global Systemically Important Banks«, G-SIBs) und die als national systemrelevant eingestuften Banken (»Domestic Systemically Important Banks«, D-SIBs). Die deutsche Aufsicht verweist hinsichtlich der Definition der systemrelevanten Institute auf die global systemrelevanten Institute (G-SRI) nach § 10h KWG und die anderweitig systemrelevanten Institute (A-SRI) nach § 10g KWG (→ AT 1 Tz. 6). Deshalb werden im Kommentar durchgängig die Bezeichnungen G-SRI und A-SRI verwendet.

15 Vgl. Bundesanstalt für Finanzdienstleistungsaufsicht, Rundschreiben 09/2017 (BA) zur Überarbeitung der MaRisk, Übermittlungsschreiben vom 27. Oktober 2017, S. 6.

AT 4.3.4 Datenmanagement, Datenqualität und Aggregation von Risikodaten

länger als drei Jahre für die Umsetzung benötigen.[16] Auch die EZB geht davon aus, dass eine vollständige Umsetzung der Grundsätze des Baseler Ausschusses nicht in absehbarer Zeit erreicht werden kann, da die Umsetzungspläne mehrerer Institute bis Ende 2019 oder darüber hinaus laufen.[17] Die Umsetzungsfrist ist auch für die A-SRI schon deshalb kaum einzuhalten, weil damit häufig große Investitionen und ein vollständiger Umbau der Daten- und IT-Architektur verbunden sind. Die Institute sind daher bestrebt, sich mit den zuständigen Behörden auf eine angemessene Verlängerung dieser Frist zu verständigen.

Auf europäischer Ebene existieren zwar keine Regelwerke, die sich exklusiv der Umsetzung **16** der Grundsätze von BCBS 239 widmen. Da diese Grundsätze jedoch verschiedene Bereiche des Risikomanagements tangieren, sind dazu in verschiedenen Leitlinien der EBA durchaus Bezüge zu finden. Beispielhaft sind die Leitlinien zu institutsinternen Stresstests vom Juli 2018 (endgültiger Bericht der EBA) zu nennen. Um sicherzustellen, dass eine ordnungsgemäße Dateninfrastruktur eingerichtet wird, sollten sich nach den Vorstellungen der EBA ggf. auch Institute, die nicht global systemrelevant sind, bemühen, diese Grundsätze in proportionalem Umfang umzusetzen.[18] Außerdem sind die zuständigen Behörden nach den Leitlinien zum SREP angehalten zu prüfen, ob die Institute über wirksame und zuverlässige Informations- und Kommunikationssysteme verfügen und diese Systeme die Risikodatenaggregation in normalen Zeiten sowie in Stresssituationen voll unterstützen. Die zuständigen Behörden sollten insbesondere prüfen, ob die Institute zumindest in der Lage sind, genaue und zuverlässige Risikodaten vollständig und zeitnah zu aggregieren und ein breites Spektrum von Anfragen der Geschäftsleitung oder der zuständigen Behörden zu beantworten.[19] Diese Prüfungshandlungen sind nicht auf die systemrelevanten Institute beschränkt.

Der Baseler Ausschuss für Bankenaufsicht empfiehlt ebenfalls, die Grundsätze unter Propor- **17** tionalitätsgesichtspunkten auf ein breites Spektrum von Instituten anzuwenden. In welcher Weise dies geschehen soll, hat er den nationalen Aufsichtsbehörden überlassen.[20] Die deutsche Aufsicht hat den Anwenderkreis zwar auf die systemrelevanten Institute eingeschränkt. Sie setzt aber darauf, dass die nicht systemrelevanten Institute aus eigenem Interesse ihre Risikodatenaggregationskapazitäten auf Optimierungsbedarf prüfen, um damit ihre Entscheidungsbasis zu verbessern.[21]

---

16 Vgl. Basel Committee on Banking Supervision, Progress in adopting the principles for effective risk data aggregation and risk reporting, BCBS d443, 21. Juni 2018, S. 7 f.

17 Vgl. European Central Bank, Report on the Thematic Review on effective risk data aggregation and risk reporting, 9. Mai 2018, S. 22.

18 Vgl. European Banking Authority, Final Report – Guidelines on institution's stress testing, EBA/GL/2018/04, 19. Juli 2018, S. 22.

19 Vgl. European Banking Authority, Guidelines on common procedures and methodologies for the supervisory review and evaluation process (SREP) and supervisory stress testing, EBA/GL/2014/13, Consolidated version, 19. Juli 2018, S. 65.

20 Vgl. Baseler Ausschuss für Bankenaufsicht, Grundsätze für die effektive Aggregation von Risikodaten und die Risikoberichterstattung, BCBS 239, 9. Januar 2013, S. 4.

21 Vgl. Bundesanstalt für Finanzdienstleistungsaufsicht, Rundschreiben 09/2017 (BA) zur Überarbeitung der MaRisk, Übermittlungsschreiben vom 27. Oktober 2017, S. 2 f.

1.6 Regelmäßige Überprüfung der Einhaltung der Grundsätze

18 Über das »Risk Data Network«[22] überprüft der Baseler Ausschuss für Bankenaufsicht seit 2013 die Einhaltung dieser Grundsätze. Von 2013 bis 2015 hat er drei Berichte veröffentlicht, die auf den Selbsteinschätzungen der 30 von ihm als global systemrelevant eingestuften Banken[23] zur Umsetzung der Grundsätze beruhten.[24] Der im März 2017 veröffentlichte Bericht basierte bereits auf einer Bewertung durch die für diese Institute zuständigen sieben Aufsichtsbehörden, die hierfür einen Fragebogen ausfüllen mussten. Dazu musste jeweils der aktuelle Grad der Einhaltung der einzelnen Grundsätze durch die Institute auf einer Skala von 1 (Grundsatz wurde nicht umgesetzt, »non compliant«) bis 4 (Grundsatz wurde vollständig umgesetzt, »fully compliant«) eingeschätzt werden. Damit wurden letztlich die erzielten Fortschritte jener 30 G-SRI bei der Umsetzung der Grundsätze im Jahre 2016 beurteilt. Der Baseler Ausschuss für Bankenaufsicht kam insgesamt zu dem Ergebnis, dass die meisten G-SRI zwar einige Fortschritte erzielt hätten, die Grundsätze aber noch nicht vollständig umgesetzt seien und der Grad der Einhaltung insgesamt nach wie vor unbefriedigend sei.[25] Deshalb hat der Ausschuss im Jahre 2017 unter Einschaltung der betroffenen Aufsichtsbehörden eine weitere Beurteilung vorgenommen. Diesmal wurden neben den Bewertungen auch qualitative Einschätzungen vorgenommen, indem die Aufsichtsbehörden zu den wichtigsten Fortschritten ihrer beaufsichtigten Banken bei der Umsetzung der Grundsätze seit der letzten Bewertung Stellung genommen haben.

19 Der darauf basierende Umsetzungsbericht vom Juni 2018 geht insgesamt stärker auf die Gründe ein, aus denen die G-SRI nicht in der Lage waren, die Grundsätze 1 und 2 vollständig umzusetzen. Der Ausschuss sieht die Umsetzung dieser beiden Grundsätze als wesentliche Voraussetzung für die Einhaltung der gesamten Vorgaben an, da die Institute über einen robusten Governance-Rahmen, eine die Risikoberichterstattung sowohl in normalen Zeiten als auch in Stressphasen unterstützende Risikodatenarchitektur und eine (dafür geeignete) IT-Infrastruktur verfügen müssen, um die Einhaltung der übrigen Grundsätze 3 bis 11 zu gewährleisten. Im Vergleich zum Jahre 2016 hat es laut Bericht nur minimale Verbesserungen bei der Umsetzung dieser beiden Grundsätze gegeben. Folglich konnten bei den übrigen Grundsätzen ebenfalls nur geringe Fortschritte erzielt werden. Insgesamt ist der Umsetzungsstand bei den Grundsätzen 7 bis 11 zur Risikoberichterstattung (→ BT 3) relativ hoch, jedoch nicht hinsichtlich der für die Risikodatenaggregation relevanten Grundsätze 1 bis 6. Auch im Jahre 2017 wurden 13 Institute beim Grundsatz 2 zur »Datenarchitektur und IT-Infrastruktur« und 14 Institute beim Grundsatz 3 zur »Genauigkeit und Integrität« als »materially non-compliant« eingestuft. Bei der Umsetzung der Grundsätze 4 und 6

---

22 Das »Risk Data Network« unterstützt die »Supervision and Implementation Group« (SIG) des Baseler Ausschusses für Bankenaufsicht bei der Förderung einer soliden und konsistenten Umsetzung von BCBS 239. Die SIG verfolgt hauptsächlich zwei Ziele: Sie fördert die rechtzeitige, kohärente und wirksame Umsetzung der Normen und Leitlinien des Baseler Ausschusses und treibt Verbesserungen in der Bankenaufsicht voran, insbesondere bei den Mitgliedern des Baseler Ausschusses. Die SIG ist auch für die Überwachung der Umsetzung von Basel III in den Mitgliedsländern zuständig. Dafür nutzt sie das »Regulatory Consistency Assessment Programme« (RCAP).

23 Der Baseler Ausschuss für Bankenaufsicht hat bereits in den Jahren 2011 und 2012 Banken als global systemrelevant eingestuft, wobei die entsprechende Liste laufend aktualisiert wird. Zuletzt hat der Finanzstabilitätsrat (Financial Stability Board, FSB) in Abstimmung mit dem Baseler Ausschuss und den nationalen Aufsichtsbehörden die Liste der im Jahre 2018 global systemrelevanten Banken unter Verwendung der Ende 2017 veröffentlichten Daten und der aktualisierten Bewertungsmethodik ermittelt. Unter den deutschen Instituten ist nur die Deutsche Bank als global systemrelevant eingestuft. Vgl. Financial Stability Board, 2018 list of global systemically important banks (G-SIBs) vom 16. November 2018.

24 Basel Committee on Banking Supervision, Progress in adopting the principles for effective risk data aggregation and risk reporting, BCBS d348, 16. Dezember 2015; Basel Committee on Banking Supervision, Progress in adopting the principles for effective risk data aggregation and risk reporting, BCBS d308, 23. Januar 2015; Basel Committee on Banking Supervision, Progress in adopting the principles for effective risk data aggregation and risk reporting, BCBS 268, 18. Dezember 2013.

25 Basel Committee on Banking Supervision, Progress in adopting the principles for effective risk data aggregation and risk reporting, BCBS d399, 28. März 2017.

zur »Vollständigkeit« und »Anpassungsfähigkeit« hat der Ausschuss sogar einen Rückgang von »largely compliant« zu »materially non-compliant« festgestellt.[26]

Der Ausschuss kam in seinem Bericht insgesamt zu dem Schluss, dass die meisten Institute bei **20** der Umsetzung der Grundsätze bestenfalls marginale Fortschritte erzielt haben, was er weiterhin als nicht zufriedenstellend ansieht. Insgesamt haben die Institute jedoch über die quantitativen Ergebnisse hinaus ihre Anstrengungen erhöht und zahlreiche Maßnahmen ergriffen, um die Grundsätze einzuhalten. Die Institute benötigen allerdings mehr Zeit als zuvor angegeben, um die vollständige Einhaltung der Prinzipien zu erreichen.[27] Dies wird insbesondere bei einem Vergleich der von den zuständigen Aufsichtsbehörden erwarteten Umsetzungsfristen deutlich. Während die Aufsichtsbehörden im Jahre 2016 davon ausgegangen sind, dass nur vier Institute erst nach 2018 in der Lage sein werden, alle Grundsätze vollständig umzusetzen, gehen sie im jüngsten Bericht davon aus, dass dies bei 13 Instituten der Fall sein wird.[28]

1.7 Umsetzungsempfehlungen des Baseler Ausschusses

Der Baseler Ausschuss für Bankenaufsicht hat aus den Bewertungen der untersuchten Institute **21** Empfehlungen für die Umsetzung der Grundsätze abgegeben, um weitere Verzögerungen zu vermeiden. Diese Empfehlungen richten sich grundsätzlich an die Geschäftsleitung.[29] Die Institute sollten demnach sicherstellen, dass sie über ein von der Geschäftsleitung genehmigtes Rahmenwerk für die Steuerung der Risikodaten auf Gruppenebene (»Group Risk Data Governance Framework«) verfügen. Zudem wird speziell für die Umsetzung dieser Grundsätze eine gezielte Beaufsichtigung durch die Geschäftsleitung empfohlen (also eine Art »Chefsache«). Daneben sollten die Institute über strategische Lösungen für ihre Datenarchitektur und ihre IT-Infrastruktur verfügen, klare Verantwortlichkeiten für die Daten (»Data Owner«) auf den funktionalen Ebenen festlegen, einschließlich der Geschäfts- und der IT-Funktionen, und mit Hilfe einer internen Validierungseinheit die ordnungsgemäße Umsetzung sicherstellen.[30]

Die Institute sollten darüber nachdenken, wie sie durch die Verbesserung ihrer Kapazitäten zur **22** Risikodatenaggregation auch anderen Initiativen und Anforderungen in Bezug auf Daten (z.B. Sanierungs- und Abwicklungspläne) wirksamer nachkommen können. Der Baseler Ausschuss für Bankenaufsicht weist in diesem Zusammenhang darauf hin, dass entsprechende Verbesserungen u.a. die Abwicklungsfähigkeit eines Institutes verbessern könnten. Ein robuster Datenrahmen würde den Instituten und den Aufsichtsbehörden zu Sanierungszwecken helfen, künftige Probleme besser zu antizipieren. Wenn ein Institut unter starken Stress gerät, könnte dies auch die

---

26 Vgl. Basel Committee on Banking Supervision, Progress in adopting the principles for effective risk data aggregation and risk reporting, BCBS d443, 21. Juni 2018, S. 5 f.

27 Vgl. Basel Committee on Banking Supervision, Progress in adopting the principles for effective risk data aggregation and risk reporting, BCBS d443, 21. Juni 2018, S. 6.

28 Vgl. Basel Committee on Banking Supervision, Progress in adopting the principles for effective risk data aggregation and risk reporting, BCBS d443, 21. Juni 2018, S. 7.

29 Der Baseler Ausschuss für Bankenaufsicht richtet seine Empfehlungen an international tätige Institute und legt dabei grundsätzlich das »monistische System« im angelsächsischen Raum zugrunde, in dem die Unternehmensführung und -überwachung in einem Führungsorgan (»Board of Directors«) zusammengefasst sind. Wenn vom »Board« und vom »Senior Management« die Rede ist, sind zwar das Aufsichtsorgan und die Geschäftsleitung gemeint. Das »dualistische System« in Deutschland basiert allerdings auf der strikten Trennung der Unternehmensführung durch die Geschäftsleitung und der Unternehmensüberwachung durch das Aufsichtsorgan. Insofern ist die Aufgabenverteilung in Deutschland so geregelt, dass tendenziell nur die Geschäftsleitung angesprochen ist.

30 Vgl. Basel Committee on Banking Supervision, Progress in adopting the principles for effective risk data aggregation and risk reporting, BCBS d443, 21. Juni 2018, S. 11 f.

Aussichten verbessern, alternative Möglichkeiten zur Wiederherstellung der Finanzkraft und der Rentabilität zu finden.[31]

1.8 Umgang mit Abweichungen von den Grundsätzen

23 Da leistungsfähige Datenaggregationskapazitäten eine wesentliche Voraussetzung für eine angemessene Risikoberichterstattung sind, sollten sämtliche Grundsätze zur Aggregation der Risikodaten und zur Risikoberichterstattung gleichzeitig erfüllt werden. Kompromisse sind lediglich unter außergewöhnlichen Umständen annehmbar, wie z.B. bei Ad-hoc-Anfragen zu Informationen über neue oder unbekannte Risikobereiche. Derartige Kompromisse sollten allerdings auf angemessenen Vorgaben beruhen und dürfen keinen wesentlichen Einfluss auf die Entscheidungsfindung haben. Zudem müssen sich die Entscheidungsträger über die damit zusammenhängenden Einschränkungen bzw. Mängel im Klaren sein. Außerdem kann in Datenreihen und Berichten nur in jenen Ausnahmefällen auf Informationen verzichtet werden, wenn der Entscheidungsprozess dadurch nicht beeinflusst wird (Prinzip der Wesentlichkeit). Das ist immer dann der Fall, wenn die Entscheidungsträger unter Berücksichtigung der nicht zugeleiteten Informationen vermutlich dieselbe Entscheidung getroffen hätten. Der Verzicht auf bestimmte Informationen sollte unter Risikogesichtspunkten erfolgen. Die Institute sollten in der Lage sein, die Auswirkungen von Kompromissen hinsichtlich der Grundsätze und vom Auslassen bestimmter Informationen auf ihre Entscheidungsprozesse anhand von qualitativen Angaben und, falls möglich, quantitativen Messgrößen zu erläutern.[32]

1.9 Überprüfung der Vorgaben durch die Aufsichtsbehörden im Rahmen des SREP

24 Die Aufsicht muss sich im Rahmen des SREP intensiv mit den Methoden, Prozessen, Verfahren und Strategien der Institute auseinandersetzen und diese u. a. hinsichtlich ihrer Angemessenheit bezüglich einer dauerhaften Sicherstellung der Risikotragfähigkeit beurteilen. Obwohl der SREP auf der Analyse und Beurteilung der institutsinternen Informationen, Methoden und daraus abgeleiteten Risikozahlen basieren muss, wird die Aufsicht bei ihrer Beurteilung auch die methodischen und prozessualen Schwächen der Institute berücksichtigen. Dabei misst sie bei der Beurteilung des ICAAP verstärkt der Datenhaltung sowie den Management-Informationssystemen als zentralen Voraussetzungen für ein funktionierendes Risikomanagement eine wachsende Bedeutung bei.[33] Konkret sollten die zuständigen Behörden bewerten, ob die Institute über wirksame und zuverlässige Informations- und Kommunikationssysteme verfügen und ob diese Systeme die Funktionen zur Aggregation von Risikodaten unter normalen Bedingungen sowie unter Stressbedingungen in vollem Umfang unterstützen. Insbesondere sollte überprüft werden, ob die Institute mindestens in der Lage sind, genaue und zuverlässige Risikodaten zu generieren, alle wesentlichen Risikodaten institutsweit zu erfassen und zu aggregieren, aggregierte und aktuelle Risikodaten rechtzeitig zu generieren sowie aggregierte

---

31 Vgl. Basel Committee on Banking Supervision, Progress in adopting the principles for effective risk data aggregation and risk reporting, BCBS d443, 21. Juni 2018, S. 12.

32 Vgl. Baseler Ausschuss für Bankenaufsicht, Grundsätze für die effektive Aggregation von Risikodaten und die Risikoberichterstattung, BCBS 239, 9. Januar 2013, S. 5 und 8.

33 Vgl. Deutsche Bundesbank, Bankinterne Methoden zur Ermittlung und Sicherstellung der Risikotragfähigkeit und ihre bankaufsichtliche Bedeutung, in: Monatsbericht, März 2013, S. 43.

AT 4.3.4 Datenmanagement, Datenqualität und Aggregation von Risikodaten

Risikodaten zu generieren, die einer breiten Palette von Anfragen seitens der Geschäftsleitung oder der zuständigen Behörden Rechnung tragen.[34]

Bereits im Jahre 2016 gehörten die Themen Risikodatenaggregation und Risikoberichterstattung **25** zu den Aufsichtsprioritäten im Einheitlichen Aufsichtsmechanismus (»Single Supervisory Mechanism«, SSM). Die EZB hat bei 25 bedeutenden Instituten einen Quervergleich (»Thematic Review«) durchgeführt, um die Umsetzung der Baseler Grundsätze zu bewerten, Vergleichsmaßstäbe für die Praxis in den Instituten zu ermitteln und mögliche Abhilfemaßnahmen für Missstände zu identifizieren. Vorausgegangen war ein weiterer Quervergleich zum Thema Risiko-Governance und Risikoappetit (»Risk Governance and Risk Appetite«, RIGA) im Jahre 2015, aus dem die EZB entsprechende Schlüsse gezogen hat. Damals hat die EZB u. a. bemängelt, dass Datenaggregationsprobleme eine effektive Meldung von Limitüberschreitungen behindern.[35] Insgesamt hat sie festgestellt, dass die Anforderungen an die Datenarchitekturen und Infrastrukturen sowie die Risikoberichterstattungen besondere Herausforderungen für die Institute darstellen. Die Erkenntnisse aus diesem Quervergleich sind in die bankindividuellen SREP-Entscheidungen des Jahres 2017 eingeflossen.[36] Die Risikodatenaggregation und die Risikoberichterstattung gehörten auch im Jahre 2017 zu den Aufsichtsprioritäten im SSM. Eine hohe Datenqualität wird von der EZB als eine zwingende Voraussetzung für korrekte Risikoinformationen und damit für ein solides Risikomanagement und eine verlässliche Risikokontrolle sowie letztlich für angemessene Kapitalanforderungen betont. Ein umsichtiges Risikomanagement hält die EZB besonders in Zeiten niedriger Zinsen, reichlich und zu günstigen Bedingungen verfügbarer Zentralbankliquidität, einer geringen Ertragskraft der Institute und der damit verbundenen Suche nach Rendite für unerlässlich.[37] Zwischenzeitlich hat die EZB den Quervergleich zur Einhaltung der Grundsätze des Baseler Ausschusses beendet. Den Abschlussbericht hat die EZB im Mai 2018 veröffentlicht.[38] Das Ergebnis dieses Berichtes deckt sich mit dem des Baseler Ausschusses für Bankenaufsicht in seinem Umsetzungsbericht vom Juni 2018, wenngleich die untersuchten Institutsgruppen nicht deckungsgleich waren. Demnach hat keines der untersuchten Institute die Grundsätze des Baseler Ausschusses vollständig umgesetzt.[39] Die EZB hat deutlich gemacht, dass in diesem Bereich in den kommenden Jahren weitere Anstrengungen erforderlich sind, um die Wirksamkeit der Risikodatenaggregation und der Risikoberichterstattung zu verbessern.[40] Gleichzeitig hat sie alle bedeutenden Institute ermutigt, die Grundsätze unter Berücksichtigung ihrer Größe, ihrer Geschäftsmodelle und ihrer Komplexität umzusetzen.[41]

Mit den im September 2017 veröffentlichten Leitlinien für die IKT-Risikobewertung im Rahmen **26** des aufsichtlichen Überprüfungs- und Bewertungsprozesses (SREP) hat die EBA den Anforderungskatalog mit dem Ziel erweitert, die Konvergenz der Aufsichtspraktiken bei der Bewertung des mit der Informations- und Kommunikationstechnologie verbundenen Risikos (IKT-Risiko) sicherzustellen. In diesen Leitlinien sind jene Kriterien festgelegt, die von den zuständigen Behörden bei der aufsichtlichen Bewertung der IT-Governance und IT-Strategie sowie der IT-Risikopositionen und -kontrollen der Institute berücksichtigt werden sollten.[42] Einer der wesentlichen Bereiche, der

---

34 Vgl. European Banking Authority, Guidelines on common procedures and methodologies for the supervisory review and evaluation process (SREP) and supervisory stress testing, EBA/GL/2014/13, Consolidated version, 19. Juli 2018, S. 65.

35 Vgl. European Central Bank, SSM supervisory statement on governance and risk appetite, 21. Juni 2016, S. 16 f.

36 Vgl. Bundesanstalt für Finanzdienstleistungsaufsicht, Jahresbericht 2016, 9. Mai 2017, S. 105.

37 Vgl. Europäische Zentralbank, EZB-Bankenaufsicht: Prioritäten des SSM im Jahr 2017, 15. Dezember 2016, S. 2 f.

38 European Central Bank, Report on the Thematic Review on effective risk data aggregation and risk reporting, 9. Mai 2018. Auf den Inhalt dieses Berichtes wird im Folgenden weiter eingegangen.

39 Vgl. European Central Bank, Report on the Thematic Review on effective risk data aggregation and risk reporting, 9. Mai 2018, S. 1.

40 Vgl. European Central Bank, Report on the Thematic Review on effective risk data aggregation and risk reporting, 9. Mai 2018, S. 1.

41 Vgl. European Central Bank, Report on the Thematic Review on effective risk data aggregation and risk reporting, 9. Mai 2018, S. 22.

42 Vgl. European Banking Authority, Leitlinien für die IKT-Risikobewertung im Rahmen des aufsichtlichen Überprüfungs- und Bewertungsprozesses (SREP), EBA/GL/2017/05, 11. September 2017, S. 3.

durch diese Leitlinien adressiert wird, ist die Ausgestaltung und Dokumentation des IT-Risikomanagements. Die zuständigen Behörden sollten bewerten, wie die relevanten Risikomanagementrollen und -verantwortlichkeiten in der internen Organisation verankert werden, um die ermittelten wesentlichen IKT-Risiken zu steuern und zu überwachen. In diesem Zusammenhang sollen die zuständigen Behörden u. a. bewerten, ob die entsprechenden Verantwortlichkeiten und Rollen in allen relevanten Bereichen (z. B. Geschäftsbereiche, IT) und Prozessen klar kommuniziert, zugewiesen und verankert sind. Ausdrücklich wird dabei auch auf die Verantwortlichkeiten und Rollen für die Erhebung und Aggregation der Risikodaten und ihrer Berichterstattung an die Geschäftsleitung verwiesen.[43] Explizit wird von den Aufsichtsbehörden gefordert, bei den in den Anwendungsbereich der Grundsätze von BCBS 239 fallenden Instituten die interne Risikoanalyse in Bezug auf die Risikoberichterstattung und die Datenaggregationskapazitäten im Vergleich zu den Grundsätzen und den auf ihrer Grundlage erstellten Unterlagen zu überprüfen und dabei den Umsetzungszeitplan und die Übergangsregelungen zu berücksichtigen.[44]

1.10 Allgemeine Anforderungen an das Datenmanagement, die Datenqualität und die Risikodatenaggregation

27   Die systemrelevanten Institute haben institutsweit und gruppenweit geltende Grundsätze für das Datenmanagement, die Datenqualität und die Aggregation von Risikodaten festzulegen, die von der Geschäftsleitung zu genehmigen und in Kraft zu setzen sind (→ AT 4.3.4 Tz. 1).

28   Damit die Daten zweifelsfrei identifiziert, zusammengeführt und ausgewertet werden können sowie zeitnah zur Verfügung stehen, müssen eine angemessene Datenstruktur und Datenhierarchie vorhanden sein. Dies ist insbesondere dann der Fall, wenn einheitliche Namenskonventionen und Kennzeichnungen von Daten festgelegt werden oder die Daten zumindest automatisiert ineinander überleitbar sind (→ AT 4.3.4 Tz. 2).

29   Die Risikodaten müssen genau und vollständig sowie nach unterschiedlichen Kategorien auswertbar sein. Die internen Anforderungen an die Genauigkeit und Vollständigkeit der Daten sind anhand geeigneter Kriterien zu überwachen. Die Risikodatenaggregation sollte weitgehend automatisiert erfolgen, so dass der Einsatz und der Umfang manueller Prozesse und Eingriffe auf das notwendige Maß beschränkt werden kann (→ AT 4.3.4 Tz. 3).

30   Die Risikodaten und die Daten in den Risikoberichten sind mit anderen im Institut vorhandenen Informationen abzugleichen und zu plausibilisieren, um Datenfehler und Schwachstellen in der Datenqualität zu identifizieren (→ AT 4.3.4 Tz. 4).

31   Die aggregierten Risikodaten müssen sowohl unter gewöhnlichen Umständen als auch in Stressphasen nach institutsindividuellen Vorgaben zeitnah zur Verfügung stehen (→ AT 4.3.4 Tz. 5). Insbesondere müssen Informationen auch ad hoc nach unterschiedlichen Kategorien ausgewiesen und analysiert werden können, wie z. B. nach Geschäftsfeldern, Portfolios und ggf. Einzelgeschäften (→ AT 4.3.4 Tz. 6).

32   Für alle Prozessschritte sind Verantwortlichkeiten festzulegen und entsprechende prozessabhängige Kontrollen einzurichten. Daneben ist von einer von den geschäftsinitiierenden bzw. geschäftsabschließenden Organisationseinheiten unabhängigen Stelle regelmäßig zu überprüfen, ob die institutsinternen Regelungen, Verfahren, Methoden und Prozesse von den Mitarbeitern eingehalten werden (→ AT 4.3.4 Tz. 7).

---

43   Vgl. European Banking Authority, Leitlinien für die IKT-Risikobewertung im Rahmen des aufsichtlichen Überprüfungs- und Bewertungsprozesses (SREP), EBA/GL/2017/05, 11. September 2017, S. 17.

44   Vgl. European Banking Authority, Leitlinien für die IKT-Risikobewertung im Rahmen des aufsichtlichen Überprüfungs- und Bewertungsprozesses (SREP), EBA/GL/2017/05, 11. September 2017, S. 24.

2 Anwendung auf Instituts- und Gruppenebene (Tz. 1)

1 Die Anforderungen dieses Moduls richten sich an systemrelevante Institute und gelten **33** sowohl auf Gruppenebene als auch auf der Ebene der wesentlichen gruppenangehörigen Einzelinstitute. Das Institut hat institutsweit und gruppenweit geltende Grundsätze für das Datenmanagement, die Datenqualität und die Aggregation von Risikodaten festzulegen, die von der Geschäftsleitung zu genehmigen und in Kraft zu setzen sind.

2.1 Systemrelevante Institute

Die Anforderungen dieses Moduls richten sich an die »systemrelevanten« Institute. Hierunter sind **34** die »global systemrelevanten Institute« (G-SRI) nach § 10f KWG und die »anderweitig systemrelevanten Institute« (A-SRI) nach § 10g KWG zu verstehen (→ AT 1 Tz. 6).

Gemäß § 10f Abs. 2 KWG bestimmt die BaFin im Einvernehmen mit der Deutschen Bundesbank **35** jährlich, welche Institute aufgrund einer quantitativen Analyse auf konsolidierter Ebene als global systemrelevant eingestuft werden. Bei der Analyse berücksichtigt die BaFin die vom Baseler Ausschuss für Bankenaufsicht entwickelten und anschließend von der Europäischen Union übernommenen Kategorien Größe des Institutes, grenzüberschreitende Aktivitäten, Vernetztheit der Gruppe mit dem Finanzsystem, Ersetzbarkeit hinsichtlich der angebotenen Dienstleistungen und Finanzinfrastruktureinrichtungen sowie Komplexität der Gruppe. Die als G-SRI identifizierten Institute werden vom Financial Stability Board jährlich veröffentlicht.[45] Ebenfalls im Einvernehmen mit der Deutschen Bundesbank bestimmt die BaFin gemäß § 10g Abs. 2 KWG im Rahmen ihrer laufenden Aufsichtätigkeit jährlich, welche Institute als A-SRI eingestuft werden.[46] Bei der quantitativen und qualitativen Analyse werden insbesondere die Kriterien Größe, wirtschaftliche Bedeutung für den Europäischen Wirtschaftsraum und die Bundesrepublik Deutschland, grenzüberschreitende Aktivitäten sowie Vernetztheit mit dem Finanzsystem berücksichtigt. Derzeit sind in Deutschland 13 Institute als A-SRI eingestuft.[47]

Die Beschränkung auf die systemrelevanten Institute ist letztlich konsistent zum Anwenderkreis **36** des Baseler Ausschusses für Bankenaufsicht, der seine Grundsätze für G-SRI und A-SRI formuliert und mit konkreten Umsetzungsfristen versehen hat.[48] Im ersten Entwurf der MaRisk vom Februar 2016 war zunächst vorgesehen, den Anwenderkreis auf große und komplexe Institute auszudehnen.[49] Dabei sollten alle Institute mit einer Bilanzsumme von mehr als 30 Milliarden EUR als »groß und komplex« gelten, um die bedeutenden Institute (»Significant Institutions«, SI) zu erfassen. Die deutsche Aufsicht hat sich jedoch im Rahmen des Konsultationsprozesses mit dem Verweis auf die §§ 10g und 10f KWG für einen gegenüber der Formulierung »groß und komplex« klarer abgrenzbaren

---

45 Vgl. Financial Stability Board, 2018 list of global systemically important banks (G-SIBs) vom 16. November 2018. Nach dieser Liste sind derzeit 29 Institute auf der konsolidierten Ebene als G-SIB eingestuft, darunter die Deutsche Bank AG.

46 Als A-SRI können dabei nur Institute eingestuft werden, die auf nationaler Ebene Systemrelevanz besitzen und nicht gleichzeitig global systemrelevant im Sinne des § 10f KWG (G-SRI) sind. Zur Vorgehensweise vgl. Bundesanstalt für Finanzdienstleistungsaufsicht/Deutsche Bundesbank, Grundzüge der Methode zur Bestimmung anderweitig systemrelevanter Institute (A-SRI), 8. Mai 2017.

47 Vgl. Bundesanstalt für Finanzdienstleistungsaufsicht, In Deutschland identifizierte anderweitig systemrelevante Institute und deren Kapitalpuffer, 20. Dezember 2018.

48 Vgl. Baseler Ausschuss für Bankenaufsicht, Grundsätze für die effektive Aggregation von Risikodaten und die Risikoberichterstattung, BCBS 239, 9. Januar 2013, S. 4.

49 Vgl. Bundesanstalt für Finanzdienstleistungsaufsicht, Erster Entwurf der MaRisk, Konsultation 02/2016 (BA) vom 18. Februar 2016.

Anwenderkreis entschieden. Gerade bei systemrelevanten Instituten können Schwächen in der Aggregation von Risikodaten erhebliche negative Folgen für den gesamten Bankensektor nach sich ziehen. So haben die Aufsichtsbehörden nicht nur während der Finanzmarktkrise, sondern auch in den darauffolgenden Jahren festgestellt, dass einige größere Institute nicht in der Lage waren, Informationen zu Gesamtexposures gegenüber bestimmten Adressen und in bestimmten Produkten innerhalb eines möglichst kurzen Zeitraumes zu generieren, so dass sie Risikokonzentrationen nicht erkannt haben und nicht schnell genug auf kritische Entwicklungen reagieren konnten.[50]

2.2 Anwenderkreis auf Gruppenebene

37 Der Baseler Ausschuss hat explizit klargestellt, dass sich die Grundsätze an die systemrelevanten Institute richten und sowohl auf Konzernebene (bzw. Gruppenebene) als auch für einzelne Institute anzuwenden sind.[51] Die deutsche Aufsicht erwartet konkret, die Anforderungen nicht nur auf Gruppenebene, sondern auch auf Ebene der »wesentlichen gruppenangehörigen Institute« einzuhalten. Sofern es sich bei dem systemrelevanten Institut also gleichzeitig um die Muttergesellschaft eines Konzerns oder einer Gruppe handelt, so muss dieses Institut die Anforderungen in erster Linie auf Konzern-/Gruppenebene umsetzen, womit die Anforderung auf Institutsebene für die Muttergesellschaft ebenso erfüllt wird. Dabei haben die wesentlichen gruppenangehörigen Institute in erster Linie Zulieferpflichten. Mit Blick auf den Anwenderkreis müssen sie die Grundsätze hingegen nur dann vollständig anwenden, wenn sie selbst systemrelevant sind.

38 Der Begriff »Gruppenebene« im Modul AT 4.3.4 ist nicht im Sinne des bankaufsichtlichen Konsolidierungskreises gemäß § 10a Abs. 1 KWG zu verstehen, der Institutsgruppen, Finanzholding-Gruppen und gemischte Finanzholding-Gruppen umfasst. In den aufsichtsrechtlichen Konsolidierungskreis wären alle nach Art. 18 CRR zu konsolidierenden oder freiwillig zu konsolidierenden Unternehmen einzubeziehen[52] (→ AT 4.5 Tz. 1). Die »Gruppe« im Sinne des Moduls AT 4.3.4 beschränkt sich dagegen auf das systemrelevante Institut und die wesentlichen gruppenangehörigen Institute. Für diese Auslegung spricht, dass der Hinweis auf die wesentlichen gruppenangehörigen Institute im Modul AT 4.3.4 ansonsten überflüssig wäre, da der bankaufsichtliche Konsolidierungskreis sämtliche gruppenangehörigen Institute gemäß Art. 4 Abs. 1 Nr. 3 CRR – einschließlich der wesentlichen Institute – beinhaltet. Darüber hinaus haben ausdrücklich nur die Organisationsrichtlinien der systemrelevanten Institute Regelungen zu den Verfahren, Methoden und Prozessen der Aggregation von Risikodaten zu enthalten (→ AT 5 Tz. 3 lit. c).

39 Zusammengefasst ist also das systemrelevante Institut als Muttergesellschaft eines Konzerns oder einer Gruppe für die Erfüllung der Anforderungen an das Datenmanagement, die Datenqualität und die Aggregation von Risikodaten auf Gruppenebene und auf Ebene der wesentlichen gruppenangehörigen Institute verantwortlich. Die unter Wesentlichkeitsaspekten einzubeziehenden Institute müssen nicht mit dem aufsichtsrechtlichen Konsolidierungskreis übereinstimmen. Die wesentlichen gruppenangehörige Institute sind entweder selbst systemrelevant und müssen in diesem Fall die Anforderungen vollständig erfüllen. Oder sie sind nicht systemrelevant und fungieren dann als Datenlieferant nach den Vorgaben der Muttergesellschaft, um ihren Teil zur Erfüllung der Anforderungen auf Gruppenebene beizutragen.

---

50 Vgl. Bundesanstalt für Finanzdienstleistungsaufsicht, Rundschreiben 09/2017 (BA) zur Überarbeitung der MaRisk, Übermittlungsschreiben vom 27. Oktober 2017, S. 2 f.

51 Vgl. Basel Committee on Banking Supervision, Progress in adopting the principles for effective risk data aggregation and risk reporting, BCBS d308, 23. Januar 2015, S. 1.

52 Gemäß Art. 18 CRR unterliegen Institute nach Art. 4 Abs. 1 Nr. 3 CRR, Finanzinstitute nach Art. 4 Abs. 1 Nr. 26 CRR, Anbieter von Nebendienstleistungen nach Art. 4 Abs. 1 Nr. 18 CRR und Vermögensverwaltungsgesellschaften nach Art. 4 Abs. 1 Nr. 19 CRR der Konsolidierungspflicht.

2.3   Wesentliche gruppenangehörige Institute

Für die Feststellung der Wesentlichkeit sollte eine entsprechende Analyse durchgeführt werden. In **40** den MaRisk ist nicht definiert, wann ein gruppenangehöriges Institut als »wesentlich« angesehen wird. Im Zusammenhang mit den Vorgaben zu Auslagerungen ist für die Einschätzung der »Wesentlichkeit« eines (Tochter-)Institutes darauf abzustellen, ob es sowohl hinsichtlich seiner Größe, Komplexität und dem Risikogehalt der Geschäftsaktivitäten für den nationalen Finanzsektor als auch hinsichtlich seiner Bedeutung innerhalb der Gruppe wesentlich ist oder nicht (→ AT 1 Tz. 6).

Zur Einschätzung der Wesentlichkeit für den nationalen Finanzsektor kann auf die im Kon- **41** sultationsentwurf verwendete Definition von »groß und komplex« zurückgegriffen werden. Demnach dürften zumindest Institute mit einer Bilanzsumme von mehr als 30 Milliarden EUR stets »wesentlich« für den Finanzsektor sein. Grundsätzlich sind auch die »weniger bedeutenden Institute mit hoher Priorität« (»High Priority Less Significant Institution«, HP LSI) potenzielle Kandidaten.[53] Überschneidungen bestehen zwischen den von der EZB ermittelten HP LSI und den »potenziell systemgefährdenden Instituten« (PSI) gemäß § 20 Abs. 1 Satz 3 SAG, für deren Identifizierung die deutschen Aufsichtsbehörden eine ganzheitliche Methode entwickelt haben, die verschiedene internationale und nationale aufsichtsrechtliche Anforderungen vereint (»PSI-Methode«).[54] Schließlich wären noch die »bedeutenden Institute« im Sinne der Institutsvergütungsverordnung (InstitusVergV) als potenzielle wesentliche gruppenangehörige Institute zu nennen. Zu dieser Kategorie gehören in jedem Fall die von der EZB direkt beaufsichtigten Institute, die nicht alle als G-SRI oder A-SRI eingruppiert sind, die PSI sowie alle Finanzhandelsinstitute gemäß § 25f Abs. 1 KWG. Außerdem können weitere Institute, deren Bilanzsumme im Durchschnitt zu den jeweiligen Stichtagen in den letzten drei abgeschlossenen Geschäftsjahren 15 Mrd. EUR erreicht oder überschritten hat, ebenfalls unter diese Definition fallen. Den zuletzt genannten Instituten bleibt es allerdings überlassen, der Aufsicht auf der Grundlage einer Risikoanalyse nachzuweisen, dass sie nicht bedeutend im Sinne der InstitutsVergV sind.

Denkbar ist für die Einschätzung der Wesentlichkeit auch eine Orientierung an den Kriterien des **42** Art. 7 Abs. 2 der Delegierten Verordnung (EU) 2016/1075 für die Festlegung wesentlicher gruppenangehöriger Unternehmen und Zweigstellen im Rahmen der Sanierungsplanung. Diesen Kriterien zufolge gelten jene Institute als »wesentlich für die Gruppe«, die einen wesentlichen Beitrag zum Gewinn oder zur Finanzierung der vom Sanierungsplan erfassten Unternehmen leisten oder einen erheblichen Anteil ihrer Vermögenswerte, ihrer Verbindlichkeiten oder ihres Eigenkapitals halten, wichtige Geschäftstätigkeiten ausüben, wichtige operative, risikorelevante oder administrative Funktionen zentralisiert wahrnehmen, erhebliche Risiken tragen, die im schlimmsten Fall die Existenzfähigkeit des Institutes oder der Gruppe in Gefahr bringen könnten, nicht ohne großes Risiko für das Institut oder die Gruppe insgesamt veräußert oder liquidiert werden können oder in mindestens einem der Mitgliedstaaten, in dem sie ihren Sitz haben oder

---

53 Gemäß Art. 97 Abs. 1 der SSM-Rahmenverordnung legt die EZB – insbesondere unter Berücksichtigung der Risikolage und der möglichen Auswirkungen der betroffenen weniger bedeutenden Institute auf das nationale Finanzsystem – allgemeine Kriterien fest, um zu bestimmen, welche Informationen für welches weniger bedeutende Institut anzuzeigen sind. Vgl. Verordnung (EU) Nr. 468/2014 der Europäischen Zentralbank vom 16. April 2014 zur Errichtung eines Rahmenwerks für die Zusammenarbeit zwischen der Europäischen Zentralbank und den nationalen zuständigen Behörden und den nationalen benannten Behörden innerhalb des einheitlichen Aufsichtsmechanismus (SSM-Rahmenverordnung), Amtsblatt der Europäischen Union vom 14. Mai 2014, L 141/34. Vor diesem Hintergrund führt die EZB seit dem Jahre 2015 eine Liste von weniger bedeutenden Instituten mit hoher Priorität (»High Priority Less Significant Institution«, HP LSI). Dazu gehören Institute, die von der Größe her nahezu an die Kategorie der bedeutenden Institute heranreichen. Weitere Faktoren sind das institutsspezifische Risiko, das von den nationalen Behörden anhand einer SREP-spezifischen Risikobeurteilung ermittelt wird, und der Einfluss auf die inländische Wirtschaft und das inländische Finanzsystem sowie den SSM, bei dem auch die Verflechtung berücksichtigt wird. Zudem sind in jedem Land mindestens drei weniger bedeutende Institute als HP LSI einzustufen.

54 Vgl. Ludwig, Björn, Potenziell systemgefährdende Institute – Ganzheitliche Identifizierungsmethode für eine konsistente und kohärente Aufsicht, in: BaFinJournal, Ausgabe Mai 2016, S. 12.

tätig sind, eine wichtige Rolle für die Finanzstabilität spielen.[55] Häufig wird bei dieser Analyse auf den Beitrag der Tochterunternehmen zu den steuerungsrelevanten Kennzahlen abgestellt.

2.4 Berücksichtigung der Grundsätze durch nicht systemrelevante Institute

43 Wie bereits ausgeführt, empfiehlt der Baseler Ausschuss für Bankenaufsicht, seine Grundsätze unter Proportionalitätsgesichtspunkten auf ein breites Spektrum von Instituten anzuwenden.[56] Zudem sollten die zuständigen Behörden nach den Vorgaben der EBA im Rahmen des SREP prüfen, ob die Institute über wirksame und zuverlässige Informations- und Kommunikationssysteme verfügen und diese Systeme die Risikodatenaggregation in normalen Zeiten sowie in Stresssituationen voll unterstützen. Sie sollten insbesondere prüfen, ob die Institute zumindest in der Lage sind, genaue und zuverlässige Risikodaten vollständig und zeitnah zu aggregieren und ein breites Spektrum von Anfragen der Geschäftsleitung oder der zuständigen Behörden zu beantworten.[57] Die Behörden sollten im Rahmen der laufenden Aufsicht die Verbesserung der Datenqualität und der Möglichkeiten zur Aggregation von Risikodaten fördern.[58]

44 Die deutsche Aufsicht hat diese Vorgaben aufgegriffen und unabhängig vom eingeschränkten Anwenderkreis darauf hingewiesen, dass eine angemessene Risikodatenaggregation für sämtliche Institute ein wichtiges Thema ist. Sie empfiehlt daher auch den nicht systemrelevanten Instituten, im wohlverstandenen Eigeninteresse zu prüfen, ob mit Blick auf die Risikodatenaggregationskapazitäten Optimierungsbedarf besteht.[59] Damit soll zwar der Anwenderkreis nicht indirekt ausgeweitet werden. Die deutsche Aufsicht erwartet jedoch von allen Instituten, dass ihre Risikoberichterstattung auf vollständigen, genauen und aktuellen Daten beruht (→ BT 3.1 Tz. 1). Die Institute sollten sich mit ihren Kapazitäten zur Risikodatenaggregation zumindest dahingehend auseinandersetzen, ob dem allgemeinen Ziel einer nachvollziehbaren und aussagekräftigen Risikoberichterstattung entsprochen werden kann oder Verbesserungspotenziale unter Berücksichtigung von Kosten-/Nutzen-Aspekten genutzt werden sollten. Dieses übergeordnete Ziel darf nicht durch mangelnde Datenqualität negativ beeinflusst werden. Insofern sollten sich alle Institute in angemessener Weise mit diesem Thema beschäftigen und sich dabei auch den engen Zusammenhang zwischen der Aggregation von Risikodaten und der Risikoberichterstattung vor Augen führen, den der Baseler Ausschuss für Bankenaufsicht skizziert hat.[60]

---

55 Vgl. Delegierte Verordnung (EU) 2016/1075 der Kommission vom 23. März 2016 zur Ergänzung der Richtlinie 2014/59/EU des Europäischen Parlaments und des Rates durch technische Regulierungsstandards, in denen der Inhalt von Sanierungsplänen, Abwicklungsplänen und Gruppenabwicklungsplänen, die Mindestkriterien, anhand deren die zuständige Behörde Sanierungs- und Gruppensanierungspläne zu bewerten hat, die Voraussetzungen für gruppeninterne finanzielle Unterstützung, die Anforderungen an die Unabhängigkeit der Bewerter, die vertragliche Anerkennung von Herabschreibungs- und Umwandlungsbefugnissen, die Verfahren und Inhalte von Mitteilungen und Aussetzungsbekanntmachungen und die konkrete Arbeitsweise der Abwicklungskollegien festgelegt wird, Amtsblatt der Europäischen Union vom 8. Juli 2016, L 184/14.

56 Vgl. Baseler Ausschuss für Bankenaufsicht, Grundsätze für die effektive Aggregation von Risikodaten und die Risikoberichterstattung, BCBS 239, 9. Januar 2013, S. 4.

57 Vgl. European Banking Authority, Guidelines on common procedures and methodologies for the supervisory review and evaluation process (SREP) and supervisory stress testing, EBA/GL/2014/13, Consolidated version, 19. Juli 2018, S. 65.

58 Vgl. Basel Committee on Banking Supervision, Stress testing principles, Consultative document, 20. Dezember 2017, S. 12.

59 Vgl. Bundesanstalt für Finanzdienstleistungsaufsicht, Rundschreiben 09/2017 (BA) zur Überarbeitung der MaRisk, Übermittlungsschreiben vom 27. Oktober 2017, S. 3.

60 Vgl. Baseler Ausschuss für Bankenaufsicht, Grundsätze für die effektive Aggregation von Risikodaten und die Risikoberichterstattung, BCBS 239, 9. Januar 2013, S. 5.

2.5 Inhalte der geforderten Grundsätze

Sowohl der Baseler Ausschuss für Bankenaufsicht als auch die EZB haben konkrete Empfehlungen **45** hinsichtlich der Inhalte von Grundsätzen für das Datenmanagement, die Datenqualität und die Aggregation von Risikodaten abgegeben, die Basis für eine angemessene Governance sind.[61]

Um eine angemessene Governance zu erreichen, sollten die Institute in ihren Grundsätzen eine **46** ganzheitliche Datenvision und -strategie definieren, die sich aus der in Tz. 2 BAIT geforderten IT-Strategie ableitet und demnach auch mit der Geschäftsstrategie konsistent sein muss.[62] Bei Instituten mit strukturierten und kohärenten IT-Strategien hat sich gezeigt, dass sich ihre Risikodatenaggregation und Risikoberichterstattung verbessert haben und sie etwaige Mängel unverzüglich beheben konnten. Die Grundsätze sollten sowohl interne als auch externe Anforderungen im Bereich der Datenqualität festlegen und alle relevanten Datenproduktionszyklen abdecken, die für das Gesamtmanagement verwendet werden, und zwar von der Datenerhebung über die Datengenerierung und Dateneingabe bis zur abschließenden Berichterstattung (→ AT 4.3.4 Tz. 3). Sie sollten sicherstellen, dass die Anforderungen an die Datenqualität sowohl in Bezug auf das Risiko als auch für andere Managementzwecke erfüllt werden. In diesem Zusammenhang sollten Berichterstattungsprozesse für die Datenqualität sowie spezifische Schulungspläne und Anreizrichtlinien implementiert werden.[63]

Bei der Festlegung der Datenqualitätsanforderungen sollten Toleranzlevel für die Genauigkeit **47** und die Vollständigkeit der Daten sowohl im Hinblick auf das regelmäßige Berichtswesen als auch für die Berichterstattung in Stressphasen festgelegt werden. Die Überwachung der Einhaltung dieser Toleranzlevel sollte Bestandteil des jeweiligen Berichtswesens sein. Eine Einbeziehung der zugrundeliegenden IT-Systeme und -Prozesse in die Geschäftsfortführungspläne des Institutes wird ebenfalls als sinnvoll erachtet.[64]

Darüber hinaus sollten die erforderlichen Strukturen, Organisationseinheiten und Ausschüsse **48** festgelegt und auf die relevanten Rollen und Verantwortlichkeiten innerhalb dieser Einheiten hingewiesen werden[65] (→ AT 4.3.4 Tz. 7). Auch die EBA erwartet, dass in den Grundsätzen die verschiedenen Risikoverantwortlichkeiten und -rollen in allen relevanten Bereichen (z.B. Geschäftsbereiche, IT) klar kommuniziert, zugewiesen und eingebettet werden.[66] Außerdem sollten die Grundsätze auch Richtlinien zu Kommunikations-, Berichterstattungs- und Entscheidungsprozessen für Konzernunternehmen enthalten. Zudem sollten Regelungen zu einer unabhängigen Stelle enthalten sein, die die Einhaltung und Angemessenheit der Grundsätze überprüft[67] (→ AT 4.3.4 Tz. 7).

---

61 Vgl. Baseler Ausschuss für Bankenaufsicht, Grundsätze für die effektive Aggregation von Risikodaten und die Risikoberichterstattung, BCBS 239, 9. Januar 2013, S. 6 f.; European Central Bank, Report on the Thematic Review on effective risk data aggregation and risk reporting, 9. Mai 2018, S. 5 ff.; Basel Committee on Banking Supervision, Progress in adopting the principles for effective risk data aggregation and risk reporting, BCBS d443, 21. Juni 2018, S. 9 und 17.

62 Vgl. Harreis, Holger/Tavakoli, Asin/Ho, Tony/Machado, Jorge/Rowshankish, Kayvaun/Merrath, Peter, Living with BCBS 239, McKinsey & Company, Mai 2017, S. 2.

63 Vgl. European Central Bank, Report on the Thematic Review on effective risk data aggregation and risk reporting, 9. Mai 2018, S. 6 f.

64 Vgl. European Central Bank, Report on the Thematic Review on effective risk data aggregation and risk reporting, 9. Mai 2018, S. 7.

65 Vgl. European Central Bank, Report on the Thematic Review on effective risk data aggregation and risk reporting, 9. Mai 2018, S. 6.

66 Vgl. European Banking Authority, Leitlinien für die IKT-Risikobewertung im Rahmen des aufsichtlichen Überprüfungs- und Bewertungsprozesses (SREP), EBA/GL/2017/05, 11. September 2017, S. 17.

67 Vgl. European Central Bank, Report on the Thematic Review on effective risk data aggregation and risk reporting, 9. Mai 2018, S. 6 f.; Baseler Ausschuss für Bankenaufsicht, Grundsätze für die effektive Aggregation von Risikodaten und die Risikoberichterstattung, BCBS 239, 9. Januar 2013, S. 6.

2.6 Verantwortung der Geschäftsleitung

49 Sowohl der Baseler Ausschuss für Bankenaufsicht als auch die EZB[68] haben betont, dass eine intensive Einbindung der Geschäftsleitung[69] unerlässlich für die Verbesserung der Risikodatenaggregation und der Risikoberichterstattung ist. Die Geschäftsleitung ist für die Festlegung und Umsetzung sämtlicher Grundsätze zur Aggregation von Risikodaten und zur Risikoberichterstattung verantwortlich. Insbesondere soll sie auf eine Integration des Datenqualitätsmanagements in das bankweite Risikomanagementsystem hinwirken. Konkret fordert der Ausschuss, dass die Geschäftsleitung die konzernweit geltenden Regelungen an die Aggregation von Risikodaten (und die Risikoberichterstattung) überprüft und bestätigt sowie sicherstellt, dass für die Einhaltung dieser Grundsätze ausreichende personelle und finanzielle Ressourcen zur Verfügung stehen.[70]

50 Vor diesem Hintergrund sollte regelmäßig an die Geschäftsleitung und das obere Management zum Projektfortschritt berichtet werden. In manchen Instituten existiert darüber hinaus ein turnusmäßig tagendes »Datenmanagement Board« oder »Data Governance Komitee«, teilweise unter Beteiligung der Geschäftsleitung, in dem ein kontinuierlicher Austausch zum Thema Datenqualität erfolgt. Seitens der EZB wird zuletzt vermehrt auch ein »Chief Data Officer« gefordert.

51 Die Geschäftsleitung hat mit diesen Grundsätzen außerdem sicherzustellen, dass eine korrekte Dateneingabe durch die entsprechenden Geschäftsbereiche erfolgt, die Daten aktuell sind, mit den Datendefinitionen übereinstimmen und die Datenaggregationskapazitäten und Risikomeldeverfahren mit den Unternehmensgrundsätzen übereinstimmen. Die Geschäftsleitung sollte die Grundsätze für die Steuerung der Risikodaten für die gesamte Gruppe genehmigen, sich für die Umsetzung der Grundsätze einsetzen, für strategische Lösungen für Datenarchitektur und IT-Infrastruktur Sorge tragen (→ AT 4.3.4 Tz. 3) und eine interne Validierungseinheit installieren, um eine ordnungsgemäße Implementierung sicherzustellen[71] (→ AT 4.3.4 Tz. 7).

52 Die Geschäftsleitung sollte außerdem eng in die Implementierung und Überwachung der Risikodatenaggregation und der Risikoberichterstattung eingebunden sein und sich der Grenzen der ihnen übermittelten Berichte in Bezug auf die Abdeckung, die rechtlichen und technischen Beschränkungen im Datenaggregationsprozess bzw. die Inhalte im Berichtsprozess bewusst sein.[72] Sie sollte die Beschränkungen der Risikodatenaggregation inhaltlich nachvollziehen können, unabhängig davon, ob diese ihren Ursprung im Bereich mangelnder Risikodeckung haben (z. B. nicht einbezogene Risiken oder Tochtergesellschaften), im technischen Bereich (z. B. Modell-Leistungsindikatoren oder Grad der Abhängigkeit von manuellen Prozessen) oder im rechtlichen Bereich (gesetzliche Bestimmungen, die den grenzüberschreitenden Datenaustausch einschränken).[73]

---

68 Nach den Vorstellungen der EZB soll die Geschäftsleitung u. a. die Kernelemente des ICAAP genehmigen, wozu auch die Risikoquantifizierungsmethoden gehören, die sich auf zuverlässige Daten und solide Datenaggregationssysteme stützen. Vgl. Europäische Zentralbank, Leitfaden der EZB für den bankinternen Prozess zur Sicherstellung einer angemessenen Kapitalausstattung (Internal Capital Adequacy Assessment Process – ICAAP), 9. November 2018, S. 6 f.

69 Im Kommentar wird hinsichtlich der Anforderungen aus BCBS 239 vorrangig auf die »Geschäftsleitung« abgestellt, wenngleich der Baseler Ausschuss für Bankenaufsicht mit seinen auf international tätige Institute ausgerichteten Werken regelmäßig das »Board« in die Pflicht nimmt. Er zielt damit auf das »monistische System« im angelsächsischen Raum ab, in dem die Unternehmensführung und -überwachung in einem Führungsorgan (»Board of Directors«) zusammengefasst sind. Beim »dualistischen System« in Deutschland, das auf der strikten Trennung der Unternehmensführung durch die Geschäftsleitung und der Unternehmensüberwachung durch das Aufsichtsorgan basiert, scheint die Geschäftsleitung der geeignete Adressat zu sein. Eine Einbindung des Aufsichtsorgans erfolgt regelmäßig im Rahmen seiner Überwachungsfunktion, wo es angezeigt ist. Eine Möglichkeit besteht z. B. in der Information des Risiko- oder des Prüfungsausschusses. Unter dem »Senior Management« wird gewöhnlich die Ebene unterhalb der Geschäftsleitung verstanden.

70 Vgl. Baseler Ausschuss für Bankenaufsicht, Grundsätze für die effektive Aggregation von Risikodaten und die Risikoberichterstattung, BCBS 239, 9. Januar 2013, S. 6 f.

71 Vgl. Basel Committee on Banking Supervision, Progress in adopting the principles for effective risk data aggregation and risk reporting, BCBS d443, 21. Juni 2018, S. 11 f.

72 Vgl. European Central Bank, Report on the Thematic Review on effective risk data aggregation and risk reporting, 9. Mai 2018, S. 6.

73 Vgl. Baseler Ausschuss für Bankenaufsicht, Grundsätze für die effektive Aggregation von Risikodaten und die Risikoberichterstattung, BCBS 239, 9. Januar 2013, S. 7.

AT 4.3.4 Datenmanagement, Datenqualität und Aggregation von Risikodaten

Die Geschäftsleitung hat sich auch auf strategischer Ebene mit den Möglichkeiten der Verbesserung von Aggregationskapazitäten für Risikodaten zu befassen und Aussagen dazu zu treffen (→ AT 4.2 Tz. 1). Sie soll bei der strategischen IT-Planung Datenreihen identifizieren, die als steuerungsrelevante Risikodaten für Risikodatenaggregations- und IT-Infrastruktur-Projekte von grundlegender Bedeutung sind.[74] Die Bemühungen für eine verbesserte Risikodatenaggregation sollten sich nicht zuletzt im zur Verbesserung von Aggregationskapazitäten allokierten Budget des Institutes widerspiegeln. Sowohl der Baseler Ausschuss für Bankenaufsicht als auch die EZB bewerten spezifische Budgets für die Verbesserung von IT-Systemen und Datenarchitektur[75] als auch für die Überwachung der Umsetzung der Datenaggregations-Grundsätze[76] positiv. Die Bemühungen der Geschäftsleitung sollten also auch in der Budgetierung deutlich werden. **53**

Die deutsche Aufsicht hat auf verschiedene Aspekte hingewiesen, die aufgrund ihrer besonderen Bedeutung auch bei der Festlegung der Geschäfts- und Risikostrategie berücksichtigt werden sollten. Das betrifft z. B. die geplante Ausgestaltung der IT-Systeme, die das Funktionieren der Prozesse garantieren und insofern mit den strategischen Vorgaben Schritt halten müssen. Eng damit verknüpft sind auch die Kapazitäten zur Risikodatenaggregation. Unter Proportionalitätsgesichtspunkten sind daher zu diesen Aspekten strategische Aussagen zu treffen. Insbesondere müssen die systemrelevanten Institute auf die Möglichkeiten zur Verbesserung der Aggregationskapazitäten für Risikodaten eingehen (→ AT 4.2 Tz. 1, Erläuterung). **54**

2.7   Anforderungen an die Dokumentation

Der Baseler Ausschuss erwartet, dass die Risikodatenaggregations-Kapazitäten und die Verfahren zur Risikoberichterstattung vollumfänglich schriftlich niedergelegt werden.[77] Gefordert werden sogar eine Dokumentation und Erläuterung sämtlicher Prozesse der Risikodatenaggregation.[78] Die instituts- und gruppenweit geltenden Grundsätze sind daher schriftlich zu fixieren und den Mitarbeitern entsprechend bekanntzugeben. Dies ergibt sich aus den im Rahmen der fünften MaRisk-Novelle erweiterten Vorgaben an die Organisationsrichtlinien der systemrelevanten Institute, die Regelungen zu den Verfahren, Methoden und Prozessen der Aggregation von Risikodaten enthalten müssen (→ AT 5 Tz. 3). **55**

Die Dokumentationsanforderungen hängen auch mit den besonderen Informationsbedürfnissen der Aufsichtsbehörden bei der Beurteilung der bankinternen Prozesse zur Sicherstellung einer angemessenen Kapital- und Liquiditätsausstattung (ICAAP und ILAAP) zusammen. Dafür müssen die Institute eine Beschreibung des Rahmens und des Verfahrens zur Erhebung, Speicherung und Aggregation von Risikodaten auf den verschiedenen Ebenen eines Institutes, einschließlich des Datenflusses von den Tochterunternehmen zur Gruppe, eine Beschreibung des Datenflusses und der Datenstruktur der für den ICAAP und den ILAAP verwendeten Risikodaten, eine Beschreibung der Datenprüfungen, die auf Risikodaten angewendet werden, die zu ICAAP- und ILAAP-Zwecken verwendet werden, sowie eine Beschreibung von IT-Systemen zur Erhebung, Speicherung, **56**

---

74 Vgl. Baseler Ausschuss für Bankenaufsicht, Grundsätze für die effektive Aggregation von Risikodaten und die Risikoberichterstattung, BCBS 239, 9. Januar 2013, S. 7.

75 Vgl. Basel Committee on Banking Supervision, Progress in adopting the principles for effective risk data aggregation and risk reporting, BCBS d443, 21. Juni 2018, S. 9.

76 Vgl. European Central Bank, Report on the Thematic Review on effective risk data aggregation and risk reporting, 9. Mai 2018, S. 6.

77 Vgl. Baseler Ausschuss für Bankenaufsicht, Grundsätze für die effektive Aggregation von Risikodaten und die Risikoberichterstattung, BCBS 239, 9. Januar 2013, S. 6.

78 Vgl. Baseler Ausschuss für Bankenaufsicht, Grundsätze für die effektive Aggregation von Risikodaten und die Risikoberichterstattung, BCBS 239, 9. Januar 2013, S. 9.

Aggregation und Verbreitung von Risikodaten, die für ICAAP und ILAAP verwendet werden, an die Aufsichtsbehörden liefern.[79]

57   Bei der Dokumentation der BCBS 239-Compliance werden häufig auch institutsspezifische Auslegungen der Grundsätze beschrieben und entsprechende Festlegungen getroffen (»BCBS 239-Zielbilder«). Die Dokumentation wird i.d.R. von der Geschäftsleitung abgenommen und dem Aufsichtsorgan zur Kenntnis gegeben.

---

79 Vgl. European Banking Authority, Leitlinien zu für SREP erhobene ICAAP- und ILAAP-Informationen, EBA/GL/2016/10, 10. Februar 2017, S. 10 f.

3 Datenstruktur und Datenhierarchie (Tz. 2)

2 Datenstruktur und Datenhierarchie müssen gewährleisten, dass Daten zweifelsfrei iden-   **58**
tifiziert, zusammengeführt und ausgewertet werden können sowie zeitnah zur Verfügung stehen. Hierfür sind, soweit möglich, einheitliche Namenskonventionen und Kennzeichnungen von Daten festzulegen und innerhalb des Institutes zu kommunizieren. Bei
unterschiedlichen Namenskonventionen und Kennzeichnungen hat das Institut sicherzustellen, dass Daten automatisiert ineinander überleitbar sind.

3.1 Datenarchitektur und IT-Infrastruktur

Traditionell werden in den Instituten Excel und Access als zentrale Aggregations- und Weiterver-   **59**
arbeitungstools verwendet. Die Institute verwenden oftmals noch eine Vielzahl von in den Fachbereichen entwickelten IDV-Lösungen, was nicht nur zu erheblichen Berichtsungenauigkeiten
führen, sondern insgesamt die Fehleranfälligkeit und damit die operationellen Risiken erhöhen
kann. IDV-Lösungen sollten insgesamt auf das notwendige Maß reduziert werden (→ AT 4.3.4
Tz. 3). Soweit IDV genutzt wird, sind zudem die damit verbundenen Anforderungen einzuhalten
(→ AT 7.2 Tz. 5).

Die EBA versteht unter der »Dateninfrastruktur« physische und organisatorische Strukturen und   **60**
Einrichtungen zum Aufbau und zur Pflege der Daten- und IT-Architektur zur Unterstützung der
internen Risikodatenaggregation und Risikoberichterstattung des Institutes.[80] Von den systemrelevanten Instituten wird erwartet, eine interne Daten- und IT-Architektur zu entwerfen, einzurichten und zu pflegen, um die Kapazitäten zur Risikodatenaggregation und die Verfahren zur Risikoberichterstattung nicht nur unter gewöhnlichen Umständen, sondern auch in Stressphasen oder
Krisen vollumfänglich zu unterstützen (→ AT 4.3.4 Tz. 5). Sie müssen leistungsfähige Kapazitäten
zur Risikodatenaggregation entwickeln und pflegen, um sicherzustellen, dass die Risikoberichte
die bestehenden Risiken in verlässlicher Weise abbilden.[81]

Um dies zu erreichen, sollte die bestehende IT-Landschaft überprüft und möglichst homogen   **61**
ausgestaltet werden.[82] Die Risikodaten sollten pro Risikoart aus einer maßgeblichen Quelle
stammen.[83] Außerdem sollte die Datenarchitektur mit den relevanten Geschäfts- und IT-Stakeholdern validiert werden, um die erforderliche Datenkohärenz in den IT-Systemen zu unterstützen
und sicherzustellen, dass die Datenarchitektur auf die Geschäfts- und Risikomanagement-Erfordernisse abgestimmt sind.[84] Die Datenarchitektur sollte auch die Implementierung von angemessenen Kontrollen unterstützen[85] (→ AT 4.3.4 Tz. 7).

---

80 Vgl. European Banking Authority, Final Report – Guidelines on institution's stress testing, EBA/GL/2018/04, 19. Juli 2018,
    S. 17.
81 Vgl. Baseler Ausschuss für Bankenaufsicht, Grundsätze für die effektive Aggregation von Risikodaten und die Risiko-
    berichterstattung, BCBS 239, 9. Januar 2013, S. 7.
82 Vgl. Buchmüller, Patrik/Lindenau, Jan/Mährle, Christine, Neue Vorgaben zu Datenmanagement, Datenqualität und
    Risikodatenaggregation, in: MaRisk-Interpretationshilfen, 5. Auflage, Heidelberg, 2018, S. 108.
83 Vgl. Baseler Ausschuss für Bankenaufsicht, Grundsätze für die effektive Aggregation von Risikodaten und die Risiko-
    berichterstattung, BCBS 239, 9. Januar 2013, S. 9.
84 Vgl. European Banking Authority, Leitlinien für die IKT-Risikobewertung im Rahmen des aufsichtlichen Überprüfungs-
    und Bewertungsprozesses (SREP), EBA/GL/2017/05, 11. September 2017, S. 23 f.
85 Vgl. European Central Bank, Report on the Thematic Review on effective risk data aggregation and risk reporting, 9. Mai
    2018, S. 9.

AT 4.3.4 Datenmanagement, Datenqualität und Aggregation von Risikodaten

62   Im Rahmen seines letzten Umsetzungsberichtes hat der Baseler Ausschuss für Bankenaufsicht Beispiele für eine effektive Datenarchitektur und IT-Infrastruktur von Instituten aufgezählt, bei denen die Governance-Grundsätze bereits im Wesentlichen bzw. vollständig umgesetzt sind. Hierzu gehören die effektive Integration isolierter Datenbanken von verschiedenen Rechtssubjekten, Tochtergesellschaften und Zweigstellen, die Identifizierung von redundanten oder ineffizienten Technologien und Prozessen, die Verschlankung von IT-Plattformen und -Systemen, die Konsolidierung von Datenkategorisierungsansätzen und -strukturen, integrierte Datentaxonomien, die Verwendung eines zentralen Datenlexikons sowie eines Datenspeichers oder Data Warehouse für jede Risikoart. Auch Projekte zu Datenqualitätsbewertungen und zur Datensanierung, die in allen Geschäftsbereichen durchgeführt werden, sieht der Baseler Ausschuss als Positivbeispiele für eine effektive Datenarchitektur und IT-Infrastruktur an.[86]

3.2   Vermeidung von Datenchaos

63   Eine wesentliche Voraussetzung für eine funktionierende Dateninfrastruktur ist also eine abgestimmte Vorgehensweise zum Umgang mit den relevanten Daten. Das nachhaltige und kontinuierliche Daten- bzw. Datenqualitätsmanagement gewinnt enorm an Bedeutung und befördert den von der Aufsicht geforderten Kulturwandel in den Instituten. Die bisher eher als »IT-technisches Gut« betrachteten Daten stellen mittlerweile einen »wesentlichen Vermögenswert« der Institute dar, der entsprechend sorgsam behandelt werden sollte. Insbesondere müssen die Institute eine strukturierte »Data Governance« inklusive eines Konzeptes zur Verankerung von Verantwortlichkeiten für die Daten und deren Qualität etablieren und eine Evidenzstelle zur Überprüfung der Einhaltung der Vorgaben einrichten. Die Festlegungen zur Benennung von Daten (»Namenskonventionen«), zur Kennzeichnung von Daten und zu Feldbeschreibungen sollten einheitlich sein und sich eindeutig aus einem Datenkatalog (»Data Dictionary«) ergeben, um die relevanten Daten zweifelsfrei identifizieren, zusammenführen und auswerten sowie zeitnah zur Verfügung stellen zu können. Zudem müssen die vollständigen Datenflüsse (»Data Lineage«) nachvollziehbar dokumentiert sein (»front to end«), um eine hinreichende Transparenz der Datenaggregation sowie zur Auswertbarkeit der Daten zu ermöglichen. Schließlich ist auch ein Prozess zur Bereinigung von Datenqualitätsmängeln erforderlich.[87]

64   Eine einheitliche »Datentaxonomie« ist hierfür eine wesentliche Voraussetzung. Ist ein einheitliches Datenmodell nicht vorhanden, muss sichergestellt werden, dass die verschiedenen Datenmodelle automatisiert abgeglichen werden und die Daten auf diese Weise ineinander überleitbar sind. Individuelle IT-Lösungen verschiedener Bereiche eines Institutes, unterschiedliche Datengrundlagen und unterschiedliche Autoren aus verschiedenen Bereichen führen zu unterschiedlichen Namenskonventionen bzw. Definitionen und Redundanzen. Für die Erstellung von Risiko-, Finanz- und aufsichtsrechtlichen Berichten sollten einheitliche Datenquellen sowie homogene und integrierte Datentaxonomien verwendet werden, die alle wesentlichen rechtlichen Einheiten und Risiken abdecken.[88]

65   Es ist daher entscheidend, das teilweise noch beobachtete Silo-Denken einzelner Fachbereiche zu durchbrechen und geschäfts- sowie risikoartenübergreifende Standard-Kennzeichnungen und/

---

86 Vgl. Basel Committee on Banking Supervision, Progress in adopting the principles for effective risk data aggregation and risk reporting, BCBS d443, 21. Juni 2018, S. 18.

87 Vgl. Eisert, Matthias, AT 4.3.4 – Neue Anforderungen an das Datenmanagement in den MaRisk 2016, PwC Risk Blog, 3. Mai 2016; European Central Bank, Report on the Thematic Review on effective risk data aggregation and risk reporting, 9. Mai 2018, S. 8.

88 Vgl. European Central Bank, Report on the Thematic Review on effective risk data aggregation and risk reporting, 9. Mai 2018, S. 9.

AT 4.3.4 Datenmanagement, Datenqualität und Aggregation von Risikodaten

oder vereinheitlichte Namenskonventionen für bestimmte Daten festzulegen (z.B. für Konzerngesellschaften, Kontrahenten, Kunden oder Konten). Hierfür sollte ein Datenlexikon (auch »Business Glossar« oder »Business Data Dictionary«) entwickelt werden, um einheitliche Definitionen zu gewährleisten.[89] Das Datenlexikon umfasst alle wesentlichen Geschäftsobjekte, Attribute und Kennzahlen, die im Gesamtrisikobericht benötigt werden, alle relevanten Informationsobjekte in der Verarbeitungskette sowie die einheitlichen Identifier, jeweils inklusive der fachlichen Beschreibung. Als Basis für die technische Datenhaltung im Datawarehouse dient häufig ein fachliches Datenmodell.

Die verwendeten Fachbegriffe der einzelnen Bereiche eines Institutes sollten klar definiert und **66** synonym verwendete Kennzeichnungen sollten eindeutig erkennbar und möglichst beseitigt werden. Hierfür sollten alle Daten eindeutig normiert und die einzelnen Aggregationen inklusive der angewandten Methoden nachvollziehbar dokumentiert werden.[90] Diese Festlegungen sind innerhalb des Institutes zu kommunizieren.

---

89 Vgl. Basel Committee on Banking Supervision, Progress in adopting the principles for effective risk data aggregation and risk reporting, BCBS d443, 21. Juni 2018, S. 8 f.
90 Vgl. Buchmüller, Patrik/Lindenau, Jan/Mährle, Christine, Neue Vorgaben zu Datenmanagement, Datenqualität und Risikodatenaggregation, in: MaRisk-Interpretationshilfen, 5. Auflage, Heidelberg, 2018, S. 107.

4 Automatisierungsgrad, Genauigkeit und Vollständigkeit der Risikodaten (Tz. 3)

67 **3** Das Institut hat zu gewährleisten, dass Risikodaten genau und vollständig sind. Daten müssen nach unterschiedlichen Kategorien auswertbar sein und sollten, soweit möglich und sinnvoll, automatisiert aggregiert werden können. Der Einsatz und der Umfang manueller Prozesse und Eingriffe sind zu begründen und zu dokumentieren und auf das notwendige Maß zu beschränken. Die Datenqualität und die Datenvollständigkeit sind anhand geeigneter Kriterien zu überwachen. Hierfür hat das Institut interne Anforderungen an die Genauigkeit und Vollständigkeit der Daten zu formulieren.

4.1 Genauigkeit und Vollständigkeit der Risikodaten

68 Die Institute sollten in der Lage sein, genaue und verlässliche Risikodaten zu generieren und zu aggregieren, um den Anforderungen an die Genauigkeit[91] im Berichtswesen unter gewöhnlichen Umständen sowie in Stressphasen oder Krisen gerecht zu werden (→ AT 4.3.4 Tz. 5). Die Institute sollten die Risikodaten auf Konzernebene einheitlich definieren (»Glossar«) und sich darum bemühen, nur eine maßgebliche Datenquelle für jede Risikoart zu verwenden.[92]

69 Die Institute sollten in der Lage sein, sämtliche wesentlichen Risikodaten auf Konzernebene zu generieren und zu aggregieren, einschließlich der außerbilanziellen Risiken. Sofern die Vollständigkeit[93] der Risikodaten ausnahmsweise nicht gewährleistet ist, sollte dies kenntlich gemacht und erläutert werden und sich nicht maßgeblich auf die Fähigkeit auswirken, die bestehenden Risiken effizient zu steuern. Die Ansätze zur Risikodatenaggregation müssen auf Konzernebene nicht einheitlich sein. Allerdings sollten sich die Datenaggregationskapazitäten unabhängig von der Wahl des eingesetzten Systems nicht voneinander unterscheiden. Für jedes System sind die Ansätze zur Risikodatenaggregation eindeutig festzulegen, um die Geschäftsleitung in die Lage zu versetzen, die Ergebnisse angemessen zu beurteilen.[94]

4.2 Auswertbarkeit nach verschiedenen Kategorien

70 Die Daten müssen nach verschiedenen Kategorien auswertbar sein. Die Auswertbarkeit hat neben den Risikokategorien und -unterkategorien u.a. die Kategorien Geschäftsfeld, Konzerngesellschaft, Art des Vermögenswertes, Branche, Region zu umfassen. Diese Aufzählung ist nicht

---

91 Unter dem Begriff »Genauigkeit« versteht der Baseler Ausschuss die Übereinstimmung zwischen einer Messung, Aufzeichnung oder Darstellung und dem tatsächlichen Wert, der zu messen, aufzuzeichnen oder darzustellen ist. Vgl. Baseler Ausschuss für Bankenaufsicht, Grundsätze für die effektive Aggregation von Risikodaten und die Risikoberichterstattung, BCBS 239, 9. Januar 2013, S. 19.

92 Vgl. Baseler Ausschuss für Bankenaufsicht, Grundsätze für die effektive Aggregation von Risikodaten und die Risikoberichterstattung, BCBS 239, 9. Januar 2013, S. 8 f.

93 Die »Vollständigkeit« betrifft die Verfügbarkeit relevanter, für den gesamten Konzern (z.B. Konzerngesellschaften, Geschäftsfelder und Länder) aggregierter Risikodaten. Vgl. Baseler Ausschuss für Bankenaufsicht, Grundsätze für die effektive Aggregation von Risikodaten und die Risikoberichterstattung, BCBS 239, 9. Januar 2013, S.18.

94 Vgl. Baseler Ausschuss für Bankenaufsicht, Grundsätze für die effektive Aggregation von Risikodaten und die Risikoberichterstattung, BCBS 239, 9. Januar 2013, S.9 f.

abschließend, so dass abhängig vom betrachteten Risiko weitere Kategorien erforderlich sein können. Auswertungen müssen in angemessener Weise auch mehrdimensional nach kombinierten Kategorien möglich sein (→ AT 4.3.4 Tz. 3, Erläuterung). Maßgeblich für die Auswahl der Kategorien, die die Identifizierung und Meldung von Risikopositionen, Risikokonzentrationen sowie aufkommenden Risiken ermöglichen, sind die Merkmale des jeweils betrachteten Risikos.[95]

4.3 Weitgehende Automatisierung

Grundsätzlich sollten die Daten möglichst auf automatisierter Basis aggregiert werden, um die Fehlerwahrscheinlichkeit so gering wie möglich zu halten. Für manuelle Prozesse und Desktop-Anwendungen (z. B. Spreadsheets, Datenbanken) sind zumindest effektive risikomindernde Maßnahmen (z. B. Grundsätze und Verfahrensweisen für IT-Anwender) sowie weitere effektive Kontrollen einzurichten und einheitlich auf alle relevanten Prozesse im Institut anzuwenden. Die Angemessenheit »manueller Umgehungslösungen«[96], einschließlich einer Beschreibung, inwiefern sie sich maßgeblich auf die Genauigkeit der Risikodatenaggregation auswirken und welche Maßnahmen vorgeschlagen werden, um diese Auswirkungen zu minimieren, ist im Rahmen der Dokumentation zu erläutern. Insgesamt sollte zwischen automatisierten und manuellen Systemen zumindest ein angemessenes Gleichgewicht bestehen.[97] **71**

Im Rahmen der Umsetzungsprojekte laufen auch Maßnahmen, um die IDV weiter zu reduzieren. Für die Risikodatenaggregation und Risikoberichterstattung wesentliche Anwendungen müssen i. d. R. mindestens abgesichertem IDV-Standard entsprechen, d. h. Trennung von Produktions- und Entwicklungsumgebung, Versionsführung, unabhängige Abnahmetests, vollständige Dokumentation etc. Um ein angemessenes Gleichgewicht zwischen automatisierten und manuellen Systemen entlang der Verarbeitungskette sicherzustellen, können die manuellen Schritte z. B. zunächst einer Aufwand-/Nutzen-Analyse unterzogen werden. Für die Entscheidung für oder gegen eine Automatisierung spielt einerseits eine Rolle, wie hoch der Automatisierungsgrad bereits ist. Andererseits muss individuell geprüft werden, ob der jeweilige Prozessschritt überhaupt automatisierbar ist. Im positiven Fall sollte begründet werden, sofern trotzdem darauf verzichtet wird. **72**

Auch in den Leitlinien der EBA wird auf die Fehleranfälligkeit manueller Prozesse hingewiesen. Um eine hohe Datenqualität zu gewährleisten, sollten die Institute z. B. im Zusammenhang mit dem Management der Zinsänderungsrisiken im Anlagebuch geeignete Verfahren einführen, die sicherstellen, dass die in das IT-System eingegebenen Daten korrekt sind. Die Dateneingabe sollte so weit wie möglich automatisiert werden, um administrative Fehler zu reduzieren.[98] Deshalb sollen manuelle Eingriffe bei der Aggregation der Risikodaten auch nach den Vorgaben der deutschen Aufsicht möglichst auf das absolut Notwendige reduziert werden.[99] **73**

---

95 Vgl. Baseler Ausschuss für Bankenaufsicht, Grundsätze für die effektive Aggregation von Risikodaten und die Risiko-berichterstattung, BCBS 239, 9. Januar 2013, S. 9.

96 Unter »manuellen Umgehungslösungen« ist der Einsatz personenbasierter Prozesse und Werkzeuge für die Übertragung, Bearbeitung oder Veränderung von Daten zu verstehen, die für die Risikodatenaggregation oder die Risikoberichterstat-tung verwendet werden. Vgl. Baseler Ausschuss für Bankenaufsicht, Grundsätze für die effektive Aggregation von Risikodaten und die Risikoberichterstattung, BCBS 239, 9. Januar 2013, S. 19.

97 Vgl. Baseler Ausschuss für Bankenaufsicht, Grundsätze für die effektive Aggregation von Risikodaten und die Risiko-berichterstattung, BCBS 239, 9. Januar 2013, S. 8 f.

98 Vgl. European Banking Authority, Final Report – Guidelines on the management of interest rate risk arising from non-trading book activities, EBA/GL/2018/02, 19. Juli 2018, S. 28.

99 Vgl. Bundesanstalt für Finanzdienstleistungsaufsicht, Erster Entwurf zur Überarbeitung der MaRisk, Übermittlungsschrei-ben vom 18. Februar 2016, S. 2.

74   Manuelle Eingriffe sind insbesondere dann angebracht, wenn ein fachliches Urteil erforderlich ist. So können im Datenaggregationsprozess zur Ergänzung unvollständiger Daten oder zur Interpretation von Ergebnissen im Rahmen der Risikoberichterstattung gelegentlich Expertenurteile herangezogen werden. Der Einsatz von Expertenurteilen – anstelle von vollständigen und verlässlichen Datensätzen – ist allerdings nur in Ausnahmefällen möglich und darf die Einhaltung der Grundsätze nicht wesentlich beeinflussen. Beim Einsatz von Expertenurteilen erwarten die Aufsichtsbehörden zudem einen klar dokumentierten und transparenten Prozess, sodass eine unabhängige Prüfung dieses Prozesses sowie der dem Entscheidungsprozess zugrundeliegenden Kriterien möglich ist.[100] Sofern das Ergebnis zwar nicht notwendigerweise exakt, jedoch für den gegebenen Zweck hinreichend genau ist, spricht man auch vom »Näherungswert«.[101]

75   Manuelle Korrekturen sollten allerdings nicht grundsätzlich negativ gesehen werden. So kann eine Anpassung der Daten bei offensichtlichen Fehlern in den Vorsystemen insgesamt durchaus zur Verbesserung der Datenqualität beitragen, auch wenn diese letztlich materielle Auswirkungen hat. Es ist empfehlenswert, in den Berichten auf die wesentlichen manuellen Korrekturen hinzuweisen, die in den zugestellten Berichten vorgenommen wurden.

76   Eine Berücksichtigung von Expertenurteilen ergibt sich auch daraus, dass diese im Zusammenhang mit der Durchführung von Stresstests eine wesentliche Rolle spielen. Wenn die Datenverfügbarkeit oder -qualität oder strukturelle Brüche in historischen Daten keine aussagekräftigen Schätzungen zulassen, sollten quantitative Analysen durch qualitative Expertenurteile ergänzt werden. Aber auch in den Fällen, wo der zugrundeliegende Modellierungsprozess robust ist, sollten Expertenurteile beim Hinterfragen der Modellergebnisse eine Rolle spielen.[102]

4.4   Überwachung der Datenqualität

77   Wesentlich für eine angemessene Risikoberichterstattung ist eine hohe Datenqualität, die nur erreicht werden kann, wenn alle Daten korrekt sind und alle relevanten, korrekten Daten vollständig erfasst werden. Die Institute sollten daher entsprechende Vorgaben zur Datenqualität formulieren und in einem täglichen Datenqualitätsmanagement umsetzen.[103] Ein besonderer Fokus sollte dabei auf die Kontrollen im Front-Office gelegt werden. Mängel in diesen Bereichen werden von vielen Instituten als Grund für eine schlechte Datenqualität genannt.[104] Insofern erscheint es sinnvoll, die Datenqualität kontinuierlich zu messen und zu verbessern.[105] Zur Sicherstellung der Datenqualität sollten konkrete Anforderungen an die Datenqualität (insbesondere an die Genauigkeit und Vollständigkeit von Risikodaten) formuliert werden (→ AT 4.3.4 Tz. 3). Sowohl die Genauigkeit als auch die Vollständigkeit der Risikodaten müssen ermittelt und überwacht werden. Um einer schlechten Datenqualität entgegenzuwirken, sollten angemessene Eskalationswege sowie Maßnahmenpakete vereinbart werden.[106]

---

100 Vgl. Baseler Ausschuss für Bankenaufsicht, Grundsätze für die effektive Aggregation von Risikodaten und die Risikoberichterstattung, BCBS 239, 9. Januar 2013, S. 5.

101 Vgl. Baseler Ausschuss für Bankenaufsicht, Grundsätze für die effektive Aggregation von Risikodaten und die Risikoberichterstattung, BCBS 239, 9. Januar 2013, S. 19.

102 Vgl. European Banking Authority, Final Report – Guidelines on institution's stress testing, EBA/GL/2018/04, 19. Juli 2018, S. 27.

103 Vgl. Basel Committee on Banking Supervision, Progress in adopting the principles for effective risk data aggregation and risk reporting, BCBS d443, 21. Juni 2018, S. 12.

104 Vgl. Harreis, Holger/Tavakoli, Asin/Ho, Tony/Machado, Jorge/Rowshankish, Kayvaun/Merrath, Peter, Living with BCBS 239, McKinsey & Company, Mai 2017, S. 5 f.

105 Zu Prüfgegenständen der Datenqualität vgl. Fingerlos, Uwe/Golla, Guido/Pastwa, Alexander, Datenqualität im Risikomanagement – Konkretisierung der Anforderungen aus AT 4.3.4 MaRisk, in: Risiko-Manager, Heft 10/2016, S. 10–14.

106 Vgl. Baseler Ausschuss für Bankenaufsicht, Grundsätze für die effektive Aggregation von Risikodaten und die Risikoberichterstattung, BCBS 239, 9. Januar 2013, S. 8 ff.

AT 4.3.4 Datenmanagement, Datenqualität und Aggregation von Risikodaten

Zertifizierungsprozesse für die Datenqualität der maßgeblichen Quellen von Risikodaten für jede **78** Risikoart können der Verbesserung der Datenqualität dienen. Änderungen an Daten sollten protokolliert und die Gründe für diese Änderungen zusammen mit den Verantwortlichen (d. h. mit denjenigen, die die Änderungen angefordert, sie genehmigt oder vorgenommen haben) vermerkt werden.[107]

Im Idealzustand wird die Datenqualität entlang des Datenflusses (»Data Lineage«) für jedes **79** festgelegte Qualitätskriterium (z. B. Aktualität, Genauigkeit, Gültigkeit, Integrität, Korrektheit, Plausibilität, Verfügbarkeit und Vollständigkeit) geprüft und auf ein Qualitätsniveau verdichtet. Dabei wird die Datenqualität der Eingangsdaten, der Zwischenschritte und der Ergebnisdaten gemessen und bewertet. Auf unterschiedlichen Granularitätsstufen (z. B. Feldebene, Datensatzebene, Schnittstelle, Set von Input- oder Ergebnisdaten) können z. B. Metriken definiert werden, um die Datenqualität quantitativ messbar zu machen. Eine Prüfregel kann z. B. den Soll-Zustand definieren, der zur Messung der Datenqualität herangezogen werden soll. Zum Beispiel kann als Metrik die relative Häufigkeit bezogen auf die positive Erfüllung der Prüfregel verwendet werden oder über eine Bezugsgröße (Schwellenwert) eine Ampelbewertung des Prüfergebnisses erfolgen. Die Festlegung der Metriken bzw. der Schwellenwerte für die Ampeln ist allerdings alles andere als trivial. Es empfiehlt sich, dafür Expertenwissen zu nutzen. Zur Beurteilung der Datenqualität zwischen verschiedenen Data Lineages können zusätzlich Plausibilitäts- und Konsistenzprüfungen herangezogen werden. Die Intensität der Prüfung kann sich nach der Bedeutung der Prüfobjekte unterscheiden.

---

107 Vgl. European Central Bank, Report on the Thematic Review on effective risk data aggregation and risk reporting, 9. Mai 2018, S. 12.

5 Sicherstellung der Datenqualität durch Abgleich der Risikodaten (Tz. 4)

80 **4** Die Risikodaten sind mit anderen im Institut vorhandenen Informationen abzugleichen und zu plausibilisieren. Es sind Verfahren und Prozesse zum Abgleich der Risikodaten und der Daten in den Risikoberichten einzurichten, mittels derer Datenfehler und Schwachstellen in der Datenqualität identifiziert werden können.

5.1 Abgleich und Plausibilisierung der Risikodaten

81 Im Interesse einer aussagekräftigen Risikoberichterstattung sollten die Risikodaten konsistent sein. Hierfür sollten die Möglichkeiten zum Abgleich und zur Plausibilisierung der Risikodaten mit den im Institut vorhandenen Informationen genutzt werden. So fordert der Baseler Ausschuss, die Risikodaten mit anderen im Institut zur Verfügung stehenden Daten (ggf. auch Rechnungslegungsdaten) abzugleichen, um ihre Genauigkeit sicherzustellen.[108] Die deutsche Aufsicht weist insbesondere auf die Daten aus dem Rechnungswesen und ggf. aus dem Meldewesen hin (→ AT 4.3.4 Tz. 4, Erläuterung).

82 Unter einem »Abgleich« versteht der Baseler Ausschuss einen Prozess, in dem bestimmte Sachverhalte oder Ergebnisse miteinander verglichen und die festgestellten Unterschiede erläutert werden.[109] Während ein Abgleich insofern auf eine Gegenüberstellung verschiedener Daten hinausläuft, geht es bei einer »Plausibilisierung« eher darum, die Nachvollziehbarkeit von bestimmten Sachverhalten oder Ergebnissen zu überprüfen und ggf. zu erläutern.

83 Der Zweck eines Abgleiches oder einer Plausibilisierung besteht darin, Datenfehler und Schwachstellen in der Datenqualität zu identifizieren und Unterschiede, die sich z. B. aus den unterschiedlichen Verwendungsarten der Daten ergeben können, zu erklären. Während im Rechnungswesen z. B. überwiegend der Valuta-Stichtag verwendet wird, ist für das Risikocontrolling der Handelsstichtag von großer Bedeutung. Diese Verfahren und Prozesse sollten Bestandteile des Datenqualitätsmanagements sein. Konsistenzprüfungen sollten möglichst automatisiert von den Front-Office-Systemen bis zur Berichtsebene durchgeführt werden, um die Wirksamkeit der Kontrollen, die entlang des Datenlebenszyklus durchgeführt wurden, sowie der Abstimmungsprozesse zwischen den Risikodaten und anderen relevanten Daten bewerten zu können.[110] Dabei ist zu beachten, dass die Aufsichtsbehörden selbst dazu in der Lage sind, bestimmte Datenabgleiche durchzuführen, bspw. Abgleiche der ihnen übermittelten Informationen im Rahmen des Meldewesens (z. B. COREP-Meldung) mit den Ergebnisdaten in den Risikoberichten.

---

108 Vgl. Baseler Ausschuss für Bankenaufsicht, Grundsätze für die effektive Aggregation von Risikodaten und die Risikoberichterstattung, BCBS 239, 9. Januar 2013, S. 9.

109 Vgl. Baseler Ausschuss für Bankenaufsicht, Grundsätze für die effektive Aggregation von Risikodaten und die Risikoberichterstattung, BCBS 239, 9. Januar 2013, S. 19.

110 Vgl. European Central Bank, Report on the Thematic Review on effective risk data aggregation and risk reporting, 9. Mai 2018, S. 9.

AT 4.3.4 Datenmanagement, Datenqualität und Aggregation von Risikodaten

Sowohl der Baseler Ausschuss für Bankenaufsicht als auch die EZB bewerten einen integrierten Datenhaushalt für das Risikocontrolling, das Rechnungswesen und das Meldewesen als internationale »best practice«.[111] **84**

5.2 Einrichtung angemessener Verfahren und Prozesse

Die Datenqualität und die Datenvollständigkeit sind anhand geeigneter Kriterien zu überwachen, wofür die Institute u. a. interne Anforderungen an die Genauigkeit und Vollständigkeit der Daten zu formulieren haben (→ AT 4.3.4 Tz. 3). **85**

Die EBA erwartet zudem die Einrichtung von angemessenen Verfahren und Prozessen, um die originären Risikodaten mit den Risikoberichten abzugleichen.[112] Die Institute sollten auch geeignete Mechanismen einführen, um die Richtigkeit des Aggregationsprozesses und die Zuverlässigkeit der Modellergebnisse zu überprüfen. Diese Mechanismen sollten die Genauigkeit und Zuverlässigkeit der Daten bestätigen.[113] Ein möglicher Weg hierfür ist die Vorgabe von Indikatoren zur Beurteilung der Datenqualität (»Data Quality Indicators«)[114], mit deren Hilfe z.B. die Leistungskennzahlen (»Key Performance Indicators«, KPI) oder die Risikokennzahlen (»Key Risk Indicators«, KRI) hinterfragt werden könnten. Dabei handelt es sich allerdings um ein sehr komplexes Unterfangen. **86**

An die Untersuchung von Datenqualitätsmängeln hinsichtlich ihrer Auswirkung auf Finanz-, Risiko- und Meldedaten oder die Erfüllung regulatorischer Anforderungen sollte sich eine Ursachenanalyse anschließen, die auch mögliche Korrekturmaßnahmen zum Ziel haben könnte. Die Umsetzung der Korrekturmaßnahmen sollte überwacht werden. Die festgestellten wesentlichen Mängel sowie die Maßnahmen zu deren Beseitigung und deren Umsetzungsstand sollten z.B. in einen Datenqualitätsbericht einfließen. Dabei wird zum Teil zwischen erwarteten Fehlern (»White List«), weil z.B. weniger relevante Tochterunternehmen nicht einbezogen werden oder bestimmte Daten erst verspätet zugeliefert werden können, und unerwarteten Fehlern unterschieden. Die unerwarteten Fehler sollten im Falle ihrer Materialität zwingend in den Datenqualitätsbericht aufgenommen werden. **87**

---

111 Vgl. Basel Committee on Banking Supervision, Progress in adopting the principles for effective risk data aggregation and risk reporting, BCBS d399, 28. März 2017, S. 15; European Central Bank, Report on the Thematic Review on effective risk data aggregation and risk reporting, 9. Mai 2018, S. 9.

112 Vgl. European Banking Authority, Leitlinien für die IKT-Risikobewertung im Rahmen des aufsichtlichen Überprüfungs- und Bewertungsprozesses (SREP), EBA/GL/2017/05, 11. September 2017, S. 23.

113 Vgl. European Banking Authority, Final Report – Guidelines on the management of interest rate risk arising from non-trading book activities, EBA/GL/2018/02, 19. Juli 2018, S. 28.

114 Vgl. European Central Bank, Report on the Thematic Review on effective risk data aggregation and risk reporting, 9. Mai 2018, S. 9.

6 Verfügbarkeit der Risikodaten unter verschiedenen Umständen (Tz. 5)

88   5   Die Datenaggregationskapazitäten müssen gewährleisten, dass aggregierte Risikodaten, sowohl unter gewöhnlichen Umständen als auch in Stressphasen, zeitnah zur Verfügung stehen. Das Institut hat unter Berücksichtigung der Häufigkeit von Risikoberichten den zeitlichen Rahmen zu definieren, innerhalb dessen die aggregierten Risikodaten vorliegen müssen.

6.1   Aktualität der Risikodaten

89   Während der Finanzmarktkrise waren die Institute oftmals kaum in der Lage, Informationen zu Gesamtexposures gegenüber bestimmten Adressen und in bestimmten Produkten innerhalb eines möglichst kurzen Zeitraumes zu generieren. Folglich konnten sie bisweilen nicht schnell genug auf kritische Entwicklungen reagieren, da aktuelle, belastbare Zahlen fehlten. Außerdem waren die teilweise erst nach Wochen zur Verfügung stehenden Informationen nicht hinreichend qualitätsgesichert. Genau an dieser Stelle setzen die Grundsätze des Baseler Ausschusses an, wobei die Fähigkeit zur umfassenden, genauen und zeitnahen Aggregation von Risikopositionen vor allem dem Zweck dient, den jeweiligen Entscheidungsträgern entscheidungsrelevante Daten und Informationen über das institutsinterne Berichtswesen an die Hand zu geben.[115]

90   Die Datenstruktur und die Datenhierarchie müssen daher gewährleisten, dass die Daten zweifelsfrei identifiziert, zusammengeführt und ausgewertet werden können sowie zeitnah zur Verfügung stehen (→ AT 4.3.4 Tz. 2). Die zeitnahe Verfügbarkeit muss dabei nicht nur unter gewöhnlichen Umständen, sondern auch in Stressphasen gewährleistet sein. Die Verfügbarkeit aggregierter Risikodaten innerhalb eines bestimmten Zeitrahmens, der es einem Institut erlaubt, Risikoberichte mit einer festgelegten Häufigkeit zu erstellen, betrifft den Aspekt der »Aktualität« von Risikodaten. Unter der »Häufigkeit« wird wiederum die Frequenz verstanden, mit der die verschiedenen Risikoberichte im Zeitverlauf erstellt werden.[116] Ein Institut sollte in der Lage sein, aggregierte und aktuelle Risikodaten in einem angemessenen zeitlichen Rahmen zu generieren, ohne dabei Abstriche hinsichtlich der Grundsätze zur Genauigkeit, Integrität, Vollständigkeit und Anpassungsfähigkeit der Daten machen zu müssen, um alle Anforderungen an die Risikoberichterstattung zu erfüllen.[117] Die »Integrität« ist eine Eigenschaft von Risikodaten, frei von unbefugter Veränderung und Manipulation zu sein, die deren Genauigkeit, Vollständigkeit oder Verlässlichkeit beeinträchtigen könnte.[118] Gerade in krisenhaften Situationen sind schnelle und fundierte Entscheidungen für das Wohl eines Unternehmens von großer Wichtigkeit, weshalb verlässliche

---

115 Vgl. Bundesanstalt für Finanzdienstleistungsaufsicht, Erster Entwurf zur Überarbeitung der MaRisk, Übermittlungsschreiben vom 18. Februar 2016, S. 2.

116 Vgl. Baseler Ausschuss für Bankenaufsicht, Grundsätze für die effektive Aggregation von Risikodaten und die Risikoberichterstattung, BCBS 239, 9. Januar 2013, S. 19.

117 Vgl. Baseler Ausschuss für Bankenaufsicht, Grundsätze für die effektive Aggregation von Risikodaten und die Risikoberichterstattung, BCBS 239, 9. Januar 2013, S. 10.

118 Vgl. Baseler Ausschuss für Bankenaufsicht, Grundsätze für die effektive Aggregation von Risikodaten und die Risikoberichterstattung, BCBS 239, 9. Januar 2013, S. 19.

AT 4.3.4 Datenmanagement, Datenqualität und Aggregation von Risikodaten

Risikodaten, die möglichst zeitnah zur Verfügung stehen, für die Überlebensfähigkeit eines Institutes essenziell sein können.[119]

Der zeitliche Rahmen hängt einerseits von der Art und der potenziellen Volatilität des zu erfassenden Risikos sowie von dessen Beitrag zum Gesamtrisikoprofil des Institutes und andererseits von den bankinternen Häufigkeitsanforderungen an die Risikoberichterstattung – unter Berücksichtigung der Charakteristik und des Gesamtrisikoprofils des Institutes – ab, sowohl unter gewöhnlichen Umständen als auch in Stressphasen oder Krisen.[120] Den zeitlichen Rahmen hat das Institut selbst festzulegen. Die deutsche Aufsicht trägt hiermit, ebenso wie der Baseler Ausschuss für Bankenaufsicht, der Tatsache Rechnung, dass abhängig von der Art der Risiken verschiedenartige Daten mit unterschiedlichen zeitlichen Anforderungen benötigt werden und in Stressphasen oder Krisen bestimmte Risikodaten schneller zur Verfügung stehen müssen, weil sich mit fortschreitender Zeit die Handlungsspielräume drastisch einengen können. **91**

Die zuständigen Aufsichtsbehörden sollen auch überprüfen, ob die bankinternen Häufigkeitsanforderungen an die Risikoberichterstattung sowohl unter gewöhnlichen Umständen als auch in Stressphasen oder Krisen ausreichen, um aggregierte und aktuelle Risikodaten in einem angemessenen zeitlichen Rahmen zu generieren.[121] Um den zeitlichen Rahmen für die Verfügbarkeit der aggregierten Risikodaten zu bestimmen, sollte also auch der Berichtsturnus auf Angemessenheit geprüft werden. **92**

Für die schnelle Verfügbarkeit von Risikodaten kann es sinnvoll sein, Kennzahlen und Informationen zu identifizieren, die in Stressphasen generiert werden müssen. Die normalerweise monatlich erforderlichen Kennzahlen werden von den Instituten in Stressphasen häufig wöchentlich oder täglich bereitgestellt.[122] **93**

6.2 Unterstützung anderer Prozesse

Die zeitnahe Verfügbarkeit von aggregierten Risikodaten in Stressphasen ist auch für die bankinternen Stresstests von Bedeutung. So sollten die Institute zur Durchführung von Stresstests über ein Verfahren zur Aggregation von Risikodaten verfügen, um genaue und zuverlässige Risikodaten pflegen und auf dem neuesten Stand halten zu können. Die Institute sollten daher sicherstellen, dass ihre Risikodatenaggregation durch Genauigkeit, Integrität, Vollständigkeit, Aktualität und Anpassungsfähigkeit gekennzeichnet ist und aggregierte Risikodaten genau und präzise[123] übermittelt werden, um ihre Risikoberichterstattung vollständig zu unterstützen und die Risiken exakt widerzuspiegeln.[124] **94**

Die Infrastruktur sollte ausreichend flexibel sein, um gezielte oder Ad-hoc-Stresstests in Zeiten sich schnell ändernder Marktbedingungen zu ermöglichen und um Ad-hoc-Anforderungen zu **95**

---

119 Vgl. Bundesanstalt für Finanzdienstleistungsaufsicht, Rundschreiben 09/2017 (BA) zur Überarbeitung der MaRisk, Übermittlungsschreiben vom 27. Oktober 2017, S. 2 f.

120 Vgl. Baseler Ausschuss für Bankenaufsicht, Grundsätze für die effektive Aggregation von Risikodaten und die Risikoberichterstattung, BCBS 239, 9. Januar 2013, S. 10.

121 Vgl. Baseler Ausschuss für Bankenaufsicht, Grundsätze für die effektive Aggregation von Risikodaten und die Risikoberichterstattung, BCBS 239, 9. Januar 2013, S. 10.

122 Vgl. European Central Bank, Report on the Thematic Review on effective risk data aggregation and risk reporting, 9. Mai 2018, S. 14.

123 Die »Präzision« ist ein Ausdruck für die genaue Übereinstimmung zwischen Angaben bzw. Messgrößen, die unter spezifizierten Bedingungen durch die Nachbildung von Messverfahren bei gleichen oder ähnlichen Objekten ermittelt wurden. Vgl. Baseler Ausschuss für Bankenaufsicht, Grundsätze für die effektive Aggregation von Risikodaten und die Risikoberichterstattung, BCBS 239, 9. Januar 2013, S. 18.

124 Vgl. European Banking Authority, Final Report – Guidelines on institution's stress testing, EBA/GL/2018/04, 19. Juli 2018, S. 23 f.

erfüllen, die sich sowohl aus internen Bedürfnissen als auch aus aufsichtsrechtlichen Fragen ergeben.[125] Die Sicherstellung der Datenverfügbarkeit sollte aufgrund ihrer besonderen Bedeutung im Übrigen auch im Rahmen des Business-Continuity-Managements gewährleistet sein.[126]

6.3   Relevante Risikodaten

96   Die Institute müssen ihre Risikosysteme so einrichten, dass sie in der Lage sind, in Stressphasen oder Krisen aggregierte Risikodaten zu sämtlichen kritischen Risiken zeitnah zur Verfügung zu stellen.[127] Die deutsche Aufsicht hat eine nicht abschließende Aufzählung von Daten vorgegeben, die auch in Stressphasen zeitnah zur Verfügung stehen müssen, und sich dabei an den Empfehlungen des Baseler Ausschusses orientiert (→ AT 4.3.4 Tz. 5, Erläuterung):
–   Adressenausfallrisiko auf Gesamtbank-/Gruppenebene,
–   Aggregiertes Exposure gegenüber großen Unternehmensschuldnern[128],
–   Kontrahentenrisiken (auch aus Derivaten), zusammengefasst und aufgeteilt auf einzelne Adressen,
–   Marktpreisrisiken, Handelspositionen und operative Limite/Limitauslastungen inklusive möglicher Konzentrationen[129],
–   Indikatoren für mögliche Liquiditätsrisiken/-engpässe[130],
–   Zeitkritische Indikatoren für operationelle Risiken.[131]

97   Die Limitauslastungen wurden erst in der Endfassung zur fünften MaRisk-Novelle ergänzt. Damit wurde ein Hinweis der Kreditwirtschaft aufgegriffen, dass sich die operativen Limite in einer Stressphase oder Krise zunächst nicht von selbst ändern, aber die jeweilige Limitauslastung dafür ein Anlass sein könnte. Insofern sind Aussagen über die (Veränderungen der) operativen Limite ohne Information über die zugehörigen Limitauslastungen weniger zielführend.

---

125   Vgl. Basel Committee on Banking Supervision, Stress testing principles, BCBS d450, 17. Oktober 2018, S. 8.

126   Vgl. Basel Committee on Banking Supervision, Progress in adopting the principles for effective risk data aggregation and risk reporting, BCBS d443, 21. Juni 2018, S. 18.

127   Vgl. Baseler Ausschuss für Bankenaufsicht, Grundsätze für die effektive Aggregation von Risikodaten und die Risikoberichterstattung, BCBS 239, 9. Januar 2013, S. 10.

128   Der Baseler Ausschuss weist darauf hin, dass sich im Vergleich dazu Gruppen von Privatkrediten in einem kurzen Zeitraum möglicherweise weniger stark verändern, aber dennoch eine erhebliche Risikokonzentration aufweisen können. Vgl. Baseler Ausschuss für Bankenaufsicht, Grundsätze für die effektive Aggregation von Risikodaten und die Risikoberichterstattung, BCBS 239, 9. Januar 2013, S. 10.

129   Der Baseler Ausschuss weist insbesondere auf branchen- und regionsbezogene Marktkonzentrationen hin. Vgl. Baseler Ausschuss für Bankenaufsicht, Grundsätze für die effektive Aggregation von Risikodaten und die Risikoberichterstattung, BCBS 239, 9. Januar 2013, S. 10.

130   Der Baseler Ausschuss nennt beispielhaft die Zahlungsströme und Abwicklungszahlungen sowie die Refinanzierung. Vgl. Baseler Ausschuss für Bankenaufsicht, Grundsätze für die effektive Aggregation von Risikodaten und die Risikoberichterstattung, BCBS 239, 9. Januar 2013, S. 10.

131   Der Baseler Ausschuss nennt beispielhaft die Systemverfügbarkeit und den unbefugten Zugriff. Vgl. Baseler Ausschuss für Bankenaufsicht, Grundsätze für die effektive Aggregation von Risikodaten und die Risikoberichterstattung, BCBS 239, 9. Januar 2013, S. 10.

7 Ad-hoc-Ausweis und -Analyse von Informationen (Tz. 6)

6 Die Datenaggregationskapazitäten müssen hinreichend flexibel sein, um Informationen **98** ad hoc nach unterschiedlichen Kategorien ausweisen und analysieren zu können. Dazu gehört auch die Möglichkeit, Risikopositionen auf den unterschiedlichsten Ebenen (Geschäftsfelder, Portfolios, ggf. Einzelgeschäfte) auszuweisen und zu analysieren.

7.1 Anpassungsfähigkeit

Die Institute sollten in der Lage sein, aggregierte Risikodaten zu generieren, um eine große Band- **99** breite an Ad-hoc-Anfragen an die Risikoberichterstattung bearbeiten zu können, wie z. B. Anfragen in Stressphasen (→ AT 4.3.4 Tz. 5), Anfragen im Zusammenhang mit geänderten internen Anforderungen sowie Anfragen der Aufsicht. Darüber hinaus können auch Anfragen der Wirtschaftsprüfer eine Ad-hoc-Berichterstattung auslösen. Die Datenaggregationskapazitäten einer Bank sind hierfür flexibel und anpassungsfähig anzulegen, sodass Ad-hoc-Anfragen bearbeitet und aufkommende Risiken bewertet werden können. Durch diese Anpassungsfähigkeit sollen Banken ihr Risikomanagement, einschließlich der Erstellung von Prognosen, verbessern und wirksame Stresstests und Szenarioanalysen durchführen können.[132] Unter der »Anpassungsfähigkeit« wird insofern die Fähigkeit der Risikodatenaggregationskapazitäten eines Institutes verstanden, sich an veränderte (interne oder externe) Umstände anzupassen bzw. angepasst zu werden.[133]

Kennzeichnend für eine Ad-hoc-Berichterstattung ist u. a., dass sie innerhalb eines individuell **100** vorgegebenen Zeitraumes zu erfolgen hat und die geforderten Berichtsinhalte i. d. R. von der turnusmäßigen Risikoberichterstattung abweichen. In den Instituten setzt die Ad-hoc-Berichterstattung in der Regel auf demselben Datenhaushalt auf, der auch für die turnusmäßige Risikoberichterstattung verwendet wird.

Nach den Vorstellungen des Baseler Ausschusses ist eine Anpassungsfähigkeit u. a. durch **101** flexible Datenaggregationsprozesse, die die Grundlage für Bewertungen und schnelle Entscheidungsfindungen liefern, Kapazitäten für nutzerspezifische Datenanpassungen (z. B. Datenübersichten, Liste der wichtigsten Aspekte, Anomalien), bedarfsgerechte Detailaufbereitungen und die Erstellung von Kurzberichten, Kapazitäten zum Einbezug neuer Entwicklungen in der Geschäftstätigkeit und/oder externer Faktoren, die einen Einfluss auf das Risikoprofil des Institutes haben, sowie Kapazitäten zum Einbezug von Änderungen der regulatorischen Rahmenbedingungen gekennzeichnet.[134]

---

132 Vgl. Baseler Ausschuss für Bankenaufsicht, Grundsätze für die effektive Aggregation von Risikodaten und die Risikoberichterstattung, BCBS 239, 9. Januar 2013, S. 11.

133 Vgl. Baseler Ausschuss für Bankenaufsicht, Grundsätze für die effektive Aggregation von Risikodaten und die Risikoberichterstattung, BCBS 239, 9. Januar 2013, S. 19.

134 Vgl. Baseler Ausschuss für Bankenaufsicht, Grundsätze für die effektive Aggregation von Risikodaten und die Risikoberichterstattung, BCBS 239, 9. Januar 2013, S. 11.

7.2 Ausweis und Analyse auf unterschiedlichen Ebenen und nach verschiedenen Kategorien

102 Die Daten sollten nach unterschiedlichen Kategorien geordnet zur Verfügung stehen (u. a. Geschäftsfelder, Konzerngesellschaften, Art des Vermögenswerts, Branche und Region), wobei das jeweils zu betrachtende Risiko für die Auswahl derjenigen Kategorien maßgeblich ist, die die Identifizierung und Meldung von Risikopositionen, Risikokonzentrationen sowie aufkommenden Risiken ermöglichen.[135] Die Institute sollten auch dazu in der Lage sein, auf Basis vorgeschriebener Szenarien oder ökonomischer Ereignisse Teildatenreihen zu generieren. Beispielhaft nennt der Baseler Ausschuss länderspezifische Risikopositionen[136] zu einem bestimmten Termin auf Basis einer Länderliste sowie branchenspezifische Risikopositionen zu einem bestimmten Termin auf Basis einer Branchenliste unter Berücksichtigung aller Geschäftsfelder und Regionen.[137]

103 Auch die deutsche Aufsicht erwartet, dass die Risikopositionen auf den unterschiedlichsten Ebenen (Geschäftsfelder, Portfolios, ggf. Einzelgeschäfte) ausgewiesen und analysiert werden können. Eine Generierung und Analysefähigkeit der Risikopositionen nach Ländern, Branchen, Geschäftsfeldern etc. muss auch bei Ad-hoc-Informationsbedürfnissen gegeben sein. Dabei sollten die wesentlichen Kategorien, soweit möglich und sinnvoll, bis hinunter zur Einzelgeschäftsebene aufgegliedert werden können (→ AT4.3.4 Tz.6, Erläuterung). Um dies zu ermöglichen, ist eine »Drill-Down-Möglichkeit« bis auf Einzelgeschäftsebene zu gewährleisten.[138] Insgesamt werden somit strenge Anforderungen an die Granularität der verfügbaren Risikodaten gestellt, da es zur Erfüllung dieser Anforderung streng genommen erforderlich ist, dass die Risikodaten auf Einzelgeschäftsbasis vorliegen. Daten, die naturgemäß nicht auf Einzelgeschäftsbasis vorliegen (z.B. Gemeinkosten), können allerdings z.B. auf Basis eines Algorithmus auf die Einzelgeschäfte heruntergebrochen (»Splashing«) oder in ihrer originären Granularität angeliefert und weiterverarbeitet werden.

104 Weitere mögliche Kategorien können z.B. Ratingklassen, Kunden(-gruppen), Währungen, andere Organisationsstrukturen (Profit-Center), Produktarten/Portfolien, Sitz- bzw. Risikoland, (Rest-)Laufzeiten, Größenklassen oder notleidende Kredite sein. Zu den einzelnen Kategorien sollte im Institut bzw. in der Gruppe auch ein einheitliches Verständnis hergestellt werden.

---

135 Vgl. Baseler Ausschuss für Bankenaufsicht, Grundsätze für die effektive Aggregation von Risikodaten und die Risikoberichterstattung, BCBS 239, 9. Januar 2013, S.9.

136 Zum Beispiel gegenüber Staaten, Banken, Unternehmen und Privatkunden.

137 Vgl. Baseler Ausschuss für Bankenaufsicht, Grundsätze für die effektive Aggregation von Risikodaten und die Risikoberichterstattung, BCBS 239, 9. Januar 2013, S.11.

138 Vgl. Buchmüller, Patrik/Lindenau, Jan/Mährle, Christine, Neue Vorgaben zu Datenmanagement, Datenqualität und Risikodatenaggregation, in: MaRisk-Interpretationshilfen, 5. Auflage, Heidelberg, 2018, S. 99.

8 Überprüfung der Einhaltung interner Vorgaben (Tz. 7)

7 Für alle Prozessschritte sind Verantwortlichkeiten festzulegen und entsprechende prozess- **105** abhängige Kontrollen einzurichten. Daneben ist regelmäßig zu überprüfen, ob die institutsinternen Regelungen, Verfahren, Methoden und Prozesse von den Mitarbeitern eingehalten werden. Die Überprüfung ist von einer von den geschäftsinitiierenden bzw. geschäftsabschließenden Organisationseinheiten unabhängigen Stelle wahrzunehmen.

8.1 Verantwortlichkeiten und prozessabhängige Kontrollen

Die Aufgaben und Verantwortlichkeiten sind eindeutig festzulegen, da sie die Zuständigkeit für die **106** Risikodaten und -informationen sowie deren Qualität sowohl auf Ebene der Fachbereiche als auch für die IT-Funktionen abgrenzen. Der Baseler Ausschuss für Bankenaufsicht erwartet, dass die zuständigen Mitarbeiter (Geschäftsebene und IT-Funktionen) gemeinsam mit den Risikomanagern sicherstellen, dass während des gesamten Datenzyklus und unter sämtlichen Gesichtspunkten der technologischen Infrastruktur angemessene Kontrollen eingerichtet sind.[139] Die Vorgaben der MaRisk geben diese Erwartungshaltung wieder. So sind für alle Prozessschritte Verantwortlichkeiten festzulegen und entsprechende prozessabhängige Kontrollen einzurichten.

Für die relevanten Kennzahlen werden in den Instituten häufig ein fachlicher und/oder ein **107** technischer Datenverantwortlicher (»Data Owner«) festgelegt. Die Datenverantwortlichen wechseln in jenen Fällen, in denen die Daten unverändert weitergereicht werden, häufig nicht. Werden die Daten hingegen verarbeitet, wechseln auch die Datenverantwortlichen. An jenen Stellen, wo die Datenverantwortlichen wechseln, können Schnittstellen- bzw. Datenlieferungsvereinbarungen (»Data Delivery Agreements«) getroffen werden, sofern die Datenverantwortlichen dies für erforderlich halten. Zur Unterstützung können z. B. Prozesslandkarten genutzt werden, die auch für die Tätigkeit der Internen Revision eine Rolle spielen.

Zu den Aufgaben der auf Geschäftsebene verantwortlichen Mitarbeiter gehören die Sicher- **108** stellung der korrekten Eingabe der Daten durch die entsprechende Abteilung, die Sicherstellung der Aktualität der Daten und der Übereinstimmung mit den Datendefinitionen sowie die Sicherstellung der Übereinstimmung der Risikodatenaggregationskapazitäten und -berichterstattung mit den Unternehmensgrundsätzen.[140]

Den mit der Risikokontrolle betrauten Mitarbeitern ist ein angemessener Zugang zu den Risiko- **109** daten zu gewähren, um sicherzustellen, dass sie die Daten im Rahmen von Risikomanagementberichten in angemessener Weise aggregieren, validieren und abgleichen können.[141]

---

139 Vgl. Baseler Ausschuss für Bankenaufsicht, Grundsätze für die effektive Aggregation von Risikodaten und die Risikoberichterstattung, BCBS 239, 9. Januar 2013, S. 8.
140 Vgl. Baseler Ausschuss für Bankenaufsicht, Grundsätze für die effektive Aggregation von Risikodaten und die Risikoberichterstattung, BCBS 239, 9. Januar 2013, S. 8.
141 Vgl. Baseler Ausschuss für Bankenaufsicht, Grundsätze für die effektive Aggregation von Risikodaten und die Risikoberichterstattung, BCBS 239, 9. Januar 2013, S. 9.

8.2 Überprüfung der Einhaltung der internen Vorgaben

110   Daneben ist regelmäßig zu überprüfen, ob die institutsinternen Regelungen, Verfahren, Methoden und Prozesse zur Risikodatenaggregation und zur Risikoberichterstattung von den Mitarbeitern eingehalten werden. Die Überprüfung ist von einer von den geschäftsinitiierenden bzw. geschäftsabschließenden Organisationseinheiten unabhängigen Stelle wahrzunehmen. Diese Stelle prüft einerseits die Angemessenheit der Rahmenwerke zur Risikodatenaggregation und Risikoberichterstattung und andererseits auch deren Umsetzung.

111   In der Praxis werden für die unabhängige Validierung der Risikodatenaggregation und der Risikoberichterstattung daher vorzugsweise Mitarbeiter eingesetzt, die über spezifische Kenntnisse in den Bereichen IT, Datenverarbeitung und Berichtswesen verfügen.[142] Die deutsche Aufsicht erwartet konkret, dass die mit der Überprüfung betrauten Mitarbeiter möglichst über hinreichende Kenntnisse bezüglich der IT-Systeme und des Berichtswesens verfügen (→ AT 4.3.4 Tz. 7, Erläuterung). Diese Anforderung korrespondiert mit den Vorgaben zur qualitativen Personalausstattung des Institutes (→ AT 7.1 Tz. 1).

8.3 Unabhängige Validierung

112   Der Baseler Ausschuss erwartet, dass die Kapazitäten zur Risikodatenaggregation und die Verfahren zur Risikoberichterstattung eines Institutes hohen Validierungsstandards unterliegen. Diese Validierung[143] ist unabhängig durchzuführen und soll die Einhaltung der aufgeführten Grundsätze im Institut untersuchen. Der vorrangige Zweck der unabhängigen Validierung ist es, sicherzustellen, dass die Prozesse der Aggregation von Risikodaten sowie der Risikoberichterstattung gemäß der ursprünglichen Zielsetzung ablaufen und dem Risikoprofil des Institutes angemessen sind. Die unabhängige Validierung ist mit den übrigen Maßnahmen der unabhängigen Prüfung zu koordinieren und zu verbinden, die im Rahmen des Risikomanagements eines Institutes durchzuführen sind, wobei auf die zweite Verteidigungslinie abgestellt wird. Sie muss sämtliche Bestandteile der Prozesse der Aggregation von Risikodaten und der Risikoberichterstattung umfassen.[144]

113   Die Validierung sollte unabhängig von sonstigen Prüfungstätigkeiten durchgeführt werden, um eine vollständige Unterscheidung zwischen der zweiten und der dritten Verteidigungslinie des internen Kontrollsystems eines Institutes zu gewährleisten.[145] Der Baseler Ausschuss verweist diesbezüglich auf seine Prinzipien zur Unabhängigkeit der Internen Revision von den geprüften Aktivitäten[146], die insbesondere für die von den Geschäftseinheiten und Unterstützungsfunktionen geschaffenen Systeme und Prozesse für die interne Kontrolle, das Risikomanagement und die Unternehmensführung von Bedeutung sind.[147] Diese Prinzipien sind auch Gegenstand der MaRisk (→ AT 4.4.3 Tz. 3).

---

142 Vgl. Baseler Ausschuss für Bankenaufsicht, Grundsätze für die effektive Aggregation von Risikodaten und die Risikoberichterstattung, BCBS 239, 9. Januar 2013, S. 6.

143 Grundsätzlich versteht der Baseler Ausschuss unter einer »Validierung« den Prozess zur Ermittlung und Quantifizierung, inwiefern die Eingangsparameter, die Verarbeitung und die Ausgabeparameter korrekt sind. Vgl. Baseler Ausschuss für Bankenaufsicht, Grundsätze für die effektive Aggregation von Risikodaten und die Risikoberichterstattung, BCBS 239, 9. Januar 2013, S. 18.

144 Vgl. Baseler Ausschuss für Bankenaufsicht, Grundsätze für die effektive Aggregation von Risikodaten und die Risikoberichterstattung, BCBS 239, 9. Januar 2013, S. 6.

145 Vgl. Baseler Ausschuss für Bankenaufsicht, Grundsätze für die effektive Aggregation von Risikodaten und die Risikoberichterstattung, BCBS 239, 9. Januar 2013, S. 6.

146 Vgl. Basel Committee on Banking Supervision, The internal audit function in banks, BCBS 223, 28. Juni 2012, S. 4 f.

147 Vgl. Basel Committee on Banking Supervision, The internal audit function in banks, BCBS 223, 28. Juni 2012, S. 12 f.

Die interne Validierungseinheit ist insofern innerhalb der zweiten Verteidigungslinie anzusiedeln. Die Interne Revision als dritte Verteidigungslinie darf diese Aufgabe nicht wahrnehmen. Seitens der Aufsicht werden keine konkreten Vorgaben gemacht, wo die Validierungseinheit genau anzusiedeln ist. Die Verankerung innerhalb der Organisation obliegt daher den Instituten. In der Praxis kommen verschiedene Lösungsansätze vor. Häufig übernimmt das Projektteam, bestehend aus Vertretern der Bereiche Risikocontrolling, Finanzen/Meldewesen und IT, nach Abschluss des Projektes die Funktion der internen Validierungseinheit. In der Regel wird die Validierungsfunktion in den Bereichen Compliance oder Risikocontrolling angesiedelt.   **114**

8.4   Erkenntnisse aus der Umsetzung in den bedeutenden Instituten

In der Praxis stellen die Anforderungen große Herausforderungen für die Institute dar. Die EZB hat   **115**
im Rahmen ihres Thematic Reviews festgestellt, dass die mangelhafte Zuordnung von Verantwortlichkeiten auf verschiedenen Ebenen bis einschließlich der Geschäftsleitung oftmals Ursache für eine mangelhafte Umsetzung der Grundsätze des Baselers Ausschusses für Bankenaufsicht ist.[148] So fehlen häufig klare Rollen und Verantwortlichkeiten im Bereich der Datenqualität. Insbesondere wird die mangelnde Eigenverantwortung für die Datenqualität in den Geschäftsbereichen sowie in den Kontroll- und IT-Funktionen kritisiert. Darüber hinaus sind keine klaren Data-Governance-Strukturen in die Organigramme der Institute eingebettet. Interne Validierungseinheiten, die mit der Bewertung der Datenaggregationskapazitäten und der Berichtspraktiken betraut sind, sind nicht immer unabhängig und angemessen besetzt. Zudem sind die verschiedenen Verteidigungslinien, zwischen denen häufig nicht hinreichend differenziert wird, nicht ausreichend eingebunden.[149]

Neben den beschriebenen Schwächen hat die EZB aber auch Organisationsstrukturen identifi-   **116**
ziert, die dazu beitragen können, die Governance im Bereich der Risikodatenaggregation und -berichterstattung zu stärken. Positiv hervorgehoben wurden Netzwerke von Datenverantwortlichen auf Ebene der ersten Verteidigungslinie. Diese Datenverantwortlichen sind in jeder wesentlichen juristischen Einheit und in jedem Geschäftsbereich installiert, die an der Festlegung der Datenkontrollverfahren beteiligt sind und für die Vertraulichkeit, Genauigkeit, Integrität und Aktualität der Daten verantwortlich sind. Eine weitere Möglichkeit sind zentralisiert angesiedelte Daten- bzw. Prozessverantwortliche, die direkt an den CEO berichten und ergänzend zu den Kontrollen der einzelnen Verteidigungslinien tätig sind. Sie sind für die Verabschiedung von Richtlinien, die Überwachung der Umsetzung eines Datenqualitätsrahmenwerkes, die Klassifizierung von Risikodaten, die Entwicklung von Datenqualitätskontrollen sowie die Überwachung und Berichterstattung von Datenqualitätsprozessen mit einer klaren Aufteilung der Verantwortlichkeiten zwischen den Datenverantwortlichen und den IT-Mitarbeitern verantwortlich.[150]

Als weiteres positives Beispiel sind Data-Governance-Stellen auf Ebene der zweiten Verteidi-   **117**
gungslinie genannt, die Vorgaben und Leitlinien herausgeben, die ordnungsgemäße Umsetzung des Datenqualitätsrahmenwerks in der gesamten Organisation überwachen, Risikodaten klassifizieren, die Datenqualität durch entsprechende Prozesse auswerten und überwachen sowie an den relevanten Änderungsmanagementprozessen beteiligt sind, wie der Verschmelzung oder Übernahme von juristischen Einheiten oder der Einführung neuer Produkte. Auch die Einrichtung von

---

148 Vgl. European Central Bank, Report on the Thematic Review on effective risk data aggregation and risk reporting, 9. Mai 2018, S. 1.

149 Vgl. European Central Bank, Report on the Thematic Review on effective risk data aggregation and risk reporting, 9. Mai 2018, S. 5 f.

150 Vgl. European Central Bank, Report on the Thematic Review on effective risk data aggregation and risk reporting, 9. Mai 2018, S. 6 f.

AT 4.3.4 Datenmanagement, Datenqualität und Aggregation von Risikodaten

Ausschüssen, die für die Überwachung der Umsetzung der Baseler Grundsätze auf Gruppenebene verantwortlich sind und dazu beitragen, die vollständige Einhaltung und die konzernweite Konsistenz und Sensibilisierung auf allen Ebenen der Organisation sicherzustellen, kann ein sinnvolles Werkzeug sein.[151]

118   Aus diesen Positivbeispielen lassen sich Rückschlüsse für das konkrete Aufgabenprofil der geforderten unabhängigen Stelle ziehen. Sie sollte konkrete Leitlinien entwickeln, wie z.B. zur Einhaltung der Vorgaben der Geschäftsleitung an die Datenqualität, für die Überwachung der ordnungsgemäßen Umsetzung der Vorgaben innerhalb der gesamten Organisation verantwortlich sein, die Datenqualität laufend überwachen und auch in für die Datenqualität und -aggregation relevante Prozesse eingebunden sein. Diese Vorgaben sollten regelmäßig evaluiert und bei der Identifikation von Lücken bzw. neu einzubeziehenden Bereichen überarbeitet bzw. angepasst werden. Die unabhängige Stelle sollte regelmäßig und ggf. anlassbezogen direkt an die Geschäftsleitung berichten. Soweit Ausschüsse eingerichtet wurden, die für die Verbesserung der Risikodatenaggregation verantwortlich sind, sollte die unabhängige Stelle auch an diese berichten. Sofern einige dieser Aufgaben dem Data Owner zugeordnet sind, ist die unabhängige Stelle häufig für die Prüfung der Angemessenheit und Wirksamkeit der zugrundeliegenden Prozesse verantwortlich.

---

151 Vgl. European Central Bank, Report on the Thematic Review on effective risk data aggregation and risk reporting, 9. Mai 2018, S. 6 f.

AT 4.4 Besondere Funktionen

1 Einführung und Überblick

1.1 Besondere Funktionen und Inhaber von Schlüsselfunktionen

Im Zuge der vierten MaRisk-Novelle im Jahre 2012 wurde im Modul AT 4.4 der Begriff der **1** »besonderen Funktionen« eingeführt. Die besonderen Funktionen setzen sich zusammen aus
- der Risikocontrolling-Funktion ($\rightarrow$ AT 4.4.1),
- der Compliance-Funktion ($\rightarrow$ AT 4.4.2) und
- der Internen Revision ($\rightarrow$ AT 4.4.3).

Der Begriff »besondere Funktionen« geht auf die EBA-Leitlinien zur internen Governance aus dem **2** Jahre 2011 zurück, die die Einrichtung einer Risikocontrolling-Funktion, einer Compliance-Funktion und einer Internen Revision als »interne Kontrollfunktionen« verlangen und u. a. die Leiter dieser Funktionen als Inhaber von Schlüsselfunktionen (»Key Function Holders«) einstufen.[1] Die in den EBA-Leitlinien formulierten Anforderungen an das Risikocontrolling waren bereits vor der vierten MaRisk-Novelle im Rundschreiben enthalten und stellten daher grundsätzlich keine neuen Vorgaben für die Institute dar. Im Rahmen der vierten MaRisk-Novelle wurde jedoch der Aufgabenbereich des Risikocontrollings im Sinne der EBA-Leitlinien geschärft und die Ausrichtung der Risikocontrolling-Funktion nach den Vorstellungen der EBA vorgegeben. Die Verpflichtung zur Einrichtung einer dauerhaften und wirksamen Compliance-Funktion war hingegen bis zu diesem Zeitpunkt in den MaRisk noch nicht enthalten. Vorgaben an eine funktionsfähige Interne

---

[1] Vgl. European Banking Authority, EBA Guidelines on Internal Governance (GL 44), 27. September 2011, S. 38 ff.

AT 4.4 Besondere Funktionen

Revision hatte die Bankenaufsicht bereits im sogenannten »Revisionsbrief« bzw. später in den Mindestanforderungen an die Ausgestaltung der Internen Revision (MaIR) formuliert, bevor diese im Jahre 2005 in die MaRisk integriert wurden. Die EBA-Leitlinien zur internen Governance führten somit im Hinblick auf die Interne Revision zu keinem Anpassungsbedarf.

3   Nach § 25a Abs. 1 Satz 3 KWG muss das Risikomanagement eines Institutes über die Einrichtung interner Kontrollverfahren mit einem internen Kontrollsystem und einer Internen Revision verfügen. Da die Risikocontrolling- und die Compliance-Funktion im Gegensatz zur Internen Revision zum internen Kontrollsystem gehören, wurde im MaRisk-Fachgremium zwischenzeitlich überlegt, deren Vorgaben in separate Module AT 4.3.4 bzw. AT 4.3.5 zu verschieben. Letztlich hat die BaFin davon jedoch Abstand genommen, um die Bedeutung dieser drei besonderen Funktionen sowie deren wesentliche Aufgaben, Abgrenzung und Gemeinsamkeiten an einer Stelle hervorzuheben. Die besonderen Funktionen werden somit in den MaRisk im Modul AT 4.4 an zentraler Stelle gemeinsam beschrieben.

1.2   EBA-Leitlinien zur internen Governance

4   Im Herbst 2017 hat die EBA ihren endgültigen Bericht für überarbeitete Leitlinien zur internen Governance vorgelegt, mit denen ihre Vorgaben aus dem Jahre 2011 ersetzt werden.[2] Die Veröffentlichung der Leitlinien erfolgte am 21. März 2018.[3] Die Leitlinien richten sich an die EZB und die nationalen Aufsichtsbehörden sowie an die Institute und sind seit 30. Juni 2018 zu beachten. Das Ziel der EBA besteht darin, die bankaufsichtlichen Anforderungen an die interne Governance der Institute einschließlich der Vorgaben für die internen Kontrollfunktionen, d. h. die Risikocontrolling- und die Compliance-Funktion sowie die Interne Revision, europaweit zu vereinheitlichen.[4] Die EBA betont in den Leitlinien erneut die besondere Bedeutung der internen Kontrollfunktionen, die von den Geschäftsbereichen, die sie überwachen bzw. prüfen, unabhängig sein sollten.[5] Darüber hinaus formuliert die EBA sehr detaillierte Aufgaben und Verantwortlichkeiten der internen Kontrollfunktionen.[6] Nach den Vorstellungen der EBA sollten die Leiter der internen Kontrollfunktionen nicht nur unmittelbar an die Geschäftsleitung berichten, sondern bei Bedarf auch direkten Zugang zum Aufsichtsorgan haben, wenn bestimmte Entwicklungen das Institut beeinträchtigen können.[7] Die internen Kontrollfunktionen sollten zudem über angemessene und ausreichende Befugnisse, ein ausreichendes Gewicht und Zugang zum Leitungsorgan für die Erfüllung ihrer Aufgaben verfügen.[8] Die Aufsicht prüft im Rahmen des aufsichtlichen Überprü-

---

2 Vgl. European Banking Authority, Leitlinien zur internen Governance, EBA/GL/2017/11, 21. März 2018.

3 Der Kommentar stellt auf die deutsche Übersetzung der Leitlinien ab, die am 21. März 2018 als Leitlinien zur internen Governance veröffentlicht wurden. Irrtümlicherweise wurde die deutsche Fassung der Leitlinien – im Gegensatz zu allen anderen Sprachfassungen – auf den 15. März 2018 datiert. Wir haben uns aus unserer Sicht korrekte Zitierweise entschieden. Vgl. European Banking Authority, Leitlinien zur internen Governance, EBA/GL/2017/11, 21. März 2018.

4 Im Rahmen der Konsultation zu den Leitlinien der EBA zur internen Governance wurde u. a. infrage gestellt, warum die EBA die ursprüngliche Formulierung »Risikocontrolling-Funktion« in »Risikomanagement-Funktion« geändert hat. Die EBA hat diesbezüglich auf den Wortlaut von Art. 76 CRD IV verwiesen, dem sie mit den Leitlinien gerecht werden möchte. Gleichzeitig hat sie allerdings darauf hingewiesen, dass der Begriff »Risikomanagement« im Sinne des »Modells der drei Verteidigungslinien« weit zu verstehen ist und z. B. auch die Geschäftsbereiche als erste Verteidigungslinie eine wesentliche Rolle bei der Sicherstellung eines soliden Risikomanagements spielen. Vgl. European Banking Authority, Final Report – Guidelines on internal governance under Directive 2013/36/EU, EBA/GL/2017/11, 26. September 2017, S. 6.

5 Vgl. European Banking Authority, Leitlinien zur internen Governance, EBA/GL/2017/11, 21. März 2018, S. 41.

6 Vgl. European Banking Authority, Leitlinien zur internen Governance, EBA/GL/2017/11, 21. März 2018, S. 42 ff.

7 Vgl. European Banking Authority, Leitlinien zur internen Governance, EBA/GL/2017/11, 21. März 2018, S. 41.

8 Vgl. European Banking Authority, Leitlinien zur internen Governance, EBA/GL/2017/11, 21. März 2018, S. 34 f.

fungs- und Bewertungsprozesses (SREP), ob die Institute über unabhängige Kontrollfunktionen verfügen, die den Anforderungen der EBA-Leitlinien zur internen Governance entsprechen.[9]

1.3 Änderungen infolge der fünften MaRisk-Novelle

Vor dem Hintergrund der überarbeiteten EBA-Leitlinien zur internen Governance sowie entsprechender Erfahrungen aus der Aufsichtspraxis, hat die deutsche Aufsicht die Anforderungen an die besonderen Funktionen im Zuge der fünften MaRisk-Novelle im Jahre 2017 an verschiedenen Stellen ergänzt. **5**

Bei den Anforderungen an die Risikocontrolling-Funktion wurde im Hinblick auf die notwendige hierarchische Stellung des Leiters der Risikocontrolling-Funktion klargestellt, dass diese Aufgabe bei systemrelevanten Instituten von einem Geschäftsleiter (»Chief Risk Officer«, CRO) wahrgenommen werden muss. Der CRO kann auch für die Marktfolge zuständig sein, sofern eine klare aufbauorganisatorische Trennung von Risikocontrolling-Funktion und Marktfolge bis unterhalb der Geschäftsleiterebene erfolgt. Er darf jedoch nicht für die Bereiche Finanzen/Rechnungswesen oder Organisation/IT verantwortlich sein (→ AT 4.4.1 Tz. 5). Die Compliance-Funktion ist in jedem Fall unmittelbar der Geschäftsleitung zu unterstellen. Systemrelevante Institute haben nunmehr für die Compliance-Funktion zwingend eine eigenständige Organisationseinheit einzurichten (→ AT 4.4.2 Tz. 4). **6**

Für die Interne Revision waren mit der fünften MaRisk-Novelle vor allem Anpassungen im Hinblick auf deren Berichtspflichten sowie weitere Vorgaben für die Konzernrevision verbunden. So hat die Interne Revision nunmehr sowohl gegenüber der Geschäftsleitung als auch dem Aufsichtsorgan eine vierteljährliche Berichtspflicht. Diese Änderung geht auf das Trennbankengesetz[10] zurück (→ BT 2.1 Tz. 4). Um die Vergleichbarkeit der Prüfungsergebnisse zu gewährleisten, sind die Revisionsgrundsätze und Prüfungsstandards der Konzernrevision und der jeweiligen Internen Revision der gruppenangehörigen Unternehmen zu vereinheitlichen. Die Prüfungsplanungen und die Verfahren zur Überwachung der fristgerechten Mängelbeseitigung sind auf Gruppenebene abzustimmen. Zudem hat die Konzernrevision in angemessenen Abständen, mindestens jedoch vierteljährlich an die Geschäftsleitung und das Aufsichtsorgan des übergeordneten Unternehmens über ihre Tätigkeit auf Gruppenebene zu berichten (→ AT 4.5 Tz. 6). **7**

Sowohl bei der Risikocontrolling- und der Compliance-Funktion als auch der Internen Revision hat die deutsche Aufsicht im Zuge der fünften MaRisk-Novelle die Anforderungen an die teilweise oder vollständige Auslagerung auf Dritte deutlich verschärft (→ AT 9 Tz. 4, 5 und 10). Schließlich ist nunmehr das Aufsichtsorgan bei einem Wechsel des Leiters einer besonderen Funktion rechtzeitig vorab unter Angabe der Gründe zu informieren (→ AT 4.4.1 Tz. 6, AT 4.4.2 Tz. 8 und AT 4.4.3 Tz. 6). **8**

---

9   Vgl. European Banking Authority, Guidelines on common procedures and methodologies for the supervisory review and evaluation process (SREP) and supervisory stress testing, EBA/GL/2014/13, Consolidated version, 19. Juli 2018, S. 56 f.

10   Das Trennbankengesetz ist am 1. Januar 2014 in Kraft getreten. Vgl. Gesetz zur Abschirmung von Risiken und zur Planung der Sanierung und Abwicklung von Kreditinstituten und Finanzgruppen vom 7. August 2013 (BGBl. I Nr. 47, S. 3090) veröffentlicht am 12. August 2013.

1.4 Modell der drei Verteidigungslinien

9 Etwa zeitgleich mit der Veröffentlichung der EBA-Leitlinien zur internen Governance im Jahre 2011 hat sich der Baseler Ausschuss für Bankenaufsicht mit der Rolle der Internen Revision auseinandergesetzt.[11] Das im Dezember 2011 zur Konsultation gestellte Papier wurde im Juni 2012 in seiner endgültigen Fassung veröffentlicht. Darin beschreibt der Baseler Ausschuss das Verhältnis zwischen den Geschäftseinheiten und den Support-Funktionen einer Bank sowie der Internen Revision mit Hilfe der drei »Verteidigungslinien« (»Three-Lines-of-Defence-Modell«). Die Geschäftseinheiten, wozu das Front-Office und alle sonstigen kundenbezogenen Aktivitäten gezählt werden, gehören zur ersten Verteidigungslinie. Sie gehen im Rahmen ihrer Geschäftstätigkeit innerhalb der ihnen zugewiesenen Limite bestimmte Risiken ein und sind für die laufende und transaktionsbasierte Identifizierung, Beurteilung und Steuerung dieser Risiken verantwortlich und rechenschaftspflichtig. Die zweite Verteidigungslinie umfasst die Support-Funktionen, wie Risikomanagement, Compliance, Recht, Personal, Finanzen, Organisation und IT-Sicherheit. Jede dieser Funktionen sorgt in enger Abstimmung mit den Geschäftsbereichen unterstützend dafür, dass deren Risiken angemessen identifiziert und gesteuert werden. Die Support-Funktionen arbeiten bei der Ausarbeitung der Strategie, der Implementierung der bankinternen Methoden und Verfahren und der Informationsbeschaffung für einen bankweiten Überblick über die Risiken eng zusammen. Dabei handelt es sich um eine risikoorientierte Tätigkeit, die laufend oder regelmäßig ausgeübt wird. Die dritte Verteidigungslinie bildet schließlich die Interne Revision, die risikoorientiert und prozessunabhängig die Wirksamkeit und Angemessenheit der von der ersten und zweiten Verteidigungslinie gestalteten Prozesse regelmäßig beurteilt und insofern für diese Prozesse eine gewisse Sicherheit bietet. Die Verantwortung für die interne Kontrolle darf nicht von einer Verteidigungslinie auf die nächste übertragen werden.[12]

10 Zuletzt hat der Baseler Ausschuss in den überarbeiteten Prinzipien für eine angemessene Corporate Governance für Banken nochmals die besondere Bedeutung des Modells der drei Verteidigungslinien in den Instituten betont.[13] In diesem Dokument werden die Risikocontrolling-Funktion und die Compliance-Funktion als Schlüsselelemente der zweiten Verteidigungslinie bezeichnet, während die Internen Revision die dritte Verteidigungslinie darstellt.[14]

11 Auch die EBA stellt seit einigen Jahren in ihren Veröffentlichungen auf das Modell der drei Verteidigungslinien ab.[15] Erstaunlicherweise wird das Modell in den überarbeiteten EBA-Leitlinien zur internen Governance aus dem Jahre 2018 nicht explizit erwähnt. Die EBA geht allerdings im endgültigen Bericht der englischen Fassung im Herbst 2017 in Kapitel »Background and rationale« auf die Rollen der Geschäftsbereiche und der internen Kontrollfunktionen im Modell der drei Verteidigungslinien ein, um jene Funktionen innerhalb eines Institutes zu identifizieren, die für das Risikomanagement zuständig sind. Die Geschäftsbereiche gehen als erste Verteidigungslinie Risiken ein und sind für ihr operatives Management direkt und dauer-

---

11 Basel Committee on Banking Supervision, The internal audit function in banks, Consultative document, BCBS 210, 2. Dezember 2011.

12 Vgl. Basel Committee on Banking Supervision, The internal audit function in banks, BCBS 223, 28. Juni 2012, S. 12 f.

13 Vgl. Basel Committee on Banking Supervision, Guidelines – Corporate governance principles for banks, BCBS d328, 8. Juli 2015, S. 5.

14 Vgl. Basel Committee on Banking Supervision, Guidelines – Corporate governance principles for banks, BCBS d328, 8. Juli 2015, S. 25 und 31 f.

15 Nach den SREP-Leitlinien der EBA haben die Aufsichtsbehörden zu bewerten, ob ein Institut über einen angemessenen internen Kontrollrahmen verfügt. Der interne Kontrollrahmen ist in allen Bereichen des Institutes umzusetzen, wobei die Geschäftsbereiche und Unterstützungseinheiten primär für die Einrichtung und Aufrechterhaltung angemessener interner Kontrollrichtlinien und -verfahren zuständig sind. Den unabhängigen Kontrollfunktionen Risikocontrolling- und Compliance-Funktion sowie Interne Revision werden in den Leitlinien darüber hinaus gehende Aufgaben zugewiesen. Vgl. European Banking Authority, Guidelines on common procedures and methodologies for the supervisory review and evaluation process (SREP) and supervisory stress testing, EBA/GL/2014/13, Consolidated version, 19. Juli 2018, S. 56 ff.

haft verantwortlich. Zu diesem Zweck sollten die Geschäftsbereiche über geeignete Prozesse und Kontrollen verfügen, um sicherzustellen, dass die Risiken identifiziert, beurteilt, gesteuert, überwacht und kommuniziert werden. Außerdem sollten die Geschäftsbereiche sicherstellen, dass die Risiken in den vom Risikoappetit vorgegebenen Grenzen gehalten werden und die Geschäftsaktivitäten den externen und internen Anforderungen entsprechen. Die Risikocontrolling-Funktion und die Compliance-Funktion bilden die zweite Verteidigungslinie. Die Risikocontrolling-Funktion erleichtert die institutsweite Umsetzung eines angemessenen Rahmens für das Risikomanagement (»Risk Management Framework«, RMF) und ist für die weitere Identifizierung, Beurteilung, Steuerung, Überwachung und Kommunikation der Risiken sowie eine ganzheitliche Sicht auf die Risiken auf individueller und konsolidierter Basis verantwortlich. Sie hinterfragt und unterstützt die Umsetzung von Risikomanagementmaßnahmen durch die Geschäftsbereiche, um sicherzustellen, dass die Prozesse und Kontrollen, die in der ersten Verteidigungslinie vorhanden sind, richtig konzipiert und wirksam sind. Die Compliance-Funktion überwacht die Einhaltung der gesetzlichen und regulatorischen Anforderungen und der internen Richtlinien. Sie berät die Geschäftsleitung und andere relevante Mitarbeiter hinsichtlich der Einhaltung dieser Regelungen und Vorgaben und legt Richtlinien und Prozesse zur Sicherstellung der Einhaltung dieser Regelungen und Vorgaben sowie zum Management von Compliance-Risiken fest. Beide Funktionen können bei Bedarf eingreifen, um notwendige Änderungen der internen Kontroll- und Risikomanagementsysteme innerhalb der ersten Verteidigungslinie sicherzustellen. Die unabhängige Interne Revision als dritte Verteidigungslinie führt risikobasierte und allgemeine Prüfungen durch und überprüft die Vereinbarungen, Prozesse und Verfahren zur internen Governance, um sicherzustellen, dass sie angemessen und wirksam sind sowie umgesetzt und konsequent angewendet werden. Die Interne Revision ist auch für die unabhängige Überprüfung der ersten beiden Verteidigungslinien zuständig. Sie erfüllt ihre Aufgaben unabhängig von den anderen Verteidigungslinien. Um ihr ordnungsgemäßes Funktionieren zu gewährleisten, müssen alle internen Kontrollfunktionen unabhängig von den von ihnen kontrollierten Prüfungsgegenständen sein, über die zur Erfüllung ihrer Aufgaben erforderlichen materiellen und personellen Ressourcen verfügen und direkt an die Geschäftsleitung berichten. Innerhalb aller drei Verteidigungslinien sollten geeignete interne Kontrollverfahren, -mechanismen und -prozesse unter der Verantwortung der Geschäftsleitung konzipiert, entwickelt, aufrechterhalten und bewertet werden.[16]

Bei einer genaueren Betrachtung liegt dieses Modell der drei Verteidigungslinien unzweifelhaft auch den endgültigen EBA-Leitlinien zur internen Governance aus dem Jahre 2018 zugrunde. Gemäß diesen Leitlinien sollten die Institute eine Kultur entwickeln, die eine postive Haltung gegenüber dem Risikocontrolling und der Compliance innerhalb des Institutes sowie der Errichtung stabiler und umfassender interner Kontrollrichtlinien bestärkt. In diesem Rahmen sollten die Geschäftsbereiche der Institute für die Steuerung der Risiken verantwortlich sein, die sie im Zuge der Durchführung ihrer Tätigkeiten eingehen. Sie sollten auch über Kontrollmechanismen verfügen, mit denen die Einhaltung der internen und externen Anforderungen sichergestellt wird.[17] Die Geschäftsbereiche, die nach dem Modell der drei Verteidigungslinien die erste Verteidigungslinie darstellen, werden von den internen Kontrollfunktionen überwacht bzw. geprüft. Nach den Vorstellungen der EBA sollten die internen Kontrollfunktionen überprüfen, ob die in den internen Kontrollrichtlinien festgelegten Vorgaben, Mechanismen und Verfahren in den jeweiligen Zuständigkeitsbereichen richtig umgesetzt werden.[18] Die Risikocontrolling-Funktion sollte als zentraler organisatorischer Bestandteil des Institutes so strukturiert sein, dass sie

12

---

16 Vgl. European Banking Authority, Final Report – Guidelines on internal governance under Directive 2013/36/EU, EBA/GL/2017/11, 26. September 2017, S. 9 f.

17 Vgl. European Banking Authority, Leitlinien zur internen Governance, EBA/GL/2017/11, 21. März 2018, S. 34 f.

18 Vgl. European Banking Authority, Leitlinien zur internen Governance, EBA/GL/2017/11, 21. März 2018, S. 36.

die Risikorichtlinien umsetzen und den Rahmen für das Risikomanagement kontrollieren kann. Sie sollte eine Schlüsselrolle bei der Sicherstellung wirksamer Risikomanagementprozesse spielen und in alle wichtigen Entscheidungen im Bereich des Risikomanagements aktiv eingebunden sein.[19] Für die Steuerung der Compliance-Risiken ist die ebenfalls zur zweiten Verteidigungslinie gehörende Compliance-Funktion zuständig.[20] Die Interne Revision prüft prozessunabhängig und stellt daher die dritte Verteidigungslinie dar.[21] Die Umsetzung des Modells der drei Verteidigungslinien wird von der Aufsicht im Rahmen des aufsichtlichen Überprüfungs- und Bewertungsprozesses (SREP) bewertet.[22]

1.5 Modell der drei Verteidigungslinien und MaRisk

13 Die zugrundeliegende Philosophie dieser drei Verteidigungslinien ist nicht neu[23] und entspricht auch dem Verständnis der MaRisk. Zum operativen Management in den Geschäftsbereichen, also der ersten Verteidigungslinie mit dem »Markt« und dem »Handel«, gehören insbesondere die prozessabhängigen Kontrollen und Funktionstrennungen. Die Zuordnung der in den MaRisk aufgeführten Back-Office-Funktionen »Marktfolge« im Kreditgeschäft sowie »Abwicklung und Kontrolle« im Handelsgeschäft, die in dieser Form in anderen Ländern nicht überall zum Standard gehören, zur ersten oder zweiten Verteidigungslinie wird in der Praxis nicht einheitlich vorgenommen. Die Abgrenzung zur Risikocontrolling-Funktion spricht zwar dafür, diese Funktionen als Instrumente der ersten Verteidigungslinie anzusehen, zumal mit deren Hilfe auch die Funktionstrennungen umgesetzt werden. Für diese Zuordnung der Marktfolge spricht darüber hinaus, dass für eine (risikorelevante) Kreditentscheidung grundsätzlich ein zweites Votum erforderlich ist (→ BTO 1.1 Tz. 2) und sie somit an der Kreditgewährung maßgeblich beteiligt ist. Allerdings handelt es sich sowohl bei der Marktfolge als auch bei der Abwicklung und Kontrolle nicht um kundenbezogene Aktivitäten im Sinne des Baseler Ausschusses (»client-facing activity«), was wiederum eine Zuordnung zur zweiten Verteidigungslinie rechtfertigen könnte. Dafür spricht auch die mögliche Ansiedlung der Marktfolge im Verantwortungsbereich des »Chief Risk Officer« (CRO). Die Risikomanagement-Funktion im Sinne der EBA-Leitlinien zur internen Governance wird in den MaRisk (noch) als Risikocontrolling-Funktion bezeichnet und gehört mit der Compliance-Funktion zur zweiten Verteidigungslinie. Wenngleich sie bei den besonderen Funktionen nicht explizit genannt werden, spielen auch die weiteren Support-Funktionen Recht (→ BTO Tz. 2 und 8, BTO 1.1 Tz. 7, BTO 1.2 Tz. 12, BTO 1.2.5 Tz. 1, BTO 2.2.1 Tz. 1 und 8, BTR 4 Tz. 2), Personal (→ AT 7.1, BTO 1.1 Tz. 1), Finanzen (→ AT 4.3.4 Tz. 4, AT 4.4.1 Tz. 5, BTO Tz. 2 und 7, BTO 2.2.3 Tz. 1, BTR 1 Tz. 4), Organisation (→ AT 4.4.1 Tz. 5, AT 5, AT 6) und IT (→ AT 4.4.1 Tz. 5, AT 7.2, AT 7.3) in den MaRisk wichtige Rollen.

14 Die von den genannten Support-Funktionen wahrgenommenen Aufgaben und Verantwortlichkeiten sind allerdings nicht automatisch und ausschließlich der zweiten Verteidigungslinie zuzuordnen. So wird z. B. die Personalabteilung traditionell nicht als Kontrollfunktion angesehen, sondern spielt eine entscheidende Rolle bei der Entwicklung und Umsetzung der Ver-

---

19 Vgl. European Banking Authority, Leitlinien zur internen Governance, EBA/GL/2017/11, 21. März 2018, S. 43.
20 Vgl. European Banking Authority, Leitlinien zur internen Governance, EBA/GL/2017/11, 21. März 2018, S. 46.
21 Vgl. European Banking Authority, Leitlinien zur internen Governance, EBA/GL/2017/11, 21. März 2018, S. 48.
22 Vgl. European Banking Authority, Guidelines on common procedures and methodologies for the supervisory review and evaluation process (SREP) and supervisory stress testing, EBA/GL/2014/13, Consolidated version, 19. Juli 2018, S. 56 ff.
23 Vgl. z. B. O. V., Compliance 2009 – die Zukunftsenergie, in: pwc:financial services, Januar 2009, S. 5 f.

gütungspolitik und ist für die Vertragsgestaltung zuständig.[24] Vor diesem Hintergrund wird die Personalabteilung regelmäßig vorwiegend der ersten Verteidigungslinie zugeordnet.[25] Die Personalabteilung gilt jedoch als zweite Verteidigungslinie, soweit sie die ihr im Rahmen der Vergütungsverordnung zugewiesenen Aufgaben als Kontrolleinheit gemäß § 2 Abs. 11 InstitutsVergV wahrnimmt.[26] Bei Krediten an Mitarbeiter und Geschäftsleiter kann die Personalabteilung zur Umsetzung der Anforderungen an die Funktionstrennung u. U. die Funktion des Bereiches Markt übernehmen, die andernfalls dem antragstellenden Mitarbeiter selbst zukommen würde. Zwar müssen diese Anforderungen nur sinngemäß umgesetzt werden. Allerdings hat bei solchen Kreditentscheidungen grundsätzlich eine geeignete Stelle, die nicht in die Kreditbearbeitung einbezogen ist, mitzuwirken (→ BTO 1.1 Tz. 1, Erläuterung). Auch in diesem Fall würde die Personalabteilung die Funktion der ersten Verteidigungslinie wahrnehmen.

Die Rechtsabteilung überprüft regelmäßig die wesentlichen Rechtsrisiken (→ BTO Tz. 8) und **15** ist in dieser Funktion der zweiten Verteidigungslinie zuzurechnen. Allerdings kann eine beratende Tätigkeit der Rechtsabteilung bei Geschäftsabschlüssen des Marktes oder des Handels auch der ersten Verteidigungslinie zuzuordnen sein. Bei den Aufgaben und Verantwortlichkeiten der weiteren Support-Funktionen ist somit im Hinblick auf eine Zuordnung im Modell der drei Verteidigungslinien eine differenzierte Betrachtung erforderlich. Das gilt auch für die Marktfolge, über deren »korrekte« Zuordnung nach wie vor unterschiedliche Ansichten herrschen.

Die erste und zweite Verteidigungslinie, die prozessabhängig wirken, sind in den MaRisk **16** konsequenterweise dem internen Kontrollsystem zugeordnet. Die prozessunabhängige Überwachung wird durch die Interne Revision umgesetzt. Versäumnisse einer Verteidigungslinie sollten grundsätzlich von einer anderen Verteidigungslinie erkannt und beseitigt werden. Die jeweiligen Rollen der Support-Funktionen und der in den MaRisk hervorgehobenen besonderen Funktionen entsprechen den Vorgaben der Leitlinien der EBA zum »Three-Lines-of-Defence-Modell«.[27]

---

24 Dazu gehört auch die Entwicklung und Anpassung von Instrumenten und Mechanismen zur Entlohnung, wie z.B. langfristige Anreizmechanismen. Vgl. Committee of European Banking Supervisors, Guidelines on Remuneration Policies and Practices (GL 42), 10. Dezember 2010, S. 34.

25 Vgl. Deutsche Kreditwirtschaft, Stellungnahme BaFin-Konsultation 08/2016 der Verordnung zur Änderung der Institutsvergütungsverordnung (InstitutsVergV), 12. September 2016, S. 6.

26 Vgl. Buscher, Arne Martin/Link, Vivien/von Harbou, Christopher/Weigl, Thomas, Verordnung über die aufsichtsrechtlichen Anforderungen an Vergütungssysteme von Instituten (Institutsvergütungsverordnung – InstitutsVergV), 2. Auflage, Stuttgart, 2018, § 3, Tz. 41.

27 Vgl. European Banking Authority, Leitlinien zur internen Governance, EBA/GL/2017/11, 21. März 2018, S. 47 ff.; European Banking Authority, Guidelines on common procedures and methodologies for the supervisory review and evaluation process (SREP) and supervisory stress testing, EBA/GL/2014/13, Consolidated version, 19. Juli 2018, S. 56 ff.

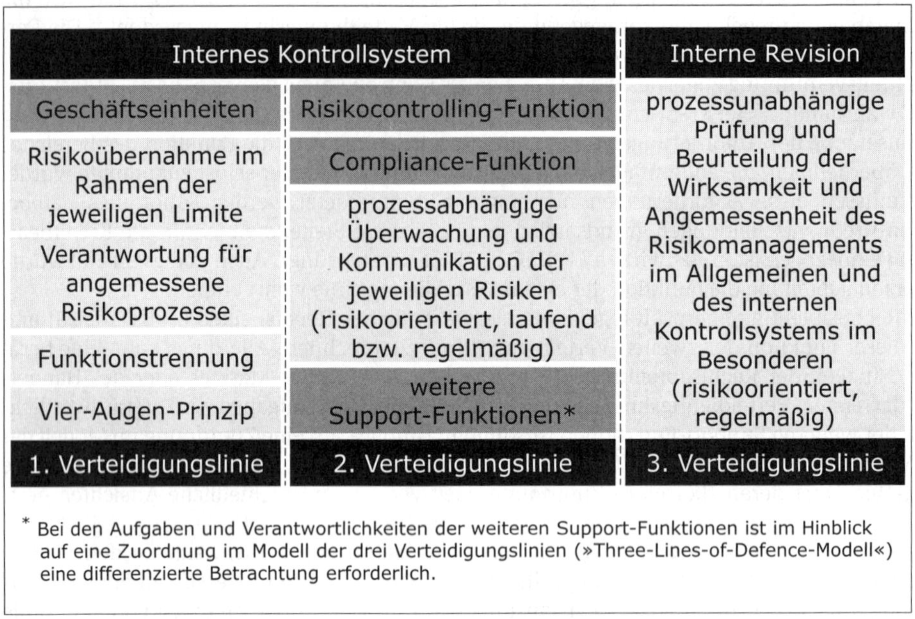

Internes Kontrollsystem		Interne Revision
Geschäftseinheiten	Risikocontrolling-Funktion	prozessunabhängige Prüfung und Beurteilung der Wirksamkeit und Angemessenheit des Risikomanagements im Allgemeinen und des internen Kontrollsystems im Besonderen (risikoorientiert, regelmäßig)
Risikoübernahme im Rahmen der jeweiligen Limite	Compliance-Funktion	
Verantwortung für angemessene Risikoprozesse	prozessabhängige Überwachung und Kommunikation der jeweiligen Risiken (risikoorientiert, laufend bzw. regelmäßig)	
Funktionstrennung		
Vier-Augen-Prinzip	weitere Support-Funktionen*	
1. Verteidigungslinie	**2. Verteidigungslinie**	**3. Verteidigungslinie**

* Bei den Aufgaben und Verantwortlichkeiten der weiteren Support-Funktionen ist im Hinblick auf eine Zuordnung im Modell der drei Verteidigungslinien (»Three-Lines-of-Defence-Modell«) eine differenzierte Betrachtung erforderlich.

Abb. 37: Interne Kontrollverfahren im Überblick

1.6 Überlegungen zum Modell der vier Verteidigungslinien

17 Einige Fachspezialisten haben sich mit einer möglichen Weiterentwicklung des traditionellen Modells der drei Verteidigungslinien beschäftigt. Unter Berücksichtigung der identifizierten Schwachstellen dieses Modells sowie der Besonderheiten des Finanzsektors wurde z.B. die Erweiterung um eine vierte Verteidigungslinie vorgeschlagen, in der die Aufsichtsbehörden und die externen Prüfer ein Dreiecksverhältnis mit der Internen Revision bilden. Dabei nehmen die genannten Akteure eine zueinander ergänzende Rolle ein, um ihre jeweiligen Aufgaben und Verantwortlichkeiten leichter wahrnehmen zu können. Durch eine engere Zusammenarbeit sollen die Informationsasymmetrien zwischen diesen Akteuren abgebaut werden, um die Effektivität der jeweiligen Kontrolltätigkeiten und damit ggf. sogar die Finanzmarktstabilität zu verbessern.[28] In einem vom Baseler Ausschuss für Bankenaufsicht bereits im Jahre 2012 veröffentlichten Papier werden die Aufgaben der genannten Akteure sowie deren Verhältnis zueinander relativ präzise aufgeführt.[29]

18 Der Vorschlag eines »Modells der vier Verteidigungslinien« ist allerdings umstritten und wurde u.a. vom IIA (The Institute of Internal Auditors) kritisiert. Der Hauptkritikpunkt betrifft den eigentlichen Sinn der drei Verteidigungslinien, die zur Unterstützung des Risikomanagements innerhalb einer Organisation eingerichtet würden. Die vierte Verteidigungslinie diene hingegen

---

28 Vgl. Arndorfer, Isabella/Minto, Andrea, The »four lines of defence model« for financial institutions – Taking the three-lines-of-defence model further to reflect specific governance features of regulated financial institutions, Financial Stability Institute, Occasional Paper No 11, 23. Dezember 2015.

29 Vgl. Basel Committee on Banking Supervision, The internal audit function in banks, BCBS 223, 28.Juni 2012, S. 14 ff.

eher den externen Akteuren und verfolge damit einen anderen Zweck. Wenngleich verschiedene Schwachstellen des Modells der drei Verteidigungslinien bestätigt würden, bleibe insgesamt unklar, wie die vorgeschlagene vierte Verteidigungslinie zur Beseitigung dieser Schwachstellen beitragen könne. Die direkte Kommunikation mit den Aufsichtsbehörden und den externen Prüfern wird vom IIA aus verschiedenen Gründen eher bei der Geschäftsleitung als bei der Internen Revision gesehen. Zudem bestehe die Gefahr, dass die Interne Revision durch die ihr zugedachte Rolle vom Informationsfluss innerhalb des Institutes teilweise abgeschnitten werde. Schließlich werden vom IIA diverse Aussagen im Arbeitspapier des FSI inhaltlich hinterfragt.[30] Ähnlich kritisch wird dieser Vorschlag von Revisionsspezialisten in Deutschland bewertet.

Die Überlegungen in Richtung eines Modells der vier Verteidigungslinien werden bisher von Regulatoren oder Aufsichtsbehörden auf nationaler und europäischer Ebene nicht in allgemeinen Vorgaben festgeschrieben. Der Grund dürfte auch sein, dass ein derartiges Modell mit den bestehenden gesellschaftsrechtlichen Anforderungen an die Interne Revision als ein Instrument der Geschäftsleitung (→ AT 4.4.3 Tz. 2) nur schwer vereinbar ist. In der Praxis lässt sich jedoch feststellen, dass sich die Erwartungshaltung der Aufsicht an die Interne Revision zumindest der größeren Institute in den letzten Jahren deutlich geändert hat. So erwartet insbesondere die EZB im Nachgang zu den von ihr angeordneten Sonderprüfungen ein materielles Follow-up zu den eigenen Prüfungsfeststellungen und lässt sich hierüber direkt von der Internen Revision des Institutes berichten. Darüber hinaus nimmt die Aufsicht zum Teil Zulieferungen der Fachbereiche nur nach einer entsprechenden »Vorabprüfung« durch die Interne Revision entgegen. Derartige Vorabprüfungen des Institutes durch die Interne Revision waren bisher nur im Rahmen der Zulassung von IRB-Verfahren bekannt.[31] Sollte sich die Rolle der Internen Revision in Richtung des Modells der vier Verteidigungslinien weiterentwickeln, hätte dies Auswirkungen auf die notwendige Personalausstattung der Internen Revision in den Instituten.

1.7 Leiter der besonderen Funktionen als Inhaber von Schlüsselfunktionen

Die EBA hat im Jahre 2012 Leitlinien zur Beurteilung der Eignung von Geschäftsleitern, Mitgliedern der Aufsichtsorgane und so genannten »Inhabern von Schlüsselfunktionen« (»Key Function Holders«) in Instituten veröffentlicht[32] und fünf Jahre später gemeinsam mit der Europäischen Wertpapier- und Marktaufsichtsbehörde (ESMA) grundlegend überarbeitet.[33] Mit diesen Leitlinien werden Vorgaben für die innerhalb der Institute einzurichtenden internen Prozesse zur Auswahl

---

30 Vgl. The Institute of Internal Auditors, Stellungnahme zum Financial Stability Institute Occasional Paper No 11 – The »four lines of defence model« for financial institutions, Schreiben vom 27. Januar 2016.

31 Vgl. Bundesanstalt für Finanzdienstleistungsaufsicht/Deutsche Bundesbank, Merkblatt zur Zulassung zum IRBA, 1. April 2007, S. 6.

32 European Banking Authority, Leitlinien zur Beurteilung der Eignung von Mitgliedern des Leitungsorgans und von Inhabern von Schlüsselfunktionen, EBA/GL/2012/06, 22. November 2012.

33 European Banking Authority/European Securities and Markets Authority, Leitlinien zur Bewertung der Eignung von Mitgliedern des Leitungsorgans und Inhabern von Schlüsselfunktionen, EBA/GL/2017/12, 21. März 2018.

und Beurteilung der genannten Personen gemacht. Die »Inhaber von Schlüsselfunktionen« werden dabei als Mitarbeiter unterhalb der Geschäftsleiterebene definiert, deren Position ihnen erheblichen Einfluss auf die Ausrichtung des Institutes verschafft.[34] Nach den Vorstellungen der EBA gehören dazu auch die Leiter der internen Kontrollfunktionen[35], sodass die Leiter der besonderen Funktionen im Sinne der MaRisk regelmäßig diesen Anforderungen unterliegen.

21   Der von den Instituten aufzusetzende Prozess für die Inhaber von Schlüsselfunktionen muss eine Bewertung der Eignung zum Zeitpunkt der Bestellung (Erstbewertung) sowie anschließend die fortlaufende Überprüfung dieser Eignung (Folgebewertung) beinhalten. Die Bewertung der Zuverlässigkeit, Aufrichtigkeit, Integrität, Kenntnisse, Fähigkeiten und Erfahrung von Inhabern von Schlüsselfunktionen sollte auf denselben Kriterien basieren, die auch bei den Geschäftsleitern angewandt werden. Bei der Bewertung der Kenntnisse, Fähigkeiten und Erfahrung sind dabei die Rolle und Aufgaben der konkreten Position zu berücksichtigen.[36] Nach den Vorstellungen der EBA sollten zudem CRD-Institute[37] von erheblicher Bedeutung die zuständige Aufsichtsbehörde über das Ergebnis der Eignungsprüfung der Inhaber von Schlüsselfunktionen informieren.[38] Die Aufsichtsbehörden sollten anschließend die Zuverlässigkeit und die fachliche Eignung der Inhaber von Schlüsselfunktionen in CRD-Instituten von erheblicher Bedeutung eigenständig beurteilen und ggf. Maßnahmen ergreifen.[39]

22   In Deutschland sind die grundsätzlichen fachlichen und persönlichen Anforderungen an die Geschäftsleiter und die Mitglieder der Aufsichtsorgane in § 25c bzw. § 25d KWG und ergänzenden Merkblättern[40] formuliert. Die Institute haben insgesamt durch geeignete Maßnahmen zu gewährleisten, dass das Qualifikationsniveau der Mitarbeiter angemessen ist (→ AT 7.1 Tz. 2). Speziell haben die mit der Leitung der Risikocontrolling-Funktion und der Leitung der Internen Revision betrauten Personen sowie der Compliance-Beauftragte besonderen qualitativen Anforderungen entsprechend ihres Aufgabengebietes zu genügen (→ AT 7.1 Tz. 2, Erläuterung). Da die Leiter der besonderen Funktionen als Inhaber von Schlüsselfunktionen im Sinne der EBA-/ESMA-Leitlinien einzustufen sind, wird die Aufsicht bei den Leitern der Risikocontrolling- und der Compliance-

---

34 Vgl. European Banking Authority/European Securities and Markets Authority, Leitlinien zur Bewertung der Eignung von Mitgliedern des Leitungsorgans und Inhabern von Schlüsselfunktionen, EBA/GL/2017/12, 21. März 2018, S. 6.

35 Neben den Leitern der besonderen Funktionen können nach den EBA-Leitlinien auch Leiter von wichtigen Geschäftszweigen, Niederlassungen im Europäischen Wirtschaftsraum/in der Europäischen Freihandelsassoziation, von Tochtergesellschaften in Drittstaaten und sonstigen internen Funktionen zu Inhabern von Schlüsselfunktionen zählen. Vgl. European Banking Authority, Leitlinien zur internen Governance, EBA/GL/2017/11, 21. März 2018, S. 6 f. Im nationalen Recht bestehen zum Teil besondere Anforderungen an Leiter weiterer besonderer Funktionen, z. B. an den Vergütungsbeauftragten nach § 23 Abs. 1 InstitutsVergV oder den Geldwäschebeauftragten nach § 7 GwG. Auch die Leiter dieser Funktionen können daher als Inhaber von Schlüsselfunktionen im Sinne der einschlägigen EBA-/ESMA-Leitlinien einzustufen sein.

36 Vgl. European Banking Authority/European Securities and Markets Authority, Leitlinien zur Bewertung der Eignung von Mitgliedern des Leitungsorgans und Inhabern von Schlüsselfunktionen, EBA/GL/2017/12, 21. März 2018, S. 15; European Banking Authority, Leitlinien zur internen Governance, EBA/GL/2017/11, 21. März 2018, S. 6.

37 Die EBA und die ESMA verstehen unter einem »CRD-Institut« ein Kreditinstitut im Sinne des Art. 1 Abs. 1 Nr. 1 CRR oder eine Wertpapierfirma im Sinne des Art. 1 Abs. 1 Nr. 2 CRR. Üblicherweise wird dafür eher die Bezeichnung »CRR-Institut« verwendet, weil die Definition in Art. 4 Abs. 1 Nr. 3 CRR als Sammelbegriff für ein Kreditinstitut oder eine Wertpapierfirma wie oben beschrieben niedergelegt ist. Vgl. European Banking Authority/European Securities and Markets Authority, Leitlinien zur Bewertung der Eignung von Mitgliedern des Leitungsorgans und Inhabern von Schlüsselfunktionen, EBA/GL/2017/12, 21. März 2018, S. 5.

38 Vgl. European Banking Authority/European Securities and Markets Authority, Leitlinien zur Bewertung der Eignung von Mitgliedern des Leitungsorgans und Inhabern von Schlüsselfunktionen, EBA/GL/2017/12, 21. März 2018, S. 44 f. »CRD-Institute von erheblicher Bedeutung« sind nach den Leitlinien die global systemrelevanten Institute und die anderweitig systemrelevanten Institute sowie ggf. auch andere CRD-Institute, Finanzholdinggesellschaften oder gemischte Finanzholdinggesellschaften, die von der zuständigen Behörde oder nach nationalem Recht auf der Grundlage einer Bewertung der Größe, internen Organisation und der Art, des Umfangs und der Komplexität der Tätigkeiten der Institute bestimmt werden. Vgl. European Banking Authority/European Securities and Markets Authority, Leitlinien zur Bewertung der Eignung von Mitgliedern des Leitungsorgans und Inhabern von Schlüsselfunktionen, EBA/GL/2017/12, 21. März 2018, S. 5.

39 Vgl. European Banking Authority/European Securities and Markets Authority, Leitlinien zur Bewertung der Eignung von Mitgliedern des Leitungsorgans und Inhabern von Schlüsselfunktionen, EBA/GL/2017/12, 21. März 2018, S. 46 ff.

40 Bundesanstalt für Finanzdienstleistungsaufsicht, Merkblatt zu Mitgliedern von Verwaltungs- und Aufsichtsorganen gemäß KWG und KAGB vom 4. Januar 2016, zuletzt geändert am 12. November 2018; Bundesanstalt für Finanzdienstleistungsaufsicht, Merkblatt zu den Mitgliedern von Verwaltungs- und Aufsichtsorganen gemäß KWG und KAGB vom 4. Januar 2016, geändert am 12. November 2018.

Funktion sowie der Internen Revision hohe Anforderungen an den internen Prozess zur (fortlaufenden) Überprüfung der für das jeweilige Aufgabengebiet erforderlichen Kenntnisse und Erfahrungen stellen. Die Institute sollten daher entsprechende Prozesse zur Beurteilung und Sicherstellung der fachlichen Qualifikation sowie der sonstigen Anforderungen implementieren und diese angemessen dokumentieren. Die in den Leitlinien für CRD-Institute von erheblicher Bedeutung enthaltene Anzeigepflicht der Leiter der besonderen Funktionen bei der Aufsichtsbehörde wurde bisher nicht in nationales Recht umgesetzt.[41] Größere Institute sollten ggf. die Aufsicht über personelle Veränderungen bei den Leitern der besonderen Funktionen informieren bzw. mit der Aufsichtsbehörde die Vorgehensweise abstimmen.

1.8 Anforderungen an die Vergütung der Mitarbeiter der besonderen Funktionen

Gemäß § 2 Abs. 11 InstitutsVergV sind die Risikocontrolling- und die Compliance-Funktion sowie die Interne Revision als Kontrolleinheiten im Sinne der Institutsvergütungsverordnung einzustufen. Für die Vergütung der Leiter der besonderen Funktionen und ihrer Mitarbeiter gelten daher besondere Anforderungen. Gemäß § 5 Abs. 1 InstitutsVergV dürfen die Vergütungssysteme der Institute der Überwachungsfunktion der Kontrolleinheiten nicht zuwiderlaufen. Das wäre nach § 5 Abs. 4 Satz 1 InstitutsVergV insbesondere dann der Fall, wenn sich die Höhe der variablen Vergütung von Mitarbeitern der Kontrolleinheiten und Mitarbeitern der von ihnen kontrollierten Organisationseinheiten maßgeblich nach gleichlaufenden Vergütungsparametern bestimmt und somit die Gefahr eines Interessenkonfliktes besteht.[42] Entsprechendes gilt gemäß § 5 Abs. 4 Satz 2 InstitutsVergV für Geschäftsleiter, welche die Risikosteuerung verantworten. **23**

Nach § 9 Abs. 1 InstitutsVergV muss die Vergütung der Kontrolleinheiten so ausgestaltet sein, dass eine angemessene qualitative und quantitative Personalausstattung ermöglicht wird. Darüber hinaus muss nach § 9 Abs. 2 InstitutsVergV die Ausgestaltung der Vergütung der Mitarbeiter der Kontrolleinheiten unterhalb der Geschäftsleiterebene sicherstellen, dass der Schwerpunkt auf der fixen Vergütung liegt. Dies bedeutet, dass die variable Vergütung nicht mehr als ein Drittel der Gesamtvergütung der Mitarbeiter der Kontrolleinheiten betragen sollte. Variable Vergütungsbestandteile in Höhe von 50 % oder mehr sind bei Kontrolleinheiten unzulässig.[43] Damit können die Institute die nach § 25a Abs. 5 Satz 2 KWG für Mitarbeiter grundsätzlich mögliche Obergrenze für die variable Vergütung in Höhe von 100 % der fixen Vergütung bei der Vergütung der Mitarbeiter der Kontrolleinheiten nicht ausschöpfen. Andererseits können Mitarbeiter der Kontrolleinheiten auch eine ausschließlich fixe Vergütung erhalten.[44] Dies gilt auch für Mitarbeiter der Kontrolleinheiten in **24**

---

41 Eine Anzeigepflicht gemäß § 24 Abs. 1 Nr. 1 KWG besteht nur, wenn der Leiter der besonderen Funktion gleichzeitig ein Geschäftsleiter ist. Der Leiter der Risikocontrolling-Funktion bei systemrelevanten Instituten ist grundsätzlich auf der Geschäftsleiterebene anzusiedeln (→ AT 4.4.1 Tz. 5). Die Funktion des Compliance-Beauftragten nach MaRisk kann hingegen nur im Ausnahmefall einem Geschäftsleiter übertragen werden (→ AT 4.4.2 Tz. 5).

42 Vgl. auch European Banking Authority, Leitlinien zur internen Governance, EBA/GL/2017/11, 21. März 2018, S. 41, wonach zur Sicherstellung ihrer Unabhängigkeit die Vergütung der Mitarbeiter der internen Kontrollfunktionen nicht an den Erfolg der Tätigkeiten gekoppelt sein sollte, die von der internen Kontrollfunktion überwacht und kontrolliert werden. Die Vergütung sollte die Objektivität der Mitarbeiter der Kontrollfunktionen auch nicht anderweitig beeinträchtigen können.

43 Vgl. Bundesanstalt für Finanzdienstleistungsaufsicht, Auslegungshilfe zur Verordnung über die aufsichtsrechtlichen Anforderungen an Vergütungssysteme von Instituten (Institutsvergütungsverordnung – InstitsVergV) in der Fassung vom 15. Februar 2018, zu § 9.

44 Vgl. Bundesanstalt für Finanzdienstleistungsaufsicht, Auslegungshilfe zur Verordnung über die aufsichtsrechtlichen Anforderungen an Vergütungssysteme von Instituten (Institutsvergütungsverordnung – InstitsVergV) in der Fassung vom 15. Februar 2018, zu § 9.

bedeutenden Instituten, die als Risikoträger identifiziert wurden. Die Regelungen gehen zurück auf die entsprechenden Leitlinien der EBA für eine solide Vergütungspolitik.[45]

1.9 Weitere besondere Funktionen in Instituten

25 Neben den besonderen Funktionen im Sinne des Moduls AT 4.4 bestehen in den Instituten regelmäßig weitere besondere Funktionen wie bspw.
- Compliance-Funktion nach WpHG (BT 1.1 Tz. 2 MaComp)
- Geldwäschebeauftragter (§ 7 Abs. 1 GwG)
- Datenschutzbeauftragter (Art. 37 DSGVO)
- Vergütungsbeauftragter (§ 23 InstitutsVergV)
- Funktion des Informationssicherheitsbeauftragten (Tz. 18 BAIT)
- Beschwerdemanagementfunktion (Tz. 14 Mindestanforderungen an das Beschwerdemanagement).

---

45 Vgl. European Banking Authority, Leitlinien für eine solide Vergütungspolitik gemäß Artikel 74 Absatz 3 und Artikel 75 Absatz 2 der Richtlinie 2013/36/EU und Angaben gemäß Artikel 450 der Verordnung (EU) Nr. 575/2013, 27. Juni 2016, Tz. 174 f.

AT 4.4.1 Risikocontrolling-Funktion

1 Zuständigkeit und Unabhängigkeit der Risikocontrolling-Funktion (Tz. 1)

1 **1** **Jedes Institut muss über eine unabhängige Risikocontrolling-Funktion verfügen, die für die Überwachung und Kommunikation der Risiken zuständig ist. Die Risikocontrolling-Funktion ist aufbauorganisatorisch bis einschließlich der Ebene der Geschäftsleitung von den Bereichen zu trennen, die für die Initiierung bzw. den Abschluss von Geschäften zuständig sind.**

1.1 Unabhängigkeit der Risikocontrolling-Funktion

2 Im Rahmen der fünften MaRisk-Novelle wurde die Textziffer redaktionell angepasst. Nachdem zuvor lediglich eine Risikocontrolling-Funktion gefordert wurde, die für die unabhängige Überwachung und Kommunikation der Risiken verantwortlich ist, wird nunmehr die Unabhängigkeit der Risikocontrolling-Funktion an sich hervorgehoben. Damit soll sichergestellt werden, dass die Risikocontrolling-Funktion hinsichtlich aller ihr übertragenen Aufgaben unabhängig agieren kann.

3 Zunächst wird der verpflichtend vorgeschriebenen Risikocontrolling-Funktion an dieser Stelle nur die Zuständigkeit für die Überwachung und Kommunikation der Risiken übertragen. Diese quasi definitorische Aufgabenzuordnung ergibt sich aus den Anforderungen an die Aufbau- und Ablauforganisation. Hiernach werden dem Risikocontrolling jene Funktionen zugeordnet, die der Überwachung und Kommunikation der Risiken dienen (→ BTO Tz. 2 lit. d). Dies setzt natürlich voraus, dass ein Institut überhaupt über eine entsprechende Funktion verfügt.

4 Anschließend wird der Risikocontrolling-Funktion allerdings noch eine Vielzahl weiterer Aufgaben übertragen, bei deren Erledigung ihre Unabhängigkeit nicht weniger wichtig erscheint (→ AT4.4.1 Tz. 2). Dabei geht es um weitere Bestandteile der Risikosteuerungs- und -controlling-prozesse, wie z. B. um die Identifizierung, Beurteilung und Steuerung der Risiken. Auch an diesen Prozessen ist die Risikocontrolling-Funktion aktiv beteiligt oder sogar dafür verantwortlich. So ist die Identifizierung und Beurteilung der Risiken eng mit der Durchführung der Risikoinventur und der Erstellung des Gesamtrisikoprofils verbunden, während eine angemessene Steuerung der Risiken wesentlich von der Einrichtung und Weiterentwicklung entsprechender Prozesse, Systeme und Verfahren abhängt. Ebenso leuchtet ein, dass die Risikocontrolling-Funktion bei der Unterstützung der Geschäftsleitung in allen risikopolitischen und risikostrategischen Fragen unbeeinflusst von anderen Interessen sein sollte.

5 Auch die EBA fordert explizit eine zentral organisierte, umfassende und unabhängige Risikocontrolling-Funktion.[1] Die Risikocontrolling-Funktion ist daher aufbauorganisatorisch bis einschließlich der Ebene der Geschäftsleitung von jenen Bereichen zu trennen, die für die Initiierung bzw. den Abschluss von Geschäften zuständig sind. Die BaFin betont ausdrücklich, dass die speziellen Funktionstrennungsanforderungen des Moduls BTO von der Anforderung an die Unabhängigkeit der Risikocontrolling-Funktion unberührt bleiben (→ AT4.4.1 Tz. 1, Erläuterung), lässt dabei aber offen, ob diese Anforderung in bestimmten Konstellationen darüber hinausgeht.

---

1   Vgl. European Banking Authority, Leitlinien zur internen Governance, EBA/GL/2017/11, 21. März 2018, S. 42 f.

1.2 Trennung von den Geschäftseinheiten

Die für das Risikocontrolling relevanten Vorgaben des Moduls BTO zur Funktionstrennung sind **6** klar formuliert. So ist bei der Ausgestaltung der Aufbauorganisation grundsätzlich sicherzustellen, dass die Bereiche Markt und Handel, also die klassischen Geschäftseinheiten, bis einschließlich der Ebene der Geschäftsleitung von der Risikocontrolling-Funktion getrennt sind ($\rightarrow$ BTO Tz. 3).

Daneben müssen die Funktionen des Marktpreisrisikocontrollings bis einschließlich der Ebene der **7** Geschäftsleitung von jenen Bereichen getrennt werden, die die Positionsverantwortung tragen ($\rightarrow$ BTO Tz. 4). Diese Anforderung zielt also auf Bereiche mit Positionsverantwortung außerhalb von Markt und Handel ab, wovon in erster Linie die Treasury betroffen ist. Die BaFin hat vor diesem Hintergrund im Rahmen der fünften MaRisk-Novelle klargestellt, dass zu den Bereichen, die Geschäfte initiieren bzw. abschließen, der Bereich Markt, der Bereich Handel sowie andere Bereiche, die über Positionsverantwortung verfügen (z. B. Treasury) zählen ($\rightarrow$ BTO 1.1 Tz. 4, Erläuterung). Diese aufbauorganisatorische Vorgabe stellt insofern lediglich eine Verallgemeinerung der Funktionstrennungsprinzipien aus dem Modul BTO dar und statuiert keine darüber hinaus gehende Anforderung.

Grundsätzlich gehören zu den Bereichen, die Geschäfte initiieren bzw. abschließen, auch jene **8** Einheiten, die sogenanntes »nicht-risikorelevantes Kreditgeschäft« initiieren bzw. abschließen ($\rightarrow$ BTO 1.1 Tz. 4, Erläuterung). Damit sind diese Bereiche formal betrachtet auch von der Funktionstrennung betroffen. Bei Instituten mit maximal drei Geschäftsleitern ist allerdings eine aufbauorganisatorische Trennung des Bereiches Markt für nicht-risikorelevantes Kreditgeschäft von der Risikocontrolling-Funktion bis unmittelbar unterhalb der Geschäftsleiterebene in der Regel ausreichend, sofern keine Interessenkonflikte erkennbar sind und keine Konzentration von Verantwortlichkeiten beim betroffenen Geschäftsleiter vorliegt ($\rightarrow$ AT 4.4.1 Tz. 1, Erläuterung).

Im Umkehrschluss ist bei Instituten mit mehr als drei Geschäftsleitern auch für das nicht-risikorelevante Kreditgeschäft eine aufbauorganisatorische Trennung des Bereiches Markt von der Risikocontrolling-Funktion bis einschließlich der Geschäftsleiterebene erforderlich. Vermutlich würde es auch nicht helfen, für diese Geschäfte die Marktfolge verantwortlich zu machen, die im Gegensatz zum Markt zwar keine Geschäfte initiieren darf, mit ihrem Votum aber am Abschluss von Geschäften beteiligt ist. **9**

Es ist allerdings nicht auszuschließen, dass im Rahmen der Prüfungen einige von der Aufsicht bisher **10** akzeptierte Freiheitsgrade kritischer hinterfragt werden. Dazu gehört insbesondere die Praxis, das nicht-risikorelevante und das drittinitiierte Kreditgeschäft, für das jeweils nur ein Votum erforderlich ist ($\rightarrow$ BTO 1.1 Tz. 4), im Verantwortungsbereich der Marktfolge anzusiedeln. Insbesondere in größeren Instituten kann es sich beim nicht-risikorelevanten Kreditgeschäft durchaus um ein bedeutendes Geschäftsvolumen handeln. Das drittinitiierte Kreditgeschäft wiederum kann mit erheblichen Risiken einhergehen. In diesen Fällen sollte sichergestellt sein, dass der für den Geschäftsabschluss zuständige Bereich auch angemessen kontrolliert wird. Das ist insbesondere in jenen Fällen eine Herausforderung, in denen das Risikocontrolling und die Marktfolge vom selben Geschäftsleiter verantwortet werden.

Für das Passivgeschäft (Spar-, Giro-, Emissionsgeschäft usw.) werden keine Vorgaben gemacht, **11** da es auch nicht im Interesse der Aufsicht liegt, sämtliche Bankgeschäfte eng zu regulieren. Wenngleich die Anforderungen des allgemeinen Teils formal betrachtet für alle Geschäftsarten gelten, so wird der Anwendungsbereich der MaRisk im Modul AT 2.3 letztlich auf das Kredit- und Handelsgeschäft eingeschränkt.

1.3 Trennung von den Support-Funktionen

Den Vorstellungen der EBA zufolge sollte der Leiter der Risikocontrolling-Funktion – ebenso wie die **12** Leiter der Compliance-Funktion und der Internen Revision – sowohl von den Geschäftseinheiten als auch von den Support-Funktionen, deren Risiken sie kontrolliert, unabhängig sein.[2] Die Vorgaben der EBA berücksichtigen allerdings nicht die in Deutschland bereits etablierten und sehr weitreichenden Funktionstrennungen. Es ist bei europaweit umzusetzenden Regelungen schlicht unmöglich, auf alle Besonderheiten der betroffenen Staaten einzugehen. Vor dem Hintergrund der in Deutschland schon vorgeschriebenen Trennung der Geschäftseinheiten von der Marktfolge sowie der Abwicklung und Kontrolle (→ BTO Tz. 3), womit bereits eine Vielzahl von Interessenkonflikten ausgeschlossen wird, sind im Grunde keine weiteren Vorgaben für das Risikocontrolling im Verhältnis zu diesen Support-Funktionen erforderlich.

13 Definitionsgemäß verfügt der Markt, von dem die Kreditgeschäfte initiiert werden, bei den risikorelevanten Kreditentscheidungen über ein Votum (→ BTO Tz. 2 lit. a). Die Marktfolge verfügt dabei über ein weiteres Votum (→ BTO Tz. 2 lit. b). Insofern ist die Marktfolge am Abschluss von Kreditgeschäften direkt beteiligt und müsste bei enger Auslegung bis einschließlich der Ebene der Geschäftsleitung vom Risikocontrolling getrennt werden. Das wäre vor dem Hintergrund der Aufgabe der Marktfolge, insbesondere die Risikosicht bei der Kreditentscheidung im Auge zu behalten, allerdings eine über das Ziel hinausschießende Anforderung.

14 Deshalb wird eine gemeinsame Ressortverantwortung für das Risikocontrolling und die Marktfolge durch einen Geschäftsleiter selbst bei systemrelevanten Instituten nicht beanstandet (→ AT 4.4.1 Tz. 4 und 5). Bedingung dafür ist allerdings eine klare aufbauorganisatorische Trennung dieser beiden Bereiche auf der nachgelagerten Ebene. Es ist zu vermuten, dass die deutsche Aufsicht auf diese Weise der Empfehlung der EBA gerecht werden möchte. Unter Proportionalitätsgesichtspunkten kann diese organisatorische Trennung bei Instituten mit maximal drei Geschäftsleitern auf eine tiefere Ebene verlagert werden (→ AT 4.4.1 Tz. 4, Erläuterung).

15 Hinsichtlich der Funktionen, die der Abwicklung und Kontrolle der Handelsgeschäfte dienen (→ BTO Tz. 2 lit. e), ist in den MaRisk keine Trennung vom Risikocontrolling vorgeschrieben, zumal diese Funktionen grundsätzlich erst nach Abschluss der Handelsgeschäfte zum Zuge kommen.

1.4 Zusammenarbeit mit den Geschäftseinheiten und Support-Funktionen

16 Selbst die EBA räumt ein, dass die Risikocontrolling-Funktion – trotz der von ihr geforderten Unabhängigkeit – von den Geschäftseinheiten und Support-Funktionen, deren Risiken sie kontrolliert, nicht isoliert sein sollte. Die Zusammenarbeit zwischen den betrieblichen Funktionen und der Risikocontrolling-Funktion sollte die Zielvorstellung fördern, dass sämtliches Personal eines Institutes Verantwortung für das Risikomanagement trägt.[3] Diese Sichtweise spiegelt das oben beschriebene Modell der drei Verteidigungslinien (→ AT 4.4, Einführung) wider und berücksichtigt, dass sowohl die erste als auch die zweite Verteidigungslinie Bestandteile des internen Kontrollsystems sind. Den Vorstellungen der EBA zufolge sollte sich die Risikocontrolling-Funktion die Verantwortung für die Umsetzung der Risikostrategie und -politik mit allen Geschäftseinheiten teilen. Während die Geschäftseinheiten die entsprechenden Risikolimite anwenden, sollte die Risikocontrolling-Funktion sicherstellen, dass die Limite im Einklang mit dem allgemeinen Risikoappetit des Institutes stehen, und kontinuierlich überwachen, ob das Institut kein übermäßiges Risiko eingeht.[4]

---

2 Vgl. European Banking Authority, Leitlinien zur internen Governance, EBA/GL/2017/11, 21. März 2018, S. 41.
3 Vgl. European Banking Authority, Leitlinien zur internen Governance, EBA/GL/2017/11, 21. März 2018, S. 43.
4 Vgl. European Banking Authority, Leitlinien zur internen Governance, EBA/GL/2017/11, 21. März 2018, S. 43 ff.

2   Aufgaben der Risikocontrolling-Funktion (Tz. 2)

Die Risikocontrolling-Funktion hat insbesondere die folgenden Aufgaben: 17

- Unterstützung der Geschäftsleitung in allen risikopolitischen Fragen, insbesondere bei der Entwicklung und Umsetzung der Risikostrategie sowie bei der Ausgestaltung eines Systems zur Begrenzung der Risiken,
- Durchführung der Risikoinventur und Erstellung des Gesamtrisikoprofils,
- Unterstützung der Geschäftsleitung bei der Einrichtung und Weiterentwicklung der Risikosteuerungs- und -controllingprozesse,
- Einrichtung und Weiterentwicklung eines Systems von Risikokennzahlen und eines Risikofrüherkennungsverfahrens,
- Laufende Überwachung der Risikosituation des Institutes und der Risikotragfähigkeit sowie der Einhaltung der eingerichteten Risikolimite,
- Regelmäßige Erstellung der Risikoberichte für die Geschäftsleitung,
- Verantwortung für die Prozesse zur unverzüglichen Weitergabe von unter Risikogesichtspunkten wesentlichen Informationen an die Geschäftsleitung, die jeweiligen Verantwortlichen und ggf. die Interne Revision.

2.1   Zuweisung bestimmter Tätigkeiten

Die Risikocontrolling-Funktion ist vorrangig für die Überwachung und Kommunikation der   18
Risiken verantwortlich (→ AT 4.4.1 Tz. 1). Diese allgemeine Aufgabenzuordnung wurde im
Rahmen der vierten MaRisk-Novelle weiter spezifiziert und ergänzt, indem der Risikocontrolling-Funktion bestimmte Tätigkeiten direkt zugeordnet wurden. Dabei werden zu einem großen
Teil Aufgaben zusammengefasst, die bereits zuvor an verschiedenen Stellen im Rundschreiben
niedergelegt waren oder sich aus anderen Vorgaben der MaRisk ableiten lassen. Seitens der
Aufsicht war damit beabsichtigt, den Aufgabenzuschnitt des Risikocontrollings im Geiste der
EBA-Leitlinien zur internen Governance zu schärfen.[5] Die zugewiesenen Aufgabenbereiche
gehen über die Überwachung und Kommunikation der Risiken, also die Kernaufgabe der
Risikocontrolling-Funktion, hinaus und betreffen z. B. auch die Identifizierung, Beurteilung
und Steuerung der Risiken.

Wie mit dem Begriff »insbesondere« verdeutlicht wird, handelt es sich nicht um eine abschlie-   19
ßende Aufzählung. Das bedeutet einerseits, dass im Rahmen der Prüfungspraxis weitere Aufgabenzuordnungen empfohlen werden können. Andererseits eröffnet es auch den Instituten
Spielräume, den Verantwortungsbereich der Risikocontrolling-Funktion zu erweitern, solange
die maßgeblichen Funktionstrennungen beachtet und Interessenkonflikte vermieden werden.

Insgesamt sollte berücksichtigt werden, dass auch die Geschäftseinheiten und die anderen   20
Support-Funktionen der ersten und zweiten Verteidigungslinie für die Identifizierung, Beurteilung
und Steuerung bestimmter Risiken verantwortlich und rechenschaftspflichtig sind. So sollte die
Risikocontrolling-Funktion nach den Vorstellungen der EBA u. a. sicherstellen, dass alle Risiken

---

5 Vgl. Bundesanstalt für Finanzdienstleistungsaufsicht, Übermittlungsschreiben zum ersten Entwurf zur Überarbeitung der
  Mindestanforderungen an das Risikomanagement vom 26. April 2012, S. 4.

von den zuständigen Organisationseinheiten des Institutes ermittelt, gemessen, beurteilt, gesteuert, minimiert, überwacht und ordnungsgemäß berichtet werden.[6] Insofern ist die Zuständigkeit der Risikocontrolling-Funktion für einige der genannten Tätigkeiten eher aus übergreifender instituts- oder sogar gruppenweiter Sicht zu verstehen.

2.2 Unterstützung der Geschäftsleitung

21 Für bestimmte Aufgaben wird der Risikocontrolling-Funktion nicht die Verantwortung übertragen. In diesen Fällen soll sie zur Unterstützung der Geschäftsleitung tätig werden. Dies betrifft alle risikopolitischen Fragestellungen, insbesondere die Entwicklung und Umsetzung der Risikostrategie sowie die Ausgestaltung eines Systems zur Begrenzung der Risiken, sowie die Einrichtung und Weiterentwicklung der Risikosteuerungs- und -controllingprozesse. Hintergrund ist die Gesamtverantwortung der Geschäftsleitung für die ordnungsgemäße Geschäftsorganisation und damit insbesondere für ein angemessenes und wirksames Risikomanagement (→ AT3 Tz.1 und 2). Insbesondere hat die Geschäftsleitung eine mit der Geschäftsstrategie und den daraus resultierenden Risiken konsistente Risikostrategie festzulegen (→ AT4.2 Tz.2). Zudem ist sie für die Festlegung und Anpassung der Strategien verantwortlich, wobei sie diese Verantwortung nicht delegieren darf (→ AT4.2 Tz.3). Für die Vorbereitung der entsprechenden Tätigkeiten bietet sich die Risikocontrolling-Funktion aufgrund ihrer dazu vorhandenen Expertise an.

2.3 Ausarbeitung und Umsetzung der Risikopolitik

22 Zunächst hat die Risikocontrolling-Funktion die Aufgabe, die Geschäftsleitung bei der Behandlung aller risikopolitischen Fragestellungen zu unterstützen. Diese Anforderung läuft auf eine maßgebliche Beteiligung des Risikocontrollings an der Ausarbeitung und Umsetzung der Risikopolitik hinaus. Die »Risikopolitik« des Institutes wird von der Geschäftsleitung grundsätzlich im Rahmen der Strategie festgelegt. Mit ihrer Hilfe werden die Rahmenbedingungen für das Risikomanagement gesetzt, indem u.a. vorgegeben wird, wie mit den wesentlichen Risiken umgegangen werden soll (z.B. Risikovermeidung, -verminderung, -überwälzung oder -übernahme). Insbesondere wird mit der Risikopolitik bezweckt, ein einheitliches Risikobewusstsein und somit eine angemessene Risikokultur im Unternehmen zu fördern. Dieses Verständnis scheint auch die EBA zugrunde zulegen, deren Vorstellungen zufolge die Risikocontrolling-Funktion so strukturiert sein sollte, dass sie die Risikopolitik umsetzen und die Rahmenbedingungen für das Risikomanagement steuern kann.[7]

23 Besonders hervorgehoben wird in diesem Zusammenhang die Unterstützung der Geschäftsleitung bei der Entwicklung und Umsetzung der Risikostrategie (→ AT4.2 Tz.2 und 3) sowie bei der Ausgestaltung eines Systems zur Begrenzung der Risiken (→ AT4.3.2 Tz.1). Auch nach den Vorstellungen der EBA sollte die Risikocontrolling-Funktion bereits in einem frühen Stadium bei der Ausarbeitung einer Risikostrategie aktiv eingebunden werden. Bevor eine Entscheidung

---

6 Vgl. European Banking Authority, Leitlinien zur internen Governance, EBA/GL/2017/11, 21. März 2018, S.44.
7 Vgl. European Banking Authority, Leitlinien zur internen Governance, EBA/GL/2017/11, 21. März 2018, S.43.

getroffen wird, sollte sie die Risikostrategie, einschließlich der von den Geschäftseinheiten vorgeschlagenen Zielvorgaben, beurteilen und die Geschäftsleitung beraten.[8] Die Begrenzung der im Risikotragfähigkeitskonzept einbezogenen Risiken soll vorrangig auf der Basis eines wirksamen Limitsystems erfolgen. Entsprechende Vorgaben sind für Adressenausfallrisiken (→ BTR 1 Tz. 2, 3 und 4) und Marktpreisrisiken (→ BTR 2.1 Tz. 1) grundsätzlich nicht neu. Bei Risiken, die nicht sinnvoll limitiert werden können, sind auch qualitative Instrumente denkbar, wie z. B. regelmäßige Risikoanalysen (→ AT 4.3.2 Tz. 1, Erläuterung).

2.4   Risikoinventur und Gesamtrisikoprofil

Den Vorgaben der EBA zufolge sollte die Risikocontrolling-Funktion sicherstellen, dass der Geschäftsleitung eine ganzheitliche Sicht auf alle wesentlichen Risiken ermöglicht wird.[9] Diese Anforderung ist bereits Bestandteil der MaRisk. Zur Beurteilung der Wesentlichkeit der Risiken hat sich die Geschäftsleitung regelmäßig und anlassbezogen im Rahmen einer Risikoinventur einen Überblick über die Risiken des Institutes zu verschaffen. Die Risiken sind auf der Ebene des gesamten Institutes (Gesamtrisikoprofil) zu erfassen (→ AT 2.2 Tz. 1). Da die Geschäftsleitung die Durchführung der Risikoinventur und die damit verbundene Erstellung des Gesamtrisikoprofils nicht selbst vornehmen wird, ist diese Aufgabenzuweisung an das Risikocontrolling folgerichtig. Auch nach den Vorstellungen der EBA wird der Leiter der Risikocontrolling-Funktion für die Bereitstellung umfassender und verständlicher Informationen über die Risiken verantwortlich gemacht, um die Geschäftsleitung in die Lage zu versetzen, das Gesamtrisikoprofil des Institutes zu verstehen. Das gleiche gilt für die Muttergesellschaft mit Blick auf die gesamte Gruppe.[10]

24

2.5   Risikosteuerungs- und -controllingprozesse

Eine weitere Aufgabe der Risikocontrolling-Funktion besteht in der Unterstützung der Geschäftsleitung bei der Einrichtung und Weiterentwicklung der Risikosteuerungs- und -controllingprozesse. Die Einrichtung dieser Prozesse zur Identifizierung, Beurteilung, Steuerung sowie Überwachung und Kommunikation der wesentlichen Risiken und damit verbundener Risikokonzentrationen sowie deren zeitnahe Anpassung an sich ändernde Bedingungen wird in den MaRisk bereits gefordert (→ AT 4.3.2 Tz. 1 und 7). Es versteht sich von selbst, dass die Risikocontrolling-Funktion allein aufgrund ihrer Unabhängigkeit von jenen Einheiten, deren Risiken im Mittelpunkt dieser Prozesse stehen, dabei eine Schlüsselrolle spielen muss.

25

Das fordert auch die EBA, die die Risikocontrolling-Funktion insbesondere bei der Gewährleistung effektiver Risikomanagement-Prozesse in der Pflicht sieht. In diesem Zusammenhang kann die Risikocontrolling-Funktion Verbesserungen der Rahmenbedingungen für das Risikomanagement und Handlungsoptionen zur Vermeidung von Verstößen gegen die Risikopolitik, die Verfahren und die Limitierung empfehlen.[11]

26

 8 Vgl. European Banking Authority, Leitlinien zur internen Governance, EBA/GL/2017/11, 21. März 2018, S. 43.
 9 Vgl. European Banking Authority, Leitlinien zur internen Governance, EBA/GL/2017/11, 21. März 2018, S. 43.
10 Vgl. European Banking Authority, Leitlinien zur internen Governance, EBA/GL/2017/11, 21. März 2018, S. 45.
11 Vgl. European Banking Authority, Leitlinien zur internen Governance, EBA/GL/2017/11, 21. März 2018, S. 45.

AT4.4.1 Risikocontrolling-Funktion

27 Was die Weiterentwicklung der Prozesse anbelangt, so sollte die Risikocontrolling-Funktion Trends analysieren und neue oder neu aufkommende Risiken aus veränderten Umständen und Bedingungen erkennen. Sie sollte auch regelmäßig die tatsächlichen Risiken mit früheren Schätzungen abgleichen, um die Genauigkeit und die Wirksamkeit des Risikomanagementprozesses zu beurteilen und zu verbessern.[12]

2.6   Risikokennzahlen und Risikofrüherkennung

28 Desweiteren wird der Risikocontrolling-Funktion die Aufgabe der Einrichtung und Weiterentwicklung eines Systems von Risikokennzahlen und eines Risikofrüherkennungsverfahrens übertragen. Mit Hilfe von »Risikokennzahlen« – häufig auch als Risikomaße bezeichnet – wird die aktuelle Risikosituation beurteilt, indem z.B. die Eintrittswahrscheinlichkeit, die Volatilität und die maximale Ausprägung der relevanten Risiken oder ihre Entwicklung im Verhältnis zu geeigneten Vergleichsgrößen gemessen werden. Beispiele für Risikokennzahlen sind Standardabweichung/Volatilität, Value-at-Risk, Expected Shortfall, Lower Partial Moments, Liquidity-at-Risk, Liquidity-Value-at-Risk, Liquidity Coverage Ratio, Net Stable Funding Ratio, Leverage Ratio, Korrelation, die Greeks (Delta, Gamma, Theta) und diverse Sensitivitätsmaße. Aus dem Handelsbereich bekannt sind darüber hinaus z.B. Alpha- und Beta-Faktor, R-Quadrat-Kennzahl, Tracking Error, (Maximum) Drawdown, Sharpe Ratio oder Sharpe-Quote sowie Treynor Ratio oder Treynor-Quote. Auch die Ergebnisse aus dem Backtesting und die Entwicklung der Risikobeiträge, der Bilanzkennzahlen sowie der Gewinn- und Verlustrechnung können als Risikokennzahlen herangezogen werden.

29 Der Erfolg eines Systems von noch so ausgeklügelten Risikokennzahlen steht und fällt mit deren regelmäßiger Überwachung und einer damit verbundenen zeitnahen und aussagekräftigen Risikoberichterstattung. Da die Risikocontrolling-Funktion insbesondere für die Überwachung und Kommunikation der Risiken zuständig ist, erscheint es insofern naheliegend, ihr auch die Verantwortung für die Einrichtung und Weiterentwicklung eines Systems von Risikokennzahlen zu übertragen.

30 Zur Früherkennung von Risiken und risikoartenübergreifenden Effekten hat das Institut geeignete Indikatoren abzuleiten, die je nach Risikoart auf quantitativen und/oder qualitativen Risikomerkmalen basieren ($\rightarrow$ AT4.3.2 Tz.2). Diese allgemein gehaltene Anforderung wird für das Kreditgeschäft weiter konkretisiert, indem dort die Einrichtung eines Risikofrüherkennungsverfahrens gefordert wird. Dieses Verfahren soll der rechtzeitigen Identifizierung von Kreditnehmern dienen, bei deren Engagements sich erhöhte Risiken abzuzeichnen beginnen. Damit soll das Institut in die Lage versetzt werden, in einem möglichst frühen Stadium Gegenmaßnahmen, wie z.B. die Intensivbetreuung von Engagements, einleiten zu können.

31 Voraussetzung für ein derartiges Verfahren ist die Entwicklung quantitativer und qualitativer Risikoindikatoren ($\rightarrow$ BTO 1.3 Tz.1 und 2). »Risikoindikatoren« sind demzufolge Parameter, die insbesondere zur rechtzeitigen Beurteilung der Risikoentwicklung herangezogen werden können. Wie der Name schon sagt, sollen sie dabei helfen, bestimmte Entwicklungen der Risikosituation frühzeitig anzuzeigen – das Wort »anzeigen« ist vom lateinischen Begriff »indicare« abgeleitet. Die Funktion der Früherkennung von Risiken kann unter bestimmten Voraussetzungen auch von Risikoklassifizierungsverfahren wahrgenommen werden ($\rightarrow$ BTO 1.3 Tz.3 inkl. Erläuterung).

---

12 Vgl. European Banking Authority, Leitlinien zur internen Governance, EBA/GL/2017/11, 21. März 2018, S.45.

Die Verantwortung für Entwicklung, Qualität und Überwachung der Anwendung der Risiko- **32**
klassifizierungsverfahren muss außerhalb des Bereiches Markt angesiedelt sein (→ BTO 1.4
Tz. 2). Dafür ist bisher typischerweise die Marktfolge zuständig. Anfangs war offen, ob die
geforderte Zuordnung zum Risikocontrolling in Verbindung mit der Exklusivität dieser Zuständigkeit in größeren Instituten zwangsläufig ablauforganisatorische Anpassungen erfordert. Im
Grunde besteht kein Interessenkonflikt, wenn die Marktfolge bei der Einrichtung und Weiterentwicklung eines Risikofrüherkennungsverfahrens im Kreditgeschäft die Methodenverantwortung behält, zumal auch von der EBA keine derart strikte Vorgabe gemacht wird. Die BaFin hat
diese Variante mittlerweile gestattet.

2.7 Risikoüberwachung

Aus der generellen Verantwortung der Risikocontrolling-Funktion für die unabhängige Über- **33**
wachung der Risiken (→ AT 4.4.1 Tz. 1) ergibt sich auf natürliche Weise auch ihre Zuständigkeit
für die laufende Überwachung der Risikosituation des Institutes und der Risikotragfähigkeit sowie
der Einhaltung der eingerichteten Risikolimite. Die Kreditwirtschaft hatte vorgeschlagen, die
Formulierung in »regelmäßige Überwachung der Risikosituation« zu ändern, da sich der Begriff
»laufend« eher für Bestandsgrößen eigne.[13] Dieser Vorschlag wurde allerdings nicht berücksichtigt.
Da die Begrenzung und Überwachung von im Risikotragfähigkeitskonzept einbezogenen Risiken
grundsätzlich auf der Basis eines wirksamen Limitsystems erfolgen soll, wäre es auch nicht
sinnvoll, mit der laufenden Überwachung der Risikotragfähigkeit und der Einhaltung der eingerichteten Risikolimite verschiedene Funktionen zu betrauen.

Zur Risikoüberwachung hat auch die EBA eine Vielzahl von Vorschlägen gemacht. So sollte die **34**
Risikocontrolling-Funktion sicherstellen, dass alle identifizierten Risiken von den Geschäftsein-
heiten wirksam überwacht werden können. Sie sollte regelmäßig das tatsächliche Risikoprofil des
Institutes überwachen und im Hinblick auf die strategischen Ziele und den Risikoappetit einge-
hend überprüfen, um die Entscheidungsfindung durch die Geschäftsleitung und deren kritisches
Hinterfragen durch das Aufsichtsorgan zu ermöglichen. Die Risikocontrolling-Funktion sollte
Verstöße oder Zuwiderhandlungen von bzw. gegen Vorgaben unabhängig beurteilen – einschließ-
lich ihrer Ursache und einer rechtlichen und betriebswirtschaftlichen Analyse der tatsächlichen
Kosten für die Vermeidung, Reduzierung oder Absicherung der Risiken gegen die potenziellen
Kosten, die mit ihrer Duldung verbunden wären. Verstöße oder Zuwiderhandlungen gegen
Strategien, Risikoappetit oder Limite können laut EBA vor allem durch neue Transaktionen,
Veränderungen der Marktbedingungen oder durch die Weiterentwicklung der Strategien, Richt-
linien oder Verfahren verursacht werden, wenn Limite oder der Risikoappetit nicht entsprechend
geändert werden.[14]

---

13 Vgl. Deutsche Kreditwirtschaft, Stellungnahme zum Konsultationspapier 01/2012 der Bundesanstalt für Finanzdienstleistungsaufsicht (BaFin) – »Überarbeitung der MaRisk« (Zwischenentwurf vom 2. August 2012), 12. September 2012, S. 6.
14 Vgl. European Banking Authority, Leitlinien zur internen Governance, EBA/GL/2017/11, 21. März 2018, S. 44 f.

AT 4.4.1 Risikocontrolling-Funktion

2.8 Risikoberichterstattung

35 Die allgemeine Zuständigkeit der Risikocontrolling-Funktion für die unabhängige Kommunikation der Risiken (→ AT 4.4.1 Tz. 1) wird an dieser Stelle gleich in zweifacher Hinsicht konkretisiert. So ist sie einerseits für die regelmäßige Erstellung der Risikoberichte an die Geschäftsleitung zuständig. Anderseits trägt sie die Verantwortung für die Prozesse zur unverzüglichen Weitergabe von unter Risikogesichtspunkten wesentlichen Informationen (Ad-hoc-Berichterstattung) an die Geschäftsleitung, die jeweiligen Verantwortlichen und ggf. die Interne Revision (→ AT 4.3.2 Tz. 4). Die Risikocontrolling-Funktion ist somit dafür verantwortlich, dass der Geschäftsleitung in angemessenen Abständen und anlassbezogen über die Risikosituation berichtet wird. Die turnusmäßige Risikoberichterstattung hat neben einer Darstellung auch eine Beurteilung der Risikosituation und im Bedarfsfall Handlungsvorschläge, wie z. B. zur Risikoreduzierung, zu enthalten (→ BT 3.1 Tz. 1 inkl. Erläuterung).

36 Auch nach den Vorstellungen der EBA sollte die Risikocontrolling-Funktion die Geschäftsleitung mit allen risikorelevanten Informationen versorgen, damit sie den Risikoappetit des Institutes festlegen kann.[15] Die Risikocontrolling-Funktion sollte relevante unabhängige Informationen, Analysen und Expertenschätzungen über die Risikopotenziale bereitstellen sowie einschätzen, ob die von der Geschäftsleitung und den Geschäfts- oder Support-Funktionen gemachten Vorschläge und getroffenen Risikoentscheidungen im Einklang mit dem Risikoappetit des Institutes stehen.[16] Außerdem sollte sie die betroffenen Geschäftseinheiten bei Unstimmigkeiten informieren und ihnen ggf. mögliche Abhilfen empfehlen. Sie sollte eine Schlüsselrolle bei der Sicherstellung spielen, dass zu ihren Empfehlungen auf der jeweiligen Ebene eine Entscheidung getroffen wird, die von den zuständigen Geschäftseinheiten beachtet und entsprechend der Geschäftsleitung, dem Risikoausschuss und der betroffenen Funktion gemeldet wird.[17]

37 Bei der Ad-hoc-Berichterstattung geht es ausschließlich um die Prozessverantwortung. Diese Verantwortung ist nicht so zu verstehen, dass diese Berichterstattung nur vom Risikocontrolling selbst erfolgen darf, das somit alle relevanten Informationen zunächst zugeleitet bekommen müsste. Dies stünde im Widerspruch zum Sinn und Zweck der Ad-hoc-Berichterstattung, da die Informationen möglichst schnell weitergeleitet werden müssen und eine »zentrale Sammelstelle« diesen Prozess nur verzögern würde. Es geht vielmehr darum, das Funktionieren dieses Prozesses sicherzustellen. Ob in diesem Zusammenhang auch die Informationspflicht gegenüber der Internen Revision konkretisiert wird, liegt im Ermessen der Institute. Diese Informationspflicht besteht immer dann, wenn nach Einschätzung der Fachbereiche unter Risikogesichtspunkten relevante Mängel zu erkennen oder bedeutende Schadensfälle aufgetreten sind oder ein konkreter Verdacht auf Unregelmäßigkeiten besteht (→ AT 4.3.2 Tz. 4, Erläuterung). Es empfiehlt sich in jedem Fall, die Interne Revision dabei einzubeziehen.

---

15 Vgl. European Banking Authority, Leitlinien zur internen Governance, EBA/GL/2017/11, 21. März 2018, S. 43.

16 Vgl. European Banking Authority, Leitlinien zur internen Governance, EBA/GL/2017/11, 21. März 2018, S. 43.

17 Vgl. European Banking Authority, Leitlinien zur internen Governance, EBA/GL/2017/11, 21. März 2018, S. 45.

2.9 Risikocontrolling-Funktion als Kontrolleinheit i. S. d. Vergütungsverordnung

Die Aufgaben der Risikocontrolling-Funktion beschränken sich nicht auf die in den MaRisk **38** enthaltenen Verantwortlichkeiten. Nach § 2 Abs. 11 InstitutsVergV ist die Risikocontrolling-Funktion als Kontrolleinheit im Sinne der Institutsvergütungsverordnung einzustufen. Die Institutsvergütungsverordnung weist den Kontrolleinheiten an zahlreichen Stellen Verantwortlichkeiten zu bzw. fordert ihre Einbindung. Als Kontrolleinheit ist die Risikocontrolling-Funktion zunächst gemäß § 3 Abs. 3 InstitutsVergV bei der Ausgestaltung und der Überwachung der Vergütungssysteme angemessen zu beteiligen. Diese Regelung wurde im Zuge der Änderung der Vergütungsverordnung im Jahre 2017 dahingehend erweitert, dass die Kontrolleinheiten in bedeutenden Instituten nunmehr auch in Bezug auf den Prozess der Ermittlung der Risikoträger auf Einzelinstituts- und Gruppenebene angemessen zu beteiligen sind. Ausgehend von ihrem Aufgabenbereich wird die Risikocontrolling-Funktion bereits bei der Festlegung der Vergütungsstrategie einzubinden sein, da diese laut § 4 InstitutsVergV auch auf die in der (zur Geschäftsstrategie konsistenten) Risikostrategie des Institutes niedergelegten Ziele ausgerichtet sein soll.[18]

Ebenfalls neu aufgenommen im Rahmen der letzten Überarbeitung wurde die Anforderung **39** nach § 7 Abs. 1 InstitutsVergV, dass der Gesamtbetrag der variablen Vergütung unter angemessener und ihrem Aufgabenbereich entsprechender Beteiligung der Kontrolleinheiten und damit auch unter Einbindung der Risikocontrolling-Funktion festzusetzen ist. Bei der Festsetzung des Gesamtbetrages der variablen Vergütungen ist die Sachkunde der Risikocontrolling-Funktion von besonderer Bedeutung, da mögliche Auswirkungen auf die Risikotragfähigkeit des Institutes, die mehrjährige Kapitalplanung, die Eigenmittel- und Liquiditätsausstattung des Institutes sowie die kombinierten Kapitalpufferanforderungen nach § 10i KWG zu beurteilen sind.[19] Nach den Vorstellungen der EBA soll die Risikocontrolling-Funktion bei der Festlegung des Gesamtbetrages der variablen Vergütungen und der Leistungskriterien sowie bei der Vergütungsgewährung entsprechend ihrem Aufgabenbereich etwaige Bedenken hinsichtlich der Auswirkungen auf das Verhalten der Mitarbeiter und das mit den wahrgenommenen Geschäften verbundene Risiko mitteilen und an der Erarbeitung einer Lösung mitwirken.[20]

Schließlich ist die Risikocontrolling-Funktion gemäß § 11 Abs. 1 Satz 2 InstitutsVergV beim **40** Rahmenkonzept zur Festlegung und Gewährung von Abfindungen einzubinden.

2.10 Risikocontrolling-Funktion auf Gruppenebene

Im Rahmen der vierten MaRisk-Novelle ist darauf verzichtet worden, den Instituten die Einrich- **41** tung einer Risikocontrolling-Funktion auf Gruppenebene explizit vorzuschreiben. Allerdings

---

18 Vgl. Buscher, Arne Martin/Link, Vivien/von Harbou, Christopher/Weigl, Thomas, Verordnung über die aufsichtsrechtlichen Anforderungen an Vergütungssysteme von Instituten (Institutsvergütungsverordnung – InstitutsVergV), 2. Auflage, Stuttgart, 2018, § 3, Tz. 46.

19 Vgl. Buscher, Arne Martin/Link, Vivien/von Harbou, Christopher/Weigl, Thomas, Verordnung über die aufsichtsrechtlichen Anforderungen an Vergütungssysteme von Instituten (Institutsvergütungsverordnung – InstitutsVergV), 2. Auflage, Stuttgart, 2018, § 3, Tz. 46.

20 Vgl. European Banking Authority, Leitlinien für eine solide Vergütungspolitik gemäß Art. 74 Absatz 3 und Artikel 75 Absatz 2 der Richtlinie 2013/36/EU und Angaben gemäß Artikel 450 der Verordnung (EU) Nr. 575/2013, EBA/GL/2015/22, 27. Juni 2016, Tz. 30; Auslegungshilfe zur Verordnung über die aufsichtsrechtlichen Anforderungen an Vergütungssysteme von Instituten (Institutsvergütungsverordnung – InstitutsVergV) in der Fassung vom 15. Februar 2018, zu § 3.

AT4.4.1 Risikocontrolling-Funktion

wird mit dem Trennbankengesetz von den Geschäftsleitern des übergeordneten Unternehmens einer Institutsgruppe, Finanzholding-Gruppe oder gemischten Finanzholding-Gruppe gemäß § 25c Abs. 4b Nr. 3 lit. e KWG ausdrücklich gefordert, dass das interne Kontrollsystem der Gruppe eine Risikocontrolling-Funktion sowie Risikosteuerungs- und -controllingprozesse zur Identifizierung, Beurteilung, Steuerung, Überwachung und Kommunikation der wesentlichen Risiken und damit verbundener Risikokonzentrationen umfasst. Für das Erfordernis einer Risikocontrolling-Funktion auf Gruppenebene spricht zudem der ausdrückliche Verweis von § 25a Abs. 3 Satz 1 KWG auf § 25a Abs. 1 Satz 3 Nr. 3c KWG. Die Anforderungen an das Risikomanagement der einzelnen Institute können allerdings nicht vollständig auf die Gruppenebene übertragen werden, sondern gelten für die Gruppe lediglich »entsprechend«. Auch nach den Vorstellungen der EBA hat das Mutterunternehmen einer Gruppe eine zentrale Risikocontrolling-Funktion einzurichten, um eine gruppenweite ganzheitliche Übersicht über alle Risiken zu erlangen und sicherzustellen, dass die Risikostrategie auf Gruppenebene eingehalten wird.[21] Die EBA verlangt auch ausdrücklich die Benennung eines Leiters der Risikocontrolling-Funktion auf Gruppenebene.[22]

42   Die Anforderungen an ein angemessenes und wirksames Risikomanagement auf Gruppenebene sind im Einzelnen im Modul AT 4.5 geregelt. Die Reichweite des Risikomanagements auf Gruppenebene erstreckt sich dabei auf alle wesentlichen Risiken der Gruppe, unabhängig davon, ob diese von konsolidierungspflichtigen Unternehmen begründet werden oder nicht.[23] Die Geschäftsleitung des übergeordneten Unternehmens nach § 10a Abs. 1 Satz 1 KWG ist für die Einhaltung der Anforderungen auf Gruppenebene verantwortlich (→ AT 4.5 Tz. 1). Folgerichtig ist der Leiter der Risikocontrolling-Funktion auf Gruppenebene der Geschäftsleitung des übergeordneten Unternehmens unmittelbar unterstellt und berichtspflichtig. In der Praxis ist der Leiter der Risikocontrolling-Funktion des übergeordneten Unternehmens regelmäßig gleichzeitig Leiter der Risikocontrolling-Funktion auf Gruppenebene.

43   Die Risikocontrolling-Funktion auf Gruppenebene ist für die Überwachung und Kommunikation der Risiken der Gruppe zuständig. Die Aufgaben der Risikocontrolling-Funktion auf Gruppenebene ergeben sich im Wesentlichen aus den Anforderungen im Modul AT 4.5. Zudem liegt es nahe, sich bei den Aufgaben der Risikocontrolling-Funktion auf Gruppenebene an den für die Risikocontrolling-Funktion des einzelnen Institutes formulierten Aufgaben der MaRisk zu orientieren. Die Risikocontrolling-Funktion auf Gruppenebene hat danach – abhängig von Art, Umfang, Komplexität und Risikogehalt der von der Gruppe betriebenen Geschäfte sowie der gesellschaftsrechtlichen Möglichkeiten – u. a. folgende Aufgaben:
- Unterstützung der Geschäftsleitung des übergeordneten Unternehmens in risikopolitischen Fragen, insbesondere bei der Entwicklung und Umsetzung der gruppenweiten Risikostrategie (→ AT 4.5 Tz. 2),
- Durchführung einer Risikoinventur und Erstellung des Gesamtrisikoprofils der Gruppe, Einrichtung eines internen Prozesses zur Sicherstellung der Risikotragfähigkeit auf Gruppenebene auf der Grundlage des Gesamtrisikoprofils der Gruppe (→ AT 4.5 Tz. 3),
- Unterstützung der Geschäftsleitung des übergeordneten Unternehmens bei der Einrichtung und Weiterentwicklung angemessener Risikosteuerungs- und -controllingprozesse, die die gruppenangehörigen Unternehmen einbeziehen, regelmäßige Durchführung angemessener Stresstests für die wesentlichen Risiken auf Gruppenebene (→ AT 4.5 Tz. 5),
- Einrichtung und Weiterentwicklung eines Systems von Risikokennzahlen und eines Risikofrüherkennungsverfahrens auf Gruppenebene,

---

21 Vgl. European Banking Authority, Leitlinien zur internen Governance, EBA/GL/2017/11, 21. März 2018, S. 43.

22 Vgl. European Banking Authority, Leitlinien zur internen Governance, EBA/GL/2017/11, 21. März 2018, S. 45 f.

23 Vgl. auch European Banking Authority, Guidelines on common procedures and methodologies for the supervisory review and evaluation process (SREP) and supervisory stress testing, EBA/GL/2014/13, Consolidated version, 19. Juli 2018, S. 52.

AT 4.4.1 Risikocontrolling-Funktion

- Laufende Überwachung der Risikosituation der Gruppe und der Risikotragfähigkeit der Gruppe sowie der Einhaltung der eingerichteten Risikolimite auf Gruppenebene,
- Regelmäßige Erstellung der gruppenweiten Risikoberichte für die Geschäftsleitung des übergeordneten Unternehmens, Verantwortung für die Prozesse zur unverzüglichen Weitergabe von unter Risikogesichtspunkten wesentlichen Informationen an die Geschäftsleitung des übergeordneten Unternehmens, die jeweiligen Verantwortlichen und ggf. die Konzernrevision.

3 Befugnisse und Informationsrechte der Risikocontrolling-Funktion (Tz. 3)

44   3 Den Mitarbeitern der Risikocontrolling-Funktion sind alle notwendigen Befugnisse und ein uneingeschränkter Zugang zu allen Informationen einzuräumen, die für die Erfüllung ihrer Aufgaben erforderlich sind. Hierzu gehört insbesondere auch ein uneingeschränkter und jederzeitiger Zugang zu den Risikodaten des Institutes.

3.1 Befugnisse des Risikocontrollings

45   Synonyme für »Befugnis« sind u. a. Berechtigung, Bevollmächtigung, Kompetenz, Verantwortung und Zuständigkeit, d. h. im weiteren Sinne die Erlaubnis für eine bestimmte Tätigkeit. Aus der Organisationslehre ist das Kongruenzprinzip bekannt, wonach Aufgabe, Kompetenz und Verantwortung miteinander im Einklang stehen müssen. Eine zugewiesene Aufgabe kann schlicht nicht erfüllt werden, wenn die Kompetenz oder die Verantwortung dafür nicht vorhanden sind.

46   Die Risikocontrolling-Funktion muss zur unabhängigen Überwachung und Kommunikation der Risiken (→ AT4.4.1 Tz. 1) natürlich auch mit den dafür erforderlichen Befugnissen ausgestattet sein. Dieses Erfordernis wird besonders deutlich, wenn es um die Erfüllung jener Aufgaben geht, die der Risikocontrolling-Funktion explizit zugeordnet werden und die Wirksamkeit und Angemessenheit des Risikomanagements im Institut maßgeblich beeinflussen (→ AT4.4.1 Tz. 2). Demnach geht es z. B. darum, die laufende Überwachung der Risikosituation des Institutes und der Risikotragfähigkeit sowie der Einhaltung der eingerichteten Risikolimite oder die regelmäßige Erstellung der Risikoberichte für die Geschäftsleitung vornehmen zu können. Dafür kann es einerseits erforderlich sein, von anderen Organisationseinheiten spezielle Zulieferungen einzufordern, wofür die entsprechenden Befugnisse benötigt werden, oder bestimmte Informationen in den relevanten Bereichen selbst einzusehen, wofür der Informationszugang gewährleistet sein muss.

47   Hinreichende Befugnisse spielen auch bei der Methodenverantwortung eine Schlüsselrolle, wenn es um die Einrichtung und Weiterentwicklung der Risikosteuerungs- und -controllingprozesse, des Systems von Risikokennzahlen und des Risikofrüherkennungsverfahrens, die Ausgestaltung eines Systems zur Begrenzung der Risiken sowie die Prozesse zur unverzüglichen Weitergabe von unter Risikogesichtspunkten wesentlichen Informationen geht. Dieser Verantwortung könnte die Risikocontrolling-Funktion ohne entsprechende Befugnisse praktisch nicht nachkommen.

3.2 Informationszugang für das Risikocontrolling

48   Selbst wenn den Mitarbeitern der Risikocontrolling-Funktion alle notwendigen Befugnisse eingeräumt werden, können sie ihre Aufgaben ggf. nicht oder zumindest nicht vollständig erfüllen, wenn ihnen der Zugang zu den für ihre Tätigkeit notwendigen Informationen verwehrt wird. Vor diesem Hintergrund wird von der BaFin die Forderung erhoben, ihnen einen uneinge-

schränkten Zugang zu jenen Informationen einzuräumen, die für die Erfüllung ihrer Aufgaben erforderlich sind.

Eine zentrale Rolle für das institutsinterne Risikomanagement spielt die regelmäßig und **49** anlassbezogen durchzuführende Risikoinventur, um der Geschäftsleitung mit dem Gesamtrisikoprofil einen Überblick über die Risiken auf der Ebene des Institutes zu verschaffen (→ AT 2.2 Tz. 1). Würden den dafür zuständigen Mitarbeitern der Risikocontrolling-Funktion risikorelevante Informationen vorenthalten, könnte das auf dieser Basis ermittelte Gesamtrisikoprofil ggf. Lücken aufweisen, die im ungünstigsten Fall Fehlsteuerungsimpulse auslösen. Die EBA fordert grundsätzlich für alle internen Kontrollfunktionen den Zugang zu internen und externen Informationen, die sie für die Wahrnehmung ihrer Aufgaben benötigen. Diesen Zugang bezieht sie mit Blick auf die Risikocontrolling-Funktion auf alle Geschäftsbereiche und sonstigen internen Einheiten, die das Potenzial zur Erzeugung von Risiken aufweisen, sowie auf relevante Tochtergesellschaften und verbundene Unternehmen.[24]

In der alten Fassung der EBA-Leitlinien zur internen Governance wurde darauf hingewiesen, **50** dass die Risikocontrolling-Funktion bei der Risikoinventur die Komplexität der rechtlichen Struktur des Institutes berücksichtigen sollte. So wurde von der EBA befürchtet, dass aus einem Mangel an Transparenz, aus miteinander verbundenen und komplexen Finanzierungsstrukturen, aus Gruppen- oder Verbundforderungen, aus gebundenen Sicherheiten oder aus Kontrahentenrisiken wesentliche Risiken resultieren könnten, die bei der Risikoinventur übersehen werden. Ebenso sollten die Geschäfte mit verbundenen Parteien bewertet und die damit verbundenen tatsächlichen oder potenziellen Risiken für das Institut identifiziert und angemessen beurteilt werden.[25] Auch der aktuellen Version der EBA-Leitlinien zufolge sollten die Institute auf Basis der Ergebnisse der Risikobewertung vermeiden, komplexe und möglicherweise intransparente Strukturen einzurichten. Entsprechend komplexe Strukturen, ihren Zweck und die mit ihnen verbundenen besonderen Risiken sollte die Geschäftsleitung verstehen und sicherstellen, dass die internen Kontrollfunktionen ordnungsgemäß eingebunden sind. Je komplexer und undurchsichtiger die organisatorische und operative Struktur ist, desto intensiver sollte die Überwachung dieser Struktur erfolgen.[26] Außerdem sollte die Risikocontrolling-Funktion dafür Sorge tragen, dass die Durchführung von Transaktionen mit nahestehenden Personen und Unternehmen überprüft und die Risiken, die sich daraus für das Institut ergeben, erkannt und angemessen bewertet werden.[27]

Die Anforderung an den uneingeschränkten Zugang zu allen Informationen für die Mitarbeiter **51** der Risikocontrolling-Funktion wurde im Rahmen der fünften MaRisk-Novelle durch eine Klarstellung erweitert, wonach dazu insbesondere auch der uneingeschränkte und jederzeitige Zugang zu den Risikodaten des Institutes gehört. Damit wird auf Erfahrungen aus der Finanzmarktkrise aufgesetzt, die auch zur Erweiterung der MaRisk durch neue Anforderungen an das Datenmanagement, die Datenqualität und die Aggregation von Risikodaten für systemrelevante Institute geführt haben (→ AT 4.3.4 Tz. 1 bis 7). Es leuchtet sofort ein, dass die Risikocontrolling-Funktion ohne einen hinreichenden Zugang zu den Risikodaten kaum in der Lage wäre, die laufende Überwachung der Risikosituation des Institutes und der Risikotragfähigkeit sowie der Einhaltung der eingerichteten Risikolimite sicherzustellen. Sofern sie im Rahmen ihrer Überwachungstätigkeit nicht jederzeit direkten Zugang zu den relevanten Informationen hätte, könnte sie dieser Aufgabe zudem nicht in unabhängiger Weise nachgehen. Dieses Problem stellt sich ebenso bei der regelmäßigen Erstellung der Risikoberichte für die Geschäftsleitung, die im Bedarfsfall auch Handlungsvorschläge enthalten sollen.

---

24 Vgl. European Banking Authority, Leitlinien zur internen Governance, EBA/GL/2017/11, 21. März 2018, S. 42.
25 Vgl. European Banking Authority, EBA Guidelines on Internal Governance (GL 44), 27. September 2011, S. 40.
26 Vgl. European Banking Authority, Leitlinien zur internen Governance, EBA/GL/2017/11, 21. März 2018, S. 22 f.
27 Vgl. European Banking Authority, Leitlinien zur internen Governance, EBA/GL/2017/11, 21. März 2018, S. 44.

AT 4.4.1 Risikocontrolling-Funktion

52 Nur auf Basis hinreichender Informationen können die Mitarbeiter der Risikocontrolling-Funktion in die Lage versetzt werden, sich jene auch von der EBA geforderten ausreichenden Kenntnisse über Risikomanagementtechniken und -verfahren sowie Märkte und Produkte anzueignen[28], für die grundsätzlich andere Bereiche zuständig sind. Dieses Verständnis ist für die Überwachung der Risiken auf Ebene des Institutes oder auch der Gruppe unabdingbar.

---

28 Vgl. European Banking Authority, Leitlinien zur internen Governance, EBA/GL/2017/11, 21. März 2018, S. 42 f.

4 Leitung der Risikocontrolling-Funktion (Tz. 4)

4 Die Leitung der Risikocontrolling-Funktion ist bei wichtigen risikopolitischen Entschei-dungen der Geschäftsleitung zu beteiligen. Diese Aufgabe ist einer Person auf einer ausreichend hohen Führungsebene zu übertragen. Sie hat ihre Aufgaben in Abhängigkeit von der Größe des Institutes sowie Art, Umfang, Komplexität und Risikogehalt der Geschäfts-aktivitäten grundsätzlich in exklusiver Weise auszufüllen.   **53**

4.1 Beteiligung bei wichtigen risikopolitischen Entscheidungen

Die Leitung der Risikocontrolling-Funktion ist bei wichtigen risikopolitischen Entscheidungen der   **54**
Geschäftsleitung zu beteiligen. Wie an anderer Stelle näher erläutert, geht es dabei vor allem um die Entwicklung und Umsetzung der Risikostrategie sowie die Ausgestaltung eines Systems zur Begrenzung der Risiken (→ AT4.4.1 Tz. 2). Die Zielsetzung der BaFin besteht neben einer Stärkung der Risikosicht bei wichtigen geschäftspolitischen Weichenstellungen[29] ausdrücklich auch in einer Stärkung der Governance-Strukturen in den Instituten.[30]

Sofern es sich beim Leiter Risikocontrolling selbst um einen Geschäftsleiter handelt, kann diese   **55**
Anforderung i. d. R. als erfüllt angesehen werden. Schließlich ist der Chief Risk Officer auf natürliche Weise für die Risikopolitik des Institutes verantwortlich und somit automatisch an jeder risiko-politischen Entscheidung maßgeblich beteiligt. Wird der Leiter Risikocontrolling hingegen auf einer Hierarchieebene unterhalb der Geschäftsleitung angesiedelt, ist seine Einbindung in die relevanten Entscheidungsprozesse durch entsprechende organisatorische Vorgaben sicherzustellen.

Die EBA fordert ebenfalls, die Risikocontrolling-Funktion in einem frühen Stadium in die   **56**
Ausarbeitung der Risikostrategie und alle wesentlichen Entscheidungen im Risikomanagement aktiv einzubinden. Dazu zählen vor allem Änderungen der Strategie sowie des genehmigten Risikoappetits und der Limite. Bei der Gewährleistung effektiver Prozesse im Risikomanagement sollte die Risikocontrolling-Funktion eine Schlüsselrolle spielen. Durch diese Maßnahmen soll sichergestellt werden, dass Risikoüberlegungen im Entscheidungsprozess angemessen berück-sichtigt werden, obwohl die Verantwortung für die Entscheidungen bei den Geschäftseinheiten bzw. den anderen Support-Funktionen und letztlich bei der Geschäftsleitung verbleiben sollte. Der Leiter Risikocontrolling und die Geschäftsleitung oder die relevanten Ausschüsse des Aufsichtsorgans sollten in der Lage sein, über wesentliche Risikoangelegenheiten direkt mit-einander zu kommunizieren, einschließlich der ggf. nicht im Einklang mit dem Risikoappetit und der Strategie stehenden Entwicklungen.[31]

Die Kreditwirtschaft hatte vorgeschlagen, anstelle der Formulierung »zu beteiligen« den   **57**
Begriff »einzubeziehen« zu verwenden. Hintergrund dieses Vorschlages war – vor dem Hinter-grund der personenbezogenen Funktionstrennung zur Vermeidung von Interessenkonflikten (→ AT4.3.1 Tz. 1) – ein vermuteter Widerspruch zwischen der geforderten Beteiligung der Risikocontrolling-Funktion an wichtigen risikopolitischen Entscheidungen der Geschäftsleitung und ihrer Verantwortung für die unabhängige Überwachung und Kommunikation der Risiken

---

29 Vgl. Bundesanstalt für Finanzdienstleistungsaufsicht, Jahresbericht 2012, 28. Mai 2013, S. 124.
30 Vgl. Bundesanstalt für Finanzdienstleistungsaufsicht, Übermittlungsschreiben zum Rundschreiben 10/2012 (BA) vom 14. Dezember 2012, S. 3.
31 Vgl. European Banking Authority, Leitlinien zur internen Governance, EBA/GL/2017/11, 21. März 2018, S. 43 f.

AT4.4.1 Risikocontrolling-Funktion

($\rightarrow$ AT4.4.1 Tz.1).[32] Die BaFin ist diesem Vorschlag nicht gefolgt, weil sie die Ansicht der Kreditwirtschaft in dieser Frage nicht teilt.

4.2 Angemessenheit der Führungsebene

58 Die Leitung des Risikocontrollings ist einer Person auf einer ausreichend hohen Führungsebene zu übertragen. Was unter »ausreichend hoch« genau zu verstehen ist, wird an anderer Stelle näher ausgeführt. Mit der fünften MaRisk-Novelle hat die BaFin ihre Ausführungen nochmals präzisiert. Lediglich in systemrelevanten Instituten muss diese Aufgabe von einem Geschäfts-leiter (»Chief Risk Officer«) wahrgenommen werden ($\rightarrow$ AT4.4.1 Tz.5).[33] Dem Proportionalitäts-gedanken zufolge kann also in den übrigen Instituten im Umkehrschluss eine Person auf mindestens einer Hierarchieebene unterhalb der Geschäftsleitung für das Risikocontrolling zuständig sein. In der Regel wird in diesen Instituten die Leitung der Risikocontrolling-Funktion unmittelbar unterhalb der Geschäftsleiterebene erwartet, also auf der zweiten Hierarchieebene ($\rightarrow$ AT4.4.1 Tz.4, Erläuterung). Dabei handelt es sich in der Regel um die Bereichsleitungs-ebene. Bei Instituten mit maximal drei Geschäftsleitern kann die Leitung der Risikocontrolling-Funktion auch auf der dritten Hierarchieebene angesiedelt sein, die häufig als Abteilungs-leitungsebene bezeichnet wird, sofern eine direkte Berichtslinie zur Geschäftsleiterebene be-steht ($\rightarrow$ AT4.4.1 Tz.4, Erläuterung).

59 Damit scheint allerdings die Grenze erreicht zu sein, um noch von einer ausreichend hohen Führungsebene sprechen zu können. Durch diese Abstufung wird der Tatsache Rechnung getragen, dass die Anzahl der Geschäftsleiter in kleineren Instituten begrenzt ist, wodurch die Möglichkeiten zur Aufgabenverteilung stärker eingeschränkt sind. Die hier skizzierte Abstufung der Hierarchieebenen ist keineswegs allgemeingültig, da sie z.B. komplexere Modelle mit einer erweiterten Geschäftsleitung und die Funktion von Generalbevollmächtigten vernachlässigt. Zudem wird die Bezeichnung Abteilungsleitung teilweise auch für die zweite Führungsebene verwendet.

60 Ein Institut sollte sich vor dem Hintergrund der eigenen aufbauorganisatorischen Struktur jeweils die Frage stellen, ob die mit der Leitung des Risikocontrollings betraute Person hierarchisch so angesiedelt ist, dass sie mit den damit verbundenen Befugnissen ($\rightarrow$ AT4.4.1 Tz.3) ihren Aufgaben ($\rightarrow$ AT4.4.1 Tz.2) hinreichend gerecht werden kann. Die BaFin verbindet mit der Vorgabe einer ausreichend hohen Führungsebene insbesondere die Zielsetzung, »die Risikosensibilität in den Instituten zu erhöhen, indem Risikothemen frühzeitig, nachhaltig und hochrangig durch einen eigenen Risikovorstand adressiert und im Regelfall auch beeinflusst werden, wodurch eine Verbes-serung der Reaktion der Institute gerade auf schwierige Situationen erreicht werden soll«.[34]

---

32 Vgl. Deutsche Kreditwirtschaft, Stellungnahme zum Konsultationspapier 01/2012 der Bundesanstalt für Finanzdienst-leistungsaufsicht (BaFin) – »Überarbeitung der MaRisk« (Zwischenentwurf vom 2. August 2012), 12. September 2012, S. 7.

33 Hinsichtlich der Definition der systemrelevanten Institute wird seit der fünften MaRisk-Novelle auf die global systemrele-vanten Institute nach § 10h KWG (G-SRI) und die anderweitig systemrelevante Institute nach § 10g KWG (A-SRI) verwiesen ($\rightarrow$ AT1 Tz. 6).

34 Bundesanstalt für Finanzdienstleistungsaufsicht, Antwortschreiben an die DK zur Leitung der Risikocontrolling-Funktion vom 18. Juli 2013, S. 2.

4.3 Anforderungen an den Leiter der Risikocontrolling-Funktion

Das Institut hat für die Risikocontrolling-Funktion einen Leiter zu benennen, der für die Erfüllung der Aufgaben dieser Funktion verantwortlich ist. Zusätzlich ist es ratsam, einen Stellvertreter zu bestellen, auch wenn die MaRisk dies nicht ausdrücklich verlangen. Die Anforderung ergibt sich implizit aus der Notwendigkeit angemessener Vertretungsregeln. Danach hat das Institut sicherzustellen, dass die Abwesenheit oder das Ausscheiden von Mitarbeitern nicht zu nachhaltigen Störungen der Betriebsabläufe führen (→ AT7.1 Tz.3, Erläuterung). Dem stellvertretenden Leiter sind in dieser Funktion entsprechende Pflichten und Befugnisse einzuräumen. **61**

Eine besondere Form für die Übertragung der Aufgabe der Leitung der Risikocontrolling-Funktion ist nicht vorgesehen. Sie erfolgt jedoch in der Praxis schon aus Dokumentations- und Nachweisgründen schriftlich. Das Institut hat eine natürliche Person zum Leiter der Risikocontrolling-Funktion zu benennen. Die Aufgaben können nicht auf mehrere Personen verteilt werden. **62**

Der Leiter der Risikocontrolling-Funktion hat zudem besonderen qualitativen Anforderungen entsprechend seines Aufgabengebietes zu genügen (→ AT7.1 Tz.2, Erläuterung). Im MaRisk-Fachgremium wurde deutlich, dass es neben der fachlichen Qualifikation vor allem um die Durchsetzungsfähigkeit bei schwierigen bzw. unbequemen Entscheidungen geht. Diese Fähigkeit hängt nicht allein von der Ansiedlung der Position auf einer bestimmten Hierarchieebene ab, sondern setzt auch bestimmte Eigenschaften des Stelleninhabers voraus. So ist es z.B. kaum vorstellbar, dass der Leiter dieser Funktion ohne hinreichende Kenntnisse und Erfahrungen sowie eine entsprechende Autorität in der Lage sein wird, bei umstrittenen Entscheidungen die Interessen des Risikocontrollings durchzusetzen. **63**

Den Vorstellungen des Baseler Ausschusses zufolge sollte der Leiter der Risikocontrolling-Funktion über ein hinreichendes Dienstalter sowie genügend Ansehen und Autorität im Institut verfügen. Dies wird i.d.R. in seiner Fähigkeit abzulesen sein, Entscheidungen zu beeinflussen, die sich auf die Risikoposition der Bank auswirken können.[35] **64**

Die EBA verbindet mit den besonderen qualitativen Anforderungen eine ausreichende Fachkompetenz, Unabhängigkeit und ein entsprechendes Dienstalter, um Entscheidungen infrage zu stellen, die das Risikopotenzial eines Institutes beeinflussen.[36] Zudem hat die EBA besondere Anforderungen an die Inhaber von Schlüsselfunktionen (»Key Function Holder«) formuliert, zu denen auch die Leiter der internen Kontrollfunktionen gehören.[37] Für diese Inhaber von Schlüsselfunktionen verlangt die EBA einen Prozess, der die Bewertung der Eignung im Zeitpunkt der Bestellung (Erstbewertung) und anschließend die fortlaufende Überprüfung dieser Eignung (Folgebewertung) beinhaltet. Die Bewertung der Zuverlässigkeit, Aufrichtigkeit, Integrität, Kenntnisse, Fähigkeiten und Erfahrung von Inhabern von Schlüsselfunktionen sollte auf denselben Kriterien basieren, die auch bei den Geschäftsleitern angewandt werden.[38] Die Institute sollten daher einen entsprechenden Prozess zur Beurteilung und Sicherstellung der fachlichen Qualifikation sowie der sonstigen Anforderungen implementieren und diesen angemessen dokumentieren (→ AT4.4, Einführung). **65**

---

35 Vgl. Basel Committee on Banking Supervision, Principles for enhancing corporate governance, BCBS 176, 4. Oktober 2010, S. 18; Basel Committee on Banking Supervision, Guidelines – Corporate governance principles for banks, BCBS d328, 8. Juli 2015, S. 26.

36 Vgl. European Banking Authority, Leitlinien zur internen Governance, EBA/GL/2017/11, 21. März 2018, S. 45 f.

37 Vgl. European Banking Authority/European Securities and Markets Authority, Leitlinien zur Bewertung der Eignung von Mitgliedern des Leitungsorgans und Inhabern von Schlüsselfunktionen, EBA/GL/2017/12, 21. März 2018, S. 5 ff.

38 Vgl. European Banking Authority/European Securities and Markets Authority, Leitlinien zur Bewertung der Eignung von Mitgliedern des Leitungsorgans und Inhabern von Schlüsselfunktionen, EBA/GL/2017/12, 21. März 2018, S. 15.

4.4 Exklusivität des Leiters Risikocontrolling

66 Der Leiter der Risikocontrolling-Funktion hat seine Aufgaben in Abhängigkeit von der Größe des Institutes sowie von Art, Umfang, Komplexität und Risikogehalt der Geschäftsaktivitäten grundsätzlich in exklusiver Weise auszufüllen. Diese Exklusivität läuft auf die ausschließliche Wahrnehmung von Aufgaben des Risikocontrollings hinaus (→ AT4.4.1 Tz.4, Erläuterung). Das Exklusivitätserfordernis stärkt die notwendige Unabhängigkeit der Risikocontrolling-Funktion (→ AT4.4.1 Tz.1) und schließt mögliche Interessenkonflikte weitgehend aus. Darüber hinaus gewährleistet eine exklusive Befassung mit den Aufgaben des Risikocontrollings, dass der Leiter der Risikocontrolling-Funktion für seine Tätigkeit ausreichend Zeit zur Verfügung hat. Umgesetzt wird diese Vorgabe über verschiedene aufbauorganisatorische Vorgaben, wie die Trennung von der Marktfolge und von anderen Bereichen auf einer bestimmten Hierarchieebene und die Einrichtung von direkten Berichtslinien zur Geschäftsleitung.

67 In Analogie dazu fordert die EBA einen »Chief Risk Officer« (CRO) bzw. neueren Vorgaben zufolge einen »Head of the risk management function« mit ausschließlicher Verantwortung für die Risikocontrolling-Funktion und die Überwachung der Rahmenbedingungen des Risikomanagements in der gesamten Organisation. Lediglich in jenen Fällen, in denen es die Eigenschaften eines Institutes – vor allem seine Größe und Organisation sowie die Art seiner Geschäftsaktivitäten – nicht rechtfertigen, eine speziell ernannte Person mit dieser Verantwortung zu betrauen, kann die Funktion von einer anderen leitenden Person im Institut ausgefüllt werden, sofern damit keine Interessenkonflikte verbunden sind.[39] Dadurch soll – entsprechend der international gängigen Praxis – der Risikocontrolling-Funktion die bei großen, international tätigen Instituten zur Erfüllung ihrer Aufgaben erforderliche Durchschlagskraft und Unabhängigkeit verschafft werden, um somit risikopolitische Fragestellungen auf Geschäftsleiterebene frühzeitig, nachdrücklich und hochrangig zu adressieren.

68 Diesem Proportionalitätsprinzip zufolge ist also umgekehrt eine exklusive Aufgabenzuordnung für kleine Institute oder Institute mit unter Risikogesichtspunkten überschaubaren Geschäftsaktivitäten grundsätzlich nicht erforderlich. Das bedeutet, dass in diesen Instituten auch auf einer der Geschäftsleitung nachgelagerten Ebene die Zuordnung weiterer Tätigkeiten möglich ist, solange daraus keine Interessenkonflikte resultieren.

4.5 Risikocontrolling und Marktfolge

69 Die BaFin hatte vor dem Hintergrund der geforderten Exklusivität des Leiters der Risikocontrolling-Funktion mit der vierten MaRisk-Novelle zunächst für große, international tätige Institute eine Trennung des Risikocontrollings von den Bereichen Finanzen und Marktfolge auf Ebene der Geschäftsleitung zwingend vorgegeben.[40] Damit hat sie sich zwar rein formal im Einklang mit internationalen Vorgaben befunden, die allerdings bei ihren beispielhaft genannten Bereichen, die zur Vermeidung doppelter Zuständigkeiten (»Dual Hatting«) vom Risikocontrolling zu trennen sind, in keinem Fall auf die Marktfolge abgestellt haben.[41]

---

39 Vgl. European Banking Authority, Leitlinien zur internen Governance, EBA/GL/2017/11, 21. März 2018, S.46. Ergänzend verweist die EBA auf den von ihr entwickelten detaillierten Katalog zur Konkretisierung des Proportionalitätsprinzips. Vgl. European Banking Authority, Leitlinien zur internen Governance, EBA/GL/2017/11, 21. März 2018, S.8 f.

40 Vgl. Bundesanstalt für Finanzdienstleistungsaufsicht, Übermittlungsschreiben zum Rundschreiben 10/2012 (BA) vom 14. Dezember 2012, S.3 f.

41 Vgl. Basel Committee on Banking Supervision, Principles for enhancing corporate governance, BCBS 176, 4. Oktober 2010, S.18.

Die Kreditwirtschaft hatte in diesem Zusammenhang darauf hingewiesen, dass durch die vorgeschriebene Trennung von Markt und Marktfolge und die Abgrenzung bestimmter risikosensitiver Funktionen vom Marktbereich (→ BTO Tz. 3) eine Vielzahl von Interessenkonflikten von vornherein ausgeschlossen wird. Diese Art der Funktionstrennung ist in Europa nicht generell anzutreffen. Nach Einschätzung der Kreditwirtschaft zielt die Vorgabe der EBA jedoch darauf ab, ein Sicherheitsniveau herzustellen, wie es in deutschen Kreditinstituten bereits vorzufinden ist.[42] Vor dem Hintergrund der spezifischen Aufgaben der Marktfolge wurde die Anforderung von der BaFin nochmals eingehend überprüft. So wurde zunächst angekündigt, bei weiteren Aufgaben, die nicht den Bereichen Markt oder Handel zuzuordnen sind, im Einzelfall zu prüfen, inwieweit sie mit der Kernaufgabe des Risikocontrollings, also der unabhängigen Überwachung und Kommunikation der Risiken, im Einklang stehen und somit beim Chief Risk Officer angesiedelt werden dürfen.[43]

70

Später hat die BaFin ihre Vorgabe modifiziert. Demnach wird den Instituten – unabhängig von ihrer Größe – eine gemeinsame Zuständigkeit für die Ressorts Risikocontrolling und Marktfolge auf Geschäftsleiterebene gestattet, sofern die Trennung auf der nachgelagerten Ebene erfolgt. Mitarbeiter der Risikocontrolling-Funktion dürfen in diesem Fall keine Aufgaben wahrnehmen, die der Marktfolge zugeordnet sind, um die Neutralität der Risikocontrolling-Funktion zu stärken. Beispielhaft wird auf die Zweitvotierung und Tätigkeiten im Rahmen der operativen Kreditprozesse bei den einzelnen Kreditengagements verwiesen.[44]

71

Im Rahmen der fünften MaRisk-Novelle wurde diese Klarstellung in das Rundschreiben überführt. Nunmehr umfasst die exklusive Wahrnehmung der Leitung der Risikocontrolling-Funktion auch eine klare aufbauorganisatorische Trennung von Risikocontrolling-Funktion und Marktfolge bis unterhalb der Geschäftsleiterebene, also der zweiten Hierarchieebene (→ AT 4.4.1 Tz. 4, Erläuterung).

72

GL 1	GL 2		GL 3	GL 4	...
Markt	Marktfolge	Risiko-controlling	...	...	...
Handel	...	...	...	...	
Treasury			...	...	
...					

Abb. 38: Exklusive Wahrnehmung der Leitung der Risikocontrolling-Funktion

---

42 Vgl. Deutsche Kreditwirtschaft, Schreiben an die BaFin zur Leitung der Risikocontrolling-Funktion, 13. März 2013, S. 1 f.

43 Vgl. Hofer, Markus, Neue MaRisk, BaFinJournal, Ausgabe März 2013, S. 17.

44 Diese Vorgabe war zunächst als Reaktion auf das Schreiben der Deutschen Kreditwirtschaft zu verstehen und folglich nur für »große, international tätige Institute mit komplexen Geschäftsaktivitäten« maßgeblich. Eine zwingende Trennung der Bereiche Risikocontrolling und Marktfolge direkt unterhalb der Ebene der Geschäftsleitung wurde für die übrigen Institute damit nicht vorgeschrieben.

AT 4.4.1 Risikocontrolling-Funktion

73 Allerdings können bei Instituten mit maximal drei Geschäftsleitern die Risikocontrolling-Funktion und die Marktfolge auch unter einheitlicher Leitung der zweiten Hierarchieebene stehen und dieser Leitung auch Votierungskompetenzen eingeräumt werden, sofern daraus keine wesentlichen Interessenkonflikte erkennbar sind und diese Leitung weder Geschäfte initiiert noch in die Kundenbetreuung eingebunden ist (→ AT 4.4.1 Tz. 4, Erläuterung). Bei solchen Instituten kann die Leitung der Risikocontrolling-Funktion auch auf der dritten Hierarchieebene angesiedelt sein, sofern eine direkte Berichtslinie zur Geschäftsleiterebene besteht (→ AT 4.4.1 Tz. 4, Erläuterung).

74 Auf den ersten Blick ergibt sich die Zuordnung der Leitung der Risikocontrolling-Funktion zur dritten Hierarchieebene in diesem Falle von selbst, weil diese Funktion letztlich auch für die Überwachung der Marktfolge zuständig ist und insofern beide Bereiche zumindest auf der dritten Hierarchieebene funktional getrennt werden müssen. Auch der Hinweis auf die Zulässigkeit der Votierungskompetenz erscheint eigentlich überflüssig, weil die Marktfolge letztlich nur über ihr Votum bei Kreditentscheidungen definiert ist (→ BTO Tz. 2). Vermutlich wollte die Aufsicht damit verdeutlichen, dass bei einheitlicher Leitung der Risikocontrolling-Funktion und der Marktfolge entweder der Leiter dieser gemeinsamen Organisationseinheit auf der zweiten Hierarchieebene beide Funktionen selbst ausübt oder die jeweils nachgeordneten Leiter auf der dritten Hierarchieebene unter bestimmten Voraussetzungen formal als Leiter der Risikocontrolling-Funktion bzw. als Leiter der Marktfolge fungieren können.

75 Eine Zusammenlegung der Risikocontrolling-Funktion und der Marktfolge auf der dritten Hierarchieebene ist für Institute mit maximal drei Geschäftsleitern, sofern bisher praktiziert, jedenfalls nicht mehr möglich. Diese Auslegung ergibt sich auch daraus, dass die Leitung der Risikocontrolling-Funktion ihre Aufgaben in Abhängigkeit von der Größe des Institutes sowie Art, Umfang, Komplexität und Risikogehalt der Geschäftsaktivitäten grundsätzlich in exklusiver Weise auszufüllen hat. Dies setzt ihre Ansiedlung auf einer angemessenen Hierarchieebene voraus.

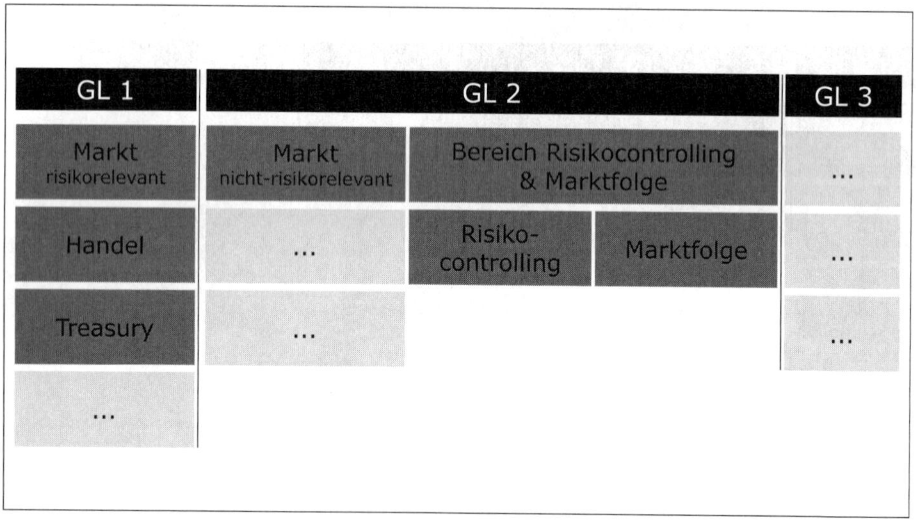

Abb. 39: Erleichterungen für Institute mit maximal drei Geschäftsleitern

4.6 Rechtlich unselbständige Auslandszweigstellen/-niederlassungen

Hinsichtlich der Trennung der Risikocontrolling-Funktion bei rechtlich unselbständigen Auslands- **76** zweigstellen gelten die Anforderungen an die Aufbau- und Ablauforganisation entsprechend (→ AT 4.4.1 Tz. 4, Erläuterung). Während eine aufbauorganisatorische Trennung normalerweise auf eine sowohl fachliche als auch disziplinarische Trennung der Verantwortlichkeiten hinausläuft, wird ein Auseinanderfallen von fachlicher und disziplinarischer Verantwortung bei rechtlich unselbständigen Auslandsniederlassungen für vertretbar gehalten. Voraussetzung hierfür ist, dass zumindest die Trennung der fachlichen Verantwortlichkeiten dem dargestellten Funktionstrennungsprinzip bis einschließlich der Ebene der Geschäftsleitung entspricht (→ BTO Tz. 3, Erläuterung).

5 Besondere Anforderungen an systemrelevante Institute (Tz. 5)

77 **5** Bei systemrelevanten Instituten hat die exklusive Wahrnehmung der Leitung der Risiko-controlling-Funktion grundsätzlich durch einen Geschäftsleiter zu erfolgen (»Chief Risk Officer« – CRO). Er kann auch für die Marktfolge zuständig sein, sofern eine klare aufbau-organisatorische Trennung von Risikocontrolling-Funktion und Marktfolge bis unterhalb der Geschäftsleiterebene erfolgt. Der CRO darf weder für den Bereich Finanzen/Rechnungswesen (»Chief Financial Officer« – CFO) noch für den Bereich Organisation/IT (»Chief Operational Officer« – COO) verantwortlich sein. Ausnahmen hiervon sind lediglich im Vertretungsfall möglich.

5.1 Installation eines »Chief Risk Officer« (CRO)

78 Die Leitung der Risikocontrolling-Funktion ist einer Person auf einer ausreichend hohen Füh-rungsebene zu übertragen. Sie hat ihre Aufgaben in Abhängigkeit von der Größe des Institutes sowie von Art, Umfang, Komplexität und Risikogehalt der Geschäftsaktivitäten grundsätzlich in exklusiver Weise auszufüllen (→ AT4.4.1 Tz.4). Die exklusive Wahrnehmung der Leitung der Risikocontrolling-Funktion bedeutet die ausschließliche Wahrnehmung von Risikocontrolling-Aufgaben in der Regel unmittelbar unterhalb der Geschäftsleiterebene, also der zweiten Hierar-chieebene (→ AT4.4.1 Tz.4, Erläuterung). Bei Instituten mit maximal drei Geschäftsleitern kann die Leitung der Risikocontrolling-Funktion auch auf der dritten Hierarchieebene angesiedelt sein, sofern eine direkte Berichtslinie zur Geschäftsleiterebene besteht (→ AT4.4.1 Tz.4, Erläuterung). Bei systemrelevanten Instituten hat die exklusive Wahrnehmung der Leitung der Risikocontrol-ling-Funktion hingegen »grundsätzlich« durch einen Geschäftsleiter (»Chief Risk Officer« – CRO) zu erfolgen. Hinsichtlich der Definition der systemrelevanten Institute wird auf die global system-relevanten Institute nach § 10h KWG (G-SRI) und die anderweitig systemrelevanten Institute nach § 10g KWG (A-SRI) verwiesen (→ AT1 Tz. 6).

79 Die exklusive Wahrnehmung der Leitung der Risikocontrolling-Funktion umfasst allerdings auch eine klare aufbauorganisatorische Trennung von der Marktfolge (→ AT4.4.1 Tz.4, Erläute-rung). Gleichzeitig kann der CRO bei systemrelevanten Instituten durchaus für die Marktfolge zuständig sein, sofern eine klare aufbauorganisatorische Trennung von Risikocontrolling-Funk-tion und Marktfolge bis unterhalb der Geschäftsleiterebene erfolgt. Daraus ergibt sich im Umkehr-schluss, dass der CRO bei systemrelevanten Instituten nur dann dem »Leiter Risikocontrolling« entsprechen kann, wenn er nicht gleichzeitig für die Marktfolge zuständig ist. Andernfalls ist unter dem »Leiter Risikocontrolling« der jeweilige Bereichsleiter zu verstehen, der die Leitung der Risikocontrolling-Funktion tatsächlich exklusiv wahrnimmt. Diese Unterscheidung kommt in der Formulierung »grundsätzlich« zum Ausdruck.

5.2 Vetorecht des Chief Risk Officer

Das Exklusivitätserfordernis stärkt die notwendige Unabhängigkeit der Risikocontrolling-Funktion **80** (→ AT 4.4.1 Tz. 1). Die EBA empfiehlt sogar, für den Chief Risk Officer ein Vetorecht in Betracht zu ziehen und in den institutsinternen Risikopolicen die möglichen Umstände und die Art der betroffenen Entscheidungen (z. B. Kreditentscheidung oder Festlegung eines Limits) festzulegen. In diesen Policen sollten auch die Eskalations- oder Einspruchsverfahren und die Umstände zur Einbeziehung der Geschäftsleitung beschrieben werden.[45] An diesen Empfehlungen wird wiederholt deutlich, dass die Rolle der in Deutschland obligatorischen Marktfolge oder einer ähnlichen Funktion keine Berücksichtigung findet.

So spielt das Votum der Marktfolge im Kreditentscheidungsprozess eine wesentliche Rolle **81** (→ BTO 1.1 Tz. 2). Für den Fall voneinander abweichender Voten sind in der Kompetenzordnung Entscheidungsregeln zu treffen: Der Kredit ist in diesen Fällen abzulehnen oder im Rahmen eines Eskalationsverfahrens zur Entscheidung auf eine höhere Kompetenzstufe zu verlagern (→ BTO 1.1 Tz. 6). Soweit die Entscheidungen von einem Ausschuss getroffen werden, sind die Mehrheitsverhältnisse innerhalb des Ausschusses so festzulegen, dass der Bereich Marktfolge nicht überstimmt werden kann (→ BTO 1.1 Tz. 2). Über Entscheidungen im risikorelevanten Kreditgeschäft, die Geschäftsleiter im Rahmen ihrer Krediteinzelkompetenz in Abweichung von den Voten beschlossen haben oder die von einem Geschäftsleiter getroffen werden, der für die Marktfolge zuständig ist, muss die Geschäftsleitung vom Risikocontrolling im Rahmen der regelmäßigen Berichterstattung unterrichtet werden (→ BTR 1 Tz. 7 lit. h). Auch bei Handelsgeschäften sind Kontrahenten- und Emittentenlimite durch eine Votierung aus dem Bereich Marktfolge festzulegen (→ BTO 1.1 Tz. 3). Das Risikocontrolling kommt bei Handelsgeschäften regelmäßig ins Spiel, wenn es um Limitüberschreitungen geht. So sind bei Limitüberschreitungen geeignete Maßnahmen zu treffen, ggf. ist ein Eskalationsverfahren einzuleiten (→ BTR 2.2 Tz. 1). Über bedeutende Limitüberschreitungen im Handelsgeschäft ist der Geschäftsleitung ebenfalls Bericht zu erstatten (→ BTR 2.1 Tz. 5 lit. b).

Insofern ergibt sich aus den Empfehlungen der EBA kein Handlungsbedarf für die BaFin. Im **82** MaRisk-Fachgremium hat sie klargestellt, dass die geforderte Beteiligung auch durch die Vorbereitung der Entscheidung vom Leiter Risikocontrolling erfüllt werden kann und damit kein Stimm- oder Vetorecht gemeint ist.

5.3 CRO, CFO und COO

An einer Trennung der Zuständigkeiten für Risikocontrolling und Finanzen auf Geschäftsleiter- **83** ebene kommen die systemrelevanten Institute nicht vorbei.[46] Diese Vorgabe, die im Rahmen der fünften Novelle Eingang in die MaRisk gefunden hat, steht aus Sicht der Kreditwirtschaft in einem gewissen Widerspruch zur gewünschten Weiterentwicklung der Gesamtbanksteuerung (→ AT 4.3.2 Tz. 1), die eher eine ganzheitliche Sichtweise voraussetzt.[47]

Der mit dem Risikocontrolling betraute Geschäftsleiter (»Chief Risk Officer« – CRO) darf bei **84** systemrelevanten Instituten weder für den Bereich Finanzen/Rechnungswesen (»Chief Financial

---

45 Vgl. European Banking Authority, Leitlinien zur internen Governance, EBA/GL/2017/11, 21. März 2018, S. 46.

46 Vgl. Bundesanstalt für Finanzdienstleistungsaufsicht, Antwortschreiben an die DK zur Leitung der Risikocontrolling-Funktion vom 18. Juli 2013, S. 2.

47 Die in den MaRisk verlangte Trennung von CRO und CFO wird zum Teil auch in der Literatur kritisch gesehen, da Interessenkonflikte zwischen Risikocontrolling und Rechnungswesen als sehr unwahrscheinlich beurteilt werden. Vgl. Hellstern, Gerhard, in: Luz, Günther/Neus, Werner/Schaber, Mathias/Schneider, Peter/Wagner, Claus-Peter/Weber, Max (Hrsg.), KWG und CRR, Band 1, 3. Auflage, Stuttgart, 2015, § 25a KWG, Tz. 129.

AT4.4.1 Risikocontrolling-Funktion

Officer« – CFO) noch für den Bereich Organisation/IT (»Chief Operational Officer« – COO) verantwortlich sein. Ausnahmen hiervon sind lediglich im Vertretungsfall möglich.

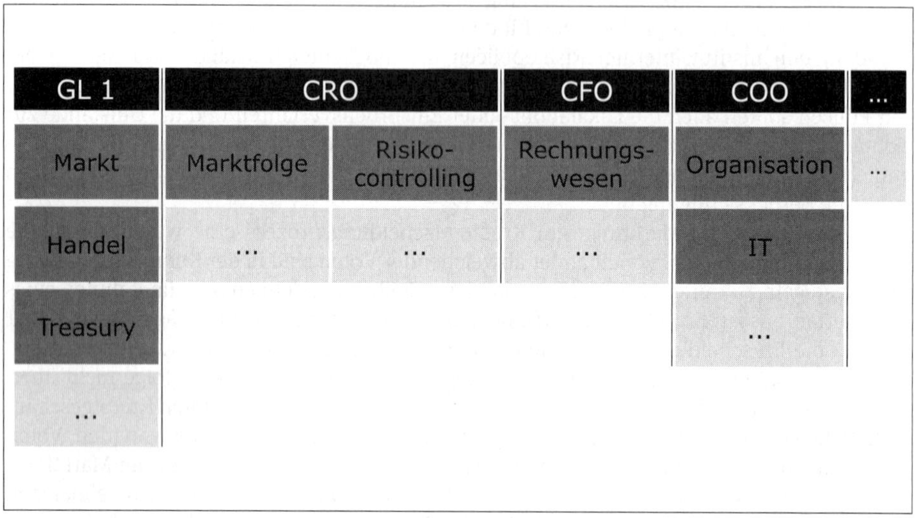

GL 1	CRO		CFO	COO	...
Markt	Marktfolge	Risiko-controlling	Rechnungs-wesen	Organisation	...
Handel	...	...	...	IT	
Treasury				...	
...					

Abb. 40: Zusätzliche Anforderungen an systemrelevante Institute

85 Auf weitere Festlegungen wird bewusst verzichtet, um nicht zu stark in die Organisationshoheit der Geschäftsleitung einzugreifen. Zunächst hatte die BaFin auch das klassische Controlling, auch als »Finanzcontrolling« oder »Ertragscontrolling« bezeichnet, im Visier. So wurde auf die teilweise beobachtete Zuordnung von Aufgaben zum Risikocontrolling hingewiesen, die eher dem Bereich Finanzen zugeordnet werden können oder zumindest für diesen Bereich unterstützend wirken. Inwieweit eine solche Kombination von Aufgaben bei größeren Instituten weiterhin als zulässig erachtet werden kann, sollte vom konkreten Aufgabenzuschnitt abhängig gemacht werden.[48] Wie an anderer Stelle ausführlich dargelegt (→ BTO Tz.3), hat das klassische Controlling sowohl mit dem Bereich Finanzen als auch mit dem Risikocontrolling Berührungspunkte. Deshalb gibt es in dieser Frage derzeit keine »Best Practice«. Die BaFin gestattet eine Anbindung des klassischen Controllings sowohl beim Finanzvorstand als auch beim Risikovorstand. Bezüglich der konkreten organisatorischen Anbindung bestehen keine Restriktionen, soweit konkrete Aufgaben im Einzelfall nicht der unabhängigen Überwachung und Berichterstattung des Risikocontrollings entgegenstehen.[49] In den letzten Jahren ist bei größeren Instituten aufgrund des enormen Aufgabenzuwachses beim Risikovorstand (CRO) allerdings verstärkt eine Zuordnung des Finanzcontrollings zum Finanzvorstand (CFO) zu beobachten.

---

48 Vgl. Bundesanstalt für Finanzdienstleistungsaufsicht, Übermittlungsschreiben zum Rundschreiben 10/2012 (BA) vom 14. Dezember 2012, S. 4.

49 Vgl. Bundesanstalt für Finanzdienstleistungsaufsicht, Antwortschreiben an die DK zur Leitung der Risikocontrolling-Funktion vom 18. Juli 2013, S. 2 f.

6 Wechsel der Leitung der Risikocontrolling-Funktion (Tz. 6)

6 Wechselt die Leitung der Risikocontrolling-Funktion, ist das Aufsichtsorgan rechtzeitig vorab unter Angabe der Gründe für den Wechsel zu informieren. **86**

6.1 Information des Aufsichtsorgans

Die EBA fordert eine vorherige Zustimmung des Aufsichtsorgans, sofern der Chief Risk Officer **87** ersetzt werden soll. Ihren Vorstellungen zufolge sollten die Abberufung oder die Ernennung eines Chief Risk Officer in bedeutenden Instituten sogar offengelegt und die Aufsichtsbehörden über die Gründe informiert werden.[50] Es ist allerdings anzunehmen, dass die EBA mit ihren Vorschlägen vordergründig auf die Geschäftsleitungsebene abzielt, wofür auch in Deutschland vergleichbare Anforderungen bestehen. So ist das Aufsichtsorgan insbesondere für die Bestellung der Geschäftsleitung verantwortlich. Die personelle Besetzung der nachgeordneten Hierarchieebenen obliegt hingegen der Geschäftsleitung eines Institutes. Die Kreditwirtschaft hatte für eine Streichung dieser Anforderung plädiert, weil sie eine Mitwirkung des Aufsichtsorgans nicht für angemessen hält und ein Verwischen der Organkompetenzen befürchtet.[51]

Die BaFin fordert beim Wechsel der Leitung des Risikocontrollings – unabhängig von der **88** betroffenen Hierarchieebene – lediglich eine Information des Aufsichtsorgans. Rein formal wurde zunächst nicht einmal festgeschrieben, dass diese Information vorab zu erfolgen hat, so dass das Aufsichtsorgan im Zweifel noch einwirken könnte. Dem Übermittlungsschreiben der BaFin zur vierten MaRisk-Novelle war allerdings schon zu entnehmen, dass die Anforderung genau so zu verstehen ist. Demnach soll die besondere Stellung des Leiters Risikocontrolling dadurch gestärkt werden, dass analog zu den EBA-Leitlinien zur internen Governance »ein Wechsel auf dieser Position eine Einbeziehung des Aufsichtsorgans erfordert«.[52] Gleichzeitig hat die BaFin im MaRisk-Fachgremium versichert, mit dieser Anforderung nicht in die Kompetenzen der Geschäftsleitung eingreifen zu wollen und in erster Linie auf den idealerweise mit einer Begründung angereicherten Informationsfluss zwischen der Geschäftsleitung und dem Aufsichtsorgan abzustellen. Mit der fünften MaRisk-Novelle hat die deutsche Aufsicht hinsichtlich dieser Vorgabe klargestellt, dass die Information an das Aufsichtsorgan nunmehr rechtzeitig vorab unter Angabe der Gründe für den Wechsel zu erfolgen hat.

Das Deutsche Institut für Interne Revision (DIIR) hat im Rahmen der Konsultationen zur vierten **89** MaRisk-Novelle vorgeschlagen, einen derartigen Informationsfluss auch für den Leiter der Internen Revision (→ AT 4.4.3 Tz. 6) und für den Compliance-Beauftragten (→ AT 4.4.2 Tz. 8) vorzusehen. Von Teilen der Kreditwirtschaft wurde dieser Vorschlag kritisch aufgenommen, um keinen Wettbewerb zu starten, welche Funktion im Institut die an den Anforderungen gemessene größte Bedeutung hat. Die Aufsicht hat sich jedoch der Argumentation des DIIR angeschlossen.

Auch wenn es nicht ausdrücklich verlangt wird, sollte dem Aufsichtsorgan bereits die Bestellung **90** der Leitung der Risikocontrolling-Funktion angezeigt werden. So kann der Vorsitzende des Risikoausschusses oder, falls ein Risikoausschuss nicht eingerichtet wurde, der Vorsitzende des Aufsichts-

---

50 Vgl. European Banking Authority, Leitlinien zur internen Governance, EBA/GL/2017/11, 21. März 2018, S. 41.

51 Vgl. Deutsche Kreditwirtschaft, Stellungnahme zum Konsultationspapier 01/2012 der Bundesanstalt für Finanzdienstleistungsaufsicht (BaFin) – »Überarbeitung der MaRisk«, 5. Juni 2012, S. 10.

52 Bundesanstalt für Finanzdienstleistungsaufsicht, Übermittlungsschreiben zum ersten Entwurf zur Überarbeitung der Mindestanforderungen an das Risikomanagement vom 26. April 2012, S. 4.

AT 4.4.1 Risikocontrolling-Funktion

organs unmittelbar beim Leiter des Risikocontrollings Auskünfte einholen. Die Geschäftsleitung muss hierüber unterrichtet werden (§ 25d Abs. 8 Satz 7 und 8 KWG). Eine vergleichbare Regelung betrifft den Vorsitzenden des Prüfungsausschusses (§ 25d Abs. 9 Satz 3 KWG). Die Mitglieder des Aufsichtsorgans können von ihrem unmittelbaren Auskunftsrecht naturgemäß nur Gebrauch machen, wenn ihnen der Leiter der Risikocontrolling-Funktion bekannt ist. In der Regel wird bei einem geplanten Wechsel des Leiters der Risikocontrolling-Funktion bereits ein neuer Kandidat für die Funktion feststehen, sodass die Information über den Wechsel des alten Leiters und der Bestellung des neuen Leiters der Risikocontrolling-Funktion zeitlich zusammenfallen werden.

AT 4.4.2 Compliance-Funktion

1   Einführung und Überblick

1.2   Allgemeine Compliance nach § 25a Abs. 1 Satz 1 KWG

1   Der aus dem angelsächsischen »to comply with« stammende Begriff »Compliance« bedeutet ein Handeln in Übereinstimmung mit den geltenden Gesetzen und Vorschriften. In der Literatur und in der Praxis wird der Compliance-Begriff sehr unterschiedlich verwendet. Zum Teil wird Compliance als die Einhaltung von gesetzlichen Regelungen und Vorgaben des Wertpapierhandelsgesetzes definiert, die durch die Mindestanforderungen an Compliance (MaComp) konkretisiert werden. Dieser enge Compliance-Begriff wird teilweise um die Anforderungen an die Verhinderung von Geldwäsche, Terrorismusfinanzierung und sonstigen strafbaren Handlungen erweitert.[1]

2   Seit der Neufassung des § 25a Abs. 1 KWG durch das Finanzkonglomeraterichtlinie-Umsetzungsgesetz[2] ist der Begriff Compliance in der Kreditwirtschaft jedoch wesentlich weiter zu fassen. Nach § 25a Abs. 1 Satz 1 KWG müssen Institute über eine ordnungsgemäße Geschäftsorganisation verfügen, die die Einhaltung der vom Institut zu beachtenden gesetzlichen Bestimmungen und der betrieblichen Notwendigkeiten gewährleistet. Gemäß der Gesetzesbegründung sind die von den Instituten einzuhaltenden gesetzlichen Bestimmungen in erster Linie die einschlägigen aufsichtsrechtlichen Gesetze, insbesondere das Kreditwesengesetz, das Wertpapierhandelsgesetz, das Investmentgesetz, das Geldwäschegesetz, das Depotgesetz, das Bausparkassengesetz und das Pfandbriefgesetz, das Schiffsbankgesetz, das Hypothekenbankgesetz und die zur Durchführung dieser Gesetze erlassenen Rechtsverordnungen. Darüber hinaus können jedoch weitere gesetzliche oder aus dem Postulat ordnungsgemäßer Geschäftsführung ableitbare organisatorische Pflichten bestehen.[3]

3   Bei der allgemeinen Compliance nach § 25a Abs. 1 Satz 1 KWG kommt es damit grundsätzlich nicht auf einen Bezug der gesetzlichen Regelung zum Bankaufsichtsrecht oder zum Kapitalmarktrecht an. § 25a Abs. 1 Satz 1 KWG verlangt vielmehr von den Instituten eine umfassende Einhaltung der gesetzlichen Bestimmungen im Sinne einer allgemeinen Compliance.[4] Die Verantwortung für eine ordnungsgemäße Geschäftsorganisation liegt bei der gesamten Geschäftsleitung (→ AT 3 Tz. 1). Das Merkmal der betriebswirtschaftlichen Notwendigkeiten begründet für die

---

1   Zur Compliance im engen und weiten Sinne vgl. Gebauer, Stefan, in: Hauschka, Christoph E., Corporate Compliance – Handbuch der Haftungsvermeidung im Unternehmen, München, 2007, § 31. Compliance-Organisation in der Banken- und Wertpapierdienstleistungsbranche, S. 652.

2   Gesetz zur Umsetzung der Richtlinie 2002/87/EG des Europäischen Parlaments und des Rates (Finanzkonglomeraterichtlinie-Umsetzungsgesetz) vom 16. Dezember 2002 (BGBl. I Nr. 72, S. 3610), veröffentlicht am 27. Dezember 2004.

3   Vgl. Entwurf eines Gesetzes zur Umsetzung der Richtlinie 2002/87/EG des Europäischen Parlaments und des Rates (Finanzkonglomeraterichtlinie-Umsetzungsgesetz) vom 16. Dezember 2002, Bundestags-Drucksache 15/3641 vom 12. August 2004, S. 47.

4   § 25a Abs. 1 Satz 1 KWG ist damit weitergehend als die Vorgaben im Deutschen Corporate Governance Kodex (DCGK), der sich an börsennotierte Unternehmen wendet. Der DCGK wiederholt in Ziffer 4.1.3 Satz 1 die für alle Unternehmen geltende Legalitätspflicht und formuliert in Ziffer 4.1.3 Satz 2 die Legalitätskontrollpflicht lediglich als Empfehlung. Vgl. Regierungskommission Deutscher Corporate Governance Kodex, Deutscher Corporate Governance Kodex, Fassung vom 7. Februar 2017, S. 6.

Geschäftsleitung keine Rechtspflicht. Es handelt sich vielmehr um eine Empfehlung an die Geschäftsleiter, in der Betriebswirtschaftslehre als gesichert geltende und in der Praxis bewährte Erkenntnisse zu berücksichtigen.

1.2 Compliance-Funktion nach § 25a Abs. 1 Satz 3 KWG

Jedes Institut muss über eine Compliance-Funktion verfügen, um den Risiken entgegenzuwirken, **4** die sich aus der Nichteinhaltung rechtlicher Regelungen und Vorgaben ergeben können (→ AT 4.4.2 Tz. 1). Das im Rahmen der vierten MaRisk-Novelle im Jahre 2012 neu eingefügte Modul AT 4.4.2 konkretisiert den durch das CRD IV-Umsetzungsgesetz erweiterten § 25a Abs. 1 Satz 3 Nr. 3 KWG, der erstmals eine rechtliche Verpflichtung zur Errichtung einer – über den Anwendungsbereich des WpHG hinausgehenden – Compliance-Funktion einführt.[5] Die Anforderungen an die Compliance-Funktion gehen auf die Leitlinien zur internen Governance der EBA aus dem Jahre 2011 zurück, die von den Instituten eine grundsätzliche Stärkung der internen Governance-Strukturen verlangen[6] und zielen im Kern auf eine angemessene Compliance-Kultur innerhalb des Institutes ab.[7] Bereits im Jahre 2010 hat die EU-Kommission in ihrem Grünbuch zur Corporate Governance in Finanzinstituten festgestellt, dass für die Finanzmarktkrise auch Schwächen der Corporate Governance von Banken mitursächlich waren. Die EU-Kommission kritisierte insbesondere die mangelnde Verbindlichkeit von Corporate Governance-Regelungen sowie fehlende Standards und Sanktionsmöglichkeiten der Aufsichtsbehörden.[8] Auf der internationalen Ebene hatte der Baseler Ausschusses für Bankenaufsicht erstmals im Jahre 2005 die Errichtung einer umfassenden Compliance-Funktion in Banken im Sinne des AT 4.4.2 vorgeschlagen.[9] Anschließend hat der Baseler Ausschuss konkrete Vorgaben zur Errichtung einer Compliance-Funktion und zum Umgang mit Compliance-Risiken gemacht.[10]

Die mit der vierten MaRisk-Novelle eingefügten Regelungen zur Compliance-Funktion schließen **5** die Lücke im Hinblick auf den Umgang mit Risiken aufgrund der Nichteinhaltung von gesetzlichen Bestimmungen. Die Compliance-Funktion hat als zentraler Bestandteil des internen Kontrollsystems darauf hinzuwirken, dass die Geschäftsbereiche die unter Compliance-Gesichtspunkten wesentlichen rechtlichen Regelungen und Vorgaben beachten (→ AT 4.4.2 Tz. 1). Zudem berät der Compliance-Beauftragte die Geschäftsleitung und unterrichtet sie regelmäßig über die Angemessenheit und Wirksamkeit der vorhandenen Verfahren bzw. über mögliche Defizite und Maßnahmen zu deren Behebung (→ AT 4.4.2 Tz. 7). Das Ziel besteht in der Etablierung einer angemessenen Compliance-Kultur in den Instituten, bei der alle wesentlichen Compliance-Risiken identifiziert, beurteilt, gesteuert und überwacht werden. In einer Sondersitzung des MaRisk-Fachgremiums zur Compliance-Funktion im Jahre 2013 wurden zwischen der Aufsicht und der Deutschen Kreditwirt-

---

5 Die Regelung korrespondiert mit dem durch das Trennbankengesetz eingefügten § 25c Abs. 4a Nr. 3 lit. c KWG, der eine entsprechende Sicherstellungspflicht der Geschäftsleiter des Institutes enthält. Danach haben die Geschäftsleiter im Rahmen ihrer Gesamtverantwortung für eine ordnungsgemäße Geschäftsorganisation dafür Sorge zu tragen, dass das interne Kontrollsystem des Institutes eine Compliance-Funktion umfasst.

6 Vgl. European Banking Authority, EBA Guidelines on Internal Governance (GL 44), 27. September 2011, S. 43. Eine ausdrückliche Vorgabe zur Errichtung einer Compliance-Funktion enthalten allerdings auf der Ebene des europäischen Sekundärrechts weder die Bankenrichtlinie (Capital Requirements Directive, CRD IV), noch die Bankenverordnung (Capital Requirements Regulation, CRR).

7 Vgl. Bundesanstalt für Finanzdienstleistungsaufsicht, Übermittlungsschreiben zum Rundschreiben 10/2012 (BA) vom 14. Dezember 2012, S. 4.

8 European Commission, Corporate governance in financial institutions and remuneration policies, Green paper, 2. Juni 2010, S. 2 ff.

9 Vgl. Basel Committee on Banking Supervision, Compliance and the compliance function in banks, BCBS 113, 29. April 2005, S. 7 ff.

10 Vgl. Basel Committee on Banking Supervision, Guidelines – Corporate governance principles for banks, BCBS d328, 8. Juli 2015, S. 31.

AT 4.4.2 Compliance-Funktion

schaft (DK) zahlreiche Auslegungsfragen zur Ausgestaltung der Compliance-Funktion, zum Umfang der einzubeziehenden rechtlichen Regelungen und Vorgaben sowie zu den Aufgaben und Befugnissen der Compliance-Funktion erörtert.[11]

6   Im Jahre 2017 hat die EBA die überarbeiteten Leitlinien zur internen Governance vorgelegt, mit denen die Leitlinien aus dem Jahre 2011 ersetzt werden.[12] Das Ziel der Leitlinien ist es, die bankaufsichtlichen Anforderungen an die interne Governance der Institute einschließlich der Vorgaben für die Compliance-Funktion europaweit weiter zu vereinheitlichen. Vor diesem Hintergrund wird der Detaillierungsgrad der Vorgaben für die Errichtung der Compliance-Funktion nochmals erheblich ausgeweitet.[13] Gemäß den Leitlinien sollten die Institute zudem eine Kultur entwickeln, die eine positive Haltung gegenüber der Compliance innerhalb des Institutes sowie die Errichtung stabiler und umfassender interner Kontrollrichtlinien bestärkt.[14]

7   Die vierte MaRisk-Novelle hatte die sehr detaillierten Vorgaben der überarbeiteten EBA-Leitlinien an die Compliance-Funktion bereits im Wesentlichen vorweggenommen. Im Zuge der fünften MaRisk-Novelle im Jahre 2017 wurden die Anforderungen an die Einrichtung einer Compliance-Funktion daher lediglich an einigen Stellen ergänzt. Die Compliance-Funktion ist in jedem Fall der Geschäftsleitung zu unterstellen und in einem von Markt und Handel unabhängigen Bereich anzusiedeln. Zudem haben systemrelevante Institute nunmehr für die Compliance-Funktion zwingend eine eigenständige Organisationseinheit einzurichten (→ AT 4.4.2 Tz. 4). Darüber hinaus wurden die Anforderungen an die teilweise oder vollständige Auslagerung der Compliance-Funktion auf Dritte deutlich verschärft (→ AT 4.4.2 Tz. 3). Schließlich ist das Aufsichtsorgan rechtzeitig vorab unter Angabe der Gründe zu informieren, wenn die Position des Compliance-Beauftragten wechselt (→ AT 4.4.2 Tz. 8).

8   Da die Anforderungen des Moduls AT 4.4.2 lediglich einen Rahmen für die Einrichtung einer Compliance-Funktion vorgeben, haben die Institute bei der konkreten Ausgestaltung einen erheblichen Gestaltungsspielraum, insbesondere im Hinblick auf die aufbauorganisatorische Umsetzung. Die Regelungen sind gemäß dem in den MaRisk verankerten Grundsatz der Proportionalität institutsindividuell umzusetzen, abhängig von der jeweiligen Größe des Institutes sowie von Art, Umfang, Komplexität und Risikogehalt der Geschäftsaktivitäten (→ AT 1 Tz. 5). Ergänzend kann auf die von der EBA entwickelten Kriterien für das Proportionalitätsprinzip und den sehr detaillierten Katalog zur Konkretisierung dieser Kriterien zurückgegriffen werden.[15] Die Herausforderung für die Institute besteht darin, eine effektive und gleichzeitig angemessene und wirksame Vorgehensweise zur Identifizierung der unter Compliance-Gesichtspunkten wesentlichen rechtlichen Regelungen und Vorgaben zu entwickeln sowie darauf aufbauend ggf. die Implementierung entsprechender Sicherungsmaßnahmen voranzutreiben.

9   Die Aufsicht prüft im Rahmen des aufsichtlichen Überprüfungs- und Bewertungsprozesses (SREP), ob das Institut Compliance-Richtlinien und eine kontinuierliche und wirksame Compliance-Funktion besitzt, die der Geschäftsleitung Bericht erstattet.[16]

---

11 Vgl. Bundesanstalt für Finanzdienstleistungsaufsicht, Protokoll der Sitzung des MaRisk-Fachgremiums am 24. April 2013.

12 Vgl. European Banking Authority, Final Report – Guidelines on internal governance under Directive 2013/36/EU, EBA/GL/2017/11, 26. September 2017. Der Kommentar stellt auf die deutsche Übersetzung dieser Leitlinien ab, die am 21. März 2018 als Leitlinien zur internen Governance veröffentlicht wurden. Irrtümlicherweise wurde die deutsche Fassung der Leitlinien – im Gegensatz zu allen anderen Sprachfassungen – auf den 15. März 2018 datiert. Wir haben uns für die aus unserer Sicht korrekte Zitierweise entschieden. Vgl. European Banking Authority, Leitlinien zur internen Governance, EBA/GL/2017/11, 21. März 2018.

13 Vgl. European Banking Authority, Leitlinien zur internen Governance, EBA/GL/2017/11, 21. März 2018, S. 46 ff.

14 Vgl. European Banking Authority, Leitlinien zur internen Governance, EBA/GL/2017/11, 21. März 2018, S. 34.

15 Vgl. European Banking Authority, Leitlinien zur internen Governance, EBA/GL/2017/11, 21. März 2018, S. 8 f.

16 Vgl. European Banking Authority, Guidelines on common procedures and methodologies for the supervisory review and evaluation process (SREP) and supervisory stress testing, EBA/GL/2014/13, Consolidated version, 19. Juli 2018, S. 57.

2 Zuständigkeit und Aufgaben der Compliance-Funktion (Tz. 1)

1 Jedes Institut muss über eine Compliance-Funktion verfügen, um den Risiken, die sich aus   **10**
der Nichteinhaltung rechtlicher Regelungen und Vorgaben ergeben können, entgegenzuwirken. Die Compliance-Funktion hat auf die Implementierung wirksamer Verfahren zur Einhaltung der für das Institut wesentlichen rechtlichen Regelungen und Vorgaben und entsprechender Kontrollen hinzuwirken. Ferner hat die Compliance-Funktion die Geschäftsleitung hinsichtlich der Einhaltung dieser rechtlichen Regelungen und Vorgaben zu unterstützen und zu beraten.

2.1 Leitlinien der EBA zur internen Governance

Wie bereits ausgeführt, gehen die Anforderungen an die Einrichtung einer Compliance-Funktion   **11**
auf die Leitlinien der EBA zur internen Governance zurück. Nach diesen Leitlinien sollte ein Institut eine dauerhafte und wirksame Compliance-Funktion einrichten, um das Compliance-Risiko zu steuern sowie Compliance-Richtlinien zu erlassen und umzusetzen, die dem gesamten Personal bekanntgegeben werden. Die Compliance-Funktion sollte zudem sicherstellen, dass die Überwachung der Compliance im Rahmen eines strukturierten und genau definierten Überwachungsprogramms erfolgt und die Compliance-Richtlinien eingehalten werden. Außerdem sollte sie die Geschäftsleitung im Hinblick auf jene Maßnahmen beraten, die das Institut zur Sicherstellung der Einhaltung der einschlägigen Gesetze, Regelungen, Vorschriften und Standards ergreift. Schließlich sollte die Compliance-Funktion nach den Vorstellungen der EBA die möglichen Auswirkungen von Änderungen im rechtlichen oder regulatorischen Umfeld auf die Geschäftstätigkeit des Institutes und des Compliance-Rahmenwerkes bewerten.[17]

2.2 Rechtliche Regelungen und Vorgaben im Sinne des Moduls AT 4.4.2

Dem ersten Entwurf der vierten MaRisk-Novelle vom 26. April 2012 zufolge hatte die neu   **12**
einzurichtende Compliance-Funktion die Aufgabe, die institutsinternen Regelungen, die die Einhaltung der gesetzlichen Bestimmungen oder sonstiger Vorgaben gewährleisten, zu bewerten und ihre Einhaltung zu überwachen. Ferner hatte sie die Risiken zu beurteilen, die sich aus der Nichteinhaltung der gesetzlichen Bestimmungen und sonstiger Vorgaben ergeben können.[18] Im Rahmen der Konsultation zur vierten MaRisk-Novelle hat die Kreditwirtschaft diese sehr weit formulierten Anforderungen an die Compliance-Funktion als zu unbestimmt und zudem als nicht praktikabel kritisiert, da sie eine unbegrenzte Verantwortung der Compliance-Funktion für alle denkbaren Gesetze, Vorgaben und institutsinternen Regelungen vorsahen. Sie wies außerdem darauf hin, dass die in dieser Form angedachte Compliance-Funktion eine strafrechtliche

---

17 Vgl. European Banking Authority, Leitlinien zur internen Governance, EBA/GL/2017/11, 21. März 2018, S. 46 f.
18 Vgl. Bundesanstalt für Finanzdienstleistungsaufsicht, Konsultation 01/2012 – »Überarbeitung der MaRisk«, erster Entwurf vom 26. April 2012, S. 18.

AT 4.4.2 Compliance-Funktion

Garantenstellung begründen könnte. Dies hätte zur Folge gehabt, dass der Compliance-Beauftragte bei einem Nichteinschreiten strafrechtlich zur Verantwortung gezogen werden könnte.[19] Vor diesem Hintergrund schlug die Kreditwirtschaft vor, die Zuständigkeit der Compliance-Funktion auf »wesentliche aufsichtsrechtliche« Regelungen und Vorgaben zu beschränken und eine entsprechende Klarstellung zumindest in die Erläuterungen zu den MaRisk aufzunehmen.[20]

13   Die Aufsicht hat die Anmerkungen der Deutschen Kreditwirtschaft in der finalen Fassung der vierten MaRisk-Novelle zum Teil berücksichtigt. So wurde der Wortlaut zweimal angepasst. Zunächst sollte die Compliance-Funktion für die Implementierung wirksamer Verfahren zur Einhaltung der für das Institut »wesentlichen« rechtlichen Regelungen und Vorgaben und entsprechender Kontrollen »Sorge tragen«.[21] Nunmehr hat sie auf die Implementierung wirksamer Verfahren zur Einhaltung der für das Institut wesentlichen rechtlichen Regelungen und Vorgaben und entsprechender Kontrollen »hinzuwirken«. Unabhängig davon hatte die BaFin stets deutlich gemacht, dass unbeschadet der Aufgaben der Compliance-Funktion die Geschäftsleiter und die zuständigen Geschäftsbereiche für die Einhaltung der für das Institut wesentlichen rechtlichen Regelungen und Vorgaben uneingeschränkt verantwortlich bleiben ($\rightarrow$ AT 4.4.2 Tz. 1, Erläuterung). Mit dieser Klarstellung verweist die Aufsicht auf die Gesamtverantwortung der Geschäftsleitung und bestätigt zudem das Modell der drei Verteidigungslinien ($\rightarrow$ AT 4.4, Einführung). Danach sind als erste Verteidigungslinie die jeweiligen Geschäftsbereiche für die Implementierung wirksamer Verfahren zur Einhaltung der jeweilig maßgeblichen rechtlichen Regelungen und Vorgaben und für deren Einhaltung selbst verantwortlich. Die Compliance-Funktion muss als ein Bestandteil der zweiten Verteidigungslinie in erster Linie überprüfen, dass diese Regelungen und Vorgaben umgesetzt werden bzw. wurden und entsprechende Kontrollverfahren existieren, in die z. B. das Risikocontrolling eingebunden ist. Schließlich prüft die Interne Revision als dritte Verteidigungslinie die Einhaltung der institutsinternen Regelungen sowie die Angemessenheit und Wirksamkeit der in den Regelungen vorgesehenen Kontrollen.

14   Dem Vorschlag der Deutschen Kreditwirtschaft, die Zuständigkeit der Compliance-Funktion ausdrücklich auf wesentliche »aufsichtsrechtliche« Regelungen und Vorgaben zu beschränken, ist die Aufsicht hingegen nicht gefolgt. Zwar hat die BaFin im Anschreiben zur Veröffentlichung der Endfassung der vierten MaRisk-Novelle die im Zusammenhang mit der Compliance-Funktion relevanten wesentlichen rechtlichen Regelungen und Vorgaben beispielhaft eingegrenzt. Allerdings hat sie im Anschreiben neben aufsichtsrechtlichen Regelungen, wie den Vorgaben zu Wertpapierdienstleistungen (WpHG), Geldwäsche und Terrorismusfinanzierung sowie zur Verhinderung doloser Handlungen zu Lasten des Institutes, auch allgemeine Verbraucherschutzvorgaben ausdrücklich genannt. Darüber hinaus hat die Aufsicht darauf hingewiesen, dass die Institute ggf. weitere rechtliche Regelungen und Vorgaben zu berücksichtigen haben, soweit sie vom Institut unter Compliance-Gesichtspunkten als wesentlich eingestuft werden.[22]

19 Vgl. Deutsche Kreditwirtschaft, Stellungnahme zum Konsultationspapier 01/2012 der Bundesanstalt für Finanzdienstleistungsaufsicht (BaFin) – »Überarbeitung der MaRisk«, 5. Juni 2012, S. 10.

20 Vgl. Deutsche Kreditwirtschaft, Stellungnahme zum Konsultationspapier 01/2012 der Bundesanstalt für Finanzdienstleistungsaufsicht (BaFin) – »Überarbeitung der MaRisk« (Zwischenentwurf vom 2. August 2012), 12. September 2012, S. 7 f.

21 Vgl. Bundesanstalt für Finanzdienstleistungsaufsicht, Konsultation 01/2012 – »Überarbeitung der MaRisk«, Zwischenentwurf vom 2. August 2012, S. 20.

22 Vgl. Bundesanstalt für Finanzdienstleistungsaufsicht, Übermittlungsschreiben zum Rundschreiben 10/2012 (BA) vom 14. Dezember 2012, S. 5.

2.3 Risikoorientierter Ansatz

In der Sondersitzung des MaRisk-Fachgremiums zur Compliance-Funktion am 24. April 2013 hat **15** die BaFin klargestellt, dass die Compliance-Funktion nicht für die allgemeine Compliance im Sinne einer ordnungsgemäßen Geschäftsorganisation nach § 25a Abs. 1 KWG zuständig ist.[23] Die Verantwortung dafür liegt ausschließlich bei der Geschäftsleitung (→ AT 3 Tz. 1). Darüber hinaus hat die Aufsicht betont, dass sie im Hinblick auf den Umfang der zu betrachtenden rechtlichen Regelungen und Vorgaben einen risikoorientierten Ansatz verfolgt. Die Institute haben sich danach grundsätzlich über alle Rechtsbereiche hinweg umfassend und regelmäßig mit ihren Compliance-Risiken auseinanderzusetzen.[24] Dieser Ansatz der BaFin entspricht den Vorgaben der EBA-Leitlinien zur internen Governance, welche die Zuständigkeit der Compliance-Funktion ebenfalls nicht auf aufsichtsrechtliche Regelungen und Vorgaben beschränken.[25]

Unabhängig von der konkreten Definition der Compliance-Risiken bzw. der Abgrenzung zu **16** anderen Risikoarten ist diese Anforderung im Grunde nicht neu. Die Institute sind bereits heute verpflichtet, sich regelmäßig und anlassbezogen im Rahmen einer Risikoinventur einen Überblick über die Risiken auf der Ebene des gesamten Institutes (Gesamtrisikoprofil) zu verschaffen. Im Rahmen dieser ganzheitlichen Risikoinventur sind die für das Institut wesentlichen Risiken sowie damit verbundene Risikokonzentrationen zu bestimmen, wobei typische bankgeschäftliche Risikoarten, wie die Adressenausfall-, Marktpreis-, Liquiditäts- oder operationellen Risiken, grundsätzlich als wesentlich einzustufen sind (→ AT 2.2 Tz. 1). Darüber hinaus gelten Risiken im Allgemeinen als wesentlich, wenn sie die Vermögenslage (inkl. Kapitalausstattung), die Ertragslage oder die Liquiditätslage wesentlich beeinträchtigen können (→ AT 2.2 Tz. 2). Bei der Risikoinventur, mit deren Durchführung die Risikocontrolling-Funktion betraut ist (→ AT 4.4.1 Tz. 2), steht allerdings nicht die formalrechtliche oder die bilanzielle Sichtweise im Vordergrund, sondern die betriebswirtschaftliche Betrachtung, um bestimmte Risiken nicht einfach auszublenden.[26] Außerdem hat das Institut auch für »nicht wesentliche« Risiken angemessene Vorkehrungen zu treffen (→ AT 2.2 Tz. 1).

Eine ähnliche Vorgehensweise ist bei der Identifizierung der wesentlichen rechtlichen Regelungen **17** und Vorgaben, die durch die Compliance-Funktion erfolgt, denkbar (siehe Abbildung 41). Dieser Prozess soll ebenfalls unter Berücksichtigung von Risikogesichtspunkten erfolgen. Der Aspekt der Wesentlichkeit rechtlicher Regelungen und Vorgaben wird davon abhängig gemacht, ob deren Nichteinhaltung zu einer Gefährdung des Vermögens des Institutes führen kann (→ AT 4.4.2 Tz. 2). In der Praxis erfolgt die Identifizierung der wesentlichen rechtlichen Regelungen und Vorgaben regelmäßig in einem mehrstufigen Prozess, z. B. im Rahmen eines »Self Assessment«. In einem ersten Schritt ermitteln die Institute zunächst alle Rechtsbereiche, die für das Institut überhaupt relevant sind. Für das Institut grundsätzlich nicht relevante rechtliche Regelungen und Vorgaben können so zu einem sehr frühen Zeitpunkt ausgesteuert werden. Im zweiten Schritt haben die Institute aus den relevanten Rechtsbereichen im Rahmen einer Risikoanalyse die unter Risikogesichtspunkten wesentlichen rechtlichen Regelungen und Vorgaben zu identifizieren (»Wesentlichkeitsanalyse«). Dabei können abhängig vom Geschäftsmodell des Institutes neben den aufsichtsrechtlichen Regelungen institutsindividuell Rechtsbereiche, wie bspw. das Verbraucherschutzrecht, Datenschutzvorgaben, das Gesellschaftsrecht, das Kartellrecht oder auch das Steuerrecht, zu berücksichtigen sein, sofern diese z. B. bei der Strukturierung von Bankprodukten

---

23 Vgl. Bundesanstalt für Finanzdienstleistungsaufsicht, Protokoll der Sitzung des MaRisk-Fachgremiums am 24. April 2013, S. 1.

24 Vgl. Bundesanstalt für Finanzdienstleistungsaufsicht, Übermittlungsschreiben zum Rundschreiben 10/2012 (BA) vom 14. Dezember 2012, S. 4 f.

25 Vgl. European Banking Authority, Leitlinien zur internen Governance, EBA/GL/2017/11, 21. März 2018, S. 47.

26 Vgl. Hofer, Markus, MaRisk: Erneute Überarbeitung vor dem Hintergrund internationaler Standards, in: BaFinJournal, Ausgabe Januar 2011, S. 7.

oder bei der Kundenberatung eine maßgebliche Rolle spielen. Institute, die z. B. über Zweigniederlassungen grenzüberschreitend tätig sind, haben die betroffenen ausländischen rechtlichen Regelungen und Vorgaben in ihre Überlegungen einzubeziehen. Die Verpflichtung der Compliance-Funktion, auf die Implementierung wirksamer Verfahren und entsprechender Kontrollen hinzuwirken, bezieht sich anschließend auf die Einhaltung der für das Institut »wesentlichen« rechtlichen Regelungen und Vorgaben.

Risikocontrolling	Compliance
Hauptaufgabe: Überwachung und Kommunikation ...	
der (wesentlichen) Risiken	des Compliance-Risikos
	d.h. des Risikos, das sich aus der Nichteinhaltung rechtlicher Regelungen und Vorgaben ergeben kann
Identifizierung im Rahmen einer Risikoinventur (Gesamtrisikoprofil)	Identifizierung im Rahmen einer Risikoanalyse (Self Assessment)
Mitwirkung bei der Einrichtung und Weiterentwicklung der RSCP	Hinwirken auf die Implementierung wirksamer Verfahren
Unterstützung der Geschäftsleitung in allen risikopolitischen Fragen	Unterstützung und Beratung der Geschäftsleitung zum Compliance-Risiko

Abb. 41: Gemeinsamkeiten von Risikocontrolling und Compliance

18 Wegen der aufgezeigten Parallelen kann der Prozess zur Identifizierung der wesentlichen Compliance-Risiken ggf. auch im Rahmen der allgemeinen Risikoinventur durchgeführt werden. Insbesondere in Konstellationen, bei denen die Compliance-Funktion an die Risikocontrolling-Funktion angebunden ist (→ AT 4.4.2 Tz. 3), können sich daraus möglicherweise Synergieeffekte ergeben. Allerdings sollte in diesem Fall strikt darauf geachtet werden, dass die Compliance-Funktion eigenverantwortlich tätig wird und die besondere Sicht auf die Compliance-Risiken gewährleistet ist.

19 Die Compliance-Funktion kann sich aufgrund des risikoorientierten Ansatzes nicht auf wesentliche »aufsichtsrechtliche« Regelungen und Vorgaben beschränken. Allerdings ist die gesellschaftsrechtlich bestehende Organisationsfreiheit bei Banken im Laufe der Jahre durch die äußerst umfangreichen Vorgaben des öffentlichen Aufsichtsrechtes mehr und mehr eingeschränkt worden. Das Kreditwesengesetz, die unmittelbar geltende Bankenverordnung (Capital Requirements Regulation, CRR), das Wertpapierhandelsgesetz und das Geldwäschegesetz sowie darauf beruhende norminterpretierende Verwaltungsvorschriften (wie z.B. die MaRisk), die von der EBA veröffentlichten technischen Standards und Leitlinien (wie z.B. die EBA-Leitlinien zur internen Governance) sowie aufsichtsrechtliche Spezialgesetze (wie z.B. das Pfandbriefgesetz) enthalten inzwischen detaillierte Regelungen, die den Instituten sehr konkret vorgeben, welche organisatorischen Regelungen sie beachten müssen, damit die Einhaltung der für sie einschlägigen Gesetze und Vorgaben gewährleistet ist. Insbesondere für die bedeutenden Institute kommen ergänzend die Leitfäden der EZB hinzu. Seit der Finanzmarktkrise wurde die Bankenregulierung zudem erheblich ausgeweitet auf neue Aufsichtsbereiche wie bspw. Corporate Governance- und Vergütungsregelungen oder die mögliche Sanierung und Abwicklung von Instituten. Angesichts dieser Regelungsdichte, die praktisch sämtliche Organisationseinheiten der Institute betrifft, stellen die aufsichtsrechtlichen Anforderungen zwangsläufig den Schwerpunkt der wesentlichen Regelungen und Vorgaben im Sinne des Moduls AT4.4.2 dar.

2.4   Compliance-Funktion als Bestandteil des IKS

Ein angemessenes und wirksames Risikomanagement nach §25a Abs.1 KWG beinhaltet die **20** Errichtung interner Kontrollverfahren, die sich wiederum aus dem internen Kontrollsystem und der Internen Revision zusammensetzen. Das interne Kontrollsystem (IKS) umfasst insbesondere
– Regelungen zur Aufbau- und Ablauforganisation,
– Prozesse zur Identifizierung, Beurteilung, Steuerung, Überwachung und Kommunikation der Risiken (Risikosteuerungs- und -controllingprozesse) und
– eine Risikocontrolling-Funktion und eine Compliance-Funktion.

Als Teil des internen Kontrollsystems ist die Compliance-Funktion wie die Risikocontrolling-Funk- **21** tion ein integraler Bestandteil der zu überwachenden Prozesse (prozessabhängige Überwachung), während die Interne Revision zu den prozessunabhängigen Überwachungsmechanismen zählt. Die Compliance-Funktion gehört somit zu der vom Baseler Ausschuss und der EBA beschriebenen zweiten Verteidigungslinie (→ AT4.4, Einführung), die in enger Abstimmung mit den Geschäftsbereichen dafür sorgt, dass die Risiken aus der Nichteinhaltung rechtlicher Regelungen und Vorgaben angemessen identifiziert und gesteuert wird.

Durch die Zuordnung der Compliance-Funktion zum internen Kontrollsystem hat die Aufsicht **22** zudem gemäß §25a Abs.2 Satz2 KWG die Möglichkeit, bei einer nicht angemessenen Compliance im Einzelfall Anordnungen gegen das Institut zu treffen.

2.5   Aufgaben der Compliance-Funktion

Die Compliance-Funktion ist zunächst dafür zuständig, regelmäßig die rechtlichen Regelungen **23** und Vorgaben mit einem wesentlichen Compliance-Risiko zu identifizieren, d.h. deren Nichteinhaltung zu einer Gefährdung des Vermögens des Institutes führen kann. Darüber hinaus hat die Compliance-Funktion die Aufgabe, auf die Implementierung wirksamer Verfahren zur Einhaltung der gesetzlichen Bestimmungen und Vorgaben sowie entsprechender Kontrollen hinzuwirken. Die Compliance-Funktion ist nicht für die Einhaltung der identifizierten rechtlichen Regelungen und Vorgaben verantwortlich. Diese Verantwortung obliegt nach wie vor uneingeschränkt den Geschäftsleitern und den zuständigen Geschäftsbereichen (→ AT4.4.2 Tz.1, Erläuterung). Insofern ist die Compliance-Funktion eher beratend und koordinierend tätig. Sie soll darauf achten, dass die zuständigen Geschäftsbereiche ihrer Verantwortung nachkommen und keine unerwünschten Regelungslücken im Institut auftreten.[27]

24   Damit die Compliance-Funktion ihrer Hinwirkungspflicht nachkommen kann, ist es erforderlich, dass sie sich ein eigenes Urteil über die Angemessenheit und Wirksamkeit der im Institut zur Einhaltung der wesentlichen rechtlichen Regelungen und Vorgaben bestehenden Verfahren und Sicherungsmaßnahmen (Arbeitsanweisungen, Prozessbeschreibungen, prozessintegrierte Kontrollen etc.) bildet. Nach den Vorstellungen der Aufsicht ist es notwendig, dass die Compliance-Funktion zumindest in der Lage sein muss, Kontrollhandlungen durchzuführen, und insoweit auch entsprechende Kontrollrechte eingeräumt bekommt. Der tatsächliche Umfang der vorzunehmenden Kontrollhandlungen wird von der Aufsicht nicht vorgegeben, sondern verbleibt in der Eigenverantwortung der Institute.[28] Stellt die Compliance-Funktion bei den im Institut implementierten Verfahren und Sicherungsmaßnahmen Defizite oder Lücken fest, kann sie Vorschläge zur Behebung der Defizite oder Schließung der Lücken unterbreiten und ggf. eine Eskalation an die Geschäftsleitung herbeiführen (→ AT 4.4.2 Tz. 6).

25   Eine zentrale Aufgabe der Compliance-Funktion ist die Beratung und Unterstützung der Geschäftsleitung bei der Einhaltung der wesentlichen rechtlichen Regelungen und Vorgaben. Zu diesem Zweck hat die Compliance-Funktion mindestens einmal jährlich sowie anlassbezogen der Geschäftsleitung über ihre Tätigkeit Bericht zu erstatten (→ AT 4.4.2 Tz. 7). Durch das Trennbankengesetz[29] wird die persönliche Verantwortung der Geschäftsleiter eines Institutes für ein angemessenes und wirksames Risikomanagement noch einmal hervorgehoben (§ 25c Abs. 3 und 4a KWG). Das Gesetz erhebt wesentliche, zuvor nur in den MaRisk geregelte Anforderungen an das Risikomanagement in Gesetzesrang und verpflichtet die Geschäftsleitung ausdrücklich zur Sicherstellung der genannten bankaufsichtlichen Regelungen. Ferner wurde ein neuer Straftatbestand für Geschäftsleiter von Instituten geschaffen. Ein Geschäftsleiter einer Bank kann nach § 54a KWG bei einem Verstoß gegen die Sicherstellungspflichten mit einer Freiheitsstrafe bis zu fünf Jahren oder mit einer Geldstrafe belangt werden, wenn er einer vollziehbaren Anordnung der Aufsicht zuwiderhandelt und hierdurch eine Bestandsgefährdung des Institutes herbeigeführt wird (→ AT 3 Tz. 1).

26   Die BaFin hat klargestellt, dass die sonstigen Vorgaben zur Compliance-Funktion, die sich aus anderen Aufsichtsgesetzen ergeben, von den Anforderungen der MaRisk unberührt bleiben. Beispielhaft werden § 33 WpHG in Verbindung mit dem Rundschreiben »MaComp« und § 25h KWG in Verbindung mit konkretisierenden Verwaltungsvorschriften genannt. Diese Erkenntnis ergibt sich auch daraus, dass die MaRisk nur § 25a Abs. 1 KWG konkretisieren (→ AT 4.4.2 Tz. 1, Erläuterung).

2.6   Monitoring zukünftiger rechtlicher Regelungen und Regulierungsvorhaben

27   Die Compliance-Funktion hat in erster Linie den Compliance-Risiken entgegenzuwirken, die sich aus der Nichteinhaltung bestehender rechtlicher Regelungen und Vorgaben ergeben können. Bei einem Verstoß gegen die geltenden gesetzlichen Regelungen und Vorgaben drohen dem Institut

---

27 Vgl. Bundesanstalt für Finanzdienstleistungsaufsicht, Übermittlungsschreiben zum Rundschreiben 10/2012 (BA) vom 14. Dezember 2012, S. 4.

28 Vgl. Bundesanstalt für Finanzdienstleistungsaufsicht, Protokoll der Sitzung des MaRisk-Fachgremiums am 24. April 2013, S. 3.

29 Vgl. Gesetz zur Abschirmung von Risiken und zur Planung der Sanierung und Abwicklung von Kreditinstituten und Finanzgruppen vom 7. August 2013 (BGBl. I Nr. 47, S. 3090), veröffentlicht am 12. August 2013.

ggf. (Geld-)Strafen, Bußgelder sowie Schadensansprüche und/oder die Nichtigkeit von Verträgen, die wiederum zu einer Gefährdung des Vermögens des Institutes führen können.

Darüber hinaus spielt die Compliance-Funktion in der Praxis oftmals eine wichtige Rolle bei der Identifizierung und dem Monitoring zukünftiger rechtlicher Regelungen und Regulierungsvorhaben, die sich auf internationaler, europäischer oder nationaler Ebene abzeichnen. Ziel dieses Prozesses ist es insbesondere, für das Institut relevante neue Regulierungsvorhaben möglichst frühzeitig zu identifizieren, eine Einschätzung der Auswirkungen auf das Institut (Produkte, Prozesse, IT-Systeme etc.) vorzunehmen und anschließend die neuen Anforderungen im vorgegebenen Zeitrahmen umzusetzen. Bei Regulierungsvorhaben, für die im Institut noch keine eindeutigen Zuständigkeiten bestehen, sind zudem die internen Verantwortlichkeiten festzulegen. **28**

Der in der Praxis oftmals als »regulatorisches Monitoring« bezeichnete Prozess ist für die Institute auch deshalb von Bedeutung, da sie sich ggf. über die Bankenverbände an der Konsultation der Regulierungsvorhaben beteiligen können. **29**

Beim Monitoring zukünftiger Regulierungsvorhaben und Vorgaben greifen die Institute regelmäßig auf externe Informationsdienste zurück, die ihnen umfangreiche Informationen über die rechtlichen Neuerungen zur Verfügung stellen. Zum Teil enthalten diese Informationsdienste auch Auswirkungsanalysen, z. B. auf die Organisationsstruktur oder die IT-Systeme einer »Musterbank«, sodass sich der Aufwand für die Auswertung, Zusammenfassung und Analyse der Regulierungsvorhaben ggf. reduzieren lässt.[30] **30**

2.7 Compliance-Funktion als Kontrolleinheit i. S. d. Vergütungsverordnung

Die Aufgaben der Compliance-Funktion beschränken sich nicht auf die im Modul AT 4.4.2 enthaltenen Verantwortlichkeiten.[31] Nach § 2 Abs. 11 InstitutsVergV ist die Compliance-Funktion als Kontrolleinheit im Sinne der Institutsvergütungsverordnung einzustufen. Die Institutsvergütungsverordnung weist den Kontrolleinheiten an zahlreichen Stellen Verantwortlichkeiten zu bzw. fordert ihre Einbindung. Als Kontrolleinheit ist die Compliance-Funktion zunächst gemäß § 3 Abs. 3 InstitutsVergV bei der Ausgestaltung und der Überwachung der Vergütungssysteme angemessen zu beteiligen. Diese Regelung wurde im Zuge der Änderung der Vergütungsverordnung im Jahre 2017 dahingehend erweitert, dass die Kontrolleinheiten in bedeutenden Instituten nunmehr auch in Bezug auf den Prozess der Ermittlung der Risikoträger auf Einzelinstituts- und Gruppenebene angemessen zu beteiligen sind. Die Compliance-Funktion soll insbesondere analysieren, wie sich die Vergütungssysteme auf die Einhaltung von Recht und Gesetz, Verordnungen, internen Richtlinien und der Risikokultur auswirkt, und über alle identifizierten Compliance-Risiken und Nichteinhaltungen sowohl gegenüber der Geschäftsleitung als auch dem Aufsichtsorgan berichten.[32] **31**

---

30 Ein Beispiel für einen derartigen regulatorischen Informationsdienst ist der RADAR-Informationsdienst der VÖB-Service GmbH, der einen aktuellen Überblick über die kreditwirtschaftlich und versicherungswirtschaftlich relevanten Regulierungsvorhaben inklusive einer Auswirkungsanalyse für die verschiedenen Unternehmensbereiche bietet und durch verschiedene Produkte zur individuellen Nutzung ergänzt werden kann. Der Bundesverband Öffentlicher Banken publiziert für seine Mitglieder z. B. eine monatlich aktualisierte Übersicht zu aktuellen Regulierungsvorhaben, die bereits die in Konsultation befindlichen Regelungen berücksichtigt und durch den RADAR-Informationsdienst ergänzt wird. In ähnlicher Weise versorgen die anderen kreditwirtschaftlichen Verbände ihre jeweiligen Mitgliedsinstitute.

31 Vgl. Buscher, Arne Martin/Link, Vivien/von Harbou, Christopher/Weigl, Thomas, Verordnung über die aufsichtsrechtlichen Anforderungen an Vergütungssysteme von Instituten (Institutsvergütungsverordnung – InstitutsVergV), 2. Auflage, Stuttgart, 2018, Tz. 48 ff.

32 Vgl. Auslegungshilfe zur Verordnung über die aufsichtsrechtlichen Anforderungen an Vergütungssysteme von Instituten (Institutsvergütungsverordnung – InstitutsVergV) in der Fassung vom 15. Februar 2018, zu § 3.

AT 4.4.2 Compliance-Funktion

32 Ebenfalls neu aufgenommen im Rahmen der letzten Überarbeitung wurde die Anforderung nach § 7 Abs. 1 InstitutsVergV, dass der Gesamtbetrag der variablen Vergütung unter angemessener und ihrem Aufgabenbereich entsprechender Beteiligung der Kontrolleinheiten und damit auch unter Einbindung der Compliance-Funktion festzusetzen ist. Nach den Vorstellungen der EBA sollte die Compliance-Funktion bei der Festsetzung des Gesamtbetrages der variablen Vergütungen und der Leistungskriterien sowie bei der Vergütungsgewährung entsprechend ihrem Aufgabenbereich etwaige Bedenken hinsichtlich der Auswirkungen auf das Verhalten der Mitarbeiter und der Risikobehaftung der getätigten Geschäfte mitteilen.[33] Zudem ist die Compliance-Funktion gemäß § 11 Abs. 1 Satz 2 InstitutsVergV beim Rahmenkonzept zur Festlegung und Gewährung von Abfindungen einzubinden. Schließlich hat die Compliance-Funktion nach § 8 Abs. 2 InstitutsVergV im Bereich der Vergütung zu überwachen, dass im Institut angemessene interne Compliance-Strukturen bestehen, die eine Aufhebung oder Einschränkung der Risikoorientierung der bankaufsichtlichen Vergütungsvorgaben verhindern.

2.8 Hinweisgebersystem (Whistleblowing-Verfahren)

33 Mit dem CRD IV-Umsetzungsgesetz umfasst eine ordnungsgemäße Geschäftsorganisation nach § 25a Abs. 1 Satz 6 Nr. 3 KWG auch einen Prozess, der es den Mitarbeitern unter Wahrung der Vertraulichkeit ihrer Identität ermöglicht, Verstöße gegen die CRR oder das KWG oder gegen die aufgrund des KWG erlassenen Rechtsverordnungen sowie etwaige strafbare Handlungen innerhalb des Unternehmens an geeignete Stellen zu berichten (»Whistleblowing«).[34] Auch die EBA hat umfassende regulatorische Vorgaben an das Whistleblowing-Verfahren der Institute veröffentlicht.[35] Die Institute haben bei der Ausgestaltung des Whistleblowing-Verfahrens eine weitgehende Gestaltungsfreiheit im Hinblick auf den Adressaten der Meldung. So sind z.B. interne oder externe Anlaufstellen möglich. Die Institute können ggf. in Betracht ziehen, die Compliance-Funktion bei der Implementierung der zentralen Anlaufstelle mit einzubeziehen bzw. sie als Adressat derartiger Meldungen vorzusehen.[36] Wichtig ist darüber hinaus eine enge Abstimmung mit dem Datenschutzbeauftragten.

2.9 Compliance-Funktion auf Gruppenebene

34 Im Rahmen der vierten MaRisk-Novelle ist darauf verzichtet worden, den Instituten die Einrichtung einer Compliance-Funktion auf Gruppenebene explizit vorzuschreiben. Allerdings wird mit dem Trennbankengesetz von den Geschäftsleitern des übergeordneten Unternehmens gemäß § 25c Abs. 4b Nr. 3 lit. e KWG gefordert, dass das interne Kontrollsystem der Gruppe eine Compliance-Funktion umfasst, was auf eine Konzern-Compliance hinausläuft. Für das Erfordernis

---

33 Vgl. European Banking Authority, Leitlinien für eine solide Vergütungspolitik gemäß Artikel 74 Absatz 3 und Artikel 75 Absatz 2 der Richtlinie 2013/36/EU und Angaben gemäß Artikel 450 der Verordnung (EU) Nr. 575/2013, EBA/GL/2015/22, 27. Juni 2016, Tz. 30.

34 Der Whistleblowing-Prozess soll über den Wortlaut der Regelung hinaus auch einen hinreichenden Verdacht der genannten Verstöße bzw. von strafbaren Handlungen erfassen. Vgl. Benzler, Marc/Krieger, Kai, in: Binder, Jens-Hinrich/Glos, Alexander/Riege, Jan (Hrsg.), Handbuch Bankenaufsichtsrecht, Köln, 2018, S. 505.

35 Vgl. European Banking Authority, Leitlinien zur internen Governance, EBA/GL/2017/11, 21. März 2018, S. 32 ff.; Basel Committee on Banking Supervision, Guidelines – Corporate governance principles for banks, BCBS d328, 8. Juli 2015, S. 10.

36 Vgl. European Banking Authority, Leitlinien zur internen Governance, EBA/GL/2017/11, 21. März 2018, S. 32; Bürkle, Jürgen, in: Bürkle, Jürgen/Hauschka, E. Christoph, Der Compliance Officer, Ein Handbuch in eigener Sache, München, 2015, S. 330.

einer Compliance-Funktion auf Gruppenebene spricht zudem der ausdrückliche Verweis von § 25a Abs. 3 Satz 1 KWG auf § 25a Abs. 1 Satz 3 Nr. 3c KWG. Nach den Vorstellungen der EBA haben die konsolidierenden Institute dafür Sorge zu tragen, dass ihre Tochtergesellschaften und Zweigstellen Maßnahmen ergreifen, um sicherzustellen, dass ihre Tätigkeiten den regionalen Gesetzen und Rechtsvorschriften entsprechen. Auch die EBA verlangt somit seit der Überarbeitung ihrer Leitlinien im Jahre 2017 eine Compliance-Funktion auf Gruppenebene.[37]

Bei Institutsgruppen, Finanzholding-Gruppen und gemischten Finanzholding-Gruppen ist daher eine Compliance-Funktion auch auf Gruppenebene einzurichten und ein Konzern-Compliance-Beauftragter zu benennen. Eine konsolidierte Risikobetrachtung auf Gruppenebene ist auch bei Compliance-Risiken sinnvoll, da bspw. Reputationsrisiken, die bei einem Gruppenunternehmen auftreten, negative Auswirkungen auf die gesamte Gruppe haben können. Die Compliance-Funktion auf Gruppenebene hat vor allem auf die Implementierung wirksamer Verfahren zur Einhaltung der für die Gruppe wesentlichen rechtlichen Regelungen und Vorgaben und entsprechender Kontrollen hinzuwirken. Zu diesem Zweck hat die Compliance-Funktion vor allem entsprechende Compliance-Richtlinien auf Gruppenebene zu erlassen. Verantwortlich für die Einhaltung der Anforderungen auf Gruppenebene ist die Geschäftsleitung des übergeordneten Unternehmens nach § 10a Abs. 1 Satz 1 KWG. Die Compliance-Funktion ist daher der Geschäftsleitung des übergeordneten Institutes unmittelbar unterstellt und berichtspflichtig. Die Berichte sind regelmäßig an das Aufsichtsorgan des übergeordneten Unternehmens sowie an die Konzernrevision weiterzuleiten. **35**

---

37 Vgl. European Banking Authority, Leitlinien zur internen Governance, EBA/GL/2017/11, 21. März 2018, S. 47 f.

3 Management der Compliance-Risiken (Tz. 2)

36 **2** Die Identifizierung der wesentlichen rechtlichen Regelungen und Vorgaben, deren Nichteinhaltung zu einer Gefährdung des Vermögens des Institutes führen kann, erfolgt unter Berücksichtigung von Risikogesichtspunkten in regelmäßigen Abständen durch die Compliance-Funktion.

3.1 Definition von Compliance-Risiken

37 In den MaRisk werden die Compliance-Risiken allgemein als die sich aus der Nichteinhaltung rechtlicher Regelungen und Vorgaben ergebenden Risiken beschrieben ($\rightarrow$ AT4.4.2 Tz. 1). Sofern diese Risiken zu einer Gefährdung des Vermögens des Institutes führen können, sind sie als wesentliche Compliance-Risiken einzustufen.

38 In der Praxis hat sich bisher kein Marktstandard für eine einheitliche Definition von Compliance-Risiken und eine sachgerechte Abgrenzung zu anderen Risikoarten etabliert. Die EBA versteht das Compliance-Risiko als bestehendes oder zukünftiges Ertrags- oder Kapitalrisiko infolge von Verletzungen oder der Nichteinhaltung von Gesetzen, Regelungen, Vorschriften, Vereinbarungen, vorgeschriebenen Praktiken oder ethischen Standards. Rechtsfolgen können Geldstrafen, Schadensersatz und/oder die Nichtigkeit von Verträgen oder Reputationsschäden sein.[38] Der Baseler Ausschuss für Bankenaufsicht definiert das Compliance-Risiko als Risiko (aufsichts-)rechtlicher Sanktionen (z.B. Verwarnungen, Bußgelder), das finanzielle Verlustrisiko oder das Reputationsrisiko, das sich aus der Nichteinhaltung der Gesetze, Rechtsverordnungen, behördlichen Anordnungen oder Regularien quasi-hoheitlicher Organisationen sowie aus berufsständigen Integritätsstandards für das Bankgeschäft ergeben kann.[39]

39 Legt man die Definition der EBA oder des Baseler Ausschusses zugrunde, sind Compliance-Risiken im Wesentlichen als Rechts- und Vertragsrisiken sowie Reputationsrisiken zu qualifizieren. Artikel 4 Abs.1 Nr.52 CRR rechnet die Rechtsrisiken explizit den operationellen Risiken zu, die inhaltlich vergleichbar definiert werden als die Gefahr von Verlusten, die durch die Unangemessenheit oder das Versagen von internen Verfahren und Systemen, Menschen oder durch externe Ereignisse eintreten.

40 Gleichwohl existieren in der Praxis weiterhin unterschiedliche Ansätze zur Kategorisierung der Rechtsrisiken. So wird zum Teil zwischen Rechtsrisiko im engeren Sinne und Rechtsrisiko im weiteren Sinne differenziert ($\rightarrow$ BTO Tz.8). Auch für das Reputationsrisiko gibt es in der Praxis weiterhin keine anerkannte Definition. Institute verstehen das Reputationsrisiko teilweise als Bestandteil des operationellen Risikos und teilweise als eigenständige Risikoart, als Folge anderer Risikoarten oder als Auslöser von anderen Risiken. Zudem bestehen in der Regel noch keine ausgereiften Methoden und Prozesse, wie mit drohenden oder schlagenden Reputationsrisiken umgegangen werden soll ($\rightarrow$ AT2.2 Tz.2.).

41 Vor dem Hintergrund der unterschiedlichen Definition und Abgrenzung der relevanten Risikoarten besteht für die Institute die Herausforderung, eine effektive und gleichzeitig angemessene und wirksame Vorgehensweise zur Identifizierung der unter Compliance-Gesichtspunkten wesentlichen rechtlichen Regelungen und Vorgaben zu entwickeln sowie darauf aufbauend die

---

38 Vgl. European Banking Authority, EBA Guidelines on Internal Governance (GL 44), 27. September 2011, S. 43.

39 Vgl. Basel Committee on Banking Supervision, Compliance and the compliance function in banks, BCBS 113, 29. April 2005, S. 7.

Implementierung entsprechender Sicherungsmaßnahmen anzustoßen. Dies beinhaltet eine transparente und für Dritte nachvollziehbare Analyse der Wahrscheinlichkeit von (aufsichts-)rechtlichen Sanktionen, zivilrechtlichen Haftungs- und Vertragsrisiken sowie Reputationsrisiken für das Institut. Dabei ist die Konsistenz zu den anderen Risikoarten (wie bspw. den operationellen Risiken) zu gewährleisten.

3.2 Identifizierung wesentlicher rechtlicher Regelungen und Vorgaben

Die Identifizierung der Compliance-Risiken ist von entscheidender Bedeutung, da sie den Ausgangspunkt für die anschließenden Prozessschritte Beurteilung, Steuerung, Überwachung und Kommunikation der Risiken bildet. Wesentliche Compliance-Risiken können sich insbesondere aus Änderungen der geschäfts- und risikostrategischen Ausrichtung des Institutes oder der rechtlichen Rahmenbedingungen sowie aufgrund der Aufnahme von Geschäftsaktivitäten in neuen Produkten oder auf neuen Märkten ergeben. **42**

In der Praxis ist die Compliance-Funktion daher umfassend in das Risikomanagement einzubinden, vor allem in den Strategieprozess (→ AT4.2 Tz. 4), den Neu-Produkt-Prozess (→ AT8.1) sowie bei wesentlichen Veränderungen in der Aufbau- und Ablauforganisation sowie in den IT-Systemen mit Auswirkungen auf die internen Kontrollverfahren (→ AT8.2) oder Fusionen und Übernahmen (→ AT8.3). Auch die EBA erwartet, dass die Compliance-Funktion überprüft, ob neue Produkte und neue Verfahren mit dem aktuellen Rechtsrahmen und ggf. mit bekannten bevorstehenden Änderungen von Gesetzen, Rechtsvorschriften und aufsichtsrechtlichen Anforderungen im Einklang stehen. Sie weist in diesem Zusammenhang u. a. auf komplexe strukturierte Finanzierungen und bestimmte Dienstleistungen hin, die mit besonderen Herausforderungen für die Institute verbunden sein können.[40] Darüber hinaus weist die Institutsvergütungsverordnung der Compliance-Funktion als Kontrolleinheit an zahlreichen Stellen Verantwortlichkeiten zu bzw. fordert ihre Einbindung. Schließlich erscheint eine Mitwirkung der Compliance-Funktion in bereichsübergreifenden Projekten zur Umsetzung neuer regulatorischer Anforderungen sinnvoll, in denen eine enge Zusammenarbeit und Koordination mit den anderen Stabs- und Kontrolleinheiten erfolgt. **43**

Die Geschäftsleitung hat sich regelmäßig und anlassbezogen im Rahmen der Risikoinventur einen Überblick über die auf der Ebene des gesamten Institutes (Gesamtrisikoprofil) existierenden Risiken zu verschaffen und in diesem Rahmen die für das Institut wesentlichen Risiken zu identifizieren (→ AT2.2 Tz. 1). Hinsichtlich der Ausgestaltung der ganzheitlichen Risikoinventur besteht grundsätzlich Methodenfreiheit. Die Kernaufgabe der Compliance-Funktion ist es, den Risiken entgegenzuwirken, die sich aus der Nichteinhaltung rechtlicher Regelungen und Vorgaben ergeben können (→ AT4.4.2 Tz. 1). Dazu müssen zunächst jene rechtlichen Regelungen und Vorgaben identifiziert werden, deren Nichteinhaltung zu einer Gefährdung des Vermögens des Institutes führen kann. Auf diese Weise wird die Wesentlichkeit der rechtlichen Regelungen und Vorgaben für das Institut festgestellt. **44**

Eine Möglichkeit besteht darin, die Identifizierung dieser wesentlichen rechtlichen Regelungen und Vorgaben unter bestimmten Voraussetzungen im Rahmen der allgemeinen Risikoinventur durchzuführen. Damit würde gleichzeitig sichergestellt, dass die Identifizierung nicht nur einmalig, sondern in regelmäßigen Abständen erfolgt. Grundsätzlich werden zwar alle Regelungsbereiche mit einem wesentlichen Compliance-Risiko erfasst. Die von den Instituten einzuhaltenden aufsichtsrechtlichen Regelungen und Vorgaben werden dabei jedoch regelmäßig den **45**

---

40 Vgl. European Banking Authority, Leitlinien zur internen Governance, EBA/GL/2017/11, 21. März 2018, S. 47.

AT4.4.2 Compliance-Funktion

Schwerpunkt bilden (→ AT4.4.2 Tz. 1). Insbesondere in Konstellationen, bei denen die Compliance-Funktion an die Risikocontrolling-Funktion angebunden ist (→ AT4.4.2 Tz.3), können sich daraus möglicherweise Synergieeffekte ergeben. Diese Vorgehensweise ist allerdings nicht verpflichtend vorgegeben. Zudem sollte in diesem Fall darauf geachtet werden, dass die Compliance-Funktion eigenverantwortlich tätig wird und den Fokus klar auf die Compliance-Risiken legt.

46   Den Ausführungen der Aufsicht im Rahmen der Konsultationsphase im MaRisk-Fachgremium zufolge ist zur Umsetzung der Anforderungen insgesamt ein mehrstufiger Prozess denkbar: Zunächst müssen alle Rechtsbereiche identifiziert werden, die für das Institut grundsätzlich relevant sind (z.B. im Rahmen eines »Self Assessment«). Anschließend müssen aus diesen Rechtsbereichen die unter Risikogesichtspunkten wesentlichen rechtlichen Regelungen und Vorgaben identifiziert werden (»Wesentlichkeitsanalyse«). Dies erfolgt regelmäßig im Rahmen einer Risikoanalyse oder der allgemeinen Risikoinventur. Der Aspekt der Wesentlichkeit rechtlicher Regelungen und Vorgaben wird dabei davon abhängig gemacht, ob deren Nichteinhaltung zu einer Gefährdung des Vermögens des Institutes führen kann.[41] Dann müssen jene Stellen bestimmt werden, die für die Einhaltung dieser wesentlichen rechtlichen Regelungen und Vorgaben verantwortlich sind. Schließlich geht es darum, die eventuell noch vorhandenen Lücken zu identifizieren, die von den jeweils zuständigen Bereichen geschlossen werden müssen und die Beseitigung der Defizite nachzuprüfen. Die Kernaufgaben der Compliance-Funktion in diesem Prozess sind in Abbildung 42 illustriert.

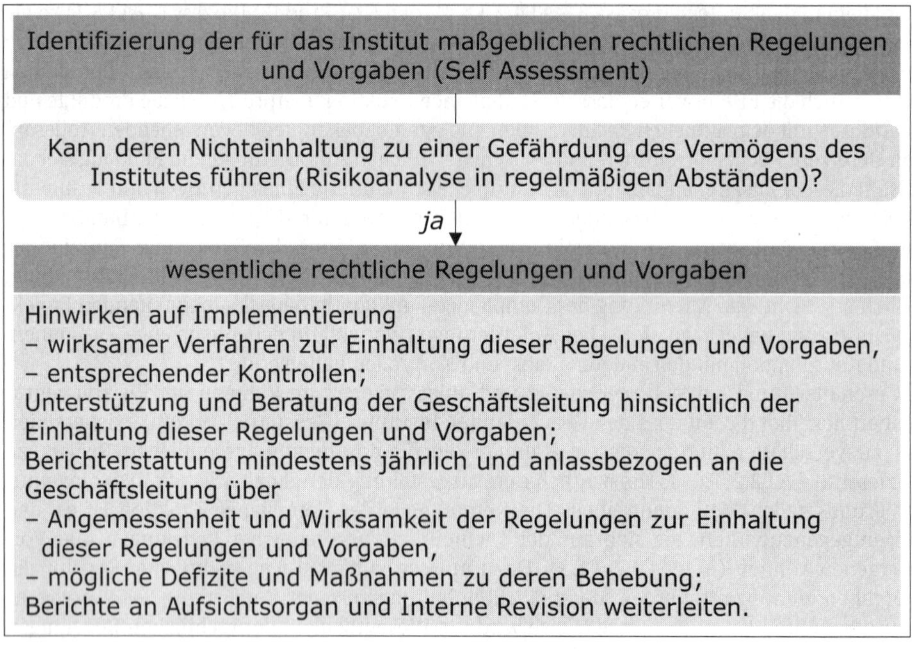

> **Identifizierung der für das Institut maßgeblichen rechtlichen Regelungen und Vorgaben (Self Assessment)**
>
> **Kann deren Nichteinhaltung zu einer Gefährdung des Vermögens des Institutes führen (Risikoanalyse in regelmäßigen Abständen)?**
>
> *ja*
>
> **wesentliche rechtliche Regelungen und Vorgaben**
>
> Hinwirken auf Implementierung
> – wirksamer Verfahren zur Einhaltung dieser Regelungen und Vorgaben,
> – entsprechender Kontrollen;
> Unterstützung und Beratung der Geschäftsleitung hinsichtlich der Einhaltung dieser Regelungen und Vorgaben;
> Berichterstattung mindestens jährlich und anlassbezogen an die Geschäftsleitung über
> – Angemessenheit und Wirksamkeit der Regelungen zur Einhaltung dieser Regelungen und Vorgaben,
> – mögliche Defizite und Maßnahmen zu deren Behebung;
> Berichte an Aufsichtsorgan und Interne Revision weiterleiten.

Abb. 42: Kernaufgaben der Compliance-Funktion

---

41 Auch nach den Ausführungen der Aufsicht in der Sondersitzung des Fachgremiums MaRisk zeichnen sich die hier im Fokus stehenden Compliance-Risiken insbesondere dadurch aus, dass bei einer Nichtbeachtung der gesetzlichen Regelungen und Vorgaben vor allem (Geld-)Strafen und Bußgelder sowie Schadensansprüche und/oder die Nichtigkeit von Verträgen drohen, die zu einer Gefährdung des Vermögens führen können. Vgl. Bundesanstalt für Finanzdienstleistungsaufsicht, Protokoll der Sitzung des MaRisk-Fachgremiums am 24. April 2013, S. 1.

4 Aufbauorganisatorische Vorgaben für die Compliance-Funktion (Tz. 3)

3 Grundsätzlich ist die Compliance-Funktion unmittelbar der Geschäftsleitung unterstellt **47** und berichtspflichtig. Sie kann auch an andere Kontrolleinheiten angebunden werden, sofern eine direkte Berichtslinie zur Geschäftsleitung existiert. Zur Erfüllung ihrer Aufgaben kann die Compliance-Funktion auch auf andere Funktionen und Stellen zurückgreifen. Die Compliance-Funktion ist abhängig von der Größe des Institutes sowie der Art, dem Umfang, der Komplexität und dem Risikogehalt der Geschäftsaktivitäten in einem von den Bereichen Markt und Handel unabhängigen Bereich anzusiedeln.

4.1 Unterstellung unter die Geschäftsleitung

Die Compliance-Funktion ist grundsätzlich unmittelbar der Geschäftsleitung unterstellt und **48** berichtspflichtig. Dem Vorschlag der Deutschen Kreditwirtschaft im Rahmen der Konsultation der vierten MaRisk-Novelle, nur den Compliance-Beauftragten unmittelbar der Geschäftsleitung zu unterstellen[42], ist die Aufsicht nicht gefolgt. Die hervorgehobene hierarchische Position der Compliance-Funktion in der Aufbauorganisation des Institutes bringt die hohe Bedeutung zum Ausdruck, welche die Aufsicht der Compliance-Funktion als zentralem Bestandteil des internen Kontrollsystems beimisst. Die Regelung entspricht grundsätzlich auch den Vorgaben der EBA, wonach der Leiter der Compliance-Funktion auf einer angemessenen Hierarchiestufe angesiedelt sein sollte.[43] Vergleichbare Regelungen finden sich auch bei der Internen Revision (→ AT 4.4.3 Tz. 2), der Compliance-Funktion nach WpHG (vgl. BT 1.1 Tz. 2 MaComp) und dem Geldwäschebeauftragten (vgl. §7 Abs. 1 GwG). Die Leitung der Risikocontrolling-Funktion ist einer Person auf einer ausreichend hohen Führungsebene zu übertragen (→ AT 4.4.1 Tz. 4). Die Risikocontrolling-Funktion nimmt unter den genannten Funktionen insoweit eine Sonderstellung ein, da die Aufsicht von systemrelevanten Instituten erwartet, dass die Leitung der Risikocontrolling-Funktion grundsätzlich durch einen Geschäftsleiter exklusiv wahrgenommen wird (→ AT 4.4.1 Tz. 5).

Die hervorgehobene hierarchische Stellung in der Aufbauorganisation des Institutes ermöglicht **49** es der Compliance-Funktion, ihre Aufgaben effektiv auszuüben. Die Compliance-Funktion hat darauf hinzuwirken, dass alle Geschäftsbereiche die unter Compliance-Gesichtspunkten wesentlichen rechtlichen Regelungen und Vorgaben beachten und dafür wirksame Verfahren und Kontrollen implementiert sind. Zudem berät und unterstützt der für die Compliance-Funktion verantwortliche Compliance-Beauftragte (→ AT 4.4.2 Tz. 5) die Geschäftsleitung hinsichtlich der Einhaltung dieser rechtlichen Regelungen und Vorgaben und unterrichtet sie regelmäßig bzw. anlassbezogen über die Angemessenheit und Wirksamkeit der Verfahren bzw. über mögliche Defizite und Maßnahmen zu deren Behebung (→ AT 4.4.2 Tz. 1 und 7).

Der direkte Berichtsweg und die damit verbundene Eskalationsmöglichkeit bedeutet, dass der **50** Compliance-Beauftragte jederzeit mögliche oder bereits realisierte Compliance-Risiken persönlich und damit ungefiltert bei der Geschäftsleitung adressieren kann. Die Geschäftsleitung kann

---

42 Vgl. Deutsche Kreditwirtschaft, Stellungnahme zum Konsultationspapier 01/2012 der Bundesanstalt für Finanzdienstleistungsaufsicht (BaFin) – »Überarbeitung der MaRisk« (Zwischenentwurf vom 2. August 2012), 12. September 2012, S. 10.

43 Vgl. European Banking Authority, Leitlinien zur internen Governance, EBA/GL/2017/11, 21. März 2018, S. 40 f.

daraufhin die erforderlichen Maßnahmen beschließen. Darüber hinaus wird die Compliance-Funktion durch die unmittelbare Anbindung an die Geschäftsleitung in die Lage versetzt, gegenüber den anderen Organisationseinheiten – wie bspw. den Marktbereichen, dem Risikocontrolling und der Internen Revision – auf Augenhöhe und mit dem erforderlichen Durchsetzungsvermögen aufzutreten. Ein explizites Weisungsrecht gegenüber den anderen Organisationseinheiten wird der Compliance-Funktion durch die MaRisk allerdings nicht eingeräumt (→ AT 4.4.2 Tz. 6).

51   Für die Einhaltung der rechtlichen Regelungen und Vorgaben ist die gesamte Geschäftsführung verantwortlich. Vor allem bei größeren Instituten wird es in der Praxis jedoch nicht praktikabel sein, dass sich alle Geschäftsleiter laufend mit der Tätigkeit der Compliance-Funktion befassen. Insbesondere bei größeren Instituten wird daher die Anbindung der Compliance-Funktion an ein bestimmtes Mitglied der Geschäftsleitung sinnvoll sein. Ungeachtet der Ressortzuständigkeit bleibt es aber bei der Gesamtverantwortung aller Geschäftsleiter für die Einhaltung der gesetzlichen Verpflichtungen.

4.2   Organisation der Compliance-Funktion

52   In der Sondersitzung des MaRisk-Fachgremiums zur Compliance-Funktion am 24. April 2013 hat die Aufsicht nochmals deutlich gemacht, dass die Institute nicht zwingend eine eigenständige Organisationseinheit einrichten müssen, unter der alle wesentlichen Compliance-Themen gebündelt sind. Die Institute haben vielmehr bei der aufbauorganisatorischen Umsetzung der Compliance-Funktion weitgehende Gestaltungsfreiheit. Entscheidend ist, dass im Institut die wesentlichen Compliance-Risiken wirksam und angemessen berücksichtigt werden. Es kommen daher grundsätzlich zentrale und dezentrale Organisationsformen in Betracht.

53   Die Compliance-Funktion kann ausdrücklich auch an bestehende Stabs- oder Kontrollfunktionen im Institut angebunden werden, sofern keine Interessenkonflikte bestehen und die Aufgaben klar definiert und abgegrenzt sind. Andere Kontrolleinheiten können z. B. das Risikocontrolling oder der Geldwäschebeauftragte sein (→ AT 4.4.2 Tz. 3, Erläuterung). Die EBA nennt neben dem Risikocontrolling für kleinere und weniger komplexe Institute noch die Möglichkeit, die Compliance-Funktion mit Support-Funktionen (z. B. Personal und Recht) zusammenzulegen.[44] Wegen der inhaltlichen Nähe kommt somit insbesondere eine Zusammenlegung der Compliance-Funktion mit der Risikocontrolling-Funktion, der Rechtsabteilung oder der Compliance-Funktion nach WpHG in Betracht, die in der Praxis oft gleichzeitig die Funktion des Geldwäschebeauftragten nach § 7 Abs. 1 GwG bzw. der zentralen Stelle nach § 25h Abs. 9 KWG wahrnimmt. Vor dem Hintergrund der MaComp wird eine vollständige Anbindung der Compliance-Funktion an die Rechtsabteilung bei einer zentralen Organisationsform von der Aufsicht allerdings kritisch bewertet. Unter Proportionalitätsgesichtspunkten könnten sich daraus Probleme mit der Compliance-Funktion nach WpHG ergeben.[45] Mögliche Interessenkonflikte können zudem bei einer Integrati-

---

44 Vgl. European Banking Authority, Leitlinien zur internen Governance, EBA/GL/2017/11, 21. März 2018, S. 46 f.

45 In den MaComp wird die Kombination der Compliance-Funktion mit der Rechtsabteilung behandelt. Danach können Wertpapierdienstleistungsunternehmen die Compliance-Funktion nur dann mit der Rechtsabteilung kombinieren, wenn sie aufgrund der Größe des Unternehmens oder Art, Umfang, Komplexität oder Risikogehalt der Geschäftstätigkeit des Unternehmens oder Art und Spektrum der angebotenen Dienstleistungen von der Ausnahme nach § 12 Abs. 4 S. 4 WpDVerOV Gebrauch machen könnten (→ BT 1.3.3.3 Tz. 1 MaComp). Soweit eine Anbindung an die Rechtsabteilung erfolgt, ist dies unter Darlegung der Gründe prüfungstechnisch nachvollziehbar zu dokumentieren (→ BT 1.3.3.3 Tz. 3 MaComp). Für größere Wertpapierdienstleistungsunternehmen oder solche mit komplexeren Aktivitäten ist eine solche Kombination jedoch grundsätzlich nicht statthaft, wenn hierdurch die Unabhängigkeit der Compliance-Funktion unterlaufen wird. Dies ist regelmäßig dann der Fall, wenn ein Wertpapierdienstleistungsunternehmen die Wertpapierdienstleistungen Eigenhandel gemäß § 2 Abs. 3 Nr. 2 WpHG, Emissionsgeschäft gemäß § 2 Abs. 3 Nr. 5 oder Wertpapiernebendienstleistungen gemäß § 2 Abs. 3 a Nr. 3, Nr. 5 oder Nr. 6 WpHG in nicht unerheblichem Umfang erbringt (→ BT 1.3.3.3 Tz. 2 MaComp).

on des Datenschutzbeauftragten in die Compliance-Funktion auftreten.[46] Außerdem darf die Verknüpfung verschiedener Funktionen nicht dazu führen, dass die notwendigen Personal- und Sachressourcen einschließlich der erforderlichen Zeit für eine angemessene Wahrnehmung der Funktionen nicht mehr im ausreichenden Umfang zur Verfügung stehen. Bei den genannten Anbindungen der Compliance-Funktion an Kontrollbereiche muss eine direkte Berichtslinie zur Geschäftsleitung existieren.

Eine Ausnahme von der grundsätzlichen Gestaltungsfreiheit der Institute bei der Organisation **54** der Compliance-Funktion besteht bei systemrelevanten Instituten, die eine eigenständige Organisationseinheit einzurichten haben (→ AT 4.4.2 Tz. 4). Hinsichtlich der systemrelevanten Institute wird dabei auf die global systemrelevanten Institute nach § 10h KWG (G-SRI) und die anderweitig systemrelevanten Institute nach § 10g KWG (A-SRI) verwiesen (→ AT 1 Tz. 6). Der BaFin erscheint es insgesamt zwar praktikabel, die Aufgaben der Compliance-Funktion soweit wie möglich zu bündeln. Sie erwähnt aber auch, dass dies nicht zwingend erforderlich ist und eine dezentrale Wahrnehmung – natürlich unter Beachtung spezieller aufsichtlicher Vorgaben zu einzelnen Bereichen – grundsätzlich auch weiterhin möglich sein wird. Es kommt der BaFin vor allem darauf an, dass die relevanten Rechtsbereiche unter Compliance-Gesichtspunkten adressiert werden und eine entsprechende Berichterstattung an die Geschäftsleitung erfolgt.[47]

In größeren Instituten werden die Zuständigkeiten für die Einhaltung der wesentlichen recht- **55** lichen Regelungen und Vorgaben auf zahlreiche Geschäftsbereiche verteilt sein, sodass sich eine Beschäftigung mit wichtigen Compliance-relevanten Fragestellungen im Rahmen einer Komitee-Lösung anbietet. Die Geschäftsbereiche entsenden in diesen Fällen jeweils Beauftragte in das »Compliance-Komitee«, das vom Compliance-Beauftragten koordiniert und gesteuert wird. Dadurch kann sichergestellt werden, dass die betroffenen Bereiche bei der Identifizierung von Compliance-Risiken oder bei wesentlichen Festlegungen ihre Expertise einbringen können und gleichzeitig angemessen beteiligt werden. Vergleichbare Strukturen, wie z. B. ein Risikoausschuss (→ BTO Tz. 6) oder ein Asset-/Liability-Committee (→ BTR 3.1 Tz. 2), haben sich in der Praxis bereits bewährt. Die Einrichtung eines dezentral organisierten Compliance-Komitees kann die Bestellung eines Compliance-Beauftragten jedoch nicht ersetzen.

4.3   Abgrenzung zur Internen Revision

Die Aufgaben der Compliance-Funktion können nicht von der Internen Revision wahrgenommen **56** werden (→ AT 4.4.2 Tz. 3, Erläuterung). Die Compliance-Funktion gehört zum internen Kontrollsystem und ist somit ein integraler Bestandteil der von der Internen Revision zu überwachenden Prozesse. Neben der Identifizierung der unter Compliance-Gesichtspunkten wesentlichen rechtlichen Regelungen und Vorgaben hat sie vor allem die Aufgabe, die Geschäftsführung bei der Einhaltung dieser Regelungen und Vorgaben zu beraten und zu unterstützen. Die Interne Revision dagegen prüft sämtliche Aktivitäten und Prozesse eines Institutes grundsätzlich prozessunabhängig und damit zeitlich nachgelagert. Dieser Grundsatz der Prozessunabhängigkeit der Internen Revision wird in den MaRisk nur in Ausnahmefällen und im Interesse einer effizienten Aufgabenerfüllung relativiert. So kann die Interne Revision z. B. unter Wahrung ihrer Unabhängigkeit und unter Vermeidung von Interessenkonflikten bei wesentlichen Projekten »begleitend« tätig sein.

---

46 Vgl. Bitterwolf/Manfred, in: Reischauer, Friedrich/Kleinhans, Joachim, Kreditwesengesetz, Berlin, 2018, Anhang 1 zu § 25a, Anm. 5 zu AT 4.4.2, Tz. 3.

47 Vgl. Bundesanstalt für Finanzdienstleistungsaufsicht, Übermittlungsschreiben zum Rundschreiben 10/2012 (BA) vom 14. Dezember 2012, S. 5.

AT 4.4.2 Compliance-Funktion

Auch im Rahmen des Neu-Produkt-Prozesses ist die Interne Revision »im Rahmen ihrer Aufgaben« zu beteiligen (→ AT 8 Tz. 5).

57   Da sich die Prüfungstätigkeit der Internen Revision auf alle risikorelevanten Aktivitäten und Prozesse des Institutes erstreckt, hat sie auch die Wirksamkeit und Angemessenheit der Compliance-Funktion zu prüfen. Die Compliance-Funktion gehört zu der vom Baseler Ausschuss und der EBA beschriebenen »zweiten Verteidigungslinie«, die Interne Revision zur »dritten Verteidigungslinie«. Die Verantwortung für die interne Kontrolle darf nicht von einer Verteidigungslinie auf die nächste übertragen werden (→ AT 4.4, Einführung). Auch die EBA fordert, die Interne Revision nicht mit einer anderen Kontrollfunktion zu kombinieren, weil sie prüfen muss, ob die bestehenden Richtlinien und Verfahren angemessen sind und den gesetzlichen und regulatorischen Anforderungen entsprechen.[48]

58   Die aufbauorganisatorische Trennung der Compliance-Funktion und der Internen Revision muss nach Auffassung der Kreditwirtschaft lediglich bis unterhalb der Geschäftsleiterebene erfolgen. Die Interne Revision ist ein Instrument der Geschäftsleitung, ihr unmittelbar unterstellt und berichtspflichtig (→ AT 4.4.3 Tz. 2). Die Berichtspflicht besteht gegenüber der gesamten Geschäftsleitung, auch wenn die Interne Revision in der Praxis häufig an den Vorsitzenden der Geschäftsleitung oder ein anderes Mitglied der Geschäftsleitung angebunden ist. Die Interne Revision ist zudem nicht in den operativen Geschäftsbetrieb des Institutes eingebunden. Ein Geschäftsleiter, der sowohl für die Compliance-Funktion als auch für die Interne Revision zuständig ist, hat somit keinen Interessenkonflikt.[49]

4.4   Abgrenzung zu den Vertriebsbereichen

59   Die Compliance-Funktion ist grundsätzlich in einem von den Bereichen Markt und Handel unabhängigen Bereich anzusiedeln. Zwischenzeitlich waren im Rahmen der Konsultationsphase zur fünften MaRisk-Novelle Ausnahmen für Institute mit zwei Geschäftsleitern durch eine entsprechende Erläuterung vorgesehen. Bei diesen Instituten sollte die Wahrnehmung der Funktion des Compliance-Beauftragten im Ausnahmefall durch den für die Bereiche Markt und Handel zuständigen Geschäftsleiter gestattet werden, sofern die Interne Revision dem anderen Geschäftsleiter unterstellt ist. In der endgültigen Fassung der MaRisk war diese Erläuterung allerdings wieder gestrichen, was darauf hindeutet, dass diese Option nicht mehr besteht.

60   Nach den Vorstellungen der EBA sollte die Compliance-Funktion sowohl von den Geschäftsbereichen als auch den internen Einheiten, die sie kontrolliert, unabhängig sein.[50] Auf den ersten Blick scheint diese Anforderung der EBA weitergehender zu sein als die Vorgabe der MaRisk, die lediglich die Ansiedelung der Compliance-Funktion in einem von den Bereichen Markt und Handel unabhängigen Bereich fordert. Allerdings ist zu beachten, dass auch die EBA eine Kombination der Compliance-Funktion mit von ihr kontrollierten internen Einheiten (z.B. Risikocontrolling, Rechts- oder Personalabteilung) unter Berücksichtigung des Proportionalitätsgrundsatzes ausdrücklich zulässt. Letztlich dürfte auch die Anforderung der EBA hinsichtlich der Unabhängigkeit der Compliance-Funktion dahingehend zu verstehen sein, dass bei der Wahrnehmung der Aufgaben der Compliance-Funktion Interessenkonflikte weitgehend vermieden werden sollten.

---

48 Vgl. auch European Banking Authority, Leitlinien zur internen Governance, EBA/GL/2017/11, 21. März 2018, S.42 und 48.

49 Vgl. Deutsche Kreditwirtschaft, Stellungnahme zum Entwurf der MaRisk in der Fassung vom 18. Februar 2016 (Konsultation 02/2016) vom 27. April 2016, S. 23.

50 Vgl. European Banking Authority, Leitlinien zur internen Governance, EBA/GL/2017/11, 21. März 2018, S.47.

4.5 Rückgriff auf andere Funktionen und Stellen

Die Compliance-Funktion kann zur Erfüllung ihrer Aufgaben auf andere Funktionen und Stellen **61** zurückgreifen. Diese Möglichkeit ist in den MaRisk nicht weiter eingeschränkt worden. Insofern ist es grundsätzlich möglich, dass die Compliance-Funktion bei der Planung und Durchführung ihrer Kontrolltätigkeit die Prüfungsplanung und Berichterstattung der Internen Revision berücksichtigt. Ebenso ist es sinnvoll, einen regelmäßigen Austausch mit der Risikocontrolling-Funktion und der Internen Revision zu etablieren, damit das Risikomanagement, die Compliance und die Interne Revision effizient und frei von Redundanzen wirken und alle Prozesse und Aktivitäten abdecken. Die Compliance-Funktion, die Risikocontrolling-Funktion und die Interne Revision sollten sich gegenseitig alle von ihnen in jeweils eigener Verantwortung der Geschäftsleitung und dem Aufsichtsorgan vorgelegten Berichte zur Information zur Verfügung stellen.

Die Compliance-Funktion darf sich jedoch bei der Identifizierung der unter Compliance-Ge- **62** sichtspunkten wesentlichen rechtlichen Regelungen und Vorgaben sowie bei der Beurteilung der von den Instituten zur Einhaltung dieser rechtlichen Regelungen und Vorgaben getroffenen Sicherungsmaßnahmen nicht ausschließlich oder ganz überwiegend auf die Revisionsberichte verlassen. In diesem Fall würde die Compliance-Funktion ihrer Verantwortung als zweiter Verteidigungslinie nicht ausreichend nachkommen (→ AT 4.4, Einführung).

Nach den Vorstellungen der EBA kann die Compliance-Funktion z.B. vom Risikocontrolling **63** unterstützt werden.[51] So können beispielsweise die Ergebnisse der vom Risikocontrolling durchgeführten Risikoinventur (→ AT 2.2 Tz. 2), aber auch die Risikoanalysen der Compliance-Funktion nach WpHG gemäß BT 1.2.1.1 MaComp und des Geldwäschebeauftragten nach § 5 GwG sowie die Ereignisdatenbank für Schadensfälle aus operationellen Risiken (→ BTR 4 Tz. 3) weitere interne Erkenntnisquellen für die Compliance-Funktion sein.

In der Sondersitzung des MaRisk-Fachgremiums zur Compliance-Funktion am 24. April 2013 hat **64** die BaFin darauf hingewiesen, dass Themenbereiche wie z.B. Rechnungswesen/Finanzen, Risikocontrolling, Arbeits-/Personalrecht und Lohn-/Einkommensteuerrecht auch weiterhin den jeweiligen Spezialisten vorbehalten bleiben dürfen. Die Compliance-Funktion kann daher insbesondere in diesen Bereichen auf das Spezialwissen der Bereiche zurückgreifen bzw. darauf aufbauen. Vor diesem Hintergrund erscheint es aus Sicht der Aufsicht plausibel, dass die Compliance-Funktion bei den wesentlichen rechtlichen Regelungen und Vorgaben, welche die Bereiche Rechnungslegung/ Bilanzrecht und Risikocontrolling (z.B. Risikotragfähigkeit, Risikocontrollingprozesse, Kapitalunterlegung) betreffen, auf die Beurteilungen der jeweils zuständigen Organisationseinheiten aufsetzt und eigene Aktivitäten weitgehend zurückstellt oder sogar im Wesentlichen darauf verzichtet.[52]

Darüber hinaus greift die Compliance-Funktion in der Praxis auf zahlreiche externe Erkennt- **65** nisquellen zurück, z.B. auf den Bericht des Abschlussprüfers, auf Feststellungen der Aufsichtsbehörden im Rahmen von Sonderprüfungen sowie auf Erkenntnisse aus dem SREP-Bescheid der Aufsicht.

4.6 Auslagerung der Compliance-Funktion

Ein Institut kann die Compliance-Funktion oder einzelne Teilbereiche daraus grundsätzlich auf ein **66** anderes Unternehmen auslagern. Die Geschäftsleitung bzw. die zuständigen Geschäftsbereiche

---

51 Vgl. European Banking Authority, Leitlinien zur internen Governance, EBA/GL/2017/11, 21. März 2018, S. 47.
52 Vgl. Bundesanstalt für Finanzdienstleistungsaufsicht, Protokoll der Sitzung des MaRisk-Fachgremiums am 24. April 2013, S. 2.

AT 4.4.2 Compliance-Funktion

bleiben im Fall der Auslagerung für die Einhaltung der rechtlichen Regelungen und Vorgaben verantwortlich. Das Institut hat auf der Grundlage einer Risikoanalyse eigenverantwortlich festzustellen, ob die Auslagerung unter Risikogesichtspunkten wesentlich ist. Aufgrund der hervorgehobenen Stellung der Compliance-Funktion als zentraler Bestandteil des internen Kontrollsystems wird die Wesentlichkeit bei einer weitgehenden Auslagerung regelmäßig zu bejahen sein.[53] Im Fall der Wesentlichkeit gelten für die Auslagerung die Anforderungen nach §25b KWG, die in den MaRisk konkretisiert werden. Das Institut hat vor allem die besonderen Anforderungen an den Auslagerungsvertrag zu beachten (→ AT9 Tz.7). Darüber hinaus hat das Institut dafür Sorge zu tragen, dass das Risikomanagement die ausgelagerten Aktivitäten und Prozesse für die gesamte Dauer der Auslagerung weiterhin einbezieht. Das Institut muss im Rahmen des wirksamen Risikomanagements insbesondere dafür Sorge tragen, dass die mit der wesentlichen Auslagerung verbundenen Risiken angemessen gesteuert und die Ausführung der ausgelagerten Aktivitäten und Prozesse ordnungsgemäß überwacht werden (→ AT9 Tz.9).

67   Im Zuge der fünften MaRisk-Novelle hat die BaFin die Anforderungen an die Auslagerung der besonderen Funktionen (→ AT4.4, Einführung) und damit auch der Compliance-Funktion aufgrund der besonderen Bedeutung dieser Funktionen als Steuerungs- und Kontrollinstrument für die Geschäftsleitung neu geregelt. Danach kann eine Auslagerung von Aktivitäten und Prozessen der Compliance-Funktion in einem Umfang vorgenommen werden, der gewährleistet, dass hierdurch das Institut weiterhin über Kenntnisse und Erfahrungen verfügt, die eine wirksame Überwachung der erbrachten Dienstleistungen gewährleistet. Die Regelung sieht darüber hinaus Erleichterungen für Auslagerungen innerhalb einer Institutsgruppe (Intra-Group-Auslagerungen) sowie für kleinere Institute vor, die unter bestimmten Voraussetzungen die Compliance-Funktion vollständig auslagern können. Eine vollständige Auslagerung der Compliance-Funktion ist bei unwesentlichen Tochterunternehmen innerhalb einer Institutsgruppe zulässig, sofern die Auslagerung auf das übergeordnete Institut, in der Regel das Mutterunternehmen, erfolgt. Das Tochterinstitut muss dabei sowohl hinsichtlich seiner Größe, Komplexität und dem Risikogehalt der Geschäftsaktivitäten für den Finanzsektor als auch hinsichtlich seiner Bedeutung innerhalb der Gruppe als nicht wesentlich einzustufen sein. Gleiches gilt für Gruppen, wenn das Mutterunternehmen kein Institut und im Inland ansässig ist. Darüber hinaus ist bei kleinen Instituten die vollständige Auslagerung der Compliance-Funktion auf gruppenangehörige oder gruppenfremde Unternehmen zulässig, sofern eine eigene Compliance-Funktion vor dem Hintergrund der Institutsgröße sowie von Art, Umfang, Komplexität und Risikogehalt der betriebenen Geschäftsaktivitäten nicht angemessen erscheint (→ AT9 Tz.5). Diese Möglichkeit der Auslagerung der Compliance-Funktion kann insbesondere für kleinere Institute aus dem Sparkassen- und Genossenschaftssektor von Bedeutung sein, die von den jeweils zuständigen Sparkassen- bzw. Genossenschaftsverbänden bei der Erfüllung der rechtlichen Regelungen und Vorgaben umfassend beraten werden.

68   Erfolgt eine vollständige Auslagerung der Compliance-Funktion, hat die Geschäftsleitung einen Beauftragten zu benennen, der eine ordnungsgemäße Durchführung der Aufgaben der Compliance-Funktion gewährleisten muss (→ AT9 Tz.10). In der Konsequenz bedeutet dies, dass in jedem Fall ein Compliance-Beauftragter im Institut verbleibt, der den Prozess zur Identifizierung der wesentlichen rechtlichen Regelungen und Vorgaben steuert und für die Berichterstattung zuständig ist.

69   Eine Anzeige der Auslagerung der Compliance-Funktion an die Aufsicht ist bisher nicht erforderlich, da anders als bei der Auslagerung von internen Sicherungsmaßnahmen zur Verhinderung von

---

53 Dies entspricht dem Verständnis der EBA, wonach die operativen Tätigkeiten der internen Kontrollfunktionen Risikocontrolling- und Compliance-Funktion sowie Interne Revision für die Zwecke der Auslagerung stets als kritische/bedeutende Funktionen einzuordnen sind. Vgl. European Banking Authority, Consultation Paper – EBA Draft Guidelines on Outsourcing arrangements, EBA/CP/2018/11, 22. Juni 2018, S. 33.

Geldwäsche, Terrorismusfinanzierung oder sonstiger strafbarer Handlungen, die zu einer Gefährdung des Vermögens des Institutes führen können (→ §25h Abs.4 KWG), eine entsprechende Regelung (noch) fehlt.[54] Eine derartige Vorgabe für Maßnahmen nach dem Geldwäschegesetz enthält § 6 Abs. 7 GwG. Eine sehr weitgehende oder vollständige Auslagerung der Compliance-Funktion sollte jedoch in Abstimmung mit der Aufsicht erfolgen.

---

54 Nach den Vorstellungen der EBA sollte zukünftig allerdings eine entsprechende Anzeige an die Aufsichtsbehörden erfolgen. Vgl. European Banking Authority, Consultation Paper – EBA Draft Guidelines on Outsourcing Arrangements, EBA/CP/2018/11, 22. Juni 2018, S. 45 f.

5 Besondere Anforderungen an systemrelevante Institute (Tz. 4)

70 **4** Systemrelevante Institute haben für die Compliance-Funktion eine eigenständige Organisationseinheit einzurichten.

5.1 Compliance-Funktion in systemrelevanten Instituten

71 Die Institute haben im Hinblick auf die aufbauorganisatorische Ausgestaltung der Compliance-Funktion weitgehende Gestaltungsfreiheit, d. h. es kommen grundsätzlich zentrale und dezentrale Organisationsformen in Betracht. Die Compliance-Funktion kann insbesondere auch an bestehende Stabs- oder Kontrollfunktionen im Institut angebunden werden, sofern eine direkte Berichtslinie zur Geschäftsleitung existiert (→ AT 4.4.2 Tz. 3). Bis zur vierten MaRisk-Novelle enthielten die Erläuterungen des AT 4.4.2 Tz. 3 MaRisk allerdings eine Empfehlung der BaFin, dass größere Institute eine eigenständige Organisationseinheit für die Compliance-Funktion haben sollten.

72 Im Zuge der fünften MaRisk-Novelle wurde diese Anforderung dahingehend verschärft, dass bestimmte Institute für die Compliance-Funktion nunmehr ausdrücklich eine exklusive Organisationseinheit einzurichten haben. Im ersten Entwurf der fünften MaRisk-Novelle hatte die Aufsicht noch verlangt, dass große und komplexe Institute zwingend eine eigenständige Organisationseinheit unterhalb der Geschäftsleiterebene einzurichten haben. Die Deutsche Kreditwirtschaft (DK) hatte daraufhin geltend gemacht, dass diese Verschärfung weder erforderlich noch aus den EBA-Leitlinien zur internen Governance ableitbar sei. Nach Ansicht der DK sollte die Bildung einer eigenständigen Organisationseinheit vielmehr weiterhin in das Ermessen des jeweiligen Institutes gestellt werden.[55]

73 Die Aufsicht ist der Kreditwirtschaft insoweit entgegengekommen, als die finale Fassung der fünften MaRisk-Novelle nunmehr lediglich von systemrelevanten Instituten die Einrichtung einer eigenständigen Organisationseinheit für die Compliance-Funktion verlangt. Die Einschränkung der Aufsicht auf systemrelevante Institute ist grundsätzlich sachgerecht und entspricht dem Prinzip der Proportionalität, wonach für die Aufstellung der Compliance-Funktion die Größe des Institutes sowie Art, Umfang, Komplexität und Risikogehalt der Geschäftsaktivitäten maßgeblich sind. Die neue Anforderung bedeutet nicht, dass die systemrelevanten Institute eine exklusive Organisationseinheit ausschließlich für die Compliance-Funktion im Sinne des AT 4.4.2 einzurichten haben. Eine Kombination mit den für andere Compliance-Themen zuständigen Einheiten, insbesondere die Compliance-Funktion nach WpHG sowie die für Geldwäscheprävention, Terrorismusfinanzierung und sonstige strafbare Handlungen zuständigen Einheiten ist weiterhin möglich.[56] Eine Bündelung der Compliance-Themen in einer Organisationseinheit kann insbesondere institutsweit einheitliche Standards für die aufsichtsrechtlich jeweils geforderten Risiko- und Gefährdungsanalysen festlegen

---

55 Vgl. Deutsche Kreditwirtschaft, Stellungnahme zum Entwurf der MaRisk in der Fassung vom 18. Februar 2016 (Konsultation 02/2016) vom 27. April 2016, S. 22 f.

56 Die Deutsche Kreditwirtschaft hatte in ihrer Stellungnahme zum ersten Entwurf der fünften MaRisk-Novelle darauf hingewiesen, dass die zukünftig in den MaRisk verlangte eigenständige Organisationeinheit für die Compliance-Funktion nach ihrer Auffassung keine organisatorische Trennung der Compliance-Funktion nach MaRisk und der Compliance-Funktion nach WpHG erforderlich macht. Vgl. Deutsche Kreditwirtschaft, Stellungnahme zum Entwurf der MaRisk in der Fassung vom 18. Februar 2016 (Konsultation 02/2016) vom 27. April 2016, S. 23.

und eine homogene Compliance-Kultur fördern. Darüber hinaus bestehen zwischen den verschiedenen Einheiten mit Compliance-Funktion keine Interessenkonflikte.

Hinsichtlich der Definition der systemrelevanten Institute wird auf die global systemrelevanten **74** Institute nach § 10h KWG (G-SRI) und die anderweitig systemrelevanten Institute nach § 10g KWG (A-SRI) verwiesen (→ AT 1 Tz. 6). Gemäß § 10f Abs. 2 KWG bestimmt die BaFin im Einvernehmen mit der Deutschen Bundesbank jährlich, welche Institute aufgrund einer quantitativen Analyse auf konsolidierter Ebene als global systemrelevant eingestuft werden. Bei der Analyse berücksichtigt die BaFin die vom Baseler Ausschuss für Bankenaufsicht entwickelten und anschließend von der Europäischen Union übernommenen Kategorien Größe des Institutes, grenzüberschreitende Aktivitäten, Vernetztheit der Gruppe mit dem Finanzsystem, Ersetzbarkeit hinsichtlich der angebotenen Dienstleistungen und Finanzinfrastruktureinrichtungen sowie Komplexität der Gruppe. Die als G-SRI identifizierten Institute werden vom Financial Stability Board jährlich veröffentlicht.[57] Ebenfalls im Einvernehmen mit der Deutschen Bundesbank bestimmt die BaFin gemäß § 10g Abs. 2 KWG im Rahmen ihrer laufenden Aufsichtstätigkeit jährlich, welche Institute als A-SRI eingestuft werden.[58] Bei der quantitativen und qualitativen Analyse werden insbesondere die Kriterien Größe, wirtschaftliche Bedeutung für den Europäischen Wirtschaftsraum und die Bundesrepublik Deutschland, grenzüberschreitende Aktivitäten sowie Vernetztheit mit dem Finanzsystem berücksichtigt. Derzeit sind in Deutschland 13 Institute als A-SRI eingestuft.[59]

---

57 Vgl. Financial Stability Board, 2018 list of global systemically important banks (G-SIBs) vom 16. November 2018. Nach dieser Liste sind derzeit 29 Institute auf der konsolidierten Ebene als G-SIB eingestuft, darunter die Deutsche Bank AG.

58 Als A-SRI können dabei nur Institute eingestuft werden, die auf nationaler Ebene Systemrelevanz besitzen und nicht gleichzeitig global systemrelevant im Sinne des § 10f KWG sind.

59 Vgl. Bundesanstalt für Finanzdienstleistungsaufsicht, In Deutschland identifizierte anderweitig systemrelevante Institute und deren Kapitalpuffer, 20. Dezember 2018.

6 Compliance-Beauftragter (Tz. 5)

75   **5** Das Institut hat einen Compliance-Beauftragten zu benennen, der für die Erfüllung der Aufgaben der Compliance-Funktion verantwortlich ist. Abhängig von Art, Umfang, Komplexität und Risikogehalt der Geschäftsaktivitäten sowie der Größe des Institutes kann im Ausnahmefall die Funktion des Compliance-Beauftragten auch einem Geschäftsleiter übertragen werden.

6.1   Benennung eines Compliance-Beauftragten

76   Das Institut hat einen Compliance-Beauftragten zu benennen, der für die Erfüllung der Aufgaben der Compliance-Funktion verantwortlich und damit auch der natürliche Ansprechpartner für die Geschäftsleitung ist. Zusätzlich ist ein Stellvertreter zu bestellen, auch wenn die MaRisk dies nicht ausdrücklich verlangen. Die Anforderung ergibt sich aus der Notwendigkeit angemessener Vertretungsregeln. Danach hat das Institut sicherzustellen, dass die Abwesenheit oder das Ausscheiden von Mitarbeitern nicht zu nachhaltigen Störungen der Betriebsabläufe führen (→ AT 7.1 Tz. 3, Erläuterung). Dem stellvertretenden Compliance-Beauftragten sind in dieser Funktion entsprechende Pflichten und Befugnisse einzuräumen.

77   Eine besondere Form für die Bestellung des Compliance-Beauftragten ist nicht vorgesehen. Sie erfolgt jedoch in der Praxis schon aus Dokumentations- und Nachweisgründen schriftlich. Bei der Bestellung handelt es sich rechtlich um einen einseitig vorzunehmenden, empfangsbedürftigen Akt, der von dem zwischen dem Institut und dem Compliance-Beauftragten bestehenden Arbeitsverhältnis zu unterscheiden ist. Das Institut hat eine natürliche Person als Compliance-Beauftragten zu benennen. Die Bestellung des Compliance-Beauftragten kann nicht durch die Einrichtung eines dezentral organisierten Compliance-Komitees ersetzt werden.

78   Der Compliance-Beauftragte ist im Interesse des Institutes tätig und an Weisungen der Geschäftsleitung gebunden, da die Geschäftsleitung die Letztverantwortung für das rechtskonforme Verhalten des Institutes trägt. Vor diesem Hintergrund hat der Gesetzgeber darauf verzichtet, zugunsten des Compliance-Beauftragten besondere Schutzvorschriften aufzunehmen. Derartige Schutzvorschriften bestehen regelmäßig bei den gesetzlichen Unternehmensbeauftragten, wie dem Geldwäschebeauftragten nach § 7 Abs. 4 GwG (weitgehender gesetzlicher Kündigungsschutz) und dem Datenschutzbeauftragten nach Art. 38 Abs. 3 DSGVO (Schutz vor Abberufung und Benachteiligung).[60]

79   Der Compliance-Beauftragte leitet die Compliance-Funktion, die über eine angemessene quantitative und qualitative Personalausstattung sowie über die notwendigen Ressourcen (Sachmittel etc.) verfügen muss. Zur wirksamen Erfüllung der ihm zugewiesenen Aufgaben und zur Sicher-

---

60 Zur Abgrenzung des Compliance-Beauftragten von den gesetzlichen Unternehmensbeauftragten vgl. Schulz, Martin/ Galster, Wirnt, in: Bürkle, Jürgen/Hauschka, E. Christoph, Der Compliance Officer, Ein Handbuch in eigener Sache, München, 2015, S. 117 ff. Danach sind die gesetzlichen Unternehmensbeauftragten, wie z. B. der Geldwäsche-Beauftragte und der Datenschutzbeauftragte, Personen, die aufgrund das Unternehmen verpflichtender Vorschriften zum Schutz bestimmter Allgemeininteressen bestellt werden, kraft gesetzlicher Inpflichtnahme des Unternehmens über eine exponierte Rechtsstellung verfügen und durch Einflussnahme auf die Willensbildung des Unternehmen eine behördliche Überwachung ergänzende Funktion ausüben. Die Tätigkeit der gesetzlichen Unternehmensbeauftragten unterliegt daher zum Teil nicht dem Direktionsrecht der Geschäftsleitung. Vgl. im Hinblick auf den Geldwäsche-Beauftragten § 7 Abs. 3 Satz 8 GwG und im Hinblick auf den Datenschutzbeauftragten Art. 38 Abs. 3 DSGVO.

stellung seiner Unabhängigkeit sollte der Compliance-Beauftragte darüber hinaus über ein eigenes Compliance-Budget verfügen.[61]

Für die Ausgestaltung der Compliance-Funktion gilt grundsätzlich der Grundsatz der Proportionalität, d. h. die Anforderungen hängen im Einzelfall von Art, Umfang, Komplexität und Risikogehalt der Geschäftsaktivitäten sowie der Größe des Institutes ab. Ergänzend kann auf die von der EBA entwickelten Kriterien für das Proportionalitätsprinzip und den sehr detaillierten Katalog zur Konkretisierung dieser Kriterien zurückgegriffen werden.[62] Es liegt auf der Hand, dass bei großen internationalen Bankkonzernen mit komplexem Geschäftsmodell sowie ausländischen Tochtergesellschaften oder Zweigniederlassungen die Anzahl der Mitarbeiter der Compliance-Funktion deutlich höher ist als bei einer Genossenschaftsbank oder Sparkasse mit begrenzten Produkten und regionalem Geschäftsschwerpunkt. **80**

Der Grundsatz der Proportionalität ermöglicht es kleineren Instituten, Compliance-Funktion und Compliance-Beauftragten ggf. in einer Person zusammenzufassen. Im Ausnahmefall kann die Funktion des Compliance-Beauftragten auch von einem Geschäftsleiter wahrgenommen werden. Dies wird in der Regel nur bei Instituten der Fall sein, bei denen aus Gründen der Institutsgröße die Bestellung eines eigenen Compliance-Beauftragten unverhältnismäßig ist. **81**

6.2 Fachkenntnisse und Erfahrungen

Der Compliance-Beauftragte und die Mitarbeiter der Compliance-Funktion müssen für ihre Tätigkeit über die erforderlichen Fachkenntnisse und Erfahrungen verfügen. Der Compliance-Beauftragte hat darüber hinaus den besonderen qualitativen Anforderungen entsprechend seines Aufgabengebietes zu genügen (→ AT 7.1 Tz. 3, Erläuterung). Der Compliance-Beauftragte ist als »Inhaber einer Schlüsselfunktion« im Sinne der einschlägigen EBA-Leitlinien[63] einzustufen. Dafür verlangt die EBA einen Prozess, der die Bewertung der Eignung zum Zeitpunkt der Bestellung des Compliance-Beauftragten (Erstbewertung) und anschließend die fortlaufende Überprüfung dieser Eignung (Folgebewertung) beinhaltet. Die Bewertung der Zuverlässigkeit, Aufrichtigkeit, Integrität, Kenntnisse, Fähigkeiten und Erfahrung von Inhabern von Schlüsselfunktionen sollte auf denselben Kriterien basieren, die auch bei den Geschäftsleitern angewandt werden.[64] Die Institute sollten daher einen entsprechenden Prozess zur Beurteilung und Sicherstellung der fachlichen Qualifikation sowie der sonstigen Anforderungen implementieren und diesen angemessen dokumentieren (→ AT 4.4, Einführung). **82**

Die Institute haben darüber hinaus durch geeignete Maßnahmen zu gewährleisten, dass das Qualifikationsniveau der übrigen Mitarbeiter der Compliance-Funktion angemessen ist (→ AT 7.1 Tz. 2). Nach den Vorstellungen der EBA sollten die Mitarbeiter der Compliance-Funktion über ausreichende Kenntnisse, Fähigkeiten und Erfahrungen im Bereich Compliance und den einschlägigen Verfahren verfügen sowie Zugang zu regelmäßigen Weiterbildungen haben.[65] **83**

---

61 Vgl. European Banking Authority, Leitlinien zur internen Governance, EBA/GL/2017/11, 21. März 2018, S. 20, wonach die Geschäftsleitung auch sicherstellen soll, dass die Compliance-Funktion über angemessene finanzielle Mittel zur wirksamen Wahrnehmung ihrer Aufgaben verfügt.

62 Vgl. European Banking Authority, Leitlinien zur internen Governance, EBA/GL/2017/11, 21. März 2018, S. 8 f.

63 Vgl. European Banking Authority/European Securities and Markets Authority, Leitlinien zur Bewertung der Eignung von Mitgliedern des Leitungsorgans und Inhabern von Schlüsselfunktionen, EBA/GL/2017/12, 21. März 2018, S. 5. Danach sind Inhaber von Schlüsselfunktionen Personen, die erheblichen Einfluss auf die Ausrichtung des Institutes haben, aber keine Mitglieder des Leitungsorganes sind. Zu ihnen zählen zwingend die Leiter der internen Kontrollfunktionen, zu denen die Compliance-Funktion gehört.

64 Vgl. European Banking Authority/European Securities and Markets Authority, Leitlinien zur Bewertung der Eignung von Mitgliedern des Leitungsorgans und Inhabern von Schlüsselfunktionen, EBA/GL/2017/12, 21. März 2018, S. 15; European Banking Authority, Leitlinien zur internen Governance, EBA/GL/2017/11, 21. März 2018, S. 41.

65 Vgl. European Banking Authority, Leitlinien zur internen Governance, EBA/GL/2017/11, 21. März 2018, S. 47.

6.3 Anzeige gegenüber der BaFin und dem Aufsichtsorgan

84 Die Institute sind nicht verpflichtet, die Bestellung, einen Wechsel oder das Ausscheiden des Compliance-Beauftragten der Aufsicht anzuzeigen, anders als bspw. beim Compliance-Beauftragten nach § 87 Abs. 5 WpHG oder beim Geldwäschebeauftragten nach § 7 Abs. 4 Satz 1 GwG. Nach den Vorstellungen der EBA sollten jedoch CRD-Institute von erheblicher Bedeutung die zuständige Aufsichtsbehörde über das Ergebnis der Eignungsprüfung der Inhaber von Schlüsselfunktionen im Sinne der einschlägigen Leitlinien informieren.[66] Für eine Unterrichtung der Aufsichtsbehörde spricht zudem, dass der Compliance-Beauftragte in der täglichen Praxis als Ansprechpartner der Aufsichtsbehörde für Fragen rund um die Compliance-Risiken fungiert. Vor diesem Hintergrund sollten größere Institute die Aufsicht über personelle Veränderungen in der Person des Compliance-Beauftragten informieren bzw. mit der Aufsichtsbehörde die Vorgehensweise abstimmen.

85 Der Baseler Ausschuss für Bankenaufsicht verlangt in seinen im Juni 2015 veröffentlichten Prinzipien für eine angemessene Corporate Governance, dass das Institut eine Ablösung des Leiters der Compliance-Funktion offenlegt und mit der Aufsichtsbehörde erörtert.[67] Die Überlegungen des Baseler Ausschusses wurden im Rahmen der fünften MaRisk-Novelle aufgrund des in Deutschland vorherrschenden dualistischen Systems der Unternehmensführung nicht in nationales Recht umgesetzt.

6.4 Compliance-Beauftragter auf Konzernebene

86 Bei Institutsgruppen, Finanzholding-Gruppen und gemischten Finanzholding-Gruppen ist ein Compliance-Beauftragter auf Konzernebene zu benennen, der für die Erfüllung der Aufgaben der Compliance-Funktion auf Gruppenebene verantwortlich ist (→ AT4.4.2 Tz. 1). Auch die EBA verlangt eine Compliance-Funktion auf Gruppenebene.[68]

---

66 Vgl. European Banking Authority/European Securities and Markets Authority, Leitlinien zur Bewertung der Eignung von Mitgliedern des Leitungsorgans und Inhabern von Schlüsselfunktionen, EBA/GL/2017/12, 21. März 2018, S. 44 f. »CRD-Institute von erheblicher Bedeutung« sind nach den Leitlinien die global systemrelevanten Institute und die anderweitig systemrelevanten Institute sowie ggf. auch andere CRD-Institute, Finanzholdinggesellschaften oder gemischte Finanzholdinggesellschaften, die von der zuständigen Behörde oder nach nationalem Recht auf der Grundlage einer Bewertung der Größe, internen Organisation und der Art, des Umfangs und der Komplexität der Tätigkeiten der Institute bestimmt werden. Vgl. European Banking Authority/European Securities and Markets Authority, Leitlinien zur Bewertung der Eignung von Mitgliedern des Leitungsorgans und Inhabern von Schlüsselfunktionen, EBA/GL/2017/12, 21. März 2018, S. 5.

67 Vgl. Basel Committee on Banking Supervision, Guidelines – Corporate governance principles for banks, BCBS d328, 8. Juli 2015, S. 32 f.

68 Vgl. European Banking Authority, Leitlinien zur internen Governance, EBA/GL/2017/11, 21. März 2018, S. 47 f.

7 Befugnisse und Informationsrechte der Compliance-Funktion (Tz. 6)

6 Den Mitarbeitern der Compliance-Funktion sind ausreichende Befugnisse und ein un- **87**
eingeschränkter Zugang zu allen Informationen einzuräumen, die für die Erfüllung ihrer
Aufgaben erforderlich sind. Weisungen und Beschlüsse der Geschäftsleitung, die für die
Compliance-Funktion wesentlich sind, sind ihr bekanntzugeben. Über wesentliche Änderungen der Regelungen, die die Einhaltung der wesentlichen rechtlichen Regelungen und
Vorgaben gewährleisten sollen, sind die Mitarbeiter der Compliance-Funktion rechtzeitig zu
informieren.

7.1 Ausreichende Befugnisse und Zugang zu Informationen

Damit die Compliance-Funktion ihre Aufgaben effektiv und im Interesse des Institutes wahrnehmen **88**
kann, sind dem Compliance-Beauftragten bzw. seinen Mitarbeitern ausreichende Befugnisse und ein
uneingeschränkter Zugang zu allen für ihre Tätigkeit relevanten Informationen einzuräumen. Entsprechende Regelungen enthalten die MaRisk auch bei der Risikocontrolling-Funktion ($\rightarrow$ AT 4.4.1
Tz. 3) und der Internen Revision ($\rightarrow$ AT 4.4.3 Tz. 4). Die Compliance-Funktion hat bei der Wahrnehmung ihrer Aufgaben gegenüber anderen Organisationseinheiten vor allem uneingeschränkte
Auskunfts-, Zugangs- und Einsichtsrechte im Hinblick auf vorhandene Unterlagen, Daten, Aufzeichnungen und Systeme, soweit diese für die Erfüllung ihrer Aufgaben von Bedeutung sein können.

Das Informationsrecht der Compliance-Funktion wird ergänzt durch die Verpflichtung der Ge- **89**
schäftsleitung, dem Compliance-Beauftragten und seinen Mitarbeitern Weisungen und Beschlüsse
mitzuteilen, die für die Compliance-Funktion wesentlich sind. Auch diesbezüglich besteht eine
Parallele zur Internen Revision ($\rightarrow$ AT 4.4.3 Tz. 5). Die Compliance-Funktion kann ihre Aufgaben
nur erfüllen, wenn sie über entsprechende Entscheidungen der Geschäftsleitung hinreichend
informiert ist. Darüber hinaus sind die Mitarbeiter der Compliance-Funktion rechtzeitig über
wesentliche Änderungen der Regelungen (gemeint sind ggf. die Verfahren und Kontrollen) zu
informieren, die die Einhaltung der wesentlichen rechtlichen Regelungen und Vorgaben gewährleisten sollen. Gegenüber der Internen Revision besteht eine vergleichbare Informationspflicht bei
wesentlichen Änderungen im Risikomanagement ($\rightarrow$ AT 4.4.3 Tz. 5), wozu auch die Verfahren zur
Gewährleistung der Einhaltung der wesentlichen rechtlichen Regelungen und Vorgaben gehören.

Die Compliance-Funktion ist insbesondere im Zusammenspiel mit den Geschäftsbereichen auf **90**
einen funktionierenden Informationsfluss angewiesen. Die Geschäftsbereiche haben daher die
Compliance-Funktion von sich aus zu informieren, wenn sich in ihrem Zuständigkeitsbereich
wesentliche rechtliche Regelungen oder Vorgaben ändern oder sie Verfahren oder Kontrollen
anpassen. Es handelt sich um eine Bringschuld der Organisationseinheiten, damit die Compliance-Funktion frühzeitig Kenntnis über Änderungen der einschlägigen Verfahren und Kontrollen und ggf.
auch über Anpassungen von Rechtsnormen sowie ihre strategische oder operative Bedeutung für das
Institut erhält. Die EBA betont den erforderlichen Informationsaustausch zwischen der Compliance-Funktion und der Risikocontrolling-Funktion. Nach den Vorstellungen der EBA sollten die Com-

AT 4.4.2 Compliance-Funktion

pliance-Funktion und die Risikocontrolling-Funktion zusammenarbeiten und, soweit angemessen, Informationen austauschen, um ihre jeweiligen Aufgaben wahrzunehmen.[69]

91   Die erforderlichen Informations-, Auskunfts-, Zugangs- und Einsichtsrechte der Compliance-Funktion müssen den Mitarbeitern des Institutes in geeigneter Weise bekanntgemacht werden, z. B. in den Organisationsrichtlinien des Institutes (→ AT 5). Andere Vorgehensweisen sind allerdings auch gestattet.

92   Bei einer Compliance-Funktion auf Gruppenebene erstrecken sich die Befugnisse und Informationsrechte auf die gruppenangehörigen Unternehmen im In- und Ausland, soweit dies im Rahmen der gesellschaftsrechtlichen Möglichkeiten durchsetzbar ist. Allerdings wurden die bankaufsichtlichen Regelungen in den vergangenen Jahren oftmals in einer Weise angepasst, die auf nationale gesellschaftsrechtliche Regelungen wenig Rücksicht nimmt (→ AT 4.5 Tz. 1). Nach den Vorstellungen der EBA sollten die nachgeordneten Unternehmen die Compliance-Funktion des konsolidierenden Unternehmens insbesondere informieren, wenn regionale Gesetze und Rechtsvorschriften der Anwendung strengerer Verfahren und Compliance-Systeme, die von der Gruppe eingeführt wurden, im Wege stehen.[70] Das kann z. B. der Fall sein, wenn bei grenzüberschreitend tätigen Gruppen regionale Gesetze und Rechtsvorschriften die Offenlegung oder den Austausch erforderlicher Informationen zwischen den gruppenangehörigen Unternehmen behindern.

7.2   Weisungsrecht des Compliance-Beauftragten

93   Der Compliance-Funktion bzw. dem Compliance-Beauftragten wird in den MaRisk gegenüber anderen Organisationseinheiten kein explizites Weisungsrecht eingeräumt. Dies ergibt sich implizit bereits aus dem Wortlaut, wonach die Compliance-Funktion auf die Implementierung wirksamer Verfahren zur Einhaltung der wesentlichen rechtlichen Regelungen und Vorgaben »hinzuwirken« hat (→ AT 4.4.2 Tz. 1). Die Verantwortung für die Verfahren und die Einhaltung der rechtlichen Regelungen und Vorgaben liegt bei der Geschäftsführung bzw. den zuständigen Geschäftsbereichen. Die Compliance-Funktion hat in erster Linie eine beratende und koordinierende Funktion. Stellt die Compliance-Funktion mögliche oder bereits realisierte Compliance-Risiken fest, kann sie die Geschäftsleitung ad hoc bzw. im jährlichen Compliance-Bericht darüber informieren (→ AT 4.4.2 Tz. 7). Die Geschäftsleitung kann auf dieser Basis anschließend die notwendigen Maßnahmen beschließen.[71] Unabhängig davon liegt es im Ermessen der Geschäftsleitung des Institutes, dem Compliance-Beauftragten generelle Weisungs- oder Vetorechte einzuräumen.

---

69   Vgl. European Banking Authority, Leitlinien zur internen Governance, EBA/GL/2017/11, 21. März 2018, S. 47.

70   Vgl. European Banking Authority, Leitlinien zur internen Governance, EBA/GL/2017/11, 21. März 2018, S. 47 f.

71   Vgl. Bundesanstalt für Finanzdienstleistungsaufsicht, Protokoll der Sitzung des MaRisk-Fachgremiums am 24. April 2013, S. 3.

8 Berichterstattung durch die Compliance-Funktion (Tz. 7)

7 Die Compliance-Funktion hat mindestens jährlich sowie anlassbezogen der Geschäfts- **94** leitung über ihre Tätigkeit Bericht zu erstatten. Darin ist auf die Angemessenheit und Wirksamkeit der Regelungen zur Einhaltung der wesentlichen rechtlichen Regelungen und Vorgaben einzugehen. Ferner hat der Bericht auch Angaben zu möglichen Defiziten sowie zu Maßnahmen zu deren Behebung zu enthalten. Die Berichte sind auch an das Aufsichtsorgan und die Interne Revision weiterzuleiten.

8.1 Berichterstattung an die Geschäftsleitung

Die Compliance-Funktion hat der Geschäftsleitung mindestens jährlich sowie anlassbezogen über **95** ihre Tätigkeit Bericht zu erstatten. In der Praxis wird die Unterrichtung regelmäßig durch den Compliance-Beauftragten erfolgen. In den Berichten hat die Compliance-Funktion auf die Angemessenheit und Wirksamkeit der Regelungen zur Einhaltung der wesentlichen rechtlichen Regelungen und Vorgaben einzugehen. Im Fokus stehen damit insbesondere die Verfahren und Kontrollen, auf deren Implementierung die Compliance-Funktion hinzuwirken hat ($\rightarrow$ AT 4.4.2 Tz. 1). Ferner hat der Bericht auch Angaben zu möglichen Defiziten sowie zu Maßnahmen zu deren Behebung zu enthalten. Die Berichte des Compliance-Beauftragten ermöglichen es der für die Einhaltung der rechtlichen Regelungen und Vorgaben verantwortlichen Geschäftsleitung, informiert zu beurteilen, ob das Institut seine Compliance-Risiken angemessen steuert und überwacht. Darüber hinaus wird die Geschäftsleitung in die Lage versetzt, bestehende Verstöße des Institutes oder seiner Mitarbeiter gegen rechtliche Regelungen oder Vorgaben zu beseitigen. Eine anlassbezogene Berichterstattung der Compliance-Funktion kommt z.B. in Betracht, wenn diese von Verstößen des Institutes oder von Mitarbeitern gegen rechtliche Regelungen und Vorgaben Kenntnis erlangt, die für das Institut ein hohes Compliance-Risiko beinhalten, und nach Einschätzung der Compliance-Funktion unverzüglich Maßnahmen zu ergreifen sind.

Im Fall der Zusammenlegung der Compliance-Funktion mit anderen Stabs- und Kontrolleinheiten **96** ($\rightarrow$ AT 4.4.2 Tz. 3) kann der jährliche Bericht bspw. auch Bestandteil der Berichterstattung der Risikocontrolling-Funktion oder des Compliance-Beauftragten nach WpHG sein. Bei einer dezentralen Compliance-Organisation sollten die Berichte der einzelnen Compliance-Einheiten ggf. konsolidiert werden, um der Geschäftsleitung einen umfassenden Überblick über die Risikosituation zu geben.

Die existierenden Berichtspflichten anderer besonderer Funktionen (wie bspw. der Internen **97** Revision, des Compliance-Beauftragten nach WpHG oder des Geldwäschebeauftragten) bleiben durch die Compliance-Funktion unberührt. Auch die EBA regt im Übrigen eine Berichtspflicht der Compliance-Funktion über die Steuerung des Compliance-Risikos gegenüber der Geschäftsleitung an, ggf. gemeinsam mit der Risikocontrolling-Funktion. Die Feststellungen der Compliance-Funktion sollten von der Geschäftsleitung sowie ggf. der Risikocontrolling-Funktion im Entscheidungsprozess berücksichtigt werden.[72]

---

72 Vgl. European Banking Authority, Leitlinien zur internen Governance, EBA/GL/2017/11, 21. März 2018, S. 47.

8.2 Weiterleitung der Berichte an Aufsichtsorgan und Interne Revision

98 Die Geschäftsleitung ist für die Einhaltung der allgemeinen Compliance im Sinne einer ordnungsgemäßen Geschäftsorganisation nach § 25a Abs. 1 KWG zuständig. Daher wird auch die Berichterstattung an das Aufsichtsorgan regelmäßig durch die Geschäftsleitung erfolgen. Unabhängig davon sind die Berichte des Compliance-Beauftragten an das Aufsichtsorgan und die Interne Revision weiterzuleiten. Diese Regelung dient der Stärkung der internen Kontrollstruktur bzw. der Corporate Governance in den Instituten. Die Interne Revision kann mögliche Feststellungen in den Compliance-Berichten im Rahmen ihrer Prüfungshandlungen aufgreifen. Die Anforderung ergänzt das umfassende Informationsrecht der Internen Revision (→ AT 4.4.3 Tz. 4).

99 Ob es unter Praktikabilitätsgesichtspunkten ggf. besser gewesen wäre, die Informationspflicht an die Interne Revision mit der Ad-hoc-Berichtspflicht (→ AT 4.3.2 Tz. 4) zu verknüpfen, wird die Praxis zeigen. Zukünftig erhält die Interne Revision jeden Bericht der Compliance-Funktion und muss diesen natürlich auch auswerten. Im Zusammenhang mit der Ad-hoc-Berichtspflicht wären der Internen Revision nur die unter Risikogesichtspunkten wesentlichen Informationen (unverzüglich) weitergeleitet worden und auch nur in jenen Fällen, in denen nach Einschätzung der Fachbereiche (in diesem Falle der Compliance-Funktion) unter Risikogesichtspunkten relevante Mängel zu erkennen oder bedeutende Schadensfälle aufgetreten wären oder ein konkreter Verdacht auf Unregelmäßigkeiten bestanden hätte (→ AT 4.3.2 Tz. 4, Erläuterung). Es liegt auf der Hand, dass diese Art der Berichterstattung den Aufwand deutlich reduziert hätte. Ohne eine verpflichtende Vorgabe hätte die Interne Revision institutsindividuell immer noch entscheiden können, ob sie die Berichte im Rahmen ihres umfassenden Informationsrechtes von der Compliance-Funktion einfordert (→ AT 4.4.3 Tz. 4).

100 Unabhängig davon haben sich als Konsequenz aus der Finanzmarktkrise seit 2008 die Anforderungen an die Aufsichtsorgane von Banken deutlich erhöht (→ AT 1 Tz. 1). Der im Rahmen des CRD IV-Umsetzungsgesetzes neu eingeführte § 25d Abs. 6 KWG verlangt ausdrücklich, dass das Aufsichtsorgan die Geschäftsleitung auch hinsichtlich der Einhaltung der einschlägigen bankaufsichtsrechtlichen Regelungen überwacht. Die Berichte der Compliance-Funktion (jährlich bzw. anlassbezogen) unterstützen das Aufsichtsorgan, dieser gesetzlichen Verpflichtung nachzukommen.

8.3 Berichtsrecht der Compliance-Funktion gegenüber dem Aufsichtsorgan

101 Nach den Vorstellungen der EBA sollen die Leiter der besonderen Funktionen und damit auch der Leiter der Compliance-Funktion befugt sein, soweit erforderlich, gegenüber dem Aufsichtsorgan ihre Bedenken zu äußern bzw. diese zu warnen, wenn nachteilige Risikoentwicklungen das Institut beeinträchtigen oder beeinträchtigen können.[73] Es ist fraglich, ob damit ein über die Anforderungen der MaRisk (»Weitergabe der Compliance-Berichte für die Geschäftsleitung an das Aufsichtsorgan«) hinausgehendes direktes Berichtsrecht der Compliance-Funktion gegenüber dem Aufsichtsorgan oder eine direkte Berichtspflicht der Compliance-Funktion gefordert wird. In

---

73 Vgl. European Banking Authority, Leitlinien zur internen Governance, EBA/GL/2017/11, 21. März 2018, S. 13 und 41.

der Literatur wird ein direktes Berichtsrecht bzw. eine direkte Berichtspflicht des Compliance-Beauftragten gegenüber dem Aufsichtsorgan als ultima ratio zum Teil bejaht.[74] Ein direktes Berichtsrecht (bzw. eine direkte Berichtspflicht) des Compliance-Beauftragten gegenüber dem Aufsichtsorgan – an der Geschäftsleitung des Institutes vorbei – wäre jedoch nicht sachgerecht. Die Geschäftsleitung trägt die Letztverantwortung für das rechtskonforme Verhalten des Institutes. Das Recht des Aufsichtsorgans, von dem Compliance-Beauftragten Auskünfte einzuholen, bleibt hiervon unberührt. Anders als beim Leiter der Internen Revision und dem Leiter der Risikocontrolling-Funktion hat das Aufsichtsorgan kein direktes Auskunftsrecht gegenüber dem Compliance-Beauftragten. Das Aufsichtsorgan muss daher bei Bedarf entsprechende Anfragen an die Geschäftsleitung des Institutes richten.

8.4   Berichterstattung über regulatorisches Monitoring

Soweit die Compliance-Funktion auch für die Identifizierung und das Monitoring zukünftiger rechtlicher Regelungen und Regulierungsvorhaben verantwortlich ist (→ AT 4.4.2 Tz. 1), wird sich die regelmäßige oder anlassbezogene Berichterstattung der Compliance-Funktion an die Geschäftsleitung auch auf das regulatorische Monitoring erstrecken. Dies kann z.B. dann der Fall sein, wenn Regulierungsvorhaben größere Auswirkungen auf das Geschäftsmodell des Institutes (Produkte, Märkte etc.), die festgelegten Geschäfts- und Risikostrategien, die verwendeten Methoden zur Ermittlung der Eigenkapital- und Liquiditätsausstattung sowie die Prozesse oder IT-Systeme des Institutes haben und eine fristgerechte Umsetzung nicht gewährleistet ist.

102

---

74 Vgl. Schulz, Martin/Galster, Wirnt, in: Bürkle, Jürgen/Hauschka, E. Christoph, Der Compliance Officer, Ein Handbuch in eigener Sache, München, 2015, S. 125, wonach eine derartige direkte Eskalation an das Aufsichtsorgan als ultima ratio z. B. in Betracht kommt, wenn die Unternehmensleitung und der Compliance-Beauftragte Compliance-Fälle unterschiedlich bewerten, oder in Situationen, in denen die Unternehmensleitung die Tätigkeit der Compliance-Funktion behindert.

9 Wechsel des Compliance-Beauftragten (Tz. 8)

103 **8** Wechselt die Position des Compliance-Beauftragten, ist das Aufsichtsorgan rechtzeitig vorab unter Angabe der Gründe für den Wechsel zu informieren.

9.1 Information des Aufsichtsorgans

104 Die Geschäftsleitung hat bei einem Wechsel der Position des Compliance-Beauftragten das Aufsichtsorgan des Institutes rechtzeitig vorab unter Angabe der Gründe zu informieren. Vergleichbare Regelungen bestehen beim Wechsel des Leiters der Risikocontrolling-Funktion ($\rightarrow$ AT 4.4.1 Tz. 6) und der Leitung der Internen Revision ($\rightarrow$ AT 4.4.3 Tz. 6). Eine nachträgliche Information des Aufsichtsorgans ist damit nicht ausreichend. Die Verpflichtung der Geschäftsleitung zur Vorabinformation des Aufsichtsorgans über den Wechsel des Compliance-Beauftragten unter Angabe der Gründe für den Wechsel wurde im Zuge der fünften MaRisk-Novelle eingefügt. Diese Regelung betont die herausgehobene Stellung des Compliance-Beauftragten als zentraler Bestandteil des internen Kontrollsystems und stärkt gleichzeitig die Überwachungsfunktion des Aufsichtsorgans. Es handelt sich lediglich um ein Informationsrecht des Aufsichtsorgans, eine Zustimmung ist nicht erforderlich.[75] Grundsätzlich bietet sich an, dass die Geschäftsleitung das Aufsichtsorgan zeitnah nach der Beschlussfassung über die Entpflichtung des Compliance-Beauftragten informiert.

105 Auch wenn es die MaRisk nicht ausdrücklich verlangen, ist es zudem sinnvoll, dem Aufsichtsorgan bereits die Bestellung des Compliance-Beauftragten frühzeitig anzuzeigen, da dieser den Compliance-Bericht verantwortet, der an das Aufsichtsorgan weiterzuleiten ist ($\rightarrow$ AT 4.4.2 Tz. 7). In der Regel wird bei einem geplanten Wechsel des Compliance-Beauftragten bereits ein neuer Kandidat für die Beauftragtenfunktion feststehen, sodass die Information über den Wechsel des alten Compliance-Beauftragten und der Bestellung des neuen Compliance-Beauftragten zeitlich zusammenfallen werden.

---

[75] Nach der Vorstellung der EBA sollten die Leiter der internen Kontrollfunktionen im Sinne der EBA-Leitlinien zur internen Governance, und damit auch der Leiter der Compliance-Funktion, nur nach vorheriger Zustimmung des Aufsichtsorgans aus ihrer Funktion enthoben werden. Es handelt sich beim Leiter der Compliance-Funktion – anders als beim Leiter der Risikocontrolling-Funktion – jedoch nur um eine Empfehlung der EBA (»sollte«), sodass das Zustimmungserfordernis nicht zwingend ist. Vgl. European Banking Authority, Leitlinien zur internen Governance, EBA/GL/2017/11, 21. März 2018, S. 41.

AT 4.4.3 Interne Revision

1 Erfordernis der Internen Revision (Tz. 1)

1   **1** Jedes Institut muss über eine funktionsfähige Interne Revision verfügen. Bei Instituten, bei denen aus Gründen der Betriebsgröße die Einrichtung einer Revisionseinheit unverhältnismäßig ist, können die Aufgaben der Internen Revision von einem Geschäftsleiter erfüllt werden.

1.1   Vorgaben des Gesetzgebers und der Bankenaufsicht

2   Eine funktionsfähige Interne Revision ist elementarer Bestandteil der institutsinternen Organisation. Sie prüft und beurteilt im Auftrag der Geschäftsleitung insbesondere die Ordnungsmäßigkeit grundsätzlich aller Aktivitäten und Prozesse und leistet somit einen wichtigen Beitrag zum wirtschaftlichen Erfolg eines Unternehmens. Bankenaufsicht und Gesetzgeber räumen daher der Internen Revision einen hohen Stellenwert ein.

3   Die Bedeutung der Internen Revision für die deutsche Bankenaufsicht hat in der Vergangenheit nicht nur in den bereits im Einführungsteil erwähnten MaIR ihren Niederschlag gefunden. Den MaIR lag bereits ein Vorgängerschreiben zugrunde, dass sich ebenfalls ausschließlich mit der Funktion der Internen Revision befasste.[1] Dieser so genannte »Revisionsbrief« war zugleich eines der ersten Schreiben der Bankenaufsicht mit eindeutig qualitativer Ausrichtung.

4   Durch die im Rahmen des Finanzkonglomeraterichtlinie-Umsetzungsgesetzes im Jahre 2004 erfolgte Änderung des § 25a KWG wurde die Notwendigkeit der Internen Revision erstmals explizit im Gesetz verankert. Danach bestehen die internen Kontrollverfahren einerseits aus dem prozessabhängigen internen Kontrollsystem und andererseits aus der prozessunabhängigen Internen Revision. Auch die letzten Novellierungen des § 25a KWG haben daran nichts geändert.

5   Die Notwendigkeit der Existenz einer funktionsfähigen Internen Revision wird daher sowohl vom Gesetzgeber als auch von der Bankenaufsicht besonders betont. Dementsprechend kommt der Internen Revision auch in den MaRisk eine große Bedeutung zu, die sich in ihrer expliziten Erwähnung unter den besonderen Funktionen widerspiegelt ($\rightarrow$ AT 4.4.3).

1.2   Internationale Entwicklungstendenzen

6   Für die deutsche Bankenaufsicht besteht nicht zuletzt vor dem Hintergrund des »Supervisory Review Process« (SRP) ein großes Interesse an einer funktionsfähigen Internen Revision.[2] Dieses Interesse ist allerdings nicht nur auf die deutsche Aufsicht begrenzt. Seit Mitte der neunziger Jahre haben zahlreiche nationale Bankaufsichtsbehörden Dokumente veröffentlicht, die mittelbar oder unmittelbar auf die Interne Revision Bezug nehmen.[3] Inzwischen sind aufsichtsrechtliche Vor-

---

[1]   Bundesaufsichtsamt für das Kreditwesen, Anforderungen an die Ausgestaltung der Innenrevision, Schreiben vom 28. Mai 1976.

[2]   Vgl. Basel Committee on Banking Supervision, International Convergence of Capital Measurement and Capital Standards – A Revised Framework (Basel II), 26. Juni 2004, Tz. 719 ff.

[3]   Vgl. z. B. Eidgenössische Bankenkommission, Interne Revision (Inspektorat), Rundschreiben vom 14. Dezember 1995; Commission Bancaire, Regulation 97–2, Paris, 21. Februar 1997; Commission Bancaire et Financiere, Rundschreiben 97/4, Brüssel, 30. Juni 1997; Institut Monétaire de Luxembourgeois, Rundschreiben 98/143, 1. April 1998.

gaben an die Interne Revision der Institute als elementarer Bestandteil einer angemessenen Corporate Governance in Banken europaweit weitgehend etabliert.[4] Im Mittelpunkt dieser Dokumente stehen die Verantwortung der Geschäftsleitung, die Unabhängigkeit der Internen Revision, die Prüfungsplanung und -durchführung sowie Möglichkeiten zur Einrichtung eines »Audit Committee« und Hinweise zur Zusammenarbeit mit externen Prüfern und den Aufsichtsbehörden.

1.3 Empfehlungen des Baseler Ausschusses für Bankenaufsicht

Prinzipien zur Ausgestaltung interner Kontrollstrukturen sind auch Gegenstand eines Dokumentes des Baseler Ausschusses für Bankenaufsicht aus dem Jahre 1998.[5] Gefördert werden soll damit die Entwicklung einer Kontrollkultur in den Instituten. Dafür werden Grundsätze zu (strukturellen) Voraussetzungen, Verantwortlichkeiten und Funktionen von internen Kontrollen aufgestellt, wie z.B. zur Verantwortung der Geschäftsleitung, zu einer schriftlich fixierten Ordnung, zur Funktionstrennung, zum Risikocontrolling und zu Dokumentationsanforderungen. Der Revision als Teil der internen Kontrollverfahren kommt in diesem Kontext die Aufgabe zu, die laufende Überwachung des internen Kontrollsystems sicherzustellen. Betont werden die Unabhängigkeit der Internen Revision vom Tagesgeschäft sowie die Notwendigkeit eines umfassenden Informationszuganges für die Revision. Überdies wird das Erfordernis eines hohen Qualifikationsniveaus der Revisionsmitarbeiter unterstrichen. Zudem werden verschiedene Aufgaben der Revision genannt, wie z.B. die Prüfung des internen Kontrollsystems, des Risikomanagementsystems und der Informationstechnologie. Schließlich wird auch auf die Notwendigkeit einer effektiven Berichterstattung gegenüber der Geschäftsleitung hingewiesen. **7**

In diesem Kontext ist ein weiteres Dokument des Baseler Ausschusses für Bankenaufsicht zur Internen Revision vom August 2001 erwähnenswert.[6] Es ergänzt die älteren Ausarbeitungen vor allem um eine Diskussion über Status, Ausgestaltung sowie Aufgaben der Internen Revision. Zudem werden die Arten der Zusammenarbeit zwischen Revision, Abschlussprüfer und Aufsicht behandelt. In diesem Zusammenhang wird darauf hingewiesen, dass eine starke Interne Revision die Zusammenarbeit zwischen der Geschäftsleitung eines Institutes und der Bankenaufsicht verbessern kann. Insoweit leistet gerade dieses Baseler Dokument einen Beitrag zur Vorbereitung der Institute auf die Umsetzung des »Supervisory Review Process« (SRP), wenngleich die Ausführungen zu den turnusmäßigen Gesprächen zwischen der Revision und der Bankenaufsicht[7] in der Kreditwirtschaft nicht unumstritten sind. Die Revision versteht sich in erster Linie als Organ der Geschäftsleitung, die das Institut nach außen, also auch gegenüber der Bankenaufsicht, vertritt. Die Interne Revision ist daher nicht etwa der »verlängerte Arm« der Bankenaufsicht.[8] **8**

Unter dem Eindruck der Finanzmarktkrise hat der Baseler Ausschuss für Bankenaufsicht im Jahre 2012 die Vorgaben an die Interne Revision aus dem Jahre 2001 überarbeitet und dabei auch die Entwicklungen in der Aufsichtspraxis und die Grundsätze zur Verbesserung der Corporate Governance berücksichtigt.[9] Auch in dieser Fassung wird explizit auf das Verhältnis zwischen der **9**

---

4 Vgl. z.B. Eidgenössische Bankenkommission, Rundschreiben 2017/1 – Corporate Governance – Banken vom 22. September 2016, S. 11 ff.; Österreichische Finanzmarktaufsicht (FMA), FMA-Mindeststandards für die interne Revision vom 18. Februar 2005 (FMA-MS-IR).

5 Basel Committee on Banking Supervision, Framework for the Evaluation of Internal Control Systems, Januar 1998.

6 Basel Committee on Banking Supervision, Internal audit in banks and the supervisor's relationship with auditors, 28. August 2001.

7 Vgl. Basel Committee on Banking Supervision, Internal audit in banks and the supervisor's relationship with auditors, 28. August 2001, Tz. 59–63.

8 Vgl. Hanenberg, Ludger, Neue Entwicklungen bei Revisionsfragen – eine Perspektive der Bankenaufsicht, in: Becker, Axel/Wolf, Martin (Hrsg.), Prüfungen in Kreditinstituten und Finanzdienstleistungsunternehmen, Stuttgart, 2005, S.600.

9 Basel Committee on Banking Supervision, The internal audit function in banks, BCBS 223, 28.Juni 2012.

AT 4.4.3 Interne Revision

Internen Revision und den Aufsichtsbehörden eingegangen. Wenngleich die Überarbeitung eine Stärkung der Revisionsfunktion zum Ziel hat, sind mit den im Papier enthaltenen zwanzig Prinzipien auch relativ viele konkrete Anforderungen verbunden, die sich auf die Freiheitsgrade bei der Prüfungsplanung einschränkend auswirken können. Wie in den MaRisk spielt der Risikogehalt der Aktivitäten und Prozesse eine zentrale Rolle. Fachexperten weisen deshalb darauf hin, dass bei der Überprüfung und Überarbeitung der mehrjährigen Prüfungsplanung insbesondere ein nachvollziehbares Modell zur Risikobewertung der Unternehmensprozesse implementiert sein sollte. Damit soll sichergestellt werden, dass sämtliche Unternehmensprozesse bewertet und die besonders risikobehafteten Prozesse in einem regelmäßigen Turnus geprüft werden.[10] Die angepassten Vorschläge des Baseler Ausschusses wurden von der BaFin im Rahmen der dritten und vierten MaRisk-Novelle nicht aufgegriffen. Das lässt darauf schließen, dass mit Blick auf die in den MaRisk bereits bestehenden Regelungen kein Handlungsbedarf gesehen wird.

10   Zuletzt hat der Baseler Ausschuss in den überarbeiteten Prinzipien für eine angemessene Corporate Governance für Banken aus dem Jahre 2015 Anforderungen an die Ausgestaltung der Internen Revision formuliert.[11] In diesem Dokument betont der Baseler Ausschuss die besondere Bedeutung der Internen Revision als dritte Verteidigungslinie in dem von ihm verwendeten Modell der drei Verteidigungslinien (»Three Lines of Defence«). Darüber hinaus enthalten die Prinzipien die heute bekannten Grundvoraussetzungen für eine funktionsfähige Interne Revision, wie bspw. die unmittelbare Verantwortung gegenüber der Geschäftsleitung, die Einräumung ausreichender Befugnisse sowie den uneingeschränkten Zugang zu allen erforderlichen Informationen. Der Baseler Ausschuss betont die Unabhängigkeit der Internen Revision, vor allem auch gegenüber der Geschäftsleitung des Institutes. Gemäß den Prinzipien soll die Interne Revision einen direkten Zugang zu dem »Board«[12] und dem »Audit-Committee« haben. Board und Audit-Committee sind auch die Adressaten der Prüfungsberichte, die sie ungefiltert erhalten sollen (»without management filtering«). Anders als nach dem Verständnis im KWG und in den MaRisk ist die Interne Revision für den Baseler Ausschuss offenbar eher ein Instrument des Aufsichtsorgans als der Geschäftsleitung. Sehr weitgehend sind in diesem Dokument auch die Anzeigepflichten des Institutes bei einem Wechsel des Leiters der Internen Revision. Nach den Vorstellungen des Baseler Ausschusses soll eine Ablösung des Leiters offengelegt und mit der Aufsichtsbehörde erörtert werden.[13] Die Überlegungen des Baseler Ausschusses wurden im Rahmen der fünften MaRisk-Novelle aufgrund des in Deutschland vorherrschenden dualistischen Systems der Unternehmensführung nicht in nationales Recht umgesetzt.

1.4   Implikationen des Baseler Rahmenwerkes

11   Auch das mit Einführung von Basel III weiterhin gültige Baseler Rahmenwerk weist der Internen Revision bestimmte Aufgaben zu. Gemäß den Vorgaben von Basel II hat sie oder eine vergleichbar

---

10 Vgl. Ott, Klaus/Kögl, Martina, Basel Committee on Banking Supervision: Empfehlungen für die Interne Revision in Banken, in: RevisionsPraktiker, Heft 2–3/2013, S. 26 ff.

11 Vgl. Basel Committee on Banking Supervision, Guidelines – Corporate governance principles for banks, BCBS d328, 8. Juli 2015, S. 32.

12 Der Baseler Ausschuss definiert »board« wie folgt: The body that supervises management. The structure of the board differs among countries. The use of »board« throughout this paper encompasses the different national models that exist and should be interpreted in accordance with applicle law within each jurisdiction. Vgl. Basel Committee on Banking Supervision, Guidelines – Corporate governance principles for banks, BCBS d328, 8. Juli 2015, S. 1.

13 Vgl. Basel Committee on Banking Supervision, Guidelines – Corporate governance principles for banks, BCBS d328, 8. Juli 2015, S. 32 f.

unabhängige Einheit mindestens jährlich das interne Ratingsystem und die damit verbundenen Funktionen zu überprüfen.[14] Die Vorgaben wurden auf europäischer Ebene in Art. 191 CRR umgesetzt, wonach die Interne Revision oder eine andere vergleichbare unabhängige Revisionsstelle mindestens einmal jährlich die Ratingsysteme des Institutes und deren Funktionsweise prüft, einschließlich der Tätigkeit der Kreditabteilung sowie der PD-, LGD-, EL- und Umrechnungsfaktorschätzungen. Die EZB weist der Internen Revision in diesem Zusammenhang auf der Grundlage der einschlägigen EBA-Leitlinien umfassende konkrete Prüfungsaufgaben zu.[15] Darüber hinaus hat ein Institut gemäß Art. 144 CRR bereits vor der aufsichtsrechtlichen Zulassungsprüfung eines Ratingsystems der Aufsichtsbehörde dessen Eignung glaubhaft nachzuweisen. Auch in diese »Vorabprüfung des Institutes« ist die Interne Revision oder eine vergleichbar unabhängige Revisionseinheit einzubeziehen.[16]

In Ergänzung zu diesen Vorgaben hat der Baseler Ausschuss im Rahmen von Basel III die **12** Anforderungen an die Internen Revision erweitert. So muss sie regelmäßig eine unabhängige Prüfung des Risikomesssystems im Allgemeinen und des Managementsystems für das Kontrahentenrisiko (CCR) im Besonderen durchführen. In diese Prüfungen sollten sowohl die Tätigkeit der Kredit- und Handelsabteilungen als auch die Tätigkeit der unabhängigen Risikocontrolling-Funktion bzw. der unabhängigen CCR-Kontrollabteilung – sofern davon separiert – einbezogen werden. Eine Überprüfung des gesamten Risikomanagement-Prozesses und des gesamten CCR-Management-Prozesses sollte in regelmäßigen Abständen, idealerweise mindestens einmal jährlich, erfolgen und mindestens Folgendes umfassen: die Angemessenheit der Dokumentation von Risiko- und CCR-Managementsystem und -verfahren, die Organisation der Risikocontrolling-Funktion sowie der Sicherheitenverwaltung und der CCR-Kontrollabteilung, die Einbeziehung der Messgrößen für das Kontrahentenrisiko in das tägliche Risikomanagement, den Genehmigungsprozess für die von den Mitarbeitern des Front- und des Back-Office zur Berechnung des Kontrahentenrisikos verwendeten Risikomodelle und Bewertungssysteme, die Prüfung etwaiger größerer Änderungen im Risiko- und CCR-Messverfahren, den Kreis und Umfang der vom Risikomessungsmodell erfassten Kontrahentenrisiken, die Integrität des Managementinformationssystems, die Genauigkeit und Vollständigkeit der Positions- und CCR-Daten, die genaue Abbildung der rechtlichen Bedingungen von Sicherheiten- und Nettingvereinbarungen in der Positionsmessung, die Verifizierung der Einheitlichkeit, Zeitnähe und Zuverlässigkeit sowie Unabhängigkeit der in internen Modellen verwendeten Datenquellen, die Genauigkeit und Angemessenheit der Annahmen über Volatilitäten und Korrelationen, die Genauigkeit der Bewertungs- und Risikotransformationsberechnungen sowie die Verifizierung der Genauigkeit des Modells, z.B. durch häufige Rückvergleiche.[17] Diese Vorgaben wurden auf europäischer Ebene u.a. in Art. 292 Abs. 1 lit. f und Art. 293 Abs. 1 lit. h CRR umgesetzt.

---

14 Vgl. Basel Committee on Banking Supervision, International Convergence of Capital Measurement and Capital Standards – A Revised Framework (Basel II), 26. Juni 2004, Tz. 443.

15 Vgl. European Central Bank, Guide for the Targeted Review of Internal Models (TRIM), 6. Februar 2017, S. 15; European Banking Authority, Final Draft Regulatory Technical Standards on the specification of the assessment methodology for competent authorities regarding compliance of an institution with the requirements to use the IRB Approach in accordance with Articles 144(2), 173(3) and 180(3)(b) of Regulation (EU) No 575/2013, EBA/RTS/2016/03, 21. Juli 2016, S. 9 und 44 f.

16 Vgl. Bundesanstalt für Finanzdienstleistungsaufsicht und Deutsche Bundesbank, Merkblatt zur Zulassung zum IRBA, 1. April 2007, S. 6.

17 Vgl. Baseler Ausschuss für Bankenaufsicht, Basel III: Ein globaler Regulierungsrahmen für widerstandsfähigere Banken und Bankensysteme, BCBS 189rev, 1. Juni 2011, S. 43 f. und 48 f.

1.5 Leitlinien der Europäischen Bankenaufsichtsbehörde (EBA)

13   Die EBA hat bereits in den Leitlinien zur internen Governance aus dem Jahre 2011 Anforderungen an die Ausgestaltung der Internen Revision formuliert.[18] Danach sollte die Interne Revision direkt der Geschäftsleitung und/oder dem Prüfungsausschuss (soweit vorhanden) ihre Erkenntnisse und Vorschläge für materielle Verbesserungen der internen Kontrollen berichten. Die Geschäftsleitung sollte die Interne Revision darin bestärken, nationale und internationale professionelle Standards einzuhalten. Beispielhaft wird auf die Standards vom Institute of Internal Auditors verwiesen. Die Tätigkeit der Internen Revision sollte in Übereinstimmung mit einem Prüfungsplan und detaillierten Prüfungsprogrammen nach einem risikoorientierten Ansatz erfolgen. Der Prüfungsplan sollte von der Geschäftsleitung und/oder vom Prüfungsausschuss genehmigt werden. Alle Prüfungsfeststellungen sollten Gegenstand eines formalen Follow-up-Verfahrens auf den jeweiligen Managementebenen sein, um deren Beseitigung und die zugehörige Berichterstattung zu gewährleisten.[19]

14   Die im Jahre 2017 überarbeiteten Leitlinien zur internen Governance ersetzen die Leitlinien aus dem Jahre 2011.[20] Ziel der überarbeiteten Leitlinien ist es, die bankaufsichtlichen Anforderungen an die interne Governance der Institute einschließlich der Vorgaben für die besonderen Funktionen im Sinne der MaRisk europaweit zu vereinheitlichen. Vor diesem Hintergrund wurde der Detaillierungsgrad der Vorgaben für die Ausgestaltung der Internen Revision erheblich ausgeweitet. Zusätzlich zu den Anforderungen der Leitlinien aus dem Jahre 2011 enthält das überarbeitete Dokument bspw. detaillierte Vorgaben für die Bewertung der internen Kontrollrichtlinien des Institutes durch die Interne Revision.[21] Ähnlich wie der Baseler Ausschuss in seinen im Jahre 2015 veröffentlichten Prinzipien für eine angemessene Corporate Governance in Banken fordert, sollte auch nach den Vorstellungen der EBA sichergestellt sein, dass die Interne Revision, soweit erforderlich, direkt gegenüber dem Aufsichtsorgan ihre Bedenken äußern bzw. dieses warnen kann, wenn nachteilige Entwicklungen das Institut beeinträchtigten können .[22]

15   Gemäß den EBA-Leitlinien zum SREP hat die Aufsicht im Rahmen des aufsichtlichen Überprüfungs- und Bewertungsprozesses (SREP) zu überprüfen, ob ein Institut über eine unabhängige Interne Revision verfügt, die den Anforderungen der EBA-Leitlinien zur internen Governance entspricht.[23]

1.6 Funktionsfähigkeit der Internen Revision

16   Jedes Institut muss über eine funktionsfähige Interne Revision verfügen. Diese Anforderung ergab sich schon aus dem bereits erwähnten »Revisionsbrief« der Bankenaufsicht aus dem Jahre 1976 und fand sich auch wortwörtlich in den mittlerweile durch die MaRisk abgelösten MaIR wieder.[24]

---

18   Vgl. European Banking Authority, EBA Guidelines on Internal Governance (GL 44), 27. September 2011, S. 37 f.

19   Vgl. European Banking Authority, EBA Guidelines on Internal Governance (GL 44), 27. September 2011, S. 44.

20   Vgl. European Banking Authority, Final Report – Guidelines on internal governance under Directive 2013/36/EU, EBA/GL/2017/11, 26. September 2017. Der Kommentar stellt auf die deutsche Übersetzung dieser Leitlinien ab, die am 21. März 2018 als Leitlinien zur internen Governance veröffentlicht wurden. Irrtümlicherweise wurde die deutsche Fassung der Leitlinien – im Gegensatz zu allen anderen Sprachfassungen – auf den 15. März 2018 datiert. Wir haben uns für die aus unserer Sicht korrekte Zitierweise entschieden. Vgl. European Banking Authority, Leitlinien zur internen Governance, EBA/GL/2017/11, 21. März 2018.

21   Vgl. European Banking Authority, Leitlinien zur internen Governance, EBA/GL/2017/11, 21. März 2018, S. 48 f.

22   Vgl. European Banking Authority, Leitlinien zur internen Governance, EBA/GL/2017/11, 21. März 2018, S. 13.

23   Vgl. European Banking Authority, Guidelines on common procedures and methodologies for the supervisory review and evaluation process (SREP) and supervisory stress testing, EBA/GL/2014/13, Consolidated version, 19. Juli 2018, S. 56 f.

24   Vgl. Bundesaufsichtsamt für das Kreditwesen, Mindestanforderungen an die Ausgestaltung der Internen Revision der Kreditinstitute (MaIR), Rundschreiben 1/2000 vom 17. Januar 2000, Tz. 6.

Sie ergibt sich ferner unmittelbar aus dem Wortlaut des §25a Abs.1 KWG, der explizit die Einrichtung einer Internen Revision von den Instituten einfordert.

Dass bestimmte Grundvoraussetzungen gegeben sein müssen, damit die Interne Revision den **17** ihr zugewiesenen Zweck erfüllen kann und somit ihre Funktionsfähigkeit gegeben ist, versteht sich von selbst. Die Zielsetzung, nämlich die prozessunabhängige Prüfung und Beurteilung grundsätzlich aller Aktivitäten und Prozesse eines Institutes, setzt organisatorische Vorkehrungen und Vorgaben seitens der Geschäftsleitung voraus, die für die Erfüllung der Aufgaben der Revision unerlässlich sind und die sich weitgehend aus den Anforderungen der MaRisk ableiten lassen. In diesem Zusammenhang sind vor allem folgende Aspekte von Bedeutung:

- selbständige und unabhängige Wahrnehmung der Aufgaben seitens der Internen Revision ($\rightarrow$ BT 2.2 Tz. 1),
- Funktionstrennung zwischen Interner Revision und anderen Bereichen des Institutes ($\rightarrow$ BT 2.2 Tz. 2 und 3),
- Einräumung eines vollständigen und uneingeschränkten Informationsrechtes für die Interne Revision ($\rightarrow$ AT 4.4.3 Tz. 4),
- angemessene quantitative und qualitative Personalausstattung ($\rightarrow$ AT 7.1) sowie
- nachvollziehbare Ausgestaltung der Organisationsrichtlinien, so dass ein möglichst rascher Einstieg in die Sachprüfung möglich ist ($\rightarrow$ AT 5 Tz. 4).

Auch nach den Vorstellungen der EBA sollten die Institute über eine unabhängige und wirksame **18** Interne Revision verfügen. Die EBA betont in ihren Leitlinien die erforderliche Unabhängigkeit der Internen Revision, die nicht mit anderen Funktionen kombiniert werden sollte.[25] Darüber hinaus weist die EBA darauf hin, dass die Interne Revision als interne Kontrollfunktion über ausreichende Befugnisse zur wirksamen Wahrnehmung ihrer Aufgaben, über ein entsprechendes Gewicht im Unternehmen, einen uneingeschränkten Zugang zu Informationen sowie über angemessene finanzielle und personelle Mittel verfügen muss.[26]

1.7 Interne Revision durch einen Geschäftsleiter

Die Übertragung von einzelnen Tätigkeiten der Internen Revision auf externe Personen oder gar **19** deren vollständige Auslagerung kommt unter Berücksichtigung bestimmter Voraussetzungen grundsätzlich für alle Institute in Betracht ($\rightarrow$ AT 9 Tz. 4, 5 und 10). Die Übernahme der Aufgaben der Internen Revision durch einen Geschäftsleiter ist hingegen nur Instituten gestattet, bei denen aus Gründen der Betriebsgröße die Einrichtung einer Revisionseinheit unverhältnismäßig ist. Zwar wird im Unterschied zu den MaIR[27] der Begriff »kleine Institute« nicht mehr verwendet, allerdings stellt die Betriebsgröße weiterhin das relevante Entscheidungskriterium für die Zulässigkeit der Aufgabenverlagerung auf einen Geschäftsleiter dar.

Ab welcher Betriebsgröße eine eigene Interne Revision erforderlich ist, kann nicht allgemein- **20** verbindlich festgelegt werden. Zur Beantwortung dieser Frage können verschiedene Kriterien herangezogen werden. Maßgeblich können neben der Bilanzsumme bzw. dem Geschäftsvolumen und der Anzahl der Mitarbeiter ggf. auch die Zahl der Zweigstellen oder sogar das konkrete Geschäftsmodell sein. Entscheidend ist letztlich eine betriebswirtschaftliche Betrachtung, ob die

25 Vgl. European Banking Authority, Leitlinien zur internen Governance, EBA/GL/2017/11, 21. März 2018, S. 48.
26 Vgl. European Banking Authority, Leitlinien zur internen Governance, EBA/GL/2017/11, 21. März 2018, S. 10, 20, 42 und 48 f.
27 Vgl. Bundesaufsichtsamt für das Kreditwesen, Mindestanforderungen an die Ausgestaltung der Internen Revision der Kreditinstitute (MaIR), Rundschreiben 1/2000 vom 17. Januar 2000, Tz. 39.

AT4.4.3 Interne Revision

Kosten für die Einrichtung einer Revisionseinheit in einem vernünftigen Verhältnis zu deren Nutzen für das Institut stehen.

21   Die ehemalige Sonderregelung für Neugründungen während der ersten zwei Geschäftsjahre, bei denen der Geschäftsplan einen »geringen Geschäftsumfang« und eine »behutsame Geschäftsausweitung« erkennen lässt, ist formal betrachtet entfallen. Allerdings lassen diese Voraussetzungen ebenfalls auf eine überschaubare Betriebsgröße schließen.

22   Werden die Aufgaben der Internen Revision von einem Geschäftsleiter wahrgenommen, so ist darauf zu achten, dass dieser Geschäftsleiter nicht seine eigenen Tätigkeiten prüft, da dies gegen das Verbot der Selbstprüfung verstoßen würde.[28]

1.8   Konzernrevision

23   Nach § 25 Abs. 1 Satz 3 KWG i. V. m. § 25a Abs. 3 KWG müssen Institutsgruppen, Finanzholding-Gruppen, gemischte Finanzholding-Gruppen und Unterkonsolidierungsgruppen nach Art. 22 CRR über eine funktionsfähige Konzernrevision verfügen. Die Konzernrevision ist Teil des gruppenweiten Risikomanagements und unterstützt die Geschäftsleitung des übergeordneten Unternehmens bei der Überwachung der Gruppe. Die Geschäftsleitung des übergeordneten Unternehmens ist für die Errichtung der Konzernrevision verantwortlich. Die Anforderungen an die Konzernrevision werden im Einzelnen im allgemeinen Teil der MaRisk beschrieben (→ AT4.5 Tz. 6). Im Hinblick auf die konkrete Ausgestaltung der Konzernrevision gilt der Grundsatz der Proportionalität. Sie hängt somit insbesondere von Art, Umfang, Komplexität und Risikogehalt der von der Gruppe betriebenen Geschäftsaktivitäten sowie den gesellschaftsrechtlichen Möglichkeiten ab (→ AT4.5 Tz. 1, Erläuterungen). In zentral geführten Institutsgruppen mit einer hohen Integrationsdichte wird die Konzernrevision in der Praxis regelmäßig von der Internen Revision des übergeordneten Unternehmens wahrgenommen oder ist zumindest mit der Internen Revision des übergeordneten Unternehmens sehr eng verzahnt.

24   Die Reichweite der Konzernrevision erstreckt sich auf alle wesentlichen Risiken, denen die Gruppe ausgesetzt ist, unabhängig davon, ob diese von konsolidierungspflichtigen Unternehmen in der Gruppe begründet werden oder nicht (→ AT4.5 Tz. 1).

25   Die Konzernrevision hat im Rahmen des Risikomanagements auf Gruppenebene ergänzend zur Internen Revision der gruppenangehörigen Unternehmen tätig zu werden. Der Fokus der Konzernrevision liegt dabei auf der Einhaltung der bankaufsichtlichen Anforderungen auf Gruppenebene. Die Konzernrevision kann Prüfungshandlungen selbst oder mit Unterstützung der Internen Revisionen der nachgeordneten Unternehmen durchführen. Sie kann auch die Prüfungsergebnisse der Internen Revisionen der gruppenangehörigen Unternehmen berücksichtigen. Es ist sicherzustellen, dass für die Konzernrevision und die Internen Revisionen der gruppenangehörigen Unternehmen Revisionsgrundsätze und Prüfungsstandards gelten, die eine Vergleichbarkeit der Prüfungsergebnisse gewährleisten. Darüber hinaus sind die Prüfungsplanungen und die Verfahren zur Überwachung der fristgerechten Mängelbeseitigung auf Gruppenebene abzustimmen. Schließlich hat die Konzernrevision in angemessenen Abständen, mindestens jedoch vierteljährlich, an die Geschäftsleitung und das Aufsichtsorgan des übergeordneten Unternehmens über ihre Tätigkeit auf Gruppenebene zu berichten (→ AT4.5 Tz. 6).

---

28 Vgl. Braun, Ulrich, in: Boos, Karl-Heinz/Fischer, Reinfrid/Schulte-Mattler, Hermann (Hrsg.), Kreditwesengesetz und VO (EU) Nr. 575/2013, Band 1, 5. Auflage, München, 2016, §25a KWG, Tz. 565.

Auch die EBA verlangt eine gruppenweite Interne Revision, die über einen konzernweiten   **26**
risikobasierten Prüfungsplan verfügt und unmittelbar an das Leitungsorgan des Mutterunternehmens berichtet.[29]

---

29 Vgl. European Banking Authority, Guidelines on common procedures and methodologies for the supervisory review and
evaluation process (SREP) and supervisory stress testing, EBA/GL/2014/13, Consolidated version, 19. Juli 2018, S. 66.

2 Verhältnis zur Geschäftsleitung und zum Aufsichtsorgan (Tz. 2)

27 **2** Die Interne Revision ist ein Instrument der Geschäftsleitung, ihr unmittelbar unterstellt und berichtspflichtig. Sie kann auch einem Mitglied der Geschäftsleitung, nach Möglichkeit dem Vorsitzenden, unterstellt sein. Unbeschadet dessen ist sicherzustellen, dass der Vorsitzende des Aufsichtsorgans unter Einbeziehung der Geschäftsleitung direkt bei dem Leiter der Internen Revision Auskünfte einholen kann.

2.1 Instrument der Geschäftsleitung

28 In den MaRisk wird der Charakter der Internen Revision als Instrument der Geschäftsleitung besonders betont. Diese Betonung hat allerdings eher deklaratorischen Charakter, als dass es um die Statuierung einer echten Anforderung geht. Die Interne Revision kann nur dann sachgerecht prüfen, wenn sie unabhängig vom Tagesgeschäft agiert. Eine zu große Einbindung in die von ihr zu prüfenden Prozesse würde zwangsläufig zu Interessenkollisionen führen, die sich dementsprechend auf die Qualität der Prüfungsergebnisse auswirken könnten (→ AT4.4.3 Tz.3). Die direkte Anbindung an die Geschäftsleitung trägt vor diesem Hintergrund dazu bei, die Prozessunabhängigkeit der Internen Revision zu stärken und mögliche Interessenkonflikte mit den geprüften Bereichen zu vermeiden.[30]

29 § 25a Abs. 1 KWG hebt die Gesamtverantwortung der Geschäftsleitung für eine ordnungsgemäße Geschäftsorganisation innerhalb eines Institutes besonders hervor. Analog dazu konstituiert auch das Aktiengesetz (§ 91 Abs. 2 AktG) die Verantwortung des Vorstandes einer Aktiengesellschaft für die Einrichtung eines internen Überwachungssystems zur frühzeitigen Erkennung von den Fortbestand der Gesellschaft gefährdenden Entwicklungen (»Frühwarnsystem«). Dementsprechend betonen auch die MaRisk die Gesamtverantwortung der Geschäftsleitung (→ AT3 Tz.1). Dieser Verantwortung kann die Geschäftsleitung jedoch nur gerecht werden, wenn sie beurteilen kann, ob die von ihr erlassenen Weisungen und Richtlinien von den Mitarbeitern tatsächlich beachtet werden. Naturgemäß kann die Geschäftsleitung eines Institutes, das eine bestimmte Größe überschritten hat, diese Aufgabe nicht mehr selbst wahrnehmen. Die Interne Revision fungiert hier quasi als »verlängerter Arm« der Geschäftsleitung.[31]

30 Das Auskunftsrecht des Aufsichtsorgans bzw. des Vorsitzenden eines ggf. vorhandenen Prüfungsausschusses bei der Internen Revision, das seit der zweiten MaRisk-Novelle von der Geschäftsleitung sicherzustellen ist, ändert grundsätzlich nichts am Charakter der Internen Revision als Instrument der Geschäftsleitung. Dafür sorgt die geforderte Einbindung der Geschäftsleitung.

---

30 Vgl. auch die internationalen Standards für die berufliche Praxis der Internen Revision, wonach der Leiter der Internen Revision einen direkten und unbeschränkten Zugang zu leitenden Führungskräften und Geschäftsleitung bzw. Überwachungsorgan hat, um einen für die wirksame Ausführung der Revisionsaugaben hinreichenden Grad der Unabhängigkeit zu erzielen. Vgl. Deutsches Institut für Interne Revision e.V. (DIIR), Frankfurt am Main, Institut für interne Revision Österreich (IIA Austria), Wien, Schweizer Verband für Interne Revision (IIA Switzerland), Zürich (Hrsg.), Internationale Standards für die berufliche Praxis der Internen Revision 2017 – Mission, Grundprinzipien, Definitionen, Ethikkodex, Standards, Version 6.1., 10. Januar 2018, S. 24.

31 Allgemein zur Internen Revision als Managementinstrument des Vorstands vgl. Breuer, Stefan/Nikitina, Valeria, Einrichtung und Überwachung der Internen Revision, Der Konzern, Heft 12/2015, S. 537-544.

2.2 Unterstellung unter den Vorsitzenden der Geschäftsleitung

Grundsätzlich liegt es nahe, dass die Interne Revision aufgrund ihres Charakters als Instrument der **31** (gesamten) Geschäftsleitung nicht einem einzelnen Geschäftsleiter unterstellt ist, sondern dem gesamten Organ. Jedoch wird es nicht in jedem Institut praktikabel sein, dass sich alle Mitglieder der Geschäftsleitung laufend mit der Tätigkeit der Internen Revision befassen. Dies gilt vor allem für größere Institute, bei denen sich aufgrund des Umfangs der Geschäftsaktivitäten eine Arbeitsteilung herausgebildet hat, die auch auf der Ebene der Geschäftsleitung Spezialisierungen erforderlich macht. In der Praxis wird es daher häufig so sein, dass ein bestimmtes Mitglied der Geschäftsleitung für Revisionsfragen zuständig ist und die Interne Revision diesem Geschäftsleiter unterstellt ist. Die MaRisk empfehlen eine Anbindung an den Vorsitzenden der Geschäftsleitung. Diese Empfehlung lässt sich mit seiner besonderen Stellung innerhalb der Geschäftsleitung begründen und betont die besondere Bedeutung der Internen Revision innerhalb des Institutes. Es ist ferner zu erwarten, dass sich die Interne Revision im Fall von Diskrepanzen mit den Fachbereichen leichter durchsetzen kann, wenn sie dem Vorsitzenden der Geschäftsleitung unterstellt ist. Unabhängig von dieser Empfehlung sind abweichende Konstellationen möglich. So ist sie in der Praxis häufig bei einem Geschäftsleiter angesiedelt, der über entsprechendes revisionsspezifisches Wissen verfügt und insofern Kenntnis von den besonderen Belangen der Revisionstätigkeit hat. Es muss sich dabei nicht zwingend um den Vorsitzenden handeln.

2.3 Berichtspflicht

Aus dem Umstand, dass die Interne Revision als Instrument der Geschäftsleitung agiert, ergibt sich **32** automatisch deren unmittelbare Anbindung an die Geschäftsleitung, z. B. in Form einer Stabsstelle. Dass diese organisatorische Anbindung eine direkte Berichtspflicht nach sich zieht, ist ebenfalls einsichtig und bedarf im Grunde keiner besonderen Erwähnung. Im Einzelnen bestehen folgende Berichtspflichten der Internen Revision gegenüber der gesamten Geschäftsleitung:
- Vorlage von Quartalsberichten, die über die wesentlichen oder höher eingestuften Mängel, die beschlossenen Maßnahmen sowie den Status dieser Maßnahmen informieren (→ BT 2.4 Tz. 4). In den Quartalsberichten ist ferner darzulegen, ob und inwieweit die Vorgaben des Prüfungsplanes eingehalten wurden (→ BT 2.4 Tz. 4),
- Vorlage des jährlichen Gesamtberichtes, der über die im Jahresablauf festgestellten schwerwiegenden sowie die noch nicht behobenen wesentlichen Mängel in inhaltlich prägnanter Form informiert. Die aufgedeckten schwerwiegenden Mängel, die ergriffenen Maßnahmen sowie der Status dieser Maßnahmen sind dabei besonders hervorzuheben. Bei besonders schwerwiegenden Mängeln hat die Interne Revision unverzüglich zu berichten (→ BT 2.4 Tz. 4),
- unverzügliche Weiterleitung von Revisionsberichten, die schwerwiegende Mängel enthalten (→ BT 2.4 Tz. 1),
- unverzügliche Information über schwerwiegende Feststellungen gegen Geschäftsleiter, die im Rahmen von Prüfungen gemacht werden (→ BT 2.4 Tz. 5), sowie
- Information der Geschäftsleitung über die noch offenen Feststellungen spätestens im Rahmen des nächsten Gesamtberichtes, falls die Mängelbeseitigung nach schriftlicher Information des fachlich zuständigen Geschäftsleiters nicht erfolgt ist (→ BT 2.5 Tz. 2).

Durchbrochen wird dieses Prinzip nur in ganz besonderen Fällen, nämlich dann, wenn die **33** Prüfungstätigkeit der Revision Feststellungen gegen einzelne Geschäftsleiter nach sich zieht und die (gesamte) Geschäftsleitung weder angemessene Maßnahmen ergreift noch darüber das Aufsichtsorgan in Kenntnis setzt. In einem solchen Fall besteht eine direkte Berichtpflicht der Internen Revision gegenüber dem Aufsichtsorgan (→ BT 2.4 Tz. 5).

34   Im Rahmen des Trennbankengesetzes[32] wurden u. a. die Anforderungen an die Geschäftsleiter neu geregelt. Seitdem ist es möglich, Pflichtverletzungen von Geschäftsleitern im Risikomanagement strafrechtlich zu sanktionieren. Durch die Strafbewehrung von Risikomanagementpflichten bestehen erhöhte Anforderungen an die gesetzlich bestimmte Ausgestaltung der Pflichten der Geschäftsleitung (»Bestimmtheitsgrundsatz«). Der im Zuge des Trennbankengesetzes eingefügte § 25c Abs. 4a KWG regelt die einzelnen Pflichten der Geschäftsleiter konkret in Form von Sicherstellungspflichten und erhebt hierbei die wichtigsten der bislang in den MaRisk ausgestalteten Pflichten in Gesetzesrang. Für Institutsgruppen, Finanzholding-Gruppen und gemischte Finanzholding-Gruppen bestehen entsprechende Regelungen gemäß § 25c Abs. 4b KWG. Die in diesem Zusammenhang u. a. geforderte vierteljährliche Berichterstattung der Internen Revision an die Geschäftsleitung auf Instituts- und auf Gruppenebene wurde im Rahmen der fünften MaRisk-Novelle entsprechend ergänzt (→ BT 2.4 Tz. 4 und AT 4.5 Tz. 6).

35   Auch nach den Vorstellungen der EBA sollte die Interne Revision der Geschäftsleitung regelmäßig über festgestellte wesentliche Mängel berichten. Diese Berichte sollten u. a. für jeden neu festgestellten wesentlichen Mangel das damit verbundene Risiko enthalten, eine Folgenabschätzung, Empfehlungen und die einzuleitenden Abhilfemaßnahmen. Die Geschäftsleitung sollte zeitnah und wirksam die Feststellungen der Internen Revision weiterverfolgen und angemessene Maßnahmen zur Mängelbeseitigung einfordern.[33]

2.4   Direktes Auskunftsrecht des Aufsichtsorgans

36   Nach einschlägigen gesellschaftsrechtlichen Regelungen besteht die Hauptaufgabe des Aufsichtsorgans darin, die Geschäftsführung durch den Vorstand zu überwachen (AktG, Sparkassengesetze der Länder, GenG). Die Interne Revision hat als Instrument der Geschäftsleitung risikoorientiert und prozessunabhängig die Wirksamkeit und Angemessenheit des Risikomanagements im Allgemeinen und des internen Kontrollsystems im Besonderen sowie die Ordnungsmäßigkeit grundsätzlich aller Aktivitäten und Prozesse zu prüfen und zu beurteilen (→ AT 4.4.3 Tz. 3). Sowohl das Aufsichtsorgan als auch die Interne Revision haben also aufgrund ihrer Aufgaben das gesamte Institut im Blick – allerdings mit unterschiedlicher Intensität und aus verschiedenen Perspektiven.

37   Aufgrund dieser Affinität zur Überwachungsfunktion wurde die Geschäftsleitung im Rahmen der zweiten MaRisk-Novelle dazu verpflichtet, dem Aufsichtsorgan ein direktes Auskunftsrecht gegenüber der Internen Revision einzuräumen. Die Mitglieder des Aufsichtsorgans können seither im Rahmen ihrer Mandatsausübung auf eine kompetente Stelle mit breitem Erfahrungsschatz zurückgreifen. Durch den direkten Austausch kann das Aufsichtsorgan seine Informationsbasis verbessern und damit seine Überwachungsfunktion noch effektiver wahrnehmen, was letztlich dazu beitragen kann, die Governance-Strukturen der Institute weiter zu stärken.

38   Durch diese Festlegung findet eine Diskussion ihren (vorläufigen) Abschluss, die bereits mit der Ausarbeitung der MaRisk im Jahre 2005 in Gang gesetzt wurde. Damals gab es Bestrebungen, ein »Rederecht« der Internen Revision gegenüber dem Aufsichtsorgan in den MaRisk zu verankern,

---

32 Das Trennbankengesetz ist am 1. Januar 2014 in Kraft getreten. Vgl. Gesetz zur Abschirmung von Risiken und zur Planung der Sanierung und Abwicklung von Kreditinstituten und Finanzgruppen vom 7. August 2013 (BGBl. I Nr. 47, S. 3090), veröffentlicht am 12. August 2013.

33 Vgl. European Banking Authority, Leitlinien zur internen Governance, EBA/GL/2017/11, 21. März 2018, S. 36.

um auf diese Weise insbesondere die interne Positionierung der Revision zu verbessern.[34] Die zunächst vorgesehene Empfehlung wurde nach intensiver Diskussion im MaRisk-Fachgremium wieder verworfen. Ausschlaggebend dafür waren u.a. Befürchtungen der Praktiker, die als »Rederecht« ausgestaltete Anforderung könnte in der Prüfungspraxis schnell zur »Redepflicht« werden. Dadurch wurde eine Diskussion über die rechtlichen Grundlagen für ein derartiges Rederecht angestoßen.[35]

Die Schwierigkeiten einiger Institute während der Finanzmarktkrise machten es schließlich erforderlich, das Verhältnis zwischen Interner Revision und Aufsichtsorgan auf eine neue Grundlage zu stellen. Auch im Hinblick auf das direkte Auskunftsrecht des Aufsichtsorgans wurden von Seiten der Kreditwirtschaft einige Vorbehalte geäußert[36]: So bestand etwa die Sorge, dass die Revision im Spannungsfeld zwischen Geschäftsleitung und Aufsichtsorgan aufgerieben werden könnte. Insbesondere könne die Interne Revision nicht diejenigen überwachen, deren Vertrauen sie gleichzeitig genießen soll. Außerdem wurde die Befürchtung geäußert, die Revision wäre möglicherweise damit überfordert, wenn sich alle möglichen Mitglieder des Aufsichtsorgans beliebig an sie wenden könnten. Die BaFin trug diesen Bedenken Rechnung. Zum einen sehen die MaRisk eine »Kanalisierung« der Kommunikation vor: Der Vorsitzende des Aufsichtsorgans kann Auskünfte nur beim Leiter der Internen Revision einholen. Das Auskunftsrecht umfasst somit kein allgemeines Recht des Aufsichtsorgans, Mitarbeiter der Internen Revision des Institutes zu befragen. Zum anderen ist die Geschäftsleitung über Auskunftsersuchen des Aufsichtsorgans an die Revision zu informieren. Das Deutsche Institut für Interne Revision (DIIR) hat die Neuregelung ausdrücklich begrüßt. Es sieht in dem Auskunftsrecht eine »wirkungsvolle Stärkung der Unternehmensüberwachung und der Funktion der Internen Revision«.[37] **39**

Seit Inkrafttreten des CRD IV-Umsetzungsgesetzes am 1. Januar 2014 können auch der Vorsitzende des Risikoausschusses (§25d Abs. 8 Satz 7 KWG), der Vorsitzende des Prüfungsausschusses (§25d Abs. 9 Satz 3 KWG) und der Vorsitzende des Vergütungskontrollausschusses (§25d Abs. 12 Satz 2 Nr. 3 KWG) unter Einbeziehung der Geschäftsleitung unmittelbar beim Leiter der Internen Revision Auskünfte einholen. Bestehen die genannten Ausschüsse nicht, hat der Vorsitzende des Aufsichtsorgans das entsprechende Auskunftsrecht beim Leiter der Internen Revision. Die Geschäftsleitung muss darüber jeweils unterrichtet werden.[38] **40**

---

34 Vgl. Bundesanstalt für Finanzdienstleistungsaufsicht, Mindestanforderungen an das Risikomanagement (MaRisk), erster Entwurf eines Rundschreibens vom 2. Februar 2005, BT 2.3.4 Tz. 6.

35 Vgl. Lück, Wolfgang, Redepflicht des Abschlussprüfers – Redepflicht auch für die Interne Revision?, in: Zeitschrift Interne Revision, Heft 3/2004, S. 128 f.

36 Vgl. Zentraler Kreditausschuss, Stellungnahme zum ersten Entwurf einer Neufassung der Mindestanforderungen an das Risikomanagement (MaRisk) vom 16. Februar 2009 – Konsultation 03/2009, 23. März 2009, S. 18.

37 Vgl. Deutsches Institut für Interne Revision e. V., Stellungnahme zur Neufassung der MaRisk – Konsultation 03/2009, 23. März 2009, S. 2.

38 In der Literatur wird eine direkte Berichtslinie zwischen dem Aufsichtsorgan bzw. dessen Ausschüssen und der Internen Revision zumindest bei Instituten in der Rechtsform einer Aktiengesellschaft teilweise problematisch gesehen. Gemäß § 111 AktG muss sich der Aufsichtsrat die Informationen grundsätzlich beim Vorstand beschaffen, ein direkter Zugriff auf Ebenen unterhalb des Vorstandes ist nur in Ausnahmefällen und nur auf Grundlage eines Aufsichtsrats-Beschlusses zulässig. Zu dem Konflikt zwischen Aufsichtsrecht und Gesellschaftsrecht vgl. Mülbert, Peter O./Wilhelm, Alexander, Risikomanagement und Compliance im Finanzmarktrecht – Entwicklungen der aufsichtsrechtlichen Anforderungen, in: Zeitschrift für das gesamte Handelsrecht und Wirtschaftsrecht (ZHR) 178 (2014), S. 537 f.; Schwennicke, Andreas, in: Schwennicke, Andreas/Auerbach, Dirk (Hrsg.), KWG, 3. Auflage, München, 2016, § 25d KWG, Tz. 60.

2.5   Funktion eines Prüfungsausschusses

41   Sofern das Institut einen »Prüfungsausschuss« (»Audit Committee«)[39] eingerichtet hat, kann das Auskunftsrecht gegenüber der Internen Revision alternativ auf den Vorsitzenden des Prüfungsausschusses übertragen werden (→ AT 4.4.3 Tz. 2, Erläuterung). Die Einbeziehung der Geschäftsleitung ist auch in diesem Falle sicherzustellen. Mit dieser Erläuterung wird der Praxis in jenen Instituten entsprochen, die einen entsprechenden Ausschuss gebildet haben oder bilden müssen.

42   Auch dem Deutschen Corporate Governance Kodex zufolge soll der Aufsichtsrat abhängig von den spezifischen Gegebenheiten des Unternehmens und der Anzahl seiner Mitglieder fachlich qualifizierte Ausschüsse bilden[40], die der Effizienzsteigerung der Aufsichtsratsarbeit und der Behandlung komplexer Sachverhalte dienen. Diese Empfehlung wurde bereits im Zusammenhang mit dem Strategieprozess (→ AT 4.2 Tz. 5, Erläuterung) und der Risikoberichterstattung (→ BT 3.1 Tz. 5, Erläuterung) aufgegriffen. Dem Deutschen Corporate Governance Kodex zufolge soll das Aufsichtsorgan explizit einen Prüfungsausschuss einrichten, der sich insbesondere mit der Überwachung des Rechnungslegungsprozesses, der Wirksamkeit des internen Kontrollsystems, des Risikomanagementsystems und des internen Revisionssystems, der Abschlussprüfung, hier insbesondere der Unabhängigkeit des Abschlussprüfers, der vom Abschlussprüfer zusätzlich erbrachten Leistungen, der Erteilung des Prüfungsauftrages an den Abschlussprüfer, der Bestimmung von Prüfungsschwerpunkten und der Honorarvereinbarung sowie – falls kein anderer Ausschuss damit betraut ist – der Compliance, befasst. Der Vorsitzende des Prüfungsausschusses soll über besondere Kenntnisse und Erfahrungen in der Anwendung von Rechnungslegungsgrundsätzen und internen Kontrollverfahren verfügen. Er soll unabhängig und kein ehemaliges Vorstandsmitglied der Gesellschaft sein, dessen Bestellung vor weniger als zwei Jahren endete.[41]

43   Unter welchen Voraussetzungen ein Institut dazu verpflichtet ist, einen Prüfungsausschuss einzurichten, wie sich dieser Ausschuss zusammensetzen muss und welche Aufgaben seine Mitglieder wahrzunehmen haben, wurde zunächst durch das Gesetz zur Modernisierung des Bilanzrechts (BilMoG) vom 25. Mai 2009 in § 324 HGB konkretisiert. Vereinfacht ausgedrückt sollen demzufolge alle »kapitalmarktorientierten Institute« (→ BTR 3.2) über einen Prüfungsausschuss verfügen. Die Mitglieder des Prüfungsausschusses sind laut § 324 Abs. 2 HGB von den Gesellschaftern zu wählen, wobei mindestens ein unabhängiges Mitglied des Aufsichtsorgans gemäß § 100 Abs. 5 AktG über Sachverstand auf den Gebieten Rechnungslegung oder Abschlussprüfung verfügen sollte. Der Vorsitzende des Prüfungsausschusses darf nicht mit der Geschäftsführung betraut sein, um Interessenkonflikte auszuschließen. Im Rahmen seiner Aufgaben hat sich der Prüfungsausschuss gemäß § 107 Abs. 3 Satz 2 AktG mit der Überwachung des Rechnungslegungsprozesses, der Wirksamkeit des internen Kontrollsystems, des Risikomanagementsystems und des internen Revisionssystems sowie der Abschlussprüfung, hier insbesondere der Unabhängigkeit des Abschlussprüfers und der vom Abschlussprüfer zusätzlich erbrachten Leistungen, zu befassen. Dabei bleibt begrifflich unberücksichtigt, dass sowohl § 25a Abs. 1 KWG als auch die MaRisk eine weite Definition für das Risikomanagement zugrunde legen, die das interne Kontrollsystem und die Interne Revision bereits umfasst.[42] Der Prüfungsausschuss gibt auch eine Empfehlung zur Wahl des Abschlussprüfers ab und lässt sich von diesem gemäß § 171 Abs. 1 Satz 2

---

39   Die Aufgaben eines »Audit Committee« müssen in anderen Jurisdiktionen nicht zwingend mit denen eines »Prüfungsausschusses« im Sinne der MaRisk übereinstimmen. Insbesondere im angelsächsischen Raum kann ein »Audit Committee« aufgrund des dort vorherrschenden »monistischen Systems« durchaus stärker in operative Aufgaben eingebunden sein.

40   Vgl. Regierungskommission Deutscher Corporate Governance Kodex, Deutscher Corporate Governance Kodex, Fassung vom 7. Februar 2017, Abschnitt 5.3.1.

41   Vgl. Regierungskommission Deutscher Corporate Governance Kodex, Deutscher Corporate Governance Kodex, Fassung vom 7. Februar 2017, Abschnitt 5.3.2.

42   Es wäre wünschenswert, wenn die Begriffswelten zwischen (unter-)gesetzlichen Regelungen und Verwaltungsvorschriften sowie maßgeblichen Prüfungsleitfäden zur Vermeidung von Missverständnissen besser aufeinander abgestimmt würden.

AktG u.a. über die wesentlichen Ergebnisse seiner Prüfung, insbesondere über wesentliche Schwächen des internen Kontrollsystems und des Risikomanagementsystems mit Bezug auf den Rechnungslegungsprozess, berichten.

Mit dem CRDIV-Umsetzungsgesetz[43] wurden die Anforderungen an die Aufsichtsorgane der Institute ab dem Jahre 2014 in §25d KWG grundlegend neu geregelt. Danach soll das Aufsichtsorgan eines Institutes abhängig von der Größe, der internen Organisation und der Art, des Umfangs, der Komplexität und dem Risikogehalt der Geschäfte des Unternehmens aus seiner Mitte u.a. einen Prüfungsausschuss bilden, der es bei seinen Aufgaben beraten und unterstützen soll. Nach der Gesetzesbegründung ist die Bildung des Ausschusses nicht zwingend, wenn dem Aufsichtsorgan weniger als zehn Mitglieder angehören. Für den Ausschuss ist ein Vorsitzender zu benennen. Der Ausschussvorsitzende muss über Sachverstand auf den Gebieten der Rechnungslegung und der Abschlussprüfung verfügen. Nach §25d Abs.9 KWG soll der Prüfungsausschuss das Aufsichtsorgan bei der Überwachung des Rechnungslegungsprozesses, der Wirksamkeit des Risikomanagementsystems und der Durchführung der Abschlussprüfungen unterstützen. Er soll zudem die zügige Behebung der vom Prüfer festgestellten Mängel durch die Geschäftsleitung mittels geeigneter Maßnahmen überprüfen. Vergleichbare Aufgaben weist die EBA dem Prüfungsausschuss von Instituten zu, sofern er nach der einschlägigen europäischen Richtlinie[44] zu bilden ist.[45]   **44**

Der Vorsitzende des Prüfungsausschusses kann unter Einbeziehung der Geschäftsleitung unmittelbar beim Leiter der Internen Revision und beim Leiter der Risikocontrolling-Funktion Auskünfte einholen. Dies gilt nach § 25d Abs. 8 KWG entsprechend für den Vorsitzenden eines unter bestimmten Voraussetzungen zu bildenden »Risikoausschusses« (»Risk Committee«). Es ist ggf. möglich, einen gemeinsamen Risiko- und Prüfungsausschuss zu bilden (§25d Abs.10 KWG).   **45**

2.6   Inhalt und Umfang des Auskunftsrechtes

Die Institute haben im Hinblick auf die prozessuale Umsetzung des Auskunftsrechtes weitgehende Gestaltungsfreiheit. In der Praxis setzen viele Institute dabei weniger auf formale Vorschriften als vielmehr auf das allgemeine Verständnis für eine gute Governance. Es erscheint jedoch ratsam, in den Richtlinien oder Geschäftsordnungen der Beteiligten (Geschäftsleitung, Aufsichtsorgan bzw. Prüfungsausschuss sowie Leiter der Internen Revision) Grundsätze zu Inhalt, Umfang und Prozess des Auskunftsrechtes zu formulieren.[46]   **46**

Das Auskunftsersuchen des Vorsitzenden des Aufsichtsorgans bzw. des Prüfungsausschusses muss sich im Rahmen des Aufgabenbereiches der Internen Revision bewegen. Es darf sich daher   **47**

---

43 Gesetzesbeschluss des Deutschen Bundestages zur Umsetzung der Richtlinie 2013/.../EU über den Zugang zur Tätigkeit von Kreditinstituten und die Beaufsichtigung von Kreditinstituten und Wertpapierfirmen und zur Anpassung des Aufsichtsrechts an die Verordnung (EU) Nr. .../2013 über die Aufsichtsanforderungen an Kreditinstitute und Wertpapierfirmen (CRDIV-Umsetzungsgesetz) vom 16. Mai 2013, Bundesrats-Drucksache 374/13 vom 17. Mai 2013.

44 Vgl. Richtlinie 2006/43/EG des Europäischen Parlaments und des Rates vom 17. Mai 2016 über Abschlussprüfungen von Jahresabschlüssen und konsolidierten Abschlüssen, zur Änderung der Richtlinien 78/660/EWG und 83/349/EWG des Rates und zur Aufhebung der Richtlinie 84/253/EWG des Rates (ABl. L 157 vom 9.6.2006, S. 87), zuletzt geändert durch die Richtlinie 2014/56/EU des Europäischen Parlaments und des Rates vom 16. April 2014.

45 Danach sollte der Prüfungsausschuss u.a. die Wirksamkeit der internen Qualitätskontrolle und der Systeme für das Risikomanagement sowie ggf. der Internen Revision mit Blick auf die Rechnungslegung des geprüften Institutes, die Einführung von Rechnungslegungsmethoden durch das Institut und den Rechnungslegungsprozess überwachen sowie Empfehlungen zur Sicherstellung des Rechnungslegungsprozesses unterbreiten. Darüber hinaus ist er für die Auswahl des Jahresabschlussprüfers verantwortlich und hat dessen Unabhängigkeit sowie die Jahresabschlussprüfung zu überprüfen und zu überwachen. Vgl. European Banking Authority, Leitlinien zur internen Governance, EBA/GL/2017/11, 21. März 2018, S.18 f.

46 Vgl. Paul, Angelika, Direktes Auskunftsrecht des Aufsichtsorgans gegenüber der Internen Revision in den MaRisk – Eine rechtliche und empirische Analyse, DHBW Villingen-Schwenningen, Diskussionsbeiträge Nr.10/10, Dezember 2010, S.76f.

nicht auf Sachverhalte erstrecken, die nicht Gegenstand der Revisionstätigkeit sind, z. B. die von der Geschäftsleitung festgelegte Geschäftsstrategie.[47] In der Praxis betreffen Auskunftsersuchen regelmäßig die Prüfungsplanung und -methoden sowie die Prüfungsschwerpunkte der Internen Revision. Darüber hinaus beziehen sie sich auf die Erläuterung zu Feststellungen der Internen Revision (Abstufung der Mängel, beschlossene Maßnahmen zur Mängelbeseitigung bzw. Stand der Abarbeitung etc.) oder zu Ergebnissen aus externen Prüfungen (Bericht des Abschlussprüfers, Sonderprüfungen der Aufsichtsbehörden etc.).[48] Gegenstand von Auskunftsersuchen können zudem Fragen zu wesentlichen Projekten sein, bei denen die Interne Revision begleitend tätig ist (→ BT 2.1 Tz. 2).

48 Das Auskunftsrecht des Vorsitzenden des Aufsichtsorgans bzw. des Prüfungsausschusses beinhaltet nicht die Befugnis, dem Leiter der Internen Revision einen Auftrag zur Durchführung einer Sonderprüfung zu erteilen. Es ist dem Aufsichtsorgan jedoch unbenommen, der Geschäftsleitung die Anordnung einer entsprechenden Sonderprüfung durch die Interne Revision zu empfehlen.[49]

49 In engem Zusammenhang mit dem Auskunftsrecht steht das Recht des Aufsichtsorgans bzw. der Mitglieder der Ausschüsse zur Einsichtnahme in die Bücher und Schriften der Gesellschaft. Hierzu gehören auch die Prüfungsdokumentation und die Prüfungsberichte der Internen Revision.[50]

2.7 Entwicklungstendenzen

50 Aufgrund der neuen Vorgaben für das Aufsichtsorgan hat sich die Interne Revision zu einer zunehmend wichtigen Informationsquelle für dieses Gremium entwickelt. Es ist davon auszugehen, dass diese Funktion durch die Koordination der internen und externen Prüfung (mit Bezug auf deren Befassung) durch den Prüfungsausschuss weiter an Bedeutung gewinnt.[51] Die veränderte Rolle der Internen Revision ist verstärkt auch in den Veröffentlichungen des Baseler Ausschusses für Bankenaufsicht und der Europäischen Bankenaufsichtsbehörde sichtbar.

51 Einem Grundsatzpapier des Baseler Ausschusses für Bankenaufsicht zur Funktion der Internen Revision aus dem Jahre 2012 zufolge sollte die Interne Revision hinsichtlich ihrer Tätigkeit gegenüber dem Aufsichtsorgan oder dessen Prüfungsausschuss rechenschaftspflichtig sein, während die Geschäftsleitung nur umgehend über ihre Feststellungen zu informieren ist.[52] Diese grundlegende Ausrichtung wurde trotz der in der Konsultationsphase vorgebrachten Einwände der Deutschen Kreditwirtschaft mit Verweis auf das dualistische System[53] vom Baseler Ausschuss nicht relativiert. In dieselbe Richtung gehen die vom Baseler Ausschuss im Jahre 2015 veröffentlichten Prinzipien für die Ausgestaltung der Internen Revision als wichtigem Bestandteil einer angemessenen Corporate Governance in Banken. Der Baseler Ausschuss betont in dem Dokument die Unabhängigkeit der Internen Revision, vor allem auch gegenüber der Geschäftsleitung des

---

47 Vgl. Deutscher Sparkassen- und Giroverband, Mindestanforderungen an das Risikomanagement – Interpretationsleitfaden, Version 6, 6. April 2018, S. 418.

48 Vgl. auch Deutscher Sparkassen- und Giroverband, Mindestanforderungen an das Risikomanagement – Interpretationsleitfaden, Version 6, 6. April 2018, S. 418.

49 Vgl. auch Deutscher Sparkassen- und Giroverband, Mindestanforderungen an das Risikomanagement – Interpretationsleitfaden, Version 6, 6. April 2018, S. 418.

50 Nach § 111 Abs. 2 AktG kann der Aufsichtsrat die Bücher und Schriften der Gesellschaft einsehen und prüfen. Vgl. hierzu Breuer, Stefan/Nikitina, Valeria, Einrichtung und Überwachung der Internen Revision, Der Konzern, Heft 12/2015, S. 544.

51 Vgl. Bantleon, Ulrich/Mauer, Stephan, Überwachung des Risikomanagements durch Prüfungsausschüsse – Trends für eine erfolgreiche Zusammenarbeit mit der Internen Revision in Deutschland, in: Zeitschrift für Corporate Governance (ZCG), Heft 2/2010, S. 99.

52 Vgl. Basel Committee on Banking Supervision, The internal audit function in banks, BCBS 223, 28. Juni 2012, S. 12.

53 Vgl. Deutsche Kreditwirtschaft (German Banking Industry Committee), Comments on the Basel Committee on Banking Supervision's Consultative Document »The internal audit function in banks«, 12. März 2012, S. 5.

Institutes. Die Berichte der Internen Revision sollen dem Aufsichtsorgan bzw. dem Prüfungsausschuss direkt und ungefiltert zugehen.[54] Anders als nach dem Verständnis im KWG und in den MaRisk ist die Interne Revision für den Baseler Ausschuss offenbar eher ein Instrument des Aufsichtsorgans als der Geschäftsleitung. In anderen Ländern existieren ähnliche oder sogar schärfere Vorgaben. So agiert die Interne Revision bspw. in der Schweiz als »Instrument des Verwaltungsrates«.[55] Sie ist ihm oder einem Prüfungsausschuss unmittelbar unterstellt und diesen Gremien gegenüber berichtspflichtig.

Auch die EBA betont, dass die Interne Revision als Kontrollfunktion im Sinne der Leitlinien zur internen Governance zur effektiven Wahrnehmung der Überwachungsfunktion des Aufsichtsorgans ein Recht auf direkten Zugang zum Aufsichtsorgan haben sollte. Nach Ansicht der EBA sollte sichergestellt sein, dass die Interne Revision, soweit erforderlich, direkt gegenüber dem Aufsichtsorgan ihre Bedenken äußern bzw. dieses warnen kann, wenn nachteilige Entwicklungen das Institut beeinträchtigten können.[56] Die EBA formuliert damit explizit ein »Rederecht« der Internen Revision, welches über das im KWG und in den MaRisk enthaltene Auskunftsrecht hinausgeht. Die Deutsche Kreditwirtschaft hat in ihrer Stellungnahme zum Entwurf der EBA-Leitlinien auf einen möglichen Konflikt mit dem deutschen Gesellschaftsrecht hingewiesen und klargestellt, dass die Interne Revision nach dem deutschen Corporate Governance-Verständnis ein Instrument der Geschäftsleitung ist.[57] Da die EBA ihre Anforderung im Hinblick auf das Rederecht der Internen Revision explizit unter den Vorbehalt des anwendbaren nationalen Gesellschaftsrecht stellt, bleibt die Umsetzung in das nationale Recht abzuwarten.[58] **52**

Vor diesem Hintergrund dieser Entwicklungen wird in Theorie und Praxis inzwischen darüber diskutiert, ob es mittelfristig ggf. zu einer Annäherung zwischen dem »dualistischen System« in Deutschland, das auf der strikten Trennung der Unternehmensführung durch die Geschäftsleitung und der Unternehmensüberwachung durch das Aufsichtsorgan basiert, und dem »monistischen System« im angelsächsischen Raum, in dem die Unternehmensführung und -überwachung in einem Führungsorgan (»Board of Directors«) zusammengefasst sind, kommen könnte. **53**

---

54 Vgl. Basel Committee on Banking Supervision, Guidelines – Corporate governance principles for banks, BCBS d328, 8. Juli 2015, S. 32 f.

55 Vgl. Eidgenössische Bankenkommission, Überwachung und interne Kontrolle, Rundschreiben 06/06 vom 27. September 2006.

56 Vgl. European Banking Authority, Leitlinien zur internen Governance, EBA/GL/2017/11, 21. März 2018, S. 13.

57 Vgl. Deutsche Kreditwirtschaft (German Banking Industry Committee), Comments EBA Draft Guidelines on internal governance, Schreiben vom 27. Januar 2017, S. 4.

58 Nach den EBA-Leitlinien soll das Aufsichtsorgan das Rederecht der Internen Revision sicherstellen, »unbeschadet der nach dem anwendbaren nationalen Gesellschaftsrecht zugewiesenen Zuständigkeiten«. Vgl. European Banking Authority, Leitlinien zur internen Governance, EBA/GL/2017/11, 21. März 2018, S. 12 f.

3 Zuständigkeit der Internen Revision (Tz. 3)

54 **3** Die Interne Revision hat risikoorientiert und prozessunabhängig die Wirksamkeit und Angemessenheit des Risikomanagements im Allgemeinen und des internen Kontrollsystems im Besonderen sowie die Ordnungsmäßigkeit grundsätzlich aller Aktivitäten und Prozesse zu prüfen und zu beurteilen, unabhängig davon, ob diese ausgelagert sind oder nicht. BT 2.1 Tz. 3 bleibt hiervon unberührt.

3.1 Risikoorientierte Prüfung

55 Auf die Notwendigkeit risikoorientierter Prüfungshandlungen hat die Bankenaufsicht schon seit längerem in einschlägigen qualitativen Regelwerken hingewiesen (→ BT 2.1 Tz. 1). In den MaIR und auch den MaK war der Grundsatz der Risikoorientierung fest verankert. Für die MaH trifft dies allerdings nicht zu. Diese sahen bestimmte Prüfungsfelder vor, die von der Internen Revision zumindest jährlich zu prüfen waren (z. B. Limitsystem, Veränderungen bei den IT-Systemen, Funktionstrennung, Bestätigungen und Gegenbestätigungen).[59] Die Berücksichtigung aller genannten Prüfungsfelder kam einer Vollprüfung der MaH schon sehr nahe, so dass die Ressourcen der Internen Revision durch regulatorische Vorgaben in einem erheblichen Umfang von vornherein gebunden waren. Da diese Verfahrensweise nicht mit dem risikoorientierten Grundansatz moderner qualitativer Regelungen korrespondierte, wurden die Prüfungsfelder der MaH ersatzlos gestrichen.

56 Mittlerweile ist die Risikoorientierung in der Prüfungspraxis der Internen Revision fest verankert, was sich vor allem auf die Prüfungsplanung und -durchführung auswirkt.[60] Risikoorientierung bedeutet, dass die einem höheren Risiko unterliegenden Prüffelder des Institutes intensiver und häufiger geprüft werden als die weniger risikobehafteten Bereiche. Die Institute haben hierfür eine systematische Risikoermittlung und -bewertung der einzelnen Prüffelder vorzunehmen und auf dieser Grundlage eine Prüfungsplanung zu entwickeln, in der die Prüfungshandlungen konkretisiert werden.[61] Im Hinblick auf die Häufigkeit der Prüfungen kann von der grundsätzlichen Vorgabe, sämtliche Aktivitäten und Prozesse des Institutes – inkl. der ausgelagerten – innerhalb von drei Jahren prüfen zu müssen, in beide Richtungen abgewichen werden. Bei besonderen Risiken ist jährlich zu prüfen, bei unter Risikogesichtspunkten nicht wesentlichen Aktivitäten und Prozessen kann sogar vom dreijährigen Turnus abgewichen werden (→ BT 2.3 Tz. 1). Die Vorgehensweise entspricht den Vorgaben der EBA, wonach die Tätigkeit der Internen Revision entsprechend einem Prüfungsplan und einem detaillierten Prüfungsprogramm auf der Grundlage eines risikobasierten Ansatzes durchgeführt werden sollte.[62]

---

59 Vgl. Bundesaufsichtsamt für das Kreditwesen, Mindestanforderungen an das Betreiben von Handelsgeschäften der Kreditinstitute (MaH), Verlautbarung vom 23. Oktober 1995, Abschnitt 5.

60 Vgl. auch Deutsches Institut für Interne Revision e. V. (DIIR), Frankfurt am Main, Institut für interne Revision Österreich (IIA Austria), Wien, Schweizer Verband für Interne Revision (IIA Switzerland), Zürich (Hrsg.), Internationale Standards für die berufliche Praxis der Internen Revision 2017 – Mission, Grundprinzipien, Definitionen, Ethikkodex, Standards, Version 6.1., 10. Januar 2018, S. 36 f.

61 Vgl. Deutscher Sparkassen- und Giroverband, Mindestanforderungen an das Risikomanagement – Interpretationsleitfaden, Version 6, 6. April 2018, S. 406.

62 Vgl. European Banking Authority, Leitlinien zur internen Governance, EBA/GL/2017/11, 21. März 2018, S. 49.

3.2 Prozessunabhängige Prüfung

Die Interne Revision kann ihre Aufgaben nicht sachgerecht wahrnehmen, wenn ihre Mitarbeiter in **57** die zu prüfenden Aktivitäten und Prozesse eingebunden sind. Zwangsläufig würden Interessenkollisionen auftreten, die sich dementsprechend in der Qualität der Prüfungstätigkeit niederschlagen könnten. Vor diesem Hintergrund wird sowohl vom Gesetzgeber als auch von der BaFin die Prozessunabhängigkeit der Internen Revision hervorgehoben, die die erforderliche Neutralität und Objektivität der Internen Revision sicherstellt. Die Mitarbeiter der Internen Revision sollten daher grundsätzlich weder in die zu prüfenden Bereiche und Abläufe eingebunden noch für das Ergebnis des zu überwachenden Prozesses verantwortlich sein. Die EBA fordert konkreter, dass die Interne Revision nicht an der Konzeption, Auswahl, Festlegung und Umsetzung spezifischer interner Kontrollstrategien, -mechanismen und -verfahren sowie Risikolimiten beteiligt sein sollte.[63] Nur auf diese Weise kann eine unabhängige Überprüfung durch die Interne Revision gewährleistet werden.

Der Grundsatz der Prozessunabhängigkeit der Internen Revision wird in den MaRisk jedoch **58** an zwei Stellen relativiert. Zum einen muss die Interne Revision bei wesentlichen Projekten unter Wahrung ihrer Unabhängigkeit und unter Vermeidung von Interessenkonflikten begleitend tätig werden (→ BT 2.1 Tz. 2). Durch diese Anforderung trägt die BaFin der Tatsache Rechnung, dass die Interne Revision nur dann genügend Know-how zur Durchführung von Prüfungen generieren kann, wenn sie frühzeitig in wesentliche Projekte eingebunden ist. Zum anderen kann die Interne Revision unter den genannten Voraussetzungen auch beratend tätig werden (→ BT 2.2 Tz. 2). Auf diese Weise kann umgekehrt auch das Know-how der Revision von anderen Bereichen genutzt werden.

3.3 Prüfungsgegenstand der Internen Revision

Im Kontext der MaRisk erhält die Prüfung und Beurteilung der Wirksamkeit und Angemessen- **59** heit des »Risikomanagements im Allgemeinen« und des »internen Kontrollsystems im Besonderen« seitens der Internen Revision eine besondere Gewichtung. Die Bezugnahme auf das »Risikomanagement im Allgemeinen« ist eine terminologische Unschärfe, da die Interne Revision nach § 25a Abs. 1 KWG und den MaRisk Bestandteil des Risikomanagements ist und sich schließlich nicht selbst prüfen kann. Für die interne Prüfung geht es daher insbesondere um die Prüfung und Beurteilung des internen Kontrollsystems, also der Aufbau- und Ablauforganisation, der Risikosteuerungs- und -controllingprozesse, der Risikotragfähigkeit, der risikostrategischen Vorgaben der Geschäftsleitung sowie der Risikocontrolling-Funktion und der Compliance-Funktion. Seit der dritten MaRisk-Novelle ist auch der Strategieprozess Gegenstand der Revisionsprüfung (→ AT 4.2 Tz. 1, Erläuterung). Damit ist das Prüfungsfeld der Internen Revision allerdings noch nicht vollständig abgesteckt, denn die risikoorientierte und prozessunabhängige Prüfungstätigkeit umfasst grundsätzlich auch die Ordnungsmäßigkeit aller Aktivitäten und Prozesse des Institutes. Zu nennen ist hier naturgemäß das Finanz- und Rechnungswesen als ein originäres Prüfungsfeld.

Die MaRisk decken sich mit den Vorstellungen der EBA, die von der Internen Revision eine **60** Prüfung erwartet, ob die Qualität des internen Kontrollsystems eines Institutes sowohl wirksam als

---

63 Dies sollte nach den Vorstellungen der EBA die Geschäftsleitung jedoch nicht davon abhalten, die Interne Revision um Beiträge in Zusammenhang mit Risiken, internen Kontrollen und der Einhaltung von anwendbaren Vorschriften zu konsultieren. Vgl. European Banking Authority, Leitlinien zur internen Governance, EBA/GL/2017/11, 21. März 2018, S. 48.

auch angemessen ist. Die Interne Revision sollte insbesondere die Integrität der Prozesse über-prüfen, um die Zuverlässigkeit der institutsinternen Methoden und Verfahren sowie die den internen Modellen zugrundeliegenden Annahmen und Informationsquellen – z. B. bei der Risiko-modellierung und dem Rechnungswesen – sicherzustellen.[64] Sie sollte auch die Qualität und den Gebrauch von qualitativen Instrumenten zur Risikoidentifizierung und -bewertung sowie die zur Risikominderung ergriffenen Maßnahmen beurteilen.[65]

61 Seit der Umsetzung der Anforderungen von Basel III in europäisches Recht weist die Banken-verordnung (Capital Requirements Regulation, CRR) der Internen Revision insbesondere folgende Aufgaben explizit zu:

- Gemäß Art. 191 CRR prüft die Interne Revision oder eine andere vergleichbare unabhängige Revisionsstelle mindestens einmal jährlich die Ratingsysteme des Institutes und deren Funk-tionsweise, einschließlich der Tätigkeit der Kreditabteilung sowie der PD-, LGD-, EL- und Umrechnungsfaktorschätzungen. Überprüft wird die Einhaltung aller geltenden Anforderun-gen. Die EZB weist der Internen Revision in diesem Zusammenhang auf der Grundlage der einschlägigen EBA-Leitlinien umfassende konkrete Prüfungsaufgaben zu.[66]
- Gemäß Art. 144 CRR hat ein Institut bereits vor der aufsichtsrechtlichen Zulassungsprüfung eines Ratingsystems der Aufsichtsbehörde dessen Eignung glaubhaft nachzuweisen. Auch in diese »Vorabprüfung des Institutes« ist die Interne Revision oder eine vergleichbar unabhängi-ge Revisionseinheit einzubeziehen.[67]
- Gemäß Art 221 Abs. 4 lit. h CRR haben die Institute im Rahmen der Verwendung interner Modelle für Netting-Rahmenvereinbarungen ihre Risikomesssysteme einer unabhängigen Prüfung der Internen Revision zu unterziehen.
- Gemäß Art 225 Abs. 2 lit. d CRR haben die Institute das System, das sie zur eigenen Schätzung der Volatilitätsanpassungen bei der umfassenden Methode zur Berücksichtigung finanzieller Sicherheiten anwenden, regelmäßig einer unabhängigen Prüfung durch die Interne Revision zu unterziehen.
- Auch bei den Gegenparteiausfallrisiken werden Prüfungstätigkeiten der Internen Revision im Hinblick auf die Überprüfung der Integrität von Modellierungsprozessen (Art. 292 Abs. 1 lit. f CRR) und die Anforderungen an das Risikomanagement (Art. 293 Abs. 1 lit. h CRR) verlangt.

62 Seit der vierten MaRisk-Novelle werden als Bestandteile des internen Kontrollsystems explizit auch eine Risikocontrolling-Funktion und eine Compliance-Funktion gefordert. Mit Blick auf den beschriebenen Aufgabenbereich der Compliance-Funktion könnten sich Abgrenzungsprobleme zur Internen Revision ergeben. So soll die Compliance-Funktion den Risiken, die sich aus der Nichteinhaltung rechtlicher Regelungen und Vorgaben ergeben können, entgegenwirken und vor diesem Hintergrund auf die Implementierung wirksamer Verfahren zur Einhaltung der für das

---

64 Nach den Leitlinien der EBA zur internen Governance sollte die Interne Revision insbesondere Folgendes beurteilen:
a) die Angemessenheit des Rahmenwerks für die interne Governance des Institutes,
b) den Umstand, ob bestehende Richtlinien und Verfahren nach wie vor angemessen sind und den gesetzlichen und aufsichtlichen Anforderungen sowie dem Risikoappetit und der Risikostrategie des Institutes entsprechen,
c) die Übereinstimmung der Verfahren mit den anwendbaren Gesetzen und Rechtsvorschriften sowie mit den Entschei-dungen des Leitungsorgans,
d) den Umstand, ob die Verfahren korrekt und wirksam umgesetzt werden (z. B. Compliance der Durchführung von Transaktionen, der Umfang des tatsächlich eingegangenen Risikos, usw.), sowie
e) die Eignung, Qualität und Wirksamkeit der durchgeführten Kontrollen sowie die erfolgte Berichterstattung seitens sich verteidigender Geschäftsbereiche, der Risikomanagement-Funktion und der Compliance-Funktion.
Vgl. European Banking Authority, Leitlinien zur internen Governance, EBA/GL/2017/11, 21. März 2018, S. 48 f.
65 Vgl. European Banking Authority, Leitlinien zur internen Governance, EBA/GL/2017/11, 21. März 2018, S. 49.
66 Vgl. European Central Bank, Guide for the Targeted Review of Internal Models (TRIM), 6. Februar 2017, S. 15; European Banking Authority, Final Draft Regulatory Technical Standards on the specification of the assessment methodology for competent authorities regarding compliance of an institution with the requirements to use the IRB Approach in accordance with Articles 144(2), 173(3) and 180(3)(b) of Regulation (EU) No 575/2013, EBA/RTS/2016/03, 21. Juli 2016, S. 9 und 44 f.
67 Vgl. Bundesanstalt für Finanzdienstleistungsaufsicht und Deutsche Bundesbank, Merkblatt zur Zulassung zum IRBA, 1. April 2007, S. 6.

Institut wesentlichen rechtlichen Regelungen und Vorgaben und entsprechender Kontrollen hinwirken (→ AT 4.4.2 Tz. 1). Die Prüfung und Beurteilung der Einhaltung geltender gesetzlicher und aufsichtsrechtlicher Vorgaben sowie sonstiger Regelungen usw. gehörte nach den MaIR noch zu den originären Tätigkeiten der Internen Revision.[68]

Die Compliance-Funktion darf zur Erfüllung ihrer Aufgaben auch auf andere Funktionen und **63** Stellen zurückgreifen (→ AT 4.4.2 Tz. 3). Insofern ist es durchaus möglich, dass die Compliance-Funktion auch auf die Berichte der Internen Revision zurückgreift und damit ihre eigene Tätigkeit auf deren Prüfungsergebnissen bzw. Feststellungen basiert. Sofern die Compliance-Funktion die Prüfungsergebnisse der Internen Revision für ihre eigene Tätigkeit ausschließlich oder ganz überwiegend verwendet, verschärft sich einerseits der oben beschriebene Konflikt für die Interne Revision. In diesem Fall würde sie nämlich auch im Rahmen der Prüfung und Beurteilung des internen Kontrollsystems zum Teil ihre eigene Tätigkeit bewerten und damit dem Selbstprüfungsverbot zuwiderhandeln (siehe Abbildung 43). Andererseits würde die Compliance-Funktion ihrer Verantwortung als zweite Verteidigungslinie nicht ausreichend nachkommen, was vermutlich mit einer Prüfungsfeststellung durch die Interne Revision verbunden wäre.

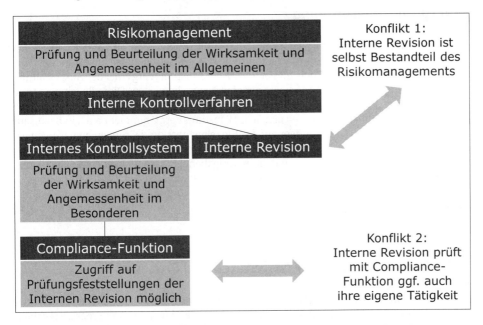

Abb. 43: Mögliches Konfliktpotenzial für die Interne Revision

In den MaIR wurde auch die Wirtschaftlichkeit als Prüfungsaspekt betont. Dass dieser Punkt nicht in **64** die MaRisk übernommen wurde, bedeutet nicht, dass er für die Prüfungstätigkeit der Internen Revision keine Rolle mehr spielt. Nach Diskussion im MaRisk-Fachgremium waren die Teilnehmer der Ansicht, dass die »Wirksamkeit und Angemessenheit« den Aspekt der »Wirtschaftlichkeit«

---

68 Nach den MaIR hatte die Interne Revision »insbesondere die Funktionsfähigkeit, Wirksamkeit, Wirtschaftlichkeit und Angemessenheit des internen Kontrollsystems, die Anwendung, Funktionsfähigkeit, Wirksamkeit und Angemessenheit der Risikomanagement- und -controllingsysteme, des Berichtswesens, des Informationssystems und des Finanz- und Rechnungswesens, die Einhaltung geltender gesetzlicher und aufsichtsrechtlicher Vorgaben sowie sonstiger Regelungen, die Wahrung betrieblicher Richtlinien, Ordnungen und Vorschriften sowie die Ordnungsmäßigkeit aller Betriebs- und Geschäftsabläufe und Regelungen und Vorkehrungen zum Schutz der Vermögensgegenstände zu prüfen und zu beurteilen«. Bundesaufsichtsamt für das Kreditwesen, Mindestanforderungen an die Ausgestaltung der Internen Revision der Kreditinstitute (MaIR), Rundschreiben 1/2000 vom 17. Januar 2000, Tz. 16.

grundsätzlich einschließt. Insofern wird dieser betriebswirtschaftliche Aspekt auch bei der Prüfung des Risikomanagements im Allgemeinen und des internen Kontrollsystems im Besonderen regelmäßig mit in die Beurteilung einfließen. Gerade bei der Optimierung von Unternehmensabläufen und der Weiterentwicklung der Unternehmensorganisation wird es darum gehen, sorgsam Nutzen und Kosten entsprechender Maßnahmen abzuwägen, um zu betriebswirtschaftlich sinnvollen Lösungen zu gelangen. Zwar besteht keine explizite aufsichtsrechtliche Forderung nach einer Revisionstätigkeit, die diese wirtschaftlichen Aspekte berücksichtigt. Dennoch wird die Interne Revision – im Interesse des Institutes – nach wie vor auch wirtschaftliche Aspekte im Blick behalten. Zudem ermöglicht der in den MaRisk verankerte Ansatz der risikoorientierten Prüfungsplanung und -durchführung einen effektiven Ressourceneinsatz, da die Intensität und die Häufigkeit der Prüfungen der Internen Revision vom Risikogehalt der einzelnen Prüfungsfelder abhängen.

3.4 Interne Revision als Kontrolleinheit i. S. d. Vergütungsverordnung

65 Darüber hinaus weist die Vergütungsverordnung der Internen Revision an zahlreichen Stellen Verantwortlichkeiten zu bzw. fordert ihre Einbindung.[69] Als Kontrolleinheit im Sinne der Vergütungsverordnung ist die Interne Revision nach § 3 Abs. 3 InstitutsVergV bei der Ausgestaltung und der Überwachung der Vergütungssysteme angemessen zu beteiligen. Diese Regelung wurde mit der Änderung der Vergütungsverordnung im Jahre 2017 dahingehend erweitert, dass die Interne Revision in bedeutenden Instituten gemäß § 17 InstitutsVergV nunmehr auch in Bezug auf den Prozess der Ermittlung der Risikoträger auf der Einzelinstituts- und Gruppenebene angemessen zu beteiligen ist.[70] Darüber hinaus ist gemäß § 7 Abs. 1 InstitutsVergV der Gesamtbetrag der variablen Vergütung unter angemessener und ihrem Aufgabenbereich entsprechender Beteiligung der Kontrolleinheiten einschließlich der Internen Revision festzusetzen. Schließlich ist die Interne Revision beim Rahmenkonzept zur Festlegung und Gewährung von Abfindungen gemäß § 11 Abs. 1 Satz 2 Nr. 1 InstitutsVergV einzubinden.

3.5 Revision ausgelagerter Aktivitäten und Prozesse

66 Das Aufgabenspektrum der Internen Revision erstreckt sich auch auf die ausgelagerten Aktivitäten und Prozesse des Institutes.[71] Für die Revision sind ausgelagerte Aktivitäten und Prozesse regelmäßig von besonderem Interesse, da sie nur mittelbar vom Institut beeinflusst werden können und die Revision nicht mehr den unmittelbaren Zugriff auf alle für das Institut relevanten Abläufe hat. Darüber hinaus muss sich die Revision in diesen Fällen mit einem organisatorischen Umfeld auseinandersetzen, mit dem sie nicht so vertraut ist, was die Analyse und Beurteilung von

---

69 Vgl. hierzu Buscher, Arne Martin/Link, Vivien/von Harbou, Christopher/Weigl, Thomas, Verordnung über die aufsichtsrechtlichen Anforderungen an Vergütungssysteme von Instituten (Institutsvergütungsverordnung – InstitutsVergV), 2. Auflage, Stuttgart, 2018, § 3 Tz. 53 ff.

70 Durch die Einbindung der Kontrolleinheiten soll eine effektive Ausgestaltung der Vergütungssysteme erreicht werden im Hinblick auf die Erfolgsmessung, Risikoorientierung, Verknüpfung von Leistung und Vergütungsbeträgen einschließlich der Ermittlung der Risikoträger. Vgl. Auslegungshilfe zur Verordnung über die aufsichtsrechtlichen Anforderungen an Vergütungssysteme von Instituten (Institutsvergütungsverordnung – InstitutsVergV) in der Fassung vom 15. Februar 2018, zu § 3.

71 Diese Vorgehensweise entspricht den europäischen Vorgaben. Vgl. European Banking Authority, Leitlinien zur internen Governance, EBA/GL/2017/11, 21. März 2018, S. 48; European Banking Authority, Consultation Paper – EBA Draft Guidelines on Outsourcing Arrangements, EBA/CP/2018/11, 22. Juni 2018, S. 29.

Strukturen und Abläufen erschwert. Daher steigt grundsätzlich mit der Auslagerung bestimmter Aktivitäten und Prozesse auch das Prüfungsrisiko, was bei der risikoorientierten Planung und bei den konkreten Prüfungshandlungen berücksichtigt werden muss. Letzteres kann bedeuten, dass die Revision, soweit das möglich und erforderlich ist, vor Ort beim Auslagerungsunternehmen Prüfungshandlungen vornimmt. Im Auslagerungsvertrag sind daher neben Informations- auch Prüfungsrechte der Internen Revision des auslagernden Institutes festzulegen (→ AT 9 Tz. 7 lit. b). Die Vereinbarung von Informations- und Prüfungsrechten im Auslagerungsvertrag ist jedoch nach den MaRisk nur bei wesentlichen Auslagerungen zwingend erforderlich, so dass die Möglichkeiten der Internen Revision bei »nicht-wesentlichen« Auslagerungen ggf. eingeschränkt sind. Vor diesem Hintergrund ist es wichtig, dass die Interne Revision – im Rahmen ihrer Aufgaben – aktiv an der Risikoanalyse und deren Anpassung mitwirkt. Dadurch kann sie u. a. bei der Frage, ob im Einzelfall eine »wesentliche« Auslagerung vorliegt oder nicht, ihre Expertise einbringen (→ AT 9 Tz. 2).

3.6 »Anderweitig durchgeführte Revisionstätigkeit«

Da umfangreiche Prüfungshandlungen der Revisionen der auslagernden Institute insbesondere bei Auslagerungen auf Mehrmandantendienstleister zu praktischen Problemen führen können, sehen die MaRisk insoweit Erleichterungen vor.[72] So kann die Interne Revision des auslagernden Institutes auf eigene Prüfungshandlungen verzichten. Prüfungshandlungen können bspw. von der Internen Revision des Auslagerungsunternehmens im Auftrag des auslagernden Institutes durchgeführt werden. Allerdings sind an die »anderweitig durchgeführte Revisionstätigkeit« bestimmte Voraussetzungen geknüpft. Insbesondere hat sie den einschlägigen Anforderungen der MaRisk zu genügen (→ BT 2.1 Tz. 3). **67**

In der Praxis werden diese Erleichterungen von der Aufsicht, insbesondere der EZB, allerdings zunehmend infrage gestellt, obwohl die MaRisk in dieser Hinsicht im Rahmen der fünften MaRisk-Novelle nicht geändert wurden. Insbesondere in jenen Fällen, in denen die Interne Revision des Auslagerungsunternehmens selbst für die anderweitige Durchführung der Revisionstätigkeit zuständig ist, verlangt die Aufsicht von der Internen Revision des auslagernden Institutes über die nach den MaRisk erforderliche Prüfung der Funktionsfähigkeit dieser Revisionstätigkeit hinaus vermehrt auch eigene Prozessprüfungen. Im Falle von Mehrmandantendienstleistern kommt erschwerend hinzu, dass somit gleich mehrere Institute eigene Prüfungen vornehmen müssten, was auch den Dienstleister vor Ressourcen-Probleme stellt. In der Praxis werden deshalb von den betroffenen Instituten vermehrt gemeinsame Prüfungshandlungen (sogenannte »Joint Audits« oder »Pooled Audits«) vereinbart, um den Aufwand für alle Beteiligten zu minimieren. **68**

Auch die EBA hat sich bei verschiedenen Gelegenheiten kritisch dazu geäußert, dass die Interne Revision des Auslagerungsunternehmens diese Funktion im Interesse der auslagernden Institute wahrnehmen kann. In den Empfehlungen der EBA zur Auslagerung an Cloud-Anbieter ist zwar die Möglichkeit erwähnt, auf externe oder interne Prüfberichte zurückzugreifen, die vom Dienstleister zur Verfügung gestellt werden. Bei technisch hoch komplexen Aktivitäten sollen die vom Dienstleister beauftragten Prüfer vom auslagernden Institut entsprechend auf Funktionsfähigkeit geprüft werden.[73] In den im Juni 2018 zur Konsultation gestellten EBA-Leitlinien zu Auslagerungen wird allerdings nur noch auf Pool-Lösungen oder von den Instituten beauftragte externe Prüfer einge- **69**

---

72 Entsprechende Erleichterungen, die durch die MaRisk noch ausgebaut wurden, enthielt bereits das so genannte Auslagerungsrundschreiben aus dem Jahre 2001. Vgl. Bundesaufsichtsamt für das Kreditwesen, Auslagerung von Bereichen auf ein anderes Unternehmen gemäß § 25a Abs. 2 KWG, Rundschreiben 11/2001 vom 6. Dezember 2001, Tz. 50.

73 Vgl. European Banking Authority, Empfehlungen zur Auslagerung an Cloud-Anbieter, EBA/REC/2017/03, 28. März 2018, S. 7 f.

AT4.4.3 Interne Revision

gangen, um die Revisionstätigkeit nicht selbst ausführen zu müssen.[74] Die Deutsche Kreditwirtschaft (DK) hat sich im Rahmen der Konsultation explizit dafür ausgesprochen, dass auch zukünftig Prüfungshandlungen von der Internen Revision des Auslagerungsunternehmens im Auftrag des auslagernden Institutes durchgeführt werden können.[75] Es bleibt abzuwarten, inwiefern die laufende Konsultation in dieser Frage noch zu Anpassungen der EBA-Leitlinien zu Auslagerungen führt.

---

74 Vgl. European Banking Authority, Consultation Paper – EBA Draft Guidelines on Outsourcing arrangements, EBA/CP/2018/11, 22. Juni 2018, S. 42.

75 Vgl. Deutsche Kreditwirtschaft (German Banking Industry Committee), Comments on EBA Draft Guidelines on Outsourcing arrangements (EBA/CP/2018/11), 24. September 2018, S. 19 f.

4 Vollständiges und uneingeschränktes Informationsrecht (Tz. 4)

4 Zur Wahrnehmung ihrer Aufgaben ist der Internen Revision ein vollständiges und **70** uneingeschränktes Informationsrecht einzuräumen. Dieses Recht ist jederzeit zu gewährleisten. Der Internen Revision sind insoweit unverzüglich die erforderlichen Informationen zu erteilen, die notwendigen Unterlagen zur Verfügung zu stellen und Einblick in die Aktivitäten und Prozesse sowie die IT-Systeme des Institutes zu gewähren.

4.1 Vollständige Information

Ohne ausreichende Informationsbasis ist die effektive Durchführung von Prüfungshandlungen **71** durch die Interne Revision schlichtweg unmöglich. Daher ist es essenziell, dass der Internen Revision von vornherein ein Informationsrecht eingeräumt wird, das die unmittelbare Einholung von Informationen bei Mitarbeitern anderer Bereiche gewährleistet, ohne langwierige Entscheidungs- und Genehmigungsprozesse in Gang setzen zu müssen, die eine zügige Prüfungstätigkeit behindern würden. Dass dieses Informationsrecht nicht nur eingeräumt, sondern auch auf Dauer gewährleistet werden muss, bedarf im Grunde keiner weitergehenden Erläuterung und ist in diesem Zusammenhang eher klarstellend zu sehen.

Das Informationsrecht muss vollständig und uneingeschränkt sein. Dies lässt sich schon aus dem **72** besonderen Charakter der Internen Revision als quasi »verlängerter Arm« der Geschäftsleitung schließen, in deren Auftrag die Interne Revision tätig ist. Auch den Vorgaben der EBA zufolge sollte die Interne Revision über einen uneingeschränkten institutsweiten Zugang zu allen Aufzeichnungen, Dokumenten, Informationen und Gebäuden verfügen. Dieser Zugang sollte die Management-Informationssysteme und Protokolle aller Ausschüsse und Entscheidungsorgane einschließen.[76]

Das allgemeine Informationsrecht wird durch verschiedene Pflichten der Geschäftsleitung und der **73** Mitarbeiter gegenüber der Internen Revision ergänzt. So besteht eine Mitteilungspflicht der Geschäftsleitung hinsichtlich Weisungen und Beschlüssen, die für die Interne Revision, z.B. im Hinblick auf wesentliche Änderungen des Risikomanagements, von Bedeutung sind (→ AT 4.4.3 Tz. 5). Darüber hinaus besteht eine Ad-hoc-Informationspflicht der einzelnen Fachbereiche an die Interne Revision, sofern unter Risikogesichtspunkten relevante Mängel zu erkennen oder bedeutende Schadensfälle aufgetreten sind oder ein konkreter Verdacht auf Unregelmäßigkeiten besteht (→ AT 4.3.2 Tz. 4, Erläuterung). Die genannten Rechte bzw. Pflichten gegenüber der Internen Revision lassen sich, wie in den MaIR, unter der Überschrift »vollständige Information« zusammenfassen.[77]

Hinter der Überführung der genannten Anforderungen in den allgemeinen Teil der MaRisk stand **74** die Überlegung, dass sie sich im Wesentlichen nicht an die Mitarbeiter der Internen Revision, sondern an die Mitarbeiter aller anderen (zu prüfenden) Organisationseinheiten bzw. die Geschäftsleitung richten. Es handelt sich also quasi um eine »Bringschuld« aller Einheiten gegenüber der Internen Revision. Die Überführung in den allgemeinen Teil sollte zu einer besseren Wahrnehmung dieser Pflichten durch die revisionsfremden Mitarbeiter beitragen und zugleich der

---

76 Vgl. European Banking Authority, Leitlinien zur internen Governance, EBA/GL/2017/11, 21. März 2018, S. 49.
77 Vgl. Bundesaufsichtsamt für das Kreditwesen, Mindestanforderungen an die Ausgestaltung der Internen Revision der Kreditinstitute (MaIR), Rundschreiben 1/2000 vom 17. Januar 2000, Tz. 22.

Bedeutung solcher Informationsflüsse für die reibungslose Wahrnehmung der Aufgaben der Internen Revision gerecht werden.

75   Vergleichbare Regelungen enthalten die MaRisk auch bei der Risikocontrolling- und der Compliance-Funktion. So sind auch den Mitarbeitern dieser besonderen Funktionen alle notwendigen bzw. ausreichende Befugnisse und ein uneingeschränkter Zugang zu allen Informationen einzuräumen, die für die Erfüllung ihrer Aufgaben erforderlich sind (→ AT4.4.1 Tz.3 und AT4.4.2 Tz.6).

4.2   Ausprägungen des Informationsrechtes

76   Das Informationsrecht kann mündliche oder schriftliche Informationen betreffen. So kann sich z. B. ein konkreter (mündlicher) Erläuterungsbedarf zu den Inhalten der Organisationsrichtlinien ergeben. Die Mitarbeiter sind verpflichtet, hierzu jederzeit im notwendigen Umfang Auskunft zu geben. Informationsrechte umfassen natürlich auch den Einblick in Geschäftsbriefe und -formulare, interne Kontrollunterlagen (z.B. Abstimmungslisten), interne Konten und das Rechnungswesen eines Institutes sowie alle Arten von Überwachungsunterlagen, die von anderen Organisationseinheiten angefertigt werden (z.B. Dokumentationen über IT-Zugriffsrechte).

77   Eine besondere Ausprägung der Informationsrechte stellt der Einblick in die IT-Systeme des Institutes dar. Oftmals haben die Mitarbeiter der Internen Revision eigene Zugriffsrechte in Form besonderer Zugriffskompetenzen auf die IT-Systeme, die ihnen jederzeit die Möglichkeit geben, nicht nur die Eingaben einzusehen, die in den Systemen vorgenommen wurden, sondern auch Einblick in IT-Einstellungen und vorgenommene Änderungen an den Einstellungen zu nehmen. In der Praxis kommt es jedoch auch vor, dass die Möglichkeiten, die Zugriffsrechte in Lese- und Schreibrechte zu separieren, nicht gegeben sind. Teilweise hat dies zur Folge, dass die Interne Revision auf IT-Einstellungen keinerlei Zugriff (auch keinen lesenden) hat und bei der Informationsgewinnung auf die Unterstützung anderer Bereiche angewiesen ist. Der Grund hierfür ist oftmals darin zu sehen, dass eine vollkommen prozessunabhängige Interne Revision einerseits und ihr eingeräumte Schreibrechte in den IT-Systemen andererseits – streng genommen – nicht im Einklang mit den MaRisk stehen. Hier sind die Institute gehalten, nach einer sinnvollen Lösung zu suchen, die den besonderen Informationsrechten der Internen Revision gerecht wird. Die Aufsicht hat an dieser Stelle auf verbindliche Anforderungen bewusst verzichtet.[78]

4.3   Zugang zu Informationen durch Einbindung der Internen Revision

78   Die Interne Revision erhält darüber hinaus wichtige Erkenntnisse für ihre spätere Prüfungstätigkeit durch die aufsichtsrechtlich verlangte Einbindung in bestimmte institutsinterne Prozesse, wobei ihre Unabhängigkeit stets gewährleistet sein muss. So ist die Interne Revision in den Neu-Produkt-Prozess und in die von den Instituten bei wesentlichen Veränderungen betrieblicher Prozesse oder Strukturen durchzuführende Analyse einzubeziehen (→ AT8.1 und AT8.2). Vergleichbare Regelungen gelten im Hinblick auf die Risikoanalyse bei Auslagerungen von Aktivitäten und Prozessen auf ein anderes Unternehmen (→ AT9 Tz. 2). Schließlich weist die Vergütungsverordnung der Internen Revision an zahlreichen Stellen Verantwortlichkeiten zu bzw. fordert ihre Einbindung (→ AT4.4.3 Tz. 3).

---

78 Vgl. Bundesanstalt für Finanzdienstleistungsaufsicht, Protokoll der zweiten Sitzung des MaRisk-Fachgremiums am 17. August 2006, S. 5.

5 Informationspflicht gegenüber der Internen Revision (Tz. 5)

5 Weisungen und Beschlüsse der Geschäftsleitung, die für die Interne Revision von **79** Bedeutung sein können, sind ihr bekanntzugeben. Über wesentliche Änderungen im Risikomanagement ist die Interne Revision rechtzeitig zu informieren.

5.1 Informationspflichten der Geschäftsleitung

Weisungen und Beschlüsse der Geschäftsleitung, die für die Interne Revision von Bedeutung sein **80** können, sind ihr bekanntzugeben. Diese Anforderung ergänzt das allgemeine Informationsrecht der Internen Revision um Informationspflichten der Geschäftsleitung gegenüber der Revision. Die Interne Revision kann ihre Aufgabe nur effektiv wahrnehmen, wenn sie über entsprechende Weisungen und Beschlüsse der Geschäftsleitung Kenntnis gewinnt und darüber hinaus über wesentliche Änderungen des Risikomanagements rechtzeitig informiert wird. Insoweit tragen diese Informationspflichten zu einer Stärkung der Position der Internen Revision innerhalb des Institutes bei. Eine vergleichbare Anforderung an die Geschäftsleitung besteht gegenüber der Compliance-Funktion (→ AT 4.4.2 Tz. 6).

5.2 Basis für die tägliche Revisionsarbeit

Die frühzeitige Unterrichtung der Internen Revision erlaubt es ihr, die Informationen der Geschäfts- **81** leitung unmittelbar für ihre tägliche Prüfungstätigkeit oder ihre sonstigen Arbeiten zu nutzen. Somit ist gewährleistet, dass nicht nur die jeweils betroffenen Organisationseinheiten über die Weisungen oder Beschlüsse der Geschäftsleitung informiert sind (z.B. bedeutende Personalveränderungen), sondern auch die Interne Revision im Rahmen etwaiger Prüfungshandlungen auf die gleiche Informationsbasis wie die Organisationseinheiten zurückgreifen kann. Außerdem können Vorgaben der Geschäftsleitung ein Indiz oder sogar der Anlass für Anpassungen des Prüfungsplanes sein (→ BT 2.3). So könnte z.B. die Entscheidung über die Einrichtung eines neuen Geschäftsfeldes oder über die Zusammenlegung von Organisationseinheiten regelmäßig eine Anpassung des Prüfungs-planes nach sich ziehen, da sich die Prüfungsfelder unter Umständen grundsätzlich verändern. Ggf. wäre sogar die Durchführung einer Sonderprüfung erforderlich (→ BT 2.3 Tz. 4). Entscheidungen der Geschäftsleitung können ferner Beratungstätigkeiten der Internen Revision (→ BT 2.2 Tz. 2) oder deren Beteiligung an Projekten (→ BT 2.1 Tz. 2) erforderlich machen.

Diese vielgestaltigen Auswirkungen der Weisungen und Beschlüsse der Geschäftsleitung auf die **82** Arbeit der Revision können schließlich auch dazu führen, dass die Personalsituation der Internen Revision berührt wird. Insbesondere wenn die Entscheidungen zahlreiche neue Aufgaben nach sich ziehen, wäre die dafür ausreichende Personalstärke zu überprüfen. Auch dieser Aspekt wird durch die MaRisk abgedeckt. So hat sich die quantitative und qualitative Personalausstattung des Institutes insbesondere an betriebsinternen Erfordernissen, den Geschäftsaktivitäten sowie der

Risikosituation zu orientieren (→ AT 7.1 Tz. 1). Diese Anforderung bezieht sich auch auf die Personalausstattung der Internen Revision.

5.3   Inhalt der Informationspflichten

83   Der Anwendungsbereich der Anforderung ist schon aufgrund seiner Relevanz für die tägliche Arbeit der Internen Revision umfassend zu verstehen. So geht es zum einen um wesentliche Änderungen des Risikomanagements und zum anderen um Beschlüsse und Weisungen der Geschäftsleitung, die für die Revision von Bedeutung sein können. Wesentliche Änderungen des Risikomanagements sind vor dem Hintergrund der Aufgaben der Internen Revision, zu denen die Prüfung und Beurteilung der Wirksamkeit und Angemessenheit des Risikomanagements im Allgemeinen und des internen Kontrollsystems im Besonderen gehören, immer von Bedeutung. Bei den Beschlüssen und Weisungen kann es sich zumindest grundsätzlich um alle Entscheidungen der Geschäftsleitung handeln, die in irgendeiner Form die Organisation und Prozesse des Institutes berühren und somit für die Interne Revision von Bedeutung sind. Lediglich bei sehr vertraulichen Entscheidungen der Geschäftsleitung, die z. B. Unternehmensakquisitionen oder Ähnliches betreffen, wäre eine Informationsweitergabe mit einer gewissen zeitlichen Verzögerung vertretbar. Die Weitergabe derartiger Informationen obliegt naturgemäß der Verantwortung der Geschäftsleitung.

5.4   Gemeinsamkeiten zwischen Compliance und Interner Revision

84   Die Berichte der Internen Revision und der Compliance-Funktion können in einer Gesamtbetrachtung wichtige Hinweise für die Geschäftsleitung liefern, weil sie die Beachtung der zahlreichen Vorgaben und Regelungen aus unterschiedlichen Blickwinkeln prüfen und beurteilen. Beide Funktionen sind daher von der Geschäftsleitung in ähnlicher Weise über anstehende Veränderungen zu informieren (siehe Abbildung 44).

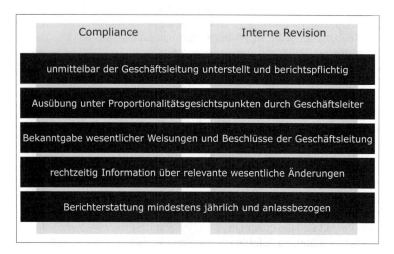

Abb. 44: Gemeinsamkeiten von Compliance und Interner Revision

6 Wechsel der Leitung der Internen Revision (Tz. 6)

6 Wechselt die Leitung der Internen Revision, ist das Aufsichtsorgan rechtzeitig vorab   85
unter Angabe der Gründe für den Wechsel zu informieren.

6.1 Information des Aufsichtsorgans

Das Aufsichtsorgan ist auf Vorschlag des DIIR im MaRisk-Fachgremium seit der vierten MaRisk-Novelle   86
bei einem Wechsel der Leitung der Revisionsfunktion zu informieren. Es geht dabei nicht um eine
Zustimmung des Aufsichtsorgans, sondern lediglich um dessen Kenntnisnahme, die mit seinen Pflichten
der Unternehmensüberwachung im Einklang steht. Den Ausführungen der BaFin im MaRisk-Fachgremium zufolge soll mit dieser Anforderung jedenfalls nicht in die Kompetenzen der Geschäftsleitung
eingegriffen werden. Vielmehr geht es bei dieser Anforderung hinsichtlich aller drei besonderen Funktionen in erster Linie um den Informationsfluss zwischen der Geschäftsleitung und dem Aufsichtsorgan.

Im Zuge der fünften MaRisk-Novelle wurde die Regelung dahingehend verschärft, dass das Aufsichts-   87
organ rechtzeitig vorab und unter Angabe der Gründe für den Wechsel zu informieren ist. Eine nachträgliche Information des Aufsichtsorgans ist somit nicht ausreichend. Es bietet sich an, dass die
Geschäftsleitung das Aufsichtsorgan zeitnah nach der Beschlussfassung über die Entpflichtung des
Leiters der Internen Revision unterrichtet.[79] Vergleichbare Regelungen bestehen beim Wechsel des Leiters
der Risikocontrolling-Funktion (→ AT 4.4.1 Tz. 6) und des Compliance-Beauftragten (→ AT 4.4.2 Tz. 8).

Auch wenn es nicht ausdrücklich verlangt wird, sollte dem Aufsichtsorgan bereits die Bestellung   88
der Leitung der Internen Revision angezeigt werden. Die Geschäftsführung hat sicherzustellen, dass
der Vorsitzende des Aufsichtsorgans unter Einbeziehung der Geschäftsleitung direkt beim Leiter der
Internen Revision Auskünfte einholen kann (→ AT 4.4.3 Tz. 2). Der Vorsitzende des Aufsichtsorgans
kann von diesem unmittelbaren Auskunftsrecht naturgemäß nur Gebrauch machen, wenn ihm der
Leiter der Internen Revision bekannt ist. Dies gilt entsprechend für die Vorsitzenden des Risikoausschusses, des Prüfungsausschusses und des Vergütungskontrollausschusses, falls das Aufsichtsorgan nach § 25d KWG derartige Ausschüsse gebildet hat (→ AT 1 Tz. 1). Darüber hinaus verantwortet der Leiter der Internen Revision die Quartalsberichte und den Jahresbericht der Internen
Revision, die neben der Geschäftsleitung auch dem Aufsichtsorgan vorzulegen sind (→ BT 2.4 Tz. 4).
Ergeben sich im Rahmen der Prüfungen schwerwiegende Feststellungen gegen Geschäftsleiter, kann
eine direkte Berichtspflicht der Internen Revision an den Vorsitzenden des Aufsichtsorgans entstehen, wenn die zuvor unterrichtete Geschäftsleitung weder sachgerechte Maßnahmen ergreift
noch das Aufsichtsorgan selbst darüber informiert (→ BT 2.4 Tz. 5).

In der Regel wird bei einem geplanten Wechsel des Leiters der Internen Revision bereits ein neuer   89
Kandidat für die Position feststehen, sodass die Information über den Wechsel des alten Revisions-
leiters und der Bestellung des neuen Leiters der Internen Revision zeitlich zusammenfallen werden.

---

79 Nach der Vorstellung der EBA sollten die Leiter der internen Kontrollfunktionen im Sinne der EBA-Leitlinien zur internen
Governance, und damit auch der Leiter der Internen Revision, nur nach vorheriger Zustimmung des Aufsichtsorgans aus
ihrer Funktion enthoben werden. Es handelt sich beim Leiter der Internen Revision – anders als beim Leiter der Risikocontrolling-Funktion – jedoch nur um eine Empfehlung der EBA (»sollte«), sodass das Zustimmungserfordernis nicht zwingend
ist. Vgl. European Banking Authority, Leitlinien zur internen Governance, EBA/GL/2017/11, 21. März 2018, S. 41.

6.2   Anzeige gegenüber Aufsichtsbehörde

90   Die Institute sind nicht verpflichtet, die Bestellung, einen Wechsel oder das Ausscheiden des Leiters der Internen Revision der Aufsichtsbehörde anzuzeigen, anders als bspw. beim Compliance-Beauftragten nach § 87 Abs. 5 WpHG oder beim Geldwäschebeauftragten nach § 7 Abs. 4 Satz 1 GwG.

91   Nach den Vorstellungen der EBA sollten CRD-Institute von erheblicher Bedeutung die zuständige Aufsichtsbehörde über das Ergebnis der Eignungsprüfung der Inhaber von Schlüsselfunktionen im Sinne der einschlägigen Leitlinien informieren.[80] Vor diesem Hintergrund sollten größere Institute die Aufsicht über personelle Veränderungen in der Person des Leiters der Internen Revision ggf. informieren bzw. mit der Aufsichtsbehörde die Vorgehensweise abstimmen (→ AT4.4).

92   Der Baseler Ausschuss für Bankenaufsicht verlangt in seinen im Juni 2015 veröffentlichten Prinzipien für eine angemessene Corporate Governance, dass das Institut eine Ablösung des Leiters der Internen Revision offenlegt und mit der Aufsichtsbehörde erörtert.[81] Die Überlegungen des Baseler Ausschusses wurden im Rahmen der fünften MaRisk-Novelle aufgrund des in Deutschland vorherrschenden dualistischen Systems der Unternehmensführung nicht in nationales Recht umgesetzt.

6.3   Allgemeine Anforderungen an die besonderen Funktionen

93   Trotz der großen Unterschiede zwischen den Aufgabenbereichen der besonderen Funktionen bestehen auch zahlreiche Gemeinsamkeiten, die auf ihre jeweilige Bedeutung für die internen Kontrollverfahren zurückzuführen sind (siehe Abbildung 45).

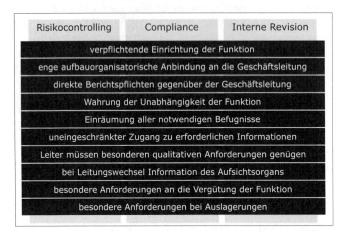

Abb. 45: Allgemeine Anforderungen an die besonderen Funktionen

---

80   Vgl. European Banking Authority/European Securities and Markets Authority, Leitlinien zur Bewertung der Eignung von Mitgliedern des Leitungsorgans und Inhabern von Schlüsselfunktionen, EBA/GL/2017/12, 21. März 2018, S.44 f. »CRD-Institute von erheblicher Bedeutung« sind nach den Leitlinien die global systemrelevanten Institute und die anderweitig systemrelevanten Institute sowie ggf. auch andere CRD-Institute, Finanzholdinggesellschaften oder gemischte Finanzholdinggesellschaften, die von der zuständigen Behörde oder nach nationalem Recht auf der Grundlage einer Bewertung der Größe, internen Organisation und der Art, des Umfangs und der Komplexität der Tätigkeiten der Institute bestimmt werden. Vgl. European Banking Authority/European Securities and Markets Authority, Leitlinien zur Bewertung der Eignung von Mitgliedern des Leitungsorgans und Inhabern von Schlüsselfunktionen, EBA/GL/2017/12, 21. März 2018, S. 5.

81   Vgl. Basel Committee on Banking Supervision, Guidelines – Corporate governance principles for banks, BCBS d328, 8.Juli 2015, S. 32 f.

AT 4.5 Risikomanagement auf Gruppenebene

1 Angemessenheit des Risikomanagements auf Gruppenebene (Tz. 1)

1

1 Nach § 25a Abs. 3 KWG sind die Geschäftsleiter des übergeordneten Unternehmens einer Institutsgruppe oder Finanzholding-Gruppe sowie die Geschäftsleiter des übergeordneten Finanzkonglomeratsunternehmens eines Finanzkonglomerates für die Einrichtung eines angemessenen und wirksamen Risikomanagements auf Gruppenebene verantwortlich. Die Reichweite des Risikomanagements auf Gruppenebene erstreckt sich auf alle wesentlichen Risiken der Gruppe, unabhängig davon, ob diese von konsolidierungspflichtigen Unternehmen begründet werden oder nicht (z.B. Risiken aus nicht konsolidierungspflichtigen Zweckgesellschaften). Die eingesetzten Methoden und Verfahren (z.B. IT-Systeme) dürfen der Wirksamkeit des Risikomanagements auf Gruppenebene nicht entgegenstehen. Besondere Maßstäbe für das Risikomanagement auf Gruppenebene können sich aus spezialgesetzlichen Regelungen ergeben, wie z.B. bei Bausparkassen hinsichtlich der Kollektivsteuerung oder bei Pfandbriefbanken.

1.1 Risikomanagement auf Gruppenebene

2   Die zunehmende Arbeitsteilung sowie die Globalisierung haben dazu geführt, dass die Finanzmärkte immer mehr von Konzernen dominiert werden, deren Aktivitäten regelmäßig weit über ihr eigentliches Sitzland hinausgehen. Über Gruppenstrukturen lassen sich erhebliche Effizienzgewinne generieren. Wissen kann vernetzt, Synergien gehoben und die Produktivität gesteigert werden. Durch die Nutzung von Wettbewerbsvorteilen kann die Marktstellung aufgewertet werden. Die Integrationsdichte einer Gruppe kann dabei mehr oder weniger intensiv sein. Das Spektrum reicht von einer dezentralen Struktur, bei der die gruppenangehörigen Unternehmen weitgehend autonom agieren können, bis hin zu straff organisierten Gruppen, die zentral gesteuert werden. Gruppenweite Aktivitäten erfordern die Implementierung geeigneter Risikomanagementstrukturen, da die genannten Vorteile andernfalls nicht realisiert werden können.

3   Das übergreifende Management von Risiken ist auch deshalb von Bedeutung, weil aus einer Gruppenstruktur regelmäßig mehr oder minder ausgeprägte spezifische (zusätzliche) Risiken erwachsen. Hierzu zählen z.B. das Risiko von Konflikten zwischen gruppenangehörigen Unternehmen, »Ansteckungseffekte« aus Reputationsrisiken sowie Risiken, die sich aus dem Komplexitätsgrad der Gruppenstrukturen ergeben. Gruppenspezifisch sind auch Risikokonzentrationen, die entstehen können, wenn gruppenangehörige Unternehmen den gleichen Risikofaktoren ausgesetzt sind.[1] Aufgrund der Erfahrungen aus der Finanzmarktkrise wurde die Berücksichtigung von solchen Risikokonzentrationen auf Gruppenebene zunächst insbesondere im Zusammenhang mit Verbriefungen selbst von der Kreditwirtschaft für erforderlich gehalten.[2] Die europäischen Regulatoren haben jedoch auch grundsätzlichen Handlungsbedarf im Hinblick auf das Risikomanagement auf Gruppenebene angemahnt. So waren die Rahmenbedingungen für die interne Unternehmensführung, einschließlich der internen Kontrollmechanismen und des Risikomanagements, innerhalb der

---

1   Vgl. The Joint Forum, Risk Concentrations Principles, Dezember 1999, S. 2.

2   Vgl. Institute of International Finance, Final Report of the IIF Committee on Market Best Practices: Principles of Conduct and Best Practice Recommendations, Financial Services Industry Response to the Market Turmoil of 2007–2008, 21. Juli 2008, S. 68.

Institute oder Gruppen oft nicht ausreichend integriert. Insbesondere fehlten eine einheitliche Methodik und Terminologie, so dass eine ganzheitliche Betrachtung aller Risiken nicht möglich war. Zudem waren Ressourcen, Status oder Fachkompetenz der internen Kontrollfunktionen oft nicht angemessen.[3]

Der Baseler Ausschuss für Bankenaufsicht hat im Jahre 2010 Prinzipien für eine Verbesserung **4** der Corporate Governance in Banken veröffentlicht, die auch detaillierte Vorgaben für Bankengruppen enthalten.[4] Die Verantwortung für die Einhaltung der bankaufsichtlichen Anforderungen an ein angemessenes Risikomanagement auf Gruppenebene weist der Baseler Ausschuss der Geschäftsleitung des Mutterunternehmens zu.[5] Die überarbeiteten Prinzipien des Baseler Ausschusses aus dem Jahre 2015 erweitern die aufsichtsrechtlichen Anforderungen an die Corporate Governance von Bankengruppen noch einmal deutlich. Das Dokument enthält umfassende Vorgaben an die Geschäftsleitung des Mutterunternehmens, die ein angemessenes Risikomanagement auf Gruppenebene sicherstellen sollen. Darüber hinaus formuliert der Baseler Ausschuss Vorgaben für das Zusammenspiel der Verantwortlichkeiten von Mutterunternehmen und Tochtergesellschaften.[6] Die Geschäftsleitung des Mutterunternehmens muss sich intensiv mit der Gruppenstruktur auseinandersetzen. Vom Aufbau unnötig komplexer oder undurchsichtiger Gruppenstrukturen wird sogar explizit abgeraten.[7]

Die EBA orientiert sich in den Leitlinien zur internen Governance aus dem Jahre 2011 an den **5** Prinzipien des Baseler Ausschusses. Auch nach den Vorstellungen der EBA sollte die Geschäftsleitung des Mutterunternehmens die Gesamtverantwortung für eine angemessene gruppenweite interne Governance tragen. Zudem sollte sie sicherstellen, dass es ein Governance-Rahmenwerk gibt, das der Struktur, dem Geschäftsmodell und den Risiken der Gruppe einschließlich der einzelnen Unternehmen entspricht.[8] Die überarbeiteten EBA-Leitlinien aus dem Jahre 2017 enthalten umfangreiche Anforderungen für den »organisatorischen Rahmen« innerhalb einer Gruppe[9] sowie Vorgaben für das »Know your structure-Prinzip«[10] und zur Vermeidung komplexer und intransparenter Strukturen.[11] Die Anforderungen werden im Rahmen des aufsichtlichen Überprüfungs- und Bewertungsprozesses (SREP) geprüft.[12]

In Deutschland existierte mit § 25a Abs. 1a KWG a.F. bereits seit dem Finanzkonglomeratericht- **6** linie-Umsetzungsgesetz aus dem Jahre 2004 eine gesetzliche Vorschrift, die das Risikomanagement

3 Vgl. European Banking Authority, Final Report – Guidelines on internal governance under Directive 2013/36/EU, EBA/GL/2017/11, 26. September 2017, S. 5.

4 Vgl. Basel Committee on Banking Supervision, Principles for enhancing corporate governance, BCBS 176, 4. Oktober 2010, S. 15 f.

5 »In a group structure, the board of the parent company has the overall responsibility for adequate corporate governance across the group and ensuring that there are governance policies and mechanisms appropriate to the structure, business and risks of the group and its entities.« Basel Committee on Banking Supervision, Principles for enhancing corporate governance, BCBS 176, 4. Oktober 2010, S. 15.

6 Vgl. Basel Committee on Banking Supervision, Guidelines – Corporate governance principles for banks, BCBS d328, 8. Juli 2015, S. 22 f.

7 Vgl. Basel Committee on Banking Supervision, Principles for enhancing corporate governance, BCBS 176, 4. Oktober 2010, S. 27; Basel Committee on Banking Supervision, Guidelines – Corporate governance principles for banks, BCBS d328, 8. Juli 2015, S. 23 f.

8 Vgl. European Banking Authority, EBA Guidelines on Internal Governance (GL 44), 27. September 2011, S. 7.

9 Vgl. European Banking Authority, Leitlinien zur internen Governance, EBA/GL/2017/11, 21. März 2018, S. 24.

10 Vgl. European Banking Authority, Leitlinien zur internen Governance, EBA/GL/2017/11, 21. März 2018, S. 21 f.

11 Vgl. European Banking Authority, Leitlinien zur internen Governance, EBA/GL/2017/11, 21. März 2018, S. 22 ff.

12 Vgl. European Banking Authority, Guidelines on common procedures and methodologies for the supervisory review and evaluation process (SREP) and supervisory stress testing, EBA/GL/2014/13, Consolidated version, 19. Juli 2018, S. 66.

auf Gruppenebene betrifft.[13] Diese Vorgaben wurden später durch das CRD IV-Umsetzungsgesetz angepasst und nach § 25a Abs. 3 KWG verschoben. Es dauerte allerdings eine ganze Weile, bis sich die BaFin dazu durchgerungen hatte, die Anforderungen zum Risikomanagement auf Gruppenebene in den MaRisk auf eine breitere Basis zu stellen. Erst unter dem Eindruck der Finanzmarktkrise wurde dies im Jahre 2009 durch die zweite MaRisk-Novelle nachgeholt. Die Anforderungen an das Risikomanagement auf Gruppenebene wurden ergänzt und in ein gesondertes Modul der MaRisk überführt.[14] So gelten die auf das einzelne Institut bezogenen Anforderungen des § 25a Abs. 1 KWG grundsätzlich auch auf Gruppenebene. Im Rahmen der dritten und vierten MaRisk-Novelle erfolgten lediglich redaktionelle Anpassungen. Die BaFin sah offenbar keinen weiteren Anpassungsbedarf im Hinblick auf die zwischenzeitlich veröffentlichten Dokumente des Baseler Ausschusses und der EBA. Im Zuge der fünften MaRisk-Novelle aus dem Jahre 2017 wurden insbesondere die Anforderungen an die Berichtspflichten der Konzernrevision deutlich erweitert. Die Konzernrevision hat nunmehr vierteljährlich an die Geschäftsleitung und das Aufsichtsorgan des übergeordneten Unternehmens über ihre Tätigkeit auf Gruppenebene zu berichten. Diese Änderung geht auf entsprechende Vorgaben des Trennbankengesetzes[15] zurück.

7   Die wissenschaftliche Literatur befasst sich bis heute kaum mit dem gruppenweiten Risikomanagement. Über die Gründe hierfür kann letztlich nur spekuliert werden.

8   Das Zusammenspiel zwischen den auf Institutsebene geltenden Anforderungen und den Gruppenanforderungen der MaRisk kann mit Hilfe eines einfachen Beispiels erläutert werden: Bei einer Gruppe, die ausschließlich aus (inländischen) Instituten besteht, haben zunächst alle gruppenangehörigen Unternehmen auf Institutsebene § 25a Abs. 1 KWG – und damit die MaRisk – zu beachten. Das übergeordnete Unternehmen ist zusätzlich für die Einrichtung des Risikomanagements auf Gruppenebene verantwortlich.

1.2   Gesetzliche Grundlage: § 25a Abs. 3 KWG

9   Nach § 25a Abs. 1 KWG muss ein Institut über eine ordnungsgemäße Geschäftsorganisation verfügen, die insbesondere auch ein angemessenes und wirksames Risikomanagement umfasst, auf dessen Basis ein Institut die Risikotragfähigkeit laufend sicherzustellen hat. Die Geschäftsleiter sind für die ordnungsgemäße Geschäftsorganisation des Institutes verantwortlich. Ein angemessenes und wirksames Risikomanagement beinhaltet insbesondere die Errichtung interner Kontrollverfahren, die sich wiederum aus dem internen Kontrollsystem und der Internen Revision zusammensetzen. Das interne Kontrollsystem umfasst insbesondere:
- Regelungen zur Aufbau- und Ablauforganisation,
- Prozesse zur Identifizierung, Beurteilung, Steuerung, Überwachung und Kommunikation der Risiken (Risikosteuerungs- und -controllingprozesse) und
- eine Risikocontrolling-Funktion und eine Compliance-Funktion.

---

13 Vgl. Gesetz zur Umsetzung der Richtlinie 2002/87/EG des Europäischen Parlaments und des Rates (Finanzkonglomeraterichtlinie-Umsetzungsgesetz) vom 16. Dezember 2002 (BGBl. I Nr. 72, S. 3610), veröffentlicht am 27. Dezember 2004. Die Reichweite des Risikomanagements auf Gruppenebene erstreckte sich danach auf Institutsgruppen, Finanzholding-Gruppen, gemischte Finanzholding-Gruppen und Finanzkonglomerate. Bereits mit Inkrafttreten des vierten Finanzmarktförderungsgesetzes vom 21. Juni 2002 waren die Anforderungen an eine ordnungsgemäße Geschäftsorganisation gemäß des damaligen § 25a Abs. 1 KWG a. F. auch auf der Ebene der Gruppe anzuwenden. Die Regelung enthielt jedoch keine Vorgaben für die Reichweite des gruppenweiten Risikomanagements. Vgl. Viertes Finanzmarktförderungsgesetz vom 21. Juni 2002 (BGBl. I, S. 2010), veröffentlicht am 29. Juni 2002.

14 Bis dahin enthielten die MaRisk lediglich gruppenbezogene Anforderungen zu den »Verfahren zur Steuerung und Überwachung der Risiken« sowie zur Konzernrevision.

15 Vgl. Gesetz zur Abschirmung von Risiken und zur Planung der Sanierung und Abwicklung von Kreditinstituten und Finanzgruppen vom 7. August 2013 (BGBl. I Nr. 47, S. 3090), veröffentlicht am 12. August 2013.

Gemäß § 25a Abs. 3 Satz 1 KWG gelten die Vorgaben an die ordnungsgemäße Geschäftsorganisation nach § 25a Abs. 1 KWG für Institutsgruppen, Finanzholding-Gruppen, gemischte Finanzholding-Gruppen und Unterkonsolidierungsgruppen nach Art. 22 CRR mit der Maßgabe entsprechend, dass die Geschäftsleiter des übergeordneten Unternehmens für die »ordnungsgemäße Geschäftsorganisation« der jeweiligen Gruppe verantwortlich sind.[16] Diese Verantwortung bezieht sich grundsätzlich auch auf die Einrichtung eines» angemessenen und wirksamen Risikomanagements auf Gruppenebene als wesentlichem Bestandteil der ordnungsgemäßen Geschäftsorganisation (→ AT 1 Tz. 1). Die Zuweisung der Verantwortung an die Geschäftsleitung des übergeordneten Unternehmens in § 25a Abs. 3 KWG entspricht den internationalen und europäischen Vorgaben, die ebenfalls die Verantwortung der Geschäftsleitung des an der Spitze der Gruppe stehenden Unternehmens für geeignete gruppenweite Governance-Strukturen herausstellen.[17]   **10**

Die Regelung des § 25a Abs. 3 Satz 1 KWG ist im Hinblick auf die Reichweite eines gruppenweiten Risikomanagements nicht deckungsgleich mit AT 4.5 Tz. 1 MaRisk, der neben Institutsgruppen, Finanzholding-Gruppen und gemischten Finanzholding-Gruppen auch Finanzkonglomerate umfasst. Hintergrund ist, dass sich für Finanzkonglomerate die Anforderungen an das Risikomanagement auf Gruppenebene seit Inkrafttreten des Finanzkonglomerate-Aufsichtsgesetzes (FKAG) im Jahre 2013 aus § 25 Abs. 1 FKAG ergeben. Unterkonsolidierungsgruppen gemäß Art. 22 CRR werden in AT 4.5. Tz. 1 demgegenüber nicht genannt. Das ist vermutlich darauf zurückzuführen, dass Art. 22 CRR auf die Teilkonsolidierung im Zusammenhang mit Tochterunternehmen in einem Drittstaat verweist. Die MaRisk gelten explizit nur für rechtlich unselbständige Zweigniederlassungen deutscher Institute im Ausland (→ AT 2.1 Tz. 1). Rechtlich selbständige Tochterunternehmen aus Drittstaaten müssen die sich aus der Einbeziehung in das Risikomanagement auf Gruppenebene ergebenden Pflichten gemäß § 25a Abs. 3 Satz 3 KWG hingegen nur insoweit beachten, als diese Pflichten nicht dem geltenden Recht im Herkunftsstaat des Tochterunternehmens entgegenstehen.[18]   **11**

1.3   Institutsgruppen und (gemischte) Finanzholding-Gruppen

Eine Institutsgruppe, eine Finanzholding-Gruppe oder eine gemischte Finanzholding-Gruppe bestehen jeweils aus einem »übergeordneten« Unternehmen und einem oder mehreren »nachgeordneten Unternehmen«, die zusammen als gruppenangehörige Unternehmen bezeichnet werden. Zur Abgrenzung sind die einschlägigen Begriffe für die Eigenmittelkonsolidierung gemäß § 10a Abs. 1 bis 3 KWG in Verbindung mit den Regelungen der CRR maßgeblich. Das übergeordnete Unternehmen ist nach § 10a Abs. 1 Satz 2 KWG das CRR-Institut bzw. das Institut nach § 1a KWG, das nach Art. 11 CRR die Konsolidierung vorzunehmen hat. Die nachgeordneten Unternehmen sind jene Unternehmen, die nach Art. 18 CRR zu konsolidieren sind oder freiwillig konsolidiert werden. Gemäß Art. 18   **12**

---

16 Gemäß § 25a Abs. 3 Satz 1 KWG gelten auch die Anforderungen an den sogenannten Baseler Zinsschock nach § 25a Abs. 2 KWG für Institutsgruppen, Finanzholding-Gruppen, gemischte Finanzholding-Gruppen und Unterkonsolidierungsgruppen nach Art. 22 CRR entsprechend.

17 »In a group structure, the board of the parent company has the overall responsibility for adequate corporate governance across the group and ensuring that there are governance policies and mechanisms appropriate to the structure, business and risks of the group and its entities. The board and the senior management should know and understand the banks' group organisational structure and the risks that it poses.« Vgl. Basel Committee on Banking Supervision, Guidelines – Corporate governance principles for banks, BCBS d328, 8. Juli 2015, S. 22. Die EBA weist die Zuständigkeit für den »organisatorischen Rahmen im Kontext einer Gruppe« dem konsolidierenden Institut zu. Vgl. European Banking Authority, Leitlinien zur internen Governance, EBA/GL/2017/11, 21. März 2018, S. 24 f.

18 Im Kommentar wird im Weiteren zwecks Vereinfachung nur auf Institutsgruppen, Finanzholding-Gruppen und gemischte Finanzholding-Gruppen abgestellt. Im Hinblick auf die Bestimmung des übergeordneten Unternehmens eines Finanzkonglomeratsunternehmens oder des zur Unterkonsolidierung verpflichteten Unternehmens sind spezielle Regelungen der CRR, des KWG, des VAG sowie des FKAG zu berücksichtigen.

AT 4.5 Risikomanagement auf Gruppenebene

CRR unterliegen Institute nach Art. 4 Abs. 1 Nr. 3 CRR, Finanzinstitute nach Art. 4 Abs. 1 Nr. 26 CRR, Anbieter von Nebendienstleistungen nach Art. 4 Abs. 1 Nr. 18 CRR und Vermögensverwaltungsgesellschaften nach Art. 4 Abs. 1 Nr. 19 CRR der Konsolidierungspflicht. In das gruppenweite Risikomanagement sind somit nicht alle konzernangehörigen Unternehmen einzubeziehen, sondern nur jene Unternehmen, die selbst als Institut, Finanzinstitut, Anbieter von Nebendienstleistungen oder Vermögensverwaltungsgesellschaft im Sinne der CRR einzustufen sind. Darüber hinaus muss es sich um ein Tochterunternehmen bzw. eine qualifizierte Minderheitsbeteiligung eines Institutes oder einer (gemischten) Finanzholding-Gesellschaft handeln. Für die Einbeziehung in den bankaufsichtlichen Konsolidierungskreis ist es dabei unerheblich, ob ein nachgeordnetes Unternehmen seinen Sitz im Inland oder im Ausland hat.

13   Eine Institutsgruppe zeichnet sich regelmäßig dadurch aus, dass es sich bei dem an der Spitze stehenden übergeordneten Unternehmen um ein der Aufsicht unterliegendes Institut handelt, dem ein oder mehrere zu konsolidierende Unternehmen nachgeordnet sind. Die Geschäftsleitung des übergeordneten Unternehmens ist für die Einhaltung des gruppenweiten Risikomanagements verantwortlich.

14   Eine Finanzholding-Gruppe besteht aus einer an der Spitze stehenden Finanzholding-Gesellschaft, welcher ein oder mehrere Unternehmen nachgeordnet sind. Die Finanzholding-Gesellschaft wiederum ist gemäß Art. 4 Abs. 1 Nr. 20 CRR ein Finanzinstitut, das keine gemischte Finanzholding-Gesellschaft ist und dessen Tochterunternehmen ausschließlich oder hauptsächlich Institute oder Finanzinstitute sind, wobei mindestens eines der Tochterunternehmen ein Institut ist.[19] Der Begriff der gemischten Finanzholding-Gesellschaft ist in Art. 4 Abs. 1 Nr. 21 CRR in Verbindung mit Art. 2 Nr. 15 Finanzkonglomerate-Richtlinie definiert. Da (gemischte) Finanzholding-Gesellschaften nicht direkt der Bankenaufsicht unterliegen, wird als übergeordnetes Unternehmen ein gruppenangehöriges Institut fingiert, das für die Einhaltung des Risikomanagements auf Gruppenebene verantwortlich ist. Sind einer Finanzholding-Gesellschaften mehrere Institute nachgeordnet, gilt grundsätzlich das Institut mit der größten Bilanzsumme als übergeordnetes Unternehmen.

15   Allerdings sollen Finanzholding-Gesellschaften gemäß Art. 21a des im November 2016 veröffentlichten Vorschlages der EU-Kommission zur Überarbeitung der Capital Requirements Directive (CRD V-Entwurf) zukünftig eine Zulassung (»Approval«) benötigen und direkt der Bankenaufsicht unterfallen. Zudem wäre explizit die Finanzholding-Gesellschaft – und nicht mehr wie bisher das übergeordnete Unternehmen – für die Einhaltung der bankaufsichtlichen Anforderungen auf Gruppenebene verantwortlich. Die Zulassung soll nach dem CRD V-Entwurf nur erteilt werden, wenn u. a. die internen Vorkehrungen und die Aufgabenverteilung innerhalb der Gruppe angemessen sind, um die Anforderungen von CRD und CRR auf konsolidierter Ebene zu erfüllen.[20] Nach Ansicht der Deutschen Kreditwirtschaft (DK) ist eine derartige Erweiterung der Bankenaufsicht auf Finanzholding-Gesellschaften aufgrund der bestehenden Aufsicht über das Tochterunternehmen (als übergeordnetes Institut) weder notwendig noch angemessen. Die Regelung hätte zur Konsequenz, dass in Zukunft die Holdinggesellschaften für angemessene ablauforganisatorische Vorkehrungen auf Gruppenebene sowie die Einrichtung angemessener interner Risikosteuerungs- und controllingprozesse verantwortlich sind. Dies wäre nach Ansicht der DK insbesondere inadäquat für nicht operative Finanzholding-Gesellschaften, die nicht über die

---

19 Ein Finanzinstitut ist ein Unternehmen, das kein Institut ist und dessen Haupttätigkeit darin besteht, Beteiligungen zu erwerben oder eines oder mehrere der in Anhang I Nr. 2 bis 12 und 15 CRD IV aufgelisteten Geschäfte zu betreiben. Vgl. Art. 4 Abs. 1 Nr. 26 CRR.

20 Vgl. Europäische Kommission, Vorschlag für eine Richtlinie des Europäischen Parlaments und des Rates zur Änderung der Richtlinie 2013/36/EU im Hinblick auf von der Anwendung ausgenommene Unternehmen, Finanzholdinggesellschaften, gemischte Finanzholdinggesellschaften, Vergütung, Aufsichtsmaßnahmen und -befugnisse und Kapitalerhaltungsmaßnahmen vom 23. November 2016, S. 25 f.

erforderlichen Risikocontrolling-, Compliance- und Kontrollfunktionen verfügen bzw. diese ggf. über Auslagerungsvereinbarungen gewährleisten müssten.[21]

Im weiteren Verlauf dieses Überarbeitungsprozesses wurde ersichtlich, dass der europäische **16** Gesetzgeber offenbar grundsätzlich am Zulassungserfordernis und an der direkten Beaufsichtigung der Finanzholding-Gesellschaften festhalten will. Neuere Entwürfe der CRD V sehen jedoch unter bestimmten Voraussetzungen eine Privilegierung für nicht operative Finanzholding-Gesellschaften vor. Es bleibt abzuwarten, ob und inwieweit Finanzholding-Gesellschaften nach der endgültigen Veröffentlichung der CRD V in Zukunft eine Zulassung benötigen bzw. direkt der Bankenaufsicht unterliegen.

1.4 Anforderungen an das Risikomanagement auf Gruppenebene

Unter dem Eindruck der Finanzmarktkrise hat der Gesetzgeber im Rahmen des Trennbankenge- **17** setzes Regelungen in das Kreditwesengesetz aufgenommen, die es ermöglichen, zukünftig Pflichtverletzungen im Risikomanagement auch von Geschäftsleitern auf Gruppenebene strafrechtlich zu sanktionieren (§ 54a KWG). Die Anforderungen an die Geschäftsleiter des übergeordneten Unternehmens sind in § 25c Abs. 4b KWG in Form von Sicherstellungspflichten umfassend geregelt, wenn das übergeordnete Unternehmen ein Mutterunternehmen ist, das einen beherrschenden Einfluss im Sinne des § 290 Abs. 2 HGB über andere Unternehmen der Gruppe ausübt. Die Geschäftsführer des übergeordneten Unternehmens haben danach im Rahmen ihrer Gesamtverantwortung für die ordnungsgemäße Geschäftsorganisation der jeweiligen Gruppe dafür Sorge zu tragen, dass die Gruppe über die in § 25c Abs. 4b KWG genannten Strategien, Prozesse, Verfahren, Funktionen und Konzepte verfügen.[22] Neben einigen redaktionellen Abweichungen zu den MaRisk werden die Anforderungen an das Risikomanagement auf Gruppenebene in diesem Zusammenhang detailliert aufgeführt (→ AT 3). Dabei wird deutlich, dass sich diese Vorgaben nur marginal von jenen Anforderungen unterscheiden, die auf Institutsebene zu berücksichtigen sind.

Die Anforderungen an das Risikomanagement der Institute können allerdings nicht vollständig **18** auf die Gruppenebene übertragen werden und gelten insofern für die Gruppe »entsprechend«. Auf Institutsebene werden z. B. aufbauorganisatorische Regelungen mit klarer Abgrenzung der Verantwortungsbereiche verlangt. Damit zielt der Gesetzgeber vor allem auf Funktionstrennungsprinzipien ab, die nicht eins zu eins für die Gruppenebene gelten können. Vor diesem Hintergrund wurde die Anforderung im Rahmen der zweiten MaRisk-Novelle nicht auf die Gruppe übertragen. Die Etablierung eines »Risikomanagements auf Gruppenebene« setzt daher vor allem Folgendes voraus:
– die Festlegung einer gruppenweiten Strategie (→ AT 4.5 Tz. 2),
– die Sicherstellung der Risikotragfähigkeit in der Gruppe (→ AT 4.5 Tz. 3),
– die Einrichtung von ablauforganisatorischen Regelungen für die Gruppe (→ AT 4.5 Tz. 4),
– die Implementierung von gruppenweiten Risikosteuerungs- und -controllingprozessen inklusive angemessener Stresstests auf Gruppenebene (→ AT 4.5 Tz. 5) sowie
– die Einrichtung einer Konzernrevision (→ AT 4.5 Tz. 6).

---

21 Vgl. Deutsche Kreditwirtschaft, Position Paper on the Revision of the Capital Requirements Directive (CRD) and the Capital Requirements Regulation (CRR), 22. September 2017, S. 4.

22 Der Jahresabschlussprüfer hat nach § 11 Abs. 4 PrüfBV zu beurteilen, ob die Geschäftsleiter des übergeordneten Unternehmens im Rahmen ihrer Pflichten und ihrer Gesamtverantwortung für die ordnungsgemäße Geschäftsorganisation diesen Aufgaben nachgekommen sind.

AT 4.5 Risikomanagement auf Gruppenebene

19 Im Rahmen der vierten MaRisk-Novelle ist darauf verzichtet worden, den Instituten die Einrichtung einer Risikocontrolling- und einer Compliance-Funktion auf Gruppenebene explizit vorzuschreiben. Allerdings wird seit dem Trennbankengesetz von den Geschäftsleitern des übergeordneten Unternehmens gemäß § 25c Abs. 4b KWG u. a. gefordert, für das interne Kontrollsystem der Gruppe inkl. einer Risikocontrolling-Funktion und einer Compliance-Funktion Sorge zu tragen. Diese strafbewehrte Anforderung läuft im Endeffekt auf ein Konzern-Risikocontrolling (→ AT 4.4.1 Tz. 2) und eine Konzern-Compliance (→ AT 4.4.2 Tz. 1) hinaus. Auch der Verweis in § 25a Abs. 3 Satz 1 KWG auf § 25a Abs. 1 Satz 3 Nr. 3c KWG spricht für die Einrichtung der beiden besonderen Funktionen auf Gruppenebene. Die EBA verlangt im Zusammenhang mit der erforderlichen ganzheitlichen Sicht auf alle Risiken mittlerweile ausdrücklich eine übergreifende Risikocontrolling-Funktion im Mutterunternehmen einer Gruppe.[23] Seit der Überarbeitung der EBA-Leitlinien im Jahre 2017 fordert sie zudem, dass die konsolidierenden Institute Leiter der Risikocontrolling- und Compliance-Funktion auf Gruppenebene benennen.[24]

20 Das Risikomanagement auf Gruppenebene beschränkt sich allerdings nicht auf die in den MaRisk genannten Aspekte sowie eine gruppenweite Risikocontrolling- und Compliance-Funktion. Gegenstand des gruppenweiten Risikomanagements sind gemäß § 25a Abs. 3 Satz 1 KWG in Verbindung mit § 25a Abs. 1 KWG außerdem die Sicherstellung einer angemessenen personellen und technisch-organisatorischen Ausstattung sowie die Festlegung eines angemessenen Notfallkonzeptes auf Gruppenebene, insbesondere für IT-Systeme. Die Geschäftsleitung des übergeordneten Unternehmens hat sich über die Angemessenheit der Ausstattung der nachgeordneten Unternehmen und über die Wirksamkeit der von den nachgeordneten Unternehmen implementierten Notfallkonzepte zu vergewissern und bei Bedarf weitergehende Maßnahmen zu fordern.[25] Weitere Bestandteile des Risikomanagements auf Gruppenebene sind angemessene Regelungen zur jederzeitigen Bestimmung der finanziellen Lage der Gruppe, eine vollständige Dokumentation der gruppenweiten Geschäftstätigkeit sowie ein für die Gruppe implementierter »Whistleblowing«-Prozess. Das einheitliche Managementinformationssystem zur Bestimmung der finanziellen Lage der Gruppe ist zur Erfüllung der Rechnungslegungsanforderungen sowie der diversen Informations- und Berichtspflichten nach MaRisk erforderlich.[26] Im Hinblick auf die vollständige Dokumentation auf Gruppenebene kann sich das übergeordnete Unternehmen weitgehend auf die Dokumentation in den nachgeordneten Unternehmen verlassen, da diese auf der Ebene der einzelnen Institute für die Einhaltung der Dokumentationspflichten verantwortlich sind.[27] Das übergeordnete Unternehmen hat jedoch eigene Dokumentationspflichten, soweit die Einhaltung der (bankaufsichtlichen) Anforderungen auf Gruppenebene betroffen ist.[28]

21 Auf Gruppenebene von Relevanz sind ferner »angemessene, transparente und auf eine nachhaltige Entwicklung des Institutes ausgerichtete Vergütungssysteme für Geschäftsleiter und Mit-

---

23 Vgl. European Banking Authority, Leitlinien zur internen Governance, EBA/GL/2017/11, 21. März 2018, S. 43.

24 Vgl. European Banking Authority, Leitlinien zur internen Governance, EBA/GL/2017/11, 21. März 2018, S. 45 und 48.

25 Vgl. Hellstern, Gerhard, in: Luz, Günther/Neus, Werner/Schaber, Mathias/Schneider, Peter/Wagner, Claus-Peter/Weber, Max (Hrsg.), KWG und CRR, Band 1, 3. Auflage, Stuttgart, 2015, § 25a KWG, Tz. 31; Braun, Ulrich, in: Boos, Karl-Heinz/Fischer, Reinfrid/Schulte-Mattler, Hermann (Hrsg.), Kreditwesengesetz und VO (EU) Nr. 575/2013, Band 1, 5. Auflage, München, 2016, § 25a KWG, Tz. 724.

26 Vgl. Hellstern, Gerhard, in: Luz, Günther/Neus, Werner/Schaber, Mathias/Schneider, Peter/Wagner, Claus-Peter/Weber, Max (Hrsg.), KWG und CRR, Band 1, 3. Auflage, Stuttgart, 2015, § 25a KWG, Tz. 32; Braun, Ulrich, in: Boos, Karl-Heinz/Fischer, Reinfrid/Schulte-Mattler, Hermann (Hrsg.), Kreditwesengesetz und VO (EU) Nr. 575/2013, Band 1, 5. Auflage, München, 2016, § 25a KWG, Tz. 727.

27 Vgl. Hellstern, Gerhard, in: Luz, Günther/Neus, Werner/Schaber, Mathias/Schneider, Peter/Wagner, Claus-Peter/Weber, Max (Hrsg.), KWG und CRR, Band 1, 3. Auflage, Stuttgart, 2015, § 25a KWG, Tz. 33; Braun, Ulrich, in: Boos, Karl-Heinz/Fischer, Reinfrid/Schulte-Mattler, Hermann (Hrsg.), Kreditwesengesetz und VO (EU) Nr. 575/2013, Band 1, 5. Auflage, München, 2016, § 25a KWG, Tz. 728.

28 Vgl. Braun, Ulrich, in: Boos, Karl-Heinz/Fischer, Reinfrid/Schulte-Mattler, Hermann (Hrsg.), Kreditwesengesetz und VO (EU) Nr. 575/2013, Band 1, 5. Auflage, München, 2016, § 25a KWG, Tz. 728. Deutlich enger Hellstern, Gerhard, in: Luz, Günther/Neus, Werner/Schaber, Mathias/Schneider, Peter/Wagner, Claus-Peter/Weber, Max (Hrsg.), KWG und CRR, Band 1, 3. Auflage, Stuttgart, 2015, § 25a KWG, Tz. 33. Danach ist lediglich ein besonderes Augenmerk aus Gruppensicht auf die Dokumentation der gruppeninternen Geschäftstätigkeiten zu legen.

arbeiter«. Das übergeordnete Unternehmen der Gruppe hat gemäß § 27 InstitutsVergV hierfür eine gruppenweite Vergütungsstrategie festzulegen.[29] Ist das übergeordnete Unternehmen bedeutend gemäß § 17 InstitutsVergV, hat es zudem auf der Grundlage einer gruppenweiten Risikoanalyse sogenannte »Gruppenrisikoträger« zu ermitteln.[30]

Die im Zuge der fünften MaRisk-Novelle neu aufgenommenen Anforderungen an das Datenmanagement, die Datenqualität und die Aggregation von Risikodaten richten sich an systemrelevante Institute und sind ebenfalls auf Gruppenebene anzuwenden (→ AT 4.3.4 Tz. 1). **22**

1.5 Reichweite des Risikomanagements auf Gruppenebene

Gemäß AT 5 Tz. 1 MaRisk sind die Geschäftsleiter des übergeordneten Unternehmens einer Institutsgruppe, Finanzholding-Gruppe, gemischten Finanzholding-Gruppe oder eines übergeordneten Finanzkonglomeratsunternehmens für die Einrichtung eines angemessenen und wirksamen Risikomanagements auf Gruppenebene verantwortlich. Im Hinblick auf die Bestimmung des jeweils übergeordneten Unternehmens gelten die einschlägigen Vorschriften des KWG. Bei der Einfügung des § 25a Abs. 1a KWG a. F. (jetzt § 25a Abs. 3 KWG) in das Kreditwesengesetz im Jahre 2004 wurde der für die Eigenmittelkonsolidierung maßgebliche bankaufsichtliche Konsolidierungskreis auf das Risikomanagement auf Gruppenebene übertragen. Die in den aufsichtsrechtlichen Konsolidierungskreis einzubeziehenden Unternehmen umfassten danach lediglich Institute, Finanzunternehmen und Anbieter von Nebendienstleistungen (bspw. Rechenzentren).[31] Nicht erfasst wurden damit Zweckgesellschaften (»Special Purpose Vehicle«), die sich während der Finanzmarktkrise aus Risikosicht in vielen Fällen als äußerst risikoreich erwiesen haben. **23**

Die MaRisk verfolgen demgegenüber bei der Frage, welche Unternehmen in das Risikomanagement auf Gruppenebene einzubeziehen sind, einen – von der Eigenmittelkonsolidierung unabhängigen – risikoorientierten Ansatz. Die Reichweite des gruppenweiten Risikomanagements im Sinne der MaRisk erstreckt sich auf alle »wesentlichen Risiken« der Gruppe, unabhängig davon, ob sie von konsolidierungspflichtigen Unternehmen verursacht werden oder nicht. Demnach sind auch Industrieunternehmen in das Gruppenrisikomanagement einzubeziehen, soweit sie unter Risikogesichtspunkten eine wesentliche Bedeutung haben. Ein derart weit gefasster Anwendungsbereich korrespondiert mit den Bedürfnissen des Risikomanagements auf Gruppenebene (vollständige Erfassung der wesentlichen Risiken der Gruppe) und lässt zudem keinen Spielraum für »Regulierungsarbitrage«. Andernfalls besteht die Gefahr, dass Bankaktivitäten in unregulierte Tochtergesellschaften (»Shadow Banking«) verlagert werden.[32] Auch die Kreditwirtschaft zeigte sich gegenüber dem risikoorientierten Geltungsbereich des Risikomanagements auf Gruppenebene aufgeschlossen.[33] **24**

Inzwischen hat der Gesetzgeber den risikoorientierten Ansatz der MaRisk für die Reichweite des Risikomanagements auf Gruppenebene in das Kreditwesengesetz übernommen. Gemäß dem im **25**

---

29 Zu den allgemeinen und besonderen Anforderungen an eine Vergütungsstrategie auf Gruppenebene vgl. Buscher, Arne Martin/Link, Vivien/von Harbou, Christopher/Weigl, Thomas, Verordnung über die aufsichtsrechtlichen Anforderungen an Vergütungssysteme von Instituten (Institutsvergütungsverordnung – InstitutsVergV), 2. Auflage, Stuttgart, 2018, § 27, Tz. 5 ff. und 30 ff.

30 Gemäß § 2 Abs. 8 InstitutsVergV sind Gruppenrisikoträger diejenigen Mitarbeiter, deren berufliche Tätigkeit sich wesentlich auf das Gesamtrisikoprofil der Gruppe auswirkt.

31 Seit Inkrafttreten der CRR am 1. Januar 2014 umfasst der bankaufsichtliche Konsolidierungskreis Institute, Finanzinstitute, Anbieter von Nebendienstleistungen und Vermögensverwaltungsgesellschaft.

32 Vgl. Hellstern, Gerhard, in: Luz, Günther/Neus, Werner/Schaber, Mathias/Schneider, Peter/Wagner, Claus-Peter/Weber, Max (Hrsg.), KWG und CRR, Band 1, 3. Auflage, Stuttgart, 2015, § 25a KWG, Tz. 23.

33 »Wir können diese Sichtweise vor dem Hintergrund der Finanzmarktkrise gut nachvollziehen.« Zentraler Kreditausschuss, Stellungnahme zum ersten Entwurf der Mindestanforderungen an das Risikomanagement vom 16. Februar 2009, S. 19 f.

AT 4.5 Risikomanagement auf Gruppenebene

Zuge des CRD IV-Umsetzungsgesetzes eingefügten § 25a Abs. 3 Satz 2 KWG gehören zu einer Gruppe im Sinne des § 25a Abs. 3 Satz 1 KWG auch Tochterunternehmen eines übergeordneten Unternehmens oder nachgeordneten Tochterunternehmens einer Institutsgruppe, Finanzholding-Gruppe oder gemischten Finanzholding-Gruppe an, die selbst keine CRR-Institute sind.

26   Auch nach den Vorstellungen der EBA hat sich das gruppenweite Risikomanagement auf alle wesentlichen Risiken einer Gruppe zu erstrecken, unabhängig davon, ob das Risiko auf Unternehmen des maßgeblichen bankaufsichtlichen Konsolidierungskreises zurückgeht oder nicht.[34]

1.6   Nichtberücksichtigung von Unternehmen mit nicht wesentlichen Risiken

27   Das übergeordnete Unternehmen hat auf der Basis des gruppenweiten Gesamtrisikoprofils eigenverantwortlich festzulegen, welche Unternehmen unter Risikogesichtspunkten in das Risikomanagement auf Gruppenebene einzubeziehen sind. Bei dieser Betrachtung sind nachgeordnete Unternehmen mit Sitz im Inland und Ausland zu berücksichtigen. Unternehmen, deren Risiken als nicht wesentlich eingestuft werden, müssen insoweit nicht zwingend in das gruppenweite Risikomanagement einbezogen werden. Eine derartige Befreiung korrespondiert grundsätzlich mit gesetzlichen Regelungen. So können nachgeordnete Unternehmen gemäß Art. 19 Abs. 1 CRR von der bankaufsichtlichen Konsolidierung ausgenommen werden, wenn ihre Bilanzsumme verhältnismäßig gering ist.[35] Eine Befreiung ist allerdings nicht möglich, wenn die Risiken der nachgeordneten Unternehmen auf zusammengefasster Basis als wesentlich einzustufen sind (→ AT 4.5 Tz. 1, Erläuterung).[36]

1.7   Grenzen des Risikomanagements auf Gruppenebene

28   Auch für das Risikomanagement auf Gruppenebene gilt der Grundsatz der Proportionalität (→ AT 1 Tz. 3). Die Ausgestaltung des Risikomanagements hängt insbesondere von Art, Umfang, Komplexität und Risikogehalt der von der Gruppe betriebenen Geschäftsaktivitäten ab. Dies ergibt sich aus dem Verweis in § 25a Abs. 3 Satz 1 KWG auf § 25a Abs. 1 Satz 4 KWG. Die deutsche Aufsicht erweitert die genannten Kriterien für das Proportionalitätsprinzip um den Aspekt der »gesellschaftsrechtlichen Möglichkeiten« (→ AT 4.5 Tz. 1, Erläuterung). Ein »wirksames Risikomanagement« auf Gruppenebene setzt voraus, dass das übergeordnete Unternehmen auf die sonstigen gruppenangehörigen Unternehmen einwirken kann. Neben Informationsrechten sind für diese Zwecke insbesondere auch Durchgriffsrechte des übergeordneten Unternehmens erforderlich. Dieses Erfordernis kann durch Jurisdiktionen im Ausland an seine Grenzen stoßen (bspw. Aufsichtsrecht), und wurde anfangs durch den Verweis in § 25a Abs. 1a Satz 2 KWG a. F. auf § 10a

---

34 Nach den Vorstellungen der EBA hat das Risikomanagement auf Gruppenebene daher ggf. Special Purpose Vehicles (SPVs), Special Purpose Entities (SPEs) und Property Firms zu berücksichtigen. Vgl. European Banking Authority, Guidelines on common procedures and methodologies for the supervisory review and evaluation process (SREP) and supervisory stress testing, EBA/GL/2014/13, Consolidated version, 19. Juli 2018, S. 66.

35 Dies ist nach Art. 19 Abs. 1 CRR der Fall, wenn die Gesamtsumme der Vermögenswerte und außerbilanziellen Posten eines nachgeordneten Unternehmens niedriger ist als der kleinere der beiden folgenden Beträge: 10 Mio. EUR oder 1 % der Gesamtsumme der Vermögenswerte und außerbilanziellen Posten des Mutterunternehmens oder des Unternehmens, das die Beteiligung hält. Unter den Voraussetzungen des Art. 19 Abs. 2 CRR kann die für die Konsolidierung zuständige Aufsichtsbehörde im Einzelfall darauf verzichten, Institute, Finanzinstitute oder Anbieter von Nebendienstleistern, die Tochterunternehmen sind oder an denen eine Beteiligung gehalten wird, in die Konsolidierung einzubeziehen.

36 Vgl. auch Art. 19 Abs. 3 CRR.

Abs. 12 KWG a. F. (jetzt § 10a Abs. 8 KWG) relativiert. Danach darf das übergeordnete Unternehmen zur Erfüllung seiner Verpflichtungen auf die gruppenangehörigen Unternehmen nur insoweit einwirken, »soweit dem das allgemein geltende Gesellschaftsrecht nicht entgegensteht«.

Bei Aktiengesellschaften stoßen somit die Eingriffsbefugnisse des übergeordneten Unternehmens gegenüber einem Tochterunternehmen auf gewisse Grenzen, da der Vorstand des Tochterunternehmens seine Gesellschaft nach § 76 Abs. 1 AktG in eigener Verantwortung zu leiten hat. Derartige Grenzen bestehen aber auch aufgrund sonstiger gesellschaftsrechtlicher Regelungen, die z. B. in den Sparkassengesetzen der Länder oder dem Genossenschaftsgesetz niedergelegt sind. Auf die »gesellschaftsrechtlichen Schranken« wurde dementsprechend auch in den MaRisk hingewiesen. Diese Einschränkung zog sich wie ein imaginärer roter Faden durch die sonstigen Anforderungen zum Risikomanagement auf Gruppenebene. Beispielsweise kann eine von oben verordnete gruppenweite Strategie nicht effektiv umgesetzt werden, sofern keine Durchgriffsrechte existieren (→ AT 4.5 Tz. 2). Auch das Management der Risiken im Rahmen der Risikosteuerungs- und -controllingprozesse auf Gruppenebene kann durch gesellschaftsrechtliche Regelungen in seiner Wirkung eingeschränkt werden (→ AT 4.5 Tz. 5). Mit Verweis auf spezialgesetzliche Regelungen werden Bausparkassen und Pfandbriefbanken sogar besondere »Autonomierechte« zugesichert. In Abbildung 46 sind die Anforderungen zum Risikomanagement auf Gruppenebene überblicksartig dargestellt.

Risikomanagement auf Gruppenebene bezieht sich auf alle wesentlichen Risiken (unabhängig vom Konsolidierungskreis)	
Kernelemente	Freiheitsgrade
gruppenweite Strategien; Prozess zur Sicherstellung der Risikotragfähigkeit auf Gruppenebene; ablauforganisatorische Vorkehrungen auf Gruppenebene; Risikosteuerungs- und -controllingprozesse auf Gruppenebene; Stresstests auf Gruppenebene; Konzernrevision	Proportionalitätsprinzip (abhängig von betriebenen Geschäftsaktivitäten); Methodenfreiheit (solange Risikomanagement wirksam bleibt); Ausnahme unwesentlicher Risiken (auf zusammengefasster Basis)
	Gesellschaftsrecht und Spezialgesetze sind zu beachten
Verantwortung trägt die Geschäftsleitung des übergeordneten Unternehmens	

Abb. 46: Anforderungen an das Risikomanagement auf Gruppenebene

Ob die vorgenommenen Einschränkungen das gruppenweite Risikomanagement fördern, ist zu bezweifeln. Seine »Wirksamkeit« hängt letztendlich davon ab, dass vertragliche Vereinbarungen existieren, die es dem übergeordneten Unternehmen erlauben, Weisungen gegenüber den nachgeordneten Unternehmen zu erteilen (Vertragskonzern bzw. Beherrschungsvertrag nach § 291 AktG). Ist dies nicht der Fall, wird der Durchgriff »von oben nach unten« entweder eingeschränkt oder sogar unmöglich. Insoweit war der Verweis auf § 10a Abs. 12 KWG a. F. (jetzt § 10a Abs. 8 KWG) für bankaufsichtliche Zwecke an sich problematisch, da die Wirksamkeit des Risikomanagements auf Gruppenebene ohne »gesellschaftsrechtlich abgesicherte Konzernleitungsmacht«[37] ins Leere laufen kann. In dieser Hinsicht befinden sich allerdings auch die Institute in einer Zwickmühle: Solange das Gesellschaftsrecht dem entgegensteht, können Durchgriffs- bzw. Weisungsrechte für aufsichtsrechtliche Zwecke nicht erzwungen werden.

31 In wirtschaftlich guten Zeiten mag das Fehlen von Durchgriffsmöglichkeiten nicht von Relevanz sein. In wirtschaftlich angespannten Zeiten ist jedoch möglicherweise mit Komplikationen zu rechnen, wenn der Handlungsspielraum des übergeordneten Unternehmens beschränkt ist. Gerade wenn es darauf ankommt, besteht die Gefahr, dass die bankaufsichtlichen Regelungen an das gruppenweite Risikomanagement zu einem Papiertiger degenerieren – mit ggf. weitreichenden Folgen für die Systemstabilität. So können Risiken innerhalb der Gruppe verschoben werden, ohne dass man Verantwortlichkeiten klar zuweisen kann. Vor diesem Hintergrund hat der Gesetzgeber im Zuge des CRD IV-Umsetzungsgesetzes den Verweis auf § 10a Abs. 12 KWG a. F. (jetzt § 10a Abs. 8 KWG) gestrichen und damit implizit zum Ausdruck gebracht, dass an die Erfüllung der Anforderungen von § 25a Abs. 3 KWG die Vereinbarung von Durchgriffsrechten geknüpft sein sollte. Damit soll gleichzeitig deutlich gemacht werden, dass das KWG als »lex specialis« gegenüber gesellschaftsrechtlichen Regelungen Vorrang besitzen muss. Der mit der gleichzeitig geforderten »Wirksamkeit« des Risikomanagements auf Gruppenebene kaum zu vereinbarende Hinweis auf die »gesellschaftsrechtlichen Schranken« wurde im Rahmen der dritten MaRisk-Novelle deutlich abgeschwächt, indem nur noch auf die Abhängigkeit von den »gesellschaftsrechtlichen Möglichkeiten« hingewiesen wird.

32 Zukünftig sollte auch geklärt werden, wie mit der Verantwortung der Geschäftsleiter der nachgeordneten Unternehmen umzugehen ist. Es ist schließlich nicht nur das Gesellschaftsrecht (§ 76 AktG), sondern letztlich auch das Bankaufsichtsrecht selbst (§ 25a Abs. 1 KWG), das eine eigenverantwortliche Führung dieser Unternehmen einfordert. Das Gesellschaftsrecht hat hierzu einen pragmatischen Ansatz entwickelt, der eine Blaupause für entsprechende bankaufsichtliche Regelungen darstellen kann.[38] Danach wird der Umfang der Verantwortung des Vorstandes des beherrschten Unternehmens quasi »modifiziert«: Soweit Weisungen erteilt werden, trifft ihn eine umfangreiche Prüfungspflicht. Der Vorstand des beherrschten Unternehmens hat dabei u. a. zu überprüfen, ob eine Weisung des herrschenden Unternehmens rechtmäßig ist (also insbesondere vereinbar mit den Regelungen des KWG). Kommt der Vorstand seiner Prüfungspflicht nicht mit der »Sorgfalt eines ordentlichen und gewissenhaften Geschäftsleiters« nach, so kann er dafür nach § 310 AktG haftbar gemacht werden. Das Konstrukt einer »modifizierten Verantwortung« wird auch auf europäischer Ebene als zweckmäßige Lösung angestrebt.[39]

33 Nicht zuletzt vor diesem Hintergrund müssen die sich aus der Einbeziehung in das Risikomanagement auf Gruppenebene ergebenden Pflichten von Tochterunternehmen der Gruppe mit Sitz in einem Drittstaat gemäß § 25a Abs. 3 Satz 3 KWG nur insoweit beachtet werden, als diese Pflichten nicht dem geltenden Recht im Herkunftsstaat des Tochterunternehmens entgegenstehen. Im Umkehrschluss müssen die Tochterunternehmen aus Drittstaaten die aus der Einbeziehung in das gruppenweite Risikomanagement erwachsenden Pflichten wahrnehmen, wenn das Herkunftsland nicht Gegenteiliges geregelt hat.

---

37 Vgl. Langen, Markus, Die Zweite MaRisk-Novelle in der Bankenaufsicht, in: Zeitschrift für Bank- und Kapitalmarktrecht, Heft 8/2009, S. 310 f.

38 Vgl. hierzu Braun, Ulrich, in: Boos, Karl-Heinz/Fischer, Reinfrid/Schulte-Mattler, Hermann (Hrsg.), Kreditwesengesetz und VO (EU) Nr. 575/2013, Band 1, 5. Auflage, München, 2016, § 25a KWG, Tz. 710.

39 »The management body of a regulated subsidiary has its own internal governance responsibilities, should set its own policies, and should evaluate any group-level decisions or practices to ensure that they do not put the regulated subsidiary in breach of applicable legal or regulatory provisions or prudential rules.« Committee of European Banking Supervisors, Consultation Paper on the Guidebook on Internal Governance (CP 44), 13. Oktober 2010, S. 10.

1.8 Methoden und Verfahren der Gruppe

Im Hinblick auf die konkrete Ausgestaltung des Risikomanagements auf Gruppenebene werden den Instituten gewisse Spielräume gelassen. Offensichtlich stößt eine Eins-zu-eins-Orientierung an den entsprechenden Regelungen der MaRisk auf Institutsebene aus verschiedenen Gründen an ihre Grenzen (z.B. unpraktikable Doppelungen auf Gruppen- und Institutsebene). Gemäß dem Proportionalitätsgrundsatz hängt die Ausgestaltung des Risikomanagements insbesondere von Art, Umfang, Komplexität und Risikogehalt der von der Gruppe betriebenen Geschäfte sowie den gesellschaftsrechtlichen Möglichkeiten ab. Allerdings weist die BaFin darauf hin, dass die eingesetzten Methoden und Verfahren (z. B. IT-Systeme) der Wirksamkeit des Risikomanagements auf Gruppenebene nicht entgegenstehen dürfen. **34**

Das Risikomanagement auf Gruppenebene muss also seine gewünschte Wirkung entfalten können. Dies wird z. B. kaum möglich sein, wenn als wesentlich eingestufte Gruppenunternehmen Methoden und Verfahren einsetzen, die eine Berücksichtigung dieser Unternehmen beim internen Prozess zur Sicherstellung der Risikotragfähigkeit auf Gruppenebene verhindern. Veraltete oder nicht miteinander kompatible Systemlandschaften können auch einer Einbeziehung gruppenangehöriger Unternehmen in die Risikosteuerungs- und -controllingprozesse entgegenstehen, was die Information über die Risikosituation der Gruppe zumindest erschwert. **35**

Bei enger Auslegung wäre sicherzustellen, dass alle gruppenangehörigen Unternehmen identische Methoden und Verfahren für die Zwecke des Risikomanagements auf Gruppenebene einsetzen müssen. Dies würde in der Konsequenz bedeuten, dass die Methodenfreiheit nur für die Gruppe als Ganzes besteht, nicht jedoch für die jeweiligen gruppenangehörigen Institute. Außerdem wäre daran im Einzelfall ein erheblicher Aufwand geknüpft, weil die verschiedenen Gruppenunternehmen teilweise andere Geschäfte betreiben, für deren Steuerung und Überwachung speziell darauf zugeschnittene Methoden und Verfahren genutzt werden. Vermutlich ist es deshalb ausreichend, wenn die voneinander abweichenden Methoden und Verfahren der gruppenangehörigen Unternehmen aufeinander abgestimmt sind, um der Anforderung der BaFin gerecht werden zu können. Wie immer man diesen Hinweis interpretiert, im Ergebnis muss jedenfalls gewährleistet sein, dass alle wesentlichen Risiken berücksichtigt werden. Darüber muss sich auch die Konzernrevision eine Meinung bilden, die risikoorientiert und prozessunabhängig die Wirksamkeit und Angemessenheit des Risikomanagements im Allgemeinen zu prüfen und zu beurteilen hat (→ AT 4.4.3 Tz. 3). **36**

1.9 Angemessene Risikokultur auf Gruppenebene

Seit der fünften MaRisk-Novelle ist die Geschäftsleitung eines Institutes für die Entwicklung, Förderung und Integration einer angemessenen Risikokultur verantwortlich (→ AT 3 Tz. 1). Die Risikokultur beschreibt allgemein die Art und Weise, wie Mitarbeiter des Institutes im Rahmen ihrer Tätigkeit mit Risiken umgehen (sollen). Sie soll die Identifizierung und den bewussten Umgang mit Risiken fördern und sicherstellen, dass Entscheidungsprozesse zu Ergebnissen führen, die auch unter Risikogesichtspunkten ausgewogen sind. Kennzeichnend für eine angemessene Risikokultur ist vor allem das klare Bekenntnis der Geschäftsleitung zu risikoangemessenem Verhalten, die strikte Beachtung des durch die Geschäftsleitung kommunizierten Risikoappetits durch alle Mitarbeiter und die Ermöglichung und Förderung eines transparenten und offenen Dialoges innerhalb des Institutes zu risikorelevanten Fragen (→ AT 3 Tz. 2, Erläuterung). Die MaRisk verlangen eine angemessene Risikokultur jedoch nicht nur auf der Ebene des einzelnen Institutes, sondern explizit auch auf Gruppenebene (→ AT 3 Tz. 1). **37**

38   Die deutsche Aufsicht versteht die Anforderung an eine angemessene Risikokultur in einem Institut bzw. einer Gruppe nicht als neuen Risikomanagementansatz. Vielmehr ist diese als Ergänzung einer Reihe von bereits vorhandenen Risikomanagement-Elementen zu verstehen, in denen die Risikokultur eines Institutes oder einer Gruppe zum Ausdruck kommen kann. Auf Gruppenebene gehören dazu z.B. die Festlegung strategischer Ziele und des Risikoappetits, inklusive der umfassenden Kommunikation dieser Ziele in der Gruppe, oder die Einrichtung der besonderen Funktionen auch auf Gruppenebene.[40] Diese Elemente können auf Gruppenebene eine angemessene Risikokultur jedoch nicht allein begründen.

39   Bei der Prüfung, ob die Risikokultur eines Institutes angemessen ist, orientiert sich die Aufsicht an den vom Financial Stability Board (FSB) im April 2014 formulierten vier Indikatoren für eine angemessene Risikokultur[41], die auch die EBA[42] und der Baseler Ausschuss[43] zugrunde legen. Diese Indikatoren sind allerdings weder abschließend noch als Checkliste der Aufsicht zu verstehen[44]:

- Leitungskultur (»Tone from the Top«),
- Verantwortlichkeiten der Mitarbeiter (»Accountability«),
- offene Kommunikation und kritischer Dialog (»Effective Communication and Challenge«) sowie
- angemessene Anreizstrukturen (»Incentives«).

40   Die vier Indikatoren für eine angemessene Risikokultur in einem Institut können weitgehend deckungsgleich auf die Gruppenebene übertragen werden. Verantwortlich für die Entwicklung, Förderung und Integration einer angemessenen gruppenweiten Risikokultur ist die Geschäftsleitung des übergeordneten Unternehmens. Die Begriffe »entwickeln«, »integrieren« und »fördern« verlangen ein aktives Handeln der Geschäftsleitung des übergeordneten Unternehmens, die darauf hinwirken muss, dass die gruppenweit geltende Risikokultur von den Geschäftsleitern der nachgeordneten Unternehmen und den Mitarbeitern aller gruppenangehörigen Unternehmen verstanden und verinnerlicht wird. Wie auf der Ebene des einzelnen Institutes soll dadurch bei den Geschäftsleitern und den Mitarbeitern aller gruppenangehörigen Unternehmen ein Risikobewusstsein geschaffen werden, das das tägliche Handeln und Denken prägt.[45]

1.10   Waiver-Regelung

41   Die so genannte »Waiver-Regelung« gewährt ein nationales Wahlrecht, das der deutsche Gesetzgeber zugunsten der deutschen Kreditwirtschaft zunächst in § 2a KWG a.F. umgesetzt hatte.[46] Seit

---

40 Vgl. Bundesanstalt für Finanzdienstleistungsaufsicht, Erster Entwurf zur Überarbeitung der MaRisk, Übermittlungsschreiben vom 18. Februar 2016.

41 Vgl. Financial Stability Board, Guidance on Supervisory Interaction with financial institutions on Risk Culture – A Framework for Assessing Risk Culture, 7. April 2014, S. 3 f.

42 Vgl. European Banking Authority, Leitlinien zur internen Governance, EBA/GL/2017/11, 21. März 2018, S. 24 f.

43 Vgl. Basel Committee on Banking Supervision, Guidelines – Corporate governance principles for banks, BCBS d328, 8. Juli 2015, S. 10.

44 Vgl. Steinbrecher, Ira, Risikokultur – Anforderungen an eine verantwortungsvolle Unternehmensführung, in: BaFinJournal, Ausgabe August 2015, S. 20-23.

45 Vgl. Bundesanstalt für Finanzdienstleistungsaufsicht, Erster Entwurf zur Überarbeitung der MaRisk, Übermittlungsschreiben vom 18. Februar 2016, S. 3.

46 Die Regelung für den Waiver gehen zurück auf Art. 69 der Bankenrichtlinie, wonach die Mitgliedstaaten die Wahlmöglichkeit haben, Institute bei Einhaltung bestimmter Voraussetzungen von den Anforderungen des Art. 68 der Richtlinie (z.B. Eigenmittel- und Großkreditanforderungen) auf Ebene des einzelnen Institutes freizustellen. Vgl. Richtlinie 2006/48/EG (Bankenrichtlinie – CRD) des Europäischen Parlaments und des Rates vom 14. Juni 2006 über die Aufnahme und Ausübung der Tätigkeit der Kreditinstitute, Amtsblatt der Europäischen Union vom 30. Juni 2006, L 177/1-199.

Inkrafttreten der CRR am 1. Januar 2014 sind die materiellen Voraussetzungen an den Waiver für die Eigenmittelanforderungen, die Großkreditregelungen, die zusätzlichen Anforderungen im Zusammenhang mit Verbriefungspositionen sowie die Offenlegungsanforderungen in Art. 7 CRR geregelt. Darüber hinaus wurde in Art. 8 CRR ein Waiver für die Liquiditätsvorschriften in die CRR aufgenommen.[47] Der durch das CRD IV-Umsetzungsgesetz geänderte § 2a KWG enthält nunmehr die Voraussetzungen für das Antragsverfahren für den Waiver sowie Bestandschutzregelungen (»Grandfathering«). Zudem erweitert § 2a Abs. 2 und 4 KWG die Freistellung der einzelnen Institute um die Möglichkeit zur Gruppenaufsicht im Hinblick auf weite Teile des Risikomanagements gemäß § 25a Abs. 1 Satz 3 KWG, sofern die Anforderungen der Art. 7 und 8 CRR erfüllt sind.[48]

42 Von der Waiver-Regelung können sowohl nachgeordnete Unternehmen einer Institutsgruppe, Finanzholding-Gruppe oder gemischten Finanzholding-Gruppe (»Tochter-Waiver«) als auch deren übergeordnete Unternehmen (»Parent Waiver«) Gebrauch machen. Bei den Vorschriften, auf die unter bestimmten Voraussetzungen auf Institutsebene verzichtet werden kann, handelt es sich um

- die Eigenmittelanforderungen (Teile 2 und 3 der CRR),
- die Großkreditvorschriften (Teil 4 der CRR),
- die Vorgaben zu den Risikopositionen aus übertragenen Kreditrisiken (Teil 5 der CRR),
- die Liquiditätsanforderungen (Teil 6 der CCR) sowie
- die Offenlegungsanforderungen (Teil 8 der CRR).[49]

1.11 Voraussetzungen für den »Tochter-Waiver«[50]

43 An die Anwendung der Waiver-Regelung für Eigenmittel, Großkredite, Risikopositionen aus übertragenen Kreditrisiken und Offenlegung gemäß Art. 7 Abs. 1 CRR sind verschiedene Voraussetzungen geknüpft, die insbesondere auf eine enge Einbindung des nachgeordneten Institutes in die Gruppenstruktur abzielen. Zudem muss eine angemessene Verteilung der Eigenmittel zwischen dem Mutterunternehmen und den Tochtergesellschaften gewährleistet sein. Nur auf diese Weise ist aus Sicht des Gesetzgebers sichergestellt, dass durch den Verzicht auf zentrale aufsichtsrechtliche Normen auf der Ebene des einzelnen Institutes keine Gefahren für die Sicherheit der den Instituten anvertrauten Vermögenswerte, Beeinträchtigungen der Ordnungsmäßigkeit der Geschäftsorganisation oder unvertretbaren Lücken im Aufsichtsregime entstehen.

44 Voraussetzung für den Waiver nach Art. 7 Abs. 1 CRR ist zunächst, dass sowohl das Mutterunternehmen als auch das Tochterunternehmen im selben EU-Mitgliedstaat zugelassen und beaufsichtigt werden und das Tochterunternehmen in die konsolidierte Beaufsichtigung des

---

47 Art. 10 CRR enthält eine weitere Waiver-Regelung für Kreditinstitute, die einer Zentralorganisation zugeordnet sind und durch diese ständig beaufsichtigt und überwacht werden. Die in Deutschland bestehenden Haftungsverbünde stellen keine Zentralorganisation im Sinne dieser Regelung dar.

48 Die durch das CRD IV-Umsetzungsgesetz zum 1. Januar 2014 eingefügte Freistellungsmöglichkeiten des § 2a Abs. 2 und 4 KWG wurden bereits durch das Finanzmarkt-Anpassungsgesetz vom 15. Juli 2014 präzisiert. Die Freistellungsmöglichkeiten sind seitdem beschränkt auf die Risikoidentifizierung, -beurteilung, -steuerung und die Risikoüberwachung und -kommunikation sowie die Einrichtung einer Risikocontrolling-Funktion. Die Einrichtung einer Compliance-Funktion und einer Internen Revision ist auch bei dem Gebrauch eines Waivers auf der Ebene des einzelnen Institutes erforderlich. Vgl. Gesetz zur Anpassung von Gesetzen auf dem Gebiet des Finanzmarktes vom 15. Juli 2014 (BGBl. I Nr. 30, S. 934), veröffentlicht am 18. Juli 2014.

49 Zu den konkreten Auswirkungen der Waiver-Regelung für die Eigenmittelvorschriften, die Großkreditvorschriften, die Risikopositionen aus übertragenen Kreditrisiken, die Offenlegungsanforderungen und die Liquiditätsanforderungen vgl. Weber, Max/Seifert, Susanne, in: Luz, Günther/Neus, Werner/Schaber, Mathias/Schneider, Peter/Wagner, Claus-Peter/Weber, Max (Hrsg.), KWG und CRR, Band 1, 3. Auflage, Stuttgart, 2015, § 2a KWG, Tz. 5 ff.

50 Auf die Voraussetzungen für die Inanspruchnahme des »Parent Waiver« gemäß Art. 7 Abs. 3 CRR wird im Weiteren nicht näher eingegangen. Das KWG bzw. die CRR sehen in dieser Hinsicht jedoch vergleichbare Rahmenbedingungen vor.

AT 4.5 Risikomanagement auf Gruppenebene

Mutterunternehmens einbezogen ist. Darüber hinaus müssen für den Waiver kumulativ folgende Voraussetzungen vorliegen:

- ein wesentliches tatsächliches oder rechtliches Hindernis für die unverzügliche Übertragung von Eigenmitteln oder die Rückzahlung von Verbindlichkeiten durch das Mutterunternehmen ist weder vorhanden noch absehbar (Buchstabe a),
- das Mutterunternehmen erfüllt in Bezug auf die umsichtige Führung des Tochterunternehmens die Anforderungen der zuständigen Aufsichtsbehörde und hat mit deren Genehmigung erklärt, dass es für die von seinem Tochterunternehmen eingegangenen Verpflichtungen bürgt, oder weist nach, dass die durch das Tochterunternehmen verursachten Risiken vernachlässigt werden können (Buchstabe b),
- die Risikobewertungs-, Risikomess- und Risikokontrollverfahren des Mutterunternehmens erstrecken sich auch auf das Tochterunternehmen (Buchstabe c), und
- das Mutterunternehmen hält mehr als 50 % der mit den Anteilen oder Aktien des Tochterunternehmens verbundenen Stimmrechte oder ist zur Bestellung oder Abberufung der Mehrheit der Mitglieder des Leitungsorgans des Tochterunternehmens berechtigt (Buchstabe d).

45 Darüber hinaus können die Aufsichtsbehörden gemäß Art. 8 CRR ein Institut und alle oder einige seiner Tochterunternehmen in der Europäischen Union vollständig oder teilweise von der Anwendung der Liquiditätsvorschriften ausnehmen und diese auf zusammengefasster Basis als Liquiditätsuntergruppe überwachen, wenn kumulativ:

- die Liquiditätsanforderungen vom Mutterinstitut auf konsolidierter Basis bzw. von einem Tochterinstitut auf teilkonsolidierter Basis eingehalten werden (Buchstabe a),
- die Liquiditätspositionen aller Institute der ausgenommenen Gruppe bzw. Untergruppe vom Mutterinstitut auf konsolidierter Basis oder vom Tochterinstitut auf teilkonsolidierter Basis kontinuierlich verfolgt und überwacht werden und ein ausreichend hohes Liquiditätsniveau aller betroffenen Institute gewährleistet wird (Buchstabe b),
- die Institute Verträge abgeschlossen haben, die nach Überzeugung der zuständigen Behörden einen freien Fluss finanzieller Mittel zwischen ihnen gewährleisten, so dass sie ihren individuellen und gemeinsamen Verpflichtungen bei Fälligkeit nachkommen können (Buchstabe c), und
- ein wesentliches tatsächliches oder rechtliches Hindernis für die Erfüllung der Verträge nach Buchstabe c weder vorhanden noch abzusehen ist (Buchstabe d).

46 Auch für den Liquiditäts-Waiver müssen gemäß Art. 8 Abs. 2 CRR grundsätzlich alle Institute im selben EU-Mitgliedstaat zugelassen sein. Falls die Institute einer Liquiditätsuntergruppe nicht in demselben Mitgliedstaat, sondern in verschiedenen EU-Mitgliedstaaten zugelassen sind, sind die Besonderheiten des Art. 8 Abs. 3 CRR zu beachten. Laut Art. 8 Abs. 4 CRR kann die Ausnahme auch auf Institute angewendet werden, die Mitglied desselben institutsbezogenen Sicherungssystems sind.

1.12 Weitgehende Freistellung von den Pflichten des § 25a Abs. 1 KWG

47 Gemäß § 2a Abs. 2 KWG kann die Aufsichtsbehörde auf Antrag ein Institut von bestimmten Anforderungen an eine ordnungsgemäße Geschäftsorganisation nach § 25a Abs. 1 Satz 3 KWG (mit Ausnahme der für das Management für Liquiditätsrisiken erforderlichen Geschäftsorganisation) weitgehend freistellen, sofern die Voraussetzungen für den Waiver nach Art. 7 CRR vorliegen. Die Freistellung erstreckt sich auf

- die Festlegung von Strategien, insbesondere die Festlegung einer Geschäftsstrategie und einer damit konsistenten Risikostrategie sowie die Einrichtung der entsprechenden Strategieprozesse (§ 25a Abs. 1 Satz 3 Nr. 1 KWG),
- Verfahren zur Ermittlung und Sicherstellung der Risikotragfähigkeit (§ 25a Abs. 1 Satz 3 Nr. 2 KWG),
- Prozesse zur Identifizierung, Beurteilung, Steuerung sowie Überwachung und Kommunikation der Risiken (§ 25a Abs. 1 Satz 3 Nr. 3 lit. b KWG),
- Einrichtung einer eigenen Risikocontrolling-Funktion (§ 25a Abs. 1 Satz 3 Nr. 3 lit. c KWG).

Nach § 2a Abs. 4 KWG kann ein Institut eine entsprechende Freistellung für die Anforderungen an eine ordnungsgemäße Geschäftsorganisation für das Management von Liquiditätsrisiken beantragen, sofern die Voraussetzungen für den Waiver nach Art. 8 CRR vorliegen. **48**

Die Inanspruchnahme der Ausnahmeregelung hat auf Institutsebene erhebliche Auswirkungen auf die Ausgestaltung des Risikomanagements, da auf die Anwendung einiger zentraler Elemente verzichtet werden kann. Dadurch wird zugleich die Anwendung der MaRisk auf Institutsebene erheblich eingeschränkt. Ein vollständiger Verzicht auf die Einrichtung eines internen Kontrollsystems ist seit dem Inkrafttreten des Finanzmarkt-Anpassungsgesetzes nicht mehr zulässig. Das Institut muss weiterhin über ein internes Kontrollsystem verfügen, das aufbau- und ablauforganisatorische Regelungen mit klarer Abgrenzung der Verantwortungsbereiche (§ 25a Abs. 1 Satz 3 Nr. 3 lit. a KWG) sowie eine institutseigene Compliance-Funktion (§ 25a Abs. 1 Satz 3 Nr. 3 lit. c KWG) umfasst. Darüber hinaus muss das Institut weiterhin über eine funktionsfähige Interne Revision (§ 25a Abs. 1 Satz 3 Nr. 3 KWG) verfügen. **49**

Nach den Vorstellungen der EBA haben die Institute, die von den Aufsichtsbehörden eine Freistellung gemäß Art. 7 CRR oder Art. 10 CRR erhalten haben (»Waiver«), die Anforderungen der Leitlinien zu Auslagerungen lediglich auf Ebene des Mutterunternehmens bzw. der Zentralorganisation einzuhalten.[51] Die EBA geht in ihrem im Juni 2018 vorgelegten Entwurf der Leitlinien zu Auslagerungen somit über die bestehende deutsche Aufsichtspraxis hinaus, die den Waiver gegenwärtig nicht auf die Anforderungen des § 25b KWG erstreckt. **50**

1.13   Antragsverfahren

Ein Institut, das von der Waiver-Regelung Gebrauch machen will, hat seit Inkrafttreten des CRD IV-Umsetzungsgesetzes am 1. Januar 2014 bei der Aufsichtsbehörde einen entsprechenden Antrag zu stellen, aus dem der Umfang des beantragten Waivers ersichtlich ist. Der Waiver muss getrennt für die Eigenmittel- und Großkreditanforderungen, die Risikopositionen aus übertragenen Kreditrisiken und die Offenlegungsanforderungen gemäß Art. 7 Abs. 1 CRR und/oder für die Liquiditätsanforderungen gemäß Art. 8 CRR beantragt werden. Dem Antrag sind geeignete Unterlagen beizufügen, die nachweisen, dass die Voraussetzungen für eine Freistellung gemäß Art. 7 und/oder 8 CRR vorliegen. **51**

Soweit das Mutterunternehmen sicherzustellen hat, dass die »umsichtige Führung« des nachgeordneten Institutes den Anforderungen der Aufsichtsbehörde genügt, wird auf die Anforderungen der von der EBA inzwischen formulierten »Internal Governance«-Anforderungen abzustellen **52**

---

51 Vgl. European Banking Authority, Consultation Paper – EBA Draft Guidelines on Outsourcing arrangements, EBA/CP/2018/11, 22. Juni 2018, S. 22.

sein.[52] Darüber hinaus muss das übergeordnete Unternehmen darlegen, dass seine Prozesse zur Identifizierung, Beurteilung, Steuerung, Überwachung und Kommunikation der Risiken das nachgeordnete Institut einschließen. Das übergeordnete Institut hat also übergreifende und straff organisierte Risikosteuerungs- und -controllingprozesse einzurichten, an welche die gleichen Anforderungen gestellt werden, die ansonsten nur auf Ebene des Institutes gelten.[53] Insoweit ergibt sich ein wesentlicher Unterschied zu den im »Normalfall« zu beachtenden Anforderungen des § 25a Abs. 3 KWG, die aufgrund des (gruppenbezogenen) Proportionalitätsprinzips Spielräume eröffnen ($\rightarrow$ AT 4.5 Tz. 1, Erläuterung). Dieser Unterschied zwischen den beiden Ansätzen ist durchaus nachvollziehbar, da im Fall der Inanspruchnahme der Ausnahmeregelung des § 2a Abs. 1 KWG für die Zwecke des § 25a Abs. 1 Satz 3 Nr. 1 KWG von den nachgeordneten Instituten sehr weitgehende Erleichterungen in Anspruch genommen werden können. Diese müssen auf der anderen Seite durch eine entsprechend straffere Ausgestaltung der Verfahren auf der Ebene des übergeordneten Institutes kompensiert werden.[54]

53   Bis zum 31. Dezember 2013 hatten die Institute der Bankenaufsicht lediglich anzuzeigen, dass und in welchem Umfang sie von der Waiver-Regelung Gebrauch machen (§ 2a Abs. 2 Satz 1 KWG a. F.). § 2a Abs. 5 KWG enthält eine »Grandfathering«-Regelung für Institute, die von der Waiver-Regelung bereits vor dem 1. Januar 2014 Gebrauch gemacht haben. Für diese Institute gilt die Freistellung nach § 2a Abs. 1 KWG in Verbindung mit Art. 7 CRR auf der Grundlage der bis zu diesem Zeitpunkt gültigen Anzeigepflicht weiterhin als gewährt.

---

52   Vgl. European Banking Authority, Leitlinien zur internen Governance, EBA/GL/2017/11, 21. März 2018. In diese Richtung bereits Bundesanstalt für Finanzdienstleistungsaufsicht, Merkblatt zu § 2a KWG (Waiver-Regelung), Entwurf vom 21. August 2007, S. 3, das auf die unter dem Begriff »Corporate Governance« geprägten Grundsätze guter Unternehmensführung abstellte.

53   Vgl. hierzu Bundesanstalt für Finanzdienstleistungsaufsicht, Merkblatt zu § 2a KWG (Waiver-Regelung), Entwurf vom 21. August 2007, S. 3 f.

54   Vgl. auch Weber, Max/Seifert, Susanne, in: Luz, Günther/Neus, Werner/Schaber, Mathias/Schneider, Peter/Wagner, Claus-Peter/Weber, Max (Hrsg.), KWG und CRR, Band 1, 3. Auflage, Stuttgart, 2015, § 2a KWG, Tz. 15.

2 Geschäfts- und Risikostrategie auf Gruppenebene (Tz. 2)

2 Die Geschäftsleitung des übergeordneten Unternehmens hat eine Geschäftsstrategie   54
sowie eine dazu konsistente Risikostrategie festzulegen (»gruppenweite Strategien«).
Die strategische Ausrichtung der gruppenangehörigen Unternehmen ist mit den gruppenweiten Strategien abzustimmen. Die Geschäftsleitung des übergeordneten Unternehmens
muss für die Umsetzung der gruppenweiten Strategien Sorge tragen.

2.1 Gruppenweite Strategien

Die Geschäftsleitung des übergeordneten Unternehmens ist verpflichtet, eine gruppenweite Ge-   55
schäftsstrategie sowie eine dazu konsistente Risikostrategie festzulegen. Diese Anforderung ergibt
sich bereits aus dem Verweis von § 25a Abs. 3 Satz 1 KWG auf § 25a Abs. 1 Satz 3 Nr. 1 KWG. Sie
korrespondiert mit Vorgaben des Baseler Ausschusses für Bankenaufsicht, die sowohl auf die
Institutsebene als auch auf die Gruppenebene Bezug nehmen.[55] Auch nach den Vorstellungen der
EBA hat die Geschäftsleitung des Mutterunternehmens einheitliche konzernweite Strategien
einzurichten.[56] Da es um die geschäftspolitische Ausrichtung einer ganzen Gruppe geht, werden
sich diese »gruppenweiten Strategien« unter inhaltlichen Gesichtspunkten naturgemäß von den
Strategien auf Institutsebene unterscheiden. Im Fokus steht die Entwicklung und Umsetzung eines
übergeordneten strategischen Rahmens, der eine Richtschnur für die strategische Ausrichtung der
gruppenangehörigen Institute vorgibt.

Es liegt nahe, die auf das einzelne Institut bezogenen Anforderungen der MaRisk weitgehend   56
deckungsgleich auf die Gruppe zu übertragen (→ AT 4.2). Insbesondere die folgenden Anforderungen könnten daher auch für das jeweils übergeordnete Unternehmen von Relevanz sein:
– Festlegung einer nachhaltigen Geschäftsstrategie, in der die Ziele der Gruppe sowie die
   Maßnahmen zur Erreichung dieser Ziele niedergelegt sind. Bei der Festlegung und Anpassung
   der Geschäftsstrategie sind externe und interne Einflussfaktoren, die für die gesamte Gruppe
   von Relevanz sind, zu berücksichtigen (→ AT 4.2 Tz. 1). In Abhängigkeit von ihrer Bedeutung
   für die Gruppe sind ggf. auch Ausführungen zur zukünftigen Ausgestaltung der IT-Systeme
   und zu umfangreichen Auslagerungen erforderlich (→ AT 4.2 Tz. 1, Erläuterung).
– Unter Berücksichtigung der Geschäftsstrategie und der daraus resultierenden Risiken ist –
   bezogen auf die gesamte Gruppe – eine konsistente Risikostrategie zu entwickeln und
   umzusetzen. Dies umfasst auch die Festlegung des Risikoappetits für alle wesentlichen
   Risiken, denen die Gruppe ausgesetzt ist (→ AT 4.2 Tz. 2).
– Etablierung eines gruppenweiten Strategieprozesses, der sich insbesondere auf die Prozess-
   schritte Planung, Umsetzung, Beurteilung und Anpassung der Strategien erstreckt. Für die
   Zwecke der Beurteilung sind in Abstimmung mit den gruppenangehörigen Unternehmen
   Zielformulierungen erforderlich, die eine Überprüfung der Ziele möglich machen. Bei wesent-
   lichen Abweichungen ist eine Ursachenanalyse durchzuführen (→ AT 4.2 Tz. 4).

---

55 Vgl. Basel Committee on Banking Supervision, Principles for enhancing corporate governance, BCBS 176, 4. Oktober 2010,
    S. 7.
56 Vgl. European Banking Authority, Guidelines on common procedures and methodologies for the supervisory review and
    evaluation process (SREP) and supervisory stress testing, EBA/GL/2014/13, Consolidated version, 19. Juli 2018, S. 66.

AT 4.5 Risikomanagement auf Gruppenebene

– Das Aufsichtsorgan des übergeordneten Unternehmens ist nach Maßgabe der Anforderungen auf Einzelebene einzubinden. Die Strategien sowie erforderliche Anpassungen sind dem Aufsichtsorgan zur Kenntnis zu geben und mit diesem zu erörtern (→ AT 4.2 Tz. 5). Die Erörterung erstreckt sich auch auf die Ursachenanalyse bei etwaigen Zielabweichungen (→ AT 4.2 Tz. 4).
– Schließlich sind die Strategien innerhalb der Gruppe in geeigneter Weise zu kommunizieren, so dass sich die nachgeordneten Unternehmen an ihnen orientieren können (→ AT 4.2 Tz. 6). Zumindest die Geschäftsleiter der nachgeordneten Unternehmen müssen über die gruppenweiten Strategien und ggf. erforderliche Strategieänderungen informiert werden.

57 Die von der Geschäftsleitung des übergeordneten Unternehmens festzulegenden Strategien beschränken sich nicht auf die Geschäfts- und Risikostrategien. Das übergeordnete Unternehmen hat darüber hinaus z. B. eine gruppenweite Vergütungsstrategie festzulegen (§ 27 InstitutsVergV).[57] Außerdem verfügen Institutsgruppen mit einer hohen Integrationsdichte in der Praxis regelmäßig über weitere Strategien (gruppenweite IT-Strategie oder Auslagerungsstrategie etc.).

58 Mit Inkrafttreten des Trennbankengesetzes haben die Geschäftsleiter des übergeordneten Unternehmens im Rahmen ihrer Gesamtverantwortung für die ordnungsgemäße Geschäftsorganisation der Gruppe gemäß § 25c Abs. 4b Satz 2 Nr. 1 KWG dafür Sorge zu tragen, dass jederzeit das Gesamtziel der Gruppe, die Ziele für jede wesentliche Geschäftsaktivität sowie die Maßnahmen zur Erreichung dieser Ziele dokumentiert werden und die Risikostrategie der Gruppe jederzeit die Ziele der Risikosteuerung der wesentlichen Geschäftsaktivitäten sowie die Maßnahmen zur Erreichung dieser Ziele umfasst.

59 Das Proportionalitätsprinzip gilt selbstverständlich auch im Hinblick auf die Ausgestaltung der gruppenweiten Strategien. Grundsätzlich haben die gruppenweiten Strategien den Charakter einer übergeordneten Richtschnur. Es geht nicht darum, die inhaltliche Ausgestaltung der Strategien auf nachgeordneter Ebene eins zu eins abzubilden und damit quasi vorwegzunehmen. Die Forderung nach gruppenweiten Strategien ist grundsätzlich auch nicht so zu verstehen, dass die Strategien der gruppenangehörigen Unternehmen zwingend »top down« entwickelt und implementiert werden müssen.[58] Eine vom übergeordneten Unternehmen festgelegte Strategie kann nur dieses binden. Eine automatische Geltung von Regelungen des übergeordneten Unternehmens für die nachgeordneten Unternehmen ist nach deutschem Recht nicht möglich. Daher ist für die Geltung bei den nachgeordneten Unternehmen ein aktiver Umsetzungsakt in den jeweiligen Unternehmen notwendig. Für diese Zwecke entwickeln die nachgeordneten Unternehmen eigene Rahmenvorgaben, die allerdings mit den gruppenweiten Strategien korrespondieren müssen. Angesichts dessen werden die gruppenweiten Strategien regelmäßig über einen höheren Abstraktionsgrad verfügen, als dies bei den Strategien der nachgeordneten Unternehmen der Fall ist.

2.2   Gruppenweite Abstimmung

60 Bei den gruppenweiten Strategien ist ferner zu berücksichtigen, dass sich »Kommandostrategien« in der Praxis regelmäßig nicht ohne weiteres umsetzen lassen. Soweit keine Durchgriffsrechte zwischen den gruppenangehörigen Unternehmen vereinbart wurden, könnten sich die Geschäftsleiter der

---

57 Zu den allgemeinen und besonderen Anforderungen an eine Vergütungsstrategie auf Gruppenebene vgl. Buscher, Arne Martin/Link, Vivien/von Harbou, Christopher/Weigl, Thomas, Verordnung über die aufsichtsrechtlichen Anforderungen an Vergütungssysteme von Instituten (Institutsvergütungsverordnung – InstitutsVergV), 2. Auflage, Stuttgart, 2018, § 27.

58 Vgl. Braun, Ulrich, in: Boos, Karl-Heinz/Fischer, Reinfrid/Schulte-Mattler, Hermann (Hrsg.), Kreditwesengesetz und VO (EU) Nr. 575/2013, Band 1, 5. Auflage, München, 2016, § 25a KWG, Tz. 713.

nachgeordneten Unternehmen bspw. mit Verweis auf die eigenverantwortliche Führung ihres Unternehmens den gruppenweiten Strategien entziehen (→ AT 4.5 Tz. 1, Erläuterung). Ähnliche Probleme können sich bei nachgeordneten Unternehmen mit Sitz im Ausland ergeben. Ob eine Umsetzung im Einzelfall reibungslos funktioniert, hängt auch von vielen anderen Faktoren ab (z. B. unterschiedliche Geschäftsschwerpunkte, Unternehmensphilosophien, Kulturen, Sprachen). In den MaRisk wird daher ausdrücklich darauf hingewiesen, dass die strategische Ausrichtung der gruppenangehörigen Unternehmen mit den gruppenweiten Strategien abzustimmen ist. In dieser Phase gilt es, unterschiedliche Geschäftsausrichtungen unter einem Dach zusammenzuführen, so dass die Gruppe als Ganzes erfolgreich im Markt agieren kann. Die Abstimmung stellt für viele Gruppen eine besondere Herausforderung dar. Eine intensive Kommunikation zwischen den maßgeblichen Beteiligten (z. B. im Rahmen gruppenweiter Strategieworkshops) und ein ausgeprägtes Fingerspitzengefühl können dazu beitragen, dass der Abstimmungsprozess im Interesse der gesamten Gruppe erfolgreich verläuft. Nach den Vorstellungen der EBA sollte das übergeordnete Unternehmen die Interessen aller Tochtergesellschaften berücksichtigen und abwägen, wie Strategien und Richtlinien langfristig einen Beitrag zu den Interessen der einzelnen Tochtergesellschaften und der gesamten Gruppe leisten.[59]

---

59 Vgl. European Banking Authority, Leitlinien zur internen Governance, EBA/GL/2017/11, 21. März 2018, S. 24.

3 Risikotragfähigkeitskonzept auf Gruppenebene (Tz. 3)

61 3 Das übergeordnete Unternehmen hat auf der Grundlage des Gesamtrisikoprofils der Gruppe einen internen Prozess zur Sicherstellung der Risikotragfähigkeit auf Gruppenebene einzurichten (AT 4.1 Tz. 2). Die Risikotragfähigkeit der Gruppe ist laufend sicherzustellen.

3.1 ICAAP auf Gruppenebene

62 Wie auf Institutsebene geht es auch auf Gruppenebene schwerpunktmäßig darum, ob die gesamte Gruppe das Eintreten von Verlusten ohne Bestandsgefährdung und im Wesentlichen ohne schwerwiegende negative Auswirkungen auf ihre Geschäftsaktivitäten ausgleichen kann. Für diese Zwecke ist das gruppenweite Risikodeckungspotenzial den wesentlichen Risiken der Gruppe gegenüberzustellen. Das übergeordnete Unternehmen hat sicherzustellen, dass die Risikotragfähigkeit laufend gegeben ist. Die Anforderungen erstrecken sich jedoch nicht nur auf die Risikotragfähigkeit schlechthin, wie sich aus der Wortwahl der deutschen Aufsicht ableiten lässt. Demnach ist das übergeordnete Institut dazu verpflichtet, einen »internen Prozess zur Sicherstellung der Risikotragfähigkeit auf Gruppenebene« einzurichten. Die Umsetzung der einschlägigen Vorgaben zum institutsinternen Prozess zur Sicherstellung einer angemessenen Kapitalausstattung (»Internal Capital Adequacy Assessment Process«, ICAAP) gemäß Art. 73 CRD IV in nationales Recht ist über § 25a Abs. 1 Satz 3 Nr. 2 KWG erfolgt. Demnach haben die Institute Verfahren zur Ermittlung und Sicherstellung der Risikotragfähigkeit einzurichten, wobei eine vorsichtige Ermittlung der Risiken und des zu ihrer Abdeckung verfügbaren Risikodeckungspotenzials zugrunde zu legen ist. Nach den Vorstellungen der deutschen Aufsicht umfasst dieser »interne Prozess zur Sicherstellung der Risikotragfähigkeit« ein Risikotragfähigkeitskonzept mit einer Risikotragfähigkeitsrechnung und einer Kapitalplanung sowie ergänzende Stresstests.[60] Diese drei Komponenten sind auch aus Sicht der EZB die wesentlichen Bestandteile des ICAAP.[61] Die Kapitalplanung bezieht sich vorrangig auf die Einhaltung der relevanten Normen der ersten Säule, während die Risikotragfähigkeitsrechnung auf dem ökonomischen Konzept der zweiten Säule basiert (→ AT 4.1, Einführung). Insgesamt handelt es sich folglich um einen »ICAAP auf Gruppenebene«.

63 Damit das Risikomanagement seine volle Wirkung entfalten kann, ist eine Verknüpfung zwischen dem Risikotragfähigkeitskonzept, den Strategien sowie den Risikosteuerungs- und -controllingprozessen herzustellen (→ AT 4.1 Tz. 2). Die abgeleiteten Limitsysteme müssen nicht bei allen gruppenangehörigen Unternehmen identisch sein. Allerdings müssen die verschiedenen Limitsysteme ineinander übergeleitet werden können und eine sinnvolle Zusammenfassung der Limite auf Gruppenebene zu einem Gesamtlimit ermöglichen.[62] Über die Etablierung gruppenbezogener Limite und deren Überwachung durch das übergeordnete Unternehmen ist sicher-

---

60 Vgl. Bundesanstalt für Finanzdienstleistungsaufsicht/Deutsche Bundesbank, Aufsichtliche Beurteilung bankinterner Risikotragfähigkeitskonzepte und deren prozessualer Einbindung in die Gesamtbanksteuerung (»ICAAP«) – Neuausrichtung, Leitfaden vom 24. Mai 2018, S. 7.

61 Vgl. Europäische Zentralbank, Leitfaden der EZB für den bankinternen Prozess zur Sicherstellung einer angemessenen Kapitalausstattung (Internal Capital Adequacy Assessment Process – ICAAP), 9. November 2018, S. 2.

62 Vgl. Braun, Ulrich, in: Boos, Karl-Heinz/Fischer, Reinfrid/Schulte-Mattler, Hermann (Hrsg.), Kreditwesengesetz und VO (EU) Nr. 575/2013, Band 1, 5. Auflage, München, 2016, § 25a KWG, Tz. 718.

zustellen, dass die gruppenangehörigen Unternehmen nur im Rahmen der noch freien Limite weitere Risiken eingehen. Im Hinblick auf die Ausgestaltung des »ICAAP auf Gruppenebene« kann weitgehend auf die korrespondierenden Anforderungen auf Institutsebene Bezug genommen werden (→ AT 4.1).

Der ICAAP sollte nach den Vorstellungen der EZB auf Gruppenebene konsistent und kohärent **64** sein, um die Angemessenheit des Kapitals unternehmensübergreifend effektiv bewerten und aufrechterhalten zu können. Die Strategien, die Risikomanagementverfahren, die Entscheidungsprozesse und die zur Quantifizierung des Kapitalbedarfes verwendeten Methoden und Annahmen müssen im jeweils einbezogenen Unternehmenskreis durchweg kohärent sein. In Abhängigkeit von nationalen Besonderheiten können sich die Ansätze für bestimmte Unternehmen oder Untergruppen ggf. bis zu einem gewissen Grad voneinander unterscheiden. Dadurch sollte allerdings die Wirksamkeit und Konsistenz des ICAAP auf allen relevanten Ebenen nicht beeinträchtigt werden. Ein besonderer Fokus liegt dabei auf der Gruppenebene. Die Institute sollten auch mögliche Hindernisse für die gruppeninterne Übertragbarkeit von Kapital berücksichtigen. Dabei sollten auch mögliche Hindernisse für die Übertragbarkeit von Kapital innerhalb der Gruppe konservativ und umsichtig geprüft und im ICAAP berücksichtigt werden. Die EZB verweist hinsichtlich des relevanten Konsolidierungskreises auf die Anwendungsebene gemäß Art. 108 CRD IV.[63]

Beispielhaft erläutert die EZB das erwartete Vorgehen des übergeordneten Unternehmens mit **65** Blick auf eine bedeutende nichtfinanzielle Tochtergesellschaft, deren aufsichtliche Behandlung auf ihren Risikopositionsbeträgen beruht. Das übergeordnete Unternehmen sollte insbesondere prüfen, ob die Geschäfte und Risikopositionen dieser Tochtergesellschaft Risiken beinhalten, die ihren Buchwert oder ihr Beteiligungsrisiko übersteigen. So könnte es z.B. erforderlich sein, das Kundenprofil und die Investitionen der Tochtergesellschaft bei Annahmen zur Konzentration und zur Abhängigkeit auf Gruppenebene zu berücksichtigen. Ebenso könnten sich die Rechtsrisiken der Tochtergesellschaft negativ auf das operationelle Risikoprofil des übergeordneten Unternehmens auswirken. Folglich könnten die zugrundeliegenden Risiken der Tochtergesellschaft die am Buchwert festgemachten Risiken aufgrund von Reputations- und Unterstützungsrisiken sowie einer erhöhten Konzentration erheblich übersteigen.[64]

Nach den Vorstellungen der deutschen Aufsichtsbehörden erstreckt sich die Reichweite des **66** Risikomanagements auf Gruppenebene auf alle wesentlichen Risiken, unabhängig davon, ob diese von konsolidierungspflichtigen Unternehmen begründet werden oder nicht (→ AT 4.5 Tz. 1). Das übergeordnete Unternehmen hat auf der Grundlage des Gesamtrisikoprofils der Gruppe einen internen Prozess zur Sicherstellung der Risikotragfähigkeit auf Gruppenebene (→ AT 4.5 Tz. 3) sowie angemessene Risikosteuerungs- und -controllingprozesse einzurichten, die die gruppenangehörigen Unternehmen einbeziehen. Für die wesentlichen Risiken und das Gesamtrisikoprofil auf Gruppenebene sind zudem angemessene Stresstests durchzuführen (→ AT 4.5 Tz. 5). Insofern werden Gruppenrisiken implizit einbezogen.

3.2 Risiken auf Gruppenebene

Im Unterschied zur Institutsebene erstreckt sich die Betrachtung auf alle wesentlichen Risiken der **67** Gruppe, auch wenn diese von nicht-konsolidierungspflichtigen gruppenangehörigen Unternehmen verursacht werden (→ AT 4.5). Dem Gesamtrisikoprofil der Gruppe kommt insoweit als

---

63 Vgl. Europäische Zentralbank, Leitfaden der EZB für den bankinternen Prozess zur Sicherstellung einer angemessenen Kapitalausstattung (Internal Capital Adequacy Assessment Process – ICAAP), 9. November 2018, S. 9 und 12 f.

64 Vgl. Europäische Zentralbank, Leitfaden der EZB für den bankinternen Prozess zur Sicherstellung einer angemessenen Kapitalausstattung (Internal Capital Adequacy Assessment Process – ICAAP), 9. November 2018, S. 31.

AT 4.5 Risikomanagement auf Gruppenebene

»Startpunkt« eine erhebliche Bedeutung zu. Die Notwendigkeit einer intensiven Auseinandersetzung mit den Risiken der Gruppe wurde bereits von CEBS, der Vorgängerbehörde der EBA, besonders herausgestellt.[65] Auch die EBA betont, dass das gruppenweite Risikomanagement sich auf alle wesentlichen Risiken einer Gruppe zu erstrecken hat, unabhängig davon, ob das Risiko auf Unternehmen des maßgeblichen bankaufsichtlichen Konsolidierungskreises zurückgeht oder nicht.[66] Zudem verlangt sie auch auf Gruppenebene, regelmäßig Stresstests im Einklang mit den entsprechenden EBA-Leitlinien durchzuführen, in die alle wesentlichen Risiken und Unternehmen einzubeziehen sind[67] (→ AT 4.5 Tz. 5).

68   Bei der Betrachtung aller wesentlichen Risiken auf Gruppenebene sind neben den klassischen Risikoarten (z. B. Adressenausfall- und Marktpreisrisiken) auch gruppenspezifische Risiken zu berücksichtigen. Hierzu gehören vor allem etwaige Risikokonzentrationen, denen die Gruppe ausgesetzt ist. Alle als »wesentlich« eingestuften Risiken sind in den ICAAP auf Gruppenebene einzubeziehen. Sollte das übergeordnete Unternehmen über keine geeigneten Verfahren zur Messung bestimmter wesentlicher Risiken verfügen, so ist auf Basis einer qualifizierten Expertenschätzung eine Plausibilisierung durchzuführen. Der dabei ermittelte pauschale Risikobetrag ist im Risikotragfähigkeitskonzept der Gruppe zu berücksichtigen. Bei Risiken, die nicht sinnvoll durch Risikodeckungspotenzial begrenzt werden können, ist sicherzustellen, dass diese auf angemessene Weise in den Risikosteuerungs- und -controllingprozessen berücksichtigt werden (→ AT 4.1 Tz. 5). Auch bezüglich der Anrechnung kapitalsparender Diversifikationseffekte innerhalb einer Gruppe (»intra-group diversification«) gelten grundsätzlich die entsprechenden Anforderungen auf Institutsebene (→ AT 4.1 Tz. 6 und 7).

3.3   Risikodeckungspotenzial auf Gruppenebene

69   Auch auf der »Kapitalseite« – also bei der Ermittlung des Risikodeckungspotenzials – ergeben sich beim gruppenweiten ICAAP einige Besonderheiten. So sind gruppeninterne Eigenkapitalgewährungen bei der Zusammenfassung des Risikodeckungspotenzials zu eliminieren. Ferner können Risikodeckungspotenziale der nachgeordneten Unternehmen grundsätzlich nur in dem Umfang zum Risikodeckungspotenzial der Gruppe gerechnet werden, wie sie frei zur Verfügung stehen bzw. zur Deckung von Verlusten bei gruppenangehörigen Unternehmen transferierbar sind. Bezüglich einer Übertragbarkeit können jedoch Beschränkungen existieren. Solche Beschränkungen liegen z. B. dann vor, wenn Risikodeckungspotenziale zur Abdeckung (regulatorischer) Kapitalanforderungen bei den gruppenangehörigen Unternehmen benötigt werden.

70   Deckungspotenziale nachgeordneter Unternehmen können insoweit nur dann angerechnet werden, wenn zugleich auch die Risiken des nachgeordneten Unternehmens im gruppenweiten ICAAP abgebildet werden. Eigenmittel können ferner gebunden sein, wenn bestimmte andere Verpflichtungen von den gruppenangehörigen Unternehmen zu erfüllen sind (z. B. die Begleichung von Steuerforderungen). Auch die Emission von Hybridkapital (z. B. durch Ausgabe von Genussscheinen) führt regelmäßig zu Einschränkungen bezüglich der Übertragbarkeit von Risikodeckungspotenzialen. Im Hinblick auf den gruppenweiten ICAAP als Ganzes ergibt sich schließ-

---

65 »In discharging its internal governance responsibilities, the management body of an institution's parent company should be aware of all the material risks and issues that might affect the group, the parent institution and its subsidiaries.« Committee of European Banking Supervisors, Consultation Paper on the Guidebook on Internal Governance (CP 44), 13. Oktober 2010, S. 10.

66 Vgl. European Banking Authority, Guidelines on common procedures and methodologies for the supervisory review and evaluation process (SREP) and supervisory stress testing, EBA/GL/2014/13, Consolidated version, 19. Juli 2018, S. 66.

67 Vgl. European Banking Authority, Guidelines on common procedures and methodologies for the supervisory review and evaluation process (SREP) and supervisory stress testing, EBA/GL/2014/13, Consolidated version, 19. Juli 2018, S. 66.

lich für international tätige Gruppen das Problem voneinander abweichender regulatorischer Anforderungen in unterschiedlichen Jurisdiktionen. Die Kreditwirtschaft hat dieses Problem bei den Beratungen zur zweiten MaRisk-Novelle aufgeworfen.[68]

---

68 Vgl. Zentraler Kreditausschuss, Stellungnahme zum ersten Entwurf der Mindestanforderungen an das Risikomanagement vom 16. Februar 2009, S. 20.

4 Ablauforganisatorische Vorgaben auf Gruppenebene (Tz. 4)

71 **4** Es sind angemessene ablauforganisatorische Vorkehrungen auf Gruppenebene zu treffen. Das heißt, dass Prozesse sowie damit verbundene Aufgaben, Kompetenzen, Verantwortlichkeiten, Kontrollen sowie Kommunikationswege innerhalb der Gruppe klar zu definieren und aufeinander abzustimmen sind. An die Geschäftsleiter des übergeordneten Unternehmens ist zeitnah Bericht zu erstatten.

4.1 Organisatorische Defizite

72 Die klare und aufeinander abgestimmte Definition von Prozessen und daran geknüpfter Aufgaben, Kompetenzen, Verantwortlichkeiten, Kontrollen und Kommunikationswege ist von essenzieller Bedeutung für die Funktionsfähigkeit einer Organisation. Das gilt grundsätzlich auch für die Organisation einer Unternehmensgruppe, die ein reibungsloses Zusammenspiel zwischen den gruppenangehörigen Unternehmen sicherstellen soll. Die Finanzmarktkrise hat gezeigt, dass vor allem bezüglich der Kommunikationswege innerhalb von Gruppen Verbesserungsbedarf besteht.[69] Durch eine breit angelegte Kommunikation innerhalb der Gruppe sollte vor allem vermieden werden, dass sich einzelne gruppenangehörige Unternehmen oder Geschäftsbereiche mehr oder minder verselbständigen (»Silo Risk Management Structures«).[70]

73 Im Hinblick auf die Struktur der Gruppe wird auch eine verbesserte Transparenz als notwendig erachtet. Reibungsverluste in diesem Bereich führen insbesondere bei komplexen Gruppenstrukturen zu Steuerungsdefiziten. Mithin kann sich das übergeordnete Unternehmen keinen Eindruck über die Struktur der Gruppe und die daraus erwachsenden Risiken verschaffen. Der Baseler Ausschuss für Bankenaufsicht erwartet daher von den Geschäftsleitern der übergeordneten Unternehmen, dass sie sich intensiv mit der Struktur der Gruppe auseinandersetzen (»Know-your-structure«) und diese selbst im Fall von komplexen Geschäftsaktivitäten noch verstehen (»Understand-your-structure«). Besonders intensiv ist dabei zu prüfen, welche Konsequenzen sich aus Änderungen der Gruppenstruktur ergeben (z. B. bei Unternehmensübernahmen, Ausgliederungen oder strategischen Neuausrichtungen).[71] Vom Aufbau unnötig komplexer Gruppenstrukturen wird sogar explizit abgeraten.[72]

74 Die EBA orientiert sich an den vom Baseler Ausschuss entwickelten Prinzipien. Nach den Vorstellungen der EBA sollte die Geschäftsleitung die rechtliche, organisatorische und operative Struktur des Institutes genau kennen und verstehen sowie dafür Sorge tragen, dass diese der

---

69 »The corporate structure was not always transparent and organised in a way that promoted and demonstrated effective and prudent management, often because of ineffective reporting lines.« Committee of European Banking Supervisors, Consultation Paper on the Guidebook on Internal Governance (CP 44), 13. Oktober 2010, S. 4.

70 Vgl. The Joint Forum, Cross-sectoral review of group-wide identification and management of risk concentrations, 25. April 2008, S. 5 f.

71 »The board and senior management should understand the structure and the organisation of the group, ie the aims of its different units/entities and the formal and informal links and relationships among the entities and with the parent company.« Basel Committee on Banking Supervision, Principles for enhancing corporate governance, BCBS 176, 4. Oktober 2010, S. 26 f. Vgl. auch Basel Committee on Banking Supervision, Guidelines – Corporate governance principles for banks, BCBS d328, 8. Juli 2015, S. 22.

72 Vgl. Basel Committee on Banking Supervision, Principles for enhancing corporate governance, BCBS 176, 4. Oktober 2010, S. 27; Basel Committee on Banking Supervision, Guidelines – Corporate governance principles for banks, BCBS d328, 8. Juli 2015, S. 23 f.

Geschäfts- und Risikostrategie sowie dem Risikoappetit des Institutes entsprechen.[73] Die Geschäftsleitung des übergeordneten Unternehmens muss nicht nur die Struktur der Gruppe verstehen, sondern zusätzlich auch die Geschäftsmodelle der jeweiligen nachgeordneten Unternehmen sowie mögliche Verbindungen bzw. Abhängigkeiten zwischen diesen Unternehmen. Hierzu gehört nach den Vorstellungen der EBA auch das Verständnis für gruppenspezifische operationelle Risiken und gruppeninterne Risikopositionen sowie mögliche Beeinträchtigungen der Finanzierung der Gruppe, ihres Eigenkapitals, ihrer Liquidität und ihrer Risikoprofile unter normalen und unter Stressszenarien.[74] Wie der Baseler Ausschuss fordert auch die EBA, dass die Institute komplexe und möglicherweise intransparente Strukturen vermeiden sollten.[75] Diese Anforderungen werden im Rahmen des aufsichtlichen Überprüfungs- und Bewertungsprozesses (SREP) geprüft.[76]

4.2 Ablauforganisatorische Vorkehrungen auf Gruppenebene

Das übergeordnete Unternehmen hat angemessene ablauforganisatorische Vorkehrungen auf Gruppenebene zu treffen. Konkret sind Prozesse und die damit verbundenen Aufgaben, Kompetenzen, Verantwortlichkeiten, Kontrollen sowie Kommunikationswege innerhalb der Gruppe klar zu definieren und aufeinander abzustimmen. Im Zuge der fünften MaRisk-Novelle wurde diese Regelung um eine zeitnahe Berichterstattung an die Geschäftsleitung des übergeordneten Unternehmens ergänzt. Die deutsche Aufsicht schränkt die Organisationsverantwortung des übergeordneten Unternehmens damit bewusst auf die Erfüllung ablauforganisatorischer Anforderungen ein, da sich die aufbauorganisatorischen Anforderungen der MaRisk (z. B. Regelungen zur Funktionstrennung) nicht ohne weiteres auf die Gruppe übertragen lassen. Dass die Aufsicht bei den ablauforganisatorischen Regelungen auf Gruppenebene keine Eins-zu-eins-Umsetzung der maßgeblichen Anforderungen der MaRisk für zweckmäßig hält, erschließt sich ferner aus dem Regelungstext und steht im Einklang mit dem Grundsatz der Proportionalität (→ AT 4.5 Tz.1). Die Anforderungen orientieren sich weitgehend an den allgemeinen Regelungen zur Ablauforganisation, die für die Institutsebene Geltung beanspruchen (→ AT 4.3.1 Tz. 2). 75

Die Etablierung ablauforganisatorischer Vorkehrungen auf Gruppenebene zielt nicht darauf ab, dass alle gruppenangehörigen Unternehmen »identisch organisiert« sind.[77] Es geht vielmehr darum, dass ein Rahmen abgesteckt wird, der das Risikomanagement auf Gruppenebene im Interesse aller gruppenangehörigen Unternehmen unterstützt. Voraussetzung hierfür ist eine schriftliche Fixierung des Rahmens. Sie umfasst eine Dokumentation aller zur Gruppe gehörenden Unternehmen sowie die Aufgaben, Kompetenzen, Verantwortlichkeiten, Kontrollen und Kommunikationswege innerhalb der Gruppe. Die Dokumentation ist anzupassen, wenn sich in Bezug auf die Gruppenstruktur Änderungen ergeben (z. B. bei Unternehmensübernahmen). Da für die Zwecke des Risikomanagements auf Gruppenebene regelmäßig Komitees eingerichtet werden, 76

---

73 Vgl. European Banking Authority, Leitlinien zur internen Governance, EBA/GL/2017/11, 21. März 2018, S.21.

74 Vgl. European Banking Authority, Leitlinien zur internen Governance, EBA/GL/2017/11, 21. März 2018, S.21.

75 Vgl. European Banking Authority, Leitlinien zur internen Governance, EBA/GL/2017/11, 21. März 2018, S.22 f.

76 Vgl. European Banking Authority, Guidelines on common procedures and methodologies for the supervisory review and evaluation process (SREP) and supervisory stress testing, EBA/GL/2014/13, Consolidated version, 19.Juli 2018, S.66.

77 Allerdings wird der Aspekt der aufeinander abgestimmten Aufgaben, Kompetenzen, Verantwortlichkeiten, Kontrollen und Kommunikationswege seit der dritten MaRisk-Novelle stärker betont, um Kompetenz- und Verantwortungslücken und folglich auch mögliche organisatorische Schwächen und Risiken zu vermeiden. Damit wird der Tatsache Rechnung getragen, dass eine »Flexibilisierung« der Anforderungen an die Einheitlichkeit des Risikomanagements vor dem Hintergrund der relativ engen wirtschaftlichen und risikomäßigen Verflechtungen in Institutsgruppen betriebswirtschaftlich und risikotechnisch nicht unbedenklich erscheint. Vgl. auch Braun, Ulrich, in: Boos, Karl-Heinz/Fischer, Reinfrid/Schulte-Mattler, Hermann (Hrsg.), Kreditwesengesetz und VO (EU) Nr. 575/2013, Band 1, 5. Auflage, München, 2016, § 25a KWG, Tz.722.

sind auch deren Funktionen sowie ihr Zusammenspiel im schriftlich fixierten Rahmen zu berücksichtigen. Die Einrichtung von Komitees ist eine weit verbreitete Möglichkeit, zu verschiedenen Sachverhalten auf Gruppenebene eine gemeinsame Sichtweise zu entwickeln. Von Bedeutung ist auch die Nennung von Ansprechpartnern in den gruppenangehörigen Unternehmen. Insbesondere in Krisensituationen ist es von erheblicher Relevanz, dass die Kommunikation zwischen den jeweils zuständigen Ansprechpartnern reibungslos funktioniert.

77   Die EBA verlangt ebenfalls einen »organisatorischen Rahmen« für das gruppenweite Risikomanagement. Nach ihren Vorstellungen sollten das übergeordnete Unternehmen und die nachgeordneten Unternehmen gemeinsam dafür Sorge tragen, dass die Regelungen, Prozesse und Mechanismen für die interne Governance innerhalb der Gruppe kohärent und gut integrierbar sind. Die Verantwortung für die Etablierung des organisatorischen Rahmens für die Gruppe liegt beim übergeordneten Unternehmen (in Abstimmung mit den nachgeordneten Unternehmen).[78] Die EBA betont die Verantwortung der Geschäftsleitung des übergeordneten Unternehmens für den notwendigen Informationsfluss innerhalb der Gruppe. Diese hat dafür Sorge zu tragen, dass das übergeordnete Unternehmen zeitnah alle erforderlichen Informationen und Daten von den nachgeordneten Unternehmen erhält, z. B. für die Bewertung der Risiken oder die Berichterstattung auf Gruppenebene. Nach den Vorstellungen der EBA hat die Geschäftsleitung des übergeordneten Unternehmens zudem sicherzustellen, dass die gruppenangehörigen Unternehmen alle für sie notwendigen Informationen erhalten, z. B. über allgemeine Ziele und Strategien der Gruppe sowie über das Risikoprofil der Gruppe.[79]

78   Darüber hinaus sind die Geschäftsleiter eines Institutes gemäß § 25c Abs. 3 Nr. 4 KWG verpflichtet, für eine angemessene und transparente Gruppenstruktur zu sorgen und die hierfür erforderliche Kenntnis über die Struktur und die damit verbundenen Risiken zu besitzen. Die Regelung geht auf die entsprechenden Prinzipien des Baseler Ausschusses und der EBA »Know-your-structure« und »Understand-your-structure« zurück.

79   Zu berücksichtigen sind auch tatsächliche oder potenzielle Interessenkonflikte zwischen gruppenangehörigen Unternehmen. Um solche Konflikte zu vermeiden, fordert der Baseler Ausschuss für Bankenaufsicht sogar die Festlegung einer entsprechenden Rahmenanweisung (»conflicts of interest policy«).[80] Auch die EBA erwartet entsprechende Richtlinien, um (potenzielle) Interessenkonflikte zwischen verschiedenen Instituten innerhalb einer Gruppe zu ermitteln, zu bewerten, zu steuern und zu mindern.[81] Der im Juni 2018 vorgelegte Entwurf der Leitlinien zu Auslagerungen lässt bestimmte zentrale Auslagerungslösungen innerhalb einer Gruppe oder eines Haftungsverbundes zu, z. B. eine zentrale Risikoanalyse oder ein gruppenweit geführtes Auslagerungsregister. Die EBA betont jedoch, dass entsprechende Maßnahmen zu ergreifen sind, sofern bei gruppeninternen Auslagerungen wesentliche Interessenkonflikte zwischen den gruppenangehörigen Unternehmen bestehen.[82]

80   Wie auch auf Institutsebene stellt die geforderte Abstimmung der prozessualen Vorkehrungen innerhalb der Gruppe eine nicht zu unterschätzende Herausforderung für alle dazugehörigen Unternehmen dar. Fehlt es an klaren und aufeinander abgestimmten Festlegungen, sind Defizite mit ggf. weitreichenden Konsequenzen für die gesamte Gruppe unvermeidlich. Es bietet sich daher an, die prozessualen Vorkehrungen im Rahmen eines umfassenden Abstimmungsprozesses zwischen den gruppenangehörigen Unternehmen festzulegen. Dadurch können Besonderheiten bei den jeweiligen Unternehmen angemessen berücksichtigt werden (z. B. unterschiedliche

---

78 Vgl. European Banking Authority, Leitlinien zur internen Governance, EBA/GL/2017/11, 21. März 2018, S. 24.

79 Vgl. European Banking Authority, Leitlinien zur internen Governance, EBA/GL/2017/11, 21. März 2018, S. 21.

80 Vgl. Basel Committee on Banking Supervision, Principles for enhancing corporate governance, BCBS 176, 4. Oktober 2010, S. 14.

81 Vgl. European Banking Authority, Leitlinien zur internen Governance, EBA/GL/2017/11, 21. März 2018, S. 29.

82 Vgl. European Banking Authority, Consultation Paper – EBA Draft Guidelines on Outsourcing Arrangements, EBA/CP/2018/11, 22. Juni 2018, S. 27.

Geschäftsausrichtungen, kulturelle Unterschiede). Zugleich wird auf diese Weise eine breite Akzeptanz für die Notwendigkeit geeigneter prozessualer Vorkehrungen geschaffen, die für die Funktionsfähigkeit des Risikomanagements auf Gruppenebene unerlässlich sind.

4.3 Berichterstattung an Geschäftsleitung des übergeordneten Unternehmens

Im Zuge der fünften MaRisk-Novelle wurde die Regelung dahingehend ergänzt, dass die Bericht- **81** erstattung der gruppenangehörigen Unternehmen an die Geschäftsleitung des übergeordneten Unternehmens zeitnah zu erfolgen hat. Das übergeordnete Unternehmen ist für ein angemessenes und wirksames Risikomanagement auf Gruppenebene verantwortlich. Dieser Verantwortung kann die Geschäftsleitung nur nachkommen, wenn sie von den gruppenangehörigen Unternehmen rechtzeitig die hierfür erforderlichen Informationen erhält. Die Berichterstattung an die Geschäftsleitung des übergeordneten Unternehmens hat »zeitnah« zu erfolgen. Im Hinblick auf die konkrete Ausgestaltung des Berichtswesens gilt der Grundsatz der Proportionalität, sodass Art, Umfang, Komplexität und Risikogehalt der von der Gruppe betriebenen Geschäftsaktivitäten sowie die gesellschaftsrechtlichen Möglichkeiten maßgeblich sind. Zudem muss die Berichterstattung umso zeitnäher sein, je höher die Integrationsdichte der Gruppe ist und je stärker wechselseitige Abhängigkeiten sind.[83] In jedem Fall muss sichergestellt sein, dass das übergeordnete Unternehmen die bankaufsichtlichen Anforderungen auf Gruppenebene einhalten kann (z. B. Eigenmittel-, Liquiditäts-, Großkredit- und Meldeanforderungen).

Auch nach den Vorstellungen der EBA sollte sich die Geschäftsleitung des übergeordneten Unter- **82** nehmens regelmäßig über die Risiken berichten lassen, die von der Gruppe ausgehen. Dies beinhaltet u. a. Informationen zur Einhaltung der gruppenweiten Strategien durch die nachgeordneten Unternehmen, zu den wichtigsten Risikotreibern auf Gruppenebene sowie zur Einhaltung der bankaufsichtlichen Anforderungen durch die einzelnen Institute und auf konsolidierter Ebene.[84]

---

83 Vgl. Braun, Ulrich, in: Boos, Karl-Heinz/Fischer, Reinfrid/Schulte-Mattler, Hermann (Hrsg.), Kreditwesengesetz und VO (EU) Nr. 575/2013, Band 1, 5. Auflage, München, 2016, § 25a KWG, Tz. 727.
84 Vgl. European Banking Authority, Leitlinien zur internen Governance, EBA/GL/2017/11, 21. März 2018, S. 29.

5 Risikomanagementprozesse und Stresstests auf Gruppenebene (Tz. 5)

83   **5** Das übergeordnete Unternehmen hat angemessene Risikosteuerungs- und -controlling-prozesse einzurichten, die die gruppenangehörigen Unternehmen einbeziehen. Für die wesentlichen Risiken auf Gruppenebene sind regelmäßig angemessene Stresstests durch-zuführen. Regelmäßige und ggf. anlassbezogene Stresstests sind auch für das Gesamtrisiko-profil auf Gruppenebene durchzuführen. Das übergeordnete Unternehmen hat sich in ange-messenen Abständen über die Risikosituation der Gruppe zu informieren.

5.1 Risikosteuerungs- und -controllingprozesse auf Gruppenebene

84   Die Anforderungen an die Prozesse zur Identifizierung, Beurteilung, Steuerung und Kommunika-tion der wesentlichen Risiken (Risikosteuerungs- und -controllingprozesse) auf Gruppenebene wurden im Zuge der zweiten MaRisk-Novelle vom September 2009 geschärft. Bis dahin war auf Gruppenebene lediglich ein »Verfahren zur Steuerung und Überwachung der wesentlichen Risiken« einzurichten. Durch die Präzisierung der Anforderungen vollzog die Aufsicht eine Annäherung an die auf Institutsebene geltenden Anforderungen an die Risikosteuerungs- und -controllingprozesse. Allerdings gilt weiterhin das auf die Gruppe bezogene Proportionalitätsprin-zip. Komplikationen können sich auch bei der Steuerung der Risiken ergeben, wenn ein Durchgriff von oben nach unten an den fehlenden »gesellschaftsrechtlichen Möglichkeiten« scheitert (→ AT 4.5 Tz. 1, Erläuterung). Eine komplette Umsetzung der Anforderungen auf Institutsebene wird daher nicht verlangt (→ BTR 1 bis BTR 4). Damit ergibt sich naturgemäß ein substanzieller Unterschied zu Waiver-Konstellationen nach § 2a KWG in Verbindung mit Art. 7 und 8 CRR, bei denen eine Eins-zu-eins-Umsetzung vor dem Hintergrund der weitgehenden Freistellungen ex-plizit gefordert wird (→ AT 4.5 Tz. 1). Die im Rahmen der zweiten MaRisk-Novelle eingefügten Präzisierungen stehen ansonsten im Einklang mit internationalen Vorgaben, die ebenfalls die Bedeutung gruppenweiter Risikosteuerungs- und -controllingprozesse herausstellen.[85]

5.2 Orientierungspunkte für die Umsetzung

85   Für die Zwecke der Implementierung liegt es nahe, sich an den auf Institutsebene geltenden allgemeinen Anforderungen an die Risikosteuerungs- und -controllingprozesse zu orientieren:
- Zunächst müssen die Risikosteuerungs- und -controllingprozesse eine frühzeitige Identifizie-rung, vollständige Erfassung und angemessene Darstellung der wesentlichen Risiken gewähr-leisten (→ AT 4.3.2 Tz. 2). Für diesen Zweck kann z.B. eine Risikoinventur durchgeführt werden (→ AT 2.2 Tz. 1). Dem Vollständigkeitsgebot kommt vor allem mit Blick auf gruppen-

---

85 »The risk management function is responsible for identifying, measuring, monitoring, controlling or mitigating, and reporting on risk exposures. This should encompass all risks to the bank, on- and off-balance sheet and at a group-wide, portfolio and business-line level, and should take into account the extent to which risks overlap (eg lines between market and credit risk and between credit and operational risk are increasingly blurred).« Basel Committee on Banking Super-vision, Principles for enhancing corporate governance, BCBS 176, 4. Oktober 2010, S. 18.

spezifische Risikokonzentrationen sowie auf Risiken, die sich aus der (komplexen) Struktur der Gruppe ergeben, eine wichtige Rolle zu. Eine holistische Sichtweise auf die Risiken wird auch von der Kreditwirtschaft für erforderlich gehalten.[86]

–   Die Risikosteuerungs- und -controllingprozesse sind in eine gemeinsame Ertrags- und Risikosteuerung der Gruppe einzubinden. Durch geeignete Maßnahmen ist zu gewährleisten, dass die Risiken und die damit verbundenen Risikokonzentrationen unter Berücksichtigung der Risikotragfähigkeit und des Risikoappetits wirksam begrenzt und überwacht werden (→ AT 4.3.2 Tz. 1).

–   Die Geschäftsleitung des übergeordneten Unternehmens hat sich in angemessenen Abständen, mindestens aber vierteljährlich, über die Risikosituation der Gruppe berichten zu lassen. Der konkrete Turnus ist vom Institut eigenverantwortlich festzulegen und hängt vom Gesamtrisikoprofil der Gruppe ab (→ AT 4.3.2 Tz. 3, BT 3.1 Tz. 1 und BT 3.2 Tz. 1). Daneben besteht eine mindestens vierteljährliche Berichtspflicht der Geschäftsleitung gegenüber dem Aufsichtsorgan des übergeordneten Unternehmens (→ AT 4.3.2 Tz. 3 und BT 3.1 Tz. 5). Notwendig ist auch eine Ad-hoc-Berichterstattung bei unter Risikogesichtspunkten wesentlichen Informationen für die Gruppe (→ AT 4.3.2 Tz. 4 und BT 3.1 Tz. 3 und 5). Damit die Risikoberichterstattung ihre volle Wirkung entfalten kann, sind terminologische Festlegungen zu treffen, die die gruppenweite Kommunikation vereinfachen und damit unterstützen (z. B. einheitliche Definitionen bezüglich der Risikoarten, Geschäftsfelder und Produkte).

–   Für die wesentlichen Risiken auf Gruppenebene sind regelmäßig angemessene Stresstests durchzuführen. Im Zuge der fünften MaRisk-Novelle wurde die Regelung insoweit ergänzt, dass regelmäßige und ggf. anlassbezogene Stresstests auch für das Gesamtrisikoprofil auf Gruppenebene durchzuführen sind. Diese Ergänzung ist auf § 25c Abs. 4b Satz 2 Nr. 3 lit. f KWG zurückzuführen, wonach die Geschäftsleiter des übergeordneten Unternehmens u. a. dafür Sorge zu tragen haben, dass regelmäßig angemessene Stresstests für die wesentlichen Risiken und das Gesamtrisikoprofil auf Gruppenebene durchgeführt werden und auf Grundlage der Ergebnisse möglicher Handlungsbedarf geprüft wird. Auch die EBA verlangt die Durchführung regelmäßiger Stresstests auf Gruppenebene, in die alle wesentlichen Risiken und Unternehmen einzubeziehen sind. Diese Stresstests haben die Anforderungen der entsprechenden EBA-Leitlinien zu erfüllen und werden im Rahmen des aufsichtlichen Überprüfungs- und Bewertungsprozesses (SREP) geprüft.[87]

–   Die Risikosteuerungs- und -controllingprozesse sowie die zur Risikoquantifizierung eingesetzten Methoden und Verfahren sind schließlich regelmäßig, zumindest jährlich, sowie bei sich ändernden Bedingungen auf ihre Angemessenheit zu prüfen und ggf. anzupassen. Dies betrifft insbesondere die Plausibilisierung der ermittelten Ergebnisse und der zugrundeliegenden Daten. Anpassungen sind bspw. bei einem Strategiewechsel der Gruppe oder bei Unternehmensübernahmen erforderlich (→ AT 4.3.2 Tz. 5).

Die zum Einsatz kommenden Verfahren dürfen der Wirksamkeit der Risikosteuerungs- und **86** -controllingprozesse nicht entgegenstehen (→ AT 4.5 Tz. 1). Die übergeordneten Unternehmen sind aus eigenem Interesse dafür verantwortlich, dass diese harmlos klingende Vorgabe trotz der Methodenfreiheit tatsächlich sichergestellt wird. Es ist fraglich, ob an diese Anforderung die Notwendigkeit einer zwar individuell auswählbaren, aber letztlich für alle gruppenangehörigen

---

86 Vgl. Institute of International Finance, Final Report of the IIF Committee on Market Best Practices: Principles of Conduct and Best Practice Recommendations, Financial Services Industry Response to the Market Turmoil of 2007–2008, 21. Juli 2008, S. 10.

87 Vgl. European Banking Authority, Guidelines on common procedures and methodologies for the supervisory review and evaluation process (SREP) and supervisory stress testing, EBA/GL/2014/13, Consolidated version, 19. Juli 2018, S. 66. Die Leitlinien der EBA zu den bankinternen Stresstests, auf die an dieser Stelle verwiesen wird, geben keine detaillierten Methoden vor. Sie enthalten jedoch qualitative und quantitative Kriterien zur aufsichtlichen Beurteilung der Angemessenheit der Ausgestaltung der Stresstests. Vgl. European Banking Authority, Final report – Guidelines on institutions' stress testing, EBA/GL/2018/04, 19. Juli 2018.

AT 4.5 Risikomanagement auf Gruppenebene

Unternehmen identischen Methodik geknüpft ist (z. B. die Implementierung eines IT-Systems, das bei allen gruppenangehörigen Unternehmen zur Anwendung kommt). Noch Ende 2007 wurde in den MaRisk explizit zum Ausdruck gebracht, dass dem Verfahren auf Gruppenebene keine einheitliche Methodik zugrundeliegen muss. Der Rückgriff auf unterschiedliche Verfahren war solange gestattet, wie diese in einem sinnvollen Zusammenhang stehen, um sachgerechte Aussagen hinsichtlich der Risikosituation der Gruppe ableiten zu können. Allerdings hat CEBS, die Vorgängerbehörde der EBA, bereits im Jahre 2010 das Fehlen einer identischen Methodik im Zusammenhang mit der Finanzmarktkrise als Defizit ausdrücklich angeprangert.[88] Die deutsche Aufsicht hat sich in dieser Hinsicht bislang nicht geäußert. Sind die verwendeten Methoden nicht identisch, so ist auf jeden Fall sicherzustellen, dass die daraus resultierenden Ergebnisse miteinander vergleichbar sind bzw. in einem sinnvollen Zusammenhang stehen. Ansonsten können keine sachgerechten Aussagen hinsichtlich der Risikosituation der Gruppe abgeleitet werden. In der Konsequenz wären die Risikosteuerungs- und -controllingprozesse auf Gruppenebene nicht wirksam, was mit Sicherheit von der Aufsicht bemängelt würde.

---

[88] »A uniform methodology and terminology was missing, so that a holistic view on all risks did not exist.« Committee of European Banking Supervisors, Consultation Paper on the Guidebook on Internal Governance (CP 44), 13. Oktober 2010, S. 4.

6 Zusammenspiel zwischen Konzernrevision und Interner Revision (Tz. 6)

6 Die Konzernrevision hat im Rahmen des Risikomanagements auf Gruppenebene ergän- **87** zend zur Internen Revision der gruppenangehörigen Unternehmen tätig zu werden. Dabei kann die Konzernrevision auch die Prüfungsergebnisse der Internen Revisionen der gruppenangehörigen Unternehmen berücksichtigen. Es ist sicherzustellen, dass für die Konzernrevision und die Internen Revisionen der gruppenangehörigen Unternehmen Revisionsgrundsätze und Prüfungsstandards gelten, die eine Vergleichbarkeit der Prüfungsergebnisse gewährleisten. Des Weiteren sind die Prüfungsplanungen sowie die Verfahren zur Überwachung der fristgerechten Beseitigung von Mängeln aufeinander abzustimmen. Die Konzernrevision hat in angemessenen Abständen, mindestens aber vierteljährlich, an die Geschäftsleitung und das Aufsichtsorgan des übergeordneten Unternehmens über ihre Tätigkeit auf Gruppenebene in analoger Anwendung von BT 2.4 Tz. 4 zu berichten.

6.1 Konzernrevision

Vor allem bei großen, komplex strukturierten Gruppen, die in ihren einzelnen Unternehmens- **88** einheiten Geschäfte mit hohem Spezialisierungsgrad betreiben, muss die Konzernrevision die Prozesse in diesen Einheiten im täglichen Geschäft auf ihre Angemessenheit und Wirksamkeit für die Gruppe als Ganzes beurteilen. Sie stiftet daher einen hohen Mehrwert für die gesamte Gruppe. Dementsprechend wird auch in den MaRisk die Notwendigkeit einer funktionsfähigen Konzernrevision herausgestellt. Der verbindliche Charakter von § 25a Abs. 3 KWG spiegelt sich im Wortlaut der Anforderung wider: Die Konzernrevision »hat« im Rahmen des Risikomanagements der Gruppe ergänzend zur Internen Revision des gruppenangehörigen Unternehmens tätig zu werden.[89] Auch die EBA verlangt eine gruppenweite Interne Revision, die über einen konzernweiten risikobasierten Prüfungsplan verfügt und unmittelbar an das Leitungsorgan des Mutterunternehmens berichtet.[90]

Im Hinblick auf die konkrete Ausgestaltung der Konzernrevision gilt der Grundsatz der Propor- **89** tionalität. Sie hängt somit insbesondere von Art, Umfang, Komplexität und Risikogehalt der von der Gruppe betriebenen Geschäftsaktivitäten sowie von den gesellschaftsrechtlichen Möglichkeiten ab (→ AT 4.5 Tz. 1, Erläuterung). Die gesellschaftsrechtlichen Einwirkungsmöglichkeiten des übergeordneten Unternehmens innerhalb der Gruppe sind für die Durchschlagskraft der Konzernrevision von hoher Bedeutung. Bei einer weitgehend zentral geführten Bankengruppe wird die Konzernrevision eine andere Rolle einnehmen, als bei einem stärker dezentral geführten Konzern, der ggf. auch Nichtbanken umfasst. In zentral geführten Institutsgruppen wird die Konzernrevision in der Praxis regelmäßig von der Internen Revision des übergeordneten Unternehmens wahrgenom-

---

89 Die MaRisk in der Fassung vom 20. Dezember 2005 setzten die Existenz einer Konzernrevision nicht in verbindlicher Form voraus: »Wenn eine Konzernrevision existiert, kann diese zur Unterstützung der Funktionsfähigkeit und Wirksamkeit des internen Kontrollverfahrens in der Gruppe ergänzend zur Internen Revision des Tochterunternehmens tätig werden.« Bundesanstalt für Finanzdienstleistungsaufsicht, Mindestanforderungen an das Risikomanagement (MaRisk), Rundschreiben 18/2005 (BA) vom 20. Dezember 2005, BT 2.5 Tz. 1.

90 Vgl. European Banking Authority, Guidelines on common procedures and methodologies for the supervisory review and evaluation process (SREP) and supervisory stress testing, EBA/GL/2014/13, Consolidated version, 19. Juli 2018, S. 66.

men oder ist zumindest mit der Internen Revision des übergeordneten Unternehmens sehr eng verzahnt.

90   Hinsichtlich der Reichweite der Konzernrevision ist der Anwendungsbereich der MaRisk zu beachten. Der Aktionsradius der Konzernrevision erstreckt sich damit auf alle wesentlichen Risiken, denen die Gruppe ausgesetzt ist, unabhängig davon, ob diese von konsolidierungspflichtigen Unternehmen in der Gruppe begründet werden oder nicht (→ AT 4.5 Tz. 1). Dies entspricht auch den Vorstellungen der EBA, wonach sich das gruppenweite Risikomanagement einschließlich der Konzernrevision auf alle wesentlichen Risiken einer Gruppe zu erstrecken hat.[91] Die Konzernrevision hat dies bei der Ausübung ihrer Tätigkeiten zu berücksichtigen (z. B. bei der Revisionsplanung).

91   Die Bezeichnung »Konzernrevision« ist vor dem Hintergrund des spezifischen Gruppenbegriffes der MaRisk etwas unscharf. Der Konsolidierungskreis nach dem HGB muss nicht mit demjenigen der MaRisk zusammenfallen. Passender wäre wohl die Bezeichnung »Gruppenrevision« gewesen, da durch sie deutlicher zum Ausdruck kommt, dass hinsichtlich des Anwendungsbereiches der Konsolidierungskreis im Sinne der MaRisk maßgeblich ist. Die deutsche Aufsicht hat sich letztendlich gegen eine neue Bezeichnung entschieden. Auch von Seiten der Internen Revision wurden bezüglich der gewählten Terminologie bislang keine Einwände erhoben.

6.2   Aufgaben der Konzernrevision

92   Die Konzernrevision ist – entsprechend der Anforderung auf Ebene des einzelnen Institutes – ein »Instrument« der Geschäftsleitung des übergeordneten Unternehmens. Die Konzernrevision hat im Rahmen des Risikomanagements der Gruppe ergänzend zur Internen Revision der gruppenangehörigen Unternehmen tätig zu werden. Sie kann dabei auf die Prüfungsergebnisse der Revisionen der gruppenangehörigen Unternehmen zurückgreifen. Die Formulierung ist offen gestaltet und lässt somit gewisse Spielräume für alternative Umsetzungslösungen. Da sich der Aufgabenbereich der Konzernrevision auf die ganze Gruppe erstreckt, bestehen naturgemäß Unterschiede zu den Tätigkeiten, die im Zentrum der Internen Revision eines Institutes stehen. Zu berücksichtigen ist ferner, dass die Eigenständigkeit der Revisionen bei den gruppenangehörigen Unternehmen weitgehend gewahrt bleibt. Die Konzernrevision tritt insbesondere nicht an die Stelle der Revisionen der Unternehmen der Gruppe.

93   In der Praxis erstreckt sich der Aufgabenbereich der Konzernrevision insbesondere auf folgende Aspekte[92]:
–   Ausarbeitung von konzernweiten Rahmenbedingungen für die Revisionstätigkeit, die mit den gruppenangehörigen Unternehmen abzustimmen sind und deren Beachtung von der Konzernrevision zu überwachen ist,
–   Erstellung, Abstimmung und Koordination einer konzernweiten Prüfungsplanung,
–   Durchführung von Sonderprüfungen im Auftrag der Geschäftsleitung des übergeordneten Unternehmens,
–   Unterstützung der Prüfungstätigkeit der gruppenangehörigen Revisionen,
–   Bereitstellung von Spezialexpertise, wie z.B. für die IT-Revision, und Unterstützung bei der Klärung grundsätzlicher Fragestellungen,

---

91 Vgl. European Banking Authority, Guidelines on common procedures and methodologies for the supervisory review and evaluation process (SREP) and supervisory stress testing, EBA/GL/2014/13, Consolidated version, 19. Juli 2018, S. 66.

92 Vgl. Rohrmann, Jürgen/Stein, Henrik, Konzernrevision – Aufbau und Aufgabenwahrnehmung vor dem Hintergrund von § 25a Abs. 1a KWG, Vortrag im Rahmen des IIR-Forums Kreditinstitute in Bremen, 9. Oktober 2006.

- Auswertung der Prüfungsergebnisse der Gruppe und zusammengefasste Berichterstattung an die Geschäftsleitung des übergeordneten Unternehmens sowie
- Durchführung von »Quality Reviews« in den Revisionen der Gruppe.

Im Zuge der fünften MaRisk-Novelle aus dem Jahre 2017 wurden die Anforderungen an die Konzernrevision deutlich verschärft. Seitdem ist sicherzustellen, dass für die Konzernrevision und die Internen Revisionen der gruppenangehörigen Unternehmen Revisionsgrundsätze und Prüfungsstandards gelten, die eine Vergleichbarkeit der Prüfungsergebnisse gewährleisten. Die Konzernrevision hat einen umfassenden und jährlich fortzuschreibenden Prüfungsplan aus Konzernsicht zu erstellen.[93] Die Prüfungsplanungen der Konzernrevision und der Internen Revisionen der gruppenangehörigen Unternehmen sind aufeinander abzustimmen. Im Rahmen dieser Abstimmung kann sich die Konzernrevision einen Überblick über die Themen und Risiken in den Prüfungsplänen der nachgeordneten Unternehmen verschaffen, die aus Gruppensicht relevant sind. Die Internen Revisionen der Tochtergesellschaften können wiederum sicherstellen, dass sie die Prüfungen der Konzernrevision bei ihren Planungen berücksichtigen können.[94] Darüber hinaus gelten für die Prüfungsplanung im Wesentlichen die auf Ebene des einzelnen Institutes genannten Prinzipien (Risikoorientierung, Risikobewertung, Prüfungsturnus etc.).   **94**

Die Konzernrevision kann Prüfungshandlungen selbst oder mit Unterstützung der Internen Revisionen der nachgeordneten Unternehmen durchführen. Der Fokus der Sonderprüfungen der Konzernrevision wird regelmäßig auf die Einhaltung der (aufsichtsrechtlichen) Anforderungen auf Gruppenebene liegen, da hierfür das übergeordnete Unternehmen verantwortlich ist. Die Geschäftsleitung des übergeordneten Unternehmens kann die Konzernrevision aber auch in Einzelfällen beauftragen, Prüfungen in einzelnen Gesellschaften durchzuführen, um konzernrelevante Risiken zu beurteilen. Die Einbeziehung der Internen Revision einer Tochtergesellschaft in eine gruppenweite Prüfung wird insbesondere dann sinnvoll sein, wenn diese z. B. durch spezielle Kenntnisse der Prozesse oder IT-Systeme in dem Tochterunternehmen eine effektivere und effizientere Prüfung ermöglicht. In der Praxis verbleibt zudem die Verantwortlichkeit für das Follow-up der in den Tochtergesellschaften festgestellten Einzelfeststellungen aus Praktikabilitätsgründen regelmäßig bei der Internen Revision des Tochterunternehmens, wohingegen die Einzelfeststellungen des konsolidierten Gesamtberichtes durch die Konzernrevision nachverfolgt werden.[95] Auch die Verfahren zur Überwachung der fristgerechten Mängelbeseitigung sind seit der fünften MaRisk-Novelle zwischen der Konzernrevision und den Internen Revisionen der nachgeordneten Unternehmen aufeinander abzustimmen.   **95**

6.3   Berichterstattung der Konzernrevision

Mit dem Trennbankengesetz wurde eine regelmäßige quartalweise Berichterstattung der Konzernrevision an die Geschäftsleitung des übergeordneten Unternehmens verpflichtend eingeführt. Seitdem haben die Geschäftsleiter im Rahmen ihrer Gesamtverantwortung für die ordnungsgemäße Geschäftsorganisation der Gruppe gemäß § 25c Abs. 4b Satz 2 Nr. 3 lit. g KWG dafür Sorge zu tragen, dass die Interne Revision in angemessenen Abständen, mindestens aber vierteljährlich, an die   **96**

---

93 Dieser gruppenweite Prüfungsplan kann in den Prüfungsplan des übergeordneten Unternehmens integriert oder separat dokumentiert werden.

94 Vgl. Deutsches Institut für Interne Revision e. V., Online-Revisionshandbuch, Stand Dezember 2017, S. 122.

95 Vgl. Deutsches Institut für Interne Revision e. V., Online-Revisionshandbuch, Stand Dezember 2017, S. 124 ff.

Geschäftsleitung berichtet.[96] Der durch das Trennbankengesetz vorgegebene vierteljährliche Berichtsturnus wurde mit der fünften MaRisk-Novelle auch in den MaRisk verankert.[97] Die Interne Revision hat die Berichte zudem parallel dem Aufsichtsorgan vorzulegen. Die MaRisk enthalten keine Vorgaben an Inhalt und Umfang der Prüfungsberichte der Konzernrevision. Es können jedoch die Vorgaben für die einzelnen Institute, insbesondere im Hinblick auf die Mängelkategorisierung und die Darstellung der Feststellungen in den Quartalsberichten und im Jahresbericht, herangezogen werden (→ BT 2 Tz. 1 und 4).

6.4   Grenzen der Konzernrevision

97   Ob und ggf. inwieweit die Konzernrevision ihre oben genannten Aufgaben tatsächlich ausüben kann, hängt nicht unerheblich von der Kooperationsbereitschaft der Geschäftsleiter der gruppenangehörigen Unternehmen ab, deren Recht zur eigenverantwortlichen Leitung der Gesellschaft gemäß § 76 Abs. 1 AktG durch bankaufsichtliche Regelungen grundsätzlich nicht eingeschränkt wird (→ AT 4.5 Tz. 1, Erläuterung). Bezüglich der Einflussmöglichkeiten der Konzernrevision können sich auch dann Probleme ergeben, wenn das Verhältnis zwischen den gruppenangehörigen Unternehmen nicht natürlich gewachsen ist oder wenn es sich um ausländische Töchter handelt (insbesondere bei abweichenden »Revisionsphilosophien« auf nachgeordneter Ebene). Würde die Konzernrevision in solchen Fällen zu forsch gegen die Internen Revisionen der gruppenangehörigen Unternehmen vorgehen, könnte dies ggf. zu unerwünschten Abwehrreaktionen führen, die einer wirksamen Konzernrevision im Wege stehen.

98   Sollte der Wirkungskreis der Konzernrevision beschränkt werden, so ist die Geschäftsleitung des übergeordneten Unternehmens in der Pflicht, im Rahmen ihrer Möglichkeiten eine Lösung herbeizuführen. Zwischen den gruppenangehörigen Unternehmen sind Vereinbarungen zu treffen, die eine funktionsfähige Konzernrevision sicherstellen. Die Ziele einer konzernweit agierenden Revision lassen sich grundsätzlich effektiver durchsetzen, wenn bspw. ein Beherrschungsvertrag gemäß § 291 AktG zwischen dem Mutterunternehmen und dem beherrschten Tochterunternehmen vereinbart wurde. Unterschiedliche Revisionsphilosophien können auch im Wege eines evolutionären Prozesses angeglichen werden. Die Revisionen der nachgeordneten Unternehmen könnten bspw. dazu angehalten werden, an einem »Quality Assessment« auf der Basis allgemeiner Revisionsstandards mitzuwirken. Die Ergebnisse solcher Assessments leisten regelmäßig einen Beitrag, die gruppenweite Zusammenarbeit der Revisionen – weitgehend konfliktfrei – zu stärken.[98]

6.5   Auslagerung der Internen Revision und Intra-Group-Auslagerung

99   Nach den Auslagerungsregelungen der MaRisk können Aktivitäten und Prozesse grundsätzlich ausgelagert werden, solange die Ordnungsmäßigkeit der Geschäftsorganisation nicht beein-

---

96 Der Jahresabschlussprüfer hat nach § 11 Abs. 4 PrüfBV zu beurteilen, ob die Geschäftsleiter im Rahmen ihrer Pflichten und ihrer Gesamtverantwortung für die ordnungsgemäße Geschäftsorganisation dieser Aufgabe nachgekommen sind.

97 Da das Trennbankengesetz am 1. Januar 2014 in Kraft getreten ist, bestand die Verpflichtung zu einer quartalsweisen Berichterstattung bereits nach Ablauf des ersten Quartals 2014.

98 Als Benchmark könnte dabei auf gängige Standards des DIIR zurückgegriffen werden. Vgl. Deutsches Institut für Interne Revision e. V., Fachliche Mitteilungen des IIR, IIR Revisionsstandard Nr. 3, Qualitätsmanagement in der Internen Revision, in: Zeitschrift Interne Revision, Heft 5/2002, S. 214–224.

trächtigt wird. Die teilweise oder vollständige Auslagerung der Internen Revision ist daher – unabhängig von der Größe des auslagernden Institutes – grundsätzlich möglich. Ob und ggf. inwieweit eine Auslagerung angemessen ist, hängt vom Ergebnis der Risikoanalyse ab, die vom Institut in eigener Verantwortung durchzuführen ist (→ AT 9 Tz. 2 MaRisk). Aufgrund der hervorgehobenen Stellung der Internen Revision als Instrument der Geschäftsleitung wird die Wesentlichkeit bei einer weitgehenden oder vollständigen Auslagerung regelmäßig zu bejahen sein.[99] Die Aufsicht hat im Rahmen der fünften MaRisk-Novelle ihre Maßstäbe an eine teilweise oder vollständige Auslagerung der Internen Revision präzisiert (→ AT 9 Tz. 4 und 5). Eine Auslagerung von Aktivitäten und Prozessen kann danach nur in einem Umfang vorgenommen werden, der gewährleistet, dass hierdurch das Institut weiterhin über Kenntnisse und Erfahrungen verfügt, die eine wirksame Überwachung der vom Auslagerungsunternehmen erbrachten Dienstleistungen gewährleistet.

In der Praxis ist bei Institutsgruppen mit einer hohen Integrationsdichte, die vom Konzernvorstand zentral gesteuert werden, eine vollständige bzw. sehr weitgehende Auslagerung der Internen Revisionen der nachgeordneten Unternehmen auf die Konzernrevision nicht unüblich. Die Aufsicht hat im Zuge der fünften MaRisk-Novelle die Anforderungen an derartige »Intra-Group-Auslagerungen« präzisiert. Danach ist eine vollständige Auslagerung für Tochterinstitute innerhalb einer Institutsgruppe zulässig, sofern das übergeordnete Institut das Auslagerungsunternehmen ist und das Tochterinstitut sowohl hinsichtlich seiner Größe, seiner Komplexität und dem Risikogehalt seiner Geschäftsaktivitäten für den Finanzsektor als auch hinsichtlich seiner Bedeutung innerhalb der Gruppe als nicht wesentlich einzustufen ist. Dies gilt auch für Gruppen, wenn das Mutterunternehmen kein Institut und im Inland ansässig ist.[100] Sofern die Konzernrevision für bestimmte Prüfungsfelder oder sogar für die gesamte Revisionstätigkeit eines gruppenangehörigen Unternehmens ausschließlich verantwortlich ist, muss sichergestellt sein, dass die an das Institut im Hinblick auf die Ausgestaltung der Internen Revision gestellten Anforderungen auch für die Konzernrevision Gültigkeit besitzen. Die entsprechenden Anforderungen sind in den Modulen AT 4.4.3 bzw. BT 2 niedergelegt und im Falle der Auslagerung auf die Konzernrevision entsprechend zu beachten. Damit sind die Revisionsgrundsätze sowie die Regelungen zur Prüfungsplanung und -durchführung und zur Berichtspflicht analog auf die Konzernrevision anzuwenden. **100**

Das Institut hat für die Steuerung und Überwachung wesentlicher (teilweiser oder vollständiger) Auslagerungen grundsätzlich klare Verantwortlichkeiten festzulegen. Soweit die Interne Revision vollständig ausgelagert wird, hat die Geschäftsleitung einen Revisionsbeauftragten zu benennen, der bestimmte Aufgaben wahrnehmen muss (→ AT 9 Tz. 10 inkl. Erläuterung). **101**

---

99 Dies entspricht dem Verständnis der EBA, wonach die operativen Tätigkeiten der internen Kontrollfunktionen Risikocontrolling- und Compliance-Funktion sowie Interne Revision für die Zwecke der Auslagerung stets als kritische/bedeutende Funktionen einzuordnen sind. Vgl. European Banking Authority, Consultation Paper – EBA Draft Guidelines on Outsourcing arrangements, EBA/CP/2018/11, 22. Juni 2018, S. 33.

100 Unabhängig davon ist bei kleinen Instituten zudem eine Vollauslagerung der Internen Revision innerhalb der Gruppe oder auf ein gruppenfremdes Unternehmen zulässig, sofern deren Einrichtung vor dem Hintergrund der Institutsgröße sowie der Art, des Umfangs, der Komplexität und des Risikogehalts der betriebenen Geschäftsaktivitäten nicht angemessen erscheint.

AT 5 Organisationsrichtlinien

1 Einführung und Überblick

1 Der Gesamtorganisation eines Unternehmens liegt ein System von Regelungen zugrunde, welches Mitarbeiter und Betriebsmittel derart miteinander verknüpft, dass die Ziele des Unternehmens erreicht werden können. Selbst bei kleineren Unternehmen kann dieses System von Regelungen nur auf Basis einer schriftlich fixierten Ordnung (SFO) umgesetzt werden. Organisationsrichtlinien sind ein wesentlicher Bestandteil der schriftlich fixierten Ordnung. Sie geben den Mitarbeitern unter Berücksichtigung der wirtschaftlichen Ziele des Unternehmens klare Handlungsanweisungen für das Betreiben der Geschäftsaktivitäten an die Hand. Durch sie wird eine Brücke zwischen den strategischen Vorgaben und der operativen Umsetzung dieser Vorgaben geschlagen.

Organisationsrichtlinien haben aber noch weitere Vorteile. So muss z. B. nicht in jedem Einzelfall darüber nachgedacht werden, welcher Mitarbeiter für welche Aufgaben zuständig ist. Ebenso müssen Vorgaben der Geschäftsleitung und Entscheidungsbefugnisse nicht ständig neu definiert werden, da sie schriftlich fixiert und somit für alle transparent sind. Organisationsrichtlinien leisten daher einen Beitrag zur Verbesserung der Koordination und steigern darüber hinaus die Effizienz des Unternehmens. Durch sie wird Komplexität reduziert und damit Ordnung geschaffen. **2**

Jedoch können organisatorische Regelungen auch eine wenig zweckmäßige Eigendynamik entwickeln. Überbordende interne Regelwerke hemmen die Kreativität der Mitarbeiter und lassen keinen Raum für flexible Lösungen. Die Mitarbeiter fühlen sich bevormundet und eingeengt, was über kurz oder lang dazu führt, dass ihre Motivation nachlässt. Das Ergebnis sind Kosten, die im Extremfall sogar den Nutzen von Organisationsrichtlinien überwiegen können. **3**

Die MaRisk geben den Instituten einen Rahmen für die Ausgestaltung der Organisationsrichtlinien vor. Die einzelnen Anforderungen beschränken sich auf wesentliche Aspekte und belassen genügend Raum für individuelle Umsetzungslösungen. Die deutsche Aufsicht betont in diesem Zusammenhang, dass der Detaillierungsgrad der Organisationsrichtlinien von Art, Umfang, Komplexität und Risikogehalt der Geschäftsaktivitäten abhängen soll. Es liegt im Eigeninteresse der Institute, diesen offenen Rahmen unter Berücksichtigung betriebswirtschaftlicher Aspekte auf sachgerechte Weise mit Leben zu füllen. **4**

Die Anforderungen an die Ausgestaltung der Organisationsrichtlinien sind in den MaRisk nicht abschließend geregelt. Zusätzliche Vorgaben für die Organisationsrichtlinien der Institute enthalten z. B. § 11 Abs. 1 und § 26 InstitutsVergV.

2 Erfordernis von Organisationsrichtlinien (Tz. 1)

5 **1** Das Institut hat sicherzustellen, dass die Geschäftsaktivitäten auf der Grundlage von Organisationsrichtlinien betrieben werden (z. B. Handbücher, Arbeitsanweisungen oder Arbeitsablaufbeschreibungen). Der Detaillierungsgrad der Organisationsrichtlinien hängt von Art, Umfang, Komplexität und Risikogehalt der Geschäftsaktivitäten ab.

2.1 Grundsätzliche Anforderungen an die Organisationsrichtlinien

6 Die Geschäftsaktivitäten müssen auf der Grundlage von Organisationsrichtlinien betrieben werden. Diese Anforderung war bereits Gegenstand der MaK und MaH.[1] Auch aus den MaIR konnte mittelbar bereits das Erfordernis einer schriftlich fixierten Ordnung bzw. von Organisationsricht-linien abgeleitet werden.[2] Für die Institute gehört die Erstellung von Organisationsrichtlinien somit schon seit geraumer Zeit zum bankaufsichtlichen Pflichtprogramm.

7 In den Organisationsrichtlinien sind nach den MaRisk insbesondere Regelungen zum internen Kontrollsystem (Aufbau- und Ablauforganisation, Risikosteuerungs- und -controllingprozesse, Risi-kocontrolling- und Compliance-Funktion) und zur Internen Revision festzulegen. Darüber hinaus sind in den Organisationsrichtlinien die Verfahrensweisen bei wesentlichen Auslagerungen von Aktivitäten und Prozessen niederzulegen. Ferner sind Regelungen zu formulieren, die eine Ein-haltung rechtlicher Regelungen und Vorgaben gewährleisten. Seit der fünften MaRisk-Novelle müssen die Organisationsrichtlinien einen Verhaltenskodex für die Mitarbeiter beinhalten, wobei allerdings kleine Institute mit einem einfachen Geschäftsmodell und geringer Risikoexponierung auf die Erstellung eines gesonderten Verhaltenskodex verzichten können. Zudem haben systemrelevan-te Institute seit der fünften MaRisk-Novelle in die Organisationsrichtlinien Regelungen zu Verfahren, Methoden und Prozessen der Aggregation von Risikodaten aufzunehmen (→ AT 5 Tz. 3).

8 Die Organisationsrichtlinien sind in schriftlicher Form abzufassen und den betroffenen Mit-arbeitern in geeigneter Weise bekanntzumachen. Die Institute haben ferner sicherzustellen, dass sie den Mitarbeitern in der jeweils aktuellen Fassung zur Verfügung stehen. Bei Veränderungen der Aktivitäten und Prozesse sind die Organisationsrichtlinien zeitnah anzupassen (→ AT 5 Tz. 2). Aufgrund von § 25a Abs. 3 KWG ergibt sich für übergeordnete Unternehmen einer Institutsgruppe, Finanzholding-Gruppe, gemischten Finanzholding-Gruppe und Unterkonsolidierungsgruppe ge-mäß Art. 22 CRR die Verpflichtung zur Aufstellung gruppenweiter Organisationsrichtlinien. Die Richtlinien müssen die Gruppenstruktur transparent machen und Informationen zur Ausgestal-tung des Risikomanagements auf Gruppenebene enthalten (→ AT 4.5).

9 Die deutsche Aufsicht weist ausdrücklich darauf hin, dass der Detaillierungsgrad der Organisa-tionsrichtlinien von Art, Umfang, Komplexität und Risikogehalt der Geschäftsaktivitäten abhängt. Diese Regelung ist Ausfluss des Proportionalitätsprinzips und ermöglicht es den Instituten, die Anforderung institutsindividuell umzusetzen. Ergänzend kann auf die von der EBA entwickelten Kriterien für den Grundsatz der Proportionalität und den detaillierten Katalog zur Konkretisierung

---

1 Vgl. Bundesanstalt für Finanzdienstleistungsaufsicht, Mindestanforderungen an das Kreditgeschäft der Kreditinstitute (MaK), Rundschreiben 34/2002 (BA) vom 20. Dezember 2002, Tz. 214; Bundesaufsichtsamt für das Kreditwesen, Mindest-anforderungen an das Betreiben von Handelsgeschäften der Kreditinstitute (MaH), Verlautbarung vom 23. Oktober 1995, Abschnitt 2.2.

2 Vgl. Bundesaufsichtsamt für das Kreditwesen, Mindestanforderungen an die Ausgestaltung der Internen Revision der Kreditinstitute (MaIR), Rundschreiben 1/2000 vom 17. Januar 2000, Tz. 212 f.

dieser Kriterien zurückgegriffen werden.[3] Es liegt auf der Hand, dass die Organisationsrichtlinien bei kleinen Instituten mit überschaubaren Geschäftsaktivitäten wesentlich schlanker ausgestaltet sein können, als die Richtlinien eines international tätigen Institutes, das umfangreiche und komplexe Geschäfte betreibt.

2.2 Darstellung der Organisationsrichtlinien

Hinsichtlich der Darstellung der Organisationsrichtlinien kommt es aus Sicht der deutschen   **10** Aufsicht in erster Linie darauf an, dass diese sachgerecht und für die Mitarbeiter des Institutes nachvollziehbar sind. Die konkrete Art und Weise der Darstellung bleibt den Instituten überlassen (→ AT5 Tz.1, Erläuterung). Beispielhaft wird auf Handbücher, Arbeitsanweisungen sowie Arbeitsablaufbeschreibungen hingewiesen. Die traditionelle Darstellung in Form von Handbüchern ist allerdings nicht zwingend. IT-gestützte Lösungen (z.B. Intranet, Datenbanken) sind ebenso möglich und unter betriebswirtschaftlichen Gesichtspunkten sogar sehr zu empfehlen (→ AT5 Tz.2).

Eine Konsolidierung bestehender Organisationsrichtlinien, z.B. in Form eines umfassenden   **11** Risikohandbuches[4], kann in Abhängigkeit von der konkreten Situation zwar durchaus hilfreich sein, ist aber nicht obligatorisch. Der Rückgriff auf Organisationsrichtlinien, die sich lediglich auf abgegrenzte Bereiche beziehen (z.B. Kredithandbücher, IT-Handbücher), ist insoweit möglich. Im Eigeninteresse der Institute sollten unterschiedliche Richtlinien allerdings aufeinander abgestimmt sein. Nicht erforderlich ist ferner die Darstellung detaillierter Prozessabbildungen (»Workflows«). Eine Darstellung mittels Workflow kann ggf. im standardisierten Mengengeschäft sinnvoll sein, da sich auf diese Weise die Prozessroutinen sinnvoll abbilden lassen. Für das komplexe Geschäft, das individuelle Analysen erfordert, werden Prozessabbildungen aufgrund der fehlenden Flexibilität sowie des damit verbundenen Aufwandes in der Praxis hingegen als weniger sinnvoll angesehen.[5]

Das Institut hat allerdings sicherzustellen, dass die Interne Revision auf Basis der Organisations-   **12** richtlinien in die Sachprüfung eintreten kann (→ AT5 Tz.4). Auch die Bedürfnisse von externen Prüfern sollten bei der Ausgestaltung der Organisationsrichtlinien berücksichtigt werden. Eine sachgerechte und nachvollziehbare Darstellung der Organisationsrichtlinien kann daher im Interesse aller Beteiligten mit dazu beitragen, den Prüfungsaufwand von internen und externen Prüfern erheblich zu reduzieren. Prüfungen können effizienter durchgeführt werden, was sich dementsprechend in der Höhe der Prüfungskosten widerspiegelt.

2.3 Rahmenanweisungen

In der Praxis existieren insbesondere in großen Instituten neben Organisationsrichtlinien häufig   **13** von der Geschäftsleitung verabschiedete Rahmenanweisungen, die geschäfts- oder risikostrategische Vorgaben präzisieren. Durch solche übergeordneten Rahmenanweisungen lassen sich in

---

3   Vgl. European Banking Authority, Leitlinien zur internen Governance, EBA/GL/2017/11, 21. März 2018, S.28 f.

4   Vgl. z.B. Deutscher Genossenschafts- und Raiffeisenverband e.V., Das Risikomanagement als Grundsatz ordnungsmäßiger Geschäftsführung, DGRV-Schriftenreihe, Band 42, Wiesbaden, 2000, S.251 ff.; Kurfels, Matthias, Beitrag eines Risikohandbuchs zur Erfüllung der MaRisk, in: BankPraktiker, Heft 4/2006, S.2174ff.

5   Vgl. Bundesanstalt für Finanzdienstleistungsaufsicht, Protokoll der vierten Sitzung des MaK-Fachgremiums am 27.April 2004, S.22.

abstrakter Form gemeinsame Grundlagen definieren, die die Organisationseinheiten (z. B. Markt, Marktfolge, Handel, Abwicklung und Kontrolle) bei der Ausarbeitung ihrer speziellen Organisationsrichtlinien auf der operativen Ebene zu beachten haben. Da Rahmenanweisungen i. d. R. als zeitstabiler und kompakter als die detailreichen Organisationsrichtlinien einzustufen sind, können die allgemeinen Sorgfaltspflichten der Geschäftsleitung effizient auf wesentliche Aspekte begrenzt werden. Zugleich werden die einzelnen Organisationseinheiten in die Lage versetzt, auf ihrer Basis maßgeschneiderte Lösungen zu entwickeln. Die Kombination von strategischen und operativen Elementen kann einen Beitrag zur Entwicklung einer umfassenden schriftlich fixierten Ordnung für das gesamte Institut leisten.[6]

14 Für Institute mit überschaubaren Geschäftsaktivitäten wäre ein dreistufiges Konzept (Strategien, Rahmenanweisungen, Organisationsrichtlinien) jedoch unter Umständen überproportioniert. Die Geschäftsleiter sind bei diesen Instituten häufig unmittelbar in das operative Tagesgeschäft eingebunden, so dass Rahmenanweisungen als Bindeglied zwischen Strategien und Organisationsrichtlinien unter Effizienzgesichtspunkten weniger zweckmäßig erscheinen. Für diese Institute kann wiederum die Erstellung eines so genannten »Handbuches Unternehmenssteuerung« sinnvoll sein, das alle unternehmensweit gültigen Dokumente (Geschäfts- und Risikostrategien, Risikotragfähigkeitskonzept, Risikosteuerungs- und -controllingprozesse) zusammenführt, um die steuerungsrelevanten Informationen besser aufeinander abstimmen und damit konsistent gestalten zu können.[7]

---

6 Vgl. Anders, Ulrich, An Integrated Framework for the Governance of Companies, in: Operational Risk, Heft 3/2004, S. 224 ff.
7 Vgl. Eller, Roland/Kurfels, Matthias, Praxisorientierte Dokumentation der MaRisk-Umsetzung, in: BankPraktiker, Heft 5/2007, S. 2277.

3 Schriftliche Fixierung, Anpassung und Kommunikation (Tz. 2)

2 Die Organisationsrichtlinien müssen schriftlich fixiert und den betroffenen Mitarbeitern **15** in geeigneter Weise bekanntgemacht werden. Es ist sicherzustellen, dass sie den Mitarbeitern in der jeweils aktuellen Fassung zur Verfügung stehen. Die Richtlinien sind bei Veränderungen der Aktivitäten und Prozesse zeitnah anzupassen.

3.1 Schriftliche Fixierung

Organisationsrichtlinien bilden ein verbindliches System von Regelungen, das der Umsetzung der Ziele **16** des Institutes dient. Eine Verkündung auf mündlicher Basis ist vor diesem Hintergrund weder praktikabel noch zweckmäßig. Die schriftliche Fixierung der Organisationsrichtlinien ist daher obligatorisch. Sie ist bereits Ausfluss ihrer Einordnung als Teil der schriftlich fixierten Ordnung des Institutes.

3.2 Kommunikation der Organisationsrichtlinien

Die Organisationsrichtlinien sind den Mitarbeitern in geeigneter Weise bekanntzumachen. Dabei **17** muss sichergestellt werden, dass sie den Mitarbeitern in der jeweils aktuellen Fassung zur Verfügung stehen. Bezüglich des konkreten Mediums sowie der Forderung nach Aktualität sind z. B. folgende Alternativen denkbar:
- Handbücher (z. B. Kredithandbücher), die den Mitarbeitern als Gesamtwerk zur Verfügung gestellt werden: Soweit aus aktuellem Anlass Anpassungsbedarf besteht, werden den Mitarbeitern die überarbeiteten Handbücher komplett neu zugesandt.
- Handbücher, die den Mitarbeitern in Form von Loseblatt-Sammlungen zur Verfügung gestellt werden: Besteht Anpassungsbedarf von Teilen der Organisationsrichtlinien, werden den Mitarbeitern Ergänzungslieferungen zugesandt, die von den Mitarbeitern in die Loseblatt-Sammlungen einzusortieren sind.
- IT-gestützte Lösungen (z. B. Intranet, Datenbanken): Die Mitarbeiter werden z. B. per E-Mail über aktuelle Anpassungen der Organisationsrichtlinien unterrichtet.

Jedes Institut sollte unter Berücksichtigung bislang gesammelter Erfahrungen sowie betriebswirt- **18** schaftlicher Aspekte abwägen, welche konkrete Alternative vorzuziehen ist. Vor dem Hintergrund der weiten Verbreitung moderner Medien in den Instituten liegt es allerdings nahe, auf IT-gestützte Lösungen zurückzugreifen. Dadurch lassen sich nicht nur die Kosten reduzieren und eine »Zettelwirtschaft« vermeiden. Auch die Einarbeitung notwendiger Änderungen und deren Bekanntmachung kann effizienter ausgestaltet werden. In Abhängigkeit von der Tragweite der Änderungen kann eine ggf. erforderliche Bestätigung von deren Kenntnisnahme durch die jeweils betroffenen Mitarbeiter ebenfalls auf elektronischem Wege erfolgen.

Steht hingegen keine angemessene IT-Lösung zur Verfügung, muss auf die Papierform zurück- **19** gegriffen werden. Die erstgenannte Methode verursacht vermutlich die höchsten Kosten, wobei der Aufwand für die betroffenen Mitarbeiter geringer ist. Loseblatt-Sammlungen haben den Vorteil, dass zumindest die Druckkosten drastisch reduziert werden können. Allerdings kann es in Abhängigkeit von der jeweiligen Arbeitsbelastung der Mitarbeiter vorkommen, dass diese Handbücher nicht überall auf dem neuesten Stand gehalten werden. Dieses Problem muss institutsintern gelöst werden, um operationelle Risiken zu vermeiden.

3.3 Anlassbezogene Änderungen der Organisationsrichtlinien

20 Im Vergleich zu den alten MaK ist bei den MaRisk eine jährliche Überprüfung der Organisationsrichtlinien nicht obligatorisch.[8] Anpassungen der Organisationsrichtlinien sind vielmehr anlassbezogen vorzunehmen. Auf diese Weise kann angemessen auf Änderungen der internen und externen Rahmenbedingungen reagiert werden (z. B. Änderungen der geschäftsstrategischen Ausrichtung, Umwälzungen auf den Märkten). Daraus resultierende Anpassungen der Organisationsrichtlinien sind zeitnah umzusetzen, d. h. »so schnell wie nötig« oder auch »so schnell wie möglich«.[9] Durch die geforderte anlassbezogene Anpassung der Organisationsrichtlinien tragen die MaRisk dem dynamischen Umfeld der Institute Rechnung, welches eine kontinuierliche Auseinandersetzung mit den einmal festgelegten internen Regelungen erfordert.

---

8 Vgl. Bundesanstalt für Finanzdienstleistungsaufsicht, Mindestanforderungen an das Kreditgeschäft der Kreditinstitute (MaK), Rundschreiben 34/2002 (BA) vom 20. Dezember 2002, Tz. 215.

9 Vgl. Deutscher Sparkassen- und Giroverband, Mindestanforderungen an das Risikomanagement – Interpretationsleitfaden, Version 6, 6. April 2018, S. 235.

4 Bestandteile der Organisationsrichtlinien (Tz. 3)

3 Die Organisationsrichtlinien haben vor allem Folgendes zu beinhalten: **21**

a) Regelungen für die Aufbau- und Ablauforganisation sowie zur Aufgabenzuweisung, Kompetenzordnung und zu den Verantwortlichkeiten,

b) Regelungen hinsichtlich der Ausgestaltung der Risikosteuerungs- und -controllingprozesse,

c) Regelungen zu den Verfahren, Methoden und Prozessen der Aggregation von Risikodaten (bei systemrelevanten Instituten),

d) Regelungen zur Internen Revision,

e) Regelungen, die die Einhaltung rechtlicher Regelungen und Vorgaben (z.B. Datenschutz, Compliance) gewährleisten,

f) Regelungen zu Verfahrensweisen bei wesentlichen Auslagerungen,

g) abhängig von der Größe des Institutes sowie der Art, dem Umfang, der Komplexität und dem Risikogehalt der Geschäftsaktivitäten, einen Verhaltenskodex für die Mitarbeiter.

4.1 Elemente der Organisationsrichtlinien

Unter inhaltlichen Gesichtspunkten decken die Organisationsrichtlinien zunächst wesentliche **22** Elemente des Risikomanagements gemäß § 25a Abs. 21 KWG ab. Darzustellen sind die aufbau- und ablauforganisatorischen Regelungen, die Regelungen zu den Risikosteuerungs- und -controllingprozessen sowie zur Internen Revision. Zusätzlich haben die Organisationsrichtlinien Regelungen zu enthalten, mit denen die Einhaltung rechtlicher Regelungen und Vorgaben gewährleistet werden soll. Darüber hinaus sind Regelungen zu Verfahrensweisen bei wesentlichen Auslagerungen von Aktivitäten und Prozessen darzustellen. Insoweit haben sich die Organisationsrichtlinien auch mit Elementen des § 25b KWG zu befassen. Seit der fünften MaRisk-Novelle müssen die Organisationsrichtlinien in Abhängigkeit von der Größe der Institute sowie der Art, dem Umfang, der Komplexität und dem Risikogehalt der Geschäftsaktivitäten einen Verhaltenskodex für die Mitarbeiter beinhalten. Darüber hinaus haben systemrelevante Institute in die Organisationsrichtlinien Regelungen zu den Verfahren, Methoden und Prozessen der Risikodatenaggregation aufzunehmen.

Eine separate Fixierung der einzelnen Elemente ist nicht zwingend erforderlich. Bestimmte **23** Elemente können daher zusammengefasst werden, solange die Nachvollziehbarkeit der Organisationsrichtlinien dadurch nicht beeinträchtigt wird. Es liegt ferner im Ermessen der Institute, die Organisationsrichtlinien um Bestandteile zu ergänzen, die in den MaRisk nicht unmittelbar adressiert werden. Den Instituten werden in dieser Hinsicht durch die MaRisk keine Grenzen gesetzt.

Die abstrakten Anforderungen der MaRisk lassen den Instituten – im Vergleich zu den Vorgaben **24** der alten Mindestanforderungen – größere Gestaltungsspielräume hinsichtlich der konkret zu erfassenden Elemente. So gehörten nach den MaK noch insgesamt elf Themenfelder zum Pflichtinhalt der Organisationsrichtlinien.[10] Im Unterschied zu den MaK müssen Festlegungen hinsicht-

---

10 Vgl. Bundesanstalt für Finanzdienstleistungsaufsicht, Mindestanforderungen an das Kreditgeschäft der Kreditinstitute (MaK), Rundschreiben 34/2002 (BA) vom 20. Dezember 2002, Tz. 216.

lich der Inanspruchnahme wesentlicher Öffnungsklauseln zwar nicht mehr zwingend in den Organisationsrichtlinien fixiert werden.[11] Aus Gründen der Konsistenz und der besseren Übersichtlichkeit bietet sich jedoch eine Darstellung in den Organisationsrichtlinien an (→ AT6 Tz. 2). Die abstrakten Anforderungen der MaRisk sind im Unterschied zu den MaK allerdings breiter gefasst. Ferner beziehen sich die MaRisk auf Regelungsbereiche, die nicht Gegenstand der MaK waren (z.B. Zinsänderungsrisiko im Anlagebuch).

25   Jedes Institut ist im Hinblick auf die Ausgestaltung der Organisationsrichtlinien dafür verantwortlich, eine individuell passende Lösung zu entwickeln. Die Ausgestaltung der Organisationsrichtlinien soll insgesamt von Art, Umfang, Komplexität sowie Risikogehalt der betriebenen Geschäfte abhängen (→ AT5 Tz. 1). So kann es die konkrete Situation erfordern, einzelne Elemente sehr detailliert und andere weniger detailliert darzustellen.

4.2   Regelungen zur Aufbau- und Ablauforganisation

26   Die Organisationsrichtlinien haben u. a. eine Darstellung der aufbau- und ablauforganisatorischen Regelungen sowie der Aufgabenzuweisungen, Kompetenzen und Verantwortlichkeiten zu enthalten. Was im Einzelnen unter aufbau- und ablauforganisatorischen Regelungen sowie den ansonsten genannten Aspekten zu verstehen ist, wird sowohl im allgemeinen Teil als auch im besonderen Teil der MaRisk näher erläutert (→ AT4.3.1 und BTO). Üblicherweise umfasst die konkrete Darstellung der Aufbau- und Ablauforganisation z.B. Organigramme, Ablaufbeschreibungen, Kompetenzordnungen, Berichtslinien sowie Aufgabenbeschreibungen.

4.3   Regelungen zu den Risikosteuerungs- und -controllingprozessen

27   Für die Zwecke der Darstellung der Risikosteuerungs- und -controllingprozesse bietet es sich an, die einzelnen Schritte dieser Prozesse in den Organisationsrichtlinien näher zu beschreiben. Im Einzelnen geht es also um die Beschreibung der Prozesse zur Identifizierung, Beurteilung, Steuerung, Überwachung und Kommunikation der Risiken (→ AT4.3. Tz.21). In diesem Zusammenhang liegt es nahe, bei der Darstellung dieser Prozesse zwischen den unterschiedlichen Risikoarten zu differenzieren. Da die Risikosteuerungs- und -controllingprozesse ein Bestandteil der Aufbau- und Ablauforganisation sind, ist ferner zu empfehlen, beide Elemente gemeinsam darzustellen.

4.4   Regelungen zur Risikodatenaggregation

28   Im Zuge der fünften MaRisk-Novelle wurden die vom Baseler Ausschuss für Bankenaufsicht formulierten Anforderungen an das Datenmanagement, die Datenqualität und die Aggregation von Risikodaten[12] in das neue Modul AT 4.3.4 aufgenommen und damit in die deutsche Aufsichts-

---

11 Vgl. Bundesanstalt für Finanzdienstleistungsaufsicht, Mindestanforderungen an das Kreditgeschäft der Kreditinstitute (MaK), Rundschreiben 34/2002 (BA) vom 20. Dezember 2002, Tz. 216 lit. k.

12 Baseler Ausschuss für Bankenaufsicht, Grundsätze für die effektive Aggregation von Risikodaten und die Risikoberichterstattung, BCBS 239, 9. Januar 2013.

praxis überführt.[13] Die Anforderungen gelten nur für systemrelevante Institute, wobei die MaRisk hinsichtlich der Definition auf die global systemrelevanten Institute nach § 10h KWG und die anderweitig systemrelevanten Institute nach § 10g KWG verweisen (→ AT 1 Tz. 6). Für das Modul AT 4.3.4 gilt eine besondere Umsetzungsfrist. Die anderweitig systemrelevanten Institute haben die neuen Regelungen zur Risikodatenaggregation innerhalb von drei Jahren zu erfüllen. Diese Frist beginnt grundsätzlich ab dem Zeitpunkt der Einstufung als anderweitig systemrelevantes Institut. Global systemrelevante Institute müssen die Anforderungen dagegen eigentlich bereits seit Januar 2016 einhalten. Ab dem maßgeblichen Umsetzungszeitpunkt haben die Organisationsrichtlinien der systemrelevanten Institute Regelungen zu den Verfahren, Methoden und Prozessen der Aggregation von Risikodaten zu beinhalten.

4.5 Regelungen zur Internen Revision

Zu den Aufgaben der Internen Revision sind ebenfalls geeignete Regelungen in den Organisations- **29** richtlinien zu fixieren. Infrage kommen z. B. Festlegungen zur organisatorischen Einbindung der Internen Revision (→ AT 4.4.3 Tz. 2) oder zur Prüfungsdurchführung (→ BT 2.3) und zu den Berichtspflichten (→ BT 2.4). Diese Regelungen sollten möglichst präzise gefasst sein, damit die Interne Revision ihre Aufgaben im Interesse des Institutes sachgerecht erfüllen kann.

4.6 Einhaltung sonstiger Gesetze und Vorgaben

Die Organisationsrichtlinien haben darüber hinaus Regelungen zu enthalten, die eine Einhaltung **30** rechtlicher Regelungen und Vorgaben gewährleisten. Dass die Einhaltung rechtlicher Regelungen und Vorgaben notwendig ist, muss an dieser Stelle nicht weiter ausgeführt werden. Diese Notwendigkeit wird auch unmittelbar im KWG adressiert. Nach § 25a Abs. 1 Satz 1 KWG muss ein Institut über eine ordnungsgemäße Geschäftsorganisation verfügen, die insbesondere die Einhaltung der von den Instituten zu beachtenden gesetzlichen Bestimmungen gewährleistet. Die MaRisk verweisen in diesem Zusammenhang beispielhaft auf datenschutzrechtliche Bestimmungen sowie Compliance-Regelungen. Es bietet sich an, in diesem Zusammenhang im Wesentlichen auf die Tätigkeit der Compliance-Funktion abzustellen. Die Compliance-Funktion hat alle wesentlichen rechtlichen Regelungen und Vorgaben zu identifizieren, deren Nichteinhaltung zu einer Gefährdung des Vermögens des Institutes führen kann (→ AT 4.4.2).

4.7 Verfahrensweisen bei wesentlichen Auslagerungen

Gegenstand der Organisationsrichtlinien sind auch die Verfahrensweisen des Institutes im Hin- **31** blick auf wesentliche Auslagerungsaktivitäten. In den Organisationsrichtlinien sollten in diesem Zusammenhang vor allem die folgenden Aspekte berücksichtigt werden:

---

13 Das neue Modul AT 4.3.4 adressiert jene Teile von BCBS 239, die sich mit der Datenarchitektur und der IT-Infrastruktur auseinandersetzen. Die Anforderungen an die Informationstechnologie aus BCBS 239 wurden in den Bankaufsichtlichen Anforderungen an die IT (BAIT) umgesetzt, die Vorgaben zur Risikoberichterstattung wurden im Modul BT 3 berücksichtigt.

AT5 Organisationsrichtlinien

- Definition einer Auslagerung und Abgrenzung zum sonstigen Fremdbezug (→ AT9 Tz. 1),
- Ablaufbeschreibung zur Risikoanalyse und deren Anpassung sowie Nennung der Ansprechpartner aus den maßgeblichen Organisationseinheiten (→ AT9 Tz. 2),
- ggf. Festlegung von Aktivitäten und Prozessen, die als Leitungsaufgaben der Geschäftsleitung oder aufgrund spezialgesetzlicher Regelungen einem Auslagerungsverbot unterliegen (→ AT9 Tz. 4),
- Beschreibung der besonderen Anforderungen an Auslagerungen in Kontroll- und Kernbankbereichen (→ AT9 Tz. 5),
- Darstellung der Vorkehrungen für die Beendigung von Auslagerungsvereinbarungen (→ AT9 Tz. 6),
- Festlegung der Anforderungen an Weiterverlagerungen (→ AT9 Tz. 8 und 11),
- Darstellung der laufenden Steuerungs- und Überwachungsmechanismen sowie Nennung der jeweils Verantwortlichen (→ AT9 Tz. 9 und 10),
- ggf. Beschreibung der Aufgaben des zentralen Auslagerungsmanagements (→ AT9 Tz. 12 und 13),
- Darstellung der Kommunikationswege zum Auslagerungsunternehmen und Nennung der Ansprechpartner (→ AT4.3.1 Tz. 2) sowie
- Vorgehensweise bei Unstimmigkeiten zwischen auslagerndem Institut und Auslagerungsunternehmen (Eskalationsverfahren).

32   Es bietet sich an, die genannten Aspekte in eine Beschreibung des gesamten Auslagerungsprozesses einzubetten, der von der Anbahnung des Auslagerungsvorhabens über die Umsetzung bis hin zur Steuerung und Überwachung der ausgelagerten Aktivitäten und Prozesse reicht.

33   Das Proportionalitätsprinzip lässt bei der Darstellung der Verfahrensweisen bei wesentlichen Auslagerungen genügend Raum für angemessene Umsetzungslösungen. Die konkrete Ausgestaltung der Organisationsrichtlinien hängt auch an dieser Stelle von Art, Umfang, Komplexität sowie Risikogehalt der Auslagerungsaktivitäten des Institutes ab.

4.8   Verhaltenskodex für die Mitarbeiter

34   Bereits nach den EBA-Leitlinien zur internen Governance aus dem Jahre 2011 sollte die Geschäftsleitung hohe ethische und fachliche Standards ausarbeiten und fördern, um insbesondere Reputationsrisiken und operationelle Risiken zu begrenzen.[14] Vor diesem Hintergrund hatte die deutsche Aufsicht im Entwurf der vierten MaRisk-Novelle aus dem Jahre 2012 von den Instituten zunächst verlangt, einen Verhaltenskodex (»Code of conduct«) für die Mitarbeiter zu formulieren. Danach sollten sich in den Organisationsrichtlinien auch ethische Gesichtspunkte widerspiegeln, indem »übergeordnete Verhaltensregeln und berufsethische Grundsätze für die Ausübung der Geschäftsaktivitäten« integriert werden. Nachdem die Deutsche Kreditwirtschaft (DK) im Rahmen der Konsultation die verpflichtende Erstellung eines Verhaltenskodex als nicht zielführend kritisiert hatte, hat die deutsche Aufsicht allerdings in der endgültigen Fassung der vierten MaRisk-Novelle auf eine verbindliche Vorgabe für die Institute verzichtet. Die DK hatte in der Konsultation insbesondere darauf hingewiesen, dass es diesbezüglich diverse gesetzliche Vorschriften gebe und insofern unklar bleibe, welche Regeln konkret herangezogen werden sollen. Außerdem könne

---

14   Vgl. European Banking Authority, EBA Guidelines on Internal Governance (GL 44), 27. September 2011, S. 229.

die Anforderung einen hohen Bezug zu arbeitsrechtlichen Regelungen aufweisen und damit den Regelungsbereich der MaRisk verlassen.[15]

Seitdem haben allerdings die internationalen und die europäischen Standardsetzer wiederholt **35** die hohe Bedeutung einer angemessenen Risikokultur in den Instituten, einschließlich der Erstellung eines entsprechenden Verhaltenskodex, betont.[16] Aufgrund dieser Erwartungshaltung hat die deutsche Aufsicht im Zuge der fünften MaRisk-Novelle die Verantwortung der Geschäftsleitung für die Entwicklung, Förderung und Integration einer angemessenen Risikokultur innerhalb des Institutes explizit in den MaRisk verankert (→ AT 3). Die Risikokultur beschreibt demnach allgemein die Art und Weise, wie Mitarbeiter des Institutes im Rahmen ihrer Tätigkeit mit Risiken umgehen (sollen). Zu einer angemessenen Risikokultur gehört zunächst, dass die Geschäftsleitung die gewünschten Werte und Erwartungen für das Institut festlegt. Diese Vorgaben müssen den Mitarbeitern in geeigneter Weise bekanntgegeben werden. Dies kann nach den Vorstellungen der deutschen Aufsicht am besten durch einen gesonderten Verhaltenskodex für die Mitarbeiter erfolgen, der in Abhängigkeit von der Größe des Institutes sowie der Art, dem Umfang, der Komplexität und dem Risikogehalt der Geschäftsaktivitäten in die Organisationsrichtlinien aufzunehmen ist.

Der erste Entwurf der fünften MaRisk-Novelle sah noch vor, dass alle Institute einen Verhaltens- **36** kodex formulieren müssen. Nach Auswertung der Stellungnahmen der Kreditwirtschaft und der Diskussion im Fachgremium MaRisk im Mai 2016 ist die deutsche Aufsicht allerdings der Einschätzung gefolgt, dass oftmals die persönliche Ansprache der Mitarbeiter durch die Führungskräfte des Institutes das direktere und im Zweifel auch effektivere Mittel ist, die Mitarbeiter auf die gemeinsamen Werte und Ziele einzuschwören. Eine solche direkte Ansprache ist gerade bei kleineren Instituten möglich, sodass hier ein Verhaltenskodex nicht notwendig ist. Kleinere Institute mit weniger komplexen Geschäftsaktivitäten können auf einen Verhaltenskodex daher verzichten und müssen diesen Verzicht gegenüber der Aufsicht auch nicht gesondert begründen. Bei größeren Instituten mit weiter verzweigten Geschäftsaktivitäten wird er jedoch als ein sinnvolles Instrument angesehen.[17]

Vertreter der BaFin haben die Vorteile eines Verhaltenskodex bei verschiedenen Gelegenheiten **37** betont. Mit einem derartigen Kodex kann die Geschäftsleitung innerhalb des gesamten Institutes – unabhängig von dessen Größe – klar kommunizieren, welche Erwartungen sie an sich und ihre Mitarbeiter stellt. Außerdem wird durch einen Verhaltenskodex verhindert, dass Anforderungen bzw. Informationen bei der Weitergabe verwässert oder verfälscht werden oder sogar komplett verloren gehen. Ein Verhaltenskodex bietet daher allen Adressaten eine Orientierungshilfe beim Ausrichten ihres eigenen Handelns. Er schafft zudem Transparenz über ein einheitliches Grundverständnis, auf das sich nicht nur die Geschäftsleitung beziehen kann. Auch die Mitarbeiter selbst haben dadurch die Möglichkeit, die Einhaltung der festgelegten Grundsätze für sich einzufordern. Voraussetzung hierfür ist allerdings, dass der Verhaltenskodex nicht zu allgemein gehalten ist und damit die Adressaten im Unklaren lässt, was von ihnen in welchen Situationen gefordert wird und welche Konsequenzen sie zu erwarten haben, im positiven wie im negativen Sinne.

Die Geschäftsleitung sollte jedoch den Verhaltenskodex nicht als einziges Werkzeug verstehen, **38** das gewünschte Wertesystem zu transportieren. Er bietet weder eine Garantie dafür, dass sich die Mitarbeiter den Vorgaben entsprechend verhalten, noch dass dadurch die Risikokultur automatisch angemessen ist. Auch ein Verhaltenskodex entbindet die Geschäftsleiter und leitenden

---

15 Vgl. Deutsche Kreditwirtschaft, Stellungnahme zum Konsultationspapier 01/2012 der Bundesanstalt für Finanzdienstleistungsaufsicht (BaFin) – »Überarbeitung der MaRisk«, 5. Juni 2012, S. 212.

16 Vgl. European Banking Authority, Leitlinien zur internen Governance, EBA/GL/2017/11, 21. März 2018, S. 227 ff; Basel Committee on Banking Supervision, Guidelines – Corporate governance principles for banks, BCBS d328, 8. Juli 2015, S. 10.

17 Vgl. Bundesanstalt für Finanzdienstleistungsaufsicht, Rundschreiben 09/2017 (BA) zur Überarbeitung der MaRisk, Übermittlungsschreiben vom 27. Oktober 2017, S. 24.

Angestellten nicht davon, ihre Vorbildfunktion zu erfüllen und die Einhaltung des Wertesystems zu überwachen.

39   Der Ansatz der deutschen Aufsicht, wonach kleinere Institute mit einem einfachen Geschäftsmodell und geringer Risikoexponierung auf die Erstellung eines gesonderten Verhaltenskodex verzichten können, entspricht den Vorgaben der EBA. Nach den überarbeiteten Leitlinien zur internen Governance soll die Geschäftsleitung hohe ethische und berufliche Standards entwickeln, annehmen, einhalten und fördern, wobei die spezifischen Anforderungen und Merkmale des Institutes zu berücksichtigen sind. Die Geschäftsleitung ist für die Umsetzung verantwortlich, wobei nach den Vorstellungen der EBA die Umsetzung durch einen Verhaltenskodex »oder ein vergleichbares Instrument« erfolgen kann.[18] Auch die EBA verlangt somit nicht, dass alle Institute über einen schriftlichen Verhaltenskodex verfügen. Dem im Juni 2018 von der EBA vorgelegten Entwurf der Leitlinien zu Auslagerungen zufolge sollen die Institute sicherstellen, dass auch das Auslagerungsunternehmen in Übereinstimmung mit den Werten und dem Verhaltenskodex des Institutes handelt[19] ($\rightarrow$ AT 9 Tz. 2).

4.9 Anforderungen der EBA an interne Richtlinien und Kontrollrichtlinien

40   Die EBA verlangt von den Instituten die Erarbeitung eines Rahmenwerkes für die Governance, wobei für die jeweiligen Anforderungen (z. B. organisatorische und operative Struktur des Institutes, Auslagerungen, Risikokultur, Verhaltenskodex, Umgang mit Interessenkonflikten, Whistleblowing-Verfahren) interne Richtlinien vorgehalten werden sollen.[20] Diese Richtlinien sind den Mitarbeitern bekanntzugeben sowie regelmäßig und anlassbezogen zu überprüfen und ggf. anzupassen. Aus Anhang I ihrer Leitlinien zur internen Governance ist ersichtlich, welche Aspekte die Institute nach den Vorstellungen der EBA bei der Dokumentation der Richtlinien berücksichtigen sollten.[21]

41   Von den internen Richtlinien unterscheidet die EBA interne Kontrollrichtlinien, die sich auf die gesamte Organisation eines Institutes erstrecken sollen, einschließlich der Zuständigkeiten und Aufgaben der Geschäftsleitung, der Tätigkeiten aller Geschäftsbereiche und internen Einheiten (einschließlich der Risikocontrolling- und Compliance-Funktion sowie der Internen Revision), der ausgelagerten Tätigkeiten und der Vertriebskanäle. Nach den Vorstellungen der EBA sollten die internen Kontrollrichtlinien eines Institutes Folgendes sicherstellen[22]:
- wirksame und effiziente Betriebsabläufe,
- umsichtige Führung der Geschäfte,
- angemessene Ermittlung, Messung und Minderung von Risiken,
- Zuverlässigkeit der finanziellen und nicht finanziellen Berichterstattung, sowohl intern als auch extern,
- solide Verwaltungs- und Buchungsverfahren,
- Einhaltung von Gesetzen, Rechtsvorschriften, aufsichtlichen Anforderungen sowie der internen Richtlinien, Verfahren, Regelungen und Entscheidungen des Institutes.

---

18 Vgl. European Banking Authority, Leitlinien zur internen Governance, EBA/GL/2017/11, 21. März 2018, S. 227 f.

19 Vgl. European Banking Authority, Consultation Paper – EBA Draft Guidelines on Outsourcing arrangements, EBA/CP/2018/11, 22. Juni 2018, S. 35.

20 Die Anforderungen an das Rahmenwerk für die Governance ist im Titel IV der Leitlinien enthalten. Vgl. European Banking Authority, Leitlinien zur internen Governance, EBA/GL/2017/11, 21. März 2018, S. 26 ff.

21 Vgl. European Banking Authority, Leitlinien zur internen Governance, EBA/GL/2017/11, 21. März 2018, S. 51 ff.

22 Vgl. European Banking Authority, Leitlinien zur internen Governance, EBA/GL/2017/11, 21. März 2018, S. 35 f.

Auch nach den Vorstellungen der EBA gilt für die Ausgestaltung der internen Kontrollrichtlinien **42**
der Grundsatz der Proportionalität. Die Institute können ihre internen Kontrollrichtlinien somit
individuell an die Besonderheiten ihrer Geschäftstätigkeit, die Komplexität und die Risiken des
Institutes anpassen, wobei auch der Gruppenkontext zu berücksichtigen ist.[23]

---

23 Vgl. European Banking Authority, Leitlinien zur internen Governance, EBA/GL/2017/11, 21. März 2018, S. 35.

5   Ausgestaltung der Organisationsrichtlinien (Tz. 4)

43   **4** Die Ausgestaltung der Organisationsrichtlinien muss es der Internen Revision ermöglichen, in die Sachprüfung einzutreten.

5.1   Prüfung durch die Interne Revision

44   Die Interne Revision hat als Instrument der Geschäftsleitung risikoorientiert und prozessunabhängig die Wirksamkeit des Risikomanagements im Allgemeinen und des internen Kontrollsystems im Besonderen sowie die Ordnungsmäßigkeit grundsätzlich aller Aktivitäten und Prozesse zu überprüfen (→ AT 4.4.3 Tz. 2 und 3 sowie BT 2.1 Tz. 1). Um ihre Aufgaben zu erfüllen, greift die Interne Revision auf unterschiedliche Instrumente zurück. Soll-/Ist-Vergleiche auf der Basis der gegebenen Organisationsrichtlinien sind dabei ein wichtiges Instrument. Durch derartige Vergleiche kann die Interne Revision beurteilen, ob der Inhalt der Organisationsrichtlinien im Institut tatsächlich gelebt wird. Daher sollten die Organisationsrichtlinien so ausgestaltet sein, dass sie für die Interne Revision eine brauchbare Prüfungsgrundlage darstellen. Wenig strukturierte oder sogar unvollständige Organisationsrichtlinien sind hingegen nicht nur ein Indiz für allgemeine organisatorische Mängel. Sie erschweren darüber hinaus die Arbeit der Internen Revision. Daraus entstehen Kosten, die das Institut im eigenen Interesse durch die Formulierung sachgerechter Organisationsrichtlinien vermeiden kann. Sachgerechte Organisationsrichtlinien reduzieren darüber hinaus den Aufwand bei Prüfungen durch externe Prüfer.

45   Sofern diesbezüglich Defizite bestehen, ist im Übrigen auch davon auszugehen, dass die Organisationsrichtlinien keine gute Arbeitsgrundlage für die betroffenen Mitarbeiter im Institut darstellen. Insofern würde das Institut rein formal betrachtet zwar sicherstellen, dass die Geschäftsaktivitäten auf der Grundlage von Organisationsrichtlinien betrieben werden (→ AT 5 Tz. 1). Allerdings wäre der gewünschte Zweck damit vermutlich nicht erfüllbar.

AT 6 Dokumentation

1 Einführung und Überblick

Dokumentationspflichten werden von der Kreditwirtschaft häufig kritisch beurteilt. Die Kritik richtet **1** sich dabei vor allem gegen überzogene Dokumentationsanforderungen, die durch die Bankenaufsicht allgemein oder im Rahmen von Prüfungshandlungen von den Instituten abverlangt werden. Trotz dieser Kritik, die im Einzelfall berechtigt sein mag, besteht im Grunde genommen bei allen Beteiligten kein Zweifel daran, dass angemessene Dokumentationen sinnvoll sind.

Unter einer »Dokumentation« versteht man die Sammlung, Ordnung, Speicherung, Wieder- **2** zugänglichmachung und Auswertung von Dokumenten bzw. von schriftlich fixiertem Wissen jeglicher Art. Im Wesentlichen dienen Dokumentationen der Verbesserung der Kommunikation und der Informationsweitergabe innerhalb einer Institution. Sie leisten darüber hinaus als Instrument zur Beweissicherung einen Beitrag zur Reduzierung von rechtlichen Risiken. Dokumentationen sind daher grundsätzlich äußerst sinnvoll. Falls rechtskräftige Dokumente fehlen, nicht zeichnungsberechtigte Mitarbeiter Unterschriften leisten oder z. B. unzureichende Sicherheiten bestehen, können daraus erhebliche Verluste für das Institut resultieren.

Die Anforderungen an die Dokumentation stehen in einem engen Zusammenhang mit dem **3** durch die Organisationsrichtlinien festgelegten Rahmen für die Geschäftsaktivitäten eines Institutes (→ AT 5). Auf der Grundlage der Organisationsrichtlinien führen die Geschäftsleiter und Mitarbeiter des Institutes die Handlungen und Festlegungen durch, die anschließend zu dokumentieren sind.

Die Bedeutung von Dokumentationen wird auch vom Gesetzgeber hervorgehoben. So ist nach **4** § 238 HGB jeder Kaufmann dazu »verpflichtet, Bücher zu führen und in diesen seine Handelsgeschäfte und die Lage seines Vermögens nach den Grundsätzen ordnungsgemäßer Buchführung ersichtlich zu machen«. In diesem Zusammenhang sind auch die Aufbewahrungspflichten für Unterlagen gemäß § 257 HGB zu beachten. Aufzeichnungs- und Aufbewahrungspflichten sind ebenso Gegenstand aufsichtsrechtlicher Normen. Nach § 25a Abs. 1 Satz 6 Nr. 2 KWG muss ein Institut dafür Sorge tragen, dass die Aufzeichnungen über die ausgeführten Geschäfte eine lückenlose Überwachung durch die BaFin für ihren Zuständigkeitsbereich gewährleisten.

5   Die Aufzeichnungspflichten des KWG sind grundsätzlich weiter gefasst als die entsprechenden handelsrechtlichen Vorschriften. Die Aufzeichnungen müssen so beschaffen sein, dass die BaFin auch im Nachhinein überprüfen kann, ob die Institute die aufsichtsrechtlichen Verpflichtungen eingehalten haben. Zu den aufsichtsrechtlichen Verpflichtungen zählen z. B. die organisatorischen Pflichten des § 25a Abs. 1 KWG, die Einhaltung von Geschäftsbegrenzungsnormen sowie Melde- und Einreichungspflichten.[1] Die Umsetzung der MiFID führte zu einer weiteren Ausdehnung der Aufzeichnungspflichten nach dem KWG, die sich jetzt nicht mehr nur auf die ausgeführten Geschäfte, sondern auch auf die Geschäftstätigkeit an sich, einschließlich sämtlicher Dienstleistungen, beziehen. Durch die Anpassungen des § 25a Abs. 1 Satz 6 Nr. 2 KWG wurden Art. 13 Abs. 6 MiFID sowie Art. 5 Abs. 1 lit. f und 51 Abs. 1 MiFID-Durchführungsrichtlinie umgesetzt. Die Mindestaufbewahrungsfrist beträgt gemäß Art. 51 Abs. 1 Satz 1 MiFID-Durchführungsrichtlinie fünf Jahre. Die Vorgaben nach § 257 Abs. 4 HGB, der eine Aufbewahrungsfrist für bestimmte Unterlagen wie z. B. Handelsbücher, Eröffnungsbilanzen, Jahresabschlüsse, Lageberichte sowie die zu ihrem Verständnis erforderlichen Arbeitsanweisungen und sonstigen Organisationsunterlagen sowie Buchungsbelege von zehn Jahren und für sonstige in § 257 Abs. 1 HGB genannte Unterlagen von sechs Jahren verlangt, bleiben von dieser Regelung unberührt.

6   Darüber hinaus haben die Institute alle Aufzeichnungen aufzubewahren, die für die Durchführung des aufsichtlichen Überprüfungs- und Bewertungsprozesses (SREP) erforderlich sind.

7   Die MaRisk konkretisieren die aufsichtsrechtlichen Dokumentations- und Aufbewahrungspflichten gemäß § 25a Abs. 1 Satz 6 Nr. 2 KWG. Danach sind Geschäfts-, Kontroll- und Überwachungsunterlagen systematisch und für sachkundige Dritte nachvollziehbar abzufassen und grundsätzlich fünf Jahre aufzubewahren (→ AT 6 Tz. 1). Ferner sind die für die Einhaltung der MaRisk wesentlichen Handlungen und Festlegungen, insbesondere im Hinblick auf die Inanspruchnahme von Öffnungsklauseln, nachvollziehbar zu dokumentieren (→ AT 6 Tz. 2). Wertpapierdienstleistungsunternehmen haben über die MaRisk hinaus besondere Aufzeichnungs- und Aufbewahrungspflichten gemäß §§ 27 und 83 WpHG einzuhalten.

---

1   Vgl. die beispielhafte Aufzählung bei Braun, Ulrich, in: Boos, Karl-Heinz/Fischer, Reinfrid/Schulte-Mattler, Hermann (Hrsg.), Kreditwesengesetz, VO (EU) Nr. 575/2013 (CRR), Band 1, 5. Auflage, München, 2016, § 25a KWG, Tz. 669.

2 Erfordernis von Organisationsrichtlinien (Tz. 1)

1 Geschäfts-, Kontroll- und Überwachungsunterlagen sind systematisch und für sachkun- **8**
dige Dritte nachvollziehbar abzufassen und grundsätzlich fünf Jahre aufzubewahren.
Die Aktualität und Vollständigkeit der Aktenführung ist sicherzustellen.

2.1 Geschäfts-, Kontroll- und Überwachungsunterlagen

Geschäfts-, Kontroll- und Überwachungsunterlagen sind systematisch und für sachkundige Dritte **9**
nachvollziehbar abzufassen. Diese Anforderung bezieht sich jedoch, soweit dem nicht übergeordnete Normen entgegenstehen (insbesondere HGB und KWG), nur auf wesentliche Unterlagen
($\rightarrow$ AT 6 Tz. 2).

Geschäfts-, Kontroll- und Überwachungsunterlagen lassen sich wie folgt unterscheiden: **10**
- Zu den Geschäftsunterlagen zählen Unterlagen, die im unmittelbaren Zusammenhang mit
  einem Geschäftsvorfall stehen (z. B. Bestätigungen im Handelsgeschäft).
- Zu den Kontrollunterlagen zählen z. B. Überziehungslisten im Kreditgeschäft oder Unterlagen,
  die der Dokumentation der Marktgerechtigkeitskontrolle im Handelsgeschäft dienen.
- Überwachungsunterlagen enthalten in erster Linie Informationen zur Risikoberichterstattung
  gegenüber der Geschäftsleitung (z. B. der zumindest vierteljährliche Bericht über die Adressenausfallrisiken).

Die Geschäfts-, Kontroll- und Überwachungsunterlagen sind so abzufassen, dass sie für sach- **11**
kundige Dritte (z. B. die Interne Revision oder externe Prüfer) nachvollziehbar sind. Darüber
hinaus ist die Aktualität und Vollständigkeit der Aktenführung sicherzustellen.

2.2 Aufbewahrungsform

Die MaRisk enthalten keine weiteren Regelungen hinsichtlich der Form der Aufbewahrung. Der **12**
Verwendung moderner Aufzeichnungsmethoden steht insoweit nichts entgegen (z. B. elektronische Archivierung). Gemäß § 25a Abs. 1 Satz 6 Nr. 2 KWG i. V. m. § § 257 Abs. 3 HGB gelten die
handelsrechtlichen Grundsätze. Mit Ausnahme der Eröffnungsbilanzen, der Jahresabschlüsse und
der Konzernabschlüsse können Aufzeichnungen nach § 25a Abs. 1 Satz 6 Nr. 2 KWG i. V. m. § 257
Abs. 3 HGB im Original oder auch als Wiedergabe auf einem Bildträger[2] oder anderen Datenträgern[3] aufbewahrt werden, soweit dies im Einklang mit den Grundsätzen ordnungsgemäßer
Buchführung steht und sichergestellt ist, dass die Wiedergabe oder die Daten

---

2 Unter dem Begriff »Bildträger« sind alle Verfahren zu verstehen, die geeignet sind, die ursprüngliche Vorlage nicht nur
inhaltlich, sondern auch in ihrer äußeren Form wiederzugeben. Hierzu gehören neben der Fotokopie und den verschiedenen Formen des Mikrofilms auch elektromagnetische oder elektronische Verfahren (z. B. optische Speicherplatten,
Einscannen). Vgl. Braun, Ulrich, in: Boos, Karl-Heinz/Fischer, Reinfrid/Schulte-Mattler, Hermann (Hrsg.), Kreditwesengesetz, VO (EU) Nr. 575/2013 (CRR), Band 1, 5. Auflage, München, 2016, § 25a KWG, Tz. 678.

3 Unter dem Begriff »andere Datenträger« sind insbesondere Magnetbänder, Magnetplatten, Bildplatten, Disketten und
Festspeicher zu verstehen. Vgl. Braun, Ulrich, in: Boos, Karl-Heinz/Fischer, Reinfrid/Schulte-Mattler, Hermann (Hrsg.),
Kreditwesengesetz, VO (EU) Nr. 575/2013 (CRR), Band 1, 5. Auflage, München, 2016, § 25a KWG, Tz. 678.

- mit den empfangenen Handelsbriefen und den Buchungsbelegen bildlich und mit den anderen Unterlagen inhaltlich übereinstimmen, wenn sie lesbar gemacht werden, sowie
- während der Dauer der Aufbewahrungsfrist verfügbar sind und jederzeit innerhalb angemessener Frist lesbar gemacht werden können.

2.3 Aufbewahrungsfristen

13 Die Dauer der grundsätzlichen Aufbewahrungsfrist für Geschäfts-, Kontroll- und Überwachungsunterlagen wurde im Zuge der fünften MaRisk-Novelle von zwei auf fünf Jahre angehoben. Hintergrund der Anhebung dürfte eine Angleichung der Regelung an die gesetzliche Aufbewahrungsdauer in § 25a Abs. 1 Satz 6 Nr. 2 KWG sein, wonach die für eine lückenlose Überwachung der Geschäftstätigkeit durch die BaFin erforderlichen Aufzeichnungen mindestens fünf Jahre aufzubewahren sind. Dem Vorschlag der Deutschen Kreditwirtschaft (DK) im Rahmen der Konsultation der fünften MaRisk-Novelle, für Geschäftsunterlagen eine fünfjährige Aufbewahrungsfrist sowie für Kontroll- und Überwachungsunterlagen eine zweijährige Aufbewahrungsfrist vorzusehen, ist die Aufsicht nicht gefolgt.[4]

14 Nach dem Wortlaut der Regelung (»grundsätzlich«) gelten für Geschäfts-, Kontroll- und Überwachungsunterlagen weiterhin kürzere Aufbewahrungsfristen, wenn die Aufsicht sie im Einzelfall zulässt. So ist für Tonträgeraufzeichnungen im Handelsgeschäft eine Aufbewahrungsfrist von mindestens drei Monaten erforderlich (→ BTO 2.2.1 Tz. 4). Im Millionenkreditmeldeverfahren sind gemäß § 18 GroMiKV ebenfalls verkürzte Aufbewahrungsfristen anzuwenden. Unberührt von der Regelung in den MaRisk bleiben auch die längeren Aufbewahrungsfristen des § 257 Abs. 4 HGB (→ AT 6, Einführung).

15 Im Hinblick auf den Beginn der Aufbewahrungsfrist gelten die handelsrechtlichen Anforderungen gemäß § 257 Abs. 5 HGB entsprechend. Fristbeginn ist somit grundsätzlich der Schluss des Kalenderjahres, in dem

- die letzte Eintragung in das Handelsbuch bzw. die letzte Aufzeichnung zu dem betreffenden Geschäft gemacht,
- der Handelsbrief empfangen oder abgesandt worden, oder
- der Buchungsbeleg entstanden ist.[5]

---

4 Vgl. Deutsche Kreditwirtschaft, Stellungnahme zum Entwurf der MaRisk in der Fassung vom 18. Februar 2016 (Konsultation 02/2016) vom 27. April 2016, S. 25.

5 Vgl. Braun, Ulrich, in: Boos, Karl-Heinz/Fischer, Reinfrid/Schulte-Mattler, Hermann (Hrsg.), Kreditwesengesetz, VO (EU) Nr. 575/2013 (CRR), Band 1, 5. Auflage, München, 2016, § 25a KWG, Tz. 682.

3 Schriftliche Fixierung, Anpassung und Kommunikation (Tz. 2)

2 Die für die Einhaltung dieses Rundschreibens wesentlichen Handlungen und Festlegun- **16** gen sind nachvollziehbar zu dokumentieren. Dies beinhaltet auch Festlegungen hinsichtlich der Inanspruchnahme wesentlicher Öffnungsklauseln, die ggf. zu begründen sind.

3.1 Wesentliche Handlungen und Festlegungen

Handlungen und Festlegungen sind nachvollziehbar zu dokumentieren, sofern sie für die Einhaltung **17** der MaRisk von wesentlicher Bedeutung sind. Soweit sie nicht bereits Gegenstand der Geschäfts-, Kontroll- und Überwachungsunterlagen sind (→ AT 6 Tz. 1), zählen zu den »wesentlichen Handlungen« z. B. die Abgabe eines Votums im risikorelevanten Kreditgeschäft oder die Wahrnehmung der Kompetenz im Rahmen einer Kreditentscheidung. Gegenstand von »Festlegungen« sind z. B. die Geschäfts- und Risikostrategie, die Bestimmung des risikorelevanten Kreditgeschäftes oder die Analyse der Risiken bei Auslagerungen. Darüber hinaus lassen sich viele andere Beispiele von wesentlichen Handlungen oder Festlegungen finden. Es liegt im Ermessen des Institutes, welche Handlungen oder Festlegungen im Einzelfall als wesentlich zu beurteilen sind.

3.2 Öffnungsklauseln

Die MaRisk enthalten eine Vielzahl von Öffnungsklauseln, die abhängig von der Größe des Institutes, **18** den Geschäftsschwerpunkten und der Risikosituation individuelle Umsetzungslösungen möglich machen (→ AT 1 Tz. 5). Diese Öffnungsklauseln sind eng mit dem Proportionalitätsprinzip verknüpft, das ein immanenter Bestandteil des aufsichtlichen Überprüfungs- und Bewertungsprozesses (SREP) ist. Das Proportionalitätsprinzip kommt in den MaRisk an zahlreichen Stellen und in verschiedenen Varianten zum Ausdruck. Hauptsächlich geht es um Erleichterungen in Abhängigkeit von Art, Umfang, Komplexität und Risikogehalt der Geschäftsaktivitäten, wie z. B. bei der Ausgestaltung und Durchführung der Stresstests (→ AT 4.3.3 Tz. 1 und 4), bei der möglichen Wahrnehmung der Aufgaben des Compliance-Beauftragten durch einen Geschäftsleiter (→ AT 4.4.2 Tz. 5), beim Erfordernis des Zwei-Voten-Prinzips für eine Kreditentscheidung (→ BTO 1.1 Tz. 2) oder bei der Festlegung des maßgeblichen Turnusses zur Bewertung, Ergebnisermittlung und Kommunikation der Marktpreisrisiken (→ BTR 2.3 Tz. 4). Teilweise sind nicht alle genannten Parameter gleichermaßen relevant, teilweise spielen (zusätzlich) auch andere Orientierungsgrößen eine Rolle. So ist z. B. die Systemrelevanz bzw. die Größe des Kreditinstitutes maßgeblich für die Entscheidung, ob bestimmte Funktionen (Leiter der Risikocontrolling-Funktion, Leiter der Internen Revision) von einem Geschäftsleiter wahrgenommen werden müssen bzw. dürfen (→ AT 4.4.1 Tz. 5 und AT 4.4.3 Tz. 1). Die Ausgestaltung eines Systems zur verursachungsgerechten internen Verrechnung der jeweiligen Liquiditätskosten, -nutzen und -risiken ist wiederum auch von der Refinanzierungsstruktur des Institutes abhängig (→ BTR 3.1 Tz. 5). Darüber hinaus spielt die Internationalität der Geschäftsaktivitäten eine Rolle, wenn es darum geht, weitergehende Vorkehrungen im

AT 6 Dokumentation

Bereich des Risikomanagements zu treffen und zu diesem Zweck auch die Ausarbeitungen der internationalen Standardsetzer zu berücksichtigen (→ AT 1 Tz. 3). Schließlich knüpfen bestimmte Anforderungen der MaRisk an die Systemrelevanz eines Institutes an, z. B. die exklusive Wahrnehmung der Leitung der Risikocontrolling-Funktion durch einen Geschäftsleiter (→ AT 4.4.1 Tz. 5) oder die Anforderungen an Datenmanagement, Datenqualität und Aggregation von Risikodaten (→ AT 4.3.4). Auch auf der europäischen Ebene wird dem Prinzip der Proportionalität ein sehr hoher Stellenwert eingeräumt. Ergänzend kann daher auf die von der EBA entwickelten Kriterien für das Proportionalitätsprinzip und den detaillierten Katalog zur Konkretisierung dieser Kriterien zurückgegriffen werden.[6] Da die Formulierungen in den MaRisk sehr offen sind und die Ausgestaltung der Anforderungen damit zum Teil dehnbar ist, kommt dem Umgang mit den Öffnungsklauseln in Verbindung mit dem Proportionalitätsgrundsatz in der Prüfungspraxis eine große Bedeutung zu.

19   Derartige Öffnungsklauseln waren auch Gegenstand der MaK. Einige Verbände äußerten in diesem Zusammenhang Kritik an der MaK-Prüfungspraxis. So seien im Rahmen von Prüfungshandlungen überzogene Dokumentationsanforderungen an die Inanspruchnahme von Öffnungsklauseln durch die Institute gestellt worden. Daraus ergaben sich Rechtfertigungszwänge, die die Institute verunsicherten bzw. in ihren Bewegungsspielräumen nach eigenem Empfinden unangemessen einschränkten. Die deutsche Aufsicht hat in diesem Zusammenhang klargestellt, dass überzogene Dokumentations- und Rechtfertigungszwänge bei der Inanspruchnahme von Öffnungsklauseln nicht von der offenen Grundausrichtung der MaRisk gedeckt sind.[7] Sie hat daher den Grundsatz der Wesentlichkeit stärker betont. Lediglich die Inanspruchnahme wesentlicher Öffnungsklauseln ist folglich zu dokumentieren und ggf. zu begründen. Es liegt somit in der Eigenverantwortung der Institute, in dieser Hinsicht eine sachgerechte Lösung zu finden.

---

6   Vgl. European Banking Authority, Leitlinien zur internen Governance, EBA/GL/2017/11, 21. März 2018, S. 8 f.
7   Vgl. Bundesanstalt für Finanzdienstleistungsaufsicht, Übermittlungsschreiben zum Rundschreiben 18/2005 (BA) vom 20. Dezember 2005, S. 4.

AT 7 Ressourcen

1 Einführung und Überblick

1.1 Ressourcen aus verschiedenen Blickwinkeln

Bei Industrieunternehmen ist die Leistungserstellung das Ergebnis des Zusammenspiels verschiedener Produktionsfaktoren. Für Kredit- und Finanzdienstleistungsinstitute gilt im Prinzip nichts anderes. Kapital, Arbeit und Betriebsmittel werden in einem bestimmten Verhältnis miteinander kombiniert, um auf diese Weise die Ziele des Institutes bestmöglich zu verwirklichen. Die genannten Produktionsfaktoren sind auch Gegenstand der MaRisk. Das »(interne) Kapital« ist in der Gestalt des Risikodeckungspotenzials insbesondere Gegenstand des Moduls AT4.1. Die Produktionsfaktoren Arbeit und Betriebsmittel werden schwerpunktmäßig in Modul AT7 adressiert. **1**

Die Institute haben in Abhängigkeit von den betriebsinternen Erfordernissen, den Geschäftsaktivitäten sowie der Risikosituation eine angemessene personelle und technisch-organisatorische Ausstattung sicherzustellen. Eine zunehmend bedeutende Rolle kommt dabei der Informationstechnik (IT) zu. Darüber hinaus haben die Institute für zeitkritische Aktivitäten und Prozesse Notfallkonzepte zu entwickeln. In die gleiche Richtung gehende Regelungen wurden bereits in den alten Mindestanforderungen formuliert.[1] Durch die MaRisk werden diese Regelungen jedoch auf eine breitere Basis gestellt. **2**

Im Zusammenhang mit dem Faktor Arbeit spielt die Ausgestaltung der Vergütungssysteme, insbesondere im Hinblick auf deren Anreizwirkung, eine wichtige Rolle. Regelungen zu den Vergütungssystemen waren zwischenzeitlich auch Gegenstand der MaRisk. Allerdings wurden diese Anforderungen aufgrund neuer regulatorischer Vorgaben zunächst in ein gesondertes Rund- **3**

---

1 Vgl. Bundesanstalt für Finanzdienstleistungsaufsicht, Mindestanforderungen an das Kreditgeschäft der Kreditinstitute (MaK), Rundschreiben 34/2002 (BA) vom 20. Dezember 2002, Tz. 17 und 89 ff.; Bundesaufsichtsamt für das Kreditwesen, Mindestanforderungen an die Ausgestaltung der Internen Revision der Kreditinstitute (MaIR), Rundschreiben 1/2000 vom 17. Januar 2000, Tz. 23; Bundesaufsichtsamt für das Kreditwesen, Mindestanforderungen an das Betreiben von Handelsgeschäften der Kreditinstitute (MaH), Verlautbarung vom 23. Oktober 1995, Abschnitte 2.4 und 3.4.

schreiben[2] und anschließend in eine neue Verordnung überführt, die mittlerweile überarbeitet wurde. Mit der am 4. August 2017 in Kraft getretenen Fassung der Institutsvergütungsverordnung[3] sind vor allem die Anforderungen der Leitlinien der EBA für eine solide Vergütungspolitik in deutsches Recht umgesetzt worden, mit denen die Vergütungsregeln der CRD IV und der CRR konkretisiert werden.[4] Die BaFin hat außerdem die Auslegungshilfe zur Institutsvergütungsverordnung, mit der sie Hinweise zur Umsetzung der Anforderungen gibt, überarbeitet und am 15. Februar 2018 veröffentlicht.[5]

1.2 Personal

4 Mitarbeiter sind die kostbarste Ressource eines Institutes. Zwar rücken quantitative Gesichtspunkte aufgrund der Rationalisierungsbemühungen der Institute sowie der technischen Möglichkeiten und der fortschreitenden Digitalisierung tendenziell immer mehr in den Hintergrund. Allerdings wird der Qualifikation der Mitarbeiter – nicht zuletzt aufgrund der steigenden Komplexität der Tätigkeiten in den Instituten – ein immer höherer Stellenwert eingeräumt. Die MaRisk widmen sich daher schwerpunktmäßig der qualitativen Personalausstattung, wobei Leiharbeitnehmer in diese Betrachtung explizit eingeschlossen werden (→ AT 7.1). Die mit der fünften MaRisk-Novelle neu eingeführten Anforderungen an die Entwicklung, Förderung und Integration einer angemessenen Risikokultur (→ AT 3 Tz. 1) haben auch Auswirkungen auf die Bewertung der Qualifikation der Mitarbeiter und die Personalentwicklungskonzepte inklusive der Nachfolgeplanung eines Institutes (→ AT 7.1).

5 Besondere qualitative Anforderungen werden an die Leiter der besonderen Funktionen gestellt, also an die Leiter der Risikocontrolling-Funktion, der Compliance-Funktion und der Internen Revision (→ AT 7.1 Tz. 2, Erläuterung). Gleichzeitig sind von den Aufsichtsbehörden Kriterien zur Bewertung der Eignung von Mitgliedern des Leitungsorganes und Inhabern von Schlüsselfunktionen ausgearbeitet und weiter geschärft worden.[6]

---

2 Bundesanstalt für Finanzdienstleistungsaufsicht, Aufsichtsrechtliche Anforderungen an die Vergütungssysteme von Instituten, Rundschreiben 22/2009 (BA) vom 21. Dezember 2009.

3 Verordnung über die aufsichtsrechtlichen Anforderungen an Vergütungssysteme von Instituten (Institutsvergütungsverordnung – InstitutsVergV) vom 16. Dezember 2013 (BGBl. I S. 4270), die zuletzt durch Artikel 1 der Verordnung vom 25. Juli 2017 (BGBl. I S. 3042) geändert worden ist.

4 Zur Kommentierung der Institutsvergütungsverordnung siehe Buscher, Arne Martin/Link, Vivien/von Harbou, Christopher/Weigl, Thomas, Verordnung über die aufsichtsrechtlichen Anforderungen an Vergütungssysteme von Instituten (Institutsvergütungsverordnung – InstitutsVergV), 2. Auflage, Stuttgart, 2018.

5 Bundesanstalt für Finanzdienstleistungsaufsicht, Auslegungshilfe zur Institutsvergütungsverordnung in der Fassung vom 15. Februar 2018.

6 Bundesanstalt für Finanzdienstleistungsaufsicht, Merkblatt zu Mitgliedern von Verwaltungs- und Aufsichtsorganen gemäß KWG und KAGB vom 4. Januar 2016, zuletzt geändert am 12. November 2018; Bundesanstalt für Finanzdienstleistungsaufsicht, Merkblatt zu den Mitgliedern von Verwaltungs- und Aufsichtsorganen gemäß KWG und KAGB vom 4. Januar 2016, geändert am 12. November 2018; Europäische Zentralbank, Leitfaden zur Beurteilung der fachlichen Qualifikation und persönlichen Zuverlässigkeit, 28. Mai 2018; European Securities and Markets Authority/European Banking Authority, Leitlinien zur Bewertung der Eignung von Mitgliedern des Leitungsorgans und Inhabern von Schlüsselfunktionen, EBA/GL/2017/12, 21. März 2018.

1.3 Technisch-organisatorische Ausstattung

Die technisch-organisatorische Ausstattung umfasst die Gesamtheit der Einrichtungen und An- **6**
lagen zur Leistungserstellung. Dazu zählen z. B. Grundstücke, Gebäude und das Büroinventar. Bei
Kredit- und Finanzdienstleistungsinstituten wird die technisch-organisatorische Ausstattung ein-
deutig von IT-Systemen dominiert. Die Informationstechnik ist zwar nicht das Kerngeschäft der
Institute, aber seit vielen Jahren inzwischen bei allen Instituten der Kern des Geschäftes.[7] Die
Bedeutung der IT spiegelt sich dementsprechend auch im Anforderungsprofil der MaRisk wider
(→ AT 7.2).

Zur Ausgestaltung der Informationstechnik der Institute sind ergänzend die »Bankaufsichtlichen **7**
Anforderungen an die IT« (BAIT)[8] zu beachten, mit deren Hilfe die MaRisk in den relevanten
Bereichen weiter konkretisiert werden. Mit Hilfe der BAIT wird den Instituten die Erwartungshaltung der deutschen Aufsicht zur sicheren Ausgestaltung der IT-Systeme und zugehörigen
IT-Prozesse (Integrität, Verfügbarkeit, Authentizität sowie Vertraulichkeit der Daten) sowie zu
den diesbezüglichen Anforderungen an die IT-Governance transparent gemacht. Die Aufsicht
erläutert darin, was sie unter einer angemessenen technisch-organisatorischen Ausstattung der
IT-Systeme, unter besonderer Berücksichtigung der Anforderungen an die Informationssicherheit
sowie eines angemessenen Notfallkonzeptes, versteht. Da die Institute zunehmend IT-Services,
sowohl im Rahmen von Auslagerungen von IT-Dienstleistungen als auch durch den sonstigen
Fremdbezug von IT-Dienstleistungen, von Dritten beziehen, werden auch die Anforderungen an
Auslagerungen in diese Interpretation einbezogen. Insofern sind die MaRisk und die BAIT in einer
Gesamtschau anzuwenden.[9] Die BAIT sollen auch dazu beitragen, das unternehmensweite IT-
Risikobewusstsein in den Instituten und gegenüber den Auslagerungsunternehmen zu erhöhen.[10]

1.4 Notfallkonzepte

Notfälle können vor allem im Bereich der IT-Systeme verheerende Konsequenzen zur Folge haben. **8**
Die Institute haben daher durch die Ausarbeitung eines Konzeptes für Notfälle in zeitkritischen
Aktivitäten und Prozessen Vorsorge zu treffen. Die im Notfallkonzept festgelegten Maßnahmen
müssen dazu geeignet sein, das Ausmaß möglicher Schäden zu reduzieren. Für das Zusammen-
spiel mit Dienstleistern im Fall von Auslagerungen gelten besondere Anforderungen (→ AT 7.3).
Darüber hinaus hat das Institut in einem Notfallplan festzulegen, welche Maßnahmen im Fall eines
Liquiditätsengpasses ergriffen werden sollen (→ BTR 3.1 Tz. 9). Es empfiehlt sich, sämtliche im
Institut vorhandenen Notfallkonzepte und -pläne aufeinander abzustimmen.

---

7 Vgl. Betsch, Oskar/Thomas, Peter, Industrialisierung der Kreditwirtschaft, Wiesbaden, 2005, S. 6.

8 Bundesanstalt für Finanzdienstleistungsaufsicht, Bankaufsichtliche Anforderungen an die IT (BAIT), Rundschreiben
10/2017 (BA) in der Fassung vom 14. September 2018.

9 Vgl. Bundesanstalt für Finanzdienstleistungsaufsicht, Rundschreiben 10/2017 (BA) zu den BAIT, Übermittlungsschreiben
vom 3. November 2017, S. 1 f.

10 Vgl. Essler, Renate/Gampe, Jens, IT-Sicherheit – Aufsicht konkretisiert Anforderungen an die Kreditwirtschaft, in:
BaFinJournal, Ausgabe Januar 2018, S. 17 f.

AT 7.1 Personal

1 Quantitative und qualitative Personalausstattung (Tz. 1)

1 Die quantitative und qualitative Personalausstattung des Institutes hat sich insbesondere 1
an betriebsinternen Erfordernissen, den Geschäftsaktivitäten sowie der Risikosituation
zu orientieren. Dies gilt auch beim Rückgriff auf Leiharbeitnehmer.

1.1 Bedeutung des Personals aus aufsichtsrechtlicher Perspektive

Da Institute einem besonders vertrauensanfälligen Wirtschaftssektor angehören, gelten für deren 2
Geschäftsleiter besonders strenge Regelungen. So müssen Geschäftsleiter ihre Zuverlässigkeit und
fachliche Eignung gegenüber den Aufsichtsbehörden nachweisen (»Fit & Proper-Test«). Vergleichbare Anforderungen werden seit der Verabschiedung des Gesetzes zur Stärkung der Finanzmarkt-
und Versicherungsaufsicht im Jahre 2009 auch an die Mitglieder der Aufsichtsorgane der Institute
gestellt. Mit dem CRD IV-Umsetzungsgesetz wurden die Anforderungen an Geschäftsleiter und
Mitglieder der Aufsichtsorgane in den §§ 25c bzw. 25d KWG positiv formuliert und gleichzeitig
deutlich ausgeweitet. Zuvor hatten sie sich lediglich aus einem Umkehrschluss aus §§ 33 bzw. 36
KWG a. F. ergeben. Mittlerweile sind von den Aufsichtsbehörden mehrere ergänzende Leitlinien,
Leitfäden und Merkblätter erarbeitet worden.[1]

Für jene Mitarbeiter der Institute, die nicht zu den Inhabern von Schlüsselfunktionen gehören, 3
gelten weniger strenge Regelungen. Ein Procedere wie bei der Eignung von Geschäftsleitern oder
Mitgliedern von Aufsichtsorganen wäre schon aufgrund des damit einhergehenden Aufwandes
kaum durchführbar und wahrscheinlich auch nicht sinnvoll. Unabhängig davon kann die Gesamtorganisation eines Institutes nur dann funktionieren, wenn Mitarbeiter zur Verfügung stehen, die
die Vorgaben der Geschäftsleitung umzusetzen in der Lage sind. Nach den MaRisk hat sich die
quantitative und qualitative Personalausstattung des Institutes insbesondere an betriebsinternen
Erfordernissen, den Geschäftsaktivitäten sowie der Risikosituation zu orientieren. Dadurch wird
das Erfordernis einer angemessenen Personalausstattung besonders hervorgehoben. Der Gesetzgeber hat dieses Erfordernis im Zuge der Umsetzung der MiFID in deutsches Recht im KWG
verankert. Nach § 25a Abs. 1 Satz 3 Nr. 4 KWG setzt ein angemessenes und wirksames Risikomanagement u. a. auch eine angemessene Personalausstattung in den Instituten voraus.

Für die optimale Aufgabenerfüllung spielt auch eine wirksame intrinsische bzw. extrinsische 4
Motivation der Mitarbeiter eine Rolle. Die zunächst in den MaRisk enthaltenen Anforderungen an
die Ausgestaltung der Vergütungs- und Anreizsysteme wurden aufgrund neuer regulatorischer
Vorgaben im Rahmen der zweiten MaRisk-Novelle zunächst deutlich ausgebaut und in ein

---

1 Bundesanstalt für Finanzdienstleistungsaufsicht, Merkblatt zu den Geschäftsleitern gemäß KWG, ZAG und KAGB vom
4. Januar 2016, geändert am 12. November 2018; Bundesanstalt für Finanzdienstleistungsaufsicht, Merkblatt zu den
Mitgliedern von Verwaltungs- und Aufsichtsorganen gemäß KWG und KAGB vom 4. Januar 2016, geändert am 12. November 2018; Europäische Zentralbank, Leitfaden zur Beurteilung der fachlichen Qualifikation und persönlichen Zuverlässigkeit, 28. Mai 2018; European Securities and Markets Authority/European Banking Authority, Leitlinien zur Bewertung der Eignung von Mitgliedern des Leitungsorgans und Inhabern von Schlüsselfunktionen, EBA/GL/2017/12, 21. März
2018.

gesondertes Rundschreiben[2] überführt. Mittlerweile wurde für diese Regelungen eine Verordnung[3] erlassen und um eine Auslegungshilfe der BaFin[4] ergänzt.[5]

1.2 Quantitative und qualitative Personalausstattung

5 Die MaRisk enthalten keine Vorgaben, auf welche Weise das Institut eine angemessene quantitative und qualitative Personalausstattung sicherzustellen hat. Es liegt demnach grundsätzlich im Ermessen des Institutes, sinnvolle Lösungen zu entwickeln, die dem Regelungszweck Rechnung tragen. Ergänzende Anforderungen bzw. Empfehlungen der BaFin beziehen sich auf die Qualifikation der Mitarbeiter (→ AT 7.1 Tz. 2) und die Vermeidung von Störungen bei der Abwesenheit oder dem Ausscheiden von Mitarbeitern (→ AT 7.1 Tz. 3).

6 Der Baseler Ausschuss für Bankenaufsicht und die EBA bringen an verschiedenen Stellen ihre Erwartungshaltung zum Ausdruck, dass die Institute – und insbesondere deren Geschäftsleitungen – für eine angemessene Personalausstattung sorgen müssen.[6] Teilweise wird diese Anforderung weiter spezifiziert, indem auf die erforderliche Erfahrung und die notwendigen Kenntnisse bzw. Fähigkeiten abgestellt wird.[7] Dabei geht es auch um die strategischen Überlegungen der Institute, die nur mit den erforderlichen Ressourcen umsetzbar sind. So sollte beim Neu-Produkt-Prozess z.B. darauf geachtet werden, dass eine neue Geschäftsaktivität erst dann aufgenommen wird, wenn die entsprechenden Ressourcen für das Verständnis und die Steuerung der damit verbundenen Risiken zur Verfügung stehen.[8] Konkret sollte z.B. sichergestellt werden, dass vor der Einführung auch die Auswirkungen des Zinsänderungsrisikos auf die neuen Produkte und Aktivitäten gut verstanden werden.[9] Vor dem Abschluss einer Auslagerungsvereinbarung sollten die Institute wiederum sicherstellen, dass das Auslagerungsunternehmen ebenfalls über angemessene Ressourcen verfügt, um die kritische oder wichtige Funktion während der Vertragslaufzeit zuverlässig und professionell zu erfüllen.[10] Mangelhafte Ressourcenbereitstellung fließt in jedem

---

2 Bundesanstalt für Finanzdienstleistungsaufsicht, Aufsichtsrechtliche Anforderungen an die Vergütungssysteme von Instituten, Rundschreiben 22/2009 (BA) vom 21. Dezember 2009.

3 Verordnung über die aufsichtsrechtlichen Anforderungen an Vergütungssysteme von Instituten (Institutsvergütungsverordnung – InstitutsVergV) vom 16. Dezember 2013 (BGBl. I S. 4270), die zuletzt durch Artikel 1 der Verordnung vom 25. Juli 2017 (BGBl. I S. 3042) geändert worden ist.

4 Bundesanstalt für Finanzdienstleistungsaufsicht, Auslegungshilfe zur Institutsvergütungsverordnung in der Fassung vom 15. Februar 2018.

5 Zur Kommentierung der Institutsvergütungsverordnung siehe Buscher, Arne Martin/Link, Vivien/von Harbou, Christopher/Weigl, Thomas, Verordnung über die aufsichtsrechtlichen Anforderungen an Vergütungssysteme von Instituten (Institutsvergütungsverordnung – InstitutsVergV), 2. Auflage, Stuttgart, 2018.

6 Vgl. European Banking Authority, Final Report – Guidelines on institution's stress testing, EBA/GL/2018/04, 19. Juli 2018, S. 22 f.; European Banking Authority, Final Report – Guidelines on internal governance under Directive 2013/36/EU, EBA/GL/2017/11, 26. September 2017, S. 10; European Banking Authority, Leitlinien für die IKT-Risikobewertung im Rahmen des aufsichtlichen Überprüfungs- und Bewertungsprozesses (SREP), EBA/GL/2017/05, 11. September 2017, S. 9; Basel Committee on Banking Supervision, Guidelines – Corporate governance principles for banks, BCBS d328, 8. Juli 2015, S. 12, 25 und 31 f.; Basel Committee on Banking Supervision, Working Paper No. 24, Liquidity stress testing: a survey of theory, empirics and current industry and supervisory practices, 23. Oktober 2013, S. 34; Baseler Ausschuss für Bankenaufsicht, Grundsätze für die effektive Aggregation von Risikodaten und die Risikoberichterstattung, BCBS 239, 9. Januar 2013, S. 6 f.

7 Vgl. European Banking Authority, Guidelines on common procedures and methodologies for the supervisory review and evaluation process (SREP) and supervisory stress testing, EBA/GL/2014/13, Consolidated version, 19. Juli 2018, S. 52, 56, 86, 98, 113, 125 und 159; European Banking Authority, Leitlinien zur internen Governance, EBA/GL/2017/11, 21. März 2018, S. 42 und 47 f.; Basel Committee on Banking Supervision, Stress testing principles, Consultative document, 20. Dezember 2017, S. 10; Basel Committee on Banking Supervision, Principles for the Sound Management of Operational Risk and the Role of Supervision, BCBS 292, 6. Oktober 2014, S. 10.

8 Vgl. European Banking Authority, Leitlinien zur internen Governance, EBA/GL/2017/11, 21. März 2018, S. 40.

9 Vgl. European Banking Authority, Final Report – Guidelines on the management of interest rate risk arising from non-trading book activities, EBA/GL/2018/02, 19. Juli 2018, S. 21.

10 Vgl. European Banking Authority, Consultation Paper – EBA Draft Guidelines on Outsourcing Arrangements, EBA/CP/2018/11, 22. Juni 2018, S. 34 f.

Fall in die Beurteilung der jeweiligen Module im SREP ein. Im Einklang mit Art. 104 Abs. 1 lit. e CRD IV können die zuständigen Behörden vom Institut sogar eine Änderung des Geschäftsmodells oder der Geschäftsstrategie verlangen, wenn diese z.B. nicht durch Kapital- und operationelle Pläne unterstützt werden, wozu auch die Zuweisung entsprechender finanzieller, personeller und technischer Ressourcen bzw. IT-Ressourcen zählt.[11]

Speziell mit Blick auf die IT haben die Institute nach Tz. 5 BAIT dafür Sorge zu tragen, dass insbesondere das Informationsrisiko- und das Informationssicherheitsmanagement, der IT-Betrieb und die Anwendungsentwicklung in quantitativer und qualitativer Hinsicht angemessen mit Personal ausgestattet sind. Dabei sollten der Stand der Technik sowie die aktuelle und zukünftige Entwicklung der Bedrohungslage berücksichtigt werden. Dies ist aus Sicht der Aufsicht erforderlich, damit das Risiko einer mangelhaften qualitativen oder quantitativen Ausstattung dieser Bereiche frühzeitig erkannt und möglichst umgehend behoben werden kann.[12]   **7**

Ein Institut kann sich bei der Umsetzung der Anforderungen an die Personalausstattung an gängigen Personalmanagementkonzepten orientieren, die auch in der Fachliteratur beschrieben werden.[13] Personalmanagementkonzepte umfassen regelmäßig verschiedene Phasen, die eng miteinander verknüpft sind (Personalbedarfsplanung, Personalauswahl, Personalintegration, Personalentwicklung). Ein solcher Kreislauf kann langfristig eine angemessene Personalausstattung gewährleisten, die mit dazu beiträgt, dass das Institut seine Ziele besser erreichen kann.   **8**

1.3   Personalbedarfsplanung

Im Rahmen der Personalbedarfsplanung geht es vorrangig um die Bestimmung des quantitativen und qualitativen Personalbedarfes. Aus quantitativer Sicht steht die Frage nach der Anzahl von Mitarbeitern im Vordergrund, die über verschiedene Zeithorizonte benötigt werden (kurzfristig, mittelfristig, langfristig). Dabei spielen Erwartungen eine wichtige Rolle. Erwartete Spitzenauslastungen oder gleichmäßige Auslastungen haben nachhaltigen Einfluss auf die konkrete Planung des Mengengerüstes. Vor diesem Hintergrund sind weitere Aspekte mit in das Kalkül einzubeziehen (befristete oder unbefristete Arbeitsverhältnisse, Voll- oder Teilzeitbeschäftigungen, Leiharbeitnehmer, Kündigungen, Sozialpläne usw.). Bei der qualitativen Personalbedarfsplanung geht es hingegen um die Frage, welchen Ausbildungshintergrund und welche Erfahrungen oder Kompetenzen die Mitarbeiter benötigen, damit sie ihre Aufgaben erfüllen können. Damit einhergehend stellen sich weitere Fragen (z.B. Einarbeitungszeiten).   **9**

1.4   Personalauswahl

An die Personalbedarfsplanung schließt sich die Personalauswahl an. In dieser Phase geht es zunächst um die Erstellung konkreter Anforderungsprofile (Fachkompetenz, Sozialkompetenz und ggf. Führungskompetenz, Persönlichkeit). Auf der Basis solcher Anforderungsprofile wird das eigentliche Auswahlverfahren eingeleitet. Hierfür stehen nach Durchführung einer Vorauswahl (z.B. auf der Basis von Bewerbungsunterlagen) unterschiedliche Methoden zur Verfügung (z.B.   **10**

11 Vgl. European Banking Authority, Guidelines on common procedures and methodologies for the supervisory review and evaluation process (SREP) and supervisory stress testing, EBA/GL/2014/13, Consolidated version, 19. Juli 2018, S. 187.

12 Vgl. Essler, Renate/Gampe, Jens, IT-Sicherheit – Aufsicht konkretisiert Anforderungen an die Kreditwirtschaft, in: BaFinJournal, Ausgabe Januar 2018, S. 19.

13 Vgl. Berthel, Jürgen/Becker, Fred G., Personalmanagement, 7. Auflage, Stuttgart, 2003, S. 118 ff.

AT 7.1 Personal

Interview, Assessment Center), die anschließend ggf. eine Übernahmeentscheidung von neuen Mitarbeitern zur Folge haben.

1.5 Personalintegration

11 Der Entscheidung für die Übernahme folgt die Phase der Integration des neuen Mitarbeiters. In dieser Phase sollten dem neuen Mitarbeiter Aufgaben und Prozesse sowie Verantwortlichkeiten unter Berücksichtigung von Schnittstellen zu anderen Bereichen veranschaulicht werden. Ebenso sollten dem Mitarbeiter die konkreten Formen der Zusammenarbeit sowie der im Institut herrschende Führungsstil vermittelt werden, damit er sich im Interesse des Institutes in seiner neuen Umgebung schnell zurechtfindet.

1.6 Personalentwicklung

12 Unter dem Begriff der Personalentwicklung werden alle Maßnahmen zusammengefasst, die darauf abzielen, bestehende Mitarbeiterqualifikationen zu erweitern oder neue Qualifikationen zu vermitteln. Es geht dabei nicht nur um die Verbesserung von Fachkompetenzen, sondern auch um die (Weiter-)Entwicklung von Sozial- und Führungskompetenzen. Potenziale von Mitarbeitern, also die Möglichkeit, sich künftig Kompetenzen aneignen zu können, sollten im Rahmen der Personalentwicklung bestmöglich ausgeschöpft werden.[14]

1.7 Leiharbeitnehmer

13 Bei Leiharbeitnehmern nach dem Arbeitnehmerüberlassungsgesetz (AÜG)[15] handelt es sich um Mitarbeiter, die bei einem Leiharbeitsunternehmen, z.B. einer Zeitarbeitsfirma, angestellt und nur für eine begrenzte Zeit aufgrund eines Arbeitnehmerüberlassungsvertrags zwischen dem Institut und dem Leiharbeitsunternehmen im Institut tätig sind. Sie erhalten ihre Vergütung sowie die Sozialleistungen von dem Leiharbeitsunternehmen als ihrem Arbeitgeber, verrichten ihre Arbeit allerdings in dem Institut, in dem sie für eine bestimmte Zeit weisungsgebunden eingesetzt werden. Leiharbeitnehmern kommt insbesondere innerhalb von Konzernen als Alternative zur Auslagerung eine nicht unerhebliche Bedeutung zu.[16] Eine Klarstellung bzgl. der Einordnung von Leiharbeitnehmern unter dem Aspekt der Auslagerung enthielt bereits das Rundschreiben 11/2001. Danach war der ggf. auch längerfristige Einsatz von Leiharbeitnehmern, die für die Dauer ihrer Tätigkeit vollumfänglich in die Betriebs- und Ablauforganisation des Institutes einge-

---

14 Vgl. Eidgenössisches Personalamt, Personalentwicklung in der Bundesverwaltung, genehmigt vom Eidgenössischen Finanzdepartment am 30. Oktober 2003, S. 5; Bundesministerium des Innern, Personalentwicklungskonzept, März 2006, S. 7.

15 Gesetz zur Regelung der Arbeitnehmerüberlassung (Arbeitnehmerüberlassungsgesetz – AÜG) in der Fassung der Bekanntmachung vom 3. Februar 1995 (BGBl. I S. 158), zuletzt geändert durch Art. 1 des Gesetzes vom 21. Februar 2017 (BGBl. I S. 258).

16 Vgl. Institut der Wirtschaftsprüfer, Modernisierung der Outsourcing-Regelungen und Integration in die MaRisk, Stellungnahme vom 11. Mai 2007, S. 2.

gliedert sind, kein Fall der Auslagerung im Sinne des § 25b KWG.[17] Im Zuge der Neufassung der Auslagerungsregelungen und deren Integration in die MaRisk im Rahmen der ersten MaRisk-Novelle verzichtete die BaFin auf einen derartigen Hinweis. In der Sondersitzung des Fachgremiums MaRisk im März 2018 hat die deutsche Aufsicht betont, dass bestimmte rechtliche Fallgestaltungen einschließlich Arbeitnehmerüberlassungen nicht per se vom Anwendungsbereich des § 25b KWG ausgeschlossen werden können, da es stets auf die konkrete materielle Ausgestaltung und Bedeutung im Einzelfall ankommt.[18] Auch nach der von der Aufsicht geforderten Einzelfallbetrachtung dürfte der Einsatz von Leiharbeitnehmern dann keine Auslagerung nach § 25b KWG darstellen, wenn sie für die Dauer ihrer Tätigkeit in vollem Umfang in die Betriebs- und Ablauforganisation eingegliedert sind und insoweit dem Direktionsrecht des Institutes unterliegen[19] (→ AT 9 Tz. 1). Sofern dies der Fall ist, beziehen sich die Anforderungen an eine angemessene Personalausstattung sowohl auf Mitarbeiter als auch auf Leiharbeitnehmer.

---

17 Vgl. Bundesaufsichtsamt für das Kreditwesen, Auslagerung von Bereichen auf ein anderes Unternehmen gemäß § 25a Abs. 2 KWG, Rundschreiben 11/2001 vom 6. Dezember 2001, Tz. 48.

18 Vgl. Bundesanstalt für Finanzdienstleistungsaufsicht, Protokoll zur Sondersitzung des Fachgremiums MaRisk zum Thema Auslagerung am 15. März 2018, S. 2.

19 So auch Bitterwolf, Manfred, in: Reischauer, Friedrich/Kleinhans, Joachim, Kreditwesengesetz, Berlin, 2018, Anhang 1 zu § 25a, Tz. 3a.

2 Kenntnisse und Erfahrungen der Mitarbeiter (Tz. 2)

14 **2** Die Mitarbeiter sowie deren Vertreter müssen abhängig von ihren Aufgaben, Kompetenzen und Verantwortlichkeiten über die erforderlichen Kenntnisse und Erfahrungen verfügen. Durch geeignete Maßnahmen ist zu gewährleisten, dass das Qualifikationsniveau der Mitarbeiter angemessen ist.

2.1 Qualifizierte Mitarbeiter als unverzichtbare institutsinterne Ressource

15 Ohne ausreichend qualifiziertes Personal ist kein Institut dauerhaft in der Lage, den Entwicklungen auf den Märkten standzuhalten. Eine hohe Qualifikation der Mitarbeiter stärkt somit die Position des Institutes gegenüber Wettbewerbern. Qualifiziertes Personal bietet zudem die Gewähr dafür, dass die Vorgaben der Geschäftsleitung korrekt nachvollzogen und somit effektiv umgesetzt werden, wodurch sich gleichzeitig die Fehleranfälligkeit der Mitarbeiter verringert und operationelle Risiken reduziert werden. Darüber hinaus ist davon auszugehen, dass unter diesen Voraussetzungen wichtige Impulse für eine Weiterentwicklung der Geschäftsaktivitäten sowie für eine Verbesserung der internen Strukturen aus dem Kreis der eigenen Mitarbeiter generiert werden.

16 Die MaRisk machen keine Vorgaben, auf welche Weise eine angemessene Qualifikation der Mitarbeiter sicherzustellen ist. Mit der fünften MaRisk-Novelle hat die deutsche Aufsicht allerdings die Entwicklung, Förderung und Integration einer angemessenen Risikokultur als Aufgabe der Geschäftsleitung im Rahmen ihrer Gesamtverantwortung für eine ordnungsgemäße Geschäftsorganisation verankert (→ AT 3 Tz. 1). Diese Anforderung wirkt sich auch auf die Mitarbeiterqualifikation aus. Für eine angemessene Risikokultur ist es unerlässlich, dass die Mitarbeiter ihr eigenes Verhalten am Wertesystem des Institutes ausrichten und dabei die Vorgaben zum Risikoappetit und zu den Risikolimiten berücksichtigen. Neben einer rein fachlichen Qualifikation tritt also mittelbar eine weitere Ebene hinzu, die ein Institut bei der Auswahl und Weiterentwicklung seiner Mitarbeiter berücksichtigen sollte, nämlich deren »Qualifikation« hinsichtlich der (risiko-)kulturellen Übereinstimmung (so genannter »Cultural Fit«).[20] Das Institut sollte also darauf achten, ob die Wertevorstellungen des (künftigen) Mitarbeiters zu denen des Unternehmens im Allgemeinen und zu seinen konkreten Aufgaben im Besonderen passen. Für eine angemessene Risikokultur ist es nämlich wesentlich, dass die Mitarbeiter die Kernwerte des Institutes und, in dem für ihre Funktion erforderlichen Umfang, seinen Risikoappetit und seine Risikotragfähigkeit kennen und verstehen. Sie sollten in der Lage sein, ihre Aufgaben wahrzunehmen, und sich bewusst sein, dass sie für ihre Handlungen im Zusammenhang mit dem Risikoverhalten des Institutes zur Verantwortung gezogen werden können.[21]

17 Die EBA erwartet im Übrigen, dass insbesondere die Mitarbeiter der internen Kontrollfunktionen ihre Qualifikation fortlaufend aufrechterhalten und nach Bedarf Weiterbildungen absolvieren.[22]

---

20 Der Begriff »Cultural Fit« stammt aus der Personalpsychologie und wird i. d. R. mit »kultureller Übereinstimmung« übersetzt. Er beschreibt die Übereinstimmung zwischen Bewerbern und Arbeitgebern in Bezug auf Handlungsweisen und Wertevorstellungen. Ohne Bezugnahme auf die Eignungskriterien der EBA/ESMA für Mitglieder des Leitungsorganes und Inhaber von Schlüsselfunktionen geht es dabei u. a. auch um die »persönliche Zuverlässigkeit« der Mitarbeiter.

21 Vgl. European Banking Authority, Leitlinien zur internen Governance, EBA/GL/2017/11, 21. März 2018, S. 27.

22 Vgl. European Banking Authority, Leitlinien zur internen Governance, EBA/GL/2017/11, 21. März 2018, S. 42.

2.2 Personalentwicklungskonzepte

Mitarbeiter sowie deren Vertreter müssen in Abhängigkeit von ihren Aufgaben, Kompetenzen und Verantwortlichkeiten über die erforderlichen Kenntnisse und Erfahrungen verfügen. Das Institut sollte hierbei berücksichtigen, dass sich die Personalentwicklung nicht nur auf die Verbesserung der fachlichen Qualifikation der Mitarbeiter beschränkt, sondern auch die Fortbildung deren kultureller Übereinstimmung mit den Werten des Institutes umfasst. Diese Schlussfolgerung leitet sich aus der Anforderung an eine angemessene Risikokultur (→ AT 3 Tz. 1) ab. Die Institute sollten eine Risikokultur u. a. mittels (angepasster) Fortbildungen der Mitarbeiter bezüglich der Tätigkeiten, der Strategie und des Risikoprofils des Institutes entwickeln, um der Verantwortung der Mitarbeiter bezüglich Risikoappetit und Risikomanagement Rechnung zu tragen.[23] Darüber hinaus sollten die Personalentwicklungskonzepte (und die Nachfolgeplanung als Teil dieser Konzepte) so ausgestaltet sein, dass Beförderungen nur möglich sind, wenn Mitarbeiter sich auch langfristig an das Wertesystem und die Risikolimite des Institutes halten.

18

Die Angemessenheit des Qualifikationsniveaus der Mitarbeiter ist durch geeignete Maßnahmen zu gewährleisten. Auf welche Weise diese Anforderung umgesetzt wird, liegt in der Verantwortung des Institutes. Infrage kommen übliche Qualifikationsmaßnahmen, derer sich nicht nur Institute, sondern auch Industrieunternehmen und Behörden bedienen (z. B. externe oder interne Seminare, Coaching oder Praktika). Häufig sind solche Maßnahmen jedoch nicht aufeinander abgestimmt, so dass sich die gewünschten Effekte nicht oder nur sehr langsam einstellen. Qualifikationsmaßnahmen nach dem Zufallsprinzip können darüber hinaus zu Frustrationen bei den Mitarbeitern führen. Vor diesem Hintergrund liegt es nahe, die Qualifikationsmaßnahmen in ein systematisches Konzept der Personalentwicklung einzubinden, das wiederum Bestandteil eines übergeordneten Personalmanagementkonzeptes ist (→ AT 7.1 Tz. 1). Die einzelnen Schritte eines Personalentwicklungskonzeptes lassen sich im Überblick wie folgt charakterisieren[24]:

19

- In einem ersten Schritt erfassen die Führungskräfte die Leistungsfähigkeit sowie die Potenziale ihrer Mitarbeiter auf der Grundlage der gegebenen Personalplanung. Die Mitarbeiter ergründen zugleich ihre individuellen Bedürfnisse und Vorstellungen und kommunizieren diese gegenüber den Führungskräften.
- Führungskräfte und Mitarbeiter besprechen auf dieser Basis im zweiten Schritt Zielvereinbarungen, in denen geeignete Qualifikationsmaßnahmen festgelegt werden, die auf eine bedarfsgerechte Weiterentwicklung der Mitarbeiter abzielen.
- In einem dritten Schritt werden auf Grundlage der Zielvereinbarungen die maßgeschneiderten Maßnahmen durchgeführt. Dabei kann auf das ganze Bündel bekannter Qualifikationsmöglichkeiten zurückgegriffen werden.
- Die Wirkung der durchgeführten Qualifikationsmaßnahmen ist anschließend zu analysieren. Aus der Wirkungsanalyse sind Rückschlüsse zu ziehen, die ggf. eine Anpassung der Zielvereinbarungen erforderlich machen können. Die Erkenntnisse aus solchen Analysen können zugleich der Ausgangspunkt für neue Personalbedarfsplanungen sein (→ AT 7.1 Tz. 1).

Die Systematisierung auf der Basis eines Personalentwicklungskonzeptes hat viele Vorteile. Die Personalentwicklung unterstützt zunächst die Geschäftsleitung bei der Umsetzung ihrer Strategien. Die Mitarbeiter werden ferner durch maßgeschneiderte Qualifikationsmaßnahmen in die Lage versetzt, ihre Aufgaben effizient zu erfüllen. Ein systematisches Vorgehen bei der Personalentwicklung leistet darüber hinaus einen wichtigen Beitrag zur Mitarbeiterzufriedenheit und damit gleichzeitig zur Erhöhung der Attraktivität des Institutes als potenzieller Arbeitgeber.

20

---

23 Vgl. European Banking Authority, Leitlinien zur internen Governance, EBA/GL/2017/11, 21. März 2018, S. 26.
24 Vgl. Eidgenössisches Personalamt, Personalentwicklung in der Bundesverwaltung, genehmigt vom Eidgenössischen Finanzdepartment am 30. Oktober 2003, S. 6.

Gerade dieser Punkt sollte vor dem Hintergrund der Bedeutung qualifizierten Personals für die Kreditwirtschaft nicht unterschätzt werden. Häufig sind es nicht nur monetäre Anreize, die die Entscheidung potenzieller Mitarbeiter für einen bestimmten Arbeitgeber maßgeblich bestimmen.

2.3 Anforderungen an die Qualifikation bei besonderen Funktionen

21 Die mit der Leitung der Risikocontrolling-Funktion und der Leitung der Internen Revision betrauten Personen sowie der Compliance-Beauftragte haben besonderen qualitativen Anforderungen entsprechend ihres Aufgabengebietes zu genügen (→ AT 7.1 Tz. 2, Erläuterung). Im MaRisk-Fachgremium wurde ausgiebig darüber diskutiert, welche über das Gesetz hinausgehenden Anforderungen – insbesondere in jenen Fällen, in denen diese Funktionen ohnehin durch einen Geschäftsleiter ausgeübt werden – damit gemeint sein können. Aus Sicht der Kreditwirtschaft ist diese Erläuterung auch für die übrigen Hierarchieebenen bereits durch den aktuellen Regelungstext abgedeckt, da sämtliche Mitarbeiter über die erforderlichen Kenntnisse und Erfahrungen verfügen müssen und deren erforderliches Qualifikationsniveau durch geeignete Maßnahmen zu gewährleisten ist. Deshalb hat die Kreditwirtschaft für eine Streichung dieser Erläuterung plädiert.[25] Die Aufsicht zielt mit dieser Anforderung jedoch auch darauf ab, dass die genannten Personen unbequeme Nachrichten überbringen sollen und gegenüber den anderen Organisationseinheiten mit entsprechendem Durchsetzungsvermögen auftreten können.

22 Das Aufsichtsrecht verlangt auch bei anderen besonderen Funktionen ausdrücklich eine besondere Sachkunde. So muss der Vergütungsbeauftragte gemäß § 23 Abs. 1 Satz 2 InstitutsVergV die für seine Tätigkeit erforderlichen Kenntnisse und Erfahrungen besitzen, insbesondere im Bereich der Vergütungssysteme und des Risikocontrollings. Die Anforderung gilt für den Stellvertreter des Vergütungsbeauftragten entsprechend (§ 23 Abs. 6 InstitutsVergV). Auch der Geldwäschebeauftragte und sein Stellvertreter müssen die für ihre Tätigkeit erforderliche Qualifikation aufweisen.[26] Die MaComp formulieren ebenfalls einen umfangreichen Katalog von Fachkenntnissen, die die mit der Compliance-Funktion nach MaComp betrauten Personen für den jeweils zugewiesenen Aufgabenbereich verfügen müssen.[27]

23 Vereinzelt finden sich auch Hinweise auf entsprechende Anforderungen in den Vorgaben der internationalen Standardsetzer, wie z.B. vom Baseler Ausschuss für Bankenaufsicht zur Internen Revision.[28] Dazu zählen u.a. die Fähigkeit der Internen Revision, das Geschäft und die Risiken sowie die eigenen Prüf- und Bewertungskriterien zu erläutern, und deren fachliche Kompetenz inkl. der Kenntnis neuer regulatorischer Anforderungen. Seitens der Wirtschaftsprüfer wird empfohlen, bestimmte Handlungsfelder intensiver zu beachten, um bei Prüfungen der Aufsicht nach § 44 KWG Feststellungen von vornherein zu vermeiden. So sollte der Leiter der Internen Revision z.B. darlegen können, dass er das Geschäftsmodell und die sich daraus ergebenden Risiken für das Institut verstanden hat. Außerdem sollte die Interne Revision ein entsprechendes Know-how für die Prüfung der regulatorischen Anforderungen vorweisen können.[29]

---

25 Vgl. Deutsche Kreditwirtschaft, Stellungnahme zum Konsultationspapier 01/2012 der Bundesanstalt für Finanzdienstleistungsaufsicht (BaFin) – »Überarbeitung der MaRisk«, 5. Juni 2012, S. 12.

26 Ist dies nicht der Fall, muss die Bestellung des Geldwäschebeauftragten (bzw. des Stellvertreters) auf Verlangen der Aufsichtsbehörde gemäß § 7 Abs. 4 Satz 2 GwG widerrufen werden.

27 Vgl. Bundesanstalt für Finanzdienstleistungsaufsicht, Mindestanforderungen an die Compliance-Funktion und weitere Verhaltens-, Organisations- und Transparenzpflichten – MaComp, Rundschreiben 05/2018 (WA) vom 19. April 2018, zuletzt geändert am 9. Mai 2018, BT 1.3.1.3.

28 Vgl. Basel Committee on Banking Supervision, The internal audit function in banks, BCBS 223, 28. Juni 2012, S. 17.

29 Vgl. Ott, Klaus/Kögl, Martina, Basel Committee on Banking Supervision: Empfehlungen für die Interne Revision in Banken, in: RevisionsPraktiker, Heft 2–3/2013, S. 26 ff.

2.4 Anforderungen an die Qualifikation von Mitgliedern des Leitungsorganes und Inhabern von Schlüsselfunktionen

Die EBA hat im November 2012 Leitlinien zur Beurteilung der Eignung von Geschäftsleitern, **24** Aufsichtsorganen und so genannten »Inhabern von Schlüsselfunktionen« (»Key Function Holder«) in Instituten veröffentlicht.[30] Eine überarbeitete Fassung, an der auch die ESMA mitgewirkt hat, wurde im März 2018 zur Verfügung gestellt.[31] Mit diesen Leitlinien werden Vorgaben für die innerhalb der Institute einzurichtenden internen Prozesse zur Auswahl und Beurteilung der genannten Personen gemacht. Neben der individuellen Eignung der Mitglieder spielt auch die kollektive Eignung des Leitungsorganes eine Rolle. Zu diesen Anforderungen zählen ein guter Leumund, Aufrichtigkeit und Integrität, Unvoreingenommenheit und Unabhängigkeit, hinreichende theoretische und praktische Fähigkeiten, Kenntnisse und Erfahrungen sowie diverse Governance-Kriterien. Beleuchtet wird z. B. der ausreichende Zeitaufwand für diese Funktionen, wobei u. a. die Anzahl der zusätzlichen Mandate (»Additional Directorship«) berücksichtigt wird. Bei der Prüfung der Unabhängigkeit der Mitglieder des Leitungsorganes soll zwischen der Vermeidung von Interessenkonflikten (»Being Independent«) und der Fähigkeit, den Pflichten ohne Einfluss anderer Personen nachzukommen (»Independence of Mind«), unterschieden werden. Für Mitglieder des Aufsichtsorgans ist die Ausübung eines politischen Amtes mit einem potenziellen Interessenkonflikt verbunden. Insbesondere Ämter mit hohem politischem Einfluss stehen dem Erfordernis der Unabhängigkeit entgegen, wobei nicht alle Mitglieder des Aufsichtsorgans unabhängig sein müssen. Daneben werden Diversitätsgesichtspunkte und Schulungsmaßnahmen genannt. Die Einbeziehung der Inhaber von Schlüsselfunktionen hält die EBA zur Sicherstellung einer robusten Unternehmensführung für erforderlich.[32]

Darüber hinaus hat die EBA zeitgleich ihre Leitlinien zur internen Governance überarbeitet, die **25** bei der Behandlung von Interessenkonflikten zu beachten sind und ebenfalls Vorgaben zu den Inhabern von Schlüsselfunktionen enthalten. Die »Inhaber von Schlüsselfunktionen« werden von der EBA als Mitarbeiter des Institutes definiert, die erheblichen Einfluss auf die Ausrichtung des Institutes haben, aber keine Mitglieder des Aufsichtsorgans und keine Geschäftsführer sind. Zu ihnen zählen die Leiter der internen Kontrollfunktionen und des Finanzbereiches, sofern diese nicht Mitglieder der Geschäftsleitung sind, sowie weitere Inhaber von Schlüsselfunktionen, die auf Grundlage eines risikobasierten Ansatzes von den Instituten als solche ermittelt werden. Weitere Inhaber von Schlüsselfunktionen können die Leiter von Geschäftsbereichen, Zweigniederlassungen im Europäischen Wirtschaftsraum (EWR) oder in der Europäischen Freihandelsassoziation (EFTA), Tochtergesellschaften in Drittstaaten oder andere interne Funktionen sein.[33] Den Inhabern von Schlüsselfunktionen kommt bei der Etablierung einer angemessenen Risikokultur eine besondere Bedeutung zu (→ AT 3 Tz. 1), da sie zur internen Kommunikation der Kernwerte und Erwartungen des Unternehmens an die Mitarbeiter beitragen sollen.[34] Daher sollten die Institute insbesondere bei der Auswahl von Mitarbeitern in Schlüsselfunktionen neben der rein fachlichen Befähigung auf die (risiko-)kulturelle Übereinstimmung (»Cultural Fit«) zwischen den Wertvorstellungen des Mitarbeiters und denen des Institutes achten.

---

30 European Banking Authority, Leitlinien zur Beurteilung der Eignung von Mitgliedern des Leitungsorgans und von Inhabern von Schlüsselfunktionen, EBA/GL/2012/06, 22. November 2012.

31 European Securities and Markets Authority/European Banking Authority, Leitlinien zur Bewertung der Eignung von Mitgliedern des Leitungsorgans und Inhabern von Schlüsselfunktionen, EBA/GL/2017/12, 21. März 2018.

32 Vgl. European Securities and Markets Authority/European Banking Authority, Leitlinien zur Bewertung der Eignung von Mitgliedern des Leitungsorgans und Inhabern von Schlüsselfunktionen, EBA/GL/2017/12, 21. März 2018, S. 11 ff.

33 Vgl. European Banking Authority, Leitlinien zur internen Governance, EBA/GL/2017/11, 21. März 2018, S. 5 f. Diese Definition ist auch in den gemeinsamen Leitlinien der ESMA/EBA zu finden. Vgl. European Securities and Markets Authority/European Banking Authority, Leitlinien zur Bewertung der Eignung von Mitgliedern des Leitungsorgans und Inhabern von Schlüsselfunktionen, EBA/GL/2017/12, 21. März 2018, S. 6 f.

34 Vgl. European Banking Authority, Leitlinien zur internen Governance, EBA/GL/2017/11, 21. März 2018, S. 27.

AT 7.1 Personal

26   Auf diesen Vorgaben aufbauend hat die EZB im Mai 2017 einen Leitfaden zur Beurteilung der fachlichen Qualifikation und persönlichen Zuverlässigkeit veröffentlicht, der bereits ein Jahr später überarbeitet wurde. Ziel dieses Leitfadens ist es, im Einzelnen zu erläutern, welche Grundsätze, Praktiken und Verfahren die EZB bei der Beurteilung der Eignung von Mitgliedern der Leitungsorgane bedeutender Institute anwendet.[35]

27   Im Zusammenhang mit den Qualifikationsanforderungen spielt auch der gemäß § 25d Absatz 11 KWG einzurichtende »Nominierungsausschuss« eine wichtige Rolle. Dieser Ausschuss soll das Aufsichtsorgan bei der Stellenbesetzung in der Geschäftsleitung und ggf. im Aufsichtsorgan unterstützen, die Struktur, Größe, Zusammensetzung und Leistung der Geschäftsleitung und des Aufsichtsorgans sowie die Kenntnisse, Fähigkeiten und Erfahrung der einzelnen Mitglieder und des jeweiligen Organes in seiner Gesamtheit bewerten sowie die Geschäftsleitung bei der Auswahl und Ernennung der oberen Leitungsebene überprüfen.[36]

2.5   Schulungsprogramme für die Mitglieder des Leitungsorganes

28   Nach den Vorstellungen des Baseler Ausschusses für Bankenaufsicht sollte die Geschäftsleitung sicherstellen, dass die Mitglieder des Leitungsorganes an Einführungsprogrammen teilnehmen und Zugang zu laufenden Schulungen zu relevanten Themen haben, die interne oder externe Ressourcen umfassen können. Die Geschäftsleitung sollte für diesen Zweck genügend Zeit, Budget und andere Ressourcen zur Verfügung stellen und bei Bedarf auf externes Fachwissen zurückgreifen. Es sollten umfassende Anstrengungen unternommen werden, um die Mitglieder mit begrenzterer finanzieller, regulatorischer oder risikobezogener Erfahrung auszubilden und auf dem Laufenden zu halten.[37]

29   Entsprechende Regelungen bestehen auch auf der europäischen Ebene. Gemäß Art. 91 Abs. 9 CRD IV haben die Institute angemessene personelle und finanzielle Ressourcen bereitzustellen, um den Mitgliedern der Leitungsorgane die Einarbeitung in ihre Funktion zu erleichtern sowie anschließend die erforderliche Fortbildung zu ermöglichen. Die Regelung gilt für das Leitungsorgan in seiner Leitungsfunktion (Geschäftsführung) und das Leitungsorgan in seiner Aufsichtsfunktion (Aufsichtsorgan). Die Institute – vertreten durch die Geschäftsleiter – sollten allgemeine und ggf. maßgeschneiderte Schulungsprogramme auflegen und ausreichende Ressourcen für die individuelle und gemeinsame Einführung und Schulung von Mitgliedern des Leitungsorganes zuteilen. Die für die Einführung und Schulung bereitgestellten Ressourcen sollten genügen, um die damit verfolgten Ziele zu erreichen und sicherzustellen, dass das Mitglied geeignet ist und die Anforderungen an seine Funktion erfüllt. Bei der Festlegung der erforderlichen Personal- und Finanzressourcen sollte das Institut vorhandene relevante branchenspezifische Benchmarks, z. B. bezüglich der bereitgestellten verfügbaren Schulungsbudgets und Schulungstage, einschließlich der durch die EBA gelieferten Benchmarking-Ergebnisse berücksichtigen, um effektive Richtlinien und Verfahren für die Einführung und Schulung der Mitglieder des Leitungsorganes bereitzustellen.[38]

---

35 Vgl. Europäische Zentralbank, Leitfaden zur Beurteilung der fachlichen Qualifikation und persönlichen Zuverlässigkeit, 28. Mai 2018, S. 3.

36 Die ESMA und die EBA gehen ebenfalls auf die Aufgaben des Nominierungsausschusses ein. Vgl. European Securities and Markets Authority/European Banking Authority, Leitlinien zur Bewertung der Eignung von Mitgliedern des Leitungsorgans und Inhabern von Schlüsselfunktionen, EBA/GL/2017/12, 21. März 2018, S. 36 f.

37 Vgl. Basel Committee on Banking Supervision, Guidelines – Corporate governance principles for banks, BCBS d328, 8. Juli 2015, S. 14.

38 Vgl. European Securities and Markets Authority/European Banking Authority, Leitlinien zur Bewertung der Eignung von Mitgliedern des Leitungsorgans und Inhabern von Schlüsselfunktionen, EBA/GL/2017/12, 21. März 2018, S. 30 f.

Die Anforderungen der CRD IV wurden zum 1. Januar 2014 für die Mitglieder sowohl der Geschäftsleitung als auch des Aufsichtsorgans in das nationale Recht umgesetzt. Gemäß § 25c Abs. 4 KWG müssen die Institute seitdem ausreichende personelle und finanzielle Ressourcen einsetzen, um den Mitgliedern der Geschäftsleitung die Einführung in ihr Amt zu erleichtern und die Fortbildung zu ermöglichen, die zur Aufrechterhaltung ihrer fachlichen Eignung erforderlich ist. Die notwendigen Ressourcen sind zunächst bereitzustellen, damit sich ein Geschäftsleiter angemessen einarbeiten kann. Dies umfasst u. a. die Teilnahme an internen oder externen Schulungen, Trainings, Workshops etc. im Hinblick auf die für das Institut relevanten Geschäfte und die mit den Geschäften verbundenen Risiken. Nur wenn der neue Geschäftsleiter sich in der Einführungsphase intensiv mit den Geschäftsstrukturen des Institutes und seinen Risiken auseinandergesetzt hat, kann er anschließend seine Funktion als Geschäftsleiter ausüben.[39] Anschließend hat das Institut den Geschäftsleitern die personellen und finanziellen Ressourcen für die Fortbildungsmaßnahmen zur Verfügung zu stellen, die sie zur Aufrechterhaltung der fachlichen Eignung benötigen.[40] Dies betrifft u. a. interne oder externe Schulungen, Trainings, Workshops etc. zu Änderungen der Rahmenbedingungen, unter den das Institut tätig (Marktumfeld, aufsichtsrechtliche Anforderungen etc.).

§ 25d Abs. 4 KWG enthält eine Parallelvorschrift für die Mitglieder des Aufsichtsorgans. Danach müssen Institute, Finanzholding-Gesellschaften und gemischte Finanzholding-Gesellschaften angemessene personelle und finanzielle Ressourcen einsetzen, um den Mitgliedern des Aufsichtsorgans die Einführung in ihr Amt zu erleichtern und anschließend die Fortbildung zu ermöglichen, die zur Aufrechterhaltung der erforderlichen Sachkunde notwendig ist. Auch § 25d Abs. 4 KWG richtet sich somit zunächst an neu zu bestellende oder gerade bestellte Mitglieder eines Aufsichtsorgans, die sich mit dem Institut vertraut machen müssen, z. B. im Hinblick auf die Geschäfts- und Risikostrategien, die relevanten Produkte und Märkte, das Risikomanagement sowie die aufsichtsrechtlichen Rahmenbedingungen.[41] In der Praxis erhalten die neuen Mitglieder des Aufsichtsorgans regelmäßig allgemeine Informationen über das Institut sowie die relevanten gesetzlichen und organisatorischen Regeln (»Einführungsordner«). Diese allgemeinen Unterlagen werden ergänzt durch interne oder externe Schulungen.[42] Anschließend haben sich die Mitglieder des Aufsichtsorgans durch geeignete Maßnahmen weiterzubilden, um ihre Sachkunde aufrechtzuerhalten. Nach den Vorstellungen der Aufsicht müssen die Mitglieder des Aufsichtsorgans sicherstellen, dass sie ihre Entscheidungen stets auf der Basis eines aktuellen Informationsstands treffen. Daher sind sie gehalten, sich mit Änderungen im Umfeld des Unternehmens kontinuierlich vertraut zu machen, z. B. mit neuen Rechtsvorschriften oder Entwicklungen im Bereich Finanzprodukte sowohl im Unternehmen als auch im Markt.[43] Das Institut hat die durchgeführten Fortbildungsmaßnahmen für die Geschäftsleiter und die Mitglieder des Aufsichtsorgans zu dokumentieren.

31

---

39 Vgl. Braun, Ulrich, in: Boos, Karl-Heinz/Fischer, Reinfrid/Schulte-Mattler, Hermann (Hrsg.), Kreditwesengesetz, VO (EU) Nr. 575/2013 (CRR), Band 1, 5. Auflage, München, 2016, § 25c KWG, Tz. 68.

40 Jeder Geschäftsleiter muss selbst beurteilen, ob er über die für seine Tätigkeit erforderlichen Kenntnisse verfügt oder Fortbildungsmaßnahmen sinnvoll sind. Es gilt das Prinzip der Selbstverantwortlichkeit. Sofern ein Geschäftsleiter eine Fortbildungsmaßnahme für notwendig halten kann, ist das Institut gemäß § 25c Abs. 4 KWG zur Kostenerstattung verpflichtet. Erstattet werden müssen die Kosten, soweit sie angemessen sind. Vgl. Schwennicke, Andreas, in: Schwennicke, Andreas/Auerbach, Dirk (Hrsg.), KWG, 3. Auflage, München, 2016, § 25c KWG, Tz. 66 f. und § 25d KWG, Tz. 36 f.

41 Vgl. Braun, Ulrich, in: Boos, Karl-Heinz/Fischer, Reinfrid/Schulte-Mattler, Hermann (Hrsg.), Kreditwesengesetz, VO (EU) Nr. 575/2013 (CRR), Band 1, 5. Auflage, München, 2016, § 25d KWG, Tz. 67.

42 Vgl. Braun, Ulrich, in: Boos, Karl-Heinz/Fischer, Reinfrid/Schulte-Mattler, Hermann (Hrsg.), Kreditwesengesetz, VO (EU) Nr. 575/2013 (CRR), Band 1, 5. Auflage, München, 2016, § 25d KWG, Tz. 67.

43 Nach dem Merkblatt der BaFin kann ein einzelnes Mitglied eines Aufsichtsorgans aus § 25d Abs. 4 KWG keinen unmittelbaren Anspruch auf Bewilligung einer einzelnen Fortbildung ableiten. Die BaFin geht davon aus, dass das Aufsichtsorgan in seiner Gesamtheit den Bedarf an Weiterbildung ermittelt, der sowohl durch Schulungen des Gesamtgremiums als auch für einzelne Mitglieder gedeckt werden kann. Vgl. Bundesanstalt für Finanzdienstleistungsaufsicht, Merkblatt zu den Mitgliedern von Verwaltungs- und Aufsichtsorganen gemäß KWG und KAGB vom 4. Januar 2016, geändert am 12. November 2018, S. 22 f.

2.6   Stärkung der IT-Kompetenz in der Geschäftsleitung

32   Aufgrund der mit der Digitalisierung einhergehenden besonderen Bedeutung der Informationstechnik als Schlüsseltechnologie für neue Wertschöpfungsketten und deren zunehmendem Einfluss auf die Risikosituation von Kreditinstituten hat die BaFin ihre Verwaltungspraxis in Bezug auf die erforderlichen praktischen Erfahrungen von Geschäftsleitern angepasst. Damit soll die Bestellung von IT-Spezialisten zu Geschäftsleitern (»Chief Information Officer«, CIO) – unter Berücksichtigung der Gesamtverantwortung der Geschäftsleitung (»Prinzip der gegenseitigen Überwachung«) – erleichtert werden. Gleichzeitig gewinnt dadurch die kollektive Eignung der Geschäftsleitung stärker an Bedeutung.[44]

33   Um fachlich geeignet zu sein, benötigt ein Geschäftsleiter gemäß § 25c Abs. 1 KWG theoretische und praktische Kenntnisse »in den betreffenden Geschäften«, womit auf Bankgeschäfte im Sinne des § 1 Abs. 1 KWG abgestellt wird, sowie Leitungserfahrung. Praktische Erfahrungen in Bereichen, die für den Betrieb eines Kreditinstitutes zwar wesentlich, aber keine eigentlichen Bankgeschäfte sind, reichen daher nicht aus. Da insofern die sogenannte Regelvermutung des § 25c Abs. 1 Satz 3 KWG bei einem IT-Spezialisten nicht greift, muss die BaFin die fachliche Eignung als Geschäftsleiter dabei in einer umfassenden Einzelfallprüfung beurteilen. Die BaFin hat angekündigt, im Rahmen dieser Einzelfallprüfung den Zeitraum, in dem vor Amtsantritt bankpraktische Erfahrungen erworben worden sein müssen, in geeigneten Fällen auf sechs Monate zu reduzieren, die gleichzeitig zur Vertiefung der theoretischen Kenntnisse genutzt werden können. Voraussetzung sind allerdings profunde theoretische und praktische Kenntnisse im IT-Bereich anhand einschlägiger akademischer Qualifikationen und einer entsprechenden Berufserfahrung, wobei u. a. auf die BAIT abgestellt werden soll.[45]

---

44 Vgl. Wabnitz, Constanze/Lange, Oliver/Isensee, Alexander/Redenz, Till, MaRisk – IT-Kompetenz in der Geschäftsleitung – BaFin passt Entscheidungsmaßstäbe für Bestellung von IT-Spezialisten zu Geschäftsleitern an, in: BaFinJournal, Ausgabe Dezember 2017, S. 15 ff.

45 Vgl. Wabnitz, Constanze/Lange, Oliver/Isensee, Alexander/Redenz, Till, MaRisk – IT-Kompetenz in der Geschäftsleitung – BaFin passt Entscheidungsmaßstäbe für Bestellung von IT-Spezialisten zu Geschäftsleitern an, in: BaFinJournal, Ausgabe Dezember 2017, S. 16 f.

3 Abwesenheit oder Ausscheiden von Mitarbeitern (Tz. 3)

3 Die Abwesenheit oder das Ausscheiden von Mitarbeitern sollte nicht zu nachhaltigen **34** Störungen der Betriebsabläufe führen.

3.1 Störungen der Betriebsabläufe

Wichtige Voraussetzung für eine funktionierende Organisation sind Mitarbeiter, die bereit sind, **35** ihre Fähigkeiten und Kenntnisse engagiert für das Institut einzusetzen. Die innerbetrieblichen Abläufe können jedoch gestört werden, wenn Mitarbeiter z. B.
- krankheits- bzw. urlaubsbedingt abwesend sind oder
- alters- bzw. kündigungsbedingt ausscheiden.

Es ist nicht auszuschließen, dass die zeitweilige Abwesenheit oder die Kündigung von erfahrenen **36** Mitarbeitern mit wichtigen Funktionen sogar empfindliche Störungen des gesamten Betriebsablaufes zur Konsequenz haben. Besonders nachhaltig können sich diese Störungen bei Instituten auswirken, die aus verschiedenen Gründen durch eine hohe Fluktuationsrate gekennzeichnet sind.

3.2 Empfehlung der BaFin

Der vorübergehenden Abwesenheit von Mitarbeitern kann i. d. R. durch angemessene Vertre- **37** tungsregelungen entsprochen werden ($\rightarrow$ AT 7.1 Tz. 2 und BTO Tz. 5). Der Wirksamkeit von Vertretungsregelungen sind jedoch gerade bei kleineren Instituten mit sehr wenigen Mitarbeitern und beschränkten finanziellen Ressourcen unter Umständen Grenzen gesetzt. Noch schwieriger kann sich der Ersatz qualifizierter Mitarbeiter gestalten, die das Institut verlassen haben. Die Suche kann sich in Abhängigkeit von der Arbeitsmarktsituation und den Gehaltsvorstellungen qualifizierter Ersatzkandidaten ggf. über einen längeren Zeitraum hinziehen. In diesem Zusammenhang spielen auch die Verdienst- und Entwicklungsmöglichkeiten, die Konkurrenzunternehmen anbieten, eine nicht zu unterschätzende Rolle.[46]

Das Institut hat demnach im Einzelfall nur eingeschränkte Möglichkeiten, die vorübergehende **38** Abwesenheit oder das Ausscheiden von Mitarbeitern kurzfristig zu kompensieren. Die Abwesenheit oder das Ausscheiden von Mitarbeitern sollte jedoch nicht zu nachhaltigen Störungen der Betriebsabläufe führen. Es handelt sich um eine Empfehlung der BaFin, wie in der »Sollte«-Formulierung zum Ausdruck kommt. Diese Formulierung lässt den Instituten mehr Spielräume als analoge Regelungen aus den MaK und den MaH, die verbindlichen Charakter besaßen.[47]

---

46 Vgl. Atzler, Elisabeth/Kroder, Titus, Der Charme der Heuschrecken, in: Financial Times Deutschland vom 22. Mai 2006, S. 12.
47 Vgl. Bundesanstalt für Finanzdienstleistungsaufsicht, Mindestanforderungen an das Kreditgeschäft der Kreditinstitute (MaK), Rundschreiben 34/2002 (BA) vom 20. Dezember 2002, Tz. 90; Bundesaufsichtsamt für das Kreditwesen, Mindestanforderungen an das Betreiben von Handelsgeschäften der Kreditinstitute (MaH), Verlautbarung vom 23. Oktober 1995, Abschnitt 3.4.

AT7.1 Personal

39   Es ist unmittelbar einleuchtend, dass die Personalabteilung als interner Dienstleister einen wesentlichen Beitrag zur Umsetzung der Anforderungen des Moduls AT7.1 leisten muss. Entsprechend der Bedeutung der Mitarbeiter als kostbarste Ressource für das Institut spielt das quantitative und qualitative »Personalrisiko« als Teil des operationellen Risikos eine wichtige Rolle. In der Praxis werden bereits Konzepte erarbeitet, die eine Steuerung dieser Personalrisiken mit Blick auf die »Mitarbeiterverfügbarkeit und -fähigkeit« erleichtern können.[48]

---

48 Vgl. Moser, Nina, Personalrisiken, in: BankPraktiker, Heft 5/2007, S. 250 ff.

AT 7.2 Technisch-organisatorische Ausstattung

1 Umfang und Qualität der technisch-organisatorischen Ausstattung (Tz. 1)

1 1 Umfang und Qualität der technisch-organisatorischen Ausstattung haben sich insbesondere an betriebsinternen Erfordernissen, den Geschäftsaktivitäten sowie der Risikosituation zu orientieren.

1.1 Dominanz der IT-Systeme

2 Die technisch-organisatorische Ausstattung umfasst die Gesamtheit der Einrichtungen und Anlagen zur Leistungserstellung eines Institutes. Hierzu zählen z.B. Grundstücke, Gebäude, Büromaterial oder Aufbewahrungsmöglichkeiten. Es ist evident, dass sich z.B. hinsichtlich der Gebäude bei einem Institut mit weit verzweigtem Filialnetz andere Fragen ergeben als bei einem Institut ohne Filialen. Bei nahezu allen Instituten wird die technisch-organisatorische Ausstattung jedoch eindeutig von der Informationstechnik (IT) dominiert. Die IT ist mit all ihren Facetten aus einem modernen Bankbetrieb nicht mehr wegzudenken. Dies spiegelt sich im Weiteren auch im Anforderungsprofil der MaRisk wider, indem sich der Schwerpunkt der Anforderungen zur technisch-organisatorischen Ausstattung auf die IT bezieht ($\rightarrow$ AT 7.2 Tz. 2, 3, 4 und 5).

3 Die wachsende Nutzung der IT hat dazu beigetragen, dass etliche Geschäftsprozesse erheblich effizienter ausgestaltet werden konnten. Dem stehen jedoch auch Risiken gegenüber, die insbesondere auf folgende Faktoren zurückzuführen sind[1]:

– Durch die starke Vernetzung mit anderen Instituten, Dienstleistern oder z.B. auch Behörden sind Institute in hohem Maße abhängig von IT-Anwendungen und der IT-Infrastruktur. Störungen in der Betriebsbereitschaft können für die Institute zu Nachteilen führen, insbesondere wenn davon sensitive Geschäftsdaten betroffen sind.

– Risiken können sich ferner aus der Einführung neuer IT-Systeme, Änderungen bestehender Systeme oder Restrukturierungen ergeben. Fehlgelaufene IT-Projekte, Terminüberschreitungen oder eine unzureichende Einbindung der Anwender können erhebliche Kosten verursachen. Selbst bei Einführung von Standardsoftware werden nicht selten unfertige Lösungen bereitgestellt, weshalb ein komplexes und strukturiertes Anpassen an die spezifischen Anforderungen des Institutes (»Customizing«) erforderlich wird.

– Unabhängig von der fortschreitenden Entwicklung der IT bleibt der Faktor Mensch nach wie vor von Bedeutung. Die anspruchsvollsten IT-Systeme können ihren Nutzen nicht entfalten, wenn innerhalb der Institute kein entsprechendes Know-how vorgehalten wird. Das gilt nicht nur für die IT-Spezialisten, sondern auch für die Anwender, die mit den IT-Lösungen umgehen müssen. Fehlende Akzeptanz kann den Erfolg von IT-Maßnahmen ggf. erheblich beeinträchtigen.

– Risiken können sich auch dann ergeben, wenn die IT-Systeme nur unzureichend auf die Geschäftsaktivitäten des Institutes abgestimmt sind. Damit solche Abweichungen erst gar nicht entstehen, haben die Institute gemäß Tz. 2 BAIT im Rahmen der Festlegung der Geschäftsstrategien darauf abgestimmte IT-Strategien zu verabschieden.

---

1 Vgl. Institut der Wirtschaftsprüfer, Prüfungsstandard 330 (IDW PS 330), Abschlussprüfung bei Einsatz von Informationstechnologie, in: Die Wirtschaftsprüfung, Heft 21/2002, S. 1167 ff.

Der Umfang und die Qualität der technisch-organisatorischen Ausstattung haben sich deshalb **4** insbesondere an betriebsinternen Erfordernissen, den Geschäftsaktivitäten sowie der Risikosituation zu orientieren. Da die Informationsverarbeitung und -weitergabe in Geschäfts- und Serviceprozessen durch datenverarbeitende IT-Systeme und zugehörige IT-Prozesse unterstützt wird, hat sich nach Tz. 8 BAIT auch deren Umfang und Qualität an diesen Kriterien zu orientieren. Dasselbe gilt laut Tz. 10 BAIT für die Bestandteile des festgelegten Informationsverbundes sowie deren Abhängigkeiten und Schnittstellen, zu denen ein Institut jeweils über einen aktuellen Überblick verfügen muss. Die deutsche Aufsicht versteht unter einem Informationsverbund z. B. geschäftsrelevante Informationen, Geschäftsprozesse, IT-Systeme sowie Netz- und Gebäudeinfrastrukturen.

1.2   Konkretisierung durch die BAIT

Zur Ausgestaltung der Informationstechnik der Institute sind also ergänzend die »Bankaufsichtlichen **5** Anforderungen an die IT« (BAIT)[2] zu beachten, mit deren Hilfe die MaRisk in den relevanten Bereichen weiter konkretisiert werden. Mit Hilfe der BAIT wird den Instituten die Erwartungshaltung der deutschen Aufsicht zur sicheren Ausgestaltung der IT-Systeme und zugehörigen IT-Prozesse (Integrität, Verfügbarkeit, Authentizität sowie Vertraulichkeit der Daten) sowie zu den diesbezüglichen Anforderungen an die IT-Governance transparent gemacht. Die Aufsicht erläutert darin, was sie unter einer angemessenen technisch-organisatorischen Ausstattung der IT-Systeme, unter besonderer Berücksichtigung der Anforderungen an die Informationssicherheit sowie eines angemessenen Notfallkonzeptes, versteht. Da die Institute zunehmend IT-Services von Dritten beziehen, sowohl im Rahmen von Auslagerungen von IT-Dienstleistungen als auch durch den sonstigen Fremdbezug von IT-Dienstleistungen, werden auch die Anforderungen an Auslagerungen in diese Interpretation einbezogen. Insofern sind die MaRisk und die BAIT in einer Gesamtschau anzuwenden.[3]

Im Rahmen der Geschäftsstrategie sind in Abhängigkeit von Art, Umfang, Komplexität und **6** Risikogehalt der Geschäftsaktivitäten auch Aussagen zur zukünftig geplanten Ausgestaltung der IT-Systeme zu treffen (→ AT 4.2 Tz. 1, Erläuterung). Die BAIT konkretisieren diese Anforderung, indem sie eine mit der Geschäftsstrategie konsistente IT-Strategie fordern. Die Geschäftsleitung hat hierfür nach Tz. 1 BAIT eine nachhaltige IT-Strategie mit den in Tz. 2 BAIT beschriebenen Mindestinhalten festzulegen, in der die Ziele sowie Maßnahmen zur Erreichung dieser Ziele dargestellt werden. Gemäß Tz. 3 BAIT hat die IT-Governance auch Regelungen zum Umfang und zur Qualität der technisch-organisatorischen Ausstattung zu enthalten.

---

2 Bundesanstalt für Finanzdienstleistungsaufsicht, Bankaufsichtliche Anforderungen an die IT (BAIT), Rundschreiben 10/2017 (BA) in der Fassung vom 14. September 2018.

3 Vgl. Bundesanstalt für Finanzdienstleistungsaufsicht, Rundschreiben 10/2017 (BA) zu den BAIT, Übermittlungsschreiben vom 3. November 2017, S. 1 f.

2 Ausgestaltung der IT-Systeme und -Prozesse (Tz. 2)

7 **2** Die IT-Systeme (Hardware- und Software-Komponenten) und die zugehörigen IT-Prozesse müssen die Integrität, die Verfügbarkeit, die Authentizität sowie die Vertraulichkeit der Daten sicherstellen. Für diese Zwecke ist bei der Ausgestaltung der IT-Systeme und der zugehörigen IT-Prozesse grundsätzlich auf gängige Standards abzustellen, insbesondere sind Prozesse für eine angemessene IT-Berechtigungsvergabe einzurichten, die sicherstellen, dass jeder Mitarbeiter nur über die Rechte verfügt, die er für seine Tätigkeit benötigt; die Zusammenfassung von Berechtigungen in einem Rollenmodell ist möglich. Die Eignung der IT-Systeme und der zugehörigen IT-Prozesse ist regelmäßig von den fachlich und technisch zuständigen Mitarbeitern zu überprüfen.

2.1 IT-Systeme und zugehörige IT-Prozesse

8 Ein IT-System besteht aus einer Kombination von Hardware- und Softwarekomponenten, deren Aufgabe es ist, bestimmte Funktionen innerhalb eines oder mehrerer Informationsprozesse(s) zu erfüllen. Ein Beispiel für ein IT-System ist der PC. Er besteht aus einer ganzen Reihe von Komponenten (z. B. Speichereinheiten, Ein- und Ausgabeeinheiten, Betriebssystem und Software), die in ihrer Gesamtheit als funktionale Einheit ein IT-System darstellen. Weitere Beispiele für IT-Systeme sind Großrechner, Netzwerke oder auch Notebooks. Unter den »zugehörigen IT-Prozessen« sind Prozesse zu verstehen, die zwar nicht integraler Bestandteil der IT-Systeme, aber dennoch eng mit diesen Systemen verknüpft sind. Hierzu zählen z. B. die Einrichtung von Benutzerberechtigungen durch IT-Administratoren, die routinemäßige Datensicherung oder auch die Entwicklung von Software.

9 Die IT-Systeme sowie die zugehörigen IT-Prozesse unterstützen die Informationsverarbeitung und -weitergabe in Geschäfts- und Serviceprozessen. Daher sind deren Umfang und Qualität nach Tz. 8 BAIT insbesondere an den betriebsinternen Erfordernissen, den Geschäftsaktivitäten sowie an der Risikosituation zu orientieren (→ AT 7.2 Tz. 1). Sie müssen die Integrität, die Verfügbarkeit, die Authentizität sowie die Vertraulichkeit der Daten gewährleisten.[4] Auch der Baseler Ausschuss für Bankenaufsicht fordert, im Risikomanagement u. a. Leistungsvereinbarungen für ausgelagerte und interne Prozesse der Datenverarbeitung, Unternehmensgrundsätze zu Datenvertraulichkeit, -integrität und -verfügbarkeit sowie Risikomanagementgrundsätze festzulegen.[5] Das Management sollte sicherstellen, dass das Institut über eine solide technologische Infrastruktur verfügt, die den aktuellen und langfristigen Geschäftsanforderungen entspricht, indem es u. a. die Daten- und Systemintegrität, -sicherheit und -verfügbarkeit gewährleistet und ein integriertes

---

4 Vgl. Institut der Wirtschaftsprüfer, Stellungnahme zur Rechnungslegung (IDW RS FAIT 1), Grundsätze ordnungsgemäßer Buchführung bei Einsatz von Informationstechnologie, in: Die Wirtschaftsprüfung, Heft 21/2002, S. 1157 ff.

5 Vgl. Baseler Ausschuss für Bankenaufsicht, Grundsätze für die effektive Aggregation von Risikodaten und die Risikoberichterstattung, BCBS 239, 9. Januar 2013, S. 6.

und umfassendes Risikomanagement unterstützt.[6] Vergleichbare Anforderungen finden sich in verschiedenen Leitlinien der EBA.[7]

Häufig werden diese Begriffe unter dem Stichwort »Datensicherheit« zusammengefasst. Für diese Zwecke ist grundsätzlich auf gängige Standards abzustellen, wobei die Bedeutung einer möglichst maßgeschneiderten IT-Berechtigungsvergabe von der BaFin besonders hervorgehoben wird. Die Eignung dieser Systeme und Prozesse ist regelmäßig von den fachlich und technisch zuständigen Mitarbeitern zu überprüfen. IT-Systeme sind ferner vor ihrem erstmaligen Einsatz und nach wesentlichen Veränderungen zu testen und von den fachlich sowie technisch zuständigen Mitarbeitern abzunehmen (→ AT 7.2 Tz. 3).   **10**

2.2 Datenintegrität

Der Baseler Ausschuss für Bankenaufsicht versteht unter der Datenintegrität eine Eigenschaft von Daten, frei von unbefugter Veränderung und Manipulation zu sein, die deren Genauigkeit, Vollständigkeit oder Verlässlichkeit beeinträchtigt.[8] Ein Institut sollte in der Lage sein, genaue und verlässliche Risikodaten zu generieren, um den Genauigkeitsanforderungen im Berichtswesen unter gewöhnlichen Umständen sowie in Stressphasen oder Krisen gerecht zu werden. Die Daten sind daher – von den systemrelevanten Instituten – möglichst auf automatisierter Basis zu aggregieren, um die Fehlerwahrscheinlichkeit so gering wie möglich zu halten.[9]   **11**

Die Sicherstellung der Datenintegrität zielt insofern darauf ab, dass die Daten unversehrt, vollständig und korrekt sind. Zur Vermeidung von Datenmanipulationen dürfen Daten nur von Mitarbeitern mit entsprechenden Befugnissen verändert werden. Dadurch ist die Unversehrtheit der Daten gewährleistet. Die Vollständigkeit der Daten ist naturgemäß dann gegeben, wenn tatsächlich alle relevanten Daten vorhanden sind, also insbesondere wirksame Schutzmaßnahmen vor Datenverlust existieren. Korrekt sind Daten, wenn sie die Informationen unverfälscht beschreiben. Im Zusammenhang mit der Integrität der Daten wird darüber hinaus häufig auch die Widerspruchsfreiheit (Konsistenz) der Daten genannt. Damit soll sichergestellt werden, dass die definierten Integritätsbedingungen auch nach dem Einfügen, Löschen oder Ändern von Daten erfüllt werden. Die Sicherstellung der Integrität der Daten kann organisatorisch durch Test- und Freigabeverfahren gewährleistet werden. Als technische Maßnahmen kommen u. a. die Einrichtung von »Firewalls« oder Virenscannern infrage.   **12**

Auch die EBA erwartet von den zuständigen Behörden, im Rahmen des SREP u. a. die Genauigkeit und Integrität der für Berichte, Risikomanagement, Rechnungslegung, Bestandsführung usw. verwendeten Daten zu überprüfen. Zum Beispiel geht es darum, ob das IT-System sicherstellt, dass die Daten und die daraus erstellten Berichte korrekt, zeitnah und vollständig sind.[10]   **13**

---

6 Vgl. Basel Committee on Banking Supervision, Principles for the Sound Management of Operational Risk and the Role of Supervision, BCBS 292, 6. Oktober 2014, S. 15 f.

7 Vgl. European Banking Authority, Final Report – Guidelines on institution's stress testing, EBA/GL/2018/04, 19. Juli 2018, S. 23; European Banking Authority, Consultation Paper – EBA Draft Guidelines on Outsourcing Arrangements, EBA/CP/2018/11, 22. Juni 2018, S. 13, 34, 37 und 43; European Banking Authority, Leitlinien zur internen Governance, EBA/GL/2017/11, 21. März 2018, S. 12 f.

8 Vgl. Baseler Ausschuss für Bankenaufsicht, Grundsätze für die effektive Aggregation von Risikodaten und die Risikoberichterstattung, BCBS 239, 9. Januar 2013, S. 19.

9 Vgl. Baseler Ausschuss für Bankenaufsicht, Grundsätze für die effektive Aggregation von Risikodaten und die Risikoberichterstattung, BCBS 239, 9. Januar 2013, S. 8.

10 Vgl. European Banking Authority, Guidelines on common procedures and methodologies for the supervisory review and evaluation process (SREP) and supervisory stress testing, EBA/GL/2014/13, Consolidated version, 19. Juli 2018, S. 110 und 120.

2.3 IKT-Datenintegritätsrisiken im SREP

14 Die EBA versteht unter dem »IKT-Datenintegritätsrisiko« das Risiko, dass die von IKT-Systemen gespeicherten und verarbeiteten Daten über verschiedene IKT-Systeme hinweg unvollständig, ungenau oder inkonsistent sind, beispielsweise aufgrund mangelhafter oder fehlender IKT-Kontrollen während der verschiedenen Phasen des IKT-Datenlebenszyklus, d.h. Entwurf der Datenarchitektur, Entwicklung des Datenmodells und/oder der Datenbeschreibungsverzeichnisse, Überprüfung von Dateneingaben, Kontrolle von Datenextraktionen, -übertragungen und -verarbeitungen, einschließlich gerenderter Datenausgaben, was dazu führt, dass die Fähigkeit eines Institutes zur Erbringung von Dienstleistungen und zur ordnungsgemäßen und zeitgerechten Produktion von (Risiko-)Management- und Finanzinformationen beeinträchtigt wird.[11]

15 Die zuständigen Behörden sollten im Rahmen des SREP bewerten, ob das Institut über einen wirksamen und angemessenen Rahmen für die Ermittlung, das Verständnis, die Messung und die Minderung des IKT-Datenintegritätsrisikos verfügt. Dabei sollten jene Risiken berücksichtigt werden, die mit der Wahrung der Integrität der von den IKT-Systemen gespeicherten und verarbeiteten Daten verknüpft sind. Bei dieser Bewertung sollten die zuständigen Behörden insbesondere prüfen, ob Richtlinien vorhanden sind, in denen die Rollen und Verantwortlichkeiten für die Verwaltung der Integrität der Daten in den IKT-Systemen festgelegt sind und Orientierungshilfen dazu vorhanden sind, welche Daten im Hinblick auf die Datenintegrität kritisch sind und spezifischen IKT-Kontrollen (z.B. automatisierte Eingabevalidierungskontrollen, Datenübertragungskontrollen, Datenabgleichen usw.) oder Überprüfungen (z.B. eine Kompatibilitätsprüfung mit der Datenarchitektur) in den verschiedenen Phasen des IKT-Datenlebenszyklus unterzogen werden sollten. Hinsichtlich der Rollen und Verantwortlichkeiten unterscheidet die EBA zwischen Datenarchitekten, Datensachbearbeitern mit der Verantwortung für die Datenverarbeitung und -nutzung, Datentreuhändern, die für die sichere Aufbewahrung, den Transport und die Speicherung von Daten zuständig sind, sowie Dateneigentümern bzw. -verwaltern, die sich um die Verwaltung und die Tauglichkeit von Datenelementen kümmern sollen, sowohl hinsichtlich der Inhalte als auch der Metadaten. Erwartet wird daneben eine dokumentierte Datenarchitektur, ein Datenmodell und/oder ein Datenbeschreibungsverzeichnis, das mit relevanten Geschäfts- und IT-Stakeholdern validiert wird, um die erforderliche Datenkohärenz in den IKT-Systemen zu unterstützen und sicherzustellen, dass die Datenarchitektur, das Datenmodell und/oder das Datenbeschreibungsverzeichnis auf die Geschäfts- und Risikomanagement-Erfordernisse abgestimmt sind. Geprüft wird zudem eine Richtlinie im Hinblick auf die zulässige Nutzung und Vertrauenswürdigkeit von Endbenutzer-Computing, insbesondere hinsichtlich der Ermittlung, Registrierung und Dokumentation wichtiger Lösungen (z.B. bei der Verarbeitung wichtiger Daten) und der erwarteten Sicherheitsstufe zur Verhütung unbefugter Änderungen sowohl im Tool selbst als auch in den darin gespeicherten Daten. Schließlich geht es um das Vorhandensein dokumentierter Ausnahmebehandlungsprozesse, um ermittelte IKT-Datenintegritätsprobleme gemäß ihrer Kritikalität und Empfindlichkeit zu lösen.[12]

---

11 Vgl. European Banking Authority, Leitlinien für die IKT-Risikobewertung im Rahmen des aufsichtlichen Überprüfungs- und Bewertungsprozesses (SREP), EBA/GL/2017/05, 11. September 2017, S. 5.

12 Vgl. European Banking Authority, Leitlinien für die IKT-Risikobewertung im Rahmen des aufsichtlichen Überprüfungs- und Bewertungsprozesses (SREP), EBA/GL/2017/05, 11. September 2017, S. 23 f.

2.4 Datenverfügbarkeit

IT-Systeme können ihren Zweck nicht erfüllen, wenn Daten ständig oder über einen längeren **16** Zeitraum nicht verfügbar sind. Das Institut hat daher sicherzustellen, dass die Daten ständig oder innerhalb einer vorgegebenen Zeit, die von Funktion zu Funktion verschieden sein kann, zur Verfügung stehen. Für diese Zwecke kann es z. B. sinnvoll sein, maximal tolerierbare Ausfallzeiten zu definieren. Ferner bietet sich die Einrichtung geeigneter »Back-up-Verfahren« an, die bei einem Verlust von Daten diese innerhalb eines angemessenen Zeitraumes wieder verfügbar machen.

Der Baseler Ausschuss für Bankenaufsicht stellt im Zusammenhang mit seinen Anforderungen **17** an die Risikodatenaggregation und die Risikoberichterstattung an systemrelevante Institute hinsichtlich der Datenverfügbarkeit auf die Aktualität und die Vollständigkeit der Daten ab. Die Aktualität der Daten hängt in erster Linie von der Verfügbarkeit aggregierter Risikodaten innerhalb eines bestimmten Zeitrahmens ab, der es einem Institut erlaubt, Risikomanagementberichte mit einer festgelegten Häufigkeit zu erstellen. Die Vollständigkeit der Daten betrifft die Verfügbarkeit relevanter, für den gesamten Konzern aggregierter Risikodaten, z. B. für Konzerngesellschaften, Geschäftsfelder und Länder.[13]

Die EBA versteht unter dem »IKT-Verfügbarkeits- und Kontinuitätsrisiko« das Risiko, dass die **18** Leistung und die Verfügbarkeit von IKT-Systemen und -Daten nachteilig beeinflusst werden, einschließlich der mangelnden Fähigkeit des Institutes, IKT-Hardware- oder -Softwarekomponenten infolge eines Ausfalls, von Schwächen im IKT-Systemmanagement oder eines sonstigen Ereignisses rechtzeitig wiederherzustellen.[14] Sie geht mit dieser weiten Definition allerdings über die reine Datenverfügbarkeit hinaus. Im Rahmen des SREP geht es hinsichtlich dieser Risikokategorie deshalb auch eher um die kritischen IKT-Prozesse und die unterstützenden IKT-Systeme als Teil der Notfall- und Kontinuitätspläne (→ AT 7.3 Tz. 2).

2.5 Datenauthentizität

Authentizität bedeutet, dass die Daten echt bzw. rechtsgültig sind. Es muss zweifelsfrei sicher- **19** gestellt sein, dass die Daten nicht unbefugt verändert oder verfälscht wurden. Authentizität ist daher gegeben, wenn ein Geschäftsvorfall einem Verursacher eindeutig zugeordnet werden kann. Für den Datenaustausch bietet sich für die Identifizierung des Geschäftspartners die Einrichtung von elektronischen Signaturen oder passwortgeschützten Identifikationsverfahren an.

Die EBA versteht unter dem »IKT-Änderungsrisiko« das Risiko, das sich aus der mangelnden **20** Fähigkeit des Institutes ergibt, IKT-Systemänderungen zeitgerecht und kontrolliert zu steuern, insbesondere was umfangreiche und komplexe Änderungsprogramme angeht.[15] Dabei geht es auch um die Fehlerbehebung oder notwendige Korrekturen der Daten. In erster Linie zielt das Management dieser Risikokategorie jedoch auf Änderungsprozesse in der IT-Landschaft inklusive der Abgrenzung zwischen Produktions- und Testumgebung ab (→ AT 7.2 Tz. 3).

Mit Bezug zur Authentizität der Daten sollten die zuständigen Behörden im Rahmen des SREP **21** insbesondere prüfen, ob dokumentierte Prozesse zur Verwaltung und Kontrolle von Änderungen an den Daten (z. B. Fehlerbehebung oder Datenkorrekturen) vorhanden sind, um eine angemes-

---

13 Vgl. Baseler Ausschuss für Bankenaufsicht, Grundsätze für die effektive Aggregation von Risikodaten und die Risikoberichterstattung, BCBS 239, 9. Januar 2013, S. 18 f.

14 Vgl. European Banking Authority, Leitlinien für die IKT-Risikobewertung im Rahmen des aufsichtlichen Überprüfungs- und Bewertungsprozesses (SREP), EBA/GL/2017/05, 11. September 2017, S. 4.

15 Vgl. European Banking Authority, Leitlinien für die IKT-Risikobewertung im Rahmen des aufsichtlichen Überprüfungs- und Bewertungsprozesses (SREP), EBA/GL/2017/05, 11. September 2017, S. 4.

sene Einbindung des IKT-Risikomanagements für wichtige Änderungen zu gewährleisten, die das Risikoprofil oder die Risikoposition des Institutes erheblich beeinträchtigen können. Die EBA erwartet Spezifikationen im Hinblick auf die erforderliche Aufgabentrennung in Verwaltung und Kontrolle bei Änderungen an den Daten durch die Mitarbeiter (z. B. Entwickler, IKT-Systemadministratoren, Datenbankadministratoren) oder eine andere Partei (z. B. geschäftliche Nutzer, Dienstanbieter).[16]

2.6 Datenvertraulichkeit

22 Das Institut hat sicherzustellen, dass die Daten vor unbefugter Preisgabe geschützt sind. Die Daten dürfen daher nur Mitarbeitern mit entsprechenden Befugnissen zugänglich sein. Die klare Definition von Zugangs- bzw. Benutzerberechtigungen ist ein Mittel, die Vertraulichkeit der Daten zu gewährleisten. Für diese Zwecke sind auch Verschlüsselungsverfahren oder die Einrichtung von Löschfristen für personengebundene Daten hilfreich.

23 Die EBA erwartet u. a. einen Prozess und Lösungen zur Verhinderung der unbefugten oder unbeabsichtigten Freigabe vertraulicher Daten beim Austausch, Archivieren, Entsorgen oder Vernichten von IKT-Systemen.[17] Im Zusammenhang mit der Datenvertraulichkeit spielt das »IKT-Sicherheitsrisiko« eine Rolle. Dabei handelt es sich nach den Vorstellungen der EBA um das Risiko eines unbefugten Zugangs zu IKT-Systemen und eines Datenzugriffs von innerhalb oder außerhalb des Institutes (z. B. Cyber-Attacken).[18] Das IKT-Sicherheitsrisiko wird bei der Steuerung und Überwachung der IT-Risiken berücksichtigt ($\rightarrow$ AT 7.2 Tz. 4).

2.7 Datensicherung

24 Ergänzend sind die Anforderungen an die Datensicherung zu beachten. Nach Tz. 51 BAIT sind die Vorgaben für die Verfahren zur Datensicherung (ohne Datenarchivierung) schriftlich in einem Datensicherungskonzept zu regeln. Die im Datensicherungskonzept dargestellten Anforderungen an die Verfügbarkeit, Lesbarkeit und Aktualität der Kunden- und Geschäftsdaten sowie an die für deren Verarbeitung notwendigen IT-Systeme sind aus den Anforderungen der Geschäftsprozesse und den Geschäftsfortführungsplänen abzuleiten. Die Verfahren zur Wiederherstellbarkeit im erforderlichen Zeitraum und zur Lesbarkeit von Datensicherungen sind regelmäßig, mindestens jährlich, im Rahmen einer Stichprobe sowie anlassbezogen zu testen. Erläuternd stellt die deutsche Aufsicht klar, dass sich die Anforderungen an die Ausgestaltung und Lagerung der Datensicherungen sowie an die durchzuführenden Tests aus diesbezüglichen Risikoanalysen ergeben. Hinsichtlich der Standorte für die Lagerung der Datensicherungen können eine oder mehrere weitere Lokationen erforderlich sein.

---

16 Vgl. European Banking Authority, Leitlinien für die IKT-Risikobewertung im Rahmen des aufsichtlichen Überprüfungs- und Bewertungsprozesses (SREP), EBA/GL/2017/05, 11. September 2017, S. 22 f.

17 Vgl. European Banking Authority, Leitlinien für die IKT-Risikobewertung im Rahmen des aufsichtlichen Überprüfungs- und Bewertungsprozesses (SREP), EBA/GL/2017/05, 11. September 2017, S. 22 f.

18 Vgl. European Banking Authority, Leitlinien für die IKT-Risikobewertung im Rahmen des aufsichtlichen Überprüfungs- und Bewertungsprozesses (SREP), EBA/GL/2017/05, 11. September 2017, S. 4.

2.8 Gängige Standards

Der IT-Betrieb hat nach Tz. 45 BAIT die Erfüllung der Anforderungen, die sich aus der Umsetzung **25** der Geschäftsstrategie sowie aus den IT-unterstützten Geschäftsprozessen ergeben, umzusetzen. Die Komponenten der IT-Systeme sowie deren Beziehungen zueinander sind laut Tz. 46 BAIT in geeigneter Weise zu verwalten und die hierzu erfassten Bestandsangaben regelmäßig sowie anlassbezogen zu aktualisieren. Erläuternd verdeutlicht die BaFin, dass sie darunter insbesondere den Bestand und Verwendungszweck der Komponenten der IT-Systeme mit den relevanten Konfigurationsangaben, den Standort der Komponenten der IT-Systeme, die Aufstellung der relevanten Angaben zu Gewährleistungen und sonstigen Supportverträgen (ggf. Verlinkung), die Angaben zum Ablaufdatum des Supportzeitraumes der Komponenten der IT-Systeme und den akzeptierten Zeitraum der Nichtverfügbarkeit der IT-Systeme sowie den maximal tolerierbaren Datenverlust versteht.

Die Umsetzung und laufende Wartung der institutsinternen IT-Systeme und der zugehörigen **26** Prozesse ist eine anspruchsvolle Aufgabe, da mögliche Fehler erhebliche Kostenbelastungen zur Folge haben können. Durch die Orientierung an gängigen Standards kann die Wahrscheinlichkeit solcher Fehler verringert werden. Der Rückgriff auf gängige Standards hat vor allem den Vorteil, dass auf Methoden abgestellt werden kann, die sich bereits in der Praxis bewährt haben. Dadurch wird nicht nur ein angemessenes Sicherheitsniveau erreicht. Es können auch Wettbewerbsvorteile gegenüber der Konkurrenz generiert werden, da z.B. die Nutzung solcher Standards häufig im Rahmen öffentlicher und privatwirtschaftlicher Vergabeverfahren nachzuweisen ist.

Daher ist bei der Ausgestaltung der IT-Systeme und der zugehörigen IT-Prozesse grundsätzlich **27** auf gängige Standards abzustellen. Dies hat die deutsche Aufsicht auch in der Vorbemerkung der BAIT nochmals betont. Zu solchen Standards zählen z.B. der IT-Grundschutzkatalog des Bundesamtes für Sicherheit in der Informationstechnik (BSI) und der internationale Sicherheitsstandard ISO/IEC 2700X der International Organization for Standardization (→ AT 7.2 Tz. 2, Erläuterung). Bei deren Nennung handelt es sich lediglich um Beispiele, da es noch weitere Standards gibt, die für die Institute eine praktikable Lösung darstellen können.[19] In der IT-Strategie sind die gängigen Standards, an denen sich das Institut orientiert, gemäß Tz. 2 BAIT auf die Bereiche der IT zuzuordnen.

Das Abstellen auf gängige Standards zielt nicht zwingend auf die Verwendung von Standard- **28** hardware bzw. -software ab. Eigenentwicklungen sind grundsätzlich ebenso möglich. So ist es z.B. nicht unüblich, dass einzelne Mitarbeiter Programme auf Excel-Basis entwickeln, die ihnen die tägliche Arbeit erleichtern. Es sollte allerdings darauf geachtet werden, dass die jeweils verwendete Software ihren Zweck auch störungsfrei erfüllen kann. Regelmäßige Abstürze, die z.B. auf die Verarbeitung einer für die verwendete Softwarelösung zu großen Datenmenge zurückzuführen sind, sollten die Suche nach alternativen Lösungen beschleunigen.

2.9 IT-Berechtigungsvergabe

Die BAIT enthalten konkrete Vorgaben an das Benutzerberechtigungsmanagement. Es soll **29** gemäß Tz. 23 BAIT sicherstellen, dass die den Benutzern eingeräumten Berechtigungen so ausgestaltet und genutzt werden, wie es den organisatorischen und fachlichen Vorgaben entspricht. Teil des Berechtigungsmanagements ist ein gemäß Tz. 24 BAIT schriftlich festzule-

---

19 Vgl. Bundesverband Informationswirtschaft, Telekommunikation und neue Medien e.V. (BITKOM), Kompass der IT-Sicherheitsstandards, Heft 3/2005, S. 9.

gendes Berechtigungskonzept, bei dem der Sparsamkeitsgrundsatz (»Need-to-Know-Prinzip«) anzuwenden, die Funktionstrennung zu wahren und Interessenkonflikte des Personals zu vermeiden sind. Gemäß Tz. 27 sind in einem Rezertifizierungsprozess die eingeräumten Berechtigungen zu überprüfen. Da die weiteren Anforderungen in Tz. 24 bis 30 BAIT insbesondere mit den allgemeinen Anforderungen an die Vergabe und Überprüfung von Berechtigungen und Kompetenzen verzahnt sind, erfolgt die weitergehende Kommentierung an dieser Stelle (→ AT 4.3.1 Tz. 2).

2.10 Regelmäßige Überprüfung der Eignung der IT-Systeme und zugehörigen IT-Prozesse

30   Die Eignung der IT-Systeme und der zugehörigen IT-Prozesse ist regelmäßig zu überprüfen. Ein fester Turnus wird von Seiten der BaFin nicht vorgegeben. Jedes Institut muss daher vor dem Hintergrund der institutsindividuellen Situation entscheiden, welcher Turnus angemessen ist.[20] Insbesondere im Rahmen von geschäftspolitischen Neuausrichtungen oder bei innerbetrieblichen Umstrukturierungen sollte allerdings unabhängig vom Turnus darauf geachtet werden, ob die verwendeten Systeme und Prozesse noch ihren Zweck erfüllen. Die deutsche Aufsicht erwartet laut Tz. 47 BAIT, dass das Portfolio aus IT-Systemen im Rahmen eines Produktlebenszyklus-Managements angemessen gesteuert wird und hierbei die Risiken aus veralteten IT-Systemen berücksichtigt werden. Voraussetzung für ein solches Produktlebenszyklus-Management ist jedoch die entsprechende Verwaltung der IT-Systeme inklusive der Bestandsangaben. Hierfür sollten die Institute grundsätzlich eine sogenannte »Configuration Management Database« (CMDB) nutzen.[21]

31   Bei der regelmäßigen Überprüfung sind sowohl die fachlich als auch die technisch zuständigen Mitarbeiter einzubinden, so dass mögliche Probleme auf einer breiten Ebene identifiziert und gelöst werden können. Über ungeplante Abweichungen vom Regelbetrieb (Störungen), deren Ursachen, die eingesetzten Notfallmaßnahmen zur Aufrechterhaltung bzw. Wiederherstellung des Geschäftsbetriebes und die Beseitigung der Mängel ist die Geschäftsleitung gemäß Tz. 50 BAIT zu informieren. Hierfür hat das Institut geeignete Kriterien festzulegen. Diese Berichterstattung ermöglicht der Geschäftsleitung, das IT-Risiko angemessen zu steuern.[22]

32   Aus der Überprüfung der Eignung der IT-Systeme und der zugehörigen IT-Prozesse kann sich ein Bedarf zur Weiterentwicklung dieser Systeme und Prozesse ergeben. Nach Tz. 7 BAIT sind durch die Geschäftsleitung angemessene quantitative oder qualitative Kriterien zur Steuerung der für den Betrieb und die Weiterentwicklung der IT-Systeme zuständigen Bereiche festzulegen, deren Einhaltung überwacht werden muss. Bei der Festlegung dieser Kriterien können z. B. die Qualität der Leistungserbringungen, die Verfügbarkeit, die Wartbarkeit, die Anpassbarkeit an neue Anforderungen und die Sicherheit der IT-Systeme oder der dazugehörigen IT-Prozesse sowie deren Kosten berücksichtigt werden.

---

20 Der Deutsche Sparkassen- und Giroverband (DSGV) empfiehlt seinen Mitgliedsinstituten z. B. einen jährlichen Turnus für die Überprüfung. Vgl. Deutscher Sparkassen- und Giroverband, Mindestanforderungen an das Risikomanagement – Interpretationsleitfaden, Version 3.0, Berlin, November 2009, S. 89.

21 Vgl. Essler, Renate/Gampe, Jens, IT-Sicherheit – Aufsicht konkretisiert Anforderungen an die Kreditwirtschaft, in: BaFinJournal, Ausgabe Januar 2018, S. 20.

22 Vgl. Essler, Renate/Gampe, Jens, IT-Sicherheit – Aufsicht konkretisiert Anforderungen an die Kreditwirtschaft, in: BaFinJournal, Ausgabe Januar 2018, S. 20 f.

3 Regelprozess zu Entwicklung, Test, Freigabe und Implementierung (Tz. 3)

3 Die IT-Systeme sind vor ihrem erstmaligen Einsatz und nach wesentlichen Veränderun- **33** gen zu testen und von den fachlich sowie auch von den technisch zuständigen Mitarbeitern abzunehmen. Hierfür ist ein Regelprozess der Entwicklung, des Testens, der Freigabe und der Implementierung in die Produktionsprozesse zu etablieren. Produktions- und Testumgebung sind dabei grundsätzlich voneinander zu trennen.

3.1 Notwendigkeit von Test und Abnahme

Der Einsatz von unzureichend getesteten und nicht abgenommenen IT-Systemen kann den **34** gesamten IT-Betrieb erheblich beeinträchtigen. So kann z.B. bei nicht getesteter Software das Problem auftreten, dass neue Programme oder Programm-Updates nicht genutzt werden können, weil dadurch die Systemressourcen überfordert wären (z.B. aufgrund zu geringer Prozessorkapazität). Probleme entstehen aber auch dann, wenn die Anwender nicht ausreichend über die Funktionsweise der neuen Software informiert werden, so dass die Software erst nach ggf. umfangreichen Einweisungen oder Schulungen verwendbar ist. Fehlerhafte neue Software könnte sich schließlich negativ auf bislang funktionierende Systeme auswirken, indem z.B. Datenbanken nicht mehr zur Verfügung stehen oder daraus ein Datenverlust resultiert.[23]

Neue IT-Systeme sind daher vor ihrem erstmaligen Einsatz und nach wesentlichen Verän- **35** derungen zu testen und von den fachlich sowie den technisch zuständigen Mitarbeitern abzunehmen. Durch den Test und die Abnahme soll zum einen beurteilt werden, ob z.B. neue Softwareprodukte den spezifischen fachlichen Anforderungen des Institutes genügen. Zum anderen soll geprüft werden, ob die neuen Produkte für den operativen Einsatz geeignet sind und ob sie friktionslos in die Gesamtorganisation des Institutes integriert werden können.

Bei der Beurteilung der Wesentlichkeit von »Veränderungen« ist nicht etwa auf deren Umfang, **36** sondern auf die Auswirkungen abzustellen, die eine Veränderung auf die Funktionsfähigkeit des betroffenen IT-Systems haben kann. Hinsichtlich des Testes und der Abnahme durch die fachlich und technisch zuständigen Mitarbeiter sind Vereinfachungen möglich, wenn z.B. Zertifikate vorliegen. Solche Zertifikate können die Abnahme jedoch nicht vollständig ersetzen (→ AT 7.2 Tz. 3, Erläuterung).

Im Zuge der dritten MaRisk-Novelle wurde die Bedeutung von Tests und Freigabeverfahren **37** nochmals besonders herausgestellt. Seither wird die Einrichtung eines »Regelprozesses« gefordert, der sich auf die Entwicklung, das Testen, die Freigabe sowie die Implementierung der IT-Prozesse in die Produktionsprozesse erstreckt. Durch diesen Regelprozess soll vor allem sichergestellt werden, dass in der Vergangenheit gemachte Erfahrungen bei aktuellen Test- und Freigabeverfahren berücksichtigt werden.[24] Mithin steckt hinter der Betonung der BaFin das Leitbild einer »lernenden Organisation«, die Fehler reflektiert und daraus entsprechende Schlüsse bei aktuellen Vorhaben zieht.

---

23 Vgl. Bundesamt für Sicherheit und Informationstechnik, IT-Grundschutz-Kataloge, Gefährdungskatalog Organisatorische Mängel, 14. Ergänzungslieferung, Bonn, 19. Dezember 2014, Abschnitt G 2.26.

24 Vgl. Kreische, Kai/Bretz, Jörg, Anforderungen an die Informationstechnologie der Kreditinstitute, in: Die Bank, Heft 5/2003, S. 324 f.

38   Die genannten Prozessschritte stellen eine logische Abfolge dar und ergeben sich im Grunde bereits aus den übrigen Anforderungen dieses Moduls. Zunächst einmal durchlaufen die IT-Systeme einen Entwicklungsprozess, bevor sie auf ihre Einsatzbereitschaft getestet werden. Ergebnis eines derartigen Entwicklungsprozesses ist eine neue Programmversion. Diese Programmversion darf durch den Systementwickler in der Testumgebung nicht mehr veränderbar sein. Andernfalls könnte es passieren, dass nach dem Testabschluss (wesentliche) Änderungen vorgenommen werden, die bei der Freigabe nicht bekannt sind und folglich vor der Implementierung in die Produktionsprozesse nicht getestet werden. Demzufolge wird zwischen der Entwicklungs- und der Testumgebung unterschieden. Darüber hinaus sind die Produktions- und die Testumgebung grundsätzlich voneinander zu trennen.

39   Die BAIT haben die Bedeutung von Test- und Freigabeverfahren nochmals betont und die Anforderungen konkretisiert. Nach Tz. 41 BAIT ist eine Methodik für das Testen von Anwendungen vor ihrem erstmaligen Einsatz und nach wesentlichen Änderungen zu definieren und einzuführen. Die fachlichen Abnahmetests verantwortet der für die Anwendung zuständige Fachbereich. Er hat darauf zu achten, dass Testumgebungen zur Durchführung der Abnahmetests in für den Test wesentlichen Aspekten der Produktionsumgebung entsprechen. Die Tests haben in ihrem Umfang die Funktionalität der Anwendung, die Sicherheitskontrollen und die Systemleistung unter verschiedenen Stressbelastungsszenarien einzubeziehen. Dies erfordert eine einschlägige Expertise sowie eine angemessen ausgestaltete Unabhängigkeit von den Anwendungsentwicklern. Außerdem muss der Fachbereich die Testaktivitäten und Testergebnisse dokumentieren. Als Mindestbestandteile nennt die deutsche Aufsicht eine Testfallbeschreibung, die Dokumentation der zugrundegelegten Parametrisierung des Testfalls, die Testdaten, das erwartete Testergebnis und das erzielte Testergebnis sowie die aus den Tests abgeleiteten Maßnahmen. Mögliche Abweichungen vom Regelbetrieb sind laut Tz. 42 BAIT nach Produktivsetzung zu überwachen, deren Ursachen sind zu untersuchen und ggf. sind Maßnahmen zur Nachbesserung zu veranlassen. Dies ist insbesondere bei Hinweisen auf erhebliche Mängel, wie z. B. Häufungen der Abweichungen vom Regelbetrieb, erforderlich.

40   Das Bundesamt für Sicherheit in der Informationstechnik (BSI) hat für die Implementierung neuer Standardsoftwareprodukte Empfehlungen gegeben, denen ein Prozessablauf zugrunde liegt, der von der Vorauswahl bis zur Abnahme reicht. Diese werden im Folgenden kurz dargestellt.

3.2   Vorauswahl

41   Zunächst wird entsprechend den konkreten Bedürfnissen der fachlich und technisch zuständigen Mitarbeiter ein Anforderungsprofil erstellt, das den Ausgangspunkt für die Suche nach einer geeigneten Lösung auf dem Markt für Softwareprodukte darstellt. Dabei sollten das Vorliegen von Referenzen (z. B. Zertifikate nach bestimmten Standards, Qualitätsbeurteilungen aus Fachzeitschriften), Kosten-/Nutzen-Gesichtspunkte sowie der Verbreitungsgrad der angebotenen Softwareprodukte in die Überlegungen einbezogen werden. Fehlen bestimmten Produkten Eigenschaften, die im Anforderungsprofil festgelegt sind, können diese sofort verworfen werden. Für die infrage kommenden Produkte empfiehlt das BSI die Aufstellung einer »Hitliste«.[25]

---

25 Vgl. Bundesamt für Sicherheit und Informationstechnik, IT-Grundschutz-Kataloge, Maßnahmenkatalog Organisation, 13. Ergänzungslieferung, Bonn, 10. September 2013, Abschnitt M 2.81.

3.3 Test

An die Vorauswahl schließt sich die Testphase an. Für die als geeignet eingestuften Software- **42**
produkte sollten Testlizenzen besorgt werden, auf deren Grundlage eruiert werden kann, ob die
Produkte tatsächlich dem Anforderungsprofil entsprechen. Für die Testphase schlägt das BSI
folgenden Prozessablauf vor[26]:

- In der Phase der Testvorbereitung werden die Testmethoden für die Einzeltests (Testarten,
  -verfahren und -werkzeuge) festgelegt, Testdaten und Testfälle (Standard-, Fehler- und Ausnahmefälle) generiert sowie die benötigte Testumgebung aufgebaut.
- Bei der konkreten Testdurchführung sind zunächst Eingangsprüfungen durchzuführen, die
  grundlegende Aspekte des neuen Softwareproduktes berühren (z.B. Virenfreiheit, Installa-
  tionsmöglichkeit, Lauffähigkeit, Vollständigkeit des Produktes, ergänzende Kurztests).
  Schwachstellen, die im Rahmen der Eingangsprüfungen identifiziert werden, sind ein deutlicher Hinweis darauf, dass das Produkt ungeeignet ist und der Test damit abgebrochen werden
  kann. Ist dies nicht der Fall, muss anschließend im Rahmen von funktionalen Tests geprüft
  werden, ob das Produkt den im Anforderungsprofil niedergelegten Aspekten (z.B. die Existenz, Korrektheit, Eignung und Widerspruchsfreiheit der Funktion) genügt. Dabei sollten auch
  andere Gesichtspunkte, wie z.B. die Performance, die Zuverlässigkeit, die Benutzerfreundlich-
  keit, die Wartbarkeit oder die Dokumentation des Produktes, beurteilt werden. Neben den
  funktionalen Eigenschaften des Produktes sind schließlich noch sicherheitsspezifische Prüfungen im Rahmen des Testes durchzuführen (z.B. Passwortschutz, Zugriffsrechte, Datensicherung, Verschlüsselung, Protokollierung). Daran schließt sich ggf. noch eine Pilotanwen-
  dung an.
- Nach Abschluss der Testphase ist auf der Basis einer Auswertung der Testergebnisse zu
  entscheiden, welches Softwareprodukt angeschafft wird. Hat kein Produkt den Test bestanden, ist zu überlegen, ob eine neue Auswahl initiiert, das Anforderungsprofil ggf. angepasst
  oder zu diesem Zeitpunkt auf die Anschaffung neuer Software verzichtet wird.

3.4 Zertifikate

Zertifikate können die Tests ggf. verkürzen oder sogar überflüssig machen. Das gilt z.B. für **43**
Produkte, die ein Zertifikat nach den Kriterien für die Bewertung der Sicherheit von Systemen
oder Informationstechnik (ITSEC) oder nach den »Common Criteria« (CC) vorweisen können.
Allerdings bedeutet das Vorliegen solcher Zertifikate nicht automatisch, dass sich neue Software-
produkte friktionslos in die Systemlandschaft vor Ort integrieren lassen. Daher ist, unabhängig von
dem Erfordernis eines Testes, immer eine Abnahme durch die fachlich und technisch zuständigen
Mitarbeiter erforderlich. Im Rahmen dieser Abnahme steht die Eignung und Angemessenheit der
IT-Systeme vor dem Hintergrund der spezifischen Situation des jeweiligen Institutes im Mittel-
punkt. Wenn diese Mitarbeiter ihre Freigabe erteilen, ist davon auszugehen, dass sich die neuen
Produkte oder wesentliche Veränderungen bestehender Produkte passend zu den individuellen
Schnittstellen und Stellschrauben in die Systemlandschaft des Institutes einbetten lassen. Gegebe-
nenfalls vorliegende Testate Dritter können daher sowohl beim Test als auch bei der Abnahme
berücksichtigt werden. Sie können die Abnahme jedoch nicht vollständig ersetzen (→ AT 7.2 Tz. 3,
Erläuterung).

---

26 Vgl. Bundesamt für Sicherheit und Informationstechnik, IT-Grundschutz-Kataloge, Maßnahmenkatalog Organisation,
13. Ergänzungslieferung, Bonn, 10. September 2013, Abschnitt M 2.83.

3.5 Trennung von Produktions- und Testumgebung

44 Der Test neuer IT-Systeme oder wesentlicher Änderungen an den bereits genutzten Systemen zielt vor allem darauf ab, Schwachstellen zu identifizieren. Testen ist demnach immer destruktiv. Der Test muss somit in einer isolierten Testumgebung erfolgen, da sich ansonsten mögliche Fehler auf den Echtbetrieb, also die Produktionsumgebung, auswirken können. Produktions- und Testumgebung sollten daher grundsätzlich voneinander getrennt werden.

Das BSI betont im Zusammenhang mit der Testumgebung insbesondere die folgenden Aspekte[27]:
- Für jeden Test sollten die Inhalte anhand des Anforderungskataloges und ein Testverantwortlicher festgelegt werden.
- Die Testumgebung sollte nach Möglichkeit ein genaues funktionales Abbild der Produktionsumgebung sein, soweit dies unter wirtschaftlichen Gesichtspunkten realisierbar ist.
- Damit z.B. bei dem Test neuer Softwareprodukte die gleichen Bedingungen für alle Produkte gelten, sollte eine Referenztestumgebung definiert werden, die für einzelne Tests weiter angepasst oder eingeschränkt werden kann.
- Die für die einzelnen Prüfungen benötigten Ressourcen (Betriebsmittel, IT-Infrastruktur) sind zu spezifizieren. Es sollte im Detail beschrieben werden, wann und in welchem Umfang sie verfügbar sein müssen.
- Alle Betriebssysteme müssen in allen im Produktionsbetrieb eingesetzten Versionen (Releases) in der Testumgebung zur Verfügung stehen, da ansonsten systembedingte Schwachstellen von Komponenten der Produktionsumgebung im Zusammenspiel mit dem zu installierenden Standardsoftwareprodukt nicht identifiziert werden können. Sofern sich Aspekte verallgemeinern lassen, kann im Ausnahmefall auf einzelne Komponenten verzichtet werden.
- Es muss eine sichere und geeignete Testumgebung aufgebaut werden (aktuelles Viren-Suchprogramm, Installation von dedizierten IT-Systemen, Konfiguration Zugriffsrechte wie im Produktionsbetrieb, geregelter Zutritt und Zugang zur Testumgebung, geeignetes Verfahren zum Integritätsschutz in der Testumgebung durch digitale Signaturen und Checksummen, angemessene Kosten für den Aufbau der Testumgebung).
- Nach Beendigung aller geplanten Tests ist zu entscheiden, ob die Testumgebung abgebaut werden soll, insbesondere wenn keine weiteren Tests nach der Beschaffung eines Produktes erforderlich sind. Zuvor sind die Testdaten zu löschen, falls sie nicht mehr benötigt werden. Druckerzeugnisse sind ordnungsgemäß zu entsorgen, Programme zu deinstallieren und die Testlizenzen der nicht ausgewählten Produkte zurückzugeben.

3.6 Änderung von IT-Systemen

45 Vor wesentlichen Veränderungen in der Aufbau- und Ablauforganisation sowie in den IT-Systemen hat das Institut die Auswirkungen der geplanten Veränderungen auf die Kontrollverfahren und die Kontrollintensität zu analysieren (→ AT 8.2 Tz. 1). Bei wesentlichen Veränderungen in den IT-Systemen sind ergänzend die »Bankaufsichtlichen Anforderungen an die IT« (BAIT)[28] zu beachten, mit deren Hilfe die MaRisk in den relevanten Bereichen weiter konkretisiert werden. Die

---

27 Vgl. Bundesamt für Sicherheit und Informationstechnik, IT-Grundschutz-Kataloge, Maßnahmenkatalog Organisation, 13. Ergänzungslieferung, Bonn, 10. September 2013, Abschnitt M 2.82.
28 Bundesanstalt für Finanzdienstleistungsaufsicht, Bankaufsichtliche Anforderungen an die IT (BAIT), Rundschreiben 10/2017 (BA) in der Fassung vom 14. September 2018.

Aufsicht erläutert darin auch, was sie unter angemessenen Änderungsprozessen von IT-Systemen versteht. Die MaRisk und die BAIT sind jeweils in einer Gesamtschau anzuwenden.[29] Die Prozesse zur Änderung von IT-Systemen sind nach Tz. 48 BAIT abhängig von Art, Umfang, Komplexität und Risikogehalt auszugestalten und umzusetzen. Dies gilt ebenso für Neu- bzw. Ersatzbeschaffungen von IT-Systemen sowie für sicherheitsrelevante Nachbesserungen (Sicherheitspatches). Erläuternd verdeutlicht die BaFin, dass sie unter Änderungen insbesondere Funktionserweiterungen oder Fehlerbehebungen von Software-Komponenten, Datenmigrationen, Änderungen an Konfigurationseinstellungen von IT-Systemen, den Austausch von Hardware-Komponenten (Server, Router etc.), den Einsatz neuer Hardware-Komponenten und den Umzug der IT-Systeme zu einem anderen Standort versteht.

Anträge zur Änderung von IT-Systemen sind laut Tz. 49 BAIT in geordneter Art und Weise **46** aufzunehmen, zu dokumentieren, unter Berücksichtigung möglicher Umsetzungsrisiken zu bewerten, zu priorisieren, zu genehmigen sowie koordiniert und sicher umzusetzen. Die deutsche Aufsicht nennt verschiedene Beispiele, die der sicheren Umsetzung der Änderungen in den produktiven Betrieb dienen. Dazu gehören eine Risikoanalyse in Bezug auf die bestehenden IT-Systeme – insbesondere das Netzwerk sowie die vor- und nachgelagerten IT-Systeme – als Bestandteil der Änderungsanforderung, auch im Hinblick auf mögliche Sicherheits- oder Kompatibilitätsprobleme, Tests von Änderungen vor Produktivsetzung auf mögliche Inkompatibilitäten der Änderungen sowie mögliche sicherheitskritische Aspekte bei maßgeblichen bestehenden IT-Systemen, Tests von Patches vor Produktivsetzung unter Berücksichtigung ihrer Kritikalität (z. B. bei Sicherheits- oder Notfallpatches), Datensicherungen der betroffenen IT-Systeme, Rückabwicklungspläne, um eine frühere Version des IT-Systems wiederherstellen zu können, wenn während oder nach der Produktivsetzung ein Problem auftritt, sowie alternative Wiederherstellungsoptionen, um dem Fehlschlagen primärer Rückabwicklungspläne begegnen zu können. Für risikoarme Konfigurationsänderungen/Parametereinstellungen (z. B. Änderungen am Layout von Anwendungen, Austausch von defekten Hardwarekomponenten, Zuschaltung von Prozessoren) können abweichende prozessuale Vorgaben/Kontrollen definiert werden (z. B. Vier-Augen-Prinzip, Dokumentation der Änderungen oder der nachgelagerten Kontrolle).

3.7 IKT-Änderungsrisiken im SREP

Die EBA versteht unter dem »IKT-Änderungsrisiko« das Risiko, das sich aus der mangelnden **47** Fähigkeit des Institutes ergibt, IKT-Systemänderungen zeitgerecht und kontrolliert zu steuern, insbesondere was umfangreiche und komplexe Änderungsprogramme angeht.[30] Das Management dieser Risikokategorie zielt auf die Fehlerbehebung oder notwendige Korrekturen der Daten (→ AT 7.2 Tz. 2) und Änderungsprozesse in der IT-Landschaft (→ AT 8.2 Tz. 1) ab. Dabei spielt auch die Abgrenzung zwischen Produktions- und Testumgebung eine Rolle.

Die zuständigen Behörden sollten im Rahmen des SREP bewerten, ob das Institut über einen **48** wirksamen und angemessenen Rahmen für die Ermittlung, das Verständnis, die Messung und die Minderung des IKT-Änderungsrisikos verfügt. Dieser sollte die damit verbundenen Risiken abdecken, einschließlich der Entwicklung oder Änderung von Software, bevor sie in die Produktionsumgebung migriert wird, und ein angemessenes IKT-Lebenszyklusmanagement gewährleisten. Die zuständigen Behörden sollten insbesondere prüfen, ob dokumentierte Prozesse zur Verwaltung und Kontrolle von

---

29 Vgl. Bundesanstalt für Finanzdienstleistungsaufsicht, Rundschreiben 10/2017 (BA) zu den BAIT, Übermittlungsschreiben vom 3. November 2017, S. 1 f.
30 Vgl. European Banking Authority, Leitlinien für die IKT-Risikobewertung im Rahmen des aufsichtlichen Überprüfungs- und Bewertungsprozesses (SREP), EBA/GL/2017/05, 11. September 2017, S. 4.

AT 7.2 Technisch-organisatorische Ausstattung

Änderungen an IKT-Systemen (z.B. Konfigurations- und Patch-Management) vorhanden sind, um eine angemessene Einbindung des IKT-Risikomanagements für wichtige IKT-Änderungen zu gewährleisten, die das Risikoprofil oder die Risikoposition des Institutes erheblich beeinträchtigen können. Die EBA erwartet Spezifikationen im Hinblick auf die erforderliche Aufgabentrennung in den verschiedenen Phasen der implementierten IKT-Änderungsprozesse (z.B. Lösungskonzept und -entwicklung, Prüfung und Genehmigung neuer Software und/oder Änderungen, Migration und Implementierung in der Produktionsumgebung und Fehlerbehebung) mit Schwerpunkt auf den implementierten Lösungen und der Aufgabentrennung in Verwaltung und Kontrolle von Änderungen an den IKT-Produktionssystemen und Daten durch IKT-Mitarbeiter (z.B. Entwickler, IKT-Systemadministratoren, Datenbankadministratoren) oder eine andere Partei (z.B. geschäftliche Nutzer, Dienstanbieter). Es müssen Testumgebungen eingerichtet sein, die die Produktionsumgebungen angemessen widerspiegeln, sowie ein Asset-Inventar der bestehenden Anwendungen und IKT-Systeme in der Produktionsumgebung sowie der Test- und Entwicklungsumgebung vorhanden sein, so dass erforderliche Änderungen (z.B. Versions-Updates oder -Upgrades, System-Patching, Konfigurationsänderungen) für die beteiligten IKT-Systeme ordnungsgemäß verwaltet, implementiert und überwacht werden können. Erforderlich ist darüber hinaus ein Prozess für Lebenszyklusmanagement und -überwachung der verwendeten IKT-Systeme, um sicherzustellen, dass sie weiterhin die Anforderungen an das Geschäfts- und Risikomanagement erfüllen und unterstützen und dafür sorgen, dass die verwendeten IKT-Lösungen und -Systeme weiterhin von ihren Anbietern unterstützt werden – einhergehend mit angemessenen Prozessen zum Softwareentwicklungs-Lebenszyklus. Die EBA erwartet zudem ein Software-Quellcode-Kontrollsystem und entsprechende Verfahren zur Verhütung unbefugter Änderungen im Quellcode der intern entwickelten Software, einen Prozess zur Durchführung eines Sicherheits- und Sicherheitslücken-Screenings von neuen oder erheblich modifizierten IKT-Systemen und Software, bevor sie zur Produktion freigegeben und möglichen Cyber-Angriffen ausgesetzt werden sowie einen unabhängigen Überprüfungs- und Validierungsprozess zur Reduzierung der Risiken in Bezug auf menschliche Fehler bei der Durchführung von Änderungen an den IKT-Systemen, die erhebliche nachteilige Auswirkungen auf die Verfügbarkeit, Kontinuität oder Sicherheit des Institutes (z.B. wichtige Änderungen an der Firewall-Konfiguration) oder auf die Sicherheit des Institutes (z.B. Änderungen an den Firewalls) haben können.[31]

---

31 Vgl. European Banking Authority, Leitlinien für die IKT-Risikobewertung im Rahmen des aufsichtlichen Überprüfungs- und Bewertungsprozesses (SREP), EBA/GL/2017/05, 11. September 2017, S. 22 f.

4 Management der IT-Risiken (Tz. 4)

4 Für IT-Risiken sind angemessene Überwachungs- und Steuerungsprozesse einzurichten, die **49** insbesondere die Festlegung von IT-Risikokriterien, die Identifikation von IT-Risiken, die Festlegung des Schutzbedarfs, daraus abgeleitete Schutzmaßnahmen für den IT-Betrieb sowie die Festlegung entsprechender Maßnahmen zur Risikobehandlung und -minderung umfassen. Beim Bezug von Software sind die damit verbundenen Risiken angemessen zu bewerten.

4.1 Steuerung und Überwachung von IT-Risiken

Mit der Anforderung, IT-Risiken angemessen zu überwachen und zu steuern, behandelt die **50** deutsche Aufsicht IT-Risiken als eigene Risikokategorie, die im Risikomanagement entsprechend zu berücksichtigen ist. Hierfür sind angemessene Prozesse einzurichten. Der Begriff »IT-Risiko« wird in den MaRisk nicht definiert. Die BaFin zählt IT Risiken zu den operationellen Risiken und versteht hierunter alle Risiken für die Vermögens- und Ertragslage der Institute, die aufgrund von Mängeln entstehen, die das IT-Management bzw. die IT-Steuerung, die Verfügbarkeit, Vertraulichkeit, Integrität und Authentizität der Daten, das interne Kontrollsystem der IT-Organisation, die IT-Strategie, -Leitlinien und -Aspekte der Geschäftsordnung oder den Einsatz von Informationstechnologie betreffen.[32]

Die Erwartungshaltung der deutschen Aufsicht an ein angemessenes IT-Risikomanagement hat **51** sie in den BAIT konkretisiert. Die BAIT stellen jedoch keinen vollständigen Anforderungskatalog dar. Sie sollen vielmehr einen verständlichen und flexiblen Rahmen für das Management der IT-Ressourcen, des Informationsrisikos und der Informationssicherheit schaffen und bei den Instituten das Bewusstsein für IT-Risiken stärken.[33] Die BAIT interpretieren die gesetzlichen Anforderungen des § 25a Abs. 1 Satz 3 Nr. 4 und 5 KWG und konkretisieren, was die Aufsicht unter einer angemessenen technisch-organisatorischen Ausstattung der IT-Systeme, unter besonderer Berücksichtigung der Anforderungen an die Informationssicherheit sowie eines angemessenen Notfallkonzepts, versteht.[34]

4.2 Informationsrisikomanagement

Der Schutzbedarf ist insbesondere im Hinblick auf die Schutzziele »Integrität«, »Verfügbarkeit«, **52** »Vertraulichkeit« und »Authentizität« vom Institut im Rahmen des Informationsrisikomanagements zu ermitteln. Die hierfür eingesetzte Methodik hat gemäß Tz. 11 BAIT die Konsistenz der resultierenden Schutzbedarfe nachvollziehbar sicherzustellen.[35] In einem Sollmaßnahmenkatalog sind die Anforderungen des Institutes zur Umsetzung der Schutzziele in den Schutzbedarfs-

---

32 Vgl. Held, Markus/Kokert, Josef, IT-Sicherheit – Erwartungen der Bankenaufsicht, in: BaFinJournal, Ausgabe November 2013, S. 22.

33 Vgl. Bundesanstalt für Finanzdienstleistungsaufsicht, Jahresbericht 2017, 3. Mai 2018, S. 20.

34 Vgl. Essler, Renate/Gampe, Jens, IT-Sicherheit – Aufsicht konkretisiert Anforderungen an die Kreditwirtschaft, in: BaFinJournal, Ausgabe Januar 2018, S. 17 f.

35 Schutzbedarfskategorien können z. B. »niedrig«, »mittel«, »hoch« und »sehr hoch« sein.

kategorien nach Tz. 12 BAIT festzulegen und in geeigneter Form zu dokumentieren sowie laut Tz. 13 BAIT mit den wirksam umgesetzten Ist-Maßnahmen zu vergleichen.[36] Um die Risikosituation des Institutes transparent zu machen, ist auf Basis dieses Soll-Ist-Vergleiches und der festgelegten Risikokriterien eine Risikoanalyse durchzuführen.[37] Sonstige risikoreduzierende Maßnahmen aufgrund unvollständig umgesetzter Sollmaßnahmen sind wirksam zu koordinieren, zu dokumentieren, zu überwachen und zu steuern. Die Ergebnisse der Risikoanalyse sind zu genehmigen und in den Prozess des Managements der operationellen Risiken zu überführen. Die Geschäftsleitung ist nach Tz. 14 BAIT regelmäßig, mindestens jedoch vierteljährlich, insbesondere über die Ergebnisse der Risikoanalyse sowie Veränderungen an der Risikosituation zu unterrichten. Die aus dieser Vorgehensweise abgeleitete Transparenz der Risikosituation und die Akzeptanz des ermittelten Restrisikos durch die Geschäftsleitung sind die zentralen Anforderungen zur Schärfung des IT-Risikobewusstseins im Institut und gegenüber IT-Dienstleistern.[38]

4.3 Informationssicherheitsmanagement

53 Das Informationssicherheitsmanagement macht laut Tz. 15 BAIT Vorgaben zur Informationssicherheit, definiert Prozesse und steuert deren Umsetzung. Es folgt einem fortlaufenden Prozess, der die Phasen Planung, Umsetzung, Erfolgskontrolle sowie Optimierung und Verbesserung umfasst. Die im Rahmen des Informationsrisikomanagements definierten Schutzbedarfe sind durch eine »Informationssicherheitsleitlinie«[39] zu konkretisieren[40], die im Einklang mit den Strategien des Institutes steht. Die Informationssicherheitsleitlinie ist nach Tz. 16 BAIT von der Geschäftsleitung zu beschließen und innerhalb des Institutes angemessen zu kommunizieren.

54 Auf Basis der Informationssicherheitsleitlinie sind nach Tz. 17 BAIT konkretisierende, den Stand der Technik berücksichtigende Informationssicherheitsrichtlinien (z. B. für die Bereiche Netzwerksicherheit, Kryptografie, Authentisierung und Protokollierung) und Informationssicherheitsprozesse mit den Teilprozessen Identifizierung, Schutz, Entdeckung, Reaktion und Wiederherstellung zu definieren. Informationssicherheitsprozesse dienen in erster Linie zur Erreichung der vereinbarten Schutzziele, wie dem Umgang mit einem »Informationssicherheitsvorfall«.[41] Nach einem Informationssicherheitsvorfall sind laut Tz. 21 BAIT die Auswirkungen auf die Informationssicherheit zu analysieren und angemessene Nachsorgemaßnahmen zu veranlassen. Der Informationssicherheitsbeauftragte hat der Geschäftsleitung gemäß Tz. 22 BAIT regelmäßig, mindestens vierteljährlich, sowie anlassbezogen über den Status der Informationssicherheit zu berichten. Der Statusbericht enthält beispielsweise die Bewertung der Informationssicherheitslage

---

36 Der Sollmaßnahmenkatalog enthält lediglich die Anforderung, nicht jedoch deren konkrete Umsetzung.

37 Die Risikokriterien enthalten z. B. mögliche Bedrohungen, das Schadenspotenzial, die Schadenshäufigkeit sowie den Risikoappetit des Institutes.

38 Vgl. Essler, Renate/Gampe, Jens, IT-Sicherheit – Aufsicht konkretisiert Anforderungen an die Kreditwirtschaft, in: BaFinJournal, Ausgabe Januar 2018, S. 19 f.

39 In der Informationssicherheitsleitlinie werden die Ziele und der Geltungsbereich für die Informationssicherheit festgelegt und die wesentlichen organisatorischen Aspekte des Informationssicherheitsmanagements beschrieben. Regelmäßige Überprüfungen und Anpassungen an geänderte Bedingungen werden risikoorientiert vorgenommen. Veränderungen der Aufbau- und Ablauforganisation sowie der IT-Systeme einer Institution (Geschäftsprozesse, Fachaufgaben, organisatorische Gliederung) werden hierbei ebenso berücksichtigt wie Veränderungen der äußeren Rahmenbedingungen (z. B. gesetzliche Regelungen, regulatorische Anforderungen), der Bedrohungsszenarien oder der Sicherheitstechnologien.

40 Vgl. Essler, Renate/Gampe, Jens, IT-Sicherheit – Aufsicht konkretisiert Anforderungen an die Kreditwirtschaft, in: BaFinJournal, Ausgabe Januar 2018, S. 20.

41 Die Definition des Begriffes »Informationssicherheitsvorfall« nach Art und Umfang basiert auf dem Schutzbedarf der betroffenen Geschäftsprozesse, IT-Systeme und den zugehörigen IT-Prozessen. Ein Informationssicherheitsvorfall kann auch dann vorliegen, wenn mindestens eines der Schutzziele (»Verfügbarkeit«, »Integrität«, »Vertraulichkeit«, »Authentizität«) gemäß den Vorgaben des institutsspezifischen Sollkonzeptes der Informationssicherheit – über dem definierten Schwellenwert – verletzt ist. Der Begriff »Informationssicherheitsvorfall« ist nachvollziehbar vom Begriff »Abweichung vom Regelbetrieb« (im Sinne von »Störung im Tagesbetrieb«) abzugrenzen.

im Vergleich zum Vorbericht, Informationen zu Projekten zur Informationssicherheit, Informationssicherheitsvorfälle sowie Penetrationstest-Ergebnisse.

4.4   Informationssicherheitsbeauftragter

Zentraler Bestandteil des Informationssicherheitsmanagements ist der »Informationssicherheits-   **55**
beauftragte, der auch im Rahmen des IT-Grundschutzes vom Bundesamt für Sicherheit in der Informationstechnik gefordert wird. Gängige Bezeichnungen dieser Funktion sind neben dem Informationssicherheitsbeauftragten auch »Chief Information Security Officer« (CISO) oder »Informationssicherheitsmanager« (ISM).[42] Der Informationssicherheitsbeauftragte nimmt laut Tz. 18 BAIT alle Belange der Informationssicherheit innerhalb des Institutes und gegenüber Dritten wahr. Er stellt sicher, dass die in der IT-Strategie, der Informationssicherheitsleitlinie und den Informationssicherheitsrichtlinien des Institutes niedergelegten Ziele und Maßnahmen hinsichtlich der Informationssicherheit sowohl intern als auch gegenüber Dritten transparent gemacht und deren Einhaltung überprüft und überwacht werden.

Der Informationssicherheitsbeauftragte hat der Erläuterung zu Tz. 18 BAIT zufolge insbesonde-   **56**
re die folgenden Aufgaben:
- Unterstützung der Geschäftsleitung bei der Festlegung und Anpassung der Informationssicherheitsleitlinie und Beratung der Geschäftsleitung in allen Fragen der Informationssicherheit[43],
- Erstellung von Informationssicherheitsrichtlinien und ggf. weiterer einschlägigen Regelungen sowie die Kontrolle ihrer Einhaltung,
- Steuerung und Koordinierung des Informationssicherheitsprozesses im Institut sowie dessen Überwachung gegenüber IT-Dienstleistern und Mitwirkung bei allen damit zusammenhängenden Aufgaben,
- Beteiligung bei der Erstellung und Fortschreibung des Notfallkonzepts bzgl. der IT-Belange,
- Initiierung und Überwachung der Realisierung von Informationssicherheitsmaßnahmen,
- Beteiligung bei Projekten mit IT-Relevanz,
- Ansprechpartner für Fragen der Informationssicherheit innerhalb des Institutes und für Dritte,
- Untersuchung von Informationssicherheitsvorfällen und Berichterstattung an die Geschäftsleitung sowie
- Initiierung und Koordinierung von Sensibilisierungs- und Schulungsmaßnahmen zur Informationssicherheit.

Die BAIT treffen zwar keine Aussagen darüber, wo diese Funktion organisatorisch anzusiedeln ist.   **57**
Aufgrund der beschriebenen Aufgabenfelder des Informationssicherheitsbeauftragten ist sie jedoch der zweiten Verteidigungslinie zuzuordnen. Die zweite Verteidigungslinie umfasst zunächst die Risikocontrolling- und die Compliance-Funktion. Die weiteren Support-Funktionen, wie z. B. Recht, Personal und IT, sind allerdings nicht automatisch und ausschließlich der zweiten Verteidigungslinie zuzuordnen. Jede dieser Funktionen sorgt zwar in enger Abstimmung mit den Geschäftsbereichen unterstützend dafür, dass deren Risiken angemessen identifiziert und gesteuert werden. Bei deren Aufgaben und Verantwortlichkeiten ist im Hinblick auf eine Zuordnung im

---

42 Die Bezeichnung »Informationssicherheitsbeauftragter« ersetzt die bislang verwendete Bezeichnung »IT-Sicherheitsbeauftragter« (IT-SiBe). Vgl. Bundesamt für Sicherheit in der Informationstechnik, BSI-Standard 200-2, 15. November 2017, S. 40.

43 Die deutsche Aufsicht versteht darunter auch die Hilfestellung bei der Lösung von Zielkonflikten, wenn es z. B. um eine Abwägung zwischen Wirtschaftlichkeitsaspekten und der Informationssicherheit geht.

Modell der drei Verteidigungslinien allerdings eine differenzierte Betrachtung erforderlich (→ AT 4.4, Einführung).

58 Zur Vermeidung von Interessenkonflikten ist der Informationssicherheitsbeauftragte nach Tz. 19 BAIT organisatorisch und prozessual unabhängig auszugestalten. Daher sollte der Informationssicherheitsbeauftragte nicht in der IT-Abteilung angesiedelt sein.[44] Die deutsche Aufsicht erwartet konkret, dass seine Funktion aufbauorganisatorisch von jenen Bereichen getrennt wird, die für den Betrieb und die Weiterentwicklung der IT-Systeme zuständig sind. Zudem darf der Informationssicherheitsbeauftragte keine Aufgaben der Internen Revision wahrnehmen, die der dritten Verteidigungslinie angehört. Zur Vermeidung möglicher Interessenkonflikte sollten insbesondere folgende Maßnahmen beachtet werden: eine Funktions- und Stellenbeschreibung für den Informationssicherheitsbeauftragten und seinen Vertreter, die Festlegung der erforderlichen Ressourcenausstattung für die Funktion des Informationssicherheitsbeauftragten, ein der Funktion zugewiesenes Budget für Informationssicherheitsschulungen im Institut und die persönliche Weiterbildung des Informationssicherheitsbeauftragten sowie seines Vertreters, die unmittelbare und jederzeitige Gelegenheit zur Berichterstattung des Informationssicherheitsbeauftragten an die Geschäftsleitung sowie eine Verpflichtung der Beschäftigten des Institutes sowie der IT-Dienstleister zur sofortigen und umfassenden Unterrichtung des Informationssicherheitsbeauftragten über alle bekanntgewordenen IT-sicherheitsrelevanten Sachverhalte, die das Institut betreffen.

59 Der Informationssicherheitsbeauftragte soll gemäß Tz. 20 BAIT grundsätzlich im eigenen Haus vorgehalten werden, ggf. in Kombination mit anderen Funktionen im Institut. Erläuternd stellt die deutsche Aufsicht klar, dass regional tätige (insbesondere verbundangehörige) Institute sowie kleine (insbesondere gruppenangehörige) Institute ohne wesentliche eigenbetriebene IT mit einem gleichgerichteten Geschäftsmodell und gemeinsamen IT-Dienstleistern für die Abwicklung von bankfachlichen Prozessen von diesem Grundsatz abweichen können. Sie dürfen einen gemeinsamen Informationssicherheitsbeauftragten bestellen, wobei vertraglich sicherzustellen ist, dass dieser gemeinsame Informationssicherheitsbeauftragte die Wahrnehmung der einschlägigen Aufgaben der Funktion in allen betreffenden Instituten jederzeit gewährleisten kann. In einem solchen Fall ist in jedem Institut eine Ansprechperson für den Informationssicherheitsbeauftragten zu benennen. Mit dieser Öffnungsklausel kommt die deutsche Aufsicht zahlreichen Stellungnahmen der Deutschen Kreditwirtschaft im Rahmen der Konsultation der BAIT entgegen, die eine Auslagerung des Informationssicherheitsbeauftragten gerade für kleinere Institute für sinnvoll erachtet. Unabhängig von dieser Erleichterung ist es immer möglich, dass sich der Informationssicherheitsbeauftragte per Servicevertrag externer Unterstützung bedient (→ AT 9 Tz. 4).

4.5   IKT-Sicherheitsrisiken im SREP

60 Die zuständigen Behörden sollten im Rahmen des SREP bewerten, ob das Institut über einen wirksamen Rahmen für die Ermittlung, das Verständnis, die Messung und die Minderung des IKT-Sicherheitsrisikos verfügt. Damit sollten klar definierte Rollen und Verantwortlichkeiten in Bezug auf die Person(en) und/oder Ausschüsse festgelegt sein, die für das tägliche IKT-Sicherheitsmanagement und die Ausarbeitung der übergreifenden IKT-Sicherheitspolitiken verantwortlich oder diesbezüglich rechenschaftspflichtig sind, unter Beachtung ihrer erforderlichen Unabhängigkeit. Ebenso sollten die Gestaltung, Umsetzung, Verwaltung und Überwachung von IKT-Sicherheitskontrollen, der Schutz kritischer IKT-Systeme und -Dienste, z.B. durch Verabschiedung eines Sicherheitslücken-Bewertungsprozesses, Software-Patch-Management, durch-

---

44 Vgl. Bundesamt für Sicherheit in der Informationstechnik, BSI-Standard 200-2, 15. November 2017, S. 42.

gehenden Schutz (z. B. Schadsoftware-Virus), Eindringungserkennungs- und Präventionstools, die Überwachung, Klassifizierung und Behandlung externer oder interner IKT-Sicherheitsereignisse, einschließlich der Ereignisreaktion und der Wiederinbetriebnahme und Wiederherstellung der IKT-Systeme und -Dienste sowie regelmäßige und proaktive Bedrohungsbewertungen zur Aufrechterhaltung angemessener Sicherheitskontrollen berücksichtigt werden. Die EBA nennt diverse weitere Komponenten, von denen an dieser Stelle nur beispielhaft eine IKT-Sicherheitspolitik, ein Prozess zur Ermittlung von IKT-Systemen, -Diensten und angemessenen Sicherheitsanforderungen mit Bezug zur Risikotoleranz des Institutes, eine Protokollierung der Nutzer- und Administratorenaktivität, Sensibilisierungs- und Informationskampagnen oder -initiativen, angemessene physische Sicherheitsmaßnahmen (z. B. Videoüberwachung, Einbruchalarm, Sicherheitstüren) sowie Maßnahmen zum Schutz der IKT-Systeme vor Angriffen aus dem Internet (d. h. Cyber-Angriffe) oder anderen externen Netzwerken (z. B. traditionelle Telekommunikationsverbindungen oder Verbindungen mit vertrauenswürdigen Partnern) genannt seien.[45]

4.6 IT-Strategie

Damit Informationsrisiko- und Informationssicherheitsmanagement überhaupt greifen können, muss die Geschäftsleitung die IT-Organisation auch insgesamt angemessen steuern. Voraussetzung hierfür ist eine IT-Strategie, die dem Geschäftsmodell angemessen ist und in der IT-Organisation umgesetzt wird.[46] Die Geschäftsleitung hat daher nach Tz. 1 und 2 BAIT eine nachhaltige, mit der Geschäftsstrategie konsistente IT-Strategie festzulegen, in der die Ziele sowie die Maßnahmen zur Erreichung dieser Ziele dargestellt werden. Die Mindestinhalte der IT-Strategie werden an anderer Stelle näher erläutert (→ AT 4.2 Tz. 1). Auf Basis der IT-Strategie sind gemäß Tz. 4 BAIT Regelungen zur IT-Aufbau- und Ablauforganisation festzulegen und wirksam umzusetzen. **61**

4.7 Softwarebezug

Beim Bezug von Software sind die damit verbundenen Risiken angemessen zu bewerten. Soweit es sich dabei um eine Auslagerung handelt, hat das Institut diese Bewertung im Rahmen einer Risikoanalyse vorzunehmen. Sofern ein sonstiger Fremdbezug von IT-Dienstleistungen vorliegt, erwartet die deutsche Aufsicht gemäß Tz. 53 BAIT, dass das Institut aufgrund der grundlegenden Bedeutung der IT vorab eine Risikobewertung durchführt. Art und Umfang einer solchen Risikobewertung kann das Institut unter Proportionalitätsgesichtspunkten nach Maßgabe seines allgemeinen Risikomanagements flexibel festlegen (→ AT 9 Tz. 2). **62**

---

45 Vgl. European Banking Authority, Leitlinien für die IKT-Risikobewertung im Rahmen des aufsichtlichen Überprüfungs- und Bewertungsprozesses (SREP), EBA/GL/2017/05, 11. September 2017, S. 20 ff.
46 Vgl. Held, Markus/Kokert, Josef, IT-Sicherheit – Erwartungen der Bankenaufsicht, in: BaFinJournal, Ausgabe November 2013, S. 22.

5 Individuelle Datenverarbeitung und Datensicherheit (Tz. 5)

63   Die Anforderungen aus AT 7.2 sind auch beim Einsatz von durch die Fachbereiche selbst entwickelten Anwendungen (Individuelle Datenverarbeitung – »IDV«) entsprechend der Kritikalität der unterstützten Geschäftsprozesse und der Bedeutung der Anwendungen für diese Prozesse zu beachten. Die Festlegung von Maßnahmen zur Sicherstellung der Datensicherheit hat sich am Schutzbedarf der verarbeiteten Daten zu orientieren.

5.1 Besondere Problemstellungen beim Umgang mit IDV

64 Die deutsche Aufsicht hat mit der fünften MaRisk-Novelle klargestellt, dass die Anforderungen an die IT-Systeme auch für die von den Fachbereichen selbst entwickelten Anwendungen (»Individuelle Datenverarbeitung«, IDV) gelten. Hintergrund hierfür dürften die in der Praxis beobachteten Mängel bei der Nutzung von IDV-Anwendungen sein. IDV-Anwendungen weisen u. a. höhere Fehlerquoten auf, die zudem später erkannt werden. Außerdem sind die Entwicklungsdokumentation und Benutzerhandbücher oft unzureichend. Darüber hinaus fehlen häufig Zugriffsschutze und Berechtigungskonzepte. Ursachen hierfür sieht die deutsche Aufsicht in fehlenden standardisierten Entwicklungsprozessen, Schwierigkeiten bei der Wartung von IDV aufgrund der Mischung von Daten, Verarbeitungslogik und Darstellung, fehlenden adäquat dokumentierten Change-Prozessen zur Produktivsetzung sowie fehlenden Kontrollen, wenn ein einzelner Mitarbeiter sämtliche für den Einsatz einer IDV-Anwendung notwendigen Tätigkeiten durchführt.[47]

65 Die deutsche Aufsicht hat daher die Anforderungen an IDV-Anwendungen konkretisiert. So sind laut Tz. 2 BAIT bereits in der IT-Strategie Aussagen zu IDV-Anwendungen zu treffen. Als Teil der Anwendungsentwicklung sind laut Erläuterung zu Tz. 36 BAIT auch für IDV-Anwendungen angemessene und risikoorientiert ausgestaltete Prozesse festzulegen, die Vorgaben zur Anforderungsermittlung, zum Entwicklungsziel, zur (technischen) Umsetzung inklusive Programmierrichtlinien, zur Qualitätssicherung, sowie zu Test, Abnahme und Freigabe enthalten. Darüber hinaus sind IDV-Anwendungen nach Tz. 43 BAIT in Risikoklassen (Schutzbedarfsklassen) einzuteilen. Für diese Klassifizierung und den Umgang mit diesen Anwendungen ist ein angemessenes Verfahren festzulegen. Durch diese Risikoklassen sollen die Risiken institutsintern transparent werden, die aus dem Umgang mit diesen Anwendungen resultieren.[48] Übersteigt der ermittelte Schutzbedarf die technische Schutzmöglichkeit dieser Anwendungen, werden Schutzmaßnahmen in Abhängigkeit der Ergebnisse der Schutzbedarfsklassifizierung ergriffen.

66 Ferner sind gemäß Tz. 44 BAIT z. B. in einer IDV-Richtlinie Vorgaben zur Identifizierung aller IDV-Anwendungen, zur Dokumentation, zu den Programmierrichtlinien und zur Methodik des Testens, zur Schutzbedarfsfeststellung und zum Rezertifizierungsprozess der Berechtigungen zu regeln. Die deutsche Aufsicht erwartet, dass ein Institut alle IDV-Anwendungen, die insbesondere

---

47 Vgl. Englisch, Rainer, BAIT-Anforderungen bezüglich des IDV-Einsatzes in Banken – Beobachtungen aus der Prüfungspraxis, Präsentation anlässlich der Veranstaltung IT-Aufsicht bei Banken in Frankfurt am Main, 27. September 2018, S. 4.

48 Vgl. Essler, Renate/Gampe, Jens, IT-Sicherheit – Aufsicht konkretisiert Anforderungen an die Kreditwirtschaft, in: BaFinJournal, Ausgabe Januar 2018, S. 20.

für bankgeschäftliche Prozesse, für die Risikosteuerung und -überwachung oder für Zwecke der Rechnungslegung Bedeutung haben, in einem zentralen Register führt.[49] Dabei sollten zumindest der Name und Zweck der Anwendung, die Versionierung und Datumsangabe, die Art (Fremd- oder Eigenentwicklung), der fachverantwortliche Mitarbeiter, der technisch verantwortliche Mitarbeiter, die Technologie und das Ergebnis der Risikoklassifizierung sowie ggf. die daraus abgeleiteten Schutzmaßnahmen erfasst werden.

Die deutsche Aufsicht hat bei Instituten bereits Probleme in der Umsetzung der Vorgaben an **67** IDV-Anwendungen identifiziert, die es zu beheben gilt. So sind IDV-Register aufgrund ungenügender Klassifizierungskriterien und Kontrollen beim Erstaufnahme- bzw. Reviewprozess und fehlender Berücksichtigungen von IDV-Anwendungen im IT-Bereich unvollständig. Mangelnde Trennschärfe von Kategorisierungskriterien, Schwächen im Kategorisierungskriterien-System oder nicht angemessen geregeltes »Downgrading« führen zu einer unangemessenen Kategorisierung von IDV. Außerdem fehlen ausreichende Vorgaben für den IDV-Einsatz, wie z.B. Dokumentationsanforderungen, Programmierrichtlinien und Benutzerhandbücher. Ferner mangelt es an Kontrollprozessen hinsichtlich der Einhaltung der Vorgaben.[50] Die Institute sollten daher weitere Anstrengungen in diesem Bereich unternehmen.

5.2 Software-Eigenentwicklungen durch den Endanwender

Bereits in der Vergangenheit sind Eigenentwicklungen von Software stärker in den Fokus aufsicht- **68** licher Prüfungshandlungen geraten. Vor diesem Hintergrund hat die BaFin im »Gesprächskreis kleiner Institute« mit Hilfe von Beispielen aufgezeigt, ab wann sie von einer Softwareentwicklung ausgeht und insofern die Anwendung des vorgeschriebenen Regelprozesses inkl. einer Trennung zwischen Produktions- und Testumgebung sowie die Freigabe der Softwareentwicklung unabhängig vom Anwender erwartet. Dazu rechnet die BaFin z.B. grundsätzlich die Verwendung von »Visual Basic for Appplications« (VBA), eine zu den Microsoft-Office-Programmen gehörende Skriptsprache. Bei der Verwendung von (Excel-)Formeln unterscheidet sie zwischen einfachen und komplexen Formeln. Mangels verwertbarer Hinweise in der Fachliteratur auf eine sinnvolle Abgrenzung orientiert sich die BaFin sinngemäß an den Vorgaben in § 238 HGB. Demzufolge soll eine einfache Formel so beschaffen sein, dass sie einem sachverständigen, unabhängigen Dritten innerhalb angemessener Zeit ein Verständnis über die Funktionsweise und Zusammenhänge vermitteln kann. Andernfalls und in Zweifelsfällen sollte von einer komplexen Formel und damit von einer Software-Entwicklung durch den Endanwender ausgegangen werden. Insbesondere ist in derartigen Fällen neben der Fachseite zwingend auch die technische Seite einzubinden und eine Dokumentation zu erstellen.[51]

---

49 Vgl. Essler, Renate/Gampe, Jens, IT-Sicherheit – Aufsicht konkretisiert Anforderungen an die Kreditwirtschaft, in: BaFinJournal, Ausgabe Januar 2018, S. 20.

50 Vgl. Englisch, Rainer, BAIT-Anforderungen bezüglich des IDV-Einsatzes in Banken – Beobachtungen aus der Prüfungspraxis, Präsentation anlässlich der Veranstaltung IT-Aufsicht bei Banken in Frankfurt am Main, 27. September 2018, S. 4.

51 Vgl. Bundesanstalt für Finanzdienstleistungsaufsicht, Protokoll der 20. Sitzung des Gesprächskreises kleiner Institute vom 12. September 2012, S. 2 f.

5.3   Sicherstellung der Datensicherheit

69   Die Festlegung von Maßnahmen zur Sicherstellung der Datensicherheit hat sich am Schutzbedarf der verarbeiteten Daten zu orientieren. Im Rahmen der Anwendungsentwicklung sind gemäß Tz. 38 BAIT nach Maßgabe des Schutzbedarfs angemessene Vorkehrungen im Hinblick darauf zu treffen, dass nach Produktivsetzung der Anwendung die Vertraulichkeit, Integrität, Verfügbarkeit und Authentizität der zu verarbeitenden Daten nachvollziehbar sichergestellt werden. In diesem Zusammenhang sind z. B. Vorgaben zur Prüfung der Eingabedaten, Systemzugangskontrolle, Nutzer-Authentifizierung, Transaktionsautorisierung, Protokollierung der Systemaktivität, Verfolgung von sicherheitsrelevanten Ereignissen, Ausnahmen und zu Prüfpfaden (Audit Logs) denkbar.

70   Zudem müssen laut Tz. 39 BAIT Vorkehrungen getroffen werden, die erkennen lassen, ob eine Anwendung versehentlich geändert oder absichtlich manipuliert wurde. Dabei kann z. B. die Überprüfung des Quellcodes als methodische Untersuchung zur Identifizierung von Risiken dienen.

71   Die Anwendung sowie deren Entwicklung sind nach Tz. 40 BAIT übersichtlich und für sachkundige Dritte nachvollziehbar (z. B. durch Versionierung des Quellcodes und der Anforderungsdokumente) zu dokumentieren. Die deutsche Aufsicht erwartet zumindest eine Anwenderdokumentation, eine technische Systemdokumentation und eine Betriebsdokumentation.

AT 7.3 Notfallkonzept

1 Erarbeitung und Überprüfung des Notfallkonzeptes (Tz. 1)

1   **1** Für Notfälle in zeitkritischen Aktivitäten und Prozessen ist Vorsorge zu treffen (Notfall-konzept). Die im Notfallkonzept festgelegten Maßnahmen müssen dazu geeignet sein, das Ausmaß möglicher Schäden zu reduzieren. Die Wirksamkeit und Angemessenheit des Notfallkonzeptes ist regelmäßig durch Notfalltests zu überprüfen. Die Ergebnisse der Notfall-tests sind den jeweiligen Verantwortlichen mitzuteilen. Im Fall der Auslagerung von zeit-kritischen Aktivitäten und Prozessen haben das auslagernde Institut und das Auslagerungs-unternehmen über aufeinander abgestimmte Notfallkonzepte zu verfügen.

1.1   Bedeutung des Notfallmanagements

2   Naturkatastrophen, Terroranschläge, Pandemien oder Hackerangriffe können Unterbrechungen der innerbetrieblichen Geschäftsabläufe zur Folge haben, die sich im Extremfall aufgrund der Vernetzung der internationalen Finanzmärkte zu globalen Krisen ausweiten. Aber auch weniger spektakuläre Ereignisse können bei Instituten zu gravierenden Beeinträchtigungen führen, wie z.B. technische Störungen bei Rechenzentren. Aus derartigen Beeinträchtigungen resultieren nicht nur erhebliche Kosten, sondern ggf. auch Reputationsverluste, die sich nachhaltig auf das Institut auswirken können. Viele Institute wappnen sich schon aus eigenem Interesse gegen die Folgen solcher Ereignisse durch die Einrichtung eines Notfallmanagements (»Business Continuity Management«).[1] Das Ziel des Notfallmanagements besteht darin, die schädigende Wirkung eines Ereignisses rechtzeitig einzudämmen, damit eine drohende vorübergehende oder dauerhafte Störung oder sogar der wirtschaftliche Ruin vermieden werden. Mit Hilfe des Notfallmanagements soll genau das gespart werden, was ein Institut in einer kritischen Situation am wenigsten hat, nämlich Zeit zur Problemlösung und zur Aufrechterhaltung der Handlungsfähigkeit.[2]

3   Der Notwendigkeit solcher Vorkehrungen wird auch auf Baseler Ebene ein immer größerer Stellenwert eingeräumt.[3] In der deutschen Regulierungspraxis waren Notfallpläne, bezogen auf das Kredit- und Handelsgeschäft, bereits Gegenstand der MaK und der MaH.[4] Durch die MaRisk wird das Erfordernis von Notfallkonzepten geschäftsartenunabhängig formuliert. Der Gesetzgeber hat dies im Rahmen der Umsetzung der MiFID und ihrer begleitenden Durchführungsrichtlinie im Gesetz nachvollzogen. Ein angemessenes und wirksames Risikomanagement schließt nach § 25a Abs. 1 Satz 3 Nr. 5 KWG auch die Festlegung eines Notfallkonzeptes ein, insbesondere für die IT-Systeme. Die deutsche Aufsicht hat die Bedeutung des Notfallmanagements auch in den BAIT betont. Gemäß Tz. 2 BAIT erwartet sie, dass in der IT-Strategie Aussagen zum Notfallmanagement unter Berücksichtigung der IT-Belange getroffen werden. Außerdem sollen die Anforderungen an die Ausgestaltung der Notfallkonzepte im Rahmen der Weiterentwicklung der BAIT konkretisiert werden. Die BAIT sollen dann auch Vorgaben zum IT-Notfallmanagement inklusive Test- und

---

1   Vgl. Deloitte Touch Tohmatsu, 2005 Global Security Survey, 2005, S. 32.

2   Vgl. Bockslaff, Klaus/Lüders, Uwe, Notfallplanung in Kreditinstituten, in: Risikomanager, Heft 1/2006, S. 20.

3   Vgl. The Joint Forum, High-level principles for business continuity, 29. August 2006.

4   Vgl. Bundesanstalt für Finanzdienstleistungsaufsicht, Mindestanforderungen an das Kreditgeschäft der Kreditinstitute (MaK), Rundschreiben 34/2002 (BA) vom 20. Dezember 2002, Tz. 90; Bundesaufsichtsamt für das Kreditwesen, Mindest-anforderungen an das Betreiben von Handelsgeschäften der Kreditinstitute (MaH), Verlautbarung vom 23. Oktober 1995, Abschnitt 3.4.

Wiederherstellungsverfahren für IT-Systeme und die zugehörigen IT-Prozesse enthalten.[5] Einen genauen Zeithorizont hat die BaFin hierfür jedoch bislang nicht benannt.

1.2 Zeitkritische Aktivitäten und Prozesse

Die Institute haben sicherzustellen, dass für Notfälle in zeitkritischen Aktivitäten und Prozessen **4** Vorsorge getroffen wird. Für diese Zwecke wird ein Notfallkonzept gefordert, ohne allerdings die Begriffe »Notfall« und »zeitkritisch« näher zu definieren. Insofern geht es für das einzelne Institut zunächst darum, zeitkritische Aktivitäten und Prozesse zu identifizieren. Auf dieser Basis hat das Institut daran anschließend eine sachgerechte Notfallsituation zu formulieren. Dabei sind auch die ausgelagerten Aktivitäten und Prozesse zu berücksichtigen. In der Praxis ist es z.B. nicht unüblich, jene Aktivitäten und Prozesse als »zeitkritisch« einzustufen, bei deren Ausfall in kurzer Zeit hohe Schäden drohen.[6]

Aufgrund der Abhängigkeit von der IT wird wohl bei nahezu allen Instituten deren teilweiser **5** oder vollständiger Ausfall als »zeitkritisch« und somit als Notfall eingestuft werden. Dasselbe trifft auf Liquiditätsengpässe zu, für deren Beseitigung explizit ein Notfallplan gefordert wird (→BTR3.1 Tz.9). Ähnlich bedeutsam kann der Ausfall wesentlicher Geschäftsprozesse oder Standorte sein.[7] Ereignisse, die lediglich zu kurzfristigen, punktuellen Störungen führen, sind hingegen nicht als Notfälle zu qualifizieren, da sie i.d.R. ohne weiteres auf der Basis der gegebenen Ressourcen beseitigt werden können.[8] Durch die Wahl des Begriffes »zeitkritisch« soll zum Ausdruck kommen, dass eine Störung bereits nach sehr kurzer Zeit zu existenziellen Problemen für das Institut führen kann. »Zeitkritische« Aktivitäten und Prozesse müssen daher nicht notwendigerweise mit »wesentlichen« Aktivitäten und Prozessen zusammenfallen. Beispielsweise wird der krankheitsbedingte Ausfall aller Mitarbeiter der Revisionsabteilung nicht notwendigerweise einen Notfall auslösen, auch wenn es sich bei der Internen Revision zweifellos um eine »wesentliche« Funktion handelt.

1.3 Maximal tolerierbare Ausfallzeiten

Auch aus Sicht des BSI muss nicht jeder Ausfall zwangsläufig einen Notfall darstellen. Ein Notfall **6** tritt erst dann ein, wenn ein Zustand erreicht wird, in dem innerhalb maximal tolerierbarer Ausfallzeiten eine Wiederherstellung der Verfügbarkeit nicht möglich ist und beim dem der Geschäftsbetrieb stark beeinflusst ist. Das BSI schlägt in diesem Zusammenhang die Erstellung einer Übersicht über Verfügbarkeitsanforderungen vor. In dieser Übersicht werden für IT-Systeme (z.B. Zentralsystem, LAN), IT-Komponenten (z.B. Host, DFÜ, Drucker, Server, PC) und IT-Anwendungen (z.B. E-Mail, Buchhaltung, Reisekosten, Einsatzplanung, Datenerfassung, Leitstelle)

---

5   Vgl. Paust, Michael/Essler, Renate, Bankaufsichtliche Anforderungen an die IT (BAIT), Präsentation anlässlich der Veranstaltung IT-Aufsicht bei Banken in Frankfurt am Main, 27. September 2018, S. 16; Essler, Renate/Gampe, Jens, IT-Sicherheit – Aufsicht konkretisiert Anforderungen an die Kreditwirtschaft, in: BaFinJournal, Ausgabe Januar 2018, S. 21.

6   Vgl. Erfahrungsaustausch öffentlicher und genossenschaftlicher Banken zum »Outsourcing« am 1. Februar 2009 in Berlin.

7   Vgl. Deutscher Sparkassen- und Giroverband, Mindestanforderungen an das Risikomanagement – Interpretationsleitfaden, Version 3.0, Berlin, November 2009, S. 92.

8   Vgl. Schroff, Michael, Notfallplanung bei Banken, in: Die Bank, Heft 6/2000, S. 42.

maximal tolerierbare Ausfallzeiten festgelegt. Überschreitungen dieser Schwellenwerte können folglich ein Indiz für das Vorliegen eines Notfalls sein.[9] Die Festlegung maximal tolerierbarer Ausfallzeiten stellt insoweit eine pragmatische Vorgehensweise dar, um den Begriff »zeitkritisch« mit Leben zu füllen.

1.4 Grundsätzliche Vorgehensweise

7   Grundsätzlich werden die Notfallkonzepte von der jeweils betroffenen Fachabteilung (dezentral) erstellt. Allerdings werden häufig zentrale Vorgaben gemacht, die sich insbesondere darauf beziehen, was unter dem Begriff »zeitkritisch« zu verstehen ist und wie die Risiken quantifiziert werden sollen. Ausgangspunkt sind fast überall vier Standardszenarien: Ausfall Personal, Ausfall IT, Ausfall Standort und Ausfall Dienstleister. Andere Szenarien, wie z. B. Ausfall Infrastruktur, können auf eines der vier Standardszenarien zurückgeführt werden. Einen Sonderfall stellen Epidemien/Pandemien dar. Dafür werden teilweise besondere Maßnahmen geplant, um z. B. wichtige Funktionsträger besonders zu schützen oder zur Verringerung der Ansteckungsgefahr kurzfristig Heimarbeit zu ermöglichen. Ausgehend von den Szenarien werden die jeweiligen Auswirkungen untersucht. Daraus ergeben sich wiederum die Inhalte und der Umfang des Notfallkonzeptes.[10]

1.5 Inhalt des Notfallkonzeptes

8   Die im Notfallkonzept fixierten Maßnahmen, welche nach Eintritt eines den Notfall auslösenden Ereignisses zu ergreifen sind, sollen dazu beitragen, das Ausmaß möglicher Schäden zu reduzieren. Gegenstand des Notfallkonzeptes, das aus einem Notfallvorsorgekonzept und einem Notfallhandbuch besteht, könnten z. B. folgende Punkte sein[11]:
–   Das Notfallvorsorgekonzept enthält alle Informationen, die bei der Konzeption anfallen, inklusive der ausgewählten Maßnahmen zur Risikobehandlung und zur Ermöglichung eines schnellen Wiederanlaufes und einer schnellen Wiederherstellung.
–   Das Notfallhandbuch enthält die Informationen, die direkt für und bei der Notfallbewältigung benötigt werden. Dazu zählen u. a. die Geschäftsfortführungspläne, die Wiederanlauf- und Wiederherstellungspläne inklusive Ersatzbeschaffungs- und Ausweichplänen sowie Notfallplänen für Sofortmaßnahmen.
–   Die Geschäftsfortführungspläne, Wiederanlauf- und Wiederherstellungspläne enthalten sämtliche Informationen, die ein schnelles Aufnehmen eines Notbetriebes ermöglichen und die Wiederherstellung des Normalbetriebes für Prozesse und Ressourcen ermöglichen.
–   Die Pläne sollten die Informationen über die Wiederanlaufzeiten und Prioritäten für die Prozesse und Ressourcen enthalten, sowie verschiedene Wiederanlaufoptionen für verschiedene Schadensereignisse.

---

9   Vgl. Bundesamt für Sicherheit und Informationstechnik, IT-Grundschutz-Kataloge, Maßnahmenkatalog Notfallvorsorge, 13. Ergänzungslieferung, Bonn, 10. September 2013, Abschnitt M 6.1; Bundesamt für Sicherheit und Informationstechnik, IT-Grundschutz-Kataloge, Baustein Notfallmanagement, 11. Ergänzungslieferung, Bonn, 19. Oktober 2009, Abschnitt B 1.3.
10 Vgl. Erfahrungsaustausch öffentlicher und genossenschaftlicher Banken zum »Outsourcing« am 1. Februar 2009 in Berlin.
11 Vgl. Bundesamt für Sicherheit und Informationstechnik, IT-Grundschutz-Kataloge, Maßnahmenkatalog Notfallvorsorge, 13. Ergänzungslieferung, Bonn, 10. September 2013, Abschnitt M 6.1.14.

– Notfallpläne für Sofortmaßnahmen sollten u.a. sicherstellen, dass das Wohlergehen der betroffenen Personen sichergestellt ist.

Typische Bestandteile eines Notfallkonzeptes sind darüber hinaus konkrete Festlegungen, die für **9** die Geschäftsfortführung (z.B. alternative Hard- und Software sowie Kommunikationswege) oder für den Wiederanlauf (z.B. Inventarliste zur Wiederbeschaffung nicht funktionsfähiger IT-Einrichtungen) von Bedeutung sind, die Darstellung der aus Sicht des Institutes zeitkritischen Aktivitäten und Prozesse mit zugehörigen Verfügbarkeitsanforderungen und deren Klassifizierung (z.B. über maximal tolerierbare Ausfallzeiten), die Definition der damit verbundenen (Teil-)Ausfallszenarien (z.B. Katastrophenfall, teilweiser oder vollständiger Ausfall des Netzwerkes, Ausfall des Datenbank-Servers oder des Applikationsservers, Inkonsistenzen zwischen verschiedenen Datenbanken), die im Rahmen der Geschäftsfortführungsplanung auf einer Analyse der wichtigsten Geschäftsprozesse basieren sollte, die Festlegung klarer Verantwortlichkeiten und Zuständigkeiten (z.B. Benennung eines Krisenstabes, Alarmierungsplan, Meldewege, Adresslisten betroffener Mitarbeiter, konkrete Aufgaben einzelner Mitarbeiter, Notrufnummern, organisatorische Eskalationsstufen), sowie die Festlegung von Sofortmaßnahmen bei einem Notfall (z.B. Reaktionen auf die definierten Szenarien, Handlungsanweisungen für spezielle Ereignisse, wie z.B. einen Brand oder einen Stromausfall), die üblicherweise in Geschäftsfortführungs- und Wiederanlaufplänen fixiert werden (→ AT 7.3 Tz. 2).

Das Notfallkonzept muss den beteiligten Mitarbeitern zur Verfügung stehen (→ AT 7.3 Tz. 2). **10** Vor diesem Hintergrund bietet es sich an, den Inhalt des Notfallkonzeptes in den Organisationsrichtlinien zu verankern. Viele Institute haben für diese Zwecke separate Notfallhandbücher entwickelt. Auch das BSI empfiehlt die Ausarbeitung eines Notfallhandbuches. Sofern in einem Institut mehrere Notfallpläne für verschiedene Zwecke existieren, sollten diese aufeinander abgestimmt sein.

1.6 Wirksamkeit und Angemessenheit des Notfallkonzeptes

Zahlreiche Unternehmen haben Notfallkonzepte entwickelt. Die Bereitschaft, diese Konzepte **11** regelmäßig zu testen, ist aber offenbar weniger ausgeprägt.[12] Die Sicherstellung der Handlungsfähigkeit durch Notfallkonzepte ist jedoch kein einmaliger Vorgang, sondern ein laufender Prozess. Das Notfallkonzept kann seinen Sinn nur dann erfüllen, wenn es regelmäßig unter realen Bedingungen getestet wird. Verzichtet ein Institut auf Notfalltests, können Schwachstellen des Konzeptes nicht identifiziert und deshalb auch nicht beseitigt werden (z.B. nicht funktionierende Kommunikationswege).[13] Durch den Test wird also nicht nur der effektive und reibungslose Ablauf eines Notfallkonzeptes erprobt. Durch ihn werden darüber hinaus bislang unerkannte Schwachstellen des Konzeptes aufgedeckt. Daher ist die Wirksamkeit und Angemessenheit des Notfallkonzeptes durch Notfalltests zu überprüfen. Aufgedeckte Schwachstellen sollten zeitnah zu einer Überarbeitung des Notfallkonzeptes führen. Die Ergebnisse der Notfalltests sind den jeweiligen Verantwortlichen mitzuteilen.

---

12 Vgl. AT&T, Business Continuity – Notfallplanung für Geschäftsprozesse, Juli 2005, S. 4 f.
13 Vgl. The Joint Forum, High-level principles for business continuity, 29. August 2006, S. 21 f.

1.7   Regelmäßige Notfalltests

12   Notfalltests sind regelmäßig durchzuführen. Da diese Tests den Betriebsablauf beeinträchtigen können, sollte die Häufigkeit an der Gefährdungslage orientiert werden. Tests können sich auch auf einzelne Teilbereiche beziehen (z. B. Durchführung einer Alarmierung und Eskalation oder einer Brandschutzübung, Funktionstest von Stromaggregaten, Klimaanlagen und zentralen Servern, Stabsübungen, Stabsrahmenübungen, Wiederanlauf nach Ausfall von einzelnen Ressourcen oder Geschäftsprozessen, Räumung des Bürogebäudes und Bezug einer Ausweichlokation, Ausfall eines Rechenzentrums und Inbetriebnahme des Ausweichrechenzentrums). Das BSI empfiehlt, eine Mehrjahresplanung durchzuführen, um den gesamten Geltungsbereich des Notfallmanagements abzudecken. Dabei sollten verschiedene Arten von Tests und Übungen zum Einsatz kommen, um alle Notfallpläne, Notfallmaßnahmen und die Organisationsstruktur der Notfallbewältigung zu prüfen und zu testen. Diese Grobplanung sollte die Art der geplanten Tests, die Ziele, das grobe Zeitraster und eine Aufstellung der benötigten Ressourcen enthalten. Eine jährlich durchzuführende Zeitplanung sollte die Grobplanung konkretisieren und die konkreten Übungen festlegen.[14] Notfalltests können jedoch an Grenzen stoßen. So kann etwa der Ausfall des gesamten Personals praktisch nicht getestet werden, da die mit einem derartigen Test verbundenen Risiken und Ausfälle den Nutzen des Testes grundsätzlich infrage stellen würden.[15]

1.8   Notfallkonzepte und Auslagerungen

13   Die Auslagerung von zeitkritischen Aktivitäten und Prozessen darf nicht dazu führen, dass die Vorsorge für Notfälle vernachlässigt oder sogar komplett ausgeblendet wird. Das wäre insbesondere vor dem Hintergrund der großen Bedeutung der IT-Auslagerungen für die Institute ein fataler Trugschluss.[16] Hinsichtlich der Notfallvorsorge sollte daher grundsätzlich nicht differenziert werden, ob eine Auslagerung vorliegt oder nicht. Die Besonderheiten bei Auslagerungen ergeben sich dadurch, dass die Notfallvorsorge auf unterschiedliche Parteien aufgeteilt ist und durch die Verteilung der IT-Komponenten zusätzliche Komponenten über die Service Level Agreements hinaus hinzukommen.[17]

14   Allerdings ist es schon unter Praktikabilitätsgesichtspunkten kaum vorstellbar, dass ein kleines Institut ein Notfallkonzept für Funktionen ausarbeitet, die auf einen großen Mehrmandantendienstleister ausgelagert sind.[18] Stattdessen haben das auslagernde Institut und das Auslagerungsunternehmen bei der Auslagerung zeitkritischer Aktivitäten und Prozesse über aufeinander abgestimmte Notfallkonzepte zu verfügen. Durch diese Anforderung wird Art. 14 Abs. 2 lit. k MiFID-Durchführungsrichtlinie Genüge getan. Danach müssen die Wertpapierfirma und der Dienstleister einen Notfallplan festlegen und dessen kontinuierliche Einhaltung sicherstellen.[19] Die Anforderung war grundsätzlich schon Gegenstand des Rundschreibens 11/2001, dessen Inhalt in modifizierter Form in die MaRisk überführt wurde.[20]

---

14   Vgl. Bundesamt für Sicherheit und Informationstechnik, IT-Grundschutz-Kataloge, Maßnahmenkatalog Notfallvorsorge, 13. Ergänzungslieferung, Bonn, 10. September 2013, Abschnitt M 6.117.

15   Vgl. Erfahrungsaustausch öffentlicher und genossenschaftlicher Banken zum »Outsourcing« am 1. Februar 2009 in Berlin.

16   Vgl. European Central Bank, Report on EU banking structure, November 2004, S. 27.

17   Vgl. Bundesamt für Sicherheit und Informationstechnik, IT-Grundschutz-Kataloge, Maßnahmenkatalog Notfallvorsorge, 13. Ergänzungslieferung, Bonn, 10. September 2013, Abschnitt M 6.83.

18   Vgl. Bundesanstalt für Finanzdienstleistungsaufsicht, Protokoll der ersten Sitzung des MaRisk-Fachgremiums am 4. Mai 2006, S. 4.

19   Auch CEBS fordert für die ausgelagerten Aktivitäten und Prozesse abgestimmte Notfallpläne. Vgl. Committee of European Banking Supervisors, Guidelines on Outsourcing, 14. Dezember 2006, S. 6.

20   Vgl. Bundesaufsichtsamt für das Kreditwesen, Auslagerung von Bereichen auf ein anderes Unternehmen gemäß § 25a Abs. 2 KWG, Rundschreiben 11/2001 vom 6. Dezember 2001, Tz. 40.

Im Zentrum der Abstimmung steht vor allem die Schnittstelle zwischen auslagerndem Institut **15** und Auslagerungsunternehmen. Dabei dürfen keine Lücken entstehen. Insbesondere muss sichergestellt werden, dass der Dienstleister auch im Notfall (z. B. bei Ausfall eines Standortes und damit verbundenem Umzug in ein anderes Gebäude) seinen Auftrag erfüllen kann (z. B. Datenlieferung).[21] Für die Zwecke einer angemessenen Notfallvorsorge an dieser Schnittstelle sind insbesondere die folgenden Aspekte von Bedeutung[22]:

- Zuständigkeiten, Ansprechpartner, Abläufe und Kommunikationswege, die zwischen auslagerndem Institut und Auslagerungsunternehmen geklärt und dokumentiert werden müssen,
- Vorkehrungen zur Sicherung der Daten (z. B. getrennte Backup-Medien für jeden Klienten, Verfügbarkeit, Vertretungsregelungen, Eskalationsstrategien und Virenschutz),
- detaillierte Arbeitsanweisungen mit konkreten Anordnungen für bestimmte Notfälle sowie ein Konzept für Notfallübungen,
- klare Arbeitsanweisungen für das Personal des Auslagerungsunternehmens inklusive möglicher Verbote (z. B. Reboot einer Maschine),
- Kooperationsmöglichkeiten bei auftretenden Fehlern,
- Listen mit Ansprechpartnern auf Seiten des Auftraggebers sowie
- Informationen bezüglich des Schutzbedarfs der betroffenen Daten und Systeme).

Die Implementierung derartiger Vorkehrungen setzt natürlich voraus, dass das auslagernde **16** Institut die Schnittstelle und auch die korrespondierenden Vorkehrungen beim Auslagerungsunternehmen kennt und nachvollziehen kann. Wegen der Bedeutung der Vorsorge für Notfälle werden die notwendigen Vorkehrungen regelmäßig auch im Auslagerungsvertrag fixiert.[23]

Eine vollständige Abstimmung der Notfallkonzepte ist grundsätzlich nicht erforderlich. Allerdings **17** muss sich ein Institut davon überzeugen, dass auch der Dienstleister für seinen Verantwortungsbereich ein eigenes, angemessenes Notfallkonzept vorweisen kann. Da der direkte Einblick aus Gründen der Geheimhaltung oder des Datenschutzes nicht immer möglich ist, kann z. B. eine Prüfung und Zertifizierung durch einen Wirtschaftsprüfer erfolgen. Es gibt auch Auslagerungen, für die bei Ausfall des Dienstleisters kein vernünftiger Notfallplan greifen würde, wie teilweise im IT-Bereich. Würde eine Umstellung der IT auf einen anderen Anbieter mehrere Jahre dauern, ist die Erstellung eines Notfallkonzeptes nicht mehr zweckmäßig. In diesen Fällen ist die Überprüfung des Notfallkonzeptes beim Dienstleister von besonderer Bedeutung. Für andere Notfallszenarien, wie z. B. eine Hochwasserkatastrophe, bestehen i. d. R. auch für die IT konkrete Notfallpläne.[24]

Auch nach den Vorstellungen der EBA sollten die Institute über Notfallpläne zur Aufrecht- **18** erhaltung ihres Geschäftsbetriebes sowie Pläne für die Wiederherstellung entscheidender kritischer Ressourcen verfügen, um in der Lage zu sein, den kontinuierlichen Dienstbetrieb aufrechtzuerhalten, und Verluste im Fall von schwerwiegenden Betriebsstörungen zu begrenzen.[25] Nach dem im Juni 2018 veröffentlichten Entwurf der EBA-Leitlinien zu Auslagerungen sollten die Notfallkonzepte der Institute auch die ausgelagerten kritischen/bedeutenden Funktionen beinhalten. Die Institute sollten zudem die Auslagerungsunternehmen in ihre Business Continuity plans einbeziehen.[26]

---

21 Vgl. Erfahrungsaustausch öffentlicher und genossenschaftlicher Banken zum »Outsourcing« am 1. Februar 2009 in Berlin.

22 Vgl. Bundesamt für Sicherheit und Informationstechnik, IT-Grundschutz-Kataloge, Maßnahmenkatalog Notfallvorsorge, 13. Ergänzungslieferung, Bonn, 10. September 2013, Abschnitt M 6.83.

23 Vgl. Bundesamt für Sicherheit und Informationstechnik, IT-Grundschutz-Kataloge, Maßnahmenkatalog Organisation, 13. Ergänzungslieferung, Bonn, 10. September 2013, Abschnitt M 2.253.

24 Vgl. Erfahrungsaustausch öffentlicher und genossenschaftlicher Banken zum »Outsourcing« am 1. Februar 2009 in Berlin.

25 Vgl. European Banking Authority, Leitlinien zur internen Governance, EBA/GL/2017/11, 21. März 2018, S. 49 f.

26 Vgl. European Banking Authority, Consultation Paper – EBA Draft Guidelines on Outsourcing arrangements, EBA/CP/2018/11, 22. Juni 2018, S. 29, die auf Titel VI der EBA-Leitlinien zur internen Governance verweisen. Vgl. European Banking Authority, Leitlinien zur internen Governance, EBA/GL/2017/11, 21. März 2018, S. 49 f.

2 Geschäftsfortführungs- und Wiederanlaufpläne (Tz. 2)

19 **2** Das Notfallkonzept muss Geschäftsfortführungs- sowie Wiederanlaufpläne umfassen. Die Geschäftsfortführungspläne müssen gewährleisten, dass im Notfall zeitnah Ersatzlösungen zur Verfügung stehen. Die Wiederanlaufpläne müssen innerhalb eines angemessenen Zeitraumes die Rückkehr zum Normalbetrieb ermöglichen. Die im Notfall zu verwendenden Kommunikationswege sind festzulegen. Das Notfallkonzept muss den beteiligten Mitarbeitern zur Verfügung stehen.

2.1 Bedeutung von Geschäftsfortführungs- und Wiederanlaufplänen

20 Nach den Beobachtungen des Baseler Ausschusses für Bankenaufsicht sind die Institute schädigenden Ereignissen ausgesetzt, von denen einige schwerwiegend sein können und die dazu führen, dass sie nicht in der Lage sind, einige oder alle geschäftlichen Verpflichtungen zu erfüllen. Vorfälle, bei denen z. B. die Infrastrukturen der Telekommunikations- oder Informationstechnologie beschädigt oder unzugänglich gemacht werden, oder ein Pandemieereignis, das die Personalressourcen betrifft, können zu erheblichen finanziellen Verlusten für die Institute sowie zu größeren Störungen des Finanzsystems führen. Um gegen diese Risiken resistent zu sein, sollten die Institute Geschäftsfortführungspläne aufstellen, die der Art, der Größe und der Komplexität ihrer Geschäftstätigkeiten entsprechen. Bei diesen Plänen sollten verschiedene Arten von wahrscheinlichen oder plausiblen Szenarien berücksichtigt werden, für die ein Institut anfällig sein könnte.[27]

21 Die Geschäftstätigkeit eines Institutes hängt auch nach Einschätzung der EBA von einer angemessenen technisch-organisatorischen Ausstattung (z. B. IT-Systeme einschließlich Cloud-Diensten, Kommunikationssysteme, Gebäude) ab. Maßnahmen für die Aufrechterhaltung des Geschäftsbetriebes zielen darauf ab, die operativen, finanziellen, rechtlichen, Reputations- und sonstigen wesentlichen Folgen eines Versagens oder eines längeren Ausfalls dieser Ressourcen und der sich daraus ergebenden Unterbrechung der üblichen Geschäftsabläufe des Institutes zu mindern. Andere Risikomanagementmaßnahmen könnten darauf abzielen, die Wahrscheinlichkeit solcher Zwischenfälle zu verringern oder deren finanzielle Auswirkungen auf Dritte zu übertragen (z. B. im Rahmen einer Versicherung). Erforderlich sind insbesondere Pläne für die Wiederherstellung entscheidender kritischer Ressourcen, die das Institut in die Lage versetzen, innerhalb einer angemessenen Zeitspanne seine üblichen Geschäftsabläufe wieder aufzunehmen. Restrisiken aufgrund potenzieller Geschäftsunterbrechungen sollten mit dem Risikoappetit des Institutes vereinbar sein.[28]

22 Die zuständigen Behörden sollten deshalb im Rahmen des SREP bewerten, ob das Institut für alle seine kritischen Funktionen und Ressourcen wirksame Prozesse zur Aufrechterhaltung des Geschäftsbetriebes mit geprüften Notfall-, Geschäftsfortführungs- und Sanierungsplänen eingerichtet hat und ob diese Pläne diese Funktionen und Ressourcen glaubhaft wiederherstellen können.[29]

---

27 Vgl. Basel Committee on Banking Supervision, Principles for the Sound Management of Operational Risk and the Role of Supervision, BCBS 292, 6. Oktober 2014, S. 17.

28 Vgl. European Banking Authority, Leitlinien zur internen Governance, EBA/GL/2017/11, 21. März 2018, S. 50.

29 Vgl. European Banking Authority, Guidelines on common procedures and methodologies for the supervisory review and evaluation process (SREP) and supervisory stress testing, EBA/GL/2014/13, Consolidated version, 19. Juli 2018, S. 65.

2.2 Geschäftsfortführungspläne

Die Geschäftsfortführungspläne müssen als Bestandteil des Notfallkonzeptes gewährleisten, dass 23
im Notfall zeitnah Ersatzlösungen zur Verfügung stehen. Hierzu gehören Maßnahmen, die bis zur
Wiederherstellung des Normalbetriebes die Handlungsfähigkeit des Institutes sicherstellen. In
Geschäftsfortführungsplänen können z. B. folgende Punkte geregelt werden:
- die Festlegung veränderter Arbeitsabläufe (z. B. manuelle Tätigkeiten statt IT-gestützter Ausführung, besondere Kommunikationswege im Notfall),
- die Festlegung des Ressourcenbedarfes im Notfall (z. B. externe oder interne Ausweichmöglichkeiten, Ersatzarbeitsplätze, Telekommunikation, Bürobedarf, Back-up-Rechencenter).

Die Geschäftsfortführungspläne müssen gewährleisten, dass die Ersatzlösungen zeitnah zur 24
Verfügung stehen, also so schnell wie nötig. Unnötige Verzögerungen könnten die erfolgreiche
Geschäftsfortführung erheblich gefährden.

2.3 Wiederanlaufpläne

Nachdem der Notfall auf der Basis verschiedener Ersatzlösungen bewältigt wurde, drängt sich die 25
Frage nach der Rückkehr zum Normalbetrieb auf. Dafür sind Wiederanlaufpläne zu entwickeln,
die innerhalb eines angemessenen Zeitraumes die Rückkehr zum Normalbetrieb ermöglichen
sollen. In Wiederanlaufplänen sind z. B. die Möglichkeiten zur Wiederbeschaffung ausgefallener
IT-Systeme sowie die Reihenfolge des Wiederanlaufes darzustellen. Da die Rückkehr zum Normalbetrieb ggf. ein schwieriges Unterfangen ist, besteht hierfür ein größerer zeitlicher Spielraum. Sie
muss weder »unverzüglich« noch »zeitnah«, sondern »in einem angemessenen Zeitraum« abgeschlossen sein.

2.4 Kommunikation

Kommunikation ist bei jedem Notfall die kritische Komponente. Soweit in diesem Zusammenhang 26
keine klaren Regelungen im Notfallkonzept getroffen werden, kann das gesamte Konzept ggf. ins
Leere laufen (z. B. weil die Ansprechpartner für den Notfall nicht bekannt sind). Die im Notfall
verantwortlichen Mitarbeiter oder Institutionen müssen daher allen Beteiligten bekannt sein.

Nach den Vorstellungen des BSI kann das Erstellen eines Krisenstabsleitfadens als Hilfestellung 27
für die strategische Entscheidungsfindung und eines darauf abgestimmten Krisenkommunikationsplanes sinnvoll sein. Der Krisenkommunikationsplan enthält die Informationen über die Art
und Wege der Kommunikation mit den Medien aber auch mit anderen Interessengruppen,
Kriterien wann und unter welchen Bedingungen kommuniziert wird und die Kommunikationsstrategie. Jeder Plan sollte u. a. die Informationen enthalten, durch wen, unter welchen Bedingungen und wie er aktiviert wird, wie die Kommunikationslinien für diesen Bereich sind und was
genau die Aufgaben und Arbeitsschritte zur Bewältigung des Notfalls sind. Insgesamt sollte aus
den Plänen die Rollenspezifikationen für die Notfallbewältigung mit Aufgaben, Rechten und
Pflichten, die Kontaktadressen aller Mitarbeiter mit spezifischen Aufgaben in der Notfallbewältigung und von externen Kontaktpersonen (wie Kooperationspartner, Dienstleister, Hilfsorganisationen oder Aufsichtsbehörden) sowie die Kriterien für die Deeskalation des Notfalls und die

Beschreibung der notwendigen Arbeitsschritte klar hervorgehen. Alle Dokumente müssen verständlich aufbereitet und für jene Personen zugänglich sein, die diese für ihre Aufgaben in der Notfallbewältigung benötigen.[30]

2.5 IKT-Verfügbarkeits- und Kontinuitätsrisiken im SREP

28 Die zuständigen Behörden sollten im Rahmen des SREP bewerten, ob das Institut über einen geeigneten Rahmen für die Ermittlung, das Verständnis, die Messung und die Minderung der IKT-Verfügbarkeits- und Kontinuitätsrisiken verfügt. Dabei sollten sie insbesondere berücksichtigen, ob auf dieser Basis die kritischen IKT-Prozesse und die unterstützenden IKT-Systeme als Teil der Notfall- und Kontinuitätspläne ermittelt werden. Die EBA hält dafür eine umfassende Analyse der Abhängigkeiten zwischen den kritischen Geschäftsprozessen und den Unterstützungssystemen, die Bestimmung der Kontinuitätsziele für die unterstützenden IKT-Systeme[31] sowie eine angemessene Notfallplanung für erforderlich, um die Verfügbarkeit, Fortführung und Kontinuität kritischer IKT-Systeme und -Dienste zu ermöglichen und Störungen der Geschäftsaktivitäten in vertretbaren Grenzen zu halten. Geprüft werden soll zudem, ob das Institut über Richtlinien und Standards in Bezug auf Notfallpläne, die Kontrollumgebung für eine Kontinuität und operationelle Kontrollen verfügt, die u. a. Maßnahmen enthalten, um zu vermeiden, dass ein einzelnes Szenario, ein Ereignis oder eine Katastrophe Auswirkungen auf die IKT-Produktions- und -Kontinuitätssysteme haben könnte. Außerdem sollen die IKT-System-Backup- und -Kontinuitätsverfahren für kritische Software und Daten sicherstellen, dass diese Backups an einem sicheren und ausreichend entfernt gelegenen Ort gespeichert werden, so dass ein Ereignis oder eine Katastrophe diese kritischen Daten nicht zerstören oder beschädigen können. Gefordert werden zudem Überwachungslösungen zur zeitgerechten Aufdeckung von IKT-Verfügbarkeits- oder Geschäftsfortführungsereignissen, ein dokumentierter Ereignismanagement- und -eskalationsprozess, der Orientierungshilfen für die verschiedenen Rollen und Verantwortlichkeiten, die Mitglieder des bzw. der Krisenausschüsse und die Befehlskette in Notfällen vorgibt, physische Maßnahmen, um die kritische IKT-Infrastruktur des Institutes (z. B. Rechenzentren) vor Umweltrisiken (z. B. Überschwemmungen und anderen Naturkatastrophen) zu schützen und eine angemessene Betriebsumgebung für IKT-Systeme (z. B. Klimaanlage) sicherzustellen. Daneben nennt die EBA Prozesse, Rollen und Verantwortlichkeiten, um sicherzustellen, dass auch ausgelagerte IKT-Systeme und -Dienste von angemessenen Notfall- und Geschäftsfortführungslösungen und -plänen abgedeckt werden, IKT-Leistungs-, Kapazitätsplanungs- und Überwachungslösungen für kritische IKT-Systeme und -Dienste mit festgelegten Verfügbarkeitsanforderungen, um rechtzeitig wichtige Leistungs- und Kapazitätseinschränkungen zu ermitteln sowie ggf. Lösungen zum Schutz kritischer Internetaktivitäten oder -dienste (z. B. E-Banking-Dienste) gegen die Verweigerung einer Dienstleistung (»Denial of Service«) und andere Cyber-Angriffe aus dem Internet, die darauf abzielen, den Zugriff zu diesen Aktivitäten und Diensten zu verhindern oder zu stören. Schließlich sollen die IKT-Verfügbarkeits- und Kontinuitätslösungen mit Blick auf eine Reihe realistischer Szenarien geprüft werden, darunter Cyber-Angriffe, Ausfallsicherheitstests (»Failover Tests«) und Backup-Tests für kritische Software und Daten, die geplant, formalisiert und dokumentiert sind, und deren

---

30 Vgl. Bundesamt für Sicherheit und Informationstechnik, IT-Grundschutz-Kataloge, Maßnahmenkatalog Notfallvorsorge, 13. Ergänzungslieferung, Bonn, 10. September 2013, Abschnitt M 6.114.

31 Die EBA nennt in diesem Zusammenhang insbesondere die maximale Zeitspanne, innerhalb derer ein System oder ein Prozess nach einem Ereignis wiederhergestellt werden muss (»Recovery Time Objective«, RTO) und die maximale Zeitspanne, innerhalb derer Daten im Falle eines Ereignisses verloren gehen können (»Recovery Point Objective«, RPO). Vgl. European Banking Authority, Leitlinien für die IKT-Risikobewertung im Rahmen des aufsichtlichen Überprüfungs- und Bewertungsprozesses (SREP), EBA/GL/2017/05, 11. September 2017, S. 19.

Testergebnisse zur Stärkung der Wirksamkeit der IKT-Verfügbarkeits- und Kontinuitätslösungen genutzt werden. Dabei sollen die betroffenen internen und externen Stakeholder und Funktionen einbezogen werden, wie das Geschäftsbereichsmanagement einschließlich der Geschäftskontinuitäts-, Ereignis- und Krisenreaktionsteams. Zudem muss die Geschäftsleitung als Teil der Krisenmanagementteams entsprechend beteiligt und über die Testergebnisse informiert werden.[32]

---

32 Vgl. European Banking Authority, Leitlinien für die IKT-Risikobewertung im Rahmen des aufsichtlichen Überprüfungs- und Bewertungsprozesses (SREP), EBA/GL/2017/05, 11. September 2017, S. 18 ff.

AT 8 Anpassungsprozesse

1 Aufgrund des technologischen Fortschrittes sowie umfangreicher Marktliberalisierungen sind die Finanzmärkte heutzutage dynamischer und vernetzter als je zuvor. Private und institutionelle Nachfrager von Finanzdienstleistungen haben auf der einen Seite ständig Bedarf an neuen Produkten. Banken und Finanzdienstleister entwickeln auf der anderen Seite immer neue Produkte, die spezifische Wünsche der Nachfrager befriedigen. Insgesamt ist durch diese Entwicklung die Produktvielfalt auf den Finanzmärkten erheblich vergrößert worden. So hat sich allein das Nominalvolumen auf den OTC-Derivatemärkten innerhalb von acht Jahren zwischen Ende Juni 1999 und Ende Juni 2007 weltweit mehr als versechsfacht. Basiswerte sind dabei neben Zinsen, Fremdwährungen und Aktien auch Rohstoffe und Kredite.[1]

2 Die neuen Entwicklungen stellen hohe Anforderungen an das Risikomanagement der Institute, wie sich zuletzt in der Finanzmarktkrise gezeigt hat (→ AT 4.3.3 Tz. 3). An neue Geschäftsaktivitäten sind nicht selten vollkommen neue Risikodimensionen geknüpft. Definitorisch im weiteren Sinne zu den operationellen Risiken zählende Rechtsrisiken sind vor allem dann zu erwarten, wenn bei komplex strukturierten Produkten individuelle Vertragsvereinbarungen getroffen werden. Im Zusammenhang mit grenzüberschreitenden Aktivitäten ist ferner die im Ausland anzutreffende Rechtslage zu beachten. Abschlüsse mit neuen Geschäftspartnern oder neuen Branchen stellen darüber hinaus neue Anforderungen an die Instrumente zur Beurteilung von Adressenausfallrisiken. Liquiditätsrisiken können das Ergebnis der Marktenge bestimmter Produkte sein (z. B. OTC-Produkte, Kreditderivate oder Verbriefungen). Das betrifft auch Bewertungsrisiken. Schließlich können sich aus neuen Produkten oder Aktivitäten auf neuen Märkten vielfältige operationelle Risiken im engeren Sinne ergeben (z. B. im Hinblick auf die IT-Strukturen).

3 Angesichts dessen müssen Banken und Finanzdienstleister die Risiken, die sich aus neuen Produkten ergeben, einschätzen können.[2] Hierzu sind angemessene Verfahren einzurichten, mit deren Hilfe diese Risiken beherrscht werden können. Fehlende Marktkenntnisse oder Marktdaten,

---

1 Vgl. Bank for International Settlements, Monetary and Economic Department, Triennial and semiannual surveys on positions in global over-the-counter (OTC) derivatives markets at end-June 2007, November 2007, S. 14; Bank for International Settlements, The global OTC derivatives market continues to grow, Press release, 13. November 2000, S. 3.

2 Vgl. Basel Committee on Banking Supervision, Risk Management Guidelines for Derivatives, Juli 1994, S. 4 f.; Basel Committee on Banking Supervision, Principles for the Management of Credit Risk, BCBS 75, 27. September 2000, S. 7 f.

unzureichend ausgebildete Mitarbeiter, mangelhafte Risikomanagementinstrumente oder der enorme Zeitdruck, der sich aus der Notwendigkeit einer immer schnelleren Bereitstellung von Produkten ergibt, können dazu führen, dass sich der erhoffte Vorteil einer Produkteinführung in sein Gegenteil verkehrt. Institutsinterne Verfahren, die auf einen sachgerechten Umgang mit neuartigen Aktivitäten abzielen, sind vor diesem Hintergrund von erheblicher Bedeutung für das Institut, da sie einen wichtigen Beitrag zur Transformation von Unsicherheiten in abwägbare Risiken leisten.[3]

Bereits die MaH und die MaK enthielten daher Anforderungen, die bei Aktivitäten in neuen **4** Produkten oder auf neuen Märkten zu beachten waren.[4] Diese Anforderungen sind in modifizierter Form auch Gegenstand der MaRisk.

Mit der dritten MaRisk-Novelle wurden Anforderungen an »Fusionen und Übernahmen« ergänzt **5** und zunächst in das Modul zum Neu-Produkt-Prozess integriert. Bereits bei der Ausarbeitung dieser neuen Anforderungen wurde deutlich, dass sich die Entscheidungsprozesse bei Fusionen und Übernahmen von denen im Neu-Produkt-Prozess unterscheiden. Mit der vierten MaRisk-Novelle war zunächst geplant, weitere Anforderungen zu »Änderungen betrieblicher Prozesse oder Strukturen« ebenfalls im Rahmen des Neu-Produkt-Prozesses abzuhandeln. Die Deutsche Kreditwirtschaft hat auf diese Inkonsistenzen hingewiesen und vorgeschlagen, für das Modul insgesamt die Überschrift »Anpassungsprozesse« zu verwenden und zusätzlich eine Untergliederung in die drei Teilmodule »Neu-Produkt-Prozess« (→ AT 8.1), »Änderungen betrieblicher Prozesse oder Strukturen« (→ AT 8.2) sowie »Übernahmen oder Fusionen« (→ AT 8.3) vorzunehmen. Damit sollte besser verdeutlicht werden, dass es sich jeweils um unterschiedliche Prozesse handelt.[5] Diesem Vorschlag ist die BaFin gefolgt. Im Zuge der fünften MaRisk-Novelle wurde das Teilmodul Neu-Produkt-Prozess um weitere Anforderungen ergänzt. Die Institute müssen nunmehr explizit einen Katalog der Produkte und Märkte vorhalten, die Gegenstand ihrer Geschäftsaktivitäten sein sollen, und in einem angemessenen Turnus überprüfen, ob die Produkte noch verwendet werden (→ AT 8.1 Tz. 1). Darüber hinaus soll bei einem wiederholten Auftreten von Mängeln der Neu-Produkt-Prozess an sich überprüft werden (→ AT 8.1 Tz. 8).

Die Anforderungen des Moduls 8 im Hinblick auf die Anpassungsprozesse in den Instituten **6** entsprechen den europäischen und internationalen Vorgaben. Auch nach den Vorstellungen der EBA sollten die Institute über einen Neu-Produkt-Prozess verfügen, der sich mit der Entwicklung und den wesentlichen Änderungen neuer Märkte, Produkte und Dienstleistungen sowie mit der Durchführung außergewöhnlicher Transaktionen befasst. Wesentliche Änderungen oder die Durchführung von außergewöhnlichen Transaktionen beinhalten Fusionen und Übernahmen, die Gründung oder den Verkauf von Tochterunternehmen oder Zweckgesellschaften, Änderungen an Systemen oder am Rahmenwerk oder den Verfahren für das Risikomanagement sowie Änderungen an der Organisation des Institutes.[6] Vergleichbare Vorgaben für Anpassungsprozesse hat auch der Baseler Ausschuss für Bankenaufsicht auf der internationalen Ebene formuliert.[7]

---

3 Vgl. Dauber, Markus/Pfeifer, Guido/Ullrich, Walter/Eberl, Holger, Allgemeine Anforderungen der MaRisk, in: Pfeifer, Guido/Ullrich, Walter/Wimmer, Konrad (Hrsg.), MaRisk-Umsetzungsleitfaden, Heidelberg, 2006, S. 136.

4 Vgl. Bundesanstalt für Finanzdienstleistungsaufsicht, Mindestanforderungen an das Kreditgeschäft der Kreditinstitute (MaK), Rundschreiben 34/2002 (BA) vom 20. Dezember 2002, Abschnitt 3.5; Bundesaufsichtsamt für das Kreditwesen, Mindestanforderungen an das Betreiben von Handelsgeschäften der Kreditinstitute (MaH), Verlautbarung vom 23. Oktober 1995, Abschnitt 2.3.

5 Vgl. Deutsche Kreditwirtschaft, Stellungnahme zum Konsultationspapier 01/2012 der Bundesanstalt für Finanzdienstleistungsaufsicht (BaFin) – »Überarbeitung der MaRisk«, 5. Juni 2012, S. 13.

6 Vgl. European Banking Authority, Leitlinien zur internen Governance, EBA/GL/2017/11, 21. März 2018, S. 39 f. Die EBA bezieht sich dabei auf die gemeinsamen Leitlinien der ehemaligen drei Level-3-Ausschüsse der European Financial Supervisors (CEBS, CESR und CEIOPS) aus dem Jahr 2008 über die aufsichtsrechtliche Beurteilung von Akquisitionen und die Zunahme von Beteiligungen im Finanzsektor. Vgl. Committee of European Banking Supervisors/Committee of European Securities Regulators/Committee of European Insurance and Occupational Pensions Supervisors, Guidelines for the prudential assessment of acquisitions and increases in holdings in the financial sector required by Directive 2007/44/EC, 18. Dezember 2008.

7 Vgl. Basel Committee on Banking Supervision, Guidelines – Corporate governance principles for banks, BCBS d328, 8. Juli 2015, S. 28 f.

AT8.1 Neu-Produkt-Prozess

1 Konzept zur Aufnahme neuer Geschäftsaktivitäten (Tz. 1)

1

1 Jedes Institut muss die von ihm betriebenen Geschäftsaktivitäten verstehen. Für die Aufnahme von Geschäftsaktivitäten in neuen Produkten oder auf neuen Märkten (einschließlich neuer Vertriebswege) ist vorab ein Konzept auszuarbeiten. Grundlage des Konzeptes müssen das Ergebnis der Analyse des Risikogehalts dieser neuen Geschäftsaktivitäten sowie deren Auswirkungen auf das Gesamtrisikoprofil sein. In dem Konzept sind die sich daraus ergebenden wesentlichen Konsequenzen für das Management der Risiken darzustellen.

1.1 Verständnis von den betriebenen Geschäftsaktivitäten

2 Diverse Probleme während der Finanzmarktkrise waren darauf zurückzuführen, dass bestimmte Geschäftsaktivitäten und insbesondere die damit verbundenen Risiken nicht von allen Marktteilnehmern vollständig verstanden wurden. So wurde u.a. von einigen Instituten in großem Stil in strukturierte Produkte investiert, da diese von den maßgeblichen Agenturen lange Zeit mit ausgezeichneten Ratings bedacht wurden. Der Herdentrieb in Verbindung mit den hohen Renditeerwartungen der Eigentümer verleitete dazu, den damaligen Mechanismen des Marktes blind zu vertrauen. Nur wenigen Instituten mit den entsprechenden Marktkenntnissen gelang es, sich rechtzeitig vor dem Crash von einigen dieser Produkte zu trennen und auf diese Weise Schadensbegrenzung zu betreiben.

3 Eigentlich sollte es eine Selbstverständlichkeit sein, dass jedes Institut die von ihm betriebenen Geschäftsaktivitäten auch wirklich versteht (»Know-your-business«). Die durchgängige Beachtung dieses Prinzips durch die Institute wird an dieser Stelle von der Aufsicht besonders betont. Der Baseler Ausschuss für Bankenaufsicht hat für Institute mit komplexen bzw. unübersichtlichen Strukturen vor diesem Hintergrund die Prinzipien »Know-your-structure« und »Understand-your-structure« formuliert.[1] Auch nach den Vorgaben der EBA sollte das Leitungsorgan die rechtliche, organisatorische und operative Struktur des Institutes genau kennen und verstehen sowie dafür Sorge tragen, dass diese der Geschäfts- und Risikostrategie sowie dem Risikoappetit des Institutes entsprechen. Darüber hinaus sollten es die Institute vermeiden, komplexe und möglicherweise intransparente Strukturen einzurichten.[2] In ähnlicher Weise müssen die Institute bereits im Zusammenhang mit anderen Regelungsbereichen (z.B. Compliance, Geldwäsche, Terrorismusbekämpfung) prüfen, wer ihre Geschäftspartner sind und woher deren Finanzen stammen (»Know-your-customer«).

4 In dem durch das CRD IV-Umsetzungsgesetz eingefügten § 25c Abs. 3 Nr. 4 KWG wird ausdrücklich darauf hingewiesen, dass die Geschäftsleiter im Rahmen ihrer Gesamtverantwortung für die ordnungsgemäße Geschäftsorganisation für eine angemessene und transparente Unternehmensstruktur sorgen müssen, die sich insbesondere an den Strategien des Unternehmens ausrichtet und der für ein wirksames Risikomanagement erforderlichen Transparenz der Geschäftsaktivitäten des Institutes Rechnung trägt. Die Geschäftsleiter müssen die hierfür erforderliche Kenntnis über die Unternehmensstruktur und die damit verbundenen Risiken besitzen. Für die Geschäftsleiter eines übergeordneten Unternehmens bezieht sich diese Verpflichtung auch auf die Gruppe gemäß § 25a Abs. 3 KWG.

---

1 Vgl. Basel Committee on Banking Supervision, Guidelines – Corporate governance principles for banks, BCBS d328, 8. Juli 2015, S. 22.

2 Vgl. European Banking Authority, Leitlinien zur internen Governance, EBA/GL/2017/11, 21. März 2018, S. 20 ff.

1.2 Prozessschritte

Für die Aufnahme von Geschäftsaktivitäten in neuen Produkten oder auf neuen Märkten ein- **5**
schließlich neuer Vertriebswege ist zunächst ein Konzept auszuarbeiten. Dieses Konzept umfasst
grundsätzlich zwei Prozessschritte, die gewisse Abstufungen zulassen:
- Liegt ein neues Produkt vor oder wird das Institut auf einem neuen Markt tätig (→ AT 8.1 Tz. 3),
  so sind zunächst die Risiken, die mit diesem Produkt oder Markt verbunden sein können,
  sowie deren Auswirkungen auf das Gesamtrisikoprofil im Rahmen einer Risikoanalyse zu
  ermitteln.
- Auf Basis der Risikoanalyse ist daran anschließend zu beurteilen, welche wesentlichen Konsequenzen sich daraus für das Management der Risiken ergeben.

Aus diesen Prozessschritten können verschiedene Gestaltungsalternativen für den Neu-Produkt- **6**
Prozess abgeleitet werden, die im Anschluss noch dargestellt werden. Bei Handelsgeschäften ist
darüber hinaus grundsätzlich eine Testphase durchzuführen (→ AT 8.1 Tz. 4).

Das Institut sollte zudem in einem möglichst frühen Stadium des Neu-Produkt-Prozesses prüfen, **7**
ob die beabsichtigten Geschäftsaktivitäten in neuen Produkten oder auf neuen Märkten einschließlich neuer Vertriebswege mit der Geschäfts- und Risikostrategie sowie dem festgelegten Risikoappetit des Institutes vereinbar sind (→ AT 4.2). Denkbar ist beispielsweise, dass die Strategien Limitierungen für bestimmte Sektoren oder Branchen enthalten oder bestimmte Regionen ausschließen.[3]

Im Unterschied zu den MaH und MaK bezieht sich das Modul AT 8.1 auf alle Aktivitäten in neuen **8**
Produkten oder auf neuen Märkten. Das Institut hat daher nicht nur bei neuartigen Kredit- oder
Handelsgeschäften die Anforderungen zu beachten, sondern – soweit dies unter Risikogesichts-
punkten erforderlich sein sollte – z. B. auch bei Passivprodukten und ggf. bei Dienstleistungs-
geschäften. Diese Ausweitung ist sachgerecht, da für die Anforderungen an einen Neu-Produkt-
Prozess allein auf den Risikogehalt und nicht auf die Produktart abgestellt werden sollte. Sie
entspricht auch den internationalen und europäischen Vorgaben, die insoweit ebenfalls keine
Einschränkungen enthalten.[4]

1.3 Risikoanalyse

Die Analyse des Risikogehaltes neuer Produkte oder Märkte soll die wesentlichen Risikotreiber **9**
berücksichtigen. Dazu gehören zum einen Risiken, die sich direkt auf das Produkt beziehen.
Hierzu zählen z. B. das Rechtsrisiko einer komplexen Vertragsgestaltung, die Auswirkung bestimmter Nebenabreden auf die Risikosteuerungs- und -controllingprozesse sowie ggf. Liquiditäts-
und Marktpreisrisiken. Aber auch die durch den jeweiligen Markt oder Vertriebsweg begründeten
Risiken, wie z. B. das Risiko der fehlenden Erfahrung mit den Marktusancen, das Risiko aufgrund
einer anderen Rechtslage im Ausland, das Ausfallrisiko bei der Einbeziehung neuer Vertragspartner oder neuer Branchen, die Unsicherheiten über Wettbewerber oder die mangelnde Erfahrung mit dem neuen Vertriebspartner, sind ggf. zu analysieren. Nicht zuletzt sind auch die
internen Prozessabläufe (z. B. die Abwicklungsprozesse) und die technischen Möglichkeiten einer

---

3 Vgl. European Banking Authority, Leitlinien zur internen Governance, EBA/GL/2017/11, 21. März 2018, S. 39, wonach der
   Neu-Produkt-Prozess ausdrücklich sicherstellen soll, dass die Produkte und Änderungen mit der Risikostrategie und dem
   Risikoappetit des Institutes sowie den festgelegten Limiten in Einklang stehen.
4 Vgl. European Banking Authority, Leitlinien zur internen Governance, EBA/GL/2017/11, 21. März 2018, S. 39 f. und Basel
   Committee on Banking Supervision, Guidelines – Corporate governance principles for banks, BCBS d328, 8. Juli 2015,
   S. 28 f.

sachgerechten Produktabbildung (z. B. für Zwecke der Abwicklung, des Meldewesens oder der Rechnungslegung) auf Angemessenheit bzw. potenzielle Risiken und Störfaktoren zu prüfen. Soweit im Rahmen neuer Geschäftsaktivitäten unter Risikogesichtspunkten wesentliche Aktivitäten und Prozesse an ein anderes Unternehmen ausgelagert werden, ist dies in der Risikoanalyse ebenfalls zu berücksichtigen.[5] All diese verschiedenen Risikokomponenten können einzeln oder in der Summe wesentliche Auswirkungen auf das Gesamtrisikoprofil haben, denen sich das Institut vor Aufnahme der Geschäftstätigkeit bewusst sein muss.

1.4 Wesentliche Konsequenzen für das Risikomanagement

10 Das Konzept baut auf der Risikoanalyse auf. Soweit sich hieraus wesentliche Konsequenzen für das Management der Risiken ergeben, sind diese neben den Ergebnissen der Risikoanalyse im Konzept darzustellen. Dabei handelt es sich um ein Maßnahmenbündel, mit dessen Hilfe sichergestellt werden soll, dass das Institut das neue Produkt handhaben bzw. auf dem neuen Markt tätig werden kann. Abhängig von der Art des neuen Produktes oder Marktes sind z. B. folgende Maßnahmen erforderlich (→ AT 8.1 Tz. 1, Erläuterung):

- organisatorische Anpassungen (z. B. die Anpassungen der Organisation im Kredit- und Handelsgeschäft oder der Risikosteuerungs- und -controllingprozesse),
- personelle Anpassungen (z. B. die Durchführung von Weiterbildungsmaßnahmen bzw. die Umsetzung oder Neueinstellung von Mitarbeitern, die möglichst einschlägige Erfahrungen mit den neuen Produkten gesammelt haben),
- notwendige Anpassungen der IT-Systeme und der Methoden zur Beurteilung damit verbundener Risiken sowie
- die Klärung rechtlicher Aspekte, die mit der Einführung neuer Produkte oder der Tätigkeit auf neuen Märkten verbunden sind (z. B. bilanz- oder steuerrechtliche Aspekte).

11 Das Institut hat also zu überprüfen, ob und inwieweit es in der Lage ist, mit den neuartigen Aktivitäten umzugehen. Im Fall der Identifizierung von Schwachstellen sind geeignete Maßnahmen zu ergreifen, um diese vor der Geschäftsaufnahme zu beseitigen. Im Zusammenhang mit der Finanzmarktkrise wurde deutlich, dass einige Institute nicht in der Lage waren, die mit bestimmten Geschäften verbundenen Risiken angemessen zu beurteilen. Die Aufnahme von Geschäftsaktivitäten in neuen Produkten oder auf neuen Märkten hängt jedoch maßgeblich von der damit verbundenen Risikoanalyse ab. Sind also keine geeigneten Methoden zur Risikobeurteilung vorhanden, können die mit den neuen Geschäftsaktivitäten verbundenen Risiken nicht eingeschätzt werden. Folglich wird eine wesentliche Voraussetzung zur Aufnahme neuer Geschäftsaktivitäten nicht erfüllt.

12 Das Konzept und anschließend die Aufnahme der laufenden Geschäftstätigkeit sind grundsätzlich von den zuständigen Geschäftsleitern unter Einbeziehung des für das Risikocontrolling verantwortlichen Geschäftsleiters zu genehmigen. Die Genehmigung kann auf der Grundlage klarer Vorgaben delegiert werden, z. B. auf ein internes Gremium (NPP-Arbeitsgremium etc.). Die Geschäftsleitung ist zeitnah über die Entscheidungen zu informieren (→ AT 8.1 Tz. 6).

---

5   Vgl. European Banking Authority, Leitlinien zur internen Governance, EBA/GL/2017/11, 21. März 2018, S. 39. Das Institut hat in diesem Fall im Rahmen des Neu-Produkt-Prozesses die Anforderungen nach § 25b KWG i. V. m. AT 9 MaRisk zu prüfen (→ AT 9).

1.5   Prozessalternativen

In den MaRisk wird kein Einheitsprozess gefordert, der schablonenhaft bei jeder neuartigen   **13**
Aktivität zu durchlaufen ist. Es bestehen vielmehr Gestaltungsspielräume für alternative Vorgehensweisen. Maßgeblich für die jeweilige Ausgestaltung des Neu-Produkt-Prozesses sind dabei
vor allem der Grad der Neuartigkeit und die Bedeutung der Aktivitäten für das Institut. Grundsätzlich sind folgende Varianten denkbar:

–   Der Neu-Produkt-Prozess entfällt weitgehend, da nach Einschätzung der in die Arbeitsabläufe
    eingebundenen Organisationseinheiten die neuartigen Aktivitäten im Institut bereits sachge-
    recht gehandhabt werden können. In diesen Fällen sind die Ausarbeitung eines Konzeptes und
    die Durchführung einer Testphase nicht erforderlich (→ AT 8.1 Tz. 7). Gleichwohl hat das
    Institut die neuen Produkte oder Märkte beispielsweise in den Produktkatalog aufzunehmen
    (→ AT 8.1 Tz. 2).
–   Das Institut identifiziert unter Beteiligung eines vom Markt bzw. vom Handel unabhängigen
    Bereiches (→ AT 8.1 Tz. 3) neuartige Aktivitäten. Im Rahmen der Erstellung des Konzeptes
    kommt das Institut auf der Grundlage der Risikoanalyse anschließend zum Ergebnis, dass sich
    aus den neuartigen Aktivitäten keine wesentlichen Konsequenzen ergeben. In diesem Fall
    kann der Neu-Produkt-Prozess verkürzt durchlaufen werden (»NPP-Light«). Auf diese Weise
    lässt sich die Prozessdauer evtl. deutlich verkürzen. Alternativ ist ggf. auch eine generelle
    Freigabe von Produktvarianten denkbar, sofern sich die Abweichungen zur betrachteten
    Produktausgestaltung in einem von den beteiligten Bereichen zuvor definierten, engen Rah-
    men bewegen.
–   Ergeben sich auf der Basis der Risikoanalyse Hinweise auf wesentliche Konsequenzen, ist der
    vollständige Neu-Produkt-Prozess durchzuführen. Neben dem Ergebnis der Risikoanalyse
    sind auch die sich daraus ergebenden Konsequenzen im Konzept darzustellen. Gegebenenfalls
    sind bei komplexen Produktstrukturen besonders umfangreiche Schritte einzuleiten. So kön-
    nen neben neu zu integrierenden Prozessen z. B. auch neue Bewertungsmodelle oder IT-An-
    passungen erforderlich sein, die mit einer umfangreichen Testphase oder einer verlängerten
    Laufzeit des gesamten Prozesses verbunden sind.

Grundsätzlich lässt sich zusammenfassen, dass vor allem in Abhängigkeit vom Grad der Neuartig-   **14**
keit sowie der Bedeutung der Aktivitäten für das Institut – und damit letztendlich auch vom
Umfang der erforderlichen Anpassungen – sehr verschiedene Gestaltungsformen für einen Neu-
Produkt-Prozess denkbar sind.

In der Praxis findet auch der so genannte »Fast-Track-NPP« bzw. »Ad-hoc-NPP« Verwendung,   **15**
bei dem es – ohne Vernachlässigung von Risikoaspekten – ganz besonders auf die Schnelligkeit der
Produkteinführung ankommt.[6] Das kann z. B. bei Einmalgeschäften der Fall sein. Eine weitere
Beschleunigung des ohnehin schon von der Schnelligkeit abhängigen Neu-Produkt-Prozesses
kann z. B. durch eine höhere Priorisierung, die Vorgabe kürzerer Bearbeitungsfristen oder die
Bereitstellung von zusätzlichen Kapazitäten erreicht werden. Insofern ist der »Fast-Track-NPP«
bzw. »Ad-hoc-NPP« ein Spezialfall des »NPP-Light«.

---

6   Vgl. Erfahrungsaustausch öffentlicher, privater und genossenschaftlicher Banken zum »Neu-Produkt-Prozess« am 13. Juli
    2007 in Hamburg.

2 Erstellung und Überprüfung des Produktkataloges (Tz. 2)

16 **2** Das Institut hat einen Katalog jener Produkte und Märkte vorzuhalten, die Gegenstand der Geschäftsaktivitäten sein sollen. In einem angemessenen Turnus ist zu überprüfen, ob die Produkte noch verwendet werden. Produkte, die über einen längeren Zeitraum nicht mehr Gegenstand der Geschäftstätigkeit waren, sind zu kennzeichnen. Der Abbau von Positionen ist davon unberührt. Das Auslaufen oder die Bestandsführung von Positionen begründet keine Produktverwendung. Vor der Wiederaufnahme der Geschäftstätigkeit in gekennzeichneten Produkten ist die Bestätigung der in die Arbeitsabläufe eingebundenen Organisationseinheiten über das Fortbestehen der beim letztmaligen Geschäftsabschluss vorherrschenden Geschäftsprozesse einzuholen. Bei Veränderungen ist zu prüfen, ob der Neu-Produkt-Prozess erneut zu durchlaufen ist.

2.1 Produktkatalog bzw. Produkte-/Märkte-Katalog

17 Die Institute haben vor der Aufnahme von Geschäftstätigkeiten in neuen Produkten, auf neuen Märkten oder mittels neuer Vertriebswege einen Neu-Produkt-Prozess durchzuführen. Die MaRisk enthalten keine Definitionen der Begriffe »neues Produkt« oder »neuer Markt«, da sich die Neuartigkeit nicht auf das Produkt oder den Markt an sich bezieht, sondern institutsindividuell festzulegen ist. In der Praxis bereitet die Definition eines neuen Produktes oder Marktes sowie die Abgrenzung neuer Produkte von Produktvariationen daher teilweise erhebliche Schwierigkeiten. Inwieweit z. B. bei zusammengesetzten Produkten (»Compound Instruments«), die aus mehreren Standard-Komponenten bestehen, die Initiierung eines Neu-Produkt-Prozesses notwendig erscheint, ist nicht leicht zu beurteilen. Erschwerend kommt hinzu, dass bei der Beantwortung der Frage, ob es sich für das Institut um ein neues Produkt oder einen neuen Markt handelt, die Interessen von Markt und Handel einerseits und den nachgelagerten Bereichen andererseits auseinanderlaufen können. Die Vertriebsbereiche werden regelmäßig ein hohes Interesse an einer schnellen Einführung von Produkten bzw. Produktvariationen haben. Die nachgelagerten Bereiche wiederum werden daran interessiert sein, dass alle Produkte und Märkte im Rahmen der vorhandenen Prozessabläufe und bestehenden technischen Ausstattung adäquat abgebildet werden können.

18 Seit der fünften MaRisk-Novelle haben die Institute explizit einen Katalog der Produkte und Märkte vorzuhalten, die Gegenstand der Geschäftsaktivitäten sein sollen. In diesem »Produktkatalog«, der auch unter der Bezeichnung »Produkte-/Märkte-Katalog« bekannt ist, sind die vom Institut bereits eingeführten Produkte bzw. bekannten Märkte aufgelistet.[7] Soweit bestimmte Produkte oder Märkte noch nicht in diesem Katalog aufgeführt sind, ist die Einleitung des Neu-Produkt-Prozesses grundsätzlich erforderlich. In der Praxis werden darüber hinaus teilweise auch Negativlisten geführt, die bestimmte Aktivitäten von vornherein ausschließen und entspre-

---

7 Im Kommentar wird im Weiteren aus Vereinfachungsgründen stets vom »Produktkatalog« gesprochen, obwohl eigentlich die Bezeichnung »Produkte-/Märkte-Katalog« die Anforderung des Moduls AT 8.1 Tz. 2 genauer wiedergibt. In Analogie dazu betrifft auch der »Neu-Produkt-Prozess« nicht nur neue Produkte, sondern ebenso Geschäftsaktivitäten auf neuen Märkten.

chend zu beachten sind.[8] Kommt das Institut nach Prüfung des Produktkataloges und ggf. der Negativlisten zu dem Ergebnis, dass es sich um ein neues Produkt oder einen neuen Markt handelt, sind für die weitere Ausgestaltung des Neu-Produkt-Prozesses der Grad der Neuartigkeit und die Bedeutung der Aktivitäten für das Institut maßgeblich. Mögliche Prozessalternativen sind die Durchführung eines vollständigen Neu-Produkt-Prozesses oder eines NPP-Light (→ AT 8.1 Tz. 1). Gegebenenfalls kann der Neu-Produkt-Prozess auch weitgehend entfallen, soweit nach Einschätzung der in die Arbeitsabläufe eingebundenen Organisationseinheiten die neuartigen Aktivitäten im Institut bereits sachgerecht gehandhabt werden können (→ AT 8.1 Tz. 7).

19 Produktkataloge können zentral für die gesamte Bank oder dezentral für einzelne Filialen oder Organisationseinheiten existieren. Bei einer abteilungs- oder lokalitätsspezifischen Produktevidenz besteht häufig das Problem, dass im Institut diverse unterschiedliche Bezeichnungen für dasselbe Produkt existieren. Dadurch wird der Arbeitsaufwand in den beteiligten Bereichen im Rahmen des Neu-Produkt-Prozesses unnötig erhöht. Vor diesem Hintergrund und aufgrund des Wortlauts der Anforderung (»Vorhalten eines Kataloges«) sollte im Institut grundsätzlich ein zentraler Produktkatalog vorhanden sein, bei dem es sich auch um ein Rahmendokument handeln kann. Die Institute, die bisher lediglich über dezentrale Produktkataloge verfügen, sollten diese daher in einem zentralen Produktkatalog zusammenführen. Der zentrale Produktkatalog kann bei Bedarf auch in Unter-Produktkataloge gegliedert werden oder aus verschiedenen, miteinander verlinkten Dokumenten bestehen. Dies kann insbesondere sinnvoll sein, wenn der Produktkatalog sehr komplex strukturiert ist, d. h. eine sehr feine Produktdifferenzierung erfolgt. Im Hinblick auf die Märkte, auf denen ein Institut tätig ist, wird in der Praxis zudem auf die Darstellung in der Geschäftsstrategie zurückgegriffen.[9] In Einzelfällen dürfte es auch vertretbar sein, dass in einem Institut mehrere Produktkataloge existieren, z. B. Produktkataloge für die inländische Hauptniederlassung des Institutes und für rechtlich unselbständige Zweigniederlassungen im Ausland.

2.2   Ausgestaltung des Produktkataloges

20 Für die konkrete inhaltliche Ausgestaltung des Produktkataloges gilt das Prinzip der Proportionalität. Naturgemäß werden die Produktkataloge kleinerer Institute mit überschaubaren und regional ausgerichteten Geschäftsaktivitäten anders ausgestaltet sein, als jene von international aktiven Großbanken. Der Produktkatalog hat grundsätzlich alle Produkte und Märkte einschließlich der Vertriebswege zu enthalten, die Gegenstand der Geschäftsaktivitäten des Institutes sind. In den Katalog aufzunehmen sind auch neue Produkte und neue Märkte, für die nach Einschätzung der in die Arbeitsabläufe eingebundenen Organisationseinheiten die Ausarbeitung eines Konzeptes und die Durchführung einer Testphase nicht erforderlich ist (→ AT 8.1 Tz. 7). Art und Tiefe der Produktdifferenzierung im Katalog hängen vor allem davon ab, welche Kriterien dabei eine Rolle spielen. Neben der reinen Risikobetrachtung können z. B. auch bilanzielle oder meldetechnische Auswirkungen von Bedeutung sein. Denkbar ist ebenso, dass verschiedene Produkte zu Produktgruppen zusammengefasst werden. Auch der Umgang mit Produktvarianten kann auf unterschiedliche Weise erfolgen. So können die verschiedenen Ausprägungen z. B. anstelle einer Produktdifferenzierung in Form einer Karteikarte oder Ähnlichem im Produktkatalog vermerkt werden. Werden möglichst viele Ausprägungen eines Produktes in einem einzigen Neu-Produkt-

---

8 Vgl. Deutscher Sparkassen- und Giroverband, Mindestanforderungen an das Risikomanagement – Interpretationsleitfaden, Version 6, 6. April 2018, S. 220.

9 Vgl. Herzog, Margaretha, Die Prüfung der Produkteinführung im Kreditgeschäft gemäß den Mindestanforderungen an das Kreditgeschäft der Kreditinstitute, in: Becker, Axel/Wolf, Martin (Hrsg.), Prüfungen in Kreditinstituten und Finanzdienstleistungsunternehmen, Stuttgart, 2005, S. 612.

Prozess berücksichtigt, so gelten mit seinem Abschluss sämtliche damit abgebildeten Produktvarianten als eingeführt. Sofern sich mit einer speziellen Ausprägung Probleme ergeben, kann ein Splitten in zwei Produkte mit und ohne diese Ausprägung erfolgen. Auf diese Weise kann die Anzahl der erforderlichen Prozesse ggf. immer noch deutlich reduziert werden.[10]

2.3 Kennzeichnung der nicht verwendeten Produkte

21 Seit der fünften MaRisk-Novelle haben die Institute in einem angemessenen Turnus zu überprüfen, ob die im Produktkatalog enthaltenen Produkte noch verwendet werden. Produkte, die über einen längeren Zeitraum nicht mehr Gegenstand der Geschäftstätigkeit waren, sind besonders zu kennzeichnen. Im ersten Entwurf der fünften MaRisk-Novelle hatte die Aufsicht noch verlangt, dass die Institute länger nicht genutzte Produkte vollständig aus dem Produktkatalog streichen. Bei einer Wiederaufnahme der aus dem Katalog entfernten Geschäftsaktivitäten wäre dann insbesondere die erneute Ausarbeitung eines Konzeptes notwendig gewesen (→ AT 8.1 Tz. 7).

22 Die Deutsche Kreditwirtschaft (DK) hatte darauf hingewiesen, dass die zwingende Streichung über einen längeren Zeitraum nicht verwendeter Produkte aus dem Produktkatalog bei den Instituten zu einer erheblichen Ressourcenbelastung führen könne, die in keiner vernünftigen Relation zum damit verbundenen Nutzen stehen würde. Nach Ansicht der DK sei es nicht maßgeblich, ob die Produkte noch verwendet werden, sondern ob sie am Markt noch angeboten werden und insbesondere noch verwendet werden können, also eine sachgerechte Handhabung gewährleistet ist.[11] Würden beispielsweise in der aktuellen Niedrigzinsphase bestimmte Produkte über einen längeren Zeitraum nicht vertrieben, heiße dies nicht zwingend, dass auch zukünftig kein Bedarf mehr für diese Produkte bestehe. Die DK hatte daher vorgeschlagen, über einen längeren Zeitraum nicht genutzte Produkte nicht aus dem Produktkatalog zu entfernen, sondern lediglich zu kennzeichnen.[12]

23 Die Aufsicht ist der Argumentation der DK gefolgt. Gemäß der endgültigen Fassung der fünften MaRisk-Novelle haben die Institute jene Produkte, die über einen längeren Zeitraum nicht Gegenstand der Geschäftstätigkeit waren, nunmehr lediglich besonders zu kennzeichnen. Der Abbau von Positionen ist davon unberührt. Das Auslaufen oder die Bestandsführung von Positionen begründet keine Produktverwendung. Die Kennzeichnung als z. B. »aktiv verwendetes Produkt« und »inaktives Produkt« hat im Produktkatalog zu erfolgen. Aktiv verwendete Produkte sind diejenigen Produkte, die genehmigt sind und vertrieben werden dürfen. Bei den inaktiven Produkten handelt es sich um diejenigen Produkte, die zwar genehmigt sind und im Bestand geführt werden, jedoch nicht mehr ohne weiteres vertrieben werden dürfen. Soweit der Vertrieb eines bestimmten Produktes aufgrund einer entsprechenden Entscheidung des Institutes eingestellt wurde, sollte das Datum der Einstellung im Produktkatalog vermerkt werden. Die MaRisk enthalten keine Vorgaben, ab welcher Zeitspanne »Produkte über einen längeren Zeitraum nicht mehr Gegenstand der Geschäftstätigkeit waren« und deshalb als inaktiv zu kennzeichnen sind. Ein Institut hat dies für jedes Produkt festzulegen, wobei die Volatilität der für das Produkt vorhandenen Geschäftsprozesse maßgeblich sein sollte.

---

10 Vgl. Erfahrungsaustausch öffentlicher, privater und genossenschaftlicher Banken zum »Neu-Produkt-Prozess« am 18. April 2007 in Berlin.

11 Vgl. Deutsche Kreditwirtschaft, Stellungnahme zum Entwurf der MaRisk in der Fassung vom 18. Februar 2016 (Konsultation 02/2016) vom 27. April 2016, S. 27.

12 Vgl. Deutsche Kreditwirtschaft, Stellungnahme zum Entwurf der MaRisk in der Fassung vom 18. Februar 2016 (Konsultation 02/2016) vom 27. April 2016, S. 27.

2.4   Wiederaufnahme der Geschäftstätigkeit

Die Institute haben vor der Wiederaufnahme der Geschäftstätigkeit mit den als inaktiv gekenn-   **24**
zeichneten Produkten die Bestätigung der in die Arbeitsabläufe eingebundenen Organisationseinheiten über das Fortbestehen der beim letztmaligen Geschäftsabschluss vorherrschenden
Geschäftsprozesse einzuholen. Welche Organisationeinheiten dies im Einzelfall sind, hängt von
dem Produkt bzw. der Art der Geschäftsaktivität ab. Neben den in die Arbeitsabläufe eingebundenen Organisationseinheiten kann es zudem sinnvoll sein, z. B. die Risikocontrolling-Funktion, die Compliance-Funktion oder die Rechtsabteilung hinzuzuziehen. Falls es im Institut einen
NPP-Koordinator gibt, könnte dieser ggf. die Koordinierung der Rückmeldungen sowie deren
Auswertung übernehmen. In jedem Fall sollte der NPP-Koordinator von den maßgeblichen
Organisationseinheiten eine schriftliche Bestätigung darüber einholen, dass die beim letztmaligen
Geschäftsabschluss vorherrschenden Geschäftsprozesse fortbestehen und das Produkt somit
sachgerecht gehandhabt werden kann.

Haben sich bei dem als inaktiv gekennzeichneten Produkt die beim letztmaligen Geschäfts-   **25**
abschluss vorherrschenden Geschäftsprozesse zwischenzeitlich geändert, hat das Institut zu
prüfen, ob der Neu-Produkt-Prozess erneut zu durchlaufen ist. Die Entscheidung hängt von der
Art und dem Umfang der prozessualen, technischen oder rechtlichen Veränderungen ab. Gegebenenfalls kann bei bestehenden Produkten, die längere Zeit nicht vertrieben wurden, auch ein
verkürzter Neu-Produkt-Prozess (»NPP-Light«) durchlaufen werden.[13]

2.5   Bekanntmachung und Pflege des Produktkataloges

Der Produktkatalog muss den Mitarbeitern des Institutes in geeigneter Weise bekanntgemacht   **26**
werden. Es ist zudem sicherzustellen, dass er den Mitarbeitern in der jeweils aktuellen Fassung zur
Verfügung steht. Es bietet sich an, den Produktkatalog in den Organisationsrichtlinien des
Institutes zu veröffentlichen (→ AT 5). Andere Vorgehensweisen sind allerdings auch gestattet.

Der Produktkatalog sollte regelmäßig überprüft und bei Bedarf auch ad hoc angepasst werden.   **27**
Im Rahmen der z. B. jährlichen Regelüberprüfung des Kataloges kann die Kennzeichnung der
Produkte erfolgen, die über einen längeren Zeitraum nicht mehr Gegenstand der Geschäftstätigkeit
waren. Eine anlassbezogene Anpassung des Kataloges hat beispielsweise bei der Aufnahme eines
neuen Produktes oder Marktes sowie bei der Wiederaufnahme eines zuvor als inaktiv gekennzeichneten Produktes zu erfolgen. Unabhängig davon müssen grundsätzlich alle im Katalog
aufgeführten Produkte regelmäßig auf erforderliche Anpassungen überprüft werden. Dafür sind
i. d. R. die Vertriebsbereiche als »Product Owner« sowie die beteiligten Fachbereiche entsprechend
ihren Zuständigkeiten gemeinsam verantwortlich.

---

13   Vgl. Rehbein, Ronny, Neue Produkte/Märkte aus Prüfersicht, Vortrag beim Erfahrungsaustausch öffentlicher, privater und
genossenschaftlicher Banken zum »Neu-Produkt-Prozess« am 13. Juli 2007 in Hamburg.

3 Einbindung eines vertriebsunabhängigen Bereiches (Tz. 3)

28 **3** Bei der Entscheidung, ob es sich um Geschäftsaktivitäten in neuen Produkten oder auf neuen Märkten handelt, ist ein vom Markt bzw. vom Handel unabhängiger Bereich einzubinden.

3.1 Initiative

29 Potenzielle neue Produkte oder Aktivitäten auf neuen Märkten werden regelmäßig von Mitarbeitern oder Organisationseinheiten identifiziert, bei denen allein schon aufgrund ihrer Tätigkeit eine entsprechende Affinität zu Produktinnovationen oder -variationen besteht. Die »Geschäftsidee« stammt daher häufig von Mitarbeitern des Handels oder auch des Marktes. Es ist allerdings in der Praxis nicht unüblich, dass z. B. auch Mitarbeiter der Strategieabteilung, des Risikocontrollings oder der Marktfolge Produktideen einbringen, die aus Sicht der Gesamtbanksteuerung sinnvoll erscheinen. Hinsichtlich der Initiative für potenzielle neue Produkte bestehen nach den MaRisk keine Einschränkungen. Insoweit kann jede Organisationseinheit entsprechende Vorschläge machen.

30 Die Initiative für einen Neu-Produkt-Prozess setzt voraus, dass zunächst einmal eine Neuartigkeitsvermutung besteht. Die Prüfung erfolgt anhand des im Institut vorzuhaltenden Produktkataloges sowie ggf. vorhandener Negativlisten (→ AT 8.1 Tz. 2). Besteht Unsicherheit darüber, ob es sich für das Institut um ein neues Produkt oder einen neuen Markt handelt, sollte der Neu-Produkt-Prozess angestoßen und ggf. der so genannte »NPP-Koordinator« eingeschaltet werden, um die Entdeckungs- und Beurteilungsrisiken zu minimieren.

3.2 Definition der Neuartigkeit

31 In den MaRisk finden sich keine konkreten Hinweise, wann genau von einem neuen Produkt oder von Aktivitäten auf neuen Märkten einschließlich neuer Vertriebswege auszugehen ist. Zur Interpretation des Begriffes ist daher auf die individuellen Verhältnisse aus der Perspektive des Institutes abzustellen. So ist auch ein am Markt weitgehend etabliertes Produkt für ein Institut als neuartig einzustufen, wenn es dieses Produkt erstmalig verwendet. Die Definition der Neuartigkeit hat zudem auf der Ebene des einzelnen Institutes zu erfolgen. Eine Tochtergesellschaft, die erstmalig Produkte des Mutterunternehmens vertreibt, hat für diese Produkte einen eigenen Neu-Produkt-Prozess zu durchlaufen.

32 Von »Neuartigkeit« ist dann auszugehen, wenn die Aktivitäten zu Änderungen in der Handhabung bei den beteiligten Organisationseinheiten innerhalb des Institutes führen können. Änderungen können z. B. die IT-Ausstattung und -Prozesse, die Qualifikation der Mitarbeiter, die Arbeitsabläufe, die Ausgestaltung der Risikosteuerungs- und -controllingprozesse, die Methoden zur Risikobeurteilung oder die bislang vom Institut präferierten Vertriebskanäle (z. B. Internet oder Rückgriff auf Vermittler) betreffen. Diese Interpretation der »Neuartigkeit« lässt sich mit Hilfe eines Umkehrschlusses ableiten. So sind die Ausarbeitung eines Konzeptes nach Tz. 1 und die Durchführung einer

Testphase nach Tz. 4 nicht erforderlich, wenn nach Einschätzung der involvierten Organisationseinheiten neue Aktivitäten sachgerecht gehandhabt werden können (→ AT 8.1 Tz. 7).

Anhaltspunkte für das Vorliegen neuer Produkte ergeben sich in der Prüfungspraxis u. a. aus der Beantwortung der nachfolgend genannten Fragen[14]: **33**

- Sind die Einzelkomponenten oder ähnliche Strukturen schon gehandelt worden?
- Ist der Risikogehalt des kombinierten Geschäftes kleiner oder gleich dem Risikogehalt der Einzelkomponenten?
- Gelten bestehende Rahmenverträge?
- Sind die vorhandenen Anweisungen bzw. Arbeitsablaufbeschreibungen anwendbar?
- Sind die Bilanzierungs- und Bewertungsverfahren, die Buchungssysteme, die Marktgerechtigkeitskontrolle und das Risikocontrolling auf das Produkt eingestellt?
- Müssen die Kompetenzen angepasst bzw. neu geschaffen werden?
- Müssen neue Limite eingerichtet werden?
- Sind die IT-Systeme für die Positions- und Bestandsführung, die Abwicklung, die Risikomessung, die Limitüberwachung und das Meldewesen angemessen?

Bei neuartigen Aktivitäten handelt es sich folglich um **34**
- Geschäfte, bei denen das Institut noch über keine ausreichenden Erfahrungen im Zusammenhang mit deren Handhabung verfügt,
- Aktivitäten auf Märkten (Länder, Regionen, Währungen usw.), in denen das Institut bislang noch nicht tätig war und über keine ausreichenden Marktkenntnisse verfügt, oder
- Vertriebswege (Internet, Kreditvermittler usw.), die sich von den bislang genutzten unterscheiden.

Da es sich bei der Geschäftsaufnahme in neuen Märkten oder über neue Vertriebswege um eine strategische Frage handelt, erfolgen derartige Beschlüsse teilweise nicht im Rahmen des Neu-Produkt-Prozesses.[15] Das Erfordernis eines Neu-Produkt-Prozesses bleibt davon allerdings unberührt. **35**

3.3 Vertriebsunabhängiger Bereich

Bei der Entscheidung, ob es sich um neuartige Aktivitäten handelt, ist ein vom Markt bzw. vom Handel unabhängiger Bereich einzubinden. Es ist daher nicht möglich, dass z. B. ausschließlich der Handel oder der Markt darüber entscheiden, ob ein neues Produkt vorliegt oder nicht. Durch diese Einschränkung soll sichergestellt werden, dass bereits zu Beginn des Neu-Produkt-Prozesses die Sichtweise eines vertriebsunabhängigen Bereiches in die Entscheidung einfließt. Insbesondere soll damit auch verhindert werden, dass der Handel oder der Markt im Interesse neuer Geschäftsabschlüsse allzu »blauäugig« mit der Neuartigkeit von Produkten oder Märkten umgehen. **36**

---

14 Vgl. Schwonke, Sven, Aktivitäten in neuen Produkten oder auf neuen Märkten – Praxiserfahrungen zum Neu-Produkt-Prozess nach den MaRisk sowie den Vorgängernormen MaH und MaK, Vortrag beim Erfahrungsaustausch öffentlicher, privater und genossenschaftlicher Banken zum »Neu-Produkt-Prozess« am 18. April 2007 in Berlin.

15 Vgl. Erfahrungsaustausch öffentlicher, privater und genossenschaftlicher Banken zum »Neu-Produkt-Prozess« am 18. April 2007 in Berlin.

3.4 Beteiligte am Neu-Produkt-Prozess

37 Die Bandbreite der verantwortlichen Bereiche für den Neu-Produkt-Prozess ist in der Praxis sehr breit gefächert. In vielen Instituten wird den Bereichen Handel bzw. Markt als »Product Owner« eine tragende Rolle zugewiesen, die mit der Verpflichtung zur vollständigen Informationsweitergabe und zur Priorisierung der ausstehenden Prozesse sowie mit der Belastung der gesamten Prozesskosten verbunden sein kann. Diese Maßnahmen sowie die frühzeitige Einbindung der Risikocontrolling-Funktion führen im Idealfall dazu, dass sich die beteiligten Stellen auf die Einführung der unter Ertrags- und Risikogesichtspunkten besonders interessanten Produkte beschränken können. Die aktive Einbindung des Handels bzw. Marktes wird grundsätzlich als wesentlicher Erfolgsfaktor für die Akzeptanz des Neu-Produkt-Prozesses im Institut angesehen.[16]

38 In der Praxis wird der Neu-Produkt-Prozess häufig durch einen so genannten »NPP-Koordinator« überwacht und gesteuert[17], hinter dem sich in Abhängigkeit von der Anzahl und der Ausgestaltung der Neu-Produkt-Prozesse im Institut auch eine Organisationseinheit verbergen kann. Je nach vorhandenen Ressourcen können mehrere Neu-Produkt-Prozesse parallel oder grundsätzlich nur nacheinander initiiert werden. Der NPP-Koordinator ist als zentraler Ansprechpartner im Institut (Minimierung des Entdeckungsrisikos) u. a. für die Beurteilung der NPP-Anträge zuständig (Minimierung des Beurteilungsrisikos).[18] Seine Verantwortung für den Neu-Produkt-Prozess beginnt grundsätzlich mit dem Vorliegen eines vollständig ausgefüllten und qualitativ nicht zu beanstandenden NPP-Antrages. In Zweifelsfragen zur Neuartigkeit von Produkten kann der NPP-Koordinator die Entscheidung treffen, sofern er mit der nötigen Kompetenz ausgestattet ist. Sofern er auch für die Weiterverfolgung von Auflagen (wie z. B. Laufzeitbeschränkungen) zuständig ist, empfiehlt es sich, für deren Erfüllung schriftliche Bestätigungen von den betroffenen Bereichen einzuholen. Insbesondere die Einhaltung quantitativer Restriktionen ist durch den NPP-Koordinator allerdings nur schwer zu überwachen.[19] Aus diesem Grund erfolgt die Überwachung häufig durch jene Organisationseinheiten, von denen die Auflagen gemacht wurden.

39 Alle später in die Arbeitsabläufe eingebundenen Organisationseinheiten sind in die Erstellung des Konzeptes und die Testphase einzuschalten. Zudem sind die Risikocontrolling-Funktion, die Compliance-Funktion und die Interne Revision im Rahmen ihrer Aufgaben zu beteiligen (→ AT 8.1 Tz. 5). In der Regel bilden der NPP-Koordinator, die zuständigen Fachexperten der betroffenen Organisationseinheiten und Vertreter der besonderen Funktionen (→ AT 4.4) ein so genanntes »NPP-Arbeitsgremium«, das in Abhängigkeit von seiner Besetzung teilweise durch ein Steuerungsgremium mit Genehmigungskompetenz und festem Sitzungsturnus ergänzt wird.[20] Dieses Arbeitsgremium wird teilweise auch als »NPP-Task-Force« bezeichnet.

---

16 Vgl. Erfahrungsaustausch öffentlicher, privater und genossenschaftlicher Banken zum »Neu-Produkt-Prozess« am 26. Januar 2007 in Berlin.

17 Vgl. Dauber, Markus/Pfeifer, Guido/Ullrich, Walter/Eberl, Holger, Allgemeine Anforderungen der MaRisk, in: Pfeifer, Guido/Ullrich, Walter/Wimmer, Konrad (Hrsg.), MaRisk-Umsetzungsleitfaden, Heidelberg, 2006, S. 145.

18 Vgl. Rehbein, Ronny, Neue Produkte/Märkte aus Prüfersicht, Vortrag beim Erfahrungsaustausch öffentlicher, privater und genossenschaftlicher Banken zum »Neu-Produkt-Prozess« am 13. Juli 2007 in Hamburg.

19 Vgl. Erfahrungsaustausch öffentlicher, privater und genossenschaftlicher Banken zum »Neu-Produkt-Prozess« am 18. April 2007 in Berlin.

20 Vgl. Erfahrungsaustausch öffentlicher, privater und genossenschaftlicher Banken zum »Neu-Produkt-Prozess« am 26. Januar 2007 in Berlin.

3.5   Qualitätssicherung der NPP-Anträge

Die zur Durchführung eines Neu-Produkt-Prozesses benötigten Informationen zur Produktausgestal- **40**
tung sind i.d.R. vom Antragsteller zu liefern. In der Praxis ist es üblich, dass der NPP-Koordinator
Vorgaben zur Standardisierung und Qualitätssicherung der NPP-Anträge macht, um eine ausreichen-
de Qualität der eingehenden Anträge zur Initiierung eines Neu-Produkt-Prozesses zu gewährleisten.
Die Vorgaben des NPP-Koordinators an die NPP-Anträge können mit weiteren Maßnahmen zur
Erleichterung des gesamten Prozesses gekoppelt sein. Dazu gehören regelmäßig insbesondere[21]:

– Durchführung einer Kick-off-Veranstaltung zur Klärung grundsätzlicher Fragen[22],
– konkrete Abfrage von Zielorientierung, Businessplan, Eigenkapitalbelastung, Losgrößen usw.
  (z.B. mittels standardisiertem »Produktsteckbrief«),
– konkrete Abfrage der Länder, Regionen, Kundengruppen usw., die das Produkt später nutzen
  sollen (»Customers Usability«),
– konkrete Abfrage der geplanten Vertriebswege,
– Vorgabe von Mussfeldern im klar strukturierten NPP-Antragsformular (z.B. mittels so genannter »Term Sheets«),
– verbindliche Definition von Produktklassen und allgemein gebräuchlichen Standardausprä-
  gungen (z.B. durch Erstellung eines »Produktkataloges«),
– Einrichtung einer technischen Sperre in der IT, die ein vorzeitiges Senden des elektronischen
  NPP-Antrages ohne vollständige Befüllung aller definierten Mussfelder verhindert,
– obligatorische Simulation eines Testgeschäftes durch den Antragsteller, indem z.B. die IT-
  technischen Pflichtfelder testweise befüllt werden, um ggf. fehlende Angaben zu identifizieren, und
– Angebot eines klärenden Gespräches unter Einbeziehung des Risikocontrollings vor Antragstellung bei sehr komplexen Produkten bzw. bei Antragstellern mit wenig NPP-Erfahrung.

3.6   Priorisierung der NPP-Anträge

Eine Priorisierung sämtlicher NPP-Anträge durch den »NPP-Koordinator« ist nicht in jedem Fall **41**
sinnvoll und möglich. In einigen Instituten nimmt die Geschäftsleitung die NPP-Priorisierung auf der
Grundlage einer rollierenden NPP-Planung vor, wobei die Zuarbeit durch nachgeordnete Gremien
oder Organisationseinheiten erfolgt. Teilweise ist die Priorisierung auch Aufgabe des Antragstellers.
Um Probleme aufgrund ständiger Änderungen der Priorisierung durch den Antragsteller zu vermeiden, werden teilweise NPP-Standardfristen festgelegt, die sich mit jeder Anpassung verlängern.
Für die Priorisierung selbst sind verschiedene Vorgehensweisen möglich, wie z.B.[23]:

– Durchführung einer strategischen und einer kurzfristigen Priorisierung, wobei die kurzfristige
  Priorisierung in Abstimmung mit dem Antragsteller flexibel angepasst werden kann,
– Gegenüberstellung von Erträgen und Kosten, wobei die Produkte mit der besten Ertrags-/
  Kosten-Relation und ggf. der geringsten Eigenkapitalbelastung am höchsten priorisiert werden
  (Wirtschaftlichkeitsbetrachtung),

---

21 Vgl. Erfahrungsaustausch öffentlicher, privater und genossenschaftlicher Banken zum »Neu-Produkt-Prozess« am 13. Juli
    2007 in Hamburg.
22 Dabei könnte z.B. geklärt werden, inwieweit das neue Produkt von den (Teil-)Lizenzen nach §1 Abs.1 Satz2 KWG bzw.
    §1 Abs.1a Satz2 KWG gedeckt ist.
23 Vgl. Erfahrungsaustausch öffentlicher, privater und genossenschaftlicher Banken zum »Neu-Produkt-Prozess« am 13. Juli
    2007 in Hamburg.

AT 8.1 Neu-Produkt-Prozess

- Vereinbarung einer festen Rangfolge, wonach z.B. Einzeltransaktionen grundsätzlich am höchsten priorisiert werden, oder
- Priorisierung als Kombination aus Wirtschaftlichkeit und Dringlichkeit.

4 Testphase im Kredit- und Handelsgeschäft (Tz. 4)

4 Bei Handelsgeschäften ist vor dem laufenden Handel in neuen Produkten oder auf neuen **42** Märkten grundsätzlich eine Testphase durchzuführen. Während der Testphase dürfen Handelsgeschäfte nur in überschaubarem Umfang durchgeführt werden. Es ist sicherzustellen, dass der laufende Handel erst beginnt, wenn die Testphase erfolgreich abgeschlossen ist und geeignete Risikosteuerungs- und -controllingprozesse vorhanden sind.

4.1 Testphase bei Handelsgeschäften

Vor allem Industrieunternehmen aus dem Konsumgüterbereich bedienen sich häufig so genannter **43** Markttests, um die Erfolgschancen neuer Produkte besser einschätzen zu können. Der probeweise Verkauf von Erzeugnissen unter kontrollierten Bedingungen in einem begrenzten Markt unter Einsatz ausgewählter oder sämtlicher Marketinginstrumente dient dazu, »allgemeine Erfahrungen bzw. projizierbare Zahlenwerte über die Marktgängigkeit eines neuen Produktes und die Wirksamkeit einzelner Marketing-Maßnahmen oder Marketing-Strategien zu sammeln«.[24]

Die erforderliche Testphase für Handelsgeschäfte verfolgt im Grunde genommen den gleichen **44** Zweck. Aufgrund der Komplexität von Handelsgeschäften oder der Volatilität der Märkte ist nicht auszuschließen, dass im Rahmen der Konzepterstellung (→ AT 8.1 Tz. 1) bestimmte Aspekte nicht vollständig beleuchtet werden. Das Institut soll sich also vor der Aufnahme der laufenden Geschäftstätigkeit mit Hilfe eines überschaubaren Umfanges an Testgeschäften einen Eindruck darüber verschaffen, ob die im Konzept verankerten Maßnahmen unter realen Bedingungen tatsächlich wirksam sind. Erst nach erfolgreichem Abschluss der Testphase kann die laufende Geschäftstätigkeit beginnen.

Testgeschäfte sollten in dieser Phase nur in einem überschaubaren Umfang getätigt werden, **45** da eine Ausdehnung den Sinn der Testphase ggf. konterkarieren könnte. Die Interpretation von »überschaubar« liegt dabei im Ermessen des Institutes. Wie bei der Konzepterstellung sind auch bei der Testphase alle später in die Arbeitsabläufe eingebundenen Organisationseinheiten einzuschalten sowie die Risikocontrolling-Funktion, die Compliance-Funktion und die Interne Revision (zumindest) zu beteiligen (→ AT 8.1 Tz. 5). Soweit im Rahmen der Testphase Erkenntnisse gewonnen werden, die einen Anpassungsbedarf erforderlich machen, sind entsprechende Maßnahmen einzuleiten, so dass das Institut möglichst schnell mit der laufenden Geschäftstätigkeit beginnen kann.

4.2 Ausnahmen

Das Institut hat bei Handelsgeschäften grundsätzlich eine Testphase durchzuführen. Die Wahl **46** des Begriffes »grundsätzlich« lässt im Hinblick auf die Durchführung der Testphase Ausnahmen zu. So kann darauf verzichtet werden, wenn der Verzicht unter Risikogesichtspunkten vertretbar erscheint und von vornherein mit großer Sicherheit davon auszugehen ist, dass sich aus der Testphase keine neuen Erkenntnisse gewinnen lassen. Auf die Durchführung einer Testphase

---

24 Höfner, Klaus, Der Markttest für Konsumgüter in Deutschland, Stuttgart, 1996, S. 11.

kann ferner bei Einmalgeschäften verzichtet werden (→ AT 8.1 Tz. 4, Erläuterung). Einmalgeschäfte befreien das Institut allerdings nicht von der Risikoanalyse und der Konzepterstellung.

47   Die Entscheidung, ob im konkreten Fall auf eine Testphase verzichtet werden kann, ist in jedem Fall mit dem NPP-Koordinator bzw. mit der für den Neu-Produkt-Prozess verantwortlichen Stelle abzustimmen. Sofern neue Produkte bereits vor Abschluss des Neu-Produkt-Prozesses eigenmächtig, z. B. mit dem Ziel einer beschleunigten Produkteinführung, gehandelt werden, sollte ein Eskalationsprozess eingeleitet werden. Es empfiehlt sich, entsprechende Sanktionierungen – verbunden mit ausreichenden Ermessensspielräumen – institutsintern festzulegen. Eine wirksame Gegenmaßnahme kann insbesondere die unverzügliche Berichterstattung über derartige Verstöße an die Geschäftsleitung und die Interne Revision mit dem Ziel der Aufnahme in den Revisionsbericht sein (→ AT 4.3.2 Tz. 4, Erläuterung). In schwerwiegenden Fällen könnte sogar die Auflösung der Neuprodukttransaktion gefordert werden.

4.3   Testphase bei Kreditgeschäften

48   Im Unterschied zu den Regelungen für Handelsgeschäfte ist die Testphase bei Kreditgeschäften nur eine Option (→ AT 8.1 Tz. 4, Erläuterung). Dies ist für zahlreiche neue Produkte des Kreditgeschäftes auch angemessen, da sich dort ein Probelauf, wie er im Handel (z. B. beim Handel mit kleinen Volumina oder geringen Stückzahlen) möglich ist, nicht realisieren lässt. So sind viele Finanzierungen im Kreditgeschäft betragsmäßig sehr hoch, so dass die Durchführung einer vorgelagerten Testphase nicht sinnvoll erscheint. Eine wirksame Beschränkung der Nominalbeträge ist z. B. bei Schiffs- oder Flugzeugfinanzierungen nicht möglich. Dennoch kann es in bestimmten Fällen sachgerecht sein, besonders komplexe Kreditprodukte zunächst testweise einzusetzen. Dies kann, von bestimmten Ausnahmefällen abgesehen, grundsätzlich auch im Kreditgeschäft – z. B. durch eine Beschränkung auf bestimmte Märkte bzw. Marktsegmente, auf wenige Kunden bzw. Transaktionen oder auf bestimmte Maximalbeträge – erreicht werden.

4.4   Vorhandensein geeigneter Risikosteuerungs- und -controllingprozesse

49   Eine weitere Voraussetzung für den Beginn des laufenden Handels ist das Vorhandensein geeigneter Risikosteuerungs- und -controllingprozesse. Diesbezüglich stellt sich die Frage, ab welcher Entwicklungsstufe diese Prozesse als »geeignet« angesehen werden können. Bei der Beantwortung dieser Frage sollte mit Augenmaß vorgegangen werden, um den kurzfristigen Abschluss betriebswirtschaftlich sinnvoller Geschäfte nicht durch allzu formale Vorgaben zu gefährden.

50   So kann z. B. einer notwendigen, aber zeitaufwendigen Systemanpassung auch mit geeigneten Zwischenlösungen vorgegriffen werden, sofern diese zu denselben Ergebnissen führen. Beispielsweise erfolgt die Risikobewertung in vielen Instituten solange mit Hilfe eines Excel-Tools, bis die Anpassung der Risikomanagement-Software abgeschlossen ist. Ebenso können die Anforderungen des Meldewesens oder anderer Bereiche zunächst behelfsweise erfüllt werden, wie z. B. mittels Matching-Tabellen, sofern die erforderlichen Informationen auf diese Weise fehlerfrei generiert und alle notwendigen Berechtigungskonzepte (z. B. Schreibrechte zur Anpassung von Excel-Tools) eingehalten werden. Entscheidend ist letztlich das Vorhandensein geeigneter Prozesse, die eine Einbeziehung der neuen Produkte in die institutsinterne Risikosteuerung und -überwachung gewährleisten. Derartige Zwischenlösungen dienen allerdings nur der schnellen Produkteinführung. Sie sind nicht auf Dauer angelegt und insofern ausdrücklich kein Ersatz, wenn im Rahmen des Neu-Produkt-Prozesses eine Systemanpassung als notwendig erachtet wurde.

5 Beteiligte am Neu-Produkt-Prozess (Tz. 5)

51   **5** Sowohl in die Erstellung des Konzeptes als auch in die Testphase sind die später in die Arbeitsabläufe eingebundenen Organisationseinheiten einzuschalten. Im Rahmen ihrer Aufgaben sind auch die Risikocontrolling-Funktion, die Compliance-Funktion und die Interne Revision zu beteiligen.

5.1 Einschaltung der eingebundenen Organisationseinheiten

52   Die Anforderungen des Moduls AT 8.1 zielen darauf ab, dass die sich aus Aktivitäten in neuen Produkten oder auf neuen Märkten ergebenden Risiken vom Institut sachgerecht gehandhabt werden können (→ AT 8.1 Tz. 1 und 6). Diese Zielsetzung wird möglicherweise verfehlt, wenn von den neuartigen Aktivitäten betroffene Organisationseinheiten vollständig ausgeklammert werden. Daher sind die später in die Arbeitsabläufe eingebundenen Organisationseinheiten sowohl in die Erstellung des Konzeptes als auch in die ggf. durchzuführende Testphase einzuschalten. Welche Organisationseinheiten dies im Einzelfall sind, hängt von der Art der neuartigen Aktivitäten ab. Soweit im Rahmen neuer Geschäftsaktivitäten unter Risikogesichtspunkten wesentliche Aktivitäten und Prozesse an andere Unternehmen ausgelagert werden, kann auch die Einbeziehung des zentralen Auslagerungsmanagements sinnvoll sein (→ AT 9 Tz. 12). Neben den ausdrücklich genannten besonderen Funktionen (→ AT 4.4) kann es je nach interner Organisation unter Umständen erforderlich sein, weitere Einheiten mit Compliance-Funktion hinzuzuziehen, z. B. die nach § 25h KWG für die Verhinderung der Geldwäsche, Terrorismusfinanzierung und sonstigen strafbaren Handlungen zuständige Organisationseinheit oder die Compliance-Funktion nach MaComp.

53   Gleichzeitig sollte das Institut darauf achten, dass der Neu-Produkt-Prozess möglichst effizient ausgestaltet wird. Ineffiziente Prozesse führen zu Verzögerungen, die ggf. verspätete Produkteinführungen und damit unter Umständen vergebene Chancen zur Folge haben. Darüber hinaus können mit Ineffizienzen Fehler einhergehen, die auch unter Risikogesichtspunkten von Nachteil sind. Insofern muss das Institut die richtige Balance zwischen der Einbeziehung aller betroffenen Organisationseinheiten und einer möglichst effizienten Ausgestaltung des Neu-Produkt-Prozesses finden.

54   Beschlüsse zur Einführung neuer Produkte werden im Prinzip immer einstimmig getroffen, da ein Produkt nicht eingeführt werden kann, wenn eine Organisationseinheit nicht dazu in der Lage ist, das Produkt sachgerecht zu handhaben. Aufgrund der vorhandenen Interessenlage von Handel und Markt muss die Ablehnung eines nachgelagerten Bereiches i. d. R. gut begründet werden.[25]

---

25 Vgl. Erfahrungsaustausch öffentlicher, privater und genossenschaftlicher Banken zum »Neu-Produkt-Prozess« am 13. Juli 2007 in Hamburg.

5.2 Beteiligung der Internen Revision

Da die Interne Revision als Instrument der Geschäftsleitung für die prozessunabhängige Über- **55**
prüfung des Risikomanagements im Allgemeinen und des internen Kontrollsystems im Besonderen zuständig ist, sollte sie nur insoweit eingebunden werden, wie ihre Unabhängigkeit sichergestellt bleibt (→ AT 4.4.3 Tz. 3). Ungeachtet dessen soll die Interne Revision ihre Expertise in den
Prozess der Erstellung des Konzeptes sowie die ggf. erforderliche Testphase einbringen. Dadurch
kann sie frühzeitig auf Schwächen des Konzeptes hinweisen, die umgehend beseitigt werden
können. Die Interne Revision kann auf diese Weise zudem neue Erkenntnisse gewinnen, die sie in
die Lage versetzen, zu einem späteren Zeitpunkt geeignete Prüfungshandlungen im Hinblick auf
die neuartigen Aktivitäten durchzuführen. Vergleichbare Regelungen gelten im Hinblick auf die
Risikoanalyse bei Auslagerungen (→ AT 9 Tz. 2) und auf die Projektbegleitung durch die Interne
Revision (→ BT 2.1 Tz. 2). Um diese besondere Situation der Internen Revision zur Wahrung ihrer
Unabhängigkeit auch sprachlich zu verdeutlichen, ist sie nur »im Rahmen ihrer Aufgaben« zu
beteiligen.

5.3 Beteiligung der Compliance- und der Risikocontrolling-Funktion

Mit der vierten MaRisk-Novelle wurde die bisherige Formulierung auf Vorschlag des Deutschen **56**
Institutes für Interne Revision insoweit angepasst, als zukünftig auch die Compliance- und die
Risikocontrolling-Funktion »im Rahmen ihrer Aufgaben« zu beteiligen sind. Die Deutsche Kredit-
wirtschaft hatte eine Streichung vorgeschlagen, weil die gleichzeitige Nennung anderer Funk-
tionen mit Blick auf obige Ausführungen in diesem Kontext nicht sachgerecht erscheint.[26] In der
Konsequenz ist davon auszugehen, dass die Formulierung »im Rahmen ihrer Aufgaben« für die
Compliance- und die Risikocontrolling-Funktion eine andere Bedeutung hat als bei der Internen
Revision. Hierfür sprechen auch die Vorstellungen der EBA, die der Risikocontrolling-Funktion
und der Compliance-Funktion im Neu-Produkt-Prozess ausdrücklich Zuständigkeiten zuweist,
nicht jedoch der Internen Revision.[27]

Die Risikocontrolling-Funktion und die Compliance-Funktion gehören im Gegensatz zur Inter- **57**
nen Revision zum internen Kontrollsystem. Als Teil des internen Kontrollsystems sind sie ein
integrierter Bestandteil der zu überwachenden Prozesse, während die Interne Revision zu den
prozessunabhängigen Überwachungsmechanismen zählt. Nach dem vom Baseler Ausschuss und
der EBA verwendeten Modell der drei Verteidigungslinien (»Three-Lines-of-Defence Modell«) sind
die Risikocontrolling-Funktion und die Compliance-Funktion der zweiten Verteidigungslinie und
die Interne Revision der dritten Verteidigungslinie zuzuordnen (→ AT 4.4). Die Risikocontrolling-
Funktion ist für die unabhängige Überwachung und Kommunikation der Risiken verantwortlich
(→ AT 4.4.1 Tz. 1). Darüber hinaus weisen die MaRisk der Risikocontrolling-Funktion einen
expliziten Aufgabenkatalog zu (→ AT 4.4.1 Tz. 2). Im Neu-Produkt-Prozess kommt der Risikocontrolling-Funktion eine tragende Rolle zu. So müssen das Ergebnis der Analyse des Risikogehaltes
der neuen Geschäftsaktivitäten sowie deren Auswirkungen auf das Gesamtrisikoprofil Grundlage

---

26 Vgl. Deutsche Kreditwirtschaft, Stellungnahme zum Konsultationspapier 01/2012 der Bundesanstalt für Finanzdienstleistungsaufsicht (BaFin) – »Überarbeitung der MaRisk« (Zwischenentwurf vom 2. August 2012), 12. September 2012,
S. 13.

27 Nach den Vorstellungen der EBA sollte der Beitrag der Risikocontrolling-Funktion und der Compliance-Funktion eine
vollständige und objektive Beurteilung der Risiken, die sich aus den neuen Tätigkeiten unter Einbeziehung unterschiedlicher Szenarien ergeben, der potenziellen Unzulänglichkeiten bei deren Einbeziehung in das Risikomanagement und den
internen Kontrollrahmen des Institutes sowie der Fähigkeit des Institutes, neue Risiken wirksam zu steuern, umfassen.
Vgl. European Banking Authority, Leitlinien zur internen Governance, EBA/GL/2017/11, 21. März 2018, S. 40.

des Konzeptes sein. Im Konzept selbst sind die sich aus der Aufnahme von Geschäftsaktivitäten in neuen Produkten oder auf neuen Märkten ergebenden wesentlichen Konsequenzen für das Management der Risiken darzustellen (→ AT 8.1 Tz. 1). Was die Testphase anbelangt, so ist sicherzustellen, dass der laufende Handel erst beginnt, wenn diese erfolgreich abgeschlossen ist und geeignete Risikosteuerungs- und -controllingprozesse vorhanden sind (→ AT 8.1 Tz. 4). Schließlich ist die Einbindung des für das Risikocontrolling zuständigen Geschäftsleiters bei der Genehmigung des Konzeptes und der Aufnahme der laufenden Geschäftstätigkeit obligatorisch (→ AT 8.1 Tz. 6). Die hohe Bedeutung der Risikocontrolling-Funktion im Neu-Produkt-Prozess kommt auch darin zum Ausdruck, dass sie nach den Vorgaben der EBA ausdrücklich verlangen kann, dass Änderungen bestehender Produkte den Neu-Produkt-Prozess durchlaufen müssen.[28]

58 Die Compliance-Funktion hat die Aufgabe, alle rechtlichen Regelungen und Vorgaben mit einem wesentlichen Compliance-Risiko zu identifizieren, deren Nichteinhaltung zu einer Gefährdung des Vermögens des Institutes führen kann. Darüber hinaus muss die Compliance-Funktion auf die Implementierung wirksamer Verfahren zur Einhaltung der gesetzlichen Bestimmungen und Vorgaben sowie entsprechender Kontrollen hinwirken (→ AT 4.4.1 Tz. 2). Auch im Neu-Produkt-Prozess kommt der Compliance-Funktion eine herausgehobene Rolle zu. Nach den Vorstellungen der EBA soll die Compliance-Funktion in enger Zusammenarbeit mit der Risikocontrolling-Funktion und der Rechtsabteilung überprüfen, ob neue Produkte und Verfahren mit dem aktuellen Rechtsrahmen und ggf. mit bereits bekannten bevorstehenden Änderungen von rechtlichen Regelungen und Vorgaben in Einklang stehen.[29]

---

28 Vgl. European Banking Authority, Leitlinien zur internen Governance, EBA/GL/2017/11, 21. März 2018, S. 40.
29 Vgl. European Banking Authority, Leitlinien zur internen Governance, EBA/GL/2017/11, 21. März 2018, S. 47.

6 Genehmigung des Konzeptes und der Aufnahme der Geschäftstätigkeit (Tz. 6)

6 Das Konzept und die Aufnahme der laufenden Geschäftstätigkeit sind von den zuständi- **59** gen Geschäftsleitern unter Einbeziehung der für die Überwachung der Geschäfte verantwortlichen Geschäftsleiter zu genehmigen. Diese Genehmigungen können delegiert werden, sofern dafür klare Vorgaben erlassen wurden und die Geschäftsleitung zeitnah über die Entscheidungen informiert wird.

6.1 Genehmigung des Konzeptes

Das Konzept sowie die Aufnahme der laufenden Geschäftstätigkeit sind von den zuständigen **60** Geschäftsleitern unter Einbeziehung der für die Überwachung der Geschäfte verantwortlichen Geschäftsleiter zu genehmigen. Diese Genehmigungserfordernisse waren grundsätzlich bereits Gegenstand der MaH[30] und der MaK[31] und wurden durch die MaRisk ausgeweitet. Durch die Bezugnahme auf die für die Überwachung zuständigen Geschäftsleiter wird klargestellt, dass die Einbindung des für das Risikocontrolling verantwortlichen Geschäftsleiters obligatorisch ist. Daneben sind in Abhängigkeit von der Art der neuartigen Aktivitäten der für den Bereich Markt oder Handel zuständige Geschäftsleiter bzw. der Geschäftsleiter Marktfolge einzubeziehen. Bei kleineren Instituten mit überschaubaren Geschäftsaktivitäten wird daher regelmäßig die gesamte Geschäftsleitung in den Genehmigungsprozess involviert sein.

6.2 Delegation der Genehmigungen

Vor allem bei international tätigen Instituten sind Aktivitäten in neuen Produkten oder auf neuen **61** Märkten kein Einzelfall, sondern eher die Regel. In derartigen Instituten läuft häufig eine Vielzahl von Neu-Produkt-Prozessen gleichzeitig ab, die entsprechende Kapazitäten binden. Vor diesem Hintergrund kann es sinnvoll sein, wenn die Geschäftsleitung die Genehmigungen für das Konzept sowie die Aufnahme der laufenden Geschäftstätigkeit an interne Gremien (z. B. ein NPP-Arbeitsgremium), Mitarbeiter oder Organisationseinheiten delegiert. Für eine derartige Delegation müssen jedoch zwei Bedingungen erfüllt werden:
- Es müssen klare Vorgaben existieren, die sich z. B. auf die Zuständigkeiten, die delegierbaren Geschäftsfelder und Marktsegmente, deren Risikogehalt und die möglichen Eskalationsstufen beziehen können.
- Darüber hinaus ist die Geschäftsleitung zeitnah über die Genehmigung des Konzeptes und die Aufnahme der laufenden Geschäftstätigkeit zu informieren.

---

30 Vgl. Bundesaufsichtsamt für das Kreditwesen, Mindestanforderungen an das Betreiben von Handelsgeschäften der Kreditinstitute (MaH), Verlautbarung vom 23. Oktober 1995, Abschnitt 2.3.

31 Vgl. Bundesanstalt für Finanzdienstleistungsaufsicht, Mindestanforderungen an das Kreditgeschäft der Kreditinstitute (MaK), Rundschreiben 34/2002 (BA) vom 20. Dezember 2002, Tz. 19.

62   Es versteht sich von selbst, dass die jeweils beauftragten internen Gremien, Mitarbeiter oder Organisationseinheiten über die erforderliche Sachkenntnis und Entscheidungskompetenz zur Beurteilung der Aktivitäten in neuen Produkten oder auf neuen Märkten verfügen müssen.

6.3   Vor- und Nachkalkulation

63   Die zuständigen Entscheidungsträger bzw. die durch Delegation für die Genehmigung des Konzeptes bzw. die Aufnahme der laufenden Geschäftätigkeit zuständigen internen Gremien, Mitarbeiter oder Organisationseinheiten benötigen eine fundierte Entscheidungsgrundlage. Dazu dienen insbesondere die Ergebnisse der Risikoanalyse und der Testphase sowie das Konzept zur Geschäftsaufnahme (→ AT 8.1 Tz. 1 und 3).

64   Eine wesentliche Rolle bei der Entscheidungsfindung dürfte die Schätzung der erwarteten Kosten und Erträge des neuen Produktes spielen.[32] Eine derartige Schätzung basiert auf zahlreichen Annahmen und ist daher nicht trivial. Häufig werden die geplanten Erträge den voraussichtlichen Kosten für die Einführung und den laufenden Betrieb des neuen Produktes gegenübergestellt. Die Zuständigkeit für das Abwägen der Erträge und Kosten liegt i. d. R. beim Vertrieb und ist Bestandteil des NPP-Antrages. In der Praxis werden grundsätzlich neben den mit dem neuen Produkt generierten Erträgen auch die Kosten des Neu-Produkt-Prozesses dem Produktnutzer (i. d. R. dem Antragsteller) belastet.[33] Auf dieser Basis muss der Antragsteller letztlich auch entscheiden, ob er den Neu-Produkt-Prozess überhaupt anstoßen bzw. das Produkt einführen möchte. Insbesondere bei strategischen Produkten, bei denen es in erster Linie auf das mit der Produkteinführung verfolgte Ziel ankommt, tritt die wirtschaftliche Betrachtung manchmal in den Hintergrund.[34]

65   Ein nachträglicher Abgleich zwischen den Schätzungen des Antragstellers und den tatsächlichen Ist-Zahlen ist für die Qualitätsverbesserung des Neu-Produkt-Prozesses zwar sinnvoll, findet in der Praxis allerdings bisher nur selten statt. Auch eine detaillierte Kosten-/Nutzen-Analyse wird nur in besonderen Einzelfällen vorgenommen. Dies ist vorrangig auf Kapazitäts- und Kostengründe oder die Notwendigkeit des Angebotes von Cross-Selling-Produkten mit einkalkuliertem Verlustpotenzial zurückzuführen. Darüber hinaus hängt die tatsächliche Ergebniswirkung einzelner Produkte stark von der Marktsituation ab und kann sich insofern schnell ändern. Derartige Analysen scheinen zudem weniger für Produkte als eher für Organisationseinheiten geeignet zu sein.[35]

6.4   Dokumentation

66   Die Zuständigkeit für die Dokumentation des Neu-Produkt-Prozesses kann zentral beim NPP-Koordinator oder dezentral bei den jeweils für den Neu-Produkt-Prozess verantwortlichen Orga-

---

32 Vgl. auch European Banking Authority, Leitlinien zur internen Governance, EBA/GL/2017/11, 21. März 2018, S. 40, wonach im NPP auch die Auswirkungen auf die Rentabilität des Institutes behandelt werden sollen. Die Rentabilität des Institutes spielt zudem im SREP eine wichtige Rolle, wenn es um die Analyse des Geschäftsmodelles geht. Vgl. European Banking Authority, Guidelines on common procedures and methodologies for the supervisory review and evaluation process (SREP) and supervisory stress testing, EBA/GL/2014/13, Consolidated version, 19. Juli 2018, S. 41 ff.

33 Vgl. Erfahrungsaustausch öffentlicher, privater und genossenschaftlicher Banken zum »Neu-Produkt-Prozess« am 26. Januar 2007 in Berlin.

34 Vgl. Erfahrungsaustausch öffentlicher, privater und genossenschaftlicher Banken zum »Neu-Produkt-Prozess« am 13. Juli 2007 in Hamburg.

35 Vgl. Erfahrungsaustausch öffentlicher, privater und genossenschaftlicher Banken zum »Neu-Produkt-Prozess« am 18. April 2007 in Berlin.

nisationseinheiten liegen. Nicht unüblich sind auch Mischformen, bei denen sich die zentrale Zuständigkeit z. B. auf die Dokumentation des Ergebnisses beschränkt.

Im Hinblick auf die Dokumentation gelten die allgemeinen Anforderungen des Moduls AT 6. **67** Folgende spezielle Anforderungen an die Dokumentation des Neu-Produkt-Prozesses könnten von den Prüfern u. a. gestellt werden[36]:
- wesentliche Meilensteine (NPP-Antrag, Abstimmungsprozess mit den Fachabteilungen, Planung der Testphase, Durchführung der Testphase, Freigabe des Produktes zur Einführung),
- sämtliche Protokolle der relevanten Sitzungen, aus denen mindestens das Ergebnis hervorgeht,
- wesentlicher E-Mail-Verkehr,
- ggf. Ablauf und Ergebnis des Eskalationsverfahrens,
- Begründung der Entscheidung der einzubindenden Fachabteilungen und
- Einbindung der zuständigen Geschäftsleiter (Kenntnisnahme, Entscheidung als Kompetenzträger).

Es bietet sich an, dass das Institut den Ablauf des Neu-Produkt-Prozesses unter Berücksichtigung **68** der beschriebenen Gestaltungsalternativen (→ AT 8.1 Tz. 1) in den Organisationsrichtlinien verankert. Damit sind z. B. von vornherein die jeweils zuständigen Mitarbeiter aus den einzelnen Organisationseinheiten bekannt, so dass der Prozess zügig angestoßen und in der Folge auch ohne Verzögerungen abgeschlossen werden kann.

6.5   IT-Unterstützung

Die Beauftragung neuer Produkte durch die Markteinheiten erfolgt häufig noch in Papierform. Als **69** deutlich effizienter erweist sich in der Praxis eine IT-gestützte Antragsbearbeitung. Eine wirkungsvolle IT-Unterstützung mit Wiedervorlage- und Benachrichtigungsfunktion kann für den Workflow den administrativen Aufwand deutlich reduzieren. Neben der Arbeitserleichterung und der damit verbundenen Zeitersparnis, die eine Beschleunigung des Neu-Produkt-Prozesses ermöglicht, zählen die Systematisierung, die Fehlerreduzierung und die revisionssichere Dokumentation zu den weiteren Vorteilen. So kann z. B. problemlos ein Bericht generiert werden, der die Kommentare der beteiligten Bereiche in chronologischer Reihenfolge enthält. Für die Überwachung der Eingaben in das System sollten klare Verantwortlichkeiten definiert werden.[37]

---

36 Vgl. Mahnke, Sven, Erfahrungen aus einer §44er Prüfung, Vortrag beim Erfahrungsaustausch öffentlicher, privater und genossenschaftlicher Banken zum »Neu-Produkt-Prozess« am 13. Juli 2007 in Hamburg.
37 Vgl. Erfahrungsaustausch öffentlicher, privater und genossenschaftlicher Banken zum »Neu-Produkt-Prozess« am 18. April 2007 in Berlin.

7 Verzicht auf die Konzepterstellung und die Testphase (Tz. 7)

70   7 Soweit nach Einschätzung der in die Arbeitsabläufe eingebundenen Organisationseinheiten Aktivitäten in einem neuen Produkt oder auf einem neuen Markt sachgerecht gehandhabt werden können, ist die Ausarbeitung eines Konzeptes nach Tz. 1 und die Durchführung einer Testphase nach Tz. 4 nicht erforderlich.

7.1 Abgrenzungsfragen

71   In der Praxis ist es nicht immer einfach, Aktivitäten in neuen Produkten oder auf neuen Märkten als solche einwandfrei zu identifizieren (→ AT 8.1 Tz. 2 und 3). So kann z. B. ein zusammengesetztes Produkt (»Compound Instrument«) aus mehreren Standard-Komponenten bestehen. Inwieweit in einem solchen Fall die Initiierung eines Neu-Produkt-Prozesses zweckmäßig erscheint, ist unter Umständen schwer zu beurteilen. Das Vorhandensein einer Kombination von Standard-Komponenten muss nicht automatisch bedeuten, dass auch das zusammengesetzte Produkt ohne weiteres von dem Institut gehandhabt werden kann. Schwer zu beurteilen sind ferner Modifikationen von Produkten oder ggf. auch die Ausdehnung existierender Produkte auf neue Märkte. Auch die BaFin hat sich in der Vergangenheit mit Fragestellungen, die sich im Grenzbereich zwischen »neuartig« und »nicht-neuartig« bewegen, schwer getan.[38]

7.2 Ausnahme von der Ausarbeitung eines Konzeptes und der Durchführung einer Testphase

72   Die Aufsicht hat sich im Hinblick auf die Abgrenzung zwischen »neuartig« und »nicht-neuartig« in den MaRisk für eine pragmatische Verfahrensweise entschieden. Die Anforderungen des Moduls AT 8.1 zielen im Kern darauf ab, dass Ungewissheiten im Zusammenhang mit neuartigen Aktivitäten in abwägbare Risiken transformiert werden, die von den involvierten Organisationseinheiten beherrscht werden können. Daher kann auf die Ausarbeitung eines Konzeptes (→ AT 8.1 Tz. 1) und die Durchführung einer Testphase (→ AT 8.1 Tz. 4) verzichtet werden, soweit nach Einschätzung der in die Arbeitsabläufe eingebundenen Organisationseinheiten Aktivitäten in einem neuen Produkt oder auf einem neuen Markt sachgerecht gehandhabt werden können. Neben den initiierenden Organisationseinheiten (z. B. Handel oder Markt) können dazu – je nach Ausgestaltung der neuartigen Aktivität – z. B. die Risikocontrolling-Funktion, die Compliance-Funktion, die Abwicklung, die Marktfolge, die Rechtsabteilung oder die IT-Abteilung gehören. Damit ist auf breiter Ebene sichergestellt, dass Aktivitäten in neuen Produkten oder auf neuen Märkten für das Institut nicht zu unkalkulierbaren Risiken führen. Welche Organisationseinheiten im Einzelfall einzubeziehen sind, hängt von der jeweiligen Aktivität ab.

---

38 Vgl. Bundesanstalt für Finanzdienstleistungsaufsicht, Mindestanforderungen an das Kreditgeschäft der Kreditinstitute (MaK), Rundschreiben 34/2002 (BA) vom 20. Dezember 2002, Tz. 19.

Bis einschließlich der vierten MaRisk-Novelle konnte das Institut bei Aktivitäten in einem neuen **73**
Produkt oder auf einem neuen Markt, die nach Einschätzung der in die Arbeitsabläufe einge-
bundenen Organisationseinheiten sachgerecht gehandhabt werden können, auf die gesamte
Anwendung des Moduls AT 8.1 verzichten. Im Zuge der fünften MaRisk-Novelle erfolgte insoweit
eine Einschränkung, dass die Institute in diesen Fällen lediglich auf die Ausarbeitung eines
Konzeptes und die Durchführung einer Testphase verzichten können. Diese Anpassung ist auf
die neuen Anforderungen an die Erstellung eines Produktkataloges und die anlassbezogene
Prüfung des Neu-Produkt-Prozesses zurückzuführen. Demzufolge haben die Institute grundsätzlich auch jene neuen Produkte oder neuen Märkte in den Produktkatalog aufzunehmen, für die
kein Konzept erstellt und keine Testphase durchgeführt werden muss (→ AT 8.1 Tz. 2). Da eine
anlassbezogene Prüfung des Neu-Produkt-Prozesses z. B. auch dann durchzuführen ist, wenn sich
die getroffenen Einschätzungen, dass Aktivitäten in neuen Produkten oder auf neuen Märkten
ohne vorheriges Konzept oder Testphase sachgerecht gehandhabt werden können, als unzutreffend erwiesen haben, wäre ein kompletter Verzicht auch nicht angemessen (→ AT 8.1 Tz. 8).

Bei der Entscheidung, ob es sich um Geschäftsaktivitäten in neuen Produkten oder auf neuen **74**
Märkten handelt, war auch zuvor schon ein vom Markt bzw. Handel unabhängiger Bereich
einzubinden (→ AT 8.1 Tz. 3). Infrage kommen in Abhängigkeit von der Art der neuen Aktivitäten
z. B. der Bereich Marktfolge oder das Risikocontrolling. Falls es in dem Institut einen NPP-Koordinator gibt, könnte dieser ggf. die Koordinierung der Rückmeldungen sowie deren Auswertung
übernehmen. In jedem Fall sollte der NPP-Koordinator von den einzubindenden Organisationseinheiten eine schriftliche Bestätigung darüber einholen, dass dem sachgerechten Umgang mit
dem neuen Produkt bzw. Markt nichts entgegensteht.

Auch in der Vergangenheit wurde schon darüber diskutiert, ob die Aufnahme der laufenden **75**
Geschäftstätigkeit in einem neuen Produkt oder auf einem neuen Markt, die nach Einschätzung der
in die Arbeitsabläufe eingebundenen Organisationseinheiten sachgerecht gehandhabt werden kön-
nen, von den zuständigen Geschäftsleitern unter Einbeziehung des für das Risikocontrolling zustän-
digen Geschäftsleiters zu genehmigen ist oder nicht (→ AT 8.1 Tz. 6). Dafür spricht, dass die
Anwendung dieser Regelung im Gegensatz zur Erstellung des Konzeptes und der Durchführung der
Testphase nicht ausdrücklich ausgenommen ist. Anderseits fehlt der Geschäftsleitung mangels
Konzept und Testphase eine fundierte Grundlage für eine Entscheidung. Sie könnte lediglich die
Einschätzung der in die Arbeitsabläufe involvierten Organisationseinheiten über die sachgerechte
Handhabbarkeit bestätigen. Vor diesem Hintergrund erscheint es sinnvoll, diese Einschätzung mit
der Genehmigung der Aufnahme der laufenden Geschäftstätigkeit gleichzusetzen und dabei die
eingeräumte Möglichkeit des Delegierens dieser Genehmigung zu nutzen. Letztlich kann die
Geschäftsleitung selbst bei einem vollständig zu durchlaufenden Neu-Produkt-Prozess oder einem
NPP-Light die Genehmigung für das Konzept und die Aufnahme der laufenden Geschäftstätigkeit an
ein internes Gremium, Mitarbeiter oder Organisationseinheiten delegieren. Dies gilt erst recht bei
Geschäften mit neuen Produkten oder auf neuen Märkten, die im Institut bereits sachgerecht
gehandhabt werden können. Die entsprechenden Kompetenzen und Verantwortlichkeiten müssen
aus den Organisationsrichtlinien des Institutes ersichtlich sein (→ AT 5 Tz. 3).

AT 8.1 Neu-Produkt-Prozess

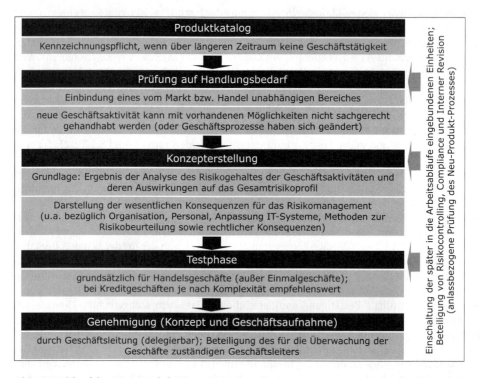

Abb. 47: Ablauf des Neu-Produkt-Prozesses

8 Anlassbezogene Prüfung des Neu-Produkt-Prozesses (Tz. 8)

8 Treten im Neu-Produkt-Prozess Häufungen von Fällen auf, bei denen **76**

- die in den Konzepten getroffenen Annahmen und die damit verbundenen Analysen des Risikogehalts der Aktivitäten in neuen Produkten oder auf neuen Märkten im Wesentlichen unzutreffend waren oder
- die in den Konzepten und aus den Testphasen gezogenen Konsequenzen im Wesentlichen unzutreffend waren oder
- gemäß Tz. 7 getroffene Einschätzungen, dass Aktivitäten in neuen Produkten oder auf neuen Märkten sachgerecht gehandhabt werden können, sich als unzutreffend erwiesen haben,

ist eine anlassbezogene Prüfung des Neu-Produkt-Prozesses durchzuführen. Bei Mängeln ist der Prozess unverzüglich anzupassen.

8.1 Mängel im Neu-Produkt-Prozess

Im Zuge der fünften MaRisk-Novelle wurde als neue Anforderung aufgenommen, dass bei einem **77** wiederholten Auftreten von Problemen der gesamte Neu-Produkt-Prozess anlassbezogen zu überprüfen ist. Werden dabei Mängel festgestellt, ist der Prozess unverzüglich anzupassen.

Im ersten Entwurf der fünften MaRisk-Novelle hatte die Aufsicht noch verlangt, dass die **78** Institute mindestens jährlich überprüfen, ob der Neu-Produkt-Prozess zu einem sachgerechten Umgang mit neuen Produkten oder mit neuen Märkten geführt hat. Dies hätte bedeutet, dass die Institute nachträgliche Reviews der einzelnen im Institut durchgeführten Neu-Produkt-Prozesse durchführen müssen. Die Deutsche Kreditwirtschaft (DK) hat darauf hingewiesen, dass es gerade die Kernaufgabe des Neu-Produkt-Prozesses und der daran beteiligten Bereiche ist, den Risikogehalt zu analysieren und eine sachgerechte Handhabung des Produktes sicherzustellen. Dies erfolge in den Instituten mittels klar strukturierter Prozesse und zugehöriger Dokumentationen und sei entsprechend ressourcenintensiv. Die DK führte weiter an, dass in vielen Fällen zusätzlich bereits im laufenden Prozess mittels einer Testphase ein Backtesting durchgeführt werde. Zudem würden die Arbeitsergebnisse nach Freigabe des laufenden Betriebes im Rahmen der Linientätigkeiten der beteiligten Bereiche überprüft. Vor diesem Hintergrund hat sich die DK dafür ausgesprochen, die neue Anforderung wieder zu streichen.[39]

Die Aufsicht hat die Argumente der DK insoweit aufgegriffen, als die im ersten Entwurf noch **79** verlangte jährliche Überprüfung des Neu-Produkt-Prozesses in der endgültigen Fassung der fünften MaRisk-Novelle durch eine anlassbezogene Überprüfung bei grundlegenden Mängeln in der Durchführung und der Organisation des Neu-Produkt-Prozesses ersetzt wurde. Diese anlassbezogene Überprüfung muss immer dann erfolgen, wenn im Neu-Produkt-Prozess Häufungen von Fällen auftreten, bei denen die in den Konzepten getroffenen Annahmen und die damit verbundenen Analysen des Risikogehalts der Aktivitäten bzw. die in den Konzepten und aus den Testphasen gezogenen

---

39 Vgl. Deutsche Kreditwirtschaft, Stellungnahme zum Entwurf der MaRisk in der Fassung vom 18. Februar 2016 (Konsultation 02/2016) vom 27. April 2016, S. 27.

Konsequenzen im Wesentlichen unzutreffend waren oder gemäß Tz. 7 getroffene Einschätzungen, dass die Aktivitäten auch ohne Konzept und Testphase sachgerecht gehandhabt werden können, sich als unzutreffend erwiesen haben. Es muss sich also um strukturelle Mängel im Neu-Produkt-Prozess an sich handeln (»Häufungen von Fällen«), nicht um in der Praxis durchaus auftretende, vereinzelt erforderliche Folgeaktivitäten aus einem Neu-Produkt-Prozess.

80   Mögliche Gründe für derartige grundlegende Mängel des Prozesses könnten z. B. sein, dass bei der Erstellung des Konzeptes, der Risikoanalyse oder der Darstellung der Konsequenzen nicht alle zu beteiligenden Organisationseinheiten eingebunden (→ AT 8.1 Tz. 5) oder bestimmte Risikoarten ausgeblendet wurden (→ AT 8.1 Tz. 1), sodass nicht alle erforderlichen Aspekte beleuchtet werden konnten. Anhaltspunkte für grundlegende Mängel des Neu-Produkt-Prozesses können sich u. a. aus den Erkenntnissen der Risikomodelle des Institutes, aus wiederholten Verlustereignissen beim operationellen Risiko oder aus entsprechenden Feststellungen der Internen Revision ergeben.

8.2   Analyse der Ursachen der Mängel und Anpassung des Neu-Produkt-Prozesses

81   Es empfiehlt sich, im Institut eine Organisationseinheit festzulegen, bei der die grundlegenden Mängel im Neu-Produkt-Prozess im Sinne der geschilderten Fälle gesammelt werden. Dies könnte z. B. der NPP-Koordinator sein, aber auch das Risikocontrolling, die Organisationsabteilung oder eine andere geeignete Organisationseinheit. Kommt es zu einer Häufung derartiger Fälle oder vergleichbarer Mängel, sollte unter Einbeziehung der betroffenen Bereiche zunächst geprüft werden, welche Ursachen zu den wiederholten Fehleinschätzungen geführt haben. Auf dieser Basis kann im Idealfall anschließend gemeinsam festgelegt werden, welche Anpassungen bei der Durchführung oder der Organisation des Neu-Produkt-Prozesses zur Beseitigung der Mängel notwendig sind. Sofern es diesbezüglich zwischen den beteiligten Organisationseinheiten nicht zu einer Einigung kommt, könnte vom NPP-Koordinator oder dem jeweils verantwortlichen Bereich ein Eskalationsprozess eingeleitet werden. Letztlich liegt es im gemeinsamen Interesse der beteiligten Bereiche, dass mit dem Neu-Produkt-Prozess keine unnötigen Risiken verbunden sind.

AT 8.2 Änderungen betrieblicher Prozesse oder Strukturen

1 Analyse der Auswirkungen geplanter Veränderungen (Tz. 1)

1 **1** Vor wesentlichen Veränderungen in der Aufbau- und Ablauforganisation sowie in den IT-Systemen hat das Institut die Auswirkungen der geplanten Veränderungen auf die Kontrollverfahren und die Kontrollintensität zu analysieren. In diese Analysen sind die später in die Arbeitsabläufe eingebundenen Organisationseinheiten einzuschalten. Im Rahmen ihrer Aufgaben sind auch die Risikocontrolling-Funktion, die Compliance-Funktion und die Interne Revision zu beteiligen.

1.1 Wesentliche Veränderungen

2 Die Institute haben sich bei wesentlichen Veränderungen in der Aufbau- und Ablauforganisation mit deren Auswirkungen auf ihre internen Kontrollverfahren und -prozesse sorgfältig auseinanderzusetzen. Wegen der besonderen Bedeutung für nahezu sämtliche Risikomanagementprozesse erwartet die Aufsicht eine vergleichbare Analyse auch bei wesentlichen Veränderungen in den IT-Systemen. Die BaFin begründet diese Notwendigkeit mit der Bedeutung des reibungslosen Ineinandergreifens von Abläufen für ein effektives Risikomanagement. Den Fokus legt sie auf die frühzeitige Identifizierung und Analyse der durch Veränderungen betrieblicher Abläufe ggf. ausgelösten Kontrollschwächen, wobei die Intensität dieser Prozesse je nach Umfang der Veränderungen variieren kann.[1] Auch nach den Vorstellungen der EBA ist eine Auseinandersetzung mit wesentlichen Änderungen an den Systemen oder am Risikomanagement sowie an der Organisation des Institutes erforderlich.[2]

3 Mit dieser Anforderung zielt die Aufsicht auf Veränderungsprozesse im gesamten Institut, während derartige Analysen in der Vergangenheit eher auf einzelne Geschäftsbereiche beschränkt waren. Es geht im Endeffekt darum, die Wirksamkeit und Angemessenheit der internen Kontrollverfahren inkl. der jeweils festgelegten Kontrollintensität auch in jenen Fällen sicherzustellen, in denen sich für das Institut die gewohnten organisatorischen Rahmenbedingungen ändern. Diese Analyse hat ausdrücklich »vor« Umsetzung der wesentlichen Veränderungen zu erfolgen. Es versteht sich von selbst, dass sich das Institut anschließend mit den Ergebnissen der Analyse auseinandersetzen und insbesondere möglichen Bedenken der Risikocontrolling-Funktion, Compliance-Funktion oder Internen Revision ausreichend Rechnung tragen muss. Der im Institut aufgesetzte Prozess für Änderungen betrieblicher Prozesse oder Strukturen sollte daher entsprechende Eskalationsprozesse vorsehen.

4 Wesentliche Veränderungen in der Aufbau- und Ablauforganisation können z. B. daraus resultieren, dass bestimmte Tätigkeiten zukünftig wegfallen bzw. ausgelagert werden (→ AT 9 Tz. 2) oder im umgekehrten Fall neue Tätigkeiten hinzukommen bzw. die Auslagerung wesentlicher Aktivitäten oder Prozesse beendet wird (→ AT 9 Tz. 6). Auch mit einer Fusion oder Übernahme sind i. d. R. wesentliche organisatorische Änderungen verbunden (→ AT 8.3 Tz. 1). In diesen Fällen kann auf die Erkenntnisse der damit verbundenen Anforderungen zurückgegriffen werden. Die

---

1   Vgl. Bundesanstalt für Finanzdienstleistungsaufsicht, Übermittlungsschreiben zum ersten Entwurf zur Überarbeitung der Mindestanforderungen an das Risikomanagement vom 26. April 2012, S. 5.

2   Vgl. European Banking Authority, Leitlinien zur internen Governance, EBA/GL/2017/11, 21. März 2018, S. 39.

Analysetätigkeit kann ggf. auch dadurch unterstützt werden, dass im Falle umfangreicher Auslagerungen entsprechende Ausführungen in der Strategie gemacht werden müssen (→ AT 4.2 Tz. 1, Erläuterung). Dasselbe gilt in Abhängigkeit von Art, Umfang, Komplexität und Risikogehalt der Geschäftsaktivitäten für die zukünftig geplante Ausgestaltung der IT-Systeme (→ AT 4.2 Tz. 1, Erläuterung). Insgesamt ist es sicher ratsam, die Erfahrungen aus der Konzepterstellung beim Neu-Produkt-Prozess zu nutzen (→ AT 8.1 Tz. 1).

Die Deutsche Kreditwirtschaft hat darauf hingewiesen, dass eine solche Auswirkungsanalyse   5
über das gesamte Institut hinweg insbesondere in größeren Häusern ein sehr komplexes Unterfangen darstellt. Insofern sollte die Analyse vor allem unter Kosten-/Nutzen-Aspekten nur bei »wirklich wesentlichen« Veränderungen erfolgen.[3] Von einer zunächst geforderten Konkretisierung des Begriffes »wesentlich« wurde mit Blick auf den prinzipienorientierten Charakter der MaRisk später wieder Abstand genommen. Dabei wurde davon ausgegangen, dass die Definition von wesentlichen Veränderungen institutsindividuell festgelegt werden kann.[4] Diese Sichtweise entspricht dem Grundgedanken der qualitativen Bankenaufsicht.

1.2 Änderung von IT-Systemen

Bei wesentlichen Veränderungen in den IT-Systemen sind ergänzend die »Bankaufsichtlichen   6
Anforderungen an die IT« (BAIT)[5] zu beachten, mit deren Hilfe die MaRisk in den relevanten Bereichen weiter konkretisiert werden. Die Aufsicht erläutert darin auch, was sie unter angemessenen Änderungsprozessen von IT-Systemen versteht (→ AT 7.2 Tz. 3). Die MaRisk und die BAIT sind jeweils in einer Gesamtschau anzuwenden.[6]

Bei der Steuerung und Überwachung von IT-Projekten sind nach Tz. 33 BAIT insbesondere die   7
Risiken im Hinblick auf die Dauer, den Ressourcenverbrauch und die Qualität zu berücksichtigen. Die Geschäftsleitung hat gemäß Tz. 34 und 35 BAIT dafür Sorge zu tragen, dass eine Gesamtübersicht der IT-Projektrisiken und jener Risiken erstellt wird, die sich aus den Abhängigkeiten verschiedener Projekte untereinander ergeben. Bereits bei der Entwicklung von Anwendungen sind Vorkehrungen zu treffen, die die Vertraulichkeit, Integrität, Verfügbarkeit und Authentizität der in diesem Programm zu verarbeitenden Daten sicherstellen. Diese Vorgaben dienen dazu, das Risiko einer versehentlichen Änderung oder einer absichtlichen Manipulation der Anwendung zu reduzieren.[7] Anforderungen an die Funktionalität der Anwendung müssen laut Tz. 37 BAIT in der Verantwortung der Fachbereiche ebenso erhoben, bewertet und dokumentiert werden, z. B. im Fachkonzept (Lastenheft bzw. User-Story) und im technischen Fachkonzept (Pflichtenheft bzw. Product Back-Log), wie nichtfunktionale Anforderungen (z. B. Ergebnisse der Schutzbedarfsfeststellung, Zugriffsregelungen, Ergonomie, Wartbarkeit, Antwortzeiten, Resilienz).

---

3   Vgl. Deutsche Kreditwirtschaft, Stellungnahme zum Konsultationspapier 01/2012 der Bundesanstalt für Finanzdienstleistungsaufsicht (BaFin) – »Überarbeitung der MaRisk«, 5. Juni 2012, S. 13.

4   Vgl. Deutsche Kreditwirtschaft, Stellungnahme zum Konsultationspapier 01/2012 der Bundesanstalt für Finanzdienstleistungsaufsicht (BaFin) – »Überarbeitung der MaRisk« (Zwischenentwurf vom 2. August 2012), 12. September 2012, S. 13.

5   Bundesanstalt für Finanzdienstleistungsaufsicht, Bankaufsichtliche Anforderungen an die IT (BAIT), Rundschreiben 10/2017 (BA) in der Fassung vom 14. September 2018.

6   Vgl. Bundesanstalt für Finanzdienstleistungsaufsicht, Rundschreiben 10/2017 (BA) zu den BAIT, Übermittlungsschreiben vom 3. November 2017, S. 1 f.

7   Vgl. Essler, Renate/Gampe, Jens, IT-Sicherheit – Aufsicht konkretisiert Anforderungen an die Kreditwirtschaft, in: BaFinJournal, Ausgabe Januar 2018, S. 20.

AT 8.2 Änderungen betrieblicher Prozesse oder Strukturen

8   Die EBA versteht unter dem »IKT-Änderungsrisiko« das Risiko, das sich aus der mangelnden Fähigkeit des Institutes ergibt, IKT-Systemänderungen zeitgerecht und kontrolliert zu steuern, insbesondere was umfangreiche und komplexe Änderungsprogramme angeht.[8] Das Management dieser Risikokategorie zielt auf die Fehlerbehebung oder notwendige Korrekturen der Daten (→ AT 7.2 Tz. 2) und Änderungsprozesse in der IT-Landschaft inklusive der Abgrenzung zwischen Produktions- und Testumgebung ab (→ AT 7.2 Tz. 3).

9   Die zuständigen Behörden sollten im Rahmen des SREP u. a. bewerten, ob dokumentierte Prozesse zur Verwaltung und Kontrolle von Änderungen an IKT-Systemen (z. B. Konfigurations- und Patch-Management) vorhanden sind, um eine angemessene Einbindung des IKT-Risikomanagements für wichtige IKT-Änderungen zu gewährleisten, die das Risikoprofil oder die Risikoposition des Institutes erheblich beeinträchtigen können. Die EBA erwartet zudem einen unabhängigen Überprüfungs- und Validierungsprozess zur Reduzierung der Risiken in Bezug auf menschliche Fehler bei der Durchführung von Änderungen an den IKT-Systemen, die erhebliche nachteilige Auswirkungen auf die Verfügbarkeit, Kontinuität oder Sicherheit des Institutes (z. B. wichtige Änderungen an der Firewall-Konfiguration) oder auf die Sicherheit des Institutes (z. B. Änderungen an den Firewalls) haben können.[9]

1.3   Prozessbeteiligte

10   Wie beim Neu-Produkt-Prozess (→ AT 8.1 Tz. 5) sind in die Analysen zu den Auswirkungen der geplanten Veränderungen auf die Kontrollverfahren und die Kontrollintensität die später in die Arbeitsabläufe eingebundenen Organisationseinheiten einzuschalten. Aus Effizienzgründen empfiehlt sich ein vergleichbares Vorgehen wie beim Neu-Produkt-Prozess, indem die zuständigen Fachexperten aus den betroffenen Bereichen ein Arbeitsgremium bilden, das in Abhängigkeit von seiner Besetzung durch ein Steuerungsgremium mit Genehmigungskompetenz und festem Sitzungsturnus ergänzt werden kann.

11   Die Compliance- und die Risikocontrolling-Funktion sowie die Interne Revision sind »im Rahmen ihrer Aufgaben« zu beteiligen. Diesbezüglich wird auf die Ausführungen zum Neu-Produkt-Prozess verwiesen (→ AT 8.1 Tz. 5), die in vergleichbarer Weise auch für die Änderungsprozesse hinsichtlich der Aufbau- und Ablauforganisation sowie der IT-Systeme gelten. In diesem Fall geht es um eine Analyse der Auswirkungen der geplanten Veränderungen auf die Kontrollverfahren und die Kontrollintensität. Insofern sind alle drei besonderen Funktionen als Bestandteile der internen Kontrollverfahren direkt betroffen.

---

8   Vgl. European Banking Authority, Leitlinien für die IKT-Risikobewertung im Rahmen des aufsichtlichen Überprüfungs- und Bewertungsprozesses (SREP), EBA/GL/2017/05, 11. September 2017, S. 4.

9   Vgl. European Banking Authority, Leitlinien für die IKT-Risikobewertung im Rahmen des aufsichtlichen Überprüfungs- und Bewertungsprozesses (SREP), EBA/GL/2017/05, 11. September 2017, S. 22 f.

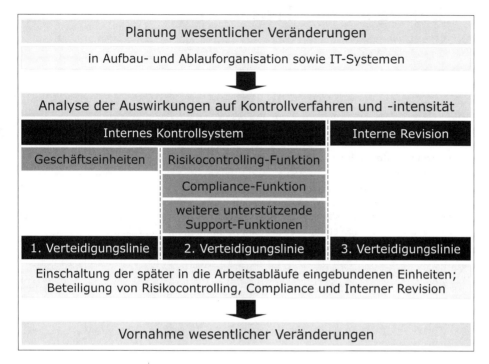

Abb. 48: Umgang mit Veränderungsprozessen

Die Interne Revision hat risikoorientiert und prozessunabhängig die Wirksamkeit und Angemessenheit des Risikomanagements – und damit auch der internen Kontrollverfahren – im Allgemeinen und des internen Kontrollsystems im Besonderen zu prüfen und zu beurteilen (→ AT4.4.3 Tz. 3). Insofern leuchtet ein, dass sie nicht gleichzeitig für die Sicherstellung der Wirksamkeit und Angemessenheit der internen Kontrollverfahren zuständig sein kann. Unter Berücksichtigung der geforderten Unabhängigkeit der Internen Revision ist zu erwarten, dass zumindest die Risikocontrolling-Funktion aufgrund ihrer hauptsächlichen Betroffenheit eine tragende Rolle in diesem Prozess spielen muss. Auch eine Einbindung der Compliance-Funktion könnte – je nach deren organisatorischer Ausgestaltung – erforderlich sein. Insofern passt die Formulierung »im Rahmen ihrer Aufgaben« mit Blick auf ihre ursprüngliche Bedeutung auch in diesem Fall nur zur Rolle der Internen Revision. **12**

Die EBA fordert ebenfalls eine Einbeziehung der Risikocontrolling-Funktion bei der Beurteilung der Auswirkungen solcher Veränderungen und außergewöhnlichen Transaktionen auf das Gesamtrisiko des Institutes und der Gruppe, bevor entsprechende Entscheidungen getroffen werden. Konkret sollte die Risikocontrolling-Funktion an der Bewertung der Auswirkungen im Zusammenhang mit Änderungen der Gruppenstruktur beteiligt sein und ihre Ergebnisse direkt an die Geschäftsleitung berichten. Außerdem sollte sie beurteilen, wie die identifizierten wesentlichen Risiken die Fähigkeit des Institutes oder der Gruppe beeinflussen könnten, ihr Risikoprofil, ihre Liquidität und ihre solide Eigenkapitalausstattung unter normalen sowie unter widrigen Umständen zu steuern.[10] **13**

---

10 Vgl. European Banking Authority, Leitlinien zur internen Governance, EBA/GL/2017/11, 21. März 2018, S. 44.

AT 8.3 Übernahmen und Fusionen

1 Konzept für Übernahmen und Fusionen (Tz. 1)

1 Vor der Übernahme anderer Unternehmen oder Fusionen mit anderen Unternehmen hat **1**
das Institut ein Konzept zu erarbeiten, in dem die wesentlichen strategischen Ziele, die
voraussichtlichen wesentlichen Konsequenzen für das Management der Risiken und die
wesentlichen Auswirkungen auf das Gesamtrisikoprofil des Institutes bzw. der Gruppe
dargestellt werden. Dies umfasst auch die mittelfristig geplante Entwicklung der Vermögens-,
Finanz- und Ertragslage, die voraussichtliche Höhe der Risikopositionen, die notwendigen
Anpassungen der Risikosteuerungs- und -controllingprozesse und der IT-Systeme (inklusive
der Datenaggregationskapazitäten) sowie die Darstellung wesentlicher rechtlicher Konsequenzen (Bilanzrecht, Steuerrecht etc.).

1.1 Fusionen und Übernahmen

Die Übernahme (»Acquisition«) eines anderen Unternehmens erfolgt i. d. R. durch den Erwerb einer **2**
Mehrheit der Anteile an diesem Unternehmen (»Share Deal«), in selteneren Fällen durch den Erwerb
von sämtlichen oder wesentlichen Teilen seiner Vermögensgegenstände (»Asset Deal«). Dabei sind
grundsätzlich die Vorgaben des Wertpapiererwerbs- und Übernahmegesetzes (WpÜG) zu beachten.
Bei der Fusion (»Merger«) zweier Unternehmen werden die Anteilseigner der miteinander ver-
schmelzenden Rechtsträger am übernehmenden Unternehmen beteiligt. Für Fusionen gilt das
Umwandlungsgesetz (UmwG). Fusionen werden auch als Spezialfall einer Übernahme angesehen.
Vor diesem Hintergrund werden Fusionen mit anderen Unternehmen und Übernahmen anderer
Unternehmen häufig im Zusammenhang erwähnt (»Mergers & Acquisitions«).

Die Anforderungen der MaRisk orientieren sich weitgehend an den Abläufen in der Praxis. **3**
Gleichzeitig greifen sie eine Empfehlung von CEBS aus dem Jahre 2010 auf, wonach die Geschäftsleitung prüfen sollte, wie sich Änderungen der Gruppenstruktur auswirken, die für das Risikomanagement eine besondere Herausforderung darstellen können. Beispielhaft werden die Gründung
neuer Tochtergesellschaften, Fusionen und Übernahmen, der Verkauf oder die Auflösung von
Teilen der Gruppe sowie externe Entwicklungen genannt. Die Geschäftsleitung sollte eventuell
erforderliche Anpassungen zügig vornehmen.[1] Auch den darauf aufbauenden Leitlinien der EBA
zufolge sollte geprüft werden, wie sich die Gründung oder der Verkauf von Tochterunternehmen
oder Zweckgesellschaften sowie Fusionen und Übernahmen auf die Belastbarkeit des organisatorischen Rahmens des Institutes auswirken können.[2] In die gleiche Richtung gehen Empfehlungen
des Baseler Ausschusses für Bankenaufsicht.[3]

Mit der Ergänzung dieser Anforderung im Rahmen der dritten MaRisk-Novelle rückt die Analyse **4**
der Auswirkungen von Fusionen und Übernahmen auf das Gesamtrisikoprofil sowie auf das
Risikomanagement des Institutes bzw. der Gruppe stärker in den Fokus der (bankaufsichtlichen)
Prüfprozesse. Nicht zuletzt mit Blick auf die in jüngster Vergangenheit zunehmenden Diskussionen von Haftungsfragen bei Unternehmensentscheidungen (z.B. im Zusammenhang mit den

---

1 Vgl. Committee of European Banking Supervisors, Consultation Paper on the Guidebook on Internal Governance (CP 44),
   13. Oktober 2010, S. 9.
2 Sofern Schwachstellen ermittelt werden, sollte das Leitungsorgan etwaige Anpassungen unverzüglich vornehmen. Vgl.
   European Banking Authority, Leitlinien zur internen Governance, EBA/GL/2017/11, 21. März 2018, S. 20.
3 Vgl. Basel Committee on Banking Supervision, Guidelines – Corporate governance principles for banks, BCBS d328, 8. Juli
   2015, S. 29.

AT 8.3 Übernahmen und Fusionen

Übernahmen der irischen Depfa plc. und der Hypo Group Alpe Adria) spielt diese Analyse auch für die Dokumentation und die Berichterstattung an das Aufsichtsorgan eine immer größere Rolle. Eine konsequentere Vorgehensweise der Aufsicht bei Unternehmensübernahmen wird auch vom Baseler Ausschuss für Bankenaufsicht als notwendig erachtet.[4]

5   Fusionen oder Übernahmen können sinnvoll sein, wenn ein Institut daraus einen strategischen oder ökonomischen Mehrwert generieren kann. Dieser Mehrwert wird bereits vor Beginn eventueller Verhandlungen grob abgeschätzt, indem der angestrebte Nutzen und die sich bietenden Chancen dem voraussichtlichen Aufwand und den verbundenen Risiken auf Basis öffentlich zugänglicher Informationen gegenübergestellt werden. Fusionen und Übernahmen laufen i.d.R. nach einem relativ einheitlichen Muster ab, das im Folgenden zusammenfassend beschrieben wird.[5]

1.2   Aufnahme von Verhandlungen

6   Sofern nach Prüfung der öffentlich zugänglichen Informationen weiterhin ein Interesse an einer Fusion oder Übernahme besteht, erfolgt eine erste Kontaktaufnahme mit dem Management des ins Auge gefassten Unternehmens, wobei zunächst Vertraulichkeit über alle im Zusammenhang mit den anstehenden Verhandlungen bekanntwerdenden Informationen und Ergebnisse vereinbart wird (»Non-Disclosure-Agreement«). Dieser Vereinbarung unterliegen auch Dritte, die z.B. beratend an der Transaktion mitwirken. Besteht nach den ersten Gesprächen weitgehend Einigkeit über die Ziele der Verhandlungen, so wird von den beteiligten Unternehmen eine entsprechende Absichtserklärung (»Letter of Intent«) unterzeichnet, die dem Institut insbesondere einen Zugang zu den für eine nähere Prüfung erforderlichen Daten sichert (so genannter »Datenraum«). In Abhängigkeit von der Komplexität der Transaktion werden zu diesem Zeitpunkt teilweise bereits die Eckpunkte für einen möglichen Vertrag vereinbart (»Memorandum of Understanding«).

1.3   Due-Dilligence-Prüfung

7   Anschließend erfolgt mit der »gebotenen Sorgfalt« eine detaillierte Analyse, Prüfung und Bewertung (»Due-Dilligence-Prüfung«), ob die Fusion oder Übernahme auch bei genauer Kenntnis der im Datenraum zugänglichen Informationen für das Institut noch von Interesse ist. In diesem Prüfungsprozess geht es also in erster Linie um eine Verbesserung der Informationsbasis, um keine verborgenen Kosten oder Risiken zu übersehen und in der Konsequenz eine relativ fundierte Entscheidung treffen zu können. Insofern müssen insbesondere die Stärken, Schwächen, Chancen und Risiken der Transaktion analysiert werden (»SWOT-Analyse«). Auf diese Weise kann gleichzeitig das Risiko einer Fehlentscheidung erheblich reduziert werden, wofür die Entscheidungsträger eventuell sogar haftbar gemacht werden könnten (»Exkulpationsfunktion«).

8   Der Prüfungsprozess ist äußerst komplex und erfordert die Mitwirkung entsprechender Experten aus verschiedenen Bereichen (Investmentbanker, Wirtschaftsprüfer, Rechtsanwälte, Steuerberater, Sachverständige usw.), die gemeinsam ein Prüfungsteam bilden. Nach den Vorstellungen der EBA sollte die aktive Einbindung der Risikocontrolling-Funktion in einem möglichst frühen

---

4   Vgl. Basel Committee on Banking Supervision, Core Principles Methodology, Oktober 2006, S. 13.

5   An dieser Stelle sei darauf verwiesen, dass der nachfolgend idealtypisch dargestellte Verlauf auch davon abhängig ist, ob bei einer angestrebten Fusion oder Übernahme zuvor die Geschäftsleitung oder das Aufsichtsorgan des Zielunternehmens ihr grundsätzliches Einverständnis erklärt hat (»freundliche Übernahme«) oder eben nicht (»feindliche Übernahme«). Im zweiten Fall wird das Angebot i.d.R. direkt den Eigentümern unterbreitet, was sich auf den gesamten Prozess auswirkt.

Stadium erfolgen, um relevante Risiken im Zusammenhang mit Änderungen der Gruppenstruktur (inkl. Fusionen und Übernahmen) identifizieren zu können. Die EBA erwartet, dass die entsprechenden Entscheidungen der Geschäftsleitung erst nach Vorliegen der Bewertung durch die Risikocontrolling-Funktion getroffen werden, die insoweit direkt an die Geschäftsleitung berichten soll.[6] Auch der Baseler Ausschuss weist auf die besonderen Risiken im Zusammenhang mit der Due-Diligence-Prüfung hin und verlangt eine aktive Einbindung der Risikocontrolling-Funktion.[7]

Häufig orientieren sich die Prüfungsteams im Kern an weitgehend standardisierten Prozessen **9** zur ganzheitlichen Bewertung der Unternehmensqualität, wie z.B. am Bewertungsmodell der »European Foundation for Quality Management« (EFQM-Modell). Dieses Modell berücksichtigt in gewichteter Form sowohl die Voraussetzungen für eine gute Unternehmensqualität (in den fünf Kategorien Führung, Strategie, Mitarbeiter, Partnerschaften und Ressourcen sowie Prozesse, Produkte und Dienstleistungen) als auch die bisherigen Erfolge des Unternehmens (nach den vier Kriterien kunden-, mitarbeiter- und gesellschaftsbezogene Ergebnisse sowie Schlüsselergebnisse).

In Abhängigkeit vom konkreten Ziel der angestrebten Transaktion können sich die Prüfungsschwer- **10** punkte zwar verschieben. Es kann allerdings davon ausgegangen werden, dass dabei auch die voraussichtlichen wesentlichen Konsequenzen hinsichtlich der Organisation, des Personals, der notwendigen Anpassungen der IT-Systeme, der Methoden zur Beurteilung damit verbundener Risiken sowie rechtlicher Natur (Bilanz- und Steuerrecht usw.) beleuchtet werden. Insofern besteht eine Parallele zur Konzepterstellung im Rahmen des Neu-Produkt-Prozesses, die auf eine Analyse des Risikogehaltes der neuen Geschäftsaktivitäten sowie deren wesentlicher Auswirkungen auf das Gesamtrisikoprofil hinausläuft (→ AT 8.1 Tz. 1 inkl. Erläuterung) und eine entscheidende Voraussetzung für die Aufnahme der laufenden Geschäftstätigkeit ist (→ AT 8.1 Tz. 6). Das Risikocontrolling sollte nach den Vorstellungen der EBA bereits in einem frühen Stadium aktiv in die Identifizierung relevanter Risiken im Zusammenhang mit diesen Aktivitäten eingebunden sein und darüber direkt an die Geschäftsleitung berichten. Dabei geht es auch um mögliche Folgen aus einer unzureichenden »Due-Dilligence-Prüfung«, wodurch zukünftige Risiken übersehen werden könnten.[8] Aufgrund der klaren Schwerpunktsetzung, neben den strategischen Zielen vor allem die wesentlichen Konsequenzen für das Risikomanagement und die wesentlichen Auswirkungen auf das Gesamtrisikoprofil des Institutes bzw. der Gruppe zu beleuchten, erscheint eine frühzeitige Beteiligung von (ggf. auch externen) Spezialisten aus dem Risikomanagement mit Detailkenntnissen des instituts- bzw. gruppenspezifischen Risikoprofils sowie der risikobezogenen Methoden, Prozesse und Systeme auch ratsam zu sein.

1.4 Konzepterstellung und Abgrenzung zum Neu-Produkt-Prozess

Im ersten Entwurf zur dritten MaRisk-Novelle vom 9. Juli 2010 wurde zunächst gefordert, die **11** Anforderungen an den Neu-Produkt-Prozess auch bei Übernahmen und Fusionen »sinngemäß« anzuwenden. Mit dieser offenen Formulierung sollte zum Ausdruck gebracht werden, dass sich nicht sämtliche Anforderungen ohne weiteres auf Fusionen und Übernahmen übertragen lassen. Dies folgt allein aus der Tatsache, dass die Informationsbasis im Rahmen des Due-Dilligence-Prozesses nicht vollkommen lückenlos ist.

Die Aufsicht hat die Anforderung zur Vermeidung von Missverständnissen weiter konkretisiert. **12** Nunmehr hat das Institut vor der Übernahme anderer Unternehmen oder der Fusion mit anderen

---

6 Vgl. European Banking Authority, Leitlinien zur internen Governance, EBA/GL/2017/11, 21. März 2018, S. 44.

7 In particular, risks can arise from conducting due diligence that fails to identify post-merger risks or activities conflicting with the bank's strategic objectives or risk appetite. Vgl. Basel Committee on Banking Supervision, Guidelines – Corporate governance principles for banks, BCBS d328, 8. Juli 2015, S. 29.

8 Vgl. European Banking Authority, Leitlinien zur internen Governance, EBA/GL/2017/11, 21. März 2018, S. 44.

Unternehmen ein Konzept zu erarbeiten, in dem die wesentlichen strategischen Ziele, die »voraussichtlichen« wesentlichen Konsequenzen für das Management der Risiken und die (»voraussichtlichen«) wesentlichen Auswirkungen auf das Gesamtrisikoprofil des Institutes bzw. der Gruppe dargestellt werden. Wesentliche Inhalte dieses Konzeptes sind die mittelfristig geplante Entwicklung der Vermögens-, Finanz- und Ertragslage, die voraussichtliche Höhe der Risikopositionen, die notwendigen Anpassungen der Risikosteuerungs- und -controllingprozesse und der IT-Systeme sowie die Darstellung wesentlicher rechtlicher Konsequenzen (Bilanzrecht, Steuerrecht usw.). Letztlich wird damit in erster Linie ein vergleichbares Konzept wie im Rahmen des »gewöhnlichen« Neu-Produkt-Prozesses gefordert (→ AT 8.1 Tz. 1), welches durchaus auch im Rahmen einer Due-Dilligence-Prüfung erstellt werden kann.

13   Mit dieser Konkretisierung wird gleichzeitig klargestellt, dass bei Übernahmen und Fusionen keine Testphase durchgeführt werden muss und aufgrund der Vertraulichkeitsvereinbarung und damit im Zusammenhang stehender »Chinese Walls« sowie aus Gründen der Praktikabilität nicht alle später in die Arbeitsabläufe eingebundenen Organisationseinheiten eingeschaltet werden müssen. Im Rahmen der vierten MaRisk-Novelle wurde das Modul AT 8 schließlich neu strukturiert und in einer Weise untergliedert, dass die Prozesse bei Fusionen und Übernahmen vom Neu-Produkt-Prozess klar abgegrenzt sind.

1.5   Abschluss der Vertragsverhandlungen

14   Führt die Due-Dilligence-Prüfung zu einem positiven Ergebnis, so werden auf Basis einer detaillierten Unternehmensbewertung die Einzelheiten der Transaktion sowie der Kaufpreis und mögliche Anpassungsklauseln vereinbart. Anschließend wird der Vertrag von den beteiligten Unternehmen unterzeichnet (»Signing«). Nach der eventuell erforderlichen Genehmigung durch das Bundeskartellamt oder die europäische Kartellbehörde bzw. einer entsprechenden Anzeige gegenüber diesen Institutionen, der Zahlung des Kaufpreises und der Eigentumsübertragung gilt der Vertrag schließlich als erfüllt (»Closing«). Im Zeitraum zwischen Vertragsunterzeichnung und Vertragserfüllung wird i. d. R. die Abrechnungsbilanz geprüft, insbesondere im Hinblick auf die Einhaltung der im Kaufvertrag vereinbarten Bewertungs- und Bilanzierungsgrundsätze (»Purchase Audit«). Eventuelle Abweichungen oder das Wirksamwerden der vertraglichen Anpassungsklauseln können in dieser Phase noch zu einer Relativierung des Kaufpreises führen. Erst mit Vertragserfüllung hat das Institut freien Zugang zu sämtlichen Informationen des erworbenen Unternehmens.

1.6   Abschließende Bewertung der Transaktion

15   Zu einem späteren Zeitpunkt erfolgt i. d. R. noch eine Kontrolle des wirtschaftlichen Ergebnisses der Transaktion (»Post Audit«). Es sei allerdings darauf hingewiesen, dass der tatsächliche Erfolg von Fusionen und Übernahmen aus Sicht des Institutes von verschiedenen Aspekten abhängig sein kann, die über eine rein wirtschaftliche Betrachtung hinausgehen, wie z. B. von der Umsetzung seiner strategischen Ziele oder dem Verlauf und Ergebnis des Integrationsprozesses im Hinblick auf so genannte »weiche« Faktoren.

AT 9 Auslagerung

AT 9 Auslagerung

1 Einführung und Überblick

1.1 Arten von Auslagerungen

1 Adam Smith demonstrierte vor über zweihundert Jahren, dass sich die Produktion von Steck-nadeln erheblich steigern lässt, wenn der gesamte Herstellungsprozess in einzelne Abschnitte unterteilt wird und diese Abschnitte spezialisierten Arbeitern zugewiesen werden.[1] Das viel beschworene Stecknadelbeispiel von Smith hat später berühmte Nachahmer gefunden (z.B. bei der Fließfertigung von Henry Ford) und im Prinzip bis heute nichts an Aktualität eingebüßt. Arbeitsteilung bleibt ein wichtiger Treiber des wirtschaftlichen Wachstums und damit auch des gesellschaftlichen Wohlstandes. Der an die arbeitsteilige Wirtschaft geknüpfte erhöhte Koor-dinationsaufwand sowie die vielfach unter dem Stichwort »Entfremdung der Arbeit« geäußerte Kritik haben daran grundsätzlich nicht viel geändert.

2 Die Auslagerung von Aktivitäten und Prozessen auf Dritte ist eine besondere (zwischenbetrieb-liche) Form der Arbeitsteilung. Sie hat unter der Bezeichnung »Outside Resources Using« (»Nut-zung externer Ressourcen«) bzw. der besser bekannten Kurzform »Outsourcing« seit den neunzi-ger Jahren des letzten Jahrhunderts als Mittel zur Optimierung der Wertschöpfungskette immer mehr an Bedeutung gewonnen. Outsourcing ist grundsätzlich eine »Make-or-Buy-Entscheidung« zwischen eigenständiger Leistungserbringung und Fremdbezug. Im Verlauf der Zeit haben sich unterschiedliche Auslagerungsvarianten sowie eine schier grenzenlose Begriffsvielfalt heraus-gebildet (z.B. Multi Sourcing, selektives Outsourcing, Outtasking).[2] Im Wesentlichen lassen sich Auslagerungen nach folgenden Ausprägungen unterscheiden:

- Auslagerungen können nach dem Objekt der ausgelagerten Bereiche in »Information Tech-nology Outsourcing« (IT-Outsourcing), »Business Process Outsourcing« (BPO) und »Knowled-ge Process Outsourcing« (KPO) unterschieden werden.[3] Beim IT-Outsourcing wird die Infor-mationstechnologie eines Unternehmens teilweise oder komplett auf einen Dienstleister aus-gelagert. Ein Beispiel hierfür ist die Auslagerung eines Rechenzentrums oder anderer IT-Ser-viceleistungen. Unter Business Process Outsourcing versteht man die teilweise oder voll-ständige Auslagerung von Geschäftsprozessen oder Unternehmensbereichen auf einen Drit-ten. Gegenstand von BPO sind z.B. klassische Querschnittsaufgaben mit hoher IT-Relevanz, wie Personal, Einkauf oder Rechnungswesen. Die Auslagerung von komplexen oder arbeits-intensiven Bereichen wird als »Knowledge Process Outsourcing« bezeichnet. Bei dem KPO steht regelmäßig das besondere Expertenwissen der Mitarbeiter des Auslagerungsunterneh-mens im Vordergrund.
- Darüber hinaus kann zwischen Auslagerungen innerhalb eines Konzerns und Auslagerungen an konzernfremde Unternehmen unterschieden werden. »Shared Service Center« stellen selbständige Verantwortungsbereiche innerhalb eines Konzerns dar, in denen Serviceprozes-se, die in mehreren dezentralen Geschäftseinheiten in ähnlicher Form auftreten, gebündelt werden, um sie für (konzern-)interne Einheiten oder externe Kunden bereitzustellen. Häufig handelt es sich um administrative Funktionen, die an einem oder wenigen Standorten der Gruppe konzentriert sind (z.B. IT oder Finanzen).[4]

---

1 Vgl. Smith, Adam, Der Wohlstand der Nationen, 8. Auflage, München, 1999, S. 9 f.

2 Vgl. Schwarze, Lars/Müller, Peter P., IT-Outsourcing – Erfahrungen, Status und zukünftige Herausforderungen, in: HMD Praxis der Wirtschaftsinformatik, Heft 245/2006, S. 11 f.

3 Vgl. Köhler, Matthias/Lang, Gunnar, Trends im Retail-Banking: Outsourcing im deutschen Bankensektor, Zentrum für Europäische Wirtschaftsforschung GmbH, Dokumentation Nr. 08-04, 2008.

4 Vgl. Breuer, Wolfgang/Kreuz, Claudia, Shared Service Center – eine lohnende Investition?, Arbeitspapiere der Betrieb-lichen Finanzwirtschaft (Rheinisch-Westfälische Technische Hochschule Aachen), 10. Mai 2006, S. 3.

– Ein Unternehmen kann schließlich Aktivitäten und Prozesse im Inland oder in das Ausland auslagern. Erfolgt die Auslagerung auf ein im Inland ansässiges Unternehmen spricht man von »Onshore-Outsourcing« oder »Domestic-Outsourcing«.[5] Die Auslagerung in das Ausland wird in Abhängigkeit von der räumlichen Entfernung entweder »Nearshoring« oder »Offshoring« genannt. Unter Nearshoring versteht man Auslagerungen in Länder desselben Erdteils, d. h. aus deutscher Sicht z. B. eine Auslagerung von Aktivitäten und Prozessen in europäische Staaten. Bevorzugte Standorte für Offshoring-Auslagerungen sind für deutsche Unternehmen Indien, China, Malaysia und die Philippinen. Insbesondere beim Offshoring sind die länderspezifischen Besonderheiten vor Ort von großer Bedeutung (z. B. Kultur, politisches System).[6]

1.2 Bedeutung von Auslagerungen für den Bankensektor

Natürlich spielt die Auslagerung von Aktivitäten und Prozessen auf Dritte auch bei Banken und Finanzdienstleistern eine wichtige Rolle.[7] Auslagerungen fallen im Bankensektor sogar auf besonders fruchtbaren Boden, da die Institute im Vergleich zu Industrieunternehmen immer noch einen recht hohen Anteil der Leistungen in Eigenregie erstellen.[8] Die BaFin hat im Rahmen eines bei großen Instituten durchgeführten Quervergleiches im Jahre 2013 festgestellt, dass die größeren Institute Auslagerungsquoten zwischen 8 % und 46 % aufweisen.[9]   **3**

Im Hinblick auf die Objekte von Auslagerungen konzentrierten sich die Aktivitäten der Institute zunächst schwerpunktmäßig auf die IT sowie auf ausgewählte Unterstützungsprozesse für Bankgeschäfte, wie z. B. den Zahlungsverkehr, die Wertpapierabwicklung und die Beschaffung.[10] Anschließend wurden verstärkt Geschäftsprozesse auf externe Dienstleister ausgelagert. Ein Beispiel hierfür stellt die Auslagerung der Kreditprozesse auf spezialisierte »Kreditfabriken« dar.[11] Diese übernehmen zum Teil die komplette Prozessverantwortung, ohne dass das auslagernde Institut in die Leistungserstellung einbezogen wird. Die weitaus überwiegende Mehrzahl der Institute hat die Verpflichtung zur Führung einer Datei zum automatischen Abruf von Kontoinformationen gemäß § 24c KWG auf so genannte Kopfstellen ausgelagert.[12] In den letzten Jahren hat die Auslagerung komplexer Aktivitäten und Prozesse auf spezialisierte Dritte erheblich an   **4**

---

5 Vgl. Chrubasik, Bodo/Schütz, Armin, Auslagerungen in der Kreditwirtschaft, Göttingen, 2018, S. 44.

6 Vgl. The Joint Forum, Outsourcing in Financial Services, 15. Februar 2005, S. 7 f. Das »Joint Forum« ist ein gemeinsames Gremium der drei globalen Standardsetzter Baseler Ausschuss für Bankenaufsicht (Basel Committee on Banking Supervision, BCBS), Internationale Vereinigung der Versicherungsaufsichtsbehörden (International Association on Insurance Supervision, IAIS) und Internationale Organisation der Wertpapieraufsichtsbehörden (International Organisation of Securities Commions, IOSCO). Das Gremium veröffentlicht regelmäßig Prinzipien, Berichte und Empfehlungen, die sich an die Aufsichtsbehörden, die beaufsichtigten Unternehmen sowie generell an die Politik wenden.

7 Vgl. European Central Bank, Report on EU banking structure, 24. November 2004, S. 25 f.

8 Die Wertschöpfungstiefe war bei Banken noch vor einigen Jahren im Durchschnitt wesentlich ausgeprägter als bei Industrieunternehmen. Während zu diesem Zeitpunkt z. B. in der Automobilindustrie nur noch etwa ein Viertel der Leistungen in eigener Regie erstellt wurde, waren es bei Banken rund zwei Drittel. Vgl. Deutsche Bank Research, IT-Outsourcing: Zwischen Hungerkur und Nouvelle Cuisine, 6. April 2004, S. 3; Lamberti, Hermann-Josef, Industrialisierung des Bankgeschäfts, in: Die Bank, Heft 6/2004, S. 370.

9 Vgl. Konschalla, Thomas, Outsourcing – BaFin vergleicht Auslagerungen bei Instituten, in: BaFinJournal, Ausgabe August 2013, S. 23.

10 Vgl. Schober, Holger, Dekonstruktion der Wertkette in Banken: Outsourcing oder Kooperation, in: Aschenbach, Wieland/ Moormann, Jürgen/Schober, Holger (Hrsg.), Sourcing in der Bankwirtschaft, Frankfurt a. M., 2004, S. 25 ff. Weitere Beispiele für Unterstützungsprozesse von originären bankbetrieblichen Kerngeschäftsprozessen sind das Facility Management, das Archiv- und Dokumentenmanagement sowie banknahe Servicefunktionen, wie die Buchhaltung und das Personalwesen. Zu den regelmäßig ausgelagerten Back-Office-Prozessen gehören neben der Wertpapierabwicklung und -verwahrung z. B. die Geld- und Devisenabwicklung, das Kreditkartenprocessing und die Kontenverwaltung. Vgl. Chrubasik, Bodo/Schütz, Armin, Auslagerungen in der Kreditwirtschaft, Göttingen, 2018, S. 50.

11 Vgl. Bundesanstalt für Finanzdienstleistungsaufsicht, Schreiben zu »Kreditfabriken« – Aufsichtliche Rahmenbedingungen und Anforderungen, 12. Dezember 2003. Dieses Schreiben wurde mit Inkraftsetzung der zweiten MaRisk-Novelle zum 1. November 2007 aufgehoben.

12 Vgl. Achtelik, Olaf, in: Herzog, Felix (Hrsg.), Geldwäschegesetz, 3. Auflage, München, 2018, § 24c KWG, Tz. 4.

Bedeutung gewonnen, oftmals verbunden mit hochwertigen IT-Lösungen. Als Beispiel für ein derartiges Knowledge Process Outsourcing kann die Auslagerung der methodischen Entwicklung und Validierung von internen Ratingmodellen auf spezialisierte Mehrmandantendienstleister angeführt werden.[13]

5   Die Institute lagern sowohl an externe Dienstleister als auch innerhalb der Gruppe aus. Einer Untersuchung der Europäischen Zentralbank aus dem Jahre 2004 zufolge fallen über 50 % der Auslagerungsaktivitäten von europäischen Banken auf »Intra-Group-Auslagerungen«, wobei die Auslagerung auf Mutter-, Tochter- oder Schwestergesellschaften möglich ist.[14] Häufig werden Serviceprozesse, die in mehreren dezentralen Geschäftseinheiten in ähnlicher Form vorkommen, in einem »Shared Service Center« gebündelt. Diese Center agieren innerhalb eines Konzerns als selbständige Verantwortungsbereiche und bieten ihre Leistungen sowohl internen als auch externen Kunden an.[15] Darüber hinaus bestehen bei Sparkassen und genossenschaftlichen Instituten umfassende Auslagerungslösungen innerhalb des jeweiligen Haftungsverbundes. Die Deutsche Kreditwirtschaft hat sich vor diesem Hintergrund bei den Konsultationen zur fünften MaRisk-Novelle im Jahre 2016 und zu den EBA-Leitlinien zu Auslagerungen im Jahre 2018 für eine umfassende Privilegierung von gruppen- bzw. verbundinternen Auslagerungen eingesetzt.[16] Nach Ansicht der EBA sind gruppeninterne Auslagerungen allerdings nicht notwendigerweise weniger riskant als Auslagerungen an ein Unternehmen außerhalb der Gruppe. Vor diesem Hintergrund sollen gruppeninterne Auslagerungen grundsätzlich den gleichen rechtlichen Rahmenbedingungen wie Auslagerungen an gruppenfremde Dienstleister unterliegen.[17] Die EBA und die deutsche Aufsicht gewähren jedoch bei gruppen- und verbundinternen Auslagerungen in unterschiedlichem Umfang gewisse Erleichterungen (→ AT 9 Tz. 5).

6   Die BaFin hat im Rahmen des im Jahre 2013 bei großen Instituten durchgeführten Quervergleiches festgestellt, dass in Deutschland nur wenige Institute Aktivitäten und Prozesse auf Schwellenländer (»Offshoring«) auslagern.[18] Unklar ist dabei, ob im Rahmen dieses Quervergleiches auch Weiterverlagerungen der externen Dienstleister an Dritte in Offshore-Ländern berücksichtigt wurden. Allerdings zeigen auch neuere Studien, dass die Institute wieder verstärkt auf Auslagerungslösungen im Inland oder in EU-Mitgliedstaaten wie z. B. Polen zurückgreifen.[19] Ein Grund für die geringe Anzahl der Offshore-Auslagerungen dürfte sein, dass die Institute im Falle einer Auslagerung auf Dienstleistungsunternehmen in Drittländern die Einhaltung der nationalen und europäischen Rechtsvorschriften z. B. an das Datenmanagement, die Datensicherheit und den Datenschutz gewährleisten müssen.[20] Darüber hinaus haben die Institute im Auslagerungsvertrag uneingeschränkte Auskunfts- und Prüfungsrechte sowie Kontrollmöglichkeiten der Aufsichtsbehörden sicherzustellen (→ AT 9 Tz. 7 lit. c). In Drittstaaten können diesen Rechten der Auf-

---

13 Als Beispiel kann das Kooperationsprojekt der Landesbanken »Interne Ratings für die Landesbanken« genannt werden, welches zur Gründung der RSU Rating Service Unit GmbH & Co KG geführt hat.

14 Vgl. European Central Bank, Report on EU banking structure, 24. November 2004, S. 26.

15 Vgl. Breuer, Wolfgang/Kreuz, Claudia, Shared Service Center – eine lohnende Investition?, Arbeitspapiere der Betrieblichen Finanzwirtschaft (Rheinisch-Westfälische Technische Hochschule Aachen), 10. Mai 2006, S. 3.

16 Vgl. Deutsche Kreditwirtschaft, Stellungnahme zum Entwurf der MaRisk in der Fassung vom 18. Februar 2016 (Konsultation 02/2016) vom 27. April 2016, S. 28; Deutsche Kreditwirtschaft (German Banking Industry Committee), Comments on EBA Draft Guidelines on Outsourcing arrangements (EBA/CP/2018/11), 24. September 2018, S. 6 f.

17 Vgl. European Banking Authority, Consultation Paper – EBA Draft Guidelines on Outsourcing Arrangements, EBA/CP/2018/11, 22. Juni 2018, S. 11.

18 Vgl. Konschalla, Thomas, Outsourcing – BaFin vergleicht Auslagerungen bei Instituten, in: BaFinJournal, Ausgabe August 2013, S. 23. Das Joint Forum hatte im Jahr 2005 noch einen Trend zum »Offshoring« festgestellt. Vgl. The Joint Forum, Outsourcing in Financial Services, 15. Februar 2005, S. 7.

19 Vgl. PricewaterhouseCoopers (PwC), Fit für die Zukunft – Wie sich bankfachliche Dienstleister erfolgreich für den Business Process Outsourcing Markt 2020 aufstellen, Business Process Outsourcing Studie, Frankfurt am Main, Dezember 2016, S. 30.

20 Vgl. European Banking Authority, Consultation Paper – EBA Draft Guidelines on Outsourcing Arrangements, EBA/CP/2018/11, 22. Juni 2018, S. 5. Danach haben die Institute bei einer Auslagerung an Dienstleistungsunternehmen in Drittländer darauf zu achten, dass die Einhaltung der europäischen Rechtsvorschriften und der regulatorischen Anforderungen (z. B. Berufsgeheimnis, Zugang zu Informationen und Daten sowie Datenschutzregelungen) gewährleistet sind.

sichtsbehörden ggf. tatsächliche oder rechtliche Hindernisse entgegenstehen. Die BaFin könnte dann im Extremfall gemäß § 25b Abs. 4 KWG den Wechsel des Dienstleisters oder die Kündigung der Auslagerungsvereinbarung verlangen.

Es ist davon auszugehen, dass sich vor dem Hintergrund des weiterhin bestehenden hohen **7** Kosten- und Wettbewerbsdrucks im Bankensektor, der Digitalisierung sowie der zunehmenden Bedeutung der Informationstechnologien (IT) und der Finanztechnologien (FinTech) der Trend zu Auslagerungen weiter verstärkt. Darüber hinaus greifen die Institute vermehrt auf Cloud-Lösungen zurück. Nach Auffassung der Bankenaufsicht werden die Institute ihre Geschäftsmodelle, Prozesse und Systeme an die neuen Technologien anpassen.[21]

1.3 Chancen und Risiken von Auslagerungen

Ein wesentliches Motiv für die Auslagerung von Aktivitäten und Prozessen auf Dritte ist für die **8** Institute die Möglichkeit der Kostenreduzierung. Spezialisierte Auslagerungsunternehmen können in der Regel Größenvorteile und Mengeneffekte sowie Erfahrungs- und Know-how-Vorteile realisieren. Ein weiterer Effekt mit potenziellen Kostenvorteilen kann die Umwandlung von fixen in variable Kosten sein, wenn nur die tatsächlich erbrachten Dienstleistungen bezahlt werden.[22] Kostenaspekte sind allerdings nicht die einzigen Motive für Auslagerungen.[23] Die Institute erhalten über Auslagerungen auf relativ einfachem Wege Zugang zu neuen Technologien, einer besseren Infrastruktur und einem stets aktuellen Spezialwissen qualifizierter Auslagerungsunternehmen. Durch die Reduzierung der Wertschöpfungstiefe können sich die Institute zudem stärker auf ihre eigentlichen Kernkompetenzen konzentrieren.[24] Damit bekommt die Make-or-Buy-Entscheidung auch eine strategische Dimension, die für ein Institut von erheblicher Tragweite sein kann. Nicht zuletzt vor diesem Hintergrund müssen seit der vierten MaRisk-Novelle im Fall umfangreicher Auslagerungen entsprechende Ausführungen in der Strategie gemacht werden (→ AT 4.2 Tz. 1, Erläuterung). Weitere positive Effekte einer Auslagerungsmaßnahme können z. B. die Optimierung der Prozesse, eine damit verbundene höhere Produktivität und Leistungsfähigkeit, die bessere (Ver-)Sicherung gegen bestimmte Risiken sowie die schnellere Nutzung von Produktinnovationen sein.[25]

Den Chancen von Auslagerungen stehen jedoch auch Risiken gegenüber. Mangelhafte Leis- **9** tungserbringung, schlecht vorbereitete Auslagerungen, insbesondere in Offshore-Regionen, Kontrollverluste und Abhängigkeiten sowie der irreversible Verlust von eigenem Know-how können die erhofften Vorteile schnell in ihr Gegenteil verkehren. Zur echten Kostenbelastung können Auslagerungen werden, wenn Transaktionskosten (Anbahnungs-, Vereinbarungs-, Kontroll- und Anpassungskosten) oder ggf. hohe Notfall- bzw. Exitkosten falsch eingeschätzt werden oder sogar unberücksichtigt bleiben. Neben Qualitätsgesichtspunkten sind es letztendlich diese »Kosten der

---

21 Vgl. European Banking Authority, Consultation Paper – EBA Draft Guidelines on Outsourcing Arrangements, EBA/CP/2018/11, 22. Juni 2018, S. 7. Von einer zunehmenden Bedeutung der Auslagerungen geht auch die Kreditwirtschaft aus. Vgl. Deutsche Kreditwirtschaft (German Banking Industry Committee), Comments on EBA Draft Guidelines on Outsourcing arrangements (EBA/CP/2018/11), 24. September 2018, S. 2. Presseberichte belegen diese Einschätzung. So hat z.B. die Deutsche Bank AG Anfang 2016 mit Hewlett-Packard (HP) einen milliardenschweren Auslagerungsvertrag unterzeichnet, in dessen Rahmen HP umfangreiche Rechenzentrumsleistungen bereitstellt. Vgl. Beecken, Grit, Deutsche Bank will mit HP sparen, in: Börsen-Zeitung vom 25. Februar 2016, S. 3.

22 Vgl. Chrubasik, Bodo/Schütz, Armin, Auslagerungen in der Kreditwirtschaft, Göttingen, 2018, S. 54 f.

23 Vgl. European Central Bank, Report on EU banking structure, 24. November 2004, S. 28; Konschalla, Thomas, Outsourcing – BaFin vergleicht Auslagerungen bei Instituten, in: BaFinJournal, Ausgabe August 2013, S. 24.

24 Vgl. PricewaterhouseCoopers (PwC), Fit für die Zukunft – Wie sich bankfachliche Dienstleister erfolgreich für den Business Process Outsourcing Markt 2020 aufstellen, Business Process Outsourcing Studie, Frankfurt am Main, Dezember 2016, S. 27 f; Chrubasik, Bodo/Schütz, Armin, Auslagerungen in der Kreditwirtschaft, Göttingen, 2018, S. 57.

25 Vgl. Tölle, Harald, Outsourcing: Auslagerung von Geschäftsbereichen als Alternative zu Fusionen, in: BankPraktiker, Heft 12/2007, S. 601 ff.

Kostensenkung«, die darüber entscheiden, ob eine Auslagerungsmaßnahme zum Erfolg wird oder nicht. Wegen der genannten Probleme sind bei einigen großen Unternehmen sogar Tendenzen in Richtung Re-Integration zu registrieren.[26]

1.4 Relevanz für die Bankenaufsicht

10 Die Risiken von Auslagerungen sind auch für die Bankenaufsicht von Bedeutung. Gesetzgeber und Aufsichtsbehörden können es nicht hinnehmen, wenn Institute die Kontrolle über ihre ausgelagerten Aktivitäten und Prozesse verlieren. Die BaFin hat frühzeitig darauf hingewiesen, dass Auslagerungen nicht zur Beaufsichtigung von »virtuellen Banken« oder »Parabanken« führen dürfen, da solche schwarzen Löcher im Finanzsystem zu einer massiven Steigerung des Systemrisikos beitragen können.[27] Zuletzt hat die EBA im Zuge der Konsultation ihrer Leitlinien zu Auslagerungen im Jahre 2018 betont, dass die Auslagerung von Aktivitäten und Prozessen nicht zur Folge haben darf, dass ein Institut zu einer »leeren Hülle« wird, der eigentlich die Substanz für eine Bankerlaubnis fehlt.[28]

11 Darüber hinaus sollen sich die Geschäftsleiter nicht durch eine umfangreiche Auslagerung wesentlicher Bereiche ihrer Verantwortung für das Institut entziehen können. Auslagerungen können für das auslagernde Institut mit zahlreichen Risiken verbunden sein, wie z. B. strategischen und operationellen Risiken einschließlich Rechts- und IT-Risiken, Reputationsrisiken und Konzentrationsrisiken.[29] Bei Auslagerungen in Offshore Regionen können Länderrisiken bestehen, die sich aus unsicheren politischen, wirtschaftlichen und sozialen Verhältnisse des Landes ergeben.[30] Des Weiteren kann ein Konzentrationsrisiko entstehen, wenn ein Institut eine Vielzahl von Aktivitäten und Prozesse auf denselben Dienstleister auslagert. Schließlich können sich im Fall einer Weiterverlagerung des Auslagerungsunternehmens auf Dritte Risiken ergeben, wenn hierdurch die Steuerungs- und Überwachungsmöglichkeiten des Institutes ggf. geschwächt werden oder Konzentrationsrisiken entstehen.

12 Auslagerungen können schließlich eine wirksame Bankenaufsicht behindern, wenn sich die Auskunfts- und Prüfungsrechte sowie Kontrollmöglichkeiten der Aufsichtsbehörde nicht auf das Auslagerungsunternehmen erstrecken. Aus makroprudentieller Sicht kann es zu schwer beherrschbaren Risikokonzentrationen kommen, wenn zahlreiche Institute wichtige Funktionen auf ggf. marktbeherrschende Mehrmandantendienstleister auslagern.[31]

---

26 Vgl. Deloitte, Calling a Chance in the Outsourcing Market: The Realities for the World's Largest Organizations, April 2005, S. 22 ff.

27 Vgl. Sanio, Jochen, Outsourcing aus aufsichtsrechtlicher Sicht, Vortrag im Rahmen der Betriebswirtschaftlichen Tagung für Sparkassenvorstände des Rheinischen Sparkassen- und Giroverbandes, Wesel, 17. April 2002.

28 Die EBA spricht von »emty shell that lacks the substance to remain authorised«. Vgl. European Banking Authority, Consultation Paper – EBA Draft Guidelines on Outsourcing Arrangements, EBA/CP/2018/11, 22. Juni 2018, S. 5. Im Zusammenhang mit der im Institut verbleibenden notwendigen »retained organisation« verweist die EBA zusätzlich auf nicht zulässige »letter-box entities«. Vgl. European Banking Authority, Consultation Paper – EBA Draft Guidelines on Outsourcing Arrangements, EBA/CP/2018/11, 22. Juni 2018, S. 25.

29 Vgl. European Banking Authority, Leitlinien zur internen Governance, EBA/GL/2017/11, 21. März 2018, S. 25. Das Joint Forum hat im Jahre 2005 eine umfassende Darstellung der für Institute mit Auslagerungen verbundenen Risiken (»Key Risks of Outsourcing«) veröffentlicht. Vgl. The Joint Forum, Outsourcing in Financial Services, 15. Februar 2005, S. 11 ff. Der Baseler Ausschuss für Bankenaufsicht ordnet die auslagerungsspezifischen Risiken mit seinen einzelnen Komponenten weitgehend dem operationellen Risiko zu, sodass eine entsprechende Eigenkapitalunterlegung in der ersten Säule zu erfolgen hat. Vgl. Basel Committee on Banking Supervision, Principles for the Sound Management of Operational Risk, BCBS 195, 30. Juni 2011, S. 16.

30 Vgl. The Joint Forum, Outsourcing in Financial Services, 15. Februar 2005, S. 11.

31 Vgl. European Banking Authority, Consultation Paper – EBA Draft Guidelines on Outsourcing Arrangements, EBA/CP/2018/11, 22. Juni 2018, S. 11.

1.5 Zielsetzung der bankaufsichtlichen Anforderungen an Auslagerungen

Aufgrund der Bedeutung der Risiken von Auslagerungen sind Vorgaben der Bankenaufsicht unverzichtbar, wenn Institute Aktivitäten und Prozessen auf Dritte auslagern. Das Ziel der bankaufsichtlichen Anforderungen ist es dabei nicht, die mit den Auslagerungen verbundenen Risiken zu verhindern. Die Risiken sind zu einem bestimmten Grad unvermeidbar, z.B. wird bei einer vollständigen Auslagerung eine gewisse Abhängigkeit des Institutes vom Dienstleister bestehen.[32] Die Institute haben daher bei wesentlichen Auslagerungen im Rahmen einer Risikoanalyse die Auslagerungsrisiken zu identifizieren und zu beurteilen (→ AT 9 Tz. 2). Darüber hinaus muss das Institut in der Lage sein, die mit den wesentlichen Auslagerungen verbundenen Risiken (inkl. möglicher Risiken aus Weiterverlagerungen) angemessen zu steuern sowie die Leistungserbringung durch das Auslagerungsunternehmen ordnungsgemäß zu überwachen (→ AT 9 Tz. 9 und 10). Als weitere risikomindernde Maßnahmen verlangt die Bankenaufsicht ein angemessenes (zentrales) Auslagerungsmanagement (→ AT 9 Tz. 12 und 13), eine adäquate Vertragsgestaltung für wesentliche Auslagerungen (→ AT 9 Tz. 7) und Vorkehrungen für die Beendigung der Auslagerung wie z.B. Handlungsoptionen und Ausstiegsprozesse (→ AT 9 Tz. 6). Die Institute müssen sich schließlich im Auslagerungsvertrag alle erforderlichen Rechte einräumen lassen, insbesondere uneingeschränkte Informations- und Prüfungsrechte, sowie die Kontrollmöglichkeiten der Aufsichtsbehörden sicherstellen (→ AT 9 Tz. 7). Darüber hinaus gelten für die Auslagerungen der besonderen Funktionen (→ AT 9 Tz. 4 und 5) sowie für Weiterverlagerungen (→ AT 9 Tz. 8 und 11) spezielle Anforderungen.

13

1.6 Überblick über die Entwicklung der Anforderungen an Auslagerungen

Der deutsche Gesetzgeber hat erstmals im Rahmen der sechsten KWG-Novelle im Jahre 1998 in § 25a Abs. 2 KWG a.F. für Institute Anforderungen an die Zulässigkeit und Ausgestaltung der Auslagerung von Aktivitäten und Prozessen auf andere Unternehmen festgelegt. Die Aufnahme der Regelung in das KWG stellte zugleich klar, dass die Auslagerung von Aktivitäten und Prozessen auf Dritte grundsätzlich zulässig ist und trug dem Bedürfnis der Institute nach verlässlichen Regelungen für Auslagerungen auf andere Unternehmen Rechnung.[33]

14

Die gesetzliche Regelung wurde in der Folge durch das sehr detaillierte Rundschreiben 11/2001 der deutschen Bankenaufsicht präzisiert, dessen Anwendung sich in der Praxis häufig als schwierig erwies. Die BaFin kündigte daher bereits bei der erstmaligen Veröffentlichung der MaRisk im Dezember 2005 die Modernisierung der Auslagerungs-Regelungen und deren Integration in die MaRisk an.[34] Ziel der BaFin war die Entwicklung praxisnaher und flexibler Anforderungen, die nahtlos an den prinzipienorientierten Ansatz der MaRisk anknüpfen. Die modernisierten Auslagerungsregelungen wurden nach Diskussion im Fachgremium MaRisk und Konsultationen mit den Verbänden im Zuge der »ersten MaRisk-Novelle« im Jahre 2007 in das Modul AT 9 (»Outsourcing«) überführt, das zuvor lediglich eine »Platzhalter-Funktion« hatte.[35] Das an die Stelle des

15

---

32 Vgl. Chrubasik, Bodo/Schütz, Armin, Auslagerungen in der Kreditwirtschaft, Göttingen, 2018, S. 68.

33 Vgl. Wolfgarten, Wilhelm, in: Boos, Karl-Heinz/Fischer, Reinfrid/Schulte-Mattler, Hermann (Hrsg.), Kreditwesengesetz und VO (EU) Nr. 575/2013, Band 1, 5. Auflage, München, 2016, § 25b KWG, Tz. 4.

34 Vgl. Bundesanstalt für Finanzdienstleistungsaufsicht, Übermittlungsschreiben zum Rundschreiben 18/2005 (BA) vom 20. Dezember 2005, S. 6.

35 Vor der Integration der Auslagerungsregelungen befand sich in AT 9 lediglich ein Hinweis auf § 25a Abs. 2 KWG a.F. und die hierzu erlassenen Verwaltungsvorschriften der BaFin (also z.B. das BaFin-Rundschreiben 11/2001).

Rundschreibens 11/2001 getretene Modul konkretisiert seitdem als norminterpretierende Verwaltungsvorschrift den Inhalt der unbestimmten Rechtsbegriffe des KWG. Gleichzeitig mit der ersten MaRisk-Novelle trat das »Finanzmarktrichtlinie-Umsetzungsgesetz« (FRUG)[36] in Kraft, das die europarechtlichen Vorgaben der »MiFID«[37] und der diese begleitende »MiFID-Durchführungsrichtlinie«[38] an Auslagerungen in nationales Recht umsetzte. Bei den weiteren Überarbeitungen der MaRisk in den Jahren 2009 (»zweite MaRisk-Novelle«) und 2010 (»dritte MaRisk-Novelle«) blieben die Auslagerungsregelungen der MaRisk unverändert. Auch die Ergänzungen im Rahmen der »vierten MaRisk-Novelle« aus dem Jahre 2012 um Aspekte für eine »unbeabsichtigte« oder »unerwartete« Beendigung von Auslagerungen (→ AT 9 Tz. 6) stellten nur eine geringfügige Änderung der Vorgaben an Auslagerungen dar.

16   Mit dem CRD IV-Umsetzungsgesetz wurde § 25a Abs. 2 KWG a.F. zum 1. Januar 2014 ohne inhaltliche Änderung in § 25b KWG überführt. Seitdem ist § 25b KWG der zentrale gesetzliche Regelungsrahmen für die Auslagerungsaktivitäten der Institute. Die Regelung soll sicherstellen, dass eine wesentliche Auslagerung von Aktivitäten oder Prozessen durch Institute auf andere Unternehmen nicht zu einer Einschränkung der Ordnungsmäßigkeit der Leistungserbringung sowie der Steuerungs- und Kontrollmöglichkeiten der Geschäftsleitung führt. Darüber hinaus dürfen die Kontrollmöglichkeiten und Prüfungsrechte der Aufsichtsbehörden und externen Prüfer nicht beeinträchtigt werden. Im Rahmen des Abwicklungsmechanismusgesetzes (AbwMechG)[39] aus dem Jahre 2015 wurde in § 25b Abs. 5 KWG eine Rechtsverordnungsermächtigung geschaffen, um die bisher in den MaRisk enthaltenen Auslagerungsanforderungen zukünftig in eine Verordnung überführen zu können. Bisher wurde von dieser Verordnungsermächtigung allerdings kein Gebrauch gemacht.

17   Die »fünfte MaRisk-Novelle« vom Oktober 2017 brachte neben der Umbenennung des Moduls AT 9 (»Auslagerung«) auch eine umfassende Überarbeitung der Auslagerungsregelungen mit sich, die vor allem auf Erfahrungen aus der Aufsichts- und Prüfungspraxis zurückzuführen sind. Das Modul AT 9 wurde um vier neue Textziffern ergänzt, die zum Teil neue Vorgaben enthalten und zum Teil bereits bestehende Regelungen ergänzen oder konkretisieren. Die Änderungen sollen die Grenzen von Auslagerungslösungen stärker herausarbeiten und die institutsinterne Überwachung der ausgelagerten Aktivitäten und Prozesse stärken.[40] Da die Institute in erheblichem Umfang IT-Dienstleistungen von Dritten beziehen, sind die Anforderungen der neuen MaRisk im engen Zusammenhang mit den im November 2017 vorgelegten »Bankaufsichtlichen Anforderungen an die IT« (BAIT) zu sehen.[41] Das Modul 8 der BAIT formuliert insbesondere Vorgaben für den sonstigen Fremdbezug von IT-Dienstleistungen, welche die Anforderungen der MaRisk an Aus-

---

36 Gesetz zur Umsetzung der Richtlinie über Märkte für Finanzinstrumente und der Durchführungsrichtlinie der Kommission (Finanzmarktrichtlinie-Umsetzungsgesetz) vom 16. Juli 2007 (BGBl. I Nr. 31, S. 1330), veröffentlicht am 19. Juli 2007.

37 Richtlinie 2004/39/EG (MiFID) des Europäischen Parlaments und des Rates vom 21. April 2004 über Märkte für Finanzinstrumente, Amtsblatt der Europäischen Union vom 30. April 2004, L 145/1–44. Die MiFID wurde zum 3. Januar 2018 durch die MiFID II ersetzt. Richtlinie 2014/65/EU (MiFID II) des Europäischen Parlaments und des Rates vom 15. Mai 2014 über Märkte für Finanzinstrumente sowie zur Änderung der Richtlinien 2002/92/EG und 2011/61/EU, Amtsblatt der Europäischen Union vom 12. Juni 2004, L 173/349–496.

38 Richtlinie 2006/73/EG (MiFID-Durchführungsrichtlinie) der Europäischen Kommission vom 10. August 2006 zur Durchführung der Richtlinie 2004/39/EG des Europäischen Parlaments und des Rates in Bezug auf die organisatorischen Anforderungen an Wertpapierfirmen und die Bedingungen für die Ausübung ihrer Tätigkeit sowie in Bezug auf die Definition bestimmter Begriffe für die Zwecke der genannten Richtlinie, Amtsblatt der Europäischen Union vom 2. September 2006, L 241/26–58.

39 Gesetz zur Anpassung des nationalen Bankenabwicklungsrechts an den Einheitlichen Abwicklungsmechanismus und die europäischen Vorgaben zur Bankenabgabe (Abwicklungsmechanismusgesetz – AbwMechG) in der Fassung vom 2. November 2015 (BGBl. I Nr. 43 S. 1864), veröffentlicht am 5. November 2015.

40 Vgl. Bundesanstalt für Finanzdienstleistungsaufsicht, Erster Entwurf zur Überarbeitung der MaRisk, Übermittlungsschreiben vom 18. Februar 2016, S. 1.

41 Bundesanstalt für Finanzdienstleistungsaufsicht, Bankaufsichtliche Anforderungen an die IT (BAIT), Rundschreiben 10/2017 (BA) vom 3. November 2017, geändert am 14. September 2018.

lagerungen konkretisieren. Im November 2018 hat die deutsche Aufsicht zudem eine Orientierungshilfe zu Auslagerungen an Cloud-Anbieter veröffentlicht.[42] Ziel des Merkblattes ist es, für die beaufsichtigten Unternehmen ein Problembewusstsein im Umgang mit Cloud-Diensten und den damit verbundenen bankaufsichtlichen Anforderungen zu schaffen. Die Orientierungshilfe enthält keine neuen Anforderungen, sondern beschreibt die derzeitige Aufsichtspraxis im Hinblick auf Auslagerungen an Cloud-Anbieter.[43]

Im Juni 2018 hat die EBA ihren Entwurf für Leitlinien zu Auslagerungen zur Konsultation **18** gestellt.[44] Die Leitlinien aktualisieren die CEBS-Leitlinien aus dem Jahre 2006[45] und integrieren die Empfehlungen der EBA zu Outsourcing an Cloud-Anbieter[46], die beide mit Inkrafttreten der EBA-Leitlinien zu Auslagerungen aufgehoben werden. Ziel dieses Entwurfes ist es, die Anforderungen an Auslagerungen europaweit zu harmonisieren und dadurch eine einheitliche Aufsichtspraxis in den EU-Mitgliedstaaten sicherzustellen. Darüber hinaus sollen die Leitlinien dem stetigen Anstieg an IT-Auslagerungen durch die Institute Rechnung tragen.

Im Folgenden wird die Entwicklung der bankaufsichtlichen Anforderungen an Auslagerungen **19** im Einzelnen dargestellt.

1.7 Anforderungen an Auslagerungen gemäß Rundschreiben 11/2001

Die Auslegung der Anforderungen an die Auslagerung wesentlicher Aktivitäten und Prozesse auf **20** andere Unternehmen erfolgte zunächst im Wesentlichen durch das Rundschreiben 11/2001 vom Dezember 2001.[47] Der endgültigen Veröffentlichung dieses Rundschreibens ging eine intensive, teils kontroverse Debatte auf Basis mehrerer Entwürfe voraus. Es konnte deshalb erst nach einer ungewöhnlich langen Konsultationsphase veröffentlicht werden. Zu den Kernelementen des Rundschreibens gehörten:
– Definition der Auslagerung
– Regelungen zur Zulässigkeit von Auslagerungen,
– Anforderungen an die Auswahl des Auslagerungsunternehmens,
– diverse Anforderungen an den Auslagerungsvertrag (z. B. Vereinbarung von Weisungsrechten und Zustimmungsvorbehalten),
– Anforderungen an die Steuerung und Überwachung der Auslagerungsaktivitäten sowie
– diverse Sonderregelungen (z. B. für Auslagerungen auf so genannte »Mehrmandantendienstleister«).

Gleichwohl wies das Rundschreiben 11/2001 aus heutiger Sicht Defizite auf. Insbesondere der **21** hohe Detaillierungsgrad und einige Inkonsistenzen führten dazu, dass sich die Anwendung der Regelungen sowohl in der Praxis der Institute als auch bei der Aufsicht als schwierig erwies.

---

42 Bundesanstalt für Finanzdienstleistungsaufsicht, Merkblatt – Orientierungshilfe zu Auslagerungen an Cloud-Anbieter, 8. November 2018.

43 Vgl. Bundesanstalt für Finanzdienstleistungsaufsicht, Merkblatt – Orientierungshilfe zu Auslagerungen an Cloud-Anbieter, 8. November 2018, S. 3.

44 European Banking Authority, Consultation Paper – EBA Draft Guidelines on Outsourcing arrangements, EBA/CP/2018/11, 22. Juni 2018.

45 Committee of European Banking Supervisors, Guidelines on Outsourcing, 14. Dezember 2006.

46 European Banking Authority, Empfehlungen zur Auslagerung an Cloud-Anbieter, EBA/REC/2017/03, 28. März 2018.

47 Bundesaufsichtsamt für das Kreditwesen, Auslagerung von Bereichen auf ein anderes Unternehmen gemäß § 25a Abs. 2 KWG, Rundschreiben 11/2001 vom 6. Dezember 2001.

22 Eine wichtige Rolle spielte darüber hinaus das so genannte »Vertragsprüfungsverfahren«. Gemäß §25a Abs. 2 Satz 3 KWG a. F. hatten die Institute sowohl die Absicht als auch den Vollzug wesentlicher Auslagerungen unverzüglich bei der Aufsicht anzuzeigen. Diesen Anzeigen waren gemäß §20 der Anzeigenverordnung (AnzV) a. F. Kopien des Auslagerungsvertrages sowie eine Erklärung des Auslagerungsunternehmens beizufügen, aus denen hervorging, dass Weisungsbefugnisse gegenüber dem Auslagerungsunternehmen sowie Prüfungsrechte der Aufsicht vereinbart wurden. Die einzureichenden Unterlagen wurden von der Aufsicht geprüft. Dieses ursprünglich auf die Überprüfung der Weisungs- und Prüfungsrechte ausgerichtete Vertragsprüfungsverfahren ist nach Veröffentlichung des Rundschreibens 11/2001 auf zahlreiche weitere Aspekte ausgedehnt worden. Das Vertragsprüfungsverfahren hat in der bankaufsichtlichen Praxis jedoch häufig zu einer unter Risikogesichtspunkten falschen Schwerpunktsetzung geführt. Auch von den Instituten wurde das Verfahren teilweise als unnötiger, wenig risikoorientierter Bürokratismus empfunden. Es wurde deshalb zum 31. Dezember 2006 durch eine Änderung der AnzV abgeschafft. Die Anzeigepflichten (Absichts- und Vollzugsanzeige) entfielen mit dem Inkrafttreten des FRUG zum 1. November 2007 (→ AT 1 Tz. 1).

1.8 Überführung der Anforderungen an Auslagerungen in die MaRisk

23 Die Integration der Anforderungen an die Zulässigkeit und Ausgestaltung der Auslagerung von Aktivitäten und Prozessen auf Dritte erfolgte im Zuge der ersten MaRisk-Novelle aus dem Jahre 2007. Die in die MaRisk überführten Auslagerungsregelungen hielten und halten unter inhaltlichen Gesichtspunkten an vielen Grundgedanken des Rundschreibens 11/2001 fest. Zentrale Elemente des Rundschreibens, wie etwa die Unterscheidung zwischen »wesentlichen« und »nicht wesentlichen« Auslagerungen, wurden im Rahmen der ersten MaRisk-Novelle beibehalten. Die eigentliche Neuerung gegenüber dem Rundschreiben bestand darin, dass dem Management auslagerungsspezifischer Risiken ein deutlich größeres Gewicht eingeräumt wird. Im Kern geht es für die Institute vor allem darum, die ausgelagerten Aktivitäten und Prozesse in eine angemessene »Sourcing-Governance« einzubetten, um auf diese Weise den Anforderungen von §25b KWG Rechnung zu tragen.

24 So haben die Institute selbst die »Wesentlichkeit« einer Auslagerung auf Basis einer Risikoanalyse zu bestimmen (→ AT 9 Tz. 2). Diese Analyse muss alle Aspekte der Auslagerung umfassen, die für eine angemessene Einbindung der ausgelagerten Aktivitäten und Prozesse in das Risikomanagement maßgeblich sind. Hinsichtlich ihrer Ausgestaltung existieren keine konkreten Vorgaben. Es kann daher durchaus unterschiedliche Lösungen geben, um dem Sinn und Zweck der Anforderung zu entsprechen. Die Auslagerungsregelungen knüpfen insofern nahtlos an die prinzipienorientierte Ausrichtung der MaRisk an. Auf Detailregelungen und Festschreibungen wurde bewusst verzichtet. An deren Stelle treten Öffnungsklauseln, die den Instituten Spielräume für maßgeschneiderte Umsetzungslösungen lassen. Die deutsche Aufsicht hat ausdrücklich darauf hingewiesen, dass sie von den Instituten erwartet, die Gestaltungsspielräume auf sachgerechte Weise mit Leben zu füllen, um somit ihrer Verantwortung gerecht zu werden.[48]

25 Bei der Überarbeitung der Auslagerungsregelungen im Rahmen der ersten MaRisk-Novelle mussten auch Entwicklungen auf EU-Ebene berücksichtigt werden. Von Relevanz waren insbesondere die Vorgaben der »MiFID« und der »MiFID-Durchführungsrichtlinie«. Durch diese

---

48 Vgl. Bundesanstalt für Finanzdienstleistungsaufsicht, Übermittlungsschreiben zum Rundschreiben 5/2007 (BA) vom 30. Oktober 2007, S. 2.

Regelwerke sollten die Bedingungen für den Wertpapierhandel in Europa weiter harmonisiert werden. Beide Richtlinien enthalten aber auch Vorgaben, die die Auslagerung betrieblicher Aufgaben auf Dritte betreffen (→ AT 1 Tz. 4).

Die relevanten Vorgaben der MiFID selbst sind relativ allgemein formuliert. So haben die **26** Wertpapierfirmen nach Art. 13 Abs. 5 MiFID sicherzustellen, dass beim Rückgriff auf Dritte zur Wahrnehmung betrieblicher Aufgaben angemessene Vorkehrungen zu treffen sind, um unnötige zusätzliche Geschäftsrisiken zu vermeiden. Deutlich konkreter sind die Regelungen der MiFID-Durchführungsrichtlinie. Die dort in den Art. 13 und 14 niedergelegten Anforderungen reichen vom Schutz vertraulicher Informationen bis hin zu Notfallplänen, die von der Wertpapierfirma und dem Dienstleister gemeinsam festzulegen sind. Der von der MiFID und der MiFID-Durchführungsrichtlinie geforderte zusätzliche Grad an Konkretisierung war bei der Entwicklung der neuen MaRisk zu berücksichtigen.

Neben den Richtlinienvorgaben spielten bei der Entwicklung der neuen Auslagerungsregelun- **27** gen auch die von CEBS im Dezember 2006 veröffentlichten Leitlinien zu Auslagerungen[49] eine Rolle. Befürchtungen der Industrie vor einer Doppelregulierung (MiFID, CEBS-Leitlinien) konnten weitgehend ausgeräumt werden. Zum einen sind die Vorgaben der MiFID deutlich verbindlicher als die CEBS-Leitlinien und haben damit Vorrang. Zum anderen stimmen die CEBS-Leitlinien weitgehend mit den korrespondierenden Anforderungen der MiFID überein.[50]

1.9 Änderungen des § 25a Abs. 2 KWG a. F. durch das FRUG

Die aufgrund der MiFID und der MiFID-Durchführungsrichtlinie erforderlichen Anpassungen des **28** § 25a Abs. 2 KWG a. F. (jetzt § 25b KWG) erfolgten im Wesentlichen durch das »Finanzmarktrichtlinie-Umsetzungsgesetz« (FRUG), das gleichzeitig mit der ersten MaRisk-Novelle am 1. November 2007 in Kraft trat. Mit dem FRUG wurde der Anwendungsbereich der Regelung über die erlaubnispflichtigen Geschäfte hinaus auf »sonstige institutstypische Dienstleistungen« erweitert. Darüber hinaus verankerte das FRUG in § 25a Abs. 2 Satz 1 KWG a. F. (jetzt § 25b KWG) ausdrücklich das Proportionalitätsprinzip und legte somit die Grundlage für den prinzipienorientierten Ansatz der MaRisk bei den Auslagerungsregelungen. Die Institute sind nunmehr dazu verpflichtet, abhängig von Art, Umfang, Komplexität und Risikogehalt einer Auslagerung von Aktivitäten und Prozessen auf ein anderes Unternehmen, die für die Durchführung von Bankgeschäften, Finanzdienstleistungen oder sonstigen institutstypischen Dienstleistungen wesentlich sind, angemessene Vorkehrungen zu treffen, um übermäßige zusätzliche Risiken zu vermeiden. Gleichzeitig entfielen die bis zu diesem Zeitpunkt bestehenden Anzeigepflichten der Institute nach § 25a Abs. 2 Satz 3 KWG a. F. (Absichts- und Vollzugsanzeigen).

Darüber hinaus erweiterte das FRUG die Anordnungsbefugnisse der BaFin bei wesentlichen **29** Auslagerungen. Die BaFin kann nunmehr bei einer Beeinträchtigung ihrer Prüfungsrechte und Kontrollmöglichkeiten im Einzelfall geeignete und erforderliche Anordnungen zur Beseitigung dieser Beeinträchtigung treffen. Der im Zuge des FRUG eingefügte § 25a Abs. 3 KWG a. F. ist mit dem CRD IV-Umsetzungsgesetz zum 1. Januar 2014 ohne inhaltliche Änderung in § 25b Abs. 4 KWG überführt worden.

---

49 Committee of European Banking Supervisors, Guidelines on Outsourcing, 14. Dezember 2006.

50 Bemerkenswert ist im Grunde genommen nur eine Abweichung. CEBS hält eine zeitnahe Information der Aufsichtsbehörden durch die Institute bei wesentlichen Auslagerungen für erforderlich. Die (verbindlichen) Vorgaben der MiFID und ihrer Durchführungsrichtlinie sehen hingegen derartige Informationspflichten nicht vor, was den Gesetzgeber dazu bewogen hat, die Anzeigepflichten nach § 25a Abs. 2 Satz 3 KWG a. F. zu streichen. Vgl. Committee of European Banking Supervisors, Guidelines on Outsourcing, 14. Dezember 2006, S. 4.

30   Die sonstigen gesetzlichen Änderungen durch das FRUG bewegten sich schwerpunktmäßig im redaktionellen Bereich. Vor Inkrafttreten des FRUG wurde z.B. in § 25a Abs. 2 KWG a.F. im Zusammenhang mit einer Auslagerung der Begriff »Bereiche« verwendet, während im Rundschreiben 11/2001 von der Auslagerung von »Tätigkeiten und Funktionen« die Rede war. Seit Inkrafttreten des FRUG wird in § 25a Abs. 2 KWG a.F. (jetzt § 25b KWG) und den MaRisk einheitlich von der Auslagerung von »Aktivitäten und Prozessen« gesprochen. Trotz der nicht unerheblichen Ausdehnung des Textumfanges wiederholte der geänderte § 25a Abs. 2 KWG a.F. (jetzt § 25b KWG) im Großen und Ganzen altbekannte Regelungselemente (z.B. Sicherstellung der Auskunfts- und Prüfungsrechte sowie Kontrollmöglichkeiten der BaFin).

1.10   § 25b KWG als zentraler Regelungsrahmen für Auslagerungen

31   Nachdem § 25a Abs. 2 und 3 KWG a.F. mit dem CRD IV-Umsetzungsgesetz zum 1. Januar 2014 ohne inhaltliche Änderung in § 25b KWG überführt wurden, ist nunmehr § 25b KWG der zentrale gesetzliche Regelungsrahmen für die Auslagerungsaktivitäten der Institute. Die Regelung ist – ebenso wie die Vorgängervorschrift § 25a Abs. 2 und 3 KWG a.F. – gesetzestechnisch missglückt. So ist insbesondere die Verknüpfung von § 25b KWG mit dem die Vorschrift konkretisierenden Modul AT 9 nur unzureichend gelungen. Der Begriff »wesentlich« in § 25b Abs. 1 KWG bezieht sich z.B. auf die von der Auslagerung betroffenen Bankgeschäfte, Finanzdienstleistungen und sonstigen institutstypischen Dienstleistungen. Dies entspricht dem »wesentlichen Bereich« in Tz. 10 des inzwischen aufgehobenen BaFin-Rundschreibens 11/2001. Der Begriff der wesentlichen Auslagerungen in AT 9 Tz. 2 MaRisk bezieht sich dagegen auf das Ergebnis der Risikoanalyse.[51]

1.11   Verhältnis von § 25b KWG zu § 25a Abs. 1 KWG

32   Die Anforderungen an die Auslagerung von Aktivitäten und Prozessen nach § 25b KWG sind nicht isoliert zu betrachten. Die Regelung ergänzt, konkretisiert und überlagert die allgemeinen Anforderungen an eine ordnungsgemäße Geschäftsorganisation von Instituten nach § 25a Abs. 1 KWG um Vorgaben für wesentliche ausgelagerte Aktivitäten und Prozesse.[52] § 25b KWG ist nur auf wesentliche Auslagerungen im Sinne der MaRisk anwendbar (→ AT 9 Tz. 2). Bei nicht wesentlichen Auslagerungen ist auf die allgemeinen Anforderungen an die Ordnungsmäßigkeit der Geschäftsorganisation gemäß § 25a Abs. 1 KWG abzustellen (→ AT 9 Tz. 3).

33   Gemäß § 25a Abs. 1 Satz 1 KWG muss ein Institut über eine ordnungsgemäße Geschäftsorganisation verfügen, die die Einhaltung der vom Institut zu beachtenden gesetzlichen Bestimmungen und der betriebswirtschaftlichen Notwendigkeiten gewährleistet. Die Geschäftsleiter sind für die ordnungsgemäße Geschäftsorganisation verantwortlich (§ 25a Abs. 1 Satz 2 KWG). Die nach § 25a Abs. 1 KWG notwendige ordnungsgemäße Geschäftsorganisation umfasst insbesondere ein angemessenes und wirksames Risikomanagement, das u.a. die Festlegung von Strategien, Verfahren zur Ermittlung und Sicherstellung der Risikotragfähigkeit sowie die Einrichtung interner Kontrollverfahren einschließlich einer Internen Revision und eines internen Kontrollsystems einschließt. § 25b KWG stellt bei wesentlichen Auslagerungen im Hinblick auf die Ordnungsmäßigkeit der

---

51   Das Zusammenspiel von KWG und MaRisk wird in der Fachliteratur insgesamt kritisch beurteilt. Vgl. Langen, Markus, in: Schwennicke, Andreas/Auerbach, Dirk (Hrsg.), KWG, 3. Auflage, München, 2016, § 25b, Tz. 1.

52   So auch Benzler, Marc/Krieger, Kai, in: Binder, Jens-Hinrich/Glos, Alexander/Riege, Jan (Hrsg.), Handbuch Bankenaufsichtsrecht, Köln, 2018, § 11 KWG, Tz. 180.

Geschäftsorganisation, die Verantwortung der Geschäftsleitung sowie ein angemessenes und wirksames Risikomanagement grundsätzlich dieselben Anforderungen wie § 25a Abs. 1 KWG bei einer institutseigenen Leistungserbringung.[53]

1.12 Anwendbarkeit des § 25b KWG auf Gruppenebene

Das KWG regelt nicht ausdrücklich, ob das übergeordnete Unternehmen einer Institutsgruppe, Finanzholding-Gruppe, gemischten Finanzholding-Gruppe oder Unterkonsolidierungsgruppe nach Art. 22 CRR für die Einhaltung des § 25b KWG auf Gruppenebene verantwortlich ist. Dagegen spricht, dass § 25a Abs. 3 Satz 1 KWG nur die in § 25a Abs. 1 und 2 KWG genannten Organisationspflichten für die Gruppe als anwendbar erklärt und ein Verweis auf § 25b KWG fehlt. Die Geschäftsleiter des übergeordneten Unternehmens haben jedoch gemäß § 25c Abs. 4b Satz 2 Nr. 6 KWG dafür Sorge zu tragen, dass bei wesentlichen Auslagerungen von Aktivitäten und Prozessen auf ein anderes Unternehmen mindestens angemessene Verfahren und Konzepte eingerichtet sind, um übermäßige zusätzliche Risiken sowie eine Beeinträchtigung der Ordnungsmäßigkeit der Geschäfte, Dienstleistungen und Geschäftsorganisation im Sinne des § 25a Abs. 1 KWG zu vermeiden. Diese Sicherstellungspflicht der Geschäftsleiter des übergeordneten Unternehmens spricht für eine mittelbare Anwendung des § 25b KWG auf Gruppenebene.[54] Das stimmt auch mit den Vorstellungen der EBA in ihrem Entwurf für Leitlinien zu Auslagerungen überein, wonach das Mutterunternehmen sicherstellen sollte, dass die internen Governance-Regelungen, Prozesse und Verfahren in den Tochterunternehmen konsistent, gut integriert und angemessen sind.[55]

34

1.13 Grundsätzliche Anforderungen an Auslagerungen (§ 25b Abs. 1 und 2 KWG)

Nach § 25b Abs. 1 Satz 1 KWG muss ein Institut bei einer wesentlichen Auslagerung von Aktivitäten oder Prozessen mit Bezug zu Bankgeschäften, Finanzdienstleistungen oder institutstypischen Dienstleistungen auf ein anderes Unternehmen angemessene Vorkehrungen treffen, um übermäßige zusätzliche Risiken zu vermeiden. Die alte Regelung des § 25a Abs. 2 KWG a.F. beschränkte sich zunächst auf die Auslagerung von Bereichen im Zusammenhang mit Bankgeschäften und Finanzdienstleistungen. Alle übrigen Geschäfte, die Institute üblicherweise erbringen, fielen nicht unter diese Vorschrift. Mit Inkrafttreten des FRUG zum 1. November 2017 wurde der sachliche Anwendungsbereich der Vorschrift auf »sonstige institutstypische Dienstleistungen« erweitert. Folgerichtig nimmt die Definition der Auslagerung in den MaRisk neben den Bankgeschäften und Finanzdienstleistungen auch auf sonstige institutstypische Dienstleistungen Bezug (→ AT 9 Tz. 1).

35

---

53 Vgl. Ferstl, Matthias, Neuregelung des § 25a KWG/MaRisk für das Outsourcing – erste Erfahrungen aus Bankensicht, in: Grieser, Simon/Heemann, Manfred (Hrsg.), Bankaufsichtsrecht, 1. Auflage, Frankfurt, 2010, S. 1036.

54 So auch Wolfgarten, Wilhelm, in: Boos, Karl-Heinz/Fischer, Reinfrid/Schulte-Mattler, Hermann (Hrsg.), Kreditwesengesetz und VO (EU) Nr. 575/2013, Band 1, 5. Auflage, München, 2016, § 25b KWG, Tz. 15; Benzler, Marc/Krieger, Kai, in: Binder, Jens-Hinrich/Glos, Alexander/Riege, Jan (Hrsg.), Handbuch Bankaufsichtsrecht, Köln, 2018, § 11 KWG, Tz. 186.

55 Die EBA spricht in diesem Zusammenhang von »internal governance arrangements, processes and mechanisms«. Vgl. European Banking Authority, Consultation Paper – EBA Draft Guidelines on Outsourcing Arrangements, EBA/CP/2018/11, 22. Juni 2018, S. 21.

36 Die vom Institut zu treffenden Vorkehrungen müssen abhängig von Art, Umfang, Komplexität und Risikogehalt der Auslagerung angemessen sein. Die Regelung ist Ausfluss des Proportionalitätsprinzips, das mit dem FRUG ausdrücklich in § 25a Abs. 2 KWG a. F. (jetzt § 25b Abs. 1 Satz 1 KWG) verankert wurde. Der Grundsatz der Proportionalität ermöglicht die prinzipienorientierte Ausrichtung der Auslagerungsregelungen in den MaRisk, die bewusst auf Detailregelungen und Festschreibungen verzichten. Er findet z. B. bei der Intensität der vom Institut durchzuführenden Risikoanalyse (→ AT 9 Tz. 2), der Implementierung geeigneter Steuerungs- und Überwachungsmechanismen (→ AT 9 Tz 9), den Grenzen bei der Auslagerung von besonderen Funktionen (→ AT 9 Tz. 5) und der verpflichtenden Einrichtung eines zentralen Auslagerungsmanagements (→ AT 9 Tz. 12) Anwendung. Diese Vorgehensweise entspricht den Vorstellungen der EBA, die in ihrem Entwurf für Leitlinien zu Auslagerungen den Grundsatz der Proportionalität ausdrücklich betont.[56]

37 Seit der Modernisierung der Auslagerungsregelungen durch die MaRisk haben die Institute bei Auslagerungen einen erheblichen Gestaltungsspielraum. Allerdings enthält § 25b KWG bestimmte Grenzen der Zulässigkeit von Auslagerungsmaßnahmen, die in den MaRisk teilweise wiederholt, ergänzt oder konkretisiert werden. Nach § 25b Abs. 1 Satz 2 KWG darf eine Auslagerung wesentlicher Aktivitäten oder Prozesse weder die Ordnungsmäßigkeit der von den Auslagerungsmaßnahmen betroffenen Bankgeschäfte, Finanzdienstleistungen oder sonstigen institutstypischen Dienstleistungen noch die Geschäftsorganisation des Institutes im Sinne des § 25a Abs. 1 KWG beeinträchtigen. Das Institut muss insbesondere ein angemessenes und wirksames Risikomanagement gewährleisten, das die ausgelagerten Aktivitäten und Prozesse einbezieht (§ 25b Abs. 1 Satz 3 KWG). Zudem darf nach § 25b Abs. 2 Satz 1 KWG die Auslagerung nicht zu einer Übertragung der Verantwortung der Geschäftsleiter an das Auslagerungsunternehmen führen. Dieses so genannte »Delegationsverbot« wird durch die MaRisk konkretisiert. Es bedeutet einerseits, dass die Geschäftsleiter auch im Fall einer Auslagerung für die ausgelagerten Bereiche verantwortlich bleiben. Darüber hinaus bringt das Delegationsverbot zum Ausdruck, dass die Leitungsaufgaben der Geschäftsleitung nicht auslagerbar sind (→ AT 9 Tz. 4). Zudem stellt § 25b Abs. 2 Satz 2 KWG klar, dass das Institut trotz einer Auslagerung für die Einhaltung der von ihm zu beachtenden gesetzlichen Bestimmungen verantwortlich bleibt. Es muss somit Regelverstöße bei den ausgelagerten Aktivitäten und Prozesse so vertreten, als ob die betroffenen Bereiche nicht ausgelagert worden wären.

1.14 Auskunfts- und Prüfungsrechte sowie Kontrollrechte (§ 25b Abs. 3 KWG)

38 Die Auslagerung von Aktivitäten oder Prozessen auf andere Unternehmen darf eine effektive Überwachung des Institutes durch die Bankenaufsicht nicht behindern. Im Hinblick auf die Prüfungsrechte der BaFin ist zu unterscheiden. Nach § 44 Abs. 1 Satz 2 und 3 KWG stehen der BaFin bzw. der von ihr beauftragten Deutschen Bundesbank sowie sonstigen Personen, deren sich die BaFin bei der Durchführung der Prüfungen bedient, gegenüber Auslagerungsunternehmen im Inland ein eigenständiges Prüfungsrecht zu.[57] Eine Regelung im Auslagerungsvertrag ist insoweit nur deklaratorischer Art. Bei Auslagerungen wesentlicher Aktivitäten oder Prozesse auf ein

---

56 Vgl. European Banking Authority, Consultation Paper – EBA Draft Guidelines on Outsourcing arrangements, EBA/CP/2018/11, 22. Juni 2018, S. 20 f.

57 Gemäß § 44 Abs. 1 Satz 2 und 3 KWG kann die BaFin gegenüber einem Auslagerungsunternehmen eine Prüfung anordnen, wenn die Auslagerung durch ein Institut oder ein übergeordnetes Unternehmen erfolgte. Zusätzlich besteht ein Prüfungsrecht der Aufsicht gemäß § 44 Abs. 2 Satz 2 und 3 KWG gegenüber einem Auslagerungsunternehmen, wenn die Auslagerung durch ein nachgeordnetes Unternehmen, eine (gemischte) Finanzholding-Gesellschaft oder eine gemischte Holding-Gesellschaft erfolgte.

Unternehmen mit Sitz im Ausland greift das gesetzliche Prüfungsrecht in § 44 Abs. 2 KWG nach dem Grundsatz der Gebietshoheit nicht.[58] Nach § 25b Abs. 3 Satz 1 KWG müssen daher die Auskunfts- und Prüfungsrechte sowie Kontrollmöglichkeiten der BaFin in Bezug auf die ausgelagerten Aktivitäten und Prozesse auch bei einer Auslagerung auf ein Unternehmen mit Sitz im EWR-Ausland oder in einem Drittstaat durch geeignete Vorkehrungen gewährleistet werden. Entsprechendes gilt für die Wahrnehmung der Aufgaben des Prüfers des Institutes (§ 25b Abs. 3 Satz 2 KWG). Um § 25b Abs. 3 Satz 1 und 2 KWG zu genügen, bedarf eine Auslagerung nach § 25b Abs. 3 Satz 3 KWG einer schriftlichen Vereinbarung zwischen dem Institut und dem Auslagerungsunternehmen, welche die zur Einhaltung der genannten Auskunfts-, Prüfungs- und Kontrollrechte erforderlichen Rechte des Institutes, einschließlich Weisungs- und Kündigungsrechte, sowie die korrespondierenden Pflichten des Auslagerungsunternehmens festlegt (→ AT 9 Tz. 7). Das Prüfungsrecht und die Kontrollrechte der Aufsichtsbehörde erstrecken sich nur auf die ausgelagerten Aktivitäten und Prozesse und die damit im Zusammenhang stehenden Kontrollen, nicht hingegen auf den übrigen Geschäftsbetrieb des Auslagerungsunternehmens.[59]

1.15 Anordnungsbefugnis der BaFin bei Auslagerungen (§ 25b Abs. 4 KWG)

§ 25b Abs. 4 KWG erweitert die nach § 25a Abs. 2 Satz 2 KWG im Hinblick auf die ordnungsgemäße Geschäftsorganisation gemäß § 25a Abs. 1 Satz 3 und 6 KWG bestehende Anordnungsbefugnis der BaFin auf die Auslagerung.[60] Sind bei Auslagerungen die Prüfungsrechte und Kontrollmöglichkeiten der BaFin beeinträchtigt, kann diese die im Einzelfall geeigneten und erforderlichen Maßnahmen zur Beseitigung der Beeinträchtigung treffen. Die Anordnungen können z.B. die Verpflichtung des Institutes zu einer gezielten Vertragsveränderung beinhalten, welche die Prüfungs- und Kontrollrechte der Aufsicht (wieder) gewährleistet (→ AT 9 Tz. 7). Des Weiteren kann die Aufsicht auch die Kündigung der Auslagerungsvereinbarung verlangen, falls den Prüfungs- und Kontrollrechten der Aufsicht rechtliche Beschränkungen gegenüberstehen (z.B. im Ausland) oder das Auslagerungsunternehmen diese nicht duldet. Im Falle einer solchen Anordnung kann das Institut die ausgelagerten Aktivitäten oder Prozesse entweder wieder selbst erbringen oder den Dienstleister wechseln. Die aufsichtsrechtliche Anordnungsbefugnis wird durch die Privatautonomie der Institute begrenzt. So kann die BaFin das Institut nicht zur Übertragung der ausgelagerten Aktivitäten oder Prozesse auf einen bestimmten Dienstleister verpflichten, wenn diese durch einen anderen geeigneten Dritten im Rahmen der gesetzlichen Vorgaben ebenso gut erbracht werden können.[61] Eine Verpflichtung zur Wiedereingliederung eines ausgelagerten Bereiches kann in Betracht kommen, wenn ein Institut nicht auslagerungsfähige Aktivitäten, wie z.B. die der Geschäftsleitung ausdrücklich zugewiesene Unternehmensplanung, -koordination und -kontrolle, ausgelagert hat (→ AT 9 Tz. 4).

39

---

58 Vgl. Söbbing, Thomas/Weinbrenner, Christoph, Die Zulässigkeit der Auslagerung von IT-Dienstleistungen durch Institute in sog. Offshore-Regionen, in: Wertpapier-Mitteilungen, Heft 4/2006, S. 168.

59 § 44 Abs. 1 Satz 3 und 4 sowie Abs. 2 Satz 3 und 4 KWG ergänzen das Prüfungsrecht um das Recht, die Geschäftsräume des Institutes während der üblichen Betriebs- und Geschäftszeiten zu betreten und zu besichtigen, sowie um eine ausdrückliche Duldungspflicht der betroffenen Auslagerungsunternehmen.

60 Zu der Frage, ob sich auch die EZB auf die Aufsichtsbefugnisse nach § 25b KWG stützen kann, vgl. Glos, Alexander/Benzing, Markus, in: Binder, Jens-Hinrich/Glos, Alexander/Riege, Jan (Hrsg.), Handbuch Bankenaufsichtsrecht, Köln, 2018, § 2 KWG, Tz. 56.

61 Vgl. Krautheuser, Rüdiger in: Luz, Günther/Neus, Werner/Schaber, Mathias/Schneider, Peter/Wagner, Claus-Peter/Weber, Max (Hrsg.), KWG und CRR, 3. Auflage, Stuttgart, 2015, § 25b KWG, Tz. 31.

1.16   Verordnungsermächtigung (§ 25b Abs. 5 KWG)

40   Im Rahmen des Abwicklungsmechanismusgesetzes hat der Gesetzgeber in § 25b Abs. 5 KWG eine Rechtsverordnungsermächtigung geschaffen, um die derzeit in den MaRisk enthaltenen Auslagerungsanforderungen zukünftig in eine Verordnung überführen zu können. Nach § 25b Abs. 5 Satz 1 KWG wird das Bundesministerium der Finanzen ermächtigt, durch Rechtsverordnung, die nicht der Zustimmung des Bundesrates bedarf, im Benehmen mit der Deutschen Bundesbank und nach Anhörung der EZB nähere Bestimmungen zu erlassen über
   – das Vorliegen einer Auslagerung,
   – die bei einer Auslagerung zu treffenden Vorkehrungen zur Vermeidung übermäßiger zusätzlicher Risiken,
   – die Grenzen der Auslagerbarkeit,
   – die Einbeziehung der ausgelagerten Aktivitäten und Prozesse in das Risikomanagement sowie
   – die Ausgestaltung der Auslagerungsverträge.[62]

41   Gemäß der Gesetzesbegründung wird mit der Verordnungsermächtigung dem Umstand Rechnung getragen, dass Auslagerungstatbestände einen unmittelbaren Zusammenhang mit der Ordnungsmäßigkeit der Geschäftsorganisation und insbesondere mit dem nach § 25a Abs. 1 Satz 3 KWG geforderten angemessenen und wirksamen Risikomanagement aufweisen. Daher ist es aus Sicht des Gesetzgebers folgerichtig, dass die gegenwärtige nähere Konkretisierung der Auslagerungsanforderungen durch die MaRisk zukünftig auf die Basis einer Rechtsverordnung gestellt wird und somit den gleichen Rechtscharakter erhält wie die allgemeinen Anforderungen an das Risikomanagement.[63] Die Verordnungsermächtigung ist aber vor allem auch im Zusammenhang mit der anhaltenden Diskussion zu sehen, ob die direkt von der EZB beaufsichtigten Institute in Deutschland die MaRisk zu beachten haben (→ Teil I, Kapitel 5). Bisher wurde von der Rechtsverordnungsermächtigung kein Gebrauch gemacht. Vielmehr hat die deutsche Aufsicht auch die fünfte MaRisk-Novelle im Jahre 2017 erneut als Rundschreiben veröffentlicht.[64]

1.17   Neue Anforderungen an Auslagerungen durch die »fünfte MaRisk-Novelle«

42   Die deutsche Aufsicht hat die finale Fassung der fünften MaRisk-Novelle im Oktober 2017 veröffentlicht.[65] Sie enthält neue Anforderungen an Auslagerungen sowie umfassende Ergänzungen und Konkretisierungen der bereits bestehenden Vorgaben, die vor allem auf Erfahrungen aus der Aufsichts- und Prüfungspraxis beruhen. Der Veröffentlichung waren umfangreiche Konsultationen mit der Deutschen Kreditwirtschaft (DK) sowie eine Sitzung des Fachgremiums MaRisk am

---

62   Das Bundesministerium der Finanzen kann die Ermächtigung durch Rechtsverordnung auf die Bundesanstalt für Finanzdienstleistungsaufsicht mit der Maßgabe übertragen, dass die Rechtsverordnung im Einvernehmen mit der Deutschen Bundesbank ergeht. Vor Erlass der Rechtsverordnung sind die Spitzenverbände der Institute zu hören. Vgl. § 25b Abs. 5 Satz 2 und 3 KWG. Die EZB muss aus formalen Gründen angehört werden (→ Teil I).

63   Gesetzentwurf der Bunderegierung zur Anpassung des nationalen Bankenabwicklungsrechts an den Einheitlichen Abwicklungsmechanismus und die europäischen Vorgaben zur Bankenabgabe (Abwicklungsmechanismusgesetz) vom 26. Mai 2015, Bundestags-Drucksache 18/5009 vom 26. Mai 2015.

64   Die Deutsche Kreditwirtschaft (DK) hat die weitere Ausgestaltung der Auslagerungsanforderungen im Rahmen der MaRisk als Rundschreiben begrüßt. Nach Ansicht der DK besteht die Gefahr, dass bei einer Überführung der Anforderungen in eine Rechtsverordnung die bewährten Grundsätze der Prinzipienorientierung und Methodenfreiheit eingeschränkt werden. Vgl. Deutsche Kreditwirtschaft, Stellungnahme zum Entwurf der MaRisk in der Fassung vom 18. Februar 2016 (Konsultation 02/2016) vom 27. April 2016, S. 6.

65   Bundesanstalt für Finanzdienstleistungsaufsicht, Mindestanforderungen an das Risikomanagement (MaRisk), Rundschreiben 09/2017 (BA) vom 27. Oktober 2017.

24./25. Mai 2016 vorausgegangen, in denen die von der Aufsicht geplanten Änderungen zum Teil kontrovers diskutiert wurden.[66]

Die deutsche Aufsicht betont im Übermittlungsschreiben zur neuen Fassung der MaRisk, dass die **43** Institute zukünftig das Management von mit Auslagerungen verbundenen Risiken effektiver gestalten und vor allem möglichen Kontrollverlusten entgegenwirken sollen. Im Fokus der Änderungen stehen die Aufgaben und Tätigkeiten der Risikocontrolling- und Compliance-Funktion sowie der Internen Revision. Da diese besonderen Funktionen für die Geschäftsleitung wichtige Steuerungsinstrumente darstellen, ist deren vollständige Auslagerung nur noch in bestimmten Ausnahmefällen möglich.[67] Die Institute haben zudem bei einer Auslagerung dieser besonderen Funktionen bzw. von Aktivitäten oder Prozessen in Kernbankbereichen weiterhin über Kenntnisse und Erfahrungen zu verfügen, die eine wirksame Überwachung der vom Auslagerungsunternehmen erbrachten Dienstleistung gewährleistet. Es ist sicherzustellen, dass bei Bedarf – im Fall der Beendigung des Auslagerungsverhältnisses oder der Änderung der Gruppenstruktur – der ordnungsgemäße Betrieb in diesen Bereichen fortgesetzt werden kann (→ AT 9 Tz. 4 und 5).

Eine mit der Kreditwirtschaft kontrovers diskutierte Änderung betrifft die Abgrenzung zwischen **44** Auslagerungen und sonstigem Fremdbezug im Bereich von Software einschließlich der dazugehörigen Unterstützungsleistungen. Danach werden Unterstützungsleistungen für Software als Auslagerung angesehen, sofern die Software für das Risikomanagement verwendet wird oder für die Durchführung von bankgeschäftlichen Aufgaben von wesentlicher Bedeutung ist. Auch der Betrieb von Software durch externe Dritte gilt – zumindest in bestimmten Fällen – als Auslagerung (→ AT 9 Tz. 1, Erläuterung). Die bei wesentlichen Auslagerungen durchzuführende Risikoanalyse hat nunmehr auf der Grundlage von institutsweit bzw. gruppenweit einheitlichen Rahmenvorgaben zu erfolgen (→ AT 9 Tz. 2). Darüber hinaus wurden die Anforderungen an unbeabsichtigte und unerwartete Beendigungen von Auslagerungen dahingehend ergänzt, dass die Institute über die bisher bereits vorzuhaltenden Handlungsoptionen – soweit sinnvoll und möglich – auch Ausstiegsprozesse festzulegen haben (→ AT 9 Tz. 6). Bereits bei der Vertragsanbahnung haben die Institute intern festzulegen, welchen Grad einer Schlechtleistung sie akzeptieren möchten (→ AT 9 Tz. 7, Erläuterung). Die Institute müssen ferner mit Blick auf Weiterverlagerungen im Auslagerungsvertrag möglichst Zustimmungsvorbehalte vereinbaren oder konkrete Voraussetzungen, wann Weiterverlagerungen einzelner Arbeits- und Prozessschritte möglich sind (→ AT 9 Tz. 8). Schließlich hält die deutsche Aufsicht bei Instituten mit umfangreichen Auslagerungen ein zentrales Auslagerungsmanagement für erforderlich, dem bestimmte Aufgaben zugewiesen werden und das gegenüber der Geschäftsleitung berichtspflichtig ist (→ AT 9 Tz. 12 und 13).

Am 15. März 2018 fand bei der BaFin eine Sondersitzung des Fachgremiums MaRisk statt, in **45** deren Rahmen ausschließlich Fragestellungen zum Themenkomplex »Auslagerung« diskutiert wurden. Auch nach der Sondersitzung blieben einzelne Fragen offen, vor allem im Hinblick auf die zukünftige Abgrenzung zwischen einer Auslagerung und sonstigem Fremdbezug in Bezug auf Unterstützungsleistungen für Software sowie den Betrieb von Software.[68]

---

66 Der erste Entwurf der fünften MaRisk-Novelle war am 18. Februar 2016 zur Konsultation gestellt worden. In ihrer umfangreichen Stellungnahme kritisierte die DK, dass die vorgesehenen Änderungen bei Auslagerungen in Teilen dem eigentlichen Konzept einer Auslagerung nicht gerecht werden. Der Gesamtumfang der Anmerkungen der DK zu AT 9 betrug über zehn Seiten. Vgl. Deutsche Kreditwirtschaft, Stellungnahme zum Entwurf der MaRisk in der Fassung vom 18. Februar 2016 (Konsultation 02/2016) vom 27. April 2016, S. 2 und S. 18 ff. Nach Auswertung der DK-Stellungnahme und einer Sitzung des Fachgremiums MaRisk am 24./25. Mai 2016 legte die deutsche Aufsicht am 24. Juni 2016 einen inoffiziellen Zwischenentwurf der fünften MaRisk-Novelle vor, der bereits zahlreiche Anmerkungen der DK zum Modul AT 9 berücksichtigte. Die endgültige Veröffentlichung der fünften MaRisk-Novelle erfolgte schließlich am 27. Oktober 2017. Zuvor hatte die DK auch zu dem inoffiziellen Zwischenentwurf ausführlich Stellung genommen. Vgl. Deutsche Kreditwirtschaft, Stellungnahme zum Konsultationspapier 02/2016 der Bundesanstalt für Finanzdienstleistungsaufsicht (BaFin) zur Überarbeitung der MaRisk (Zwischenentwurf vom 24. Juni 2016), 22. Juli 2016, S. 10 ff.

67 Bundesanstalt für Finanzdienstleistungsaufsicht, Rundschreiben 09/2017 (BA) zur Überarbeitung der MaRisk, Übermittlungsschreiben vom 27. Oktober 2017, S. 5.

68 Vgl. Bundesanstalt für Finanzdienstleistungsaufsicht, Protokoll zur Sondersitzung des Fachgremiums MaRisk zum Thema Auslagerung am 15. März 2018, S. 4.

1.18   Aufbau der Auslagerungsregelungen in den MaRisk

46   Seit der fünften MaRisk-Novelle ist das Modul AT 9 (»Auslagerung«) in 13 Textziffern gegliedert. Im Einzelnen sind insbesondere die folgenden Elemente von Bedeutung:
- Definition des Auslagerungstatbestandes (→ AT 9 Tz. 1),
- Bestimmung der Wesentlichkeit einer Auslagerung und (implizite) Einbindung in das instituts-interne Risikomanagement (→ AT 9 Tz. 2),
- Umgang mit nicht wesentlichen Auslagerungen (→ AT 9 Tz. 3),
- Zulässigkeit der Auslagerung (→ AT 9 Tz. 4),
- besondere Anforderungen an Auslagerungen der Kontroll- und Kernbankbereiche (→ AT 9 Tz. 5)
- Aspekte bei Beendigung von Auslagerungen (→ AT 9 Tz. 6),
- Anforderungen an den Auslagerungsvertrag (→ AT 9 Tz. 7),
- Anforderungen an Weiterverlagerungen (→ AT 9 Tz. 8 und 11),
- laufende Steuerung und Überwachung (→ AT 9 Tz. 9 und 10) sowie
- Anforderungen an ein zentrales Auslagerungsmanagement (→ AT 9 Tz. 12 und 13).

47   Bedeutende Ergänzungen mit Bezug zu Auslagerungen befinden sich darüber hinaus in anderen Modulen:
- Die Gesamtverantwortung der Geschäftsleitung bezieht sich unter Berücksichtigung ausgelagerter Aktivitäten und Prozesse auf alle wesentlichen Elemente des Risikomanagements (→ AT 3 Tz. 1).
- Im Fall umfangreicher Auslagerungen sind in der Geschäftsstrategie entsprechende Ausführungen erforderlich (→ AT 4.2 Tz. 1, Erläuterung).
- Prozesse sowie die damit verbundenen Aufgaben, Kompetenzen, Verantwortlichkeiten, Kontrollen und Kommunikationswege sind auch bezüglich der Schnittstellen zu wesentlichen Auslagerungen klar zu definieren und aufeinander abzustimmen (→ AT 4.3.1 Tz. 2).
- Wesentliche Auslagerungsrisiken sind von den Risikosteuerungs- und -controllingprozessen des Institutes zu berücksichtigen (→ AT 4.3.2 Tz. 2).
- Die Tätigkeit der Internen Revision bezieht die ausgelagerten Aktivitäten und Prozesse ausdrücklich mit ein (→ AT 4.4.3 Tz. 3).
- Die Organisationsrichtlinien haben auch Regelungen zu Verfahrensweisen bei wesentlichen Auslagerungen zu beinhalten (→ AT 5 Tz. 3).
- Im Fall der Auslagerung zeitkritischer Aktivitäten und Prozesse haben das auslagernde Institut und das Auslagerungsunternehmen über aufeinander abgestimmte Notfallkonzepte zu verfügen (→ AT 7.3 Tz. 1).
- Die Interne Revision kann bei wesentlichen Auslagerungen unter bestimmten Voraussetzungen auf eigene Prüfungshandlungen verzichten (→ AT 9 Tz. 7 lit. b und BT 2.1 Tz. 3).

1.19   Anforderungen an Auslagerungen und sonstigen Fremdbezug von IT-Dienstleistungen gemäß BAIT

48   Unmittelbar im Anschluss an die Veröffentlichung der fünften MaRisk-Novelle hat die deutsche Aufsicht im November 2017 die »Bankaufsichtlichen Anforderungen an die IT« (BAIT) vorgelegt.[69] Dieses Rundschreiben gibt auf der Grundlage des § 25a Abs. 1 KWG einen flexiblen und praxis-

---

69 Bundesanstalt für Finanzdienstleistungsaufsicht, Bankaufsichtliche Anforderungen an die IT (BAIT), Rundschreiben 10/2017 (BA) vom 3. November 2017, geändert am 14. September 2018.

nahen Rahmen für die technisch-organisatorische Ausstattung der Institute vor, insbesondere für das Management der IT-Ressourcen und für das IT-Risikomanagement. Es konkretisiert die Anforderungen der MaRisk im Hinblick auf die IT-Ressourcen, die technisch-organisatorische Ausstattung der IT-Systeme, unter besonderer Berücksichtigung der Anforderungen an die Informationssicherheit, sowie an ein angemessenes Notfallkonzept.

Da die Institute in erheblichem Umfang IT-Dienstleistungen von Dritten beziehen, enthalten die **49** BAIT auch Anforderungen, mit denen die Auslagerungsregelungen gemäß § 25b KWG i. V. m. AT 9 der MaRisk konkretisiert werden. Gemäß den BAIT umfassen IT-Dienstleistungen alle Ausprägungen des Bezugs von IT, darunter insbesondere die Bereitstellung von IT-Systemen, Projekte/Gewerke oder Personalgestellung. Die BAIT stellen zunächst klar, dass auch Cloud-Dienstleistungen eine Auslagerung im Sinne des AT 9 darstellen können. Cloud-Dienstleistungen werden in den BAIT allgemein definiert als IT-Dienstleistungen, die dem Institut durch ein Dienstleistungsunternehmen über ein Netz bereitgestellt werden (z. B. Rechenleistung, Speicherplatz, Plattformen oder Software) und deren Angebot, Nutzung und Abrechnung dynamisch und an den Bedarf angepasst über definierte technische Schnittstellen sowie Protokolle erfolgen. Die Orientierungshilfe zu Auslagerungen an Cloud-Dienstleister vom November 2018 konkretisiert diese Definition. Cloud-Dienste sind demnach Dienste, die mithilfe von Cloud-Computing erbracht werden, d. h. ein Modell, das ortsunabhängigen, komfortablen und bedarfsgesteuerten Netzwerkzugriff auf einen gemeinsamen Pool konfigurierbarer Rechenressourcen ermöglicht (wie Netzwerke, Server, Speicher, Anwendungen und Services) und sich schnell sowie mit einem Mindestmaß an Verwaltungsaufwand oder Interaktion des Dienstleisters implementieren und freischalten lässt.[70] Sie enthält außerdem umfassende Hinweise im Hinblick auf die strategischen Überlegungen des Institutes zur Nutzung von Cloud-Diensten, die Analyse und Wesentlichkeitsbewertung des Institutes sowie die anschließende Vertragsgestaltung bei (wesentlichen) Auslagerungen[71] (→ AT 9 Tz. 1).

Wegen der grundlegenden Bedeutung der IT für die Institute verlangen die BAIT auch bei externen **50** IT-Dienstleistungen, die lediglich als sonstiger Fremdbezug – und nicht als Auslagerung – einzustufen sind, explizit eine vorherige Risikobewertung. In der Sondersitzung des Fachgremiums MaRisk zum Thema Auslagerungen am 15. März 2018 hat die Aufsicht erklärt, dass an die Risikobewertung nach BAIT für sonstigen Fremdbezug nicht dieselben Anforderungen wie an die Risikoanalyse bei Auslagerungen zu stellen sind. Dies wird auch unmittelbar aus den Tz. 53 ff. BAIT deutlich, die ja gerade nicht den Begriff »Risikoanalyse«, sondern stattdessen den Begriff »Risikobewertung« verwenden. Art und Umfang der Risikobewertung bestimmen sich nach dem Grundsatz der Proportionalität und können vom Institut nach Maßgabe seines Risikomanagements flexibel festgelegt werden. Die Aufsicht erwartet jedoch, dass sich die Institute im Rahmen der Risikobewertung in einem strukturierten Prozess mit den Risiken auseinandersetzen (→ AT 9 Tz. 2).

1.20 Entwicklungen auf europäischer Ebene

Das Committee of European Banking Supervisors (CEBS), die Vorgängerbehörde der EBA, hatte **51** bereits im Jahre 2006 Leitlinien zu Auslagerungen veröffentlicht, die von den deutschen Aufsichts-

---

70 Die Orientierungshilfe zu Auslagerungen an Cloud-Anbieter übernimmt damit die Definition der EBA: »Cloud services means services provided using cloud computing, that is, a model for enabling uniquitous, vonvenient, on-demand network access to a shared pool of configurable computing ressources (e.g. networks, servers, storage, applications and services) that can be rapidly provisioned and released with minimal management effort or service provider interaction«. Vgl. European Banking Authority, Consultation Paper – EBA Draft Guidelines on Outsourcing Arrangements, EBA/CP/2018/11, 22. Juni 2018, S. 19.
71 Vgl. Bundesanstalt für Finanzdienstleistungsaufsicht, Merkblatt – Orientierungshilfe zu Auslagerungen an Cloud-Anbieter, 8. November 2018, S. 5 ff.

behörden bei der Überführung der Auslagerungsanforderungen in die MaRisk im Jahre 2007 berücksichtigt wurden.[72] Darüber hinaus enthalten die Leitlinien der EBA zur internen Governance allgemeine Vorgaben für Auslagerungen von Aktivitäten und Prozessen auf andere Unternehmen.[73] In den überarbeiteten Leitlinien zur internen Governance aus dem Jahre 2018 weist die EBA bereits darauf hin, dass sich diese Vorgaben aufgrund der geplanten Leitlinien zu Auslagerungen auf allgemeine »Outsourcing-Richtlinien« beschränken.[74] Im März 2018 hat die EBA Empfehlungen zur Auslagerung an Cloud-Anbieter veröffentlicht.[75] Nach den im Jahre 2018 überarbeiteten EBA-Leitlinien zum aufsichtlichen Überprüfungs- und Bewertungsprozess (Supervisory Review and Evaluation Process, SREP) haben die Aufsichtsbehörden die Outsourcing-Policy und -Strategie im Rahmen des SREP zu bewerten.[76] Weitere Vorgaben für Auslagerungen sind z. B. in den EBA-Leitlinien für die IKT-Risikobewertung im SREP aus dem Jahre 2017 enthalten.[77]

1.21   Anforderungen der EBA zu Auslagerungen

52   Die EBA hat im Juni 2018 ihre Leitlinien zu Auslagerungen zur Konsultation gestellt.[78] Die Leitlinien aktualisieren die Vorgaben von CEBS aus dem Jahre 2006 und integrieren die Empfehlungen der EBA zur Auslagerung an Cloud-Anbieter, die mit ihrem Inkrafttreten beide aufgehoben werden. Ziel der Leitlinien ist es, die Anforderungen an Auslagerungen europaweit zu harmonisieren und dadurch eine einheitliche Aufsichtspraxis in den EU-Mitgliedstaaten sicherzustellen. Der Anwendungsbereich der Leitlinien erstreckt sich auf CRR-Institute, Wertpapierfirmen, Zahlungsinstitute und E-Geld-Institute.[79] Die Leitlinien definieren eine Auslagerung als eine Vereinbarung jeder Art zwischen einem Kreditinstitut, einem Zahlungsinstitut oder einem E-Geld-Institut und einem Auslagerungsunternehmen (»Service Provider«), nach der das Auslagerungsunternehmen einen Prozess, eine Dienstleistung oder eine Aktivität vollständig oder teilweise durchführt, die andernfalls vom Institut selbst vorgenommen würde.[80]

Die zur Konsultation gestellten Leitlinien an Auslagerungen entsprechen zum großen Teil den aus den MaRisk bekannten Vorgaben. Einige Anforderungen sind allerdings deutlich detaillierter als die Vorgaben des Moduls AT 9 oder gehen über diese hinaus. Der Entwurf der Leitlinien ist in folgende fünf Titel gegliedert[81]:

---

72 Committee of European Banking Supervisors, Guidelines on Outsourcing, 14. Dezember 2006.

73 Die EBA hat erstmals im Jahre 2011 Leitlinien zur internen Governance veröffentlicht, die im Jahre 2018 überarbeitet wurden. European Banking Authority, EBA Guidelines on Internal Governance (GL 44), 27. September 2011; European Banking Authority, Leitlinien zur internen Governance, EBA/GL/2017/11, 21. März 2018.

74 Vgl. European Banking Authority, Leitlinien zur internen Governance, EBA/GL/2017/11, 21. März 2018, S. 25.

75 European Banking Authority, Empfehlungen zur Auslagerung an Cloud-Anbieter, EBA/REC/2017/03, 28. März 2018.

76 Die EBA hat erstmals im Jahre 2014 Leitlinien zum SREP veröffentlicht, die im Jahre 2018 überarbeitet wurden. Vgl. European Banking Authority, Guidelines on common procedures and methodologies for the supervisory review and evaluation process (SREP) and supervisory stress testing, EBA/GL/2014/13, Consolidated version, 19. Juli 2018, S. 53.

77 Vgl. European Banking Authority, Leitlinien für die IKT-Risikobewertung im Rahmen des aufsichtlichen Überprüfungs- und Bewertungsprozesses (SREP), EBA/GL/2017/05, 11. September 2017, S. 24.

78 Vgl. European Banking Authority, Consultation Paper – EBA Draft Guidelines on Outsourcing arrangements, EBA/CP/2018/11, 22. Juni 2018.

79 Vgl. European Banking Authority, Consultation Paper – EBA Draft Guidelines on Outsourcing arrangements, EBA/CP/2018/11, 22. Juni 2018, S. 17 f.

80 Vgl. European Banking Authority, Consultation Paper – EBA Draft Guidelines on Outsourcing arrangements, EBA/CP/2018/11, 22. Juni 2018, S. 18.

81 Im Konsultationspapier sind dem eigentlichen Entwurf der Leitlinien Regelungen zum »Comply-or-Explain«-Verfahren der EBA (»Compliance and reporting obligations«), Anwendungsbereich, Definitionen (»Subject matter, scope and definitions«) sowie Inkrafttreten und Übergangsregeln (»Implementaion«) vorangestellt. Vgl. European Banking Authority, Consultation Paper – EBA Draft Guidelines on Outsourcing arrangements, EBA/CP/2018/11, 22. Juni 2018, S. 16 ff.

- Die Leitlinien betonen im Titel I (»Proportionality and group application«)[82] den Grundsatz der Proportionalität, der sowohl für die Institute bei der Einhaltung der Anforderungen an Auslagerungen als auch für die Aufsichtsbehörden bei der Überwachung der Erfüllung der Vorgaben durch die Institute gilt. Im Hinblick auf die Anwendung des Proportionalitätsprinzips kann auf die von der EBA im Rahmen der Leitlinien zur internen Governance entwickelten Kriterien zurückgegriffen werden.[83] Darüber hinaus werden Anforderungen an zentrale Auslagerungslösungen innerhalb einer Gruppe oder eines Haftungsverbundes formuliert (Risikoanalyse, gruppenweite Überwachung und Steuerung der Auslagerungen, Auslagerungsregister auf Gruppenebene etc.). Die EBA betont, dass auch in diesen Fällen das einzelne Institut für die Einhaltung der ausgelagerten bankaufsichtlichen Anforderungen verantwortlich bleibt, sodass entsprechende Auskunfts- und Informationsrechte sowie Berichtspflichten zu etablieren sind. Die Institute, die von den Aufsichtsbehörden eine Freistellung gemäß Art. 7 CRR oder Art. 10 CRR erhalten haben (»Waiver«), haben die Anforderungen der Leitlinien lediglich auf der Ebene des Mutterunternehmens bzw. der Zentralorganisation einzuhalten[84] (→ AT9 Tz.2).
- Der Titel II (»Outsourcing arrangements«)[85] unterscheidet zwischen der Auslagerung von kritischen oder bedeutenden Funktionen (»critical or important functions«) und sonstigen Auslagerungen (»non critical or non important functions«). Die Einstufung als kritische/bedeutende Funktionen erfolgt gemäß einer der Risikoanalyse nach MaRisk vergleichbaren Bewertung (»Assessment of the criticality or importance«).[86] Dabei ist es unerheblich, ob das Institut die Funktion in der Vergangenheit ausgeübt hat oder selbst ausüben könnte. An die Auslagerung von kritischen/bedeutenden Funktionen stellen die Leitlinien – ebenso wie die MaRisk bei wesentlichen Auslagerungen – deutlich höhere Anforderungen. Der Erwerb von bestimmten Dienstleistungen, Waren oder Versorgungsleistungen (Rechtsberatung, Fuhrpark, Strom, Gas etc.) gilt nach den Leitlinien nicht als Auslagerung, wenn diese normalerweise nicht von Instituten erbracht werden. Die Institute haben zudem sicherzustellen, dass die Auslagerung von Aktivitäten in einem Umfang, der selbst einer Zulassung bedarf (Auslagerung von Bankgeschäften, Wertpapierdienstleistungen, Zahlungsdiensten etc.), nur an entsprechend zugelassene und beaufsichtigte Auslagerungsunternehmen erfolgt[87] (→ AT9 Tz.2).
- Der Titel III (»Governance framework«)[88] enthält grundlegende Anforderungen an die Auslagerung von Prozessen, Dienstleistungen oder Aktivitäten auf ein Auslagerungsunternehmen. Danach führt die Auslagerung von Funktionen nicht zur Delegierung der Verantwortung der Geschäftsleitung, die für die ausgelagerten Bereiche in vollem Umfang verantwortlich und rechenschaftspflichtig bleibt.[89] Die Geschäftsleitung hat darüber hinaus auf der Ebene des einzelnen Institutes und auf Gruppenebene eine schriftliche »Outsourcing Policy« zu verabschieden und ihre Umsetzung sicherzustellen[90] (→ AT9 Tz.4). Die Institute haben eine interne Organisation (»retained organisatinon«) mit klar zugewiesenen Verantwortlichkeiten

---

82 Vgl. European Banking Authority, Consultation Paper – EBA Draft Guidelines on Outsourcing arrangements, EBA/CP/2018/11, 22. Juni 2018, S. 20 ff.

83 Vgl. European Banking Authority, Leitlinien zur internen Governance, EBA/GL/2017/11, 21. März 2018, S. 8 f.

84 Vgl. European Banking Authority, Consultation Paper – EBA Draft Guidelines on Outsourcing arrangements, EBA/CP/2018/11, 22. Juni 2018, S. 22.

85 Vgl. European Banking Authority, Consultation Paper – EBA Draft Guidelines on Outsourcing arrangements, EBA/CP/2018/11, 22. Juni 2018, S. 22 ff.

86 Vgl. European Banking Authority, Consultation Paper – EBA Draft Guidelines on Outsourcing arrangements, EBA/CP/2018/11, 22. Juni 2018, S. 33 f.

87 Vgl. European Banking Authority, Consultation Paper – EBA Draft Guidelines on Outsourcing arrangements, EBA/CP/2018/11, 22. Juni 2018, S. 23.

88 Vgl. European Banking Authority, Consultation Paper – EBA Draft Guidelines on Outsourcing arrangements, EBA/CP/2018/11, 22. Juni 2018, S. 24 ff.

89 Vgl. European Banking Authority, Consultation Paper – EBA Draft Guidelines on Outsourcing arrangements, EBA/CP/2018/11, 22. Juni 2018, S. 24.

90 Vgl. European Banking Authority, Consultation Paper – EBA Draft Guidelines on Outsourcing arrangements, EBA/CP/2018/11, 22. Juni 2018, S. 26 ff.

und ausreichenden Ressourcen vorzuhalten, die eine angemessene Steuerung und Überwachung der Auslagerungsvereinbarungen gewährleistet. Die Leitlinien verlangen zudem die Einrichtung einer »Outsourcing-Function« oder alternativ die Benennung eines leitenden Mitarbeiters (z.B. »key function holder«) mit unmittelbarer Anbindung an die Geschäftsleitung[91] (→ AT 9 Tz. 12). Zudem enthalten die Leitlinien – weitergehend als die MaRisk – umfassende Vorgaben für den Umgang mit Interessenkonflikten, die im Zusammenhang mit der Auslagerung entstehen können. Sofern bei gruppeninternen Auslagerungen wesentliche Interessenkonflikte zwischen den gruppenangehörigen Unternehmen bestehen, sind entsprechende Maßnahmen zum Management dieser Konflikte zu ergreifen[92] (→ AT 9 Tz. 2). Im Fall der Auslagerung der internen Kontrollfunktionen (Risikocontrolling- und Compliance-Funktion sowie Interne Revision) soll das Institut eine angemessene Aufsicht ausüben und in der Lage sein, die Risiken, die durch die Auslagerung kritischer/bedeutender Funktionen entstehen, angemessen zu steuern (→ AT 9 Tz. 5). Der Titel enthält umfassende Anforderungen an Geschäftsfortführungspläne (»Business Continuity Plans«, BCP) und für die Interne Revision des auslagernden Institutes.[93] Die in den Leitlinien formulierten Dokumentationsanforderungen gehen deutlich über die entsprechenden Vorgaben der MaRisk hinaus. Die Institute haben demnach in einem gängigen Datenbankformat sowohl auf Instituts- als auch auf Gruppenebene ein detailliert vorgegebenes Auslagerungsregister mit sämtlichen Auslagerungsvereinbarungen zu führen. Dieses Auslagerungsregister, das die Institute regelmäßig den Aufsichtsbehörden im Rahmen des SREP zur Verfügung stellen müssen, kann unter bestimmten Voraussetzungen auch zentral auf Gruppenebene vorgehalten werden[94] (→ AT 9 Tz. 12).

– Im Titel IV (»Outsourcing process«)[95] werden detaillierte Anforderungen an die im Vorfeld der Auslagerung durchzuführende Risikoanalyse (»Pre-outsourcing analysis«) gestellt, die eine Einstufung der ausgelagerten Tätigkeiten, Prozesse oder Dienstleistungen als kritische/bedeutende Funktion oder als sonstige Auslagerung beinhaltet. Nach den Leitlinien sollten dabei die Auslagerungen bestimmter Funktionen, wie z.B. die Auslagerung der operativen Tätigkeiten der internen Kontrollfunktionen, stets als kritisch/bedeutend klassifiziert werden. Anders als die MaRisk, die im Hinblick auf die Risikoanalyse den Instituten keine konkreten Vorgaben machen, enthalten die Leitlinien einen detaillierten Katalog von Beurteilungskriterien, die von den Instituten bei der Einstufung als kritische/bedeutende Funktion mindestens zu berücksichtigen sind.[96] Im Rahmen der erforderlichen »Due Diligence«-Prüfung des Auslagerungsunternehmens haben die Institute u.a. zu bewerten, ob der Dienstleister über angemessene und ausreichende Fähigkeiten, Kapazitäten, Ressourcen, Organisationsstrukturen und ggf. über die erforderlichen Genehmigungen verfügt.[97] Weiterhin sollten die Institute vor Abschluss der Auslagerungsvereinbarung alle mit der Auslagerung verbundenen Risiken identi-

---

91 Vgl. European Banking Authority, Consultation Paper – EBA Draft Guidelines on Outsourcing arrangements, EBA/CP/2018/11, 22. Juni 2018, S. 23.

92 Die EBA-Leitlinien zu Auslagerungen verweisen insoweit auf die EBA-Leitlinien zur internen Governance aus dem Jahre 2017. Vgl. European Banking Authority, Consultation Paper – EBA Draft Guidelines on Outsourcing Arrangements, EBA/CP/2018/11, 22. Juni 2018, S. 28.

93 Vgl. European Banking Authority, Consultation Paper – EBA Draft Guidelines on Outsourcing arrangements, EBA/CP/2018/11, 22. Juni 2018, S. 29 f.

94 Vgl. European Banking Authority, Consultation Paper – EBA Draft Guidelines on Outsourcing arrangements, EBA/CP/2018/11, 22. Juni 2018, S. 30 ff.

95 Vgl. European Banking Authority, Consultation Paper – EBA Draft Guidelines on Outsourcing arrangements, EBA/CP/2018/11, 22. Juni 2018, S. 32 ff.

96 Vgl. European Banking Authority, Consultation Paper – EBA Draft Guidelines on Outsourcing arrangements, EBA/CP/2018/11, 22. Juni 2018, S. 33 f.

97 Vgl. European Banking Authority, Consultation Paper – EBA Draft Guidelines on Outsourcing arrangements, EBA/CP/2018/11, 22. Juni 2018, S. 34.

fizieren, bewerten, überwachen und kommunizieren (»Risk assessment of outsourcing arrangements«), wobei der Grundsatz der Proportionalität anzuwenden ist[98] (→ AT9 Tz. 2).

Darüber hinaus enthält der Titel IV umfassende Anforderungen an sämtliche Auslagerungsvereinbarungen (»Contractual phase«). Die Institute haben sich im Auslagerungsvertrag die notwendigen Rechte für den Fall der Weiterverlagerung, Kündigungsrechte sowie die erforderlichen Zugangs-, Informations- und Prüfungsrechte einräumen zu lassen (→ AT9 Tz. 7). Der Titel regelt weiter Anforderungen an die Überwachung der ausgelagerten Tätigkeiten, Prozesse oder Dienstleistungen (»Oversight of outsourced functions«), wobei unter bestimmten Bedingungen eine Zentralisierung auf Gruppenebene möglich sein soll[99] (→ AT9 Tz. 9). Zudem sind Vorgaben an die Informationssicherheit, auch im Zusammenhang mit Cloud-Dienstleistungen (»Security of data and system«)[100], sowie die Ausstiegsstrategien (»Exit strategies«)[101] enthalten (→ AT9 Tz. 6). Schließlich sollten die Institute geplante Auslagerungen von kritischen/bedeutenden Funktionen, einschließlich Cloud-Dienstleistungen, rechtzeitig vorab bei der Aufsichtsbehörde anzeigen (»Duty to adequately inform supervisors«).[102]

– Der Titel V (»Guidelines on outsourcing adressed to competent authorities«)[103] richtet sich an die zuständigen Aufsichtsbehörden. Die Aufsicht sollte die Bewertung der mit der Auslagerung verbundenen Risiken mindestens im Rahmen des aufsichtlichen Überprüfungs- und Bewertungsprozesses (SREP) durchführen. Bei der Bewertung der Risiken sind neben dem operationellen Risiko, dem Reputationsrisiko sowie Konzentrationsrisiken auch das sogenannte Step-in-Risiko und mögliche Interessenkonflikte zwischen dem Institut und dem Dienstleister zu berücksichtigen. Die Aufsicht kann hierzu auf das ihr von den Instituten übermittelte Auslagerungsregister zurückgreifen. Nach den Leitlinien kann die Aufsicht zusätzlich über das Register hinausgehende Angaben verlangen (Angaben zu retained organisation, Ausstiegsstrategien, Geschäftsfortführungsplänen etc.).

Gemäß dem Entwurf sollen die Anforderungen der Leitlinien für neue Auslagerungsvorhaben **53** einschließlich der Auslagerungen an Cloud-Dienstleister ab 30. Juni 2019 gelten. Für bereits bestehende Auslagerungen können die neuen Dokumentationsanforderungen im Zuge der turnusgemäßen Anpassungen der Auslagerungsvereinbarungen erfolgen. Diese müssen allerdings spätestens zum 31. Dezember 2020 abgeschlossen sein.[104]

---

98 Vgl. European Banking Authority, Consultation Paper – EBA Draft Guidelines on Outsourcing arrangements, EBA/CP/2018/11, 22. Juni 2018, S. 35 ff.

99 Vgl. European Banking Authority, Consultation Paper – EBA Draft Guidelines on Outsourcing arrangements, EBA/CP/2018/11, 22. Juni 2018, S. 43 f.

100 Vgl. European Banking Authority, Consultation Paper – EBA Draft Guidelines on Outsourcing arrangements, EBA/CP/2018/11, 22. Juni 2018, S. 40.

101 Vgl. European Banking Authority, Consultation Paper – EBA Draft Guidelines on Outsourcing arrangements, EBA/CP/2018/11, 22. Juni 2018, S. 44.

102 Vgl. European Banking Authority, Consultation Paper – EBA Draft Guidelines on Outsourcing arrangements, EBA/CP/2018/11, 22. Juni 2018, S. 45 f.

103 Vgl. European Banking Authority, Consultation Paper – EBA Draft Guidelines on Outsourcing arrangements, EBA/CP/2018/11, 22. Juni 2018, S. 46 ff.

104 Vgl. European Banking Authority, Consultation Paper – EBA Draft Guidelines on Outsourcing arrangements, EBA/CP/2018/11, 22. Juni 2018, S. 19 f.

1.22 Kritik der Kreditwirtschaft an den EBA-Leitlinien zu Auslagerungen

54 Die Deutsche Kreditwirtschaft (DK) hat im September 2018 eine umfassende Stellungnahme zu den EBA-Leitlinien abgegeben.[105] Darin befürwortet die DK grundsätzlich die Harmonisierung der Anforderungen an Auslagerungen, da die CEBS-Leitlinien aus dem Jahre 2006 in den Mitgliedstaaten unterschiedlich umgesetzt worden sind. Die DK kritisiert die Leitlinien allerdings als insgesamt zu detailliert und zu weitreichend. Der Entwurf schränkt notwendige Entscheidungsspielräume der Institute ein und berücksichtigt das Proportionalitätsprinzip und die Besonderheiten der nationalen Bankensektoren nicht in ausreichendem Maße. Darüber hinaus können zu umfangreiche Anforderungen Kooperationen der Institute mit kleinen und jungen Dienstleistern, wie z.B. FinTechs, und somit Innovationen behindern. Im Hinblick auf einzelne Vorgaben bemängelt die DK, dass die Leitlinien nicht ausreichend zwischen Auslagerungen von kritischen/bedeutenden Funktionen (»critical or important«) und sonstigen Auslagerungen unterscheiden. Die speziellen bankaufsichtlichen Anforderungen (z.B. Due Diligence-Prüfung des Dienstleisters) sollten sich nach Auffassung der DK grundsätzlich nur auf kritische/bedeutende Funktionen beziehen, die den wesentlichen Auslagerungen im Sinne der MaRisk entsprechen. Ferner weist die DK darauf hin, dass Auslagerungen an spezialisierte Dienstleister stets auch mit Vorteilen verbunden sind, wie z.B. Risikoreduzierungen, Qualitätssteigerungen oder die Teilhabe an Innovationen. Falls die Aktivitäten und Prozesse von einem Institut auf einen ebenfalls regulierten Dienstleister ausgelagert werden, können die Vorgaben zu einem nicht gerechtfertigten Doppelaufwand bei den Kontroll- und Prüfungshandlungen beim In- und Outsourcer führen. Nach Auffassung der DK sollte grundsätzlich nur der Bezug von Leistungen im Zusammenhang mit beaufsichtigten Tätigkeiten als Auslagerung im Sinne der Leitlinien gelten[106] (→ AT 9 Tz. 1). Zudem sollten gruppeninterne Auslagerungen nicht den gleichen Anforderungen unterliegen wie gruppenexterne Auslagerungen[107] (→ AT 9 Tz. 2). Weiter kritisiert die DK, dass bei bedeutenden Instituten das Step-in-Risiko bei der Bewertung der Risiken einer Auslagerungsvereinbarung berücksichtigt werden soll[108] (→ AT 9 Tz. 2). Die Anforderungen an das Auslagerungsregister sind nach Ansicht der DK äußerst umfangreich und detailliert und gehen über die derzeit bei den Instituten geführten Leistungsübersichten weit hinaus, auch deshalb, weil sie nicht zwischen wesentlichen und unwesentlichen Auslagerungen unterscheiden[109] (→ AT 9 Tz. 12). Die von der EBA verlangten Vorab-Anzeigen der Auslagerung von kritischen/bedeutenden Funktionen würden bei den Instituten zu einem Mehraufwand führen, dem kein relevanter bankaufsichtlicher Erkenntnisgewinn gegenübersteht.[110] Schließlich regt die DK aufgrund des erheblichen Umfangs der neuen Anforderungen an, den Anwendungszeitpunkt auf den 1. Januar 2020 zu verschieben.[111]

---

105 Deutsche Kreditwirtschaft (German Banking Industry Committee), Comments on EBA Draft Guidelines on Outsourcing arrangements (EBA/CP/2018/11), 24. September 2018.

106 Vgl. Deutsche Kreditwirtschaft (German Banking Industry Committee), Comments on EBA Draft Guidelines on Outsourcing arrangements (EBA/CP/2018/11), 24. September 2018, S. 4.

107 Vgl. Deutsche Kreditwirtschaft (German Banking Industry Committee), Comments on EBA Draft Guidelines on Outsourcing arrangements (EBA/CP/2018/11), 24. September 2018, S. 2 f.

108 Vgl. Deutsche Kreditwirtschaft (German Banking Industry Committee), Comments on EBA Draft Guidelines on Outsourcing arrangements (EBA/CP/2018/11), 24. September 2018, S. 16.

109 Vgl. Deutsche Kreditwirtschaft (German Banking Industry Committee), Comments on EBA Draft Guidelines on Outsourcing arrangements (EBA/CP/2018/11), 24. September 2018, S. 13.

110 Vgl. Deutsche Kreditwirtschaft (German Banking Industry Committee), Comments on EBA Draft Guidelines on Outsourcing arrangements (EBA/CP/2018/11), 24. September 2018, S. 23.

111 Vgl. Deutsche Kreditwirtschaft (German Banking Industry Committee), Comments on EBA Draft Guidelines on Outsourcing arrangements (EBA/CP/2018/11), 24. September 2018, S. 5.

Neben der Deutschen Kreditwirtschaft haben zahlreiche weitere Interessensvertreter aus den EU-Mitgliedstaaten vergleichbare Stellungnahmen bei der EBA eingereicht.[112] Auch die »Banking Stakeholder Group« (BSG) der EBA hat zahlreiche Anforderungen der Leitlinien als zu weitreichend kritisiert.[113]

55

1.23   Auslagerungsrisiken und IKT-Auslagerungsrisiken

Im Zusammenhang mit dem Management der operationellen Risiken (→ BTR 4) wird von der EBA eine Reihe von Unterkategorien genannt, die von den zuständigen Behörden beim SREP zu berücksichtigen sind. Dazu gehören u. a. auch Auslagerungsrisiken sowie Informations- und Kommunikationstechnologie-Risiken (IKT-Risiken).[114] Das »IKT-Auslagerungsrisiko« ist als Risiko, dass die Beauftragung eines Dritten oder eines anderen Gruppenunternehmens (gruppeninterne Auslagerung) mit der Bereitstellung von IKT-Systemen oder der Erbringung damit zusammenhängender Dienstleistungen das Leistungs- und Risikomanagement des Institutes nachteilig beeinflusst[115], quasi eine Mischform aus diesen Unterkategorien.

56

Die zuständigen Behörden sollten im Rahmen des SREP bewerten, ob die Auslagerungsstrategie des Institutes ordnungsgemäß auf IKT-Auslagerungen angewendet wird, einschließlich der Auslagerungen zur Erbringung von IKT-Dienstleistungen innerhalb einer Gruppe. Insbesondere sollten die zuständigen Behörden bewerten, ob das Institut über einen wirksamen Rahmen für die Ermittlung, das Verständnis und die Bewertung des IKT-Auslagerungsrisikos und insbesondere über Kontrollen und ein Kontrollumfeld zur Minderung von Risiken in Bezug auf erhebliche IKT-Auslagerungsdienste verfügt, die der Größe, den Geschäftsaktivitäten und dem Risikoprofil des Institutes angemessen sind. Konkret geht es dabei auch um eine angemessene Bewertung der Auswirkungen von IKT-Auslagerungen auf das Risikomanagement des Institutes im Zusammenhang mit der Nutzung von Dienstanbietern (z. B. Cloud-Dienstanbietern) und deren Dienstleistungen während des Beschaffungsprozesses, die dokumentiert und von der Geschäftsleitung bei der Entscheidung für oder gegen die Auslagerung der Dienste berücksichtigt werden soll. Das Institut sollte auch die Vorgaben zum IKT-Risikomanagement sowie die IKT-Kontrollen und das Kontrollumfeld des Dienstanbieters überprüfen, um sicherzustellen, dass sie die internen Ziele im Hinblick auf das Risikomanagement und die Risikobereitschaft erfüllen. Diese Überprüfung sollte während des vertraglichen Auslagerungszeitraumes regelmäßig aktualisiert werden, wobei die Merkmale der ausgelagerten Dienstleistungen zu berücksichtigen sind. Daneben sollte eine Überwachung der IKT-Risiken der ausgelagerten Dienstleistungen während des vertraglichen Auslagerungszeitraumes im Rahmen des Risikomanagements erfolgen, deren Ergebnis in die Berichterstattung einfließt (z. B. Geschäftskontinuitäts-Berichterstattung, Sicherheitsberichterstattung),

57

---

112 Bei der EBA gingen zu dem Entwurf der Leitlinien zu Auslagerungen insgesamt 49 Stellungnahmen von Interessensvertretern der Banken, einzelnen Instituten, Wirtschaftsprüfungsgesellschaften, Börsen oder sonstigen Unternehmen wie z. B. Microsoft ein. Die Stellungnahmen sind auf der Internetseite der EBA veröffentlicht.

113 Die Banking Stakeholder Group (BSG) wurde eingerichtet, um den Dialog der EBA mit den relevanten Interessensgruppen zu fördern. Die BSG setzt sich aus 30 Mitgliedern zusammen, darunter Vertreter von Kreditinstituten und Wertpapierhäusern, Vertreter von Beschäftigten aus dem Finanzsektor, Nutzer von Bankdienstleistungen, Verbraucher, kleine und mittlere Unternehmen sowie mindestens fünf unabhängige Wissenschaftler. Interessierte Personen können sich nach einem »Aufruf der Interessenbekundung« durch die EBA bewerben. Die Entscheidung über die Zusammensetzung trifft der Rat der Aufseher der EBA. Bei den Leitlinien zu Auslagerungen kritisierte die BSG vor allem die zu weite Definition einer Auslagerung, die nicht ausreichende Unterscheidung zwischen Auslagerungen von kritischen /bedeutenden Funktionen und sonstigen Auslagerungen, die fehlende Privilegierung von gruppeninternen Auslagerungen sowie den Umfang des Auslagerungsregisters. Vgl. EBA's Banking Stakeholder Group, Comments on the Consultation Paper EBA Draft Guidelines on Outsourcing arrangements, EBA/CP/2018/11, London, 24. September 2018.

114 Vgl. European Banking Authority, Guidelines on common procedures and methodologies for the supervisory review and evaluation process (SREP) and supervisory stress testing, EBA/GL/2014/13, Consolidated version, 19. Juli 2018, S. 104 ff.

115 Vgl. European Banking Authority, Leitlinien für die IKT-Risikobewertung im Rahmen des aufsichtlichen Überprüfungs- und Bewertungsprozesses (SREP), EBA/GL/2017/05, 11. September 2017, S. 4.

sowie eine Überwachung und ein Vergleich des Dienstleistungsniveaus mit den vertraglich vereinbarten Vorgaben, die Bestandteil des Auslagerungsvertrages oder der Dienstleistungsvereinbarung (Service Level Agreement) sein sollten. Schließlich sollten die zuständigen Behörden prüfen, ob geeignete Mitarbeiter, Ressourcen und Kompetenzen zur Überwachung und Steuerung der IKT-Risiken vorhanden sind, die von den ausgelagerten Dienstleistungen ausgehen.[116]

58   Tendenziell wird im Zusammenhang mit Auslagerungsrisiken mittlerweile allgemeiner auf »Dritt-Partei-Risiken« (»Third-Party Risks«) abgestellt. So hat der Baseler Ausschuss für Bankenaufsicht Ende 2018 festgestellt, dass zwar die regulatorischen Rahmenbedingungen für Auslagerungen in allen untersuchten Rechtsordnungen recht gut etabliert sind und sehr viele Gemeinsamkeiten aufweisen. Allerdings existiert noch kein gängiger Ansatz zum Umgang mit Dritt-Partei-Risiken über ausgelagerte Dienstleistungen hinaus, der einen anderen Umfang an Regulierungs- und Aufsichtsmaßnahmen impliziert. Während Dritte kostengünstige Lösungen zur Erhöhung der Widerstandsfähigkeit bereitstellen können, obliegt es den Instituten, ein angemessenes Verständnis und ein aktives Management der Abhängigkeiten von Dritten und der damit verbundenen Konzentrationen über die gesamte Wertschöpfungskette hinweg nachzuweisen. Es sollte ein ausgewogenes Modell der Verantwortlichkeiten gefunden werden, insbesondere bei Dritten, die nicht der Bankenaufsicht unterliegen.[117]

59   Im Umkehrschluss liegt es nahe, bei der Zusammenarbeit mit Dritten, die selbst beaufsichtigt werden, andere Maßstäbe anzusetzen. Zum Beispiel könnte in diesem Fall auf eine Duplizierung von Steuerungs- und Überwachungsprozessen weitgehend verzichtet werden, wenn den auslagernden Instituten hinreichende Mitwirkungsrechte beim Dritten eingeräumt werden.

1.24   Ausblick

60   Wenngleich seit der Veröffentlichung der fünften MaRisk-Novelle und der BAIT im Jahre 2017 einige Zeit vergangen ist, sind im Hinblick auf die Auslegung der neuen Anforderungen gegenwärtig noch zahlreiche Fragen offengeblieben. Ein erhöhter Diskussions- und Kommunikationsbedarf der Kreditwirtschaft mit der Aufsicht besteht insbesondere im Hinblick auf Auslagerungen im Bereich der Software und der zugehörigen Unterstützungsleistungen sowie die Erwartungshaltung der Aufsicht beim sonstigen Fremdbezug nach BAIT.

61   Darüber hinaus enthalten die von der EBA im Juni 2018 als Entwurf vorgelegten Leitlinien zu Auslagerungen im Vergleich zu den Anforderungen nach MaRisk und BAIT in vielen Bereichen wesentliche Neuerungen, die bei den Instituten in naher Zukunft zu einem erneuten erheblichen Anpassungsbedarf führen werden (Berücksichtigung des Step-in-Risikos etc.). Zwar betont auch die EBA die Bedeutung des Grundsatzes der Proportionalität sowohl bei der Anwendung der Anforderungen in den Instituten als auch bei der Überprüfung der Einhaltung der Auslagerungsregelungen durch die Aufsichtsbehörden. Die EBA-Leitlinien weisen jedoch mit ihren sehr umfangreichen Vorgaben, wie z. B. für die Risikoanalyse, die Due-Diligence-Prüfung des Dienstleisters, die Auslagerungsvereinbarung, das Auslagerungsregister etc., eine Detaildichte auf, die eine Abkehr vom in der Praxis bewährten prinzipienorientierten Ansatz der MaRisk befürchten lassen.

62   Die Deutsche Kreditwirtschaft, die Banking Stakeholder Group und zahlreiche weitere Interessenvertreter aus den EU-Mitgliedstaaten haben zum Entwurf der EBA-Leitlinien zu Auslagerungen Stellung genommen. Am 24. September 2018 hat bei der EBA dazu eine öffentliche Anhörung stattgefunden. Es bleibt abzuwarten, inwieweit die EBA die umfangreichen Anmerkungen der

---

116 Vgl. European Banking Authority, Leitlinien für die IKT-Risikobewertung im Rahmen des aufsichtlichen Überprüfungs- und Bewertungsprozesses (SREP), EBA/GL/2017/05, 11. September 2017, S. 24 f.

117 Vgl. Basel Committee on Banking Supervision, Cyber-resilience: Range of practices, BCBS d454, 4. Dezember 2018, S. 6.

Interessenvertreter aufgreift. Es wäre in jedem Fall wünschenswert, dass die endgültige Fassung der EBA-Leitlinien bei den Anforderungen ausreichend zwischen nicht wesentlichen Auslagerungen einerseits und Auslagerungen von kritischen/bedeutenden Funktionen (»critical or important«) andererseits differenziert. Nach derzeitigem Kenntnisstand ist frühestens im ersten Halbjahr 2019 mit der Veröffentlichung der endgültigen Fassung der Leitlinien zu rechnen.

Darüber hinaus hat die im Einheitlichen Aufsichtsmechanismus (»Single Supervisory Mechanism«, SSM) für die Beaufsichtigung der bedeutenden Institute zuständige EZB (→ Teil I, Kapitel 3.4) bereits im Februar 2018 angekündigt, dass sie in enger Kooperation mit der EBA eigene Regelungen für die Auslagerungen von Aktivitäten und Prozessen vorlegen wird. Ziel der EZB sind dabei einheitliche Standards für die Auslagerungen der von ihr direkt beaufsichtigten Institute. Der noch nicht veröffentlichte EZB-Leitfaden soll die Erwartungen der EZB an die Auslagerungsvereinbarungen, das Risikomanagement, die Governance und die Überwachung der ausgelagerten Bereiche durch die bedeutenden Institute konkretisieren.[118] Da die EZB allerdings an der Ausarbeitung der EBA-Leitlinien beteiligt ist, wäre es wünschenswert, dass sie entweder auf einen eigenen Leitfaden ganz verzichtet oder sich zumindest eng an dem durch die EBA-Leitlinien vorgegebenen Rahmen orientiert. **63**

Vor diesem Hintergrund besteht gegenwärtig bei den Instituten erhebliche Unsicherheit darüber, unter welchen Voraussetzungen sie zukünftig Aktivitäten und Prozesse auf andere Unternehmen auslagern können. Unklar ist zudem, ob die EBA hinsichtlich der Anwendung ihrer Leitlinien am 30. Juni 2019 festhalten wird oder – wie von der DK angeregt – die Erstanwendung auf den 1. Januar 2020 verschiebt. Die deutsche Aufsicht hat in der Sondersitzung des Fachgremiums MaRisk am 15. März 2018 mitgeteilt, dass ein möglicher Anpassungsbedarf aus den EBA-Leitlinien in den MaRisk berücksichtigt werden soll, was letztlich zu einer »sechsten MaRisk-Novelle« führen würde. **64**

Es bleibt zu hoffen, dass den Instituten ausreichend Zeit für die Implementierung der umfangreichen neuen Anforderungen an die Auslagerung von Aktivitäten und Prozessen auf andere Unternehmen gegeben wird. Zu berücksichtigen ist zudem, dass Anpassungen der Auslagerungsvereinbarungen nur im Einvernehmen mit dem Vertragspartner erfolgen können. Vor diesem Hintergrund sollten den Instituten angemessene Übergangsfristen eingeräumt werden. **65**

---

118 European Central Bank, Outsourcing opportunities and challenges, 14. Februar 2018.

2 Auslagerung und sonstiger Fremdbezug von Leistungen (Tz. 1)

66 1 Eine Auslagerung liegt vor, wenn ein anderes Unternehmen mit der Wahrnehmung solcher Aktivitäten und Prozesse im Zusammenhang mit der Durchführung von Bankgeschäften, Finanzdienstleistungen oder sonstigen institutstypischen Dienstleistungen beauftragt wird, die ansonsten vom Institut selbst erbracht würden. Zivilrechtliche Gestaltungen und Vereinbarungen können dabei das Vorliegen einer Auslagerung nicht von vornherein ausschließen.

2.1 Was versteht man unter Auslagerungen?

67 Der Gesetzeswortlaut des § 25b Abs. 1 Satz 1 KWG stellt auf die Auslagerung von wesentlichen Aktivitäten und Prozessen auf andere Unternehmen ab, ohne den Begriff »Auslagerung« zu definieren. Den Tatbestand der Auslagerung sinnvoll abzugrenzen, ist alles andere als einfach. Auf der einen Seite haben weit gefasste Definitionen den Nachteil, dass nahezu jede von Dritten bezogene Leistung unter den Auslagerungstatbestand fallen würde. Beispielsweise würde man den Bezug von Strom, auch wenn dieser ohne Zweifel von erheblicher Bedeutung für jedes Institut ist, schon rein intuitiv nicht als Auslagerung ansehen. Kaum vorstellbar, dass Gesetzgeber und Aufsicht in solchen oder ähnlich gelagerten Fällen z. B. auf die Vereinbarung von Prüfungsrechten gegenüber Energieversorgern drängen würden. Eine allzu enge Eingrenzung des Tatbestandes der Auslagerung kann auf der anderen Seite dazu führen, dass die relevanten Fälle praktisch auf eine Nullmenge reduziert werden. § 25b KWG würde ins Leere laufen. Der Wille des Gesetzgebers wäre im Ergebnis konterkariert.

68 Angesichts dieses Spannungsfeldes ist es nicht verwunderlich, dass sich bei der Integration der Auslagerungsregelungen in die MaRisk im Jahre 2007 die Diskussionen vor allem um das Thema »Definition« drehten. Maßgeblichen Einfluss hatte dabei auch die Novellierung des § 25a Abs. 2 KWG a. F. (jetzt § 25b KWG) im Rahmen des FRUG, dessen Wortlaut selbstverständlich zu berücksichtigen war. Nach intensiver Diskussion im Fachgremium MaRisk entschied sich die deutsche Aufsicht für folgende Formulierung: Eine Auslagerung liegt vor, wenn ein anderes Unternehmen mit der Wahrnehmung solcher Aktivitäten und Prozesse im Zusammenhang mit der Durchführung von Bankgeschäften, Finanzdienstleistungen oder sonstigen institutstypischen Dienstleistungen beauftragt wird, die ansonsten vom Institut selbst erbracht würden. Im Zuge der fünften MaRisk-Novelle wurde ergänzend klargestellt, dass zivilrechtliche Gestaltungen und Vereinbarungen das Vorliegen einer Auslagerung nicht von vorherein ausschließen können.

69 Wie bereits das Rundschreiben 11/2001 konkretisiert die Definition der Auslagerung in den MaRisk die gesetzliche Regelung in § 25b KWG. Vergleicht man die Definitionen in diesem Rundschreiben und in den MaRisk, finden sich sowohl bekannte als auch neue Elemente:
- Ein »anderes Unternehmen« (Auslagerungsunternehmen) muss mit der Wahrnehmung von Aktivitäten und Prozessen beauftragt werden. Diese Anforderung entspricht der Definition im Rundschreiben 11/2001.
- Auch die Bezugnahme auf (erlaubnispflichtige) Bankgeschäfte und Finanzdienstleistungen war bereits Gegenstand der Definition im Rundschreiben 11/2001. Mit der Umsetzung des FRUG wurde der Anwendungsbereich über die erlaubnispflichtigen Geschäfte als originär »institutstypische Dienstleistungen« hinaus auf »sonstige institutstypische Dienstleistungen« erweitert.

- Eine Auslagerung liegt vor, wenn ein anderes Unternehmen mit der Wahrnehmung von Aktivitäten und Prozessen beauftragt wird, »die ansonsten vom Institut selbst erbracht würden«. Der Einschub im Nebensatz stellt die wohl bemerkenswerteste Abweichung der Anforderungen an Auslagerungen im Rahmen der ersten MaRisk-Novelle gegenüber dem Rundschreiben 11/2001 dar. Danach sind auch Aktivitäten und Prozesse im Zusammenhang mit Bankgeschäften, Finanzdienstleistungen und sonstigen institutstypischen Dienstleistungen nicht als Auslagerung zu qualifizieren, wenn sie aufgrund tatsächlicher Gegebenheiten oder rechtlicher Vorgaben vom Institut regelmäßig nicht selbst erbracht werden können. Derartige Leistungen, wie z.B. die Nutzung von Zentralbankfunktionen (innerhalb von Finanzverbünden) bzw. Clearingstellen im Rahmen des Zahlungsverkehrs und der Wertpapierabwicklung, die Inanspruchnahme von Liquiditätslinien, die Einschaltung von Korrespondenzbanken oder die Verwahrung von Vermögensgegenständen von Kunden nach dem Depotgesetz, sind als sonstiger Fremdbezug einzustufen (→ AT 9 Tz. 1, Erläuterung).
- Für das Vorliegen einer Auslagerung kommt es seit der Überführung der Auslagerungsregelungen in die MaRisk – im Unterschied zum Rundschreiben 11/2001 – zudem nicht mehr auf das Kriterium der »Dauerhaftigkeit« an.[119] Der einmalige oder gelegentliche Fremdbezug von Gütern und Dienstleistungen ist allerdings als sonstiger Fremdbezug und nicht als Auslagerung einzustufen (→ AT 9 Tz. 1, Erläuterung).

Der in die Erläuterungen eingefügte Begriff »sonstiger Fremdbezug von Leistungen« erleichtert grundsätzlich die Abgrenzung zwischen Auslagerungen und »Nicht-Auslagerungen«.[120] Im Zuge der fünften MaRisk-Novelle wurden an dieser Stelle Kriterien zur Abgrenzung von Auslagerungen und sonstigem Fremdbezug im Hinblick auf Software und die zugehörigen Unterstützungsleistungen ergänzt. Demnach werden die Unterstützungsleistungen immer dann als Auslagerung angesehen, wenn die davon betroffene Software für das Risikomanagement verwendet wird oder für die Durchführung von bankgeschäftlichen Aufgaben von wesentlicher Bedeutung ist. Auch der Betrieb von Software durch einen externen Dritten gilt als Auslagerung, wobei noch nicht abschließend geklärt ist, ob diese Einstufung grundsätzlich vorzunehmen ist oder nur bei Software, die den vorgenannten Zwecken dient. **70**

Die Definition der Auslagerung in den MaRisk entspricht in weiten Teilen den Vorstellungen der EBA. Der im Juni 2018 vorgelegte Entwurf der EBA-Leitlinien zu Auslagerungen definiert eine Auslagerung als eine Vereinbarung jeder Art zwischen einem Kreditinstitut, einem Zahlungsinstitut oder einem E-Geld-Institut und einem Auslagerungsunternehmen (»Service Provider«), unter der das Auslagerungsunternehmen einen Prozess, eine Dienstleistung oder eine Aktivität vollständig oder teilweise durchführt, die andernfalls vom Institut selbst vorgenommen würde.[121] Abweichend von den MaRisk fehlt in den EBA-Leitlinien allerdings der Bezug zu Bankgeschäften, Finanzdienstleistungen oder sonstigen institutstypischen Dienstleistungen. Nach den EBA-Leitlinien ist dieser Bezug erst bei der Beurteilung der Wesentlichkeit (»criticality or importance«) der Auslagerung zu prüfen.[122] Auch nach Einschätzung der EBA sind bestimmte Dienstleistungen, **71**

---

[119] Nach dem Wortlaut des Rundschreibens 11/2001 lag eine Auslagerung vor, wenn ein Institut ein anderes Unternehmen damit beauftragt, auf Dauer oder zumindest auf längere Zeit eine für die Geschäftstätigkeit des Institutes wesentliche Tätigkeit oder Funktion wahrzunehmen. Vgl. Bundesaufsichtsamt für das Kreditwesen, Auslagerung von Bereichen auf ein anderes Unternehmen gemäß § 25a Abs. 2 KWG, Rundschreiben 11/2001 vom 6. Dezember 2001, Tz. 8.

[120] Die Verwendung des Begriffes »sonstiger Fremdbezug« ist in der Fachliteratur uneinheitlich. Zum Teil wird zwischen »Auslagerung« und »sonstigem Fremdbezug« als Synonym für »Nicht-Auslagerung« unterschieden, zum Teil auch zwischen »Auslagerung«, »sonstigem Fremdbezug« und sonstiger »Nicht-Auslagerung«. Während sich die erste Interpretation grundsätzlich für die Zwecke der MaRisk eignet, berücksichtigt die zweite Interpretation implizit auch die Tatsache, dass im Modul 8 der BAIT besondere Vorgaben für den »sonstigen Fremdbezug von IT-Dienstleistungen« enthalten sind, mit denen die Anforderungen der MaRisk an Auslagerungen konkretisiert werden.

[121] Vgl. European Banking Authority, Consultation Paper – EBA Draft Guidelines on Outsourcing arrangements, EBA/CP/2018/11, 22. Juni 2018, S. 18.

[122] Vgl. European Banking Authority, Consultation Paper – EBA Draft Guidelines on Outsourcing Arrangements, EBA/CP/2018/11, 22. Juni 2018, S. 33.

Waren und Versorgungsleistungen, die typischerweise nicht von einem Institut bereitgestellt werden, nicht als Auslagerung zu betrachten.[123] Den in den MaRisk verwendeten Begriff des sonstigen Fremdbezuges verwendet die EBA allerdings nicht.

2.2 Anderes Unternehmen (Auslagerungsunternehmen)

72 Eine Auslagerung setzt zunächst voraus, dass ein »anderes Unternehmen« (Auslagerungsunternehmen) mit der Wahrnehmung von Aktivitäten und Prozessen beauftragt wird.[124] Unter einem anderen Unternehmen ist wie bereits im Rundschreiben 11/2001 jede andere Stelle, Einheit oder Person zu verstehen, die in Bezug auf die ausgelagerte Funktion oder Tätigkeit nicht dem auslagernden Institut zuzurechnen und organisatorisch von ihm abgegrenzt ist, ohne dass es auf die Kaufmannseigenschaft, Rechtsfähigkeit oder Rechtsform ankommt.[125] Neben juristischen Personen können auch natürliche Personen oder Personenvereinigungen, wie z. B. BGB-Gesellschaften, ein Auslagerungsunternehmen sein.[126] Ein Beispiel für ein Auslagerungsunternehmen ohne rechtliche Selbständigkeit oder Kaufmannseigenschaft sind die Landesbausparkassen, die in öffentlich-rechtliche Institute eingegliedert sind.[127]

73 Nicht als Auslagerungsunternehmen einzustufen sind rechtlich unselbständige inländische Zweigstellen oder Zweigniederlassungen eines inländischen Institutes in anderen EWR-Mitgliedstaaten oder Drittstaaten.[128]

74 Tochtergesellschaften oder andere konzernangehörige Gesellschaften sind dagegen als anderes Unternehmen im Sinne der MaRisk zu qualifizieren. Dies ergibt sich daraus, dass bei gruppeninternen Auslagerungen ein einheitliches und umfassendes Risikomanagement auf Gruppenebene sowie Durchgriffsrechte bei der Risikoanalyse risikomindernd berücksichtigt werden können (→ AT 9 Tz. 2, Erläuterung). Darüber hinaus hat die deutsche Aufsicht im Rahmen der fünften MaRisk-Novelle nunmehr ausdrücklich die vollständige Auslagerung der besonderen Funktionen für Tochterinstitute innerhalb einer Institutsgruppe zugelassen, sofern das übergeordnete Institut das Auslagerungsunternehmen ist und das Tochterinstitut sowohl hinsichtlich seiner Größe und Komplexität und des Risikogehaltes seiner Geschäftsaktivitäten für den nationalen Finanzsektor als auch hinsichtlich seiner Bedeutung innerhalb der Gruppe nicht als wesentlich einzustufen ist (→ AT 9 Tz. 5).

75 Auch nach den Vorstellungen der EBA unterliegen konzerninterne Auslagerungen grundsätzlich den gleichen regulatorischen Anforderungen wie Auslagerungen an gruppenfremde Dienstleister.[129] Die Institute haben zudem sicherzustellen, dass die Auslagerung von Aktivitäten in einem Umfang, der selbst einer Zulassung bedarf (Auslagerung von Bankgeschäften, Wertpapier-

---

123 Vgl. European Banking Authority, Consultation Paper – EBA Draft Guidelines on Outsourcing Arrangements, EBA/CP/2018/11, 22. Juni 2018, S. 23.

124 Dies entspricht auch den Vorstellungen der EBA, wonach der Dienstleistungserbringer (»Service provider«) eine Drittpartei ist, die im Rahmen einer Auslagerungsvereinbarung (teilweise oder vollständig) einen ausgelagerten Prozess, eine ausgelagerte Dienstleistung oder eine ausgelagerte Tätigkeit durchführt. Vgl. European Banking Authority, Consultation Paper – EBA Draft Guidelines on Outsourcing Arrangements, EBA/CP/2018/11, 22. Juni 2018, S. 19.

125 Vgl. Bundesaufsichtsamt für das Kreditwesen, Auslagerung von Bereichen auf ein anderes Unternehmen gemäß § 25a Abs. 2 KWG, Rundschreiben 11/2001 vom 6. Dezember 2001, Tz. 9.

126 Vgl. Wolfgarten, Wilhelm, in: Boos, Karl-Heinz/Fischer, Reinfrid/Schulte-Mattler, Hermann (Hrsg.), Kreditwesengesetz und VO (EU) Nr. 575/2013, Band 1, 5. Auflage, München, 2016, § 25b KWG, Tz. 21.

127 Diese Unternehmen sind rechtlich unselbständig, jedoch wirtschaftlich, organisatorisch und personell vom Institut vollständig getrennt und diesem gegenüber auch nicht weisungsgebunden. Vgl. Wolfgarten, Wilhelm, in: Boos, Karl-Heinz/Fischer, Reinfrid/Schulte-Mattler, Hermann (Hrsg.), Kreditwesengesetz und VO (EU) Nr. 575/2013, Band 1, 5. Auflage, München, 2016, § 25b KWG, Tz. 24.

128 Vgl. Wolfgarten, Wilhelm, in: Boos, Karl-Heinz/Fischer, Reinfrid/Schulte-Mattler, Hermann (Hrsg.), Kreditwesengesetz und VO (EU) Nr. 575/2013, Band 1, 5. Auflage, München, 2016, § 25b KWG, Tz. 22 f.

129 Vgl. European Banking Authority, Consultation Paper – EBA Draft Guidelines on Outsourcing Arrangements, EBA/CP/2018/11, 22. Juni 2018, S. 11.

dienstleistungen, Zahlungsdiensten etc.) nur an entsprechend zugelassene und beaufsichtigte Auslagerungsunternehmen erfolgt.[130]

Eine räumliche Trennung der ausgelagerten Aktivitäten und Prozesse von den im Institut   **76** verbleibenden Funktionseinheiten verlangt der Tatbestand der Auslagerung nicht.[131]

2.3   Zivilrechtliche Gestaltungen und Vereinbarungen

Eine Auslagerung liegt vor, wenn ein anderes Unternehmen (Auslagerungsunternehmen) mit der   **77** Wahrnehmung bestimmter Aktivitäten und Prozesse »beauftragt« wird. Eine Auslagerung von Aktivitäten oder Prozessen kann neben dem genannten Auftragsverhältnis auch auf der Grundlage anderer vertraglicher Vereinbarungen erfolgen, z.B. eines Dienst- oder Werkvertrages. Im Zuge der fünften MaRisk-Novelle wurde die Regelung dahingehend ergänzt, dass zivilrechtliche Gestaltungen und Vereinbarungen das Vorliegen einer Auslagerung nicht von vornherein ausschließen können. Es handelt sich lediglich um eine Klarstellung der bestehenden Verwaltungspraxis, um Umgehungstatbestände zu vermeiden.[132] Die Institute können sich zur Vermeidung einer Auslagerung z.B. nicht darauf berufen, dass mit dem Auslagerungsunternehmen zivilrechtlich kein Auftragsverhältnis vereinbart ist. Die deutsche Aufsicht hat in der Sondersitzung des Fachgremiums MaRisk am 15. März 2018 darüber hinaus betont, dass bestimmte rechtliche Fallgestaltungen (z.B. Arbeitnehmerüberlassungen) nicht per se vom Anwendungsbereich des § 25b KWG ausgeschlossen werden können, da es stets auf die konkrete materielle Ausgestaltung und Bedeutung im Einzelfall ankommt.[133]

Diese weite Auslegung entspricht auch den Vorstellungen der EBA, wonach einem Auslage-   **78** rungsverhältnis eine »Vereinbarung jeder Art« (»arrangement of any form«) zwischen einem Institut und einem Dienstleistungserbringer zugrundeliegen kann. Für die EBA ist die zivilrechtliche Ausgestaltung für eine Einstufung als Auslagerung ebenfalls unerheblich.[134]

2.4   Leistungen von Leiharbeitnehmern

Bei Arbeitsüberlassungen, d.h. Leih- oder Zeitarbeitnehmern, handelt es sich um Mitarbeiter, die   **79** bei einem Leiharbeitsunternehmen, wie z.B. einer Zeitarbeitsfirma, angestellt und nur für eine begrenzte Zeit aufgrund eines Arbeitnehmerüberlassungsvertrages zwischen dem Institut und dem Leiharbeitsunternehmen im Institut tätig sind. Sie erhalten ihre Vergütung sowie die Sozialleistungen vom Leiharbeitsunternehmen als ihrem Arbeitgeber, verrichten ihre Arbeit allerdings in dem Institut, in dem sie für eine bestimmte Zeit weisungsgebunden eingesetzt werden.

---

130 Vgl. European Banking Authority, Consultation Paper – EBA Draft Guidelines on Outsourcing arrangements, EBA/CP/2018/11, 22. Juni 2018, S. 23.

131 So auch Wolfgarten, Wilhelm, in: Boos, Karl-Heinz/Fischer, Reinfrid/Schulte-Mattler, Hermann (Hrsg.), Kreditwesengesetz und VO (EU) Nr. 575/2013, Band 1, 5. Auflage, München, 2016, § 25b KWG, Tz. 21.

132 Vgl. Bundesanstalt für Finanzdienstleistungsaufsicht, Erster Entwurf zur Überarbeitung der MaRisk, Übermittlungsschreiben vom 18. Februar 2016, S. 4. Eine vergleichbare Regelung ist im Modul BT 1.3.4 der MaComp enthalten. Vgl. Bundesanstalt für Finanzdienstleistungsaufsicht, Mindestanforderungen an die Compliance-Funktion und weitere Verhaltens-, Organisations- und Transparenzpflichten – MaComp, Rundschreiben 05/2018 (WA) vom 19. April 2018, zuletzt geändert am 9. Mai 2018.

133 Vgl. Bundesanstalt für Finanzdienstleistungsaufsicht, Protokoll zur Sondersitzung des Fachgremiums MaRisk zum Thema Auslagerung am 15. März 2018, S. 1 f.

134 Vgl. European Banking Authority, Consultation Paper – EBA Draft Guidelines on Outsourcing Arrangements, EBA/CP/2018/11, 22. Juni 2018, S. 18.

80   Die Deutsche Kreditwirtschaft (DK) hat in ihrer Stellungnahme zur fünften MaRisk-Novelle um Klarstellung gebeten, dass auch zukünftig derartige Personalgestellungen nicht als Auslagerung einzustufen sind. Die DK macht geltend, dass die bei einer Personalgestellung tätigen Personen dem vollständigen Weisungsrecht des auftraggebenden Institutes unterliegen und ihre Tätigkeit in den Räumen des Institutes ausführen. Zudem werden die erbrachten Leistungen des Leiharbeitnehmers von der Internen Revision des Institutes vollumfänglich geprüft. Die DK bezieht sich dabei auf das (inzwischen aufgehobene) Rundschreiben 11/2001, wonach der ggf. längerfristige Einsatz von Leiharbeitern nicht als Auslagerung anzusehen ist, wenn diese in vollem Umfang in die Betriebs- und Ablauforganisation des Institutes eingegliedert sind.[135]

81   Auch nach der von der Aufsicht geforderten Einzelfallbetrachtung dürfte der Einsatz von Leiharbeitnehmern dann keine Auslagerung nach § 25b KWG darstellen, wenn sie für die Dauer ihrer Tätigkeit in vollem Umfang in die Betriebs- und Ablauforganisation eingegliedert sind und insoweit dem Direktionsrecht des Institutes unterliegen.[136]

2.5   Bezug zu erlaubnispflichtigen Geschäften oder sonstigen institutstypischen Dienstleistungen

82   In der bis zum 1. November 2007 geltenden Fassung des § 25a Abs. 2 Satz 1 KWG a.F. (jetzt § 25b KWG) wurde der Tatbestand der Auslagerung durch die Bezugnahme auf erlaubnispflichtige Geschäfte (Bankgeschäfte und Finanzdienstleistungen) eingeschränkt.[137] Bankgeschäfte sind in § 1 Abs. 1 Satz 2 KWG, Finanzdienstleistungen in § 1 Abs. 1a Satz 2 KWG legal definiert. Damit wurden Geschäfte, die von einem Institut erbracht werden, aber keiner Erlaubnis bedürfen, vom sachlichen Anwendungsbereich des § 25a Abs. 2 KWG a.F. generell ausgenommen. Dies betraf z.B. die Geschäfte von Finanzunternehmen nach § 1 Abs. 3 KWG, wie u. a. den Erwerb von Beteiligungen. Bestand kein Zusammenhang zu Bankgeschäften und Finanzdienstleistungen, so lag auch keine Auslagerung vor, die sich an den Anforderungen von § 25a Abs. 2 KWG a.F. orientieren musste. Die einschlägige Kommentarliteratur äußerte sich hierzu kritisch: »Hierdurch werden wesentliche Risikobereiche den konkreteren Aufsichtsanforderungen des § 25a Abs. 2 KWG und insbesondere auch der direkten Aufsicht der BaFin sowie den unmittelbaren, klar gesetzlich geregelten Prüfungsrechten der Innenrevision sowie des Abschlussprüfers entzogen«.[138]

83   Mit Inkrafttreten des FRUG zum 1. November 2007 wurde der Anwendungsbereich des § 25a Abs. 2 KWG a.F. (jetzt § 25b KWG) über die erlaubnispflichtigen Geschäfte hinaus auf »sonstige institutstypische Dienstleistungen« ausgeweitet. Eine Auslagerung liegt nunmehr vor, wenn ein anderes Unternehmen mit der Wahrnehmung von Aktivitäten und Prozessen im Zusammenhang mit der Durchführung von Bankgeschäften, Finanzdienstleistungen oder sonstigen institutstypischen Dienstleistungen beauftragt wird, die ansonsten vom Institut selbst erbracht würden. Ausweislich der Regierungsbegründung zum FRUG wird durch die Bezugnahme auf sonstige institutstypische Dienstleistungen Art. 13 Abs. 5 Satz 1 MiFID insoweit Rechnung getragen, als dieser sich auf die Auslagerung betrieblicher Aufgaben bezieht, die für die kontinuierliche und ordnungsgemäße Erbringung und Ausübung von Dienstleistungen für Kunden und Anlagetätig-

---

135 Vgl. Bundesaufsichtsamt für das Kreditwesen, Auslagerung von Bereichen auf ein anderes Unternehmen gemäß § 25a Abs. 2 KWG, Rundschreiben 11/2001 vom 6. Dezember 2001, Tz. 48.

136 So auch Bitterwolf, Manfred, in: Reischauer, Friedrich/Kleinhans, Joachim, Kreditwesengesetz, Berlin, 2018, Anhang 1 zu § 25a, Tz. 3a.

137 Vgl. Bundesaufsichtsamt für das Kreditwesen, Auslagerung von Bereichen auf ein anderes Unternehmen gemäß § 25a Abs. 2 KWG, Rundschreiben 11/2001 vom 6. Dezember 2001, Tz. 7 und 8.

138 Vgl. Braun, Ulrich, in: Boos, Karl-Heinz/Fischer, Reinfrid/Schulte-Mattler, Hermann (Hrsg.), Kreditwesengesetz, 2. Auflage, München, 2004, § 25a KWG, Tz. 562.

keiten wichtig sind. Zu den sonstigen institutstypischen Dienstleistungen zählen z. B. auch jene Nebendienstleistungen, die in Anhang I Abschnitt B der MiFID aufgelistet sind (→ AT 9 Tz. 1, Erläuterung). Diese Liste umfasst insgesamt sieben Nebendienstleistungen[139]:

–   Verwahrung und Verwaltung von Finanzinstrumenten für Rechnung von Kunden, einschließlich der Depotverwahrung und verbundener Dienstleistungen wie Cash-Management oder Sicherheitenverwaltung (Nr. 1),

–   Gewährung von Krediten oder Darlehen an Anleger für die Durchführung von Geschäften mit einem oder mehreren Finanzinstrumenten, sofern das kredit- oder darlehensgewährende Unternehmen an diesen Geschäften beteiligt ist (Nr. 2),

–   Beratung von Unternehmen hinsichtlich der Kapitalstrukturierung, der branchenspezifischen Strategie und damit zusammenhängender Fragen sowie Beratung und Dienstleistungen bei Unternehmensfusionen und -aufkäufen (Nr. 3),

–   Devisengeschäfte, wenn diese im Zusammenhang mit der Erbringung von Wertpapierdienstleistungen stehen (Nr. 4),

–   Wertpapier- und Finanzanalyse oder sonstige Formen allgemeiner Empfehlungen, die Geschäfte mit Finanzinstrumenten betreffen (Nr. 5),

–   Dienstleistungen im Zusammenhang mit der Übernahme von Emissionen (Nr. 6),

–   Wertpapierdienstleistungen und Anlagetätigkeiten sowie Nebendienstleistungen des in Anhang I Abschnitt A[140] oder B enthaltenen Typs, betreffend die Unterlegung der in Abschnitt C Nummern 5, 6, 7 und 10 enthaltenen Derivate[141], wenn diese mit der Bereitstellung der Wertpapier- oder der Nebendienstleistung in Zusammenhang stehen (Nr. 7).

Die genannten sonstigen institutstypischen Dienstleistungen haben einen engen Bezug zu erlaubnispflichtigen Bankgeschäften (z. B. Depot-, Kredit- und Emissionsgeschäft) und Finanzdienstleistungen (z. B. Anlageberatung, Platzierungsgeschäft). Darüber hinaus werden mit der Beratung von Unternehmen im Hinblick auf die Kapitalstruktur sowie hinsichtlich Zusammenschlüsse und Übernahmen (Nr. 3) bzw. der Beratung bei der Anlage in Finanzinstrumenten auch Tätigkeiten von Finanzunternehmen nach § 1 Abs. 3 Nr. 6 und 7 KWG erfasst.[142] Zu den sonstigen institutstypischen Dienstleistungen dürften auch die Aktivitäten und Prozesse von Kredit- bzw. Finanzdienstleistungsinstituten im Zusammenhang mit der Durchführung von Zahlungsdiensten gemäß § 1 Abs. 2 ZAG

84

---

139   Die Umsetzung der Definitionen der Wertpapiernebendienstleistungen in nationales Recht ist über § 2 Abs. 3a WpHG erfolgt.

140   Zu den in Abschnitt A genannten Wertpapierdienstleistungen und Anlagetätigkeiten gehören: Annahme und Übermittlung von Aufträgen, die ein oder mehrere Finanzinstrument(e) zum Gegenstand haben (Nr. 1), Ausführung von Aufträgen im Namen von Kunden (Nr. 2), Handel für eigene Rechnung (Nr. 3), Portfolio-Verwaltung (Nr. 4), Anlageberatung (Nr. 5), Übernahme der Emission von Finanzinstrumenten und/oder Platzierung von Finanzinstrumenten mit fester Übernahmeverpflichtung (Nr. 6), Platzierung von Finanzinstrumenten ohne feste Übernahmeverpflichtung (Nr. 7), Betrieb eines multilateralen Handelssystems (MTF/Nr. 8).

141   Zu den in Abschnitt C genannten Finanzinstrumenten gehören: Optionen, Terminkontrakte, Swaps, Termingeschäfte und alle anderen Derivatkontrakte in Bezug auf Waren, die bar abgerechnet werden müssen oder auf Wunsch einer der Parteien (anders als wegen eines zurechenbaren oder anderen Beendigungsgrunds) bar abgerechnet werden können (Nr. 5), Optionen, Terminkontrakte, Swaps und alle anderen Derivatkontrakte in Bezug auf Waren, die effektiv geliefert werden können, vorausgesetzt, sie werden an einem geregelten Markt und/oder über ein MTF gehandelt (Nr. 6), Optionen, Terminkontrakte, Swaps, Termingeschäfte und alle anderen Derivatkontrakte in Bezug auf Waren, die effektiv geliefert werden können, die sonst nicht in Abschnitt C Nummer 6 genannt sind und nicht kommerziellen Zwecken dienen, die die Merkmale anderer derivativer Finanzinstrumente aufweisen, wobei u. a. berücksichtigt wird, ob Clearing und Abrechnung über anerkannte Clearingstellen erfolgen oder eine Margin-Einschussforderung besteht (Nr. 7), Optionen, Terminkontrakte, Swaps, Termingeschäfte und alle anderen Derivatkontrakte in Bezug auf Klimavariablen, Frachtsätze, Emissionsberechtigungen, Inflationsraten und andere offizielle Wirtschaftsstatistiken, die bar abgerechnet werden müssen oder auf Wunsch einer der Parteien (anders als wegen eines zurechenbaren oder anderen Beendigungsgrunds) bar abgerechnet werden können, sowie alle anderen Derivatkontrakte in Bezug auf Vermögenswerte, Rechte, Obligationen, Indizes und Messwerte, die sonst nicht im vorliegenden Abschnitt C genannt sind und die die Merkmale anderer derivativer Finanzinstrumente aufweisen, wobei u. a. berücksichtigt wird, ob sie auf einem geregelten Markt oder einem MTF gehandelt werden, ob Clearing und Abrechnung über anerkannte Clearingstellen erfolgen oder ob eine Margin-Einschussforderung besteht (Nr. 10).

142   Vgl. Wolfgarten, Wilhelm, in: Boos, Karl-Heinz/Fischer, Reinfrid/Schulte-Mattler, Hermann (Hrsg.), Kreditwesengesetz und VO (EU) Nr. 575/2013, Band 1, 5. Auflage, München, 2016, § 25b KWG, Tz. 28.

oder E-Geld-Geschäften gemäß § 1a Abs. 2 ZAG fallen, es sei denn, diese unterliegen unmittelbar den aufsichtsrechtlichen Anforderungen des ZAG.[143]

85　Keinen ausreichend engen Bezug zu erlaubnispflichtigen Geschäften (Bankgeschäfte oder Finanzdienstleistungen) oder sonstigen institutstypischen Dienstleistungen haben dagegen der An- und Verkauf von Münzen, die Vermietung von Schließ- und Schrankfächern, die Ausgabe von Inhaber- und Orderschuldverschreibungen sowie die Vermittlung von Bausparverträgen, Darlehensverträgen und Kreditkarten. Diese Dienstleistungen werden regelmäßig sowohl von Banken als auch von Nichtbanken erbracht. Sie sind für die Tätigkeit von Banken jedoch nicht institutstypisch, sodass eine Einstufung als sonstiger Fremdbezug und nicht als Auslagerung gerechtfertigt ist.[144]

86　Nicht als Auslagerung einzustufen ist darüber hinaus die Nutzung von Handelssystemen (z. B. Xetra, Eurex) oder die Ausführung von Aufträgen durch Dritte (z. B. Broker oder Depotbank), soweit sich der Ermessensspielraum des ausführenden Dritten auf die Sicherstellung der bestmöglichen Ausführung und die Art und Weise der Ausführung (z. B. Timing der Ausführung oder Ausführungsplatz) im Rahmen der Ausführungsgrundsätze beschränkt und er keinen Einfluss auf die Anlagestrategie hat.[145] Schließlich sind allgemeine Informationsdienste wie Reuters oder Bloomberg oder die von den Instituten im Rahmen des regulatorischen Monitorings genutzten externen Informationsdienste (→ AT 4.4 Tz. 1) als sonstiger Fremdbezug zu qualifizieren.

87　Abweichend von den MaRisk ist nach den Vorstellungen der EBA für den Tatbestand einer Auslagerung kein Bezug zu Bankgeschäften, Finanzdienstleistungen oder sonstigen institutstypischen Dienstleistungen erforderlich. Nach den EBA-Leitlinien ist dieser Bezug erst bei der Beurteilung der Wesentlichkeit (»criticality or importance«) der Auslagerung zu prüfen.[146] Damit wären auch Prozesse, Dienstleistungen oder Aktivitäten, die ein anderes Unternehmen ohne Bezug zu erlaubnispflichtigen Geschäften oder sonstigen institutstypischen Dienstleistungen des Institutes erbringt, als Auslagerung einzustufen. Das Institut hätte im Hinblick auf die Prozesse, Dienstleistungen oder Aktivitäten dann zumindest die Anforderungen der Leitlinien an die Auslagerung von nicht kritischen/nicht bedeutenden Funktionen einzuhalten, z. B. an die Auslagerungsvereinbarungen, das Auslagerungsregister oder die Weiterverlagerung. Die Deutsche Kreditwirtschaft (DK) hat in ihrer Stellungnahme zu den EBA-Leitlinien den aus ihrer Sicht zu weiten Auslagerungsbegriff kritisiert. Nach Auffassung der DK sollte grundsätzlich nur der Bezug von Leistungen im Zusammenhang mit beaufsichtigten Tätigkeiten als Auslagerung im Sinne der Leitlinien gelten.[147] Es bleibt abzuwarten, ob die EBA den Vorschlag der DK in der endgültigen Fassung ihrer Leitlinien aufgreift.

2.6　Aktivitäten und Prozesse, die ansonsten vom Institut selbst erbracht würden

88　Der Auftrag eines Institutes an ein anderes Unternehmen, Aktivitäten und Prozesse im Zusammenhang mit Bankgeschäften und Finanzdienstleistungen oder sonstigen institutstypischen Dienstleistungen wahrzunehmen, führt nicht zwingend zum Vorliegen einer Auslagerung im Sinne der

---

143　Vgl. Wolfgarten, Wilhelm, in: Boos, Karl-Heinz/Fischer, Reinfrid/Schulte-Mattler, Hermann (Hrsg.), Kreditwesengesetz und VO (EU) Nr. 575/2013, Band 1, 5. Auflage, München, 2016, § 25b KWG, Tz. 29.

144　So auch Ferstl, Matthias, Neuregelung des § 25a KWG/MaRisk zum Outsourcing – erste Erfahrungen aus Bankensicht, in: Grieser, Simon/Heemann, Manfred (Hrsg.), Bankaufsichtsrecht, 1. Auflage, Frankfurt, 2010, S. 1042.

145　Vgl. Bundesanstalt für Finanzdienstleistungsaufsicht, Mindestanforderungen an das Risikomanagement von Kapitalverwaltungsgesellschaften (KAMaRisk), Rundschreiben 01/2017 (WA) vom 10. Januar 2017, Abschnitt 9, Tz. 1, Erläuterung; Langen, Markus, in: Schwennicke, Andreas/Auerbach, Dirk (Hrsg.), KWG, 3. Auflage, München, 2016, § 25b KWG, Tz. 9.

146　Vgl. European Banking Authority, Consultation Paper – EBA Draft Guidelines on Outsourcing Arrangements, EBA/CP/2018/11, 22. Juni 2018, S. 33.

147　Vgl. Deutsche Kreditwirtschaft (German Banking Industry Committee), Comments on EBA Draft Guidelines on Outsourcing arrangements (EBA/CP/2018/11), 24. September 2018, S. 4.

MaRisk. Zusätzlich ist erforderlich, dass es sich dabei um die Wahrnehmung von Aktivitäten und Prozessen handelt, »die ansonsten vom Institut selbst erbracht würden«. Der Einschub im Nebensatz geht auf Art. 2 Abs. 6 der MiFID-Durchführungsrichtlinie zurück. Danach handelt es sich bei einer Auslagerung um eine Vereinbarung, in deren Rahmen das Auslagerungsunternehmen »ein Verfahren abwickelt, eine Dienstleistung erbringt oder eine Tätigkeit ausführt, das/die die Wertpapierfirma ansonsten selbst übernähme«. Dabei ist es nicht relevant, ob das Institut die ausgelagerten Tätigkeiten in der Vergangenheit selbst ausgeübt hat oder nicht.

Die hinter diesen Passagen stehenden Überlegungen sind durchaus nachvollziehbar. Bei bestimmten Tätigkeiten, die immer nur von Dritten ausgeführt werden, kann i. d. R. nicht davon ausgegangen werden, dass das Institut diese selbst durchführt. Den Gesetzen der Logik zufolge kann in solchen Fällen grundsätzlich keine Auslagerung vorliegen. Beispielsweise kann ein Institut nicht für sich selbst Korrespondenzbank sein. Bei Konsortialkrediten kann nicht jedes Institut Lead Manager, Arranger oder Agent sein, schon gar nicht in einer Person. Sparkassen können bestimmte Aufgaben, die die Landesbanken (schon immer) für sie erbringen (z. B. Zahlungsverkehr), schon aus Kapazitätsgründen häufig nicht selbst übernehmen. Auch in einem solchen Fall liegt keine Auslagerung vor.[148] Die Anwendung der speziellen Regelungen des § 25b KWG ist aus Sicht der BaFin angesichts der besonderen, mit derartigen Konstellationen einhergehenden Risiken regelmäßig nicht angemessen. Die BaFin hat daher solche Leistungen vom Tatbestand der Auslagerung ausgenommen. Sie folgt damit nicht nur EU-Vorgaben, sondern knüpft auch an Bestandteile von Definitionen an, die im internationalen Kontext von Relevanz sind.[149] **89**

Begriffe wie »ansonsten« oder »normalerweise« sind in hohem Maße interpretationsbedürftig. Die BaFin hat daher bei der Überführung der Auslagerungsregelungen in die MaRisk im Jahre 2007 den Begriff des »sonstigen Fremdbezuges von Leistungen« eingeführt, der die Abgrenzung vom Auslagerungstatbestand erleichtern soll. **90**

Hierzu zählt zunächst der einmalige oder gelegentliche Fremdbezug von Gütern und Dienstleistungen (→ AT 9 Tz. 1, Erläuterung), wie z. B. die Inanspruchnahme von Rechtsberatung oder Einzelprojekte und -transaktionen, die unter Führung eines Institutes arbeitsteilig mit anderen ausgeführt werden. Insoweit würde die bereits erwähnte Einschaltung von Leadmanagern bei Konsortialkrediten vom einmaligen oder gelegentlichen Fremdbezug von Leistungen erfasst werden. **91**

Darüber hinaus werden Leistungen erfasst, die typischerweise von einem beaufsichtigten Unternehmen bezogen und aufgrund tatsächlicher Gegebenheiten oder rechtlicher Vorgaben regelmäßig weder zum Zeitpunkt des Fremdbezuges noch in der Zukunft vom Institut selbst erbracht werden können. Das betrifft z. B. die Nutzung von Zentralbankfunktionen innerhalb von Finanzverbünden, die Nutzung von Clearingstellen im Rahmen des Zahlungsverkehrs und der Wertpapierabwicklung, die Inanspruchnahme von Liquiditätslinien, die Einschaltung von Korrespondenzbanken oder die Verwahrung von Vermögensgegenständen der Kunden nach dem Depotgesetz (→ AT 9 Tz. 1, Erläuterung). **92**

Im Ergebnis spiegelt sich in diesen Passagen der Inhalt der Tz. 47 des Rundschreibens 11/2001 wider. Danach wurde – obwohl tatbestandlich unter § 25b KWG subsumierbar – die Einschaltung anderer Institute oder sonstiger Dritter von der Anwendung der Regelungen ausgenommen, sofern diese aufgrund der Struktur des Ablaufes des jeweiligen Geschäftes für die vollständige Durchführung des Geschäftes unumgänglich oder aufgrund der besonderen Struktur und notwendigen Arbeitsteilung eines Finanzverbundes erforderlich waren. Durch den »sonstigen Fremdbezug von **93**

148 Vgl. Verband der Auslandsbanken, Modernisierung der Outsourcing-Regelungen und Integration in die MaRisk, Stellungnahme vom 8. Mai 2007, S. 8 f.

149 Vgl. The Joint Forum, Outsourcing in Financial Services, 15. Februar 2005, S. 4 und 12; Federal Reserve Bank of New York, Outsourcing Financial Services Activities: Industry Practices to Mitigate Risks, 20. Oktober 1999, S. 3; Monetary Authority of Singapore, Guidelines on Outsourcing, 1. Juli 2005, S. 3.

Leistungen« wurden die Anwendungsfälle der Tz. 47 von der »Last der Ausnahme« befreit. Seit der ersten MaRisk-Novelle fallen sie explizit nicht mehr unter den Tatbestand der Auslagerung.[150]

94   Es ist derzeit noch unklar, wie die beiden nach den MaRisk als sonstiger Fremdbezug einzuordnenden Fallkonstellationen zukünftig nach den EBA-Leitlinien zu bewerten sind. Auch die EBA definiert eine Auslagerung als eine Vereinbarung jeder Art zwischen einem Institut und einem Dienstleistungserbringer über die Ausführung eines Prozesses, einer Dienstleistung oder einer Tätigkeit, »die andernfalls von dem Institut selbst vorgenommen würde«.[151] Nach Ansicht der EBA ist es jedoch unerheblich, ob das Institut die Funktion in der Vergangenheit ausgeübt hat oder selbst ausüben könnte.[152] Der Begriff der Auslagerung der EBA geht somit deutlich weiter als in den MaRisk und nimmt lediglich allgemeine Service- und Unterstützungsleistungen sowie die Nutzung von Infrastruktureinrichtungen aus.[153] Vor diesem Hintergrund hat die Deutsche Kreditwirtschaft (DK) in ihrer Stellungnahme zu den EBA-Leitlinien angeregt, einmalig oder sporadisch für ein Institut erbrachte Leistungen explizit von der Anwendung der Vorgaben auszunehmen.[154] Darüber hinaus hat sich die DK dafür ausgesprochen, dass bestimmte Leistungen, wie z. B. die Funktionen zentraler Clearingstellen im Zahlungsverkehr oder der Wertpapierabwicklung, die definitiv nicht durch einzelne Institute ausgeübt werden können, nicht unter den Begriff der Auslagerung fallen dürfen.[155] Es ist noch unklar, ob die EBA den Vorschlägen der DK in der endgültigen Fassung ihrer Leitlinien folgt.

2.7   Wegfall des Kriteriums der Dauerhaftigkeit

95   Nach den Anforderungen des Rundschreibens 11/2001 war der Tatbestand der Auslagerung an das Kriterium der Dauerhaftigkeit geknüpft (»auf Dauer oder zumindest auf längere Zeit«).[156] Im Zeitablauf wurde dieses Kriterium durch die Praxis konkretisiert. »Dauerhaftigkeit« lag vor, wenn der Leistungsbezug sich über einen Zeitraum von über 12 Monaten erstreckte (so genannte »12-Monats-Regel«).[157] Da der Zeitraum einer Auslagerung nicht zwangsläufig mit den Risiken der Auslagerung korrespondiert, hat die BaFin das Kriterium der Dauerhaftigkeit mit der Überführung der Auslagerungsanforderungen in die MaRisk im Jahre 2007 gestrichen. Es ist im Grunde genommen nicht vereinbar mit der für die MaRisk maßgeblichen risikoorientierten Sichtweise. Dies gilt erst recht für die »12-Monats-Regel«. Auch die MiFID, die CEBS-Leitlinien, die EBA-Leitlinien zu Auslagerungen sowie § 25b KWG kennen das Kriterium der Dauerhaftigkeit nicht.

---

150 Vgl. Bundesanstalt für Finanzdienstleistungsaufsicht, Übermittlungsschreiben zum zweiten Entwurf zur Modernisierung der Outsourcing-Regelungen und Integration in die MaRisk vom 10. August 2007, S. 2.

151 Vgl. European Banking Authority, Consultation Paper – EBA Draft Guidelines on Outsourcing Arrangements, EBA/CP/2018/11, 22. Juni 2018, S. 18. Ähnlich war bereits die Definition der Leitlinien von CEBS aus dem Jahre 2006: »An authorised entity's use of a third party to perform activities that would normally be undertaken by the authorised entity, now or in the future«. Vgl. Committee of European Banking Supervisors, Guidelines on Outsourcing, 14. Dezember 2006, S. 2.

152 Vgl. European Banking Authority, Consultation Paper – EBA Draft Guidelines on Outsourcing Arrangements, EBA/CP/2018/11, 22. Juni 2018, S. 2.

153 Gegebenenfalls soll die Regelung jedoch lediglich ausdrücken, dass kein Verweis auf aktuell in einem Institut fehlende Kapazitäten oder Know-how möglich sein soll. Vgl. Deutsche Kreditwirtschaft (German Banking Industry Committee), Comments on EBA Draft Guidelines on Outsourcing arrangements (EBA/CP/2018/11), 24. September 2018, S. 8. In diesem Fall wäre eine Klarstellung der EBA in ihren endgültigen Leitlinien wünschenswert.

154 Vgl. Deutsche Kreditwirtschaft (German Banking Industry Committee), Comments on EBA Draft Guidelines on Outsourcing arrangements (EBA/CP/2018/11), 24. September 2018, S. 4.

155 Vgl. Deutsche Kreditwirtschaft (German Banking Industry Committee), Comments on EBA Draft Guidelines on Outsourcing arrangements (EBA/CP/2018/11), 24. September 2018, S. 8.

156 Vgl. Bundesaufsichtsamt für das Kreditwesen, Auslagerung von Bereichen auf ein anderes Unternehmen gemäß § 25a Abs. 2 KWG, Rundschreiben 11/2001 vom 6. Dezember 2001, Tz. 8.

157 Vgl. Zentraler Kreditausschuss, Stellungnahme zum ersten Entwurf der neuen Auslagerungsregelungen in den MaRisk, 14. Mai 2007, S. 9.

Anstelle des zeitlichen Kriteriums der Dauerhaftigkeit stellen die MaRisk auf die »Häufigkeit« bzw. **96** die »Nachhaltigkeit« des Fremdbezuges ab.[158] Eine Auslagerung im Sinne der MaRisk liegt nur dann vor, wenn der Fremdbezug über eine einmalige oder gelegentliche Inanspruchnahme der Leistung hinausgeht. Die Abgrenzung zum sonstigen Fremdbezug (→ Tz. 1, Erläuterung) kann im Einzelfall jedoch schwierig sein und sollte auch unter qualitativen Gesichtspunkten (Art der Tätigkeit, Risikorelevanz etc.) erfolgen. So wird die Beauftragung eines Dritten mit der vollständigen Durchführung der Internen Revision für ein Jahr allein unter Risikogesichtspunkten als Auslagerung nach MaRisk zu qualifizieren sein, auch wenn die Auslagerung nur einmalig erfolgen soll.[159] Ähnlich dürfte es sich bei einem einmaligen Knowledge Process Outsourcing verhalten, d.h. einer komplexen und arbeitsintensiven Auslagerung, bei der z.B. das Expertenwissen des Dienstleisters im Vordergrund steht (→ AT 9, Einführung). Demgegenüber wird die Unterstützung eines Institutes für einen kurzen Zeitraum, z.B. zur Überbrückung von Mutterschutzfristen oder einer Elternzeit nach dem Bundeselterngeld- und Elternzeitgesetz (BEEG) über wenige Monate, in den meisten Fällen einen einmaligen oder gelegentlichen sonstigen Fremdbezug darstellen.[160] Dies bedeutet, dass die Schwellen für die Häufigkeit bzw. die Nachhaltigkeit umso niedriger anzusetzen sein werden, je substanzieller die ausgelagerten Aktivitäten und Prozesse für das Institut sind.

2.8 Allgemeine Service- und Unterstützungsleistungen

Nicht als Auslagerung im aufsichtsrechtlichen Sinne einzustufen sind allgemeine Service- und **97** Unterstützungsleistungen sowie die Nutzung von Infrastruktureinrichtungen, wie z.B. Geldautomatenversorgung, Kantinenbetrieb, Reinigungsdienst, Wachdienst, Fuhrpark, Betriebsarzt, technisches Gebäudemanagement, Strom, Wasser oder Postzustellung.[161] Diese Leistungen ohne einen speziellen Bezug zu der Geschäftstätigkeit von Instituten werden in der Fachliteratur nicht einheitlich bezeichnet. Während in einigen Quellen der Begriff »Nichtauslagerung«[162] verwendet wird, nutzen andere Quellen die Passagen »geschäftsneutrale Aktivitäten/Prozesse«[163] oder »unwesentliche Aktivitäten/Prozesse«.[164] Das Ergebnis ist letztendlich das gleiche: Für diese Leistungen ist keine Risikoanalyse erforderlich, weil sie nicht in den Anwendungsbereich des AT 9 fallen. In der Praxis werden die allgemeinen Service- und Unterstützungsleistungen sowie die Nutzung von Infrastruktureinrichtungen regelmäßig auf einer »white list« geführt und ohne Durchführung einer Risikoanalyse nach AT 9 Tz. 2 von vornherein ausgesteuert. Unabhängig von ihrer Bezeichnung sind Leistungen ohne speziellen Bezug zur Geschäftstätigkeit einer Bank

---

158 Vgl. Ferstl, Matthias, Neuregelung des § 25a KWG/MaRisk für das Outsourcing – erste Erfahrungen aus Bankensicht, in: Grieser, Simon/Heemann, Manfred (Hrsg.), Bankaufsichtsrecht, 1. Auflage, Frankfurt, 2010, S. 1041.

159 Vgl. Frank, Wolfgang, Aufsichtsrechtliche Aspekte beim Outsourcing, in: Outsourcing und Insourcing in der Finanzwirtschaft, Köln, 2008, S. 54.

160 Vgl. Chrubasik, Bodo/Schütz, Armin, Auslagerungen in der Kreditwirtschaft, Göttingen, 2018, S. 163.

161 Weitere Beispiele siehe Deutscher Sparkassen- und Giroverband, Mindestanforderungen an das Risikomanagement – Interpretationsleitfaden, Version 6, 6. April 2018, S. 122.

162 Vgl. Deutscher Sparkassen- und Giroverband, Mindestanforderungen an das Risikomanagement – Interpretationsleitfaden, Version 6, 6. April 2018, S. 122. Dort werden die aufgeführten Dienstleistungen als »keine Auslagerung nach § 25b KWG bzw. AT 9 MaRisk« bezeichnet.

163 Vgl. Chrubasik, Bodo/Schütz, Armin, Auslagerungen in der Kreditwirtschaft, Göttingen, 2018, S. 162.

164 Der Begriff »wesentlich« bezieht sich in diesem Fall allerdings auf die von der Auslagerung betroffenen Bankgeschäfte, Finanzdienstleistungen und institutstypischen Dienstleistungen gemäß § 25b Abs. 1 KWG und nicht auf das Ergebnis der Risikoanalyse nach AT 9 Tz. 2 MaRisk. Vgl. Wolfgarten, Wilhelm, in: Boos, Karl-Heinz/Fischer, Reinfrid/Schulte-Mattler, Hermann (Hrsg.), Kreditwesengesetz und VO (EU) Nr. 575/2013, Band 1, 5. Auflage, München, 2016, § 25b KWG, Tz. 49 unter Bezugnahme auf das BaFin-Rundschreiben 11/2001; Langen, Markus, in: Schwennicke, Andreas/Auerbach, Dirk (Hrsg.), KWG, 3. Auflage, München, 2016, § 25b KWG, Tz. 17a; Ferstl, Matthias, Neuregelung des § 25a KWG/MaRisk für das Outsourcing – erste Erfahrungen aus Bankensicht, in: Grieser, Simon/Heemann, Manfred (Hrsg.), Bankaufsichtsrecht, 1. Auflage, Frankfurt, 2010, S. 1046.

allerdings nicht per se risikofrei, sondern beinhalten regelmäßig operationelle Risiken. So ist z. B. der Kantinenbetrieb durch ein externes Dienstleistungsunternehmen durchaus mit Risiken für das Institut verbunden. Kommt es durch salmonellenverseuchtes Essen wiederholt zu Ausfällen einer großen Zahl von Mitarbeitern, so stellt dies eine erhebliche Gefahr für den ordnungsgemäßen Betriebsablauf des Institutes dar. Dasselbe gilt für den über einen längeren Zeitraum anhaltenden Stromausfall im Rechenzentrum eines Institutes. Auch derartige Nicht-Auslagerungen unterliegen den Anforderungen an die Ordnungsmäßigkeit der Geschäftsorganisation gemäß § 25a Abs. 1 KWG und sind im Risikomanagement zu berücksichtigen.

98   Nach den Vorstellungen der EBA sind bestimmte Dienstleistungen, Waren und Versorgungsleistungen ebenfalls nicht als Auslagerung zu betrachten, da sie normalerweise nicht von Instituten erbracht werden. Im Einzelnen nennt die EBA den Erwerb von bestimmten Dienstleistungen (Beratung eines Architekten, Rechtsberatung, Fuhrpark, Catering etc.) und Waren (Kauf von Büromaterial oder Möbel etc.) oder Versorgungsleistungen (Strom, Gas, Wasser, Telefon etc.). Die EBA weist darauf hin, dass auch die mit den genannten Dienstleistungen, Waren und Versorgungsleistungen verbundenen Risiken unter Berücksichtigung des Proportionalitätsgrundsatzes zu bewerten sind, wobei die Due Diligence des Dienstleisters sowie das Management der operationellen Risiken im Vordergrund stehen.[165]

2.9   Betrieb von Software und zugehörige Unterstützungsleistungen

99   Im Zuge der fünften MaRisk-Novelle wurde die Abgrenzung zwischen einer Auslagerung und dem sonstigen Fremdbezug von Leistungen im Bereich der Software und der zugehörigen Unterstützungsleistungen neu geregelt. Die Aufsicht trägt damit der zunehmenden Bedeutung der Informationstechnik (IT) als Basisinfrastruktur für sämtliche fachlichen und nicht-fachlichen Prozesse innerhalb der Institute Rechnung. Der isolierte Bezug von Software (einschließlich Standardsoftware) ist in der Regel als sonstiger Fremdbezug einzustufen. Dies gilt auch für Software, die zur Identifizierung, Beurteilung, Steuerung, Überwachung und Kommunikation der Risiken eingesetzt wird oder für die Durchführung von bankgeschäftlichen Aufgaben von wesentlicher Bedeutung ist. Der Bezug von Software umfasst nach Ansicht der Aufsicht dabei nicht nur deren Kauf, sondern auch das Vorliegen einer Lizenz zur Nutzung dieser Software.[166] Darüber hinaus sind folgende Unterstützungsleistungen regelmäßig als sonstiger Fremdbezug zu qualifizieren (→ AT 9 Tz. 1, Erläuterung):
–   Softwareanpassungen an die Erfordernisse des Institutes,
–   die entwicklungstechnische Umsetzung von Änderungswünschen (Programmierung),
–   das Testen, die Freigabe und die Implementierung der Software in die Produktionsprozesse beim erstmaligen Einsatz und bei wesentlichen Veränderungen, insbesondere von programmtechnischen Vorgaben,
–   Fehlerbehebungen und Wartungsleistungen gemäß der Anforderungs-/Fehlerbeschreibung des Auftraggebers oder Herstellers,
–   sonstige Unterstützungsleistungen, die über die reine Beratung hinausgehen.[167]

---

165 Vgl. European Banking Authority, Consultation Paper – EBA Draft Guidelines on Outsourcing Arrangements, EBA/CP/2018/11, 22. Juni 2018, S. 23.

166 Vgl. Bundesanstalt für Finanzdienstleistungsaufsicht, Protokoll zur Sondersitzung des Fachgremiums MaRisk zum Thema Auslagerung am 15. März 2018, S. 4.

167 Bei den sonstigen Unterstützungsleistungen, die über die reine Beratung hinausgehen, dürfte es sich um einen Auffangtatbestand handeln für Unterstützungsleistungen, die von Spiegelstrichen 1 bis 4 nicht erfasst sind.

In der Sondersitzung des Fachgremiums MaRisk im März 2018 wurde über die Bedeutung des **100** Begriffes »Wartung« diskutiert. Die Wartung einer Software schließt die Behebung von Fehlern des Programms ein. Wenn das Institut die gelieferten »Patches« vor dem Einspielen in das System selbst testet, handelt es sich nicht zwangsläufig um eine Auslagerung, da das Institut sich eigenständig ein Bild von den erweiterten Funktionen oder Fehlerbehebungen macht und eigenständig die Funktionsweise im eigenen System prüft. Wenn ein Dritter die Software wartet, ohne dass die Neuerungen im Rahmen der Wartung vom Institut getestet werden, liegt nach Ansicht der Aufsicht dagegen eine Auslagerung vor.[168]

Unter bestimmten Voraussetzungen sind Unterstützungsleistungen allerdings als Auslagerung **101** und nicht als sonstiger Fremdbezug einzustufen. Dies ist immer dann der Fall, wenn diese Unterstützungsleistungen für Software erbracht werden, die

– zur Identifizierung, Beurteilung, Steuerung, Überwachung und Kommunikation der Risiken eingesetzt wird, oder

– für die Durchführung von bankgeschäftlichen Aufgaben von wesentlicher Bedeutung ist.

Beispiele für Software im Risikomanagement sind z. B. Systeme und Anwendungen, mit denen die **102** Risikotragfähigkeit ermittelt wird, Risikodaten verarbeitet oder ausgewertet oder Risikoberichte erstellt werden. Darüber hinaus können darunter Softwarelösungen fallen, die von den Instituten zur Ermittlung von Compliance-Risiken verwendet werden, z. B. im Bereich der Geldwäscheprävention, »Know your customer« (KYC) und »Market Abuse & Insider Dealing Detection« (MAID). Unterstützungsleistungen für im Risikomanagement eingesetzte Software umfassen demgegenüber keine Zulieferersysteme, in denen lediglich Basisdaten erfasst oder Daten weitergeleitet werden.[169]

Darüber hinaus sind Unterstützungsleistungen als Auslagerung einzustufen, wenn sie mit dem **103** Bezug, der Anpassung und dem Betrieb von Software verbunden und für die Durchführung von bankgeschäftlichen Aufgaben von wesentlicher Bedeutung sind. Zur Konkretisierung des Begriffes »bankgeschäftliche Aufgaben« kann auf die Definitionen von Bankgeschäften und Finanzdienstleistungen zurückgegriffen werden.[170] Bei einer Bank, die das Kreditgeschäft betreibt, werden z. B. die Unterstützungsleistungen für das Kreditbearbeitungssystem als wesentlich einzustufen sein. Die wesentliche Bedeutung für die Durchführung bankgeschäftlicher Aufgaben muss allerdings nicht vollständig mit dem Einsatz der Software in Kernbankbereichen deckungsgleich sein, die in der Erläuterung zu AT 9 Tz. 2 im Hinblick auf die Risikoanalyse genannt sind. Die wesentliche Bedeutung könnte z. B. an der Schutzbedarfseinstufung der Software festgemacht werden.[171]

Unterstützungsleistungen für eine Software, die nicht zur Identifizierung, Beurteilung, Steuerung, **104** Überwachung und Kommunikation der Risiken eingesetzt wird und die nicht für die Durchführung von bankgeschäftlichen Aufgaben von wesentlicher Bedeutung ist, sind als sonstiger Fremdbezug einzustufen. Darunter fallen z. B. die Software für Personalabrechnungen oder Zeiterfassungsanwendungen.

Ferner gilt der Betrieb von Software durch einen externen Dritten als Auslagerung (→ AT 9 Tz. 1, **105** Erläuterung). Dabei ist unklar, ob jedweder Betrieb von Software durch ein anderes Unternehmen, also auch ohne Bezug zum Risikomanagement und ohne wesentliche Bedeutung für die Durchführung von bankgeschäftlichen Aufgaben, als Auslagerung einzustufen ist, oder nur der Betrieb von Software durch einen externen Dritten zu den beiden genannten Zwecken. Nachdem zunächst der weite Anwendungsbereich als maßgeblich galt, wird diese Interpretation zunehmend infrage gestellt. Ein mögliches Indiz für eine Auslagerung in diesem Bereich könnte die Sinnhaftigkeit einer

---

168 Vgl. Bundesanstalt für Finanzdienstleistungsaufsicht, Protokoll zur Sondersitzung des Fachgremiums MaRisk zum Thema Auslagerung am 15. März 2018, S. 4.

169 Vgl. Deutscher Sparkassen- und Giroverband, Mindestanforderungen an das Risikomanagement – Interpretationsleitfaden, Version 6, 6. April 2018, S. 121.

170 Bankgeschäfte sind in § 1 Abs. 1 Satz 2 KWG, Finanzdienstleistungen in § 1 Abs. 1a Satz 2 KWG definiert.

171 Vgl. Deutscher Sparkassen- und Giroverband, Mindestanforderungen an das Risikomanagement – Interpretationsleitfaden, Version 6, 6. April 2018, S. 121.

Vereinbarung von Informations- und Prüfungsrechten sowie von Weisungsrechten des Institutes sein (→ AT9 Tz. 7 lit. c und d). Die Einräumung derartiger Rechte wird beim Betrieb einer Software durch einen externen Dritten, verbunden mit einem regelmäßigen Update der Software, für eine Vielzahl von Instituten regelmäßig nicht notwendig sein. Vor diesem Hintergrund dürfte der alleinige Betrieb von Software durch ein anderes Unternehmen nicht zwingend eine Auslagerung darstellen.[172] Dies gilt auch für einen reinen Lizenzerwerb, da es sich i. d. R. um zertifizierte Produkte handelt.

2.10   Anforderungen an den sonstigen Fremdbezug nach MaRisk

106   Wenngleich der »sonstige Fremdbezug von Leistungen« nicht als Auslagerung zu qualifizieren ist, hat das Institut auch beim Bezug solcher Leistungen die allgemeinen Anforderungen an die Ordnungsmäßigkeit der Geschäftsorganisation gemäß § 25a Abs. 1 KWG zu beachten (→ AT9 Tz. 1, Erläuterung). Insofern konstituiert der »sonstige Fremdbezug von Leistungen« keinesfalls einen »rechtsfreien Raum«, aus dem sich Gesetzgeber und Bankenaufsicht komplett zurückziehen. Das Institut hat – wie bei nicht wesentlichen Auslagerungen – insbesondere den externen Dienstleister sorgfältig auszuwählen und die Ordnungsmäßigkeit der Leistungserbringung zu überwachen.[173]

2.11   Anforderungen an Auslagerungen und sonstigen Fremdbezug von IT-Dienstleistungen nach BAIT

107   Die von der deutschen Aufsicht erstmals im November 2017 vorgelegten »Bankaufsichtlichen Anforderungen an die IT« (BAIT)[174] enthalten Anforderungen an Auslagerungen und den sonstigen Fremdbezug von IT-Dienstleistungen, welche die MaRisk konkretisieren. Gemäß Tz. 52 BAIT umfassen IT-Dienstleistungen alle Ausprägungen des Bezugs von IT. Dazu zählen insbesondere die Bereitstellung von IT-Systemen, Projekte/Gewerke oder die Personalgestellung.

2.12   Auslagerungen an Cloud-Anbieter

108   Gemäß Tz. 52 BAIT müssen auch Cloud-Dienstleistungen die Anforderungen nach AT 9 erfüllen. »Cloud-Dienstleistungen« sind demnach Auslagerungen von IT-Dienstleistungen, die dem Institut durch ein Dienstleistungsunternehmen über ein Netz bereitgestellt werden (z. B. Rechenleistung, Speicherplatz, Plattformen oder Software) und deren Angebot, Nutzung und Abrechnung dynamisch und an den Bedarf angepasst über definierte technische Schnittstellen sowie Protokolle erfolgen. Die

---

172 So auch Deutscher Sparkassen- und Giroverband, Mindestanforderungen an das Risikomanagement – Interpretationsleitfaden, Version 6, 6. April 2018, S. 120 f.

173 Hinsichtlich nicht wesentlicher Auslagerungen vgl. Regierungsbegründung zum Entwurf eines Gesetzes zur Umsetzung der Richtlinie über Märkte für Finanzinstrumente und der Durchführungsrichtlinie der Kommission (Finanzmarktrichtlinie-Umsetzungsgesetz), Bundesrats-Drucksache 833/06, 8. Dezember 2006, S. 225.

174 Bundesanstalt für Finanzdienstleistungsaufsicht, Bankaufsichtliche Anforderungen an die IT (BAIT), Rundschreiben 10/2017 (BA) vom 3. November 2017, geändert am 14. September 2018.

Orientierungshilfe der deutschen Aufsicht zu Auslagerungen an Cloud-Dienstleister vom November 2018 konkretisiert diese Definition. Cloud-Dienste sind demnach Dienste, die mithilfe von Cloud-Computing erbracht werden, d.h. ein Modell, das ortsunabhängigen, komfortablen und bedarfs-gesteuerten Netzwerkzugriff auf einen gemeinsamen Pool konfigurierbarer Rechenressourcen er-möglicht (wie Netzwerke, Server, Speicher, Anwendungen und Services) und sich schnell sowie mit einem Mindestmaß an Verwaltungsaufwand oder Interaktion des Dienstleisters implementieren und freischalten lässt.[175] Die deutsche Aufsicht übernimmt damit die Definition der EBA.[176]

Die Orientierungshilfe richtet sich nicht nur an Banken, sondern an sämtliche im Finanzsektor **109** beaufsichtigte Unternehmen, sodass die Ausführungen und die verwendeten Begriffe im Kontext der jeweils geltenden aufsichtsrechtlichen Anforderungen zu lesen sind. Mit dem Merkblatt möchte die deutsche Aufsicht bei den beaufsichtigten Unternehmen ein Problembewusstsein im Umgang mit Cloud-Diensten und den damit verbundenen aufsichtsrechtlichen Anforderungen schaffen. Die deutsche Aufsicht hat deutlich gemacht, dass in der Orientierungshilfe keine neuen Anforderungen an die Institute gestellt werden, sondern vielmehr die derzeitige aufsichtliche Praxis in solchen Auslagerungsfällen dargestellt wird. Damit wird transparent, wie die deutsche Aufsicht verschiedene Formulierungen in Vertragsklauseln einschätzt.[177] Ein Institut hat also bei Auslagerungen an Cloud-Anbieter denselben Prozess durchzuführen, wie bei jeder anderen Auslagerung auch (→ AT 9). Das Merkblatt verschärft diesen Prozess nicht, sondern gibt Hilfestellung bei der Erfüllung der aufsichts-rechtlichen Anforderungen an Auslagerungen, insbesondere im Hinblick auf die Risikoanalyse und die Vertragsgestaltung (→ AT 9 Tz. 2 und 7).

Bei den Cloud-Diensten unterscheidet die deutsche Aufsicht im Hinblick auf die Dienstleistungs- **110** modelle zwischen der Bereitstellung von Rechenleistungen und Speicherplatz (»Infrastructure as a Service«, IaaS), von Entwicklerplattformen (»Platform as a Service«, PaaS) und von Software-applikationen/Webanwendungen (»Software as a Service«, SaaS).[178] In der Praxis wird zudem zwischen vier Bereitstellungsmodellen von Cloud-Diensten unterschieden:

– »Private Cloud«: Cloud-Infrastruktur, die ausschließlich von einem einzelnen Unternehmen genutzt werden kann,
– »Community Cloud«: Cloud-Infrastruktur, die ausschließlich von einer konkreten Unterneh-mensgemeinschaft genutzt werden kann, einschließlich mehrerer Unternehmen innerhalb einer Gruppe,
– »Public Cloud«: Cloud-Infrastruktur, die von der Öffentlichkeit frei genutzt werden kann, sowie
– »Hybrid Cloud«: Cloud-Infrastruktur, die sich aus zwei oder mehreren speziellen Cloud-Infra-strukturen zusammensetzen kann.[179]

---

175 Vgl. Bundesanstalt für Finanzdienstleistungsaufsicht, Merkblatt – Orientierungshilfe zu Auslagerungen an Cloud-Anbie-ter, 8. November 2018, S. 4.

176 Die Definition der EBA von Cloud-Dienstleistungen lautet: »Cloud services means services provided using cloud computing, that is, a model for enabling ubiquitous, convenient, on-demand network access to a shared pool of configurable computing resources (e.g. networks, servers, storage, applications and services) that can be rapidly provisioned and released with minimal management effort or service provider interaction«. Vgl. European Banking Authority, Consultation Paper – EBA Draft Guidelines on Outsourcing Arrangements, EBA/CP/2018/11, 22. Juni 2018, S. 19.

177 Vgl. Bundesanstalt für Finanzdienstleistungsaufsicht, Merkblatt – Orientierungshilfe zu Auslagerungen an Cloud-Anbie-ter, 8. November 2018, S. 3.

178 Bei IaaS hat der Nutzer die volle Kontrolle über das IT-System vom Betriebssystem aufwärts (d.h. die Kontrolle über die physikalische Umgebung liegt immer beim Anbieter), da alles innerhalb seines Verantwortungsbereiches betrieben wird, bei PaaS hat er nur noch die Kontrolle über seine Anwendungen, die auf der Plattform laufen, und bei SaaS übergibt er praktisch die gesamte Kontrolle an den Cloud-Anbieter. Je höher die Komplexität des Dienstleistungsmodells ist, desto geringer sind somit in der Regel die Kontrollmöglichkeiten des Nutzers in der Cloud. Vgl. Bundesanstalt für Finanzdienst-leistungsaufsicht, Merkblatt – Orientierungshilfe zu Auslagerungen an Cloud-Anbieter, 8. November 2018, S. 4.

179 Vgl. Bundesanstalt für Finanzdienstleistungsaufsicht, Merkblatt – Orientierungshilfe zu Auslagerungen an Cloud-Anbie-ter, 8. November 2018, S. 3. Die Begriffe für die Bereitstellungsmodelle gehen zurück auf European Banking Authority, Consultation Paper – EBA Draft Guidelines on Outsourcing Arrangements, EBA/CP/2018/11, 22. Juni 2018, S. 19.

111   Die Dienstleistungs- und Bereitstellungsmodelle unterscheiden sich hinsichtlich der organisatorischen bzw. technischen Kontrollmöglichkeiten des Nutzers. Das sollte das Institut im Rahmen seiner Risikoanalyse, der vertraglichen Gestaltung seiner Auslagerungsverträge und seines Auslagerungsmanagements berücksichtigen. Die Orientierungshilfe enthält unabhängig vom gewählten Dienstleistungs- und Bereitstellungsmodell detaillierte Hinweise im Hinblick auf die strategischen Überlegungen des Institutes, die Analyse und Wesentlichkeitsbewertung des Institutes sowie die anschließende Vertragsgestaltung bei wesentlichen Auslagerungen.[180] Demnach sollen die Institute die strategischen Überlegungen zur Nutzung von Cloud-Diensten in ihrer IT-Strategie abbilden. Daneben sollten die Institute einen Prozess entwickeln und dokumentieren, der alle für die Auslagerung an den Cloud-Anbieter relevanten Schritte von der Strategie über die Migration in die Cloud bis hin zur Exit-Strategie abdeckt. Nach der strategischen Entscheidung für eine Verlagerung von Sachverhalten an einen Cloud-Anbieter haben die Institute im Rahmen der Analyse und Wesentlichkeitsbewertung unter Berücksichtigung des Proportionalitätsgrundsatzes zu prüfen, ob eine Auslagerung vorliegt und ob diese unter Risikogesichtspunkten als wesentlich einzustufen ist. Nach Einschätzung der deutschen Aufsicht ist in der Regel von einer Auslagerung auszugehen.[181]

112   Bei wesentlichen Auslagerungen sollten die Institute in der Auslagerungsvereinbarung die Hinweise des Merkblattes an den Leistungsgegenstand, die Informations- und Prüfungsrechte des Institutes und der Aufsichtsbehörden, die Weisungsrechte des Institutes, die Datensicherheit/den Datenschutz, die Kündigungsmodalitäten, die Weiterverlagerung, die Informationspflichten und das anwendbare Recht berücksichtigen.[182]

2.13   Sonstiger Fremdbezug von IT-Dienstleistungen nach BAIT

113   Auch im Hinblick auf den sonstigen Fremdbezug von IT-Dienstleistungen haben die Institute zunächst die allgemeinen Anforderungen an die ordnungsgemäße Geschäftsorganisation gemäß § 25a Abs. 1 KWG zu beachten (→ AT 9 Tz. 1, Erläuterung). Darüber hinaus sind bei jedem Bezug von Software die damit verbundenen Risiken angemessen zu bewerten (→ AT 7.2 Tz. 4 Satz 2). Wegen der grundlegenden Bedeutung der IT für die Institute haben diese auch für jeden sonstigen Fremdbezug von IT-Dienstleistungen vorab eine Risikobewertung durchzuführen (Tz. 53 BAIT). Das Erfordernis einer Risikobewertung für einen sonstigen Fremdbezug stellt eine deutliche Verschärfung gegenüber den Anforderungen der MaRisk dar, die nur bei wesentlichen Auslagerungen eine Risikoanalyse verlangen. In einer Sondersitzung des MaRisk-Fachgremiums zur Auslagerung im März 2018 hat die BaFin klargestellt, dass die Risikobewertung gemäß BAIT nicht den hohen Anforderungen an eine Risikoanalyse gemäß MaRisk entsprechen muss. Art und Umfang der

---

180 Vgl. Bundesanstalt für Finanzdienstleistungsaufsicht, Merkblatt – Orientierungshilfe zu Auslagerungen an Cloud-Anbieter, 8. November 2018, S. 5 ff.

181 Nach Aussagen der Aufsicht im Fachgremium MaRisk ist der Betrieb von Software in einer Cloud immer dann aus Auslagerung einzustufen, wenn die Cloud nicht vom Institut selbst erstellt worden ist, nicht unter eigener Kontrolle des Institutes steht sowie Software betrieben wird, die zur Durchführung von Bankgeschäften, Finanzdienstleistungen oder sonstigen institutstypischen Dienstleistungen genutzt wird. Das ist jedenfalls dann der Fall, wenn sie für die Risikosteuerung eingesetzt wird oder für die Durchführung von bankgeschäftlichen Aufgaben von wesentlicher Bedeutung ist. Insofern gelten beim externen Betrieb die gleichen Abgrenzungskriterien für Software wie bei den zuvor in AT 9 Tz. 1 genannten Unterstützungsleistungen. Wenn diese Kriterien nicht insgesamt erfüllt sind, liegt auch keine Auslagerung vor (z. B. bei einer Software zur Erstellung von Kantinenplänen in der Cloud). Vgl. Bundesanstalt für Finanzdienstleistungsaufsicht, Protokoll zur Sondersitzung des Fachgremiums MaRisk zum Thema Auslagerung am 15. März 2018, S. 4.

182 Vgl. Bundesanstalt für Finanzdienstleistungsaufsicht, Merkblatt – Orientierungshilfe zu Auslagerungen an Cloud-Anbieter, 8. November 2018, S. 7 ff.

Risikobewertung ist vom Institut unter Proportionalitätsgesichtspunkten nach Maßgabe seines allgemeinen Risikomanagements flexibel festzusetzen (Tz. 53 BAIT, Erläuterung).[183] In der Sondersitzung wurde von der Aufsicht die Erwartung geäußert, dass sich die Institute mit den Risiken aus dem sonstigen Fremdbezug der IT-Dienstleistungen in einem strukturieren Prozess auseinandersetzen. Auf bestehende Risikobewertungen kann für gleichartige Formen des sonstigen Fremdbezuges zurückgegriffen werden (Tz. 53 BAIT, Erläuterung). Einige Institute haben bereits Überlegungen geäußert, hierfür keinen neuen Prozess aufzusetzen, sondern die für Auslagerungen etablierte Risikoanalyse zu nutzen. Da die Risikoanalyse gegenüber der Risikobewertung »höherwertig« ist, dürfte dies den Anforderungen der BAIT nicht widersprechen. Darüber hinaus müssen die für das Informationsmanagement und Notfallmanagement verantwortlichen Funktionen in die Risikobewertung eingebunden werden (Tz. 53 BAIT, Erläuterung). Nicht erforderlich ist dagegen die Einbindung der besonderen Funktionen (→ AT 4.4). In der Praxis wird regelmäßig das zentrale Auslagerungsmanagement zur Risikobewertung hinzugezogen, vor allem wenn dieses auch für die vollständige strukturierte Vertragsübersicht verantwortlich ist (Tz. 54 BAIT, Erläuterung).

Darüber hinaus ist der sonstige Fremdbezug von IT-Dienstleistungen im Einklang mit den **114** Strategien unter Berücksichtigung der Risikobewertung des Institutes zu steuern. Die Erbringung der vom Dienstleister geschuldeten Leistung ist entsprechend der Risikobewertung zu überwachen (Tz. 54 BAIT). Die Steuerung kann auf der Basis der vorzuhaltenden Vertragsübersicht durch Bündelung von Verträgen des sonstigen Fremdbezuges von IT-Dienstleistungen (Vertragsportfolio) erfolgen. Zudem kann das Institut für die Steuerung bereits bestehende Steuerungsmechanismen nutzen (Tz. 54 BAIT, Erläuterung). Die aus der Risikobewertung abgeleiteten Maßnahmen sind angemessen in der Vertragsgestaltung, z. B. im Rahmen von Vereinbarungen zum Informationsrisikomanagement, zum Informationssicherheitsmanagement und zum Notfallmanagement, zu berücksichtigen. Außerdem sind im Managementprozess des operationellen Risikos, vor allem im Bereich der Gesamtrisikobewertung des operationellen Risikos, die Ergebnisse der Risikobewertung einzubeziehen (Tz. 55 BAIT). Schließlich ist die Risikobewertung regelmäßig und anlassbezogen zu überprüfen und ggf. anzupassen (Tz. 56 BAIT).

---

183 Für gleichartige Formen des sonstigen Fremdbezuges von IT-Dienstleistungen kann auf bestehende Risikobewertungen zurückgegriffen werden (Tz. 53 BAIT, Erläuterung).

3 Risikoanalyse zur Festlegung wesentlicher Auslagerungen (Tz. 2)

115 **2** Das Institut muss auf der Grundlage einer Risikoanalyse eigenverantwortlich festlegen, welche Auslagerungen von Aktivitäten und Prozessen unter Risikogesichtspunkten wesentlich sind (wesentliche Auslagerungen). Diese ist auf der Grundlage von institutsweit bzw. gruppenweit einheitlichen Rahmenvorgaben sowohl regelmäßig als auch anlassbezogen durchzuführen. Die maßgeblichen Organisationseinheiten sind bei der Erstellung der Risikoanalyse einzubeziehen. Im Rahmen ihrer Aufgaben ist auch die Interne Revision zu beteiligen.

3.1 Was ist wesentlich?

116 Ist nach Maßgabe der Definition (→ AT 9 Tz. 1) die Frage geklärt, ob überhaupt eine Auslagerung vorliegt, rückt neben der Prüfung der Auslagerungsfähigkeit (→ AT 9 Tz. 4 und 5) der Aspekt der »Wesentlichkeit« in den Vordergrund. Wie schon nach dem Rundschreiben 11/2001 sind die besonderen Anforderungen nur bei wesentlichen Auslagerungen zu beachten (z. B. die Festlegung von Prüfungsrechten im Auslagerungsvertrag). An nicht wesentliche Auslagerungen werden hingegen keine auslagerungsspezifischen Anforderungen gestellt.[184] Die deutsche Aufsicht verweist hierzu lediglich auf die allgemeinen Anforderungen an eine ordnungsgemäße Geschäftsorganisation (→ AT 9 Tz. 3).[185] Im Unterschied zu den damaligen Regelungen ist nunmehr jedoch von »unter Risikogesichtspunkten wesentlichen Anforderungen« die Rede. Die »Wesentlichkeit« ist dabei vom Institut auf Basis einer Risikoanalyse eigenverantwortlich festzulegen. Dieser Ansatz korrespondiert mit der prinzipienorientierten und risikoorientierten Grundausrichtung der MaRisk. Auf die zahlreichen Beispiele im Rundschreiben 11/2001 sowie die sonstigen Interpretationsversuche kann daher verzichtet werden.[186]

117 Im Zuge der fünften MaRisk-Novelle wurde der Begriff der »Auslagerung von erheblicher Tragweite« eingeführt. Der Begriff stellt neben der »wesentlichen« und der »nicht wesentlichen«

---

184 Eine Ausnahme besteht seit der Veröffentlichung der BAIT am 3. November 2017 hinsichtlich des sonstigen Fremdbezuges von IT-Dienstleistungen. Wegen der grundlegenden Bedeutung der IT für die Institute haben diese auch für jeden sonstigen Fremdbezug von IT-Dienstleistungen vorab eine Risikobewertung durchzuführen. Darüber hinaus ist der sonstige Fremdbezug von IT-Dienstleistungen im Einklang mit den Strategien unter Berücksichtigung der Risikobewertung des Institutes zu steuern. Die Erbringung der vom Dienstleister geschuldeten Leistung ist entsprechend der Risikobewertung zu überwachen (Tz. 53 und 54 BAIT).

185 Nicht nur unter Aufsehern wurde während der Entwicklung der Neuregelungen lebhaft darüber diskutiert, ob eine Kategorisierung in »wesentliche« und »nicht wesentliche« Auslagerungen der Vielfalt der Outsourcing-Konstellationen überhaupt ausreichend gerecht wird. Eine Auslagerung ist entweder wesentlich oder eben nicht. Insoweit besteht wenig Spielraum für angemessene »Zwischenlösungen«. Der daran geknüpfte »ausgesprochen binäre Charakter« korrespondiert demzufolge nicht immer mit dem Proportionalitätsgedanken, der der prinzipienorientierten Regulierung immanent ist. Er birgt insbesondere die Gefahr, dass sich in der Praxis Fallgruppen herausbilden, die sich gerade wegen der Vielfalt der Konstellationen im Nachhinein als unbrauchbar herausstellen könnten. Die Grundsatzdebatte wurde beendet, nachdem sich während der Beratungen zur Neufassung des § 25a Abs. 2 KWG deutlich abzeichnete, dass der Gesetzgeber an der Differenzierung zwischen »wesentlichen« und »nicht-wesentlichen« Auslagerungen festhalten wird. Zum »binären Charakter« vgl. Verband der Auslandsbanken, Modernisierung der Outsourcing-Regelungen und Integration in die MaRisk, Stellungnahme vom 8. Mai 2007, S. 5.

186 Als »nicht wesentlich« waren nach dem Wortlaut des Rundschreibens 11/2001 u. a. die folgenden Sachverhalte einzuordnen: das Inkassowesen, die Geldautomatenversorgung, die Wartung technischer Geräte (auch EDV) oder allgemeine Service- und Unterstützungsleistungen, wie z. B. Kantinenbetrieb, Reinigungsdienst, Wachschutz, Betriebsarzt, betriebspsychologische Betreuung, Baudienst, Unfallverhütung, Brandschutz usw. Vgl. Bundesaufsichtsamt für das Kreditwesen, Auslagerung von Bereichen auf ein anderes Unternehmen gemäß § 25a Abs. 2 KWG, Rundschreiben 11/2001 vom 6. Dezember 2001, Tz. 11.

Auslagerung allerdings keine dritte Kategorie einer Auslagerung dar. Ziel der Aufsicht ist es, mit der Formulierung das Risikobewusstsein bei den auslagernden Instituten zu erhöhen.[187] Bei Auslagerungen von erheblicher Tragweite, wie z. B. der vollständigen oder teilweisen Auslagerung der besonderen Funktionen oder von Kernbankbereichen, hat das Institut entsprechend intensiv zu prüfen, ob und wie eine Einbeziehung in das Risikomanagement sichergestellt werden kann (→ AT 9 Tz. 2, Erläuterung).

Die MaRisk enthalten im Hinblick auf die Risikoanalyse keine konkreten Vorgaben. Es gilt der Grundsatz der Proportionalität. Die Intensität der Analyse hängt von Art, Umfang, Komplexität und Risikogehalt der ausgelagerten Aktivitäten und Prozesse ab. Die MaRisk verlangen lediglich, dass die maßgeblichen Organisationseinheiten bei der Erstellung der Risikoanalyse einzubeziehen sind. Im Rahmen der fünften MaRisk-Novelle wurde diese Regelung dahingehend ergänzt, dass die Risikoanalyse auf der Grundlage von institutsweit bzw. gruppenweit einheitlichen Rahmenvorgaben sowohl regelmäßig als auch anlassbezogen durchzuführen ist. Dies entspricht im Grundsatz auch den Vorstellungen der EBA, die im Hinblick auf die Anwendung des Proportionalitätsprinzips auf die von ihr im Rahmen der EBA-Leitlinien zur internen Governance entwickelten Kriterien und den detaillierten Katalog zur Konkretisierung dieser Kriterien verweist.[188]

118

Die deutsche Aufsicht hat allerdings in der im November 2018 veröffentlichten Orientierungshilfe zu Auslagerungen an Cloud-Anbieter Hinweise gegeben, was im Falle von (geplanten) Auslagerungen an Cloud-Anbieter im Rahmen der Risikoanalyse grundsätzlich betrachtet werden sollte.[189]

119

Bei der Risikoanalyse geht es jedoch um weit mehr als nur um die Frage, ob eine wesentliche Auslagerung vorliegt oder nicht.[190] Die deutsche Aufsicht hat klargestellt, dass diese Analyse alle Aspekte der Auslagerung umfassen muss, die für eine »angemessene Einbindung der ausgelagerten Aktivitäten und Prozesse in das Risikomanagement maßgeblich sind«.[191] Die Risikoanalyse ist das Mittel zum (übergeordneten) Zweck, der im Gesetz verankert ist: Nach § 25b Abs. 1 Satz 3 KWG hat das Institut seine ausgelagerten Aktivitäten in sein eigenes Risikomanagement einzubinden.

120

---

187 Vgl. Bundesanstalt für Finanzdienstleistungsaufsicht, Protokoll zur Sondersitzung des Fachgremiums MaRisk zum Thema Auslagerung am 15. März 2018, S. 4.

188 Vgl. European Banking Authority, Leitlinien zur internen Governance, EBA/GL/2017/11, 21. März 2018, S. 8 f. Dies wird von der EBA ausdrücklich gefordert. Vgl. European Banking Authority, Consultation Paper – EBA Draft Guidelines on Outsourcing Arrangements, EBA/CP/2018/11, 22. Juni 2018, S. 20.

189 Vgl. Bundesanstalt für Finanzdienstleistungsaufsicht, Merkblatt – Orientierungshilfe zu Auslagerungen an Cloud-Anbieter, 8. November 2018, S. 6. Hier werden folgende Aspekte aufgeführt: die Ausgestaltung des genutzten Cloud-Dienstes, die Kritikalität des auszulagernden Sachverhaltes, d. h. eine Beurteilung, ob der Sachverhalt für die Geschäftsfortführung des beaufsichtigten Unternehmens kritisch ist, eine Bewertung der Risiken, die sich aus dem gewählten Dienstleistungs- sowie Bereitstellungsmodell ergeben, eine Bewertung der finanziellen, operationellen (z. B. Systemausfall, Sabotage) Risiken, einschließlich der rechtlichen Risiken (z. B. Risiken der Rechtsdurchsetzung, datenschutzrechtliche Risiken) sowie Reputationsrisiken; dazu zählen auch Erwägungen zum Standort der Datenspeicherung und der Datenverarbeitung, eine Bewertung der Eignung des Cloud-Anbieters (Fähigkeiten, Infrastruktur, wirtschaftliche Situation, gesellschaftsrechtlicher und regulatorischer Status etc.); soweit sinnvoll können hierfür Nachweise/Zertifikate auf Basis gängiger Standards (z. B. Internationaler Sicherheitsstandard ISO/IEC 2700X der International Organization for Standardization, C 5-Anforderungskatalog des Bundesamtes für Sicherheit in der Informationstechnik), Prüfberichte anerkannter Dritter oder interne Prüfberichte des Cloud-Anbieters herangezogen werden, eine Bewertung der Risiken im Falle der Auslagerung mehrerer Sachverhalte an einen Cloud-Anbieter, eine Bewertung der Risiken, die mit Aufsichtsbeschränkungen in den Ländern einhergehen, in denen der Sachverhalte erbracht oder die Daten gespeichert oder verarbeitet werden, eine Bewertung der geopolitischen Lage (allgemeine Stabilität von Politik und Sicherheit) und der anwendbaren Gesetze (einschließlich Gesetze zum Datenschutz) in den betreffenden Gerichtsbarkeiten, die in diesen Gerichtsbarkeiten geltenden Vorschriften zur Rechtsdurchsetzung, einschließlich insolvenzrechtlicher Vorschriften, die bei einem Ausfall des Cloud-Anbieters greifen würden, eine Bewertung der Risiken für die Integrität, Verfügbarkeit, Vertraulichkeit und Authentizität der Sachverhalte sowie der verarbeiteten oder gespeicherten Daten unter Berücksichtigung von etwaigen Zugriffsmöglichkeiten auf Daten durch andere Jurisdiktionen, Risiken durch unterschiedliche Schnittstellen zwischen eigenen und fremden Systemen, Risiken infolge außerordentlicher Vertragsbeendigung (z. B. Datenverlust, eingeschränkte Übertragbarkeit der Daten auf einen neuen Dienstleister), eine Bewertung der Risiken aus Weiterverlagerungen durch den Cloud-Anbieter.

190 Vgl. Bauer, Helmut/Schneider, Andreas, Outsourcing und Ordnungsmäßigkeit der Geschäftsorganisation, in: Sparkassen Management Praxis, Heft 52/2006, S. 76.

191 Vgl. Bundesanstalt für Finanzdienstleistungsaufsicht, Übermittlungsschreiben zum Rundschreiben 5/2007 (BA) vom 30. Oktober 2007, S. 2.

3.2 Risikoanalyse

121 Dass die wesentlichen Risiken der Auslagerung Gegenstand dieser Analyse sind, ist evident und ergibt sich bereits aus der Bezeichnung »Risikoanalyse«. Besonders betont werden in diesem Zusammenhang auch mögliche Risikokonzentrationen und Risiken aus Weiterverlagerungen sowie die Eignung des Auslagerungsunternehmens. Grundsätzlich muss die Analyse alle für das Institut relevanten Aspekte der Auslagerung umfassen (→ AT 9 Tz. 2, Erläuterung). Welchen Aspekten dabei besondere Bedeutung zukommt, hängt von der konkreten Auslagerungsmaßnahme ab. So unterscheidet sich bspw. eine Auslagerung in Offshore-Regionen grundsätzlich nicht von einer herkömmlichen Auslagerung im Inland (Onshore). Allerdings sind länderspezifische Risiken sowie Besonderheiten aufgrund der räumlichen Entfernungen zwischen auslagerndem Institut und Auslagerungsunternehmen zwingend zu berücksichtigen.[192]

122 Bei der Analyse der Risiken einer Auslagerungsmaßnahme werden insbesondere die folgenden Aspekte eine Rolle spielen[193]:
- die Kosten der Auslagerung (unter Berücksichtigung von Transaktionskosten),
- die Auswirkungen der Auslagerungsmaßnahme auf das auslagernde Institut,
- die Komplexität des Auslagerungsgegenstandes, da mit der Komplexität i. d. R. auch das Risiko der Auslagerungsmaßnahme steigt,
- die möglichen Konsequenzen, sofern das Auslagerungsunternehmen schlecht oder gar nicht leistet,
- der (Zeit-)Aufwand, der bei der Suche geeigneter Ersatzkandidaten bzw. der Re-Integration von Aktivitäten und Prozessen erforderlich wird,
- die Qualität der Dienstleistungen eines potenziellen Kandidaten (inkl. Supportfunktionen), wobei üblicherweise eine Betrachtung über einen längeren Zeitraum angestellt wird, damit sich das auslagernde Institut einen nachhaltigen Eindruck verschaffen kann,
- die wirtschaftliche Situation eines potenziellen Kandidaten sowie sein gesellschaftsrechtlicher und regulatorischer Status, wobei auch von Bedeutung ist, durch wen das Auslagerungsunternehmen beaufsichtigt wird (EWR, Drittstaat mit vergleichbarem Aufsichtsregime, sonstiger Drittstaat),
- die quantitative und qualitative Personalausstattung, wobei insbesondere für komplexe Auslagerungsmaßnahmen vorhandenes Spezial-Know-how eine wichtige Rolle spielt,
- die Kapazitäten und die technische Leistungsfähigkeit eines potenziellen Kandidaten, vorhandene Sicherheitsmaßnahmen sowie die Kompatibilität der IT-Systeme bzw. passende IT-Schnittstellen,
- der Ort der Leistungserbringung und die dortigen Gegebenheiten (z. B. Infrastruktur, Kultur, politisches System),
- die Reputation eines potenziellen Kandidaten, seine Unternehmenskultur und sein Geschäftsmodell sowie mögliche Abhängigkeiten von weiteren Dienstleistern (Subunternehmen),
- Vorkehrungen, die zu einer Risikominderung der Auslagerungsmaßnahme beitragen können, wie bspw. die Existenz eines wirksamen gruppenweiten Risikomanagements bei gruppeninternen Auslagerungen.

---

192 Vgl. Financial Services Authority, Offshore Operations: Industry Feedback, April 2005, S. 9.

193 Vgl. The Joint Forum, Outsourcing in Financial Services, 15. Februar 2005, S. 14 ff.; Weber, Charles A./Current, John R./Desai, Anand, Vendor: A Structured Approach to Vendor Selection and Negotiation, Journal of Business Logistics, Heft 1/2000, S. 140 ff.

Ob und ggf. inwieweit die aufgezählten Aspekte bei der Risikoanalyse zu berücksichtigen sind, **123** hängt vom konkreten Auslagerungsgegenstand ab. Weitere relevante Kriterien können z.B. vereinbarte Haftungsbeschränkungen, ein mit der Auslagerungsmaßnahme verbundener Verzicht auf Kernkompetenzen, der Grad der Abhängigkeit vom Dienstleister bzw. die Austauschbarkeit des Dienstleisters, die Qualität des Krisenmanagements beim Dienstleister, die Einbeziehung der ausgelagerten Aktivitäten und Prozesse in Notfalltests, die Meldung von OpRisk-Ereignissen durch das Auslagerungsunternehmen und Fragen des Datenschutzes sein.[194] Die Qualität des Notfallmanagements beim Auslagerungsunternehmen wird von der Aufsicht in letzter Zeit stärker geprüft. Auch wenn die BaFin das Kriterium der Dauerhaftigkeit bei der Überführung der Auslagerungsregelungen in die MaRisk im Jahre 2007 gestrichen hat, da es nicht mit einer risikoorientierten Sichtweise vereinbar ist, kann die Häufigkeit bzw. die Nachhaltigkeit der Inanspruchnahme eines Dienstleisters im Rahmen der Risikoanalyse eine Rolle spielen (→ AT 9 Tz. 1).

Die o. g. Kriterien und insbesondere der explizite Hinweis auf die Eignung des Auslagerungs- **124** unternehmens in den MaRisk (→ AT 9 Tz. 2, Erläuterung) verdeutlichen zwar, dass der »Dienstleister« eine zentrale Rolle bei der Risikoanalyse spielt. Allerdings kann eine Risikoanalyse grundsätzlich kein pauschales Ergebnis für ein bestimmtes Auslagerungsunternehmen liefern. Maßgeblich für die Risikoanalyse sind immer die jeweils ausgelagerten bzw. auszulagernden »Aktivitäten und Prozesse«. Andernfalls müsste auch jede aus Risikosicht noch so unbedeutende Tätigkeit dieses Dienstleisters als wesentlich eingestuft werden. Insofern besteht eine Parallele zu den prozessualen Anforderungen an das Kreditgeschäft, wo auch bei risikorelevant eingestuftem Gesamtobligo eines Kunden ein zusätzlicher Kreditantrag über einen relativ geringen Betrag auf Basis vereinfachter Prozesse bearbeitet werden kann (→ BTO 1.1 Tz. 4, Erläuterung).

Für die Risikoanalyse, die in der Praxis tendenziell qualitativ ausgestaltet ist, kommt insbeson- **125** dere der Einsatz von Self-Assessments und Risikoindikatoren infrage. Ganz allgemein sollte eine Einstufung als wesentliche Auslagerung immer dann erfolgen, wenn eine Schlechtleistung oder ein Ausfall der ausgelagerten Aktivitäten oder Prozesse bei dem Institut schwere Schäden finanzieller Art verursachen oder zu einem erheblichen Reputationsschaden führen können. Zur Quantifizierung des erwarteten Schadens aus einer wesentlichen Auslagerung werden die erwartete Schadenshöhe und die Eintrittswahrscheinlichkeit regelmäßig im Rahmen eines OpRisk-Self-Assessments ermittelt. Von zentraler Bedeutung für die Risikoanalyse sind zusätzlich Bonitäts- und Compliance-Risiken sowie strategische Risiken. Auch IT-Risiken und weitere betriebswirtschaftliche Risiken werden je nach Auslagerungsgegenstand in die Untersuchungen einbezogen. Bei Auslagerungen in Offshore-Länder sind zudem mögliche Länderrisiken zu berücksichtigen. Eine Indikation zum Risikogehalt kann darüber hinaus aus der Notfallbetrachtung abgeleitet werden. Bei »echten« Auslagerungen, d.h. Auslagerungen von Aktivitäten und Prozessen, die zuvor vom Institut selbst durchgeführt wurden, können die bisher im Institut beobachteten Risiken eine sinnvolle Grundlage für die Analyse bilden. Die sich durch die Auslagerung ergebenden neuen Risiken können in diesem Fall mit Hilfe zusätzlicher Kriterien geschätzt werden, wie z.B. die zukünftige Beeinflussbarkeit des Dienstleisters, die Möglichkeiten zur Vertragsbeendigung und Ersatzbeschaffung sowie die Auswirkungen auf das Vermögen des Institutes.[195]

---

194 Vgl. Erfahrungsaustausch öffentlicher und genossenschaftlicher Banken zum »Outsourcing« am 1. Februar 2009 in Berlin.
195 Vgl. Erfahrungsaustausch öffentlicher und genossenschaftlicher Banken zum »Outsourcing« am 1. Februar 2009 in Berlin.

126   Im Zuge der fünften MaRisk-Novelle wurde diese Regelung dahingehend ergänzt, dass bereits bei der Risikoanalyse mögliche Risikokonzentrationen und absehbare Risiken aus Weiterverlagerungen zu berücksichtigen sind (→ AT 9 Tz. 2, Erläuterung).[196] Hintergrund für diese Ergänzung dürfte sein, dass im Rahmen der Risikoanalyse die Risikobewertung oftmals lediglich auf Basis der einzelnen Leistungsbeziehungen erfolgte und dadurch möglicherweise existierende Konzentrationsrisiken, z. B. infolge einer Vielzahl von Auslagerungen an einen Dienstleister, nicht erfasst wurden. Besteht zwischen dem auslagernden Institut und einem Auslagerungsunternehmen mehr als eine Leistungsbeziehung, ist nunmehr – neben der Risikobewertung der einzelnen Leistungsbewertung – auch das Konzentrationsrisiko zu erfassen. Als Leistungsbeziehungen gelten dabei auch mögliche Weiterverlagerungen.[197]

127   Die MaRisk enthalten keine Vorgaben im Hinblick auf den Turnus zur Durchführung einer Risikoanalyse oder ihrer Überprüfung. In der Aufsichtspraxis hat sich als Richtschnur für wesentliche Auslagerungen eine jährliche Risikoanalyse und für unwesentliche Auslagerungen ein Turnus von drei Jahren etabliert. Im Einzelfall kann hiervon jedoch abgewichen werden.[198]

3.3   Einbeziehung in das Risikomanagement

128   Betrachtet man den gesamten Auslagerungs-Prozess, der von der strategischen Grundsatzentscheidung über die Anbahnung und Implementierung bis hin zum Regelbetrieb reicht, so nimmt die »Analyse der Risiken« eine exponierte Stellung ein.[199] Erst durch deren Einbindung in den Auslagerungs-Prozess entfaltet die Risikoanalyse ihre volle Wirksamkeit. Zugleich trägt das Institut auf diese Weise gesetzlichen Anforderungen Rechnung: Gemäß § 25b Abs. 1 Satz 3 KWG sind die Institute dazu verpflichtet, ihre ausgelagerten Aktivitäten und Prozesse in das eigene Risikomanagement einzubeziehen. Im Kontext der konkreten Geschäftsbeziehung geht es vor allem darum, mit Hilfe der Risikoanalyse die passende »Governance« zu finden, die den reibungslosen Ablauf des Auslagerungsvorhabens sicherstellt.[200]

129   Der »Analyse der Risiken« kommt in vielerlei Hinsicht eine besondere Bedeutung zu:
-   Die Risiken wesentlicher Auslagerungen spielen bei der grundlegenden geschäftspolitischen Entscheidung, ob das Institut Auslagerungsvorhaben überhaupt forciert oder nicht, eine wichtige Rolle. Unkalkulierbare Transaktionskosten, fehlende Kompatibilität mit dem eigenen Geschäftsmodell oder andere Aspekte von übergeordneter Bedeutung können möglicherweise schon in dieser Phase dazu führen, dass sich die Geschäftsleitung gegen die Umsetzung von Outsourcing-Projekten ausspricht.

---

196 Kritisch hat sich hierzu die Deutsche Kreditwirtschaft (DK) geäußert, nach deren Ansicht eine Berücksichtigung der Risiken aus Weiterverlagerungen bei der Risikoanalyse voraussetzen würde, dass bereits vor der Auslagerung eine vollständige Transparenz über alle Subauslagerungen des Dienstleisters besteht. Die DK hatte eine Streichung der Regelung angeregt, insbesondere vor dem Hintergrund, dass bei wesentlichen Auslagerungen im Auslagerungsvertrag auch Regelungen über die Möglichkeiten und Modalitäten einer Weiterverlagerung zu vereinbaren sind. Die Aufsicht ist diesem Vorschlag jedoch nicht gefolgt. Vgl. Deutsche Kreditwirtschaft, Stellungnahme zum Entwurf der MaRisk in der Fassung vom 18. Februar 2016 (Konsultation 02/2016) vom 27. April 2016, S. 30.

197 Vgl. Chrubasik, Bodo/Schütz, Armin, Auslagerungen in der Kreditwirtschaft, Göttingen, 2018, S. 185.

198 Vgl. Bundesanstalt für Finanzdienstleistungsaufsicht, Protokoll zur Sondersitzung des Fachgremiums MaRisk zum Thema Auslagerung am 15. März 2018, S. 5.

199 Zu den einzelnen Abschnitten des »Outsourcing-Prozesses« finden sich in der Fachliteratur verschiedene Ansätze, die aber im Ergebnis alle in die gleiche Richtung gehen. Sie reichen von drei Ebenen (Plan, Build, Run), über »Vier-Phasen-Modelle« (Strategie, Partnersuche, Struktur, Betrieb) bis hin zu fünf Prozessabschnitten (Machbarkeitsprüfung, Planung, Entwicklung & Test, Implementierung, Optimierung). Vgl. z. B. Söbbing, Thomas/Wöhlermann, Katharina, Rechtliche Fragen im IT-Outsourcing, in: HMD Praxis der Wirtschaftsinformatik, Heft 245/2006, S. 48 f; Hollekamp, Marco, Strategisches Outsourcing von Geschäftsprozessen, München, 2005, S. 50 ff.; Schwarz, Gerd, Shared-Service-Projekte managen – ein Fünfphasenmodell, in: Hermes, Heinz-Josef/Schwarz, Gerd, Outsourcing, München, 2005, S. 120 ff.

200 Vgl. Behrens, Stefan/Schmitz, Christopher, Ein Bezugsrahmen für die Implementierung von IT-Outsourcing-Governance, in: HMD Praxis der Wirtschaftsinformatik, Heft 245/2006, S. 33.

– In der Phase der Anbahnung einer Auslagerungsmaßnahme verfügt das Institut mit der Risikoanalyse über eine Entscheidungsgrundlage, mit der die (erfolgreiche) Suche nach einem geeigneten Auslagerungsunternehmen erheblich erleichtert werden kann. Bei dieser Suche stellen viele Unternehmen auf einen strukturierten Auswahlprozess ab. Dieser Prozess reicht von der Erstellung von Anforderungsprofilen über die Beurteilung der Eignung verschiedener Kandidaten bis hin zur Auswahlentscheidung. Koordiniert werden die Aktivitäten von so genannten »Vendor Selection Teams«.[201]

– Im Hinblick auf die Implementierung spielt zunächst die Ausgestaltung des Auslagerungsvertrages eine wichtige Rolle. Führt die Risikoanalyse zu dem Ergebnis, dass die Auslagerung nicht wesentlich ist, so sind die besonderen bankaufsichtlichen Vertragspflichten nicht einschlägig (→ AT 9 Tz. 7). Ansonsten werden die gewonnenen Erkenntnisse Auswirkungen auf die Vertragsgestaltung haben. So wird das auslagernde Institut besonders komplexen Auslagerungs-Risiken durch entsprechende Vertragsklauseln begegnen, indem bspw. detaillierte Informations- und Mitwirkungsrechte oder besondere »Service-Level-Agreements« vereinbart werden. Auf dieser Basis können der (endgültige) Übergang der jeweiligen Aktivitäten und Prozesse auf das Auslagerungsunternehmen (»Transition«) sowie die Finalisierung der erforderlichen organisatorischen Vorkehrungen (z. B. Schnittstellen, Steuerung und Überwachung, Festlegung von Verantwortlichkeiten) erfolgen.

– Während des Regelbetriebes hat das Institut die mit wesentlichen Auslagerungen verbundenen Risiken angemessen zu steuern und die Ausführung der ausgelagerten Aktivitäten und Prozesse ordnungsgemäß zu überwachen (→ AT 9 Tz. 9). Die konkrete Ausgestaltung der Steuerungs- und Überwachungsmechanismen hängt im Wesentlichen von den Erkenntnissen ab, die bei der Durchführung der Risikoanalyse gewonnen wurden. So müssen bspw. im Rahmen einer Offshore-Operation andere Steuerungs- und Überwachungsmechanismen implementiert werden, als bei der Auslagerung auf ein inländisches Unternehmen. Bei Offshore- Auslagerungen werden häufig auch eigene Mitarbeiter vor Ort positioniert, um die Steuerungs- und Überwachungsmechanismen zu unterstützen.[202] Zwischen der Risikoanalyse und den Steuerungs- und Überwachungsmechanismen bestehen jedoch Interdependenzen. So können bspw. die Ergebnisse der Überwachungstätigkeit zur anlassbezogenen Neubewertung einer laufenden Auslagerungsmaßnahme führen. Die Risikoanalyse ist in diesem Fall entsprechend anzupassen.

130 Die Prozesse bei der Auslagerung stimmen teilweise mit den Vorgängen beim Neu-Produkt-Prozess (NPP) überein. Zumindest können viele Parallelen beobachtet werden. Schon die Initiative für eine Auslagerungsmaßnahme ist häufig betriebswirtschaftlich begründet. Insofern können die Vorgänge beim NPP zum Teil als Schablone für die Prozesse bei einer Auslagerung dienen. In einigen Instituten existiert eine Evidenzstelle zu Auslagerungsmaßnahmen, die u. a. abfragt, ob es neue Planungen gibt oder sich bei bestehenden Auslagerungen etwas geändert hat. Dafür kommen insbesondere die Rechtsabteilung, die Organisationsabteilung oder die OpRisk-Abteilung infrage.[203]

---

201 Vgl. Duening, Thomas N./Click, Rick L., Essentials of Business Process Outsourcing, New Jersey, 2005, S. 97 ff.

202 Vgl. Financial Services Authority, Offshore Operations: Industry Feedback, April 2005, S. 9.

203 Vgl. Erfahrungsaustausch öffentlicher und genossenschaftlicher Banken zum »Outsourcing« am 1. Februar 2009 in Berlin.

3.4   Beteiligte

131   Die Risikoanalyse muss grundsätzlich alle relevanten Aspekte umfassen, die für die angemessene Einbindung der ausgelagerten Aktivitäten und Prozesse in das Risikomanagement von Bedeutung sind. Um dies zu gewährleisten, sind die von der Auslagerung maßgeblich betroffenen Organisationseinheiten bei der Risikoanalyse zu beteiligen. Welche Organisationseinheiten bei der Erstellung der Risikoanalyse im Einzelfall einzubeziehen sind, hängt im Wesentlichen von der Organisationsstruktur des Institutes sowie von Art, Umfang, Komplexität und Risikogehalt der Auslagerungen ab. Seit der fünften MaRisk-Novelle haben Institute mit umfangreichen Auslagerungslösungen ein zentrales Auslagerungsmanagement einzurichten, zu dessen Aufgaben die Koordinierung und Überprüfung der durch die zuständigen Bereiche durchgeführten Risikoanalyse gehört (→ AT 9 Tz. 12 lit. d). Das zentrale Auslagerungsmanagement soll den Gesamtüberblick über die ausgelagerten Aktivitäten und Prozesse haben und einen möglichst einheitlichen Umgang mit den besonderen Risiken aus Auslagerungen und deren Überwachung sicherstellen.[204] Bei Instituten ohne zentrales Auslagerungsmanagement wird regelmäßig der auslagernde Fachbereich für die Koordinierung verantwortlich sein, der üblicherweise auch der Process-Owner für den zugrundeliegenden Auslagerungsprozess ist.

132   Neben dem zentralen Auslagerungsmanagement und dem auslagernden Fachbereich sind bei der Erstellung der Risikoanalyse regelmäßig die Risikocontrolling-Funktion (→ AT 4.4.1), die Compliance-Funktion (→ AT 4.4.2) die OpRisk-Abteilung, das Business Continuity Management (BCM), das Informationssicherheitsmanagement bzw. der Informationssicherheitsbeauftragte (Tz. 18 BAIT)[205], die Rechtsabteilung, die Organisationsabteilung und ggf. weitere von der Auslagerung fachlich betroffenen Organisationseinheiten zu beteiligen. Da die Informationstechnik und die dazugehörigen Unterstützungsleistungen für nahezu alle Aktivitäten und Prozesse der Institute die Basis darstellen, werden entsprechend qualifizierte IT-Mitarbeiter mit hoher Wahrscheinlichkeit ebenfalls an der Durchführung der Risikoanalyse mitwirken. In einigen Instituten werden zudem bei Bedarf die Personalabteilung, der Datenschutzbeauftragte und (wegen steuerlicher Aspekte) die Finanzabteilung beteiligt. Zweckmäßig ist sicherlich auch die Beteiligung von Mitarbeitern, die bereits einschlägige Erfahrungen mit der Durchführung von Outsourcing-Projekten gesammelt haben, selbst wenn diese fachfremd sein sollten.

133   Die Interne Revision ist »im Rahmen ihrer Aufgaben« einzubinden, d.h. ihre erforderliche Unabhängigkeit ist sicherzustellen, und Interessenkonflikte müssen vermieden werden (→ BT 2.1 Tz. 2). Die Interne Revision sollte daher bei der Analyse der Risiken keine leitende Funktion übernehmen.

134   Das zentrale Auslagerungsmanagement oder die Rechtsabteilung übernehmen i. d. R. auch die Bewertung, ob es sich um eine Auslagerung im Sinne der MaRisk handelt oder nicht. Teilweise sind an dieser Einschätzung zusätzlich die auslagernde Fachabteilung und das Risikocontrolling beteiligt. Die anschließende Einbindung der Internen Revision oder externer Prüfer kann allerdings im Einzelfall dazu führen, dass ursprünglich ausgeschlossene Vertragskonstellationen ebenfalls als Auslagerung eingestuft werden müssen.[206] Die Rechtsabteilung wird darüber hinaus regelmäßig für den Abschluss des Auslagerungsvertrages verantwortlich sein.

135   Die Entscheidung über die Wesentlichkeit einer Auslagerung wird in den Instituten nach unterschiedlichen Modellen getroffen. Dafür können z. B. das zentrale Auslagerungsmanagement, die initiierende Fachabteilung (ggf. gemeinsam mit einer beauftragten Abteilung, wie z. B. dem

---

204   Vgl. Bundesanstalt für Finanzdienstleistungsanstalt, Erster Entwurf zur Überarbeitung der MaRisk, Übermittlungsschreiben vom 18. Februar 2016, S. 5.

205   Der Informationssicherheitsbeauftragte hat u. a. den Informationssicherheitsprozess gegenüber dem IT-Dienstleister zu überwachen und bei allen damit zusammenhängenden Aufgaben mitzuwirken (Tz. 18 BAIT, Erläuterung).

206   Vgl. Erfahrungsaustausch öffentlicher und genossenschaftlicher Banken zum »Outsourcing« am 1. Februar 2009 in Berlin.

OpRisk-Management), einer der o. g. Bereiche (unter Einbindung der anderen Bereiche), alle beteiligten Bereiche gemeinsam, ein extra dafür eingerichtetes Gremium oder sogar die Geschäftsführung zuständig sein. Ob eine zentrale Organisationseinheit trotz oftmals geringerer Kenntnis des betroffenen Sachverhaltes die abschließende Beurteilung der Risikoanalyse vornehmen sollte, ist zumindest umstritten. Allerdings kann im Grunde nur durch eine Prüfung der Risikoanalyse an zentraler Stelle, wie z. B. beim zentralen Auslagerungsmanagement, eine Betrachtung aus Sicht des Gesamtinstitutes sichergestellt werden. Nach Ansicht der Deutschen Kreditwirtschaft (DK) kann das zentrale Auslagerungsmanagement die Risikoanalyse fachlich nicht validieren. Allenfalls kann es nach Ansicht der DK eine Plausibilisierung vornehmen.[207]

Im Rahmen der Risikoanalyse ist es immer möglich, dass ein beteiligter Bereich bestimmte Auflagen macht. In Zweifelsfällen entscheidet grundsätzlich die Geschäftsleitung, die in jedem Fall auch darüber befindet, ob eine Auslagerungsmaßnahme durchgeführt werden kann. Dabei spielen Kosten-/Nutzen-Gesichtspunkte eine wichtige Rolle. In Abhängigkeit von der getroffenen Entscheidung und den evtl. gemachten Auflagen werden die Anforderungen an Auslagerungen teilweise gestaffelt.[208] **136**

3.5 Proportionalitätsprinzip

Der bei der Risikoanalyse zu betreibende Aufwand orientiert sich am Proportionalitätsprinzip. Die Intensität der Analyse hängt von Art, Umfang, Komplexität und Risikogehalt der ausgelagerten Aktivitäten und Prozesse ab. Ergänzend können die von der EBA entwickelten Kriterien für das Proportionalitätsprinzip und der detaillierte Katalog zur Konkretisierung dieser Kriterien herangezogen werden.[209] Bei Auslagerungen von erheblicher Tragweite, wie z. B. der vollständigen oder teilweisen Auslagerung der besonderen Funktionen (Risikocontrolling- und Compliance-Funktion sowie Interne Revision) oder von Kernbankbereichen (→ AT 9 Tz. 4, 5 und 8), haben die Institute daher entsprechend intensiv zu prüfen, ob und wie eine Einbeziehung der ausgelagerten Aktivitäten und Prozesse in das Risikomanagement sichergestellt werden kann (→ AT 9 Tz. 2, Erläuterung). Eine entsprechende Regelung enthalten die MaComp bei einer Auslagerung der Wertpapier-Compliance-Funktion.[210] **137**

Konkrete Anforderungen an die Ausgestaltung der Risikoanalyse stellt die deutsche Aufsicht allerdings nicht. Es kann daher durchaus unterschiedliche Lösungen geben, um dem Sinn und Zweck der Anforderung Genüge zu tun (»Einbeziehung in das Risikomanagement«). Denkbar sind z. B. zweistufige Verfahren. Sollten sich im Rahmen einer Grobanalyse (erste Stufe), die auch als »Quick-Check« bezeichnet wird, Anhaltspunkte dafür ergeben, dass eine wesentliche Auslagerung vorliegt, könnte daran anschließend bei den wesentlichen Auslagerungen eine Detailanalyse (zweite Stufe) durchgeführt werden.[211] In der Praxis erfolgt die Einstufung in wesentliche und nicht wesentliche Auslagerungen in der ersten Stufe anhand vorgegebener Kriterien, die z. B. in **138**

---

207 Vgl. Deutsche Kreditwirtschaft, Stellungnahme zum Entwurf der MaRisk in der Fassung vom 18. Februar 2016 (Konsultation 02/2016) vom 27. April 2016, S. 37.

208 Vgl. Erfahrungsaustausch öffentlicher und genossenschaftlicher Banken zum »Outsourcing« am 1. Februar 2009 in Berlin.

209 Vgl. European Banking Authority, Leitlinien zur internen Governance, EBA/GL/2017/11, 21. März 2018, S. 8 f. Dies wird von der EBA ausdrücklich gefordert. Vgl. European Banking Authority, Consultation Paper – EBA Draft Guidelines on Outsourcing Arrangements, EBA/CP/2018/11, 22. Juni 2018, S. 20.

210 Vgl. Bundesanstalt für Finanzdienstleistungsaufsicht, Mindestanforderungen an die Compliance-Funktion und weitere Verhaltens-, Organisations- und Transparenzpflichten – MaComp, Rundschreiben 05/2018 (WA) vom 19. April 2018, zuletzt geändert am 9. Mai 2018, BT 1.3.4 Tz. 3.

211 Vgl. Zentraler Kreditausschuss, Stellungnahme zum ersten Entwurf der neuen Auslagerungsregelungen in den MaRisk, 14. Mai 2007, S. 10.

Form eines Fragebogens vorliegen können. Diese Vorgaben (z. B. durch das Risikocontrolling) sind erforderlich, um eine vollständige Risikobetrachtung zu gewährleisten.[212]

139   Im Gegensatz zu den in der Vergangenheit üblichen pauschalen Einstufungen hat sich in der Prüfungspraxis (noch) kein Standard zur Eingruppierung von Auslagerungsmaßnahmen herausgebildet. Dies ist vor dem Hintergrund des Proportionalitätsprinzips auch nur bedingt möglich und sinnvoll.

3.6   Durchführung der Risikoanalyse aufgrund institutsweit und gruppenweit einheitlicher Vorgaben

140   Die Risikoanalyse ist auf der Grundlage von institutsweit bzw. gruppenweit einheitlichen Rahmenvorgaben sowohl regelmäßig als auch anlassbezogen durchzuführen. Die im Rahmen der fünften MaRisk-Novelle eingefügte Anforderung ist mit Blick auf den Turnus im Grunde nicht neu. Auch nach der bisherigen Regelung war die Risikoanalyse anzupassen, soweit sich wesentliche Änderungen der Risikosituation ergeben (→ AT 9 Tz. 2 Satz 3 a. F.). Dies setzt voraus, dass die Institute die Risikoanalyse in vorab festgelegten zeitlichen Abständen sowie ggf. anlassbezogen bei Änderung wesentlicher Beurteilungsparameter auf ihre Angemessenheit überprüfen. Eine anlassbezogene Überprüfung der Risikoanalyse ist erforderlich, wenn das Institut selbst gravierende oder anhaltende Leistungsstörungen feststellt oder hiervon Kenntnis erlangt, z. B. durch Prüfungen der Internen Revision bzw. externer Prüfer. Darüber hinaus kann eine erneute Durchführung der Risikoanalyse auch bei einer erheblichen Ausweitung des vereinbarten Leistungsumfangs der ausgelagerten Aktivitäten oder bei einer Weiterverlagerung durch den Dienstleister notwendig sein, da sich die Risikolage geändert haben könnte. Die Entscheidung, ob eine anlassbezogene Anpassung der Risikoanalyse erforderlich ist, obliegt in größeren Instituten regelmäßig dem zentralen Auslagerungsmanagement (→ AT 9 Tz. 12).

141   Neu ist die im Rahmen der fünften MaRisk-Novelle eingefügte Anforderung, dass die Risikoanalyse auf der Grundlage von institutsweit bzw. gruppenweit einheitlichen Rahmenvorgaben durchzuführen ist. Dass ein Institut die Risikoanalyse nach institutseinheitlichen Vorgaben anhand vorab festgelegter Kriterien bzw. Standards (z. B. Self-Assessment, Risikoindikatoren) sowie nach einer einheitlichen Methodik durchführt, ist eigentlich selbstverständlich, sodass es sich insoweit um eine Klarstellung der Aufsicht handeln dürfte. Bei größeren Instituten ist für die Implementierung und Weiterentwicklung entsprechender Kontroll- und Überwachungsprozesse seit der fünften MaRisk-Novelle das verpflichtend einzurichtende zentrale Auslagerungsmanagement verantwortlich (→ AT 9 Tz. 12).

142   Die Anforderung, dass alle gruppenangehörigen Unternehmen einer Institutsgruppe, Finanzholding-gruppe oder gemischten Finanzholding-Gruppe ihre Risikoanalysen nach gruppenweit einheitlichen Rahmenvorgaben vorzunehmen haben, stärkt das auf Gruppenebene notwendige wirksame Risikomanagement. Das übergeordnete Unternehmen hat angemessene Risikosteuerungs- und -controllingprozesse aufzusetzen, welche die gruppenangehörigen Unternehmen einbeziehen (→ AT 4.5 Tz. 5). Die vom übergeordneten Unternehmen auf Gruppenebene zu implementierenden Steuerungs- und Überwachungsmaßnahmen können nur auf den Erkenntnissen der Risikoanalysen in den nachgeordneten Instituten aufbauen, wenn diese vergleichbar sind. Grundsätzlich wird unter den gruppenweit einheitlichen Vorgaben ein Rahmenwerk zu verstehen sein, das den gruppenangehörigen Unternehmen die für die jeweiligen Risikoanalysen zu verwendenden Verfahren und Methoden einschließlich der zu berücksichtigenden Risiken und

---

212 Vgl. Erfahrungsaustausch öffentlicher und genossenschaftlicher Banken zum »Outsourcing« am 1. Februar 2009 in Berlin.

Einflussfaktoren vorgibt. Die Bewertung bzw. Materialität des Risikos kann jedoch vom Geschäftsmodell des jeweiligen Institutes abhängig sein und muss daher individuell betrachtet werden.

3.7 Dokumentation der Risikoanalyse

Die Durchführung, der Inhalt und das Ergebnis der Risikoanalyse sind in einem angemessenen   **143**
Umfang und für Dritte nachvollziehbar zu dokumentieren (→ AT 6 Tz. 1). Auch dafür gilt der
Grundsatz der Proportionalität. Liegt bei Leistungen ohne einen speziellen Bezug zur Geschäftstätigkeit eines Institutes überhaupt keine Auslagerung vor (z. B. Kantinenbetrieb, Fuhrpark,
Strom, Wasser), sind an die Dokumentation geringe Anforderungen zu stellen. Bei sehr umfangreichen Auslagerungen sollte das Ergebnis der Risikoanalyse besonders in den Fällen ausführlich
begründet werden, in denen das Institut eine Einstufung als »nicht wesentlich« vornimmt und
damit eine Öffnungsklausel der MaRisk in Anspruch nimmt (→ AT 6 Tz. 2). Darüber hinaus sind
auch bei der Risikoanalyse die gesetzlichen Aufbewahrungspflichten zu beachten.

3.8 Risikoanalyse (»Pre-outsourcing analysis«) gemäß den EBA-Leitlinien

Die EBA unterscheidet in dem im Juni 2018 vorgelegten Entwurf der Leitlinien zu Auslagerungen   **144**
zwischen der Auslagerung von kritischen oder bedeutenden Funktionen (»critical or important
functions«) und sonstigen Auslagerungen.[213] Der Begriff »kritische oder bedeutende« Funktion ist
als Einheit zu verstehen, sodass zwischen der Auslagerung von kritischen/bedeutenden Funktionen einerseits und nicht kritischen/nicht bedeutenden Funktionen andererseits zu unterscheiden ist.[214] Diese Vorgehensweise entspricht den Vorgaben der MaRisk, die zwischen wesentlichen
und nicht wesentlichen Auslagerungen differenzieren. Wie die MaRisk stellen die EBA-Leitlinien
an die Auslagerung der kritischen/bedeutenden Funktionen deutlich höhere Anforderungen als an
nicht kritische/nicht bedeutende Funktionen.

Die Einstufung als kritische/bedeutende Funktion hat gemäß einer der Risikoanalyse nach   **145**
MaRisk vergleichbaren Bewertung (»Assessment of the criticality or importance«)[215] zu erfolgen.
Bestimmte Funktionen sind für die Zwecke der Auslagerung nach Ansicht der EBA stets als
kritische/bedeutende Funktion einzuordnen. Darunter fällt die Auslagerung der operativen Tätigkeiten der internen Kontrollfunktionen, also der Risikocontrolling- und Compliance-Funktion
sowie der Internen Revision (→ AT 4.4). Zwingend ist eine Einstufung von Aktivitäten als
kritisch/bedeutend zudem, sofern dabei auftretende Mängel die Einhaltung der Zulassungs-

---

213 Vgl. European Banking Authority, Consultation Paper – EBA Draft Guidelines on Outsourcing arrangements, EBA/
CP/2018/11, 22. Juni 2018, S. 17.

214 Das entspricht auch dem Verständnis der Deutschen Kreditwirtschaft. Vgl. Deutsche Kreditwirtschaft (German Banking
Industry Committee), Comments on EBA Draft Guidelines on Outsourcing arrangements (EBA/CP/2018/11), 24.
September 2018, S. 4. Der Begriff »kritische oder bedeutsame« Funktion geht auf die MiFID sowie die Delegierte
Verordnung (EU) 2017/565 der EU-Kommission zur Ergänzung der MiFID zurück. Danach wird eine betriebliche Aufgabe
als kritisch oder wesentlich betrachtet, wenn deren unzureichende oder unterlassene Wahrnehmung die kontinuierliche
Erhaltung der Zulassungsbedingungen und -pflichten oder der anderen Verpflichtungen der Wertpapierfirma gemäß der
Richtlinie 2014/65/EU, ihre finanzielle Leistungsfähigkeit oder die Solidität oder Kontinuität ihrer Wertpapierdienstleistungen und Anlagetätigkeiten wesentlich beeinträchtigen würde. Der Begriff ist von der Definition der »kritischen
Funktion« gemäß Art. 2 Abs. 1 Nr. 35 BRRD zu unterscheiden. Vgl. European Banking Authority, Consultation Paper –
EBA Draft Guidelines on Outsourcing arrangements, EBA/CP/2018/11, 22. Juni 2018, S. 17.

215 Vgl. European Banking Authority, Consultation Paper – EBA Draft Guidelines on Outsourcing arrangements, EBA/
CP/2018/11, 22. Juni 2018, S. 33 f.

voraussetzungen des Institutes, die finanzielle Performance oder die Solidität und Kontinuität der vom auslagernden Institut erbrachten Bankgeschäfte und Finanzdienstleistungen wesentlich beeinflussen würde. Darüber hinaus sollte auch die Auslagerung von Kerngeschäftsbereichen oder von kritischen Funktionen gemäß Art. 2 Abs. 1 Nr. 35 und 36 BRRD regelmäßig als kritisch/bedeutend eingestuft werden.[216] Anders als die deutsche Aufsicht gibt die EBA detaillierte Kriterien vor, die von den Instituten bei der Beurteilung einer Auslagerungsvereinbarung als kritisch/bedeutend zu berücksichtigen sind, u. a.

- direkter Zusammenhang mit der Erbringung zulassungspflichtiger Geschäfte,
- Auswirkungen einer Unterbrechung oder eines Ausfalls der Auslagerungsvereinbarung, u. a. auf die finanzielle Stabilität (Vermögenswerte, Eigenkapital, Liquidität, Refinanzierung, Kosten etc.), die Geschäftskontinuität, die operationellen Risiken (inkl. IKT-, Rechts- und Reputationsrisiken etc.) sowie ggf. die Sanierungs- und Abwicklungsplanung des Institutes,
- Auswirkungen auf die Fähigkeit des Institutes zur Risikosteuerung und -überwachung und zur Erfüllung der gesetzlichen und regulatorischen Anforderungen,
- Prüfungsrechte,
- Auswirkungen auf Kunden,
- Konzentrationsrisiken,
- Größe und Komplexität der ausgelagerten Aktivitäten,
- Substituierbarkeit des Auslagerungsunternehmens,
- Möglichkeit der Re-Integration der ausgelagerten Aktivitäten sowie
- Datenschutz, insbesondere im Hinblick auf die Datenschutzgrundverordnung.[217]

146 Ferner enthalten die EBA-Leitlinien konkrete Vorgaben zur Bewertung des Auslagerungsunternehmens (»Due Diligence«), die über die prinzipienorientierten Vorgaben der MaRisk hinausgehen.[218] Im Rahmen der Due Diligence-Prüfung des Dienstleisters haben die Institute z. B. zu bewerten, ob dieser über angemessene und ausreichende Fähigkeiten, Kapazitäten, Ressourcen, eine entsprechende Organisationsstruktur und ggf. über die erforderlichen Genehmigungen verfügt. Weitere zu berücksichtigende Kriterien sind u. a. das Geschäftsmodell und die finanzielle Stabilität und ggf. die Konzernstruktur des Dienstleisters sowie Art, Umfang und Komplexität der ausgelagerten Bereiche. Falls die Auslagerung die Übermittlung, Verarbeitung und Speicherung personenbezogener oder vertraulicher Daten beinhaltet, sollten sich die Institute davon überzeugen, dass das Auslagerungsunternehmen angemessene technische und organisatorische Maßnahmen implementiert hat. Schließlich sollten die Institute sicherstellen, dass der Dienstleister in Übereinstimmung mit den Werten und dem Verhaltenskodex des Institutes handelt (→ AT 5 Tz. 3 lit. f).

147 Darüber hinaus sollten die Institute vor Abschluss der Auslagerungsvereinbarung alle mit der Auslagerung verbundenen Risiken identifizieren, bewerten, überwachen und kommunizieren (»Risk assessment of outsourcing arrangements«), wobei der Grundsatz der Proportionalität anzuwenden ist.[219] Die Institute sollten u. a. die möglichen Auswirkungen der Auslagerungsvereinbarungen auf ihre operationellen Risiken auch anhand von Szenarien bewerten sowie Konzen-

---

216 Vgl. European Banking Authority, Consultation Paper – EBA Draft Guidelines on Outsourcing arrangements, EBA/CP/2018/11, 22. Juni 2018, S. 33. Der Begriff der kritischen Funktion gemäß BRRD ist in § 2 Abs. 3 Nr. 38 SAG in nationales Recht umgesetzt. Danach sind kritische Funktionen Tätigkeiten, Dienstleistungen und Geschäfte, deren Einstellung zu einer Störung der für die Realwirtschaft unverzichtbaren Dienste oder zu einer Störung der Finanzmarktstabilität in einem oder mehreren Mitgliedstaaten aufgrund der Größe des Institutes oder der Gruppe oder deren Marktanteils, deren externen und internen Verpflichtungen, deren Komplexität oder deren grenzüberschreitenden Tätigkeiten führen kann, und zwar insbesondere im Hinblick auf die Substituierbarkeit.

217 Vgl. European Banking Authority, Consultation Paper – EBA Draft Guidelines on Outsourcing arrangements, EBA/CP/2018/11, 22. Juni 2018, S. 33 f.

218 Vgl. European Banking Authority, Consultation Paper – EBA Draft Guidelines on Outsourcing arrangements, EBA/CP/2018/11, 22. Juni 2018, S. 34 f.

219 Vgl. European Banking Authority, Consultation Paper – EBA Draft Guidelines on Outsourcing arrangements, EBA/CP/2018/11, 22. Juni 2018, S. 35 ff.

trationsrisiken, z. B. aus der Auslagerung an einen marktbeherrschenden, nicht leicht ersetzbaren Dienstleister oder aus einer Vielzahl von Auslagerungen an denselben Dienstleister, beurteilen. Bedeutende Institute sollten das Step-in-Risiko bei der Bewertung der Risiken einer Auslagerungsvereinbarung berücksichtigen.[220] Das »Step-in-Risiko« wird vom Baseler Ausschuss als das Risiko definiert, dass eine Bank ohne vertragliches oder gesetzliches Erfordernis entscheidet, einem notleidenden, nicht konsolidierten Unternehmen finanzielle Unterstützung zukommen zu lassen.[221] Zudem sind Risiken aus Weiterverlagerungen zu berücksichtigen. Schließlich hat das Institut im Rahmen der Risikoanalyse zahlreiche weitere Kriterien zu beachten, wie z. B. die gesetzlichen Bestimmungen im Sitzland des Dienstleisters (Datenschutz, Insolvenzrecht, Strafrecht) oder das Schutzniveau für die Vertraulichkeit von Daten.

Nach den Vorstellungen der EBA sollten die Institute mögliche Interessenkonflikte identifizieren **148** und bewerten, die im Zusammenhang mit der Auslagerung entstehen können, wobei auf die EBA-Leitlinien zur internen Governance aus dem Jahre 2017 verwiesen wird.[222] Sofern bei gruppeninternen Auslagerungen wesentliche Interessenkonflikte zwischen den gruppenangehörigen Unternehmen bestehen, sind entsprechende Maßnahmen zum Management dieser Konflikte zu ergreifen.[223]

3.9   Gruppeninterne Auslagerungen

Ein nicht unerheblicher Anteil der Auslagerungsaktivitäten der Institute spielt sich innerhalb von **149** Konzernen ab. Einer Untersuchung der EZB zufolge entfallen über 50 % der Auslagerungsaktivitäten von europäischen Banken auf »Intra-Group-Outsourcing«.[224] Häufig werden Serviceprozesse, die in mehreren dezentralen Geschäftseinheiten in ähnlicher Form vorkommen, in einem »Shared Service Center« gebündelt. Diese Center agieren innerhalb eines Konzerns als selbständige Verantwortungsbereiche und bieten ihre Leistungen sowohl internen als auch externen Kunden an.[225] Es ist daher nicht überraschend, dass die Behandlung gruppeninterner Auslagerungen während der Entwicklung der neuen Auslagerungsregelungen intensiv diskutiert wurde.

Die deutsche Aufsicht sah bei der Überführung der Auslagerungsregelungen in die MaRisk im **150** Jahre 2007 allerdings keinen Anlass, gruppeninterne Auslagerungen pauschal von der Anwendung der spezifischen Outsourcing-Anforderungen auszunehmen. Die Existenz einer Gruppe bedeutet für sich allein genommen noch lange nicht, dass geeignete Vorkehrungen existieren, mit denen die Beachtung der Anforderungen obsolet wird. Für eine derartige Ausnahme besteht darüber hinaus auch keine Rechtsgrundlage. Weder EU-Regelungen noch der deutsche Gesetzgeber differenzieren grundsätzlich zwischen gruppeninternen Auslagerungen und Auslagerungen auf sonstige Dritte. Allerdings wird durchaus anerkannt, dass eine besondere Behandlung bei gruppeninternen Aus-

220 Dies wird von der Deutschen Kreditwirtschaft kritisch gesehen, da das entsprechende Papier des Baseler Ausschusses zum Step-in-Risiko (BCBS 423) keinen Bezug zu Auslagerungsrisiken aufweist. Vgl. Deutsche Kreditwirtschaft (German Banking Industry Committee), Comments on EBA Draft Guidelines on Outsourcing arrangements (EBA/CP/2018/11), 24. September 2018, S. 16.

221 Eine Motivation des Institutes könnte gemäß dem Baseler Ausschuss z. B. die Vermeidung eines Reputationsrisikos sein, das die Bank treffen könnte, falls sie das notleidende Unternehmen nicht stützt. Der Baseler Ausschuss sieht hier einen engen Zusammenhang mit »Schattenbanken«. Vgl. Basel Committee on Banking Supervision, Guidelines – Identification and management of step-in risk, BCBS 423, 25. Oktober 2017, S. 4 f.

222 Vgl. European Banking Authority, Consultation Paper – EBA Draft Guidelines on Outsourcing Arrangements, EBA/CP/2018/11, 22. Juni 2018, S. 32.

223 Vgl. European Banking Authority, Consultation Paper – EBA Draft Guidelines on Outsourcing Arrangements, EBA/CP/2018/11, 22. Juni 2018, S. 11.

224 Vgl. European Central Bank, Report on EU banking structure, 24. November 2004, S. 26.

225 Vgl. Breuer, Wolfgang/Kreuz, Claudia, Shared Service Center – eine lohnende Investition?, Arbeitspapiere der Betrieblichen Finanzwirtschaft (Rheinisch-Westfälische Technische Hochschule Aachen), 10. Mai 2006, S. 3.

lagerungen ggf. gerechtfertigt sein kann.[226] Die deutsche Aufsicht hat sich vor diesem Hintergrund für eine pragmatische Lösung entschieden: Bei gruppeninternen Auslagerungen können wirksame Vorkehrungen, insbesondere ein Risikomanagement auf Gruppenebene sowie die Vereinbarung von Durchgriffsrechten, im Rahmen der Erstellung und Anpassung der Risikoanalyse quasi »risikoreduzierend« berücksichtigt werden (→ AT9 Tz. 2, Erläuterung). Werden die genannten Voraussetzungen erfüllt, können gruppeninterne Auslagerungen als »nicht wesentlich« eingestuft werden.[227] Durch diese Lösung trägt die deutsche Aufsicht nicht nur der besonderen Situation innerhalb von Gruppen Rechnung. Sie korrespondiert auch mit der risikoorientierten Grundausrichtung der MaRisk.

151 Im Zuge der fünften MaRisk-Novelle aus dem Jahre 2017 wurde die Formulierung dahingehend geschärft, dass nunmehr ein »einheitliches und umfassendes« Risikomanagement auf Gruppenebene für die Inanspruchnahme der risikomindernden Wirkung notwendig ist. Dies erfordert eine engere Einbindung der nachgeordneten Unternehmen in das Gruppenrisikomanagement als im »Normalfall« des § 25a Abs. 3 KWG, der aufgrund des (gruppenbezogenen) Proportionalitätsprinzips Spielräume eröffnet. Danach hängt die konkrete Ausgestaltung des Risikomanagements auf Gruppenebene insbesondere von Art, Umfang, Komplexität und Risikogehalt der von der Gruppe betriebenen Geschäftsaktivitäten und den gesellschaftsrechtlichen Möglichkeiten ab (→ AT4.5 Tz. 1, Erläuterung). Die strengen Anforderungen der Waiver-Regelung nach § 2a KWG i. V. m. Art. 7 und 10 CRR (beherrschender Einfluss, straffe gruppenweite Risikosteuerungs- und -controllingprozesse etc.) müssen für die Inanspruchnahme der risikomindernden Wirkung jedoch nicht erfüllt sein. Ein einheitliches Risikomanagement auf Gruppenebene erfordert die Vorgabe von (weitgehend) einheitlichen Methoden und Verfahren. Das gruppenweite Risikomanagement muss darüber hinaus umfassend sein, d. h. es darf sich nicht auf Teilaspekte beschränken. Ein wirksames Risikomanagement auf Gruppenebene setzt schließlich voraus, dass das für die Einrichtung verantwortliche übergeordnete Unternehmen auf die nachgeordneten Unternehmen einwirken kann. Hierfür sind effektive gruppeninterne Durchgriffsrechte des übergeordneten Unternehmens erforderlich (→ AT4.5 Tz. 1). Vor diesem Hintergrund wird zum Teil die Auffassung vertreten, dass eine risikoreduzierende Wirkung eines Gruppenrisikomanagements eher bei der Auslagerung von einem Mutterunternehmen auf eine Tochtergesellschaft als bei der Auslagerung von einem Tochterunternehmen auf die Muttergesellschaft festgestellt werden kann.[228]

152 Nach den Vorstellungen der EBA sind gruppeninterne Auslagerungen nicht notwendigerweise weniger riskant als eine Auslagerung an ein Unternehmen außerhalb der Gruppe. Vor diesem Hintergrund sollen gemäß EBA gruppeninterne Auslagerungen den gleichen bankaufsichtlichen Rahmenbedingungen wie die Auslagerungen an gruppenfremde Dienstleister unterliegen. Sofern bei gruppeninternen Auslagerungen wesentliche Interessenkonflikte zwischen den gruppenangehörigen Unternehmen bestehen, sind entsprechende Maßnahmen zum Management dieser Interessenkonflikte zu ergreifen.[229] Die EBA formuliert Anforderungen an zentrale Auslagerungslösungen innerhalb einer Gruppe oder eines Haftungsverbundes, z. B. an eine zentrale Überwachung von Auslagerungsvereinbarungen, eine zentrale Risikoanalyse, einen zentralen Due-Diligence-Prozess oder ein zentral geführtes Auslagerungsregister. Die EBA betont, dass auch in diesen Fällen das einzelne Institut für die Einhaltung der ausgelagerten bankaufsichtlichen Anforderungen verantwortlich bleibt, sodass entsprechende Auskunfts- und Informationsrechte sowie Berichtspflichten zu

---

226 Vgl. Committee of European Banking Supervisors, Guidelines on Outsourcing, 14. Dezember 2006, S. 5.

227 Vgl. Bundesanstalt für Finanzdienstleistungsaufsicht, Übermittlungsschreiben zum zweiten Entwurf zur Modernisierung der Outsourcing-Regelungen und Integration in die MaRisk vom 10. August 2007, S. 2.

228 Allerdings kann z. B. die Rechtsform eines Auslagerungsunternehmens der Vereinbarung von Durchgriffsrechten entgegenstehen. Der Vorstand einer AG ist – anders als die Geschäftsführung einer GmbH – an Weisungen der Muttergesellschaft grundsätzlich nicht gebunden. Darüber hinaus können Durchgriffsrechte bei Jurisdiktionen im Ausland an ihre Grenzen stoßen. Vgl. Frank, Wolfgang, Aufsichtsrechtliche Aspekte beim Outsourcing, in: Outsourcing und Insourcing in der Finanzwirtschaft, Köln, 2008, S. 55.

229 Vgl. European Banking Authority, Consultation Paper – EBA Draft Guidelines on Outsourcing Arrangements, EBA/CP/2018/11, 22. Juni 2018, S. 27.

etablieren sind. Die EBA ermöglicht jedoch jenen Instituten, die von den Aufsichtsbehörden eine Freistellung gemäß Art. 7 CRR oder Art. 10 CRR erhalten haben (»Waiver«), die Anforderungen der Leitlinien lediglich auf Ebene des Mutterunternehmens bzw. der Zentralorganisation einzuhalten.[230] Sie geht insoweit über die bestehende deutsche Aufsichtspraxis hinaus, die den Waiver gegenwärtig nicht auf die Anforderungen des § 25b KWG erstreckt.

Die Deutsche Kreditwirtschaft (DK) hat sich sowohl im Rahmen der Konsultation der fünften **153** MaRisk-Novelle als auch der EBA-Leitlinien zu Auslagerungen für eine weitgehende Privilegierung von gruppeninternen Auslagerungen ausgesprochen. Nach Ansicht der DK sollten bestimmte Zentralfunktionen, die bei Institutsgruppen typischerweise auf Ebene der Muttergesellschaft wahrgenommen werden (z. B. die Personalabteilung), nicht unter den Auslagerungstatbestand nach § 25b KWG fallen.[231] Darüber hinaus soll nach Ansicht der DK jedes Institut – unabhängig von seiner Größe – die Risikocontrolling-Funktion, die Compliance-Funktion und die Interne Revision gruppenintern vollständig auslagern können. Nach Auffassung der DK kann durch gruppen- bzw. verbundweite Standards und Prozesse sogar ein wirksameres Risikomanagement erfolgen, als bei der Belassung der Verantwortung in den jeweiligen Gruppenunternehmen oder bei einer Auslagerung an Dritte. Die Umsetzung und Anwendung solcher Standards wird in den meisten Fällen das Hauptmotiv für eine gruppeninterne Auslagerung sein und ermöglicht auch einen besseren Gesamtüberblick über die Risiken in der Gruppe. Darüber hinaus sprechen auch die Regelungen zum Risikomanagement auf Gruppenebene für die Möglichkeit einer gruppeninternen Auslagerung. Nach Meinung der DK liegt es im Interesse einer zentralen Risikosteuerung innerhalb der Gruppe, wenn die besonderen Funktionen auf der Ebene der Muttergesellschaft konzentriert werden könnten.[232] Auch die in den EBA-Leitlinien angesprochenen Interessenkonflikte bei einer Auslagerung eines Tochterunternehmens auf die Muttergesellschaft sind nach Ansicht der DK nicht oder nur eingeschränkt gegeben, da die Muttergesellschaft auf Gruppenebene für die Einhaltung der bankaufsichtlichen Anforderungen verantwortlich ist und in diesem Zusammenhang gesetzlich verpflichtet ist, auf Gruppenebene angemessene Risikosteuerungs- und -controllingprozesse unter Einbeziehung der Tochterunternehmen einzurichten.[233] Diese Argumente gelten nach Ansicht der DK auch weitgehend analog für verbundinterne Auslagerungen.

Die deutsche Aufsicht ist der DK dahingehend entgegengekommen, dass die endgültige Fassung **154** der fünften MaRisk-Novelle Erleichterungen für Auslagerungen der besonderen Funktionen innerhalb einer Institutsgruppe enthält. Eine vollständige Auslagerung der Risikocontrolling-Funktion, Compliance-Funktion und Internen Revision ist bei unwesentlichen Tochterunternehmen innerhalb einer Institutsgruppe zulässig, sofern die Auslagerung auf das übergeordnete Institut, in der Regel das Mutterunternehmen, erfolgt. Das Tochterinstitut muss dabei sowohl hinsichtlich seiner Größe, Komplexität und des Risikogehaltes seiner Geschäftsaktivitäten für den Finanzsektor als auch hinsichtlich seiner Bedeutung innerhalb der Gruppe als nicht wesentlich einzustufen sein.Gleiches gilt für Gruppen, wenn das Mutterunternehmen kein Institut und im Inland ansässig ist (→ AT 9 Tz. 5).[234]

In der Sondersitzung des Fachgremiums MaRisk im März 2018 hat die Kreditwirtschaft den **155** Umstand, dass für eine Privilegierung innerhalb einer Institutsgruppe nur das übergeordnete

---

230 Vgl. European Banking Authority, Consultation Paper – EBA Draft Guidelines on Outsourcing arrangements, EBA/CP/2018/11, 22. Juni 2018, S. 22.

231 Vgl. Deutsche Kreditwirtschaft, Stellungnahme zum Entwurf der MaRisk in der Fassung vom 18. Februar 2016 (Konsultation 02/2016) vom 27. April 2016, S. 28.

232 Vgl. Deutsche Kreditwirtschaft, Stellungnahme zum Entwurf der MaRisk in der Fassung vom 18. Februar 2016 (Konsultation 02/2016) vom 27. April 2016, S. 32.

233 Vgl. Deutsche Kreditwirtschaft (German Banking Industry Committee), Comments on EBA Draft Guidelines on Outsourcing arrangements (EBA/CP/2018/11), 24. September 2018, S. 6.

234 Darüber hinaus dürfen kleine Institute die Compliance-Funktion und die Interne Revision auf gruppeninterne oder gruppenexterne Unternehmen vollständig auslagern, sofern deren Einrichtung vor dem Hintergrund der Institutsgröße sowie von Art, Umfang, Komplexität und Risikogehalt der betriebenen Geschäftsaktivitäten nicht angemessen erscheint. Diese Erleichterung für kleine Institute gilt nicht im Hinblick auf die Risikocontrolling-Funktion (→ AT 9 Tz. 5).

Institut das Auslagerungsunternehmen sein darf, als schwierig bewertet.[235] Nach Ansicht der Kreditwirtschaft sollte die Ausnahme auf spezialisierte Tochterunternehmen innerhalb der Gruppe erweitert werden, damit z. B. Schwesterunternehmen die Aufgaben einer gruppenweiten Compliance-Funktion oder Internen Revision übernehmen können. Darüber hinaus wurde von Seiten der Kreditwirtschaft vorgeschlagen, die Möglichkeit der vollständigen Auslagerung von besonderen Funktionen nicht auf unwesentliche Tochterunternehmen zu beschränken.[236] Bei der Diskussion im Fachgremium MaRisk hat sich gezeigt, dass die deutsche Aufsicht möglichen Erleichterungen bei gruppeninternen Auslagerungen zwar grundsätzlich offen gegenübersteht. Kritisch wird von Seiten der Aufsicht allerdings eine Vollauslagerung der Risikocontrolling-Funktion auf einen Dritten gesehen, sofern es sich nicht um das übergeordnete Unternehmen handelt. Bei Auslagerungen an Schwesterunternehmen dürften die mangelnden Zugriffsmöglichkeiten des auslagernden Institutes auf die Schwester problematisch sein. Im Hinblick auf international tätige Gruppen hat die Aufsicht betont, dass eine vollständige Auslagerung bestimmter Bereiche und Funktionen in Drittstaaten schwer vorstellbar ist, insbesondere bei Einheiten mit steuernder Funktion (geschäftsabschließende Bereiche, Kontroll- und Überwachungsfunktionen). Angabegemäß hat sich die EZB im Rahmen der Brexit-Diskussion bereits dahingehend positioniert, dass Institute mit Sitz in der Europäischen Union Kontrollfunktionen nicht vollständig in ein Drittland (Großbritannien) auslagern können. Eine Teilauslagerung dieser Funktionen (einzelner Prozesse oder Aktivitäten) in Drittstaaten ist nach den Vorstellungen der Aufsicht allerdings möglich.[237]

156   Vor dem Hintergrund, dass Auslagerungen auf spezialisierte Mehrmandantendienstleister für die Institute oftmals mit Effizienzverbesserungen, einer höheren Qualität der Leitungserbringung und Innovationschancen verbunden sind, wäre es vermutlich sinnvoll – neben gruppeninternen Auslagerungen – auch Auslagerungen auf regulierte Mehrmandantendienstleister aufsichtsrechtlich zu privilegieren.[238] Die Aufsicht könnte durch eine entsprechende Überwachung sowie Prüfungen der Mehrmandantendienstleister, die oftmals Infrastrukturdienstleistungen für Institute oder komplexe Aktivitäten im Sinne eines Knowledge Process Outsourcing (→ AT 9, Einführung) anbieten, die bankaufsichtlich gebotenen Standards sicherstellen. Die Steuerungs- und Kontrollmaßnahmen des beaufsichtigten Insourcers könnten zu entsprechenden Erleichterungen beim auslagernden Institut führen, das sich oftmals auf eine rein formale Umsetzung der Auslagerungsüberwachung beschränkt.

157   Die Diskussion der Kreditwirtschaft mit der deutschen Aufsicht über mögliche Erleichterungen gruppeninterner und ggf. gruppenexterner Auslagerungen ist gegenwärtig noch nicht beendet und wird parallel auch auf europäischer Ebene geführt. Die Vorstellungen der EBA, dass Institute mit einer Freistellung gemäß Art. 7 oder 10 CRR (»Waiver«), die Anforderungen der Leitlinien lediglich auf Ebene des Mutterunternehmens bzw. der Zentralorganisation einzuhalten haben, geht in eine ähnliche Richtung wie die Überlegungen der deutschen Aufsicht. Es bleibt abzuwarten, ob bzw. inwieweit die EBA die Vorschläge der Kreditwirtschaft in den endgültigen Leitlinien zu Auslagerungen berücksichtigt. Dies hätte entsprechende Auswirkungen auf die Vorgaben der deutschen Aufsicht in den MaRisk.

---

235 Dann könnten z. B. kleine Institute Aktivitäten und Prozesse innerhalb einer Gruppe auf eine andere (ggf. größere) regulierte Konzerntochter auslagern, sofern geeignete Risikomanagementstrukturen bestehen. Vgl. Bundesanstalt für Finanzdienstleistungsaufsicht, Protokoll zur Sondersitzung des Fachgremiums MaRisk zum Thema Auslagerung am 15. März 2018, S. 3.

236 Die Kreditwirtschaft hat sich in der Sondersitzung des Fachgremiums insbesondere dafür eingesetzt, dass auch mittelgroße Verbundinstitute die Compliance-Funktion auf ein anderes Unternehmen auslagern können. Vgl. Bundesanstalt für Finanzdienstleistungsaufsicht, Protokoll zur Sondersitzung des Fachgremiums MaRisk zum Thema Auslagerung am 15. März 2018, S. 3.

237 Vgl. Bundesanstalt für Finanzdienstleistungsaufsicht, Protokoll zur Sondersitzung des Fachgremiums MaRisk zum Thema Auslagerung am 15. März 2018, S. 3.

238 Große regulierte Mehrmandantendienstleister, die sich außerhalb der Verbundorganisationen etabliert haben, sind z. B. die Deutsche WertpapierService Bank AG oder die Deutsche Postbank AG.

4 Umgang mit nicht wesentlichen Auslagerungen (Tz. 3)

3 Bei unter Risikogesichtspunkten nicht wesentlichen Auslagerungen sind die allgemeinen Anforderungen an die Ordnungsmäßigkeit der Geschäftsorganisation gemäß § 25a Abs. 1 KWG zu beachten.

158

4.1 Ordnungsgemäße Geschäftsorganisation bei Auslagerungen

Die qualitativen Anforderungen der deutschen Aufsicht basieren im Wesentlichen auf § 25a Abs. 1 KWG, der von den Instituten unter dem Oberbegriff »ordnungsgemäße Geschäftsorganisation« die Einrichtung eines angemessenen und wirksamen Risikomanagements verlangt (→ AT 1 Tz. 1). Die gesetzlichen Grundlagen für Auslagerungen werden hingegen in § 25b KWG adressiert. Zwischen § 25a Abs. 1 KWG und § 25b KWG besteht jedoch ein enger Zusammenhang. So wird bspw. in § 25b Abs. 1 Satz 2 KWG explizit darauf hingewiesen, dass eine Auslagerung die Ordnungsmäßigkeit der Geschäftsorganisation nach § 25a Abs. 1 KWG nicht beeinträchtigen darf. Nach § 25b Abs. 1 Satz 3 KWG sind die ausgelagerten Aktivitäten und Prozesse in das Risikomanagement des auslagernden Institutes einzubeziehen. Im Ergebnis sind die Spezialregelungen des § 25b KWG Ausfluss der allgemeinen Grundsätze ordnungsgemäßer Geschäftsführung und ergänzen, konkretisieren und überlagern für den Fall der Auslagerung die Anforderungen an eine ordnungsgemäße Geschäftsorganisation, die der Gesetzgeber in § 25a Abs. 1 KWG im Kern normiert hat. § 25b KWG ist deshalb nicht isoliert zu betrachten. Anforderungen und Grenzen der Auslagerung sind vielmehr an den allgemeinen Organisationsregeln und den mit ihnen verfolgten aufsichtsrechtlichen Zielen sowie an den mit der Auslagerung verbundenen speziellen Risiken zu messen.[239]

159

4.2 Unter Risikogesichtspunkten nicht wesentliche Auslagerungen

Auch jene Auslagerungen, die auf Basis der Risikoanalyse als »nicht wesentlich« eingestuft werden, sind nicht vollkommen risikofrei. Diesem Umstand wird aus regulatorischer Sicht durch eine allgemeingültige Formulierung entsprochen. Zwar sind bei solchen Auslagerungen die Spezialregelungen des § 25b KWG sowie die daran geknüpften Präzisierungen der MaRisk nicht einschlägig. Unter Risikogesichtspunkten nicht wesentliche Auslagerungen müssen allerdings – ebenso wie der sonstige Fremdbezug von Leistungen (→ AT 9 Tz. 1) – an den Vorgaben der »Lex generalis« des § 25a Abs. 1 KWG gemessen werden (→ AT 9 Tz. 3). Demzufolge gelten auch für derartige Auslagerungsmaßnahmen die allgemeinen Anforderungen an die Ordnungsmäßigkeit der Geschäftsorganisation.

160

Die deutsche Aufsicht hat jedoch darauf verzichtet, diesen Bereich durch zusätzliche Präzisierungen regulatorisch auszufüllen. Anhaltspunkte für eine Präzisierung ergeben sich aus der Regierungsbegründung zu § 25a Abs. 2 KWG a. F. (jetzt § 25b KWG). Danach sind bei Auslage-

161

---

239 Vgl. Bundesaufsichtsamt für das Kreditwesen, Auslagerung von Bereichen auf ein anderes Unternehmen gemäß § 25a Abs. 2 KWG, Rundschreiben 11/2001 vom 6. Dezember 2001, Tz. 2.

rungen unterhalb der Wesentlichkeitsschwelle eine sorgfältige Auswahl des Dienstleisters sowie die Überwachung der Ordnungsmäßigkeit der Leistungserbringung sicherzustellen.[240]

4.3   Verzicht auf Beispiele

162   Die BaFin hat – im Unterschied zum Rundschreiben 11/2001 – ebenfalls darauf verzichtet, Beispiele für »nicht wesentliche« Auslagerungen in den Regelungstext der MaRisk aufzunehmen. Als »nicht wesentlich« waren nach dem Rundschreiben 11/2001 u. a. die folgenden Sachverhalte einzuordnen: das Inkassowesen, die Geldautomatenversorgung, die Wartung technischer Geräte (auch der IT) oder allgemeine Service- und Unterstützungsleistungen, wie z. B. Kantinenbetrieb, Reinigungsdienst, Wachschutz, Betriebsarzt, betriebspsychologische Betreuung, Baudienst, Unfallverhütung und Brandschutz.[241] Der Gefahr, dass sich durch derartige Beispiele in der Praxis Fallgruppen herausbilden, die sich wegen der Vielfalt der möglichen Konstellationen im Nachhinein als unbrauchbar erweisen, sollte dadurch von vornherein ein Riegel vorgeschoben werden. Das »Mehr« an Flexibilität, das die MaRisk insgesamt bieten, ist grundsätzlich nicht kompatibel mit schablonenhaften Katalogen oder sonstigen Festschreibungen.[242] Derartige allgemeine Service- und Unterstützungsleistungen ohne einen speziellen Bezug zur Geschäftstätigkeit von Instituten sind ebenso wie die Nutzung von Infrastruktureinrichtungen (z. B. Strom, Wasser) als »unwesentliche Aktivitäten oder Prozesse« im Sinne des § 25b Abs. 1 KWG einzuordnen (→ AT 9, Einführung).

163   Nach den Vorstellungen der EBA sind bestimmte Dienstleistungen, Waren und Versorgungsleistungen ebenfalls nicht als Auslagerungen zu betrachten, da sie normalerweise nicht von Instituten erbracht werden. Im Einzelnen nennt die EBA den Erwerb von bestimmten Dienstleistungen (Beratung eines Architekten, Rechtsberatung, Fuhrpark, Catering etc.), Waren (Kauf von Büromaterial oder Möbel etc.), oder Versorgungsleistungen (Strom, Gas, Wasser, Telefon etc.). Die EBA weist darauf hin, dass auch die mit den genannten Dienstleistungen, Waren und Versorgungsleistungen verbundenen Risiken unter Berücksichtigung des Proportionalitätsgrundsatzes zu bewerten sind, wobei die Due Diligence des Dienstleisters sowie das Management der operationellen Risiken im Vordergrund stehen[243] (→ AT 9 Tz. 1).

---

240 Vgl. Regierungsbegründung zum Entwurf eines Gesetzes zur Umsetzung der Richtlinie über Märkte für Finanzinstrumente und der Durchführungsrichtlinie der Kommission (Finanzmarktrichtlinie-Umsetzungsgesetz), Bundesrats-Drucksache 833/06, 8. Dezember 2006, S. 225.

241 Vgl. Bundesaufsichtsamt für das Kreditwesen, Auslagerung von Bereichen auf ein anderes Unternehmen gemäß § 25a Abs. 2 KWG, Rundschreiben 11/2001 vom 6. Dezember 2001, Tz. 11.

242 Vgl. Fischer, Thomas H./Petri, Jens-Holger/Steidle, Roland, Outsourcing im Bankbereich – neue aufsichtsrechtliche Anforderungen nach § 25a KWG und MaRisk, in: Wertpapier-Mitteilungen, Heft 50/2007, S. 2320.

243 Vgl. European Banking Authority, Consultation Paper – EBA Draft Guidelines on Outsourcing Arrangements, EBA/CP/2018/11, 22. Juni 2018, S. 23.

5 Grenzen der Auslagerbarkeit von Aktivitäten und Prozessen (Tz. 4)

4 Grundsätzlich sind Aktivitäten und Prozesse auslagerbar, solange dadurch die Ordnungs- **164** mäßigkeit der Geschäftsorganisation gemäß § 25a Abs. 1 KWG nicht beeinträchtigt wird. Die Auslagerung darf nicht zu einer Delegation der Verantwortung der Geschäftsleitung an das Auslagerungsunternehmen führen. Die Leitungsaufgaben der Geschäftsleitung sind nicht auslagerbar. Besondere Maßstäbe für Auslagerungsmaßnahmen ergeben sich bei der vollständigen oder teilweisen Auslagerung der besonderen Funktionen Risikocontrolling-Funktion, Compliance-Funktion und Interne Revision. Besondere Maßstäbe können sich ferner aus spezialgesetzlichen Regelungen ergeben, wie z.B. bei Bausparkassen hinsichtlich der Kollektivsteuerung oder bei Pfandbriefbanken hinsichtlich der Deckungsregisterführung und der Deckungsrechnung.

5.1 Über die Grenzen der Auslagerung – was ist auslagerungsfähig?

Die deutsche Aufsicht hat den Spielraum für Auslagerungen mit der Überführung des alten **165** Rundschreibens 11/2001 in das Modul AT 9 insgesamt ausgedehnt. So sind grundsätzlich alle Aktivitäten und Prozesse auslagerbar, solange dadurch die Ordnungsmäßigkeit der Geschäftsorganisation nach § 25a Abs. 1 KWG nicht beeinträchtigt wird. Diese grundsätzliche Schranke für die Zulässigkeit von Auslagerungen ergibt sich bereits aus § 25b Abs. 1 Satz 2 Alt. 2 KWG und wird in den MaRisk wiederholt.[244] Trotz des insgesamt breiteren Spektrums existieren Grenzen, welche die Menge an möglichen Auslagerungen einschränken.

Die Auslagerung darf nicht zu einer Übertragung der Verantwortung der Geschäftsleitung an das **166** Auslagerungsunternehmen führen (»Delegationsverbot«). Das in § 25b Abs. 2 Satz 1 KWG enthaltene Delegationsverbot wird in den MaRisk wiederholt und weiter konkretisiert. Es bedeutet zunächst, dass die Geschäftsleiter auch im Fall einer Auslagerung für die ausgelagerten Bereiche verantwortlich bleiben. Darüber hinaus sind die Leitungsaufgaben der Geschäftsleitung nicht auslagerbar.

Zudem muss nach § 25b Abs. 1 Satz 3 KWG ein angemessenes und wirksames Risikomanage- **167** ment durch das Institut gewährleistet bleiben, das die ausgelagerten Aktivitäten und Prozesse einbezieht. Das Institut hat die mit wesentlichen Auslagerungen verbundenen Risiken angemessen zu steuern und die Ausführung der ausgelagerten Aktivitäten und Prozesse ordnungsgemäß zu überwachen (→ AT 9 Tz. 9). Vor diesem Hintergrund wurden im Zuge der fünften MaRisk-Novelle besondere Maßstäbe an die Auslagerung der Risikocontrolling-Funktion, der Compliance-Funktion und der Internen Revision aufgenommen, die als Steuerungs- und Kontrollinstrumente für die Geschäftsleitung von entscheidender Bedeutung sind (→ AT 9 Tz. 5).

Besondere Maßstäbe für Auslagerungsmaßnahmen können sich schließlich aus spezialgesetzli- **168** chen Regelungen ergeben. Neben den in den MaRisk beispielhaft genannten Bausparkassengesetz und Pfandbriefgesetz bestehen z.B. besondere Anforderungen an Auslagerungen nach dem Geldwäschegesetz, dem Wertpapierhandelsgesetz i. V. m. den MaComp oder den BAIT im Hinblick auf die Funktion des Informationssicherheitsbeauftragten.

---

244 Gemäß § 25b Abs. 1 Satz 2 KWG darf eine Auslagerung von Aktivitäten und Prozessen auf ein anderes Unternehmen mit Bezug zu Bankgeschäften, Finanzdienstleistungen oder sonstigen institutstypischen Dienstleistungen zudem die Ordnungsmäßigkeit dieser Geschäfte und Dienstleistungen nicht beeinträchtigen.

169   Die im Rundschreiben 11/2001 enthaltene Einschränkung, dass Auslagerungslösungen auch unzulässig sein können, wenn die Gesamtheit der in der Einzelbetrachtung zulässigerweise ausgelagerten Bereiche die im Institut verbleibenden Bereiche an Umfang und Bedeutung deutlich übertreffen, wurde bei der Integration der Auslagerungsregelungen in die MaRisk nicht übernommen. Eine Grenze im Hinblick auf den Gesamtumfang der zulässigen Auslagerungen wäre jedoch dann erreicht, wenn aus dem Institut eine reine »Briefkastenfirma« würde.[245] Zuletzt hat die EBA im Zuge der Konsultation ihrer Leitlinien zu Auslagerungen im Jahre 2018 betont, dass die Auslagerung von Aktivitäten und Prozessen nicht zur Folge haben darf, dass ein Institut zu einer »leeren Hülle« wird, der eigentlich die Substanz für eine Bankerlaubnis fehlt.[246]

5.2   Kein Übergang der Verantwortung der Geschäftsleitung

170   Nach § 25b Abs. 2 Satz 1 KWG darf die Auslagerung nicht zu einer Delegation der Verantwortung der Geschäftsleitung an das Auslagerungsunternehmen führen. Die Geschäftsleitung bleibt somit auch im Fall der Auslagerung in vollem Umfang für die Ordnungsmäßigkeit der Geschäftsorganisation verantwortlich. Das Delegationsverbot wird dementsprechend sowohl in Art. 14 Abs. 1 lit. a MiFID-Durchführungsrichtlinie als auch in den Leitlinien von CEBS besonders hervorgehoben.[247] Aufgrund dieses Delegationsverbotes können bankaufsichtlich relevante Mängel, die Einfluss auf die Ordnungsmäßigkeit der Geschäftsorganisation haben, unmittelbar der Geschäftsleitung des auslagernden Institutes zur Last gelegt werden. Durch die mit dem Trennbankengesetz eingefügten Sicherstellungspflichten in § 25c Abs. 4a Nr. 6 KWG wird die Verantwortung der Geschäftsleitung für die ausgelagerten Bereiche noch einmal konkretisiert. Danach haben die Geschäftsleiter dafür Sorge zu tragen, dass das Institut im Fall einer Auslagerung von Aktivitäten und Prozessen auf ein anderes Unternehmen nach § 25b Abs. 1 Satz 1 KWG mindestens über angemessene Verfahren und Konzepte verfügt, um übermäßige Risiken sowie eine Beeinträchtigung der Ordnungsmäßigkeit der Geschäfte, Dienstleistungen und Geschäftsorganisation im Sinne des § 25a Abs. 1 KWG zu vermeiden. Ein Verstoß gegen die Sicherstellungspflicht ist unter den Voraussetzungen des § 54a Abs. 1 KWG unter Strafe gestellt. Die Erfüllung der Sicherstellungspflichten kann weder delegiert noch auf Einzelressorts übertragen werden.[248] Auslagerungen eröffnen somit nicht etwa die Möglichkeit, dass sich Geschäftsleiter von ihrer Verantwortung freizeichnen können. In den MaRisk wird das in § 25b Abs. 2 Satz 1 KWG verankerte Delegationsverbot nochmals wiederholt. Dadurch soll letztendlich nur die Bedeutung der Norm untermauert werden.

171   Auch nach den Vorstellungen der EBA führt die Auslagerung von Funktionen nicht zur Delegation der Verantwortung der Geschäftsleitung, die für die ausgelagerten Bereiche in vollem Umfang verantwortlich und rechenschaftspflichtig bleibt.[249] Nach Ansicht der EBA verringern

---

245 Die Existenz einer reinen Briefkastenfirma wurde bereits von der MiFID-Durchführungsrichtlinie kategorisch ausgeschlossen. Vgl. Richtlinie 2006/73/EG (MiFID-Durchführungsrichtlinie) der Europäischen Kommission vom 10. August 2006 zur Durchführung der Richtlinie 2004/39/EG des Europäischen Parlaments und des Rates in Bezug auf die organisatorischen Anforderungen an Wertpapierfirmen und die Bedingungen für die Ausübung ihrer Tätigkeit sowie in Bezug auf die Definition bestimmter Begriffe für die Zwecke der genannten Richtlinie, Amtsblatt der Europäischen Union vom 2. September 2006, L 241/26–58, Erwägungsgrund 19.

246 Die EBA spricht von »emty shell that lacks the substance to remain authorised«. Vgl. European Banking Authority, Consultation Paper – EBA Draft Guidelines on Outsourcing Arrangements, EBA/CP/2018/11, 22. Juni 2018, S. 5. Im Zusammenhang mit der im Institut verbleibenden notwendigen »retained organisations« spricht die EBA zusätzlich von nicht zulässigen »letter-box entities«. Vgl. European Banking Authority, Consultation Paper – EBA Draft Guidelines on Outsourcing Arrangements, EBA/CP/2018/11, 22. Juni 2018, S. 25.

247 Vgl. Committee of European Banking Supervisors, Guidelines on Outsourcing, 14. Dezember 2006, S. 3.

248 Vgl. Schwennicke, Andreas, in: Schwennicke, Andreas/Auerbach, Dirk (Hrsg.), KWG, 3. Auflage, München, 2016, § 25c KWG, Tz. 71.

249 Vgl. European Banking Authority, Consultation Paper – EBA Draft Guidelines on Outsourcing Arrangements, EBA/CP/2018/11, 22. Juni 2018, S. 24.

Auslagerungen zudem nicht die Anforderungen an die Zuverlässigkeit und die fachliche Eignung der Geschäftsleiter des auslagernden Institutes oder der im Institut verbleibenden Inhaber von Schlüsselfunktionen[250] (→ AT 4.4, Einführung).

5.3 Leitungsaufgaben der Geschäftsleitung

Die Auslagerung von Leitungsaufgaben, die aufgrund gesellschaftsrechtlicher oder bankaufsichts- **172** rechtlicher Vorgaben der Geschäftsleitung vorbehalten bleiben, ist unzulässig. Unter Leitungs- aufgaben versteht man der einschlägigen Fachliteratur zum Aktiengesetz zufolge die »Unter- nehmensplanung, -koordination, -kontrolle und Besetzung der Führungsstellen« durch den Vor- stand.[251] Diese Beschreibung findet in den MaRisk fast wortgleich Verwendung (→ AT 9 Tz. 4, Erläuterung). In den »Guidelines on Outsourcing« von CEBS ist in diesem Zusammenhang von »Core Management Functions« die Rede, zu denen z. B. die Festlegung der Strategie und der Risikotoleranzschwelle gehört.[252]

Das Auslagerungsverbot für Leitungsaufgaben der Geschäftsleitung ergab sich im Grunde **173** genommen schon aus dem Rundschreiben 11/2001.[253] Danach war die Auslagerung »zentraler Leitungsfunktionen« unzulässig. In der (Aufsichts-)Praxis bestand allerdings häufig größerer Diskussionsbedarf hinsichtlich der Frage, was im Einzelnen unter solchen Leitungsfunktionen zu verstehen ist. Zum Teil wurde dieser Begriff sehr weit ausgelegt, indem im engeren Sinne nicht zu den zentralen Leitungsfunktionen gehörende Tätigkeiten einbezogen wurden, wie etwa das Risikocontrolling. Daraus ergaben sich Widersprüchlichkeiten zu anderen Passagen des Rund- schreibens, nach denen derartige Auslagerungen eigentlich zulässig gewesen wären.[254]

Die Aufsicht hat diese Unschärfen zum Anlass genommen, die Leitungsaufgaben der Geschäfts- **174** leiter deutlicher abzugrenzen. Nach den überarbeiteten Auslagerungsregelungen versteht man unter der »Leitungsfunktion« eine direkt ausgeübte Tätigkeit. Ausdrücklich nicht dazu zählen jene Mittel, Instrumente, Funktionen oder Organisationseinheiten, denen sich die Geschäftsleiter bei der Wahrnehmung ihrer Leitungsaufgaben bedienen, wie insbesondere die Risikocontrolling- und Compliance-Funktion sowie die Interne Revision. Diese unterstützenden Funktionen usw. können sowohl nach innen als auch unter bestimmten Bedingungen (durch Auslagerung) nach außen delegiert werden (→ AT 9 Tz. 4, Erläuterung). Die Geschäftsleitung ist insofern in erster Linie ein Entscheidungsgremium und nicht notwendigerweise selbst das ausführende Organ der von ihr getroffenen Leitungsentscheidungen.[255]

Nicht auslagerbar sind damit z. B. die Festlegung der Strategien durch die Geschäftsleitung, aber **175** auch andere, explizit vom Gesetzgeber oder durch andere Regelungen der Geschäftsleitung zugewiesene Aufgaben, wie z. B. die Entscheidung über Großkredite nach § 13 KWG (→ AT 9 Tz. 4, Erläuterung)[256] oder über Organkredite nach § 15 Abs. 1 Satz 1 KWG. Auch die durch das

---

250 Vgl. European Banking Authority, Consultation Paper – EBA Draft Guidelines on Outsourcing Arrangements, EBA/ CP/2018/11, 22. Juni 2018, S. 24.

251 Vgl. Hüffer, Uwe, Aktiengesetz, 8. Auflage, München 2008, § 77, Tz. 18.

252 Vgl. Committee of European Banking Supervisors, Guidelines on Outsourcing, 14. Dezember 2006, S. 3.

253 Vgl. Bundesaufsichtsamt für das Kreditwesen, Auslagerung von Bereichen auf ein anderes Unternehmen gemäß § 25a Abs. 2 KWG, Rundschreiben 11/2001 vom 6. Dezember 2001, Tz. 13.

254 So war die Auslagerung wesentlicher Bereiche, die der Erfassung, der Analyse, der Begrenzung, der Überwachung, der Steuerung und der Kontrolle der Risiken aus Bankgeschäften oder Finanzdienstleistungen dienen, grundsätzlich zulässig. Vgl. Bundesaufsichtsamt für das Kreditwesen, Auslagerung von Bereichen auf ein anderes Unternehmen gemäß § 25a Abs. 2 KWG, Rundschreiben 11/2001 vom 6. Dezember 2001, Tz. 10.

255 Vgl. Turiaux, André/Knigge, Dagmar, Vorstandshaftung ohne Grenzen? – Rechtssichere Vorstands- und Unternehmens- organisation als Instrument der Risikominimierung, in: Der Betrieb, Heft 41/2004, S. 2206.

256 Die Vorschriften des KWG zu Großkrediten finden sich mittlerweile in Art. 392 ff. CRR. In § 13 KWG werden ergänzende Regelungen getroffen.

Trennbankengesetz zum 2. Januar 2014 eingefügten Sicherstellungspflichten der Geschäftsleiter in § 25c Abs. 3, 4a und 4b KWG sind nicht auslagerbar.

176   Die EBA weist der Geschäftsleitung darüber hinaus die Verantwortung dafür zu, eine schriftliche »Outsourcing Policy« zu verabschieden und ihre Umsetzung sicherzustellen. Diese Outsourcing Policy soll den gesamten Lebenszyklus von Auslagerungsvereinbarungen umfassen und die Grundsätze, Verantwortlichkeiten und Prozesse im Hinblick auf die Auslagerung festlegen. Die Outsourcing Policy soll differenzieren zwischen der Auslagerung kritischer/bedeutender Funktionen und sonstigen Auslagerungen, gruppeninterner und -externer Auslagerungen, Auslagerungen innerhalb der EU/EWR und in Drittländer sowie danach, ob der Service-Provider ein beaufsichtigtes Unternehmen ist oder nicht.[257]

5.4   Auslagerung der besonderen Funktionen

177   Im Zuge der fünften MaRisk-Novelle wurden besondere Maßstäbe für Auslagerungsmaßnahmen bei der vollständigen oder teilweisen Auslagerung der besonderen Funktionen (→ AT 4.4) sowohl im Hinblick auf die Auslagerungsfähigkeit als auch den Umfang der Auslagerung aufgenommen. Aus Sicht der Aufsicht sind die Risikocontrolling- und die Compliance-Funktion sowie die Interne Revision als Steuerungs- und Kontrollinstrumente für die Geschäftsleitung besonders wichtig und sollen daher zukünftig möglichst in den Instituten verbleiben.[258] Dies gilt insbesondere für die Risikocontrolling-Funktion. Eine vollständige Auslagerung der Risikocontrolling- und der Compliance-Funktion sowie der Internen Revision ist nur unter bestimmten Voraussetzungen für Tochterunternehmen innerhalb einer Institutsgruppe möglich. Darüber hinaus dürfen kleine Institute die Compliance-Funktion und die Interne Revision vollständig auslagern, sofern deren Einrichtung vor dem Hintergrund der Institutsgröße sowie von Art, Umfang, Komplexität und Risikogehalt der betriebenen Geschäftsaktivitäten nicht angemessen erscheint. Diese Erleichterung für kleine Institute gilt nicht im Hinblick auf die Risikocontrolling-Funktion (→ AT 9 Tz. 5). Bei einer vollständigen Auslagerung einer dieser besonderen Funktionen ist jeweils ein Beauftragter zu benennen, der die ordnungsgemäße Durchführung der jeweiligen Aufgaben gewährleisten muss (→ AT 9 Tz. 10).

178   Weiterhin möglich sind Teilauslagerungen der besonderen Funktionen, da insbesondere kleinen Instituten die Möglichkeit offenstehen soll, Expertise zu gewinnen, wenn diese Expertise in bestimmten Aufgabenfeldern nicht oder nur unter unverhältnismäßigem Aufwand innerhalb des Institutes zur Verfügung steht.[259]

179   Zudem kann seit der fünften MaRisk-Novelle eine Auslagerung von Aktivitäten und Prozessen in Kontrollbereichen und Kernbankbereichen nur in einem Umfang vorgenommen werden, der gewährleistet, dass das Institut hierdurch weiterhin über Kenntnisse und Erfahrungen verfügt, die eine wirksame Überwachung der vom Auslagerungsunternehmen erbrachten Dienstleistungen gewährleisten. Zudem muss sichergestellt sein, dass der ordnungsgemäße Betrieb in diesen Bereichen bei Bedarf – im Fall der Beendigung der Auslagerung oder der Änderung der Gruppenstruktur – fortgesetzt werden kann (→ AT 9 Tz. 5).

---

257 Vgl. European Banking Authority, Consultation Paper – EBA Draft Guidelines on Outsourcing Arrangements, EBA/CP/2018/11, 22. Juni 2018, S. 26 ff.

258 Vgl. Steinbrecher, Ira, MaRisk – neue Mindestanforderungen an das Risikomanagement der Banken, in: BaFinJournal, Ausgabe November 2017, S. 22.

259 Vgl. Bundesanstalt für Finanzdienstleistungsanstalt, Erster Entwurf zur Überarbeitung der MaRisk, Übermittlungsschreiben vom 18. Februar 2016, S. 4.

5.5 Steuerung des Bausparkollektivs

Unter »Zwecksparen« versteht man die Annahme von Geldbeträgen, bei denen der überwiegende **180** Teil der Geldgeber einen Rechtsanspruch darauf hat, dass ihm aus diesen Geldbeträgen Darlehen gewährt oder Gegenstände auf Kredit verschafft werden. Die Tätigkeit von »Zwecksparunternehmen« ist nach § 3 Nr. 2 KWG verboten. Da die Darlehen i. d. R. erheblich höher sind als die eingezahlten Einlagen, können bis zur Auszahlung des Darlehens unvertretbar lange Wartezeiten erforderlich sein. Die Länge der Wartezeit richtet sich dabei nach dem Zugang neuer Einlagen und der Rückführung der Darlehen. Weil die Sicherheit der Einlagen bei solchen Geschäftsmodellen gefährdet ist, wurde das Zwecksparen bereits in den dreißiger Jahren des letzten Jahrhunderts in Deutschland untersagt. »Zwecksparen« wird jedoch auch von Bausparkassen betrieben[260], die der Gesetzgeber gemäß § 3 Nr. 2 Halbsatz 2 KWG explizit von diesem Verbot ausgenommen hat. Aus Sicht des Gesetzgebers ist die Gefahr von Missständen bei Bausparkassen weniger ausgeprägt.[261] Darüber hinaus haben übergeordnete gesellschaftspolitische Interessen (Förderung des Wohneigentums) den Gesetzgeber dazu bewogen, bei Bausparkassen eine Ausnahme zu machen.

Bausparkassen sind zwar Kreditinstitute, so dass die Regelungen des KWG einschlägig sind. Jedoch **181** gelten für Bausparkassen darüber hinaus zahlreiche Spezialregelungen (z. B. Bausparkassengesetz, Bausparkassenverordnung), durch die dem besonderen Schutzbedürfnis der Bausparer Rechnung getragen werden soll. Nach § 1 Abs. 1 Bausparkassengesetz (BauSpkG) darf das Bauspargeschäft nur von Bausparkassen betrieben werden (so genanntes »Spezialinstitutsprinzip«). Im Lichte dieser Besonderheiten wurde während der Entwicklung der Auslagerungsregelungen darüber diskutiert, ob eine Auslagerung der Steuerung des Bausparkollektivs zulässig sei oder nicht. Das Bausparkollektiv ist das Herzstück einer Bausparkasse. Es entspricht der Zuteilungsmasse, der im Wesentlichen die Spargelder sowie Tilgungen aus vergebenen Bauspardarlehen zufließen. Zu den wesentlichen Abflüssen zählen Guthaben nach Zuteilung von Bausparkrediten und vergebene Darlehen.

Die Verbände der Bausparkassen sprachen sich gegen die Möglichkeit aus, die Steuerung des **182** Bausparkollektivs auszulagern. Sie wiesen darauf hin, dass es mit dem Spezialinstitutsprinzip nicht vereinbar sei, wenn der für die ordnungsgemäße Geschäftsorganisation elementare Kernbereich einer Bausparkasse von einem Dritten gesteuert werde.[262] Vor allem wegen des besonderen Schutzbedürfnisses der Bausparer untermauerte die deutsche Aufsicht die Position der Bausparkassenverbände. So können sich aufgrund spezialgesetzlicher Regelungen insbesondere im Hinblick auf die Steuerung des Bausparkollektivs besondere Maßstäbe bei Auslagerungsmaßnahmen ergeben. Im Kern bedeutet dies, dass eine Auslagerung der Kollektivsteuerung bei Bausparkassen nicht zulässig ist. Regulatorisch ist also für Bausparkassen alles beim Alten geblieben, da eine entsprechende Klausel mit gleicher Bedeutung bereits Gegenstand des Rundschreibens 11/2001 war.[263] Verwaltungsvorschriften der Aufsicht, die für Bausparkassen auch unter Outsourcing-Gesichtspunkten von Relevanz sind, blieben ebenfalls von der Modernisierung der Auslagerungsregelungen im Jahre 2007 unberührt.[264]

---

260 Vgl. Schäfer, Frank A., in: Boos, Karl-Heinz/Fischer, Reinfrid/Schulte-Mattler, Hermann (Hrsg.), Kreditwesengesetz, 4. Auflage, München, 2012, § 3 KWG, Tz. 12 ff.

261 Vgl. Reischauer, Friedrich/Kleinhans, Joachim, Loseblattkommentar zum Kreditwesengesetz (KWG), Berlin, 2004, § 3, Tz. 11.

262 Vgl. Verband der Privaten Bausparkassen/Bundesgeschäftsstelle der Landesbausparkassen, Modernisierung der Outsourcing-Regelungen und Integration in die MaRisk, Stellungnahme vom 3. September 2007, S. 1.

263 Vgl. Bundesaufsichtsamt für das Kreditwesen, Auslagerung von Bereichen auf ein anderes Unternehmen gemäß § 25a Abs. 2 KWG, Rundschreiben 11/2001 vom 6. Dezember 2001, Tz. 16.

264 Hierzu zählt ein Rundschreiben der BaFin aus dem Jahre 2005. Vgl. Bundesanstalt für Finanzdienstleistungsaufsicht, Finanzierung aus einer Hand, Rundschreiben 17/2005 (BA) vom 15. November 2005.

5.6 Deckungsregisterführung und Deckungsrechnung bei Pfandbriefbanken

183 Gemäß § 5 Abs. 1 PfandBG sind die zur Deckung der Pfandbriefe sowie der Ansprüche aus Derivategeschäften nach § 4 Abs. 3 PfandBG verwendeten Deckungswerte von einer Pfandbriefbank einzeln in das für die jeweilige Pfandbriefgattung geführte Register (Deckungsregister) einzutragen. Pfandbriefbanken sind insofern registerführende Unternehmen und unterliegen folglich den entsprechenden Regelungen des KWG. Gemäß § 22a Abs. 3 KWG ist eine Auslagerung der Registerführung für das Refinanzierungsregister ausdrücklich nicht statthaft. Grund hierfür ist, dass die Registerführung eine besondere Zuverlässigkeit und Überwachung benötigt, die bei einer Auslagerung aus Sicht des Gesetzgebers gefährdet wäre.[265]

184 Dieses vom Gesetzgeber statuierte Auslagerungsverbot bezieht sich allerdings auf eine Auslagerung der Registerführung für das Refinanzierungsregister und nicht auf das Deckungsregister. Der Hinweis der BaFin auf besondere Maßstäbe für Auslagerungsmaßnahmen bei Pfandbriefbanken hinsichtlich der Deckungsregisterführung und der Deckungsrechnung legt die Vermutung nahe, dass dieses gesetzliche Auslagerungsverbot für die Refinanzierungsregisterführung in der Prüfungspraxis auch auf die Deckungsregisterführung und die Deckungsrechnung ausstrahlt.

5.7 Auslagerung der Compliance-Funktion nach MaComp

185 Gemäß § 80 Abs. 6 WpHG muss ein Wertpapierdienstleistungsunternehmen bei einer Auslagerung von Aktivitäten oder Prozessen sowie von Finanzdienstleistungen die Anforderungen des § 25b KWG einhalten.[266] Die Auslagerung darf nicht die Rechtsverhältnisse des Unternehmens zu seinen Kunden und die Verhaltens-, Transparenz- und Organisationspflichten des Wertpapierdienstleistungsunternehmens verändern. Durch den Verweis auf § 25b KWG bringt der Gesetzgeber zum Ausdruck, dass eine teilweise oder vollständige Auslagerung der Funktion des Compliance-Beauftragten nach MaComp oder seiner Compliance-Tätigkeiten regelmäßig als wesentliche Auslagerung im Sinne der MaRisk einzustufen ist (BT 1.3.4. Tz. 2 MaComp).

186 Die MaComp konkretisieren im Modul BT 3.3.1 die Anforderungen an die Auslagerung der Compliance-Funktion oder von einzelnen Compliance-Tätigkeiten, wobei diese zum Teil den aus den MaRisk bekannten Vorgaben entsprechen. Das Wertpapierdienstleistungsunternehmen bleibt unabhängig von der Auslagerung für die Einhaltung der wertpapieraufsichtsrechtlichen Anforderungen verantwortlich. Zivilrechtliche Gestaltungen oder Vereinbarungen können das Vorliegen einer aufsichtsrechtlichen Auslagerung nicht ausschließen. Die Geschäftsleitung ist für die Erfüllung der Anforderungen, insbesondere für eine individuelle, eindeutige und transparente Einrichtung der vollständig oder teilweise ausgelagerten Compliance-Funktion, verantwortlich. Darüber hinaus enthalten die MaComp für den Fall der vollständigen Auslagerung der Compliance-Funktion spezielle Anforderungen an die Rechtsstellung des Compliance-Beauftragten (z. B. Unabhängigkeit) und seine Personal- und Sachausstattung. Schließlich bestehen bei der vollständigen oder teilweisen Auslagerung von Compliance-Tätigkeiten besondere

---

265 Vgl. Tollmann, Claus, in: Boos, Karl-Heinz/Fischer, Reinfrid/Schulte-Mattler, Hermann (Hrsg.), Kreditwesengesetz, 4. Auflage, München, 2012, § 22a KWG, Tz. 44.

266 Weitere Anforderungen an die Auslagerungen der Compliance-Funktion nach MaComp ergeben sich aus Art. 30 ff. der unmittelbar anzuwendenden Delegierten Verordnung (EU) 2017/565 (MiFID II-Durchführungsverordnung) der Kommission vom 25. April 2016 zur Ergänzung der Richtlinie 2014/65/EU des Europäischen Parlaments und des Rats in Bezug auf die organisatorischen Anforderungen an Wertpapierfirmen und die Bedingungen für die Ausübung ihrer Tätigkeit sowie in Bezug auf die Definition bestimmter Begriffe für die Zwecke der genannten Richtlinie, Amtsblatt der Europäischen Union vom 31. März 2017, L 879/1-83.

Anforderungen an die Risikoanalyse, das Auslagerungsunternehmen und die Überwachung des Dienstleisters. Der Umfang der vor der Auslagerung vom Institut durchzuführenden Prüfung hat sich nach Art, Umfang, Komplexität und Risikogehalt der auszulagernden Aufgaben und Prozesse zu richten.

5.8 Auslagerung von Sicherungsmaßnahmen gemäß § 25h KWG bzw. des Geldwäschebeauftragten nach GwG

Gemäß § 25h Abs. 4 Satz 1 KWG dürfen Institute interne Sicherungsmaßnahmen zur Verhinderung von Geldwäsche, Terrorismusfinanzierung oder sonstigen strafbaren Handlungen, die zu einer Gefährdung des Vermögens des Institutes führen können, nach vorheriger Anzeige bei der BaFin auslagern.[267] Im Fall der Auslagerung ist das Auslagerungsunternehmen mit der erforderlichen Sorgfalt auszuwählen und im auslagernden Institut ein Auslagerungsbeauftragter zu bestellen. Bei einer weitgehenden oder vollständigen Übertragung der Sicherungsmaßnahmen auf einen Dritten wird es sich regelmäßig um eine wesentliche Auslagerung handeln, auf die die Anforderungen gemäß § 25b KWG i. V. m. AT 9 MaRisk anzuwenden sind.[268] **187**

Gemäß § 6 Abs. 1 Satz 1 GwG haben Institute angemessene geschäfts- und kundenbezogene interne Sicherungsmaßnahmen zu schaffen, um die Risiken von Geldwäsche und Terrorismusfinanzierung in Form von Grundsätzen, Verfahren und Kontrollen zu steuern und zu mindern. Zu den internen Sicherungsmaßnahmen gehört auch die Bestellung eines Geldwäschebeauftragten und seines Stellvertreters nach § 6 Abs. 2 Nr. 2 GwG. Die Institute dürfen die internen Sicherungsmaßnahmen einschließlich der Funktion des Geldwäschebeauftragten im Rahmen vertraglicher Vereinbarungen nach vorheriger Anzeige bei der BaFin auslagern (§ 6 Abs. 7 Satz 1 GwG). Die BaFin kann die Übertragung der internen Sicherungsmaßnahmen auf einen Dritten unter den Voraussetzungen des § 6 Abs. 7 Satz 2 KWG untersagen. Auch im Fall der Auslagerung bleiben die Institute für die Erfüllung der Sicherungsmaßnahmen verantwortlich. Bei der Auslagerung der Funktion des Geldwäschebeauftragten wird es sich regelmäßig um eine wesentliche Auslagerung gemäß § 25b KWG handeln, sodass insbesondere die Anforderungen an die Auslagerungsvereinbarung einzuhalten sind (→ AT 9 Tz. 7). Die Bestellung eines Konzerngeldwäschebeauftragten, der ggf. über eine vertragliche Vereinbarung die rechtliche Befugnis erlangt, unternehmensübergreifend Regelungen im Zusammenhang mit dem GwG zu treffen und Weisungen zu erteilen, stellt aus Sicht der Tochterunternehmen eine Auslagerung nach § 6 Abs. 7 Satz 1 GwG dar.[269] **188**

---

267 Die statt der Anzeige zuvor notwendige Zustimmung der Aufsicht wurde durch das Gesetz zur Umsetzung der Vierten EU-Geldwäscherichtlinie, zur Ausführung der EU-Geldtransferverordnung und zur Neuordnung der Zentralstelle für Finanztransaktionsuntersuchungen vom 23. Juni 2017 (BGBl. I Nr. 39, S. 1822) gestrichen. Die BaFin kann allerdings nunmehr die Rückübertragung auf das Institut verlangen, wenn der Dritte nicht die Gewähr dafür bietet, dass die Sicherungsmaßnahmen ordnungsgemäß durchgeführt werden, oder die Steuerungsmöglichkeiten der Institute und die Kontrollmöglichkeiten der BaFin beeinträchtigt werden könnten (§ 25h Abs. 4 Satz 2 KWG). Vgl. Achtelik, Olaf, in: Herzog, Felix (Hrsg.), Geldwäschegesetz, 3. Auflage, München, 2018, § 25h KWG, Tz. 27.

268 In der Fachliteratur wird zum Teil davon ausgegangen, dass § 25b KWG i. V. m. AT 9 MaRisk nicht unmittelbar, sondern »zumindest entsprechend« heranzuziehen ist. Vgl. Achtelik, Olaf, in: Herzog, Felix (Hrsg.), Geldwäschegesetz, 3. Auflage, München, 2018, § 25h KWG, Tz. 27.

269 Vgl. Achtelik, Olaf, in: Herzog, Felix (Hrsg.), Geldwäschegesetz, 3. Auflage, München, 2018, § 6 GwG, Tz. 25.

5.9   Informationssicherheitsbeauftragter nach BAIT

189   Zur Einhaltung der Vorgaben an das Informationssicherheitsmanagement haben die Institute die Funktion des Informationssicherheitsbeauftragten einzurichten. Die Funktion umfasst gemäß Tz. 18 BAIT die Verantwortung für die Wahrnehmung aller Belange der Informationssicherheit innerhalb des Institutes und gegenüber Dritten (→ AT 7 Tz. 4). Jedes Institut hat gemäß Tz. 20 BAIT die Funktion des Informationssicherheitsbeauftragten grundsätzlich im eigenen Haus vorzuhalten. Die BAIT sehen jedoch bei regional tätigen (insbesondere verbundangehörigen) Instituten sowie kleineren (insbesondere gruppenangehörigen) Instituten Erleichterungen vor. Diese Institute haben im Hinblick auf die regelmäßig verbund- und gruppenseitig vorhandenen Kontrollmechanismen die Möglichkeit, einen gemeinsamen Informationssicherheitsbeauftragten zu bestellen. Voraussetzung hierfür ist, dass es sich um Institute ohne wesentliche eigenbetriebene IT mit einem gleichgerichteten Geschäftsmodell und gemeinsamen IT-Dienstleistern für die Abwicklung von bankfachlichen Prozessen handelt. Im Fall der Bestellung eines gemeinsamen Informationssicherheitsbeauftragten ist vertraglich sicherzustellen, dass dieser Informationssicherheitsbeauftragte die Wahrnehmung der einschlägigen Aufgaben der Funktion in allen betreffenden Instituten wahrnehmen kann. Zudem ist in diesem Fall in jedem Institut eine zuständige Ansprechperson für den Informationssicherheitsbeauftragten zu benennen. Unabhängig davon haben die Institute die Möglichkeit, sich externer Unterstützung per Servicevertrag zu bedienen (Tz. 20 BAIT, Erläuterung).

6 Einschränkungen bei Auslagerungen in Kontroll- und Kernbankbereichen (Tz. 5)

5 Eine Auslagerung von Aktivitäten und Prozessen in Kontrollbereichen und Kernbank- **190** bereichen kann unter Beachtung der in Tz. 4 genannten Anforderungen in einem Umfang vorgenommen werden, der gewährleistet, dass hierdurch das Institut weiterhin über Kenntnisse und Erfahrungen verfügt, die eine wirksame Überwachung der vom Auslagerungsunternehmen erbrachten Dienstleistungen gewährleistet. Es ist sicherzustellen, dass bei Bedarf – im Falle der Beendigung des Auslagerungsverhältnisses oder der Änderung der Gruppenstruktur – der ordnungsmäßige Betrieb in diesen Bereichen fortgesetzt werden kann. Eine vollständige Auslagerung der besonderen Funktionen Risikocontrolling-Funktion, Compliance-Funktion und Interne Revision ist lediglich für Tochterinstitute innerhalb einer Institutsgruppe zulässig, sofern das übergeordnete Institut Auslagerungsunternehmen ist und das Tochterinstitut sowohl hinsichtlich seiner Größe, Komplexität und dem Risikogehalt der Geschäftsaktivitäten für den nationalen Finanzsektor als auch hinsichtlich seiner Bedeutung innerhalb der Gruppe als nicht wesentlich einzustufen ist. Gleiches gilt für Gruppen, wenn das Mutterunternehmen kein Institut und im Inland ansässig ist. Eine vollständige Auslagerung der Compliance-Funktion oder der Internen Revision ist ferner nur bei kleinen Instituten möglich, sofern deren Einrichtung vor dem Hintergrund der Institutsgröße sowie der Art, des Umfangs, der Komplexität und des Risikogehalts der betriebenen Geschäftsaktivitäten nicht angemessen erscheint.

6.1 Grenzen der Auslagerung für Kontrollbereiche und Kernbankbereiche

Grundsätzlich können alle Aktivitäten und Prozesse ausgelagert werden, solange die Ordnungs- **191** mäßigkeit der Geschäftsorganisation gemäß § 25a Abs. 1 KWG nicht beeinträchtigt wird (→ AT 9 Tz. 4). Im Zuge der fünften MaRisk-Novelle hat die BaFin die Anforderungen an die Auslagerung der Risikocontrolling-Funktion, der Compliance-Funktion und der Internen Revision aufgrund der besonderen Bedeutung dieser Funktionen als Steuerungs- und Kontrollinstrumente für die Geschäftsleitung sowohl im Hinblick auf den Umfang der Auslagerung als auch die Auslagerungsfähigkeit neu geregelt.

Seitdem kann eine Auslagerung von Aktivitäten und Prozessen in Kontrollbereichen und Kern- **192** bankbereichen nur in einem Umfang vorgenommen werden, der gewährleistet, dass das Institut weiterhin über Kenntnisse und Erfahrungen verfügt, die eine wirksame Überwachung der erbrachten Dienstleistungen gewährleistet. Der Begriff »Kontrollbereich« meint die besonderen Funktionen Risikocontrolling-Funktion, Compliance-Funktion und Interne Revision.[270] Im Institut muss somit die für eine wirksame Steuerung und Überwachung der mit den Auslagerungen verbundenen Risiken erforderliche Expertise in den genannten Bereichen verbleiben. Zudem ist sicherzustellen, dass bei Bedarf – im Fall der Beendigung des Auslagerungsverhältnisses oder der Änderung der Gruppenstruktur – der ordnungsgemäße Betrieb in diesen Bereichen fortgesetzt werden kann. Die Anforderung an die Sicherstellung der ordnungsgemäßen Fortsetzung des

---

270 Dies ergibt sich aus AT 9 Tz. 4, der auf AT 9 Tz. 5 verweist und ausdrücklich die Risikocontrolling-Funktion, die Compliance-Funktion und die Interne Revision nennt.

Betriebes in Kontrollbereichen und Kernbankbereichen ist im Zusammenhang mit den von den Instituten für den Fall der Beendigung einer Auslagerung zu treffenden Vorkehrungen zu sehen (→ AT9 Tz.6).[271] Die Anforderung ist nicht so zu verstehen, dass die Institute trotz einer entsprechenden Auslagerung jederzeit in der Lage sein müssen, die Leistungen selbst vollumfänglich erbringen zu können (»Re-Integration«, »Re-Insourcing« oder »Backsourcing«). Die Institute haben keinen »Schattenbereich« vorzuhalten, der im Fall der Beendigung des Auslagerungsverhältnisses oder der Änderung der Gruppenstruktur den ordnungsgemäßen Betrieb in den Bereichen fortführen können muss. Andernfalls wären Auslagerungen wirtschaftlich kaum mehr sinnvoll und die Regelung würde auf ein faktisches Verbot von Auslagerungen hinauslaufen.[272]

193   Die MaRisk enthalten keine Definition des Begriffs »Kernbankbereich«. In der Sondersitzung des Fachgremiums MaRisk im März 2018 hat die deutsche Aufsicht klargestellt, dass es insoweit keine pauschale Definition geben kann, da der Kernbankbereich einer Bank vom Geschäftsmodell des jeweiligen Institutes abhängt. Die Relevanz kann sich z.B. im Hinblick auf den Anteil des Gesamtertrages oder des Gesamtrisikos ergeben. Bei Universalbanken, Sparkassen und Genossenschaftsbanken wird z.B. die Kreditbearbeitung als Kernbankbereich angesehen. Da die dazugehörigen IT-Prozesse oft nicht von der Geschäftsseite getrennt gesehen werden können, ist grundsätzlich auch die IT-Unterstützung derartiger Aktivitäten und Prozesse als Bestandteil des Kernbankbereiches anzusehen. Nach Ansicht der Aufsicht ist jedoch nicht jeder noch so kleine Teil eines erlaubnispflichtigen Geschäftes als Kernbankbereich einzustufen, da es stets auf das Geschäftsmodell des Institutes ankommt.[273]

194   Darüber hinaus bestehen Erleichterungen für Auslagerungen der besonderen Funktionen innerhalb einer Institutsgruppe sowie für kleinere Institute, die unter bestimmten Voraussetzungen die Compliance-Funktion und die Interne Revision vollständig auslagern können. Eine vollständige Auslagerung der Risikocontrolling-Funktion, Compliance-Funktion und Internen Revision ist bei unwesentlichen Tochterunternehmen innerhalb einer Institutsgruppe zulässig, sofern die Auslagerung auf das übergeordnete Institut, in der Regel das Mutterunternehmen, erfolgt. Das Tochterinstitut muss dabei sowohl hinsichtlich seiner Größe, Komplexität und des Risikogehaltes seiner Geschäftsaktivitäten für den Finanzsektor als auch hinsichtlich seiner Bedeutung innerhalb der Gruppe als nicht wesentlich einzustufen sein. Gleiches gilt für Gruppen, wenn das Mutterunternehmen kein Institut und im Inland ansässig ist. Da die Privilegierung nur für Auslagerungen innerhalb einer bankaufsichtlich relevanten Gruppe (→ AT4.5 Tz. 1) gilt, kann sie nicht in analoger Weise auf Institute innerhalb eines Verbundes angewandt werden.[274]

195   Des Weiteren ist bei kleinen Instituten die vollständige Auslagerung der Compliance-Funktion und der Internen Revision auf gruppenangehörige oder gruppenfremde Unternehmen zulässig, sofern eine eigene Compliance-Funktion oder Interne Revision vor dem Hintergrund der Institutsgröße sowie von Art, Umfang, Komplexität und Risikogehalt der betriebenen Geschäftsaktivitäten nicht angemessen erscheint. Diese Erleichterung für kleine Institute gilt nicht im Hinblick auf die Risikocontrolling-Funktion. In der Sondersitzung des Fachgremiums MaRisk am 15. März 2018 hat die Aufsicht klargestellt, dass es auch zukünftig keine starre – quantitative – Definition des Begriffes »kleines Institut« geben wird, die z.B. an die Bilanzsumme anknüpft.[275]

---

271 Vgl. auch Deutscher Sparkassen- und Giroverband, Mindestanforderungen an das Risikomanagement – Interpretationsleitfaden, Version 6, 6. April 2018, S. 125.

272 In diese Richtung ging auch die Kritik der Deutschen Kreditwirtschaft am ersten Entwurf der fünften MaRisk-Novelle, der insoweit noch »fundierte« Kenntnisse und Erfahrungen in den auslagernden Instituten verlangte. Vgl. Deutsche Kreditwirtschaft, Stellungnahme zum Entwurf der MaRisk in der Fassung vom 18. Februar 2016 (Konsultation 02/2016) vom 27. April 2016, S. 31.

273 Vgl. Bundesanstalt für Finanzdienstleistungsaufsicht, Protokoll zur Sondersitzung des Fachgremiums MaRisk zum Thema Auslagerung am 15. März 2018, S. 3.

274 Vgl. auch Deutscher Sparkassen- und Giroverband, Mindestanforderungen an das Risikomanagement – Interpretationsleitfaden, Version 6, 6. April 2018, S. 126.

275 Vgl. Bundesanstalt für Finanzdienstleistungsaufsicht, Protokoll zur Sondersitzung des Fachgremiums MaRisk zum Thema Auslagerung am 15. März 2018, S. 3.

Teilauslagerungen der besonderen Funktionen sind grundsätzlich weiterhin zulässig. Die Funktion verbleibt dann im Institut und wird von einem Dienstleister unterstützt. **196**

6.2 Auslagerungen von erheblicher Tragweite

Das Institut hat auf der Grundlage einer Risikoanalyse eigenverantwortlich festzustellen, ob die **197** Auslagerung unter Risikogesichtspunkten wesentlich ist. Im Zuge der fünften MaRisk-Novelle wurde der Begriff »Auslagerung von erheblicher Tragweite« eingeführt. Der Begriff stellt neben der »wesentlichen« und der »unwesentlichen Auslagerung« keine dritte Kategorie einer Auslagerung dar. Ziel der Aufsicht ist es, mit der Formulierung das Risikobewusstsein bei den auslagernden Instituten zu erhöhen.[276] Bei Auslagerungen von erheblicher Tragweite, wie z. B. der vollständigen oder teilweisen Auslagerung der besonderen Funktionen oder von Kernbankbereichen, hat das Institut entsprechend intensiv zu prüfen, ob und wie eine Einbeziehung in das Risikomanagement sichergestellt werden kann. Im Vorfeld entsprechender Auslagerungsmaßnahmen sollte z. B. über Überwachungsmechanismen, die Komplexität einer eventuellen Zurückholung der ausgelagerten Funktion und die Abhängigkeit des Institutes mit Blick auf das Kernbankgeschäft nachgedacht werden. Aufgrund der hervorgehobenen Stellung der Risikocontrolling- und Compliance-Funktion sowie der Internen Revision als zentrale Steuerungs- und Kontrollinstrumente der Geschäftsleitung wird die Wesentlichkeit bei einer weitgehenden Auslagerung der besonderen Funktionen regelmäßig zu bejahen sein.[277]

Dies entspricht auch dem Verständnis der EBA, wonach die operativen Tätigkeiten der internen **198** Kontrollfunktionen (Risikocontrolling- und Compliance-Funktion sowie Interne Revision) für die Zwecke der Auslagerung stets als kritische/bedeutende Funktionen einzuordnen sind.[278] Auch im Fall der Auslagerung der internen Kontrollfunktionen innerhalb einer Gruppe sollte sich das Institut davon überzeugen, dass die operativen Tätigkeiten wirksam ausgeübt werden. Dies beinhaltet die Implementierung eines angemessenen Berichtswesens.[279]

6.3 Benennung eines Auslagerungsbeauftragten

Das Institut hat für die Steuerung und Überwachung wesentlicher Auslagerungen grundsätzlich **199** klare Verantwortlichkeiten festzulegen. Erfolgt eine vollständige Auslagerung der Risikocontrolling-Funktion, der Compliance-Funktion oder der Internen Revision, hat die Geschäftsleitung einen Beauftragten zu benennen, der eine ordnungsgemäße Durchführung der jeweiligen Aufgaben gewährleisten muss (→ AT 9 Tz. 10).

In der Praxis ist bei Institutsgruppen mit einer hohen Integrationsdichte, die vom Konzernvor- **200** stand zentral gesteuert werden, eine vollständige bzw. sehr weitgehende Auslagerung der Internen Revisionen der nachgeordneten Unternehmen auf die Konzernrevision nicht unüblich. Der Revisi-

---

276 Vgl. Bundesanstalt für Finanzdienstleistungsaufsicht, Protokoll zur Sondersitzung des Fachgremiums MaRisk zum Thema Auslagerung am 15. März 2018, S. 4.

277 Dies ist jedoch im Rahmen der Risikoanalyse nicht zwingend. Bei teilweisen Auslagerungen der besonderen Funktionen oder von Kernbankbereichen in geringem Umfang kann das Institut ggf. auch zu dem Ergebnis einer unwesentlichen Auslagerung kommen. Vgl. Bundesanstalt für Finanzdienstleistungsaufsicht, Protokoll zur Sondersitzung des Fachgremiums MaRisk zum Thema Auslagerung am 15. März 2018, S. 4.

278 Vgl. European Banking Authority, Consultation Paper – EBA Draft Guidelines on Outsourcing arrangements, EBA/CP/2018/11, 22. Juni 2018, S. 33.

279 Vgl. European Banking Authority, Consultation Paper – EBA Draft Guidelines on Outsourcing arrangements, EBA/CP/2018/11, 22. Juni 2018, S. 19.

onsbeauftragte übernimmt dann auch konkrete Revisionstätigkeiten. So hat er den Prüfungsplan gemeinsam mit dem Auslagerungsunternehmen zu erstellen. Der Revisionsbeauftragte hat ferner, ggf. gemeinsam mit dem beauftragten Dritten, den jährlichen Gesamtbericht zu verfassen (→ BT 2.4 Tz. 4) und zu prüfen, ob die festgestellten Mängel beseitigt wurden (→ BT 2.5 Tz. 1). Die Aufgaben des Revisionsbeauftragten sind in Abhängigkeit von Art, Umfang, Komplexität und Risikogehalt der Geschäftsaktivitäten des Institutes von einer Organisationseinheit, einem Mitarbeiter oder einem Geschäftsleiter wahrzunehmen. Ausreichende Kenntnisse und die erforderliche Unabhängigkeit sind jeweils sicherzustellen (→ AT 9 Tz. 10, Erläuterung). Sofern die Konzernrevision für bestimmte Prüfungsfelder oder sogar für die gesamte Revisionstätigkeit eines gruppenangehörigen Unternehmens ausschließlich verantwortlich ist, muss sichergestellt sein, dass die an das Institut im Hinblick auf die Ausgestaltung der Internen Revision gestellten Anforderungen auch für die Konzernrevision Gültigkeit besitzen. Die entsprechenden Anforderungen sind in den Modulen AT 4.4.3 bzw. BT 2 niedergelegt und im Fall der Auslagerung auf die Konzernrevision entsprechend zu beachten. Damit sind die Revisionsgrundsätze sowie die Regelungen zur Prüfungsplanung und -durchführung und zur Berichtspflicht analog auf die Konzernrevision anzuwenden.

201   Bei einer vollständigen Auslagerung der Compliance-Funktion hat im Institut ein Compliance-Beauftragter zu verbleiben, der insbesondere den Prozess zur Identifizierung der wesentlichen rechtlichen Regelungen und Vorgaben steuert und für die Berichterstattung zuständig ist. Die konkreten Aufgaben des Compliance-Beauftragten sind abhängig von Art, Umfang, Komplexität und Risikogehalt der Geschäftsaktivitäten des Institutes. Die Möglichkeit der Auslagerung der Compliance-Funktion kann insbesondere für kleinere Institute aus dem Sparkassen- und Genossenschaftssektor von Bedeutung sein, die von den jeweils zuständigen Sparkassen- bzw. Genossenschaftsverbänden bei der Erfüllung der rechtlichen Regelungen und Vorgaben umfassend beraten werden.

202   Eine vollständige Auslagerung der Risikocontrolling-Funktion darf nur unter den engen Voraussetzungen der Tz. 5 innerhalb einer Institutsgruppe erfolgen.

6.4   Anzeige bei der Aufsicht

203   Eine Anzeige der Auslagerung der besonderen Funktionen an die Aufsicht ist (bisher) nicht erforderlich, da anders als bei der Auslagerung von internen Sicherungsmaßnahmen zur Verhinderung von Geldwäsche, Terrorismusfinanzierung oder sonstiger strafbarer Handlungen, die zu einer Gefährdung des Vermögens des Institutes führen können (§ 25h Abs. 4 KWG), eine entsprechende Regelung (noch) fehlt.[280] In der Praxis stimmen größere Institute bereits heute eine sehr weitgehende oder vollständige Auslagerung der Compliance-Funktion und der Internen Revision regelmäßig mit der Aufsicht ab. Eine gesetzliche Verpflichtung hierzu besteht allerdings nicht. Dem Entwurf der EBA-Leitlinien vom Juni 2018 zufolge müssen die Institute der Aufsicht zukünftig jede geplante Auslagerung einer kritischen/bedeutenden Funktion rechtzeitig vorab anzeigen.[281]

---

280 Auch eine Auslagerung des Geldwäschebeauftragten darf nur nach vorheriger Anzeige bei der BaFin erfolgen (§ 6 Abs. 7 Satz 1 GwG).

281 Eine Anzeige soll gemäß EBA auch dann erfolgen, wenn eine ausgelagerte Funktion, die bisher als nicht kritisch/nicht bedeutsam eingestuft wurde, zukünftig als kritisch/bedeutsam bewertet wird. Vgl. European Banking Authority, Consultation Paper – EBA Draft Guidelines on Outsourcing arrangements, EBA/CP/2018/11, 22. Juni 2018, S. 45. Kritisch hierzu die Deutsche Kreditwirtschaft (DK), nach deren Ansicht die Vorab-Anzeigen keinen bankaufsichtlichen Mehrwert haben. Vgl. Deutsche Kreditwirtschaft (German Banking Industry Committee), Comments on EBA Draft Guidelines on Outsourcing arrangements (EBA/CP/2018/11), 24. September 2018, S. 23.

7 Vorkehrungen für die Beendigung von Auslagerungsvereinbarungen (Tz. 6)

6 Das Institut hat bei wesentlichen Auslagerungen im Fall der beabsichtigten oder erwarteten **204** Beendigung der Auslagerungsvereinbarung Vorkehrungen zu treffen, um die Kontinuität und Qualität der ausgelagerten Aktivitäten und Prozesse auch nach Beendigung zu gewährleisten. Für Fälle unbeabsichtigter oder unerwarteter Beendigung dieser Auslagerungen, die mit einer erheblichen Beeinträchtigung der Geschäftstätigkeit verbunden sein können, hat das Institut etwaige Handlungsoptionen auf ihre Durchführbarkeit zu prüfen und zu verabschieden. Dies beinhaltet auch, soweit sinnvoll und möglich, die Festlegung entsprechender Ausstiegsprozesse. Die Handlungsoptionen sind regelmäßig und anlassbezogen zu überprüfen.

7.1 Mögliche Gründe für die Beendigung einer Auslagerungsvereinbarung

Die »beabsichtigte« Beendigung einer Auslagerungsvereinbarung durch das auslagernde Institut **205** kann auf verschiedene Gründe zurückzuführen sein. Zum überwiegenden Teil werden schlecht bzw. überhaupt nicht erbrachte Leistungen des Auslagerungsunternehmens oder günstigere Angebote von Wettbewerbern das maßgebliche Motiv sein. Ebenso kann z. B. von Seiten des auslagernden Institutes aufgrund einer strategischen Neuausrichtung kein Interesse mehr an einer Weiterführung des Auslagerungsverhältnisses bzw. der ausgelagerten Aktivitäten und Prozesse bestehen.

Bei der Beendigung eines Auslagerungsverhältnisses muss die Initiative nicht immer vom aus- **206** lagernden Institut ausgehen. Es sind auch Konstellationen denkbar, bei denen die Gründe der Beendigung in der Sphäre des Auslagerungsunternehmens liegen. Die Beendigung einer Auslagerungsvereinbarung durch das Auslagerungsunternehmen ist insbesondere dann vom auslagernden Institut zu »erwarten«, wenn das Auslagerungsunternehmen in der Vergangenheit bereits erkennen lassen hat, die für das auslagernde Institut übernommenen Tätigkeiten nicht zu seinem Kerngeschäft zu zählen oder aus anderen Gründen mit der Auslagerungsvereinbarung Probleme zu haben (z. B. geänderte Kostenstrukturen, Zahlungsstörungen beim auslagernden Institut oder mangelnde Beachtung von Mitwirkungspflichten). In einigen Fällen – wie z. B. bei der Preisgestaltung – kann es ggf. zwar möglich sein, diese Probleme auf andere Weise zu lösen, als die Vereinbarung zu beenden. Allerdings ist die Kündigung durch das Auslagerungsunternehmen zumindest nicht auszuschließen.

Eine »unbeabsichtigte« Beendigung der Auslagerungsvereinbarung kann z. B. erforderlich wer- **207** den, wenn die Auslagerung bestimmter Tätigkeiten an einen speziellen Dienstleister aufgrund neuer Erkenntnisse von der Aufsicht untersagt wird. Schließlich kann eine »unerwartete« Beendigung der Auslagerungsvereinbarung z. B. darauf zurückzuführen sein, dass das Auslagerungsunternehmen die Erbringung seiner Dienstleistungen wegen technischer Störungen, Katastrophen, einer Insolvenz oder vergleichbarer Gründe plötzlich einstellen muss.

Auch nach den Vorstellungen der EBA sollten die Institute über klar definierte Exit-Strategien für **208** die Auslagerungen kritischer/bedeutender Funktionen verfügen, insbesondere für die Möglichkeit der Beendigung der Auslagerungsvereinbarung, den Ausfall des Dienstleisters oder eine wesentliche Verschlechterung der Leistungserbringung. Die Institute sollten hierfür Ausstiegs- und

Übergangspläne entwickeln sowie Alternativlösungen überlegen. Die Leitlinien enthalten zudem detaillierte Vorgaben für die Entwicklung der Exit-Strategien.[282]

7.2   Art. 14 Abs. 2 lit. g der MiFID-Durchführungsrichtlinie

209   Die Kontinuität und Qualität der ausgelagerten Aktivitäten und Prozesse im Fall der vom Institut beabsichtigten Beendigung der Auslagerung sicherzustellen, klingt zunächst nach einer Selbstverständlichkeit. Jedes Institut wird schon aus wohlverstandenem Eigeninteresse darauf achten, dass der Wechsel oder die Abwicklung einer Auslagerungsmaßnahme insbesondere mit Blick auf die eigenen Kunden geräuschlos verlaufen. Durch diese Anforderung wird Art. 14 Abs. 2 lit. g der MiFID-Durchführungsrichtlinie entsprochen. Danach muss die Wertpapierfirma »in der Lage sein, die Auslagerungsvereinbarung erforderlichenfalls zu kündigen, ohne dass dies die Kontinuität und Qualität der für ihre Kunden erbrachten Dienstleistungen beeinträchtigt«. Der Wortlaut der Richtlinie lässt breiten Spielraum für unterschiedliche Interpretationen, so dass nicht nur während der Beratungen im MaRisk-Fachgremium zum Teil leidenschaftliche Diskussionen über Sinn und Zweck der Richtlinienvorgabe geführt wurden.

210   Wie immer man den Wortlaut auch interpretiert: Vom Regelungszweck der Richtlinie wird es kaum intendiert sein, dass die Institute jeweils nur den zweit- oder drittbesten Anbieter wählen. Denn nur so wären sie – bei strenger Auslegung des Richtlinientextes – dazu in der Lage, die Kontinuität und Qualität der für ihre Kunden erbrachten Dienstleistungen auch im Fall der Kündigung auf mindestens demselben Niveau sicherzustellen. Ebenso wenig kann gemeint sein, dass die Institute permanent gleichwertige organisatorische Strukturen und Kapazitäten (z.B. Personal) vorhalten müssen. Die betriebswirtschaftlichen Vorteile einer Auslagerung wären bei einer solchen Interpretation von vornherein zunichte gemacht. Der eigentliche Regelungszweck der Richtlinienvorgabe zielt also offensichtlich darauf ab, dass sich die Institute für den Fall der beabsichtigten Beendigung der Auslagerung rechtzeitig über Ausweichlösungen Gedanken machen.

7.3   Vorkehrungen für die Beendigung einer Auslagerungsvereinbarung

211   Im Kontext der Richtlinienvorgaben spielen die Regelungen der MaRisk allerdings nicht nur für den Fall der »beabsichtigten« Beendigung der Auslagerungsvereinbarung eine wichtige Rolle. Auch bei einer Beendigung der Vereinbarung aus anderen Gründen, die nicht zwingend auf die Initiative des auslagernden Institutes zurückgehen, sind entsprechende Vorkehrungen zu treffen. Deshalb wurde mit der vierten MaRisk-Novelle ergänzt, dass dieselben Maßstäbe bei einer »erwarteten« Beendigung der Auslagerungsvereinbarung durch das Auslagerungsunternehmen anzulegen sind.

212   Bei der beabsichtigten Beendigung einer Auslagerungsvereinbarung wird das auslagernde Institut schon im Eigeninteresse frühzeitig nach Ersatzlösungen suchen. Voraussetzung hierfür ist die Existenz entsprechender Kündigungsrechte, die nach §25b Abs. 3 Satz 3 KWG im Auslagerungsvertrag zu vereinbaren sind. Die Anforderung wird durch die MaRisk konkretisiert, die über die Vereinbarung von Kündigungsrechten hinaus angemessene Kündigungsfristen verlangen (→ AT 9 Tz. 7 lit. f). Der Fixierung angemessener Kündigungsfristen müssen dabei grundsätzliche Überlegun-

---

282 Vgl. European Banking Authority, Consultation Paper – EBA Draft Guidelines on Outsourcing arrangements, EBA/CP/2018/11, 22. Juni 2018, S. 44 f.

gen hinsichtlich des Aufwandes für die Suche nach Ersatzlösungen oder die Re-Integration der Aktivitäten und Prozesse vorausgehen. Im Rahmen der fünften MaRisk-Novelle wurde die Regelung dahingehend erweitert, dass Institute bereits bei der Vertragsanbahnung festzulegen haben, welchen Grad einer Schlechtleistung sie akzeptieren möchten. Für den Fall einer dauerhaften Unterschreitung dieser Grenze wird das Institut eine Kündigung des Vertragsverhältnisses zu prüfen haben.

Wenn die betroffenen Tätigkeiten weiterhin ausgelagert werden sollen, unterscheidet sich die **213** Suche nach einer Ersatzlösung von der erstmaligen Suche nach einem geeigneten Auslagerungsunternehmen nur insoweit, als dass auf die Risikoanalyse zur Feststellung der Wesentlichkeit dieser Auslagerung i.d.R. verzichtet werden kann, sofern sich zwischenzeitlich keine wesentlichen Änderungen der Risikosituation ergeben haben (→ AT 9 Tz. 2). Ähnlich verhält es sich bei der erwarteten Beendigung einer Auslagerungsvereinbarung durch das Auslagerungsunternehmen. Insoweit werden sich die zu treffenden Vorkehrungen zwischen einer beabsichtigten und einer erwarteten Beendigung der Auslagerungsvereinbarung grundsätzlich nicht unterscheiden.

Sofern hingegen von Seiten des auslagernden Institutes aufgrund einer strategischen Neuaus- **214** richtung kein Interesse an einer Weiterführung des Auslagerungsverhältnisses besteht, spielen Überlegungen hinsichtlich einer Ausweichlösung natürlich keine Rolle. In diesem Fall geht es in erster Linie darum, die Re-Integration der betroffenen Aktivitäten und Prozesse angemessen vorzubereiten und insbesondere die dafür notwendigen Ressourcen rechtzeitig zu beschaffen.

7.4 Unvorbereitete Beendigung einer Auslagerungsvereinbarung

In den beiden geschilderten Varianten hat das auslagernde Institut i.d.R. die Möglichkeit, sich **215** rechtzeitig auf die Beendigung der Auslagerungsvereinbarung einzustellen und insofern in geeigneter Weise darauf zu reagieren. Anders verhält es sich hingegen, wenn eine wesentliche Auslagerung aus Sicht des auslagernden Institutes »unbeabsichtigt« bzw. »unerwartet« beendet wird. Im Einzelfall kann es vorkommen, dass selbst die Verpflichtung des Auslagerungsunternehmens, das Institut über Entwicklungen zu informieren, die die ordnungsgemäße Erledigung der ausgelagerten Aktivitäten und Prozesse beeinträchtigen können (→ AT 9 Tz. 7 lit. h), für die Beschaffung einer adäquaten Ersatzlösung zu spät greift.

Bei derartigen Konstellationen werden die zuvor vereinbarten Kündigungsfristen wenig helfen. **216** Es kommt dann zunächst auf die Notfallkonzepte des auslagernden Institutes und des Auslagerungsunternehmens an. Ob mit deren Hilfe in jedem Fall die Kontinuität und Qualität der Dienstleitungen nach Beendigung des Auslagerungsverhältnisses umgehend sichergestellt werden kann, ist allerdings nicht sicher. So müssen das auslagernde Institut und das Auslagerungsunternehmen nur im Fall der Auslagerung von »zeitkritischen« Aktivitäten und Prozesse über aufeinander abgestimmte Notfallkonzepte verfügen (→ AT 7.3 Tz. 1). Sofern also »zeitkritische« Aktivitäten und Prozesse ausgelagert sind, muss das Auslagerungsunternehmen über Geschäftsfortführungs- und Wiederanlaufpläne verfügen, die gewährleisten, dass im Notfall zeitnah Ersatzlösungen zur Verfügung stehen bzw. innerhalb eines angemessenen Zeitraumes die Rückkehr zum Normalbetrieb ermöglicht wird (→ AT 7.3 Tz. 2).

Da sich Auslagerungsvereinbarungen keineswegs nur auf »zeitkritische« Aktivitäten und Prozesse **217** beschränken, wird es im Fall einer unbeabsichtigten oder unerwarteten Beendigung der Auslagerungsvereinbarung nicht immer möglich sein, die Kontinuität und Qualität der ausgelagerten Aktivitäten und Prozesse in gleichem Maße (sofort) zu gewährleisten. Die Aufsicht trägt dieser besonderen Situation Rechnung, indem die Anforderungen an das Institut in diesem Fall deutlich offener formuliert sind. So hat das Institut für Fälle unbeabsichtigter oder unerwarteter Beendigung von Auslagerungen, die mit einer erheblichen Beeinträchtigung der Geschäftstätigkeit verbunden sein können, »etwaige Handlungsoptionen auf ihre Durchführbarkeit zu prüfen und zu verabschieden«. Dies beinhaltet auch, soweit sinnvoll und möglich, die Festlegung entsprechender Ausstiegsprozesse. Darüber hinaus sind die Handlungsoptionen regelmäßig und anlassbezogen zu überprüfen. Ausstiegsprozesse sind mit dem Ziel festzulegen, die notwendige Kontinuität und Qualität der ausgelagerten Aktivitäten und Prozesse aufrechtzuerhalten bzw. in angemessener Zeit wieder herstellen zu können. Bei gruppen- und verbundinternen Auslagerungen kann auf die Erstellung solcher Prozesse verzichtet werden. Ist die Festlegung von Ausstiegsstrategien nicht möglich, ist zumindest eine angemessene Berücksichtigung in der Notfallplanung erforderlich (→ AT 9 Tz. 6, Erläuterung).

218   Wenngleich von einer erheblichen Beeinträchtigung der Geschäftstätigkeit im Wesentlichen bei zeitkritischen Prozessen auszugehen ist, erwartet die Aufsicht von den Instituten, auch für die übrigen Aktivitäten und Prozesse einen »Plan B« vorzuhalten. Nicht zuletzt vor diesem Hintergrund sollte das auslagernde Institut die Qualität des Notfallmanagements des Auslagerungsunternehmens bereits in der Risikoanalyse angemessen berücksichtigen (→ AT 9 Tz. 2).

219   Die Formulierung »erhebliche Beeinträchtigung« steht im Zusammenhang mit dem in den MaRisk verankerten Wesentlichkeitsprinzip. Sie wurde auf Anregung der Kreditwirtschaft in Abgrenzung zu den »wesentlichen Auslagerungen« gewählt, um für die Klassifizierung der Auslagerung und die mögliche Beeinträchtigung der Geschäftstätigkeit durch deren Beendigung nicht den gleichen Wertungsmaßstab anzulegen und eine inhaltliche Vermengung beider Begrifflichkeiten zu vermeiden.[283]

7.5   Durchführbarkeit etwaiger Handlungsoptionen

220   Im MaRisk-Fachgremium wurde lange darüber diskutiert, wie z. B. Verbundinstitute mit einem einzigen Rechenzentrum und keiner kurzfristig greifenden Alternativlösung mit dieser Anforderung umgehen sollen. Seitens der Institute wurde darauf verwiesen, dass durch eine Beteiligung in den maßgeblichen Aufsichtsorganen der Dienstleister eine gewisse Einflussnahme auf diese Anbieter bestehe. In derartigen Fällen können dem Aufsichtsorgan natürlich nie alle Institute angehören. Häufig sitzen dort leitende Mitarbeiter aus den (regionalen) kreditwirtschaftlichen Verbänden, von denen die Interessen aller angeschlossenen Institute vertreten werden. Die deutsche Aufsicht hat in der Sondersitzung des Fachgremiums MaRisk im März 2018 nochmals betont, dass die Geschäftsleitung des Institutes auch bei Auslagerungen an Mehrmandantendienstleister für die ausgelagerten Aktivitäten und Prozesse verantwortlich bleibt. Folglich ist das Institut in der Pflicht, mögliche Mängel bei der Leistungserbringung unter Einbeziehung des Mehrmandantendienstleisters zu beheben bzw. darauf hinzuwirken, dass die Mängel vom Dienstleister beseitigt werden. Die Aufsicht verlangt daher auch bei Auslagerungen an Mehrmandantendienstleister entsprechende Überwachungshandlungen zur Leistungserbringung und zur Einhaltung rechtlicher Vorgaben. Die Aufsicht ist sich jedoch bewusst, dass dies in einzelnen Fällen die Institute vor besondere Herausforderungen stellt, vor allem dann, wenn der Einfluss des einzelnen Institutes auf den Mehrmandantendienstleister gering ist. Die Aufsicht empfiehlt Verbundinstituten bei Auslagerungen innerhalb des Haftungsverbundes, dass das einzelne Institut über den Verbund etwaige Mängel an den Mehrmandantendienstleister heranträgt.[284]

---

283 Vgl. Deutsche Kreditwirtschaft, Stellungnahme zum Konsultationspapier 01/2012 der Bundesanstalt für Finanzdienstleistungsaufsicht (BaFin) – »Überarbeitung der MaRisk« (Zwischenentwurf vom 2. August 2012), 12. September 2012, S. 13 f.

284 Dies entspricht nach dem Kenntnisstand der Aufsicht der Praxis. Vgl. Bundesanstalt für Finanzdienstleistungsaufsicht, Protokoll zur Sondersitzung des Fachgremiums MaRisk zum Thema Auslagerung am 15. März 2018, S. 2.

Abb. 49: Beendigung von Auslagerungsvereinbarungen

Unabhängig davon finden sich in den MaRisk weitere Anforderungen, die auf eine Vermeidung **221** negativer Entwicklungen hinauslaufen. So müssen die Risikosteuerungs- und -controllingprozesse gewährleisten, dass die wesentlichen Risiken – auch aus ausgelagerten Aktivitäten und Prozessen – frühzeitig erkannt werden (→ AT 4.3.2 Tz. 2). Dies schließt im Grunde auch das frühzeitige Erkennen der Gefahr einer unbeabsichtigten oder unerwarteten Beendigung der Auslagerung, z.B. aufgrund der möglichen Insolvenz des Dienstleisters infolge einer Verschlechterung der wirtschaftlichen Lage, ein.

Wie schon im Zusammenhang mit den Anforderungen des Art. 14 Abs. 2 lit. g der MiFID-Durch- **222** führungsrichtlinie ausgeführt, ist von der Aufsicht auch in diesen Fällen schon aus betriebswirt-schaftlichen Gründen nicht intendiert, dass die Institute permanent gleichwertige interne Struktu-ren und Kapazitäten oder gar einen gleichwertigen externen Vertragspartner vorhalten müssen.

Wenngleich die Aufsicht keine entsprechende Erläuterung aufgenommen hat, ist davon aus- **223** zugehen, dass sich die entsprechenden Anforderungen an Auslagerungen innerhalb von Gruppen oder Verbünden – in Abhängigkeit von den damit jeweils verbundenen besseren Einflussmöglich-keiten – gegenüber Auslagerungen an einen Dritten in der Prüfungspraxis unterscheiden werden.

8   Bestandteile des Auslagerungsvertrages (Tz. 7)

224   **7** Bei wesentlichen Auslagerungen ist im Auslagerungsvertrag insbesondere Folgendes zu vereinbaren:

a)   Spezifizierung und ggf. Abgrenzung der vom Auslagerungsunternehmen zu erbringenden Leistung,

b)   Festlegung angemessener Informations- und Prüfungsrechte der Internen Revision sowie externer Prüfer,

c)   Sicherstellung der uneingeschränkten Informations- und Prüfungsrechte sowie der Kontrollmöglichkeiten der gemäß § 25b Absatz 3 KWG zuständigen Behörden bezüglich der ausgelagerten Aktivitäten und Prozesse,

d)   soweit erforderlich Weisungsrechte,

e)   Regelungen, die sicherstellen, dass datenschutzrechtliche Bestimmungen und sonstige Sicherheitsanforderungen beachtet werden,

f)   Kündigungsrechte und angemessene Kündigungsfristen,

g)   Regelungen über die Möglichkeit und über die Modalitäten einer Weiterverlagerung, die sicherstellen, dass das Institut die bankaufsichtsrechtlichen Anforderungen weiterhin einhält,

h)   Verpflichtung des Auslagerungsunternehmens, das Institut über Entwicklungen zu informieren, die die ordnungsgemäße Erledigung der ausgelagerten Aktivitäten und Prozesse beeinträchtigen können.

8.1   Bedeutung des Auslagerungsvertrages

225   Die Vertragsausgestaltung ist für das Management auslagerungsspezifischer Risiken von zentraler Bedeutung und darf unter keinen Umständen unterschätzt werden. Durch die Auslagerung von Aktivitäten und Prozessen auf andere Unternehmen tritt die interne Hierarchie des auslagernden Unternehmens in den Hintergrund. Interne Kompetenzen, Verantwortlichkeiten, Kontrollen oder Kommunikationswege, die üblicherweise Gegenstand der (internen) Organisationsrichtlinien sind, verlieren für die ausgelagerten Aktivitäten und Prozesse an Bedeutung. An ihre Stelle tritt der Auslagerungsvertrag. Die über den Vertrag geschlossene Übereinkunft mit dem Auslagerungsunternehmen und die darin fixierten Rechte und Pflichten sind das Fundament, welches das Zusammenspiel zwischen den Vertragsparteien regelt.

226   Gemäß § 25b Abs. 3 Satz 1 KWG darf die BaFin durch die Auslagerung nicht an der Wahrnehmung ihrer Aufgaben gehindert werden. § 25b Abs. 3 Satz 3 KWG regelt anschließend lediglich einen (wichtigen) Teilaspekt der zwischen dem Institut und dem Auslagerungsunternehmen abzuschließenden Auslagerungsvereinbarung. Danach müssen die für die Auskunfts- und Prüfungsrechte der Bankenaufsicht und der Prüfer erforderlichen Rechte des Institutes, einschließlich der Weisungs- und Kündigungsrechte, sowie die korrespondierenden Pflichten des Auslagerungsunternehmens im Auslagerungsvertrag festgeschrieben sein. Die MaRisk wiederholen die Anforderung aus § 25b Abs. 3 Satz 3 KWG und formulieren darüber hinaus für wesentliche Auslagerungen grundsätzliche Anforderungen an die Auslagerungsvereinbarung nach § 25b KWG.

8.2   Ausgestaltung des Auslagerungsvertrages

Die konkrete Ausgestaltung des Vertrages ist insbesondere bei komplexen Auslagerungsmaßnah-   **227**
men alles andere als ein leichtes Unterfangen. Abstrakt gehaltene Formulierungen können sich
dabei im Nachhinein als genauso problematisch erweisen wie ein zu hoher Detaillierungsgrad.
Auslagerungsverträge haben typischerweise eine mehrjährige Laufzeit, so dass Anpassungen, die
zum Zeitpunkt des Vertragsabschlusses noch nicht absehbar waren, nicht ausgeschlossen werden
können (z. B. Kundenwünsche aufgrund von Änderungen der Marktsituation oder Änderungen
rechtlicher Rahmenbedingungen). Da es ein realitätsfernes Unterfangen wäre, alle potenziellen
Entwicklungen vertraglich vorwegzunehmen, ist eine gewisse Flexibilität erforderlich.[285] Andererseits ist es insbesondere mit Blick auf mögliche Unstimmigkeiten zwischen dem auslagernden
Unternehmen und dem Dienstleister von erheblicher Bedeutung, dass die Verträge hinreichend
klar formuliert sind. Aufgrund nicht ausreichend konkretisierter Vertragsbestandteile waren teilweise schon Rückabwicklungen von Auslagerungsmaßnahmen erforderlich.[286] Bei der Fixierung
des Auslagerungsvertrages muss daher letztendlich eine vernünftige Balance zwischen Flexibilität
und Bestimmtheit gefunden werden.

In der Praxis wird häufig versucht, das Spannungsfeld zwischen Flexibilität und Bestimmtheit   **228**
durch einen Rahmenvertrag zu überbrücken, der die grundlegenden Rechte und Pflichten der
Parteien und allgemeingültige Bedingungen für die vom Auslagerungsunternehmen zu erbringenden Leistungen enthält. Basierend auf diesem Rahmenvertrag werden sodann konkrete Einzelver-
einbarungen über die Erbringung spezifischer Dienstleistungen abgeschlossen. Durch solche
modularen Vertragskonstruktionen können konkrete Leistungsinhalte über die Vertragslaufzeit
angepasst werden, ohne dass die allgemeinen Regelungen des Rahmenvertrages davon grundsätzlich tangiert werden.[287] Einen Beitrag zur Flexibilisierung leistet auch das so genannte
»Change-Request-Verfahren«. Durch die Vereinbarung von »Vertragsanpassungsklauseln« können
besondere Wünsche des Kunden oder des Auslagerungsunternehmens, die zu einer Änderung
schon abgestimmter Vereinbarungen während der Vertragslaufzeit führen, angemessen berücksichtigt werden. Abhängig vom konkreten Änderungswunsch werden sich allerdings Nachkalkulationen und somit auch höhere Kosten möglicherweise nicht vermeiden lassen. Natürlich sollten
die Änderungswünsche auch nicht die Grenze des Zumutbaren übersteigen.[288]

8.3   »Liste der Vertragselemente«

Aufgrund der Bedeutung des Auslagerungsvertrages für das Management auslagerungsspezifischer   **229**
Risiken (→ BTR 4) ist es nicht überraschend, dass in den MaRisk diverse Vertragselemente aufgezählt
werden, die das auslagernde Institut mit dem Auslagerungsunternehmen im Auslagerungsvertrag zu
vereinbaren hat. Die Anforderungen in den MaRisk sind eher allgemeiner Natur und berücksichtigen
natürlich in besonderem Maße bankaufsichtliche Aspekte (z. B. Vereinbarung von Prüfungsrechten).
Im Einzelnen fordern die MaRisk für den Auslagerungsvertrag folgende Vertragselemente:

---

285   Vgl. Bundesverband Informationswirtschaft, Telekommunikation und neue Medien e. V. (BITKOM), Compliance in
      IT-Outsourcing-Projekten – Leitfaden zur Umsetzung rechtlicher Rahmenbedingungen, 3. August 2006, S. 12.

286   Vgl. Gross, Jürgen/Bordt, Jörg/Musmacher, Matias, Business Process Outsourcing, Wiesbaden, 2006, S. 181.

287   Vgl. Voigt, Eckhard von/Keienburg, Carsten, Vertragsgestaltung und arbeitsrechtliche Aspekte bei Outsourcing, in:
      Hermes, Heinz-Josef/Schwarz, Gerd, Outsourcing, München, 2005, S. 237 f.; Lamberti, Hermann-Josef, Industrialisierung
      des Bankgeschäfts, in: Die Bank, Heft 6/2004, S. 374.

288   Vgl. Söbbing, Thomas/Wöhlermann, Katharina, Rechtliche Fragen im IT-Outsourcing, in: HMD Praxis der Wirtschafts-
      informatik, Heft 245/2006, S. 55.

- Spezifizierung und ggf. Abgrenzung der vom Auslagerungsunternehmen zu erbringenden Leistung (lit. a),
- Festlegung angemessener Informations- und Prüfungsrechte der Internen Revision sowie externer Prüfer (lit. b),
- Sicherstellung der uneingeschränkten Informations- und Prüfungsrechte sowie der Kontrollmöglichkeiten der gemäß § 25b Abs. 3 KWG zuständigen Behörden bezüglich der ausgelagerten Aktivitäten und Prozesse (lit. c),
- soweit erforderlich Weisungsrechte (lit. d),
- Regelungen, die sicherstellen, dass datenschutzrechtliche Bestimmungen und sonstige Sicherheitsanforderungen beachtet werden (lit. e),
- Kündigungsrechte und angemessene Kündigungsfristen (lit. f),
- Regelungen über die Möglichkeit und über die Modalitäten einer Weiterverlagerung, die sicherstellen, dass das Institut die bankaufsichtsrechtlichen Anforderungen weiterhin einhält (lit. g),
- Verpflichtung des Auslagerungsunternehmens, das Institut über Entwicklungen zu informieren, die die ordnungsgemäße Erledigung der ausgelagerten Aktivitäten und Prozesse beeinträchtigen können (lit. h).

230   Die im November 2018 veröffentlichte Orientierungshilfe zu Auslagerungen an Cloud-Anbieter enthält zu den jeweiligen Vertragselementen Hinweise bezüglich der Inanspruchnahme von Cloud-Diensten.[289]

231   Die Anforderungen an die Vertragsgestaltung sind bei »wesentlichen« Auslagerungen zu beachten. Insoweit kann das Ergebnis der Risikoanalyse einen nicht unerheblichen Einfluss auf die Vertragsgestaltung haben (→ AT9 Tz.2). Das Schriftformerfordernis ergibt sich unmittelbar aus § 25b Abs. 3 Satz3 KWG. Alles in allem enthält die »Liste der Vertragselemente« keine gravierenden Neuerungen gegenüber den alten Regelungen aus dem Rundschreiben 11/2001. Allerdings hat die BaFin einige Vertragspflichten flexibilisiert. Diese Flexibilisierungen sind vor allem bei Auslagerungen auf so genannte »Mehrmandantendienstleister« von Relevanz.

232   Die Praxis des Auslagerungsvertragsrechtes geht i.d.R. weit über die von der deutschen Aufsicht geforderten Mindestinhalte hinaus. In Auslagerungsvereinbarungen können regelmäßig folgende weitere Vertragselemente enthalten sein:
- einzuhaltende (Qualitäts-)Standards und Verfügbarkeit der Leistungen,
- Mitwirkungs- oder Beistellungsleistungen des auslagernden Institutes,
- Regelungen bezüglich des Überganges der Aktivitäten und Prozesse und zur Überprüfung dieses Überganges (»Joint Verification«),
- Vertragsanpassungsklauseln (»Change Request«-Klauseln),
- Regelungen zum Notfallkonzept,
- Zustimmungsvorbehalte bei Weiterverlagerungen,
- Vergütungsregelungen (inkl. deren umsatzsteuerlicher Behandlung),
- Eskalationsregelungen,
- Gewährleistungs- und Haftungsregelungen,
- Geheimhaltungsklauseln,
- gewerbliche Schutzrechte (z.B. Patente, Urheberrechte),
- Vertragslaufzeit und -beendigung,
- ggf. Regelungen zum Betriebsübergang eigener Mitarbeiter,
- Regelungen bezüglich des Procedere im Fall einer Rückabwicklung.[290]

---

289 Vgl. Bundesanstalt für Finanzdienstleistungsaufsicht, Merkblatt – Orientierungshilfe zu Auslagerungen an Cloud-Anbieter, 8. November 2018, S. 7 ff.
290 Vgl. Gross, Jürgen/Bordt, Jörg/Musmacher, Matias, Business Process Outsourcing, Wiesbaden, 2006, S.154 ff.; Chrubasik, Bodo/Schütz, Armin, Auslagerungen in der Kreditwirtschaft, Göttingen, 2018, S. 262 f.; Eichler, Alexander, Vertragsgestaltung und -verhandlungen, Vortrag an der Universität Jena am 19. November 2004.

Vor allem im Bereich der IT-Auslagerungen werden darüber hinaus regelmäßig so genannte **233** »Service-Level-Agreements« (SLA) bzw. »Dienstgütevereinbarungen« (DGV) geschlossen, in denen hinsichtlich der für die Leistungserbringung relevanten Parameter unterschiedliche Qualitätsstandards (»Service-Level«) beschrieben werden. Diese Qualitätsstandards können sich z. B. auf die erforderliche Rechenleistung, die maximale Bearbeitungszeit oder die Erreichbarkeit von Hotlines beziehen. Im Gegensatz zu einem klassischen Dienstleistungsvertrag muss der Dienstleister also verschiedene Leistungsstufen anbieten, aus denen das Institut die auf seine Bedürfnisse zugeschnittenen auswählen kann. Ergeben sich Abweichungen von der vereinbarten Leistungsgüte, kann sich das auslagernde Unternehmen beim Dienstleister – abhängig von den jeweils vereinbarten Vertragsstrafen – schadlos halten. Ob die Vereinbarung von Service-Level-Agreements im Einzelfall sinnvoll ist oder nicht, hängt somit stark von der Art der Dienstleistung ab. Offensichtlich bieten sich Service-Level-Agreements in erster Linie für Dienstleistungen an, deren Qualität hinreichend exakt bestimmbar ist und somit leicht überprüft werden kann. Da dies nicht immer möglich ist, werden derartige Vereinbarungen in den MaRisk auch nicht zwingend vorgeschrieben.

8.4 Mehrmandantendienstleister

Einige Anforderungen an die Vertragsgestaltung haben in der Vergangenheit bei Auslagerungen **234** auf so genannte »Mehrmandantendienstleister« zu Schwierigkeiten geführt. Solche Auslagerungsunternehmen, die für eine Vielzahl von Mandanten Dienstleistungen erbringen, haben in den letzten Jahren nicht zuletzt wegen zunehmender Konzentrationstendenzen aufgrund von Fusionen erheblich an Bedeutung gewonnen.[291] In der Regel erbringen sie standardisierte Dienstleistungen für ihre Mandanten, wie etwa die Wertpapierabwicklung oder die Abwicklung des Zahlungsverkehrs. In den Verbundorganisationen geht die Zahl der Sparkassen und Genossenschaftsbanken, welche die Leistungen einzelner Mehrmandantendienstleister (z. B. Rechenzentren) in Anspruch nehmen, leicht in die Hunderte. Große Mehrmandantendienstleister haben sich aber auch außerhalb der Verbundorganisationen fest etabliert (z. B. Deutsche WertpapierService Bank AG oder Deutsche Postbank AG).

Da Probleme beim Mehrmandantendienstleister auf alle auslagernden Institute durchschlagen **235** können, gewinnen solche Dienstleister auch aus bankaufsichtlicher Perspektive immer mehr an Bedeutung. Insoweit besteht von Seiten der Aufsicht ein nachvollziehbares Interesse daran, dass die Spezialregelungen des § 25b KWG auch bei Auslagerungen auf Mehrmandantendienstleister beachtet werden. Auf der anderen Seite existieren (ebenfalls) nachvollziehbare praktische Gründe, die dafürsprechen, die Regelungen nicht eins zu eins zur Anwendung kommen zu lassen. Beispielsweise können flächendeckende Prüfungen durch die Revisionen der auslagernden Institute beim Mehrmandantendienstleister unter Umständen gravierende Auswirkungen auf die Erbringung der Dienstleistungen haben. Schon das Rundschreiben 11/2001 räumte daher bestimmte Erleichterungen ein, die dazu beitragen sollten, die Probleme bei Auslagerungen auf

---

291 Mit der Fusion der FinanzIT und der Sparkassen Informatik (SI) zur Finanz Informatik GmbH & Co. KG im Januar 2008 ist der größte IT-Dienstleister Europas entstanden. Kunden der Finanz Informatik sind 385 deutsche Sparkassen, 8 Landesbausparkassen, 6 Landesbanken, die DekaBank, 5 öffentliche Versicherer, 4 Direktbanken sowie weitere Unternehmen der Sparkassen-Finangruppe (Stand Dezember 2018).

Mehrmandantendienstleister zumindest abzuschwächen.[292] Im Rahmen der ersten MaRisk-Novelle wurden diese Erleichterungen aufgegriffen und weiter ausgebaut. Im Einzelnen geht es um

– die Ausübung der vertraglich zu fixierenden Prüfungsrechte der Internen Revision des auslagernden Institutes (lit. b),
– die Vereinbarung von Weisungsrechten (lit. d) und
– »Zustimmungsvorbehalte« (lit. g).

Im Unterschied zum Rundschreiben 11/2001 können die Erleichterungen bei allen Auslagerungen in Anspruch genommen werden. Es kommt mithin nicht mehr auf die Eigenschaft des »Mehrmandantendienstleisters« an.[293]

236   Die »Liste der Vertragselemente« wird im Weiteren näher erläutert. Dabei wird auch auf die erwähnten Erleichterungen eingegangen, die insbesondere bei Auslagerungen auf Mehrmandantendienstleister von Bedeutung sind.

8.5   Spezifizierung und Abgrenzung der zu erbringenden Leistung (lit. a)

237   Die Spezifizierung der vom Auslagerungsunternehmen zu erbringenden Leistung ist ein zentraler Bestandteil des Auslagerungsvertrages, dessen Bedeutung allerdings in der Praxis häufig unterschätzt wird.[294] Die zu erbringende Leistung sollte so exakt wie möglich mit dem Auslagerungsunternehmen abgestimmt und in einer Leistungsbeschreibung fixiert werden. Um nachträgliche Unstimmigkeiten zu vermeiden, werden die Leistungsbeschreibungen häufig um Definitionen ergänzt, die zusätzlich Klarheit schaffen sollen. Es ist sinnvoll, dass die Leistungsbeschreibung zwischen den jeweils betroffenen Organisationseinheiten der Vertragsparteien intensiv abgestimmt wird (bspw. zwischen den IT-Abteilungen). Auf diese Weise lässt sich das Risiko kostspieliger Meinungsverschiedenheiten zwischen den Vertragsparteien weiter reduzieren.

238   Eine klare Abgrenzung der Verantwortlichkeiten ist vor allem dann erforderlich, wenn Mitwirkungs- oder Beistellungsleistungen des auslagernden Institutes Gegenstand der Auslagerungsvereinbarung sind. Sollten von Seiten des auslagernden Institutes keine derartigen Vertragspflichten bestehen, ist aus bankaufsichtlicher Perspektive keine Abgrenzung der Verantwortlichkeiten erforderlich.

239   Die deutsche Aufsicht empfiehlt bei Auslagerungen an Cloud-Anbieter die Spezifizierung und ggf. Abgrenzung der vom Cloud-Anbieter zu erbringenden Leistung in Service Level-Agreements zu fixieren. Dabei sollten grundsätzlich die ausgelagerten Prozesse und Aktivitäten und deren Umsetzung (z.B. Art des Dienstleistungs- und Bereitstellungsmodells, Umfang der angebotenen Dienste, wie etwa Rechenleistung oder zur Verfügung stehender Speicherplatz, Verfügbarkeitsanforderungen, Reaktionszeiten), die Unterstützungsleistungen (Support), die Zuständigkeiten, Mitwirkungs- und Bereitstellungspflichten (z.B. bei Updates), der Ort der Leistungserbringung (z.B. Standort der Rechenzentren), Beginn und Ende des Auslagerungsvertrages, Kennzahlen zur

---

292   Vgl. Bundesaufsichtsamt für das Kreditwesen, Auslagerung von Bereichen auf ein anderes Unternehmen gemäß §25a Abs.2 KWG, Rundschreiben 11/2001 vom 6.Dezember 2001, Tz.49.

293   Im Gegensatz zum Rundschreiben 11/2001 kann dadurch auch auf eine Definition für den »Mehrmandantendienstleister« verzichtet werden. Vgl. Bundesaufsichtsamt für das Kreditwesen, Auslagerung von Bereichen auf ein anderes Unternehmen gemäß §25a Abs.2 KWG, Rundschreiben 11/2001 vom 6.Dezember 2001, Tz.49.

294   Vgl. Bundesverband Informationswirtschaft, Telekommunikation und neue Medien e.V. (BITKOM), Compliance in IT-Outsourcing-Projekten – Leitfaden zur Umsetzung rechtlicher Rahmenbedingungen, 3. August 2006, S.45f.

fortlaufenden Überprüfung des Dienstleistungsniveaus sowie Indikatoren zur Erkennung eines unannehmbaren Dienstleistungsniveaus festgelegt werden.[295]

8.6 Festlegung von Informations- und Prüfungsrechten der Internen Revision (lit. b)

Um eine ordnungsgemäße Interne Revision auch im Fall der Auslagerung sicherzustellen, sind im Auslagerungsvertrag Informations- und Prüfungsrechte zugunsten der Internen Revision des auslagernden Institutes zu vereinbaren. Die Interne Revision prüft und beurteilt die Ordnungsmäßigkeit grundsätzlich aller Aktivitäten eines Institutes, unabhängig davon, ob diese ausgelagert sind oder nicht[296] (→ AT 4.4.3 Tz. 3). Da umfangreiche Prüfungshandlungen der Revisionen der auslagernden Institute insbesondere bei Auslagerungen auf Mehrmandantendienstleister zu den schon erwähnten praktischen Problemen führen können, hat die deutsche Aufsicht bereits zuvor bestehende Erleichterungen[297] aufgegriffen und weiter ausgebaut. Auf diese Erleichterungen weist auch die Orientierungshilfe zu Auslagerungen an Cloud-Anbieter explizit hin.[298] Die Interne Revision des auslagernden Institutes kann auf eigene Prüfungshandlungen verzichten, soweit im Hinblick auf die »anderweitig durchgeführte Revisionstätigkeit« bestimmte Voraussetzungen erfüllt sind (→ AT 9 Tz. 7, Erläuterung). Davon unberührt bleibt das Erfordernis zur Vereinbarung von Informations- und Prüfungsrechten der Internen Revision im Auslagerungsvertrag. Ergänzende Prüfungshandlungen sind also grundsätzlich möglich (→ BT 2.1 Tz. 3).

240

Im Fall des Verzichtes auf eigene Prüfungshandlungen kommen verschiedene Alternativen in Betracht. Die Revisionstätigkeit kann übernommen werden durch (→ BT 2.1 Tz. 3, Erläuterung):
- die Interne Revision des Auslagerungsunternehmens,
- die Interne Revision eines oder mehrerer der auslagernden Institute im Auftrag der auslagernden Institute,
- einen vom Auslagerungsunternehmen beauftragten Dritten oder
- einen von den auslagernden Instituten beauftragten Dritten.

241

Die »anderweitig durchgeführte Revisionstätigkeit« hat den einschlägigen Anforderungen der MaRisk zu genügen (→ AT 4.4.3 und BT 2). Die Interne Revision des auslagernden Institutes hat sich davon regelmäßig zu überzeugen, bspw. durch ein Studium der Prüfungsberichte des Jahresabschlussprüfers vom Auslagerungsunternehmen. In der Prüfungspraxis wird offenbar vor allem hinterfragt, welche Kriterien in den Instituten zugrundegelegt werden, was genau geprüft wurde und zu welchem Urteil man dabei gekommen ist.[299] Es ist ferner sicherzustellen, dass alle für das

242

---

295 Vgl. Bundesanstalt für Finanzdienstleistungsaufsicht, Merkblatt – Orientierungshilfe zu Auslagerungen an Cloud-Anbieter, 8. November 2018, S. 7.

296 Vor diesem Hintergrund enthalten die MaRisk keine konkreten Vorgaben an die Prüfungshandlungen der Internen Revision im Hinblick auf die ausgelagerten Prozesse und Aktivitäten. Die EBA formuliert demgegenüber in ihrem Entwurf der Leitlinien zu Auslagerungen für die Interne Revision bestimmte Prüfungsschwerpunkte, insbesondere den grundlegenden Rahmen für das Auslagerungsmanagement (Outsourcing framework) einschließlich der Outsourcing-Policy, die Angemessenheit, Qualität und Wirksamkeit der Festlegung der Wesentlichkeit (critical/important) und der Risikobewertung der Auslagerungsvereinbarungen (einschließlich der Einhaltung des Risikoappetits) sowie die Übereinstimmung des Risikoappetits, des Risikomanagements und -controllings des Dienstleisters mit der Strategie des Institutes. Darüber hinaus sind die angemessene Einbeziehung der Geschäftsleitung und die angemessene Überwachung und Verwaltung der Auslagerungsvereinbarungen zu prüfen und zu beurteilen. Vgl. European Banking Authority, Consultation Paper – EBA Draft Guidelines on Outsourcing Arrangements, EBA/CP/2018/11, 22. Juni 2018, S. 29 f.

297 Vgl. Bundesaufsichtsamt für das Kreditwesen, Auslagerung von Bereichen auf ein anderes Unternehmen gemäß § 25a Abs. 2 KWG, Rundschreiben 11/2001 vom 6. Dezember 2001, Tz. 50.

298 Vgl. Bundesanstalt für Finanzdienstleistungsaufsicht, Merkblatt – Orientierungshilfe zu Auslagerungen an Cloud-Anbieter, 8. November 2018, S. 9.

299 Vgl. Erfahrungsaustausch öffentlicher und genossenschaftlicher Banken zum »Outsourcing« am 1. Februar 2009 in Berlin.

auslagernde Institut relevanten Prüfungsergebnisse vom Auslagerungsunternehmen an die Revision des auslagernden Institutes weitergeleitet werden (→ BT2.1 Tz.3).

243 Die genannten Erleichterungen der deutschen Aufsicht werden in der Praxis, insbesondere von der EZB, zunehmend infrage gestellt, obwohl die MaRisk in dieser Hinsicht im Rahmen der fünften MaRisk-Novelle nicht geändert wurden. So wird die Interne Revision des auslagernden Institutes häufig aufgefordert, beim Auslagerungsunternehmen selbst Prozessprüfungen durchzuführen. Der von der EBA im Juni 2018 zur Konsultation gestellte Entwurf der neuen Leitlinien zu Auslagerungen räumt zwar auch die Möglichkeit von »pooled audits« ein[300] (→ BT2.1 Tz.3). Allerdings wird insbesondere die Möglichkeit, den Verzicht auf eigene Prüfungshandlungen mit Verweis auf die Interne Revision des Auslagerungsunternehmens zu begründen, von der EBA kritisch gesehen. Die DK hat daher in ihrer Stellungnahme zu den EBA-Leitlinien um Klarstellung gebeten, dass sich die Interne Revision eines Institutes auch zukünftig unter bestimmten Voraussetzungen auf anderweitig durchgeführte Revisionstätigkeiten (z.B. des Auslagerungsunternehmens) verlassen kann, sofern deren Funktionsfähigkeit nachweislich gegeben ist.[301] Es bleibt abzuwarten, ob die EBA eine entsprechende Klarstellung in die endgültigen Leitlinien zu Auslagerungen übernimmt.

244 Die deutsche Aufsicht gibt bei Auslagerungen an Cloud-Anbieter Hinweise dazu, was zur Gewährleistung der Informations- und Prüfungsrechte der Internen Revision vertraglich insbesondere vereinbart werden sollte, nämlich die Gewährung uneingeschränkten Zugriffs auf Informationen und Daten sowie Zugangs zu den Geschäftsräumen des Cloud-Anbieters, einschließlich aller Rechenzentren, Geräte, Systeme, Netzwerke, die zur Erbringung der ausgelagerten Sachverhalte eingesetzt werden. Hierzu gehören die damit im Zusammenhang stehenden Prozesse und Kontrollen, die Möglichkeit der Durchführung von Vor-Ort-Prüfungen beim Cloud-Anbieter (sowie ggf. bei Weiterverlagerungsunternehmen) sowie effektive Kontroll- und Prüfungsmöglichkeiten der gesamten Auslagerungskette. In diesem Merkblatt hat die deutsche Aufsicht zudem darauf hingewiesen, dass die wirksame Ausübung der Informations- und Prüfungsrechte nicht durch Vertragsvereinbarungen eingeschränkt werden darf. Vereinbarungen, die diese Rechte nur unter bestimmten Voraussetzungen gewähren, sieht die deutsche Aufsicht als unzulässige Beschränkung an.[302]

---

300 Vgl. European Banking Authority, Consultation Paper – EBA Draft Guidelines on Outsourcing Arrangements, EBA/CP/2018/11, 22. Juni 2018, S. 41.

301 Vgl. Deutsche Kreditwirtschaft (German Banking Industry Committee), Comments on EBA Draft Guidelines on Outsourcing arrangements (EBA/CP/2018/11), 24. September 2018, S. 13.

302 Vgl. Bundesanstalt für Finanzdienstleistungsaufsicht, Merkblatt – Orientierungshilfe zu Auslagerungen an Cloud-Anbieter, 8. November 2018, S. 8 f. Als unzulässige Vereinbarungen werden beispielhaft genannt: die Vereinbarung gestufter Informations- und Prüfungsverfahren, z.B. die Verpflichtung, zunächst auf die Prüfungsberichte, Zertifikate oder sonstige Nachweise der Einhaltung anerkannter Standards durch den Cloud-Anbieter zurückzugreifen, bevor das Institut eigene Prüfungshandlungen durchführen kann, eine Beschränkung der Erfüllung der Informations- und Prüfungsrechte auf die Vorlage von Prüfungsberichten, Zertifikaten oder sonstigen Nachweisen der Einhaltung anerkannter Standards durch den Cloud-Anbieter, eine Verknüpfung des Zugangs zu Informationen an die vorherige Teilnahme an speziellen Schulungsprogrammen, die Formulierung einer Klausel, in der die Durchführung einer Prüfung von der wirtschaftlichen Zumutbarkeit (commercially reasonable) abhängig gemacht wird, eine zeitliche und personelle Beschränkung der Durchführung von Prüfungen, wobei eine Beschränkung des Zugangs auf die üblichen Geschäftszeiten nach vorheriger Anmeldung in der Regel vertretbar ist, ein Verweis auf die alleinige Nutzung etwa von Managementkonsolen zur Ausübung der Informations- und Prüfungsrechte des Unternehmens, eine Vorgabe des Ablaufs sowie des Umfangs der Ausübung der Informations- und Prüfungsrechte durch den Cloud-Anbieter.

8.7 Festlegung von Informations- und Prüfungsrechten externer Prüfer (lit. b)

Die zunehmende Bedeutung von Auslagerungen hat natürlich auch Einfluss auf die Prüfer. Bei **245** Kredit- und Finanzdienstleistungsinstituten ist der Abschlussprüfer aufgrund gesetzlicher Regelungen dazu verpflichtet, sich mit dem Thema Auslagerung zu befassen. Der in § 29 Abs. 1 KWG adressierte (besondere) Pflichtenkatalog des Abschlussprüfers umfasst auch § 25b KWG. Grundlage für diese Prüfungshandlungen sind in erster Linie die Auslagerungsanforderungen der MaRisk.

Prüfungshandlungen müssen nicht zwingend vor Ort im Auslagerungsunternehmen durch- **246** geführt werden. Gegebenenfalls ist es ausreichend, im auslagernden Institut zu prüfen und ergänzend auf Erkenntnisse Dritter zurückzugreifen. In diesem Zusammenhang können Bestätigungen bzw. Bescheinigungen nach den einschlägigen berufsständischen Standards (z. B. ISO/IEC 2700X, IDW PS 951) eine wichtige Informationsquelle für den Abschlussprüfer darstellen (→ AT 1 Tz. 7). Im Einzelfall können jedoch auch Prüfungshandlungen vor Ort im Auslagerungsunternehmen erforderlich sein. Für diese Zwecke hat das Institut mit dem Auslagerungsunternehmen gemäß § 25b Abs. 3 Satz 2 KWG Prüfungsrechte zu vereinbaren. Es versteht sich von selbst, dass der Abschlussprüfer die Möglichkeit besitzen muss, diese Rechte effektiv wahrzunehmen.

In der Orientierungshilfe zu Auslagerungen an Cloud-Anbieter wird hierzu klargestellt, dass ein **247** Institut grundsätzlich Nachweise/Zertifikate auf Basis gängiger Standards (z. B. Internationaler Sicherheitsstandard ISO/IEC 2700X der International Organization for Standardization, C 5-Anforderungskatalog des Bundesamtes für Sicherheit in der Informationstechnik), Prüfberichte anerkannter Dritter oder interne Prüfberichte des Cloud-Anbieters heranziehen darf. Das Institut sollte hierbei Umfang, Detailtiefe, Aktualität und Eignung des Zertifizierers oder Prüfers dieser Nachweise/Zertifikate und Prüfberichte berücksichtigen. Allerdings sollte sich ein Institut bei der Ausübung seiner Revisionstätigkeit nicht allein hierauf stützen. Soweit die Interne Revision im Rahmen ihrer Tätigkeit solche Nachweise/Zertifikate bzw. Prüfberichte heranzieht, sollte sie die diesen zugrundeliegenden Evidenzen prüfen können.[303]

8.8 Sicherstellung der uneingeschränkten Informations- und Prüfungsrechte sowie der Kontrollmöglichkeiten der zuständigen Aufsichtsbehörden (lit. c)

Der Gesetzgeber hat der BaFin, von ihr beauftragten Personen oder Einrichtungen (z. B. Wirt- **248** schaftsprüfern) sowie der Deutschen Bundesbank die Möglichkeit eingeräumt, umfassende Sachverhaltsermittlungen bei den Instituten zu betreiben. Nach § 44 Abs. 1 Satz 1 KWG haben ein Institut und die Mitglieder seiner Organe sowie seine Beschäftigten auf Verlangen Auskünfte über alle Geschäftsangelegenheiten zu erteilen und Unterlagen vorzulegen. Dieses umfassende Informationsrecht wird um ein Prüfungsrecht ergänzt (§ 44 Abs. 1 Satz 2 KWG). Die BaFin kann auch ohne besonderen Anlass Prüfungen bei den Instituten vornehmen. Sie beauftragt mit diesen Sonderprüfungen allerdings regelmäßig Dritte, wie Wirtschaftsprüfungsgesellschaften, Prüfungsverbände oder die Deutsche Bundesbank. Die Prüfer der BaFin oder von ihr beauftragte Personen

---

303 Vgl. Bundesanstalt für Finanzdienstleistungsaufsicht, Merkblatt – Orientierungshilfe zu Auslagerungen an Cloud-Anbieter, 8. November 2018, S. 9 f.

können hierzu die Geschäftsräume des Institutes oder Auslagerungsunternehmens innerhalb der üblichen Betriebs- und Geschäftszeiten betreten und besichtigen.

249   Damit die BaFin ihre Informations- und Prüfungsrechte auch im Fall der Auslagerung von Aktivitäten und Prozessen effektiv wahrnehmen kann, sind im Auslagerungsvertrag entsprechende Rechte zu vereinbaren. Dieses Erfordernis leitet sich unmittelbar aus § 25b Abs. 3 Satz 1 KWG ab. Es ergibt sich zudem aus § 44 Abs. 1 Satz 2 Halbsatz 2 KWG. Danach schließt das Recht auf Sonderprüfungen auch »Unternehmen« ein, auf die ein Institut wesentliche Aktivitäten und Prozesse im Sinne des § 25b KWG ausgelagert hat (Auslagerungsunternehmen).[304]

250   Von besonderer Bedeutung ist die Fixierung von Informations- und Prüfungsrechten bei Auslagerungen in das Ausland. Die BaFin kann im Ausland nicht hoheitlich tätig werden, so dass sie in besonderem Maße auf die Vereinbarung solcher Rechte angewiesen ist. Dies gilt insbesondere bei Auslagerungen in Staaten außerhalb des EWR, mit denen noch keine bilateralen Vereinbarungen (wie z. B. »Memoranda of Understanding« mit Staaten aus Offshore-Regionen) getroffen wurden. Das auslagernde Institut hat daher bei der Ausgestaltung des Vertrages sehr sorgfältig darauf zu achten, dass die BaFin ihre Informations- und Prüfungsrechte im Ausland auch tatsächlich wahrnehmen kann. Dafür kommt z. B. die Abgabe einer Duldungserklärung durch das Auslagerungsunternehmen infrage.[305] Sollten sich bei der Wahrnehmung der Prüfungsrechte durch die BaFin Schwierigkeiten ergeben, wird sich das auslagernde Institut kaum der Verantwortung dafür entziehen können.[306] Sind die Prüfungsrechte beeinträchtigt, kann die BaFin nach § 25b Abs. 4 KWG im Einzelfall Anordnungen treffen, die zur Beseitigung der Beeinträchtigung geeignet und erforderlich sind (→ AT 9, Einführung).

251   In der Orientierungshilfe zu Auslagerungen an Cloud-Anbieter wird klargestellt, dass Informations- und Prüfungsrechte sowie Kontrollmöglichkeiten der Aufsicht vertraglich nicht eingeschränkt werden dürfen. Die Aufsicht muss die Cloud-Anbieter genauso kontrollieren können, wie dies das jeweils einschlägige Gesetz gegenüber dem beaufsichtigten Unternehmen vorsieht. Die Orientierungshilfe gibt auch hier Hinweise dazu, was zur Gewährleistung dieser Rechte vertraglich insbesondere vereinbart werden sollte: die Verpflichtung des Cloud-Anbieters zur uneingeschränkten Zusammenarbeit mit der Aufsicht, die Gewährung uneingeschränkten Zugriffs auf Informationen und Daten sowie Zugangs zu den Geschäftsräumen des Cloud-Anbieters, einschließlich aller Rechenzentren, Geräte, Systeme, Netzwerke, die zur Erbringung der ausgelagerten Sachverhalte eingesetzt werden. Hierzu gehören die damit im Zusammenhang stehenden Prozesse und Kontrollen sowie die Möglichkeit der Durchführung von Vor-Ort-Prüfungen beim Cloud-Anbieter (sowie ggf. bei Weiterverlagerungsunternehmen), effektive Kontroll- und Prüfungsmöglichkeiten der gesamten Auslagerungskette. Auch hier werden Regelungen, die diese Rechte nur unter bestimmten Voraussetzungen einräumen, als unzulässige Beschränkung angesehen.[307] Diese Vereinbarungen sind insofern mit den Informations- und Prüfungsrechten der Internen Revision vergleichbar.

---

304 Durch das Vierte Finanzmarktförderungsgesetz vom 21. Juni 2002 wurde der BaFin ein eigenständiges Prüfungsrecht gegenüber Auslagerungsunternehmen eingeräumt, auf die ein Institut wesentliche Prozesse und Aktivitäten ausgelagert hat. Zuvor war dies bei Auslagerungsunternehmen, die keine Institute im Sinne des KWG sind, gesetzlich nicht klar geregelt. Dies wurde in der Fachliteratur bemängelt. Vgl. Braun, Ulrich, in: Boos, Karl-Heinz/Fischer, Reinfrid/Schulte-Mattler, Hermann (Hrsg.), Kreditwesengesetz, 4. Auflage, München, 2012, § 44 KWG, Tz. 67.

305 Vgl. Söbbing, Thomas/Weinbrenner, Christoph, Die Zulässigkeit der Auslagerung von IT-Dienstleistungen durch Institute in sog. Offshore-Regionen, in: Wertpapier-Mitteilungen, Heft 4/2006, S. 172.

306 Im Hinblick auf mögliche Konsequenzen hat sich auch nach der Modernisierung der Outsourcing-Regelungen materiell nicht viel an der deutlichen Formulierung im aufgehobenen Rundschreiben 11/2001 geändert: »Bei Auslagerungen ins Ausland trägt das auslagernde Institut die Verantwortung, dass das Bundesaufsichtsamt für das Kreditwesen gemäß § 44 KWG seine Auskunftsrechte, einschließlich der Befugnis, die Vorlage von Unterlagen zu fordern, und seine Prüfungsrechte wahrnehmen kann. Sollte sich die Ausübung dieser Rechte als nicht möglich erweisen, ist die Auslagerung rückgängig zu machen.« Bundesaufsichtsamt für das Kreditwesen, Auslagerung von Bereichen auf ein anderes Unternehmen gemäß § 25a Abs. 2 KWG, Rundschreiben 11/2001 vom 6. Dezember 2001, Tz. 46.

307 Vgl. Bundesanstalt für Finanzdienstleistungsaufsicht, Merkblatt – Orientierungshilfe zu Auslagerungen an Cloud-Anbieter, 8. November 2018, S. 10.

8.9 Weisungsrechte (lit. d)

Das auslagernde Institut hat dafür Sorge zu tragen, dass im Auslagerungsvertrag Weisungsrechte **252** gegenüber dem Auslagerungsunternehmen vereinbart werden. Eine entsprechende Verpflichtung ergibt sich unmittelbar aus § 25b Abs. 3 Satz 3 KWG. Über die tiefere Bedeutung der Weisungsrechte und ihre Reichweite wurde in der Vergangenheit zum Teil kontrovers diskutiert. Bei Mehrmandantendienstleistern konnte zudem die standardisierte Erbringung von Dienstleistungen für viele Mandanten durch spezielle Weisungen einzelner Mandanten unter Umständen erheblich beeinträchtigt werden.

Die deutsche Aufsicht geht nunmehr davon aus, dass das Weisungsrecht des auslagernden **253** Institutes gegenüber dem Auslagerungsunternehmen bereits konkludent im Auslagerungsvertrag enthalten sein kann. Im Ergebnis wird der Spielraum für Weisungen durch den Vertrag abgesteckt, in dem die Rechte und Pflichten der Vertragsparteien fixiert werden. Ist die vom Auslagerungsunternehmen zu erbringende Leistung hinreichend klar im Auslagerungsvertrag spezifiziert, besteht grundsätzlich kein darüberhinausgehender Spielraum für Weisungen des auslagernden Institutes (→ AT 9 Tz. 7, Erläuterung). Ob eine hinreichend konkrete Spezifizierung im Einzelfall möglich ist, hängt vom Auslagerungsgegenstand ab.

Die deutsche Aufsicht weist ergänzend darauf hin, dass durch die Weisungsrechte bei Aus- **254** lagerungen an Cloud-Anbieter sichergestellt werden soll, dass alle erforderlichen und zur Erfüllung der vereinbarten Dienstleistung notwendigen Weisungen erteilt werden können, d.h. es bedarf einer Einflussnahme- und Steuerungsmöglichkeit auf den ausgelagerten Sachverhalt. Die technische Umsetzung kann unternehmensindividuell ausgestaltet werden.[308]

8.10 Datenschutz (lit. e)

Im Auslagerungsvertrag sind Regelungen zu treffen, die sicherstellen, dass datenschutzrechtliche **255** Bestimmungen, wie sie sich in Deutschland aus dem Bundesdatenschutzgesetz (BDSG) und seit Mai 2018 aus der unmittelbar anwendbaren europäischen Datenschutz-Grundverordnung (DSGVO) ergeben, beachtet werden. Diese Anforderung ist Gegenstand von Art. 14 Abs. 2 lit. j MiFID-Durchführungsrichtlinie. In die gleiche Richtung gehende Anforderungen befanden sich schon im Rundschreiben 11/2001.[309] Vor diesem Hintergrund kann es sinnvoll sein, den Datenschutzbeauftragten des Institutes zur Risikoanalyse hinzuzuziehen (→ AT 9 Tz. 2).

Man kann sich darüber streiten, ob der Datenschutz unter bankaufsichtlichen Gesichtspunkten **256** von unmittelbarer Relevanz ist. Datenschutzrechtliche Vorgaben sind unabhängig von bankaufsichtlichen Vorschriften einschlägig. Insoweit wäre eine gesonderte Erwähnung in den MaRisk eigentlich entbehrlich gewesen. Tatsache ist jedoch, dass datenschutzrechtliche Belange bei Aus-

---

308 Vgl. Bundesanstalt für Finanzdienstleistungsaufsicht, Merkblatt – Orientierungshilfe zu Auslagerungen an Cloud-Anbieter, 8. November 2018, S. 11. Für Auslagerungen an Cloud-Anbieter wird darauf hingewiesen, dass das Institut im Falle des Heranziehens von Nachweisen/Zertifizierungen oder Prüfberichten auch die Möglichkeit haben sollte, Einfluss auf den Umfang der Nachweise/Zertifizierungen oder Prüfberichte zu nehmen, so dass dieser auf relevante Systeme und Kontrollen erweitert werden kann. Die Anzahl und Häufigkeit entsprechender Weisungen sollte verhältnismäßig sein. Außerdem sollte das Institut jederzeit zur Erteilung von Weisungen an den Cloud-Anbieter im Hinblick auf die Berichtigung, Löschung und Sperrung von Daten befugt sein und der Cloud-Anbieter die Daten nur im Rahmen der erteilten Weisungen des beaufsichtigten Unternehmens erheben, verarbeiten oder nutzen dürfen. Davon umfasst sein sollte auch die Möglichkeit zur jederzeitigen Erteilung einer Weisung zur unverzüglichen und unbeschränkten Rücküberführung der vom Cloud-Anbieter verarbeiteten Daten an das beaufsichtigte Unternehmen. Sofern auf die explizite Vereinbarung von Weisungsrechten zugunsten des Institutes verzichtet werden kann, ist die vom Auslagerungsunternehmen zu erbringende Leistung hinreichend klar im Auslagerungsvertrag zu spezifizieren.

309 Vgl. Bundesaufsichtsamt für das Kreditwesen, Auslagerung von Bereichen auf ein anderes Unternehmen gemäß § 25a Abs. 2 KWG, Rundschreiben 11/2001 vom 6. Dezember 2001, Tz. 41 ff.

lagerungen von Kredit- und Finanzdienstleistungsinstituten regelmäßig eine wichtige Rolle spielen, da an die Auslagerung typischerweise die Übermittlung bzw. Verarbeitung personengebundener Daten geknüpft ist. Von besonderer Bedeutung ist in diesem Zusammenhang, wohin die Daten übertragen bzw. wo sie verarbeitet werden. So sind bspw. der Datentransfer und die Verarbeitung innerhalb des EWR aufgrund richtlinienbedingter Harmonisierung der nationalen Datenschutz-regelungen weitgehend unproblematisch.[310] Probleme können sich jedoch insbesondere außerhalb des EWR ergeben. Gegebenenfalls sind in solchen Fällen der Transfer und die Verarbeitung nur dann zulässig, wenn die Einwilligung der Betroffenen eingeholt wird. Institute sollten daher vor allem bei Auslagerungen auf Unternehmen in Staaten ohne angemessenes Datenschutzniveau besonders sorgfältig vorgehen, um Verstöße gegen den Datenschutz zu vermeiden. Verstöße gegen den Daten-schutz können Ordnungswidrigkeiten oder auch Straftaten darstellen.[311]

257 Im Zuge der fünften MaRisk-Novelle wurde die Regelung dahingehend ergänzt, dass der Auslagerungsvertrag auch Regelungen zu enthalten hat, die sicherstellen, dass die sonstigen Sicherheitsanforderungen beachtet werden. Zu den sonstigen Sicherheitsanforderungen zählen vor allem Zugangsbestimmungen zu Räumen und Gebäuden (z. B. bei Rechenzentren) sowie Zugriffsberechtigungen auf Softwarelösungen zum Schutz wesentlicher Daten und Informationen ($\rightarrow$ AT 9 Tz. 7, Erläuterung). Für die Inanspruchnahme von Cloud-Diensten gibt die Orientierungs-hilfe zu Auslagerungen an Cloud-Anbieter weitergehende Hinweise. So sollte die Redundanz der Daten und Systeme sichergestellt sein, damit im Falle des Ausfalls eines Rechenzentrums die Aufrechterhaltung der Dienste gewährleistet ist. Die Sicherheit der Daten und Systeme ist auch innerhalb der Auslagerungskette zu gewährleisten. Dem Institut muss es jederzeit schnell und uneingeschränkt möglich sein, auf seine beim Cloud-Anbieter gespeicherten Daten zugreifen und diese, soweit erforderlich, rücküberführen zu können. Dabei sollte sichergestellt werden, dass die gewählte Form der Rücküberführung nicht die Verwendung der Daten einschränkt oder unmög-lich macht. Daher sollten, wenn möglich, plattformunabhängige Standarddatenformate vereinbart werden. Die Kompatibilität der unterschiedlichen Systeme ist zu berücksichtigen.[312]

258 Von der EBA werden im Zusammenhang mit ausgelagerten Aktivitäten und Prozessen die Berück-sichtigung von Beschränkungen, die sich insbesondere in Bezug auf die dringende Wiederherstel-lung der Daten des Institutes ergeben würden, und ein angemessenes Schutzniveau für die Ver-traulichkeit der Daten und die Integrität und Rückverfolgbarkeit der Daten gefordert. Die Institute sollten auch spezifische Maßnahmen für Daten im Transit, Daten im Speicher und Daten im Ruhe-zustand in Betracht ziehen, wie die Verwendung von Verschlüsselungstechnologien in Kombination mit einer geeigneten Schlüsselverwaltungsarchitektur.[313] In den Auslagerungsverträgen sollten der/die Ort(e), an dem/denen die kritische oder bedeutende Funktion bereitgestellt und/oder relevante Daten aufbewahrt werden, einschließlich der möglichen Speicherorte, und die zu erfüllenden Bedingungen, einschließlich der Verpflichtung, das Institut zu benachrichtigen, wenn der Dienst-

---

310 Es existieren darüber hinaus noch einige weitere Konstellationen, bei denen (auch außerhalb des EWR) von einem »angemessenen Datenschutzniveau« ausgegangen wird: Die EU-Kommission hat auf Einzelbasis entschieden, in welchen sonstigen Staaten ein angemessenes Datenschutzniveau existiert (z. B. Schweiz, Argentinien oder die Kanalinsel Guern-sey). Nach dem »Safe Harbor«-Übereinkommen, das zwischen den USA und der EU-Kommission ausgehandelt wurde, können sich Unternehmen verpflichten, sich den europäischen Datenschutzstandards zu unterwerfen. Ausländische Anbieter sind auch auf der Grundlage von EU-Standardvertragsklauseln dazu verpflichtet, die europäischen Daten-schutzstandards zu beachten. Das (europäische) Datenschutzniveau kann auch auf der Grundlage verbindlicher Unter-nehmensregelungen sichergestellt werden (»Data Protection Code of Conduct«). Hierfür ist allerdings die Genehmigung der Datenschutzbehörden der EU-Staaten erforderlich.Vgl. Bundesverband Informationswirtschaft, Telekommunikation und neue Medien e. V. (BITKOM), Compliance in IT-Outsourcing-Projekten Leitfaden zur Umsetzung rechtlicher Rah-menbedingungen, 3. August 2006, S. 63 ff.

311 Vgl. Söbbing, Thomas/Weinbrenner, Christoph, Die Zulässigkeit der Auslagerung von IT-Dienstleistungen durch Institute in sog. Offshore-Regionen, in: Wertpapier-Mitteilungen, Heft 4/2006, S. 165.

312 Vgl. Bundesanstalt für Finanzdienstleistungsaufsicht, Merkblatt – Orientierungshilfe zu Auslagerungen an Cloud-Anbie-ter, 8. November 2018, S. 11 f.

313 Vgl. European Banking Authority, Consultation Paper – EBA Draft Guidelines on Outsourcing Arrangements, EBA/CP/2018/11, 22. Juni 2018, S. 36 f.

leistungserbringer beabsichtigt, den/die Ort(e) zu ändern, sowie ggf. Bestimmungen über die Zugänglichkeit, Verfügbarkeit, Integrität, Vertraulichkeit und Sicherheit relevanter Daten.[314]

8.11   Kündigungsrechte und -fristen (lit. f)

Die Kündigung ist immer eine Option, mit der das auslagernde Institut und das Auslagerungsunternehmen rechnen müssen. Die einseitige, in die Zukunft wirkende Beendigung des Dauerschuldverhältnisses »Auslagerung« kann auf unterschiedliche Ursachen zurückzuführen sein (→ AT 9 Tz. 6). Für das auslagernde Institut können schlecht oder sogar nicht erbrachte Leistungen des Auslagerungsunternehmens oder günstigere Angebote von Wettbewerbern die auslösenden Faktoren sein. Möglicherweise will es die (ausgelagerten) Aktivitäten und Prozesse aber auch überhaupt nicht mehr weiterführen (z. B. aufgrund einer strategischen Neupositionierung). Umgekehrt können natürlich auch von Seiten des Auslagerungsunternehmens Gründe vorliegen, die für eine Kündigung sprechen (z. B. Zahlungsstörungen beim auslagernden Institut oder mangelnde Beachtung von Mitwirkungspflichten). **259**

Die einseitige Beendigung des Auslagerungsverhältnisses setzt zunächst die Existenz von Kündigungsrechten voraus, die das auslagernde Institut mit dem Auslagerungsunternehmen nach § 25b Abs. 3 Satz 3 KWG zu vereinbaren hat. Neben einem ordentlichen ist auch ein außerordentliches Kündigungsrecht zu vereinbaren (z. B. bei Verstoß gegen gesetzliche Regelungen oder regulatorische Vorgaben, schwerwiegenden Leistungsstörungen oder fehlender Einigung über erforderliche Anpassungen des Vertrages).[315] **260**

Im Zuge der fünften MaRisk-Novelle wurde in die Erläuterungen aufgenommen, dass das Institut bereits bei der Vertragsanbahnung intern festzulegen hat, welchen Grad einer Schlechtleistung es akzeptieren möchte (→ AT 9 Tz. 7, Erläuterung). Ein derartiger Grad der Schlechtleistung kann z. B. auf der Grundlage von Key Performance Indicators (KPIs) und Akzeptanzschwellen für die einzelnen Service Levels vereinbart, gemessen und überprüft werden.[316] Im Rahmen der Sondersitzung des Fachgremiums MaRisk zum Thema Auslagerung im März 2018 hat sich die deutsche Aufsicht dahingehend geäußert, dass der vom Institut intern festgelegte Grad der Schlechtleistung nicht zwingend im Auslagerungsvertrag zu definieren ist.[317] **261**

Nicht trivial ist die Bemessung der ebenfalls zu vereinbarenden Kündigungsfristen. Beabsichtigt das auslagernde Institut, die (ausgelagerten) Aktivitäten und Prozesse fortzuführen, sind angemessene Fristen von erheblicher Bedeutung. Die Re-Integration der ausgelagerten Aktivitäten und Prozesse bzw. der Rückgriff auf ein anderes Auslagerungsunternehmen nehmen erfahrungsgemäß viel Zeit in Anspruch, so dass sich vor allem zu kurze Kündigungsfristen nachteilig auf die gesamte Leistungserstellung des auslagernden Institutes auswirken können. Die Vereinbarung angemessener Kündigungsfristen setzt daher bestimmte Vorüberlegungen voraus, mit denen sich **262**

---

314 Vgl. European Banking Authority, Consultation Paper – EBA Draft Guidelines on Outsourcing Arrangements, EBA/CP/2018/11, 22. Juni 2018, S. 37 f.

315 Die EBA nennt in ihrem Entwurf für Leitlinien zu Auslagerungen weitere Gründe für eine Kündigung, die das Institut in den Auslagerungsvertrag aufnehmen sollte, z. B. wesentliche Änderungen der Vereinbarung (Weiterverlagerung, Änderung von Subunternehmern etc.) sowie Schwachstellen im Hinblick auf die Verwaltung und Sicherheit vertraulicher oder personenbezogener Daten. Vgl. European Banking Authority, Consultation Paper – EBA Draft Guidelines on Outsourcing Arrangements, EBA/CP/2018/11, 22. Juni 2018, S. 42 f.

316 Vgl. Chrubasik, Bodo/Schütz, Armin, Auslagerungen in der Kreditwirtschaft, Göttingen, 2018, S. 255.

317 Es werden seitens der Aufsicht auch keine Vorgaben dahingehend gemacht, wann der Dienstleister wegen einer Schlechtleistung zu wechseln ist. Sowohl die Entscheidung über einen Anbieterwechsel als auch die Aufstellung eines Maßnahmenkataloges für Schlechtleistungen obliegen dem Institut. Vgl. Bundesanstalt für Finanzdienstleistungsaufsicht, Protokoll zur Sondersitzung des Fachgremiums MaRisk zum Thema Auslagerung am 15. März 2018, S. 5.

das Institut bei der Durchführung der Risikoanalyse (→ AT 9 Tz. 2) auseinandersetzen muss. Das betrifft insbesondere eine Einschätzung, welcher (Zeit-)Aufwand:
- an die Re-Integration der Aktivitäten und Prozesse geknüpft ist und/oder
- für die Suche nach einem geeigneten Ersatzkandidaten in Anspruch genommen wird.

263 Erst auf Basis dieser Vorüberlegungen, die den Charakter einer »Exit-Strategie« besitzen, ist die Fixierung angemessener Kündigungsfristen möglich.[318] Die Verpflichtung zur Vereinbarung angemessener Kündigungsfristen im Auslagerungsvertrag stellt im Übrigen keine Neuerung für die Institute dar, da sie bereits Gegenstand des Rundschreibens 11/2001 war.[319] Im Kontext der Kündigungsrechte und -fristen sind auch andere Anforderungen der MaRisk von Relevanz, die sich auf die verschiedenen Varianten der Beendigung des Auslagerungsverhältnisses beziehen (→ AT 9 Tz. 6).

264 Diese Vorgehensweise entspricht auch den Vorstellungen der EBA. In ihrem Entwurf für Leitlinien zu Auslagerungen verlangt die EBA neben einer angemessenen Übergangsfrist zusätzlich, dass der Dienstleister in der Auslagerungsvereinbarung verpflichtet wird, das Institut im Fall der Vertragsbeendigung bei der Re-Integration der Aktivitäten oder Prozesse oder der ordnungsgemäßen Übertragung auf einen anderen Dienstleister zu unterstützen.[320]

265 Die deutsche Aufsicht weist im Zusammenhang mit Auslagerungen an Cloud-Anbieter darauf hin, dass die an den Cloud-Anbieter ausgelagerten Sachverhalte im Falle der Kündigung solange erbracht werden müssen, bis eine vollständige Übertragung des ausgelagerten Sachverhaltes auf einen anderen Cloud-Anbieter oder auf das beaufsichtigte Unternehmen erfolgt ist. Dabei ist insbesondere zu gewährleisten, dass der Cloud-Anbieter das Institut bei der Übertragung der ausgelagerten Prozesse und Aktivitäten an einen anderen Cloud-Anbieter oder im Falle der Wiedereinlagerung angemessen unterstützt. Darüber hinaus sollte die Art, Form und Qualität der Übergabe des ausgelagerten Sachverhaltes und der Daten festgelegt werden. Soweit Datenformate auf die individuellen Bedürfnisse des beaufsichtigten Unternehmens angepasst sind, sollte der Cloud-Anbieter eine Dokumentation dieser Anpassungen bei der Beendigung des Auslagerungsverhältnisses übergeben. Es sollte ferner vereinbart werden, dass die Daten nach Rückübertragung an das Institut vollständig und unwiderruflich auf Seiten des Cloud-Anbieters gelöscht werden.[321]

8.12 Regelungen über Weiterverlagerungen einschließlich »Zustimmungsvorbehalte« (lit. g)

266 Dem Rundschreiben 11/2001 zufolge war die Einhaltung der bankaufsichtlichen Anforderungen für den Fall der Weiterverlagerung auf Dritte (Subunternehmen) durch Zustimmungsvorbehalte abzusichern (→ AT 9 Tz. 8).[322] Zustimmungsvorbehalte können jedoch insbesondere bei Auslagerungen auf Mehrmandantendienstleister zu Komplikationen führen. Der Mehrmandanten-

---

318 Das Vorhalten einer Exit-Strategie empfiehlt in diesem Zusammenhang auch die deutsche Aufsicht: Damit im Falle der geplanten bzw. ungeplanten Beendigung des Vertrages die Aufrechterhaltung der ausgelagerten Bereiche gewährleistet wird, soll das beaufsichtigte Unternehmen eine Exit-Strategie vorhalten und ihre Durchführbarkeit prüfen. Vgl. Bundesanstalt für Finanzdienstleistungsaufsicht, Merkblatt – Orientierungshilfe zu Auslagerungen an Cloud-Anbieter, 8. November 2018, S. 11 f.

319 Vgl. Bundesaufsichtsamt für das Kreditwesen, Auslagerung von Bereichen auf ein anderes Unternehmen gemäß § 25a Abs. 2 KWG, Rundschreiben 11/2001 vom 6. Dezember 2001, Tz. 31.

320 Vgl. European Banking Authority, Consultation Paper – EBA Draft Guidelines on Outsourcing Arrangements, EBA/CP/2018/11, 22. Juni 2018, S. 43.

321 Vgl. Bundesanstalt für Finanzdienstleistungsaufsicht, Merkblatt – Orientierungshilfe zu Auslagerungen an Cloud-Anbieter, 8. November 2018, S. 12.

322 Vgl. Bundesaufsichtsamt für das Kreditwesen, Auslagerung von Bereichen auf ein anderes Unternehmen gemäß § 25a Abs. 2 KWG, Rundschreiben 11/2001 vom 6. Dezember 2001, Tz. 32.

dienstleister muss bei jeder beabsichtigten Weiterverlagerung auf Dritte sämtliche Mandanten anschreiben und deren Zustimmung einholen, so dass sich in Abhängigkeit von der Zahl der Mandanten ein nicht unerheblicher (Zeit-)Aufwand ergeben kann. Zustimmungsvorbehalte sind daher nicht immer ausreichend flexibel, um allen möglichen Auslagerungskonstellationen in der Praxis entsprechen zu können. Wegen dieser praktischen Schwierigkeiten wurden die Regelungen im Rahmen der ersten MaRisk-Novelle etwas offener gestaltet.

Im Auslagerungsvertrag sind nunmehr Vereinbarungen über die Möglichkeit und ggf. die Moda- **267** litäten einer Weiterverlagerung zu treffen, die dem Institut erlauben, die bankaufsichtsrechtlichen Anforderungen weiterhin einzuhalten. Insoweit ist die Vereinbarung von Zustimmungsvorbehalten nicht mehr zwingend erforderlich. Solange bankaufsichtlichen Anforderungen Rechnung getragen wird, kann z.B. schon zum Zeitpunkt des Vertragsabschlusses zwischen dem auslagernden Institut und dem Auslagerungsunternehmen vereinbart werden, dass bestimmte Aktivitäten und Prozesse ohne explizite Zustimmung auf einen Dritten ausgelagert werden dürfen. Die »Zustimmung«, also das Einverständnis, liegt in solchen Fällen automatisch vor. Vor allem bei Auslagerungen auf Mehrmandantendienstleister kann somit das gesamte Verfahren schlanker gestaltet werden.

Im Zuge der fünften MaRisk-Novelle wurde diese Regelung allerdings wieder dahingehend **268** geändert, dass das auslagernde Institut mit Blick auf Weiterverlagerungen im Auslagerungsvertrag möglichst Zustimmungsvorbehalte gegenüber dem Auslagerungsunternehmen zu vereinbaren hat oder konkrete Voraussetzungen, wann Weiterverlagerungen einzelner Arbeits- und Prozessschritte möglich sind. Zwar ist somit auch weiterhin die vertragliche Vereinbarung eines Zustimmungsvorbehaltes nicht zwingend erforderlich. Allerdings ist vertraglich sicherzustellen, dass die Vereinbarungen des Auslagerungsunternehmens mit Subunternehmen im Einklang mit den vertraglichen Vereinbarungen des originären Auslagerungsvertrages stehen. Der Auslagerungsvertrag muss zudem bei Weiterverlagerungen eine entsprechende Informationspflicht des Auslagerungsunternehmens an das auslagernde Institut enthalten. Schließlich muss die Auslagerungsvereinbarung den ursprünglichen Dienstleister verpflichten, auch im Falle der Weiterverlagerung auf ein Subunternehmen seiner Berichtspflicht gegenüber dem Institut nachzukommen (→ AT 9 Tz. 8).

Nach den Vorstellungen der EBA sollte in der Auslagerungsvereinbarung festgelegt werden, ob **269** eine Weiterverlagerung kritischer/bedeutender Funktionen zulässig oder ausdrücklich nicht zulässig ist. Im Fall der Zulässigkeit hat die Auslagerungsvereinbarung insbesondere folgende Vertragselemente zu enthalten[323]:
- Bedingungen des Institutes für Weiterverlagerungen,
- Verpflichtung des ursprünglichen Auslagerungsunternehmens, die Dienstleistung zur Sicherstellung der vertraglichen Verpflichtung gegenüber dem Institut zu überwachen,
- Zustimmungsvorbehalt des Institutes in Hinblick auf Daten, die der Datenschutz-Grundverordnung (DSGVO) unterliegen,
- Verpflichtung des ursprünglichen Auslagerungsunternehmens, das Institut über die geplante Weiterverlagerung (oder wesentliche Änderungen daran) zu unterrichten, insbesondere wenn sie die Fähigkeit des Dienstleistungserbringers zur Erfüllung des ursprünglichen Auslagerungsvertrages beeinträchtigen könnte; dies beinhaltet auch geplante wesentliche Änderungen bei den Subunternehmen und eine entsprechende Anzeigefrist (»notification period«), die dem Institut eine Risikobewertung der geplanten Änderungen ermöglicht,
- ggf. Zustimmungsvorbehalte des Institutes gegen eine Weiterverlagerung sowie
- vertragliche Kündigungsrechte des Institutes im Falle einer unangemessenen Weiterverlagerung.

---

323 Vgl. European Banking Authority, Consultation Paper – EBA Draft Guidelines on Outsourcing Arrangements, EBA/CP/2018/11, 22. Juni 2018, S. 39. Vergleichbare, wenngleich weniger umfangreiche Hinweise gibt auch die deutsche Aufsicht bei Weiterverlagerungen von Cloud-Diensten. Vgl. Bundesanstalt für Finanzdienstleistungsaufsicht, Merkblatt – Orientierungshilfe zu Auslagerungen an Cloud-Anbieter, 8. November 2018, S. 12 f.

270 Die Deutsche Kreditwirtschaft hat in ihrer Stellungnahme die in den EBA-Leitlinien vorgesehene Vorgehensweise als nicht praxisgerecht kritisiert. Sie hat vorgeschlagen, dass – wie in AT 9 Tz. 8 vorgesehen – mit Blick auf Weiterverlagerungen im Auslagerungsvertrag Zustimmungsvorbehalte des auslagernden Institutes verankert werden oder konkrete Voraussetzungen, wann Weiterverlagerungen einzelner Arbeits- oder Prozessschritte möglich sind.[324] Es bleibt abzuwarten, inwieweit die EBA die Anmerkungen der DK bei ihrer endgültigen Fassung der Leitlinien zu Auslagerungen berücksichtigt.

8.13 Informationspflichten des Auslagerungsunternehmens (lit. h)

271 Das Auslagerungsunternehmen muss im Auslagerungsvertrag verpflichtet werden, das Institut über Entwicklungen zu informieren, die die ordnungsgemäße Erledigung der ausgelagerten Aktivitäten und Prozesse beeinträchtigen können. Durch diese Informationspflicht des Auslagerungsunternehmens wird Art. 14 Abs. 2 lit. f MiFID-Durchführungsrichtlinie entsprochen. Danach hat der Dienstleister der Wertpapierfirma »jede Entwicklung zur Kenntnis zu bringen, die seine Fähigkeit, die ausgelagerten Aufgaben wirkungsvoll und unter Einhaltung aller geltenden Rechts- und Verwaltungsvorschriften auszuführen, wesentlich beeinträchtigen können«. Eine vergleichbare Regelung war bereits Gegenstand des Rundschreibens 11/2001.[325]

272 Weitergehende Hinweise sind der Orientierungshilfe zu Auslagerungen an Cloud-Anbieter zu entnehmen. So sollten die Informationspflichten beispielsweise die Meldung von eingetretenen Störungen im Rahmen der Erbringung des Cloud-Dienstes beinhalten. Der Cloud-Anbieter soll ein Institut außerdem unverzüglich über Umstände informieren, die eine Gefahr für die Sicherheit der vom Cloud-Anbieter zu verarbeitenden Daten des beaufsichtigten Unternehmens zur Folge haben können, z.B. durch Maßnahmen Dritter (z.B. Pfändung oder Beschlagnahme), durch ein Insolvenz- oder Vergleichsverfahren oder durch sonstige Ereignisse. Darüber hinaus sollte sichergestellt werden, dass das Institut bei relevanten Änderungen des zu erbringenden Cloud-Dienstes durch den Cloud-Anbieter vorab angemessen informiert wird. Service-Beschreibungen und deren etwaige Änderungen sollten dem Institut in Textform überlassen bzw. mitgeteilt werden. Es sollte sichergestellt werden, dass das beaufsichtigte Unternehmen bei Anfragen/Aufforderungen Dritter zur Herausgabe von Daten des beaufsichtigten Unternehmens informiert wird, soweit rechtlich zulässig.[326]

8.14 Anforderungen an die Auslagerungsvereinbarung nach dem Sanierungs- und Abwicklungsgesetz (SAG)

273 Zusätzliche Anforderungen an den Auslagerungsvertrag zwischen dem auslagernden Institut und dem Dienstleister über § 25b KWG in Verbindung mit AT 9 MaRisk hinaus ergeben sich nach § 80 Abs. 3 SAG. Danach sind in wesentlichen Auslagerungsvereinbarungen Regelungen zu treffen, die den Anordnungsbefugnissen der Abwicklungsbehörde (→ Teil I, Kapitel 3.6) nach § 80 Abs. 1 und 2 SAG Rechnung tragen. Gemäß § 80 Abs. 1 SAG kann die Abwicklungsbehörde bei Vorliegen der

---

324 Vgl. Deutsche Kreditwirtschaft (German Banking Industry Committee), Comments on EBA Draft Guidelines on Outsourcing arrangements (EBA/CP/2018/11), 24. September 2018, S. 18.

325 Das Auslagerungsunternehmen ist danach im Auslagerungsvertrag nicht nur zu einer regelmäßigen Berichterstattung, sondern auch zu einer unverzüglichen Abgabe von Fehlermeldungen zu verpflichten. Vgl. Bundesaufsichtsamt für das Kreditwesen, Auslagerung von Bereichen auf ein anderes Unternehmen gemäß § 25a Abs. 2 KWG, Rundschreiben 11/2001 vom 6. Dezember 2001, Tz. 28.

326 Vgl. Bundesanstalt für Finanzdienstleistungsaufsicht, Merkblatt – Orientierungshilfe zu Auslagerungen an Cloud-Anbieter, 8. November 2018, S. 13.

Abwicklungsvoraussetzungen gegenüber dem in Abwicklung befindlichen Institut oder gruppenangehörigen Unternehmen anordnen, Informationen, Dienstleistungen, Einrichtungen sowie Mitarbeiter bereitzustellen, die ein übernehmender Rechtsträger (z. B. eine andere Bank) für den effektiven Betrieb des auf ihn übertragenen Geschäftes benötigt.[327] § 80 Abs. 2 SAG regelt den Sonderfall, dass die inländische Abwicklungsbehörde eine entsprechende Anordnung auf Ersuchen einer Abwicklungsbehörde eines anderen EU-Mitgliedstaates gegenüber einem gruppenangehörigen Unternehmen in Deutschland trifft. Um die Ziele einer Abwicklung nicht zu gefährden, dürfen die Dienstleister des in Abwicklung befindlichen Institutes oder gruppenangehörigen Unternehmens im Hinblick auf die ausgelagerten Aktivitäten und Prozesse nicht über ein Leistungsverweigerungsrecht z. B. gegenüber einer übernehmenden Bank oder Kündigungsrechte für den Fall einer (drohenden) Abwicklung verfügen.[328] Ein Institut, das wesentliche Aktivitäten oder Prozesse auslagert, hat dies durch eine Regelung im Auslagerungsvertrag sicherzustellen. Die Anforderung gemäß § 80 Abs. 3 SAG kann in der Praxis durchaus zu Problemen führen, da sich die Auslagerungsunternehmen vertraglich verpflichten müssen, ihre Leistung nicht nur gegenüber dem Institut als dem gegenwärtigen Vertragspartner zu erbringen, sondern im Falle einer Abwicklung auch gegenüber einem derzeit noch nicht bekannten Vertragspartner.

8.15 Vorgaben der EBA an die Auslagerungsvereinbarung

Aufgrund der zentralen Bedeutung der Auslagerungsvereinbarung enthält auch der von der EBA im Juni 2018 vorgelegte Entwurf für Leitlinien zu Auslagerungen einen detaillierten Katalog an Vertragselementen, die das auslagernde Institut und das Auslagerungsunternehmen schriftlich vereinbaren sollten (»contractual phase«). Abweichend von den MaRisk formuliert die EBA nicht nur Anforderungen an die Verträge über wesentliche Auslagerungen (»critical or important«), sondern auch allgemeine Anforderungen an die Verträge über unwesentliche Auslagerungen (»non critical or non important«).[329] Nach den Vorstellungen der EBA sollten sämtliche Auslagerungsverträge zumindest folgende Vertragselemente beinhalten:

274

- Beschreibung der zu erbringenden Leistung (lit. a),
- Anfangs-/Enddatum der Auslagerung einschließlich Kündigungsfristen (lit. b),
- auf die Auslagerungsvereinbarung anzuwendendes Recht (lit. c),
- Angaben über die Zulässigkeit einer Weiterverlagerung; falls eine Weiterverlagerung zulässig ist, ist sicherstellen, dass diese den Anforderungen der EBA-Leitlinien an Weiterverlagerungen unterliegt[330] (lit. d),
- Land der Leistungserbringung und Datenspeicherung[331] (lit. e),

---

327 Die Anordnungsbefugnis gemäß § 80 Abs. 1 SAG besteht nicht nur gegenüber dem in Abwicklung befindlichen Institut oder gruppenangehörigen Unternehmen, sondern auch gegenüber einem anderen Unternehmen der Gruppe, dem das in Abwicklung befindliche Institut oder gruppenangehörige Unternehmen angehören.

328 Die Abwicklungsziele sind in § 67 SAG geregelt. Darunter fallen insbesondere die Sicherstellung der Kontinuität sog. kritischer Funktionen, die Vermeidung negativer Auswirkungen auf die Finanzstabilität durch Ansteckungseffekte, der Schutz der Einlagen sowie generell der Schutz der Gelder und Vermögenswerte der Kunden der Institute. Ein weiteres Ziel ist es, dass zukünftig keine öffentlichen Mittel, d. h. Steuergelder, mehr für Bankenrettungen eingesetzt werden.

329 Vgl. European Banking Authority, Consultation Paper – EBA Draft Guidelines on Outsourcing Arrangements, EBA/CP/2018/11, 22. Juni 2018, S. 37 f.

330 Vgl. European Banking Authority, Consultation Paper – EBA Draft Guidelines on Outsourcing Arrangements, EBA/CP/2018/11, 22. Juni 2018, S. 39 f.

331 Der Wortlaut der Anforderung bezieht sich zwar explizit auf kritische/bedeutende Funktionen. Allerdings ist die Anforderung unter den Vorgaben aufgeführt, die sowohl für nicht kritische/nicht bedeutende Funktionen als auch für kritische/bedeutende Funktionen gelten.

– ggf. Regelungen in Bezug auf Zugang, Verfügbarkeit, Integrität, Vertraulichkeit und Sicherheit relevanter Daten gemäß den Informationssicherheitsstandards der EBA-Leitlinien[332] (lit. f),
– Verpflichtung des Dienstleisters zur Zusammenarbeit mit den zuständigen Aufsichtsbehörden einschließlich der von der Aufsicht beauftragten Personen (lit. g),
– uneingeschränkte Zugangs-, Informations- und Prüfungsrechte des auslagernden Institutes und der Aufsichtsbehörden gemäß den Vorgaben der EBA-Leitlinien[333] (lit. h).

275 Die Vereinbarungen über wesentliche Auslagerungen (»critical or important«) sollten nach den Vorstellungen der EBA zusätzlich folgende Vertragselemente enthalten:
– Überwachungsrechte des auslagernden Institutes gegenüber dem Dienstleister (lit. a),
– die vereinbarten Service Levels, die genaue quantitative und qualitative Ziele für jeden Leistungsbezug beinhalten sollten; bei Nichterfüllung der Service Levels sollten unverzüglich geeignete Korrekturmaßnahmen ergriffen werden können (lit. b),
– Berichtspflichten des Auslagerungsunternehmens einschließlich der Verpflichtung, das Institut über Entwicklungen zu informieren, die die ordnungsgemäße Erfüllung der vereinbarten Service Levels oder die Einhaltung von Gesetzen oder regulatorischen Vorgaben beeinträchtigen können (lit. c),
– die finanziellen Verpflichtungen der Vertragsparteien (lit. d),
– ggf. vom Dienstleister verpflichtend abzuschließende Versicherungen (lit. e),
– Anforderungen an die Implementierung und den Test von Notfallplänen (lit. f),
– Rechte zur Beendigung der Auslagerungsvereinbarung gemäß den Vorgaben der EBA-Leitlinien (lit. f)[334],
– Regelungen, die im Fall der Insolvenz des Dienstleisters den Zugang zu den Daten des Institutes gewährleisten (lit. g),
– eine Regelung, dass im Fall der Insolvenz oder Einstellung des Geschäftsbetriebes einer Vertragspartei die relevanten Daten zur Verfügung gestellt werden (lit. h),
– ein ausdrücklicher Verweis auf die Befugnisse der nationalen Abwicklungsbehörden gemäß Art. 68 und Art. 71 BRRD sowie die »materiellen Verpflichtungen« der Auslagerungsvereinbarung gemäß Art. 68 BRRD (lit. j).

276 Gemäß den Vorstellungen der EBA sollen die Anforderungen der Leitlinien für neue Auslagerungsvorhaben und Outsourcing an Cloud-Dienstleister ab 30. Juni 2019 gelten. Für bereits bestehende Auslagerungen können die neuen Dokumentationsanforderungen im Zuge der turnusgemäßen Anpassungen der Auslagerungsvereinbarungen erfolgen. Sie müssen allerdings spätestens zum 31. Dezember 2020 abgeschlossen sein.[335]

277 Die Deutsche Kreditwirtschaft (DK) hat in ihrer Stellungnahme die Anforderungen der EBA an die Auslagerungsverträge als insgesamt zu detailliert und für Auslagerungen von nicht kritischen/ nicht bedeutenden Funktionen als nicht praxisgerecht kritisiert. Die DK bemängelte insbesondere die verlangten umfangreichen Zugangs-, Informations- und Prüfungsrechte der Institute, Aufsichtsbehörden und sonstiger relevanter Personen sowie die geplante Vorgehensweise bei Weiterverlagerungen. Die DK schlägt vor, dass sich die EBA bei den Vorgaben für die Auslagerungsver-

---

332 Vgl. European Banking Authority, Consultation Paper – EBA Draft Guidelines on Outsourcing Arrangements, EBA/ CP/2018/11, 22. Juni 2018, S. 40.

333 Vgl. European Banking Authority, Consultation Paper – EBA Draft Guidelines on Outsourcing Arrangements, EBA/ CP/2018/11, 22. Juni 2018, S. 40 ff.

334 Vgl. European Banking Authority, Consultation Paper – EBA Draft Guidelines on Outsourcing Arrangements, EBA/ CP/2018/11, 22. Juni 2018, S. 42 f.

335 Vgl. European Banking Authority, Consultation Paper – EBA Draft Guidelines on Outsourcing arrangements, EBA/ CP/2018/11, 22. Juni 2018, S. 19 f.

einbarungen auf die kritischen/bedeutenden Funktionen beschränkt.[336] Es bleibt abzuwarten, inwieweit die EBA die Anmerkungen der DK sowie die Stellungnahmen der Interessensvertreter der weiteren EU-Mitgliedstaaten bei ihrer endgültigen Fassung der Leitlinien zu Auslagerungen berücksichtigt.

---

336 Vgl. Deutsche Kreditwirtschaft (German Banking Industry Committee), Comments on EBA Draft Guidelines on Outsourcing arrangements (EBA/CP/2018/11), 24. September 2018, S. 17.

9 Einflussmöglichkeiten bei Weiterverlagerungen (Tz. 8)

278 8 Mit Blick auf Weiterverlagerungen sind möglichst Zustimmungsvorbehalte des auslagernden Instituts oder konkrete Voraussetzungen, wann Weiterverlagerungen einzelner Arbeits- und Prozessschritte möglich sind, im Auslagerungsvertrag zu vereinbaren. Zumindest ist vertraglich sicherzustellen, dass die Vereinbarungen des Auslagerungsunternehmens mit Subunternehmen im Einklang mit den vertraglichen Vereinbarungen des originären Auslagerungsvertrags stehen. Ferner haben die vertraglichen Anforderungen bei Weiterverlagerungen auch eine Informationspflicht des Auslagerungsunternehmens an das auslagernde Institut zu umfassen. Das Auslagerungsunternehmen bleibt im Falle einer Weiterverlagerung auf ein Subunternehmen weiterhin gegenüber dem auslagernden Institut berichtspflichtig.

9.1 Zustimmungsvorbehalte mit Blick auf Weiterverlagerungen

279 Die deutsche Aufsicht hat im Zuge der fünften MaRisk-Novelle aus dem Jahre 2017 die Anforderungen an die Auslagerungsvereinbarungen im Falle von Weiterverlagerungen von Aktivitäten und Prozessen geschärft. Wie bisher haben das auslagernde Institut und der Dienstleister im Auslagerungsvertrag eine Regelung über die Möglichkeit und die Modalitäten einer Weiterverlagerung zu vereinbaren, die es dem Institut erlaubt, die bankaufsichtsrechtlichen Anforderungen weiterhin einzuhalten (→ AT9 Tz. 7 lit. g). Zusätzlich sind seit der fünften MaRisk-Novelle mit Blick auf Weiterverlagerungen im Auslagerungsvertrag möglichst Zustimmungsvorbehalte des auslagernden Institutes zu vereinbaren oder konkrete Voraussetzungen, wann Weiterverlagerungen einzelner Arbeits- und Prozessschritte möglich sind. Auch weiterhin ist somit die vertragliche Vereinbarung eines Zustimmungsvorbehaltes, wie es nach dem Rundschreiben 11/2001 noch erforderlich war, nicht zwingend. Allerdings ist vertraglich sicherzustellen, dass die Vereinbarungen des Auslagerungsunternehmens mit Subunternehmen im Einklang mit den vertraglichen Vereinbarungen des originären Auslagerungsvertrages stehen. Der Auslagerungsvertrag muss zudem bei Weiterverlagerungen eine entsprechende Informationspflicht des Auslagerungsunternehmens an das auslagernde Institut beinhalten. Schließlich bleibt das Auslagerungsunternehmen im Falle einer Weiterverlagerung auf ein Subunternehmen weiterhin gegenüber dem auslagernden Institut berichtspflichtig. (→ AT9 Tz. 7 lit. g).

280 Diese Regelung wurde in der Konsultation der fünften MaRisk-Novelle zwischen Aufsicht und Deutscher Kreditwirtschaft (DK) kontrovers diskutiert. Die DK hat kritisiert, dass Zustimmungserfordernisse insbesondere in einer Kette von Auslagerungsvereinbarungen für die Institute mit einem sehr hohen bürokratischen Aufwand verbunden und ohne erkennbaren Nutzen sind. Nach Meinung der DK ist auch die Vereinbarung konkreter Voraussetzungen in Auslagerungsverträgen, unter denen eine Weiterverlagerung möglich ist, praktisch nicht umsetzbar, da jede Auslagerung einen spezifischen Charakter hat und auf unterschiedlichen Motiven beruht.[337]

281 Die Aufsicht ist der DK in der endgültigen Fassung der fünften MaRisk-Novelle dahingehend entgegengekommen, dass Zustimmungsvorbehalte oder konkrete Voraussetzungen, wann Weiterverlagerungen einzelner Arbeits- und Prozessschritte möglich sind, »möglichst« zu vereinbaren

---

337 Vgl. Deutsche Kreditwirtschaft, Stellungnahme zum Entwurf der MaRisk in der Fassung vom 18. Februar 2016 (Konsultation 02/2016) vom 27. April 2016, S. 34 f.

sind. Diese im ersten Entwurf der Novelle noch nicht enthaltene Einschränkung gibt den Instituten die notwendige Flexibilität bei der Vertragsgestaltung. In vielen Fällen ist es nach wie vor geübte Praxis, dass sich die Institute für den Fall der beabsichtigten Weiterverlagerung von Auslagerungsmaßnahmen grundsätzlich Zustimmungsvorbehalte sowie Anzeigepflichten und außerordentliche Kündigungsrechte etc. einräumen lassen.[338] Die Aufnahme eines Zustimmungsvorbehaltes im Falle von Weiterverlagerungen ist für die Institute insbesondere dann vorteilhaft, wenn originäre Interessen des Institutes berührt sein können, weil z. B. eine Weiterverlagerung an einen möglichen Konkurrenten erfolgen könnte. Zudem kann auch die im Zuge der fünften MaRisk-Novelle aufgenommene Informationspflicht des Auslagerungsunternehmens an das auslagernde Institut ggf. ausreichen, wenn das Institut über eine entsprechende außerordentliche Kündigungsmöglichkeit verfügt.[339] Schließlich ist auch denkbar, dass ein Institut eine Weiterverlagerung auf einen Sub-Dienstleister in der Auslagerungsvereinbarung von vornherein ausschließt.[340]

---

338 Vgl. Erfahrungsaustausch öffentlicher und genossenschaftlicher Banken zum »Outsourcing« am 1. Februar 2009 in Berlin.

339 Vgl. Deutsche Kreditwirtschaft, Stellungnahme zum Entwurf der MaRisk in der Fassung vom 18. Februar 2016 (Konsultation 02/2016) vom 27. April 2016, S. 35.

340 Vgl. Chrubasik, Bodo/Schütz, Armin, Auslagerungen in der Kreditwirtschaft, Göttingen, 2018, S. 261.

10 Management der Auslagerungs-Risiken (Tz. 9)

282 9 Das Institut hat die mit wesentlichen Auslagerungen verbundenen Risiken angemessen zu steuern und die Ausführung der ausgelagerten Aktivitäten und Prozesse ordnungsgemäß zu überwachen. Dies umfasst auch die regelmäßige Beurteilung der Leistung des Auslagerungsunternehmens anhand vorzuhaltender Kriterien.

10.1 Laufende Steuerung und Überwachung

283 Der Implementierung geeigneter Steuerungs- und Überwachungsmechanismen kommt bei Dienstleistungen eine besonders wichtige Rolle zu. Während sich Sachleistungen i.d.R. exakt durch entsprechende Spezifikationen im Auslagerungsvertrag umschreiben lassen, erweist sich dies bei Dienstleistungen häufig als schwieriger. Entwickeln die Geschäftspartner bezüglich des Inhaltes der Leistungsbeschreibung unterschiedliche Vorstellungen, so sind Missverständnisse oder Unstimmigkeiten vorprogrammiert. Gegebenenfalls werden getroffene Vereinbarungen im Nachhinein sogar bewusst umgedeutet, so dass sich ein Geschäftspartner einen Vorteil auf Kosten des anderen verschaffen kann.[341] Vor diesem Hintergrund hat das Institut die mit wesentlichen Auslagerungen verbundenen Risiken angemessen zu steuern und die Ausführung der ausgelagerten Aktivitäten und Prozesse ordnungsgemäß zu überwachen. Diese Anforderung korrespondiert mit Art. 14 Abs. 2 lit. c MiFID-Durchführungsrichtlinie und war auch schon Gegenstand des Rundschreibens 11/2001.[342]

284 Die Implementierung geeigneter Steuerungs- und Überwachungsmechanismen ist daher von erheblicher Bedeutung. Der dabei anfallende Aufwand sollte von den Instituten nicht unterschätzt werden. Gegenüber der internen Leistungserbringung stellt die Koordination und Kontrolle der Leistung des Auslagerungsunternehmens grundlegend andere Anforderungen an das auslagernde Unternehmen. Vor allem bei Unternehmen mit komplexem »Auslagerungs-Portfolio« muss es darum gehen, entsprechendes Know-how und passende Strukturen zu entwickeln, um auf diese Weise den reibungslosen Ablauf der ausgelagerten Aktivitäten und Prozesse und den langfristigen Erfolg der Geschäftsbeziehungen mit unterschiedlichen Auslagerungsunternehmen zu sichern.[343]

285 Das Proportionalitätsprinzip kommt auch bei der Steuerung und Überwachung der ausgelagerten Aktivitäten und Prozesse zum Tragen. Die konkrete Ausgestaltung der Steuerungs- und Überwachungsmechanismen hängt damit von Art, Umfang, Komplexität und Risikogehalt der Auslagerungsmaßnahme ab. Das sind alles Aspekte, die bereits vorab im Rahmen der Risikoanalyse berücksichtigt wurden (→ AT9 Tz. 2), so dass die dabei gewonnenen Erkenntnisse für die konkrete Ausgestaltung der Steuerungs- und Überwachungsmechanismen genutzt werden können.[344]

286 Auch nach den Vorstellungen der EBA haben die Institute die mit Auslagerungen verbundenen Risiken nicht nur vor Abschluss der Auslagerungsvereinbarung zu identifizieren und zu bewerten

---

341 Vgl. Behrens, Stefan/Schmitz, Christopher, Ein Bezugsrahmen für die Implementierung von IT-Outsourcing-Governance, in: HMD Praxis der Wirtschaftsinformatik, Heft 245/2006, S. 28 f.

342 Vgl. Bundesaufsichtsamt für das Kreditwesen, Auslagerung von Bereichen auf ein anderes Unternehmen gemäß § 25a Abs. 2 KWG, Rundschreiben 11/2001 vom 6. Dezember 2001, Tz. 25.

343 Vgl. Lamberti, Hermann-Josef, Industrialisierung des Bankgeschäfts, in: Die Bank, Heft 6/2004, S. 372.

344 Dies umfasst mögliche Risikokonzentrationen und Risiken aus Weiterverlagerungen, die seit der fünften MaRisk-Novelle im Rahmen der Risikoanalyse zu berücksichtigen sind (→ AT9 Tz. 2, Erläuterung). Auch nach Ansicht der EBA sollten die Institute ihre Konzentrationsrisiken aufgrund von Auslagerungsvereinbarungen unter Berücksichtigung der Risikobewertung (»Risk assessment of outsourcing arrangements«) überwachen und steuern. Vgl. European Banking Authority, Consultation Paper – EBA Draft Guidelines on Outsourcing arrangements, EBA/CP/2018/11, 22. Juni 2018, S. 43.

(»Pre-outsourcing analysis«), sondern die Leistung des Dienstleisters anschließend laufend zu steuern und zu überwachen (»Oversight of outsourced functions«). Die im Rahmen der Risikoanalyse durchgeführte Risikobewertung der geplanten Auslagerung (»Risk assessment of outsourcing arrangements«) sollte von den Instituten regelmäßig aktualisiert werden. Die im Zusammenhang mit kritischen/bedeutenden Auslagerungen bestehenden Risiken sollten der Geschäftsleitung berichtet werden.[345]

10.2 Steuerung der Risiken

Im Hinblick auf die Steuerung der auslagerungsspezifischen Risiken sind unterschiedliche Maß-   **287**
nahmen denkbar, deren Eignung nicht unwesentlich von der konkreten Ausgestaltung des Auslagerungsvertrages abhängt. Insbesondere die folgenden Maßnahmen können einen effektiven Beitrag zur Steuerung der Risiken leisten:

- Die Leistungsbeziehung zwischen auslagerndem Institut und Auslagerungsunternehmen könnte geändert werden. Zum Beispiel können im Rahmen eines »Change-Request-Verfahrens« aktiv Änderungswünsche eingebracht werden, die die Risikosituation aus Sicht des auslagernden Unternehmens positiv beeinflussen (→ AT 9 Tz. 7).
- Bei schlecht oder überhaupt nicht erbrachter Leistung ist die vertraglich geschuldete Leistung einzufordern. Gegebenenfalls greifen dabei auch vorab vereinbarte Eskalations- oder Schlichtungsmechanismen. Soweit Weisungsrechte explizit vereinbart wurden, sind diese wahrzunehmen (→ AT 9 Tz. 7 lit. d). Zur Schlichtung tragen auch Besprechungen in zwischenbetrieblichen Gremien mit Mitarbeitern des Auslagerungsunternehmens bei (z. B. Sitzungen von Lenkungsausschüssen). Soweit Service-Level-Agreements vereinbart wurden, kann sich das auslagernde Institut bei Verletzung von Schwellenwerten durch Strafzahlungen schadlos halten. Zur Disziplinierung können auch vertraglich vereinbarte Bonus- oder Malus-Regelungen beitragen.
- Das Auslagerungsverhältnis könnte gekündigt werden. Zu berücksichtigen sind dabei vor allem die im Auslagerungsvertrag vereinbarten Kündigungsrechte und -fristen (→ AT 9 Tz. 7 lit. f).[346] Soweit die (ausgelagerten) Aktivitäten und Prozesse weitergeführt werden sollen, kann in diesem Zusammenhang auf die während der Durchführung der Risikoanalyse gewonnenen Erkenntnisse zurückgegriffen werden (bspw. Informationen zum Aufwand für die Re-Integration der Aktivitäten und Prozesse oder die Suche nach potenziellen Ersatzkandidaten).
- Bei Auslagerung zeitkritischer Aktivitäten und Prozesse sind die Notfallkonzepte des auslagernden Institutes und des Auslagerungsunternehmens miteinander abzustimmen (→ AT 7.3 Tz. 1).

Die Risiken beim Eingehen einer Auslagerungsbeziehung können im Vorfeld der Vertragsunter-   **288**
zeichnung mit Hilfe von Haftungsklauseln wirksam begrenzt werden. In der praktischen Umsetzung hat sich eine Beschränkung der Haftungssumme, insbesondere wegen der mit einer vollumfänglichen Haftung schnell ansteigenden Kosten, bewährt. Im Nachhinein besteht zwar theoretisch noch die Möglichkeit, Versicherungsverträge abzuschließen. Allerdings sind die

---

345 Vgl. European Banking Authority, Consultation Paper – EBA Draft Guidelines on Outsourcing arrangements, EBA/CP/2018/11, 22. Juni 2018, S. 43.

346 Auch nach den Vorstellungen der EBA sollten die Institute bei einer schlecht oder überhaupt nicht erbrachten Leistung des Auslagerungsunternehmens geeignete Korrektur- oder Abhilfemahnahmen ergreifen. Hierzu kann auch die (ggf. fristlose) Kündigung der Auslagerungsvereinbarung gehören. Vgl. European Banking Authority, Consultation Paper – EBA Draft Guidelines on Outsourcing arrangements, EBA/CP/2018/11, 22. Juni 2018, S. 44.

Kosten für derartige Verträge in den relevanten Fällen betriebswirtschaftlich häufig nicht vertretbar.[347]

10.3 Überwachung

289 Das Institut hat die Ausführung der ausgelagerten Aktivitäten und Prozesse durch den Dienstleister ordnungsgemäß zu überwachen. Die Überwachung erstreckt sich in erster Linie auf die Ergebniskontrolle und die für diese Zwecke eingerichteten Prozesse und Strukturen. Folgende Aufgaben spielen im Rahmen der Überwachung eine wichtige Rolle[348]:
- Soll-/Ist-Vergleiche auf Basis der Leistungsbeschreibung im Auslagerungsvertrag, wobei sich die Leistung des Auslagerungsunternehmens bei Nutzung von Service-Level-Agreements anhand bestimmter Kennzahlen überwachen lässt,
- Auswertung regelmäßig eingereichter Reports des Auslagerungsunternehmens,
- Auswertung von Berichten des Abschlussprüfers des Auslagerungsunternehmens,
- Analyse von externen Bescheinigungen oder Bestätigungen (z. B. ISO 2700X, IDW PS 951) oder vergleichbaren Berichten (→ AT 1 Tz. 7), die von einigen Dienstleistern sogar monatlich oder quartalsweise in Auftrag gegeben werden, sowie
- Rückgriff auf Ergebnisse von Prüfungen durch die Interne Revision (→ BT 2.1 Tz. 3).[349]

290 Die deutsche Aufsicht hat bezüglich der Überwachung weder einen konkreten Mechanismus noch einen festen Turnus vorgegeben. Es versteht sich von selbst, dass jedes Institut Lösungen entwickeln muss, die abhängig von Art, Umfang, Komplexität und Risikogehalt der jeweiligen Aktivitäten und Prozesse angemessen sind. Die Institute mit umfangreichen Auslagerungslösungen haben seit der fünften MaRisk-Novelle ein zentrales Auslagerungsmanagement einzurichten, das über einen Gesamtüberblick über die ausgelagerten Aktivitäten und Prozesse verfügt und einen möglichst einheitlichen Umgang mit den besonderen Risiken aus Auslagerungen und deren Überwachung sicherstellt. Das zentrale Auslagerungsmanagement ist u. a. für die Implementierung und Weiterentwicklung eines angemessenen Auslagerungsmanagements und entsprechender Kontroll- und Überwachungsprozesse zuständig (→ AT 9 Tz. 11 lit. a).

291 Die Notwendigkeit zur Überwachung von Auslagerungsaktivitäten ergibt sich allein daraus, dass die eigentliche Vertragsgestaltung in Bereichen mit hohem Spezialisierungsgrad häufig nicht ausreicht, um die Risiken angemessen zu überblicken. So werden z. B. die Service-Level-Agreements im IT-Bereich häufig so vereinbart, dass die Meldepflichten des Dienstleisters nur greifen, wenn tatsächlich Schäden eingetreten sind. Um die Auslagerungsmaßnahme angemessen bewerten zu können, ist jedoch auch eine Kenntnis über die Risiken erforderlich, die vor Schadenseintritt vom Dienstleister noch beseitigt werden können. Davon unabhängig sind die Service-Level-Agreements häufig auf den Jahreshorizont ausgelegt, so dass darauf aufbauend unterjährig keine wirksame Kontrolle erfolgen kann. Im IT-Bereich ist es i. d. R. möglich, relevante Messpunkte festzulegen (teilweise sowohl auf Seiten des Institutes als auch des Dienstleisters) und z. B. monatlich den jeweiligen Erfüllungsgrad in Prozent zu messen. Treten beim Dienstleister Pro-

---

347 Vgl. Erfahrungsaustausch öffentlicher und genossenschaftlicher Banken zum »Outsourcing« am 1. Februar 2009 in Berlin.

348 Vgl. Joint Technical Committee, Australian/New Zealand Standard: Guidelines for Managing Risk in Outsourcing, AS/NZS HB 240-2004, Wellington, 2001, 47 f.

349 Die EBA stellt bei der Bewertung der Leistung des Auslagerungsunternehmens neben den Berichten des Auslagerungsunternehmens auf Kennzahlen, wie Key Performance Indicators (KPI's) und Key Control Indicators (KCI's), Delivery Service Reports, Selbstzertifizierung, unabhängige Überprüfungen sowie sonstige Informationen einschließlich der Berichte des Betriebskontinuitätsmanagements (BKM) ab. Vgl. European Banking Authority, Consultation Paper – EBA Draft Guidelines on Outsourcing arrangements, EBA/CP/2018/11, 22. Juni 2018, S. 43.

bleme auf, muss er dem Institut gegenüber erklären, wie er damit umzugehen gedenkt. In anderen Bereichen, wie z. B. bei der Wertpapier-Abwicklung, ist die Überwachung deutlich schwieriger, weil keine echten Messpunkte existieren. Inwieweit der Dienstleister selbst die Messung vornehmen kann, hängt von den jeweiligen Gegebenheiten und insbesondere von der Überprüfbarkeit seiner Angaben ab. Grundsätzlich sollte jedoch ein aussagefähiges Service-Level-Reporting zum Leistungsumfang des Dienstleisters gehören.[350]

10.4   Informelle Mechanismen

In der Fachliteratur unterscheidet man grundsätzlich zwischen formellen und informellen Steuerungs- und Überwachungsmechanismen.[351] Formelle Mechanismen beruhen im Wesentlichen auf schriftlich fixierten Regeln und Anweisungen, die z. B. im Auslagerungsvertrag oder den Organisationsrichtlinien des auslagernden Institutes verankert werden. Informelle Mechanismen können hingegen i. d. R. nicht schriftlich fixiert werden. Stattdessen steht die Etablierung von gemeinsamen Zielen, Werten, Erwartungen und Verhaltensnormen zwischen den Vertragspartnern im Vordergrund. Informelle Steuerungs- und Überwachungsmechanismen werden zunächst auf Basis persönlicher Beziehungen zwischen einzelnen Mitarbeitern und Teams entwickelt und getragen. Im Zeitablauf wirkt sich ihre Existenz jedoch auf der institutionellen Ebene der Geschäftsbeziehung aus. Reziprozität im Verhalten der Geschäftspartner reguliert dabei die Beachtung der impliziten Regeln. Zeigt sich bspw. einer der Geschäftspartner wegen einer Angelegenheit besonders unfair, so wird der andere dies bei zukünftigen Verhandlungssituationen berücksichtigen und sich revanchieren. Die Erwartung reziproken Verhaltens fördert somit grundsätzlich die Neigung zu fairem Verhalten in der Geschäftsbeziehung. Änderungen der Geschäftsbeziehung lassen sich i. d. R. gütlich durchsetzen. Ebenso lassen sich Unstimmigkeiten schneller klären. Insgesamt wird damit die Flexibilität der Geschäftsbeziehung in einem sich ändernden Umfeld gestärkt. Vor allem bei komplexen Auslagerungsaktivitäten sollte die Bedeutung informeller Steuerungs- und Überwachungsmechanismen nicht unterschätzt werden. Die Nähe zwischen den jeweils Beteiligten sollte dabei allerdings nicht zu groß werden, da ansonsten eine »Vetternwirtschaft« nicht ausgeschlossen werden kann.[352]

292

10.5   Regelmäßige Beurteilung anhand vorzuhaltender Kriterien

Die Leistung des Auslagerungsunternehmens ist regelmäßig anhand vorzuhaltender Kriterien zu beurteilen. Durch diese Anforderung wird Art. 14 Abs. 2 lit. b MiFID-Durchführungsrichtlinie entsprochen. Danach hat die Wertpapierfirma Methoden für die Bewertung der Leistungen des Dienstleiters festzulegen. Im Grunde genommen hat diese Passage keine eigenständige (regulatorische) Bedeutung, da die Implementierung geeigneter Steuerungs- und Überwachungsmechanismen zwingend die Beurteilung der Leistung des Dienstleiters voraussetzt. Angesichts dessen wird die Umsetzung dieser Anforderung die Institute nicht vor unlösbare Probleme stellen. Die maßgeblichen Kriterien, auf deren Grundlage die Beurteilung durchzuführen ist, ergeben sich

293

---

350 Vgl. Erfahrungsaustausch öffentlicher und genossenschaftlicher Banken zum »Outsourcing« am 1. Februar 2009 in Berlin.

351 Vgl. Behrens, Stefan/Schmitz, Christopher, Ein Bezugsrahmen für die Implementierung von IT-Outsourcing-Governance, in: HMD Praxis der Wirtschaftsinformatik, Heft 245/2006, S. 30 ff.; Hollekamp, Marco, Strategisches Outsourcing von Geschäftsprozessen, München, 2005, S. 71 ff.

352 Vgl. Behrens, Stefan/Schmitz, Christopher, Ein Bezugsrahmen für die Implementierung von IT-Outsourcing-Governance, in: HMD Praxis der Wirtschaftsinformatik, Heft 245/2006, S. 32 f.

weitgehend aus dem Auslagerungsvertrag bzw. der Leistungsbeschreibung. So ist eine Beurteilung der Leistung des Dienstleisters bei »Service-Level-Agreements« relativ einfach auf Basis festgelegter Kennzahlen und damit verbundener Messzeiträume möglich ($\rightarrow$ AT9 Tz.7). Schwieriger gestaltet sich hingegen die Beurteilung bei Aktivitäten und Prozessen, die sich aufgrund ihrer Eigenart einer hinreichend genauen Spezifikation entziehen. Dennoch kommen die Institute auch bei solchen Leistungen nicht um eine Beurteilung herum.

294 Die operative Kontrolle der Leistungserbringung durch das Auslagerungsunternehmen sollte sich in erster Linie auf die besonders relevanten Prozessschritte beziehen. Manche Auslagerungsverträge sind äußerst komplex. So können z.B. im IT-Bereich diverse Service-Level-Agreements mit jeweils mehreren Leistungsstufen vereinbart werden. Die Prüfungskriterien können sich z.B. auf die Bearbeitungszeit, die Vollständigkeit der Leistungserbringung und die Qualität der Leistung beziehen. Wie schon bei der Risikoanalyse, kann auch bei der Überwachung der Leistungserbringung im Fall »echter« Auslagerungsmaßnahmen eine Orientierung an den eigenen (hausinternen) Kriterien erfolgen, ergänzt um eine gezielte Suche nach möglichen Schnittstellenproblemen zum Dienstleister.[353]

---

353 Vgl. Erfahrungsaustausch öffentlicher und genossenschaftlicher Banken zum »Outsourcing« am 1. Februar 2009 in Berlin.

11 Verantwortlichkeiten und Beauftragte für besondere Funktionen (Tz. 10)

10 Für die Steuerung und Überwachung hat das Institut klare Verantwortlichkeiten **295** festzulegen. Soweit besondere Funktionen nach Maßgabe von Tz. 5 vollständig ausgelagert werden, hat die Geschäftsleitung jeweils einen Beauftragten zu benennen, der eine ordnungsgemäße Durchführung der jeweiligen Aufgaben gewährleisten muss. Die Anforderungen des AT 4.4 und BT 2 sind entsprechend zu beachten.

11.1 Festlegung klarer Verantwortlichkeiten

Das Institut hat für die Steuerung und Überwachung der ausgelagerten Aktivitäten und Prozesse **296** klare Verantwortlichkeiten festzulegen. In diesem Zusammenhang sind unterschiedliche Lösungen denkbar, die allerdings von der Art, dem Umfang und der Komplexität der Auslagerungsaktivitäten des Institutes abhängen. Zum Beispiel könnte einem einzelnen Mitarbeiter die Funktion eines zentralen »Auslagerungs-Beauftragten« zugewiesen werden. Gegebenenfalls kann es aber auch zweckmäßig sein, für die Steuerung und Überwachung eine gesonderte Organisationseinheit einzurichten. So ist es in der Praxis nicht unüblich, dass im auslagernden Institut so genannte »Retained Organisations« verbleiben, die insbesondere Steuerungs- und Überwachungsfunktionen wahrnehmen.[354] Größere Institute mit umfangreichen Auslagerungslösungen haben seit der fünften MaRisk-Novelle ein zentrales Auslagerungsmanagement einzurichten, in dem die Auslagerungsaktivitäten eines Institutes weitgehend gebündelt werden.

In kleineren Instituten sind demgegenüber Lösungen möglich, die eher dezentral organisiert **297** werden und die fachliche Ebene einbinden. So können Verantwortlichkeiten für bestimmte Auslagerungsverhältnisse auf die jeweils fachlich zuständigen Mitarbeiter übertragen werden, die wiederum an eine zentrale Organisationseinheit berichten. Bei solchen Konstellationen wird die laufende Kontrolle des Tagesgeschäftes (z. B. Überwachung der vereinbarten Service-Level-Agreements) regelmäßig in den Fachbereichen durchgeführt (»Business Controlling«). Das zentral angesiedelte »IKS-Controlling« ist hingegen schwerpunktmäßig für die Auswertung diverser Informationen (z. B. Revisionsberichte, SAS 70-Reports) und die Berichterstattung zuständig. Selbstverständlich existieren Berichtslinien zwischen den operativen Fachbereichen und der zentral angesiedelten Organisationseinheit, so dass eine abgestimmte und umfassende Überwachung sichergestellt ist. Häufig werden die betroffenen Fachbereiche direkt von der zentralen Stelle zur Qualität der Leistung des Auslagerungsunternehmens befragt. Die Rückmeldungen fließen teilweise auch in das zentrale OpRisk-Management ein.[355]

Neben den genannten Beispielen sind sicherlich noch andere organisatorische Lösungen **298** möglich, um dem Sinn und Zweck der Anforderung zu entsprechen. Dabei ist zu berücksichtigen, dass die für die Steuerung und Überwachung verantwortlichen Mitarbeiter oder Organisationseinheiten über die entsprechende Expertise verfügen. Vor allem für die Betreuung komplexer Auslagerungsaktivitäten sind spezielle Kenntnisse dringend erforderlich.

---

354 Vgl. Bohdal, Udo, Change Management bei Outsourcing-Vorhaben, in: Hermes, Heinz-Josef/Schwarz, Gerd, Outsourcing, München, 2005, S. 153 ff.
355 Vgl. Erfahrungsaustausch öffentlicher und genossenschaftlicher Banken zum »Outsourcing« am 1. Februar 2009 in Berlin.

11.2 Auslagerungsbeauftragte für die besonderen Funktionen

299 Im Zuge der fünften MaRisk-Novelle wurden die Grenzen für die vollständige Auslagerung der Risikocontrolling- und der Compliance-Funktion sowie der Internen Revision konkretisiert. Aus Sicht der Aufsicht sind diese besonderen Funktionen (→ AT 4.4) als Steuerungs- und Kontrollinstrumente für die Geschäftsleitung besonders wichtig und sollen daher zukünftig möglichst in den Instituten verbleiben.[356] Eine vollständige Auslagerung der Risikocontrolling- und der Compliance-Funktion sowie der Internen Revision ist nur unter bestimmten Voraussetzungen für Tochterunternehmen innerhalb einer Institutsgruppe möglich. Darüber hinaus dürfen kleine Institute die Compliance-Funktion und die Interne Revision an ein gruppeninternes oder gruppenexternes Unternehmen vollständig auslagern, sofern deren Einrichtung vor dem Hintergrund der Institutsgröße sowie von Art, Umfang, Komplexität und Risikogehalt der betriebenen Geschäftsaktivitäten nicht angemessen erscheint. Diese Erleichterung für kleine Institute gilt nicht im Hinblick auf die Risikocontrolling-Funktion (→ AT 9 Tz. 5).

300 Wie bereits seit der ersten MaRisk-Novelle im Fall der Vollauslagerung der Internen Revision, ist nunmehr auch bei einer vollständigen Auslagerung der Risikocontrolling-Funktion oder der Compliance-Funktion im Institut ein Beauftragter zu benennen, der die ordnungsgemäße Durchführung der jeweiligen Aufgaben gewährleisten muss. Auch wenn ein Institut die Risikocontrolling-Funktion, die Compliance-Funktion oder die Interne Revision »vollständig« auslagern sollte, bleibt somit durch den jeweiligen Beauftragten ein bestimmtes Niveau an Spezialwissen im Institut erhalten. Die Benennung eines Beauftragten hat zudem den Vorteil, dass für den Dienstleister ein kompetenter Ansprechpartner bzw. für den Fall einer möglichen Re-Integration der besonderen Funktion ein Spezialist im Institut zur Verfügung steht. Es ist im Übrigen auch im Rahmen einer teilweisen Auslagerung der besonderen Funktionen sinnvoll, eine Koordinationsstelle im Institut einzurichten, um eine bessere Abstimmung mit dem Dienstleister zu ermöglichen. Konkrete Vorgaben im Hinblick auf die Aufgaben des im Institut verbleibenden Beauftragten enthalten die MaRisk lediglich für eine vollständige Auslagerung der Internen Revision (→ AT 9 Tz. 10, Erläuterung).

11.3 Vollauslagerung der Internen Revision

301 Den Funktionstrennungsprinzipien zufolge dürfen Mitarbeiter, die in anderen Organisationseinheiten des Institutes beschäftigt sind, in begründeten Einzelfällen aufgrund ihres Spezialwissens zeitweise für die Interne Revision tätig werden (→ BT 2.2 Tz. 3). Für die Einschaltung unternehmensinterner Personen, die nicht zur Internen Revision gehören, existieren also klare Vorgaben. An dieser Stelle geht es vor allem um die Frage, unter welchen Voraussetzungen eine vollständige Übertragung von Tätigkeiten der Internen Revision auf unternehmensfremde Personen zulässig ist.

302 In der Vergangenheit war die »Vollauslagerung« der Internen Revision auf Dritte (z. B. Gemeinschaftseinrichtungen oder Prüfer) lediglich bei kleinen Instituten zulässig.[357] Diese Einschränkung wurde mit der ersten MaRisk-Novelle im Jahre 2007 aufgehoben. Seitdem ist die Auslagerung grundsätzlich aller Aktivitäten und Prozesse zulässig, solange dadurch die Ordnungsmäßigkeit der Geschäftsorganisation nicht beeinträchtigt wird. Auch die Vollauslagerung der Internen Revision

---

356 Vgl. Steinbrecher, Ira, MaRisk – neue Mindestanforderungen an das Risikomanagement der Banken, in: BaFinJournal, Ausgabe November 2017, S. 22.

357 Vgl. Bundesanstalt für Finanzdienstleistungsaufsicht, Mindestanforderungen an das Risikomanagement (MaRisk), Rundschreiben 18/2005 (BA) vom 20. Dezember 2005, BT 2.4 Tz. 2.

ist damit, unabhängig von der Größe des Institutes, unter Berücksichtigung bestimmter Voraussetzungen grundsätzlich möglich (→ AT 9 Tz. 4).

Bei der Vollauslagerung der Internen Revision handelt es sich aufgrund der besonderen **303** Stellung, die der Revision in den Instituten zukommt (→ AT 4.4.3 Tz. 2), um ein sensibles Thema, dass während der Integration der Auslagerungsregelungen in die MaRisk intensiv diskutiert wurde. Das Deutsche Institut für Interne Revision (DIIR) befürchtete, dass sich die Öffnung der Regelungen negativ auf die Qualität der Revisionsleistungen auswirken könnte.[358] An die Vollauslagerung der Internen Revision sind jedoch Voraussetzungen geknüpft, die genau dieses Problem vermeiden sollen. Die deutsche Aufsicht hat zudem darauf hingewiesen, dass sie von der Internen Revision die Erbringung qualitativ hochwertiger Revisionsleistungen erwartet – unabhängig davon, ob die Leistungen intern oder extern erbracht werden. Sie achtet seither verstärkt darauf, ob dies bei Auslagerungen der Internen Revision tatsächlich der Fall ist.[359] Bis heute ist nicht erkennbar, dass die im Jahre 2007 eingeführte Regelung zu einer größeren Anzahl von Vollauslagerungen der Internen Revision geführt hat.

11.4   Gewährleistung einer ordnungsgemäßen Internen Revision

Im Fall der beabsichtigten Vollauslagerung der Internen Revision erwartet die deutsche Aufsicht, **304** dass die Institute bei der Risikoanalyse entsprechend intensiv prüfen, ob und wie eine Einbeziehung der ausgelagerten Aktivitäten und Prozesse in das Risikomanagement sichergestellt werden kann (→ AT 9 Tz. 2, Erläuterung). Bei der Durchführung der Analyse müssen verschiedene Fragen beantwortet werden. Zum Beispiel muss sich das Institut Klarheit darüber verschaffen, ob der »externe« Revisor überhaupt über ausreichende personelle und technisch-organisatorische Ressourcen verfügt, um die Ordnungsmäßigkeit der (bisher) »internen« Revision sicherzustellen. Klärungsbedarf besteht darüber hinaus im Hinblick auf das Zusammenspiel zwischen auslagerndem Institut und externem Revisor. Dabei sind auch die Anforderungen der MaRisk an die Ausgestaltung der Internen Revision zu berücksichtigen, die im Fall der Vollauslagerung weiterhin beachtet werden müssen. Vor allem größere Institute, bei denen an die Revisionstätigkeit aufgrund der Geschäftsausrichtung und Komplexität der internen Strukturen regelmäßig hohe Anforderungen zu stellen sind, werden sich insoweit die Frage stellen müssen, ob eine Auslagerung der Internen Revision überhaupt sinnvoll sein kann.

11.5   Aufgaben des Revisionsbeauftragten

Da das Thema »Vollauslagerung der Internen Revision« einen sensiblen Bereich im Institut **305** berührt, hat die BaFin daran weitere Anforderungen geknüpft. So hat die Geschäftsleitung in diesem Fall z. B. einen Revisionsbeauftragten zu benennen, der die Ordnungsmäßigkeit der Revision unter Berücksichtigung der einschlägigen Anforderungen der MaRisk gewährleisten muss (→ AT 4.4.3 und BT 2). Dabei werden die folgenden Aufgaben besonders hervorgehoben (→ AT 9 Tz. 10, Erläuterung):

---

358 Vgl. Deutsches Institut für Interne Revision e. V., Anmerkungen zur Modernisierung der Outsourcing-Regelungen und Integration in die MaRisk in der Version vom 13. August 2007, Stellungnahme vom 31. August 2007, S. 2 ff.

359 Vgl. Bundesanstalt für Finanzdienstleistungsaufsicht, Übermittlungsschreiben zum zweiten Entwurf zur Modernisierung der Outsourcing-Regelungen und Integration in die MaRisk vom 10. August 2007, S. 3.

- Der Revisionsbeauftragte hat gemeinsam mit dem beauftragten Dritten den (risikoorientierten) Prüfungsplan zu erstellen (→ BT 2.3 Tz.1). Er kann wegen seiner besseren Kenntnis der internen Abläufe und der Organisation des Institutes dem Dienstleister, insbesondere zu Beginn der Vertragsbeziehung, wichtige Hinweise geben. Die Planung sowie wesentliche Anpassungen hat er der Geschäftsleitung des auslagernden Institutes zur Genehmigung vorzulegen (→ BT 2.3 Tz.5).
- Der Revisionsbeauftragte hat, ggf. gemeinsam mit dem beauftragten Dritten, den jährlichen Gesamtbericht zu verfassen (→ BT 2.4 Tz.4). Für die Erstellung des Gesamtberichtes über die vom Dienstleister im Laufe des Geschäftsjahres durchgeführten Prüfungen, der über die wesentlichen Mängel und die diesbezüglich ergriffenen Maßnahmen sowie die Einhaltung der Vorgaben des Prüfungsplanes informieren muss (→ BT 2.4 Tz.4), ist der Revisionsbeauftragte hauptverantwortlich. Die Mitwirkung des externen Dienstleisters wird lediglich als Option eingeräumt. Zur Umsetzung dieser Aufgabe muss der Revisionsbeauftragte allerdings immer wieder auf die Prüfungsfeststellungen des Dienstleisters zurückgreifen. Zudem kann es im Rahmen der Berichterstellung ggf. notwendig sein, über die Angaben in den Revisionsberichten hinaus weitere Informationen vom Dienstleister einzuholen. Aus praktischen Gründen bietet sich daher eine gemeinsame Ausarbeitung des Berichtes an.
- Im Bereich der Mängelverfolgung hat der Revisionsbeauftragte zu prüfen, ob die vom beauftragten Dritten festgestellten Mängel beseitigt wurden (→ BT 2.5 Tz.1). Auch in diesen Prozess kann der Dienstleister optional einbezogen werden. Je geringer die Beteiligung des Dienstleisters an der Überprüfung der Mängelbeseitigung ausfällt, desto größer ist die Notwendigkeit, den Revisionsbeauftragten bereits in die Maßnahmenvereinbarung einzubeziehen. Allerdings ist es auch denkbar, dass der Dienstleister die Mängelbeseitigung selbst überwacht und den Revisionsbeauftragten über die Ergebnisse informiert. In diesem Fall sollte der Revisionsbeauftragte die Angaben des Dienstleisters aufgrund seiner originären Zuständigkeit auf geeignete Weise plausibilisieren.

306   Der Revisionsbeauftragte bleibt daher in mehrerer Hinsicht in die konkrete Revisionstätigkeit eingebunden. Damit er seine Aufgaben sachgerecht ausüben kann, sind ausreichende Kenntnisse und die erforderliche Unabhängigkeit des Revisionsbeauftragten durch das Institut sicherzustellen. Angesichts dessen ist zu erwarten, dass die Aufgaben des Revisionsbeauftragten regelmäßig von einem »echten« Revisor wahrgenommen werden.

307   Das breite Aufgabenspektrum des Revisionsbeauftragten untermauert, dass die Bankenaufsicht der Internen Revision nach wie vor eine Sonderstellung einräumt (→ AT 9 Tz.4). Die Aufgaben des Revisionsbeauftragten sind in Abhängigkeit von Art, Umfang, Komplexität und Risikogehalt der Geschäftsaktivitäten des Institutes von einer Organisationseinheit, einem Mitarbeiter oder einem Geschäftsleiter wahrzunehmen (→ AT 9 Tz.10, Erläuterung).

11.6   Ausschlussgründe bei Auslagerung auf Wirtschaftsprüfer

308   Bei der Auslagerung der Internen Revision auf Wirtschaftsprüfer sind die Ausschlussgründe des § 319 Abs.2 i.V.m. Abs.3 Satz1 Nr.3b HGB zu berücksichtigen. So sind Wirtschaftsprüfer oder vereidigte Buchprüfer als Abschlussprüfer gemäß § 319 Abs.2 HGB ausgeschlossen, wenn Gründe, insbesondere Beziehungen geschäftlicher, finanzieller oder persönlicher Art, vorliegen, nach denen die Besorgnis der Befangenheit besteht. Derartige Gründe liegen gemäß § 319 Abs.3 Satz1 Nr.3b HGB insbesondere dann vor, wenn der Prüfer oder eine Person, mit der er seinen Beruf gemeinsam ausübt, über die Prüfungstätigkeit hinaus bei der zu prüfenden oder für die zu prüfende Kapitalge-

sellschaft in dem zu prüfenden Geschäftsjahr oder bis zur Erteilung des Bestätigungsvermerkes bei der Durchführung der Internen Revision in verantwortlicher Position mitgewirkt hat.

11.7   Vollauslagerung der Compliance-Funktion

Bei einer vollständigen Auslagerung der Compliance-Funktion hat im Institut ein Beauftragter für die Compliance-Funktion zu verbleiben. Anders als für den Revisionsbeauftragten enthalten die MaRisk keine ausdrücklichen Anforderungen an den Beauftragten für die Compliance-Funktion. Für den im Institut verbleibenden Compliance-Beauftragten dürften jedoch die aufbauorganisatorischen Anforderungen an den Leiter der Compliance-Funktion entsprechend gelten, da diese Regelungen die Unabhängigkeit der Compliance-Funktion sicherstellen und Interessenkonflikte vermeiden sollen. Der Beauftragte für die Compliance-Funktion sollte daher unmittelbar der Geschäftsleitung unterstellt und berichtspflichtig sein. Wie die Compliance-Funktion kann er – sofern eine direkte Berichtslinie zur Geschäftsleitung besteht – an andere Kontrolleinheiten, wie z.B. das Risikocontrolling oder den Geldwäschebeauftragten, angebunden werden. Eine Kombination des Beauftragten für die Compliance-Funktion mit der Internen Revision ist jedoch nicht zulässig. Er ist abhängig von der Größe des Institutes sowie der Art, des Umfangs, der Komplexität und dem Risikogehalt der Geschäftsaktivitäten in einem vom Bereich Markt und Handel unabhängigen Bereich anzusiedeln (→ AT 4.4.2 Tz. 3, inkl. Erläuterung).   **309**

Der im Institut verbleibende Beauftragte muss letztlich eine ordnungsgemäße Durchführung der Aufgaben der Compliance-Funktion gewährleisten und hat dabei die Anforderungen des Moduls AT 4.4.2 zu beachten. Die MaRisk machen im Hinblick auf die Aufgaben des Beauftragten für die Compliance-Funktion keine expliziten Vorgaben. Er sollte in den Prozess zur Identifizierung der wesentlichen rechtlichen Regelungen und Vorgaben und in die Bewertung der Angemessenheit und Wirksamkeit der im Institut zur Einhaltung der wesentlichen rechtlichen Regelungen und Vorgaben bestehenden Verfahren und Sicherungsmaßnahmen (Arbeitsanweisungen, Prozessbeschreibungen, prozessintegrierte Kontrollen etc.) eingebunden sein (→ AT 4.4.2 Tz. 2). Analog zu den bankaufsichtlichen Vorgaben bei der Internen Revision wird er regelmäßig auch – ggf. gemeinsam mit dem beauftragten Dienstleister – den jährlichen Compliance-Bericht erstellen (→ AT 4.4.2 Tz. 7). Grundlage des Compliance-Berichtes werden dabei allerdings die Ergebnisse des Dienstleisters bei der Identifizierung der rechtlichen Regelungen und Vorhaben sowie der Bewertung der Angemessenheit und Wirksamkeit der im Institut zur Einhaltung der wesentlichen rechtlichen Regelungen und Vorgaben bestehenden Verfahren und Sicherungsmaßnahmen sein.   **310**

11.8   Vollauslagerung der Risikocontrolling-Funktion

Die Vollauslagerung der Risikocontrolling-Funktion ist nur in einem sehr engen Rahmen unter bestimmten Bedingungen innerhalb einer Institutsgruppe möglich (→ AT 9 Tz. 5). Die konkreten Aufgaben des im Institut verbleibenden Risikocontrolling-Beauftragten ergeben sich aus den Vereinbarungen im Auslagerungsvertrag. Der Risikocontrolling-Beauftragte muss letztlich eine ordnungsgemäße Durchführung der Aufgaben der Risikocontrolling-Funktion gewährleisten und hat dabei die Anforderungen des Moduls AT 4.4.1 zu beachten.   **311**

12 Anforderungen an Weiterverlagerungen (Tz. 11)

312 **11** Die Anforderungen an die Auslagerung von Aktivitäten und Prozessen sind auch bei der Weiterverlagerung ausgelagerter Aktivitäten und Prozesse zu beachten.

12.1 Risiken der Weiterverlagerung

313 Weiterverlagerungen (auch »Sub-Outsourcing«[360] oder »Chain-Outsourcing«) sind in der Praxis weiter verbreitet, als man auf den ersten Blick erwarten würde. Nach Untersuchungen der Europäischen Zentralbank war bereits Ende 2004 etwa 50 % der auslagernden Institute in Europa bekannt, dass ihre Dienstleister bestimmte Aktivitäten und Prozesse an Dritte (Subunternehmen) weiterverlagern. Zum Großteil handelt es sich dabei um IT-Funktionen. Von Bedeutung sind aber auch Weiterverlagerungen im Bereich des Zahlungsverkehrs oder sonstiger Unterstützungsfunktionen.[361]

314 Weiterverlagerungen sind an sich die logische Konsequenz einer stark arbeitsteilig ausgerichteten Wirtschaft. Für das auslagernde Institut (und das Auslagerungsunternehmen) bedeutet die Weiterverlagerung auf Subunternehmen jedoch regelmäßig eine Erhöhung des Risikos, das auch unter bankaufsichtlichen Gesichtspunkten von Relevanz sein kann. Bei Weiterverlagerungen auf Subunternehmen kann es passieren, dass die Steuerungs- und Überwachungsfunktionen des auslagernden Institutes ausgehöhlt werden und das auslagernde Institut damit ggf. seinen bankaufsichtlichen Pflichten aus § 25b KWG nicht mehr ordnungsgemäß nachkommen kann. Je länger die Kette der zwischengeschalteten Unternehmen, desto größer ist das Risiko, dass das auslagernde Institut seine gesetzlich fixierten Pflichten nicht mehr erfüllen kann. Darüber hinaus ist in diesen Fällen auch schwieriger sicherzustellen, dass Weiterverlagerungen die Auskunfts-, Kontroll- und Prüfungsrechte der Aufsichtsbehörden und der externen Prüfer nicht beeinträchtigen.

315 Die EBA betont in ihrem Entwurf für Leitlinien zu Auslagerungen zudem, dass das »Cloud Outsourcing« in dieser Hinsicht eine besonders starke Dynamik entwickelt. Vor diesem Hintergrund besteht beim Cloud Outsourcing ein höheres Sicherheitsbedürfnis im Hinblick auf die Bedingungen für eine Weiterverlagerung.[362]

12.2 Keine Differenzierung zwischen Erstauslagerung und Weiterverlagerung

316 Die Weiterverlagerung ist regulatorisch grundsätzlich wie eine Erstauslagerung zu behandeln. Mithin existiert aus bankaufsichtlicher Sicht kein sachlicher Grund, zwischen Erstauslagerung und Weiterverlagerung zu differenzieren. Bereits nach dem Rundschreiben 11/2001 und den Leitlinien

---

360 »Sub-Outsourcing means a situation where the service provider under an outsourcing arrangement further transfers a process, a service or an activity, or parts thereof, to another service provider.« European Banking Authority, Consultation Paper – EBA Draft Guidelines on Outsourcing arrangements, EBA/CP/2018/11, 22. Juni 2018, S. 19.

361 Vgl. European Central Bank, Report on EU banking structure, 24. November 2004, S. 28.

362 Vgl. European Banking Authority, Consultation Paper – EBA Draft Guidelines on Outsourcing arrangements, EBA/CP/2018/11, 22. Juni 2018, S. 14.

von CEBS aus dem Jahre 2006 war eine Weiterverlagerung auf Dritte (»sub-contractor«) von Seiten des auslagernden Institutes grundsätzlich wie eine Erstauslagerung zu behandeln.[363]

Seit der fünften MaRisk-Novelle hat das Institut bereits bei der Risikoanalyse mögliche Risikokonzentrationen und Risiken aus Weiterverlagerungen zu berücksichtigen (→ AT 9 Tz. 2, Erläuterung). Hintergrund dieser Regelung dürfte sein, dass im Rahmen der Risikoanalyse die Risikobewertung oftmals lediglich auf Basis von einzelnen Leistungsbeziehungen erfolgte und dadurch möglicherweise existierende Konzentrationsrisiken, z. B. infolge einer Vielzahl von Auslagerungen an einen Dienstleister, nicht erfasst wurden. Besteht zwischen dem auslagernden Institut und einem Auslagerungsunternehmen mehr als eine Leistungsbeziehung, ist nunmehr – neben der Risikobewertung der einzelnen Leistungsbewertung – auch das Konzentrationsrisiko zu erfassen. Als Leistungsbeziehungen gelten dabei auch mögliche Weiterverlagerungen.[364] **317**

Die Deutsche Kreditwirtschaft (DK) hat im Rahmen der Konsultation zur fünften MaRisk-Novelle darauf hingewiesen, dass eine Berücksichtigung von Risiken aus Weiterverlagerungen bei der Risikoanalyse voraussetzen würde, dass die Institute bereits vor der Auslagerung eine vollständige Transparenz über alle Subauslagerungen des Dienstleisters hätten. Die DK hat daher eine Streichung der Regelung angeregt, insbesondere auch vor dem Hintergrund, dass bei wesentlichen Auslagerungen im Auslagerungsvertrag Regelungen über die Modalitäten einer Weiterverlagerung zu vereinbaren sind und die Risikoanalyse anlassbezogen zu überprüfen ist.[365] Die deutsche Aufsicht ist der Anregung der DK jedoch nicht gefolgt. **318**

Nach den Vorstellungen der EBA gehören zu den berücksichtigenden Risiken nicht nur ein Konzentrationsrisiko infolge mehrerer Leistungsbeziehungen eines Institutes mit einem Dienstleister bzw. Subunternehmen, sondern auch Konzentrationsrisiken durch die Auslagerung kritischer/bedeutender Funktionen an eine begrenzte Anzahl von Dienstleistern. Derartige Risikokonzentrationen sind nach Auffassung der EBA wegen möglicher Auswirkungen der Auslagerungen auf die Finanzmarktstabilität ggf. für die makroprudentielle Aufsicht relevant.[366] Die EBA verlangt zudem, dass in der Auslagerungsvereinbarung festgelegt werden sollte, ob eine Weiterverlagerung kritischer/bedeutender Funktionen zulässig oder ausdrücklich nicht zulässig ist. Im Fall der Zulässigkeit hat die Auslagerungsvereinbarung detailliert vorgegebene Vertragselemente zu enthalten[367] (→ AT 9 Tz. 7). **319**

12.3 Möglichkeiten und Modalitäten der Weiterverlagerung

Adressat der Anforderung ist das auslagernde Institut. Da aber das auslagernde Institut nicht Partei des Vertrages zwischen dem Auslagerungsunternehmen und dem Subunternehmen ist, kann es auf das Subunternehmen nicht direkt einwirken. Es kann letztlich nur das Auslagerungsunternehmen (als seinen direkten Vertragspartner) dazu verpflichten, Vereinbarungen mit dem Subunternehmen zu treffen, die insbesondere auch der Beachtung einschlägiger bankaufsichtlicher Regelungen dienen. Um dies sicherzustellen, sind im Auslagerungsvertrag Regelungen über die Möglichkeit und ggf. die Modalitäten einer Weiterverlagerung zu vereinbaren, die dem Institut erlauben, die bankaufsichtsrechtlichen Anforderungen weiterhin einzuhalten (→ AT 9 Tz. 7 **320**

---

363 Vgl. Bundesaufsichtsamt für das Kreditwesen, Auslagerung von Bereichen auf ein anderes Unternehmen gemäß § 25a Abs. 2 KWG, Rundschreiben 11/2001 vom 6. Dezember 2001, Tz. 32; Committee of European Banking Supervisors, Guidelines on Outsourcing, 14. Dezember 2006, S. 9.

364 Vgl. Chrubasik, Bodo/Schütz, Armin, Auslagerungen in der Kreditwirtschaft, Göttingen, 2018, S. 185.

365 Vgl. Deutsche Kreditwirtschaft, Stellungnahme zum Entwurf der MaRisk in der Fassung vom 18. Februar 2016 (Konsultation 02/2016) vom 27. April 2016, S. 30.

366 Vgl. European Banking Authority, Consultation Paper – EBA Draft Guidelines on Outsourcing arrangements, EBA/CP/2018/11, 22. Juni 2018, S. 11.

367 Vgl. European Banking Authority, Consultation Paper – EBA Draft Guidelines on Outsourcing Arrangements, EBA/CP/2018/11, 22. Juni 2018, S. 39.

lit. g). Um dieser Anforderung gerecht zu werden, ist die Vereinbarung von Zustimmungsvorbehalten im Unterschied zum Rundschreiben 11/2001[368] nicht mehr zwingend erforderlich (→ AT 9 Tz. 7 lit. g). Im Zuge der fünften MaRisk-Novelle wurde diese Erleichterung allerdings wieder dahingehend eingeschränkt, dass die auslagernden Institute mit Blick auf Weiterverlagerungen möglichst Zustimmungsvorbehalte gegenüber dem Auslagerungsunternehmen zu vereinbaren haben oder konkrete Voraussetzungen, wann Weiterverlagerungen einzelner Arbeits- und Prozessschritte möglich sind (→ AT 9 Tz. 8).

321   Für das Auslagerungsunternehmen sind vorrangig die diesbezüglichen vertraglichen Bedingungen mit dem auslagernden Institut maßgeblich. Allerdings handelt es sich bei der Weiterverlagerung aus Sicht des Auslagerungsunternehmens im Grunde wieder um eine Auslagerung im Sinne der MaRisk, für die die entsprechenden Regeln gelten. Letztlich ist in den MaRisk nur von einer Auslagerung von Aktivitäten und Prozessen die Rede, unabhängig davon, ob diese zuvor von einem anderen Unternehmen ausgelagert wurden. Zumindest wird dieser Fall nicht explizit von den Regelungen ausgenommen.

---

368 Vgl. Bundesaufsichtsamt für das Kreditwesen, Auslagerung von Bereichen auf ein anderes Unternehmen gemäß § 25a Abs. 2 KWG, Rundschreiben 11/2001 vom 6. Dezember 2001, Tz. 32.

13 Aufgaben des zentralen Auslagerungsmanagements (Tz. 12)

12 Das Institut hat abhängig von der Art, dem Umfang und der Komplexität der Aus-   322
lagerungsaktivitäten ein zentrales Auslagerungsmanagement einzurichten. Zu dessen Aufgaben zählen insbesondere:
a) Implementierung und Weiterentwicklung eines angemessenen Auslagerungsmanagements und entsprechender Kontroll- und Überwachungsprozesse,
b) Erstellung und Pflege einer vollständigen Dokumentation der Auslagerungen (einschließlich Weiterverlagerungen),
c) Unterstützung der Fachbereiche bezüglich der institutsinternen und gesetzlichen Anforderungen bei Auslagerungen,
d) Koordination und Überprüfung der durch die zuständigen Bereiche durchgeführten Risikoanalyse gemäß Tz. 2.

13.1 Einrichtung eines zentralen Auslagerungsmanagements

Die Institute haben für die Steuerung und die Überwachung wesentlicher Auslagerungen klare   323
Verantwortlichkeiten festzulegen (→ AT 9 Tz. 10). Dabei sind im Hinblick auf die organisatorische Ausgestaltung der Auslagerungsüberwachung grundsätzlich sowohl dezentrale als auch zentrale Lösungen denkbar. In einer dezentralen Organisation könnten z. B. die Verantwortlichkeiten für bestimmte Auslagerungsverhältnisse auf die jeweils fachlich zuständigen Mitarbeiter übertragen werden, die ggf. wiederum an eine zentrale Organisationseinheit berichten. Die Institute mit zentralen Lösungen weisen zum Teil einem einzelnen Mitarbeiter die Funktion eines zentralen »Outsourcing-Beauftragten« zu, zum Teil errichten sie für die Steuerung und Überwachung ihrer Auslagerungsaktivitäten eine gesonderte Organisationseinheit (»Retained Organisation«).

Seit der fünften MaRisk-Novelle haben größere Institute, abhängig von der Art, dem Umfang   324
und der Komplexität ihrer Auslagerungsaktivitäten ein zentrales Auslagerungsmanagement einzurichten, in dem bestimmte Auslagerungsaktivitäten eines Institutes gebündelt werden.[369] Diese Regelung betont den Grundsatz der Proportionalität und belässt somit kleineren Instituten mit wenigen Auslagerungen die notwendige Flexibilität im Hinblick auf ihre organisatorische Aufstellung. Im Übermittlungsschreiben zum ersten Entwurf der fünften MaRisk-Novelle betont die Aufsicht, dass sie ein zentrales Auslagerungsmanagement zumindest bei Instituten mit umfangreichen Auslagerungslösungen für geboten hält, um sicherzustellen, dass eine Stelle im Institut den Gesamtüberblick über die ausgelagerten Aktivitäten und Prozesse hat. Darüber hinaus soll das zentrale Auslagerungsmanagement im Institut einen einheitlichen Umgang mit den besonderen Risiken aus Auslagerungen und deren Überwachung gewährleisten.[370]

---

369 Nach Ansicht der Aufsicht ist die Einrichtung eines zentralen Auslagerungsmanagements davon abhängig, ob Institute eine hohe Anzahl von Auslagerungen, eine hohe Komplexität der Auslagerungen und einen hohen Abstimmungsaufwand aufweisen. Es gibt diesbezüglich keine festen Grenzen, vielmehr müssen die Kriterien institutsindividuell definiert und bewertet werden. Vgl. Bundesanstalt für Finanzdienstleistungsaufsicht, Protokoll zur Sondersitzung des Fachgremiums MaRisk zum Thema Auslagerung am 15. März 2018, S. 5.
370 Vgl. Bundesanstalt für Finanzdienstleistungsaufsicht, Erster Entwurf zur Überarbeitung der MaRisk, Übermittlungsschreiben vom 18. Februar 2016, S. 5.

325   Die MaRisk enthalten keine Vorgaben im Hinblick auf die organisatorische Ansiedlung des zentralen Auslagerungsmanagements. Die Institute können eine eigenständige Organisationseinheit einrichten oder das Auslagerungsmanagement an andere Organisationseinheiten anbinden, sofern keine Interessenkonflikte bestehen. Eine Kombination des Auslagerungsmanagements mit der Internen Revision ist allerdings nicht möglich. Der Leiter des zentralen Auslagerungsmanagements ist regelmäßig der erste Ansprechpartner für alle auslagerungsrelevanten Themen innerhalb des Institutes und gegenüber den Aufsichtsbehörden und externen Prüfern.

326   Die EBA verlangt in ihrem Entwurf für Leitlinien zu Auslagerungen die Einrichtung einer »Outsourcing-Function« oder alternativ die Benennung eines leitenden Mitarbeiters (z. B. key function holder) mit klar festgelegten Verantwortlichkeiten sowie unmittelbarer Anbindung an die Geschäftsleitung, wobei das Proportionalitätsprinzip zu berücksichtigen ist. Die EBA weist explizit darauf hin, dass das Institut für das Auslagerungsmanagement ausreichende Ressourcen vorzuhalten hat.[371]

13.2   Aufgaben des zentralen Auslagerungsmanagements

327   Die Regelung, die nicht zwischen »wesentlichen« und »nicht wesentlichen« Auslagerungen unterscheidet, weist dem zentralen Auslagerungsmanagement im Einzelnen folgende Aufgaben zu:
–   Implementierung und Weiterentwicklung eines angemessenen Auslagerungsmanagements und entsprechender Kontroll- und Überwachungsprozesse,
–   Erstellung und Pflege einer vollständigen Dokumentation der Auslagerungen (einschließlich Weiterverlagerungen),
–   Unterstützung der Fachbereiche bezüglich der institutsinternen und gesetzlichen Anforderungen bei Auslagerungen,
–   Koordination und Überprüfung der durch die zuständigen Bereiche durchgeführten Risikoanalyse.

328   Darüber hinaus werden dem zentralen Auslagerungsmanagement konkrete Berichtspflichten gegenüber der Geschäftsleitung des Institutes zugewiesen (→ AT 9 Tz. 13).

329   Gemäß den genannten Aufgaben hat das zentrale Auslagerungsmanagement eine eher koordinierende, überwachende und unterstützende Funktion. Es ist für die Implementierung und Weiterentwicklung angemessener Überwachungs- und Kontrollprozesse und damit für die Vorgabe von Verfahren, Methoden, Berichts- und Entscheidungsformaten für die Risikoanalyse sowie die Auslagerungssteuerung und -überwachung zuständig. Im ersten Entwurf zur fünften MaRisk-Novelle war das zentrale Auslagerungsmanagement noch für die Überwachung der Einhaltung der institutsinternen und gesetzlichen Anforderungen bei Auslagerungen verantwortlich. In der Praxis beschränken sich die Aufgaben des zentralen Auslagerungsmanagements jedoch neben der Implementierung und Weiterentwicklung von Kontroll- und Überwachungsprozessen, der Koordinierung und Überprüfung der Risikoanalyse sowie der Erfüllung der Dokumentationspflichten vor allem auf die Unterstützung der Fachbereiche im Hinblick auf die Einhaltung der gesetzlichen Anforderungen und internen Vorgaben zu Auslagerungen. Die fachlich-inhaltliche Überwachung der Leistungserbringung für die einzelnen ausgelagerten Aktivitäten und Prozesse kann z. B. auch bei den auslagernden Fachbereichen liegen, die über die zur Überwachung notwendigen Spezialkenntnisse und Erfahrungen verfügen. Vor diesem Hintergrund hat die Aufsicht in der endgültigen Fassung der fünften MaRisk-Novelle den

---

371 Vgl. European Banking Authority, Consultation Paper – EBA Draft Guidelines on Outsourcing arrangements, EBA/CP/2018/11, 22. Juni 2018, S. 25.

Wortlaut entsprechend angepasst und weist dem zentralen Auslagerungsmanagement nunmehr lediglich die Aufgabe zu, die Fachbereiche bezüglich der institutsinternen und gesetzlichen Anforderungen bei Auslagerungen zu unterstützen.

Das zentrale Auslagerungsmanagement ist für die Koordinierung und Überwachung der durch die zuständigen Bereiche durchgeführten Risikoanalyse zuständig. Es hat zudem sicherzustellen, dass die Risikoanalysen auf der Grundlage von einheitlichen Methoden und Verfahren sowie regelmäßig und anlassbezogen durchgeführt werden. Das zentrale Auslagerungsmanagement führt allerdings keine fachliche Validierung der Risikoanalysen durch, sondern könnte allenfalls eine Plausibilisierung vornehmen.[372] Im Rahmen der Risikoanalyse übernehmen das zentrale Auslagerungsmanagement oder die Rechtsabteilung i.d.R. auch die Bewertung, ob es sich um eine Auslagerung im Sinne der MaRisk handelt oder nicht. Zudem obliegt die Entscheidung, ob eine anlassbezogene Anpassung der Risikoanalyse erforderlich ist, in größeren Instituten regelmäßig dem zentralen Auslagerungsmanagement (→ AT 9 Tz. 2). **330**

Das zentrale Auslagerungsmanagement ist für Erstellung und Pflege einer vollständigen Dokumentation der Auslagerungen einschließlich der Weiterverlagerungen verantwortlich. Es versteht sich von selbst, dass die Institute z.B. das Ergebnis der Risikoanalyse in angemessenem Umfang und für Dritte nachvollziehbar zu dokumentieren haben. Dies gilt insbesondere für den Fall, dass die Risikoanalyse zum Ergebnis kommt, eine Auslagerung als nicht wesentlich einzustufen.[373] Die Dokumentationsanforderungen im Auslagerungsmanagement sollen nach den Vorstellungen der Aufsicht nur einen Überblick (z.B. durch ein Register) gewährleisten. Es ist nicht erforderlich, dass die Dokumentation des zentralen Auslagerungsmanagements die ggf. vorhandenen Dokumentationen der zuständigen Geschäftsbereiche zu den einzelnen Auslagerungen doppelt.[374] Das zentrale Auslagerungsmanagement verantwortet regelmäßig auch die Organisationsrichtlinien, die Regelungen zu Verfahrensweisen bei wesentlichen Auslagerungen zu enthalten haben (→ AT 5 Tz. 3). Die Dokumentation bezieht sich darüber hinaus auf das Vertrags- und Regelwerk (Rahmenverträge, Leistungsbeschreibungen, Service Level Agreements etc.) sowie Informationen über Weiterverlagerungen. Das zentrale Auslagerungsmanagement hält in der Praxis zudem in der Regel nach, ob neue Auslagerungen geplant oder bei bestehenden Auslagerungen Änderungen eingetreten sind. **331**

13.3 Auslagerungsregister gemäß EBA-Leitlinien

Das Modul AT 9 enthält keine speziellen Anforderungen an die Dokumentation im Hinblick auf die Auslagerungen von Aktivitäten und Prozessen auf andere Unternehmen. Es gelten die allgemeinen Anforderungen an die Dokumentation, wonach die für die Einhaltung der MaRisk wesentlichen Handlungen und Festlegungen nachvollziehbar zu dokumentieren sind. Dies gilt insbesondere im Hinblick auf die Inanspruchnahme wesentlicher Öffnungsklauseln (→ AT 6 Tz. 2). Allerdings fordert die Prüfungsberichtsverordnung, dass ein Institut ein Register vorhält, in dem Angaben zum Auslagerungsunternehmen inklusive Adresse, KN-Ident-Nummer, zu den ausgelagerten **332**

---

372 Vgl. Deutsche Kreditwirtschaft, Stellungnahme zum Entwurf der MaRisk in der Fassung vom 18. Februar 2016 (Konsultation 02/2016) vom 27. April 2016, S. 37.

373 Vgl. Wolfgarten, Wilhelm, in: Boos, Karl-Heinz/Fischer, Reinfrid/Schulte-Mattler, Hermann (Hrsg.), Kreditwesengesetz und VO (EU) Nr. 575/2013, Band 1, 5. Auflage, München, 2016, § 25b KWG, Tz. 50.

374 Vgl. Bundesanstalt für Finanzdienstleistungsaufsicht, Protokoll zur Sondersitzung des Fachgremiums MaRisk zum Thema Auslagerung am 15. März 2018, S. 6.

Aktivitäten und Prozessen, dem Status und dem Datum der Auslagerung sowie Anmerkungen (insbesondere zu Weiterverlagerungen) zu machen sind.[375]

333   Abweichend von den MaRisk enthalten die von der EBA im Juni 2018 vorgelegten Leitlinien zu Auslagerungen umfassende Anforderungen an die Dokumentation von Auslagerungsvereinbarungen, sowohl auf der Ebene des einzelnen Institutes als auch auf Gruppenebene. Die Institute sollten danach in einem gängigen Datenbankformat ein umfangreiches Auslagerungsregister für sämtliche Auslagerungsvereinbarungen führen und in regelmäßigen Abständen an die Aufsicht übermitteln. Die Übersendung an die Aufsicht soll im Rahmen des SREP erfolgen und hätte von den Instituten je nach Kategorisierung jährlich bzw. zumindest alle drei Jahre zu erfolgen. Das Auslagerungsregister kann ggf. innerhalb einer Gruppe oder eines Verbundes zentral geführt werden.[376]

334   Die Leitlinien enthalten einen detaillierten Katalog der Informationen, die im Hinblick auf die Auslagerungsvereinbarungen, die Auslagerungsunternehmen sowie die Auslagerungen kritischer/bedeutender Funktionen und Cloud-Auslagerungen vorzuhalten sind. Im Register ist u. a. aufzunehmen, ob im Rahmen einer Auslagerungsvereinbarung vom Dienstleister personenbezogene und vertrauliche Daten verarbeitet, übermittelt oder aufbewahrt werden. Darüber hinaus hat ein Institut in das Register sämtliche Unternehmen aus seiner Gruppe aufzunehmen, die von der Auslagerungsvereinbarung des Institutes ebenfalls Gebrauch machen. Bei Auslagerungen von kritischen/bedeutenden Funktionen und Auslagerungen an Cloud-Service-Provider sind zusätzlich folgende Informationen in das Auslagerungsregister aufzunehmen[377]:
–   Datum der letzten Risikobewertung inkl. kurze Beschreibung der Ergebnisse,
–   Verantwortlichkeiten für die Genehmigung der Auslagerungsvereinbarung,
–   auf die Auslagerungsvereinbarung anwendbares Recht,
–   Anfangs- und ggf. Enddatum der Auslagerung einschließlich Kündigungsfristen,
–   ggf. Daten der letzten und der nächsten geplanten Revisionsprüfung,
–   Möglichkeit der Substituierbarkeit des Dienstleisters und/oder einer Re-Integration in das Institut,
–   Nennung potenzieller Alternativanbieter,
–   Einstufung Zeitkritikalität,
–   Bei einer Auslagerung an einen Cloud-Service-Provider die Cloud-Dienstleistung sowie Art der Bereitstellung (Public-, Private-, Community- oder Hybrid-Cloud), die Besonderheiten der zu speichernden Daten sowie die Speicherorte, und
–   voraussichtliche jährliche Kosten der Auslagerung.

335   Die Deutsche Kreditwirtschaft hat in ihrer Stellungnahme zum Entwurf der Leitlinien zu Auslagerungen die Vorgaben an das geforderte Auslagerungsregister als äußerst umfangreich und detailliert kritisiert. Nach Ansicht der DK ist bei zahlreichen Anforderungen ein bankaufsichtlicher Nutzen nicht ersichtlich und/oder die Erfüllung der Anforderung für die Institute mit hohem bürokratischen Aufwand verbunden. Die DK regt daher an, die Anforderungen an den Umfang des Auslagerungs-

---

375 Vgl. Anlage 4 zu § 70 der Verordnung über die Prüfung der Jahresabschlüsse der Kreditinstitute und Finanzdienstleistungsinstitute sowie über die darüber zu erstellenden Berichte (Prüfungsberichtsverordnung – PrüfBV). Dieses Register hat der Abschlussprüfer im Rahmen seiner Prüfung gemäß § 9 Abs. 3 PrüfBV heranzuziehen. Hiernach hat der Abschlussprüfer über Auslagerungen von wesentlichen Aktivitäten und Prozessen unter Berücksichtigung der in § 25b KWG genannten Anforderungen gesondert zu berichten. Dabei ist eine Aussage darüber zu treffen, ob die Einstufung von Auslagerungen als wesentlich oder unwesentlich unter Gesichtspunkten des Risikos, der Art, des Umfangs und der Komplexität nachvollziehbar ist. Ausgelagerte wesentliche Aktivitäten und Prozesse sind, auch in Verbindung mit den vorgenommenen Bezeichnungen in der Anlage 4, nachvollziehbar zu spezifizieren und abzugrenzen. Die deutsche Aufsicht kann das Register aufgrund ihres Auskunftsrechtes gemäß § 44 Abs. 1 KWG jederzeit vom Institut anfordern.
376 Vgl. European Banking Authority, Consultation Paper – EBA Draft Guidelines on Outsourcing arrangements, EBA/CP/2018/11, 22. Juni 2018, S. 30.
377 Vgl. European Banking Authority, Consultation Paper – EBA Draft Guidelines on Outsourcing arrangements, EBA/CP/2018/11, 22. Juni 2018, S. 30 ff.

registers grundsätzlich zu überprüfen.[378] Nach Meinung der DK sollte zudem auf die Übermittlung des Auslagerungsregisters in einem gemeinsamen Datenbankformat aufgrund des erheblichen (Erst-)Aufwandes für die Institute verzichtet werden.[379] Es bleibt abzuwarten, inwieweit die EBA der Anregung der DK im Rahmen ihrer endgültigen Fassung der Leitlinien zu Auslagerungen nachkommt.

---

378 Vgl. Deutsche Kreditwirtschaft (German Banking Industry Committee), Comments on EBA Draft Guidelines on Outsourcing arrangements (EBA/CP/2018/11), 24. September 2018, S. 17.
379 Vgl. Deutsche Kreditwirtschaft (German Banking Industry Committee), Comments on EBA Draft Guidelines on Outsourcing arrangements (EBA/CP/2018/11), 24. September 2018, S. 22.

14 Berichterstattung über wesentliche Auslagerungen (Tz. 13)

336 **13** Das zentrale Auslagerungsmanagement hat mindestens jährlich einen Bericht über die wesentlichen Auslagerungen zu erstellen und der Geschäftsleitung zur Verfügung zu stellen. Der Bericht hat unter Berücksichtigung der dem Institut vorliegenden Informationen bzw. der institutsinternen Bewertung der Dienstleistungsqualität der Auslagerungsunternehmen eine Aussage darüber zu treffen, ob die erbrachten Dienstleistungen der Auslagerungsunternehmen den vertraglichen Vereinbarungen entsprechen, die ausgelagerten Aktivitäten und Prozesse angemessen gesteuert und überwacht werden können und ob weitere risikomindernde Maßnahmen ergriffen werden sollen.

14.1 Jährlicher Bericht über wesentliche Auslagerungen

337 Sofern ein Institut über ein zentrales Auslagerungsmanagement verfügt, hat dieses mindestens einmal jährlich einen Bericht über die wesentlichen Auslagerungen zu erstellen und der Geschäftsleitung zur Verfügung zu stellen. Der Bericht soll eine Aussage darüber treffen, ob
- die erbrachten Dienstleistungen der Auslagerungsunternehmen den vertraglichen Vereinbarungen entsprechen,
- die ausgelagerten Aktivitäten und Prozesse angemessen gesteuert und überwacht werden können und
- weitere risikomindernde Maßnahmen ergriffen werden sollen.

338 Das zentrale Auslagerungsmanagement soll den Bericht auf der Grundlage der dem Institut vorliegenden Informationen erstellen, d.h. unter Berücksichtigung seiner eigenen Erkenntnisse (z.B. Ergebnisse der Risikoanalysen, Auswertung der von den Auslagerungsunternehmen eingereichten Berichte). Darüber hinaus kann das zentrale Auslagerungsmanagement ggf. auf Prüfungsergebnisse der Internen Revision oder sonstiger externer Prüfer zurückgreifen. Außerdem sollen in den Bericht an die Geschäftsleitung die Erkenntnisse der institutsinternen Beurteilung der Leistungen der Auslagerungsunternehmen anhand der vom Institut definierten Kriterien einfließen (→ AT 9 Tz. 9). Sofern sich aus der Steuerung und Überwachung der Auslagerungen wesentliche Erkenntnisse oder Maßnahmen ergeben, sollten diese in den Bericht über die operationellen Risiken aufgenommen werden.[380]

---

380 Vgl. Deutscher Sparkassen- und Giroverband, Mindestanforderungen an das Risikomanagement – Interpretationsleitfaden, Version 6, 6. April 2018, S. 144.

BT Besonderer Teil

Im besonderen Teil der MaRisk werden die geschäfts- und risikoartenübergreifenden Prinzipien des allgemeinen Teils für einzelne Themenbereiche konkretisiert und zum Teil deutlich ergänzt. Das betrifft die Anforderungen an die internen Kontrollverfahren, also das interne Kontrollsystem (→ BT 1) und die Interne Revision (→ BT 2). Die Vorgaben zur Risikoberichterstattung werden allerdings im Anschluss gesondert behandelt (→ BT 3). **1**

Bei der Ausgestaltung des internen Kontrollsystems werden neben geschäftsartenübergreifenden Vorgaben zur Aufbau- und Ablauforganisation (→ BTO) spezielle Anforderungen an das Kreditgeschäft (→ BTO 1) und das Handelsgeschäft (→ BTO 2) formuliert. Um auch dem besonderen Charakter der verschiedenen Risikoarten Rechnung zu tragen, wird bei den Prozessen zur Identifizierung, Beurteilung, Steuerung, Überwachung und Kommunikation der Risiken (→ BTR) zwischen den Adressenausfallrisiken inkl. Länderrisiken (→ BTR 1), den Marktpreisrisiken inkl. Zinsänderungsrisiken (→ BTR 2), den Liquiditätsrisiken (→ BTR 3) und den operationellen Risiken (→ BTR 4) unterschieden. **2**

In Ergänzung zu den allgemeinen Anforderungen an die Interne Revision werden im besonderen Teil ihre konkreten Aufgaben (→ BT 2.1), ihre Grundsätze (→ BT 2.2), ihre Vorgehensweise bei der Prüfungsplanung und -durchführung (→ BT 2.3), ihre Berichtspflicht (→ BT 2.4) und ihre Reaktion auf festgestellte Mängel (→ BT 2.5) näher beleuchtet. **3**

Die allgemeinen Anforderungen an die Berichterstattung für alle wesentlichen Risiken wurden im Rahmen der fünften MaRisk-Novelle in ein eigenes Modul überführt (→ BT 3.1) und um die speziellen Vorgaben zu den Berichten der Risikocontrolling-Funktion über einzelne Risikoarten ergänzt (→ BT 3.2). **4**

BT 1 Besondere Anforderungen an das interne Kontrollsystem

1 Besondere Anforderungen an das interne Kontrollsystem (Tz. 1)

1 In diesem Modul werden besondere Anforderungen an die Ausgestaltung des internen 1
Kontrollsystems gestellt. Die Anforderungen beziehen sich vor allem auf die Ausgestaltung der Aufbau- und Ablauforganisation im Kredit- und Handelsgeschäft (BTO). Darüber hinaus werden unter Berücksichtigung von Risikokonzentrationen Anforderungen an die Ausgestaltung der Risikosteuerungs- und -controllingprozesse für Adressenausfallrisiken, Marktpreisrisiken, Liquiditätsrisiken und operationelle Risiken gestellt (BTR).

1.1 Struktur der besonderen Anforderungen an das interne Kontrollsystem

Das interne Kontrollsystem (IKS) umfasst gemäß § 25a Abs. 1 Satz 3 Nr. 3 KWG als elementarer 2
Bestandteil des Risikomanagements neben einer Risikocontrolling-Funktion ($\rightarrow$ AT 4.4.1) und einer Compliance-Funktion ($\rightarrow$ AT 4.4.2) insbesondere die Anforderungen an die Ausgestaltung der Aufbau- und Ablauforganisation ($\rightarrow$ AT 4.3.1) sowie der Risikosteuerungs- und -controllingprozesse ($\rightarrow$ AT 4.3.2). Während im allgemeinen Teil der MaRisk u. a. die Anforderungen an die Risikocontrolling- und die Compliance-Funktion sowie geschäfts- und risikoartenübergreifende Prinzipien an das interne Kontrollsystem formuliert werden, erfolgt im besonderen Teil eine Spezifizierung, die den unterschiedlichen Prozessen im Kredit- und Handelsgeschäft ($\rightarrow$ BTO) sowie dem besonderen Charakter der verschiedenen Risikoarten ($\rightarrow$ BTR) Rechnung trägt.

BT 1 Besondere Anforderungen an das interne Kontrollsystem

BTO Anforderungen an die Aufbau- und Ablauforganisation
    BTO 1 Kreditgeschäft
        BTO 1.1 Funktionstrennung und Votierung
        BTO 1.2 Anforderungen an die Prozesse im Kreditgeschäft
        BTO 1.3 Verfahren zur Früherkennung von Risiken
        BTO 1.4 Risikoklassifizierungsverfahren
    BTO 2 Handelsgeschäft
        BTO 2.1 Funktionstrennung
        BTO 2.2 Anforderungen an die Prozesse im Handelsgeschäft

BTR Anforderungen an die Risikosteuerungs- und -controllingprozesse
    BTR 1 Adressenausfallrisiken
    BTR 2 Marktpreisrisiken
        BTR 2.1 Allgemeine Anforderungen
        BTR 2.2 Marktpreisrisiken des Handelsbuches
        BTR 2.3 Marktpreisrisiken des Anlagebuches
        (inkl. Zinsänderungsrisiken)
    BTR 3 Liquiditätsrisiken
        BTR 3.1 Allgemeine Anforderungen
        BTR 3.2 Zusätzliche Anforderungen an kapitalmarktorientierte
        Institute
    BTR 4 Operationelle Risiken

Abb. 50: Anforderungen an das interne Kontrollsystem im Überblick

1.2 Anforderungen an die Aufbau- und Ablauforganisation

3 Die besonderen Anforderungen an die Ausgestaltung der Aufbau- und Ablauforganisation im Kredit- und Handelsgeschäft werden wie folgt unterteilt:
- geschäftsartenübergreifende Anforderungen, die insbesondere aufbauorganisatorische Aspekte der MaRisk zum Gegenstand haben (→ BTO),
- Anforderungen an das Kreditgeschäft (→ BTO 1) und
- Anforderungen an das Handelsgeschäft (→ BTO 2).

4 Die geschäftsartenübergreifenden Anforderungen zielen vorrangig darauf ab, Interessenkonflikte zu vermeiden. Diesem Ziel wird durch verschiedene Funktionstrennungprinzipien entsprochen. Dabei geht es im Grunde darum, dem implizit unterstellten Streben der Vertriebsbereiche für das Kreditgeschäft (»Markt«) und das Handelsgeschäft (»Handel«) nach einer möglichst voluminösen Geschäftsausweitung mit Hilfe der Back-Office-Bereiche im Kreditgeschäft (»Marktfolge«) und im Handelsgeschäft (»Abwicklung und Kontrolle«) sowie des Risikocontrollings entsprechende Funktionen entgegenzustellen, die in erster Linie den Risikogehalt der Geschäfte im Blick haben (→ BTO 1 Tz. 2 bis 4). Anlass für diese Anforderungen sind u. a. Vergütungspraktiken, die sich ausschließlich am Geschäftsvolumen orientiert und somit unerwünschte Anreize zum Eingehen unverhältnismäßig hoher Risiken gesetzt haben. Diese Praxis gehört allerdings nicht zuletzt aufgrund entsprechender Vorgaben nach der InstitutsVergV[1] mittlerweile der Vergangenheit an.

5 Im risikorelevanten Kreditgeschäft sind für einen Geschäftsabschluss grundsätzlich zwei zustimmende Voten der Bereiche Markt und Marktfolge erforderlich (→ BTO 1.1 Tz. 2). Im nicht-risikorelevanten Kreditgeschäft kann unter bestimmten Voraussetzungen davon abgesehen werden, womit auch die Funktionstrennung entbehrlich ist (→ BTO 1.1 Tz. 4). Für das Kreditgeschäft werden über alle Prozesse hinweg verschiedene methodische Standards vorgegeben (→ BTO 1.2). Hinsichtlich der ablauforganisatorischen Vorgaben unterscheidet die deutsche Aufsicht zwischen der Kreditgewährung beim Neugeschäft (→ BTO 1.2.1), der Kreditweiterbearbeitung beim Bestandsgeschäft (→ BTO 1.2.2) und der immer erforderlichen Kreditbearbeitungskontrolle (→ BTO 1.2.3). Problembehaftete Engagements werden zunächst intensiv betreut (→ BTO 1.2.4) und im Erfolgsfall wieder der Normalbetreuung zugeführt. Andernfalls besteht die Wahl zwischen der Sanierung oder der Abwicklung dieser Engagements (→ BTO 1.2.5). Mit der Behandlung problembehafteter Engagements ist häufig auch die Bildung von Risikovorsorge verbunden (→ BTO 1.2.6). Zur rechtzeitigen Identifizierung problembehafteter Engagements dient das Verfahren zur Früherkennung von Risiken (→ BTO 1.3), zur erstmaligen, turnusmäßigen und anlassbezogenen Beurteilung der Adressenausfallrisiken das Risikoklassifizierungsverfahren (→ BTO 1.4).

6 Die Handelsaktivitäten können im Gegensatz zum Kreditgeschäft nicht in risikorelevante und nicht-risikorelevante Geschäfte aufgeteilt werden. Insofern sind die Vorschriften zur Funktionstrennung beim Handelsgeschäft immer von einer Gesamtbetrachtung der Handelsaktivitäten abhängig (→ BTO 2.1). Beim Abschluss von Handelsgeschäften stehen vollständige Vertragsbestandteile und marktgerechte Bedingungen im Mittelpunkt (→ BTO 2.2.1). Bei der Abwicklung und Kontrolle geht es daneben auch um den Umgang mit eventuellen Unstimmigkeiten und Auffälligkeiten (→ BTO 2.2.2). Da es im Handel häufig auf Schnelligkeit ankommt, sind die Handelsgeschäfte auch unverzüglich im Risikocontrolling abzubilden (→ BTO 2.2.3).

---

1 Verordnung über die aufsichtsrechtlichen Anforderungen an Vergütungssysteme von Instituten (Instituts-Vergütungsverordnung – InstitutsVergV) vom 16. Dezember 2013, zuletzt geändert durch Artikel 1 der Verordnung vom 25. Juli 2017 (BGBl. I S. 3042).

1.3 Zuordnung der Geschäfte

Maßgeblich für die Zuordnung der betriebenen Geschäfte zu den Anforderungen an die Ausgestaltung der Aufbau- und Ablauforganisation im Kreditbereich (→ BTO 1) bzw. im Handelsbereich (→ BTO 2) sind die Definitionen im allgemeinen Teil des Rundschreibens (→ AT 2.3). Während bei den Kreditgeschäften auf den weiten Kreditbegriff des § 19 Abs. 1 KWG abgestellt wird, ist für den Handelsbereich ein ganzer Katalog von Handelsgeschäften maßgeblich, der sich jedoch nicht an den KWG-Normen orientiert.

7

Bei der Ausarbeitung der MaRisk wurde darüber diskutiert, ob eine durchgängige Orientierung an Definitionen aus dem KWG zweckmäßig wäre. Dies erscheint naheliegend, da es sich bei den MaRisk um die Präzisierung eines Paragrafen aus dem KWG handelt. Zunächst hatte sich der hierfür ggf. infrage kommende Begriff der Finanzinstrumente gemäß § 1 Abs. 11 KWG als unvollständig erwiesen. Mittlerweile besteht dieses Problem nicht mehr, weil die Kreditderivate gemäß § 1 Abs. 11 Satz 4 Nr. 4 KWG den Vorgaben der »MiFID«[2] zufolge nunmehr auch als Finanzinstrumente anzusehen sind. Ein weiteres Problem bestand zum damaligen Zeitpunkt darin, dass im KWG zum Zwecke der Abgrenzung von Handels- und Anlagebuch auf eine abweichende Definition von Finanzinstrumenten nach § 1a Abs. 3 KWG a. F. abgestellt wurde. Im Rahmen des CRD IV-Umsetzungsgesetzes sind jedoch einige Begriffsbestimmungen im KWG entfallen, da die maßgeblichen Definitionen mittlerweile in der CRR enthalten sind, so z. B. in Art. 4 Abs. 1 Nr. 50 CRR zu Finanzinstrumenten[3] und in Art. 4 Abs. 1 Nr. 86 CRR zur Abgrenzung von Handels- und Anlagebuch.[4] Diese Anpassungen des KWG wurden von der deutschen Aufsicht bislang jedoch nicht zum Anlass genommen, die Definition der Handelsgeschäfte in den MaRisk anzupassen. Es wäre wünschenswert, wenn bezüglich der Definition der Geschäfte zukünftig ein Gleichlauf zwischen KWG und MaRisk hergestellt werden könnte (→ AT 2.3 Tz. 3).

8

Diskutiert wurde darüber hinaus die Frage, ob die geschäftsartenbezogene Zuordnung insbesondere im Grenzbereich zwischen Kredit- und Handelsgeschäften durch eine am Verwendungszweck orientierte Zuordnung ersetzt werden kann. Vor allem die jahrelange Diskussion um die Einordnung von Schuldscheinen als Handelsgeschäfte machte deutlich, dass an dieser Stelle Klärungsbedarf besteht. Ein Schritt in diese Richtung wurde zweifellos mit der Einordnung von Forderungen als Handelsgeschäfte getan, die sich am Verwendungszweck – also an der »Handelsabsicht« – orientiert. Konkret könnte dazu auf die maßgebliche Definition der »Positionen, die mit Handelsabsicht gehalten werden«, in der CRR abgestellt werden.[5] Die deutsche Aufsicht hat von einer grundsätzlichen Bezugnahme auf die Handelsabsicht zur Abgrenzung der Geschäfte allerdings abgesehen, um z. B. auch für Wertpapiere der Liquiditätsreserve oder andere »Handelsgeschäfte« des Anlagebuches eine risikoadäquate Bearbeitung sicherzustellen. Die Motivation des Geschäftes, d. h. die »Erzielung eines kurzfristigen Eigenhandelserfolges«, spielt allerdings für die Umsetzung der Risikosteuerungs- und -controllingprozesse eine Rolle. So wird bei den Marktpreisrisiken zwischen Handels- und Anlagebuch unterschieden (→ BTR 2.2 und BTR 2.3).

9

---

2 Vgl. Richtlinie 2004/39/EG (MiFID) des Europäischen Parlaments und des Rates vom 21. April 2004 über Märkte für Finanzinstrumente, Amtsblatt der Europäischen Union vom 30. April 2004, Anhang I, Abschnitt C, Nr. 8, L 145/41 f.

3 Laut Art. 4 Abs. 1 Nr. 50 CRR bezeichnet der Ausdruck »Finanzinstrument« a) einen Vertrag, der für eine der beteiligten Seiten einen finanziellen Vermögenswert und für die andere Seite eine finanzielle Verbindlichkeit oder ein Eigenkapitalinstrument schafft, b) ein in Anhang I Abschnitt C der Richtlinie 2004/39/EG genanntes Instrument, c) ein derivatives Finanzinstrument, d) ein Primärfinanzinstrument und e) ein Kassainstrument. Die unter den Buchstaben a, b und d genannten Instrumente sind allerdings nur dann als Finanzinstrumente zu betrachten, wenn ihr Wert sich aus dem Kurs eines zugrundeliegenden Finanzinstrumentes oder eines anderen Basiswertes, einem Satz oder einem Index errechnet.

4 Gemäß Art. 4 Abs. 1 Nr. 86 CRR gehören zum »Handelsbuch« alle Positionen in Finanzinstrumenten und Waren, die ein Institut entweder mit Handelsabsicht oder zur Absicherung anderer mit Handelsabsicht gehaltener Positionen des Handelsbuchs hält. Das Anlagebuch ergibt sich dann implizit aus der Abgrenzung zum Handelsbuchbegriff.

5 Nach Art. 4 Abs. 1 Nr. 85 CRR werden unter »Positionen, die mit Handelsabsicht gehalten werden«, a) Eigenhandelspositionen und Positionen, die sich aus Kundenbetreuung und Marktpflege ergeben, b) Positionen, die zum kurzfristigen Wiederverkauf gehalten werden, und c) Positionen, bei denen die Absicht besteht, aus bestehenden oder erwarteten kurzfristigen Kursunterschieden zwischen Ankaufs- und Verkaufskurs oder aus anderen Kurs- oder Zinsschwankungen Profit zu ziehen, verstanden.

10   In der Fachliteratur finden sich verschiedene Abgrenzungsvorschläge, die ebenfalls auf die Handelsabsicht abzielen. So könnte das originäre Kreditgeschäft in Abgrenzung zu Handelsgeschäften als direkte Kreditvergabe an einen Kreditnehmer im Sinne der Vergabe der Mittel definiert werden, wobei der Kredit zu dauerndem Besitz bestimmt wäre (»Primärmarktgeschäfte«). Alle sonstigen Geschäfte mit Forderungen – wie etwa der Kauf von Krediten – könnten hingegen als »Sekundärgeschäfte« angesehen werden, bei denen das Vorliegen einer »Handelsabsicht« im Sinne der MaRisk zu unterstellen ist.[6] Die Bankenaufsicht hat sich im Hinblick auf diese Frage bisher nicht eindeutig geäußert. Die letztgenannte Interpretation widerspricht jedenfalls nicht dem Wortlaut der MaRisk (→ AT 2.3 Tz. 3, Erläuterung).

11   Gegenstand der Diskussionen um den geschäftsbezogenen Anwendungsbereich der MaRisk war schließlich noch die Frage, ob die Zuordnung der Geschäfte zu den Kredit- oder Handelsprozessen weitgehend in das Ermessen der Institute gestellt werden kann. Problematisch erschien dabei insbesondere, dass Institute interessengetrieben auf sinnvolle und risikoadäquate Anforderungen, wie z. B. die Marktgerechtigkeitskontrolle, verzichten könnten. Ob ein derartiger Missbrauch durch klar und nachvollziehbar dokumentierte Entscheidungsprozesse ausgeschlossen werden kann, lässt sich nicht abschließend beurteilen. Fakt ist, dass unterschiedliche Prozessanforderungen dem Charakter der jeweiligen Geschäfte entsprechen. Trotz der teilweise gravierenden Unterschiede zwischen den Prozessen im Kredit- und Handelsgeschäft bestehen auch einige Gemeinsamkeiten. Den Grenzbereichen zwischen beiden Geschäftsarten wird zum Teil durch die Möglichkeit einer »sinngemäßen Anwendung« Genüge getan (→ BTO 1 Tz. 1). Die geschäftsartenübergreifenden Anforderungen an die Aufbau- und Ablauforganisation werden vorangestellt (→ BTO).

12   Für eine erneute Diskussion über eine Anpassung der MaRisk spricht vor allem, dass auf internationaler Ebene seit Jahren über die Praktikabilität des Kriteriums der Handelsabsicht und damit insbesondere über die Abgrenzung zwischen Handels- und Anlagebuch nachgedacht wird.[7] Die diesbezüglichen Vorschläge vom Baseler Ausschuss für Bankenaufsicht werden mit der noch nicht abgeschlossenen Überarbeitung der CRR zu einer objektiveren Zuordnung von Positionen zum Handelsbuch führen. Damit wird auch die Umwidmung von Finanzinstrumenten vom Handels- in das Anlagebuch deutlich erschwert, um insbesondere regulatorische Kapitalarbitrage zu verhindern.

1.4   Anforderungen an die Risikosteuerungs- und -controllingprozesse

13   Hinsichtlich der besonderen Anforderungen an die Prozesse zur Identifizierung, Beurteilung, Steuerung, Überwachung sowie Kommunikation der Risiken (Risikosteuerungs- und -controllingprozesse) wird unterschieden nach:
–   Adressenausfallrisiken inkl. Länderrisiken (→ BTR 1),
–   Marktpreisrisiken inkl. Zinsänderungsrisiken (→ BTR 2),
–   Liquiditätsrisiken (→ BTR 3) und
–   operationellen Risiken (→ BTR 4).

---

6   Vgl. Rehbein, Ronny, Auslegungsfragen der MaRisk, in: Ramke, Thomas/Wohlert, Dirk (Hrsg.), Risikomanagement im Handelsgeschäft, Stuttgart, 2009, S. 203 ff.

7   Vgl. Financial Services Authority, The prudential regime for trading activities – A fundamental review, Discussion Paper 10/4, August 2010; Gebhard, Rüdiger/Reeder, Johannes, Regelungen zu Handelsgeschäften auf dem Prüfstand, in: BaFinJournal, Ausgabe August 2011, S. 14–19; Basel Committee on Banking Supervision, Fundamental review of the trading book, Consultative document, 3. Mai 2012; Basel Committee on Banking Supervision, Minimum capital requirements for market risk, Standards, 14. Januar 2016; Basel Committee on Banking Supervision, Consultative document – Revisions to the minimum capital requirements for market risk, BCBS d436, 22. März 2018.

Dabei wird neben allgemeinen Prinzipien an die Behandlung von Marktpreisrisiken (→ BTR 2.1) **14** auch den Besonderheiten der Positionen des Handelsbuches (→ BTR 2.2) und des Anlagebuches (→ BTR 2.3) Rechnung getragen. Ebenso werden die für alle Institute geltenden Anforderungen an das Management von Liquiditätsrisiken (→ BTR 3.1) um zusätzliche Vorgaben ergänzt, die lediglich von kapitalmarktorientierten Instituten zu beachten sind (→ BTR 3.2).

Die Risikosteuerungs- und -controllingprozesse müssen die verschiedenen Arten von Risiko- **15** konzentrationen berücksichtigen, wobei auch die zwischen den einzelnen Risikoarten bestehenden Inter-Risikokonzentrationen nicht vernachlässigt werden dürfen. Da die allgemeinen Anforderungen an die Berichterstattung für alle wesentlichen Risiken gelten, wurden sie im Rahmen der fünften MaRisk-Novelle in ein eigenes Modul überführt (→ BT 3.1) und um die speziellen Vorgaben zu den Berichten der Risikocontrolling-Funktion über einzelne Risikoarten ergänzt (→ BT 3.2). An dieser Stelle wird zudem klargestellt, dass auch über die sonstigen vom Institut als wesentlich identifizierten Risiken berichtet werden muss (→ BT 3.2 Tz. 7).

Eine zentrale Rolle für die Risikosteuerungs- und -controllingprozesse spielen die internen **16** Prozesse zur Sicherstellung einer angemessenen Kapitalausstattung (»Internal Capital Adequacy Assessment Process«, ICAAP) und Liquiditätsausstattung (»Internal Liquidity Adequacy Assessment Process«, ILAAP). Die Umsetzung der einschlägigen Vorgaben zum ICAAP gemäß Art. 73 CRD IV und zum ILAAP nach Art. 86 CRD IV in nationales Recht ist über § 25a Abs. 1 Satz 3 KWG erfolgt. Demnach haben die Institute Verfahren zur Ermittlung und Sicherstellung der Risikotragfähigkeit einzurichten, wobei eine vorsichtige Ermittlung der Risiken und des zu ihrer Abdeckung verfügbaren Risikodeckungspotenzials zugrunde zu legen ist (→ AT 4.1). Außerdem müssen sie über Prozesse zur Identifizierung, Beurteilung, Steuerung sowie Überwachung und Kommunikation der in Art. 79 bis 87 CRD IV aufgeführten Risiken entsprechend den dort niedergelegten Kriterien verfügen. Dazu zählen auch die Liquiditäts- und Refinanzierungsrisiken (→ BTR 3). Während die Anforderungen an den ILAAP im Modul BTR niedergelegt sind, finden sich die umfangreichen Vorgaben zum ICAAP bereits im allgemeinen Teil der MaRisk.

1.5 Abgrenzung der Risikoarten

Jedes Institut muss individuell beurteilen, welche Risiken mit Blick auf seine spezifischen **17** Geschäftsprozesse als wesentlich einzustufen sind. Zur Beurteilung der Wesentlichkeit muss sich das Institut zunächst einen Überblick über die Ausprägungen sämtlicher Risiken verschaffen. Das Ergebnis dieser Analyse wird als »Gesamtrisikoprofil« des Institutes bezeichnet (→ AT 2.2 Tz. 1). Zu den zu berücksichtigenden Risikoarten zählen grundsätzlich zumindest die Adressenausfallrisiken (→ BTR 1), die Marktpreisrisiken (→ BTR 2), die Liquiditätsrisiken (→ BTR 3) und die operationellen Risiken (→ BTR 4). Abhängig vom Gesamtrisikoprofil eines Institutes sind ggf. auch sonstige Risiken als wesentlich einzustufen. Die deutsche Aufsicht nennt als potenziellen Kandidaten insbesondere die Reputationsrisiken (→ AT 2.2 Tz. 2, Erläuterung).

Die Abgrenzung der Risikoarten für die Zwecke der Risikosteuerungs- und -controllingprozesse ist **18** kein einfacher Vorgang. Mit der steigenden Komplexität der Bankprodukte geht außerdem eine stärkere Verschmelzung der klassischen Risikoarten einher. Nicht in jedem Fall wird institutsintern eine eindeutige Zuordnung möglich sein. Erschwerend kommt hinzu, dass wiederum den operationellen Risiken unter dem Stichwort »nicht-finanzielle Risiken« (»Non-Financial Risks«, NFR) diverse Unterkategorien zugeordnet sind, die unter bestimmten Umständen auch für sich genommen durchaus als wesentlich betrachtet werden könnten. Die deutsche Aufsicht fordert von den Instituten daher eine möglichst klare Abgrenzung der operationellen Risiken zu anderen vom Institut betrachteten Risikoarten (→ BTR 4 Tz. 1, Erläuterung).

BT 1 Besondere Anforderungen

19   Die Besonderheiten der einzelnen Risiken und deren Abgrenzung untereinander werden von der deutschen Aufsicht bei der Berechnung des Risikodeckungspotenzials (→ AT 4.1 Tz. 4 und 5) sowie generell im Rahmen der Risikosteuerungs- und -controllingprozesse (→ AT 4.3.2 Tz. 1) berücksichtigt. Gewisse Freiheiten bestehen z. B. bei der Behandlung marktbezogener Risiken, die aus der Veränderung der Bonität einer Adresse resultieren. Dies betrifft z. B. das spezifische Risiko eines Emittenten bei Wertpapieren oder potenzielle Änderungen von Bonitätsspreads, die »in angemessener Weise« zu berücksichtigen sind (→ BTR 2.1 Tz. 1, Erläuterung).

BTO Anforderungen an die Aufbau- und Ablauforganisation

BTO Anforderungen an die Aufbau- und Ablauforganisation

1 Gliederung und vereinfachte Umsetzung (Tz. 1)

1 Dieses Modul stellt vor allem Anforderungen an die Aufbau- und Ablauforganisation im **1** Kredit- und Handelsgeschäft. Abhängig von der Größe der Institute, den Geschäftsschwerpunkten und der Risikosituation ist eine vereinfachte Umsetzung der Anforderungen in BTO möglich.

1.1 Konkretisierung der organisatorischen Anforderungen

Klare und eindeutige organisatorische Regelungen sind für die Effizienz des internen Kontroll- **2** systems unerlässlich. Als Voraussetzung dafür müssen die institutsinternen Prozesse sowie die damit verbundenen Aufgaben, Kompetenzen, Verantwortlichkeiten, Kontrollen und Kommunikationswege klar definiert und aufeinander abgestimmt werden (→ AT 4.3.1 Tz. 2). Das gilt grundsätzlich auch für die Risikosteuerungs- und -controllingprozesse, an die zusätzliche Anforderungen gestellt werden (→ AT 4.3.2 und BTR). Zur Risikoreduzierung sind Berechtigungen und Kompetenzen nach dem Sparsamkeitsgrundsatz (»Need-to-know-Prinzip«) zu vergeben und bei Bedarf anzupassen (→ AT 4.3.1 Tz. 2). Darüber hinaus ist sicherzustellen, dass miteinander unvereinbare Tätigkeiten durch unterschiedliche Mitarbeiter durchgeführt werden (→ AT 4.3.1 Tz. 1). Hierfür ist es nicht in jedem Fall erforderlich, Maßnahmen zu treffen, die in einer aufbauorganisatorischen Trennung dieser Funktionen gipfeln. Eine ganze Reihe von routinemäßigen Kontrollprozessen basiert auf dem üblichen Vier-Augen-Prinzip, wie z.B. die prozessabhängige Kreditbearbeitungskontrolle (→ BTO 1.2.3 Tz. 1). Zudem müssen beim Wechsel von Mitarbeitern der Vertriebsbereiche in Back-Office-Bereiche, die auch als »nachgelagerte Bereiche« bezeichnet werden, und in Kontrollbereiche für eine angemessene Übergangsfrist Tätigkeiten ausgeschlossen werden, die gegen das Verbot der Selbstprüfung und -überprüfung verstoßen (→ AT 4.3.1 Tz. 1). Im Folgenden werden diese allgemeinen Anforderungen an die Aufbau- und Ablauforganisation im Kredit- und Handelsgeschäft konkretisiert.

1.2 Proportionalitätsprinzip

Bereits in der Vorbemerkung betont die deutsche Aufsicht, dass die Anforderungen des Rund- **3** schreibens unter Berücksichtigung des so genannten »Prinzips der doppelten Proportionalität« umzusetzen sind (→ AT 1 Tz. 2). Dieses Prinzip besagt einerseits, dass der heterogenen Institutsstruktur und der Vielfalt der Geschäftsaktivitäten durch eine qualitative Ausgestaltung der Anforderungen entsprochen werden muss. Zu diesem Zweck werden »Öffnungsklauseln« formuliert, die eine vereinfachte Umsetzung des Rundschreibens ermöglichen (→ AT 1 Tz. 5). Andererseits muss diese flexible Grundausrichtung für den institutsinternen Umsetzungsprozess mittels eines risikoorientierten Prüfungsansatzes auch im Rahmen von Prüfungshandlungen beachtet werden und dem Aufsichtshandeln der BaFin zugrundeliegen (→ AT 1 Tz. 7). Das Proportionalitätsprinzip gilt insofern »im doppelten Sinne« – sowohl für den institutsinternen Umsetzungsprozess als auch für die Prüfungs- und Aufsichtspraxis. Es berücksichtigt die Größe der Institute, deren Geschäftsschwerpunkte, d.h. insbesondere Art, Umfang und Komplexität der Geschäftsaktivitäten, und deren spezifische Risikosituation, d.h. den Risikogehalt der derzeitigen und geplanten Geschäftsaktivitäten.

4   Im Rahmen der vierten MaRisk-Novelle wurde das Prinzip der doppelten Proportionalität um das so genannte »Prinzip der Proportionalität nach oben« erweitert (→ AT 1 Tz. 3). Diesem Prinzip zufolge müssen Institute, die besonders groß sind oder deren Geschäftsaktivitäten durch besondere Komplexität, Internationalität oder eine besondere Risikoexponierung gekennzeichnet sind, ggf. mit Verschärfungen rechnen. So haben diese Institute ggf. weitergehende Vorkehrungen zur Sicherstellung der Angemessenheit und Wirksamkeit ihres Risikomanagements zu treffen, sofern dies in einschlägigen Veröffentlichungen des Baseler Ausschusses für Bankenaufsicht und des Financial Stability Board gefordert wird. Die deutsche Aufsicht wollte sich vorbehalten, einzelne Themen aus diesen Papieren aufzugreifen und ihre Berücksichtigung im Risikomanagement mit den betroffenen Instituten zu diskutieren.[1] Mittlerweile ist dieses Prinzip bereits in den MaRisk verankert, wie die Vorgaben zur Risikodatenaggregation (→ AT 4.3.4 Tz. 1), zur exklusiven Wahrnehmung der Leitung der Risikocontrolling-Funktion durch einen Geschäftsleiter (→ AT 4.4.1 Tz. 5), zur Einrichtung der Compliance-Funktion als eigenständige Organisationseinheit (→ AT 4.4.2 Tz. 4), zum Liquiditätstransferpreissystem (→ BTR 3.1 Tz. 6), zu den zusätzlichen Anforderungen an das Management der Liquiditätsrisiken (→ BTR 3.2 Tz. 1), zur Einrichtung einer Ereignisdatenbank für Schadensfälle (→ BTR 4 Tz. 3, Erläuterung) oder zum Turnus der Berichterstattung über die Liquiditätsrisiken und die Liquiditätssituation (→ BT 3.2 Tz. 5) zeigen.

1.3   Allgemeine Öffnungsklausel für die organisatorischen Anforderungen

5   Mit »einseitiger« Blickrichtung auf die Institute wird das Proportionalitätsprinzip an dieser Stelle nochmals ausdrücklich hervorgehoben, indem explizit auf eine vereinfachte Umsetzung der Anforderungen in Abhängigkeit von der Größe der Institute, den Geschäftsschwerpunkten und der Risikosituation hingewiesen wird. Diese allgemeine Öffnungsklausel bezieht sich sowohl auf die aufbauorganisatorischen als auch auf die ablauforganisatorischen Anforderungen. Sie gilt für das gesamte Modul BTO und wird an verschiedenen Stellen präzisiert. Die drei maßgeblichen Faktoren (Institutsgröße, Geschäftsschwerpunkte und Risikosituation) sind dabei grundsätzlich in ihrem Zusammenspiel zu betrachten. So kann z. B. bei kleinen Instituten auf die Funktionstrennung verzichtet werden, wenn das Kreditgeschäft einfach strukturiert ist, nur zwei Geschäftsleiter vorhanden sind und das Kreditvolumen, aus dem sich eine relative Obergrenze für die vorhandenen Kreditrisiken ableiten lässt, höchstens 100 Mio. Euro beträgt (→ BTO 1.1 Tz. 1, Erläuterung). Das bedeutet jedoch nicht, dass von den Erleichterungen ausschließlich kleine Institute mit weniger komplexer Geschäftsausrichtung und überschaubaren Risiken Gebrauch machen können. So beziehen sich bestimmte Erleichterungen aus Praktikabilitätsgründen z. B. nur auf die jeweiligen Prozesse (drittinitiiertes Kreditgeschäft), wobei der Risikogehalt der Geschäfte oder die Größe des Institutes keine Rolle spielen (→ BTO 1.1 Tz. 4, Erläuterung). Grundsätzlich lassen sich insofern vom Risikogehalt abhängige und vom Risikogehalt unabhängige Erleichterungen voneinander unterscheiden.

---

1   Vgl. Bundesanstalt für Finanzdienstleistungsaufsicht, Übermittlungsschreiben zum Rundschreiben 10/2012 (BA) vom 14. Dezember 2012, S. 2.

1.4 Vom Risikogehalt abhängige Erleichterungen

Im standardisierten Mengengeschäft kann z.B. – unabhängig von der Institutsgröße – zumindest **6** auf Einzelgeschäftsebene grundsätzlich von relativ geringen Adressenausfallrisiken ausgegangen werden (→BTO1.1 Tz.4, Erläuterung). Daher ist es bei solchen Geschäften nicht erforderlich, zwei Voten aus den Bereichen Markt und Marktfolge einzuholen. In der Konsequenz kann in diesen Fällen auf die Funktionstrennung verzichtet werden (→BTO1.1 Tz.4). Gleichzeitig können für das standardisierte Mengengeschäft und andere Geschäftsarten mit vergleichbar geringem Risikogehalt (»nicht-risikorelevante« Kreditgeschäfte) diverse Erleichterungen hinsichtlich des Umfanges und der Intensität der Kreditprozesse in Anspruch genommen werden (→BTO1.2 Tz.3, BTO1.2 Tz.6 inkl. Erläuterung, BTO1.2 Tz.10, BTO1.2 Tz.12 usw.). Ähnliche Erleichterungen werden für die organisatorischen Anforderungen im Handelsgeschäft eingeräumt. So kann z.B. bei »nicht-risikorelevanten« Handelsaktivitäten[2] von der Funktionstrennung bis einschließlich der Ebene der Geschäftsleitung abgesehen werden (→BTO2.1 Tz.2).

1.5 Vom Risikogehalt unabhängige Erleichterungen

Im risikorelevanten Geschäft können selbst größere Institute von den Öffnungsklauseln profitieren, **7** wenn dies z.B. aus prozessualer Sicht gerechtfertigt erscheint. Beispielhaft sei an dieser Stelle das Fördergeschäft genannt, bei dem unter bestimmten Voraussetzungen auf das vertriebsabhängige Votum (→BTO1.1 Tz.4, Erläuterung), die Intensivbetreuung, die Behandlung von Problemkrediten (→BTO1.2.4 Tz.1, Erläuterung) sowie das Verfahren zur Früherkennung von Risiken (→BTO1.3 Tz.3, Erläuterung) verzichtet werden kann. Ebenfalls aus prozessualen Gründen kann bei Handels-geschäften und Beteiligungen von der Umsetzung einzelner Anforderungen an das Kreditgeschäft abgesehen werden, soweit deren Berücksichtigung vor dem Hintergrund der Besonderheiten dieser Geschäftsarten nicht zweckmäßig ist (→BTO1 Tz.1). Bei kleinen Instituten bzw. bei sehr geringen Handelsaktivitäten kann den Anforderungen an die Funktionstrennung durch die unmittelbare Einschaltung der Geschäftsleitung bzw. durch eine vorübergehende Zuordnung anderer Mitarbeiter, die ansonsten nicht mit Handelsgeschäften betraut sind, entsprochen werden (→BTO2.1 Tz.2, Erläuterung). Umfang und Intensität der Handelsprozesse können u.a. bei Verwendung von Abwicklungssystemen (→BTO2.2.1 Tz.5, BTO2.2.2 Tz.2, Erläuterung und BTO2.2.2 Tz.3) deutlich reduziert werden.

1.6 Risikoorientierte Prüfungspraxis

Im Modul BTO finden sich noch weitere Öffnungsklauseln, die den Instituten einen angemessenen **8** Spielraum für die Umsetzung der MaRisk einräumen. Zusätzliche Freiräume ergeben sich zudem aus der Vielzahl von unbestimmten Rechtsbegriffen, wie »angemessen«, »sachgerecht« oder »wesent-lich«. Aus Teilen der Kreditwirtschaft wurde aufgrund der Erfahrungen mit den qualitativ ausgestal-teten MaK vor der erstmaligen Veröffentlichung der MaRisk kritisiert, dass derartige Begriffe in der Prüfungspraxis tendenziell eng ausgelegt werden und insofern zu Diskussionen führen könnten. Eine

---

2 Grundsätzlich sind mit jedem Kredit- und Handelsgeschäft sowohl Chancen als auch Risiken für das Institut verbunden. Vor diesem Hintergrund existieren im Grunde keine »nicht-risikorelevanten« Kredit- oder Handelsgeschäfte. Die Unter-scheidung zwischen »risikorelevanten« und »nicht-risikorelevanten« Geschäften bezieht sich vielmehr auf den Grad der jeweiligen Risikorelevanz für das Institut.

klare definitorische Abgrenzung dieser Begriffe ist vor dem Hintergrund der heterogenen Institutsstruktur in Deutschland und der enormen Vielfalt des Kreditgeschäftes jedoch kaum möglich und würde die Spielräume der Institute bei der Umsetzung der MaRisk unnötig einschränken. Im Rahmen der Konsultationsphase zur ersten Fassung der MaRisk bestand schließlich Einigkeit zwischen der deutschen Aufsicht und den kreditwirtschaftlichen Verbänden, den Instituten vor dem Hintergrund der institutsindividuellen Gegebenheiten und insbesondere unter Risikogesichtspunkten bei der Umsetzung der MaRisk weitgehende Eigenverantwortung zuzugestehen (→ AT 1 Tz. 5). Natürlich müssen die Institute auch dazu bereit sein, diese Eigenverantwortung wahrzunehmen.

9   Die deutsche Aufsicht hat deshalb im damaligen Übermittlungsschreiben und im Rundschreiben selbst (→ AT 1 Tz. 7) klargestellt, dass die Prüfung der Mindestanforderungen einen risikoorientierten Prüfungsansatz erfordert, der an den institutsspezifischen Gegebenheiten ansetzt und die dabei gewonnenen Erkenntnisse berücksichtigt, weil nur auf diese Weise angemessene Feststellungen getroffen werden können. Da überzogene Dokumentations- und Rechtfertigungszwänge bei der Inanspruchnahme von Öffnungsklauseln durch die Institute von der offenen Grundausrichtung der MaRisk aus Sicht der Aufsicht nicht gedeckt sind, wurde die Dokumentationspflicht auf die Inanspruchnahme »wesentlicher« Öffnungsklauseln beschränkt (→ AT 6 Tz. 2). Diese Dokumentationspflicht liegt im Eigeninteresse der Institute. Sie dient gleichzeitig der Erleichterung der Prüfungsprozesse und fördert das Zusammenwirken der Geschäftsleitung mit der Internen Revision (→ BT 2) und dem Abschlussprüfer.

2 Maßgebliche Bereiche und Funktionen (Tz. 2)

2 Für die Zwecke des Rundschreibens werden folgende Bereiche unterschieden: **10**

a) Der Bereich, der Kreditgeschäfte initiiert und bei den Kreditentscheidungen über ein Votum verfügt (Markt),

b) der Bereich, der bei den Kreditentscheidungen über ein weiteres Votum verfügt (Marktfolge) sowie

c) der Bereich Handel.

d) Darüber hinaus werden folgende Funktionen unterschieden:

e) Die Funktionen, die der Überwachung und Kommunikation der Risiken (Risikocontrolling) dienen und

f) die Funktionen, die der Abwicklung und Kontrolle der Handelsgeschäfte dienen.

2.1 Unterschiede zwischen Bereichen, Stellen und Funktionen

Durch die Wahl der Begriffe »Bereich« oder »Stelle« wird einzelnen Organisationseinheiten eine   **11**
unterschiedliche Bedeutung zugewiesen, die im Zusammenhang mit den Regelungen zur Funktionstrennung von Relevanz ist. Ein »Bereich« im Sinne der MaRisk muss natürlich nicht mit der Organisationseinheit »Bereich« im Institut übereinstimmen. Es ist auch nicht erforderlich, die Bezeichnungen der Organisationseinheiten anzupassen, sondern die mit den MaRisk verfolgte Intention organisatorisch umzusetzen.

Die aufbauorganisatorische Trennung zwischen zwei Bereichen ist regelmäßig gewährleistet,   **12**
wenn nicht derselbe Geschäftsleiter für beide Bereiche zuständig ist. Hierunter ist eine sowohl fachliche als auch disziplinarische Trennung der Zuständigkeiten zu verstehen (→ BTO Tz. 3, Erläuterung). Die Anforderung, dass ein Bereich »außerhalb des Handels und Marktes« angesiedelt sein soll, wird folglich nur dann erfüllt, wenn dieser Bereich aufbauorganisatorisch bis einschließlich der Ebene der Geschäftsleitung vom Handel und vom Markt getrennt ist (→ BTO Tz. 2, Erläuterung). Demzufolge bedeutet die »Funktionstrennung im engeren Sinne«, für deren Beschreibung der Begriff »Bereich« herangezogen wird, eine Trennung der Ressorts auf der Ebene der Geschäftsleitung.

Hingegen kann eine »vom Markt und Handel unabhängige Stelle« auch innerhalb der Geschäfts-   **13**
leiterlinie Markt bzw. Handel angesiedelt sein (→ BTO Tz. 2, Erläuterung). Somit kann ein Bereich aus mehreren Stellen bestehen. Von dieser Erleichterung profitieren vorrangig die Rechtsabteilung (→ BTO Tz. 8), die Personalabteilung oder eine vergleichbare Stelle (→ BTO 1.1 Tz. 1, Erläuterung) und – zumindest bei weniger handelsintensiven Instituten – das Rechnungswesen (→ BTO Tz. 7). Nach Lesart der deutschen Aufsicht hat die aufbauorganisatorische Trennung in diesem Fall direkt unterhalb der Ebene der Geschäftsleitung zu erfolgen, wenngleich die MaRisk diesbezüglich eigentlich keine Aussage treffen. Aus praktischer Sicht sollte dies in den relevanten Fällen allerdings unproblematisch sein. Insofern ist unter der »Funktionstrennung im weiteren Sinne«, die mit Hilfe des Begriffes »Stelle« charakterisiert wird, eine Trennung auf der Ebene der Bereichsleitung

erforderlich. In kleineren Instituten wird diese zweite Hierarchieebene zum Teil auch als Abteilungsleitung bezeichnet.[3]

14   Daneben kann es erforderlich sein, dass bestimmte Funktionen unabhängig voneinander bzw. unabhängig von bestimmten Organisationseinheiten wahrgenommen werden. Unter einer Funktion ist nicht zwangsläufig eine Organisationseinheit (Bereich oder Stelle) zu verstehen. Vielmehr geht es dabei um die Zuordnung bestimmter Prozesse (Tätigkeiten) zu einem geeigneten Oberbegriff. Sind diese Tätigkeiten nicht miteinander vereinbar, müssen sie durch unterschiedliche Mitarbeiter durchgeführt werden (→ AT 4.3.1 Tz. 1). Im einfachsten Fall kann diese Forderung mit Hilfe des »Vier-Augen-Prinzips« innerhalb einer Organisationseinheit erfüllt werden (→ BTO 1.2.3 Tz. 1). Daraus folgt, dass mehrere Funktionen auch innerhalb einer Stelle angesiedelt sein dürfen. Insofern sind mit dem eigentlichen Funktionstrennungsprinzip, für das letztlich auch der Begriff »Funktion« Verwendung findet, nicht zwangsläufig aufbauorganisatorische Konsequenzen verbunden.

2.2   »Definition« der Bereiche und Funktionen

15   Zunächst werden die wesentlichen Aufgaben bzw. Tätigkeiten jener Bereiche, Stellen und Funktionen beschrieben, die von der Funktionstrennung im engeren, weiteren oder eigentlichen Sinne vorrangig betroffen sind. Dem qualitativen Charakter der MaRisk entsprechend werden die entsprechend zugeordneten Aufgaben nur sehr allgemein formuliert. Insofern kann kaum von einer echten »Definition« die Rede sein. Allerdings können aus dem gesamten Kontext der MaRisk weitere Zuordnungen abgeleitet werden, die z. B. auf das Ansiedlungsverbot bestimmter Tätigkeiten zu verschiedenen Organisationseinheiten zurückzuführen sind.

16   Davon unabhängig können die einer Funktion zugewiesenen Tätigkeiten natürlich auch von verschiedenen Organisationseinheiten erfüllt werden, solange die jeweiligen Kriterien an deren Unabhängigkeit und Vereinbarkeit Beachtung finden. Auf diese Weise ist die Erfüllung der Aufgaben einfacher sicherzustellen, wenn Mitarbeiter aufgrund von Urlaub oder Krankheit zwischenzeitlich ausfallen. Mit dieser Vereinfachung kommt die Aufsicht vor allem kleineren Instituten entgegen, bei denen die strikte Zuordnung bestimmter Aufgaben zu einzelnen Organisationseinheiten schon wegen der begrenzten personellen Ressourcen nur schwer darstellbar wäre.

2.3   Die Bereiche Markt und Marktfolge

17   Für das Begriffspaar Markt und Markfolge wären auch andere Bezeichnungen denkbar gewesen (z. B. Vertrieb/Betrieb, Kundenbetreuung/Kreditbearbeitung, Front-Office/Back-Office). Die Funktionen des Bereiches Markt beschränken sich im Sinne des Rundschreibens auf
- die Initiierung von Kreditgeschäften und
- das Einholen eines Votums, das in bestimmten Fällen sogar mit der Geschäftsinitiierung zusammenfallen kann (→ BTO 1.1 Tz. 4).

---

3   Aus Gründen der Vereinfachung wird an dieser Stelle darauf verzichtet, alle Feinheiten der möglichen Hierarchieebenen in einem Institut darzustellen. So ist es insbesondere in größeren Instituten z. B. nicht unüblich, unterhalb der Geschäftsleitungsebene noch »Verhinderungsvertreter«, »Bereichsvorstände« oder »Generalbevollmächtigte« zu etablieren, die formal betrachtet mit weitreichenderen Kompetenzen als die Bereichsleiter ausgestattet sind. Auf derartige Ausgestaltungen zielen die Funktionstrennungsprinzipien der MaRisk jedoch ausdrücklich nicht ab.

Aus dem Bereich Marktfolge ist rein formal lediglich ein weiteres Votum einzuholen, das aufgrund **18** der nachfolgenden Regelungen vom Markt unabhängig sein muss (→ BTO Tz. 3 und BTO 1.1 Tz. 1). Hingegen müssen z. B. die Kundenbetreuung oder andere tendenziell marktnahe Prozesse bzw. Teilprozesse (z. B. die persönliche Kreditwürdigkeitsprüfung) nicht zwingend dem Marktbereich zugeordnet werden, auch wenn dies die entsprechende Bezeichnung nahelegt. Genauso wenig müssen bestimmte Kreditprozesse, wie z. B. die Bilanzanalyse, zwingend in der Marktfolge angesiedelt sein. Die Definitionen beinhalten also nur sehr eingeschränkt konkrete Vorschriften an die Verankerung der Kreditprozesse oder Teilkreditprozesse auf die einzelnen Bereiche. Selbstverständlich dürfen z. B. Mitarbeiter der Marktfolge Kontakt zu ihren Kunden aufnehmen, wenn dies für die Erfüllung ihres Arbeitsauftrages notwendig ist, wie bei der Einholung von Kreditunterlagen gemäß § 18 KWG. Im Hinblick auf die Zuordnung all jener Prozesse, die nicht ausdrücklich in einem marktunabhängigen Bereich anzusiedeln sind (→ BTO Tz. 3), besteht vielmehr ein breiter Ermessensspielraum für die Institute (→ BTO 1.1 Tz. 7).

Insofern sollte auch in der Prüfungspraxis nicht vordergründig auf die gewählten Begrifflich- **19** keiten abgestellt werden, sondern in erster Linie auf die zugeordneten Funktionen. So werden z. B. die Kreditbereiche einiger Förderbanken funktional als Markteinheiten bezeichnet, obwohl dort lediglich von Dritten initiiertes Kreditgeschäft abgewickelt wird und insofern überhaupt kein Kontakt zum Endkreditnehmer besteht. In diesen Fällen erfolgt die Geschäftsinitiierung durch die Hausbank oder eine Beteiligungsgesellschaft. Der Antrag der Hausbank bzw. der Beteiligungsgesellschaft kann als positives Marktvotum angesehen werden, da er ansonsten kaum beim Förderinstitut eingereicht oder ausdrücklich mit einem negativen Votum versehen werden würde. Die Votierung in der Förderbank erfolgt insofern vertriebsunabhängig und – schon wegen der Rahmenvorgaben zur Vergabe von Fördermitteln – risikoorientiert. Im Sinne der MaRisk sind besagte Kreditbereiche der Förderbanken trotz anderer Bezeichnung folglich eher als Marktfolgebereiche zu klassifizieren.

2.4 Der Bereich Handel

Für den Handelsbereich konnte im Rahmen der Konsultationen durch das MaRisk-Fachgremium **20** keine geeignete Definition gefunden werden. Die zunächst ins Auge gefasste Verknüpfung mit der Positionsverantwortung erwies sich als unbrauchbar, da diese Verantwortung in der Praxis häufig der Treasury (oder einer vergleichbaren Funktion) zugeschrieben wird (→ AT 4.4.1 Tz. 1, Erläuterung), die teilweise vom Handel getrennt ist (→ BTO Tz. 4). Aus diesem Grund war es auch erforderlich, neben den allgemeinen Funktionstrennungsprinzipien darauf hinzuweisen, dass Funktionen des Marktpreisrisikocontrollings bis einschließlich der Ebene der Geschäftsleitung von Bereichen zu trennen sind, die die Positionsverantwortung tragen (→ BTO Tz. 4). Im Gegensatz zum Kreditgeschäft sind die Handelsprozesse jedoch relativ strikt den grundsätzlich bis einschließlich der Ebene der Geschäftsleitung aufbauorganisatorisch zu trennenden Bereichen und Funktionen Handel (→ BTO 2.2.1), Abwicklung und Kontrolle (→ BTO 2.2.2) sowie Risikocontrolling (→ BTO 2.2.3) zuzuordnen (→ BTO 2.1 Tz. 1). Daraus ergibt sich eine relativ klare Abgrenzung der jeweiligen Aufgabenbereiche. Folgt man dieser Einschätzung, so ist der Handel, wie nicht anders zu erwarten, in erster Linie für den Abschluss von Handelsgeschäften verantwortlich (→ BTO 2.2.1 Tz. 1). In der Regel werden dem Handel dafür bestimmte Entscheidungsspielräume zugestanden, die z. B. durch Limitvorgaben beschränkt sind (→ BTR 2.1 Tz. 2). Die mit dem Geschäftsabschluss im Zusammenhang stehenden wichtigsten Aufgaben des Handels sind die unverzügliche und vollständige Erfassung der Geschäfte inkl. der Fortschreibung der Bestände mit allen maßgeblichen Abschlussdaten sowie deren Weiterleitung an die Abwicklung, sofern dies nicht automatisiert über ein Abwicklungssystem erfolgt (→ BTO 2.2.1 Tz. 5).

2.5 Die Funktionen der Abwicklung und Kontrolle

21 Im Rahmen der Abwicklung sind zunächst auf Basis der vom Handel erhaltenen Abschlussdaten die Geschäftsbestätigungen bzw. die Abrechnungen auszufertigen (→ BTO 2.2.2 Tz. 1). Die Abwicklung hat über daran anschließende Abwicklungsaufgaben hinaus insbesondere den unverzüglichen Eingang der Gegenbestätigungen zu überwachen (→ BTO 2.2.2 Tz. 2). Die Kontrolle muss sich vorrangig um die Korrektheit und Vollständigkeit der Händlerdaten und der Geschäftsunterlagen, die Einhaltung der festgesetzten Limite und der vorgegebenen Standards, die Beachtung der marktgerechten Bedingungen sowie Änderungen und Stornierungen der Abschlussdaten oder Buchungen kümmern (→ BTO 2.2.2 Tz. 4). Darüber hinaus ist sie für die Abstimmung der im Handel ermittelten Positionen mit den in den nachgelagerten Prozessen und Funktionen geführten Positionen, wie z. B. in der Abwicklung und im Rechnungswesen, verantwortlich (→ BTO 2.2.2 Tz. 7).

2.6 Das Risikomanagement im Sinne der MaRisk

22 In der Fachliteratur finden sich unterschiedliche Definitionen für das Risikomanagement. Grundsätzlich wird zwischen einer Interpretation des Risikomanagements im engeren Sinne und deutlich umfassenderen Begrifflichkeiten unterschieden. Eine mögliche enge Auslegung beschränkt sich z. B. auf die Steuerung der Risikoposition eines Institutes (Risikosteuerung). Bei der aktiven Risikosteuerung handelt es sich um eine Managementaufgabe. Hierzu zählen die Festlegung des »Risikoappetits«, die Vorgabe von Risikolimiten für das Institut und seine Unternehmensbereiche sowie die Einleitung geeigneter Gegensteuerungsmaßnahmen, sofern diese Limite überschritten werden. In die passive Risikosteuerung wird i. d. R. die operative Risikoübernahme der Geschäftsbereiche im Rahmen der vorgegebenen Limite einbezogen. Das Risikomanagement im weiteren Sinne schließt zumindest auch das Risikocontrolling ein. Zwischen Risikosteuerung und Risikocontrolling bestehen vielfältige Wechselwirkungen.[4] Die Risikosteuerungs- und -controllingprozesse im Sinne der MaRisk umfassen als Bestandteile des Risikomanagements im weiteren Sinne die Risikoanalyse (Identifizierung und Beurteilung der wesentlichen Risiken), die Risikosteuerung und das Risikocontrolling (Überwachung und Kommunikation der wesentlichen Risiken).

23 In Art. 76 CRD IV ist an verschiedenen Stellen von der »Risikomanagement-Funktion« die Rede. Die EBA hat diese Formulierung in ihren neueren Leitlinien aufgegriffen, während in den MaRisk weiterhin auf die ältere Bezeichnung als »Risikocontrolling-Funktion« Bezug genommen wird. Im Grunde geht es jeweils um die weite Interpretation des Risikomanagements und damit um die Berücksichtigung der kompletten Risikosteuerungs- und -controllingprozesse. Die »Risikomanagement-Funktion« der EBA und die »Risikocontrolling-Funktion« der deutschen Aufsicht zielen insofern beide auf die von der operativen Tätigkeit der Geschäftsbereiche der ersten Verteidigungslinie unabhängige Funktion der zweiten Verteidigungslinie ab. Die Geschäftsbereiche sowie die

---

4 Vgl. Rudolph, Bernd/Johanning, Lutz, Entwicklungslinien im Risikomanagement, in: Johanning, Lutz/Rudolph, Bernd (Hrsg.), Handbuch Risikomanagement, Band 1, Bad Soden/Taunus, 2000, S. 17–18.

Compliance- und die Risikocontrolling-Funktion spielen alle eine wesentliche Rolle bei der Sicherstellung eines soliden Risikomanagements innerhalb eines Institutes.[5]

2.7 Die Risikocontrolling-Funktion

Die Risikocontrolling-Funktion ist nach Maßgabe der MaRisk insbesondere für die unabhängige **24** Überwachung und Kommunikation der Risiken zuständig (→ AT 4.4.1 Tz. 1). Seit der vierten MaRisk-Novelle werden ihr ganz konkrete Aufgaben zugewiesen (→ AT 4.4.1 Tz. 2):

- Unterstützung der Geschäftsleitung in allen risikopolitischen Fragen, insbesondere bei der Entwicklung und Umsetzung der Risikostrategie sowie bei der Ausgestaltung eines Systems zur Begrenzung der Risiken,
- Durchführung der Risikoinventur und Erstellung des Gesamtrisikoprofils,
- Unterstützung der Geschäftsleitung bei der Einrichtung und Weiterentwicklung der Risikosteuerungs- und -controllingprozesse,
- Einrichtung und Weiterentwicklung eines Systems von Risikokennzahlen und eines Risikofrüherkennungsverfahrens,
- Laufende Überwachung der Risikosituation des Institutes und der Risikotragfähigkeit sowie der Einhaltung der eingerichteten Risikolimite,
- Regelmäßige Erstellung der Risikoberichte für die Geschäftsleitung,
- Verantwortung für die Prozesse zur unverzüglichen Weitergabe von unter Risikogesichtspunkten wesentlichen Informationen an die Geschäftsleitung, die jeweiligen Verantwortlichen und ggf. die Interne Revision.

Die Risikocontrolling-Funktion hat nicht nur eine beratende Funktion gegenüber der Geschäfts- **25** leitung in allen risikopolitischen Fragen. Ihre Leitung muss bei wichtigen risikopolitischen Entscheidungen der Geschäftsleitung sogar beteiligt werden (→ AT 4.4.1 Tz. 4).

Die Anforderungen an die Risikoberichterstattung unterscheiden sich hinsichtlich der Inhalte **26** und Zeiträume nach Risikoarten (→ BT 3.2). Zur Berichterstattung gehören grundsätzlich die Darstellung und Beurteilung der Risikosituation, die Ergebnisse der Stresstests und ggf. Handlungsvorschläge, z. B. zur Risikoreduzierung (→ BT 3.1 Tz. 1). Auch eine Diskussion der Handlungsvorschläge mit den jeweils verantwortlichen Bereichen ist grundsätzlich unproblematisch, solange sichergestellt ist, dass der Informationsgehalt der Risikoberichterstattung bzw. der Handlungsvorschläge nicht auf unsachgerechte Weise verzerrt wird (→ BT 3.2 Tz. 2, Erläuterung).

Das Risikocontrolling im Sinne der MaRisk stellt ein wichtiges Informationsinstrument für die **27** Geschäftsleitung, aber auch für die sonstigen Managementebenen innerhalb des Institutes dar. Nur wenn die Geschäftsleitung mittels eines aussagekräftigen Reportings (→ AT 4.3.2 Tz. 3, BT 3.1 Tz. 1 und BT 3.2 Tz. 1) regelmäßig über alle wesentlichen Risiken auf Einzelgeschäfts- und Portfolioebene informiert wird, ist sie in der Lage, sachgerechte geschäftspolitische Entscheidungen, auch vor dem Hintergrund der jeweils gewählten Strategien, zu treffen. Sie kann aufgrund der Informationen des Risikocontrollings zeitnah auf wesentliche Risiken reagieren und geeignete Steuerungsmaßnahmen ergreifen (→ AT 3 Tz. 1).

---

5 Vgl. European Banking Authority, Final Report – Guidelines on internal governance under Directive 2013/36/EU, EBA/GL/2017/11, 26. September 2017, S. 6.

2.8 Controlling oder Risikocontrolling?

28 An dieser Stelle sei nochmals darauf hingewiesen, dass mit dem Risikocontrolling im Sinne der MaRisk lediglich eine Funktion definiert wird, unter der nicht zwangsläufig eine Organisationseinheit zu verstehen ist. In der Praxis und der wissenschaftlichen Literatur existieren allerdings verschiedene Controllingbegriffe. Zum Teil wird unter dem Controlling im engeren Sinne ein rein betriebswirtschaftliches Instrument, das so genannte »Finanzcontrolling« oder »Ertragscontrolling« (internes Rechnungswesen), verstanden (→ BTR 2.1 Tz. 4).

29 Den Regeln der Grammatik zufolge bestimmt bei einem zusammengesetzten Wort (Komposition) in germanischen Sprachen das vorn stehende Bestimmungswort (Determinans) das darauffolgende Grund- bzw. Basiswort (Determinatum) im Allgemeinen nur näher.[6] Insofern wäre es rein formal betrachtet naheliegend, das Finanz- und Risikocontrolling (Controlling im weiteren Sinne) gemeinsam zu verantworten. Zudem erscheint eine Zusammenführung beider Funktionen vor dem Hintergrund einer integrierten Ertrags- und Risikosteuerung (»Gesamtbanksteuerung«) durchaus sinnvoll. Es gibt allerdings auch fachliche Argumente, die dafür sprechen, das interne mit dem externen Rechnungswesen zu verknüpfen, womit aufgrund anderer Vorgaben häufig automatisch eine Trennung vom Risikocontrolling verbunden ist.

30 Sind das Finanzcontrolling und das Risikocontrolling voneinander getrennt, berichtet das Finanzcontrolling häufig an den Finanzvorstand (»Chief Financial Officer«, CFO) und das Risikocontrolling an den Risikovorstand (»Chief Risk Officer«, CRO). Insbesondere in großen Instituten hat sich diese Praxis in den letzten Jahren verstärkt durchgesetzt. Zudem wird das Risikocontrolling auf Bereichs- oder Abteilungsebene teilweise weiter in Kreditrisikocontrolling, Marktrisikocontrolling usw. untergliedert. Insbesondere in kleineren Instituten erfolgt die Trennung nicht auf Ebene der Geschäftsleitung, sondern erst auf nachgelagerter Ebene. Für eine Trennung bis einschließlich der Ebene der Geschäftsleitung spricht insbesondere bei größeren Instituten die enorme und stetig wachsende Komplexität der Anforderungen an das Risikocontrolling und das Rechnungswesen, die nach besten Kräften bewältigt werden muss.

31 Beide Aspekte sprechen für sich und verdeutlichen, warum es in dieser Frage keine »Best Practice« gibt. Insbesondere folgt daraus, dass es unter den jeweils gegebenen Umständen auch erforderlich sein kann, die Handelsgeschäfte im Controlling – anstelle wie gefordert im Risikocontrolling – abzubilden (→ BTO 2.2.3 Tz. 1) und mit den Ergebnissen im Rechnungswesen zu plausibilisieren (→ BTR 2.1 Tz. 4).

2.9 Die Rolle der Rechtsabteilung

32 Die Rechtsabteilung spielt in den MaRisk eine zentrale Rolle, wenngleich dies – vordergründig betrachtet – in den Formulierungen nicht explizit zum Ausdruck kommt. Implizit folgt ihre Bedeutung allein aus der Tatsache, dass Rechtsrisiken ausdrücklich als Bestandteil der operationellen Risiken angesehen werden und die deutsche Aufsicht dem Umgang mit operationellen Risiken einen hohen Stellenwert einräumt.[7] Die Verringerung der Rechtsrisiken ist nach klassischem Verständnis eine Aufgabe der Rechtsabteilung. Trotzdem wird sie in den MaRisk nur beispielhaft genannt, da insbesondere kleinere Institute nicht in jedem Fall über eine eigene Rechtsabteilung verfügen. Deshalb sind

---

6 Vgl. http://de.wikipedia.org/wiki/Komposition_(Grammatik), Stand per 9. Juni 2013.
7 Vgl. Bundesanstalt für Finanzdienstleistungsaufsicht, Übermittlungsschreiben zum ersten Entwurf der Mindestanforderungen an das Risikomanagement vom 2. Februar 2005, S. 7–8.

wesentliche Rechtsrisiken – dem Wortlaut der MaRisk entsprechend – »grundsätzlich in einer vom Markt und Handel unabhängigen Stelle (z. B. der Rechtsabteilung)« zu überprüfen (→ BTO Tz. 8).

Zur Überprüfung der rechtlichen Durchsetzbarkeit der Verträge im Kredit- und Handelsgeschäft ist **33** in vielen Fällen die Einschaltung der Rechtsabteilung erforderlich. Das ergibt sich auch aus den Anforderungen, nach Möglichkeit standardisierte Kreditvorlagen zu verwenden (→ BTO 1.2 Tz. 10) und vertragliche Vereinbarungen im Kreditgeschäft auf der Grundlage rechtlich geprüfter Unterlagen abzuschließen (→ BTO 1.2 Tz. 11). Ohne die Rechtsabteilung zu erwähnen, wird deren Tätigkeit im Vorfeld bereits unterstellt. Konkret zugewiesen wird ihr deshalb nur die rechtliche Prüfung individueller Verträge im Kreditgeschäft (→ BTO 1.2 Tz. 12). Das trifft ebenso auf die Überprüfung des rechtlichen Bestandes der Sicherheiten zu. Sofern die Sicherheitenbestellung auf der Basis standardisierter Verträge erfolgt, war die Rechtsabteilung bereits im Vorfeld tätig (→ BTO 1.2.1 Tz. 3 und BTO 1.2.2 Tz. 3). Werden hingegen individuelle Verträge verwendet, ist die Rechtsabteilung i. d. R. in den Überprüfungsprozess einzubinden. Auch im Handelsgeschäft ist die rechtliche Durchsetzbarkeit von Verträgen, insbesondere bei Rahmenvereinbarungen, Nettingabreden und Sicherheitenbestellungen, grundsätzlich durch eine vom Handel unabhängige Stelle zu prüfen, wofür sich die Rechtsabteilung mit ihrer Expertise anbietet (→ BTO 2.2.1 Tz. 8). Ebenso sind für Handelsgeschäfte möglichst standardisierte Vertragstexte zu verwenden (→ BTO 2.2.1 Tz. 1).

In zahlreiche weitere Prozesse ist die Rechtsabteilung normalerweise eingebunden, ohne explizit **34** erwähnt zu werden. So ist vor Aufnahme von Geschäftsaktivitäten in neuen Produkten oder auf neuen Märkten ein Konzept auszuarbeiten, aus dem auch die rechtlichen Konsequenzen hervorgehen, die mit diesen Geschäftsaktivitäten verbunden sind (→ AT 8.1 Tz. 1). Darüber hinaus ist bei Objekt- bzw. Projektfinanzierungen im Rahmen der Kreditbearbeitung sicherzustellen, dass auch die mit dem Objekt bzw. Projekt verbundenen rechtlichen Risiken in die Beurteilung einbezogen werden (→ BTO 1.2 Tz. 5). Eine große Bedeutung kommt der Rechtsabteilung auch im Zusammenhang mit der Auslagerung von Aktivitäten und Prozessen zu, indem sie z. B. bei deren Risikoanalyse und bei der Gestaltung des Auslagerungsvertrages einbezogen wird (→ AT 9 Tz. 2 und 7).

3 Grundprinzip der Funktionstrennung (Tz. 3)

35 **3** Grundsätzlich ist bei der Ausgestaltung der Aufbauorganisation sicherzustellen, dass die Bereiche Markt und Handel bis einschließlich der Ebene der Geschäftsleitung von denen in Tz. 2 unter b), d) und e) sowie den in BTO 1.1 Tz. 7, BTO 1.2 Tz. 1, BTO 1.2.4 Tz. 1, BTO 1.2.5 Tz. 1 und BTO 1.4 Tz. 2 genannten Bereichen oder Funktionen getrennt sind.

3.1 Fachliche und disziplinarische Trennung der Verantwortlichkeiten

36 Unter einer aufbauorganisatorischen Trennung bis einschließlich der Ebene der Geschäftsleitung ist regelmäßig eine sowohl fachliche als auch disziplinarische Trennung der Verantwortlichkeiten zu verstehen. Eine lediglich disziplinarische Trennung wäre vollkommen wertlos, da das Funktionstrennungsprinzip in erster Linie auf die fachlichen Zuständigkeiten und den Ausschluss von damit verbundenen Interessenkollisionen abstellt. Würde die Trennung hingegen lediglich in fachlicher Hinsicht erfolgen, könnte sie durch entsprechende Weisungen umgangen werden. Allerdings gibt es Konstellationen, bei denen insbesondere die disziplinarische Trennung problematisch ist. Die deutsche Aufsicht hält ein Auseinanderfallen von fachlicher und disziplinarischer Verantwortung bei rechtlich unselbständigen Auslandsniederlassungen deshalb für vertretbar. Voraussetzung hierfür ist, dass zumindest die Trennung der fachlichen Verantwortlichkeiten dem dargestellten Funktionstrennungsprinzip bis einschließlich der Ebene der Geschäftsleitung entspricht (→ BTO 1 Tz. 3, Erläuterung).

3.2 Geschäftsartenübergreifende Funktionstrennungsprinzipien

37 Aus den bis Ende 2005 geltenden Mindestanforderungen an das Kreditgeschäft (MaK) sowie an das Betreiben von Handelsgeschäften (MaH) sind Funktionstrennungsprinzipien bekannt, die auf den Ausschluss von Interessenkonflikten im Kredit- bzw. Handelsgeschäft abzielen. An diesen grundlegenden Prinzipien hat sich mit Veröffentlichung der MaRisk nur wenig geändert. Maßgeblicher Grundsatz für die Ausgestaltung der Prozesse im Kredit- bzw. Handelsgeschäft bleibt die klare aufbauorganisatorische Trennung des Markt- bzw. Handelsbereiches vom Bereich Marktfolge (→ BTO 1.1 Tz. 1) bzw. von den Funktionen des Risikocontrollings sowie der Abwicklung und Kontrolle (→ BTO 2.1 Tz. 1), jeweils bis einschließlich der Ebene der Geschäftsleitung. Klarer formuliert wurden auch die geschäftsartenübergreifenden Funktionstrennungsprinzipien, die von Markt und Handel gleichermaßen verschiedene Bereiche und Funktionen abgrenzen. Damit wurden Auslegungsprobleme beseitigt, die sich aus den überlappenden Regelungsbereichen der MaK und der MaH ergeben hatten. Insbesondere können die Bereiche Handel und Marktfolge nicht demselben Geschäftsleiter zugeordnet werden.

3.3   Bereiche und Funktionen im »Back-Office«

Rein formal gab es bis Ende 2005 keine Anforderung, die eine Ansiedlung des Handelsbereiches bei **38** jenem Geschäftsleiter ausgeschlossen hat, der für die Marktfolge verantwortlich ist. Allerdings hätte eine derartige Zuordnung geschäftsartenübergreifend gegen das Funktionstrennungsprinzip verstoßen, da die Marktfolge unabhängig vom Vertrieb sein soll und der Handel ein vertriebsorientierter Bereich ist. Die Kreditwirtschaft hatte im Rahmen ihrer Stellungnahme zum ersten Entwurf der MaK verdeutlicht, dass eine Differenzierung von Handel und Markt keinen Sinn ergebe, da »die Initiierung eines Handelsgeschäftes und das Votum des Bereiches Markt regelmäßig wirtschaftlich zusammenfallen«.[8] Diese Interpretation wurde auch durch die in den MaK eingeräumte Möglichkeit gestützt, im Rahmen der Festsetzung von Kontrahenten- bzw. Emittentenlimiten das Marktvotum vom Handel wahrzunehmen.[9] Daraus konnte im Umkehrschluss abgeleitet werden, dass das marktunabhängige Votum zwingend aus dem Bereich Marktfolge stammen muss, der folglich bis einschließlich der Ebene der Geschäftsleitung vom Bereich Markt und vom Handel zu trennen ist. In den MaRisk wurde diese Interpretation zur Regel ($\rightarrow$ BTO 1.1 Tz. 3).

Neben dem Bereich Marktfolge sind auch die Funktionen, die der Abwicklung und Kontrolle der **39** Handelsgeschäfte dienen, grundsätzlich bis einschließlich der Ebene der Geschäftsleitung von Markt und Handel zu trennen. Diese beiden Back-Office-Bereiche werden auch als »nachgelagerte Bereiche« bezeichnet ($\rightarrow$ AT 4.3.1 Tz. 1, Erläuterung). Das Back-Office im Kreditgeschäft (Marktfolge) und das Back-Office im Handelsgeschäft (Abwicklung und Kontrolle) sollten in dieser Beziehung vor dem Hintergrund bestehender Interessenkonflikte gleichbehandelt werden. Damit sind Über-Kreuz-Zuständigkeiten zwischen vertriebsorientierten und vertriebsfremden Bereichen i. d. R. auch geschäftsartenübergreifend ausgeschlossen. Allerdings gestattet die deutsche Aufsicht in besonderen Fällen eine Ausnahme von diesem Prinzip. Sofern in einem Institut mit mindestens drei Geschäftsleitern eine klare Trennung zwischen den (risikorelevanten) Bereichen Markt und Handel besteht und insofern (auch im Vertretungsfall) im Bereich Markt keinerlei Handelsgeschäfte bearbeitet oder votiert werden, kann auf die Funktionstrennung zwischen dem Bereich Markt und den Funktionen, die der Abwicklung und Kontrolle der Handelsgeschäfte dienen, verzichtet werden.[10] Diese Philosophie lässt sich nicht auf das Zusammenwirken der Bereiche Handel und Marktfolge übertragen, da die Kontrahenten- und Emittentenlimite bei Handelsgeschäften zwingend durch eine vertriebsunabhängige Votierung aus dem Bereich Marktfolge festzulegen sind ($\rightarrow$ BTO 1.1 Tz. 3). Insofern sind Überschneidungen in den Geschäftsprozessen zwischen diesen beiden Bereichen nicht zu vermeiden. Vor allem kann auf die Funktionstrennung zwischen Handel und Marktfolge nicht verzichtet werden.

Daneben werden einige Tätigkeiten aufgezählt, deren Unabhängigkeit von vertriebsorientierten **40** Bereichen an anderer Stelle explizit gefordert wird. Hierzu gehören u. a. die Überprüfung bestimmter, unter Risikogesichtspunkten festzulegender Sicherheiten ($\rightarrow$ BTO 1.1 Tz. 7), die Entscheidungen über die Risikovorsorge bei bedeutenden Engagements ($\rightarrow$ BTO 1.1 Tz. 7) sowie die Federführung für den Sanierungs- bzw. Abwicklungsprozess oder die Überwachung dieser Prozesse ($\rightarrow$ BTO 1.2.5 Tz. 1). Auch die Methodenverantwortung im weiteren Sinne sollte unabhängig vom Vertrieb wahrgenommen werden. Hierzu gehört die Verantwortung für die Entwicklung und Qualität

– der Prozesse im Kreditgeschäft, d. h. der Kreditbearbeitung, der Kreditbearbeitungskontrolle, der Intensivbetreuung, der Problemkreditbearbeitung und der Risikovorsorge ($\rightarrow$ BTO 1.2 Tz. 1),

---

8 Zentraler Kreditausschuss, Stellungnahme zum ersten Entwurf der Mindestanforderungen an das Kreditgeschäft der Kreditinstitute vom 17. Mai 2002, S. 20.

9 Vgl. Bundesanstalt für Finanzdienstleistungsaufsicht, Mindestanforderungen an das Kreditgeschäft der Kreditinstitute (MaK), Rundschreiben 34/2002 (BA) vom 20. Dezember 2002, Tz. 30.

10 Vgl. Bundesanstalt für Finanzdienstleistungsaufsicht, Protokoll der dritten Sitzung des MaRisk-Fachgremiums am 6. März 2007, S. 4.

- der Kriterien, wann ein Engagement der Intensivbetreuung zu unterziehen ist, sowie deren regelmäßige Überprüfung (→ BTO 1.2.4 Tz. 1),
- der Kriterien, wann ein Engagement an die Sanierung bzw. Abwicklung abgegeben wird bzw. wann die darauf spezialisierten Mitarbeiter eingeschaltet werden müssen, sowie deren regelmäßige Überprüfung (→ BTO 1.2.5 Tz. 1) und
- der Anwendung der Risikoklassifizierungsverfahren sowie deren Überwachung (→ BTO 1.4 Tz. 2).

3.4 Unabhängigkeit des Risikocontrollings

41 Auch das Risikocontrolling, dem die Funktionen der Überwachung und Kommunikation der Risiken zugeordnet sind, ist von den Bereichen Markt und Handel zu trennen. Allgemeiner formuliert ist die Risikocontrolling-Funktion aufbauorganisatorisch bis einschließlich der Ebene der Geschäftsleitung von jenen Bereichen zu trennen, die für die Initiierung bzw. den Abschluss von Geschäften zuständig sind (→ AT 4.4.1 Tz. 1). Diese im Rahmen der vierten MaRisk-Novelle eingefügte Anforderung zielt auf Bereiche mit Positionsverantwortung außerhalb von Markt und Handel ab. Davon ist in erster Linie die Treasury betroffen, was mit der fünften MaRisk-Novelle klargestellt wurde (→ AT 4.4.1 Tz. 1, Erläuterung). Diese Bereiche waren zuvor lediglich von den Funktionen des Marktpreisrisikocontrollings zu trennen (→ BTO Tz. 4).

42 Eine Koppelung des Risikocontrollings an vertriebsorientierte Bereiche könnte sich schon deshalb kontraproduktiv auswirken, weil zwischen Chancen und Risiken ein direkter Zusammenhang besteht. Bereiche, die vorrangig nach Vertriebserfolgen beurteilt werden, vernachlässigen tendenziell die Risikosicht. Sachgerechte Steuerungsmaßnahmen der Geschäftsleitung erfordern jedoch eine möglichst objektive Berichterstattung über die Risikosituation. Insofern sollte zwischen Markt und Handel einerseits sowie den Funktionen, die der Überwachung und Kommunikation der Risiken dienen, andererseits kein Abhängigkeitsverhältnis bestehen. In den MaRisk ist daher vorgesehen, dass die Aufgaben des Risikocontrollings von den Vertriebsbereichen zu trennen sind. Diese Trennung gilt grundsätzlich bis einschließlich der Ebene der Geschäftsleitung.

43 Es ist hingegen nicht erforderlich, die Funktionen des Risikocontrollings in einer separaten Abteilung außerhalb der Vorstandslinie des Bereiches Marktfolge zu bündeln. Die deutsche Aufsicht fordert selbst bei systemrelevanten Instituten lediglich eine aufbauorganisatorische Trennung der Risikocontrolling-Funktion von der Marktfolge bis unterhalb der Geschäftsleiterebene (→ AT 4.4.1 Tz. 5). Bei Instituten mit maximal drei Geschäftsleitern können Risikocontrolling-Funktion und Marktfolge sogar unter einheitlicher Leitung der zweiten Ebene stehen und die Leitung der Risikocontrolling-Funktion auch auf der dritten Ebene angesiedelt sein, sofern eine direkte Berichtslinie zur Geschäftsleiterebene besteht (→ AT 4.4.1 Tz. 4, Erläuterung). Bei allen Konstellationen muss jeweils eine unabhängige Wahrnehmung der zugeordneten Funktionen im Sinne der MaRisk sichergestellt sein. Die jeweils passende Lösung hängt vor allem davon ab, wie die Aufgaben im Institut verteilt sind und ob der Marktfolge eine Mitverantwortung für die Ertragssituation zugeschrieben wird. In der Praxis wird auf diese Weise versucht, eine grundsätzliche »Ablehnungsmentalität« seitens der Marktfolge zu verhindern. Je intensiver derartige Koppelungen erfolgen, desto zweckmäßiger kann eine Trennung des Risikocontrollings von der Marktfolge sein (→ AT 4.4.1 Tz. 4).

4 Funktionstrennung von Bereichen mit Positionsverantwortung (Tz. 4)

4 Funktionen des Marktpreisrisikocontrollings sind bis einschließlich der Ebene der **44**
Geschäftsleitung von Bereichen zu trennen, die die Positionsverantwortung tragen.

4.1 Positionsverantwortliche Bereiche

Zunächst stellt sich die Frage, was unter der »Positionsverantwortung« in einem Institut überhaupt **45**
zu verstehen ist. In den MaRisk wird an verschiedenen Stellen auf die Positionsverantwortung Bezug
genommen. Den besonderen Anforderungen an die Risikosteuerungs- und -controllingprozesse
entsprechend müssen sämtliche Handelsgeschäfte mit einer bestimmten Gegenpartei auf das jeweilige Kontrahentenlimit und speziell die mit Marktpreisrisiken behafteten Geschäfte des Handelsbuches unverzüglich auf die einschlägigen Limite angerechnet werden. Die Positionsverantwortlichen sind dabei jeweils zeitnah über die für sie relevanten Limite und ihre aktuelle Ausnutzung zu
informieren (→ BTR 1 Tz. 3 und BTR 2.2 Tz. 1). Selbstverständlich muss ein Händler Kenntnis über
die ihm zur Verfügung stehenden Limite sowie deren Auslastung haben. Ebenso einleuchtend ist,
dass ein Gruppen-, Abteilungs- oder Bereichsleiter im Handel über die für seinen Zuständigkeitsbereich relevanten Limite unterrichtet sein muss, wenn er z. B. sachgerechte Entscheidungen zur
Veränderung einer Position treffen möchte. In beiden Fällen geht es darum, die Auswirkungen des
geplanten Handelns auf die Auslastung der relevanten Limite vorher abschätzen zu können.

Außerdem muss die Positionsverantwortung von Händlern jährlich für einen ununterbrochenen **46**
Zeitraum von mindestens zehn Handelstagen an einen anderen Mitarbeiter übertragen werden,
wobei der abwesende Händler in diesem Zeitraum keinen Zugriff auf die ursprünglich von ihm
verantworteten Positionen haben darf (→ BTO 2.2.1 Tz. 10). Diese Vorgabe dient dem Ziel, vor dem
Hintergrund der spektakulären Betrugsfälle in der Vergangenheit die Wirksamkeit der internen
Kontrollen zu stärken. Dieses Ziel wird auch mit der Anforderung verfolgt, die Funktionen des
Marktpreisrisikocontrollings aufbauorganisatorisch von jenen Bereichen zu trennen, die die Positionsverantwortung tragen. Allerdings ist der Adressatenkreis dieser Anforderung häufig nicht allein
der Handel im engeren Sinne. Die in Rede stehende Vorschrift, die das allgemeine Funktionstrennungsprinzip um den Aspekt der Positionsverantwortung erweitert, wurde aufgenommen, weil
der Handel i. d. R. zwar die Positionsverantwortung für das Handelsbuch trägt. Hingegen wird die
Verantwortung für die Positionen des Anlagebuches oftmals an die so genannte »Treasury« übertragen, die folglich ebenfalls vom Marktpreisrisiko getrennt sein muss.

Implizit ergibt sich diese spezielle Vorgabe eigentlich bereits aus der Anforderung, die Risiko- **47**
controlling-Funktion aufbauorganisatorisch bis einschließlich der Ebene der Geschäftsleitung von
jenen Bereichen zu trennen, die für die Initiierung bzw. den Abschluss von Geschäften zuständig
sind (→ AT 4.4.1 Tz. 1). Um diesen Rückschluss zu bestätigen, hat die deutsche Aufsicht im
Rahmen der fünften MaRisk-Novelle den Bereichen, die Geschäfte initiieren bzw. abschließen,
explizit den Bereich Markt, den Bereich Handel sowie andere Bereiche, die über Positionsverantwortung verfügen, zugeordnet und dabei beispielhaft die Treasury genannt (→ AT 4.4.1 Tz. 1,
Erläuterung).

4.2 Definition und Aufgabenabgrenzung der Treasury

48 Für die Treasury gibt es weder eine klare Übersetzung noch eine eindeutige Aufgabenzuordnung. Häufig werden für diese Funktion andere Begriffe verwendet, wie z. B. Liquiditätsmanagement, Aktiv-/Passiv-Management (Asset-/Liability-Management) oder Middle-Office, wobei die Aufgabenabgrenzung sehr verschieden sein kann. Im engeren Sinne werden von der Treasury sämtliche Zahlungsströme optimiert, um die institutsinterne Kapitalallokation zu verbessern und das Institut gegen finanzielle Risiken abzusichern. Hierzu gehört die Disposition der vorhandenen finanziellen Mittel unter Beachtung der erwarteten Zu- bzw. Abflüsse. Insofern handelt es sich vor allem um Maßnahmen der Liquiditätsrisikosteuerung (»Liquiditäts-Treasury«), die den Fortbestand des Unternehmens sichern sollen (→ BTR 3). Im weiteren Sinne übernimmt die Treasury die gesamte Aktiv-/Passiv-Steuerung. In diesem Fall ist sie auch für die Steuerung der mit Marktpreisrisiken behafteten Positionen des Anlagebuches zuständig (→ BTR 2.3), also insbesondere für die Zinsänderungsrisikosteuerung (»Zins-Treasury«). In der Praxis nicht unüblich ist eine enge Verzahnung der Liquiditätsrisikosteuerung mit der Zinsänderungsrisikosteuerung, die aber organisatorisch getrennt innerhalb der Treasury angesiedelt sind.[11]

49 Die funktionale Trennung zwischen Liquiditätsrisikosteuerung und Liquiditätsrisikocontrolling ist zwar nicht Gegenstand der MaRisk und daher auch »nicht zwangsweise notwendig«.[12] Da es beim Controlling der Marktpreis- und Liquiditätsrisiken jedoch große Überschneidungen gibt, werden diese Risikoarten i. d. R. in einer Abteilung gemeinsam überwacht. In diesem Fall ist die theoretisch nicht erforderliche Funktionstrennung zumindest bei einer Ausrichtung der Treasury im weiteren Sinne praktisch nicht zu vermeiden. Weil die mit Positionsverantwortung ausgestattete Zins-Treasury vom Marktpreisrisikocontrolling zu separieren ist, wären dann automatisch auch die Liquiditäts-Treasury und das Liquiditätsrisikocontrolling voneinander getrennt. Auch bei anderer Ausrichtung der Treasury ist sie immer dann vom Risikocontrolling zu trennen, sobald sie für die Initiierung bzw. den Abschluss von Geschäften zuständig ist (→ AT 4.4.1 Tz. 1). Häufig ist die Treasury ohnehin dem für den Handel zuständigen Geschäftsleiter zugeordnet. Zur Unabhängigkeit von Handel und Risikocontrolling bestehen bereits entsprechende Vorschriften (→ BTO Tz. 3).

50 Im Zusammenhang mit der Kreditrisikosteuerung wird darüber hinaus auch der Begriff »Credit-Treasury« verwendet. Allerdings erfolgt die Steuerung der Kreditrisiken normalerweise in separaten Abteilungen, wie z. B. im Kreditmanagement.

4.3 Separierung des Risikocontrollings vom Portfoliomanagement

51 Die Unabhängigkeit des Risikocontrollings schließt nicht aus, dass es im Zusammenhang mit der Durchführung von Maßnahmen, die das Gesamtportfolio betreffen (z. B. im Hinblick auf den Abschluss von Geschäften mit Kreditderivaten), oder in anderer Hinsicht beratend tätig wird bzw. Empfehlungen abgibt. So ist im Rahmen der Risikoberichterstattung ausdrücklich vorgesehen, dass im Bedarfsfall auch Handlungsvorschläge, z. B. zur Risikoreduzierung, gemacht werden sollen (→ BT 3.1 Tz. 1). Eine Diskussion dieser Handlungsvorschläge mit den für die Steuerung der jeweiligen Geschäfte verantwortlichen Bereichen ist grundsätzlich unproblematisch, solange darunter nicht der Informationsgehalt leidet (→ BT 3.2 Tz. 2, Erläuterung). Derartige Empfehlungen des Risikocontrollings sind insbesondere im Hinblick auf ggf. einzuleitende Maßnahmen auf Portfolio-

---

11 Vgl. Bartetzky, Peter, Liquiditätsrisikomanagement – Status quo, in: Bartetzky, Peter/Gruber, Walter/Wehn, Carsten S. (Hrsg.), Handbuch Liquiditätsrisiko – Identifikation, Messung und Steuerung, Stuttgart, 2008, S. 5 f.

12 Debus, Knut/Kreische, Kai, Die Liquidität im Fokus, in: Die Bank, Heft 6/2006, S. 63.

ebene sinnvoll, da die zuständigen Mitarbeiter i.d.R. am besten die Gesamtsituation des Portfolios und damit auch die Auswirkungen solcher Maßnahmen beurteilen können. So werden Positionen im Bereich der liquiden Kreditprodukte im Bedarfsfall sofort glattgestellt. Die Informationen des Risikocontrollings können in diesem Geschäftsfeld zeitnah in Steuerungsimpulse umgewandelt werden. Bei den quasi zementierten Beständen im klassischen Kreditgeschäft besteht in dieser Hinsicht hingegen nur wenig Spielraum. Steuerungsimpulse beschränken sich dort weitgehend auf die Reduzierung bzw. die Ausdehnung des Neugeschäftes. Dem Risikocontrolling kommt also vor dem Hintergrund der Tendenz in Richtung liquider Kreditprodukte ein immer höherer Stellenwert zu.

In der Praxis werden die Empfehlungen des Risikocontrollings entweder direkt gegenüber der **52** Geschäftsleitung abgegeben oder an eigens für diese Zwecke eingerichtete Risikoausschüsse (→ BTO Tz.6) bzw. ähnlich strukturierte Gremien mit Entscheidungsbefugnis weitergeleitet. Die Einbindung des Risikocontrollings muss jedoch auf beratende oder empfehlende Tätigkeiten beschränkt bleiben. Das Risikocontrolling kann nicht, wie z.B. ein mit entsprechenden Befugnissen ausgestatteter Portfoliomanager, über derartige Maßnahmen eigenständig Entscheidungen treffen, da dies auch vor dem Hintergrund der Tragweite solcher Maßnahmen seine Unabhängigkeit erheblich beeinträchtigen könnte. Daraus ergibt sich im Umkehrschluss, dass ein ggf. vorhandenes Portfoliomanagement vom Risikocontrolling bis einschließlich der Ebene der Geschäftsleitung zu trennen ist, sofern es mit weitreichenden Entscheidungskompetenzen ausgestattet ist. Jede andere Lösung wäre weder mit dem Grundsatz der Funktionstrennung noch mit der Überwachungstätigkeit des Risikocontrollings vereinbar.

5 Funktionstrennung im Vertretungsfall (Tz. 5)

53 **5** Die Funktionstrennungen sind auch im Vertretungsfall zu beachten. Die Vertretung kann dabei grundsätzlich auch von einem geeigneten Mitarbeiter unterhalb der Ebene der Geschäftsleitung wahrgenommen werden.

5.1 Schwierigkeiten bei der Vertretung von Geschäftsleitern

54 Die zuvor formulierten Funktionstrennungsprinzipien (→ BTO Tz. 3 und Tz. 4) müssen auch im Vertretungsfall beachtet werden. Das hat insbesondere Konsequenzen für die Vertretungsregelung innerhalb der Geschäftsleitung. Über-Kreuz-Zuständigkeiten zwischen Geschäftsleitern, die für voneinander zu trennende Bereiche oder Funktionen zuständig sind, widersprechen dem Prinzip der Funktionstrennung und sind deshalb grundsätzlich nicht zulässig. So kann sich z. B. der Geschäftsleiter eines vertriebsorientierten Bereiches, wie Markt oder Handel, nicht durch einen für die Marktfolge zuständigen Geschäftsleiter vertreten lassen. Dasselbe Ausschlusskriterium gilt auch für den umgekehrten Fall.

55 Die Anforderungen zur Funktionstrennung können jedoch in praktischer Hinsicht an ihre Grenzen stoßen. Bei kleineren Instituten mit nur zwei Geschäftsleitern könnten im Extremfall keine risikorelevanten Entscheidungen getroffen werden, solange ein Geschäftsleiter wegen Urlaubs oder anderer Gründe abwesend ist. Erschwerend kommt hinzu, dass gerade bei diesen Instituten die Grenze zum risikorelevanten Geschäft tendenziell schnell erreicht wird (→ BTO 1.1 Tz. 4, Erläuterung).

56 Auch unabhängig von der Anzahl der Geschäftsleiter kann die Umsetzung dieser Anforderung allein auf der Ebene der Geschäftsleitung zu praktischen Problemen führen. Selbst in einer zahlenmäßig großen Geschäftsleitung kann es z. B. schwierig sein, eine fachlich sinnvolle Vertretungsregelung für die Marktfolge oder das Risikocontrolling zu vereinbaren, insbesondere dann, wenn diese beiden Bereiche von einem Geschäftsleiter verantwortet werden. Häufig sind die übrigen Mitglieder entweder für vertriebsorientierte Bereiche oder für Themengebiete zuständig, die mit den Aufgaben der Marktfolge und des Risikocontrollings in keinem direkten Zusammenhang stehen. Unabhängig von der Gesamtverantwortung der Geschäftsleitung (→ AT 3 Tz. 1) könnte ein normalerweise für die Personalabteilung oder die Organisation verantwortlicher Geschäftsleiter ggf. keine sachgerechten Entscheidungen treffen, wenn er im Vertretungsfall über komplexe Projektfinanzierungen, Kreditderivate oder Verbriefungstranchen befinden müsste. In der Praxis kann daher vor allem die Abwesenheit der vertriebsunabhängigen Geschäftsleiter die Institute vor Probleme stellen.

5.2 Alternative Vertretungsregelungen

57 Die MaRisk lassen jedoch Gestaltungsspielräume zu, die den geschilderten Problemen bei der Vertretung von Geschäftsleitern Rechnung tragen. Als mit den MaRisk vereinbare Vertretungsregelungen kommen in diesem Zusammenhang verschiedene Lösungen in Betracht. Trotz der geschilderten fachlichen Probleme kann der für die Marktfolge oder das Risikocontrolling zuständige Geschäftsleiter natürlich immer durch einen anderen Geschäftsleiter vertreten werden. Dieser

darf allerdings nicht gleichzeitig eine organisatorische Verantwortung für Vertriebsbereiche besitzen, die risikorelevante Geschäfte initiieren. Darüber hinaus ist es grundsätzlich zulässig, dass die Vertretung von einem geeigneten Mitarbeiter unterhalb der Ebene der Geschäftsleitung wahrgenommen wird. So kann die Abwesenheitsvertretung für den Marktfolge-Geschäftsleiter z.B. von einem für die Marktfolge zuständigen Bereichs- bzw. Abteilungsleiter wahrgenommen werden. Diese Lösung ist im Sinne des Grundsatzes der Funktionstrennung zulässig, solange der Vertreter aus einem bis in die Ebene der Geschäftsleitung vertriebsunabhängigen Bereich stammt. Auf die Anzahl der Geschäftsleiter kommt es dabei nicht an. Aus Risikosicht ist es zudem irrelevant, ob die Vertretung durch einen Bereichs- oder Abteilungsleiter bei Vorhandensein zweier oder mehrerer Geschäftsleiter übernommen wird. Ebenso möglich ist die Vertretung eines Geschäftsleiters durch mehrere geeignete Personen, sofern die o.g. Einschränkungen beachtet werden.

Da die Bereichs- oder Abteilungsleiter wegen ihrer Nähe zum operativen Geschäft über detaillierte Kenntnisse verfügen, können solche Vertretungsregelungen aus fachlicher Sicht sehr sinnvoll sein. Dabei liegt es natürlich im Ermessen der Geschäftsleitung, den Zuständigkeitsbereich bzw. die Kompetenzen für den Zeitraum der Vertretung festzulegen bzw. in geeigneter Weise einzuschränken. Aus den MaRisk leiten sich solche weitergehenden Beschränkungen der Vertretungsvollmacht jedoch nicht ab. Allerdings kann ein derartiger Vertreter keine Zuständigkeiten wahrnehmen, die ausschließlich Geschäftsleiter eines Institutes zu verantworten haben. Geschäftsleiter im Sinne des §1 Abs.2 Satz1 KWG sind diejenigen natürlichen Personen, die nach Gesetz, Satzung oder Gesellschaftsvertrag zur Führung der Geschäfte und zur Vertretung eines Institutes in der Rechtsform einer juristischen Person oder einer Personenhandelsgesellschaft berufen sind. Dazu gehört z.B. die Beschlussfassung über Großkredite nach Art. 392 CRR. Auch Entscheidungen in Krediteinzelkompetenz (→BTO1.1 Tz.5) können im Vertretungsfall nur von Mitarbeitern getroffen werden, die eine Geschäftsleitereignung im Sinne des KWG nachweisen können. Dies betrifft insbesondere die so genannten »Verhinderungsvertreter«.

58

6 Mitwirkung des Leiters Risikocontrolling im Risikoausschuss (Tz. 6)

59 **6** Die Mitwirkung des für die Funktionen des Risikocontrollings zuständigen Geschäftsleiters in einem von der Geschäftsleitung mit der Steuerung der Risiken betrauten Ausschuss steht dem Grundsatz der Funktionstrennung nicht entgegen.

6.1 Risikoausschuss

60 Im Zusammenhang mit den vorherigen Textziffern wurde klargestellt, dass Risikosteuerung und Risikocontrolling grundsätzlich voneinander zu trennen sind. Das folgt bereits daraus, dass die Überwachungsfunktion stets unabhängig vom Überwachungsobjekt sein sollte. Aufgrund der herausragenden Bedeutung der Risikosteuerung für die gesamte Entwicklung eines Institutes wird mit der Steuerung der Risiken insbesondere in größeren Instituten häufig ein so genannter »Risikoausschuss« betraut, in dem alle betroffenen Bereiche mitwirken sollen.[13] Es wurde bereits deutlich, dass die Mitarbeiter des Risikocontrollings die Gesamtsituation des Portfolios und damit auch die Auswirkungen der Steuerungsmaßnahmen besonders gut beurteilen können. Insofern liegt es natürlich im Interesse des Institutes, die Expertise des Risikocontrollings auch für diesen Ausschuss zu nutzen. Aus diesem Grund ist die Mitwirkung des für die Funktionen des Risikocontrollings zuständigen Geschäftsleiters in einem von der Geschäftsleitung mit der Steuerung der Risiken betrauten Ausschuss trotz vorgeschriebener Funktionstrennung gestattet bzw. eigentlich sogar erwünscht (siehe Abbildung 51). Dasselbe gilt für die ggf. unterhalb der Geschäftsleitungsebene angesiedelte Leitung der Risikocontrolling-Funktion.

---

13 Bei diesem Ausschuss handelt es sich um ein bankinternes Organ. Ein Gremium mit Beteiligung des Aufsichtsorgans, das zwar für andere Zwecke (z. B. die Genehmigung von Organkrediten) gebildet, häufig aber genauso bezeichnet wird, ist damit nicht gemeint. Nähere Ausführungen dazu finden sich im folgenden Abschnitt »Gesetzliche Vorgaben«.

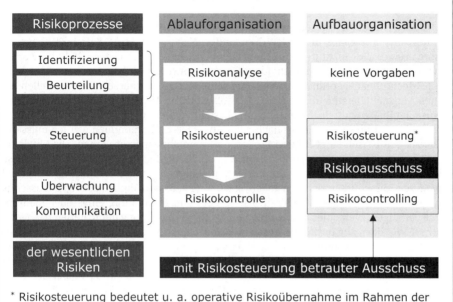

Abb. 51: Unabhängigkeit der Überwachungsfunktion

Im Grunde genommen werden das Risikocontrolling und die für die Risikosteuerung zuständigen **61** Bereiche damit bei Entscheidungen zur Risikosteuerung ähnlich behandelt wie die Marktfolge und der Markt im Kreditentscheidungsprozess. Soweit nämlich Kreditentscheidungen von einem dafür eingerichteten Ausschuss, in diesem Fall einem Kreditausschuss, getroffen werden, sind die Mehrheitsverhältnisse innerhalb dieses Ausschusses so festzulegen, dass der Bereich Marktfolge nicht überstimmt werden kann (→ BTO 1.1 Tz. 2). Das heißt zunächst einmal, dass die Marktfolge und der Markt trotz vorgeschriebener Funktionstrennung im Kreditausschuss mitwirken können. Auch in diesem Fall ist die Mitwirkung beider Bereiche allein aus fachlicher Sicht zu empfehlen. Die tragende Rolle der Marktfolge bei der Limitfestsetzung im Kreditgeschäft und auch im Handelsgeschäft, wo die Kontrahenten- und Emittentenlimite durch eine Votierung aus dem Bereich Marktfolge festzulegen sind (→ BTO 1.1 Tz. 3), wird in diesem Fall durch die festgeschriebenen Mehrheitsverhältnisse berücksichtigt. Für den mit der Steuerung der Risiken betrauten Ausschuss werden zwar keine Mehrheitsverhältnisse festgelegt. Die Rolle des Risikocontrollings in diesem Ausschuss ergibt sich jedoch aus seiner eigentlichen Funktion (Überwachung und Kommunikation der Risiken) und der Formulierung »Mitwirkung«, die darauf schließen lassen, dass es dabei in erster Linie um eine beratende Tätigkeit geht.

6.2 Gesetzliche Vorgaben für den Risikoausschuss

62   Mit dem CRDIV-Umsetzungsgesetz wurden auch Vorgaben zu einem Risikoausschuss als Gremium des Aufsichtsorgans in das KWG eingefügt. Nach § 25d Abs. 8 Satz 1 KWG hat das Aufsichtsorgan eines CRR-Institutes von erheblicher Bedeutung im Sinne des § 25d Abs. 3 Satz 8 KWG bzw. einer (gemischten) Finanzholding-Gesellschaft, der als übergeordnetes Unternehmen ein CRR-Institut nachgeordnet ist, aus seiner Mitte einen Risikoausschuss zu bestellen, der es bei seinen Aufgaben beraten und unterstützen soll. Gemäß § 25d Abs. 10 KWG kann ggf. auch ein gemeinsamer Risiko- und Prüfungsausschuss bestellt werden, wobei von diesem dann auch die Aufgaben des Prüfungsausschusses nach § 25d Abs. 9 KWG übernommen werden müssen.

63   Der Risikoausschuss soll eines seiner Mitglieder zum Vorsitzenden ernennen. Die Mitglieder des Ausschusses müssen die zur Erfüllung der Ausschussaufgaben erforderlichen Kenntnisse, Fähigkeiten und Erfahrungen haben. Um die Zusammenarbeit und den fachlichen Austausch mit ggf. weiteren Ausschüssen sicherzustellen, soll mindestens ein Mitglied des Risikoausschusses einem weiteren Ausschuss angehören. Die BaFin kann die Bildung eines oder mehrerer Ausschüsse verlangen, wenn dies insbesondere unter Berücksichtigung der Kriterien nach § 25d Abs. 7 Satz 1 KWG oder zur ordnungsgemäßen Wahrnehmung der Kontrollfunktion des Aufsichtsorgans erforderlich erscheint.

64   In erster Linie berät der Risikoausschuss das Aufsichtsorgan zur aktuellen und künftigen Gesamtrisikobereitschaft und -strategie des Unternehmens und unterstützt es bei der Überwachung der Umsetzung dieser Strategie durch die Geschäftsleitung. Der Risikoausschuss wacht zudem darüber, dass die Konditionen im Kundengeschäft mit dem Geschäftsmodell und der Risikostruktur des Unternehmens im Einklang stehen. Soweit dies nicht der Fall ist, unterbreitet der Risikoausschuss der Geschäftsleitung Vorschläge, wie die Konditionen im Kundengeschäft in Übereinstimmung mit dem Geschäftsmodell und der Risikostruktur gestaltet werden können, und überwacht deren Umsetzung. Der Risikoausschuss prüft, ob die durch das Vergütungssystem gesetzten Anreize die Risiko-, Kapital- und Liquiditätsstruktur des Unternehmens sowie die Wahrscheinlichkeit und Fälligkeit von Einnahmen berücksichtigen, ohne dabei in den Aufgabenbereich eines ggf. vorhandenen Vergütungskontrollausschusses nach § 25d Abs. 12 KWG einzugreifen. Der Vergütungskontrollausschuss soll mit dem Risikoausschuss zusammenarbeiten und sich intern bspw. durch das Risikocontrolling und extern von Personen beraten lassen, die unabhängig von der Geschäftsleitung sind.

65   Der Risikoausschuss kann, soweit erforderlich, den Rat externer Sachverständiger einholen. Der Risikoausschuss oder, falls ein solcher nicht eingerichtet wurde, das Aufsichtsorgan bestimmt Art, Umfang, Format und Häufigkeit der Informationen, die die Geschäftsleitung zum Thema Strategie und Risiko vorlegen muss. Der Vorsitzende des Risikoausschusses oder, falls ein Risikoausschuss nicht eingerichtet wurde, der Vorsitzende des Aufsichtsorgans, kann unmittelbar beim Leiter der Internen Revision und beim Leiter des Risikocontrollings Auskünfte einholen. Die Geschäftsleitung muss hierüber unterrichtet werden.

66   Laut Gesetzesbegründung zum CRDIV-Umsetzungsgesetz vom 15. Oktober 2012 wurden mit den allgemeinen Vorgaben in § 25d Abs. 8 KWG die Art. 76, 88 und 95 CRDIV (in der Fassung vom 26. Juni 2013) sowie einige Vorgaben aus den damaligen Leitlinien der EBA zur internen Governance aus dem Jahre 2011[14] umgesetzt. Der Gesetzgeber erwartet grundsätzlich eine Bestellung entsprechender Ausschüsse ab einer Mindestzahl von zehn Mitgliedern im Aufsichtsorgan. Beim Kriterium »interne Organisation« geht es offenbar auch darum, ob es sich um ein Handelsbuch-

---

14 Vgl. European Banking Authority, EBA Guidelines on Internal Governance (GL 44), 27. September 2011, S. 26 ff.

institut handelt oder nicht. Die Formulierung »bestellen« orientiert sich an § 107 Abs. 3 AktG. Die wechselseitige Mitgliedschaft (»Cross-participation«) ist wiederum auf eine Empfehlung der EBA zurückzuführen.[15] Die Forderung nach Einrichtung eines Risikoausschusses geht auf Art. 76 Abs. 3 und 4 CRD IV und die EBA-Leitlinien[16] zurück. Die Möglichkeit der Schaffung eines gemeinsamen Risiko- und Prüfungsausschusses enspringt dem letzten Absatz in Art. 76 Abs. 3 CRD IV. Die Vorgaben zum Vergütungskontrollausschuss setzen Art. 95 CRD IV um.

Auch in der Gesetzesbegründung zum so genannten Trennbankengesetz vom Frühsommer **67** 2013 heißt es, dass die Risikointensität der spekulativen Geschäfte die Einrichtung eines Risikoausschusses gemäß § 25d Abs. 8 KWG und die laufende Beschäftigung des Aufsichtsorgans mit den Risiken aus diesen Geschäften erfordert.

---

15 Vgl. European Banking Authority, EBA Guidelines on Internal Governance (GL 44), 27. September 2011, S. 28. Diese Anforderung findet sich auch in den überarbeiteten Leitlinien. Vgl. European Banking Authority, Leitlinien zur internen Governance, EBA/GL/2017/11, 21. März 2018, S. 16.

16 Vgl. European Banking Authority, EBA Guidelines on Internal Governance (GL 44), 27. September 2011, S. 29. Auch diese Anforderung wird in den neuen Leitlinien wiederholt. Vgl. European Banking Authority, Leitlinien zur internen Governance, EBA/GL/2017/11, 21. März 2018, S. 12.

7 Unabhängigkeit des Rechnungswesens (Tz. 7)

68 **7** Das Rechnungswesen, insbesondere die Aufstellung der Kontierungsregeln sowie die Entwicklung der Buchungssystematik, ist in einer vom Markt und Handel unabhängigen Stelle anzusiedeln.

7.1 Aufbauorganisatorische Trennung von Handel und Rechnungswesen

69 Die Mindestanforderungen an das Handelsgeschäft (MaH) enthielten eine Vorschrift, nach der die funktionale und organisatorische Trennung des Handels vom Rechnungswesen bis einschließlich der Ebene der Geschäftsleitung zu gewährleisten war.[17] In den MaRisk wird diese strenge Forderung nicht mehr aufrechterhalten. Das Rechnungswesen ist zwar in einer vom Markt und Handel unabhängigen Stelle anzusiedeln. Diese Stelle kann allerdings grundsätzlich innerhalb der Geschäftsleiterlinie Markt bzw. Handel eingeordnet sein (→ BTO Tz. 2, Erläuterung). Natürlich sind von dieser Regelung insbesondere die Aufstellung der so genannten »Kontierungsregeln«, mit deren Hilfe die Zuordnung von Kosten und Erlösen in der Kostenrechnung festgelegt wird, sowie die Entwicklung der Buchungssystematik betroffen, bei denen die Gefahr des Missbrauchs tendenziell am größten ist.

7.2 Funktionstrennung bei handelsintensiven Instituten

70 Seitens der Wirtschaftsprüfer wurden gegenüber der Bankenaufsicht schon im Vorfeld der Veröffentlichung der MaRisk Bedenken geäußert, ob der Verzicht auf eine Trennung von Handel und Rechnungswesen auf Ebene der Geschäftsleitung vor allem bei größeren Instituten mit signifikanten Handelsaktivitäten wirklich sachgerecht ist. Offenbar bestand bei den Prüfern vor dem Hintergrund der erheblichen Wahlrechte und Gestaltungsspielräume einschlägiger Rechnungslegungsnormen (HGB, IFRS, US-GAAP) bei bestimmten Handelsgeschäften (z.B. strukturierten Produkten und Derivaten) die Befürchtung, dass die Ansiedlung des Rechnungswesens in der Linie des Handelsvorstandes Interessenkonflikte zur Konsequenz haben könnte, die durch eine Trennung bis einschließlich der Ebene der Geschäftsleitung zumindest abgeschwächt würden.[18] Im Nachhinein wurde jedoch deutlich, dass gerade die angesprochenen Institute die Öffnung der MaRisk in dieser Frage nicht zum Anlass genommen haben, die aufgrund der MaH derzeit bestehende Funktionstrennung zwischen Handel und Rechnungswesen generell aufzulösen. Entsprechenden Umfragen zufolge wurde die damalige Anforderung der MaH durchaus als sinnvoll erachtet. Darüber hinaus ist bei der Ausgestaltung der Aufbau- und Ablauforganisation nach wie vor sicherzustellen, dass miteinander unvereinbare Tätigkeiten durch unterschiedliche Personen durchgeführt werden (→ AT 4.3.1 Tz. 1). Somit stellt sich die Frage, ob die bei Instituten mit

---

17 Vgl. Bundesaufsichtsamt für das Kreditwesen, Mindestanforderungen an das Betreiben von Handelsgeschäften der Kreditinstitute (MaH), Verlautbarung vom 23. Oktober 1995, Abschnitt 4.

18 Vgl. Bundesanstalt für Finanzdienstleistungsaufsicht, Übermittlungsschreiben zum zweiten Entwurf der Mindestanforderungen an das Risikomanagement vom 22. September 2005, S. 6.

signifikanten Handelsaktivitäten (so genannte »handelsintensive Institute«)[19] vermuteten Interessenkonflikte im Rahmen von Prüfungshandlungen nicht ohnehin Anlass gäben, im Einzelfall eine entsprechende Trennung anzuraten.

In den MaRisk wird die Empfehlung ausgesprochen, bei handelsintensiven Instituten das Rechnungswesen in einem vom Handel unabhängigen Bereich anzusiedeln (→ BTO Tz. 7, Erläuterung). Da es sich nicht um eine strenge Vorschrift handelt, könnte im Rahmen der Umsetzung auf praktische Probleme Rücksicht genommen werden. Zum Beispiel wäre es denkbar, im Vertretungsfall auf eine automatische Übertragung des Funktionstrennungsprinzips zu verzichten (→ BTO Tz. 5). Schließlich handelt es sich hierbei um eine andere Qualität von vermuteten Interessenkonflikten als im klassischen Kreditgeschäft. Zudem wird der für das Rechnungswesen zuständige Geschäftsleiter im Nachgang über die Vorgänge während seiner Abwesenheit umfassend informiert. **71**

7.3 Darstellung des Grundmodells der Funktionstrennung

In Abbildung 52 wird die erforderliche Funktionstrennung auf Basis der geschilderten Vorgaben für einen Zwei-Personen-Vorstand illustriert, wobei zahlreiche nicht explizit genannte Bereiche, Stellen und Funktionen aus Vereinfachungsgründen weggelassen wurden. Ebenfalls nicht berücksichtigt wurden die weiterführenden Möglichkeiten zur Trennung bestimmter Einheiten unterhalb der zweiten Hierarchieebene. So besteht z. B. im Falle von maximal drei Geschäftsleitern die Option, die Risikocontrolling-Funktion und die Marktfolge unter bestimmten Voraussetzungen unter einheitlicher Leitung auf der zweiten Hierarchieebene anzusiedeln, womit die Leitung der Risikocontrolling-Funktion auch von der dritten Hierarchieebene wahrgenommen werden kann, sofern eine direkte Berichtslinie zur Geschäftsleiterebene besteht (→ AT 4.4.1 Tz. 4, Erläuterung). Die Abbildung bezieht sich einzig darauf, welchem der beiden Geschäftsleiter die jeweiligen Bereiche, Stellen und Funktionen letztlich zugeordnet sind. Die hell unterlegten Bereiche können grundsätzlich von beiden Geschäftsleitern verantwortet werden und sind deshalb doppelt aufgeführt. **72**

Die Abbildung 52 verdeutlicht, dass der vertriebsunabhängige Geschäftsleiter (Geschäftsleiter 2) durchaus auch für Teile der Vertriebsorganisation zuständig sein kann, solange es sich um Bereiche handelt, die nicht-risikorelevante Geschäfte initiieren, wie z. B. das standardisierte Mengengeschäft (→ BTO 1.1 Tz. 4, Erläuterung). Insofern muss er auf organisatorischer Ebene nicht vollständig von den Vertriebseinheiten abgeschnitten werden. Der vertriebsunabhängige Geschäftsleiter kann darüber hinaus im Rahmen seiner institutsintern festgelegten Krediteinzelkompetenzen risikorelevante Kreditentscheidungen treffen und den Kontakt zu seinen Kunden wahren (→ BTO 1.1 Tz. 5). Im Grunde genommen ist dieser Geschäftsleiter jedoch ein echter »Risikovorstand«, da bei ihm das Risikocontrolling und die Back-Office-Bereiche (Abwicklung und Kontrolle sowie Marktfolge) angesiedelt sind. Der vertriebsabhängige Geschäftsleiter (Geschäftsleiter 1) ist hingegen als typischer »Marktvorstand« sowohl für den Markt als auch für den Handel und die Treasury zuständig. **73**

---

19 Es existiert keine allgemeinverbindliche Definition für die so genannten »handelsintensiven Institute« bzw. die »Institute mit signifikanten Handelsaktivitäten«. Mit Blick auf die Regelungsintention handelt es sich dabei grundsätzlich um Institute, bei denen das Handelsgeschäft relativ gesehen zu den gesamten Geschäftsaktivitäten eine wichtige Rolle spielt, sowohl hinsichtlich der damit erzielten Erträge als auch der damit verbundenen Risiken.

Abb. 52: Funktionstrennung bei einem Institut mit zwei Geschäftsleitern

74 Die Gestaltungsspielräume werden etwas größer, wenn die Geschäftsleitung aus mindestens drei Personen besteht (siehe Abbildung 53). In diesem Fall kann unter bestimmten Voraussetzungen auf die Funktionstrennung zwischen dem Bereich Markt und den Funktionen, die der Abwicklung und Kontrolle der Handelsgeschäfte dienen, verzichtet werden (→ BTO Tz. 3 und BTO 2.1 Tz. 1). Um dies zu verdeutlichen, wurden in der Abbildung exemplarisch die Zuständigkeiten für Markt und Handel aufgeteilt, die natürlich auch weiterhin in einem Ressort verortet sein können. Es handelt sich also lediglich um ein mögliches Beispiel der Zuordnung bestimmter Bereiche, Stellen und Funktionen.

Geschäftsleiter 1	Geschäftsleiter 2	Geschäftsleiter 3
Markt risikorelevantes Geschäft	Handel risikorelevante Aktivitäten	Risikocontrolling
Treasury	Treasury	Compliance
		Marktfolge
Abwicklung & Kontrolle		Abwicklung & Kontrolle
Markt nicht-risikorelevantes Geschäft	Markt nicht-risikorelevantes Geschäft	Markt nicht-risikorelevantes Geschäft
Handel nicht-risikorelevante Aktivitäten	Handel nicht-risikorelevante Aktivitäten	Handel nicht-risikorelevante Aktivitäten
Rechnungswesen	Rechnungswesen	Rechnungswesen

Hinweise: Für die hell unterlegten Bereiche besteht die dargestellte Zuordnungsfreiheit, wobei das Handelsgeschäft im Gegensatz zum Kreditgeschäft nur in seiner Gesamtheit als (nicht-)risikorelevant eingestuft werden kann.
Die Funktionen Risikocontrolling, Compliance (mit direkter Berichtslinie zur Geschäftsleitung) und Marktfolge können sogar demselben Bereichsleiter zugeordnet werden.

Abb. 53: Funktionstrennung bei einem Institut mit drei Geschäftsleitern

Mit steigender Anzahl der Geschäftsleiter erhöht sich zwar tendenziell die Zahl der möglichen **75** Optionen für die Geschäftsverteilung. Allerdings gelten bestimmte aufbauorganisatorische Erleichterungen ausdrücklich nicht für große oder komplexe Institute, wodurch die Gestaltungsspielräume wieder eingeschränkt werden. Zudem sind bei großen Instituten zusätzliche Restriktionen denkbar.

Bei Instituten mit maximal drei Geschäftsleitern ist eine aufbauorganisatorische Trennung des **76** Bereiches Markt für nicht-risikorelevantes Kreditgeschäft von der Risikocontrolling-Funktion bis unmittelbar unterhalb der Geschäftsleiterebene in der Regel zwar ausreichend, sofern keine Interessenkonflikte erkennbar sind und keine Konzentration von Verantwortlichkeiten beim betroffenen Geschäftsleiter vorliegt (→ AT 4.4.1 Tz. 1, Erläuterung). Das bedeutet im Umkehrschluss aber, dass bei Instituten mit mehr als drei Geschäftsleitern eine aufbauorganisatorische Trennung des für das nicht-risikorelevante Kreditgeschäft zuständigen Bereiches von der Risikocontrolling-Funktion bis einschließlich der Geschäftsleiterebene erforderlich ist. Diese Vorgabe zielt eigentlich auf jene Bereiche ab, die in erster Linie Geschäfte initiieren bzw. abschließen. In bestimmten Konstellationen könnte davon aber auch die Marktfolge betroffen sein, die im Gegensatz zum Markt zwar keine Geschäfte initiieren darf, mit ihrem Votum aber am Abschluss von Geschäften beteiligt ist. Würde der Marktfolge das nicht-risikorelevante Kreditgeschäft zugeordnet und bei entsprechenden Kreditentscheidungen nur auf das Votum der Marktfolge abgestellt, könnte deren Zuordnung zum CRO kritisch gesehen werden.

Mit Bezug auf die nicht-risikorelevanten Handelsaktivitäten hat die deutsche Aufsicht auf eine **77** derartige Einschränkung zwar verzichtet, so dass theoretisch auch bei Instituten mit vier und mehr Geschäftsleitern gewisse Gestaltungsspielräume bestehen. Allerdings ist kaum anzunehmen, dass Institute dieser Größenordnung ihre kompletten Handelsaktivitäten als nicht-risikorelevant einstufen können. Es ist eher davon auszugehen, dass viele dieser Institute zu den so genannten

»handelsintensiven Instituten« gehören, bei denen auch eine Trennung des Rechnungswesens vom Handel empfohlen wird (→ BTO Tz. 7, Erläuterung).

78   Schließlich darf in systemrelevanten Instituten der mit der Leitung der Risikocontrolling-Funktion betraute Geschäftsleiter (»Chief Risk Officer«, CRO) weder für den Bereich Finanzen/Rechnungswesen (»Chief Financial Officer«, CFO) noch für den Bereich Organisation/IT (»Chief Operational Officer«, COO) verantwortlich sein (→ AT 4.4.1 Tz. 5). Eine Aussage zur Trennung der Ressorts des CFO und des COO findet sich in den MaRisk hingegen nicht, womit die auch in größeren Instituten häufig praktizierte Zusammenlegung der Ressorts des CFO und des COO weiterhin statthaft ist. Das bedeutet, dass entweder das bereits dargestellte Modell mit zwei Geschäftsleitern um einen CFO und einen COO erweitert werden könnte (siehe Abbildung 54) oder das ebenso erwähnte Modell mit drei Geschäftsleitern um einen CFO/COO (siehe Abbildung 55).

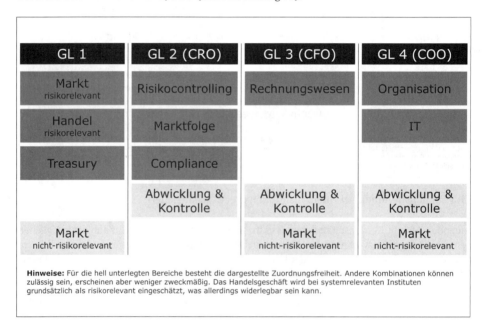

Abb. 54: Funktionstrennung bei einem systemrelevanten Institut mit vier Geschäftsleitern (CFO und COO einzeln)

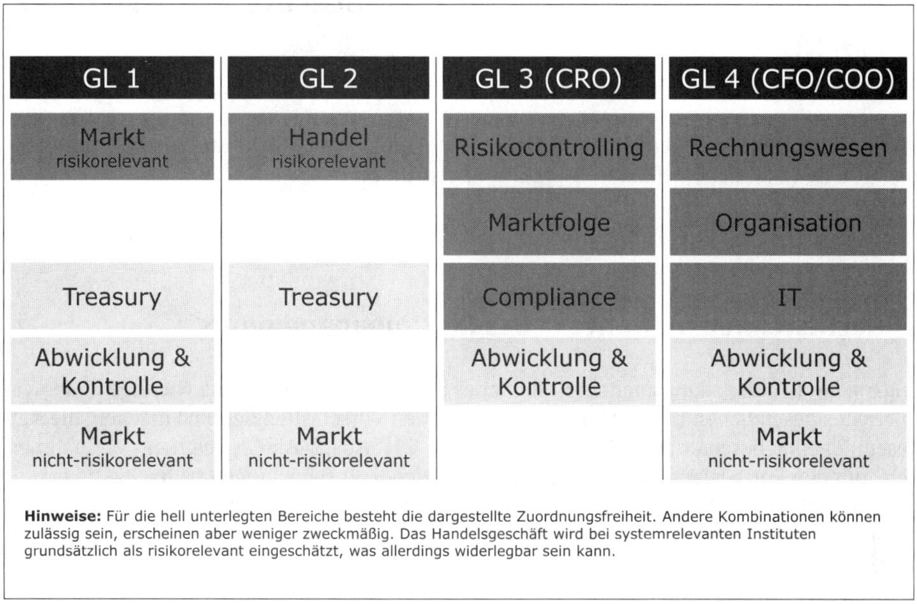

GL 1	GL 2	GL 3 (CRO)	GL 4 (CFO/COO)
Markt risikorelevant	Handel risikorelevant	Risikocontrolling	Rechnungswesen
		Marktfolge	Organisation
Treasury	Treasury	Compliance	IT
Abwicklung & Kontrolle		Abwicklung & Kontrolle	Abwicklung & Kontrolle
Markt nicht-risikorelevant	Markt nicht-risikorelevant		Markt nicht-risikorelevant

Hinweise: Für die hell unterlegten Bereiche besteht die dargestellte Zuordnungsfreiheit. Andere Kombinationen können zulässig sein, erscheinen aber weniger zweckmäßig. Das Handelsgeschäft wird bei systemrelevanten Instituten grundsätzlich als risikorelevant eingeschätzt, was allerdings widerlegbar sein kann.

Abb. 55: Funktionstrennung bei einem systemrelevanten Institut mit vier Geschäftsleitern (CFO/COO gemeinsam).

8 Unabhängige Überprüfung wesentlicher Rechtsrisiken (Tz. 8)

79 **8** Wesentliche Rechtsrisiken sind grundsätzlich in einer vom Markt und Handel unabhängigen Stelle (z. B. der Rechtsabteilung) zu überprüfen.

8.1 Rechtsrisiken im Kontext des Risikomanagements

80 Der Umgang mit Rechtsrisiken spielt im Kontext des Risikomanagements eine wichtige Rolle, wie die zahlreichen gesetzlichen und bankaufsichtsrechtlichen Vorschriften deutlich machen, die sich mit diesem Thema beschäftigen. So werden gemäß § 91 Abs. 2 AktG geeignete Maßnahmen gefordert, um den Fortbestand der Gesellschaft gefährdende Entwicklungen frühzeitig zu erkennen. Hierzu zählen u. a. Verstöße gegen rechtliche Vorschriften, die sich auf die Vermögens-, Finanz- und Ertragslage der Gesellschaft oder des Konzerns wesentlich auswirken. Die Regelung wurde im Zusammenhang mit dem Gesetz zur Kontrolle und Transparenz im Unternehmensbereich (KonTraG) in das Aktiengesetz (AktG) eingefügt. Ihre Anwendung wird auch für Unternehmen anderer Rechtsformen empfohlen bzw. bereits durch entsprechende Regelungen vorgeschrieben. Nach dem für die MaRisk maßgeblichen § 25a Abs. 1 KWG müssen in jedem Institut u. a. geeignete Prozesse zur Identifizierung, Beurteilung, Steuerung, Überwachung und Kommunikation der Risiken vorhanden sein. Die Anforderungen des Rundschreibens beziehen sich daher auf das Management der für das Institut wesentlichen Risiken sowie damit verbundener Risikokonzentrationen (→ AT 2.2 Tz. 1). Zu berücksichtigen sind dabei grundsätzlich zumindest Adressenausfallrisiken, Marktpreisrisiken, Liquiditätsrisiken und operationelle Risiken, zu denen auch die Rechtsrisiken gehören.

8.2 Definition von Rechtsrisiken

81 Für Rechtsrisiken existiert zwar noch keine einheitliche Definition. Es gibt jedoch Ansätze zu deren Kategorisierung. So hat der Baseler Ausschuss für Bankenaufsicht klargestellt, dass Rechtsrisiken Bestandteil der operationellen Risiken sind. Eine entsprechende Definition wird auch in Art. 4 Abs. 1 Nr. 52 CRR verwendet. Demnach versteht man unter dem operationellen Risiko die Gefahr »von Verlusten, die durch die Unangemessenheit oder das Versagen von internen Verfahren, Menschen und Systemen oder durch externe Ereignisse verursacht werden, einschließlich Rechtsrisiken«. Hinsichtlich der begrifflichen Eingrenzung der Rechtsrisiken existieren verschiedene Überlegungen, die in einzelnen Fällen schon sehr ins Detail gehen, wie im folgenden Beispiel deutlich wird[20]:

– Zum Rechtsrisiko im engeren Sinne können z. B. das Vertrags-, Aktualitäts-, Schlüssigkeits- und Inanspruchnahmerisiko gezählt werden. Hierbei zielt das Vertragsrisiko auf die materielle Wirksamkeit der Vertragsklauseln und die vollständige Dokumentation des Vertragsinhaltes sowie die Dokumentation und den Wirksamkeitsnachweis des Zustandekommens ab. Die Wirksamkeit von

---

20 Hierbei handelt es sich um Empfehlungen der Kommission Recht des Bundesverbandes Öffentlicher Banken Deutschlands (VÖB) vom März 2002.

Vollmachten bzw. Vertretungsbefugnissen, die Einhaltung von Formvorschriften, die Beweisbarkeit und die Sicherung von Beweisen sind hierin eingeschlossen. Das Aktualitätsrisiko wird durch die Überwachung und Pflege der Vertragsmuster, Erklärungen und Vordrucke nach Maßgabe von Änderungen der Gesetze und der Rechtsprechung minimiert, das Schlüssigkeitsrisiko durch ein lückenloses Ineinandergreifen der rechtlichen Regelungen inkl. der Sicherheitenvereinbarungen. Schließlich fokussiert das Inanspruchnahmerisiko auf die Bearbeitung von Differenzfällen sowie die Instruktion, Begleitung und Überwachung externer Anwälte bei der Prozessführung.

– Im weiteren Sinne sind darüber hinaus das Vollständigkeits-, Begleitungs-, Kenntnis-, Änderungs- und Umsetzungsrisiko Bestandteile des Rechtsrisikos. Im Einzelnen geht es beim Vollständigkeitsrisiko um die vollständige Sachverhaltserfassung und deren vollständige Umsetzung in den Vertragsklauseln, beim Begleitungsrisiko um die frühzeitige Einschaltung der Rechtsabteilung, die risikominimierte Gestaltung der Verträge, die sorgfältige Auswahl, Instruktion, Begleitung und Überwachung von externen Beratern und das Erstellen eines Risikoprofils zur Vorbereitung der Entscheidung, beim Kenntnisrisiko um die Kenntnis der rechtlichen Grundlagen und das Vorhandensein eines Problembewusstseins in den kaufmännischen und technischen Organisationseinheiten sowie in den anderen Stabsstellen, beim Änderungsrisiko um die Berücksichtigung von Variablen, die Änderungen von internen Absichten und Motiven sowie das Vorhandensein von Ausstiegsmöglichkeiten und schließlich beim Umsetzungsrisiko um das laufende Vertragsmanagement zur Wahrnehmung der Rechte, die Einhaltung der Verpflichtungen aus dem Vertrag und die Überwachung von Verträgen.

8.3 Umgang mit Rechtsrisiken

Das Rechtsrisiko sollte, wie alle anderen Risikoarten auch, nicht nur für einzelne Bereiche eines Institutes, sondern stets im Gesamtbankinteresse identifiziert und gesteuert werden. Organisatorisch können diese Aufgaben in einer Rechtsabteilung zentralisiert werden. Dadurch wird einerseits die Effizienz gesteigert. Andererseits können (andere) operationelle Risiken, die typischerweise aus einer dezentralen Befassung mit dem Rechtsrisiko resultieren, von vornherein vermieden werden. Die Verringerung des Rechtsrisikos gehört zu den Aufgaben, welche die Rechtsabteilung bereits nach klassischem Verständnis zu erfüllen hat. Vor allem gehört dazu die begleitende Rechtsberatung, in deren Rahmen Verträge und Allgemeine Geschäftsbedingungen sowie sonstige rechtliche Erklärungen aller Art entworfen und erläutert werden. Bei zusätzlichem Einsatz von in den Fachabteilungen rechtsberatend tätigen Juristen muss die Einheitlichkeit der Risikoidentifizierung und -steuerung gewährleistet sein. Zur Festlegung eindeutiger Verantwortlichkeiten für diese Tätigkeiten ist eine Orientierung an den nachfolgend aufgeführten Thesen denkbar.[21]

These 1: Die Identifizierung und zentrale Steuerung des Rechtsrisikos des Institutes ist die verantwortliche Aufgabe der Rechtsabteilung.

These 2: Die Geschäftsleitung des Institutes stellt durch geeignete Maßnahmen sicher, dass die Rechtsrisiken erfasst und gesteuert werden. Solche Maßnahmen sind insbesondere die zentrale Organisation der Rechtsabteilung, ein geeignetes Berichtssystem sowie angemessene Überwachungsinstrumente.

These 3: Alle Organisationseinheiten des Institutes wirken für ihren jeweiligen Aufgabenbereich bei der Erfassung des Rechtsrisikos mit.

82

---

21 Hierbei handelt es sich um Empfehlungen der Kommission Recht des Bundesverbandes Öffentlicher Banken Deutschlands (VÖB) vom März 2002.

8.4 Überprüfung von Rechtsrisiken

83   Die wesentlichen Rechtsrisiken müssen grundsätzlich in einer vom Markt und Handel unabhängigen Stelle überprüft werden. Beispielhaft wird die Rechtsabteilung genannt. Grundsätzlich käme auch eine geeignete externe Stelle für die Erfüllung dieser Anforderung infrage. Allerdings sollte sich ein Institut darüber im Klaren sein, dass es seine wesentlichen Rechtsrisiken ebenso im Griff haben muss, wie z.B. die klassischen Erfolgsrisiken im Kredit- und Handelsgeschäft. Während das rechtliche Know-how in einer zentralisiert aufgestellten Rechtsabteilung im Interesse einheitlicher Vorgaben gebündelt wird, kann eine dezentrale Rechtsberatung tendenziell Reibungsverluste verursachen, die bei Auftragsvergabe an Externe sogar zum Know-how-Verlust im Institut führen können. Darüber hinaus entbindet die Einbeziehung externer Spezialisten das Institut nicht von der Pflicht, sich davon zu überzeugen, dass die externe Stelle über ausreichende Kenntnisse sowie über genügend Kapazitäten verfügt, um den Auftrag ordnungsgemäß zu erfüllen. Zudem müssen die auf diese Weise gewonnenen Erkenntnisse im Institut regelmäßig auf Plausibilität geprüft und in geeigneter Weise weitergeleitet werden. Auch dafür ist grundsätzlich die Rechtsabteilung zuständig.

84   Wer die Überprüfung initiiert, wird nicht näher ausgeführt. Die Initiative bzw. Beauftragung einer institutsinternen Stelle, wie der Rechtsabteilung, kann im Prinzip von allen Bereichen ausgehen, da sowohl bei der Geschäftsanbahnung als auch bei der Geschäftsabwicklung und -überwachung Probleme auftreten können, die eine rechtliche Prüfung nach sich ziehen. Da das Rechtsrisiko letztendlich für die Gesamtbank einheitlich und gesamtverantwortlich gesteuert werden muss, sollte hingegen die Vergabe von externen Prüfungsaufgaben ausschließlich durch die Rechtsabteilung erfolgen. Dies ist auch deshalb empfehlenswert, weil die Unabhängigkeit und der Sachverstand der externen Stelle sichergestellt werden müssen. Auch die Rechtsabteilung selbst steht z.B. bei Neuerungen oder Änderungen in der Gesetzgebung oder Rechtsprechung in der Pflicht, diese auf eventuelle Auswirkungen für das Institut zu untersuchen.

85   Wesentliche Bedeutung hat natürlich die rechtliche Durchsetzbarkeit der Verträge im Kredit- und Handelsgeschäft. In diesem Zusammenhang werden im Rundschreiben diverse Anforderungen formuliert. Bei Objekt- bzw. Projektfinanzierungen ist im Rahmen der Kreditbearbeitung sicherzustellen, dass insbesondere auch die mit dem Objekt/Projekt verbundenen rechtlichen Risiken in die Beurteilung einbezogen werden. Dabei kann auf die Expertise einer vom Kreditnehmer unabhängigen sach- und fachkundigen Organisationseinheit zurückgegriffen werden (→ BTO 1.2 Tz. 5). Vertragliche Vereinbarungen im Kreditgeschäft sind auf der Grundlage rechtlich geprüfter Unterlagen abzuschließen (→ BTO 1.2 Tz. 11). Für die einzelnen Kreditverträge sind rechtlich geprüfte Standardtexte zu verwenden, die anlassbezogen zu aktualisieren sind. Falls bei einem Engagement (z.B. im Rahmen von Individualvereinbarungen) von den Standardtexten abgewichen werden soll, ist vor Abschluss des Vertrages die rechtliche Prüfung durch eine vom Bereich Markt unabhängige Stelle erforderlich, soweit dies unter Risikogesichtspunkten geboten erscheint (→ BTO 1.2 Tz. 12). Diese rechtliche Prüfung kann bei nicht-risikorelevanten Kreditgeschäften auch durch einen sachverständigen Mitarbeiter aus dem Bereich Markt erfolgen (→ BTO 1.2 Tz. 12, Erläuterung). Bei Sanierungsfällen kann komplett darauf verzichtet werden, wenn die Sanierung von Spezialisten begleitet wird, die aufgrund ihrer Fachkenntnisse und Erfahrungen in der Lage sind, solche Vertragswerke eigenständig und ohne weitere unabhängige Prüfung zu verfassen (→ BTO 1.2.5 Tz. 1, Erläuterung). Der rechtliche Bestand von Sicherheiten ist grundsätzlich vor der Kreditvergabe (→ BTO 1.2.1 Tz. 3) sowie im

Rahmen der Kreditweiterbearbeitung ($\rightarrow$ BTO 1.2.2 Tz. 3) zu überprüfen. Auch vor Abschluss von Verträgen im Zusammenhang mit Handelsgeschäften, insbesondere bei Rahmenvereinbarungen, Nettingabreden und Sicherheitenbestellungen, ist durch eine vom Handel unabhängige Stelle zu prüfen, ob und inwieweit sie rechtlich durchsetzbar sind ($\rightarrow$ BTO 2.2.1 Tz. 8).

8.5   Berichterstattung über Rechtsrisiken

Die jeweiligen Verantwortlichen müssen über die Existenz und die möglichen Auswirkungen **86** von rechtlichen Risiken, die für die Beurteilung der Risikosituation des Institutes bedeutsam sind, aufgeklärt werden. Dieses Erfordernis ergibt sich auf natürliche Weise aus der Notwendigkeit der Risikosteuerung. Schon in der Vergangenheit bestand die Verpflichtung, Rechtsrisiken den für die Überwachung der Geschäfte Verantwortlichen offenzulegen.[22] Diese Verpflichtung hatte den Charakter einer »Bringschuld«, wobei die Verantwortlichkeiten bislang nicht klar definiert waren. Unter Risikogesichtspunkten wesentliche Informationen sind unverzüglich an die Geschäftsleitung, die jeweiligen Verantwortlichen und ggf. die Interne Revision weiterzuleiten, so dass geeignete Maßnahmen bzw. Prüfungshandlungen frühzeitig eingeleitet werden können ($\rightarrow$ AT 4.3.2 Tz. 4). Die Entscheidung für oder gegen das Eingehen dieser Risiken wird anschließend dort getroffen, wo die Verantwortung nach Maßgabe der internen Organisation angesiedelt ist ($\rightarrow$ BTO 1.1 Tz. 6). Unabhängig davon sind Rechtsrisiken im Falle ihrer Wesentlichkeit auch in die turnusmäßige Risikoberichterstattung einzubeziehen ($\rightarrow$ BT 3.2 Tz. 7).

---

22 Vgl. Bundesanstalt für Finanzdienstleistungsaufsicht, Mindestanforderungen an das Kreditgeschäft der Kreditinstitute (MaK), Rundschreiben 34/2002 (BA) vom 20. Dezember 2002, Tz. 87; Bundesaufsichtsamt für das Kreditwesen, Mindestanforderungen an das Betreiben von Handelsgeschäften der Kreditinstitute (MaH), Verlautbarung vom 23. Oktober 1995, Abschnitt 3.3.

9 Funktionstrennung bei IT-gestützter Bearbeitung (Tz. 9)

87 **9** Bei IT-gestützter Bearbeitung ist die Funktionstrennung durch entsprechende Verfahren und Schutzmaßnahmen sicherzustellen.

9.1 IT-gestützte Bearbeitungsprozesse

88 Soweit sich die Geschäftsprozesse auf IT-Systeme stützen, was nicht zuletzt im Zuge der fortschreitenden Digitalisierung der Finanzbranche mehr und mehr zum Standard wird, muss sich der geforderte Grundsatz der Funktionstrennung auch in der IT-Landschaft des Institutes widerspiegeln. Die Anwendungen auf der IT-Ebene dürfen nicht dazu führen, dass die Funktionstrennungsprinzipien ausgehebelt werden. Dies ist durch die Implementierung entsprechender systemseitiger Verfahren und Schutzmaßnahmen sicherzustellen.

89 Die Ausgestaltung dieser Verfahren hängt vorrangig von den festgelegten Bearbeitungsprozessen in den einzelnen Geschäftsarten ab und ist eng mit der IT-Berechtigungsvergabe verbunden. So müssen die Institute Prozesse für eine angemessene IT-Berechtigungsvergabe einrichten, um sicherzustellen, dass jeder Mitarbeiter nur über jene Rechte verfügt, die er für seine Tätigkeit benötigt (→ AT 7.2 Tz. 2). Die eingerichteten Berechtigungen dürfen nicht im Widerspruch zur organisatorischen Zuordnung von Mitarbeitern stehen (→ AT 7.2 Tz. 2, Erläuterung). Aus Vereinfachungsgründen ist es allerdings möglich, gleichartige Berechtigungen in einem sogenannten »Rollenmodell« zusammenzufassen (→ AT 7.2 Tz. 2). Auch in diesem Fall ist darauf zu achten, dass Funktionstrennungen beibehalten bzw. Interessenkonflikte vermieden werden (→ AT 7.2 Tz. 2, Erläuterung).

90 Insgesamt ist sicherzustellen, dass miteinander unvereinbare Tätigkeiten – wie z. B. im Falle einer vorgeschriebenen Funktionstrennung – durch unterschiedliche Mitarbeiter durchgeführt werden (→ AT 4.3.1 Tz. 1) und auch zu diesem Zweck die Aufgaben, Kompetenzen und Verantwortlichkeiten klar definiert und aufeinander abgestimmt werden (→ AT 4.3.1 Tz. 2). Um die Risiken von vornherein zu minimieren, sind Berechtigungen und Kompetenzen nach dem Sparsamkeitsgrundsatz (»Need-to-know-Prinzip«) zu vergeben und bei Bedarf zeitnah anzupassen (→ AT 4.3.1 Tz. 2). Die Fristen zur regelmäßigen und anlassbezogenen Überprüfung orientieren sich an der Bedeutung der Prozesse und, bei IT-Berechtigungen, dem Schutzbedarf verarbeiteter Informationen (→ AT 4.3.1 Tz. 2).

91 Mögliche Schutzmaßnahmen konzentrieren sich vor allem auf den Kennwortschutz. Die Kennwörter sind den jeweiligen Mitarbeitern eindeutig zuzuordnen. Der Kennwortschutz kann um automatische Systemsperren ergänzt werden, die nach längerer Nichtbenutzung der Arbeitsstationen aktiviert werden.[23] In der Regel sind solche Schutzmaßnahmen in ein umfassendes IT-Sicherheitskonzept eingebunden.[24]

9.2 IT-gestützte Bearbeitung im Kreditgeschäft

Mit Blick auf das Kreditgeschäft bezieht sich die Anforderung insbesondere auf eine IT-gestützte Limitfestsetzung, bei der das vertriebsunabhängige Votum der Marktfolge die entscheidende Rolle spielt (→ BTO 1.1 Tz. 2 und 3). Ohne Limit, d. h. im Kontext der MaRisk ohne einen Kreditbeschluss, dürfen kein Kreditgeschäft (→ BTR 1 Tz. 2) und auch kein Handelsgeschäft (→ BTR 1 Tz. 3 und 4) abgeschlossen werden. Die Verfahren müssen dabei sicherstellen, dass systemseitige Entscheidungen nur im Einklang mit der Kompetenzordnung (→ BTO 1.1 Tz. 6) und dem im Kreditgeschäft vorgesehenen Zwei-Voten-Prinzip (→ BTO 1.1 Tz. 2) getroffen werden können, soweit es sich um risikorelevante Geschäfte handelt. Dies kann im Bereich der elektronischen Bewilligungen durch die Vergabe fester Benutzerberechtigungen erfolgen, die für jeden Mitarbeiter eindeutige Kompetenzen definieren. Diese Berechtigungen können sich in Übereinstimmung mit der institutsinternen Kompetenzordnung an den unterschiedlichen Kriterien orientieren, die für die jeweiligen Kompetenzstufen maßgeblich sind. Die konkrete Ausgestaltung der Kompetenzordnung liegt grundsätzlich in der Verantwortung der Institute. Denkbar ist z. B. eine Verknüpfung der Kompetenzstufen mit einzelnen Risikoklassen oder der Höhe und den Konditionen des zu genehmigenden Engagements. Daneben können auch andere Faktoren eine wichtige Rolle spielen, wie z. B. die Erfahrung und Qualifikation der Kompetenzträger. Für ggf. eingerichtete Eskalationsverfahren sind weitere Differenzierungen der über die IT dargestellten Kompetenzen denkbar (→ BTO 1.1 Tz. 6). Die klare systemseitige Darstellung von Kompetenzen ist aber auch im nicht-risikorelevanten Geschäft vonnöten, soweit auf solche Verfahren zurückgegriffen wird (→ BTO 1.1 Tz. 4). **92**

Ein ohne IT-Unterstützung regelkonform zustande gekommener Kreditbeschluss zieht hingegen keine besonderen Anforderungen an die IT-Systeme nach sich. Bei nicht IT-gestützter Bearbeitung wird die Funktionstrennung i. d. R. durch entsprechende organisatorische Maßnahmen realisiert. Ein Zwang zur parallelen Umsetzung sämtlicher Anforderungen an die Aufbau- und Ablauforganisation in der IT-Landschaft würde ein Institut in die IT-gestützte Kreditbearbeitung zwingen und kann daher nicht als Erfordernis der MaRisk angesehen werden, weil dies eine strategische Entscheidung der Geschäftsleitung ist. Allerdings entscheidet im Kreditgeschäft neben den Konditionen, die u. a. von den Prozesskosten abhängen, auch der erforderliche Zeitrahmen, in dem eine Kreditentscheidung verbindlich getroffen werden kann, über die Chancen eines Institutes, beim Kreditnehmer letztlich zum Zuge zu kommen. Es ist unmittelbar einleuchtend, dass die elektronische Kreditbearbeitung in dieser Frage klare Vorteile bietet. Vor diesem Hintergrund spricht vieles dafür, dass die IT-gestützte Kreditbearbeitung zukünftig eine immer größere Rolle spielen wird. **93**

---

23 Vgl. Kreische, Kai/Bretz, Jörg, Anforderungen an die Informationstechnologie der Kreditinstitute, in: Die Bank, Heft 5/2003, S. 325.

24 Vgl. Bundesamt für Sicherheit in der Informationstechnik, IT-Grundschutzbuch, Mai 2002. Das Bundesamt für Sicherheit in der Informationstechnik (BSI) hat seine IT-Grundschutz-Methodik im Oktober 2017 grundlegend modernisiert, um für Unternehmen jeglicher Größenordnung passende Lösungen anbieten zu können. Die Empfehlungen zu Methoden, Prozessen und Verfahren sowie Vorgehensweisen und Maßnahmen zu unterschiedlichen Aspekten der Informationssicherheit sind in den BSI-Standards 200-1, 200-2 und 200-3 niedergelegt, wobei auf eine Kompatibilität zu den entsprechenden ISO-Standards geachtet wurde. Das IT-Grundschutz-Kompendium enthält die IT-Grundschutz-Bausteine, die in Prozess- und System-Bausteine aufgeteilt und in insgesamt zehn Schichten untergliedert sind und in denen jeweils Gefährdungen und Sicherheitsanforderungen für ein spezielles Thema der Informationssicherheit erläutert sowie konkrete Empfehlungen zur Umsetzung der IT-Grundschutz-Methodik gegeben werden. Vgl. https://www.bsi.bund.de.

9.3 IT-gestützte Bearbeitung im Handelsgeschäft

94 Im Rahmen der Handelsprozesse kann in vielerlei Hinsicht nicht auf eine IT-Unterstützung verzichtet werden. Das ist u. a. darauf zurückzuführen, dass sich die Marktpreise in rasanter Geschwindigkeit ändern und ein um wenige Momente verzögerter Geschäftsabschluss großen Einfluss auf das Geschäftsergebnis haben kann. Diese Erkenntnis spiegelt sich in nahezu allen Anforderungen an die Prozesse im Handelsgeschäft wider, die mit zunehmender Automatisierung stark vereinfacht werden können.

95 In Abhängigkeit von Art, Umfang, Komplexität und Risikogehalt der Handelsgeschäfte sind diese grundsätzlich elektronisch abzuwickeln, wobei vorhandene Abwicklungssysteme nach Möglichkeit zu nutzen sind (→ BTO 2.2.2 Tz. 1, Erläuterung). Die Weiterleitung der Abschlussdaten vom Handel an die Abwicklung kann auch automatisiert über ein Abwicklungssystem erfolgen (→ BTO 2.2.1 Tz. 5). Bei Handelsgeschäften, die über ein Abwicklungssystem abgerechnet werden, das einen automatischen Abgleich der maßgeblichen Abschlussdaten gewährleistet (so genanntes »Matching«) und Handelsgeschäfte nur bei Übereinstimmung der Daten durchführt, kann auf das Bestätigungsverfahren verzichtet werden. Sofern kein automatischer Abgleich der maßgeblichen Abschlussdaten erfolgt, kann auf das Bestätigungsverfahren nur dann verzichtet werden, wenn das Abwicklungssystem beiden Kontrahenten den jederzeitigen Abruf der Abschlussdaten ermöglicht und eine Kontrolle dieser Daten vorgenommen wird (→ BTO 2.2.2 Tz. 3). Auf Kontrollen, ob die Geschäftsunterlagen vollständig und zeitnah vorliegen und die Angaben der Händler richtig und vollständig sind und, soweit vorhanden, mit den Angaben auf Maklerbestätigungen, Ausdrucken aus Handelssystemen oder Ähnlichem übereinstimmen, kann verzichtet werden, sofern die von den Händlern eingegebenen Abschlussdaten automatisch und ohne weitere Eingriffsmöglichkeiten der Händler an die Abwicklung weitergeleitet werden (→ BTO 2.2.2 Tz. 4, Erläuterung).

96 Hinsichtlich der Funktionstrennungsprinzipien im Handelsgeschäft werden mehrere Anforderungen formuliert, die auf die weitgehende IT-Bearbeitung Bezug nehmen. So muss z. B. bei einer Direkterfassung in den IT-Systeme sichergestellt sein, dass ein Händler nur unter seiner eigenen Händleridentifikation Handelsgeschäfte eingeben kann. Erfassungstag und -uhrzeit sowie fortlaufende Geschäftsnummern müssen automatisch vorgegeben werden und dürfen vom Händler nicht veränderbar sein (→ BTO 2.2.1 Tz. 6). Organisatorisch dem Handelsbereich zugeordnete Mitarbeiter dürfen nur gemeinsam mit Mitarbeitern eines handelsunabhängigen Bereiches über Zeichnungsberechtigungen für Zahlungsverkehrskonten verfügen (→ BTO 2.2.1 Tz. 9). Handelsgeschäfte einschließlich solcher Nebenabreden, die zu Positionen führen, sind unverzüglich im Risikocontrolling abzubilden (→ BTO 2.2.3 Tz. 1), wobei auf Daten des Rechnungswesens zurückgegriffen werden kann (→ BTO 2.2.3 Tz. 1, Erläuterung). Die im Rechnungswesen und Risikocontrolling ermittelten Ergebnisse sind regelmäßig zu plausibilisieren (→ BTR 2.1 Tz. 4). Bei dieser Anforderung geht es im Grunde darum, die betriebswirtschaftlich und handelsrechtlich ermittelten Ergebnisse regelmäßig miteinander zu vergleichen und auffällige Abweichungen zu analysieren, um keine falschen Steuerungsimpulse zu generieren.

97 Bei allen genannten Vorteilen einer IT-gestützten Bearbeitung dürfen allerdings auch die damit verbundenen Risiken nicht vernachlässigt werden. So ist es z. B. ratsam, an jenen Stellen entsprechende Kontrollprozesse zu etablieren, wo die Schwachstellen der IT ausgenutzt werden könnten. Bei den Bestätigungs- und Abstimmungsverfahren ist deshalb ein besonderes Augenmerk auf die Häufung von Stornierungen und Korrekturen bei einzelnen Mitarbeitern oder bestimmten Geschäften zu richten (→ BTO 2.2.2 Tz. 2, Erläuterung). Damit wurde auf spektakuläre Betrugsfälle reagiert.

9.4 Vorgaben der BAIT

Die Bankaufsichtlichen Anforderungen an die IT (BAIT) vom 3. November 2017 enthalten u. a. **98** ergänzende Vorgaben zum Benutzerberechtigungsmanagement, nach dem die eingeräumten Berechtigungen so ausgestaltet sein und genutzt werden sollen, wie es den organisatorischen und fachlichen Vorgaben des Institutes entspricht. Demnach können Berechtigungen sowohl für personalisierte, für nicht personalisierte als auch für technische Benutzer vorliegen. Nicht personalisierte Berechtigungen müssen laut Tz. 25 BAIT jederzeit zweifelsfrei einer handelnden Person zuzuordnen sein, wobei dies möglichst automatisiert erfolgen sollte. Abweichungen in begründeten Ausnahmefällen und die hieraus resultierenden Risiken sind zu genehmigen und zu dokumentieren. Die Verfahren zur Einrichtung, Änderung, Deaktivierung oder Löschung von Berechtigungen für Benutzer haben nach Tz. 26 BAIT durch Genehmigungs- und Kontrollprozesse sicherzustellen, dass die Vorgaben des Berechtigungskonzeptes eingehalten werden. Das Institut hat nach Maßgabe des Schutzbedarfs und der Soll-Anforderungen gemäß Tz. 29 BAIT Prozesse zur Protokollierung und Überwachung einzurichten, die überprüfbar machen, dass die Berechtigungen nur wie vorgesehen eingesetzt werden. Schließlich ist laut Tz. 30 BAIT durch begleitende technisch-organisatorische Maßnahmen einer Umgehung der Vorgaben der Berechtigungskonzepte vorzubeugen. Die deutsche Aufsicht führt dazu erläuternd aus, dass zu derartigen technisch-organisatorischen Maßnahmen beispielsweise die Auswahl angemessener Authentifizierungsverfahren, die Implementierung einer Richtlinie zur Wahl sicherer Passwörter, ein automatischer passwortgesicherter Bildschirmschoner, die Verschlüsselung von Daten, eine manipulationssichere Implementierung der Protokollierung und geeignete Maßnahmen zur Sensibilisierung der Mitarbeiter gehören.

BTO 1 Kreditgeschäft

1 Gliederung und vereinfachte Umsetzung (Tz. 1)

1 Dieses Modul stellt Anforderungen an die Ausgestaltung der Aufbau- und Ablauforgani- **1**
sation, die Verfahren zur Früherkennung von Risiken und die Verfahren zur Klassifizierung der Risiken im Kreditgeschäft. Bei Handelsgeschäften und Beteiligungen kann von der
Umsetzung einzelner Anforderungen dieses Moduls abgesehen werden, soweit deren Umsetzung vor dem Hintergrund der Besonderheiten dieser Geschäftsarten nicht zweckmäßig ist
(z. B. die Anforderungen zur Kreditverwendungskontrolle unter BTO 1.2.2 Tz. 1).

1.1 Aufbau- und Ablauforganisation im Kreditgeschäft

Klar definierte Prozesse, Aufgaben und Kompetenzen sind eine essenzielle Voraussetzung für den **2**
reibungslosen Ablauf im Kredit- und Handelsgeschäft. Es ist daher nicht überraschend, dass die
deutsche Aufsicht den Anforderungen an die Aufbau- und Ablauforganisation einen besonderen
Stellenwert eingeräumt hat. Nachdem im vorherigen Modul geschäftsartenübergreifende Prinzipien formuliert wurden, geht es im Folgenden um die Besonderheiten des Kreditgeschäftes. Zu den
wesentlichen Elementen dieses Moduls gehören:
- aufbauorganisatorische Vorgaben, die bei der Kreditentscheidung zu beachten sind (Funktionstrennung und Votierung) inkl. der Separierung einiger weniger Funktionen vom Vertrieb
  (z. B. im Hinblick auf die Aufgaben des Kreditrisikocontrollings),
- Anforderungen an die Prozesse im Kreditgeschäft, wobei zwischen einem normalen Kreditverlauf (Kreditgewährung, Kreditweiterbearbeitung, Kreditbearbeitungskontrollen) und einem leistungsgestörten Kreditverlauf (Intensivbetreuung, Problemkreditbearbeitung, Risikovorsorge) unterschieden wird, sowie
- Anforderungen an die Verfahren zur Früherkennung von Risiken und zur Risikoklassifizierung, die auf eine frühzeitige bzw. erstmalige, turnusmäßige oder anlassbezogene Beurteilung
  der Risiken im Kreditgeschäft abzielen.

1.2 Aufbauorganisatorische Anforderungen

Im Vordergrund der aufbauorganisatorischen Vorgaben steht die Trennung zwischen den Vertriebs- **3**
einheiten (Bereich Markt) und den vertriebsunabhängigen Einheiten (Bereich Marktfolge). Bei risikobehafteten Kreditgeschäften ist aus beiden Bereichen jeweils ein positives Votum einzuholen. Ohne
positive Voten aus diesen beiden Bereichen darf, soweit nicht die Kompetenzen einzelner Geschäftsleiter oder der gesamten Geschäftsleitung berührt sind (→ BTO 1.1 Tz. 5), kein Kredit vergeben
werden (Zwei-Voten-Prinzip). Das Zwei-Voten-Prinzip und die damit verknüpfte Trennung zwischen
den Bereichen Markt und Marktfolge sollen dazu beitragen, Interessenkonflikte bei der Kreditentscheidung zu vermeiden und gleichzeitig die Qualität der Entscheidungen zu verbessern.
　　Vor allem im risikobehafteten Kreditgeschäft kommt einer unter Risikogesichtspunkten aus- **4**
gewogenen Kreditentscheidung eine zentrale Bedeutung zu, da die Engagements in Abhängigkeit
von der vertraglich vereinbarten Laufzeit ggf. über Jahre oder sogar Jahrzehnte in den Büchern des
Institutes verbleiben. Zwar schaffen so genannte »Zinsanpassungsklauseln« in einem gewissen

BTO 1 Kreditgeschäft

Rahmen Abhilfe (→ BTO 1.2 Tz. 7). Die Bindung des Institutes an den Kreditnehmer wird allerdings häufig noch zusätzlich durch rechtliche Regelungen manifestiert. So hat jedes Institut bestimmte Sorgfaltspflichten bei der Kündigung von Krediten zu berücksichtigen. Ein Institut kann z. B. schadensersatzpflichtig gemacht werden, wenn es Kredite zur Unzeit kündigt und dadurch der wirtschaftliche Ruin des Kreditnehmers verursacht wird.[1]

5   Der als Vorleistung zur Verfügung gestellte Kreditbetrag kann demnach, auch bei eintretenden Bonitätsverschlechterungen des Kreditnehmers über die Laufzeit des Kreditvertrages, ggf. nicht sofort wieder einseitig zurückgefordert werden. Dieser insbesondere für das traditionelle Kreditgeschäft häufig zutreffende Sachverhalt unterstreicht die Bedeutung einer möglichst ausgewogenen Kreditentscheidung. Die Entscheidung spielt aber auch bei allen anderen Kreditgeschäften, wie z. B. bei Beteiligungen, Unternehmensanleihen oder bei der Festlegung von internen Limiten im Handelsgeschäft, eine wichtige Rolle, da Fehleinschätzungen bei diesen Geschäften ebenfalls mit negativen Konsequenzen verbunden sein können.

6   Unter Risikogesichtspunkten unausgewogene Kreditentscheidungen sind vor allem dann zu beobachten, wenn die Entscheidungskompetenzen einseitig bei den Vertriebseinheiten konzentriert sind. Fast jedes Institut unterliegt im Hinblick auf die Akquisitionstätigkeit des Vertriebes einem mehr oder minder ausgeprägten systemimmanenten Gegensatz: Der Vertrieb ist einerseits ein unverzichtbares Akquisitionsinstrument, ohne das die Geschäftsstrategie eines Institutes nicht umgesetzt werden kann. Die Akquisitionstätigkeit des Vertriebes wird dabei regelmäßig über erfolgsabhängige Vergütungs- und Anreizsysteme gesteuert. Andererseits führen Entscheidungsmonopole im Vertrieb häufig zu unter Risikogesichtspunkten nicht angemessenen Ausdehnungen des Kreditportfolios, da den Kompetenzträgern mitunter in erster Linie an der Maximierung ihrer Provisionen oder anderen subjektiven Vorteilen gelegen ist. Der Risikoaspekt wird dabei manchmal vollständig ausgeblendet. Wenngleich die Institutsvergütungsverordnung dazu beiträgt, diese Fehlanreize zu reduzieren, kann nicht erwartet werden, dass die Vertriebsmitarbeiter deswegen als ausgewiesene Risikoexperten agieren.

7   Verschärft wird diese Situation häufig noch dadurch, dass sich zwischen Vertriebsmitarbeitern und Kunden über den zum Teil langjährigen intensiven Kontakt eine enge persönliche Beziehung entwickelt, die unter Umständen mit dazu beitragen kann, dass die Risiken einer Kreditvergabe nicht mit der erforderlichen Objektivität beurteilt werden. Diese ambivalente Rolle des Vertriebes, zum einen als geschäftspolitisch absolut notwendiges Akquisitionsinstrument und zum anderen als potenzieller Risikotreiber, unterstreicht den oben aufgezeigten Konflikt, dem sich fast jedes Institut ausgesetzt sieht. Es ist jedoch möglich, diesen unvermeidlichen Gegensatz zumindest abzuschwächen: Durch die Teilung der Verantwortung kann der Risikoaspekt im Rahmen des Entscheidungsprozesses stärker zur Geltung kommen, ohne dabei gleichzeitig die Akquisitionstätigkeit der Vertriebseinheiten nachhaltig einzuschränken. Aufgrund der Vorgaben der MaK aus dem Jahre 2002 haben alle deutschen Kreditinstitute die Trennung der Funktionen von Markt und Marktfolge seit Jahren umgesetzt. Hiernach ist bei risikorelevanten Engagements grundsätzlich jeweils ein Votum aus den Bereichen Markt und Marktfolge einzuholen (→ BTO 1.1 Tz. 2). Beide Bereiche sind aufbauorganisatorisch bis einschließlich in die Ebene der Geschäftsleitung voneinander zu trennen (→ BTO 1.1 Tz. 1).

8   Auch die übrigen Funktionstrennungsprinzipien im Kreditgeschäft zielen auf die Vermeidung von Interessenkonflikten ab. Dazu zählen:
–   die Überwachung und Kommunikation der Risiken im Kreditgeschäft, also die i. d. R. vom Kreditrisikocontrolling übernommenen Aufgaben (→ BTO Tz. 2 Satz 2 und Tz. 3),
–   die Überprüfung bestimmter Sicherheiten, die unter Risikogesichtspunkten von Bedeutung sind (→ BTO 1.1 Tz. 7 Satz 1),

---

1   Vgl. Bauer, Karl-Heinz, Insolvenzrechtsreform schafft keine Lösung der Probleme von Sanierungskrediten, in: Sparkasse, Heft 17/2000, S. 36.

- die Entscheidungen über die Risikovorsorge bei bedeutenden Engagements (→ BTO 1.1 Tz. 7 Satz 2),
- die Verantwortung für die Entwicklung und Qualität der Prozesse im Kreditgeschäft (→ BTO 1.2 Tz. 1 Satz 2),
- die Verantwortung für die Entwicklung, die Qualität und die regelmäßige Überprüfung der Kriterien, die maßgeblich für den Übergang von Engagements in die Intensivbetreuung bzw. die Problemkreditbearbeitung (Sanierungs- und Abwicklungsprozess) sind (→ BTO 1.2.4 Tz. 1 Satz 2 und BTO 1.2.5 Tz. 1 Satz 2),
- die Federführung für den Sanierungs- bzw. Abwicklungsprozess oder deren Überwachung (→ BTO 1.2.5 Tz. 1 Satz 3) und
- die Zuständigkeit für die Entwicklung, Qualität und Überwachung der Anwendung der Risikoklassifizierungsverfahren (→ BTO 1.4 Tz. 2).

Nach den Vorgaben der MaRisk müssen für die genannten Prozesse jedoch keine separaten **9** Organisationseinheiten im vertriebsunabhängigen Bereich gebildet werden. So ist es z.B. im Hinblick auf die Funktionen des Kreditrisikocontrollings möglich, dass diese Aufgaben von einer Marktfolge-Einheit wahrgenommen werden.

Darüber hinaus wirken sich einige Funktionstrennungen nur unterhalb der Ebene der Ge- **10** schäftsleitung aus. Für diesen Zweck wurde der Begriff einer »von Markt und Handel unabhängigen Stelle« eingeführt (→ BTO Tz. 2, Erläuterung). Davon betroffen sind:
- das Rechnungswesen, hierbei insbesondere die Aufstellung der Kontierungsregeln sowie die Entwicklung der Buchungssystematik (→ BTO Tz. 7),
- die Überprüfung wesentlicher Rechtsrisiken (→ BTO Tz. 8) und
- die rechtliche Prüfung nicht standardisierter Kreditverträge, sofern sie unter Risikogesichtspunkten erforderlich ist (→ BTO 1.2 Tz. 12 Satz 2).

1.3   Ablauforganisatorische Anforderungen

Das Kreditgeschäft ist wie kein anderes Bankgeschäft von Prozessen geprägt. So sind im Vorfeld **11** einer Kreditentscheidung i. d. R. aussagekräftige Unterlagen des Kreditnehmers einzuholen und zu analysieren. Das gilt auch im Hinblick auf die laufende Überwachung des Bestandsgeschäftes (z. B. im Rahmen der periodischen Beurteilungen des Adressenausfallrisikos) oder die Sanierung von problembehafteten Engagements. Die deutsche Aufsicht hat daher den Prozessen im Kreditgeschäft einen besonderen Stellenwert eingeräumt, indem sie bestimmte Aufgabenbereiche definiert und voneinander abgrenzt sowie an die daraus resultierenden Teilprozesse differenzierte Anforderungen stellt. Die Kreditprozesse umfassen dabei die Aufgaben der Kreditbearbeitung (Kreditgewährung und Kreditweiterbearbeitung), die Kreditbearbeitungskontrollen, die Intensivbetreuung, die Problemkreditbearbeitung (Sanierungs- und Abwicklungsprozess) und schließlich das institutsinterne Verfahren für die Ermittlung der Risikovorsorge.

Die Prozessanforderungen des Moduls BTO 1.2 lassen sich von der Systematik her in zwei **12** unterschiedliche Zyklen (normaler und leistungsgestörter Kreditverlauf) unterteilen. Möglich ist in Anlehnung an die Ausführungen zur Intensivbetreuung (→ BTO 1.2.4 Tz. 1) jedoch auch eine feinere Unterteilung in Normalbetreuung, Intensivbetreuung und Problemkreditbearbeitung.

1.4 Anforderungen an den normalen Kreditverlauf (»Geburt-Leben-Tod«)

13 Die Anforderungen in den Modulen BTO 1.2.1 bis 1.2.3 betreffen in erster Linie den normalen Kreditverlauf, d.h. dort wird von einer mehr oder minder störungsfreien Entwicklung der Engagements über die gesamte Laufzeit ausgegangen (Normalbetreuung).

14 Im Einzelnen handelt es sich um Anforderungen an folgende (Teil-)Prozesse:
- die Kreditgewährung (→ BTO 1.2.1),
- die Kreditweiterbearbeitung, also die laufende Überwachung der Engagements (→ BTO 1.2.2), und
- die formalen Kreditbearbeitungskontrollen (→ BTO 1.2.3).

1.5 Anforderungen an den leistungsgestörten Kreditverlauf (»Krankheit«)

15 Die übrigen in Modul BTO 1.2 aufgeführten Prozessanforderungen bzw. Verfahren betreffen leistungsgestörte oder zumindest mit erhöhten Risiken behaftete Engagements (Intensivbetreuung und Problemkreditbearbeitung). Dazu zählen Anforderungen an:
- die Intensivbetreuung, der alle Engagements unterliegen, bei denen sich in Anlehnung an das Verfahren zur Früherkennung von Risiken (→ BTO 1.3) erhöhte Risiken abzuzeichnen beginnen (→ BTO 1.2.4),
- die Problemkreditbearbeitung, die den Sanierungs- und Abwicklungsprozess umfasst (→ BTO 1.2.5), und
- das Verfahren, auf dessen Grundlage nach institutsinternen Kriterien und im Einklang mit den angewandten Rechnungslegungsnormen eine Risikovorsorge, also Wertberichtigungen, Abschreibungen und Rückstellungen, zu bilden ist (→ BTO 1.2.6).

16 In der Phase der Problemkreditbearbeitung hat sich die Risikosituation weiter verschärft. Aus Sicht des Institutes ist zu entscheiden, ob sich eine Beteiligung an der Neuordnung der wirtschaftlichen Verhältnisse des Kreditnehmers (Sanierung) lohnt oder ob das Engagement zu kündigen ist, um anschließend die Abwicklung einzuleiten.

1.6 Klare Strukturierung der Prozesse

17 Die Prozesse im Kreditgeschäft sowie die damit verbundenen Aufgaben, Kompetenzen, Verantwortlichkeiten, Kontrollen sowie Kommunikationswege sind klar zu definieren und aufeinander abzustimmen (→ AT 4.3.1 Tz. 2). Auch die Risikoklassifizierungsverfahren sind in angemessener Weise in die Prozesse des Kreditgeschäftes und ggf. die Kompetenzordnung einzubinden (→ BTO 1.4 Tz. 4). Die Abstimmung der Prozesse im Kreditgeschäft trägt nicht nur dazu bei, Risiken zu begrenzen. Sie kann darüber hinaus einen Beitrag zur effizienten und damit kostengünstigen Ausgestaltung der Aufbau- und Ablauforganisation leisten.

1.7 Sinngemäße Umsetzung bei Handelsgeschäften

Die in Modul BTO 2 aufgestellten organisatorischen Anforderungen sind auf die in AT 2.3 Tz. 3 **18** definierten Geschäfte zugeschnitten und sollen grundsätzlich nicht durch die Anforderungen des Moduls BTO 1 überlagert werden, so dass bei Handelsgeschäften auf bestimmte Anforderungen an das klassische Kreditgeschäft verzichtet werden kann. Das wird durch den Hinweis auf die »sinngemäße Anwendung« deutlich zum Ausdruck gebracht.

Ein enger Zusammenhang zwischen den Anforderungen an das Kredit- und das Handels- **19** geschäft ergibt sich allerdings im Hinblick auf die Begrenzung von Adressenausfallrisiken. So dürfen Handelsgeschäfte grundsätzlich nur mit Vertragspartnern getätigt werden, für die Kontrahentenlimite eingeräumt wurden (→ BTR 1 Tz. 3). Darüber hinaus sind bei Handelsgeschäften grundsätzlich auch Emittentenlimite einzurichten, wobei innerhalb der ersten drei Monate vereinfachte Bearbeitungsprozesse zulässig sind (→ BTR 1 Tz. 4). Die Anforderungen an das Kreditgeschäft beziehen sich folglich insbesondere auf die Festlegung dieser Limite. Der Limitierung müssen, wie auch allen sonstigen Kreditentscheidungen, angemessene Kreditprozesse zugrundeliegen. So sind bei Handelsgeschäften die Kontrahenten- und Emittentenlimite durch eine Votierung aus dem Bereich Marktfolge festzulegen (→ BTO 1.1 Tz. 3). Im Hinblick auf alle sonstigen Anforderungen an das Kreditgeschäft besteht hingegen ein weitgehender Gestaltungsspielraum für die Institute. Insbesondere müssen die einzelnen Anforderungen nur dann umgesetzt werden, wenn dies vor dem Hintergrund der Besonderheiten dieser Geschäfte zweckmäßig erscheint.

1.8 Sinngemäße Umsetzung bei Beteiligungen

Die deutsche Aufsicht geht von der Prämisse aus, dass es aus ökonomischer Sicht keine Rolle **20** spielt, ob einem Unternehmen ein Kredit gewährt wird oder sich das Institut an ihm beteiligt. Allerdings haben sich in der Praxis des Beteiligungsgeschäftes Besonderheiten herausgebildet, so dass die Anforderungen an das Kreditgeschäft nicht unmittelbar und vollständig auf diese Geschäftsart übertragen werden können. Daher ist auch bei Beteiligungen nur eine »sinngemäße« Umsetzung der Anforderungen erforderlich, wie im Rundschreibentext ausdrücklich betont wird.

Im Hinblick auf diese sinngemäße Anwendung wird in der Praxis häufig zwischen »operativen« **21** und »strategischen« Beteiligungen unterschieden, ohne dass diese Begriffe klar definiert sind. Nach dem Verständnis der Bankenaufsicht zählen zu den operativen Beteiligungen all jene Geschäfte, die einen »kreditnahen« bzw. »kreditsubstituierenden« Charakter haben, d.h. bei denen der Beteiligungserwerb als Kreditersatzgeschäft zu charakterisieren ist. Im Fall operativer Beteiligungen liegt eine weitgehende Übertragung der Anforderungen nahe. In diesen Fällen sind grundsätzlich auch die aufbau- und ablauforganisatorischen Anforderungen an das Kreditgeschäft zu beachten (→ BTO 1 Tz. 1, Erläuterung).

Den strategischen Beteiligungen, die ausdrücklich nicht als Kreditersatzgeschäfte zu charak- **22** terisieren sind, liegen grundsätzlich andere Motive zugrunde, wie z.B. die Positionierung des Institutes auf bestimmten Märkten. Deshalb werden die Entscheidungen in diesen Fällen i.d.R. von der gesamten Geschäftsleitung getroffen. Bei derartigen Beteiligungen rechtfertigt die besondere Struktur der Prozesse eine vereinfachte Anwendung der aufbau- und ablauforganisatorischen Anforderungen. Insbesondere wird ein Votum als ausreichend erachtet. Hintergrund sind u.a. die Besonderheiten bei Verbundbeteiligungen, denen nicht in jedem Fall eine Investitionsentscheidung des Institutes vorausgeht und für die häufig eine durch die Verbundorganisation verabschiedete Strategie vorliegt. Bei Verbundbeteiligungen, die z.B. nach den Sparkassengesetzen oder satzungsmäßig vorgegeben sind, oder bei Pflichtbeteiligungen, wie z.B. an der SWIFT, ist nicht zwingend ein gesondertes Risikocontrolling erforderlich. Der notwendigen Überwachung kann in diesen Fällen auch durch andere Maßnahmen entsprochen werden. So genügt z.B. die Durchsicht von Jahresabschlüssen bzw. Geschäftsberichten oder die Kontrolle der Beteiligungskonten (→ BTO 1 Tz. 1, Erläuterung).

23   Die deutsche Aufsicht hat klargestellt, dass die sinngemäße Umsetzung bei Beteiligungen – unabhängig davon, ob es sich im Einzelfall um operative oder strategische Beteiligungen handelt – eine Beteiligungsstrategie sowie die Einrichtung eines Beteiligungscontrollings erfordert (→ BTO 1 Tz. 1, Erläuterung). Im Hinblick auf das Beteiligungscontrolling können bei bestimmten Arten von Beteiligungen, wie z.B. Verbundbeteiligungen, allerdings die oben erwähnten Erleichterungen in Anspruch genommen werden (siehe Abbildung 56).

	Kreditnahe Beteiligung	Strategische Beteiligung	Verbund-/ Pflichtbeteiligung
Anforderungen an die Aufbau- und Ablauforganisation	grundsätzlich zu beachten	vereinfachte Anwendung	vereinfachte Anwendung
Beteiligungsstrategie	erforderlich	erforderlich	Verbundstrategie etc.
Beteiligungscontrolling	erforderlich	erforderlich	sinngemäße Umsetzung*

* Der notwendigen Überwachung im Sinne eines Beteiligungscontrollings kann bei Verbundbzw. Pflichtbeteiligungen zum Beispiel mittels Durchsicht von Jahresabschlüssen bzw. Geschäftsberichten oder Kontrolle der Beteiligungskonten Rechnung getragen werden.

Abb. 56: Behandlung von Beteiligungen

1.9   Anforderungen an die Verfahren zur Risikobeurteilung

24   Sowohl für die Kreditgewährung als auch für die Kreditweiterbearbeitung hat die Beurteilung der Adressenausfallrisiken einen besonderen Stellenwert, weil auf ihrer Basis u.a. die Konditionengestaltung erfolgt. Werden die Risiken systematisch unterschätzt, können die vereinnahmten Risikoprämien unter Umständen zu gering sein, um die tatsächlichen Verluste aus dem Ausfall der Kreditnehmer zu decken. Deshalb müssen die zur Risikobeurteilung relevanten Faktoren bereits bei der Kreditgewährung auf geeignete Weise analysiert werden (→ BTO 1.2.1 Tz. 1). Anschließend ist diese Analyse im Rahmen der Kreditweiterbearbeitung regelmäßig und ggf. auch anlassbezogen zu wiederholen (→ BTO 1.2.2 Tz. 2). Die deutsche Aufsicht überlässt es den Instituten, dafür das jeweils angemessene Verfahren zu wählen. Insbesondere im risikorelevanten Kreditgeschäft ist der Einsatz von Ratingverfahren allerdings weit verbreitet, in deren Rahmen

die Kreditnehmer bestimmten Risikoklassen zugeordnet werden. Im nicht-risikorelevanten Kreditgeschäft werden häufig Scoringverfahren verwendet (→ BTO 1.4 Tz. 1).

Eine wesentliche Bedeutung kommt im Kreditgeschäft der Risikofrüherkennung zu, weil die **25** Handlungsspielräume im Umgang mit problembehafteten Engagements mit fortschreitender Zeit i. d. R. drastisch eingeengt werden bzw. gar nicht mehr vorhanden sind. Im Idealfall kann bei rechtzeitiger Identifizierung von Kreditnehmern, bei deren Engagements sich erhöhte Risiken abzuzeichnen beginnen, ein leistungsgestörter Kreditverlauf (Intensivbetreuung, Problemkreditbearbeitung, Risikovorsorge) sogar gänzlich vermieden werden. Diesem Zweck dient das Verfahren zur Früherkennung von Risiken, das grundsätzlich darauf basiert, die Entwicklung geeigneter Frühwarnindikatoren zu überwachen (→ BTO 1.3).

1.10 Zusammenhang zwischen den Anforderungen an die Aufbau- und Ablauforganisation und an die Risikosteuerungs- und -controllingprozesse im Kreditgeschäft

Ein wirksames Management der Adressenausfallrisiken ist eng mit einer angemessenen Ausgestal- **26** tung der Aufbau- und Ablauforganisation im Kreditgeschäft verknüpft. Das wird besonders daran deutlich, dass die in Art. 79 CRD IV formulierten Anforderungen an Adressenausfallrisiken in den MaRisk vor allem durch organisatorische Vorgaben umgesetzt werden:
- Die Kreditvergabe muss nach soliden, klar definierten Kriterien erfolgen. Das Verfahren für die Genehmigung, Änderung, Verlängerung und Refinanzierung von Krediten muss klar geregelt sein (→ BTO 1.2 Tz. 1).
- Die Institute müssen über interne Methoden verfügen, anhand derer sie das Kreditrisiko sowohl für einzelne Schuldner, Wertpapiere oder Verbriefungspositionen als auch für das gesamte Portfolio bewerten können (→ BTO 1.2 Tz. 6).
- Diese internen Methoden dürfen sich nicht ausschließlich oder automatisch auf externe Bonitätsbeurteilungen stützen. Beruhen Eigenmittelanforderungen auf der Bonitätsbeurteilung einer externen Ratingagentur (»External Credit Assessment Institution«, ECAI) oder der Tatsache, dass eine Risikoposition unbeurteilt ist, so befreit dies die Institute nicht von der Pflicht, darüber hinaus andere einschlägige Informationen zur Bewertung der Allokation ihres internen Kapitals in Betracht zu ziehen (→ BTO 1.2 Tz. 4). Art. 77 CRD IV schränkt die Möglichkeiten zur Verwendung externer Ratings weiter ein, wobei die deutsche Aufsicht diese Sichtweise bereits in der Prüfungspraxis verdeutlicht (→ BTO 1.2 Tz. 4).
- Die laufende Verwaltung und Überwachung der verschiedenen kreditrisikobehafteten Portfolios und Positionen von Instituten, auch zwecks Erkennung und Verwaltung von Problemkrediten sowie Vornahme adäquater Wertberichtigungen und Rückstellungen, muss über wirksame Systeme erfolgen (→ BTO 1.2 Tz. 3, BTO 1.2.3, BTO 1.2.4 und BTO 1.2.5).
- Die Diversifizierung der Kreditportfolios muss den Zielmärkten und der allgemeinen Kreditstrategie des Institutes angemessen sein (→ BTR 1 Tz. 1).

BTO 1.1 Funktionstrennung und Votierung

1 Funktionstrennung im Kreditgeschäft (Tz. 1)

1 **1** Maßgeblicher Grundsatz für die Ausgestaltung der Prozesse im Kreditgeschäft ist die klare aufbauorganisatorische Trennung der Bereiche Markt und Marktfolge bis einschließlich der Ebene der Geschäftsleitung. Bei kleinen Instituten sind unter bestimmten Voraussetzungen Ausnahmen hinsichtlich der Funktionstrennung möglich.

1.1 Unterscheidung von Markt und Marktfolge

2 Die Aufgaben der Bereiche Markt und Marktfolge wurden im vorherigen Modul grob definiert (→ BTO Tz. 2). Im Markt werden die Geschäfte initiiert, sofern dies nicht über Dritte geschieht (→ BTO 1.1 Tz. 4). Außerdem wird vom Markt ein Votum bei den Kreditentscheidungen abgegeben. Es handelt sich also um einen klassischen Vertriebsbereich, dessen Performance i.d.R. auch am Vertriebserfolg gemessen wird. Um auszuschließen, dass dabei die Risikosituation des Institutes aus den Augen verloren wird, ist zumindest im risikorelevanten Geschäft ein weiteres, vom Markt unabhängiges Votum erforderlich. Dafür ist die Marktfolge verantwortlich. Das Hauptaugenmerk der Marktfolge gilt somit der Analyse, ob ein vom Markt oder von Dritten initiiertes Kreditgeschäft unter Risikogesichtspunkten für das Institut darstellbar ist. Daraus ergibt sich auf natürliche Weise ein Interessengegensatz zwischen dem vertriebsorientierten Markt und der risikoorientierten Marktfolge. Im Interesse möglichst objektiver Kreditentscheidungen wird von der deutschen Aufsicht deshalb gefordert, bei der Ausgestaltung der Aufbauorganisation grundsätzlich sicherzustellen, dass der Bereich Markt bis einschließlich der Ebene der Geschäftsleitung von bestimmten Bereichen oder Funktionen getrennt ist, wozu auch die Marktfolge gehört (→ BTO Tz. 3). Insoweit wird an dieser Stelle die klare aufbauorganisatorische Trennung der Bereiche Markt und Marktfolge bis einschließlich der Ebene der Geschäftsleitung als maßgeblicher Grundsatz für die Ausgestaltung der Prozesse im Kreditgeschäft wiederholt.

1.2 Grundmodell der Funktionstrennung

3 Das Grundmodell der Funktionstrennung beinhaltet allerdings mehr als nur die bloße Separierung besagter Organisationseinheiten. Da es eng mit den Regelungen zur Votierung verknüpft ist, kommt ihm eine zentrale Bedeutung für die Entscheidungsfindung im Kreditgeschäft zu. Seine übergeordnete Bedeutung als »institutionalisiertes Vier-Augen-Prinzip« lässt sich unter Berücksichtigung verschiedener anderer Vorgaben grundsätzlich wie folgt zusammenfassen:
- Nach dem Grundmodell der Funktionstrennung sind bei allen risikorelevanten Kreditgeschäften stets zwei zustimmende Voten aus den Bereichen Markt und Marktfolge einzuholen (→ BTO 1.1 Tz. 2). Beide Bereiche sind aufbauorganisatorisch bis einschließlich der Ebene der Geschäftsleitung voneinander zu trennen. Die Trennung zwischen Markt und Marktfolge ist auch im Vertretungsfall zu gewährleisten (→ BTO Tz. 5). Bei abweichenden Voten ist der Kredit entweder abzulehnen oder die Entscheidung auf eine höhere Kompetenzstufe zu verlagern (→ BTO 1.1 Tz. 6). Die Voten können nur dann ihren für die Kreditentscheidung bindenden Charakter verlieren, wenn die Kompetenzen von einzelnen Geschäftsleitern bzw.

die Kompetenzen der gesamten Geschäftsleitung für eine abweichende Entscheidung herangezogen werden (→ BTO 1.1 Tz. 5).

- Bei nicht-risikorelevanten Kreditgeschäften ist dagegen nur ein Votum erforderlich (→ BTO 1.1 Tz. 4 Satz 1). Die Funktionstrennung zwischen Markt und Marktfolge ist insoweit für diese Geschäfte nicht vorgeschrieben (→ BTO 1.1 Tz. 4 Satz 3). Das Votum und die Entscheidung über eine Kreditvergabe können demnach bei nicht-risikorelevanten Geschäften komplett im Bereich Markt liegen. Ähnliches gilt für Kreditgeschäfte, die von Dritten initiiert werden (→ BTO 1.1 Tz. 4 Satz 2), wobei das institutsinterne Votum im risikorelevanten Geschäft tendenziell von der Marktfolge abgegeben werden sollte (→ BTO 1.1 Tz. 4, Erläuterung).

Unabhängig von der Frage nach der Anzahl der erforderlichen Voten ist bei jedem Engagement **4** sicherzustellen, dass eine angemessene Kreditbearbeitung erfolgt (→ BTO 1.1 Tz. 4 Satz 4). Der Umfang der Bearbeitung bzw. die Intensität der Beurteilung der Adressenausfallrisiken, d. h. die Angemessenheit der Kreditprozesse, richtet sich dabei insbesondere nach dem Risikogehalt der Engagements (→ BTO 1.2 Tz. 3, BTO 1.2.1 Tz. 1 und BTO 1.2.2 Tz. 2).

Hier drängen sich zunächst einige Definitionsfragen auf: Was ist z. B. unter einem Votum zu **5** verstehen, und welcher Zusammenhang besteht zwischen Votum und Kreditentscheidung? Welche Funktionen sollen die Bereiche Markt und Marktfolge – abgesehen von der Votierung – wahrnehmen? Und was versteht man unter risikorelevanten Kreditgeschäften?

1.3   Votum und Kreditentscheidung

Unter einem Votum im Sinne der MaRisk ist eine zustimmende oder ablehnende Meinungs **6** äußerung im Rahmen einer Kreditentscheidung zu verstehen. In der Praxis ist es in diesem Zusammenhang nicht unüblich, dass zwischen den Votierenden im Vorfeld der Votierung Gespräche über die Engagements geführt werden und die Kreditvorlage auf der Grundlage der Ergebnisse dieser Gespräche entsprechend ergänzt bzw. angepasst wird. Außerdem kann die positive Votierung der Marktfolge an weitere Bedingungen geknüpft sein (z. B. Bestellung zusätzlicher Sicherheiten, Beschaffung weiterer Gutachten oder Aufnahme von so genannten »Financial Covenants«, mit deren Hilfe Verhaltensregeln während der Kreditlaufzeit aufgestellt werden). Der Dialog über mögliche Schwachstellen verbessert den Prozess der Entscheidungsvorbereitung im Kreditgeschäft. Der Austausch zwischen Markt und Marktfolge steht dabei ausdrücklich nicht im Widerspruch zur geforderten Unabhängigkeit der Votierungen.

Grundsätzlich gilt für das risikorelevante Kreditgeschäft, dass ohne zwei zustimmende Voten **7** keine positive Kreditentscheidung getroffen werden kann (Zwei-Voten-Prinzip). Da über die Akquisitionstätigkeit des Vertriebes quasi die Obermenge aller potenziell positiven Kreditentscheidungen festgelegt wird (Filterfunktion der Vertriebsbereiche) und aufgrund dessen das Vorliegen zweier negativer Voten faktisch nicht möglich ist, kommt es im Hinblick auf die tatsächliche Entscheidung also vor allem auf das zustimmende Marktfolgevotum an. Soweit die Entscheidungen von einem Ausschuss getroffen werden, sind die Mehrheitsverhältnisse innerhalb dieses Ausschusses deshalb so festzulegen, dass der Bereich Marktfolge nicht überstimmt werden kann (→ BTO 1.1 Tz. 2). Das Marktfolgevotum hat daher unter materiellen Gesichtspunkten Entscheidungscharakter. Es kann nur dann seinen bindenden Charakter verlieren, wenn die Kreditkompetenzen einzelner Geschäftsleiter oder der gesamten Geschäftsleitung direkt berührt sind oder wenn am Ende der ggf. vorhandenen Eskalationsstufen einzelne Geschäftsleiter bzw. die gesamte Geschäftsleitung abschließend zu entscheiden haben bzw. hat. In diesen Fällen kann die

BTO 1.1 Funktionstrennung und Votierung

Entscheidung vom marktunabhängigen Votum abweichen (→ BTO 1.1 Tz. 5). Kreditentscheidungen, bei denen sich ein einzelner Geschäftsleiter über negative Voten hinwegsetzt, sind allerdings im Risikobericht besonders hervorzuheben (→ BTO 1.1 Tz. 5 Satz 3). Dasselbe gilt für Kreditentscheidungen des für die Marktfolge zuständigen Geschäftsleiters, da in diesem Fall kein »typisches« Marktfolgevotum vorliegt. Von diesen besonderen Berichtspflichten sind allerdings nur Entscheidungen im risikorelevanten Kreditgeschäft betroffen (→ BT 3.2 Tz. 3).

8   Unter bestimmten Voraussetzungen besteht jedoch die Möglichkeit, Entscheidungen auf Basis eines einzigen institutsinternen Votums zu treffen (→ BTO 1.1 Tz. 5). So ist bei nicht-risikorelevanten Kreditgeschäften grundsätzlich ein Votum ausreichend. Insoweit kann ein Kompetenzträger aus dem Bereich Markt die Kreditentscheidung treffen, ohne dass ein marktunabhängiges Votum eingeholt werden muss (→ BTO 1.1 Tz. 4). Während dieser »risikoabhängige« Verzicht auf ein weiteres Votum bei Kreditentscheidungen hinsichtlich bestimmter Geschäftsarten oder bei Kreditgeschäften unterhalb bestimmter Größenordnungen unumstritten ist, wird die »prozessabhängige« Erleichterung häufig missverstanden. Von dieser Öffnungsklausel profitieren alle Geschäfte, die von Dritten initiiert werden. Sie stellt darauf ab, dass bestimmte Arten von Kreditgeschäften grundlegend anderen Geschäftsprozessen unterliegen und gilt unabhängig vom Risikogehalt dieser Geschäfte. Zusammengefasst kann es also für den Verzicht auf ein weiteres institutsinternes Votum sowohl risikobezogene (»nicht-risikorelevantes Kreditgeschäft«) als auch prozessuale (»Drittinitiierung«) Gründe geben.

1.4   Sonstige Abweichungen vom Zwei-Voten-Prinzip

9   Neben dieser grundlegenden Unterscheidung möglicher Erleichterungen und den bereits genannten Ausnahmen gibt es eine ganze Reihe von Spezialfällen, bei denen aus verschiedenen Gründen vom klassischen Zwei-Voten-Prinzip abgewichen werden kann.[1] Hierzu zählen Entscheidungen
- über Zinsanpassungen nach Ablauf der Zinsbindungsfrist, die nicht als Kreditentscheidungen im Sinne der MaRisk gelten (→ AT 2.3 Tz. 2, Erläuterung),
- über strategische Beteiligungen, in die i. d. R. die gesamte Geschäftsleitung involviert ist (→ BTO 1 Tz. 1, Erläuterung),
- in sehr kleinen Instituten durch die unmittelbare Einschaltung der Geschäftsleitung (→ BTO 1.1 Tz. 1, Erläuterung),
- über Kredite an Mitarbeiter durch Mitwirkung einer geeigneten, von der Kreditbearbeitung unabhängigen Stelle (→ BTO 1.1 Tz. 1, Erläuterung),
- über Kontrahenten- und Emittentenlimite bei Handelsgeschäften (→ BTO 1.1 Tz. 3),
- bei denen standardisiert vorgegangen wird und die Ermessensspielräume durch externe Vorgaben beschränkt sind (→ BTO 1.1 Tz. 4, Erläuterung),
- über geringfügige Ausweitungen von als risikorelevant eingestuften Gesamtengagements (→ BTO 1.1 Tz. 4, Erläuterung),
- über Limitüberschreitungen und Prolongationen, soweit unter Risikogesichtspunkten vertretbar (→ BTO 1.2 Tz. 8),
- über Sanierungskredite (→ BTO 1.2.5 Tz. 1, Erläuterung),
- über Engagements in Abbauportfolien (→ BTO 1.2.5 Tz. 1, Erläuterung),
- über kurzfristige Emittentenlimite bei Handelsgeschäften und liquiden Kreditprodukten (→ BTR 1 Tz. 4 inkl. Erläuterung) und

---

1   Vgl. Hannemann, Ralf, Wesentliche Aspekte in der Diskussion über die Mindestanforderungen an das Risikomanagement (MaRisk), in: BankPraktiker, Beilage 1/2005 zu Heft 1/2005, November 2005, S. 8.

– über Emittentenlimite, sofern dem spezifischen Risiko des Emittenten im Rahmen der Limitierung des Marktpreisrisikos angemessen Rechnung getragen wird (→ BTR 1 Tz. 4, Erläuterung).

Auch diese Erleichterungen hängen mit den jeweiligen Besonderheiten der Geschäfte zusammen und werden an anderer Stelle näher erläutert. **10**

1.5 Ausgestaltung der Kompetenzordnung

Die zentrale Bedeutung des marktunabhängigen Votums muss sich in der Kompetenzordnung **11** bzw. den Eskalationsverfahren widerspiegeln (→ BTO 1.1 Tz. 6). Im Fall einer durchgängigen Festlegung von Gemeinschaftskompetenzen der Bereiche Markt und Marktfolge könnte das Zwei-Voten-Prinzip vollständig in der Kompetenzordnung verankert werden. Die deutsche Aufsicht schreibt eine derartige Vorgehensweise allerdings nicht vor, zumal dies nicht in jedem Fall praktikabel sein wird. Im Hinblick auf die konkrete Ausgestaltung der Kompetenzordnung überlässt die Aufsicht den Instituten vielmehr einen weitgehenden Spielraum, solange sichergestellt ist, dass das marktunabhängige Votum, auch über ggf. vorhandene Eskalationsstufen hinweg, seinen Entscheidungscharakter nicht verliert. Der Votierende aus der Marktfolge kann demnach zugleich der maßgebliche Kompetenzträger sein. Die Entscheidungskompetenz kann aber auch bei Mitarbeitern aus anderen Bereichen (z. B. dem Markt) angesiedelt sein, sofern die Vorgaben zur Votierung hinreichend Beachtung finden. Bei der konkreten Ausgestaltung der Kompetenzordnung sollten neben der grundsätzlich bindenden Wirkung des marktunabhängigen Votums vor allem auch betriebswirtschaftliche Aspekte eine wesentliche Rolle spielen.

1.6 Abweichungen vom Grundsatz der Funktionstrennung

Der Grundsatz der Funktionstrennung ist nicht bei allen Kreditgeschäften zu beachten. Er wird **12** vielmehr an verschiedenen Stellen durchbrochen. Insbesondere ist die aufbauorganisatorische Trennung zwischen Markt und Marktfolge nur für Kreditgeschäfte erforderlich, bei denen zwei Voten einzuholen sind (→ BTO 1.1 Tz. 4). Sie ist hingegen nicht obligatorisch für Geschäfte, die auf Basis eines einzelnen Votums abgeschlossen werden. Damit kann sich die Zuständigkeit des für die Marktfolge zuständigen Geschäftsleiters durchaus auch auf Vertriebsbereiche erstrecken, die nicht-risikorelevante Kreditgeschäfte initiieren. Maßgeblich für die Funktionstrennung ist grundsätzlich die Frage nach der Risikorelevanz der Geschäfte. Diesbezüglich wird den Instituten ein breiter Ermessensspielraum eingeräumt: Jedes Institut kann in eigener Verantwortung festlegen, welche Geschäftsarten als risikorelevant einzustufen sind bzw. ab welcher betragsmäßigen Höhe eine derartige Einstufung für bestimmte Arten von Kreditgeschäften sinnvoll erscheint (→ BTO 1.1 Tz. 4, Erläuterung).

Da unabhängig vom Risikogehalt der Kreditgeschäfte auch aus prozessualen Gründen auf ein **13** weiteres Votum verzichtet werden kann, wie z. B. bei einer Geschäftsinitiierung durch Dritte, ist die aufbauorganisatorische Trennung von Markt und Marktfolge auch im risikorelevanten Geschäft nicht immer erforderlich. Das bedeutet allerdings nicht, dass der Marktbereich in diesen Fällen ohne Berücksichtigung der Risikosituation frei entscheiden kann. Bei risikorelevanten Kreditentscheidungen sollte das im Institut einzuholende Votum grundsätzlich vertriebsunabhängig wahrgenommen werden (→ BTO 1.1 Tz. 4, Erläuterung).

1.7 Regionale Teilmärkte

14 Nicht vereinbar mit dem Grundsatz der Funktionstrennung ist die Zuständigkeit des markt-unabhängigen Geschäftsleiters für Marktbereiche, die risikorelevante Kreditgeschäfte initiieren, da dies die Ziele der Funktionstrennung unterlaufen würde. Ausgeschlossen ist damit grundsätzlich auch die Zuständigkeit des Marktfolge-Geschäftsleiters für Marktbereiche, die (risikorelevante) Geschäfte auf regional begrenzten Märkten initiieren. Insofern kann die Risikorelevanz von Kreditgeschäften nicht auf der Basis von Geschäftsgebieten bestimmt werden. Sie richtet sich vielmehr nach dem Risikogehalt der jeweiligen Engagements. Die Organisationsverantwortung des vertriebsunabhängigen Geschäftsleiters darf sich nur dann auf regional begrenzte Märkte erstrecken, wenn das Institut sicherstellt, dass in diesen Märkten ausschließlich nicht-risikorelevante Geschäfte initiiert werden.

1.8 Über-Kreuz-Zuständigkeiten für Marktbereiche

15 Nicht vereinbar mit dem Grundsatz der Funktionstrennung ist ferner das Vorliegen von so genannten »Über-Kreuz-Zuständigkeiten« der Geschäftsleiter für entsprechend aufgeteilte Marktbereiche und marktunabhängige Bereiche. Diese würden, bezogen auf das risikorelevante Kreditgeschäft, bei einem Zwei-Personen-Vorstand z. B. dann vorliegen, wenn ein Geschäftsleiter gleichzeitig für den Markt (Kunden A – K) und die Marktfolge (Kunden L – Z) und der andere Geschäftsleiter in umgekehrter Weise für den Markt (Kunden L – Z) und die Marktfolge (A – K) zuständig wären. Bei dieser Variante sind zu erwartende Interessenkonflikte, die in so genannten »Gefälligkeitsvoten« gipfeln, geradezu systemimmanent. Die deutsche Aufsicht hat daher klargestellt, dass derartige Varianten nicht mit dem Grundsatz der Funktionstrennung vereinbar sind.[2]

1.9 Erleichterungen für kleine Institute

16 Soweit ein Festhalten an der Einhaltung der geforderten Funktionstrennung zwischen der Marktfolge bzw. sonstigen marktunabhängigen Funktionen und dem Markt bis einschließlich der Ebene der Geschäftsleitung angesichts der geringen Größe des Institutes nicht mehr verhältnismäßig ist, kann auf die Funktionstrennung verzichtet werden (→ BTO 1.1 Tz. 1, Erläuterung). In diesen Fällen muss allerdings durch die unmittelbare Einschaltung der Geschäftsleitung in die Vergabe risikorelevanter Kredite eine ordnungsgemäße, den bestehenden Risiken angemessene Handhabung des Kreditgeschäftes sichergestellt bleiben. Insoweit hat die Geschäftsleitung die Bearbeitung und die Beschlussfassung von risikorelevanten Krediten selbst durchzuführen. Abwesende Geschäftsleiter müssen zudem im Nachhinein über Entscheidungen im risikorelevanten Geschäft informiert werden.

17 Diese Erleichterung kann in Anspruch genommen werden, wenn in einer Gesamtbetrachtung folgende Voraussetzungen erfüllt sind:
- Das Kreditvolumen beträgt höchstens 100 Mio. Euro,
- es gibt nur zwei Geschäftsleiter, und
- das Kreditgeschäft ist einfach strukturiert.

---

2 Vgl. Bundesanstalt für Finanzdienstleistungsaufsicht, Protokoll der ersten Sitzung des MaK-Fachgremiums am 14. Mai 2003, S. 4.

1.10   Kredite an Mitarbeiter

Bei Krediten an Mitarbeiter und an Geschäftsleiter können die aufbauorganisatorischen Anforderungen regelmäßig nicht eins zu eins umgesetzt werden, da es vor allem am Bereich Markt fehlt. Der Markt wäre in diesem Fall quasi der Mitarbeiter, der den Kreditantrag stellt. Die Anforderungen an die Funktionstrennung können daher nur sinngemäß umgesetzt werden. Grundsätzlich hat bei solchen Kreditentscheidungen eine geeignete Stelle, die nicht in die Kreditbearbeitung einbezogen ist, mitzuwirken (→ BTO 1.1 Tz. 1, Erläuterung). Hierfür kommt z. B. die Personalabteilung infrage. Die eigentliche Bearbeitung kann ggf. auch von den für die Kreditbearbeitung zuständigen Mitarbeitern durchgeführt werden. Zunächst galt diese Erleichterung nur für die leitenden Mitarbeiter. Diese Einschränkung war auf die Annahme zurückzuführen, dass in diesem Bereich am ehesten risikorelevante Kreditvergaben zu erwarten sind. Da der Bereich Markt bei Mitarbeiterkrediten jedoch grundsätzlich nie vorhanden ist, gilt die Regelung nunmehr für alle Mitarbeiter.[3] Unabhängig von der geschilderten Erleichterung müssen natürlich die gesetzlichen Anforderungen des § 15 KWG (Organkreditvorschriften) beachtet werden.

---

3   Vgl. Bundesanstalt für Finanzdienstleistungsaufsicht, Protokoll der zweiten Sitzung des MaRisk-Fachgremiums am 17. August 2006, S. 1 f.

2 Zwei-Voten-Prinzip und Rolle der Marktfolge (Tz. 2)

19 **2** Abhängig von Art, Umfang, Komplexität und Risikogehalt des Kreditengagements erfordert eine Kreditentscheidung zwei zustimmende Voten der Bereiche Markt und Marktfolge. Weitergehende Beschlussfassungsvorschriften (z. B. KWG, Satzung) bleiben hiervon unberührt. Soweit die Entscheidungen von einem Ausschuss getroffen werden, sind die Mehrheitsverhältnisse innerhalb eines Ausschusses so festzulegen, dass der Bereich Marktfolge nicht überstimmt werden kann.

2.1 Weitergehende Beschlussfassungsvorschriften

20 Die Regelungen zur Einholung zweier Voten bei risikorelevanten Kreditgeschäften haben keinen Einfluss auf weitergehende Beschlussfassungsvorschriften, die sich aus dem Kreditwesengesetz oder aus einer Satzung ergeben. Unberührt bleiben demnach z. B. die nach § 13 Abs. 2 und 3 KWG sowie § 15 Abs. 1 KWG bestehende Pflicht zur einstimmigen Beschlussfassung sämtlicher Geschäftsleiter bei Groß- bzw. Organkrediten[4] oder die sich aus den Sparkassengesetzen der Länder ergebenden Sonderregelungen bei bestimmten Krediten.[5]

2.2 Ausschüsse mit Entscheidungskompetenzen

21 In der Praxis werden Kreditvergaben häufig von Ausschüssen entschieden, die sich aus Mitarbeitern unterschiedlicher Organisationseinheiten der Institute zusammensetzen. Die Mehrheitsverhältnisse innerhalb solcher Ausschüsse sind so festzulegen, dass der Bereich Marktfolge nicht überstimmt werden kann. Die Entscheidung hat dabei, wie bei jeder anderen risikorelevanten Kreditentscheidung auch, auf Basis zweier Voten und entsprechender Kreditprozesse zu erfolgen. Bei diesen Ausschüssen handelt es sich immer um Ausschüsse mit Entscheidungskompetenz, die regelmäßig der Geschäftsleitung nachgeordnet sind.

22 Die Geschäftsleitung gilt hingegen, selbst wenn sie als letzte Eskalationsstufe in die Kompetenzordnung eingebunden sein sollte, nicht als Ausschuss im Sinne der MaRisk. Dies ergibt sich schon daraus, dass das Zwei-Voten-Prinzip bei Entscheidungen einzelner Geschäftsleiter und folglich

---

4 Gemäß Art. 392 CRR ist die Risikoposition eines Institutes an einen Kunden oder eine Gruppe verbundener Kunden i. S. v. Art. 4 Abs. 1 Nr. 39 CRR ein Großkredit, wenn sein Wert 10 % der anrechenbaren Eigenmittel des Institutes erreicht oder überschreitet. Ein Organkredit ist laut § 15 KWG ein Kredit an Geschäftsleiter, Gesellschafter, Mitglieder des Aufsichtsorgans, Prokuristen, Handlungsbevollmächtigte etc., die aufgrund ihrer engen Beziehung zum kreditgewährenden Institut bei der Kreditentscheidung einem Interessenkonflikt ausgesetzt sein könnten.

5 Ausnahmen vom einstimmigen Geschäftsleiterbeschluss nach § 13 KWG sind in § 3 GroMiKV festgelegt. Laut § 3 Abs. 2 GroMiKV muss ein bereits von den Geschäftsleitern beschlossener Großkredit nicht erneut beschlossen werden, wenn er durch Änderung von Devisenkursen oder anderen Marktpreisen die Großkreditdefinitionsgrenze gemäß Art. 392 CRR zwischenzeitlich unterschritten hat und diese später wieder erreicht oder überschreitet. Ein neuer Beschluss der Geschäftsleitung ist nur dann erforderlich, wenn der ursprünglich beschlossene Höchstbetrag durch die Risikoposition dadurch überschritten wird. In Analogie dazu ist laut § 4 GroMiKV ein einstimmiger Geschäftsleiterbeschluss erforderlich, wenn ein Großkredit über die Obergrenze für Großkredite hinaus erhöht werden soll. Vgl. Verordnung zur Ergänzung der Großkreditvorschriften nach der Verordnung (EU) Nr. 575/2013 des Europäischen Parlaments und des Rates vom 26. Juni 2013 über Aufsichtsanforderungen an Kreditinstitute und Wertpapierfirmen und zur Änderung der Verordnung (EU) Nr. 646/2012 und zur Ergänzung der Millionenkreditvorschriften nach dem Kreditwesengesetz (Großkredit- und Millionenkreditverordnung – GroMiKV) vom 6. Dezember 2013 (BGBl. I S. 4183), zuletzt geändert durch Artikel 1 und 2 der Verordnung vom 20. Dezember 2017 (BGBl. I S. 4024).

auch der gesamten Geschäftsleitung keine bindende Wirkung entfaltet (→ BTO 1.1 Tz. 5). Die Einordnung der Geschäftsleitung als Ausschuss im Sinne der MaRisk würde dazu führen, dass der für die Marktfolge zuständige Vorstand in Abhängigkeit von der Zusammensetzung der Geschäftsleitung mit einem mehrfachen Stimmrecht ausgestattet werden müsste. In der Konsequenz würde sich seine Position im Vorstand von allen anderen Funktionen deutlich abheben.

Auch der Geschäftsleitung übergeordnete Gremien des Aufsichtsorgans (so genannte »Kreditausschüsse«) gelten grundsätzlich nicht als Ausschüsse im Sinne der MaRisk. Derartige Gremien sind z. B. nach § 15 KWG für die Zustimmung bei Organkrediten oder auch für die Zustimmung bei anderen Krediten ab bestimmten Größenordnungen verantwortlich. Die eigentliche Kreditentscheidung im Sinne der MaRisk ist dabei allerdings bereits durch die Geschäftsleitung bzw. durch ihr nachgeordnete Kompetenzträger oder Ausschüsse getroffen worden. **23**

2.3   Darstellung der Voten und materielle Plausibilitätsprüfung

Die Voten sind schriftlich niederzulegen. Diese Dokumentationsanforderung kann unmittelbar aus § 25a Abs. 1 Satz 6 Nr. 2 KWG oder den Vorgaben der MaRisk abgeleitet werden (→ AT 6 Tz. 1 und 2). Die deutsche Aufsicht stellt jedoch keine konkreten Anforderungen an die Art und Weise der Darstellung. **24**

Die Prozesse, die zu einer Kreditentscheidung führen, hängen von vielen Faktoren ab und können demzufolge sehr unterschiedlich ausgestaltet sein. Dies betrifft auch den Votierungsprozess. Grundsätzlich bietet es sich an, dass die Voten als getrennte Meinungsäußerungen in der Kreditvorlage niedergelegt werden. So wird die Kreditvorlage in der Praxis häufig von Mitarbeitern des Bereiches Markt erstellt und dann an die Marktfolge zur weiteren Bearbeitung weitergeleitet. Der zuständige Mitarbeiter der Marktfolge dokumentiert seine Votierung auf einem Beiblatt, das in die Kreditvorlage aufgenommen wird. Diese Verfahrensweise ist jedoch nicht zwingend erforderlich. Um die Entscheidungsträger nicht mit einer Fülle von Kreditanträgen zu belasten, die gegensätzliche Voten enthalten, findet häufig bereits auf der Arbeitsebene ein intensiver Dialog zwischen Markt und Marktfolge statt, der in der Erarbeitung einer gemeinsamen Kreditvorlage für jene Anträge gipfelt, die letztlich von beiden Seiten (ggf. unter Auflagen) befürwortet werden. Die zusammenfassende Darstellung der beiden Voten in einem Dokument ist grundsätzlich möglich. **25**

Die (positive) marktunabhängige Votierung kommt in diesem Fall durch die Unterschrift des zuständigen Mitarbeiters der Marktfolge zum Ausdruck. Dabei darf es sich nicht um eine so genannte »Gefälligkeitsunterschrift« handeln, da dies generell der Zielsetzung des Zwei-Voten-Prinzips widersprechen würde. Der marktunabhängigen Votierung hat je nach Zuordnung der Kreditprozesse auf den Markt und den marktunabhängigen Bereich zumindest eine materielle Plausibilitätsprüfung zugrunde zu liegen. Im Rahmen der materiellen Plausibilitätsprüfung müssen die bereits im Markt durchgeführten Tätigkeiten nicht wiederholt werden. Vielmehr stehen die Nachvollziehbarkeit und die Vertretbarkeit der Kreditentscheidung im Vordergrund. Hierzu zählen die Überprüfung der Aussagekraft des Marktvotums und die Beantwortung der Frage, inwieweit die Kreditvergabe der Höhe und der Form nach vertretbar ist. Die Intensität der materiellen Plausibilitätsprüfung hängt ferner von der Komplexität der zu beurteilenden Kreditgeschäfte ab. Der für die marktunabhängige Votierung zuständige Mitarbeiter muss zumindest Zugang zu allen wesentlichen Kreditunterlagen besitzen, so dass er sich ein abschließendes Urteil über alle für die Kreditentscheidung wesentlichen Aspekte bilden kann (→ BTO 1.1 Tz. 2, Erläuterung). **26**

Die beschriebenen Anforderungen gelten in Analogie für die Kreditgeschäfte, in denen die Prozesse einseitig im Bereich Markt konzentriert sind bzw. in denen regelmäßig in Teams aus **27**

BTO 1.1 Funktionstrennung und Votierung

Markt- und Marktfolgevertretern gearbeitet wird, wie z. B. bei der Projektfinanzierung. Um Gefälligkeitsunterschriften auszuschließen, kommt der Überprüfung des marktunabhängigen Votums im Rahmen von Prüfungshandlungen eine große Bedeutung zu. Es empfiehlt sich deshalb, die verschiedenen institutsinternen Arten der Votierung und ihre jeweiligen Voraussetzungen in den Organisationsrichtlinien (Bearbeitungsgrundsätzen) für Dritte nachvollziehbar zu beschreiben.

3 Festlegung von Kontrahenten- und Emittentenlimiten (Tz. 3)

3 Bei Handelsgeschäften sind Kontrahenten- und Emittentenlimite durch eine Votierung   28
aus dem Bereich Marktfolge festzulegen.

3.1 Bedeutung von Kontrahenten- und Emittentenlimiten

Handelsgeschäfte dürfen grundsätzlich nur mit Vertragspartnern getätigt werden, für die Kon-   29
trahentenlimite eingeräumt wurden (→ BTR 1 Tz. 3). Darüber hinaus sind für diese Geschäfte
grundsätzlich auch Emittentenlimite einzurichten (→ BTR 1 Tz. 4). Mit Hilfe dieser Limite werden
die den Handelsgeschäften innewohnenden Adressenausfallrisiken, also das Kontrahenten- und
ggf. das Emittentenrisiko, begrenzt. Im Hinblick auf die Bearbeitung von Emittentenrisiken sind
innerhalb der ersten drei Monate Vereinfachungen möglich. Die »sinngemäße Umsetzung« der
Anforderungen an das Kreditgeschäft bezieht sich demzufolge bei Handelsgeschäften insbesondere auf die Festlegung der Kontrahenten- und Emittentenlimite, die bereits in der Vergangenheit
von einer vom Handel unabhängigen Stelle zu erfolgen hatte.[6] An dieser Stelle wird klargestellt,
dass die Kontrahenten- und Emittentenlimite durch eine Votierung aus dem Bereich Marktfolge
festzulegen sind. Insbesondere ist im Hinblick auf die Festsetzung dieser Limite keine zusätzliche
Votierung des Bereiches Markt erforderlich. Die Initiierung eines Handelsgeschäftes durch den
Handel kann vielmehr mit dem Votum des Bereiches Markt gleichgesetzt werden, weil Initiierung
und Votum bei Handelsgeschäften regelmäßig wirtschaftlich zusammenfallen.[7] Da hingegen
Votierung und Entscheidung auseinanderfallen können, ist die Entscheidung über Kontrahenten-
bzw. Emittentenlimite sogar im Bereich Markt bzw. Handel möglich, sofern die marktunabhängige
Votierung für die Limitfestsetzung maßgeblich bleibt.

3.2 Konsequenzen für die Aufbauorganisation

Maßgeblicher Grundsatz für die Ausgestaltung der Prozesse im Handelsgeschäft ist die klare aufbau-   30
organisatorische Trennung des Handelsbereiches von den Funktionen des Risikocontrollings sowie
der Abwicklung und Kontrolle bis einschließlich der Ebene der Geschäftsleitung (→ BTO 2.1 Tz. 1).
Darüber hinaus gelten für Handelsgeschäfte grundsätzlich auch die aufbauorganisatorischen Anforderungen an das Kreditgeschäft, da sie vom weiten Anwendungsbereich des § 19 Abs. 1 KWG
ebenfalls erfasst werden (→ AT 2.3 Tz. 1). Allerdings ist in diesem Fall nur eine sinngemäße
Umsetzung der Anforderungen erforderlich (→ BTO 1 Tz. 1). Dem Prinzip der Funktionstrennung
folgend müssen die Vertriebsbereiche Markt und Handel also von den vertriebsunabhängigen
Bereichen separiert werden. Allein daraus leitet sich das grundlegende Funktionstrennungsprinzip

---

6 Vgl. Bundesaufsichtsamt für das Kreditwesen, Mindestanforderungen an das Betreiben von Handelsgeschäften der
    Kreditinstitute (MaH), Verlautbarung vom 23. Oktober 1995, Abschnitt 3.2.1.
7 Vgl. Zentraler Kreditausschuss, Stellungnahme zum ersten Entwurf der Mindestanforderungen an das Kreditgeschäft der
    Kreditinstitute vom 17. Mai 2002, S. 20.

ab, das bei den besonderen Anforderungen an die Aufbau- und Ablauforganisation niedergelegt wurde (→ BTO Tz. 3). Die Zuordnung des Handels in das Ressort des Geschäftsleiters Marktfolge ist daher nicht möglich, solange vom Institut risikobehaftete Handelsaktivitäten betrieben werden.

31 Soweit sich die Handelsaktivitäten der Institute auf Geschäfte konzentrieren, die unter Risikogesichtspunkten als nicht wesentlich einzustufen sind (»nicht-risikorelevante Handelsaktivitäten«), ist eine Trennung des Handelsbereiches vom Bereich Marktfolge bis in die Ebene der Geschäftsleitung hingegen nicht erforderlich (→ BTO 2.1 Tz. 2). Diese Erleichterung kann allerdings nur in Anspruch genommen werden, wenn in einer Gesamtbetrachtung folgende Voraussetzungen erfüllt werden (→ BTO 2.1 Tz. 2, Erläuterung):
- Das Institut nimmt die Erleichterungen des Artikel 94 Absatz 1 CRR in Anspruch oder kann sie in Anspruch nehmen (kein Handelsbuchinstitut),
- der Schwerpunkt der Handelsaktivitäten liegt beim Anlagevermögen bzw. der Liquiditätsreserve,
- das Volumen der Handelsaktivitäten ist gemessen am Geschäftsvolumen gering, und
- die Struktur der Handelsaktivitäten ist einfach und die Komplexität, die Volatilität sowie der Risikogehalt der Positionen sind gering.

32 Im Gegensatz zum Kreditgeschäft können die Aktivitäten im Handelsgeschäft nicht in risikorelevante und nicht-risikorelevante Geschäfte aufgeteilt werden. Die Festlegung der Risikorelevanz betrifft regelmäßig die gesamten Handelsaktivitäten eines Institutes. Außerdem ist für die Festlegung von Kontrahenten- und Emittentenlimiten immer eine Votierung aus dem Bereich Marktfolge erforderlich. Insofern reicht selbst bei »nicht-risikorelevanten Handelsaktivitäten« ein Votum des Handels nicht aus. Die Risikorelevanz der Geschäfte ist in dieser Hinsicht nicht maßgeblich.

4 Möglicher Verzicht auf die Funktionstrennung (Tz. 4)

4 Für Kreditentscheidungen bei Geschäften, die unter Risikogesichtspunkten als nicht **33** wesentlich einzustufen sind, kann das Institut bestimmen, dass nur ein Votum erforderlich ist (»nicht-risikorelevante Kreditgeschäfte«). Vereinfachungen sind auch dann möglich, wenn Kreditgeschäfte von Dritten initiiert werden. Insoweit ist die aufbauorganisatorische Trennung zwischen Markt und Marktfolge nur für Kreditgeschäfte maßgeblich, bei denen zwei Voten erforderlich sind. Falls ein zweites Votum nicht erforderlich sein sollte, ist eine angemessene Umsetzung der Anforderungen in BTO 1.2 sicherzustellen.

4.1 Verzicht auf ein weiteres Votum im Kreditentscheidungsprozess

Eine Kreditentscheidung erfordert grundsätzlich zwei zustimmende Voten der Bereiche Markt und **34** Marktfolge (→ BTO 1.1 Tz. 2). Bei Vorliegen eines negativen Votums, das im Normalfall aus der Marktfolge stammt, ist die Kreditvergabe außerhalb des Eskalationsverfahrens (→ BTO 1.1 Tz. 6) nur in jenen Fällen möglich, in denen sich ein oder mehrere Geschäftsleiter im Rahmen ihrer Krediteinzelkompetenz über das negative Votum hinwegsetzen (→ BTO 1.1 Tz. 5).

Unter bestimmten Voraussetzungen besteht jedoch die Möglichkeit, Entscheidungen auf Basis **35** eines einzigen institutsinternen Votums zu treffen. Hierfür kann es im Wesentlichen zwei Gründe geben:

– Es handelt sich um so genannte »nicht-risikorelevante Kreditgeschäfte«, d. h. der Risikogehalt dieser Geschäfte rechtfertigt eine vereinfachte Handhabung, oder
– es handelt sich um Geschäfte, die von Dritten initiiert werden, d. h. die Funktion des Marktes wird bereits außerhalb des Institutes wahrgenommen.

Letztgenannte Öffnungsklausel stellt darauf ab, dass die von Dritten initiierten Kreditgeschäfte **36** grundlegend anderen Geschäftsprozessen unterliegen. Sie ist grundsätzlich vom Risikogehalt der Geschäfte unabhängig. Zusammengefasst kann es also für den Verzicht auf ein weiteres instituts-internes Votum sowohl risikoabhängige (»nicht-risikorelevantes Kreditgeschäft«) als auch prozess-abhängige (»Drittinitiierung«) Gründe geben. Wie bereits ausgeführt, kann darüber hinaus auch in einigen Spezialfällen vom klassischen Zwei-Voten-Prinzip abgewichen werden (→ BTO 1.1 Tz. 1).

Ein grundlegendes Verständnis von diesen Ausnahmeregelungen ist deshalb von besonderer **37** Bedeutung, weil sie direkte Auswirkungen auf die Funktionstrennung haben. Kann nämlich ein Institut in bestimmten Geschäftsbereichen auf ein weiteres Votum verzichten, so entfällt für diese Geschäfte der Zwang zur aufbauorganisatorischen Trennung von Markt und Marktfolge. Es zeigt sich allerdings, dass die Festlegungen zur Aufbauorganisation eng mit der Frage verknüpft werden sollten, welchem Bereich das einzige institutsinterne Votum zugeordnet wird. Nicht in jedem Fall ist es sinnvoll, institutsintern auf das Votum der Marktfolge zu verzichten. In einigen Fällen sollte die Marktfolge zwingend eingebunden sein. Dafür ist ggf. das Marktvotum entbehrlich. Unabhän-gig davon ist es nicht immer empfehlenswert, den Verzicht auf ein Votum mit einer Lockerung der aufbauorganisatorischen Anforderungen zu verbinden.

4.2 Risikoabhängige Erleichterungen

38 Die Abgrenzung zwischen risikorelevantem und nicht-risikorelevantem Kreditgeschäft ist von jedem Institut eigenverantwortlich festzulegen. Vor dem Hintergrund der Vielfalt des Kreditgeschäftes und der unterschiedlichen Risiken sowie der institutsindividuellen Besonderheiten (z. B. Kreditvolumen, Geschäftsschwerpunkte) wäre eine Konkretisierung des Regelwerkes in dieser Frage kontraproduktiv. Grundsätzlich ist jede Kreditvergabe mit gewissen Risiken verbunden, die aus der Unsicherheit über zukünftige Ereignisse resultieren. Allerdings können bestimmte Kreditentscheidungen auch zur Diversifikation des Kreditportfolios und damit grundsätzlich zur Minderung des Gesamtbankrisikos beitragen. Zu den nicht-risikorelevanten Kreditgeschäften kann regelmäßig das standardisierte Mengengeschäft gerechnet werden (→ BTO 1.1 Tz. 4, Erläuterung). Am anderen Ende der Skala sollten Großkredite immer als risikorelevante Geschäfte eingestuft werden. Der Zwischenraum ist von den Instituten in eigener Verantwortung und in Abhängigkeit von der konkreten Risikosituation mit Leben zu füllen (→ BTO 1.1 Tz. 4, Erläuterung).

4.3 Kriterien für die Abgrenzungen

39 Es sind unterschiedliche Kriterien denkbar, auf deren Grundlage eine Abgrenzung zwischen risikorelevanten und nicht-risikorelevanten Geschäften erfolgen kann. Intuitiv klar ist, dass dabei immer eine Betrachtung des Risikogehaltes der jeweiligen Geschäfte für das Institut im Vordergrund stehen muss. In diese Betrachtung sollte neben der Bonität bzw. der Risikoeinstufung des Kreditnehmers und der Werthaltigkeit ggf. vorhandener Sicherheiten auch die Höhe des Gesamtobligos einfließen. Darüber hinaus spielt für die Relativierung der Risikorelevanz auch die Risikotragfähigkeit des Institutes eine wichtige Rolle. Ergänzend dazu können noch andere Kriterien von Bedeutung sein, wie z. B.
  – die Art des Geschäftes (z. B. Mengengeschäft oder Firmenkundengeschäft),
  – die Art der Kreditentscheidung (z. B. Neukredit, Krediterhöhung/Limitüberschreitung oder Prolongation),
  – die vereinbarte Laufzeit sowie
  – die Art der Bearbeitungsprozesse (z. B. hoher Grad an Standardisierung, individuelle Bearbeitung).

40 Bei der Abgrenzung der risikorelevanten Geschäfte auf Basis dieser »harten« Kriterien können zusätzliche Gesichtspunkte eine Rolle spielen, die eine verfeinerte Betrachtungsweise sinnvoll erscheinen lassen, wie z. B.
  – die rechtliche Durchsetzbarkeit und die Verwertbarkeit vorhandener Sicherheiten,
  – sonstige vertragliche Vereinbarungen (z. B. Tilgungs- oder Endfälligkeitsvereinbarungen bzw. der Einsatz von »Financial Covenants«) oder
  – die Qualifikation und der Erfahrungsschatz der mit der Kreditbearbeitung betrauten Mitarbeiter des Institutes.

41 Diese Komponenten müssen allerdings weder zwingend berücksichtigt werden, noch stellen sie eine abschließende Aufzählung dar. Es sind weitere Aspekte denkbar, die für die Bestimmung der Risikorelevanz Bedeutung haben können. Die institutsindividuell festzulegende Abgrenzung kann auf sehr unterschiedliche Weise erfolgen. Einige einfache Anregungen, die keinesfalls abschließenden Charakter haben, sind im Folgenden aufgeführt.

4.4 Volumengrenzen

Zunächst bietet sich eine einfache Volumengrenze an. Für alle Engagements ab einer bestimmten **42** Betragshöhe sind zwei Voten einzuholen. In Abhängigkeit von der Größe des Institutes käme hierfür z. B. die Grenze des § 18 KWG in Betracht. Demzufolge wären grundsätzlich bei allen Engagements oberhalb eines Betrages von 750 TEUR zwei Voten einzuholen. Wird damit allerdings bereits die Grenze von 10 % des haftenden Eigenkapitals des Institutes überschritten, sollte ein deutlich geringerer Betrag gewählt werden. Die Volumengrenze könnte ferner nach bestimmten Geschäften differenziert werden. Für das Firmenkundenkreditgeschäft und die Projektfinanzierung könnten z. B. unterschiedliche Grenzen festgelegt werden.

4.5 Risikoorientierte Grenzen

Als risikoorientierte Grenzen bieten sich Verknüpfungen zwischen Kreditbetrag und Risikoein- **43** stufung im Risikoklassifizierungsverfahren an. So könnten z. B. alle Engagements ab einer bestimmten Kredithöhe in Verbindung mit einer gewissen Risikoeinstufung als risikorelevant angesehen werden. Darüber hinaus sind weitere Differenzierungen, wie z. B. nach Geschäftsarten, möglich. Risikoorientierte Abgrenzungen sind auch deswegen zu empfehlen, weil die Klassifizierungsverfahren in angemessener Weise in die Prozesse des Kreditgeschäftes und ggf. die Kompetenzordnung einzubinden sind (→ BTO 1.4 Tz. 4). Darüber hinaus werden die Prüfungen auf Basis eines risikoorientierten Ansatzes durchgeführt (→ AT 1 Tz. 7). Es ist also zu vermuten, dass sich die Prüfer ebenfalls Gedanken über risikoorientierte Grenzen machen.

Wegen der Ausrichtung am tatsächlichen Risiko sollten derartige Abgrenzungen auch unter **44** Effizienzgesichtspunkten von Vorteil sein. Allerdings ist in jedem Fall eine zusätzliche Volumenbegrenzung empfehlenswert, da selbst hervorragend eingestufte Engagements unter Umständen kurzfristigen Schwankungen unterworfen sind und deren Ausfall erhebliche Auswirkungen haben könnte. Bei weiteren Differenzierungen der Abgrenzungen sollte jeweils abgewogen werden, inwieweit sie noch betriebswirtschaftlich sinnvoll bzw. aussagekräftig sind.

4.6 Plausibilisierung der Abgrenzungen

Alle Abgrenzungen müssen nachvollziehbar sein. Das gilt insbesondere im Hinblick auf die **45** individuelle Risikotragfähigkeit und die gewählte Risikostrategie. Die Abgrenzungen sind daher auf geeignete Art und Weise zu plausibilisieren. Eine Plausibilisierung könnte z. B. durch den in der Vergangenheit erforderlichen Wertberichtigungsbedarf in bestimmten Geschäftsfeldern oder ab bestimmten Volumina erfolgen. Unter Umständen bietet sich auch eine sukzessive Annäherung an sachgerechte Abgrenzungen an: So könnten zunächst Ad-hoc-Grenzen gesetzt werden, die im Zeitverlauf nach und nach im Hinblick auf ihre Zweckmäßigkeit überprüft und entsprechend angepasst werden. Die Angemessenheit und Zweckmäßigkeit der Grenzen könnte dabei durch ein regelmäßiges »Backtesting« überprüft werden, in dessen Rahmen die tatsächliche Risikorelevanz rückwirkend mit den Festlegungen des Institutes abgeglichen wird.

Eine nachvollziehbare Festlegung der Abgrenzungen und deren Darlegung in den Organisati- **46** onsrichtlinien liegen dabei im Eigeninteresse der Institute. Darüber hinaus können auf diese Weise unnötige Diskussionen mit den Prüfern weitgehend vermieden werden.

4.7   Bagatellgrenzen

47   Die Beurteilung der Risikorelevanz bezieht sich zwar prinzipiell auf das jeweilige Gesamtengagement. Allerdings besteht auch bei risikorelevant eingestuftem Gesamtobligo eines Kunden die Möglichkeit, einen zusätzlichen Kreditantrag über einen relativ geringen Betrag auf Basis vereinfachter Prozesse zu bearbeiten (→ BTO 1.1 Tz. 4, Erläuterung). Dem Problem einer möglichen schleichenden Erhöhung des Kreditbetrages wird durch die mindestens jährlich durchzuführende Überprüfung des Adressenausfallrisikos bzw. der Risikoeinstufung hinreichend begegnet (→ BTO 1.2.2 Tz. 2).

4.8   Geschäfte, die von Dritten initiiert werden

48   Bestimmte Arten von Kreditgeschäften unterliegen grundlegend anderen Geschäftsprozessen, so dass der Grundsatz der Funktionstrennung für das risikorelevante Kreditgeschäft in diesen Fällen nicht ohne weiteres Geltung beanspruchen kann. Kennzeichnend für diese Geschäfte ist, dass sie nicht vom Kredit gewährenden Institut selbst, sondern von einem Dritten initiiert werden. Wie bereits ausgeführt, ist es in diesen Fällen nicht erforderlich, zwei institutsinterne Voten einzuholen. Solche Konstellationen stellen regelmäßig Sonderfälle dar, die sich aus der Natur der betriebenen Geschäfte ergeben. Vereinfachungen im Hinblick auf die Funktionstrennung sind folglich auch bei risikorelevanten Kreditgeschäften möglich, wenn sie von Dritten initiiert werden. In den MaRisk werden einige Sonderfälle genannt, auf die diese Konstellation zutrifft (→ BTO 1.1 Tz. 4, Erläuterung):

–   Das von Förderbanken im Rahmen des Hausbankenprinzips betriebene Fördergeschäft wird regelmäßig von einer Hausbank oder einer Beteiligungsgesellschaft initiiert, die auf der Grundlage zivilrechtlicher Vereinbarungen mit der Förderbank für diese tätig werden. Bei diesen Geschäften gibt es keinen unmittelbaren Kundenkontakt zwischen der Förderbank und dem Kreditnehmer. Der Kreditnehmer wendet sich vielmehr direkt an die Hausbank bzw. die Beteiligungsgesellschaft. Insoweit fehlt es den Förderbanken bei diesen Geschäften i. d. R. an einem klassischen Vertriebsbereich, dem u. a. die Aufgabe der Initiierung von Engagements zukommt.

–   Im Hinblick auf das Geschäft der Bürgschaftsbanken tritt der Kunde zunächst an eine Hausbank (Initiator) heran, die ihren Kredit über eine von der Bürgschaftsbank zu stellende Personalsicherheit absichert.

–   Bei Bausparkassen werden die Geschäfte häufig über Handelsvertreter oder andere Kooperationspartner (z. B. Institute) initiiert. Alle weiteren bearbeitungstechnischen Schritte einschließlich der Kreditentscheidung werden in der Bausparkasse durchgeführt.

–   Ein ähnlich strukturierter Bearbeitungsprozess ist bei Kreditgeschäften zu beobachten, die über Händlerorganisationen an das Institut herangetragen werden.

–   Schließlich werden Konsortialgeschäfte nicht von den einzelnen Konsorten, sondern vom Konsortialführer initiiert. Der Konsortialführer ist u. a. zuständig für die Ausarbeitung des Vertragswerkes, die Bestellung und Verwaltung der Sicherheiten und die laufende Überwachung der wirtschaftlichen Situation des Kreditnehmers sowie die Weiterleitung von allen relevanten Informationen an die Konsorten.

49   Die konsequente Einhaltung des Grundsatzes der Funktionstrennung würde bei diesen Konstellationen zu einem unverhältnismäßigen Mehraufwand führen, da bei rein formaler Betrachtung nach der Initiierung durch den Dritten noch zwei zusätzliche Voten aus den Bereichen Markt und Marktfolge beim kreditgebenden Institut bzw. beim Konsorten einzuholen wären. Für diese Sonderfälle werden daher Erleichterungen eingeräumt: Die Einholung eines einzigen institutsinternen Votums wird im drittinitiierten Kreditgeschäft als ausreichend erachtet. Im Interesse des Institutes sind an die Dritt-initiierung ähnliche qualitative Anforderungen zu stellen wie an ein eigenes Marktvotum.

4.9 Vergleichbare Konstellationen

Die genannten Erleichterungen sind sinngemäß auch bei vergleichbaren Sonderfällen anwendbar[8]: **50**
- Im Rahmen der Wohnungsbauförderung werden die Geschäfte durch Landesverwaltungs-ämter oder andere kommunale Stellen initiiert (→ BTO 1.1 Tz. 4, Erläuterung).
- Auch in anderen Fällen können die Entscheidungsabläufe durch Dritte so stark normiert werden, dass es zu einer Standardisierung der Abläufe im Institut und damit zu einer Beschränkung der Ermessensspielräume bei der Kreditvergabe kommt (→ BTO 1.1 Tz. 4, Erläuterung).
- Im Kommunalkreditgeschäft (inkl. der kommunal verbürgten Kredite) erfolgt die formale Prüfung der haushalts- und aufsichtsrechtlichen Voraussetzungen im Rahmen eines stan-dardisierten Prozesses mit standardisierten und rechtlich geprüften Verträgen.
- Im Fall von Bildungsdarlehen erfolgt die Kreditbewilligung durch die Studentenwerke mittels eines öffentlich-rechtlichen Verwaltungsaktes auf der Grundlage des Bundesausbildungsför-derungsgesetzes (BAföG) bzw. des Aufstiegsfortbildungsförderungsgesetzes (AFBG).

Die Liste könnte ggf. noch um weitere Beispiele ergänzt werden. Sie hat daher keinen abschließen-den Charakter für Geschäfte, die von Dritten initiiert werden und für die entsprechende Erleichte-rungen in Anspruch genommen werden können. Der sachliche Anwendungsbereich dieser Erleich-terung sollte allerdings auf diese und vergleichbare Fälle beschränkt werden, um eine Ausnutzung der Regelung zur Umgehung der organisatorischen Anforderungen im Kreditgeschäft zu verhindern.

4.10 Drittinitiierung oder Interbankengeschäft?

Bei der Drittinitiierung gibt eine dritte Stelle ein typisches Vertriebsvotum für den Endkreditneh- **51**
mer des kreditgebenden Institutes ab. Folglich handelt es sich z. B. im Fördergeschäft zweifellos immer dann um eine Drittinitiierung, wenn die Hausbank eines Kreditnehmers den Förderkredit beantragt (positiv votiert) und das Förderinstitut zumindest ein Teilobligo für den Endkreditneh-mer übernimmt. Steht das Förderinstitut hingegen nicht im Obligo, so verschiebt sich sein Fokus vom Endkreditnehmer auf die dritte Stelle, also die Hausbank des Kreditnehmers. In diesem Fall wird der Hausbank wie beim klassischen Interbankengeschäft schlicht eine Kreditlinie gewährt. Rein formal betrachtet handelt es sich aus Sicht des Förderinstitutes daher um einen »normalen« Kredit und nicht um eine Drittinitiierung im klassischen Sinne. Folglich kann der Verzicht auf ein Votum im Förderinstitut in diesen Fällen eigentlich nicht mit der Drittinitiierung, sondern nur mit dem i. d. R. geringen Risikogehalt im Interbankengeschäft begründet werden. In der Praxis spielt diese Fallunterscheidung allerdings keine wesentliche Rolle. Da die Hausbank bei der Vergabe der Förderkredite engen Rahmenbedingungen unterliegt und die Kreditlinie des Förderinstitutes insbesondere nur für die entsprechenden Förderprogramme (also zweckgebunden) verwenden darf, werden diese Geschäfte häufig komplett als drittinitiierte Geschäfte behandelt.

---

8 Vgl. Hannemann, Ralf, Die Mindestanforderungen an das Kreditgeschäft der Kreditinstitute – Überblick und Öffnungs-klauseln, in: Eller, Roland/Gruber, Walter/Reif, Markus (Hrsg.), Handbuch MaK, Stuttgart, 2003, S. 22.

4.11 Ansiedlung des institutsinternen Votums bei Drittinitiierung

52 Im Prinzip werden keine Vorgaben gemacht, welcher Bereich beim drittinitiierten Geschäft für das institutsinterne Votum zuständig ist. Im nicht-risikorelevanten Kreditgeschäft erübrigt sich eine entsprechende Festlegung allein deshalb, weil für derartige Entscheidungen auch im Fall der internen Geschäftsinitiierung eine Votierung aus dem Marktbereich genügen würde. Im Gegensatz dazu sind bei drittinitiierten Geschäften sogar mindestens zwei Voten vorhanden, ein externes und ein internes.

53 Handelt es sich hingegen um risikorelevante Geschäfte, sollte für eine Kreditentscheidung zumindest ein vertriebsunabhängiges Votum vorliegen. Letztlich nimmt der Dritte als Initiator des Kreditgeschäftes die Funktion des Bereiches Markt vom kreditgebenden Institut wahr. Hieraus folgt insbesondere, dass die institutsinterne Votierung im Geiste des Funktionstrennungsprinzips sinnvoller Weise aus einem vertriebsunabhängigen Bereich stammen müsste. Die deutsche Aufsicht hat deshalb klargestellt, dass bei risikorelevanten Kreditentscheidungen das im Institut einzuholende weitere Votum grundsätzlich vertriebsunabhängig wahrgenommen werden sollte (→ BTO 1.1 Tz. 4, Erläuterung). Die Verwendung des Begriffes »sollte« entspricht einer Empfehlung. Insofern handelt es sich nicht um eine strenge Vorschrift.

54 Auch wenn die Empfehlung der deutschen Aufsicht aufgegriffen wird, muss nicht in jedem Fall für das vertriebsunabhängige Votum die Marktfolge verantwortlich sein. Derartige Konstellationen sind z. B. denkbar, wenn im Förderinstitut keine vertriebsabhängigen Tätigkeiten ausgeübt werden. So werden die Kreditbereiche einiger Förderbanken funktional als Markteinheiten bezeichnet, obwohl in ihnen lediglich drittinitiiertes Kreditgeschäft abgewickelt wird und insofern überhaupt kein Kontakt zum Endkreditnehmer besteht. In diesen Fällen nimmt die Hausbank den Kundenkontakt wahr und fungiert aus Sicht des Förderinstitutes als externe Vertriebseinheit. Die institutsinternen Votierungen erfolgen risikoorientiert und vertriebsunabhängig. Der klassische Zielkonflikt zwischen Vertriebserfolg und Risikovermeidung ist institutsintern nicht vorhanden, eine aufbauorganisatorische Trennung zwischen Markt und Marktfolge, dem Regelungszweck der MaRisk entsprechend, somit nicht erforderlich. Bei der Beurteilung der Angemessenheit bestimmter Konstellationen sollte deshalb in erster Linie auf die Unabhängigkeit vom Vertrieb geachtet werden, über den sich der »Markt« im Sinne der MaRisk definiert.

4.12 Möglichkeiten der Votierung

55 Zusammengefasst sind die nachfolgenden Modelle der Votierung denkbar.[9] Im Grunde gibt es nur eine strenge Vorschrift, die sich auf das institutsintern initiierte, risikorelevante Kreditgeschäft bezieht.

---

9 Vgl. Hannemann, Ralf, MaK eröffnen Möglichkeiten zum Verzicht auf das Zwei-Voten-Prinzip, in: Börsen-Zeitung vom 20. September 2003, S. 19.

Risikorelevanz/ Geschäftsinitiierung	Zwei-Voten-Prinzip	Verzicht auf vertriebsab-hängiges Votum	Verzicht auf vertriebsunab-hängiges Votum
Risikorelevantes Kreditgeschäft/ bankintern initiiert	vorgeschrieben	ausgeschlossen	ausgeschlossen
Risikorelevantes Kreditgeschäft/ von Dritten initiiert	zugelassen	zugelassen	nicht empfohlen
Nicht-risikorelevantes Kreditgeschäft/ Initiierung irrelevant	zugelassen	zugelassen	zugelassen

Abb. 57: Grundprinzipien der Votierung

4.13 Funktionstrennung trotz Verzicht auf ein Votum

Die aufbauorganisatorische Trennung zwischen Markt und Marktfolge ist nur für Kreditgeschäfte **56** maßgeblich, bei denen zwei Voten erforderlich sind. Wie bereits im Rahmen der Ansiedlung des institutsinternen Votums ausgeführt, sollte die Ausgestaltung der Aufbauorganisation insbesondere vom Risikogehalt der Kreditgeschäfte abhängig gemacht werden. Insoweit kommt der Abgrenzung zwischen risikorelevantem und nicht-risikorelevantem Kreditgeschäft eine zentrale Bedeutung im Hinblick auf die Gestaltung der Aufbauorganisation zu.

Der Verzicht auf ein weiteres Votum kann für das Institut bereits eine erhebliche prozessuale **57** Erleichterung darstellen. Deshalb sollte im risikorelevanten drittinitiierten Kreditgeschäft sehr sorgfältig geprüft werden, ob darüber hinaus auf die aufbauorganisatorische Trennung der Bereiche Markt und Marktfolge verzichtet wird. Modelle mit erfolgter Trennung der Funktionen können die Flexibilität des Institutes im Kreditentscheidungsprozess unter Umständen sogar erhöhen. So könnte die Entscheidung über einen Geschäftsabschluss auf der Grundlage des externen Marktvotums und des internen Marktfolgevotums durch den internen Marktbereich getroffen werden. Votierung und Entscheidung fallen dann auseinander, was die MaRisk nicht ausschließen. Bei dieser Aufgabenverteilung wäre es möglich, institutsintern auf Basis der Votierung des Marktfolgebereiches zu entscheiden, ohne diesem die Ergebnisverantwortung zu übertragen.

4.14 Abgleich mit den Anforderungen an die Risikocontrolling-Funktion

Diese speziellen Funktionstrennungsanforderungen im Kreditgeschäft bleiben von den Vorgaben **58** zur Risikocontrolling-Funktion grundsätzlich unberührt (→ AT 4.4.1 Tz. 1, Erläuterung). Die exklusive Wahrnehmung der Leitung der Risikocontrolling-Funktion umfasst eine klare aufbauorganisatorische Trennung von Risikocontrolling-Funktion und Marktfolge bis unterhalb der Geschäftsleiterebene (→ AT 4.4.1 Tz. 4, Erläuterung). Dies gilt auch für systemrelevante Institute (→ AT 4.4.1 Tz. 5). Das heißt, es besteht grundsätzlich für alle Institute die Möglichkeit, Risikocontrolling-Funktion und Marktfolge beim selben Geschäftsleiter anzusiedeln. Gleichzeitig ist die Risikocontrolling-Funktion aufbauorganisatorisch jedoch bis einschließlich der Ebene der Geschäftsleitung von den Bereichen zu trennen, die für die Initiierung bzw. den Abschluss von Geschäften zuständig sind (→ AT 4.4.1 Tz. 1). Dazu zählen grundsätzlich auch solche Bereiche, die nicht-risikorelevante Kreditgeschäfte initiieren bzw. abschließen (→ AT 4.4.1 Tz. 1, Erläuterung).

59   Zwar wurde im Rahmen der fünften MaRisk-Novelle klargestellt, dass bei Instituten mit maximal drei Geschäftsleitern eine aufbauorganisatorische Trennung des Bereiches Markt für nicht-risikorelevante Kreditgeschäfte von der Risikocontrolling-Funktion bis unmittelbar unterhalb der Geschäftsleiterebene in der Regel ausreichend ist, sofern keine Interessenkonflikte erkennbar sind und keine Konzentration von Verantwortlichkeiten beim betroffenen Geschäftsleiter vorliegt (→ AT 4.4.1 Tz. 1, Erläuterung). Allerdings fehlt eine vergleichbare Aussage für Institute mit mehr als drei Geschäftsleitern, bei denen folglich eine aufbauorganisatorische Trennung des für das nicht-risikorelevante Kreditgeschäft zuständigen Bereiches von der Risikocontrolling-Funktion bis einschließlich der Geschäftsleiterebene erforderlich ist. Diese Vorgabe zielt eigentlich auf jene Bereiche ab, die in erster Linie Geschäfte initiieren bzw. abschließen. In bestimmten Konstellationen könnte davon aber auch die Marktfolge betroffen sein, die nur über ihre Zuständigkeit für ein Votum bei Kreditentscheidungen definiert ist (→ BTO Tz. 2). Im Gegensatz zum Markt darf die Marktfolge zwar keine Geschäfte initiieren. Mit ihrem Votum ist sie aber am Abschluss von Geschäften beteiligt. Würde der Marktfolge das nicht-risikorelevante Kreditgeschäft zugeordnet und bei entsprechenden Kreditentscheidungen nur auf das Votum der Marktfolge abgestellt, könnte deren Zuordnung zum CRO insofern kritisch gesehen werden.

4.15   Angemessene Umsetzung der Prozessanforderungen

60   Das Zwei-Voten-Prinzip und die damit verknüpfte Funktionstrennung von Markt und Marktfolge sind die zentralen Normen zum Ausschluss von Interessenkonflikten im Rahmen von Kreditentscheidungen. Allerdings kann dem Institut auch durch unsachgemäße Kreditprozesse Schaden zugefügt werden. Deshalb ist auch in den Fällen, in denen ein zweites Votum nicht erforderlich sein sollte, eine angemessene Umsetzung der Anforderungen an die Prozesse im Kreditgeschäft sicherzustellen.

5 Entscheidungen in Krediteinzelkompetenz (Tz. 5)

5 Jeder Geschäftsleiter kann im Rahmen seiner Krediteinzelkompetenz eigenständig **61** Kreditentscheidungen treffen und auch Kundenkontakte wahrnehmen. Die aufbauorganisatorische Trennung der Bereiche Markt und Marktfolge bleibt davon unberührt. Zudem sind zwei Voten einzuholen, soweit dies unter Risikogesichtspunkten erforderlich sein sollte. Falls die im Rahmen einer Krediteinzelkompetenz getroffenen Entscheidungen von den Voten abweichen oder wenn sie vom Geschäftsleiter getroffen werden, der für den Bereich Marktfolge zuständig ist, sind sie im Risikobericht besonders hervorzuheben (BT 3.2 Tz. 3).

5.1 Krediteinzelkompetenz eines Geschäftsleiters

Unter materiellen Gesichtspunkten ist das marktunabhängige Votum bei risikorelevanten Kre **62** ditgeschäften maßgeblich für die Kreditentscheidung. Das folgt einerseits daraus, dass der Markt sein positives Votum im Prinzip schon mit der Initiierung der Geschäfte abgibt. Andererseits wird in allen Spezialfällen des risikorelevanten Kreditgeschäftes, in denen auf ein Votum verzichtet werden kann, eine vertriebsunabhängige Votierung gefordert oder zumindest empfohlen. Das marktunabhängige Votum und die Entscheidung über eine Kreditvergabe fallen in diesem Sinne grundsätzlich zusammen. Soweit die institutsintern festgelegten Kompetenzen eines Geschäftsleiters berührt sind, hat das marktunabhängige Votum allerdings keinen bindenden Charakter mehr. Jeder Geschäftsleiter kann im Rahmen seiner intern festgelegten Krediteinzelkompetenz Entscheidungen treffen, die ggf. von der vertriebsunabhängigen Votierung abweichen. Die Kreditentscheidung und das marktunabhängige Votum können also in diesen Fällen auseinanderfallen. Diese Regelung gilt analog für Entscheidungen, die von der gesamten Geschäftsleitung getroffen werden. Es wird zudem ausdrücklich betont, dass alle Geschäftsleiter, also auch die marktunabhängigen Geschäftsleiter, Kundenkontakte wahrnehmen können.

5.2 Krediteinzelkompetenz und Geschäftsleiterqualifikation

Die Krediteinzelkompetenz kann nur durch einen Geschäftsleiter ausgeübt werden, der über eine **63** entsprechende Qualifikation im Sinne des §1 Abs. 2 KWG verfügt. Das Recht eines Geschäftsleiters, im Rahmen seiner Krediteinzelkompetenz eigenständig Kreditentscheidungen zu treffen, geht insofern nicht automatisch auf seinen – unterhalb der Ebene der Geschäftsleitung angesiedelten – Vertreter über (→ BTO 1.1 Tz. 5, Erläuterung). Der Begriff »Geschäftsleiter« ist auch an dieser Stelle streng im Sinne des Gesetzes zu interpretieren. Davon unabhängig liegt es natürlich im Ermessen des Institutes, den Zuständigkeitsbereich bzw. die Kompetenzen für den Zeitraum der Vertretung in geeigneter Weise festzulegen.

5.3 Votierung und Prozesse bei Entscheidungen der Geschäftsleiter

64 Unberührt von dieser Ausnahmeregelung bleibt allerdings die grundsätzliche Verpflichtung zur Einholung der Voten aus den Bereichen Markt und Marktfolge und zur ordnungsgemäßen Kreditbearbeitung (→ BTO 1.1 Tz. 5, Erläuterung). Insoweit sind die Funktionstrennung und die Prozessanforderungen von der Ausnahmeregelung nicht betroffen. Das Einholen der Voten kann dabei der Entscheidung durch den Geschäftsleiter vor- oder nachgelagert sein.[10] Eine zwingend vorab einzuholende Votierung würde dazu führen, dass ein Geschäftsleiter letztlich doch nicht eigenständig Kreditentscheidungen treffen könnte. Insbesondere wären dann keine schnellen Entscheidungen möglich, die ein Kunde im Bedarfsfall von den Kompetenzträgern seines Institutes erwartet. In diesem Fall sind die Kreditbearbeitung bzw. das Einholen der beiden Voten jedoch nachzuholen. Insoweit ist ein klassischer »Golfplatzkredit«, bei dem weder eine Bearbeitung noch eine Votierung durchgeführt werden, nicht mit den Vorgaben der MaRisk vereinbar. Auch bei risikorelevanten Kreditentscheidungen, die von der gesamten Geschäftsleitung oder von mehreren Geschäftsleitern gemeinsam getroffen werden, sind grundsätzlich eine sachgerechte Kreditbearbeitung sowie das Einholen zweier Voten aus den Bereichen Markt und Marktfolge erforderlich.

5.4 Berichtspflichten

65 Soweit vom Zwei-Voten-Prinzip abgewichen wird, ergeben sich für verschiedene Konstellationen Berichtspflichten, die im Rahmen der vierteljährlichen Risikoberichterstattung zu beachten sind. Diese Berichtspflichten dienen der Transparenz gegenüber der Geschäftsleitung und dem Aufsichtsorgan. Sie beziehen sich ausschließlich auf Kreditentscheidungen, die Geschäftsleiter im Rahmen ihrer Krediteinzelkompetenz getroffen haben, soweit diese von den Voten abweichen oder wenn sie von einem Geschäftsleiter getroffen werden, der für den Bereich Marktfolge zuständig ist (→ BT 3.2 Tz. 3 lit. h). Sie gelten hingegen nicht für Entscheidungen, die von der gesamten Geschäftsleitung getroffen wurden oder bei denen institutsintern aus risikoabhängigen Gründen auf ein weiteres Votum verzichtet wird (→ BTO 1.1 Tz. 4). Dabei ist es ausreichend, wenn nur über jene in Einzelkompetenz getroffenen Entscheidungen der Geschäftsleiter berichtet wird, die das risikorelevante Kreditgeschäft betreffen (→ BT 3.2 Tz. 3).

5.5 Berichtspflichten über Entscheidungen des Geschäftsleiters Marktfolge

66 Über die im Rahmen seiner Einzelkompetenz getroffenen Entscheidungen des Geschäftsleiters Marktfolge ist im risikorelevanten Kreditgeschäft auch dann zu berichten, wenn keine Abweichungen von den Voten festzustellen sind. Diese Ungleichbehandlung gegenüber vertriebsnah agierenden Geschäftsleitern ist nicht willkürlich festgelegt worden, sondern beruht auf einer einfachen Überlegung: Bei Kreditentscheidungen, die der für die Marktfolge zuständige Geschäftsleiter trifft, sind möglicherweise Interessenkonflikte zu erwarten, da von ihm in diesem Fall im Prinzip eine »Marktfunktion« wahrgenommen wird und das marktunabhängige Votum aus seinem

---

10 Vgl. Bundesanstalt für Finanzdienstleistungsaufsicht, Übermittlungsschreiben zum Rundschreiben 34/2002 (BA) vom 20. Dezember 2002, S. 5.

eigenen Ressortbereich stammt. Diese Konstellation kann unter Umständen die Unabhängigkeit und die Qualität des vertriebsunabhängigen Votums beeinträchtigen, da eine unmittelbare oder mittelbare Einflussnahme auf den Votierenden durch den Marktfolge-Geschäftsleiter nicht auszuschließen ist. Die wichtige Kontrollfunktion des Marktfolgebereiches könnte dadurch eingeschränkt werden. Bei Entscheidungen, die vom Geschäftsleiter Markt im Rahmen seiner Einzelkompetenz getroffen werden, erfolgt die Votierung der Marktfolge hingegen unabhängig vom Vertrieb. Deshalb ist grundsätzlich über alle risikorelevanten Kreditentscheidungen des marktunabhängigen Geschäftsleiters in Einzelkompetenz zu berichten.

5.6 Ausnahmen von der Berichtspflicht

Um die Berichterstattung nicht mit überflüssigen Angaben zu überfrachten, wurden Ausnahmen **67** gemacht, die dem Wesentlichkeitsprinzip und der risikoorientierten Ausrichtung der MaRisk entsprechen. So wird eine Berichtspflicht bei Entscheidungen über Sanierungskredite, die durch einen Marktfolge-Geschäftsleiter im Rahmen seiner Einzelkompetenz getroffen werden, als entbehrlich erachtet, weil über bemerkenswerte Engagements, wie z.B. Sanierungs- und Abwicklungskredite von wesentlicher Bedeutung, ohnehin separat zu berichten ist (→ BT 3.2 Tz. 3, Erläuterung). Da bei Entscheidungen über Sanierungskredite eine Votierung aus dem marktunabhängigen Bereich ausreichend ist (→ BTO 1.2.5 Tz. 1, Erläuterung), handelt es sich im Grunde um den Normalfall.

5.7 Kreditentscheidungsmodelle für das risikorelevante Geschäft

Da die Votierungs- und Entscheidungskompetenz auseinanderfallen können, sind im risikorele- **68** vanten Kreditgeschäft ohne Berücksichtigung der beschriebenen Sonderregelungen oder eines Eskalationsverfahrens (→ BTO 1.1 Tz. 6) insgesamt sieben grundlegende Modelle einer Kreditentscheidung denkbar:
- zwei unabhängige Votierungen der Bereiche Markt und Marktfolge mit Entscheidungskompetenzen,
- zwei unabhängige Votierungen der Bereiche Markt und Marktfolge ohne Entscheidungskompetenzen und anschließende formale Kreditentscheidung durch einen Kompetenzträger,
- Votierungen eines Ausschusses mit Entscheidungskompetenzen,
- Votierungen eines Ausschusses ohne Entscheidungskompetenzen und anschließende formale Kreditentscheidung durch einen Kompetenzträger,
- Entscheidungen eines Geschäftsleiters Markt in Einzelkompetenz im Sinne der Votierungen ohne Berichtspflicht,
- Entscheidungen des Geschäftsleiters Marktfolge in Einzelkompetenz im Sinne der Votierungen mit Berichtspflicht,
- Entscheidungen eines Geschäftsleiters in Einzelkompetenz gegen die Votierungen mit Berichtspflicht.

Sofern institutsintern unterhalb der Ebene der Geschäftsleitung grundsätzlich nur Gemeinschafts- **69** kompetenzen zulässig sind, wäre im zweiten und vierten von den oben beschriebenen Fällen die formale Kreditentscheidung durch beide Kompetenzträger (Markt und Marktfolge) erforderlich. Die deutsche Aufsicht schreibt dies jedoch nicht vor.

6 Entscheidungskompetenzen und Eskalationsverfahren (Tz. 6)

70   **6** Das Institut hat eine klare und konsistente Kompetenzordnung für Entscheidungen im Kreditgeschäft festzulegen. Für den Fall voneinander abweichender Voten sind in der Kompetenzordnung Entscheidungsregeln zu treffen: Der Kredit ist in diesen Fällen abzulehnen oder zur Entscheidung auf eine höhere Kompetenzstufe zu verlagern (Eskalationsverfahren).

6.1 Kompetenzordnung

71   Die Zuweisung klarer Befugnisse für die Kreditentscheidung, also die Festlegung einer Kompetenzordnung, ist ein unverzichtbarer Bestandteil der ablauforganisatorischen Vorgaben im Kreditgeschäft. Aus diesem Grund sind die Regelungen zur Aufgabenzuweisung, zur Kompetenzordnung und zu den Verantwortlichkeiten auch in den Organisationsrichtlinien zu verankern ($\rightarrow$ AT 5 Tz. 3 lit. a). Insofern wird das Kongruenzprinzip von Aufgaben, Kompetenzen und Verantwortlichkeiten, das sich auch in der Kompetenzordnung für Entscheidungen im Kreditgeschäft niederschlagen muss, an mehreren Stellen betont. Diesem Prinzip zufolge sollte ein Mitarbeiter z. B. nicht mit Aufgaben betraut werden, für deren Bewältigung er nicht die erforderliche Kompetenz hat bzw. zu deren Erfüllung er seine Kompetenzen überschreiten müsste. In ähnlicher Weise sollten festgelegte Verantwortlichkeiten mit der Vergabe entsprechender Kompetenzen verbunden sein, damit sie nicht ins Leere laufen.

72   Die Bedeutung der Kompetenzordnung zeigt sich schon daran, dass Kompetenzüberschreitungen regelmäßig mit ernsten Konsequenzen für die betroffenen Kompetenzträger verbunden sind. Die Kompetenzen einzelner Mitarbeiter müssen in konsistenter Weise festgelegt werden. So sind die Kreditprozesse und die damit verbundenen Aufgaben, Kompetenzen, Verantwortlichkeiten, Kontrollen sowie Kommunikationswege klar zu definieren und aufeinander abzustimmen ($\rightarrow$ AT 4.3.1 Tz. 2). Die Vergabe bestimmter Kompetenzstufen kann z. B. in Abhängigkeit von der Stellung der betroffenen Mitarbeiter in der institutsinternen Hierarchie, ihrem Erfahrungsschatz im Kreditgeschäft oder ihren Fachkenntnissen erfolgen. Die Ausgestaltung der Kompetenzstufen, also z. B. die jeweilige Höhe der Engagements, bis zu der allein oder gemeinsam Kreditentscheidungen getroffen werden dürfen, ist häufig von verschiedenen Kriterien abhängig. Sie liegt grundsätzlich in der Verantwortung der Institute.

6.2 Kriterien für die Kompetenzordnung

73   Im Hinblick auf die Kriterien für die Zuordnung der Entscheidung über ein Engagement zu einer bestimmten Kompetenzstufe werden im Gegensatz zu den MaK keine konkreten Vorgaben gemacht. Die in den MaK noch enthaltene Beispielliste wurde bereits mit Veröffentlichung der ersten Fassung der MaRisk gestrichen. Eine Verknüpfung der Kompetenzstufen mit einzelnen Risikoklassen kann zwar sinnvoll sein, wird aber nicht ausdrücklich gefordert. Auf Kriterien abzustellen, die bestimmte

Kreditvolumina mit konkreten Risikoeinstufungen verknüpfen, ist zwar nur bei jenen Geschäften möglich, für die ein Risikoklassifizierungsverfahren zum Einsatz kommt. Allerdings muss die Risikoeinstufung sowohl im Rahmen der Kreditentscheidung als auch bei turnusmäßigen oder anlassbezogenen Beurteilungen zumindest dann mit Hilfe eines Risikoklassifizierungsverfahrens erfolgen, wenn dies der Risikogehalt der Geschäfte erfordert (→ BTO 1.2 Tz. 6). Insofern besteht in den risikorelevanten Bereichen durchaus die Möglichkeit einer Berücksichtigung der Risikoeinstufungen bei der Kompetenzvergabe.

Für Engagements, die aufgrund ihres geringen Risikogehaltes nicht notwendigerweise einem   **74** Risikoklassifizierungsverfahren unterliegen (→ BTO 1.2 Tz. 6, Erläuterung), wird die jährliche Risikobeurteilung auf Basis eines vereinfachten Verfahrens nicht immer für eine entsprechende Differenzierung geeignet sein. Es ist jedoch fraglich, ob für diese Bereiche überhaupt eine breite Variation von Kompetenzstufen vorgesehen ist. Bei solchen Geschäften sind einfache Volumenbegrenzungen denkbar, die z. B. auf das Kreditvolumen, den Blankoanteil (Grad der Besicherung) oder die Höhe des Gesamtengagements bezogen werden. Darüber hinaus ist auch eine Abhängigkeit der Kompetenzstufen von der Konditionengestaltung möglich, die ohnehin in einem sachlich nachvollziehbaren Zusammenhang zur Einstufung im Risikoklassifizierungsverfahren stehen sollte (→ BTO 1.2 Tz. 7). Wie bei der Kompetenzvergabe selbst, kann auch bei den Kompetenzstufen eine Koppelung risikorelevanter Faktoren mit der Erfahrung und Qualifikation der Kompetenzträger erfolgen.

6.3   Eskalationsverfahren

Die Kompetenzordnung ist im Einklang mit den Anforderungen zur Funktionstrennung und Votie-   **75** rung zu strukturieren. Insbesondere ist sicherzustellen, dass der materielle Entscheidungscharakter des marktunabhängigen Votums in der Kompetenzordnung zum Ausdruck kommt. Aus demselben Grund sind z. B. die Mehrheitsverhältnisse innerhalb eines mit Entscheidungskompetenzen ausgestatteten Ausschusses so festzulegen, dass der Bereich Marktfolge nicht überstimmt werden kann (→ BTO 1.1 Tz. 2). Das gilt auch im Hinblick auf Eskalationsverfahren, die für die Fälle voneinander abweichender Voten eingerichtet werden. Von diesem grundlegenden Prinzip kann nur dann abgewichen werden, wenn die Kompetenzen von Geschäftsleitern berührt sind (→ BTO 1.1 Tz. 5). Zur Ausgestaltung eines Eskalationsverfahrens bestehen verschiedene Möglichkeiten.

6.4   Einstufige Einzel-Eskalation

Im einfachsten Fall ist nach der Votierung der Bereiche Markt und Marktfolge keine weitere   **76** Eskalation in den Organisationsrichtlinien vorgesehen und der für die marktunabhängige Votierung zuständige Mitarbeiter zugleich der für die Kreditentscheidung maßgebliche Kompetenzträger (so genanntes »einstufiges Eskalationsverfahren«). In diesem Fall entspricht das positive Marktfolgevotum grundsätzlich auch der positiven Kreditentscheidung. Umgekehrt ist der Kredit abzulehnen, wenn dieser Kompetenzträger negativ votiert.

Die marktunabhängige Votierung und die Entscheidungskompetenz können auch bei unter-   **77** schiedlichen Personen aus unterschiedlichen Bereichen liegen. Insbesondere ist es durchaus möglich, dass die Entscheidung von einem Kompetenzträger aus dem Bereich Markt getroffen wird. Diese Kompetenzordnungen sind unproblematisch, solange das marktunabhängige Votum weiterhin ausschlaggebend für die Kreditentscheidung bleibt. Abweichende Entscheidungen, die Geschäftsleiter im Rahmen ihrer Einzelkompetenz treffen, bleiben davon unberührt (→ BTO 1.1 Tz. 5).

6.5 Mehrstufige Einzel-Eskalation

78   Im Gegensatz zum einstufigen Eskalationsverfahren kann die Kreditentscheidung bis zu einer festgelegten Kompetenzstufe im negativ votierenden Bereich auch über mehrere Hierarchiestufen solange nach oben delegiert werden, bis auf einer Ebene ein zweites zustimmendes Votum vorliegt oder der Kreditantrag auf der festgelegten obersten Kompetenzstufe endgültig abgelehnt wird. In der Regel wird eine derartige Eskalation nur auf Basis eines negativen Votums der Marktfolge erforderlich sein. Natürlich können auch in diesem Fall unter den geschilderten Voraussetzungen Votierung und Entscheidungskompetenz auseinanderfallen.

6.6 Parallel-Eskalation

79   Weitgehend vergleichbar mit mehrstufigen Eskalationsverfahren ist die »Parallel-Eskalation«[11], bei der über die jeweiligen Hierarchiestufen hinweg, beginnend auf der untersten Ebene in den Bereichen Markt und Marktfolge, soweit und solange nach oben eskaliert wird, bis sich auf einer Ebene zwei positive oder zwei negative Voten ergeben. Auch bei diesem Eskalationsverfahren muss über alle Eskalationsstufen hinweg die Maßgeblichkeit des jeweiligen Votums aus dem Bereich Marktfolge sichergestellt werden. Das marktunabhängige Votum verliert erst dann seine bindende Wirkung, wenn ein oder mehrere Geschäftsleiter nach Durchlaufen aller Eskalationsstufen ohne einheitliche Votierung eine Entscheidung zu treffen haben. Dies kann ggf. zu Berichtspflichten führen (→ BT 3.2 Tz. 3 lit. h).

6.7 Praktikabilitätsgesichtspunkte

80   Im Hinblick auf die konkrete Ausgestaltung der Eskalationsverfahren sollten neben Risikogesichtspunkten auch betriebswirtschaftliche Aspekte berücksichtigt werden. Komplex strukturierte und über viele Stufen gehende Eskalationsverfahren vermindern tendenziell die Schnelligkeit der Entscheidungsprozesse. Darüber hinaus können vor allem mehrstufige Eskalationsverfahren dazu führen, dass sich bei den untergeordneten Kompetenzträgern und Mitarbeitern eine Abgabementalität entwickelt, die entweder keine gute Entscheidungsgrundlage bildet oder sich negativ auf deren Arbeitsmotivation auswirkt. Unter Effizienz- und Risikogesichtspunkten bietet es sich daher an, möglichst klare und einfache Eskalationsverfahren zu implementieren.

81   Aus Gründen der Praktikabilität empfiehlt es sich zudem, bei einer mehrstufigen Einzel-Eskalation oder einer Parallel-Eskalation für die einzelnen Hierarchiestufen bestimmte Untergrenzen hinsichtlich der Kreditbeträge festzulegen. Andernfalls könnte es vorkommen, dass die betroffenen Geschäftsleiter mit einer Vielzahl von Kreditanträgen über vergleichsweise geringe Beträge geradezu überschwemmt werden. Das würde gleichzeitig die Frage aufwerfen, ob die Entscheidungsträger auf den nachgelagerten Ebenen mit der ihnen eingeräumten Kompetenz ggf. überfordert sind.

---

11 Vgl. Totzek, Alfred, MaK aus Sicht der Kreditpraxis, in: Gröning, Jörg u. a. (Hrsg.), MaK-Praktikerhandbuch, Heidelberg, 2004, S. 301.

7 Unabhängigkeit bestimmter Prozesse vom Markt (Tz. 7)

7 Die Überprüfung bestimmter, unter Risikogesichtspunkten festzulegender Sicherheiten **82** ist außerhalb des Bereiches Markt durchzuführen. Diese Zuordnung gilt auch für die Entscheidungen über die Risikovorsorge bei bedeutenden Engagements. Die Zuordnung aller anderen in BTO 1.2 genannten Prozesse bzw. Teilprozesse liegt, soweit dieses Rundschreiben nichts anderes vorsieht, im Ermessen der Institute (z.B. die Kreditbearbeitung oder Teilprozesse der Kreditbearbeitung).

7.1 Sonstige marktunabhängige Funktionen

Grundsätzlich ist bei der Ausgestaltung der Aufbauorganisation sicherzustellen, dass die Bereiche **83** Markt und Handel bis einschließlich der Ebene der Geschäftsleitung von bestimmten Bereichen oder Funktionen getrennt sind (→ BTO Tz. 3). Von dieser Funktionstrennung sind auch die Überprüfung bestimmter Sicherheiten, die unter Risikogesichtspunkten vom Institut selbst festzulegen sind, sowie die Entscheidung über die Risikovorsorge bei bedeutenden Engagements betroffen. Die Einrichtung separater Organisationseinheiten ist dafür allerdings nicht erforderlich, da die genannten Funktionen z.B. in einer Marktfolge-Einheit angesiedelt werden können. Die Überprüfung der »nicht-risikorelevanten« Sicherheiten[12] kann grundsätzlich auch im Markt erfolgen. Wie alle sonstigen, in den MaRisk geforderten Separierungen sollen die vorgeschriebenen Trennungen vor allem dazu beitragen, dass Interessenkonflikte weitgehend vermieden werden.

7.2 Formelle und materielle Überprüfung von Sicherheiten

Die Hereinnahme von Sicherheiten trägt dazu bei, dass das Risiko aus der Kreditvergabe begrenzt **84** wird. Der Wert einer Sicherheit kann insoweit von ganz erheblicher Bedeutung für die Kreditentscheidung sein. In der Vergangenheit hat sich gezeigt, dass Sicherheiten oft zu unkritisch oder zu optimistisch eingeschätzt wurden, wenn deren Überprüfung in Vertriebsbereichen erfolgte und dort gleichzeitig alle Kreditkompetenzen konzentriert waren. Die deutsche Aufsicht hält daher auch im Bereich der risikorelevanten Sicherheiten eine konsequente Trennung des Prozesses der Sicherheitenüberprüfung vom Vertriebsbereich für erforderlich.

Die Überprüfung der Sicherheiten umfasst sowohl eine formelle als auch eine materielle **85** Prüfung. Die materielle Prüfung bezieht sich auf die Werthaltigkeit der Sicherheiten inkl. ihres tatsächlichen Bestandes. Bei der formellen Prüfung geht es insbesondere um die rechtswirksame Bestellung und die bankübliche Vollständigkeit der Sicherheiten, d.h. um deren rechtlichen Bestand. In diesem Zusammenhang ist besonders wichtig, dass eine einredefreie, schnelle Verwertung der Sicherheiten gewährleistet ist. In Erweiterung der MaK wird neben der Überprüfung

---

12 Grundsätzlich dient die Hereinnahme von Sicherheiten immer der Reduzierung des Risikogehaltes eines Kreditengagements. Vor diesem Hintergrund existieren im Grunde keine »nicht-risikorelevanten« Sicherheiten. Die Unterscheidung zwischen »risikorelevanten« und »nicht-risikorelevanten« Sicherheiten bezieht sich vielmehr auf deren Zuverlässigkeit als Absicherungsinstrumente für das Institut, die insbesondere von deren Wertschwankungen abhängig ist.

der Werthaltigkeit von Sicherheiten deshalb auch die Überprüfung des rechtlichen Bestandes von Sicherheiten explizit gefordert. Die Überprüfung der Sicherheiten muss vor jeder Kreditvergabe (→ BTO 1.2.1 Tz. 3) und in Abhängigkeit von der Sicherheitenart ab einer vom Institut unter Risikogesichtspunkten festzulegenden Grenze in angemessenen Abständen auch im Rahmen der Kreditweiterbearbeitung (→ BTO 1.2.2 Tz. 3) erfolgen.

7.3   Überprüfung der Werthaltigkeit von Sicherheiten

86   Die Werthaltigkeit von risikorelevanten Sicherheiten wird i. d. R. durch die Marktfolge bzw. durch entsprechende Spezialisten beurteilt. In der Immobilienfinanzierung sind dafür oftmals die Wertgutachter zuständig. Zur aufbauorganisatorischen Zuordnung der Wertgutachter werden in den MaRisk keine Vorgaben gemacht. Hierfür bestehen jedoch nach der Beleihungswertermittlungsverordnung relativ strenge Vorgaben, die im Grunde darauf hinauslaufen, dass die Wertgutachter von Pfandbriefbanken insbesondere nicht dem Bereich Markt zugeordnet werden können.[13]

87   Häufig wird die Wertermittlung bestimmter Sicherheiten von Dritten durchgeführt, z. B. von externen Immobiliensachverständigen oder so genannten »Wertermittlungsgesellschaften«. Diese Verfahrensweise ist aus Sicht der MaRisk unproblematisch, solange im Fall risikorelevanter Sicherheiten gewährleistet ist, dass die endgültige Wertfestsetzung in einem marktunabhängigen Bereich des Institutes erfolgt. Ebenso statthaft ist die Ausgliederung der institutsinternen Wertermittlungsabteilung in eine Tochtergesellschaft. Das Institut hat sich in solchen Fällen jeweils davon zu überzeugen, dass der Dritte aus fachlicher Sicht dazu geeignet ist, solche Wertermittlungen durchzuführen.

88   Teilweise wird auch der Markt eingebunden, wie z. B. in der Immobilienfinanzierung im Rahmen von Kundengesprächen vor Ort, indem Bautenstandskontrollen erfolgen und bestimmte Parameter für die Wertermittlung aufgenommen werden. Anschließend erfolgt i. d. R. die Erstellung des Wertgutachtens durch vom Markt unabhängige Spezialisten bzw. ist damit zumindest eine marktunabhängige materielle Plausibilitätsprüfung verbunden. Nicht zuletzt vor diesem Hintergrund gestatten die MaRisk, die Erstellung von Wertgutachten für risikorelevante Sicherheiten auch von fachlich geeigneten Mitarbeitern aus dem Bereich Markt durchzuführen, solange eine marktunabhängige Überprüfung der Wertansätze im Sinne einer materiellen Plausibilitätsprüfung gewährleistet ist (→ BTO 1.1 Tz. 7, Erläuterung).

89   Bei der Überprüfung der Werthaltigkeit kann darüber hinaus auf bereits vorhandene Sicherheitenwerte zurückgegriffen werden, sofern keine Anhaltspunkte für Wertveränderungen vorliegen (→ BTO 1.2.1 Tz. 2). Im Fokus stehen dabei nachhaltige Wertveränderungen, die einen Einfluss auf die Bewertung des Kreditengagements haben können. Die Beobachtung von Wertveränderungen erfolgt i. d. R. nicht für jede Sicherheit einzeln, sondern für bestimmte Sicherheitenkategorien in ihrer Gesamtheit. Dies ist für Grundpfandrechte unter bestimmten Voraussetzungen z. B. durch so

---

13 Gemäß § 7 Abs. 1 BelWertV muss der Gutachter sowohl vom Kreditakquisitions- und Kreditentscheidungsprozess als auch von Objektvermittlung, -verkauf und -vermietung unabhängig sein. Er darf nicht in einem verwandtschaftlichen, einem sonstigen rechtlichen oder einem wirtschaftlichen Verhältnis zum Darlehensnehmer stehen und darf kein eigenes Interesse am Ergebnis des Gutachtens haben. Der Gutachter darf auch nicht den Beleihungswert festsetzen oder den Kredit bearbeiten. Darüber hinaus dürfen Gutachten von bei der Pfandbriefbank angestellten Gutachtern nach § 7 Abs. 2 BelWertV nur dann der Beleihungswertermittlung zugrundegelegt werden, wenn im Rahmen der Aufbauorganisation der Pfandbriefbank die betreffenden Gutachter nur der Geschäftsleitung verantwortlich sind oder ausschließlich Teil einer Gutachtereinheit sind, die unmittelbar der Geschäftsleitung unterstellt ist, oder Teil einer alle betreffenden Gutachter zusammenfassenden Einheit und auch im Übrigen bis einschließlich der Ebene der Geschäftsleitung nicht einem Bereich der Pfandbriefbank zugeordnet sind, in dem Immobilienkreditgeschäfte entweder angebahnt oder zum Gegenstand des einzigen Votums gemacht werden. Vgl. Verordnung über die Ermittlung der Beleihungswerte von Grundstücken nach § 16 Abs. 1 und 2 des Pfandbriefgesetzes (Beleihungswertermittlungsverordnung – BelWertV) vom 12. Mai 2006 (BGBl. I S. 1175), die durch Art. 1 der Verordnung vom 16. September 2009 (BGBl. I S. 3041) geändert worden ist.

genannte »Marktschwankungskonzepte« möglich, mit deren Hilfe die Entwicklung der Marktwerte von Wohn- und Gewerbeimmobilien in bestimmten Regionen und über einen festgelegten Zeitraum auf Basis von statistischen Daten beobachtet werden kann (→ BTO 1.2.2 Tz. 3).

Die Mitwirkung des Marktes an der Überprüfung des tatsächlichen Bestandes von Sicherheiten, **90** wie sie z. B. im Rahmen von Bautenstandskontrollen erfolgt, ist grundsätzlich gestattet. Voraussetzungen für eine derartige Vorgehensweise sind einerseits – sofern für das Institut maßgeblich – die Berücksichtigung der Vorgaben der Beleihungswertermittlungsverordnung (BelWertV), insbesondere § 4 Abs. 6 und § 7 Abs. 1 BelWertV[14], sowie andererseits zumindest eine materielle Plausibilitätskontrolle seitens der Marktfolge. So könnten sich die Marktfolgemitarbeiter aussagekräftige Fotos des Bauobjektes vorlegen lassen, anhand derer die entsprechende Plausibilisierung von Bautenstandskontrollen möglich ist. Sofern eine materielle Plausibilitätsprüfung auf der Basis der Bautenstandskontrollen des Marktes nicht ohne weiteres erfolgen kann, sind durch die Marktfolge allerdings entsprechende Nachprüfungen durchzuführen.[15] Insofern kann der Markt bei anschließender marktunabhängiger Plausibilisierung die Überprüfung der Werthaltigkeit von Sicherheiten insgesamt durchführen. Diese Aufgabenverteilung ist im Übrigen auch bei der Votierung von Krediten gestattet (→ BTO 1.1 Tz. 2, Erläuterung) und entspricht damit in konsistenter Weise dem Grundgedanken der MaRisk, Interessenkonflikte im Kreditentscheidungsprozess zu vermeiden.

7.4   Überprüfung des rechtlichen Bestandes von Sicherheiten

Die Überprüfung des rechtlichen Bestandes der Sicherheiten bezieht sich generell auf deren rechts- **91** wirksame Bestellung und bankübliche Vollständigkeit. Die rechtswirksame Bestellung von risikorelevanten Sicherheiten kann sowohl auf Basis standardisierter Verträge als auch auf der Grundlage individueller Verträge erfolgen. Bei Nutzung standardisierter Verträge geht es im Rahmen der Überprüfung der rechtswirksamen Bestellung in erster Linie darum, ob diese Verträge und Urkunden vollständig und korrekt ausgefüllt sowie unterzeichnet sind. Darüber hinaus muss regelmäßig geprüft werden, ob die jeweils verwendeten Formulare dem letzten von der Rechtsabteilung freigegebenen Stand entsprechen. Diese Tätigkeiten werden, ebenso wie die Prüfung der banküblichen Vollständigkeit der risikorelevanten Sicherheiten, i. d. R. von der Marktfolge übernommen.

Die diesen Prozessen vorausgehende Entwicklung und rechtliche Prüfung von Sicherheiten- **92** verträgen, Bestellungsurkunden usw., also die Vorgabe der Standards, sowie die regelmäßige Prüfung, ob diese Standards noch den aktuellen rechtlichen Anforderungen genügen, und ihre eventuell erforderliche Anpassung an eine geänderte gesetzliche Rechtslage oder Rechtsprechung, sind hierunter nicht zu verstehen. Dafür ist grundsätzlich die Rechtsabteilung zuständig.

7.5   Einbindung der Rechtsabteilung

Auch bei Verwendung individueller Verträge sind normalerweise Rechtsexperten, wie z. B. die **93** Rechtsabteilung, verantwortlich eingebunden. Bei Finanzierungen bzw. Besicherungen nach aus-

---

14 Gemäß § 4 Abs. 6 Satz 4 BelWertV ist der bei im Bau befindlichen Objekten im Rahmen der Ermittlung des Beleihungswertes in Ansatz gebrachte Bautenstand von einer von der Pfandbriefbank auszuwählenden, fachkundigen, von Bauplanung und -ausführung unabhängigen Person festzustellen. Da § 7 Abs. 1 Satz 1 BelWertV entsprechend gilt, ist auch in diesen Fällen die Unabhängigkeit vom Kreditakquisitions- und Kreditentscheidungsprozess sowie von Objektvermittlung, -verkauf und -vermietung sicherzustellen.

15 Vgl. Bundesanstalt für Finanzdienstleistungsaufsicht, Protokoll der zweiten Sitzung des MaRisk-Fachgremiums am 17. August 2006, S. 2.

ländischem Recht werden z.B. »Legal Opinions« von durch das Institut beauftragte Kanzleien eingeholt. Damit wird die Rechtswirksamkeit der jeweiligen Verträge bestätigt. Die Auftragsvergabe an die Kanzleien und die Plausibilisierung der Legal Opinions erfolgen regelmäßig durch die Rechtsabteilung bzw. nach deren Vorgaben. Unter Risikogesichtspunkten und mit Blick auf den erforderlichen Sachverstand sowie eine konsistente Vorgehensweise ist diese Praxis auch zu empfehlen.

94   Die Rechtsabteilung muss eine »vom Markt und Handel unabhängige Stelle« sein (→ BTO Tz. 8), die auch innerhalb der Geschäftsleiterlinie Handel bzw. Markt angesiedelt sein kann (→ BTO Tz. 2, Erläuterung). Häufig ist die Rechtsabteilung dem Sprecher der Geschäftsleitung zugeordnet, der in vielen Fällen gleichzeitig einen Marktbereich verantwortet. Bei derartigen Konstellationen wäre die Überprüfung des rechtlichen Bestandes von Sicherheiten unter Beteiligung der Rechtsabteilung nach dem Wortlaut der MaRisk (»außerhalb des Bereiches Markt«) rein formal nicht zulässig. Durch die Rechtsabteilung kann die Sicherstellung des rechtlichen Bestandes jedoch am besten gewährleistet werden. Da sie i.d.R. als Stabsstelle ausgestaltet und damit von den operativen Einheiten unabhängig ist, dürfte die zu fordernde Unabhängigkeit ausreichend sichergestellt sein. Darüber hinaus ist sie nach offizieller Lesart der Bankenaufsicht auf der zweiten Ebene von Markt und Handel zu trennen. Insofern bestehen auch keine echten Interessenkonflikte. Eine nachträgliche materielle Plausibilitätsprüfung durch die Marktfolge erscheint ebenfalls nicht erforderlich.[16] Aus diesem Grund kann die Überprüfung des rechtlichen Bestandes von Sicherheiten ausdrücklich auch durch die Rechtsabteilung oder eine vergleichbare, vom Markt und Handel unabhängige Stelle erfolgen (→ BTO 1.1 Tz. 7, Erläuterung).

95   Der Prozess der Überprüfung von risikorelevanten Sicherheiten ist in Abbildung 58 grafisch dargestellt:

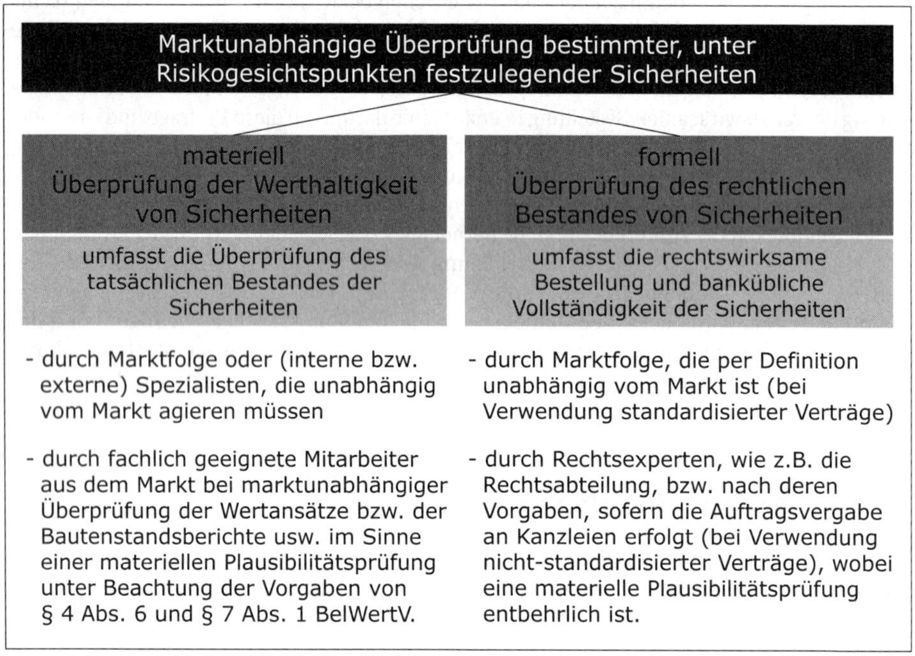

Abb. 58: Marktunabhängige Überprüfung risikorelevanter Sicherheiten

---

16 Vgl. Bundesanstalt für Finanzdienstleistungsaufsicht, Protokoll der zweiten Sitzung des MaRisk-Fachgremiums am 17. August 2006, S. 2 f.

7.6 Risikorelevanz von Sicherheiten

Die geforderte Trennung bei der Überprüfung von Sicherheiten gilt nicht in jedem Fall. Sie ist nur **96** für Sicherheiten zu beachten, die unter Risikogesichtspunkten von besonderer Bedeutung sind, wie z. B. für industriell oder gewerblich genutzte Immobilien. Die Überprüfung der Sicherheiten erfolgt in der Praxis im Rahmen der normalen Kreditbearbeitungsprozesse, deren Verteilung auf die Bereiche Markt oder Marktfolge den Instituten weitgehend freigestellt ist. Insbesondere ist es nicht zu beanstanden, wenn im Marktbereich eine Überprüfung von Sicherheiten erfolgt, die gemeinhin als »risikoarm« bzw. »nicht-risikorelevant« eingestuft werden, wie z. B. Bürgschaften des Bundes oder der Länder, Barsicherheiten und Gold.

Jedes Institut muss, wie auch bei der Abgrenzung zwischen risikorelevantem und nicht-risiko- **97** relevantem Kreditgeschäft, eigenverantwortlich festlegen, bei welchen Sicherheiten eine markt- unabhängige Überprüfung durchzuführen ist und in welchen Fällen die Beteiligung des Marktes toleriert werden kann. Diese Festlegungen sind allerdings bezogen auf die Sicherheiten zu treffen. Soweit es sich bei dem zugrundeliegenden Kreditgeschäft um ein nicht-risikorelevantes Geschäft handelt, bedeutet dies nicht automatisch, dass auch die zur Absicherung der Risiken herein- genommenen Sicherheiten einem geringeren Risiko unterliegen und damit im Bereich Markt überprüft werden können. Das folgt allein aus der Tatsache, dass der Sicherheitenwert durchaus ein Kriterium für die Risikorelevanz des Kreditgeschäftes sein kann.

7.7 Abhängigkeit von den Verhältnissen eines Dritten

Das Institut hat die akzeptierten Sicherheitenarten und die Verfahren zur Wertermittlung dieser **98** Sicherheiten festzulegen ($\rightarrow$ BTO 1.2 Tz. 2). Hängt der Sicherheitenwert maßgeblich von den Verhältnissen eines Dritten ab, wie z. B. bei Bürgschaften, so ist darüber hinaus eine angemessene Überprüfung der Adressenausfallrisiken des Dritten durchzuführen ($\rightarrow$ BTO 1.2.1 Tz. 4).

7.8 Wichtige Entscheidungen im Hinblick auf die Risikovorsorge

Auch hinsichtlich der Entscheidungen über die Risikovorsorge bei einzelnen Kreditgeschäften **99** räumt die deutsche Aufsicht den Instituten gewisse Freiräume ein ($\rightarrow$ BTO 1.2.6), da diese Ent- scheidungen nur bei bedeutenden Engagements außerhalb des Bereiches Markt zu treffen sind. Denkbar ist dabei z. B. eine Vorgehensweise, die dem Zwei-Voten-Prinzip sehr nahe kommt. Der Bereich Markt kann bezüglich des Ansatzes der Risikovorsorge einen Vorschlag unterbreiten, der vom Bereich Marktfolge ggf. korrigiert und daraufhin abschließend festgelegt wird. Häufig werden wichtige Beschlüsse zu Einzel- oder Pauschalwertberichtigungen auch von einem so genannten »Risikoausschuss« vorbereitet oder sogar getroffen ($\rightarrow$ BTO Tz. 6). In Analogie zur Kreditentschei- dung durch einen Ausschuss ($\rightarrow$ BTO 1.1 Tz. 2) ist unter Beachtung dieser Vorschrift auch bei derartigen Gremien darauf zu achten, dass die Vertreter aus dem marktunabhängigen Bereich nicht überstimmt werden können. Entscheidungen der gesamten Geschäftsleitung über die Risiko- vorsorge bleiben hiervon unbenommen und können natürlich ohne Einschränkung unter Betei- ligung der für die Marktbereiche zuständigen Geschäftsleiter getroffen werden.

7.9 Freie Zuordnung von Prozessen

100 Hinsichtlich der Zuordnung einzelner Kreditprozesse zum Bereich Markt und zum marktunabhängigen Bereich sind die MaRisk pragmatisch formuliert: Alle Prozesse, Funktionen und Aufgaben, die nicht ausdrücklich in einem marktunabhängigen Bereich anzusiedeln sind (→ BTO Tz. 2 lit. b, d und e, BTO 1.1 Tz. 7, BTO 1.2 Tz. 1, BTO 1.2.4 Tz. 1, BTO 1.2.5 Tz. 1 und BTO 1.4 Tz. 2), können im Ermessen der Institute auf diese beiden Bereiche oder andere mit der Kreditbearbeitung betraute Organisationseinheiten verteilt werden. Das betrifft den gesamten Prozess der Kreditbearbeitung bzw. dessen Teilprozesse, die Kreditbearbeitungskontrollen, die Intensivbetreuung und die Bearbeitung von Problemkrediten. Die deutsche Aufsicht hat mit dieser Öffnungsklausel die Flexibilität geschaffen, die notwendig ist, damit auch bei unterschiedlichen ablauforganisatorischen Konzepten die MaRisk erfüllt werden können.

101 Die Vorgabe fester Prozesszuordnungen hätte hingegen dazu geführt, dass allen deutschen Instituten von der Bankenaufsicht ein Einheitsmodell aufgezwungen worden wäre. In der Praxis existieren im Zusammenhang mit der Zuordnung der Kreditprozesse jedoch ganz unterschiedliche organisatorische Konzepte. In den meisten Fällen werden die Kreditprozesse auf die Bereiche Markt und Marktfolge aufgeteilt. Zum Teil werden die Kreditprozesse aber auch entweder einseitig den Vertriebseinheiten oder im umgekehrten Fall den Marktfolge-Einheiten zugeordnet. Dabei ergeben sich, je nach Zuordnung dieser Prozesse, wiederum verschiedene Konsequenzen für die Votierung. Grundsätzlich können die drei nachfolgend genannten Modelle voneinander unterschieden werden.

7.10 Die reine Vertriebseinheit: Konzentration der Prozesse im marktunabhängigen Bereich

102 Häufig agieren die Marktbereiche wie reine Vertriebseinheiten, d. h. ihre Tätigkeit ist im Extremfall auf die Initiierung von Kreditgeschäften beschränkt. Die Vertriebsmitarbeiter sind in diesen Fällen nur sehr wenig oder sogar überhaupt nicht in die Kreditprozesse oder die weitere Kundenbetreuung eingebunden, da diese vollständig in eine andere Abteilung verlagert worden sind. In solchen Fällen ist die reine Initiierung durch die Vertriebsmitarbeiter bereits als Votum des Bereiches Markt zu qualifizieren, auch wenn diesem Votum – im Unterschied zu dem korrespondierenden marktunabhängigen Votum aus dem Bereich Marktfolge – keinerlei Kreditbearbeitungsprozesse vorausgehen. Dagegen handelt es sich beim marktunabhängigen Votum um ein außerordentlich qualifiziertes Votum, dem ein aufwendiger Prozess zugrundeliegt. Im Rahmen dieses Modells ist es bezüglich des Marktvotums schon ausreichend, wenn der Vertrieb die Stammdaten des potenziellen Kunden an die für die Bearbeitung und die weitere Votierung zuständige marktunabhängige Stelle sendet. Diese Konstellation ist z. B. häufig bei den Autobanken vorzufinden. Insbesondere im Immobilienkreditgeschäft kooperieren diverse Institute auch mit sogenannten Kreditvermittlern, die ebenfalls als Vertriebseinheit im beschriebenen Sinne fungieren.

7.11 Die Marktbearbeitungsabteilung: Konzentration der Prozesse im Bereich Markt

103 Im anderen Extremfall werden nahezu alle Kreditprozesse im Vertriebsbereich gebündelt. Diese Variante der Prozesszuordnung ist z. B. bei so genannten »Teamlösungen« oder bei auf Projektfinanzierungen spezialisierten Abteilungen anzutreffen. Gerade bei diesen anspruchsvollen Finanzierungen (→ BTO 1.2 Tz. 5) kann es sinnvoll sein, dass alle wesentlichen Prozessbestandteile – von der Kundenbetreuung bis zur Analyse der Risiken – in einer Abteilung konzentriert werden. Hierbei handelt es sich tendenziell um eine Verschiebung vom grundsätzlich vorgesehenen risikoorientierten Geschäftsmodell in Richtung eines marktorientierten Geschäftsmodells.

Bei diesen »Marktbearbeitungsabteilungen« wird das Marktvotum im Unterschied zu dem oben dargestellten Modell von der reinen Vertriebseinheit auf der Grundlage komplexer Kreditprozesse erstellt. Dagegen würden dem marktunabhängigen Votum im Umkehrschluss keine typischen Kreditprozesse zugrundeliegen. Da das marktunabhängige Votum aber auch bei diesen Konstellationen ausreichend qualifiziert sein muss, ist es zumindest auf der Basis einer materiellen Plausibilitätsprüfung zu erstellen. Bei der materiellen Plausibilitätsprüfung steht die Frage im Vordergrund, ob die Kreditentscheidung unter materiellen Gesichtspunkten vertretbar und nachvollziehbar erscheint. Geprüft werden sollte dabei z.B. die Aussagekraft des Marktvotums und inwieweit die Kreditgewährung der Höhe und der Form nach aufgrund der vorliegenden Unterlagen vertretbar ist. Der marktunabhängige Votierende muss dabei zumindest Zugang zu allen wesentlichen Unterlagen haben, die dem Votum des Bereiches Markt zugrunde lagen. Die Überprüfung ist mit einer materiellen Kreditkontrolle vergleichbar (→ BTO 1.2.3 Tz. 1). Sie ist hingegen nicht so zu verstehen, dass die bereits von den Marktbearbeitungsabteilungen durchgeführten Arbeiten im Bereich Marktfolge dupliziert werden, da dies zu ineffizienten Doppelarbeiten führen würde.

104

7.12 Mischformen: Zuordnung der Prozesse auf die Bereiche Markt und Marktfolge

Bei so genannten »Mischformen« die in der Praxis am häufigsten anzutreffen sind, werden die Prozesse der Kreditbearbeitung sowohl auf den Vertrieb als auch auf den Bereich Marktfolge verteilt. So ist es unter Umständen sinnvoll, wenn z.B. Tätigkeiten, die eine gewisse Nähe zum Kunden erfordern, in den Vertriebsbereichen konzentriert werden. Der direkte Kundenkontakt ermöglicht u.a. eine optimale Kundenbetreuung und eine sachgerechte Durchführung der persönlichen Kreditwürdigkeitsprüfung. Andere Teilprozesse, für die nicht unbedingt ein enger Kundenkontakt erforderlich ist, können dagegen im marktunabhängigen Bereich durchgeführt werden. Hierzu gehört z.B. die Analyse der Steuerbescheide oder Bilanzen. Bei derartigen Mischformen liegen den Voten, je nach ablauforganisatorischer Zuordnung, unterschiedliche Prozesse bzw. Teilprozesse zugrunde.

105

7.13 Konsequenzen für die Prüfungspraxis

Die Darstellung der einzelnen Varianten zeigt, dass im Hinblick auf das Markt- bzw. Marktfolgevotum eine differenzierte Betrachtungsweise erforderlich ist, da deren materieller Gehalt insbesondere von den zugrundeliegenden (Teil-)Prozessen abhängt. Dies sollte bei der Entscheidungsfindung hinreichend berücksichtigt werden. Wo diese Prozesse genau ablaufen, ist kaum relevant. Unter Effizienzgesichtspunkten wenig zweckmäßige Doppelarbeiten können daher weitgehend vermieden werden. Aus Sicht der deutschen Aufsicht kommt es insbesondere auf ein qualifiziertes Marktfolgevotum an, da diesem bei allen möglichen Modellen unter materiellen Gesichtspunkten regelmäßig Entscheidungscharakter zukommt.

106

BTO 1.2 Anforderungen an die Prozesse im Kreditgeschäft

BTO 1.2 Anforderungen an die Prozesse im Kreditgeschäft

1 Festlegung der Kreditprozesse und Verantwortlichkeiten (Tz. 1)

1   **1** Das Institut hat Prozesse für die Kreditbearbeitung (Kreditgewährung und Kreditweiterbearbeitung), die Kreditbearbeitungskontrolle, die Intensivbetreuung, die Problemkreditbearbeitung und die Risikovorsorge einzurichten. Die Verantwortung für deren Entwicklung und Qualität muss außerhalb des Bereiches Markt angesiedelt sein.

1.1 Einrichtung angemessener Kreditprozesse

2   Es ist selbstverständlich, dass ein Institut Prozesse einrichten muss, die der Bearbeitung der betriebenen Geschäfte angemessen sind. Für das Kreditgeschäft werden die folgenden Prozesse unterschieden und in den jeweiligen Modulen näher beschrieben:
- Kreditgewährung (→ BTO 1.2.1),
- Kreditweiterbearbeitung (→ BTO 1.2.2),
- Kreditbearbeitungskontrolle (→ BTO 1.2.3),
- Intensivbetreuung (→ BTO 1.2.4),
- Behandlung von Problemkrediten (→ BTO 1.2.5) und
- Risikovorsorge (→ BTO 1.2.6).

1.2 Verantwortung für die Entwicklung und die Qualität der Kreditprozesse

3   Unter der Entwicklung der Kreditprozesse ist im engeren Sinne deren Ausarbeitung vor der erstmaligen Anwendung zu verstehen. Die Verantwortung für die Qualität der Prozesse sowie für deren Weiterentwicklung umfasst eine laufende Überprüfung der Zweckmäßigkeit der implementierten Kreditprozesse und die ggf. erforderlichen Anpassungen dieser Prozesse im Sinne einer permanenten Qualitätssicherung (→ BTO 1.2 Tz. 1, Erläuterung).

4   Wegen der besonderen Bedeutung der Ablauforganisation für das Kreditgeschäft und vor dem Hintergrund der Vermeidung ggf. auftretender Interessenkonflikte liegt die Verantwortung für die Entwicklung der Kreditprozesse und deren Qualität außerhalb des Bereiches Markt. Diese aufbauorganisatorische Trennung gilt folglich bis einschließlich der Ebene der Geschäftsleitung. In der Praxis obliegt diese Verantwortung häufig den für das Kreditrisikocontrolling zuständigen Stellen oder Mitarbeitern.

5   Die Zuordnung zu einem marktunabhängigen Bereich bedeutet allerdings nicht, dass der Markt bei der Entwicklung und Qualitätssicherung ausgeschlossen ist. Eine Mitwirkung der Vertriebsorganisation kann durchaus sinnvoll sein, um die Konsequenzen neuer Prozesse oder die Anpassung bestehender Prozesse auf der operativen Ebene besser zur Geltung zu bringen. So sind u. a. bei Aktivitäten in neuen Produkten oder auf neuen Märkten in die Erstellung des Konzeptes und die Testphase alle später in die Arbeitsabläufe eingebundenen Organisationseinheiten einzuschalten, wozu natürlich auch der Marktbereich gehört (→ AT 8.1 Tz. 5). Die Entwicklung der Kredit-

prozesse kann sogar im Bereich Markt erfolgen, sofern gewährleistet ist, dass die Qualitätssicherung von einem marktunabhängigen Bereich auf Basis einer materiellen Plausibilitätsprüfung wahrgenommen wird (→ BTO 1.2 Tz. 1, Erläuterung).

1.3   Nicht-risikorelevantes Kreditgeschäft

In erster Linie geht es der deutschen Aufsicht um die von Vertriebsinteressen unbeeinflusste   **6**
Wahrnehmung der Methodenverantwortung. Sofern der hierfür zuständige marktunabhängige
Geschäftsleiter gleichzeitig die Verantwortung für die Vertriebsorganisation im nicht-risikorelevanten Kreditgeschäft übernimmt, könnten theoretisch Interessenkonflikte auftreten. Ein ähnliches Problem besteht bei Instituten, die ausschließlich nicht-risikorelevantes Kreditgeschäft
betreiben und die Methodenverantwortung grundsätzlich der gleichen Vorstandslinie zuordnen
wie dem Marktbereich.

Dem Prinzip der doppelten Proportionalität (→ AT 1 Tz. 2) folgend, wäre es nicht angemessen,   **7**
für diese Konstellationen eine zusätzliche aufbauorganisatorische Trennung zwischen den Verantwortungsbereichen für das nicht-risikorelevante Kreditgeschäft und die Entwicklung und
Qualität der Kreditprozesse zu fordern. Da mit der Ausübung der Methodenverantwortung jedoch
die Grundlagen dafür geschaffen werden, risikorelevante Geschäfte überhaupt zu identifizieren
und vom nicht-risikorelevanten Kreditgeschäft abzugrenzen, könnte sich die risikoorientiert
auszurichtende Prüfungstätigkeit der Internen Revision regelmäßig auch auf diesen Abgrenzungsaspekt beziehen (→ BT 2.1 Tz. 1).

Die Bezeichnung »nicht-risikorelevantes Kreditgeschäft« darf allerdings nicht dazu verleiten,   **8**
das Risiko dieses Segmentes als Ganzes zu unterschätzen. Die Risiken sollten deshalb jeweils auch
in einer Gesamtschau beurteilt werden, d.h. auf Portfolioebene und nicht nur auf Ebene des
Einzelgeschäftes. Insofern kommt dem Risikocontrolling des Gesamtportfolios in diesem Geschäftsbereich eine besondere Bedeutung zu.

1.4   Verantwortung für die Risikoklassifizierungsverfahren

Auch die Verantwortung für Entwicklung, Qualität und Überwachung der Anwendung der Risikoklas-   **9**
sifizierungsverfahren muss außerhalb des Bereiches Markt angesiedelt sein (→ BTO 1.4 Tz. 2). Hingegen kann die Festlegung einzelner Risikoeinstufungen im Risikoklassifizierungsverfahren sowohl im
marktunabhängigen Bereich als auch im Markt erfolgen. In diesem Zusammenhang kann es unter
Umständen sinnvoll sein, dass eine im Markt erfolgte Risikoeinstufung aufgrund ihrer zentralen
Bedeutung im Kreditentscheidungsprozess von der Marktfolge zumindest plausibilisiert wird.

Unabhängig davon werden jene Institute, die ein auf internen Ratings basierendes Risikoklas-   **10**
sifizierungsverfahren (IRB-Verfahren) nutzen, ohnehin mit höheren Anforderungen konfrontiert. So muss die Zuordnung von Ratings schon seit Basel II von einer Stelle vorgenommen oder
überprüft werden, die kein unmittelbares Interesse an der Kreditgewährung hat.[1] Gemäß
Art. 173 Abs. 1 lit. a CRR müssen die Zuordnungen von Risikopositionen gegenüber Unternehmen, Instituten, Zentralstaaten und Zentralbanken sowie bei Beteiligungspositionen, für die der
PD-/LGD-Ansatz nach Art. 155 Abs. 3 CRR angewendet wird, zu Ratingstufen oder Risikopools

---

1   Vgl. Basel Committee on Banking Supervision, International Convergence of Capital Measurement and Capital Standards –
    A Revised Framework (Basel II), 26. Juni 2004, Tz. 424.

sowie deren regelmäßige Überprüfung von einer unabhängigen Partei vorgenommen oder genehmigt werden, die keinen unmittelbaren Nutzen aus den Entscheidungen über die Kreditvergabe zieht.

2 Bearbeitungsgrundsätze und Sicherheitenmanagement (Tz. 2)

2 Das Institut hat Bearbeitungsgrundsätze für die Prozesse im Kreditgeschäft zu formulieren, die, soweit erforderlich, in geeigneter Weise zu differenzieren sind (z. B. nach Kreditarten). Darüber hinaus sind die vom Institut akzeptierten Sicherheitenarten sowie die Verfahren zur Wertermittlung, Verwaltung und Verwertung dieser Sicherheiten festzulegen. Bei der Festlegung der Verfahren zur Wertermittlung von Sicherheiten ist auf geeignete Wertermittlungsverfahren abzustellen. **11**

2.1 Formulierung von Kreditbearbeitungsgrundsätzen

Die für die Einhaltung dieses Rundschreibens wesentlichen Handlungen und Festlegungen sind nachvollziehbar zu dokumentieren (→ AT 6 Tz. 2). Entsprechende Arbeitsanweisungen, Arbeitsablaufbeschreibungen usw. werden in den MaRisk unter dem Oberbegriff »Organisationsrichtlinien« zusammengefasst (→ AT 5 Tz. 1). Die Organisationsrichtlinien müssen schriftlich fixiert und den betroffenen Mitarbeitern in geeigneter Weise bekanntgemacht werden (→ AT 5 Tz. 2). Sie haben auch Regelungen für die Aufbau- und Ablauforganisation sowie zur Aufgabenzuweisung, Kompetenzordnung und den Verantwortlichkeiten zu enthalten (→ AT 5 Tz. 3), u. a. also eine Beschreibung der relevanten Prozesse im Kreditgeschäft. Dabei geht es in erster Linie um die Bearbeitung von Kreditanträgen und die Bestandsführung der Kreditengagements, unabhängig davon, ob es sich um einen normalen oder einen leistungsgestörten Kreditverlauf handelt. Aufgrund der besonderen Bedeutung des Kreditgeschäftes für die Institute erscheint es sachgerecht, die Formulierung von (differenzierten) Bearbeitungsgrundsätzen explizit zu fordern. **12**

2.2 Differenzierung von Kreditbearbeitungsgrundsätzen

Der Detaillierungsgrad der Organisationsrichtlinien hängt von Art, Umfang, Komplexität und Risikogehalt der Geschäftsaktivitäten ab (→ AT 5 Tz. 1). Hinsichtlich der Darstellung der Organisationsrichtlinien kommt es in erster Linie darauf an, dass diese sachgerecht und für die Mitarbeiter des Institutes nachvollziehbar sind. Die konkrete Art der Darstellung bleibt dem Institut überlassen (→ AT 5 Tz. 1, Erläuterung). So ist es z. B. denkbar, die Bearbeitungsgrundsätze ähnlich gearteter Kreditgeschäfte auf Basis eines einzigen Prozesses darzustellen und lediglich die jeweiligen Besonderheiten hervorzuheben. Dies kann im Extremfall dazu führen, dass sich die Arbeitsanweisungen im Kreditgeschäft eines sehr kleinen oder stark spezialisierten Institutes überhaupt nicht voneinander unterscheiden. **13**

Da die meisten Institute in Deutschland zumindest im Privatkundengeschäft und im Geschäft mit Firmenkunden engagiert sind, die prozessual stark voneinander abweichen, wird es im Normalfall erforderlich sein, die verschiedenen Prozesse in geeigneter Weise zu illustrieren. Das gilt insbesondere für Universalbanken. Es liegt auf der Hand, dass sich die Bearbeitungsgrundsätze im standardisierten Mengengeschäft ganz erheblich von denen bei komplexen Projektfinanzie- **14** rungen unterscheiden. Auch bezogen auf einzelne Geschäftsarten können unter Risikogesichtspunkten oder ab bestimmten Volumina Differenzierungen sinnvoll sein. So könnten z. B. für Investitionskredite ab einem bestimmten Volumen feinere Kreditbearbeitungsgrundsätze festgelegt werden. Die Entscheidung über solche Differenzierungen obliegt letztlich den Instituten. Von Bedeutung ist, dass die in den Organisationsrichtlinien festgelegten Bearbeitungsgrundsätze eine sachgerechte Bearbeitung aller betriebenen Kreditgeschäfte gewährleisten (→ AT 5 Tz. 3).

2.3 Geschäfte mit Hedgefonds und Private-Equity-Unternehmen

15 Differenzierte Bearbeitungsgrundsätze sind insbesondere für Geschäfte mit Hedgefonds und Private-Equity-Unternehmen zu formulieren, z. B. im Hinblick auf die Beschaffung finanzieller und sonstiger Informationen, die Analyse des Zwecks und der Struktur der zu finanzierenden Transaktion, die Art der Sicherheitenstellung oder die Analyse der Rückzahlungsfähigkeit (→ BTO 1.2 Tz. 2, Erläuterung). Einige dieser Unternehmen spekulieren auf eine bestimmte Geschäftsentwicklung ihrer Investitionsobjekte und setzen dabei häufig einen relativ hohen Anteil an Fremdkapital ein, um ihre Eigenkapitalrendite zu steigern. Je höher die Gesamtkapitalrendite im Vergleich zu den Fremdkapitalkosten ist, desto stärker ist die gewünschte Hebelwirkung (»Leverage-Effekt«). Da bei diesen Geschäften regelmäßig gewaltige Finanzvolumina investiert werden, können sich derartige Spekulationen nachhaltig auf die Marktentwicklung auswirken.

16 Über die Regulierung von Hedgefonds und Private-Equity-Unternehmen wird deshalb in Europa und in den USA seit der Finanzmarktkrise diskutiert. Im April 2009 hat die EU-Kommission den Entwurf einer Richtlinie über die Verwalter alternativer Investmentfonds (AIFMD) vorgelegt, die am 1. Juli 2011 im Amtsblatt der Europäischen Union veröffentlicht wurde.[2] Unter »alternativen Investmentfonds« (AIF) sind alle Fonds zu verstehen, die nicht unter die Investmentfondsrichtlinie (OGAW)[3] fallen und insofern bisher nicht angemessen reguliert werden. Zu den AIF gehören auch Hedgefonds und Private-Equity-Unternehmen. Der Richtlinie zufolge müssen die Verwalter von Hedge-, Spezial- und Immobilienfonds sowie von Beteiligungsgesellschaften grundsätzlich u. a. eine Genehmigung für ihre Tätigkeit in Europa einholen und ihre Geschäfte deutlich transparenter gestalten. Außerdem werden sie bestimmten Governance-Standards unterworfen und müssen über ein solides Risikomanagement verfügen. Die Umsetzung dieser Richtlinie wird vermutlich auch dazu beitragen, den Anforderungen der MaRisk besser nachkommen zu können. Das Gesetz zur Umsetzung der AIFM-Richtlinie wurde am 16. Mai 2013 vom Deutschen Bundestag beschlossen. Insbesondere ist damit am 22. Juli 2013 das Kapitalanlagegesetzbuch (KAGB) in Kraft getreten, womit jede Art von Fonds gleichermaßen reguliert wird. Dem KAGB liegt ein »materieller Investmentfondsbegriff« zugrunde, wonach Fonds nur dann zulässig sind, wenn sie entweder der OGAW-Richtlinie oder der AIFM-Richtlinie entsprechen.

---

2 Richtlinie 2011/61/EU (AIFM-Richtlinie) des Europäischen Parlaments und des Rates vom 8. Juni 2011 über die Verwalter alternativer Investmentfonds und zur Änderung der Richtlinien 2003/41/EG und 2009/65/EG und der Verordnungen (EG) Nr. 1060/2009 und (EU) Nr. 1095/2010, Amtsblatt der Europäischen Union vom 1. Juli 2011, L 174/1–73.

3 Richtlinie 85/611/EWG des Rates zur Koordinierung der Rechts- und Verwaltungsvorschriften betreffend bestimmte Organismen für gemeinsame Anlagen in Wertpapieren (OGAW) vom 20. Dezember 1985.

2.4 Fremdwährungsdarlehen

Differenzierte Bearbeitungsgrundsätze sind auch für Fremdwährungsdarlehen zu formulieren, die **17** den besonderen Risiken dieser Kreditart Rechnung tragen (→ BTO 1.2 Tz. 2, Erläuterung). Unter einer »Fremdwährung« wird jede Währung außer dem gesetzlichen Zahlungsmittel des Mitgliedstaates, in dem der Kreditnehmer ansässig ist, verstanden. »Fremdwährungsdarlehen« bezeichnen folglich die Kreditvergabe in Währungen, die in dem betreffenden Land nicht gesetzliches Zahlungsmittel sind. Da ein Institut seine Bearbeitungsgrundsätze für die Prozesse im Kreditgeschäft ohnehin in geeigneter Weise differenzieren muss, hat die Kreditwirtschaft kritisiert, dass der prinzipienorientierte Charakter der MaRisk durch immer mehr Detailregelungen zunehmend infrage gestellt werde.[4] Die Aufsicht kommt an entsprechenden Vorgaben jedoch nicht vorbei, da sie auf eine Empfehlung des Europäischen Ausschusses für Systemrisiken (ESRB) zurückgehen.[5] Aus welchen Gründen sich der ESRB dieser Thematik angenommen hat, wird an anderer Stelle ausführlich erläutert (→ BTR 1, Einführung).

Der ESRB empfiehlt den nationalen Aufsichtsbehörden u. a., die Vergabe von Fremdwährungs- **18** darlehen nur im Hinblick auf Kreditnehmer zuzulassen, die ihre Kreditwürdigkeit nachweisen, wobei die Rückzahlungsstruktur des Kredites und die Fähigkeit der Kreditnehmer, nachteiligen plötzlichen Veränderungen der Wechselkurse und des ausländischen Zinssatzes zu widerstehen, zu berücksichtigen sind (Empfehlung B, Nummer 2). Außerdem sollen die nationalen Aufsichtsbehörden Leitlinien erlassen, damit die Finanzinstitute die Fremdwährungskreditrisiken in einer ihrer Größe und Komplexität angemessenen Art und Weise in ihre internen Risikomanagementsysteme einbeziehen. Solche Leitlinien sollten zumindest die interne Preisgestaltung von Risikoaufschlägen und die interne Kapitalallokation erfassen (Empfehlung D).[6]

Den Ausführungen des ESRB zufolge beziehen sich diese Empfehlungen nur auf Fremdwäh- **19** rungsdarlehen an »nicht abgesicherte Kreditnehmer« (»Unhedged Borrowers«), d. h. auf private und KMU-Kreditnehmer[7] ohne natürliche oder finanzielle Absicherung – also Wirtschaftsakteure, die Risiken aufgrund von Währungsinkongruenzen zwischen der Kreditwährung und der Absicherungswährung ausgesetzt sein können. Zu den natürlichen Absicherungen zählen insbesondere Fälle, in denen die Kreditnehmer Einkommen in Fremdwährung erzielen (z. B. aus Überweisungen oder Exporterlösen). Finanzielle Absicherungen setzen normalerweise einen Vertrag mit einem Finanzinstitut voraus.[8]

Insofern geht es bei den genannten Empfehlungen des ESRB in erster Linie darum, dass Fremd- **20** währungsdarlehen nur an Kreditnehmer vergeben werden, deren Kreditwürdigkeit auch bei besonders ungünstigen Entwicklungen der Wechselkurse und des Fremdwährungszinsniveaus gegeben ist (→ BTO 1.2.1 Tz. 1), und dass die Marktpreisrisikokomponente im Kreditgewährungsprozess durch eine entsprechende Preisgestaltung – d. h. adäquate Risikoaufschläge – angemessen berücksichtigt wird. Eine zwingend risikoadjustierte Preisgestaltung wird im Kreditgeschäft nicht explizit gefordert (→ BTO 1.2 Tz. 7). Eine weitere Empfehlung des ESRB zielt in erster Linie auf das Management der Liquiditätsrisiken ab (→ BTR 3.1 Tz. 11).

---

4 Vgl. Deutsche Kreditwirtschaft, Stellungnahme zum Konsultationspapier 01/2012 der Bundesanstalt für Finanzdienstleistungsaufsicht (BaFin) – »Überarbeitung der MaRisk«, 5. Juni 2012, S. 14.

5 Empfehlung des Europäischen Ausschusses für Systemrisiken zu Fremdwährungskrediten (ESRB/2011/1) vom 21. September 2011, Amtsblatt der Europäischen Union vom 22. November 2011, C 342/1–47.

6 Vgl. Empfehlung des Europäischen Ausschusses für Systemrisiken zu Fremdwährungskrediten (ESRB/2011/1) vom 21. September 2011, Amtsblatt der Europäischen Union vom 22. November 2011, C 342/2.

7 Die Abkürzung »KMU« steht für kleine und mittlere Unternehmen (»Small and Medium-Seized Enterprises«, SME).

8 Vgl. European Banking Authority, Guidelines on common procedures and methodologies for the supervisory review and evaluation process (SREP) and supervisory stress testing, EBA/GL/2014/13, Consolidated version, 19. Juli 2018, S. 25; Empfehlung des Europäischen Ausschusses für Systemrisiken zu Fremdwährungskrediten (ESRB/2011/1) vom 21. September 2011, Amtsblatt der Europäischen Union vom 22. November 2011, C 342/3.

BTO 1.2 Anforderungen an die Prozesse im Kreditgeschäft

21   Die EBA hat zunächst im Dezember 2013 Leitlinien zum Management von Fremdwährungs-risiken sowie zur Beurteilung einer angemessenen Eigenkapitalunterlegung veröffentlicht.[9] Diese Vorgaben sind später in den EBA-Leitlinien zum SREP aufgegangen.[10] Auf die entsprechenden Anforderungen wird an anderer Stelle eingegangen (→ BTR 1, Einführung).

2.5   Gehebelte Transaktionen

22   Die Europäische Zentralbank hat am 16. Mai 2017 ihren endgültigen Leitfaden zu gehebelten Transaktionen (»Leveraged Transactions«) veröffentlicht[11], der auf europaweit einheitliche Defi-nitionen und Messgrößen sowie eine angemessene Ausgestaltung der Governance-Strukturen sowie der Risikosteuerungs- und -controllingprozesse für diese Transaktionen abzielt. Die EZB versteht darunter grundsätzlich alle Transaktionen, bei denen das Finanzierungniveau eine Hebel-wirkung des vierfachen Ergebnisses vor Zinsen, Steuern und Abschreibungen (»Earnings before Interests, Taxes, Depreciation and Amortisation«, EBITDA) übersteigt oder bei denen auf Seiten des Kreditnehmers mehrheitlich Finanzinvestoren beteiligt sind (Akquisitionsfinanzierung). Aus-nahmen davon werden explizit genannt, insbesondere Kredite an natürliche Personen, Institute, öffentliche Stellen gemäß Art. 4 Abs. 1 Nr. 8 CRR und Unternehmen der Finanzbranche gemäß Art. 4 Abs. 1 Nr. 27 CRR, kleine und mittlere Unternehmen (KMU) im Sinne der Empfehlung 2003/361/EG der EU-Kommission sowie Investment-Grade-Schuldner. Ausgenommen sind darü-ber hinaus Spezialfinanzierungen, Handelsfinanzierungen sowie Kredite mit einem Volumen bis 5 Mio. Euro. Von den Instituten wird erwartet, auf Basis dieser Einschränkungen eine instituts-spezifische Definition von gehebelten Transaktionen vorzunehmen.

23   Die EZB erwartet, dass diese gehebelten Transaktionen besonderen Bearbeitungsgrundsätzen unterliegen, wobei sich viele der genannten Vorgaben bereits aus den in den MaRisk nieder-gelegten Anforderungen an die Prozesse im Kreditgeschäft bzw. hinsichtlich der Limitierung an die Vorgaben zum Management von Adressenausfallrisiken ableiten lassen. Spezielle Vorgaben werden z. B. für Syndizierungen gemacht, die bei Konsortialkrediten eine wichtige Rolle spielen. Unter anderem soll die Verschuldung in diesen Fällen das sechsfache Ergebnis vor Zinsen, Steuern und Abschreibungen (EBITDA) nicht überschreiten. Grundsätzlich sollten die Institute sicher-stellen, dass der Kreditnehmer in der Lage ist, innerhalb eines angemessenen Zeitraumes einen erheblichen Teil seiner Schulden zu tilgen oder auf ein nachhaltiges Niveau zu bringen. Eine angemessene Rückzahlungskapazität ist insbesondere dann gegeben, wenn der Kreditnehmer in der Lage ist, innerhalb von fünf bis sieben Jahren vorrangig besicherte Verbindlichkeiten voll-ständig zu tilgen oder mindestens 50 % der Gesamtverschuldung zurückzuzahlen. Zudem werden von der EZB konkrete Bestandteile für die Risikoberichterstattung über gehebelte Transaktionen vorgegeben. Mit Blick auf Transaktionen am Sekundärmarkt sollen die Compliance- und die Risikocontrolling-Funktion zur Vermeidung von Reputationsrisiken entsprechende Richtlinien und Verfahren einführen, um die ordnungsgemäße Einhaltung der Vorschriften zur Markteinfüh-

---

9 Vgl. European Banking Authority, Leitlinien zu Kapitalmaßnahmen für Fremdwährungskreditvergabe an nicht abgesicherte Kreditnehmer im Rahmen der aufsichtlichen Überprüfung und Bewertung (SREP), EBA/GL/2013/02, 20. Dezember 2013, S. 5 f.

10 Vgl. European Banking Authority, Guidelines on common procedures and methodologies for the supervisory review and evaluation process (SREP) and supervisory stress testing, EBA/GL/2014/13, Consolidated version, 19. Juli 2018, S. 72.

11 European Central Bank, Guidance on leveraged transactions, 16. Mai 2017. Die EZB greift damit Vorgaben aus den USA auf, die von den amerikanischen Instituten seit dem 21. Mai 2013 zu berücksichtigen sind. Vgl. Department of the Treasury/ Office of the Comptroller of the Currency/Federal Reserve System/Federal Deposit Insurance Corporation, Interagency Guidance on Leveraged Lending vom 22. März 2013, veröffentlicht im Federal Register Vol. 78, No. 56, S. 17766-17776.

rung (einschließlich »Chinese Walls«) und eine angemessene Behandlung von vertraulichen Daten der ursprünglichen Originatoren sicherzustellen.

Die Deutsche Kreditwirtschaft (DK) hat sich mit Schreiben vom 10. August 2017 an die EZB **24** gewandt und neben einer Kritik an der Definition der gehebelten Transaktionen auf einige auslegungsbedürftige Vorgaben im Leitfaden hingewiesen, die nach ihrer Ansicht einer weiteren Konkretisierung bedürfen. Außerdem hat sich die DK dafür ausgesprochen, dass sich die Institute bei der Berechnung der Gesamtschulden auf jene Informationen beschränken können, zu deren Angabe der Kreditnehmer auch verpflichtet ist. Darüber hinaus sollten Gesellschafterdarlehen nicht bei der Berechnung der Gesamtschulden zu berücksichtigen sein. Die EZB hat in ihrem Antwortschreiben vom 4. September 2017 zugesichert, dass sie die geäußerten Bedenken, insbesondere bezüglich der Definition von gehebelten Transaktionen, sorgfältig prüfen und bei den aufsichtlichen Erwartungen berücksichtigen werde.

Die bedeutenden Institute müssen diese Anforderungen seit dem 16. November 2017 erfüllen. **25** Abweichungen davon könnten ggf. zu Kapitalzuschlägen im aufsichtlichen Bewertungs- und Überprüfungsprozess (»Supervisory Review and Evaluation Process«, SREP) führen. Die Interne Revision war aufgefordert, dem jeweils zuständigen Aufsichtsteam (»Joint Supervisory Team«, JST) am 16. November 2018 über die Umsetzung und Einhaltung der Vorgaben aus dem Leitfaden erstmals Bericht zu erstatten.

2.6 Festlegung der akzeptierten Sicherheitenarten

Da die Kreditentscheidung neben der Risikoeinstufung des Kreditnehmers (→ BTO 1.4) maßgeb- **26** lich vom Wert der Sicherheiten abhängen kann, ist im Hinblick auf den Umgang mit Sicherheiten eine einheitliche Vorgehensweise im Institut erforderlich. Vor diesem Hintergrund sind zunächst die vom Institut akzeptierten Sicherheitenarten festzulegen.

Im Idealfall sind die Sicherheitenverträge so ausgestaltet, dass die ausgereichten Kreditmittel **27** inkl. Verzinsung im Fall von Zahlungsstörungen des Kreditnehmers ggf. auch ohne seine Mitwirkung durch Verwertung der Sicherheiten zurückgeführt werden können. Häufig reicht der aktuelle Wert der Sicherheiten allerdings nicht aus, um den ausstehenden Kapitaldienst vollständig abzudecken. Dies ist insbesondere zu Beginn der Vertragsbeziehung zu erwarten, wenn mit der Tilgung noch nicht oder erst vor kurzer Zeit begonnen wurde. Beim Umgang mit Sicherheiten sind neben wirtschaftlichen Gesichtspunkten insbesondere auch rechtliche Fragestellungen zu beachten (→ BTO 1.2.1 Tz. 3). So setzt etwa die Durchsetzung von Ansprüchen gegen Dritte bei der Verwertung von Personalsicherheiten u. a. voraus, dass diese nicht anfechtbar sind. Bei Sachsicherheiten gewährt hingegen nur eine rechtmäßig bestellte Sicherheit deren Verwertung im Fall einer Insolvenz. Einige Institute lehnen daher von vornherein bestimmte Sicherheitenarten ab, weil sich diese in der Praxis im Verwertungsfall als nicht einbringlich erwiesen haben oder weil der Bearbeitungsaufwand in Relation zu der angestrebten Risikoreduzierung unter betriebswirtschaftlichen Gesichtspunkten einfach zu hoch ist. Es ist daher erforderlich, die aus Sicht des Institutes akzeptierten Sicherheitenarten festzulegen und diese Festlegungen für alle betroffenen Mitarbeiter transparent zu machen.

Inwiefern im Hinblick auf die akzeptierten Sicherheitenarten weiter differenziert wird, hängt **28** von den jeweiligen Gegebenheiten vor Ort ab. Denkbar wäre als Grobstruktur bzw. Minimalstruktur eine Unterteilung nach:

- finanziellen Sicherheiten,
- Personalsicherheiten, also vor allem Bürgschaften, Garantien und anderen hereingenommenen Sicherheiten ähnlicher Natur, sowie

- Sachsicherheiten, also vor allem Grundpfandrechten und anderen Pfandrechten, Sicherungs-übereignungen und Sicherungsabtretungen.

2.7 Umgang mit Kreditsicherheiten

29 Aufgrund der wichtigen Rolle, die der Wert einer Sicherheit im Rahmen der Kreditentscheidung spielen kann, werden die Verfahren zur Überprüfung, Wertermittlung, Verwaltung und Verwertung gestellter Sicherheiten hervorgehoben.

30   Zur Überprüfung bestimmter, unter Risikogesichtspunkten festzulegender Sicherheiten werden an anderer Stelle hinreichende Ausführungen gemacht. Insbesondere ist diese Überprüfung außerhalb des Bereiches Markt durchzuführen (→ BTO 1.1 Tz. 7). Darüber hinaus sind die Werthaltigkeit und der rechtliche Bestand von Sicherheiten grundsätzlich vor jeder Kreditvergabe (→ BTO 1.2.1 Tz. 3) und in Abhängigkeit von der Sicherheitenart ab einer vom Institut unter Risikogesichtspunkten festzulegenden Grenze in angemessenen Abständen auch im Rahmen der Kreditweiterbearbeitung (→ BTO 1.2.2 Tz. 3) zu überprüfen. Hängt der Sicherheitenwert maßgeblich von den Verhältnissen eines Dritten ab, so ist eine angemessene Überprüfung der Adressenausfallrisiken des Dritten durchzuführen (→ BTO 1.2.1 Tz. 4).

2.8 Wertermittlung der Sicherheiten

31 Die deutsche Aufsicht erwartet zudem, dass die Verfahren zur Wertermittlung, Verwaltung und Verwertung dieser Sicherheiten festgelegt werden, wobei auf geeignete Wertermittlungsverfahren abzustellen ist. In ähnlicher Weise wird z. B. in § 18a Abs. 7 Nr. 1 KWG gefordert, bei der Vergabe von grundpfandrechtlich oder durch eine Reallast besicherten Immobiliar-Verbraucherdarlehen für die Immobilienbewertung zuverlässige Standards zu verwenden, ohne dass näher ausgeführt ist, was der Gesetzgeber darunter genau versteht. Es ist anzunehmen, dass es sich bei den geeigneten Wertermittlungsverfahren um die seit Jahren verwendeten banküblichen Verfahren handelt, wie z. B. das Ertragswertverfahren für Immobilien, die als Grundpfandrecht dienen. Hierzu zählt auch die Festlegung der jeweiligen Bewertungsabschläge. Zudem müssen die mit der Immobilienbewertung betrauten Gutachter laut § 18a Abs. 7 Nr. 2 KWG fachlich kompetent und so unabhängig vom Darlehensvergabeprozess sein, dass sie eine objektive Bewertung vornehmen können. Daneben sind – je nach Betroffenheit – die jeweils maßgeblichen gesetzlichen Vorgaben zu berücksichtigen, wie z. B. die ähnlich lautenden Vorschriften des Pfandbriefgesetzes (PfandBG). Nach § 16 Abs. 1 PfandBG muss die Beleihungswertermittlung von einem von der Kreditentscheidung unabhängigen Gutachter vorgenommen werden, der über die notwendige Berufserfahrung sowie die erforderlichen Fachkenntnisse verfügt. Laut § 16 Abs. 2 PfandBG darf der nach bestimmten Kriterien vorsichtig ermittelte Beleihungswert den nach einem anerkannten Bewertungsverfahren ermittelten Marktwert nicht übersteigen. Die Vorgaben des Pfandbriefgesetzes werden mit der Beleihungswertermittlungsverordnung (BelWertV) weiter konkretisiert.

32   In Abhängigkeit vom verwendeten Verfahren für die Berechnung der regulatorischen Kapitalanforderungen müssen die Institute ggf. weitere Vorgaben beachten. So sind in Art. 124 bis 126 CRR Festlegungen getroffen, die bei Verwendung des Kreditrisikostandardansatzes (KSA) für durch Wohn- oder Gewerbeimmobilien teilweise oder vollständig besicherte Risikopositionen gelten. Die Anforderungen an Immobiliensicherheiten bei Nutzung eines auf internen Ratings basierenden Ansatzes (IRBA) sind in Art. 208 CRR niedergelegt. So muss die Immobilienbewertung nach

Art. 208 Abs. 3 lit. b CRR von einer Person überprüft werden, die über die zur Durchführung einer solchen Bewertung erforderlichen Qualifikationen, Fähigkeiten und Erfahrungen verfügt und von der Kreditvergabeentscheidung unabhängig ist. Vergleichbare Vorschriften finden sich auch zu anderen Arten der Besicherung, wobei in der CRR ebenfalls eher grundsätzliche Vorgaben zum Umgang mit Sicherheiten gemacht werden.

2.9 Verwaltung und Verwertung gestellter Sicherheiten

Da die Sicherheiten im Regelfall nicht an das Institut übergeben werden, handelt es sich in erster **33** Linie um die Verwaltung der entsprechenden Urkunden und Verträge. Die ehemals in den MaK enthaltene Vorschrift, Sicherheiten, Sicherheitennachweise und Urkunden so zu verwahren, dass sie gegen Missbrauch oder Zerstörung geschützt sind, findet sich zwar nicht mehr in den MaRisk. Es versteht sich jedoch von selbst, dass der Zugriff auf die Sicherheiten und damit auch der sachgerechte Umgang mit diesen Papieren z. B. für die Risikobeurteilung oder für den Fall der Abwicklung eines Engagements von großer Bedeutung sind. Hierbei handelt es sich um eine allgemeine Sicherheitsvorschrift[12], die im gesamten Finanzsektor Beachtung findet. Im Hinblick auf die Art und Weise der Aufbewahrung werden keine Anforderungen formuliert. Missbrauch kann z. B. durch schriftlich fixierte Verhaltensanweisungen verhindert werden. Denkbar wäre eine Verschlusspflicht für die relevanten Akten. Bei der Verwaltung gestellter Sicherheiten ist ein besonderer Schutz vor Zerstörung vor allem für jene Unterlagen erforderlich, deren Wiederbeschaffung nur mit besonderen Schwierigkeiten oder überhaupt nicht möglich ist.

In der Problemkreditbearbeitung, insbesondere der Abwicklung, gehört der Prozess der Verwer- **34** tung der Sicherheiten zum täglichen Geschäft. Allein darin unterscheiden sich die normale Kreditbearbeitung und die Problemkreditbearbeitung signifikant. Für die Verwertung der Sicherheiten werden spezielle Erfahrungen benötigt. Aus diesem Grund sind in diesen Prozess Mitarbeiter oder ggf. externe Spezialisten mit entsprechenden Kenntnissen einzubeziehen (→ BTO 1.2.5 Tz. 6).

---

12 Vgl. Rodewald, Bernd, Objektsicherheit, Datensicherheit und Datenschutz im Bankbetrieb, in: Stein, Johann Heinrich von/Terrahe, Jürgen (Hrsg.), Handbuch Bankorganisation, 2. Auflage, Wiesbaden, 1995, S. 525 ff.

3 Management der Adressenausfallrisiken (Tz. 3)

35 **3** Die für das Adressenausfallrisiko eines Kreditengagements bedeutsamen Aspekte sind herauszuarbeiten und zu beurteilen, wobei die Intensität dieser Tätigkeiten vom Risikogehalt des Engagements abhängt. Branchen- und ggf. Länderrisiken sind in angemessener Weise zu berücksichtigen. Kritische Punkte eines Engagements sind hervorzuheben und ggf. unter der Annahme verschiedener Szenarien darzustellen.

3.1 Berücksichtigung bedeutsamer Aspekte

36 Bei der Bearbeitung eines Engagements sind alle für die Beurteilung des Adressenausfallrisikos bedeutsamen Aspekte zu berücksichtigen. Welche Aspekte jeweils im Vordergrund stehen, hängt vorrangig von der Art der Finanzierung ab. So sind z. B. bei Objekt- oder Projektfinanzierungen die technische Machbarkeit und Entwicklung sowie die mit dem Objekt bzw. Projekt verbundenen rechtlichen Risiken in die Beurteilung einzubeziehen (→ BTO 1.2 Tz. 5). Das liegt insbesondere daran, dass der für die Rückführung des Kredites erforderliche Zahlungsstrom (»Cashflow«) i. d. R. aus dem zu finanzierenden Objekt bzw. Projekt erwirtschaftet werden muss. Es ist unmittelbar einleuchtend, dass derartige Einflussfaktoren z. B. im traditionellen Firmenkundengeschäft keine wesentliche Bedeutung haben. Bei der Vergabe eines Betriebsmittelkredites, der einem Unternehmen kurzfristig die erforderliche Liquidität zur Sicherstellung seiner Zahlungsverpflichtungen verschafft, spielen z. B. die aktuellen wirtschaftlichen Daten sowie die prognostizierte Entwicklung des Unternehmens, seiner Branche und seines Marktumfeldes eine wesentliche Rolle. Im Privatkundengeschäft wird es wiederum nicht erforderlich sein, Bilanzen auszuwerten und Branchenanalysen durchzuführen. Stattdessen stehen hier der letzte Steuerbescheid und die laufende Einkommenssituation im Fokus. Hat ein Institut angemessene Bearbeitungsgrundsätze für die Prozesse im Kreditgeschäft formuliert (→ BTO 1.2 Tz. 2), ergeben sich die jeweils bedeutsamen Aspekte häufig bereits aus den dort festgelegten Arbeitsabläufen.

3.2 Intensität der Beurteilungen

37 Die Intensität der Beurteilung des Adressenausfallrisikos wird vor allem vom Risikogehalt der Engagements abhängig gemacht. Dieser Forderung liegt die Erkenntnis zugrunde, dass die Wahrscheinlichkeit des Ausfalls eines Engagements mit überschaubaren Risiken deutlich geringer ist als im Fall extrem risikobehafteter Engagements. So wird es z. B. nicht erforderlich sein, die Kfz-Finanzierung in Höhe von 35 TEUR eines höheren Beamten mit 65 TEUR Jahreseinkommen und einem Vorsorgesparplan in Höhe von 50 TEUR, der bereits zu 70 % angespart ist, monatlich auf Basis von Einkommensnachweisen zu überwachen. Im Grunde würde sich das Risiko für das Institut sogar erhöhen, da der Kunde vermutlich – strapaziert vom bürokratischen Aufwand – kurz vor dem Wechsel seiner Bankverbindung stünde. Andererseits sollte das Institut seine Bearbeitungsprozesse überdenken, wenn die soeben zugunsten eines Firmenkunden getroffene Kreditentscheidung aufgrund schlechter Unternehmensdaten auf wackeligen Füßen stand, sich die nicht genehmigte Überziehung fast wöchentlich erhöht und die nächsten Bearbeitungsschritte laut Arbeitsanweisung trotzdem turnusmäßig erst in einem knappen

Jahr geplant sind. Es bedarf keiner hellseherischen Fähigkeiten, um vorauszusagen, dass dieses Engagement noch vor der nächsten internen Prolongation des Betriebsmittelkredites in der Problemkreditbearbeitung landen wird. Aus diesen extremen Beispielen wird deutlich, dass eine Unterscheidung in der Intensität der Risikobeurteilung sinnvoll sein kann.

Davon unabhängig spielen bei der Festlegung der Prozessintensität auch praktische Gesichtspunkte **38** eine Rolle. So sollte es i.d.R. einfach sein, die für die Risikobeurteilung wesentlichen Faktoren im standardisierten Mengengeschäft zu überwachen. Hierfür genügt häufig bereits die Verwendung geeigneter Scoringverfahren. Komplexere und damit tendenziell auch stärker risikobehaftete Geschäfte, bei denen nicht ohne weiteres standardisierte Merkmale zur Bestimmung des Adressenausfallrisikos festgelegt werden können, erfordern hingegen tiefer gehende Analysen. Insbesondere kann in den meisten dieser Fälle nicht automatisiert oder auf andere Weise standardisiert vorgegangen werden. Allein dadurch erhöht sich der Arbeitsaufwand für die Mitarbeiter des Institutes.

3.3   Berücksichtigung von Branchenrisiken

Das Branchenrisiko resultiert aus einer Verschlechterung der wirtschaftlichen Bedingungen eines **39** ganzen Industriezweiges, die sich negativ auf die Bonität der dieser Branche zugehörigen bzw. von dieser Branche abhängigen Unternehmen auswirken können. Diese Abhängigkeiten werden mit Hilfe von Korrelationen dargestellt, die positiv oder negativ sein können. Von positiver Korrelation spricht man, wenn sich die jeweilige Branche und der Kreditnehmer in vergleichbarer Weise entwickeln. Im Falle einer negativen Korrelation würde sich eine nachteilige Branchenentwicklung hingegen positiv auf den Kreditnehmer auswirken. Zur Illustration der verschiedenen Korrelationsbeziehungen kann das häufig strapazierte Beispiel der Hersteller von Bademodeartikeln und Regenbekleidung dienen. Eine der beiden Branchen profitiert von einer spezifischen Wetterlage in der Sommersaison, während die andere Branche gleichzeitig darunter zu leiden hat. Vereinfacht ausgedrückt wäre ein Institut, das an beide Branchen relativ gleichmäßig Kredite vergibt, somit aus Gesamtrisikosicht von der Wetterlage unabhängig. Besteht kein Zusammenhang zwischen der Entwicklung einer Branche (oder einer anderen Bezugsgröße) und dem Ausfallrisiko des Kreditnehmers, so ist die Korrelation gleich null.

Deshalb ist das Branchenrisiko im Rahmen der Beurteilung des Adressenausfallrisikos eines **40** Kreditengagements in angemessener Weise zu berücksichtigen. Die aktuelle Situation sowie die prognostizierte Entwicklung der Branche, der das zu bewertende Unternehmen angehört, sind typische qualitative Kriterien, die in ein Risikoklassifizierungsverfahren einfließen ($\to$ BTO 1.4 Tz. 3). Besonders sorgfältig sollte ein Institut bei der Auswahl der hierfür zur Verfügung stehenden externen Quellen vorgehen, um sicherzustellen, dass die Qualität der Risikoklassifizierungsverfahren mit Hilfe dieser Informationen tatsächlich verbessert werden kann.

3.4   Berücksichtigung von Länderrisiken

Länderrisiken haben als Bestandteil der Adressenausfallrisiken insbesondere durch die zuneh- **41** mende internationale Ausrichtung der Institute und die Verzahnung der internationalen Finanzmärkte an Bedeutung gewonnen. Daraus resultieren höhere Ansprüche an die Verfahren zu ihrer Beurteilung. Länderrisiken ergeben sich aus unsicheren politischen, wirtschaftlichen und sozialen Verhältnissen eines anderen Landes und sind ausdrücklich nicht auf die Bonität der Gegenpartei zurückzuführen. Sie betreffen insofern das Risiko, dass trotz Fähigkeit und Bereitschaft der

Gegenpartei, ihren Verpflichtungen nachzukommen, ein Verlust aufgrund übergeordneter staatlicher Restriktionen entsteht (→ AT 2.2 Tz. 1).

42 Die deutsche Aufsicht überlässt es den Instituten, welche Verfahren im Hinblick auf die Berücksichtigung dieser Risikoart zum Einsatz kommen bzw. welche Faktoren in die Analyse der Länderrisiken einfließen. Aus den Komponenten der Länderrisiken, d. h. den politischen, wirtschaftlichen und sozialen Aspekten, lassen sich sowohl quantitative als auch qualitative Risikoindikatoren ableiten, die bei ihrer Beurteilung berücksichtigt werden sollten. Welche Risikoindikatoren letztendlich in die Beurteilung der Länderrisiken einfließen und wie diese ggf. zu gewichten sind, wird den Instituten nicht konkret vorgegeben, sondern liegt in deren eigener Verantwortung. Es kann aber davon ausgegangen werden, dass die öffentlich zugänglichen Länderbewertungen anerkannter Ratingagenturen quantitative und qualitative Aspekte bereits hinreichend abbilden.

3.5 Quantitative Risikoindikatoren

43 Die quantitativen Risikoindikatoren spiegeln i. d. R. die wirtschaftliche Komponente des Länderrisikos wider und kommen daher in den meisten Fällen durch Indikatoren über die Entwicklung der Binnen- und Außenwirtschaft zum Ausdruck. Dabei kann es sich z. B. um folgende binnenwirtschaftliche Indikatoren handeln:
- das Bruttosozialprodukt oder das Bruttoinlandsprodukt,
- die Wachstumsrate einer Volkswirtschaft,
- die Inflationsrate,
- die Höhe der Staatsverschuldung und
- die Arbeitslosenquote.

44 Außenwirtschaftliche Indikatoren sind z. B.:
- die absolute Höhe der Auslandsverschuldung,
- die Währungsreserven,
- die IWF-Reserven und
- die Importe und Exporte.

3.6 Qualitative Risikoindikatoren

45 Die qualitativen Risikoindikatoren decken im Allgemeinen die politische Komponente des Länderrisikos ab. Sie beziehen sich schwerpunktmäßig auf die innen- und außenpolitische Stabilität einer Volkswirtschaft. Bei den qualitativen Analysen können folgende Indikatoren eine wichtige Rolle spielen:
- das Regierungs- und das Wirtschaftssystem,
- die Häufigkeit der Regierungswechsel,
- die Stabilität des Rechts- und Steuersystems,
- der Einfluss des Militärs,
- die Wahrscheinlichkeit bzw. das Ausmaß politischer Anschläge,
- die außenpolitischen Spannungen und
- die Einbeziehung in internationale Organisationen.

3.7 Berücksichtigung von Transferrisiken

Das bei der deutschen Aufsicht angesiedelte Fachgremium Kredit hat sich explizit mit der Eigen- **46**
kapitalunterlegung von Transferrisiken bei Verwendung bankaufsichtlich zugelassener interner
Ratingverfahren (IRB-Verfahren) auseinandergesetzt. Demzufolge wird unter dem Transferrisiko
das Risiko verstanden, dass »ein Schuldner aufgrund von staatlichen Transferbeschränkungen
seinen Zahlungsverpflichtungen nicht nachkommen kann oder das Institut einen gezahlten Betrag
nicht erlangen kann«.[13] Die Nichterfüllung von Zahlungsverpflichtungen eines Staates, die aus
dessen eigenen Transferbeschränkungen folgt, gilt hingegen nicht als Transferrisiko. Das Fachgremium Kredit hat drei verschiedene Möglichkeiten zur Berücksichtigung von Transferrisiken in
der Ausfallwahrscheinlichkeit identifiziert: mittelbare bzw. unmittelbare Berücksichtigung in der
Ausfallwahrscheinlichkeit oder separate Berücksichtigung neben dem schuldnerspezifischen Ausfallrisiko. Ausdrücklich festgestellt wurde dabei auch, dass ebenso alle Transferrisiken aus Transaktionen, die dem hoheitlichen Zugriff eines anderen Staates unterliegen, mit den Krediten an
diesen Staat zusammengefasst und als Länderrisiko gesteuert werden können.[14]

3.8 Hervorhebung und Darstellung kritischer Punkte

Kritische Punkte eines Engagements sind hervorzuheben. Mit Bezug auf die zuvor dargelegten **47**
Abläufe bezieht sich diese Anforderung in erster Linie auf die für das Adressenausfallrisiko eines
Kreditengagements bedeutsamen Aspekte. Es ist z. B. denkbar, die im Rahmen der Risikoklassifizierung ermittelten Teilnoten für die jeweils maßgeblichen Bewertungskriterien ab einer bestimmten Stufe näher zu beleuchten. Aber auch ohne Einbeziehung des Risikoklassifizierungsverfahrens
können Auffälligkeiten herausgearbeitet werden. So könnte selbst ein betriebswirtschaftlich sehr
gut bewertetes Unternehmen ausfallgefährdet sein, wenn sich z. B. die entsprechende Branche
extrem negativ entwickelt. Auch könnte im Rahmen einer Immobilienfinanzierung auffallen, dass
sich die betrachtete Wohnungsbaugesellschaft stark im Mietwohnungsbau einer Region engagiert,
in der das Mietniveau seit Jahren kontinuierlich sinkt. Werden diese Beobachtungen nicht
angemessen herausgearbeitet und den involvierten Mitarbeitern zur Kenntnis gegeben, ist kaum
damit zu rechnen, dass diese Entwicklungen überwacht werden und in der Folge eine Risikoerhöhung vermieden werden kann.

Gegebenenfalls sind solche Punkte unter der Annahme verschiedener Szenarien darzustellen. **48**
Als Vergleichsszenarien kommen z. B. unterschiedliche Branchenentwicklungen oder Annahmen
hinsichtlich der gesamtwirtschaftlichen Rahmenbedingungen in Betracht. Möglicherweise genügt
es bereits, die Einstufung im Risikoklassifizierungsverfahren durch Variation der Benotung
kritischer Punkte zu hinterfragen.

---

13 Bundesanstalt für Finanzdienstleistungsaufsicht/Deutsche Bundesbank, Empfehlungen des Fachgremiums IRBA (jetzt
Fachgremium Kredit) zum Transferrisiko, S. 1.
14 Vgl. Bundesanstalt für Finanzdienstleistungsaufsicht/Deutsche Bundesbank, Empfehlungen des Fachgremiums IRBA
(jetzt Fachgremium Kredit) zum Transferrisiko, S. 1 f.

4 Verwendung externer Bonitätseinschätzungen (Tz. 4)

49 **4** Die Verwendung externer Bonitätseinschätzungen enthebt das Institut nicht von seiner Verpflichtung, sich ein Urteil über das Adressenausfallrisiko zu bilden und dabei eigene Erkenntnisse und Informationen in die Kreditentscheidung einfließen zu lassen.

4.1 Blindes Vertrauen auf externe Bonitätseinschätzungen

50 Die Verwendung externer Bonitätseinschätzungen wurde bis zum Beginn der Finanzmarktkrise als relativ unkritisch angesehen, zumal die anerkannten Ratingagenturen lange Zeit als quasi unfehlbar galten und sich z. B. die Eigenkapitalunterlegung nach dem Kreditrisikostandardansatz (KSA) der ersten Säule von Basel II vornehmlich auf deren Urteile gestützt hat und auch unter dem neuen Regime nach wie vor stützt. Auch das fehlende Verständnis über komplexe strukturierte Produkte verleitete viele Institute dazu, unreflektiert auf die Einschätzungen der Ratingagenturen abzustellen, was sich im Nachhinein als schwerer Fehler herausstellte.[15] Blindes Vertrauen ohne eigene Meinungsbildung kann kein guter Ratgeber für eine Kreditvergabe sein.

51 Mit dem Ausbruch der Finanzmarktkrise sind die Ratingagenturen stark in die Kritik geraten. Angelastet wurde ihnen vor allem, dass sie die gewaltigen Risiken des amerikanischen Subprimesegmentes zu spät erkannt und deshalb die Verbriefung entsprechender Kredite durch allzu optimistische Ratingnoten noch lange Zeit gefördert hatten. Wenngleich diese Kritik absolut berechtigt war, kann die Tätigkeit der Ratingagenturen nunmehr nicht komplett infrage gestellt werden. Außerdem tragen die Ratingagenturen nicht die alleinige Schuld an der Finanzmarktkrise. Das Verhalten von Investoren, die sich einseitig auf deren Einschätzungen verließen, spielte – neben vielen anderen Faktoren – ebenfalls eine wichtige Rolle.[16]

4.2 Klarstellung der Bankenaufsicht

52 Die Bankenaufsicht sah sich aufgrund der oben erwähnten Defizite dazu veranlasst, die Anforderungen an die Beurteilung des Adressenausfallrisikos in dieser Hinsicht zu schärfen. Seit der zweiten MaRisk-Novelle ist klargestellt, dass der Rückgriff auf externe Bonitätseinschätzungen die Institute nicht von ihrer Verpflichtung enthebt, sich ein eigenes Urteil über das Adressenausfallrisiko zu bilden und dabei insbesondere die eigenen Erkenntnisse und Informationen in die Kreditentscheidung einfließen zu lassen. Die Klarstellung der Aufsicht ist allerdings nicht gänzlich neu: Bereits zuvor war die ausschließliche Verwendung externer Quellen bei der Kreditentscheidung nur möglich, soweit auf ihrer Grundlage eine »sachgerechte Beurteilung der Risiken« erfolgen konnte. Demzufolge musste sich ein Institut eigentlich auch schon vor der Finanzmarktkrise Gedanken darüber machen, ob die Beurteilung der für das Adressenausfallrisiko eines

---

15 »There is little doubt that one of the roots of the subprime crisis has been a lack of understanding of the burgeoning array of complex structured products, leading to an over-reliance on ratings as a proxy for asset quality.« Institute of International Finance, Final Report of the IIF Committee on Market Best Practices: Principles of Conduct and Best Practice Recommendations, Financial Services Industry Response to the Market Turmoil of 2007–2008, 21. Juli 2008, S. 15 f.

16 Vgl. Financial Stability Forum, Report of the Financial Stability Forum on Enhancing Market and Institutional Resilience, 7. April 2008, S. 8.

Kreditengagements bedeutsamen Aspekte allein mit Hilfe externer Bonitätseinschätzungen erfolgen kann. Vor diesem Hintergrund hat die seit der zweiten MaRisk-Novelle geltende Formulierung eher betonenden bzw. klarstellenden Charakter.

4.3 Alternative Vorgehensweisen

Die Anforderung eröffnet reichlich Spielraum für Interpretationen.[17] Eine strenge Auslegung des **53** Wortlautes hätte zur praktischen Konsequenz, dass bestimmte Geschäfte nicht mehr durchgeführt werden könnten. So würde der bei einer Vielzahl von Underlyings an eine perfekte Durchschau geknüpfte Aufwand zweifelsohne grenzenlose Dimensionen annehmen. Wenig sinnvoll erscheint auf der anderen Seite die Fortführung einer Praxis, die ausschließlich auf externe Bonitätseinschätzungen abstellt. Dies würde letztlich darauf hinauslaufen, bittere Erfahrungen aus der Finanzmarktkrise zu ignorieren (siehe Abbildung 59).

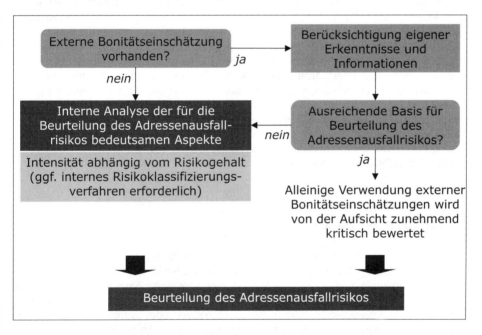

Abb. 59: Verwendung externer Bonitätseinschätzungen

Im MaRisk-Fachgremium wurde vor diesem Hintergrund über verschiedene Alternativen dis- **54** kutiert, die sich beim Rückgriff auf externe Bonitätseinschätzungen als zweckmäßig erweisen können. Den Anforderungen kann demzufolge – abhängig vom Einzelfall – auf unterschiedliche Weise Rechnung getragen werden. Die folgende Liste umfasst eine beispielhafte Aufzählung von Informationsquellen, auf die für die Zwecke einer ergänzenden Beurteilung zurückgegriffen werden kann. Sie ist daher nicht abschließend:

---

17 Vgl. Bundesanstalt für Finanzdienstleistungsaufsicht/Deutsche Bundesbank, Empfehlungen des Fachgremiums IRBA (jetzt Fachgremium Kredit) zum Transferrisiko, S. 1 f.

- Geschäftsberichte, Emissionsprospekte oder in den Medien verbreitete Unternehmensnachrichten,
- öffentlich erhältliche oder selbst verfasste Analysen, die bei größeren Instituten häufig von den volkswirtschaftlichen Abteilungen erstellt werden (z.B. Branchen- oder Länderreports),
- »Credit Spreads«, also die Prämien, die für Credit Default Swaps gezahlt werden, um sich gegen Ausfälle von Schuldnern versichern zu lassen; entsprechende Daten werden von professionellen Datenagenturen (z.B. Reuters, Bloomberg oder Markit) gesammelt und gegen Entgelt veröffentlicht,
- Bonitätseinschätzungen anderer Ratingagenturen, um die ggf. unterschiedlichen Ratingnoten miteinander zu vergleichen; risikobewusste Institute entscheiden sich für die schlechteste Einstufung,
- Analyse der Methoden, nach denen die Ratingagenturen ihre Bonitätseinschätzungen festlegen.

55 Im Einzelfall kann auch eine Durchschau von Vorteil sein. So ist es z.B. im Hinblick auf bedeutende Emittenten im Bereich »Non-Investment-Grade« üblich, dass Institute eine reguläre Kreditbearbeitung durchführen, also die eigene Beurteilung ganz klar gegenüber der externen Beurteilung im Vordergrund steht (→ BTR 1 Tz. 4). Weniger zweckmäßig erscheint eine derartige Verfahrensweise hingegen bei großen Emittenten, die über hervorragende Ratingnoten verfügen (z.B. bei DAX-Unternehmen). In solchen Fällen stellen z.B. bereits die Notierung im DAX, Informationen aus der Tagespresse oder ggf. auch die Geschäftsberichte der Unternehmen eine sinnvolle Ergänzung dar.

56 Externe Bonitätseinschätzungen dürfen also weiterhin verwendet werden. Allerdings muss das Institut entscheiden, ob es sich allein auf dieser Basis, ergänzt um die vorliegenden eigenen Erkenntnisse und Informationen, ein Urteil über das Adressenausfallrisiko des Kreditnehmers bilden kann. Aus der Bedeutung des Investments für das eigene Institut, der Eigenart des Investments, der Verfügbarkeit von Informationen sowie letztlich auch der externen Bonitätseinschätzung ergeben sich wichtige Anhaltspunkte, anhand derer das Institut eine risikoorientierte Umsetzung der Anforderung sicherstellen kann.

4.4 Vorgaben der EU-Kommission

57 Die Verwendung externer Ratings wird von der Aufsicht mehr und mehr eingeschränkt, zuletzt z.B. durch eine Änderung der so genannten »Ratingagenturverordnung« (CRA III).[18] Danach müssen die Kreditinstitute und andere Marktteilnehmer gemäß Art. 5a Abs. 1 CRA III eigene Kreditrisikobewertungen vornehmen und dürfen sich bei der Bewertung der Bonität eines Unternehmens oder eines Finanzinstrumentes nicht ausschließlich oder automatisch auf externe Ratings stützen. Die zuständigen Aufsichtsbehörden sollen nach Art. 5a Abs. 2 CRA III unter Proportionalitätsgesichtspunkten die Angemessenheit der Kreditrisikobewertungsverfahren überwachen, die Verwendung von vertraglichen Bezugnahmen auf Ratings bewerten und ggf. in Übereinstimmung mit bestimmten sektoralen Rechtsvorschriften Anreize setzen, um die Auswirkungen solcher Bezugnahmen abzumildern und den ausschließlichen oder automatischen Rückgriff auf Ratings zu verringern.

58 Die europäischen Aufsichtsbehörden (EBA, ESMA und EIOPA) dürfen laut Art. 5b Abs. 1 CRA III in ihren Leitlinien, Empfehlungen und Entwürfen technischer Standards nicht auf Ratings Bezug nehmen, wenn eine solche Bezugnahme Anlass sein könnte, sich ausschließlich und automatisch

---

18 Verordnung (EU) Nr. 462/2013 (Ratingagenturverordnung – CRA III) des Europäischen Parlaments und des Rates vom 21. Mai 2013 zur Änderung der Verordnung (EG) Nr. 1060/2009 über Ratingagenturen, Amtsblatt der Europäischen Union vom 31. Mai 2013, L 146/1–33.

auf Ratings zu stützen. Bis zum 31. Dezember 2013 sollten EBA, ESMA und EIOPA diese Bezugnahmen sogar in bestehenden Leitlinien und Empfehlungen überprüfen und ggf. entfernen.[19] Auch der Europäische Ausschuss für Systemrisiken (ESRB) darf gemäß Art. 5b Abs. 2 CRA III in seinen Warnungen und Empfehlungen nicht auf Ratings Bezug nehmen, wenn eine solche Bezugnahme Anlass sein könnte, sich ausschließlich und automatisch auf Ratings zu stützen. Schließlich soll die EU-Kommission nach Art. 5c CRA III weiterhin überprüfen, ob es im Unionsrecht entsprechende Bezugnahmen auf Ratings gibt. Das Ziel besteht darin, bis zum 1. Januar 2020 alle Vorschriften im Unionsrecht zu streichen, die die Nutzung oder Abgabe von Ratings zu aufsichtsrechtlichen Zwecken erfordern oder gestatten, sofern geeignete Alternativen für die Bewertung des Kreditrisikos gefunden und umgesetzt worden sind.

---

19 Der gemeinsame Ausschuss der drei europäischen Aufsichtsbehörden hat im Dezember 2016 einen entsprechenden Bericht vorgelegt. Vgl. Joint Committee of the European Supervisory Authorities, Final Report on Good Supervisory Practices for Reducing Mechanistic Reliance on Credit Ratings, JC 2016 71, 20. Dezember 2016.

5 Objekt- bzw. Projektfinanzierungen (Tz. 5)

59   5 Bei Objekt-/Projektfinanzierungen ist im Rahmen der Kreditbearbeitung sicherzustellen, dass neben der wirtschaftlichen Betrachtung insbesondere auch die technische Machbarkeit und Entwicklung sowie die mit dem Objekt/Projekt verbundenen rechtlichen Risiken in die Beurteilung einbezogen werden. Dabei kann auch auf die Expertise einer vom Kreditnehmer unabhängigen sach- und fachkundigen Organisationseinheit zurückgegriffen werden. Soweit externe Personen für diese Zwecke herangezogen werden, ist vorher deren Eignung zu überprüfen. In unter Risikogesichtspunkten festzulegenden Abständen sind während der Entwicklungsphase des Projektes/Objektes Besichtigungen und Bautenstandskontrollen durchzuführen.

5.1 Besonderheiten von Objekt- und Projektfinanzierungen

60   Unter Objekt-/Projektfinanzierungen werden Finanzierungen solcher Objekte bzw. Projekte verstanden, deren Rückzahlungen sich in erster Linie aus den durch die finanzierten Vermögenswerte generierten Einkünften und nicht aus der unabhängigen Kapitaldienstfähigkeit des Kreditnehmers speist (→ BTO 1.2 Tz. 5, Erläuterung). Bei Objekt- bzw. Projektfinanzierungen handelt es sich folglich um Finanzierungen sich selbst tragender Wirtschaftseinheiten. Die Tilgung und Verzinsung der Kredite hängt bei diesen Finanzierungsformen maßgeblich von den aus dem Objekt bzw. Projekt erwirtschafteten Rückflüssen (dem prognostizierten Cashflow) ab. Bei der Beurteilung der Risiken steht daher der aus dem Objekt bzw. Projekt generierte Cashflow im Vordergrund der Betrachtung. Zu den geläufigsten Objekt- bzw. Projektfinanzierungen gehören z. B. Finanzierungen von Kraftwerken, Schiffen und Flugzeugen, Bauträgerfinanzierungen oder Infrastrukturmaßnahmen, wie der Bau von Autobahnen. Dies ist jedoch nur ein Ausschnitt aus der Vielzahl möglicher Erscheinungsformen.

61   Als Kreditnehmer treten i. d. R. nicht die Initiatoren des Objektes bzw. Projektes auf, sondern vielmehr Objekt- oder Projektgesellschaften, die für die Realisierung des Objektes bzw. Projektes verantwortlich sind und eigens für diese Zwecke gegründet wurden. Darüber hinaus rücken technische Aspekte im Zusammenhang mit der Machbarkeit und der Entwicklung von Objekten bzw. Projekten in den Vordergrund. Schließlich spielen rechtliche Fragen eine besondere Rolle. Das gilt vor allem dann, wenn Objekte bzw. Projekte im Ausland finanziert werden. Es ist daher erforderlich, dass bei der Beurteilung der Risiken neben wirtschaftlichen Gesichtspunkten auch technische und rechtliche Aspekte beachtet werden.

5.2 Spezialisierte Abteilungen

62   In der Praxis setzen die Institute nicht selten hoch spezialisierte Teams ein, die alle mit der Objekt-/Projektfinanzierung anfallenden Tätigkeiten einschließlich der Initiierung der Geschäfte in einer Organisationseinheit durchführen. Zu diesen Tätigkeiten gehören z. B. die Kunden- bzw. die Objekt-/Projektbetreuung und die laufende Überwachung der Objekte bzw. Projekte. Diese Einheiten sind als Geschäftsinitiatoren zwingend dem Bereich Markt zuzuordnen (→ BTO Tz. 2). Da es

sich bei derartigen Finanzierungen grundsätzlich immer um risikorelevante Geschäfte handelt, sind auch zwei Voten einzuholen (→ BTO 1.1 Tz. 2). Sofern die bereits im Markt durchgeführten Tätigkeiten von der Marktfolge im Rahmen der Kreditentscheidung komplett wiederholt werden müssten, wären die Kosten in diesem Geschäftsbereich aufgrund des erforderlichen Spezialisierungsgrades der Mitarbeiter unverhältnismäßig hoch. Eine derartige Verfahrensweise ist bei Objekt-/Projektfinanzierungen nicht erforderlich. Dem marktunabhängigen Votum muss jedoch zumindest eine materielle Plausibilitätsprüfung zugrundeliegen (→ BTO 1.1 Tz. 2, Erläuterung).

5.3 Wirtschaftliche Betrachtung des Objektes/Projektes

Die wirtschaftliche Betrachtung kann z. B. folgende Aspekte beinhalten (→ BTO 1.2 Tz. 5, Erläuterung): **63**
- Projektanalyse,
- Finanzierungsstruktur/Eigenkapitalquote,
- Sicherheitenkonzept sowie
- Vor- und Nachkalkulation.

Die Projektanalyse im engeren Sinne beinhaltet insbesondere die Einschätzung des zukünftigen, **64** aus dem Projekt zu erwartenden Cashflows, d. h. des aus dem Projekt voraussichtlich zu generierenden Zahlungsüberschusses, da dieser die Rückzahlung und Verzinsung des Kredites gewährleisten muss. Die Bedienung des Kredites ist also stark an den Erfolg des Investitionsobjektes geknüpft. Dementsprechend werden bei der Analyse des Projektes alle Risiken zu prüfen sein, die sich in negativer Weise auf die betragsmäßige und zeitliche Struktur der Zahlungsrückflüsse auswirken können. Gegebenenfalls kann es zweckmäßig sein, im Rahmen einer Sensitivitätsanalyse die Auswirkungen auf den zukünftigen Cashflow zu überprüfen.

Von besonderer Bedeutung sind in diesem Zusammenhang eine vernünftige Finanzierungsstruk- **65** tur sowie eine angemessene Eigenkapitalquote. Eine extrem knappe Kalkulation der Cashflows unter Einbeziehung des gesamten verfügbaren Eigenkapitals könnte schon bei geringen Abweichungen zu Problemen führen. Reserven beim Eigenkapital dienen insbesondere als Puffer, um Anlaufschwierigkeiten, die im Rahmen einer Bauträgerfinanzierung z. B. aus einem im Vorfeld zu optimistisch eingeschätzten Preis- oder Mietniveau resultieren, ohne zusätzlichen Finanzbedarf ausgleichen zu können.

Neben den Cashflows stehen bei Bedarf zusätzlich auch die von den Initiatoren gestellten **66** Sicherheiten zur Verfügung, auf die im Verwertungsfall direkt und schnell zugegriffen werden kann. Das Sicherheitenkonzept spielt daher im Rahmen von Objekt-/Projektfinanzierungen eine wichtige Rolle. Die Fokussierung auf die Sicherheiten erlangt vor allem dann einen besonders hohen Stellenwert, wenn das zu erstellende Objekt die einzige Sicherheit darstellt. Dies ist z. B. bei einer Bauträgerfinanzierung der Fall. Voraussichtlich geringe Verwertungserlöse bei halbfertigen Objekten/Projekten sollten angemessen berücksichtigt werden. Bei Infrastrukturmaßnahmen, wie z. B. dem Autobahnbau, liegen zumeist staatliche Garantien vor, die ebenfalls mit in die Betrachtung einfließen können.

Schließlich sollte die Projektleitung über ein geeignetes betriebswirtschaftliches Instrumenta- **67** rium verfügen, um die Risiken des Projektes zu überwachen und zu steuern. Dazu gehören vor allem geeignete Projektmanagement- und -controllingsysteme, um die Kostenentwicklung – z. B. im Hinblick auf einzelne Bauphasen – jederzeit überblicken zu können. Das Institut hat diese Vor- und Nachkalkulationen einer fundierten Plausibilitätsprüfung zu unterziehen. Naturgemäß kommt auch der Kreditverwendungskontrolle (→ BTO 1.2.2 Tz. 1) bei Objekt-/Projektfinanzierungen eine besondere Bedeutung zu, z. B. im Hinblick auf die Finanzierung einzelner Projektabschnitte. Auch das Controlling in der Betriebsphase sollte vor dem Hintergrund der dann nur noch beschränkten Eingriffsmöglichkeiten nicht vernachlässigt werden, um insbesondere in den ersten Betriebsjahren auftretende Schwierigkeiten rechtzeitig zu erkennen.

68   Ebenfalls zu beachten sind z. B. Mängelgewährleistungs- und Fertigstellungsrisiken, aber auch Risiken, die sich aus einem unzureichenden Vermarktungskonzept ergeben können. Verfahrensrisiken beziehen sich auf die Art der jeweiligen Verfahrens- oder Herstellungsprozesse, die Verfügbarkeit von entsprechend qualifiziertem Personal oder ggf. vorhandene Konstruktionsschwächen.

5.4   Technische Machbarkeit und Entwicklung

69   Neben der wirtschaftlichen Situation des Projektes/Objektes sind insbesondere auch die technische Machbarkeit und Entwicklung zu beurteilen. Dies ist unmittelbar einsichtig, da bei mangelnder technischer Machbarkeit ein Projekt – und damit auch der Erfolg der Finanzierung – von Beginn an zum Scheitern verurteilt ist. Die technische Machbarkeit ergibt sich in vielen Fällen bereits aus der Genehmigung des Projektes/Objektes. Entsprechende Unterlagen sollte sich das Institut vom Kreditnehmer vorlegen lassen. Einen Eindruck über den Fortgang der Projektrealisierung kann sich das Institut auch im Rahmen der Besichtigungen oder Bautenstandskontrollen verschaffen (→ BTO 1.2 Tz. 5, Erläuterung). Diese sind aufgrund ergänzender Vorgaben der fünften MaRisk-Novelle in unter Risikogesichtspunkten festzulegenden Abständen bereits während der Entwicklungsphase des Projektes/Objektes durchzuführen.

70   Die Beurteilung der technischen Entwicklung eines Projektes sollte in regelmäßigen Abständen erfolgen. Dadurch kann vermieden werden, dass das Institut von Ereignissen überrascht wird, die den Erfolg des Projektes ernsthaft gefährden können, wie z. B. dem Konkurs des Bauunternehmens bei Projekten mit festem Übergabetermin. Besichtigungen tragen zusätzlich dazu bei, die von der Projektgesellschaft oder dem Architekten vorgelegten Unterlagen und die darauf aufbauende Bauplanung und -durchführung aus Sicht des Institutes plausibler zu machen.

5.5   Rechtliche Risiken

71   Wegen der häufig komplexen Finanzierungen hat die Beurteilung der mit dem Objekt/Projekt verbundenen rechtlichen Risiken im Rahmen der Kreditbearbeitung eine besondere Bedeutung. Im internationalen Objekt- bzw. Projektfinanzierungsgeschäft können sich derartige Risiken allein aus der Tatsache ergeben, dass die vertraglichen Vereinbarungen auf einer ausländischen Rechtsordnung basieren. Institute schalten daher häufig internationale Rechtsanwaltskanzleien ein, von denen die vertraglichen Vereinbarungen im Hinblick auf mögliche Rechtsrisiken analysiert werden.

72   Rechtsrisiken müssen sich jedoch nicht ausschließlich aus dem Vertragswerk ergeben. Sie können auch dann schlagend werden, wenn geplante Baumaßnahmen nicht im Einklang mit einschlägigen Bauvorschriften stehen. Es ist daher wichtig, dass sich das Institut im Vorfeld ein Bild über alle für die Finanzierung maßgeblichen einschlägigen rechtlichen Regelungen im Ausland verschafft. Dies gilt natürlich auch für Aktivitäten im Inland. Vor allem im Bereich der Bauträgerfinanzierung sind

umfassende Regelwerke zu beachten, wie z.B. die Makler- und Bauträgerverordnung (MaBV).[20] Darüber hinaus sind u.a. die jeweiligen Landesbauordnungen, Bebauungspläne und einschlägigen DIN-Normen zu berücksichtigen.

5.6 Rückgriff auf internes oder externes Expertenwissen

Es wurde bereits an mehreren Stellen betont, dass dem speziellen Expertenwissen insbesondere im Bereich der Objekt-/Projektfinanzierungen ein ganz erheblicher Stellenwert zukommt. Von der Qualität solcher Expertisen hängt maßgeblich die Kreditentscheidung und unter Umständen der Erfolg der gesamten Finanzierung ab. Es ist daher von außerordentlicher Bedeutung, dass das Institut auf das erforderliche Spezialwissen zurückgreifen kann. Soweit das Institut dieses Spezialwissen wegen begrenzter interner Ressourcen nicht selbst vorhalten kann, sind externe Stellen einzuschalten. Infrage kommen z.B. für die jeweilige Finanzierungsart geeignete Gutachter. **73**

Dabei muss sichergestellt sein, dass die Beurteilung unabhängig vom Kreditnehmer erfolgt. Das ist im Fall einer entsprechenden Organisationseinheit des Institutes normalerweise gewährleistet. Hingegen waren im Hinblick auf die Tätigkeit der beauftragten sach- und fachkundigen externen Personen nicht selten Interessenkonflikte zu registrieren, wenn zwischen dem Kreditnehmer und der beauftragten Stelle eine allzu enge Beziehung bestand. So wurden Gefälligkeitsgutachten erstellt, die die tatsächliche Situation zum Schaden des Institutes entweder verzerrt oder falsch dargestellt haben. Es ist daher darauf zu achten, dass auf externe Stellen zurückgegriffen wird, die vom Kreditnehmer unabhängig sind. **74**

5.7 Überprüfung der Eignung externer Stellen

Das Institut hat vor der Einschaltung von externen Personen deren Eignung zu überprüfen. Diese Überprüfungen müssen auf der Grundlage verschiedener Kriterien durchgeführt werden. Dabei kann z.B. auf die Qualifikation, die Referenzen, die Reputation, die Erfahrungen oder die Standortkenntnisse der beauftragten Personen abgestellt werden. Da in ähnlicher Weise auch im Rahmen von Auslagerungen eine regelmäßige Beurteilung der Leistung des Auslagerungsunternehmens anhand vorzuhaltender Kriterien erfolgen muss (→ AT9 Tz.9), empfiehlt sich eine Abstimmung dieser beiden Prozesse. Denkbar ist in diesem Zusammenhang auch die Einrichtung eines Verfahrens zur Gutachtereignungsprüfung. Vor allem bei renommierten Anwaltskanzleien, aber auch bei anderen externen Beratern, die ihre Eignung bereits nachdrücklich unter Beweis gestellt haben, werden solche Überprüfungen allerdings nur von geringem Umfang oder überhaupt nicht erforderlich sein. **75**

---

20 Verordnung über die Pflichten der Makler, Darlehens- und Anlagenvermittler, Bauträger und Baubetreuer (Makler- und Bauträgerverordnung – MaBV), in der Bekanntmachung vom 7. November 1990 (BGBl. I, S. 2479), zuletzt geändert durch Artikel 2 der Verordnung vom 9. März 2010 (BGBl. I, S. 264).

6 Verwendung eines Risikoklassifizierungsverfahrens (Tz. 6)

76 **6** Abhängig vom Risikogehalt der Kreditgeschäfte sind sowohl im Rahmen der Kreditentscheidung als auch bei turnusmäßigen oder anlassbezogenen Beurteilungen die Risiken eines Engagements mit Hilfe eines Risikoklassifizierungsverfahrens zu bewerten. Eine Überprüfung der Risikoeinstufung ist jährlich durchzuführen.

6.1 Beurteilungen auf der Grundlage eines Risikoklassifizierungsverfahrens

77 Sowohl im Rahmen der Kreditentscheidung als auch bei turnusmäßigen und anlassbezogenen Beurteilungen sind die Risiken eines Engagements mit Hilfe eines Risikoklassifizierungsverfahrens (→ BTO 1.4) zu bewerten. Zumindest ist eine jährliche Überprüfung der Risikoeinstufung erforderlich. Unter dem Begriff »jährlich« versteht das MaRisk-Fachgremium die Formel »12 Monate plus ×«, die eine flexible und risikoadäquate Ausgestaltung des Einstufungsprozesses ermöglicht.[21] In der Prüfungspraxis werden für »×« i.d.R. drei Monate toleriert, sofern damit keine kontinuierliche Verschiebung der Risikoeinstufung verbunden ist und insofern nicht alle fünf Jahre eine Bewertung ausgelassen wird (siehe Abbildung 60).

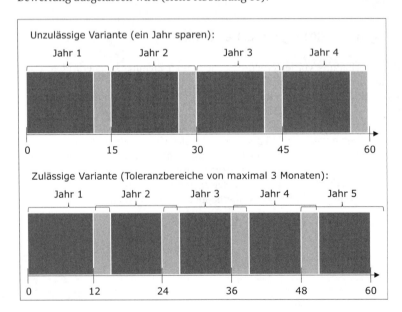

Abb. 60: Toleranzbereich für die jährliche Risikobewertung

---

21 Vgl. Bundesanstalt für Finanzdienstleistungsaufsicht, Protokoll der zweiten Sitzung des MaRisk-Fachgremiums am 17. August 2006, S. 3.

BTO 1.2 Anforderungen an die Prozesse im Kreditgeschäft

Die EZB räumt den bedeutenden Instituten für die Zwecke der Erneuerung des internen Ratings **78** unter bestimmten Voraussetzungen und Wesentlichkeitsgesichtspunkten ebenfalls einen Übergangszeitraum von drei Monaten ein. Dieser Übergangszeitraum kann bei großvolumigen Risikopositionen, deren Ratingzuordnung auf externen Informationen (z. B. Abschlüssen) basiert, die möglicherweise nicht genau im Abstand von zwölf Monaten veröffentlicht werden bzw. verfügbar sind, oder bei außerordentlichen internen Hindernissen, die sich auf die zeitnahe Überprüfung der Ratingzuordnung auswirken, angewandt werden. Um zu gewährleisten, dass die Anforderungen zeitnah wieder erfüllt werden, sind angemessene Überwachungs- und Melderichtlinien sowie Eskalationsverfahren vorzuhalten. Außerdem sind Einschränkungen bei der Kreditgewährung oder der Übertragung von Kreditbewilligungsbefugnissen für Geschäftspartner vorzusehen, deren Rating in den Übergangszeitraum fällt. Nach Ablauf dieser drei Monate soll ein konservativer Ansatz angewandt werden, wie etwa eine zeitabhängige Herabstufung veralteter Ratings und mindestens die Anwendung des schlechtesten Lebendratings bei Risikopositionen ohne Rating.[22]

Sowohl die deutsche Aufsicht als auch die EZB stellen mit ihren Vorgaben auf die Anforderun- **79** gen der CRR ab. Nach Art. 173 Abs. 1 lit. b CRR müssen die Institute bei Risikopositionen gegenüber Unternehmen, Instituten, Zentralstaaten und Zentralbanken sowie bei Beteiligungspositionen, für die der PD-/LGD-Ansatz nach Art. 155 Abs. 3 CRR angewendet wird, die Zuordnungen turnusmäßig mindestens einmal jährlich überprüfen und ggf. anpassen, bei Schuldnern mit hohem Risiko und problembehafteten Risikopositionen in kürzeren Intervallen. Außerdem muss eine neue Zuordnung anlassbezogen vorgenommen werden, wenn wesentliche Informationen über den Schuldner oder die Risikoposition bekannt werden. Nach Art. 173 Abs. 2 CRR müssen die Institute bei Risikopositionen im Mengengeschäft mindestens einmal jährlich die Schuldner- und Fazilitäten-Zuordnungen bzw. die Verlusteigenschaften und den Verzugsstatus der einzelnen Risikopools anhand einer repräsentativen Stichprobe sowie den Status der einzelnen Risikopositionen innerhalb jedes Pools überprüfen und ggf. anpassen.

Der Regelungszweck besteht letztlich darin, dass die regelmäßig vom Kreditnehmer einzurei- **80** chenden Unterlagen nicht ungeprüft in den Kreditunterlagen abgelegt werden, sondern zur turnusmäßigen Risikobeurteilung auch tatsächlich herangezogen werden. Sofern also der zugestandene Toleranzbereich von drei Monaten im Einzelfall vom Institut überschritten wird, weil die dafür benötigten Unterlagen schlicht noch nicht vorliegen, sollte für die Risikobewertung ein hinreichend konservativer Ansatz gewählt werden, wie auch von der EZB gefordert. Eine rein formale Umsetzung dieser Anforderung trotz des Fehlens der dafür benötigten Unterlagen wäre hingegen nicht sinnvoll und liegt auch nicht im Interesse der deutschen Aufsicht. Bei zwischenzeitlichen Zeitüberschreitungen sollte das Institut jedoch den Nachweis erbringen können, dass die jährlich eingereichten Unterlagen des Kreditnehmers regelmäßig angefordert und ausgewertet werden. Es kommt insofern vor allem auf einen angemessenen Umgang mit den für die Risikobeurteilung erforderlichen Informationen an.

Der Vorteil eines Risikoklassifizierungsverfahrens besteht darin, dass auf seiner Grundlage eine **81** weitgehend objektivierbare und systematische Beurteilung des Adressenausfallrisikos ermöglicht wird. Ein Risikoklassifizierungsverfahren muss jedoch nicht bei allen Geschäften zur Anwendung kommen. Seine Anwendung hängt vielmehr vom Risikogehalt der Kreditgeschäfte ab. Diese Erleichterung ist insbesondere für Geschäftsarten sinnvoll, bei denen die Beschaffung der für die Anwendung eines derartigen Verfahrens notwendigen Informationen unter Umständen schwierig oder unter betriebswirtschaftlichen Gesichtspunkten ineffizient wäre. So werden im Hinblick auf die Beurteilung der Adressenausfallrisiken auch andere Möglichkeiten eingeräumt. Risikobeurteilungen können sowohl bei der Kreditvergabe als auch im Rahmen der Kreditweiterbearbeitung ebenso auf

---

22 Vgl. Europäische Zentralbank, Leitfaden der EZB zu internen Modellen – Kapitel General Topics, 15. März 2018, S. 42 f.

der Grundlage einer Kreditwürdigkeitsanalyse oder eines vereinfachten Verfahrens durchgeführt werden (→ BTO 1.2.1 Tz. 1 und BTO 1.2.2 Tz. 2).

6.2 Erstmalige, turnusmäßige und anlassbezogene Beurteilungen

82 Unter der erstmaligen Beurteilung des Adressenausfallrisikos ist die Einschätzung des Ausfallrisikos eines potenziellen Kreditnehmers zu verstehen, zu dem bislang noch keine Kreditbeziehung besteht. Die turnusmäßige Beurteilung bezieht sich auf die erforderliche jährliche Risikoeinstufung. Die Pflicht zur jährlichen Beurteilung der Risiken existiert, schon aus handelsrechtlichen Gründen[23], grundsätzlich auch für Engagements, die aufgrund ihres geringen Risikogehaltes nicht dem Risikoklassifizierungsverfahren unterliegen. Allerdings kann in diesen Fällen die Beurteilungsintensität geringer ausfallen und sich z. B. lediglich auf die Prüfung der Ordnungsmäßigkeit der Tilgung durch den Kreditnehmer erstrecken (→ BTO 1.2 Tz. 6, Erläuterung).

83 Schließlich ergibt sich die anlassbezogene Anwendung des Risikoklassifizierungsverfahrens normalerweise bei Veränderungen des Gesamtengagements eines Bestandskunden, wie z. B. einer Ausweitung der Kreditlinie, oder als Reaktion auf Informationen, die auf eine Verschlechterung seiner Bonität hinweisen. So sind unverzüglich außerordentliche Überprüfungen der Engagements einschließlich der Sicherheiten durchzuführen, wenn dem Institut aus externen oder internen Quellen Informationen bekanntwerden, die auf eine wesentliche negative Änderung der Risikoeinschätzung der Engagements oder der Sicherheiten hindeuten (→ BTO 1.2.2 Tz. 4).

---

23 Gemäß § 252 Abs. 1 Nr. 3 HGB sind die im Jahresabschluss ausgewiesenen Vermögensgegenstände und Schulden zum Abschlussstichtag einzeln zu bewerten.

7 Risikoadjustierte Konditionengestaltung (Tz. 7)

7 Zwischen der Einstufung im Risikoklassifizierungsverfahren und der Konditionengestal- 84
tung sollte ein sachlich nachvollziehbarer Zusammenhang bestehen.

7.1 Grenzen der Risikoadjustierung

Eine Kopplung der Risikoeinstufung an die jeweilige Konditionenpolitik liegt grundsätzlich im 85
Eigeninteresse jedes Institutes. Allerdings handelt es sich, wie in der »Sollte«-Formulierung zum
Ausdruck kommt, lediglich um eine Empfehlung der deutschen Aufsicht. Insofern wird durch diese
Anforderung keine risikoadjustierte Preisgestaltung im Kreditgeschäft erzwungen. Mit Blick auf die
heterogene Bankenlandschaft wäre eine derartige Forderung schon deshalb nicht durchgängig
umsetzbar, weil z. B. die Konditionen im Fördergeschäft teilweise durch den Richtliniengeber fixiert
werden, womit seitens der Förderbanken nur eingeschränkt Einflussmöglichkeiten bestehen. So
werden z. B. die wohnwirtschaftlichen Programme der KfW Bankengruppe, wie das KfW-Wohn-
eigentumsprogramm oder das KfW-CO$_2$-Gebäudesanierungsprogramm, von vornherein mit einem
maximalen Zinssatz aufgelegt, der bei Erfüllung der Fördervoraussetzungen auch im Fall tendenziell
hoher Risiken keine Spielräume nach oben lässt. Nicht risikoadjustierte Festlegungen von Kreditkonditionen sind weiterhin möglich und in einem gewissen Rahmen bei Spezialkreditinstituten
kaum zu vermeiden. Auch andere Gründe, wie z. B. »Cross Selling«-Überlegungen, die auf den
Verkauf ergänzender Produkte und Dienstleistungen abzielen, oder unerwünschte Folgeerscheinungen in der Problemkreditbearbeitung, können im Einzelfall gegen eine risikoorientierte Preisgestaltung sprechen. Um derartige Entscheidungen im Nachhinein besser nachvollziehen zu können,
empfiehlt es sich, die jeweiligen Gründe hierfür zu dokumentieren.

7.2 Sinn und Zweck der Empfehlung

Angesichts des verschärften Wettbewerbes zwischen den Instituten, der zunehmenden Mobilität 86
der Kunden und auch der technischen Errungenschaften, die zu einer immer größeren Transparenz auf den Märkten führen (z. B. über das Internet), wird kaum noch ein Institut daran
vorbeikommen, das jeweilige Risiko mit in die konkrete Preisgestaltung einfließen zu lassen.
Kunden mit guter Bonität sind in der heutigen Zeit immer weniger bereit, nicht risikogerechte
Preise für die Kapitalüberlassung zu bezahlen. Sie werden vielmehr mit jenen Instituten eine
Geschäftsbeziehung eingehen, die aus ihrer Sicht die günstigsten Konditionen anbieten. Dabei
wird es sich i. d. R. um Institute handeln, die diesen Kunden über risikoadjustierte Preissysteme
ihrer individuellen Bonität entsprechende Konditionen anbieten können. Dagegen werden sich bei
den Instituten, die weiter an systematischen Fehlpreisstellungen festhalten, zwangsläufig die
schlechten Bonitäten ansammeln. Diese Quersubventionierungen können mit ernsten Konsequenzen verbunden sein, da sie sukzessive zur Verschlechterung der Kreditportfolien und unter
Umständen auch zu Schieflagen führen. Eine risikoadjustierte Preisgestaltung ist daher unter
betriebswirtschaftlichen Gesichtspunkten sinnvoll und notwendig. In der Praxis existieren unter-

schiedlich komplexe Verfahren, die eine risikoadjustierte Preisgestaltung ermöglichen.[24] Neben der Bonität beeinflussen auch andere Faktoren die Konditionengestaltung, wie z. B. eine Risikoreduzierung durch Hereinnahme geeigneter Sicherheiten oder eine Kostenerhöhung durch ein breiteres Leistungsspektrum (Filialnetz, Geldautomaten usw.).

87 Es ist damit zu rechnen, dass die risikoadjustierte Preisgestaltung als ein Mittel zur Verhinderung von Schieflagen zukünftig stärker in den Fokus der Bankenaufsicht gerät. So empfiehlt der Europäische Ausschuss für Systemrisiken (ESRB) den nationalen Aufsichtsbehörden u. a., Leitlinien zu erlassen, damit die Finanzinstitute die Fremdwährungskreditrisiken in einer ihrer Größe und Komplexität angemessenen Art und Weise in ihre internen Risikomanagementsysteme einbeziehen. Solche Leitlinien sollten zumindest die interne Preisgestaltung von Risikoaufschlägen und die interne Kapitalallokation erfassen (Empfehlung D).[25]

7.3 Ansätze risikogerechter Preisgestaltung im Fördergeschäft

88 Die KfW Bankengruppe hat vor einigen Jahren damit begonnen, bestimmte Programme auf eine risikogerechte Zinsgestaltung umzustellen.[26] Dabei handelt es sich um eine Reihe von Programmen für das Firmenkundengeschäft. Auf Basis der jeweiligen Festlegung der Hausbank verfährt die KfW nach dem Grundsatz, den Zinssatz tendenziell zu senken, wenn die wirtschaftlichen Verhältnisse des Unternehmens (Bonität) sowie die gestellten Sicherheiten (Werthaltigkeit der Besicherung) entsprechend positiv bewertet werden. Die von der Hausbank anhand des Adressenausfallrisikos ermittelte Bonität wird in sieben vorgegebene Klassen unterteilt, die mit Bezug auf das Gesamtengagement prozentuale Werthaltigkeit der Sicherheiten hingegen in drei Klassen. Die Kombination aus Bonitäts- und Besicherungsklasse ergibt nach einem festgelegten Schema bei Krediten mit Haftungsfreistellung eine von neun möglichen Preisklassen. Mitte 2013 konnte sich z. B. der nominale Zinssatz für verschiedene KMU-Kredite in Abhängigkeit von der Preisklasse zwischen 1,00 % und 7,30 % unterscheiden.

89 Neben diesem risikoadjustierten Zins wird zwischen den Förderinstituten und den Hausbanken zum Teil auch ein so genannter »pauschaler Risikoaufschlag« vereinbart. Damit soll das erhöhte Risiko des Förderinstitutes abgegolten werden, wenn ein Teilobligo für den Endkreditnehmer übernommen wird. Dieser pauschale Risikoaufschlag ist allerdings unabhängig von der Bonität des Endkreditnehmers.

7.4 Anpassung der Konditionen im Bestandsgeschäft

90 Eine Anpassung der Kreditkonditionen ist im Bestandsgeschäft nicht ohne weiteres möglich. Die so genannten »Zinsanpassungsklauseln« im Kreditgeschäft sind zum Teil sehr umstritten. Was im Passivgeschäft, wie z. B. bei Sparguthaben, eher Normalität ist, nämlich die Guthabenverzinsung an die Entwicklung des Geld- und Kapitalmarktes zu koppeln, beschäftigt im Aktivgeschäft mit Blick

---

24 Vgl. Beck, Andreas/Lesko, Michael, Adressrisiko-Bepreisung von Krediten – Zentraler Bestandteil eines wertorientierten Adressrisikomanagements und der regulatorischen Anforderungen, in: Eller, Roland/Gruber, Walter/Reif, Markus (Hrsg.), Handbuch MaK, Stuttgart, 2003, S. 313 ff.

25 Vgl. Empfehlung des Europäischen Ausschusses für Systemrisiken zu Fremdwährungskrediten (ESRB/2011/1) vom 21. September 2011, Amtsblatt der Europäischen Union vom 22. November 2011, C 342/2.

26 Erläuterungen zum risikogerechten Zinssystem können z. B. auf der Internetseite der KfW Bankengruppe eingesehen werden.

auf eine veränderte Risikosituation des Kreditnehmers immer wieder die Gerichte. Das ist insbesondere auf die verschiedenen Reaktionsmöglichkeiten der Kunden zurückzuführen. So können Sparguthaben jederzeit gekündigt und nach Ablauf der Kündigungsfrist von i.d.R. drei Monaten problemlos bei einem anderen Institut angelegt werden. Für einen Kreditnehmer ist es hingegen deutlich schwieriger, auf eine Zinserhöhung mit einem Wechsel der Bankverbindung zu reagieren. Vor diesem Hintergrund kann die Änderung der Zinsen im Kreditgeschäft nach Ansicht der Gerichte im Gegensatz zum Passivgeschäft zu einer existenziellen Notlage der Kreditnehmer führen.[27]

Die Anforderungen an die Angemessenheit der Eigenmittelausstattung von Instituten für bankaufsichtliche Zwecke hängen im Kreditgeschäft vorrangig vom Risikogehalt der Geschäfte, also insbesondere vom Rating bzw. von der Bonität des Kreditnehmers ab. In der Konsequenz muss ein Institut auch zivilrechtlich die Befugnis haben, im Rahmen des mit dem Kreditnehmer geschlossenen Vertrages auf veränderte Eigenkapitalanforderungen bzw. eine Veränderung des Kreditnehmerratings mit einer Anpassung des Zinssatzes zu reagieren, ohne dass die anderen im Vertrag getroffenen Vereinbarungen dadurch berührt werden. Schließlich ist der Zins auch immer ein Ausdruck des individuellen und aktuellen Risikos, so dass er mit zunehmendem Risiko zwangsläufig steigen muss. Diese Grundsätze gelten auch für Festzinskredite. Allerdings ist nach §489 BGB die Festzinsvereinbarung mit einem Ausschluss des Kündigungsrechtes für die Festschreibungsperiode gekoppelt. Dies bedeutet, dass das Risiko der Ratingverschlechterung auf das Institut übergeht, da es den Zins nicht risikoadäquat anpassen kann. Eine mögliche Ratingverschlechterung ist jedoch allein auf den Kreditnehmer zurückzuführen, der insofern auch die damit verbundenen Risiken tragen sollte.

91

In der Fachliteratur wurde bereits ein möglicher Lösungsansatz diskutiert, der den Festzinscharakter des Kredites zwar nicht beseitigt, aber trotzdem etwas Flexibilität schafft.[28]

92

---

27 Diese Auffassung wird mit Bezug auf ein Urteil des LG Dortmund z.B. vom OLG Hamm im Zusammenhang mit einer Entscheidung vom 5. Februar 2003 zur Zinsanpassung im Passivgeschäft vertreten (Az. 31 U 101/02). Das LG Dortmund hat durch rechtskräftiges Urteil vom 30.Juni 2000 eine variable Zinsanpassungsklausel im Rahmen von Darlehensgeschäften mit Verbrauchern wegen Verletzung des sich aus §9 AGBG ergebenden Transparenzgebotes für unwirksam erklärt (Az. 80559/99).

28 Vgl. Mülbert, Peter O., Bonitätsgestufte Zinsabreden in Festzinskrediten als eine Antwort auf Basel II, in: Wertpapier-Mitteilungen, Heft 25/2004, S. 1205 ff.

8 Behandlung von Limitüberschreitungen und Prolongationen (Tz. 8)

93 **8** Das Institut hat ein der Kompetenzordnung entsprechendes Verfahren einzurichten, in dem festgelegt ist, wie Überschreitungen von Limiten zu behandeln sind. Soweit unter Risikogesichtspunkten vertretbar, ist für Limitüberschreitungen und Prolongationen auf der Grundlage klarer Vorgaben eine vereinfachte Umsetzung der Anforderungen in BTO 1.1 sowie BTO 1.2 möglich.

8.1 Ausgestaltung der Kompetenzordnung

94 Für die Behandlung von Limitüberschreitungen jeglicher Art muss es im Institut klare Festlegungen geben. Auch nach Auffassung der EBA sollte ein Institut angemessene Maßnahmen gegen interne oder externe betrügerische Handlungen und Disziplinverstöße ergreifen, zu denen u. a. Limitüberschreitungen gezählt werden.[29] Die deutsche Aufsicht fordert diesbezüglich die Festlegung eines Verfahrens unter Berücksichtigung der Kompetenzordnung. Zur Ausgestaltung der Kompetenzordnung sind bereits umfangreiche Ausführungen gemacht worden (→ BTO 1.1 Tz. 6). Es leuchtet ein, dass sich die Kompetenzvergabe für Kreditentscheidungen und der Umgang mit Limitüberschreitungen – also der Abweichung von Vorgaben aus dem Kreditvertrag – nicht widersprechen sollten. Gleichzeitig wird nochmals darauf hingewiesen, dass im Rahmen der Limitüberwachung und insbesondere der Behandlung von Limitüberschreitungen auch abgestufte Regelungen denkbar sind.

8.2 Limitüberschreitungen

95 Limitüberschreitungen, für die häufig der synonyme Begriff »Überziehungen« gewählt wird, sind vom Kreditnehmer verursachte Überschreitungen eines aktuell gültigen, kreditnehmerbezogenen Limits, d. h. einer ihm gegenüber eingeräumten Kreditlinie. In Analogie dazu handelt es sich auch dann um eine Limitüberschreitung, wenn ein auf Guthabenbasis geführtes Konto einen negativen Saldo ausweist. Bei einem so genannten »laufenden Konto« (Dispositionskredit, Betriebsmittelkredit usw.) können derartige Limitüberschreitungen z. B. durch zu hohe Verfügungen durch den Kreditnehmer zustande kommen. Im Fall eines endfälligen Darlehens, Tilgungs- oder Annuitätendarlehens entstehen Überziehungen, wenn die vereinbarten Zins- bzw. Tilgungsleistungen der Höhe oder dem Zeitpunkt nach nicht vertragskonform erfolgen. Wird neben dem Darlehenskonto gleichzeitig ein Abwicklungskonto geführt, von dem die fälligen Beiträge zum vereinbarten Termin eingezogen werden, wirkt sich die Überziehung i. d. R. nur auf dem Abwicklungskonto aus.

96 Neben diesen aus Risikosicht unerwünschten Überziehungen kann es auch so genannte »genehmigte Limitüberschreitungen« geben. Eine Limitfestsetzung kommt im Sinne der MaRisk einer Kreditentscheidung gleich (→ BTR 1 Tz. 2). Wird dem Kunden für einen bestimmten Zeitraum, ggf. sogar ohne sein Wissen, ein höheres internes Limit eingeräumt, als im Kreditvertrag

---

29 Vgl. European Banking Authority, Leitlinien zur internen Governance, EBA/GL/2017/11, 21. März 2018, S. 47.

vereinbart, so handelt es sich folglich um eine intern genehmigte Limitüberschreitung bzw. um eine zeitlich befristete Krediterhöhung (→ AT 2.3 Tz. 2).

8.3 Verfahren zur Behandlung von Limitüberschreitungen

Durch die unverzügliche Anrechnung der Geschäfte auf die jeweils gültigen kreditnehmerbezogenen Limite kann institutsintern sofort auf Limitüberschreitungen reagiert werden. Rein formal sind Limitüberschreitungen kontenbezogen zu betrachten, sofern keine ausdrückliche Vereinbarung mit dem Kunden zum Dispositionsverbund getroffen wurde. In der Praxis werden die Soll- und Haben-Salden aller Konten eines Kreditnehmers bzw. einer Kreditnehmereinheit i. S. v. § 19 Abs. 2 oder 3 KWG, also insbesondere einer Gruppe verbundener Kunden nach Art. 4 Abs. 1 Nr. 39 CRR, i. d. R. auch dann addiert und zum Gesamtlimit in Beziehung gesetzt, wenn derartige Vereinbarungen nicht vorliegen. Damit wird der Verwaltungsaufwand (Mahnschreiben usw.) deutlich reduziert. Ein Institut sollte sich im eigenen Interesse bemühen, mit Kunden, bei denen diese Praxis der Inanspruchnahme regelmäßig ausgeübt wird, entsprechende Vereinbarungen zu treffen oder die vorhandenen Kreditlinien an den beobachteten Bedarf anzupassen. **97**

Die Bearbeitung der Überziehungslisten erfolgt in den meisten Instituten täglich, häufig zum Dienstbeginn auf Basis der über Nacht vom Rechenzentrum erstellten Unterlagen. Für diesen Prozess müssen bestimmte Regeln gelten, die u. a. ausschließen, dass die Limitüberschreitungen lediglich von den involvierten Mitarbeitern zur Kenntnis genommen und die Listen anschließend ohne Auswirkungen abgeheftet werden. Denkbar ist z. B. eine an der Kompetenzordnung für Kreditentscheidungen (→ BTO 1.1 Tz. 6) orientierte Festlegung, die Genehmigung von Limitüberschreitungen stufenweise von den risikorelevanten Faktoren (Kreditvolumen, Blankoanteil, Risikoeinstufung, Kreditart usw.) abhängig zu machen. Dasselbe gilt in Analogie für die ausschließlich elektronische Bearbeitung von Überziehungen. Auch sollte eine Verknüpfung mit dem Verfahren zur Steuerung und Überwachung der Risiken im Kreditgeschäft erfolgen (→ AT 4.3.2 Tz. 1). Die denkbaren Maßnahmen werden an späterer Stelle ausführlich beschrieben (→ BTR 1 Tz. 1). Aufgrund der Anforderungen an den Risikobericht ist außerdem eine institutsinterne Festlegung erforderlich, wann eine Limitüberschreitung als bedeutend eingestuft wird (→ BT 3.2 Tz. 3 lit. d). **98**

8.4 Prolongationen

Bei Prolongationen handelt es sich um Laufzeitverlängerungen von Engagements, ohne dass dabei gleichzeitig der Kreditrahmen erhöht wird. Insofern sind hierunter auch interne Prolongationen zu verstehen, in deren Rahmen extern »bis auf weiteres« (b. a. w.) zugesagte Kredite intern jährlich überprüft und hinsichtlich der Laufzeit jeweils um ein weiteres Jahr verlängert werden. Im Rahmen derartiger Prozesse geht es vor allem darum, den Risikogehalt der Engagements turnusmäßig zu überwachen. So genannte »Überwachungsvorlagen«, bei denen der Kredit extern mit fester Laufzeit zugesagt ist, fallen hingegen nicht unter den Prolongationsbegriff der MaRisk. Derartige Vorlagen dienen ausschließlich der Unterstützung interner Prozesse und sind dem Regelungsgehalt der MaRisk grundsätzlich nicht unterworfen (→ AT 2.3 Tz. 2). **99**

8.5   Besonderheiten bei Limitüberschreitungen und Prolongationen

100   Auch wenn es sich bei Limitüberschreitungen und Prolongationen um Kreditentscheidungen handelt (→ AT 2.3 Tz. 2), die ggf. sogar als risikorelevant einzustufen sind, ist für beide Sachverhalte eine vereinfachte Umsetzung der Anforderungen an die Funktionstrennung und Votierung (→ BTO 1.1) sowie an die Prozesse im Kreditgeschäft (→ BTO 1.2) möglich. Durch die eingeräumten Erleichterungen wird die deutsche Aufsicht den Besonderheiten dieser Kreditentscheidungen gerecht:
- Limitüberschreitungen dienen häufig der Abdeckung eines vorübergehenden Liquiditätsbedarfes beim Kreditnehmer, der sich z. B. in verzögerten Zahlungseingängen äußert. Aus Sicht des Kreditnehmers ist es dabei wichtig, dass die Mittel zeitnah zur Verfügung gestellt werden. Die volle Anwendung der aufbau- und ablauforganisatorischen Anforderungen (z. B. die Einholung zweier Voten) könnte insoweit zu Verzögerungen führen, die aus Sicht des Kreditnehmers nicht akzeptabel sind und in der Folge seine Zahlungsfähigkeit nachhaltig schwächen. Dies kann auch nicht im Interesse des Institutes sein.
- Entscheidungen über Prolongationen können in vielen Fällen auf der Grundlage periodischer Kreditbeurteilungen getroffen werden, soweit keine Anzeichen vorliegen, die auf eine wesentliche Verschlechterung der wirtschaftlichen Situation des Kreditnehmers oder eine erhebliche Wertminderung der gestellten Sicherheiten hindeuten. Die volle Anwendung der Anforderungen wäre in diesen Fällen nicht immer zweckmäßig und aus Kostengesichtspunkten unter Umständen wenig effizient.

8.6   Festlegung klarer institutsinterner Regelungen

101   Die Erleichterungen erstrecken sich grundsätzlich auf alle Anforderungen der Module BTO 1.1 und BTO 1.2. Sie dürfen jedoch nur auf der Grundlage klarer Vorgaben in Anspruch genommen werden. Vor allem im Hinblick auf Limitüberschreitungen hat sich gezeigt, dass eine allzu freizügige Praxis in vielen Fällen zu einer erheblichen Verschärfung der Risikosituation bei den Instituten geführt hat. Dies war insbesondere dann der Fall, wenn Limitüberschreitungen ganz bewusst zur Generierung von zusätzlichen Erträgen (Überziehungszinsen) eingesetzt wurden, ohne dass man die damit einhergehenden Risiken in ausreichendem Maße berücksichtigt hat. Es ist daher wichtig, dass für Limitüberschreitungen, aber auch für Prolongationsentscheidungen, klare interne Regeln aufgestellt werden.

8.7   Vereinfachte Verfahren für Limitüberschreitungen

102   Bei Limitüberschreitungen wird die Entscheidung über die Rückgabe oder die Genehmigung einer eingehenden Lastschrift, die letztlich zur Überziehung führt, häufig von Mitarbeitern der Vertriebsbereiche getroffen, die über ihren engen Kontakt zu den Kunden i. d. R. den konkreten Anlass für die Limitüberschreitung kennen. Solche Vereinfachungen, also der Verzicht auf ein marktunabhängiges Votum, sind auch im risikorelevanten Geschäft zulässig, soweit sie auf einem klaren institutsinternen Verfahren beruhen und der Informationsfluss zur Marktfolge sichergestellt ist. Vereinfachungen sind allerdings auch im Zusammenhang mit den Prozessanforderungen möglich. So muss für die Limitüberschreitung keine Kreditvorlage vorbereitet werden. Die Genehmigung der Limitüberschreitung ist aber deutlich zu vermerken, z.B. auf der Überziehungsliste.

Die institutsinternen Regelungen im Hinblick auf die vereinfachte Genehmigung von Limitüber- **103** schreitungen können sich auf unterschiedliche Kriterien stützen. Da Limitüberschreitungen regelmäßig der Überbrückung vorhersehbarer oder auch nicht vorhersehbarer Liquiditätsengpässe beim Kreditnehmer dienen, kann die vereinfachte Genehmigung einer Limitüberschreitung z.B. an den Verwendungszweck (z.B. zur Vorfinanzierung eines Auftrages, den der Kreditnehmer ausführen möchte) oder an einen bestimmten Zeitraum (z.B. bei saisonalen Schwankungen, denen die Branche des Kreditnehmers unterliegt) anknüpfen. Wichtige Kriterien sind sicherlich auch die Risikoeinstufung des Kunden im Risikoklassifizierungsverfahren und das bisherige Überziehungsverhalten.[30] Die institutsinternen Regelungen müssen ferner klare Grenzen vorgeben, nach denen eine vereinfachte Anwendung nicht mehr zulässig ist. So ist eine Limitüberschreitung insbesondere hinsichtlich ihrer Höhe und Dauer zu definieren, um sie klar von einer nicht genehmigten Erhöhung der Kreditlinie abgrenzen zu können.

8.8   Vereinfachte Verfahren bei Prolongationen

Eine Prolongationsentscheidung ist in erster Linie vom Ergebnis der turnusmäßigen Kreditbeurtei- **104** lung abhängig (→BTO 1.2 Tz. 6). Im Fall eines jährlichen Überwachungszyklus wird z.B. die mit Hilfe eines Risikoklassifizierungsverfahrens erfolgte Beurteilung der Adressenausfallrisiken (→BTO 1.4 Tz. 1) mit dem Ergebnis des Vorjahres verglichen. In diesen Vergleich wird auch der Wert der gestellten Sicherheiten einbezogen. Sofern sich insgesamt keine Anzeichen einer Risikoerhöhung für das Institut ergeben, sollte es unproblematisch sein, eine Prolongationsentscheidung ohne die Einholung zweier Voten zu treffen. Auch hinsichtlich der Prozessanforderungen sind bei solchen Prolongationsentscheidungen Vereinfachungen denkbar. Das ergibt sich allein aus der Tatsache, dass bei der internen Prolongation eines extern b.a.w. zugesagten Kredites z.B. keine neuen Verträge ausgefertigt werden müssen. Auch eine erneute Kreditverwendungskontrolle ist i.d.R. nicht erforderlich.

---

30 Vgl. Schmoll, Anton, Handbuch der Kreditüberwachung, Wien, 1990, S.190 ff.

9 Überwachung der Einreichung und Auswertung von Kreditunterlagen (Tz. 9)

105 9 Im Hinblick auf die erforderlichen Kreditunterlagen ist ein Verfahren einzurichten, das deren zeitnahe Einreichung überwacht und eine zeitnahe Auswertung gewährleistet. Für ausstehende Unterlagen ist ein entsprechendes Mahnverfahren einzurichten.

9.1 Erforderliche Kreditunterlagen

106 Ohne geeignete Unterlagen über die wirtschaftliche Situation eines Kreditnehmers kann das Risiko der Kreditvergabe sowohl im Hinblick auf die Kreditgewährung als auch im Rahmen der laufenden Überwachung grundsätzlich nicht eingeschätzt werden. Das gilt, unabhängig von der betragsmäßigen Höhe und dem Risiko eines Engagements, für jede Kreditvergabe. Im Privatkundengeschäft sind z. B. aktuelle Gehaltsnachweise und Steuerbescheide eine geeignete Basis für die Einschätzung der Kapitaldienstfähigkeit eines Kreditnehmers. Im Firmenkundengeschäft werden u. a. Bilanzen und Betriebswirtschaftliche Auswertungen herangezogen.

9.2 Regelungen des § 18 KWG und der PrüfbV

107 Der Gesetzgeber hat vor diesem Hintergrund mit der Vorschrift des § 18 KWG Regelungen zur Offenlegung der wirtschaftlichen Verhältnisse eines Kreditnehmers erlassen. In den zurückliegenden Jahren wurden seitens der deutschen Aufsicht zunächst diverse Rundschreiben veröffentlicht, um die Anforderungen des § 18 KWG zu präzisieren. Im Frühjahr 2005 wurden die gesetzlichen Regelungen zur Offenlegung sowie deren Behandlung in der Prüfungspraxis von verschiedenen Seiten scharf kritisiert. Diese Kritik war teilweise auf regionale Besonderheiten und die damit verbundene Konkurrenzsituation zu ausländischen Mitbewerbern zurückzuführen. In einer ersten Reaktion wurde der Schwellenwert auf 750 TEUR (bzw. 10 % des haftenden Eigenkapitals) angehoben. Gleichzeitig begann die deutsche Aufsicht zunächst mit einer Konsolidierung ihrer zahlreichen Auslegungsschreiben. Schließlich hat die Bankenaufsicht Anfang Mai 2005 sämtliche Rundschreiben, die sich auf die Auslegung von § 18 KWG bezogen, mit sofortiger Wirkung aufgehoben.[31] Seitdem obliegt es den Instituten, durch geeignete Maßnahmen die Einhaltung der weiterhin bestehenden Pflicht zur Offenlegung der wirtschaftlichen Verhältnisse sicherzustellen. Was von einigen Fachleuten als große Erleichterung gefeiert wurde, haben andere Spezialisten eher skeptisch beurteilt. Fakt ist, dass größere Freiräume nicht immer auf Gegenliebe stoßen. Bei Instituten, Prüfern und Aufsehern waren aufgrund der Entscheidung der deutschen Aufsicht zum Teil sogar Verunsicherungen zu registrieren.

108 Den Vorschriften des § 18 KWG entsprechend hat sich ein Institut bei Kreditvergaben von mehr als 750 TEUR oder 10 % der anrechenbaren Eigenmittel nach Art. 4 Abs. 1 Nr. 71 CRR (Schwellenwertregelung) sowohl bei der Kreditgewährung (Erstoffenlegung) als auch über die Laufzeit eines

---

31 Vgl. Bundesanstalt für Finanzdienstleistungsaufsicht, Schreiben an den Zentralen Kreditausschuss zu § 18 KWG vom 9. Mai 2005.

Engagements (laufende Offenlegung) bestimmte Unterlagen vorlegen zu lassen.[32] Die Institute sind jedoch auch unterhalb der Offenlegungsgrenze des § 18 KWG gehalten, aussagekräftige Kreditunterlagen anzufordern. Jedes Institut hat ein Verfahren zu entwickeln, nach dem es sich bei Krediten von insgesamt höchstens 750 TEUR die wirtschaftlichen Verhältnisse des jeweiligen Kreditnehmers offenlegen lässt. Die Notwendigkeit dieses Verfahrens leitet sich aus den Grundsätzen ordnungsgemäßer Geschäftsführung ab. Nach § 36 der Prüfungsberichtsverordnung (PrüfbV)[33] ist bei der Prüfung der Einhaltung der Offenlegungsvorschriften des § 18 KWG durch den Abschlussprüfer die Angemessenheit der institutsspezifischen Verfahren zu beurteilen. Den Instituten steht es jedoch im Hinblick auf diese Regelung frei zu entscheiden, anhand welcher Unterlagen und Informationen eine Beurteilung stattfindet.

9.3 Offenlegungsanforderungen für die Kreditanalyse

Aus dem Wegfall der detaillierten Auslegungsschreiben zu § 18 KWG konnte nur dann ein echter Nutzen gezogen werden, wenn im Einzelnen geprüft wurde, welche der bisherigen Vorgaben institutsindividuell überhaupt erforderlich sind. Insbesondere jene Regelungen, die nur aus formalen Gründen umgesetzt wurden, unter Kosten-/Nutzen-Gesichtspunkten jedoch wirtschaftlich kaum vertretbar waren, konnten auf den Prüfstand gestellt werden. Vereinzelt wurden für diese Zwecke Leitlinien veröffentlicht, die den Instituten eine grobe Orientierung bieten sollen.[34]   109

Als Ausgleich für den Wegfall der Rundschreiben zu den Offenlegungsanforderungen wurde in die Entwürfe der ersten MaRisk-Novelle zwischenzeitlich eine Anforderung aufgenommen, wonach »für Kredite, die durch § 18 KWG erfasst werden, ... die Intensität sowohl der erstmaligen als auch der laufenden Beurteilung des Adressenausfallrisikos sowie die hierfür einzufordernden Kreditunterlagen, differenziert nach der Art der Kreditnehmer, festzulegen« sind. Problematisch erschienen dabei einerseits die nicht übereinstimmenden Kreditbegriffe der MaRisk (§ 19 Abs. 1 KWG) und des § 18 KWG (§ 21 Abs. 1 KWG) sowie andererseits die Vermischung der risikoorientierten Regelungen gemäß MaRisk mit der Schwellenwertregelung gemäß § 18 KWG.   110

Darüber hinaus wäre durch diese Anforderung eine unnötige Redundanz erzeugt worden, da ihr Regelungsinhalt bereits durch einschlägige Anforderungen der MaRisk abgedeckt ist[35]. So hat das Institut differenzierte (Kredit-)Bearbeitungsgrundsätze zu formulieren, die sich z.B. auf die Kreditarten beziehen (→ BTO 1.2 Tz. 2). Die Intensität der erstmaligen bzw. laufenden Beurteilung des Adressenausfallrisikos hängt in erster Linie vom Risikogehalt der Engagements ab (→ BTO 1.2.1 Tz. 1 und BTO 1.2.2 Tz. 2), wobei die laufende Beurteilung jährlich durchzuführen ist (→ BTO 1.2 Tz. 6 und BTO 1.2.2 Tz. 2). Hierzu müssen geeignete Unterlagen herangezogen und überprüft werden (→ BTO 1.2 Tz. 3), wobei die Kapitaldienstfähigkeit des Kreditnehmers eine entscheidende Rolle spielt (→ BTO 1.2.1 Tz. 1). Darüber hinaus ist im Hinblick auf die   111

---

32 Von der Erstoffenlegung kann laut § 18 KWG abgesehen werden, wenn sie im Hinblick auf die gestellten Sicherheiten oder auf die Mitverpflichteten offensichtlich unbegründet wäre. Auf die laufende Offenlegung kann wiederum verzichtet werden, wenn der Kredit durch Grundpfandrechte auf Wohneigentum gesichert ist, das vom Kreditnehmer selbst genutzt wird, der Kredit vier Fünftel des Beleihungswertes des Pfandobjektes im Sinne des § 16 Abs. 1 und 2 PfandBG nicht übersteigt und der Kreditnehmer die von ihm geschuldeten Zins- und Tilgungsleistungen störungsfrei erbringt. Zudem ist eine Offenlegung bei Krediten an bestimmte Organisationen, die ungesichert ein KSA-Risikogewicht von 0 Prozent erhalten würden, nicht erforderlich.

33 Verordnung über die Prüfung der Jahresabschlüsse der Kreditinstitute und Finanzdienstleistungsinstitute sowie über die darüber zu erstellenden Berichte (Prüfungsberichtsverordnung – PrüfbV) vom 11. Juni 2015 (BGBl. I S. 930), zuletzt geändert durch Art. 1 der Verordnung vom 16. Januar 2018 (BGBl. I S. 134).

34 Vgl. z. B. Bundesverband Öffentlicher Banken Deutschlands, Leitfaden zur Erstellung eines Beurteilungssystems nach § 18 KWG, Berlin, 4. Oktober 2005; Struwe, Hans/Koch, Clemens, § 18 KWG – gibt es Handlungsbedarf?, in: BankPraktiker, Heft 2/2005, S. 84 ff.

35 Vgl. Hannemann, Ralf, Wesentliche Aspekte in der Diskussion über die Mindestanforderungen an das Risikomanagement (MaRisk), in: BankPraktiker, Beilage 1/2005 zu Heft 1/2005, November 2005, S. 10 f.

erforderlichen Kreditunterlagen ein Verfahren einzurichten, das deren zeitnahe Einreichung überwacht und eine zeitnahe Auswertung gewährleistet. Schließlich müssen die Organisationsrichtlinien Regelungen beinhalten, die die Einhaltung rechtlicher Regelungen und Vorgaben gewährleisten (→ AT 5 Tz. 3 lit. d).

112   Es bestanden insoweit gute Gründe, an Sinn und Zweck der Anforderung zu § 18 KWG in den MaRisk zu zweifeln. Die deutsche Aufsicht hat die Textziffer schließlich ersatzlos gestrichen.

9.4   Verfahren zur zeitnahen Einreichung von Unterlagen

113   Die geforderte Einrichtung eines Verfahrens, das die zeitnahe Einreichung der erforderlichen Kreditunterlagen überwacht und damit verbunden eine zeitnahe Auswertung dieser Unterlagen gewährleisten soll, ergibt sich insoweit bereits aus den o. g. Anforderungen an die Offenlegung. Das in Rede stehende Verfahren erstreckt sich jedoch auf alle Kreditgeschäfte und nicht nur auf jene Engagements, die in den Anwendungsbereich des § 18 KWG fallen. Allerdings werden neben der Einrichtung eines entsprechenden Verfahrens keine konkreten Anforderungen an seine Ausgestaltung gestellt. Der Regelungszweck zielt ausdrücklich nicht darauf ab, dass die zum Teil sehr differenzierten Anforderungen der §§ 18 und 18a KWG nunmehr für alle Geschäfte zu beachten sind. Allerdings müssen z. B. bei Immobiliar-Verbraucherdarlehensverträgen die maßgeblichen gesetzlichen Vorgaben ebenso eingehalten werden. So haben die Institute die Kreditwürdigkeit gemäß Art. 18a Abs. 4 KWG auf der Grundlage notwendiger, ausreichender und angemessener Informationen zu Einkommen, Ausgaben sowie zu anderen finanziellen und wirtschaftlichen Umständen des Kreditnehmers eingehend zu prüfen und dabei alle relevanten Faktoren angemessen zu berücksichtigen. Insofern muss auch in diesen Fällen die Vorlage der entsprechenden Unterlagen sichergestellt werden.

114   Die zeitnahe Einreichung der maßgeblichen Kreditunterlagen ist insbesondere deswegen erforderlich, weil sich auf der Grundlage veralteter Unterlagen keine sachgerechte Auswertung bzw. Beurteilung durchführen lässt. Durch eine Veränderung der Rahmenbedingungen, die sich im Extremfall z. B. im Verlust des Arbeitsplatzes (Privatkundengeschäft) oder im drohenden Konkurs des Unternehmens (Firmenkundengeschäft) äußert, kann die Aussagekraft von veralteten Unterlagen die tatsächliche Situation völlig falsch darstellen. Aus diesem Grund ist es auch erforderlich, aktuelle Unterlagen zeitnah auszuwerten. Relevante Informationen sind insbesondere im Rahmen der erstmaligen, turnusmäßigen und anlassbezogenen Beurteilungen des Adressenausfallrisikos bzw. bei den turnusmäßigen Überprüfungen der Sicherheiten einzuholen.

9.5   Mahnverfahren

115   Die Ausgestaltung des Mahnverfahrens liegt im Ermessen der Institute. Das Mahnverfahren kann z. B. aus mehreren Mahnstufen bestehen und mit einem Kündigungsautomatismus versehen werden, soweit dies aus Sicht des Institutes als zweckmäßig erachtet wird. Sinnvoller Weise sollte das Mahnverfahren mit dem Verfahren zur Überwachung der zeitnahen Einreichung von Unterlagen verbunden werden. Es bietet sich ferner an, das Mahnverfahren auch mit dem Verfahren zur Früherkennung von Risiken (→ BTO 1.3) zu verknüpfen. Die unvollständige oder verspätete Zuleitung von Unterlagen ist, soweit nicht gute Gründe dafür bestehen, i. d. R. auch ein Hinweis auf wirtschaftliche Probleme des Kreditnehmers.

10 Verwendung standardisierter Kreditvorlagen (Tz. 10)

10 Das Institut hat standardisierte Kreditvorlagen zu verwenden, soweit dies in Anbetracht der jeweiligen Geschäftsarten möglich und zweckmäßig ist, wobei die Ausgestaltung der Kreditvorlagen von Art, Umfang, Komplexität und Risikogehalt der Kreditgeschäfte abhängt. **116**

10.1 Standardisierte Kreditvorlagen

Kreditentscheidungen können grundsätzlich effizienter vorbereitet werden, wenn im Institut möglichst einheitliche Kreditvorlagen Verwendung finden. Ein solches Vorgehen reduziert die Fehlerquellen und erleichtert die Kreditbearbeitung, die Entscheidungsfindung sowie die systematische Dokumentation der Kreditentscheidungen. Verwenden die am Votierungsprozess beteiligten Mitarbeiter jeweils ihre eigenen Formate, die hinsichtlich Aufbau und inhaltlicher Schwerpunkte voneinander abweichen, so wird den Kompetenzträgern die eigentliche Kreditentscheidung unnötig erschwert. Im Extremfall liegen aus den jeweiligen Bereichen diverse Stellungnahmen mit unterschiedlichem Ergebnis vor, die letztlich keine Unterstützung für den Entscheidungsträger bieten. **117**

Schnelle Kreditentscheidungen sind heutzutage jedoch durchaus ein Wettbewerbsvorteil. Daher nutzen in der Praxis viele Institute standardisierte Kreditvorlagen. Deren Ausgestaltung hängt insbesondere von der Art und der Komplexität der Geschäfte ab. Das folgt allein aus der Tatsache, dass zur Beurteilung von Engagements unterschiedlicher Geschäftsarten und Komplexität für eine fundierte Kreditentscheidung i.d.R. verschiedene Informationen relevant sind. Darüber hinaus kann der Risikogehalt bestimmter Geschäfte unter Umständen besonders detaillierte Angaben zu Teilaspekten erfordern. Andererseits kann es vorkommen, dass der Umfang der Kreditgeschäfte in bestimmten Segmenten nach betriebswirtschaftlichen Gesichtspunkten zu gering ist, um dafür institutsintern eine standardisierte Kreditvorlage zu erarbeiten. Abhilfe können hier ggf. Vorlagen schaffen, die z.B. von einigen Verbänden der Kreditwirtschaft zur Verfügung gestellt werden. **118**

10.2 Individuelle Kreditvorlagen

Die Verwendung standardisierter Kreditvorlagen ist allerdings für bestimmte Geschäftsarten, wie z.B. die Spezialfinanzierungen oder das internationale Kreditgeschäft, weder durchgängig möglich noch zweckmäßig. Bei derartigen Geschäften erfolgt die Vertragsgestaltung i.d.R. auf der Basis von Individualvereinbarungen (→BTO 1.2 Tz. 12). Insofern ist in bestimmten Konstellationen eine individuelle Ausgestaltung der Kreditvorlage erforderlich. Inwieweit in diesen Fällen für einzelne Segmente einheitliche Vorgehensmuster sinnvoll sind, muss jedes Institut selbst beurteilen. **119**

11   Rechtliche Prüfung vertraglicher Vereinbarungen (Tz. 11)

120   **11** Vertragliche Vereinbarungen im Kreditgeschäft sind auf der Grundlage rechtlich geprüfter Unterlagen abzuschließen.

11.1   Abschluss vertraglicher Vereinbarungen im Kreditgeschäft

121   Verträge sind Rechtsgeschäfte, die aus Willenserklärungen mehrerer Personen bestehen. Im Fall von vertraglichen Vereinbarungen im Kreditgeschäft handelt es sich um so genannte »zweiseitige Verträge«, bei denen beide Vertragspartner bestimmte Pflichten übernehmen. Dabei geht es i. d. R. um die Übereignung eines bestimmten Geldbetrages vom Institut an den Kreditnehmer, der dafür häufig eine geeignete Sicherheit stellen muss und denselben Geldbetrag gemäß den vertraglichen Vereinbarungen (z. B. Zinsen, Tilgungsraten und Fälligkeit) zurückzahlen muss.

11.2   Rechtlich geprüfte Unterlagen

122   Vertragliche Vereinbarungen im Kreditgeschäft sind auf der Grundlage rechtlich geprüfter Unterlagen abzuschließen. Während an anderer Stelle auf die Übereinstimmung der durch das Institut erstellten Kreditverträge mit der aktuellen Rechtslage abgestellt wird (→ BTO 1.2 Tz. 12), bezieht sich diese Anforderung vorrangig auf die vom Kreditnehmer zur Verfügung gestellten und als Vertragsbestandteil dienenden Unterlagen. Diese Unterlagen können z. B. für die Prüfung der Kreditwürdigkeit und -fähigkeit der Gegenpartei (→ BTO 1.2 Tz. 3, BTO 1.2.1 Tz. 1, BTO 1.2.2 Tz. 2 und 4) bzw. eines eventuellen Bürgen oder Garanten (→ BTO 1.2.1 Tz. 4), für die Prüfung des jeweiligen Verwendungszweckes (→ BTO 1.2 Tz. 5 und BTO 1.2.2 Tz. 1) oder für die Bewertung der vom Kreditnehmer zur Verfügung gestellten Sicherheiten (→ BTO 1.2 Tz. 5, BTO 1.2.1 Tz. 3 und BTO 1.2.2 Tz. 3) von Bedeutung sein.

11.3   Dokumentation

123   Geschäfts-, Kontroll- und Überwachungsunterlagen sind systematisch und für sachkundige Dritte nachvollziehbar abzufassen und grundsätzlich fünf Jahre aufzubewahren (→ AT 6 Tz. 1). Die für die Einhaltung der MaRisk wesentlichen Handlungen und Festlegungen sind nachvollziehbar zu dokumentieren (→ AT 6 Tz. 2). Es liegt auf der Hand, dass die Vertragsgestaltung ein wesentlicher Bestandteil der Kreditprozesse ist. Neben den speziellen Anforderungen an die rechtliche Prüfung und den allgemeinen Anforderungen an die Dokumentation, die sich auch auf die Aktualität und Vollständigkeit der Aktenführung beziehen (→ AT 6 Tz. 1), existieren für die vertraglichen Vereinbarungen im Kreditgeschäft weitere Regelungen im Hinblick auf deren Überprüfung (→ BTO 1.2 Tz. 3) sowie zeitnahe Einreichung und Auswertung (→ BTO 1.2 Tz. 9).

12 Verwendung von Standardtexten bei Kreditverträgen (Tz. 12)

12 Für die einzelnen Kreditverträge sind rechtlich geprüfte Standardtexte zu verwenden, **124**
die anlassbezogen zu aktualisieren sind. Falls bei einem Engagement (z. B. im Rahmen von Individualvereinbarungen) von den Standardtexten abgewichen werden soll, ist, soweit unter Risikogesichtspunkten erforderlich, vor Abschluss des Vertrages die rechtliche Prüfung durch eine vom Bereich Markt unabhängige Stelle notwendig.

12.1 Rechtlich geprüfte Standardtexte

Unter rechtlich geprüften Standardtexten im Zusammenhang mit Kreditverträgen versteht man **125**
Vertragstexte, deren Bestandteile daraufhin geprüft wurden, dass sie mit der aktuell geltenden gesetzlichen Rechtslage und Rechtsprechung im Einklang stehen. Im internationalen Geschäft sind die jeweiligen nationalen Besonderheiten zu berücksichtigen. Hierbei kann es sich sowohl um standardisierte Formulare als auch um Verträge handeln, die modular aus Textbausteinen zusammengesetzt sind. Diese Vertragstexte werden entweder von Instituten selbst oder z. B. von kreditwirtschaftlichen Verbänden entworfen.

12.2 Anlassbezogene Aktualisierung der Standardtexte

Mit Blick auf die relevanten Änderungen der (nationalen und internationalen) Rechtslage sind **126**
auch die verwendeten Standardtexte »anlassbezogen« zu aktualisieren. Hierdurch soll vor allem die rechtliche Durchsetzbarkeit der Ansprüche eines Institutes aus den Kreditverträgen sichergestellt werden, indem sich die vom Institut genutzten Standardtexte »laufend« auf dem neuesten Stand der Rechtsprechung befinden. Diese Anforderung bezieht sich in erster Linie auf die zukünftig abzuschließenden Kreditverträge. Nicht in jedem Fall wird es möglich sein, bestehende Kreditverträge nachträglich anzupassen, wenn sich die Rechtsprechung zu Ungunsten der Institute entwickelt. Für dieses Problem müssen andere Lösungen gefunden werden. Denkbar sind z. B. Verweise auf die als Vertragsbestandteil beigefügten Allgemeinen Geschäftsbedingungen (AGB), die im Bedarfsfall modifiziert werden können.

12.3 Abweichung von den Standardtexten

Der Umgang mit Rechtsrisiken spielt insbesondere auf neuen Märkten und bei neuen Produkten **127**
($\rightarrow$ AT 8.1 Tz. 1, Erläuterung), bei komplexen Finanzierungsarten ($\rightarrow$ BTO 1.2 Tz. 5) sowie im internationalen Geschäft ($\rightarrow$ BTO 1.2 Tz. 3 und BTR 1 Tz. 6) eine entscheidende Rolle. In diesen Fällen sind Standardverträge i. d. R. nicht geeignet, die jeweiligen Besonderheiten vollständig abzubilden. Aus diesem Grund werden die dort verwendeten Verträge individuell ausgehandelt

und gestaltet. Der Abschluss von Verträgen im internationalen Geschäft und im Bereich der Spezialfinanzierungen erfolgt deshalb grundsätzlich unter Einschaltung von Rechtsexperten, von denen die Abweichungen von den Standardtexten bereits im Rahmen der Vertragsgestaltung ausgearbeitet werden. Sofern in diesen Fällen auf die Expertise Dritter abgestellt wird, muss das Institut unter Risikogesichtspunkten abwägen, ob es vor Abschluss des individuell gestalteten Vertrages eine zusätzliche rechtliche Prüfung durch eine vom Bereich Markt unabhängige institutsinterne Stelle für notwendig erachtet.

12.4 Rechtliche Prüfung der Abweichungen

128 Grundsätzlich ist die Rechtswirksamkeit von Individualverträgen durch einen anerkannten Fachjuristen oder eine andere sachkundige Person oder Institution zu bestätigen (interne oder externe »Legal Opinion«). Der Umfang der Prüfung, der einer solchen »Legal Opinion« zugrunde liegt, kann je nach Einzelfall sehr verschieden sein. Deshalb ist keine generelle Aussage darüber möglich, ob von nachweislich kompetenten Partnern geprüfte Unterlagen vor Verwendung lediglich einer Plausibilitätsprüfung oder aber einer nochmaligen rechtlichen Prüfung unterzogen werden müssen. Bei diesen Entscheidungen sollte jedes Institut im Eigeninteresse abwägen, in welchen Fällen es auf die Prüfung durch einen Juristen tatsächlich verzichten kann. Gegebenenfalls wäre dann ein Nachweis über die Kompetenz der Partner zu erbringen. Insbesondere im Konsortialgeschäft müssen die Unterbeteiligten im Konsortialvertrag ohnehin häufig bestätigen, dass sie die Dokumente einer eigenständigen Prüfung unterzogen haben und der Konsortialführer insofern keine Haftung übernimmt.[36]

12.5 Vom Bereich Markt unabhängige Stelle

129 Eine vom Markt unabhängige Stelle kann durchaus innerhalb der Geschäftsleiterlinie Markt angesiedelt sein (→ BTO Tz. 2, Erläuterung). Im Rahmen der Prüfung der Verträge kommt es in erster Linie auf den juristischen Sachverstand an. Einem Interessenkonflikt kann hinreichend entgegengewirkt werden, wenn diese Stelle z. B. nicht direkt oder indirekt am Vertriebserfolg partizipiert. Rechtlicher Rat sollte immer unabhängig erteilt werden. Dies kann dadurch realisiert werden, dass die unabhängige Stelle bei der Erfassung und Bewertung des Rechtsrisikos keinen Weisungen unterliegt, gesetzliche Bestimmungen in einer bestimmten Art und Weise auszulegen bzw. gewünschte rechtliche Ergebnisse zu erreichen.[37] Bei Hinzuziehung externer Personen (→ BTO 1.2 Tz. 5) sollte deren Unabhängigkeit durch ein entsprechendes Vertragsverhältnis abgesichert werden.

12.6 Prüfung durch den Marktbereich

130 Insbesondere im Rahmen einer Sanierung werden häufig Verträge verwendet, die vom Standard abweichen. Bekanntlich kann die Federführung für den Sanierungs- bzw. den Abwicklungspro-

---

36 Vgl. Hannemann, Ralf, Interpretationshilfen für die Umsetzung der Mindestanforderungen an das Kreditgeschäft der Kreditinstitute (MaK), Bundesverband Öffentlicher Banken Deutschlands (Hrsg.), März 2003, S. 51.

37 Hierbei handelt es sich um Empfehlungen der Kommission Recht des Bundesverbandes Öffentlicher Banken Deutschlands (VÖB) vom März 2002.

zess bei entsprechender Überwachung auch im Markt liegen (→ BTO 1.2.5 Tz. 1). Von der zusätzlichen Prüfung nicht-standardisierter Verträge durch eine unabhängige Stelle kann zur Vermeidung von Doppelarbeit bei Sanierungsfällen abgesehen werden, wenn die Sanierung von Spezialisten begleitet wird, die aufgrund ihrer Fachkenntnisse und Erfahrungen in der Lage sind, solche Vertragswerke eigenständig und ohne weitere unabhängige Prüfung zu verfassen (→ BTO 1.2.5 Tz. 1, Erläuterung). Im Interesse des Institutes sollten die Fachkompetenz und der juristische Sachverstand der Spezialisten allerdings sorgfältig geprüft werden, ehe auf eine enge Begleitung durch die Rechtsabteilung verzichtet wird. Gerade in der Problemkreditbearbeitung ist eine korrekte Vorgehensweise dringend geboten.

Außerhalb der Problemkreditbearbeitung ist es von Bedeutung, dass das erforderliche fachliche **131** Know-how vorhanden ist. In diesem Fall kann die Prüfung der Kreditverträge im nicht-risikorelevanten Geschäft von einem sachverständigen Mitarbeiter aus dem Marktbereich durchgeführt werden (→ BTO 1.2 Tz. 12, Erläuterung). Der Arbeitsablauf kann so, insbesondere im standardisierten Geschäft, deutlich vereinfacht werden. Daher sollte die Notwendigkeit der Einschaltung einer geeigneten Stelle, also im Normalfall der Rechtsabteilung, auch unter Kosten-/Nutzen-Gesichtspunkten abgewogen werden.

12.7   Sachverständige Personen

Der erforderliche Sachverstand kann i.d.R. durch entsprechende Qualifikationen nachgewiesen **132** werden, die auf ein juristisches und betriebswirtschaftliches Grundverständnis der für die Vertragsgestaltung im Kreditwesen bedeutsamen Aspekte abzielen. Demzufolge gelten in diesem Bereich auch die allgemeinen Qualifikationsanforderungen, nach denen die Mitarbeiter sowie deren Vertreter über die erforderlichen Kenntnisse und Erfahrungen verfügen müssen, wobei durch geeignete Maßnahmen ein angemessenes Qualifikationsniveau zu gewährleisten ist (→ AT 7.1 Tz. 2). Soweit externe Personen für diese Zwecke herangezogen werden, ist vorher ebenfalls deren Eignung zu überprüfen. Als Orientierungshilfen können z. B. die Qualifikation, die Referenzen, der jeweilige Ruf, die Erfahrungen und die Standortkenntnisse dienen.

BTO 1.2.1 Kreditgewährung

1 Wichtige Risikofaktoren und Intensität der Risikobeurteilung (Tz. 1)

1 Der Prozess der Kreditgewährung umfasst die bis zur Bereitstellung des Kredites erforderlichen Arbeitsabläufe. Dabei sind die für die Beurteilung des Risikos wichtigen Faktoren unter besonderer Berücksichtigung der Kapitaldienstfähigkeit des Kreditnehmers bzw. des Objektes/Projektes zu analysieren und zu beurteilen, wobei die Intensität der Beurteilung vom Risikogehalt der Engagements abhängt (z.B. Kreditwürdigkeitsprüfung, Risikoeinstufung im Risikoklassifizierungsverfahren oder eine Beurteilung auf der Grundlage eines vereinfachten Verfahrens).

1

1.1 Prozess der Kreditgewährung

Der Prozess der Kreditgewährung umfasst alle erforderlichen Arbeitsabläufe, die der Bereitstellung des Kredites vorgelagert sind. Besonders betont wird in diesem Zusammenhang die Beurteilung des mit der Kreditgewährung verbundenen Risikos, das sich sowohl auf das Adressenausfallrisiko des Kreditnehmers als auch auf ggf. vorhandene Sicherheiten bezieht. So sind alle für die Beurteilung des Risikos wichtigen Faktoren unter besonderer Berücksichtigung der Kapitaldienstfähigkeit des Kreditnehmers bzw. des Objektes/Projektes zu analysieren und zu beurteilen. Dabei ist es unerheblich, ob zum Kreditnehmer schon eine Geschäftsbeziehung besteht oder nicht.

2

Sofern dem Kunden bereits andere Kredite gewährt wurden, sind allerdings gewisse Erleichterungen im Bearbeitungsprozess denkbar. So liegen vermutlich bereits aktuelle Unterlagen des Kunden zur Beurteilung seiner Kapitaldienstfähigkeit vor, die ggf. sogar schon ausgewertet wurden. Darüber hinaus kann bei der Überprüfung der Sicherheiten unter bestimmten Umständen auf bereits ermittelte Sicherheitenwerte zurückgegriffen werden (→ BTO 1.2.1 Tz. 3). In Abhängigkeit davon, wann die vorhandenen Unterlagen zuletzt bearbeitet wurden, empfiehlt sich ggf. aber eine Überprüfung der Kundendaten auf Korrektheit. So können sich z.B. bei einem Arbeitgeberwechsel die wirtschaftlichen Verhältnisse deutlich geändert haben.

3

1.2 Kapitaldienstfähigkeit

Ein besonderer Stellenwert wird der Kapitaldienstfähigkeit eingeräumt. Diese Anforderung zielt vor allem darauf ab, das Problembewusstsein für eine bestimmte Vergabepraxis zu schärfen. Häufig werden Kreditnehmer bei Vorhandensein entsprechender Sicherheiten oder Garantien trotz schlechter Bonität großzügig mit finanziellen Mitteln ausgestattet. Es sollte klar sein, dass jede Kreditvollstreckungsaktion, wie z.B. ein Zwangsversteigerungsverfahren, die Rendite des Abschlusses eliminieren oder sogar zu herben Verlusten führen kann. Darüber hinaus sollten Institute bedenken, dass die gleichen Faktoren, die zu einer verminderten Rückzahlungsfähigkeit des Kredites führen, häufig auch eine Wertminderung der Sicherheit zur Folge haben.[1] Die

4

---

1 Vgl. Basel Committee on Banking Supervision, Principles for the Management of Credit Risk, BCBS 75, 27. September 2000, Tz. 34.

BTO 1.2.1 Kreditgewährung

Auswirkungen der Finanzmarktkrise, die zumindest teilweise auf eine Kreditvergabepraxis in den USA zurückzuführen ist, bei der die Kapitaldienstfähigkeit eine eher untergeordnete Rolle gespielt hat, bestätigen diese Einschätzung auf eindrucksvolle Weise.

5   Um die Rückzahlungsfähigkeit zu beurteilen, muss zunächst der gegenwärtige und voraussichtliche zukünftige Kapitaldienst des Kreditnehmers zu seiner gegenwärtigen und geschätzten zukünftigen Kapitaldienstgrenze in Beziehung gesetzt werden. Hierbei bezeichnet der Kapitaldienst die finanziellen Verbindlichkeiten und die Kapitaldienstgrenze die dafür verfügbaren finanziellen Mittel. Ein verhältnismäßig hoher Anteil des Kapitaldienstes an der Kapitaldienstgrenze ist also Ausdruck dafür, dass nur ein geringer Spielraum besteht, wenn sich an den finanziellen Verhältnissen des Kreditnehmers oder den Konditionen des Kreditvertrages etwas ändern sollte. Übersteigt der Kapitaldienst einen bestimmten prozentualen Anteil der Kapitaldienstgrenze, so verschlechtert sich folglich die Bewertung für die Kapitaldienstfähigkeit. Die entsprechende Skalierung zur Beurteilung der Kapitaldienstfähigkeit wird institutsindividuell festgelegt.

6   Die wirtschaftliche Stärke eines Kreditnehmers wird durch sein Vermögen sowie seine Liquiditätssituation beeinflusst. Sofern der Kreditnehmer hinreichend vermögend ist und Teile dieses Vermögens frei verfügbar bzw. problemlos liquidierbar sind, wäre die Kapitaldienstfähigkeit zwar theoretisch auch dann für einen bestimmten Zeitraum vorhanden, wenn die zukünftigen Erträge allein nicht zur Deckung der Verbindlichkeiten ausreichen. Langfristig gesehen hängt die Kapitaldienstfähigkeit jedoch maßgeblich von der Liquiditätsstärke des Kreditnehmers und damit von seinen zukünftigen Erträgen sowie von seiner Anlagestrategie ab. Die Anlagestrategie spielt deswegen eine nicht zu vernachlässigende Rolle, weil gebundenes Vermögen nicht oder zumindest nicht ohne das Risiko einer Generierung von Verlusten (z.B. durch Notverkäufe) zur Erbringung des Kapitaldienstes herangezogen werden kann.

7   Bei Objekten bzw. Projekten bezieht sich die Kapitaldienstfähigkeit auf die aus dem Objekt bzw. Projekt zu erzielenden nachhaltigen Erträge unter Abzug von Bewirtschaftungskosten. Diese müssen ausreichen, um den Kapitaldienst, d.h. die Zins- und Tilgungsleistungen, über die vereinbarte Laufzeit eines Kredites dauerhaft zu erbringen. Ein größerer Sicherheitspuffer entspricht auch in diesem Fall einer besseren Kapitaldienstfähigkeit.

1.3   Analyse und Beurteilung der wichtigen Risikofaktoren

8   Die für die Beurteilung des Risikos wichtigen Faktoren können sich aus folgenden Gründen stark voneinander unterscheiden:
- Zunächst liegen den verschiedenen Geschäftsarten unterschiedliche Informationsquellen zugrunde. Während z.B. im Kreditgeschäft mit Firmenkunden die Auswertung von Jahresabschlüssen zum Standardprogramm gehört, können im Privatkundengeschäft der letzte Steuerbescheid und die aktuellen Verdienstbescheinigungen des Arbeitgebers Aufschluss über die derzeitige Kapitaldienstfähigkeit geben.
- Außerdem hängt das Risiko für das Institut in bestimmten Fällen nicht nur von der wirtschaftlichen Situation des Kreditnehmers ab. Teilweise spielen z.B. die zur Verfügung gestellten Sicherheiten eine wesentliche Rolle im Entscheidungsprozess. Deshalb werden an die Überprüfung der Werthaltigkeit und des rechtlichen Bestandes von Sicherheiten besondere Anforderungen gestellt (→ BTO 1.2 Tz. 2 und BTO 1.2.1 Tz. 3). In manchen Fällen werden Bürgschaften Dritter eingeholt, so dass auch deren wirtschaftliche Verhältnisse angemessen zu überprüfen sind (→ BTO 1.2.1 Tz. 4).

Das Gleiche gilt im Hinblick auf die Intensität der Risikobeurteilungen (→ BTO 1.2 Tz. 3). Dafür **9** kommen – je nach Risikogehalt und Komplexität der Geschäfte – Kreditwürdigkeitsprüfungen, Risikoeinstufungen im Risikoklassifizierungsverfahren (→ BTO 1.4) oder Beurteilungen auf der Grundlage vereinfachter Verfahren in Betracht. Kreditwürdigkeitsprüfungen und Risikoklassifizierungsverfahren berücksichtigen regelmäßig die Kapitaldienstfähigkeit des Kreditnehmers bzw. des Objektes/Projektes (→ BTO 1.4 Tz. 3). Allerdings muss die Risikoeinstufung sowohl im Rahmen der Kreditentscheidung als auch bei turnusmäßigen oder anlassbezogenen Beurteilungen nur dann mit Hilfe eines Risikoklassifizierungsverfahrens erfolgen, wenn dies der Risikogehalt der Geschäfte erfordert (→ BTO 1.2 Tz. 6).

Die deutsche Aufsicht hat im Rahmen der vierten MaRisk-Novelle aufgrund der Erfahrungen aus **10** der Aufsichtspraxis der zurückliegenden Jahre klargestellt, dass die Beurteilung der Kapitaldienstfähigkeit auf der Basis eines vereinfachten Verfahrens keinem generellen Verzicht auf diese Tätigkeiten entspricht (→ BTO 1.2.1 Tz. 1, Erläuterung). Wenngleich die Intensität der Beurteilung vom Risikogehalt abhängt, erfordert die besondere Berücksichtigung der Kapitaldienstfähigkeit grundsätzlich eine individuelle Beurteilung der wirtschaftlichen Verhältnisse des Kreditnehmers, wobei Risiken für die zukünftige Vermögens- und ggf. Liquiditätslage des Kreditnehmers in die Betrachtung einzufließen haben (→ BTO 1.2.1 Tz. 1, Erläuterung).

In den ersten Entwürfen zur vierten MaRisk-Novelle sollte die Möglichkeit zur Beurteilung der **11** Kapitaldienstfähigkeit auf Basis eines vereinfachten Verfahrens lediglich auf das »besonders kleinteilige Konsumentenkreditgeschäft« eingeschränkt werden. Die Kreditwirtschaft stand dieser Einschränkung kritisch gegenüber, da zum nicht-risikorelevanten Kreditgeschäft z. B. regelmäßig das »standardisierte Mengengeschäft« gezählt wird (→ BTO 1.4 Tz. 3). Insofern sollte aus Sicht der Kreditwirtschaft zumindest auf das »standardisierte Mengengeschäft« referenziert werden, was dem Proportionalitätsprinzip zufolge in Abhängigkeit von der Institutsgröße allerdings stark variieren kann.[2] Zudem entstand der Eindruck, dass bis auf ein sehr eingegrenztes Geschäft umfangreiche Kapitaldienstrechnungen erforderlich sind. In der Praxis weisen die Kapitaldienstrechnungen aus Kostengründen in verschiedenen Geschäftsbereichen einen gewissen Standardisierungsgrad auf. Was genau unter einem vereinfachten Verfahren zu verstehen ist, wird nicht näher ausgeführt. Von der Kreditwirtschaft wurde vorgeschlagen, die Beurteilung der Kapitaldienstfähigkeit in diesen Fällen nicht am Einkommen zu orientieren, sondern z. B. Informationen von Wirtschaftsauskunfteien oder zum Einsatz von Kreditkarten zu nutzen.[3] Die Aufsicht hat diese Vorschläge allerdings nicht aufgegriffen.

Die Diskussion um den Einsatz alternativer Verfahren zur Risikobeurteilung ist vor dem Hinter- **12** grund der Digitalisierung der Finanzbranche wieder neu entfacht worden. Unter anderem wird zu klären sein, welche Grenzen es aus Risikosicht für den Einsatz von künstlicher Intelligenz (KI) und der IT-Technologie beim Umgang mit großen Datenmengen (»Big Data«) im Kreditgeschäft geben sollte. Die mit der Technologieentwicklung einhergehenden Möglichkeiten stehen zudem teilweise im Widerspruch zu den permanent steigenden Anforderungen an die Datensicherheit.

---

2 Vgl. Deutsche Kreditwirtschaft, Stellungnahme zum Konsultationspapier 01/2012 der Bundesanstalt für Finanzdienstleistungsaufsicht (BaFin) – »Überarbeitung der MaRisk« (Zwischenentwurf vom 2. August 2012), 12. September 2012, S. 14.

3 Vgl. Deutsche Kreditwirtschaft, Stellungnahme zum Konsultationspapier 01/2012 der Bundesanstalt für Finanzdienstleistungsaufsicht (BaFin) – »Überarbeitung der MaRisk«, 5. Juni 2012, S. 14 f.

1.4 Vergabe von Fremdwährungsdarlehen

13 Der Europäische Ausschuss für Systemrisiken (ESRB) empfiehlt den nationalen Aufsichtsbehörden, die Vergabe von Fremdwährungsdarlehen an »nicht abgesicherte Kreditnehmer« (→ BTO 1.2 Tz. 2) nur zuzulassen, wenn sie ihre Kreditwürdigkeit nachweisen, wobei die Rückzahlungsstruktur des Kredites und die Fähigkeit der Kreditnehmer, nachteiligen plötzlichen Veränderungen der Wechselkurse und des ausländischen Zinssatzes zu widerstehen, zu berücksichtigen sind (Empfehlung B, Nummer 2).[4] Daher sollten auch nach den MaRisk Fremdwährungsdarlehen nur an Kreditnehmer vergeben werden, deren Kreditwürdigkeit dahingehend geprüft wurde, ob sie auch bei besonders ungünstigen Entwicklungen der Wechselkurse und des Fremdwährungszinsniveaus voraussichtlich in der Lage sind, den Kredit zurückzuzahlen (→ BTO 1.2.1 Tz. 1, Erläuterung). Diese Anforderung kann als Konkretisierung der Vorgabe verstanden werden, für Fremdwährungsdarlehen differenzierte Bearbeitungsgrundsätze zu formulieren, die den besonderen Risiken dieser Kreditart Rechnung tragen (→ BTO 1.2 Tz. 2).

14 Der ESRB gibt in diesem Zusammenhang weitere Empfehlungen ab. So sollen das Ausmaß der Fremdwährungsdarlehen und der Währungsinkongruenzen im privaten nichtfinanziellen Sektor überwacht und die notwendigen Maßnahmen zur Begrenzung von Fremdwährungsdarlehen erlassen werden (Empfehlung B, Nummer 1). Zudem soll die Festlegung strengerer Übernahmebedingungen, wie z.B. einer Schuldendienstquote (»debt service to income ratio«) und einer Beleihungsquote (»loan to value ratio«), in Erwägung gezogen werden (Empfehlung B, Nummer 3).[5]

15 Bei der Kreditvergabe sollte also insbesondere geprüft werden, inwieweit der Kreditnehmer auch einen ggf. höheren Kapitaldienst erbringen könnte. Es ist nicht zu erwarten, dass die Institute im Rahmen der Kreditgewährung zukünftig spezielle Stressszenarien zur Beurteilung der Kapitaldienstfähigkeit unter besonders ungünstigen Entwicklungen durchführen werden, was unter betriebswirtschaftlichen Aspekten nicht zu leisten wäre. In der Praxis spielen z.B. Kündigungsmöglichkeiten zur Begrenzung der Risiken und Stop-loss-Vereinbarungen eine Rolle.[6]

16 Der ESRB geht im Übrigen davon aus, dass eine bessere Information der Kreditnehmer zu den Risiken im Zusammenhang mit Fremdwährungsdarlehen zu umsichtigeren und besonneneren Entscheidungen führen würde. Die Finanzinstitute sollten zudem ermutigt werden, ihren Kunden auf Landeswährung lautende Darlehen für die gleichen Zwecke wie Fremdwährungsdarlehen sowie Finanzinstrumente zur Absicherung gegen Wechselkursrisiken anzubieten (Empfehlung A).[7]

---

4 Vgl. Empfehlung des Europäischen Ausschusses für Systemrisiken zu Fremdwährungskrediten (ESRB/2011/1) vom 21. September 2011, Amtsblatt der Europäischen Union vom 22. November 2011, C 342/2.

5 Vgl. Empfehlung des Europäischen Ausschusses für Systemrisiken zu Fremdwährungskrediten (ESRB/2011/1) vom 21. September 2011, Amtsblatt der Europäischen Union vom 22. November 2011, C 342/2.

6 Vgl. Deutsche Kreditwirtschaft, Stellungnahme zum Konsultationspapier 01/2012 der Bundesanstalt für Finanzdienstleistungsaufsicht (BaFin) – »Überarbeitung der MaRisk«, 5. Juni 2012, S. 14.

7 Vgl. Empfehlung des Europäischen Ausschusses für Systemrisiken zu Fremdwährungskrediten (ESRB/2011/1) vom 21. September 2011, Amtsblatt der Europäischen Union vom 22. November 2011, C 342/2.

2 Gewährung von Immobiliar-Verbraucherdarlehen (Tz. 2)

2 Bei Immobiliar-Verbraucherdarlehen sind auch zukünftige, als wahrscheinlich anzuse- **17** hende Einkommensschwankungen in die Beurteilung der Kapitaldienstfähigkeit einzubeziehen. Alle für die Kreditgewährung relevanten Informationen sind vollständig zu dokumentieren und über die Laufzeit des Kredites aufzubewahren.

2.1 Definition von Immobiliar-Verbraucherdarlehen

Gemäß § 491 BGB wird bei Darlehensverträgen an Verbraucher grundsätzlich zwischen »Allgemein- **18** Verbraucherdarlehensverträgen« und »Immobiliar-Verbraucherdarlehensverträgen« unterschieden. »Allgemein-Verbraucherdarlehensverträge« sind laut § 491 Abs. 2 BGB entgeltliche Darlehensverträge zwischen einem Unternehmer als Darlehensgeber und einem Verbraucher als Darlehensnehmer, wobei u. a. Verträge mit einem geringen Nettodarlehensbetrag (weniger als 200 Euro), mit einer beschränkten Haftung (komplette Absicherung des Darlehensbetrages durch eine zum Pfand übergebene Sache), mit einer kurzen Laufzeit (maximal drei Monate) und überschaubaren Kosten sowie zu günstigeren als den marktüblichen Bedingungen (für eigene Arbeitnehmer oder für einen begrenzten Personenkreis aufgrund von Rechtsvorschriften im öffentlichen Interesse) ausgenommen sind.

»Immobiliar-Verbraucherdarlehensverträge« sind nach § 491 Abs. 3 BGB hingegen entgeltliche **19** Darlehensverträge zwischen einem Unternehmer als Darlehensgeber und einem Verbraucher als Darlehensnehmer, die entweder durch ein Grundpfandrecht oder eine Reallast besichert sind oder für den Erwerb oder die Erhaltung des Eigentumsrechtes an Grundstücken, an bestehenden oder zu errichtenden Gebäuden oder für den Erwerb oder die Erhaltung von grundstücksgleichen Rechten bestimmt sind. Die von Arbeitgebern mit ihren Arbeitnehmern als Nebenleistung zum Arbeitsvertrag zu einem niedrigeren als dem marktüblichen effektiven Jahreszins (§ 6 der Preisangabenverordnung) abgeschlossenen Verträge werden davon ausgenommen. Für die nur mit einem begrenzten Personenkreis auf Grund von Rechtsvorschriften im öffentlichen Interesse zu besonders günstigen Konditionen abgeschlossenen Verträge gelten nur die Aufklärungspflichten gemäß § 491a Abs. 4 BGB. Keine Immobiliar-Verbraucherdarlehensverträge sind »Immobilienverzehrkreditverträge«, bei denen der Kreditgeber pauschale oder regelmäßige Zahlungen leistet oder andere Formen der Kreditauszahlung vornimmt und im Gegenzug nur einen Betrag aus dem künftigen Erlös des Verkaufes einer Wohnimmobilie erhält oder ein Recht an einer Wohnimmobilie erwirbt und erst nach dem Tod des Verbrauchers eine Rückzahlung fordert (»umgekehrte Hypothek«), außer der Verbraucher verstößt gegen die Vertragsbestimmungen, was dem Kreditgeber erlaubt, den Vertrag zu kündigen.

2.2 Beurteilung der Kapitaldienstfähigkeit bei Immobiliar-Verbraucherdarlehen

20 Gemäß § 18a Abs. 1 KWG müssen die Institute vor Abschluss eines Verbraucherdarlehensvertrages die Kreditwürdigkeit des Darlehensnehmers prüfen. Das Kreditinstitut darf den Verbraucherdarlehensvertrag nur abschließen, wenn aus der Kreditwürdigkeitsprüfung hervorgeht, dass bei einem Allgemein-Verbraucherdarlehensvertrag keine erheblichen Zweifel an der Kreditwürdigkeit bestehen und dass es bei einem Immobiliar-Verbraucherdarlehensvertrag wahrscheinlich ist, dass der Darlehensnehmer seinen Verpflichtungen, die im Zusammenhang mit dem Darlehensvertrag stehen, vertragsgemäß nachkommen wird. Die Kreditwürdigkeitsprüfung muss unter bestimmten Umständen wiederholt werden, so z. B. bei deutlicher Erhöhung des Nettodarlehensbetrages (§ 18a Abs. 2 KWG)[8] oder anderweitiger Anpassung der Vertragsbedingungen (§ 18a Abs. 2a KWG). Grundlage dafür können neben Auskünften des Darlehensnehmers ggf. auch Auskünfte von Stellen sein, die geschäftsmäßig personenbezogene Daten zur Kreditwürdigkeitsprüfung anbieten (§ 18a Abs. 3 KWG).

21 Bei Immobiliar-Verbraucherdarlehensverträgen hat das Institut die Kreditwürdigkeit des Darlehensnehmers nach § 18a Abs. 4 KWG auf der Grundlage notwendiger, ausreichender und angemessener Informationen zu Einkommen, Ausgaben sowie zu anderen finanziellen und wirtschaftlichen Umständen des Darlehensnehmers eingehend zu prüfen. Dabei hat das Institut jene Faktoren angemessen zu berücksichtigen, die für die Einschätzung relevant sind, ob der Darlehensnehmer seinen Verpflichtungen aus dem Darlehensvertrag voraussichtlich nachkommen kann. Die Kreditwürdigkeitsprüfung darf sich nicht hauptsächlich darauf stützen, dass der Wert der Wohnimmobilie den Darlehensbetrag übersteigt, oder auf die Annahme, dass der Wert der Wohnimmobilie zunimmt, es sei denn, der Darlehensvertrag dient zum Bau oder zur Renovierung der Wohnimmobilie. Soweit Institute darüber hinaus Beratungsleistungen gemäß § 511 BGB zu Immobiliar-Verbraucherdarlehen oder Nebenleistungen gewähren, vermitteln oder erbringen[9], sind Informationen über die Umstände des Verbrauchers, von ihm angegebene konkrete Bedürfnisse und realistische Annahmen bezüglich der Risiken für die Situation des Verbrauchers während der Laufzeit des Darlehensvertrags laut § 18a Abs. 8 KWG zugrunde zu legen.

22 Die diesbezüglichen Vorgaben des KWG werden mit der Immobiliar-Kreditwürdigkeitsprüfungsleitlinien-Verordnung (ImmoKWPLV) vom 24. April 2018 weiter konkretisiert.[10] Nach § 2 Abs. 1 ImmoKWPLV muss der Darlehensgeber nach einer Gesamtschau der relevanten Faktoren zu einer vernünftigerweise vertretbaren Prognose gelangen. Der Umfang der Prüfung der zu

---

8 Nach § 7 Abs. 1 ImmoKWPLV liegt eine deutliche Erhöhung des Nettodarlehensbetrages nach Vertragsschluss i.d.R. erst dann vor, wenn der Nettodarlehensbetrag sich um mehr als zehn Prozent erhöht.

9 Bevor der Darlehensgeber dem Darlehensnehmer individuelle Empfehlungen zu einem oder mehreren Geschäften erteilt, die im Zusammenhang mit einem Immobiliar-Verbraucherdarlehensvertrag stehen (Beratungsleistungen), hat er den Darlehensnehmer laut § 511 Abs. 1 BGB über die sich aus Art. 247 § 18 des Einführungsgesetzes zum Bürgerlichen Gesetzbuche ergebenden Einzelheiten in der dort vorgesehenen Form zu informieren. Vor Erbringung der Beratungsleistung hat sich der Darlehensgeber nach § 511 Abs. 2 BGB über den Bedarf, die persönliche und finanzielle Situation sowie über die Präferenzen und Ziele des Darlehensnehmers zu informieren, soweit dies für eine passende Empfehlung eines Darlehensvertrages erforderlich ist. Auf Grundlage dieser aktuellen Informationen und unter Zugrundelegung realistischer Annahmen hinsichtlich der Risiken, die für den Darlehensnehmer während der Laufzeit des Darlehensvertrages zu erwarten sind, hat der Darlehensgeber eine ausreichende Zahl an Darlehensverträgen zumindest aus seiner Produktpalette auf ihre Geeignetheit zu prüfen. Der Darlehensgeber hat dem Darlehensnehmer auf Grund dieser Prüfung gemäß § 511 Abs. 3 BGB ein geeignetes oder mehrere geeignete Produkte zu empfehlen oder ihn darauf hinzuweisen, dass er kein Produkt empfehlen kann. Die Empfehlung oder der Hinweis sind dem Darlehensnehmer auf einem dauerhaften Datenträger zur Verfügung zu stellen.

10 Diese Verordnung dient der Umsetzung der Richtlinie 2014/17/EU des Europäischen Parlaments und des Rates vom 4. Februar 2014 über Wohnimmobilienkreditverträge für Verbraucher und zur Änderung der Richtlinien 2008/48/EG und 2013/36/EU und der Verordnung (EU) Nr. 1093/2010 (ABl. L 60 vom 28.2.2014, S. 34; L 47 vom 20.2.2015, S. 34; L 246 vom 23.9.2015, S. 11), die zuletzt durch die Verordnung (EU) 2016/1011 (ABl. L 171 vom 29.6.2016, S. 1) geändert worden ist. Vgl. Verordnung zur Festlegung von Leitlinien zu den Kriterien und Methoden der Kreditwürdigkeitsprüfung bei Immobiliar-Verbraucherdarlehensverträgen (Immobiliar-Kreditwürdigkeitsprüfungsleitlinien-Verordnung – ImmoKWPLV)1 vom 24. April 2018, veröffentlicht im Bundesgesetzblatt BGBl. I 2018, Nr.15, S.529, ausgegeben am 30.April 2018.

berücksichtigenden Faktoren und der hierfür einzuholenden Informationen sowie die anzuwendenden Verfahren richten sich laut § 2 Abs. 3 ImmoKWPLV nach dem jeweiligen Einzelfall, so dass auch ein Abweichen von ggf. vorhandenen standardisierten Vorgaben für die Kreditwürdigkeitsprüfung möglich ist.

Es versteht sich von selbst, dass die zukünftige Entwicklung der Kapitaldienstfähigkeit des **23** Darlehensnehmers für die Kreditwürdigkeitsprüfung eine entscheidende Rolle spielt. Die deutsche Aufsicht erwartet daher, dass bei Immobiliar-Verbraucherdarlehen auch zukünftige, als wahrscheinlich anzusehende Einkommensschwankungen in die Beurteilung der Kapitaldienstfähigkeit einbezogen werden. Den Vorgaben in § 4 Abs. 1 ImmoKWPLV zufolge sind insbesondere künftig erforderliche Zahlungen oder Zahlungserhöhungen, die sich infolge einer negativen Amortisation oder infolge aufgeschobener Tilgungs- oder Zinszahlungen ergeben können, sonstige regelmäßige Ausgaben, Schulden und sonstige finanzielle Verbindlichkeiten, künftig zu erwartende Einnahmen aus einer Vermietung oder Verpachtung von Immobilien, soweit diese Einnahmen dem Grunde und der Höhe nach wahrscheinlich und nachhaltig zu erzielen sind, wobei mögliche, aber ungewisse Mietsteigerungen nicht zu berücksichtigen sind, sowie sonstiges Einkommen, Ersparnisse und andere Vermögenswerte zu berücksichtigen.

Gemäß § 3 Abs. 1 ImmoKWPLV kann das Institut bei der Prognose der zukünftigen Entwick- **24** lungen einen nach der Lebenserfahrung anzunehmenden Verlauf der Dinge unterstellen, wenn nicht konkrete Anhaltspunkte für einen abweichenden Verlauf vorliegen. Je weiter der Prognosezeitraum, in dem die vertraglichen Verpflichtungen zu erfüllen sind, in die Zukunft reicht, desto stärker kann laut § 3 Abs. 2 ImmoKWPLV auf Erfahrungswerte und Schätzungen zurückgegriffen werden. Auch die wirtschaftlichen Auswirkungen künftiger Ereignisse können nach § 3 Abs. 3 ImmoKWPLV aufgrund von Erfahrungswerten geschätzt werden, soweit aussagekräftige Informationen nicht mit verhältnismäßigem Aufwand zu ermitteln sind.

Zukünftige wahrscheinliche negative Ereignisse, wie beispielsweise ein verringertes Einkom- **25** men für den Fall, dass die Vertragslaufzeit in die Zeit des Ruhestands hineinreicht, ein Anstieg des Sollzinssatzes oder eine negative Entwicklung des Wechselkurses sind nach § 4 Abs. 3 ImmoKWPLV ausreichend zu berücksichtigen. Der Eintritt nach der Lebenserfahrung möglicher, aber nicht überwiegend wahrscheinlicher negativer Ereignisse wie beispielsweise Arbeitslosigkeit, Erwerbsunfähigkeit, Scheidung, Aufhebung einer Lebenspartnerschaft oder das Versterben des Darlehensnehmers während der Vertragslaufzeit braucht nur berücksichtigt zu werden, wenn für ihren Eintritt konkrete Anhaltspunkte vorliegen. Auch in diesem Fall kann die Möglichkeit, dass der Darlehensnehmer während der Vertragslaufzeit verstirbt, unberücksichtigt bleiben, wenn wahrscheinlich ist, dass der Darlehensnehmer zu Lebzeiten den jeweils fälligen Verpflichtungen, die im Zusammenhang mit dem Immobiliar-Verbraucherdarlehensvertrag stehen, voraussichtlich vertragsgemäß nachkommen wird, und der Immobilienwert oder der Wert anderer als Sicherheiten dienender Vermögenswerte des Darlehensnehmers hinreichende Gewähr für die Abdeckung der im Zusammenhang mit dem Immobiliar-Verbraucherdarlehensvertrag stehenden Verbindlichkeiten und eventuellen Verwertungskosten bietet.

Zukünftige wahrscheinliche positive Ereignisse, wie beispielsweise eine Verlängerung oder **26** Entfristung eines Beschäftigungsverhältnisses, die Wiederaufnahme einer Berufstätigkeit nach einer Elternzeit, die Aufstockung der Arbeitszeit nach Teilzeittätigkeit oder eine Beförderung können laut nach § 4 Abs. 4 ImmoKWPLV ebenso berücksichtigt werden. Ein zukünftiges positives Ereignis ist wahrscheinlich, wenn es bezogen auf die konkreten Umstände, wie beispielsweise die Branche und den Beruf, nach der Lebenserfahrung voraussichtlich anzunehmen, wenn auch nicht sicher ist. Einen erwarteten deutlichen Anstieg des Einkommens oder einen Vermögenszuwachs, etwa infolge einer Abfindungszahlung, darf der Darlehensgeber nur berücksichtigen, sofern die vom Darlehensnehmer vorgelegten Unterlagen einen ausreichenden Nachweis dafür bieten.

27   Wird mit Ablauf der Laufzeit des Immobiliar-Verbraucherdarlehensvertrages vereinbarungsgemäß der Darlehensbetrag ganz oder teilweise zur Rückzahlung fällig, so muss sich die
Kreditwürdigkeitsprüfung nach § 4 Abs. 5 ImmoKWPLV auch auf die Wahrscheinlichkeit erstrecken, dass der Darlehensnehmer der Verpflichtung zur Rückzahlung dieses Betrages vertragsgemäß wird nachkommen können. Soweit der endfällige Betrag vereinbarungsgemäß nicht aus
eigenen Mitteln des Darlehensnehmers geleistet werden soll, hat sich die Kreditwürdigkeitsprüfung auf die Wahrscheinlichkeit eines künftigen Anschlussdarlehensvertrages zu erstrecken,
mit dem der verbleibende Betrag finanziert werden kann und für den der Darlehensnehmer
voraussichtlich kreditwürdig sein muss.

28   In die Kreditwürdigkeitsprüfung kann bei deutlicher Erhöhung des Nettodarlehensbetrages oder
bei Ablösung des Darlehensvertrages von einem anderen Institut nach §§ 6 und 7 ImmoKWPLV
auch das bisherige Zahlungsverhalten des Darlehensnehmers berücksichtigt werden.

2.3   Dokumentations- und Aufbewahrungspflichten bei Immobiliar-Verbraucherdarlehen

29   Bei Immobiliar-Verbraucherdarlehen sind alle für die Kreditgewährung relevanten Informationen
vollständig zu dokumentieren und über die Laufzeit des Kredites aufzubewahren. Die Dokumentationspflichten unterscheiden sich bei Immobiliar-Verbraucherdarlehen insofern nicht von den
allgemeinen Vorgaben, als alle für die Einhaltung dieses Rundschreibens wesentlichen Handlungen und Festlegungen ohnehin nachvollziehbar zu dokumentieren sind (→ AT 6 Tz. 1). Hingegen sind die Geschäfts-, Kontroll- und Überwachungsunterlagen – wie in § 25a Abs. 1 Satz 6
Nr. 2 KWG als Mindestvorgabe festgelegt – grundsätzlich nur fünf Jahre aufzubewahren (→ AT 6
Tz. 2), wobei mit Verweis auf § 257 Abs. 3 bis 5 HGB für bestimmte Unterlagen auch Aufbewahrungsfristen von sechs oder zehn Jahren gefordert werden.

30   Nach § 18a Abs. 5 KWG ist das Institut verpflichtet, insbesondere die Verfahren und Angaben,
auf die sich die Kreditwürdigkeitsprüfung stützt, nach Maßgabe von § 25a Abs. 1 Satz 6 Nr. 2 KWG
zu dokumentieren und die Dokumentation aufzubewahren. Bewertungen für Immobilien, die als
Sicherheit für Immobiliar-Verbraucherdarlehen dienen, sind dabei laut § 18a Abs. 7 KWG auf
einem dauerhaften Datenträger zu dokumentieren. Die Bestimmungen zum Schutz personenbezogener Daten bleiben davon gemäß § 18a Abs. 9 KWG unberührt.

3   Sicherheitenmanagement (Tz. 3)

3 Die Werthaltigkeit und der rechtliche Bestand von Sicherheiten sind grundsätzlich vor   **31**
der Kreditvergabe zu überprüfen. Der Wertansatz muss hinsichtlich wertbeeinflussender Umstände nachvollziehbar und in den Annahmen und Parametern begründet sein. Bei der Überprüfung der Werthaltigkeit kann auf bereits vorhandene Sicherheitenwerte zurückgegriffen werden, sofern keine Anhaltspunkte für Wertveränderungen vorliegen.

3.1   Sinn und Zweck der Besicherung

Im Allgemeinen steht aus Sicht des Institutes bei der Kreditvergabeentscheidung die Frage im   **32**
Vordergrund, ob der Kreditnehmer aufgrund seiner Kapitaldienstfähigkeit dazu in der Lage ist, den gewünschten Kredit vertragsgemäß zurückzuführen (→ BTO 1.2.1 Tz. 1). Maßgeblich für die Kreditentscheidung ist also vor allem die Einschätzung der Bonität des Kreditnehmers. Sofern Zweifel an seiner wirtschaftlichen Situation bestehen, lässt sich das Ausfallrisiko durch die Hereinnahme von Sicherheiten begrenzen. Aber selbst bei einwandfreier Bonität des Kreditnehmers besteht aus Sicht des Institutes häufig das Bedürfnis nach einer zusätzlichen Besicherung, da unvorhergesehene Entwicklungen die Situation des Kreditnehmers sehr schnell und nachhaltig verschlechtern können.

3.2   Sicherheitenarten

In der Praxis existiert ein weites Spektrum von Sicherheitenarten. Üblicherweise wird bei der   **33**
Besicherung entweder auf Personalsicherheiten, wie Bürgschaften und Garantien, oder Sachsicherheiten, wie Grundschulden, Verpfändungen und Sicherungsübereignungen, zurückgegriffen. Daneben existieren noch spezielle Sicherungsformen, wie z. B. Patronatserklärungen oder Negativerklärungen. Das Institut hat die akzeptierten Sicherheitenarten und die Verfahren zur Wertermittlung dieser Sicherheiten festzulegen (→ BTO 1.2 Tz. 2).

Sinnvollerweise sollten auch die übrigen regulatorischen Vorgaben sowie die darauf bezogenen   **34**
Auslegungsentscheidungen der zuständigen Aufsichtsbehörden zur Anerkennung bestimmter Sicherheiten für bankaufsichtliche Zwecke beachtet werden, wenngleich dies für die Umsetzung der MaRisk nicht zwingend erforderlich ist. Dadurch kann ggf. Doppelarbeit vermieden und im Ergebnis der Bearbeitungsaufwand reduziert werden.

3.3   Überprüfung der Sicherheiten im Rahmen der Kreditgewährung

Die Werthaltigkeit und der rechtliche Bestand von Sicherheiten sind grundsätzlich vor der Kredit-   **35**
vergabe zu überprüfen. Beide Aspekte sind für die Kreditentscheidung bedeutsam. Bei mangelhafter rechtswirksamer Bestellung der Sicherheiten ist die Durchsetzung des Sicherungsanspruches unter Umständen nicht möglich. Aber auch bei einwandfrei bestellten Sicherheiten kann der

Fall eintreten, dass der mit der Hereinnahme von Sicherheiten beabsichtigte Sicherungszweck verfehlt wird. Das liegt entweder daran, dass der Wert der Sicherheiten von vornherein falsch eingeschätzt wurde oder eine positive Korrelation zwischen der Bonität des Schuldners und dem Wert der Sicherheiten besteht. Die Überprüfung bestimmter Sicherheiten ist aus Risikogesichtspunkten außerhalb des Bereiches Markt durchzuführen (→ BTO 1.1 Tz. 7).

3.4   Bestimmung der Werthaltigkeit von Sicherheiten

36   Im Hinblick auf die Art und Weise der Bestimmung der Werthaltigkeit von Sicherheiten werden je nach Sicherheitenart unterschiedliche Methoden verwendet. Der zu betreibende Aufwand richtet sich dabei i. d. R. nach dem Risikogehalt der Sicherheiten und der jeweiligen Sicherheitenart: Bei Barsicherheiten oder Garantien des Bundes ist der Bewertungsaufwand tendenziell zu vernachlässigen. Auch bei börsennotierten Wertpapieren kann deren Werthaltigkeit i. d. R. ohne weiteres durch die Nutzung von geeigneten Online-Systemen (z. B. Reuters, Bloomberg oder Markit) oder zumindest durch die regelmäßige Lektüre der einschlägigen Wirtschaftspresse bestimmt oder plausibilisiert werden.

37   Bei anderen Sicherheiten sind dagegen unter Umständen umfangreiche Aktivitäten für eine angemessene Wertermittlung erforderlich:
–   Bei Zessionen (Forderungsabtretungen) sollte sich das Institut aktuelle und aussagefähige Forderungslisten einreichen lassen, die anschließend auszuwerten sind.
–   Bei Sicherungsübereignungen sollten aktuelle Bestandslisten eingeholt und ausgewertet werden. Das Institut sollte sich in geeigneter Weise vergewissern, dass die Sicherungsgüter überhaupt existieren und ein ausreichender Versicherungsschutz für sie besteht.
–   Bei Grundpfandrechten sind aktuelle Grundbuchauszüge anzufordern sowie aktuelle Beleihungswerte zu ermitteln.
–   Bei Bürgschaften und Garantien sind aktuelle Informationen über die wirtschaftliche Situation des Bürgen bzw. Garanten erforderlich (→ BTO 1.2.1 Tz. 4).

38   Die dargestellten Beispiele werden dem weiten Spektrum existierender Sicherheitenarten bei weitem nicht gerecht. Die deutsche Aufsicht hat bewusst keine konkreten Anforderungen an die Wertermittlung einzelner Sicherheitenarten gestellt, da dies zweifellos den Rahmen der MaRisk gesprengt hätte. Allerdings hat sie im Rahmen der fünften MaRisk-Novelle ergänzend klargestellt, dass der Wertansatz der Sicherheiten hinsichtlich wertbeeinflussender Umstände nachvollziehbar und in den Annahmen und Parametern begründet sein muss. Davon sind insbesondere jene Einflussfaktoren betroffen, die einen wertmindernden Effekt haben können. Mit Blick auf die o. g. Sicherheitenarten ist es z. B. vorstellbar, dass bestimmte abgetretene Forderungen nicht vollständig einbringbar sind, weil einzelne Schuldner in finanzielle Schwierigkeiten geraten sind. Für eine realistische Einschätzung kann auf entsprechende Erfahrungen aus der Vergangenheit zurückgegriffen werden, indem z. B. die Höhe von unplanmäßigen Abschreibungen auf Forderungen in den Bilanzen analysiert wird. Probleme sind darüber hinaus absehbar, wenn bestimmte Sicherungsgüter mit mangelhaftem Versicherungsschutz an Orten aufbewahrt werden, die keine Garantie für ihre dauerhafte Existenz bieten, oder wichtige Bürgen bzw. Garanten ausfallen sollten.

Bei Immobilienfinanzierungen sollte beachtet werden, dass die Grundpfandrechte erst nach **39** Abschluss der Baumaßnahme wirklich werthaltig sind. Zwar bietet die Auszahlung der Immobiliendarlehen nach Baufortschritt gemäß der Makler- und Bauträgerverordnung (MaBV)[11] eine gewisse Sicherheit. Allerdings kann dies auch zur Scheinsicherheit werden, wenn die Baumaßnahme aufgrund von Schwierigkeiten des Bauträgers gar nicht zu Ende geführt werden kann. Nicht zuletzt deshalb beinhaltet die Überprüfung der Werthaltigkeit einer Sicherheit im Rahmen der Kreditgewährung in Abhängigkeit von der Sicherheitenart ab einer vom Institut unter Risikogesichtspunkten festzulegenden Grenze nach den Vorstellungen der deutschen Aufsicht auch eine Objektbesichtigung ($\rightarrow$ BTO 1.2.1 Tz. 3, Erläuterung).

3.5 Verzicht auf eine Bewertung

Die Bestimmung der Werthaltigkeit setzt voraus, dass die Sicherheiten überhaupt bewertet und **40** somit bei der Ermittlung des Blankoanteils angesetzt werden können. Dies ist bei bestimmten Sicherheiten entweder gar nicht oder nur mit einem unverhältnismäßig hohen Aufwand möglich. So lässt sich z. B. die Werthaltigkeit einer weichen Patronatserklärung i. d. R. nicht exakt quantifizieren. Ähnliches gilt im Hinblick auf Negativverklärungen, mit deren Hilfe eine Nichtbelastung von Vermögenswerten zugesichert wird. Der Hinweis auf eine »grundsätzliche« Bewertung zielt insofern darauf ab, dass auch der Rückgriff auf nicht ohne weiteres zu bewertende Sicherheiten, die letztendlich nur der Stärkung der Gläubigerposition dienen und aus diesen Gründen nicht auf das Blankovolumen angerechnet werden, weiterhin möglich ist.

Schwierigkeiten können sich darüber hinaus ergeben, wenn im Normalfall problemlos zu **41** ermittelnde Wertansätze aufgrund einer plötzlichen Marktenge oder gar des Zusammenbruchs bestimmter Marktsegmente (z. B. für bestimmte Wertpapiere) vorübergehend oder auf Dauer nicht mehr zur Verfügung stehen. In derartigen Situationen, die ggf. mit einer Ad-hoc-Berichtspflicht verbunden sind, muss mit einer erheblichen Reduzierung des Wertes dieser Sicherheiten gerechnet werden ($\rightarrow$ BTO 1.2.2 Tz. 4).

3.6 Rückgriff auf existierende Sicherheitenwerte

Eine Überprüfung ist auch dann nicht erforderlich, wenn auf bereits existierende Sicherheitenwerte **42** zurückgegriffen werden kann und gleichzeitig keine Hinweise auf (negative) Wertveränderungen vorliegen. Diese Erleichterung kann regelmäßig dann in Anspruch genommen werden, wenn es sich z. B. um Garantien des Bundes oder anderer staatlicher Stellen handelt, an deren Bonität kein Zweifel besteht. Sie betrifft des Weiteren Sicherheiten, für die vom Institut bereits eine Bewertung durchgeführt wurde, die zum Zeitpunkt der Überprüfung noch aussagekräftig ist und hinsichtlich ihres Ergebnisses als nach wie vor gültig angesehen werden kann. Auch im Rahmen der Kreditweiterbearbeitung ist ein Rückgriff auf existierende Sicherheitenwerte z. B. bei der internen Prolongation von extern »bis auf weiteres« zugesagten Krediten möglich ($\rightarrow$ BTO 1.2.2 Tz. 3).

---

11 Verordnung über die Pflichten der Makler, Darlehens- und Anlagenvermittler, Bauträger und Baubetreuer (Makler- und Bauträgerverordnung – MaBV), in der Bekanntmachung vom 7. November 1990 (BGBl. I, S. 2479), zuletzt geändert durch Artikel 2 der Verordnung vom 9. März 2010 (BGBl. I, S. 264).

3.7 Berücksichtigung rechtlicher Aspekte

43 Neben den o.g. wirtschaftlichen Gesichtspunkten sind bei der Hereinnahme von Sicherheiten auch rechtliche Aspekte zu berücksichtigen. So muss der rechtliche Bestand der Sicherheiten durch rechtsverbindliche Vereinbarungen als gesichert gelten. Auch Sicherheitennachweise müssen vorhanden sein, z. B. in Form von Grundbuch- oder Depotauszügen, Verwahrbestätigungen oder Zessionsmeldungen. Dabei kann es in Einzelfällen wichtig sein, dass sich das Institut vor Ort vom Vorhandensein einer Sicherheit überzeugt. Auch im Hinblick auf die Ausgestaltung der Sicherungsverträge sind darüber hinaus, in Abhängigkeit von der Sicherheitenart, verschiedene Aspekte zu berücksichtigen, die sich aus den AGB-Banken bzw. den AGB-Sparkassen ergeben.[12]

3.8 Vermeidung von Doppelarbeit

44 Im Fördergeschäft liegen für einzelne Förderprogramme i.d.R. Primärsicherheiten in Form von Garantien oder Rückbürgschaftserklärungen von überwiegend öffentlichen Stellen vor. Darüber hinaus erhalten die Hausbanken als Kreditnehmer der Förderbanken die Auflage, beim Endkreditnehmer entsprechende bankübliche Sicherheiten zu bestellen und zu verwalten. Hierbei handelt es sich um so genannte »Subsidiärsicherheiten«, die keinen Einfluss auf das Adressenausfallrisiko der Hausbanken haben. Diese Sicherheiten, die von den Hausbanken nach den üblichen Vorgaben behandelt werden, können und müssen natürlich nicht zusätzlich von den Förderinstituten bewertet werden. Ähnlich verhält es sich mit den Bürgschaftsbanken, bei deren verbürgten Krediten die Hausbanken u. a. vertraglich zum Sicherheitenmanagement verpflichtet sind. Auch in diesen Fällen ist keine Doppelarbeit erforderlich.[13]

---

12 Hierzu zählt z. B. die laut Nr. 16 der AGB-Banken in der Fassung vom 13. Januar 2018 bestehende Festlegung von Freigabeklauseln zugunsten des Sicherungsgebers zwecks Vermeidung von Übersicherungen auf der Grundlage objektiver Orientierungsgrößen. Eine vergleichbare Regelung findet sich in den AGB-Sparkassen in der Fassung vom 20. März 2018 unter Nr. 22.

13 Vgl. Hannemann, Ralf, Interpretationshilfen für die Umsetzung der Mindestanforderungen an das Kreditgeschäft der Kreditinstitute (MaK), Bundesverband Öffentlicher Banken Deutschlands (Hrsg.), März 2003, S. 32.

4 Berücksichtigung der Verhältnisse Dritter (Tz. 4)

4 Hängt der Sicherheitenwert maßgeblich von den Verhältnissen eines Dritten ab (z.B. **45**
Bürgschaft), so ist eine angemessene Überprüfung der Adressenausfallrisiken des Dritten
durchzuführen.

4.1 Sicherheiten, deren Wert von Dritten abhängt

Soweit der Sicherheitenwert maßgeblich von den Verhältnissen eines Dritten abhängt, ist eine **46**
angemessene Überprüfung des Adressenausfallrisikos des Dritten durchzuführen. Als Dritte kommen
z.B. Personen oder Unternehmen in Betracht, die sich neben dem eigentlichen Kreditnehmer zur
Bedienung und Rückführung des Kredites verpflichtet haben, wie etwa durch Bürgschaft, Schuldbei-
tritt oder die Abgabe einer Garantie. Diese Anforderung zielt somit in erster Linie auf Personalsicherheiten ab. Solche Sicherheiten sind, soweit nicht von vornherein kein Zweifel an der Bonität des
Sicherungsgebers besteht (wie z.B. im Fall der Garantie eines Bundeslandes), unter Umständen sehr
schwer zu bewerten. Letztlich ist ggf. eine umfassende Überprüfung des Dritten erforderlich, um den
Wert der Sicherheit und deren Beitrag zur Risikoreduzierung abschließend beurteilen zu können. In
diesem Zusammenhang können sich vor allem dann Probleme ergeben, wenn der Dritte dem Institut
nur in eingeschränktem Umfang Unterlagen über seine wirtschaftliche Situation zukommen lässt.

4.2 Angemessene Überprüfung

Bei derartigen Sicherheiten ist eine »angemessene Überprüfung« des Adressenausfallrisikos des **47**
Dritten erforderlich. Wegen der beschriebenen Probleme sind nicht zwingend die gleichen
Anforderungen zu stellen, die bei der Überprüfung anderer Sicherheiten notwendig sind bzw.
leichter umgesetzt werden können. Die Überprüfung hat grundsätzlich unter dem Gesichtspunkt
zu erfolgen, ob davon ausgegangen werden kann, dass der Dritte während der Kreditlaufzeit in der
Lage wäre, die sich aus den Krediten ergebenden Verbindlichkeiten zu erfüllen. Es muss also
möglich sein, dass sich das Institut einen Eindruck über die wirtschaftliche Situation des Mitverpflichteten verschafft. Ist dies, aus welchen Gründen auch immer, nicht darstellbar, sollte von der
Hereinnahme solcher Sicherheiten Abstand genommen werden, da sie vermutlich auch keinen
Beitrag zur Risikoreduzierung leisten würden.

BTO 1.2.2 Kreditweiterbearbeitung

1 Vertrags- und Kreditverwendungskontrolle (Tz. 1)

1 Im Rahmen der Kreditweiterbearbeitung ist zu überwachen, ob die vertraglichen Ver-   1
einbarungen vom Kreditnehmer eingehalten werden. Bei zweckgebundenen Kreditvergaben ist zu kontrollieren, ob die valutierten Mittel der vereinbarten Verwendung zukommen
(Kreditverwendungskontrolle).

1.1 Prozess der Kreditweiterbearbeitung

Der Prozess der Kreditweiterbearbeitung umfasst im Wesentlichen folgende Arbeitsschritte: 2
- die Überprüfung, ob der Kreditnehmer die vertraglichen Vereinbarungen einhält
  ($\rightarrow$ BTO 1.2.2 Tz. 1),
- die Kreditverwendungskontrolle bei zweckgebundenen Kreditvergaben ($\rightarrow$ BTO 1.2.2 Tz. 1),
- die jährliche Beurteilung der Adressenausfallrisiken ($\rightarrow$ BTO 1.2.2 Tz. 2),
- die turnusmäßige Überprüfung der Sicherheiten ($\rightarrow$ BTO 1.2.2 Tz. 3) und
- ggf. außerordentliche Überprüfungen, sofern Informationen über wesentliche negative
  Änderungen der Risikoeinschätzung der Engagements oder der Sicherheiten vorliegen
  ($\rightarrow$ BTO 1.2.2 Tz. 4).

1.2 Einhaltung der Vertragsbedingungen

Zunächst ist zu überwachen, ob die vertraglichen Vereinbarungen vom Kreditnehmer eingehalten   3
werden. Dieser Prozess beginnt schon mit der Überprüfung der Rückläufe der vom Kreditnehmer
unterzeichneten Kreditverträge, Sicherheitenvereinbarungen und Zweckbestimmungserklärun-
gen. Darüber hinaus werden häufig Auflagen formuliert, die vor der anteiligen oder vollständigen
Auszahlung des Kredites erfüllt sein müssen. Hierzu zählen z. B. in der Immobilienfinanzierung
die Eintragung der Kreditnehmer im Grundbuch, zumindest in Form einer Auflassungsvormer-
kung, oder eine entsprechende Notarbestätigung, die ranggerechte Eintragung der Grundschuld
zugunsten des Institutes, der Abschluss einer Gebäudeversicherung und ggf. Bautenstandsberich-
te durch den Architekten. Nach vollständiger Auszahlung des Kreditbetrages und Beginn der
Rückzahlungen bezieht sich die Überwachung der Vertragstreue vor allem auf die vereinbarungs-
gemäße Zahlung von Zins- und Tilgungsleistungen.

1.3 Kreditverwendungskontrollen

Ferner ist zu überprüfen, ob die ausgezahlten Mittel der vereinbarten Verwendung zukommen.   4
Die so genannten »Kreditverwendungskontrollen« sind allerdings nur bei der zweckgebundenen
Vergabe von Krediten durchzuführen, wie z. B. bei einer Baufinanzierung oder einer Kfz-Finan-
zierung. Bei nicht-zweckgebundenen Engagements, wie z. B. Kontokorrentkrediten, sind derartige
Kontrollen hingegen nicht erforderlich und auch nicht möglich. Im Hinblick auf die konkrete

BTO 1.2.2 Kreditweiterbearbeitung

Ausgestaltung der Kreditverwendungskontrollen werden keine weiteren Anforderungen gestellt. Bei bestimmten zweckgebundenen Finanzierungen sollte sich das Institut aber in jedem Fall direkt vor Ort einen Eindruck über die tatsächliche Mittelverwendung verschaffen, so z.B. durch Besichtigungen bei Immobilienfinanzierungen oder anderen Projektfinanzierungen. Der Turnus der Verwendungskontrollen sollte von der speziellen Eigenart und dem Risikogehalt der zweckgebundenen Kreditgeschäfte abhängig gemacht werden.

1.4   Spezialfälle

5   Im Fördergeschäft müssen die Hausbanken gemäß den allgemeinen Darlehensbedingungen i.d.R. die Prüfung der zweckentsprechenden Verwendung durch den Endkreditnehmer gewährleisten, wobei seitens der Förderbanken lediglich stichprobenweise Vor-Ort-Prüfungen bei den Hausbanken stattfinden. Mit den Anforderungen der MaRisk ist nicht beabsichtigt, dass die von den Hausbanken wahrgenommene Kreditverwendungskontrolle an die Förderinstitute zurückdelegiert wird.[1]

6   In der Regel nimmt das Institut für zweckgebundene Kreditvergaben eine mit dem zu finanzierenden Objekt verbundene Sicherheit herein, deren Verwaltung ohnehin eine regelmäßige Kontrolle erfordert. Das trifft z.B. auf Finanzierungen von Immobilien oder Kraftfahrzeugen zu, die im Normalfall mit der Eintragung einer Grundschuld bzw. der Hereinnahme des Kfz-Briefes einhergehen. Anders sieht es hingegen bei Krediten aus, die zwar auch für vergleichbare Finanzierungen verwendet werden, bei denen nach Einschätzung des Institutes jedoch aus Risikogesichtspunkten auf eine derartige Sicherheit verzichtet wird. In diesen Fällen würde der Kreditnehmer aufgrund seiner Bonität i.d.R. auch für andere Zwecke Finanzierungsmittel in der gewünschten Höhe zur Verfügung gestellt bekommen. Vor diesem Hintergrund bestand im MaK-Fachgremium Einigkeit darüber, dass derartige »nicht besicherte« Kreditvergaben nicht als zweckgebundene Kreditvergaben im Sinne des Rundschreibens (damals MaK, heute MaRisk) angesehen werden und in diesen Fällen insoweit auf die Kreditverwendungskontrolle verzichtet werden kann. Protokolliert wurde dieses Ergebnis allerdings nicht.

---

1   Vgl. Hannemann, Ralf, Interpretationshilfen für die Umsetzung der Mindestanforderungen an das Kreditgeschäft der Kreditinstitute (MaK), Bundesverband Öffentlicher Banken Deutschlands (Hrsg.), März 2003, S. 33.

2 Turnusmäßige Beurteilung der Adressenausfallrisiken (Tz. 2)

2 Eine Beurteilung der Adressenausfallrisiken ist jährlich durchzuführen, wobei die Intensität der Beurteilungen vom Risikogehalt der Engagements abhängt (z. B. Kreditwürdigkeitsprüfung, Risikoeinstufung im Risikoklassifizierungsverfahren oder eine Beurteilung auf der Grundlage eines vereinfachten Verfahrens). 7

2.1 Jährliche Überprüfungen des Adressenausfallrisikos

Über die Risikosituation des Institutes hat sich die Geschäftsleitung in angemessenen Abständen berichten zu lassen (→ AT 4.3.2 Tz. 3 und BT 3.1 Tz. 1) und mindestens vierteljährlich das Aufsichtsorgan schriftlich zu informieren (→ AT 4.3.2 Tz. 3 und BT 3.1 Tz. 5). Es leuchtet unmittelbar ein, dass es kaum genügen würde, die zur Beurteilung der Adressenausfallrisiken wichtigen Faktoren nur im Rahmen der Kreditgewährung zu untersuchen (→ BTO 1.2.1 Tz. 1). Schließlich handelt es sich jeweils um eine Momentaufnahme von der aktuellen Risikosituation, die sich während der Laufzeit einer Geschäftsbeziehung gravierend ändern kann. Das Adressenausfallrisiko eines Engagements ist deshalb grundsätzlich jährlich zu beurteilen. Dabei spielt es keine Rolle, ob es sich um ein risikobehaftetes Engagement handelt oder nicht. Jährliche Beurteilungen des Adressenausfallrisikos sind insoweit z. B. auch beim relativ risikoarmen standardisierten Mengengeschäft durchzuführen. Die deutsche Aufsicht räumt jedoch Erleichterungen im Hinblick auf die Intensität dieser Beurteilungen ein. 8

2.2 Intensität der periodischen Beurteilung

Die Intensität der Beurteilungen hängt insbesondere vom Risikogehalt, aber auch von der Komplexität der zu beurteilenden Engagements ab. Die Beurteilungen können z. B. auf Basis von Kreditwürdigkeitsprüfungen, mit Hilfe von Risikoklassifizierungsverfahren (→ BTO 1.4) oder auf der Grundlage vereinfachter Verfahren durchgeführt werden. Im Rahmen des standardisierten Mengengeschäftes kann es im Hinblick auf die periodische Überprüfung des Adressenausfallrisikos z. B. ausreichend sein, dass die ordnungsgemäße Tilgung durch den Kreditnehmer kontrolliert wird. Derartige Überprüfungen auf der Grundlage vereinfachter Verfahren lassen sich mit Hilfe eines Verhaltensscorings ohne nennenswerten manuellen Aufwand darstellen.[2] Gerade in derartigen Konstellationen könnte dem Einsatz von künstlicher Intelligenz zukünftig eine bedeutende Rolle zukommen. 9

Insoweit besteht in Abhängigkeit vom Risikogehalt der Engagements ein weiter Spielraum hinsichtlich der jeweiligen Beurteilungsverfahren bzw. der Intensität der Überprüfungen. Die Verfahren müssen allerdings gewährleisten, dass bei der Beurteilung des Adressenausfallrisikos alle bedeutsamen Aspekte berücksichtigt werden (→ BTO 1.2 Tz. 3). 10

---

2 Vgl. Poppe, Peter, Techniken und Anwendungsbereiche von Scoringsystemen – eine systematische Betrachtung unter dem Aspekt der MaK, in: Eller, Roland/Gruber, Walter/Reif, Markus (Hrsg.), Handbuch MaK, Stuttgart, 2003, S. 229 f.

3   Sicherheitenmanagement (Tz. 3)

11   **3** Die Werthaltigkeit und der rechtliche Bestand von Sicherheiten sind im Rahmen der Kreditweiterbearbeitung in Abhängigkeit von der Sicherheitenart ab einer vom Institut unter Risikogesichtspunkten festzulegenden Grenze in angemessenen Abständen zu überprüfen.

3.1   Laufende Überprüfung von Sicherheiten

12   In der Vergangenheit hat sich gezeigt, dass viele Institute allzu sehr auf den ursprünglich im Rahmen der Kreditentscheidung ermittelten Wertansatz der hereingenommenen Sicherheiten vertraut haben. Auf eine laufende Überprüfung der Werthaltigkeit der Sicherheiten wurde hingegen häufig verzichtet. Diese Praxis hat in einigen Fällen erhebliche Verluste zur Folge gehabt. So kann sich z. B. ein als Sicherheit hereingenommenes Betriebsgrundstück in kürzester Zeit als wertlos erweisen, wenn auf diesem Grundstück Altlasten zum Vorschein kommen. Zum Teil mussten Institute in derartigen Fällen sogar die Sanierungskosten tragen, da sie nach der Insolvenz des Kreditnehmers rechtlich wie der Eigentümer dieser Grundstücke behandelt wurden.[3] Auch durch Änderungen der Rechtslage oder veränderte Zugriffsmöglichkeiten auf die Sicherheiten können sich negative Auswirkungen für das Institut ergeben.

13   Diese Beispiele verdeutlichen, wie wichtig eine laufende Überprüfung der Sicherheiten ist. Sie hat ab einer unter Risikogesichtspunkten festzulegenden Grenze zu erfolgen. Diese risikoabhängige Grenze könnte z. B. von den erwarteten Wertveränderungen bestimmter Sicherheiten(-arten) abhängig gemacht werden (z. B. von der Volatilität bei börsennotierten Wertpapieren). Als Anhaltspunkte können darüber hinaus die Höhe der Besicherung, deren Verhältnis zum jeweiligen Kreditvolumen bzw. der resultierende Blankoanteil, die Bonität des Sicherungsgebers oder der ggf. vorhandene wirtschaftliche Zusammenhang zwischen dem Kreditnehmer und der Sicherheit dienen. Ebenso kann die Höhe der Beleihungsgrenze, ob nun gesetzlich vorgegeben oder nicht, eine Rolle spielen. Es sind aber auch andere Kriterien denkbar, auf deren Grundlage die Institute entsprechende Festlegungen treffen können.

14   Auf welche Weise die Überprüfung der Werthaltigkeit und des rechtlichen Bestandes von Sicherheiten erfolgen kann, wurde bereits im Rahmen der Kreditgewährung ausführlich erläutert (→ BTO 1.2.1 Tz. 3). Die deutsche Aufsicht hat ausdrücklich darauf hingewiesen, dass die im Rahmen der Kreditgewährung in Abhängigkeit von der Sicherheitenart ab einer vom Institut unter Risikogesichtspunkten festzulegenden Grenze geforderte Objektbesichtigung ggf. auch in der Kreditweiterbearbeitung durchzuführen ist (→ BTO 1.2.1 Tz. 3, Erläuterung). Insgesamt ist zu beachten, dass die Überprüfung bestimmter Sicherheiten außerhalb des Bereiches Markt durchgeführt werden muss (→ BTO 1.1 Tz. 7). Ein Verzicht auf die regelmäßige Überprüfung bestimmter Sicherheiten entbindet die Institute nicht von der Pflicht, sich grundsätzlich von der ordnungsgemäßen Vertragsgestaltung zu überzeugen, da die Bestellung von Sicherheiten immer Risiken in sich birgt. Für diese Zwecke reichen i. d. R. jedoch die Kreditbearbeitungskontrollen aus (→ BTO 1.2.3).

---

3   Vgl. Grunwald, Egon/Grunwald, Stephan, Bonitätsanalyse im Firmenkundengeschäft, Stuttgart, 1999, S. 53 f.

3.2 Rückgriff auf vorhandene Sicherheitenwerte

Sofern keine Anhaltspunkte für Wertveränderungen vorliegen, kann bei der Überprüfung der **15** Werthaltigkeit auf bereits vorhandene Sicherheitenwerte zurückgegriffen werden. Diese Erleichterung gilt formal betrachtet nur für die Kreditgewährung (→ BTO 1.2.1 Tz. 3). Gerade im Rahmen der Kreditweiterbearbeitung, wie z. B. bei der (jährlichen) internen Prolongation von extern »bis auf weiteres« zugesagten Krediten, ist ein Rückgriff auf existierende Sicherheitenwerte allerdings sehr hilfreich. Die deutsche Aufsicht hat deshalb klargestellt, dass sie diese Erleichterung nicht vordergründig auf den Prozess der »Kreditgewährung« beschränkt sieht, sondern in erster Linie eine praktikable Lösung für die »Kreditentscheidung« anstrebt. Die MaRisk unterscheiden hinsichtlich der Definition einer Kreditentscheidung nicht zwischen externen und internen Prolongationen (→ AT 2.3 Tz. 2, Erläuterung). Vor diesem Hintergrund herrschte im MaRisk-Fachgremium Einigkeit darüber, dass auch bei internen Prolongationen auf vorhandene Sicherheitenwerte zurückgegriffen werden kann, sofern keine Anhaltspunkte für Wertveränderungen vorliegen.[4]

3.3 Anhaltspunkte für den Überprüfungsturnus

Die Werthaltigkeit und der rechtliche Bestand von bestimmten Sicherheiten sind in angemessenen **16** Abständen zu überprüfen. Der konkrete Zeitraum zwischen zwei Überprüfungsterminen hängt von der jeweiligen Sicherheitenart sowie von der Relevanz der Sicherheit für den Risikogehalt des Kreditengagements ab und ist von jedem Institut eigenverantwortlich festzulegen. Als Anhaltspunkte kommen im Grunde dieselben Kriterien infrage, die bei der Festlegung herangezogen werden, welche Sicherheiten(-arten) aus Risikogesichtspunkten überhaupt regelmäßig überprüft werden müssen. Insoweit räumt die deutsche Aufsicht den Instituten einen weiten Spielraum bei der Festlegung der zeitlichen Abstände zwischen den Überprüfungen sowie im Hinblick auf die Intensität dieser periodischen Überprüfungen ein.

3.4 Einsatz von Marktschwankungskonzepten bei Immobiliensicherheiten

In der CRR werden allerdings klare Vorgaben zum erforderlichen Bewertungsturnus bestimmter Sicher- **17** heiten für Zwecke der bankaufsichtlich angemessenen Eigenmittelausstattung gemacht, die den Bewegungsspielraum der MaRisk in der Praxis wieder einschränken. So sind nach Art. 208 Abs. 3 lit. a Satz 1 CRR die Werte von als Sicherheit dienenden Gewerbeimmobilien mindestens jährlich und von Wohnimmobilien alle drei Jahre zu überwachen. Sofern der Markt für die belastete Immobilie starken Wertschwankungen ausgesetzt ist, hat diese Überwachung gemäß Art. 208 Abs. 3 lit. a Satz 2 CRR sogar häufiger zu erfolgen. Insofern besteht in der CRR eine Parallele zu den auch in den MaRisk geforderten außerordentlichen Überprüfungen von Sicherheiten unter besonderen Umständen (→ BTO 1.2.2 Tz. 4). Liegen den Instituten Hinweise darauf vor, dass die Immobilie im Verhältnis zu den allgemeinen Marktpreisen erheblich an Wert verloren haben könnte, so muss die Bewertung nach Art. 208 Abs. 3 lit. b CRR von einer Person überprüft werden, die über die zur Durchführung einer solchen Bewertung

---

4 Vgl. Bundesanstalt für Finanzdienstleistungsaufsicht, Protokoll der zweiten Sitzung des MaRisk-Fachgremiums am 17. August 2006, S. 2.

BTO 1.2.2 Kreditweiterbearbeitung

erforderlichen Qualifikationen, Fähigkeiten und Erfahrungen verfügt und von der Kreditvergabeentscheidung unabhängig ist. Bei Krediten, die über 3 Mio. Euro oder 5 % der Eigenmittel des Institutes hinausgehen, wird die Bewertung mindestens alle drei Jahre von einem solchen Sachverständigen überprüft.

18   Die Institute können gemäß Art. 208 Abs. 3 CRR zur Überprüfung des Immobilienwertes und zur Ermittlung derjenigen Immobilien, die einer Neubewertung im o. g. Sinne bedürfen, statistische Verfahren heranziehen. In der Praxis bedienen sich die Institute hierzu teilweise so genannter »Marktschwankungskonzepte«, mit deren Hilfe die Entwicklung der Marktwerte von Immobilien in bestimmten Regionen und über einen festgelegten Zeitraum auf Basis von statistischen Daten beobachtet werden kann. Liegt die beobachtete Schwankung über einem Schwellenwert, der für Gewerbeimmobilien 10 % und für Wohnimmobilien 20 % beträgt, so sind zunächst die Grundlagen der Wertermittlung zu überprüfen und anschließend ggf. (pauschale) Neubewertungen erforderlich. Die vom Deutschen Sparkassen- und Giroverband (DSGV) sowie vom Verband deutscher Pfandbriefbanken (vdp) genutzten Marktschwankungskonzepte führen regelmäßig zu verbändeübergreifenden Handlungsempfehlungen der Deutschen Kreditwirtschaft (DK) zur Unterstützung der ihr angeschlossenen Institute und wurden von der Bankenaufsicht unter gewissen Voraussetzungen für die Zwecke des KWG anerkannt.[5] Mit Schreiben vom 29. August 2018 hat die DK der BaFin die ermittelten Marktschwankungen der wesentlichen wohnwirtschaftlichen und gewerblichen Immobilienmärkte für das Jahr 2017 zugeleitet. Demnach wurde im Berichtszeitraum in keiner der betrachteten Regionen eine Absenkung der Marktpreise oberhalb der angegebenen Schwellenwerte festgestellt.

19   Laut Ansicht der Deutschen Bundesbank ist der Einsatz von Marktschwankungskonzepten im Rahmen der turnusmäßigen Überprüfung der Werthaltigkeit von Immobilien zwar auch für die Zwecke der MaRisk grundsätzlich möglich. Allerdings können diese Erkenntnisse nur der groben Orientierung in den beobachteten Marktsegmenten und damit der Definition von entsprechenden Impulsen dienen. Um den Anforderungen an eine regelmäßige Überprüfung der Werthaltigkeit von risikorelevanten Sicherheiten zu genügen, werden weitere Analysen erwartet, wie z. B. Auswertungen der Bodenrichtwerte oder Grundstücksmarktberichte der Gutachterausschüsse. In jedem Fall haben eine eigenverantwortliche Beobachtung und Steuerung möglicher Risiken, die aus der Besicherung mit Grundpfandrechten erwachsen können, zu erfolgen. Dabei sind nach Einschätzung der Deutschen Bundesbank auch Maßnahmen und Schwellenwerte, ab wann diese zu ergreifen sind, zu definieren. Bei einem Marktschwankungskonzept muss sich das Institut jeweils mit der Frage auseinandersetzen, inwieweit es für das eigene Portfolio qualitativ und quantitativ repräsentativ ist und für welche Immobilien es folglich genutzt werden kann. Bei außerordentlichen Ereignissen, wie z. B. Umwelt- oder Naturkatastrophen, oder bei Immobilien, die hinsichtlich ihrer Lage, ihrer Größe, ihres Typs oder ihrer Drittverwendungsmöglichkeit Besonderheiten aufweisen, hält die Deutsche Bundesbank ein Marktschwankungskonzept zur Überprüfung der Werthaltigkeit für ungeeignet. Daher sollen Prozesse zur einzelfallbezogenen Überprüfung des Immobilienwertes bei Ereignissen, die nicht vom Marktschwankungskonzept abgedeckt sind, eingerichtet sowie risikoorientierte Grenzen festgelegt werden, ab denen immer eine turnusmäßige Einzelfallprüfung der Immobilienwerte vorzunehmen ist (siehe Abbildung 61).[6]

---

5   Vgl. Bundesanstalt für Finanzdienstleistungsaufsicht/Deutsche Bundesbank, Empfehlungen des Fachgremiums Kredit zur Überwachung der Werte von Immobilien und zur Neubewertung von Immobilien, 18. Februar 2010; Bickelhaupt, Norbert/Klein, Arnd/Ziesenitz, Thomas-Andreas, Bankaufsichtliches Marktschwankungskonzept, in: BankPraktiker, Heft 12/2008, S. 544 ff.

6   Vgl. Lang, Margit, Marktschwankungen bei Immobilien – aktuelle Prüfungspraxis, Vortrag im Rahmen der 21. Sitzung des Gesprächskreises kleiner Institute vom 15. November 2012.

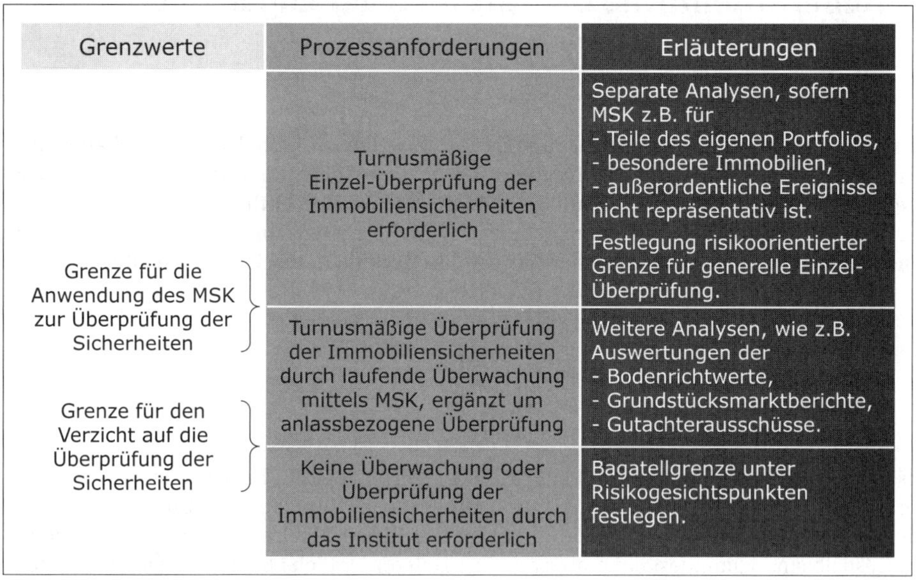

Grenzwerte	Prozessanforderungen	Erläuterungen
Grenze für die Anwendung des MSK zur Überprüfung der Sicherheiten	Turnusmäßige Einzel-Überprüfung der Immobiliensicherheiten erforderlich	Separate Analysen, sofern MSK z.B. für - Teile des eigenen Portfolios, - besondere Immobilien, - außerordentliche Ereignisse nicht repräsentativ ist. Festlegung risikoorientierter Grenze für generelle Einzel-Überprüfung.
	Turnusmäßige Überprüfung der Immobiliensicherheiten durch laufende Überwachung mittels MSK, ergänzt um anlassbezogene Überprüfung	Weitere Analysen, wie z.B. Auswertungen der - Bodenrichtwerte, - Grundstücksmarktberichte, - Gutachterausschüsse.
Grenze für den Verzicht auf die Überprüfung der Sicherheiten	Keine Überwachung oder Überprüfung der Immobiliensicherheiten durch das Institut erforderlich	Bagatellgrenze unter Risikogesichtspunkten festlegen.

Abb. 61: Einsatzmöglichkeiten für ein Marktschwankungskonzept

Die deutsche Aufsicht hat die Bedenken der Deutschen Bundesbank im Rahmen der fünften **20** MaRisk-Novelle aufgegriffen. Da Marktschwankungskonzepte demnach lediglich eine erste Indikation für allgemeine Geschehnisse im jeweiligen Marktsegment liefern können, ist ihr alleiniger Einsatz zur Überprüfung der Werthaltigkeit von Immobiliensicherheiten nicht geeignet. Vielmehr haben die Institute die Immobiliensicherheiten ab einer unter Risikogesichtspunkten festzulegenden Grenze eigenverantwortlich zu beobachten und Risiken für die Werthaltigkeit der Sicherheiten zu identifizieren und zu steuern ($\rightarrow$ BTO 1.2.2 Tz. 3, Erläuterung). Das schließt den weiteren Einsatz von Marktschwankungskonzepten für die Zwecke der MaRisk zwar nicht aus. Die Institute sind allerdings gehalten, den Grenzen der Marktschwankungskonzepte durch ergänzende Maßnahmen hinreichend Rechnung zu tragen.

4 Außerordentliche Überprüfung der Engagements und Sicherheiten (Tz. 4)

21 **4** Außerordentliche Überprüfungen von Engagements einschließlich der Sicherheiten sind zumindest dann unverzüglich durchzuführen, wenn dem Institut aus externen oder internen Quellen Informationen bekanntwerden, die auf eine wesentliche negative Änderung der Risikoeinschätzung der Engagements oder der Sicherheiten hindeuten. Derartige Informationen sind unverzüglich an alle einzubindenden Organisationseinheiten weiterzuleiten.

4.1 Änderung der Risikosituation

22 Grundsätzlich ist für alle Engagements ein jährlicher Turnus bei der Beurteilung der Adressen-ausfallrisiken einzuhalten (→ BTO 1.2.2 Tz. 2). Durch diese turnusmäßige Überprüfung kann allerdings nicht ausgeschlossen werden, dass sich das Risiko für das Institut zwischenzeitlich erhöht. Deshalb sind zumindest dann unverzüglich außerordentliche Beurteilungen durchzuführen, wenn dem Institut aus externen oder internen Quellen Informationen bekanntwerden, die auf eine Erhöhung der Risiken hindeuten. Diese Anforderung bezieht sich sowohl auf das einzelne Engagement, also den Kreditnehmer, als auch auf die Sicherheiten.

4.2 Interne Quellen

23 Zu den internen Informationsquellen, die Anhaltspunkte für eine außerordentliche Beurteilung einzelner Engagements liefern können, zählen insbesondere die Warnsignale des Verfahrens zur Früherkennung von Risiken (→ BTO 1.3). Auch die Analysen der Bilanzen oder der Betriebswirtschaftlichen Auswertungen (BwA) eines Firmenkunden können entsprechende Erkenntnisse zutage fördern und werden nicht in jedem Fall bei der jährlichen Risikoklassifizierung berücksichtigt. Von Bedeutung sind darüber hinaus Informationen über die Entwicklung des gesamten Kreditportfolios oder einzelner Teilportfolien. So können negative Branchenentwicklungen, die von den für das Kreditrisikocontrolling oder die Marktfolge zuständigen Mitarbeitern identifiziert werden, ggf. Anlass für außerordentliche Überprüfungen ganzer Kundengruppen sein.

24 Im Rahmen der Konsultation zur fünften MaRisk-Novelle hatte die deutsche Aufsicht zwischenzeitlich die Anforderung ergänzt, bei Unternehmenskrediten, bei denen auf Basis des Verfahrens zur Früherkennung von Risiken erhöhte Risiken identifiziert werden, eine erneute Kapitaldienstfähigkeitsbetrachtung vorzunehmen. Auf diese Vorgabe wurde letztlich zwar verzichtet. Sie bietet aber eine Orientierungshilfe, wie bei Bekanntwerden entsprechender Informationen vorgegangen werden könnte.

4.3   Externe Quellen

Zu den externen Informationsquellen zählen z. B. die Einschätzungen externer Ratingagenturen, **25** die Millionenkreditmeldungen nach § 14 KWG oder auch entsprechende Medienberichte und Wirtschaftsdienste. Einzelne kreditwirtschaftliche Verbände veröffentlichen in unregelmäßigen Abständen Analysen und Zukunftseinschätzungen über bestimmte Branchen oder Regionen bzw. über relevante Entwicklungen des Finanzmarktes.[7] Ebenso ist es denkbar, dass durch die Beteiligung an Konsortien zum Austausch von Schadensfällen oder Ausfalldaten relevante Informationen bekanntwerden.

4.4   Informationspflicht und Einleitung geeigneter Maßnahmen

Informationen über eine Risikoerhöhung sind unverzüglich an alle einzubindenden Organisations- **26** einheiten weiterzuleiten. Bei risikorelevanten Kreditgeschäften sind dies regelmäßig die Kompetenzträger aus den Bereichen Markt und Marktfolge. Bei Ereignissen von wesentlicher Bedeutung ist darüber hinaus die gesamte Geschäftsleitung zu informieren. Diese Anforderung ergibt sich daraus, dass unter Risikogesichtspunkten wesentliche Informationen unverzüglich an die Geschäftsleitung und die jeweiligen Verantwortlichen weiterzuleiten sind, so dass geeignete Maßnahmen frühzeitig eingeleitet werden können (→ AT 4.3.2 Tz. 4). Nicht in jedem Fall werden die betreffenden Kreditengagements gleich einer Intensivbetreuung unterzogen (→ BTO 1.2.4) oder gar in die Problemkreditbearbeitung überführt (→ BTO 1.2.5). Je nach Art der vorliegenden Informationen kann es auch erforderlich sein, die Interne Revision zu informieren, damit frühzeitig Prüfungshandlungen eingeleitet werden können. Das kann z. B. dann zweckmäßig sein, wenn bedeutende Schadensfälle aufgetreten sind oder aufzutreten drohen (→ AT 4.3.2 Tz. 4, Erläuterung).

---

7   Zum Beispiel veröffentlicht der Bundesverband Öffentlicher Banken Deutschlands (VÖB) auf seiner Internetseite den unregelmäßig erscheinenden Newsletter »VÖB-Wirtschaftsampel« zu den Auswirkungen bestimmter Regulierungsvorhaben auf die deutsche und europäische Wirtschaft. Darüber hinaus publiziert der VÖB alle zwei Monate eine Zinsprognose sowie halbjährlich eine Aktienprognose. Der vierteljährlich erscheinende Newsletter »VÖB-Aktuell« informiert zudem über finanzwirtschaftlich wichtige nationale, europäische und internationale Gesetzvorhaben.

BTO 1.2.3 Kreditbearbeitungskontrolle

1   Prozessabhängige Kontrollen (Tz. 1)

1 Für die Kreditbearbeitung sind prozessabhängige Kontrollen einzurichten, die gewähr-   **1**
leisten, dass die Vorgaben der Organisationsrichtlinien eingehalten werden. Die Kontrollen können auch im Rahmen des üblichen Vier-Augen-Prinzips erfolgen.

1.1   Kreditbearbeitungskontrollen

Kreditbearbeitungskontrollen sind ein wichtiger Bestandteil des internen Kontrollsystems. Im All-   **2**
gemeinen soll mit ihrer Hilfe gewährleistet werden, dass die Aktivitäten im Kreditgeschäft auf der
Grundlage der institutsinternen Organisationsrichtlinien betrieben werden (→ AT5 Tz.1). Von
besonderem Interesse sind dabei die Berücksichtigung der aufbau- und ablauforganisatorischen
Vorschriften und die Einhaltung rechtlicher Regelungen und Vorgaben (→ AT5 Tz.3). Kreditbearbeitungskontrollen umfassen im Sinne der MaRisk insbesondere die Kontrolle der Ordnungsmäßigkeit der Kreditgewährung (→ BTO1.2.1), der Kreditweiterbearbeitung (→ BTO1.2.2) und der sonstigen Kreditprozesse, wie der Intensivbetreuung (→ BTO1.2.4), der Behandlung von Problemkrediten (→ BTO1.2.5) und der Bildung einer angemessenen Risikovorsorge (→ BTO1.2.6).

1.2   Abgrenzung zur Internen Revision

Bei den Kreditbearbeitungskontrollen handelt es sich um prozessabhängige Kontrollen (→ AT1   **3**
Tz.1), d.h. die für diese Kontrollaufgaben zuständigen Mitarbeiter sind an den jeweiligen Arbeitsprozessen beteiligt und häufig auch für das Ergebnis der zu kontrollierenden Prozesse verantwortlich. Die Mitarbeiter der Internen Revision sind im Rahmen ihrer Aufgaben hingegen nicht in die zu
prüfenden Abläufe eingebunden und auch nicht für das Ergebnis der Prozesse verantwortlich. Bei
den Aufgaben der Internen Revision handelt es sich daher im Unterschied zu den Kreditbearbeitungskontrollen um prozessunabhängige Überwachungsfunktionen. Die Prüfungstätigkeit der Internen Revision hat sich auf der Grundlage eines risikoorientierten Prüfungsansatzes grundsätzlich
auf alle Aktivitäten und Prozesse des Institutes zu erstrecken (→ BT2.1 Tz.1). Hierzu gehören auch
die prozessabhängigen Kontrollmechanismen, also auch die Kreditbearbeitungskontrollen.

1.3   Formelle und materielle Kontrollen

In der Praxis unterscheidet man zwischen formellen und materiellen Kreditbearbeitungskontrollen.   **4**
Formelle Kreditbearbeitungskontrollen sind vielfältiger Natur. Hierzu zählen z.B. die Kontrolle der
Vollständigkeit und formellen Ordnungsmäßigkeit der Kreditverträge sowie der Sicherheitenverträge,
die Einhaltung von Meldevorschriften oder die Zusagen- und Auszahlungskontrolle (→ BTO1.2.3
Tz.2). Derartige Kontrollaufgaben werden häufig im Rahmen des Vier-Augen-Prinzips, d.h. von den
in die Kreditbearbeitung eingebundenen Mitarbeitern der votierenden Bereiche, wahrgenommen.

BTO 1.2.3 Kreditbearbeitungskontrolle

Teilweise sind diese Kontrollschritte auch in die IT-Systeme eingebettet, z. B. über das Vorhandensein von Pflichtfeldern in Eingabemasken oder die Vergabe eingeschränkter Nutzerberechtigungen.

5   Bei den materiellen Kontrollen stehen dagegen die Nachvollziehbarkeit und Vertretbarkeit der Kreditentscheidung im Vordergrund. Kontrolliert wird dabei z. B. die Aussagekraft der Stellungnahme in der Kreditvorlage, indem die der Entscheidung zugrundeliegenden Unterlagen analysiert werden. Auch ist zu kontrollieren, ob die Kreditvergabe der Höhe und der Form nach aufgrund der vorliegenden Unterlagen vertretbar erscheint.[1] Dies betrifft insbesondere die Zulässigkeit von Blankokrediten. Unter inhaltlichen Gesichtspunkten besteht ein direkter Zusammenhang zur materiellen Plausibilitätsprüfung, die dem marktunabhängigen Votum bei bestimmten Zuordnungen von Prozessen, wie z. B. Teamlösungen oder auf Projektfinanzierungen spezialisierten Abteilungen, zugrundeliegen muss (→ BTO 1.1 Tz. 2, Erläuterung).

6   Die Anforderungen in den MaRisk beziehen sich nur auf das Vorhandensein formeller Kreditbearbeitungskontrollen. Materielle Kontrollen, die über eine Plausibilitätsprüfung in bestimmten Konstellationen bei der Votierung hinausgehen, werden hingegen nicht gefordert. Es liegt im Ermessen der Institute, die formellen Kreditbearbeitungskontrollen um materielle Kontrollen zu ergänzen.

1.4   Keine aufbauorganisatorischen Anforderungen

7   Die formellen Kontrollen können im Rahmen des üblichen Vier-Augen-Prinzips wahrgenommen werden, soweit sie nicht schon über geeignete IT-Anwendungen umgesetzt sind. Hinsichtlich der organisatorischen Zuordnung der Kreditbearbeitungskontrollen werden in den MaRisk keine Vorgaben gemacht. Sie können daher sowohl im Bereich Markt als auch in einem marktunabhängigen Bereich angesiedelt sein. So können Mitarbeiter, die in den Entscheidungsprozess eingebunden waren, z. B. auch die anschließende Kontrolle der kompetenzgerechten Vergabe eines Kredites durchführen (→ BTO 1.2.3 Tz. 2). Entscheidend ist, dass die formellen Kontrollen vorhanden und wirksam sind.

---

1   Vgl. Schmoll, Anton, Handbuch der Kreditüberwachung, Wien, 1990, S. 41 f.

2 Zusagen- und Auszahlungskontrolle (Tz. 2)

2 Insbesondere ist zu kontrollieren, ob die Kreditentscheidung entsprechend der festgeleg- **8**
ten Kompetenzordnung erfolgte und ob vor der Valutierung die Voraussetzungen bzw.
Auflagen aus dem Kreditvertrag erfüllt sind.

2.1 Betonung bestimmter Kontrollen

Zwei Arten von Kreditbearbeitungskontrollen, die im Rahmen der Kreditgewährung zu beachten **9**
sind, werden von der deutschen Aufsicht besonders hervorgehoben. Dabei handelt es sich um die
Zusagenkontrolle und die Auszahlungskontrolle. Beide Kontrollen sind eng mit dem Vertrag
zwischen Institut und Kreditnehmer verknüpft, in dem die Rechte und Pflichten aus der Geschäftsbeziehung zweifelsfrei geregelt sein müssen. Sie haben sowohl für die korrekte Vereinbarung der
Vertragsbedingungen als auch für deren Einhaltung eine wichtige Bedeutung.

2.2 Zusagenkontrolle

Die Zusagenkontrolle soll sicherstellen, dass die Kreditentscheidung im Einklang mit der instituts- **10**
internen Kompetenzordnung getroffen wird. Dies kann durch einen einfachen Abgleich der
Kompetenzen der beteiligten Mitarbeiter mit den Festlegungen in der Kompetenzordnung unter
Berücksichtigung der dafür relevanten Parameter des jeweiligen Engagements erfolgen.

2.3 Auszahlungskontrolle

Im Zusammenhang mit einer Kreditvergabe bezeichnet die »Valutierung« die Belastung des **11**
Kundenkontos mit dem vereinbarten Kreditbetrag. Wird der Kredit nicht in einer Summe ausgezahlt, sondern in verschiedene Zahlungsabschnitte aufgeteilt (so genannte »Tranchen«), so
spricht man auch von einer »Teilvalutierung«. Die Auszahlung in Teilbeträgen ist z.B. in der
Immobilienfinanzierung verbreitet, in deren Rahmen die jeweiligen Zahlungsabschnitte dem
aktuellen Baufortschritt entsprechen. Würde das Institut den Kredit vor Baubeginn vollständig
auszahlen, wäre es für die Dauer des Bauvorhabens nicht bzw. nicht ausreichend abgesichert.

Mit Hilfe der Auszahlungskontrolle soll gewährleistet werden, dass die Voraussetzungen bzw. **12**
Auflagen aus dem Kreditvertrag vor einer Valutierung erfüllt sind. Dabei sind z.B. folgende Punkte
zu kontrollieren:
– die Vollständigkeit und formale Ordnungsmäßigkeit der Kreditverträge und Sicherheitenverträge,
– die Übereinstimmung der im Kreditvertrag aufgeführten Auszahlungsvoraussetzungen mit
  dem Inhalt der Kreditvorlage bzw. den Auflagen, unter denen der Kreditbeschluss zustande
  gekommen ist,
– die Ordnungsmäßigkeit der Kundenunterschriften und
– die in die IT einzugebenden Stammdaten.

BTO 1.2.4 Intensivbetreuung

1   Kriterien für den Übergang in die Intensivbetreuung (Tz. 1)

1 Das Institut hat Kriterien festzulegen, wann ein Engagement einer gesonderten Beobach-   1
tung (Intensivbetreuung) zu unterziehen ist. Die Verantwortung für die Entwicklung
und Qualität dieser Kriterien sowie deren regelmäßige Überprüfung muss außerhalb des
Bereiches Markt angesiedelt sein.

1.1   Gesonderte Beobachtung von Engagements

In den MaRisk werden grundsätzlich drei Phasen unterschieden, die ein Engagement durchlaufen   2
kann: die Normalbetreuung (→ BTO 1.2.2), die Intensivbetreuung und die Problemkreditbearbeitung (→ BTO 1.2.5). Die Intensivbetreuung, also die gesonderte Beobachtung von Engagements,
stellt eine Zwischenstation in dieser Prozesskette dar. Ihr sind Engagements zuzuordnen, bei
denen sich erhöhte Risiken abzuzeichnen beginnen, ohne dass dabei bereits die Frage nach einer
möglichen Sanierung oder gar Abwicklung aufgeworfen werden muss. In der Praxis versteht man
unter »besonderer Beobachtung« häufig die Aufnahme von Engagements in eine so genannte
»Beobachtungsliste« (»Watch List«). Auf diese Weise ist institutsintern eine transparente Darstellung aller mit erhöhten Risiken behafteten Engagements gewährleistet.[1]

1.2   Methodenverantwortung

Die Verantwortung für die Entwicklung und Qualität der Überleitungskriterien von der Normal-   3
betreuung in die Intensivbetreuung sowie deren regelmäßige Überprüfung muss zur Vermeidung
von Interessenkonflikten außerhalb des Bereiches Markt angesiedelt sein. Das gilt in Analogie
auch für jene Kriterien, mit denen die Abgabe eines Engagements an die auf die Problemkreditbearbeitung spezialisierten Mitarbeiter oder Bereiche bzw. deren Einschaltung geregelt wird
(→ BTO 1.2.5 Tz. 1). Diese Funktionen können z.B. vom Bereich Marktfolge oder vom Kreditrisikocontrolling wahrgenommen werden, die bis einschließlich in die Ebene der Geschäftsleitung
vom Bereich Markt zu trennen sind (→ BTO Tz. 3). Die organisatorische Trennung bezieht sich
jedoch nur auf die Festlegung und die regelmäßige Überprüfung der Kriterien. Im Hinblick auf die
Zuordnung des Prozesses der Intensivbetreuung bestehen keine aufbauorganisatorischen Vorgaben. Die Intensivbetreuung kann daher sowohl im Bereich Markt als auch in einem marktunabhängigen Bereich angesiedelt werden. Bei intensiv betreuten Engagements ist folglich nicht
zwingend ein Betreuerwechsel erforderlich. Denkbar ist auch die gemeinsame Bearbeitung der
betroffenen Engagements durch Markt und Marktfolge.

---

1   Vgl. Deutsches Institut für Interne Revision e. V., Arbeitskreis »Revision des Kreditgeschäftes«, Fachbeiträge zur Revision
des Kreditgeschäftes, Berlin, 2002, S. 79 f.

1.3 Automatismus oder Anstoß zur Überprüfung

4 Zur Ausgestaltung der Kriterien für den Übergang in die Intensivbetreuung werden keine konkreten Vorgaben gemacht. Es liegt vielmehr im Ermessen der Institute, sachgerechte Regelungen für die Übergänge in die Intensivbetreuung bzw. die Problemkreditbearbeitung festzulegen. Ziel ist die zügige Identifikation der risiko- oder problembehafteten Engagements, um möglichst frühzeitig geeignete Maßnahmen einleiten zu können (→ BTO 1.2.4 Tz. 1, Erläuterung). Die Kriterien können entweder so ausgestaltet sein, dass die Abgabe des Engagements an die Intensivbetreuung automatisch erfolgt (so genannte »harte Kriterien«) oder bei Vorhandensein bestimmter Merkmale lediglich überprüft wird, ob die Intensivbetreuung einzuleiten ist (so genannte »Indikatoren-Lösung«). Frühwarnindikatoren sind, grob gesprochen, Risikofaktoren, die dazu geeignet sind, mit einem gewissen zeitlichen Vorlauf erhöhte Risiken anzuzeigen, die für die künftige Entwicklung des Kreditnehmers von Bedeutung sein könnten. Es liegt im Ermessen der Institute, ob die Kriterien einen Automatismus statuieren oder ob es sich um Indikatoren handelt, auf deren Grundlage die Überprüfung durchgeführt wird (→ BTO 1.2.4 Tz. 1, Erläuterung). Entsprechendes gilt für die Kriterien, die maßgeblich für den Übergang in die Problemkreditbearbeitung sind (→ BTO 1.2.5 Tz. 1).

5 Selbst von den für den automatischen Übergang maßgeblichen Kriterien kann in begründeten Fällen abgewichen werden. Allerdings sind derartige Abweichungen als für die Einhaltung dieses Rundschreibens wesentliche Handlungen und Festlegungen vor allem aus Transparenzgründen nachvollziehbar zu dokumentieren (→ AT 6 Tz. 2). Auch empfiehlt es sich, die Kriterien hinsichtlich ihrer Zweckmäßigkeit und ihrer Aussagekraft in angemessenen Abständen zu überprüfen. Sofern die Indikatoren-Lösung zur Anwendung kommt, wird eine Beteiligung der Marktfolge an der Entscheidung über die Zuordnung eines Engagements zur Intensivbetreuung bzw. Problemkreditbearbeitung empfohlen.[2]

1.4 Beispiele für Übergangskriterien

6 Die Ausgestaltung der Übergangskriterien und deren Anzahl hängen im Einzelfall stark von der Komplexität der betriebenen Geschäfte und den institutsinternen Ressourcen ab. Die Kriterien können dabei sowohl quantitativer Natur (z.B. mehrmalige Limitüberschreitungen) als auch qualitativer Natur (z.B. negative Branchenentwicklung) sein. Sie können sich auf einzelne Engagements bzw. Kreditnehmer oder auf ganze Gruppen von Kreditnehmern (z.B. Kreditnehmer aus bestimmten Branchen, Regionen oder Wertschöpfungsketten) beziehen.

7 Als mögliche Kriterien für den Übergang in die Intensivbetreuung kommen z.B. folgende Faktoren in Betracht[3]:
– rückläufige Kontoumsätze innerhalb der letzten sechs Monate,
– um mehr als zwei Monate andauernde Limitüberschreitungen,
– Rückstände auf Darlehenskonten mit mehr als einer Rate,
– Stundungsantrag/Tilgungsaussetzung,
– betragsmäßige und/oder zeitliche Abweichungen zwischen angekündigten und tatsächlichen Zahlungseingängen,
– Scheck- und Lastschriftrückgaben,
– hohe Personalfluktuationen, insbesondere bei leitenden Mitarbeitern,

---

2 Vgl. Bundesanstalt für Finanzdienstleistungsaufsicht, Protokoll der zweiten Sitzung des MaK-Fachgremiums am 10. Juli 2003, S. 4.

3 Vgl. Weis, Ditmar, Neuorganisation der Problemkreditbearbeitung aus Sicht von Kreditinstituten vor dem Hintergrund der MaK, in: Zeitschrift für Bank- und Kapitalmarktrecht, Heft 5/2003, S. 185.

– verspätete Einreichung von Unterlagen über die wirtschaftlichen Verhältnisse und
– Erhöhung des Branchenrisikos.

1.5   Verknüpfung zwischen Frühwarnverfahren und Intensivbetreuung

Zwischen der Intensivbetreuung und dem Verfahren zur Früherkennung von Risiken (→ BTO 1.3)   **8**
besteht ein enger Zusammenhang. Die Frühwarnindikatoren entsprechen i.d.R. jenen Kriterien,
die maßgeblich für den Übergang von der Normalbetreuung in die Intensivbetreuung sind, wenngleich dies durch die MaRisk nicht ausdrücklich vorgeschrieben wird. Eine separate Festlegung
von Kriterien, zum einen für das Frühwarnverfahren und zum anderen für die Intensivbetreuung,
ist aus betriebswirtschaftlicher Sicht nicht zu empfehlen. Im Stadium der Intensivbetreuung
sollten vom Institut erste Maßnahmen ergriffen werden, die darauf abzielen, dass sich die Krisenanzeichen nicht weiter verstärken. Hierzu zählt z.B. die Intensivierung des Kundenkontaktes
durch Gespräche über die Entwicklung der kritischen Faktoren.

1.6   Ausnahmen von der Intensivbetreuung und Problemkreditbearbeitung

Die Geschäftsleitung kann bestimmte, unter Risikogesichtspunkten festzulegende Arten von   **9**
Kreditgeschäften oder Kreditgeschäfte unterhalb bestimmter Größenordnungen von der Anwen-
dung des Verfahrens zur Früherkennung ausschließen (→ BTO 1.3 Tz. 3). Dies gilt in Analogie
auch für die Intensivbetreuung und für den Prozess der Problemkreditbearbeitung (→ BTO 1.2.4
Tz. 1, Erläuterung). So ist es vor allem bei Engagements aus Geschäftsbereichen mit eigentlich
geringem Risikogehalt die Regel, dass nach massiven Leistungsstörungen eine so genannte »stille
Abwicklung« eingeleitet wird oder dass ggf. auch eine Inkassogesellschaft mit der Eintreibung der
Restforderung beauftragt wird. Das betrifft z.B. das kleinteilige Privatkundengeschäft.

Von der Intensivbetreuung bzw. der Problemkreditbearbeitung kann auch abgesehen werden,   **10**
wenn der Zugriff auf die dafür erforderlichen Daten aufgrund objektiver Gegebenheiten eingeschränkt ist und insofern bereits auf die Einrichtung eines Verfahrens zur Früherkennung von
Risiken verzichtet wird (drittinitiiertes Geschäft). Das Institut hat dabei sicherzustellen, dass es
über alle wesentlichen Vorkommnisse beim Kreditnehmer informiert wird (→ BTO 1.2.4 Tz. 1,
Erläuterung).

1.7   Berücksichtigung von Zugeständnissen zugunsten des Kreditnehmers (»Forbearance«)

Bei der Festlegung der Kriterien hinsichtlich eines Überganges in die Intensivbetreuung hat das   **11**
Institut auch jene Engagements angemessen zu berücksichtigen, bei denen Zugeständnisse
hinsichtlich der Rückzahlungsmodalitäten zugunsten des Kreditnehmers gemacht wurden (»For-

bearance«). Entsprechendes gilt für die Kriterien, die nach BTO 1.2.5 Tz. 1 maßgeblich für den Übergang in die Problemkreditbearbeitung sind (→ BTO 1.2.4 Tz. 1, Erläuterung).

12   Forbearance-Maßnahmen bestehen bspw. aus vertraglichen Zugeständnissen aufgrund sich abzeichnender finanzieller Schwierigkeiten eines Kreditnehmers. Eine genaue Definition und Abgrenzung von Forbearance kann das Institut institutsindividuell vornehmen, ggf. auch in Anlehnung an Definitionen internationaler Aufsichtsinstitutionen, wie z. B. der EBA (→ BTO 1.2.4 Tz. 1, Erläuterung). Die Erkenntnisse aus Forbearance-Maßnahmen sind zudem angemessen bei den Verfahren zur Früherkennung von Risiken (→ BTO 1.3), beim Risikoklassifizierungsverfahren (→ BTO 1.4) und bei der Bildung der Risikovorsorge (→ BTO 1.2.6) zu berücksichtigen (→ BTO 1.2.4 Tz. 1, Erläuterung).

1.8   Vorschläge der EBA zum Umgang mit Forbearance-Maßnahmen

13   Die EBA bezieht sich in ihren Leitlinien vom Oktober 2018 grundsätzlich auf den Gesamtbestand der Risikopositionen, die Gegenstand von Forbearance-Maßnahmen sind (»Forborne Exposures«). Forbearance-Maßnahmen sollten immer darauf abzielen, die Möglichkeit einer nachhaltigen Rückzahlung wiederherzustellen und eine Zwangsvollstreckung (»Foreclosure«) zu vermeiden. Die Institute sollten die Effizienz und Wirksamkeit der Forbearance-Maßnahmen überwachen und ihre Tragfähigkeit beurteilen. Dabei sollten sie zwischen kurzfristigen Maßnahmen von maximal zwei Jahren und langfristigen Maßnahmen unterscheiden und auch eine Kombination aus kurz- und langfristigen Maßnahmen ins Auge fassen. Kurzfristige Maßnahmen sollten nur hinreichend kooperativen Kreditnehmern eingeräumt werden, mit denen hinsichtlich ihrer Zahlungsbereitschaft bereits gute Erfahrungen gemacht wurden und bei denen von einem lediglich vorübergehenden Liquiditätsengpass ausgegangen werden kann. Bei langfristigen Maßnahmen sollte die Überlegung im Mittelpunkt stehen, ob vom Kreditnehmer eine vollständige Rückzahlung erwartet werden kann. Die Institute sollten eine Richtlinie für Forbearance-Maßnahmen ausarbeiten und regelmäßig überprüfen, die mindestens die Prozesse und Verfahren für die Gewährung von Forbearance-Maßnahmen, einschließlich der Verantwortlichkeiten und der Entscheidungsfindung, eine Beschreibung der verfügbaren Forbearance-Maßnahmen, die Informationsanforderungen zur Beurteilung der Tragfähigkeit von Forbearance-Maßnahmen, die Dokumentation der gewährten Forbearance-Maßnahmen sowie die Prozesse und Metriken zur Überwachung der Effizienz und Effektivität von Forbearance-Maßnahmen umfassen muss.[4]

14   Mit Blick auf die Kriterien zum Übergang von der Normalbetreuung in die Intensivbetreuung oder die Problemkreditbearbeitung sollten die Institute nach den Vorstellungen der EBA u. a. in der Lage sein, Anzeichen für mögliche künftige finanzielle Schwierigkeiten frühzeitig zu erkennen. Zu diesem Zweck sollte sich eine Beurteilung der finanziellen Situation des Kreditnehmers nicht auf Engagements mit offensichtlichen Anzeichen finanzieller Schwierigkeiten beschränken. Eine Bewertung der finanziellen Schwierigkeiten sollte auch für Engagements durchgeführt werden, bei denen der Kreditnehmer zwar keine offensichtlichen finanziellen Schwierigkeiten hat, sich die Marktbedingungen jedoch erheblich verändert haben, so dass die Rückzahlungsfähigkeit beeinträchtigt werden könnte. Die Beurteilung der Kreditnehmer sollte sich dabei ausschließlich auf ihre finanzielle Situation stützen und Sicherheiten oder Garantien etc. unberücksichtigt lassen. Bei der Beurteilung finanzieller Schwierigkeiten der Kreditnehmer sollten die Institute mindestens darauf achten, ob Kreditnehmer mehr als 30 Tage mit ihren Zahlungen überfällig sind, während der letzten drei Monate auf der »Beobachtungsliste« (»Watch List«) gestanden haben oder sich in den letzten drei

---

4   Vgl. European Banking Authority, Final Report – Guidelines on management of non-performing and forborne exposures, EBA/GL/2018/06, 31. Oktober 2018, S. 39 ff.

Monaten ihre Ausfallwahrscheinlichkeit entsprechend der internen Ratingzuordnung geändert hat. Die Institute sollten zwischen Nachverhandlungen bei Kreditnehmern, die sich nicht in finanziellen Schwierigkeiten befinden, und Forbearance-Maßnahmen, die Kreditnehmern in finanziellen Schwierigkeiten gewährt werden, unterscheiden.[5]

---

5   Vgl. European Banking Authority, Final Report – Guidelines on management of non-performing and forborne exposures, EBA/GL/2018/06, 31. Oktober 2018, S. 44 f.

2 Weitere Behandlung der Engagements (Tz. 2)

15   **2** Die einer Intensivbetreuung unterliegenden Engagements sind nach einem festzulegenden Turnus auf ihre weitere Behandlung hin zu überprüfen (weitere Intensivbetreuung, Rückführung in die Normalbetreuung, Abgabe an die Abwicklung oder die Sanierung).

2.1 Überprüfung der richtigen Zuordnung

16   Die der Intensivbetreuung unterliegenden Engagements sind regelmäßig auf ihre weitere Behandlung hin zu überprüfen. Auf der Grundlage dieser Überprüfungen ist zu entscheiden, ob die Engagements in der Intensivbetreuung verbleiben sollen, eine Rückführung in die Normalbetreuung in Betracht kommt oder eine Abgabe an die Sanierung bzw. Abwicklung erforderlich wird.

17   Aus betriebswirtschaftlicher Sicht sollte die Zuordnung eines Engagements zur Intensivbetreuung zeitlich begrenzt sein und vorrangig die Rückführung des Engagements in die Normalbetreuung angestrebt werden. Das folgt allein aus der Vorgehensweise bei der Ermittlung der Kreditkonditionen. Vereinfacht ausgedrückt setzt sich der Kreditzins aus den folgenden Komponenten zusammen:
- dem Opportunitätszins bzw. Markteinstandszins,
- den direkten Betriebskosten und den Overheadkosten,
- den Standard-Risikokosten zur Kompensation des erwarteten Verlustes,
- den bankaufsichtlich vorgegebenen Eigenkapitalkosten zur Approximation des unerwarteten Verlustes und
- der angestrebten Gewinnmarge.

18   Sofern sich ein Engagement über einen relativ langen Zeitraum in der Intensivbetreuung befindet, steigen automatisch die direkten Betriebskosten, da sich der Bearbeitungsaufwand für das Engagement erhöht. Gegebenenfalls erhöhen sich auch der erwartete Verlust, wobei die korrespondierende Steigerung der Standard-Risikokosten i.d.R. nicht durch den Kreditnehmer ausgeglichen wird, und der unerwartete Verlust, der unter Umständen höhere Eigenkapitalkosten für das Institut zur Folge hätte. Insgesamt kann dadurch die Gewinnmarge stark abschmelzen bzw. komplett aufgezehrt werden. Im Extremfall entstehen für das Institut sogar Verluste. Demzufolge wird das Institut i.d.R. eine schnelle Lösung der Probleme des Kreditnehmers und damit eine Rückführung des Engagements in die Normalbetreuung anstreben.

19   Da es wichtig ist, sich einen Überblick über den Werdegang der Engagements zu verschaffen, sind die Ergebnisse dieser Überprüfungen zu dokumentieren (→AT6 Tz.2). Nachvollziehbare Dokumentationen sind vor allem dann wichtig, wenn von den für den Übergang in die Intensivbetreuung oder die Problemkreditbearbeitung maßgeblichen Kriterien in begründeten Fällen abgewichen wird (→BTO1.2.4 Tz.1).

2.2 Turnus für die Überprüfungen

Die Bestimmung des Überprüfungsturnus liegt im Ermessen der Institute. Er richtet sich in erster **20** Linie nach dem Risikogehalt und der Bedeutung der entsprechenden Engagements für das gesamte Institut. Da bei den intensiv betreuten Engagements bereits Krisenanzeichen aufgetreten sind, sollte in jedem Fall ein Turnus von weniger als einem Jahr gewählt werden. Die erforderliche jährliche Beurteilung der Adressenausfallrisiken (→ BTO 1.2.2 Tz. 2) erscheint in dieser Hinsicht als zu lang. Bedeutende Engagements sollten darüber hinaus ständig überwacht werden.

BTO 1.2.5 Behandlung von Problemkrediten

1 Kriterien für den Übergang in die Problemkreditbearbeitung (Tz. 1)

1 Das Institut hat Kriterien festzulegen, die die Abgabe eines Engagements an die auf die Sanierung bzw. Abwicklung spezialisierten Mitarbeiter oder Bereiche bzw. deren Einschaltung regeln. Die Verantwortung für die Entwicklung und die Qualität dieser Kriterien sowie deren regelmäßige Überprüfung muss außerhalb des Bereiches Markt angesiedelt sein. Die Federführung für den Sanierungs- bzw. den Abwicklungsprozess oder die Überwachung dieser Prozesse ist außerhalb des Bereiches Markt wahrzunehmen.

1

1.1 Problemkreditbearbeitung

Die Problemkreditbearbeitung, auch bekannt als »Work Out«, stellt neben der Normalbetreuung (→ BTO 1.2.2) und der Intensivbetreuung (→ BTO 1.2.4) die letzte Stufe dar, die ein Engagement im Institut durchlaufen kann. Sie umfasst den Sanierungsprozess und den Abwicklungsprozess und hat daher die Bearbeitung der leistungsgestörten Kredite zum Inhalt. Die beiden Prozesse der Problemkreditbearbeitung unterscheiden sich hinsichtlich ihrer jeweiligen Zielrichtung und der damit verbundenen Tätigkeiten.

2

Ein Problemkredit im Sinne der MaRisk ist folglich entweder ein Sanierungs- oder ein Abwicklungsengagement.[1] Weiter definiert wird dieser Begriff nicht. Deutlich wird jedoch, dass es sich in Abgrenzung zur Intensivbetreuung und natürlich auch zur Normalbetreuung um Engagements handelt, bei denen mit einem teilweisen oder vollständigen Ausfall gerechnet werden muss.

3

1.2 Sanierung

Der Sanierungsprozess zielt auf die Wiedererlangung der Ertragskraft des Kreditnehmers ab, mit der im Idealfall auch die Verbesserung der Vermögenssituation durch Abbau der Ver- oder Überschuldung verbunden ist. In diesem Zusammenhang werden dem Kreditnehmer vom Institut umfangreiche Leistungen gewährt, wie z. B. Tilgungsaussetzungen, Verlängerungen oder Ausdehnungen von Kreditlinien und Umschuldungen (»Forbearance«). Aus Sicht des Institutes bestehen mit einer erfolgreichen Sanierung gute Chancen, dass die vergebenen Kredite zurückgeführt bzw. mögliche Verluste minimiert werden können. Auf der anderen Seite existieren jedoch umfangreiche Risiken sowohl wirtschaftlicher als auch rechtlicher Natur. Ganz wesentlich hängt der Erfolg einer Sanierung auch von der Kooperationsbereitschaft des Kreditnehmers ab. In diesem Zusammenhang bemängeln viele Institute die häufig fehlende Transparenz der Kreditnehmer über ihre eigene wirtschaftliche Situation.[2] Eine schonungslose und objektivierbare Selbstanalyse des Kreditnehmers ist jedoch die essenzielle Grundlage für eine erfolgreiche Sanierung.

4

---

1 Da es sich bei »Abwicklungsengagements« um bereits gekündigte Kredite handelt, ist die Subsumierung dieser Engagements unter die Problemkredite nicht ganz unproblematisch. Sie hat jedoch eher definitorischen Charakter.
2 Vgl. KPMG, Kreditinstitute und Unternehmenskrisen: Ergebnisse der Umfrage 2002, Berlin/Leipzig, 2002, S. 27.

1.3 Abwicklung

5 Bei der Abwicklung geht es hingegen nur noch um die Eintreibung fälliger Forderungen bzw. die Verwertung verbleibender Sicherheiten nach Kündigung des Engagements. In der Regel entscheidet sich ein Institut für die Abwicklung, wenn die Prüfung der Sanierungsfähigkeit des Kreditnehmers negativ ausfällt (→ BTO 1.2.5 Tz. 3). Diese Aufgaben werden häufig von der Rechtsabteilung oder einer anderen spezialisierten Abteilung wahrgenommen. Nicht selten werden auch Dritte mit der Eintreibung ausstehender Forderungen beauftragt, wie z. B. Inkassounternehmen. Auch bei der Abwicklung stehen sich Chancen und Risiken gegenüber.

1.4 Methodenverantwortung

6 Das Institut hat in Analogie zur Intensivbetreuung Kriterien festzulegen, die die Abgabe eines Engagements an die Problemkreditbearbeitung regeln. Auch in diesem Fall muss die Verantwortung für die Entwicklung und die Qualität dieser Kriterien sowie deren regelmäßige Überprüfung außerhalb des Bereiches Markt angesiedelt sein. Die Bedeutung der Methodenverantwortung wurde bereits ausführlich erläutert (→ BTO 1.2.4 Tz. 1).

1.5 Beispiele für Übergangskriterien

7 Die deutsche Aufsicht überlässt es den Instituten, geeignete Kriterien zu formulieren, nach denen ein Engagement als Problemkredit einzustufen ist. Auch diesbezüglich wird auf die Erläuterung zur Intensivbetreuung verwiesen (→ BTO 1.2.4 Tz. 1). Speziell in der Problemkreditbearbeitung können z. B. folgende Ereignisse von besonderem Interesse sein:
- Pfändungen,
- andauernde Limitüberschreitungen,
- fehlende nachhaltige Kapitaldienstfähigkeit,
- Antrag auf Eröffnung eines Insolvenzverfahrens oder
- Einleitung der Zwangsversteigerung bzw. Zwangsverwaltung durch einen dritten Gläubiger.

1.6 Erforderliches Spezialwissen

8 Sowohl die Sanierung als auch die Abwicklung können mit hohen wirtschaftlichen und rechtlichen Risiken verbunden sein. Wie bereits angedeutet, besteht z. B. im Hinblick auf die Vergabe von Sanierungskrediten die Gefahr, dass diese Kredite nach einer fehlgeschlagenen Sanierung den Tatbestand der Insolvenzverschleppung erfüllen. In der Folge kann das Institut Schadensersatzansprüchen ausgesetzt sein.[3] Derartige Ansprüche können vor allem dann geltend gemacht werden, wenn das Institut ganz bewusst den Ruin des Kreditnehmers im eigenen Interesse und zum Schaden der sonstigen Gläubiger herbeigeführt hat. Ein Sanierungskredit, aber auch jede

---

[3] Vgl. Theewen, Eckhard, Haftungsrisiken der Kreditinstitute in der Krise ihrer Schuldner, in: Zeitschrift für Bank- und Kapitalmarktrecht, Heft 4/2003, S. 141 ff.

andere Sanierungsmaßnahme darf daher nicht ausschließlich eigennützig sein, und der Sanierungsversuch muss darüber hinaus auf einem Erfolg versprechenden Sanierungskonzept basieren.[4] Insbesondere kann die »Abgrenzung zwischen erlaubtem Sanierungskredit und sittenwidriger Insolvenzverschleppung diffizil und fließend«[5] sein. Nicht zuletzt aus diesem Grund wurde die damalige Formulierung der MaK, wonach von den an der Sanierung Beteiligten ein Sanierungskonzept zu erarbeiten und umzusetzen ist, an die gängige Praxis angepasst. Dem geänderten Wortlaut der MaRisk zufolge hat sich das Institut ein Sanierungskonzept vorlegen zu lassen (→ BTO 1.2.5 Tz. 3).

Aus Sicht des Institutes ist es sinnvoll, wenn entweder die Abgabe des Engagements an darauf **9** spezialisierte Bereiche oder Mitarbeiter erfolgt oder zumindest deren Hinzuziehung veranlasst wird. Dabei kann auch auf das Spezialwissen Dritter, also z.B. externer Sanierungs- oder Abwicklungsexperten, zurückgegriffen werden (→ BTO 1.2.5 Tz. 5 und Tz. 6). Vor allem bei kleineren Instituten, die wegen ihrer begrenzten personellen Ressourcen nicht über entsprechende Experten verfügen, könnte der Rückgriff auf externes Fachwissen sogar erforderlich sein.

1.7 Zuordnung der Problemkreditbearbeitungsprozesse

In der Praxis existieren ganz unterschiedliche Zuordnungsmodelle für die Prozesse der Problem- **10** kreditbearbeitung. Bei vielen Instituten werden die Vertriebsbereiche vollkommen von der Problemkreditbearbeitung abgekoppelt. Dahinter steht die Überlegung, dass der Vertrieb nicht weiter für Engagements zuständig sein sollte, deren Problemlage er unter Umständen mit verursacht hat. So ist es möglich, dass der Markt über die sich abzeichnenden Risiken nicht frühzeitig informiert hat oder nicht schnell und konsequent genug dagegen vorgegangen ist. Andere Institute halten dagegen zumindest eine Einbindung des Vertriebes für zweckmäßig, da vor allem die Kundenbetreuer über kundennahe Informationen verfügen. Dies betrifft z.B. bestimmte persönliche Eigenarten des Kreditnehmers oder auffällige Änderungen seiner Lebensgewohnheiten, deren Kenntnisnahme im Rahmen der Problemkreditbearbeitung sehr nützlich sein kann. Zudem ist es nicht unwahrscheinlich, dass die Bereitschaft eines Kreditnehmers zu einer Sanierungsmaßnahme bei einer über die Jahre gewachsenen Kundenbeziehung tendenziell steigt, wenn der ihm gut bekannte Kundenbetreuer an diesem Prozess direkt beteiligt ist.

Im Grunde existieren für die Zuordnung des Sanierungs- bzw. Abwicklungsprozesses in den **11** MaRisk keine strengen Vorgaben. Beide Prozesse können entweder im Bereich Markt oder in einem marktunabhängigen Bereich angesiedelt werden. Unabhängig von der Zuordnung dieser Prozesse auf die Bereiche Markt und Marktfolge ist es immer zulässig, dass im Rahmen der Problemkreditbearbeitung auf Mitarbeiter des Bereiches Markt zurückgegriffen wird. Im Unterschied zur Intensivbetreuung, die ein (betreuungsintensiver) Teil der normalen Kreditbearbeitung sein kann, wird in den MaRisk zwischen der Abgabe an die Problemkreditbearbeitung und deren Einschaltung unterschieden. Für beide Varianten müssen klare Regeln formuliert werden. Denkbar und von vielen Instituten bereits praktiziert ist die Vergabe so genannter »Hol-Kompetenzen« an die für die Problemkreditbearbeitung zuständigen Mitarbeiter oder Stellen. Auf diese Weise kann verhindert werden, dass ein Engagement erst dann an die Problemkreditbearbeitung abgegeben wird, wenn für das Institut so gut wie keine Handlungsspielräume mehr bestehen. Zur Vermeidung von Abgrenzungsproblemen sollten derartige Kompetenzen ebenfalls mit eindeutigen Kriterien verbunden sein.

---

4   Vgl. Bauer, Karl-Heinz, Insolvenzrechtsreform schafft keine Lösung der Probleme von Sanierungskrediten, in: Sparkasse, Heft 17/2000, S. 37.

5   Bales, Klaus, Das Kreditgeschäft in der Insolvenz des Kunden – Konsequenzen aus der neuen Insolvenzordnung, in: Sparkasse, Heft 8/2000, S. 376.

1.8 Federführung oder Überwachung

12 Aufbauorganisatorische Anforderungen bestehen jedoch im Hinblick auf die Federführung für den Sanierungs- und Abwicklungsprozess oder dessen Überwachung. Diese Aufgaben, also entweder die Federführung oder die Überwachung, sind außerhalb des Bereiches Markt wahrzunehmen. Im Prinzip werden damit lediglich die Modelle der Funktionstrennung auf die Problemkreditbearbeitung übertragen. Bleibt der Markt federführend tätig, so sind natürlich auch bei weiteren Kreditentscheidungen zwei Voten einzuholen. Das weitere Votum des überwachenden Bereiches käme demzufolge zumindest einer materiellen Plausibilitätsprüfung gleich (→ BTO 1.1 Tz. 2, Erläuterung).

13 Die deutsche Aufsicht hat die Begriffe »Federführung« und »Überwachung« für die Problemkreditbearbeitung spezifiziert. Demzufolge wird unter der Federführung insbesondere die Ausübung von Kompetenzen verstanden, die sich auf wichtige Entscheidungen beziehen. Hierzu zählen neben der Vergabe von Sanierungskrediten z. B. die Wahrnehmung wichtiger Termine oder die Gesprächsführung für das Institut im Rahmen der Verhandlungen mit anderen an der Sanierung beteiligten Personen oder Gruppen. Hingegen bezieht sich die marktunabhängige Überwachung in erster Linie auf die laufenden Kontrolltätigkeiten, wie die Durchsicht und die Überprüfung der Sanierungs- und Abwicklungskonzepte oder der Zwischenberichte über den Stand der Problemkreditbearbeitungsprozesse. Dabei sind wichtige Entscheidungen (z. B. über die Vergabe von Sanierungskrediten) im Hinblick auf ihre Plausibilität zu überprüfen.

14 Solange eine marktunabhängige Überwachung sichergestellt ist, kann also die Federführung für den Prozess der Problemkreditbearbeitung im Markt verbleiben. Die eingeräumte Alternative lässt – je nach Zuordnung der Prozesse für die Problemkreditbearbeitung – verschiedene Modelle zu.[6]

1.9 Variante I: Prozesse und Federführung im marktunabhängigen Bereich

15 Alle Sanierungs- und Abwicklungsprozesse inkl. der Federführung werden von einem marktunabhängigen Bereich wahrgenommen. Bei diesem Modell werden die Sanierungs- und Abwicklungsfälle vollständig aus dem Vertrieb ausgelagert. In vielen Instituten sind für diese Zwecke eigene »Work Out«-Abteilungen eingerichtet worden, die sich ausschließlich mit sanierungsbedürftigen Krediten und unter Umständen auch mit den Abwicklungsfällen beschäftigen. Selbst bei diesem Modell kann im Einzelfall ein Rückgriff auf die Erkenntnisse und Erfahrungen der Vertriebsmitarbeiter sinnvoll sein. Wie bereits ausgeführt, verfügen diese Mitarbeiter wegen ihrer Nähe zum Kunden häufig über Informationen, die im Hinblick auf den Verlauf einer Sanierung oder Abwicklung von nicht zu unterschätzender Bedeutung sein können. Es ist also möglich, diese Variante mit oder ohne beratende Funktion des Marktbereiches umzusetzen.

---

6 Vgl. Hannemann, Ralf, Interpretationshilfen für die Umsetzung der Mindestanforderungen an das Kreditgeschäft der Kreditinstitute (MaK), Bundesverband Öffentlicher Banken Deutschlands (Hrsg.), März 2003, S. 37.

1.10 Variante II: Prozesse im Markt/Federführung im marktunabhängigen Bereich

Bei dieser Variante verbleiben die Prozesse der Problemkreditbearbeitung im Bereich Markt, **16** wobei die Federführung außerhalb des Marktes angesiedelt wird. Inwieweit sich eine solche Zuordnung in der Praxis durchsetzen wird, muss sich noch zeigen. Möglicherweise ist es unter Effizienzgesichtspunkten nicht sinnvoll, wenn wichtige Prozesse (z.B. die Auswertung von Sanierungskonzepten) in einem Bereich angesiedelt sind und die Federführung für diese Prozesse (z.B. die Entscheidung über einen Sanierungskredit) gleichzeitig in einem anderen Bereich liegt. Es scheint daher zweckmäßiger zu sein, wenn die Federführung und die Prozesse in einer Hand liegen und nicht auseinandergerissen werden.

1.11 Variante III: Prozesse und Federführung im Markt/ Überwachung im marktunabhängigen Bereich

Die Prozesse und die Federführung verbleiben im Markt, aber die Überwachung der Problem- **17** kreditbearbeitung liegt in einem marktunabhängigen Bereich. In diesem Fall behält der Markt weiterhin einen großen Einfluss auf den Werdegang der Problemengagements, die er i.d.R. selbst initiiert hat. Zwecks Vermeidung von Interessenkonflikten sind daher hohe Anforderungen an die marktunabhängige Überwachung zu stellen. Neben der Weiterleitung von Zwischenberichten sollten z.B. auch die Schlussberichte über die Sanierungs- bzw. Abwicklungsmaßnahmen von den mit der Überwachung betrauten Mitarbeitern oder Stellen auf ihre Plausibilität hin überprüft und mit abgezeichnet werden. Insgesamt gesehen schafft gerade diese Lösung vor allem im Bereich der multinationalen oder strukturierten Finanzierungen, in denen für die Kreditbearbeitung das Vorhalten fundierten Fachwissens und entsprechender Erfahrungswerte erforderlich ist, die nötigen Freiräume. Das häufig in hoch spezialisierten (Markt-)Abteilungen gebündelte Wissen kann auf diese Weise auch in einen ggf. erforderlichen Sanierungs- oder Abwicklungsprozess einfließen. Im Prinzip kommt in diesem Fall die Überwachung mit Blick auf die Modelle der Funktionstrennung einer Art materieller Plausibilitätsprüfung gleich.

1.12 Verzicht auf das Marktvotum

Abhängig von Art, Umfang, Komplexität und Risikogehalt des Kreditengagements erfordert eine **18** Kreditentscheidung zwei zustimmende Voten der Bereiche Markt und Marktfolge (→ BTO 1.1 Tz. 2). In den MaRisk werden zahlreiche Ausnahmen vom Zwei-Voten-Prinzip formuliert, die risiko- oder prozessabhängig begründet werden. In der Problemkreditbearbeitung, insbesondere in der Sanierung, kann unterstellt werden, dass es sich im Regelfall um risikorelevante Kreditgeschäfte handelt. Bei Entscheidungen über risikorelevante Kreditengagements, die sich in der Problemkreditbearbeitung befinden, hält die deutsche Aufsicht ein marktunabhängiges Votum immer für erforderlich.[7] Dieser Votierung kann allerdings eine materielle Plausibilitätsprüfung zugrundeliegen (→ BTO 1.1 Tz. 2, Erläuterung). Insofern ist diese Anforderung in allen drei der oben dargestellten Varianten erfüllt.

---

7   Vgl. Bundesanstalt für Finanzdienstleistungsaufsicht, Protokoll der dritten Sitzung des MaK-Fachgremiums am 12. November 2003, S. 4.

BTO 1.2.5 Behandlung von Problemkrediten

19   Wie bereits ausgeführt, können die Prozesse der Problemkreditbearbeitung vollständig außerhalb des Bereiches Markt ablaufen. Aus diesem Grund wird im Rahmen von Entscheidungen über Sanierungskredite eine Votierung aus dem marktunabhängigen Bereich immer als ausreichend erachtet (→ BTO 1.2.5 Tz. 1, Erläuterung). Dies gilt auch im Hinblick auf die Vergabe von Überbrückungskrediten, die im Zeitraum der Überprüfung der Sanierungsfähigkeit herausgereicht werden, um die vorzeitige Zahlungsunfähigkeit des Kreditnehmers zu vermeiden. In diesen Fällen ist i. d. R. nicht mehr davon auszugehen, dass Interessenkonflikte vorliegen. Eine »Marktgetriebenheit« erscheint ausgeschlossen, wenn die Votierung aus dem marktunabhängigen Bereich stammt.[8] Insbesondere kann unterstellt werden, dass der marktunabhängige Bereich keinerlei Interesse daran hat, einen Problemkredit volumenmäßig auszuweiten.

1.13   Votierung bei Engagements in Abbauportfolien

20   So genannte »Abbauportfolien« umfassen Engagements in der Abwicklung und Geschäfte, aus denen sich das Institut aus strategischen oder sonstigen Gründen zurückziehen möchte oder aufgrund von Vorgaben sogar muss. Für letztgenannte Engagements fallen zwangsläufig keine Tätigkeiten an, die mit neuen Geschäftsabschlüssen vergleichbar sind. In der Regel handelt es sich um Prolongationen, für die in den MaRisk gewisse Erleichterungen eingeräumt werden (→ BTO 1.2 Tz. 8). Vor diesem Hintergrund kann auch für Engagements in Abbauportfolien auf ein Votum aus dem Bereich Markt verzichtet werden. Die Bestände sowie die jeweils verfolgte Intention sind dabei vom Institut nachvollziehbar darzustellen, z. B. im Rahmen eines so genannten »Abbaukonzeptes« (→ BTO 1.2.5 Tz. 1, Erläuterung). Es sollte allerdings beachtet werden, dass sich diese Erleichterung auf die Vorgaben für den Kreditprozess bezieht, auf den der Bereich Markt beim Abbau der Bestände i. d. R. keinen Einfluss mehr hat. Werden im Zusammenhang mit dem Abbau von Portfolien auch Sicherungsgeschäfte betrieben (z. B. Hedgegeschäfte), unterliegen diese im Falle von neuen Geschäftsabschlüssen grundsätzlich den Anforderungen an das Handelsgeschäft (→ BTO 2).

1.14   Berichtspflicht bei Sanierungskreditentscheidungen

21   Im mindestens vierteljährlich zu erstellenden Risikobericht an die Geschäftsleitung müssen auch die bemerkenswerten Engagements, wie z. B. die Problemkredite von wesentlicher Bedeutung, aufgeführt und ggf. kommentiert werden (→ BT 3.2 Tz. 3 lit. b). Vor diesem Hintergrund ist eine zusätzliche Berichtspflicht bei Entscheidungen über Sanierungskredite, die durch einen Marktfolge-Geschäftsleiter im Rahmen seiner Einzelkompetenz getroffen werden, nicht erforderlich.

1.15   Prüfung nicht-standardisierter Verträge bei Sanierungsfällen

22   Im Normalfall sind für die einzelnen Kreditverträge rechtlich geprüfte Standardtexte zu verwenden und laufend zu aktualisieren. Falls bei einem Engagement, z. B. im Rahmen von Individualvereinbarungen, von den Standardtexten abgewichen werden soll, ist, soweit unter Risikogesichts-

---

8   Vgl. Zentraler Kreditausschuss, Stellungnahme zum zweiten Entwurf der Mindestanforderungen an das Kreditgeschäft der Kreditinstitute vom 8. November 2002, S. 6.

punkten erforderlich, vor Abschluss des Vertrages die rechtliche Prüfung durch eine vom Bereich Markt unabhängige Stelle notwendig (→ BTO 1.2 Tz. 12). Bei nicht-risikorelevanten Kreditgeschäften kann diese Prüfung auch durch einen sachverständigen Mitarbeiter aus dem Bereich Markt erfolgen (→ BTO 1.2 Tz. 12, Erläuterung). Da die Verwendung von Standardtexten in der Problemkreditbearbeitung eher den Ausnahmefall darstellt, kann unter bestimmten Bedingungen auch bei Sanierungsfällen von der Prüfung nicht-standardisierter Verträge durch eine unabhängige Stelle abgesehen werden. Voraussetzung ist, dass die Sanierung von Spezialisten begleitet wird, die aufgrund ihrer Fachkenntnisse und Erfahrungen in der Lage sind, solche Vertragswerke eigenständig und ohne weitere unabhängige Prüfung zu verfassen (→ BTO 1.2.5 Tz. 1, Erläuterung).

2 Verbleib in der Intensivbetreuung (Tz. 2)

23 **2** Entscheidet sich das Institut trotz Erfüllung der Kriterien für den Übergang in die Sanierung bzw. Abwicklung und trotz wesentlicher Leistungsstörungen für einen Verbleib in der Intensivbetreuung, ist sicherzustellen, dass das Adressenausfallrisiko des Kredits verringert oder begrenzt werden kann. Das Vorgehen ist mit den auf die Sanierung bzw. Abwicklung spezialisierten Mitarbeitern abzustimmen. Rechtliche Risiken sind dabei zu prüfen.

2.1 Begründete Abweichung von den Festlegungen

24 Das Institut hat Kriterien festzulegen, nach denen die Abgabe eines Engagements an die auf die Sanierung bzw. Abwicklung spezialisierten Mitarbeiter oder Bereiche bzw. deren Einschaltung regeln. Um bei der Festlegung und regelmäßigen Überprüfung dieser Kriterien keinen Interessenkonflikten ausgesetzt zu sein, muss die Verantwortung dafür außerhalb des Bereiches Markt angesiedelt sein ($\rightarrow$ BTO 1.2.5 Tz. 1). Im Normalfall erfolgt also die Abgabe eines Engagements an die Problemkreditbearbeitung, sobald die festgelegten Kriterien erfüllt sind. In der Regel werden sich derartige Engagements zuvor in der Intensivbetreuung befinden.

25 Es kann allerdings auch Gründe geben, ein Engagement trotz wesentlicher Leistungsstörungen und Erfüllung dieser Kriterien weiterhin in der Intensivbetreuung zu belassen. So ist es z.B. denkbar, dass die weitere Intensivbetreuung schlicht naheliegend erscheint, weil z.B. keine erfolgversprechenden Sanierungsmaßnahmen ergriffen werden können und eine Abwicklung aufgrund des geringen Volumens oder eines geringen Restbuchwertes des Engagements für das Institut unter betriebswirtschaftlichen Gesichtspunkten nicht sinnvoll wäre.

26 In diesem Fall ist vom Institut sicherzustellen, dass das Adressenausfallrisiko des Kredites auch in der Intensivbetreuung verringert oder begrenzt werden kann. Die Maßnahmen in der Intensivbetreuung sind allerdings häufig mit einer vorübergehenden Ausweitung des Engagements und damit einer Erhöhung des Adressenausfallrisikos mit dem Ziel einer nachhaltigen Bonitätsverbesserung des Kreditnehmers verbunden. Insofern kommt es bei dieser Anforderung nicht auf die kurzfristige Betrachtung an, sondern darauf, dass die für sinnvoll erachteten Maßnahmen mittel- bis langfristig auf eine Verringerung des Adressenausfallrisikos abzielen.

2.2 Abstimmung mit der Problemkreditbearbeitung

27 Darüber hinaus können die Mitarbeiter der Intensivbetreuung diese Entscheidung nicht ohne Abstimmung mit den auf die Sanierung bzw. Abwicklung spezialisierten Mitarbeitern treffen. Die zwischenzeitlich von der deutschen Aufsicht geforderte Abstimmung der Maßnahmen mit den Mitarbeitern der Problemkreditbearbeitung ist hingegen wieder gestrichen worden, da letztlich eine Bearbeitung nach den Vorgaben der Intensivbetreuung erfolgt und das Engagement andernfalls genauso gut abgegeben werden könnte.

28 Schließlich ist zu prüfen, ob sich aus dem Verzicht auf eine Abgabe an die Problemkreditbearbeitung rechtliche Risiken für das Institut ergeben können. Wenn bereits eine nicht erfolgreiche Sanierungsmaßnahme Grund zum Klagen ist, könnte dies eine gar nicht erst eingeleitete

Sanierung erst recht sein. In die Prüfung rechtlicher Risiken sollte ggf. die Rechtsabteilung einge-schaltet werden. In diesem Zusammenhang empfiehlt es sich auch, die Gründe für diese Ent-scheidung für Dritte nachvollziehbar zu dokumentieren.

3 Beurteilung der Sanierungsfähigkeit (Tz. 3)

29 **3** Zieht ein Institut die Begleitung einer Sanierung in Betracht, hat es sich ein Sanierungs-konzept zur Beurteilung der Sanierungsfähigkeit des Kreditnehmers vorlegen zu lassen und auf dieser Grundlage ein eigenständiges Urteil darüber zu treffen, ob eine Sanierung erreicht werden kann.

3.1 Alternativen in der Problemkreditbearbeitung

30 Wie bereits erwähnt, hat das Institut Kriterien festzulegen, die die Abgabe eines Engagements an die auf die Sanierung bzw. Abwicklung spezialisierten Mitarbeiter oder Bereiche bzw. deren Einschaltung regeln (→ BTO 1.2.5 Tz. 1). Diese Kriterien besitzen i.d.R. eine andere Qualität als die Übergangskriterien zur Intensivbetreuung (→ BTO 1.2.4 Tz. 1). Allerdings wird es auf ihrer Basis im Normalfall nicht möglich sein, bereits eine Zuordnung der Engagements zur Sanierung oder zur Abwicklung vorzunehmen. Aus Sicht des Institutes muss zunächst geklärt werden, ob die Begleitung einer Sanierung überhaupt möglich und betriebswirtschaftlich sinnvoll ist (→ BTO 1.2.5 Tz. 3). Zu diesem Zweck wird eine Prüfung der Sanierungsfähigkeit des Kreditneh-mers durchgeführt. Sofern diese Prüfung zu einem positiven Ergebnis führt, kommt eine Teil-nahme an der Sanierung aus Sicht des Institutes in Betracht. In diesem Fall kann i.d.R. davon ausgegangen werden, dass eine Sanierung aus Sicht des Institutes erreicht werden kann und alle an der Sanierung Beteiligten die Maßnahme unterstützen, also der Wille zur Sanierung klar erkennbar ist. Dementsprechend bestehen gute Aussichten für eine erfolgreiche Sanierung. Andernfalls bleibt i.d.R. nur noch die Abwicklung des Engagements (→ BTO 1.2.5 Tz. 6).

3.2 Begleitung einer Sanierung

31 Sind die vom Institut festgelegten Kriterien für die Abgabe eines Engagements an die Sanierung erfüllt, d.h. zieht das Institut die Begleitung einer Sanierung in Betracht, muss möglichst zeitnah eine abschließende Entscheidung für oder gegen die Sanierung getroffen werden. Nach der bis Ende 2009 geltenden Regelung musste sich das Institut ein Sanierungskonzept vorlegen lassen, sofern es sich für die Begleitung einer Sanierung entschieden hatte. Diese Entscheidung beruht jedoch im Wesentlichen auf einer genauen Prüfung der Sanierungsfähigkeit des Kreditnehmers. Im Rahmen der zweiten MaRisk-Novelle ist klargestellt worden, dass sich ein Institut für diese Zwecke zunächst ein Sanierungskonzept vorlegen lassen muss. Damit wird insbesondere zum Ausdruck gebracht, dass eine abschließende Entscheidung für die Begleitung einer Sanierung nicht möglich ist, solange noch kein Sanierungskonzept vorliegt.

32 Das Institut der Wirtschaftsprüfer (IDW) hatte damals vorgeschlagen, zwischen einer (umfas-senden) Sanierung, für die ein Sanierungskonzept zwingend erforderlich sei, und der bloßen Sicherung der Fortführungsfähigkeit eines Unternehmens, für die weniger weitgehende Unterla-gen erforderlich seien, zu unterscheiden.[9] Diesem Vorschlag ist die Aufsicht nicht gefolgt. Im

---

9 Vgl. Institut der Wirtschaftsprüfer, Neufassung der MaRisk – Veröffentlichung des ersten Entwurfs – Konsultation 03/2009, Stellungnahme vom 20. März 2009, S. 3 f.

Rahmen der fünften MaRisk-Novelle wurde darüber erneut diskutiert. Hintergrund dafür ist das praktische Problem, dass niemand bereit ist, für kleinere Kreditnehmer ein Sanierungskonzept zu schreiben, weil sich dies unter betriebswirtschaftlichen Gesichtspunkten schlicht nicht lohnt. Es stellt sich allerdings die Frage, ob derartige Maßnahmen überhaupt schon als Sanierung im Sinne der MaRisk anzusehen sind. Nach wohlwollender Interpretation werden durch die MaRisk keine konkreten Anforderungen an die Begleitung von Maßnahmen zur Sicherung der Fortführungsfähigkeit eines Unternehmens, die noch nicht als Sanierung anzusehen sind, gestellt.

3.3 Rolle des Institutes im Rahmen einer Sanierungsmaßnahme

Die Formulierung dieser Textziffer wurde bereits im Rahmen der Ausarbeitung der MaRisk gegenüber den MaK angepasst. Insbesondere wird dem Institut nicht mehr die Aufgabe zugewiesen, eine Sanierungsmaßnahme durchzuführen bzw. zwingend an der Erarbeitung und Umsetzung des Sanierungskonzeptes mitzuwirken. Aus haftungsrechtlichen Gründen sollte ein Institut die Sanierungsmaßnahme nur begleiten. Außerdem sollte es sich das Sanierungskonzept vorlegen lassen. Selbstverständlich kann das Institut dabei eine beratende Rolle spielen. Die Verantwortung für die Konzepterstellung und die Entscheidung für die Durchführung der Sanierungsmaßnahme sollte jedoch, das Einverständnis des Institutes auf Basis einer entsprechenden Prüfung vorausgesetzt, in der unternehmerischen Verantwortung des Kreditnehmers bzw. der von ihm beauftragten Experten verbleiben. Auf diese Weise lassen sich spätere Regressforderungen seitens des Kreditnehmers im Fall einer fehlgeschlagenen Sanierungsmaßnahme vermeiden. Das Einverständnis des Institutes muss auf einem eigenständigen Urteil beruhen, ob eine Sanierung unter den vorliegenden Umständen erreicht werden kann. **33**

3.4 Sanierungswürdigkeit und Sanierungsfähigkeit

Bei der Sanierungswürdigkeit geht es in erster Linie um die Frage, ob eine Beteiligung des Institutes an der Sanierung unter wirtschaftlichen Gesichtspunkten vertretbar bzw. sinnvoll ist. Im Vordergrund stehen daher die subjektiven Interessen des Institutes oder anderer potenzieller Investoren. Die Sanierungswürdigkeit liegt aus Sicht des Institutes i. d. R. dann vor, wenn der durch die Fortführung zu erzielende Ertragswert über dem erwarteten Liquidationswert liegt.[10] Nach der bis Ende 2009 geltenden Regelung war auch eine Prüfung der Sanierungswürdigkeit des Kreditnehmers durchzuführen, sofern die (institutsinternen) Kriterien zur Abgabe eines Engagements an die Problemkreditbearbeitung bzw. zu deren Einschaltung erfüllt waren. Das Institut der Wirtschaftsprüfer (IDW) hatte angeregt, auf eine Prüfung der Sanierungswürdigkeit zu verzichten, da der Begriff »Sanierungswürdigkeit« subjektive Wertungselemente enthalte und daher kein tauglicher Orientierungsmaßstab für die Erstellung eines Sanierungskonzeptes sei. Das IDW verwies gleichzeitig darauf, dass der Begriff »Sanierungswürdigkeit« weder im einschlägigen Schrifttum Bedeutung habe noch in der neueren Rechtsprechung von BGH und BFH verwendet werde.[11] Diesem Vorschlag ist die Aufsicht im Rahmen der zweiten MaRisk-Novelle gefolgt. Seitdem besteht nur noch die **34**

---

10 Vgl. Häger, Michael, Checkbuch Überschuldung und Sanierung, Köln, 2002, S. 45.
11 Vgl. Institut der Wirtschaftsprüfer, Neufassung der MaRisk – Veröffentlichung des ersten Entwurfs – Konsultation 03/2009, Stellungnahme vom 20. März 2009, S. 3. In dieser Stellungnahme wird unterstützend auf den Entwurf des IDW Standards zu Anforderungen an die Erstellung von Sanierungskonzepten (IDW ES 6) vom 1. August 2008, WPg Supplement 3/2008, FN-IDW 2008, S. 381, verwiesen.

BTO 1.2.5 Behandlung von Problemkrediten

Anforderung, die Sanierungsfähigkeit zu beurteilen. Grundsätzlich ist an die Streichung des Begriffes Sanierungswürdigkeitsprüfung jedoch keine materielle Änderung geknüpft. Die hinter der Sanierungswürdigkeitsprüfung stehende »subjektive Komponente« kommt an anderer Stelle hinreichend zum Ausdruck (z. B. im Vorfeld der Entscheidung über die Begleitung der Sanierung).

35   Unter der Sanierungsfähigkeit wird im Allgemeinen die Fähigkeit des Kreditnehmers verstanden, mit Hilfe gezielter Maßnahmen wieder eine stabile Existenzbasis zu erlangen und diese aus eigener Kraft erhalten zu können. Es muss insbesondere eine hohe Wahrscheinlichkeit dafür vorliegen, dass der Kreditnehmer durch die Sanierungsmaßnahmen wieder in die Lage versetzt wird, nachhaltig positive Ergebnisse zu erwirtschaften.[12] Eine Schätzung dieser Wahrscheinlichkeit ist grundsätzlich nur dann möglich, wenn das Institut die Gründe für die Krise des Kreditnehmers kennt und hinreichend über die geplanten Sanierungsmaßnahmen informiert ist. Die Sanierungsfähigkeit ist daher regelmäßig auf der Grundlage des Sanierungskonzeptes zu prüfen, das dem Institut vorzulegen ist und in dem u. a. die genannten Gesichtspunkte darzustellen sind.

3.5   Mindestinhalte eines Sanierungskonzeptes

36   Die Erstellung des Sanierungskonzeptes durch den Kreditnehmer, ggf. unter Mitwirkung von Sanierungsberatern, ist der Ausgangspunkt für den Sanierungsprozess. Aufgrund der sich i.d.R. schnell zuspitzenden Problemlage des Kreditnehmers müssen solche Konzepte häufig sehr kurzfristig, zum Teil sogar innerhalb weniger Tage, erstellt werden.[13] Aus dem Sanierungskonzept sollten vor allem folgende Sachverhalte klar hervorgehen:
- die Ausgangssituation des Kreditnehmers, also z. B. rechtliche Verhältnisse, Unternehmenszweck und Unternehmensphilosophie, Märkte, Produkte, Beschreibung der internen Organisation des Unternehmens, Informationen über den technischen Stand der Produktionsverfahren und Investitionsschwerpunkte,
- der Status der wirtschaftlichen Verhältnisse des Kreditnehmers, wie z. B. Liquiditäts-, Vermögens- und Ertragslage,
- die Darstellung der Ursachen für die Krise des Kreditnehmers, ggf. mit Hilfe von Ursache-/Wirkungs-Relationen, und
- die Darstellung der Maßnahmen, die dazu beitragen sollen, die Krisensituation zu überwinden, ggf. mit Hilfe von Planrechnungen.

37   Insbesondere den beiden letzten Punkten kommt eine große Bedeutung zu. Sanierungskonzepte müssen die Ursachen für die Krise des Kreditnehmers nachvollziehbar darlegen. Zudem sind die für die Sanierung erforderlichen Maßnahmen klar zu benennen. Aus dem Sanierungskonzept müssen auch die zeitlichen Horizonte für die Umsetzung der einzelnen Maßnahmen deutlich hervorgehen. Soweit das Sanierungskonzept diese Anforderungen nicht erfüllen kann, ist eine erfolgreiche Sanierung so gut wie ausgeschlossen. Als hilfreich für die Überprüfung bzw. Einschät-

---

12 Vgl. Lützenrath, Christian/Peppmaier, Kai/Schuppener, Jörg, Bankstrategien für Unternehmenssanierungen, Köln, 2003, S. 51.

13 Vgl. Kraus, Karl-Joachim/Gless, Sven-Erik, Unternehmensrestrukturierung/-sanierung und strategische Neuausrichtung, in: Buth, Andrea/Hermanns, Michael (Hrsg.), Restrukturierung, Sanierung und Insolvenz, 2. Auflage, München, 2004, S. 115 ff.

zung der genannten Aspekte können sich Checklisten erweisen. Mit deren Hilfe können z.B. Risikopotenziale in Sanierungsgutachten oder -konzepten aufgedeckt werden.[14]

3.6 Aspekte der Sanierungsfähigkeitsprüfung

Im Rahmen der Sanierungsfähigkeitsprüfung sollte eine Überprüfung der Angaben im Sanierungskonzept, für die gewisse Mindeststandards formuliert werden können, auf Vollständigkeit und Plausibilität erfolgen. Neben einer gründlichen Aufarbeitung der Ursachen für die Krise des Kreditnehmers sollten dabei folgende Aspekte im Vordergrund stehen[15]: **38**

- die Überprüfung der im Sanierungskonzept vorgesehenen Sanierungsmaßnahmen im Hinblick auf ihre wirtschaftliche Realisierbarkeit,
- die Überprüfung der Sanierungschancen und die Darstellung der ggf. zu erwartenden Schwierigkeiten,
- die Überprüfung der Vermögens- und Ertragslage sowie der Bilanzrelationen,
- die Erstellung von Umsatz- und Kostenanalysen sowie Schwachstellenanalysen,
- die Einschätzung der voraussichtlichen Entwicklung der Ertragslage auf der Grundlage von Planrechnungen,
- der Nachweis, dass die Umsetzung des Sanierungskonzeptes personell und finanziell abgesichert ist, und
- die Einschätzung der Wettbewerbslage des Kreditnehmers sowie Informationen zur Branchenentwicklung.

Bedeutsam ist darüber hinaus eine Einschätzung der zukünftigen Liquiditätslage des Kreditnehmers, da gebundenes Kapital im Zweifel nicht für die Erbringung des Kapitaldienstes eingesetzt werden kann.

---

14 Vgl. Habel, Falk-Michael, Bank-Checklisten für Sanierungsgutachten, in: BankPraktiker, Heft 3/2006, S. 115 ff. Zur Vertiefung der Thematik sei auf den ISU-Standard für das Erstellen, Umsetzen und Prüfen von Sanierungskonzepten und Sanierungsgutachten sowie eine ausführliche Behandlung dieser Problematik verwiesen. Vgl. Institut für die Standardisierung von Unternehmenssanierungen (Hrsg.), Mindestanforderungen an Sanierungskonzepte (MaS), Heidelberg, 2008. Außerdem existiert ein Standard der Wirtschaftsprüfer zur Erstellung von Sanierungskonzepten. Vgl. Institut der Wirtschaftsprüfer, Standard 6 (IDW S 6), Anforderungen an die Erstellung von Sanierungskonzepten, in: Die Wirtschaftsprüfung, Supplement 4/2009, S. 145 ff.

15 Zum beispielhaften Ablauf einer Sanierungsfähigkeitsprüfung für eine GmbH vgl. Schmidt, Carsten/Uhlenbruck, Wilhelm, Die GmbH in Krise, Sanierung und Insolvenz, Köln, 2002, S. 159 ff.

4 Überwachung der Sanierungsmaßnahmen (Tz. 4)

39 **4** Die Umsetzung des Sanierungskonzeptes sowie die Auswirkungen der Maßnahmen sind vom Institut zu überwachen.

4.1 Überwachung durch das Institut

40 Die Umsetzung des Sanierungskonzeptes und die Auswirkungen der Maßnahmen müssen vom Institut im eigenen Interesse überwacht werden. Diese Überwachungstätigkeiten umfassen in erster Linie die Einhaltung der im Sanierungskonzept niedergelegten Maßnahmen sowie deren Auswirkungen auf die Situation des Kreditnehmers. Dies kann z.B. durch die Kontrolle vereinbarter Zeitpläne oder durch regelmäßige Soll-/Ist-Vergleiche erfolgen. Erforderlichenfalls kann dabei auf externe Spezialisten mit entsprechenden Kenntnissen zurückgegriffen werden (→ BTO 1.2.5 Tz. 5). Bei Planabweichungen sollte kurzfristig eine Entscheidung aller Beteiligten über die weitere Vorgehensweise getroffen werden, ggf. sogar über die Anpassung des Sanierungskonzeptes. Soweit es sich um bedeutende Engagements handelt, sind die zuständigen Geschäftsleiter regelmäßig über den Stand der Sanierung zu informieren (→ BTO 1.2.5 Tz. 5).

41 Im Rahmen der Überwachung sollten in der Sanierungsphase aktive Eingriffe in die Geschäftspolitik des Kreditnehmers vermieden werden, da dies ggf. zu rechtlichen Schwierigkeiten führen kann (»faktische Geschäftsführung«). Insoweit kommt dem Sanierungskonzept im Zusammenhang mit der Begleitung des Institutes an der Sanierung eine zentrale Rolle zu (→ BTO 1.2.5 Tz. 3).

5 Berichterstattung und Einbindung externer Spezialisten (Tz. 5)

5 Die zuständigen Geschäftsleiter sind bei bedeutenden Engagements regelmäßig über den Stand der Sanierung zu informieren. Erforderlichenfalls kann bei dem Sanierungsprozess auf externe Spezialisten mit entsprechenden Kenntnissen zurückgegriffen werden.   42

5.1 Berichtspflichten bei Sanierungsengagements

Die zuständigen Geschäftsleiter sollten zumindest bei bedeutenden Engagements regelmäßig über   43
den Stand der Sanierung informiert werden. Die Informationspflicht betrifft also nicht alle Sanierungsengagements, sondern lediglich die »bedeutenden« Fälle. Sie richtet sich ferner nur an jene Geschäftsleiter, die aufgrund ihrer Ressortverantwortung in den Entwicklungsprozess des konkreten Engagements involviert sind. Die Information kann auch im Rahmen der vierteljährlichen Risikoberichterstattung erfolgen, deren Empfänger allerdings die gesamte Geschäftsleitung ist (→ BT 3.2 Tz. 3). Im Rahmen dieser Berichterstattung müssen die bemerkenswerten Engagements, wie z. B. die Problemkredite von wesentlicher Bedeutung, ohnehin aufgeführt und ggf. sogar kommentiert werden (→ BT 3.2 Tz. 3 lit. b). Soweit im Hinblick auf ein bedeutendes Sanierungsengagement zwischenzeitlich Ereignisse von wichtiger Bedeutung eintreten, ist eine unverzügliche Berichterstattung gegenüber der gesamten Geschäftsleitung erforderlich. Das folgt aus der unverzüglichen Informationspflicht der Fachbereiche an die Geschäftsleitung und die jeweiligen Verantwortlichen, sofern ihnen unter Risikogesichtspunkten wesentliche Informationen vorliegen (→ AT 4.3.2 Tz. 4).

5.2 Einbindung externer Spezialisten

Der Sanierungsprozess kann vor allem kleinere Institute mit begrenzten personellen Ressourcen   44
vor unüberwindbare Probleme stellen, da die Begleitung einer Sanierung sehr hohe Anforderungen an die fachlichen Kenntnisse der Mitarbeiter und deren Erfahrung stellt. Soweit Institute nicht über das erforderliche Know-how zur Beurteilung solcher Sachverhalte verfügen, ist es dringend anzuraten, auf externes Fachwissen zurückzugreifen. Die MaRisk lassen die Einbindung externer Spezialisten, wie z. B. spezialisierter Beratungsfirmen, branchenkundiger Wirtschaftsfachleute oder unabhängiger Wirtschaftsprüfer, ausdrücklich zu. Das gilt auch im Hinblick auf die Abwicklung von Engagements (→ BTO 1.2.5 Tz. 6). Selbst wenn das Institut über genügend spezialisierte Mitarbeiter verfügt, kann es zweckmäßig sein, Dritte in die Sanierung einzubeziehen. Sofern eine Sanierung scheitert und Vorwürfe in Richtung Insolvenzverschleppung vom Kreditnehmer oder von anderen Gläubigern erhoben werden, lassen sich diese ggf. mit Hilfe eines fundierten externen Gutachtens über die Sanierungsaussichten entkräften. Die Sanierungsgutachten tragen insbesondere dann zur Entkräftung solcher Vorwürfe bei, wenn sie von Wirtschaftsprüfern oder anderen sach- und fachkundigen Dritten erstellt wurden.[16] Da der Kreditnehmer während des Sanierungs-

---

16 Vgl. Bauer, Karl-Heinz, Insolvenzrechtsreform schafft keine Lösung der Probleme von Sanierungskrediten, in: Sparkasse, Heft 17/2000, S. 38.

BTO 1.2.5 Behandlung von Problemkrediten

prozesses sämtliche Aufgaben der Geschäftsleitung wahrnehmen muss, kann auch die Unterstützung für alle im Zusammenhang mit der Sanierung stehenden Prozesse durch einen externen »Sanierungsbeauftragten« hilfreich sein.

6 Abwicklung von Engagements (Tz. 6)

6 Für den Fall der Abwicklung eines Engagements ist ein Abwicklungskonzept zu erstellen. In den Prozess der Verwertung der Sicherheiten sind Mitarbeiter oder ggf. externe Spezialisten mit entsprechenden Kenntnissen einzubeziehen. **45**

6.1 Kündigung bei Abwicklung

Soweit die Sanierungsfähigkeit ($\rightarrow$ BTO 1.2.5 Tz. 3) nicht gegeben ist oder sich im Verlauf der Sanierung zeigen sollte, dass die geplanten Maßnahmen zu keinem positiven Ergebnis führen, verbleibt grundsätzlich nur noch die Möglichkeit der Abwicklung. Bei der Abwicklung geht es aus Sicht des Institutes regelmäßig darum, nach der Kündigung des Engagements einen optimalen Erlös aus den vorhandenen Sicherheiten zu erzielen, um einen möglichst hohen Anteil ausstehender Restforderungen einzutreiben. Vor der Kündigung ist zwecks Vermeidung von Schadensersatzansprüchen zu überprüfen, ob alle erforderlichen rechtlichen Voraussetzungen tatsächlich erfüllt sind. Die Kündigung muss vor allem auf das Verhalten des Kreditnehmers zurückzuführen sein, wie z. B. auf einen anhaltenden Zahlungsverzug. **46**

6.2 Abwicklungskonzept

Der Inhalt des erforderlichen Abwicklungskonzeptes beschränkt sich vor diesem Hintergrund auf die Darstellung der vorhandenen Sicherheiten und eine grobe Beschreibung der erforderlichen Schritte, die im Rahmen der Abwicklung durchzuführen sind. Das Abwicklungskonzept sollte dabei, insbesondere im Hinblick auf die Beschreibung des Ablaufes, so flexibel gehalten werden, dass erforderliche Anpassungen und Änderungen jederzeit möglich sind. Es hat daher eher den Charakter einer groben Strategieplanung für den konkreten Abwicklungsprozess, die anzupassen ist, wenn bestimmte Ereignisse eintreten sollten.[17] **47**

6.3 Abwicklungsprozess

Im Abwicklungsprozess spielt die Sicherheitenverwertung eine zentrale Rolle. Da das Institut i. d. R. keine andere Möglichkeit hat, den ausstehenden Kreditbetrag sowie die aufgelaufenen Zinsrückstände zu reduzieren, kommt es in diesem Prozess auf die richtige Vorgehensweise an. Häufig kann die Mitwirkung des Kreditnehmers den Schaden deutlich reduzieren. Im Rahmen der Abwicklung sind deshalb entsprechend qualifizierte Mitarbeiter oder externe Spezialisten heranzuziehen, da auch diese Tätigkeiten umfangreiche Fachkenntnisse erfordern. **48**

---

17 Vgl. Weis, Ditmar, MaK aus Sicht der Sanierungspraxis, in: Gröning, Jörg u. a. (Hrsg.), MaK-Praktikerhandbuch, Heidelberg, 2004, S. 397 ff.

6.4   Darstellung der Prozesse rund um die Problemkreditbearbeitung

49   Für ein besseres Verständnis, wie die Problemkreditbearbeitung in die übrigen Kreditprozesse eingreift, sind die Übergänge in Abbildung 62 verallgemeinert dargestellt.

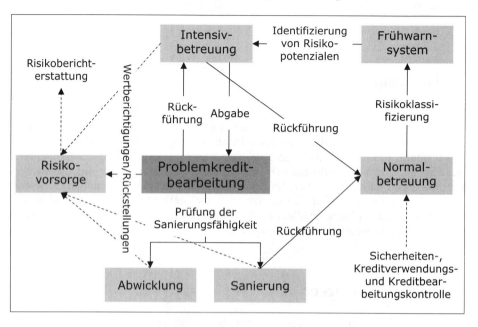

Abb. 62: Prozesse rund um die Problemkreditbearbeitung

BTO 1.2.6 Risikovorsorge

1 Bildung von Abschreibungen und Rückstellungen (Tz. 1)

1

1 Das Institut hat Kriterien festzulegen, auf deren Grundlage unter Beachtung der angewandten Rechnungslegungsnormen Wertberichtigungen, Abschreibungen und Rückstellungen für das Kreditgeschäft (einschließlich der Länderrisikovorsorge) zu bilden sind (z. B. ein institutsinternes Forderungsbewertungsverfahren).

1.1 Kriterien für die Risikovorsorge

2 Auch bisher schon müssen auf der Basis handelsrechtlicher Vorschriften bzw. internationaler Rechnungslegungsnormen in nachvollziehbarer Weise die jeweiligen Risikovorsorgebeträge ermittelt werden. Außerdem ist gemäß §41 Abs. 2 PrüfbV[1] das Verfahren zur Ermittlung der Risikovorsorge darzustellen und zu beurteilen. Art, Umfang und Entwicklung der Risikovorsorge sind zu erläutern und die Angemessenheit der Risikovorsorge ist zu beurteilen. Ist für den Zeitraum nach dem Bilanzstichtag neuer Risikovorsorgebedarf bekanntgeworden, so ist hierüber zu berichten.

3 Um diesen Vorschriften nachzukommen und eine sachgerechte Festlegung der Risikovorsorgebeträge zu ermöglichen, sind die Institute also gehalten, entsprechende interne Kriterien oder Verfahren zu entwickeln und die relevanten Vermögensgegenstände regelmäßig zu bewerten. Auch nach den MaRisk haben die Institute ein Verfahren einzurichten, das nach institutsinternen Kriterien die systematische Ermittlung von Wertberichtigungen, Abschreibungen oder Rückstellungen ermöglicht. Auf diese Weise wird die Risikovorsorge zwar durchaus unterjährig gebildet, allerdings erfolgt ihre bilanzwirksame Buchung im Regelfall nur zu den Bilanzstichtagen.

1.2 Keine konkreten Vorgaben

4 Konkrete methodische Vorgaben werden von der deutschen Aufsicht nicht gemacht. Insoweit kann auf eine ganze Palette infrage kommender Verfahren zurückgegriffen werden. Um einen Gleichlauf zwischen interner und externer Rechnungslegung sicherzustellen, der eine Unternehmenssteuerung erleichtert, erscheint es zweckmäßig, wenn jeweils identische Kriterien genutzt werden. Dabei handelt es sich in vielen Fällen um Kriterien zur Beurteilung der wirtschaftlichen Leistungsfähigkeit und damit der Kapitaldienstfähigkeit des jeweiligen Kreditnehmers. In den MaRisk wird beispielhaft auf die Nutzung interner Forderungsbewertungsverfahren hingewiesen. Denkbar sind natürlich auch andere Vorgehensweisen, wie eine enge Anlehnung an die handelsrechtliche Bewertung, die stark auf Kriterien für die Einzelbewertung ausgerichtet ist, oder eine Nutzung standardisierter Verfahren, wie sie in angelsächsischen Ländern üblich sind. Zu Letzteren zählen u. a. Konzepte, die sich am Zahlungsverzug[2] (z. B. 30, 60, 90 oder 180 Tage Zahlungsverzug) oder an bestimmten Bewertungsklassen (z. B. Standard, Special Mention, Substandard, Doubtful, Loss) orientieren.

---

1 Verordnung über die Prüfung der Jahresabschlüsse der Kreditinstitute und Finanzdienstleistungsinstitute sowie über die darüber zu erstellenden Berichte (Prüfungsberichtsverordnung – PrüfbV) vom 11. Juni 2015 (BGBl. I S. 930), zuletzt geändert durch Art. 1 der Verordnung vom 16. Januar 2018 (BGBl. I S. 134).

2 Vgl. Laurin, Alain/Majnoni, Giovanni, Bank loan classification and provisioning practices in selected developed and emerging countries, The World Bank, Washington D.C., 2003, S. 23 ff.

Die Finanzmarktkrise hat u.a. auch für eine Überarbeitung der Rechnungslegungsnormen zur **5**
bilanziellen Risikovorsorge gesorgt. Bereits im November 2009 veröffentlichte das »International
Accounting Standards Board« (IASB) als internationaler Standardsetzer Vorschläge für ein neues
Modell zur Ermittlung der Risikovorsorge im Rahmen des IFRS 9, das erwartete (noch nicht einge-
tretene) Kreditausfälle berücksichtigt (»Expected-Loss-Modell«). Die Risikovorsorge soll künftig auf
Basis der erwarteten Verluste über die gesamte Laufzeit eines Kredites gebildet werden, was für die
Institute in Abhängigkeit von der Laufzeit allerdings eine echte Herausforderung sein kann.

Einer Forderung der G20 nachkommend, bemühen sich das IASB und das »Financial Accounting **6**
Standards Board« (FASB) als Standardsetzer für die USA seit einiger Zeit zudem um eine Konvergenz
ihrer Rechnungslegungsnormen. In diesem Zusammenhang wurde am 31.Januar 2011 ein gemeinsamer Ergänzungsvorschlag zur Risikovorsorge unterbreitet, der Mitte 2011 verabschiedet wurde.
Demnach muss bei finanziellen Vermögenswerten, die auf Basis eines offenen Portfolios gesteuert
werden, auf der Grundlage des Risikomanagements eine Unterscheidung von »leistungsbringenden«
Krediten (»Good Book«) und »leistungsgestörten« Krediten (»Bad Book«) vorgenommen werden. Für
Kredite des Good Book sollen die erwarteten Kreditausfälle unter Berücksichtigung eines Mindest-
betrages an Risikovorsorge zeitanteilig erfasst werden. Für die leistungsgestörten Kredite hingegen
ist eine sofortige Erfassung der gesamten erwarteten Kreditausfälle vorgesehen. Bei der Bildung der
Risikovorsorge können die Institute auf ihre Risikoklassifizierungsverfahren und Schätzungen zu
den erwarteten Verlusten zurückgreifen.

1.3 Keine unterjährige Bewertung des Gesamtbestandes

Allerdings gehen die MaRisk nicht so weit, eine regelmäßige unterjährige Bewertung des gesamten **7**
Forderungsbestandes zu verlangen. Eine solche Anforderung erscheint insbesondere für kleinere
Institute zu weitgehend, da sie einen erheblichen Aufwand bedeuten würde. Die Anforderung
orientiert sich vielmehr an der gängigen Praxis vieler Institute, die in ihrer jährlichen Ergeb-
nisplanung die möglichen Belastungen durch Wertberichtigungen oder Abschreibungen berücksichtigen und unterjährig fortschreiben. Auch vor diesem Hintergrund ist anzunehmen, dass viele
Institute in der Lage sind, Informationen zu gewinnen, die den beschriebenen Anforderungen
genügen.

2 Ermittlung und Kommunikation des Risikovorsorgebedarfes (Tz. 2)

8

2 Die erforderliche Risikovorsorge ist zeitnah zu ermitteln und fortzuschreiben. Ein erheblicher Risikovorsorgebedarf ist der Geschäftsleitung unverzüglich mitzuteilen.

2.1 Zeitnahe Risikovorsorge

9 Neben der Etablierung eines systematischen Verfahrens zur Bildung der Risikovorsorge (→ BTO 1.2.6 Tz. 1) wird auch deren zeitnahe Ermittlung und Fortschreibung gefordert. Maßgeblich ist in dieser Hinsicht der für die Risikoberichterstattung vorgesehene Berichtsturnus (→ BT 3.2 Tz. 3). Danach ist u. a. auch über die Entwicklung der Risikovorsorge in einem vierteljährlichen Turnus zu berichten (→ BT 3.2 Tz. 3 lit. f). Mit dieser Anforderung zur unterjährigen Ermittlung ist allerdings kein Zwang zur gleichzeitigen buchungstechnischen Umsetzung verbunden.

2.2 Information über einen erheblichen Risikovorsorgebedarf

10 Neben der systematischen und zeitnahen Ermittlung der Wertberichtigungen wird auch die anlassbezogene Information über einen erheblichen Risikovorsorgebedarf an die Geschäftsleitung geregelt. Damit soll sichergestellt werden, dass die Geschäftsleitung kurzfristig, also außerhalb des institutsintern üblichen Berichtsturnus, über für die Einschätzung der Risikosituation des Institutes wichtige Informationen Kenntnis erlangt, um ggf. noch angemessen darauf reagieren zu können. Auf welche Weise diese Informationen ermittelt und weitergeleitet werden müssen, wird nicht weiter präzisiert. Insoweit kann es regelmäßig ausreichend sein, wenn die bereits für die unterjährige Berichterstattung über die aktuelle Risikovorsorge genutzten Verfahren zur Anwendung kommen. Allerdings sollten für diese Verfahren zusätzliche Kriterien entwickelt werden, die eine Ad-hoc-Information der Geschäftsleitung über einen erheblichen Wertberichtigungs- oder Abschreibungsbedarf überhaupt erst ermöglichen. Diese Kriterien können sich z. B. auf besonders hohe Kreditbeträge beziehen, deren Ausfall eine wesentliche Ergebnisbelastung zur Folge hätte.

2.3 Umgang mit notleidenden Krediten (»Non-performing Loans«)

11 Vor dem Hintergrund der Vollendung der »Bankenunion«, die neben dem »Einheitlichen Aufsichtsmechanismus« (»Single Supervisory Mechanism«, SSM) und dem »Einheitlichen Abwicklungsmechanismus« (»Single Resolution Mechanism«, SRM) als dritte Säule perspektivisch auch ein »Europäisches System der Einlagensicherung« (»European Deposit Insurance Scheme«, EDIS) umfassen soll, wurden auf EU-Ebene im Rahmen eines Aktionsplanes verschiedene Vorschläge zum Abbau von notleidenden Krediten (»Non-performing Loans«, NPL) bzw. der Portfolien

notleidender Kredite (»Non-performing Exposures«, NPE) unterbreitet. Gleichzeitig haben die EBA[3] und die EZB[4] eigene Vorschläge zum Umgang mit notleidenden Krediten vorgelegt. Das gemeinsame Ziel dieser Initiativen besteht darin, das Niveau an notleidenden Krediten in den Ländern der EU auf absehbare Zeit deutlich zu senken, um das Finanzsystem zu stärken und gleichzeitig die Bereitschaft aller Beteiligten für eine gemeinsame europäische Einlagensicherung zu erhöhen. Diese Bereitschaft ist derzeit jedoch sehr unterschiedlich ausgeprägt, weil sich der relative und der absolute Anteil an notleidenden Krediten in den einzelnen Ländern der EU sehr stark voneinander unterscheidet. Deshalb befürchten insbesondere die Länder mit einem insgesamt geringen Bestand an notleidenden Krediten, die Probleme der übrigen Länder mit den finanziellen Mitteln ihrer Bürger (Steuerzahler) lösen zu müssen. Genau diese Maßnahme sollte aber als Lehre aus der Finanzmarktkrise selbst im eigenen Land zukünftig vermieden werden.

Selbst wenn eine Einigung über das gemeinsame Ziel erreicht werden kann, ist der Weg zur **12** Erreichung dieses Zieles mindestens genauso umstritten. Während die Überlegungen der EU-Kommission zur Ermöglichung einer beschleunigten außergerichtlichen Verwertung von Sicherheiten und zur Stärkung des Sekundärmarktes für den Handel mit notleidenden Krediten von allen Beteiligten grundsätzlich begrüßt werden, werden vor allem die bisher vorliegenden Vorschläge zur Einführung einer Mindestdeckungshöhe hinsichtlich der gebildeten Risikovorsorge (»Risikovorsorge-Backstop«) für Kredite mit oder ohne Besicherung über einen fest vorgeschriebenen Zeitraum von wenigen Jahren äußerst kritisch beurteilt. So schlägt die EZB eine (lineare) vollständige Risikodeckung besicherter notleidender Kredite über einen Zeitraum von sieben Jahren vor, während die EU-Kommission im Rahmen der Überarbeitung der CRR über eine (progressive) vollständige Risikodeckung innerhalb von acht Jahren nachdenkt. Für unbesicherte notleidende Kredite soll die Risikovorsorge nach beiden Vorschlägen bereits innerhalb von zwei Jahren 100 % betragen. Die nach den geltenden Rechnungslegungsstandards in konservativer Weise zu bildenden Wertberichtigungen sollen damit jeweils verglichen werden. Die aus diesem Vergleich resultierende Differenz soll vom harten Kernkapital abgezogen werden. Insofern werden Zweifel an den Rechnungslegungsnormen durch regulatorische Vorgaben behandelt. Zudem existieren unterschiedliche Ansichten darüber, ob sich diese Vorgaben nur auf das Neugeschäft oder auch auf das Bestandsgeschäft auswirken sollten. Derzeit wird darüber nachgedacht, die so genannte »Mindestdeckung« in bestimmten Bereichen auf einen geringeren Wert als 100 % abzustellen.

Die deutschen Institute sind von einer entsprechenden Regelung nicht sonderlich angetan, **13** obwohl sie im Durchschnitt vermutlich unter dem (möglicherweise dabei zu berücksichtigenden) Schwellenwert für notleidende Kredite liegen. Hintergrund für diese ablehnende Haltung ist nicht zuletzt die Erfahrung der Institute, ihre Kunden auch in schwierigen Situationen über einen längeren Zeitraum begleiten zu können und damit durchaus erfolgreich zu sein. Der nunmehr aufgebaute Zeitdruck könnte die Sanierung von notleidenden Engagements gefährden, was auch von den Behörden nicht beabsichtigt sein sollte. Unabhängig davon ist aus fachlicher Sicht einleuchtend, dass bestimmte Sicherheiten selbst dann noch einen positiven Wert aufweisen, wenn sie nicht innerhalb einer bestimmten Frist verwertet werden (können). Insofern hält die Deutsche Kreditwirtschaft (DK) neben europaweit einheitlichen Vorgaben zum Risikomanagement notleidender Kredite, wie sie derzeit von der EBA vorgeschlagen werden, eine institutsindividuelle Behandlung dieser Thematik durch die Aufsicht im Rahmen des aufsichtlichen Überprüfungs- und Bewertungsprozesses (»Supervisory Review and Evaluation Process«, SREP) für vorzugswürdig. Wo die Reise genau hingeht, wird sich in den nächsten Monaten zeigen.

---

3 European Banking Authority, Final Report – Guidelines on management of non-performing and forborne exposures, EBA/GL/2018/06, 31. Oktober 2018.

4 Europäische Zentralbank, Leitfaden für Banken zu notleidenden Krediten, 20. März 2017; Europäische Zentralbank, Ergänzung zum EZB-Leitfaden für Banken zu notleidenden Krediten: Aufsichtlicher Risikovorsorge-Backstop für notleidende Risikopositionen, 15. März 2018.

BTO 1.3 Verfahren zur Früherkennung von Risiken

1 Rechtzeitige Identifizierung von problembehafteten Engagements (Tz. 1)

1   Das Verfahren zur Früherkennung von Risiken dient insbesondere der rechtzeitigen Identifizierung von Kreditnehmern, bei deren Engagements sich erhöhte Risiken abzuzeichnen beginnen. Damit soll das Institut in die Lage versetzt werden, in einem möglichst frühen Stadium Gegenmaßnahmen einleiten zu können (z. B. Intensivbetreuung von Engagements).   **1**

1.1 Erhöhte Risiken

Risiken werden immer ein fester Bestandteil des Kreditgeschäftes sein. Zum Begriff der »erhöhten Risiken« gibt es unterschiedliche Interpretationen. Während z. B. das Institut der Wirtschaftsprüfer (IDW) im Zusammenhang mit § 91 Abs. 2 AktG lediglich auf diejenigen Risiken und deren Veränderungen abstellt, die in der jeweiligen Situation des Unternehmens dessen Fortbestand gefährden können[1], sollte dieser Begriff für die Zwecke der MaRisk weiter gefasst werden. So orientiert sich z. B. das Verfahren zur Früherkennung von Risiken an erhöhten Risiken, die auf der Ebene des einzelnen Kreditnehmers zu beobachten sind. Dabei muss es sich natürlich nicht automatisch um bestandsgefährdende Risiken handeln.   **2**

Der Begriff »erhöht« setzt das Vorhandensein einer Vergleichsgröße voraus. Dabei kann ggf. auf die Beurteilung der für das Adressenausfallrisiko eines Kreditengagements bedeutsamen Aspekte zurückgegriffen werden (→ BTO 1.2 Tz. 3). Insbesondere sind sowohl im Rahmen der Kreditentscheidung als auch bei turnusmäßigen oder anlassbezogenen Beurteilungen die Risiken in Abhängigkeit vom Risikogehalt der Kreditgeschäfte mit Hilfe eines Risikoklassifizierungsverfahrens zu bewerten, wobei die Risikoeinstufung jährlich zu überprüfen ist (→ BTO 1.2 Tz. 6). Insofern bietet sich als Vergleichsgröße die zuletzt vorgenommene Risikoeinstufung an. Im Grunde geht es bei der Risikofrüherkennung darum, mit Hilfe geeigneter Indikatoren (→ BTO 1.3 Tz. 2) Ereignisse zu identifizieren, die eine Verschlechterung dieser Risikoeinstufung zur Folge haben könnten.   **3**

1.2 Notwendigkeit der Früherkennung von Risiken

In vielen Fällen ist der vollständige oder teilweise Ausfall eines Engagements nicht etwa das Ergebnis eines plötzlich eintretenden Ereignisses, sondern auf eine ganze Reihe von Faktoren zurückzuführen, die der eigentlichen Krise des Kreditnehmers zeitlich vorgelagert sind. So kann z. B. ein Firmenkunde bereits lange vor der eigentlichen Krise verschiedene Phasen durchlaufen, in denen sich die Probleme nach und nach verschärfen, wie strategische Fehlentscheidungen, Produkt- und Absatzeinbrüche, Verlust von Marktanteilen oder ein sukzessiver Ertragsrückgang.[2] Die Einrichtung eines Verfahrens zur Früherkennung von Risiken soll die Institute in die Lage   **4**

---

1 Vgl. Institut der Wirtschaftsprüfer, Prüfungsstandard 340 (IDW PS 340), Die Prüfung des Risikofrüherkennungssystems nach § 317 Abs. 4 HGB, in: Die Wirtschaftsprüfung, Heft 16/1999, S. 658 ff.
2 Vgl. Grunwald, Egon/Grunwald, Stephan, Bonitätsanalyse im Firmenkundengeschäft, Stuttgart, 1999, S. 54 ff.

versetzen, die dem Ausfall vorausgehenden Krisensignale zu identifizieren, so dass frühzeitig Maßnahmen ergriffen werden können, um ggf. der Krisensituation vorzubeugen oder sie zumindest abzufedern. Wichtig ist, dass das Institut auf der Grundlage der Warnsignale zu aktiven Handlungen übergeht (»Aktion statt Reaktion«).[3]

5   Der Zeitpunkt zur Risikoidentifizierung ist deshalb so entscheidend, weil die Handlungsspielräume für Gegensteuerungsmaßnahmen mit fortschreitender Krise deutlich abnehmen. Häufig kann die Verschärfung von Problemen verhindert werden, wenn rechtzeitig auf die negativen Entwicklungen reagiert wird. In diesem Sinne kann die Identifizierung von erhöhten Risiken z. B. dann als rechtzeitig genug angesehen werden, wenn noch entsprechende Gegensteuerungsmaßnahmen eingeleitet werden können. Das Verfahren bedarf hierzu bestimmter Indikatoren, die eine Früherkennung der Risiken erst möglich machen (→ BTO 1.3 Tz. 2). Infrage kommen dabei sowohl quantitative als auch qualitative Risikomerkmale.

1.3   Maßnahmen zur Früherkennung von Risiken im Kreditgeschäft

6   Ein wirksames Kreditrisikomanagement im weiteren Sinne beginnt mit der frühzeitigen Identifizierung der Risikopotenziale im Kreditgeschäft. Dies setzt voraus, dass die mit den einzelnen Kreditgeschäften verbundenen Risiken überhaupt bekannt sind. Diese Voraussetzung soll in Abgrenzung vom Bestandsgeschäft dadurch erfüllt werden, dass die Institute vor der Aufnahme von Geschäftsaktivitäten in neuen Produkten oder auf neuen Märkten (einschließlich neuer Vertriebswege) den Risikogehalt dieser Geschäfte und die sich daraus ergebenden wesentlichen Konsequenzen für das Management der Risiken analysieren müssen (→ AT 8.1 Tz. 1).

7   Erkenntnisse für die Risikofrüherkennung können im Bestandsgeschäft z. B. im Rahmen der Kontobeobachtung gewonnen werden. In diesem Fall lassen sich viele Merkmale IT-gestützt überwachen, indem vom Rechenzentrum über Nacht entsprechende Auswertungen durch die IT-Systeme übernommen werden, die i. d. R. am nächsten Morgen in Listen- oder Dateiform an das Institut übermittelt werden. Hierzu zählen nicht nur die täglichen Überziehungslisten, sondern auch andere, vom Institut vorgegebene Analysen. Die Dateiform erleichtert eine zentrale Auswertung durch die bearbeitende Stelle im Institut, die z. B. mit Hilfe von Tabellenkalkulationsprogrammen geeignete Sortierungen nach wesentlichen und weniger bedeutenden Fällen vornehmen kann. Auf diese Weise können die betreuenden Organisationseinheiten von der Bearbeitung der Bagatellfälle entlastet werden. Der technologische Fortschritt sorgt zudem dafür, dass die Geschwindigkeit zur Verarbeitung großer Datenmengen (»Big Data«) permanent reduziert werden kann. Gleichzeitig verbessern sich die Möglichkeiten von automatisierten Auswertungen dieser Daten.

8   Zusätzlich zu den Maßnahmen der Kontoüberwachung ist eine Auswertung der regelmäßig in den Kreditunterlagen dokumentierten Erkenntnisse aus der Kundenbetreuung und Kreditsachbearbeitung oder der Informationen aus sonstigen externen Quellen denkbar, um ein umfassendes Bild von der Situation eines Kreditnehmers zu erhalten. Insgesamt sollte jedoch klar sein, dass sich ein Institut jeweils auf die aus seiner Sicht wesentlichen Informationen beschränken muss, um das Verfahren zur Früherkennung von Risiken noch überschaubar und praktikabel zu gestalten. Die Praxis zeigt, dass häufig bereits mit einer begrenzten Anzahl von Indikatoren, die ggf. noch entsprechend ihrer Bedeutung gewichtet werden können, aussagekräftige Analysen möglich sind. Viel entscheidender als die Quantität der Indikatoren ist deren Aussagegehalt für eine Risikofrüherkennung und die zeitnahe Weiterleitung der generierten Informationen an die Entscheidungsträger.

---

3   Vgl. Hanenberg, Ludger/Kreische, Kai/Schneider, Andreas, Mindestanforderungen an das Kreditgeschäft der Kreditinstitute – Zum Inhalt des Rundschreibens 34/2002 (BA) der Bundesanstalt für Finanzdienstleistungsaufsicht, in: Die Wirtschaftsprüfung, Heft 8/2003, S. 407.

Die Identifikation von Risikopotenzialen muss eine Überprüfung der jeweiligen Risikoeinstu-   **9**
fung und der Sicherheiten nach sich ziehen (→ BTO 1.2.2 Tz. 4). Ausfallgefährdete Engagements
können darüber hinaus in Abhängigkeit von bestimmten Kriterien in eine »Beobachtungsliste«
(»Watch List«) aufgenommen werden, mit deren Hilfe der Umfang der als gefährdet angesehenen
Engagements transparent gemacht werden kann (→ BTO 1.2.4 Tz. 1). Einige Institute erstellen in
Abhängigkeit von der jeweiligen Kompetenzordnung sogar mehrere Listen, die grundsätzlich auch
für die Intensivbetreuung geeignet sind und mit steigendem Risikogehalt in ihrem Umfang
abnehmen. Auf diese Weise wird die Geschäftsleitung erheblich entlastet.

1.4   Gegensteuerungsmaßnahmen

Es ist naheliegend, ein Engagement mit erhöhten Risiken zumindest einer Intensivbetreuung   **10**
(→ BTO 1.2.4) zu unterziehen. In dieser Phase können vom Institut erste Maßnahmen eingeleitet
werden. Denkbar ist z. B. die Intensivierung des Kontaktes zum jeweiligen Kreditnehmer, indem
kurzfristig Beratungsgespräche vereinbart werden, die im beiderseitigen Interesse zur Lösung der
Probleme beitragen können. Es besteht hingegen keine Notwendigkeit, strikte Festlegungen zu
standardisierten Gegensteuerungsmaßnahmen in Abhängigkeit von bestimmten Risikoereignissen zu treffen. Eine derartige Vorgehensweise könnte die Flexibilität der Institute im Hinblick auf
die jeweils individuelle Situation des Kreditnehmers unnötig einschränken und ist nur begrenzt
zur Krisenbewältigung geeignet.

Entscheidend ist, dass das Institut auf der Grundlage der Signale des Frühwarnsystems zu   **11**
aktiven Handlungen übergeht. Insofern sollten die normalerweise in den Organisationsrichtlinien
festzulegenden Kriterien für die Intensivbetreuung (→ AT 5 Tz. 3) zumindest den Fall einschließen, dass beim betroffenen Engagement erhöhte Risiken festgestellt wurden. Im Rahmen der
Intensivbetreuung müssen die Engagements auf Basis eindeutiger Kriterien (→ BTO 1.2.4 Tz. 1)
nach einem bestimmten Turnus (→ BTO 1.2.4 Tz. 2) auf ihre weitere Behandlung hin überprüft
werden. Denkbar ist die weitere Intensivbetreuung, eine Rückführung in die Normalbetreuung
oder eine Abgabe an die Problemkreditbearbeitung, d. h. die Sanierung oder die Abwicklung
(→ BTO 1.2.5). Bevor es so weit kommt, sollten alle Möglichkeiten ausgeschöpft werden, die eine
Problemkreditbearbeitung überflüssig machen. Weitere Beispiele für Gegensteuerungsmaßnahmen werden im Zusammenhang mit der Berichtspflicht der Fachbereiche bei Vorliegen von unter
Risikogesichtspunkten wesentlichen Informationen genannt (→ AT 4.3.2 Tz. 4).

2 Entwicklung von Indikatoren zur Risikofrüherkennung (Tz. 2)

12 **2** Für diese Zwecke hat das Institut auf der Basis quantitativer und qualitativer Risikomerkmale Indikatoren für eine frühzeitige Risikoidentifizierung zu entwickeln.

2.1 Quantitative und qualitative Risikomerkmale

13 Wie im Zusammenhang mit dem Risikoklassifizierungsverfahren (→ BTO 1.4) näher ausgeführt wird, handelt es sich bei quantitativen Risikomerkmalen i.d.R. um Zahlenmaterial, das zu vorgegebenen Vergleichsgrößen oder Kennziffern in Beziehung gesetzt wird. Im Ergebnis lassen sich Relationen ableiten, die im Fall des Verfahrens zur Früherkennung von Risiken Auskunft über relevante negative Entwicklungen einzelner Engagements, bestimmter Teilportfolien oder des gesamten Kreditportfolios geben. Für die Zwecke der Risikofrüherkennung können bestimmte Entwicklungen auch ohne Vorhandensein einer Benchmark aus der Entwicklung der institutsintern verfügbaren Zahlen im Zeitverlauf abgeleitet werden. Im Rahmen der Früherkennung können qualitative Risikomerkmale eine besondere Rolle spielen, da sie Informationen über Ereignisse enthalten, die nicht selten wesentlich früher bekannt sind, als sich deren Auswirkungen in quantitativer Hinsicht niederschlagen.

2.2 Indikatoren für eine frühzeitige Risikoidentifizierung

14 In der Praxis haben sich unterschiedliche Verfahren herausgebildet, die in Analogie zur Funktionsweise eines Risikoklassifizierungsverfahrens auf der Auswertung von hierzu geeigneten Informationen aus verschiedenen Quellen basieren. Neben der Auswertung der intern im Rahmen der Kreditbearbeitung zur Verfügung stehenden Unterlagen sowie sonstiger externer Quellen spielt insbesondere die Beobachtung der Kontoumsätze eine wichtige Rolle.

15 Unabhängig von deren praktischer Realisierbarkeit sind nachfolgend einige Beispiele von Indikatoren für eine frühzeitige Risikoidentifizierung aufgeführt, auf denen ein derartiges Verfahren beruhen könnte. Dabei wird zwischen den verschiedenen Quellen unterschieden[4]:

1. aus der Kontobeobachtung:
   - verminderte Kontoumsätze (um x %),
   - Veränderung der Kontoumsatzstruktur,
   - ungewöhnliche Bareinzahlungen und Barauszahlungen,
   - keine Gutschriftseingänge über einen längeren Zeitraum auf dem Kontokorrentkonto,
   - Ratenrückstände, Limitüberschreitungen,
   - Beginn von Zahlungen durch Wechsel oder deren verstärkte Nutzung,
   - Verlängerung der Zahlungsziele,
   - Rücklastschriften, Scheck- und Wechselproteste,

---

[4] Zu einigen der aufgeführten Beispiele vgl. Weis, Ditmar, MaK aus Sicht der Sanierungspraxis, in: Gröning, Jörg u.a. (Hrsg.), MaK-Praktikerhandbuch, Heidelberg, 2004, S. 404 ff.

- häufige Wechselprolongationen,
- Abweichung zwischen angekündigten und tatsächlichen Zahlungseingängen,
- Pfändungen,
- kontinuierliche Erhöhungen der durchschnittlichen und tatsächlichen Inanspruchnahme des Kontokorrentkontos (Liquiditätsverknappung),
- nahezu durchgängige Ausschöpfung der Kontokorrentlinie.
2. aus den Kreditunterlagen:
   - Stundungsantrag,
   - Lieferanten liefern nur gegen Vorkasse,
   - keine Ausnutzung von Skonti,
   - Aufbau einer weiteren Bankverbindung,
   - Wechsel des Steuerberaters,
   - Zunahme der über einen Kunden zu erteilenden Bankauskünfte,
   - Anstieg der Millionenkreditverschuldung nach § 14 KWG,
   - hohe Personalfluktuation, besonders bei leitenden Mitarbeitern,
   - Gesellschafterwechsel,
   - Änderung der Bewertungsmethoden in der Bilanz,
   - Änderung der Abschreibungsmethoden,
   - Aktivierung der geringwertigen Wirtschaftsgüter,
   - Nichterfüllung von § 18 KWG,
   - verspätete Einreichung der Unterlagen über die wirtschaftlichen Verhältnisse,
   - Fehlen zeitnaher Bilanzen bzw. Betriebswirtschaftlicher Auswertungen,
   - Fehlen von Konzernbilanzen bei Unternehmensgruppen,
   - negative Bilanzentwicklung im Jahresvergleich (z. B. beobachtete Eigenkapitalverschlechterungen),
   - Buchungsrückstände,
   - fehlende bzw. unzureichende Kalkulation,
   - Verschlechterung der Risikoeinstufung um mehr als × Stufen,
   - mehrfaches Vertrösten bei Auskunftswünschen des Beraters,
   - Nicht-Einhaltung von Auflagen im Kreditvertrag,
   - persönliche Differenzen unter den Gesellschaftern oder Geschäftsführern,
   - fehlende Nachfolgeregelung im Unternehmen,
   - nachhaltige Verschlechterung der Besicherung.
3. aus sonstigen externen Quellen:
   - negative Börsenberichte,
   - negative Schufa-Auskünfte,
   - Negativinformationen aus Bank- und Kundenkreisen,
   - negative Tendenzen in den monatlich bei der Bundesbank elektronisch abrufbaren Rückmeldungen nach § 14 KWG,
   - negative Branchenberichte,
   - Verschlechterung externer Ratings,
   - negative Presseberichte.

3   Ausnahmen von der Risikofrüherkennung (Tz. 3)

16   **3** Das Institut kann bestimmte, unter Risikogesichtspunkten festzulegende Arten von Kreditgeschäften oder Kreditgeschäfte unterhalb bestimmter Größenordnungen von der Anwendung des Verfahrens zur Früherkennung von Risiken ausnehmen. Die Funktion der Früherkennung von Risiken kann auch von einem Risikoklassifizierungsverfahren wahrgenommen werden, soweit es eine Früherkennung von Risiken ermöglicht.

3.1   Anwendungsbereich des Verfahrens zur Risikofrüherkennung

17   Die Etablierung eines Verfahrens zur Früherkennung von Risiken soll das Institut in die Lage versetzen, bei Engagements mit erhöhten Risiken in einem möglichst frühen Stadium Gegenmaßnahmen einleiten zu können (→ BTO 1.3 Tz. 1). Das Wort »Gegenmaßnahmen« impliziert bereits einen über den Normalfall hinausgehenden Aufwand für das Institut. Insofern ist es naheliegend, unter Kosten-/Nutzen-Gesichtspunkten abzuwägen, ob der zu erwartende Zusatzaufwand mit Blick auf die angestrebte Risikoreduzierung betriebswirtschaftlich überhaupt sinnvoll erscheint. Vor diesem Hintergrund ist es den Instituten gestattet, eigene Festlegungen zu treffen, in welchen Fällen das Verfahren zur Früherkennung von Risiken nicht zur Anwendung kommt. Vorgeschrieben wird seitens der deutschen Aufsicht lediglich, die institutsindividuellen Regelungen am Risikogehalt der Kreditgeschäfte bzw. an bestimmten Größenordnungen, mit denen implizit ein gewisser Risikogehalt verbunden wird, zu orientieren.

3.2   Ausnahmen im Mengenkreditgeschäft

18   Entscheidungsrelevant könnte also vor allem die Beantwortung der Frage sein, für welche Segmente der mit der Etablierung eines derartigen Verfahrens erzielbare Nutzen den verbundenen Aufwand rechtfertigt. Gerade im Mengenkreditgeschäft werden ohnehin häufig IT-gestützte Instrumentarien eingesetzt, die zwar kein Frühwarnsystem darstellen, jedoch Risiko begrenzende Maßnahmen zum Ziel haben und teilweise automatisch umsetzen. Hierzu zählt z. B. die maschinelle Anpassung der Dispositionskredite in Abhängigkeit von den letzten Gehaltseingängen des Kontoinhabers. Teilweise werden allerdings auch im kleinteiligen Kreditgeschäft Verhaltensscoringverfahren (→ BTO 1.4 Tz. 1) eingesetzt, die mit einer Frühwarnfunktion ausgestattet sind.

3.3   Ausnahmen bei Krediten über eine Hausbank

19   Von der Einrichtung eines Verfahrens zur Früherkennung von Risiken kann auch dann abgesehen werden, wenn ein Zugriff auf die für eine Risikofrüherkennung erforderlichen Daten aufgrund objektiver Gegebenheiten eingeschränkt ist. Solche Konstellationen liegen dann vor, wenn die Kreditgeschäfte über ein drittes Institut initiiert und im Weiteren von diesem betreut werden. Das betrifft z. B. die Hausbank im Kreditgeschäft der Förderbanken oder der Bürgschaftsbanken. Das

kreditierende Institut hat dabei sicherzustellen, dass es über wesentliche Vorkommnisse beim Kreditnehmer informiert wird (→ BTO 1.3 Tz. 3, Erläuterung).

3.4 Zusammenhang zur Intensivbetreuung und Problemkreditbearbeitung

Eine ausdrücklich erwähnte Möglichkeit zum Umgang mit Engagements, bei denen sich erhöhte **20** Risiken abzuzeichnen beginnen, ist die Einleitung der Intensivbetreuung (→ BTO 1.3 Tz. 1). Da das Verfahren zur Früherkennung von Risiken als wesentliche Voraussetzung zur Identifizierung derartiger Engagements angesehen wird, kann die Geschäftsleitung auch bestimmte Arten von Kreditgeschäften oder Kreditgeschäfte unterhalb bestimmter Größenordnungen unter Risikogesichtspunkten oder aus prozessualen Gründen (drittinitiiertes Geschäft) von der Intensivbetreuung und der Problemkreditbearbeitung ausnehmen (→ BTO 1.2.4 Tz. 1, Erläuterung). In der Konsequenz kann bei Geschäften, die von der Anwendung des Verfahrens zur Früherkennung von Risiken ausgenommen sind, auch auf die Prozesse der Intensivbetreuung und der Problemkreditbearbeitung verzichtet werden.

3.5 Zusammenhang zum Risikoklassifizierungsverfahren

Die institutsinternen Festlegungen könnten sich aus Praktikabilitätsgründen z. B. auch daran orien- **21** tieren, für welche Geschäftsarten und Größenordnungen vergleichbare Erleichterungsregelungen in Anspruch genommen werden. Möglich ist u. a. eine Orientierung an den Festlegungen zur Verwendung eines Risikoklassifizierungsverfahrens, zumal dieses selbst die Funktion der Risikofrüherkennung übernehmen kann. So sind die Risiken eines Engagements zwar grundsätzlich mit Hilfe eines Risikoklassifizierungsverfahrens zu bewerten (→ BTO 1.2 Tz. 6). Allerdings können die Risikobeurteilungen in Abhängigkeit vom Risikogehalt der Kreditgeschäfte sowohl bei der Kreditvergabe als auch im Rahmen der Kreditweiterbearbeitung ebenso auf der Grundlage eines vereinfachten Verfahrens durchgeführt werden (→ BTO 1.2.1 Tz. 1 und BTO 1.2.2 Tz. 2).

3.6 Risikofrüherkennung mit Hilfe eines Risikoklassifizierungsverfahrens

Früherkennungsindikatoren können in verschiedene Prozesse oder Verfahren eingebettet werden. **22** Demzufolge sind die bereits genannten Beispiele für geeignete Frühwarnindikatoren auch bei Wahrnehmung der Früherkennungsfunktion durch ein Risikoklassifizierungsverfahren (→ BTO 1.4) denkbar. Insofern besteht auch in diesem Fall die Aufgabe für die Institute, eine angemessene Auswahl von Indikatoren zu treffen.

Zumindest vordergründig erscheint ein Risikoklassifizierungsverfahren nicht für die Früherken- **23** nung von Risiken geeignet zu sein, da die Signale zur Identifizierung von Bonitätsverschlechterungen aufgrund des einjährigen Überprüfungsturnus tendenziell zu spät registriert werden. Diese zeitliche Argumentation gegen das Risikoklassifizierungsverfahren ist vor allem ein Hinweis auf die Notwendigkeit der Anpassung der jeweiligen internen Prozesse. Selbstverständlich kann ein Risikoklassifizierungsverfahren, das nur einmal jährlich im Rahmen der Prolongation einer Kontokorrentlinie auf ein Kreditengagement angewendet wird oder bestimmte bankintern als wesentlich angesehene Risikoindikatoren überhaupt nicht abbildet, keine Frühwarnfunktion wahrnehmen. Werden die bekanntgewordenen risikorelevanten Informationen hingegen sofort und vollständig in den Prozess der Risikoklassifizierung eingebracht, steht einer derartigen Verwendung nichts entgegen.

24   Häufig werden institutsintern festgelegte Signale, die zu einer verstärkten kritischen Betrachtung der Engagements führen sollten, nicht aus der Risikoklassifizierung selbst abgeleitet, sondern ziehen eine Aufnahme der Engagements in die »Beobachtungsliste« (»Watch List«) nach sich (→ BTO 1.2.4 Tz. 1) und dienen als Anlass für eine erneute Überprüfung der Risikoeinstufung. Diese Art des Umgangs mit risikorelevanten Informationen wird im Zusammenhang mit der anlassbezogenen Beurteilung des Adressenausfallrisikos sogar ausdrücklich gefordert (→ BTO 1.4 Tz. 1). Sie führt im Ergebnis dazu, dass die Auswirkungen der veränderten Situation des Kreditnehmers auf seine Bonität beurteilt und daraus entsprechende Gegensteuerungsmaßnahmen abgeleitet werden können.

3.7   IRB-Verfahren und Früherkennung von Risiken

25   Bei der Entwicklung und statistischen Überprüfung bankaufsichtlich zugelassener interner Ratingverfahren (IRB-Verfahren) ist es erforderlich, die wesentlichen Treiber für die jeweiligen Risikoparameter zu berücksichtigen. Die Auswahl der Risikofaktoren erfolgt in der Praxis im Hinblick auf deren Fähigkeit zur Insolvenzprognose, d. h. auf ihre Fähigkeit, mit zeitlichem Vorlauf »gute« von »schlechten« Kreditnehmern zu trennen. Hieraus kann jedoch nicht pauschal abgeleitet werden, dass die Risikofaktoren der IRB-Verfahren grundsätzlich die Eigenschaften von Frühwarnindikatoren besitzen und somit jedes bankaufsichtlich anerkannte IRB-Verfahren zugleich als Frühwarnverfahren im Sinne der MaRisk zu qualifizieren ist.[5] Dagegen spricht auch, dass eine unterjährige Überprüfung bzw. Anpassung der Risikoeinstufungen i. d. R. anlassbezogen erfolgt und sich das Risiko in diesen Fällen häufig schon materialisiert hat. Demzufolge hätte die Risikofrüherkennung vorher ansetzen müssen. Letztlich ist zur Erfüllung der MaRisk in erster Linie nicht das konkrete System, sondern der Prozess der Früherkennung von Risiken zu beurteilen, der natürlich mit Hilfe eines bestimmten Verfahrens abgedeckt werden kann.

3.8   Eignung eines Risikoklassifizierungsverfahrens zur Früherkennung von Risiken

26   Ein Risikoklassifizierungsverfahren hat unter Berücksichtigung betriebswirtschaftlicher Aspekte insbesondere folgende Komponenten zu enthalten, um gleichzeitig als Verfahren zur Früherkennung von Risiken dienen zu können (→ BTO 1.3 Tz. 3, Erläuterung):
–   Die dem Verfahren zugrundeliegenden Indikatoren (z. B. Kontoumsätze, Scheckrückgaben) sollten dazu geeignet sein, dass sich abzeichnende Risiken möglichst frühzeitig erkannt werden können (»indikatorenbezogene Komponente«),

---

5   Vgl. Bundesanstalt für Finanzdienstleistungsaufsicht, Protokoll der dritten Sitzung des MaK-Fachgremiums am 12. November 2003, S. 5.

- auf der Grundlage der Indikatoren sollte eine laufende Identifizierung von sich abzeichnenden Risiken möglich sein (»zeitraumbezogene Komponente«) und
- Signale des Verfahrens zur Früherkennung von Risiken sollten ferner zeitnah zu geeigneten Maßnahmen des Institutes führen (z. B. Intensivierung des Kundenkontaktes, Hereinnahme neuer Sicherheiten, Tilgungsaussetzungen), so dass sich Risiken möglichst nicht in Form von Verlusten materialisieren (»prozessbezogene Komponente«).

Die prozessbezogene Komponente ist für die Eignung eines Risikoklassifizierungsverfahrens zur Risikofrüherkennung im engeren Sinne eigentlich irrelevant. Sie bezieht sich auf die sachgerechte Verwendung der Signale des Verfahrens und setzt insofern dort auf, wo das Früherkennungsverfahren endet. Durch sie kommt aber zum Ausdruck, dass die Risikofrüherkennung nur dann ihre volle Wirksamkeit entfalten kann, wenn sie auf sachgerechte Weise mit anderen Prozessen verknüpft wird.   **27**

BTO 1.4 Risikoklassifizierungsverfahren

1 Einrichtung von aussagekräftigen Risikoklassifizierungsverfahren (Tz. 1)

1 In jedem Institut sind aussagekräftige Risikoklassifizierungsverfahren für die erstmalige bzw. die turnusmäßige oder anlassbezogene Beurteilung der Adressenausfallrisiken sowie ggf. der Objekt-/Projektrisiken einzurichten. Es sind Kriterien festzulegen, die im Rahmen der Beurteilung der Risiken eine nachvollziehbare Zuweisung in eine Risikoklasse gewährleisten.   **1**

1.1 Risikoklassifizierungsverfahren

Die Institute haben aussagekräftige Risikoklassifizierungsverfahren zur Beurteilung des Adressenaus-   **2**
fallrisikos sowie ggf. des Objekt- bzw. Projektrisikos einzurichten. Daraus leitet sich allerdings nicht die Notwendigkeit von Risikoklassifizierungsverfahren für jedes einzelne Kreditgeschäft ab. Die grundsätzlich immer erforderliche Risikobeurteilung muss nur dann mit Hilfe eines Risikoklassifizierungsverfahrens erfolgen, wenn der Risikogehalt der betrachteten Geschäfte als entsprechend signifikant erachtet wird (→ BTO 1.2 Tz. 6). Dies wird sowohl im Rahmen der Kreditgewährung (→ BTO 1.2.1 Tz. 1) als auch bei der Kreditweiterbearbeitung (→ BTO 1.2.2 Tz. 2) nochmals ausdrücklich erwähnt.

Die für das Adressenausfallrisiko eines Kreditengagements bedeutsamen Aspekte sind heraus-   **3**
zuarbeiten und zu beurteilen (→ BTO 1.2 Tz. 3). Mit Hilfe geeigneter Klassifizierungsverfahren, die alle berücksichtigten Einflussfaktoren nach klaren institutsinternen Regeln einer Bewertung unterziehen, lassen sich die Adressenausfallrisiken der Kreditengagements eines Institutes weitgehend nachvollziehbar und systematisch zu einer Risikoeinstufung verdichten. Subjektiv bedingte Verschiebungen können auf diese Weise reduziert oder zumindest transparent gemacht werden. Die Risikoklassifizierungsverfahren sind bei der erstmaligen, turnusmäßigen und anlassbezogenen Beurteilung der genannten Risiken zum Einsatz zu bringen. Was hierunter zu verstehen ist, wurde bereits an anderer Stelle ausgeführt (→ BTO 1.2 Tz. 6). Die bekanntesten Risikoklassifizierungsverfahren sind die Scoring- und die Ratingverfahren.

1.2 Scoringverfahren

Beim Scoringverfahren wird die Bewertung mittels einer Kennzahl auf einer Punkte-Skala (Score)   **4**
dargestellt, die auf einer rein mathematisch-statistischen Basis beruht. Bewertet werden homogene Merkmale mit eindeutigen Merkmalsausprägungen. In der Praxis haben sich für bestimmte Geschäftssegmente unterschiedliche Typen von Scoringverfahren mit zum Teil voneinander abweichenden Zweckbestimmungen herausgebildet[1]:
- Die so genannten »Antragsscoringverfahren« kommen am häufigsten zur Anwendung. Mit ihrer Hilfe wird die Profitabilität von Geschäften vor Vertragsabschluss eingeschätzt. Teilweise kommen sie zudem als Pricing-Instrumente zum Einsatz. Vor allem im standardisierten Kreditgeschäft werden auf der Grundlage eines Antragsscoringverfahrens auch automatisierte

---

1   Vgl. Poppe, Peter, Techniken und Anwendungsbereiche von Scoringsystemen – eine systematische Betrachtung unter dem Aspekt der MaK, in: Eller, Roland/Gruber, Walter/Reif, Markus (Hrsg.), Handbuch MaK, Stuttgart, 2003, S. 225 ff.

Kreditentscheidungen generiert, indem besonders risikoreiche Geschäfte von vornherein abgelehnt werden (so genanntes »Ampelprinzip«). In weniger standardisierbaren Geschäftssegmenten, wie z. B. im Firmenkreditgeschäft, dienen sie oft der Entscheidungsunterstützung.

– Im Rahmen der laufenden Beurteilung von Adressenausfallrisiken im Bestandsgeschäft wird das Antragsscoring häufig durch so genannte »Verhaltensscoringverfahren« ergänzt. Mit ihrer Hilfe können das Gesamtportfolio oder bestimmte Teilportfolien betreffende Informationen aufbereitet werden. Aufbauend auf dem Verhaltensscoringverfahren lässt sich zudem ein Verfahren zur Früherkennung von Risiken darstellen (→ BTO 1.3).

– Bei leistungsgestörten Engagements (→ BTO 1.2.5) kommen teilweise auch »Inkassoscoringverfahren« zum Einsatz. Mit derartigen Verfahren lassen sich Aussagen über die Wahrscheinlichkeit der Begleichung der ausstehenden Zahlungen und die Höhe der uneinbringlichen Restforderungen treffen.

1.3 Ratingverfahren

5 Ein Ratingverfahren stellt die Bewertung der Bonität des Kreditnehmers mittels einer Kenngröße dar, wobei u. a. auch individuelles Expertenwissen berücksichtigt wird. Bewertet werden neben quantifizierbaren Faktoren, wie z. B. Kennzahlen zur Ertragslage des Kreditnehmers, auch inhomogene qualitative Merkmale, die keine eindeutige Ausprägung haben. Dabei könnte es sich z. B. um die Qualität des Managements eines Firmenkunden handeln. Allen Merkmalen werden Punktwerte zugewiesen, i. d. R. ohne mathematisch-statistische Fundierung. Durch eine ggf. gewichtete Summenbildung wird dann die Gesamteinstufung der Risikoklassifizierung (so genannte »Ratingeinstufung«) berechnet, wobei die Kreditnehmer in unterschiedlich fein abgegrenzte »Ratingklassen« mit vergleichbarer Ratingeinstufung eingruppiert werden. In einem zweiten Schritt werden den einzelnen Ratingklassen mit Hilfe von in der Vergangenheit beobachteten Ausfällen bestimmte Ausfallwahrscheinlichkeiten zugeordnet. Diesen Prozess bezeichnet man auch als »Kalibrierung«.

6 In den MaRisk wird ausdrücklich nicht die Anwendung eines Risikoklassifizierungsverfahrens gefordert, das zwingend den Anforderungen des auf internen Ratings basierenden Ansatzes (IRBA) zur Bemessung des bankaufsichtlich erforderlichen Eigenkapitals nach Teil 3 Titel II Kapitel 3 CRR genügt (→ AT 1 Tz. 2). Die Verwendung dieser internen Ratingverfahren ist an zum Teil hochspezifische Anforderungen geknüpft, die grundsätzlich nicht in den Regelungsgehalt der MaRisk eingeflossen sind. Die MaRisk enthalten eher allgemeine Anforderungen an die Ausgestaltung der Risikoklassifizierungsverfahren.[2]

7 Allerdings liegt es im Eigeninteresse der Institute, leistungsfähige Verfahren zu entwickeln, um die selbst formulierten Risiko- und Renditeziele zu erreichen und am Markt wettbewerbsfähig zu bleiben. Als wesentliche Möglichkeiten zur Kostendifferenzierung im Kreditgeschäft werden Risikokosten und Prozesskosten angesehen. Der Automatisierungsgrad ist vor allem im Mengengeschäft mit hohen Fallzahlen bei gleichzeitig geringen Kreditvolumina sowie in Geschäftsbereichen mit geringer Risikointensität hoch, um dort die Prozesskosten in vertretbaren Grenzen zu halten. Durch den Einsatz von hoch entwickelten Risikoklassifizierungsverfahren lassen sich hingegen auch die Risikokosten in weniger standardisierten Geschäftsbereichen reduzieren. Bei der Entscheidung über den Einsatz von Risikoklassifizierungsverfahren müssen letztlich beide Gesichtspunkte in ihrer Wechselwirkung betrachtet werden. Die Bonitätsbewertung kann zwar gegenüber der manuellen Bearbeitung bereits durch sehr einfache Verfahren wesentlich im Aufwand reduziert werden,

---

2 Zur Vertiefung der Anforderungen an IRB-Verfahren gemäß der ersten Säule von Basel II/III wird insbesondere auf Winkler, Tobias, in: Boos, Karl-Heinz/Fischer, Reinfrid/Schulte-Mattler, Hermann (Hrsg.), Kreditwesengesetz, 4. Auflage, München, 2012, §§ 71 ff. KWG, verwiesen.

gleichzeitig erhöht sich jedoch auch das Risiko von Fehleinschätzungen, wenn standardisiert vorgegangen wird. Intelligente Ratingverfahren sind in der Lage, bei gleichzeitig deutlicher Reduzierung des Aufwandes, das Risiko von Fehleinschätzungen zumindest auf dem Niveau einer manuellen Bewertung zu halten und häufig sogar zu vermindern.[3]

1.4 Vereinfachte Verfahren zur Klassifizierung von Risiken

Der Verbreitungsgrad von Risikoklassifizierungsverfahren ist selbst bei kleinen Instituten sehr hoch. **8** Dies ist auch darauf zurückzuführen, dass die Verbände der Kreditwirtschaft in dieser Hinsicht wertvolle Unterstützungsarbeit leisten. Jedoch gibt es auch Institute, die nicht über Risikoklassifizierungsverfahren verfügen. Diese i.d.R. sehr kleinen oder in relativ risikoarmen Geschäftssegmenten engagierten Institute konnten in der Vergangenheit behelfsweise auf die in der Prüfungsberichtsverordnung (PrüfbV) alter Fassung vorgesehene Eingruppierung zurückgreifen[4], wonach das Portfolio eines Institutes in drei vorgegebene Risikoklassen einzuteilen war (Kredite ohne erkennbares Risiko, Kredite mit erhöhten latenten Risiken, wertberichtigte Kredite). Zunächst war geplant, diese Einteilung im Rahmen der Überarbeitung der PrüfbV weiter zu verfeinern. Dies ist allerdings nicht erfolgt. Gemäß § 31 Abs. 4 PrüfbV[5] ist nach Maßgabe der institutsspezifischen Verfahren zur Messung und Bestimmung des Adressenausfallrisikos die Risikogruppierung des gesamten Kreditvolumens des Institutes darzustellen. Insofern müssen sich sämtliche Institute auch vor diesem Hintergrund Gedanken über die Angemessenheit ihrer Verfahren zur Risikoklassifizierung machen.

1.5 Vom Risikoklassifizierungsverfahren erfasste Geschäfte

Die Notwendigkeit zur Anwendung eines Risikoklassifizierungsverfahrens für die Beurteilung **9** des Adressenausfallrisikos ist grundsätzlich vom Risikogehalt der Kreditgeschäfte abhängig (→ BTO 1.2 Tz. 6). Diese Erleichterung ist insbesondere für jene Geschäftsarten hilfreich, in denen die Beschaffung der für die Anwendung eines derartigen Verfahrens notwendigen umfangreichen Informationen schwierig bzw. unwirtschaftlich ist. Es ist ausdrücklich auch die Möglichkeit erwähnt, die Risikobeurteilung im Fall weniger risikorelevanter Geschäfte z.B. auf der Grundlage einer Kreditwürdigkeitsanalyse oder eines vereinfachten Verfahrens durchzuführen und insofern auf ein Risikoklassifizierungsverfahren zu verzichten (→ BTO 1.2.1 Tz. 1 und BTO 1.2.2 Tz. 2). Insbesondere kann sich die Beurteilungsintensität z.B. lediglich auf die Prüfung der Ordnungsmäßigkeit der Tilgung durch den Kreditnehmer erstrecken (→ BTO 1.2 Tz. 6, Erläuterung).

Da die Interne Revision u.a. die Wirksamkeit und Angemessenheit des Risikomanagements im **10** Allgemeinen und des internen Kontrollsystems im Besonderen zu prüfen und zu beurteilen hat (→ AT 4.4.3 Tz. 3), wozu insbesondere auch die Inanspruchnahme wesentlicher Öffnungsklauseln gehört (→ AT 6 Tz. 2), sollte der Verzicht auf ein Risikoklassifizierungsverfahren nachvollziehbar dokumentiert werden.

---

3   Vgl. Schierenbeck, Henner, Ertragsorientiertes Bankmanagement, Band 2: Risiko-Controlling und integrierte Rendite-/ Risikosteuerung, 8. Auflage, Wiesbaden, 2003, S. 107 ff.

4   Vgl. Hanenberg, Ludger/Kreische, Kai/Schneider, Andreas, Mindestanforderungen an das Kreditgeschäft der Kreditinstitute – Zum Inhalt des Rundschreibens 34/2002 (BA) der Bundesanstalt für Finanzdienstleistungsaufsicht, in: Die Wirtschaftsprüfung, Heft 8/2003, S. 406.

5   Verordnung über die Prüfung der Jahresabschlüsse der Kreditinstitute und Finanzdienstleistungsinstitute sowie über die darüber zu erstellende Berichte (Prüfungsberichtsverordnung – PrüfbV) vom 11. Juni 2015 (BGBl. I S. 930), zuletzt geändert durch Art. 1 der Verordnung vom 16. Januar 2018 (BGBl. I S. 134).

1.6 Aussagekraft der Risikoklassifizierungsverfahren

11 Die Aussagekraft der Risikoklassifizierungsverfahren hängt maßgeblich davon ab, wie die zur Risikobeurteilung relevanten Faktoren ausgewählt und die für das Verfahren erforderlichen Informationen qualitätsgesichert und verarbeitet werden. Bereits mit der Entwicklung von Risikoklassifizierungsverfahren muss grundsätzlich geprüft werden, welche Merkmale überhaupt eine Aussagekraft für die Risikobeurteilung besitzen (Relevanz als Maß für die Berücksichtigung des Merkmales) und wie stark diese Aussagekraft und die Korrelation zu anderen Merkmalen sind (Signifikanz als Maß für die Gewichtung des Merkmales). Vergleichbare Ausfallrisiken sollten institutsintern möglichst objektiv und einheitlich beurteilt werden. Davon ist auszugehen, wenn die Gestaltungsspielräume durch die Festlegung eindeutiger Bewertungsregeln weitgehend eingegrenzt und klare Vorgaben zur Gewichtung der Einzelkriterien bei der Berechnung der Gesamteinstufung gemacht werden. Dadurch wird gleichzeitig vermieden, dass die Zuordnung in eine bestimmte Risikoklasse von subjektiven Elementen dominiert wird.

12 Die von den Instituten eingerichteten Risikoklassifizierungsverfahren unterscheiden sich relativ stark voneinander, da z. B. verschiedene Kriterien zur Risikobeurteilung angesetzt, qualitative und quantitative Kriterien unterschiedlich gewichtet und Risikoklassen unterschiedlich stark untergliedert werden. Darüber hinaus werden die Kundensegmente verschieden abgegrenzt, so dass ein Kreditnehmer, der in einem kleinen Institut vom Firmenkundenbereich betreut wird, in einem größeren Institut durchaus noch zum Mengengeschäft gerechnet werden kann. Insofern ist es nicht leicht, allgemeingültige Kriterien zur Aussagekraft von Risikoklassifizierungsverfahren zu formulieren.

13 Bei komplexen Ratingverfahren, wie sie im Zusammenhang mit Basel II/III entwickelt wurden bzw. werden, kann der Nachweis über die Aussagekraft des Verfahrens durch Bewertung der so genannten »Trennschärfe« erbracht werden. Vereinfacht ausgedrückt handelt es sich dabei um eine Wertung, wie gut ein Verfahren solvente und insolvenzgefährdete Kreditnehmer voneinander unterscheiden kann. Durch »Backtesting« werden die Verfahren regelmäßig auf ihre Trennschärfe überprüft und ggf. weiterentwickelt, indem z. B. bestimmte Risikofaktoren ergänzt, neu gewichtet oder entfernt werden. Die MaRisk fordern einen derartigen Nachweis allerdings nicht, wenngleich die zur Risikomessung eingesetzten Methoden und Verfahren regelmäßig auf ihre Angemessenheit und die mit ihnen ermittelten Risikowerte regelmäßig auf ihre Plausibilität zu überprüfen sind (→ AT 4.3.2 Tz. 5).

1.7 Übergänge zwischen verschiedenen Verfahren

14 Naturgemäß ist der Auswertungsprozess abhängig vom betrachteten Geschäftssegment. So liegen z. B. für Existenzgründer keine Jahresabschlüsse oder vergleichbare Unterlagen zu den wirtschaftlichen Verhältnissen vor, deren Auswertung bei der Risikoklassifizierung von Firmenkunden hingegen von zentraler Bedeutung ist. In den Bereichen, die mit verhältnismäßig wenigen Informationen auskommen müssen, wird notgedrungen stärker subjektiv entschieden. Bestimmte Finanzierungsentscheidungen hängen wiederum stark vom Cashflow des zu finanzierenden Objektes bzw. Projektes (→ BTO 1.2.1 Tz. 1) oder von der vorhandenen Sicherheit ab (→ BTO 1.2.1 Tz. 3 und BTO 1.2.2 Tz. 3). Teilweise wird deshalb neben der ursachenbezogenen Komponente (Bonität des Kreditnehmers), die für die Risikoklassifizierung maßgeblich ist, auch eine wirkungsbezogene Komponente (vorhandene Sicherheiten) in die Kreditentscheidung einbezogen.

Letztlich muss ein Institut nachweisen, dass es für seine risikorelevanten Kreditgeschäfte auch   **15** Risikoklassifizierungsverfahren einsetzt, die eine Beurteilung aller wesentlichen Risiken, die diesen Geschäften innewohnen, gewährleisten (→ BTO 1.2 Tz. 6). Werden für die verschiedenen Geschäftsbereiche eines Institutes differenzierte Risikoklassifizierungsverfahren eingesetzt, so sollten diese aufeinander abgestimmt werden, um sicherzustellen, dass ein Kreditnehmer beim auf einer reinen Volumenveränderung basierenden Übergang in ein anderes Geschäftssegment nicht in eine völlig andere Risikoklasse eingeordnet wird, ohne dass sich seine Bonität verändert hätte.

1.8   Anzahl der Risikoklassen

Im Ergebnis der Anwendung eines Risikoklassifizierungsverfahrens werden die Kreditnehmer in   **16** Abhängigkeit von ihrer Bonität in verschiedene Klassen eingeteilt. Wie grob oder fein die Klasseneinteilung vorgenommen wird, d.h. wie viele Risikoklassen gebildet werden, hängt von der konkreten Ausgestaltung des Verfahrens ab und wird von der deutschen Aufsicht nicht vorgegeben. Besteht jedoch der Anspruch, die Risikoklassifizierung in sinnvoller Weise für die Steuerung des Kreditportfolios, die Konditionengestaltung oder die Bildung der Risikovorsorge zu nutzen, so muss jeder Risikoklasse auch mit Hilfe vergangenheitsorientierter statistischer Auswertungen eine zukunftsorientierte Ausfallwahrscheinlichkeit zugeordnet werden. Für diese Zwecke wird die Einteilung in sehr wenige Risikoklassen nicht ausreichen, da die Bandbreiten innerhalb einer Klasse zu groß sein könnten.

1.9   Kriterien für die nachvollziehbare Zuweisung in eine Risikoklasse

Von den Instituten sind Kriterien festzulegen, die im Rahmen der Beurteilung der Risiken eine   **17** nachvollziehbare Zuweisung in eine Risikoklasse gewährleisten. Werden Kreditnehmer mit vergleichbarer Bonität im Ergebnis der Anwendung eines aussagekräftigen Risikoklassifizierungsverfahrens institutsintern in die gleiche Risikoklasse eingeordnet, so kann diese Zuweisung als nachvollziehbar betrachtet werden.

Letztlich obliegt es jedem Institut, eigene Kriterien für die nachvollziehbare Zuweisung in eine   **18** Risikoklasse festzulegen, die sich z. B. darauf beziehen können, welche Typen von Risikoklassifizierungsverfahren für welche Geschäftsarten bzw. Kundensegmente verwendet werden, welche Anzahl der Risikoklassen in Abhängigkeit von der vorhandenen Datenstruktur und -menge sinnvoll ist, welche qualitativen und quantitativen Faktoren berücksichtigt werden müssen und wie diese ggf. zu gewichten sind, für welche Geschäftsarten bzw. Kundensegmente auf externe Quellen zurückgegriffen werden kann und ab welcher Größenordnung eines Engagements die Anwendung eines Risikoklassifizierungsverfahrens überhaupt wirtschaftlich sinnvoll ist.

BTO 1.4 Risikoklassifizierungsverfahren

1.10   Voraussetzung zur Verwendung bestimmter Daten

19 Auch in risikorelevanten Geschäftsfeldern sollte sorgfältig geprüft werden, wie die vorliegenden Informationen in sinnvoller Weise verarbeitet werden. Die ausschließliche Verwendung für das Risikoklassifizierungsverfahren muss nicht immer die beste Variante sein. Auch trägt eine Erhöhung der Datenquantität nicht notwendigerweise zur Verbesserung der Qualität eines Risikoklassifizierungsverfahrens bei. Es ist genauso denkbar, bestimmte Informationen auf eine geeignete Weise in den Entscheidungsprozess einfließen zu lassen, ohne sie gleichzeitig für das Risikoklassifizierungsverfahren zu verwenden. Voraussetzung zur Nutzung bestimmter Daten für die Bestimmung des Adressenausfallrisikos mittels eines Risikoklassifizierungsverfahrens sollte generell deren durchgängige Verfügbarkeit sein. Sind die Daten nur im Ausnahmefall zugänglich, ist eine Berücksichtigung außerhalb des Risikoklassifizierungsverfahrens vorzuziehen, da ansonsten keine Konsistenz der Ergebnisse des Verfahrens sichergestellt werden kann. Darüber hinaus sollte strikt darauf geachtet werden, dass der Einfluss der verwendeten Daten für die mit der Beurteilung des Adressenausfallrisikos betrauten Mitarbeiter nachvollziehbar und somit interpretierbar ist.

1.11   Verantwortung der Geschäftsleitung

20 Die Geschäftsleitung trägt die Verantwortung für alle wesentlichen Elemente des Risikomanagements und somit insbesondere auch für die ordnungsgemäße Steuerung und Überwachung der Risiken aus dem Kreditgeschäft. Sie wird dieser Verantwortung nur gerecht, wenn sie die Risiken beurteilen und die erforderlichen Maßnahmen zu ihrer Begrenzung treffen kann (→ AT 3 Tz. 1). Wesentliche Voraussetzung für deren Beurteilung ist eine regelmäßige Information über die vorhandenen Risiken, die auf verschiedene Weise erfolgen kann. Neben der turnusmäßigen Risikoberichterstattung, die im Fall der Adressenausfallrisiken mindestens vierteljährlich zu erfolgen hat (→ BT 3.2 Tz. 3), sind der Geschäftsleitung unter Risikogesichtspunkten wesentliche Informationen unverzüglich bekanntzugeben, damit frühzeitig geeignete Maßnahmen eingeleitet werden können (→ AT 4.3.2 Tz. 4).

21 Der turnusmäßige Risikobericht muss u. a. Aufschluss über die Entwicklung des Kreditportfolios geben, wofür auch die Verteilung nach Risikoklassen herangezogen werden kann (→ BT 3.2 Tz. 3 lit. a). Dies unterstreicht die Bedeutung der Risikoklassifizierungsverfahren für die Identifizierung, Beurteilung, Steuerung sowie Überwachung und Kommunikation der wesentlichen Risiken im Kreditgeschäft (→ AT 4.3.2 Tz. 1). Die Anforderung der MaK, wonach die Einrichtung sowie wesentliche Änderungen der Risikoklassifizierungsverfahren von der Geschäftsleitung zu beschließen waren, wurde zwar nicht in die MaRisk übernommen. Die Gesamtverantwortung der Geschäftsleitung bleibt hiervon jedoch unberührt. Die aktive Einbindung der Geschäftsleitung in den Prozess der Weiterentwicklung der Risikoklassifizierungsverfahren kann allerdings auf wesentliche methodische Änderungen eingeschränkt werden, die direkte Auswirkungen auf die Aussagekraft eines Risikoklassifizierungsverfahrens oder die Nachvollziehbarkeit der Zuweisung in eine Risikoklasse haben. Hingegen könnte z.B. bei einer statistisch erforderlichen, geringfügigen Veränderung der Gewichtung von Einflussgrößen oder ähnlichen Anpassungen, die nachweislich eine Verbesserung des Aussagegehaltes der Risikoklassifizierungsverfahren zur Folge haben, auf die Einbeziehung der Geschäftsleitung verzichtet werden.

1.12   Dokumentationsanforderungen

Es sollte beachtet werden, dass die für die Einhaltung der MaRisk wesentlichen Handlungen und   **22**
Festlegungen nachvollziehbar dokumentiert werden müssen (→ AT 6 Tz. 2). Zudem hat das
Institut sicherzustellen, dass die Geschäftsaktivitäten auf der Grundlage von Organisationsrichtlinien betrieben werden (→ AT 5 Tz. 1). Die Organisationsrichtlinien haben u. a. Regelungen für die
Aufbau- und Ablauforganisation sowie die Ausgestaltung der Risikosteuerungs- und -controlling-
prozesse zu enthalten (→ AT 5 Tz. 3). Dazu gehört natürlich auch eine Beschreibung der Funktionsweise der Risikoklassifizierungsverfahren. Darüber hinaus müssen die Richtlinien bei Veränderungen der Aktivitäten und Prozesse zeitnah angepasst werden (→ AT 5 Tz. 2).

2 Unabhängigkeit der Methodenverantwortung (Tz. 2)

23 **2** Die Verantwortung für Entwicklung, Qualität und Überwachung der Anwendung der Risikoklassifizierungsverfahren muss außerhalb des Bereiches Markt angesiedelt sein.

2.1 Erstellung der Risikoeinstufungen

24 Für die Anwendung der Risikoklassifizierungsverfahren gibt es in den MaRisk keine organisatorischen Einschränkungen. So kann z.B. eine Risikoeinstufung im Marktbereich erstellt werden, unabhängig davon, ob es sich um risikorelevante Geschäfte handelt und somit zwei Voten erforderlich sind oder nicht.[6] Das Zwei-Voten-Prinzip (→ BTO 1.1 Tz. 2) bezieht sich direkt auf die Kreditentscheidung. Bei den Risikoklassifizierungsverfahren geht es hingegen um die Beurteilung der Adressenausfallrisiken, also um ein wesentliches Kriterium im Kreditentscheidungsprozess. In diesem Prozess wird eine interessengetriebene Anwendung des Risikoklassifizierungsverfahrens durch den Markt aufgrund der obligatorischen Mitwirkung der Marktfolge verhindert.

25 In einigen Geschäftsbereichen, wie z.B. im Firmenkreditgeschäft, ist die Risikoklassifizierung häufig ein Gemeinschaftsprodukt von Markt und Marktfolge, da dort einerseits der Kundenbetreuer als Vertreter des Marktes aufgrund seiner Kundennähe über die besten Kenntnisse von den weichen, qualitativen Faktoren des Kreditnehmers verfügt und andererseits der Kreditsachbearbeiter und die Mitarbeiter aus den Spezialabteilungen der Marktfolge (Bilanzanalyse usw.) vor allem die aufwendigen Analysen zu den harten, quantitativen Faktoren durchführen. In diesen Fällen fließen häufig die Erfahrungswerte beider Bereiche in die Risikoklassifizierung ein. Um nach einer einheitlichen Vorgehensweise zu verfahren, kann dieser Prozess z.B. so ausgestaltet sein, dass der Marktbereich nur für die Bewertung bestimmter Faktoren zuständig ist und der Marktfolgebereich darauf aufbauend die abschließende Risikoklassifizierung vornimmt. Damit werden die Angaben des Marktbereiches gleichzeitig auf Plausibilität geprüft. Im Ergebnis liegt eine sachgerechte und vor allem vertriebsneutrale Risikobeurteilung vor. In anderen Geschäftsbereichen, wie z.B. in der Projektfinanzierung, ist eine derartige Aufteilung oft nicht praktikabel, da ein reibungsloser Geschäftsablauf i.d.R. vom Spezialwissen der in Teamstrukturen organisierten Markt- und Marktfolgemitarbeiter abhängt.

2.2 Methodenverantwortung

26 Wie bereits ausgeführt, sollte die Methodenverantwortung im weiteren Sinne unabhängig vom Vertrieb wahrgenommen werden. Hierzu gehört die Verantwortung für die Entwicklung und Qualität der Prozesse im Kreditgeschäft (→ BTO 1.2 Tz. 1) und der Kriterien, wann ein Engagement der Intensivbetreuung oder der Problemkreditbearbeitung zuzuordnen ist, ebenso wie deren

---

6 Im Hinblick auf die Festlegung der Ratingeinstufung im Rahmen von IRB-Verfahren bestehen weitergehende Anforderungen als in den MaRisk. Die Ratingzuordnung sowie deren regelmäßige Überprüfung müssen laut Art. 173 Abs. 1 lit. a CRR für bestimmte Geschäftssegmente von einer unabhängigen Partei vorgenommen oder genehmigt werden, die aus Entscheidungen über die Kreditvergabe keinen unmittelbaren Nutzen zieht. Somit müsste also bereits die Ratingzuordnung unabhängig vom Markt erfolgen, oder es ist eine unabhängige Überprüfung der vom Markt festgelegten Zuordnung erforderlich.

regelmäßige Überprüfung (→ BTO 1.2.4 Tz. 1 und BTO 1.2.5 Tz. 1). Diese Zuordnung gilt in Analogie auch für die Entwicklung und Qualität der Risikoklassifizierungsverfahren.

2.3 Überwachung der Anwendung des Risikoklassifizierungsverfahrens

Um im Zeitverlauf eine gleichbleibende Qualität der Risikobeurteilung zu gewährleisten, sollte die **27** Einheitlichkeit und Genauigkeit der Bewertungsmechanismen in angemessenen Abständen überprüft und ggf. durch geeignete Maßnahmen wiederhergestellt bzw. verbessert werden. Insbesondere in den Fällen, in denen der Marktbereich maßgeblich in den Prozess der Risikoklassifizierung eingebunden ist, ist die Anwendung des Verfahrens von einer Stelle außerhalb des Marktbereiches zu überwachen. Wie bereits ausgeführt, soll durch diese Maßnahme sichergestellt werden, dass vergleichbare Ausfallrisiken institutsintern möglichst objektiv, einheitlich und unbeeinflusst von der jeweiligen Interessenlage beurteilt werden. Eine derartige Tätigkeit kann sich folglich z. B. auf die Überprüfung konzentrieren, ob das richtige Verfahren angewendet, die Gestaltungsspielräume eingehalten und die Festlegung einzelner Risikoeinstufungen korrekt ausgeführt wurden. Darüber hinaus könnte von dieser Stelle auch geprüft werden, ob bei der Vergabe der Risikoeinstufung die Kompetenzordnung eingehalten wurde. Im Rahmen der Überwachung der Anwendung des Risikoklassifizierungsverfahrens sind stichprobenartige Kontrollen ausreichend. Diese Kontrollen dienen der Plausibilisierung. Sie leisten damit auch einen Beitrag zur Sicherstellung der Qualität der Risikoklassifizierungsverfahren. Die generelle Zuständigkeit für die Überwachung der Anwendung des Risikoklassifizierungsverfahrens ist deshalb ebenfalls vom Marktbereich abzukoppeln.

3   Quantitative und qualitative Risikofaktoren (Tz. 3)

28   **3** Maßgebliche Indikatoren für die Bestimmung der Adressenausfallrisiken im Risikoklassifizierungsverfahren müssen neben quantitativen auch, soweit möglich, qualitative Kriterien sein. Es ist insbesondere zu berücksichtigen, inwieweit der Kreditnehmer in der Lage ist, künftig Erträge zu erwirtschaften, um den ausgereichten Kredit zurückzuführen.

3.1   Quantitative Kriterien

29   Quantitative Kriterien sind, wie der Name schon sagt, Kriterien, die in geeigneter Weise quantifiziert werden können. Häufig handelt es sich um Zahlenmaterial, das zueinander oder zu vorgegebenen Größen in Beziehung gesetzt wird. Im Ergebnis lassen sich Relationen ableiten, die Auskunft darüber geben, ob ein Kreditnehmer rein rechnerisch dazu in der Lage ist, seine Verbindlichkeiten vertragsgemäß zurückzuführen. Typische quantitative Kriterien sind Kennzahlen zur Vermögens-, Finanz- und Ertragslage des Kreditnehmers. Im Privatkundengeschäft können z. B. die Einkommenshöhe, die Einkommensentwicklung, die Vermögensverhältnisse, der Liquiditätsstatus oder die Vermögens- bzw. Einkommensabsicherung zu Rate gezogen werden. Im Firmenkundengeschäft können in Analogie die Ertragsstärke, die Ertragsvolatilität, die Kapitalstruktur, der Liquiditätsstatus, der Verschuldungsgrad und ggf. der Wert der zugrundeliegenden Sicherheiten analysiert werden.

3.2   Qualitative Kriterien

30   Im Gegensatz dazu können qualitative Kriterien grundsätzlich nicht quantifiziert werden, ohne dass subjektive Einschätzungen in die Beurteilung einfließen. Ihre Berücksichtigung ist jedoch oftmals notwendig, da einerseits nicht in allen Kundensegmenten hinreichend aussagekräftige und aktuelle quantitative Daten vorliegen und sich andererseits viele qualitative Einflüsse nachhaltig auf die Entwicklung der quantitativen Kriterien auswirken können. Auch diesbezüglich lassen sich die für das Privatkundensegment maßgeblichen qualitativen Kriterien, wie etwa die persönlichen Eigenschaften des Kreditnehmers, seine Einkommenssicherheit, seine soziale Situation oder seine Lebens- und Finanzplanung, auf das Firmenkundensegment übertragen. Die entsprechenden Kriterien sind dann z. B. die Managementqualität, der wirtschaftliche Sachverstand des Unternehmers, die Branchenentwicklung, die Wettbewerbssituation, die Marktchancen, die Unternehmensstrategie, die Umweltbedingungen sowie das Steuerungssystem und die Finanzplanung des Unternehmens. Von Bedeutung sind z. B. auch die Integrität und der Ruf des Kreditnehmers, sein bisheriges Zahlungsverhalten oder die in der jeweiligen Rechtsform begründeten unterschiedlichen Rechtsnormen, die einen erheblichen Einfluss auf den Aussagegehalt der zur Risikobeurteilung herangezogenen Unterlagen haben können.

3.3 Verzicht auf die Berücksichtigung qualitativer Faktoren

Mit der eingeräumten Möglichkeit zum Verzicht auf die Berücksichtigung qualitativer Faktoren **31** wird dem Umstand Rechnung getragen, dass die Institute teilweise nicht in der Lage sind, qualitative Kriterien für alle Kreditnehmer mit vertretbarem Aufwand zu erheben. Erwähnt seien in diesem Zusammenhang nur die Interbanken-, Kapitalmarkt- oder auch die Retailgeschäfte. Bei Hunderten von Bankadressen, für die große Institute Limite vorhalten, besteht faktisch keine Möglichkeit, andere als quantitative Kriterien für die Risikoklassifizierung zu nutzen. Die Berücksichtigung qualitativer Faktoren wäre, sofern sich diese nicht problemlos in einer Ziffer darstellen lassen, unter Kosten-/Nutzen-Aspekten nicht vertretbar. Eine derart einfache Berücksichtigung qualitativer Kenngrößen in einer Ziffer ist allerdings nur im Ausnahmefall möglich, wie z. B. bei der Verschlüsselung des Familienstandes eines Kreditnehmers. An dieser Stelle soll jedoch nicht unterschlagen werden, dass es vor allem solche Faktoren sind, die unter Umständen einen erheblichen Einfluss auf die Risikobeurteilung eines Kreditnehmers besitzen können.

3.4 Nachhaltigkeit der Erträge des Kreditnehmers

Das Institut hat insbesondere zu berücksichtigen, inwieweit der Kreditnehmer in der Lage ist, künftig **32** Erträge zu erwirtschaften, um den ausgereichten Kredit zurückzuführen. Im Vordergrund soll also die Überprüfung der Kapitaldienstfähigkeit des Kreditnehmers stehen. Zur Definition und Bedeutung der Kapitaldienstfähigkeit wurden bereits umfassende Ausführungen gemacht ($\rightarrow$ BTO 1.2.1 Tz. 1).

4 Prozessuale Einbindung der Risikoklassifizierungsverfahren (Tz. 4)

33 **4** Die Klassifizierungsverfahren sind in angemessener Weise in die Prozesse des Kreditgeschäftes und ggf. die Kompetenzordnung einzubinden.

4.1 Einbindung der Klassifizierungsverfahren in die Kreditprozesse

34 Die Notwendigkeit der Einbindung der Risikoklassifizierungsverfahren in die Kreditbearbeitungsprozesse ergibt sich rein formal bereits aus der Anforderung, die Risiken eines Engagements in Abhängigkeit vom Risikogehalt der Kreditgeschäfte sowohl im Rahmen der Kreditentscheidung (→ BTO 1.2.1) als auch bei turnusmäßigen (→ BTO 1.2.2) oder anlassbezogenen Beurteilungen (→ BTO 1.2.4 und BTO 1.2.5) mit Hilfe eines Risikoklassifizierungsverfahrens zu bewerten und die vorgenommene Risikoeinstufung jährlich zu überprüfen (→ BTO 1.2 Tz. 6). Auch sollte zwischen der Einstufung im Risikoklassifizierungsverfahren und der Konditionengestaltung ein sachlich nachvollziehbarer Zusammenhang bestehen (→ BTO 1.2 Tz. 7). Darüber hinaus kann unter bestimmten Voraussetzungen die Funktion der Früherkennung von Risiken von einem Risikoklassifizierungsverfahren wahrgenommen werden (→ BTO 1.3 Tz. 3). Insofern ist der erste Teil dieser Anforderung implizit bereits erfüllt, wenn die Ausgestaltung der Kreditprozesse MaRisk-konform erfolgt.

35 Davon unabhängig wurde schon auf die Bedeutung der Risikoklassifizierungsverfahren für die Identifizierung, Beurteilung, Steuerung sowie Überwachung und Kommunikation der wesentlichen Risiken im Kreditgeschäft hingewiesen (→ AT 4.3.2 Tz. 1). Erst die konsequente Verwendung der auf diese Weise vorgenommenen systematischen Risikoeinstufung im gesamten Prozess gewährleistet eine dem jeweiligen Risikogehalt angemessene Bearbeitung des Kreditengagements. Insbesondere sollten die Vorlagen für einen Kreditbeschluss Bezug auf die Erkenntnisse aus der Risikobeurteilung des Kreditnehmers durch das Risikoklassifizierungsverfahren nehmen. In der Regel ist eine deutlich positive Votierung nicht mit einer durchschnittlichen oder gar negativen Beurteilung im Risikoklassifizierungsverfahren vereinbar, soweit nicht andere Gründe maßgeblich sind, die über die Klassifizierung der Risiken nicht dargestellt werden können (z. B. »Cross Selling«-Aspekte).

36 Risikoklassifizierungsverfahren können des Weiteren die frühzeitige Identifizierung von Veränderungen im Risikoprofil des Institutes, die Portfoliosteuerung nach Risikogesichtspunkten, die Durchsetzung geschäftspolitischer Ziele, die Allokation von Risikokapital auf Gesamtbankebene, die Einbindung des Adressenausfallrisikos in ein Gesamtbank-Limitsystem sowie die Erfüllung aufsichtsrechtlicher Normen und sonstiger Richtlinien erleichtern bzw. unterstützen.

4.2 Einbindung der Klassifizierungsverfahren in die Kompetenzordnung

37 Das Institut hat eine klare und konsistente Kompetenzordnung für Entscheidungen im Kreditgeschäft festzulegen (→ BTO 1.1 Tz. 6). Die in den Organisationsrichtlinien niederzulegende Kompetenzordnung (→ AT 5 Tz. 3 lit. a) muss auch Entscheidungsregeln für den Fall voneinander

abweichender Voten bis hin zum Eskalationsverfahren enthalten (→ BTO 1.1 Tz. 6). Darüber hinaus ist ein der Kompetenzordnung entsprechendes Verfahren einzurichten, in dem festgelegt ist, wie Überschreitungen von Limiten zu behandeln sind (→ BTO 1.2 Tz. 8). Im Rahmen der Kreditbearbeitungskontrollen ist insbesondere zu überprüfen, ob die Kreditentscheidung entsprechend der festgelegten Kompetenzordnung erfolgte (→ BTO 1.2.3 Tz. 2). Hieraus wird zunächst deutlich, dass die Kompetenzordnung ein wesentliches Element im Kreditentscheidungsprozess darstellt.

Wie die Einbindung der Klassifizierungsverfahren in die Kompetenzordnung im Einzelfall zu 38 erfolgen hat, wird grundsätzlich nicht vorgeschrieben. Aus diesem Grund wurde auch die in den MaK enthaltene Beispielliste gestrichen, wonach u. a. die Einstufung eines Engagements im Risikoklassifizierungsverfahren maßgeblich für die Zuordnung der Entscheidung über ein Engagement zu einer bestimmten Kompetenzstufe sein sollte. Eine Verknüpfung der Kompetenzstufen mit einzelnen Risikoklassen kann zwar sinnvoll sein, wird aber nicht gefordert. Ebenso können auch andere Faktoren eine wichtige Rolle spielen, wie z. B. das Kreditvolumen oder die Erfahrung und Qualifikation der jeweiligen Kompetenzträger. Insbesondere sind damit die bei einigen Instituten bislang üblichen Regelungen mit Real-, Personal- und Blankokrediten nach wie vor zulässig.

Die Kriterien für die Zuordnung der Entscheidung über ein Engagement zu einer bestimmten 39 Kompetenzstufe (→ BTO 1.1 Tz. 6) können auch aus einer Kombination der maßgeblichen Charakteristika für das Kreditrisiko hergeleitet werden. Denkbar wäre z. B. eine leicht zu handhabende Kennziffer aus dem Ergebnis des Risikoklassifizierungsverfahrens und dem nicht richtliniengemäß besicherten Kreditvolumen. Die ausschließliche Betrachtung eines einzelnen Kriteriums könnte unter Umständen praktische Probleme nach sich ziehen. Von einer derartigen Regelung wären auch Engagements mit schlechter Risikoeinstufung und unter Umständen sehr geringem Volumen bzw. Blankoanteil oder mit sehr guter Risikoeinstufung und relativ hohem Volumen bzw. Blankoanteil betroffen. Dies könnte dazu führen, dass ggf. sehr viele Engagements einer entsprechend hohen Kompetenzstufe vorgelegt werden müssen. Eine vernünftige und leicht zu handhabende Kombination trägt dazu bei, dass ein resultierender »Bearbeitungsstau« vermieden werden kann. Inwiefern in solche Regelungen auch die Konditionen des zu genehmigenden Engagements einbezogen werden sollten, kann institutsintern festgelegt werden.

Selbst bei Anwendung sehr einfacher Risikoklassifizierungsverfahren kann der Kreditbearbei- 40 tungsprozess deutlich erleichtert werden, indem z. B. der Kundenbetreuer die nicht-risikorelevanten Engagements direkt bewilligen und die nicht darstellbaren Engagements sofort ablehnen kann. Komplexere Bewilligungsprozesse könnten hingegen auf Engagements beschränkt werden, die unter Beachtung verschiedener Aspekte als bedeutend bzw. kritisch angesehen werden.

4.3 Einbindung der Klassifizierungsverfahren in die Risikovorsorge

Im Rahmen der zentralen Portfoliosteuerung geben die Risikoklassifizierungsverfahren einen 41 schnellen und systematischen Überblick über die Risikoposition im Kreditgeschäft und sind somit ein wichtiger Bestandteil bei der Überwachung und Kontrolle des Kreditrisikos. Es ist darüber hinaus sinnvoll, die Ergebnisse der Risikoklassifizierungsverfahren nicht isoliert zu betrachten, sondern einen grundsätzlichen Zusammenhang zwischen bestimmten Klassifizierungen und der Bildung von Risikovorsorgebeträgen herzustellen. Insbesondere ab einer »schlechten« Risikoeinstufung erscheint die Prüfung einer ggf. erforderlichen Risikovorsorge angezeigt. Nach dem gegenwärtigen Rechnungslegungsverständnis ist ein solches Vorgehen vor allem im Rahmen der Nutzung mathematisch-statistischer Klassifizierungsverfahren bei der Ermittlung von Pauschalwertberichtigungen und damit auf Gruppenbasis möglich.

42 Hingegen erfolgt die Bildung von Einzelwertberichtigungen unter der Annahme, dass konkrete Anzeichen für eine Zahlungsunfähigkeit vorliegen, was im Sinne von Art. 178 Abs. 1 lit. a CRR einem Ausfallereignis entspricht. Aus diesem Grund wird die Bildung von Wertberichtigungen als Folge einer deutlichen Verschlechterung der Kreditqualität auch bankaufsichtlich gemäß Art. 178 Abs. 3 lit. b CRR als Hinweis auf die Unwahrscheinlichkeit der Erfüllung von Zahlungsverpflichtungen des Kreditnehmers gewertet. Unabhängig davon kann die aktuelle Risikoeinstufung ein deutlicher Indikator für die Notwendigkeit einer Wertberichtigung sein.

4.4 Einbindung der Klassifizierungsverfahren in die Intensität der Kundenbetreuung

43 Kredite mit sich verschlechternder Risikobewertung sollten grundsätzlich Gegenstand zusätzlicher Überprüfung und Überwachung werden, z. B. durch häufigere Besuche von Kundenbetreuern und Aufnahme in die Intensivbetreuung (→ BTO 1.2.4). Sofern die Klassifizierungsverfahren mit geeigneten Frühwarnindikatoren ausgestattet sind, können sie zur Früherkennung entsprechender Risiken eingesetzt werden (→ BTO 1.3 Tz. 3, Erläuterung). Bei der Intensität der Kundenbetreuung kann im Zusammenhang mit dem Risikoklassifizierungsverfahren jedoch nicht von einer linearen Beziehung ausgegangen werden, da diese u. a. auch von der Größe und Art sowie von den Ertragsaussichten des Engagements abhängig ist.

BTO 2 Handelsgeschäft

1   Gliederung und vereinfachte Umsetzung (Tz. 1)

1 **1** Dieses Modul stellt Anforderungen an die Ausgestaltung der Aufbau- und Ablauforganisation im Handelsgeschäft.

1.1   Anforderungen an Aufbau- und Ablauforganisation im Handel

2 Bereits in den Mindestanforderungen an das Betreiben von Handelsgeschäften (MaH) wurde der Organisation im Handelsgeschäft ein hoher Stellenwert eingeräumt. Aufbau- und ablauforganisatorische Anforderungen im Handelsgeschäft sind auch Gegenstand der MaRisk. Allerdings wurden die Anforderungen der MaH im Rahmen der Integration in die MaRisk deutlich flexibilisiert. Die angepassten Regelungen wurden darüber hinaus in eine neue Struktur überführt. Ziel war der strukturelle Gleichlauf zu den korrespondierenden organisatorischen Regelungen für das Kreditgeschäft (→ BTO 1). Das Modul BTO 2 umfasst dementsprechend
–   aufbauorganisatorische Anforderungen (→ BTO 2.1), die sich auf die Funktionstrennung im Handelsgeschäft beziehen, sowie
–   Anforderungen an die Prozesse im Handelsgeschäft (→ BTO 2.2), wobei zwischen den Tätigkeiten im Handel (→ BTO 2.2.1), in der Abwicklung und Kontrolle (→ BTO 2.2.2) sowie im Risikocontrolling (→ BTO 2.2.3) unterschieden wird.

3 Diese Anforderungen sind, abgesehen von bestimmten Ausnahmen, grundsätzlich bei allen Handelsgeschäften zu beachten (→ AT 2.3 Tz. 3). Die Motivation des Geschäftsabschlusses, also z.B. die Erzielung eines kurzfristigen Eigenhandelserfolges, spielt bei den organisatorischen Anforderungen grundsätzlich keine Rolle. Sie ist lediglich für die Anforderungen an die Risikosteuerungs- und -controllingprozesse relevant, bei denen zum Teil zwischen dem Handelsbuch und dem Anlagebuch unterschieden wird (→ BTR 2.2 und BTR 2.3). Durch die Bezugnahme auf die weite Handelsgeschäftsdefinition trägt die BaFin dem Umstand Rechnung, dass z.B. auch Wertpapiere der Liquiditätsreserve oder andere »Handelsgeschäfte« des Anlagebuches einer risikoadäquaten Bearbeitung bedürfen.

1.2   Aufbauorganisatorische Anforderungen

4 Mangelhafte oder fehlende Überwachungsmechanismen können vor allem im schnelllebigen Handelsgeschäft der Institute zu erheblichen Problemen führen. Angesichts dessen ist es notwendig, dass die Aktivitäten der Handelsbereiche der Kontrolle und Überwachung aus einem handelsunabhängigen Bereich unterliegen. Die aufbauorganisatorischen Anforderungen zum Handelsgeschäft werden dieser Notwendigkeit durch den Grundsatz der Funktionstrennung gerecht. Der Bereich Handel ist bis einschließlich der Ebene der Geschäftsleitung von bestimmten handelsunabhängigen Funktionen zu trennen. Institute mit unter Risikogesichtspunkten überschaubaren Handelsaktivitäten (»nicht-risikorelevante Handelsaktivitäten«) können auf die Trennung bis einschließlich der Ebene der Geschäftsleitung verzichten (→ BTO 2.1 Tz. 2). Im Gegensatz zum Kreditgeschäft kann sich diese Einschätzung allerdings nur auf die Handelsaktivitäten eines Institutes in seiner Gesamtheit beziehen.

1.3 Ablauforganisatorische Anforderungen

Bei den ablauforganisatorischen Anforderungen wird der übliche prozessuale Ablauf in der Praxis **5** durch die Unterteilung in die Prozessschritte Handel, Abwicklung und Kontrolle sowie Risikocontrolling nachgebildet:

- Der Abschluss von Handelsgeschäften stellt den Ausgangspunkt der ablauforganisatorischen Anforderungen dar. Beim Abschluss von Handelsgeschäften durch die Händler ist vor allem sicherzustellen, dass die Konditionen einschließlich der Nebenabreden vollständig vereinbart sind, marktgerechte Bedingungen zugrundeliegen, die Handelsgeschäfte nach Geschäftsabschluss unverzüglich erfasst und alle Unterlagen an die Abwicklung weitergeleitet werden. Dabei haben sich die Anforderungen an interne Geschäfte sinngemäß an den Regelungen für Handelsgeschäfte mit Dritten zu orientieren (→ BTO 2.2.1 Tz. 1, Erläuterung).

- Dem Handel nachgelagert ist der Prozess der »Abwicklung und Kontrolle«. Bei der Abwicklung geht es u.a. um die Erstellung der Geschäftsbestätigungen sowie die Überwachung des Einganges der Gegenbestätigungen. Kontrollaufgaben beziehen sich z.B. auf das Vorliegen marktgerechter Bedingungen sowie die Vollständigkeit der Unterlagen, die vom Handel weitergeleitet wurden. Ein besonderes Augenmerk ist auf die Häufung von Stornierungen und Korrekturen bei einzelnen Mitarbeitern oder bestimmten Geschäften zu richten. Die Teilprozesse Abwicklung und Kontrolle können unter dem Begriff »Abwicklung im weiteren Sinne« oder einfach »Abwicklung« zusammengefasst werden (→ BTO 2.2.2).[1]

- Schließlich sind alle Handelsgeschäfte einschließlich der Nebenabreden, die zu Positionen führen, unverzüglich im Risikocontrolling abzubilden (→ BTO 2.2.3). Die Abbildung im Risikocontrolling ist die Basis für eine angemessene Überwachung und Kommunikation der Risiken aus Handelsgeschäften (→ BTR 2).

Die weltweit steigende Zahl der Handelstransaktionen stellt vor allem bei so genannten »handels- **6** intensiven Instituten«[2] (→ BTO Tz. 7, Erläuterung) hohe Anforderungen an die zugrundeliegenden Prozesse. Die meisten Institute bedienen sich daher IT-gestützter Systeme, um diese Prozesse möglichst effizient zu gestalten. Ziel ist die elektronische Verarbeitung einer Handelstransaktion über die gesamte Prozesskette – von der Handelsinitiierung über die Abwicklung bis hin zur Erfassung im Risikocontrolling. Der Einsatz solcher Verfahren, die als »Straight Through Processing« bezeichnet werden, ist natürlich ebenfalls zulässig und mit gewissen Erleichterungen verbunden (→ BTO 2.2.1 Tz. 5).

---

[1] Vor diesem Hintergrund wird im Folgenden häufig nur der Begriff »Abwicklung« verwendet. Damit wird jedoch i.d.R. der Prozess der Abwicklung und Kontrolle insgesamt bezeichnet.

[2] Es existiert keine allgemeinverbindliche Definition für die so genannten »handelsintensiven Institute« bzw. die »Institute mit signifikanten Handelsaktivitäten«. Mit Blick auf die Regelungsintention handelt es sich dabei grundsätzlich um Institute, bei denen das Handelsgeschäft relativ gesehen zu den gesamten Geschäftsaktivitäten eine wichtige Rolle spielt, sowohl hinsichtlich der damit erzielten Erträge als auch der damit verbundenen Risiken.

BTO 2.1 Funktionstrennung

1 Funktionstrennung im Handelsgeschäft (Tz. 1)

1 Maßgeblicher Grundsatz für die Ausgestaltung der Prozesse im Handelsgeschäft ist die klare 1
aufbauorganisatorische Trennung des Bereiches Handel von den Funktionen des Risikocontrollings sowie der Abwicklung und Kontrolle bis einschließlich der Ebene der Geschäftsleitung.

1.1 Trennung von bestimmten Funktionen

Schon nach den MaH war der Bereich Handel grundsätzlich bis einschließlich der Ebene der 2
Geschäftsleitung von bestimmten handelsunabhängigen Funktionen zu trennen.[1] Dieser Grundsatz
wurde durch die MaRisk neu interpretiert und hatte im Ergebnis für viele Institute Erleichterungen
zur Folge. Zum einen ist bei Instituten mit unter Risikogesichtspunkten überschaubaren Handelsaktivitäten keine Trennung bis einschließlich der Geschäftsleitungsebene erforderlich ($\rightarrow$ BTO 2.1
Tz. 2). Zum anderen bezieht sich die Trennung nur auf die Funktionen der Abwicklung sowie der
Überwachung und Kommunikation der Risiken (Risikocontrolling). Das Rechnungswesen ist im
Unterschied zu den MaH nicht mehr zwingend auf der Ebene der Geschäftsleitung vom Bereich
Handel zu trennen. Es kann daher grundsätzlich auch im Ressort des für den Handel zuständigen
Geschäftsleiters angesiedelt werden. Lediglich bei handelsintensiven Instituten sollte an der strikten
Funktionstrennung des Rechnungswesens vom Handelsbereich festgehalten werden ($\rightarrow$ BTO Tz. 7,
Erläuterung). Dabei handelt es sich jedoch nur um eine Empfehlung der BaFin, wie in der »Sollte«-Formulierung zum Ausdruck kommt.

1.2 Handelsunabhängige Funktionen

Eine weitere Abweichung gegenüber dem Wortlaut der MaH hat konkrete Auswirkungen auf die 3
Zuordnung bestimmter Funktionen im handelsunabhängigen Bereich. Nach den MaH war der
Handel von den anderen »Bereichen« bis einschließlich der Ebene der Geschäftsleitung zu trennen.[2]
Durch die Verwendung des Begriffes »Bereich« wurde deutlich, dass die handelsunabhängigen
Funktionen in jeweils eigenen Organisationseinheiten anzusiedeln waren. Die MaRisk lassen in
dieser Hinsicht größere Gestaltungsspielräume zu. So sind die handelsunabhängigen Funktionen
nicht notwendigerweise in unterschiedlichen Organisationseinheiten anzusiedeln. Vielmehr können
z. B. die Funktionen der Abwicklung und des Risikocontrollings auf pragmatische Weise im Ressort
des handelsunabhängigen Geschäftsleiters zusammengefasst werden.

Allerdings sind unvereinbare Tätigkeiten von unterschiedlichen Mitarbeitern durchzuführen 4
($\rightarrow$ AT 4.3.1 Tz. 1). Ob es sich bei den Funktionen der Abwicklung und des Risikocontrollings um
unvereinbare Tätigkeiten handelt, bleibt jedoch offen und muss im Einzelfall beurteilt werden.

---

1 Vgl. Bundesaufsichtsamt für das Kreditwesen, Mindestanforderungen an das Betreiben von Handelsgeschäften der
Kreditinstitute (MaH), Verlautbarung vom 23. Oktober 1995, Abschnitt 4.
2 Vgl. Bundesaufsichtsamt für das Kreditwesen, Mindestanforderungen an das Betreiben von Handelsgeschäften der
Kreditinstitute (MaH), Verlautbarung vom 23. Oktober 1995, Abschnitt 4.

BTO 2.1 Funktionstrennung

Soweit die Wahrnehmung beider Funktionen durch einen Mitarbeiter nicht zu Interessenkonflikten führt, sollte die Zusammenfassung grundsätzlich möglich sein.[3]

5   Mit dieser Anpassung wird ein Gleichlauf zu korrespondierenden Regelungen für das Kreditgeschäft bewirkt. Bereits nach den MaK konnten bestimmte marktunabhängige Funktionen, wie z.B. die Funktion des Kreditrisikocontrollings und die Überprüfung der Werthaltigkeit bestimmter Sicherheiten, im Bereich Marktfolge zusammengefasst werden. Diese Möglichkeit der Zusammenfassung marktunabhängiger Funktionen ist ebenfalls in den MaRisk verankert worden (→ BTO Tz. 3).

1.3   Trennung von Markt und Handel?

6   Grundsätzlich ist bei der Ausgestaltung der Aufbauorganisation sicherzustellen, dass die Bereiche Markt und Handel bis einschließlich der Ebene der Geschäftsleitung von bestimmten Bereichen oder Funktionen getrennt sind (→ BTO Tz. 3). In Bezug auf die übrigen Bereiche und Funktionen wird in den MaRisk nicht zwischen Markt und Handel unterschieden. So spielt z.B. die Marktfolge für beide Bereiche im Grunde dieselbe Rolle, da ihre Votierung sowohl für die Entscheidungen im (risikorelevanten) Kreditgeschäft als auch für die Limitfestsetzung im Handelsgeschäft maßgeblich ist.

7   Die Frage der Abgrenzung des Marktes, insbesondere der Kundenberatung, vom Handel wurde bereits vor dem Hintergrund der MaH diskutiert. Die damals von der Aufsicht für kleine Institute eingeräumten Möglichkeiten[4] gelten mittlerweile für alle Institute. So ist es mit dem Rundschreiben vereinbar, wenn Kundenberater innerhalb eines bestimmten Limitrahmens für die Preisgestaltung Kundenaufträge an die Handelsabteilung weitergeben. Dabei sollten sie allerdings keine unabhängige Kursstellung vornehmen und keine eigenen Positionen aufbauen. Implizit wird also unterstellt, dass die Vertriebsbereiche im Kreditgeschäft (Markt) und im Handelsgeschäft (Handel) grundsätzlich voneinander zu trennen sind. Dies scheint vor dem Hintergrund der steigenden Anforderungen und zunehmenden Spezialisierung im Bankgeschäft auch sinnvoll zu sein. Ausnahmen sind allerdings gestattet (→ BTO 2.1 Tz. 2).

---

3   Vgl. Bundesanstalt für Finanzdienstleistungsaufsicht, Protokoll der ersten Sitzung des MaRisk-Fachgremiums am 4. Mai 2006, S. 5.

4   Vgl. Bundesaufsichtsamt für das Kreditwesen, Erläuterungen zu einzelnen Regelungen der Mindestanforderungen an das Betreiben von Handelsgeschäften der Kreditinstitute (MaH), Rundschreiben 4/1998 vom 8. April 1998, Abschnitt II c2).

2 Möglicher Verzicht auf die Funktionstrennung (Tz. 2)

2 Von der Trennung bis einschließlich der Ebene der Geschäftsleitung kann abgesehen werden, wenn sich die Handelsaktivitäten in ihrer Gesamtheit auf Handelsgeschäfte konzentrieren, die unter Risikogesichtspunkten als nicht wesentlich einzustufen sind (»nicht-risikorelevante Handelsaktivitäten«). **8**

2.1 Stärkere Risikoorientierung

Die strikten Regelungen zur Funktionstrennung aus den MaH[5] waren vor allem für kleinere Institute mit beschränkten Ressourcen nicht immer leicht umzusetzen. Bei Instituten mit unter Risikogesichtspunkten überschaubaren Handelsaktivitäten stellte sich in diesem Zusammenhang die Frage nach der Verhältnismäßigkeit der Regelungen. Zwar gab es für sehr kleine Institute mit beschränkten Personalkapazitäten einige Ausnahmen. Diese Ausnahmen waren jedoch an umfangreiche Bedingungen geknüpft[6], so dass in der Praxis nur relativ geringe Spielräume für individuelle Lösungen bestanden. **9**

Die Entwicklung der MaRisk wurde von der BaFin zum Anlass genommen, die Regelungen zur Funktionstrennung im Handelsgeschäft wesentlich flexibler und risikoorientierter auszugestalten. Dabei orientierte sich die deutsche Aufsicht weitgehend an den Öffnungsklauseln der MaK, die Ausnahmen von der Trennung der Bereiche Markt und Marktfolge bis einschließlich der Ebene der Geschäftsleitung bei »nicht-risikorelevanten Kreditgeschäften« möglich machten. Diese Öffnungsklauseln im Hinblick auf die Funktionstrennung im Kreditgeschäft sind selbstverständlich auch Gegenstand der MaRisk (→ BTO 1.1 Tz. 4). **10**

2.2 Nicht-risikorelevante Handelsaktivitäten

Eine Trennung des Bereiches Handel von den Funktionen der Abwicklung und des Risikocontrollings bis einschließlich der Ebene der Geschäftsleitung ist nicht erforderlich, wenn sich die Handelsaktivitäten eines Institutes in ihrer Gesamtheit auf Handelsgeschäfte konzentrieren, die nach Einschätzung der Institute unter Risikogesichtspunkten als nicht wesentlich einzustufen sind. Bei derartigen Geschäften, die in Analogie zur Öffnungsklausel im Kreditgeschäft als »nicht-risikorelevante Handelsaktivitäten« bezeichnet werden, kann demnach von der Funktionstrennung abgesehen werden. Der Begriff »nicht-risikorelevant« ist im Grunde irreführend, da bei nahezu allen Geschäftsaktivitäten der Institute von einer mehr oder weniger hohen Risikorelevanz auszugehen ist. Eigentlich geht es um Geschäftsaktivitäten mit »verhältnismäßig überschaubaren« Risiken. Nachdem jedoch die Formulierung »nicht-risikorelevantes Kreditgeschäft« fest in der Begriffswelt von Instituten, Prüfern und Aufsehern verankert war, lag es nahe, eine korrespondierende Bezeichnung für die unter Risikogesichtspunkten als nicht wesentlich einzustufenden Handelsaktivitäten eines Institutes zu wählen. **11**

---

5 Vgl. Bundesaufsichtsamt für das Kreditwesen, Mindestanforderungen an das Betreiben von Handelsgeschäften der Kreditinstitute (MaH), Verlautbarung vom 23. Oktober 1995, Abschnitt 4.

6 Vgl. Bundesaufsichtsamt für das Kreditwesen, Erläuterungen zu einzelnen Regelungen der Mindestanforderungen an das Betreiben von Handelsgeschäften der Kreditinstitute (MaH), Rundschreiben 4/1998 vom 8. April 1998, Abschnitt II a).

BTO 2.1 Funktionstrennung

12   Allerdings besteht ein grundlegender Unterschied zwischen den Erleichterungen im Kredit- und im Handelsgeschäft. Die Bezeichnung »nicht-risikorelevantes Kreditgeschäft« bezieht sich, abhängig von der individuell festgelegten Risikorelevanzgrenze, auf bestimmte Kreditgeschäfte oder Geschäftsarten, wie z.B. das standardisierte Mengengeschäft. Demnach existieren grundsätzlich vom Institut zu bestimmende »risikorelevante Kreditgeschäfte«, bei denen die strikten Anforderungen an die Funktionstrennung zu beachten sind, und »nicht-risikorelevante Kreditgeschäfte«, bei denen darauf verzichtet werden kann. Insofern können die Kreditgeschäfte eines Institutes in Abhängigkeit von ihrer Risikorelevanz in zwei Gruppen aufgeteilt werden. Als maßgebliche Abgrenzungskriterien kommen z.B. bestimmte Volumina im Zusammenhang mit den Einstufungen im Risikoklassifizierungsverfahren infrage, wobei neben der Bonität des Kreditnehmers auch die Werthaltigkeit ggf. vorhandener Sicherheiten in die Betrachtung einfließen kann (→ BTO 1.1 Tz. 4).

13   Bei einzelnen Handelsgeschäften ist die Bestimmung der Risikorelevanz jedoch regelmäßig an andere Faktoren als im Kreditgeschäft geknüpft. So unterliegt das Handelsgeschäft stärkeren Schwankungen, die Auswirkungen auf das gesamte Handelsportfolio haben können. Ferner ist das Ausmaß des zu berücksichtigenden Marktpreisrisikos in einem stärkeren Umfang exogen vorgegeben, so dass es im Rahmen der Bestimmung der Risikorelevanz einzelner Handelsgeschäfte wesentlich schwerer Berücksichtigung finden kann. Aus Sicht der BaFin ist es daher problematisch, die Regelungen für Kreditgeschäfte eins zu eins auf Handelsgeschäfte zu übertragen. Umsetzbar ist jedoch ein Ansatz, der sich nicht etwa an einzelnen Handelsgeschäften, sondern an den gesamten Handelsaktivitäten eines Institutes orientiert. Soweit die Handelsaktivitäten in ihrer Gesamtheit als nicht-risikorelevant eingestuft werden, kann auf die Trennung des Handels von den handelsunabhängigen Funktionen bis einschließlich der Ebene der Geschäftsleitung verzichtet werden. In diesem Zusammenhang gilt demnach das Prinzip der Unteilbarkeit der Handelsaktivitäten.

14   Nimmt ein Institut diese Erleichterung in Anspruch, ist im Hinblick auf die handelsunabhängigen Funktionen eine organisatorische Trennung, also z.B. eine Ansiedlung in unterschiedlichen Stellen, ebenfalls entbehrlich. Da allerdings nicht miteinander vereinbare Tätigkeiten von unterschiedlichen Mitarbeitern durchzuführen sind (→ AT 4.3.1 Tz. 1), dürfen mit dem Handel betraute Mitarbeiter grundsätzlich nicht für handelsunabhängige Funktionen zuständig sein (→ BTO 2.1 Tz. 2, Erläuterung).

2.3   Voraussetzungen

15   In den MaRisk werden verschiedene Voraussetzungen genannt, unter denen im Einzelfall auf die Trennung des Bereiches Handel von den handelsunabhängigen Funktionen bis einschließlich der Ebene der Geschäftsleitung verzichtet werden kann. Soweit die folgenden Voraussetzungen in einer Gesamtbetrachtung erfüllt sind, ist von nicht-risikorelevanten Handelsaktivitäten auszugehen (→ BTO 2.1 Tz. 2, Erläuterung):
 –   Das Institut ist kein Handelsbuchinstitut,
 –   der Schwerpunkt der Handelsaktivitäten liegt beim Anlagevermögen bzw. der Liquiditätsreserve,
 –   das Volumen der Handelsaktivitäten ist, gemessen am Geschäftsvolumen, gering,
 –   die Struktur der Handelsaktivitäten ist einfach, die Komplexität, die Volatilität und der Risikogehalt der Positionen sind gering.

16   Die genannten Voraussetzungen müssen nicht kumulativ erfüllt werden. Insofern werden Handelsbuchinstitute nicht von vornherein von dieser Erleichterung ausgeschlossen.[7] Umgekehrt kann allein

---

7   Vgl. Bundesanstalt für Finanzdienstleistungsaufsicht, Protokoll der dritten Sitzung des MaRisk-Fachgremiums am 6. März 2007, S. 3.

aus der Tatsache, dass ein Institut kein Handelsbuchinstitut ist, nicht automatisch die Inanspruchnahme der Erleichterungsregelung abgeleitet werden. So können auch diese Institute Handelsgeschäfte betreiben, die zu risikoreichen Positionen im Anlagebuch führen (z.B. bei strukturierten Produkten, risikobehafteten Unternehmensanleihen oder bei komplexen Hedging-Geschäften), so dass die volle Anwendung der Funktionstrennungsregelungen zweckmäßig erscheint.

Bei der Frage der Inanspruchnahme der Erleichterung ist letztlich die Gesamtbetrachtung maß- **17** geblich, d.h. die Einschätzung hat im Einzelfall unter Berücksichtigung der genannten Anhaltspunkte und unter deren angemessener Gewichtung zu erfolgen (→ BTO 2.1 Tz. 2, Erläuterung).

2.4 Einstufung als Handelsbuchinstitut

Maßgeblich für die Einstufung als Handelsbuchinstitut sind einschlägige Regelungen in Art. 4 **18** Abs. 1 Nr. 86 CRR zur Abgrenzung von Handels- und Anlagebuch.[8] Nach einer Bagatellregelung in Art. 94 Abs. 1 CRR werden Institute trotz eines grundsätzlich vorhandenen Handelsbuches unter bestimmten Voraussetzungen von der Qualifikation als Handelsbuchinstitut freigestellt. Nach Art. 94 Abs. 1 Satz 1 CRR ist davon auszugehen, dass ein Institut nicht als Handelsbuchinstitut einzustufen ist, wenn der Umfang seiner bilanz- und außerbilanzmäßigen Handelsbuchtätigkeit folgende Bedingungen erfüllt:
– Er liegt i.d.R. unter 5 % der Gesamtaktiva und unter 15 Mio. Euro, und
– er übersteigt zu keiner Zeit 6 % der Gesamtaktiva und 20 Mio. Euro.

Bei der Berechnung der Gesamtsumme der bilanz- und außerbilanzmäßigen Geschäfte muss **19** gemäß Art. 94 Abs. 2 CRR für Schuldtitel der Marktpreis oder Nennwert und für Aktien der Marktpreis angesetzt werden. Derivate werden entsprechend dem Nennwert oder Marktpreis der ihnen zugrundeliegenden Instrumente bewertet. Der absolute Wert von Kaufpositionen und der absolute Wert von Verkaufspositionen werden zusammenaddiert.

Diese auf den ersten Blick einschränkend klingenden Bedingungen lassen es zu, dass zahlreiche **20** Institute in Deutschland nicht als Handelsbuchinstitute eingestuft werden. Sofern die übrigen Kriterien in angemessener Weise berücksichtigt werden, können diese Institute auf die Trennung des Handels bis einschließlich der Ebene der Geschäftsleitung verzichten.

Auf internationaler und nationaler Ebene wird derzeit verstärkt über die Praktikabilität des **21** Kriteriums der Handelsabsicht und damit insbesondere über die Abgrenzung zwischen Handels- und Anlagebuch nachgedacht.[9] Die diesbezüglichen Vorschläge vom Baseler Ausschuss für Bankenaufsicht werden mit der noch nicht abgeschlossenen Überarbeitung der CRR zu einer objektiveren Zuordnung von Positionen zum Handelsbuch führen. Damit wird auch die Umwidmung von Finanzinstrumenten vom Handels- in das Anlagebuch deutlich erschwert, um insbesondere regulatorische Kapitalarbitrage zu verhindern.

---

8 Gemäß Art. 4 Abs. 1 Nr. 86 CRR gehören zum »Handelsbuch« alle Positionen in Finanzinstrumenten und Waren, die ein Institut entweder mit Handelsabsicht oder zur Absicherung anderer mit Handelsabsicht gehaltener Positionen des Handelsbuchs hält. Das Anlagebuch ergibt sich dann implizit aus der Abgrenzung zum Handelsbuchbegriff.

9 Vgl. Financial Services Authority, The prudential regime for trading activities – A fundamental review, Discussion Paper 10/4, August 2010; Gebhard, Rüdiger/Reeder, Johannes, Regelungen zu Handelsgeschäften auf dem Prüfstand, in: BaFinJournal, Ausgabe August 2011, S. 14–19; Basel Committee on Banking Supervision, Fundamental review of the trading book, Consultative document, 3. Mai 2012; Basel Committee on Banking Supervision, Minimum capital requirements for market risk, Standards, 14. Januar 2016; Basel Committee on Banking Supervision, Consultative document – Revisions to the minimum capital requirements for market risk, BCBS d436, 22. März 2018.

2.5 Abgleich mit den Anforderungen an die Risikocontrolling-Funktion

22 Im Rahmen der fünften MaRisk-Novelle hat die deutsche Aufsicht ergänzende Vorgaben zur Funktionstrennung von der Risikocontrolling-Funktion formuliert, von denen die speziellen Funktionstrennungsanforderungen des BTO eigentlich unberührt bleiben sollten (→ AT 4.4.1 Tz. 1, Erläuterung). Allerdings ist die Risikocontrolling-Funktion aufbauorganisatorisch bis einschließlich der Ebene der Geschäftsleitung von den Bereichen zu trennen, die für die Initiierung bzw. den Abschluss von Geschäften zuständig sind (→ AT 4.4.1 Tz. 1). Für das Kreditgeschäft wurde ergänzt, dass dazu grundsätzlich auch solche Bereiche zählen, die nicht-risikorelevante Geschäfte initiieren bzw. abschließen (→ AT 4.4.1 Tz. 1, Erläuterung). Allerdings ist bei Instituten mit maximal drei Geschäftsleitern eine aufbauorganisatorische Trennung des Bereiches Markt für nicht-risikorelevante Kreditgeschäfte von der Risikocontrolling-Funktion bis unmittelbar unterhalb der Geschäftsleiterebene in der Regel ausreichend, sofern keine Interessenkonflikte erkennbar sind und keine Konzentration von Verantwortlichkeiten beim betroffenen Geschäftsleiter vorliegt (→ AT 4.4.1 Tz. 1, Erläuterung). Für Institute mit mehr als drei Geschäftsleitern, bei denen folglich eine aufbauorganisatorische Trennung des für das nicht-risikorelevante Kreditgeschäft zuständigen Bereiches von der Risikocontrolling-Funktion bis einschließlich der Geschäftsleiterebene erforderlich ist, fehlt jedoch eine vergleichbare Aussage.

23 Mit Bezug auf die nicht-risikorelevanten Handelsaktivitäten hat die deutsche Aufsicht auf eine derartige Einschränkung zwar verzichtet, so dass theoretisch auch bei Instituten mit vier und mehr Geschäftsleitern gewisse Gestaltungsspielräume bestehen. Allerdings ist kaum anzunehmen, dass Institute dieser Größenordnung ihre kompletten Handelsaktivitäten als nicht-risikorelevant einstufen können. Es ist eher davon auszugehen, dass viele dieser Institute signifikante Handelsaktivitäten betreiben, also zu den so genannten »handelsintensiven Instituten« gehören, bei denen auch eine Trennung des Rechnungswesens vom Handel empfohlen wird (→ BTO Tz. 7, Erläuterung).

2.6 Weitere Erleichterungen

24 Die MaRisk sehen noch weitere Erleichterungen vor, welche vor allem für sehr kleine Institute von Bedeutung sind, die nur in geringem Umfang Handelsgeschäfte betreiben. Zunächst kann die ordnungsgemäße Abwicklung der Handelsgeschäfte durch die unmittelbare Einschaltung der Geschäftsleitung sichergestellt werden. Betreibt ein Institut ferner nur in sehr geringem Umfang Handelsaktivitäten, so dass ein einzelner Mitarbeiter nicht ausgelastet wäre, kann der Trennung der Funktionen durch eine vorübergehende Zuordnung anderer Mitarbeiter, die ansonsten nicht mit Handelsgeschäften betraut sind, Rechnung getragen werden. Im Gegensatz zu den Regelungen der MaH[10] sind an diese Erleichterungen keine zusätzlichen Bedingungen geknüpft (→ BTO 2.1 Tz. 2, Erläuterung).

---

10 Vgl. Bundesaufsichtsamt für das Kreditwesen, Mindestanforderungen an das Betreiben von Handelsgeschäften der Kreditinstitute (MaH), Verlautbarung vom 23. Oktober 1995, Abschnitt 4; Bundesaufsichtsamt für das Kreditwesen, Erläuterungen zu einzelnen Regelungen der Mindestanforderungen an das Betreiben von Handelsgeschäften der Kreditinstitute (MaH), Rundschreiben 4/1998 vom 8. April 1998, Abschnitt II a).

BTO 2.2 Anforderungen an die Prozesse im Handelsgeschäft

Der Bereich Handel ist naturgemäß für den Abschluss von Handelsgeschäften zuständig. Zur **1** Minimierung operationeller Risiken müssen dabei vor allem die Konditionen und Nebenabreden vollständig vereinbart werden (→ BTO 2.2.1 Tz. 1). Diesem Ziel dienen auch die weitgehende Verwendung standardisierter Vertragstexte (→ BTO 2.2.1 Tz. 1), die rechtliche Prüfung von Verträgen (→ BTO 2.2.1 Tz. 8), die grundsätzliche Vereinbarung marktgerechter Bedingungen (→ BTO 2.2.1 Tz. 2), die besonderen Informationspflichten bei Abschlüssen außerhalb der Geschäftsräume (→ BTO 2.2.1 Tz. 3), die Aufzeichnung der Händlergespräche (→ BTO 2.2.1 Tz. 4), die verschiedenen Maßnahmen zur Betrugsprävention (→ BTO 2.2.1 Tz. 6, 9 und 10), die besondere Berücksichtigung von Spätgeschäften (→ BTO 2.2.1 Tz. 7) sowie die unverzügliche Weiterleitung der maßgeblichen Abschlussdaten an die Abwicklung und Kontrolle (→ BTO 2.2.1 Tz. 5).

Im Rahmen der Abwicklung werden anschließend nach bestimmten Vorgaben die Geschäfts- **2** bestätigungen erstellt und die Abrechnungen ausgefertigt (→ BTO 2.2.2 Tz. 1 und 2). Zudem wird kontrolliert, ob die Gegenbestätigungen eingegangen und inhaltlich korrekt sind (→ BTO 2.2.2 Tz. 2 und 3). Kontrolliert werden muss auch, ob sich die Geschäftsabschlüsse im vorgegebenen Limitrahmen bewegen und der Handel alle relevanten Vorschriften eingehalten hat (→ BTO 2.2.2 Tz. 4 und 5). Gleichzeitig sind die im Handel ermittelten Positionen regelmäßig mit jenen Positionen abzustimmen, die in den nachgelagerten Prozessen und Funktionen geführt werden (→ BTO 2.2.2 Tz. 7). Werden dabei Unstimmigkeiten oder Auffälligkeiten festgestellt, sind diese unverzüglich zu klären (→ BTO 2.2.2 Tz. 6 und 7).

Schließlich müssen die Handelsgeschäfte einschließlich der Nebenabreden, die zu Positionen **3** führen, unverzüglich im Risikocontrolling abgebildet werden (→ BTO 2.2.3 Tz. 1), um die Risiken aus den Handelsgeschäften angemessen steuern und überwachen zu können (→ BTR 2).

BTO 2.2.1 Handel

1 Vollständigkeit, Standardisierung und Behandlung interner Geschäfte (Tz. 1)

1 **1** Bei Abschluss von Handelsgeschäften müssen die Konditionen einschließlich der Nebenabreden vollständig vereinbart werden. Das Institut hat standardisierte Vertragstexte zu verwenden, soweit dies in Anbetracht der jeweiligen Geschäftsarten möglich und zweckmäßig ist. Interne Handelsgeschäfte dürfen nur auf der Basis klarer Regelungen abgeschlossen werden.

1.1 Abschluss der Handelsgeschäfte

2 Beim Abschluss von Handelsgeschäften durch den Händler muss sichergestellt sein, dass die Konditionen, wie z.B. Kurse, Zinssätze oder Optionspreise, einschließlich der Nebenabreden vollständig vereinbart werden. Ohne vollständige Vereinbarung von Konditionen und Nebenabreden können Rechtsunsicherheiten nicht ausgeschlossen werden. Ferner kann sich das Institut in diesen Fällen nicht über alle risikorelevanten Aspekte des Geschäftes Klarheit verschaffen. Eine ordnungsgemäße Abwicklung des Abschlusses wird unter diesen Umständen erheblich erschwert, wenn nicht sogar unmöglich gemacht. Unvollständige Vereinbarungen sollten spätestens im Rahmen des Bestätigungsverfahrens offengelegt und geklärt werden (→ BTO 2.2.2 Tz. 2). Bei der Klärung derartiger Unstimmigkeiten ist ggf. die Einschaltung eines vom Handel unabhängigen Bereiches erforderlich. Dafür kommen z.B. die Abwicklung oder das Risikocontrolling infrage (→ BTO 2.2.2 Tz. 6).

1.2 Nebenabreden

3 Es ist unmittelbar einleuchtend, dass Nebenabreden, die z.B. einen oder beide Geschäftspartner berechtigen, ein Handelsgeschäft nach Ablauf einer Karenzzeit vorzeitig und ohne Angabe von Gründen zu beenden, die wirtschaftliche Bedeutung von Handelsgeschäften verändern. Entsprechende Klauseln (»Optional Early Termination Clause« bzw. »Break Clause«) haben einen optionalen Charakter und schlagen sich grundsätzlich auch in der Konditionengestaltung nieder. Bei derartigen Nebenabreden im engeren Sinne handelt es sich um zusätzliche Vereinbarungen zu Handelsgeschäften, die über die Vertragsbestandteile der am Markt üblichen Produkte hinausgehen und sowohl den Rechtscharakter als auch die wirtschaftliche Bedeutung der Handelsgeschäfte verändern.[1] Nebenabreden sind demzufolge z.B.
- Sonderausstattungen bei Wertpapieren, die häufig die Form von Laufzeitverkürzungen haben und zu geldmarktähnlichen Produkten führen,
- Kündigungs- und Wandlungsrechte in originären und derivativen Instrumenten, wie z.B. in Schuldscheinen oder Zinsswaps, die Optionen darstellen,

---

[1] Vgl. C & L Deutsche Revision, Anforderungen an den Einsatz von Finanzinstrumenten bei Industrieunternehmen, 2. Auflage, Frankfurt a. M., 1998, S. 105.

– Vereinbarungen vorzeitiger Fälligkeit bei Devisentermingeschäften, die ebenfalls Optionscharakter besitzen, und
– Vereinbarungen über abweichende Zahlungswege.

Zu den Nebenabreden im weiteren Sinne zählen auch Absprachen über die Folgen einer Markt- **4**
störung oder einer Störung der Geschäftsabwicklung aufgrund höherer Gewalt. Darüber hinaus werden bei Derivaten auf Aktien Regelungen für so genannte »Corporate Actions« getroffen, die sicherstellen sollen, dass der Geschäftsabschluss z. b. nach einer Umwandlung oder einem Übernahmeangebot mit den neuen Aktien oder – im Falle von wesentlichen Kapitalmaßnahmen des Emittenten – zu veränderten Bedingungen fortgeführt werden kann. Diese Nebenabreden im weiteren Sinne werden i. d. R. als Marktusancen oder durch ausdrücklichen Verweis auf einen bestehenden Rahmenvertrag bzw. eine bereits ausgehandelte »Master Confirmation« implizit in den Geschäftsabschluss einbezogen und erst in der Geschäftsbestätigung ausformuliert.[2]

Nebenabreden können ggf. erhebliche Auswirkungen auf den Risikogehalt der Handelsgeschäf- **5**
te haben, so dass eine besondere Behandlung der damit verbundenen Geschäfte erforderlich wird. Infrage kommt z. B. eine Überprüfung der rechtlichen Durchsetzbarkeit derartiger Handelsgeschäfte bzw. der Nebenabreden durch die Rechtsabteilung oder eine vom Handel unabhängige Stelle (→ BTO2.2.1 Tz. 8 i. V. m. BTO Tz. 8).

1.3 Berücksichtigung interner Handelsgeschäfte

Für so genannte »interne Handelsgeschäfte« ist eine sinngemäße Einhaltung der Anforderungen an **6**
externe Handelsgeschäfte sicherzustellen. Interne Handelsgeschäfte im Sinne der MaRisk sind Geschäfte innerhalb einer Rechtseinheit (»legal entity«), die dazu dienen, Risiken zwischen einzelnen Niederlassungen, Organisationseinheiten oder (Teil-)Portfolien zu transferieren (→ BTO2.2.1 Tz. 1, Erläuterung). Geschäfte zwischen rechtlich selbständigen Einheiten, wie z. B. zwischen Mutter- und Tochterunternehmen, gelten hingegen als externe Geschäfte, die jeweils über die Anforderungen an die Handelsgeschäfte der Einzelunternehmen zu berücksichtigen sind. Da unter internen Geschäften insofern Geschäfte ohne rechtliche Außenwirkung verstanden werden, sind von dieser Regelung vor allem größere Institute betroffen.

Vereinzelt wird in der Fachliteratur die Ansicht vertreten, dass bei internen Handelsgeschäften **7**
z. B. die Compliance als interner Kontrahent fungieren sollte und auf interne Geschäfte sogar ein höheres Augenmerk geworfen werden müsse, als auf externe Geschäfte. Außerdem sei für interne Geschäfte zwingend die Einholung von Gegenbestätigungen erforderlich.[3] Die Intention der Aufsicht besteht darin, dass die internen Handelsgeschäfte bei der Abwicklung und Kontrolle schlicht nicht vernachlässigt werden. Deshalb wird für interne Geschäfte seit der zweiten MaRisk-Novelle eine sinngemäße Einhaltung der Anforderungen an externe Handelsgeschäfte gefordert. So dürfen diese Geschäfte bspw. nicht bei den Positionsabstimmungen vernachlässigt werden. Außerdem sind angemessene Kontrollprozesse für interne Geschäfte zu etablieren, um Manipulationen und Verstöße gegen die geltenden Vorschriften zu verhindern. Ebenso ist zu kontrollieren, ob die internen Handelsgeschäfte zu marktgerechten Bedingungen abgeschlossen wurden (→ BTO2.2.2 Tz. 5, Erläuterung). Diese Anforderung besteht bereits seit Veröffentlichung der ersten Fassung der MaRisk im Dezember 2005. Durch den Begriff »sinngemäß« wird verdeutlicht,

---

2 Vgl. Zentraler Kreditausschuss, Stellungnahme zum zweiten offiziellen Entwurf über die Mindestanforderungen an das Risikomanagement (MaRisk) vom 22. November 2005, S. 19 f.
3 Vgl. Eberl, Holger, Neue Vorgaben für Prozesse im Handelsgeschäft, in: Pfeifer, Guido/Ullrich, Walter (Hrsg.), MaRisk-Interpretationshilfen, 2. Auflage, Heidelberg, 2009, S. 232 ff.

dass eine komplette Umsetzung der Anforderungen an externe Handelsgeschäfte nicht erforderlich ist. Dies ist vor allem auf Praktikabilitätsgründe zurückzuführen. Im MaRisk-Fachgremium wurde seitens der Aufsicht eingeräumt, dass z. B. ein Bestätigungsverfahren obsolet sei, wenn dieselbe Abwicklungsabteilung für beide Seiten zuständig ist. Insofern gelten die Regelungen für interne Geschäfte nur soweit, wie sie sinnvoll umsetzbar sind. Daraus ergibt sich auch, dass die Organisationsrichtlinien um eventuelle Abweichungen von den Regelungen an externe Handelsgeschäfte ergänzt werden müssen.

1.4 Verwendung standardisierter Vertragstexte

8   Das Institut hat standardisierte Vertragstexte zu verwenden, soweit dies in Anbetracht der jeweiligen Geschäftsarten möglich und zweckmäßig ist. In Anlehnung an die Regelungen im Kreditgeschäft (→ BTO 1.2 Tz. 10) sind grundsätzlich auch im Handel standardisierte Vertragstexte zu verwenden. Da auch im Handelsgeschäft viele Verträge individuell ausgehandelt werden müssen, wurde die relativ offene Formulierung »soweit dies ... möglich und zweckmäßig ist« gewählt. In der Praxis bestehen zwischen den Handelspartnern i. d. R. schriftlich fixierte Rahmenvereinbarungen, in denen die wesentlichen Regelungen für alle dieser Vereinbarung unterliegenden Geschäfte festgelegt sind.

9   Im innerdeutschen Handelsgeschäft finden seit Anfang der neunziger Jahre insbesondere die von der Deutschen Kreditwirtschaft (DK)[4] bzw. ursprünglich vom Zentralen Kreditausschuss (ZKA) entwickelten Deutschen Rahmenverträge (DRV) zur Dokumentation von außerbörslich abgeschlossenen Finanztermin-, Wertpapierdarlehens- und Wertpapierpensionsgeschäften (OTC-Geschäften) Verwendung, die u. a. durch standardisierte Ergänzungsvereinbarungen und Mustertexte für Gegenbestätigungen komplettiert werden. Die Deutschen Rahmenverträge dienen gleichzeitig als Grundlage für die bankaufsichtliche Anerkennung von bilateralen Nettingvereinbarungen. Sie können zwar grundsätzlich auch im grenzüberschreitenden Geschäftsverkehr verwendet werden, zumal sie mit dem Ziel einer möglichst starken Harmonisierung mit den international gebräuchlichen Regelungen permanent überarbeitet werden. Für internationale Geschäftsabschlüsse stehen alternativ aber auch die Rahmenverträge der europäischen Bankenverbände, die so genannten »European Master Agreements« (EMA), oder der International Swaps and Derivatives Assoziation (ISDA), die so genannten »ISDA Master Agreements«, zur Verfügung.[5] Zusätzlich existiert in Deutschland bereits seit 2007 eine Mantelvereinbarung, die speziell für Finanzgeschäfte mit Kapitalanlagegesellschaften sowie die von ihnen verwalteten Sondervermögen gemäß dem damaligen § 34 Investmentgesetz (InvG) entwickelt wurde. Seit das Investmentgesetz im Rahmen der Umsetzung der AIFM-Richtlinie in nationales Recht am 22. Juli 2013 durch das Kapitalanlagegesetzbuch (KAGB) ersetzt wurde, gilt diese Mantelvereinbarung für Finanzgeschäfte mit Kapitalverwaltungsgesellschaften. Von der Mantelvereinbarung werden grundsätzlich alle genannten Geschäfte berücksichtigt, die entweder von den Deutschen Rahmenverträgen oder den European Master Agreements erfasst werden.

10   Geschäfte, die z. B. über die Börse oder etablierte Wertpapierleihsysteme abgeschlossen werden, unterliegen den dafür jeweils geltenden besonderen Bedingungen. Zu nennen sind etwa die Sonderbedingungen für Termingeschäfte, denen grundsätzlich auch außerbörsliche Geschäfte mit

---

4   Die Deutsche Kreditwirtschaft (DK) ist als Zusammenschluss des Bundesverbandes der Deutschen Volksbanken und Raiffeisenbanken (BVR), des Bundesverbandes deutscher Banken (BdB), des Bundesverbandes Öffentlicher Banken Deutschlands (VÖB), des Deutschen Sparkassen- und Giroverbandes (DSGV) und des Verbandes deutscher Pfandbriefbanken (vdp) die Interessenvertretung der kreditwirtschaftlichen Spitzenverbände. Sie ist im August 2011 aus dem Zentralen Kreditausschuss (ZKA) hervorgegangen und führt dessen Arbeit fort.

5   Die International Swaps and Derivatives Association (ISDA) hat z. B. im Jahre 1992 einen standardisierten Vertrag für Kontrahenten am Markt für OTC-Derivate veröffentlicht (»ISDA Master Agreement«), der 2002 überarbeitet wurde.

Devisen und Edelmetallen unterliegen. Nicht zuletzt vor diesem Hintergrund wurde von der deutschen Aufsicht im MaRisk-Fachgremium eingeräumt, dass z. B. Devisengeschäfte nicht von den Anforderungen zur Verwendung standardisierter Vertragstexte betroffen sind.

Im Grunde findet also die Standardisierung der Verträge im Handelsgeschäft vornehmlich über die jeweiligen Rahmenvereinbarungen statt. Allerdings werden die wirtschaftlichen Daten der einzelnen Geschäfte bei Geschäftsabschluss gesondert vereinbart, teilweise sogar nur mündlich. Die deutsche Aufsicht war deshalb nicht bereit, die Anforderung zur Verwendung standardisierter Vertragstexte allein auf Rahmenvereinbarungen einzuschränken. Für sämtliche mit dem Handelsgeschäft verbundenen Vertragstexte sollen einheitliche Vorgaben gemacht werden. Durch diese Standardisierung soll insbesondere sichergestellt werden, dass hausintern gleiche Maßstäbe gelten, die erforderlichen Abschlussdaten vollständig in das Vertragswerk einfließen und sich keine vermeidbaren Rechtsrisiken ergeben.

11

2 Ausnahmen von marktgerechten Bedingungen (Tz. 2)

12   **2**   Handelsgeschäfte zu nicht marktgerechten Bedingungen sind grundsätzlich unzulässig. Ausnahmen hiervon sind im Einzelfall möglich, wenn

a)   sie auf Kundenwunsch erfolgen, sachlich begründet sind und die Abweichung von den marktgerechten Bedingungen aus den Geschäftsunterlagen deutlich ersichtlich ist,

b)   sie aufgrund von internen Vorgaben erfolgen, die die Geschäftsarten, den Kundenkreis, den Umfang und die Ausgestaltung dieser Handelsgeschäfte festlegen,

c)   die Abweichung von den marktgerechten Bedingungen gegenüber dem Kunden in der Geschäftsbestätigung offengelegt wird und

d)   sie bei entsprechender Bedeutung an die Geschäftsleitung berichtet werden.

2.1 Marktgerechte Bedingungen

13   Durch den Abschluss von Handelsgeschäften zu nicht marktgerechten Bedingungen können willkürlich Gewinne in andere Rechnungslegungsperioden bzw. zwischen Geschäftspartnern verlagert oder Geschäfte in betrügerischer Weise verfälscht werden. Der Abschluss von Geschäften zu nicht marktgerechten Bedingungen führt insoweit nicht nur zu Verzerrungen bei der internen Ergebnisermittlung, sondern beeinträchtigt auch die Aussagekraft der Ergebnisse des externen Rechnungswesens, so dass der Jahresabschluss bei derartigen Konstellationen im Ergebnis die tatsächliche Vermögenslage des Institutes nicht mehr angemessen widerspiegelt.[6] Die Forderung nach marktgerechten Bedingungen leistet somit auch einen Beitrag zur Funktionsfähigkeit der Kapitalmärkte.

14   Geschäftsabschlüsse zu nicht marktgerechten Bedingungen sind daher grundsätzlich unzulässig. Zur Sicherstellung dieses Grundsatzes sind von den Instituten geeignete Kontrollen einzurichten (→ BTO 2.2.2 Tz. 4 lit. d). Der Marktgerechtigkeitskontrolle können in Abhängigkeit von der Art der Handelsgeschäfte unterschiedliche Verfahrensweisen zugrundeliegen (→ BTO 2.2.2 Tz. 5 Satz 1). Bei Abweichungen von marktgerechten Bedingungen besteht darüber hinaus grundsätzlich eine unverzügliche Berichtspflicht gegenüber dem für die Marktgerechtigkeitskontrolle zuständigen Geschäftsleiter (→ BTO 2.2.2 Tz. 5 Satz 2).

2.2 Ausnahmen

15   Allerdings besteht im Einzelfall die Möglichkeit, unter bestimmten Voraussetzungen vom Erfordernis marktgerechter Bedingungen abweichen zu können. Eine derartige Ausnahme, die sich jedoch nur auf die Prolongation von Devisentermin- oder -optionsgeschäften zum Kurs bzw. Basispreis des ursprünglichen Geschäftes bezog, sahen bereits die MaH vor.[7] Mit dieser Sonderregelung trug die Bankenaufsicht Mitte der neunziger Jahre den besonderen Wünschen von Firmenkunden Rechnung, die im Export- bzw. Importgeschäft tätig sind. Für solche Firmenkunden kann es nachvollziehbare

---

6   Vgl. Deutsche Bundesbank, Mindestanforderungen an das Betreiben von Handelsgeschäften der Kreditinstitute, in: Monatsbericht, März 1996, S. 59; KPMG, Financial Instruments, 2. Auflage, Frankfurt a. M., 1995, S. 80 f.

7   Vgl. Bundesaufsichtsamt für das Kreditwesen, Mindestanforderungen an das Betreiben von Handelsgeschäften der Kreditinstitute (MaH), Verlautbarung vom 23. Oktober 1995, Abschnitte 2.5 und 6.2.

Gründe geben, bei einem Institut z.B. für eine Prolongation von Devisentermingeschäften auf alter Kursbasis vorstellig zu werden, wie z.B. ein verspäteter Eingang von Fremdwährungszahlungen beim Exporteur aus Waren- oder Dienstleistungsgeschäften oder Verzögerungen beim Transport, die zu verspäteten Wareneingängen führen.[8] Bei einer dauerhaften, vertrauensvollen Geschäftsbeziehung wird sich das Institut solchen Anliegen nur schwer entziehen können, ohne das Wegfallen des Devisengeschäftes oder gar eine Schwächung der Kundenbeziehung in Kauf nehmen zu müssen.

Allerdings waren im Hinblick auf die Anwendung der Ausnahmeregelung aus den MaH diverse **16** Bedingungen zu erfüllen. Insbesondere musste der Prolongation nachweislich ein Waren- oder Dienstleistungsgeschäft zugrundeliegen[9], was in der Praxis Probleme bereitete. So gab es Fälle, in denen die vom Kunden erwünschte Prolongation auf alter Kursbasis ausschließlich durch die Verzögerung eines internen Projektes, wie z.B. der Entwicklung neuer Software, motiviert war und insoweit der Nachweis einer konkreten externen Leistungsbeziehung nicht oder nur mit großen Schwierigkeiten erbracht werden konnte. Von Seiten der Praxis wurde zudem der Wunsch geäußert, die Ausnahmeregelung auf andere Kundengeschäfte auszuweiten, wie z.B. auf Derivate in Waren, einschließlich Wetter-, Strom- und CO_2-Emissionsrechte.[10] Die BaFin hat diese besonderen Umstände zum Anlass genommen, die Ausnahmeregelung weiter zu fassen und die daran geknüpften Bedingungen für Abschlüsse zu nicht marktgerechten Bedingungen abstrakter zu formulieren. An dieser Stelle sei ausdrücklich darauf hingewiesen, dass jeweils alle der genannten Bedingungen zu erfüllen sind, um die Erleichterung in Anspruch nehmen zu können. Die Berichtspflicht gegenüber dem für die Marktgerechtigkeitskontrolle zuständigen Geschäftsleiter besteht in diesen Fällen nicht ($\rightarrow$ BTO 2.2.2 Tz. 5).

2.3 Kundenwunsch und sachliche Begründung

Abschlüsse von Handelsgeschäften zu nicht marktgerechten Bedingungen sind zunächst nur **17** möglich, wenn sie auf Kundenwunsch erfolgen. Der Begriff »Kunde« wird nicht weiter definiert. Nach den MaH durfte der Kunde allerdings nicht die Kreditinstitutseigenschaft besitzen.[11] Diese Einschränkung des Kundenbegriffes wird daher in der Prüfungspraxis auch für die MaRisk Geltung beanspruchen. Die Ausnahme muss ferner sachlich begründet werden. Sachliche Gründe liegen z.B. dann vor, wenn ein zeitlich verspäteter Eingang (Ausgang) von Fremdwährungszahlungen beim Exporteur (Importeur) aus Warengeschäften oder Dienstleistungen vorliegt oder wenn es zu den bereits erwähnten Verzögerungen bei internen Projekten des Kunden kommt. Schließlich muss die Abweichung von den marktgerechten Bedingungen aus den Geschäftsunterlagen ersichtlich sein.

2.4 Interne Vorgaben

Der Abschluss von Geschäften zu nicht marktgerechten Bedingungen ist lediglich auf der Basis **18** interner Vorgaben möglich. Konkret festzulegen sind

---

8 Vgl. C & L Deutsche Revision, Anforderungen an den Einsatz von Finanzinstrumenten bei Industrieunternehmen, 2. Auflage, Frankfurt a. M., 1998, S. 171 ff.

9 Vgl. Bundesaufsichtsamt für das Kreditwesen, Mindestanforderungen an das Betreiben von Handelsgeschäften der Kreditinstitute (MaH), Verlautbarung vom 23. Oktober 1995, Abschnitt 6.2 c).

10 Vgl. Bundesverband deutscher Banken, Stellungnahme für die zweite Sitzung des MaRisk-Fachgremiums im Rahmen des Konsultationsverfahrens vom 19. bis 20. Mai 2005, S. 6 f.

11 Vgl. Bundesaufsichtsamt für das Kreditwesen, Mindestanforderungen an das Betreiben von Handelsgeschäften der Kreditinstitute (MaH), Verlautbarung vom 23. Oktober 1995, Abschnitt 6.2 b).

– die Geschäftsarten,
– der Kundenkreis sowie
– der Umfang und die Ausgestaltung der Handelsgeschäfte.

19 Durch diese Vorgaben wird ein klarer Rahmen für die Mitarbeiter gesetzt, innerhalb dessen Abschlüsse zu nicht marktgerechten Bedingungen möglich sind. Es ist zweckmäßig, die internen Vorgaben in den Organisationsrichtlinien zu verankern.

2.5 Offenlegung in der Geschäftsbestätigung

20 Die Abweichung von marktgerechten Bedingungen ist zwar schon in den Geschäftsunterlagen dokumentiert. Jedoch kommt der Offenlegung in der Geschäftsbestätigung eine besondere Bedeutung zu. Sie dient der Transparenz, dass nach übereinstimmender Willensäußerung der Kontrahenten von marktgerechten Bedingungen abgewichen wird. Dadurch wird u. a. sichergestellt, dass auch die i. d. R. handelsunabhängigen Kontrollinstanzen beim Kunden über die Abweichung von marktgerechten Konditionen informiert werden und somit Manipulationen durch Händler des Kunden ausgeschlossen sind.

21 Soweit sich nach Abschluss des Geschäftes Streitigkeiten zwischen dem Kunden und dem Institut ergeben sollten, kann das Institut sowohl auf Basis der Geschäftsunterlagen als auch auf Basis der Bestätigung die Richtigkeit des Abschlusses und die bewusste Abweichung von marktgerechten Bedingungen gegenüber dem Kunden nachweisen. Da die Bestätigung von der Abwicklung an den Kunden zu senden ist (→ BTO 2.2.2 Tz. 2 Sätze 1 und 2), wird zudem sichergestellt, dass ein handelsunabhängiger Bereich in den Prozess eingebunden ist.

22 Darüber hinaus ist der unverzügliche Eingang der vom Kunden einzufordernden Gegenbestätigung durch die Abwicklung des Institutes zu überwachen (→ BTO 2.2.2 Tz. 2 Satz 4). Die Gegenbestätigung erhöht die rechtliche Sicherheit hinsichtlich der Richtigkeit des Abschlusses. Durch die Erstellung und den Versand der Gegenbestätigung dokumentiert der Kunde zudem sein Einverständnis mit den nicht marktgerechten Bedingungen. Hinzuweisen ist auf die unter Umständen auftretende Schwierigkeit, von Kunden überhaupt Gegenbestätigungen zu erhalten, worauf das Institut im Zweifel keinen oder nur einen sehr geringen Einfluss hat. In diesem Fall muss die Verifizierung auf andere geeignete Weise erfolgen.

2.6 Berichterstattung an die Geschäftsleitung

23 Schließlich ist es erforderlich, dass die Geschäftsleitung über den Abschluss von Handelsgeschäften zu nicht marktgerechten Bedingungen unterrichtet wird. Diese Notwendigkeit ergibt sich jedoch nur bei Abschlüssen von entsprechender Bedeutung. Da die Umschreibung »von entsprechender Bedeutung« in den MaRisk nicht weiter erläutert wird, liegt es im Ermessen des Institutes, diesen Begriff auf sachgerechte Weise zu präzisieren. Ggf. kann es für diese Zwecke sinnvoll sein, dass das Institut interne Kriterien formuliert, die maßgeblich für die Unterrichtung der Geschäftsleitung sind. Derartige Kriterien können sich z. B. auf konkrete Volumina oder bestimmte Geschäftsarten beziehen und sollten als Bestandteil der internen Vorgaben in den Organisationsrichtlinien niedergelegt werden. Soweit die Unterrichtung der Geschäftsleitung erforderlich ist, kann diese z.B. durch die Abwicklung erfolgen. Auch die Einbeziehung des Risikocontrollings kann ggf. sinnvoll sein.[12]

---

12 Vgl. Eberl, Holger, MaRisk und die Organisation des Kredit- und Handelsgeschäfts, in: Pfeifer, Guido/Ullrich, Walter/Wimmer, Konrad (Hrsg.), MaRisk-Umsetzungsleitfaden, Heidelberg, 2006, S.205.

3 Abschlüsse außerhalb der Geschäftsräume (Tz. 3)

24 **3** Geschäftsabschlüsse außerhalb der Geschäftsräume sind nur im Rahmen interner Vorgaben zulässig. Dabei sind insbesondere die Berechtigten, der Zweck, der Umfang und die Erfassung festzulegen. Für solche Handelsgeschäfte ist vom Kontrahenten eine unverzügliche fernschriftliche Bestätigung zu verlangen. Diese Handelsgeschäfte sind vom Händler unverzüglich in geeigneter Form dem eigenen Institut anzuzeigen, besonders zu kennzeichnen und dem zuständigen Geschäftsleiter bzw. einer von ihm autorisierten Organisationseinheit zur Kenntnis zu bringen.

3.1 Vermeidung operationeller Risiken

25 Der Abschluss von Handelsgeschäften erfolgt regelmäßig in den Geschäftsräumen des Institutes oder in institutseigenen Büros an wichtigen Börsenplätzen, die ebenfalls als Geschäftsräume angesehen werden. Aufgrund von plötzlichen Marktentwicklungen, die ein unverzügliches Handeln erforderlich machen, kann es jedoch in Einzelfällen notwendig sein, dass Handelsgeschäfte außerhalb der Geschäftsräume abgeschlossen werden (so genannte »Off Premises Deals«). Infrage kommt z.B. die private Wohnung des Händlers. Derartige Abschlüsse sind nicht unproblematisch. Da der Händler zum Zeitpunkt des Geschäftsabschlusses außerhalb der Infrastruktur des Institutes agiert, ist die Wirksamkeit bestimmter Kontrollmechanismen ggf. stark eingeschränkt. Dies betrifft z.B. die ordnungsgemäße Erfassung und Dokumentation des Handelsgeschäftes sowie dessen Abwicklung und Berücksichtigung in den Risikosteuerungs- und -controllingprozessen. Dadurch wird nicht nur die Fehleranfälligkeit erhöht. Auch der Spielraum für mögliche Manipulationen durch den Händler wird vergrößert.

26 Das Institut sollte vor diesem Hintergrund abwägen, ob es Geschäftsabschlüsse außerhalb der Geschäftsräume überhaupt zulässt.[13] Sofern dem Handel eine derartige Möglichkeit eingeräumt wird, sollten die Fehleranfälligkeit und die Möglichkeit von Manipulationen durch klare interne Vorgaben zumindest beschränkt werden. Auch die Bankenaufsicht hat sich in der Vergangenheit kritisch zu Abschlüssen außerhalb der Geschäftsräume geäußert. So wurden gemäß den MaH nicht nur klare Vorgaben für derartige Geschäftsabschlüsse gefordert, sondern Geschäfte von fremden Händler- oder Maklerbüros sogar explizit verboten.[14]

3.2 Interne Vorgaben

27 Geschäftsabschlüsse außerhalb der Geschäftsräume sind nur im Rahmen interner Vorgaben möglich. Folgende Aspekte sind dabei zu berücksichtigen:

---

13 Vgl. Eberl, Holger, MaRisk und die Organisation des Kredit- und Handelsgeschäfts, in: Pfeifer, Guido/Ullrich, Walter/Wimmer, Konrad (Hrsg.), MaRisk-Umsetzungsleitfaden, Heidelberg, 2006, S. 208.

14 Vgl. Bundesaufsichtsamt für das Kreditwesen, Mindestanforderungen an das Betreiben von Handelsgeschäften der Kreditinstitute (MaH), Verlautbarung vom 23. Oktober 1995, Abschnitt 2.4.

– Es ist festzulegen, welche Händler zum Abschluss von Handelsgeschäften außerhalb der Geschäftsräume berechtigt sind. In diesem Zusammenhang kann es sinnvoll sein, die Berechtigung nur auf Händler in hauptverantwortlicher Stellung zu übertragen.

– Der Zweck ist festzulegen, d. h. warum und zu welchem Anlass dürfen solche Geschäfte abgeschlossen werden. Durch eine möglichst klare Beschreibung des Zweckes kann vermieden werden, dass Geschäftsabschlüsse außerhalb der Geschäftsräume zum Normalfall werden.

– Es muss ersichtlich sein, bis zu welcher Höhe Geschäfte außerhalb der Geschäftsräume maximal abgeschlossen werden dürfen.

– Es muss deutlich werden, wie solche Geschäfte zu erfassen sind. Bei der Erfassung der Geschäftsabschlüsse außerhalb der Geschäftsräume sollten an die Abschlussdaten grundsätzlich die gleichen Anforderungen gestellt werden, wie es bei Abschlüssen in den Geschäftsräumen der Fall ist. Damit können Schwierigkeiten bei der Abwicklung derartiger Geschäfte vermieden werden.

– Es ist sicherzustellen, dass der Händler vom Kontrahenten eine unverzügliche fernschriftliche Bestätigung verlangt, die an die Abwicklung des Institutes zu leiten ist. Für diese Zwecke kann es sinnvoll sein, den Kreis der Kontrahenten einzuschränken. Zum Beispiel könnten Geschäftsabschlüsse außerhalb der Geschäftsräume auf Kontrahenten beschränkt werden, mit denen entsprechende Rahmenvereinbarungen bestehen.

– Darüber hinaus ist zu gewährleisten, dass Geschäftsabschlüsse außerhalb der Geschäftsräume dem eigenen Institut angezeigt, besonders gekennzeichnet und dem zuständigen Geschäftsleiter bzw. einer von ihm autorisierten Organisationseinheit zur Kenntnis gegeben werden.

Es bietet sich an, dass das Institut die internen Vorgaben zu Geschäftsabschlüssen außerhalb der **28** Geschäftsräume in Arbeitsanweisungen niederlegt, die Bestandteil der Organisationsrichtlinien sind.

4 Aufzeichnung der Geschäftsgespräche (Tz. 4)

29 4 Die Geschäftsgespräche der Händler sollten grundsätzlich auf Tonträger aufgezeichnet werden und sind mindestens drei Monate aufzubewahren.

4.1 Tonträgeraufzeichnung

30 Die Aufzeichnung der Geschäftsgespräche von Händlern auf Tonträger hat sich vor allem bei handelsintensiven Häusern zu einer Usance entwickelt. Wegen der hohen Handelsvolumina, die am Telefon i. d. R. sehr schnell abgewickelt werden, kommt der Tonträgeraufzeichnung als Instrument zur Beweissicherung eine wichtige Bedeutung zu. Sie dient der Absicherung der rechtlichen Durchsetzbarkeit von Handelsgeschäften, insbesondere dem Nachweis der vereinbarten Konditionen und anderer Absprachen zwischen den Geschäftspartnern. Die bei Abweichungen drohenden Rechtsstreitigkeiten lassen sich somit durch den Nachweis der Korrektheit der Geschäftsabschlüsse über Tonträgeraufzeichnungen von vornherein vermeiden.

4.2 Empfehlung der deutschen Aufsicht

31 Die Aufzeichnung der Geschäftsgespräche der Händler auf Tonträger ist allerdings nicht zwingend erforderlich. Sie ist aus Sicht der Praxis auch nicht immer sinnvoll. So werden z. B. die von den Anforderungen an das Handelsgeschäft betroffenen Verbriefungstransaktionen i. d. R. über einen Zeitraum von mehreren Monaten hinweg bearbeitet. Die rechtsverbindlichen Verträge kommen in diesen Fällen jedoch erst mit der Unterschrift auf den entsprechenden Dokumenten zustande. Der Personenkreis, der im Institut diese Transaktionen bearbeitet und insbesondere die zugehörigen Telefonate führt, beschäftigt sich ausschließlich mit solchen Transaktionen und schließt regelmäßig keine rechtsverbindlichen Geschäfte am Telefon ab. Für vergleichbare Konstellationen kann es z. B. sinnvoll sein, auf eine Tonträgeraufzeichnung zu verzichten.[15]

32 Die Anforderung wurde aus diesen Gründen als Empfehlung ausgestaltet, wie in der »Sollte«-Formulierung zum Ausdruck kommt. Im Gegensatz dazu wurde in den MaH noch gefordert, dass die Gespräche aufgezeichnet werden sollen.[16] Der Begriff »sollen« wurde im Vergleich zur neuen Formulierung als »müssen« interpretiert. Für kleine Institute mit überschaubaren Handelsaktivitäten oder Institute, die nur wenige Handelsgeschäfte über das Telefon abschließen, wäre eine Aufzeichnung unter betriebswirtschaftlichen Gesichtspunkten nicht verhältnismäßig. Institute mit ausgeprägtem Handel über das Telefon sollten jedoch in ihrem eigenen Interesse an den Usancen des Marktes festhalten und die Geschäftsgespräche der Händler aufzeichnen.

---

15 Vgl. Bundesverband Öffentlicher Banken Deutschlands, Stellungnahme für die zweite Sitzung des MaRisk-Fachgremiums im Rahmen des Konsultationsverfahrens vom 19. bis 20. Mai 2005, S. 6.

16 Vgl. Bundesaufsichtsamt für das Kreditwesen, Mindestanforderungen an das Betreiben von Handelsgeschäften der Kreditinstitute (MaH), Verlautbarung vom 23. Oktober 1995, Abschnitt 3.3.

4.3 Datenschutzrechtliche Implikationen

Vereinzelt wurde darüber diskutiert, ob die Aufzeichnung der Geschäftsgespräche auf Tonträger **33** ggf. nach § 201 StGB (»Verletzung der Vertraulichkeit des Wortes«) strafbewehrt sein könnte. Danach wird derjenige bestraft, der unbefugt das nicht-öffentliche Wort eines anderen auf einen Tonträger aufnimmt. Ob eine strafrechtliche Relevanz in diesem Fall vorliegt, ist allerdings zu bezweifeln. Die Aufzeichnung der Telefongespräche und deren Aufbewahrung ist eine sachgerechte Maßnahme zur Beweissicherung, die sich zu einer Handelsusance entwickelt hat und somit allen Beteiligten bekannt ist. Darüber hinaus sind die Datenschutzbeauftragten in den Instituten zur Berücksichtigung der Belange des Datenschutzes im Rahmen der Tonträgeraufzeichnung verpflichtet.

Da regelmäßig hohe Volumina gehandelt werden, ist die Aufzeichnung auch »verhältnismäßig«. **34** Sie ist ferner »geeignet«, da für den Telefonhandel im Unterschied zu anderen Bankgeschäften kein sinnvolleres Mittel zur Dokumentation und Beweissicherung infrage kommt. Diese Auffassung wird auch von den Datenschutzbehörden vertreten. So kommt der Thüringer Landesbeauftragte für den Datenschutz gemeinsam mit dem Hessischen Datenschutzbeauftragten zu dem Ergebnis, dass »die Aufzeichnung der am Telefon geführten Handelsgespräche eine geeignete und zweckmäßige Maßnahme zur Beweissicherung darstellt, die aufgrund der hohen Handelsbeträge der am Telefon abgewickelten Geschäfte auch verhältnismäßig ist«. Der Landesbeauftragte sieht auch keine Probleme im Hinblick auf § 201 StGB. Er führt im Weiteren aus, dass bei der Geschäftsanbahnung nur solange Hinweise auf die Gesprächsaufzeichnung erforderlich sind, bis sich aus dem Verfahren ein Handelsbrauch entwickelt hat und somit allen Handelspartnern die Aufnahme bekannt ist.[17] Für Institute, die bereits längere Zeit Handelsgeschäfte über das Telefon abschließen, werden sich somit vermutlich keine datenschutzrechtlichen Probleme ergeben. Viele Institute sind mittlerweile dazu übergegangen, die Aufzeichnung von Gesprächen in ihren Allgemeinen Geschäftsbedingungen (AGB-Banken bzw. AGB-Sparkassen) zu regeln. Besondere interne Regelungen gibt es häufig auch für Gespräche zwischen den Händlern.

4.4 Dauer der Aufbewahrung

Schwierigkeiten sind auch hinsichtlich der Dauer der Aufbewahrung der Aufzeichnungen nicht zu **35** erwarten. Die auf drei Monate festgelegte Dauer der Aufbewahrung erscheint angemessen, wenn man berücksichtigt, dass es sich regelmäßig um sehr hohe Volumina handelt und die einzelnen Kontrakte komplex strukturiert sind, die unter Umständen – wie z. B. bei Termingeschäften – erst zu einem späteren Zeitpunkt erfüllt werden. An die Abschlüsse per Telefon schließt sich darüber hinaus i. d. R. ein gegenseitiges Bestätigungsverfahren an. Dieses Verfahren kann sich insbesondere bei Kontrahenten im Ausland über einen längeren Zeitraum hinziehen, so dass es bei Abweichungen wichtig ist, auf die Inhalte der Tonträgeraufzeichnungen zurückgreifen zu können.

---

17 Vgl. Der Thüringer Landesbeauftragte für den Datenschutz, Zweiter Tätigkeitsbericht des TLfD über den Zeitraum vom 1. Januar 1996 bis 31. Dezember 1997, Abschnitt 5.3.

5 Erfassung der Abschlussdaten und Fortschreibung der Bestände (Tz. 5)

36 **5** Handelsgeschäfte sind unverzüglich nach Geschäftsabschluss mit allen maßgeblichen Abschlussdaten zu erfassen, bei der Ermittlung der jeweiligen Position zu berücksichtigen (Fortschreibung der Bestände) und mit allen Unterlagen an die Abwicklung weiterzuleiten. Die Weiterleitung der Abschlussdaten kann auch automatisiert über ein Abwicklungssystem erfolgen.

5.1 Erfassung und Weiterleitung

37 Voraussetzung für eine sachgerechte Ausgestaltung der Prozesse im Handel ist die ordnungsgemäße Erfassung der Geschäfte. Dadurch wird zum einen sichergestellt, dass die Handelsgeschäfte effizient abgewickelt werden. Zum anderen können die Risiken aus den Handelsgeschäften angemessenen in den Risikosteuerungs- und -controllingprozessen berücksichtigt werden, indem die Erfassungsdaten z. B. automatisiert an das Risikocontrolling weitergeleitet und in dessen Systemen abgebildet werden (→ BTO 2.2.3 Tz. 1).

38 Handelsgeschäfte sind daher unverzüglich nach Geschäftsabschluss mit allen maßgeblichen Abschlussdaten zu erfassen, bei der jeweiligen Position zu berücksichtigen (Fortschreibung der Bestände) und an die Abwicklung weiterzuleiten. Die Erfassung der Abschlussdaten erfolgt entweder über entsprechende Eingabemasken in den Handelssystemen oder manuell durch so genannte »Händlerzettel«. Bei Direkterfassung in den IT-Systemen ist der gesamte Prozess der Erfassung einschließlich der Weiterleitung an die Abwicklung automatisiert.

5.2 Manuelle Erfassung der Handelsgeschäfte

39 Falls Händlerzettel eingesetzt werden, ist ggf. die Verwendung spezifischer Formulare sinnvoll, die eine Differenzierung nach Instrumenten (z. B. Termingeschäft, Swap oder Option) bzw. Märkten (z. B. Börse oder OTC) zulassen. Händlerzettel sollten so ausgestaltet sein, dass die Abschlussdaten insbesondere für die nachgelagerte Abwicklung klar erkennbar sind. Das gilt vor allem für die Darstellung von Nebenabreden, da es sich hierbei i. d. R. nicht um Standard-Vereinbarungen handelt. Solche Nebenabreden können den Charakter des Handelsgeschäftes sowohl in rechtlicher als auch in wirtschaftlicher Hinsicht grundlegend verändern (→ BTO 2.2.1 Tz. 1).

5.3 Maßgebliche Abschlussdaten

40 Die Handelsgeschäfte sind nach Geschäftsabschluss mit allen maßgeblichen Abschlussdaten vom Handel zu erfassen. Aus Sicht der BaFin sind folgende Abschlussdaten als maßgeblich anzusehen (→ BTO 2.2.1 Tz. 5, Erläuterung):

– die Geschäftsart,
– das Volumen,
– die Konditionen (z. B. Kurse, Zinssätze, Optionspreise) und Fälligkeiten,
– der Kontrahent,
– das Datum und die Uhrzeit des Abschlusses,
– der Händler,
– die fortlaufende Nummer der Transaktion sowie
– die ggf. vereinbarten Nebenabreden.

5.4 Automatisierte Weiterleitung der Abschlussdaten

Traditionell erfolgte die Erfassung durch Händlerzettel, die mit anderen relevanten Unterlagen an   **41**
die Abwicklung weitergeleitet wurden. Auch die Fortschreibung der Bestände, die dazu dient, dass
der Händler vor dem Abschluss weiterer Handelsgeschäfte über die aktuellen Positionen informiert ist, erfolgte früher ausschließlich manuell. Derartige Abläufe sind jedoch nicht nur aufwendig, sondern wegen manueller Eingriffe auch in hohem Maße fehleranfällig. In der Praxis
bedient man sich daher mittlerweile regelmäßig IT-gestützter Verfahren. So existieren Direkt-
erfassungssysteme, die bei Geschäftsabschluss automatisch die Weiterleitung der Abschlussdaten
an die Abwicklung generieren. In Abhängigkeit von Art, Umfang, Komplexität und Risikogehalt
sind Handelsgeschäfte grundsätzlich auch elektronisch abzuwickeln, wobei vorhandene Abwicklungssysteme, soweit möglich, zu nutzen sind (→ BTO 2.2.2 Tz. 1, Erläuterung). Bei IT-gestützten
Verfahren ist allerdings sicherzustellen, dass der Händler nur unter seiner eigenen Händleridentifikation Handelsgeschäfte eingeben kann. Darüber hinaus müssen der Erfassungstag und die
Uhrzeit der Erfassung sowie die fortlaufende Geschäftsnummer automatisch vorgegeben werden,
so dass sie vom Händler nicht verändert werden können (→ BTO 2.2.1 Tz. 6).

6 Vermeidung von Manipulationen bei Direkterfassung (Tz. 6)

42 **6** Bei Direkterfassung in den IT-Systemen muss sichergestellt sein, dass ein Händler nur unter seiner eigenen Händleridentifikation Handelsgeschäfte eingeben kann. Erfassungstag und -uhrzeit sowie fortlaufende Geschäftsnummern müssen automatisch vorgegeben werden und dürfen vom Händler nicht veränderbar sein.

6.1 Direkterfassung in den IT-Systemen

43 Die maßgeblichen Abschlussdaten können vom Händler entweder manuell oder auf Basis von IT-gestützten Systemen erfasst werden (→ BTO 2.2.1 Tz. 5). Vor allem bei handelsintensiven Häusern ist eine Erfassung ohne IT-gestützte Systeme vor dem Hintergrund der hohen Handelsvolumina schlichtweg nicht mehr realisierbar. Die Direkterfassung über IT-gestützte Systeme unterstützt vor allem im standardisierten Handelsgeschäft die Erfassung und die Abwicklung der Handelsgeschäfte. Nach der Eingabe der Abschlussdaten durch die Händler erfolgt die Freigabe durch die Abwicklung. Daran anschließend werden die Erstellung und der Versand der Bestätigungen an den Kontrahenten automatisch generiert.

44 Solche Systeme ermöglichen eine integrative Lösung, um eine Transaktion mit nur wenigen manuellen Eingriffen einzuleiten, auszuführen und abzuschließen (so genanntes »Straight Through Processing«). Dadurch werden nicht nur die Verarbeitungszeiten erheblich reduziert, sondern auch die Transaktionskosten gesenkt und Fehler vermieden, die bei manueller Bearbeitung naturgemäß nicht auszuschließen sind. Die Institute greifen bei integrativen Lösungen in vielen Fällen auf die Angebote externer Anbieter zurück. Zum Teil kommen auch Eigenentwicklungen zum Einsatz. Der Grad der Integration ist dabei unterschiedlich. Teilweise ist die Integration auf die Arbeitsschritte im Handel beschränkt (Frontoffice-Systeme). Durch kombinierte Front- und Back-Office-Systeme werden Medienbrüche zwischen Handel und Abwicklung reduziert. Ein umfassendes »Straight Through Processing« zielt auf die Integration der gesamten Prozesskette ab.

6.2 Voraussetzungen

45 Bei der Direkterfassung in den IT-Systemen sind bestimmte Anforderungen von den Instituten zu erfüllen. Diese präzisieren vor allem den Grundsatz der Funktionstrennung bei IT-gestützter Bearbeitung für das Handelsgeschäft (→ BTO Tz. 9 i. V. m. BTO 2.1 Tz. 1):
- Es ist zunächst sicherzustellen, dass der Händler nur unter seiner eigenen Händleridentifikation Handelsgeschäfte eingeben kann. Die eindeutige Vorgabe einer Händleridentifikation (ID-Nummer) gewährleistet, dass unberechtigte Personen keinen Zugriff auf das System haben. Zudem sind die Arbeitsschritte des Händlers systemseitig nachvollziehbar. Die Vergabe der Händleridentifikationen hat grundsätzlich durch einen vom Handel unabhängigen Bereich zu erfolgen. Um den Zugriffsschutz dauerhaft zu gewährleisten, sollte das Institut regelmäßig Änderungen der Passwörter veranlassen. Es ist sinnvoll, hierzu entsprechende Arbeitsanwei-

sungen in den Organisationsrichtlinien zu formulieren. Nicht personengebundene Benutzerprofile sollten höchstens für reine Informationssysteme eingeräumt werden.

– Erfassungstag und -uhrzeit sowie fortlaufende Geschäftsnummern müssen systemseitig vorgegeben werden und dürfen durch den Händler nicht veränderbar sein. Mit Hilfe der Unzulässigkeit nachträglicher Veränderungen durch den Handel sollen manipulative Eingriffe von vornherein vermieden werden. Es ist empfehlenswert, dass das Institut diesen Grundsatz auch auf die anderen Abschlussdaten überträgt. Soweit Änderungen der Abschlussdaten erforderlich sind, ist dies grundsätzlich nur unter Einbeziehung eines handelsunabhängigen Bereiches möglich (→ BTO 2.2.2 Tz. 6). Infrage kommen insbesondere die Abwicklung oder das Risikocontrolling.

7 Umgang mit Spätgeschäften (Tz. 7)

46 7 Handelsgeschäfte, die nach Erfassungsschluss der Abwicklung abgeschlossen werden (Spätgeschäfte), sind als solche zu kennzeichnen und bei den Positionen des Abschlusstages (einschließlich der Nacherfassung) zu berücksichtigen, wenn sie zu wesentlichen Veränderungen führen. Abschlussdaten und Unterlagen über Spätgeschäfte sind unverzüglich an einen Bereich außerhalb des Handels weiterzuleiten.

7.1 Spätgeschäfte

47 Handelsgeschäfte können rund um die Uhr abgeschlossen werden. Es kann sich dabei um Kontrahenten handeln, die ihren Sitz in unterschiedlichen Erdteilen haben und für deren Geschäfte dementsprechend unterschiedliche Zeitzonen maßgeblich sind. Häufig sind Institute jedoch nicht dazu in der Lage, die Abwicklung zeitlich parallel zum Handel zu organisieren. An den institutsintern festgelegten Erfassungsstop der Abwicklung schließt sich i. d. R. die Nachtverarbeitung bzw. der so genannte »Night Batch« an, in dessen Rahmen z. B. die Verarbeitung der Bestände für bankaufsichtliche Meldungen oder der Datenabzug für das Risikocontrolling erfolgen. In diesem Zeitraum kann das Problem auftreten, dass Geschäftsabschlüsse nicht mehr ordnungsgemäß abgewickelt werden können. Handelsgeschäfte, die nach Erfassungsschluss der Abwicklung abgeschlossen werden, werden als »Spätgeschäfte« bezeichnet.

48 Damit ein weitgehend reibungsloser Prozess sichergestellt werden kann, sind Spätgeschäfte als solche zu kennzeichnen und grundsätzlich bei den Positionen des Abschlusstages zu berücksichtigen. Die Abschlussdaten und Unterlagen sind darüber hinaus unverzüglich an einen Bereich außerhalb des Handels weiterzuleiten. Bei einigen Instituten stehen für diese Zwecke so genannte »Spätgeschäftsbriefkästen« zur Verfügung, die am nächsten Tag von Mitarbeitern der Abwicklung geleert werden. Die elektronische Form per Telefax oder E-Mail wird jedoch in der Praxis bevorzugt.[18]

7.2 Kennzeichnung der Spätgeschäfte

49 Grundsätzlich muss jedes Spätgeschäft einzeln als solches gekennzeichnet werden. Es besteht allerdings auch die Möglichkeit, auf eine separate Kennzeichnung zu verzichten, wenn für den Erfassungsschluss der Abwicklung ein fester Zeitrahmen vorgegeben ist und sich der Charakter eines Spätgeschäftes insofern eindeutig aus der Uhrzeit und ggf. der Zeitzone des Geschäftsabschlusses ergibt (→ BTO 2.2.1 Tz. 7, Erläuterung). Wird die erste Variante bevorzugt, sollten den Beteiligten innerhalb des Institutes die Erfassungszeiten der Abwicklung und die Handelszeiten bekannt sein, so dass sie in die Lage versetzt werden, Spätgeschäfte als solche identifizieren und entsprechend kennzeichnen zu können. Die zweite Variante reduziert insbesondere den Dokumentationsaufwand.

---

18 Vgl. Eberl, Holger, MaRisk und die Organisation des Kredit- und Handelsgeschäfts, in: Pfeifer, Guido/Ullrich, Walter/ Wimmer, Konrad (Hrsg.), MaRisk-Umsetzungsleitfaden, Heidelberg, 2006, S. 207.

7.3 Berücksichtigung bei den Positionen des Abschlusstages

Spätgeschäfte sind grundsätzlich bei den Positionen des Abschlusstages und nicht etwa bei den Positionen des Folgetages zu berücksichtigen. Auf diese Weise wird eine zeitlich korrekte Erfassung der Geschäftsabschlüsse sichergestellt. Daraus kann sich jedoch z. B. bei so genannten »Overnight-Orders« ein erheblicher Aufwand ergeben, da über Nacht der so genannte »Batchlauf« des entsprechenden Handelstages bereits erfolgte und eine Berücksichtigung der Overnight-Order an diesem Tag somit einen neuen Batchlauf erforderlich machen würde. Daher ist auch eine Berücksichtigung bei den Positionen des Folgetages möglich, soweit durch das Spätgeschäft keine wesentliche Veränderung bei den Positionen des Abschlusstages verursacht wird. Es liegt in der Verantwortung des Institutes, die Orientierungsgröße »wesentliche Veränderung« sachgerecht zu interpretieren.

50

8 Prüfung der rechtlichen Durchsetzbarkeit der Verträge (Tz. 8)

51 8 Vor Abschluss von Verträgen im Zusammenhang mit Handelsgeschäften, insbesondere bei Rahmenvereinbarungen, Nettingabreden und Sicherheitenbestellungen, ist durch eine vom Handel unabhängige Stelle zu prüfen, ob und inwieweit sie rechtlich durchsetzbar sind.

8.1 Rechtliche Durchsetzbarkeit von Handelsgeschäften

52 Im Handel können rechtliche Risiken vor allem dann schlagend werden, wenn Handelsgeschäfte bzw. damit verbundene Vereinbarungen nicht durchsetzbar sind. Die Durchsetzbarkeit von Handelsgeschäften kann z.B. aus folgenden Gründen gefährdet sein:
- rechtliche Besonderheiten in den Staaten, in denen der Kontrahent seinen Sitz hat,
- fehlende Berechtigung des Kontrahenten zum Geschäftsabschluss,
- vertragliche Mängel oder
- unvollständige Dokumentation der Handelsgeschäfte.

53 Auf die ordnungsgemäße Dokumentation der Handelsgeschäfte ($\rightarrow$ AT6 Tz.1) und die Vermeidung operationeller Risiken ($\rightarrow$ BTR4) wird an anderer Stelle ausführlich eingegangen. Die Frage der Anfechtbarkeit von Verträgen, d.h. ihre rechtliche Wirksamkeit, spielt im Kreditgeschäft ($\rightarrow$ BTO1.2 Tz.10 bis 12) und im Handelsgeschäft gleichermaßen eine zentrale Rolle. Zur Rechtssicherheit trägt in beiden Fällen die Verwendung weitgehend standardisierter Verträge bei. Deshalb sind auch im Handelsgeschäft standardisierte Vertragstexte zu verwenden, soweit dies in Anbetracht der jeweiligen Geschäftsarten möglich und zweckmäßig ist ($\rightarrow$ BTO2.2.1 Tz.1). So werden Handelsgeschäfte im In- und Ausland regelmäßig auf der Grundlage national oder international anerkannter Standardrahmenverträge (z.B. Deutsche Rahmenverträge[19], »European Master Agreements«[20] oder »ISDA Master Agreements«[21]) abgeschlossen ($\rightarrow$ BTO2.2.1 Tz.1). Das Bestätigungsverfahren ($\rightarrow$ BTO2.2.2 Tz.2) sowie die Aufzeichnung der Händlergespräche auf Tonträger ($\rightarrow$ BTO2.2.1 Tz.4) sind hinsichtlich der rechtlichen Durchsetzbarkeit von Handelsgeschäften ebenfalls von Bedeutung. Allerdings geht es dabei in erster Linie um den Nachweis der korrekten Geschäftsabwicklung, der unabhängig von der Vertragsgestaltung erbracht werden muss.

---

19 Neben einer Mantelvereinbarung für Finanzgeschäfte mit Kapitalanlagegesellschaften existieren derzeit in Deutschland Rahmenverträge für Finanzgeschäfte, Finanztermingeschäfte, Wertpapierdarlehen und Wertpapierpensionsgeschäfte. Sie werden von den deutschen Bankenverbänden ausgearbeitet.

20 Die European Master Agreements (EMA) sind im Wesentlichen die Entsprechung der Deutschen Rahmenverträge auf europäischer Ebene. Sie werden von den europäischen Bankenverbänden erarbeitet.

21 Die International Swaps and Derivatives Association (ISDA) hat z.B. im Jahre 1992 einen standardisierten Vertrag für Kontrahenten am Markt für OTC-Derivate veröffentlicht (»ISDA Master Agreement«), der 2002 überarbeitet wurde.

8.2   Einschaltung einer vom Handel unabhängigen Stelle

Die rechtliche Durchsetzbarkeit der Verträge ist vor deren Abschluss durch eine vom Handel **54** unabhängige Stelle zu prüfen. Die Einschaltung einer unabhängigen Stelle ist allerdings nur erforderlich, wenn es sich um wesentliche Risiken handelt (→ BTO Tz. 8). Von wesentlichen Rechtsrisiken ist insbesondere dann auszugehen, wenn die Durchsetzbarkeit der Handelsgeschäfte aufgrund der individuellen Ausgestaltung der Verträge nicht ohne weiteres vorausgesetzt werden kann. Bei der unabhängigen Stelle kann es sich z.B. um die Rechtsabteilung des Institutes handeln. Infrage kommen aber auch die Abwicklung oder das Risikocontrolling, soweit dort Mitarbeiter mit entsprechendem juristischen Sachverstand tätig sind. Möglich ist darüber hinaus die Einschaltung eines externen Gutachters. So bedienen sich die Institute häufig internationaler Rechtsanwaltskanzleien, die hinsichtlich der Prüfung der Verträge über die entsprechende Expertise verfügen. Im Interesse einer einheitlichen Auslegung rechtlicher Fragestellungen im Institut wird die Rechtsabteilung, sofern vorhanden, bei relevanten Problemstellungen grundsätzlich immer eingebunden sein.

8.3   Rahmenvereinbarungen, Nettingabreden und Sicherheitenbestellungen

In den MaRisk werden bestimmte Punkte besonders hervorgehoben, die die Einschaltung einer **55** unabhängigen Stelle erforderlich machen:
- Rahmenvereinbarungen sind Verträge, die i.d.R. vor der erstmaligen Geschäftsabwicklung mit einem Kontrahenten abgeschlossen werden. Sie enthalten allgemeine Regelungen, wie z.B. Zahlungsmodalitäten oder den Gerichtsstand, die als Basis für die künftige Geschäftsbeziehung dienen und automatisch Bestandteil jedes einzelnen Abschlusses sind.
- Nettingabreden sind vertragliche Vereinbarungen, die eine Saldierung von gegenläufigen Forderungen zwischen den Kontrahenten zu einer Netto-Position regeln. In der Praxis existieren unterschiedliche Formen des Nettings, wie z.B. das Liquidationsnetting (»Close-out Netting«) zur Risikoreduzierung im Insolvenzfall oder das Zahlungsnetting (»Payment Netting«) zur Verrechnung von Zahlungsverpflichtungen.
- Hervorgehoben werden darüber hinaus Sicherheitenbestellungen, die aufgrund ihrer Komplexität ggf. die Einschaltung einer unabhängigen Stelle erforderlich machen. Bei Sicherheitenbestellungen ist möglicherweise sogar die Einbindung einer Kreditabteilung sinnvoll (→ BTO 1.1 Tz. 7).

Eine Überprüfung durch eine unabhängige Stelle kann aber auch bei der Vereinbarung von **56** Nebenabreden im engeren Sinne erforderlich sein. Dabei handelt es sich um Zusatzvereinbarungen, die über die Vertragsbestandteile der am Markt üblichen Standardgeschäfte hinausgehen und den Rechtscharakter, aber auch den wirtschaftlichen Charakter des Handelsgeschäftes verändern (→ BTO 2.2.1 Tz. 1).

9 Vier-Augen-Prinzip bei Zeichnungsberechtigungen für Zahlungsverkehrskonten (Tz. 9)

57 9 Organisatorisch dem Handelsbereich zugeordnete Mitarbeiter dürfen nur gemeinsam mit Mitarbeitern eines handelsunabhängigen Bereiches über Zeichnungsberechtigungen für Zahlungsverkehrskonten verfügen.

9.1 Zugriff von Händlern auf Zahlungsverkehrskonten

58 Zeichnungsberechtigungen von Händlern für Zahlungsverkehrskonten sind bereits im Rahmen der MaH-Prüfungspraxis kritisch bewertet worden. Händler sind durch Zeichnungsberechtigungen in der Lage, auf manipulative Weise Zahlungen zum Schaden des Institutes zu veranlassen. Vor diesem Hintergrund wurde von Prüfern gefordert, dass Händler über keine Zeichnungsberechtigungen verfügen dürfen. Da das Rechnungswesen in einer vom Markt und Handel unabhängigen Stelle anzusiedeln ist (→ BTO Tz. 7) und miteinander unvereinbare Tätigkeiten durch unterschiedliche Mitarbeiter durchgeführt werden müssen (→ AT 4.3.1 Tz. 1), bestehen nach wie vor gewisse Beschränkungen. Eine klare Regelung lässt sich daraus für die Zeichnungsberechtigung von Mitarbeitern des Handels im Zahlungsverkehr allerdings nicht ableiten.

9.2 Kontrollen

59 Die Forderung der Prüfer nach striktem Verbot von Zeichnungsberechtigungen, das im Übrigen auch nicht explizit in den MaH fixiert war, führte bei kleineren Instituten häufig zu Problemen. Während der Diskussionen im MaRisk-Fachgremium wurde deshalb der pragmatische Vorschlag unterbreitet, lediglich die alleinige Zeichnungsberechtigung zu untersagen.[22] Diesen Vorschlag hat sich die deutsche Aufsicht letztendlich zu eigen gemacht. Organisatorisch dem Handelsbereich zugeordnete Mitarbeiter dürfen nur gemeinsam mit Mitarbeitern eines handelsunabhängigen Bereiches über Zeichnungsberechtigungen für Zahlungsverkehrskonten verfügen. Orientiert man sich am Sinn und Zweck der Regelung, so haben die Institute durch geeignete Kontrollen sicherzustellen, dass Manipulationen von Händlern vermieden werden. Infrage kommt z.B. eine Maßnahme im Rahmen des Vier-Augen-Prinzips, wobei die Kontrolle nicht von einem anderen Händler durchgeführt werden darf (→ AT 4.3.1 Tz. 1).

9.3 Regelmäßige Überprüfung von Berechtigungen im Handel

60 Nicht zuletzt aufgrund der zunehmenden Bedeutung der Informationstechnologie wird seit der vierten MaRisk-Novelle auch die regelmäßige und anlassbezogene Überprüfung von IT-Berechti-

---

22 Vgl. Bundesverband der Volks- und Raiffeisenbanken, Stellungnahme für die dritte Sitzung des MaRisk-Fachgremiums im Rahmen des Konsultationsverfahrens vom 20. bis 22. Juni 2005, S. 9.

gungen, Zeichnungsberechtigungen und sonstigen eingeräumten Kompetenzen gefordert (→AT4.3.1 Tz.2, Erläuterung). Zumindest bei Zeichnungsberechtigungen in Verbindung mit Zahlungsverkehrskonten sowie bei wesentlichen IT-Berechtigungen wird eine mindestens jährliche, bei besonders kritischen IT-Berechtigungen sogar eine mindestens halbjährliche Überprüfung erwartet (→AT4.3.1 Tz.2, Erläuterung). Gerade vor dem Hintergrund der spektakulären Betrugsfälle in der jüngeren Vergangenheit sollte sorgfältig geprüft werden, ob der bisherige Überprüfungsturnus der Berechtigungen im Handelsgeschäft angemessen ist. Anlässe für außerplanmäßige Überprüfungen können z.B. Unstimmigkeiten und Auffälligkeiten sein, die im Rahmen der Abwicklung und Kontrolle festgestellt wurden (→BTO2.2.2 Tz.6).

10 Händlerurlaub (Tz. 10)

61 **10** Das Institut hat durch geeignete Maßnahmen sicherzustellen, dass die Positionsverantwortung von Händlern jährlich für einen ununterbrochenen Zeitraum von mindestens 10 Handelstagen an einen anderen Mitarbeiter übertragen wird. In diesem Zeitraum hat das Institut dafür Sorge zu tragen, dass kein Zugriff eines abwesenden Händlers auf die von ihm verantworteten Positionen erfolgt.

10.1 Unterbrechung der Positionsverantwortung von Händlern

62 Schon CEBS hat von der Geschäftsleitung gefordert, insbesondere im Front-Office die Entwicklung einer Kultur zu fördern, mit deren Hilfe operationelle Risiken in marktbezogenen Aktivitäten reduziert werden können (Prinzip 2). Als eine konkrete Maßnahme sollen die Händler mindestens zwei aufeinanderfolgende Wochen physisch keine Möglichkeit haben, auf ihre eigenen Handelsbücher zugreifen oder diese bewerten zu können. Dies soll durch normalen Urlaub, so genannten »Schreibtisch-Urlaub« oder sonstige Abwesenheit vom Büro oder vom Handel erreicht werden, wozu auch ein Verbot der Verwendung mobiler Geräte mit Zugriff auf die Handelssysteme gehört. Die Verantwortung soll während dieser Zeit durch eine andere Person ausgeübt werden.[23]

63 Diese Vorgabe wurde von der BaFin im Rahmen der vierten MaRisk-Novelle aufgegriffen. Demzufolge haben die Institute durch geeignete Maßnahmen sicherzustellen, dass die Positionsverantwortung von Händlern jährlich für einen ununterbrochenen Zeitraum von mindestens zehn Handelstagen an einen anderen Mitarbeiter übertragen wird. In diesem Zeitraum haben die Institute dafür Sorge zu tragen, dass kein Zugriff eines abwesenden Händlers auf die von ihm verantworteten Positionen erfolgt. Insofern muss auch ausgeschlossen werden, dass ein abwesender Händler z.B. aus dem Urlaub mit Hilfe entsprechender Technik auf die Handelssysteme zugreifen kann.

10.2 Ausgestaltung der Vorgaben

64 Im MaRisk-Fachgremium wurde darüber diskutiert, dass auch viele Händler Familienväter sind und insofern ihren längeren Urlaub an den sich in Deutschland zwischen den einzelnen Bundesländern regelmäßig verschiebenden Sommerferien orientieren müssen. Insofern wäre es problematisch, wenn der Begriff »jährlich« in der Prüfungspraxis sehr eng ausgelegt würde. Die Kreditwirtschaft hat daher eine Orientierung an der Auslegung zu den Vorgaben zur jährlichen Risikoeinstufung im Kreditgeschäft vorgeschlagen (siehe Abbildung 60). Danach kann die jährliche Risikoeinstufung im Kreditgeschäft nach der Formel »12 Monate plus ×« erfolgen, wobei sich in der Prüfungspraxis für »×« ein Standard von 3 Monaten herausgebildet hat (→ BTO 2.2.2 Tz. 6). Die Aufsicht wird diesem Vorschlag wohl folgen.

65 Die Kreditwirtschaft hatte außerdem mehrfach angeregt, die Abwesenheitpflicht von Händlern auf das Handelsbuch zu beschränken, womit insbesondere die Verantwortung der Treasury für die

---

23 Vgl. Committee of European Banking Supervisors, Guidelines on the management of operational risks in market-related activities (GL 35), 12. Oktober 2010, S. 5.

Einhaltung der von der Geschäftsleitung vorgegebenen strategischen Zinsrisikoposition für das Anlagebuch nicht betroffen wäre.[24] Die Aufsicht hat vor dem Hintergrund der Vorgaben von CEBS jedoch keinen Spielraum für eine Einschränkung auf das Handelsbuch gesehen und ausdrücklich betont, dass die Vorgabe aus ihrer Sicht für sämtliche Handelsgeschäfte gelte.

---

24 Vgl. Deutsche Kreditwirtschaft, Stellungnahme zum Konsultationspapier 01/2012 der Bundesanstalt für Finanzdienstleistungsaufsicht (BaFin) – »Überarbeitung der MaRisk« (Zwischenentwurf vom 2. August 2012), 12. September 2012, S. 14.

BTO 2.2.2 Abwicklung und Kontrolle

1 Zuständigkeit der Abwicklung und Kontrolle (Tz. 1)

1 **1** Bei der Abwicklung sind auf Basis der vom Handel erhaltenen Abschlussdaten die Geschäftsbestätigungen bzw. die Abrechnungen auszufertigen sowie daran anschließende Abwicklungsaufgaben durchzuführen.

1.1 Abwicklung im engeren Sinne

2 Beim Abschluss von Handelsgeschäften ist die Abwicklung das Bindeglied zwischen den Händlern des Institutes und den Kontrahenten. Die Abwicklung erstellt auf der Basis der vom Handel erhaltenen Abschlussdaten (→ BTO 2.2.1 Tz. 5) die Geschäftsbestätigungen und leitet diese an den Kontrahenten weiter (→ BTO 2.2.2 Tz. 2). Sie hat ferner die Abrechnungen für die abgeschlossenen Handelsgeschäfte zu erstellen sowie daran anschließende Abwicklungsaufgaben durchzuführen. Hierzu gehört i.d.R. die Anweisung der Zahlungen, die sich aus dem Abschluss von Handelsgeschäften ergeben. Zu berücksichtigen sind in diesem Zusammenhang nicht nur die unmittelbaren Zahlungsansprüche und -verpflichtungen aus den Handelsgeschäften, sondern ggf. auch Maklercourtagen, Sicherheitsleistungen bei Börsen (»Initial Margins«) Einschussleistungen an Börsen (»Variation Margins«) oder Provisionen.[1] Zu den Aufgaben der Abwicklung zählt im Bereich der Zahlungen regelmäßig auch die Terminüberwachung auf der Basis von Fälligkeitslisten.

1.2 Abwicklung im weiteren Sinne

3 Die Erstellung der Geschäftsbestätigungen sowie der Abrechnungen und die Erledigung der sich daran anschließenden Abwicklungsaufgaben sind Gegenstand der »Abwicklung im engeren Sinne«. Die »Abwicklung im weiteren Sinne« betrifft jedoch noch verschiedene andere Aufgaben, die im Wesentlichen Kontrollzwecke erfüllen und sich auf folgende Aspekte beziehen:
- Zeitnähe und Vollständigkeit der Geschäftsunterlagen (→ BTO 2.2.2 Tz. 4 lit. a),
- Vollständigkeit und Korrektheit der Angaben der Händler (→ BTO 2.2.2 Tz. 4 lit. b),
- ggf. Übereinstimmung der Angaben der Händler mit den Angaben auf Maklerbestätigungen, Ausdrucken aus Handelssystemen oder Ähnlichem (→ BTO 2.2.2 Tz. 4 lit. b),
- Einhaltung der Limite (→ BTO 2.2.2 Tz. 4 lit. c),
- Vereinbarung marktgerechter Bedingungen (→ BTO 2.2.2 Tz. 4 lit. d),
- Vereinbarung von Abweichungen von den vorgegebenen Standards (→ BTO 2.2.2 Tz. 4 lit. e) und
- Überwachung des unverzüglichen Eingangs der Gegenbestätigungen sowie ggf. Reklamation bei fehlenden oder unvollständigen Gegenbestätigungen (→ BTO 2.2.2 Tz. 2).

4 Darüber hinaus kann von der Abwicklung die erforderliche Kontrolle von Änderungen und Stornierungen der Abschlussdaten oder Buchungen veranlasst werden, die außerhalb des Bereiches Handel erfolgen muss (→ BTO 2.2.2 Tz. 4). Das gilt auch im Hinblick auf die Häufung von Stornierungen und Korrekturen bei einzelnen Mitarbeitern oder bestimmten Geschäften (→ BTO 2.2.2 Tz. 2,

---

1 Vgl. C & L Deutsche Revision, Anforderungen an den Einsatz von Finanzinstrumenten bei Industrieunternehmen, 2. Auflage, Frankfurt a. M., 1998, S. 131.

Erläuterung) sowie die Klärung von festgestellten Unstimmigkeiten ($\rightarrow$ BTO 2.2.2 Tz. 6). Durch die Einbeziehung der genannten Aufgaben bezieht sich die »Abwicklung im weiteren Sinne« praktisch auf alle Anforderungen des Moduls BTO 2.2.2 (»Abwicklung und Kontrolle«).

1.3 Elektronische Abwicklung

Handelsgeschäfte sind in Abhängigkeit von ihrer Art, ihrem Umfang, ihrer Komplexität und ihrem Risikogehalt grundsätzlich elektronisch abzuwickeln, wobei vorhandene Abwicklungssysteme, soweit möglich, zu nutzen sind ($\rightarrow$ BTO 2.2.2 Tz. 1, Erläuterung). Die Abwicklung der Handelsgeschäfte soll also grundsätzlich nicht manuell erfolgen. Insbesondere sind die vorhandenen elektronischen Systeme zu nutzen, um die Prozessrisiken zu minimieren. Durch die Verwendung des Begriffes »grundsätzlich« bleiben Ausnahmen weiterhin gestattet. Es liegt z. B. nicht im Interesse der Aufsicht, bei kleinen Instituten mit sehr überschaubaren Handelsaktivitäten die Einführung elektronischer Abwicklungssysteme zu erzwingen, wenn dies betriebswirtschaftlich nicht zu vertreten wäre. Zudem sind mit einer bisher nicht verwendeten Technologie natürlich auch neue Risiken verbunden. **5**

1.4 Aufbauorganisatorische Vorgaben

Die einzelnen Aufgaben der Abwicklung sind organisatorisch grundsätzlich bis einschließlich der Ebene der Geschäftsleitung vom Bereich Handel zu trennen ($\rightarrow$ BTO Tz. 2 lit. e). Ausnahmen bestehen z. B. für Institute, deren Handelsaktivitäten sich in ihrer Gesamtheit auf Handelsgeschäfte konzentrieren, die unter Risikogesichtspunkten als nicht wesentlich einzustufen sind ($\rightarrow$ BTO 2.1 Tz. 2 inkl. Erläuterung). **6**

2 Gegenbestätigung von Handelsgeschäften (Tz. 2)

7 **2** Grundsätzlich sind Handelsgeschäfte unverzüglich schriftlich oder in gleichwertiger Form zu bestätigen. Die Bestätigung muss die erforderlichen Abschlussdaten enthalten. Bei Handelsgeschäften über Makler muss der Makler benannt werden. Der unverzügliche Eingang der Gegenbestätigungen ist zu überwachen, wobei sichergestellt sein muss, dass die eingehenden Gegenbestätigungen zuerst und direkt in die Abwicklung gelangen und nicht an den Handel adressiert sind. Fehlende bzw. unvollständige Gegenbestätigungen sind unverzüglich zu reklamieren, es sei denn, es handelt sich um ein Handelsgeschäft, das in allen Teilen ordnungsgemäß erfüllt ist.

2.1 Zweck des Bestätigungsverfahrens

8 Der Abschluss von Handelsgeschäften ist grundsätzlich gegenüber dem Kontrahenten zu bestätigen. Darüber hinaus hat das Institut den Eingang der Gegenbestätigung durch den Kontrahenten zu überwachen. Das Bestätigungsverfahren dient vor allem den folgenden Zwecken:
- Die Kontrahenten werden dadurch in die Lage versetzt, die Abschlussdaten des bereits rechtsverbindlich abgeschlossenen Kontraktes zu überprüfen. Auf diese Weise können ggf. vorhandene Unstimmigkeiten, die z.B. auf Missverständnisse bei telefonischen Abschlüssen zurückzuführen sind, zeitnah geklärt werden.
- Darüber hinaus wird die Gefahr von Manipulationen durch die Händler reduziert, da beabsichtigte Änderungen der Abschlussdaten durch den Abgleich der Bestätigungen aufgedeckt werden können.

9 Vor diesem Hintergrund sind die Bestätigungen immer von der Abwicklung auf Basis der Abschlussdaten des Handels auszufertigen und an den Kontrahenten zu versenden. Zudem ist sicherzustellen, dass die Gegenbestätigungen des Kontrahenten zuerst und direkt bei der Abwicklung eingehen. Es ist insoweit zu vermeiden, dass Bestätigungen vom Handel versandt werden oder Gegenbestätigungen beim Handel eingehen. Andernfalls könnte zumindest die Gefahr von Manipulationen bestehen.

10 Die Bedeutung des Bestätigungsverfahrens wird durch Entwicklungen auf dem Markt für Derivate unterstrichen. Vor allem im Bereich der Abwicklung von Kreditderivaten ergeben sich häufig Verzögerungen im Bestätigungsverfahren, die bereits zu Bearbeitungsstaus bei den Instituten geführt haben (so genannte »Bag Logs«). Hieraus resultieren Rechtsrisiken, die sich zu einer ernsthaften Bedrohung für die Institute entwickeln können.[2]

2.2 Automatisiertes Bestätigungsverfahren

11 Das »klassische« Bestätigungsverfahren hat jedoch im Verlauf der Zeit an Bedeutung verloren. Häufig wird es über bestimmte Abwicklungssysteme automatisch nachgebildet, so dass der

---

2   Vgl. Beales, Richard, Errors double in Derivatives Trading, in: Financial Times vom 31. Mai 2006, S. 29.

zusätzliche Versand von Bestätigungen nicht mehr erforderlich ist. In folgenden Fällen kann auf das Bestätigungsverfahren vollständig verzichtet werden:
- Handelsgeschäfte werden über ein Abwicklungssystem abgerechnet, das einen automatischen Abgleich der maßgeblichen Abschlussdaten gewährleistet (so genanntes »Matching«) und die Handelsgeschäfte nur bei Übereinstimmung der Daten durchführt (→ BTO 2.2.2 Tz. 3 Satz 1), oder
- das Abwicklungssystem ermöglicht beiden Kontrahenten auch ohne einen automatischen Abgleich der Abschlussdaten den jederzeitigen Abruf der Daten (→ BTO 2.2.2 Tz. 3 Satz 2).

2.3 Bestätigung durch das Institut

Die Handelsgeschäfte sind schriftlich oder in gleichwertiger Form zu bestätigen. Eine nur mündliche Bestätigung reicht daher nicht aus. In der Regel werden Bestätigungen auf dem Postweg, per Telefax oder per E-Mail versandt. Der Versand der Geschäftsbestätigungen hat ferner unverzüglich, also »ohne schuldhaftes Zögern«, zu erfolgen. **12**

Im Unterschied zu den MaH hat die Bestätigung nicht mehr sämtliche Abschlussdaten[3], sondern nur noch die dafür erforderlichen Daten zu enthalten. Dadurch wird der Umfang der Abschlussdaten auf ein für das Bestätigungsverfahren notwendiges Maß beschränkt. Folgende Angaben werden grundsätzlich als maßgeblich für die Erfassung im Handel erachtet (→ BTO 2.2.1 Tz. 5, Erläuterung): **13**
- Kontrahent,
- Abschlusstag (Handelstag) und Abschlusszeit,
- Händler,
- Geschäftsart,
- Geschäftsvolumen,
- Konditionen (z. B. Kurse, Zinssätze, Optionspreise) und Fälligkeit,
- ggf. vereinbarte Nebenabreden sowie
- laufende Nummer der Transaktion.

Insofern muss jeweils abgewogen werden, welche der für den Handel »maßgeblichen« Abschlussdaten auch für das Bestätigungsverfahren »erforderlich« sind. Zum Beispiel werden die Uhrzeit und die Händlernamen in den Banksystemen bzw. auf den Händlerzetteln vermerkt, ohne dass sie unbedingt Bestandteil der Geschäftsbestätigungen sind. Sofern das Handelsgeschäft durch einen Makler vermittelt wurde, muss er in der Bestätigung genannt werden. Auf Basis dieser Angaben ist für die Zwecke des Bestätigungsverfahrens ein sachgerechter Abgleich der Abschlussdaten möglich. **14**

2.4 Überwachung des Eingangs der Gegenbestätigungen

Die Abwicklung hat den unverzüglichen Eingang der Gegenbestätigungen zu überwachen. Dabei ist die Unverzüglichkeit in Abhängigkeit von der jeweiligen Versandform durch den Kontrahenten zu interpretieren. Sollte der Kontrahent die Gegenbestätigung postalisch versenden, sind die üblichen Postlaufzeiten maßgeblich. Bei Verzögerungen des Eingangs der Gegenbestätigungen **15**

---

3 Vgl. Bundesaufsichtsamt für das Kreditwesen, Mindestanforderungen an das Betreiben von Handelsgeschäften der Kreditinstitute (MaH), Verlautbarung vom 23. Oktober 1995, Abschnitt 4.2.

oder auch bei unvollständigen Bestätigungen ist die Abwicklung dazu verpflichtet, diese beim Kontrahenten zu reklamieren. Von Reklamationen durch die Abwicklung kann nur dann abgesehen werden, wenn das Handelsgeschäft in allen Teilen ordnungsgemäß erfüllt ist. Das kann bei Kassageschäften der Fall sein, bei denen nach den Marktusancen die Leistung und Gegenleistung sehr zügig erbracht werden.

2.5 Gegenbestätigungen bei Auslandsgeschäften

16 Wenn Gegenbestätigungen bei Auslandsgeschäften nicht eingeholt werden können, hat das Institut auf andere geeignete Weise die Existenz und den Inhalt der Geschäfte zu verifizieren (→ BTO 2.2.2 Tz. 2, Erläuterung). Bis zur zweiten MaRisk-Novelle im August 2009 war die Einholung von Gegenbestätigungen im Auslandsgeschäft nur erforderlich, sofern dies den internationalen Usancen entsprach. Anlass für die Verschärfung waren Hinweise aus der Prüfungspraxis, die auf eine mangelnde Sorgfalt bei der Umsetzung der Anforderung hindeuteten. Die Öffnungsklausel veranlasste offenbar einige Institute dazu, gar keine Anstrengungen mehr zur Einholung von Gegenbestätigungen zu unternehmen. Im volatilen Handelsgeschäft können fehlerhafte Daten jedoch relativ schnell große Schäden zur Folge haben. Dies gilt besonders für das internationale Geschäft, wo sich allein durch Sprachunterschiede Fehler einschleichen können und ein ggf. erhöhter Zeitbedarf für die Abwicklung der Geschäfte die Reaktionsmöglichkeiten noch weiter einschränken kann. Im Interesse einer hohen Prozessqualität sollten mögliche Unstimmigkeiten zwischen den Handelspartnern oder eventuelle Schadensfälle aufgrund von Übermittlungsfehlern oder Verständigungsproblemen von vornherein vermieden werden. Dazu eignet sich insbesondere ein Bestätigungsverfahren.

17 In der Praxis gibt es allerdings vor allem bei den Wertpapierdarlehensgeschäften Kontrahenten, die grundsätzlich keine Geschäftsbestätigungen versenden. Auch in diesen Fällen muss vom Institut nachgewiesen werden, dass in irgendeiner Weise eine Verifizierung der Geschäfte erfolgt. Ein Wegfall der Bestätigung an den ausländischen Kontrahenten ist mit dieser Erleichterung ebenfalls nicht verbunden. Das Institut hat in jedem Fall eine Bestätigung zu erstellen und an den Kontrahenten zu versenden. Eine Möglichkeit zur Verifizierung der Geschäfte besteht insofern z. B. darin, die Kontrahenten um Gegenzeichnung und Rücksendung der eigenen Bestätigung zu bitten. Sind diese Bemühungen erfolglos, können mit diesen Kontrahenten keine Geschäfte mehr abgeschlossen werden.

18 Im MaRisk-Fachgremium wurde während der Konsultationsphase im Jahre 2009 von der Kreditwirtschaft angeregt, den Instituten auf andere Weise die Sicherstellung eines angemessenen Sicherheitsniveaus zu ermöglichen, wenn Gegenbestätigungen nicht eingeholt werden können. So wurde z. B. vorgeschlagen, die Kontrollen bei hohen Volumina unbestätigter Geschäfte zu verstärken (z. B. durch die Interne Revision). Die Aufsicht erwartet jedoch ein klares Agieren in Sachen Bestätigungsverfahren. Das Reagieren auf entsprechende Versäumnisse wird nicht als ausreichend erachtet. Es ist zu vermuten, dass die wichtigen Geschäftspartner ihre Praxis in Sachen Gegenbestätigung anpassen, sofern ansonsten keine Geschäftsabschlüsse mehr getätigt werden.

2.6 Reklamation

19 Für die Zwecke der Reklamation ausbleibender Gegenbestätigungen kann es in Abhängigkeit vom Geschäftsumfang sinnvoll sein, dass die Abwicklung des Institutes ein Mahn- bzw. Eskalationsverfahren einrichtet. Empfänger der ersten Mahnung ist zweckmäßigerweise die Abwicklung des Kontrahenten. Soweit diese Mahnung erfolglos bleibt, könnte sich die Abwicklung des Institutes

an die Interne Revision des Kontrahenten wenden und diese auf das Ausbleiben der Gegenbestätigung aufmerksam machen. Im Normalfall wird dadurch beim Kontrahenten ein Prozess ausgelöst, der zur Klärung der Reklamation beiträgt. Bleibt auch die zweite Mahnung erfolglos, sind weitere Eskalationsschritte denkbar, wie z. B. die Unterrichtung der Geschäftsleitung.[4]

2.7 Mögliche Vereinfachungen des Bestätigungsverfahrens

Im Rahmen der Ausarbeitung der MaRisk wurde der Aspekt diskutiert, dass eine sehr formale [20] Auslegung der Anforderungen an die Bestätigung und die Gegenbestätigung von Handelsgeschäften im Extremfall dazu führen könnte, insgesamt vier Schriftstücke mit demselben Inhalt zu verschicken (jeweils eine Bestätigung und Gegenbestätigung der beiden Kontrahenten). Das ist aus Effizienzgesichtspunkten nicht sinnvoll und entspricht – wie oben ausgeführt – auch nicht der Intention der Aufsicht. Vor diesem Hintergrund hat die Aufsicht klargestellt, dass die Bestätigung des jeweiligen Kontrahenten aus Sicht des Institutes bereits als Gegenbestätigung im Sinne der MaRisk angesehen werden kann, sofern es zwischen beiden Bestätigungsschreiben keine Unstimmigkeiten gibt.[5] Demzufolge sind zwei Bestätigungen (in jeweils eine Richtung) vollkommen ausreichend, um dem Regelungszweck zu genügen.

In der Praxis kann darüber hinaus der Fall eintreten, dass ein Kontrahent aufgrund seiner [21] personellen und technischen Kapazitäten die Bestätigung des Handelsgeschäftes i. d. R. schneller ausfertigen und verschicken kann, als dies im Institut möglich ist. Den Anforderungen entsprechend hat der Kontrahent den Eingang der Gegenbestätigung des Institutes zu überwachen. Das bedeutet, dass vom Institut geprüft werden muss, ob die in der Bestätigung des Kontrahenten angegebenen Abschlussdaten vollständig und korrekt sind. Sofern es keine Beanstandungen gibt, werden die Angaben des Kontrahenten vom Institut durch Unterschriftsleistung »gegenbestätigt«. Im Grunde werden damit gleichzeitig die Anforderungen an die Bestätigung durch das Institut erfüllt. Damit erscheint ein zusätzliches Schriftstück, das keine neuen Informationen enthalten würde, für die Zwecke der MaRisk entbehrlich.

2.8 Komplexe Produkte

Im Hinblick auf das Bestätigungsverfahren besteht für komplexe Produkte, wie z. B. Kreditderivate, eine weitere Sonderregelung. Ist bei solchen Produkten in den Rahmenverträgen festgelegt, [22] dass nur einer der beiden Partner den Vertrag erstellt, genügt eine beiderseitige Ad-hoc-Bestätigung (Kurzform) und die einseitige Vertragserstellung (Langform) nach Klärung aller Details. Die Ad-hoc-Bestätigung sollte dabei die wesentlichen Angaben zum vereinbarten Handelsgeschäft enthalten (→ BTO 2.2.2 Tz. 2, Erläuterung).

Im Kontext der MaRisk gilt die Ad-hoc-Bestätigung dann als »unverzüglich« abgegeben, wenn [23] sie dem jeweiligen internen Prozess entsprechend »ohne schuldhaftes Zögern« erfolgt. Gerade bei komplexen Produkten wird auch nach grundsätzlicher Einigung auf einen Geschäftsabschluss für die Klärung durchaus wesentlicher Details Zeit benötigt, was dem Begriff »ad hoc« in gewisser Weise widerspricht. Das betrifft grundsätzlich beide Geschäftspartner. Insofern wäre die Abgabe

---

4   Vgl. Lenz, Stephan, Problemfelder im Rahmen einer externen MaH-Prüfung, in: Finanz Colloquium Heidelberg (Hrsg.), Einhaltung der MaH, Heidelberg, 2004, S. 328.
5   Diese Aussage ist das Ergebnis der Diskussion in der Sitzung des MaRisk-Fachgremiums im Rahmen des Konsultationsverfahrens vom 19. bis 20. Mai 2005. Dieses Ergebnis wurde allerdings nicht protokolliert.

der eigenen Bestätigung insbesondere dann als nicht mehr »unverzüglich« anzusehen, wenn die ordnungsgemäße Ad-hoc-Bestätigung der Gegenpartei bereits seit einiger Zeit vorliegt. Mögliche Ursachen dafür könnten optimierungsbedürftige interne Prozesse oder aber eine zu umfängliche institutsinterne Definition davon sein, welche »wesentlichen Angaben« zwingend Bestandteil einer Ad-hoc-Bestätigung sein müssen.

2.9 Häufung von Stornierungen und Korrekturen

24 Bei den Bestätigungs- und Abstimmungsverfahren ist ein besonderes Augenmerk auf die Häufung von Stornierungen und Korrekturen bei einzelnen Mitarbeitern oder bestimmten Geschäften zu richten (→ BTO 2.2.2 Tz. 2, Erläuterung). Diese Anforderung ist eine direkte Konsequenz aus einigen spektakulären Betrugsfällen im Handelsgeschäft. So hatten bei den Aktivitäten von Nick Leeson von der Barings Bank oder Jérôme Kerviel von der Société Générale jeweils die internen Kontrollmechanismen komplett versagt. Allein Kerviel hatte bis zum Januar 2008 offene Positionen über 50 Mrd. Euro aufgebaut und durch fiktive Gegengeschäfte zu vertuschen versucht, die er jeweils kurz vor deren Fälligkeit wieder stornierte. Unabhängig von derartigen Extremfällen kann es natürlich auch vorkommen, dass fehlerhafte Eingaben korrigiert oder, sofern dies nicht ohne weiteres möglich ist, fehlerhaft erfasste Geschäfte storniert und mit den korrekten Daten neu abgeschlossen werden müssen. Sofern dies bei einzelnen Mitarbeitern gehäuft beobachtet wird, könnten z. B. geeignete Maßnahmen zur Qualifikation dieser Mitarbeiter ergriffen werden. Werden bei bestimmten Geschäften immer wieder Probleme festgestellt, könnte hinterfragt werden, ob sich das Institut von diesen Geschäften komplett zurückziehen sollte.

25 Ob diese Tätigkeit von der Abwicklung und Kontrolle ausgeübt wird oder von einer anderen Organisationseinheit, wie z. B. dem Risikocontrolling, bleibt den Instituten überlassen. Die Anforderung wurde lediglich deswegen an dieser Stelle formuliert, weil sie sich direkt auf die Handelsprozesse bezieht.

3 Verwendung von Abwicklungssystemen (Tz. 3)

3 Bei Handelsgeschäften, die über ein Abwicklungssystem abgerechnet werden, das einen **26** automatischen Abgleich der maßgeblichen Abschlussdaten gewährleistet (so genanntes Matching) und Handelsgeschäfte nur bei Übereinstimmung der Daten durchführt, kann auf das Bestätigungsverfahren verzichtet werden. Sofern kein automatischer Abgleich der maßgeblichen Abschlussdaten erfolgt, kann auf das Bestätigungsverfahren verzichtet werden, wenn das Abwicklungssystem beiden Kontrahenten den jederzeitigen Abruf der Abschlussdaten ermöglicht und eine Kontrolle dieser Daten vorgenommen wird.

3.1 Abwicklungssysteme

Institute sind häufig nicht nur als Abwickler für ihre eigenen Geschäfte tätig. Börsen oder börsen- **27** ähnliche Einrichtungen stellen Systeme zur Verfügung, die den Geschäftsabschluss und die Abwicklung unterstützen (z.B. Eurex oder Cedel). Darüber hinaus existiert eine Vielzahl von weiteren Systemen, die dazu dienen, den Prozess der Abwicklung effizienter zu gestalten. Zu derartigen Systemen gehören z.B. so genannte »Confirmation-Matching-Systeme«, die u.a. dazu in der Lage sind, Bestätigungen zu generieren. Die BaFin hat vor diesem Hintergrund abstrakte Voraussetzungen formuliert, die bei derartigen Systemen den Verzicht auf das Bestätigungsverfahren gestatten.

3.2 Matching-Systeme

Im Grunde genommen arbeiten Matching-Systeme ähnlich wie die Mitarbeiter in der Abwicklung **28** eines Institutes, allerdings automatisiert. Matching-Systeme vergleichen in einem automatisierten Verfahren die Eingaben der Kontrahenten. Sofern die Eingaben der Kontrahenten deckungsgleich sind, veranlasst das System den Abschluss des Geschäftes. Der Versand von (zusätzlichen) Bestätigungen durch die Kontrahenten ist insoweit redundant. Bei der Abwicklung von Handelsgeschäften über Matching-Systeme kann daher auf das Bestätigungsverfahren verzichtet werden.

3.3 Systeme ohne automatischen Abgleich

Auf das Bestätigungsverfahren kann aber auch bei anderen Systemen verzichtet werden. In der **29** Praxis gibt es neben Matching-Systemen auch Abwicklungssysteme, die zwar keinen automatischen Abgleich der Daten vornehmen, aber beiden Kontrahenten den jederzeitigen Abruf der Abschlussdaten ermöglichen. Im Unterschied zum Matching-System wird also nicht automatisch auf der Basis der Abschlussdaten der Kontrahenten der Geschäftsabschluss generiert. Mitarbeiter der Abwicklung haben bei der Verwendung solcher Abwicklungssysteme allerdings durch eine Kontrolle sicherzustellen, dass die im System niedergelegten Abschlussdaten übereinstimmen. Festgestellte Abweichungen sind zu reklamieren (→ BTO 2.2.2 Tz. 6).

BTO 2.2.2 Abwicklung und Kontrolle

30   Im internationalen Geschäftsverkehr finden spezielle Abwicklungssysteme Verwendung, die sich als Marktstandards durchgesetzt haben. Auch die deutschen Institute können sich der Verwendung dieser Systeme nicht komplett verschließen, sofern sie als Handelspartner anerkannt sein möchten. Um in diesen Fällen auf ein separates Bestätigungsverfahren verzichten zu können, müssen eventuelle Defizite dieser Systeme durch eine angemessene Ausgestaltung der internen Prozesse ausgeglichen werden. Das betrifft insbesondere die Schnittstellen dieser Systeme mit den bankinternen Front- und Back-Office-Systemen. So werden von einigen Abwicklungssystemen zwar die Front-Office-Systeme der beteiligten Institute »real-time« befüllt. Allerdings wird die institutsinterne Weiterleitung der Geschäftsdaten in die Back-Office-Systeme teilweise von einer speziellen Freigabe durch einen Mitarbeiter aus dem Front-Office abhängig gemacht, was zu zeitlichen Verzögerungen führen könnte. Die Aufsicht gestattet in diesen Fällen den Verzicht auf ein separates Bestätigungsverfahren nur unter strengen Auflagen. So muss institutsintern sichergestellt sein, dass die Händler nach Eingabe der Geschäftsdaten in das System nachträglich keine manipulativen Änderungen vornehmen können und die Handelsgeschäfte unverzüglich nach Geschäftsabschluss mit allen maßgeblichen Abschlussdaten an die Abwicklung weitergeleitet werden.[6] Auf diese Weise ist ein jederzeitiger Zugriff auf die Daten und eine jederzeitige Kontrolle der Daten durch das Back-Office möglich.

---

6   Vgl. Bundesanstalt für Finanzdienstleistungsaufsicht, Auslegungsentscheidung zu einer Anfrage des Bundesverbandes Öffentlicher Banken Deutschlands (VÖB) vom 27. Februar 2009.

4   Kontrolle der Handelsgeschäfte (Tz. 4)

4 Die Handelsgeschäfte sind einer laufenden Kontrolle zu unterziehen. Dabei ist insbesondere zu kontrollieren, ob   **31**

a)   die Geschäftsunterlagen vollständig und zeitnah vorliegen,

b)   die Angaben der Händler richtig und vollständig sind und, soweit vorhanden, mit den Angaben auf Maklerbestätigungen, Ausdrucken aus Handelssystemen oder Ähnlichem übereinstimmen,

c)   die Abschlüsse sich hinsichtlich Art und Umfang im Rahmen der festgesetzten Limite bewegen,

d)   marktgerechte Bedingungen vereinbart sind und

e)   Abweichungen von vorgegebenen Standards (z. B. Stammdaten, Anschaffungswege, Zahlungswege) vereinbart sind.

Änderungen und Stornierungen der Abschlussdaten oder Buchungen sind außerhalb des Bereiches Handel zu kontrollieren.

4.1   Laufende Kontrollen

Die Aufgaben der Abwicklung im weiteren Sinne (→ BTO 2.2.2 Tz. 1) umfassen neben der Ausfertigung der Geschäftsbestätigungen, der Erstellung der Abrechnungen sowie daran anschließenden Abwicklungtätigkeiten auch diverse laufende Kontrollen. Auf bestimmte Kontrollen kann jedoch verzichtet werden, sofern die von den Händlern eingegebenen Abschlussdaten automatisch und ohne weitere Eingriffsmöglichkeiten der Händler an die Abwicklung weitergeleitet werden (→ BTO 2.2.2 Tz. 4, Erläuterung). Hierzu zählen   **32**

–   die Kontrolle, ob die vom Handel weitergeleiteten Geschäftsunterlagen vollständig und zeitnah vorliegen, sowie

–   die Kontrolle, ob die Angaben der Händler richtig und vollständig sind und – soweit vorhanden – mit den Angaben auf Maklerbestätigungen, Ausdrucken aus Handelssystemen oder Ähnlichem übereinstimmen.

Gegenstand der übrigen Kontrollaufgaben der Abwicklung sind insbesondere die Einhaltung der Limite, das Vorliegen marktgerechter Bedingungen sowie die Beachtung vorgegebener Standards.   **33**

4.2   Kontrolle der Limite

Unter anderem ist zu kontrollieren, ob sich die Abschlüsse nach Art und Umfang im Rahmen der festgesetzten Limite bewegen. Die Kontrolle hinsichtlich des Umfangs hat formalen Charakter, da es um die Einhaltung vorgegebener Limite geht. Hingegen kann die Kontrolle der Art der Abschlüsse durchaus materieller Natur sein. So können z. B. ungewöhnliche Bewegungen innerhalb eines Limits von der Abwicklung zum Anlass genommen werden, auf Unstimmigkeiten hinzuweisen   **34**

($\rightarrow$ BTO 2.2.2 Tz. 6). Diese Kontrolltätigkeiten können aus Gründen einer effizienten Arbeitsteilung auch durch das Risikocontrolling durchgeführt werden ($\rightarrow$ BTR 2.2 Tz. 1 und BTR 2.3 Tz. 3).

4.3 Marktgerechtigkeitskontrolle

35 Das Institut hat auf Basis geeigneter Verfahren zu kontrollieren, ob marktgerechte Bedingungen vereinbart sind ($\rightarrow$ BTO 2.2.2 Tz. 5). Abschlüsse zu nicht marktgerechten Bedingungen sind grundsätzlich unzulässig. Lediglich im Einzelfall und unter Berücksichtigung bestimmter Voraussetzungen sind Ausnahmen möglich ($\rightarrow$ BTO 2.2.1 Tz. 2). Sofern eine Abweichung von marktgerechten Bedingungen unter Einhaltung dieser Voraussetzungen erfolgt, sind entsprechende Maßnahmen oder eine besondere Berichtspflicht darüber entbehrlich. Grundsätzlich sollen alle Handelsgeschäfte in die Marktgerechtigkeitskontrolle einbezogen werden. Die deutsche Aufsicht sieht jedoch für bestimmte Fälle Ausnahmen vom Erfordernis der Kontrolle der Marktgerechtigkeit bzw. zumindest Erleichterungen vor ($\rightarrow$ BTO 2.2.2 Tz. 5).

4.4 Abweichungen von vorgegebenen Standards

36 Die Kontrolle auf Abweichungen von vorgegebenen Standards beim Abschluss von Handelsgeschäften hat insbesondere unter Berücksichtigung interner Vorgaben zu erfolgen. Neben Stammdaten (z. B. Name, Anschrift, Geschäftsart) sowie Anschaffungs- und Zahlungswegen können hierzu auch Abweichungen von den internen Vorgaben zum Abschluss von internen Geschäften oder von Geschäften zu nicht marktgerechten Bedingungen sowie zu Abschlüssen außerhalb der Geschäftsräume gehören. Gegenstand dieser Kontrolltätigkeiten können ebenfalls die vom Standard abweichenden Vertragstexte, die nicht elektronisch abgewickelten Handelsgeschäfte und die alternativen Verfahren zur Geschäftsbestätigung sein. Im Rahmen dieser Kontrollen sollten ferner Abweichungen von den Marktusancen beim Abschluss von Handelsgeschäften aufgegriffen werden.

4.5 Änderungen oder Stornierungen

37 Darüber hinaus sind Änderungen und Stornierungen der Abschlussdaten oder Buchungen außerhalb des Bereiches Handel zu kontrollieren. Hierbei handelt es sich um Kontrollaufgaben, mit deren Hilfe u. a. Manipulationen durch einzelne Händler aufgedeckt oder gar von vornherein verhindert werden sollen. Es bietet sich an, in diesem Rahmen gleichzeitig auf die Häufung von Stornierungen und Korrekturen bei einzelnen Mitarbeitern oder bestimmten Geschäften zu achten ($\rightarrow$ BTO 2.2.2 Tz. 2, Erläuterung). Diese Aufgaben müssen nicht zwingend von der Abwicklung wahrgenommen werden. Infrage kommt dafür z. B. auch das Risikocontrolling.

5 Kontrolle der Marktgerechtigkeit (Tz. 5)

5 Für die Kontrolle der Marktgerechtigkeit von Geschäftsabschlüssen sind geeignete Verfahren, **38**
ggf. differenziert nach Handelsgeschäftsarten, einzurichten. Der für die Marktgerechtigkeitskontrolle zuständige Geschäftsleiter ist unverzüglich zu unterrichten, wenn abweichend von BTO
2.2.1 Tz. 2 Handelsgeschäfte zu nicht marktgerechten Bedingungen abgeschlossen werden.

5.1 Zweck der Marktgerechtigkeitskontrolle

Mit Hilfe der Marktgerechtigkeitskontrolle soll vor allem vermieden werden, dass Gewinne will- **39**
kürlich in andere Rechnungsperioden oder zwischen Geschäftspartnern verlagert oder Geschäfte in
betrügerischer Weise verfälscht werden (→ BTO 2.2.1 Tz. 2). Die MaRisk sehen zwar im Hinblick auf
die Durchführung der Marktgerechtigkeitskontrolle verschiedene Ausnahmen bzw. Erleichterungen
vor. Grundsätzlich sind jedoch alle Handelsgeschäfte in die Kontrolle einzubeziehen. Das gilt auch
für interne Handelsgeschäfte (→ BTO 2.2.2 Tz. 5, Erläuterung), die z. B. zwischen den Niederlassungen des Institutes, verschiedenen Bereichen oder einzelnen Portfolien abgeschlossen werden
(→ BTO 2.2.1 Tz. 1, Erläuterung). Von einer Einbeziehung interner Handelsgeschäfte kann lediglich
unter analoger Anwendung der Ausnahmeregelungen für externe Handelsgeschäfte abgewichen
werden (→ BTO 2.2.2 Tz. 5, Erläuterung).

5.2 Geeignete Verfahren

Für die Marktgerechtigkeitskontrolle sind, ggf. differenziert nach Handelsgeschäftsarten, geeig- **40**
nete Verfahren einzurichten. Dabei sollte sichergestellt werden, dass sich die Kontrolle auf den
Zeitpunkt des Abschlusses bezieht. Verzögerungen können in Abhängigkeit von der Volatilität der
Märkte zu Abweichungen führen, die das Ergebnis der Marktgerechtigkeitskontrolle verzerren. In
der Praxis bedient man sich insbesondere der folgenden Verfahren:
- In liquiden Märkten ist es i. d. R. kein Problem, für die Zwecke der Marktgerechtigkeitskontrolle auf einen Referenzwert zurückzugreifen, da in diesem Fall ein Marktpreis existiert. Das
  ist z. B. bei Geschäften auf dem Interbankenmarkt der Fall. Dafür reichen grundsätzlich
  stichprobenartige Kontrollen aus, sofern dies unter Risikogesichtspunkten vertretbar ist
  (→ BTO 2.2.2 Tz. 5, Erläuterung).
- Bei Festlegung von Bandbreiten ist der Abschluss eines Handelsgeschäftes als marktgerecht zu
  qualifizieren, wenn sich der Preis innerhalb dieser Bandbreiten bewegt. Die vom Institut
  festgelegten Bandbreiten müssen allerdings nachvollziehbar sein. Zu weit gefasste Bandbreiten erfüllen ihren Zweck nicht, da hierdurch nahezu jedes Handelsgeschäft von vornherein als
  marktgerecht einzuordnen wäre.
- Schwierig gestaltet sich die Durchführung der Marktgerechtigkeitskontrolle insbesondere bei
  Produkten mit geringer Marktliquidität oder bei illiquiden Produkten. Während die Marktgerechtigkeit für Produkte mit geringer Marktliquidität ggf. noch auf der Basis von Bandbreiten
  oder von Vergleichswerten abgeleiteter Marktpreise kontrolliert werden kann, scheiden diese
  Möglichkeiten bei illiquiden Produkten in den meisten Fällen aus. Bei solchen Produkten

kommen daher häufig Bewertungsinstrumente zum Einsatz, die einen Modellpreis generieren (z. B. »Independent Price Verification«).

41 Insgesamt gesehen hängt der Einsatz geeigneter Verfahren für die Kontrolle der Marktgerechtigkeit von Geschäftsabschlüssen also insbesondere von der Verfügbarkeit entsprechender Daten ab. In vielen Fällen kann auf Referenzmarktdaten zurückgegriffen werden, die von verschiedenen Anbietern zur Verfügung gestellt werden (z. B. Reuters, Bloomberg oder Markit). Durch die Schaffung von Schnittstellen zu diesen Referenzmarktdatenbanken besteht die Möglichkeit, dass die Marktgerechtigkeitskontrolle effizient ausgestaltet werden kann. Bestehen hinsichtlich der Datenbeschaffung gewisse Schwierigkeiten, wie dies insbesondere bei illiquiden Produkten der Fall sein kann, muss das Institut eigene Bewertungsinstrumente verwenden.

5.3 Unterrichtung des zuständigen Geschäftsleiters

42 Der für die Marktgerechtigkeitskontrolle zuständige Geschäftsleiter ist unverzüglich zu unterrichten, wenn Handelsgeschäfte zu nicht marktgerechten Bedingungen abgeschlossen werden. Die Unterrichtung ist nicht erforderlich, sofern es sich um Abschlüsse zu nicht marktgerechten Bedingungen handelt, die von der Ausnahmeregelung ausdrücklich erfasst werden (→ BTO 2.2.1 Tz. 2).

43 Auch wenn es nicht dem Wortlaut der Anforderung entspricht, sollte bei der Unterrichtung des zuständigen Geschäftsleiters dem Grundsatz der Wesentlichkeit Rechnung getragen werden. Insoweit muss der zuständige Geschäftsleiter nicht zwingend über jede Abweichung von untergeordneter Bedeutung informiert werden, die im Rahmen der Marktgerechtigkeitskontrolle festgestellt wird. Dies folgt aus dem Proportionalitätsprinzip, das für die Anforderungen der MaRisk insgesamt gilt. Für den Umgang mit festgestellten Abweichungen bietet sich insofern die Einrichtung eines abgestuften Eskalationsverfahrens an[7], so dass der zuständige Geschäftsleiter im Ergebnis nur über wesentliche Sachverhalte unterrichtet wird.

5.4 Erleichterungen und Ausnahmen

44 Die MaRisk sehen im Zusammenhang mit der Marktgerechtigkeitskontrolle einige Erleichterungen bzw. Ausnahmen vor (→ BTO 2.2.2 Tz. 5, Erläuterung). Erleichterungen werden insbesondere für marktliquide Kassa- und Termininstrumente sowie den Ersterwerb aus einer Emission eingeräumt. Bei Handelsgeschäften, die direkt oder über Dritte (z. B. Korrespondenzbanken) entweder an einer inländischen Börse oder an einem anderen Markt abgewickelt werden, der die Anforderungen an einen geregelten Markt gemäß der Richtlinie über Märkte für Finanzinstrumente (MiFID)[8] erfüllt, kann sogar vollständig auf die Marktgerechtigkeitskontrolle verzichtet werden.

---

7 Vgl. Steinmeyer, Anja, Problemfelder im Rahmen einer externen MaH-Prüfung, in: Finanz Colloquium Heidelberg (Hrsg.), Einhaltung der MaH, Heidelberg, 2004, S. 114.

8 Vgl. Richtlinie 2004/39/EG (MiFID) des Europäischen Parlaments und des Rates vom 21. April 2004 über Märkte für Finanzinstrumente, Amtsblatt der Europäischen Union vom 30. April 2004, L 145/1–44, Titel III, Artikel 36–47. Die MiFID wurde zum 3. Januar 2018 durch die MiFID II ersetzt. Richtlinie 2014/65/EU (MiFID II) des Europäischen Parlaments und des Rates vom 15. Mai 2014 über Märkte für Finanzinstrumente sowie zur Änderung der Richtlinien 2002/92/EG und 2011/61/EU, Amtsblatt der Europäischen Union vom 12. Juni 2004, L 173/349–496.

5.5 Marktliquide Kassa- und Termininstrumente

Liquide Märkte zeichnen sich durch eine große Anzahl von Marktteilnehmern mit unterschiedlichen Handlungsmotiven aus. In der Regel sind solche Märkte aufgrund der hohen Umsätze nicht sehr volatil. Eine direkte Folge davon sind verhältnismäßig enge Geld-Brief-Spannen. Demzufolge können auch umfangreiche Orders, die z.B. dem Aufbau oder dem Schließen von offenen Positionen dienen, jederzeit und ohne Reibungsverluste initiiert werden. Ein liquider Markt kommt dem theoretischen Konstrukt des vollkommenen Marktes sehr nahe, bei dem der Preis bzw. der Kurs das Ergebnis von Angebot und Nachfrage sind. Selbst bedeutende Marktteilnehmer können daher i.d.R. keinen relevanten Einfluss auf die Preise bzw. Kurse nehmen. Vor diesem Hintergrund kann bei marktliquiden Kassa- und Termininstrumenten die Marktgerechtigkeitskontrolle in Stichproben erfolgen, soweit dies unter Risikogesichtspunkten vertretbar ist.

45

5.6 Ersterwerb aus einer Emission

Der Ersterwerb von Wertpapieren aus einer Emission ist grundsätzlich als Handelsgeschäft zu qualifizieren (→ AT2.3 Tz.3, Erläuterung). Allerdings sind in Abhängigkeit von der Art und der Struktur des Geschäftes Erleichterungen bei der Marktgerechtigkeitskontrolle möglich. So reduziert sich die Marktgerechtigkeitskontrolle z.B. bei einer Emission im Wege der öffentlichen Versteigerung oder des öffentlichen Angebotes (Bietung) auf die Kontrolle der richtigen Abrechnung des Emissionskurses. In diesem Fall wäre eine derartig abgespeckte Kontrolle, die ohnehin durchzuführen ist und deshalb keinen weiteren Aufwand für das Institut nach sich zieht, rein formal völlig ausreichend. Es liegt natürlich im Ermessen des Institutes, die Kontrolle der Marktgerechtigkeit in derartigen Fällen weiter auszudehnen. Zum Beispiel könnte sich ein Institut durch das Einholen von Vergleichsangeboten oder durch theoretische Bewertungen davon überzeugen, ob die Emission zu einem »marktgerechten« Kurs emittiert wurde.

46

5.7 Inländische Börsen

Bei Börsen handelt es sich um organisierte Handelsplätze, die das Angebot und die Nachfrage für bestimmte Finanzinstrumente zusammenbringen und auf dieser Basis einen Marktpreis feststellen. Die Ordnungsmäßigkeit des Börsenhandels wird durch gesetzliche Regelungen gewährleistet. Zum Beispiel hat jede deutsche Börse nach einschlägigen Normen des Börsengesetzes (BörsG) eine Handelsüberwachungsstelle einzurichten, deren Aufgabe insbesondere darin besteht, die Überwachung des Börsenhandels und der Börsengeschäftsabwicklung sicherzustellen. Vor diesem Hintergrund besteht kein Anlass zur Sorge, dass der an einer inländischen Börse festgestellte Preis nicht marktgerecht sein könnte. Insoweit kann bei Handelsgeschäften, die direkt oder über Dritte (z.B. über eine Korrespondenzbank) über eine inländische Börse abgewickelt werden, auf die Marktgerechtigkeitskontrolle verzichtet werden. Diese Ausnahmeregelung war bereits Gegenstand der MaH bzw. der diesbezüglich erfolgten Auslegungen und wurde praktisch unverändert in die MaRisk übernommen.[9]

47

---

9 Vgl. Bundesaufsichtsamt für das Kreditwesen, Erläuterungen zu einzelnen Regelungen der Mindestanforderungen an das Betreiben von Handelsgeschäften der Kreditinstitute (MaH), Rundschreiben 4/1998 vom 8. April 1998, Abschnitt III a); Bundesaufsichtsamt für das Kreditwesen, Ergänzende Hinweise zu den Mindestanforderungen an das Betreiben von Handelsgeschäften der Kreditinstitute (MaH) – Revisionsberichte und Marktgerechtigkeitsprüfung, Rundschreiben 5/2001 vom 12. September 2001, Abschnitt III.

5.8 Andere geregelte Märkte

48 Ausnahmen von der Marktgerechtigkeitskontrolle waren schon den Auslegungen der MaH zufolge nicht nur bei Handelsgeschäften möglich, die über inländische Börsen abgewickelt werden. Eine analoge Anwendung galt auch für vergleichbare ausländische Börsenplätze. Dazu gehörten neben den Börsenplätzen des EWR auch andere europäische oder außereuropäische Börsen. Die Bankenaufsicht hatte zur besseren Orientierung die »Liste der Börsen mit amtlichem Handel und der anderen organisierten Märkte« veröffentlicht.[10] In dieser Liste wurden jene ausländischen Börsen aufgeführt, deren Funktionsweise nach dem Gesetz über Kapitalanlagegesellschaften (KAGB), dessen Regelungen mittlerweile in das Investmentgesetz (InvG) überführt wurden, als ordnungsgemäß zu beurteilen waren.

49 Diese Ausnahmeregelung ist materiell in die MaRisk übernommen und mit deren Neufassung konkretisiert worden. Allerdings orientierte sich die BaFin zunächst an der MiFID. Soweit Handelsgeschäfte direkt oder über Dritte (z. B. über eine Korrespondenzbank) an einem anderen geregelten Markt abgewickelt werden, kann ungeachtet seines Sitzstaates auf die Marktgerechtigkeitskontrolle verzichtet werden. Zur Identifizierung der Märkte, die als »geregelte Märkte« im Sinne dieser Anforderung angesehen werden können, ist eine Orientierung an folgenden Aufstellungen möglich (→ BTO 2.2.2 Tz. 5, Erläuterung):

- Übersicht der »European Securities and Markets Authority« (ESMA) zu geregelten Märkten in den Mitgliedstaaten der EU sowie in den anderen Vertragsstaaten des Abkommens über den Europäischen Wirtschaftsraum (abrufbar unter: www.esma.europa.eu/Registries and Databases/Regulated Markets database),
- »Liste der zugelassenen Börsen und der anderen organisierten Märkte gemäß § 193 Abs. 1 Nr. 2 und 4 KAGB« für geregelte Märkte in Ländern außerhalb der Mitgliedstaaten der EU sowie außerhalb der anderen Vertragsstaaten des Abkommens über den Europäischen Wirtschaftsraum (Schreiben der BaFin vom 16.02.2011; zuletzt geändert am 19.08.2013).

---

10 Vgl. Bundesaufsichtsamt für das Kreditwesen, Ergänzende Hinweise zu den Mindestanforderungen an das Betreiben von Handelsgeschäften der Kreditinstitute (MaH) – Revisionsberichte und Marktgerechtigkeitsprüfung, Rundschreiben 5/2001 vom 12. September 2001, Anlage.

6 Umgang mit Unstimmigkeiten und Auffälligkeiten (Tz. 6)

6 Unstimmigkeiten und Auffälligkeiten, die im Rahmen der Abwicklung und Kontrolle 50 festgestellt wurden, sind unter der Federführung eines vom Handel unabhängigen Bereiches unverzüglich zu klären. Für Unstimmigkeiten und Auffälligkeiten, die nicht plausibel geklärt werden können, hat das Institut angemessene Eskalationsverfahren einzurichten.

6.1 Unstimmigkeiten

Bei der Abwicklung von Handelsgeschäften werden gelegentlich Unstimmigkeiten festgestellt, die 51 auf verschiedene Ursachen zurückzuführen sein können. Häufig werden sie von Händlern verursacht, die interne Vorgaben nicht beachten. Beispiele hierfür sind unvollständige Geschäftsunterlagen oder Händlerzettel, die vom Handel manchmal sogar verspätet an die Abwicklung geschickt werden. Umgekehrt ist allerdings nicht auszuschließen, dass eine allzu strenge bzw. überformalisierte Handhabung der Abwicklung mit dazu beitragen kann, Unstimmigkeiten überhaupt erst aufkommen zu lassen.

Nicht in jedem Fall betreffen Unstimmigkeiten das Verhältnis zwischen Handel und Abwicklung. Sie können auch auf abweichenden Gegenbestätigungen beruhen, die vom Kontrahenten an 52 die Abwicklung des Institutes gesandt wurden. Das Bestätigungsverfahren und auch die Aufzeichnung der Händlergespräche auf Tonträger können insoweit einen wichtigen Beitrag zur Klärung von Unstimmigkeiten leisten.

Welcher Vorgang im Einzelnen als Unstimmigkeit anzusehen ist, kann nicht allgemein 53 vorgegeben werden. Aus Effizienzgründen sollten z.B. versehentliche Fehleingaben von Händlern nicht automatisch als Unstimmigkeit qualifiziert werden, die einen formalisierten Klärungsprozess »unter der Federführung« eines vom Handel unabhängigen Bereiches erforderlich macht. In derartigen Fällen sollten Mitarbeiter der (vertriebsunabhängigen) Abwicklung den betroffenen Händler zunächst direkt ansprechen, um das Problem auf unkomplizierte Weise zu lösen. Durch diese pragmatische Verfahrensweise wird im Ergebnis dem Sinn und Zweck der Regelung entsprochen.

6.2 Auffälligkeiten

Im Rahmen der dritten MaRisk-Novelle wurde die Anforderung ergänzt, dass bei der Abwick- 54 lung und Kontrolle nicht nur auf »Unstimmigkeiten«, sondern auch auf »Auffälligkeiten« geachtet werden muss. Mit dieser Ergänzung will die deutsche Aufsicht den Gedanken der Betrugsprävention stärker betonen, der durch spektakuläre Fälle in den letzten Jahren verstärkt in den Fokus der Aufsicht gerückt ist.[11] Vor diesem Hintergrund können die Auffälligkeiten von den bereits erwähnten Unstimmigkeiten z.B. in der Weise abgegrenzt werden, dass damit

---

11 Vgl. Bundesanstalt für Finanzdienstleistungsaufsicht, Übermittlungsschreiben zum ersten Entwurf zur Überarbeitung der MaRisk vom 9. Juli 2010, S. 7.

i. d. R. ein Vorsatz verbunden ist, um sich in betrügerischer Absicht einen Vorteil zu verschaffen oder ein Problem zu verschleiern. Es ist jedoch ebenso möglich, in Abgrenzung zu den Unstimmigkeiten deutlich vorher anzusetzen, indem Auffälligkeiten z. B. als Abweichungen vom erwarteten bzw. gewohnten Sachverhalt aufgefasst werden. Letztlich unterscheiden sich die Anforderungen an die Behandlung von Unstimmigkeiten und Auffälligkeiten an dieser Stelle ohnehin nicht.

55   Mit Blick auf weitere Ergänzungen im Rahmen der zweiten und dritten MaRisk-Novelle besteht ein direkter Zusammenhang zu den Anforderungen, ein besonderes Augenmerk auf die Häufung von Stornierungen und Korrekturen bei einzelnen Mitarbeitern oder bestimmten Geschäften (→ BTO 2.2.2 Tz. 2, Erläuterung) sowie auf die Abstimmung von Zwischen- und Auffangkonten zu richten, wobei Auffälligkeiten im Zusammenhang mit diesen Konten unverzüglich zu klären sind (→ BTO 2.2.2 Tz. 7). Auffälligkeiten können sich auch im Rahmen der Abstimmungsprozesse zwischen den im Handel ermittelten Positionen und den in den nachgelagerten Prozessen und Funktionen geführten Positionen ergeben, in die inaktive Portfolien (»dormant portfolios«) und fiktive Kontrahenten (»dummy counterparts«) einzubeziehen sind (→ BTO 2.2.2 Tz. 7). Daneben können natürlich auch andere Aspekte beleuchtet werden, wie z. B. Auffälligkeiten bei Geschäften mit Maklern, die darauf hindeuten, dass bestimmte Händler auf unzulässige Weise profitieren.

6.3   Klärung oder Eskalation

56   Sowohl Unstimmigkeiten als auch Auffälligkeiten sind zur Vermeidung von Interessenkonflikten unter der Federführung eines vom Handel unabhängigen Bereiches zu klären. Insoweit werden regelmäßig der Handel und die Abwicklung beteiligt sein. Da die Abwicklung die Unstimmigkeiten festgestellt hat, liegt es darüber hinaus nahe, dass sie auch die Federführung bei deren Klärung übernimmt. Allerdings kann es im Fall eines Disputes zwischen Handel und Abwicklung sinnvoll sein, wenn »neutrale« Mitarbeiter oder Organisationseinheiten federführend in diesem Klärungsprozess tätig werden. Infrage kommen z. B. das Risikocontrolling oder die Interne Revision.

57   Während ein neutraler Dritter bei Unstimmigkeiten häufig zu einer Klärung des Sachverhaltes beitragen kann, werden die Verursacher von Betrugsfällen tendenziell versuchen, ihre Aktivitäten zu verschleiern bzw. die Verantwortung dafür abzustreiten. Es liegt also nahe, dass insbesondere jene beobachteten Auffälligkeiten, die auf betrügerische Handlungen zurückzuführen sind, nicht ohne weiteres plausibel geklärt werden können. Deshalb hat das Institut für derartige Fälle angemessene Eskalationsverfahren einzurichten. CEBS hat z. B. Eskalationsprozesse zur Information der betroffenen Leitungsebene über Vorfälle gefordert, bei denen vorgegebene Risikotoleranzgrenzen überschritten werden oder betrügerische bzw. verdächtige Aktivitäten festgestellt werden.[12]

58   Die Nutzung technischer Konten, wie z. B. Verwahrkonten, sollte den Vorstellungen von CEBS zufolge durch das Middle- und Backoffice analysiert und nachvollzogen sowie immer dann infrage gestellt werden, wenn sie durch das Frontoffice unsachgemäß erfolgt. Jede verdächtige Aktivität auf diesen Konten sollte gegenüber der Geschäftsleitung eskaliert und von dieser geklärt werden. Darüber hinaus sollten die Institute die Entwicklung sensibler Konten, wie z. B. Konten mit schwebenden Geschäften, angemessen überwachen. Damit die Kontrollen eine

---

12 Vgl. Committee of European Banking Supervisors, Guidelines on the management of operational risks in market-related activities (GL 35), 12. Oktober 2010, S. 7.

abschreckende Wirkung haben und rechtzeitig geeignete Gegensteuerungsmaßnahmen getroffen werden können, muss die Überwachung jeweils mit einer solchen Häufigkeit erfolgen, dass unangemessene Aktivitäten oder anomales Verhalten so schnell wie möglich erkannt werden. Lediglich monatliche Kontrollen der Handelsbücher, die sich z.B. auf die Zuordnung der Refinanzierungskosten, die internen und externen Handelsabstimmungen, die Kontrolle der Verwahrkonten und die Berichterstattung beziehen, können laut Ansicht von CEBS zu einer unangemessenen Verzögerung bei der Erkennung von Anomalien führen.[13]

---

13 Vgl. Committee of European Banking Supervisors, Guidelines on the management of operational risks in market-related activities (GL 35), 12. Oktober 2010, S. 13 f.

7 Interne Abstimmung der Positionen (Tz. 7)

59 7 Die im Handel ermittelten Positionen sind regelmäßig mit den in den nachgelagerten Prozessen und Funktionen (z.B. Abwicklung, Rechnungswesen) geführten Positionen abzustimmen. In die Abstimmungsaktivitäten sind auch inaktive Portfolien (»dormant portfolios«) und fiktive Kontrahenten (»dummy counterparts«) einzubeziehen. Besonderes Augenmerk ist auf die Abstimmung von Zwischen- und Auffangkonten zu richten. Auffälligkeiten im Zusammenhang mit diesen Konten sind unverzüglich zu klären.

7.1 Zweck der Positionsabstimmung

60 Die im Handel ermittelten Positionen sind regelmäßig mit den Positionen abzustimmen, die in den nachgelagerten Prozessen und Funktionen geführt werden. Das betrifft in erster Linie die Abwicklung und das Rechnungswesen. Soweit sich Institute IT-gestützter Systeme bedienen, die den Prozess vom Abschluss des Handelsgeschäftes über dessen Erfassung in den Handelssystemen und die Weiterleitung an die Abwicklung (→ BTO 2.2.1 Tz. 5) ggf. bis hin zur Abbildung im Rechnungswesen bzw. im Risikocontrolling (→ BTO 2.2.3 Tz. 1) abdecken, werden sich i.d.R. keine Unterschiede im Hinblick auf die jeweils erfassten Positionen ergeben.

61 Abweichungen können vor allem dann nicht ausgeschlossen werden, wenn die Positionen separat im Handel sowie in den nachgelagerten Prozessen und Funktionen erfasst werden. Durch solche Abweichungen wird zudem die Plausibilisierung der im Rechnungswesen und Risikocontrolling ermittelten Ergebnisse erschwert (→ BTR 2.1 Tz. 3). Im Extremfall können unabgestimmte Positionen die Aussagekraft der Ergebnisse für interne (Controlling, Risikocontrolling) und externe (Rechnungswesen) Zwecke beeinträchtigen, so dass z.B. der Jahresabschluss die tatsächliche Vermögenslage des Institutes nicht korrekt widerspiegelt.

7.2 Regelmäßige Abstimmung

62 Die regelmäßige Abstimmung der Positionen trägt dazu bei, dass Abweichungen sowie damit einhergehende Konsequenzen weitgehend ausgeschlossen werden können. Der konkrete Turnus für die Abstimmung hängt von der Art, dem Umfang und der Komplexität der betriebenen Handelsgeschäfte ab. Es liegt demnach im Ermessen des Institutes, einen angemessenen Turnus festzulegen. Sollten sich im Rahmen der Abstimmung gehäuft wesentliche Abweichungen ergeben, ist dies sicherlich ein Indiz dafür, den Turnus der Abstimmung aus aktuellem Anlass zu verkürzen.

63 In die Abstimmungsaktivitäten sind auch inaktive Portfolien (»dormant portfolios«) und fiktive Kontrahenten (»dummy counterparts«) einzubeziehen. CEBS hat von den Instituten gefordert, angemessene Kontrollen und Verfahren einzuführen, die auch interne Geschäfte, inaktive Portfolien und fiktive Kontrahenten einschließen. Unter inaktiven Portfolien sind Portfolien zu verstehen, die vom Frontoffice nicht länger »überwacht« werden, wobei es hier wohl eher um die

»Verwendung« dieser Portfolien geht. Fiktive Kontrahenten sind in erster Linie Kontrahenten, deren Zuordnung offen (»pending«) ist.[14] Dies kann z.B. darauf zurückzuführen sein, dass die Legitimationsprüfung noch nicht abgeschlossen wurde. In der Praxis werden fiktive Kontrahenten auch aus abwicklungstechnischen Gründen für bestimmte Buchungsprozesse verwendet.

Zu den internen Geschäften gehören nach den Vorstellungen von CEBS im Gegensatz zu den MaRisk auch Geschäfte zwischen verschiedenen Rechtseinheiten einer Gruppe. Diese Abweichung spielt für die deutschen Institute allerdings keine Rolle, da für die einzelnen (beaufsichtigten) Gruppenunternehmen jeweils die MaRisk gelten, womit von ihnen auch die Anforderungen an Handelsgeschäfte zu beachten sind.   **64**

Besonderes Augenmerk ist zudem auf die Abstimmung von Zwischen- und Auffangkonten zu richten. Auffälligkeiten im Zusammenhang mit diesen Konten sind unverzüglich zu klären. Eine Definition von Zwischen- und Auffangkonten findet sich in den MaRisk nicht. Es kann davon ausgegangen werden, dass damit in erster Linie das so genannte CpD-Konto (»Conto-pro-Diverse«) gemeint ist. Dabei handelt es sich um ein Konto für nicht eindeutig zuzuordnende Buchungsvorgänge, wie z.B. Zahlungseingänge, deren Empfänger aufgrund fehlerhafter oder unvollständiger Daten nicht zweifelsfrei bestimmt werden konnte. Als Verrechnungskonto für Wertpapiergeschäfte ist ein CpD-Konto aufgrund gesetzlicher Bestimmungen zur Verhinderung von Geldwäsche oder Steuerhinterziehung ohnehin nicht mehr zulässig.   **65**

Bei CEBS finden sich Hinweise auf so genannte technische Konten, wie z.B. Verwahrkonten, und andere sensible Konten, auf denen z.B. schwebende Geschäfte verbucht sind. Die Verwendung derartiger Konten soll in angemessener Häufigkeit überwacht werden.[15] Es ist nicht auszuschließen, dass derartige Konten ebenfalls als Zwischen- oder Auffangkonten im Sinne der MaRisk angesehen werden.   **66**

7.3   Prüfpfad (»Audit Trail«)

Zur Sicherstellung angemessener Abstimmungsprozesse »kann es notwendig sein«, dass das Institut Prozesse und Verfahren etabliert, die eine jederzeitige Verifizierung der Entstehungshistorie von Positionen und Zahlungsströmen (»Cashflows«) gewährleisten (→ BTO 2.2.2 Tz. 7, Erläuterung). Trotz dieser weichen Formulierung sollte davon ausgegangen werden, dass es sich um eine echte Anforderung handelt. Die deutsche Aufsicht bezeichnet derartige Prozesse und Verfahren als »Audit Trail«. In anderen Veröffentlichungen werden synonym die Begriffe Prüfpfad, Buchungsprotokoll oder Logbuch verwendet. Gemeint ist jeweils eine detaillierte Dokumentation der Handelsgeschäfte einschließlich solcher Nebenabreden, die zu Positionen führen, vom Geschäftsabschluss bis zur Geschäftsabwicklung – zur schrittweisen Rückverfolgung bis zu ihrem Ausgangspunkt. Damit wurden die zahlreichen Abstimmungs- und Plausibilisierungsprozesse rund um den Abschluss von Handelsgeschäften um einen weiteren Baustein ergänzt (siehe Abbildung 63).   **67**

---

14 Vgl. Committee of European Banking Supervisors, Guidelines on the management of operational risks in market-related activities (GL 35), 12. Oktober 2010, S. 10.

15 Vgl. Committee of European Banking Supervisors, Guidelines on the management of operational risks in market-related activities (GL 35), 12. Oktober 2010, S. 13 f.

BTO 2.2.2 Abwicklung und Kontrolle

Abb. 63: Abstimmungsprozesse bei Handelsgeschäften

68 Hinweise zur Ausgestaltung eines Audit Trail finden sich bei CEBS. Grundsätzlich sollten alle mit einer Transaktion verbundenen relevanten Positionen, Cashflows und Berechnungen, wie z.B. Handelsbuchpositionen, Gewinne und Verluste sowie ungewisse Cashflows, in den institutsinternen IT-Systemen eindeutig erfasst und dokumentiert werden. Idealerweise sollte der Audit Trail beim Händler beginnen, der die Transaktion initiiert hat, und den gesamten Pfad bis zum Kontrahenten umfassen, der die Transaktion erhalten oder für sie bezahlt hat (»Front-to-End-Audit-Trail«). Dabei sollte auf einem hinreichend granularen Level, wie z.B. nach Händlern, Büchern, Produkten und Portfolien, eine Rückverfolgung der Cashflows in beide Richtungen möglich sein. CEBS konkretisiert die beiden Richtungen mit »downstream« und »upstream« womit vermutlich eine Rückverfolgung der Cashflows vom Händler bis zum Kontrahenten und umgekehrt gemeint ist. Neben einem automatisierten Front-to-End-Audit-Trail, bei dem die erforderlichen Daten auf Knopfdruck sofort verfügbar sind, ist offenbar auch eine Erzeugung des kompletten Audit Trail inkl. der jeweiligen Verantwortlichen oder Händler innerhalb eines angemessenen Zeitraumes zulässig. Voraussetzung dafür ist allerdings, dass die Eingabe und Änderung von Daten hinsichtlich der Transaktionen (inkl. Abwicklung), Positionen, Bewertungen und anderen relevanten Angelegenheiten ausreichend dokumentiert ist.[16]

69 Laut CEBS sind Audit Trails nicht nur für die eigentliche Abwicklung und Kontrolle von Bedeutung, sondern auch für die Nachhandelskontrollen, die regelmäßig von den Kontroll- und Unterstützungsfunktionen, wie z.B. dem OpRisk-Management, dem (Risiko-)Controlling, dem Finanzbereich, der Internen Revision oder dem externen Prüfer, durchgeführt werden. Ebenso benötigt die Bilanzierung von Transaktionen und Cashflows eine strenge Überwachung und interne Kontrollen.[17]

---

16 Vgl. Committee of European Banking Supervisors, Guidelines on the management of operational risks in market-related activities (GL 35), 12. Oktober 2010, S. 9 f.

17 Vgl. Committee of European Banking Supervisors, Guidelines on the management of operational risks in market-related activities (GL 35), 12. Oktober 2010, S. 9.

BTO 2.2.3 Abbildung im Risikocontrolling

1 Abbildung im Risikocontrolling (Tz. 1)

1   **1** Handelsgeschäfte einschließlich solcher Nebenabreden, die zu Positionen führen, sind unverzüglich im Risikocontrolling abzubilden.

1.1 Abbildung der Geschäfte

2   Handelsgeschäfte sind unverzüglich nach Geschäftsabschluss mit allen maßgeblichen Abschlussdaten zu erfassen, bei der Ermittlung der jeweiligen Position zu berücksichtigen und mit allen Unterlagen an die Abwicklung zu leiten (→ BTO 2.2.1 Tz. 5). Daran anschließend sind die Handelsgeschäfte unverzüglich im Risikocontrolling abzubilden. In Abhängigkeit von der jeweiligen Organisationsstruktur kann diese Aufgabe auch dem Controlling zufallen (→ BTR 2.1 Tz. 4). Im Rahmen der Abbildung der Geschäfte sind auch Nebenabreden, die zu Positionen führen, zu berücksichtigen (→ BTO 2.2.1 Tz. 1). Mit der Abbildung im (Risiko-)Controlling findet daher der idealtypische Ablauf in der Praxis (Handel, Abwicklung, Risikocontrolling) regelmäßig seinen Abschluss (→ BTO 2 Tz. 1). Die Abbildung der Positionen im (Risiko-)Controlling ist gleichzeitig die Grundlage für eine sachgerechte Überwachung der Risiken aus Handelsgeschäften (→ BTR 2) sowie für die Berichterstattung über die Marktpreisrisiken (→ BT 3.2 Tz. 4).

1.2 »Abbildung« anstelle von »Erfassung«

3   Der Systematik der MaRisk entsprechend wird die Erfassung der Handelsgeschäfte grundsätzlich dem Handel zugeordnet (→ BTO 2.2.1 Tz. 5), ohne damit jedoch eine zwingende Vorschrift zu verbinden. Vor allem bei handelsintensiven Instituten erfolgt die Erfassung aufgrund der zunehmenden Verwendung IT-gestützter Systeme i.d.R. durch den Handel (→ BTO 2.2.1 Tz. 6). Die Überleitung an die Abwicklung und das (Risiko-)Controlling funktioniert in diesen Fällen häufig automatisiert. Im Rahmen der nachgelagerten Prozesse findet dann lediglich eine Verifizierung statt.

4   Um die klare Abgrenzung zwischen der Erfassung der Geschäfte in den Handelssystemen und den Systemen des (Risiko-)Controllings zu verdeutlichen, wurde für die internen Steuerungssysteme der Begriff »Abbildung« gewählt. Damit sollten gleichzeitig Missverständnisse vermieden werden, die sich aus der Zuordnung der Geschäftserfassung zum Handel (→ BTO 2.2.1 Tz. 5) und der gleichzeitig erforderlichen Funktionstrennung von Handel und Risikocontrolling (→ BTO Tz. 3) ergeben könnten. Mit Rücksicht auf die Praxis vor allem bei kleineren Instituten kann im Übrigen für die Zwecke des (Risiko-)Controllings auch auf Daten des Rechnungswesens zurückgegriffen werden (→ BTO 2.2.3 Tz. 1, Erläuterung).

BTR Anforderungen an die Risikosteuerungs- und -controllingprozesse

1 Gliederung, wesentliche Risiken und Risikokonzentrationen (Tz. 1)

1   1 Dieses Modul enthält unter Berücksichtigung von Risikokonzentrationen besondere Anforderungen an die Ausgestaltung der Risikosteuerungs- und -controllingprozesse (AT 4.3.2) für
   a)   Adressenausfallrisiken (BTR 1),
   b)   Marktpreisrisiken (BTR 2),
   c)   Liquiditätsrisiken (BTR 3) und
   d)   operationelle Risiken (BTR 4).

1.1 Risikosteuerungs- und -controllingprozesse

2   Auf Basis ihres Gesamtrisikoprofils müssen die Institute sicherstellen, dass ihre wesentlichen Risiken laufend durch das Risikodeckungspotenzial bzw. die Risikodeckungsmasse[1] abgedeckt sind und damit die Risikotragfähigkeit gegeben ist (→ AT 4.1 Tz. 1). Damit wird die Fortführung der Geschäftstätigkeit ermöglicht. Zur Gewährleistung der Risikotragfähigkeit (→ AT 4.1 Tz. 2) und zur Umsetzung der Strategien (→ AT 4.2 Tz. 3) sind geeignete Risikosteuerungs- und -controlling-prozesse einzurichten. Diese drei Elemente sind im Sinne eines Regelkreislaufes miteinander zu verknüpfen (→ AT 4.1 Tz. 2).

3   Die Risikosteuerungs- und -controllingprozesse müssen nach Maßgabe von § 25a Abs. 1 KWG eine Identifizierung, Beurteilung, Steuerung sowie Überwachung und Kommunikation der »wesentlichen« Risiken gewährleisten (→ AT 4.3.2 Tz. 1). Insbesondere müssen die wesentlichen Risiken mit Hilfe dieser Prozesse frühzeitig erkannt, vollständig erfasst und in angemessener Weise dargestellt (→ AT 4.3.2 Tz. 2) sowie unter Berücksichtigung der Risikotragfähigkeit und des Risikoappetits wirksam begrenzt und überwacht (→ AT 4.3.2 Tz. 1) werden können. Die Risiken sind auf der Ebene des gesamten Institutes zu erfassen, unabhängig davon, in welcher Organisationseinheit sie verursacht wurden (→ AT 2.2 Tz. 1). Risiken, die bei der Risikotragfähigkeitsbetrachtung unberücksichtigt bleiben (→ AT 4.1 Tz. 4), Risiken aus ausgelagerten Aktivitäten und Prozessen (→ AT 4.3.2 Tz. 2), mit wesentlichen Risiken verbundene Risikokonzentrationen (→ AT 2.2 Tz. 1) sowie Risiken aus außerbilanziellen Gesellschaftskonstruktionen, selbst wenn diese nicht konsolidierungspflichtig sein sollten (→ AT 2.2 Tz. 2, Erläuterung), sind dabei zu berücksichtigen. Für Risiken, die als nicht wesentlich eingestuft werden, sind angemessene Vorkehrungen zu treffen (→ AT 2.2 Tz. 1).

4   Die Risikosteuerungsprozesse betreffen grundsätzlich die Identifizierung, Beurteilung und Steuerung der wesentlichen Risiken, während die Überwachung und Kommunikation der wesent-

---

1   Da ein Institut auch bei Eintreten eines extremen Verlustes überlebensfähig bleiben soll, wird die Geschäftsleitung regelmäßig nicht das gesamte »Risikodeckungspotenzial« zur Abdeckung der Risiken verwenden. In der Regel wird daher mit der »Risikodeckungsmasse« nur ein bestimmter Anteil am Risikodeckungspotenzial festgelegt, der zur Abdeckung der wesentlichen Risiken und damit verbundenen Risikokonzentrationen zur Verfügung steht. Mit dieser risikostrategischen Festlegung dokumentiert die Geschäftsleitung ihren »Risikoappetit«. Der Risikotragfähigkeitsbegriff der MaRisk bezieht sich zwar auf eine Gegenüberstellung der wesentlichen Risiken und des gesamten Risikodeckungspotenzials. Der Risikoappetit der Geschäftsleitung spielt im Rahmen des ICAAP und des SREP aber eine nicht zu unterschätzende Rolle. Mit Blick auf die von der EZB geforderten »Management-Puffer« bietet es sich für die bedeutenden Institute insofern an, für diesen Zweck auf die (gesamte) Differenz zwischen dem Risikodeckungspotenzial und der Risikodeckungsmasse abzustellen (→ AT 4.1 Tz. 2).

lichen Risiken den Risikocontrollingprozessen zugerechnet werden. Deshalb ist die Risikocontrolling-Funktion auch in erster Linie für die Überwachung und Kommunikation der Risiken zuständig (→ AT 4.4.1 Tz. 1 und BTO Tz. 2). Dem »Modell der drei Verteidigungslinien« (»Three-Lines-of-Defence-Modell«) zufolge sind die Geschäftseinheiten der ersten Verteidigungslinie, wozu die Bereiche Markt und Handel sowie alle sonstigen kundenbezogenen Aktivitäten gezählt werden, für die laufende und transaktionsbasierte Identifizierung, Beurteilung und Steuerung der Risiken in ihrem Verantwortungsbereich zuständig. Die Risikocontrolling-Funktion gehört hingegen mit der Compliance-Funktion u. a. zur zweiten Verteidigungslinie (→ AT 4.4, Einführung).[2]

Die allgemeinen Anforderungen werden im besonderen Teil der MaRisk weiter spezifiziert. In diesem Modul werden die besonderen Anforderungen an die Ausgestaltung der Risikosteuerungs- und -controllingprozesse formuliert, wobei die spezifischen Vorgaben zur Risikoberichterstattung im Rahmen der fünften MaRisk-Novelle in das neue Modul BT 3 überführt wurden. Diese Prozesse sind in eine gemeinsame Ertrags- und Risikosteuerung (»Gesamtbanksteuerung«) einzubinden (→ AT 4.3.2 Tz. 1). Sie spielen im Hinblick auf die Funktionsfähigkeit der »Internal Governance« eines Institutes eine zentrale Rolle. **5**

1.2 Kapitalrisiken sowie Liquiditäts- und Refinanzierungsrisiken

Die EBA hat u. a. den Auftrag, bestimmte Vorgaben der CRD IV und der CRR weiter zu konkretisieren. Für die Zwecke des SREP unterscheidet die EBA grundsätzlich zwischen Kapitalrisiken sowie Liquiditäts- und Refinanzierungsrisiken. Unter den »Kapitalrisiken« (»Risks to Capital«) versteht die EBA spezielle Risiken, die sich im Falle ihres Eintritts in aufsichtlicher Hinsicht wesentlich auf die Eigenmittel des Institutes über die nächsten zwölf Monate auswirken. Diese Risiken umfassen die in den Art. 79 bis 87 CRD IV aufgeführten Risikoarten (Adressenausfallrisiken, Restrisiken, Konzentrationsrisiken, Verbriefungsrisiken, Marktpreisrisiken, Zinsänderungsrisiken im Anlagebuch, operationelle Risiken, Liquiditäts- und Refinanzierungsrisiken sowie Risiken einer übermäßigen Verschuldung), sind jedoch nicht darauf beschränkt.[3] Formal betrachtet widerspricht die Berücksichtigung der Liquiditäts- und Refinanzierungsrisiken bei den Kapitalrisiken der erwähnten Unterscheidung. Die EBA hat von einem Ausschluss vermutlich deshalb abgesehen, weil bestimmte Komponenten der Liquiditäts- und Refinanzierungsrisiken durchaus im Risikotragfähigkeitskonzept (ICAAP) berücksichtigt werden sollten. Vor diesem Hintergrund hat auch die deutsche Aufsicht die Ausnahme vom Risikotragfähigkeitskonzept im Rahmen der fünften MaRisk-Novelle auf das Zahlungsunfähigkeitsrisiko eingeschränkt (→ AT 4.1 Tz. 4). **6**

Die »Liquiditäts- und Refinanzierungsrisiken« (»Risks to Liquidity and Funding«) sind spezielle Risiken, die sich im Falle ihres Eintritts in aufsichtlicher Hinsicht wesentlich auf die Liquidität eines Institutes über unterschiedliche Zeithorizonte auswirken.[4] Diese Risiken werden trotz separater Behandlung auch bei den Kapitalrisiken berücksichtigt. Das hängt damit zusammen, dass die zuständigen Behörden im Rahmen der Bewertung der Kapitalrisiken die potenzielle **7**

---

2 Vgl. Basel Committee on Banking Supervision, The internal audit function in banks, BCBS 223, 28. Juni 2012, S. 12 f; Basel Committee on Banking Supervision, Guidelines – Corporate governance principles for banks, BCBS d328, 8. Juli 2015, S. 25 und 31 f.; European Banking Authority, Final Report – Guidelines on internal governance under Directive 2013/36/EU, EBA/GL/2017/11, 26. September 2017, S. 9 f.; European Banking Authority, Guidelines on common procedures and methodologies for the supervisory review and evaluation process (SREP) and supervisory stress testing, EBA/GL/2014/13, Consolidated version, 19. Juli 2018, S. 56 ff.

3 Vgl. European Banking Authority, Guidelines on common procedures and methodologies for the supervisory review and evaluation process (SREP) and supervisory stress testing, EBA/GL/2014/13, Consolidated version, 19. Juli 2018, S. 24.

4 Vgl. European Banking Authority, Guidelines on common procedures and methodologies for the supervisory review and evaluation process (SREP) and supervisory stress testing, EBA/GL/2014/13, Consolidated version, 19. Juli 2018, S. 24.

Auswirkung des Refinanzierungsrisikos berücksichtigen und entscheiden sollten, ob Maßnahmen zur Minderung dieses Risikos erforderlich sind.[5]

8   Die zuständigen Behörden sollten gemäß den EBA-Leitlinien zum SREP jene Risiken bewerten und einstufen, die als wesentlich für das Institut identifiziert wurden. Für die Bewertung und Einstufung der Adressenausfallrisiken (Kredit- und Gegenparteiausfallrisiken), Marktpreisrisiken, Zinsänderungsrisiken des Anlagebuches, operationellen Risiken sowie Liquiditäts- und Refinanzierungsrisiken werden dort verschiedene Kriterien vorgegeben, die auch für die Institute wertvolle Hinweise liefern können.[6]

9   Im Rahmen des SREP sollten die zuständigen Behörden insbesondere auf jene Risiken achten, die als Treiber für den Gesamtforderungsbetrag[7] identifiziert werden, im ICAAP berücksichtigt werden, sich aus dem Geschäftsmodell des Institutes bzw. der Peergroup oder der Überwachung der Schlüsselindikatoren ergeben, aus den Feststellungen und Beobachtungen (»Findings and Observations«) in internen oder externen Prüfberichten abgeleitet werden, in Empfehlungen oder Leitlinien der EBA genannt werden oder in Warnungen und Empfehlungen von makroprudenziellen Behörden oder dem Europäischen Ausschuss für Systemrisiken (ESRB) vorkommen.[8]

1.3   Grundsätzlich als wesentlich einzustufende Risiken

10   Nach den Vorstellungen der deutschen Aufsicht sind zumindest die folgenden Risiken grundsätzlich als wesentlich einzustufen (→ AT 2.2 Tz. 1), an die deshalb auch besondere Anforderungen gestellt werden:
– Adressenausfallrisiken einschließlich Länderrisiken (→ BTR 1),
– Marktpreisrisiken einschließlich Zinsänderungsrisiken (→ BTR 2),
– Liquiditätsrisiken (→ BTR 3) und
– operationelle Risiken (→ BTR 4)

11   Die Behandlung der Marktpreisrisiken untergliedert sich in allgemeine Prinzipien (→ BTR 2.1) und spezielle Regelungen, die den Besonderheiten des Handelsbuches (→ BTR 2.2) und des Anlagebuches (→ BTR 2.3) entsprechen. In vergleichbarer Weise werden die Anforderungen an das Management der Liquiditätsrisiken nach allgemeinen Vorschriften, die für alle Institute Gültigkeit beanspruchen (→ BTR 3.1), und speziellen Anforderungen, die von kapitalmarktorientierten Instituten zusätzlich zu beachten sind (→ BTR 3.2), unterschieden. Auf die Notwendigkeit der Berücksichtigung etwaiger Risikokonzentrationen wird gesondert hingewiesen.

1.4   Sonstige wesentliche Risiken

12   In der Regel wird sich das institutsinterne Risikomanagement nicht auf die genannten Risikoarten beschränken, sondern weitere Risiken in die Betrachtung einbeziehen, sofern sie eine entspre-

---

5 Vgl. European Banking Authority, Guidelines on common procedures and methodologies for the supervisory review and evaluation process (SREP) and supervisory stress testing, EBA/GL/2014/13, Consolidated version, 19. Juli 2018, S. 73.

6 Vgl. European Banking Authority, Guidelines on common procedures and methodologies for the supervisory review and evaluation process (SREP) and supervisory stress testing, EBA/GL/2014/13, Consolidated version, 19. Juli 2018, S. 72.

7 Der so genannte »Gesamtforderungsbetrag« (»Total Risk Exposure Amount«) ist eine entscheidende Größe für die Berechnung der regulatorischen Eigenmittelanforderungen der ersten Säule. Seine Berechnung ergibt sich aus Art. 92 Abs. 3 CRR.

8 Vgl. European Banking Authority, Guidelines on common procedures and methodologies for the supervisory review and evaluation process (SREP) and supervisory stress testing, EBA/GL/2014/13, Consolidated version, 19. Juli 2018, S. 73.

chende Bedeutung für die Institute haben. Die MaRisk beziehen sich daher auf das Management aller für ein Institut »wesentlichen« Risiken. Welche Risiken dieses Kriterium erfüllen, müssen die Institute jeweils individuell festlegen. Dazu müssen sie zunächst im Rahmen einer Risikoinventur ihr Gesamtrisikoprofil ermitteln (→ AT 2.2 Tz. 1). Anschließend müssen sie prüfen, welche der ermittelten Risiken die Vermögenslage (inklusive Kapitalausstattung), die Ertragslage oder die Liquiditätslage wesentlich beeinträchtigen können (→ AT 2.2 Tz. 2). Die EZB legt für die bedeutenden Institute vergleichbare Maßstäbe zugrunde, indem sie die Auswirkungen der Risiken auf die Angemessenheit der Kapital- oder Liquiditätsausstattung der Institute betrachtet.[9] Abhängig vom konkreten Gesamtrisikoprofil der Institute sind also ggf. auch sonstige Risiken als wesentlich einzustufen, an die in diesem Modul keine besonderen Anforderungen gestellt werden (→ AT 2.2 Tz. 2, Erläuterung).

Potenzielle Kandidaten dafür sind neben den Reputationsrisiken (→ AT 2.2 Tz. 2, Erläuterung) **13** zunächst die übrigen in der Bankenrichtlinie aufgeführten Risikoarten, also die Restrisiken (Art. 80 CRD IV), die Konzentrationsrisiken (Art. 81 CRD IV), die Verbriefungsrisiken (Art. 82 CRD IV) und die Risiken einer übermäßigen Verschuldung (Art. 87 CRD IV). Je nach Definition kann es sich dabei auch um Unterkategorien anderer wesentlicher Risiken handeln. Unabhängig davon kann es erforderlich sein, bestimmte Unterkategorien einzelner Risikoarten aufgrund ihrer besonderen Bedeutung für einzelne Sachverhalte separat zu betrachten.

Auch wenn für die sonstigen wesentlichen Risiken keine konkreten Vorgaben gemacht werden, **14** müssen dafür zumindest angemessene Risikosteuerungs- und -controllingprozesse eingerichtet werden. Das lässt sich aus den allgemeinen Anforderungen genauso ableiten wie aus der Anforderung, die Geschäftsleitung mindestens vierteljährlich über die sonstigen vom Institut als wesentlich identifizierten Risiken unterrichten zu müssen. Im Rahmen dieser Berichterstattung ist u. a. auf die Ursachen, die möglichen Implikationen sowie ggf. bereits getroffene Gegenmaßnahmen für das jeweilige Risiko einzugehen. Aus den Berichten muss hervorgehen, wie sich die aktuelle Risikosituation darstellt und ggf. mit welchen Maßnahmen diesen Risiken begegnet wurde bzw. begegnet werden kann (→ BT 3.2 Tz. 7). Diese Informationen basieren also auf der Vermutung, dass entsprechende Risikosteuerungs- und -controllingprozesse vorhanden sind.

1.5   Relevante Unterkategorien der wesentlichen Risiken

Von der EBA wird eine Reihe von Unterkategorien der oben genannten wesentlichen Risiken **15** angegeben, die beim SREP zu berücksichtigen sind:
- Adressenausfallrisiken: Kreditkonzentrationsrisiken, Gegenparteiausfallrisiken und Abwicklungsrisiken, Länderrisiken, Kreditrisiken aus Verbriefungen, Fremdwährungskreditrisiken, Risiken aus Spezialfinanzierungen.[10] Eine wichtige Rolle spielen zudem Migrationsrisiken sowie Besicherungsrisiken.[11]
- Marktpreisrisiken: Positionsrisiken (als Oberbegriff für allgemeine und spezifische Risiken), Fremdwährungsrisiken, Warenpositionsrisiken, Risiken einer Anpassung der Kreditbewer-

---

9 Vgl. Europäische Zentralbank, Leitfaden der EZB für den bankinternen Prozess zur Sicherstellung einer angemessenen Kapitalausstattung (Internal Capital Adequacy Assessment Process – ICAAP), 9. November 2018, S. 47; Europäische Zentralbank, Leitfaden der EZB für den bankinternen Prozess zur Sicherstellung einer angemessenen Liquiditätsausstattung (Internal Liquidity Adequacy Assessment Process – ILAAP), 9. November 2018, S. 37.

10 Vgl. European Banking Authority, Guidelines on common procedures and methodologies for the supervisory review and evaluation process (SREP) and supervisory stress testing, EBA/GL/2014/13, Consolidated version, 19. Juli 2018, S. 77.

11 Vgl. European Banking Authority, Guidelines on common procedures and methodologies for the supervisory review and evaluation process (SREP) and supervisory stress testing, EBA/GL/2014/13, Consolidated version, 19. Juli 2018, S. 82 ff.

tung (CVA-Risiken) sowie nur in Bezug auf das Anlagebuch Credit-Spread-Risiken aus zum beizulegenden Zeitwert bewerteten Positionen und Risiken aus Beteiligungspositionen.[12]
– Zinsänderungsrisiken im Anlagebuch: Gap-Risiken, Basisrisiken und Optionsrisiken.[13]
– operationelle Risiken: Auslagerungsrisiken, (Fehl-)Verhaltensrisiken, Informations- und Kommunikationstechnologie-Risiken (IKT-Risiken) und Modellrisiken.[14]

16 Auch nach den Vorgaben der EZB liegt es in der Verantwortung der bedeutenden Institute, einen regelmäßigen Prozess zur Identifizierung sämtlicher bestehender oder potenzieller wesentlicher Risiken zu implementieren und dabei die jeweiligen Risikokategorien und -unterkategorien festzulegen. Allerdings müssen bestimmte Risiken in die Untersuchung einbezogen werden. Sofern das jeweilige Risiko als nicht wesentlich erachtet wird, erwartet die EZB eine Begründung. Zu berücksichtigen sind: Kreditrisiko (einschließlich Fremdwährungskreditrisiko, Länderrisiko, Kreditkonzentrationsrisiko, Migrationsrisiko), Marktrisiko (einschließlich Credit-Spread-Risiko, strukturelles Fremdwährungsrisiko), operationelles Risiko (einschließlich (Fehl-)Verhaltensrisiko, Rechtsrisiko, Modellrisiko), Zinsänderungsrisiko im Anlagebuch (einschließlich Risiko aus Optionen), Beteiligungsrisiko, Staatsrisiko, Pensionsrisiko, Finanzierungskostenrisiko, Risikokonzentrationen, Geschäfts- und strategisches Risiko. Im Falle von Konglomeraten und bei wesentlichen Beteiligungen, wie z.B. an Versicherungsunternehmen, müssen die Institute auch die inhärenten Risiken berücksichtigen, z.B. das Versicherungsrisiko.[15]

17 Inwiefern diese Unterkategorien separat betrachtet werden müssen, hängt von verschiedenen Faktoren ab. Zunächst ist zu prüfen, ob die jeweiligen Risiken für sich betrachtet wesentlich sind. Auch in diesem Fall können sie grundsätzlich gemeinsam mit den übergeordneten Risikokategorien behandelt werden, insbesondere dann, wenn sich die dafür verwendeten Verfahren und Prozesse im Risikomanagement nicht deutlich voneinander unterscheiden. Eine separate Behandlung bietet sich z.B. an, wenn der Umgang mit den jeweiligen Risikokategorien auf verschiedenen Prinzipien basiert oder dafür in erster Linie unterschiedliche Organisationseinheiten verantwortlich sind. Teilweise wird auch von den Aufsichtsbehörden im Rahmen von Stresstests und Datenabfragen ein separater Ausweis bestimmter Risikoarten erwartet, so dass ein Institut um eine gesonderte Betrachtung nicht umhinkommt.

1.6 Finanzielle und nicht-finanzielle Risiken

18 Die Adressenausfall-, Marktpreis- und Liquiditätsrisiken werden als »finanzielle Risiken« bezeichnet, weil sie sich auf das klassische Kredit- und Handelsgeschäft sowie dessen Refinanzierung beziehen. Diese Risiken sind auf natürliche Weise auch dann mit der gewöhnlichen Geschäftstätigkeit eines Institutes verbunden, wenn diese keinen Änderungen oder Störungen unterliegt. Die finanziellen Risiken werden bewusst eingegangen, um Erträge zu erzielen.

19 Im Gegensatz dazu kommen die operationellen Risiken vor allem dann ins Spiel, wenn die normalen Geschäftsabläufe im Institut Änderungen unterliegen oder Störungen ausgesetzt sind.

---

12 Vgl. European Banking Authority, Guidelines on common procedures and methodologies for the supervisory review and evaluation process (SREP) and supervisory stress testing, EBA/GL/2014/13, Consolidated version, 19.Juli 2018, S.93.

13 Vgl. European Banking Authority, Guidelines on common procedures and methodologies for the supervisory review and evaluation process (SREP) and supervisory stress testing, EBA/GL/2014/13, Consolidated version, 19.Juli 2018, S.119 f.

14 Vgl. European Banking Authority, Guidelines on common procedures and methodologies for the supervisory review and evaluation process (SREP) and supervisory stress testing, EBA/GL/2014/13, Consolidated version, 19.Juli 2018, S.104 ff.

15 Vgl. Europäische Zentralbank, Aufsichtliche Erwartungen an ICAAP und ILAAP sowie harmonisierte Erhebung von ICAAP- und ILAAP-Informationen, Schreiben von Daniele Nouy an die Geschäftsleitung bedeutender Banken vom 8. Januar 2016, Anhang A, S. 3.

Operationelle Risiken werden nicht bewusst eingegangen. Es geht im Gegenteil darum, diese Risiken möglichst ganz zu vermeiden oder zumindest in ihren Auswirkungen abzufedern. Die operationellen Risiken werden deshalb den »nicht-finanziellen Risiken« (»Non-Financial Risks«, NFR) zugeordnet. Dazu werden in der Regel auch die Reputationsrisiken sowie die Geschäfts- und die strategischen Risiken gerechnet, die vom Baseler Ausschuss für Bankenaufsicht von der Definition der operationellen Risiken ausgenommen sind.[16] Das Management der nicht-finanziellen Risiken spielt eine zunehmend große Rolle in den Instituten, was u. a. darin zum Ausdruck kommt, dass diverse Unterkategorien der operationellen Risiken verstärkt in den Fokus der Aufsicht geraten.[17]

20 Diese Entwicklung geht mit der zunehmenden Digitalisierung und der damit verbundenen wachsenden Bedeutung der Informationstechnologie (IT) für die Kreditwirtschaft einher, die sich von einer Basisinfrastruktur zur Schlüsseltechnologie für neue Wertschöpfungsketten entwickelt hat. Die BaFin hat vor diesem Hintergrund sogar ihre Verwaltungspraxis in Bezug auf die erforderlichen praktischen Erfahrungen von Geschäftsleitern angepasst, um die Bestellung von IT-Spezialisten zu Geschäftsleitern zu erleichtern[18] (→ AT 7.1 Tz. 2). Da für das Management der nicht-finanziellen Risiken oftmals Spezialwissen erforderlich ist, verschieben sich teilweise die Trennungslinien zwischen der ersten und zweiten Verteidigungslinie (→ AT 4.4, Einführung). Damit sind wiederum besondere Herausforderungen an die interne Governance und die Etablierung einer instituts- bzw. gruppenweiten Risikokultur verbunden (→ AT 3 Tz. 1).

21 Nach den Vorstellungen des Baseler Ausschusses für Bankenaufsicht sollte die Geschäftsleitung Strategien, eine Risikokultur sowie Risikosteuerungs- und -controllingprozesse für das Management der finanziellen und nicht-finanziellen Risiken, denen ein Institut ausgesetzt ist, implementieren und deren Einhaltung sicherstellen.[19] Die EZB erwartet, basierend auf den Ergebnissen einer thematischen Überprüfung, dass wesentliche nicht-finanzielle Risiken im individuellen Rahmenwerk zum Risikoappetit (»Rsik Appetite Framework«, RAF) explizit berücksichtigt werden (→ AT 4, Einführung), wenn nicht mit quantitativen Werten, dann zumindest mit qualitativen Aussagen.[20]

1.7 Definition und Arten von nicht-finanziellen Risiken

22 Die Aufsichtsbehörden verwenden mittlerweile zwar alle den Begriff »nicht-finanzielle Risiken«, geben dafür allerdings keine Definition an.[21] Insofern existiert bisher auch keine eindeutige Zuordnung einzelner Risikoarten zu den NFR.

---

16 Vgl. Basel Committee on Banking Supervision, Sound Practices for the Management and Supervision of Operational Risk, BCBS 96, 25. Februar 2003, S. 2.

17 Vgl. u. a. Financial Stability Board, Stocktake of efforts to strengthen governance frameworks to mitigate misconduct risks, 23. Mai 2017; European Banking Authority, Leitlinien für die IKT-Risikobewertung im Rahmen des aufsichtlichen Überprüfungs- und Bewertungsprozesses (SREP), EBA/GL/2017/05, 11. September 2017; Bundesanstalt für Finanzdienstleistungsaufsicht, Bankaufsichtliche Anforderungen an die IT (BAIT), Rundschreiben 10/2017 (BA) vom 3. November 2017, geändert am 14. September 2018; Financial Stability Board, Supplementary Guidance to the FSB Principles and Standards on Sound Compensation Practices – The use of compensation tools to address misconduct risk, 9. März 2018; European Banking Authority, Empfehlungen zur Auslagerung an Cloud-Anbieter, EBA/REC/2017/03, 28. März 2018; European Banking Authority, Consultation Paper – EBA Draft Guidelines on Outsourcing Arrangements, EBA/CP/2018/11, 22. Juni 2018.

18 Vgl. Wabnitz, Constanze/Lange, Oliver/Isensee, Alexander/Redenz, Till, MaRisk – IT-Kompetenz in der Geschäftsleitung – BaFin passt Entscheidungsmaßstäbe für Bestellung von IT-Spezialisten zu Geschäftsleitern an, in: BaFinJournal, Ausgabe Dezember 2017, S. 15 ff.

19 Vgl. Basel Committee on Banking Supervision, Guidelines – Corporate governance principles for banks, BCBS d328, 8. Juli 2015, S. 20.

20 Vgl. European Central Bank, SSM supervisory statement on governance and risk appetite, 21. Juni 2016, S. 16.

21 Vgl. Basel Committee on Banking Supervision, Guidelines – Corporate governance principles for banks, BCBS d328, 8. Juli 2015, S. 20; European Banking Authority, Leitlinien zur internen Governance, EBA/GL/2017/11, 21. März 2018, S. 36 f.

23   Die EZB unterscheidet an einer Stelle zwischen operationellen Risiken und nicht-finanziellen Risiken, zu denen sie neben Rechtsrisiken und (Fehl-)Verhaltensrisiken insbesondere Compliance-Risiken, Reputationsrisiken sowie IT-Risiken zählt.[22] Es ist allerdings zu vermuten, dass es sich dabei nicht um eine echte Abgrenzung handeln soll, da die EZB die (Fehl-)Verhaltensrisiken und die Rechtsrisiken an anderer Stelle den operationellen Risiken zuordnet.[23]

24   Die EBA wiederum untersucht die Reputationsrisiken im Zusammenhang mit den operationellen Risiken, obwohl sie von deren Definition ausgeschlossen sind, weil sie der Ansicht ist, dass sich die meisten operationellen Risikoereignisse entscheidend auf die Reputation eines Institutes auswirken. Das Ergebnis der Bewertung der Reputationsrisiken sollte allerdings wirkungsbezogen nicht in den Scorewert für die operationellen Risiken einfließen, sondern im Rahmen der Geschäftsmodellanalyse und/oder der Bewertung der Liquiditätsrisiken berücksichtigt werden.[24]

25   Die hier genannten Risikoarten, also neben den operationellen Risiken mit ihren Unterkategorien auch die Reputationsrisiken sowie die Geschäfts- und die strategischen Risiken, werden für die Zwecke der MaRisk den nicht-finanziellen Risiken zugeordnet. Ergänzend werden die regulatorischen Risiken, die Unterstützungsrisiken (»Step-in-Risks«) und die Risiken aus den Bereichen Umwelt, Soziales und Unternehmensführung (»Environmental, Social and Governance Risks«, ESG Risks) als nicht-finanzielle Risiken betrachtet. Es sei allerdings darauf hingewiesen, dass die EBA in den kommenden Jahren untersuchen soll, ob und ggf. welche Zusammenhänge zwischen den finanziellen Risiken und den »ESG-Risiken« bestehen, womit sich deren Zuordnung ändern könnte. Während die operationellen Risiken an anderer Stelle beschrieben werden (→ BTR 4), geht es im Folgenden um die sonstigen nicht-finanziellen Risiken.

1.7.1   Reputationsrisiken

26   Unter »Reputation« versteht man den aus der Wahrnehmung verschiedener Anspruchsgruppen resultierenden öffentlichen Ruf eines Institutes hinsichtlich seiner Kompetenz, Integrität und Vertrauenswürdigkeit. Zu den Anspruchsgruppen zählen z.B. Kunden, Mitarbeiter, Eigen- und Fremdkapitalgeber, andere Institute, Ratingagenturen, die Presse oder Politiker. Die Gefahr von Reputationsverlusten bezeichnet man als Reputationsrisiko. Konkret bezeichnet das »Reputationsrisiko« das bestehende oder künftige Risiko in Bezug auf die Erträge, die Eigenmittel oder die Liquidität eines Institutes infolge einer Schädigung seines Rufes.[25] Reputationsrisiken können insbesondere vor dem Hintergrund der Vertrauensstellung, die Institute aus Sicht der Öffentlichkeit besitzen, und aufgrund der erhöhten Medienpräsenz erhebliche Auswirkungen auf ein Institut haben.[26] Ähnlich wie bei Liquiditätsrisiken oder Risikokonzentrationen ist mit ernsten Konsequenzen zu rechnen, wenn die eigene Reputation nachhaltig infrage gestellt wird. Deshalb weist die deutsche Aufsicht darauf hin, dass Reputationsrisiken ggf. als wesentlich einzustufen sind (→ AT 2.2 Tz. 2, Erläuterung).

27   Offensichtlich spielt das Reputationsrisiko insbesondere bei Instituten eine wichtige Rolle, die in internationalen Netzwerken operieren, denn dort kommt der Reputation aus Sicht der sonstigen Marktteilnehmer eine herausragende Stellung zu. Reputationsrisiken entziehen sich grundsätzlich

---

22 Vgl. European Central Bank, SSM supervisory statement on governance and risk appetite, 21. Juni 2016, S. 16.

23 Vgl. Europäische Zentralbank, Aufsichtliche Erwartungen an ICAAP und ILAAP sowie harmonisierte Erhebung von ICAAP- und ILAAP-Informationen, Schreiben von Daniele Nouy an die Geschäftsleitung bedeutender Banken vom 8. Januar 2016, Anhang A, S. 3.

24 Vgl. European Banking Authority, Guidelines on common procedures and methodologies for the supervisory review and evaluation process (SREP) and supervisory stress testing, EBA/GL/2014/13, Consolidated version, 19. Juli 2018, S. 104.

25 Vgl. European Banking Authority, Guidelines on common procedures and methodologies for the supervisory review and evaluation process (SREP) and supervisory stress testing, EBA/GL/2014/13, Consolidated version, 19. Juli 2018, S. 24.

26 Vgl. Schierenbeck, Henner/Grüter, Marc D./Kunz, Michael J., Management von Reputationsrisiken in Banken, WWZ Discussion Paper, Juni 2004, S. 6ff.

einer Quantifizierung. Daher können sie i.d.R. nur qualitativ eingeschätzt werden. Vor allem größere Institute haben für diese Zwecke bereits Ansätze entwickelt. So können mögliche Gefahren für die Reputation eines Institutes z.B. mit Hilfe von Medienresonanzanalysen identifiziert und beurteilt werden. Zur Steuerung von Reputationsrisiken können z.B. Kommunikationsmaßnahmen in Erwägung gezogen werden.[27] Im Unterschied zu Adressenausfall-, Marktpreis-, Liquiditäts- und operationalen Risiken stellen die MaRisk keine besonderen Anforderungen an das Management von Reputationsrisiken. Diese Unbestimmtheit befreit die Institute jedoch nicht davon, nach Maßgabe der allgemeinen Anforderungen angemessene Prozesse zur Identifizierung, Beurteilung, Steuerung, Überwachung und Kommunikation von Reputationsrisiken einzurichten, soweit diese als wesentlich eingestuft werden.

Zur Bewertung des Reputationsrisikos im Rahmen des SREP sollten die zuständigen Behörden **28** ihre Erkenntnisse über die Governance und das Geschäftsmodell des Institutes, seine Produkte sowie das Umfeld, in dem das Institut operiert, heranziehen. Sie sollten sowohl interne als auch externe Faktoren oder Ereignisse berücksichtigen, die die Reputation des Institutes beeinträchtigen können. Als Indikatoren sollten die Anzahl der Sanktionen seitens amtlicher Stellen im Verlauf eines Jahres, Medienkampagnen und Initiativen von Verbraucherverbänden, die zu einer Verschlechterung der Reputation des Institutes und zu seiner schlechteren öffentlichen Wahrnehmung beitragen, die Anzahl von Kundenbeschwerden und deren Veränderung, negative Ereignisse, die andere Institute der Peergroup betreffen, wenn diese von der Öffentlichkeit mit dem gesamten Finanzsektor oder einer Bankengruppe in Verbindung gebracht werden, die Zusammenarbeit mit Sektoren, die in der Öffentlichkeit nicht gut angesehen sind (z.B. die Waffenindustrie oder einem Embargo unterliegende Länder), oder mit Menschen oder Ländern, die in Sanktionslisten aufgeführt sind (z.B. in den Listen des Office of Foreign Assets Control (OFAC) der USA), sowie sonstige verfügbare Markt-Indikatoren (z.B. Herabstufung der Bonität oder Veränderung des Aktienkurses im Verlauf des Jahres) herangezogen werden. Außerdem sollte der wechselseitige Zusammenhang mit anderen Risiken (Adressenausfall-, Marktpreis-, operationellen und Liquiditätsrisiken) mit Blick auf mögliche Zweitrundeneffekte in beide Richtungen (»second round effects«) ermittelt werden.[28] Schließlich sollten die zuständigen Behörden bewerten, ob ein Institut angemessene Regelungen, Strategien, Prozesse und Mechanismen zur Steuerung des Reputationsrisikos vorgesehen hat. Dabei geht es darum, ob formelle Richtlinien und Prozesse zur Ermittlung, Steuerung und Überwachung des Reputationsrisikos vorhanden und hinsichtlich des Umfangs und der Bedeutung dieses Risikos angemessen sind, eine umsichtige Vorgehensweise in Bezug auf dieses Risiko gepflegt wird, indem z.B. Limite festgelegt werden oder die Allokation von Kapital für bestimmte Länder, Sektoren oder Personen genehmigungspflichtig ist und/oder ob die Notfallpläne des Institutes auf die Notwendigkeit eingehen, im Fall einer Krise gezielt auf Reputationsereignisse zu reagieren, das Institut Sensitivitäts- oder Szenarioanalysen durchführt, um die Zweitrundeneffekte des Reputationsrisikos zu bewerten, das Institut seine Marke schützt, indem unverzüglich Kommunikationskampagnen in die Wege geleitet werden, falls Ereignisse eintreten, die seinen Ruf schädigen können, und vom Institut die potenzielle Auswirkung seiner Strategie und seiner Geschäftspläne sowie seines Verhaltens auf seine Reputation berücksichtigt wird.[29]

Der Baseler Ausschuss für Bankenaufsicht hat die Reputationsrisiken und die strategischen **29** Risiken zwar explizit von der Definition der operationellen Risiken ausgenommen.[30] Die Reputa-

---

27 Vgl. Schierenbeck, Henner/Grüter, Marc D./Kunz, Michael J., Management von Reputationsrisiken in Banken, WWZ Discussion Paper, Juni 2004, S.11f.

28 Vgl. European Banking Authority, Guidelines on common procedures and methodologies for the supervisory review and evaluation process (SREP) and supervisory stress testing, EBA/GL/2014/13, Consolidated version, 19.Juli 2018, S.111f.

29 Vgl. European Banking Authority, Guidelines on common procedures and methodologies for the supervisory review and evaluation process (SREP) and supervisory stress testing, EBA/GL/2014/13, Consolidated version, 19.Juli 2018, S.117.

30 Vgl. Basel Committee on Banking Supervision, Principles for the Sound Management of Operational Risk and the Role of Supervision, BCBS 292, 6. Oktober 2014, S.3; Basel Committee on Banking Supervision, Sound Practices for the Management and Supervision of Operational Risk, BCBS 96, 25. Februar 2003, S.2.

tionsrisiken fließen aufgrund ihrer Auswirkung mit Blick auf die Unterlegung mit ökonomischem Kapital oftmals aber bei den operationellen Risiken, den strategischen Risiken oder auch anderen Risikoarten ein.

1.7.2 Geschäfts- und strategische Risiken

30 Unter strategischen Risiken versteht man die Gefahr, dass z.B. geschäftspolitische Entscheidungen, Veränderungen im wirtschaftlichen Umfeld oder auch die fehlende Anpassungsfähigkeit an sich verändernde Umfeldbedingungen zu negativen Folgen für das Institut führen. Sie resultieren aus strategischen Entscheidungen, die auf Basis der Einschätzung zukünftiger Entwicklungen getroffen werden.

31 Für Geschäftsrisiken existiert in der betriebswirtschaftlichen Literatur und in diversen Geschäftsberichten deutscher Institute keine einheitliche Definition.[31] Allgemein wird darunter die Gefahr unerwarteter Ergebnisschwankungen verstanden, die auf geänderte Rahmenbedingungen zurückzuführen sind. Im Fokus stehen dabei insbesondere das gesamtwirtschaftliche Umfeld (z.B. Kundenverhalten), das Wettbewerbsumfeld (z.B. Branchenentwicklung), die beteiligten Unternehmen (z.B. Vertriebsbeziehungen) und die Geschäftsbereiche (z.B. Produktqualität). Geschäftsrisikoinduzierte Ergebnisschwankungen resultieren vor diesem Hintergrund aus Geschäftsvolumen-, Margen- oder Kostenänderungen.[32] Im Grunde besteht die eigentliche Gefahr darin, dass der Deckungsbeitrag (als Differenz aus Erlösen und variablen Kosten) unter die Fixkosten fällt. Geschäftsrisiken werden typischerweise durch Szenarioanalysen unter Verwendung von Expertenschätzungen und historischen Erlös- und Kostenschwankungen bestimmt.[33]

32 Oftmals wird zwischen strategischen Risiken und Geschäftsrisiken nicht unterschieden. Zudem fließen hier in einigen Instituten auch die Risiken aus geänderten regulatorischen Vorgaben ein.

1.7.3 Regulatorische Risiken

33 Insgesamt haben die regulatorischen Risiken, d.h. die sich aus neuen oder geänderten regulatorischen Vorgaben ergebenden Unwägbarkeiten, in den vergangenen Jahren rasant an Bedeutung gewonnen. Nach dem Ausbruch der Finanzmarktkrise wurden von den internationalen, europäischen und nationalen Gesetzgebern und Regulierungsbehörden im Grunde alle bestehenden Regularien hinterfragt und so stark überarbeitet, dass mittlerweile kaum noch regulatorische Vorgaben existieren, die vor der Finanzmarktkrise in nahezu identischer Form vorgelegen haben. Damit ist für die Institute ein erheblicher Anpassungsaufwand verbunden, der zudem einen großen Kostenblock darstellt. Wenngleich eine enge Verbindung zu den Geschäfts- und strategischen Risiken besteht, werden die regulatorischen Risiken deshalb zum Teil separat behandelt. Gerade vor dem Hintergrund, dass im Rahmen des SREP auch die Rentabilität der Institute beurteilt wird, werden die regulatorischen Risiken in vielen Instituten als bedeutsam eingeschätzt.

---

31 Vgl. Brienen, Thomas/Quick, Markus, Identifizierung, Bewertung und Steuerung von Geschäftsrisiken – Ein Ansatz für eine umfassendere Risikobetrachtung, in: Risiko Manager, Ausgabe 25–26/2006, S. 9.

32 Vgl. Brienen, Thomas/Quick, Markus, Identifizierung, Bewertung und Steuerung von Geschäftsrisiken – Ein Ansatz für eine umfassendere Risikobetrachtung, in: Risiko Manager, Ausgabe 25–26/2006, S. 8.

33 Vgl. Deutsche Bundesbank, Zum aktuellen Stand der bankinternen Risikosteuerung und der Bewertung der Kapitaladäquanz im Rahmen des aufsichtlichen Überprüfungsprozesses, in: Monatsbericht, Dezember 2007, S. 65.

1.7.4 Unterstützungsrisiken

Das »Unterstützungsrisiko« bzw. »Step-in-Risiko« (»Step-in-Risk«) ist das Risiko, dass ein Institut **34** beschließt, ein nicht konsolidiertes Unternehmen, das mit einer Stresssituation konfrontiert ist, finanziell zu unterstützen, wenn keine vertragliche Verpflichtung zur Unterstützung besteht oder wenn über eine entsprechende vertragliche Verpflichtung hinausgegangen wird.[34] Als Hauptgrund für das Eingehen von Unterstützungsrisiken vermutet der Baseler Ausschuss für Bankenaufsicht das Bestreben, ein Reputationsrisiko zu vermeiden, dem ein Institut ausgesetzt wäre, wenn es ein Unternehmen, das sich in einer Stresssituation befindet, nicht unterstützen würde. Die Finanzmarktkrise hat gezeigt, dass ein Institut Anreize haben könnte, über vertragliche Verpflichtungen oder Kapitalbindungen hinaus einzuspringen, um nicht konsolidierte Unternehmen, mit denen es verbunden ist, zu unterstützen.[35]

Der Baseler Ausschuss verweist darauf, dass Unterstützungsrisiken in verschiedenen Regel- **35** werken, die mittlerweile Eingang in das Baseler Rahmenwerk und damit in die CRR gefunden haben, schon adressiert werden.[36] Allerdings hält der Baseler Ausschuss ergänzend einen strukturierten und vorausschauenden Ansatz zum Umgang mit möglichen Unterstützungsrisiken für erforderlich und hat dafür entsprechende Leitlinien mit einem standardisierten Prozess und konkretisierenden Hinweisen zu jedem Prozessschritt veröffentlicht.[37]

Von den bedeutenden Instituten wird demnach erwartet, dass sie zunächst prüfen, welche **36** Unternehmen unter Berücksichtigung ihrer konkreten Beziehungen im Zusammenhang mit dem Unterstützungsrisiko überhaupt eine Rolle spielen könnten. Anschließend sollen davon die unwesentlichen Unternehmen und jene Unternehmen, die aus bestimmten Gründen nicht unter den Anwendungsbereich fallen, ausgeschlossen werden. Anschließend sollen alle verbleibenden Unternehmen anhand der Risikoindikatoren für das Unterstützungsrisiko unter Berücksichtigung potenzieller Risikominderungen bewertet werden. Für jene Unternehmen, bei denen Unterstützungsrisiken identifiziert werden, sollen die im institutsinternen Risikomanagement jeweils als angemessen erachteten Methoden zur Schätzung der potenziellen Auswirkungen auf die Liquiditäts- und Kapitalposition verwendet und die geeigneten internen Managementmaßnahmen festgelegt werden. Schließlich soll das Ergebnis dieses Self-Assessments, das im Grunde der üblichen Vorgehensweise von der Risikoanalyse bis zur Steuerung der jeweiligen Risiken entspricht, an die Aufsichtsbehörden gemeldet werden. Diese Meldung hält der Baseler Ausschuss deshalb für erforderlich, weil die Aufsichtsbehörden anschließend prüfen sollen, ob unter Berücksichtigung der Richtlinien und Verfahren der Institute zusätzliche aufsichtsrechtliche Maßnahmen erforderlich sind.[38] Dafür wäre es natürlich auch ausreichend, wenn sich die Aufsichtsbehörden die jeweilige interne Dokumentation in den Instituten vorlegen lässt.

---

34 Wenn ein Institut eine vertragliche Verpflichtung zur Unterstützung eines Unternehmens hat, sollte diese Verpflichtung bereits nach dem bestehenden Rahmen aufsichtsrechtlich berücksichtigt werden. Die vertraglichen Verpflichtungen der Institute gegenüber Dritten unterliegen Kapital- und Liquiditätsbelastungen.

35 Vgl. Basel Committee on Banking Supervision, Guidelines – Identification and management of step-in risk, BCBS 423, 25. Oktober 2017, S. 4.

36 Vgl. u. a. Basel Committee on Banking Supervision, Capital requirements for banks' equity investments in funds, BCBS 266, 13. Dezember 2013; Basel Committee on Banking Supervision, Revisions to the securitization framework, BCBS 303, 11. Dezember 2014; Basel Committee on Banking Supervision, Revisions to the securitization framework, BCBS 374, 11. Juli 2016.

37 Basel Committee on Banking Supervision, Guidelines – Identification and management of step-in risk, BCBS 423, 25. Oktober 2017.

38 Vgl. Basel Committee on Banking Supervision, Guidelines – Identification and management of step-in risk, BCBS 423, 25. Oktober 2017, S. 3 f.

1.7.5 Nachhaltigkeits- bzw. ESG-Risiken

37 Bereits im Jahre 2012 wurde von der G20 für Maßnahmen gegen den Klimawandel der Begriff »Climate Finance« geprägt und eine eigene Studiengruppe mit diesem Namen gegründet. Im Oktober 2015 wurde in einem Bericht des UN-Umweltprogramms (»United Nations Environment Programme«, UNEP) erläutert, in welcher Weise das Finanzsystem mit dem Nachhaltigkeits-bemühen in Einklang gebracht werden sollte.[39] Daraufhin wurde von der G20 im Jahre 2016 eine weitere Studiengruppe mit der Ausrichtung auf »Green Finance« gegründet, die sich insgesamt mit der Umweltbelastung beschäftigt, wobei deren Abgrenzung zur »Climate Finance«-Studiengruppe nicht trennscharf ist.[40] In erster Linie sollen Anreize geschaffen werden, um entsprechende nach-haltige Finanzierungen zu fördern und gleichzeitig Investitionen in umweltschädliche Sektoren zu erschweren. Bisher fehlen allerdings noch einheitlich verwendete Kriterien für Climate oder Green Finance, wenngleich dafür bereits Zertifikate entwickelt werden.[41] Zudem ist es umgekehrt kaum möglich, z. B. von heute auf morgen die Finanzierung des Sektors fossiler Brennstoffe einzustellen, zumal diese nach Einschätzung vieler Experten noch eine ganze Weile zur Deckung des Ener-giebedarfes benötigt werden.

38 Daneben ist die Verantwortung der Unternehmen für die nachhaltige Entwicklung der Gesell-schaft (»Corporate Social Responsibility«, CSR) immer stärker ins Blickfeld der Öffentlichkeit geraten, wobei es dabei auch um die Beachtung der Anforderungen aus dem Umweltrecht, dem Arbeitsrecht und der Corporate Governance geht. Mit dem CSR-Richtlinie-Umsetzungsgesetz[42] sind seit dem Geschäftsjahr 2017 große kapitalmarktorientierte Unternehmen sowie Kreditinstitute und Versicherungen mit mehr als 500 Mitarbeitern zur Abgabe einer sogenannten nichtfinanziel-len Erklärung im Rahmen der Lageberichterstattung verpflichtet worden. So müssen diese Unternehmen gemäß § 289c HGB im Rahmen dieser nichtfinanziellen Erklärung zumindest auf folgende Aspekte eingehen:
– Umweltbelange, wobei sich die Angaben beispielsweise auf Treibhausgasemissionen, den Wasserverbrauch, die Luftverschmutzung, die Nutzung von erneuerbaren und nicht erneuer-baren Energien oder den Schutz der biologischen Vielfalt beziehen können,
– Arbeitnehmerbelange, wobei sich die Angaben beispielsweise auf die Maßnahmen, die zur Gewährleistung der Geschlechtergleichstellung ergriffen wurden, die Arbeitsbedingungen, die Umsetzung der grundlegenden Übereinkommen der Internationalen Arbeitsorganisation, die Achtung der Rechte der Arbeitnehmerinnen und Arbeitnehmer, informiert und konsultiert zu werden, den sozialen Dialog, die Achtung der Rechte der Gewerkschaften, den Gesundheits-schutz oder die Sicherheit am Arbeitsplatz beziehen können,
– Sozialbelange, wobei sich die Angaben beispielsweise auf den Dialog auf kommunaler oder regionaler Ebene oder auf die zur Sicherstellung des Schutzes und der Entwicklung lokaler Gemeinschaften ergriffenen Maßnahmen beziehen können,

---

39 United Nations Environment Programme, The Financial System We Need – Aligning the Financial System with Sustainable Development, The UNEP Inquiry Report, 1. Oktober 2015.

40 Vgl. G20 Green Finance Study Group, G20 Green Finance Synthesis Report, 5. September 2016.

41 So hat sich die »Climate Bonds Initiative«, eine internationale anlegerorientierte Non-Profit-Organisation, die den Anleihe-Markt für Lösungen zum Klimawandel mobilisieren möchte, zum Ziel gesetzt, einen großen und liquiden Markt für »Green Bonds« und »Climate Bonds« zu entwickeln, um insbesondere die Kapitalkosten für Klimaprojekte in Industrie- und Schwellenländern zu senken und damit einen schnellen Übergang zu einer kohlenstoffarmen und klimaresistenten Wirtschaft zu ermöglichen. Im Einklang mit einem Ansatz von ISEAL (einer globalen Mitgliedsorganisation für »glaub-würdige Nachhaltigkeitsstandards«) zur Entwicklung von Normen und Leitlinien entwickelt die Technical Working Group der Climate Bonds Initiative einen »Climate Bonds Standard« mit Kriterien für die Zertifizierung bestimmter Assetklassen, bisher für Sonnen-, Wind-, erneuerbare Meeres- und geothermische Energie, Wasserversorgung, Wohn- und Geschäfts-gebäude mit niedrigem CO_2-Ausstoß sowie CO_2-armen Schienen- und Straßen-Transport.

42 Gesetz zur Stärkung der nichtfinanziellen Berichterstattung der Unternehmen in ihren Lage- und Konzernlageberichten (CSR-Richtlinie-Umsetzungsgesetz) vom 11. April 2017 (BGBl. I Nr. 20, S. 802), veröffentlicht am 18. April 2017.

- die Achtung der Menschenrechte, wobei sich die Angaben beispielsweise auf die Vermeidung von Menschenrechtsverletzungen beziehen können, und
- die Bekämpfung von Korruption und Bestechung, wobei sich die Angaben beispielsweise auf die bestehenden Instrumente zur Bekämpfung von Korruption und Bestechung beziehen können.

Unter den »Nachhaltigkeitsrisiken« bzw. »ESG-Risiken« sind zusammengefasst die Risiken aus den Bereichen Umwelt, Soziales und Unternehmensführung (»Environmental, Social and Governance Risks«, ESG Risks) zu verstehen. Die entscheidende Frage ist allerdings, auf welche Weise ESG-Risiken sinnvoll im Risikomanagement der Institute berücksichtigt werden können. Seit einigen Jahren beschäftigt sich die Initiative »Principles for Responsible Investment« (PRI) damit, wie sich ESG-Risikofaktoren in ökonomische Faktoren überführen lassen und somit u. a. für die Beurteilung der Kreditwürdigkeit von Unternehmen und Staaten im Asset Management verwenden lassen.[43] **39**

Im Juni 2017 hat die durch den Finanzstabilitätsrat (Financial Stability Board, FSB) im Jahre 2016 ins Leben gerufene »Task Force on Climate-Related Financial Disclosure« (TCFD) branchenspezifische Empfehlungen zur Berücksichtigung und Offenlegung von klimarelevanten Daten veröffentlicht. Diese Initiative zielt auf die Einführung einer neuen Risikoart ab, um die Vergleichbarkeit am Kapitalmarkt zu verbessern. **40**

Im Februar 2018 haben das »Committee of Sponsoring Organizations of the Treadway Commission« (COSO) und der »World Business Council for Sustainable Development« (WBCSD) einen gemeinsamen Leitlinienentwurf für die Berücksichtigung von ESG-Risiken im »Enterprise Risk Management« (ERM) zur Konsultation gestellt, der auf dem Standard COSO ERM 2017[44] aufbaut. Dieser Leitlinienentwurf stellt auf sieben Module eines Würfels (Etablierung der Governance für ein effektives Risikomanagement, Verstehen des Zusammenhangs zum Geschäft und zur Strategie, Identifizierung der ESG-Risiken, Beurteilung und Priorisierung der ESG-Risiken, Reaktion auf ESG-Risiken, Überwachung und Steuerung der ESG-Risiken, Kommunikation und Berichterstattung der ESG-Risiken) bzw. fünf Prozessschritte (Unternehmensführung und Kultur, Strategie und Zielsetzung, Performance, Überwachung und Revision, Information, Kommunikation und Berichterstattung) ab, denen insgesamt zwanzig Prinzipien zugeordnet sind, unterlegt mit einer Checkliste von praktischen Umsetzungsschritten sowie zugehörigen Praxisbeispielen. Aus Sicht der Wissenschaft können diese Leitlinien als sinnvolle Konkretisierung und erste Anwendungshilfe für den übergeordneten Standard COSO ERM 2017 verstanden werden.[45] **41**

Als problematisch für die Integration in das interne Risikomanagement der Institute könnte sich allerdings erweisen, dass mit dieser Risikoart ein anderes Wesentlichkeitsverständnis verbunden ist, als hinsichtlich der klassischen Risikoarten. Den Standards der »Global Reporting Initiative« (GRI) zufolge geht es dabei um »wesentliche ökonomische, ökologische und soziale Auswirkungen des Unternehmens sowie Sachverhalte, die aus Sicht der Stakeholder relevant sind«. Zudem kann der Betrachtungszeitraum für ESG-Risiken die übliche mittelfristige Perspektive im Risikomanagement, die auch für den ICAAP relevant ist, deutlich übersteigen.[46] **42**

---

43 Principles for Responsible Investment, Sovereign bonds: Spotlight on ESG risks, 9. September 2013; Principles for Responsible Investment, Corporate bonds: Spotlight on ESG risks, 12. Dezember 2013; Principles for Responsible Investment, Fixed Income Investor Guide – Putting Responsible Investment into Practice in Fixed Income, 30. September 2014; Principles for Responsible Investment, Shifting Perceptions: ESG, Credit Risk and Ratings – Part 1: The State of Play, 4. Juli 2017; Principles for Responsible Investment, Shifting Perceptions: ESG, Credit Risk and Ratings – Part 2: Exploring the Disconnects, 13. Juni 2018.

44 Committee of Sponsoring Organizations of the Treadway Commission, Enterprise Risk Management – Integrating with Strategy and Performance, 11. Juni 2017.

45 Vgl. Wieben, Hans-Jürgen, Integration von ESG-Risiken in das Risikomanagement von Unternehmen, in: Die Wirtschaftsprüfung, Heft 12/2018, S. 788–792.

46 Vgl. Beckmann, Kai M./Selbeck, Frank, Entwurf eines Standards zur Integration von ESG-Risiken in Risikomanagementsysteme, Im Fokus – Integriertes Risk Management, Mazars, August 2018.

43   Die EU-Kommission hat im Mai 2018 ein Maßnahmenpaket zur nachhaltigen Gestaltung des Finanzwesens veröffentlicht. Unter Verweis auf die Untersuchungen von UNEP und PRI wird »ESG« wie folgt definiert: Umweltfragen beziehen sich auf die Qualität und das Funktionieren der natürlichen Umwelt und der natürlichen Systeme, soziale Fragen beziehen sich auf die Rechte, das Wohlergehen und die Interessen von Menschen und Gemeinschaften, Governance-Fragen beziehen sich auf die Leitung von Unternehmen und anderen Beteiligungen. Eine nachhaltige Finanzierung bezieht sich auf den Prozess der gebührenden Berücksichtigung von ESG-Risikofaktoren bei (sämtlichen) Investitionsentscheidungen. Investoren können nachhaltig investieren, indem sie entweder ESG-Risikofaktoren in die Anlageentscheidung integrieren oder direkt in wirtschaftliche Aktivitäten investieren, die einen positiven Beitrag zur Nachhaltigkeit leisten. Im Maßnahmenpaket wird der Vorschlag einer einheitlichen EU-Taxonomie zur Bestimmung der ökologischen Nachhaltigkeit einer wirtschaftlichen Tätigkeit anhand bestimmter Kriterien unterbreitet, auf dessen Basis auch nachhaltige Finanzprodukte definiert werden sollen. Eine Expertenplattform soll die Taxonomie konkretisieren.

44   Im August 2018 wurde zudem der erste Berichtsentwurf des Europäischen Parlaments zum zweiten Verordnungsvorschlag zur Offenlegung von Nachhaltigkeit in Anlage- sowie Risikoprozessen veröffentlicht (sogenannter »Tang-Report«). Vorgeschlagen wird u. a. eine Erweiterung des sachlichen Anwendungsbereiches auf Kreditinstitute sowie sämtliche Finanzprodukte, d. h. nicht ausschließlich nachhaltige Finanzprodukte. Kreditinstitute sollen nach Ansicht des Berichterstatters auch im Unternehmenskreditprozess (»corporate loan origination process«) Nachhaltigkeitsrisiken berücksichtigen. Den Änderungsanträgen der Parlamentarier zufolge existieren diverse Vorschläge für eine Konkretisierung des Begriffes »Nachhaltigkeitsrisiko« (»Sustainability Risk«). Die Bandbreite reicht dabei von einem Abstellen auf ESG-Risiken bis hin zu komplexen Definitionen, die eine ganze Reihe von möglichen Indikatoren einschließen. Möglich ist auch eine Überprüfung und Änderung der Bilanzrichtlinie, die eine Ausweitung des Umfanges der nichtfinanziellen Berichterstattung im Sinne der CSR-Richtlinie im Hinblick auf Nachhaltigkeitsrisiken und Nachhaltigkeitsperformance zur Folge hätte.

45   Die im Mai 2018 neu gegründete UNEP Finance Initiative »Principles for Responsible Banking« sollte im November 2018 analog zu den PRI für das Asset Management und den »Principles for Sustainable Insurance« (PSI) eine öffentliche Konsultation für den Bankensektor starten. Auch die Ratingagenturen prüfen bereits analytische Bewertungsansätze zur Berücksichtigung von ESG-Kriterien im Rahmen von Ratings und Marktanalysen.[47] Im November 2018 sollte durch die »Natural Capital Finance Alliance« (NCFA), einer weiteren Initiative unter Beteiligung der UNEP FI, eine technische Unterstützung zur Steuerung und Integration von »Natural Capital Risk« im Risikomanagement vorgestellt werden.

46   Im Rahmen der Überarbeitung der CRD/CRR wurde aufgrund entsprechender Vorschläge des Parlamentes u. a. eine Beauftragung der EBA geprüft, die Möglichkeit einer regulatorischen Behandlung von ESG-Risiken in der CRR (»Green Supporting Factor« oder »Brown Penalizing Factor«) zu untersuchen. Zudem wird die EBA mit der Berichterstattung über die mögliche Einbeziehung von ESG-Risiken in den SREP beauftragt. Daraus könnten mittelfristig neue Legislativvorschläge und Leitlinien resultieren.

47   Gleichzeitig hat die von der EU-Kommission eingesetzte »Technische Expertengruppe« (TEG) im Dezember 2018 ein erstes offizielles Arbeitsdokument zur Taxonomie bis zum 22. Februar 2019 zur Konsultation gestellt, das sehr umfangreich und komplex ist. Daneben sollen bestimmte Fragestellungen zum Thema Anpassung und Abmilderung des Klimawandels (»Adaptation and Mitigation«) genauer untersucht werden. Auf der anderen Seite ist noch nicht sicher, ob es überhaupt eine einheitliche Taxonomie geben wird.

---

47 Vgl. Standard & Poor's Financial Services LLC, S&P Global Ratings' Proposal For Environmental, Social, And Governance (ESG) Evaluations, 24. September 2018.

Die deutsche Aufsicht beschäftigt sich bereits seit 2017 mit diesem Thema, zunächst über die **48** Mitarbeit in internationalen Gremien, mittlerweile auch im Hinblick auf die Einbeziehung von Nachhaltigkeitsaspekten in ihren risikobasierten Aufsichtsansatz. Über eine Berücksichtigung der ESG-Risiken in den MaRisk wird schon nachgedacht, ohne damit jedoch eine neue Risikokategorie zu verbinden. Die Berücksichtigung von Nachhaltigkeitsaspekten beim Management einzelner Risikoarten erfolgt derzeit z.B. bei der Untersuchung möglicher Auswirkungen von »Stranded Assets« (Vermögenswerte, die aufgrund besonderer Umstände abgeschrieben oder sogar in Verbindlichkeiten umgewandelt werden müssen) und »Risk Shifts« (Änderungen der Risikogewichte) sowie beim Management der Reputationsrisiken. Angedacht war von der deutschen Aufsicht zwischenzeitlich auch, eine Checkliste zu erarbeiten, die in den turnusmäßigen Aufsichtsgesprächen mit den Instituten besprochen werden könnte. Erste Entscheidungen sind nicht vor der Strategieklausur der BaFin im Februar 2019 zu erwarten. Mit einer Bekanntgabe der weiteren Vorgehensweise kann am 9. Mai 2019 im Rahmen der BaFin-Konferenz »Sustainable Finance« gerechnet werden.

1.8 Risikoarten ohne klare Zuordnung

Nähere Ausführungen zur Definition und zu den Unterkategorien der wesentlichen Risiken finden **49** sich in den jeweiligen Modulen zu Adressenausfallrisiken (→ BTR 1, Einführung), Marktpreisrisiken und Zinsänderungsrisiken im Anlagebuch (→ BTR 2, Einführung), Liquiditäts- und Refinanzierungsrisiken (→ BTR 3, Einführung) sowie operationellen Risiken (→ BTR 4, Einführung). Auf die sonstigen nicht-finanziellen Risiken, die nicht zu den operationellen Risiken gehören, ist bereits ausführlich eingegangen worden.

Daneben existieren jedoch weitere Risikoarten, deren Zuordnung zumindest nicht eindeutig ist. **50** Dazu gehören z.B. Pensionsrisiken, Immobilienrisiken, Versicherungsrisiken, Fondsrisiken und das Risiko einer übermäßigen Verschuldung. Je nach geschäftspolitischer Schwerpunktsetzung können diese Risiken für ein Institut eine erhebliche Bedeutung erlangen. Insbesondere können sie also zu den für ein Institut wesentlichen Risiken gehören, die somit von den Risikosteuerungs- und -controllingprozessen ebenfalls berücksichtigt werden müssen. Im Folgenden werden diese Risiken kurz skizziert.

1.8.1 Pensionsrisiken

Das Pensionsrisiko bezeichnet das Risiko, dass die Pensionsverpflichtungen aufgrund einer **51** Verbesserung der Lebenserwartung oder der Tarifentwicklung höher ausfallen, als gutachterlich prognostiziert oder modelliert, und damit aufgrund der resultierenden zusätzlichen Versorgungsansprüche die Notwendigkeit einer Erhöhung der Pensionsrückstellungen besteht. Daneben können in die Risikobetrachtung als Parameter auch Karriere- und Renten-Trends einfließen. Der in der Praxis wesentlichste Risikotreiber ist allerdings die Entwicklung des Zinsniveaus, wie nicht zuletzt im aktuellen Niedrigzinsumfeld deutlich wird. Da die jeweiligen Richtlinien keine besonders risikoreichen Anlageformen zulassen, kann es durchaus vorkommen, dass die Pensionsrückstellungen in einer solchen Situation deutlich an Wert verlieren und aufgestockt werden müssen.

1.8.2 Immobilienrisiken

52 Immobilienrisiken entstehen immer dann, wenn ein Institut in Immobilien investiert, sei es zur Eigennutzung oder zur Kapitalanlage – als Direktinvestition oder über Fondsanteile. Je nach Art der Verwendung ändert sich die Bedeutung verschiedener Kriterien, die Einfluss auf den Risikogehalt der Investition haben. Grundsätzlich immer von Bedeutung ist die Lage der Immobilien, da sie sich auf nahezu alle wertbeeinflussenden Faktoren auswirkt. Daneben können bei einer Kapitalanlage z. B. der Vermietungsstand und mögliche Zahlungsausfälle aus den Mietverträgen eine Rolle spielen. Bei gewerblichen Immobilienfinanzierungen sollte zudem beachtet werden, dass die anderweitige Verwendbarkeit stark eingeschränkt sein kann. Zum Beispiel kann ein Multiplexkino nicht ohne weiteres für ein anderes Gewerbe genutzt werden, wodurch die Immobilie als Sicherheit für eine Kreditvergabe möglicherweise nur von eingeschränktem Nutzen ist.

1.8.3 Versicherungsrisiken

53 Versicherungsrisiken werden i. d. R. aus der Perspektive der Versicherungen definiert und bestehen im Grunde darin, dass ein Schadensfall zu einem Zeitpunkt eintritt und reguliert werden muss, zu dem die eingezahlten Versicherungsprämien die Schadenssumme (noch) nicht decken. Da diese Prämien auf Basis von statistischen Verfahren berechnet werden und auf Wahrscheinlichkeitsannahmen basieren, ist eine genaue Vorhersage mit vergleichbaren Unsicherheiten verbunden, wie bei der Berechnung anderer Risiken. Das Versicherungsrisiko spielt insbesondere in Gruppen eine Rolle, zu denen auch Versicherungen gehören. Möglich ist allerdings auch, dass ein Institut bestimmte Versicherungsleistungen für seine Arbeitnehmer übernommen hat, wie etwa zur Altersvorsorge. Werden dafür Rückstellungen gebildet und ändert sich insbesondere die Lebenserwartung, so können sich daraus finanzielle Risiken ergeben.

1.8.4 Fondsrisiken

54 Ein »Fonds« ist ein Bestand an Geldmitteln, die von einer Kapitalverwaltungsgesellschaft (KVG)[48] verwaltet werden und einem bestimmten Zweck dienen. In der Regel geht es darum, diese Geldmittel so anzulegen, dass eine möglichst hohe Rendite erwirtschaftet wird. Unterschieden wird vor allem zwischen Aktien-, Renten- und Immobilienfonds. Möglich sind auch Mischformen. Im Immobilienbereich existieren zudem so genannte »geschlossene Fonds«, bei denen eine Beteiligung erworben wird, die u. a. mit einem unternehmerischen Risiko und möglichen Nachschusspflichten verbunden ist. Die Vorteile einer Investition in einen Fonds gegenüber einem Einzelinvestment bestehen vor allem darin, dass sich ein spezialisierter Fondsmanager mit den Marktgegebenheiten i. d. R. besser auskennt, durch viele verschiedene Anleger größere Volumina mit entsprechend niedrigeren Transaktionskosten gehandelt werden können und das Gesamtrisiko durch geschickte Diversifikation, d. h. durch Investition in verschiedene Assetklassen und Vermögensgegenstände, signifikant gesenkt werden kann.

55 Folglich besteht das »Fondsrisiko« grundsätzlich darin, dass nicht die gewünschte Rendite erwirtschaftet wird oder die Vermögensanlage sogar einen Wertverlust erleidet. Insofern hängt das Fondsrisiko neben der Qualität des Fondsmanagers vor allem vom allgemeinen Marktrisiko ab

---

48 Die ehemaligen Kapitalanlagegesellschaften (KAG) gemäß § 2 Investmentgesetz werden seit dem Außerkrafttreten des Investmentgesetzes am 22. Juli 2013 laut § 17 Kapitalanlagegesetzbuch (KAGB) als Kapitalverwaltungsgesellschaften (KVG) bezeichnet.

und unterscheidet sich zwischen den einzelnen Anlageklassen hinsichtlich der Volatilität der zugrundeliegenden Vermögensgegenstände. Im Falle einer Anlage in Vermögensgegenständen ausländischer Währung besteht zusätzlich ein Währungsrisiko. Zur Risikominimierung dienen Fondsstrategien, die einen Rahmen für die möglichen Anlageformen vorgeben und damit den Handlungsspielraum des Fondsmanagers einschränken.

In den letzten Jahren wird von der Aufsicht verstärkt infrage gestellt, inwiefern es angemessen **56** ist, die von den Kapitalverwaltungsgesellschaften bereitgestellten Kennzahlen für bestimmte Fonds (ungeprüft) im Risikomanagement der Institute zu verwenden. Im Rahmen der fünften MaRisk-Novelle wurde klargestellt, dass sich ein Institut aussagekräftige Informationen zu wesentlichen Annahmen und Parametern und zu deren Änderungen vorlegen lassen muss, wenn die Risikoermittlung auf Berechnungen Dritter beruht, wie es z.B. bei Fondsgesellschaften der Fall ist (→ AT4.1 Tz.9, Erläuterung). Damit wird vor allem darauf abgezielt, dass die von Dritten ermittelten Kennzahlen bei einer Integration in das eigene Risikomanagement zumindest auf vergleichbaren Parametern beruhen müssen, um sinnvolle Steuerungsimpulse zu generieren.

Später wurde von der deutschen Aufsicht ergänzt, dass die Institute im Rahmen der Risikoin- **57** ventur zunächst beurteilen müssen, ob ihre Fondsanlagen wesentlich oder unwesentlich sind. Sofern die »Wesentlichkeit« festgestellt wird, ist die Risikomessung durch die KVG nur dann zulässig, wenn die Verantwortung beim Institut verbleibt und seine Einwirkungsmöglichkeit gewährleistet ist. Dies setzt nach Einschätzung der Aufsicht wiederum die Anwendung der Auslagerungsvorschrift im Sinne des § 25b KWG voraus (→ AT9 Tz.2). Im Falle der »Unwesentlichkeit« kann das Risiko der Fondsanlagen nach vereinfachten Verfahren ermittelt werden. Allerdings ist hierbei zu beachten, dass das Institut über hinreichende Kenntnisse von den Risikomessmethoden verfügen muss, die von den KVG verwendet werden.[49]

1.8.5 Risiken einer übermäßigen Verschuldung

Das »Risiko einer übermäßigen Verschuldung« (»Risk of Excessive Leverage«) erwächst gemäß **58** Art. 4 Abs. 1 Nr. 94 CRR aus der Anfälligkeit eines Institutes aufgrund seiner Verschuldung oder Eventualverschuldung und erfordert möglicherweise unvorhergesehene Korrekturen seines Geschäftsplanes[50], einschließlich der Veräußerung von Aktiva in einer Notlage, was zu Verlusten oder Bewertungsanpassungen der verbleibenden Aktiva führen könnte.

Daher müssen die nationalen Aufsichtsbehörden gemäß Art. 87 CRD IV sicherstellen, dass die **59** Institute über Grundsätze und Verfahren zur Ermittlung, Steuerung und Überwachung des Risikos einer übermäßigen Verschuldung verfügen. Indikatoren für dieses Risiko sind u.a. die nach Art. 429 CRR ermittelte Verschuldungsquote und Inkongruenzen zwischen Vermögenswerten und Verbindlichkeiten. Die Institute müssen dieses Risiko präventiv in Angriff nehmen und zu diesem Zweck dessen potenzieller Erhöhung, zu der es durch erwartete oder realisierte Verluste und der dadurch bedingten Verringerung der Eigenmittel je nach geltenden Rechnungslegungsvorschriften kommen kann, gebührend Rechnung tragen. Zu diesem Zweck müssen die Institute im Hinblick auf das Risiko einer übermäßigen Verschuldung einer Reihe unterschiedlicher Krisensituationen standhalten können.

Auch die EBA stellt im SREP zunächst auf die Verschuldungsquote (Leverage Ratio) ab, indem die **60** aktuelle Höhe der Verschuldungsquote im Vergleich zu anderen Instituten der Peergroup und ggf.

---

49 Vgl. Bundesanstalt für Finanzdienstleistungsaufsicht/Deutsche Bundesbank, Nutzung der von Fondsgesellschaften bereitgestellten Kennzahlen im Risikomanagement der Kreditinstitute, Antwortschreiben an die Deutsche Kreditwirtschaft (DK) und den Bundesverband Investment und Asset Management (BVI) vom 1. Juni 2017.

50 In Art. 4 Abs. 1 Nr. 94 CRR ist in den offiziellen Sprachfassungen vom »Geschäftsplan« (»Business Plan«) die Rede. Insofern können sowohl das Geschäftsmodell als auch die Geschäftsstrategie gemeint sein, die allerdings ohnehin aufeinander abgestimmt sein müssen.

die Abweichung der Verschuldungsquote vom regulatorischen Mindestwert, die Veränderung der Verschuldungsquote, einschließlich der vorhersehbaren Auswirkung aktueller und künftiger erwarteter Verluste und der potenziellen Auswirkung eines Anstieges der berücksichtigten Risikopositionen sowie die Auswirkungen unterschiedlicher Stressereignisse untersucht werden. Darüber hinaus sollte geprüft werden, ob sich für bestimmte Institute auch ein Risiko übermäßiger Verschuldung ergeben kann, das in der Verschuldungsquote nicht angemessen berücksichtigt ist.[51]

61   Da die Verschuldungsquote für das Management des Risikos einer übermäßigen Verschuldung eine zentrale Rolle spielt, sollte sie in angemessener Weise in die Risikotragfähigkeitsbetrachtung einbezogen werden. Dies erfolgt durch die Berücksichtigung der normativen Perspektive zukünftig auf natürliche Weise. Ähnlich wie bei den Risikokonzentrationen geraten dabei Szenarien ins Blickfeld, die sich aus dem Zusammenspiel mehrerer Risikoarten ergeben und ggf. auch für einen Stresstest geeignet sind.

1.9   Verschuldungsquote

62   Im September 2009 haben sich die G20 u.a. auf die Einführung einer Verschuldungsquote (»Leverage Ratio«, LR) verständigt. Diese Verschuldungsquote spiegelt gemäß Art. 429 CRR das Verhältnis des Kernkapitals zu den nach bilanziellen Vorgaben ausgewiesenen Aktiva und außerbilanziellen Geschäften eines Institutes nach bestimmten Vorgaben wider. Die Verschuldungsquote ist risikounabhängig ausgestaltet und berücksichtigt insofern die ungewichteten Geschäftsvolumina. Sie soll als Korrektiv zu den risikosensitiven Eigenkapitalanforderungen dienen (»Back-Stop-Regime«).

63   Auf diese Weise soll ein exzessives Kreditwachstum in konjunkturellen Aufschwungphasen verhindert werden, dass die Institute in wirtschaftlich schlechten Zeiten oder Krisensituationen zum Abbau von Vermögenswerten zu ungünstigen Konditionen zwingen könnte. Auch der bei der EZB angesiedelte Europäische Ausschuss für Systemrisiken (ESRB) empfiehlt den makroprudenziellen Behörden im Hinblick auf die Zwischenziele und Instrumente für makroprudenzielle Maßnahmen u.a. die Eindämmung und Vermeidung von übermäßigem Kreditwachstum und übermäßiger Verschuldung (Empfehlung A).[52]

64   Gleichzeitig sollen mit Hilfe der Verschuldungsquote mögliche Risikounterzeichnungen bei der Berechnung der Eigenmittelanforderungen durch Messfehler oder eine unzureichende Modellierung der Risiken (»Modellrisiko«) aufgefangen werden. Auch zur Dämpfung der prozyklischen Effekte von Basel III wird die Verschuldungsquote ins Spiel gebracht. Derzeit beträgt die Verschuldungsquote grundsätzlich 3 %, wobei sie erst mit der laufenden Überarbeitung der CRR und der CRD IV als verbindlich einzuhaltende Kennzahl in die erste Säule überführt werden soll. Global systemrelevante Institute (G-SRI) müssen voraussichtlich einen Zuschlag i.H.v. 50 % des G-SRI-Puffers in Kauf nehmen.

65   Aufgrund der ihr innewohnenden Eigenschaft, die risikosensitiven Eigenkapitalanforderungen im Extremfall auszuhebeln, ist diese Kennziffer nicht unumstritten. Die Kreditwirtschaft hat deshalb gefordert, die Verschuldungsquote als reine Meldekennzahl in der zweiten Säule zu verankern und ggf. erforderliche bankaufsichtliche Maßnahmen nicht von ihrer absoluten Höhe,

---

51 Vgl. European Banking Authority, Guidelines on common procedures and methodologies for the supervisory review and evaluation process (SREP) and supervisory stress testing, EBA/GL/2014/13, Consolidated version, 19.Juli 2018, S.138.

52 Vgl. Empfehlung des Europäischen Ausschusses für Systemrisiken zu Zwischenzielen und Instrumenten für makroprudenzielle Maßnahmen (ESRB/2013/1) vom 4.April 2013, Amtsblatt der Europäischen Union vom 15.Juni 2013, C 170/3. Gemäß Art.458 CRR muss jeder Mitgliedstaat eine Behörde mit der Verantwortung für die makroprudenzielle Aufsicht benennen. Nach Art.513 CRR ist die EU-Kommission u.a. beauftragt, nach Konsultation mit dem ESRB die Vorschriften der makroprudenziellen Aufsicht zu bewerten.

sondern von ihrer relativen Veränderung abhängig zu machen. Als mögliche Verfahrensweise wird auf die »modifizierte bilanzielle Eigenkapitalquote« gemäß § 24 Abs. 1 Nr. 16 KWG verwiesen, deren relative Änderung um 5 % im Quartalszeitraum eine Meldepflicht des Institutes gegenüber den Aufsichtsbehörden auslöst.

1.10 Berücksichtigung von Risikokonzentrationen

Unter »Risikokonzentrationen« werden allgemein Gefährdungen innerhalb oder zwischen verschiedenen Risikokategorien verstanden, die so hohe Verluste verursachen können, dass sich das Gesamtrisikoprofil des Institutes wesentlich ändert oder seine Stabilität bzw. seine Fähigkeit zum Betreiben seines Kerngeschäftes gefährdet sind.[53] Wenngleich diese Definition vornehmlich auf die Wirkung von Risikokonzentrationen abstellt, wird daraus auch deutlich, dass beim Risikomanagement über die Grenzen der einzelnen Risikoarten hinausgeblickt werden muss.   **66**

Mit der Berücksichtigung von Risikokonzentrationen geraten die Konzentrationsrisiken nach Art. 81 CRD IV ins Blickfeld. Den entsprechenden Vorgaben der CRD IV zufolge müssen die zuständigen Behörden sicherstellen, dass das Konzentrationsrisiko, das aus den Risikopositionen gegenüber jeder einzelnen Gegenpartei inkl. zentraler Gegenparteien, gegenüber Gruppen verbundener Gegenparteien[54] und gegenüber Gegenparteien, die aus demselben Wirtschaftszweig oder derselben Region stammen oder aus denselben Tätigkeiten oder Waren, aus dem Einsatz von Kreditrisikominderungstechniken und insbesondere aus großen indirekten Kreditrisiken (z. B. wenn nur die Wertpapiere eines einzigen Emittenten als Sicherheit dienen) erwächst, u. a. mittels schriftlicher Grundsätze und Verfahren erfasst und gesteuert wird.   **67**

Die deutsche Aufsicht hat sowohl die Vorgaben der CRD IV als auch die weite Definition von CEBS aufgegriffen, indem sie die verschiedenen Dimensionen von Risikokonzentrationen explizit erwähnt. Neben solchen Risikopositionen gegenüber Einzeladressen, die allein aufgrund ihrer Größe eine Risikokonzentration darstellen (»Adressenkonzentrationen«), können Risikokonzentrationen sowohl durch den Gleichlauf von Risikopositionen innerhalb einer Risikoart (»Intra-Risikokonzentrationen«) als auch durch den Gleichlauf von Risikopositionen über verschiedene Risikoarten hinweg (»Inter-Risikokonzentrationen«) entstehen. Inter-Risikokonzentrationen können dabei durch gemeinsame Risikofaktoren verschiedener Risikoarten oder durch Interaktionen unterschiedlicher Risikofaktoren verschiedener Risikoarten hervorgerufen werden (→ AT 2.2 Tz. 1, Erläuterung). Zum Umgang mit Risikokonzentrationen finden sich in den MaRisk verschiedene Vorgaben, insbesondere hinsichtlich der einzelnen Geschäfts- und Risikoarten.   **68**

Eine im Finanzkonglomerate-Aufsichtsgesetz (FKAG) verwendete Definition für Risikokonzentrationen nimmt in ähnlicher Weise speziell auf Unternehmen innerhalb eines Finanzkonglomerates Bezug. Nach § 2 Abs. 16 FKAG handelt es sich bei Risikokonzentrationen um alle mit einem Ausfallrisiko behafteten Engagements der Unternehmen eines Finanzkonglomerates, bei denen   **69**

---

53 Vgl. Committee of European Banking Supervisors, Revised Guidelines on the management of concentration risk under the supervisory review process (GL 31), 2. September 2010, S. 5 f.

54 In welchem Falle Kunden aufgrund von Verflechtungen nach den Vorgaben von Art. 4 Abs. 1 Nr. 39 CRR ein einheitliches Risiko darstellen und damit als »Gruppe verbundener Kunden« zusammenzufassen sind, wird in den entsprechenden Leitlinien der EBA geregelt. Vgl. European Banking Authority, Leitlinien zu verbundenen Kunden gemäß Artikel 4 Absatz 1 Nummer 39 der Verordnung (EU) Nr. 575/2013, EBA/GL/2017/15, 23. Februar 2018. Die Vorgaben der EBA werden derzeit in die deutsche Verwaltungspraxis überführt. Das noch in Konsultation befindliche Rundschreiben soll am 1. Januar 2019 in Kraft treten. Vgl. Bundesanstalt für Finanzdienstleistungsaufsicht, Konsultation 13/2018 (BA) – Entwurf eines Rundschreibens zur Umsetzung der EBA-Leitlinien zu verbundenen Kunden gemäß Artikel 4 Absatz 1 Nummer 39 der Verordnung (EU) Nr. 575/2013 vom 20. Juli 2018. Die darin beschriebene Vorgehensweise zur Festlegung verbundener Kunden dient zwar in erster Linie dem Großkreditregime, hat aber auch Auswirkungen auf andere Regelungsbereiche, wie z. B. § 18 KWG (Kreditunterlagen), und zielt ebenfalls auf eine Risikobetrachtung ab. Insofern ist nicht auszuschließen, dass sich diese Vorgaben implizit auch auf den Umgang mit Risikokonzentrationen nach den MaRisk auswirken.

das Verlustpotenzial groß genug ist, um die Solvabilität oder die allgemeine Finanzlage eines beaufsichtigten Unternehmens eines Finanzkonglomerates zu gefährden, unabhängig davon, ob das Ausfallrisiko auf einem Adressenausfallrisiko, Kreditrisiko, Anlagerisiko, Versicherungsrisiko, Marktrisiko, sonstigen Risiko oder einer Kombination von Risiken oder einer Wechselwirkung zwischen Risiken beruht oder beruhen kann.

70   Einer Einschätzung von CEBS zufolge können sich Risikokonzentrationen auf die Kapitalausstattung, die Ertragslage oder die Liquiditätslage eines Institutes auswirken. Diese Effekte existieren nicht isoliert voneinander und sollten im Rahmen des institutsinternen Risikomanagements adäquat behandelt werden.[55] Mit wesentlichen Risiken verbundene Risikokonzentrationen sind deshalb bei der Erstellung des Gesamtrisikoprofils zu berücksichtigen.

1.11   Risikokonzentrationen versus Konzentrationsrisiken

71   Im Rahmen der zweiten MaRisk-Novelle wurde über die »korrekte« Bezeichnung für die Zwecke des Rundschreibens diskutiert.[56] Die Kreditwirtschaft verwies darauf, dass Risikokonzentrationen keine Risikoart im eigentlichen Sinne seien, sondern sich aus anderen Risikoarten ableiten ließen. Deshalb würde in der Praxis einerseits bei der Steuerung und Überwachung der jeweiligen Risikoarten auch auf die Risikokonzentrationen eingegangen und andererseits bei der Identifizierung von Risikokonzentrationen auf die zugrundeliegenden Risikoarten abgestellt. Die Kreditwirtschaft plädierte deshalb für den Begriff »Risikokonzentrationen« und den damit verbundenen Verzicht auf deren Behandlung als weitere (wesentliche) Risikoart.[57]

72   Dieser Argumentation ist die BaFin letztlich gefolgt, wobei die Behandlung von Inter-Risikokonzentrationen mehr erfordert, als sich nur mit Konzentrationen innerhalb der klassischen Risikoarten zu befassen. Die BaFin hat deshalb im Rahmen der dritten MaRisk-Novelle nochmals verdeutlicht, dass dem so genannten »Silo-Problem« wirksam entgegengewirkt werden muss.[58] Zudem schließt die Erläuterung zu Risikokonzentrationen in den MaRisk auch Adressenkonzentrationen ein, die ebenso wie die Konzentrationsrisiken nach Art. 81 CRD IV vornehmlich auf Kreditkonzentrationsrisiken abzielen. Die Kreditkonzentrationsrisiken werden von der EBA als Unterkategorie der Kreditrisiken eingestuft.[59]

73   Die EBA erwartet eine Beurteilung der Kreditkonzentrationen auf einzelne Adressen, der sektoralen und geografischen Konzentrationen, der Produktkonzentrationen und der Konzentrationen auf eine bestimmte Art von Sicherheiten und Garantien. Schwerpunkte sieht sie bei Risikopositionen mit ähnlichem Verhalten, d.h. mit einer hohen Korrelation, und bei versteckten Quellen des Kreditkonzentrationsrisikos, die unter Stressbedingungen zutage treten. Bei Bankengruppen sollte zudem das Kreditkonzentrationsrisiko beachtet werden, das sich aus der Konsoli-

---

55 Vgl. Committee of European Banking Supervisors, Revised Guidelines on the management of concentration risk under the supervisory review process (GL 31), 2. September 2010, S. 6.

56 So wurde während der Konsultationsphase u. a. angemerkt, dass Risikokonzentrationen formal betrachtet nichts anderes seien als »Konzentrationen von Risiken«. Unter Konzentrationsrisiken seien hingegen »aus Konzentrationen erwachsende Risiken« zu verstehen. Insbesondere seien Konzentrationsrisiken Quellen der grundsätzlich als wesentlich einzustufenden Risiken. Da es um das Management eben dieser Risiken gehe, sei der Begriff »Konzentrationsrisiken« besser geeignet. Als Beispiel zur Untermauerung dieser These wurde darauf verwiesen, dass der Begriff »Diversifikation« als Antonym zum Wort »Konzentration« verwendet und folgerichtig z. B. auf Risiken aus Konzentrationen von Refinanzierungsquellen abgestellt werde und nicht auf die Konzentration des Liquiditätsrisikos an sich. Vgl. Horn, Christoph, Stellungnahme zum zweiten Entwurf über die Mindestanforderungen an das Risikomanagement vom 24. Juni 2009, S. 1.

57 Vgl. Zentraler Kreditausschuss, Stellungnahme zum ersten Entwurf einer Neufassung der Mindestanforderungen an das Risikomanagement (MaRisk) vom 16. Februar 2009 – Konsultation 03/2009, 23. März 2009, S. 2.

58 Vgl. Bundesanstalt für Finanzdienstleistungsaufsicht, Übermittlungsschreiben zum Rundschreiben 11/2010 (BA) vom 15. Dezember 2010, S. 5.

59 Vgl. European Banking Authority, Guidelines on common procedures and methodologies for the supervisory review and evaluation process (SREP) and supervisory stress testing, EBA/GL/2014/13, Consolidated version, 19. Juli 2018, S. 77.

dierung ergeben kann und auf der Ebene eines einzelnen Unternehmens unter Umständen nicht ersichtlich ist.[60] Bei der Bewertung der Höhe des Marktkonzentrationsrisikos sollten die zuständigen Behörden vor allem Konzentrationen von komplexen Produkten (z. B. strukturierte Produkte), illiquiden Produkten (z. B. Collateralised Debt Obligations, CDO) oder nach dem Mark-to-Model-Ansatz bewerteten Produkten berücksichtigen.[61]

1.12 Beispiele für Intra-Risikokonzentrationen

Der Schwerpunkt bei der Berücksichtigung von Intra-Risikokonzentrationen liegt im Moment klar im Bereich der Adressenausfallrisiken. Noch vor wenigen Jahren erfolgte eine Quantifizierung von Risikokonzentrationen nur implizit innerhalb des Adressenausfallrisikos durch Verwendung von Kreditportfoliomodellen.[62] Auch vor dem Hintergrund der Vorgaben in Art. 81 CRD IV ist es nicht verwunderlich, dass in den MaRisk lediglich Risikokonzentrationen hinsichtlich der Adressenausfallrisiken näher beschrieben werden. Dabei handelt es sich um Adressen- und »Sektorkonzentrationen«, regionale Konzentrationen[63] und sonstige Konzentrationen im Kreditgeschäft, die relativ gesehen zum Risikodeckungspotenzial zu erheblichen Verlusten führen können. Beispielhaft werden Konzentrationen nach Kreditnehmern, nach Produkten oder Underlyings strukturierter Produkte, nach Branchen und ggf. Ländern, nach Verteilungen von Engagements auf Größen- und Risikoklassen, nach Sicherheiten und sonstige hoch korrelierte Risiken genannt (→ BTR 1 Tz. 1, Erläuterung). Allerdings befinden sich auch Konzentrationen nach Kreditnehmereinheiten, die zu verschiedenen Zwecken wie ein einzelner Kreditnehmer behandelt werden, im Fokus der Bankenaufsicht. **74**

Eine Ursache für Marktrisikokonzentrationen ist z. B. eine Veränderung der Risikobereitschaft der Marktteilnehmer. Größere Unsicherheit über die wirtschaftliche Entwicklung kann dazu führen, dass sich die Marktteilnehmer beim Kauf riskanter Produkte eines bestimmten Marktsegmentes zurückhalten. Dadurch steigen die Risikoprämien für diese Produkte, während deren Preise sinken. In der Folge erhöhen sich die Korrelationen von bislang gering korrelierten Marktsegmenten oder Asset-Klassen. Einige Märkte könnten sogar völlig austrocknen, wenn die Marktteilnehmer nicht mehr bereit sind, bestimmte Produkte zu kaufen. Ein Institut wird unter diesen Umständen auch dann Verluste erleiden, wenn es grundsätzlich ein diversifiziertes Portfolio besitzt.[64] Dieses Problem besteht grundsätzlich auch dann, wenn die Qualität der Vermögensgegenstände aus Kreditrisikosicht nicht infrage steht. **75**

---

60 Vgl. European Banking Authority, Guidelines on common procedures and methodologies for the supervisory review and evaluation process (SREP) and supervisory stress testing, EBA/GL/2014/13, Consolidated version, 19. Juli 2018, S. 77 f.

61 Vgl. European Banking Authority, Guidelines on common procedures and methodologies for the supervisory review and evaluation process (SREP) and supervisory stress testing, EBA/GL/2014/13, Consolidated version, 19. Juli 2018, S. 96.

62 Vgl. Deutsche Bundesbank, »Range of Practice« zur Sicherstellung der Risikotragfähigkeit bei deutschen Kreditinstituten, 11. November 2010, S. 15.

63 Unter Sektorkonzentrationen werden teilweise sowohl Konzentrationen nach Wirtschaftszweigen als auch nach geografischen Regionen verstanden. Adressen- und Sektorkonzentrationen werden auch als »Klumpenrisiken« bezeichnet.

64 Vgl. Committee of European Banking Supervisors, Revised Guidelines on the management of concentration risk under the supervisory review process (GL 31), 2. September 2010, S. 29.

1.13   Beispiele für Inter-Risikokonzentrationen

76   Die möglichen Auswirkungen von Inter-Risikokonzentrationen wurden den Instituten beim Ausbruch der Finanzmarktkrise drastisch vor Augen geführt. Damals sind die gravierenden Probleme im Subprimesegment in den USA auf die Verbriefungsmärkte übergeschwappt und haben zu unerwarteten Konzentrationen an illiquiden Vermögenswerten geführt sowie schließlich den Interbankenmarkt zum Erliegen gebracht. In dieser Zeit haben sich viele der üblichen Maßnahmen zur Risikominderung als wirkungslos erwiesen. »Im Bestreben nach Diversifikation baute man einen ganz eigenen Klumpen an strukturierten Wertpapierportfolien auf.[65]«

77   Weitere Beispiele für Inter-Risikokonzentrationen bzw. für Wechselwirkungen zwischen den verschiedenen Risikoarten, die in bestimmten Konstellationen auf Inter-Risikokonzentrationen hinauslaufen können, sind im Folgenden aufgeführt[66]:

- Adressenausfall- und Liquiditätsrisiko: Der Ausfall wesentlicher Kontrahenten beeinträchtigt die Zahlungsströme (»Cashflows«) eines Institutes und seine Fähigkeit, die Zahlungsverpflichtungen zu erfüllen.
- Adressenausfall- und Marktrisiko: Inter-Risikokonzentrationen können in diesem Bereich existieren, wenn Geschäftspartner eng miteinander verbunden oder sogar identisch sind oder das inhärente Ausfallrisiko (»Incremental Default Risk«) eines Emittenten betrachtet wird. Ein weiteres Beispiel ist die Verschlechterung der Bonität eines Emittenten, wenn das Institut diesem Emittenten zusätzlich ein Darlehen gewährt oder eine Kreditlinie bereitstellt.
- Adressenausfall- und operationelles Risiko: Das Kreditrisiko kann von potenziellen operationellen Risikotreibern betroffen sein.[67] Ebenso kann die Kreditqualität (Bonität) der Anbieter von Risikoabschirmungen (z. B. Versicherungen) die Angemessenheit des Kapitalbedarfes für das operationelle Risiko beeinflussen.
- Markt- und Liquiditätsrisiko: Marktstörungen, eine erhöhte Volatilität, rasante Wertminderungen oder das Austrocknen der Märkte für bestimmte Instrumente können sich negativ auf die Liquidität auswirken. Durch den Anstieg der Risikoprämien bei Marktstörungen kann aus dem Verkauf von Vermögenswerten wegen der niedrigeren Preise weniger Liquidität generiert werden.
- Liquiditäts- und operationelles Risiko: Störungen im Zahlungs- und Abwicklungsprozess können zu Liquiditätsproblemen führen. Mögliche Fehler oder Ungenauigkeiten in den bestehenden rechtlichen Regelungen können es unmöglich machen, die Erfüllung von Verträgen zur Bereitstellung von Finanzierungsmitteln bei einer Gegenpartei durchzusetzen. Die Liquidität eines Institutes kann besonders gefährdet sein, wenn Mängel in den Abkommen zur Refinanzierung in Stresssituationen existieren.
- Adressenausfall- und Fremdwährungskreditrisiko: Kredite in Fremdwährung an inländische Kreditnehmer sind sowohl dem Markt- (Devisenkurs) als auch dem Kreditrisiko ausgesetzt. Wenn die Fremdwährung abgewertet wird, erhöht sich der Wert des Darlehens in der inländischen Währung und kann durch steigende Kosten der Raten die Fähigkeit des Kreditnehmers zur Rückzahlung reduzieren.
- Reputations- und Liquiditätsrisiko: Reputationsrisiken können zu einem Verlust an Vertrauen in das Institut auf Seiten der Kontrahenten und folglich zu einer Reduzierung der zur Verfügung

---

65 Göttgens, Michael, Risikomanagementsysteme und Geschäftsmodelle von Banken – Welche Erkenntnisse erlauben Abschluss- und Sonderprüfung?, in: Die Wirtschaftsprüfung, Sonderheft 2/2010, S. 75.

66 Vgl. Committee of European Banking Supervisors, Revised Guidelines on the management of concentration risk under the supervisory review process (GL 31), 2. September 2010, S. 28 ff.

67 Bevor die »operationellen Risiken« überhaupt in das Bewusstsein der Institute gelangt sind, wurden diverse operationelle Schadensfälle, die auf eine unsachgemäße Kreditbearbeitung zurückzuführen waren, in den Datenbanken zu Adressenausfallrisiken geführt. So kann es z. B. passieren, dass bei der Hereinnahme von Kreditsicherheiten Fehler gemacht werden und sich diese Sicherheiten dadurch später als wertlos erweisen.

stehenden Mittel als auch zu einem Abzug von Einlagen führen. Um eine gute Reputation zu wahren und negative Wahrnehmungen durch den Markt zu vermeiden, müssen assoziierten Parteien (z.B. Zweckgesellschaften) ggf. Liquiditätslinien gestellt werden, die ebenfalls zu einer Verschlechterung der Liquiditätssituation führen.

Zu den Inter-Risikokonzentrationen werden von der Aufsicht im Übrigen auch miteinander im Zusammenhang stehende Positionen gerechnet, die unterschiedlich verbucht sind (z.B. im Anlage- und im Handelsbuch).[68] Die Liste der Beispiele lässt sich problemlos erweitern. So können z.B. im Zusammenhang mit dem Handel von Derivaten Nachschusspflichten (»Margin-Calls«) bestehen, wenn die zugrundeliegenden Geschäfte bzw. die dafür gestellten Sicherheiten an Wert verlieren (Marktpreisrisiko) oder ein Kontrahent unter eine definierte Ratingschwelle herabgestuft wird (Adressenausfallrisiko). Derartige Nachschusspflichten können entweder zu einem Abfluss von Liquidität führen oder eine weitergehende Verpfändung zusätzlicher Wertpapiere zur Folge haben, die damit nicht mehr als Liquiditätspuffer zur Verfügung stehen (Liquiditätsrisiko). Dieses Problem kann sich in vergleichbarer Weise z.B. bei Geschäften mit strukturierten Produkten besonders gravierend auswirken, wenn eine Herabstufung des eigenen Ratings droht und in der Konsequenz die Stellung zusätzlicher Sicherheiten gefordert wird (»Ratingtrigger«).

78

1.14 Bedeutung von Risikokonzentrationen

In der ursprünglichen Fassung der MaRisk war der Grundsatz verankert, dass sich die Anforderungen des Rundschreibens auf das Management der für das Institut wesentlichen Risiken »sowie damit verbundener Risikokonzentrationen« beziehen. Im Rahmen der zweiten MaRisk-Novelle wurde dieser Grundsatz um die zitierte Passage gekürzt. Stattdessen wird jetzt gefordert, »mit wesentlichen Risiken verbundene Risikokonzentrationen zu berücksichtigen«. Diese Formulierung impliziert rein formal betrachtet, dass zunächst die wesentlichen Risiken zu identifizieren und anschließend die damit verbundenen Risikokonzentrationen in das Management einzubeziehen sind. Nicht von der Hand zu weisen ist allerdings, dass bestimmte Risiken gerade durch die damit verbundenen Konzentrationen das Kriterium der Wesentlichkeit erfüllen könnten. Deshalb sollten die Institute die Risikokonzentrationen im eigenen Interesse bereits bei der Ermittlung des Gesamtrisikoprofils berücksichtigen.

79

Die Auseinandersetzung mit dem Management von Risikokonzentrationen hat durch die Finanzmarktkrise deutlich an Fahrt gewonnen.[69] Aufgrund ihrer Vielschichtigkeit sind sie nur schwer zu beherrschen. Den Risikokonzentrationen wurde zwar kein eigenständiges Modul gewidmet. Ihre Hervorhebung an vielen Stellen in den MaRisk untermauert jedoch ihre Bedeutung für das Risikomanagement eines Institutes:

80

- Auf der Grundlage des Gesamtrisikoprofils ist sicherzustellen, dass die wesentlichen Risiken des Institutes durch das Risikodeckungspotenzial, unter Berücksichtigung von Risikokonzentrationen, laufend abgedeckt sind und damit die Risikotragfähigkeit gegeben ist ($\rightarrow$ AT4.1 Tz.1).
- Im Rahmen der Festlegung der Risikostrategie ist, unter Berücksichtigung von Risikokonzentrationen, für alle wesentlichen Risiken der Risikoappetit des Institutes festzulegen. Risiko-

---

68 Vgl. Committee of European Banking Supervisors, Revised Guidelines on the management of concentration risk under the supervisory review process (GL 31), 2.September 2010, S.6.

69 Vgl. z.B. Committee of European Banking Supervisors, Revised Guidelines on the management of concentration risk under the supervisory review process (GL 31), 2.September 2010; The Joint Forum, Cross-sectoral review of group-wide identification and management of risk concentrations, 25.April 2008.

konzentrationen sind dabei auch mit Blick auf die Ertragssituation des Institutes (Ertragskonzentrationen) zu berücksichtigen (→ AT4.2 Tz.2).

– Das Institut hat angemessene Risikosteuerungs- und -controllingprozesse einzurichten, die eine Identifizierung, Beurteilung, Steuerung sowie Überwachung und Kommunikation der wesentlichen Risiken und damit verbundener Risikokonzentrationen gewährleisten. Durch geeignete Maßnahmen ist zu gewährleisten, dass die Risiken und die damit verbundenen Risikokonzentrationen unter Berücksichtigung der Risikotragfähigkeit und des Risikoappetits wirksam begrenzt und überwacht werden (→ AT4.3.2 Tz.1).

– Die Stresstests haben sich auch auf die angenommenen Risikokonzentrationen und Diversifikationseffekte innerhalb und zwischen den Risikoarten zu erstrecken (→ AT4.3.3 Tz.1).

– Die Datenaggregationskapazitäten müssen gewährleisten, dass aggregierte Risikodaten, die auch mögliche Konzentrationen betreffen können, sowohl unter gewöhnlichen Umständen als auch in Stressphasen, zeitnah zur Verfügung stehen (→ AT4.3.4 Tz.5 inkl. Erläuterung).

– Das Institut muss auf der Grundlage einer Risikoanalyse eigenverantwortlich festlegen, welche Auslagerungen von Aktivitäten und Prozessen unter Risikogesichtspunkten wesentlich sind. Dabei sind mögliche Risikokonzentrationen zu berücksichtigen (→ AT9 Tz.2 inkl. Erläuterung).

– Das Institut hat durch geeignete Maßnahmen sicherzustellen, dass Adressenausfallrisiken und damit verbundene Risikokonzentrationen unter Berücksichtigung der Risikotragfähigkeit begrenzt werden können (→ BTR1 Tz.1).

– Dem spezifischen Risiko des Emittenten kann im Rahmen der Limitierung der Marktpreisrisiken auf Basis geeigneter Verfahren angemessen Rechnung getragen werden, wobei Risikokonzentrationen zu berücksichtigen sind (→ BTR1 Tz.4, Erläuterung).

– Konzentrationen im Bereich der Adressenausfallrisiken sind unter Berücksichtigung ggf. vorhandener Abhängigkeiten zu identifizieren. Bei der Beurteilung der Risikokonzentrationen ist auf qualitative und, soweit möglich, auf quantitative Verfahren abzustellen. Risikokonzentrationen sind mit Hilfe geeigneter Verfahren zu steuern und zu überwachen (→ BTR1 Tz.6).

– Auf der Grundlage der Risikotragfähigkeit ist ein System von Limiten zur Begrenzung der Marktpreisrisiken unter Berücksichtigung von Risikokonzentrationen einzurichten (→ BTR2.1 Tz.1).

– Das Institut muss eine ausreichende Diversifikation der Refinanzierungsquellen und der Liquiditätspuffer gewährleisten, wobei Konzentrationen wirksam zu überwachen und zu begrenzen sind (→ BTR3.1 Tz.1).

– In den Risikoberichten ist im Zusammenhang mit den Ergebnissen der Stresstests gesondert auf Risikokonzentrationen und deren potenzielle Auswirkungen einzugehen (→ BT3.1 Tz.2).

– Der Gesamtrisikobericht hat neben den wesentlichen Informationen zu den einzelnen als wesentlich eingestuften Risikoarten u.a. Informationen zu den Risikokonzentrationen zu enthalten (→ BT3.2 Tz.2).

– Im Rahmen der Berichterstattung über die Adressenausfallrisiken ist u.a. auf die Entwicklung des Kreditportfolios, z.B. nach Branchen, Ländern, Risikoklassen und Größenklassen oder Sicherheitenkategorien, unter besonderer Berücksichtigung von Risikokonzentrationen, einzugehen (→ BT3.2 Tz.3 lit. a).

1.15 Berechnung des internen Kapitals für die wesentlichen Risiken

81 Die Institute müssen gemäß Art. 73 CRD IV über solide, wirksame und umfassende Strategien und Verfahren verfügen, mit denen sie die Höhe, die Arten und die Verteilung des internen Kapitals, das sie zur quantitativen und qualitativen Absicherung ihrer aktuellen und etwaigen künftigen Risiken für angemessen halten, kontinuierlich bewerten und auf einem ausreichend hohen Stand halten können.[70] Im Rahmen dieses internen Prozesses zur Sicherstellung einer angemessenen Kapitalausstattung (»Internal Capital Adequacy Assessment Process«, ICAAP) wird der interne Kapitalbedarf für die wesentlichen Risiken i.d.R. mit Hilfe des Risikotragfähigkeitskonzeptes ermittelt.[71] Welche Vorgaben dabei für die einzelnen wesentlichen Risiken zu beachten sind, wird an anderer Stelle ausführlich beschrieben (→ AT 4.1 Tz. 1).

1.16 Einbindung in die Aufbau- und Ablauforganisation

Die Anforderungen zur Aufbau- und Ablauforganisation (→ BTO) schließen auch die Risikosteuerungs- und -controllingprozesse ein. Bei der Ausgestaltung dieser Prozesse müssen daher die organisatorischen Vorgaben in angemessener Weise berücksichtigt werden. Das folgt einerseits daraus, dass sämtliche Prozesse sowie die damit verbundenen Aufgaben, Kompetenzen, Verantwortlichkeiten, Kontrollen sowie Kommunikationswege aufeinander abzustimmen sind (→ AT 4.3.1 Tz. 2). Andererseits werden z.B. die Teilprozesse Überwachung und Kommunikation der Risiken explizit als Aufgaben der Risikocontrolling-Funktion definiert (→ AT 4.4.1 Tz. 1 und BTO Tz. 2). Vor dem Hintergrund der Bedeutung einer unabhängigen Ausübung dieser Funktion sind insbesondere im Kredit- und Handelsgeschäft entsprechende Funktionstrennungsprinzipien zu beachten (→ BTO Tz. 3). **82**

Während in Abhängigkeit von der Größe der Institute, den Geschäftsschwerpunkten und der Risikosituation eine vereinfachte Umsetzung der Anforderungen an die Aufbau- und Ablauforganisation möglich ist (→ BTO Tz. 1), spielt die Größe der Institute bei der Ausgestaltung der Risikosteuerungs- und -controllingprozesse nicht die entscheidende Rolle. Diese Prozesse müssen in erster Linie Art, Umfang, Komplexität und Risikogehalt der Geschäftsaktivitäten angemessen sein (→ AT 4.3 Tz. 1). **83**

---

70 Vgl. Richtlinie 2013/36/EU (Bankenrichtlinie – CRD IV) des Europäischen Parlaments und des Rates vom 26. Juni 2013 über den Zugang zur Tätigkeit von Kreditinstituten und die Beaufsichtigung von Kreditinstituten und Wertpapierfirmen, zur Änderung der Richtlinie 2002/87/EG und zur Aufhebung der Richtlinien 2006/48/EG und 2006/49/EG, Amtsblatt der Europäischen Union vom 27. Juni 2013, L 176/377.

71 Unter dem Risikotragfähigkeitskonzept wird im engeren Sinne eine Risikotragfähigkeitsrechnung verstanden, die auf dem ökonomischen Konzept der zweiten Säule basiert (ökonomische Perspektive). Unter dieser Prämisse kann das »interne Kapital« mit dem Risikodeckungspotenzial gleichgesetzt werden. Bei einer weiten Betrachtung des Risikotragfähigkeitskonzeptes, d.h. bei Einbeziehung der Kapitalplanung (normative Perspektive), spielt im ICAAP zwar auch die Angemessenheit des regulatorischen Kapitals eine Rolle. Diese Angemessenheit wird allerdings über den »Säule-1-Plus-Ansatz«, nach dem die Kapitalanforderungen der ersten Säule für die in der zweiten Säule behandelten Risikoarten jeweils als Untergrenze in die Kapitalfestsetzung eingehen, implizit berücksichtigt (→ AT 4.1 Tz. 1).

BTR 1 Adressenausfallrisiken

1 Einführung und Überblick

1.1 Bedeutung der Adressenausfallrisiken

Der Erfolg und die zukünftige Bedeutung der meisten Institute hängen bis heute sehr wesentlich von **1** der Beherrschung ihrer Adressenausfallrisiken ab. Der »Ausfall von Adressen« beschreibt für die überwiegende Zahl der Institute im Vergleich zu anderen Risikoarten die größte Gefahr potenzieller Verluste, wie in vielen Geschäftsberichten und Analysen nachzulesen ist. Zum Stichtag 31. Dezember 2017 betrug der durchschnittliche Anteil der auf das Kreditrisiko zurückzuführenden risikogewichteten Aktiva (»Risk-weighted Assets«, RWA) der international tätigen Institute mit einem Kernkapital von mindestens 3 Mrd. Euro (Gruppe-1-Institute) rund 75 % und der übrigen Institute (Gruppe-2-Institute) rund 90 % sämtlicher RWA.[1] Folglich kommt der Steuerung und Überwachung der Adressenausfallrisiken eine herausgehobene Stellung im Risikomanagement eines Institutes zu.

Es ist allerdings nicht immer einfach, die Adressenausfallrisiken von anderen Risikoarten ein- **2** deutig abzugrenzen. So bestehen zwischen den einzelnen Risikoarten vielfältige und teilweise sehr komplexe Wechselwirkungen, wodurch einerseits die Ursachenanalyse erschwert wird und andererseits nicht immer zweifelsfreie Resultate abgeleitet werden können. Beispielsweise könnten sämtliche Fälle, in denen die Bonität des Kreditnehmers oder die Werthaltigkeit der Sicherheiten wegen falscher Angaben seitens des Kunden oder aufgrund von institutsinternen Bearbeitungsfehlern zunächst zu optimistisch eingeschätzt wurden, auf operationelle Risiken zurückgeführt werden (»boundary events«). Unter Berücksichtigung dieser Risiken wären derartige Kredite entweder zu schlechteren Konditionen oder überhaupt nicht vergeben worden. Die deutsche Aufsicht fordert nicht zuletzt vor diesem Hintergrund, die operationellen Risiken institutsintern einheitlich festzulegen und zu anderen vom Institut betrachteten Risiken klar abzugrenzen (→ BTR4 Tz. 1).

Auch die zunehmende Handelbarkeit von Kreditrisiken, z.B. durch Verbriefungen, und die damit **3** verbundene Möglichkeit, sich als Institut gegen Adressenausfallrisiken besser absichern zu können, hat Einfluss auf andere Risikoarten. In diesem Modul werden die Adressenausfallrisiken definiert und, soweit möglich, von den anderen Risikoarten abgegrenzt. Anschließend werden die Anforderungen an die Identifizierung, Beurteilung, Steuerung und Überwachung von Adressenausfallrisiken näher erläu-

---

1 Vgl. Deutsche Bundesbank, Bericht zum Basel III-Monitoring für deutsche Institute, 4. Oktober 2018, S. 21.

tert. Dabei wird auch auf den Umgang mit Risikokonzentrationen eingegangen. Die konkreten Vorgaben zur Kommunikation der Adressenausfallrisiken finden sich an anderer Stelle (→ BT 3.2 Tz. 3).

1.2 Definition und Arten von Adressenausfallrisiken

4 Das Adressenausfallrisiko beschreibt die Gefahr, dass eine Gegenpartei (eine so genannte »Adresse«, wie z. B. ein Kreditnehmer) nicht bzw. nur eingeschränkt dazu in der Lage ist, ihren vertraglichen Verpflichtungen gegenüber dem Institut nachzukommen. Es bezeichnet insofern den potenziellen Verlust, der aus der Nichterfüllung von Verträgen aufgrund der Verschlechterung der Bonität der Gegenpartei oder deren Zahlungsunfähigkeit entstehen kann. Der Begriff des Adressenausfallrisikos im Sinne der MaRisk ist also umfassend zu verstehen. Er bezieht sich sowohl auf das Risiko des teilweisen oder vollständigen Ausfalls einer Gegenpartei (Gegenparteiausfallrisiko[2]) als auch auf Verlustgefahren, die auf Bonitätsänderungen der Gegenpartei zurückzuführen sind (Bonitätsrisiko[3]) und damit den ökonomischen Wert einer Position mindern können.

5 Das Adressenausfallrisiko ist nicht auf das traditionelle Kreditgeschäft beschränkt. So sind z. B. bei Handelsgeschäften Kontrahenten- und Emittentenrisiken zu berücksichtigen, die sich darauf beziehen, dass ein Kontrahent ausfallen oder ein Emittent infolge von Liquiditätsschwierigkeiten oder durch Insolvenz seine Anleihen nicht bedienen kann (→ BTR 1 Tz. 3 und 4).

6 Das Adressenausfallrisiko ist insofern als Oberbegriff für das Kreditrisiko und das Gegenparteiausfallrisiko gemäß Art. 79 CRD IV zu verstehen. Die in Art. 79 CRD IV formulierten Anforderungen sind in den MaRisk vor allem durch organisatorische Vorgaben umgesetzt worden:
- Die Kreditvergabe muss nach soliden, klar definierten Kriterien erfolgen. Das Verfahren für die Genehmigung, Änderung, Verlängerung und Refinanzierung von Krediten muss klar geregelt sein (→ BTO 1.2 Tz. 1).
- Die Institute müssen über interne Methoden verfügen, anhand derer sie das Kreditrisiko sowohl für einzelne Schuldner, Wertpapiere oder Verbriefungspositionen als auch für das gesamte Portfolio bewerten können (→ BTO 1.2 Tz. 6).
- Diese internen Methoden dürfen sich nicht ausschließlich oder automatisch auf externe Bonitätsbeurteilungen stützen. Beruhen Eigenmittelanforderungen auf der Bonitätsbeurteilung einer externen Ratingagentur (»External Credit Assessment Institution«, ECAI) oder der Tatsache, dass eine Risikoposition unbeurteilt ist, so befreit dies die Institute nicht von der Pflicht, darüber hinaus andere einschlägige Informationen zur Bewertung der Allokation ihres internen Kapitals in Betracht zu ziehen (→ BTO 1.2 Tz. 4).
- Die laufende Verwaltung und Überwachung der verschiedenen kreditrisikobehafteten Portfolios und Positionen von Instituten, auch zwecks Erkennung und Verwaltung von Problemkrediten sowie Vornahme adäquater Wertberichtigungen und Rückstellungen, muss über wirksame Systeme erfolgen (→ BTO 1.2 Tz. 3, BTO 1.2.3, BTO 1.2.4 und BTO 1.2.5).
- Die Diversifizierung der Kreditportfolios muss den Zielmärkten und der allgemeinen Kreditstrategie des Institutes angemessen sein (→ AT 4.2 Tz. 2).

---

2 Gemäß Art. 272 Nr. 1 CRR ist unter dem »Gegenparteiausfallrisiko« (»Counterparty Credit Risk«, CCR) das Risiko des Ausfalls der Gegenpartei eines Geschäftes vor der abschließenden Abwicklung der mit diesem Geschäft verbundenen Zahlungen zu verstehen. Das Gegenparteiausfallrisiko wird auch als »Kontrahentenausfallrisiko« bezeichnet.

3 In verschiedenen Fachpublikationen werden das Bonitätsrisiko und das Besicherungsrisiko bzw. Restrisiko als Kreditrisiko zusammengefasst, manchmal auch unter Einbezug des Gegenparteiausfallrisikos. Teilweise wird unter dem Kreditrisiko auch nur das Bonitätsrisiko verstanden. Die maßgeblichen internationalen und europäischen Gesetzgebungs- und Regulierungsbehörden verwenden i. d. R. den Begriff Kreditrisiko anstelle Adressenausfallrisiko, wobei das Gegenparteiausfallrisiko zum Teil als Unterkategorie betrachtet wird. Für die Umsetzung der MaRisk spielt die Zuordnung der Unterarten bestimmter Risikokategorien nur insofern eine Rolle, als eine vollständige Abbildung der wesentlichen Risiken gefordert wird und die jeweiligen Verfahren und Prozesse für die betrachtete Risikoart angemessen sein müssen.

Um die wichtigsten Treiber der Kreditrisikoposition eines Institutes zu identifizieren und deren **7** Auswirkung auf das Institut zu beurteilen, sollen die zuständigen Behörden im Rahmen des SREP die Art, die Zusammensetzung und die Qualität des Kreditportfolios, den Grad und die Qualität der Kreditrisikominderung sowie den Umfang der Rückstellungen für Kreditausfälle und der kreditrisikobezogenen Bewertungsanpassungen untersuchen. Das beginnt bei der Bewertung der Kreditrisikostrategie und des Risikoappetits des Institutes im Rahmen der Geschäftsmodellanalyse unter Berücksichtigung von Stressbedingungen, beinhaltet eine Analyse der Arten von Kreditnehmern und Risikopositionen und kann über Stichproben bis auf die Ebene einzelner Kreditnehmer oder Transaktionen reichen. Ermittelt werden zunächst die wesentlichen Kreditrisikoquellen, denen das Institut ausgesetzt ist oder ausgesetzt sein kann, und die zugrundeliegenden Risikofaktoren. Auch die risikoadjustierte Performance des Kreditportfolios wird untersucht.[4]

Im Rahmen des SREP sollten Kreditkonzentrationsrisiken, Abwicklungsrisiken, Länderrisiken, **8** Kreditrisiken aus Verbriefungen, Fremdwährungskreditrisiken und Risiken aus Spezialfinanzierungen nach den Vorstellungen der EBA als Unterkategorien der Adressenausfallrisiken berücksichtigt werden.[5] Darüber hinaus weist die EBA auf Migrationsrisiken und Besicherungsrisiken hin.[6] Die EZB erwartet von den bedeutenden Instituten, dass sie bei der Untersuchung der Adressenausfallrisiken zumindest Kreditkonzentrationsrisiken, Länderrisiken, Fremdwährungskreditrisiken und Migrationsrisiken berücksichtigen.[7] Auf die von der EBA und der EZB genannten und damit im Zusammenhang stehende Unterkategorien wird im Folgenden kurz eingegangen.

1.2.1 Abwicklungs- und Erfüllungsrisiken

Die Abwicklungsrisiken (»Settlement Risks«)[8] und die Erfüllungsrisiken[9] stellen eine Unterkategorie **9** der Adressenausfallrisiken bei Handelsgeschäften dar. Das Abwicklungsrisiko bezeichnet das Risiko, dass eine Gegenpartei ihre Verpflichtungen aus dem Geschäftsabschluss zum vereinbarten Zeitpunkt (noch) nicht erfüllt. Beim Erfüllungsrisiko geht es darum, dass bereits bezahlte Dienstleistungen oder Waren zum vereinbarten Zeitpunkt (noch) nicht (vollständig) ausgeführt oder geliefert werden oder bei gegenseitiger Aufrechnung der jeweiligen Leistung die fällige Ausgleichszahlung nicht erbracht wird. Abwicklungs- und Erfüllungsrisiken müssen gemäß Art. 378 und 379 CRR auch bei der Unterlegung mit regulatorischem Kapital berücksichtigt werden.

Beim Gegenparteiausfallrisiko und beim Abwicklungsrisiko geht es im Rahmen des SREP in **10** erster Linie um das Risiko aus Derivaten und aus der Transaktion von Finanzinstrumenten. Im Fokus stehen die Qualität der Gegenparteien und entsprechende kreditrisikobezogene Bewertungsanpassungen (CVA), die Komplexität der Finanzinstrumente, die den betreffenden Transaktionen zugrundeliegen, das Korrelationsrisiko aus der positiven Korrelation zwischen dem Gegenparteiausfallrisiko und dem Kreditrisikoengagement, die Gefahr von Gegenparteiausfall-

---

4 Vgl. European Banking Authority, Guidelines on common procedures and methodologies for the supervisory review and evaluation process (SREP) and supervisory stress testing, EBA/GL/2014/13, Consolidated version, 19.Juli 2018, S.75 f.

5 Vgl. European Banking Authority, Guidelines on common procedures and methodologies for the supervisory review and evaluation process (SREP) and supervisory stress testing, EBA/GL/2014/13, Consolidated version, 19.Juli 2018, S.77.

6 Vgl. European Banking Authority, Guidelines on common procedures and methodologies for the supervisory review and evaluation process (SREP) and supervisory stress testing, EBA/GL/2014/13, Consolidated version, 19.Juli 2018, S.82 ff.

7 Vgl. Europäische Zentralbank, Aufsichtliche Erwartungen an ICAAP und ILAAP sowie harmonisierte Erhebung von ICAAP- und ILAAP-Informationen, Schreiben von Daniele Nouy an die Geschäftsleitung bedeutender Banken vom 8. Januar 2016, Anhang A, S. 3.

8 Die »Abwicklungsrisiken« werden auch als »Lieferrisiken« (»Delivery Risks«) bezeichnet. Nach Art. 378 CRR sind diese Risiken in Abhängigkeit von der Anzahl der Arbeitstage nach dem festgesetzten Abwicklungstermin mit regulatorischem Kapital zu unterlegen.

9 Die »Erfüllungsrisiken« werden auch als »Vorleistungsrisiken« bezeichnet. Nach Art. 379 Abs. 1 CRR können Vorleistungsrisiken indirekt daraus abgeleitet werden, dass ein Institut Wertpapiere, Fremdwährungen oder Waren bezahlt hat, bevor es diese erhalten hat, oder Wertpapiere, Fremdwährungen oder Waren geliefert hat, bevor es deren Bezahlung erhalten hat, und die dafür vereinbarte Gegenleistung (teilweise) ausbleibt.

BTR 1 Adressenausfallrisiken

und Abwicklungsrisiken im Hinblick auf den aktuellen Marktwert sowie den nominalen Betrag im Vergleich zum Gesamtkreditengagement und zu den Eigenmitteln, der Anteil der über Finanzmarktinfrastrukturen verarbeiteten Transaktionen, die eine Zug-um-Zug-Abwicklung vorsehen, der Anteil der entsprechenden Transaktionen an zentrale Gegenparteien und die Wirksamkeit diesbezüglicher Verlustabsicherungsmechanismen sowie die Existenz, Bedeutung, Wirksamkeit und Durchsetzbarkeit von Nettingvereinbarungen.[10]

1.2.2 Korrelationsrisiken

11 Gemäß Art. 291 Abs. 2 CRR müssen die Institute Forderungen gegenüber Gegenparteien, die mit einem erheblichen allgemeinen und speziellen Korrelationsrisiko (»Wrong-Way Risk«) verbunden sind, gebührende Beachtung schenken. Dabei bezeichnet nach Art. 291 Abs. 1 CRR das »allgemeine Korrelationsrisiko« das Risiko, dass eine positive Korrelation zwischen der Ausfallwahrscheinlichkeit von Gegenparteien und allgemeinen Marktrisikofaktoren besteht, während das »spezielle Korrelationsrisiko« das Risiko betrifft, dass aufgrund der Art der Geschäfte mit einer Gegenpartei deren Ausfallwahrscheinlichkeit positiv mit dem künftigen Wiederbeschaffungswert aus den mit ihr bestehenden Geschäften korreliert. Ein Institut ist einem speziellen Korrelationsrisiko ausgesetzt, wenn der künftige Wiederbeschaffungswert aus den Geschäften mit einer bestimmten Gegenpartei genau dann hoch ist, wenn auch ihre Ausfallwahrscheinlichkeit hoch ist.

12 In diesem Zusammenhang spielen die Wiedereindeckungsrisiken eine Rolle, die darauf abstellen, dass bei schwebenden Geschäften die Gegenpartei ausfällt und die Geschäfte mit Verlust wiedereingedeckt werden müssen. Bei der Ermittlung der Auslastung von Kontrahentenlimiten sind Wiedereindeckungs- und Erfüllungsrisiken einzubeziehen (→ BTR 1 Tz. 3).

1.2.3 Länderrisiken

13 Der risikobezogene Anwendungsbereich der MaRisk wird dadurch präzisiert, dass die Länderrisiken, die sich aus unsicheren politischen, wirtschaftlichen und sozialen Verhältnissen eines anderen Landes ergeben und nicht auf die Bonität der Gegenpartei zurückgeführt werden können, den Adressenausfallrisiken von der deutschen Aufsicht explizit zugerechnet werden (→ AT 2.2 Tz. 1). Sie drücken die Gefahr einer möglichen Verschlechterung der volkswirtschaftlichen Rahmenbedingungen, eines politischen oder sozialen Umsturzes, einer Verstaatlichung oder Enteignung von Vermögen, einer Nichtanerkennung von grenzüberschreitenden Verbindlichkeiten von staatlicher Seite, von Devisenkontrollmaßnahmen oder einer Ab- bzw. Entwertung der Währung im betroffenen Land aus. In der Konsequenz kann die im Ausland ansässige Gegenpartei ihre Verpflichtungen nicht oder zumindest nicht vertragsgemäß erfüllen, obwohl sie dazu bereit ist. Länderrisiken betreffen insofern das Risiko, dass trotz Bereitschaft der Gegenpartei, ihren Verpflichtungen nachzukommen, ein Verlust aufgrund übergeordneter staatlicher Restriktionen entsteht. Es handelt sich insofern um Adressenausfallrisiken, die nicht auf die Bonität der Gegenpartei zurückgeführt werden können.

14 Diese Ergänzung hat lediglich erläuternden Charakter, da Länderrisiken eine besondere Ausprägung der Adressenausfallrisiken darstellen und somit grundsätzlich bereits durch diese erfasst sind. Dennoch hielt es die Aufsicht für sinnvoll, die Länderrisiken hervorzuheben, um der erheblichen Dimension und Komplexität, die dieser speziellen Risikoart zukommen kann, ange-

---

10 Vgl. European Banking Authority, Guidelines on common procedures and methodologies for the supervisory review and evaluation process (SREP) and supervisory stress testing, EBA/GL/2014/13, Consolidated version, 19. Juli 2018, S. 78.

messen Rechnung zu tragen. Den besonderen Herausforderungen der Länderrisiken begegnen viele Institute mit der Einrichtung spezieller Verfahren, um eine laufende Beobachtung und Einschätzung der ökonomischen, politischen und gesellschaftlichen Entwicklung in einzelnen Ländern zu gewährleisten. Insoweit sind neben der üblichen Überwachung der Engagements geeignete Prozesse erforderlich, die eine angemessene Überwachung der für ein Institut relevanten Länderrisiken sicherstellen. An verschiedenen Stellen der MaRisk wird daher explizit auf die Behandlung der Länderrisiken hingewiesen (→ AT 4.3.4 Tz. 6, BTO 1.2 Tz. 3, BTO 1.2.6 Tz. 1, BTR 1 Tz. 1 und BT 3.2 Tz. 3).

Im Zusammenhang mit der Bewertung von Länderrisiken erwartet die EBA im Rahmen des **15** SREP eine Berücksichtigung des Konzentrationsgrades innerhalb aller Arten der einem Länderrisiko ausgesetzten Positionen, einschließlich Kreditengagements gegenüber Staaten, im Verhältnis zum gesamten Kreditportfolio des Institutes (pro Schuldner und Betrag), der Wirtschaftskraft und Stabilität des Kreditnehmerlandes sowie des Verhaltens der Kreditnehmer in der Vergangenheit im Hinblick auf pünktliche Zahlungen und das Auftreten schwerwiegender Zahlungsausfälle, der Gefahr sonstiger Formen des staatlichen Eingriffs, welche die Kreditwürdigkeit von Kreditnehmern erheblich beeinträchtigen können (z.B. eingefrorene Guthaben, Enteignung oder Strafbesteuerung), sowie des Risikos, das aus der Möglichkeit des Eintritts eines Ereignisses entsteht (z.B. eine Naturkatastrophe oder ein gesellschaftliches oder politisches Ereignis), das sich auf das gesamte Land auswirkt und zum Ausfall einer großen Gruppe von Schuldnern führt (kollektives Schuldnerrisiko). Außerdem sollte das Transferrisiko im Zusammenhang mit der grenzüberschreitenden Vergabe von Fremdwährungskrediten für wesentliche grenzüberschreitende Kredite und Risikopositionen in Fremdwährungen bewertet werden.[11]

1.2.4 Staatsrisiken

Die EZB erwartet von den bedeutenden Instituten, neben den Länderrisiken auch die Staatsrisiken **16** im Rahmen des ICAAP zu berücksichtigen.[12] In diesem Fall geht es im Gegensatz zu den Länderrisiken um die Staaten als Schuldner bei den Banken.

Im Jahre 2010 sind die Staatsrisiken im Zusammenhang mit der »Euro-Krise« als direkte Folge **17** aus der Finanzmarktkrise (→ AT 4.3.3 Tz. 1) wieder in den Blickpunkt der Öffentlichkeit geraten. Schuld daran war die vergleichsweise hohe Verschuldung der Staaten Portugal, Irland, Italien, Griechenland und Spanien (»PIIGS-Staaten«). Dadurch wurde die Kreditwürdigkeit der betroffenen Staaten (in unterschiedlich starker Weise) von den maßgeblichen Ratingagenturen mehrfach herabgestuft. Gleichzeitig wurde mit Kreditausfallversicherungen (»Credit Default Swaps«, CDS) auf die betroffenen Staatsanleihen spekuliert. Um diese Entwicklungen in den Griff zu bekommen und insbesondere negative Effekte für die übrigen Mitgliedstaaten der Eurozone zu verhindern, musste das Vertrauen in den Euro wiederhergestellt werden. Dafür wurde im Jahre 2010 der »Euro-Rettungsschirm« (Europäischer Stabilisierungsmechanismus, ESM) entwickelt. Dieser sieht im Notfall gegenseitige Hilfsmaßnahmen vor, um die Haushalte der Mitgliedstaaten der Eurozone zu stützen und gleichzeitig Spekulationen an den Finanzmärkten zu verhindern. Damit soll insbesondere die Gefahr einer Finanz-, Währungs- und Wirtschaftskrise gebannt werden. Zur Beruhigung der Märkte trug auch die Entscheidung der Europäischen Zentralbank (EZB) bei,

---

11 Vgl. European Banking Authority, Guidelines on common procedures and methodologies for the supervisory review and evaluation process (SREP) and supervisory stress testing, EBA/GL/2014/13, Consolidated version, 19. Juli 2018, S. 78 f.

12 Vgl. Europäische Zentralbank, Aufsichtliche Erwartungen an ICAAP und ILAAP sowie harmonisierte Erhebung von ICAAP- und ILAAP-Informationen, Schreiben von Daniele Nouy an die Geschäftsleitung bedeutender Banken vom 8. Januar 2016, Anhang A, S. 3.

parallel dazu Staatsanleihen der hoch verschuldeten Staaten im Volumen von mehreren Milliarden Euro auf dem Sekundärmarkt zu erwerben.

18   Im Zuge der Finanzmarktkrise haben somit viele Institute hohe Forderungsbestände gegenüber den Mitgliedstaaten aufgebaut, um einen Zusammenbruch der jeweiligen Staatsfinanzen zu verhindern. Der Anstieg betraf vor allem Forderungen gegenüber staatlichen Stellen des jeweiligen Sitzlandes der Institute. Diese Forderungen unterliegen in der Eurozone weder der Eigenkapital- noch der Großkreditregulierung in der ersten Säule. Damit sind auch die gegenseitigen finanziellen Ansteckungsgefahren zwischen Staaten und Banken (Staaten-Banken-Nexus) gestiegen. Da die Ausfallrisiken dieser Staaten die Stabilität des Finanzsystems gefährden können, wird seit einigen Jahren darüber diskutiert, ob und wie diese Privilegierung von Staatsschulden reduziert werden sollte. Dabei geht es neben der Schaffung von wirksamen Anreizen zur Reduzierung der Staats- schulden auch um den richtigen Umgang mit den verbundenen Risikokonzentrationen. Konkrete Vorschläge haben sich bisher mit einer Berücksichtigung dieser Forderungen bei der Eigenkapital- unterlegung und/oder bei den Großkreditvorschriften auseinandergesetzt, teilweise unter Nut- zung bestimmter Freigrenzen.[13] In der zweiten Säule wird der Umgang der Institute mit den Risiken aus hohen Beständen an Staatsanleihen von den zuständigen Behörden bereits hinterfragt.

1.2.5   Verbriefungsrisiken

19   Laut Art. 82 CRDIV ist sicherzustellen, dass die Risiken aus Verbriefungen, bei denen die Kredit- institute als Anleger, Originator oder Sponsor auftreten (inkl. der bei komplexen Strukturen oder Produkten entstehenden Reputationsrisiken), mittels angemessener Grundsätze und Verfahren erfasst und bewertet werden, um zu gewährleisten, dass die wirtschaftliche Substanz der Ver- briefung in der Risikobewertung und den Entscheidungen der Geschäftsleitung in vollem Umfang zum Ausdruck kommt. Institute, die Originator revolvierender Verbriefungen mit Klauseln über eine vorzeitige Rückzahlung sind, müssen über Liquiditätspläne verfügen, die den Auswirkungen einer planmäßigen oder vorzeitigen Rückzahlung Rechnung tragen.

20   Nach den MaRisk gilt die Einstufung als Kreditgeschäft unabhängig davon, ob die maßgeblichen Positionen Gegenstand von Verbriefungen sein sollen oder nicht (→ AT 2.3 Tz. 1, Erläuterung). Insofern gelten für Verbriefungen grundsätzlich auch die maßgeblichen organisatorischen Anfor- derungen an das Kreditgeschäft (→ BTO 1). Zudem sind Risiken aus Verbriefungstransaktionen im Rahmen der Stresstests zu berücksichtigen (→ AT 4.3.3 Tz. 1).

21   Die EBA erwartet von den zuständigen Behörden im Rahmen des SREP, zur Bewertung der Art der betreffenden Risikopositionen und ihrer möglichen Entwicklung die Strategie, den Risikoap- petit und die geschäftliche Motivation der Institute im Hinblick auf Verbriefungen zu verstehen und die Verbriefungspositionen zu analysieren, indem sowohl die Rolle der Institute und die von den Instituten gehaltenen Tranchen als auch die Art der Verbriefung (z. B. klassische oder synthetische Verbriefung und Verbriefung oder Wiederverbriefung) berücksichtigt werden. Dabei sollten die Angemessenheit der Zurechnung von Verbriefungspositionen zum Anlagebuch und zum Handelsbuch und die Einhaltung der Verbriefungsstrategie des Institutes, die korrekte Behandlung von Verbriefungen in aufsichtlicher Hinsicht, das Rating und die Wertentwicklung der vom Institut gehaltenen Verbriefungstranchen sowie Art, Zusammensetzung und Qualität der zugrundeliegenden Vermögenswerte, die Übereinstimmung der Eigenkapitalentlastung mit dem tatsächlichen Risikotransfer für durch Verbriefungen begründete Risikopositionen, die eventuelle Gewährung einer impliziten (außervertraglichen) Unterstützung in irgendeiner Form für die Transaktionen sowie die potenzielle Auswirkung auf die Eigenmittel im Hinblick auf das Kreditri-

---

13 Vgl. z. B. Hedrich, Carl-Christoph/Hepp, Dominic, Staatsschulden und Banken – Ein konkreter Regulierungsvorschlag, in: Wirtschaftsdienst – Zeitschrift für Wirtschaftspolitik, Heft 11/2015, S. 758–765.

siko, die Unterscheidung zwischen in Anspruch und nicht in Anspruch genommenen Beträgen in Bezug auf Liquiditätsfazilitäten, die für das Verbriefungsinstrument verfügbar sind, sowie die Existenz von Notfallplänen für Zweckgesellschaften bei einer Emission von forderungsgedeckten Geldmarktpapieren (Asset-backed Commercial Paper Conduits), die vom Institut verwaltet werden, falls die Emission von Geldmarktpapieren aufgrund der Liquiditätsbedingungen nicht möglich ist, sowie die Auswirkung auf das gesamte Kreditrisikoengagement des Institutes bewertet werden.[14]

1.2.6 Platzierungs-, Pipeline- und Warehouserisiken

Vor dem Hintergrund der Finanzmarktkrise sah man sich auf internationaler Ebene dazu veranlasst, die Bedeutung der so genannten »Pipelinerisiken« stärker herauszustellen.[15] Pipelinerisiken sind darauf zurückzuführen, dass sich die Konditionen zwischen verbindlichem Geschäftsangebot und -abschluss für das Institut nachteilig ändern können. Zur Veräußerung anstehende Kreditpakete sollten bei der Analyse des Gesamtportfolios berücksichtigt werden. In diesem Zusammenhang sind auch die so genannten »Warehouserisiken« zu erwähnen. Warehouserisiken ergeben sich daraus, dass der Wert der einer Verbriefung zugrundeliegenden Vermögenswerte sinken könnte, bevor sie am Sekundärmarkt verkauft werden.   **22**

Pipeline- und Warehouserisiken entstehen immer dann, wenn ein Institut aufgrund von institutsspezifischen oder marktweiten Stresssituationen nicht dazu in der Lage ist, einen Zugang zum Markt für Verbriefungen zu bekommen. Konstellationen, die eine Veräußerung erschweren bzw. unmöglich machen (z.B. rechtliche Hindernisse, Marktverwerfungen), sollten mit Hilfe von Stresstests analysiert werden.[16]   **23**

Auch CEBS hat zunächst explizit gefordert, die betreffenden Exposure zur Analyse der Pipeline- und Warehouserisiken bei den regelmäßigen Stresstests zu berücksichtigen, unabhängig von der Wahrscheinlichkeit ihrer Verbriefung.[17] In den endgültigen Leitlinien von CEBS war diese Anforderung allerdings nicht mehr enthalten.[18] Nach den Vorstellungen der EBA sollten die Institute Pipeline- und Warehouserisiken unabhängig von der Verbriefungswahrscheinlichkeit der entsprechenden Engagements in ihre Stresstests einbeziehen. Dabei gilt unter dem Gesichtspunkt der unmittelbaren Betroffenheit der Grundsatz der adäquaten Risikoerfassung.[19]   **24**

Im Rahmen der zweiten MaRisk-Novelle wurde explizit auch das Platzierungsrisiko als mögliches wesentliches Risiko genannt. Darunter versteht man das Risiko, dass ein Institut bei Verbriefungstransaktionen bestimmte Teile der Emission nicht am Markt platzieren kann. Während der Finanzmarktkrise wurden einige Institute überrascht, als sie auf ihren zum Verkauf stehenden Kreditpaketen quasi sitzen blieben. Soweit ein Institut das Platzierungsrisiko, was im Grunde das Pipeline- und das Warehouserisiko einschließt, als wesentlich einstuft, müssen dafür geeignete Risikosteuerungs- und -controllingprozesse implementiert werden. Daran ändert auch die Tatsache nichts, dass es in den MaRisk nicht mehr explizit erwähnt wird. Die Streichung im   **25**

---

14 Vgl. European Banking Authority, Guidelines on common procedures and methodologies for the supervisory review and evaluation process (SREP) and supervisory stress testing, EBA/GL/2014/13, Consolidated version, 19. Juli 2018, S. 79 f.

15 Vgl. Financial Stability Forum, Report of the Financial Stability Forum on Enhancing Market and Institutional Resilience, 7. April 2008, S. 19.

16 Vgl. Institute of International Finance, Final Report of the IIF Committee on Market Best Practices: Principles of Conduct and Best Practices Recommendations, Financial Services Industry Response to the Market Turmoil of 2007–2008, 21. Juli 2008, S. 47 und 67.

17 Vgl. Committee of European Banking Supervisors, Guidelines on Stress Testing (CP 32), Consultative document, 14. Dezember 2009, S. 26.

18 Vgl. Committee of European Banking Supervisors, Revised Guidelines on Stress Testing (GL 32), 26. August 2010, S. 33.

19 Vgl. Basel Committee on Banking Supervision, Stress testing principles, Consultative document, 20. Dezember 2017, S. 16 f.

Rahmen der dritten MaRisk-Novelle ist eher darauf zurückzuführen, dass keine Einigkeit darüber erzielt werden konnte, ob es sich beim Platzierungsrisiko überhaupt um eine eigene Risikoart handelt.[20]

1.2.7 Fremdwährungskreditrisiken

26 »Fremdwährungskredite« sind Kredite an Kreditnehmer in einer anderen Währung als dem gesetzlichen Zahlungsmittel des Landes, in dem der Kreditnehmer ansässig ist, unabhängig von der Rechtsform der Kreditfazilität (z. B. Einräumung eines Zahlungsaufschubs oder einer sonstigen Finanzierungshilfe). Das »Fremdwährungskreditrisiko« (»FX Lending Risk«) bezeichnet das bestehende oder künftige Risiko in Bezug auf die Erträge und Eigenmittel des Institutes infolge von Fremdwährungskrediten an nicht abgesicherte Kreditnehmer.[21] Unter »nicht abgesicherten Kreditnehmern« (»Unhedged Borrowers«) werden private und KMU-Kreditnehmer[22] ohne natürliche oder finanzielle Absicherung verstanden, die Währungsinkongruenzen zwischen der Kreditwährung und der Absicherungswährung ausgesetzt sind. Zu den natürlichen Absicherungen zählen insbesondere Fälle, in denen Kreditnehmer Einkommen in Fremdwährung erzielen (z. B. Überweisungen oder Exporterlöse), während finanzielle Absicherungen normalerweise einen Vertrag mit einem Institut voraussetzen.[23]

27 In einer Reihe von Mitgliedstaaten der EU haben Fremdwährungsdarlehen an nicht abgesicherte Kreditnehmer in den vergangenen Jahren ein übermäßiges Ausmaß angenommen, insbesondere in den mittel- und osteuropäischen Ländern. Die starke Inanspruchnahme von Fremdwährungsdarlehen wurde sowohl durch nachfrageseitige Faktoren (z. B. positive Zinsabstände) als auch durch angebotsseitige Faktoren (z. B. den Zugang zur Finanzierung durch das übergeordnete Unternehmen einer Gruppe) begünstigt. Die übermäßige Gewährung von Fremdwährungsdarlehen kann in den betroffenen Staaten zu erheblichen Systemrisiken führen und den Boden für negative grenzüberschreitende Übertragungseffekte (»spillover«) bereiten. Zwar wurden seit dem Jahr 2000 Maßnahmen erlassen, die den durch die übermäßige Zunahme von Fremdwährungsdarlehen entstandenen Risiken Rechnung tragen sollten, doch viele dieser Maßnahmen zeigten keine Wirkung, was vor allem auf Aufsichtsarbitrage zurückzuführen ist.

28 Angesichts des Risikos einer grenzüberschreitenden Ansteckung und der Möglichkeit, nationale Maßnahmen zu umgehen, wenn diese unilateral vorgenommen und nicht auch von anderen Mitgliedstaaten unterstützt werden, hat der Europäische Ausschuss für Systemrisiken (ESRB) entsprechende Empfehlungen ausgearbeitet, um diese Risiken einzudämmen.[24] Diese Empfehlungen, die bereits im Rahmen der vierten MaRisk-Novelle aufgegriffen wurden, betreffen vorrangig die Berücksichtigung der Risiken aus Fremdwährungsdarlehen im Kreditprozess (→ BTO 1.2 Tz. 2 und BTO 1.2.1 Tz. 1) und beim Management der Liquiditätsrisiken (→ BTR 3.1 Tz. 11).

39 Der ESRB empfiehlt den nationalen Aufsichtsbehörden u. a., konkrete Maßnahmen der zweiten Säule umzusetzen und die Institute zu verpflichten, Eigenkapital in angemessener Höhe bereitzuhalten, um die Risiken abzudecken, die mit Fremdwährungsdarlehen verbunden sind, insbesondere jene Risiken, die sich aus der nicht-linearen Beziehung zwischen Kredit- und Marktrisiken

---

20 Vgl. Zentraler Kreditausschuss, Stellungnahme zum ersten Entwurf einer Neufassung der Mindestanforderungen an das Risikomanagement (MaRisk) vom 16. Februar 2009 – Konsultation 03/2009, 23. März 2009, S. 10.

21 Vgl. European Banking Authority, Guidelines on common procedures and methodologies for the supervisory review and evaluation process (SREP) and supervisory stress testing, EBA/GL/2014/13, Consolidated version, 19. Juli 2018, S. 23.

22 Die Abkürzung »KMU« steht für kleine und mittlere Unternehmen (»Small and Medium-Seized Enterprises«, SME).

23 Vgl. European Banking Authority, Guidelines on common procedures and methodologies for the supervisory review and evaluation process (SREP) and supervisory stress testing, EBA/GL/2014/13, Consolidated version, 19. Juli 2018, S. 25.

24 Empfehlung des Europäischen Ausschusses für Systemrisiken zu Fremdwährungskrediten (ESRB/2011/1) vom 21. September 2011, Amtsblatt der Europäischen Union vom 22. November 2011, C 342/1–47.

ergeben. Gleichzeitig wird der EBA empfohlen, Leitlinien für die nationalen Aufsichtsbehörden im Hinblick auf diese Eigenkapitalanforderungen zu erlassen (Empfehlung E).[25]

Die EBA hat zunächst im Dezember 2013 Leitlinien zum Management von Fremdwährungs-   **30** risiken sowie zur Beurteilung einer angemessenen Eigenkapitalunterlegung veröffentlicht. Die entsprechenden Vorgaben sollen angewendet werden, wenn der Anteil an Fremdwährungsdarlehen mindestens 10 % des gesamten Kreditgeschäftes an Unternehmen (ohne Finanzinstitute) und private Haushalte ausmacht und das gesamte Kreditgeschäft wenigstens 25 % der Bilanzsumme des Institutes umfasst. Ist dies der Fall oder wird das Fremdwährungsrisiko unabhängig von diesen Schwellenwerten als wesentlich eingestuft[26], sollen die zuständigen Aufsichtsbehörden die Angemessenheit der Engagements, der Strategien, der Risikomanagementprozesse sowie der Eigenkapitalausstattung prüfen.[27] Diese grundsätzliche Vorgabe ergibt sich auch aus den EBA-Leitlinien zum SREP, in denen die Leitlinien zum Management von Fremdwährungskreditrisiken mit Wirkung zum 1. Januar 2016 aufgegangen sind.[28]

In den MaRisk wird gefordert, für Fremdwährungsdarlehen differenzierte Bearbeitungsgrund-   **31** sätze zu formulieren, die den besonderen Risiken dieser Kreditart Rechnung tragen (→ BTO 1.2 Tz. 2, Erläuterung). Insbesondere sollten Fremdwährungsdarlehen nur an Kreditnehmer vergeben werden, deren Kreditwürdigkeit dahingehend geprüft wurde, ob sie auch bei besonders ungünstigen Entwicklungen der Wechselkurse und des Fremdwährungszinsniveaus voraussichtlich in der Lage sind, den Kredit zurückzuzahlen (→ BTO 1.2.1 Tz. 1, Erläuterung).

Die zuständigen Behörden sollten die Fremdwährungskreditrisiken im Rahmen des SREP bewer-   **32** ten, insbesondere etwaige nicht-lineare Beziehungen zwischen dem Marktrisiko und dem Kreditrisiko in Fällen, in denen sich Wechselkurse (Marktrisiko) überproportional auf das Kreditrisiko des Fremdwährungskreditportfolios eines Institutes auswirken können. Vor allem sollte das höhere Kreditrisiko bewertet werden, das sich bei einer Erhöhung des Wertes der ausstehenden Schulden und einer Erhöhung der mit diesem Schuldendienst verbundenen Zahlungen sowie bei einer Erhöhung des Wertes der ausstehenden Schulden im Vergleich zum Wert der als Sicherheit hinterlegten Vermögenswerte in der Landeswährung ergibt. Bei der Bewertung des Fremdwährungskreditrisikos sollten die Art der Wechselkurspolitik und ihre mögliche Auswirkung auf Veränderungen des Wechselkurses zwischen der Landeswährung und Fremdwährungen, das Risikomanagement für Fremdwährungskredite (inkl. Rahmenwerk zur Messung und Kontrolle der Risiken sowie Richtlinien und Verfahren des Institutes), die Sensitivität der Auswirkung von Wechselkursschwankungen auf die Bonitätseinstufung der Kreditnehmer (Rating bzw. Scoring) und die Fähigkeit der Kreditnehmer zur Tilgung ihrer Schulden sowie die mögliche Konzentration des Kreditgeschäftes auf eine einzelne Fremdwährung oder auf eine begrenzte Anzahl von Fremdwährungen mit hoher Korrelation berücksichtigt werden. Mit Blick auf das Risikomanagement sollten die zuständigen Behörden insbesondere bewerten, ob das Institut seinen Risikoappetit in Bezug auf Fremdwährungskredite explizit ermittelt und sich innerhalb der angegebenen Schwellen bewegt, das Fremdwährungskreditrisiko bei der Bewertung von Kreditnehmern und der Vergabe von Fremdwährungskrediten berücksichtigt wird, das Fremdwährungskreditrisiko, einschließlich Risikokonzentrationen

---

25 Vgl. Empfehlung des Europäischen Ausschusses für Systemrisiken zu Fremdwährungskrediten (ESRB/2011/1) vom 21. September 2011, Amtsblatt der Europäischen Union vom 22. November 2011, C 342/2 f.

26 Dies kann z. B. dann der Fall sein, wenn ein Institut die angegebene Grenze zwar nicht überschreitet, aber das Fremdwährungskreditvergaberisiko für nicht abgesicherte Kreditnehmer von den zuständigen Behörden trotzdem als bedeutend angesehen wird. Möglich ist das u. a., wenn eine bedeutende Steigerung der Fremdwährungskreditvergabe des Institutes seit der letzten Berechnung oder ein negativer Trend des Wechselkurses einer bedeutenden Fremdwährung, in der die Kredite des Institutes laufen, beobachtet wird. Derartige Entscheidungen sind von den zuständigen Behörden zu begründen und zu dokumentieren.

27 Vgl. European Banking Authority, Leitlinien zu Kapitalmaßnahmen für Fremdwährungskreditvergabe an nicht abgesicherte Kreditnehmer im Rahmen der aufsichtlichen Überprüfung und Bewertung (SREP), EBA/GL/2013/02, 20. Dezember 2013, S. 5 f.

28 Vgl. European Banking Authority, Guidelines on common procedures and methodologies for the supervisory review and evaluation process (SREP) and supervisory stress testing, EBA/GL/2014/13, Consolidated version, 19. Juli 2018, S. 72.

in einer oder mehreren Währungen, angemessen im ICAAP berücksichtigt wird, der Absicherungs-status der Kreditnehmer vom Institut regelmäßig überprüft wird und die Auswirkung von Wechsel-kursschwankungen in die Schätzung der Ausfallwahrscheinlichkeit einbezogen wird.[29]

1.2.8 Risiken aus Spezialfinanzierungen

33 Bei Spezialfinanzierungen besteht das Risiko nicht im Kreditnehmer, der in der Regel eine Zweck-gesellschaft ist, sondern in der Rentabilität des finanzierten Vermögenswertes oder Projektes (z.B. gewerbliche Immobilie, Energieanlage, Seefrachtverkehr, Rohstoffe). Aufgrund der häufig volu-minösen Finanzierungen mit langer Laufzeit sind Spezialfinanzierungen eine Quelle für Kredit-konzentrationen, für die zuverlässige Prognosen im Hinblick auf die Rentabilität schwierig sind. Bei der Bewertung des entsprechenden Risikos sollten die Rentabilität der Projekte und der Grad der Konservativität der den Geschäftsplänen zugrundeliegenden Annahmen (einschließlich des Kreditrisikos der Hauptkunden), die Auswirkung geänderter Vorschriften, vor allem in subventio-nierten Sektoren, auf künftige Zahlungsströme, die Auswirkung einer ggf. geänderten Marktnach-frage und ob es einen Markt für den potenziellen künftigen Verkauf des finanzierten Objektes gibt, die Existenz eines Konsortiums oder weiterer Kreditgeber, die das Kreditrisiko teilen, sowie jede Form der von den Sponsoren übernommenen Garantien berücksichtigt werden.[30]

34 Bei Objekt-/Projektfinanzierungen, d.h. bei Finanzierungen, deren Rückzahlungen sich in erster Linie aus den durch die finanzierten Vermögenswerte generierten Einkünften und nicht aus der unabhängigen Kapitaldienstfähigkeit des Kreditnehmers speist, ist im Rahmen der Kredit-bearbeitung nach MaRisk sicherzustellen, dass neben der wirtschaftlichen Betrachtung insbeson-dere auch die technische Machbarkeit und Entwicklung sowie die mit dem Objekt/Projekt verbundenen rechtlichen Risiken in die Beurteilung einbezogen werden. Dies kann z.B. eine Analyse des Projektes, der Finanzierungsstruktur/Eigenkapitalquote, des Sicherheitenkonzeptes oder eine Vor- und Nachkalkulation beinhalten. In unter Risikogesichtspunkten festzulegenden Abständen sind während der Entwicklungsphase des Projektes/Objektes Besichtigungen und Bautenstandskontrollen durchzuführen (→ BTO 1.2 Tz. 5 inkl. Erläuterung).

1.2.9 Finanzierungskostenrisiken

35 Als »Finanzierungskostenrisiko« wird das Risiko eines Kreditnehmers bezeichnet, dass bei varia-bler Finanzierung und steigenden Zinsen die Kosten des Darlehens steigen. Bei einem hohen Fremdkapitalanteil an der Finanzierung können daraus insbesondere bei Immobilienprojekten, die der Gewinnerzielung dienen, entsprechend hohe Annuitätszahlungen und daraus ggf. Verluste resultieren. Um diese Situation zu vermeiden, werden die Zinsen bei langfristigen Finanzierungen i.d.R. über einen gewissen Zeitraum festgeschrieben. Dieses auf den Kreditnehmer bezogene Risiko wirkt sich direkt auf das Adressenausfallrisiko aus.

36 Auch das Finanzierungskostenrisiko spielt insbesondere bei Objekt- bzw. Projektfinanzierungen mit entsprechend langen Laufzeiten eine Rolle (→ BTO 1.2 Tz. 5, Erläuterung). Es sollte außerdem bei der Beurteilung der Kapitaldienstfähigkeit berücksichtigt werden (→ BTO 1.2.1 Tz. 1).

---

29 Vgl. European Banking Authority, Guidelines on common procedures and methodologies for the supervisory review and evaluation process (SREP) and supervisory stress testing, EBA/GL/2014/13, Consolidated version, 19. Juli 2018, S. 80 f.

30 Vgl. European Banking Authority, Guidelines on common procedures and methodologies for the supervisory review and evaluation process (SREP) and supervisory stress testing, EBA/GL/2014/13, Consolidated version, 19. Juli 2018, S. 81.

1.2.10 Migrationsrisiken

Bei der Bewertung der Qualität des Kreditportfolios spielen zudem Migrationsrisiken eine wichtige Rolle.[31] Migrationsrisiken bezeichnen die Gefahr, dass sich die Bonität einer Gegenpartei in einem Ausmaß ändert, dass diese Gegenpartei in eine andere Scoring- bzw. Ratingklasse mit einer höheren Ausfallwahrscheinlichkeit wandert. Sie bezeichnen insofern das Risiko einer Wertverschlechterung von Krediten aufgrund gestiegener Ausfallrisiken, ohne dass es bereits zu einem Ausfall der betroffenen Kreditnehmer gekommen ist.[32]   **37**

1.2.11 Besicherungs- und Restrisiken

Das Adressenausfallrisiko im Sinne der MaRisk schließt auch das Besicherungsrisiko ein, d.h. die Gefahr von Wertminderungen der Sicherheiten (→ BTO 1.2.1 und BTO 1.2.2). In der CRD IV wird das Besicherungsrisiko im Zusammenhang mit dem Restrisiko erwähnt. Gemäß Art. 80 CRD IV müssen die zuständigen Behörden sicherstellen, dass das Risiko, dass die von den Instituten eingesetzten anerkannten Kreditrisikominderungstechniken sich als weniger wirksam erweisen als erwartet, u. a. durch schriftliche Grundsätze und Verfahren erfasst und gesteuert wird.   **38**

Zur Überprüfung der Werthaltigkeit und des rechtlichen Bestandes von Sicherheiten im Rahmen der Kreditgewährung (→ BTO 1.2.1 Tz. 3 und 4) und der Kreditweiterbearbeitung (→ BTO 1.2.2 Tz. 3 und 4) werden in den MaRisk detaillierte Vorgaben gemacht.   **39**

Bei der Bewertung der Sicherheiten sollten sich die zuständigen Behörden im Rahmen des SREP nicht auf die für die Zwecke der Eigenkapitalberechnung nach der CRR anerkannten Kreditrisikominderungstechniken beschränken. Sie sollten die Deckung durch Sicherheiten und Garantien nach Portfolio, Art des Kreditnehmers, Bonitätseinstufung, Branche und weiterer relevanten Aspekten, die historischen Erlösquoten nach Art und Höhe der Sicherheiten und Garantien sowie die Wesentlichkeit des Verwässerungsrisikos für erworbene Forderungen[33] und des Restrisikos bewerten. Dabei sollten die Angemessenheit und Durchsetzbarkeit von Sicherungsvereinbarungen und Garantien, der Zeitrahmen und die Möglichkeit zur Verwertung von Sicherheiten und zur Erfüllung von Garantien gemäß dem nationalen Rechtsrahmen, die Liquidität und Volatilität der als Sicherheiten dienenden Vermögenswerte, der erzielbare Wert der Sicherheiten bei der Zwangsbeitreibung von Forderungen (z. B. Zwangsvollstreckungsverfahren) sowie die Bonität der Garantiegeber im Mittelpunkt stehen. Außerdem sollten die zuständigen Behörden die Konzentration der Garantiegeber und Sicherheiten sowie die Korrelation mit der Bonität der Kreditnehmer (Korrelationsrisiko) sowie die potenzielle Auswirkung im Hinblick auf die Wirksamkeit der Absicherung bewerten.[34]   **40**

---

31 Vgl. European Banking Authority, Guidelines on common procedures and methodologies for the supervisory review and evaluation process (SREP) and supervisory stress testing, EBA/GL/2014/13, Consolidated version, 19. Juli 2018, S. 83 f.

32 Vgl. Volk, Tobias/Wiesemann, Bernd, Aufsichtliche Beurteilung bankinterner Risikotragfähigkeitskonzepte, in: Zeitschrift für das gesamte Kreditwesen, Heft 6/2012, S. 21.

33 Im Zusammenhang mit der Bewertung des Grades und der Qualität der Kreditrisikominderungstechniken soll auch das »Verwässerungsrisiko« (»Dilution Risk«) nach Art. 4 Abs. 1 Nr. 53 CRR berücksichtigt werden. Darunter versteht man das Risiko, dass sich der Betrag einer (angekauften) Forderung durch bare oder unbare Ansprüche des Schuldners vermindert. Bis vor wenigen Jahren war in diesem Zusammenhang in der damaligen Solvabilitätsverordnung noch vom »Veritätsrisiko« die Rede.

34 Vgl. European Banking Authority, Guidelines on common procedures and methodologies for the supervisory review and evaluation process (SREP) and supervisory stress testing, EBA/GL/2014/13, Consolidated version, 19. Juli 2018, S. 83 f.

1.3 Allgemeine Anforderungen an das Management von Adressenausfallrisiken

41 Ein Institut muss dafür Sorge tragen, dass seine wesentlichen Risiken durch das Risikodeckungs-potenzial bzw. die daraus abgeleitete Risikodeckungsmasse laufend abgedeckt sind und damit die Risikotragfähigkeit gegeben ist (→ AT 4.1 Tz. 1). Diese Anforderung wird im Rahmen der Steuerung von Adressenausfallrisiken an zentraler Stelle aufgegriffen. So hat das Institut ent-sprechend seiner individuellen Situation durch geeignete Maßnahmen sicherzustellen, dass die Adressenausfallrisiken unter Berücksichtigung der Risikotragfähigkeit begrenzt werden können (→ BTR 1 Tz. 1).

42 Im Sinne der MaRisk dient diesem Zweck insbesondere die Einrichtung geeigneter Limite für einzelne Kreditnehmer oder Kreditnehmereinheiten (bzw. »Gruppen verbundener Kunden«), auf welche die jeweiligen Geschäfte unverzüglich anzurechnen sind und deren Einhaltung zu über-wachen ist (→ BTR 1 Tz. 5). Kreditgeschäfte dürfen ohne kreditnehmerbezogenes Limit nicht abgeschlossen werden (→ BTR 1 Tz. 2). Auch für Handelsgeschäfte müssen grundsätzlich Kon-trahentenlimite (→ BTR 1 Tz. 3) bzw. Emittentenlimite (→ BTR 1 Tz. 4) eingeräumt werden. Darü-ber hinaus müssen Risikokonzentrationen mit Hilfe geeigneter Verfahren gesteuert und überwacht werden (→ BTR 1 Tz. 6). Vor dem Hintergrund der Anforderungen der EBA an den SREP[35] wurde im Rahmen der fünften MaRisk-Novelle ergänzt, dass die Erlöse aus der Abwicklung von Kredit-engagements sowie die zugehörigen historischen Werte der Kreditsicherheiten in angemessener Weise in einer Erlösquotensammlung erfasst und die Erkenntnisse daraus bei der Steuerung der Adressenausfallrisiken berücksichtigt werden sollen (→ BTR 1 Tz. 7).

43 Während der Geschäftsleitung unter Risikogesichtspunkten wesentliche Informationen unver-züglich mitzuteilen sind (→ AT 4.3.2 Tz. 4), ist ihr ferner mindestens vierteljährlich ein Risikobericht zur Verfügung zu stellen, der über die wesentlichen strukturellen Merkmale des Kreditgeschäftes informiert (→ BT 3.2 Tz. 3). Überschreitungen von Kontrahenten- und Emittentenlimiten sind den zuständigen Geschäftsleitern ab einer unter Risikogesichtspunkten festgelegten Höhe täglich anzu-zeigen (→ BTR 1 Tz. 5).

---

35 Vgl. European Banking Authority, Guidelines on common procedures and methodologies for the supervisory review and evaluation process (SREP) and supervisory stress testing, EBA/GL/2014/13, Consolidated version, 19. Juli 2018, S. 83 f.

2 Begrenzung von Adressenausfallrisiken (Tz. 1)

1 Das Institut hat durch geeignete Maßnahmen sicherzustellen, dass Adressenausfallrisi-   **44**
ken und damit verbundene Risikokonzentrationen unter Berücksichtigung der Risikotragfähigkeit begrenzt werden können.

2.1 Geeignete Maßnahmen zur Begrenzung der Adressenausfallrisiken

Die Risikotragfähigkeit ist im Rahmen der Festlegung der Strategien sowie bei deren Anpassung zu   **45**
berücksichtigen. Zur Umsetzung der Strategien bzw. zur Gewährleistung der Risikotragfähigkeit
sind u. a. geeignete Prozesse zur Identifizierung, Beurteilung, Steuerung sowie Überwachung und
Kommunikation der Adressenausfallrisiken einzurichten (→ AT 4.1 Tz. 2). Insbesondere hat das
Institut durch geeignete Maßnahmen sicherzustellen, dass die Adressenausfallrisiken unter
Berücksichtigung der Risikotragfähigkeit begrenzt werden können. Die Risikotragfähigkeit ist also
auch die maßgebliche Orientierungsgröße für die Ausgestaltung der Prozesse in der Kreditrisikosteuerung und im Kreditrisikocontrolling.

Auf Basis der Risikotragfähigkeit wird bei der Festlegung der Risikostrategie zunächst für alle   **46**
wesentlichen Risiken der »Risikoappetit« festgelegt (→ AT 4.2 Tz. 2), d. h. die maximale Höhe des
zur Risikoabsicherung dienenden Anteils am Risikodeckungspotenzial (Risikodeckungsmasse).
Anschließend erfolgt die Risikolimitierung bzw. die damit verbundene Allokation der Risikodeckungsmasse auf die einzelnen Unternehmensbereiche bzw. Risikoarten. Im Kern geht es
darum, die Adressenausfallrisiken auf sachgerechte Weise zu messen und insbesondere mit Hilfe
geeigneter kreditnehmerbezogener Limite so zu begrenzen, dass die Risikotragfähigkeit weiterhin
gegeben ist. Für die die Begrenzung der Risikokonzentrationen auf gesamtgeschäftsbezogener
Ebene sind neben Limit- oder Ampelsystemen alternativ auch andere Vorkehrungen zulässig
(→ BTR 1 Tz. 6). Das Ziel für ein Institut besteht letztlich darin, die risikoadjustierte Rendite der
Gesamtbank zu maximieren. Hierzu werden bewusst bestimmte Risiken eingegangen.

Zur Begrenzung der Adressenausfallrisiken müssen die Institute im Rahmen der quantitativen   **47**
Bankenaufsicht daneben auch die Vorgaben der CRR beachten. Durch die entsprechend der CRR
ermittelten Kapitalanforderungen werden aus bankaufsichtlicher Sicht grundsätzlich die so genannten »erwarteten Verlustbeträge« in Abhängigkeit von der gewählten Methode abgedeckt. Zur
Absicherung gegen die so genannten »erwarteten Verluste« müssen die Institute entsprechende

Risikoprämien vereinnahmen und eine nach handelsrechtlichen Vorschriften hinreichende Risikovorsorge bilden (→ BTO 1.2.6).[36]

48   Die »unerwarteten Verluste« sind vornehmlich Gegenstand des Risikotragfähigkeitskonzeptes. Sowohl die EZB als auch die deutschen Aufsichtsbehörden erwarten von den Instituten, hinsichtlich der wesentlichen Risiken erwartete und unerwartete Verluste zu identifizieren und zu quantifizieren. Auf die Abbildung erwarteter Verluste auf der Risikoseite kann allerdings verzichtet werden, sofern sie bei der Bestimmung des Risikodeckungspotenzials auf der Kapitalseite berücksichtigt werden.[37] Diese Vorgehensweise entspricht der Anforderung der CRD, wonach jene Risiken nach dem Risikotragfähigkeitskonzept der zweiten Säule mit internem Kapital unterlegt werden müssen, die nach den Vorgaben der CRR in der ersten Säule nicht oder nicht hinreichend durch regulatorisches Kapital abgedeckt sind. Die EBA bezieht diese Vorgabe in ihren Leitlinien zum SREP auf die Einzelrisiken (»on a risk-by-risk basis«), so dass die Kapitalanforderungen der ersten Säule für die dort behandelten Risikoarten jeweils als Untergrenze in die Kapitalfestsetzung der zweiten Säule eingehen (»Säule-1-Plus-Ansatz«).[38]

2.2   Verfahren zur Steuerung der Adressenausfallrisiken

49   Die Steuerung der Adressenausfallrisiken beginnt mit der Festlegung der Risikostrategie. Diese hat die Ziele der Risikosteuerung der wesentlichen Geschäftsaktivitäten sowie die Maßnahmen zur Erreichung dieser Ziele zu umfassen, wobei auch der Begrenzung von Risikokonzentrationen angemessen Rechnung zu tragen ist. Denkbar ist auch eine separate Teilstrategie hinsichtlich der Adressenausfallrisiken. Insbesondere ist für alle wesentlichen Risiken, also auch für die Adressenausfallrisiken, der Risikoappetit des Institutes festzulegen (→ AT 4.2 Tz. 2).

50   Die Risikosteuerung kann methodisch in einen passiven und einen aktiven Teil aufgeteilt werden. Während im Rahmen der passiven Risikosteuerung bewusst bestimmte Risiken eingegangen werden, die durch die Vereinbarung von Risikoprämien (→ BTO 1.2 Tz. 7) bzw. die Bildung einer ausreichenden Risikovorsorge (→ BTO 1.2.6) abgedeckt werden, geht es bei der aktiven Risikosteuerung vor allem darum, besonders risikobehaftete Aktivitäten von vornherein zu vermeiden

---

36 Bei Verwendung eines IRB-Ansatzes (IRBA) sind die bankaufsichtlichen Vorgaben der CRR relativ komplex. So wird der erwartete Verlustbetrag einer IRBA-Risikoposition laut Art. 158 Abs. 5 Satz 1 CRR als Produkt aus dem erwarteten Verlust (»Expected Loss«, EL) und dem IRBA-Risikopositionswert gemäß Art. 166 bis 168 CRR ermittelt. Der erwartete Verlust wird dabei grundsätzlich aus dem Produkt von prognostizierter Ausfallwahrscheinlichkeit (»Probability of Default«, PD) und prognostizierter Verlustquote bei Ausfall (»Loss Given Default«, LGD) gebildet. Sofern allerdings für eine IRBA-Risikoposition in den Forderungsklassen Zentralstaaten, Zentralbanken, Institute, Unternehmen oder Mengengeschäft eine selbstgeschätzte Verlustquote bei Ausfall verwendet wird und für diese IRBA-Risikoposition ein Ausfall des Schuldners eingetreten ist, muss laut Art. 158 Abs. 5 Satz 2 CRR jene erwartete Verlustrate verwendet werden, die als beste Schätzung der unter Berücksichtigung der aktuellen wirtschaftlichen Situation, des Forderungsstatus und des Anstieges der Verlustquote infolge möglicher zusätzlicher unerwarteter Verluste während des Verwertungszeitraumes, d. h. zwischen dem Ausfallzeitpunkt und der endgültigen Abwicklung der Forderung, zu erwartenden Verluste für diese IRBA-Risikoposition ermittelt wird. Die auf diese Weise ermittelten erwarteten Verlustbeträge werden gemäß Art. 159 CRR anschließend von den für die entsprechenden IRBA-Risikopositionen vorgenommenen allgemeinen und spezifischen Kreditrisikoanpassungen und zusätzlichen Wertberichtigungen gemäß Art. 34 CRR (Bewertungsanpassungen bei Handelsbuchpositionen) und Art. 110 CRR (Kreditrisikoanpassungen) sowie weiteren Verringerungen der Eigenmittel abgezogen. Abschläge auf zum Zeitpunkt des Ankaufs bereits ausgefallene bilanzielle Risikopositionen im Sinne des Art. 166 Abs. 1 CRR werden behandelt wie Kreditrisikoanpassungen. Spezifische Kreditrisikoanpassungen für ausgefallene Risikopositionen werden nicht zur Deckung der bei anderen Risikopositionen erwarteten Verlustbeträge verwendet. Die bei verbrieften Forderungen erwarteten Verlustbeträge sowie die für diese Risikopositionen vorgenommenen allgemeinen und spezifischen Kreditrisikoanpassungen werden nicht in diese Berechnung einbezogen.

37 Vgl. Europäische Zentralbank, Leitfaden der EZB für den bankinternen Prozess zur Sicherstellung einer angemessenen Kapitalausstattung (Internal Capital Adequacy Assessment Process – ICAAP), 9. November 2018, S. 21; Bundesanstalt für Finanzdienstleistungsaufsicht/Deutsche Bundesbank, Aufsichtliche Beurteilung bankinterner Risikotragfähigkeitskonzepte und deren prozessualer Einbindung in die Gesamtbanksteuerung (»ICAAP«) – Neuausrichtung, Leitfaden vom 24. Mai 2018, S. 14 f.

38 Vgl. European Banking Authority, Guidelines on common procedures and methodologies for the supervisory review and evaluation process (SREP) and supervisory stress testing, EBA/GL/2014/13, Consolidated version, 19. Juli 2018, S. 133.

bzw. die erwarteten Auswirkungen der kreditnehmerbezogenen und gesamtgeschäftsbezogenen Risiken durch geeignete Gegensteuerungsmaßnahmen zu begrenzen (→ AT 4.3.2 Tz. 4).

In den MaRisk wird zwar nicht zwischen den aktiven und passiven Steuerungsarten unterschie-   **51**
den, allerdings zwischen der kreditnehmer- und der gesamtgeschäftsbezogenen Risikosteuerung. Zudem verweist die deutsche Aufsicht darauf, dass die Geschäftsleitung mit der Festlegung des Risikoappetits eine bewusste Entscheidung darüber trifft, in welchem Umfang sie bereit ist, Risiken einzugehen. Dafür kommen rein quantitative Vorgaben, die z. B. in der Strenge der Risikomessung, den Globallimiten oder der Festlegung von Puffern für bestimmte Stressszenarien zum Ausdruck kommen, ebenso infrage wie qualitative Vorgaben, wie z. B. Festlegungen zur Besicherung von Krediten oder zur Vermeidung bestimmter Geschäfte (→ AT 4.2 Tz. 2, Erläuterung).

2.3 Maßnahmen zur Begrenzung der kreditnehmerbezogenen Risiken

Voraussetzung für eine wirksame kreditnehmerbezogene Risikosteuerung ist eine durchgängige   **52**
kreditnehmerbezogene Limitvergabe sowie die unverzügliche Anrechnung der Geschäfte auf diese Limite, deren Einhaltung regelmäßig überwacht werden muss (→ BTR 1 Tz. 5). Zum Begriff »unverzüglich« wurde bereits ausgeführt, dass sich die Umsetzung an den jeweils zugrundelie-genden Prozessen orientiert und insofern mit dem Rechtsbegriff »ohne schuldhaftes Zögern« übersetzen lässt. Kreditgeschäfte dürfen ohne kreditnehmerbezogenes Limit nicht abgeschlossen werden, wobei das kreditnehmerbezogene Limit im Sinne der MaRisk mit dem Kreditbeschluss gleichgesetzt wird (→ BTR 1 Tz. 2). Für Handelsgeschäfte müssen grundsätzlich Kontrahenten-limite (→ BTR 1 Tz. 3) und Emittentenlimite (→ BTR 1 Tz. 4) eingerichtet werden.

Zur Behandlung von Limitüberschreitungen hat das Institut ein der internen Kompetenzord-   **53**
nung entsprechendes Verfahren einzurichten, wobei in Abhängigkeit vom Risikogehalt der Geschäfte auf der Grundlage klarer Vorgaben eine vereinfachte Umsetzung der organisatorischen Anforderungen möglich ist (→ BTO 1.2 Tz. 8). Die Limitüberwachung ist eng mit der Festlegung von Obergrenzen in Abhängigkeit vom Nominalbetrag, vom Blankoanteil oder von der jeweiligen Risikobewertung des Kreditnehmers verbunden. Limitüberschreitungen und die deswegen ggf. getroffenen Maßnahmen sind festzuhalten. Ab einer unter Risikogesichtspunkten festgelegten Höhe sind Überschreitungen von Kontrahenten- und Emittentenlimiten den zuständigen Ge-schäftsleitern sogar täglich anzuzeigen (→ BTR 1 Tz. 5).

Weitere denkbare Maßnahmen zur Risikobegrenzung sind u. a. die Hereinnahme geeigneter   **54**
Sicherheiten, die risikogerechte Preisgestaltung (→ BTO 1.2 Tz. 7), die bedarfsgerechte Risikovor-sorge durch Einzelwertberichtigungen (→ BTO 1.2.6), die Risikoreduzierung durch die Beteiligung an Konsortialgeschäften oder die Nutzung von Möglichkeiten zum Kreditpooling in den kreditwirt-schaftlichen Verbünden (→ BTR 1 Tz. 6). Auch eine Ablehnung von Kreditanträgen, z. B. aufgrund einer schlechten Risikoeinstufung, eines ungenügenden zukünftigen Cashflows oder der nicht möglichen Durchsetzbarkeit von vorgegebenen Risikomargen, ist Bestandteil der aktiven Risiko-steuerung. In diesem Zusammenhang könnte z. B. die Festlegung eines so genannten »Cut-off-Points«, mit dessen Hilfe auf Basis klarer Regeln die »guten« von den »schlechten« Kunden getrennt werden, als Entscheidungsgrundlage für Kreditvergaben dienen. Darüber hinaus ist denkbar, die Kreditverträge so auszugestalten, dass bei Vorliegen risikorelevanter Sachverhalte die Konditionen angepasst oder die Sicherheiten verstärkt werden können. Diese Maßnahmen stoßen jedoch häufig an praktische Grenzen.

2.4 Einsatz von Kreditderivaten und Verbriefungen

55 Mit Hilfe von Kreditderivaten werden Adressenausfallrisiken vom Institut (»Sicherungsnehmer«) gegen Zahlung einer Prämie auf einen Dritten (»Sicherungsgeber«) übertragen, ohne den Kreditnehmer in diesen Transfer einzubeziehen. Es existieren verschiedene Arten von Kreditderivaten, die sich vor allem dahingehend unterscheiden, aus welchem Anlass, in welcher Höhe sowie zu welchen Zeitpunkten Zahlungen zwischen Sicherungsgeber und Sicherungsnehmer erfolgen. Im Rahmen von Verbriefungstransaktionen werden vom Institut (»Originator«) in geeigneter Weise besicherte und bestimmten Anforderungen genügende Forderungen i. d. R. an eine eigens dafür gegründete Zweckgesellschaft (»Special Purpose Vehicle«) veräußert. Die Zweckgesellschaft refinanziert den Ankauf der auf diese Weise »verbrieften« Forderungen mit Hilfe von Spezialisten für die Strukturierung von Verbriefungstransaktionen (»Arranger«), indem sie am Kapitalmarkt Wertpapiere emittiert. Der Einsatz von Kreditderivaten und die Platzierung von Kreditrisiken am Kapitalmarkt durch Forderungsverbriefungen dienen der Risikoreduzierung im Bankportfolio.

56 In diesen Fällen sollte allerdings sorgfältig geprüft werden, ob diese Geschäfte auch beherrscht werden können und im Zweifel nicht zusätzliche Risiken hereingeholt werden. Während der Finanzmarktkrise sind einige Institute durch ein übermäßiges Engagement im Verbriefungsgeschäft in den Ruin getrieben worden. In der Konsequenz wurden die Vorgaben für die Kreditbearbeitung explizit auf Positionen ausgeweitet, die Gegenstand von Verbriefungen sein sollen (→ AT 2.3 Tz. 1, Erläuterung). Damit soll insbesondere verhindert werden, dass besonders risikobehaftete Kredite ohne eine solide Kreditprüfung herausgereicht werden, weil sie durch die geplante Verbriefung ohnehin aus den Büchern verschwinden (»Originate-to-distribute-Modell«). Zudem müssen der Originator, Sponsor oder ursprüngliche Kreditgeber einer Verbriefung nach Art. 6 der seit dem 1. Januar 2019 geltenden europäischen Verbriefungsverordnung[39] kontinuierlich einen materiellen Nettoanteil von mindestens 5 % an der Verbriefung behalten. Wenn sie sich untereinander nicht darüber einigen sollten, wer diesen Nettoanteil hält, muss dies der Originator tun. Die Vorschriften über den Selbstbehalt dürfen bei einer Verbriefung nicht mehrfach zur Anwendung gebracht werden. Der materielle Nettoanteil darf nicht auf Träger unterschiedlicher Art aufgeteilt werden und nicht Gegenstand von Maßnahmen der Kreditrisikominderung oder -absicherung sein. Mit der Verbriefungsverordnung wurden nicht nur die Regelungen zum Selbstbehalt vereinheitlicht, sondern insgesamt gleiche Rahmenbedingungen für alle Beteiligten geschaffen. Außerdem werden Kriterien für eine Zertifizierung von besonders hochwertigen Verbriefungen vorgegeben, die als »simple, transparente und standardisierte Verbriefungen« (STS-Verbriefungen) bezeichnet und bei der Eigenkapitalunterlegung begünstigt werden. Diese Kriterien sollen anfangs nur für »True-Sale-Transaktionen« gelten. Weitere Konkretisierungen zu dieser Verordnung folgen von der EBA bzw. der ESMA.

2.5 Berücksichtigung von Risikokonzentrationen

57 Eine Definition von »Risikokonzentrationen« findet sich an anderer Stelle (→ BTR, Einführung). Auf die Berücksichtigung von Risikokonzentrationen im Zusammenhang mit Adressenausfallrisiken wird von der deutschen Aufsicht besonders hingewiesen (Risikokonzentrationen im

---

39 Verordnung (EU) 2017/2402 (Verbriefungsverordnung) des Europäischen Parlaments und des Rates vom 12. Dezember 2017 zur Festlegung eines allgemeinen Rahmens für Verbriefungen und zur Schaffung eines spezifischen Rahmens für einfache, transparente und standardisierte Verbriefung und zur Änderung der Richtlinien 2009/65/EG, 2009/138/EG, 2011/61/EU und der Verordnungen (EG) Nr. 1060/2009 und (EU) Nr. 648/2012, Amtsblatt der Europäischen Union vom 28. Dezember 2017, L 347/35–80.

Kreditgeschäft). Hierbei handelt es sich um Adressen- und Sektorkonzentrationen, regionale Konzentrationen und sonstige Konzentrationen im Kreditgeschäft, die relativ gesehen zum Risikodeckungspotenzial zu erheblichen Verlusten führen können. Beispielhaft wird auf Konzentrationen nach Kreditnehmern, Produkten oder Underlyings strukturierter Produkte, nach Branchen, Verteilungen von Engagements auf Größen- und Risikoklassen, Sicherheiten, ggf. Ländern und sonstige hoch korrelierte Risiken verwiesen (→ BTR 1 Tz. 1, Erläuterung). Dabei werden auch die Vorgaben aus Art. 81 CRD IV aufgegriffen, wonach die zuständigen Behörden sicherstellen müssen, dass das »Konzentrationsrisiko«, das aus den Risikopositionen gegenüber jeder einzelnen Gegenpartei inkl. zentraler Gegenparteien, gegenüber Gruppen verbundener Gegenparteien und gegenüber Gegenparteien, die aus demselben Wirtschaftszweig oder derselben Region stammen oder aus denselben Tätigkeiten oder Waren, aus dem Einsatz von Kreditrisikominderungstechniken und insbesondere aus großen indirekten Kreditrisiken (z. B. wenn nur die Wertpapiere eines einzigen Emittenten als Sicherheit dienen) erwächst, u. a. mittels schriftlicher Grundsätze und Verfahren erfasst und gesteuert wird. Der Baseler Ausschuss für Bankenaufsicht hatte bereits Limite für besondere Industriezweige oder Wirtschaftsbereiche, geographische Gebiete und besondere Produkte gefordert.[40] Die EBA erwartet eine Beurteilung der Kreditkonzentrationen auf einzelne Adressen, der sektoralen und geografischen Konzentrationen, der Produktkonzentrationen und der Konzentrationen auf eine bestimmte Art von Sicherheiten und Garantien.[41]

Im Kreditgeschäft können sich Risikokonzentrationen also zum einen aus der Kreditgewährung **58** an große oder miteinander verbundene Kreditnehmer ergeben. Zum anderen können Risikokonzentrationen in diesem Bereich auch dadurch entstehen, dass Kredite an Gruppen von Kreditnehmern ausgereicht werden, deren Ausfallrisiko von gemeinsamen Faktoren (z. B. Branche, Region, Geschäftsart, Produkt, Risikominderungstechnik) beeinflusst wird. Die Institute sollten Risikokonzentrationen in Bezug auf das Kreditrisiko präzise und praktikabel definieren.[42]

Zur Begrenzung von Risikokonzentrationen muss ein Institut demzufolge seine Kreditnehmer, **59** deren Zuordnung in sektoraler oder geografischer Hinsicht und deren Beziehungen untereinander einordnen und laufend überwachen. Die Einordnungskriterien werden nicht vorgegeben und hängen von den institutsspezifischen Gegebenheiten ab. Während die Konzentration auf einzelne Kreditnehmer bzw. Kreditnehmereinheiten bereits seit langer Zeit durch entsprechende Vorschriften (KWG, GroMiKV) eingeschränkt wird, bestanden zur Begrenzung gesamtgeschäftsbezogener Konzentrationen zunächst keine verbindlichen bankaufsichtlichen Vorschriften.[43] Derartige Risiken waren in der Vergangenheit jedoch maßgeblich für bedeutende Ausfälle verantwortlich. Demzufolge überwiegt das Risiko aus Sektorkonzentrationen, d. h. Konzentrationen auf bestimmte Länder, Regionen, Branchen bzw. Industriesektoren, i. d. R. das Risiko aus Adressenkonzentrationen.[44] Mittlerweile wird die Geschäftsleitung in die Pflicht genommen, laut § 25c Abs. 4a Nr. 2 lit. b KWG im Rahmen der Risikoinventur auch Risikokonzentrationen zu berücksichtigen sowie nach § 25c Abs. 4a Nr. 3 lit. c KWG die Risikosteuerungs- und -controllingprozesse auch auf Risikokonzentrationen zu beziehen. Vergleichbare Anforderungen gelten für die Gruppenebene. Die Aufsichtsbehörden müssen wiederum das Ausmaß, in dem ein Institut Risikokonzentrationen

---

40 Vgl. Basel Committee on Banking Supervision, Principles for the Management of Credit Risk, BCBS 75, 27. September 2000, S. 11.

41 Vgl. European Banking Authority, Guidelines on common procedures and methodologies for the supervisory review and evaluation process (SREP) and supervisory stress testing, EBA/GL/2014/13, Consolidated version, 19. Juli 2018, S. 77 f.

42 Vgl. Committee of European Banking Supervisors, Revised Guidelines on the management of concentration risk under the supervisory review process (GL 31), 2. September 2010, S. 13.

43 Aus § 25 Abs. 3 KWG leitet sich lediglich ein Meldeerfordernis von Auslandskreditvolumina für bestimmte Länder ab. Gemäß § 25 Abs. 1 Satz 2 KWG hat ein Kreditinstitut unverzüglich einmal jährlich zu einem von der BaFin festgelegten Stichtag der Deutschen Bundesbank Informationen zu seiner Risikotragfähigkeit nach § 25a Abs. 1 Satz 3 und zu den Verfahren nach § 25a Abs. 1 Satz 3 Nummer 2 (Risikotragfähigkeitsinformationen) einzureichen. Dabei spielen implizit auch Risikokonzentrationen eine Rolle.

44 Vgl. Düllmann, Klaus, Messung von Konzentrationsrisiken in Kreditportfolios im Rahmen der Baseler Säule II, Vortrag im Rahmen des Bundesbank Symposium 2006 »Bankenaufsicht im Dialog«, 5. Juli 2006.

ausgesetzt ist, und deren institutsinterne Steuerung im Rahmen des aufsichtlichen Überprüfungs- und Bewertungsprozesses (»Supervisory Review and Evaluation Process«, SREP) gemäß § 6b Abs. 2 Satz 2 Nr. 3 KWG berücksichtigen. Laut § 45 Abs. 1 Nr. 2 KWG können sie im Falle von Beanstandungen auch Maßnahmen zur besseren Abschirmung oder Reduzierung von Risikokonzentrationen anordnen, die u. a. auf den Ausstieg aus einzelnen Geschäftsbereichen oder die Abtrennung von Instituts- und Gruppenteilen herauslaufen.

60 Risikokonzentrationen müssen identifiziert sowie mit Hilfe geeigneter Verfahren gesteuert und überwacht werden (→ BTR 1 Tz. 6). Bei der Beurteilung der Risikotragfähigkeit können sie als Bestandteil der klassischen Risikoarten implizit berücksichtigt werden und müssen insofern nicht gesondert mit Risikokapital unterlegt werden (→ AT 4.1 Tz. 1).[45] Beispiele für Intra- und InterRisikokonzentrationen werden an anderer Stelle erläutert (→ BTR, Einführung). Im Folgenden wird näher auf die speziellen Risikokonzentrationen im Kreditgeschäft eingegangen.

2.6 Konzentrationen auf bestimmte Branchen oder Industriesektoren

61 Branchenkonzentrationen bzw. Konzentrationen auf bestimmte Industriesektoren, die ein bedrohliches Ausmaß annehmen können, entstehen häufig dann, wenn vorrangig auf Marktanteile fixierte Institute umsatzstarke und sehr schnell wachsende Industriezweige identifizieren und allzu optimistische Annahmen über deren Zukunftsaussichten treffen.[46] Unabhängig davon können insbesondere Institute, die als Nischenanbieter oder Spezialfinanzierer aufgrund einer besonderen Expertise in bestimmten Branchen ihre Geschäftsaktivitäten vergleichsweise engagiert betreiben, von Marktverwerfungen besonders stark betroffen sein. In den vergangenen Jahren hatten einige Institute z. B. mit der Immobilienfinanzierung und der Schiffsfinanzierung erhebliche Probleme. Überdurchschnittliche Anteile einzelner Branchen können die Risikotragfähigkeit eines Institutes in Abhängigkeit von der konjunkturellen Situation negativ beeinflussen. Erholt sich eine angeschlagene Branche auch über einen längeren Zeitraum nicht nachhaltig, kann das für die betreffenden Institute existenzgefährdend sein. Da die Institute durch geeignete Maßnahmen und unter Berücksichtigung der Risikotragfähigkeit sicherstellen müssen, dass die Adressenausfallrisiken begrenzt werden (→ BTR 1 Tz. 1), ist z. B. die Festlegung von Branchenlimiten in der Risikostrategie denkbar (→ AT 4.2 Tz. 2).

62 Ausführungen zum Umgang mit dem Branchenrisiko werden bereits an anderer Stelle gemacht (→ BTO 1.2 Tz. 3). Die Beurteilung der Branchenrisiken erfolgt i. d. R. im Rahmen der Adressenrisikobewertung mit Hilfe eines Risikoklassifizierungsverfahrens oder auf Basis geeigneter Kredit-Portfoliomodelle. Problematisch bei deren Steuerung und Überwachung ist neben den mangelnden Vorhersagemöglichkeiten zur Entwicklung einzelner Branchen die oftmals nicht eindeutig mögliche Zuordnung eines Kreditnehmers, da viele Unternehmen nicht nur in einer einzigen Branche tätig sind. Darüber hinaus ist auch die Zuordnung bestimmter Sektoren zu einer Branche nicht immer klar. Abhilfe schafft die Beschränkung auf bestimmte Kernbranchen, die z. B. auch die von der Entwicklung dieser Branche abhängigen Unternehmen enthalten, wodurch gleichzeitig der Überwachungsaufwand reduziert werden könnte. Die Überwachung der Branchenverteilung kann dann mittels absoluter oder auf das Gesamtportfolio bezogener relativer Kreditvolumina erfolgen.

---

45 Vgl. Hofer, Markus, MaRisk: Erneute Überarbeitung vor dem Hintergrund internationaler Standards, in: BaFinJournal, Ausgabe Januar 2011, S. 8.

46 Vgl. Basel Committee on Banking Supervision, Principles for the Management of Credit Risk, BCBS 75, 27. September 2000, S. 23.

2.7 Konzentrationen auf bestimmte Länder oder Regionen

Ausführungen zum Länderrisiko wurden bereits an anderer Stelle gemacht (→ BTR 1, Einführung **63** und BTO 1.2 Tz. 3). Die grenzüberschreitenden Krisen haben in den vergangenen Jahren verdeutlicht, wie stark sich Marktstörungen eines Landes auf abhängige Märkte anderer Länder auswirken können. Hierzu trägt die Globalisierung der Finanzmärkte entscheidend bei. Davon unabhängig muss den Kreditspezialisten jederzeit klar sein, wie sich die länderspezifischen Faktoren auf die Durchsetzbarkeit von Kreditvereinbarungen oder die Verwertbarkeit von Sicherheiten auswirken können. Die Institute sollten ihr Engagement in diesbezüglichen Problemländern von vornherein auf ein vertretbares Maß begrenzen. Bei der Beurteilung der Länderrisiken kann auf externe Quellen, also z. B. von externen Ratingagenturen erstellte Länderratings, zurückgegriffen werden (→ BTO 1.2 Tz. 4).

Darüber hinaus kann bereits eine starke regionale Konzentration von Kreditaktivitäten, die z. B. **64** bei Sparkassen oder Genossenschaftsbanken aufgrund der Verbundstrukturen häufig geschäftspolitisch vorgegeben ist (Regionalprinzip), Risiken in sich bergen. So könnte z. B. der Ausfall eines bedeutenden Arbeitgebers in einer eher strukturschwachen Wirtschaftsregion dramatische Auswirkungen auf die ganze Region haben und eine Kettenreaktion von Kreditausfällen auslösen. Diesem Problem kann z. B. durch Diversifikationsmaßnahmen innerhalb des Verbundes begegnet werden.

2.8 Konzentrationen auf bestimmte Größen- und Risikoklassen

Durch die Überwachung der Verteilungen der Engagements auf bestimmte Größenklassen sollen **65** volumenmäßige Konzentrationen von direkten oder indirekten Krediten an Einzelkreditnehmer oder Kontrahenten bzw. an eine Gruppe von verbundenen Kontrahenten in geeigneter Weise in die Betrachtung einbezogen werden. Dieser Aspekt spielt auch im Zusammenhang mit der Überwachung der Einhaltung der kreditnehmerbezogenen Limite eine Rolle (→ BTR 1 Tz. 5). Wenngleich zur Begrenzung bzw. Überwachung derartiger Konzentrationen bereits entsprechende Vorschriften existieren, wie etwa die Großkreditvorschriften in Art. 387 bis 403 CRR, die Millionenkreditvorschriften in § 14 KWG oder die ergänzende Groß- und Millionenkreditverordnung (GroMiKV), werden institutsintern in Abhängigkeit von der jeweiligen Geschäftsart zum Teil auf den Kreditnehmer bzw. die Kreditnehmereinheit bezogene abweichende Obergrenzen für den Nominalbetrag oder alternativ für den Blankoanteil des Gesamtengagements festgelegt, die unterhalb der Großkreditgrenzen liegen.

Demgegenüber hat die Überwachung der Verteilungen der Engagements auf bestimmte Risiko- **66** klassen die Kreditnehmer mit einem tendenziell hohen Adressenausfallrisiko im Fokus, die insofern auch potenzielle Kandidaten für die Intensivbetreuung (→ BTO 1.2.4) oder die Problemkreditbearbeitung (→ BTO 1.2.5) sind. Eine lückenlose Überwachung und Steuerung derartiger Risikokonzentrationen ist vor allem dann problemlos möglich, wenn zur Beurteilung des Adressenausfallrisikos durchgängig Risikoklassifizierungsverfahren verwendet werden.

2.9 Sonstige Risikokonzentrationen

Risikokonzentrationen ergeben sich z. B. auch bei einer großen Anzahl von Krediten mit der **67** gleichen Laufzeitstruktur oder der gleichen Besicherungsart. Beide Aspekte spielen z. B. in der

Immobilienfinanzierung eine große Rolle, die i. d. R. mit langfristigen Zinsfestschreibungszeiträumen verbunden ist und deren Absicherung fast ausschließlich mittels Grundschulden erfolgt. Unter dem Zusammenbruch des Immobilienmarktes in den ostdeutschen Bundesländern Mitte der neunziger Jahre hatten einige regional ausgerichtete Institute noch Jahre später zu leiden, da aufgrund der langen Laufzeiten der Finanzierungen keine Möglichkeit zur schnellen Rückführung der Volumina in diesem Geschäftsfeld bestand, während die Zahl der Kreditausfälle weiter zu- und der Wert der Sicherheiten gleichzeitig dramatisch abnahm.

2.10   Portfoliobetrachtung und Value-at-Risk

68   Für eine sachgerechte Kreditrisikosteuerung ist die Ausnutzung von Diversifikationseffekten im Portfoliozusammenhang sinnvoll. Ziel der Portfoliomodellierung ist die Bestimmung der Verlustverteilung eines Kreditportfolios. Die Portfoliosegmente (Bonitätsstruktur, Sicherheitenstruktur, Volumenklassen, Laufzeitstruktur, Branchen- und regionale Konzentration usw.) werden mittels geeigneter Parameter auf ihre Ausfallraten und bestehende Korrelationen untersucht. Im Ergebnis werden Standard-Risikokosten zur Abbildung der erwarteten Verluste, der Value-at-Risk zur Quantifizierung der unerwarteten Verluste sowie letztlich die Verlustverteilung des Portfolios ermittelt. Hieraus ergeben sich die erforderliche Risikokapitalunterlegung für das Kreditportfolio sowie die nötigen Parameter für die Einrichtung eines Ausfallrisiko-Limitsystems.

69   In Bezug auf die Bestimmung des Value-at-Risk im Kreditportfolio als Maß für den unerwarteten Verlust (Credit-VaR) wird im Wesentlichen zwischen der kontinentaleuropäischen Methode auf Basis von erwarteten Ausfallraten (»Default Rates«) und der angelsächsischen Methode auf Basis von bonitätsbedingten Marktwertänderungen (»Rating Migrations«) unterschieden. Bei Verwendung von »Default Rates« werden die Abweichungen der geplanten Standard-Risikokosten, gemessen an den erwarteten Kreditausfällen, von den Ist-Risikokosten, gemessen an den tatsächlichen Kreditausfällen, ermittelt. Das als einfache Differenz aus diesen Kosten berechnete Risikoergebnis gibt an, inwieweit die kalkulierten Risikoprämien mit den ex post zu verzeichnenden Ist-Risikokosten übereinstimmen. Die Schwankungen des Risikoergebnisses können dann in eine Wahrscheinlichkeitsaussage überführt werden. Im Rahmen dieses Verfahrens führt nicht jede Bonitätsverschlechterung zu Konsequenzen. Bei Nutzung von »Rating Migrations« wird der aufgrund von Bonitätsverschlechterungen einzelner Kredite mit einer bestimmten Wahrscheinlichkeit eintretende Wertverlust des Kreditportfolios gemessen. Mittels Migrationsmatrizen bzw. Wanderungsmatrizen kann die Übergangswahrscheinlichkeit sämtlicher Ratingeinstufungen dargestellt werden, bis hin zum Ausfall des Kontrahenten. Die »Rating Migrations« sind somit ein Maß für die Veränderung der Kreditqualität des Kontrahenten.

70   Die Adressenausfallrisikomessung auf Portfolioebene erfolgt insbesondere bei größeren Instituten i. d. R. auf Basis anspruchsvoller Kreditrisikomodelle, wie z. B. CreditMetrics (J. P. Morgan, 1997), CreditPortfolioView (McKinsey, 1997), CreditRisk+ (Credit Suisse, 1997) oder KMV (Kealhofer/McQuoan/Vasiček, 1999). Konzeptionelle Unterschiede zwischen diesen etablierten Modellen, die sich alle der Annahme bedingt unabhängiger Ausfall- oder Migrationsereignisse bedienen, bestehen hinsichtlich der abgebildeten Aspekte des Adressenausfallrisikos, der zugrundegelegten Verteilungsannahmen für die Anzahl der Ausfälle und der Verlusthöhe bei Ausfall. Neben den Positionsdaten wird je nach Modell eine Vielzahl verschiedener Parameter benötigt, wie Ausfall- und Migrationswahrscheinlichkeiten, Verlusthöhen bei Ausfall und deren Verteilungsparameter, Cashflow-Strukturen der einzelnen Positionen, risikoadäquate Diskontierungszinssätze und Korrelationsparameter. Diese Eingabedaten bedürfen einer sachgerechten Schätzung. Obwohl einige dieser Daten aus komplexen Vorverarbeitungssystemen bezogen werden können, ist die Datenbasis für viele Institute das größte Hindernis auf dem Weg zu einer sachgerechten Modellanwendung. Hinsichtlich der Schätzung der auch für IRB-Verfahren erforderlichen Parameter ist die Mehrheit der deutschen Institute am weitesten fortgeschritten. Die größte Herausforderung besteht wegen der erforderlichen Länge der Zeitreihen bei der Bestimmung der aus Ausfalldaten zu schätzenden Korrelationsparameter.[47]

Die Verwendung interner Modelle für die Zwecke der regulatorischen Eigenkapitalunterlegung **71** ist seit Jahren immer wieder umstritten. Zwar war dies seit 1996 (für Marktpreisrisiken) bzw. 2004 (für Adressenausfallrisiken und operationelle Risiken) grundsätzlich möglich. Allerdings sind bei Untersuchungen zu den Berechnungen für vorgegebene Beispielportfolien sehr unterschiedliche Ergebnisse festgestellt worden. Wenngleich die teilweise gravierenden Abweichungen vor allem auf wenige Ausreißer zurückzuführen waren, wird diese Möglichkeit mit der aktuellen Überarbeitung der CRR wieder eingeschränkt. Im Bereich der Adressenausfallrisiken sind für bestimmte Parameter »Input-Floors« oder konkrete Vorgaben zu berücksichtigen. Daneben wird insgesamt ein auf die Ergebnisse der jeweiligen Standardansätze bezogener »Output-Floor« stufenweise eingeführt. Zudem fällt der ambitionierte Messansatz (»Advanced Measurement Approach«, AMA) für die operationellen Risiken in Zukunft wieder weg. Gleichzeitig hat die EZB in Zusammenarbeit mit den nationalen Aufsichtsbehörden im Jahre 2016 ein Projekt zur gezielten Überprüfung interner Modelle (»Targeted Review of Internal Models«, TRIM) gestartet. Mittlerweile sind mehrere Dokumente veröffentlicht worden, die auf die abzusehende Entwicklung in diesem Bereich schließen lassen.[48]

2.11 Verfahren zur Überwachung der Adressenausfallrisiken

Zur Risikoüberwachung zählt insbesondere das Verfahren zur Früherkennung der Risiken im **72** Kreditgeschäft (→ BTO 1.3). Darüber hinaus kann eine ganze Reihe organisatorischer Vorschriften im Rahmen der Kreditprozesse im weiteren Sinne zu den Überwachungsmaßnahmen gerechnet werden, wie z. B. die regelmäßige Beurteilung der Adressenausfallrisiken (→ BTO 1.2.2 Tz. 2) oder die turnusmäßige Überprüfung der Werthaltigkeit und des rechtlichen Bestandes von Sicherheiten (→ BTO 1.2.2 Tz. 3).

Da die Identifizierung von Risikopotenzialen u. a. eine Überprüfung der Risikoeinstufung nach **73** sich zieht und die Beurteilung der Adressenausfallrisiken im Fall der aus Überwachungssicht besonders interessanten risikorelevanten Geschäfte mit Hilfe eines Risikoklassifizierungsverfahrens erfolgen muss (→ BTO 1.2 Tz. 6), wird sich eine relevante Veränderung der Risikostruktur im Kreditportfolio insbesondere in der Verteilung der Engagements auf die verschiedenen Risikoklassen widerspiegeln. Eine regelmäßige Beobachtung dieser Risikostruktur könnte folglich als Basis für die Risikoüberwachung auf Portfolioebene dienen, in deren Rahmen auch sicherzustellen ist, dass Risikokonzentrationen gesteuert und überwacht werden (→ BTR 1 Tz. 6).

Auf einzelgeschäftsbezogener Ebene wird durch die geforderte Einbindung der Klassifizierungs- **74** verfahren in die Prozesse des Kreditgeschäftes (→ BTO 1.4 Tz. 4) eine Schnittstelle zur Intensivbetreuung (→ BTO 1.2.4) und ggf. zur Problemkreditbearbeitung (→ BTO 1.2.5) geschaffen und gleichzeitig die ausreichende Bildung der Risikovorsorge (→ BTO 1.2.6) gewährleistet. Auch die Überwachung der Einhaltung der jeweiligen Vertragsbedingungen (→ BTO 1.2.3 Tz. 2) inkl. der

---

47 Vgl. Deutsche Bundesbank, Bankinterne Methoden zur Ermittlung und Sicherstellung der Risikotragfähigkeit und ihre bankaufsichtliche Bedeutung, in: Monatsbericht, März 2013, S. 37 f.
48 Vgl. European Central Bank, Guide for the Targeted Review of Internal Models (TRIM), Consultation paper, 28. Februar 2017; Europäische Zentralbank, Leitfaden der EZB zu internen Modellen – Kapitel General Topics, 15. März 2018; European Central Bank, Draft ECB guide to internal models – Risk-type-specific chapters, Consultation paper, 7. September 2018; Europäische Zentralbank, Leitfaden für Vor-Ort-Prüfungen und Prüfungen interner Modelle, 21. September 2018.

zeitnahen Einreichung und Auswertung der zur Risikobeurteilung erforderlichen Unterlagen, die im Bedarfsfall ein Mahnverfahren auslösen kann (→ BTO 1.2 Tz. 9), sind Bestandteile der Risiko-überwachung. Im engeren Sinne geht es jedoch vor allem darum, die Einhaltung der kreditneh-merbezogenen Limite inkl. der Kontrahenten- und Emittentenlimite regelmäßig zu überwachen sowie Limitüberschreitungen den internen Vorgaben entsprechend zu behandeln und gemeinsam mit den deswegen ggf. getroffenen Maßnahmen festzuhalten (→ BTR 1 Tz. 5).

75 Die Überwachung der Adressenausfallrisiken kann nur dann wirksam genutzt werden, wenn sie eng mit der turnusmäßigen Risikoberichterstattung verknüpft wird (→ BT 3.2 Tz. 3). Auch anlass-bezogen sind unter Risikogesichtspunkten wesentliche Informationen unverzüglich an die Ge-schäftsleitung, die jeweiligen Verantwortlichen und ggf. die Interne Revision weiterzuleiten, so dass geeignete Maßnahmen bzw. Prüfungshandlungen frühzeitig eingeleitet werden können (→ AT 4.3.2 Tz. 4). Gegebenenfalls muss auf Basis der Erkenntnisse aus der Risikoüberwachung sogar die Risikostrategie angepasst werden (→ AT 4.2 Tz. 5).

3 Erfordernis einer kreditnehmerbezogenen Limitierung (Tz. 2)

2 Ohne kreditnehmerbezogenes Limit (Kreditnehmerlimit, Kreditnehmereinheitenlimit), **76** also einen Kreditbeschluss, darf kein Kreditgeschäft abgeschlossen werden.

3.1 Kreditnehmerbezogenes Limit

Das kreditnehmerbezogene Limit wird in den MaRisk mit einem Kreditbeschluss gleichgesetzt **77** (→ AT 2.3 Tz. 2). Ohne kreditnehmerbezogenes Limit darf kein Kreditgeschäft abgeschlossen werden. In diesem Zusammenhang müssen insbesondere die Anforderungen an die Votierung (→ BTO 1.1) sowie die Kreditgewährung (→ BTO 1.2.1) beachtet werden. Da auch jede Entscheidung über Limitüberschreitungen als Kreditbeschluss angesehen wird (→ AT 2.3 Tz. 2), kommt im Umkehrschluss eine genehmigte Überziehung einer (ggf. befristeten) Limiterhöhung gleich. Sofern Kreditgeschäfte im Rahmen einer bereits erfolgten globalen Limitsetzung unter Beachtung der damit ggf. verbundenen Auflagen abgeschlossen werden (Vorratsbeschlüsse usw.), ist ein neuer Kreditbeschluss entbehrlich.

Unabhängig von den Anforderungen der MaRisk ist es natürlich auch möglich, den Prozess **78** umzukehren und z. B. in Abhängigkeit von der Risikoeinstufung der Kreditnehmer und der jeweiligen Sicherheitenbewertung feste Limitvorgaben für einzelne Kreditgeschäfte zu machen. Auf diese Weise könnte die Möglichkeit von Kreditvergaben an risikoorientierte Rahmenvorgaben geknüpft werden. Die geforderte rein technische Limitsetzung wäre davon nicht berührt.

3.2 Kreditnehmereinheitenlimit

Als kreditnehmerbezogenes Limit gelten neben den Kreditnehmerlimiten auch Limite für Kredit- **79** nehmereinheiten, denen unter Risikogesichtspunkten eine große Bedeutung zukommen kann.

Als »Kreditnehmereinheit« im Sinne von § 14 KWG (Millionenkredite) gelten nach § 19 Abs. 2 **80** KWG

- zwei oder mehr natürliche oder juristische Personen oder Personenhandelsgesellschaften, wenn eine von ihnen unmittelbar oder mittelbar beherrschenden Einfluss auf die andere oder die anderen ausüben kann. Unmittelbar oder mittelbar beherrschender Einfluss liegt insbesondere vor,
    a) bei allen Unternehmen, die im Sinne des § 290 Abs. 2 HGB konsolidiert werden, oder
    b) bei allen Unternehmen, die durch Verträge verbunden sind, die vorsehen, dass das eine Unternehmen verpflichtet ist, seinen ganzen Gewinn an ein anderes abzuführen, oder
    c) beim Halten von Stimmrechts- oder Kapitalanteilen an einem Unternehmen in Höhe von 50 Prozent oder mehr durch ein anderes Unternehmen oder eine Person, unabhängig davon, ob diese Anteile im Rahmen eines Treuhandverhältnisses verwaltet werden,
- Personenhandelsgesellschaften oder Kapitalgesellschaften und jeder persönlich haftende Gesellschafter sowie Partnerschaften und jeder Partner,
- alle Unternehmen, die demselben Konzern im Sinne des § 18 AktG angehören.

BTR 1 Adressenausfallrisiken

81   Als Kreditnehmereinheit bzw. nach neuer Bezeichnung als »Gruppe verbundener Kunden« im Sinne von § 15 KWG (Organkredite) und § 18 KWG (Offenlegung der wirtschaftlichen Verhältnisse der Kreditnehmer), deren Definition sich für die Zwecke der MaRisk vermutlich besser eignet, gelten nach Art. 4 Abs. 1 Nr. 39 CRR
   – zwei oder mehr natürliche oder juristische Personen, die (sofern nicht das Gegenteil nachgewiesen wird) im Hinblick auf das Risiko insofern eine Einheit bilden, als eine von ihnen über eine direkte oder indirekte Kontrolle über die andere oder die anderen verfügt, bzw.
   – zwei oder mehr natürliche oder juristische Personen, zwischen denen zwar kein Kontrollverhältnis im o. g. Sinne besteht, die aber im Hinblick auf das Risiko als Einheit anzusehen sind, da zwischen ihnen Abhängigkeiten bestehen, die es wahrscheinlich erscheinen lassen, dass bei finanziellen Schwierigkeiten, insbesondere Finanzierungs- oder Rückzahlungsschwierigkeiten, eines dieser Kunden auch andere bzw. alle anderen auf Finanzierungs- oder Rückzahlungsschwierigkeiten stoßen.

82   Fehlt es an einem Kontrollverhältnis, so sind also auch diejenigen Kreditnehmer zu einer Risikoeinheit zusammenzufassen, die eine gemeinsame Quelle für erhebliche Finanzierungen haben. Abhängigkeiten zwischen den Kreditnehmern können auch einseitig sein und lassen sich auf geschäftliche Beziehungen zurückführen. Bei bestehenden Interdependenzen von Kreditnehmern innerhalb einer Risikoeinheit soll entscheidend sein, dass diese nicht ohne weiteres ersetzbar sind. Die Institute haben auf dieser Basis geeignete Kriterien zwecks Identifizierung von Kreditnehmereinheiten zu entwickeln, deren Angemessenheit laufend zu überprüfen ist.[49]

3.3   Angemessenheit der Limite

83   Der Baseler Ausschuss für Bankenaufsicht hält die Vorgabe von volumenbasierten Limiten für Einzelkreditnehmer und Gruppen verbundener Kunden bei allen Geschäftsaktivitäten, die Adressenausfallrisiken in sich bergen, für einen wichtigen Bestandteil des Kreditrisikomanagements, um insbesondere eine angemessene Diversifikation der Geschäftsaktivitäten zu gewährleisten. Tendenziell kann dabei mit einer besseren kreditnehmerbezogenen Risikobewertung auch ein höheres Limit verbunden sein. Hingegen sollte die Höhe der Limite nicht allein am Kundenbedarf orientiert werden. Im gesamten Limitierungs- und Überwachungsprozess sollten die Institute zudem die Ergebnisse der Stresstests berücksichtigen.[50] Auch die deutsche Aufsicht erwartet, dass die Ergebnisse der Stresstests kritisch reflektiert werden. Sofern entsprechender Handlungsbedarf besteht, könnte dieser auch auf Limitanpassungen hinauslaufen (→ AT 4.3.3 Tz. 6 inkl. Erläuterung).

84   Es ist auch nicht ausgeschlossen, dass bei der Limitfestsetzung zukünftig die Anpassung der Kreditbewertung (»Credit Valuation Adjustment«, CVA) berücksichtigt werden muss. Darunter wird gemäß Art. 381 CRR die Anpassung der Bewertung eines Portfolios von Geschäften mit einer Gegenpartei an die Bewertung zum mittleren Marktwert verstanden. Diese Anpassung spiegelt aus Sicht des Institutes also den Marktwert des Kontrahentenausfallrisikos wider. Insofern besteht das CVA-Risiko in der Gefahr, aus dem Unterschied zwischen dem Marktwert eines risikolosen Portfolios und dem Marktwert eines identischen Portfolios unter Berücksichtigung des Kontahentenausfallrisikos einen Verlust zu erleiden. Im Februar 2015 hat sich die EBA zu verschiedenen Aspekten der Eigenmittelanforderungen für das CVA-Risiko geäußert und u. a. eine Berücksichtigung übermäßiger

---

49   Vgl. Fuchs, Michael/Göddecke, Christine, CRD II: Änderungen der Großkreditregeln, in: BaFinJournal, Ausgabe Dezember 2010, S. 9.

50   Vgl. Basel Committee on Banking Supervision, Principles for the Management of Credit Risk, BCBS 75, 27. September 2000, S. 10 f.

CVA-Risiken im Rahmen des SREP empfohlen.[51] Die angekündigten Leitlinien wurden zwar bereits im November 2015 zur Konsultation gestellt.[52] Allerdings hat die EBA im Juni 2017 aufgrund der Weiterentwicklung des Rahmenwerkes zur Behandlung des CVA-Risikos auf internationaler Ebene verlautbart, die Fertigstellung der Leitlinien bis auf weiteres auszusetzen. Die zuständigen Behörden sollten im Rahmen des SREP allerdings bewerten, ob der Umfang der kreditrisikobezogenen Bewertungsanpassungen für die Qualität der Kreditrisikopositionen und für den Grad an Besicherung angemessen ist. Dafür sollten sie untersuchen, ob die kreditrisikobezogenen Bewertungsanpassungen an die Derivatemarktwerte die Bonität der betreffenden Gegenparteien widerspiegeln.[53]

---

51 European Banking Authority, Opinion of the European Banking Authority on Credit Valuation Adjustment (CVA), EBA/Op/2015/02, 25. Februar 2015.

52 European Banking Authority, Guidelines on the treatment of CVA risk under the supervisory review and evaluation process (SREP), EBA/CP/2015/21, 12. November 2015.

53 Vgl. European Banking Authority, Guidelines on common procedures and methodologies for the supervisory review and evaluation process (SREP) and supervisory stress testing, EBA/GL/2014/13, Consolidated version, 19. Juli 2018, S. 84.

4 Umgang mit Kontrahentenlimiten (Tz. 3)

85 **3** Handelsgeschäfte dürfen grundsätzlich nur mit Vertragspartnern getätigt werden, für die Kontrahentenlimite eingeräumt wurden. Auf das einzelne Limit sind alle Handelsgeschäfte mit einer bestimmten Gegenpartei anzurechnen. Bei der Ermittlung der Auslastung der Kontrahentenlimite sind Wiedereindeckungsrisiken und Erfüllungsrisiken zu berücksichtigen. Die Positionsverantwortlichen sind über die für sie relevanten Limite und ihre aktuelle Ausnutzung zeitnah zu informieren.

4.1 Kontrahentenlimite

86 Der Begriff »Kontrahent« geht auf das lateinische Wort »contrahere« (kontrahieren) zurück und bedeutet im Kontext des Kreditwesens »Vertragspartner« oder »Gegenpartei«. Es ist einleuchtend, dass ein Vertragspartner im Handelsgeschäft genauso in wirtschaftliche Schwierigkeiten geraten oder sogar ausfallen kann, wie ein Vertragspartner im klassischen Kreditgeschäft (→ BTR 1 Tz. 2). Insofern resultiert auch das Kontrahentenrisiko aus der nicht vertragskonformen Erfüllung der Verpflichtungen des Vertragspartners.[54] Die Folgen für das Institut sind mit dem Ausfall eines Kreditnehmers vergleichbar. Dies wird besonders deutlich, wenn das Institut mit finanziellen Mitteln in Vorleistung tritt und der Kontrahent die vereinbarte Gegenleistung nicht erbringen kann. Vor dem Abschluss von Handelsgeschäften müssen deshalb für die jeweiligen Vertragspartner (Kontrahenten) auf Basis einer Votierung aus dem Bereich Marktfolge (→ BTO 1.1 Tz. 3) grundsätzlich Limite (so genannte »Kontrahentenlimite«) eingeräumt werden. Davon ausgenommen sind lediglich Börsengeschäfte sowie Kassageschäfte, bei denen der Gegenwert angeschafft wurde bzw. Zug um Zug anzuschaffen ist oder bei denen entsprechende Deckung besteht (→ BTR 1 Tz. 3, Erläuterung).

87 Alle Handelsgeschäfte mit einer bestimmten Gegenpartei (Vertragspartner) müssen auf das einzelne Limit angerechnet werden. Auch diesbezüglich besteht eine Parallele zum klassischen Kreditgeschäft, bei dem die Geschäfte unverzüglich auf die kreditnehmerbezogenen Limite anzurechnen sind (→ BTR 1 Tz. 5). Es sei allerdings darauf hingewiesen, dass die Kontrahenten- und Emittentenlimite vom Begriff der kreditnehmerbezogenen Limite ausdrücklich nicht abgedeckt werden. Die deutsche Aufsicht verdeutlicht diesen Unterschied nicht zuletzt dadurch, dass sie sich im Zusammenhang mit der Kreditentscheidung auf die Festlegung »von kreditnehmerbezogenen Limiten sowie von Kontrahenten- und Emittentenlimiten« bezieht (→ AT 2.3 Tz. 2). Insofern besteht der Unterschied bei der Anrechnung auf das einzelne Limit im Wort »unverzüglich«. Selbstverständlich sollte auch die Anrechnung der Handelsgeschäfte mit einer bestimmten Gegenpartei zumindest »zeitnah« erfolgen. Diese feine Unterscheidung trifft auch nur auf die Geschäfte des Anlagebuches zu. Die mit Marktpreisrisiken behafteten Geschäfte des Handelsbuches müssen ohnehin aufgrund vergleichbarer Vorgaben unverzüglich auf die einschlägigen Limite angerechnet werden (→ BTR 2.2 Tz. 1). Jede andere Vorgehensweise würde den Sinn und Zweck der Limiteinräumung konterkarieren und das Verfahren zur Behandlung von Limitüberschreitungen (→ BTO 1.2 Tz. 8) ins Leere laufen lassen.

---

54 Gemäß Art. 272 Nr. 1 CRR ist unter dem »Gegenparteiausfallrisiko« (»Counterparty Credit Risk«, CCR) bzw. »Kontrahentenrisiko« das Risiko des Ausfalls der Gegenpartei eines Geschäftes vor der abschließenden Abwicklung der mit diesem Geschäft verbundenen Zahlungen zu verstehen.

4.2   Wiedereindeckungs- und Erfüllungsrisiken

Kontrahentenrisiken bestehen insbesondere bei Termingeschäften und bei schwebenden Kassa-   **88**
geschäften. Sie gliedern sich in Wiedereindeckungs- und Erfüllungsrisiken. Streng genommen
müssten auch Abwicklungsrisiken separat behandelt werden.

Wiedereindeckungsrisiken sind darauf zurückzuführen, dass bei schwebenden Geschäften die   **89**
Gegenpartei ausfällt und die Geschäfte mit Verlust wiedereingedeckt werden müssen, weil sie zu
einem späteren Zeitpunkt ggf. nur zu möglicherweise schlechteren Marktbedingungen abge-
schlossen werden können.[55] Da das Exposure in diesen Fällen im Voraus nicht bekannt ist, ist im
Rahmen der Überarbeitung der CRR u.a. geplant, die Forderungshöhe bei Ausfall (»Exposure at
Default«, EaD) als Produkt aus den Wiederbeschaffungskosten (»Replacement Cost«, RC) und
einem Zuschlag (»Add-on«) für die zukünftig zu erwartende Risikoerhöhung (»Potential Future
Exposure«, PFE) zu berechnen.

Abwicklungsrisiken (»Settlement Risks«)[56] und Erfüllungsrisiken[57] resultieren daraus, dass eine   **90**
Gegenpartei ihre Verpflichtungen aus dem Geschäftsabschluss zum vereinbarten Zeitpunkt (noch)
nicht erfüllt (Abwicklungsrisiken) bzw. bereits bezahlte Dienstleistungen oder Waren zum vereinbarten Zeitpunkt (noch) nicht (vollständig) ausgeführt oder geliefert werden oder bei gegenseitiger Aufrechnung der jeweiligen Leistung die fällige Ausgleichszahlung nicht erbracht wird
(Erfüllungsrisiken).

Wurden bisher weder die vereinbarte Leistung noch die Gegenleistung erbracht, kann dem Institut   **91**
durch eine verspätete Abwicklung ein Verlust entstehen. Abwicklungsrisiken ergeben sich folglich
aus noch nicht vollständig abgewickelten Handelsbuchgeschäften. Abwicklungsrisiken sind eng
verwandt mit den operationellen Risiken (→ BTR4), die z.B. bei der Zahlungsabwicklung insofern
bestehen, als eine Zahlung aufgrund eines technischen oder menschlichen Versagens fehlgeleitet
werden kann oder nicht rechtzeitig zustande kommt.[58] Unter Vorleistungen werden alle zeitlich vor
der vereinbarten Gegenleistung durch das Institut erfolgten Zahlungen oder gelieferten Geschäfts-
gegenstände verstanden. Sie können demzufolge sowohl in Form der Zahlung des Abrechnungs-
preises als z.B. auch in Form der Lieferung der Wertpapiere erbracht werden. Erfüllungsrisiken
ergeben sich insbesondere aus Geschäften zwischen verschiedenen Zeitzonen oder aus speziellen
Usancen bei der Geschäftsabwicklung. Sie werden schlagend, wenn bei Ausfall des Kontrahenten die
erbrachten Vorleistungen die empfangenen Gegenleistungen übersteigen.[59] Erfüllungsrisiken bestehen also nur solange, wie sich das Handelsgeschäft in schwebendem Zustand befindet.

Aus den genannten Gründen müssen bei der Ermittlung der Auslastung der Kontrahentenlimite   **92**
Wiedereindeckungs- und Erfüllungsrisiken berücksichtigt werden. Es ist allerdings nicht erforderlich, die genannten Risikoarten getrennt zu behandeln und im Rahmen der Berichterstattung
separat auszuweisen. Für das interne Risikomanagement wäre daran kein erkennbarer Mehrwert
geknüpft. Auf welche Weise Abwicklungsrisiken zu behandeln sind, wird von der deutschen
Aufsicht nicht vorgegeben.

---

55 An dieser Stelle sei darauf hingewiesen, dass Wiedereindeckungsrisiken auch das Passivgeschäft eines Kreditinstitutes
    betreffen.

56 »Abwicklungsrisiken« werden auch als »Lieferrisiken« (»Delivery Risks«) bezeichnet.

57 »Erfüllungsrisiken« werden auch als »Vorleistungsrisiken« bezeichnet.

58 Vgl. Galati, Gabriele, Das Erfüllungsrisiko im Devisenhandel und die CLS-Bank, in: BIZ-Quartalsbericht, Dezember 2002,
    S.65.

59 Besonders gravierend können sich derartige Risiken auswirken, wenn keine wirksamen Kontrollmechanismen installiert
    sind. So geriet z.B. das Bankhaus Herstatt durch Spekulationen seiner Devisenhandelsabteilung auf einen steigenden
    Dollarkurs in Turbulenzen, die im Juni 1974 zu dessen Schließung führten. Zu diesem Zeitpunkt hatten viele Institute
    bereits unwiderrufliche DM-Zahlungen an das Bankhaus Herstatt geleistet. Anschließend setzte dessen New Yorker
    Korrespondenzbank sämtliche von seinem Konto zu leistenden US-Dollar-Zahlungen aus. Im Ergebnis wurde eine
    Kettenreaktion ausgelöst, die massive Störungen der Zahlungsverkehrs- und Abrechnungssysteme zur Folge hatte. Aus
    diesem Grund wird das Erfüllungsrisiko bei Devisenhandelstransaktionen auch als »Herstatt-Risiko« bezeichnet.

4.3   Information der Positionsverantwortlichen

93   Für den Abschluss von Handelsgeschäften kann es verschiedene Gründe geben. Neben der Ausführung von Kundenaufträgen, die i.d.R. durch den Händler erfolgt, kann das Institut auch daran interessiert sein, Handelsgeschäfte zur Renditesteigerung oder Risikominderung abzuschließen. Dafür ist i.d.R. nicht der Handel, sondern die Treasury oder eine vergleichbare Einheit zuständig (→ BTO Tz. 4). Insofern können neben den Händlern z.B. auch die für das Ergebnis der jeweiligen Handelsgeschäfte Zuständigen als »Positionsverantwortliche« angesehen werden. Während der Handel für die von ihm im Rahmen der vorgegebenen Limite eingegangenen Positionen verantwortlich ist, trägt die Treasury häufig die Verantwortung für die aus Gesamtbanksicht abgeschlossenen Geschäfte. Diese Positionsverantwortlichen sind über die für sie relevanten Limite und ihre aktuelle Ausnutzung zeitnah zu informieren.

94   In Analogie dazu ist auch sicherzustellen, dass der Positionsverantwortliche zeitnah über die für ihn relevanten Limite für die mit Marktpreisrisiken behafteten Geschäfte des Handelsbuches und ihre aktuelle Ausnutzung informiert wird (→ BTR 2.2 Tz. 1). Der Grundstein dafür wird bereits im Rahmen der Prozessvorgaben für das Handelsgeschäft gelegt. So sind Handelsgeschäfte unverzüglich nach Geschäftsabschluss bei der Ermittlung der jeweiligen Position zu berücksichtigen (→ BTO 2.2.1 Tz. 5) und einschließlich solcher Nebenabreden, die zu Positionen führen, im Risikocontrolling abzubilden (→ BTO 2.2.3 Tz. 1). Außerdem sind die im Handel ermittelten Positionen regelmäßig mit den in den nachgelagerten Prozessen und Funktionen geführten Positionen abzustimmen (→ BTO 2.2.2 Tz. 7). Spätgeschäfte die zu wesentlichen Veränderungen führen, sind bei den Positionen des Abschlusstages zu berücksichtigen (→ BTO 2.2.1 Tz. 7).

5 Umgang mit Emittentenlimiten (Tz. 4)

4 Darüber hinaus sind bei Handelsgeschäften grundsätzlich auch Emittentenlimite ein- **95**
zurichten. Soweit im Bereich Handel für Emittenten noch keine Limitierungen vorliegen, können auf der Grundlage klarer Vorgaben Emittentenlimite kurzfristig zu Zwecken des Handels eingeräumt werden, ohne dass vorab der jeweils unter Risikogesichtspunkten festgelegte Bearbeitungsprozess vollständig durchlaufen werden muss. Der jeweils festgelegte Bearbeitungsprozess ist spätestens nach drei Monaten durchzuführen. Die maßgeblichen Vorgaben müssen Risikogesichtspunkten Rechnung tragen. Sie müssen mit den in den Strategien niedergelegten Zielen im Einklang stehen.

5.1 Emittentenlimite zu Zwecken des Handels

Der Begriff »Emittent« geht auf das lateinische Wort »emittens« (ausgeben) zurück. Der Emittent **96**
von Wertpapieren ist eine juristische Person des Privatrechts oder des öffentlichen Rechts (z. B. ein Unternehmen oder ein Staat), die durch die Ausgabe von Wertpapieren Liquidität generiert. Soweit Institute entsprechende Handelsgeschäfte tätigen möchten, müssen sie dazu in der Lage sein, sehr kurzfristig Entscheidungen treffen zu können. Diesem Zweck dient insbesondere der verkürzte Bearbeitungsprozess. Unabhängig davon muss die Bonität des Emittenten, also das Emittentenrisiko, in angemessener Weise Berücksichtigung finden. Das Emittentenrisiko besteht darin, dass ein Emittent seine Anleihen nicht bedienen kann und daraus für das Institut ein Verlust entsteht. In Analogie zu den übrigen Adressenausfallrisiken sind bei Handelsgeschäften deshalb grundsätzlich auch Emittentenlimite einzurichten.

Die BaFin hat im Rahmen der zweiten MaRisk-Novelle betont, dass die dem verkürzten **97**
Bearbeitungsprozess zugrundeliegenden Vorgaben Risikogesichtspunkten entsprechen müssen. Sie müssen zudem mit den in den Strategien niedergelegten Zielen im Einklang stehen. Durch diese Betonung soll Gestaltungsmissbrauch vermieden werden, da es nicht dem Regelungsziel entspricht, dass die Erleichterungen bei Wertpapieren mit langfristiger Halteabsicht systematisch in Anspruch genommen werden. Vielmehr wird in solchen Fällen regelmäßig die Durchführung eines regulären Kreditbearbeitungsprozesses erforderlich sein. Ausnahmen sind lediglich in Einzelfällen möglich und müssen unter Risikogesichtspunkten vertretbar sein sowie im Einklang mit den Strategien stehen.

5.2 Unter Risikogesichtspunkten festzulegender Bearbeitungsprozess

Ein Institut kann institutsintern selbst festlegen, wie der reguläre Bearbeitungsprozess der Ein- **98**
räumung von Emittentenlimiten ausgestaltet werden soll. Es ist insbesondere nicht erforderlich, den gesamten – in den MaRisk beschriebenen – klassischen Kreditprozess zu durchlaufen, sofern sachgerechte Methoden zur Begrenzung des Emittentenrisikos zur Verfügung stehen. Die Ausgestaltung der Bearbeitungsprozesse hängt vielmehr von der Art und dem Risikogehalt der betriebenen Geschäfte ab. So ist u. a. bei Anleihen oder bei Geldmarktinstrumenten, die von

Staaten mit hoher Bonität emittiert werden (z.B. US Treasury Bills oder AAA-geratete Staatsanleihen, wie z.B. aus Deutschland und einigen anderen Staaten), regelmäßig nur von einem relativ geringen Risiko auszugehen. Insoweit wird der in den Organisationsrichtlinien darzustellende Kreditprozess für diese Geschäfte eher schlank ausgestaltet sein. Bei anderen Finanzinstrumenten sind anspruchsvollere Bearbeitungsprozesse erforderlich. Das gilt insbesondere im Hinblick auf so genannte »Non-Investment-Grade-Instrumente« oder so genannte »Junk Bonds«, denen unter Umständen ein ganz erhebliches Adressenausfallrisiko innewohnen kann. Insoweit steigen die Anforderungen für die Bearbeitung der Emittentenlimite tendenziell mit dem Risikogehalt der Geschäfte. Natürlich spielt für die Risikobeurteilung auch der Umfang der Geschäfte eine Rolle. Insofern ist es, unabhängig von der Geschäftsart, i.d.R. nicht erforderlich, für verhältnismäßig geringe Volumina besonders strikte Anforderungen an die Prozesse zu formulieren.

5.3   Verkürzter Bearbeitungsprozess

99   Wie bereits erwähnt wurde, kann es im Einzelfall von Bedeutung sein, einen schnellen Geschäftsabschluss herbeizuführen. Vor diesem Hintergrund ist es, abweichend vom regulären Bearbeitungsprozess, möglich, dass Emittentenlimite kurzfristig auf der Grundlage vereinfachter Regelungen festgesetzt werden (verkürzter Bearbeitungsprozess).

100   Die Regelungen zur kurzfristigen Einräumung von Emittentenlimiten können sich z.B. an den folgenden Eckpunkten bzw. Eingrenzungen orientieren, die weder in der Summe erfüllt sein müssen noch als abschließende Aufzählung zu verstehen sind:
- Festlegung eines maximalen Nominalvolumens,
- Orientierung an den Risikoeinstufungen externer Ratingagenturen,
- Orientierung an den Risikoeinstufungen bankaufsichtlich zugelassener interner Ratingverfahren (IRB-Verfahren) gemäß Art. 142 bis 150 CRR,
- Beschränkung auf bestimmte Länder, aus denen die Emittenten stammen,
- Beschränkung auf bestimmte Emittenten mit hoher Bonität,
- Beschränkung auf Emittenten, die in besonderer Weise gegen mögliche Ausfälle abgesichert sind[60],
- Festlegung auf Werte in bestimmten Aktienindizes,
- Festlegung auf Geldmarktinstrumente im Sinne von § 194 KAGB oder
- Orientierung an so genannten Matrix- bzw. Pauschallimiten, die auf einer Kombination bestimmter qualitativer und quantitativer Kriterien beruhen.

101   Selbst wenn im Institut ein IRB-Verfahren angewendet wird, können durchaus andere Kriterien zur Limiteinräumung herangezogen werden, wie z.B. die Risikoeinstufungen der externen Ratingagenturen. Dies folgt allein daraus, dass mit der Nutzung eines derartigen Verfahrens noch nicht das Vorhandensein interner Ratings für sämtliche infrage kommende Emittenten verbunden ist. Außerdem ist auch die Übernahme externer Ratings in ein IRB-Verfahren unter bestimmten Voraussetzungen gestattet.[61]

102   Die vereinfachten Regelungen sind von der Geschäftsleitung in Kraft zu setzen und in den Organisationsrichtlinien darzustellen. Der reguläre Bearbeitungsprozess ist spätestens nach drei

---

60 So profitieren z.B. die Emittenten aus der Sparkassen-Finanzgruppe oder dem genossenschaftlichen Finanzverbund vom Rating-Floor und von der Absicherung des jeweiligen Haftungsverbundes. Vgl. Deutscher Sparkassen- und Giroverband, Mindestanforderungen an das Risikomanagement – Interpretationsleitfaden, Version 6, 6. April 2018, S.303.

61 Vgl. Bundesanstalt für Finanzdienstleistungsaufsicht/Deutsche Bundesbank, Empfehlungen des Fachgremiums IRBA (jetzt Fachgremium Kredit) zur Ratingübernahme, 4. Oktober 2004.

Monaten durchzuführen. Der zu diesem Zeitpunkt anfallende Aufwand für die Bearbeitung richtet sich nach dessen konkreter Ausgestaltung, die wiederum von der Art und dem Risikogehalt der betriebenen Geschäfte abhängt. So ist es denkbar, dass bei bestimmten Emittenten von Wertpapieren vollständig auf die nach drei Monaten geforderte Nachbearbeitung verzichtet werden kann, da sich auf deren Grundlage möglicherweise keine neuen Erkenntnisse ergeben würden (z. B. bei Anleihen, die von Staaten mit hoher Bonität emittiert werden). Bei anderen Emittenten ist dagegen unbedingt eine Nachbearbeitung erforderlich. Diese kann in Abhängigkeit vom Risikogehalt unter Umständen sehr umfangreich sein, wie z. B. im Fall der bereits erwähnten Non-Investment-Grade-Instrumente.

5.4 Berücksichtigung des spezifischen Risikos eines Emittenten

Vom Anwendungsbereich der MaRisk werden grundsätzlich alle Kreditgeschäfte im Sinne des § 19 Abs. 1 KWG erfasst. Dazu zählen u. a. auch gehandelte Aktien. Die Limitierung und Überwachung der Positionen bei gehandelten Aktien erfolgen regelmäßig im Zuge des Marktpreisrisikocontrollings. Sie werden jedoch i. d. R. nicht auf Emittentenlimite im Rahmen des Kreditrisikocontrollings angerechnet und bleiben daher z. B. bei der Ermittlung von Kreditkompetenzwerten unberücksichtigt. So wird z. B. die Beteiligung eines Institutes an einem Großunternehmen bei Kreditentscheidungen zugunsten dieses Unternehmens im Rahmen der Entscheidungsfindung berücksichtigt, nicht jedoch die täglich gehandelten Aktien desselben Unternehmens. Letztere werden über Marktrisikoparameter bereits anderweitig gesteuert und würden insofern bei zusätzlicher Einbeziehung in den Geltungsbereich des Kreditrisikocontrollings doppelt berücksichtigt. **103**

Eine ähnliche Problematik besteht bei verschiedenen Zinsprodukten, wie z. B. Covered Bonds (Pfandbriefen)[62] und Corporate Bonds.[63] Daher kann grundsätzlich auf eine gesonderte Limitierung der Adressenausfallrisiken des Emittenten verzichtet werden, soweit dem spezifischen Risiko des Emittenten im Rahmen der Limitierung der Marktpreisrisiken durch geeignete Verfahren angemessen Rechnung getragen wird (→ BTR 1 Tz. 4, Erläuterung). Risikokonzentrationen sind dabei angemessen zu berücksichtigen, was bei Verwendung von Kredit-Portfoliomodellen automatisch der Fall ist. **104**

5.5 Liquide Kreditprodukte

Vor der Aufnahme der Handelstätigkeit mit liquiden Kreditprodukten, die auf den Sekundärmärkten wie Wertpapiere gehandelt werden, sind grundsätzlich ebenso Kontrahenten- bzw. Emittentenlimite festzulegen. Dies betrifft z. B. das so genannte »Loan Trading«. Bei der Festlegung von Emittentenlimiten können die genannten Vereinfachungen in Anspruch genommen werden (→ BTR 1 Tz. 4, Erläuterung). Insofern kann der Handel auf der Grundlage klarer Vorgaben innerhalb der 90-Tages-Frist eigenständig aktiv werden. Er kann also insbesondere entsprechende Transaktionen durchführen und kurzfristige Emittentenlinien festlegen, sofern er sich dabei an den generellen Limitvorgaben für die Gesamtbank oder für den jeweiligen Handelsbereich orientiert. **105**

---

62 Andernfalls wären Pfandbriefe ebenfalls ein Kandidat für ein vereinfachtes Verfahren, weil die Emittenten mit dem Pfandbriefgesetz besonders strengen Vorgaben unterliegen.

63 Vgl. Bundesaufsichtsamt für das Kreditwesen, Rundschreiben 1/2001 über die Modellierung des besonderen Kursrisikos im Grundsatz I vom 22. Januar 2001, S. 3 f.

6 Überwachung der Limiteinhaltung und Umgang mit Limitüberschreitungen (Tz. 5)

106 **5** Die Geschäfte sind unverzüglich auf die kreditnehmerbezogenen Limite anzurechnen. Die Einhaltung der Limite ist zu überwachen. Limitüberschreitungen und die deswegen ggf. getroffenen Maßnahmen sind festzuhalten. Ab einer unter Risikogesichtspunkten festgelegten Höhe sind Überschreitungen von Kontrahenten- und Emittentenlimiten den zuständigen Geschäftsleitern täglich anzuzeigen.

6.1 Unverzügliche Anrechnung der Geschäfte auf die Limite

107 Normalerweise wird durch einen Kreditbeschluss ein Prozess ausgelöst, der mit der (IT-technischen) Erfassung des kreditnehmerbezogenen (internen oder externen) Limits beginnt und durch die vereinbarten Tilgungen oder Sonderzahlungen zu den im Kreditvertrag festgelegten Zeitpunkten auch eine entsprechende Limitreduzierung nach sich zieht. Dadurch ist als Grundvoraussetzung für einen Überwachungsprozess jederzeit nachvollziehbar, welches Limit dem Kreditnehmer aktuell zur Verfügung steht. In diesem Sinne gilt die Anrechnung dann als unverzüglich vorgenommen, wenn sie im jeweiligen internen Prozess »ohne schuldhaftes Zögern« erfolgt.

108 Bei Betriebsmittelkrediten für Unternehmenskunden bzw. Dispositionskrediten (Überziehungskrediten) für Privatkunden entfällt zwar die automatische Limitreduzierung durch regelmäßige Rückzahlungen. Der Prozess der Limiteinräumung läuft allerdings analog. Eine Anpassung des Limitrahmens für diese Kredite ist grundsätzlich von der (dem Institut bekannten) wirtschaftlichen Situation des Kreditnehmers abhängig. Häufig führen z. B. Änderungen der beobachteten Zuflüsse (Gewinne, Gehälter, Honorare etc.) zu entsprechenden (maschinellen) Änderungen des Limitrahmens.

6.2 Überwachung der Einhaltung der kreditnehmerbezogenen Limite

109 Im Rahmen der Limitüberwachung wird ab dem Zeitpunkt der Auszahlung des Kredites die jeweilige Inanspruchnahme eines Kreditengagements mit dem im Zeitverlauf gültigen, vertraglich vereinbarten Limit in angemessenen Abständen abgeglichen. Es besteht zwar kein Zwang zur täglichen Überwachung. Eine gängige Form der Überwachung der Einhaltung der kreditnehmerbezogenen Limite ist jedoch die Bearbeitung der Überziehungslisten, die i. d. R. täglich erfolgt.

110 Darüber hinaus muss auf geeignete Weise die Einhaltung der gesetzlichen Vorschriften, wie z. B. der Großkreditvorschriften oder der Groß- und Millionenkreditverordnung (GroMiKV), überwacht werden. Hierfür ist i. d. R. das Meldewesen zuständig, das diese Grenzen häufig ebenfalls täglich überwacht, obwohl die Großkredit- und Millionenkreditmeldungen jeweils nur quartalsweise zu erfolgen haben.

Eine Limitüberwachung kann nach institutsindividuellen Vorgaben auch zusätzliche Tätigkeiten **111** beinhalten, die von den MaRisk jedoch nicht gefordert sind. So ist es z.B. möglich, dass institutsintern in Abhängigkeit von der jeweiligen Geschäftsart auf den Kreditnehmer bzw. die Kreditnehmereinheit bezogene Obergrenzen für den Nominalbetrag oder alternativ für den Blankoanteil des Gesamtengagements festgelegt werden, die unterhalb der in den Großkreditvorschriften festgelegten Grenzen liegen. Diese Limitierungen können sich zudem in Abhängigkeit von der jeweiligen Risikobewertung des Kreditnehmers unterscheiden. Werden institutsintern derartige Festlegungen getroffen, muss deren Einhaltung ebenfalls überwacht werden. Es ist hingegen nicht erforderlich, spezifische handelsinterne Limite, die ergänzend zu den genehmigten Limiten ausschließlich für interne Zwecke verwendet werden, in diese Betrachtung einzubeziehen.

6.3   Maßnahmen bei Limitüberschreitungen

Auf die möglichen Maßnahmen im Fall von Limitüberschreitungen wurde bereits ausführlich **112** eingegangen (→ BTO 1.2 Tz. 8). Ausdrücklich betont wird, dass Limitüberschreitungen und die deswegen ggf. getroffenen Maßnahmen festzuhalten sind. Da die für die Einhaltung der MaRisk wesentlichen Handlungen und Festlegungen in nachvollziehbarer Weise dokumentiert werden müssen (→ AT 6 Tz. 2), wird hierdurch eigentlich keine neue Anforderung statuiert. Grundsätzlich ist für Limitüberschreitungen und Prolongationen auf der Grundlage klarer Vorgaben auch eine vereinfachte Umsetzung der organisatorischen Anforderungen möglich, soweit dies unter Risikogesichtspunkten vertretbar erscheint (→ BTO 1.2 Tz. 8).

6.4   Informationspflichten

Das Institut hat ein der Kompetenzordnung entsprechendes Verfahren einzurichten, in dem **113** festgelegt ist, wie Überschreitungen von Limiten zu behandeln sind (→ BTO 1.2 Tz. 8). Ergänzend wird von der deutschen Aufsicht gefordert, dass Überschreitungen von Kontrahenten- und Emittentenlimiten ab einer unter Risikogesichtspunkten festgelegten Höhe den zuständigen Geschäftsleitern täglich anzuzeigen sind. Diese Informationspflicht sollte sich also zweckmäßigerweise in o. g. Verfahren widerspiegeln.

Den Vorstellungen des Baseler Ausschusses für Bankenaufsicht zufolge sollten die Institute über **114** ein Managementinformationssystem verfügen, durch das die Geschäftsleitung auf alle Engagements aufmerksam gemacht wird, die sich ihrer Limitauslastung annähern. Außerdem sollte es möglich sein, die Engagements von Einzelkreditnehmern und Kontrahenten zusammenzufassen und in sinnvoller und rechtzeitiger Weise Ausnahmen zu verdeutlichen.[64] Die entsprechende Managementebene sollte auf Engagements, die festgesetzte Limite überschreiten, sofort aufmerksam gemacht werden, um darauf noch angemessen reagieren zu können.[65]

Insgesamt haben die Limitüberwachung und die Behandlung von Limitüberschreitungen in den **115** MaRisk eine zentrale Bedeutung, wie in der folgenden Grafik deutlich wird.

---

64 Vgl. Basel Committee on Banking Supervision, Principles for the Management of Credit Risk, BCBS 75, 27. September 2000, S. 16.
65 Vgl. Basel Committee on Banking Supervision, Principles for the Management of Credit Risk, BCBS 75, 27. September 2000, S. 18 f.

Kreditgeschäft	Handelsgeschäft
Grundsatz: Ohne Limit kein Geschäftsabschluss	
kreditnehmerbezogenes Limit (Kreditnehmer, Kreditnehmereinheit) - entspricht Kreditbeschluss	Kontrahenten- bzw. Emittentenlimit - für Emittentenlimite Erleichterungen - liquide Produkte berücksichtigen
alle Geschäfte unverzüglich auf kreditnehmerbezogene Limite anrechnen	alle Handelsgeschäfte mit einer bestimmten Gegenpartei anrechnen (beim Handelsbuch unverzüglich)
Berücksichtigung des spezifischen Risikos eines Emittenten wahlweise bei Limitierung der Adressenausfall- oder der Marktpreisrisiken möglich	
Limiteinhaltung und -auslastung überwachen	
	bei Auslastung Wiedereindeckungs- und Erfüllungsrisiken berücksichtigen
	zeitnahe Information der Positionsverantwortlichen
Behandlung von Limitüberschreitungen auf Basis eines der Kompetenzordnung entsprechenden Verfahrens	
Festhalten von Limitüberschreitungen und der ggf. getroffenen Maßnahmen	
	unter Risikogesichtspunkten tägliche Anzeige an zuständige Geschäftsleiter
Berichterstattung über Umfang der Limite und externen Linien, bemerkenswerte Engagements sowie bedeutende Limitüberschreitungen inkl. Begründung.	

Abb. 64: Limitüberwachung und Behandlung von Limitüberschreitungen

7   Management von Risikokonzentrationen (Tz. 6)

6 Risikokonzentrationen sind zu identifizieren. Gegebenenfalls vorhandene Abhängigkei-   **116**
ten sind dabei zu berücksichtigen. Bei der Beurteilung der Risikokonzentrationen ist auf
qualitative und, soweit möglich, auf quantitative Verfahren abzustellen. Risikokonzentrationen sind mit Hilfe geeigneter Verfahren zu steuern und zu überwachen (z. B. Limite, Ampelsysteme oder auf Basis anderer Vorkehrungen).

7.1   Risikokonzentrationen im Kreditgeschäft

Risikokonzentrationen entstehen immer dann, wenn eine bedeutende Anzahl oder ein bedeuten-   **117**
des Volumen von Krediten ähnliche Risikoeigenschaften aufweisen. Bei Risikokonzentrationen im
Zusammenhang mit Adressenausfallrisiken bzw. »Risikokonzentrationen im Kreditgeschäft« handelt es sich um Adressen- und Sektorkonzentrationen, regionale Konzentrationen und sonstige
Konzentrationen im Kreditgeschäft, die relativ gesehen zum Risikodeckungspotenzial zu erheblichen Verlusten führen können. Beispielhaft wird auf Konzentrationen nach Kreditnehmern,
Produkten oder Underlyings strukturierter Produkte, nach Branchen, Verteilungen von Engagements auf Größen- und Risikoklassen, Sicherheiten, ggf. Ländern und sonstige hoch korrelierte
Risiken verwiesen (→ BTR 1 Tz. 1, Erläuterung). Das Institut hat sicherzustellen, dass Risikokonzentrationen im Kreditgeschäft identifiziert, beurteilt, gesteuert und überwacht werden. Anforderungen an die Kommunikation von derartigen Risikokonzentrationen werden an anderer Stelle
statuiert (→ BT 3.2 Tz. 3 lit. a bis c).

Diese Anforderungen dienen nicht dazu, die Existenz von Konzentrationen per se abzustrafen.   **118**
Konzentrationen sind Ausfluss der normalen Geschäftstätigkeit der Institute. Häufig sind sie auch
Ausdruck einer (natürlichen) Spezialisierung oder einer regionalen Schwerpunktbildung (bspw. bei
Sparkassen und Genossenschaftsbanken). Die Aufsicht hat vor diesem Hintergrund nochmals
deutlich betont, dass die Anforderungen keinen »Zwang zur Diversifizierung« statuieren. Schließlich
können über Spezialisierung oder regionale Schwerpunktbildungen regelmäßig auch Know-how-
Effekte generiert werden, die dazu beitragen, dass Portfolien trotz hoher Konzentrationen eine gute
Qualität mit geringen Ausfallquoten aufweisen. Das befreit solche Institute natürlich nicht davon,
sich in angemessener Weise mit ihren jeweiligen »Klumpenrisiken« auseinanderzusetzen.[66]

7.2   Identifizierung und Beurteilung von Risikokonzentrationen

Als wichtiges Instrument zur Identifizierung von Risikokonzentrationen gelten Stresstests, die im   **119**
Idealfall über alle Geschäftsfelder eines Institutes hinweg durchgeführt werden. Mit ihrer Hilfe
können insbesondere jene Wechselwirkungen zwischen den Risikoarten identifiziert werden, die
(in diesem Ausmaß) nur unter Stressbedingungen existieren.[67]

---

66 Vgl. Bundesanstalt für Finanzdienstleistungsaufsicht, Übermittlungsschreiben zum zweiten Entwurf der Mindestanforde-
    rungen an das Risikomanagement vom 26. Juni 2009, S. 2.
67 Vgl. Committee of European Banking Supervisors, Revised Guidelines on the management of concentration risk under the
    supervisory review process (GL 31), 2. September 2010, S. 8 f.

BTR 1 Adressenausfallrisiken

120   Bei der Beurteilung von Risikokonzentrationen ist auf qualitative und – soweit möglich – auf quantitative Verfahren abzustellen. In qualitativer Hinsicht kommt bspw. die Durchführung von Marktanalysen oder der Rückgriff auf externe Branchenreports infrage. Daneben stehen eine ganze Reihe von quantitativen Instrumenten zur Verfügung, von denen eine relativ große Auswahl in einschlägigen Leitlinien von CEBS dargestellt ist.[68] Dazu zählt insbesondere die Verwendung geeigneter Indikatoren (»Concentration Ratios«), die üblicherweise im Zusammenhang zu einer entsprechenden Bezugsgröße (z.B. Bilanzsumme, Eigenmittel, Reingewinn) betrachtet werden, wie u.a.:

- das Volumen einer bestimmten Anzahl von Großkrediten (z.B. der zehn größten Engagements),
- das Volumen einer bestimmten Anzahl von großen, miteinander zusammenhängenden Engagements (Kreditnehmereinheiten, Gruppen verbundener Kunden),
- das Volumen der wichtigsten sektoralen bzw. geografischen Konzentrationen,
- die Engagements in bestimmten Finanzinstrumenten.

121   Als Konzentrationsmaße kommen auch verschiedene Indizes (»Diversity-Scores«) infrage, wie z.B. der »Herfindahl Hirschmann Index« (HHI), der »Simpsons Equitability Index«, der »Shannon-Wiener Index«, der »Pielous Evenness Index« oder der »Moodys Diversity Score«. Der Herfindahl Hirschmann Index ist z.B. definiert als die Summe der Quadrate der relativen Portfolioanteile aller Kreditnehmer. Gut diversifizierte Portfolien mit sehr vielen kleinen Unternehmen weisen einen Index nahe null auf, während stark konzentrierte Portfolien deutlich höhere Werte erreichen können (bis maximal eins). Ebenso sinnvoll kann die Verwendung von Konzentrationskurven sein, mit deren Hilfe beurteilt werden kann, ob z.B. in bestimmten Regionen oder Branchen eine höhere Konzentration zu verzeichnen ist als in anderen. Häufig werden auch »Gini-Koeffizienten« verwendet, mit deren Hilfe jede Form einer ungleichmäßigen Verteilung gemessen werden kann. Sie entsprechen einer Zahl zwischen null und eins, wobei null eine vollständige »Risikohomogenität« (jedes Exposure hat das gleiche Risiko) und eins eine absolute »Risikokonzentration« (ein Exposure trägt alle Risiken, die übrigen Exposure tragen kein Risiko) bedeuten. Schließlich können auch Portfoliokorrelationen oder Varianz-/Kovarianz-Maße zur Bestimmung von Risikokonzentrationen herangezogen werden. Neben heuristischen Methoden kommen in der Praxis auch modellgestützte Ansätze zur Anwendung (bspw. Granularitätsanpassung).[69]

122   Bestimmte Aspekte von Risikokonzentrationen entziehen sich aufgrund ihrer Vielschichtigkeit einer quantitativen Beurteilung. In solchen Fällen reicht es aus, auf qualitative Verfahren abzustellen. Dem Prinzip der doppelten Proportionalität zufolge können sich kleinere und weniger komplexe Institute stärker auf qualitative Aspekte konzentrieren, insbesondere beim Management von Inter-Risikokonzentrationen. Von großen und komplexen Instituten wurde allerdings schon von CEBS erwartet, dass sie sich in ihren internen Risikomodellen auch in quantitativer Hinsicht mit Inter-Risikokonzentrationen auseinandersetzen.[70]

123   Grundsätzlich muss sich das Institut bei der Beurteilung von Risikokonzentrationen auch mit künftigen Entwicklungen befassen, was z.B. im Rahmen der Kapitalplanung sinnvoll und möglich ist. Beim Eintreten außergewöhnlicher, aber plausibel möglicher Ereignisse (also im Stressfall) können Risikokonzentrationen zu beträchtlichen Verlusten führen. In den MaRisk wird daher betont, dass Risikokonzentrationen auch bei der Durchführung von Stresstests zu berücksichtigen sind (→ AT4.3.3 Tz.1). Im Stressfall können sich zudem weitere Interdependenzen zwischen

---

68   Vgl. Committee of European Banking Supervisors, Revised Guidelines on the management of concentration risk under the supervisory review process (GL 31), 2. September 2010, S. 32.

69   Vgl. Gordy, Michael B./Lütkebohmert, Eva, Granularity Adjustment for Basel II, Deutsche Bundesbank, Discussion Paper, Series 2: Banking and Financial Studies, Nr. 01/2007, 9. Februar 2007.

70   Vgl. Committee of European Banking Supervisors, Revised Guidelines on the management of concentration risk under the supervisory review process (GL 31), 2. September 2010, S. 4.

Kreditnehmern (und damit zusätzliche Risikokonzentrationen) ergeben. Folglich können Stresstests auch bei der Aufdeckung versteckter Konzentrationen hilfreich sein.[71]

7.3   Steuerung und Überwachung von Risikokonzentrationen

Bereits nach den Mindestanforderungen an das Kreditgeschäft (MaK) war durch geeignete Maßnahmen sicherzustellen, dass gesamtgeschäftsbezogene Risiken (Branchenrisiko, Verteilungen der Engagements auf Größen- und Risikoklassen sowie ggf. das Länderrisiko und sonstige Konzentrationsrisiken) gesteuert und überwacht werden können. Auf den damals in einem Konsultationspapier zunächst verwendeten Begriff »Limitierung« hatte die deutsche Aufsicht letztlich verzichtet, um zu verdeutlichen, dass sie für die gesamtgeschäftsbezogenen Risiken keine harte Limitierung erzwingen möchte. Entscheidend war für die deutsche Aufsicht, dass es überhaupt ein Verfahren zur Steuerung und Überwachung der gesamtgeschäftsbezogenen Risiken gibt. Die konkrete Ausgestaltung dieser Verfahren hatte sie in das Ermessen der Institute gestellt.[72] **124**

Nunmehr wird gefordert, dass Risikokonzentrationen mit Hilfe geeigneter Verfahren zu steuern und zu überwachen sind, wobei beispielhaft auf Limit- oder Ampelsysteme verwiesen wird und alternativ auch andere Vorkehrungen zulässig sind. Insofern müssen die Institute für diese Zwecke nach wie vor keine harten (bindenden) Limite einrichten (bspw. Branchenlimite). Als weitere qualitative Alternative kommen z.B. regelmäßige Risikoanalysen in Betracht (→ AT 4.3.2 Tz. 1). Werden hingegen harte Limite vorgegeben, besteht – in Abhängigkeit von den institutsinternen Festlegungen – häufig ein gewisser Spielraum für Ausnahmen in begründeten Einzelfällen. So kann es z.B. durchaus im Interesse des Institutes liegen, neue Geschäftsbeziehungen mit Kunden von exzellenter Bonität einzugehen, die aus Branchen stammen, für die eigentlich keine weiteren Engagements vorgesehen sind. Die Steuerung der Risikokonzentrationen gewinnt dadurch wenigstens in einem gewissen Rahmen an Flexibilität. Der Geschäftsleitung ist zumindest vierteljährlich über Art und Umfang der Risikokonzentrationen zu berichten (→ BT 3.2 Tz. 3 lit. a bis c). **125**

Die Methoden zur für die Steuerung und Überwachung maßgeblichen Messung von Risikokonzentrationen sollen die Interdependenzen zwischen den einzelnen Risikopositionen in angemessener Weise erfassen. Da die Wahl der Methoden erhebliche Auswirkungen auf die Einschätzung der Risikokonzentrationen haben kann (»Modellrisiko«), müssen die Institute die den Methoden zugrundeliegenden Annahmen und Techniken vollständig verstehen.[73] **126**

Wichtig ist auch eine konsistente Vorgehensweise über alle Geschäftsbereiche hinweg. So können Kreditrisiken aus verschiedenen Geschäftsaktivitäten in verschiedenen Bereichen des Institutes resultieren, z.B. aus der Kreditbearbeitung, der Verwaltung von Sicherheiten und der Vergabe von Kreditlinien oder dem Emittenten- bzw. Kontrahentenrisiko aus Handelsgeschäften. Daher können Abweichungen bei der Messung von Risikokonzentrationen auch aus verschiedenen Arten der Aggregation von Kreditrisiken über alle Geschäftsbereiche eines Institutes hinweg resultieren. Dafür sollten einheitliche Vorgaben getroffen werden, um eine angemessene Steuerung und Überwachung zu gewährleisten. Zudem müssen die Institute in der Lage sein, auch jene **127**

---

71 Vgl. Committee of European Banking Supervisors, Revised Guidelines on the management of concentration risk under the supervisory review process (GL 31), 2. September 2010, S. 14.

72 Vgl. Bundesanstalt für Finanzdienstleistungsaufsicht, Übermittlungsschreiben zum zweiten Entwurf der Mindestanforderungen an das Kreditgeschäft der Kreditinstitute (MaK) vom 2. Oktober 2002, S. 9.

73 Vgl. Committee of European Banking Supervisors, Revised Guidelines on the management of concentration risk under the supervisory review process (GL 31), 2. September 2010, S. 14f.

Risikokonzentrationen zu berücksichtigen, die sich aus komplexen Produkten, wie z.B. Verbriefungen, ergeben können.[74]

7.4 Bewusste Inkaufnahme von Risikokonzentrationen

128 Häufig sind die Begrenzung oder Reduzierung von Risikokonzentrationen jedoch extrem schwierig oder gar unmöglich. Hierfür sind teilweise Vorgaben verantwortlich, die sich aus der Zugehörigkeit zu einem Verbund ergeben und z.B. das Geschäftsgebiet von Sparkassen und Genossenschaftsbanken räumlich beschränken (Regionalprinzip). Auch der durch das wirtschaftliche Umfeld eines Institutes oder seinen geografischen Standort bedingte mangelnde Zugang zu wirtschaftlich verschiedenartigen Kreditnehmern oder Kontrahenten kann eine Diversifikation erschweren. Risikokonzentrationen sind daher in vielen Fällen nicht vermeidbar. Sie sind vielmehr das Ergebnis der gewöhnlichen Geschäftstätigkeit eines Institutes. Institute, die schwerpunktmäßig in bestimmten Industriezweigen oder Wirtschaftsbereichen tätig sind, können sogar aus ihrem Fachwissen Kapital schlagen, indem sie sich für bestimmte Konzentrationen durch die Vereinbarung entsprechender Risikoprämien angemessen entschädigen lassen.[75] Risikokonzentrationen sind daher auch Gegenstand der Risikostrategie. Das trifft insbesondere auf Institute zu, die sich auf bestimmte Geschäftsfelder spezialisieren (Spezialbankenprinzip) oder ihren »Heimvorteil« im Sinne eines Informationsvorsprunges nutzen (Regionalprinzip).

129 Davon unabhängig sind bereits vor einigen Jahren verschiedene Initiativen angestoßen worden, z.B. zwischen den Instituten eines Verbundes mit Hilfe so genannter »Kreditbaskettransaktionen« illiquide Klumpenrisiken, für die am Kapitalmarkt keine Hedge-Möglichkeiten bestehen, zu reduzieren.[76] Die Teilnahme an einer derartigen Transaktion bietet die Möglichkeit, Klumpenrisiken gegen ein diversifiziertes Portfolio kleinteiliger Risiken mittels Kreditderivaten zu tauschen. Dieser Tausch führt insgesamt zu einer Senkung der Risikokonzentrationen für die beteiligten Institute, so dass sich aufgrund der damit ggf. einhergehenden Eigenkapitalersparnis zusätzliche Freiräume für die Ausdehnung der Geschäftsaktivitäten ergeben.

7.5 Berücksichtigung von Ertragskonzentrationen

130 Vor dem Hintergrund der Finanzmarktkrise hat die deutsche Aufsicht insbesondere die Institute mit regionaler Ausrichtung und die spezialisierten Institute eindringlich gemahnt, sich intensiv mit ihren jeweiligen »Klumpenrisiken« zu befassen und dabei auch die Ertragsseite zu berücksichtigen. Bei Instituten, die von bestimmten Ertragsquellen stark abhängig sind, besteht tendenziell eine höhere Anfälligkeit gegenüber (Markt-)Veränderungen.[77] Ziemlich genau ein Jahr später wurde diese Anforderung noch ergänzt.[78] Seitdem müssen bei der Festlegung des Risikoappetits für die wesent-

---

74 Vgl. Committee of European Banking Supervisors, Revised Guidelines on the management of concentration risk under the supervisory review process (GL 31), 2. September 2010, S. 14.

75 Vgl. Basel Committee on Banking Supervision, Principles for the Management of Credit Risk, BCBS 75, 27. September 2000, S. 17.

76 Entsprechende Initiativen sind unter verschiedenen Bezeichnungen sowohl im öffentlichen Sektor (Transaktionsplattform SPARK der DekaBank und einzelner Landesbanken) als auch im genossenschaftlichen Sektor (VR-Circle der DZ Bank) zu beobachten.

77 Vgl. Bundesanstalt für Finanzdienstleistungsaufsicht, Übermittlungsschreiben zum Rundschreiben 15/2009 (BA) vom 14. August 2009, S. 2 f.

78 Vgl. Bundesanstalt für Finanzdienstleistungsaufsicht, Übermittlungsschreiben zum ersten Entwurf zur Überarbeitung der MaRisk vom 9. Juli 2010, S. 4.

lichen Risiken auch Ertragskonzentrationen berücksichtigt werden. Dies setzt voraus, dass die Institute ihre Erfolgsquellen voneinander abgrenzen und diese quantifizieren können, wie z. B. im Hinblick auf den Konditionen- und den Strukturbeitrag im Zinsbuch (→ AT 4.2 Tz. 2). Dabei geht es nicht um »potenzielle Ertragseinbußen« oder anspruchsvolle »Systeme zur Gesamtbanksteuerung«, sondern allein darum, dass sich die Institute etwaiger Ertragskonzentrationen bewusst sind und diese in ihr Kalkül einbeziehen.[79]

7.6 Berücksichtigung von Abhängigkeiten

Bei der Identifikation von Risikokonzentrationen müssen etwaige Abhängigkeiten berücksichtigt **131** werden. Diese können z. B. auf wirtschaftliche Verflechtungen oder juristische Abhängigkeiten zwischen Unternehmen zurückzuführen sein (→ BTR 1 Tz. 6, Erläuterung). Fällt ein Kreditnehmer aus, so kann dies aufgrund vorliegender Abhängigkeiten zu Ansteckungseffekten führen. Risiken, die aus der Konzentration von Forderungen gegenüber durch Geschäftsbeziehungen miteinander verbundenen Unternehmen resultieren, werden daher ebenfalls den Risikokonzentrationen zugerechnet.[80] Grundsätzlich liegt es nahe, dass die Institute dabei auf die »Kreditnehmereinheit« nach § 19 Abs. 2 KWG oder die »Gruppe verbundener Kunden« nach Art. 4 Abs. 1 Nr. 39 CRR aufsetzen (→ BTR 1 Tz. 2). Dadurch sollten die relevanten Fälle weitgehend abgedeckt sein. Ob die Erwartungshaltung der Aufsicht darüber hinausgeht, ist bislang nicht bekannt.

Die einzelnen Risikosteuerungs- und -controllingprozesse werden mit Blick auf die Behandlung **132** von Risikokonzentrationen im Bereich der Adressenausfallrisiken wie nachfolgend dargestellt konkretisiert.

Risikoprozesse	Konkretisierung
Identifizierung	Berücksichtigung ggf. vorhandener Abhängigkeiten (wirtschaftlich, juristisch etc.)
Beurteilung	Abstellen auf qualitative und (soweit möglich) quantitative Verfahren
Steuerung Überwachung	mit Hilfe geeigneter Verfahren (z.B. Limite, Ampelsysteme oder andere Vorkehrungen); Ertragskonzentrationen berücksichtigen
Kommunikation	Risikobericht hat Risikokonzentrationen besonders zu berücksichtigen
der wesentlichen Risiken	mit wesentlichen Risiken verbundene Risikokonzentrationen sind zu berücksichtigen

Abb. 65: Behandlung von Risikokonzentrationen bei Adressenausfallrisiken

---

79 Vgl. Bundesanstalt für Finanzdienstleistungsaufsicht, Übermittlungsschreiben zum Rundschreiben 15/2009 (BA) vom 14. August 2009, S. 2 f.

80 Vgl. Deutsche Bundesbank, Konzentrationsrisiken in Kreditportfolios, in: Monatsbericht, Juni 2006, S. 37.

8 Erlösquotensammlung (Tz. 7)

133 **7** Das Institut hat eine angemessene Erfassung der Erlöse aus der Abwicklung von Kreditengagements sowie der zugehörigen historischen Werte der Kreditsicherheiten in einer
Erlösquotensammlung zu gewährleisten. Die Erkenntnisse aus der Erlösquotensammlung
sind bei der Steuerung der Adressenausfallrisiken angemessen zu berücksichtigen.

8.1 Besicherungs- und Restrisiken

134 Gemäß Art. 80 CRD IV müssen die zuständigen Behörden sicherstellen, dass das Risiko, dass die
von den Instituten eingesetzten anerkannten Kreditrisikominderungstechniken sich als weniger
wirksam erweisen als erwartet (»Restrisiko«)[81], u. a. durch schriftliche Grundsätze und Verfahren
erfasst und gesteuert wird. Zur Überprüfung der Werthaltigkeit und des rechtlichen Bestandes von
Sicherheiten im Rahmen der Kreditgewährung (→ BTO 1.2.1 Tz. 3 und 4) und der Kreditweiterbearbeitung (→ BTO 1.2.2 Tz. 3 und 4), mit der die Wirksamkeit der vom Institut akzeptierten
Sicherheitenarten (→ BTO 1.2 Tz. 2) regelmäßig hinterfragt wird, werden in den MaRisk bereits
detaillierte Vorgaben gemacht.

135 Im Rahmen des SREP sollten die zuständigen Behörden bei der Bewertung der Sicherheiten die
Deckung durch Sicherheiten und Garantien nach Portfolio, Art des Kreditnehmers, Bonitätsein-
stufung, Branche und weiteren relevanten Aspekten, die historischen Erlösquoten nach Art und
Höhe der Sicherheiten und Garantien sowie die Wesentlichkeit des Verwässerungsrisikos für
erworbene Forderungen[82] und des Restrisikos bewerten. Dabei sollten die Angemessenheit und
Durchsetzbarkeit von Sicherungsvereinbarungen und Garantien, der Zeitrahmen und die Möglichkeit zur Verwertung von Sicherheiten und zur Erfüllung von Garantien gemäß dem nationalen
Rechtsrahmen, die Liquidität und Volatilität der als Sicherheiten dienenden Vermögenswerte, der
erzielbare Wert der Sicherheiten bei der Zwangsbeitreibung von Forderungen (z. B. Zwangsvollstreckungsverfahren) sowie die Bonität der Garantiegeber im Mittelpunkt stehen. Außerdem
sollten die zuständigen Behörden die Konzentration der Garantiegeber und Sicherheiten sowie
die Korrelation mit der Bonität der Kreditnehmer (Korrelationsrisiko) sowie die potenzielle
Auswirkung im Hinblick auf die Wirksamkeit der Absicherung bewerten.[83]

136 Ob ein Institut die Kreditsicherheiten richtig bewerten kann, was vor allem zum Zeitpunkt der
Festsetzung der Kreditkonditionen bedeutsam ist, zeigt sich i. d. R. erst im Falle einer Verwertung
dieser Sicherheiten. Im Sinne eines Backtesting können diese Werte miteinander verglichen
werden, sofern sie im Institut vorhanden sind. Vor diesem Hintergrund müssen die Erlöse aus der
Abwicklung von Kreditengagements sowie die zugehörigen historischen Werte der Kreditsicherheiten seit der fünften MaRisk-Novelle in einer Erlösquotensammlung in angemessener Weise
erfasst werden. Diese Anforderung ist für jene Institute keine große Herausforderung, die bereits
ein IRB-Verfahren oder ein Kreditportfoliomodell verwenden, weil diese Daten dann grundsätzlich
vorhanden sein müssten.

---

81 Die Restrisiken betreffen die Wirksamkeit von Kreditminderungstechniken und werden auch als Besicherungsrisiken
bezeichnet.

82 Unter dem »Verwässerungsrisiko« (»Dilution Risk«) ist nach Art. 4 Abs. 1 Nr. 53 CRR das Risiko zu verstehen, dass sich der
Betrag einer (angekauften) Forderung durch bare oder unbare Ansprüche des Schuldners vermindert.

83 Vgl. European Banking Authority, Guidelines on common procedures and methodologies for the supervisory review and
evaluation process (SREP) and supervisory stress testing, EBA/GL/2014/13, Consolidated version, 19. Juli 2018, S. 83 f.

8.2 Bestandteile der Erlösquotensammlung

Neben den Erlösen aus der Abwicklung von Kreditengagements sollen nach den Vorgaben der 137
deutschen Aufsicht zumindest die zugehörigen historischen Werte der Kreditsicherheiten erfasst
werden. Andernfalls wäre ein Backtesting auch nicht möglich. Da die deutsche Aufsicht in erster
Linie auf die Sicherheitenwerte abstellt, sollten zunächst jene Erlöse erfasst werden, die allein auf
die Verwertung dieser Sicherheiten zurückzuführen sind. Nicht in jedem Fall endet die Geschäftsbeziehung zu einem Kreditnehmer, dessen Engagement sich in Abwicklung befindet, jedoch mit
der kompletten Einstellung seiner Zins- und Tilgungsleistungen. Manche Kreditnehmer leisten
auch weiterhin noch Zahlungen und reduzieren damit den ausstehenden Kreditbetrag. Für eine
möglichst korrekte Berechnung der Risikomargen im Kreditgeschäft sind diese Abwicklungserlöse
ebenfalls von großem Interesse. Insofern erscheint es ratsam, diese Beiträge ebenso zu erfassen.
Im Idealfall ist sogar eine separate Erfassung der verschiedenen Komponenten möglich. Damit
könnten die Daten aus der Erlösquotensammlung später flexibel ausgewertet und für verschiedene
Zwecke verwendet werden.

Die Werthaltigkeit und der rechtliche Bestand von Sicherheiten werden grundsätzlich vor der 138
Kreditvergabe überprüft (→ BTO 1.2.1 Tz. 3). Auf Basis dieser Überprüfung wird letztlich ermittelt, in
welchem Ausmaß eine Sicherheit zur Risikoreduzierung beitragen kann, was sich durch eine
entsprechende Senkung der Risikomarge direkt auf die Kreditkondition auswirkt. Insofern werden
die Werte der Sicherheiten bereits bei der Kreditgewährung ermittelt. Diese Werte entsprechen den
geforderten historischen Werten. Daneben sind die Werthaltigkeit und der rechtliche Bestand von
Sicherheiten im Rahmen der Kreditweiterbearbeitung in Abhängigkeit von der Sicherheitenart ab
einer vom Institut unter Risikogesichtspunkten festzulegenden Grenze in angemessenen Abständen
zu überprüfen (→ BTO 1.2.2 Tz. 3). Zudem sind außerordentliche Überprüfungen von Sicherheiten
zumindest dann unverzüglich durchzuführen, wenn dem Institut aus externen oder internen
Quellen Informationen bekannt werden, die auf eine wesentliche negative Änderung der Sicherheiten hindeuten (→ BTO 1.2.2 Tz. 4). In beiden Fällen kann es also vorkommen, dass der bisherige
Wert der Sicherheit neu festgesetzt wird. Insbesondere kann sich dieser Wert deutlich reduzieren.
Allein diese Erkenntnisse können einem Institut wichtige Impulse für den Bewertungsprozess von
Sicherheiten liefern und sollten insofern in geeigneter Weise für die zukünftigen Bewertungspro-
zesse nutzbar gemacht werden.

Allerdings wird es nicht in jedem Fall möglich sein, auf dieser Basis auch die Kreditkonditionen 139
anzupassen. Insbesondere besteht diese Möglichkeit i.d.R. nicht, solange die ursprünglich mit
dem Kreditnehmer vereinbarte Zinsfestschreibung noch Bestand hat. Deshalb empfiehlt es sich,
den bei der Kreditgewährung festgelegten Sicherheitenwert zumindest solange als historischen
Wert in der Erlösquotensammlung zu belassen, bis mit dem Kunden neue Konditionen vereinbart
werden und sich die zwischenzeitlichen Erkenntnisse zum Wert der Sicherheiten auch in der
Risikomarge widerspiegeln. Zu diesem Zeitpunkt könnte der bisherige historische Wert vermutlich durch den neuen Sicherheitenwert überschrieben werden, weil der alte Wert für das Backtesting keine Rolle mehr spielt.

8.3 Berücksichtigung bei der Risikosteuerung

Die Erkenntnisse aus der Erlösquotensammlung sind bei der Steuerung der Adressenausfallrisiken 140
angemessen zu berücksichtigen. Die Bedeutung der Sicherheitenwerte erschließt sich aus der
Berechnung des erwarteten Verlustes im Kreditgeschäft als Produkt aus der geschätzten Ausfallwahrscheinlichkeit (»Probability of Default«, PD), der Verlustquote bei Ausfall (»Loss Given

Default«, LGD) und der Forderungshöhe bei Ausfall (»Exposure at Default«, EAD). Unter der Verlustquote bei Ausfall wird gemäß Art. 4 Abs. 1 Nr. 55 CRR die Höhe des Verlustes an fälligen Risikopositionen bei Ausfall der Gegenpartei, gemessen am Betrag der zum Zeitpunkt des Ausfalls ausstehenden Risikopositionen, verstanden. Die Höhe des tatsächlichen Verlustes hängt für ein Institut bei ansonsten gleichen Bedingungen insofern stark von der Verwertbarkeit und der Werthaltigkeit eventuell vorhandener Sicherheiten ab.

141   Werden diese Werte falsch eingeschätzt, wirkt sich dies auf nahezu alle Risikosteuerungs- und -controllingprozesse aus. Insbesondere könnte sich die Festlegung der kreditnehmerbezogenen Limite als nicht risikoadäquat erweisen. Ein wirksames Backtesting der Sicherheitenwerte kann hingegen u. a. dazu genutzt werden, die eigenen LGD-Schätzungen bei Verwendung interner Modelle, die Berechnung der Risikomargen für die Konditionengestaltung (→ BTO 1.2 Tz. 7) sowie die Bildung einer angemessenen Risikovorsorge (→ BTO 1.2.6 Tz. 1 und 2) zu plausibilisieren.

142   Seit der fünften MaRisk-Novelle haben die Institute auch eine angemessene Erfassung von Schadensfällen im Bereich der operationellen Risiken sicherzustellen. Größere Institute müssen dafür eine Ereignisdatenbank für Schadensfälle einrichten, bei der die vollständige Erfassung aller Schadensereignisse oberhalb angemessener Schwellenwerte sichergestellt ist (→ BTR 4 Tz. 3, Erläuterung). Da die statistische Verwertbarkeit derartiger Daten vor allem von einer hinreichend großen Grundgesamtheit abhängig ist, tauschen diverse Institute seit Jahren ihre gesammelten Erkenntnisse zu Schadensfällen untereinander aus. Zu nennen sind vor allem das »Datenkonsortium zu operationellen Risiken (DakOR)«[84] und das Konsortium der »Operational Riskdata eXchange Association (ORX)«.[85] Es ist durchaus denkbar, dass ähnliche Initiativen auch zur Verbesserung der Datenbasis von Erlösquotensammlungen ergriffen werden.[86]

---

84 Nähere Informationen unter www.dakor.org.

85 Nähere Informationen unter www.orx.org.

86 In der Sparkassen-Finanzgruppe kann in dieser Hinsicht bereits auf die Unterstützung der Finanz Informatik GmbH & Co. KG und der S Rating und Risikosysteme GmbH zurückgegriffen werden. Vgl. Deutscher Sparkassen- und Giroverband, Mindestanforderungen an das Risikomanagement – Interpretationsleitfaden, Version 6, 6. April 2018, S. 307 f.

BTR 2 Marktpreisrisiken

1 Einführung und Überblick

1.1 Bedeutung der Marktpreisrisiken

Marktpreisrisiken sind grundsätzlich als wesentliche Risiken einzustufen ($\rightarrow$ AT 2.2 Tz. 1). Dies betrifft sowohl Institute mit aktivem Eigenhandel, die gemäß CRR als »Handelsbuchinstitute« gelten[1], als auch Institute, die ihre Marktpreisrisikopositionen im Wesentlichen über das Anlagebuch begründen.[2] Dabei sind nicht nur Handelsgeschäfte des Anlagebuches, sondern auch Nichthandelsgeschäfte, wie z. B. Forderungen und Verbindlichkeiten, hinsichtlich ihrer Marktpreisrisiken zu analysieren. Zu den Marktpreisrisiken gehören explizit die Zinsänderungsrisiken des Anlagebuches ($\rightarrow$ BTR 2.1 Tz. 1, Erläuterung), die in Abhängigkeit vom jeweiligen Zinsumfeld und Geschäftsmodell eine entscheidende Rolle beim Risikomanagement spielen können.

1

---

[1] Gemäß Art. 4 Abs. 1 Nr. 86 CRR gehören zum »Handelsbuch« alle Positionen in Finanzinstrumenten und Waren, die ein Institut entweder mit Handelsabsicht oder zur Absicherung anderer mit Handelsabsicht gehaltener Positionen des Handelsbuchs hält.

[2] Das Anlagebuch ergibt sich implizit aus der Abgrenzung zum Handelsbuchbegriff.

BTR 2 Marktpreisrisiken

2   Die Bedeutung der Marktpreisrisiken hängt daher u. a. davon ab, in welchem Umfang ein Institut Geschäfte »mit Handelsabsicht« betreibt[3], d. h. welches Volumen das »Handelsbuch« dieses Institutes ausmacht.[4] Da der Geschäftserfolg der Handelsaktivitäten vor allem mit der Kurs- oder Preisentwicklung der Positionen des Handelsbuches verbunden ist, sind die Marktpreisrisiken eng an die Volatilität dieser Kurse bzw. Preise gekoppelt und können in Abhängigkeit von der Art, dem Umfang und der Komplexität der Handelsaktivitäten eine entsprechende Bedeutung für das Risikomanagement haben. Bei Handelsbuchinstuten werden deutlich höhere Anforderungen an die Risikosteuerungs- und -controllingprozesse gestellt, da sich die mit den Handelsgeschäften verbundenen Verlustpotenziale unmittelbar auf die Ertragslage eines Institutes auswirken können.

3   Für die Positionen des Anlagebuches spielen vor allem die Zinsänderungsrisiken eine wesentliche Rolle. Das gilt insbesondere dann, wenn ein Institut in großem Umfang »Fristentransformationen« betreibt, d. h. Festzinskredite für einen längeren Zeitraum ausreicht und sich im Gegenzug mit kürzeren Laufzeiten günstiger refinanziert. Auf diese Weise können durch Ausnutzung der Unterschiede zwischen kurz- und langfristigen Zinssätzen oder eine aus Sicht des Institutes prognostizierte günstige Zinsentwicklung zusätzliche Erträge generiert werden. Über eine kürzer laufende Refinanzierung wird ein Institut also vornehmlich dann nachdenken, wenn die Zinsstrukturkurve eine normale Struktur aufweist und nicht allzu flach ist oder auf (weiter) fallende Zinsen spekuliert wird. Die daraus resultierenden Zinsänderungsrisiken sind neben der Entwicklung der Zinsstrukturkurve vom Umfang der jeweiligen offenen Positionen des Zinsbuches eines Institutes abhängig. Sofern die Zinsentwicklung falsch eingeschätzt wird, kann sich der Refinanzierungszins zum Zeitpunkt der neuerlichen Mittelaufnahme auch verteuert haben und im Extremfall sogar über dem vereinbarten Festzins der betroffenen Kreditverträge liegen, woraus für das Institut folglich Verluste resultieren. Aufgrund der teilweise sehr langen Zinsbindungsfristen auf der Aktivseite sind die tatsächlichen Auswirkungen derartiger Zinsänderungen in der Gewinn- und Verlustrechnung (GuV) häufig erst nach einem längeren Zeitraum sichtbar. Aus diesem Grund müssen die Auswirkungen auch über den Bilanzstichtag hinaus betrachtet werden (→ BTR 2.3 Tz. 6). In der Fachliteratur wird diese Komponente des Festzinsrisikos auch als »Fristenablaufrisiko« bezeichnet.

4   Das in Europa seit einigen Jahren und auf absehbare Zeit noch anhaltende »Niedrigzinsumfeld« führt zu steigenden Zinsänderungsrisiken, wovon besonders Institute betroffen sind, deren Geschäftsmodell stark von der Entwicklung des Zinsgeschäftes abhängt. So entsprach das Zinsergebnis zwischen 1975 und 2002 im Schnitt in den Sparkassen 88 % sowie in den Kreditgenossenschaften 87 % der Bruttoertragsspanne. In diesem Zeitraum betrug der Korrelationskoeffizient zwischen dem Return on Equity (RoE) und der Bruttozinsspanne bei den Sparkassen durchschnittlich 94 % und bei den Kreditgenossenschaften sogar 96 %.[5] Solche Institute müssen also zur Sicherung bzw. Steigerung ihrer Erträge insbesondere Zinsüberschüsse erwirtschaften, die sich aus jedem zinssensitiven Kredit- oder Einlagengeschäft generieren lassen und grundsätzlich als Differenz aus Zinserträgen und Zinsaufwendungen errechnet werden. Niedrige Zinsen und eine flache Zinsstrukturkurve reduzieren tendenziell die Zinsmargen und damit die Profitabilität dieser

---

3   Nach Art. 4 Abs. 1 Nr. 85 CRR gehören zu den Positionen, die »mit Handelsabsicht« gehalten werden, Eigenhandelspositionen und Positionen, die sich aus Kundenbetreuung und Marktpflege ergeben, Positionen, die zum kurzfristigen Wiederverkauf gehalten werden, sowie Positionen, bei denen die Absicht besteht, aus bestehenden oder erwarteten kurzfristigen Kursunterschieden zwischen Ankaufs- und Verkaufskurs oder aus anderen Kurs- oder Zinsschwankungen Profit zu ziehen.

4   Ein Institut kann der Bagatellregelung in Art. 94 Abs. 1 Satz 1 CRR zufolge trotz eines grundsätzlich vorhandenen Handelsbuches auch von der Qualifikation als »Handelsbuchinstitut« freigestellt werden, wenn der Umfang seiner bilanz- und außerbilanzmäßigen Handelsbuchtätigkeit i. d. R. unter 5 % der Gesamtaktiva und unter 15 Mio. Euro liegt und zu keiner Zeit 6 % der Gesamtaktiva und 20 Mio. Euro übersteigt. Dabei muss gemäß Art. 94 Abs. 2 CRR für Schuldtitel der Marktpreis oder Nennwert und für Aktien der Marktpreis angesetzt werden. Derivate werden entsprechend dem Nennwert oder Marktpreis der ihnen zugrundeliegenden Instrumente bewertet. Der absolute Wert von Kaufpositionen und der absolute Wert von Verkaufspositionen werden addiert.

5   Vgl. Brehme, Annett/Neubert, Boris, Strategien zur Immunisierung der Zinsspanne in einer wertorientierten Zinsbuchsteuerung, Reihe zeb/Themen, Münster, Januar 2006, S. 2.

Institute, womit gleichzeitig ihre Möglichkeiten zur Eigenkapitalerhöhung eingeschränkt werden. Die »Zinsrisikokoeffizienten« dieser Institute steigen seit mehreren Jahren an, was erhöhte Zinsänderungsrisiken signalisiert.[6] Der Zinsrisikokoeffizient entspricht der jeweiligen Barwertänderung der Geschäfte des Anlagebuches (»Zinsbuchbarwert«) im Verhältnis zu den regulatorischen Eigenmitteln des Institutes bei einem vorgegebenen »Standardzinsschock« (→ BTR 2.3 Tz. 6). Dabei handelt es sich um eine abrupte Parallelverschiebung der Zinsstrukturkurve um 200 Basispunkte nach oben (Szenario 1) und unten (Szenario 2).[7] Bei andauernder Niedrigzinsphase mit konstanten Zinsen wird für kleinere und mittlere Institute ein weiterer Rückgang der Gesamtkapitalrentabilität bis zum Jahr 2021 um etwa 40 % erwartet, was vor allem auf die geringeren Margen auf der Passivseite (z. B. für Spar- und Sichteinlagen) zurückzuführen ist. Bei einem Zinsanstieg wäre hingegen kurzfristig zwar mit Gewinneinbrüchen aufgrund von Wertberichtigungen zu rechnen, die mittel- bis langfristig aber wieder ausgeglichen werden könnten.[8] Da sich die Zinsmargen der Institute auf diese Weise wieder vergrößern, würden die Zinsänderungsrisiken reduziert. Zudem würden die Erträge aus Neukrediten mit höheren Zinssätzen relativ zu den Kosten für Kundeneinlagen zunehmen.[9]

Schließlich wird die Bedeutung der Zinsänderungsrisiken aus den damit verbundenen Nebeneffekten deutlich. Das aktuelle Niedrigzinsumfeld setzt tendenziell Anreize zu einer erhöhten Risikoübernahme, was als »Risikoneigungskanal der Geldpolitik« bezeichnet wird. Einerseits steigt verständlicherweise der Anteil von Krediten mit langen Zinsbindungsfristen, weil die Kreditnehmer von den günstigen Zinsen profitieren möchten. Andererseits hat sich auch der Anteil kurzfristiger Refinanzierungsformen an der gesamten Refinanzierung der Institute erhöht. Dies ist vornehmlich darauf zurückzuführen, dass Krediten mit längeren Laufzeiten gerade bei kleineren, regional tätigen Instituten zum Teil Kundeneinlagen mit kürzeren Laufzeiten gegenüberstehen. Insofern würde ein rascher Zinsanstieg zu einer Erhöhung der Refinanzierungskosten führen.[10] Erschwerend kommt hinzu, dass die Privatkunden von ihrer Hausbank zumindest erwarten, für ihre Einlagen keine Kosten tragen zu müssen. Daher werden Einlagekonten nach wie vor gebührenfrei geführt bzw. sogar mit einem Zinssatz nahe null vergütet, obwohl die Institute selbst für die Einlagefazilität (»Deposit Facility«) bei der Zentralbank derzeit 0,40 % bezahlen müssen. Die daraus resultierende negative Zinsmarge, die durch die regulatorischen Liquiditätsanforderungen und Verbraucherschutzaspekte nicht gerade abgefedert wird, ist auf Dauer insbesondere für die einlagenstarken Institute eine erhebliche Belastung. Gleichzeitig wird die Renditesituation der Institute von den Aufsichtsbehörden kritisch beleuchtet.

5

Vor diesem Hintergrund besteht die Befürchtung, dass die Institute in Ermangelung anderer Ertragsquellen ihre Kreditvergabestandards lockern könnten. Dies wäre tendenziell mit einer Erhöhung der Adressenausfallrisiken verbunden. Insbesondere besteht dann die Gefahr, dass Kreditnehmer bei einer Anschlussfinanzierung zu deutlich höheren Zinsen ihren vereinbarten Kapitaldienst nicht mehr (vollständig) erbringen können. Der Gesetzgeber hat verschiedene Vorgaben gemacht, die bereits bei der Kreditvergabe mit Blick auf die gesamte Laufzeit des Darlehens berücksichtigt werden müssen und derartige Verwerfungen verhindern sollen, wie z. B. in § 18a KWG zum Verbraucherdarlehensvertrag oder in der ergänzenden Immobiliar-Kreditwürdigkeitsprüfungsleitlinien-Verordnung (ImmoKWPLV), nach der u. a. ein potenzieller Anstieg des

6

---

6 Vgl. Sachverständigenrat zur Begutachtung der gesamtwirtschaftlichen Entwicklung, Für eine zukunftsorientierte Wirtschaftspolitik, Jahresgutachten 2017/18, 8. November 2017, S. 179 ff.

7 Vgl. Bundesanstalt für Finanzdienstleistungsaufsicht, Zinsänderungsrisiken im Anlagebuch, Rundschreiben 07/2018 (BA) vom 24. Mai 2018, S. 3 f.

8 Vgl. Bundesanstalt für Finanzdienstleistungsaufsicht/Deutsche Bundesbank, Ergebnisse der Niedrigzinsumfrage 2017, Gemeinsame Pressenotiz vom 30. August 2017.

9 Vgl. Sachverständigenrat zur Begutachtung der gesamtwirtschaftlichen Entwicklung, Für eine zukunftsorientierte Wirtschaftspolitik, Jahresgutachten 2017/18, 8. November 2017, S. 184.

10 Vgl. Sachverständigenrat zur Begutachtung der gesamtwirtschaftlichen Entwicklung, Für eine zukunftsorientierte Wirtschaftspolitik, Jahresgutachten 2017/18, 8. November 2017, S. 233 ff.

Sollzinssatzes bereits bei der Kreditvergabe ausreichend zu berücksichtigen ist (→ BTO 1.2.1 Tz. 2). Steigende Zinsen können insofern auch zu einem Anstieg notleidender Kredite führen. Zusätzlich besteht vor allem bei langanhaltenden Niedrigzinsen die Gefahr, dass schwach kapitalisierte Institute Kredite immer wieder verlängern anstelle sie abzuschreiben.[11]

1.2 Definition und Arten von Marktpreisrisiken

7 Unter dem Marktpreisrisiko wird grundsätzlich »das Risiko potenzieller Verluste bilanzwirksamer und außerbilanzieller Positionen aufgrund von Veränderungen der Marktpreise«[12] bzw. von Marktpreisschwankungen (z.B. bei Aktienkursen, Zinssätzen oder Wechselkursen) verstanden. Insofern besteht das Marktpreisrisiko in der potenziellen negativen Veränderung der jeweiligen Positionswerte.

8 Marktpreisrisiken im Sinne der MaRisk sind (→ BTR 2.1 Tz. 1, Erläuterung):
- Kursrisiken,
- Zinsänderungsrisiken,
- Währungsrisiken sowie
- Marktpreisrisiken aus Warengeschäften.

9 Zu letztgenannter Risikokategorie, die sich in der Vergangenheit vorrangig auf Rohwaren- und Edelmetallgeschäfte bezog, gehören ausdrücklich auch Stromderivate und CO_2-Emissionszertifikate. Marktpreisrisiken aus dem traditionellen Warengeschäft von gemischtwirtschaftlichen Kreditgenossenschaften sind bei den Risikosteuerungs- und -controllingprozessen zwar nicht zu berücksichtigen (→ BTR 2.1 Tz. 1, Erläuterung). Allerdings muss geprüft werden, ob in Abhängigkeit von Art, Umfang und Risikogehalt dieser Geschäftsaktivitäten eine sinngemäße Umsetzung der organisatorischen Anforderungen für das Handelsgeschäft erfolgen sollte (→ AT 2.3 Tz. 3, Erläuterung).

10 Optionspreisrisiken werden als Ausprägung der Marktpreisrisiken von der deutschen Aufsicht an dieser Stelle nicht explizit aufgeführt, weil sie im Zusammenhang mit den Verfahren zur Beurteilung der Zinsänderungsrisiken des Anlagebuches behandelt werden. So müssen die wesentlichen Ausprägungen der Zinsänderungsrisiken erfasst werden (→ BTR 2.3 Tz. 5). Dabei sind Positionen mit unbestimmter Kapital- oder Zinsbindung, wie z.B. Kündigungsrechte des Kunden, Sondertilgungsoptionen oder Rückzahlungsoptionen, in geeigneter Weise zu berücksichtigen (→ BTR 2.3 Tz. 7).

11 Von der EBA wird eine Reihe von Unterkategorien innerhalb der genannten Risikokategorien angegeben, die von den zuständigen Behörden beim SREP zu berücksichtigen sind. Bei den Marktpreisrisiken werden Positionsrisiken (als Oberbegriff für allgemeine und spezifische Risiken), Fremdwährungsrisiken, Warenpositionsrisiken, Risiken einer Anpassung der Kreditbewertung (CVA-Risiken) sowie nur in Bezug auf das Anlagebuch Credit-Spread-Risiken aus zum beizulegenden Zeitwert bewerteten Positionen und Risiken aus Beteiligungspositionen genannt.[13] Die relevanten Unterkategorien der Zinsänderungsrisiken im Anlagebuch sind Gap-Risiken, Basisrisiken und Optionsrisiken.[14] Die EZB nennt im Zusammenhang mit den Marktpreisrisiken

---

11 Vgl. Sachverständigenrat zur Begutachtung der gesamtwirtschaftlichen Entwicklung, Für eine zukunftsorientierte Wirtschaftspolitik, Jahresgutachten 2017/18, 8. November 2017, S. 179 ff.

12 Caps, Oliver/Tretter, Tobias, MaH aus Sicht der Marktpreisrisikosteuerung, in: Finanz Colloquium Heidelberg (Hrsg.), Einhaltung der MaH, Heidelberg, 2004, S. 125.

13 Vgl. European Banking Authority, Guidelines on common procedures and methodologies for the supervisory review and evaluation process (SREP) and supervisory stress testing, EBA/GL/2014/13, Consolidated version, 19. Juli 2018, S. 93.

14 Vgl. European Banking Authority, Guidelines on common procedures and methodologies for the supervisory review and evaluation process (SREP) and supervisory stress testing, EBA/GL/2014/13, Consolidated version, 19. Juli 2018, S. 119 f.

die Credit-Spread-Risiken und die (strukturellen) Fremdwährungsrisiken sowie in Bezug auf die Zinsänderungsrisiken im Anlagebuch die Optionsrisiken.[15]

Die Kursrisiken im Sinne der MaRisk und die Positionsrisiken im Sinne der CRR bzw. der **12** EBA-Leitlinien zum SREP unterscheiden sich nur hinsichtlich ihrer Bezeichnung. Als maßgebliche Komponenten der Zinsänderungsrisiken im Anlagebuch stellt auch die Behandlung von Gap-Risiken, Basisrisiken und Optionsrisiken keine Abweichung zwischen den maßgeblichen Regelwerken dar. Wie es sich mit den Risiken einer Anpassung der Kreditbewertung (CVA-Risiken) verhält, ist noch offen, weil die weitere Behandlung in der zweiten Säule davon abhängig gemacht werden soll, welche Standards sich diesbezüglich auf internationaler Ebene herausbilden. Die Credit-Spread-Risiken werden im Rahmen des Risikotragfähigkeitskonzeptes berücksichtigt (→ AT 4.1 Tz. 1), ebenso wie die Risiken aus Beteiligungspositionen, für deren Behandlung im Kreditgeschäft zudem organisatorische Erleichterungen eingeräumt werden (→ BTO 1 Tz. 1).

1.2.1 Kurs- und Positionsrisiken

Hinsichtlich der Behandlung von Marktpreisrisiken wird bei zins- und aktienkursbezogenen **13** Positionen zwischen dem allgemeinen (systematischen) und dem spezifischen (unsystematischen) Risiko unterschieden.[16] Das allgemeine Risiko bezieht sich auf so genannte »marktinduzierte« Wertänderungen der Positionen. Als ursächlich dafür werden Marktbewegungen in ihrer Gesamtheit gesehen, also z. B. die Entwicklung der Wertpapierkurse, Zinsen oder Wechselkurse.[17] Das spezifische Risiko bezieht sich hingegen auf so genannte »bonitätsinduzierte« Wertänderungen einzelner Positionen, die unabhängig von allgemeinen Marktbewegungen sind und z. B. als potenzielle Änderungen von Bonitätsspreads in Erscheinung treten können. Damit werden u. a. die Auswirkungen negativer Entwicklungen der Bonität des Emittenten eines Wertpapieres zum Ausdruck gebracht, die sich in einem Aufschlag auf den risikolosen Zins niederschlagen. Definitorisch stellt das spezifische Risiko das Verlustrisiko dar, das sich aufgrund jeder Abweichung der relativen oder absoluten Änderungen der Kurse von zins- und aktienkursbezogenen Finanzinstrumenten von den relativen oder absoluten Änderungen der zugehörigen allgemeinen Marktindizes – als Risikofaktoren des allgemeinen Risikos – ergibt.[18]

Aus bankaufsichtlicher Sicht kann das spezifische Risiko weiter unterteilt werden in das Resi- **14** dualrisiko und das Ereignisrisiko (Eventrisiko). Das Residualrisiko bezeichnet das Risiko, dass sich der Positionswert auf verhältnismäßig kontinuierliche Weise mehr oder weniger stark ändert als der allgemeine Markt. Es drückt sich also in relativ gleichmäßigen Schwankungen der Marktpreise in Bezug auf die allgemeine Marktentwicklung aus und spiegelt sich in der Marktpreishistorie wider.[19] Das Ereignisrisiko bezeichnet hingegen das (vergleichsweise seltene) Risiko, dass sich der Positionswert im Verhältnis zur allgemeinen Marktentwicklung abrupt und in einem Ausmaß verändert, das die kontinuierlich sich realisierenden Wertänderungen deutlich übersteigt. Entsprechend schwierig gestaltet sich seine Modellierung. Es bezieht sich insbesondere auf das

---

15 Vgl. Europäische Zentralbank, Aufsichtliche Erwartungen an ICAAP und ILAAP sowie harmonisierte Erhebung von ICAAP- und ILAAP-Informationen, Schreiben von Daniele Nouy an die Geschäftsleitung bedeutender Banken vom 8. Januar 2016, Anhang A, S. 3.

16 Gemäß Art. 326 CRR entsprechen die Eigenmittelanforderungen des Institutes für das Positionsrisiko der Summe der Eigenmittelanforderungen für das allgemeine und das spezifische Risiko seiner Positionen in Schuldtiteln (inklusive Verbriefungspositionen im Handelsbuch) und Aktieninstrumenten.

17 Vgl. Schulte-Mattler, Herrmann/Gaumert, Uwe, Value-at-Risk – Ein modernes Instrument für die Steuerung der Preisrisiken des Bankbetriebs, in: Becker, Axel/Gruber, Walter/Wohlert, Dirk (Hrsg.), Handbuch MaRisk, Frankfurt a. M., 2006, S. 210.

18 Vgl. Bundesaufsichtsamt für das Kreditwesen, Rundschreiben 1/2001 über die Modellierung des besonderen Kursrisikos im Grundsatz I vom 22. Januar 2001, S. 2.

19 Vgl. Caps, Oliver/Tretter, Tobias, MaH aus Sicht der Marktpreisrisikosteuerung, in: Finanz Colloquium Heidelberg (Hrsg.), Einhaltung der MaH, Heidelberg, 2004, S. 126.

zusätzliche Ausfall- und Migrationsrisiko, das gemäß Art. 372 CRR für die Zwecke der regulatorischen Eigenmittelanforderungen auch per internem Modell ermittelt werden kann (»Incremental Risk Charge«, IRC). Dazu gehören mögliche direkte Verluste aufgrund von internen/externen Ratingänderungen oder durch den Ausfall eines Schuldners sowie mögliche indirekte Verluste, die sich aus diesen Ereignissen ergeben können.[20] Deshalb wird auch von der im spezifischen Risiko enthaltenen Kreditrisikokomponente gesprochen.[21]

15   Mit Bezug auf das spezifische Risiko bestehen also gewisse Wechselwirkungen zu anderen Modulen der MaRisk. So kann z. B. auf eine gesonderte Limitierung der Adressenausfallrisiken des Emittenten verzichtet werden, soweit dem spezifischen Risiko des Emittenten im Rahmen der Limitierung der Marktpreisrisiken auf Basis geeigneter Verfahren angemessen Rechnung getragen wird (→ BTR 1 Tz. 4, Erläuterung). Interne Risikomodelle, die lediglich Residualrisiken im Aktien- bzw. Zinsbereich nach bankaufsichtlicher Beurteilung adäquat erfassen und Ereignisrisiken nicht berücksichtigen, werden als »Surcharge-Modelle« bezeichnet, da sie zwar grundsätzlich für die Modellierung des spezifischen Risikos in Betracht kommen, der Nichtberücksichtigung von Ereignisrisiken jedoch mit einem Aufschlag (»Surcharge«) auf den ermittelten potenziellen Risikobetrag zur Ermittlung der erforderlichen Eigenmittelunterlegung Genüge getan wird. Bei Risikomodellen, die Residual- und Ereignisrisiken adäquat erfassen und folglich »Non-Surcharge-Modelle« genannt werden, entfällt dieser Aufschlag.[22] »Surcharge-Modelle« dürfen für bankaufsichtliche Zwecke allerdings nicht mehr verwendet werden. Nunmehr müssen Institute, die ihre Eigenkapitalanforderungen für Marktpreisrisiken des Handelsbuches mit Hilfe interner Modelle berechnen, dabei zwingend auch das Ereignisrisiko erfassen.

16   Werden die Residual- und Ereignisrisiken sogar separat berechnet, ist eine noch feiner gegliederte Vorgehensweise möglich, indem das Residualrisiko den besonderen Anforderungen an die Marktpreisrisiken unterliegt (→ BTR 2) und das Ereignisrisiko als Adressenausfallrisiko behandelt wird (→ BTR 1). Grundsätzlich ist das spezifische Risiko des Emittenten insbesondere dann bei der Adressenausfallrisikosteuerung zu berücksichtigen, wenn dies nicht im Rahmen der Limitierung der Marktpreisrisiken geschieht. Marktbezogene Risiken, die aus der Veränderung der Bonität einer Adresse resultieren, wie z. B. das spezifische Risiko eines Emittenten bzw. potenzielle Änderungen von Bonitätsspreads, oder die auf Marktliquidität zurückzuführen sind, müssen in jedem Fall in angemessener Weise im Rahmen der Risikosteuerungs- und -controllingprozesse berücksichtigt werden (→ BTR 2.1 Tz. 1, Erläuterung).

---

20 Vgl. Basel Committee on Banking Supervision, Guidelines for computing capital for incremental risk in the trading book, BCBS 159, 13. Juli 2009, S. 3.

21 Vgl. Bundesaufsichtsamt für das Kreditwesen, Rundschreiben 1/2001 über die Modellierung des besonderen Kursrisikos im Grundsatz I vom 22. Januar 2001, S. 2.

22 Vgl. Bundesaufsichtsamt für das Kreditwesen, Rundschreiben 1/2001 über die Modellierung des besonderen Kursrisikos im Grundsatz I vom 22. Januar 2001, S. 3.

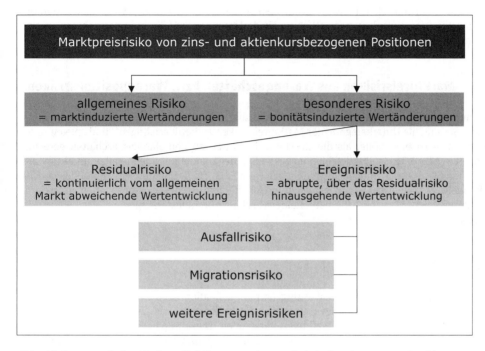

Abb. 66: Systematik der Marktpreisrisiken von zins- und aktienkursbezogenen Positionen

1.2.2 (Fremd-)Währungsrisiken

Das »Fremdwährungsrisiko«, »Währungsrisiko« oder »Wechselkursrisiko« (»FX Risk«) bezeichnet **17**
das Risiko, dass aus einer Veränderung der Wechselkurse für das Institut Verluste entstehen.
Dieses Risiko hat also vor allem dann eine Bedeutung für das Institut, wenn wesentliche Geschäftsaktivitäten bei einer ungünstigen Veränderung bestimmter Wechselkurse ggf. unrentabel werden
oder sogar scheitern könnten. Insofern besteht auch ein Zusammenhang zum »Fremdwährungskreditrisiko« (»FX Lending Risk«), das als Unterkategorie des Adressenausfallrisikos immer dann
vorliegt, wenn Fremdwährungskredite an »nicht abgesicherte Kreditnehmer« vergeben werden.
Die zuständigen Behörden sollten deshalb im Rahmen des SREP auch bewerten, ob sich Wechselkurse überproportional auf das Fremdwährungskreditrisiko auswirken können. Dabei sollten sie
u. a. die Art der Wechselkurspolitik und ihre mögliche Auswirkung auf Veränderungen des
Wechselkurses zwischen der Landeswährung und Fremdwährungen, die Sensitivität der Auswirkung von Wechselkursschwankungen auf die Bonitätseinstufung der Kreditnehmer und die
mögliche Konzentration des Kreditgeschäftes auf eine einzelne Fremdwährung oder auf eine
begrenzte Anzahl von Fremdwährungen mit hoher Korrelation berücksichtigen.[23]

---

23 Vgl. European Banking Authority, Guidelines on common procedures and methodologies for the supervisory review and
evaluation process (SREP) and supervisory stress testing, EBA/GL/2014/13, Consolidated version, 19. Juli 2018, S. 80 f.

BTR 2 Marktpreisrisiken

18 Unter dem »strukturellen Fremdwährungsrisiko« (»Structural FX Risk«) wird das Risiko infolge des Einsatzes von Eigenkapital in Offshore-Niederlassungen und Tochterunternehmen in einer Währung verstanden, die nicht der Berichtswährung des Mutterunternehmens entspricht.[24]

1.2.3 Marktpreisrisiken aus Warengeschäften bzw. Warenpositionsrisiken

19 Warenpositionsrisiken bezeichnen die aus Änderungen der Warenpreise resultierenden Verlustrisiken. Sie sind als Unterkategorie der Marktpreisrisiken zu berücksichtigen[25] und spielen in den MaRisk insofern eine Rolle, als die Geschäfte in Waren zu den Handelsgeschäften gerechnet werden (→ AT 2.3 Tz. 3). Dazu zählen insbesondere der Handel mit Edelmetallen und Rohwaren sowie der CO_2-Handel und der Stromhandel (→ AT 2.3 Tz. 3, Erläuterung). Mit Blick auf das traditionelle Warengeschäft von gemischtwirtschaftlichen Kreditgenossenschaften müssen die organisatorischen Vorgaben für das Handelsgeschäft zumindest sinngemäß beachtet werden (→ AT 2.3 Tz. 3, Erläuterung).

1.2.4 CVA-Risiken

20 Unter der Anpassung der Kreditbewertung (»Credit Valuation Adjustment«, CVA) wird gemäß Art. 381 CRR die Anpassung der Bewertung eines Portfolios von Geschäften mit einer Gegenpartei an die Bewertung zum mittleren Marktwert verstanden. Diese Anpassung spiegelt aus Sicht des Institutes also den Marktwert des Kontrahentenausfallrisikos wider. Insofern besteht das CVA-Risiko in der Gefahr, aus dem Unterschied zwischen dem Marktwert eines risikolosen Portfolios und dem Marktwert eines identischen Portfolios unter Berücksichtigung des Kontahentenausfallrisikos einen Verlust zu erleiden. Die regulatorischen Eigenmittelanforderungen für das CVA-Risiko sind in Art. 381 bis 386 CRR geregelt.

21 Das CVA-Risiko muss laut Art. 382 CRR für alle OTC-Derivate (ggf. unter Berücksichtigung von Wertpapierfinanzierungsgeschäften) berechnet werden. Ausgenommen davon sind Kreditderivate, die anerkanntermaßen die risikogewichteten Positionsbeträge für das Kreditrisiko verringern, Geschäfte mit einer qualifizierten zentralen Gegenpartei und Geschäfte eines Kunden mit einem Clearingmitglied, bei denen das Clearingmitglied als Vermittler zwischen dem Kunden und einer qualifizierten zentralen Gegenpartei auftritt und das Geschäft eine Handelsforderung des Clearingmitglieds gegenüber der qualifizierten zentralen Gegenpartei begründet, sowie weitere Geschäfte, die in Art. 382 Abs. 4 CRR explizit genannt sind.

22 Im Februar 2015 hat sich die EBA zu verschiedenen Aspekten der Eigenmittelanforderungen für das CVA-Risiko geäußert.[26] Da aus ihrer Sicht auch das CVA-Risiko erheblich sein kann, das durch die von den Anforderungen der CRR ausgenommenen Gegenparteien erzeugt wird, hat die EBA eine jährliche Überwachung der Auswirkungen dieser Transaktionen und eine Berücksichtigung übermäßiger CVA-Risiken im Rahmen des SREP empfohlen. Gleichzeitig hat sie die Konsultation entsprechender Leitlinien angekündigt. Außerdem sollte das CVA-Risiko nach Einschätzung der EBA als eigenständige Risikokategorie in das Marktrisikorahmenwerk überführt und als Fair-Value-Anpassung vorbehaltlich vorsichtiger Bewertungsanforderungen behandelt werden. Das

---

24 Vgl. European Banking Authority, Guidelines on common procedures and methodologies for the supervisory review and evaluation process (SREP) and supervisory stress testing, EBA/GL/2014/13, Consolidated version, 19. Juli 2018, S. 24.

25 Vgl. European Banking Authority, Guidelines on common procedures and methodologies for the supervisory review and evaluation process (SREP) and supervisory stress testing, EBA/GL/2014/13, Consolidated version, 19. Juli 2018, S. 93.

26 European Banking Authority, Opinion of the European Banking Authority on Credit Valuation Adjustment (CVA), EBA/Op/2015/02, 25. Februar 2015.

Rahmenwerk zur Behandlung des CVA-Risikos sollte für die aufsichtsrechtliche Behandlung überarbeitet werden, um die institutsinterne Praxis besser widerzuspiegeln. Die angekündigten Leitlinien zur Behandlung des CVA-Risikos im Rahmen des SREP wurden von der EBA im November 2015 zur Konsultation gestellt.[27] Seitdem liegen sie allerdings auf Eis.

Aufgrund der Weiterentwicklung des Rahmenwerkes zur Behandlung des CVA-Risikos auf **23** internationaler Ebene hat die EBA im Juni 2017 verlautbart, die Fertigstellung der Leitlinien bis auf weiteres auszusetzen. Stattdessen wollte sie die Auswirkungen der überarbeiteten internationalen Standards auf das CVA-Risiko, insbesondere auf den Umfang der freigestellten Transaktionen, nach deren Veröffentlichung bewerten. Die zuständigen Behörden sollten in der Zwischenzeit die Ergebnisse des jährlichen EBA-Monitorings zur Bewertung des CVA-Risikos gemäß den EBA-Leitlinien zum SREP verwenden. Ob die Leitlinien noch erforderlich sind, um eine größere Kohärenz bei geeigneten risikobasierten Aufsichtsmaßnahmen zu erreichen, ist offen.[28] Unabhängig davon hat die EBA die Überwachung der Auswirkungen von Transaktionen, die von den Anforderungen der CRR ausgenommen sind, fortgesetzt.[29]

Die zuständigen Behörden sollten im Rahmen des SREP in jedem Fall bewerten, ob der Umfang **24** der kreditrisikobezogenen Bewertungsanpassungen für die Qualität der Kreditrisikopositionen und für den Grad an Besicherung angemessen ist. Dafür sollten sie untersuchen, ob die kreditrisikobezogenen Bewertungsanpassungen an die Derivatemarktwerte die Bonität der betreffenden Gegenparteien widerspiegeln.[30]

1.2.5 Credit-Spread-Risiken

Der Credit-Spread ist ein Risikoaufschlag für kreditrisikobehaftete Positionen gegenüber einem **25** risikolosen und fristenkongruenten Zinssatz. Das »Credit-Spread-Risiko« wird als Risiko infolge der Änderung des Marktwertes von Schuldverschreibungen aufgrund von Schwankungen des Credit-Spreads definiert.[31] Das eigentliche Risiko besteht in einer Erhöhung dieses Risikoaufschlages. Da der Credit-Spread auch erwartete Migrationen enthält, sind Credit-Spread- und Migrationsrisiken im Rahmen der Risikomessung nicht völlig überschneidungsfrei bestimmbar.[32] Die Behandlung von Credit-Spread-Risiken erfolgt im Rahmen des Risikotragfähigkeitskonzeptes (→ AT4.1 Tz.1).

1.2.6 Beteiligungsrisiken

Hinter den Beteiligungsrisiken verbergen sich die Anteilseignerrisiken, d.h. die potenziellen **26** Verluste aus der Bereitstellung von Eigenkapital im Fall einer Verschlechterung des Beteiligungswertes. Auch Beteiligungsrisiken werden formal den Adressenausfallrisiken zugeordnet, da u.a. jede Entscheidung über Beteiligungen als Kreditentscheidung angesehen wird (→ AT2.3 Tz.2). Allerdings werden Beteiligungsrisiken aufgrund ihrer Besonderheiten prozessual in anderer Weise überwacht und gesteuert. Deshalb lässt die deutsche Aufsicht in diesem Fall eine sinngemäße

---

27 European Banking Authority, Guidelines on the treatment of CVA risk under the supervisory review and evaluation process (SREP), EBA/CP/2015/21, 12. November 2015.

28 Vgl. European Banking Authority, EBA 2015 CVA Risk Monitoring Exercise – Main Results, 21. Juni 2017, S. 3.

29 European Banking Authority, EBA 2016 CVA Risk Monitoring Exercise – Main Results, 4. Mai 2018.

30 Vgl. European Banking Authority, Guidelines on common procedures and methodologies for the supervisory review and evaluation process (SREP) and supervisory stress testing, EBA/GL/2014/13, Consolidated version, 19.Juli 2018, S.84.

31 Vgl. European Banking Authority, Guidelines on common procedures and methodologies for the supervisory review and evaluation process (SREP) and supervisory stress testing, EBA/GL/2014/13, Consolidated version, 19.Juli 2018, S.23.

32 Vgl. Bundesanstalt für Finanzdienstleistungsaufsicht/Deutsche Bundesbank, Aufsichtliche Beurteilung bankinterner Risikotragfähigkeitskonzepte und deren prozessualer Einbindung in die Gesamtbanksteuerung (»ICAAP«) – Neuausrichtung, Leitfaden vom 24. Mai 2018, S. 17.

BTR 2 Marktpreisrisiken

Umsetzung der Anforderungen an das Kreditgeschäft zu. Die konkreten Vorgaben unterscheiden sich mit steigenden Anforderungen zudem danach, ob es sich um Verbundbeteiligungen oder Pflichtbeteiligungen, strategische Beteiligungen oder kreditnahe bzw. kreditsubstituierende Beteiligungen handelt (→ BTO 1 Tz. 1). Die EBA stellt den zuständigen Behörden frei, ob die Beteiligungsrisiken bei der Bewertung der Adressenausfallrisiken oder der Marktpreisrisiken berücksichtigt werden.[33]

27   Beim Management von Beteiligungsrisiken sollten die Auswirkungen anderer Risiken berücksichtigt werden. Den Risiken aus finanziellen und nichtfinanziellen Beteiligungen, Tochtergesellschaften und sonstigen verbundenen Unternehmen liegen nach Einschätzung der EZB u.a. Unterstützungs- und Gruppenrisiken, Reputations- und operationelle Risiken sowie Risiken im Zusammenhang mit Patronatserklärungen zugrunde.[34]

1.2.7   Zinsänderungsrisiken

28   Unter dem »Zinsänderungsrisiko« (»Interest Rate Risk«, IRR) wird das bestehende oder künftige Risiko in Bezug auf die Erträge und Eigenmittel des Institutes infolge ungünstiger Änderungen der Zinssätze verstanden.[35] Das »Zinsänderungsrisiko im Anlagebuch« (»Interest Rate Risk in the Banking Book«, IRRBB) bezieht sich in diesem Zusammenhang auf jene Geschäfte, die nicht dem Handelsbuch zugeordnet sind.

29   Das »Gap-Risiko« ist das Risiko aus der Laufzeitstruktur zinssensitiver Instrumente, das sich aus zeitlichen Unterschieden bei der Zinsänderung ergibt und Änderungen der Laufzeitstruktur von Zinssätzen über die gesamte Zinskurve hinweg (paralleles Risiko) oder differenziert nach Perioden (nicht-paralleles Risiko) umfasst. Das »Basisrisiko« ist das Risiko, das sich aus der Auswirkung relativer Zinsänderungen auf zinssensitive Instrumente ergibt, die ähnliche Laufzeiten haben, aber mit unterschiedlichen Zinsindizes bewertet werden. Es ergibt sich aus der nicht perfekten Korrelation bei der Anpassung der verdienten und der gezahlten Zinssätze verschiedener zinssensitiver Instrumente mit ansonsten ähnlichen Zinsänderungseigenschaften. Das »Optionsrisiko« ist das Risiko aus (eingebetteten und expliziten) Optionen, wobei das Institut oder sein Kunde die Höhe und den Zeitpunkt ihrer Cashflows ändern kann, nämlich das Risiko aus zinssensitiven Instrumenten, bei denen der Inhaber die Option mit großer Wahrscheinlichkeit ausüben wird, wenn es in seinem finanziellen Interesse liegt (eingebettete oder explizite automatische Optionen), und das Risiko aus der Flexibilität, die implizit oder innerhalb der Bedingungen von zinssensitiven Instrumenten eingebettet ist, so dass Änderungen der Zinssätze eine Änderung des Verhaltens des Kunden beeinflussen können (eingebettetes Verhaltens-Optionsrisiko).[36]

---

33 Vgl. European Banking Authority, Guidelines on common procedures and methodologies for the supervisory review and evaluation process (SREP) and supervisory stress testing, EBA/GL/2014/13, Consolidated version, 19. Juli 2018, S. 72.

34 Vgl. Europäische Zentralbank, Leitfaden der EZB für den bankinternen Prozess zur Sicherstellung einer angemessenen Kapitalausstattung (Internal Capital Adequacy Assessment Process – ICAAP), 9. November 2018, S. 29.

35 Vgl. European Banking Authority, Guidelines on common procedures and methodologies for the supervisory review and evaluation process (SREP) and supervisory stress testing, EBA/GL/2014/13, Consolidated version, 19. Juli 2018, S. 23.

36 Vgl. European Banking Authority, Guidelines on common procedures and methodologies for the supervisory review and evaluation process (SREP) and supervisory stress testing, EBA/GL/2014/13, Consolidated version, 19. Juli 2018, S. 119 f.

1.3 Handelsbuch- und Anlagebuchpositionen

Die Zuordnungskriterien für bestimmte Positionen zum »Handelsbuch« ergeben sich, wenngleich sie institutsindividuell zu spezifizieren sind, grundsätzlich aus Art. 4 Abs. 1 Nr. 86 CRR.[37] Als zentrales Abgrenzungskriterium dient die so genannte »Handelsabsicht«, d.h. der Zweck, aus dem die jeweiligen Positionen (Finanzinstrumente und Waren) gehalten werden.[38] In Abgrenzung dazu bilden alle Geschäfte eines Institutes, die nicht dem Handelsbuch zuzurechnen sind, das so genannte »Anlagebuch«, das häufig auch als »Bankbuch« bezeichnet wird.[39] Hierzu zählen insbesondere das klassische Kreditgeschäft, Beteiligungen des Anlagevermögens und Wertpapiere der Liquiditätsreserve. **30**

Die Positionen des Handels- und des Anlagebuches werden regulatorisch verschieden behandelt. Während die mit Marktpreisrisiken behafteten Positionen des Handelsbuches z. B. täglich zu bewerten sind (→ BTR 2.2 Tz. 2), wird für das Anlagebuch grundsätzlich ein vierteljährlicher Turnus vorgegeben (→ BTR 2.3 Tz. 1), da diese Positionen i. d. R. für einen längeren Zeitraum gehalten werden. Für die Positionen des Anlagebuches werden also weniger strenge Anforderungen formuliert. Mit Blick auf die betroffenen Handelsgeschäfte wird damit dem Umstand Rechnung getragen, dass die jeweiligen Positionen eher aus strategischen Erwägungen heraus abgeschlossen und somit i. d. R. für einen längeren Zeitraum gehalten werden sollen. Insofern kann es unter Risikogesichtspunkten für ein Institut durchaus von Bedeutung sein, ob eine Position dem Handels- oder dem Anlagebuch zugeordnet werden muss. **31**

Allerdings werden die von der britischen Financial Services Authority (FSA)[40] angestoßenen und vom Baseler Ausschuss für Bankenaufsicht aufgegriffenen Überlegungen zur grundlegenden Überarbeitung der bankaufsichtlichen Vorschriften an Handelsaktivitäten (»Fundamental Review of the Trading Book«, FRTB)[41], die in der Fassung vom Januar 2016 im Rahmen der Überarbeitung der CRR berücksichtigt werden, die Unterscheidung zwischen dem Handels- und dem Anlagebuch neu gestalten. Die neuen Kriterien für die Abgrenzung des Handelsbuches vom Anlagebuch waren zunächst im Vorschlag der EU-Kommission vom 23. November 2016 enthalten. Nachdem der Baseler Ausschuss im März 2018 ein neues Konsultationspapier zum FRTB veröffentlicht hat, hat die EU-Kommission ihren Vorschlag zur Abgrenzung zurückgestellt. Es ist davon auszugehen, dass die Abgrenzungskriterien zu einem späteren Zeitpunkt in die CRR übernommen werden. Diese Anpassungen werden zu einer objektiveren Zuordnung von Positionen zum Handelsbuch führen. Damit wird auch die Umwidmung von Finanzinstrumenten vom Handels- in das Anlagebuch deutlich erschwert, um insbesondere regulatorische Kapitalarbitrage zu verhindern. **32**

---

37 Gemäß Art. 4 Abs. 1 Nr. 86 CRR gehören zum »Handelsbuch« alle Positionen in Finanzinstrumenten und Waren, die ein Institut entweder mit Handelsabsicht oder zur Absicherung anderer mit Handelsabsicht gehaltener Positionen des Handelsbuchs hält. Laut Art. 4 Abs. 1 Nr. 50 CRR bezeichnet der Ausdruck »Finanzinstrument« a) einen Vertrag, der für eine der beteiligten Seiten einen finanziellen Vermögenswert und für die andere Seite eine finanzielle Verbindlichkeit oder ein Eigenkapitalinstrument schafft, b) ein in Anhang I Abschnitt C der Richtlinie 2004/39/EG genanntes Instrument, c) ein derivatives Finanzinstrument, d) ein Primärfinanzinstrument und e) ein Kassainstrument. Die unter den Buchstaben a, b und c genannten Instrumente sind allerdings nur dann als Finanzinstrumente zu betrachten, wenn ihr Wert sich aus dem Kurs eines zugrundeliegenden Finanzinstrumentes oder eines anderen Basiswertes, einem Satz oder einem Index errechnet.

38 Nach Art. 4 Abs. 1 Nr. 85 CRR werden unter »Positionen, die mit Handelsabsicht gehalten werden«, a) Eigenhandelspositionen und Positionen, die sich aus Kundenbetreuung und Marktpflege ergeben, b) Positionen, die zum kurzfristigen Wiederverkauf gehalten werden, und c) Positionen, bei denen die Absicht besteht, aus bestehenden oder erwarteten kurzfristigen Kursunterschieden zwischen Ankaufs- und Verkaufskurs oder aus anderen Kurs- oder Zinsschwankungen Profit zu ziehen, verstanden.

39 Das Anlagebuch ergibt sich implizit aus der Abgrenzung zum Handelsbuch nach Art. 4 Abs. 1 Nr. 85 CRR.

40 Die Aufgaben der Financial Services Authority wurden am 1. April 2013 auf die Financial Conduct Authority und die bei der Bank of England angesiedelte Prudential Regulation Authority übertragen.

41 Vgl. Financial Services Authority, The prudential regime for trading activities – A fundamental review, Discussion Paper 10/4, August 2010; Gebhard, Rüdiger/Reeder, Johannes, Regelungen zu Handelsgeschäften auf dem Prüfstand, in: BaFinJournal, Ausgabe August 2011, S. 14–19; Basel Committee on Banking Supervision, Fundamental review of the trading book, Consultative document, 3. Mai 2012; Basel Committee on Banking Supervision, Minimum capital requirements for market risk, Standards, 14. Januar 2016; Basel Committee on Banking Supervision, Consultative document – Revisions to the minimum capital requirements for market risk, BCBS d436, 22. März 2018.

1.4 Konditionen- und Strukturbeitrag im Zinsbuch

33 Die Zinsüberschüsse setzen sich aus handelsrechtlicher Sicht aus zwei Komponenten zusammen:
- dem so genannten »Strukturbeitrag«, der sich dadurch ergibt, dass für die vereinbarte Zins-bindungsfrist gegenüber dem Satz für täglich fälliges Geld eine Prämie gezahlt werden muss, und
- dem so genannten »Konditionenbeitrag«, der sich als Differenz zwischen dem mit dem Kunden vereinbarten Zinssatz und dem am Geld- und Kapitalmarkt geltenden Zinssatz für gleiche Laufzeiten errechnet.[42]

34 Der Strukturbeitrag ist insbesondere darauf zurückzuführen, dass Krediten mit längeren Lauf-zeiten zum Teil Einlagen mit kürzeren Laufzeiten und niedrigeren Zinssätzen gegenüberstehen. Der Konditionenbeitrag kommt dadurch zustande, dass die Zinssätze für Einlagen tendenziell niedriger bzw. für Kredite höher sind, als die am Geld- und Kapitalmarkt geltenden Zinssätze mit entsprechenden Laufzeiten. Teilt man die Zinsüberschüsse, also die Summe aus Struktur- und Konditionenbeiträgen, durch das Geschäftsvolumen, so ergibt sich die so genannte »Bruttozins-spanne« des Institutes. Sie entspricht im Grunde der Differenz aus durchschnittlichem Sollzins im Aktivgeschäft und durchschnittlichem Habenzins im Passivgeschäft und wird i.d.R. einfach als »Zinsspanne« bezeichnet. Vor diesem Hintergrund beschreibt das Zinsänderungsrisiko die Gefahr einer aus Marktzinsänderungen resultierenden Verringerung der geplanten Bruttozinsspanne. Die »Nettozinsspanne« ergibt sich als Differenz aus der Bruttozinsspanne und der Risikospanne.

35 Insbesondere für Institute, deren Geschäftserfolg stark vom Zinsertrag abhängig ist, ist es deshalb von herausragender Bedeutung, ihre Erfolgsquellen im Hinblick auf den Konditionen- und den Strukturbeitrag im Zinsbuch, d.h. für sämtliche zinssensitiven Positionen des Institutes, voneinander abgrenzen und quantifizieren zu können und die sich daraus ergebenden Ertrags-konzentrationen auch im Rahmen der strategischen Planung zu berücksichtigen (→ AT 4.2 Tz. 2).

1.5 Anforderungen an die Funktionstrennung

36 Marktpreisrisiken können sich bei Instituten, die in großem Umfang Handelsgeschäfte (→ AT 2.3 Tz. 3) betreiben (so genannte »handelsintensive Institute«) besonders stark auswirken. Vor dem Hintergrund der erheblichen Bewertungsspielräume bei bestimmten Handelsgeschäften, die mit den maßgeblichen Rechnungslegungsnormen verbunden sind, wird die grundsätzlich gestattete Ansiedlung der Bereiche Handel und Rechnungswesen in nur einem Vorstandsressort (→ BTO Tz. 7) insbesondere von den Wirtschaftsprüfern kritisch beurteilt. Deshalb empfiehlt die BaFin den handelsintensiven Instituten, das Rechnungswesen in einem vom Handel unabhängigen Bereich anzusiedeln (→ BTO Tz. 7, Erläuterung).

37 Für alle Institute gilt, dass die Funktionen des Marktpreisrisikocontrollings, um die es in diesem Modul im Wesentlichen geht, bis einschließlich der Ebene der Geschäftsleitung von Bereichen zu trennen sind, die die Positionsverantwortung tragen. Bei dieser Regelung besteht, wie bereits ausgeführt, ein enger Zusammenhang zur Tätigkeit der Treasury (→ BTO Tz. 4 und BTR 1 Tz. 3). Im Rahmen der fünften MaRisk-Novelle wurde explizit ergänzt, dass die Risikocontrolling-Funk-tion aufbauorganisatorisch bis einschließlich der Ebene der Geschäftsleitung von den Bereichen zu trennen ist, die für die Initiierung bzw. den Abschluss von Geschäften zuständig sind. Dazu zählen

---

42 Vgl. Schierenbeck, Henner, Ertragsorientiertes Bankmanagement, Band 1: Grundlagen, Marktzinsmethode und Rentabi-litäts-Controlling, 8. Auflage, Wiesbaden, 2003, S. 71–95.

der Bereich Markt, der Bereich Handel sowie andere Bereiche, die über Positionsverantwortung verfügen, wie z. B. die Treasury (→ AT4.4.1 Tz. 1 inkl. Erläuterung).

1.6 Allgemeine Anforderungen an das Management von Marktpreisrisiken

Auch die Marktpreisrisiken inklusive der Zinsänderungsrisiken sind grundsätzlich als wesentlich **38** einzustufen (→ AT2.2 Tz. 1). Im Modul BTR 2 sind die Vorgaben aus Art. 83 Abs. 1 und Art. 84 CRD IV umgesetzt, wonach in den Instituten Grundsätze und Verfahren vorhanden sein müssen, um alle wesentlichen Ursachen und Auswirkungen von Marktpreisrisiken zu ermitteln, zu messen und zu steuern, und Systeme vorzuhalten sind, um das Risiko möglicher Zinsänderungen, die sich auf die im Anlagebuch erfassten Geschäfte auswirken, zu ermitteln, zu bewerten und zu steuern.

Zunächst werden allgemeine Anforderungen formuliert, die für alle den Marktpreisrisiken **39** unterliegenden bilanzwirksamen und außerbilanziellen Positionen unter Berücksichtigung von Risikokonzentrationen Geltung beanspruchen. Dabei geht es um die Limitierung der Marktpreisrisiken auf Basis der Erkenntnisse aus dem Risikotragfähigkeitskonzept (→ BTR2.1 Tz.1). Ein entsprechendes Limit ist gleichzeitig Voraussetzung für den Abschluss von mit Marktpreisrisiken behafteten Geschäften (→ BTR2.1 Tz.2). Die Institute müssen sicherstellen, dass ihre Verfahren zur Beurteilung der Marktpreisrisiken auch bei schwerwiegenden Marktstörungen zu verwertbaren Ergebnissen führen und andernfalls alternative Bewertungsmethoden festlegen (→ BTR2.1 Tz. 3). Die im Rechnungswesen und Risikocontrolling ermittelten Ergebnisse sind regelmäßig zu plausibilisieren (→ BTR2.1 Tz. 4).

Diese allgemeinen Anforderungen werden anschließend konkretisiert bzw. um Regelungen **40** ergänzt, die sich speziell auf Marktpreisrisiken des Handelsbuches beziehen. Die mit Marktpreisrisiken behafteten Geschäfte des Handelsbuches müssen unverzüglich auf die einschlägigen Limite angerechnet werden. Der Positionsverantwortliche ist über die für ihn relevanten Limite und ihre aktuelle Ausnutzung zeitnah zu informieren. Bei Limitüberschreitungen sind geeignete Maßnahmen zu treffen (→ BTR2.2 Tz. 1). Die Bewertung, Ergebnisermittlung und Zusammenfassung der Risikopositionen muss täglich erfolgen (→ BTR2.2 Tz. 2 und 3). Außerdem sind die modellmäßig ermittelten Risikowerte fortlaufend mit der tatsächlichen Entwicklung zu vergleichen (→ BTR2.2 Tz. 4).

Schließlich werden besondere Vorgaben für die Marktpreisrisiken des Anlagebuches gemacht, **41** wobei das Management der Zinsänderungsrisiken die entscheidende Rolle spielt. In diesem Fall muss die Bewertung und Ergebnisermittlung der Risikopositionen mindestens vierteljährlich erfolgen (→ BTR2.3 Tz. 1 und 2). Unter Risikogesichtspunkten kann aber auch eine tägliche, wöchentliche oder monatliche Bewertung und Ergebnisermittlung erforderlich sein (→ BTR2.3 Tz. 4). Limitüberschreitungen aufgrund zwischenzeitlicher Veränderungen der Risikopositionen sollten durch geeignete Maßnahmen vermieden werden (→ BTR2.3 Tz. 3). Die Verfahren müssen die wesentlichen Ausprägungen der Zinsänderungsrisiken erfassen (→ BTR2.3 Tz. 5). Die Institute müssen sowohl die Auswirkungen von Zinsänderungen auf das handelsrechtliche Ergebnis als auch auf die Markt- bzw. Barwerte der betroffenen Positionen berechnen, können aber selbst entscheiden, welches das primär steuerungsrelevante Verfahren sein soll (→ BTR2.3 Tz.6). Die Auswirkungen aus der jeweils anderen Steuerungsperspektive sind angemessen zu berücksichtigen. Für Positionen mit unbestimmter Kapital- oder Zinsbindung sind geeignete Annahmen festzulegen (→ BTR2.3 Tz. 7). Institute, die wesentliche Zinsänderungsrisiken in verschiedenen Währungen eingegangen sind, müssen die Zinsänderungsrisiken in jeder dieser Währungen ermitteln (→ BTR2.3 Tz. 8).

42   Schließlich wird eine mindestens vierteljährliche Berichterstattung gegenüber der Geschäftsleitung über die vom Institut insgesamt eingegangenen Marktpreisrisiken einschließlich der Zinsänderungsrisiken gefordert, für die bestimmte Mindestinhalte vorgegeben werden (→ BT 3.2 Tz. 4).

43   Außerdem müssen die Institute die Vorgaben in Art. 325 ff. CRR und die ergänzenden Regelungen in § 21 SolvV beachten. Dazu gehören laut Art. 83 Abs. 2 CRD IV auch Maßnahmen bezüglich des Risikos eines Liquiditätsengpasses, wenn die Verkaufsposition vor der Kaufposition fällig wird (→ BTR 3). Schließlich muss das interne Kapital gemäß Art. 83 Abs. 3 CRD IV erhebliche Marktpreisrisiken, die keiner Eigenmittelanforderung unterliegen, angemessen abdecken, womit insbesondere die Zinsänderungsrisiken im Anlagebuch gemeint sind. Genügend internes Kapital muss auch vorhanden sein, um mögliche Verluste aus Wertänderungen von Terminkontrakten und aus der Nutzung von Übernahmegarantien laut CRR abzudecken. Die entsprechenden Risiken werden von den Instituten im Rahmen des Risikotragfähigkeitskonzeptes beachtet (→ AT 4.1).

1.7   Behandlung von Marktpreisrisiken im SREP

44   Die zuständigen Behörden sollten im Rahmen des SREP die wichtigsten Treiber des Marktrisikos des Institutes, die Art und Zusammensetzung der Marktrisikopositionen und das Risiko einer wesentlichen Auswirkung auf das Institut bewerten. Dabei sollten sie zunächst die Marktrisikoquellen ermitteln, denen das Institut ausgesetzt ist oder ausgesetzt sein kann, und anschließend die Marktaktivitäten, Geschäftsfelder und Produkte des Institutes, die Strategie für das Marktrisikoportfolio und den Risikoappetit bei Marktaktivitäten, das relative Gewicht von Marktrisikopositionen in Bezug auf die Gesamtaktiva, die Veränderungen im zeitlichen Verlauf und die Strategie des Institutes in Bezug darauf, das relative Gewicht der Nettogewinne aus Marktpositionen in Bezug auf die gesamten betrieblichen Erträge sowie die Eigenmittelanforderungen für das Marktrisiko im Verhältnis zu den Eigenmittelanforderungen insgesamt und, sofern relevant, das für das Marktrisiko bereitgestellte interne Kapital im Verhältnis zum gesamten internen Kapital, einschließlich der Veränderung dieser Größe im zeitlichen Verlauf sowie eventueller Prognosen beurteilen. Berücksichtigt werden sollten dabei wesentliche Änderungen der auf das Marktrisiko bezogenen Strategien, Richtlinien und Limite, die potenzielle Auswirkung dieser Änderungen auf das Risikoprofil des Institutes sowie die wesentlichen Trends auf den Finanzmärkten. Die Marktrisikopositionen sollten entsprechend ihrer Größe, ihrer Komplexität und ihres Risikoniveaus nach Anlageklassen und/oder Finanzinstrumenten analysiert werden. Für die bedeutendsten Risikopositionen sollten die zugehörigen Risikofaktoren und Risikotreiber bewertet werden. Grundsätzlich sollten die internen Risikomessgrößen der Institute berücksichtigt werden, auch wenn sie nicht zur Berechnung der Eigenmittelanforderungen nach der CRR verwendet werden. Um das Marktrisikoprofil des Institutes besser zu verstehen, sollte die historische Rentabilität der Marktaktivitäten, einschließlich der Gewinnvolatilität, analysiert werden, und zwar auf Portfolioebene sowie aufgeschlüsselt nach Geschäftsfeldern oder Anlagenklassen, Handelserträgen und Nichthandelserträgen (wie Provisionen, Kundengebühren usw.) sowie realisierten und nicht realisierten Gewinnen/Verlusten. Bezüglich Anlageklassen und/oder Risikopositionen, die außergewöhnliche Gewinne oder Verluste generieren, sollten die zuständigen Behörden die Rentabilität im Vergleich zu dem vom Institut angenommenen Risikoniveau bewerten, um mögliche Unstimmigkeiten zu ermitteln und zu analysieren.[43]

---

[43] Vgl. European Banking Authority, Guidelines on common procedures and methodologies for the supervisory review and evaluation process (SREP) and supervisory stress testing, EBA/GL/2014/13, Consolidated version, 19. Juli 2018, S. 93 ff.

Die zuständigen Behörden sollten auch die Auswirkungen notleidender und illiquider Positionen auf die Rentabilität des Institutes bewerten. Sofern interne Ansätze zur Berechnung der regulatorischen Eigenmittelanforderungen verwendet werden, wird auch die Aufteilung der auf das Marktpreisrisiko bezogenen Eigenmittelanforderungen zwischen Risikopotenzial (»Value at Risk«, VaR), Risikopotenzial unter Stressbedingungen (»Stressed Value at Risk«, SVaR), zusätzlichen Risiken (»Incremental Risk Charge«, IRC) und Risikopotenzial für das Korrelationshandelsportfolio (»Correlation Trading Portfolio«, CTP) überprüft. Zur Einschätzung der »Tail-Risiken« werden zudem die Ergebnisse der Stresstests beleuchtet. Schließlich geht es mit allen Facetten auch um die interne Governance und das Risikomanagement für die Marktaktivitäten des Institutes.[44]

45

1.8   Behandlung von Zinsänderungsrisiken im SREP

Außerdem sollten die zuständigen Behörden die Quellen und die wichtigsten Treiber des Zinsänderungsrisikos im Anlagebuch (»Interest Rate Risk in the Banking Book«, IRRBB) für das Institut ermitteln und die potenzielle Auswirkung dieses Risikos auf das Institut beurteilen. Dazu sollten die Art und Zusammensetzung des Zinsänderungsrisikoprofils des Institutes und die Ergebnisse der Szenarioanalyse und der Stresstests herangezogen werden. Berücksichtigt werden sollten die Steuerung des Zinsänderungsrisikos durch das Institut, einschließlich der Strategie und des Risikoappetits für das IRRBB, die Auswirkung des Standardschocks nach Art. 98 Abs. 5 CRD IV auf den wirtschaftlichen Wert im Verhältnis zu den regulatorischen Eigenmitteln des Institutes, die Auswirkung einer Zinsänderung auf die Erträge entsprechend der vom Institut verwendeten Methode sowie das für das IRRBB bereitgestellte interne Kapital, insgesamt sowie im Verhältnis zum internen Gesamtkapital des Institutes laut ICAAP, einschließlich eventueller historischer Trends und Prognosen. Zudem sollen wesentliche Veränderungen der auf das IRRBB bezogenen allgemeinen Strategie, Richtlinien und Limite, die potenzielle Auswirkung dieser Veränderungen auf das Risikoprofil des Institutes und wesentliche Markttrends in die Betrachtung einbezogen werden. Die zuständigen Behörden sollten sich ein Bild darüber machen, inwiefern sich Zinsänderungen negativ auf die Erträge und den wirtschaftlichen Wert des Institutes auswirken können, um sich einen Überblick, sowohl kurz- als auch längerfristig, über die Bedrohung der angemessenen Eigenkapitalausstattung zu verschaffen. Zu diesem Zweck sollten sie die Struktur der Zinsänderungsrisiken ausgesetzten Aktiva, Passiva und außerbilanziellen Positionen des Institutes analysieren und beurteilen (Zinsänderungsrisikoprofil). Dafür werden diverse Vorgaben gemacht. Zudem sollten sich die zuständen Behörden ein Bild von den Hauptmerkmalen der Zinsänderungsrisiken ausgesetzten Aktiva, Passiva und außerbilanziellen Positionen des Institutes machen, d.h. vom Kreditportfolio, Anleiheportfolio, den notleidenden Forderungen, Einlagenkonten, Derivaten sowie der Art der in Fair-Value-Instrumente eingebetteten IRRBB, einschließlich weniger liquider Instrumente

46

---

44 Vgl. European Banking Authority, Guidelines on common procedures and methodologies for the supervisory review and evaluation process (SREP) and supervisory stress testing, EBA/GL/2014/13, Consolidated version, 19. Juli 2018, S. 95 ff.

wie Level-3-Vermögenswerte und -Verbindlichkeiten.[45] Bei der Untersuchung der Auswirkungen auf die Erträge des Institutes sollten die verschiedenen Einnahmen- und Kostenquellen des Institutes und deren relative Gewichtung berücksichtigt werden. Die zuständigen Behörden sollten ermitteln, in welchem Maße die Rendite des Institutes von zinssensitiven Positionen abhängt und in welcher Weise sich verschiedene Zinsänderungen auf die Nettozinserträge auswirken. Im Rahmen ihrer quantitativen Bewertung sollten die zuständigen Behörden ebenfalls die Ergebnisse der vom Institut zur Messung des Zinsänderungsrisikos verwendeten internen Methoden berücksichtigen, um ein tiefergehendes Verständnis der wichtigsten Risikofaktoren, die dem Zinsänderungsrisikoprofil zugrundeliegen, zu erhalten. Sie sollten überprüfen, ob Institute, die Geschäfte in verschiedenen Währungen tätigen, das Zinsänderungsrisiko für jede Währung analysieren, in der sie eine signifikante Position halten. Außerdem sollten sie die Ergebnisse der internen Sensitivitäts- und Szenarioanalysen bewerten.[46]

---

45 Die Vermögenswerte und Verbindlichkeiten werden nach internationalen Rechnungslegungsstandards nach der Verfügbarkeit jener Einflussfaktoren unterschieden, die für ihre Bewertung erforderlich sind. In diesem Zusammenhang werden drei Stufen unterschieden. Auf der ersten Stufe (Level 1) handelt es sich um leicht zu beobachtende »Marktpreise«, die eine Marktbewertung direkt ermöglichen. Auf der zweiten Stufe (Level 2) erfolgt die Bewertung anhand von Marktpreisnotierungen, die für die Vermögenswerte oder Verbindlichkeiten unmittelbar oder mittelbar zu beobachten sind. Die mittelbare Beobachtung bezieht sich dabei auf die wesentlichen Einflussfaktoren, wie z. B. Ausfallraten, Zinssätze oder Zinsstrukturkurven. Diese Bewertung erfolgt also auf Basis von »Vergleichswerten«. Auf der dritten Stufe (Level 3) muss sich ein Institut bei Vermögenswerten und Verbindlichkeiten, die nicht aktiv gehandelt werden, hingegen mit »Schätzwerten« begnügen. Die wesentlichen Einflussfaktoren können in diesem Fall nicht direkt beobachtet werden. Die Bewertung muss anhand von komplexen Marktpreisen, mathematischen Modellen und subjektiven Annahmen geschätzt werden (→ BTR 2.1 Tz. 3).

46 Vgl. European Banking Authority, Guidelines on common procedures and methodologies for the supervisory review and evaluation process (SREP) and supervisory stress testing, EBA/GL/2014/13, Consolidated version, 19. Juli 2018, S. 120 ff.

BTR 2.1 Allgemeine Anforderungen

1 Einrichtung eines Limitsystems (Tz. 1)

1 **1** Auf der Grundlage der Risikotragfähigkeit ist ein System von Limiten zur Begrenzung der Marktpreisrisiken unter Berücksichtigung von Risikokonzentrationen einzurichten.

1.1 Erfordernis eines Limitsystems

2 Die Begrenzung und Überwachung von im Risikotragfähigkeitskonzept einbezogenen Risiken erfolgt in der Regel, soweit sinnvoll, auf Basis eines wirksamen Limitsystems (→ AT4.3.2 Tz.1, Erläuterung). Zu den wesentlichen Risiken, die regelmäßig im Risikotragfähigkeitskonzept berücksichtigt werden, gehören in erster Linie die Adressenausfallrisiken und die Marktpreisrisiken. Um die Marktpreisrisiken in geeigneter Weise begrenzen und überwachen zu können, ist folglich ein dafür geeignetes System von Limiten einzurichten.

3 Konsequenterweise darf ohne Marktpreisrisikolimit auch kein mit Marktpreisrisiken behaftetes Geschäft abgeschlossen werden (→ BTR2.1 Tz.2). Damit wird eine analoge Forderung erhoben wie für das Management der Adressenausfallrisiken, wonach ohne kreditnehmerbezogenes Limit kein Kreditgeschäft abgeschlossen werden darf (→ BTR1 Tz.2) und vor dem Abschluss von Handelsgeschäften grundsätzlich auch Kontrahenten- bzw. Emittentenlimite eingeräumt werden müssen (→ BTR1 Tz.3 und 4). Die relevanten Geschäfte müssen nach ihrem Abschluss natürlich auf die einschlägigen Limite angerechnet werden, damit das Limitsystem auch wirksam ist (→ BTR2.2 Tz.1).

4 Die Limitüberwachung selbst sollte mit einer klar verständlichen und übersichtlichen Berichterstattung verknüpft sein. Mit Bezug auf das Handelsbuch ist der Positionsverantwortliche über die für ihn relevanten Limite und ihre aktuelle Ausnutzung ebenso zeitnah zu informieren (→ BTR2.2 Tz.1), wie der für das Risikocontrolling zuständige Geschäftsleiter. Dessen Information hat nach Abstimmung mit den Handelsbereichen am nächsten Geschäftstag zu erfolgen (→ BT3.2 Tz.4). Bei den systemrelevanten Instituten müssen die Datenaggregationskapazitäten gewährleisten, dass aggregierte Risikodaten sowohl unter gewöhnlichen Umständen als auch in Stressphasen zeitnah zur Verfügung stehen, wozu ausdrücklich auch die Marktpreisrisiken, Handelspositionen und operativen Limite bzw. Limitauslastungen inklusive möglicher Konzentrationen gezählt werden (→ AT4.3.4 Tz.5 inkl. Erläuterung). Auf bedeutende Limitüberschreitungen ist darüber hinaus im Rahmen der turnusmäßigen Berichterstattung an die Geschäftsleitung einzugehen (→ BT3.2 Tz.4).

1.2 Risikotragfähigkeit als Basis

5 Die Grundlage für das Limitsystem bildet die Risikotragfähigkeit des Institutes (→ AT4.1). Es ist unmittelbar einleuchtend, dass nicht mehr Kapital verteilt werden kann, als dem Institut zur Verlustabsorption insgesamt zur Verfügung steht. Bereits nach den MaH musste unter Berücksichtigung der Eigenkapitalausstattung und der Ertragslage des Institutes eine Verlustobergrenze festgelegt werden, auf deren Basis ein System risikobegrenzender Limite für Adressenausfall- und

Marktpreisrisiken einzurichten war.[1] Durch die MaRisk wurde der Anwendungsbereich ausgeweitet. Bei der Ausgestaltung der Limitsysteme muss darauf geachtet werden, dass grundsätzlich alle wesentlichen Risiken des Institutes durch das Risikodeckungspotenzial bzw. die Risikodeckungsmasse abgedeckt sind (→ AT 4.1 Tz. 1). Wechselwirkungen innerhalb und zwischen den Risikoarten können bzw. müssen unter bestimmten Voraussetzungen berücksichtigt werden (→ AT 4.1 Tz. 1, 6 und 7).

1.3 Ausgestaltung des Limitsystems

Die deutsche Aufsicht gibt im Hinblick auf die Ausgestaltung des Limitsystems keine konkreten **6** Methoden vor. Die Vergabe geeigneter Limite kann insoweit auf verschiedene Weise erfolgen. Aufgrund der Maßgeblichkeit der Risikotragfähigkeit empfiehlt sich auf Gesamtbankebene zunächst eine Orientierung am vorhandenen Risikodeckungspotenzial (→ AT 4.1 Tz. 1) unter Berücksichtigung des festgelegten Risikoappetits (→ AT 4.2 Tz. 1). So ist es z. B. denkbar, den Risikoappetit der Geschäftsleitung als prozentuale Größe des Risikodeckungspotenzials (Gesamtbanklimit) auf die einzelnen Risikoarten bzw. Geschäftsbereiche herunterzubrechen.

Werden dabei Diversifikationseffekte berücksichtigt, kann die Summe der Einzellimite sogar **7** größer sein, als das Gesamtbanklimit. An die Berücksichtigung von Diversifikationseffekten werden von den zuständigen Aufsichtsbehörden allerdings strenge Vorgaben geknüpft (→ AT 4.1 Tz. 6 und 7). Inter-Risikodiversifikationen dürfen nach den Vorgaben der EBA zur Bestimmung der zusätzlichen Eigenmittelanforderungen im SREP z. B. nicht berücksichtigt werden.[2] Die EZB und die deutschen Aufsichtsbehörden haben diese Sichtweise aufgegriffen. Allerdings ist es sowohl den bedeutenden als auch den weniger bedeutenden Instituten gestattet, diese Effekte mit hinreichender Vorsicht im ICAAP abzubilden. In diesem Fall müssen sie jedoch in der Lage sein, ihre wesentlichen Risiken auch ohne Diversifikationseffekte auszuweisen (Bruttobetrachtung).[3]

Für die Risikolimitierung eignet sich unter normalen Umständen insbesondere im Marktpreisrisi- **8** kobereich das Value-at-Risk-Konzept (VaR-Konzept). Wichtig ist, dass die vergebenen Limite alle vorhandenen wesentlichen Risiken vollständig erfassen und die Marktpreisrisiken auf diese Weise durch das in Abhängigkeit vom Risikoappetit und von der Risikotragfähigkeit bereitgestellte Kapital (Gesamtlimit für Marktpreisrisiken) angemessen begrenzt werden. Dies kann unter Umständen auch auf Basis einfacher Volumenlimite möglich sein, bei denen allerdings der Risikogehalt quasi ausgeblendet wird. Dies ist deshalb nur empfehlenswert, wenn es sich um tendenziell risikoarme Handelsgeschäfte handelt. Ebenfalls denkbar sind Benchmark- oder GuV-bezogene Verlustlimite.

Wie weit die Limite heruntergebrochen werden bzw. für welche Zwecke weitere Unterlimite **9** vergeben werden sollten, hängt in erster Linie vom Risikogehalt der betriebenen Geschäfte und davon ab, wie der Handel organisatorisch aufgestellt ist. Insbesondere in großen Instituten mit umfangreichen und komplexen Handelsaktivitäten empfiehlt es sich, die Limitierung an die vorhandenen Organisationsstrukturen im Handel anzupassen, um die Geschäftsaktivitäten prak-

---

1 Vgl. Bundesaufsichtsamt für das Kreditwesen, Mindestanforderungen an das Betreiben von Handelsgeschäften der Kreditinstitute (MaH), Verlautbarung vom 23. Oktober 1995, Abschnitt 3.2 Abs. 1.

2 Vgl. European Banking Authority, Opinion of the European Banking Authority on the interaction of Pillar 1, Pillar 2 and combined buffer requirements and restrictions on distributions, EBA/Op/2015/24, 16. Dezember 2015, S. 9; European Banking Authority, Guidelines on common procedures and methodologies for the supervisory review and evaluation process (SREP) and supervisory stress testing, EBA/GL/2014/13, Consolidated version, 19. Juli 2018, S. 134.

3 Vgl. Bundesanstalt für Finanzdienstleistungsaufsicht/Deutsche Bundesbank, Aufsichtliche Beurteilung bankinterner Risikotragfähigkeitskonzepte und deren prozessualer Einbindung in die Gesamtbanksteuerung (»ICAAP«) – Neuausrichtung, Leitfaden vom 24. Mai 2018, S. 17; Europäische Zentralbank, Leitfaden der EZB für den bankinternen Prozess zur Sicherstellung einer angemessenen Kapitalausstattung (Internal Capital Adequacy Assessment Process – ICAAP), 9. November 2018, S. 37 f.

tikabel zu gestalten. Häufig wird das Gesamtlimit für Marktpreisrisiken zunächst auf die Unternehmensbereiche und anschließend weiter auf Handelsportfolios etc. aufgeteilt. Dabei muss jedoch darauf geachtet werden, dass die jeweiligen Auswirkungen von Geschäftsabschlüssen auf das Gesamtlimit für Marktpreisrisiken an geeigneter Stelle ebenfalls überwacht werden. Die für die Risikosteuerung genutzten Limite können durch operative Limite bzw. so genannte »Trigger«, die im Rahmen der technischen Analyse ein Kauf- oder Verkaufssignal auslösen, ergänzt werden. Denkbar sind z.B. portfoliobezogene »Stopp-Loss-Limite«, »Szenario-Limite«, »Sensitivitäts-Limite« oder absolute Limite für bestimmte Geschäftsarten, Produkte, Währungen oder Händler. Gerade in Zeiten einer Niedrigzinsphase kann auch eine Limitierung der offenen Positionen des Zinsbuches sinnvoll sein.

10   Die zuständigen Behörden sollten im Rahmen des SREP u.a. bewerten, ob die vom Institut festgelegten Limite (Limite auf Basis von Risikokennzahlen, Volumina oder zur Verlustkontrolle usw.) der Größe und Komplexität seiner Marktaktivitäten angemessen sind und durch operative Limite sichergestellt ist, dass die Marktrisikopositionen im Einklang mit der Strategie und dem Risikoappetit das vom Institut akzeptierte Niveau nicht überschreiten. Sie sollten dabei u.a. überprüfen, ob das Limitsystem eine allgemeine Obergrenze für Marktaktivitäten und daneben auch spezifische Limite für die wichtigsten Risikounterkategorien festlegt. Sofern zweckmäßig, sollte auch eine Zuweisung von Limiten nach Portfolio, Handelsabteilung, Geschäftseinheit oder Art des Instrumentes ermöglicht werden, wobei der Detaillierungsgrad die Merkmale der Marktaktivitäten des Institutes widerspiegeln sollte.[4]

11   Nach den Vorstellungen der deutschen Aufsicht ist neben einer Festlegung der Haltedauer für Marktrisikopositionen insbesondere ein konsistentes Limitsystem erforderlich, um die Risikonahme über den gesamten Risikobetrachtungshorizont steuern zu können (→ AT4.1 Tz.1).[5] Der Anforderung an ein konsistentes Limitsystem kann am einfachsten durch ein stringent implementiertes System »selbstverzehrender Limite«, d.h. durch eine permanente Anrechnung eingetretener Verluste auf das Limit im Risikobetrachtungshorizont, entsprochen werden.[6]

12   Die einzelnen Limite sollten in jedem Fall angepasst werden, sofern die regelmäßig zu überprüfenden Verfahren zur Beurteilung der Marktpreisrisiken (→ BTR2.1 Tz.3) Erkenntnisse liefern, die eine geänderte Einschätzung der Risikosituation zur Folge haben. Die zuständigen Behörden sollten bei der Bewertung des Limitsystems auch überprüfen, ob geeignete Verfahren für die regelmäßige Aktualisierung der Limite vorhanden sind.[7]

1.4   Freiheitsgrade bei der Behandlung marktbezogener Risiken

13   Hinsichtlich der Behandlung marktbezogener Risiken, die aus der Veränderung der Bonität einer Adresse resultieren, wie z.B. das spezifische Risiko eines Emittenten bzw. potenzielle Änderungen von Bonitätsspreads, bestehen aufgrund ihrer Zwitterstellung zwischen den Risikoarten gewisse Gestaltungsspielräume. So kann z.B. auf eine gesonderte Limitierung der Adressenausfallrisiken des Emittenten verzichtet werden, soweit dem spezifischen Risiko des Emittenten im Rahmen der

---

4   Vgl. European Banking Authority, Guidelines on common procedures and methodologies for the supervisory review and evaluation process (SREP) and supervisory stress testing, EBA/GL/2014/13, Consolidated version, 19.Juli 2018, S.101 f.

5   Vgl. Bundesanstalt für Finanzdienstleistungsaufsicht/Deutsche Bundesbank, Aufsichtliche Beurteilung bankinterner Risikotragfähigkeitskonzepte und deren prozessualer Einbindung in die Gesamtbanksteuerung (»ICAAP«) – Neuausrichtung, Leitfaden vom 24. Mai 2018, S. 16 und 29.

6   Vgl. Wiesemann, Bernd, Aufsichtliche Beurteilung von Risikotragfähigkeitskonzepten, in: BaFinJournal, Ausgabe Februar 2012, S.22.

7   Vgl. European Banking Authority, Guidelines on common procedures and methodologies for the supervisory review and evaluation process (SREP) and supervisory stress testing, EBA/GL/2014/13, Consolidated version, 19.Juli 2018, S.102.

Limitierung der Marktpreisrisiken angemessen Rechnung getragen wird (→ BTR 1 Tz. 4, Erläuterung).[8] Insofern ist den Instituten freigestellt, das spezifische Risiko im Rahmen der Steuerung und Überwachung von Marktpreisrisiken oder von Adressenausfallrisiken zu berücksichtigen.

Ähnliches gilt für marktbezogene Risiken, welche auf eingeschränkte Möglichkeiten zur Aufnahme ausreichender Liquidität auf den Märkten (»Marktliquidität«) zurückzuführen sind. Häufig wird das Marktliquiditätsrisiko als eine Form des Marktrisikos angesehen und entsprechend behandelt.[9] In diesem Fall sollten die Institute die potenziellen Auswirkungen verschiedener Liquiditätshorizonte, die sich zudem im Zeitverlauf ändern können, unter »normalen« Marktbedingungen und in Stresssituationen berücksichtigen. Diese Gesichtspunkte sollten auch bei der Einrichtung von Limitsystemen zur Begrenzung der Marktpreisrisiken eine Rolle spielen.[10] Ebenso möglich ist die Berücksichtigung des Marktliquiditätsrisikos im Rahmen des Liquiditätsrisikomanagements, indem z. B. der dauerhafte Zugang zu den für das Institut relevanten Refinanzierungsquellen regelmäßig überprüft wird (→ BTR 3, Einführung). Die jeweils am besten geeignete Verfahrensweise hängt in erster Linie von der konkreten Ausgestaltung der institutsinternen Prozesse ab. Entscheidend ist letztlich, dass alle marktbezogenen Risiken in angemessener Weise im Rahmen der Risikosteuerungs- und -controllingprozesse berücksichtigt werden (→ BTR 2.1 Tz. 1, Erläuterung).

14

1.5 Berücksichtigung von Risikokonzentrationen

Bei der Einrichtung von Limitsystemen zur Begrenzung der Marktpreisrisiken sind auch Risikokonzentrationen zu berücksichtigen. Dabei sollte beachtet werden, dass für Risikokonzentrationen neben einzelnen Risikofaktoren auch mehrere miteinander korrelierte Risikofaktoren verantwortlich sein können. Diese Korrelationen sind manchmal nur unter angespannten Marktbedingungen (Stressbedingungen) sichtbar. CEBS hat bereits vor einigen Jahren empfohlen, alle wesentlichen Risikofaktoren hinsichtlich der Marktpreisrisiken zu identifizieren und anschließend mit Hilfe von Szenario- oder Sensitivitätsanalysen zu prüfen, wie sich Änderungen der Korrelationsannahmen und nichtlinearen Effekte auf das eigene Marktrisikoprofil und den Portfoliowert auswirken. Insbesondere können Konzentrationen im Marktrisiko sowohl im Anlagebuch als auch im Handelsbuch eines Institutes auftreten und müssen daher in beiden Büchern angemessen berücksichtigt werden.[11]

15

Außerdem sollte berücksichtigt werden, dass die i. d. R. auf dem Value-at-Risk-Konzept basierenden Korrelationsbeziehungen zwischen den Risikofaktoren in Marktrisikomodellen für gewöhnlich nur unter »normalen« Marktbedingungen gelten und sich unter Stressbedingungen deutlich ändern können, so dass Diversifikationseffekte tendenziell überschätzt werden. Zudem sollten sich die Institute bewusst sein, dass die im Modell herangezogenen Preise häufig keine echten Marktpreise sind, sondern das Ergebnis von Bewertungsverfahren, die auf Marktbeobachtungen oder getroffenen Annahmen beruhen und unter Stressbedingungen nur bedingt als valide angesehen werden können und folglich die tatsächlichen Risikokonzentrationen nicht angemessen widerspiegeln. Ebenfalls nicht ungefährlich ist die aufsichtsrechtlich zulässige Bildung von Nettopositionen, bei der die Bruttopositionen aus dem Auge verloren werden können. Die Institute sollten deshalb angemessene Maßnahmen ergreifen, um den Aufbau von Risiko-

16

---

8 An dieser Stelle sei angemerkt, dass auf diese Weise zwar die Credit-Spread-Risiken abgebildet werden können, der Ausfall eines Emittenten jedoch erst mit der Berücksichtigung der »Incremental Risk Charge« einbezogen wird.

9 Vgl. Institute of International Finance, Principles of Liquidity Risk Management, März 2007, S. 19.

10 Vgl. Committee of European Banking Supervisors, Revised Guidelines on the management of concentration risk under the supervisory review process (GL 31), 2. September 2010, S. 16.

11 Vgl. Committee of European Banking Supervisors, Revised Guidelines on the management of concentration risk under the supervisory review process (GL 31), 2. September 2010, S. 15.

konzentrationen zu erkennen und wirksam zu verhindern. Schließlich können Risikokonzentrationen auch aus Handlungen anderer Marktteilnehmer oder aus systemischen Risiken entstehen, die in internen Modellen regelmäßig unterschätzt werden.[12]

17   Viele der von CEBS genannten Unzulänglichkeiten interner Modelle wurden zwischenzeitlich durch entsprechende Anpassungen der regulatorischen Vorgaben im Rahmen der CRR beseitigt. So werden die Institute u. a. zur Berechnung eines »Stressed Value-at-Risk« (SVaR) nach Art. 365 Abs. 2 CRR verpflichtet, mit dessen Hilfe die Auswirkungen einer einjährigen Stressperiode auf das eigene Handelsportfolio simuliert werden. Zudem müssen die im Modell unterstellten Haltedauern einen realistischen Zeithorizont darstellen, unter dem auch in Krisenzeiten Handelspositionen angemessen veräußert werden können. Im Rahmen der weiteren Überarbeitung der CRR werden die Anforderungen an die Nutzung interner Modelle für die Zwecke der regulatorischen Eigenmittelberechnung weiter verschärft. Zudem wird das Standardverfahren deutlich komplexer ausgestaltet. Die meisten Institute in Deutschland werden von diesen Verschärfungen allerdings nicht direkt betroffen sein.

18   Nach den Vorstellungen der EBA sollten die zuständigen Behörden bei der Bewertung der Höhe des Marktkonzentrationsrisikos vor allem Konzentrationen von komplexen Produkten (z.B. strukturierte Produkte), illiquiden Produkten (z.B. Collateralised Debt Obligations, CDO) oder nach dem Mark-to-Model-Ansatz bewerteten Produkten berücksichtigen.[13] Außerdem erwarten die EZB und die deutschen Aufsichtsbehörden von den Instituten, bei Berücksichtigung von Inter-Risikodiversifikationen im Rahmen des ICAAP ihre wesentlichen Risiken auch ohne Diversifikationseffekte auszuweisen (Bruttobetrachtung).[14]

---

12 Vgl. Committee of European Banking Supervisors, Revised Guidelines on the management of concentration risk under the supervisory review process (GL 31), 2. September 2010, S. 15 f.

13 Vgl. European Banking Authority, Guidelines on common procedures and methodologies for the supervisory review and evaluation process (SREP) and supervisory stress testing, EBA/GL/2014/13, Consolidated version, 19. Juli 2018, S. 96.

14 Vgl. Bundesanstalt für Finanzdienstleistungsaufsicht/Deutsche Bundesbank, Aufsichtliche Beurteilung bankinterner Risikotragfähigkeitskonzepte und deren prozessualer Einbindung in die Gesamtbanksteuerung (»ICAAP«) – Neuausrichtung, Leitfaden vom 24. Mai 2018, S. 17; Europäische Zentralbank, Leitfaden der EZB für den bankinternen Prozess zur Sicherstellung einer angemessenen Kapitalausstattung (Internal Capital Adequacy Assessment Process – ICAAP), 9. November 2018, S. 37 f.

2 Limit als Voraussetzung für den Geschäftsabschluss (Tz. 2)

2 Ohne Marktpreisrisikolimit darf kein mit Marktpreisrisiken behaftetes Geschäft abge-   **19**
schlossen werden.

2.1 Kein Geschäft ohne Limit

Ein wesentliches Ziel der Risikosteuerung besteht darin, die aus den Geschäftsabschlüssen   **20**
resultierenden Risiken so zu begrenzen, dass sich die Geschäfte aus betriebswirtschaftlicher Sicht
rentieren, also die Erträge die mit den Geschäften verbundenen Risiken und sonstigen Aufwendungen übersteigen. Sowohl aus regulatorischer als auch aus ökonomischer Sicht ist die potenziell
mögliche Risikoübernahme durch das zur Verlustabsorption vorhandene Kapital beschränkt. Ein
Institut ist dabei bemüht, den Einsatz seines Kapitals so zu steuern, dass vornehmlich die
Geschäfte mit dem besten Chancen-/Risiko-Profil abgeschlossen werden können. Um dieses Ziel
zu erreichen, werden die mit den Kreditgeschäften (→ BTO 1) und den Handelsgeschäften
(→ BTO 2) verbundenen Risiken u. a. mit Hilfe geeigneter Limitierungen begrenzt.

So darf mit Blick auf die Adressenausfallrisiken kein Kreditgeschäft ohne kreditnehmerbezoge-   **21**
nes Limit abgeschlossen werden (→ BTR 1 Tz. 2). Auch dürfen Handelsgeschäfte grundsätzlich nur
mit Vertragspartnern getätigt werden, für die Kontrahenten- und Emittentenlimite eingeräumt
wurden (→ BTR 1 Tz. 3 und 4). In Analogie zu den Festlegungen im Kreditbereich darf ohne
Marktpreisrisikolimit auch kein mit Marktpreisrisiken behaftetes Geschäft abgeschlossen werden.
Schon nach den MaH konnten Geschäfte, für die kein (ausreichendes) Limit existierte, nur mit
vorheriger Zustimmung der Geschäftsleitung oder einer von ihr autorisierten Stelle abgeschlossen
werden.[15] Im Kreditgeschäft entspricht der Kreditbeschluss einer Limitfestsetzung (→ BTR 1 Tz. 2).
Insofern kann die seinerzeit geforderte Zustimmung im Handelsgeschäft einer Beschlussfassung
und somit einer Limitierung gleichgesetzt werden.

2.2 Maßgeblichkeit der Limitierung von Marktpreisrisiken

Die zuständigen Behörden sollten im Rahmen des SREP u. a. eine Bewertung des Limitsystems zur   **22**
Begrenzung der Marktpreisrisiken durchführen und dabei insbesondere überprüfen, ob die festgelegten Limite zwingend einzuhalten sind oder Abweichungen zugelassen werden. Sofern
Abweichungen möglich sind, sollte aus den institutsinternen Richtlinien eindeutig hervorgehen,
über welchen Zeitraum und unter welchen besonderen Umständen eine Überschreitung der Limite

---

15 Vgl. Bundesaufsichtsamt für das Kreditwesen, Mindestanforderungen an das Betreiben von Handelsgeschäften der
Kreditinstitute (MaH), Verlautbarung vom 23. Oktober 1995, Abschnitt 3.2 Abs. 1.

gestattet wird.[16] Eine vergleichbare Anforderung besteht auch hinsichtlich des Limitsystems zur Begrenzung der Zinsänderungsrisiken des Anlagebuches.[17]

23   Die deutsche Aufsicht unterscheidet bei der Begrenzung der Marktpreisrisiken hingegen nicht zwischen jederzeit einzuhaltenden (»harten«) Limiten und nur als Orientierung dienenden (»weichen«) Limiten. Selbst für die Geschäfte des Anlagebuches, bei denen zwischenzeitliche Veränderungen der Risikopositionen aufgrund der vergleichsweise langen Haltedauern nicht gänzlich zu vermeiden sind, sollte durch geeignete Maßnahmen sichergestellt werden, dass daraus resultierende Limitüberschreitungen vermieden werden können (→ BTR 2.3 Tz. 3). Dies ist eigentlich nur möglich, indem die entsprechenden Limite nie vollständig ausgeschöpft werden, obwohl die aus den Wertschwankungen theoretisch resultierenden Verluste für ein Institut bei positivem Ausblick für die zukünftige Entwicklung praktisch nicht relevant sind.

---

16 Vgl. European Banking Authority, Guidelines on common procedures and methodologies for the supervisory review and evaluation process (SREP) and supervisory stress testing, EBA/GL/2014/13, Consolidated version, 19. Juli 2018, S. 102.

17 Vgl. European Banking Authority, Guidelines on common procedures and methodologies for the supervisory review and evaluation process (SREP) and supervisory stress testing, EBA/GL/2014/13, Consolidated version, 19. Juli 2018, S. 129.

3 Überprüfung der Verfahren im Marktpreisrisikomanagement (Tz. 3)

3 Die Verfahren zur Beurteilung der Marktpreisrisiken sind regelmäßig zu überprüfen. Es ist zu überprüfen, ob die Verfahren auch bei schwerwiegenden Marktstörungen zu verwertbaren Ergebnissen führen. Für länger anhaltende Fälle fehlender, veralteter oder verzerrter Marktpreise sind für wesentliche Positionen alternative Bewertungsmethoden festzulegen. **24**

3.1 Einhaltung der Rahmenbedingungen

Auch wenn die geforderte regelmäßige Überprüfung ausdrücklich auf die Verfahren zur Beurteilung der Marktpreisrisiken abstellt, sollten sich die Institute regelmäßig vergewissern, dass die internen Rahmenbedingungen zum Umgang mit Marktpreisrisiken von den betroffenen Mitarbeitern ebenfalls eingehalten werden. So werden die zuständigen Behörden im Rahmen des SREP u. a. bewerten, ob die Institute über stabile und umfassende Rahmenbedingungen zum Management des Marktpreisrisikos im Einklang mit ihrer Marktrisikostrategie und ihrem Risikoappetit verfügen. Hierbei sollten angemessene interne Kontrollen und Verfahren vorhanden sein, die sicherstellen, dass eine Nichteinhaltung der Richtlinien, Verfahren und Limitvorgaben sowie diesbezügliche Ausnahmen der jeweiligen Managementebene rechtzeitig gemeldet werden, damit entsprechende Maßnahmen ergriffen werden können.[18] Mit Bezug zum Zinsänderungsrisiko im Anlagebuch sollten die Institute ihre internen Risikosteuerungs- und -controllingprozesse regelmäßig überprüfen, um die Einhaltung der festgelegten Richtlinien und Verfahren sicherzustellen. Dabei sollten alle wesentlichen Änderungen berücksichtigt werden, die sich auf die Wirksamkeit der Kontrollen auswirken können, einschließlich Änderungen der Marktbedingungen, der Personalausstattung, der Technologie und der Limitsysteme. Die Überprüfungen sollten regelmäßig von Personen oder Einheiten durchgeführt werden, die unabhängig von der zu prüfenden Funktion sind. Erforderliche Anpassungen sollten rechtzeitig umgesetzt werden.[19] **25**

3.2 Beurteilung der Marktpreisrisiken

Die zur Quantifizierung der wesentlichen Risiken eingesetzten Methoden und Verfahren sind regelmäßig auf ihre Angemessenheit zu überprüfen und ggf. anzupassen (→ AT 4.3.2 Tz. 5). Dazu gehören grundsätzlich auch die Marktpreisrisiken (→ AT 2.2 Tz. 1) einschließlich der Zinsänderungsrisiken des Anlagebuches (→ BTR 2.1 Tz. 1, Erläuterung). Folglich sind die Verfahren zur Beurteilung der Marktpreisrisiken ebenfalls regelmäßig zu überprüfen. **26**

---

18 Vgl. European Banking Authority, Guidelines on common procedures and methodologies for the supervisory review and evaluation process (SREP) and supervisory stress testing, EBA/GL/2014/13, Consolidated version, 19. Juli 2018, S. 101 f.

19 Vgl. European Banking Authority, Final Report – Guidelines on the management of interest rate risk arising from non-trading book activities, EBA/GL/2018/02, 19. Juli 2018, S. 26 f.

BTR 2.1 Allgemeine Anforderungen

27   An dieser Stelle bezieht sich die deutsche Aufsicht ausdrücklich nicht auf eine Quantifizierung der Marktpreisrisiken, sondern allgemein auf deren Beurteilung. Diese offene Formulierung berücksichtigt die Tatsache, dass die Marktpreisrisiken von Institut zu Institut eine sehr unterschiedliche Bedeutung haben können. So gibt es viele kleinere Institute mit überschaubarem Handelsbuch. Aus betriebswirtschaftlicher Sicht und dem Prinzip der doppelten Proportionalität entsprechend wäre es nicht angemessen, in diesen Fällen ausgefeilte Quantifizierungsverfahren für die Positionen des Handelsbuches zu fordern. Die Prozesse zur Bewertung, Ergebnisermittlung und Kommunikation der mit Marktpreisrisiken behafteten Positionen des Handelsbuches werden in diesen Instituten folglich vergleichsweise einfach ausgestaltet sein. Hingegen werden »handelsintensive Institute«, die in großem Umfang Handelsgeschäfte betreiben und insoweit ein entsprechendes Handelsbuch führen, i. d. R. interne Risikomodelle zur Beurteilung ihrer Marktpreisrisiken nutzen.

28   Mit Blick auf das Anlagebuch fällt diese Bewertung grundsätzlich anders aus. Dort spielen u. a. die aus Fristentransformationen resultierenden Zinsänderungsrisiken eine wesentliche Rolle, die nicht notwendigerweise in einen direkten Zusammenhang mit der Größe eines Institutes oder der Art, dem Umfang und der Komplexität seiner Handelsaktivitäten gestellt werden können. Ihre Auswirkungen sind in erster Linie in Relation zu den jeweiligen offenen Positionen des Zinsbuches eines Institutes von Interesse.

29   Die geforderte regelmäßige Überprüfung betrifft insbesondere die Plausibilisierung der ermittelten Ergebnisse und der zugrundeliegenden Daten (→ AT 4.3.2 Tz. 5). Für das Handelsbuch sind die modellmäßig ermittelten Risikowerte letztlich im Rahmen eines Rückvergleiches (»Backtesting«) fortlaufend mit der tatsächlichen Entwicklung zu vergleichen (→ BTR 2.2 Tz. 4). Im Hinblick auf die Marktpreisrisiken des Anlagebuches ist u. a. sicherzustellen, dass von den Verfahren alle wesentlichen Ausprägungen der Zinsänderungsrisiken erfasst werden (→ BTR 2.3 Tz. 5), für Positionen mit unbestimmter Kapital- oder Zinsbindung geeignete Annahmen festgelegt werden (→ BTR 2.3 Tz. 7) und die Zinsänderungsrisiken in jeder wesentlichen Währung ermittelt werden (→ BTR 2.3 Tz. 8).

3.3   Berücksichtigung von Modellschwächen

30   Im Rahmen der Überprüfung ist den Grenzen und Beschränkungen, die sich aus den eingesetzten Methoden und Verfahren, den ihnen zugrundeliegenden Annahmen und den in die Risikoquantifizierung einfließenden Daten ergeben, hinreichend Rechnung zu tragen. Die Stabilität und Konsistenz der Methoden und Verfahren sowie die Aussagekraft der damit ermittelten Risiken sind insofern kritisch zu analysieren (→ AT 4.1 Tz. 9).

31   Die Institute sollten sich vor allem der Tatsache bewusst sein, dass die Verfahren zur Beurteilung der Marktpreisrisiken keine exakte Wissenschaft sind, mit der die Realität vollständig abgebildet werden kann. Sie sollten deshalb bei vergleichsweise einfachen und transparenten Verfahren hinreichend konservativ vorgehen und andernfalls die Methoden und Verfahren, die ihnen zugrundeliegenden Annahmen, Parameter und einfließenden Daten sowie die der Risikoergebnisse in Bezug auf ihre Verwendung angemessen validieren. Dies gilt in besonderem Maße, wenn in die Risikobeurteilung Parameter einfließen, die auf Basis von externen Daten und Annahmen ermittelt wurden. In diesen Fällen ist zumindest zu überprüfen, ob die zugrundeliegenden Daten die tatsächlichen Verhältnisse des Institutes angemessen widerspiegeln. Sofern die Risikobeurteilung sogar auf Berechnungen Dritter basiert, hat sich das Institut aussagekräftige Informationen zu wesentlichen Annahmen und Parametern und zu deren Änderungen vorlegen zu lassen (→ AT 4.1 Tz. 9, Erläuterung).

In Analogie dazu sollten die zuständigen Behörden im Rahmen des SREP bewerten, ob sich die **32** Geschäftsleitung und die mit dem Management der Marktpreisrisiken betrauten Personen des Grades des Modellrisikos bewusst sind, das den Preismodellen und Risikomessansätzen innewohnt, und ob sie die verschiedenen Modelle zur Beurteilung der Marktpreisrisiken regelmäßig auf Gültigkeit und Qualität prüfen. Wenn sie ein internes Modell zur Berechnung der Eigenmittelanforderungen für das Marktpreisrisiko verwenden, sollte der interne Validierungsprozess solide und wirksam sein, um Modellannahmen beurteilen und potenzielle Mängel ermitteln zu können, die in Bezug auf die Modelle, die Quantifizierung und das Management des Marktpreisrisikos sowie hinsichtlich weiterer in den relevanten EU- und nationalen Durchführungsvorschriften festgelegten Mindestanforderungen bestehen.[20]

3.4   Regelmäßige und anlassbezogene Überprüfung der Verfahren

Die Verfahren zur Beurteilung der Marktpreisrisiken sind regelmäßig auf ihre Effizienz und Güte **33** hin zu überprüfen. Was genau unter »regelmäßig« zu verstehen ist, hängt in erster Linie von Art, Umfang, Komplexität und Risikogehalt der Positionen im Handels- bzw. Anlagebuch ab. Grundsätzlich ist die Angemessenheit der Methoden und Verfahren zumindest jährlich durch die fachlich zuständigen Mitarbeiter zu überprüfen (→ AT4.1 Tz.9).

Bei der Beurteilung der Marktpreisrisiken geht es vorrangig darum, die marktabhängigen **34** Parameter unmittelbar an veränderte Marktsituationen anzupassen. Diese Art der Überprüfung richtet sich nach keinem vorgegebenen Turnus, sondern erfolgt i.d.R. anlassbezogen. Die zur Risikoquantifizierung eingesetzten Methoden und Verfahren sind daher auch bei sich ändernden Bedingungen auf ihre Angemessenheit zu überprüfen und ggf. anzupassen (→ AT4.3.2 Tz.5). Von Bedeutung für die anlassbezogenen Anpassungen sind die Häufigkeit der Beurteilungen und die dabei verwendeten Verfahren sowie die konkrete Ausgestaltung des Überprüfungsprozesses. Werden z.B. die mit Marktpreisrisiken behafteten Positionen des Anlagebuches nur vierteljährlich bewertet (→ BTR2.3 Tz.1), käme ein kürzerer Überprüfungsturnus einer Verschwendung von Ressourcen gleich. Es liegt ferner auf der Hand, dass die geforderte tägliche Bewertung der mit Marktpreisrisiken behafteten Positionen des Handelsbuches (→ BTR2.2 Tz.2) nicht mit einer umfassenden Überprüfung der verwendeten Verfahren verbunden werden kann.

3.5   Schwerwiegende Marktstörungen

Konkret ist anlassbezogen zu überprüfen, ob die Verfahren zur Beurteilung der Marktpreisrisiken **35** auch bei schwerwiegenden Marktstörungen zu verwertbaren Ergebnissen führen. Diese Anforderung bezieht sich auf wesentliche Risikopositionen hinsichtlich Volumen, Risikogehalt, Bedeutung der Geschäfte usw. und betrifft unter Risikogesichtspunkten schwerwiegende Marktstörungen von einer gewissen Mindestdauer. Es empfiehlt sich allerdings, die Voraussetzungen zum Einsatz der unter normalen Marktbedingungen verwendeten Verfahren im Institut klar zu definieren und z.B. eine Informationspflicht gegenüber den jeweils Verantwortlichen einzufordern, die nach Möglichkeit schon greift, wenn sich eine eventuelle Verletzung dieser Voraussetzungen andeutet. Andernfalls könnte ggf. nicht mehr schnell genug reagiert werden und in der Folge auf der Management-

---

20 Vgl. European Banking Authority, Guidelines on common procedures and methodologies for the supervisory review and evaluation process (SREP) and supervisory stress testing, EBA/GL/2014/13, Consolidated version, 19.Juli 2018, S.100 ff.

und Geschäftsleiterebene ein völlig falsches Bild von der tatsächlichen Risikosituation entstehen. Sofern die Finanzmarktkrise als Maßstab herangezogen wird, könnten z. B. eine starke Ausweitung oder ein volatiles Verhalten der Kredit- oder Liquiditätsspreads mögliche Indizien für Marktverwerfungen sein. Grundsätzlich kann auch eine Orientierung am »Backtesting« erfolgen, da gerade in derartigen Situationen verstärkt »Ausreißer« zu beobachten sein werden. Bei der Verwendung interner Modelle wird darauf regelmäßig mit einem Kapitalaufschlag reagiert.

36   Für länger anhaltende Fälle fehlender, veralteter oder verzerrter Marktpreise sind für wesentliche Positionen alternative Bewertungsmethoden festzulegen. Dabei ist es nicht erforderlich, bereits im Rahmen des Neu-Produkt-Prozesses für jede denkbare Konstellation zur Beurteilung der Marktpreisrisiken alternative Bewertungsmethoden festzulegen, was praktisch auch nicht möglich wäre. Von der Kreditwirtschaft wurde deshalb die Einfügung des Passus »innerhalb eines angemessenen Zeitraumes« angeregt, der auch beim Notfallkonzept verwendet wird (→ AT 7.3 Tz. 2 Satz 3). Diesem Vorschlag ist die Aufsicht nicht gefolgt, da ihrer Ansicht nach trotz der geltenden Regelungen zur Ad-hoc-Berichterstattung nicht erst bei Eintritt schwerwiegender Marktstörungen über alternative Bewertungsmethoden nachgedacht werden darf. Im Vorfeld besteht jedoch das praktische Problem, dass »ex ante« i. d. R. nicht klar ist, welche Parameter im Ernstfall noch verlässlich sind und welche nicht. Sofern keine brauchbaren Marktpreise existieren, muss die Beurteilung der Marktpreisrisiken also auf alternative Weise erfolgen. Es sollte deshalb festgelegt werden, wer zu welchem Zeitpunkt den Einsatz alternativer Bewertungsmethoden anweisen muss.

37   Im Grunde sind genau für diese Marktsituationen die Anforderungen an Stresstests formuliert worden. Während die traditionellen Konzepte (z. B. Value-at-Risk) unter normalen Bedingungen gute Ergebnisse liefern, ergänzen die Stresstests diese Verfahren und gleichen ihre Schwächen in Phasen schwerwiegender Marktstörungen aus (→ AT 4.3.3 Tz. 1).

3.6   Zusammenhang zu den Rechnungslegungsvorschriften

38   Hinsichtlich der Bewertung von Finanzinstrumenten besteht ein enger Zusammenhang zur kapitalmarktorientierten Rechnungslegung, wie den International Financial Reporting Standards (IFRS). Grundsätzlich können Finanzinstrumente zu »fortgeführten Anschaffungs- oder Herstellungskosten« oder zum »beizulegenden Zeitwert« (»Fair Value«) bewertet werden. Nach den Vorschriften von IFRS 13 erfolgt die Ermittlung des beizulegenden Zeitwertes auf Basis der Fair-Value-Hierarchie anhand von drei verschiedenen Stufen (Level). Auf Level 1 wird der beizulegende Zeitwert anhand des beobachtbaren Marktpreises für dieses Finanzinstrument auf einem aktiven Markt erhoben, zu dem das Institut am jeweiligen Stichtag Zugang hat. Für die Ermittlung des beizulegenden Zeitwertes für Level-2-Instrumente der Bewertungshierarchie werden beobachtbare marktnahe Parameter herangezogen, die in so genannten Vergleichswertverfahren verarbeitet werden. Vergleichswertverfahren stützen sich auf den Zeitwert eines anderen, im Wesentlichen identischen Finanzinstrumentes oder auf den Preis, zu dem das betreffende Finanzinstrument in Transaktionen in der Vergangenheit gehandelt wurde. Der beizulegende Zeitwert von Instrumenten auf Level 3 erfolgt schließlich ohne unmittelbaren Marktbezug unter Verwendung alternativer Modellwertverfahren (z. B. Barwertverfahren und Optionspreismodelle).

39   In Abhängigkeit von der Verfügbarkeit der Marktpreise werden die Bewertungsverfahren allgemein auch als »Mark-to-Market« (Marktpreise), »Mark-to-Matrix« (abgeleitete Marktpreise) oder »Mark-to-Model« (modellbasierte Preise) bezeichnet.[21] Die grundsätzliche Unterscheidung

---

21 Das Financial Accounting Standards Board (FASB) in den USA bezeichnet das Bewertungsverfahren für Level-3-Instrumente hingegen als »Mark-to-Management«.

besteht also darin, dass die Bewertung entweder durch Beobachtung erfolgt (Feststellung des durch Angebot und Nachfrage determinierten Wertes = Marktwert) oder durch synthetische Konstruktion modelliert wird (Berechnung des theoretisch richtigen Wertes = Barwert).

Auch nach §255 Abs.4 HGB entspricht der beizulegende Zeitwert dem Marktpreis. Soweit kein aktiver Markt besteht, anhand dessen sich der Marktpreis ermitteln lässt, ist der beizulegende Zeitwert mit Hilfe allgemein anerkannter Bewertungsmethoden zu bestimmen. Lässt sich der beizulegende Zeitwert weder mit Hilfe des Marktpreises noch mit Hilfe allgemein anerkannter Bewertungsmethoden ermitteln, sind die Anschaffungs- oder Herstellungskosten gemäß §253 Abs.4 HGB fortzuführen (fortgeführte Anschaffungs- oder Herstellungskosten), wobei auf den zuletzt nach §255 Abs.4 HGB ermittelten beizulegenden Zeitwert abzustellen ist. **40**

Die Finanzmarktkrise und ihre Verwerfungen führten dazu, dass bei bestimmten Finanzinstrumenten keine oder allenfalls indikative Marktwerte beobachtet werden konnten (nur noch Level-3-Bewertung). Zwecks Ermittlung des beizulegenden Zeitwertes musste daher auf das »Discounted-Cashflow-Modell« im Rahmen des Barwertverfahrens zurückgegriffen werden. Dabei handelt es sich um ein Modellwertverfahren, das auf die Diskontierung der erwarteten zukünftigen Zahlungsströme (»Cashflows«) abstellt. Die Aufsichtsbehörden waren vorrangig daran interessiert, die Marktbewertung nicht grundsätzlich infrage zu stellen, sondern lediglich die im Markt beobachteten Übertreibungen durch den Abgleich mit Erfahrungswerten zu glätten. Auf diese Weise sollte auch der Übergang zwischen den verschiedenen Verfahren erleichtert werden.[22] **41**

Viele Institute streben aus Konsistenzgründen einen weitgehenden Gleichlauf zwischen internem und externem Rechnungswesen an. Im Idealfall kann im Institut auf eine einheitliche Datenbasis für alle möglichen Zwecke (Handel, Abwicklung, Controlling, Risikocontrolling, Rechnungswesen usw.) zurückgegriffen werden, wodurch nicht zuletzt auch die Abstimmung der Positionen erleichtert wird (→ BTO 2.2.2 Tz.7). **42**

---

22 Vgl. Grund, Markus, Fair-Value-Ermittlung in der Finanzkrise, in: BaFinJournal, Ausgabe März 2009, S.7ff.

4 Plausibilisierung der Ergebnisse zwischen Finanz- und Risikobereich (Tz. 4)

43 4 Die im Rechnungswesen und Risikocontrolling ermittelten Ergebnisse sind regelmäßig zu plausibilisieren.

4.1 Rechnungswesen und (Risiko-)Controlling

44 Das Rechnungswesen eines Institutes umfasst im weiteren Sinne sowohl das »externe Rechnungswesen« (Rechnungswesen im engeren Sinne) als auch das »interne Rechnungswesen«. An dieser Stelle beziehen sich die MaRisk auf das externe Rechnungswesen, das in erster Linie für die periodische Darstellung der finanziellen Situation des Institutes gegenüber interessierten Dritten verantwortlich ist. Die dabei vom externen Rechnungswesen zu beachtenden Offenlegungsanforderungen beziehen sich vorrangig auf die Vermögens- und Ertragslage des Institutes, die stichtagsbezogen aus der Bilanz sowie der Gewinn- und Verlustrechnung (GuV) abzulesen sind. Das externe Rechnungswesen nimmt grundsätzlich Bezug auf die Vergangenheit und hat sich insbesondere nach handels- und steuerrechtlichen Vorgaben zu richten.[23]

45 Das interne Rechnungswesen hat hingegen die Aufgabe, die im Unternehmen vorhandenen Daten auszuwerten und so aufzubereiten, dass die Geschäftsleitung bei der Unternehmenssteuerung wirksam unterstützt wird. Es operiert im Gegensatz zum externen Rechnungswesen in erster Linie nach zukunftsorientierten, betriebswirtschaftlichen Gesichtspunkten, da es insbesondere nicht den handelsrechtlichen Beschränkungen unterliegt. Die organisatorische Abgrenzung zwischen externem und internem Rechnungswesen erfolgt institutsindividuell und kann keineswegs als standardisiert bezeichnet werden. In den meisten Instituten ist das interne Rechnungswesen Aufgabe des Controllings. Controlling im eigentlichen Wortsinn bedeutet »Steuern oder Regeln, d. h. Führen zum praktischen Erreichen der vereinbarten Ziele«.[24] Verantwortlich für die Unternehmenssteuerung ist natürlich die Geschäftsleitung. Das Controlling als Funktion im Institut sorgt für die nötige Ergebnis-, Finanz-, Prozess- und Strategie-Transparenz. Es begleitet insofern den Managementprozess der Zielfindung, Planung und Steuerung und trägt damit Mitverantwortung für die Zielerreichung.[25] In dieser Funktion wirkt das Controlling unterstützend auf den Entscheidungsprozess ein. In vielen Fällen verantwortet das Controlling die Konzeption und den Betrieb der quantitativen und qualitativen Steuerungsinstrumente eines Institutes (»Methodenverantwortung«).

46 Für den Prozess der Unternehmenssteuerung spielen sowohl Ertrags- als auch Risikogesichtspunkte eine Rolle. Aus diesem Grund wird rein formal zwischen dem Finanz- oder Ertragscontrolling (Controlling im engeren Sinne oder internes Rechnungswesen) und dem Risikocontrolling unterschieden (→ BTO Tz. 2). Auch diesbezüglich gibt es keine einheitliche Organisationsstruktur in den Instituten. Insbesondere sind Controlling und Risikocontrolling nicht in jedem Fall in verschiedenen Abteilungen oder Bereichen angesiedelt. Diese Unterschiede sind bis in die Ebene der Geschäftsleitung zu beobachten. Die Bandbreite geht von der Verantwortung eines einzelnen Geschäftsleiters für das Rechnungswesen, Controlling und Risikocontrolling bis zur Aufteilung der

---

23 Vgl. z. B. §§ 238 ff. Handelsgesetzbuch (HGB) sowie §§ 140 ff. Abgabenordnung (AO).
24 International Group of Controlling (IGC), Controller Leitbild, Parma, 14. September 2002.
25 Vgl. International Group of Controlling (IGC), Controller Leitbild, Parma, 14. September 2002.

Ressorts auf drei verschiedene Geschäftsleiter. In den letzten Jahren ist vor allem bei größeren Instituten sehr häufig eine Zweiteilung zu beobachten. Der so genannte »Chief Financial Officer« ist für das externe Rechnungswesen zuständig, während der so genannte »Chief Risk Officer« das Risikocontrolling und zum Teil auch das Kreditmanagement verantwortet. Das Controlling kann bei beiden Geschäftsleitern angesiedelt sein, wobei tendenziell eher eine Anbindung an den Chief Financial Officer erfolgt.

4.2 Regelmäßige Plausibilisierung der Ergebnisse

Bei der geforderten regelmäßigen Plausibilisierung geht es im Grunde darum, die Abweichungen **47** zwischen den betriebswirtschaftlich und handelsrechtlich ermittelten Ergebnissen nachzuvollziehen und allgemein zu erläutern. Aus handelsrechtlicher Sicht stehen die Bilanz sowie die Gewinn- und Verlustrechnung (GuV) im Blickpunkt. Die betriebswirtschaftlich ermittelten Ergebnisse beziehen sich hingegen i. d. R. auf die Markt- bzw. Barwerte der einzelnen Vermögenswerte und Verbindlichkeiten. In den Rechnungslegungsnormen spielt die am Marktwert orientierte Fair-Value-Bewertung zwar zunehmend eine wichtige Rolle. Trotzdem ist eine exakte Abstimmung zwischen beiden Ergebnissen methodisch kaum möglich. Das (Risiko-)Controlling liefert jedoch die Steuerungsimpulse für die Geschäftsleitung, der die Abweichungen zum handelsrechtlichen Ergebnis allein aus diesem Grund nähergebracht werden müssen. Darüber hinaus kann diese Plausibilisierung dazu beitragen, eventuelle Fehler in den Systemen des (Risiko-)Controllings aufzudecken und dadurch mögliche Fehlsteuerungsimpulse von vornherein zu vermeiden.

Die EBA fordert konkret von den Instituten, geeignete Verfahren einzurichten, um sicher- **48** zustellen, dass die Daten, die für die konzernweite Einspeisung von Modellen zur Messung des Zinsänderungsrisikos im Anlagebuch verwendet werden – z. B. zur Ertragssimulation – mit den für die Finanzplanung verwendeten Daten übereinstimmen.[26] Diese Forderung geht über eine Plausibilisierung sogar noch hinaus.

Da in den MaRisk lediglich eine Zuweisung der Funktionen, die der Überwachung und Kom- **49** munikation der Risiken dienen, zum Risikocontrolling erfolgt (→BTO Tz. 2 lit. d), könnte anstelle des Risikocontrollings bei der geforderten Plausibilisierung in Abhängigkeit von der konkreten Aufgabenzuweisung auch das Controlling angesprochen sein.

---

26 Vgl. European Banking Authority, Final Report – Guidelines on the management of interest rate risk arising from non-trading book activities, EBA/GL/2018/02, 19. Juli 2018, S. 29.

BTR 2.2 Marktpreisrisiken des Handelsbuches

1 Überwachung der Limiteinhaltung und Umgang mit Limitüberschreitungen (Tz. 1)

1 Es ist sicherzustellen, dass die mit Marktpreisrisiken behafteten Geschäfte des Handelsbuches unverzüglich auf die einschlägigen Limite angerechnet werden und der Positionsverantwortliche über die für ihn relevanten Limite und ihre aktuelle Ausnutzung zeitnah informiert ist. Bei Limitüberschreitungen sind geeignete Maßnahmen zu treffen. Gegebenenfalls ist ein Eskalationsverfahren einzuleiten.

1.1 Anrechnung der Geschäfte auf die einschlägigen Limite

Auf der Grundlage der Risikotragfähigkeit ist ein System von Limiten zur Begrenzung der Marktpreisrisiken einzurichten ($\rightarrow$ BTR 2.1 Tz. 1). Um festzustellen, welche weiteren Geschäftsabschlüsse mit Blick auf die aktuelle Limitauslastung noch möglich sind, müssen die mit Marktpreisrisiken behafteten Geschäfte auf die einschlägigen Limite angerechnet werden. Für die Positionen des Handelsbuches[1] muss diese Anrechnung »unverzüglich« erfolgen. Auf diese Weise soll sichergestellt werden, dass die jeweils vereinbarten Limite grundsätzlich nicht überschritten werden. Für die Positionen des Anlagebuches wird diese explizite Forderung zwar nicht erhoben. Allerdings darf ohne Marktpreisrisikolimit kein mit Marktpreisrisiken behaftetes Geschäft abgeschlossen werden, wobei nicht zwischen Handels- und Anlagebuch unterschieden wird ($\rightarrow$ BTR 2.1 Tz. 2). Um diese Anforderung erfüllen zu können, muss die aktuelle Limitauslastung für die Positionen des Anlagebuches im Grunde ebenfalls bekannt sein.

Insofern bezieht sich diese Erleichterung nicht auf die Limitanrechnung an sich, sondern in erster Linie auf die Forderung nach einer »unverzüglichen« Anrechnung. Diese Unterscheidung ist darauf zurückzuführen, dass es beim Abschluss von Geschäften für das Handelsbuch vor allem auf den richtigen Zeitpunkt ankommt. Insbesondere in größeren Instituten mit umfangreichen Handelsaktivitäten müssen die teilweise gleichzeitig operierenden Händler deshalb permanent über die jeweilige Limitauslastung informiert sein, um auf sich bietende Gelegenheiten sofort reagieren zu können. Dies sollte bei Geschäften des Anlagebuches hingegen nicht das maßgebliche Kriterium sein. Zudem werden in diesem Fall wesentlich weniger Geschäfte abgeschlossen, womit auch die Wahrscheinlichkeit sinkt, dass zur selben Zeit mehrere Personen gleichzeitig durch Geschäftsabschlüsse die Auslastung des für das Anlagebuch maßgeblichen Limits beeinflussen.

Laut BaFin ist mit der »unverzüglichen« Anrechnung eine prozessorientierte Frist verbunden, d. h. eine Anrechnung im Rahmen der vorhandenen Möglichkeiten, mindestens jedoch täglich. In den MaRisk wird der Begriff »unverzüglich« allgemein mit der Formulierung »ohne schuldhaftes Zögern« gleichgesetzt. Unter den »einschlägigen Limiten« ist jene Art von Limiten zu verstehen, die institutsindividuell als angemessen erachtet wird. Vorgaben werden hierzu nicht

---

1 Gemäß Art. 4 Abs. 1 Nr. 86 CRR gehören zum »Handelsbuch« alle Positionen in Finanzinstrumenten und Waren, die ein Institut entweder mit Handelsabsicht oder zur Absicherung anderer mit Handelsabsicht gehaltener Positionen des Handelsbuchs hält. Nach Art. 4 Abs. 1 Nr. 85 CRR gehören zu den Positionen, die »mit Handelsabsicht« gehalten werden, Eigenhandelspositionen und Positionen, die sich aus Kundenbetreuung und Marktpflege ergeben, Positionen, die zum kurzfristigen Wiederverkauf gehalten werden, sowie Positionen, bei denen die Absicht besteht, aus bestehenden oder erwarteten kurzfristigen Kursunterschieden zwischen Ankaufs- und Verkaufskurs oder aus anderen Kurs- oder Zinsschwankungen Profit zu ziehen.

gemacht. Insbesondere besteht keine zwingende Notwendigkeit zur Verwendung von VaR-Limiten.

1.2 Information des Positionsverantwortlichen

5   Über die für ihn relevanten Limite und ihre aktuelle Ausnutzung muss der jeweilige Positionsverantwortliche zeitnah informiert werden. Damit ist nicht unbedingt der Händler gemeint. Wie bereits ausführlich dargelegt wurde, ist z.B. die Treasury häufig für die aus Gesamtbanksicht abgeschlossenen Geschäfte verantwortlich (→ BTO Tz. 4 und BTR 1 Tz. 3).

6   Im Rahmen des SREP sollten die zuständigen Behörden bei der Bewertung des Limitsystems auch überprüfen, ob die Institute über Verfahren verfügen, um die Händler im Hinblick auf ihre Limite stets auf dem neuesten Stand zu halten.[2]

1.3 Maßnahmen bei Limitüberschreitungen

7   Trotz der unverzüglichen Anrechnung der Geschäfte auf die einschlägigen Limite kann es im Einzelfall zu Limitüberschreitungen kommen, die für die Geschäfte des Handelsbuches eine nicht gewünschte Risikoerhöhung zur Folge haben. Auch vor dem Hintergrund der Gewährleistung der Risikotragfähigkeit sind für diese Fälle geeignete Maßnahmen festzulegen. Möglich sind neben einer unverzüglichen Limitanpassung grundsätzlich auch Maßnahmen zur Risikoreduzierung. So kann z.B. durch den (Teil-)Verkauf oder das (Teil-)Hedging von Positionen bzw. durch geeignete Besicherungsmaßnahmen eine Rückführung in das ursprünglich vorgegebene Limit erreicht werden. In jedem Fall ist es sinnvoll, zunächst die Ursache der Limitüberschreitung zu untersuchen, um in angemessener Weise reagieren zu können.

8   Die zuständigen Behörden sollten im Rahmen des SREP untersuchen, ob die internen Verfahren und Kontrollen der Institute so ausgestaltet sind, dass Überschreitungen einzelner Limite, die auf der Ebene der Handelsabteilung oder einer Geschäftseinheit festgelegt wurden, oder des Gesamtlimits für Marktpreisrisiken ermittelt werden können, und die tägliche Ermittlung und Überwachung von Limitüberschreitungen und/oder zulässiger Ausnahmen ermöglicht wird.[3]

9   Mit Blick auf die Positionen des Anlagebuches muss hingegen lediglich durch geeignete Maßnahmen sichergestellt werden, dass Limitüberschreitungen aufgrund zwischenzeitlicher Veränderungen der Risikopositionen vermieden werden (→ BTR 2.3 Tz. 3). Diese Erleichterung trägt der unterschiedlichen Zielsetzung beim Abschluss von Geschäften des Handelsbuches bzw. des Anlagebuches und den damit jeweils verbundenen Prozessen Rechnung.

---

2   Vgl. European Banking Authority, Guidelines on common procedures and methodologies for the supervisory review and evaluation process (SREP) and supervisory stress testing, EBA/GL/2014/13, Consolidated version, 19. Juli 2018, S. 102.

3   Vgl. European Banking Authority, Guidelines on common procedures and methodologies for the supervisory review and evaluation process (SREP) and supervisory stress testing, EBA/GL/2014/13, Consolidated version, 19. Juli 2018, S. 101 f.

1.4 Einleitung eines Eskalationsverfahrens

Die Festlegung von Maßnahmen bei Limitüberschreitungen obliegt i. d. R. dem Risikocontrolling. Die **10** Umsetzung der entsprechenden Maßnahmen erfolgt im Normalfall durch die jeweiligen Positionsverantwortlichen. Werden die Festlegungen des Risikocontrollings nicht befürwortet bzw. nicht befolgt, ist ggf. ein Eskalationsverfahren einzuleiten. Ob es sich dabei um ein einstufiges oder ein mehrstufiges Verfahren handelt, liegt im Ermessen der Institute. Denkbar ist auch eine Orientierung an den Festlegungen im Kreditgeschäft (→ BTO 1.1 Tz. 6). Da die Funktionen des Marktpreisrisikocontrollings bis einschließlich der Ebene der Geschäftsleitung von Bereichen zu trennen sind, die die Positionsverantwortung tragen (→ BTO Tz. 4), könnte ein derartiges Eskalationsverfahren bis zur Ebene der Geschäftsleitung ausgedehnt werden.

2 Bewertung der Positionen des Handelsbuches (Tz. 2)

11 **2** Die mit Marktpreisrisiken behafteten Positionen des Handelsbuches sind täglich zu bewerten.

2.1 Täglicher Bewertungsturnus

12 Die mit Marktpreisrisiken behafteten Positionen des Handelsbuches sind täglich zu bewerten. Da die tägliche Verfügbarkeit von Marktpreisen für diesen weiten Anwendungsbereich nicht uneingeschränkt gewährleistet ist, wird nicht mehr vorgeschrieben, die Positionen täglich »zu Marktpreisen« zu bewerten. Stattdessen kann auch auf andere geeignete Bewertungsverfahren zurückgegriffen werden. Neben der Verwendung von Bewertungsmodellen können z. B. auch Preisindikationen vom Risikocontrolling bei anderen großen Adressen oder Brokern erfragt werden. Grundsätzlich ist auch eine Orientierung an den Vorgaben der jeweils verwendeten Rechnungslegungsstandards denkbar (→ BTR 2.1 Tz. 3). Entscheidend ist letztlich, dass die Bewertung in sachgerechter Weise und auf Basis adäquater Bewertungsmodelle sowie aktueller Marktparameter erfolgt.

13 Mit Blick auf die erste Säule sind auch die regulatorischen Vorgaben unter dem Stichwort »vorsichtige Bewertung« (»Prudent Valuation«) in Art. 105 CRR und in den ergänzenden Ausarbeitungen der EBA bzw. deren Umsetzung durch technische Regulierungsstandards der EU-Kommission zur Bewertung von Finanzinstrumenten zu beachten.[4] Gemäß Art. 105 Abs. 3 CRR müssen die Institute die Positionen des Handelsbuches ohnehin zumindest einmal täglich neu bewerten.

2.2 Beurteilung von Marktpreisrisiken

14 Im Hinblick auf die Methoden zur Beurteilung der mit Marktpreisrisiken behafteten Positionen enthalten die MaRisk keine konkreten Vorgaben. Die betriebswirtschaftliche Messung von Marktpreisrisiken erfolgt in der Praxis mit Hilfe einer Prognose der potenziellen kurzfristigen Veränderung des Marktwertes einer Position oder eines Portfolios aufgrund von Marktpreisänderungen. Die Grundlage der Marktpreisrisikomessung ist somit die Bestimmung des Positionswertes. Das Marktpreisrisiko besteht, wie bereits ausgeführt, in der potenziellen negativen Veränderung des Positionswertes. Die Bestimmung des aktuellen Positionswertes kann in Abhängigkeit der Verfügbarkeit von Marktpreisen auf unterschiedliche Weise erfolgen.[5] Insbesondere im Falle von Marktstörungen kann es zu Problemen bei der Ermittlung der Marktpreise kommen. Für länger

---

4   Vgl. European Banking Authority, EBA Final draft Regulatory Technical Standards on prudent valuation under Article 105 (14) of Regulation (EU) No 575/2013 (Capital Requirements Regulation – CRR), EBA/RTS/2014/06/rev1, 23. Januar 2015; Delegierte Verordnung (EU) 2016/101 der Kommission vom 26. Oktober 2015 zur Ergänzung der Verordnung (EU) Nr. 575/2013 des Europäischen Parlaments und des Rates im Hinblick auf technische Regulierungsstandards für die vorsichtige Bewertung nach Artikel 105 Absatz 14, Amtsblatt der Europäischen Union vom 28. Januar 2016, L 21/54–65.

5   In der CRR wird zwischen der Bewertung von Positionen auf der Grundlage einfach feststellbarer Glattstellungspreise, die aus neutralen Quellen bezogen werden, einschließlich Börsenkursen, über Handelssysteme angezeigten Preisen oder Quotierungen von verschiedenen unabhängigen, angesehenen Brokern nach Art. 4 Abs. 1 Nr. 68 CRR (»Bewertung zu Marktpreisen«), und jeder Bewertung, die aus einem oder mehreren Marktwerten abgeleitet, extrapoliert oder auf andere Weise errechnet werden muss, nach Art. 4 Abs. 1 Nr. 69 CRR (»Bewertung zu Modellpreisen«) unterschieden.

anhaltende Fälle fehlender, veralteter oder verzerrter Marktpreise sind deshalb für wesentliche Positionen alternative Bewertungsmethoden festzulegen (→ BTR 2.1 Tz. 3).

Die Risikomessung basiert generell auf der Variation der relevanten Risikoparameter. Neben der Betrachtung von Sensitivitäten und der Simulation von Zinsstrukturszenarien können auch statistische Größen zur Messung herangezogen werden. Die Prognosegüte der Verfahren zur Beurteilung der Marktpreisrisiken wird durch deren regelmäßige Überprüfung sichergestellt (→ BTR 2.1 Tz. 3), die im Fall der Handelsbuchpositionen u. a. mittels »Backtesting« erfolgt. Danach sind die modellmäßig ermittelten Risikowerte fortlaufend mit der tatsächlichen Entwicklung zu vergleichen (→ BTR 2.2 Tz. 4).   **15**

2.3   Sensitivitätsmaße

Mit Hilfe von Sensitivitätsmaßen erfolgt eine Approximation des produktspezifischen Marktpreisrisikos. Sensitivitätsmaße sind Kennzahlen, die die prozentuale oder absolute Preisänderung eines Finanzinstrumentes bei Veränderung eines bestimmten Risikoparameters angeben. Allgemein bekannt sind Zins- (Modifizierte Duration, Basis-Point-Value), Aktien- (Betafaktor) und Optionssensitivitäten (Greeks).   **16**

Die Duration berücksichtigt als durchschnittliche Kapitalbindungsdauer einer Position im Gegensatz zur Restlaufzeit auch die Höhe und den Zeitpunkt der laufenden Cashflows, abgezinst auf den Betrachtungszeitraum. Die modifizierte Duration gibt die prozentuale Marktwertänderung bei einer Marktzinserhöhung um 100 Basispunkte an und eignet sich daher zur Abschätzung von Marktwertänderungen. Unterstellt wird dabei allerdings ein linearer Zusammenhang zwischen Marktwert und Marktzins, der in der Realität nur für sehr kleine Kursänderungen zutreffend ist. Daneben führen auch die Annahme einer horizontalen Zinsstrukturkurve, die einen einheitlichen Zinssatz für sämtliche Laufzeiten vorschreibt, und die ausschließlich mögliche Parallelverschiebung der Zinsstruktur bei Zinsänderungen zu Verzerrungen.   **17**

Diese restriktiven Prämissen werden im Rahmen verschiedener Erweiterungen des Durationskonzeptes aufgegriffen. Ein Maßstab für den nicht-linearen Zusammenhang zwischen Marktwert und Marktzins ist die Konvexität, mit deren Hilfe die Formel für die prozentuale Kursveränderung angepasst werden kann. Die Annahme einer horizontalen Zinsstrukturkurve wird mit der effektiven Duration aufgehoben, indem zur Abzinsung laufzeitspezifische Zerobondrenditen verwendet werden. Schließlich können mit Hilfe der Key-Rate-Duration auch nicht parallele Verschiebungen der Zinsstrukturkurve simuliert werden. Insbesondere durch die beschriebenen Erweiterungen sind die durationsbasierten Kennzahlen für kurze Betrachtungszeiträume durchaus geeignet. Alternativ kann auch der Price-Value-of-a-Basis-Point (PVBP) zur Abschätzung von Barwertänderungen herangezogen werden, der auch als Present-Value-of-a-Basis-Point oder Basis-Point-Value (BPV) bezeichnet wird. Er drückt die absolute Marktwertänderung bei einer Marktzinserhöhung um einen Basispunkt aus.[6]   **18**

Welche Änderung die erwartete Rendite eines Wertpapieres bei einer Anpassung der Rendite des Marktportfolios um einen Prozentpunkt erfährt, wird im Falle von Aktien durch den Betafaktor beschrieben. Er wird als Quotient aus der Kovarianz der Renditeerwartungen des Wertpapieres und des Marktportfolios sowie der Varianz des Marktportfolios berechnet. Ist der Betafaktor z. B. größer als eins, so bewegt sich das Wertpapier in größeren Schwankungen als der Markt.   **19**

Die Greeks sind die partiellen Ableitungen des Optionspreises nach den maßgeblichen Parametern aus dem Modell zur Bewertung von Finanzoptionen von Fischer Sheffey Black, Myron Samuel Scholes und eigentlich auch Robert Carhart Merton aus dem Jahre 1973 (»Black-Scholes-Modell«).   **20**

---

6   Vgl. Bühler, Alfred/Hies, Michael, Zinsrisiken und Key-Rate-Duration, in: Die Bank, Heft 2/1995, S. 112 ff.

BTR 2.2 Marktpreisrisiken des Handelsbuches

Bei partiellen Ableitungen wird jeweils unterstellt, dass die übrigen Parameter unverändert bleiben, so dass der Einfluss einzelner Risikofaktoren analysiert werden kann. Wie sich der Optionspreis bei Änderung des Kurses vom Basiswert (Underlying) um eine Einheit verhält, wird mit Hilfe des Delta (Basispreissensitivität) berechnet. Wie stark sich wiederum das Delta bei Änderung des Kurses vom Basiswert um eine Einheit ändert, gibt das Gamma (Optionspreissensitivität) an. Mit dem Theta (Laufzeitsensitivität) wird der Zeitwert einer Option angegeben, d.h. wie sich der Optionspreis bei Verkürzung der Restlaufzeit um einen Tag verhält. Das Vega[7] (Volatilitätssensitivität) bezeichnet die Anpassung des Optionspreises bei einer Änderung der Volatilität des Basiswertes um einen Prozentpunkt. Das Rho (Zinssensitivität) entspricht der Anpassung des Optionspreises bei Änderung des risikolosen Zinssatzes am Kapitalmarkt um einen Prozentpunkt. Das Omega (Optionselastizität) ergibt den effektiven Hebel, indem das Delta mit dem Quotienten aus dem aktuellen Kurs des Basiswertes und dem aktuellen Optionspreis (aktueller Hebel) multipliziert wird.

2.4 Simulation von Zinsstrukturszenarien

21 Im Fall von Zinsstrukturszenarien bestimmt die in der Zinsprognose angenommene Änderung der Zinsstrukturkurve die für die Zukunft erwarteten Kurswertschwankungen, also das Kurswertrisiko. Bewertet wird unter verschiedenen möglichen Zinsszenarien jeweils der faire Wert einer Position. Das Risiko ergibt sich dann als Differenz aus aktuellem Kurs und fairem Wert unter dem jeweiligen Szenario. Als Maße können u. a. die oben erwähnten Risikokennziffern, wie die modifizierte Duration oder der Price-Value-of-a-Basis-Point, herangezogen werden.

22 Zinsstrukturszenarien können z. B. mit Hilfe einer Parallelverschiebung der Zinsstrukturkurve um eine bestimmte Anzahl von Basispunkten simuliert werden. Ein Worst-Case-Szenario kann dabei durch Verschiebung der Zinsstrukturkurve um eine als negativer Extremfall angenommene Anzahl von Basispunkten festgelegt werden. Beispielhaft sei an dieser Stelle auf den so genannten »Standardzinsschock« der zweiten Säule von Basel II verwiesen, der allerdings auf die Zinsänderungsrisiken des Anlagebuches Bezug nimmt.[8] Oftmals verändern sich kurz- und langfristige Zinssätze jedoch nicht in gleichem Ausmaß. Die Schwankungen kurzfristiger Zinssätze fallen in der Praxis meist stärker aus. Solche Szenarien können als Drehungen der Zinsstrukturkurve dargestellt werden. Hierfür eignen sich auch die ergänzend durchgeführten Stresstests ($\rightarrow$ AT 4.3.3 Tz. 1), die es erlauben, unterschiedliche Zinsstrukturkurvenkonstellationen und deren Auswirkung auf die Risikopositionen zusätzlich zum Standard-Risikomaß zu betrachten.

2.5 Statistische Verfahren

23 Bei der Heranziehung statistischer Größen kann man das Risiko vereinfacht als Summe des mit den Risikofaktoren gewichteten Nominalvolumens der verschiedenen Assetklassen berechnen. Die Berechnung der Risikofaktoren ist allerdings relativ komplex. Einem Ansatz von J.P. Morgan aus dem Oktober 1994 folgend, können Marktpreisrisiken mittels des so genannten »Value-at-Risk« (VaR) abgeschätzt werden ($\rightarrow$ AT 4.1 Tz. 1). Der Value-at-Risk beschreibt grundsätzlich das Verlustpotenzial einer Position oder eines Portfolios, das unter üblichen Marktbedingungen inner-

---

7   Vega wird in der Fachliteratur auch als Kappa oder Lambda bezeichnet.

8   Vgl. Basel Committee on Banking Supervision, International Convergence of Capital Measurement and Capital Standards – A Revised Framework (Basel II), 26. Juni 2004, Tz. 764.

halb eines festgelegten Zeitraumes (Haltedauer, Glattstellungs- oder Liquidationsperiode) mit einer bestimmten Wahrscheinlichkeit (Konfidenzniveau) nicht überschritten wird. Er verknüpft somit die traditionelle Risikodefinition mit der Wahrscheinlichkeitsrechnung. Während sich der Value-at-Risk einer Position als Produkt aus dem Risikovolumen der untersuchten Position mit der Wahrscheinlichkeit berechnen lässt, dass diese Position das vorgegebene Konfidenzintervall verlässt, berücksichtigt der Value-at-Risk eines Portfolios zusätzlich die Abhängigkeiten (Korrelationen) zwischen je zwei Positionen.[9]

Trotz seiner Defizite eignet sich das Value-at-Risk-Konzept unter normalen Bedingungen zur **24** Bewertung der mit Marktpreisrisiken behafteten Positionen des Handelsbuches. Die Wahl der Haltedauer sollte sich grundsätzlich nach dem Zeitraum richten, der zur Liquidierung des Handelsportfolios erforderlich ist. Sie wird insofern in Abhängigkeit von der Liquidität des zugrundegelegten Marktes bzw. von der gewählten Handelsstrategie festgelegt.[10] Im Normalfall wird im Bereich der Marktpreisrisiken nach Art. 365 Abs. 1 Satz 1 lit. c CRR eine Haltedauer von zehn Tagen zugrundegelegt. Sie darf laut Art. 365 Abs. 1 Satz 2 CRR auch weniger als zehn Tage betragen, wenn dem Institut eine angemessene und regelmäßig überprüfte Methode zur Hochrechnung auf zehn Tage zur Verfügung steht.

Die angestrebte Wahrscheinlichkeit wird in Form des Konfidenzniveaus ebenfalls vom Institut **25** vorgegeben. Dessen Wahl hängt aus Gesamtbanksicht insbesondere vom angestrebten externen Zielrating und von der gewählten Perspektive im Risikotragfähigkeitskonzept ($\rightarrow$ AT4.1 Tz. 1) ab und beträgt im Marktpreisrisikobereich i. d. R. zwischen 95,0 % und 99,9 %. Für die Bestimmung der regulatorischen Eigenmittel wird gemäß Art. 365 Abs. 1 Satz 1 lit. b CRR ein Konfidenzniveau von 99,0 % gefordert. Die deutsche Aufsicht erwartet von den weniger bedeutenden Instituten, dass sie sich für die Zwecke des ICAAP insgesamt am Konfidenzniveau der internen Modelle der ersten Säule orientieren, das unter Berücksichtigung aller Parameter in etwa 99,9 % entspricht.[11] Die EZB fordert von den bedeutenden Instituten im Grunde dasselbe, verweist allerdings darauf, dass der Gesamtgrad der Konservativität nicht durch einzelne Faktoren bestimmt wird, sondern durch alle zugrundeliegenden Annahmen und Parameter zusammen. Je nach Risikoprofil könnten die internen Risikoparameter im Vergleich zur ersten Säule selbst dann als insgesamt konservativer betrachtet werden, wenn das Konfidenzniveau unter 99,9 % liegt. Dies hängt davon ab, wie dieses Konfidenzniveau mit den verwendeten Risikofaktoren, Verteilungsannahmen, Haltedauern, Korrelationsannahmen sowie weiteren Parametern und Annahmen kombiniert wird.[12]

Zur Bestimmung des Value-at-Risk ist die Verwendung verschiedener Schätzmethoden möglich, **26** wobei grundsätzlich zwischen Benchmarkszenarien und Marktszenarien unterschieden wird.

2.6 Benchmarkszenarien zur Ermittlung des Value-at-Risk

Benchmarkszenarien approximieren das Verlustpotenzial in Abhängigkeit von Veränderungen der **27** jeweils fixierten Marktrisikoparameter. In der Regel werden Standard-, Stress- und Crashszenarien berechnet. Beim Standardszenario werden durchschnittliche Risikofaktoren verwendet, die über längere Zeiträume unverändert bleiben und mit hohen Wahrscheinlichkeiten verbunden sind. Im

---

9 Vgl. Rolfes, Bernd, Gesamtbanksteuerung, Stuttgart, 1999, S. 104 ff.

10 Vgl. Caps, Oliver/Tretter, Tobias, MaH aus Sicht der Marktpreisrisikosteuerung, in: Finanz Colloquium Heidelberg (Hrsg.), Einhaltung der MaH, Heidelberg, 2004, S. 127.

11 Vgl. Bundesanstalt für Finanzdienstleistungsaufsicht/Deutsche Bundesbank, Aufsichtliche Beurteilung bankinterner Risikotragfähigkeitskonzepte und deren prozessualer Einbindung in die Gesamtbanksteuerung (»ICAAP«) – Neuausrichtung, Leitfaden vom 24. Mai 2018, S. 17.

12 Vgl. Europäische Zentralbank, Leitfaden der EZB für den bankinternen Prozess zur Sicherstellung einer angemessenen Kapitalausstattung (Internal Capital Adequacy Assessment Process – ICAAP), 9. November 2018, S. 35 f.

BTR 2.2 Marktpreisrisiken des Handelsbuches

Gegensatz dazu basieren Stress- und Crashszenarien auf außerordentlichen Risikofaktoren mit geringen Eintrittswahrscheinlichkeiten zur Bestimmung des Risikos unter extremen Bedingungen. Das Crashszenario berücksichtigt dabei die subjektiv ungünstigste Entwicklung dieser Risikofaktoren. Die Differenz aus dem aktuellen Kurswert und dem ermittelten schlechtesten Kurswert ergibt den Value-at-Risk im Extremfall. Die Problematik der Benchmarkszenarien besteht in der häufig kaum möglichen Plausibilisierung der zugrundeliegenden Annahmen. Stressszenarien dienen allgemein der Abschätzung zukünftiger Risiken unter ungünstigen ökonomischen Rahmenbedingungen. Für die wesentlichen Risiken sind ohnehin regelmäßig angemessene Stresstests durchzuführen ($\rightarrow$ AT 4.3.3 Tz. 1), über deren Ergebnisse sich die Geschäftsleitung in angemessenen Abständen berichten zu lassen hat ($\rightarrow$ BT 3.1 Tz. 2).

2.7 Marktszenarien zur Ermittlung des Value-at-Risk

28   Zu den Marktszenarien gehören parametrische Verfahren und Simulationsverfahren. Das bekannteste parametrische Verfahren ist der Varianz-/Kovarianz-Ansatz, bei dem die Risiken der Einzelpositionen zum Zwecke der Vergleichbarkeit standardisiert und in einer Korrelationsmatrix zusammengeführt werden. Zinsvolatilitäten und Korrelationen können explizit berücksichtigt werden. Außerdem können historische Zeitreihen über Dritte bezogen werden. Dieses Verfahren setzt allerdings eine in der Realität häufig nicht vorhandene Normalverteilung der Risikofaktoren voraus. Nachteilig ist darüber hinaus eine schlechte Abbildung der Preisfunktion von Optionen. Optionen haben im Gegensatz zu klassischen Instrumenten ein asymmetrisches Rendite-/Risiko-Profil. Ihr Wert steht in keinem linearen Verhältnis zum Kurs des Underlyings, was für den Varianz-/Kovarianz-Ansatz unabdingbar ist. Je nach Volumenanteil der Optionen am Gesamtportfolio führt diese Schwäche zu fehlerhaften Ergebnissen und in der Konsequenz zur Ablehnung dieses Ansatzes.

29   Im Rahmen der historischen Simulation wird der Value-at-Risk direkt über Veränderungen der Marktdaten der Vergangenheit bestimmt. Dabei werden die relativen Veränderungen der Risikofaktoren der Vergangenheit auf das aktuelle Portfolio für den Betrachtungshorizont angewendet. Das Portfolio durchlebt somit sukzessive Wertentwicklungen einer vergangenen Periode, die damit als maßgeblich für die Abschätzung der zukünftigen Entwicklungen angesehen wird. Dies ist nicht unproblematisch, da z. B. historische Zinsänderungen in Hochzinsphasen nicht repräsentativ sind für aktuelle Niedrigzinsphasen (und umgekehrt). Korrelationen werden dabei implizit berücksichtigt, da die historischen Korrelationen in den entsprechenden Daten abgebildet sind. Die Anwendung dieses Verfahrens setzt zudem das Vorhandensein entsprechend langer Datenreihen voraus, um den Schätzfehler zu minimieren.

30   Bei der mathematisch anspruchsvolleren Monte-Carlo-Simulation basiert der Value-at-Risk auf zufälligen Veränderungen der Risikofaktoren. Hierbei wird die statistische Verteilung von Renditen, Veränderungs- oder Abweichungsraten vorgegeben. Die zunächst unkorrelierten und unabhängigen Zufallszahlen werden z. B. mit Hilfe einer Cholesky-Zerlegung in Zufallszahlen überführt, die entsprechend der zugrundeliegenden Kovarianzmatrix korreliert sind.[13] Mit deren Hilfe wird die Wertentwicklung des Portfolios simuliert. Im Gegensatz zu den übrigen Methoden ist die auf dem Prinzip der Neubewertung beruhende Monte-Carlo-Simulation ein relativ aufwendiges und rechenintensives Verfahren. Das Verfahren ist als qualitativ hochwertig einzustufen und eignet sich besonders für Portfolios, die nichtlineare Risiken aufweisen (z. B. Optionsgeschäfte).

---

13   Mit Hilfe einer Cholesky-Zerlegung wird die Kovarianzmatrix in eine Dreiecksmatrix umgewandelt, deren Multiplikation mit ihrer transponierten Matrix wieder die Kovarianzmatrix zum Ergebnis hat. Wird diese Dreiecksmatrix mit einem Zufallszahlenvektor multipliziert, sind die daraus resultierenden Zufallszahlen entsprechend der Kovarianzmatrix korreliert.

3 Ermittlung des Handelsbuch-Ergebnisses und der Gesamtrisikopositionen (Tz. 3)

3 Es ist täglich ein Ergebnis für das Handelsbuch zu ermitteln. Die bestehenden Risiko-   **31**
positionen sind mindestens einmal täglich zum Geschäftsschluss zu Gesamtrisikopositionen zusammenzufassen.

3.1 Ergebnisse und Gesamtrisikopositionen

Die Institute müssen täglich ein Ergebnis für das Handelsbuch ermitteln, womit in erster Linie das   **32**
vom Risikocontrolling ermittelte betriebswirtschaftliche Ergebnis gemeint ist. Die bestehenden
Risikopositionen sind dabei zu Gesamtrisikopositionen zusammenzufassen. Zusammengefasst
wird jeweils die Gesamtheit der Positionen, die demselben Marktpreisrisiko unterliegen bzw. sich
gegenüber denselben Marktparametern sensitiv verhalten. Im Rahmen der Berichterstattung wird
z. B. häufig zwischen den Zins-, Währungs-, Aktienkurs- und sonstigen Marktpreispositionen
unterschieden. Die Zusammenfassung mehrerer Positionen mit gleichen Merkmalen zu Gesamtrisikopositionen bezeichnet man auch als »Aggregation«. Dabei können unter bestimmten Voraussetzungen Korrelationseffekte berücksichtigt werden (→ AT 4.1 Tz. 6).

Die auf diese Weise ermittelten Gesamtrisikopositionen und Ergebnisse sowie die Limitauslas-   **33**
tungen (→ BTR 2.2 Tz. 1) sind zeitnah am nächsten Geschäftstag dem für das Risikocontrolling
zuständigen Geschäftsleiter zu berichten. Die Meldung ist mit dem Handelsbereich abzustimmen
(→ BT 3.2 Tz. 4). Bei Instituten, die die Erleichterungen des Art. 94 Abs. 1 CRR in Anspruch
nehmen oder nehmen können (»Nicht-Handelsbuchinstitute«), ist an die tägliche Berichterstattung regelmäßig kein nennenswerter Informationsgewinn geknüpft, weil in diesem Fall von unter
Risikogesichtspunkten überschaubaren Positionen im Handelsbuch ausgegangen wird. Eine entsprechende Anforderung wäre auch unter Kosten-/Nutzen-Gesichtspunkten unverhältnismäßig.
Deshalb kann unter diesen Voraussetzungen auf die tägliche Berichterstattung zugunsten eines
längeren Turnus verzichtet werden (→ BT 3.2 Tz. 4, Erläuterung).

4 Backtesting der modellmäßig ermittelten Risikowerte (Tz. 4)

34 **4** Die modellmäßig ermittelten Risikowerte sind fortlaufend mit der tatsächlichen Entwicklung zu vergleichen.

4.1 Backtesting

35 Unter den modellmäßig ermittelten Risikowerten ist die mit Hilfe der jeweils verwendeten Methode prognostizierte (negative) Ergebnisentwicklung des Portfolios bzw. bestimmter Teilportfolien zu verstehen. Zur Bestätigung der auf diese Weise prognostizierten Werte ist die tatsächliche Ergebnisentwicklung heranzuziehen. Dieses Verfahren wird auch »Rückvergleich« oder »Backtesting« genannt, weil die Güte der zuvor ermittelten Prognosewerte im Nachhinein überprüft wird. Da interne Risikomodelle im Allgemeinen auf dem Value-at-Risk-Konzept (VaR-Konzept) aufbauen, entsprechen die Risikowerte i.d.R. den berechneten VaR-Werten. Die Anforderung kann allerdings auch ohne Verwendung interner Modelle erfüllt werden. Im Grunde werden »lediglich« die modellmäßig ermittelten Risiken den nunmehr tatsächlich eingetretenen Verlusten gegenübergestellt.

36 Die Backtesting-Verfahren lassen sich bei internen Modellen zur Berechnung der regulatorischen Eigenmittelanforderungen in zwei Klassen einteilen: Das sogenannte »Dirty Backtesting« vergleicht als sehr einfaches Verfahren die eingetretene Wertänderung des zu betrachtenen Portfolios am Folgetag mit dem zuvor geschätzten Value-at-Risk. Da dabei mögliche Portfolio-Änderungen unberücksichtigt bleiben, ist das Verfahren bei intensiver Handelstätigkeit ungenau. Beim »Clean Backtesting« als Weiterentwicklung des Dirty Backtesting wird eine hypothetische Wertänderung jenes Portfolios untersucht, für das zuvor der Value-at-Risk berechnet wurde.[14] Dieser Vergleich kann in Abhängigkeit von Art und Umfang der Handelsaktivitäten natürlich äußerst anspruchsvoll sein. Welche Verfahren für die Zwecke der zweiten Säule verwendet werden, bleibt jedoch den Instituten überlassen.

37 Für die Zwecke der regulatorischen Eigenmittelberechnung sind die Vorgaben in Art. 366 CRR sowie die ergänzenden Anforderungen der EBA und der deutschen Aufsicht zu berücksichtigen.[15] Gemäß Art. 366 Abs. 3 CRR müssen die Institute die Überschreitungen bei täglichen Rückvergleichen der hypothetischen und tatsächlichen Änderungen des Portfoliowertes überwachen und nach Art. 366 Abs. 5 CRR binnen fünf Arbeitstagen an die zuständigen Behörden melden. Eine Überschreitung liegt vor, wenn eine Änderung des Portfoliowertes die mit Hilfe des internen Modells errechnete Maßzahl des Risikopotenziales für den Zeitraum eines Tages überschreitet. Ein Rückvergleich der hypothetischen Änderungen des Portfoliowertes beruht auf dem Vergleich zwischen dem Tagesendwert des Portfolios und seinem Wert am Ende des darauffolgenden Tages unter der

---

14 Vgl. Bundesanstalt für Finanzdienstleistungsaufsicht/Deutsche Bundesbank, Merkblatt zu aufsichtlichen Rückvergleichen bei internen Marktrisikomodellen, 31.Juli 2014, S. 2 f.

15 Bundesanstalt für Finanzdienstleistungsaufsicht/Deutsche Bundesbank, Merkblatt zu Modelländerungen bei internen Marktrisikomodellen, 19.April 2010; Bundesanstalt für Finanzdienstleistungsaufsicht/Deutsche Bundesbank, Merkblatt zu aufsichtlichen Rückvergleichen bei internen Marktrisikomodellen, 31.Juli 2014; Bundesanstalt für Finanzdienstleistungsaufsicht/Deutsche Bundesbank, Formular zur Anzeige von Überschreitungen bei Rückvergleichen bei internen Marktrisikomodellen gemäß Art. 366 CRR, 31.Juli 2014; European Banking Authority, EBA Final draft Regulatory Technical Standards on the specification of the assessment methodology for competent authorities regarding compliance of an institution with the requirements to use internal models for market risk and assessment of significant share under points (b) and (c) of Article 363(4) of Regulation (EU) No 575/2013, EBA/RTS/2016/07, 22.November 2016.

Annahme unveränderter Tagesendpositionen. Ein Rückvergleich der tatsächlichen Änderungen des Portfoliowertes beruht auf dem Vergleich zwischen dem Tagesendwert des Portfolios und seinem tatsächlichen Wert am Ende des darauffolgenden Tages, ohne Gebühren, Provisionen und Nettozinserträge. Anhand der Zahl der festgestellten Überschreitungen, die zumindest einmal pro Quartal berechnet werden muss, werden die normalerweise für die regulatorische Eigenmittelberechnung verwendeten Multiplikationsfaktoren dann um einen Zuschlagsfaktor zwischen null und eins erhöht. Maßgeblich ist dabei die jeweilige Höchstzahl der Überschreitungen bei den hypothetischen und den tatsächlichen Änderungen des Portfoliowertes.

4.2 Empfehlungen der Bankaufsichtsbehörden

Der Baseler Ausschuss für Bankenaufsicht hat bereits im Dezember 2009 ein erstes Konsultations-   **38**
papier mit Maßnahmen zur Stärkung der Widerstandsfähigkeit des Bankensektors veröffentlicht[16], in dem u. a. vorgeschlagen wurde, das Backtesting und das Stresstestverfahren für die interne Modellmethode zu verschärfen. Außerdem wurden im April 2010 Leitlinien zur Konsultation gestellt, nach denen die Institute ihr Backtesting für Gegenparteiausfallrisiken ausgestalten sollen.[17] Mittlerweile liegen zu diesem Themenbereich neben den beiden Endfassungen diverse weitere Papiere vor.[18] Darin wird das »Backtesting« u. a. als jener Teil der quantitativen Validierung eines Modelles definiert, der auf dem Vergleich der Prognosen mit den realisierten Werten basiert. Die »Validierung« (»Validation«) steht hingegen für den weiter gefassten Begriff, der zwar das Backtesting umfasst, selbst aber ein Prozess sein kann, mit dem die Leistung von Modellen beurteilt wird. Die verschiedenen Möglichkeiten des Backtesting werden ausführlich dargestellt.[19]

Die EZB hat im Jahre 2016 in Zusammenarbeit mit den nationalen Aufsichtsbehörden ein   **39**
Projekt zur gezielten Überprüfung interner Modelle (»Targeted Review of Internal Models«, TRIM) gestartet. Mittlerweile sind mehrere Dokumente veröffentlicht worden, die auf die abzusehende Entwicklung in diesem Bereich schließen lassen.[20] Die EZB erwartet u. a., dass die Institute für das Backtesting quantitative Schwellenwerte festlegen.[21]

---

16 Basel Committee on Banking Supervision, Strengthening the resilience of the banking sector, Consultative document, BCBS 164, 17. Dezember 2009.

17 Basel Committee on Banking Supervision, Sound practices for backtesting counterparty credit risk models, Consultative document, BCBS 171, 14. April 2010.

18 Basel Committee on Banking Supervision, Basel III: A global regulatory framework for more resilient banks and banking systems, BCBS 189, 16. Dezember 2010; Basel Committee on Banking Supervision, Sound practices for backtesting counterparty credit risk models, BCBS 185, 10. Dezember 2010; Baseler Ausschuss für Bankenaufsicht, Basel III: Ein globaler Regulierungsrahmen für widerstandsfähigere Banken und Bankensysteme, BCBS 189rev, 1. Juni 2011; Basel Committee on Banking Supervision, Standards – Minimum capital requirements for market risk, BCBS d352, 14. Januar 2016; Basel Committee on Banking Supervision, Basel III: Finalising post-crisis reforms, BCBS d424, 7. Dezember 2017; Basel Committee on Banking Supervision, Consultative document – Revisions to the minimum capital requirements for market risk, BCBS d436, 22. März 2018.

19 Vgl. Basel Committee on Banking Supervision, Sound practices for backtesting counterparty credit risk models, BCBS 185, 10. Dezember 2010, S. 2 ff.

20 Vgl. European Central Bank, Guide for the Targeted Review of Internal Models (TRIM), Consultation paper, 28. Februar 2017; Europäische Zentralbank, Leitfaden der EZB zu internen Modellen – Kapitel General Topics, 15. März 2018; European Central Bank, Draft ECB guide to internal models – Risk-type-specific chapters, Consultation paper, 7. September 2018; Europäische Zentralbank, Leitfaden für Vor-Ort-Prüfungen und Prüfungen interner Modelle, 21. September 2018.

21 Vgl. Europäische Zentralbank, Leitfaden der EZB zu internen Modellen – Kapitel General Topics, 15. März 2018, S. 31.

4.3 Anpassung der Verfahren

40 Die Ergebnisse der Gegenüberstellung von den zuvor ermittelten Risiken mit den tatsächlich eingetretenen Verlusten sollten im Fall häufiger oder gravierender Abweichungen eine Ursachenanalyse sowie ggf. eine Anpassung der verwendeten Verfahren zur Beurteilung der Marktpreisrisiken nach sich ziehen, die regelmäßig zu überprüfen sind (→ BTR 2.1 Tz. 3). Dies folgt auch daraus, dass die Risikosteuerungs- und -controllingprozesse zeitnah an sich ändernde Bedingungen anzupassen sind (→ AT 4.3.2 Tz. 5).

4.4 Berichterstattung an die Geschäftsleitung

41 Wie bereits ausgeführt, ist im Rahmen der mindestens vierteljährlichen Risikoberichterstattung an die Geschäftsleitung u. a. auch auf die Änderungen der wesentlichen Annahmen oder Parameter, die den Verfahren zur Beurteilung der Marktpreisrisiken zugrundeliegen, einzugehen (→ BT 3.2 Tz. 4 lit. c). Sofern diese Änderungen auf die Erkenntnisse aus dem Backtesting zurückzuführen sind, empfiehlt es sich, den Risikobericht um diese Aspekte zu ergänzen.

BTR 2.3 Marktpreisrisiken des Anlagebuches (einschließlich Zinsänderungsrisiken)

BTR 2.3 Marktpreisrisiken des Anlagebuches

1 Bewertung der Positionen des Anlagebuches (Tz. 1)

1 Die mit Marktpreisrisiken behafteten Positionen des Anlagebuches sind mindestens vierteljährlich zu bewerten.

1

1.1 Vierteljährlicher Bewertungsturnus

Während die mit Marktpreisrisiken behafteten Positionen des Handelsbuches täglich zu bewerten sind ($\rightarrow$ BTR 2.2 Tz. 2), wird für das Anlagebuch[1] grundsätzlich ein vierteljährlicher Turnus vorgegeben. Damit wird berücksichtigt, dass die jeweiligen Positionen i. d. R. für einen längeren Zeitraum gehalten werden. Allerdings können sich insbesondere Zinsänderungen auf jene Institute auswirken, die in großem Umfang »Fristentransformationen« betreiben, d. h. bei denen Festzinskredite für einen längeren Zeitraum ausgereicht werden, als sich das Institut im Gegenzug refinanziert. Auf diese Weise sollen durch Ausnutzung der Unterschiede zwischen kurz- und langfristigen Zinssätzen oder eine aus Sicht des Institutes prognostizierte günstige Zinsentwicklung zusätzliche Erträge generiert werden. Über eine kürzer laufende Refinanzierung wird ein Institut also vornehmlich dann nachdenken, wenn die Zinsstrukturkurve nicht allzu flach ist oder auf (weiter) fallende Zinsen spekuliert wird. Sofern jedoch der Markt falsch eingeschätzt wird, kann der Refinanzierungszins zum Zeitpunkt der neuerlichen Mittelaufnahme auch gestiegen sein und im Extremfall sogar über dem vereinbarten Kreditzins liegen, woraus empfindliche Verluste resultieren.

2

Die daraus resultierenden Zinsänderungsrisiken sind neben der Entwicklung der Zinsstrukturkurve vom Umfang der jeweiligen offenen Positionen des Zinsbuches eines Institutes abhängig. Ferner können dem Anlagebuch durchaus auch Positionen zugeordnet sein, die andere erhebliche Komponenten der Marktpreisrisiken beinhalten. In diesem Zusammenhang sei auf komplex strukturierte Produkte hingewiesen, die trotz fehlender Handelsabsicht u. a. vielfältigen Marktpreisrisiken ausgesetzt sind. Deshalb kann in Abhängigkeit von Art, Umfang, Komplexität und Risikogehalt der Positionen im Anlagebuch auch eine tägliche, wöchentliche oder monatliche Bewertung, Ergebnisermittlung und Kommunikation der Risiken erforderlich sein ($\rightarrow$ BTR 2.3 Tz. 4). Entsprechende Festlegungen liegen im Ermessen des Institutes.

3

Wie eingangs bereits erwähnt, sind – im eigenen Interesse des Institutes – nicht nur Handelsgeschäfte des Anlagebuches, sondern auch Nichthandelsgeschäfte, wie z. B. bilanzielle Forderungen und Verbindlichkeiten inkl. Nebenabreden, hinsichtlich ihrer Marktpreisrisiken zu analysieren. Letztlich geht es bei der Bewertung um sämtliche mit Marktpreisrisiken behafteten Positionen des Anlagebuches. Während die obligatorische Bewertung der Handelsgeschäfte (Anleihen, Zinsderivate etc.) aufgrund der weitgehenden Verfügbarkeit von Marktpreisen auf Basis der üblichen Bewertungsverfahren »Mark-to-Market« (Marktpreise), »Mark-to-Matrix« (abgeleitete Marktpreise) oder »Mark-to-Model« (modellbasierte Preise) i. d. R. unproblematisch ist, kann sich die Bewertung der Nichthandelsgeschäfte deutlich schwieriger gestalten. Insbesondere müssen in diesem Fall für eine Mark-to-Model-Bewertung diverse Annahmen individuell getroffen werden, was alles andere als trivial ist ($\rightarrow$ BTR 2.1 Tz. 3). Dabei geht es u. a. darum, wie Bonitätsaspekte zu berücksichtigen sind und welche Zinskurven für die Abzinsung herangezogen werden können. Insofern handelt es sich beim vierteljährlichen Turnus formal betrachtet zwar um eine Erleichterung gegenüber den Vorgaben zum Handelsbuch. Es sollte aber nicht unterschätzt werden, wie komplex die Bewertung der Positionen des Anlagebuches durchaus sein kann.

4

---

1 Das Anlagebuch ergibt sich implizit aus der Abgrenzung zum Handelsbuchbegriff.

2 Ermittlung des Anlagebuch-Ergebnisses (Tz. 2)

5 **2** Ebenfalls mindestens vierteljährlich ist ein Ergebnis für das Anlagebuch zu ermitteln.

2.1 Vierteljährliche Ergebnisermittlung

6 Da die mit Marktpreisrisiken behafteten Positionen des Anlagebuches grundsätzlich nur viertel-jährlich zu bewerten sind (→ BTR 2.3 Tz. 1), kann für die Ergebnisermittlung kein kürzerer Turnus vorgegeben werden. Die Positionsbewertung ist natürlich eine wesentliche Voraussetzung für die Ergebnisermittlung. Wird allerdings in Abhängigkeit von Art, Umfang, Komplexität und Risiko-gehalt der Positionen im Anlagebuch institutsindividuell eine kürzere Frist zur Bewertung fest-gelegt, ist diese Regelung grundsätzlich auch bei der Ergebnisermittlung und Kommunikation der Risiken zu beachten (→ BTR 2.3 Tz. 4). Zu berücksichtigen ist darüber hinaus, dass der maximal mögliche Turnus nur dann in Anspruch genommen werden kann, wenn die Zinsänderungsrisiken getrennt nach Handels- und Anlagebuch ermittelt werden. Erfolgt hingegen eine integrierte Behandlung der Zinsänderungsrisiken auf Ebene des Gesamtinstitutes, so muss die für das Handelsbuch zwingend erforderliche tägliche Bewertung der Risikopositionen inkl. Ergebnis-ermittlung auch für das Anlagebuch beachtet werden (→ BTR 2.3 Tz. 5, Erläuterung).

7 Grundsätzlich ist allerdings auch der Risikobericht über die vom Institut insgesamt eingegangenen Marktpreisrisiken einschließlich der Zinsänderungsrisiken mindestens vierteljährlich zu erstellen und der Geschäftsleitung vorzulegen. Dabei geht es unter Einbeziehung der internen Handels-geschäfte insbesondere darum, der Geschäftsleitung einen Überblick über die Risiko- und Ergebnis-entwicklung der mit Marktpreisrisiken behafteten Positionen zu verschaffen (→ BTR 3.2 Tz. 4).

3 Umgang mit Limitüberschreitungen (Tz. 3)

3 Durch geeignete Maßnahmen ist sicherzustellen, dass Limitüberschreitungen aufgrund **8**
zwischenzeitlicher Veränderungen der Risikopositionen vermieden werden können.

3.1 Vermeidung von Limitüberschreitungen

Auf der Grundlage der Risikotragfähigkeit ist ein System von Limiten zur Begrenzung der Markt- **9**
preisrisiken einzurichten, auf dessen mögliche Ausgestaltung an anderer Stelle ausführlich eingegangen wird (→ BTR 2.1 Tz. 1). Zur Begrenzung der Zinsänderungsrisiken im Anlagebuch wird auch
von der EBA eine entsprechende Limitierung gefordert, die der Art, Größe, Komplexität und Kapitalausstattung des Institutes sowie seiner Fähigkeit, seine Zinsänderungsrisiken zu messen und zu
steuern, entsprechen sollte. Je nach Art des Geschäftsmodells und der Geschäftsaktivitäten können
auch Unterlimite für einzelne Geschäftseinheiten, Portfolios, Produkttypen, spezifische Produkte oder
wesentliche Unterkategorien des Zinsänderungsrisikos, wie Gap-Risiko, Basisrisiko und Optionsrisiko,
festgelegt werden. Die Limite können mit spezifischen Szenarien von Änderungen der Zinssätze und
Zinsstrukturkurven verbunden sein, wie z. B. steigenden oder fallenden Zinsen oder einer Änderung
der Form der Zinsstrukturkurve. Die bei der Festlegung dieser Limite verwendeten Zinsbewegungen
sollten ausreichend starke Schock- und Stresssituationen darstellen, wobei die historische Volatilität
der Zinssätze und der Zeitaufwand des Managements zur Minderung dieser Risikopositionen berücksichtigt werden sollten. Die Einhaltung der Limite sollte grundsätzlich sichergestellt werden. Es sollten
Überwachungssysteme vorhanden sein, um sicherzustellen, dass (voraussichtliche) Limitüberschreitungen unverzüglich eskaliert werden. Dafür sollte klar festgelegt werden, wer informiert wird, wie die
Kommunikation abläuft und welche Maßnahmen als Reaktion ergriffen werden.[2]

Zur Vermeidung von Limitüberschreitungen aufgrund zwischenzeitlicher Veränderungen der **10**
Risikopositionen des Anlagebuches sollte vor allem die Entwicklung der maßgeblichen Marktrisikoparameter in einem angemessenen Turnus überwacht werden. Dadurch können absehbare Veränderungen der Limitauslastung rechtzeitig prognostiziert werden, so dass bereits im Vorfeld entsprechende Reaktionen möglich sind. Wie schon erwähnt, können sich insbesondere Zinsänderungen
gravierend auf das Anlagebuch auswirken, wenn die Refinanzierung des Kreditgeschäftes nicht
fristenkongruent erfolgt. Insofern hängen die Zinsänderungsrisiken besonders vom Volumen der
jeweils offenen Positionen des Zinsbuches ab. Wird im Rahmen der Überwachung eine Tendenz zu
steigenden Zinsen rechtzeitig festgestellt, können entsprechende Maßnahmen zur Anpassung der
Refinanzierung oder zur Absicherung derartiger Risiken noch zeitnah eingeleitet werden.

3.2 Prüfungshandlungen im Rahmen des SREP

Die zuständigen Behörden sollten im Rahmen des SREP prüfen, ob interne Kontrollen, operative **11**
Limite oder andere Maßnahmen darauf abzielen, das Zinsänderungsrisiko im Anlagebuch in
Übereinstimmung mit der Strategie und dem Risikoappetit des Institutes auf einem akzeptablen

---

2 Vgl. European Banking Authority, Final Report – Guidelines on the management of interest rate risk arising from
non-trading book activities, EBA/GL/2018/02, 19. Juli 2018, S. 24 ff.

BTR 2.3 Marktpreisrisiken des Anlagebuches

Niveau zu halten, und ob das Institut über angemessene interne Kontrollen und Maßnahmen verfügt, um sicherzustellen, dass Verstöße gegen die Richtlinien, Verfahren und Limite inklusive zulässiger Ausnahmen der zuständigen Managementebene rechtzeitig gemeldet werden. Sie sollten prüfen, ob das Institut über angemessene Verfahren zur regelmäßigen Überprüfung seiner Limite verfügt, und Informationen über Maßnahmen anfordern, mit denen die Einhaltung der Limite sichergestellt wird. Die zuständigen Behörden sollten das Limitsystem bewerten, einschließlich der Frage, ob es der Komplexität des Institutes und der dem Zinsänderungsrisiko unterliegenden Geschäftsaktivitäten sowie seiner Fähigkeit, dieses Risiko zu messen und zu steuern, angemessen ist. Sie sollten zudem bewerten, ob sich das Limitsystem mit den möglichen Auswirkungen von Zinsänderungen auf das Ergebnis und den ökonomischen Wert des Institutes befasst, indem z.B. angemessene Limite für ein akzeptables Maß an Volatilität für das Ergebnis unter bestimmten Zinsszenarien festgelegt werden.[3]

3.3 Wechselwirkungen mit dem Bewertungsturnus

12 Grundsätzlich empfiehlt es sich nicht, stark von Parameterschwankungen abhängige Bestände nur alle drei Monate zu bewerten und gleichzeitig bei der Festlegung der Limite auf eine nahezu hundertprozentige Auslastung abzustellen, weil damit bereits kleine Änderungen der zugrundeliegenden Marktrisikoparameter eine Limitüberschreitung zur Folge haben könnten. Außerdem wären im Fall extrem hoher Limitauslastungen und unterstellter starker Parameterschwankungen auch eine vierteljährliche Bewertung der mit Marktpreisrisiken behafteten Positionen des Anlagebuches (→ BTR 2.3 Tz. 1) sowie ein daran orientierter Berichtsturnus (→ BTR 2.3 Tz. 2) kaum als angemessen zu bezeichnen.

---

3 Vgl. European Banking Authority, Guidelines on common procedures and methodologies for the supervisory review and evaluation process (SREP) and supervisory stress testing, EBA/GL/2014/13, Consolidated version, 19. Juli 2018, S. 128 f.

4 Turnus für Bewertung, Ergebnisermittlung und Kommunikation der Risiken (Tz. 4)

4 Abhängig von Art, Umfang, Komplexität und Risikogehalt der Positionen im Anlagebuch 13 kann auch eine tägliche, wöchentliche oder monatliche Bewertung, Ergebnisermittlung und Kommunikation der Risiken erforderlich sein.

4.1 Beherrschbarkeit der Marktpreisrisiken

Art, Umfang, Komplexität und Risikogehalt der Positionen im Anlagebuch haben einen wesentli- 14 chen Einfluss auf die Risikosituation des Institutes. Trotz der für das Anlagebuch grundsätzlich eingeräumten Erleichterungen gegenüber den Anforderungen an das Handelsbuch sollte die Beherrschbarkeit der Marktpreisrisiken das maßgebliche Kriterium für die Festlegungen der angemessenen Fristen im Institut sein. Eine ggf. erforderliche Verkürzung dieser Fristen wirkt sich gleichermaßen auf die Bewertung, die Ergebnisermittlung und die Kommunikation der Risiken aus, da zwischen diesen Prozessen ein enger Zusammenhang besteht. Insofern könnte ein kürzerer Turnus z. B. für besonders komplexe Produkte sinnvoll sein, die trotz fehlender Handelsabsicht vielfältigen Marktpreisrisiken ausgesetzt sind und deren Umfang und Risikogehalt vom Institut als bedeutend eingestuft werden. Während am Beginn dieses Moduls mit dem vierteljährlichen Turnus der Regelfall dargestellt wurde, handelt es sich bei der täglichen, wöchentlichen oder monatlichen Bewertung, Ergebnisermittlung und Kommunikation der Risiken also um die Ausnahme, die von Instituten mit einem besonders voluminösen, komplex strukturierten und risikobehafteten Anlagebuch berücksichtigt werden sollte. Grundsätzlich wird der vierteljährliche Turnus allerdings als ausreichend erachtet (→ BTR 2.3 Tz. 1 und 2). Entsprechende Festlegungen liegen im Ermessen des Institutes.

4.2 Abgrenzungskriterien

Die vordefinierten Risikokategorien im Modul BTO eignen sich im Grunde nicht als sinnvolle 15 Trennlinie zwischen dem normalen und einem kürzeren Turnus. Bestenfalls können sie herangezogen werden, um Institute mit einem aus Marktpreisrisikosicht überschaubaren Anlagebuch von der strengeren Regelung grundsätzlich auszunehmen. Zwar können auch Handelsbuchinstitute im Einzelfall auf »nicht-risikorelevante Handelsaktivitäten« verweisen.[4] Allerdings zielt diese Kategorie in erster Linie auf Erleichterungen bei der Funktionstrennung ab (→ BTO 2.1 Tz. 2 inkl. Erläuterung). Eine Unterscheidung zwischen »risikorelevanten« und »nicht-risikorelevanten« Handelsaktivitäten für die Zwecke der Bewertung, Ergebnisermittlung und Kommunikation der Risiken würde zwangsläufig darauf hinauslaufen, den vorgeschriebenen vierteljährlichen Turnus (Normalfall) lediglich auf nicht-risikorelevante Handelsaktivitäten (Abweichung vom Normalfall) anwenden zu können. Diese enge Sichtweise wird von der Aufsicht nicht vorgegeben.

---

4 Vgl. Bundesanstalt für Finanzdienstleistungsaufsicht, Protokoll der dritten Sitzung des MaRisk-Fachgremiums am 6. März 2007, S. 3.

BTR 2.3 Marktpreisrisiken des Anlagebuches

16   Auch die Kategorie der »nicht-risikorelevanten Kreditgeschäfte« wurde im Zusammenhang mit dem Verzicht auf ein weiteres Votum und – in der Konsequenz – der Funktionstrennung (→ BTO 1.1 Tz. 4) eingeführt. Damit wird einerseits also ein anderer Zweck verfolgt, andererseits wird der Risikogehalt allein auf das Adressenausfallrisiko abgestellt. Fristen für die Bewertung, Ergebnisermittlung und Kommunikation der Marktpreisrisiken können daraus folglich nicht abgeleitet werden. Insofern empfiehlt es sich, institutsintern eigene Abgrenzungskriterien festzulegen.

4.3   Alternative Vorgehensweisen

17   Nicht in jedem Fall wird es erforderlich sein, die gängigen Überwachungs- und Berichtszeiträume vollständig auf einen kürzeren Turnus umzustellen. So kann z. B. bei einer nicht fristenkongruenten Refinanzierung von Krediten mit langen Zinsfestschreibungszeiträumen trotz tendenziell hoher Zinsänderungsrisiken der vierteljährliche Turnus durchaus genügen. Diesbezüglich basiert eine Bewertung im Prinzip auf der Beobachtung der Entwicklung der Leitzinssätze bzw. der Interbankensätze. Über erwartete Zinserhöhungen könnte ebenso gut im Rahmen der Ad-hoc-Berichterstattung informiert werden (→ AT 4.3.2 Tz. 4).

5 Erfassung der wesentlichen Ausprägungen der Zinsänderungsrisiken (Tz. 5)

5 Die Verfahren zur Beurteilung der Zinsänderungsrisiken des Anlagebuches müssen die wesentlichen Ausprägungen der Zinsänderungsrisiken erfassen. **18**

5.1 Wesentliche Ausprägungen der Zinsänderungsrisiken

Als Ausprägung eines Merkmales werden die verschiedenen Formen bezeichnet, in denen dieses **19** Merkmal in Erscheinung treten kann. Unter den »wesentlichen Ausprägungen der Zinsänderungsrisiken« sind demzufolge jene Erscheinungsformen von Zinsänderungsrisiken zu verstehen, die für die Risikosituation des Institutes von Bedeutung sind. Insofern müssen die Institute zunächst die Hauptursachen ihrer Zinsänderungsrisiken identifizieren. Diese können sich in Abhängigkeit von Art, Umfang, Komplexität und Risikogehalt der Geschäftsaktivitäten ($\rightarrow$ AT 4.3 Tz. 1) von Institut zu Institut unterscheiden. Wie an anderer Stelle ausgeführt, gelten gemeinhin das »Gap-Risiko«, das »Basisrisiko« und das »Optionsrisiko« als wesentliche Ausprägungen des Zinsänderungsrisikos im Anlagebuch ($\rightarrow$ BTR 2, Einführung). Diese drei Komponenten werden auch im Rahmen der turnusmäßigen Stresstests berücksichtigt ($\rightarrow$ AT 4.3.3 Tz. 1).

5.1.1 Gap-Risiko

Das »Gap-Risiko« ist das Risiko aus der Laufzeitstruktur zinssensitiver Instrumente, das sich aus **20** zeitlichen Unterschieden bei der Zinsänderung ergibt und Änderungen der Laufzeitstruktur von Zinssätzen über die gesamte Zinskurve hinweg (paralleles Risiko) oder differenziert nach Perioden (nicht-paralleles Risiko) umfasst.[5] Es besteht bei steigenden Marktzinsen im Fall offener Festzinspositionen auf der Aktivseite (so genannter »aktivischer Festzinsüberhang«), d.h. wenn Kredite mit festen Zinsvereinbarungen variabel refinanziert werden. Durch die steigenden Zinsen reduziert sich für diese Positionen automatisch die Zinsspanne ($\rightarrow$ BTR 2, Einführung). In Analogie dazu hätte ein »passivischer Festzinsüberhang«, bei dem variabel verzinsliche Positionen auf der Aktivseite durch Festzinspositionen auf der Passivseite finanziert werden, negative Auswirkungen bei sinkenden Marktzinsen.

Ähnliche Effekte sind zu erwarten, sofern Festzinskredite für einen längeren Zeitraum ausgereicht **21** werden, als sich das Institut im Gegenzug refinanziert (»Fristentransformation«). Im Extremfall liegt der Refinanzierungszins zum Zeitpunkt der neuerlichen Mittelaufnahme sogar über dem vereinbarten Kreditzins, woraus empfindliche Verluste resultieren können. Aufgrund der teilweise sehr langen Zinsbindungsfristen auf der Aktivseite sind die tatsächlichen Auswirkungen derartiger Zinsänderungen in der Gewinn- und Verlustrechnung (GuV) häufig erst nach einem längeren Zeitraum sichtbar. Aus diesem Grund müssen die Auswirkungen auch über den Bilanzstichtag hinaus betrachtet werden ($\rightarrow$ BTR 2.3 Tz. 6). In der Literatur wird diese Komponente zum Teil als »Festzinsrisiko«, »Zinsneufestsetzungsrisiko« oder »Fristenablaufrisiko« bezeichnet.

---

5   Vgl. European Banking Authority, Guidelines on common procedures and methodologies for the supervisory review and evaluation process (SREP) and supervisory stress testing, EBA/GL/2014/13, Consolidated version, 19. Juli 2018, S. 119.

5.1.2 Basisrisiko

22 Das »Basisrisiko« ist das Risiko, das sich aus der Auswirkung relativer Zinsänderungen auf zins-sensitive Instrumente ergibt, die ähnliche Laufzeiten haben, aber mit unterschiedlichen Zinsindizes bewertet werden. Es ergibt sich aus der nicht perfekten Korrelation bei der Anpassung der verdienten und der gezahlten Zinssätze verschiedener zinssensitiver Instrumente mit ansonsten ähnlichen Zinsänderungseigenschaften.[6] Das Basisrisiko tritt also auf, wenn hinsichtlich der variabel verzins-lichen Positionen auf der Aktiv- und der Passivseite ein unterschiedliches Zinsanpassungsverhalten besteht, d.h. wenn Anpassungen des Marktzinses nicht sofort bzw. zumindest nicht in vollem Umfang an die Kunden weitergegeben werden können oder sollen (unterschiedliche »Zinsreagibili-tät« der variabel verzinslichen Positionen). Aus geschäftspolitischen Gründen könnte sich z.B. eine direkt an die Marktpreisentwicklung gekoppelte Zinssenkung im Passivbereich so auswirken, dass große Teile des Einlagenbestandes kurzfristig abgezogen werden. Die Folge wären Liquiditätseng-pässe und eine Erhöhung der Refinanzierungskosten für das Institut. In der Literatur wird diese Komponente auch als »variables Zinsänderungsrisiko« bezeichnet.

5.1.3 Optionsrisiko

23 Das »Optionsrisiko« ist das Risiko aus (eingebetteten und expliziten) Optionen, wobei das Institut oder sein Kunde die Höhe und den Zeitpunkt ihrer Cashflows ändern können, nämlich das Risiko aus zinssensitiven Instrumenten, bei denen der Inhaber die Option mit großer Wahrscheinlichkeit ausüben wird, wenn es in seinem finanziellen Interesse liegt (eingebettete oder explizite automatische Optionen), und das Risiko aus der Flexibilität, die implizit oder innerhalb der Bedingungen von zinssensitiven Instrumenten eingebettet ist, so dass Änderungen der Zinssätze eine Änderung des Verhaltens des Kunden beeinflussen können (eingebettetes Verhaltens-Optionsrisiko).[7] Im Rahmen von Festzinsvereinbarungen wird den Kreditnehmern häufig das Recht eingeräumt, in einem beschränkten Umfang Sondertilgungen zu leisten, d.h. über die vereinbarten Tilgungsleistungen im Bedarfsfall hinauszugehen. Da im Voraus nicht absehbar ist, ob die Kreditnehmer von dieser Option Gebrauch machen (können), ist eine fristenkongruente Refinanzierung derartiger Darlehen nicht ohne weiteres möglich. Wird z.B. eine unterstellte Ausübung der Sondertilgungsoptionen durch den Kreditnehmer übertroffen, so werden zum vorzeitigen Rückzahlungszeitpunkt des Darlehens Mittel frei, die ggf. nur für einen niedrigeren Zinssatz herausgereicht werden können. Das Institut kann auf die Ausübung dieser Option keinen Einfluss nehmen und befindet sich diesbezüglich in einer Stillhalterposition. Ähnliches gilt z.B. für die Inanspruchnahme der gesetzlichen Kündigungsfristen gemäß §489 BGB, wenn Zinsbindungsfristen von über zehn Jahren vereinbart sind und der Kredit-nehmer die Anschlussfinanzierung bei einem anderen Institut zu günstigeren Konditionen verein-baren kann. Derartige optionale Risiken, die auch bei anderen Zinspositionen bestehen, können somit ebenfalls als Ausprägungen von Zinsänderungsrisiken angesehen werden.

5.1.4 Credit-Spread-Risiko im Anlagebuch

24 Ergänzend nennt der Baseler Ausschuss für Bankenaufsicht das Credit-Spread-Risiko im Anlage-buch (»Credit Spread Risk in the Banking Book«, CSRBB) als ein verbundenes Risiko, das die

---

6 Vgl. European Banking Authority, Guidelines on common procedures and methodologies for the supervisory review and evaluation process (SREP) and supervisory stress testing, EBA/GL/2014/13, Consolidated version, 19. Juli 2018, S. 120.

7 Vgl. European Banking Authority, Guidelines on common procedures and methodologies for the supervisory review and evaluation process (SREP) and supervisory stress testing, EBA/GL/2014/13, Consolidated version, 19. Juli 2018, S. 120.

Institute im Rahmen des Managements der Zinsänderungsrisiken überwachen und bewerten sollten. Es bezieht sich auf jede Art von Spread-Risiken von kreditrisikobehafteten Positionen, die nicht auf das Zinsänderungsrisiko oder das Adressenausfallrisiko zurückzuführen sind.[8] Die EBA versteht darunter etwas genauer das Risiko, das durch Änderungen der Marktwahrnehmung über den Preis von Kreditrisiken, Liquiditätsprämien und möglichen anderen Komponenten von kreditrisikobehafteten Instrumenten, die Schwankungen des Preises für Kreditrisiken, Liquiditätsprämien und andere potenzielle Komponenten hervorrufen, verursacht wird und nicht auf das Zinsänderungsrisiko im Anlagebuch oder das Adressenausfallrisiko zurückzuführen ist. Die Institute sollten ihre vom Credit-Spread-Risiko im Anlagebuch betroffenen Engagements unter Bezugnahme auf die Aktivseite des Anlagebuches überwachen und bewerten, sofern dieses Risiko für das Risikoprofil des Institutes relevant ist.[9] Die Behandlung von Credit-Spread-Risiken erfolgt gewöhnlich im Rahmen des Risikotragfähigkeitskonzeptes (→ AT 4.1 Tz. 1).

5.2 Umfang der einzubeziehenden Positionen

Unabhängig von der Art und Weise der Kategorisierung wird deutlich, dass grundsätzlich alle zinssensitiven Positionen wesentlichen Ausprägungen von Zinsänderungsrisiken unterliegen können. Aus diesem Grund sind auch alle bilanziellen und außerbilanziellen Positionen des Anlagebuches in die Betrachtung einzubeziehen, die Zinsänderungsrisiken unterliegen (→ BTR 2.3 Tz. 5, Erläuterung). Die zuständigen Behörden sollten im Rahmen des SREP prüfen, ob die Überwachung der Zinsänderungsrisiken des Anlagebuches alle konsolidierten Unternehmen, alle geografischen Standorte und alle Finanzaktivitäten umfasst.[10]   25

5.3 Integrierte Behandlung der Zinsänderungsrisiken

Grundsätzlich bleibt es dem Institut überlassen, auf welche Weise es Zinsänderungsrisiken des Anlagebuches berücksichtigt. Sowohl eine getrennte Behandlung in Handels- und Anlagebuch als auch eine integrierte Behandlung der Zinsänderungsrisiken auf Ebene des Gesamtinstitutes ist möglich. Im letztgenannten Fall müssen allerdings die für das Handelsbuch zwingend erforderliche tägliche Bewertung der Risikopositionen und tägliche Ergebnisermittlung beachtet werden (→ BTR 2.3 Tz. 5, Erläuterung).   26

---

8 Vgl. Basel Committee on Banking Supervision, Standards – Interest rate risk in the banking book, BCBS d368, 21. April 2016, S. 3.

9 Vgl. European Banking Authority, Final Report – Guidelines on the management of interest rate risk arising from non-trading book activities, EBA/GL/2018/02, 19. Juli 2018, S. 14 ff.

10 Vgl. European Banking Authority, Guidelines on common procedures and methodologies for the supervisory review and evaluation process (SREP) and supervisory stress testing, EBA/GL/2014/13, Consolidated version, 19. Juli 2018, S. 128 f.

6 Umgang mit verschiedenen Steuerungsperspektiven (Tz. 6)

27 **6** **Bei der Bestimmung der Zinsänderungsrisiken kann auf die Auswirkungen von Zinsänderungen auf das handelsrechtliche Ergebnis des Institutes oder die Markt- bzw. Barwerte der betroffenen Positionen als primär steuerungsrelevantes Verfahren abgestellt werden. Die Auswirkungen aus der jeweils anderen Steuerungsperspektive sind angemessen zu berücksichtigen. Sofern sich hieraus weitergehende Zinsänderungsrisiken in bedeutendem Umfang ergeben, ist diesen im Rahmen der Risikosteuerungs- und -controllingprozesse sowie bei der Beurteilung der Risikotragfähigkeit Rechnung zu tragen. Bei einer Bestimmung über die Auswirkungen auf das handelsrechtliche Ergebnis ist eine angemessene Betrachtung über den Bilanzstichtag hinaus erforderlich.**

6.1 Komplementäre Steuerungsperspektiven

28 Bei der Bestimmung der Zinsänderungsrisiken ist sowohl eine getrennte Behandlung in Handels- und Anlagebuch als auch eine integrierte Behandlung auf Gesamtbankebene möglich (→ BTR 2.3 Tz. 5, Erläuterung). Zur Bestimmung des Zinsänderungsrisikos kommen grundsätzlich zwei Möglichkeiten in Betracht: die Untersuchung der Auswirkungen von Zinsänderungen auf das handelsrechtliche Ergebnis, die sich im Zinsergebnis der Gewinn- und Verlustrechnung (GuV) ablesen lassen (so genannte »ertragsorientierte Messverfahren«), oder die Untersuchung der Auswirkungen von Zinsänderungen auf die Markt- bzw. Barwerte der betroffenen Positionen (so genannte »barwertorientierte Messverfahren«). Den Instituten ist es rein formal freigestellt, welche Methode sie als primär steuerungsrelevantes Verfahren verwenden, sofern bei einer Bestimmung der Auswirkungen auf das handelsrechtliche Ergebnis eine angemessene Betrachtung über den Bilanzstichtag hinaus erfolgt. In beiden Fällen können die Verfahren danach unterschieden werden, ob neben dem Bestandsgeschäft auch das geplante Neugeschäft einbezogen wird. Ist dies der Fall, spricht man von dynamischen Messverfahren, ansonsten von statischen Methoden.[11]

29 Es ist allerdings nicht mehr möglich, ausschließlich auf das handelsrechtliche Ergebnis abzustellen. Das im Jahre 2011 ursprünglich für Institute ohne eine barwertige Zinsrisikomessung eingeführte Ausweichverfahren für die Berechnung des Standardzinsschocks wurde ebenfalls gestrichen, weil seit dem 1. Januar 2016 die Institute nach den Vorgaben der EBA verpflichtet sind, ihre Zinsänderungsrisiken sowohl barwertig als auch ertragsorientiert zu messen.[12] Die Auswirkungen aus der jeweils anderen Steuerungsperspektive sind in jedem Falle angemessen zu berücksichtigen. Vor diesem Hintergrund müssen die Institute in der Zinsrisikomessung nunmehr beide Steuerungsperspektiven berücksichtigen.[13] Sofern sich hieraus weitergehende

---

11 Vgl. z. B. Hartmann-Wendels, Thomas/Pfingsten, Andreas/Weber, Martin, Bankbetriebslehre, Berlin, 2004; Schierenbeck, Henner, Ertragsorientiertes Bankmanagement, Band 2: Risiko-Controlling und integrierte Rendite-/Risikosteuerung, 8. Auflage, Wiesbaden, 2003; Schulte, Michael/Horsch, Andreas, Wertorientierte Banksteuerung II: Risikomanagement, Frankfurt a. M., 2002, S. 189f.

12 Vgl. European Banking Authority, Leitlinien zur Steuerung des Zinsänderungsrisikos bei Geschäften des Anlagebuchs, EBA/GL/2015/08, 5. Oktober 2015, S. 9 (anwendbar bis 29. Juni 2019); European Banking Authority, Final Report – Guidelines on the management of interest rate risk arising from non-trading book activities, EBA/GL/2018/02, 19. Juli 2018 (anwendbar ab 30. Juni 2019).

13 Vgl. Bundesanstalt für Finanzdienstleistungsaufsicht, Anschreiben zum Rundschreiben 9/2018 (BA) – Zinsänderungsrisiken im Anlagebuch vom 12. Juni 2018, S. 2.

Zinsänderungsrisiken in bedeutendem Umfang ergeben, ist diesen im Rahmen der Risiko-steuerungs- und -controllingprozesse sowie bei der Beurteilung der Risikotragfähigkeit Rechnung zu tragen.

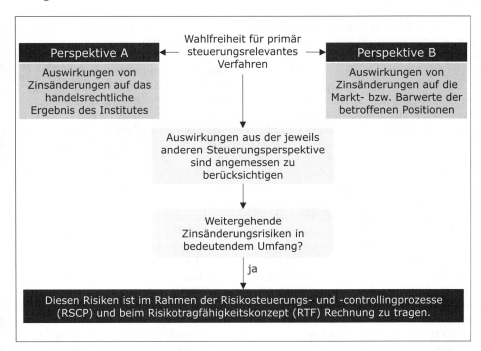

Abb. 67: Steuerungsperspektiven für das Zinsänderungsrisiko im Anlagebuch

Die Institute sollten nach den Vorstellungen der EBA ihren Risikoappetit für das Zinsänderungs-risiko im Anlagebuch sowohl im Hinblick auf den ökonomischen Wert als auch auf die Ertrags-kennzahlen artikulieren und entsprechende Richtlinien und Verfahren zur Begrenzung und Kontrolle des Zinsänderungsrisikos im Anlagebuch etablieren. Dabei sollten die Institute Ertrags-risiken berücksichtigen, die sich aus der Bilanzierung von Geschäften im Nichthandelsbuch ergeben können und sich nicht auf Zinserträge und -aufwendungen beschränken. Die Auswirkun-gen von Zinsänderungen auf den Markt- oder Barwert von Instrumenten, die je nach bilanzieller Behandlung entweder in der Gewinn- und Verlustrechnung (GuV) oder direkt in den Eigenmitteln (über das sonstige Gesamtergebnis) abgebildet werden, sind gesondert zu berücksichtigen. Die Institute sollten insbesondere die Ertragsauswirkungen im Zusammenhang mit eingebetteten Optionen in Fair Value-Instrumenten unter Zinsschocks und Stress-Szenarien berücksichtigen. Die Institute sollten auch die potenziellen Auswirkungen der Absicherung von Zinsderivaten auf die Gewinn- und Verlustrechnung berücksichtigen, wenn ihre Wirksamkeit durch Zinsänderun-gen beeinträchtigt wird.[14]

30

---

14 Vgl. European Banking Authority, Final Report – Guidelines on the management of interest rate risk arising from non-trading book activities, EBA/GL/2018/02, 19. Juli 2018, S. 23 f.

6.2 Ertragsorientierte Verfahren

31 Beim handelsrechtlichen Ergebnis stehen die Ertragskennzahlen (»Earnings Measures«) im Fokus der Betrachtung. Sie sind ein Maß für die Veränderung der erwarteten zukünftigen Rentabilität des Institutes innerhalb eines bestimmten Zeitraumes aufgrund von Zinsschwankungen.[15] Mit den ertragsorientierten Verfahren werden also die negativen Auswirkungen der Zinsänderungen auf das Zinsergebnis, d. h. die mögliche Reduzierung der Zinsüberschüsse, untersucht. Man spricht deshalb auch vom »Zinsüberschussrisiko« bzw. »Zinsspannenrisiko«. Die ertragsorientierten Verfahren beziehen sich auf die periodischen Ergebnisse und stellen insofern einen direkten Zusammenhang zur Gewinn- und Verlustrechnung (GuV) her. Die für das Handelsbuch geforderte regelmäßige Plausibilisierung der im Rechnungswesen und Risikocontrolling ermittelten Ergebnisse (→ BTR 2.2 Tz. 4) ist daher bei ertragsorientierten Verfahren im Fall einer integrierten Behandlung der Zinsänderungsrisiken auf Ebene des Gesamtinstitutes weniger problematisch (→ BTR 2.3 Tz. 5, Erläuterung).

32 Der entscheidende Nachteil ertragsorientierter Verfahren besteht darin, dass sie lediglich die Auswirkungen auf die jeweilige Planungsperiode untersuchen und insofern insbesondere die Effekte späterer Perioden außer Acht lassen. Aus diesem Grund ist eine angemessene Betrachtung über den Bilanzstichtag hinaus erforderlich. Die Betrachtung über den Bilanzstichtag hinaus trägt also insbesondere dem Umstand Rechnung, dass sich Zinsänderungsrisiken regelmäßig erst mit zeitlicher Verzögerung auf das handelsrechtliche Ergebnis auswirken (→ BTR 2.3 Tz. 6, Erläuterung).

33 Welcher Zeitraum in diesem Zusammenhang als angemessen betrachtet wird, hängt vor allem von den vereinbarten Zinsbindungsfristen ab. Dem ersten Entwurf zur vierten MaRisk-Novelle zufolge sollte die Länge des Betrachtungszeitraumes »die individuelle Portfoliostruktur widerspiegeln«, sofern primär nach handelsrechtlichen Ansätzen gesteuert wird, wobei insbesondere auf die durchschnittliche Zinsbindungsdauer abgestellt wurde. Die Kreditwirtschaft hat darauf hingewiesen, dass die Auswirkungen auf das handelsrechtliche Ergebnis mit zunehmender Zeitdauer nicht mehr seriös prognostiziert werden können, zumal die zu diesem Zeitpunkt nachgefragten hohen Zinsbindungsdauern im Kreditgeschäft eine entsprechend lange Duration der Aktivseite bewirkt haben.[16] Daraufhin hat die deutsche Aufsicht diese Anforderung offener formuliert. Nunmehr sollte die Länge des Betrachtungszeitraumes »unter Berücksichtigung der individuellen Portfoliostruktur gewählt« werden. Anhaltspunkt für eine angemessene Länge kann z. B. die durchschnittliche Zinsbindungsdauer der in die Bestimmung einbezogenen bilanziellen und außerbilanziellen Positionen sein (→ BTR 2.3 Tz. 6, Erläuterung).

34 Darüber hinaus lässt sich das Zinsänderungsrisiko nicht auf eine umfassende Kennzahl zum Risikostatus verdichten, was aus Sicht des internen Risikomanagements unbefriedigend ist. »Vor allem aber werden die Auswirkungen der Fristentransformation auf künftige Perioden weder vollständig erfasst noch verursachungsgerecht den dafür ursächlichen Entscheidungen zugerechnet, so dass keine Transparenz über den Erfolgsbeitrag derartiger zentraler Dispositionsmaßnahmen erreicht wird.«[17]

---

15 Vgl. European Banking Authority, Final Report – Guidelines on the management of interest rate risk arising from non-trading book activities, EBA/GL/2018/02, 19. Juli 2018, S. 14.

16 Vgl. Deutsche Kreditwirtschaft, Stellungnahme zum Konsultationspapier 01/2012 der Bundesanstalt für Finanzdienstleistungsaufsicht (BaFin) – »Überarbeitung der MaRisk«, 5. Juni 2012, S. 15.

17 Lach, Niklas/Neubert, Boris/Kirmße, Stefan, Integrierte Zinsbuchsteuerung, Reihe zeb/Themen, 2. Auflage, Münster, Mai 2003, S. 4.

6.3 Beispiele ertragsorientierter Verfahren

Das einfachste Beispiel für ein ertragsorientiertes Verfahren ist die so genannte »Zinsbindungs- **35**
bilanz«. Da die Festzinsvolumina auf beiden Seiten der Bilanz i. d. R. nicht exakt übereinstimmen,
also insbesondere Festzinspositionen auf der Aktivseite auch variablen Positionen auf der Passivseite gegenüberstehen (so genannte »offene Festzinspositionen«), entsteht auf der Aktivseite ein
»Festzinsüberhang« bzw. auf der Passivseite eine »Festzinslücke« (Gap-Risiko). Zur Ermittlung der
negativen Auswirkungen der Zinsänderungen auf das Zinsergebnis wird im Grunde diese Volu-
mendifferenz stichtagsbezogen mit der unterstellten Marktzinsänderung multipliziert. Als Modifizierung der Zinsbindungsbilanz kann die »Zinsablaufbilanz« interpretiert werden, bei der die
Festzinsgeschäfte zuvor ihrer Restlaufzeit entsprechend aufgeteilt werden. Auf diese Weise
können die offenen Festzinspositionen je »Laufzeitband« ermittelt werden, wodurch die Auswirkungen verschiedener Zinsszenarien auch im Zeitablauf sichtbar werden.

In das Konzept der Zinsbindungsbilanz bzw. der Zinsablaufbilanz werden die sich auf der Aktiv- **36**
und der Passivseite gegenüberstehenden variabel verzinslichen Geschäfte allerdings nicht einbezogen. Bei dieser Interpretationsweise bestehen insbesondere keinerlei Zinsänderungsrisiken,
sofern keine offenen Festzinspositionen existieren, was natürlich nicht korrekt ist. Selbstverständlich bestehen auch Risiken im beidseitig marktzinsabhängigen Geschäft, da die verschiedenen
Positionen auf der Aktiv- und der Passivseite unterschiedliche »Zinsreagibilitäten« bzw. »Zins-
spreads« aufweisen, d.h. im Fall von Marktzinsänderungen nicht gleichermaßen angepasst
werden können oder sollen (Basisrisiko). Da in diesen Konzepten außerdem keine Anschluss-
geschäfte berücksichtigt werden, verringert sich mit zunehmendem Abstand vom Zeitpunkt der
Risikoermittlung der Anteil der einbezogenen Geschäfte an der Gesamtbilanz, wodurch die Zins-
bindungs- und Zinsablaufbilanz im Zeitverlauf an Aussagekraft verlieren.

Das Konzept der »Elastizitätsbilanz« erstreckt sich hingegen auf sämtliche Zinsgeschäfte eines **37**
Institutes und berücksichtigt insbesondere auch die Risiken im beidseitig marktzinsabhängigen
Geschäft. Die unterschiedliche Zinsreagibilität der einzelnen Positionen wird mit Hilfe von
»Elastizitäten« zum Ausdruck gebracht, wobei für Festzinsgeschäfte eine Elastizität von null
unterstellt wird. Die Berechnung dieser Elastizitäten erfolgt theoretisch durch einfache Division
von Positions- und Marktzinsänderung. Da die derart erzielten Ergebnisse allerdings relativ
ungenau sind, werden die Elastizitäten in der Praxis häufig mittels Regressionsanalyse ermittelt.
Im Gegensatz zur statischen Elastizitätsbilanz können bei der dynamischen Elastizitätsbilanz u. a.
auch differenzierte Referenzzinssätze am Geld- und Kapitalmarkt, Festzinsabläufe und Veränderungen der Bilanzstruktur berücksichtigt werden. Zur vollständigen Analyse des Zinsänderungsrisikos wird eine Bandbreite von Zinsszenarien erstellt, die auch ungünstige Entwicklungen erfassen. Die Zinserwartung des Marktes lässt sich dabei anhand der aktuellen Zinssätze
über Forward Rates bestimmen. Aus der dynamischen Elastizitätsbilanz ist die Veränderung der
Zinsspanne zu vorgegebenen Zins- und Strukturszenarien direkt ablesbar.[18]

Die EBA geht im Anhang ihrer aktuellen Leitlinien zum Management der Zinsänderungsrisiken **38**
im Anlagebuch ausführlich auf einige ertragsorientierte Verfahren sowie deren Vor- und Nachteile
ein. Bei der »Gap-Analyse« werden alle relevanten zinssensitiven Instrumente entsprechend ihrer
Preisgestaltung oder Fälligkeit in vordefinierte Zeiträume einsortiert, die entweder vertraglich
fixiert sind oder auf Verhaltensannahmen beruhen. Berechnet werden die Nettopositionen (»Lücken«) in jedem Zeitbereich. Die »Gap-Analyse« nähert sich der aus einer Verschiebung der
Zinsstrukturkurve resultierenden Veränderung des Nettozinsertrages, indem sie jede Nettopositi-
on mit der entsprechenden Zinsänderung multipliziert. Bei der »Gap-Analyse« wird allerdings
unterstellt, dass der Zeitpunkt der Cashflows unabhängig vom spezifischen Zinsszenario ist.

---

18 Vgl. Rolfes, Bernd, Gesamtbanksteuerung, Stuttgart, 1999; Schierenbeck, Henner, Ertragsorientiertes Bankmanagement,
Band 2: Risiko-Controlling und integrierte Rendite-/Risikosteuerung, 8. Auflage, Wiesbaden, 2003.

Zudem wird nur das Gap-Risiko erfasst. Um alle wesentlichen Komponenten zu erfassen, müssen die Institute komplexere Methoden anwenden. Genannt wird beispielhaft die Bewertung nach dem »Earnings-at-Risk-Konzept« (EaR-Konzept), mit dessen Hilfe die Schwankungen von periodischen Erfolgsgrößen aus der Gewinn- und Verlustrechnung (GuV) analysiert werden können. Berechnet wird dabei die Veränderung des Zinsüberschusses über einen Zeithorizont von in der Regel ein bis fünf Jahren, die sich aus einer plötzlichen oder schrittweisen Zinsänderung ergibt.[19]

6.4   Barwertorientierte Verfahren

39 Bei der Betrachtung des ökonomischen Wertes (»Economic Value Measures«) geht es um die Veränderung des Markt- oder Barwertes der zinssensitiven Instrumente aufgrund von Zinsänderungen. Dabei werden die Wertveränderungen über die gesamte Restlaufzeit betrachtet, d. h. bis alle Positionen ausgelaufen sind.[20] Der Barwert einer Position erfasst also alle zukünftigen Ergebniswirkungen im Abschlusszeitpunkt, wobei die zukünftigen Cashflows mit dem aktuellen Marktzins abgezinst werden. Er entspricht somit den Kosten der fristenkongruenten Refinanzierung dieser Position. Der Marktwert wird durch Angebot und Nachfrage bestimmt. Sofern entsprechende Beobachtungswerte nicht vorliegen, wird der theoretisch richtige Wert, d. h. der synthetische Marktwert, als Barwert berechnet. Insofern sollten Marktwert und Barwert unter normalen Umständen grundsätzlich übereinstimmen. Um den Barwert des Zinsbuches eines Institutes zu ermitteln, das sämtliche zinssensitiven Positionen umfasst, wird die Differenz zwischen den Barwerten der Aktivseite und den Barwerten der Passivseite gebildet.

40 Im Gegensatz zu ertragsorientierten Verfahren steht anstelle der Zinsspanne des gesamten Bankbuches somit der Barwert des Zinsbuches im Fokus der Untersuchungen. Bei barwertorientierten Verfahren wird folglich mit einer einzelnen Zielgröße operiert, an der sich die Auswirkungen von Zinsänderungen direkt ablesen lassen. Dadurch sind auch die Folgen dispositiver Maßnahmen transparent, die auf eine Maximierung des Barwertes des Zinsbuches durch optimale Fristentransformation abzielen. Mit Blick auf diese Maßnahmen erfolgt grundsätzlich eine Orientierung an einer geeigneten Benchmark, die den Markt abbildet.[21] Möglich sind sowohl eine exakte Ausrichtung an der Benchmark (passive Strategie) als auch das Abweichen von der Benchmark in einzelnen Positionen (semi-aktive Strategie) oder sogar die Orientierung an einer vollständig eigenen Zinsmeinung mit dem Ziel, die Benchmark zu schlagen (aktive Strategie).[22] Das Zinsänderungsrisiko kann als Unsicherheit über den zukünftigen Barwert bzw. als Gefahr eines Vermögensrückgangs interpretiert und z. B. im Rahmen von Value-at-Risk-Ansätzen unter Einschluss der stillen Reserven umfassend quantifiziert werden.[23]

---

19 Vgl. European Banking Authority, Final Report – Guidelines on the management of interest rate risk arising from non-trading book activities, EBA/GL/2018/02, 19. Juli 2018, S. 42 ff.

20 Vgl. European Banking Authority, Final Report – Guidelines on the management of interest rate risk arising from non-trading book activities, EBA/GL/2018/02, 19. Juli 2018, S. 15.

21 Als Benchmark können z. B. gleitende 10- oder 5-Jahres-Zinssätze, der deutsche Rentenindex (REX) oder der deutsche Pfandbriefindex (PEX) verwendet werden. Der REX wird auf Basis der täglichen Schlusskurse von 30 gängigen Anleihen, Obligationen und Schatzanweisungen des Bundes berechnet. Die Daten für Renditen, Gewichtungsfaktoren und Regressionskoeffizienten werden von der Deutschen Börse AG täglich auf ihrer Internetseite veröffentlicht. Die Gewichtung wird von der Deutschen Börse AG jährlich überprüft und ggf. angepasst. Der PEX misst hingegen die Rendite deutscher Pfandbriefe und damit der Marktentwicklung am Pfandbriefmarkt. Er ist von seinem Aufbau dem REX sehr ähnlich, wodurch Vergleiche zwischen der Entwicklung von Staatspapieren und Pfandbriefen möglich sind.

22 Vgl. Vogt, Tobias/Bahlmann, Björn, Benchmarks im Kontext der barwertigen Zinsbuchsteuerung, Reihe Lazard Standpunkt, Frankfurt a. M., November 2005, S. 5.

23 Vgl. Lach, Niklas/Neubert, Boris/Kirmße, Stefan, Integrierte Zinsbuchsteuerung, Reihe zeb/Themen, 2. Auflage, Münster, Mai 2003, S. 5.

Durch die Abzinsung auf den Abschlusszeitpunkt ergibt sich allerdings die Schwierigkeit, dass **41** die Zinsüberschüsse der einzelnen Perioden bzw. des entsprechenden Geschäftsjahres aus dem Barwert nicht ohne weiteres ableitbar sind und insofern kein direkter Zusammenhang zur Gewinn- und Verlustrechnung (GuV) hergestellt werden kann. Zudem bleiben die möglichen Bewertungs- effekte für Finanzinstrumente unberücksichtigt. Positionen mit längeren Restlaufzeiten reagieren grundsätzlich stärker auf Zinsänderungen als Positionen mit kürzeren Restlaufzeiten.

6.5 Beispiele barwertorientierter Verfahren

Zur Abschätzung von Barwertänderungen sind daher z. B. durationsbezogene Sensitivitätsmaße **42** geeignet, auf die bereits an anderer Stelle eingegangen wird (→ BTR 2.2 Tz. 2). Dort finden sich auch Ausführungen zur Simulation von Zinsstrukturszenarien, die sich ebenso für das Barwert- konzept eignen[24], und zum Value-at-Risk-Konzept, das vor allem im Zusammenhang mit den Positionen des Handelsbuches Verwendung findet, bei denen eine deutlich kürzere Haltedauer unterstellt werden kann.[25] Die Problematik der Simulationsverfahren besteht in der schwierigen Plausibilisierung der zugrundeliegenden Szenarien. Gegenüber statischen Verfahren berücksich- tigen dynamische Barwertkonzepte auch zukünftige Geschäftsabschlüsse.[26]

Die EBA geht im Anhang ihrer aktuellen Leitlinien zum Management der Zinsänderungsrisiken **43** im Anlagebuch ausführlich auf einige barwertorientierte Verfahren sowie deren Vor- und Nach- teile ein. Neben der an anderer Stelle beschriebenen »Modifizierten Duration« (→ BTR 2.2 Tz. 2) nennt die EBA auch die »Teilweise Modifizierte Duration« (»Partial Modified Duration«), bei der nicht die gesamte Zinsstrukturkurve parallel verschoben wird, sondern nur das dem betrachteten Zeitbereich entsprechende Segment. Damit kann insofern die Sensitivität des Marktwertes des Anlagebuches gegenüber einer geringfügigen Verschiebung der Zinsstrukturkurve in einzelnen Laufzeitsegmenten ermittelt werden. Wie bei der »Gap-Analyse« wird allerdings auch bei der »Teilweise Modifizierten Duration« unterstellt, dass der Zeitpunkt der Cashflows nicht vom spezi- fischen Zinsszenario abhängt. Um auch das Basisrisiko und das Optionsrisiko zu erfassen, müssen die Institute auf komplexere Methoden ausweichen. Genannt wird beispielhaft die Bestimmung des ökonomischen Wertes der Eigenmittel (»Economic Value of Equity«, EVE), bei der die Eigen- mittel von den Cashflows ausgeschlossen ist.[27] Die Veränderung des EVE entspricht dabei der Anpassung des Barwertes aller Cashflows aus Aktiva, Passiva und außerbilanziellen Geschäften des Anlagebuches, die sich aus einer Änderung der Zinssätze ergibt, unter der Annahme, dass alle Positionen auslaufen. Neben der Verwendung spezifischer Zinsszenarien kann mit Hilfe von Monte-Carlo-Simulationen oder historischen Simulationen auch der »Economic Value-at-Risk« (EVaR) berechnet werden, der die maximale Eigenmitteländerung für ein bestimmtes Konfidenz- niveau angibt.[28]

---

24 Vgl. Wegner, Olaf/Sievi, Christian/Schumacher, Matthias, Szenarien der wertorientierten Steuerung des Zinsänderungs- risikos, in: Betriebswirtschaftliche Blätter, Heft 3/2001, S. 138 ff.; Basel Committee on Banking Supervision, Principles for the Management and Supervision of Interest Rate Risk, BCBS 108, 14. Juli 2004, Annex 1B.

25 Vgl. Wiedemann, Arnd, Messung von Zinsrisiken mit dem Value-at-Risk-Konzept I, in: Das Wirtschaftsstudium, Heft 11/2002, S. 1416 ff.; Wiedemann, Arnd, Messung von Zinsrisiken mit dem Value-at-Risk-Konzept II, in: Das Wirtschafts- studium, Heft 12/2002, S. 1548 ff.

26 Vgl. Rolfes, Bernd/Koch, Ulrich, Gesamtbankbezogene Zinsrisikosteuerung – Dynamisierung des Barwertansatzes, in: Die Bank, Heft 8/2000, S. 540 ff.; Rolfes, Bernd, Gesamtbanksteuerung, Stuttgart, 1999.

27 Vgl. European Banking Authority, Final Report – Guidelines on the management of interest rate risk arising from non-trading book activities, EBA/GL/2018/02, 19. Juli 2018, S. 15.

28 Vgl. European Banking Authority, Final Report – Guidelines on the management of interest rate risk arising from non-trading book activities, EBA/GL/2018/02, 19. Juli 2018, S. 42 ff.

6.6 Vergleich beider Verfahrensweisen

44 Aufgrund der beschriebenen Unterschiede können ertrags- und barwertorientierte Verfahren in einzelnen Perioden sogar gegensätzliche Steuerungsimpulse liefern. So kann z.B. trotz steigenden Barwertes das handelsrechtliche Ergebnis in der betrachteten Periode sinken. Ein Vergleich beider Verfahren liefert zwar die Erkenntnis, dass die barwertorientierten Verfahren in vielen Punkten überlegen erscheinen. Allerdings ist das handelsrechtliche Ergebnis ebenfalls von Bedeutung. Die Auswirkungen auf die GuV müssen auch aus anderen Gründen berücksichtigt werden, wie z.B. zur Erfüllung der regulatorischen Eigenmittelanforderungen, für den Erhalt der Risikotragfähigkeit oder mit Blick auf die im Jahresabschluss dargelegte Unternehmensentwicklung gegenüber externen Ratingagenturen und ggf. Anteilseignern, die sich in einem angestrebten Mindestgewinn dokumentiert.

45 Da (statische) barwertorientierte Messverfahren im Gegensatz zu (dynamischen) ertragsorientierten Verfahren kein Neugeschäft berücksichtigen, ist eine einfache Überleitung der Ergebnisse zwischen beiden Verfahren grundsätzlich nicht möglich. In der Praxis existieren Ansätze zur Lösung dieses Problems, indem z.B. zwischen Alt- und Neugeschäft unterschieden wird und die jeweiligen Geschäfte blockweise behandelt werden.[29] Mit dem Steuerungskonzept der »integrierten Zinsbuchsteuerung« sollen die mit beiden Verfahren verbundenen Ziel- und Steuerungsgrößen einer einheitlichen Betrachtung zugeführt werden. Auf diese Weise wird einerseits eine verursachungsgerechte Isolation des Erfolges aus Fristentransformationen ermöglicht und andererseits eine Abbildung barwertiger Erfolge in der Gewinn- und Verlustrechnung.[30] Über die gesamte Zinsbindungsfrist betrachtet, lässt sich hingegen jedes barwertig ermittelte Zinsänderungsrisiko in ein ertragsorientiert berechnetes Zinsänderungsrisiko (Zinsspannenrisiko) überführen.[31]

6.7 Ermittlung der Auswirkungen einer plötzlichen und unerwarteten Zinsänderung

46 Den Vorgaben des Baseler Ausschusses für Bankenaufsicht zum so genannten »Standardzinsschock« der zweiten Säule von Basel II[32] entsprechend, müssen die zuständigen Behörden im Rahmen des aufsichtlichen Überprüfungs- und Bewertungsprozesses (SREP) gemäß Art. 98 Abs. 5 CRD IV zumindest dann Maßnahmen ergreifen, wenn der wirtschaftliche Wert der Geschäfte des Anlagebuches (»Zinsbuchbarwert«) eines Institutes bei einer plötzlichen und unerwarteten Zinsänderung von 200 Basispunkten (»Standardzinsschock«) oder einer in den maßgeblichen Leitlinien der EBA definierten Änderung um mehr als 20 % ihrer Eigenmittel absinkt (»Institute mit erhöhtem Zinsänderungsrisiko«).

47 Diese Vorschrift findet für deutsche Institute in § 25a Abs. 2 KWG ihren Niederschlag. Die Anforderungen, die sich für die Institute bezüglich der Anwendung einer von der nationalen Aufsichtsbehörde vorzugebenden plötzlichen und unerwarteten Zinsänderung ergeben, wurden

---

29 Vgl. Frère, Eric/Reuse, Svend, GuV-Effekte eines barwertigen VaR in der Zinsbuchsteuerung, in: BankPraktiker, Heft 3/2007, S. 132 f.

30 Vgl. Lach, Niklas/Neubert, Boris/Kirmße, Stefan, Integrierte Zinsbuchsteuerung, Reihe zeb/Themen, 2. Auflage, Münster, Mai 2003.

31 Vgl. Reuse, Svend, Marktpreisrisiken auf Gesamtbankebene, in: Pfeifer, Guido/Ullrich, Walter/Wimmer, Konrad (Hrsg.), MaRisk-Umsetzungsleitfaden, Heidelberg, 2006, S. 383.

32 Vgl. Basel Committee on Banking Supervision, International Convergence of Capital Measurement and Capital Standards – A Revised Framework (Basel II), 26. Juni 2004, Tz. 764.

von der BaFin erstmals im November 2007 konkretisiert[33] und ziemlich genau vier Jahre später überarbeitet.[34] Berücksichtigt wurden dabei auch die Vorgaben von CEBS aus dem Herbst 2006.[35] Die EBA hat im Oktober 2015 eigene Leitlinien veröffentlicht[36], die eine weitere Anpassung des nationalen Rundschreibens erforderlich machten.[37]

Die erstmalig als ad hoc (»über Nacht«) eintretende, parallele Verschiebung der Zinsstruk-   **48**
turkurve vorzunehmende Zinsänderung betrug zunächst + 130 Basispunkte und -190 Basispunkte.[38] Im November 2011 wurde der Zinsshift im Interesse einer EU-weiten Harmonisierung auf ± 200 Basispunkte angepasst, wobei kein negativer Nominalzins verwendet werden sollte (»Floor-Regelung«). Das bei Anwendung der vorgegebenen Zinsänderung jeweils ungünstigere Ergebnis war zunächst ausschlaggebend für eine etwaige Anzeigepflicht nach §24 Abs.1 Nr.14 KWG. Da diese Anzeigepflicht und die Dokumentationspflicht der Jahresabschlussprüfer gemäß §11 Abs.2 PrüfbV nach Einschätzung der Aufsicht keine hinreichend zeitnahe Information erlaubte, müssen alle Kreditinstitute seit dem 31.Dezember 2011 quartalsweise Meldungen über die Höhe des Zinsänderungsrisikos abgeben. §24 Abs.1 Nr.14 KWG wurde vor diesem Hintergrund im Rahmen des CRDIV-Umsetzungsgesetzes aufgehoben.

Der »Standardzinsschock« wird derzeit als eine sofort (»ad hoc«) eintretende Parallelverschie-   **49**
bung der Zinsstrukturkurve um 200 Basispunkte nach oben (Szenario 1) und um 200 Basispunkte nach unten (Szenario 2) berechnet. Dabei sind alle für diese Ermittlung wesentlichen, mit einem Zinsänderungsrisiko behafteten Geschäfte des Anlagebuches zu berücksichtigen, wobei Eigenmittelbestandteile, die dem Institut zeitlich unbegrenzt zur Verfügung stehen, auch hier nicht einbezogen werden dürfen. Der »Zinsrisikokoeffizient« entspricht der jeweiligen Barwertänderung pro Szenario. Relevant für die aufsichtliche Beurteilung ist der Zinsrisikokoeffizient mit dem (höheren) Barwertverlust.[39]

In den Leitlinien der EBA wird für die Berechnung des Standardzinsschocks nach wie vor eine   **50**
Untergrenze des Zinssatzes von 0 % vorgegeben. Da im Anfang 2018 aktuellen Niedrigzinsumfeld bereits vor einer Verschiebung der Zinsstrukturkurve negative Zinsen zu beobachten waren, wurde die Zinsuntergrenze von der deutschen Aufsicht so modifiziert, dass sie nur maßgeblich ist, wenn die Zinsstrukturkurve an der jeweils betrachteten Stützstelle einen positiven Zinssatz aufweist. Ist der Zinssatz an einer Stützstelle der Zinsstrukturkurve hingegen negativ, wird dieser negative Zinssatz für die weiteren Berechnungen zugrundegelegt. Folglich wird bei der Parallelverschiebung um 200 Basispunkte nach oben von dem beobachteten negativen Zinssatz ausgegangen und bei der Parallelverschiebung um 200 Basispunkte nach unten keine weitere

---

33 Bundesanstalt für Finanzdienstleistungsaufsicht, Zinsänderungsrisiken im Anlagebuch – Ermittlung der Auswirkungen einer plötzlichen und unerwarteten Zinsänderung, Rundschreiben 7/2007 (BA) vom 6. November 2007.

34 Bundesanstalt für Finanzdienstleistungsaufsicht, Zinsänderungsrisiken im Anlagebuch; Ermittlung der Auswirkungen einer plötzlichen und unerwarteten Zinsänderung, Rundschreiben 11/2011 (BA) vom 9. November 2011.

35 Committee of European Banking Supervisors, Guidelines on technical aspects of the management of interest rate risk arising from nontrading activities under the supervisory review process (GL 11), 3. Oktober 2006.

36 European Banking Authority, Leitlinien zur Steuerung des Zinsänderungsrisikos bei Geschäften des Anlagebuchs, EBA/GL/2015/08, 5. Oktober 2015 (anwendbar bis 29. Juni 2019); European Banking Authority, Final Report – Guidelines on the management of interest rate risk arising from non-trading book activities, EBA/GL/2018/02, 19. Juli 2018 (anwendbar ab 30. Juni 2019).

37 Bundesanstalt für Finanzdienstleistungsaufsicht, Zinsänderungsrisiken im Anlagebuch, Rundschreiben 07/2018 (BA) vom 24. Mai 2018.

38 Die BaFin orientierte sich bei der Bemessung der Zinsänderung am Wert des 1. Perzentils (negative Zinsänderungen) bzw. des 99. Perzentils (positive Zinsänderungen) der in den zurückliegenden fünf Jahren beobachteten Zinsänderungen. Diese wurden aus den durchschnittlichen Umlaufrenditen börsennotierter Bundeswertpapiere mit einer Restlaufzeit von über drei bis maximal fünf Jahren abgeleitet, wobei für jeden Handelstag des Betrachtungszeitraumes eine Zinsänderung ermittelt wurde, die der Differenz zwischen der Höhe des Referenzzinssatzes an dem jeweiligen Tag und dessen Höhe 240 Handelstage zuvor entsprach. Perzentile zerlegen eine Verteilung in einhundert gleich große Teile, also in 1 %-Segmente. Das 1. Perzentil repräsentiert folglich 1 % der zugrundeliegenden Verteilung.

39 Vgl. Bundesanstalt für Finanzdienstleistungsaufsicht, Zinsänderungsrisiken im Anlagebuch, Rundschreiben 07/2018 (BA) vom 24. Mai 2018, S. 3 ff.

Absenkung des negativen Zinssatzes vorgenommen.[40] Diese »Floor-Regelung« ist in der Praxis allerdings umstritten, da daraus an der Nulllinie ein regulatorisch vorgegebener Knick der Zinsstrukturkurve resultiert, der unter ökonomischen Gesichtspunkten nicht sinnvoll »gehedged« werden kann. Aufsichtsrechtliche und ökonomische Sicht stehen sich dadurch entgegen. Die ökonomisch sinnvolle Absicherung durch Nebenabreden in Form von »long« eingebetteten Floors, die ein Institut vor weiter sinkenden Zinsen schützen, wird bei negativem Zinsumfeld im aufsichtsrechtlichen Zinsschock um 200 Basispunkte nach unten (Szenario 2) nicht gutiert. Beim Zinsanstieg (Szenario 1) ist der entstehende Wertverlust der synthetischen Zinsderivate jedoch zu berücksichtigen.[41]

51   Die bedeutenden Institute können ihre entsprechenden Meldungen gegenüber der EZB an die deutsche Aufsicht übermitteln, müssen aber die Inhalte der Meldepflicht nach FinaRisikoV beachten. Eine Meldung auf Gruppenebene ist nur im Falle eines Gruppen-Waivers nach § 2a Abs. 1 und 2 oder Abs. 5 KWG erforderlich.[42]

52   Auf eine zunächst angedachte zusätzliche Meldepflicht bei einem Absinken des wirtschaftlichen Wertes um mehr als 10 % der Eigenmittel (»Frühwarnstufe«) wurde vor dem Hintergrund der Modernisierung des bankaufsichtlichen Meldewesens zunächst verzichtet. Vom Baseler Ausschuss für Bankenaufsicht wurde die Frühwarnstufe im April 2016 jedoch wieder ins Spiel gebracht.[43] Die EBA hat diese Idee im Juli 2018 aufgegriffen, wobei trotz grundsätzlicher Anwendbarkeit der neuen Leitlinien ab dem 30. Juni 2019 für Institute der SREP-Kategorien 3 und 4 eine Übergangsfrist von sechs Monaten für die Einführung dieses »Stufe-1-Schwellenwertes« als Frühwarnsignal eingeräumt wird. Die Institute müssen dafür die Auswirkungen von sechs vordefinierten Schockszenarien auf ihre Eigenmittel berechnen. Dabei handelt es sich um eine Parallelverschiebung der Zinsstrukturkurve nach oben, eine Parallelverschiebung der Zinsstrukturkurve nach unten, eine Änderung der kurzen Zinssätze nach unten und der langen Zinssätze nach oben, eine Änderung der kurzen Zinssätze nach oben und der langen Zinssätze nach unten, eine Änderung der kurzen Zinssätze nach oben und eine Änderung der kurzen Zinssätze nach unten.[44] Nach den Vorstellungen der EBA sollten die zuständigen Behörden für die Zwecke des SREP die Verwendung ihrer eigenen Schockszenarien in Betracht ziehen und dabei das allgemeine Zinsniveau, die Form der Zinskurve und alle relevanten nationalen Merkmale ihrer Finanzsysteme berücksichtigen. Die internen Systeme der Institute sollten daher flexibel genug sein, um ihre Empfindlichkeit gegenüber jedem von der zuständigen Behörde vorgeschriebenen Standardzinsschock zu berechnen.[45]

---

40 Die BaFin hat verschiedene Beispiele angegeben: Liegt der Zinssatz der aktuellen Zinsstrukturkurve an der Stützstelle X bei -0,5 %, führt ein Zinsschock von 200 Basispunkten im »positiven Szenario« an der Stützstelle X zu einem resultierenden Zinssatz von 1,5 %. Liegt der Zinssatz der aktuellen Zinsstrukturkurve an der Stützstelle X bei -0,5 %, ist der Zinssatz im »negativen Szenario« nicht weiter abzusenken. Der resultierende Zinssatz ist dann ebenfalls -0,5 %. Liegt der Zinssatz der aktuellen Zinsstrukturkurve an der Stützstelle X bei 2,5 %, ist ein Zinsschock von 200 Basispunkten im »negativen Szenario« an der Stützstelle X anzuwenden. Der resultierende Zinssatz ist 0,5 %. Liegt der Zinssatz der aktuellen Zinsstrukturkurve an der Stützstelle X bei 1,5 %, ist nur ein Zinsschock von 150 Basispunkten im »negativen Szenario« an der Stützstelle X anzuwenden. Der resultierende Zinssatz ist 0 %. Liegt der Zinssatz der aktuellen Zinsstrukturkurve an der Stützstelle X bei 0 %, ist der Zinssatz im »negativen Szenario« nicht weiter abzusenken. Der resultierende Zinssatz ist ebenfalls 0 %. Vgl. Bundesanstalt für Finanzdienstleistungsaufsicht, Zinsänderungsrisiken im Anlagebuch, Rundschreiben 07/2018 (BA) vom 24. Mai 2018, S. 3.

41 Vgl. Schmaal, Christian, Zinsänderungsrisiken des Anlagebuchs – ein alter Hut?, Vortrag auf dem 35. Expertenforum der Fintegral Deutschland AG, Frankfurt am Main, 13. September 2018.

42 Vgl. Bundesanstalt für Finanzdienstleistungsaufsicht, Zinsänderungsrisiken im Anlagebuch, Rundschreiben 07/2018 (BA) vom 24. Mai 2018, S. 2 f.

43 Vgl. Basel Committee on Banking Supervision, Standards – Interest rate risk in the banking book, BCBS d368, 21. April 2016, S. 21.

44 Vgl. European Banking Authority, Final Report – Guidelines on the management of interest rate risk arising from non-trading book activities, EBA/GL/2018/02, 19. Juli 2018, S. 49.

45 Vgl. European Banking Authority, Guidelines on common procedures and methodologies for the supervisory review and evaluation process (SREP) and supervisory stress testing, EBA/GL/2014/13, Consolidated version, 19. Juli 2018, S. 123.

Der Stufe-1-Schwellenwert greift bei einer Änderung um mehr als 15 % der Eigenmittel. Regelmä- **53** ßige Berichtspflichten oder automatische Aufsichtsmaßnahmen sollen damit nicht verbunden sein, weil die 15 %-Schwelle nicht als harte Schwelle zu interpretieren ist, sondern als Auslöser für einen verstärkten Aufsichtsdialog.[46] Selbst ein Absinken des wirtschaftlichen Wertes um mehr als 20 % der Eigenmittel muss nicht automatisch dahingehend interpretiert werden, dass ein solches Institut zu hohe Zinsänderungsrisiken aufweist. Die Aufsicht prüft dann individuell, ob die Eigenmittelaus- stattung des Institutes trotzdem insgesamt angemessen ist oder eine erhöhte Eigenmittelanforderung angeordnet werden muss. Diese Ermächtigung betrifft jedoch nicht nur »Institute mit erhöhtem Zinsänderungsrisiko«. Insbesondere kann der »Stufe-2-Schwellenwert« von 20 % nicht als aufsicht- lich vorgegebene Untergrenze für die Anordnung aufsichtlicher Maßnahmen in Bezug auf Zinsän- derungsrisiken im Anlagebuch verstanden werden.[47]

Die Institute müssen die Auswirkungen einer plötzlichen und unerwarteten Zinsänderung auf der **54** Grundlage ihrer internen Methoden und Verfahren zur Steuerung und Überwachung von Zinsän- derungsrisiken im Anlagebuch eigenverantwortlich berechnen, wobei die Methoden und Verfahren den MaRisk genügen müssen. In die Cashflows sind alle wesentlichen in Bankprodukten enthaltenen automatischen und verhaltensabhängigen Optionen einzubeziehen, worunter sowohl marktzins- abhängige als auch marktzinsunabhängige Optionen fallen können (→ BTR 2.3 Tz. 7).[48]

---

46 Vgl. European Banking Authority, Final Report – Guidelines on the management of interest rate risk arising from non-trading book activities, EBA/GL/2018/02, 19. Juli 2018, S. 8.

47 Vgl. Bundesanstalt für Finanzdienstleistungsaufsicht, Zinsänderungsrisiken im Anlagebuch, Rundschreiben 07/2018 (BA) vom 24. Mai 2018, S. 6 f.

48 Vgl. Bundesanstalt für Finanzdienstleistungsaufsicht, Zinsänderungsrisiken im Anlagebuch, Rundschreiben 07/2018 (BA) vom 24. Mai 2018, S. 2 ff.

7 Berücksichtigung von Positionen mit unbestimmter Kapital- oder Zinsbindung (Tz. 7)

55 7 Hinsichtlich der Berücksichtigung von Positionen mit unbestimmter Kapital- oder Zinsbindung sind geeignete Annahmen festzulegen.

7.1 Positionen mit unbestimmter Kapital- oder Zinsbindung

56 Die Aufsicht zählt beispielhaft folgende Positionen mit unbestimmter Kapital- oder Zinsbindung auf (→ BTR 2.3 Tz. 7, Erläuterung):
- Positionen, bei denen die faktische Zinsbindung von der rechtlichen Zinsbindung abweicht, was vor allem auf Sicht- und Spareinlagen sowie Tagesgelder zutrifft, und
- optionale Bestandteile, wie z. B. Kündigungsrechte des Kunden, Sondertilgungsoptionen oder Rückzahlungsoptionen.

57 Berücksichtigt werden müssen auch Produkte, die aufgrund vorhandener Kündigungsrechte der Kunden implizite Optionsbestandteile enthalten. Dies betrifft z. B. das »Zuwachssparen«.[49] Hingegen werden unverzinsliche Aktiva und Passiva, wie z. B. Beteiligungen, seit der vierten MaRisk-Novelle nicht mehr in dieser Beispielliste aufgeführt. Folglich kann vermutlich davon ausgegangen werden, dass nur noch Cashflows aus zinstragenden Positionen zu berücksichtigen sind.

7.2 Behandlung von Eigenkapitalbestandteilen

58 Eigenkapitalbestandteile, die dem Institut zeitlich unbegrenzt zur Verfügung stehen, dürfen nicht in die barwertige Ermittlung der Zinsänderungsrisiken einbezogen werden (→ BTR 2.3 Tz. 7, Erläuterung). Durch diese Klarstellung wurde die in der Vergangenheit von einigen Instituten betriebene Praxis, das Eigenkapital als fiktive, zinsrisikotragende Position in die Risikoermittlung einzubeziehen, mit der zweiten MaRisk-Novelle unterbunden. Eine barwertige Zinsänderungs-risikosteuerung verfolgt die Ziele, einerseits das im Institut (oder zumindest im Zinsbuch) gebundene Vermögen bei aktueller Zinsstruktur zu ermitteln und andererseits die Vermögensän-derungen bei variierender Zinsstruktur zu bestimmen. Das Eigenkapital im barwertigen Sinne, also das Reinvermögen als Differenz zwischen dem Barwert der Aktiva und dem Barwert der Passiva (exklusive Eigenkapital) ist somit in einer barwertigen Welt die zu steuernde Größe. Mithin widerspricht die Berücksichtigung der Zielgröße bei deren eigener Wertermittlung der barwertigen Grundkonzeption.[50] Die Einbeziehung von unverzinslichen Eigenkapitalbestandtei-len hat zudem zur Folge, dass der isolierte Ausweis des Zinsänderungsrisikos tendenziell unter-

---

49 Vgl. Bundesanstalt für Finanzdienstleistungsaufsicht, Protokoll der zweiten Sitzung des MaRisk-Fachgremiums am 17. August 2006, S. 3.

50 Vgl. Debus, Knut/Kreische Kai, Eigenkapital und barwertiges Zinsänderungsrisiko, in: Betriebswirtschaftliche Blätter, Heft 11/2006, S. 644 f.

zeichnet wird.[51] Auch bei der Bestimmung des ökonomischen Wertes der Eigenkapitals (»Economic Value of Equity Measures«) wird das Eigenkapital von den Cashflows ausgeschlossen.[52]

Die Klarstellung der Bankenaufsicht steht nicht im Widerspruch zum Grundsatz der Methodenfreiheit, da dieser Grundsatz an seine Grenzen stößt, wenn die im Institut eingesetzten Methoden nicht mit den übergeordneten Zielen der MaRisk bzw. des § 25a Abs. 1 KWG korrespondieren. Bei der Einbeziehung zeitlich unbefristeter Eigenkapitalbestandteile in die barwertige Ermittlung der Zinsänderungsrisiken liegt nach Einschätzung der deutschen Aufsicht eine derartige Konstellation vor. Mit dieser Anforderung ist allerdings nicht intendiert, dem Institut zeitlich unbegrenzt zur Verfügung stehende Eigenkapitalbestandteile gleichzeitig im Rahmen der Liquiditätsrisikosteuerung als täglich fällig ansehen zu müssen, weil eine derartige Verfahrensweise nicht der Praxis entspräche und falsche Steuerungsimpulse setzen würde. **59**

7.3 Geeignete Annahmen

Im Wesentlichen geht es bei den Annahmen um geeignete Ablauffiktionen für die Positionen mit unbestimmter Kapital- oder Zinsbindung. Deren Festlegung ist in Abhängigkeit von den jeweiligen Volumina von besonderer Bedeutung, da unrealistische Annahmen über die zukünftigen Cashflows zu falschen Ergebnissen führen können. Auf die Verfahren wird bereits an anderer Stelle ausführlich eingegangen (→ BTR 2.3 Tz. 6). Sofern die entsprechenden Festlegungen des Institutes für die Steuerung der Zinsänderungsrisiken und der Liquiditätsrisiken (→ BTR 3.1 Tz. 3) auseinanderfallen, sollten die Abweichungen und die jeweilige Vorgehensweise inhaltlich gut begründet sein. Es empfiehlt sich auch, die Geschäftsleitung eng in diesen Entscheidungsprozess einzubinden. **60**

7.4 Volumengewichtete durchschnittliche Laufzeit

Hinsichtlich möglicher Annahmen lieferte eine Umfrage der BaFin zum »Standardzinsschock« vom September 2005 erste Anhaltspunkte. Demnach wird für Positionen mit unbestimmter Zinsbindung, wie z. B. Spar- und Sichteinlagen, eine volumengewichtete durchschnittliche Laufzeit unterstellt. Sie ist hinsichtlich ihrer erwarteten Zinsbindung vom Institut zu schätzen und in die entsprechenden Laufzeitbänder einzuordnen. Hierfür wird häufig die »Methode der gleitenden Durchschnitte« verwendet, bei der zu jedem Betrachtungszeitpunkt die zurückliegenden Zinssätze des Kapitalbindungszeitraumes für eine Durchschnittsberechnung herangezogen werden. Verwendet ein Institut mehrere gleitende Durchschnitte (z. B. 30 % gleitender Durchschnitt drei Jahre, 70 % gleitender Durchschnitt fünf Jahre), so ist für jeden gleitenden Durchschnitt eine durchschnittliche Laufzeit zu errechnen und jeweils mit dem entsprechenden Prozentsatz zu gewichten. **61**

In der aktuellen Fassung des Rundschreibens der BaFin zu Zinsänderungsrisiken im Anlagebuch wird allgemein ausgeführt, dass Positionen mit unbestimmter vertraglicher Zinsbindung gemäß den internen Methoden und Verfahren zur Steuerung und Überwachung der Zinsänderungsrisiken zu behandeln sind. Für die Zwecke des Standardzinsschocks darf der modellierte durchschnitt- **62**

---

51 Vgl. Deutsche Bundesbank, Änderung der neu gefassten EU-Bankenrichtlinie und der EU-Kapitaladäquanzrichtlinie sowie Anpassung der Mindestanforderungen an das Risikomanagement, in: Monatsbericht, September 2009, S. 80.

52 Vgl. European Banking Authority, Final Report – Guidelines on the management of interest rate risk arising from non-trading book activities, EBA/GL/2018/02, 19. Juli 2018, S. 15.

liche Zinsanpassungstermin für Verbindlichkeiten ohne feste Zinsbindung fünf Jahre nicht überschreiten, wobei die Durchschnittsbildung volumengewichtet erfolgt.[53] Für Einlagen mit unbestimmter Laufzeit ist den Vorgaben der EBA zufolge ebenfalls eine maximale durchschnittliche Laufzeit von fünf Jahren zu verwenden.[54]

7.5   Allgemeine Behandlung von Optionen

63   Aus den Richtlinien eines Institutes sollte hervorgehen, wie das Zinsänderungsrisiko gemessen wird, das sich aus verhaltensbedingten und automatischen Optionen bei Vermögenswerten oder Verbindlichkeiten ergibt, einschließlich Konvexitätseffekten und nichtlinearen Auszahlungsprofilen.[55] Das IT-System und das Transaktionssystem sollten in der Lage sein, die Optionsmerkmale der Produkte zu erfassen, um die Messung des Optionsrisikos zu ermöglichen, und alle Optionen – einschließlich (vorzeitiger) Rückzahlung – sowie die Gebühren im Zusammenhang mit der Ausübung dieser Optionen zusammenzutragen.[56] Die Institute sollten bei der Berechnung des Zinsänderungsrisikos Annahmen berücksichtigen, die für die Ausübung von verhaltensbedingten oder automatischen Zinsoptionen durch das Institut und seine Kunden unter bestimmten Zinsschock- und Stressszenarien getroffen wurden.[57] Institute, die Finanzprodukte mit eingebetteten Optionen anbieten, sollten Messsysteme verwenden, die die Abhängigkeit der Optionen von Zinsänderungen angemessen erfassen können. Institute, die dem Kunden Produkte mit Verhaltensoptionen anbieten, sollten angemessene bedingte Cashflow-Modellierungsansätze verwenden, um die Zinsänderungsrisiken im Hinblick auf die Veränderungen im Kundenverhalten zu quantifizieren, die bei unterschiedlichen Stressszenarien auftreten können.[58]

64   Die EBA erwartet von den zuständigen Behörden, im Rahmen des SREP auch den Anteil von Produkten mit expliziten und eingebetteten Optionen zu prüfen, wobei Produkte mit eingebetteter Kundenoption besonders berücksichtigt werden sollten.[59] Dazu gehört u. a., ob die Annahmen des Institutes über Positionen ohne vertragliche Fälligkeit und eingebettete Kundenoptionen umsichtig sind und ob die Mitarbeiter im Risikomanagement und das obere Management die den Bewertungssystemen zugrundeliegenden Annahmen verstehen, insbesondere in Bezug auf Positionen mit ungewisser vertraglicher Fälligkeit und solche mit impliziten oder expliziten Optionen.[60]

---

53 Vgl. Bundesanstalt für Finanzdienstleistungsaufsicht, Zinsänderungsrisiken im Anlagebuch, Rundschreiben 07/2018 (BA) vom 24. Mai 2018, S. 5.

54 Vgl. European Banking Authority, Final Report – Guidelines on the management of interest rate risk arising from non-trading book activities, EBA/GL/2018/02, 19. Juli 2018, S. 7 f.

55 Damit sind insbesondere »Pipeline-Transaktionen« gemeint, bei denen eine Kreditlinie vereinbart wurde und der Kunde wählen kann, ob er sie in Anspruch nehmen möchte oder nicht. Der Kunde wird die Option höchstwahrscheinlich genau dann ausüben, wenn die Marktbedingungen den Interessen des Institutes am wenigsten entsprechen (»negative Konvexität«). Das Management von »Pipeline-Exposures« basiert auf genauen Daten über eingegangene Anträge und der Modellierung der erwarteten Inanspruchnahmen einschließlich aller damit verbundenen Sicherungsgeschäfte. Vgl. European Banking Authority, Final Report – Guidelines on the management of interest rate risk arising from non-trading book activities, EBA/GL/2018/02, 19. Juli 2018, S. 25 f.

56 Vgl. European Banking Authority, Final Report – Guidelines on the management of interest rate risk arising from non-trading book activities, EBA/GL/2018/02, 19. Juli 2018, S. 27.

57 Vgl. European Banking Authority, Final Report – Guidelines on the management of interest rate risk arising from non-trading book activities, EBA/GL/2018/02, 19. Juli 2018, S. 36.

58 Vgl. European Banking Authority, Final Report – Guidelines on the management of interest rate risk arising from non-trading book activities, EBA/GL/2018/02, 19. Juli 2018, S. 45.

59 Vgl. European Banking Authority, Guidelines on common procedures and methodologies for the supervisory review and evaluation process (SREP) and supervisory stress testing, EBA/GL/2014/13, Consolidated version, 19. Juli 2018, S. 122.

60 Vgl. European Banking Authority, Guidelines on common procedures and methodologies for the supervisory review and evaluation process (SREP) and supervisory stress testing, EBA/GL/2014/13, Consolidated version, 19. Juli 2018, S. 126 ff.

7.6 Modellierung des Kundenverhaltens

Die EBA erwartet von jenen Instituten, die das Kundenverhalten als Einflussfaktor für die Messung **65**
ihres Zinsänderungsrisikos im Anlagebuch modellieren, dass sie dafür über die notwendigen
Kenntnisse und Erfahrungen verfügen und die damit verbundenen Auswirkungen verstehen.[61]
Sie unterscheidet dabei zwischen Annahmen zum Kundenverhalten für Verträge mit eingebetteten Optionen und für Verträge ohne konkrete Preisanpassungstermine.

Bei Verträgen mit eingebetteten Optionen sollten die Institute die möglichen Auswirkungen auf **66**
die gegenwärtigen und zukünftigen Zeitpunkte der Rückzahlung von Darlehen durch Sondertilgungen berücksichtigen, die sich aus dem Zinsszenario, dem zugrundeliegenden wirtschaftlichen
Umfeld und den vertraglichen Merkmalen ergeben. Dabei sollten sie die Elastizität der Anpassung
der Zinssätze für die Produkte an Änderungen der Marktzinssätze sowie die Migration von Salden
zwischen Produktarten infolge von Änderungen ihrer Merkmale und Bedingungen berücksichtigen. Sie sollten alle wesentlichen Produkte und Positionen identifizieren, die eingebetteten
Optionen unterliegen, die sich entweder auf den berechneten Zinssatz oder auf den Zeitpunkt der
Anpassung in Abweichung vom vertraglichen Fälligkeitsdatum auswirken könnten. Außerdem
sollten sie über geeignete Preisbildungs- und Risikominderungsstrategien verfügen, wie z.B. für
den Einsatz von Derivaten, um die Auswirkungen der Optionen im Rahmen der Risikobereitschaft
zu steuern. Dazu können auch Vorfälligkeitsentschädigungen gehören, die dem Kunden als
Ausgleich für die potenziellen Kosten berechnet werden. Die Institute sollten sicherstellen, dass
die Modellierung der wichtigsten Verhaltensannahmen in Bezug auf die zugrundeliegenden
historischen Daten gerechtfertigt ist und auf umsichtigen Annahmen beruht und deren Genauigkeit durch Rückvergleiche nachgewiesen werden kann.[62]

Bei Verträgen ohne konkrete Preisanpassungstermine sollten die Institute in der Lage sein, auf **67**
vorsichtige und angemessene Weise »Kernbeträge« (»Core Balances«) zu identifizieren. Darunter
sind Einlagen, die auch bei signifikanten Veränderungen des Zinsumfeldes wahrscheinlich stabil
bleiben[63], und andere Einlagen, deren begrenzte Elastizität gegenüber Zinsänderungen von den
Instituten modelliert werden könnte, zu verstehen. Die Modellierungsannahmen für diese Einlagen sollten die spezifischen Merkmale des Einlegers und der Konten widerspiegeln. So kann z.B.
bei Privatkunden zwischen Konten unterschieden werden, bei denen die Vergütungskomponente
relevant ist (z.B. bei Sparkonten) oder nicht relevant ist (z.B. bei Girokonten für die Abwicklung
des Zahlungsverkehrs). Die Institute sollten mögliche Einschränkungen bei der Neubewertung
von Privatkundeneinlagen in einem Niedrigzinsumfeld sowie die potenzielle Migration zwischen
Verträgen mit eingebetteten Optionen und ohne konkrete Preisanpassungstermine beachten, die
unter verschiedenen Zinsszenarien die Annahmen für die Verhaltensmodellierung ändern könnten. Bei den Modellierungsannahmen für »nicht fällige Einlagen« (»Non-Maturity Deposits«,
NMD), für die die Expertise des Risikomanagements und -controllings, der Treasury und der
Vertriebsbereiche etc. genutzt werden könnte, sollte nicht ausschließlich auf statistische oder
quantitative Methoden abgestellt werden.[64]

---

61 Vgl. European Banking Authority, Final Report – Guidelines on the management of interest rate risk arising from
non-trading book activities, EBA/GL/2018/02, 19. Juli 2018, S. 21.

62 Vgl. European Banking Authority, Final Report – Guidelines on the management of interest rate risk arising from
non-trading book activities, EBA/GL/2018/02, 19. Juli 2018, S. 36 f.

63 So stehen dem Institut z.B. jederzeit kündbare Einlagen nach der »Bodensatztheorie« (Adolf Wagner, 1857) in der Praxis
zumindest teilweise durchaus länger als ihre nominale Bindungsdauer zur Verfügung und können folglich als »Bodensatz«
zur Refinanzierung längerfristiger Anlagen verwendet werden (→ BTR 3.1, Einführung).

64 Vgl. European Banking Authority, Final Report – Guidelines on the management of interest rate risk arising from
non-trading book activities, EBA/GL/2018/02, 19. Juli 2018, S. 37 f.

68   Insgesamt werden in beiden Fällen jeweils eine angemessene Dokumentation der Annahmen, ein Überprüfungs- und Anpassungsprozess, die Durchführung von Stresstests und die Berücksichtigung der Ergebnisse bei der Kapitalallokation erwartet.[65]

---

65 Vgl. European Banking Authority, Final Report – Guidelines on the management of interest rate risk arising from non-trading book activities, EBA/GL/2018/02, 19. Juli 2018, S. 37 f.

8 Zinsänderungsrisiken in verschiedenen Währungen (Tz. 8)

8 Institute, die wesentliche Zinsänderungsrisiken in verschiedenen Währungen einge- **69**
gangen sind, müssen die Zinsänderungsrisiken in jeder dieser Währungen ermitteln.

8.1 Berücksichtigung verschiedener Währungen

Die wesentlichen Zinsänderungsrisiken in verschiedenen Währungen sind von den Instituten **70**
zunächst separat zu ermitteln. Ob sie auch in jeder Währung separat auszuweisen sind, hängt von
der Steuerungsrelevanz der damit verbundenen Erkenntnisse und vom Know-how des Institutes
hinsichtlich der Aggregation von Zinsänderungsrisiken über verschiedene Währungen hinweg ab.
Allerdings sollten die internen Berichte der Geschäftsleitung oder den jeweiligen Verantwortlichen
auf den relevanten Aggregationsebenen (nach Konsolidierungsebene und Währung) zur Verfügung gestellt werden.[66] Insofern ist natürlich zu beachten, welche Vorgaben diesbezüglich von
den Berichtsempfängern gemacht werden.

Der Baseler Ausschuss für Bankenaufsicht hat darauf hingewiesen, dass sich die Institute mit **71**
Positionen in verschiedenen Währungen in jeder dieser Währungen einem Zinsänderungsrisiko
aussetzen können. Da die Zinsstrukturkurven von Währung zu Währung variieren, müssen die
Institute in der Regel auch die Engagements in jeder dieser Währungen bewerten. Sofern die
erforderlichen Fähigkeiten und Kenntnisse im Institut vorhanden sind, könnten aber Methoden
zur Aggregation des Zinsänderungsrisikos in verschiedenen Währungen inklusive geeigneter
Annahmen über die Korrelation zwischen den Zinssätzen in verschiedenen Währungen verwendet werden.[67] Die EBA erwartet ebenfalls, dass die Institute die Risiken zunächst in jeder Währung
separat bewerten. Für die wesentlichen Währungsexposures sollten die Zinsschockszenarios
währungsspezifisch und konsistent zu den zugrundeliegenden wirtschaftlichen Merkmalen sein.
Die Institute sollten über Methoden zur Aggregation ihres Zinsänderungsrisikos über verschiedene
Währungen verfügen. Sofern sie Annahmen über die Abhängigkeiten zwischen Zinssätzen in
verschiedenen Währungen verwenden möchten, sollten sie über das erforderliche Know-how
verfügen und sich der Auswirkungen der getroffenen Annahmen bewusst sein.[68] Die zuständigen
Behörden sollten im Rahmen des SREP die Ansätze bewerten, die von den Instituten zur
Aggregation der Ergebnisse in einzelnen Währungen verwendet werden.[69]

Entscheidend ist letztlich, dass eine angemessene Berücksichtigung der wesentlichen Zinsän- **72**
derungsrisiken des Institutes in den verschiedenen Währungen im Risikomanagement erfolgt und
auf Basis der Berichterstattung die Ableitung von Managementmaßnahmen ermöglicht wird.

---

66 Vgl. European Banking Authority, Final Report – Guidelines on the management of interest rate risk arising from non-trading book activities, EBA/GL/2018/02, 19. Juli 2018, S. 29.

67 Vgl. Basel Committee on Banking Supervision, Standards – Interest rate risk in the banking book, BCBS d368, 21. April 2016, S. 11.

68 Vgl. European Banking Authority, Final Report – Guidelines on the management of interest rate risk arising from non-trading book activities, EBA/GL/2018/02, 19. Juli 2018, S. 34.

69 Vgl. European Banking Authority, Guidelines on common procedures and methodologies for the supervisory review and evaluation process (SREP) and supervisory stress testing, EBA/GL/2014/13, Consolidated version, 19. Juli 2018, S. 123.

8.2 Wesentliche Zinsänderungsrisiken

73 Da die Ermittlung der wesentlichen Zinsänderungsrisiken in verschiedenen Währungen gefordert wird, bedeutet dies im Umkehrschluss, dass jene Zinsänderungsrisiken in bestimmten Währungen vernachlässigt werden können, die aus Sicht des Institutes nicht wesentlich sind. Grundsätzlich müssten sie dafür aber auch erst einmal ermittelt werden. Aus Praktikabilitätsgründen stellen die Aufsichtsbehörden im Zusammenhang mit dem Standardzinsschock auf die Wesentlichkeit der auf eine bestimmte Währung lautenden Vermögenswerte oder Verbindlichkeiten ab. In ähnlicher Weise fordert die EBA, dass die zuständigen Behörden im Rahmen des SREP prüfen sollten, ob die Institute eine Analyse des Zinsänderungsrisikos in jeder Währung durchführen, in der sie eine bedeutende Position einnehmen.[70] Es ist insofern anzunehmen, dass diese Vorgehensweise auch für die Zwecke der MaRisk zulässig ist.

74 Demnach wird die Wesentlichkeit grundsätzlich immer dann unterstellt, wenn die auf eine Währung lautenden Vermögenswerte oder Verbindlichkeiten mindestens 5 % der gesamten finanziellen Vermögenswerte oder Verbindlichkeiten des Anlagebuches (ohne Sachanlagen) betragen.[71] Um diesen Wert einheitlich zu ermitteln, sollte auf den jeweiligen Euro-Gegenwert abgestellt werden. Aus Gründen der Konsistenz sollten sich die Kriterien auch daran orientieren, welche Festlegungen zur Wesentlichkeit im Bereich des Managements von Liquiditätsrisiken getroffen werden. Sofern ein Institut über wesentliche Liquiditätspositionen in unterschiedlichen Währungen verfügt, hat es zur Sicherstellung seiner Zahlungsverpflichtungen angemessene Verfahren zur Steuerung der Fremdwährungsliquidität in den wesentlichen Währungen zu implementieren (→ BTR 3.1 Tz. 11).

---

70 Vgl. European Banking Authority, Guidelines on common procedures and methodologies for the supervisory review and evaluation process (SREP) and supervisory stress testing, EBA/GL/2014/13, Consolidated version, 19. Juli 2018, S. 123.

71 Vgl. Basel Committee on Banking Supervision, Standards – Interest rate risk in the banking book, BCBS d368, 21. April 2016, S. 30; European Banking Authority, Final Report – Guidelines on the management of interest rate risk arising from non-trading book activities, EBA/GL/2018/02, 19. Juli 2018, S. 40 f.

BTR 3 Liquiditätsrisiken

1 Einführung und Überblick

1.1 Zunehmende Bedeutung des Liquiditätsrisikomanagements

Noch bis zum Ende des 20. Jahrhunderts konnten sich die Institute Liquidität selbst auf ungedeck- **1** ter Basis über Inhaberschuldverschreibungen weitgehend problemlos an den Geld- und Kapital-märkten beschaffen. Turbulenzen auf den Finanzmärkten, wie der Zusammenbruch des Hedge-fonds »Long Term Capital Management«, die Russland- und die Asienkrise, das Platzen der New-Economy-Spekulationsblase (»Dotcom-Blase«) oder der Zusammenbruch großer Konzerne

(z. B. Worldcom und Enron), blieben jedoch nicht ohne Folgen. Die Liquiditätsspreads, d. h. jene Kosten, die über den risikofreien Zins hinausgehend zusätzlich bei der Liquiditätsaufnahme (Refinanzierung) getragen werden müssen, stiegen deutlich an. Außerdem wurden die Möglichkeiten zur Mittelaufnahme am Kapitalmarkt für einige Marktteilnehmer deutlich beschränkt. Diese Entwicklung wurde dadurch verstärkt, dass die klassischen Retailkunden zunehmend alternative Anlagemöglichkeiten am Kapitalmarkt für sich entdeckten und gleichzeitig von neuen Wettbewerbern (wie z. B. Direktbanken) umworben wurden.[1] Bei einigen Instituten führte dies zu einer Abkehr von traditionellen Refinanzierungsquellen, wie z. B. dem Einlagengeschäft mit seinem hohen »Bodensatz«. Dadurch verkürzten sich auch die effektiven Laufzeiten der Refinanzierungsinstrumente.[2] Einfluss auf die wachsende Bedeutung des Liquiditätsrisikos hat auch die Zunahme von Optionsrechten in den Geschäftsaktivitäten der Institute.

2   Mit dem Ausbruch der Finanzmarktkrise[3] wurde das Liquiditätsrisiko schließlich mit all seinen Facetten schlagend (strukturelle Liquiditätsprobleme, Schwierigkeiten bei der Liquidation von Aktiva, drohende und tatsächliche Zahlungsunfähigkeit usw.). Nach der Insolvenz der US-amerikanischen Investmentbank Lehman Brothers Inc. im September 2008 trockneten wichtige Märkte aufgrund des rasant zunehmenden Vertrauensverlustes zwischen den Instituten praktisch aus, so dass in Abhängigkeit von der Refinanzierungsbasis auch Institute mit vergleichsweise guter Bonität ins Straucheln gerieten.[4] Vor diesem Hintergrund bekam das Liquiditätsrisikomanagement in den Instituten plötzlich eine viel größere Bedeutung. Auch im Zuge der Euro-Staatenkrise stand das Thema Liquidität der Kreditinstitute im Fokus der Banken und Aufseher. Zwar konnten akute systemische oder bankenindividuelle Liquiditätskrisen dank unkonventioneller geldpolitischer Maßnahmen der Zentralbanken im Wesentlichen vermieden werden, jedoch waren einige Banken bzw. Banksektoren in verschiedenen europäischen Ländern weitgehend von der Liquiditätsversorgung der EZB abhängig.[5] In der Konsequenz dieser Krisen sind die Institute seit einigen Jahren verstärkt aufgefordert, ihre Methoden, Prozesse und Systeme zur Liquiditätssteuerung den komplexen aufsichtsrechtlichen Vorgaben sowie den neuen Realitäten auf den Geld- und Kapitalmärkten anzupassen. Aus den aufsichtsrechtlichen Vorgaben ist dabei klar zu erkennen, dass eine systemische Abhängigkeit der Institute von einer unkonventionellen Liquiditätsversorgung der Zentralbanken in der Zukunft vermieden werden soll.

3   Das Liquiditätsrisiko nimmt gegenüber den sonstigen Risikoarten (Adressenausfallrisiken, Marktpreisrisiken, operationelle Risiken), die im Modul BTR hervorgehoben werden, eine Sonderstellung ein. Die laufende Gewährleistung der Liquidität ist zumindest eine strenge Nebenbedingung, die im Eigeninteresse der Institute dringend zu beachten ist. Ist ein Liquiditätsengpass entstanden, hilft i. d. R. auch kein interner Kapitalpuffer über diese Situation hinweg. Dementsprechend bestehen im Hinblick auf die Berücksichtigung von Liquiditätsrisiken im Risikotragfähigkeitskonzept gewisse Spielräume (→ AT4.1 Tz.4). Stattdessen müssen für kurzfristig eintretende Verschlechterungen der Liquiditätssituation ausreichend bemessene, nachhaltige Liquiditätspuffer, wie z. B. hochliquide, unbelastete Vermögensgegenstände, vorgehalten werden (→ BTR3.1 Tz.4). Das Zauberwort für das Liquiditätsrisikomanagement heißt also »Liquiditätsdeckungspotenzial« anstelle von »Risikodeckungspotenzial«.

---

1   Vgl. Bartetzky, Peter, Liquiditätsrisikomanagement – Status quo, in: Bartetzky, Peter/Gruber, Walter/Wehn, Carsten S. (Hrsg.), Handbuch Liquiditätsrisiko – Identifikation, Messung und Steuerung, Stuttgart, 2008, S.2f.

2   Vgl. Deutsche Bundesbank, Zur Steuerung von Liquiditätsrisiken in Kreditinstituten, in: Monatsbericht, September 2008, S.60.

3   Die »Subprimekrise« in 2007 beruhte auf einem kontinuierlichen Anstieg der Leitzinsen in den USA ab dem Jahr 2004 und weitete sich spätestens mit der Insolvenz von Lehman Brothers in 2008 zur »Finanzmarktkrise« aus (→ AT4.3.3 Tz.3). Unter dem Begriff »Finanzmarktkrise« wird im Kommentar auf diese Krise abgestellt.

4   Vgl. Schneider, Andreas, Finanzmarktkrise und Risikomanagement: Die neuen Mindestanforderungen an das Risikomanagement der deutschen Bankenaufsicht, in: Die Wirtschaftsprüfung, Heft 6/2010, S.274ff.

5   Zu den Auswirkungen der Finanzmarktkrise auf das Liquiditätsmanagement der Banken vgl. z.B. van Rixtel, Adrian/Gasperini, Gabriele, Financial crises and bank funding: recent experience in the euro area, BIS Working Papers No 406, 8.März 2013.

1.2 Liquidität

Unter dem Begriff »Liquidität« wird eine jederzeit ausreichende Zahlungsbereitschaft verstanden, **4** also die Verfügbarkeit über genügend Zahlungsmittel zur Begleichung der Verbindlichkeiten. Folgt man der lange Zeit in Theorie und Praxis vertretenen These, dass »ausreichende Liquidität eine strenge Nebenbedingung für jegliche bankbetrieblichen Aktivitäten ist« (→ AT2.2 Tz.1), so stellt sich zunächst die Frage, unter welchen Gesichtspunkten in den Instituten über den Begriff »Liquidität« nachgedacht wird. Unterschieden werden i.d.R. zumindest verschiedene zeitliche Dimensionen:

- Die Sichtweise auf die »kurzfristige (bzw. operative oder dispositive) Liquidität« dient vor allem der Sicherstellung der Zahlungsfähigkeit des Institutes (Solvenzsicherung).
- Daneben darf die Fähigkeit, genügend langfristige Refinanzierungsmittel auf der Passivseite aufzunehmen, um die gewünschte Entwicklung der Aktivseite zu ermöglichen, beim Management der Liquiditätsrisiken nicht vernachlässigt werden. Diese »langfristige (bzw. strategische oder strukturelle) Liquidität« betrifft also vornehmlich die Steuerung der Bilanzstruktur durch eine günstige Refinanzierung (»Funding«).
- Insbesondere in größeren Instituten findet zusätzlich eine kontinuierliche Pflege des Marktzuganges statt, um im Bedarfsfall schnell liquide Mittel am Kapitalmarkt aufnehmen zu können. Diese Maßnahmen zur Sicherung des Marktzuganges werden auch als »mittelfristige Liquidität« bezeichnet. Grundsätzlich zielt diese Investorenpflege allerdings auf die Sicherstellung der Liquidität für alle Laufzeiten ab.

Langfristige Refinanzierungsmittel in Kombination mit nachhaltigen Refinanzierungsquellen stel- **5** len dabei die von der Aufsicht geforderte stabile Refinanzierung dar.

Teilweise wird lediglich zwischen struktureller Liquidität für den mittel- und langfristigen **6** Bereich, der häufig bei zwölf Monaten beginnt, und nicht-struktureller Liquidität für den kurzfristigen Bereich unterschieden.[6] Diese Vorgehensweise hat sich in den zurückliegenden Jahren vor allem bei den Aufsichtsbehörden durchgesetzt.

1.3 Bedeutung der Liquidität

Die herausragende Bedeutung der Liquidität für die Kreditwirtschaft ist schon am Aufbau einer **7** Bankbilanz gemäß der Verordnung über die Rechnungslegung der Kredit- und Finanzdienstleistungsinstitute (RechKredV) erkennbar. Während die Bilanzen eines Industrieunternehmens nach § 266 HGB zunächst die langfristigen Vermögenswerte ausweisen, also auf der Aktivseite das Anlagevermögen vor dem Umlaufvermögen und auf der Passivseite das Eigenkapital vor dem Fremdkapital, beginnt die Gliederung einer Bankbilanz sowohl auf der Aktiv- als auch auf der Passivseite mit den liquiden Mitteln. Die Sortierung der Aktiva erfolgt nach abnehmender Liquidität (Barreserve, Forderungen an Kreditinstitute, Forderungen an Kunden, Schuldverschreibungen, Aktien, Beteiligungen, Anteile an verbundenen Unternehmen, Sonstige Aktiva, Rechnungabgrenzungsposten), wobei die Sachanlagen unter den »Sonstigen Aktiva« bilanziert werden. Die ansonsten übliche Unterscheidung nach Anlage- und Umlaufvermögen wird im Prinzip durch eine Differenzierung zwischen Forderungen und Wertpapieren ersetzt. Die Positionen auf der Passivseite werden dementsprechend nach zunehmender Abruffrist bilanziert (Verbindlichkeiten

---

6   Vgl. Bundesanstalt für Finanzdienstleistungsaufsicht/Deutsche Bundesbank, Praxis des Liquiditätsrisikomanagements in ausgewählten deutschen Kreditinstituten, Januar 2008, S.5.

gegenüber Kreditinstituten, Verbindlichkeiten gegenüber Kunden, Verbriefte Verbindlichkeiten, Treuhand- und Sonstige Verbindlichkeiten, Rechnungsabgrenzung und Rückstellungen, Nachrangige Verbindlichkeiten, Genussrechtskapital, Fonds für allgemeine Bankrisiken, Eigenkapital), an deren Beginn die so genannten »Sichteinlagen« mit täglicher Fälligkeit stehen.

8   Mit Blick auf die Geld- und Kapitalmärkte spielen für die Sicherstellung der erforderlichen Liquidität vor allem Kostendimensionen eine wesentliche Rolle[7], wie
– die jederzeitige Handelbarkeit von Produkten zu marktgerechten Preisen (»Fungibilität«) sowie
– die jederzeitige Möglichkeit der Aufnahme ausreichender Liquidität auf den Märkten (»Marktliquidität« bzw. »volkswirtschaftliche Liquidität«).

9   Aus Sicht eines Institutes hängt die jeweilige Bedeutung dieser beiden Komponenten hauptsächlich davon ab, ob es seinen Liquiditätsbedarf vor allem über die Aktivseite (»Asset Liquidity«) oder die Passivseite (»Liability Liquidity«) der Bilanz steuert. Im Rahmen der Finanzmarktkrise hat sich deutlich gezeigt, dass in Extremsituationen durch ein Austrocknen der Märkte die eigentlich fungiblen Assets teilweise nicht oder zumindest zu keinem akzeptablen Preis liquidiert werden können (fehlende Fungibilität) und ohne besondere geldpolitische Maßnahmen nur unzureichende Möglichkeiten zur Aufnahme ausreichender Liquidität auf den Geld- und Kapitalmärkten bestehen (fehlende Marktliquidität).[8]

1.4   Liquide Märkte

10   Einen allgemein anerkannten Standard zur Messung der Liquidität von Märkten gibt es bisher nicht. Aus diesem Grund existieren auch keine quantitativen Kriterien, nach denen ein Markt oder ein Vermögensgegenstand eindeutig als »liquide« eingestuft werden können. Hilfsweise kann z. B. mit Hilfe der folgenden vier Faktoren bestimmt werden, ob ein Markt liquide ist oder nicht[9]:
– Die »Marktbreite« betrifft die Kosten für das kurzfristige Auflösen einer Position. Insofern bedeuten hohe Geld-Brief-Spannen auch hohe Kosten und damit eine tendenziell geringe Marktliquidität.
– Die »Markttiefe« bezieht sich auf das Transaktionsvolumen, welches ohne Beeinflussung der Marktpreise unmittelbar umgesetzt werden kann. Demzufolge nimmt die Marktliquidität mit fallendem Volumen ab.
– Die »Marktelastizität« kennzeichnet die Geschwindigkeit, mit der die Marktpreise nach einer größeren Transaktion wieder auf ihr Gleichgewichtsniveau zurückkehren. Eine schleppende Rückkehr zur Normalität deutet folglich auf eine geringe Marktliquidität hin.
– Der »Zeitbedarf für die Orderausführung« bemisst den Zeitraum zwischen der Auslösung einer Markttransaktion und ihrem endgültigen Abschluss. Ein langer Zeitraum ist ein Indiz für eine geringe Marktliquidität.

---

7   Vgl. Bartetzky, Peter, Liquiditätsrisikomanagement – Status quo, in: Bartetzky, Peter/Gruber, Walter/Wehn, Carsten S. (Hrsg.), Handbuch Liquiditätsrisiko – Identifikation, Messung und Steuerung, Stuttgart, 2008, S. 13 f.
8   Vgl. Bartetzky, Peter, Liquiditätsrisikomanagement – Status quo, in: Bartetzky, Peter/Gruber, Walter/Wehn, Carsten S. (Hrsg.), Handbuch Liquiditätsrisiko – Identifikation, Messung und Steuerung, Stuttgart, 2008, S. 10.
9   Vgl. Deutsche Bundesbank, Zur Steuerung von Liquiditätsrisiken in Kreditinstituten, in: Monatsbericht, September 2008, S. 60.

Insofern sind liquide Märkte u. a. dadurch gekennzeichnet, dass ein hinreichend großes Angebot **11** einer ebensolchen Nachfrage gegenübersteht. Nähere Informationen zum »Marktliquiditätsrisiko« sind weiter unten zu finden.

1.5 Liquiditäts- und Refinanzierungsposition eines Institutes

Unter der »Liquiditätsposition« des Institutes wird die Summe aus dem Liquiditätssaldo und dem **12** Liquiditätsdeckungspotenzial (»Counterbalancing Capacity«) verstanden. Der »Liquiditätssaldo« eines Institutes bezeichnet die Differenz aus den kumulierten Mittelzu- und -abflüssen zum Betrachtungszeitpunkt. Das »Liquiditätsdeckungspotenzial« bezeichnet die potenziell zusätzlich generierbare Liquidität.

Die EBA versteht unter dem Liquiditätsdeckungspotenzial etwas genauer die Fähigkeit eines **13** Institutes, als Reaktion auf Stressszenarien über einen kurzen, mittleren oder längeren Zeitraum zusätzliche Liquidität vorzuhalten oder Zugang zu zusätzlicher Liquidität zu erhalten.[10] Insofern wird von der EBA zwischen verschiedenen Fristigkeiten unterschieden. Schon CEBS[11] hatte darauf hingewiesen, dass der »Liquiditätspuffer« nur als das kurze Ende des Liquiditätsdeckungspotenzials unter einem geplanten Stressszenario zu verstehen ist und über einen in Abhängigkeit von der Geschäftspolitik und dem Risikoappetit festgelegten kurzen Zeitraum hinweg (»Überlebenshorizont«) verfügbar sein muss.[12]

Konsequenterweise unterscheidet die EZB bei der zukunftsgerichteten Beurteilung der »Liqui- **14** ditätsadäquanz«, d. h. dem Grad der Absicherung von Risiken durch Liquidität, zwischen der »Liquiditätsposition« für einen angemessenen Zeithorizont und der »Refinanzierungsposition« für mindestens drei Jahre.[13] Die Institute müssen über eine angemessene Liquiditäts- und Refinanzierungsposition verfügen und damit ihren Fortbestand sicherstellen.[14]

Die Zusammensetzung des Liquiditätsdeckungspotenzials war noch vor wenigen Jahren – nicht **15** nur in Bezug auf die betrachteten Fristigkeiten – sehr verschieden. In einigen Instituten wurden lediglich die liquidierbaren Aktiva berücksichtigt, da die Aufnahme unbesicherter Liquidität im Falle eines Liquiditätsengpasses als nicht mehr möglich angesehen wurde. Manche Institute bezogen auch die zur Verfügung stehenden Refinanzierungsmöglichkeiten, wie z. B. durch andere Institute zugesagte Liquiditäts- oder Kreditlinien, in die Betrachtung ein.[15] Nicht zuletzt durch die

---

10 Vgl. European Banking Authority, Guidelines on common procedures and methodologies for the supervisory review and evaluation process (SREP) and supervisory stress testing, EBA/GL/2014/13, Consolidated version, 19. Juli 2018, S. 23.

11 Am 1. Januar 2011 ist die European Banking Authority (EBA) im Wege der Rechtsnachfolge aus dem Committee of European Banking Supervisors (CEBS) hervorgegangen und hat dessen Aufgaben übernommen. Die EBA kann – wie vormals CEBS – Leitlinien und Empfehlungen zur Vereinheitlichung der Aufsichtspraxis erlassen. Diese richten sich regelmäßig an die nationalen Aufsichtsbehörden und sind rechtlich nicht verbindlich. Nach dem Prinzip »Comply or Explain« müssen die Aufsichtsbehörden die Leitlinien und Empfehlungen der EBA jedoch entweder umsetzen oder erklären, warum sie dies (in Teilen) nicht zu tun beabsichtigen (→ Teil I, Kapitel 3.3). Die EBA veröffentlicht im Archiv auf ihrer Internetseite auch vor Papiere von CEBS zu Themengebieten, die von ihr bisher nicht überarbeitet wurden. Diese Papiere finden in der Aufsichtspraxis Beachtung und werden deshalb auch in diesem Kommentar behandelt.

12 Vgl. Committee of European Banking Supervisors, Guidelines on Liquidity Buffers & Survival Periods (GL 28), 9. Dezember 2009, S. 3.

13 Vgl. Europäische Zentralbank, Leitfaden der EZB für den bankinternen Prozess zur Sicherstellung einer angemessenen Liquiditätsausstattung (Internal Liquidity Adequacy Assessment Process – ILAAP), 9. November 2018, S. 17 f. Für die Liquiditätsposition wurde im Entwurf vom März 2018 »mindestens ein Jahr« erwartet. Diese Klarstellung ist in der Endfassung nicht mehr enthalten. Sie ergibt sich allerdings implizit daraus, dass für die Definition der internen Liquiditätspuffer ein Zeitraum von mindestens einem Jahr zu berücksichtigen ist. Vgl. Europäische Zentralbank, Leitfaden der EZB für den bankinternen Prozess zur Sicherstellung einer angemessenen Liquiditätsausstattung (Internal Liquidity Adequacy Assessment Process – ILAAP), 9. November 2018, S. 26.

14 Vgl. Europäische Zentralbank, Leitfaden der EZB für den bankinternen Prozess zur Sicherstellung einer angemessenen Liquiditätsausstattung (Internal Liquidity Adequacy Assessment Process – ILAAP), 9. November 2018, S. 15.

15 Vgl. Bundesanstalt für Finanzdienstleistungsaufsicht/Deutsche Bundesbank, Praxis des Liquiditätsrisikomanagements in ausgewählten deutschen Kreditinstituten, Januar 2008, S. 12 ff.

Vorgaben aus dem Meldewesen ist damit zu rechnen, dass die Praxis in den Instituten stärker harmonisiert wird.

16   Eine wichtige Rolle bei der Bestimmung der Liquiditätsposition spielt auch das freie Refinanzierungspotenzial bei den maßgeblichen Zentralbanken, das grundsätzlich als »Liquiditätsreserve« bezeichnet wird. Ungeachtet der Tatsache, dass diese Liquiditätsreserve den Instituten zur Abdeckung kurzfristiger Liquidität vollumfänglich zur Verfügung steht und somit in der internen Steuerung berücksichtigt werden muss, sieht die Aufsicht diese Reserve aus makroökonomischer Sicht kritisch (»Zentralbankabhängigkeit«). Nach den Vorstellungen der EZB sollten die Institute deshalb hinsichtlich der Nutzung von Finanzierungsquellen aus dem öffentlichen Sektor zwischen normalen Geschäftsbedingungen und Stressbedingungen unterscheiden, da sich Art und Verfügbarkeit von öffentlichen Fazilitäten in Krisenzeiten verändern können. Die aktuelle und die etwaige zukünftige Nutzung solcher Quellen sollten auch auf Basis von Stresstests quantifiziert und regelmäßig überwacht werden.[16]

1.6   Definition von Liquiditäts- und Refinanzierungsrisiken

17   In nahezu allen Veröffentlichungen der deutschen und europäischen Aufsichtsbehörden seit Ausbruch der Finanzmarktkrise wird zumindest zwischen dem »Liquiditätsrisiko« und dem »Refinanzierungsrisiko« unterschieden. Die »Liquiditäts- und Refinanzierungsrisiken[17]« (»Risks to Liquidity and Funding«) sind spezielle Risiken, die sich im Falle ihres Eintritts in aufsichtlicher Hinsicht wesentlich auf die Liquidität eines Institutes über unterschiedliche Zeithorizonte auswirken.[18]

18   Dabei bezieht sich das Liquiditätsrisiko auf die kurzfristige (operative oder dispositive) Liquidität mit einem Zeithorizont von bis zu einem Jahr. Dieses »Liquiditätsrisiko im engeren Sinne« wird in der Fachliteratur relativ einheitlich definiert als die Gefahr, dass ein Institut nicht mehr uneingeschränkt seine Zahlungsverpflichtungen erfüllen kann[19], also seinen gegenwärtigen oder zukünftigen Zahlungsverpflichtungen nicht oder zumindest nicht vollständig bzw. fristgerecht nachkommen kann.[20] Das Liquiditätsrisiko im engeren Sinne wird deshalb auch als »Zahlungsunfähigkeitsrisiko« bezeichnet.[21] Allerdings lässt sich trefflich darüber streiten, ob ein Zeitraum von bis zu einem Jahr noch als »kurzfristig« bezeichnet werden kann. Die EBA spricht deshalb auch vom »kurz- bis mittelfristigen« Liquiditätsrisiko, ohne dabei das Refinanzierungsrisiko auf den »langfristigen« Bereich einzuschränken.[22]

19   Das Refinanzierungsrisiko stellt insofern auf die mittel- bis langfristige (strategische oder strukturelle) Liquidität mit einem Zeithorizont von über einem Jahr ab. Darunter wird die Gefahr verstanden, im Falle einer Liquiditätskrise Refinanzierungsmittel (Passiva) nicht bzw. nur zu

---

16 Vgl. Europäische Zentralbank, Leitfaden der EZB für den bankinternen Prozess zur Sicherstellung einer angemessenen Liquiditätsausstattung (Internal Liquidity Adequacy Assessment Process – ILAAP), 9. November 2018, S. 12.

17 In verschiedenen Ausarbeitungen werden »Refinanzierungsrisiken« auch als »Finanzierungsrisiken« oder »Finanzierungsliquiditätsrisiken« bezeichnet.

18 Vgl. European Banking Authority, Guidelines on common procedures and methodologies for the supervisory review and evaluation process (SREP) and supervisory stress testing, EBA/GL/2014/13, Consolidated version, 19. Juli 2018, S. 24.

19 Vgl. Schulte, Michael/Horsch, Andreas, Wertorientierte Banksteuerung II: Risikomanagement, Frankfurt a. M., 2002, S. 53.

20 Teilweise wird in der Fachliteratur in diese Definition auch die Gefahr eingeschlossen, dass ein Institut seine Zahlungsverpflichtungen »nicht in ökonomisch sinnvoller Weise« erfüllen kann. Damit wird der betriebswirtschaftliche Aspekt stärker betont. Vgl. z. B. Iversen, Ernst-Johannes/Schillings, Robert, Stresstests im Liquiditätsrisikomanagement – Teil 1: Liquidität und Liquiditätsrisiko, in: Finanz Colloquium Heidelberg, Banken-Times Spezial, Banksteuerung/Treasury-Management, August & September 2010, S. 4.

21 Vgl. Klein, Jana/Ölger, Mehtap/Wetzel, André, Investmentfonds – Umgang mit Liquiditätsrisiken, in: BaFinJournal, Ausgabe Januar 2018, S. 23.

22 Vgl. European Banking Authority, Final Report – Guidelines on institution's stress testing, EBA/GL/2018/04, 19. Juli 2018, S. 41.

erhöhten Marktsätzen beschaffen zu können.[23] Inhaltlich vergleichbare Definitionen beschreiben das daraus abgeleitete Risiko, erforderliche Anschlussfinanzierungen nicht bzw. nur zu schlechteren Konditionen durchführen zu können[24], die erwarteten und unerwarteten aktuellen und zukünftigen Zahlungsverpflichtungen nicht ohne Auswirkungen auf den täglichen Geschäftsbetrieb oder die finanzielle Situation des Institutes effizient erfüllen zu können[25] oder dabei inakzeptable Verluste in Kauf nehmen zu müssen.[26] Die EBA versteht darunter in analoger Weise das Risiko, dass die Institute mittel- und langfristig über keine stabilen Refinanzierungsquellen verfügen und folglich ggf. ihren finanziellen Verpflichtungen wie Zahlungen und benötigten Sicherheiten, die mittel- bis langfristig fällig sind, gar nicht oder nicht ohne inakzeptable Erhöhung ihrer Refinanzierungskosten nachkommen können.[27]

1.7 Besondere Ausprägungen von Liquiditäts- und Refinanzierungsrisiken

Als besondere Ausprägungen von Liquiditäts- und Refinanzierungsrisiken gelten: **20**

- Das »Terminrisiko« beschreibt die Gefahr einer durch Markthemmnisse oder die Gegenpartei verschuldeten, unplanmäßigen Verlängerung der Kapitalbindungsdauer von Aktivgeschäften.[28] Damit besteht die Gefahr, dass zu einem verbindlich festgelegten Termin eine vereinbarte Leistung nicht erbracht werden kann (Zahlungsverzug).[29]
- Das »Abrufrisiko« besteht in der Gefahr, dass die Gegenpartei unerwartet Kredit- bzw. Liquiditätszusagen in Anspruch nimmt (aktivisches Abrufrisiko) bzw. Einlagen abruft (passivisches Abrufrisiko).[30] Zu einem massiven Abruf von Einlagen kommt es insbesondere dann, wenn das Vertrauen in die Stabilität des Finanzsystems nachhaltig erschüttert ist. Dies hatte z. B. während der Wirtschaftskrise ab Ende 2001 in Argentinien und während der weltweiten Finanzmarktkrise ab 2007 in verschiedenen Ländern zu einem regelrechten Ansturm auf einzelne Banken geführt (»Bank-Run-Effekt«).
- Das »Liquiditätsspreadrisiko« beschreibt die Gefahr, dass dem Institut aufgrund einer Veränderung der eigenen Refinanzierungskurve (»Spreadausweitung«) aus der Fristentransforma-

---

23 Vgl. Bartetzky, Peter, Liquiditätsrisikomanagement – Status quo, in: Bartetzky, Peter/Gruber, Walter/Wehn, Carsten S. (Hrsg.), Handbuch Liquiditätsrisiko – Identifikation, Messung und Steuerung, Stuttgart, 2008, S. 12; Klein, Jana/Ölger, Mehtap/Wetzel, André, Investmentfonds – Umgang mit Liquiditätsrisiken, in: BaFinJournal, Ausgabe Januar 2018, S. 23.

24 In einigen Veröffentlichungen wird für den Begriff »Refinanzierungsrisiko« synonym die Bezeichnung »Finanzierungsliquiditätsrisiko« verwendet. Vgl. The Joint Forum, The management of liquidity risk in financial groups, 3. Mai 2006, S. 1, Fußnote 1.

25 Vgl. The Joint Forum, The management of liquidity risk in financial groups, 3. Mai 2006, S. 1, Fußnote 1; Basel Committee on Banking Supervision, Principles for Sound Liquidity Risk Management and Supervision, BCBS 144, 25. September 2008, S. 1, Fußnote 2; Committee of European Banking Supervisors, Revised Guidelines on Stress Testing (GL 32), 26. August 2010, S. 35.

26 Vgl. Committee of European Banking Supervisors, Revised Guidelines on Stress Testing (GL 32), 26. August 2010, S. 41.

27 Vgl. European Banking Authority, Guidelines on common procedures and methodologies for the supervisory review and evaluation process (SREP) and supervisory stress testing, EBA/GL/2014/13, Consolidated version, 19. Juli 2018, S. 23.

28 Vgl. Schierenbeck, Henner, Ertragsorientiertes Bankmanagement, Band 2: Risiko-Controlling und integrierte Rendite-/Risikosteuerung, 8. Auflage, Wiesbaden, 2003, S. 6.

29 Vgl. Finanzmarktaufsicht Liechtenstein, ILAAP (»Internal Liquidity Adequacy Assessment Process«), FMA-Mitteilung 2017/6, 21. November 2017, S. 6.

30 Vgl. Schierenbeck, Henner, Ertragsorientiertes Bankmanagement, Band 2: Risiko-Controlling und integrierte Rendite-/Risikosteuerung, 8. Auflage, Wiesbaden, 2003, S. 6.

tion ein Verlust entsteht. Es ergibt sich immer dann, wenn ein Institut seine Verbindlichkeiten nicht fristenkongruent refinanziert.[31]

21 Als eine Art Mischform des Marktpreis- und des Liquiditätsrisikos gilt hingegen das »Marktliquiditätsrisiko«. Unter diesem Risiko wird die Gefahr verstanden, dass Aktiva nur mit Abschlägen auf die Marktpreise liquidiert werden können.[32] Inhaltlich vergleichbare Definitionen beschreiben das Risiko, dass die Liquidation von Vermögenswerten mangels ausreichender Marktliquidität erschwert wird bzw. nur mit erheblichen Auswirkungen auf den Marktpreis möglich ist (»Fire Sales«).[33]

22 In einigen Instituten wird das Marktliquiditätsrisiko dem Zahlungsunfähigkeitsrisiko zugeordnet.[34] Für diese Zuordnung spricht die Tatsache, dass das Marktliquiditätsrisiko als aktivisches »Pendant« zum passivischen Refinanzierungsrisiko eine wesentliche Ursache für die Zahlungsunfähigkeit sein kann und es in erster Linie um kurzfristige Aktivitäten geht. Hingegen ist die in der Praxis eher vorkommende separate Behandlung des Marktliquiditätsrisikos darauf zurückzuführen, dass es häufig als eine Form des Marktpreisrisikos angesehen wird.[35] Da eine geringe Marktliquidität in einer hohen »Geld-Brief-Spanne« (»Bid-Ask-Spread«) zum Ausdruck kommen kann, bilden einige Institute für mögliche Verluste aus Verkäufen zum niedrigeren Geldkurs einen Puffer (»Bid-Ask-Reserve«), der in der Konsequenz einer Minderung des Liquiditätsdeckungspotenzials entspricht. Die meisten Institute berücksichtigen das Marktliquiditätsrisiko jedoch durch allgemeine Bewertungsabschläge (»Haircuts«).

1.8   Abgrenzung von Liquiditäts- und Refinanzierungsrisiken

23 Während über die Definition der möglichen Bestandteile des Liquiditätsrisikos im weiteren Sinne relative Einigkeit herrscht, werden sie in der Praxis unterschiedlich überwacht und gesteuert und deshalb auch nicht einheitlich abgegrenzt. Einer Erhebung aus dem Jahre 2008 zufolge wurden das Zahlungsunfähigkeitsrisiko als Liquiditätsrisiko im engeren Sinne sowie das Refinanzierungs- und das Marktliquiditätsrisiko als Liquiditätsrisiko im weiteren Sinne bezeichnet. Das Liquiditätsspreadrisiko spielte damals lediglich bei der Notfallplanung einiger Institute eine Rolle.[36] Die

---

31 In Abgrenzung zum »Credit-Spread-Risiko« geht es in diesem Modul um das »Liquiditätsspreadrisiko«, wobei es sich im Grunde um zwei Seiten einer Medaille handelt (aus dem Blickwinkel eines Gläubigers oder eines Schuldners). Das »Liquiditätsspreadrisiko« kann mit Bezug auf seine Definition auch als »Refinanzierungsspreadrisiko« bezeichnet werden. In einigen Veröffentlichungen wird für den Begriff »Liquiditätsspreadrisiko« synonym die Bezeichnung »Liquiditätsfristentransformationsrisiko« verwendet. Vgl. Bartetzky, Peter, Liquiditätsrisikomanagement – Status quo, in: Bartetzky, Peter/Gruber, Walter/Wehn, Carsten S. (Hrsg.), Handbuch Liquiditätsrisiko – Identifikation, Messung und Steuerung, Stuttgart, 2008, S. 12. Zur Vertiefung wird dort insbesondere Akmann, Michael/Beck, Andreas/Hermann, Rolf/Stückler, Ralf, Die Liquiditätsrisiken dürfen nicht vernachlässigt werden, in: Betriebswirtschaftliche Blätter, Heft 10/2005, S. 556 ff., empfohlen. In anderen Veröffentlichungen wird der hier übergreifend verwendete Begriff »Refinanzierungsrisiko« auch zur Beschreibung des »Liquiditätsspreadrisikos« genutzt, wie im Übrigen durchgängig in Ausarbeitungen der Deutschen Bundesbank. Vgl. Schulte, Michael/Horsch, Andreas, Wertorientierte Banksteuerung II: Risikomanagement, Frankfurt a. M., 2002, S. 57 f.

32 Vgl. Bartetzky, Peter, Liquiditätsrisikomanagement – Status quo, in: Bartetzky, Peter/Gruber, Walter/Wehn, Carsten S. (Hrsg.), Handbuch Liquiditätsrisiko – Identifikation, Messung und Steuerung, Stuttgart, 2008, S. 12; Klein, Jana/Ölger, Mehtap/Wetzel, André, Investmentfonds – Umgang mit Liquiditätsrisiken, in: BaFinJournal, Ausgabe Januar 2018, S. 23.

33 Vgl. The Joint Forum, The management of liquidity risk in financial groups, 3. Mai 2006, S. 1, Fußnote 1; Committee of European Banking Supervisors, Revised Guidelines on Stress Testing (GL 32), 26. August 2010, S. 41.

34 Vgl. Bartetzky, Peter, Liquiditätsrisikomanagement – Status quo, in: Bartetzky, Peter/Gruber, Walter/Wehn, Carsten S. (Hrsg.), Handbuch Liquiditätsrisiko – Identifikation, Messung und Steuerung, Stuttgart, 2008, S. 13. In einigen Veröffentlichungen wird für den Begriff »Zahlungsunfähigkeitsrisiko« inkl. »Marktliquiditätsrisiko« synonym die Bezeichnung »Liquiditätsanspannungsrisiko« verwendet. Vgl. Schierenbeck, Henner, Ertragsorientiertes Bankmanagement, Band 2: Risiko-Controlling und integrierte Rendite-/Risikosteuerung, 8. Auflage, Wiesbaden, 2003, S. 6.

35 Vgl. Institute of International Finance, Principles of Liquidity Risk Management, März 2007, S. 19.

36 Vgl. Bundesanstalt für Finanzdienstleistungsaufsicht/Deutsche Bundesbank, Praxis des Liquiditätsrisikomanagements in ausgewählten deutschen Kreditinstituten, Januar 2008, S. 5.

Deutsche Bundesbank hat im Auftrag der BaFin in den Jahren 2009 und 2010 insgesamt ein-hundertfünfzig Kreditinstitute zu ihren Risikotragfähigkeitskonzepten befragt. Den Auswertungen dieser Umfragen zufolge haben viele Institute hinsichtlich des Liquiditätsrisikos zwischen dem Zahlungsunfähigkeitsrisiko, dem Liquiditätsspreadrisiko und dem Marktliquiditätsrisiko unter-schieden.[37]

24 Zusammengefasst hat sich an der Abgrenzung der Komponenten des Liquiditätsrisikos im weiteren Sinne in der Fachliteratur – abgesehen von den Bezeichnungen – also nicht viel geändert. Dazu gehört zunächst das Liquiditätsrisiko im engeren Sinne, also das Zahlungsunfähigkeitsrisiko. Das Termin- und das Abrufrisiko können durchaus dem Zahlungsunfähigkeitsrisiko zugeordnet werden. Ergänzt wird das Liquiditätsrisiko im engeren Sinne durch das Refinanzierungsrisiko, wozu auch das Liquiditätsspreadrisiko gerechnet werden kann. Die Zuordnung des Marktliquidi-tätsrisikos ist – wie oben ausgeführt – zwar möglich, aber nicht zwingend erforderlich. Den Vorgaben von CEBS zufolge wird von den Instituten allerdings erwartet, dass sie ihr individuelles Refinanzierungsrisiko unter Berücksichtigung des Marktliquiditätsrisikos steuern und überwa-chen.[38] Sofern also genügend Zeit für die Refinanzierung zur Verfügung steht, sollte der optimale Zeitpunkt für entsprechende Aktivitäten gewählt werden. Umgekehrt können sich die Refinanzie-rungsaktivitäten der Institute je nach Dimension durchaus auf die allgemeine Marktliquidität auswirken.

25 In Abbildung 68 ist eine mögliche Systematisierung der Bestandteile des Liquiditätsrisikos im weiteren Sinne dargestellt, die sich an den neuen Entwicklungen orientiert. Es sei allerdings darauf hingewiesen, dass dies nicht die einzige Variante ist und sich die jeweils passende Systematik vor allem danach richtet, wie die einzelnen Komponenten des Liquiditätsrisikos in den Instituten gesteuert und überwacht werden.

---

37 Vgl. Deutsche Bundesbank, »Range of Practice« zur Sicherstellung der Risikotragfähigkeit bei deutschen Kreditinstituten, 11. November 2010, S. 14.
38 Vgl. Committee of European Banking Supervisors, Revised Guidelines on Stress Testing (GL 32), 26. August 2010, S. 41.

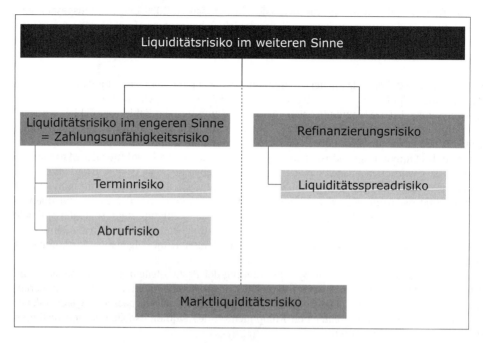

Abb. 68: Mögliche Systematik der Liquiditätsrisiken

1.9 Behandlung der verschiedenen Komponenten in den MaRisk

26 Für die Zwecke der MaRisk spielt es eigentlich keine Rolle, auf welche Weise die einzelnen Komponenten des Liquiditätsrisikos abgegrenzt werden. Wichtig ist vor allem, dass sie insbesondere im Falle ihrer Wesentlichkeit angemessen in den Risikosteuerungs- und -controllingprozessen berücksichtigt werden. Allerdings wird auf die genannten Komponenten an verschiedenen Stellen in den MaRisk explizit abgestellt.

27 Beim zentralen Leitsatz zum Management der Liquiditätsrisiken geht es zunächst um das Zahlungsunfähigkeitsrisiko. Danach haben die Institute in erster Linie sicherzustellen, dass sie ihre Zahlungsverpflichtungen jederzeit erfüllen können (→ BTR 3.1 Tz. 1). Zu diesem Zweck haben sie für einen geeigneten Zeitraum eine oder mehrere aussagekräftige Liquiditätsübersichten zu erstellen, in denen die voraussichtlichen Mittelzuflüsse den voraussichtlichen Mittelabflüssen in den einzelnen Zeitbändern gegenübergestellt werden (→ BTR 3.1 Tz. 3). Zur Modellierung der entsprechenden Zahlungsströme (»Cashflows«) eignen sich das Termin- und das Abrufrisiko besonders gut.[39] Eine wichtige Rolle spielt dabei das untertägige Liquiditätsrisiko, dass insbesondere bei der Nutzung von Echtzeit-Abwicklungs- und Zahlungsverkehrssystemen von Bedeutung ist (→ BTR 3.1 Tz. 1).

28 Zum Management des Refinanzierungsrisikos ist von den Instituten eine ausreichende Diversifikation der Refinanzierungsquellen und der Liquiditätspuffer zu gewährleisten (→ BTR 3.1

---

39 Vgl. Bartetzky, Peter, Liquiditätsrisikomanagement – Status quo, in: Bartetzky, Peter/Gruber, Walter/Wehn, Carsten S. (Hrsg.), Handbuch Liquiditätsrisiko – Identifikation, Messung und Steuerung, Stuttgart, 2008, S. 13.

Tz. 1). Der dauerhafte Zugang zu den für sie relevanten Refinanzierungsquellen ist regelmäßig zu überprüfen. Für kurzfristig eintretende Verschlechterungen der Liquiditätssituation sind ausreichend bemessene, nachhaltige Liquiditätspuffer vorzuhalten (→ BTR 3.1 Tz. 4). Zudem ist für interne Steuerungszwecke ein interner Refinanzierungsplan für einen angemessen langen, in der Regel mehrjährigen Zeitraum aufzustellen (→ BTR 3.1 Tz. 12).

Das Marktliquiditätsrisiko ist in angemessener Weise beim Risikomanagement zu berücksichtigen (→ BTR 2.1 Tz. 1). Insofern kann es sowohl beim Management der Marktpreisrisiken als auch der Liquiditätsrisiken einbezogen werden. Es spielt neben dem Refinanzierungsrisiko allerdings auch bei den Anforderungen dieses Abschnittes eine Rolle. So ist laufend zu überprüfen, inwieweit das Institut, auch bei angespanntem Marktumfeld, in der Lage ist, einen auftretenden Liquiditätsbedarf zu decken. Dabei ist insbesondere auch auf den Liquiditätsgrad der Vermögenswerte abzustellen (→ BTR 3.1 Tz. 4). **29**

Mit der fünften MaRisk-Novelle wurde zudem klargestellt, dass sich einige Komponenten des Liquiditätsrisikos durchaus für eine Einbeziehung in das Risikotragfähigkeitskonzept eignen. So wird erwartet, das sich aus höheren Refinanzierungskosten ergebende Risiko im Falle der Wesentlichkeit aufgrund seines ertrags- und vermögensschädigenden Potenzials im Risikotragfähigkeitskonzept zu berücksichtigen, wobei dieses Risiko allgemein auf den Anstieg der Refinanzierungskosten abzielt[40] und insofern das Liquiditätsspreadrisiko umfasst. Lediglich das Zahlungsunfähigkeitsrisiko darf weiterhin explizit vom Risikotragfähigkeitskonzept ausgenommen werden, wenn seine Nichtberücksichtigung nachvollziehbar begründet wird (→ AT 4.1 Tz. 4). **30**

Dies ist darauf zurückzuführen, dass das Zahlungsunfähigkeitsrisiko nicht durch das Vorhalten von Eigenkapital, sondern nur durch einen angemessen hohen Liquiditätspuffer abgesichert werden kann. Insofern entspricht der Liquiditätspuffer bei einer liqiditätsbezogenen Risikotragfähigkeitsrechnung der Risikodeckungsmasse bei der Berechnung der ökonomischen Risikotragfähigkeit. In Analogie dazu wird von den Regulierungsbehörden eine Unterlegung des Zahlungsunfähigkeitsrisikos durch hoch liquide Aktiva und nicht durch Eigenkapital gefordert, was in den Anforderungen zur Liquiditätsdeckungsquote (»Liquidity Coverage Ratio«, LCR) nach Art. 412 Abs. 1 CRR zum Ausdruck kommt. **31**

1.10 Liquidität und Liquiditätsrisiken

Ein Institut kann zumindest grob zwischen »sicheren« und »unsicheren« Zahlungsströmen unterscheiden. Als relativ sicher können insbesondere die aufgrund vertraglicher Vereinbarungen »erwarteten« Zahlungsströme bezeichnet werden, die hinsichtlich Volumen und Fälligkeit bekannt sind (»deterministische Zahlungsströme«). Dazu gehören z. B. Zins- und Tilgungsleistungen zu fest vereinbarten Terminen. Auch die unsicheren Zahlungsströme, die zunächst modelliert werden müssen (»stochastische Zahlungsströme«), können sich aus einem »erwarteten« und einem »unerwarteten« Anteil zusammensetzen. So kann z. B. gemäß der Bodensatztheorie davon ausgegangen werden, dass nicht sämtliche Sicht- und Spareinlagen bei Fälligkeit abgezogen werden, sondern ein gewisser Anteil daran weiterhin als Refinanzierungsmittel zur Verfügung stehen wird. Dasselbe gilt in Analogie für die i. d. R. nicht vollständige Inanspruchnahme zugesagter Kredit- oder Liquiditätslinien (→ BTR 3.1 Tz. 3). **32**

In der Konsequenz können die »erwarteten« Zahlungsströme als Liquidität und die »unerwarteten« Zahlungsströme – also die Abweichungen von den erwarteten Zahlungsströmen – als **33**

---

40 Vgl. Volk, Tobias, Risikotragfähigkeit von Kreditinstituten, in: BankPraktiker, Heft 6/2013, S. 228; Deutsche Bundesbank, Bankinterne Methoden zur Ermittlung und Sicherstellung der Risikotragfähigkeit und ihre bankaufsichtliche Bedeutung, in: Monatsbericht, März 2013, S. 35 f.

Liquiditätsrisiko angesehen werden.[41] Mit Blick auf die Begriffsbestimmung am Anfang dieses Kapitels bedeutet dies, dass Liquidität die Fähigkeit, tatsächlichen oder potenziellen Zahlungsverpflichtungen vollständig und rechtzeitig nachzukommen, und Liquiditätsrisiko die Gefährdung dieser Fähigkeit beschreiben.[42]

1.11 Definition und Arten von Liquiditätsrisikomaßen

34 Wie bereits beim Risikotragfähigkeitskonzept ausgeführt, wird das Value-at-Risk-Konzept von Fachleuten zumindest teilweise für geeignet gehalten, um auch das Liquiditätsrisiko unter Normalbedingungen abzubilden (→ AT 4.1 Tz. 1). Für das Zahlungsunfähigkeitsrisiko und das Liquiditätsspreadrisiko wurden in Anlehnung an dieses Konzept zwei verschiedene Risikomaße entwickelt:

- Zur Abbildung des Zahlungsunfähigkeitsrisikos kann der »Liquidity-at-Risk« (LaR) herangezogen werden, der auf das Ausmaß von Liquiditätsanforderungen abstellt, indem der sich aus der kurzfristigen Steuerung der Mittelzu- und -abflüsse ergebende dispositive Nettofinanzbedarf geschätzt wird. Der Liquidity-at-Risk ist demzufolge ein Maß für die Liquiditätsbelastung, die mit einer bestimmten Wahrscheinlichkeit in einem bestimmten Zeitraum nicht überschritten wird.[43] Er bezieht sich auf die Verteilung der vom Institut nicht beeinflussbaren Nettozahlungsabflüsse, nicht hingegen auf eine Verlustverteilung. Dabei können mit Hilfe einer Extremwertstatistik auch Risikowerte außerhalb der Stichprobe geschätzt werden.[44]
- Für die Abbildung des Liquiditätsspreadrisikos kann der »Liquidity-Value-at-Risk« (LVaR) verwendet werden, der auf die strukturellen (negativen) Vermögenswertschwankungen abzielt, die sich aus der erforderlichen Liquiditätsbeschaffung zur Schließung potenzieller Finanzierungslücken ergeben. Der Liquidity-Value-at-Risk berücksichtigt – im Gegensatz zum Liquidity-at-Risk – neben Volumens- auch Preisänderungen und ist somit ein Maß für den mit einer bestimmten Wahrscheinlichkeit zu erwartenden maximalen Vermögensverlust (→ AT 4.1 Tz. 1). Insofern ist im Grunde nicht von der Hand zu weisen, dass Institute mit hohen Liquiditätsfristentransformationsrisiken dafür auch Eigenkapital vorhalten sollten – in Analogie zu anderen Erfolgsrisiken.[45]

35 Besonders in Krisensituationen, in denen das Management der Liquiditätsrisiken für viele Institute eine existenzielle Bedeutung hat, zeigen sich die Grenzen der auf historischen Daten basierenden Ansätze. Zudem sind gerade für das Liquiditätsrisiko die beim Value-at-Risk-Konzept ausgeblendeten Extremsituationen von großer Bedeutung. Aus diesem Grund haben sich empirische Analysen und Stresstests bei der Risikomessung durchgesetzt, die sowohl auf institutseigenen als auch auf marktweiten Ursachen für Liquiditätsrisiken beruhen müssen und beide Aspekte in Kombination betrachten (→ BTR 3.1 Tz. 8). Auf diese Weise sollen die Institute insbesondere besser auf drohende Liquiditätsengpässe vorbereitet sein. Auch die EBA stützt sich insbesondere bei den Festlegungen zur Liquiditätsdeckungsquote (LCR) auf die Vorgabe von Zufluss- und Abflussraten, die eher mit Stressbetrachtungen als mit mathematischen Standardmodellen begründet werden.

---

41 Vgl. Heidorn, Thomas/Schmaltz, Christian, Interne Transferpreise für Liquidität, Frankfurt School of Finance & Management, Working Paper Nr. 125, August 2009, S. 5.

42 Vgl. Eichhorn, Michael, Britische Finanzdienstleistungsaufsicht: Deutliche Verschärfung der Standards für Liquiditätsrisiken, in: Zeitschrift für das gesamte Kreditwesen, Heft 3/2009, S. 121.

43 Zur Vertiefung vgl. Zeranski, Stefan, Liquidity at Risk zur Steuerung des liquiditätsmäßig-finanziellen Bereichs von Kreditinstituten, Chemnitz, 2005.

44 Vgl. Deutsche Bundesbank, Zur Steuerung von Liquiditätsrisiken in Kreditinstituten, in: Monatsbericht, September 2008, S. 64.

45 Vgl. Bartetzky, Peter, Liquiditätsrisikomanagement – Status quo, in: Bartetzky, Peter/Gruber, Walter/Wehn, Carsten S. (Hrsg.), Handbuch Liquiditätsrisiko – Identifikation, Messung und Steuerung, Stuttgart, 2008, S. 18.

Einer repräsentativen Umfrage aus dem Jahre 2009 zufolge setzten die meisten Institute in **36** Deutschland bei der Liquiditätsprognose und der Risikofrüherkennung zur Ermittlung der stochastischen Zahlungsströme (noch) stärker auf Expertenschätzungen als auf mathematische Modelle. Selbst in den größeren Instituten mit einer Bilanzsumme von mehr als 10 Mrd. Euro dominierte die Nutzung von Expertenwissen (83 %), die Modellierung zyklischer Zahlungsströme (42 %), die Bildung einfacher Durchschnitte (22 %) und die Durchführung von Regressionsanalysen (17 %) deutlich vor dem Rückgriff auf den Liquidity-at-Risk (14 %).[46] Seitdem dürfte der hohe Anteil von Expertenschätzungen zugunsten der Verwendung mathematisch-statistischer Modellierungen von Abfluss- und Zuflussraten, z.B. auf Basis von Regressionsanalysen, bei größeren Instituten zurückgeführt worden sein. Dies ergibt sich allein aus der Notwendigkeit der Validierung der zugrundeliegenden Annahmen, die von den Aufsichtsbehörden zunehmend gefordert wird. Allerdings wird insbesondere bei Stressbetrachtungen, die durch historische Erfahrungen unterstützt werden, weiterhin auf Expertenwissen zurückgegriffen. Bei der Masse der Institute ist die Liquiditätsübersicht (→ BTR 3.1 Tz. 3) das klassische »Risikomaß« zur Abbildung des Liquiditätsrisikos.

1.12 Theorien zur Liquiditätsrisikosteuerung

Die optimale Liquiditätsrisikosteuerung hat für ein Institut eine wesentliche Bedeutung. Sie **37** verfolgt unter normalen Geschäftsbedingungen das Ziel, die erforderliche Liquidität/Refinanzierung sicherzustellen, so dass aufsichtliche Kennzahlen und institutsinterne Risikovorgaben – auch unter Stressannahmen – eingehalten werden, und dabei die Rendite bzw. den Zinsertrag zu optimieren. Die bekanntesten Theorien zur Liquiditätsrisikosteuerung stammen zum großen Teil bereits aus dem 19. Jahrhundert und sind nicht mehr uneingeschränkt gültig:
- So sind die Aktiva nach der »Goldenen Bankregel« (Otto Hübner, 1854) zur Risikovermeidung fristenkongruent zu refinanzieren, um die Zahlungsfähigkeit grundsätzlich auch ohne Zugang zum Kapitalmarkt sicherzustellen. Allerdings wurde bereits ausgeführt, dass Institute ganz bewusst Fristentransformation betreiben, um die Gewinnmarge zu erhöhen. Zwar hat die Finanzmarktkrise gezeigt, dass es grundsätzlich ratsam ist, sich an Regeln zu orientieren, die auf Erfahrungswerten basieren. Ein vollständiger Verzicht auf die Fristentransformation ist volks- und betriebswirtschaftlich nicht sinnvoll, weshalb diese Regel in ihrer Absolutheit in der modernen Liquiditätsrisikosteuerung eher bedeutungslos ist.[47]
- Jederzeit kündbare Einlagen stehen der »Bodensatztheorie« (Adolf Wagner, 1857) zufolge dem Institut in der Praxis zumindest teilweise durchaus länger als ihre nominale Bindungsdauer zur Verfügung und können folglich als »Bodensatz« zur Refinanzierung längerfristiger Anlagen verwendet werden. Diese Erkenntnis führt zu einer Erweiterung der Goldenen Bankregel und damit verbunden zu einer anderen Bewertung des aktuellen Liquiditätsbedarfes.
- Die »Realisations-Theorie« bzw. »Shiftability-Theorie« (Karl Knies, 1879) wiederum besagt, als Gegenstück zur Bodensatztheorie, dass bestimmte Vermögensgegenstände vor Ende ihrer tatsächlichen Laufzeit kurzfristig am Markt veräußert werden können, also kurzfristig »liquidierbar« sind. Derartige Aktiva können folglich in die Liquiditätsrisikosteuerung einbezogen werden, da mit ihrer Hilfe kurzfristig auftretende Liquiditätsengpässe schnell überbrückt

---

46 Vgl. Kaltofen, Daniel, Empirische Ergebnisse der Großstudie Liquiditätsrisiko Deutschland, ikf institut für kredit- und finanzwirtschaft – Ruhr-Universität Bochum, Dezember 2009.

47 Allerdings spielt der Grundgedanke der »Goldenen Bankregel« bei der Ermittlung der neuen Liquiditätskennzahl »Net Stable Funding Ratio« (NSFR) eine wesentliche Rolle, die aber voraussichtlich erst zwei Jahre nach Inkrafttreten der CRR II verbindlich zu berücksichtigen sein wird. Vgl. Basel Committee on Banking Supervision, Basel III: International framework for liquidity risk measurement, standards and monitoring, BCBS 188, 16. Dezember 2010, S. 41.

werden könnten. Vor diesem Hintergrund wird eine so genannte »Liquiditätsreserve« an marktliquiden Wertpapieren gehalten, die im Bedarfsfall durch Verkauf oder über Pensionsgeschäfte relativ schnell in Liquidität umgewandelt werden können. Es ist allerdings darauf zu achten, ob es für diese Vermögensgegenstände wirklich einen Markt gibt und ob die geplanten Verkäufe insbesondere im Stressfall ggf. nur mit hohen Abschlägen erfolgen können.

– Müssen einzelne Aktiva vorzeitig verkauft werden, so dürfen die daraus resultierenden Wertverluste schließlich nach der »Maximalbelastungstheorie« (Wolfgang Stützel, 1959) die Höhe des Eigenkapitals nicht übersteigen. Dadurch könnte der Abfluss jeglicher Zahlungsmittel ohne die Gefahr einer Insolvenz gedeckt werden, wobei mit höheren erwarteten Abschlägen beim Verkauf der Aktiva auch das Eigenkapital entsprechend höher sein muss. Dabei wird vom Extremfall ausgegangen, dass kein Bodensatz vorhanden ist, weil alle fälligen Einlagen abgezogen werden (»Bank-Run-Effekt«). Außerdem wird unterstellt, dass grundsätzlich jedes Aktivum liquidierbar ist, wenn auch mit einem entsprechenden Wertabschlag.

38 Die wesentlichen Erkenntnisse aus den genannten Theorien spielen auch in der bankaufsichtlichen Behandlung des Liquiditätsrisikos eine Rolle. Ergänzt wurden sie zunächst durch zahlreiche Maßnahmen, sich unter bestimmten Voraussetzungen als Institut gegen Stellung von Sicherheiten z. B. bei Zentralbanken kurzfristig Liquidität verschaffen zu können (→ BTR 3.1 Tz. 4). Damit wurde insbesondere berücksichtigt, dass es schon aus Wettbewerbsgründen nicht sinnvoll bzw. möglich ist, eine Liquiditätsreserve vorzuhalten, die überdimensioniert und damit unnötig teuer ist. Bei einem angemessenen Liquiditätsrisikomanagement sollte nie im Vordergrund stehen, ein ausreichendes Volumen liquidierbarer Assets zur Begleichung sämtlicher Verbindlichkeiten vorzuhalten (»Liquidationsansatz«), sondern durch ein gutes Liquiditätsrisikomanagement die Fortführung des Geschäftsbetriebes sicherzustellen (»Fortführungsansatz«).[48] Insofern steht außer Zweifel, dass die Ausgestaltung angemessener Prozesse im Liquiditätsrisikomanagement eine entscheidende Rolle für den Erfolg eines Institutes spielt.[49]

39 Bis Anfang des 21. Jahrhunderts wurde das Liquiditätsrisiko in der akademischen Forschung und Lehre sowie in der Regulierung weitgehend vernachlässigt.[50] Neuere Theorien zur Liquiditätsrisikosteuerung beschreiben eher die damit verbundenen Tätigkeiten, wobei häufig zwischen den eingangs genannten zeitlichen Dimensionen unterschieden wird. Eine zunehmende Bedeutung wird der Durchführung von Stresstests und der Festlegung von Notfallplänen für Liquiditätsengpässe zugestanden.[51]

40 Noch vor nicht allzu langer Zeit galt der Grundsatz, dass Liquiditätsrisiken im Gegensatz zu Marktpreis- und Adressenausfallrisiken nicht gezielt eingegangen werden, um Erträge zu erwirtschaften.[52] Da einige Institute jedoch verhältnismäßig stark auf Fristentransformationen setzen[53], muss diese Feststellung heutzutage zumindest relativiert werden. Durch die Einführung der strukturellen Liquiditätsquote (NSFR) wird sich diese Praxis zwangsläufig ändern. Insgesamt lässt sich feststellen, dass seit der Finanzmarktkrise verstärkt auf die Zusammenhänge zwischen dem Liquiditätsrisiko und anderen Risikoarten geachtet wird. Zudem ist eine tendenzielle Verschiebung von anderen Risikoarten zum Liquiditätsrisiko zu beobachten. Zum Beispiel wird verstärkt auf die Besicherung von Marktwerten bei Derivaten oder von Kreditzusagen bei sich verschlech-

---

48 Vgl. Matz, Leonard/Neu, Peter (Hrsg.), Liquidity Risk – Measurement and Management, Singapur, 2007, S. 4.

49 Vgl. Schulte, Michael, Bank-Controlling II: Risikopolitik in Kreditinstituten, Frankfurt a. M., 1998, S. 39 f.; Comptroller of the Currency, Comptroller's Handbook: Liquidity, Februar 2001, S. 3 ff.

50 Vgl. Bartetzky, Peter, Liquiditätsrisikomanagement – Status quo, in: Bartetzky, Peter/Gruber, Walter/Wehn, Carsten S. (Hrsg.), Handbuch Liquiditätsrisiko – Identifikation, Messung und Steuerung, Stuttgart, 2008, S. 4.

51 Vgl. Institute of International Finance, Principles of Liquidity Risk Management, März 2007, S. 19.

52 Vgl. Debus, Knut/Kreische, Kai, Die Liquidität im Fokus, in: Die Bank, Heft 6/2006, S. 59.

53 Vgl. Deutsche Bundesbank, Finanzstabilitätsbericht 2010, November 2010, S. 10 ff.

ternder Bonität (»Rating Trigger«) geachtet. Mit der beabsichtigten Reduzierung des Adressen-ausfallrisikos ist jeweils ein Abrufrisiko verbunden.

1.13   Verhältnis zu anderen Risikoarten

Als entscheidend für die Liquiditätssituation eines Institutes galt lange Zeit ausschließlich seine **41** eigene Bonität, die sich z. B. am externen Rating ablesen lässt. In Teilen der Fachliteratur wurde in diesem Zusammenhang die These vertreten, dass die Liquidität regelmäßig der Bonität folge: »Die Liquidität im Sinne der gesamten – auch unsichtbaren – liquiden Reserven ist das Spiegelbild der Bonität, und Bonität zuweilen nur ein anderer Name für diese Liquidität im Sinne des gesamten noch nicht in Anspruch genommenen Kredits. ... Die Liquidität im Sinne eines ausreichenden Umfanges sichtbar vorhandener Reserven aber folgt der Bonität, nicht umgekehrt«.[54]

Die Betrachtung von Liquiditätsrisiken als bloße Folgeerscheinung anderer Risikoarten ließ **42** Zweifel am Sinn institutsinterner Vorkehrungen aufkommen, die zur Sicherstellung der Liquidität beitragen sollen. Auf separate Anforderungen an das Management von Liquiditätsrisiken hätte vor diesem Hintergrund ebenso gut verzichtet werden können, da sie bereits durch entsprechende Anforderungen an die anderen Risikoarten abgedeckt wären. Allerdings sind Ursache und Wirkung bei Liquiditätsengpässen nicht immer klar ersichtlich. Insbesondere wird man den Liquiditätsrisiken längst nicht mehr gerecht, wenn sie nur als »aus anderen Risikoarten resultierend« angesehen werden. Die Wechselwirkungen sind in der Realität wesentlich komplexer.

So wurde insbesondere durch die »Subprimekrise«, die sich schnell zu einer »Finanzmarktkrise« **43** bzw. »Vertrauenskrise« ausgeweitet hatte (→ Teil I, Kapitel 1 und AT 4.3.3 Tz. 3), eindrucksvoll bestätigt, dass sich das Liquiditätsrisiko nicht ausschließlich als Folgeerscheinung ergibt, wenn andere Risiken schlagend werden. Diese Krise hatte durch das Austrocknen der Märkte letztlich ebenfalls Auswirkungen auf die Liquidität von Instituten, denen in Sachen Management der Adressenausfall-, Marktpreis- oder operationellen Risiken kein Versäumnis nachzuweisen war.

Sofern andere Risiken schlagend werden, kann sich das im Extremfall zwar so auswirken, dass **44** ein Institut insolvent und in der Folge illiquide wird. Allerdings folgt aus der Solvenz eines Institutes nicht zwangsläufig seine Liquidität, da das Kapital z. B. zur Finanzierung langlaufender Aktiva gebunden sein kann. Insofern ist Solvenz zwar eine notwendige, aber keine hinreichende Bedingung für die Liquidität eines Institutes.[55]

Die vielfältigen Wechselwirkungen zwischen den Liquiditätsrisiken und anderen Risikoarten **45** werden an verschiedenen Stellen näher beleuchtet. So sind die Auswirkungen anderer Risiken auf die Liquidität bei den Verfahren zur Früherkennung eines sich abzeichnenden Liquiditätsengpasses zu berücksichtigen (→ BTR 3.1 Tz. 2). Ebenso wichtig ist die Berücksichtigung dieser Wechselwirkungen bei der Ausgestaltung angemessener Stressszenarien (→ BTR 3.1 Tz. 8) und bei der Ausarbeitung eines Notfallplanes für Liquiditätsengpässe (→ BTR 3.1 Tz. 9). Insbesondere zwischen diesen Prozessen besteht ein enger Zusammenhang.

---

54 Vgl. Stützel, Wolfgang, Bankpolitik – heute und morgen, 3. Auflage, Frankfurt a. M., 1983, S. 33 f.
55 Vgl. Duttweiler, Rudolf, Liquidität als Teil der bankbetriebswirtschaftlichen Finanzpolitik, in: Bartetzky, Peter/Gruber, Walter/Wehn, Carsten S. (Hrsg.), Handbuch Liquiditätsrisiko – Identifikation, Messung und Steuerung, Stuttgart, 2008, S. 31.

1.14 Internationale Regulierungsinitiativen

46 Die Finanzmarktkrise führte dazu, dass das Management von Liquiditätsrisiken in den Mittelpunkt internationaler Regulierungsinitiativen rückte.[56] Der Baseler Ausschuss für Bankenaufsicht hatte bereits im Dezember 2006 eine »Working Group on Liquidity« eingerichtet, die ursprünglich einen Überblick über die Ausgestaltung der nationalen Aufsichtsregeln zum Liquiditätsrisiko in den beteiligten Mitgliedstaaten erarbeiten sollte. Als Reaktion auf die Finanzmarktkrise wurden von diesem Gremium auch Untersuchungen zur Eignung des Liquiditätsrisikomanagements der Institute in schwierigen Zeiten durchgeführt. Kritisiert wurde u. a., dass die Institute hinsichtlich der Handelbarkeit von Verbriefungspositionen zu optimistische Annahmen getroffen und ihre Stressszenarien zu sehr auf institutseigene Ursachen abgestellt hätten.

47 Als Konsequenz aus dieser Bestandsaufnahme und den dabei festgestellten Mängeln wurden die Prinzipien zum Management der Liquiditätsrisiken aus dem Jahre 2000[57] deutlich überarbeitet.[58] Schwerpunkte der Überarbeitung waren folglich die Identifizierung und Messung außerbilanzieller Risiken aus Verbriefungen und die Berücksichtigung marktweiter Stressszenarien. Darüber hinaus wurden neue Prinzipien aufgenommen, die sich z. B. mit der Risikotoleranz für Liquiditätsrisiken vor dem Hintergrund des Risikoappetits der Geschäftsleitung und den Liquiditätskosten beschäftigen. Betont wird die besondere systemische Relevanz des bankinternen Liquiditätsmanagements, dem ein am potenziellen Ausmaß von Stressereignissen ausgerichteter Ansatz zugrundeliegt. Eine zentrale Bedeutung kommt folglich der Simulation von schweren Liquiditätsschocks sowie der hierauf aufbauenden Notfallplanung und quantitativen Liquiditätsvorsorge zu.[59]

1.15 Europäische Vorgaben für die erste Säule

48 Über »Basel III«[60] wurden Mitte 2013 auch in der Bankenverordnung neue Vorgaben zum Liquiditätsmanagement ergänzt, die zum Teil auf die zweite Säule ausstrahlen. Gemäß der Anforderung an die Liquiditätsdeckungsquote (»Liquidity Coverage Ratio«, LCR) nach Art. 412 Abs. 1 CRR müssen die Institute über liquide Aktiva (Liquiditätspuffer) verfügen, deren Gesamtwert die Liquiditätsabflüsse abzüglich der Liquiditätszuflüsse unter erheblichen Stressbedingungen über einen Zeitraum von 30 Tagen abdeckt. In Stressperioden dürfen die liquiden Aktiva zur Deckung der Netto-Liquiditätsabflüsse verwendet werden. Ergänzenden Vorgaben zur strukturellen Liquiditätsquote (»Net Stable Funding Ratio«, NSFR) in Art. 413 Abs. 1 CRR zufolge, die allerdings vermutlich erst zwei Jahre nach Inkrafttreten der CRR II wirksam werden, müssen die Institute sicherstellen, dass ihre mittel- und langfristigen Verbindlichkeiten unter normalen und angespannten Umständen angemessen durch eine breite Vielfalt von Instrumenten zur stabilen Refinanzierung unterlegt sind. Hält ein Institut diese Liquiditätsanforderungen nicht ein, so muss

---

56 Vgl. Financial Stability Forum, Report of the Financial Stability Forum on Enhancing Market and Institutional Resilience, 7. April 2008, S. 12 ff.

57 Basel Committee on Banking Supervision, Sound Practices for Managing Liquidity in Banking Organisations, BCBS 69, 1. Februar 2000.

58 Basel Committee on Banking Supervision, Principles for Sound Liquidity Risk Management and Supervision, BCBS 144, 25. September 2008.

59 Vgl. Deutsche Bundesbank, Änderung der neu gefassten EU-Bankenrichtlinie und der EU-Kapitaladäquanzrichtlinie sowie Anpassung der Mindestanforderungen an das Risikomanagement, in: Monatsbericht, September 2009, S. 74.

60 Basel Committee on Banking Supervision, Basel III: International framework for liquidity risk measurement, standards and monitoring, BCBS 188, 16. Dezember 2010.

es laut Art. 414 CRR den zuständigen Behörden unter Beachtung verschärfter Meldeanforderungen umgehend einen Plan für die rasche Wiedereinhaltung der Anforderungen vorlegen.[61]

Zur näheren Ausgestaltung des Zählers der LCR, genauer zur Definition von erstklassigen **49** liquiden Aktiva (»High-Quality Liquid Assets«, HQLA) und zum Bestand an lastenfreien (»unencumbered«) HQLA, sowie zu den Überwachungsindikatoren im Liquiditätsmanagement hat der Baseler Ausschuss für Bankenaufsicht Anfang 2013 weitere Konkretisierungen vorgenommen.[62] In diesem Papier wird auch ein Notfallplan für die Liquiditätsversorgung (»Contingency Funding Plan«, CFP) gefordert. Mit Blick auf nur eingeschränkt nutzbare Liquiditätsfazilitäten innerhalb der LCR wurden die Vorgaben später ergänzt.[63] Im April 2013 wurden vom Baseler Ausschuss konkrete Überwachungskennzahlen zur untertägigen Liquidität für international tätige Institute vorgeschlagen.[64] Außerdem hat sich der Ausschuss zur Offenlegung der LCR geäußert.[65] Zeitgleich wurde ein Leitfaden für die Aufseher zu marktbasierten Indikatoren für das Liquiditätsmanagement veröffentlicht.[66] Auch zur Ausgestaltung der NSFR[67] sowie zu ihrer Offenlegung[68] hat der Baseler Ausschuss für Bankenaufsicht Vorgaben gemacht.

Die EBA war gemäß Art. 510 CRR gegenüber der Europäischen Kommission bis zum 31. Dezember **50** 2015 zur Berichterstattung über die Anforderungen in Bezug auf die NSFR verpflichtet. Gleichzeitig sollte die EBA untersuchen, inwieweit es angemessen wäre, ggf. alternative Methoden zur Festlegung des Bedarfes an stabiler Refinanzierung zu entwickeln. Vor diesem Hintergrund hat die EBA zunächst eine Auswirkungsstudie (»Quantitative Impact Study«, QIS) zum Stichtag 31. Dezember 2014 durchgeführt, an der sich 279 Institute beteiligt haben, und auf dieser Basis einen Bericht zur NSFR veröffentlicht.[69] Anschließend hat die EBA geprüft, inwiefern die sogenannte Kern-Refinanzierungsquote (»Core Funding Ratio«, CFR) als Alternative zur NSFR für die Bewertung des Refinanzierungsrisikos infrage kommen könnte. In ihrem Bericht[70], der auf denselben QIS-Daten beruht, kommt die EBA zu dem Schluss, dass der Refinanzierungsbedarf mit Hilfe der CFR nicht vollständig beurteilt werden kann und sie insofern keine echte Alternative zur NSFR darstellt. Dies ist vor allem darauf zurückzuführen, dass die CFR das Refinanzierungsrisiko nur unter Berücksichtigung der Passivseite einer Bank bewertet. Die NSFR bietet hingegen eine vollständige Risikobewertung der Refinanzierung unter Berücksichtigung beider Seiten der Bilanz. Schließlich hat die EBA Leitlinien zur Offenlegung der LCR gemäß Art. 435 Bankenverordnung erarbeitet.[71]

---

61 Verordnung (EU) Nr. 575/2013 (Bankenverordnung – CRR) des Europäischen Parlaments und des Rates vom 26. Juni 2013 über Aufsichtsanforderungen an Kreditinstitute und Wertpapierfirmen und zur Änderung der Verordnung (EU) Nr. 646/2012, Amtsblatt der Europäischen Union vom 27. Juni 2013, L 176/1–337.

62 Basel Committee on Banking Supervision, Basel III: The Liquidity Coverage Ratio and liquidity risk monitoring tools, BCBS 238, 7. Januar 2013.

63 Basel Committee on Banking Supervision, Revisions to Basel III: The Liquidity Coverage Ratio and liquidity risk monitoring tools, 12. Januar 2014.

64 Basel Committee on Banking Supervision, Monitoring tools for intraday liquidity management, BCBS 248, 11. April 2013.

65 Basel Committee on Banking Supervision, Liquidity coverage ratio disclosure standards, BCBS 272, 12. Januar 2014.

66 Basel Committee on Banking Supervision, Guidance for Supervisors on Market-Based Indicators of Liquidity, BCBS 273, 12. Januar 2014.

67 Basel Committee on Banking Supervision, Basel III: the net stable funding ratio, BCBS d295, 31. Oktober 2014.

68 Basel Committee on Banking Supervision, Net Stable Funding Ratio disclosure standards, BCBS d324, 22. Juni 2015.

69 European Banking Authority, EBA Report on Net Stable Funding Requirements under Article 510 of the CRR, EBA/Op/2015/22, 15. Dezember 2015.

70 European Banking Authority, NSFR – EBA reply to the Call for Advice (Core Funding Ratio: A descriptive Analysis in the EU), EBA/Op/2016/15, 5. September 2016.

71 European Banking Authority, Guidelines on LCR disclosure to complement the disclosure of liquidity risk management under Article 435 of Regulation (EU) No 575/2013, EBA/GL/2017/01, 21. Juni 2017.

1.16 Europäische Vorgaben zum Meldewesen

51 Die Meldeanforderungen der Institute in Bezug auf die Liquiditätsdeckung und die stabile Refinanzierung gemäß Art. 415 CRR wurden erstmals im April 2014 von der EU-Kommission veröffentlicht.[72] Die Grundlage dafür bildeten die entsprechenden Vorschläge der EBA vom Dezember 2013.[73] Auf Basis ergänzender Vorschläge der EBA aus dem Jahre 2015 hat die EU-Kommission im März 2016 die Anforderungen an die Meldung zusätzlicher Parameter für die Liquiditätsüberwachung festgelegt[74], die von der EBA noch konkretisiert werden sollten.[75] Die EBA hat der EU-Kommission im April 2017 ihren endgültigen Entwurf für einen technischen Regulierungsstandard zur aufsichtlichen Berichterstattung hinsichtlich dieser Parameter übermittelt. Dieser Entwurf war Bestandteil einer umfassenden Überarbeitung der Meldebögen für die Zwecke der aufsichtlichen Berichterstattung.[76]

52 Die Meldebögen für die Liquiditätsüberwachung betreffen das Laufzeitband (Meldebogen C 66), die Konzentration der Finanzierung nach Gegenparteien (Meldebogen C 67), die Konzentration der Finanzierung nach Produktarten (Meldebogen C 68), die Kosten für unterschiedliche Refinanzierungszeiträume (Meldebogen C 69), die Anschlussfinanzierung (Meldebogen C 70) und die Konzentration des Liquiditätsdeckungspotenzials (Meldebogen C 71). Die zu berücksichtigenden Laufzeitbänder mit einer fein gegliederten Unterscheidung diverser Posten bei Abflüssen und Zuflüssen starten bei »täglich fällig«, betreffen dann jeweils die kommenden sieben Tage, die anschließenden beiden Wochen und mit zunehmender Bandbreite schließlich die Zeiträume bis zu 12 Monaten. Anschließend folgen noch drei Laufzeitbänder für bis zu zwei Jahre, bis zu fünf Jahre und mehr als fünf Jahre. Bei der Konzentration der Finanzierung nach Gegenparteien werden u. a. die zehn größten Gegenparteien abgefragt, deren jeweiliger Anteil an den Gesamtverbindlichkeiten über 1 % hinausgeht. Bei der Konzentration der Finanzierung nach Produktarten wird zwischen Retail-Einlagen und großvolumiger Finanzierung unterschieden. Bei den Kosten für unterschiedliche Refinanzierungszeiträume erfolgt eine Unterteilung nach Retail-Einlagen, unbesicherter großvolumiger Finanzierung, besicherter Finanzierung, vorrangigen unbesicherten Wertpapieren, gedeckten Schuldverschreibungen und forderungsgedeckten Wertpapieren einschließlich Asset Backed Commercial Paper (ABCP). Bei der Anschlussfinanzierung wird für alle wesentlichen Währungen mit einer etwas gröberen Unterteilung der Produktgruppen nach verschiedenen Fristigkeiten unterschieden, wobei es letztlich um den Liquiditätssaldo geht. Bei der Konzentration des Liquiditätsdeckungspotenzials werden u. a. die zehn größten Emittenten abgefragt.[77]

53 Die EZB hat zum Stichtag 31. Dezember 2017 auf Basis eines mit Teilen der Kreditwirtschaft zuvor abgestimmten ILAAP-Meldebogens Anfang 2018 erstmalig die internen Liquiditätsstresstestergebnisse der bedeutenden Institute (»Significant Institutions«, SI) als zusätzliche Information

---

72 Durchführungsverordnung (EU) Nr. 680/2014 der Kommission vom 16. April 2014 zur Festlegung technischer Durchführungsstandards für die aufsichtlichen Meldungen der Institute gemäß der Verordnung (EU) Nr. 575/2013 des Europäischen Parlaments und des Rates, Amtsblatt der Europäischen Union vom 28. Juni 2014, L 191/1-1861.

73 European Banking Authority, Final Draft Implementing Technical Standards on Additional Liquidity Monitoring Metrics under Article 415 (3) (b) of Regulation (EU) No 575/2013, 18. Dezember 2013.

74 Durchführungsverordnung (EU) 2016/313 der Kommission vom 1. März 2016 zur Änderung der Durchführungsverordnung (EU) Nr. 680/2014 im Hinblick auf zusätzliche Parameter für die Liquiditätsüberwachung, Amtsblatt der Europäischen Union vom 5. März 2016, L 60/5-58.

75 European Banking Authority, Draft Implementing technical standards amending Implementing Regulation (EU) No 680/2014 with regard to additional monitoring metrics for liquidity reporting, EBA/CP/2016/22, 16. November 2016.

76 Durchführungsverordnung (EU) 2017/2114 der Kommission vom 9. November 2017 zur Änderung der Durchführungsverordnung (EU) Nr. 680/2014 in Bezug auf Meldebögen und Erläuterungen, Amtsblatt der Europäischen Union vom 6. Dezember 2017, L 321/1-427.

77 Durchführungsverordnung (EU) 2017/2114 der Kommission vom 9. November 2017 zur Änderung der Durchführungsverordnung (EU) Nr. 680/2014 in Bezug auf Meldebögen und Erläuterungen, Amtsblatt der Europäischen Union vom 6. Dezember 2017, L 321/336-427.

zur Beurteilung der Liquiditätslage im Rahmen des SREP abgefragt. Zur Umsetzung der entsprechenden Leitlinien der EBA zum ILAAP-Meldewesen für die Zwecke des SREP[78] ist seitens der deutschen Aufsichtsbehörden am 18. Juni 2018 im Fachgremium Liquidität auch für die weniger bedeutenden Institute (»Less Significant Institutions«, LSI) der Entwurf eines nationalen ILAAP-Meldebogens vorgestellt worden. Mithilfe dieses Meldebogens möchte die deutsche Aufsicht regelmäßig strukturierte Informationen über die institutsinternen Verfahren und Methoden zum Management des Liquiditätsrisikos erhalten. Zum Stichtag 31. Dezember 2018 werden zunächst voraussichtlich die weniger bedeutenden Institute mit hoher Priorität (»High Priority LSI«, HP LSI) im Rahmen eines Auskunftsersuchens um die entsprechenden Meldungen auf Excel-Basis gebeten. Der Start des ILAAP-Meldewesens für LSI in Deutschland ist mit jährlicher Frequenz auf Basis einer XBRL-Taxonomie zum Stichtag 31. Dezember 2019 vorgesehen. Die Meldefrist soll sieben Wochen betragen. Das auf der Internetseite der Deutschen Bundesbank abrufbare Merkblatt zum Risikotragfähigkeitsmeldewesen wird zu gegebener Zeit um entsprechende Hinweise zum ILAAP-Meldewesen ergänzt.

1.17 Nationale Vorschriften für die erste Säule

Gemäß § 11 Abs. 1 Satz 1 KWG müssen die Institute ihre Mittel so anlegen, dass jederzeit eine   **54**
ausreichende Zahlungsbereitschaft (Liquidität) gewährleistet ist. Das Bundesministerium der Finanzen hat durch die im Benehmen mit der Deutschen Bundesbank erlassene Liquiditätsverordnung (LiqV)[79] laut § 11 Abs. 1 Satz 2 KWG Kriterien festgelegt, nach denen die BaFin im Regelfall beurteilt, ob die Zahlungsbereitschaft eines Institutes in ausreichendem Maße gewährleistet ist.

Die unter den Anwendungsbereich der LiqV fallenden Institute haben zur Erfüllung ihrer   **55**
Zahlungsverpflichtungen ausreichende Liquidität vorzuhalten, deren Nachweis kennzahlenbasiert oder auf Basis institutseigener Liquiditätsrisikomess- und -steuerungsverfahren erbracht werden kann. Entscheidend für die bankaufsichtliche Beurteilung der Liquidität eines Institutes ist allein die monatlich zu meldende Liquiditätskennzahl, die als Quotient der verfügbaren Zahlungsmittel zu den abrufbaren Zahlungsverpflichtungen im ersten Laufzeitband ermittelt wird und mindestens 1,0 betragen muss. Das bedeutet, dass die ab dem Meldestichtag innerhalb eines Monats zur Verfügung stehenden Zahlungsmittel die während dieses Zeitraumes zu erwartenden Zahlungsabflüsse mindestens decken. Insofern sind unter Liquiditätsgesichtspunkten die Restlaufzeiten der Aktiva und Passiva gleichermaßen bedeutsam.

Die in der Liquiditätsverordnung niedergelegte Systematik ist – ohne Berücksichtigung der   **56**
internen Verfahren – relativ überschaubar und grundsätzlich mit den Vorgaben der CRR vergleichbar: Zunächst werden die zum jeweiligen Stichtag vorhandenen Zahlungsmittel und Zahlungsverpflichtungen nach ihren voraussichtlichen Restlaufzeiten in vier Laufzeitbänder eingestellt, die Fälligkeiten von bis zu einem Monat, zwischen einem und drei Monaten, zwischen drei und sechs Monaten und zwischen sechs und zwölf Monaten widerspiegeln. Längerfristige Betrachtungen werden nicht angestellt. Berücksichtigt werden dabei sowohl die liquiden Aktiva und Passiva als auch die außerbilanziellen Verpflichtungen, wobei genau geregelt ist, in welcher Höhe welche Positionen in die Berechnung einbezogen werden können bzw. müssen. Dabei gelten börsennotierte und besonders gedeckte Wertpapiere als hochliquide Aktiva, die jederzeit veräußert werden können und somit zum Ausgleich unerwarteter Zahlungsabflüsse zur Verfügung stehen (so

---

78 European Banking Authority, Leitlinien zu für SREP erhobene ICAAP- und ILAAP-Informationen, EBA/GL/2016/10, 10. Februar 2017.
79 Verordnung über die Liquidität der Institute (Liquiditätsverordnung – LiqV) in der Fassung vom 14. Dezember 2006 (BGBl. I Nr. 61, S. 3117), veröffentlicht am 20. Dezember 2006.

genannter »Stock Approach«). Diese Wertpapiere werden unabhängig von den zugrundeliegenden Restlaufzeiten in das erste Laufzeitband eingestellt. Aus der Differenz der Aktiv- und Passivkomponenten je Laufzeitband (so genannte »Maturity Mismatches«) können die künftig zu erwartenden Liquiditätszuflüsse bzw. -abflüsse in den betreffenden Perioden abgelesen werden.

57   Der zur Sicherstellung der Liquidität in Deutschland im Wesentlichen bis zur Einführung der LiqV Ende 2006 geltende Liquiditätsgrundsatz[80] war rein quantitativ ausgestaltet und deshalb in seiner Wirkungsweise insbesondere bei größeren Instituten umstritten. Diese Institute, die ihr Liquiditätsrisiko im eigenen Interesse schon damals wesentlich genauer steuern mussten, betrachteten die Anforderungen des Liquiditätsgrundsatzes nicht selten als »notwendiges Übel« ohne erkennbaren Mehrwert für die eigene Banksteuerung. Vor diesem Hintergrund sind Anfang des Jahrtausends mehrere Initiativen gestartet worden, für bankaufsichtliche Zwecke im Bereich der Liquiditätsrisiken alternativ auf interne Verfahren zurückgreifen zu können, die in ihrer Grundausrichtung keine quantitativen Komponenten enthalten.[81] Aufgegriffen wurden dabei die Prinzipien des Baseler Ausschusses für Bankenaufsicht über sachgerechte Methoden zur Steuerung der Liquidität.[82] Die deutschen Aufsichtsbehörden haben diese Initiativen zum Anlass genommen, eine Wahlmöglichkeit zu schaffen, wonach die Institute ihre internen Verfahren auch für die Zwecke der ersten Säule anerkennen lassen können. Dazu müssen gemäß § 10 Abs. 3 LiqV allerdings verschiedene Voraussetzungen erfüllt sein, wie z. B.
  - die Gewährleistung einer adäquaten laufenden Ermittlung und Überwachung des Liquiditätsrisikos unter Berücksichtigung des Proportionalitätsprinzips,
  - die Verbesserung der Darstellung der Liquiditätslage gegenüber dem bestehenden quantitativen Verfahren der LiqV, indem insbesondere auch Aufschluss über zu erwartende kurzfristige Nettomittelabflüsse, die Möglichkeit zur Aufnahme von Refinanzierungsmitteln ohne Stellung von Sicherheiten sowie die Auswirkung von Stressszenarien gegeben wird,
  - die Einrichtung und regelmäßige Überprüfung geeigneter Limite für Liquiditätsrisiken auf der Grundlage des internen Verfahrens und unter Berücksichtigung von Stressszenarien mit Hilfe geeigneter Kenngrößen,
  - die Dokumentation der zu ergreifenden Maßnahmen, sofern die Kenngrößen ein nennenswertes, mittleres oder hohes Risiko einer nicht ausreichenden Liquidität anzeigen,
  - die Anzeige von Limitüberschreitungen im Bereich eines mittleren oder hohen Risikos und der getroffenen bzw. zu treffenden Maßnahmen gegenüber der Bankenaufsicht sowie
  - die Verwendung des internen Verfahrens und des internen Limitsystems für das interne Liquiditätsrisikomanagement und die Unternehmenssteuerung.

58   Ende 2007 hat die deutsche Aufsicht zunächst ein Merkblatt veröffentlicht, das Hinweise zur Antragsstellung und zum Zulassungsverfahren enthält.[83] Demnach ist es für interessierte Institute u. a. möglich, noch vor der eigentlichen Antragstellung mit der Aufsicht Informationsgespräche zu führen und sich auf diese Weise über die konzeptionelle und organisationstechnische Reife des Modells sowie das weitere Antrags- und Zulassungsprocedere auszutauschen. Das eigentliche Zulassungsverfahren beginnt mit dem Zulassungsantrag des Institutes an die BaFin. Gegenstand der Prüfung sind – ausgehend von der Liquiditätsrisikostrategie des Institutes – die Methodik der Risikomessung sowie sämtliche Prozesse der Messung, Überwachung, Berichterstattung und

---

80 Bundesaufsichtsamt für das Kreditwesen, Bekanntmachung über die Änderung und Ergänzung der Grundsätze über die Eigenmittel und die Liquidität der Institute vom 25. November 1998.

81 Vgl. ACI Deutschland e. V. – Arbeitsgruppe Liquiditätsmanagement, Diskussionspapier über Mindeststandards für interne Modelle im Liquiditätsmanagement von Kreditinstituten, Dezember 2005.

82 Basel Committee on Banking Supervision, Sound Practices for Managing Liquidity in Banking Organisations, BCBS 69, 1. Februar 2000.

83 Bundesanstalt für Finanzdienstleistungsaufsicht/Deutsche Bundesbank, Merkblatt zur Zulassung eines bankinternen Liquiditätsmess- und -steuerungsverfahrens nach § 10 Liquiditätsverordnung vom 15. Oktober 2007.

Steuerung von Liquiditätsrisiken.[84] Das Merkblatt enthält auch Angaben zu den einzureichenden Dokumentationsunterlagen.

Die europäischen Vorgaben zur Liquiditätsdeckungsquote (LCR) wurden ab dem Zeitpunkt ihrer **59** Einführung zur Vermeidung übermäßiger Belastungen der Institute stufenweise angehoben. Während der Übergangsphase bis zur vollständigen Einhaltung dieser Quote war es den EU-Mitgliedstaaten gemäß Art. 412 Abs. 5 CRR gestattet, nationale Bestimmungen zu Liquiditätsanforderungen beizubehalten. Seit dem 1. Januar 2018 ist die LCR zu 100 % einzuhalten. In Deutschland gilt die LiqV gemäß Änderungsverordnung vom 29. Dezember 2017[85] deshalb nur noch für einen eingeschränkten Anwenderkreis.[86] Damit besteht für die Mehrheit der Institute seit dem 1. Januar 2018 nicht mehr die Möglichkeit zur Verwendung interner Verfahren für die Zwecke der ersten Säule.

1.18 Europäische Vorgaben für die zweite Säule

Bereits die älteren Vorschläge des Baseler Ausschusses sowie des Ausschusses der Europäischen **60** Bankaufsichtsbehörden (CEBS)[87] fanden über die Bankenrichtlinie auf europäischer Ebene zu einem großen Teil Eingang in die nationalen Regularien. Von den nationalen Aufsichtsbehörden wurde ausdrücklich gefordert, das Ausmaß, in dem die Institute Liquiditätsrisiken ausgesetzt sind, sowie die Messung und Steuerung dieser Risiken, einschließlich der Entwicklung von Stresstests, der Handhabung von Risikominderungstechniken – insbesondere mit Blick auf die Höhe, Zusammensetzung und Qualität der Liquiditätspuffer – und der Festlegung wirkungsvoller Notfallkonzepte, umfassend zu bewerten.[88] Insbesondere durch CEBS wurden einige dieser Forderungen sowie weitere Vorgaben zur Verrechnung von Liquiditätskosten, -nutzen und -risiken weiter konkretisiert.[89]

---

84 Ausführungen zur Vorbereitung, Durchführung und Nachbereitung von Abnahmeprüfungen für interne Risikomodelle nach § 10 LiqV sind dem Artikel »Liquiditätsverordnung: Anforderungen an interne Risikomodelle« von Dietz und Petersen im BaFinJournal zu entnehmen. Vgl. Dietz, Thomas/Petersen, Thomas, Liquiditätsverordnung: Anforderungen an interne Risikomodelle, in: BaFinJournal, Ausgabe Januar 2008, S. 13–18. Darüber hinaus haben BaFin und Deutsche Bundesbank am 28. Januar 2008 eine Studie zur »Praxis des Liquiditätsrisikomanagements in ausgewählten deutschen Kreditinstituten« veröffentlicht. Im Rahmen dieser Studie hat sich die Aufsicht in sechzehn deutschen Instituten bzw. Institutsgruppen ein Bild über die Definition des Liquiditätsrisikos, die Strategien des Liquiditätsrisikomanagements, die Rolle der Geschäftsleitung, die Berichterstattung, die Organisationsstruktur, den analytischen Rahmen der Risikomess- und -steuerungssysteme, die Stresstests und die Liquiditätskrisenpläne (»Contingency Plans«) verschafft. Es war zu erwarten, dass die Aufsicht die dabei ermittelten Bandbreiten ihren Prüfungshandlungen zugrunde legt.

85 Zweite Verordnung zur Änderung der Liquiditätsverordnung vom 22. Dezember 2017 (BGBl. I Nr. 80, S. 4033), veröffentlicht am 29. Dezember 2017.

86 Der Anwendungsbereich der Liquiditätsverordnung ist gemäß § 1 LiqV beschränkt auf Kreditinstitute, die nicht den Vorschriften von Art. 411 bis 428 CRR unterliegen, und Finanzdienstleistungsinstitute, die Eigenhandel oder das als Anlagevermittler, Abschlussvermittler oder Finanzportfolioverwalter befugt sind, sich Eigentum oder Besitz an Geldern oder Wertpapieren von Kunden zu verschaffen oder auf eigene Rechnung mit Finanzinstrumenten zu handeln. Zudem kann die BaFin CRR-Wertpapierfirmen, die die Vorschriften von Art. 411 bis 428 CRR auf Gruppenebene konsolidiert oder teilkonsolidiert einhalten müssen, auf Antrag von den Anforderungen der LiqV befreien.

87 Committee of European Banking Supervisors, Second Part of CEBS' Technical Advice to the European Commission on Liquidity Risk Management – Analysis of specific issues listed by the Commission and challenges not currently addressed in the EEA, 17. Juni 2008.

88 Vgl. Richtlinie 2009/111/EG (CRD II) des Europäischen Parlaments und des Rates vom 16. September 2009 zur Änderung der Richtlinien 2006/48/EG, 2006/49/EG und 2007/64/EG hinsichtlich Zentralorganisationen zugeordneter Banken, bestimmter Eigenmittelbestandteile, Großkredite, Aufsichtsregelungen und Krisenmanagement, Amtsblatt der Europäischen Union vom 17. September 2009, L 302/117.

89 Vgl. Committee of European Banking Supervisors, Guidelines on Liquidity Cost Benefit Allocation (GL 36), 27. Oktober 2010; Committee of European Banking Supervisors, Revised Guidelines on Stress Testing (GL 32), 26. August 2010; Committee of European Banking Supervisors, Guidelines on Liquidity Buffers & Survival Periods (GL 28), 9. Dezember 2009.

BTR 3 Liquiditätsrisiken

61 Im Rahmen der Überarbeitung der Bankenrichtlinie wurde u. a. auf diese Ausarbeitungen von CEBS verwiesen, insbesondere auf die Leitlinien zur Allokation der Liquiditätskosten, -vorteile und -risiken vom Oktober 2010.[90] Vor diesem Hintergrund wurden die Anforderungen an den Umgang mit den Liquiditätsrisiken konkretisiert und ergänzt. Näher beleuchtet wurden dabei u. a. das Management der Liquidität im Tagesverlauf, die Refinanzierungsplanung, die Belastung von Vermögensgegenständen (»Asset Encumbrance«), die Diversifikation der Liquiditätspuffer und Refinanzierungsquellen, die kombinierte Betrachtung von institutseigenen und marktweiten Stressszenarien sowie die Liquiditätsrisiken aus Fremdwährungen.[91]

62 Ergänzend dazu hat die EBA Leitlinien zur Berichterstattung bestimmter Kreditinstitute über ihre Refinanzierungspläne an die zuständigen Behörden erarbeitet[92], die auf einer Empfehlung des Europäischen Ausschusses für Systemrisiken (»European Systemic Risk Board«, ESRB) vom Dezember 2012 beruhen.[93] Diese Empfehlung wurde vom ESRB mit dem Ziel einer Fristverlängerung zwischenzeitlich überarbeitet.[94] Weitere Anforderungen an den Umgang mit Liquiditätsrisiken finden sich darüber hinaus in den Leitlinien der EBA zur internen Unternehmensführung vom März 2018.[95]

63 Wie schon in der Einführung (→ Teil I, Kapitel 2.1) ausführlich dargestellt, müssen die Institute gemäß Art. 73 CRD IV im Rahmen des internen Prozesses zur Sicherstellung einer angemessenen Kapitalausstattung (»Internal Capital Adequacy Assessment Process«, ICAAP) insbesondere über solide, wirksame und umfassende Strategien und Verfahren verfügen, mit denen sie ihrem individuellen Risikoprofil entsprechend die Angemessenheit des internes Kapitals zur quantitativen und qualitativen Absicherung ihrer aktuellen und etwaigen künftigen Risiken kontinuierlich bewerten und auf einem ausreichend hohen Stand halten können. Liquiditätsrisiken im engeren Sinne werden nicht im Rahmen des Risikotragfähigkeitskonzeptes mit internem Kapital unterlegt, sondern auf andere Weise überwacht und gesteuert. Vor diesem Hintergrund wird seit einigen Jahren neben dem ICAAP auch der interne Prozess zur Sicherstellung einer angemessenen Liquiditätsausstattung (»Internal Liquidity Adequacy Assessment Process«, ILAAP) in vielen Veröffentlichungen erwähnt.[96] Der ILAAP stellt grundsätzlich auf Art. 86 CRD IV ab[97] und ist z. B. Gegenstand verschiedener Ausarbeitungen der EBA und der EZB, die seit November 2014 für die Beaufsichtigung der bedeutenden Institute zuständig ist. Der »Definition« des ILAAP in Art. 86

---

90 Vgl. Richtlinie 2013/36/EU (Bankenrichtlinie – CRD IV) des Europäischen Parlaments und des Rates vom 26. Juni 2013 über den Zugang zur Tätigkeit von Kreditinstituten und die Beaufsichtigung von Kreditinstituten und Wertpapierfirmen, zur Änderung der Richtlinie 2002/87/EG und zur Aufhebung der Richtlinien 2006/48/EG und 2006/49/EG, Amtsblatt der Europäischen Union vom 27. Juni 2013, L 176/338.

91 Vgl. Richtlinie 2013/36/EU (Bankenrichtlinie – CRD IV) des Europäischen Parlaments und des Rates vom 26. Juni 2013 über den Zugang zur Tätigkeit von Kreditinstituten und die Beaufsichtigung von Kreditinstituten und Wertpapierfirmen, zur Änderung der Richtlinie 2002/87/EG und zur Aufhebung der Richtlinien 2006/48/EG und 2006/49/EG, Amtsblatt der Europäischen Union vom 27. Juni 2013, L 176/382-383.

92 European Banking Authority, Leitlinien für harmonisierte Definitionen und Vorlagen für Finanzierungspläne von Kreditinstituten nach ESRB/2012/2, Empfehlung A Absatz 4, EBA/GL/2014/04, 19. Juni 2014.

93 Empfehlung des Europäischen Ausschusses für Systemrisiken zur Finanzierung von Kreditinstituten (ESRB/2012/2) vom 20. Dezember 2012, Amtsblatt der Europäischen Union vom 25. April 2013, C 119/1-61.

94 Empfehlung des Europäischen Ausschusses für Systemrisiken zur Änderung der Empfehlung ESRB/2012/2 zur Finanzierung von Kreditinstituten (ESRB/2016/2) vom 21. März 2016, Amtsblatt der Europäischen Union vom 21. April 2016, C 140/1-2.

95 European Banking Authority, Leitlinien zur internen Governance, EBA/GL/2017/11, 21. März 2018.

96 An einem vergleichbaren Prozess orientierte sich z. B. die britische FSA. Konkret forderte die FSA von den Instituten, auf Basis einer Selbsteinschätzung ihren Risikoappetit durch bestimmte Stressszenarien zu begrenzen und dazu mindestens jährlich im Rahmen des »Individual Liquidity Adequacy Assessments« (ILAA) unter Verwendung von zehn vorgegebenen Risikotreibern die Art und den Umfang der benötigten Liquiditätsressourcen zu ermitteln. Im Rahmen des »Supervisory Liquidity Review Process« (SLRP) verglich die FSA anschließend die Annahmen und Ergebnisse mit ihrer eigenen Einschätzung. Im Ergebnis wurde den Instituten unter Berücksichtigung weiterer Daten eine »Individual Liquidity Guidance« (ILG) vorgegeben, die das Institut ggf. zu Nachbesserungen gezwungen hat. Vgl. Eichhorn, Michael, Britische Finanzdienstleistungsaufsicht: Deutliche Verschärfung der Standards für Liquiditätsrisiken, in: Zeitschrift für das gesamte Kreditwesen, Heft 3/2009, S. 123 f.

97 Vgl. European Banking Authority, Guidelines on common procedures and methodologies for the supervisory review and evaluation process (SREP) and supervisory stress testing, EBA/GL/2014/13, Consolidated version, 19. Juli 2018, S. 23.

Abs. 1 CRD IV zufolge müssen die Institute über solide Strategien, Grundsätze, Verfahren und Systeme verfügen, mit denen sie das Liquiditätsrisiko über eine angemessene Auswahl von Zeiträumen, die auch nur einen Geschäftstag betragen können, ermitteln, messen, steuern und überwachen können. Auf dieser Basis soll sichergestellt werden, dass die Institute stets über angemessene Liquiditätspuffer verfügen.[98]

Die Institute müssen sich trotz der grundsätzlich qualitativen Ausrichtung des ILAAP auch **64** geeigneter Methoden und Verfahren bedienen, die u. a. auf die Quantifizierung von Liquiditätskosten oder die Modellierung von nicht deterministischen Zahlungsströmen abzielen. Vor diesem Hintergrund wurde von Fachspezialisten gefordert, die weitere Entwicklung im Liquiditätsrisikomanagement mittelfristig auf quantitative Aspekte zu konzentrieren. Auf diese Weise sollte das Liquiditätsmanagement »auf ein sauberes analytisches Fundament« gehoben werden, aus dem u. a. Transferpreise sowie Risiko- und Performancemaße abgeleitet werden können.[99] Das erscheint zur Unterstützung der bankinternen Prozesse durchaus sinnvoll, sofern weder die Methodenfreiheit noch die grundsätzlich qualitative Ausrichtung des Liquiditätsrisikomanagements in den Instituten und der bankaufsichtlichen Überwachungsprozesse infrage gestellt werden. Mit Blick auf die gängige Praxis in den Instituten geht es im Grunde darum, die bankaufsichtliche (normative) und die institutsindividuelle (ökonomische) Steuerungssystematik auch in diesem Bereich einander anzunähern. Diese Entwicklung wird mittlerweile von der Aufsicht forciert.

Die Anforderungen an das Management der Liquiditätsrisiken gemäß Art. 86 CRD IV sind sehr **65** umfangreich, sodass auf ihre vollständige Wiedergabe im Detail an dieser Stelle verzichtet werden muss. Zusammengefasst geht es um folgende in den MaRisk umgesetzte Vorgaben:
- angemessene Liquiditätspuffer (→ BTR 3.1 Tz. 4 und BTR 3.2),
- angemessene Strategien, Grundsätze, Verfahren und Systeme zur Identifizierung, Beurteilung, Steuerung und Überwachung der Liquiditätsrisiken (auch im Tagesverlauf), zugeschnitten auf Geschäftsfelder, Währungen, Zweigstellen und Rechtssubjekte (→ BTR 3.1 Tz. 1),
- Mechanismen für eine angemessene Allokation von Liquiditätskosten, -nutzen und -risiken (→ BTR 3.1 Tz. 5 und 6),
- die Festlegung des Risikoappetits für Liquiditätsrisiken (→ AT 4.2 Tz. 2),
- angemessene Methoden zur Identifizierung, Beurteilung, Steuerung und Überwachung des Liquiditätsbedarfes unter Berücksichtigung des Liquiditätsgrades der Vermögenswerte (auch in Krisenzeiten) und möglicher Auswirkungen des Reputationsrisikos (→ BTR 3.1 Tz. 2, 3 und 4),
- die Berücksichtigung geltender gesellschaftsrechtlicher, regulatorischer und operationeller Beschränkungen für die potenzielle Übertragung liquider Mittel und unbelasteter Vermögensgegenstände zwischen juristischen Personen, sowohl innerhalb als auch außerhalb des EWR (→ BTR 3.1 Tz. 10),
- verschiedene Instrumente zur Reduzierung des Liquiditätsrisikos, einschließlich eines Systems von Obergrenzen und Liquiditätspuffern, um unterschiedlichen Krisensituationen standzuhalten, sowie einer hinreichend diversifizierten Finanzierungsstruktur und des Zugangs zu Finanzierungsquellen, die auch regelmäßig überprüft werden (→ BTR 3.1 Tz. 4),
- die potenziellen Auswirkungen institutsspezifischer, marktweiter und kombinierter Stressszenarien unter Berücksichtigung unterschiedlicher Zeiträume und unterschiedlich schwerer Krisensituationen (→ BTR 3.1 Tz. 8 und BTR 3.2 Tz. 3),
- die Anpassung der Strategien, internen Grundsätze und Obergrenzen für das Liquiditätsrisiko und die Aufstellung wirkungsvoller Notfallpläne unter Berücksichtigung der Ergebnisse der Stressszenarien (→ BTR 3.1 Tz. 9),

---

98 Vgl. Leitfaden der EZB für den bankinternen Prozess zur Sicherstellung einer angemessenen Liquiditätsausstattung (Internal Liquidity Adequacy Assessment Process – ILAAP), 9. November 2018, S. 35.
99 Vgl. Heidorn, Thomas/Schmaltz, Christian, Die neuen Prinzipien für sachgerechtes Liquiditätsmanagement, in: Zeitschrift für das gesamte Kreditwesen, Heft 3/2009, S. 117.

–   Stressszenarien für Liquiditätspositionen und risikomindernde Faktoren, insbesondere hinsichtlich außerbilanzieller Positionen und anderer Eventualverbindlichkeiten, einschließlich Zweckgesellschaften, bei denen das Institut als Sponsor auftritt oder wesentliche Liquiditätshilfe leistet (→ BT 3.2 Tz. 5),

–   Liquiditätswiederherstellungspläne inkl. angemessener Strategien und Durchführungsmaßnahmen zur Behebung möglicher Liquiditätsengpässe, u. a. durch das Vorhalten von Sicherheiten, die unmittelbar für eine Zentralbankfinanzierung zur Verfügung stehen, erforderlichenfalls auch in Fremdwährungen – aus operativen Gründen ggf. im Gebiet des Drittlandes (→ BTR 3.1 Tz. 9), sowie

–   das regelmäßige Testen und die Aktualisierung der Liquiditätswiederherstellungspläne unter Berücksichtigung der Stressszenarien, wobei die Geschäftsleitung einzubinden ist (→ BTR 3.1 Tz. 9 und 11).

1.19   Brückenschlag zwischen erster und zweiter Säule

66   Die zuständigen Behörden stellen gemäß Art. 97 CRD IV im Rahmen des »Supervisory Review and Evaluation Process« (SREP) fest, ob die von den Instituten angewandten Regelungen, Strategien, Verfahren und Mechanismen sowie ihre Eigenmittelausstattung und Liquidität auch aus ihrer Sicht ein solides Risikomanagement und eine solide Risikoabdeckung gewährleisten. Mit ihren Leitlinien zum SREP vom November 2014 hat die EBA die Grundidee der zweiten Säule, wonach jene Risiken berücksichtigt werden sollen, die nach den Vorgaben der ersten Säule nicht oder nicht hinreichend abgedeckt sind, erstmals strikt auf die einzelnen Risikoarten bezogen. Damit erfolgt die Prüfung der Angemessenheit nicht in einer Gesamtschau, wie zuvor z. B. in Deutschland üblich, sondern wird jeweils auf die Einzelrisiken abgestellt (»on a risk-by-risk basis«). Das bedeutet konkret, dass u. a. die Kapitalanforderungen der ersten Säule für die dort behandelten Risikoarten jeweils als Untergrenze in die Kapitalfestsetzung der zweiten Säule eingehen.[100] Diese Vorgehensweise wird deshalb auch als »Säule-1-Plus-Ansatz« bezeichnet.

67   Die EZB hat diesen Ansatz in einer Weise aufgegriffen und ausgebaut, dass er auch auf das Liquiditätsrisiko übertragen wird. Anfang 2016 hat die EZB zunächst ihre Erwartungen an die Ausgestaltung des ILAAP sowie die von den Instituten dafür einzureichenden Informationen mit Verweis auf die entsprechenden Leitlinien der EBA[101] zum Ausdruck gebracht[102] und ein Jahr später nochmals konkretisiert.[103] Anschließend hat sie Anfang 2017 und Anfang 2018 einen Leitfaden zum ILAAP zweimal zur Konsultation gestellt und schließlich im November 2018 in endgültiger Fassung veröffentlicht.[104] Diesem Leitfaden zufolge wird von den Instituten erwartet, zwei komplementäre interne Perspektiven zu implementieren. Mit der ökonomischen Perspektive sollen sie alle wesentlichen Risiken identifizieren und quantifizieren, die ihre interne Liquiditätsposition negativ beein-

---

100 Vgl. European Banking Authority, Guidelines on common procedures and methodologies for the supervisory review and evaluation process (SREP) and supervisory stress testing, EBA/GL/2014/13, Consolidated version, 19. Juli 2018, S. 133.

101 European Banking Authority, Leitlinien zu für SREP erhobene ICAAP- und ILAAP-Informationen, EBA/GL/2016/10, 3. November 2016.

102 Europäische Zentralbank, Aufsichtliche Erwartungen an ICAAP und ILAAP sowie harmonisierte Erhebung von ICAAP- und ILAAP-Informationen, Schreiben von Daniele Nouy an die Geschäftsleitung bedeutender Banken vom 8. Januar 2016.

103 Europäische Zentralbank, Technische Umsetzung der EBA-Leitlinien zu für SREP erhobene ICAAP- und ILAAP-Informationen, Konkretisierung der aufsichtlichen Erwartungen an die Erhebung von ICAAP- und ILAAP-Informationen vom 21. Februar 2017.

104 Europäische Zentralbank, SSM-Leitfaden zum ILAAP, Entwurf im Rahmen einer Mehrjahresplanung vom 20. Februar 2017; Europäische Zentralbank, Leitfaden der EZB für den internen Prozess zur Beurteilung der Angemessenheit der Liquidität (Internal Liquidity Adequacy Assessment Process – ILAAP), 2. März 2018; Europäische Zentralbank, Leitfaden der EZB für den bankinternen Prozess zur Sicherstellung einer angemessenen Liquiditätsausstattung (Internal Liquidity Adequacy Assessment Process – ILAAP), 9. November 2018.

flussen könnten, und diese Risiken entsprechend ihrem Konzept für eine angemessene Liquiditätsausstattung durch interne Liquidität absichern. Ergänzend dazu sollen sie mit der normativen Perspektive ihre Fähigkeit beurteilen, auf mittlere Sicht stets alle regulatorischen und aufsichtlichen Liquiditätsanforderungen und -vorgaben zu erfüllen und sonstigen externen finanziellen Zwängen Rechnung zu tragen.[105] Die Erkenntnisse aus beiden Perspektiven sollten wechselseitig berücksichtigt werden sowie in alle wesentlichen Geschäftsaktivitäten und -entscheidungen einfließen.[106] Insofern werden die erste und die zweite Säule miteinander verknüpft.

Der endgültige Leitfaden der EZB soll erstmals bei der Beurteilung des ILAAP im Rahmen des **68** SREP für bedeutende Institute im Jahre 2019 berücksichtigt werden. Ähnlich wie beim ICAAP ist zu erwarten, dass vergleichbare Vorgaben mittelfristig auch für die weniger bedeutenden Institute gelten. Erste Vorstellungen der deutschen Aufsichtsbehörden zum ILAAP sollen demnächst im Fachgremium Liquidität vorgestellt werden.

Dieser Brückenschlag zwischen erster und zweiter Säule entspricht dem Verständnis der **69** Aufsichtsbehörden, dass sich eine angemessene Liquiditätsausstattung erst aus der Berücksichtigung der Anforderungen beider Säulen ergibt. Zu den von der ersten Säule nicht vollständig erfassten Risiken zählen z.B. die Liquiditätsrisikokonzentrationen, zu den dort überhaupt nicht erfassten Risiken z.B. die untertägigen Liquiditätsrisiken. Dabei handelt es sich in der Regel um Risiken, die nur schwer zu quantifizieren sind und eher strukturell gesteuert und überwacht werden, z.B. durch Volumensbegrenzungen. Zudem dienen die Stresstests im Rahmen der zweiten Säule zur Sichtbarmachung von Risiken, die außerhalb des Einflussbereiches der Institute liegen, wie z.B. die Auswirkungen des Konjunkturzyklus auf das Refinanzierungsrisiko.[107]

Die EZB stellt es den bedeutenden Instituten im Übrigen weitgehend frei, für die Zwecke der **70** zweiten Säule ökonomische Liquiditätsmodelle zu verwenden oder auf die Methoden der ersten Säule bzw. auf Szenarien, Stresstests oder andere Methoden zurückzugreifen. Von den Instituten wird in erster Linie erwartet, nur solche Risikoquantifizierungsmethoden zu nutzen, die sie vollständig verstehen und die ihrer jeweiligen Situation und ihrem Risikoprofil angemessen sind. Dies gilt insbesondere für extern entwickelte Modelle. Ein besonderes Augenmerk wird auf die unabhängige Validierung der Methoden gelegt, wobei abzuwarten bleibt, ob und ggf. in welcher Weise der EZB-Leitfaden zur gezielten Überprüfung interner Modelle[108] auch auf die Liquiditätsrisiken mit ihren Besonderheiten übertragen werden kann. Die EZB erwartet dies im Bereich der Liquiditätsrisiken insbesondere mit Blick auf die Vollständigkeit, Genauigkeit, Konsistenz, Aktualität, Eindeutigkeit, Gültigkeit und Rückverfolgbarkeit der Daten.[109] Den allgemeinen Vorgaben der EZB zur Valdidierung interner Modelle zufolge könnte diese grundsätzlich zwar durch ein VierAugen-Prinzip innerhalb derselben Einheit erfolgen, die auch für die Modellentwicklung verantwortlich ist. Allerdings wird diese Möglichkeit für systemrelevante Institute ausgeschlossen.[110]

---

105 Vgl. Europäische Zentralbank, Leitfaden der EZB für den bankinternen Prozess zur Sicherstellung einer angemessenen Liquiditätsausstattung (Internal Liquidity Adequacy Assessment Process – ILAAP), 9. November 2018, S. 15 f.

106 Vgl. Europäische Zentralbank, Leitfaden der EZB für den bankinternen Prozess zur Sicherstellung einer angemessenen Liquiditätsausstattung (Internal Liquidity Adequacy Assessment Process – ILAAP), 9. November 2018, S. 21.

107 Vgl. Finanzmarktaufsicht Liechtenstein, ILAAP (»Internal Liquidity Adequacy Assessment Process«), FMA-Mitteilung 2017/6, 21. November 2017, S. 3 f.

108 European Central Bank, Guide for the Targeted Review of Internal Models (TRIM), Consultation paper, 28. Februar 2017. Ergänzend hat die EZB in Zusammenarbeit mit den national zuständigen Behörden verschiedene Kapitel eines modulartig aufgebauten Leitfadens zu internen Modellen veröffentlicht bzw. zur Konsultation gestellt, in dem die Erfahrungen aus dem TRIM-Projekt berücksichtigt werden. Mit Hilfe dieses Leitfadens, der noch um weitere Kapitel ergänzt wird, soll ein einheitliches Vorgehen hinsichtlich der wesentlichen Aspekte der geltenden Anforderungen an interne Modelle für die bedeutenden Institute sichergestellt werden. Spezielle Vorgaben zu Liquiditätsrisiken sind in den bisherigen Kapiteln nicht enthalten. Vgl. European Central Bank, ECB guide to internal models – General topics chapter, 15. November 2018; European Central Bank, Draft ECB guide to internal models – Risk-type-specific chapters, Consultation paper, 7. September 2018.

109 Vgl. Europäische Zentralbank, Leitfaden der EZB für den bankinternen Prozess zur Sicherstellung einer angemessenen Liquiditätsausstattung (Internal Liquidity Adequacy Assessment Process – ILAAP), 9. November 2018, S. 28 f.

110 Vgl. European Central Bank, ECB guide to internal models – General topics chapter, 15. November 2018, S. 8 f.

1.20 Grundsätzliche Anforderungen an das Liquiditätsrisikomanagement

71 Die regulatorischen Entwicklungen schlagen sich auch in den MaRisk nieder, indem die Anforderungen an das Management von Liquiditätsrisiken im Rahmen der zweiten bis fünften MaRisk-Novelle jeweils massiv überarbeitet und erweitert wurden. Die für alle Institute geltenden Anforderungen werden im Folgenden kurz skizziert und an anderer Stelle näher erläutert. Zudem wurden nach Veröffentlichung der aktuellen Fassung der MaRisk von der BaFin besondere Hinweise zum Umgang mit Liquiditätsrisiken durch Kapitalverwaltungsgesellschaften veröffentlicht.[111]

72 Liquiditätsrisiken zählen zu jenen Risikoarten, die im Normalfall als wesentlich einzustufen und somit beim Risikomanagement eines Institutes zu berücksichtigen sind (→ AT2.2 Tz.1). Allerdings wird die Unterlegung von Liquiditätsrisiken im engeren Sinne (Zahlungsunfähigkeitsrisiko) durch betriebswirtschaftliches Kapital von Fachexperten i.d.R. als nicht zweckmäßig angesehen. Besteht ein Liquiditätsengpass, wird eine wie auch immer geartete Kapitalunterlegung keinen Beitrag zur Abhilfe leisten.[112] Insofern wird das Zahlungsunfähigkeitsrisiko auch zukünftig nicht in das Risikotragfähigkeitskonzept einzubeziehen sein (→ AT4.1 Tz.4). Allerdings erwartet die deutsche Aufsicht, dass das Liquiditätsspreadrisiko als ein mit den Kapitalrisiken für die Gewinn- und Verlustrechnung vergleichbares Risiko durchaus in der Risikotragfähigkeitsrechnung mit ökonomischem Kapital unterlegt wird.[113]

73 Unabhängig davon hat das Institut sicherzustellen, dass Liquiditätsrisiken angemessen in den Risikosteuerungs- und -controllingprozessen berücksichtigt werden (→ AT4.1 Tz.4). Dies beginnt bereits bei der Strategieformulierung. So hat die Risikostrategie die Ziele der Risikosteuerung der wesentlichen Geschäftsaktivitäten sowie die Maßnahmen zur Erreichung dieser Ziele zu umfassen. Insbesondere ist, unter Berücksichtigung von Risikokonzentrationen, für alle wesentlichen Risiken der Risikoappetit des Institutes festzulegen (→ AT4.2 Tz.2). Mit Blick auf das Liquiditätsrisiko könnten z.B. Vorgaben zur angestrebten Diversifikation der Refinanzierungsquellen und der Liquiditätspuffer (→ BTR3.1 Tz.1) oder zu den im Notfall vorrangig zu nutzenden Liquiditätsquellen (→ BTR3.1 Tz.9) gemacht werden. Die Geschäftsleitung muss über die Liquiditätssituation im Bilde sein (→ BT3.2 Tz.5), um im Fall eines Liquiditätsengpasses angemessen reagieren zu können (→ BTR3.1 Tz.9) und auf diese Weise Schaden vom Institut abzuwenden. Entsprechende Maßnahmen sind in einem Notfallplan niederzulegen und regelmäßig auf ihre Durchführbarkeit zu überprüfen sowie ggf. anzupassen (→ BTR3.1 Tz.9).

74 Als vorbeugende Maßnahme ist ein Verfahren einzurichten, mit dessen Hilfe ein sich abzeichnender Liquiditätsengpass frühzeitig erkannt wird (→ BTR3.1 Tz.2). Zur Sicherstellung der jederzeitigen Zahlungsfähigkeit sind aussagekräftige Liquiditätsübersichten zu erstellen, die im Rahmen des Liquiditätsrisikomanagements im kurz-, mittel- und langfristigen Bereich eine zentrale Rolle spielen (→ BTR3.1 Tz.3). Außerdem ist regelmäßig zu überprüfen, inwieweit ein Institut unter normalen und angespannten Marktbedingungen in der Lage ist, einen auftretenden Liquiditätsbedarf zu decken. Für diese Zwecke sind insbesondere der dauerhafte Zugang zu den für das Institut relevanten Refinanzierungsquellen sowie der Liquiditätsgrad und die mögliche Belastung von Vermögensgegenständen zu überprüfen (→ BTR3.1 Tz.4). Für kurzfristig eintretende Verschlechterungen der Liquiditätssituation haben die Institute ausreichend bemessene, nachhaltige Liquiditäts-

---

111 Vgl. z.B. Bundesanstalt für Finanzdienstleistungsaufsicht, Liquiditätsstresstests deutscher Kapitalverwaltungsgesellschaften – Bericht mit Leitlinien, 8. Dezember 2017; Klein, Jana/Ölger, Mehtap/Wetzel, André, Investmentfonds – Umgang mit Liquiditätsrisiken, in: BaFinJournal, Ausgabe Januar 2018, S. 22-26.

112 Vgl. ACI Deutschland e. V., Stellungnahme zu dem Entwurf der BaFin vom 4. Februar 2005 über die »Mindestanforderungen an das Risikomanagement« (MaRisk) vom 30. März 2005, S. 3.

113 Vgl. Volk, Tobias, Risikotragfähigkeit von Kreditinstituten, in: BankPraktiker, Heft 6/2013, S. 228; Deutsche Bundesbank, Bankinterne Methoden zur Ermittlung und Sicherstellung der Risikotragfähigkeit und ihre bankaufsichtliche Bedeutung, in: Monatsbericht, März 2013, S. 35 f.

puffer vorzuhalten, mit deren Hilfe sowohl in normalen Marktphasen als auch in vorab definierten Stressszenarien auftretender Liquiditätsbedarf vollständig überbrückt werden kann (→ BTR 3.1 Tz. 4). Darüber hinaus sind regelmäßig angemessene Stresstests durchzuführen, wobei auch der voraussichtliche Überlebenshorizont zu berechnen ist (→ BTR 3.1 Tz. 8). Zwischen den einzelnen Regelungen existieren zahlreiche Wechselwirkungen.

Die Institute haben darüber hinaus ein geeignetes Verrechnungssystem zur verursachungsgerech- **75** ten internen Verrechnung der jeweiligen Liquiditätskosten, -nutzen und -risiken einzurichten, wobei dessen Ausgestaltung von Art, Umfang, Komplexität und Risikogehalt der Geschäftsaktivitäten sowie der Refinanzierungsstruktur der Institute abhängig ist (→ BTR 3.1 Tz. 5). Während diese Anforderung für Institute mit überwiegend kleinteiligem Kundengeschäft auf Aktiv- und Passivseite und einer stabilen Refinanzierung auf ein einfaches Kostenverrechnungssystem hinausläuft (→ BTR 3.1 Tz. 5, Erläuterung), haben große Institute mit komplexen Geschäftsaktivitäten ein Liquiditätstransferpreissystem (»Funds Transfer Pricing«, FTP) zu etablieren (→ BTR 3.1 Tz. 6). Die ermittelten Transferpreise sind für bilanzwirksame und außerbilanzielle Geschäftsaktivitäten im Rahmen der Ertrags- und Risikosteuerung zu berücksichtigen, indem die Verrechnung möglichst auf Transaktionsebene erfolgt. Die Aspekte Haltedauer und Marktliquidität der Vermögensgegenstände sind bei der Ermittlung der jeweiligen Transferpreise zu berücksichtigen. Zudem sind für unsichere Zahlungsströme geeignete Annahmen zu treffen und die Kosten für vorzuhaltende Liquiditätspuffer zu verrechnen (→ BTR 3.1 Tz. 6). Die Verantwortung für die Entwicklung und Qualität sowie die regelmäßige Überprüfung des Liquiditätstransferpreissystems ist in einem vom Markt und Handel unabhängigen Bereich wahrzunehmen (→ BTR 3.1 Tz. 7).

Ein Institut, das wesentliche Liquiditätsrisiken in Fremdwährungen aufweist, hat zur Sicherstellung **76** seiner Zahlungsverpflichtungen angemessene Verfahren zur Steuerung der Fremdwährungsliquidität in den wesentlichen Währungen zu implementieren. Hierzu gehören für die jeweiligen Währungen zumindest eine gesonderte Liquiditätsübersicht, gesonderte Fremdwährungsstresstests sowie eine explizite Berücksichtigung im Notfallplan für Liquiditätsengpässe (→ BTR 3.1 Tz. 11).

Zudem haben die Institute einen internen Refinanzierungsplan für einen mehrjährigen Zeitraum **77** aufzustellen, der die Strategien, den Risikoappetit und das Geschäftsmodell angemessen wider- spiegelt und dabei absehbare Veränderungen und mögliche adverse Entwicklungen berücksichtigt (→ BTR 3.1 Tz. 12).

1.21 Zusätzliche Anforderungen an kapitalmarktorientierte Institute

Zusätzliche Anforderungen werden an kapitalmarktorientierte Institute gestellt, wobei sich die **78** Kapitalmarktorientierung aus den Kriterien des § 264d HGB ableitet. Kapitalmarktorientierung liegt vor, wenn eine Gesellschaft einen organisierten Markt im Sinne des § 2 Abs. 11 WpHG durch von ihr ausgegebene Wertpapiere (z. B. Aktien, Inhaberschuldverschreibungen) in Anspruch nimmt oder die Zulassung solcher Wertpapiere zum Handel an einem organisierten Markt beantragt hat.[114] Durch das verschärfte Anforderungsprofil soll dem Umstand Rechnung getragen werden, dass diese Institute regelmäßig höheren Liquiditätsrisiken ausgesetzt sind. Dies gilt umso mehr, als institutionelle Anleger in z. B. unbesicherte Bankanleihen zukünftig weitergehend in die

---

114 Ein »organisierter Markt« im Sinne des § 2 Abs. 11 WpHG ist ein im Inland, in einem anderen Mitgliedstaat der Europäischen Union oder einem anderen Vertragsstaat des Abkommens über den Europäischen Wirtschaftsraum betriebenes oder verwaltetes, durch staatliche Stellen genehmigtes, geregeltes und überwachtes multilaterales System, das die Interessen einer Vielzahl von Personen am Kauf und Verkauf von dort zum Handel zugelassenen Finanzinstru- menten innerhalb des Systems und nach nichtdiskretionären Bestimmungen in einer Weise zusammenbringt oder das Zusammenbringen fördert, die zu einem Vertrag über den Kauf dieser Finanzinstrumente führt.

Bereinigung existenzieller Krisen einzelner Institute einbezogen werden sollen (»Bail-in«). Bei Instituten mit einer Refinanzierungsbasis durch Einlagen aus dem Privatkundengeschäft ist hingegen in der Tendenz von geringeren Liquiditätsrisiken auszugehen, da Retail-Kunden historisch gesehen weniger sensibel und auch später als institutionelle Anleger auf negative Informationen reagieren.[115] In der aktuellen Niedrigzinsphase zeigen sich allerdings auch die Schwächen der vornehmlich einlagenfinanzierten Institute, da mit zunehmender Dauer dieser Phase die Refinanzierungsbasis infrage gestellt wird. Besonders kritisch wird diese Situation, wenn über negative Einlagenzinsen nachgedacht wird.

79   Auch die Anforderungen von CEBS sind vor allem an Institute gerichtet, die sich schwerpunktmäßig an den Geld- und Kapitalmärkten refinanzieren.[116] Im Wesentlichen müssen die kapitalmarktorientierten Institute Stresstests nach vergleichsweise strengen Vorgaben durchführen (→ BTR 3.2 Tz. 3) und dabei testen, welcher zusätzliche Liquiditätsbedarf sich aus den jeweiligen Szenarien für die Zeithorizonte von einer Woche und einem Monat ergibt. Dieser Bedarf ist mit den ohnehin vorzuhaltenden Liquiditätspuffern zu überbrücken (→ BTR 3.2 Tz. 1), wobei an die Zusammensetzung der Liquiditätspuffer für beide Zeithorizonte unterschiedlich strenge Anforderungen gestellt werden (→ BTR 3.2 Tz. 2). Schließlich muss die praktische Nutzung der Liquiditätspuffer für das Institut und die Gruppe in angemessener Weise sichergestellt werden (→ BTR 3.2 Tz. 4).

1.22   Berücksichtigung des Proportionalitätsprinzips

80   Das Vorhalten einer Liquiditätsübersicht (→ BTR 3.1 Tz. 3), das Durchrechnen einzelner Kennzahlen (→ BTR 3.1 Tz. 4) und die Verwendung eines Verrechnungs- oder Liquiditätstransferpreissystems (→ BTR 3.1 Tz. 5 und 6) erfordern eine umfassende Kenntnis über die Produkte des Institutes auf beiden Bilanzseiten. Darüber hinaus sind Kenntnisse über die Liquidierbarkeit der einzelnen Positionen und deren mögliche Eignung als Sicherheiten für andere Liquidität beschaffende Maßnahmen erforderlich. Außerdem müssen alternative Refinanzierungsquellen des Institutes, auch wenn sie bisher noch nicht in Anspruch genommen wurden, bekannt sein.

81   Bei kleineren Instituten mit einer Geschäftsausrichtung, bei der die Einlagenvolumina den Umfang der ausgereichten Kredite deutlich übersteigen und die insofern auf hohe Liquiditätspuffer verweisen können, sollten die Anforderungen dieses Moduls auf pragmatische Weise erfüllt werden, sofern sich ihre Liquiditätssituation auch während der Finanzmarktkrise nicht nachhaltig verschlechtert hat. Derartige Institute gehören häufig einem Verbund oder Konzern an und können insbesondere die damit verbundenen Erleichterungen in Anspruch nehmen. Um den Gegebenheiten bei zahlreichen deutschen Instituten mit traditioneller Refinanzierungsbasis und einem damit verbundenen stabilen Einlagensockel gerecht zu werden, hat die Aufsicht Öffnungsklauseln eingebaut.[117]

---

115 Retail-Kunden reagieren in vergleichbaren Situationen zwar deutlich später. Sobald aber ihr Vertrauen in die Institute beeinträchtigt wird, kann dies verheerende Konsequenzen haben, wie z. B. der Bank-Run im Falle von »Nothern Rock« im September 2007 eindrucksvoll gezeigt hat. Obwohl im Rahmen der »Zypern-Krise« im Jahre 2013 ursprünglich auch Kunden mit geringer Einlagenhöhe bei der Rettung der zypriotischen Banken herangezogen werden sollten, war hingegen kein verstärkter Einlagenabzug privater Kunden von Banken in anderen Krisenstaaten (wie Griechenland, Spanien oder Portugal) zu beobachten. Dabei ist allerdings zu beachten, dass für diese Banken bereits umfangreiche Stützungszusagen vorlagen.

116 »The combination of tiered market structure and concentration of activity imply that the potential severity of contagion is higher for large banks – assuming a function of money centre – than for small banks at the fringe of the market. This provides a rationale for authorities to focus on the liquidity risk management, stress tests, liquidity buffers and contingency funding plans of money centre banks and underlines the case for proportionality.« Committee of European Banking Supervisors, Guidelines on Liquidity Buffers & Survival Periods (GL 28), 9. Dezember 2009, S. 11.

117 Vgl. Schneider, Andreas, Finanzmarktkrise und Risikomanagement: Die neuen Mindestanforderungen an das Risikomanagement der deutschen Bankenaufsicht, in: Die Wirtschaftsprüfung, Heft 6/2010, S. 274.

BTR 3.1 Allgemeine Anforderungen

BTR 3.1 Allgemeine Anforderungen

1 Management der Liquiditätsrisiken (Tz. 1)

1   **1** Das Institut hat sicherzustellen, dass es seine Zahlungsverpflichtungen jederzeit erfüllen kann. Das Institut hat dabei, soweit erforderlich, auch Maßnahmen zur Steuerung des untertägigen Liquiditätsrisikos zu ergreifen. Es ist eine ausreichende Diversifikation der Refinanzierungsquellen und der Liquiditätspuffer zu gewährleisten. Konzentrationen sind wirksam zu überwachen und zu begrenzen.

1.1 Jederzeitige Zahlungsfähigkeit

2   Gleich die erste Anforderung der deutschen Aufsichtsbehörden zum Management der Liquiditätsrisiken widmet sich dem Liquiditätsrisiko im engeren Sinne, also dem Zahlungsunfähigkeitsrisiko. So hat das Institut sicherzustellen, dass es seine Zahlungsverpflichtungen jederzeit erfüllen kann. Dieser zentrale Grundsatz verdeutlicht, dass es für die Institute von existenzieller Bedeutung ist, jederzeit hinreichend liquide zu sein, um ihren Fortbestand sicherzustellen. Damit wird zugleich § 11 Abs. 1 Satz 1 KWG entsprochen, wonach die Institute ihre Mittel so anlegen müssen, dass jederzeit eine ausreichende Zahlungsbereitschaft (Liquidität) gewährleistet ist. Auch andere nationale Aufsichtsbehörden betonen bei der Umsetzung des ILAAP die Notwendigkeit, dass sowohl unter normalen Bedingungen als auch im Stressfall jederzeit genügend Liquidität zur Abdeckung aller wesentlichen Liquiditätsrisiken sowie eine stabile Refinanzierungsbasis vorhanden sein müssen.[1] Die EZB bezeichnet es als eine der wichtigsten Erkenntnisse aus der Finanzmarktkrise, dass vom Liquiditätsrisikomanagement der bedeutenden Institute sichergestellt werden muss, jederzeit unter normalen und widrigen Bedingungen ihren Zahlungsverpflichtungen nachkommen zu können.[2]

3   Den Vorbemerkungen zu diesem Modul zufolge geht es vorrangig darum, mit Blick auf verschiedene Fristigkeiten, die bei einem Geschäftstag beginnen können, über eine angemessene Liquiditäts- und Refinanzierungsposition zu verfügen. Zu diesem Zweck werden in diesem Modul spezielle Anforderungen an die Kombination aus dem Liquiditätssaldo und dem Liquiditätsdeckungspotenzial (»Counterbalancing Capacity«) für verschiedene Fristigkeiten unter normalen Bedingungen und im Stressfall gestellt. Damit wird dem Kernanliegen des ILAAP entsprochen, dass die Institute kontinuierlich mit einer angemessenen Liquidität ausgestattet sind.

1.2 Untertägiges Liquiditätsrisiko

4   Bereits seit der zweiten MaRisk-Novelle im Jahre 2009 haben die Institute, soweit erforderlich, auch Maßnahmen zur Sicherstellung der Liquidität im Tagesverlauf zu ergreifen, wobei die Begriffe »Liquidität im Tagesverlauf«, »Innertagesliquidität« (»Intraday Liquidity«) und »Liquidität für einen Zeitraum von einem Geschäftstag« synonym für »untertägige Liquidität« verwendet werden. Damit sind jene liquiden Mittel gemeint, auf die während eines Geschäftstages zugegrif-

---

1   Vgl. Finanzmarktaufsicht Liechtenstein, ILAAP (»Internal Liquidity Adequacy Assessment Process«), FMA-Mitteilung 2017/6, 21. November 2017, S. 5.

2   Vgl. Europäische Zentralbank, Leitfaden der EZB für den bankinternen Prozess zur Sicherstellung einer angemessenen Liquiditätsausstattung (Internal Liquidity Adequacy Assessment Process – ILAAP), 9. November 2018, S. 2.

fen werden kann, um die Institute insbesondere in die Lage zu versetzen, Zahlungen in Echtzeit zu leisten. Daneben können auch zeitspezifische Verpflichtungen bestehen, die zu einem bestimmten Zeitpunkt innerhalb des Tages abgewickelt werden müssen oder eine voraussichtliche untertägige Abwicklungsfrist haben. Ein Geschäftstag bezeichnet dabei die Öffnungszeiten eines Individual-zahlungssystems[3] oder einer Korrespondenzbank, bei denen ein Institut Zahlungen in einer lokalen Jurisdiktion erhalten und leisten kann. Das Risiko, dass ein Institut seine untertägige Liquidität nicht effektiv verwaltet, bezeichnet man folglich als untertägiges Liquiditätsrisiko (»Intraday Liquidity Risk«). Dieses Risiko könnte dazu führen, dass das Institut seine Zahlungs-verpflichtung zum erwarteten Zeitpunkt nicht erfüllen kann, was sich auf seine eigene Liquiditäts-position und die Liquiditätsposition anderer Parteien auswirkt.[4] Damit wird also das bestehende oder künftige Risiko bezeichnet, dass ein Institut seinen Bedarf an untertägiger Liquidität, d. h. an jenen Mitteln, auf die während des Geschäftstages zugegriffen werden kann, um dem Institut Zahlungen in Echtzeit zu ermöglichen, nicht wirksam steuern kann.[5]

Mit der Anforderung, auch Maßnahmen zur Steuerung des untertägigen Liquiditätsrisikos zu ergreifen, wurde eine Empfehlung des Baseler Ausschusses für Bankenaufsicht aufgegriffen, mit der vorrangig auf die Entwicklung von Realtime-Systemen reagiert wurde. Aufgrund der beste-henden Abhängigkeiten können ausbleibende Zahlungen schnell zum Zusammenbruch einer ganzen Zahlungssequenz führen. Diese Anforderung betrifft also in erster Linie Institute, die im Tagesverlauf signifikante Zahlungsströme (»Cashflows«) aufweisen. Durch die aktive Steuerung des untertägigen Liquiditätsrisikos soll ein störungsfreies Funktionieren der Zahlungsverkehrs-und Abwicklungssysteme gewährleistet werden.[6] Im Rahmen der fünften MaRisk-Novelle wurde deshalb nochmals betont, dass untertägige Liquiditätsrisiken insbesondere bei Nutzung von Echtzeit-Abwicklungs- und Zahlungsverkehrssystemen vorliegen können (→ BTR 3.1 Tz. 1, Erläu-terung). Die EZB hat die bedeutenden Institute explizit aufgefordert, ihre untertägigen Liquiditäts-positionen und -risiken aktiv zu steuern, um ihren Zahlungs- und Abwicklungsverpflichtungen sowohl unter normalen als auch unter Stressbedingungen fristgerecht nachzukommen und so zum reibungslosen Funktionieren der Zahlungsverkehrs- und Abwicklungssysteme beizutragen.[7]

5

Der Baseler Ausschuss für Bankenaufsicht hat sechs operative Elemente genannt, die aus seiner Sicht für die Steuerung des untertägigen Liquiditätsrisikos unabdingbar sind. Erstens sollte ein Institut in der Lage sein, die erwarteten täglichen Brutto-Mittelzuflüsse und -abflüsse zu messen, die entsprechenden Zahlungszeitpunkte, soweit möglich, zu antizipieren und die sich daraus ergebende Bandbreite möglicher Netto-Refinanzierungslücken, die zu verschiedenen Zeitpunkten im Laufe des Tages auftreten könnten, zu prognostizieren. Zu diesem Zweck sollten Schlüssel-kunden gebeten werden, ihren eigenen Zahlungsverkehr zu prognostizieren, um diesen Prozess zu erleichtern. Zweitens sollte ein Institut unter Kapazitätsgesichtspunkten in der Lage sein, das untertägige Liquiditätsrisiko in einer Weise zu überwachen, das kritische Zahlungen geleistet werden können und schnell auf unerwartete Zahlungsströme reagiert werden kann. Drittens sollte ein Institut jederzeit in der Lage sein, eine ausreichende untertägige Refinanzierung sicherzustel-

6

---

3 Ein Individualzahlungssystem (»Large Value Payment System« – LVPS) ist ein Überweisungssystem, das typischerweise Zahlungen mit hohen Beträgen und hoher Dringlichkeit abwickelt. Im Gegensatz zu Massenzahlungssystemen werden viele Individualzahlungssysteme von Zentralbanken unter Verwendung eines Echtzeit-Bruttosystems (»Real-Time Gross Settlement« – RTGS) oder eines gleichwertigen Mechanismus betrieben. Vgl. Committee on Payment and Settlement Systems/Technical Committee of the International Organization of Securities Commissions, Principles for financial market infrastructures, 5. April 2012, Abschnitt 1.10.

4 Vgl. Basel Committee on Banking Supervision, Monitoring tools for intraday liquidity management, BCBS 248, 11. April 2013, S. 2 f.

5 Vgl. European Banking Authority, Guidelines on common procedures and methodologies for the supervisory review and evaluation process (SREP) and supervisory stress testing, EBA/GL/2014/13, Consolidated version, 19. Juli 2018, S. 23.

6 Vgl. Heidorn, Thomas/Schmaltz, Christian, Die neuen Prinzipien für sachgerechtes Liquiditätsmanagement, in: Zeitschrift für das gesamte Kreditwesen, Heft 3/2009, S. 114.

7 Vgl. Europäische Zentralbank, Aufsichtliche Erwartungen an ICAAP und ILAAP sowie harmonisierte Erhebung von ICAAP- und ILAAP-Informationen, Schreiben von Daniele Nouy an die Geschäftsleitung bedeutender Banken vom 8. Januar 2016, Anhang C.2, S. 6.

len, z.B. mittels Zugang zu Intraday-Krediten der Zentralbank. Viertens sollte ein Institut über ausreichende Sicherheiten verfügen, um ggf. zusätzliche Liquidität zu generieren, die zur Erreichung seiner untertägigen Zahlungsziele erforderlich ist. Ein Institut sollte operative Vorkehrungen treffen, um diese Sicherheiten an Zentralbanken, Korrespondenzbanken, Verwahrstellen und Gegenparteien zu verpfänden oder zu liefern. Fünftens sollte ein Institut über die Fähigkeit verfügen, den Zeitpunkt seiner Liquiditätsabflüsse im Einklang mit seinen untertägigen Zahlungszielen effektiv zu steuern, wozu eine geschäftsfeldübergreifende interne Koordination erforderlich ist. Sechstens sollte ein Institut in der Lage sein, mit unerwarteten Störungen seiner untertägigen Liquidität umzugehen. Zu diesem Zweck sollten die Stresstests und Notfallfallpläne für Liquiditätsengpässe das untertägige Liquiditätsrisiko angemessen berücksichtigen. Ein Institut sollte auch die Höhe und den Zeitpunkt des Liquiditätsbedarfes verstehen, der sich aus dem Versagen der Zahlungs- und Abrechnungssysteme ergeben kann, an denen es direkt beteiligt ist.[8]

7   Die Vorschläge des Baseler Ausschusses für Bankenaufsicht wurden grundsätzlich bereits bei der Anpassung der Bankenrichtlinie im Herbst 2009 berücksichtigt (Anhang V Nr. 14 CRD II) und in dieser Form bisher unverändert gelassen. Gemäß Art. 86 Abs. 1 Satz 1 CRD IV wird von den Instituten u. a. gefordert, mit Hilfe von soliden Strategien, Grundsätzen, Verfahren und Systemen auch das Liquiditätsrisiko über einen Zeitraum von nur einem Geschäftstag (»including intraday«) ermitteln, messen, steuern und überwachen zu können, damit sie stets über angemessene Liquiditätspuffer verfügen. Einer repräsentativen Umfrage zufolge haben bereits im Jahre 2009 ca. 70 % der deutschen Institute die untertägige Liquidität zumindest gemessen.[9]

8   Für kleinere Institute, wie Sparkassen oder Genossenschaftsbanken, wird die i. d. R. nur einmal täglich durchgeführte Disposition der Konten (Gelddisposition) verbandsseitig als ausreichend angesehen, solange keine Hinweise auf Liquiditätsschwierigkeiten vorliegen.[10] Diese Einschätzung ist vermutlich zutreffend, hängt aber weniger von der Größe eines Institutes als vielmehr vom Volumen seiner Zahlungsströme ab. Unabhängig davon kann festgestellt werden, dass die von der Kreditwirtschaft angeregte und letztlich auch gewählte Formulierung »sicherstellen« nicht im Widerspruch zur gängigen Praxis steht, dass diese Aufgabe von der (marktnahen) Treasury bzw. Gelddisposition übernommen wird. Derzeit halten die meisten der potenziell betroffenen Institute zur Sicherstellung der untertägigen Liquidität eine angemessene Liquiditätsreserve bei der Zentralbank vor, mit deren Hilfe der geschätzte maximale Liquiditätsbedarf im Tagesverlauf auch unter Stressbedingungen gedeckt werden kann.

1.3   Überwachungskennzahlen zur untertägigen Liquidität

9   Im April 2013 hat der Baseler Ausschuss für Bankenaufsicht zudem konkrete Überwachungskennzahlen zur untertägigen Liquidität für international tätige Institute vorgeschlagen[11], die ursprünglich seit dem 1. Januar 2015 monatlich an die Aufsicht gemeldet werden sollten. Später wurde der Beginn dieser Meldepflicht zunächst auf den 1. Januar 2017 verschoben, bisher aber nicht (durchgängig) eingeführt. Die Baseler Kennzahlen bieten allerdings grundsätzlich allen Instituten eine Orientierung für eine proportionale Umsetzung der Überwachung der untertägigen Liquidität.

---

8 Vgl. Basel Committee on Banking Supervision, Principles for Sound Liquidity Risk Management and Supervision, BCBS 144, 25. September 2008, S. 22.

9 Vgl. Kaltofen, Daniel, Empirische Ergebnisse der Großstudie Liquiditätsrisiko Deutschland, ikf institut für kredit- und finanzwirtschaft – Ruhr-Universität Bochum, Dezember 2009.

10 Vgl. Deutscher Sparkassen- und Giroverband, Mindestanforderungen an das Risikomanagement – Interpretationsleitfaden, Version 3.0, Berlin, November 2009, S. 257.

11 Basel Committee on Banking Supervision, Monitoring tools for intraday liquidity management, BCBS 248, 11. April 2013.

Einige bedeutende Institute müssen im Rahmen der jährlichen »Liquidity Exercise« der EZB Daten zur untertägigen Liquidität melden.

Bei den Kennzahlen handelt es sich um das Maximum des täglichen Liquiditätsbedarfes (als **10** kumulierter Nettoliquiditätsbedarf für jede Stunde eines Geschäftstages), die verfügbare untertägige Liquidität (ebenfalls für jede Stunde eines Geschäftstages zzgl. Bestand der verfügbaren Liquidität zum Beginn des Geschäftstages und Tagesminimum), wobei dazu bestimmte Quellen vorgegeben werden (Zentralbankguthaben, bei der Zentralbank hinterlegte Aktiva und Sicherheiten, unbelastete liquide und zentralbankfähige Aktiva, besicherte oder unbesicherte, widerrufliche oder unwiderrufliche Kreditlinien, Guthaben bei anderen Banken, erwartete Zahlungsmittelzuflüsse), die Summe der täglichen Zahlungen (ohne Verrechnung von Ein- und Auszahlungen, also als Maßgröße für das Ausmaß der Aktivitäten), das Volumen der zeitkritischen Zahlungsverpflichtungen (Verpflichtungen, deren Nichteinhaltung mit Strafen etc. verbunden sind, wobei auch zu ermitteln ist, mit welchem Anteil daran die Bank nicht fristgerecht umgehen konnte), der durchschnittliche Zeitpunkt untertägiger Auszahlungen und die Verteilung der kumulierten Auszahlungen über den Geschäftstag.

Mit den beiden letztgenannten Kennzahlen wird die Erwartung verbunden, besonders kritische **11** Situationen zu erkennen (z. B. gezielte Konzentrationen von Zahlungen zum Ende der täglichen Abwicklungszeiten) und darauf aufbauend ggf. Stressszenarien kreieren zu können. Die noch im Konsultationspapier enthaltene Verpflichtung zur Meldung der unter bestimmten Stressszenarien ermittelten Werte wurde in der Endfassung wieder gestrichen. Außerdem wird angeregt, Kombinationen dieser Kennzahlen für einen noch höheren Informationsgewinn zu nutzen. Korrespondenzbanken sollen zusätzlich das Volumen der im Namen anderer Banken getätigten Zahlungen (als Gesamtsumme und als Summe für die fünf größten Kunden) und der diesen Banken zugesagten untertägigen Kreditlinien (als Gesamtsumme und für die fünf größten Kunden nach Volumen und maximaler Auslastung aufgegliedert – unterschieden nach besichert/unbesichert und zugesagt/geduldet) melden. Zusätzlich schwebt dem Baseler Ausschuss vor, die relevanten Quantile der empirischen Verteilungen zu einzelnen dieser Kennzahlen übermittelt zu bekommen.[12]

1.4 Bedeutung des untertägigen Liquiditätsrisikos für den SREP

Die Umsetzung der vom Baseler Ausschuss vorgeschlagenen Meldeverpflichtung ist auf europäi- **12** scher und nationaler Ebene lange Zeit nicht erfolgt, zumal die deutsche Aufsicht diesem Vorhaben kritisch gegenüberstand. Auch die Kreditwirtschaft hatte sich gegen eine aufsichtliche Meldung der Kennzahlen ausgesprochen und stattdessen vorgeschlagen, im Rahmen der zweiten Säule individuelle Obergrenzen für den untertägigen Liquiditätsbedarf festzulegen und hierfür entsprechende Liquiditätspuffer bereitzuhalten. Aus diesem Limitierungsansatz ließen sich bankindividuelle Kennzahlen ableiten, die entsprechend überwacht werden sollten.[13]

Allerdings ergeben sich vergleichbare Anforderungen aus den EBA-Leitlinien zum SREP und aus **13** den EBA-Leitlinien zu jenen ICAAP- und ILAAP-Informationen, die für den SREP erhoben werden müssen. Demnach wird von den zuständigen Behörden zur Prüfung der Einrichtung des Risikomanagements von untertägiger Liquidität erwartet, dass sie von den Instituten eine Beschreibung der Kriterien und Instrumente zur Messung und Überwachung der damit verbundenen Risiken sowie der zugehörigen Eskalationsverfahren bei Unterdeckungen anfordern, die gewährleisten, dass fällige

---

12 Vgl. Uhlmann, Torsten, Management des untertägigen Liquiditätsrisikos anhand adäquater Überwachungskennzahlen, Fachbeitrag der 1 PLUS i GmbH, 23. Juli 2012.

13 Vgl. Deutsche Kreditwirtschaft (German Banking Industry Committee), Comments on the Basel Committee's consultative document published in July 2012, 13. September 2012.

BTR 3.1 Allgemeine Anforderungen

Zahlungen und Abrechnungsverbindlichkeiten zeitnah sowohl unter unveränderten Rahmenbedingungen als auch unter Stressbedingungen geleistet werden. Zur Prüfung der Umsetzung des Risikomanagements von untertägiger Liquidität sollen die zuständigen Behörden zudem mit angemessener Häufigkeit einen quantitativen Überblick über das Risiko von untertägiger Liquidität im Laufe des vergangenen Jahres sowie Informationen zur Gesamtzahl der Zahlungsausfälle und einen Überblick mit Erklärungen zu wesentlichen Zahlungsausfällen oder zu vom Institut nicht zeitnah geleisteten wesentlichen Verpflichtungen anfordern.[14] Darüber hinaus sollen sich die zuständigen Behörden alle relevanten Belege einschließlich der Sitzungsprotokolle der jeweiligen Ausschüsse und Leitungsorgane zum Nachweis der soliden Einrichtung und Umsetzung des ILAAP vorlegen lassen, wozu u. a. auch der Nachweis der Entscheidungen über Maßnahmen der Geschäftsleitung in Bezug auf das untertägige Liquiditätsrisiko nach interner Eskalation aufgrund von untertägigen Liquiditätsereignissen gerechnet wird.[15] In die Bewertung des untertägigen Liquiditätsrisikos sollte angesichts der Unvorhersehbarkeit unerwarteter Abflüsse oder fehlender Zuflüsse auch die untertägige Verfügbarkeit liquider Aktiva einbezogen werden.[16]

1.5 Ausreichende Diversifikation

14 Die Liquiditätsvorsorge eines Institutes ist insbesondere vom Ausmaß der zu erwartenden Zahlungsströme, von einem hinreichenden Volumen liquider Aktiva sowie von den für das Institut zugänglichen Refinanzierungsquellen am Geldmarkt abhängig. Seitens der Bankenaufsicht wird der Begriff einer »ausreichenden Diversifikation« im Hinblick auf die Refinanzierungsquellen und die Liquiditätspuffer als wesentliches Kriterium genannt. Maßgebliche Kriterien für die Diversifikation der Refinanzierungsquellen und der Liquiditätspuffer können bspw. Geschäftspartner bzw. Emittenten, Produkte, Laufzeiten und Regionen sein (→ BTR 3.1 Tz. 1, Erläuterung).

15 Von Diversifikation wird immer dann gesprochen, wenn Abhängigkeiten durch Streuung oder ähnliche Maßnahmen reduziert werden können. Insofern sollten vor allem Konzentrationen vermieden werden, die sowohl auf der Aktivseite als auch auf der Passivseite aus großvolumigen Krediten oder Einlagen entstehen können. Darüber hinaus sollte auf der Aktivseite nicht zu stark in Vermögensgegenstände investiert werden, die sich weder als Sicherheit für liquiditätsbeschaffende Transaktionen eignen noch selbst liquidiert werden können. Auf der Passivseite sollte wiederum ein angemessener Volumenanteil für längerfristige Refinanzierungen zur Verfügung stehen und insgesamt eine ausreichende Zahl von Refinanzierungspartnern akquiriert werden. Je nach Geschäftsausrichtung und Refinanzierungsstruktur lassen sich weitere Beispiele für Maßnahmen zur Gewährleistung einer ausreichenden Diversifikation ableiten.

16 Auch der Baseler Ausschuss für Bankenaufsicht fordert, die Refinanzierung zu diversifizieren und eine kontinuierliche Marktpflege zu betreiben, um diese Diversifikation auch für die Zukunft sicherzustellen. Dabei wird die Diversifikation auf die Refinanzierungsquellen, die Laufzeiten, die Form der Refinanzierung, die Art der Besicherung, die jeweilige Währung und die Marktregion bezogen. Außerdem sollte sie mit den Planungs- und Strategieprozessen im Einklang stehen.[17]

---

14 Vgl. European Banking Authority, Leitlinien zu für SREP erhobene ICAAP- und ILAAP-Informationen, EBA/GL/2016/10, 3. November 2016, S. 23.

15 Vgl. European Banking Authority, Leitlinien zu für SREP erhobene ICAAP- und ILAAP-Informationen, EBA/GL/2016/10, 3. November 2016, S. 25 f.

16 Vgl. European Banking Authority, Guidelines on common procedures and methodologies for the supervisory review and evaluation process (SREP) and supervisory stress testing, EBA/GL/2014/13, Consolidated version, 19. Juli 2018, S. 152 f.

17 Vgl. Basel Committee on Banking Supervision, Principles for Sound Liquidity Risk Management and Supervision, BCBS 144, 25. September 2008, S. 18.

1.6 Verbund- oder Konzernlösungen

Insbesondere die Zahlungsfähigkeit kleinerer Institute wird häufig innerhalb eines Finanzverbundes (Sparkassen-Finanzverbund, Genossenschaftsverbund usw.) oder eines Konzernverbundes sichergestellt. Deshalb kann eine ausreichende Diversifikation ausdrücklich auch durch bestehende Verbund- oder Konzernstrukturen erreicht werden (→ BTR 3.1 Tz. 1, Erläuterung). Aufgrund des hohen Anteiles an (relativ) stabilen Einlagen wird das Thema »Liquidität« insbesondere bei Sparkassen und Genossenschaftsbanken ehedem schwerpunktmäßig unter dem Gesichtspunkt der Ertragssituation betrachtet.

Die Querfinanzierung zwischen verschiedenen Einheiten einer Gruppe kann das Liquiditätsrisiko innerhalb der Gruppe allerdings auch verstärken. Zum Beispiel könnte das zur Bereitstellung der Liquidität in der Gruppe verantwortliche Unternehmen seine Funktion nicht mehr uneingeschränkt erfüllen, wenn seine eigene Liquiditätssituation belastet ist oder eine andere Einheit der Gruppe einen außerordentlichen Liquiditätsbedarf hat. Für den Fall, dass die hinsichtlich ihrer Bonität i.d.R. einwandfreien Finanzquellen innerhalb derartiger Verbünde oder Konzerne Extremsituationen ausgesetzt werden, ist es insofern auch nicht schädlich, für die einzelnen Produkte oder Produktgruppen im Bankportfolio hinreichend viele alternative Liquiditätsquellen kurzfristig aktivieren zu können. Deshalb regt der Baseler Ausschuss für Bankenaufsicht an, interne Limite für das Intragroup-Liquiditätsrisiko zu vereinbaren, um das Risiko der Ausbreitung von Stresssituationen zu begrenzen. Auf diese Weise kann die Abhängigkeit der verbundenen Einheiten bei der Refinanzierung von anderen Teilen der Gruppe beschränkt werden.[18]

Im Rahmen der fünften MaRisk-Novelle wurde u.a. die Anforderung ergänzt, Intragruppenforderungen angemessen in den Risikosteuerungs- und -controllingprozessen abzubilden (→ AT 4.3.2 Tz. 1, Erläuterung). Hierzu zählen selbstverständlich auch Intragruppenforderungen, die der Liquiditätsversorgung innerhalb einer Gruppe oder eines Verbundes dienen. Letztlich kommt es vor allem auf die konkrete Ausgestaltung an, um die angestrebte Diversifikation sicherzustellen.

1.7 Überwachung und Begrenzung von Konzentrationen

Bei allen Bemühungen um eine Diversifikation der Refinanzierungsquellen und der Liquiditätspuffer sollte nicht vergessen werden, dass sich die Liquidierbarkeit der Vermögensgegenstände und der Zugang zu Refinanzierungsquellen im Zeitverlauf oder sogar sehr kurzfristig ändern können, wie z.B. die Finanzmarktkrise deutlich gezeigt hat. Um auf derartige Veränderungen angemessen reagieren zu können, sollte eine kontinuierliche Pflege des Marktzuganges erfolgen, um im Bedarfsfall schnell liquide Mittel am Kapitalmarkt aufnehmen zu können (→ BTR 3.1 Tz. 4).

Zudem wird es aufgrund der spezifischen Umfeldbedingungen nicht in jedem Fall möglich sein, den gewünschten Grad der Diversifikation der Refinanzierungsquellen oder der Liquiditätspuffer zu gewährleisten. In diesem Fall muss sich das Institut mit den möglichen Auswirkungen der daraus resultierenden Konzentrationen befassen. Derartige Konzentrationen von Refinanzierungsquellen oder Liquiditätspuffern sind in erster Linie wirksam zu überwachen und zu begrenzen. Für diese Zwecke kann es sinnvoll sein, im Rahmen der Festlegung des Risikoappetits gewisse Warnschwellen oder Limite zu vereinbaren (→ AT 4.2 Tz. 2). Positiv könnten sich auch die

17

18

19

20

21

---

18 Vgl. Basel Committee on Banking Supervision, Principles for Sound Liquidity Risk Management and Supervision, BCBS 144, 25. September 2008, S. 18.

BTR 3.1 Allgemeine Anforderungen

Maßnahmen zum Management von Risikokonzentrationen in anderen Bereichen auswirken, wie z. B. hinsichtlich der Adressenausfallrisiken (→ BTR 1). Darüber hinaus sind regelmäßig angemessene Stresstests durchzuführen (→ BTR 3.1 Tz. 8). Außerdem ist ein Frühwarnverfahren für Liquiditätsengpässe einzurichten (→ BTR 3.1 Tz. 2), das sinnvollerweise mit dem entsprechenden Notfallplan verknüpft wird (→ BTR 3.1 Tz. 9).

22   Die EZB hat im Rahmen des SREP klare Vorgaben formuliert, welche Informationen ihr zum Management von Konzentrationen von den bedeutenden Instituten vorgelegt werden müssen. Dazu gehören Informationen über Refinanzierungskonzentrationsrisiken, einschließlich der Grundsätze für die Messung und Überwachung von Wechselbeziehungen zwischen Refinanzierungsquellen und der wirtschaftlichen Verbindung zwischen Einlegern und anderen Liquiditätsgebern, sowie über Beschränkungen bezüglich der Konzentrationen im Liquiditätspuffer, einschließlich der Grundsätze für die Messung und Überwachung des möglichen Verlustes verfügbarer Liquidität aufgrund dieser Konzentrationen.[19] Von den Instituten erwartet die EZB, bei der zukunftsorientierten Beurteilung ihrer angemessenen Liquiditätsausstattung auch jene Konzentrationen zu berücksichtigen, die sich aus der Verfolgung ihrer Strategien oder aus relevanten Veränderungen ihres Geschäftsumfeldes ergeben können.[20] Die Stabilität des Refinanzierungsprofils sollte unter Berücksichtigung der Diversität oder Konzentration der Refinanzierungsquellen, Märkte und Produkte beurteilt werden.[21]

1.8   Bedeutung des Konzentrationsrisikos für den SREP

23   Die EBA empfiehlt den zuständigen Behörden, den Scorewert für das Geschäftsmodell und die Geschäftsstrategie eines Institutes auch davon abhängig zu machen, ob wesentliche Konzentrationen von Vermögenswerten oder Einnahmequellen vorhanden sind.[22] In Bezug auf die Liquiditätspuffer und das Liquiditätsdeckungspotenzial sollten die zuständigen Behörden bewerten, inwieweit das Institut in der Lage ist, seine dafür vorgesehenen Aktiva in einem angemessenen Zeitraum zu liquidieren, um seinen Liquiditätsbedarf während einer Stressperiode zu decken. Hierbei sollte untersucht werden, ob das Institut seinen Zugang zum Markt durch Verkaufs- oder Repogeschäfte regelmäßig testet und ob hohe Konzentrationen vorliegen, die das Risiko einer Überbewertung des Liquiditätspuffers und des Liquiditätsdeckungspotenzials in sich bergen.[23] Bei der Bewertung der Nachhaltigkeit des Refinanzierungsprofils sollten die Risiken berücksichtigt werden, die aufgrund von Konzentrationen der Refinanzierungsquellen in unterschiedlicher Hinsicht entstehen können. Genannt werden insbesondere die Art der verwendeten Refinanzierungsinstrumente, spezifische Refinanzierungsmärkte, einzelne oder verbundene Gegenparteien sowie weitere Konzentrationsrisiken, die den künftigen Zugang zu Refinanzierungen beeinträchtigen können. Dabei sollte der Schwerpunkt auf Märkte und Instrumente gelegt werden, die für das

---

19 Vgl. European Banking Authority, Leitlinien zu für SREP erhobene ICAAP- und ILAAP-Informationen, EBA/GL/2016/10, 3. November 2016, S. 19 ff.

20 Vgl. Europäische Zentralbank, Leitfaden der EZB für den bankinternen Prozess zur Sicherstellung einer angemessenen Liquiditätsausstattung (Internal Liquidity Adequacy Assessment Process – ILAAP), 9. November 2018, S. 23.

21 Vgl. Europäische Zentralbank, Leitfaden der EZB für den bankinternen Prozess zur Sicherstellung einer angemessenen Liquiditätsausstattung (Internal Liquidity Adequacy Assessment Process – ILAAP), 9. November 2018, S. 26.

22 Vgl. European Banking Authority, Guidelines on common procedures and methodologies for the supervisory review and evaluation process (SREP) and supervisory stress testing, EBA/GL/2014/13, Consolidated version, 19. Juli 2018, S. 45 f.

23 Vgl. European Banking Authority, Guidelines on common procedures and methodologies for the supervisory review and evaluation process (SREP) and supervisory stress testing, EBA/GL/2014/13, Consolidated version, 19. Juli 2018, S. 153.

langfristige Refinanzierungsprofil von Belang sind und deren Einfluss auf das Konzentrationsrisiko im kurzfristigen Liquiditätsprofil von Bedeutung sein kann.[24]

Mit Blick auf die geeigneten Indikatoren im Hinblick auf das Liquiditäts- und Refinanzierungs- **24** risiko zur Abdeckung der wichtigsten strukturellen Schwächen geht es um den Grad der Abhängigkeit von einem einzelnen Markt oder von sehr wenigen Märkten oder Gegenparteien, die »Unbeweglichkeit« von Finanzierungsquellen und verhaltenssteuernden Faktoren, die Konzentration bestimmter Instrumente, die Konzentration von Geschäften in verschiedenen Währungen sowie wesentliche Konzentrationen von Laufzeiten und Laufzeitenlücken über einen längeren Zeitraum.[25] Im Zusammenhang mit der Festlegung der Stresstestannahmen sollten die zuständigen Behörden je nach Art und Schweregrad der Szenarien auch die Angemessenheit der Annahmen zur Korrelation zwischen Refinanzierungsmärkten und zur Diversifikation über verschiedene Märkte hinweg untersuchen.[26] Auch der Limit- und Kontrollrahmen sollte dazu beitragen, eine diversifizierte Refinanzierungsstruktur sowie ausreichende und zugängliche liquide Aktiva sicherzustellen.[27] Die Angemessenheit der Liquiditätsausstattung wird insbesondere von der Bewertung der Liquiditäts- und Refinanzierungsrisiken abhängig gemacht, wobei auch spezielle Konzentrationen des Liquiditätsdeckungspotenzials und/oder der Refinanzierung auf bestimmte Gegenparteien und/oder bestimmte Produkte/Arten in die Betrachtung einfließen.[28]

Werden entsprechende Mängel festgestellt, so können die zuständigen Behörden bestimmte **25** Aufsichtsmaßnahmen anordnen. Im Bereich der Liquiditäts- und Refinanzierungsrisiken sind zur Vermeidung von zu hohen Konzentrationen liquider Aktiva u.a. Anforderungen im Hinblick auf die Zusammensetzung des Profils der liquiden Aktiva bezüglich Gegenparteien, Währung usw. und/oder Obergrenzen, Limite oder Einschränkungen für Refinanzierungskonzentrationen denkbar.[29] Weitere mögliche Maßnahmen sind die Verringerung der Abhängigkeit des Institutes von bestimmten (potenziell volatilen) Refinanzierungsmärkten wie dem Interbankenmarkt oder die Verringerung der Konzentrationen im Refinanzierungsprofil des Institutes in Bezug auf Gegenparteien, Spitzen im langfristigen Laufzeitprofil, (Inkongruenzen bei) Währungen usw.[30]

---

24 Vgl. European Banking Authority, Guidelines on common procedures and methodologies for the supervisory review and evaluation process (SREP) and supervisory stress testing, EBA/GL/2014/13, Consolidated version, 19.Juli 2018, S. 156.

25 Vgl. European Banking Authority, Guidelines on common procedures and methodologies for the supervisory review and evaluation process (SREP) and supervisory stress testing, EBA/GL/2014/13, Consolidated version, 19.Juli 2018, S. 161.

26 Vgl. European Banking Authority, Guidelines on common procedures and methodologies for the supervisory review and evaluation process (SREP) and supervisory stress testing, EBA/GL/2014/13, Consolidated version, 19.Juli 2018, S. 163.

27 Vgl. European Banking Authority, Guidelines on common procedures and methodologies for the supervisory review and evaluation process (SREP) and supervisory stress testing, EBA/GL/2014/13, Consolidated version, 19.Juli 2018, S. 164.

28 Vgl. European Banking Authority, Guidelines on common procedures and methodologies for the supervisory review and evaluation process (SREP) and supervisory stress testing, EBA/GL/2014/13, Consolidated version, 19.Juli 2018, S. 172.

29 Vgl. European Banking Authority, Guidelines on common procedures and methodologies for the supervisory review and evaluation process (SREP) and supervisory stress testing, EBA/GL/2014/13, Consolidated version, 19.Juli 2018, S. 193.

30 Vgl. European Banking Authority, Guidelines on common procedures and methodologies for the supervisory review and evaluation process (SREP) and supervisory stress testing, EBA/GL/2014/13, Consolidated version, 19.Juli 2018, S. 194.

2 Früherkennung von Liquiditätsengpässen (Tz. 2)

26 2 Das Institut hat zu gewährleisten, dass ein sich abzeichnender Liquiditätsengpass frühzeitig erkannt wird. Hierfür sind Verfahren einzurichten, deren Angemessenheit regelmäßig, mindestens aber jährlich, zu überprüfen ist. Auswirkungen anderer Risiken auf die Liquidität des Institutes (z. B. Reputationsrisiken) sind bei den Verfahren zu berücksichtigen.

2.1 Umgang mit Liquiditätsengpässen

27 Ein »Liquiditätsengpass« kommt immer dann zustande, wenn die Liquiditätsposition des Institutes nicht mehr ausreicht, um die jeweiligen Zahlungsverpflichtungen zu erfüllen. Dieser Fall tritt also immer dann ein, wenn der Liquiditätssaldo, d. h. die Differenz aus den kumulierten Mittelzu- und -abflüssen, und das Liquiditätsdeckungspotenzial, d. h. die potenziell zusätzlich generierbare Liquidität, in einer Gesamtbetrachtung den erwarteten Liquiditätsbedarf zu einem bestimmten Zeitpunkt unterschreiten. Dies verdeutlicht, dass eine angemessene Aktiv-Passiv-Steuerung unabdingbar ist, damit ein Institut seine Zahlungsverpflichtungen jederzeit erfüllen kann (→ BTR 3.1 Tz. 1).

28 Der Liquiditätssaldo wird in erster Linie mit Hilfe geeigneter Zeitbänder in den Liquiditätsübersichten im kurz-, mittel- und langfristigen Bereich überwacht (→ BTR 3.1 Tz. 3). Ein hinreichendes Liquiditätsdeckungspotenzial hängt vor allem vom Vorhandensein ausreichend bemessener, nachhaltiger Liquiditätspuffer, wie z. B. hochliquider, unbelasteter Vermögensgegenstände, und verlässlicher Refinanzierungsquellen ab (→ BTR 3.1 Tz. 4). Zudem hat jedes Institut einen internen Refinanzierungsplan für einen angemessen langen, in der Regel mehrjährigen Zeitraum aufzustellen, der die Strategien, den Risikoappetit und das Geschäftsmodell widerspiegelt (→ BTR 3.1 Tz. 12).

29 Um Liquiditätsengpässe zu vermeiden, genügt es allerdings nicht, einen normalen Geschäftsverlauf zu simulieren. So können sich die Marktgegebenheiten z. B. nachhaltig verschlechtern. Deshalb muss ein Institut ebenso prüfen, inwieweit es auch bei angespanntem Marktumfeld in der Lage ist, einen auftretenden Liquiditätsbedarf zu decken (→ BTR 3.1 Tz. 4). Zudem sind regelmäßig angemessene Stresstests über unterschiedlich lange Zeithorizonte durchzuführen, mit deren Hilfe auch der voraussichtliche Überlebenshorizont zu ermitteln ist (→ BTR 3.1 Tz. 8). Die daraus gewonnenen Erkenntnisse müssen genutzt werden, um in einem Notfallplan für Liquiditätsengpässe wirksame Maßnahmen festzulegen, die vom Institut ergriffen werden können, um seine Zahlungsverpflichtungen wieder erfüllen zu können (→ BTR 3.1 Tz. 9).

30 Mit einem sich abzeichnenden Liquiditätsengpass muss ein Institut sowohl unter normalen als auch unter angespannten Bedingungen in einer Weise umgehen können, dass sein Geschäftsbetrieb nicht gefährdet ist. Voraussetzung dafür ist vor allem, dass ein Liquiditätsengpass vom Institut rechtzeitig erkannt wird, um noch angemessen darauf reagieren zu können. Vor diesem Hintergrund fordert auch die EZB, dass ein Institut in sein Konzept für die Angemessenheit der Liquiditätsausstattung aus ökonomischer Perspektive Steuerungsprozesse einbezieht, mit denen frühzeitig ermittelt wird, ob Handlungsbedarf besteht, um einen aufkommenden Liquiditätsengpass zu beseitigen und wirksame Maßnahmen zu ergreifen, wie z. B. eine Aufstockung der Liquiditätspuffer oder eine Anpassung des Zahlungsstromprofils.[31]

---

31 Vgl. Europäische Zentralbank, Leitfaden der EZB für den bankinternen Prozess zur Sicherstellung einer angemessenen Liquiditätsausstattung (Internal Liquidity Adequacy Assessment Process – ILAAP), 9. November 2018, S. 18.

2.2 Bedeutung von Frühwarnverfahren im Liquiditätsrisikomanagement

Einer allgemeinen Untersuchung zur zeitlichen Entwicklung von Unternehmenskrisen aus dem Jahre 2003 zufolge vergeht zwischen der ersten Wahrnehmung einer Krise und deren Manifestierung ein relativ langer Zeitraum von 617 Tagen (im Median). Dieser Zeitraum kann in drei verschiedene Phasen zerlegt werden. In der ersten Phase (»strategische Krise« oder »Strukturkrise«) ist die Nachhaltigkeit der Unternehmensentwicklung bereits gefährdet. In dieser Phase, die sich über einen Zeitraum von 385 Tagen (im Median) erstreckt, erfolgt häufig eine kritische Berichterstattung in der Presse über sichtbare Auswirkungen (z.B. starke Fluktuation von Führungskräften) bzw. ergriffene Maßnahmen (z.B. Stilllegungen oder Verkäufe von Beteiligungen) mit entsprechender Außenwirkung. In der zweiten Phase (»operative Krise« oder »Erfolgskrise«) bestehen erhebliche Gefahren für die Erreichung der Erfolgsziele bzw. werden bereits Verluste erwirtschaftet. Diese Phase dauert weitere 179 Tage (im Median) und betrifft den Übergang von einer latenten Krise in eine manifeste Krise. In diesem Zeitraum werden i.d.R. rigorose Notmaßnahmen eingeleitet. In der dritten Phase (»Finanzkrise« oder »Liquiditätskrise«), die weitere 53 Tage ausmacht (im Median), bestehen kaum noch Möglichkeiten zur Gegensteuerung. Insofern werden im Zeitverlauf nicht nur die Handlungsspielräume, sondern gleichzeitig auch der mögliche Reaktionszeitraum immer stärker eingeschränkt.[32] **31**

Die Risikosteuerungs- und -controllingprozesse müssen deshalb u.a. gewährleisten, dass die wesentlichen Risiken frühzeitig erkannt werden ($\rightarrow$ AT 4.3.2 Tz. 2), um noch wirksame und betriebswirtschaftlich sinnvolle Gegensteuerungsmaßnahmen einleiten zu können. Das gilt in besonderem Maße für Liquiditätsrisiken, die grundsätzlich auch zu den wesentlichen Risiken zu zählen sind ($\rightarrow$ AT 2.2 Tz. 1). Wird ein Liquiditätsengpass zu spät erkannt oder beseitigt, so kann dies dramatische Folgen für die Reputation eines Institutes und in der Folge für seine Refinanzierungsmöglichkeiten haben. Dies zeigte sich während der Finanzmarktkrise z.B. in Großbritannien, als die öffentlich bekanntgewordenen Refinanzierungsprobleme von Northern Rock zu einem regelrechten »Bank-Run« führten. Mitte September 2007 hatten die Kunden von Northern Rock innerhalb von nur drei Tagen fast 3 Mrd. Euro an Einlagen abgezogen. Selbst eine Garantieerklärung des britischen Finanzministers Alistair Darling konnte diese Entwicklung nicht nachhaltig stoppen. Deshalb musste das Institut vorübergehend verstaatlicht werden. Dieses Beispiel verdeutlicht, dass ein sich abzeichnender Liquiditätsengpass, bei dem ein Institut i.d.R. nicht mehr uneingeschränkt seinen Zahlungsverpflichtungen nachkommen kann, frühzeitig erkannt werden muss, damit das Liquiditätsrisiko gar nicht erst schlagend wird. **32**

2.3 Definition von Frühwarnindikatoren

Im MaRisk-Fachgremium wurde seitens der Aufsicht klargestellt, dass sich die Ausgestaltung der »Frühwarnverfahren« an den Maßnahmen zur Einhaltung des Risikoappetits orientieren kann ($\rightarrow$ AT 4.2 Tz. 2).[33] Analog zur Vorgehensweise im Kreditgeschäft ($\rightarrow$ BTO 1.3 Tz. 2) bietet es sich deshalb an, zur Früherkennung von Liquiditätsengpässen auf der Basis quantitativer und qualitativer Risikomerkmale Indikatoren für eine frühzeitige Risikoidentifizierung zu entwickeln. Die **33**

---

32 Vgl. Hauschildt, Jürgen, Von der Krisenerkennung zum präventiven Krisenmanagement – Zum Umgang der Betriebswirtschaftslehre mit der Unternehmenskrise, in: Krisen-, Sanierungs- und Insolvenzberatung (KSI), Heft 1/2005, S. 2; Mantell, Gordon, Risikofrüherkennung im Kontext der MaRisk, in: Bearbeitungs- und Prüfungsleitfaden Neue MaRisk, 2009, S. 272 f.

33 Vgl. Sitzung des MaRisk-Fachgremiums am 2.–3. April 2009 (ohne Protokoll).

BTR 3.1 Allgemeine Anforderungen

Signale dieser Indikatoren könnten mit direkten oder indirekten Maßnahmen zur Beseitigung von Liquiditätsengpässen verknüpft werden. Direkte Maßnahmen können sich z. B. aus dem Notfallplan für Liquiditätsengpässe ergeben (→ BTR 3.1 Tz. 9). Unter einer indirekten Maßnahme ist z. B. die Einberufung eines »Asset Liability Committee« (ALCO) oder eines »Liquidity Committee« – je nach Aufgabenstellung – zu verstehen, um wirksame Beschlüsse zur Beseitigung der festgestellten Liquiditätslücken zu fassen.

34 Die Auswahl der maßgeblichen Indikatoren für das Frühwarnverfahren hängt im Wesentlichen von der Geschäftsausrichtung des Institutes, seiner Refinanzierungsstruktur und seiner Stellung im Markt ab. Nach den Vorstellungen des Baseler Ausschusses für Bankenaufsicht sollten derartige Frühwarnindikatoren jeden negativen Trend erkennen und zu einer Überprüfung und einer möglichen Reaktion der Geschäftsleitung führen, um die Belastung des Institutes durch die auftretenden Risiken zu mindern. Ohne Anspruch auf Vollständigkeit werden folgende Beispiele genannt, wobei deren Eignung zur »frühzeitigen« Information teilweise hinterfragt werden könnte[34]:

- rasches Wachstum der Aktiva, insbesondere bei Refinanzierung mit potenziell volatilen Passiva,
- wachsende Konzentration der Aktiva oder Passiva,
- Erhöhung der Währungsinkongruenzen,
- Rückgang der gewichteten durchschnittlichen Laufzeit der Passiva,
- wiederholtes Erreichen oder Übertreten der internen oder regulatorischen Limite,
- negative Trends oder erhöhte Risiken in Verbindung mit einer bestimmten Produktlinie, wie steigende Ausfallquoten,
- wesentliche Verschlechterung der Ertragslage der Bank, der Qualität seiner Aktiva und seiner allgemeinen finanziellen Lage,
- negative Publicity,
- eine Ratingherabstufung,
- sinkender Aktienkurs oder steigende Fremdkapitalkosten,
- Ausweitung der Spreads,
- steigende Refinanzierungskosten im Wholesale- oder Retailbereich,
- Geschäftspartner verlangen (zusätzliche) Sicherheiten für die Refinanzierung oder stehen bei neuen Geschäften nicht mehr zur Verfügung,
- Korrespondenzbanken beseitigen oder reduzieren ihre Kreditlinien,
- erhöhte Abflüsse im Einlagengeschäft,
- zunehmend vorzeitige Abflüsse des gegen Stellung von Sicherheiten bereitgestellten Fremdkapitals,
- Schwierigkeiten beim Zugriff auf langfristige Refinanzierungsmittel,
- Schwierigkeiten bei der Platzierung kurzfristiger Wertpapiere (z. B. Commercial Paper).

35 Darüber hinaus können verschiedene Kennzahlen genutzt werden, die auch zur Ermittlung des Liquiditätsbedarfes herangezogen werden (→ BTR 3.1 Tz. 4). Für die meisten der genannten Indikatoren können geeignete Warnschwellen oder sogar Limite festgelegt werden.

36 Ein Institut sollte darüber hinaus über Frühwarnindikatoren verfügen, mit deren Hilfe signalisiert wird, ob eingebettete Optionen in bestimmten Produkten wahrgenommen werden (z. B. zugesagte Liquiditätslinien, OTC-Derivate).[35] Bereits im April 2001 hatte das Board of Governors of

---

34 Vgl. Basel Committee on Banking Supervision, Principles for Sound Liquidity Risk Management and Supervision, BCBS 144, 25. September 2008, S. 16 f.

35 Vgl. Basel Committee on Banking Supervision, Principles for Sound Liquidity Risk Management and Supervision, BCBS 144, 25. September 2008, S. 16 f.

the Federal Reserve System auf die Gefahren aus mit Optionsrechten versehenen Geschäften und die diesbezüglich mangelhaften Kontrollmechanismen in den Instituten hingewiesen.[36] In Abhängigkeit vom Geschäftsmodell sollten auch geeignete Frühwarnindikatoren für Geschäfte mit Zweckgesellschaften vorhanden sein. Mit deren Hilfe kann die Wahrscheinlichkeit bestimmt werden, dass ein Institut zusätzliche Liquiditätshilfen für die Zweckgesellschaft bereitstellen oder deren Vermögenswerte sogar auf die Bilanz nehmen muss.[37]

2.4 Bedeutung von Frühwarnindikatoren für den SREP

Wie bereits ausgeführt, sollen die Frühwarnindikatoren im Hinblick auf das Liquiditäts- und Refinanzierungsrisiko in erster Linie die wichtigsten strukturellen Refinanzierungsschwächen abdecken, wobei insbesondere auf verschiedene Konzentrationen abgezielt wird. Als ebenso wichtig betrachtet die EBA, dass die Frühwarnindikatoren angemessen dokumentiert sind, regelmäßig überprüft werden, in die Definition des Risikoappetits einfließen, Teil der Berichterstattung an die Geschäftsleitung sind und zur Festsetzung operativer Limite herangezogen werden.[38] **37**

Die EBA nennt als einen wesentlichen Faktor zur Bewertung des Notfallplanes für Liquiditätsengpässe, ob das Institut über einen Rahmen für liquiditätsbezogene Frühwarnindikatoren verfügt, die das Institut wirksam in die Lage versetzen, eine Verschlechterung der Marktgegebenheiten rechtzeitig zu erkennen und schnell über die zu ergreifenden Maßnahmen zu entscheiden.[39] Als maßgeblicher Faktor zur Beurteilung, ob die im Notfallplan für Liquiditätsengpässe beschriebenen Maßnahmen für die Stressszenarien durchführbar sind, wird u.a. auf den Grad der Kohärenz und des Zusammenspiels der vom Institut eingerichteten liquiditätsbezogenen Stresstests, des Notfallplanes für Liquiditätsengpässe und der liquiditätsbezogenen Frühwarnindikatoren verwiesen.[40] **38**

2.5 Regelmäßige Überprüfung der Angemessenheit

Die zur Risikomessung eingesetzten Methoden und Verfahren sind regelmäßig auf ihre Angemessenheit zu überprüfen (→AT4.3.2 Tz.5). Das gilt natürlich auch für die der Verfahren zur Früherkennung von Liquiditätsengpässen. Ohne eine regelmäßige Überprüfung kann die insgesamt geforderte Angemessenheit der Risikosteuerungs- und -controllingprozesse (→AT4.3.2 Tz.1) nicht sichergestellt werden. Aufgrund der besonderen Bedeutung bestimmter Methoden und Verfahren für das Risikomanagement eines Institutes wird diese Anforderung an verschiedenen Stellen nochmals betont. Das betrifft u.a. die Methoden zur Beurteilung der Risikotragfähigkeit (→AT4.1 Tz.9), die Stresstests (→AT4.3.3 Tz.5), die Verfahren zur Beurteilung der Marktpreisrisiken (→BTR2.1 Tz.3) und die Durchführbarkeit der Maßnahmen im Falle eines **39**

---

36 Vgl. Board of Governors of the Federal Reserve System, Division of Banking Supervision and Regulation, Supervisory Guidance on Complex Wholesale Borrowings, Supervision and Regulation Letters SR 01–8 (SUP), Washington D.C., 5. April 2001.

37 Vgl. Basel Committee on Banking Supervision, Principles for Sound Liquidity Risk Management and Supervision, BCBS 144, 25. September 2008, S. 16 f.

38 Vgl. European Banking Authority, Guidelines on common procedures and methodologies for the supervisory review and evaluation process (SREP) and supervisory stress testing, EBA/GL/2014/13, Consolidated version, 19. Juli 2018, S. 161 f.

39 Vgl. European Banking Authority, Guidelines on common procedures and methodologies for the supervisory review and evaluation process (SREP) and supervisory stress testing, EBA/GL/2014/13, Consolidated version, 19. Juli 2018, S. 165.

40 Vgl. European Banking Authority, Guidelines on common procedures and methodologies for the supervisory review and evaluation process (SREP) and supervisory stress testing, EBA/GL/2014/13, Consolidated version, 19. Juli 2018, S. 166.

Liquiditätsengpasses (→ BTR 3.1 Tz. 9). Der Begriff »regelmäßig« gestattet den Instituten, den Überprüfungsturnus in angemessener Weise selbst festzulegen. Seit der fünften MaRisk-Novelle wird allerdings ein Mindestturnus von einem Jahr vorgegeben. Aufgrund der möglichen Auswirkungen von Liquiditätsengpässen auf den Fortbestand eines Institutes sollte neben der regelmäßigen Überprüfung beim geringsten Zweifel an der Angemessenheit bzw. Wirksamkeit des Frühwarnverfahrens auch eine anlassbezogene Überprüfung durchgeführt werden.

2.6 Auswirkungen anderer Risiken auf die Liquidität

40 Wechselwirkungen zwischen den unterschiedlichen Risikoarten sollten beim Frühwarnverfahren für Liquiditätsengpässe berücksichtigt werden. Es ist unmittelbar einleuchtend, dass zwischen den Liquiditätsrisiken und anderen Risikoarten ein enger Zusammenhang besteht. Dieser Zusammenhang ergibt sich bereits aus der Definition der Liquiditätsrisiken, indem das Marktliquiditätsrisiko häufig als eine Form des Marktrisikos angesehen und entsprechend behandelt wird (→ BTR 2). Eine erste Indikation, wie sich andere Risiken auf die Liquidität des Institutes auswirken können, liefert die regelmäßig und anlassbezogen durchzuführende Risikoinventur. In deren Rahmen ist u. a. zu prüfen, welche Risiken die Liquiditätslage wesentlich beeinträchtigen können (→ AT 2.2 Tz. 2).

41 Auch nach Ansicht des Baseler Ausschusses für Bankenaufsicht sollten die Institute sowohl ein gründliches Verständnis über den engen Zusammenhang zwischen dem Refinanzierungsrisiko und dem Marktliquiditätsrisiko als auch über die starken Wechselwirkungen zwischen den Liquiditätsrisiken und anderen Risikoarten, denen ein Institut ausgesetzt ist, besitzen. Reputationsrisiken und andere Risikoarten werden ausdrücklich als Beispiele genannt, die das Liquiditätsprofil eines Institutes beeinflussen können. Liquiditätsrisiken können insbesondere aus vermeintlichen oder tatsächlichen Schwächen, Fehlern oder Problemen beim Management anderer Risikoarten resultieren. Deshalb sollten Ereignisse mit Auswirkungen auf die Wahrnehmung des Marktes und der Öffentlichkeit über die Bonität eines Institutes identifiziert werden.[41]

42 Zum Marktrisiko besteht auch insofern eine Verbindung, als die Institute gemäß Art. 83 Abs. 2 CRD IV Maßnahmen bezüglich des Risikos eines Liquiditätsengpasses vorsehen müssen, wenn die Verkaufsposition vor der Kaufposition fällig wird. Im Marktrisikobereich können sich z. B. Liquiditätsengpässe oder eine aus der Anpassung der Kreditbewertung einer Gegenpartei[42] resultierende Verringerung der Liquiditätsreserven negativ auswirken.[43] Außerdem kann sich die Liquiditätssituation eines Institutes relativ schnell verschlechtern, wenn z. B. aufgrund von voluminösen Fristentransformationen ein erhöhter Liquiditätsbedarf besteht und sich das Zinsniveau zu diesem Zeitpunkt aus Sicht des Institutes ungünstig darstellt.

43 Eine besonders enge Verbindung besteht zum Adressenausfallrisiko (→ BTR 1). In Stresssituationen kann es z. B. zu einer Verschlechterung der Bonität der Emittenten von Sicherheiten oder zur Illiquidität des Marktes kommen.[44] Zudem kann sich der Liquiditätsbedarf deutlich erhöhen, wenn bedeutende Kreditnehmer ausfallen und die entsprechenden Rückzahlungen ausbleiben. Aus der Hebelwirkung von Verbriefungsstrukturen können Liquiditäts- und Refinanzierungsrisiken resultieren, z. B. aus Inkongruenzen der Zahlungsströme oder bestimmten Vorauszah-

---

41 Vgl. Basel Committee on Banking Supervision, Principles for Sound Liquidity Risk Management and Supervision, BCBS 144, 25. September 2008, S. 8 ff.

42 Die Anpassung der Kreditbewertung einer Gegenpartei (»Credit Valuation Adjustment«, CVA) spiegelt gemäß Art. 381 CRR grundsätzlich den Marktwert des Kreditrisikos dieser Gegenpartei gegenüber dem Institut bei OTC-Derivaten wider.

43 Vgl. European Banking Authority, Final Report – Guidelines on institution's stress testing, EBA/GL/2018/04, 19. Juli 2018, S. 37.

44 Vgl. European Banking Authority, Final Report – Guidelines on institution's stress testing, EBA/GL/2018/04, 19. Juli 2018, S. 35.

lungsbedingungen. Derartige Strukturen sind gegenüber systemischen Markteffekten, die z.B. bei Liquiditätsausfällen auftreten, besonders anfällig.[45]

Die operationellen Risiken (→BTR4) können sich z.B. in Gestalt von Abwicklungsfehlern im **44** Extremfall ganz erheblich auf die Liquiditätssituation eines Institutes auswirken. Ebenso können die u.a. daraus resultierenden Reputationsrisiken einen nicht zu unterschätzenden Einfluss auf die Refinanzierungsbedingungen eines Institutes haben, wenn als direkte Reaktion auf negative Meldungen z.B. massiv Kundengelder abgezogen werden. Die Einbeziehung der möglichen Auswirkungen des Reputationsrisikos in das Liquiditätsrisikomanagement wird auch in Art. 86 Abs. 4 CRD IV explizit gefordert. Da operative Verluste Zweitrundeneffekte in Form von Reputationsrisiken hervorrufen können, sollten die Stresstests für operationelle Risiken die Zusammenhänge mit Liquiditäts- und Eigenmittelanforderungen berücksichtigen.[46]

Zudem hat der Baseler Ausschuss für Bankenaufsicht im Oktober 2017 Leitlinien zur Ermittlung **45** und zum Management des Unterstützungsrisikos (Step-in Risk) veröffentlicht, das sich auf die Liquiditätsposition der Institute auswirken kann.[47] Darunter wird das Risiko verstanden, eine Geschäftseinheit zur Vermeidung von Reputationsrisiken unterstützen zu müssen, ohne dass dafür eine vertragliche Verpflichtung besteht. Die Behandlung des Unterstützungsrisikos, die in erster Linie auf die Vermeidung von Ansteckungseffekten aus dem Schattenbankensektor abzielt, soll in der zweiten Säule erfolgen, wobei die Institute über eine interne Richtlinie zur Festlegung der Wesentlichkeit dieses Risikos (Materiality Policy) verfügen müssen, die wiederum der aufsichtlichen Überprüfung unterliegt. Die Leitlinien sollen spätestens bis 2020 umgesetzt werden. Zuvor hatte bereits die EBA Leitlinien über Obergrenzen für Risikopositionen gegenüber dem Schattenbankensektor veröffentlicht.[48] Die EZB erwartet, dass die Institute im Rahmen der Risikoidentifikation auch ihre entsprechenden Risikopositionen, die daraus erwachsenden potenziellen Risiken und deren mögliche Auswirkungen ermitteln.[49]

2.7 Bedeutung der Wechselwirkungen für den SREP

Die EBA empfiehlt den zuständigen Behörden deshalb, bei der Vergabe der Scorewerte für das **46** Liquiditäts- und das Refinanzierungsrisiko im Rahmen des SREP auch die Auswirkungen anderer Liquiditätsrisikotreiber zu berücksichtigen, z.B. in Bezug auf das Reputationsrisiko.[50] Konkret fordert die EBA, bei der Bewertung der Auswirkung von Schocks auf den Liquiditätsbedarf der Institute alle wesentlichen Liquiditätsrisikoquellen einzubeziehen und dabei sämtliche Maßnahmen zu berücksichtigen, die zur Wahrung der jeweiligen Reputation bzw. Sonderstellung ggf. ergriffen werden. Davon können z.B. Liquiditätshilfen für nicht konsolidierte Zweckgesellschaften jenseits vertraglicher Verpflichtungen betroffen sein. Auch das unter Reputationsgesichtspunkten besonders

---

45 Vgl. European Banking Authority, Final Report – Guidelines on institution's stress testing, EBA/GL/2018/04, 19. Juli 2018, S. 36 f.

46 Vgl. European Banking Authority, Final Report – Guidelines on institution's stress testing, EBA/GL/2018/04, 19. Juli 2018, S. 39.

47 Basel Committee on Banking Supervision, Guidelines – Identification and management of step-in risk, BCBS 423, 25. Oktober 2017.

48 European Banking Authority, Leitlinien zu Obergrenzen für Risikopositionen gegenüber Schattenbankunternehmen, die außerhalb eines Regelungsrahmens Banktätigkeiten ausüben, gemäß Artikel 395 Absatz 2 der Verordnung (EU) Nr. 575/2013, EBA/GL/2015/20, 3. Juni 2016.

49 Vgl. Europäische Zentralbank, Leitfaden der EZB für den bankinternen Prozess zur Sicherstellung einer angemessenen Liquiditätsausstattung (Internal Liquidity Adequacy Assessment Process – ILAAP), 9. November 2018, S. 23.

50 Vgl. European Banking Authority, Guidelines on common procedures and methodologies for the supervisory review and evaluation process (SREP) and supervisory stress testing, EBA/GL/2014/13, Consolidated version, 19. Juli 2018, S. 169.

sensible Privatkundengeschäft wird von der EBA explizit erwähnt.[51] Hinsichtlich der Angemessenheit der Annahmen für Stressszenarien sollte aufgrund von Reputationsrisiken die implizite Notwendigkeit für das Institut in Betracht gezogen werden, Vermögenswerte erneuern und andere Formen der Liquiditätshilfe verlängern oder beschaffen zu müssen.[52]

---

51 Vgl. European Banking Authority, Guidelines on common procedures and methodologies for the supervisory review and evaluation process (SREP) and supervisory stress testing, EBA/GL/2014/13, Consolidated version, 19. Juli 2018, S. 152.

52 Vgl. European Banking Authority, Guidelines on common procedures and methodologies for the supervisory review and evaluation process (SREP) and supervisory stress testing, EBA/GL/2014/13, Consolidated version, 19. Juli 2018, S. 163.

3 Erstellung von Liquiditätsübersichten (Tz. 3)

3 Das Institut hat für einen geeigneten Zeitraum eine oder mehrere aussagekräftige Liquidi- 47
tätsübersichten zu erstellen, in denen die voraussichtlichen Mittelzuflüsse den voraussichtlichen Mittelabflüssen gegenübergestellt werden. Die Liquiditätsübersichten müssen geeignet sein, um die Liquiditätslage im kurz-, mittel- und langfristigen Bereich darzustellen. Dies hat sich in den getroffenen Annahmen, die den Mittelzu- und -abflüssen zugrundeliegen, und in der Untergliederung in Zeitbändern angemessen widerzuspiegeln. Den auch in normalen Marktphasen üblichen Schwankungen der Zahlungsflüsse ist in den Liquiditätsübersichten angemessen Rechnung zu tragen.

3.1 Aufbau von Liquiditätsübersichten

Um sicherzustellen, dass die Zahlungsverpflichtungen jederzeit erfüllt werden können (→ BTR 3.1 48
Tz. 1), muss sich das Institut zunächst einen Überblick darüber verschaffen, welche Zahlungsverpflichtungen in der Zukunft überhaupt bestehen und welche liquiden Mittel für die Erfüllung dieser Verpflichtungen am jeweiligen Zahlungstermin voraussichtlich zur Verfügung stehen. Im Zentrum der Untersuchungen stehen somit die verschiedenen Zahlungsströme (»Cashflows«) sowie die damit verbundenen Annahmen und Szenarien. Für diesen Zweck eignet sich z. B. eine Liquiditätsübersicht, die in der Praxis häufig auch als »Liquiditätsablaufbilanz« oder »Gap-Analyse« bezeichnet wird. Darin werden die erwarteten Mittelzuflüsse den erwarteten Mittelabflüssen in verschiedenen Laufzeitbändern (»Maturity Ladder«) gegenübergestellt, so dass der ggf. vorhandene zusätzliche Liquiditätsbedarf (»Gap«) in den einzelnen Perioden als Saldo direkt ablesbar ist (siehe Abbildung 69).

	Tage			Wochen		Monate		
	07.06.	08.06.	09.06.	KW 23	KW 24	JUN	JUL	AUG
Zuflüsse	+10	+15	+20	+60	+45	+210	+185	+190
Abflüsse	-20	-10	-10	-50	-50	-190	-195	-200
Saldo	-10	+5	+10	+10	-5	+20	-10	-10
Saldo kumuliert	-10	-5	+5	+10	+5	+20	+10	+0

Abb. 69: Liquiditätsübersicht für drei Monate

BTR 3.1 Allgemeine Anforderungen

49   Selbst wenn ein Institut zum Zeitpunkt der Erstellung in der Lage ist, seine Zahlungsverpflichtungen im vollen Umfang zu erfüllen, könnte es diese Fähigkeit mittel- bis langfristig verlieren, wenn der Saldo aus den auf diese Weise gegenübergestellten Summen (»Liquiditätssaldo«) in den betrachteten Perioden überwiegend oder sogar durchgängig negativ ist, so dass der kumulierte Saldo in der Zukunft ebenfalls negativ wird. In diesem Fall muss sich das Institut die benötigte Liquidität auf andere Weise beschaffen. Die geforderte Liquiditätsübersicht dient folglich dem Zweck, die ggf. zusätzlich benötigte Liquidität für einen geeigneten Zeitraum im Voraus abzuschätzen, um im Bedarfsfall rechtzeitig geeignete Maßnahmen einleiten zu können. Aufgrund der besonderen Bedeutung ausreichender Liquidität für ein Institut ist die Geschäftsleitung regelmäßig über die Liquiditätssituation zu informieren (→ BT 3.2 Tz. 5).

50   Im Rahmen der fünften MaRisk-Novelle hat die Aufsicht klargestellt, dass die Liquiditätslage im kurz-, mittel- und langfristigen Bereich darzustellen ist. Zuvor wurde vorrangig auf den kurzfristigen Bereich abgestellt. Ob die verschiedenen Zeithorizonte in einer Liquiditätsübersicht gemeinsam oder aber in mehreren Liquiditätsübersichten betrachtet werden, wird von der Aufsicht nicht vorgegeben.

3.2 Methodenfreiheit

51   Auf welcher Basis der zukünftige Liquiditätsbedarf ermittelt wird, bleibt den Instituten überlassen. Neben einfachen Hochrechnungen sind zur Erstellung einer Liquiditätsübersicht unter normalen Bedingungen auch der Rückgriff auf historische Daten und die Verwendung statistischer Verfahren möglich. Dabei können saisonale oder konjunkturelle Faktoren, Zinsempfindlichkeiten und sonstige wirtschaftliche Besonderheiten berücksichtigt werden.[53] Während der Finanzmarktkrise hat sich die große Bedeutung eines angemessenen Liquiditätsrisikomanagements bei angespanntem Marktumfeld bzw. unter Stressbedingungen gezeigt. Damit sind auch die Anforderungen an die Erstellung einer Liquiditätsübersicht gestiegen[54], worauf später noch eingegangen wird.

52   Die grundsätzliche Vorgehensweise zur Erstellung der Liquiditätsübersicht ist – unabhängig von den verwendeten Methoden – im Grunde überall gleich[55]:

- Zunächst muss festgelegt werden, ob die Liquiditätsübersicht unter normalen Marktbedingungen oder unter Stressbedingungen erstellt werden soll und welche Szenarien letztlich betrachtet werden müssen.
- Im nächsten Schritt werden sämtliche bilanziellen und außerbilanziellen Positionen hinsichtlich ihres Zahlungsstrom-Verhaltens in Gruppen eingeteilt. Dafür können z.B. Produkt- und Kundengruppen sowie Größenklassen herangezogen werden.
- Anschließend werden die Zahlungsströme danach unterschieden, ob sie hinsichtlich Volumen und Fälligkeit aufgrund vertraglicher Vereinbarungen als bekannt vorausgesetzt werden können (»deterministische Zahlungsströme«) oder zunächst modelliert werden müssen (»stochastische Zahlungsströme«), was z.B. bei Kreditlinien der Fall ist.

---

53 Vgl. Basel Committee on Banking Supervision, Sound Practices for Managing Liquidity in Banking Organisations, BCBS 69, 1. Februar 2000, S. 10 ff.

54 Vgl. Basel Committee on Banking Supervision, Principles for Sound Liquidity Risk Management and Supervision, BCBS 144, 25. September 2008, S. 11 ff.

55 Vgl. Bartetzky, Peter, Liquiditätsrisikomanagement – Status quo, in: Bartetzky, Peter/Gruber, Walter/Wehn, Carsten S. (Hrsg.), Handbuch Liquiditätsrisiko – Identifikation, Messung und Steuerung, Stuttgart, 2008, S. 14 ff.

- Die deterministischen Zahlungsströme werden im Normalfall mit ihrer vertraglichen Restlaufzeit (»Contractual Maturity«) und im Stressfall häufig mit ihrer ökonomischen Restlaufzeit (»Economic Maturity«) angesetzt.[56]
- Zur Modellierung der stochastischen Zahlungsströme müssen geeignete Annahmen getroffen werden, was alles andere als trivial ist. Dabei kann noch weiter unterschieden werden, ob die Unsicherheit über Volumen und Fälligkeit der Zahlungsströme auf das Kundenverhalten zurückzuführen ist (»verhaltensabhängige stochastische Zahlungsströme«) oder aus den verschiedenen Handlungsoptionen des Institutes resultiert (»im Ermessen des Institutes liegende stochastische Zahlungsströme«). Sicht-, Termin- und Spareinlagen betreffen typische verhaltensabhängige Zahlungsströme, was sich auch im Ansatz entsprechender Prolongationsannahmen und der damit verbundenen Laufzeit (»Behavioural Maturity«) äußert. Die Ziehung von Kreditlinien durch das Institut[57] und die Nutzung von Zentralbanklinien liegen i.d.R. im Ermessen der Treasury. Bei Wertpapierverkäufen und Repo-Geschäften ist dies zumindest teilweise der Fall, da hier noch ein handelswilliger Kontrahent gefunden werden muss. Auf Basis der getroffenen Annahmen erfolgt dann die Modellierung der stochastischen Zahlungsströme (→ BTR 3.1 Tz. 5 und 6).[58]
- Schließlich müssen für den gewählten Betrachtungszeitraum noch geeignete Unterteilungen hinsichtlich der Restlaufzeiten (»Laufzeitbänder«) festgelegt werden, die zur Verbesserung der Übersichtlichkeit mit zunehmender Laufzeit gröber aufgeteilt sein können. In jedem Fall muss die Untergliederung in Laufzeitbänder geeignet sein, um die Entwicklung der Liquiditätslage im kurz-, mittel- und langfristigen Bereich abzubilden.

Es wird nicht vorgeschrieben, wie häufig die Liquiditätsübersichten aktualisiert werden müssen. **53** Einer repräsentativen Umfrage aus dem Jahre 2009 zufolge prognostizieren ca. 85 % der größeren Institute mit einer Bilanzsumme von über 10 Mrd. Euro sowie ca. 34 % der kleineren Institute ihre Liquiditätsposition täglich.[59] Der Anteil der Institute mit täglicher Überwachung dürfte seit dieser Umfrage sukzessive angestiegen sein.

3.3 Geeigneter Zeitraum

Die Liquiditätsübersichten müssen geeignet sein, um die Liquiditätslage im kurz, mittel- und **54** langfristigen Bereich darzustellen. Nimmt man die Ermittlung der Liquiditäts- und Beobachtungskennzahlen im Zusammenhang mit der Liquiditätsverordnung zum Maßstab, so wurde zumindest in der Vergangenheit ein Zeitraum von einem Jahr für die Erstellung einer Liquiditätsübersicht durchaus als hinreichend betrachtet. Dabei handelt es sich bei den längerfristigen Vorhersagen nicht ohne Grund um so genannte »Beobachtungskennzahlen«, da die Unsicherheit der Prognosen mit wachsendem Zeithorizont steigt. Der Jahreshorizont ist in der Praxis durchaus üblich. Er sollte insbesondere für jene Institute nach wie vor genügen, für die aufgrund von deutlichen und stabilen Passivüberhängen aus Kosten-/Nutzen-Aspekten keine betriebswirtschaftliche Notwen-

---

56 Vgl. Bundesanstalt für Finanzdienstleistungsaufsicht/Deutsche Bundesbank, Praxis des Liquiditätsrisikomanagements in ausgewählten deutschen Kreditinstituten, Januar 2008, S. 13.

57 Die Ziehung von Kreditlinien durch die Kunden ist hingegen ebenfalls verhaltensabhängig und kann sich in einer ähnlichen Größenordnung wie Sicht- und Spareinlagen bewegen.

58 Daneben können bei der Modellierung der stochastischen Zahlungsströme auch die auf Marktpreisen basierenden Abrufrisiken aus der Stellung von Barsicherheiten (»Cash Collaterals«) für besicherte Transaktionen herangezogen werden. Die Modellierung stochastischer Zahlungsströme ist im Übrigen grundsätzlich auch für die Ermittlung der Liquiditätskosten (»Funds Transfer Pricing«) von zentraler Bedeutung.

59 Vgl. Kaltofen, Daniel, Empirische Ergebnisse der Großstudie Liquiditätsrisiko Deutschland, ikf institut für kredit- und finanzwirtschaft – Ruhr-Universität Bochum, Dezember 2009.

digkeit besteht, die zukünftige Liquiditätssituation fortlaufend zu betrachten. In die Liquiditäts-übersichten für längere Zeiträume können zwar zumindest die vertraglichen Mittelzu- und -abflüsse eingetragen werden. Aus praktischer Sicht haben diese Übersichten jedoch eine geringe-re Bedeutung für die Steuerung des Liquiditätsrisikos, als der seit der fünften MaRisk-Novelle zusätzlich geforderte interne Refinanzierungsplan, der in der Regel einen mehrjährigen Zeitraum zu umfassen hat und die Liquiditätsübersichten insofern im Langfristbereich sinnvoll ergänzt (→ BTR 3.1 Tz. 12).

55   Insbesondere jene Institute, die sich vor allem an den Geld- und Kapitalmärkten refinanzieren (kapitalmarktorientierte Institute) und insofern auch die langfristige Liquidität auf geeignete Weise überwachen müssen, sollten auch bei den Liquiditätsübersichten einen Zeitraum von mehreren Jahren betrachten.[60]

56   Zur Beurteilung der Liquiditätssituation eines Institutes reicht die Gesamtbetrachtung über einen bestimmten Zeitraum hinweg nicht aus, da sich aufgrund der unterschiedlichen Zeitpunkte von Mittelzuflüssen und -abflüssen auch zwischenzeitlich Liquiditätsengpässe ergeben können. Insofern empfiehlt es sich insbesondere bei der Wahl eines längeren Zeitraumes, die Gesamt-betrachtung um kürzere Abschnittsbeurteilungen (»Laufzeitbänder«) zu ergänzen. Eine Planung auf Tages-, Wochen- und Monatsbasis, wie in Abbildung 69 dargestellt, könnte für die Liquiditäts-risikosteuerung im kurz- und mittelfristigen Bereich hilfreich sein. Derartige Zusatzinformationen sind umso mehr erforderlich, je stärker die erwarteten Mittelzuflüsse und -abflüsse schwanken. In dieser Hinsicht werden an ein handelsintensives Institut höhere Anforderungen gestellt, als an ein Institut mit überwiegend fristenkongruent refinanzierten, langfristigen Ausleihungen. Unabhän-gig davon werden von allen Instituten im kurzfristigen Bereich aussagekräftige Übersichten erwartet, da durch unerwartete Ereignisse immer ein zusätzlicher Liquiditätsbedarf auftreten kann. Soweit es für ein Institut erforderlich ist, das untertägige Liquiditätsrisiko zu steuern (→ BTR 3.1 Tz. 1), sollte dies bei der Untergliederung der Laufzeitbänder ebenfalls berücksichtigt werden.

3.4   Aussagekraft der Liquiditätsübersicht

57   Die Liquiditätsübersichten müssen »aussagekräftig« sein. Demzufolge sollten die darin enthalte-nen Informationen wichtige Impulse für die Steuerung und Überwachung der Liquiditätsrisiken liefern. Dies wird insbesondere dann der Fall sein, wenn die Gegenüberstellung der Mittelzu- und -abflüsse auf nachvollziehbaren Annahmen basiert, die wesentlichen Zahlungsflüsse des Institu-tes vollständig erfasst werden und die Untergliederung in Laufzeitbänder – vor allem im kurz-fristigen Bereich – hinreichend fein gewählt wird. Eine Liquiditätsübersicht, die diese Mindest-bedingungen nicht erfüllt, ist für das Risikomanagement verzichtbar. Die Aufsicht konkretisiert ihre Erwartungen u. a. dadurch, dass auch den in normalen Marktphasen üblichen Schwankungen der Zahlungsflüsse angemessen Rechnung zu tragen ist und die Entwicklung der Liquiditätslage im kurz-, mittel- und langfristigen Bereich abgebildet werden muss.

58   Zunächst geht es also darum, die Zahlungsflüsse möglichst realistisch in der Liquiditäts-übersicht abzubilden. Zahlungsflüsse unterliegen auch in normalen Marktphasen gewissen Schwankungen, die sich z. B. daraus ergeben, dass hinsichtlich der täglich verfügbaren Gelder mit Schätzungen gearbeitet werden muss und selbst bei vertraglich fixierten Zahlungsterminen gewisse Risiken bestehen, die sich dem Einfluss der Institute entziehen. So werden i. d. R. nicht

---

60 Vgl. Mayer, Stephan, Management von Liquiditätsrisiken, in: Pfeifer, Guido/Ullrich, Walter (Hrsg.), MaRisk-Interpretati-onshilfen, 2. Auflage, Heidelberg, 2009, S. 390 f.

sämtliche bestehenden Kredite vertragsgemäß getilgt. Stärkere Mittelabflüsse können sich auch aus einer vergleichsweise hohen Kreditnachfrage in Zeiten großer Investitionsbereitschaft oder aus einem relativ hohen Abzug von Sichteinlagen ergeben, der z. B. auf ein geändertes Konsumverhalten oder attraktivere Angebote der Wettbewerber zurückzuführen ist. Die zukünftigen Zahlungsflüsse können daher im Zeitablauf nicht exakt vorherbestimmt werden. Diesem Umstand muss sich ein Institut bewusst sein.

Die zunächst geplante Formulierung, wonach die »erwarteten« Mittelzu- und -abflüsse gegen- **59** überzustellen sind, wurde angepasst, weil auch die »unerwarteten, aber möglichen« Zahlungsabflüsse angemessen berücksichtigt werden sollten. Es ist unmittelbar einleuchtend, dass etwas Erwartetes jegliches Unerwartete ausschließt. Allerdings besteht zwischen den »unerwarteten, aber möglichen« Zahlungsabflüssen im Rahmen des Risikomanagements in normalen Marktphasen und den »außergewöhnlichen, aber plausibel möglichen« Ereignissen im Stressfall eine sprachliche Nähe. Folglich hätten unerwartete Abflüsse – also Annahmen unter gestressten Umfeldbedingungen – bei enger Auslegung der zunächst vorgesehenen Formulierung bereits in der Liquiditätsübersicht berücksichtigt werden müssen, um anschließend noch einmal gestresst zu werden (→ BTR 3.1 Tz. 8). Um zu verdeutlichen, dass die Anforderung ausdrücklich nicht den Stressfall betrifft, wurde die Formulierung in »voraussichtliche« Mittelzu- und -abflüsse geändert, wobei inhaltlich letztlich kein Unterschied zu den »erwarteten« Mittelzu- und -abflüssen besteht. Es geht vor allem darum, hinsichtlich der Erwartungen auch den in normalen Marktphasen üblichen Schwankungen der Zahlungsflüsse angemessen Rechnung zu tragen.

Gemäß Art. 86 Abs. 4 CRD IV müssen beim Liquiditätsrisikomanagement die aktuellen und die **60** erwarteten wesentlichen Zahlungsströme (»Cashflows«) in und aus Aktiv- und Passivpositionen sowie außerbilanzmäßigen Positionen, einschließlich Eventualverbindlichkeiten, einbezogen werden. Der Baseler Ausschuss für Bankenaufsicht gibt für jede dieser Kategorien Hinweise zur Ermittlung des Liquiditätsbedarfes.[61] So sollte ein Institut über dynamische Prognosen der Zahlungsströme verfügen, die in angemessener Weise die Mittelzu- und -abflüsse widerspiegeln. Die Annahmen über den zukünftigen kurz- und langfristigen Liquiditätsbedarf müssen der Komplexität der zugrundeliegenden Geschäfte, Produkte und Märkte entsprechen. Sowohl hinsichtlich der Aktiv- als auch der Passivpositionen sollten Überlegungen angestellt werden, die darauf hinauslaufen, bei angespanntem Marktumfeld ebenfalls einen auftretenden Liquiditätsbedarf decken zu können (→ BTR 3.1 Tz. 4).

Ein Institut, das wesentliche Liquiditätsrisiken in Fremdwährungen aufweist, hat zur Sicher- **61** stellung seiner Zahlungsverpflichtungen angemessene Verfahren zur Steuerung der Fremdwährungsliquidität in den wesentlichen Währungen zu implementieren. Hierzu gehört für die jeweiligen Währungen auch eine gesonderte Liquiditätsübersicht (→ BTR 3.1 Tz. 11).

Nach den Vorstellungen der EZB sollten die Institute alle relevanten Produkte, Kunden und **62** Verträge (»Trigger«) unter dem Gesichtspunkt der Laufzeit und des Verhaltens über die verschiedenen Zeiträume untersuchen. Dabei sollten bilanzielle und außerbilanzielle Positionen berücksichtigt werden, darunter auch mögliche Auswirkungen auf die Liquidität, die von Sicherheitsleistungen und Nachschussaufforderungen aufgrund von Marktschwankungen oder einer Verschlechterung der eigenen Bonität – einschließlich des freiwilligen Rückkaufs eigener Schuldtitel zur Sicherstellung des künftigen Marktzugangs – herrühren. So sollten innovative Refinanzierungsinstrumente mit Kündigungsoption, die die Fristigkeit der Refinanzierung ändern, identifiziert und als mögliches Liquiditätsrisiko erfasst werden. Ebenso sollten mögliche Risiken aus Sicherheitentauschgeschäften (Collateral Swaps), die sich auf den Umfang und die Zusammenset-

---

61 Vgl. Basel Committee on Banking Supervision, Principles for Sound Liquidity Risk Management and Supervision, BCBS 144, 25. September 2008, S. 11 ff.

zung des Bestandes an liquiden Aktiva auswirken können, eindeutig identifiziert und bei den Risikoindikatoren berücksichtigt werden.[62]

3.5 Festlegung der zugrundeliegenden Annahmen

63 Die Liquiditätsübersichten müssen geeignet sein, um die Liquiditätslage im kurz-, mittel- und langfristigen Bereich darzustellen. Dies hat sich in den getroffenen Annahmen, die den Mittelzu- und -abflüssen zugrundeliegen, und in der Untergliederung in Zeitbändern angemessen wider- zuspiegeln. Diese Annahmen können auf Erfahrungen aus der Vergangenheit oder auf Experten- schätzungen beruhen. Sie betreffen in erster Linie die Modellierung der stochastischen Zahlungs- ströme sowie die zugrundeliegenden Szenarien und damit verbundene Sicherheitsabschläge (»Haircuts«) für mögliche Verluste bei der Veräußerung bestimmter Aktiva. Die Sicherheits- abschläge für die besicherte Refinanzierung werden i.d.R. an den Bewertungsabschlägen der Zentralbanken orientiert. Diese Annahmen müssen plausibel sein und von Dritten, z.B. im Rahmen von Prüfungshandlungen, nachvollzogen werden können. Sofern die Annahmen zum Neugeschäft aus der historischen Geschäftsentwicklung abgeleitet werden, sollten auch die Vorgaben aus der Geschäfts- bzw. Risikostrategie berücksichtigt werden. Dadurch können Inkon- sistenzen, wie z.B. ein geplanter Zuwachs in Geschäftsfeldern, von denen sich das Institut aus strategischen Gesichtspunkten zurückziehen möchte, vermieden werden.

64 Ferner ist u.a. darauf zu achten, dass – soweit möglich – sämtliche liquiditätswirksamen Geschäfte berücksichtigt werden und keine unrealistischen Annahmen zu den Ablauffristen derjenigen Positionen getroffen werden, deren Zahlungsströme nur grob geschätzt werden kön- nen. Hierzu zählen z.B. Sicht- und Spareinlagen, die dem Institut in der Praxis zumindest teilweise durchaus länger als ihre nominale Bindungsdauer zur Verfügung stehen und folglich als »Boden- satz« zur Refinanzierung längerfristiger Anlagen verwendet werden können. Diese Theorie kann in Analogie auf die Inanspruchnahme zugesagter, aber noch nicht in Anspruch genommener Kreditlinien übertragen werden. Auf geeignete Weise muss zudem die angenommene Nutzung von Sondertilgungsoptionen in Kreditverträgen plausibilisiert werden. Einer repräsentativen Umfrage zufolge sind die historischen Liquiditätsströme sowohl zu komplex als auch nicht repräsentativ genug für modellgestützte Prognosen.[63]

65 Darüber hinaus sollte berücksichtigt werden, dass hinsichtlich der Positionen mit unbestimmter Kapital- oder Zinsbindung auch im Rahmen der Steuerung von Zinsänderungsrisiken geeignete Annahmen festzulegen sind (→ BTR2.3 Tz.7). Weichen diese Festlegungen von den Maßnahmen der Liquiditätsrisikosteuerung ab, sollte dies in geeigneter Weise begründet werden. Ein nachvoll- ziehbarer Grund wäre die Abgrenzung zwischen dem Liquiditäts- und dem Zinsänderungsrisiko. Wird z.B. ein Kredit mit einer Zinsfestschreibung von zehn Jahren mit Hilfe von dreimonatigen Commercial Paper refinanziert, resultiert sowohl ein Liquiditäts- als auch ein Zinsänderungsrisiko. Das Zinsänderungsrisiko kann durch den Abschluss entsprechender Zinsswaps vollständig beseitigt werden. Das Liquiditätsrisiko besteht in der Form fort, dass die Commercial Paper möglicherweise nach drei Monaten nicht durch neue ersetzt werden können.[64] Maßgeblich für das Liquiditätsrisiko ist in diesem Fall allein die Kapitalbindungsfrist. Ähnliches gilt für variabel verzinsliche Anleihen, die

---

62 Vgl. Europäische Zentralbank, Leitfaden der EZB für den bankinternen Prozess zur Sicherstellung einer angemessenen Liquiditätsausstattung (Internal Liquidity Adequacy Assessment Process – ILAAP), 9. November 2018, S.24 f.

63 Vgl. Kaltofen, Daniel, Empirische Ergebnisse der Großstudie Liquiditätsrisiko Deutschland, ikf institut für kredit- und finanzwirtschaft – Ruhr-Universität Bochum, Dezember 2009.

64 Vgl. Heidorn, Thomas/Schmaltz, Christian, Interne Transferpreise für Liquidität, Frankfurt School of Finance & Manage- ment, Working Paper Nr.125, August 2009, S.6.

bis zur Endfälligkeit gehalten werden sollen. Für die Ermittlung des Liquiditätsrisikos ist die Kapitalbindungsfrist maßgeblich. Das Zinsänderungsrisiko besteht hingegen jeweils nur bis zum nächsten Zinszahlungstermin.[65] Im Gegensatz dazu werden Immobilienkredite häufig mit Laufzeiten vergeben, die deutlich über die vereinbarte Konditionsbindungsfrist hinausgehen. Nach Ablauf dieser Frist können die dann anfallenden Refinanzierungskosten in die neu zu vereinbarenden Konditionen einfließen. Insofern ist in diesen Fällen die ursprüngliche Kapitalbindungsfrist zwar für die Planung der Refinanzierung maßgeblich, nicht jedoch für die Betrachtung des Liquiditätsrisikos.[66]

Die Festlegung geeigneter Annahmen ist mit Blick auf die außerbilanziellen Geschäfte besonders schwer, weil es sich bei ihnen zum überwiegenden Teil um Eventualverbindlichkeiten handelt. In der Finanzmarktkrise wurde deutlich, dass Liquiditätsrisiken aus jeglichen Zahlungsverpflichtungen gegenüber Zweckgesellschaften systematisch unterschätzt wurden. Insbesondere haben einige Institute hinsichtlich der Handelbarkeit von Verbriefungspositionen zu optimistische Annahmen getroffen, weshalb explizite Regeln zur liquiditätsmäßigen Konsolidierung der Zweckgesellschaften definiert wurden. Ebenso können z.B. vergleichsweise hohe Zahlungsverpflichtungen mit einer sehr geringen Wahrscheinlichkeit bestehen, bei denen die Höhe und der Zeitpunkt der Zahlung nicht bekannt sind. An diesem Beispiel wird die Komplexität der Modellierung von Zahlungsströmen deutlich. In derartigen Fällen helfen die normalerweise herangezogenen Erwartungswerte bzw. Durchschnittsbetrachtungen schlicht nicht weiter. Dafür sind dann Stressbetrachtungen erforderlich. Auch die Aktivitäten in Fremdwährungen sowie die Aktivitäten im Zusammenhang mit Korrespondenz-, Depot- und Abwicklungsbanken dürfen ab einer signifikanten Größenordnung nicht vernachlässigt werden (→ BTR 3.1 Tz. 1 und 12). **66**

Schließlich sollten sich die Annahmen für die zweite Säule nicht gravierend von denen für die erste Säule unterscheiden, um das Zusammenspiel der ökonomischen mit der normativen Perspektive sicherzustellen. Gravierende Unterschiede könnten nur gerechtfertigt sein, wenn die Annahmen im Einzelfall nicht die Realität widerspiegeln. Dies müsste unweigerlich zu entsprechenden Anpassungen führen. In diesem Zusammenhang nennt die EZB z.B. die Bewertung der Abflüsse aus verschiedenen Produktarten anhand interner Ansätze. So können die Institute bei der ökonomischen Perspektive zur Identifizierung von Privatkundeneinlagen, die höheren Abflussraten unterliegen (»weniger stabile Privatkundeneinlagen«), sowie zur Berechnung der entsprechenden Abflussraten ggf. auf einen umfassenden Ansatz zurückgreifen. Die Ergebnisse dieser Modellierung sollten nicht nur für die Schätzung der Liquiditätspuffer im Rahmen der ökonomischen Perspektive verwendet werden, sondern auch zur Quantifizierung der 30-Tage-Abflussrate im Rahmen der normativen Perspektive. Auf diese Weise nutzen die Institute bei der Berechnung der LCR alle verfügbaren Informationen aus der ökonomischen Perspektive.[67] **67**

Aus Sicht von Fachexperten ist die zur Erstellung der Liquiditätsübersicht erforderliche Wahrscheinlichkeitsverteilung der Zu- und Abflüsse liquider Mittel in Abhängigkeit von Höhe und Zeitpunkt nur ungenau modellierbar, da die Risikotreiber sehr vielfältig sind und lediglich grob abgeschätzt werden können.[68] Nicht zuletzt vor diesem Hintergrund empfiehlt es sich, die Annahmen, die den Entscheidungen über die Liquiditätsposition zugrundeliegen, auch regelmäßig zu überprüfen, wie in Art. 86 Abs. 8 CRD IV gefordert. **68**

---

65 Vgl. Mayer, Stephan, Management von Liquiditätsrisiken, in: Pfeifer, Guido/Ullrich, Walter (Hrsg.), MaRisk-Interpretationshilfen, 2. Auflage, Heidelberg, 2009, S. 393.

66 Vgl. Bartetzky, Peter, Liquiditätsrisikomanagement – Status quo, in: Bartetzky, Peter/Gruber, Walter/Wehn, Carsten S. (Hrsg.), Handbuch Liquiditätsrisiko – Identifikation, Messung und Steuerung, Stuttgart, 2008, S. 13 f.

67 Vgl. Europäische Zentralbank, Leitfaden der EZB für den bankinternen Prozess zur Sicherstellung einer angemessenen Liquiditätsausstattung (Internal Liquidity Adequacy Assessment Process – ILAAP), 9. November 2018, S. 22.

68 Vgl. Debus, Knut/Kreische, Kai, Die Liquidität im Fokus, in: Die Bank, Heft 6/2006, S. 60.

3.6 Inanspruchnahmen aus Liquiditäts- und Kreditlinien für Dritte

69 Eventuell als wesentliche Risiken zu berücksichtigen sind Risiken aus außerbilanziellen Gesellschaftskonstruktionen, wie z. B. Risiken aus nicht konsolidierungspflichtigen Zweckgesellschaften (→ AT 2.2 Tz. 2, Erläuterung). Die außerbilanziellen Geschäfte haben sich im Rahmen der Finanzmarktkrise als starker Treiber für die Liquiditätsrisiken erwiesen. Einige Institute haben in großem Stil Zweckgesellschaften (»Special Purpose Vehicles«, SPV) gegründet, von denen Kredite oder Wertpapiere angekauft und durch Ausgabe von Geldmarktpapieren meist kurzer Laufzeit refinanziert wurden. Dabei handelte es sich häufig um besicherte Papiere, wie z. B. Asset Backed Commercial Paper (ABCP). Um die Bonität und damit das externe Rating der Zweckgesellschaften zu verbessern, haben die arrangierenden Institute häufig noch zusätzliche Liquiditätslinien für den Fall von Zahlungsschwierigkeiten eingeräumt.

70 Derartige Zahlungsschwierigkeiten haben in der Finanzmarktkrise jedoch fast sämtliche Zweckgesellschaften gehabt, da sie die angekauften Forderungen nicht mehr am Geldmarkt refinanzieren konnten. In Abhängigkeit vom Geschäftsvolumen und den damit verbundenen Liquiditätsverpflichtungen sind einige Institute dadurch in ernsthafte Schwierigkeiten geraten. Insbesondere vor diesem Hintergrund müssen die Annahmen zu den Mittelzu- und -abflüssen etwaige Inanspruchnahmen aus Liquiditäts- und Kreditlinien berücksichtigen, die das Institut Dritten zur Verfügung gestellt hat (→ BTR 3.1 Tz. 3, Erläuterung). Stellt ein Institut Dritten Linien zur Verfügung, so können diese – je nach vertraglicher Ausgestaltung – ggf. jederzeit in Anspruch genommen werden. Aus Sicht des Risikomanagements ist es dabei vollkommen egal, ob es sich um Kredit- oder Liquiditätslinien handelt. Die Wirkung ist im Zweifel dieselbe. Vor diesem Hintergrund wurde im Rahmen der dritten MaRisk-Novelle klargestellt, dass auch Kreditlinien zu berücksichtigen sind.

71 Auch gemäß Art. 86 Abs. 8 CRD IV sind außerbilanzielle Positionen und andere Eventualverbindlichkeiten zu berücksichtigen, einschließlich jener von Verbriefungszweckgesellschaften (SPV) und anderen Zweckgesellschaften, bei denen das Kreditinstitut als Sponsor auftritt oder materielle Liquiditätshilfe leistet. Der Baseler Ausschuss für Bankenaufsicht fordert für derartige Geschäftsmodelle sogar geeignete Frühwarnindikatoren (→ BTR 3.1 Tz. 2).

3.7 Vorgaben zum bankaufsichtlichen Meldewesen

72 Für die Meldebögen zur Liquiditätsüberwachung im Rahmen des bankaufsichtlichen Meldewesens werden entsprechende Ausfüllhinweise gegeben. Bei der Erfassung der vertraglich festgelegten Zahlungsströme (»Contractual Flows«) sollen die Abflüsse zum frühestmöglichen Zeitpunkt und die Zuflüsse erst zum letztmöglichen Zeitpunkt erfasst werden. Die verhaltensabhängigen Zahlungsströme (»Behavioural Flows«) sollen auf Basis eines bei der Geschäftssteuerung verwendeten Szenarios ermittelt werden. Für die zur Deckung der Refinanzierungslücken zur Verfügung stehenden liquiden Aktiva (»Liquiditätsdeckungspotenzial« bzw. »Counterbalancing Capacity«) sollen im Wesentlichen die gleichen Anforderungen wie bei der Liquiditätsdeckungsquote (LCR) gelten. Die durchschnittlichen Refinanzierungskosten für bestimmte Laufzeitbänder sollen als gewichteter Durchschnitt der jeweiligen Liquiditätsspreads ermittelt werden. Schließlich muss noch die Differenz aus denjenigen Verbindlichkeiten gemeldet werden, die innerhalb bestimmter Laufzeitbänder auslaufen bzw. verlängert werden (»Roll Over«).[69] Es bleibt abzuwarten, ob und in welchem Umfang diese sehr komplexen Vorgaben zu einer weitergehenden Standardisierung der institutsinternen Liquiditätsübersichten beitragen werden.

---

69 Vgl. Durchführungsverordnung (EU) 2017/2114 der Kommission vom 9. November 2017 zur Änderung der Durchführungsverordnung (EU) Nr. 680/2014 in Bezug auf Meldebögen und Erläuterungen, Amtsblatt der Europäischen Union vom 6. Dezember 2017, L 321/336-427.

4 Management der Refinanzierungsrisiken (Tz. 4)

4 Es ist laufend zu überprüfen, inwieweit das Institut, auch bei angespanntem Markt- **73** umfeld, in der Lage ist, einen auftretenden Liquiditätsbedarf zu decken. Dabei ist insbesondere auch auf den Liquiditätsgrad der Vermögenswerte abzustellen. Der dauerhafte Zugang zu den für das Institut relevanten Refinanzierungsquellen ist regelmäßig zu überprüfen. Für kurzfristig eintretende Verschlechterungen der Liquiditätssituation hat das Institut ausreichend bemessene, nachhaltige Liquiditätspuffer (z.B. hochliquide, unbelastete Vermögensgegenstände) vorzuhalten.

4.1 Ermittlung eines auftretenden Liquiditätsbedarfes

Das Institut hat für einen geeigneten Zeitraum eine Liquiditätsübersicht zu erstellen, in der die **74** erwarteten Mittelzuflüsse den erwarteten Mittelabflüssen gegenübergestellt werden (→ BTR 3.1 Tz. 3). Auf diese Weise kann der zukünftige Liquiditätsbedarf im Allgemeinen rechtzeitig ermittelt und befriedigt werden. Aufgrund der im Zeitverlauf zunehmenden Unsicherheiten hinsichtlich der Schätzparameter unterliegen insbesondere die vom Betrachtungszeitpunkt weiter entfernten Beobachtungsperioden selbst unter normalen Bedingungen größeren Schwankungen. Aus derartigen Schwankungen kann ein höherer Liquiditätsbedarf resultieren, als ursprünglich geplant. Diese Schwankungen müssen auf geeignete Weise ermittelt werden. Dies kann z.B. auf Basis einer Auswertung historischer Daten oder durch Expertenschätzungen erfolgen. Darüber hinaus können geeignete Indikatoren dazu dienen, rechtzeitig Signale für einen sich abzeichnenden Liquiditätsengpass zu liefern (→ BTR 3.1 Tz. 2).

In einem angespannten Marktumfeld werden diese Unwägbarkeiten noch verstärkt. Unter einem **75** »angespannten Marktumfeld« können nachteilige Entwicklungen im Vergleich zu den allgemein üblichen Bedingungen in diesem Markt verstanden werden. Diesbezüglich können im Wesentlichen zwei Ursachen unterschieden werden: Entweder hat das Institut ein Problem (institutsinterne Ursachen), und die Refinanzierungspartner reagieren darauf z.B. mit spürbarer Zurückhaltung, oder die Entwicklung des Marktes als Ganzes ist negativ (marktweite Ursachen), und die eigentlich liquiden Aktiva lassen sich z.B. nicht oder nicht hinreichend zur gewünschten Generierung von Liquidität verwenden. Insofern handelt es sich letztlich bereits um ein Stressszenario (→ BTR 3.1 Tz. 8), selbst wenn dieses Szenario noch nicht zu einem Liquiditätsengpass führt.

Die Anspannung kann z.B. darin bestehen, dass sich Vermögensgegenstände nur noch mit **76** Einschränkungen liquidieren lassen, Einlagen von Kunden oder Instituten abgezogen werden oder der Zugang zu Refinanzierungsquellen erschwert wird. In Abhängigkeit von den Auswirkungen auf das Institut können verschiedene Stufen eines angespannten Marktumfeldes definiert werden, bis hin zu einem »Worst-case-Szenario«. So konnten im Rahmen der Finanzmarktkrise die eigentlich fungiblen Vermögensgegenstände teilweise nicht oder zumindest zu keinem akzeptablen Preis liquidiert werden. Außerdem hätten ohne besondere geldpolitische Maßnahmen der Zentralbanken nur unzureichende Möglichkeiten zur Aufnahme ausreichender Liquidität auf den

Geld- und Kapitalmärkten bestanden.[70] »Lange hatte man geglaubt, es gebe immer eine Refinanzierungsmöglichkeit. Heute wissen wir es besser«.[71] Grundsätzlich kann die Ermittlung der Schwankungen bei angespanntem Marktumfeld in ähnlicher Weise erfolgen wie unter normalen Bedingungen. Allerdings müsste die Liquiditätsübersicht zu diesem Zweck unter Stressbedingungen erstellt werden, indem geeignete Szenarien zugrundegelegt werden (→ BTR 3.1 Tz. 3).

4.2 Bedarfsermittlung mit Hilfe von Indikatoren

77 Wird die Liquiditätsübersicht als Basis zur Bedarfsermittlung herangezogen, so bietet es sich an, jene Indikatoren zu nutzen, die auch beim Frühwarnverfahren für Liquiditätsengpässe Verwendung finden (→ BTR 3.1 Tz. 2). Sobald die Frühwarnindikatoren bestimmte Schwellenwerte oder Limite überschreiten, sollten entsprechende Signale ausgesendet werden. Dabei muss unterschieden werden, ob es sich um einen auftretenden Liquiditätsbedarf oder bereits um einen Liquiditätsengpass handelt. Insofern sollten verschiedene Schwellenwerte festgelegt werden. Ein Beispiel für ein mögliches Stufenkonzept der Liquiditätsrisikosteuerung, an dem sich die Festlegung der verschiedenen Maßnahmen orientieren kann, ist nachfolgend abgebildet[72]:

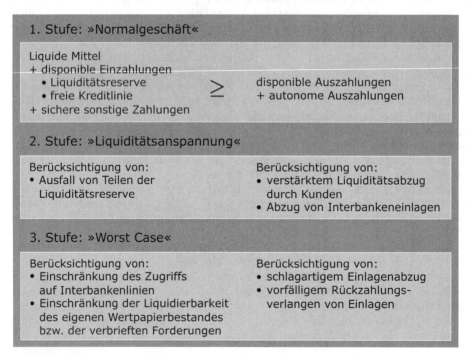

Abb. 70: Mögliches Stufenkonzept für die Liquiditätsrisikosteuerung

---

70 Vgl. Bartetzky, Peter, Liquiditätsrisikomanagement – Status quo, in: Bartetzky, Peter/Gruber, Walter/Wehn, Carsten S. (Hrsg.), Handbuch Liquiditätsrisiko – Identifikation, Messung und Steuerung, Stuttgart, 2008, S. 10.

71 Göttgens, Michael, Risikomanagementsysteme und Geschäftsmodelle von Banken – Welche Erkenntnisse erlauben Abschluss- und Sonderprüfung?, in: Die Wirtschaftsprüfung, Sonderheft 2/2010, S. S76.

72 In Anlehnung an Ramke, Thomas/Schöning, Stephan, MaRisk: Einbeziehung von Liquiditätsrisiken in das Risikomanagement, in: Zeitschrift für das gesamte Kreditwesen, Heft 13/2006, S. 33.

4.3 Bedarfsermittlung mit Hilfe von Kennziffern

Mit gewissen Einschränkungen ist es auch möglich, einen zusätzlichen Liquiditätsbedarf mit Hilfe **78** ausgewählter Kennziffern zu ermitteln. Neben den bereits erwähnten Liquiditäts- und Beobachtungskennzahlen können z. B. die folgenden Kennziffern zur Bestimmung verschiedener Ausprägungen des Liquiditätsrisikos herangezogen werden[73]:

- Zur Berechnung des »Liquiditätsindex« werden die Summen der laufzeitgewichteten Aktiva und Passiva zueinander in Beziehung gesetzt. Sofern die der Berechnung zugrundeliegenden Volumina gleich sind, drückt dieser Index exakt das Vielfache der durchschnittlichen Aktivbindung im Verhältnis zur durchschnittlichen Passivbindung aus. Er ist also ein Maß für die Fristentransformation bzw. das Liquiditätsspreadrisiko.
- Zur Abschätzung des Terminrisikos kann die »Terminrisikoquote« als Quotient aus den Kreditvolumina mit Rückständen und dem gesamten Kreditvolumen herangezogen werden.
- Das aktivische Abrufrisiko kann in analoger Weise mit Hilfe der »Abrufrisikoquote« als Quotient aus den Volumina der offenen Kreditzusagen und der Liquiditätspuffer ermittelt werden. Aufgrund der besonderen Bedeutung von Großkrediten werden dabei häufig nur die offenen Großkreditzusagen betrachtet.
- Die Bedeutung der Großeinlagen auf der Passivseite ist für die Liquiditätssituation vergleichbar mit der Rolle der Großkredite auf der Aktivseite. Das passivische Abrufrisiko kann mit Hilfe der »Einlagenkonzentration« approximiert werden. Hierzu werden zunächst sämtliche Großeinlagen in Größenklassen eingeteilt, die nach aufsteigendem Volumen zwischen null und eins gewichtet werden. Anschließend wird der Anteil jeder Größenklasse am gesamten Einlagenvolumen des Institutes bestimmt. Zum Schluss werden die Produkte aus Gewicht und Anteil über alle Größenklassen addiert. Aufschlussreich kann insbesondere die Veränderung der Einlagenkonzentration im Zeitverlauf sein, die verdeutlicht, ob die Abhängigkeit des Institutes von Großeinlagen ab- oder zunimmt.

Da sich Termin- und Abrufrisiko gut zur Modellierung der Zahlungsströme (»Cashflows«) eignen, **79** könnte auch eine Verknüpfung der damit verbundenen Kennzahlen mit der Liquiditätsübersicht erfolgen. Ein Vorteil bei der Verwendung von Kennzahlen besteht darin, dass viele der zugrundeliegenden Daten direkt aus den IT-Systemen generiert werden können. Insofern kann ohne großen Aufwand in angemessenen Abständen überprüft werden, wie sich die jeweiligen Kennziffern im Zeitverlauf verändern. Für derartige Kennzahlen kann das Institut Schwellenwerte vergeben, um eine Überschreitung bestimmter Quoten oder Konzentrationen generell zu vermeiden. Damit kann auch der Anforderung entsprochen werden, eine ausreichende Diversifikation der Refinanzierungsquellen und der Liquiditätspuffer zu gewährleisten und Konzentrationen wirksam zu überwachen und zu begrenzen (→ BTR 3.1 Tz. 1).

Einer repräsentativen Umfrage aus dem Jahre 2009 zufolge wird bei der operativen Steuerung **80** des Liquiditätsrisikos in deutschen Instituten neben der Liquiditätskennzahl gemäß LiqV und der Liquiditätsposition insbesondere auf das freie Refinanzierungspotenzial bei der Zentralbank abgestellt. Eine wichtige Rolle spielen darüber hinaus das Verhältnis zentralbankfähiger Wertpapiere zu den kurzfristigen Nettozahlungsabflüssen oder Verbindlichkeiten, bestimmte Einlagenkonzentrationen, der Grad der Diversifikation der Refinanzierungsquellen und der liquidierbaren Assets, der Ausnutzungsgrad der unbesicherten Refinanzierungsangebote sowie ein möglicher Liquiditätsabfluss aus außerbilanziellen Geschäften.[74] Anstelle der Liquiditätskennzahl wird mittlerweile

---

73 Vgl. Schulte, Michael/Horsch, Andreas, Wertorientierte Banksteuerung II: Risikomanagement, Frankfurt a. M., 2002, S. 57 f.

74 Vgl. Kaltofen, Daniel, Empirische Ergebnisse der Großstudie Liquiditätsrisiko Deutschland, ikf institut für kredit- und finanzwirtschaft – Ruhr-Universität Bochum, Dezember 2009.

neben internen Kennziffern zur Liquidität auf die LCR abgestellt, wenngleich mit der LCR bereits eine Stresskomponente verbunden ist. Weit verbreitet ist zudem der »Stock Approach«, bei dem das Verhältnis zwischen kurzfristigen Nettozahlungsabflüssen oder Verbindlichkeiten und dem Bestand an liquiden Aktiva geregelt wird. Dieser Ansatz läuft analog zur LCR auf einen jederzeit erforderlichen Mindestbestand an liquiden Aktiva hinaus.[75]

4.4 International einheitliche Kennzahlen zur Liquiditätsausstattung der Institute

81 Wie in der Einführung zu diesem Modul bereits ausgeführt, hat der Baseler Ausschuss für Bankenaufsicht im Dezember 2010 unter dem Stichwort »Basel III« Standards für quantitative Mindestanforderungen an die Liquiditätsausstattung international tätiger Institute veröffentlicht, die auf verschiedenen Kennziffern basieren.[76] Diese Standards wurden in Europa in Art. 412 und 413 CRR überführt. Durch die »Liquidity Coverage Ratio« (LCR) – als Quotient aus dem Bestand an hochliquiden Aktiva und dem erwarteten Nettozahlungsabfluss unter Stress – soll im kurzfristigen Bereich sichergestellt werden, dass die Institute in ausreichendem Maße über hochliquide Aktiva verfügen, um ein akutes Stressszenario von einem Monat zu überstehen. Anhand der »Net Stable Funding Ratio« (NSFR) – als Quotient aus der tatsächlichen und der erforderlichen stabilen Refinanzierung – sollen die Aufsichtsbehörden abschätzen, ob die vorhandenen Refinanzierungsquellen ausreichen, um die längerfristige Refinanzierung sicherzustellen. In Ergänzung dazu sollen die Aufsichtsbehörden bei der Überwachung der Liquiditätssituation der Institute mit den »Monitoring tools« weitere Kennzahlen verwenden, die international einheitlich ausgestaltet sind. Die entsprechenden Vorgaben an das Liquiditäts-Meldewesen auf europäischer Ebene sind in Art. 415 CRR niedergelegt, von der EBA konkretisiert und mittlerweile Teil der aufsichtlichen Berichterstattung.[77] Ergänzend hat der Baseler Ausschuss im April 2013 konkrete Überwachungskennzahlen zur untertägigen Liquidität für international tätige Institute vorgeschlagen.[78]

82 Der Europäische Ausschuss für Systemrisiken (ESRB) empfiehlt den makroprudenziellen Behörden im Hinblick auf die Zwischenziele und Instrumente für makroprudenzielle Maßnahmen u. a. die Eindämmung und Vermeidung von übermäßigen Fälligkeitsinkongruenzen und Liquiditätsengpässen an den Märkten (Empfehlung A). Diese Ziele können durch konkrete Anforderungen in Bezug auf die Sicherheitenmargen und die Bewertungsabschläge sowie die Beschränkung der Werte bestimmter Kennziffern erreicht werden. Neben einer Anpassung der Liquiditätsquote, z. B. durch Vorgabe der Liquiditätsdeckungsquote (LCR), und einer Beschränkung der Liquiditätsfristentransformation, z. B. durch Vorgabe der strukturellen Liquiditätsquote (NSFR), hält der ESRB auch eine ungewichtete Begrenzung von weniger stabilen Refinanzierungsquellen für geeignet, z. B. durch Vorgabe des erforderlichen Verhältnisses von Krediten zu Einlagen (»Loan-to-Deposit Ratio«, LTD).[79] Die LTD wird als einfach zu ermittelnde Kennziffer auch oftmals von

75 Vgl. Deutsche Bundesbank, Zur Steuerung von Liquiditätsrisiken in Kreditinstituten, in: Monatsbericht, September 2008, S. 65.

76 Basel Committee on Banking Supervision, Basel III: International framework for liquidity risk measurement, standards and monitoring, BCBS 188, 16. Dezember 2010.

77 Durchführungsverordnung (EU) 2017/2114 der Kommission vom 9. November 2017 zur Änderung der Durchführungsverordnung (EU) Nr. 680/2014 in Bezug auf Meldebögen und Erläuterungen, Amtsblatt der Europäischen Union vom 6. Dezember 2017, L 321/1-427.

78 Basel Committee on Banking Supervision, Monitoring tools for intraday liquidity management, BCBS 248, 11. April 2013.

79 Vgl. Empfehlung des Europäischen Ausschusses für Systemrisiken zu Zwischenzielen und Instrumenten für makroprudenzielle Maßnahmen (ESRB/2013/1) vom 4. April 2013, Amtsblatt der Europäischen Union vom 15. Juni 2013, C 170/3.

Kreditanalysten oder Ratingagenturen verwendet und sollte schon deswegen auch institutsintern betrachtet werden.

Die Kennzahlen der ersten Säule werden allerdings nach allgemeinen Vorgaben berechnet, die **83** nicht auf die Besonderheiten im Einzelfall abstellen können. Da der ILAAP auf die Spezifika eines Institutes ausgerichtet ist, wird eine ausschließliche und/oder unreflektierte Übernahme der Annahmen der ersten Säule zu diesen Kennziffern für Zwecke der zweiten Säule von einigen Aufsichtsbehörden als nicht zulässig angesehen. Die im ILAAP verwendeten Annahmen und Parameter müssen dem Risikoappetit, den Markterwartungen, dem Geschäftsmodell und dem Risikoprofil des Institutes entsprechen.[80]

4.5 Fähigkeit zur Deckung des Liquiditätsbedarfes

Es ist laufend zu überprüfen, inwieweit ein Institut unter normalen und angespannten Markt- **84** bedingungen in der Lage ist, einen auftretenden Liquiditätsbedarf zu decken und in der Folge seine Zahlungsverpflichtungen zu erfüllen. Ein Institut kann seinen Liquiditätsbedarf sowohl über die Aktivseite (»Asset Liquidity«) als auch über die Passivseite (»Liability Liquidity«) der Bilanz steuern. Liegt der Schwerpunkt auf der Aktivseite, muss die jederzeitige Handelbarkeit von Vermögensgegenständen zu marktgerechten Preisen (»Fungibilität«) sichergestellt sein. Dabei spielt der Liquiditätsgrad der für den Verkauf oder die Verpfändung vorgesehenen Vermögens-gegenstände eine entscheidende Rolle. Es versteht sich von selbst, dass ein kurzfristig auftretender Liquiditätsbedarf nicht durch den Verkauf oder die Verpfändung von Vermögensgegenständen gedeckt werden kann, deren Liquidation im erforderlichen Zeitraum praktisch gar nicht möglich ist. Wird die Refinanzierung eher über die Passivseite sichergestellt, muss die jederzeitige Möglich-keit zur Aufnahme ausreichender Liquidität auf den Märkten bestehen. Vor allem muss der dauerhafte Zugang zu den für das Institut relevanten Refinanzierungsquellen regelmäßig über-prüft werden. In der Regel wird die Refinanzierung über beide Seiten der Bilanz sichergestellt, so dass keiner der genannten Aspekte vernachlässigt werden sollte. Insbesondere in Krisenzeiten müssen von den Instituten alle denkbaren Möglichkeiten zur Refinanzierung genutzt werden.

Zusammengefasst geht es vor allem um eine hinreichend diversifizierte Refinanzierungsstruktur **85** mit zwei wesentlichen Aspekten: die Marktfähigkeit der Vermögenswerte auf der Aktivseite, die auf ausreichend bemessene und qualitativ hochwertige Liquiditätspuffer hinausläuft, sowie die Möglichkeit zur Aufnahme ausreichender Liquidität auf der Passivseite, die maßgeblich von einer angemessenen Pflege des Marktzuganges abhängt. Die laufende Überprüfung, ob das Institut tatsächlich dazu in der Lage ist, selbst bei angespanntem Marktumfeld einen auftretenden Liquiditätsbedarf zu decken, sollte sich deshalb auf diese beiden Aspekte konzentrieren.

Auch in Art. 86 Abs. 7 CRD IV werden eine hinreichend diversifizierte Refinanzierungsstruktur, **86** angemessene Liquiditätspuffer und der Zugang zu den Refinanzierungsquellen hervorgehoben. Sämtliche Vorkehrungen sollen regelmäßig überprüft werden. Die Angemessenheit eines derarti-gen Überprüfungsturnus hängt in erster Linie von den jeweils vorgesehenen Maßnahmen ab, wobei der Begriff »laufend« in Anlehnung an die Formulierung »regelmäßig« in der europäischen Vorgabe nicht zwingend mit »täglich« gleichgesetzt werden muss. Sofern trotz all dieser Vor-kehrungen ein Liquiditätsengpass, der durch das Frühwarnverfahren erkannt werden sollte (→ BTR 3.1 Tz. 2), nicht mehr zu vermeiden ist, müssen umgehend die im dafür aufgestellten Notfallplan enthaltenen Maßnahmen ergriffen werden (→ BTR 3.1 Tz. 9).

---

80 Vgl. Finanzmarktaufsicht Liechtenstein, ILAAP (»Internal Liquidity Adequacy Assessment Process«), FMA-Mitteilung 2017/6, 21. November 2017, S. 10.

4.6 Liquiditätsgrad der Vermögenswerte

87 Nach Art. 86 Abs. 5 CRD IV müssen die Institute zwischen belasteten und unbelasteten Vermögenswerten unterscheiden, die jederzeit verfügbar sind, insbesondere in Krisensituationen. Sie müssen überwachen, ob und wie die Vermögenswerte zeitnah mobilisiert werden können. Dabei spielt auch die Liquidierbarkeit, d. h. der Liquiditätsgrad der Vermögenswerte, eine wichtige Rolle. Durch Einfügung des Wortes »auch« wird verdeutlicht, dass es nicht ausschließlich auf den Liquiditätsgrad der Vermögenswerte ankommt. So sollte die Liquidierung von Vermögenswerten als letztes Mittel i. d. R. erst dann erfolgen, wenn die vom Institut genutzten Refinanzierungsquellen inkl. der Generierung von Liquidität durch Wertpapierleihe ausgeschöpft sind. Außerdem können bestimmte Restriktionen die Übertragung liquider Mittel und unbelasteter Vermögensgegenstände unabhängig von deren Liquiditätsgrad innerhalb einer Gruppe verhindern (→ BTR 3.1 Tz. 10).

88 Hinsichtlich ihrer Marktfähigkeit bzw. Marktliquidität können die Vermögenswerte nach Liquiditätsgraden unterschieden werden, wobei hochliquide Aktiva, die ohne Wertabschläge sofort veräußert bzw. in Liquidität umgewandelt werden können, als Positionen mit einer »Liquidität ersten Grades« bezeichnet werden. Eine wesentliche Rolle im Zusammenhang mit dem Liquiditätsgrad der Vermögenswerte spielt das eingangs des Moduls BTR 3 definierte Marktliquiditätsrisiko, das die Gefahr von Verlusten aufgrund einer unzulänglichen Markttiefe oder wegen Marktstörungen ausdrückt.[81] Marktstörungen liegen z. B. vor, wenn sich die Marktbreite, die Marktelastizität oder der Zeitbedarf für die Orderausführung negativ entwickeln.[82]

89 Im Rahmen der Liquiditätsrisikosteuerung können institutsindividuelle Liquiditätsrisikoklassen festgelegt werden, die neben dem Aspekt der schnellen Liquidierbarkeit auch berücksichtigen sollten, welche Außenwirkung mit den einzelnen Maßnahmen verbunden ist. Allgemeinverbindliche Vorgaben für die Zuordnung der Aktiva zu den verschiedenen Liquiditätsgraden sind nicht für alle Positionen ohne weiteres möglich, da verschiedene Institute u. a. auf unterschiedliche Erfahrungen beim Verkauf oder bei der Verpfändung von Vermögensgegenständen bzw. bei der Verbriefung von Krediten verweisen können. Wie die Diskussion über die Anerkennung von hochwertigen Unternehmensanleihen und Pfandbriefen als »hochliquide Vermögensgegenstände« ohne Abschläge für die Zwecke der »Liquidity Coverage Ratio« gezeigt hat, bestehen diesbezüglich auch auf europäischer Ebene noch unterschiedliche Auffassungen (→ BTR 3.2 Tz. 2). Entsprechende Festlegungen könnten bei Pfandbriefbanken z. B. folgende Bestände berücksichtigen:
- Wertpapiere, die sich im Deckungsregister befinden,
- Aktiva, die zur Verbriefung geeignet sind,
- so genannte »Repos« (»Sale and Repurchase Agreements«), d. h. Rückkaufvereinbarungen mit im Allgemeinen kurzer Laufzeit, bei denen sich das Institut als Verkäufer (Pensionsgeber) verpflichtet, an den Käufer (Pensionsnehmer) festverzinsliche Wertpapiere zu veräußern, um sie am Ende der vereinbarten Laufzeit wieder zurückzukaufen – mit anderen Instituten ggf. im außerbörslichen Handel (OTC-Handel),
- so genannte »General Collaterals«, wie Wertpapiere, die zentralbankfähig sind (z. B. EZB oder FED) oder privatwirtschaftlich eingeliefert werden können (z. B. bei der Eurex),
- sonstige Wertpapiere.

90 Bei der Eingruppierung von Aktiva oder Wertpapieren, die verbrieft werden sollen, oder von Krediten, die nach dem Verfahren KEV (Kreditforderungen – Einreichung und Verwaltung) der

---

81 Vgl. ACI Deutschland e. V. – Fachausschuss Liquiditätsmanagement/Geldmarktsteuerung, Liquiditätssteuerung, -sicherung im neuen Umfeld, Köln, März 2004.
82 Vgl. Deutsche Bundesbank, Zur Steuerung von Liquiditätsrisiken in Kreditinstituten, in: Monatsbericht, September 2008, S. 60.

Deutschen Bundesbank als notenbankfähige Sicherheiten genutzt werden sollen, spielt insbesondere die erforderliche Zeit für ihre Umwandlung in Liquidität eine wesentliche Rolle.

Die EZB erwartet von den bedeutenden Instituten eine umsichtige und konservative Festlegung **91** in Bezug auf die gewünschte Zusammensetzung der Liquiditätspuffer, die zur Absicherung von Liquiditätsrisiken verwendet werden. Die Institute sollten insbesondere zwischen Vermögenswerten, die auch in Stressphasen mit großer Wahrscheinlichkeit liquide bleiben, und solchen, die lediglich zur Beschaffung von Zentralbankliquidität verwendet werden können, unterscheiden. Für beide Arten sollten interne Limite festgelegt werden, wobei ein eindeutiger Zusammenhang zwischen der Zielgröße der Liquiditätspuffer und den Liquiditätsrisiken, die über unterschiedliche Zeithorizonte eintreten können, bestehen muss. Dabei sollte ein Zeitraum von mindestens einem Jahr zugrundegelegt werden.[83] In diesem Fall gilt die Aufmerksamkeit nicht einer Überschreitung der Limite, sondern ihrer möglichen Unterschreitung.

Zur Berechnung der verschiedenen Liquiditätskoeffizienten, die als Maß für die Liquidität **92** verschiedenen Grades dienen können, werden unterschiedlich abgegrenzte Bestandteile der Liquiditätspuffer zu jenen Positionen in Beziehung gesetzt, die mit kurzfristigen Auszahlungsverpflichtungen verbunden sind.[84]

4.7 Statische und dynamische Liquiditätsgrade

In der Fachliteratur[85] wird zwischen statischen und dynamischen Liquiditätsgraden unterschie- **93** den, die bei der internen Steuerung der Institute allerdings nur noch eine untergeordnete Rolle spielen. Die statischen Liquiditätsgrade der Vermögenswerte werden stichtagsbezogen ermittelt und drücken das Verhältnis verschiedener Vermögensbestandteile eines Institutes, die sich hinsichtlich ihrer Liquidierbarkeit unterscheiden, zu seinen kurzfristigen Verbindlichkeiten aus. Im Wesentlichen wird zwischen drei statischen Liquiditätsgraden unterschieden.

In die Berechnung der Liquidität ersten Grades werden nur die liquiden Mittel einbezogen. Mit **94** ihrer Hilfe wird demzufolge ausgedrückt, inwiefern die kurzfristigen Verbindlichkeiten allein mit Hilfe der verfügbaren liquiden Mittel beglichen werden können. Sie wird deshalb auch als Barliquidität (Cash Ratio, Absolute Liquidity Ratio) bezeichnet. Als Faustregel gilt, dass die Liquidität ersten Grades größer oder gleich 0,2 sein sollte.

Bei der Liquidität zweiten Grades werden zusätzlich die kurzfristigen Bestandteile des Umlauf- **95** vermögens berücksichtigt, d.h. die kurzfristig einzuziehenden Forderungen. Dadurch ist eine stichtagsbezogene Einschätzung der Zahlungsbereitschaft des Institutes möglich. Die Liquidität zweiten Grades wird insofern auch einzugsbedingte Liquidität (Quick Ratio, Acid Test Ratio) genannt, wobei der so genannte Acid Test besagt, dass die Liquidität zweiten Grades größer oder gleich 1 sein sollte. Wäre dies nicht der Fall, könnte ein Teil der kurzfristigen Verbindlichkeiten nicht durch kurzfristig verfügbare Mittel beglichen werden. In der Folge würde ein Liquiditätsengpass entstehen.

Mit der Liquidität dritten Grades wird schließlich das gesamte Umlaufvermögen (Current **96** Assets) zu den kurzfristigen Verbindlichkeiten in Beziehung gesetzt. Aus diesem Grund spricht man auch von der umsatzbedingten Liquidität (Current Ratio). Die Liquidität dritten Grades sollte in jedem Fall auch größer oder gleich 1 sein, da andernfalls zur Deckung der kurzfristigen

---

83 Vgl. Europäische Zentralbank, Leitfaden der EZB für den bankinternen Prozess zur Sicherstellung einer angemessenen Liquiditätsausstattung (Internal Liquidity Adequacy Assessment Process – ILAAP), 9. November 2018, S. 25 f.

84 Vgl. Schulte, Michael/Horsch, Andreas, Wertorientierte Banksteuerung II: Risikomanagement, Frankfurt a.M., 2002, S. 57 f.

85 Vgl. Frauenfelder, Paul, Begriffe und Kennzahlen der BWL, Eidgenössische Technische Hochschule Zürich, 2007.

BTR 3.1 Allgemeine Anforderungen

Verbindlichkeiten ein Teil des Anlagevermögens veräußert werden müsste. Der so genannten Banker's Rule (Two-to-One-Rule) zufolge sollte sogar ein Wert von 2 angepeilt werden. Anstelle der Liquidität dritten Grades wird häufig auf das Working Capital zurückgegriffen. Darunter ist die Differenz zwischen dem Umlaufvermögen eines Institutes und seinen kurzfristigen Verbindlichkeiten zu verstehen, d.h. der Teil des Umlaufvermögens, der nicht zur Deckung der kurzfristigen Verbindlichkeiten erforderlich ist und deshalb arbeiten kann.

97 Die statischen Liquiditätsgrade berücksichtigen allerdings keine zukünftigen Zahlungsströme und sind daher nur bedingt dazu geeignet, die zukünftige Liquiditätssituation zu beschreiben. Die dynamischen Liquiditätsgrade beziehen die voraussichtlichen Mittelzu- und -abflüsse mit Hilfe von Kapitalflussrechnungen (»Cashflow Statement«) über einen Zeitraum von bis zu einem Jahr in die Berechnung ein. In ähnlicher Weise wird auch die Liquiditätsübersicht erstellt.

4.8 Dauerhafter Zugang zu den Refinanzierungsquellen

98 Ein Institut muss den dauerhaften Zugang zu seinen relevanten Refinanzierungsquellen regelmäßig überprüfen. In dieser Formulierung sind gleich drei Begriffe enthalten, die näher beleuchtet werden sollten: dauerhaft, relevant und überprüfen. Das Wort »dauerhaft« hat in diesem Zusammenhang die Bedeutung von »beständig« oder »über einen längeren Zeitraum bestehend«. Es wäre schlichtweg nicht möglich, den Zugang zu einer Refinanzierungsquelle auf alle Ewigkeit zu garantieren. Als »relevant« sollte eine Refinanzierungsquelle zumindest dann für ein Institut angesehen werden, wenn es die auf diesem Wege erhaltenen Mittel nicht mit vertretbarem Aufwand auf andere Weise beschaffen kann. Folglich sollten die von einem Institut traditionell genutzten Refinanzierungsquellen auch als relevante Quellen angesehen werden. Dazu zählen z.B. Kundeneinlagen, (unwiderrufliche) Kreditlinien von der Zentralbank und anderen Instituten oder die Ausgabe von festverzinslichen Wertpapieren, wie z.B. Schuldverschreibungen, Pfandbriefen oder anderen Anleihen.

99 Der Ausdruck »überprüfen« kann in diesem Fall nicht – wie allgemein üblich – damit gleichgesetzt werden, dass umfassende Tests durchgeführt werden. Ein »Antesten« der Dauerhaftigkeit von Refinanzierungsquellen könnte genau das Gegenteil von dem bewirken, was mit der Anforderung erreicht werden soll. Es könnte als Signal für einen erhöhten Liquiditätsbedarf interpretiert werden und damit einen Rückzug der Refinanzierungspartner zur Folge haben. Andererseits könnte ein Test helfen, Marktteilnehmer an die Nutzung auch unüblicher Refinanzierungsquellen zu gewöhnen, so dass eine Inanspruchnahme im Bedarfsfall als Normalität angesehen wird. Die Entscheidungshoheit über die Durchführung von Tests sollte aufgrund ihrer unklaren Außenwirkung aber in der Verantwortung der Institute verbleiben. Im ursprünglichen Wortsinn stößt diese Anforderung also, wenn sie ganz formal betrachtet wird, an praktische Grenzen. Allerdings ist diese formale Sichtweise nicht intendiert. Der Regelungszweck besteht in erster Linie darin, sich als Institut in guten Zeiten als verlässlicher Partner zu präsentieren, um auch in Stresssituationen nicht von sämtlichen Refinanzierungsquellen abgeschnitten zu werden. Diesem Zweck dient insbesondere eine kontinuierliche Pflege des Marktzuganges.

4.9 Erhaltung des Marktzuganges

100 Für ein effektives Liquiditätsrisikomanagement ist aus Sicht des Baseler Ausschusses für Bankenaufsicht in erster Linie die Erhaltung des Marktzuganges entscheidend, da er sich auf die Fähigkeit zur Mittelbeschaffung und zur Liquidierung von Vermögensgegenständen gleichermaßen aus-

wirkt. Die Geschäftsleitung sollte deshalb sicherstellen, dass der Marktzugang aktiv gesteuert und überwacht wird. Die Steuerung des Marktzuganges kann die Erschließung von Märkten zum Verkauf von Vermögenswerten oder den Ausbau von Verträgen umfassen, mit deren Hilfe ein Institut auf besicherter oder unbesicherter Basis Mittel aufnehmen kann.[86]

Ein Institut sollte auf den Refinanzierungsmärkten laufend Präsenz zeigen und zu den relevanten Refinanzierungspartnern eine intensive Beziehung pflegen, um so eine effektive Diversifikation der Refinanzierungsquellen zu fördern. Dies erfordert ein anhaltendes Engagement und Investment in angemessene und geeignete Infrastrukturen, Prozesse und die Sammlung von Informationen. In der Regel kann auf derartige Märkte ansonsten nicht rechtzeitig zugegriffen werden. Die Aufnahme von Verkaufsklauseln in Kreditverträgen und die regelmäßige Nutzung bestimmter Märkte kann die Fähigkeit eines Institutes zum Verkauf von Vermögenswerten an verschiedene Geschäftspartner in Stresssituationen verbessern. Dabei sollte ein Institut einen kompletten Überblick über die rechtlichen Rahmenbedingungen für potenzielle Veräußerungen haben und sicherstellen, dass die Verträge zuverlässig und rechtlich abgesichert sind.[87] **101**

Ein Institut sollte belastbare Beziehungen zu aktuellen und potenziellen Refinanzierungsquellen, einschließlich der Zentralbank, identifizieren, aufbauen und pflegen. Die Häufigkeit der Kontakte und der Nutzung einer Refinanzierungsquelle ist ein möglicher Indikator für die Stärke der Beziehung. Auf diese Weise kann ein Institut Einblick in das Verhalten der verschiedenen Anbieter in Zeiten von institutsspezifischen oder marktweiten Stresssituationen kriegen und Rückgriffmöglichkeiten für den Fall eines Liquiditätsproblems identifizieren. Refinanzierungsquellen, die unter normalen Bedingungen zuverlässig Mittel bereitstellen, müssen dies aufgrund der Unsicherheit über ihren eigenen Liquiditätsbedarf nicht auch in Zeiten von Stress tun. Insbesondere kann eine erhöhte Unsicherheit über die Zahlungsfähigkeit eines Institutes zu einer erheblichen Zurückhaltung bei der Bereitstellung von Liquidität führen. In solchen Situationen kann sich die Qualität und Stärke der Liquiditätspuffer positiv auf die Bereitschaft der Geschäftspartner auswirken, die Refinanzierungsbeziehung aufrechtzuerhalten. Bei der Auswahl der Stresstestszenarien und bei der Erarbeitung der Notfallpläne sollte ein Institut diese Effekte beachten und berücksichtigen, dass Refinanzierungsquellen austrocknen und Märkte geschlossen werden können.[88] **102**

Ein Institut sollte alternative Refinanzierungsquellen identifizieren, um schweren, aber plausiblen institutsspezifischen und marktweiten Liquiditätsschocks zu widerstehen. Je nach Art, Ausmaß und Dauer der Liquiditätsschocks existieren folgende Möglichkeiten zur Ausweitung der Refinanzierung[89]: **103**

- Einlagenwachstum,
- Verlängerung der Laufzeiten der Verbindlichkeiten,
- Neuemissionen kurz- oder langfristiger Schuldtitel,
- konzerninterne Liquiditätstransfers, neue Kapitalmaßnahmen, Verkauf von Tochtergesellschaften oder Geschäftsbereichen,
- Verbriefungen,
- Verkauf oder Repos unbelasteter hochliquider Vermögenswerte,
- Inanspruchnahme zugesagter Fazilitäten und
- Aufnahme von Krediten aus den Spitzenrefinanzierungsfazilitäten der Zentralbanken.

---

86 Vgl. Basel Committee on Banking Supervision, Principles for Sound Liquidity Risk Management and Supervision, BCBS 144, 25. September 2008, S. 19.

87 Vgl. Basel Committee on Banking Supervision, Principles for Sound Liquidity Risk Management and Supervision, BCBS 144, 25. September 2008, S. 19.

88 Vgl. Basel Committee on Banking Supervision, Principles for Sound Liquidity Risk Management and Supervision, BCBS 144, 25. September 2008, S. 19.

89 Vgl. Basel Committee on Banking Supervision, Principles for Sound Liquidity Risk Management and Supervision, BCBS 144, 25. September 2008, S. 20. Neue Kapitalmaßnahmen gelten allerdings eher als eine strukturelle Maßnahme. Auch eine Verlängerung der Laufzeiten der Verbindlichkeiten deutet auf Restrukturierungsmaßnahmen hin, die (extern) als Indikator für einen Kreditausfall gewertet werden könnten.

104   Allerdings stehen nicht alle diese Optionen in allen Fällen und ohne zeitliche Verzögerung zur Verfügung. Die Geschäftsleitung sollte deshalb regelmäßig alle Optionen zur Refinanzierung überprüfen, um deren Wirksamkeit für die Bereitstellung von kurz-, mittel- und langfristiger Liquidität zu bewerten. Dabei sollten jene Faktoren, die einen wesentlichen Einfluss auf die Fähigkeit zur Liquiditätsbeschaffung haben, identifiziert und eng überwacht werden, um die Refinanzierungsmöglichkeiten jederzeit realistisch bewerten zu können.[90]

105   Welche Faktoren dabei die entscheidende Rolle spielen, hängt z. B. davon ab, ob sich ein Institut stärker über Kundeneinlagen oder über die Geld- und Kapitalmärkte refinanziert. Eine solide Basis im Retail-Segment ist tendenziell weniger volatil und kann vor allem dadurch sichergestellt werden, dass sich ein Institut nicht durch vergleichsweise schlechte Konditionen aus dem Markt katapultiert. Die Möglichkeiten zur Refinanzierung über die Geld- und Kapitalmärkte hängen vor allem vom Standing des Institutes ab, also insbesondere von seiner externen Ratingnote. Auch ein gutes Public-Relation-Management kann sich positiv auf die eigene Wahrnehmung durch aktuelle oder potenzielle Refinanzierungspartner auswirken.

106   Verbriefungen erfordern besondere Liquiditätsbetrachtungen. Eine übermäßige Abhängigkeit von der Verbriefung von Vermögenswerten als Liquiditätsquelle kann dazu führen, dass die erforderliche Liquidität in institutsspezifischen Stresssituationen nicht gewährleistet ist, wenn entweder die Märkte dem Institut keine Liquidität zur Verfügung stellen oder marktweite Störungen des Verbriefungsmarktes vorliegen.[91] Auch ist zu beachten, dass Verbriefungen abseits von Pfandbriefkonstruktionen durch aufsichtsrechtliche Vorschriften für Emittenten und Investoren zunehmend unattraktiver werden.[92] Aus Sicht der Institute sind konservative Verbriefungstransaktionen allerdings erforderlich, um bilanzielle Kreditrisiken zu verkaufen und dadurch Liquidität zurückzugewinnen.

107   Nach den Vorstellungen der EZB sollten die Institute ihren Marktzugang hinsichtlich des Geschäftsvolumens und der Preisgestaltung unter Berücksichtigung der aktuellen Belastung von Vermögenswerten und der diesbezüglich bei Umsetzung des Refinanzierungsplanes erwarteten Änderungen beurteilen. Außerdem sollten sie zur Beurteilung der Nachhaltigkeit definieren, welche Refinanzierungsquellen als »stabil« bezeichnet werden können. Zu diesem Zweck sollten sie eine explizite interne Betrachtung der Stabilität von Einlagen und und der verhaltensbezogenen Zahlungsströme vornehmen.[93]

4.10   Kurzfristige Verschlechterung der Liquiditätssituation

108   Der Liquiditätsbedarf kann sich selbst unter normalen Marktbedingungen kurzfristig erhöhen. Dies ist z. B. dann der Fall, wenn das Terminrisiko oder das Abrufrisiko schlagend werden. Hierfür genügen bereits eine unplanmäßige Verlängerung der Kapitalbindungsdauer bei volumenmäßig bedeutenden Aktivgeschäften oder ein unerwarteter Abruf von entsprechenden Einlagevolumina. Mögliche Probleme mit der Rückzahlung von volumenmäßig bedeutenden Krediten werden im Idealfall rechtzeitig beim Management der Adressenausfallrisiken identifiziert, sodass darauf noch angemessen reagiert werden kann. Eine vergleichbare Überwachung der Passivkunden scheitert

---

90   Vgl. Basel Committee on Banking Supervision, Principles for Sound Liquidity Risk Management and Supervision, BCBS 144, 25. September 2008, S. 18.

91   Vgl. Basel Committee on Banking Supervision, Principles for Sound Liquidity Risk Management and Supervision, BCBS 144, 25. September 2008, S. 20.

92   Vgl. z. B. European Banking Authority, Draft Guidelines on the STS criteria for ABCP securitisation, EBA/CP/2018/04, 20. April 2018.

93   Vgl. Europäische Zentralbank, Leitfaden der EZB für den bankinternen Prozess zur Sicherstellung einer angemessenen Liquiditätsausstattung (Internal Liquidity Adequacy Assessment Process – ILAAP), 9. November 2018, S. 26.

häufig an der dafür erforderlichen Datenbasis. Vor diesem Hintergrund fordert der Baseler Ausschuss für Bankenaufsicht, die Einflussfaktoren auf das Anlageverhalten von Privatkunden zu berücksichtigen. Beispielhaft genannt werden das Anlagevolumen, die Zinssensibilität, die regionale Verankerung der Anleger und die möglichen Alternativen zur Geldanlage (z.B. direkter Kontakt, per Internet oder vermitteltes Geschäft).[94]

Wesentlich schneller kann sich die Liquiditätssituation in Zeiten einer Krise verschlechtern. **109** Insbesondere können nationale Unterschiede in der Einlagensicherung und der jeweilige Umgang mit Problembanken in Stresssituationen einen wesentlichen Einfluss auf das Anlageverhalten haben, da sich beides auf die Geschwindigkeit auswirkt, mit der ein Anleger ausgezahlt wird. Darüber hinaus sind in derartigen Situationen die Möglichkeiten zur Ausweitung der Refinanzierungsquellen äußerst beschränkt. Insofern lässt sich ein zusätzlicher Liquiditätsbedarf bei angespanntem Marktumfeld offenbar leichter über die Aktivseite ausgleichen. Allerdings können (marktweite und institutsspezifische) Stressereignisse dazu führen, dass ein Teil der Aktiva einer Bank überhaupt nicht oder zumindest nicht zu vernünftigen Preisen verkauft bzw. verpfändet werden kann.[95]

Allzu optimistische Annahmen über die Entwicklung des Liquiditätsbedarfes können dazu **110** verleiten, einen großen Teil der verfügbaren Mittel langfristig anzulegen, wodurch keine rechtzeitige Reaktion auf eine kurzfristige Verschlechterung der Liquiditätssituation möglich wäre. Für kurzfristig eintretende Verschlechterungen der Liquiditätssituation hat das Institut deshalb ausreichend bemessene, nachhaltige Liquiditätspuffer, wie z.B. hochliquide, unbelastete Vermögensgegenstände, vorzuhalten. Mit der »kurzen Fristigkeit« ist nicht die Dauer der eintretenden Verschlechterung gemeint, sondern deren plötzliches Auftreten, welches eine schnelle Reaktion erfordert. Das benötigte Volumen der Liquiditätspuffer hängt vom Risikoappetit des Institutes und den zugrundeliegenden Szenarien für kurzfristig eintretende Verschlechterungen der Liquiditätssituation ab. Der Risikoappetit kann dabei – unabhängig von der institutsindividuellen Risikotragfähigkeit – durch aufsichtsrechtliche Vorschriften (wie insbesondere die Anforderungen an die LCR) beschränkt werden. Mit dem Begriff »Nachhaltigkeit« wird in Deutschland auch die »Zentralbankfähigkeit« verbunden, wenngleich auf internationaler Ebene stärker der Aspekt der »jederzeitigen Veräußerbarkeit an privaten Märkten« diskutiert wird. Dabei ist die Generierung von Liquidität durch liquide Aktiva mittels Verkauf oder über den Repo-Markt aus ökonomischer Sicht gleichzusetzen. Entsprechende Vorgaben richten sich allerdings in erster Linie an kapitalmarktorientierte Institute (→ BTR 3.2 Tz. 1 und 2).

Auch nach Art. 86 Abs. 1 und 9 CRD IV sowie Art. 412 Abs. 1 CRR müssen die Institute sicher- **111** stellen, dass sie über angemessene Liquiditätspuffer verfügen, die dazu beitragen sollen, unterschiedlichen Stresssituationen standzuhalten. Vor diesem Hintergrund kommt es darauf an, die Liquiditätspuffer vernünftig zu dimensionieren, ohne den Rentabilitätszielen des Institutes unnötig stark entgegenzuwirken. Typische Bestandteile der Liquiditätspuffer sind kurzfristig verfügbare, liquidierbare Aktiva, die Inanspruchnahme von bestehenden Kreditzusagen anderer Institute oder die besicherte Refinanzierung über den Repo-Markt. In der Regel werden dabei Sicherheitsabschläge (»Haircuts«) auf den Marktpreis der zur Liquidation vorgesehenen Aktiva bzw. der als Sicherheit dienenden Wertpapiere vorgenommen.[96]

Die Liquiditätspuffer sind so zu bemessen, dass mit ihrer Hilfe sowohl in normalen Marktphasen **112** als auch in vorab definierten Stressszenarien auftretender Liquiditätsbedarf vollständig überbrückt werden kann (→ BTR 3.1 Tz. 4, Erläuterung). Die Zusammensetzung der Liquiditätspuffer

---

94 Vgl. Basel Committee on Banking Supervision, Principles for Sound Liquidity Risk Management and Supervision, BCBS 144, 25. September 2008, S. 11 ff.
95 Vgl. Basel Committee on Banking Supervision, Principles for Sound Liquidity Risk Management and Supervision, BCBS 144, 25. September 2008, S. 19.
96 Vgl. Deutsche Bundesbank, Zur Steuerung von Liquiditätsrisiken in Kreditinstituten, in: Monatsbericht, September 2008, S. 64.

hängt grundsätzlich von drei Dimensionen ab, nämlich dem Schweregrad und der Ausgestaltung der Stressszenarien, dem angestrebten Überlebenshorizont (»Survival Period«) und den Merkmalen der verwendeten liquiden Vermögensgegenstände.[97] Auf die mögliche Zusammensetzung der Liquiditätspuffer für verschiedene Stressperioden wird auch bei den Anforderungen an kapitalmarktorientierte Institute eingegangen (→ BTR 3.2 Tz. 2).

113   Aufgrund einer sich ändernden Risikopositionierung und unvorhersehbarer Ereignisse erwartet die EZB von den bedeutenden Instituten, stets ergänzende interne Puffer (»Management-Puffer«) vorzuhalten, um Schwankungen im wirtschaftlichen Umfeld leicht ausgleichen zu können.[98]

4.11   Berücksichtigung von belasteten Vermögenswerten (Asset Encumbrance)

114   Die Verfahren zur Steuerung und Beurteilung der Liquiditätsrisiken haben auch zu gewährleisten, dass Höhe, Art, Umfang und Entwicklung der Belastung von Vermögensgegenständen zeitnah identifiziert und in den Berichten an die Geschäftsleitung berücksichtigt werden. Dabei sind auch die Auswirkungen von Stressszenarien angemessen zu berücksichtigen. Auch beim Notfallplan für Liquiditätsengpässe (→ BTR 3.1 Tz. 9) ist die Belastung von Vermögenswerten angemessen zu berücksichtigen (→ BTR 3.1 Tz. 2, Erläuterung).

115   Mit dieser Anforderung möchte die Aufsicht in erster Linie darauf hinweisen, dass Vermögensgegenstände, die bereits als Sicherheit dienen und insofern gebunden sind, nicht zur Beschaffung liquider Mittel verwendet werden können. Insofern genügt es nicht, sich einen Überblick über das Volumen der liquidierbaren Vermögensgegenstände zu verschaffen. Gleichzeitig müssen auch jene Vermögenswerte identifiziert werden, die bereits belastet sind.

116   Gemäß Art. 100 CRR müssen die Institute, zumindest in zusammengefasster Form, die Höhe von Pensionsgeschäften, Wertpapierleihgeschäften und alle Formen der Belastung von Vermögenswerten melden. Diese Meldeanforderungen wurden von der EU-Kommission auf Basis entsprechender Vorschläge der EBA[99] im Januar 2015 veröffentlicht.[100] Zwischenzeitlich wurden die Meldeanforderungen mehrfach geändert. Die letzte Anpassung stammt vom Dezember 2017.[101] Die EBA wertet diese Meldungen regelmäßig aus und veröffentlicht ihre Ergebnisse.[102]

---

97   Vgl. Finanzmarktaufsicht Liechtenstein, ILAAP (»Internal Liquidity Adequacy Assessment Process«), FMA-Mitteilung 2017/6, 21. November 2017, S. 8.

98   Vgl. Finanzmarktaufsicht Liechtenstein, ILAAP (»Internal Liquidity Adequacy Assessment Process«), FMA-Mitteilung 2017/6, 21. November 2017, S. 7.

99   European Banking Authority, Final Draft Implementing Technical Standards on Asset Encumbrance Reporting under Article 100 of Capital Requirements Regulation (CRR), EBA/ITS/2013/04/rev1, 24. Juli 2014.

100 Durchführungsverordnung (EU) 2015/79 der Kommission vom 18. Dezember 2014 zur Änderung der Durchführungsverordnung (EU) Nr. 680/2014 zur Festlegung technischer Durchführungsstandards für die aufsichtlichen Meldungen der Institute gemäß der Verordnung (EU) Nr. 575/2013 des Europäischen Parlaments und des Rates in Bezug auf die Belastung von Vermögenswerten, ein einheitliches Datenpunktmodell und Validierungsregeln, Amtsblatt der Europäischen Union vom 21. Januar 2015, L 14/1-44.

101 Durchführungsverordnung (EU) 2017/2114 der Kommission vom 9. November 2017 zur Änderung der Durchführungsverordnung (EU) Nr. 680/2014 in Bezug auf Meldebögen und Erläuterungen, Amtsblatt der Europäischen Union vom 6. Dezember 2017, L 321/1-427.

102 Die EBA hat am 19. September 2018 ihren Bericht über die Belastung der Vermögenswerte veröffentlicht. Demnach ist die gewichtete durchschnittliche Belastungsquote der Vermögenswerte von 26,6 % im Jahre 2016 auf 27,9 % im Jahre 2017 leicht gestiegen. Dieser Anstieg ist allerdings hauptsächlich auf ein geringeres Volumen der Bilanzsumme und nicht auf einen Anstieg der belasteten Vermögenswerte zurückzuführen. Zu den Hauptquellen der Vermögensbelastung gehören Repos, Covered Bonds und OTC-Derivate. Banken in Ländern, die stärker von der Staatsschuldenkrise betroffen waren, weisen nach wie vor ein hohes Niveau, aber auch einen Rückgang des Verschuldungsvolumens auf, was auf eine allgemeine Verbesserung der Refinanzierungssituation in diesen Ländern hinweisen könnte. Vgl. European Banking Authority, EBA Report on Asset Encumbrance, 19. September 2018.

5 Verrechnungssystem für Liquiditätskosten, -nutzen und -risiken (Tz. 5)

5 Das Institut hat ein geeignetes Verrechnungssystem zur verursachungsgerechten internen Verrechnung der jeweiligen Liquiditätskosten, -nutzen und -risiken einzurichten. Die Ausgestaltung des Verrechnungssystems ist abhängig von Art, Umfang, Komplexität und Risikogehalt der Geschäftsaktivitäten sowie der Refinanzierungsstruktur des Institutes. Das Verrechnungssystem ist von der Geschäftsleitung zu genehmigen.

117

5.1 Definition von Liquiditätskosten und -nutzen

Unter den »Liquiditätskosten« werden allgemein jene Aufwendungen verstanden, die durch die Einwerbung von Refinanzierungsmitteln auf dem Geld- und Kapitalmarkt entstehen und über die Kosten der reinen Zinssicherung hinausgehen.[103] In der Fachliteratur wird häufig zwischen direkten und indirekten Liquiditätskosten unterschieden.

118

Unter den »direkten Liquiditätskosten« werden im Wesentlichen die vom individuellen »Liquiditätsspread« des Institutes abhängigen Kosten verstanden, die als Aufschlag auf den risikolosen Zins (z. B. orientiert an den Interbanken- bzw. Swapsätzen mit entsprechenden Fristigkeiten[104]) zusätzlich bei der Liquiditätsaufnahme getragen werden müssen.[105] Der Liquiditätsspread reflektiert die durch ein fristenkongruent am Markt abgeschlossenes Refinanzierungsgeschäft verursachten Kosten.[106] Diese Kosten entsprechen einer Prämie für die mit der Kapitalüberlassung verbundenen institutsspezifischen Risiken. Einflussgrößen sind die Bonität des kapitalaufnehmenden Institutes, etwaige Konzentrationsrisiken beim Kapitalgeber im Fall höherer Refinanzierungsvolumina und Bewertungsunsicherheiten bei längerfristigen Refinanzierungen (Adressenausfallrisiken), die Gefahr einer erschwerten Liquidierbarkeit der übernommenen Finanzposition bei mangelnder Markttiefe bzw. zunehmend illiquiden Märkten (marktspezifische Liquiditätsrisiken) sowie das Problem einer sinkenden Risikobereitschaft der Investoren in konjunkturellen Abschwungphasen, wofür prämienerhöhende Abschläge für den Weiterverkauf der Position einkalkuliert werden (sonstige Risiken).[107] Folglich wird der Aufschlag insbesondere von der Bonität bzw. dem Adressenausfallrisiko des Institutes (Marktniveau des Spread) und von seinem

119

---

103 Vgl. Schröter, Dirk/Schwarz, Oliver, Optimale Strukturen und Prozesse für das Liquiditätsrisikomanagement, in: Bartetzky, Peter/Gruber, Walter/Wehn, Carsten S. (Hrsg.), Handbuch Liquiditätsrisiko – Identifikation, Messung und Steuerung, Stuttgart, 2008, S. 274 ff.

104 Es existieren fünfzehn Werte für den Euribor (»Euro InterBank Offered Rate«), d. h. für die durchschnittlichen Zinssätze verschiedener Laufzeiten (von einer Woche bis zu zwölf Monaten), zu denen sich diverse europäische Banken untereinander Anleihen in Euro gewähren (auf unbesicherter Basis). Zusätzlich gibt es einen so genannten eintägigen Euribor-Zinssatz, den Eonia (»Euro OverNight Index Average«). Vgl. de.euribor-rates.eu. Als Referenzzinssatz für andere wichtige Währungen dient häufig der Libor (»London Interbank Offered Rate«). Sämtliche Referenzwerte haben derzeit allerdings mit Manipulationsvorwürfen zu kämpfen, so dass sich in der Zukunft ggf. auch andere Referenzgrößen als maßgeblich erweisen könnten.

105 Vgl. Gersch, Jana/Milde, Astrid/Möhren, Tim, Liquiditätstransferpreissystem: Herausforderung für Große und Kleine (Institute), in: BankPraktiker WIKI MaRisk, März 2013, S. 36.

106 Vgl. Kröner, Henriette/Heinrichs, Stefan, MaRisk: Verrechnung der Liquiditätskosten, in: Zeitschrift für das gesamte Kreditwesen, Heft 24/2012, S. 1279.

107 Vgl. Bulling, Volker/Schlemminger, Ralf B., Liquiditätsspreads sind kritische Punkte in der Kalkulation, in: Betriebswirtschaftliche Blätter, Heft 11/2011, S. 651; Schröter, Dirk/Schwarz, Oliver, Optimale Strukturen und Prozesse für das Liquiditätsrisikomanagement, in: Bartetzky, Peter/Gruber, Walter/Wehn, Carsten S. (Hrsg.), Handbuch Liquiditätsrisiko – Identifikation, Messung und Steuerung, Stuttgart, 2008, S. 247 ff.

BTR 3.1 Allgemeine Anforderungen

Liquiditätsbedarf (Volumen, Laufzeit) beeinflusst. Maßgeblich kann auch die Fungibilität seiner Emissionen sein.[108] Bei gleichbleibender Bonität und steigender Illiquidität des Institutes erhöht sich dieser Aufschlag.[109] Eine Erhöhung ist auch mit wachsender Laufzeit verbunden, weil damit ein höheres Kredit- und Liquiditätsrisiko einhergeht.[110] Zu den direkten Liquiditätskosten gehören auch die auf Laufzeitinkongruenzen zwischen Zins- und Liquiditätsbindungszeiträumen zurückzuführenden Kosten.[111]

120   Die »indirekten Liquiditätskosten« werden durch das Vorhalten hochliquider Aktiva zur Deckung eines unerwarteten Liquiditätsbedarfes verursacht.[112] Zu den indirekten Liquiditätskosten gehören u. a. die Notfall-Kosten, die aus dem Vorhalten von Liquiditätspuffern zur Deckung von Liquiditätsengpässen oder aus dem Anschlussrefinanzierungsrisiko resultieren können, sowie Kosten aufgrund anderer Liquiditätsrisikokomponenten, die sich z. B. aus der Refinanzierung von Geschäften mit nicht-konvertiblen Währungen ergeben können (Länderrisikokosten).[113]

121   Vom »Liquiditätsnutzen«[114] wird in der Praxis gesprochen, wenn Liquidität gegenüber einer institutsinternen Benchmark mit vergleichbarer Laufzeit günstiger beschafft wird. Dabei kann z. B. die Differenz aus der Pfandbriefkurve und der Kurve mit dem risikolosen Zins mit entsprechender Fristigkeit, gekürzt um die Vorhaltekosten für die Liquiditätspuffer, angesetzt werden. Die Pfandbriefe können dabei grundsätzlich (noch) als risikolose Anlage akquirierter Mittel betrachtet werden.[115]

5.2   Abgrenzung zwischen Liquiditäts- und Zinsmanagement

122   Im Bankgeschäft werden den Kunden sowohl beim Liquiditätsverbrauch auf der Aktivseite (z. B. durch Kreditlinien), als auch bei der Liquiditätsbeschaffung auf der Passivseite (z. B. bei Spareinlagen) traditionell implizite »Liquiditätsoptionen« zur Verfügung gestellt, wobei die völlig freie Verfügung durch entsprechende Kündigungsfristen oder Maximalbeträge eingeschränkt werden kann.[116] Trotzdem verbleibt eine gewisse Unsicherheit über die tatsächlichen Zahlungsströme. Zudem erfolgt die Refinanzierung der Aktivgeschäfte in den Instituten i. d. R. nicht fristenkongruent. Insbesondere werden Aktivgeschäfte mit langfristiger Zinsbindung – bei Instituten mit Einlagengeschäft als Basis des Geschäftsmodells – häufig durch kurzfristige Mittel, wie z. B. Kundeneinlagen, refinanziert. Dieser Prozess wird als »Fristentransformation« bezeichnet. Wie bereits an anderer Stelle ausgeführt, wird von vielen Instituten trotz der »Goldenen Bankregel«, der Lehren aus der Finanzmarktkrise und der geplanten Einführung der strukturellen Liquiditätsquote (NSFR) in einem gemäß der Risikotragfähigkeitsbetrachtung vertretbaren Umfang ganz bewusst

---

108 Vgl. Schröter, Dirk/Schwarz, Oliver, Optimale Strukturen und Prozesse für das Liquiditätsrisikomanagement, in: Bartetzky, Peter/Gruber, Walter/Wehn, Carsten S. (Hrsg.), Handbuch Liquiditätsrisiko – Identifikation, Messung und Steuerung, Stuttgart, 2008, S. 274 ff.

109 Vgl. Hormanski, Adam, Liquiditätsrisiken, in: Bearbeitungs- und Prüfungsleitfaden Neue MaRisk, 2009, S. 405.

110 Vgl. Kröner, Henriette/Heinrichs, Stefan, MaRisk: Verrechnung der Liquiditätskosten, in: Zeitschrift für das gesamte Kreditwesen, Heft 24/2012, S. 1279.

111 Vgl. Committee of European Banking Supervisors, Guidelines on Liquidity Cost Benefit Allocation (GL 36), 27. Oktober 2010, S. 4.

112 Vgl. Gersch, Jana/Milde, Astrid/Möhren, Tim, Liquiditätstransferpreissystem: Herausforderung für Große und Kleine (Institute), in: BankPraktiker WIKI MaRisk, März 2013, S. 36.

113 Vgl. Committee of European Banking Supervisors, Guidelines on Liquidity Cost Benefit Allocation (GL 36), 27. Oktober 2010, S. 4.

114 Die Begriffe »Liquiditätsnutzen« und »Liquiditätsvorteile« werden synonym verwendet. In diversen Ausarbeitungen der internationalen Standardsetzer ist mehrheitlich von Liquiditätsvorteilen die Rede.

115 Vgl. Bulling, Volker/Schlemminger, Ralf B., Liquiditätsspreads sind kritische Punkte in der Kalkulation, in: Betriebswirtschaftliche Blätter, Heft 11/2011, S. 651.

116 Vgl. Heidorn, Thomas/Schmaltz, Christian, Interne Transferpreise für Liquidität, in: Zeitschrift für das gesamte Kreditwesen, Heft 3/2010, S. 140.

Fristentransformation betrieben, um die Gewinnmarge zu erhöhen. Aus diesem Prozess resultieren Zinsänderungs- und Liquiditätsrisiken, bei deren Management insbesondere die unterschiedlichen Zeiträume der Zins- und Liquiditätsbindung berücksichtigt werden müssen.[117]

123 Die aus der Fristentransformation der Zinsbindungen, d. h. dem Anstieg der allgemeinen Zinsen, resultierenden Zinsänderungsrisiken können theoretisch durch Zinsswaps, mit deren Hilfe jedem Aktivgeschäft ein fristenkongruenter Zinstransferpreis zugeordnet wird (Hedgefiktion), verrechnet und komplett vermieden werden.[118] Hingegen werden die auf die mögliche Ausweitung der institutsindividuellen Liquiditätsspreads zurückzuführenden Refinanzierungsrisiken unter Umständen nicht von allen Instituten hinreichend berücksichtigt. Grundsätzlich sollte dies im Rahmen der Risikotragfähigkeitsrechnung erfolgen.

5.3 Funktionsweise eines zentralen Liquiditätsmanagements

124 Bei deterministischen Produkten (wie z. B. Termingeldern) sind die Zahlungsströme hinsichtlich der Höhe und der Laufzeit vorab vollständig bekannt. Bei nicht-deterministischen Produkten (wie z. B. Kreditlinien) kann zwar ein bestimmter Verlauf der Zahlungsströme modelliert werden. Es verbleibt jedoch eine gewisse Unsicherheit durch eine mögliche Abweichung von diesem Verlauf, wodurch die Liquiditätspuffer belastet werden können.[119]

125 Wie eingangs dieses Moduls bereits erläutert, können die erwarteten Zahlungsströme als »Liquidität« und die unerwarteten Zahlungsströme (also die Abweichungen von den erwarteten Zahlungsströmen) als »Liquiditätsrisiko« interpretiert werden.[120] Mit Blick auf diese Abgrenzung können die erwarteten Zahlungsströme im »Liquiditätsbuch« und die unerwarteten Zahlungsströme im »Liquiditätsrisikobuch« gesammelt werden. Da im Rahmen des Liquiditätsmanagements normalerweise keine direkte Zuordnung zwischen konkreten Aktiva und Passiva erfolgt, werden die Liquidität und die Liquiditätsrisiken durch eine zentrale Stelle, wie z. B. das Liquiditätsmanagement, das Aktiv-/Passiv-Management oder die Treasury (→ BTO Tz. 4) im Rahmen einer Poollösung verwaltet. Weil die liquiden Mittel i. d. R. von unterschiedlichen Organisationseinheiten eingeworben bzw. verbraucht werden, fungiert das zentrale Liquiditätsmanagement quasi als Intermediär zwischen den mitteleinwerbenden und den mittelverbrauchenden Einheiten.[121]

126 Für die erwarteten Zahlungsströme kann, wie im Folgenden kurz dargestellt, ein Transferpreis gezahlt bzw. vergütet und für die unerwarteten Zahlungsströme eine Risikoprämie verlangt werden: Die mitteleinwerbenden Einheiten erhalten für die Lieferung von Liquidität in Form der erwarteten Zahlungsströmen einen Transferpreis. Zu den erwarteten Zahlungsströmen werden jedoch nicht nur die vertraglich vereinbarten Zahlungsströme, sondern auch der erwartete Anteil an den unsicheren Zahlungsströmen gezählt. Für die Übernahme des mit dieser Unsicherheit

---

117 Das Problem kann z. B. anhand einer Kreditvergabe mit dreijähriger Zinsfestschreibung verdeutlicht werden. Sofern dieser Kredit durch Commercial Paper mit dreimonatiger Laufzeit rollierend refinanziert wird, besteht auf der Aktiv- und Passivseite eine unterschiedliche Liquiditätsbindung von drei Jahren bzw. drei Monaten. Vgl. Committee of European Banking Supervisors, Guidelines on Liquidity Cost Benefit Allocation (GL 36), 27. Oktober 2010, S. 4. Sofern es während der drei Jahre Kreditlaufzeit zwischenzeitlich nicht gelingt, die Commercial Paper durch neue zu ersetzen, entsteht zudem ein Liquiditätsrisiko. Vgl. Heidorn, Thomas/Schmaltz, Christian, Interne Transferpreise für Liquidität, in: Zeitschrift für das gesamte Kreditwesen, Heft 3/2010, S. 141.

118 Vgl. Heidorn, Thomas/Schmaltz, Christian, Interne Transferpreise für Liquidität, in: Zeitschrift für das gesamte Kreditwesen, Heft 3/2010, S. 140 f.

119 Vgl. Kröner, Henriette/Heinrichs, Stefan, MaRisk: Verrechnung der Liquiditätskosten, in: Zeitschrift für das gesamte Kreditwesen, Heft 24/2012, S. 1280.

120 Vgl. Heidorn, Thomas/Schmaltz, Christian, Interne Transferpreise für Liquidität, in: Zeitschrift für das gesamte Kreditwesen, Heft 3/2010, S. 140.

121 Vgl. Heidorn, Thomas/Schmaltz, Christian, Interne Transferpreise für Liquidität, in: Zeitschrift für das gesamte Kreditwesen, Heft 3/2010, S. 140.

verbundenen Risikos haben sie wiederum eine Risikoprämie zu zahlen. Hingegen müssen die mittelverbrauchenden Einheiten sowohl für die erwarteten Zahlungsströme einen Transferpreis zahlen als auch für etwaige unsichere Zahlungsströme zusätzlich eine Risikoprämie abführen, weil die dafür erforderliche Liquidität in jedem Fall vorgehalten werden muss und sich daraus im ungünstigen Fall kein kostendeckender Ertrag generieren lässt. Auf dieselbe Weise werden außerbilanzielle Positionen behandelt.[122]

5.4 Erfordernis eines Verrechnungssystems für Liquiditätskosten

127 Durch so genannte »Transferpreise« können Liquiditätskosten, -vorteile und -risiken der jeweiligen Geschäftsart zugeordnet werden, so dass Fehlanreize und damit zugleich Abweichungen vom übergeordneten Risikoappetit vermieden werden. Implizite Liquiditätselemente in den Marktpreisen werden ohne Transferpreise nicht sichtbar gemacht. Verzichtet man auf derartige Transferpreise, besteht also die Gefahr, dass sich das Funding zu sehr auf (günstigere) kurzfristige Mittel und die Anlagen zu sehr auf (ertragreichere) schwer veräußerbare Aktiva konzentrieren. Dies führt zu einem tendenziellen Anstieg solcher Positionen, die sich im Fall einer Liquiditätskrise als schwere Belastung erweisen können.[123]

128 So hatten insbesondere Return-on-Investment-orientierte Institute ohne Liquiditätstransferpreissysteme (»Funds Transfer Pricing«, FTP) Schwierigkeiten, die damaligen Liquiditätsengpässe im Interbankenmarkt auszugleichen, weil die unbewerteten Liquiditätsrisiken nicht (rechtzeitig) wahrgenommen wurden.[124] Während der Finanzmarktkrise wurden Liquiditätskosten, -nutzen und -risiken in der Treasury diverser Institute häufig nicht ausreichend intern bepreist. Außerdem waren keine hinreichenden Informationen über bedingte Liquiditätsrisiken vorhanden, die in dieser Form erstmalig in den letzten Jahrzehnten auftraten. Insofern soll nunmehr ein bislang von vielen Instituten vernachlässigtes Risikoelement weitgehend transparent gemacht werden.[125] Dieses Vorhaben wird grundsätzlich auch von international tätigen Instituten unterstützt.[126]

129 Liquiditätstransferpreise sind laut Erkenntnissen der EZB für die Stabilität des Finanzsystems von Relevanz, da systematische Fehlanreize negative Konsequenzen für den gesamten Finanzmarkt haben können.[127] Diese Zielrichtung betont auch die BaFin, die mit Hilfe des Liquiditätstransferpreissystems Fehlanreize für Refinanzierungsstrukturen verhindern möchte, die sich

---

122 Vgl. Heidorn, Thomas/Schmaltz, Christian, Interne Transferpreise für Liquidität, in: Zeitschrift für das gesamte Kreditwesen, Heft 3/2010, S. 141.

123 Vgl. Heidorn, Thomas/Schmaltz, Christian, Interne Transferpreise für Liquidität, Frankfurt School of Finance & Management, Working Paper Nr. 125, August 2009, S. 15.

124 Vgl. Heidorn, Thomas/Schmaltz, Christian, Interne Transferpreise für Liquidität, in: Zeitschrift für das gesamte Kreditwesen, Heft 3/2010, S. 140.

125 Vgl. Leistenschneider, Armin, Methoden zur Ermittlung von Transferpreisen für Liquiditätsrisiken, in: Bartetzky, Peter/Gruber, Walter/Wehn, Carsten S. (Hrsg.), Handbuch Liquiditätsrisiko – Identifikation, Messung und Steuerung, Stuttgart, 2008, S. 171 ff.

126 Recommendation III.4: Firms should ensure that they have in place effective internal transfer pricing policies to reflect implied or incurred actual or potential costs related to reasonably anticipated liquidity demands from both on- and off-balance-sheet business. Transfer pricing should take closely into account the liquidity of relevant underlying assets, the structure of underlying liabilities, and any legal or reasonably anticipated reputational contingent liquidity risk exposures. Transfer pricing should be designed to ensure that lines of business within the firm that create liquidity exposures are proportionally charged for the cost to the firm of maintaining corresponding prudent liquidity positions. Vgl. Institute of International Finance, Final Report of the IIF Committee on Market Best Practices: Principles of Conduct and Best Practice Recommendations, Financial Services Industry Response to the Market Turmoil of 2007–2008, 21. Juli 2008, S. 56.

127 Vgl. European Central Bank, EU Bank's Funding Structures and Policies, Mai 2009, S. 42.

während der Finanzmarktkrise als extrem instabil erwiesen bzw. sogar zur Verschärfung der Krise beigetragen haben.[128]

Gemäß Art. 86 Abs. 1 CRD IV müssen die auf die betreffenden Geschäftsfelder, Währungen und Funktionseinheiten zugeschnittenen Strategien, Vorschriften, Verfahren und Systeme zur Identifizierung, Messung, Steuerung und Überwachung des Liquiditätsrisikos deshalb u. a. auch Mechanismen für eine angemessene Allokation von Liquiditätskosten, -nutzen und -risiken umfassen. Entsprechende Empfehlungen hat CEBS erstmals bereits im Juni 2008 gegeben.[129] Auch die EZB hat die Notwendigkeit von internen Verrechnungspreisen betont, um jene Geschäftsbereiche innerhalb eines Institutes, die durch den Aufbau entsprechender Exposures Liquidität benötigen, anteilig an den Kosten des Institutes zur Bereitstellung entsprechender Liquidität zu beteiligen.[130] **130**

5.5 Empfehlungen des Baseler Ausschusses für Bankenaufsicht

Der Baseler Ausschuss für Bankenaufsicht hat schon frühzeitig die Erwartungshaltung an die Geschäftsleitung formuliert, Liquiditätskosten, -nutzen und -risiken für alle wichtigen bilanziellen und außerbilanziellen Geschäftsaktivitäten beim internen Pricing, bei der Performancemessung und beim Neu-Produkt-Prozess angemessen zu berücksichtigen. Damit sollen die Anreize zum Eingehen von Risikopositionen für einzelne Geschäftsbereiche mit den Liquiditätsrisiken und -kosten in Einklang gebracht werden, die aus diesen Aktivitäten für das Institut als Ganzes erwachsen. Den Vorgaben des Baseler Ausschusses zufolge sollte die Geschäftsleitung u. a. dafür sorgen, dass der Liquiditätsrisikomanagementprozess die Messung der implizit in allen wichtigen Geschäftsaktivitäten enthaltenen Liquiditätskosten, -nutzen und -risiken beinhaltet. Dabei sollten auch jene Aktivitäten berücksichtigt werden, die zur Bildung einer Eventualverbindlichkeit führen und sich nicht unmittelbar auf die Bilanz auswirken müssen. Diese Liquiditätskosten, -nutzen und -risiken sollten anschließend explizit auf die zugrundeliegenden Geschäfte (Positionen, Portfolien oder einzelne Transaktionen) zurückgeführt werden, so dass sie mit den Anreizen der Geschäftsbereiche in Einklang gebracht werden und die übergreifende Liquiditätsrisikotoleranz und Strategie der Bank stärken. Diese Zuordnung der Liquiditätskosten, -nutzen und -risiken sollte die zu erwartenden Haltedauern von Vermögenswerten und Verbindlichkeiten, ihr Marktliquiditätsrisiko sowie alle sonstigen einschlägigen Faktoren berücksichtigen, einschließlich der Erträge aus dem Zugang zu relativ stabilen Refinanzierungsquellen, wie z. B. einigen Arten von Kundeneinlagen. Die Quantifizierung und Zuordnung dieser Risiken sollten auf der Ebene der Geschäftsbereiche eindeutig und nachvollziehbar sein und die Überlegung beinhalten, wie sich die Liquiditätssituation unter Stressbedingungen ändern würde. Anlassbezogen sollte überprüft werden, ob der analytische Rahmen noch den sich verändernden Geschäfts- und Finanzmarktbedingungen entspricht und somit die gewünschte Anreizwirkung erhalten bleibt.[131] **131**

---

128 Vgl. Bundesanstalt für Finanzdienstleistungsaufsicht, Übermittlungsschreiben zum ersten Entwurf zur Überarbeitung der Mindestanforderungen an das Risikomanagement vom 26. April 2012, S. 5.

129 Vgl. Committee of European Banking Supervisors, Second Part of CEBS' Technical Advice to the European Commission on Liquidity Risk Management – Analysis of specific issues listed by the Commission and challenges not currently addressed in the EEA, 17. Juni 2008, S. 8.

130 Vgl. European Central Bank, EU Bank's Funding Structures and Policies, Mai 2009, S. 42.

131 Vgl. Basel Committee on Banking Supervision, Principles for Sound Liquidity Risk Management and Supervision, BCBS 144, 25. September 2008, S. 9.

5.6 Maßgebliche Leitlinien von CEBS

132 Schließlich hat CEBS im Dezember 2010 Leitlinien zur Verrechnung von Liquiditätskosten formuliert, deren Kernelemente im Rahmen der dritten und vierten MaRisk-Novelle auch in Deutschland umgesetzt wurden. Dabei handelt es sich um folgende Grundgedanken[132]:

– Leitlinie 1: Der Allokationsmechanismus zur Liquiditätskostenverrechnung sollte als wichtiger Bestandteil des Liquiditätsmanagements mit der Unternehmenssteuerung, dem Risikoappetit und dem Entscheidungsprozess vereinbar sein.

– Leitlinie 2: Der Allokationsmechanismus zur Liquiditätskostenverrechnung sollte durch eine angemessene Struktur von Steuerungsinstrumenten unterstützt werden.

– Leitlinie 3: Die vom Allokationsmechanismus zur Liquiditätskostenverrechnung generierten Ergebnisse sollten für das Geschäftsprofil des Institutes angemessen sein und aktiv verwendet werden.

– Leitlinie 4: Der Anwendungsbereich des Allokationsmechanismus zur Liquiditätskostenverrechnung sollte hinreichend umfassend sein, um alle relevanten Aktiva, Passiva und außerbilanziellen Positionen in Bezug auf die Liquidität zu erfassen.

– Leitlinie 5: Die internen Verrechnungspreise sollten unter Berücksichtigung der verschiedenen Einflussfaktoren für das Liquiditätsrisiko aus stabilen Methoden abgeleitet werden.

5.7 Gestaffelte Anforderungen an ein Verrechnungssystem

133 Vor dem Hintergrund der internationalen Vorgaben wurde im Zuge der dritten MaRisk-Novelle von der Aufsicht zunächst gefordert, unter Proportionalitätsgesichtspunkten die jeweiligen Liquiditätskosten und -risiken sowie ggf. Beiträge zur Refinanzierung einzelner Geschäftsaktivitäten zu identifizieren und bei der Steuerung der Geschäftsaktivitäten zu berücksichtigen. Seit der vierten MaRisk-Novelle hat jedes Institut ein »geeignetes Verrechnungssystem« einzurichten, mit dessen Hilfe die jeweiligen Liquiditätskosten, -nutzen und -risiken im Institut »verursachungsgerecht« verrechnet werden.

134 Allerdings wird mit Blick auf die Intention dieser Regelung, nämlich insbesondere die Liquiditätskosten und -risiken bei der Kalkulation der jeweiligen Geschäfte nicht unberücksichtigt zu lassen, an dieser Stelle das Proportionalitätsprinzip in angepasster Form explizit hervorgehoben. Demnach ist die Ausgestaltung des Verrechnungssystems von Art, Umfang, Komplexität und Risikogehalt der Geschäftsaktivitäten sowie der Refinanzierungsstruktur des Institutes abhängig. Insbesondere können Institute mit »überwiegend kleinteiligem Kundengeschäft« auf der Aktiv- und der Passivseite und einer »stabilen Refinanzierung« den Anforderungen auch durch ein »einfaches Kostenverrechnungssystem« gerecht werden (→ BTR 3.1 Tz. 5, Erläuterung). Hingegen müssen »große Institute« mit »komplexen Geschäftsaktivitäten« ein »Liquiditätstransferpreissystem« (»Funds Transfer Pricing«, FTP) für bilanzwirksame und außerbilanzielle Geschäftsaktivitäten etablieren, die damit ermittelten Transferpreise im Rahmen ihrer Ertrags- und Risikosteuerung berücksichtigen sowie die Kosten für vorzuhaltende Liquiditätspuffer verrechnen (→ BTR 3.1 Tz. 6).

135 Um genau zu verstehen, was für Anforderungen für welche Institute konkret bestehen, müssen also gewisse Abgrenzungen vorgenommen werden. So gilt es, zunächst ein Gefühl dafür zu entwickeln, was in diesem Zusammenhang unter großen Instituten mit komplexen Geschäfts-

---

132 Vgl. Committee of European Banking Supervisors, Guidelines on Liquidity Cost Benefit Allocation (GL 36), 27. Oktober 2010, S. 5 ff.

aktivitäten (Gruppe 1) zu verstehen ist und bei welchen Instituten von überwiegend kleinteiligem Kundengeschäft mit einer stabilen Refinanzierung (Gruppe 3) ausgegangen werden kann. Daraus ergibt sich dann automatisch, welche Institute quasi im Mittelfeld liegen (Gruppe 2). Anschließend müssen für diese drei Gruppen die Mindestanforderungen bestimmt werden. Die BaFin weist diesbezüglich ergänzend darauf hin, dass die detaillierten Anforderungen an ein Liquiditätstransferpreissystem auf Basis der einschlägigen Leitlinien von CEBS (→ BTR 3.1 Tz. 6 und 7) auf große Institute mit komplexen Geschäftsaktivitäten (Gruppe 1) beschränkt bleiben. Weniger große Institute bzw. Institute mit weniger komplexen Geschäftsaktivitäten (d.h. mit vergleichsweise gut vorhersehbaren deterministischen Zahlungsströmen) – in obiger Systematik also Gruppe 2 – können hingegen einfachere Verfahren zur internen Verrechnung von Liquiditätskosten, -nutzen und -risiken verwenden.[133]

Mit Blick auf den Zweck eines Verrechnungssystems sollten die Institute zumindest Transparenz über ihre Liquiditätskosten schaffen und ermitteln, inwieweit sich die Kosten der Liquiditätsbeschaffung zwischen den einzelnen Refinanzierungsquellen bzw. der Liquiditätsversorgung zwischen den einzelnen Geschäften wesentlich unterscheiden. Aus dem Ergebnis dieser Ermittlung könnte abgeleitet werden, ob durch eine Verrechnung dieser Kosten im Rahmen eines Liquiditätstransferpreissystems ein echter Steuerungsimpuls generiert wird. Andernfalls könnte ggf. eine pauschale Berücksichtigung der Kosten genügen. **136**

Erschwerend kommt hinzu, dass unterschiedliche Geschäftsmodelle und Institutsgrößen eine Vielzahl verschiedener Vorgehensweisen erfordern. Ein »One-size-fits-all-Ansatz« existiert für diese Anforderung definitiv nicht. Die BaFin ging allerdings bereits im Frühjahr 2012 – vermutlich vor dem Hintergrund, dass eine entsprechende Anforderung in allgemeiner Form seit der dritten MaRisk-Novelle besteht – davon aus, dass in jedem Institut bereits Allokationsmechanismen eingerichtet waren, auf die das Liquiditätstransferpreissystem aufgesetzt werden konnte.[134] **137**

5.8   Diskrepanz zwischen Idealvorstellung und Realität

Grundsätzlich liegt es im Eigeninteresse der Institute, die Berechnung von Liquiditätstransferpreisen voranzutreiben. Dies hat vor allem betriebswirtschaftliche Gründe, da mit Hilfe interner Transferpreise ein rentabilitätsorientiertes Liquiditätsrisikomanagement etabliert und folglich das Setzen falscher Anreize vermieden werden kann. **138**

Die Schwierigkeit besteht darin, die Transferpreise und Risikoprämien zu quantifizieren, um sie ergänzt um z.B. Bonus-/Malus-Systeme für die aktive Steuerung nutzen zu können (→ BTR 3.1 Tz. 6). Die Transferpreise können grundsätzlich an den Kosten orientiert werden, die ein Institut am Geld- und Kapitalmarkt aufwenden muss, um besicherte bzw. unbesicherte Liquidität mit der erforderlichen Laufzeit einzuwerben. Zur Berechnung der Risikoprämie kann analog vorgegangen werden, wobei die Bodensatzbildung und die aus der Unsicherheit resultierenden Schwankungen vom Institut modelliert werden müssen. Ein Knackpunkt dieser Modellierung ist die Verwendung **139**

---

133 Vgl. Bundesanstalt für Finanzdienstleistungsaufsicht, Übermittlungsschreiben zum Rundschreiben 10/2012 (BA) vom 14. Dezember 2012, S. 5f.

134 Vgl. Bundesanstalt für Finanzdienstleistungsaufsicht, Übermittlungsschreiben zum ersten Entwurf zur Überarbeitung der Mindestanforderungen an das Risikomanagement vom 26. April 2012, S. 6.

einer geeigneten Verteilung. Die Normalverteilung unterschätzt die Intensität von Krisen und ist daher nur bedingt geeignet.[135] Einen Industriestandard gibt es dafür bisher nicht.

140   Da Transferpreise teilweise nur schwer kalkulierbar sind, ist damit zu rechnen, dass die meisten Institute noch weitere Anstrengungen zur Umsetzung dieser Anforderung vornehmen müssen. So werden derzeit zwar die Refinanzierungskosten, die großenteils bei der Margenkalkulation Verwendung finden, in ihrer Gesamtheit sowie teilweise auch eventuelle Zuschläge für Spezialfälle berücksichtigt. Dazu gehören z. B. von der Ziehungswahrscheinlichkeit abhängige Zuschläge bei außerbilanziellen Produkten oder relativ leicht ermittelbare Opportunitätskosten, die durch das Vorhalten von Liquidität im Zahlungsverkehr und der Handelsabwicklung verursacht werden. Allerdings werden die Refinanzierungskosten häufig vereinfacht als Differenz aus Zinsaufwand und Zinsertrag berechnet, so dass keine Unterscheidung zwischen Liquiditäts- und Zinsbeiträgen möglich ist. Eine vollständige Verrechnung von Liquiditätskosten und -risiken ist daher komplex und nicht ohne weitergehende Annahmen zu realisieren. Insofern existieren dafür modelltheoretische Grenzen.

5.9   Geeignete Verrechnungssysteme

141   Bevor näher auf ein Liquiditätstransferpreissystem eingegangen wird (→ BTR 3.1 Tz. 6), muss die Frage beantwortet werden, welche Anforderungen sich für die Institute der Gruppen 2 und 3 ableiten lassen. Dazu findet sich in den MaRisk bzw. den zugehörigen Schreiben der Aufsicht bisher nur eine überschaubare Zahl von Hinweisen. Die Notwendigkeit einer wie auch immer gearteten Berücksichtigung von Liquiditätskosten ergibt sich u. a. daraus, dass – den Angaben der Aufsicht zufolge – selbst in den Büchern kleinerer Institute illiquide Staatsanleihen enthalten sein können.

142   Institute der Gruppe 3, also mit überwiegend kleinteiligem Kundengeschäft auf der Aktiv- und der Passivseite und einer stabilen Refinanzierung können den Anforderungen durch ein einfaches Kostenverrechnungssystem gerecht werden (→ BTR 3.1 Tz. 5, Erläuterung). Offenbar zielt die BaFin mit dieser Erleichterung in erster Linie auf die Sparkassen sowie die Volks- und Raiffeisenbanken ab, die im Allgemeinen einen Passivüberhang aufweisen und deshalb ihre überwiegend kleinteiligen Kundengeschäfte i. d. R. durch eine relativ stabile Basis an Einlagen refinanzieren können.[136]

143   Der Begriff »einfaches Kostenverrechnungssystem« deutet darauf hin, dass die mit diesem Geschäftsmodell verbundenen Liquiditätsrisiken von der Aufsicht im Allgemeinen als vergleichsweise weniger wesentlich angesehen werden und insofern der reduzierte Risikogehalt grundsätz-

---

135 Zur Vertiefung werden u. a. folgende Publikationen empfohlen: Kröner, Henriette/Heinrichs, Stefan, MaRisk: Verrechnung der Liquiditätskosten, in: Zeitschrift für das gesamte Kreditwesen, Heft 24/2012, S. 1279–1282; Bulling, Volker/Schlemminger, Ralf B., Liquiditätsspreads sind kritische Punkte in der Kalkulation, in: Betriebswirtschaftliche Blätter, Heft 11/2011, S. 649–655; Heidorn, Thomas/Schmaltz, Christian, Interne Transferpreise für Liquidität, in: Zeitschrift für das gesamte Kreditwesen, Heft 3/2010, S. 140–144; Heidorn, Thomas/Schmaltz, Christian, Interne Transferpreise für Liquidität, Frankfurt School of Finance & Management, Working Paper Nr. 125, August 2009, S. 5 ff.; Leistenschneider, Armin, Methoden zur Ermittlung von Transferpreisen für Liquiditätsrisiken, in: Bartetzky, Peter/Gruber, Walter/Wehn, Carsten S. (Hrsg.), Handbuch Liquiditätsrisiko – Identifikation, Messung und Steuerung, Stuttgart, 2008, S. 171–192.

136 Der DSGV übersetzt die Formulierung »überwiegend kleinteiliges Kundengeschäft« beispielhaft rein mathematisch damit, dass das Mengengeschäft mindestens 50 % des gesamten Geschäftsvolumens ausmachen muss. Auch ein gut diversifiziertes Kreditportfolio könnte als Indiz dienen. Die »stabile Refinanzierung« wird auf die von Kundeneinlagen dominierte Passivseite abgestellt, verbunden mit dem Hinweis, dass die Institute während der Finanzmarktkrise nicht mit einem Einlagenabzug zu kämpfen hatten, sondern stattdessen als vermeintlich sicherer Hafen sogar Vermögenszuwächse im Passivgeschäft zu verzeichnen hatte. Vgl. Deutscher Sparkassen- und Giroverband, Mindestanforderungen an das Risikomanagement – Interpretationsleitfaden, Version 5.0, Berlin, März 2013, S. 320. Diese Einschätzung wird von den Autoren geteilt und kann in analoger Weise auf die Volks- und Raiffeisenbanken sowie Institute mit ähnlicher Geschäftsausrichtung übertragen werden. Denkbar ist aber auch, dass Institute mit anderen Geschäftsmodellen von der Erleichterung profitieren können, sofern die genannten Kriterien erfüllt werden. Dies kann aufgrund der Refinanzierungsmöglichkeiten z. B. bei Förder- und Strukturbanken oder bei Pfandbriefbanken mit entsprechend diversifiziertem Kundengeschäft der Fall sein.

lich bei der Beurteilung der Angemessenheit zu berücksichtigen ist. Es lässt sich allerdings nicht bestreiten, dass auch in Instituten mit überwiegend kleinteiligem Kundengeschäft auf der Aktiv- und der Passivseite und einer stabilen Refinanzierung Fristentransformationen eine große Rolle spielen können. In diesem Fall sollten die von CEBS extra hervorgehobenen Liquiditätskosten, die auf Laufzeitinkongruenzen zwischen Zins- und Liquiditätsbindungszeiträumen zurückzuführen sind, zwingend berücksichtigt werden.[137] Insbesondere sollte berücksichtigt werden, wie sich längere Phasen eines Niedrigzinsumfeldes auf die Refinanzierungsbasis dieser Institute auswirken. Die deutsche Aufsicht hat sich dieses Problems in den letzten Jahren mit Hilfe entsprechender Umfragen angenommen. Die Ergebnisse dieser Umfragen spielen für den SREP der weniger bedeutenden Institute eine entscheidende Rolle.

Beim Austausch im MaRisk-Fachgremium entstand der Eindruck, dass die Liquiditätskosten **144** zumindest insgesamt in den Systemen der Institute von Gruppe 3 abgebildet, aber nicht zwingend separat ausgewiesen und damit auch nicht den einzelnen Geschäften zugeordnet werden müssen. Die unterschiedlichen Laufzeiten der Geschäfte sollten durch eine fristenkongruente Refinanzierung berücksichtigt werden. Eine reine Durchschnittsbetrachtung der Laufzeiten schien von der Aufsicht nicht als ausreichend eingeschätzt zu werden.[138]

Der DSGV schlägt für die Institute der Gruppe 3 ein »einfaches Kostenverrechnungssystem« vor, **145** welches die Institute in die Lage versetzt, die Liquiditätskosten ihrer Aktiva bzw. den Liquiditäts-nutzen ihrer Passiva zu bewerten, ohne diese Kosten tatsächlich den Vertriebsbereichen in Rechnung zu stellen bzw. diesen Nutzen zu vergüten. Stattdessen wird eine implizite Berücksichtigung von Liquiditätskosten bzw. -nutzen in der Kundengeschäftskalkulation bzw. im Rahmen der Gesamt-banksteuerung (z.B. bei der Zinsbuchsteuerung) als ausreichend erachtet. Zur Kostenkalkulation der Aktiva soll bei Sparkassen z.B. die (nahezu adressenrisikofreie) Pfandbriefkurve herangezogen werden, deren Aufschlag im Vergleich zu einer risikofreien Zinsstrukturkurve (im Modell wird eine Swapkurve verwendet) als gute Näherung für die Liquiditätskosten öffentlich-rechtlicher Sparkassen angesehen wird. Dieselbe Kalkulation ergibt für Passiva den Liquiditätsnutzen. Der DSGV sieht den besonderen Charme einer Verwendung der Pfandbriefkurve in der impliziten Berücksichtigung von Liquiditätsrisiken, da in den Pfandbriefsätzen auch die Kosten für die vergleichsweise strengen Vorgaben an den Liquiditätspuffer gemäß §4 Abs.1a PfandBG enthalten sind.[139]

Institute der Gruppe 2, also weniger große Institute bzw. Institute mit weniger komplexen **146** Geschäftsaktivitäten (d.h. mit vergleichsweise gut vorhersehbaren deterministischen Zahlungsströ-men) können immer noch einfachere Verfahren als ein Liquiditätstransferpreissystem verwenden. Die Kosten für vorzuhaltende Liquiditätspuffer sind auch nach den MaRisk streng genommen nur im Liquiditätstransferpreissystem – und damit von den Instituten der Gruppe 1 – zu verrechnen.[140]

Als Alternative zu einem Liquiditätstransferpreissystem kann ggf. ein Umlagesystem dienen, bei **147** dem die in einer Periode jeweils angefallenen Liquiditätskosten nach einem typischerweise portfoliobasierten Schlüssel ohne Risikotransfer und ohne Erfolgsaufspaltung auf die Vertriebs-einheiten (Profit Center) umgelegt werden.[141] Insbesondere bei Einlagenmodellen, wo bankintern

---

137 Vgl. Committee of European Banking Supervisors, Guidelines on Liquidity Cost Benefit Allocation (GL 36), 27.Oktober 2010, S.4.

138 Der unerwünschte Steuerungsimpuls einer Durchschnittsbetrachtung kann anhand eines Beispiels leicht verdeutlicht werden. Vgl. Grant, Joel, Liquidity transfer pricing: a guide to better practice, Occasional Paper No 10, Financial Stability Institute, Dezember 2011, S.24f.

139 Die implizite Berücksichtigung der Liquiditätsrisiken leitet der DSGV daraus ab, dass gemäß §4 Abs.1a PfandBG für die Deckungsmassen von Pfandbriefen generell ein Liquiditätspuffer für alle Nettoabflüsse über einen Zeitraum von 180 Tagen vorgehalten werden muss und diese vergleichsweise strengen Pufferanforderungen bereits als Überdeckungs-kosten in den Pfandbriefsätzen eingepreist sind. Vgl. Deutscher Sparkassen- und Giroverband, Mindestanforderungen an das Risikomanagement – Interpretationsleitfaden, Version 5.0, Berlin, März 2013, S.320f.

140 Vgl. Bundesanstalt für Finanzdienstleistungsaufsicht, Übermittlungsschreiben zum Rundschreiben 10/2012 (BA) vom 14.Dezember 2012, S.5f.

141 Vgl. Deutsche Kreditwirtschaft, Stellungnahme zum Konsultationspapier 01/2012 der Bundesanstalt für Finanzdienst-leistungsaufsicht (BaFin) – »Überarbeitung der MaRisk«, 5.Juni 2012, S.16.

Transferpreise für hoch aggregierte Bodensatztranchen ermittelt und vergütet werden, kann anstelle der direkten Zuordnung eines Transferpreises maximal eine Umlage erfolgen.[142] Indirekte Kosten sind i.d.R. kein Bestandteil einfacher Umlagesysteme.[143]

148   Der DSGV schlägt für die Institute der Gruppe 2 ein so genanntes »fortgeschrittenes Kostenverrechnungssystem« vor. Dabei handelt es sich um eine Erweiterung des einfachen Kostenverrechnungssystems, z.B. durch eine spezifische Verteilung der Kosten auf die verschiedenen Geschäftsgruppen, die Verwendung unterschiedlicher Bewertungszinsen für gedeckte und ungedeckte Refinanzierung oder die Berücksichtigung der indirekten Liquiditätskosten. Empfohlen wird auch, die Entwicklung der Refinanzierungskosten in verschiedenen Geschäftsaktivitäten zu beobachten und ggf. in die Kalkulation einfließen zu lassen.[144]

5.10   Genehmigung durch die Geschäftsleitung

149   Das Verrechnungssystem ist in seinen Grundstrukturen von der Geschäftsleitung zu genehmigen. Diese Genehmigung ist auch bei einfachen Kostenverrechnungssystemen erforderlich, die zur Umsetzung dieser Anforderung bei Instituten mit überwiegend kleinteiligem Kundengeschäft auf der Aktiv- und Passivseite und einer stabilen Refinanzierung als ausreichend erachtet werden. Damit kann im Institut gleichzeitig sichergestellt werden, dass bei der Verrechnung der Liquiditätskosten die geschäftspolitische Dimension hinreichend berücksichtigt wird. Die Intention der Aufsicht geht natürlich in eine andere Richtung. Durch die Einbindung der Geschäftsleitung soll erreicht werden, dass das Verrechnungssystem im Institut eine hinreichende Beachtung findet und im Einklang mit den risikostrategischen Vorgaben steht. Diesem Ziel dient auch die Vorgabe, die Verantwortung für die Entwicklung und Qualität sowie die regelmäßige Überprüfung des von großen Instituten mit komplexen Geschäftsaktivitäten zu implementierenden Liquiditätstransferpreissystems in einem vom Markt und Handel unabhängigen Bereich wahrzunehmen (→ BTR 3.1 Tz. 7).

5.11   Bedeutung des Verrechnungssystems für den SREP

150   Die EBA erwartet ihren Leitlinien zum SREP zufolge von den zuständigen Behörden auch eine Beurteilung, ob die Institute ein geeignetes »Liquiditätstransferpreissystem« (»Funds Transfer Pricing«, FTP) eingerichtet haben und dabei bestimmte Aspekte berücksichtigt wurden. Insbesondere soll geprüft werden, ob das Liquiditätstransferpreissystem alle wichtigen Geschäftstätigkeiten abdeckt und alle relevanten Liquiditätskosten, -nutzen und -risiken einbezieht. Im Hinblick auf die Angemessenheit des Liquiditätstransferpreissystems geht es vor allem darum, ob die Methode und deren Kalibrierung im Einklang mit der Größe und der Komplexität des Institutes überprüft und aktualisiert werden. Vor dem Hintergrund der erforderlichen Transparenz sollen die betroffenen Mitarbeiter über das Liquiditätstransferpreissystem und die zugehörige Methode informiert werden. Schließlich sollen die zuständigen Behörden auch beurteilen, ob der resultierende Mechanismus der Geschäftsleitung erlaubt, geeignete Anreize für die Steuerung des Liquiditätsrisikos zu

---

142 Vgl. Deutsche Kreditwirtschaft, Stellungnahme zum Konsultationspapier 01/2012 der Bundesanstalt für Finanzdienstleistungsaufsicht (BaFin) – »Überarbeitung der MaRisk«, 5.Juni 2012, S.17.

143 Vgl. Gersch, Jana/Milde, Astrid/Möhren, Tim, Liquiditätstransferpreissystem: Herausforderung für Große und Kleine (Institute), in: BankPraktiker WIKI MaRisk, März 2013, S.36.

144 Vgl. Deutscher Sparkassen- und Giroverband, Mindestanforderungen an das Risikomanagement – Interpretationsleitfaden, Version 5.0, Berlin, März 2013, S.321 f.

setzen, und die Ergebnisse bei der Preisgestaltung und bei der Entscheidung über den Abschluss von Aktiv- und Passivgeschäften überhaupt verwendet werden.[145]

Im Rahmen der Vorgaben zur Informationseinholung für den SREP wird zunächst nur das Vorhandensein eines »Liquiditäts-Kosten-Nutzen-Allokationsmechanismus« hinterfragt, was darauf hindeutet, dass die EBA bei ihren Anforderungen auch unter Proportionalitätsgesichtspunkten unterscheidet. Für die Beurteilung eines derartigen Mechanismus sollen sich die zuständigen Behörden eine entsprechende Beschreibung vorlegen lassen. Geprüft werden soll vor allem, ob alle relevanten Liquiditätskosten und -nutzen berücksichtigt werden und in welchem Rhythmus die Preise angepasst werden. Zudem sollen die Zusammenhänge zwischen dem Liquiditäts-Kosten-Nutzen-Allokationsmechanismus und dem Risikomanagement sowie dem übergreifenden Managementrahmen des Institutes erläutert werden. Bei Verwendung eines Liquiditätstransferpreissystems sollen zusätzlich dessen Einrichtung und Funktionsweise beschrieben werden. Das besondere Interesse der Aufsicht gilt in diesen Fällen dem Zusammenhang zur strategischen Entscheidungsfindung und zur Frontoffice-Entscheidungsfindung über den Abschluss von Aktiv- und Passivgeschäften. Insgesamt sollen sich die zuständigen Behörden auch einen quantitativen Überblick über die jeweilige Kalibrierung (z. B. Zinskurven, interne Referenzzinssätze für die Hauptkategorien der genutzten Vermögenswerte und Verbindlichkeiten usw.) des verwendeten Systems verschaffen. Zudem soll eine Beschreibung der Einbeziehung des Liquiditäts-Kosten-Nutzen-Allokationsmechanismus in die Rentabilitätsbeurteilung der verschiedenen Geschäftsfelder/-bereiche/-regionen sowie der neuen bilanziellen und außerbilanziellen Vermögenswerte und Verbindlichkeiten (Neu-Produkt-Prozess) angefordert werden.[146]

Die EZB hat diese Vorgaben der EBA aufgegriffen. So sollen die Institute bei allen bedeutenden bilanziellen und außerbilanziellen Geschäften die Liquiditätskosten, -nutzen und -risiken in die Preisgestaltung der Produkte sowie die Leistungsmessung und den Genehmigungsprozess für neue Produkte einbeziehen. Dabei sollen sie die Anreize zur Übernahme von Risiken in den einzelnen Geschäftsfeldern auf das daraus resultierende Liquiditätsrisiko für die Gesamtbank abstimmen.[147] Von der Geschäftsleitung erwartet die EZB im Rahmen der Angemessenheitserklärung zur Liquidität (»Liquidity Adequacy Statement«, LAS) u. a. auch eine Einschätzung dazu, inwiefern die Transferpreisgestaltung als effektive Methode zur Steuerung der Geschäfte verwendet wird.[148]

Die EZB betrachtet einen Mechanismus für die Kosten-Nutzen-Allokation, der die Liquiditätskosten, -nutzen und -risiken zuweist, als Bestandteil der Strategien, Leitlinien, Prozesse und Systeme eines Institutes.[149] Ein derartiger Mechanismus kann z. B. bei der Bemessung risikogewichteter Performanceindikatoren verwendet werden, die bei Entscheidungsprozessen und z. B. bei der Festlegung der variablen Vergütung oder bei Erörterungen zur Geschäftstätigkeit und zu Risiken auf allen Ebenen des Institutes – beispielsweise in Ausschüssen für das Aktiv-Passiv-Management, Risikoausschüssen und Sitzungen der Geschäftsleitung oder des Aufsichtsorgans – herangezogen werden. Ob dafür zwingend ein Liquiditätstransferpreissystem erforderlich ist, lässt die EZB offen.[150]

151

152

153

---

145 Vgl. European Banking Authority, Guidelines on common procedures and methodologies for the supervisory review and evaluation process (SREP) and supervisory stress testing, EBA/GL/2014/13, Consolidated version, 19. Juli 2018, S. 164 f.

146 Vgl. European Banking Authority, Leitlinien zu für SREP erhobene ICAAP- und ILAAP-Informationen, EBA/GL/2016/10, 3. November 2016, S. 22.

147 Vgl. Europäische Zentralbank, Aufsichtliche Erwartungen an ICAAP und ILAAP sowie harmonisierte Erhebung von ICAAP- und ILAAP-Informationen, Schreiben von Daniele Nouy an die Geschäftsleitung bedeutender Banken vom 8. Januar 2016, Anhang C.2, S. 4.

148 Vgl. Europäische Zentralbank, Technische Umsetzung der EBA-Leitlinien zu für SREP erhobene ICAAP- und ILAAP-Informationen, Konkretisierung der aufsichtlichen Erwartungen an die Erhebung von ICAAP- und ILAAP-Informationen vom 21. Februar 2017, S. 6 f.

149 Vgl. Europäische Zentralbank, Leitfaden der EZB für den bankinternen Prozess zur Sicherstellung einer angemessenen Liquiditätsausstattung (Internal Liquidity Adequacy Assessment Process – ILAAP), 9. November 2018, S. 36.

150 Vgl. Europäische Zentralbank, Leitfaden der EZB für den bankinternen Prozess zur Sicherstellung einer angemessenen Liquiditätsausstattung (Internal Liquidity Adequacy Assessment Process – ILAAP), 9. November 2018, S. 10.

6 Liquiditätstransferpreissystem (Tz. 6)

154 **6** Große Institute mit komplexen Geschäftsaktivitäten haben ein Liquiditätstransferpreissystem zur verursachungsgerechten internen Verrechnung der jeweiligen Liquiditätskosten, -nutzen und -risiken zu etablieren. Die ermittelten Transferpreise sind im Rahmen der Ertrags- und Risikosteuerung zu berücksichtigen, indem die Verrechnung möglichst auf Transaktionsebene erfolgt. Dies gilt für bilanzwirksame und außerbilanzielle Geschäftsaktivitäten. Die Aspekte Haltedauer und Marktliquidität der Vermögensgegenstände sind bei der Ermittlung der jeweiligen Transferpreise zu berücksichtigen. Für unsichere Zahlungsströme sind geeignete Annahmen zu treffen. Das Liquiditätstransferpreissystem hat auch die Kosten für vorzuhaltende Liquiditätspuffer zu verrechnen.

6.1 Erfordernis eines Liquiditätstransferpreissystems

155 Ein Liquiditätstransferpreissystem im Sinne der MaRisk ist als Spezialfall des geeigneten Verrechnungssystems (→ BTR 3.1 Tz. 5) zumeist durch eine bankinterne Transferierung von Liquiditätskosten, -nutzen und -risiken mittels zentral gestellter Transferpreise gekennzeichnet (→ BTR 3.1 Tz. 6, Erläuterung).

156 Die Praxis in Sachen Liquiditätstransferpreissystem erhält allerdings angesichts der neuen Erkenntnisse aus der Finanzmarktkrise neuen (bankinternen und aufsichtsrechtlichen) Schub und erfordert eine weitgehende Neuentwicklung der bestehenden Systeme. Die Kreditwirtschaft hatte sogar infrage gestellt, ob ein für Zwecke der externen Preisstellung verwendbarer interner Transferpreis überhaupt methodisch ermittelbar ist. So stößt die Nutzung eines Transferpreissystems für Liquiditätskosten auf grundlegende konzeptionelle Probleme, die auch in der Fachliteratur erst ansatzweise diskutiert werden.[151]

157 Die Aufsicht war sich zum Zeitpunkt der Formulierung dieser Anforderung durchaus darüber im Klaren, dass die Institute für eine sachgerechte Umsetzung einen größeren zeitlichen Vorlauf benötigen. Zwar sollten die Institute diesbezügliche Arbeiten frühzeitig angehen, indem sie die bereits vorhandenen Mechanismen überprüfen und, sofern möglich und sinnvoll, möglichst frühzeitig Verbesserungen an ihren Systemen und Verfahren vornehmen. Allerdings sollte die aufsichtliche Beurteilung bezüglich dieser neuen Anforderungen über den damaligen Umsetzungszeitraum hinaus mit Augenmaß erfolgen, sofern etwaige Verzögerungen im Einzelfall nicht auf Versäumnisse des Institutes zurückzuführen sind.[152]

158 Mit der Forderung zur Etablierung eines Liquiditätstransferpreissystems steht die deutsche Aufsicht jedenfalls nicht isoliert da. So halten auch andere Aufsichtsbehörden ein Liquiditätstransferpreissystem zur Sicherstellung einer angemessenen Allokation der Liquiditätskosten, -nutzen und -risiken für besonders gut geeignet. Bei der internen Preisfestsetzung sollen alle wesentlichen Geschäftsbereiche, Währungen und Produkte (Kredite, Einlagen, Fazilitäten) umfassend, transparent und ausreichend granular abgedeckt werden. Aus diesem System muss sich ableiten lassen, wie das inhärente Liquiditätsrisiko des jeweiligen Produktes oder Instrumentes eingepreist und

---

151 Vgl. Deutsche Kreditwirtschaft, Stellungnahme zum Konsultationspapier 01/2012 der Bundesanstalt für Finanzdienstleistungsaufsicht (BaFin) – »Überarbeitung der MaRisk« (Zwischenentwurf vom 2. August 2012), 12. September 2012, S. 16.

152 Vgl. Bundesanstalt für Finanzdienstleistungsaufsicht, Übermittlungsschreiben zum Rundschreiben 10/2012 (BA) vom 14. Dezember 2012, S. 6 f.

transferiert wird, wobei auch die Refinanzierungskosten des Liquiditätspuffers als »Opportunitäts-kosten« zu berücksichtigen sind. Die Methode sollte im Grundsatz die Liquiditätsbereitsteller angemessen »entlohnen« und die Liquiditätsverbraucher entsprechend »belasten«.[153]

6.2 Renaissance der Marktzinsmethode?

In den letzten Jahrzehnten hat sich die Marktzinsmethode als wesentliche Komponente zur **159** Trennung von Ergebnisbeiträgen etabliert. Dabei wird – wie der Name schon sagt – der für ein Produkt verlangte Transferpreis aus der Marktzinskurve abgeleitet. In den letzten Jahren wird dabei von vielen Instituten auch ein Aufpreis für die tatsächlichen Refinanzierungskosten des Institutes veranschlagt.[154] Den verwendeten Begriffen zufolge hat auch CEBS in seinen Leitlinien auf ein Liquiditätstransferpreissystem in Anlehnung an die Marktzinsmethode abgestellt.[155] Insofern scheint die Marktzinsmethode in gewisser Weise – erweitert um den Liquiditäts(risiko)aspekt – eine Renaissance zu erleben.

Je intensiver ein Institut Fristentransformation betreibt, desto bedeutsamer wird eine Differen- **160** zierung der Kundengeschäftskalkulation, da der Geschäftserfolg neben dem Anstieg kurzfristiger Interbankensätze (»reines« Zinsänderungsrisiko) auch durch die mögliche Ausweitung der institutsindividuellen Liquiditätsspreads gefährdet ist. Diesem Umstand kann durch eine Aufspaltung des Zinsergebnisses nach dem Modell der Marktzinsmethode Rechnung getragen werden. Bei dieser Aufspaltung werden vereinfacht der Zinskonditionenbeitrag (= Kundenzinssatz – Interbankensatz einer fristenkongruenten Refinanzierung – Liquiditätsspread eines fristenkongruenten Geschäftes), der Zinsfristentransformationsbeitrag (= Interbankensatz einer fristenkongruenten Refinanzierung – Interbankensatz der tatsächlichen Refinanzierung) und der Liquiditätsfristentransformationsbeitrag (Liquiditätsspread eines fristenkongruenten Geschäftes – Liquiditätsspread des tatsächlichen Geschäftes) berechnet. Der Liquiditätsspread setzt sich jeweils aus den Liquiditätskosten und den Liquiditätsrisikokosten zusammen.[156]

6.3 Herleitung von Transferpreisen

Methodisch zumindest anspruchsvoll ist die Herleitung von Liquiditäts-Transferpreisen für die **161** erwarteten Zahlungsströme und von Liquiditätsrisiko-Transferpreisen für die unerwarteten Zahlungsströme. Bei der Kalkulation wird zwischen Geschäften mit deterministischem Kapitalfluss hinsichtlich ihrer Höhe und Laufzeit (wie z.B. Termineinlagen) und Geschäften mit nicht-deterministischem Kapitalfluss (wie z.B. Kreditlinien) unterschieden, bei denen ein bestimmter Verlauf der Zahlungsströme nur modelliert werden kann. Der individuelle Liquiditätsspread deckt grob gesprochen die Refinanzierungskosten für sämtliche erwarteten Zahlungsströme ab, nicht jedoch

---

153 Vgl. Finanzmarktaufsicht Liechtenstein, ILAAP (»Internal Liquidity Adequacy Assessment Process«), FMA-Mitteilung 2017/6, 21. November 2017, S. 9 f.
154 Vgl. Kröner, Henriette/Heinrichs, Stefan, MaRisk: Verrechnung der Liquiditätskosten, in: Zeitschrift für das gesamte Kreditwesen, Heft 24/2012, S. 1279.
155 Vgl. Deutsche Kreditwirtschaft, Stellungnahme zum Konsultationspapier 01/2012 der Bundesanstalt für Finanzdienstleistungsaufsicht (BaFin) – »Überarbeitung der MaRisk«, 5. Juni 2012, S. 16.
156 Vgl. Bulling, Volker/Schlemminger, Ralf B., Liquiditätsspreads sind kritische Punkte in der Kalkulation, in: Betriebswirtschaftliche Blätter, Heft 11/2011, S. 649 f.

die Kosten für die unerwarteten Zahlungsströme bei Geschäften mit nicht-deterministischem Kapitalfluss, also für das Vorhalten zusätzlicher Mittel.[157]

162 Das im Folgenden vorgestellte Modell setzt voraus, dass die Zahlungsströme aller zu bepreisenden Produkte in erwartete und unerwartete zerlegt werden können. Trotz damit verbundener unterschiedlicher Risiken, die auf die Unsicherheit über die unerwarteten Zahlungsströme zurückzuführen sind, basiert die Berechnung der jeweiligen Transferpreise auf den gleichen Prinzipien.[158]

163 Der Liquiditäts-Transferpreis für ein Aktivgeschäft entspricht dem Produkt aus den Absicherungskosten zum Zeitpunkt der erwarteten Zahlung (Liquiditätsspread) mit dem Zahlungsvolumen und dem Zeitraum der Liquiditätsbindung. Bei außerbilanziellen Geschäften kann der Transferpreis analog berechnet werden, bei Passivgeschäften wird spiegelbildlich jener Zeitraum betrachtet, für den die Liquidität bereitgestellt werden muss. Die Berechnung des Liquiditätsrisiko-Transferpreises ist durch den Aspekt der mit diesen Zahlungsströmen verbundenen Unsicherheit etwas komplexer:

- Zunächst muss eine Verteilungsannahme für die unsicheren Zahlungsströme getroffen werden. Dafür kommt grundsätzlich die Normalverteilung infrage, die allerdings die Intensität von Krisen unterschätzt. Insofern kann auch eine Extremwertverteilung genutzt werden. In der Praxis werden die Unsicherheiten jedoch häufig mit Hilfe von Zeitreihen der Zahlungsströme des zu modellierenden Produktes empirisch ermittelt.

- Anschließend wird ein Risikomaß für das Liquiditätsrisiko definiert. Dafür kommt z.B. ein Quantil oder ein (Stress-)Szenario infrage, das den maximal abzusichernden Mittelabfluss determiniert. Dieses Quantil bzw. Szenario sollte folglich dem Risikoappetit des Institutes entsprechen und somit konsistent zu den anderen Risikoarten gewählt werden.[159]

- Zur Bestimmung der Absicherungskosten muss zwischen den verschiedenen Kosten zum Vorhalten der Liquiditätspuffer und zum Vorhalten der Mittel für unwiderrufliche Liquiditätslinien unterschieden werden. Beide Quellen können zur Deckung des Liquiditätsbedarfes herangezogen werden. Die Vorhaltekosten der Liquiditätspuffer ergeben sich aus der Differenz zwischen den Kosten ihrer Refinanzierung und dem Ertrag der Liquiditätsreserve.[160] Für die Liquiditätslinien entsprechen diese Vorhaltekosten im Allgemeinen der Gebühr für ihre Zusage. Wichtig ist, dass die Vorhaltekosten anstelle der (i.d.R. geringeren) Kosten der Inanspruchnahme liquider Mittel in die Kalkulation einfließen, weil diese Kosten auch dann anfallen, wenn die Mittel letztlich doch nicht in Anspruch genommen werden.

- Der Liquiditätsrisiko-Transferpreis kann zunächst nur für jenen Zeitraum berechnet werden, der die Frequenz der Zu- und Abflüsse mit Blick auf die gewählte Verteilung beschreibt. Der Preis für ggf. abweichende Zeiträume muss durch geeignete Verfahren weiter modelliert werden. Dabei sollten die ggf. unterschiedlichen Laufzeiten der abzusichernden Positionen berücksichtigt werden, z.B. durch Ansatz eines gewichteten Mittels der erwarteten Laufzeiten.

---

157 Vgl. Kröner, Henriette/Heinrichs, Stefan, MaRisk: Verrechnung der Liquiditätskosten, in: Zeitschrift für das gesamte Kreditwesen, Heft 24/2012, S. 1279.

158 Die folgende allgemeine Darstellung basiert auf dem Artikel von Heidorn, Thomas/Schmaltz, Christian, Interne Transferpreise für Liquidität, in: Zeitschrift für das gesamte Kreditwesen, Heft 3/2010, S. 141 f. Eine ausführlichere Darstellung ist z.B. Heidorn, Thomas/Schmaltz, Christian, Interne Transferpreise für Liquidität, Frankfurt School of Finance & Management, Working Paper Nr. 125, August 2009, S. 7 ff., zu entnehmen.

159 Bei Unterstellung eines Konfidenzniveaus von p kann der Risikoappetit des Institutes mit (1-p) beschrieben werden. Insofern müssen auch die ausgehenden Zahlungen bis zum (1-p)-Prozent-Quantil gedeckt sein. Vgl. Heidorn, Thomas/Schmaltz, Christian, Interne Transferpreise für Liquidität, in: Zeitschrift für das gesamte Kreditwesen, Heft 3/2010, S. 142. An der gleichen Systematik sollten sich dann auch die Risikotoleranzen für alle anderen wesentlichen Risiken orientieren.

160 Die Liquiditätspuffer bestehen im Allgemeinen aus Assets, die im Vergleich zu ihrer Refinanzierung eine kürzere Laufzeit haben oder zumindest schneller liquidiert werden können. In der Praxis werden die Liquiditätspuffer häufig mit n Drei-Monats-Tranchen refinanziert, damit an einem Stichtag davon jeweils nur 1/n fällig wird und die Refinanzierung somit auf einem soliden Sockel beruht. Folglich ergeben sich die Kosten der Refinanzierung als Summe aus dem Drei-Monats-Euribor und dem individuellen Drei-Monats-Liquiditätsspread des Institutes. Die Anlage kann z.B. »Overnight« erfolgen, so dass der Ertrag mit Blick auf die relevante Laufzeit in diesem Fall durch den Drei-Monats-Eonia-Swapindex oder die Einlagenfazilität der Europäischen Zentralbank erfasst werden kann. Vgl. Heidorn, Thomas/Schmaltz, Christian, Interne Transferpreise für Liquidität, in: Zeitschrift für das gesamte Kreditwesen, Heft 3/2010, S. 142.

In die Berechnung der Liquiditätsrisiko-Transferpreise fließen also diverse Parameter ein, wie **164** Marktdaten (Euribor- und Eonia-Zinssätze, institutsindividuelle Spreads, Zusagengebühr für unwiderrufliche Liquiditätslinien), von der Bank festzulegende Parameter (Konfidenzniveau bzw. Szenario, Mischungsverhältnis der Liquiditätspuffer und Liquiditätslinien für den zu besichernden Mittelabfluss) und produktabhängige Parameter (Abflussraten unter Berücksichtigung der Bodensatztheorie und diesbezügliche Volatilitäten, bei einer Normalverteilungsannahme z. B. durch die Standardabweichung oder durch empirische Beobachtungen ausgedrückt). Mit der Modellierung von Bodensatzbildung, Schwankungsintervallen etc. sind natürlich diverse Unsicherheiten verbunden. Trotzdem führen auf diese Weise ermittelte Transferpreise tendenziell zu einer deutlich besseren Risikoallokation. Aufgrund der Verknüpfung mit objektiven Marktdaten wird insbesondere die Hereinnahme von zusätzlichem Liquiditätsrisiko in Zeiten volatiler Märkte unattraktiver.[161]

6.4 Anregungen des Institutes für Finanzstabilität

Neben dieser beispielhaften Vorgehensweise hat auch das bei der Bank für Internationalen **165** Zahlungsausgleich angesiedelte Institut für Finanzstabilität (FSI)[162] Ende 2011 eine strukturierte Zusammenfassung grundlegender Fehler bei der Herleitung von Transferpreisen sowie diverse Hinweise zur Verbesserung ihrer Qualität veröffentlicht.[163]

Auch den Untersuchungen des FSI zufolge haben die Institute vor der Finanzmarktkrise **166** Liquiditätskosten und -nutzen, wenn überhaupt, häufig nur über einen laufzeitunabhängigen pauschalen Spread-Zuschlag auf die risikolose Swapkurve oder über einen allgemeinen laufzeit- und produktübergreifenden Durchschnittssatz verrechnet (»pooled average cost of funds approach«). Diese undifferenzierte Vorgehensweise führte zu einer verstärkten Fristentransformation, da ohne Berücksichtigung der verschiedenen Laufzeiten Anreize für längerfristige Anlagen gegeben werden, ohne korrespondierende lange Refinanzierungen zu belohnen. Auch die Verrechnung der Kosten der Liquiditätspuffer erfolgte nur mangelhaft oder überhaupt nicht. Die diesbezüglichen Hauptkritikpunkte betreffen die Hereinnahme von wiederum selbst illiquide werdenden Aktiva für die Liquiditätspuffer, die mangelhafte Dimensionierung der Liquiditätspuffer ohne ausreichende Berücksichtigung von Wertverlusten im Stressfall sowie die zu kurze Refinanzierung der Liquiditätspuffer durch Unterschätzung der Haltedauer.[164]

In Bezug auf die Berechnung von Liquiditätskosten bzw. -nutzen wird anstelle eines durch- **167** schnittlichen Refinanzierungssatzes über alle Laufzeiten die Nutzung eines laufzeitkongruenten marginalen Refinanzierungssatzes vorgeschlagen (»matched-maturity marginal cost of funds approach«). Dieser entspricht – vereinfacht gesprochen – dem laufzeitkongruenten Refinanzierungsspread.[165] Allerdings wird auch darauf hingewiesen, dass dieser Ansatz in Stressphasen mit

---

161 Vgl. Heidorn, Thomas/Schmaltz, Christian, Interne Transferpreise für Liquidität, in: Zeitschrift für das gesamte Kreditwesen, Heft 3/2010, S. 142 ff.

162 Das Institut für Finanzstabilität (»Financial Stability Institute«, FSI) wurde im Jahre 1998 gemeinsam von der Bank für Internationalen Zahlungsausgleich und dem Baseler Ausschuss für Bankenaufsicht gegründet, um die Aufsichtsinstanzen des Finanzsektors weltweit bei der Verbesserung und Stärkung ihrer Finanzsysteme zu unterstützen.

163 Grant, Joel, Liquidity transfer pricing: a guide to better practice, Occasional Paper No 10, Financial Stability Institute, Dezember 2011.

164 Vgl. Grant, Joel, Liquidity transfer pricing: a guide to better practice, Occasional Paper No 10, Financial Stability Institute, Dezember 2011, S. 7 ff.

165 Im Papier wird vorgeschlagen, einen laufzeitkongruenten fixen Zinssatz in eine variable Refinanzierung intern zu tauschen (»Swap«). Der Spread über dem variablen Referenzzinssatz würde dann die laufzeitkongruente Liquiditätsprämie repräsentieren, die neben dem Kreditrisiko auch sonstige Marktprämien enthält.

nicht auszuschließenden Übertreibungen zu Steuerungsimpulsen führen kann, die dem Wunsch einer kontinuierlichen Geschäftsentwicklung entgegenstehen.[166]

168   Für die Ermittlung der Verrechnungskosten der Liquiditätspuffer sind im ersten Schritt die Treiber für unerwartete Liquiditätserfordernisse zu identifizieren (z. B. Einlagenabzug, Entzug der unbesicherten Refinanzierungsmöglichkeiten, Kreditziehungen, Sicherheitenzahlungen und Entzug der besicherten Refinanzierung), um dann im zweiten Schritt die Liquiditätserfordernisse im Rahmen eines Stresstestes abzuschätzen. Im dritten Schritt ist auf Basis der Stresstest-Ergebnisse das Volumen der benötigten Liquiditätspuffer zu bestimmen. Anschließend sind die (i. d. R. negativen) Netto-Refinanzierungskosten (»Cost of Carry«) der Liquiditätspuffer unter Berücksichtigung von Bewertungsabschlägen ableitbar. Im fünften und letzten Schritt sind die ermittelten Kosten so detailliert wie möglich (z. B. Bereich, Produkte, Transaktionen) als Liquiditätsrisikoprämie zu belasten.[167]

6.5   Verrechnung der Kosten für die Liquiditätspuffer

169   Das Liquiditätstransferpreissystem hat auch die Kosten für vorzuhaltende Liquiditätspuffer zu verrechnen. Damit wird über die Anforderungen an den vorzuhaltenden Liquiditätspuffer aus der ersten Säule von Basel III (Liquidity Coverage Ratio) hinausgegangen, die keine Vorgaben zu den damit verbundenen Kosten enthalten. Hintergrund dieser Anforderung ist die Tatsache, dass die Kosten für vorzuhaltende Liquiditätspuffer verdient und deshalb bei der Kalkulation der Geschäfte berücksichtigt werden müssen, da sie im Nachhinein nicht mehr aufgegeben werden können.

170   Es sei darauf hingewiesen, dass sich die bisherige Darstellung vorrangig auf die ökonomische Betrachtung der Liquiditätspuffer bezieht, d. h. auf den potenziellen Liquiditätsbedarf aus unerwarteten Zahlungsströmen und Laufzeitinkongruenzen zwischen Mittelzu- und -abflüssen. Die regulatorische Betrachtung der Liquiditätspuffer, die mit der Liquidity Coverage Ratio aus der ersten Säule und vergleichbaren Vorgaben aus der zweiten Säule von Basel III insbesondere auf die Überlebensfähigkeit in Krisensituationen abstellt, muss ggf. zusätzlich berücksichtigt werden.[168]

171   Die Verteilung der Kosten für vorzuhaltende Liquiditätspuffer auf die Liquidität verbrauchenden Einheiten kann allgemein innerhalb des Verrechnungssystems erfolgen. Eine Berücksichtigung in den »originären« internen Preisen ist nicht zwingend erforderlich.[169] Diese Erleichterung ist insbesondere mit Blick auf die regulatorische Betrachtung der Liquiditätspuffer von Nutzen, da eine direkte Zuordnung von aufsichtsrechtlich verursachten Kosten zu einzelnen Geschäften suggerieren würde, dass die Kosten von diesen Geschäften explizit verursacht werden. Gleichzeitig wird den Bedenken der Kreditwirtschaft Rechnung getragen, wonach diese Kosten in einem Liquiditätstransferpreissystem ausschließlich ein Problem der zentralen Struktursteuerung sind und insofern höchstens über einen getrennten Mechanismus (z. B. ein Umlagesystem) verrechnet werden können.[170] Um geeignete Steuerungsmaßnahmen aus ökonomischer und regulatorischer Perspektive ableiten

---

166 Vgl. Grant, Joel, Liquidity transfer pricing: a guide to better practice, Occasional Paper No 10, Financial Stability Institute, Dezember 2011, S. 30 ff.

167 Vgl. Grant, Joel, Liquidity transfer pricing: a guide to better practice, Occasional Paper No 10, Financial Stability Institute, Dezember 2011, S. 40 ff.

168 Vgl. Gersch, Jana/Milde, Astrid/Möhren, Tim, Liquiditätstransferpreissystem: Herausforderung für Große und Kleine (Institute), in: BankPraktiker WIKI MaRisk, März 2013, S. 36.

169 Vgl. Bundesanstalt für Finanzdienstleistungsaufsicht, Übermittlungsschreiben zum Rundschreiben 10/2012 (BA) vom 14. Dezember 2012, S. 6.

170 Vgl. Deutsche Kreditwirtschaft, Stellungnahme zum Konsultationspapier 01/2012 der Bundesanstalt für Finanzdienstleistungsaufsicht (BaFin) – »Überarbeitung der MaRisk«, 5. Juni 2012, S. 17.

zu können, wäre zu prüfen, ob und inwieweit beide Perspektiven in den Verrechnungssystemen integriert werden können.[171] Die Wechselwirkung dieser verschiedenen Ansätze ist dabei nicht trivial und kann – z. B. bei wechselnden Engpassfaktoren aus der ersten und zweiten Säule – nur schwer in eine transparente und konsistente Steuerung umgesetzt werden.

6.6 Alternative zur Bepreisung der Liquiditätspuffer

Wie eine Berechnung der Kosten für vorzuhaltende Liquiditätspuffer erfolgen kann, wurde bereits im Zusammenhang mit der Herleitung von Transferpreisen auf Basis einer analytischen oder empirischen Verteilungsannahme für die unsicheren Zahlungsströme allgemein erläutert.   **172**

Wie bereits ausgeführt, wird die Höhe der Liquiditätspuffer in der ökonomischen Betrachtung maßgeblich durch den Risikoappetit des Institutes bzw. die Risikotoleranz für Liquiditätsrisiken bestimmt (→ AT 4.2 Tz. 2). Vor diesem Hintergrund könnte einem anderen Modell zufolge das auf der Kombination aus institutseigenen und marktweiten Ursachen beruhende Stressszenario genutzt werden (→ BTR 3.1 Tz. 8), um die unerwarteten Zahlungsströme in Abweichung von den erwarteten Zahlungsströmen auf Basis eines Fortführungs-Szenarios zu ermitteln. Der zu ermittelnde Liquiditätsaufschlag für die Kosten der Liquiditätspuffer über den Betrachtungshorizont ergibt sich dann als Produkt aus dem Volumen der zeitlich gewichteten unerwarteten Zahlungsströme und den wie oben ermittelten Kosten der Liquiditätspuffer, bereinigt um deren generierte Erträge.[172]   **173**

Die Vorteile dieser Vorgehensweise werden darin gesehen, dass für die einzelnen Produkte bereits durch die Stresstests sämtliche Modellierungsannahmen definiert sind und regelmäßig validiert werden. Außerdem sind die Ergebnisse der Stresstests bei der internen Steuerung der Liquiditätsrisiken, bei den Frühwarnverfahren (→ BTR 3.1 Tz. 2) und dem Notfallplan (→ BTR 3.1 Tz. 9) zu berücksichtigen, womit gleichzeitig eine Konsistenz des Liquiditätstransferpreissystems zur Ertrags- und Risikosteuerung sichergestellt werden kann.[173] Ein weiterer Vorteil liegt darin, dass die aufsichtsrechtliche Betrachtung der Liquiditätspuffer zum Teil oder – je nachdem, wie stark sich ein Institut bei der Ausgestaltung der Stresstests nach den MaRisk an den Vorgaben zur Liquidity Coverage Ratio orientiert – sogar komplett mitberücksichtigt wird.   **174**

Auch dieses Berechnungsmodell kann – ebenso wie das bereits vorgestellte Modell zur Herleitung von Transferpreisen – in verschiedener Hinsicht noch verfeinert werden[174]:   **175**
– So sollten den Vorgaben von CEBS zufolge die Transferpreise für homogene Produktgruppen die Grenzkosten der Refinanzierung (marginal cost of funding) reflektieren. Das bedeutet, dass ein Institut im Idealfall die Kosten der Liquiditätspuffer mit jeder Änderung ihrer Zusammen-

---

171 Vgl. Gersch, Jana/Milde, Astrid/Möhren, Tim, Liquiditätstransferpreissystem: Herausforderung für Große und Kleine (Institute), in: BankPraktiker WIKI MaRisk, März 2013, S. 38.

172 Die genaue Zusammensetzung der Liquiditätspuffer ist in erster Linie von der vom Institut gewählten Refinanzierungs-strategie für diese Puffer abhängig. Zum Beispiel könnte unterstellt werden, dass sich die grundsätzliche Zusammenset-zung der Liquiditätspuffer über die Laufzeit nicht ändert, indem auslaufende Wertpapiere mit gleichartigen ersetzt werden. Ebenso ist es möglich, bestimmte Umstrukturierungen von vornherein einzuplanen. Zur Berechnung der Erträge aus den Liquiditätspuffern ist dann die durchschnittliche Verzinsung der ihr zugeordneten Bar- und Wertpapierbestände zu ermitteln. Für die angenommene Refinanzierung können potenzielle zukünftige Kostenveränderungen z. B. über die Kurvenstruktur der Zinssätze bzw. der individuellen Liquiditätsspreads berücksichtigt werden. Vgl. Kröner, Henriette/ Heinrichs, Stefan, MaRisk: Verrechnung der Liquiditätskosten, in: Zeitschrift für das gesamte Kreditwesen, Heft 24/2012, S. 1279 ff.

173 Vgl. Kröner, Henriette/Heinrichs, Stefan, MaRisk: Verrechnung der Liquiditätskosten, in: Zeitschrift für das gesamte Kreditwesen, Heft 24/2012, S. 1280.

174 Vgl. Kröner, Henriette/Heinrichs, Stefan, MaRisk: Verrechnung der Liquiditätskosten, in: Zeitschrift für das gesamte Kreditwesen, Heft 24/2012, S. 1280 ff.

setzung neu berechnen sollte.[175] Im vorgestellten Modell wurde hingegen unterstellt, dass alle unerwarteten Zahlungsabflüsse automatisch wieder zu einer Aufstockung der Liquiditätspuffer führen. In der Praxis kann es jedoch auch vorkommen, dass die unerwarteten Zahlungsabflüsse des betrachteten Geschäftes mit Zuflüssen anderer Geschäfte zusammenfallen und in der Nettobetrachtung keine Aufstockung der Liquiditätspuffer erforderlich ist. Dieser Effekt ist allerdings nicht auf das betrachtete Geschäft zurückzuführen und sollte ihm deshalb auch nicht zugerechnet werden.

– Die Kosten der Liquiditätspuffer können sich in Abhängigkeit von einer (ggf. vertraglich vereinbarten) Mindestvorlaufzeit der unerwarteten Zahlungsabflüsse unterscheiden (z. B. bei einer Ankündigungsfrist für Prolongationen). So müssen kapitalmarktorientierte Institute zur Überbrückung des kurzfristigen Liquiditätsbedarfes von mindestens einer Woche neben Zentralbankgeld hochliquide Vermögensgegenstände vorhalten, die jederzeit ohne signifikante Wertverluste in privaten Märkten liquidiert werden können und zentralbankfähig sind. Für den weiteren Liquiditätsbedarf bis zum Ende des Zeithorizontes von mindestens einem Monat können andere Vermögensgegenstände als weitere Bestandteile der Liquiditätspuffer herangezogen werden, wenn diese ohne signifikante Wertverluste innerhalb des Zeithorizontes liquidiert werden können (→ BTR 3.2 Tz. 2). Bei einer Vorlaufzeit von mehr als sieben Tagen können insofern die i. d. R. geringeren Kosten für nicht ganz so hochliquide Wertpapiere angesetzt werden.

– Auch die Wahl des Betrachtungshorizontes für die Limitierung (z. B. ein Jahr) kann Einfluss auf die Berechnung der erforderlichen Liquiditätspuffer haben. So können die unerwarteten Zahlungsströme zusätzlich danach unterschieden werden, ob die Unsicherheit sowohl hinsichtlich der Höhe als auch des Zeitpunktes (z. B. bei einer Kreditlinie) oder nur hinsichtlich der Höhe (z. B. bei Prolongationen) besteht. Eine Einbeziehung der lediglich in ihrer Höhe unbekannten Zahlungsströme in die Liquiditätspuffer kann erst dann erforderlich sein, wenn sie im Zeitverlauf in den Limitierungszeitraum hereinlaufen. Die Betrachtung kurz- oder langfristiger Limitierungszeiträume hat insofern einen Einfluss auf die Zusammensetzung der Liquiditätspuffer.[176]

– In Abhängigkeit von ihrer jeweiligen Relevanz für die Berechnung können zusätzliche, direkt zurechenbare Kostenkomponenten einbezogen werden, wie z. B. verbundene Eigenkapitalkosten oder Kosten im Zusammenhang mit der Realisierung der Liquiditätspuffer (z. B. potenzielle Verluste bei Veräußerung in Stresssituationen). Denkbar ist auch eine ggf. stärkere Berücksichtigung regulatorischer Vorgaben der ersten Säule von Basel III oder bestimmter Produktspezifika (z. B. Notifikationsvereinbarungen), um nur einige Beispiele zu nennen.

6.7 Annahmen für unsichere Zahlungsströme

176 Für »unsichere« Zahlungsströme sind geeignete Annahmen zu treffen. Diese Anforderung ergibt sich aus der Aufspaltung der Zahlungsströme in »erwartete« (Liquidität) und »unerwartete« (Liquiditätsrisiko). Die unerwarteten Zahlungsströme können als Abweichungen von den erwarteten Zahlungsströmen interpretiert werden und sind insofern als die unsicheren Zahlungsströme

---

175 Vgl. Committee of European Banking Supervisors, Guidelines on Liquidity Cost Benefit Allocation (GL 36), 27. Oktober 2010, S. 10.

176 In diesem Fall wird empfohlen, zur Berechnung der Kosten der Liquiditätsreserve bzw. ihrer Refinanzierung auf Forward-Zinssätze zurückzugreifen. Vgl. Kröner, Henriette/Heinrichs, Stefan, MaRisk: Verrechnung der Liquiditätskosten, in: Zeitschrift für das gesamte Kreditwesen, Heft 24/2012, S. 1281 ff.

im Sinne dieser Anforderung zu verstehen. Es leuchtet ein, dass die Genauigkeit der Berechnung von Transferpreisen maßgeblich davon abhängt, wie groß die Abweichungen der realen Zahlungen im Endeffekt von ihrem zuvor erwarteten Verlauf sind. Insbesondere bei einer zu optimistischen Einschätzung werden die tatsächlichen Kosten kaum durch die Transferpreise gedeckt sein.

Es wird zwar schon aufgrund von Eventualverbindlichkeiten, bei denen i.d.R. unklar ist, ab **177** welchem Zeitpunkt sie in welcher Höhe und für welchen Zeitraum in Anspruch genommen werden, kaum möglich sein, eine exakte Vorhersage zu treffen. Allerdings sollten die Annahmen auf institutsindividuellen Erfahrungswerten – unter Berücksichtigung von Tendenzen und vom jeweiligen Marktumfeld – basieren und nachvollziehbar dokumentiert sein.

Die Modellierung der Zahlungsströme von Vermögenswerten und Verbindlichkeiten ist nach **178** Einschätzung von CEBS ein Schlüsselelement bei der Berechnung angemessener interner Preise. Diese Modellierung sollte durch ein robustes Rahmenwerk flankiert werden, um sicherzustellen, dass transparente Preise berechnet werden.[177]

6.8   Haltedauer und Marktliquidität der Vermögensgegenstände

Die Aspekte Haltedauer und Marktliquidität der Vermögensgegenstände müssen bei der Ermitt- **179** lung der jeweiligen Transferpreise berücksichtigt werden. Damit wird zunächst zum Ausdruck gebracht, dass die Transferpreise von Vermögensgegenständen auch von ihrer Haltedauer und Marktliquidität abhängig sind.

In Krisensituationen bestehen ggf. nur unzureichende Möglichkeiten zur Aufnahme ausreichen- **180** der Liquidität auf den Geld- und Kapitalmärkten (fehlende Marktliquidität). Insbesondere können die Vermögensgegenstände dann nur mit Abschlägen auf die Marktpreise liquidiert werden. Für diesbezügliche mögliche Verluste aus Verkäufen bilden die Institute bereits Bewertungsabschläge im Rahmen ihrer Liquiditätspuffer (»Haircuts«), die in der Konsequenz mit einer Minderung des Liquiditätsdeckungspotenzials verbunden sind (→ AT4.1 Tz.4). An dieser Stelle geht es weniger um das Marktliquiditätsrisiko im Allgemeinen, das Gegenstand von Stressszenarien ist und z.B. bei der Zusammensetzung der Liquiditätspuffer berücksichtigt wird, als vielmehr um die Marktliquidität der jeweiligen Vermögensgegenstände, d.h. um deren Liquiditätsgrad (→ BTR3.1 Tz.4).

So lässt sich feststellen, dass die Transferpreise für Vermögensgegenstände mit identischer **181** Laufzeit nicht zwingend gleich sein müssen. Dies liegt vor allem daran, dass besonders liquide Vermögensgegenstände auch vor Fälligkeit und damit ggf. zu geringeren Kosten liquidiert werden können. Tendenziell sollte also der Transferpreis für liquide Vermögensgegenstände niedriger sein als für weniger liquide. Dieser Aspekt kann berücksichtigt werden, indem bei der Berechnung des Transferpreises nicht auf die Fälligkeit, sondern auf die Haltedauer der Vermögensgegenstände abgestellt wird.[178]

---

177 Vgl. Committee of European Banking Supervisors, Guidelines on Liquidity Cost Benefit Allocation (GL 36), 27. Oktober 2010, S. 8.
178 Vgl. Heidorn, Thomas/Schmaltz, Christian, Interne Transferpreise für Liquidität, in: Zeitschrift für das gesamte Kreditwesen, Heft 3/2010, S. 144.

6.9 Berücksichtigung im Rahmen der Ertrags- und Risikosteuerung

182 Die ermittelten Transferpreise sind sowohl für bilanzwirksame als auch für außerbilanzielle Geschäftsaktivitäten im Rahmen der Ertrags- und Risikosteuerung zu berücksichtigen. Zu diesem Zweck soll die Verrechnung der Transferpreise möglichst auf Transaktionsebene erfolgen. Allerdings gewährt die BaFin die Erleichterung, Produkte und Geschäfte mit gleichartigen Liquiditätseigenschaften zusammenfassen zu können (→ BTR 3.1 Tz. 6, Erläuterung). Die Formulierung »gleichartig« wurde von der Aufsicht bewusst gewählt, da viele Produkte ähnliche, aber eben nicht identische Liquiditätseigenschaften besitzen. Auf welcher Ebene diese Zusammenfassung erfolgen kann (z. B. Produkt- oder Portfolioebene) wird nicht näher ausgeführt und hängt vom jeweiligen Produkt bzw. Geschäft ab. Ein typisches Beispiel für eine sinnvolle Verrechnung von Transferpreisen auf Portfolioebene sind Spareinlagen von Privatkunden.

183 Gleichzeitig fordert die Aufsicht jedoch, mit der Verrechnung nicht auf Positionsebene stehenzubleiben, sondern diese möglichst auf Transaktionsebene herunterzubrechen[179], was in gewisser Weise widersprüchlich zur eingeräumten Erleichterung ist. Bei enger Orientierung am Regelungstext und den dazu erfolgten Erläuterungen steht einem portfoliobasierten Allokationsprozess, bei dem Produkte und Geschäfte mit gleichartigen Liquiditätseigenschaften gruppiert werden, grundsätzlich nichts entgegen.[180] Vor diesem Hintergrund kann der Begriff »verursachungsgerecht« auf die für erforderlich gehaltene Organisationsebene bezogen werden, die für das Setzen der Steuerungsimpulse mindestens für notwendig erachtet wird (z. B. Einzelgeschäft, Portfolio, Händler, Händlerteam, Geschäftseinheit, Geschäftsbereich, Segment).[181]

6.10 Geschäftspolitische Dimension der Preisgestaltung

184 Die Kreditwirtschaft hat im Rahmen der Konsultation auch auf die geschäftspolitische Dimension von Transferpreisen hingewiesen. So wird über ein Liquiditätstransferpreissystem zunächst nur eine bankinterne Übertragung von Liquiditätsrisiken an eine zentrale Struktursteuerung bewirkt. Inwieweit die übertragene Liquiditätsrisikoposition anschließend extern glattgestellt oder geschlossen wird, ist eine (geschäftspolitische) Frage der Limitierung der Struktursteuerung und nicht der Kalkulation von Transaktionen.[182] Im MaRisk-Fachgremium wurde zudem darauf hingewiesen, dass auch die interne Verrechnung von Transferpreisen in einer Weise eingeführt werden muss, dass sich einzelne Geschäftsbereiche den neuen Steuerungsimpulsen mit ggf. geringeren oder sogar negativen Ergebnisbeiträgen entsprechend anpassen können. Dabei ist zu berücksichtigen, dass diese Anpassungen auch auf Annahmen zu nicht deterministischen Zahlungsströmen beruhen können, die sich im Rahmen einer neuen, bisher unbekannten Krise im Nachhinein als unrealistisch herausstellen. Auf der anderen Seite kann eine vollständige Anrechnung des Liquiditätsnutzens bei den liquiditätseinwerbenden Bereichen dazu führen, dass dieser interne Bonus teilweise an die Kunden weitergegeben wird und das Geschäft damit insgesamt für

---

179 Vgl. Bundesanstalt für Finanzdienstleistungsaufsicht, Übermittlungsschreiben zum Rundschreiben 10/2012 (BA) vom 14. Dezember 2012, S. 6.

180 Vgl. Deutsche Kreditwirtschaft, Stellungnahme zum Konsultationspapier 01/2012 der Bundesanstalt für Finanzdienstleistungsaufsicht (BaFin) – »Überarbeitung der MaRisk« (Zwischenentwurf vom 2. August 2012), 12. September 2012, S. 16.

181 Vgl. Deutsche Kreditwirtschaft, Stellungnahme zum Konsultationspapier 01/2012 der Bundesanstalt für Finanzdienstleistungsaufsicht (BaFin) – »Überarbeitung der MaRisk«, 5. Juni 2012, S. 17.

182 Vgl. Deutsche Kreditwirtschaft, Stellungnahme zum Konsultationspapier 01/2012 der Bundesanstalt für Finanzdienstleistungsaufsicht (BaFin) – »Überarbeitung der MaRisk«, 5. Juni 2012, S. 16.

die Bank unrentabel wird. Insofern ist mit der Einführung von Transferpreisen auch eine gewisse Art von Aufklärungsarbeit zu leisten.

Unabhängig davon kann es gewünscht oder erforderlich sein, bei der Preisfestsetzung auch **185** andere Aspekte einfließen zu lassen (z.B. Cross-Selling-Gesichtspunkte, Regulierung des Volumens bestimmter Geschäfte aus strategischen Gründen). Die von den tatsächlichen Kosten abweichenden Anreize in Form von Zu- oder Abschlägen sollten dann im Interesse einer angemessenen Transparenz als eigenständige Kalkulationskomponenten ausgewiesen werden.[183] Es ist auch nicht auszuschließen, dass mit den veränderten Kostenstrukturen eine Überprüfung und Optimierung der Produkte eines Institutes hinsichtlich ihrer Liquiditätseigenschaften erforderlich wird.[184]

183 Vgl. Bulling, Volker/Schlemminger, Ralf B., Liquiditätsspreads sind kritische Punkte in der Kalkulation, in: Betriebswirtschaftliche Blätter, Heft 11/2011, S. 650.
184 Vgl. Kröner, Henriette/Heinrichs, Stefan, MaRisk: Verrechnung der Liquiditätskosten, in: Zeitschrift für das gesamte Kreditwesen, Heft 24/2012, S. 1282.

7 Verlässlichkeit und Konsistenz der Liquiditätstransferpreissysteme (Tz. 7)

186 7 Die Verantwortung für die Entwicklung und Qualität sowie die regelmäßige Überprüfung des Liquiditätstransferpreissystems ist in einem vom Markt und Handel unabhängigen Bereich wahrzunehmen. Die jeweils gültigen Liquiditätstransferpreise sind den betroffenen Mitarbeitern transparent zu machen. Die Konsistenz der eingesetzten Liquiditätstransferpreissysteme innerhalb der Gruppe muss gewährleistet sein.

7.1 Methodenverantwortung

187 Die Aufsicht fordert die Wahrnehmung der Methodenverantwortung durch einen vom Markt und Handel unabhängigen Bereich. Dieser Bereich soll sich federführend um die Entwicklung und Qualität sowie die regelmäßige Überprüfung des Liquiditätstransferpreissystems kümmern. Auf diese Weise soll ein Interessenkonflikt vermieden werden, dem ein Bereich mit Positions- bzw. Ertragsverantwortung (Profit Center) grundsätzlich ausgesetzt sein kann.

188 Die BaFin greift damit Vorgaben aus dem CEBS-Papier auf. Der Allkoationsmechanismus hinsichtlich Liquiditätskosten und -nutzen sollte von einer unabhängigen Einheit (wie z. B. dem Risikocontrolling oder dem Finanzcontrolling) in einer transparenten Art und Weise beaufsichtigt und überprüft werden. Diese unabhängige Überwachung wird deshalb als bedeutsam erachtet, weil die internen Preise die Produktmargen und die Ergebnisse der Geschäftsbereiche beeinflussen.[185] Insbesondere die Modellierung der verhaltensabhängigen Zahlungsströme sollte von einer unabhängigen Funktion bestätigt und regelmäßig überprüft werden, um sicherzustellen, dass alle wesentlichen Faktoren angemessen berücksichtigt sind. Besonderes Augenmerk sollte dabei auf verhaltensabhängige Laufzeiten und außerbilanzielle Positionen gelegt werden. Eine Überprüfung der Modellierung sollte zudem in Betracht gezogen werden, sobald eine wesentliche Änderung der Geschäftsstrategie umgesetzt wird.[186]

189 Im Rahmen der regelmäßigen Überprüfung des Liquiditätstransferpreissystems geht es in erster Linie um die Frage, ob die Ermittlung der internen Preise auf Basis dieses Systems korrekt erfolgt und folglich mit dessen Hilfe wirksame Steuerungsimpulse generiert werden können. Insofern kann davon ausgegangen werden, dass andernfalls die Qualität des Systems infrage gestellt und eine Weiterentwicklung angestoßen würde. Die explizite Hervorhebung der Verantwortung für die Entwicklung und Qualität des Liquiditätstransferpreissystems verfolgt eher das Ziel, in Instituten, die noch nicht über ein derartiges System verfügen, die Entwicklung von vornherein markt- und handelsunabhängig vorzunehmen. Hingegen wird es nicht erforderlich sein, bereits genutzte Systeme vollkommen neu zu konzipieren, sofern in der Vergangenheit z. B. die Treasury die treibende Kraft war. Mögliche Inkonsistenzen würden im Rahmen der regelmäßigen Überprüfung auffallen und anschließend beseitigt werden.

190 Die Kreditwirtschaft hatte darauf hingewiesen, dass es bei der Entwicklung von Liquiditätstransferpreissystemen vorrangig um die erforderliche Marktnähe gehe und deshalb ein Bereich

---

185 Vgl. Committee of European Banking Supervisors, Guidelines on Liquidity Cost Benefit Allocation (GL 36), 27. Oktober 2010, S. 6.

186 Vgl. Committee of European Banking Supervisors, Guidelines on Liquidity Cost Benefit Allocation (GL 36), 27. Oktober 2010, S. 8.

eingebunden sein solle, der über eine entsprechende Expertise verfüge.[187] Dies gilt umso mehr, als die operative Steuerung und Sicherstellung der Zahlungsfähigkeit in den Instituten im Allgemeinen nicht durch eine Stabsabteilung wie z. B. das Risikocontrolling, sondern durch die Aktiv-/ Passiv-Steuerung erfolgt, die mit der Übernahme dieser Verantwortung auch das Recht haben sollte, die Grundzüge des Liquiditätstransferpreissystems mitgestalten zu dürfen. Grundsätzlich steht die geforderte Methodenverantwortung durch einen vom Markt und Handel unabhängigen Bereich nicht im Widerspruch zur Beteiligung der Treasury an der Entwicklung eines Liquiditätstransferpreissystems. So fordert selbst CEBS, dass die Geschäftsleitung oder ein mit entsprechenden Befugnissen ausgestattetes Organ, wie z. B. ein Asset-/Liability-Committee (ALCO), die übergreifenden Allokationsmechanismen und Strategien hinsichtlich Liquiditätskosten und -nutzen mindestens jährlich ausdrücklich genehmigen sollte.[188] Die Treasury ist im ALCO i. d. R. vertreten, also an diesem Genehmigungsprozess direkt beteiligt.

7.2 Materielle Plausibilitätsprüfung

Problematisch könnte bei enger Auslegung die Vorgabe von CEBS sein, dass die Entwicklung und der Betrieb des Allkoationsmechanismus nicht mit einer Gewinnerzielungsabsicht verbunden sein sollten.[189] Die Treasury ist häufig als Profit Center ausgerichtet, wobei ihr Ertrag direkt mit dem Allokationsmechanismus verbunden ist. Die Treasury stellt i. d. R. die relevanten, am Markt tatsächlich erzielbaren Liquiditätsspreadkurven zur Verfügung, die durch das Risikocontrolling oder eine andere Kontrolleinheit vor Verwendung ggf. noch qualitätsgesichert werden, und ist gleichzeitig für die Ermittlung der Transferpreise und deren Verrechnung im Institut verantwortlich.   191

Gerade der Ansatz der Liquiditätsspreads, der maßgeblich für die Profitabilität der Geschäfte ist, wird als »neuralgischer Punkt« in der Kundengeschäftskalkulation angesehen. Je teurer z. B. die Refinanzierung am Kapitalmarkt ist, d. h. je höher die institutsindividuellen Liquiditätsspreads in der Kalkulation angesetzt werden (müssen), desto stärker beeinflussen die Liquiditätskosten die externen Zinssätze. Damit sinkt bzw. steigt tendenziell die Marge für die Aktiv- bzw. Passivbereiche. Somit können durch die Festlegung der Liquiditätsspreads bewusst Anreize für bestimmte Geschäftsabschlüsse gesetzt werden.[190]   192

Vergleichbare Konstellationen bestehen im Kreditgeschäft, wo die fachliche Expertise teilweise einseitig auf die Marktbereiche verlagert ist (z. B. bei Projektfinanzierungen). Um dem Erfordernis einer qualifizierten marktunabhängigen Votierung trotzdem zu entsprechen, hat dieser zumindest eine materielle Plausibilitätsprüfung zugrunde zu liegen. Im Rahmen der materiellen Plausibilitätsprüfung brauchen die bereits im Markt durchgeführten Tätigkeiten nicht wiederholt zu werden. Vielmehr stehen die Nachvollziehbarkeit und die Vertretbarkeit der Kreditentscheidung im Vordergrund. Hierzu zählen die Überprüfung der Aussagekraft des Marktvotums und die Beantwortung der Frage, inwieweit die Kreditvergabe der Höhe und der Form nach vertretbar ist. Die Intensität der materiellen Plausibilitätsprüfung hängt ferner von der Komplexität der zu beurteilenden Kreditgeschäfte ab. Der für die marktunabhängige   193

---

187 Vgl. Deutsche Kreditwirtschaft, Stellungnahme zum Konsultationspapier 01/2012 der Bundesanstalt für Finanzdienstleistungsaufsicht (BaFin) – »Überarbeitung der MaRisk« (Zwischenentwurf vom 2. August 2012), 12. September 2012, S. 16.

188 Vgl. Committee of European Banking Supervisors, Guidelines on Liquidity Cost Benefit Allocation (GL 36), 27. Oktober 2010, S. 6.

189 Vgl. Committee of European Banking Supervisors, Guidelines on Liquidity Cost Benefit Allocation (GL 36), 27. Oktober 2010, S. 6.

190 Vgl. Bulling, Volker/Schlemminger, Ralf B., Liquiditätsspreads sind kritische Punkte in der Kalkulation, in: Betriebswirtschaftliche Blätter, Heft 11/2011, S. 650.

BTR 3.1 Allgemeine Anforderungen

Votierung zuständige Mitarbeiter muss zumindest Zugang zu allen wesentlichen Kreditunterlagen besitzen, so dass er sich ein abschließendes Urteil über alle für die Kreditentscheidung wesentlichen Aspekte bilden kann (→ BTO 1.1 Tz. 2, Erläuterung). In Analogie zu dieser Vorgehensweise kann die Erstellung von Wertgutachten für bestimmte Sicherheiten auch von fachlich geeigneten Mitarbeitern aus dem Bereich Markt durchgeführt werden, solange eine marktunabhängige Überprüfung der Wertansätze im Sinne einer materiellen Plausibilitätsprüfung gewährleistet ist (→ BTO 1.1 Tz. 7, Erläuterung). Schließlich ist die materielle Plausibilitätsprüfung sogar für die Wahrnehmung der Methodenverantwortung im Kreditgeschäft zulässig. So kann die Entwicklung der Prozesse auch im Bereich Markt erfolgen, sofern gewährleistet ist, dass die Qualitätssicherung von einem marktunabhängigen Bereich auf der Basis einer materiellen Plausibilitätsprüfung wahrgenommen wird (→ BTO 1.2 Tz. 1, Erläuterung).

194   Es würde der gegenwärtigen Praxis widersprechen, wenn die Nutzung des Liquiditätstransferpreissystems bzw. die operative Liquiditätsrisikosteuerung zukünftig nicht mehr durch die Treasury erfolgen könnte. Insbesondere in Krisensituationen kann eine grundsätzlich marktnah agierende Treasury zudem die Handlungsoptionen des Institutes am besten zeitnah umsetzen. Insofern erscheint es naheliegend, auch die Verantwortung für die Entwicklung und Qualität sowie die regelmäßige Überprüfung des Liquiditätstransferpreissystems durch einen vom Markt und Handel unabhängigen Bereich im Rahmen einer entsprechend ausgestalteten materiellen Plausibilitätsprüfung wahrzunehmen und damit die Expertise der Treasury in einem angemessenen Rahmen nutzen zu können. Diese Vorgehensweise wurde im MaRisk-Fachgremium kontrovers diskutiert.

7.3   Transparenz der Transferpreise

195   Sofern die Transferpreise für irgendeine Steuerungsfunktion genutzt werden sollen, müssen sie den betroffenen Mitarbeitern natürlich bekannt sein. Das setzt insbesondere voraus, dass die mit bestimmten Geschäften oder Produkten verbundenen Liquiditätskosten oder -vorteile den damit betrauten Bereichen offengelegt werden. Vor diesem Hintergrund sind die jeweils gültigen Liquiditätstransferpreise den betroffenen Mitarbeitern transparent zu machen. Auch CEBS fordert, die Transferpreise in einer transparenten und konsistenten Art und Weise zu erzeugen und jeden aus der Bepreisung resultierenden Gewinn oder Verlust innerhalb des Institutes zu messen und transparent zu machen.[191] Grundsätzlich sollten die Liquiditätskosten und -risiken Bestandteile des »Einstandszinssatzes« bzw. »Opportunitätszinssatzes« bei der Bepreisung aller zinstragenden Geschäfte sein.[192]

7.4   Gruppenweite Konsistenz der Systeme

196   Für die Allokation von Liquiditätskosten wird von CEBS ein umfassender Ansatz empfohlen. Um ein konsistentes Vorgehen innerhalb einer Gruppe zu fördern, sollte es entsprechende interne Rahmenbedingungen zur Preisgestaltung für alle Aktivitäten und Produkte geben, auch wenn die Treasury-Einheiten von Tochtergesellschaften unabhängig handeln können. Eine zentrale

---

191 Vgl. Committee of European Banking Supervisors, Guidelines on Liquidity Cost Benefit Allocation (GL 36), 27. Oktober 2010, S. 5 f.

192 Vgl. Hormanski, Adam, Liquiditätsrisiken, in: Bearbeitungs- und Prüfungsleitfaden Neue MaRisk, 2009, S. 405.

Management-Funktion, wie z. B. die Group Treasury, sollte einen Überblick über sämtliche bilanzielle und außerbilanzielle Positionen in der Gruppe haben.[193] In diesem Sinne muss die Konsistenz der eingesetzten Liquiditätstransferpreissysteme innerhalb der Gruppe gewährleistet sein.

Die Kreditwirtschaft hat daruf hingewiesen, dass die Methodenfreiheit für eine Gruppe mit sehr unterschiedlichen Typen von Tochtergesellschaften unabdingbar ist und im Bereich der Liquiditätsrisiken nicht unnötig eingeschränkt werden sollte.[194] In den MaRisk wird mit Blick auf die Methodenfreiheit lediglich gefordert, dass die eingesetzten Methoden und Verfahren der Wirksamkeit des Risikomanagements auf Gruppenebene nicht entgegenstehen dürfen (→ AT 4.5 Tz. 1). Sofern dieser Grundsatz beachtet wird, können die Institute innerhalb einer Gruppe durchaus unterschiedliche Systeme verwenden. Etwas anderes wird auch von CEBS nicht gefordert, da es weniger um die eingesetzten Methoden und Verfahren geht, als vielmehr um die zugrundeliegenden Annahmen und Parameter. **197**

Die EZB erwartet insgesamt, dass die beim ILAAP verwendeten Risikoquantifizierungsmethoden und -annahmen robust, hinreichend stabil, risikosensitiv und konservativ genug sind, um selten auftretende Liquiditätsabflüsse zu quantifizieren. Unsicherheiten, die sich aus Risikoquantifizierungsmethoden ergeben, sollen durch einen erhöhten Grad an Konservativität beseitigt werden. Die Risikoquantifizierungsmethoden sollten auf die jeweilige Situation zugeschnitten sein, d. h. sie sollten mit der Risikobereitschaft, den Markterwartungen, dem Geschäftsmodell, dem Risikoprofil, der Größe und der Komplexität der Institute im Einklang stehen. Die wichtigsten Parameter und Annahmen sollten in der gesamten Gruppe über alle Risikoarten hinweg konsistent sein.[195] **198**

7.5 Zusammenhang zum Stresstest

Der Baseler Ausschuss für Bankenaufsicht kommt im Rahmen einer Studie zu dem Schluss, dass Liquiditätstransferpreissysteme für große und komplexe Institute einen wichtigen Bestandteil des Risikomanagements darstellen. Dies sei insbesondere in Stresssituationen erforderlich, um angemessen mit Fristentransformationen umgehen zu können. Deshalb seien Stresstests für das Liquiditätsrisiko, unter Berücksichtigung von institutseigenen und marktweiten Ursachen für Liquiditätsrisiken sowie einer Kombination aus beiden Komponenten, auch eine Voraussetzung für ein angemessenes Liquiditätstransferpreissystem.[196] **199**

---

193 Vgl. Committee of European Banking Supervisors, Guidelines on Liquidity Cost Benefit Allocation (GL 36), 27. Oktober 2010, S. 6.

194 Vgl. Deutsche Kreditwirtschaft, Stellungnahme zum Konsultationspapier 01/2012 der Bundesanstalt für Finanzdienstleistungsaufsicht (BaFin) – »Überarbeitung der MaRisk«, 5. Juni 2012, S. 18.

195 Vgl. Europäische Zentralbank, Leitfaden der EZB für den bankinternen Prozess zur Sicherstellung einer angemessenen Liquiditätsausstattung (Internal Liquidity Adequacy Assessment Process – ILAAP), 9. November 2018, S. 26 f.

196 Vgl. Basel Committee on Banking Supervision, Working Paper No. 24, Liquidity stress testing: a survey of theory, empirics and current industry and supervisory practices, 23. Oktober 2013, S. 34.

8 Stresstests und Ermittlung des Überlebenshorizontes (Tz. 8)

200 **8** Für Liquiditätsrisiken sind regelmäßig angemessene Stresstests durchzuführen. Dabei sind sowohl institutseigene als auch marktweite Ursachen für Liquiditätsrisiken in die Betrachtung einzubeziehen. Darüber hinaus sind beide Aspekte kombiniert zu betrachten. Das Institut hat die Stresstests individuell zu definieren. Dabei sind den Stresstests unterschiedlich lange Zeithorizonte zugrunde zu legen. Das Institut hat in den Stressszenarien seinen voraussichtlichen Überlebenshorizont zu ermitteln.

8.1 Berücksichtigung angespannter Marktbedingungen

201 Bis zum Beginn des Jahrtausends wurde das Liquiditätsrisikomanagement i.d.R. fast ausschließlich unter der Annahme »normaler« Marktbedingungen betrieben, wofür die Liquiditätsübersicht eine zentrale Rolle spielt (→ BTR 3.1 Tz. 3). Diese Vorgehensweise hat sich spätestens mit dem Ausbruch der Finanzmarktkrise als nicht hinreichend erwiesen. Damals hat sich gezeigt, dass in Stresssituationen selbst im Allgemeinen verlässliche Refinanzierungsquellen erheblich gestört werden können und zumindest ein Teil der Aktiva eines Institutes überhaupt nicht oder nicht zu akzeptablen Preisen verkauft oder verpfändet werden kann. Insofern kann sich die Liquiditätssituation eines Institutes unter angespannten Marktbedingungen vollkommen anders darstellen als im Normalfall.

202 Damit die Institute auch auf »angespannte« Marktbedingungen hinreichend vorbereitet sind, müssen für alle wesentlichen Risiken regelmäßig angemessene Stresstests durchgeführt werden (→ AT 4.3.3 Tz. 1). Darunter sind alle Methoden zu verstehen, bei denen ein Risikofaktor oder mehrere Risikofaktoren gleichzeitig auf Basis eines vordefinierten Ereignisses variiert werden, um auf den jeweils relevanten Ebenen des Institutes (z.B. Portfolioebene, Geschäftsbereichsebene, Institutsebene oder sogar Gruppenebene) das individuelle Gefährdungspotenzial bezüglich außergewöhnlicher, aber plausibel möglicher Ereignisse zu überprüfen. Insofern zählen zu den Stresstests sowohl Sensitivitäts- als auch Szenarioanalysen (→ AT 4.3.3 Tz. 1, Erläuterung).

8.2 Aufsichtliche und institutsinterne Stresstests

203 Im Jahre 2007 wurden erstmalig branchenweite Liquiditätsrisiko-Stresstests nach vorgegebenen Rahmenszenarien der Deutschen Bundesbank durchgeführt, die aus den Resultaten wichtige Rückschlüsse zum Krisenmanagement sowie zur Stabilität der befragten Institute unter angespannten Marktbedingungen ziehen konnte. Die Auswirkungen der Stressszenarien wurden mit Hilfe der internen Liquiditätsrisikomess- und -steuerungsverfahren von zwölf großen, international tätigen Instituten berechnet. Dabei wurde den Instituten bei der konkreten Ausgestaltung der Szenarien ein relativ großer Spielraum eingeräumt. Die Rahmenvorgaben betrafen u.a. eine Ratingherabstufung, Marktverwerfungen und operationelle Probleme im Zahlungsverkehr. Explizit berücksichtigt wurden von einigen Instituten die Inanspruchnahme von Liquiditäts-

fazilitäten und Einschränkungen bei der Refinanzierung an den Geld- und Kapitalmärkten. Für kleinere und mittlere Institute mit weniger komplexen Geschäftsstrukturen wurden die Auswirkungen bestimmter Stressszenarien auf der Grundlage der monatlichen Meldungen gemäß der Liquiditätsverordnung berechnet. Diese Daten lieferten allerdings kein vollständiges Bild zur Liquiditätslage der Institute. Es ist zu vermuten, dass die Bundesbank für ihre Analysen zukünftig noch stärker auf die Ergebnisse der Stresstests gemäß den MaRisk zurückgreifen wird. Aus bankaufsichtlicher Sicht liefern diese Ergebnisse wertvolle Erkenntnisse über die institutsinternen Liquiditätsrisikomess- und -steuerungsverfahren, die den Stressszenarien zugrundeliegenden Annahmen sowie die institutsspezifischen, liquiditätsrelevanten Risikofaktoren.[197]

Neben den beschriebenen Stresstests hat die BaFin im Jahre 2008 (und später die EZB) **204** Liquiditätsabfragen (»Liqui-Calls«) bei Instituten mit höheren Liquiditätsrisiken eingeführt. Im Jahre 2012 wurde der Umfang der regelmäßig erhobenen Informationen ausgeweitet und die Häufigkeit der Abfragen institutsspezifisch festgelegt. Neben der zentralen Auswertung der Informationen dieser Abfragen nimmt die Aufsicht regelmäßig auch tiefergehende vergleichende Erhebungen (»Quervergleiche«) zu Einzelthemen vor, wie z. B. zum Refinanzierungsbedarf in US-Dollar. Von einigen Instituten werden ergänzende Informationen gefordert, wie z. B. zusätzliche lokations- und währungsspezifische Angaben. Außerdem führen die BaFin und die EZB ergänzende Gespräche mit dem für die Liquiditätssteuerung verantwortlichen Management unterhalb der Geschäftsleitung.[198]

Um zu verdeutlichen, dass es sich bei den hier geforderten Stresstests für Liquiditätsrisiken nicht **205** um aufsichtliche Stresstests handelt, hat die Aufsicht klargestellt, dass diese Stresstests vom Institut individuell zu definieren sind. Auf den Unterschied zwischen »Top-down-Stresstests« und »Bottom-up-Stresstests« wird an anderer Stelle ausführlich eingegangen ($\rightarrow$ AT 4.3.3, Einführung).

8.3 Grundsätzliche Vorgaben zu Stresstests

Zur Durchführung von institutsinternen Stresstests müssen die wesentlichen Risikofaktoren **206** ermittelt ($\rightarrow$ AT 4.3.3 Tz. 1), geeignete historische und hypothetische Szenarien dargestellt ($\rightarrow$ AT 4.3.3 Tz. 3) und auch das Gesamtrisikoprofil des Institutes ($\rightarrow$ AT 4.3.3 Tz. 1) sowie ggf. der Gruppe ($\rightarrow$ AT 4.5 Tz. 5) betrachtet werden. Dabei sind neben Risikokonzentrationen und Risiken aus außerbilanziellen Gesellschaftskonstruktionen ($\rightarrow$ AT 4.3.3 Tz. 1) auch die strategische Ausrichtung und das wirtschaftliche Umfeld des Institutes zu berücksichtigen ($\rightarrow$ AT 4.3.3 Tz. 3). Ergänzend sind unter Proportionalitätsgesichtspunkten auch inverse Stresstests durchzuführen ($\rightarrow$ AT 4.3.3 Tz. 4). Die Angemessenheit der Stresstests und der zugrundeliegenden Annahmen ist mindestens jährlich zu überprüfen ($\rightarrow$ AT 4.3.3 Tz. 5). Die Ergebnisse der Stresstests sind kritisch zu reflektieren, insbesondere im Hinblick auf möglichen Handlungsbedarf ($\rightarrow$ AT 4.3.3 Tz. 6). Diese grundsätzlichen Vorgaben, auf die im Folgenden näher eingegangen wird, betreffen auch die Liquiditätsrisiken, die grundsätzlich als »wesentlich« einzustufen sind ($\rightarrow$ AT 2.2 Tz. 1).

---

197 Vgl. Deutsche Bundesbank, Stresstests: Methoden und Anwendungsgebiete, in: Finanzstabilitätsbericht 2007, November 2007, S. 103 ff.

198 Vgl. Bundesanstalt für Finanzdienstleistungsaufsicht, Jahresbericht 2012, 28. Mai 2013, S. 151.

8.4 Spezielle Vorgaben zu Liquiditätsrisiko-Stresstests

207 Sofern die Liquiditätsrisiken vom Institut im Ausnahmefall nicht den wesentlichen Risiken zugeordnet werden, ergibt sich diese Anforderung aus Art. 86 Abs. 9 CRD IV. Bei einem Stresstest für Liquiditätsrisiken werden die Auswirkungen bestimmter Entwicklungen, einschließlich makro- oder mikroökonomischer Szenarien, aus Liquiditäts- und Refinanzierungssicht sowie die Auswirkungen von Schocks auf die Gesamtliquidität eines Institutes, einschließlich der vom Institut zu berücksichtigenden Mindestanforderungen oder zusätzlichen Anforderungen, bewertet.[199]

208 Einer repräsentativen Umfrage zufolge gehörten Stresstests bereits im Jahre 2009 zum Standardrepertoire im Liquiditätsrisikomanagement der Institute ab einer Bilanzsumme von ca. 1,5 Mrd. Euro. Stresstests gelten in deutschen Instituten insbesondere als sehr gut geeignet, Engpässe bei der Ausstattung mit Zahlungsmitteln frühzeitig zu erkennen. Voraussetzung dafür ist allerdings, dass alle relevanten Risikofaktoren erkannt werden, ihre Kausalität im Krisenfall auf die Liquidität der Art und Höhe nach korrekt berücksichtigt wird sowie die Berechnungen aktuell sind und entsprechende Maßnahmen auslösen.[200] Da die vielfältigen Risikotreiber nur grob abgeschätzt werden können, sind Stresstests aus Sicht von Fachexperten zur Abschätzung von Liquiditätsrisiken durchaus geeigneter als statistische Modellierungen.[201]

8.5 Institutseigene und marktweite Ursachen

209 Stresssituationen können auf institutseigene oder marktweite Ursachen zurückzuführen sein. Institutseigene Ursachen sind im Gegensatz zu marktweiten Ursachen i. d. R. auf eigene Versäumnisse des Institutes zurückzuführen. Sie können im Extremfall den vollständigen Verlust des Vertrauens der Marktteilnehmer in das Institut und folglich den kompletten Abzug von Kundeneinlagen zur Folge haben. Marktweite Ursachen können z. B. zu einer Verschlechterung der Refinanzierungsbedingungen einiger oder aller Institute führen (→ BTR 3.1 Tz. 8, Erläuterung).

210 Bei den Stressszenarien sind deshalb sowohl institutseigene als auch marktweite Ursachen für Liquiditätsrisiken in die Betrachtung einzubeziehen. Darüber hinaus sind beide Aspekte kombiniert zu betrachten. Diese Anforderung ergibt sich bereits aus Art. 86 Abs. 9 CRD IV. Auch die EBA[202] erwartet – wie zuvor bereits CEBS[203] – neben einer Berücksichtigung institutseigener und marktweiter Ursachen für Liquiditätsrisiken eine Kombination aus beiden Faktoren. Nach den Vorstellungen der EZB sollte die Bandbreite an Szenarien schwerwiegende wirtschaftliche Abschwünge, schwere Marktstörungen und finanzielle Schocks, relevante institutsspezifische Anfälligkeiten, die Abhängigkeit von wichtigen Refinanzierungsquellen und plausible Kombinationen dieser Aspekte angemessen abdecken.[204]

211 Die Aufsicht hatte bereits in der Fassung der MaRisk vom 30. Oktober 2007 (erste MaRisk-Novelle) beispielhaft institutseigene und marktweite Ursachen für Stressszenarien genannt, die

---

199 Vgl. European Banking Authority, Final Report – Guidelines on institution's stress testing, EBA/GL/2018/04, 19. Juli 2018, S. 12.

200 Vgl. Kaltofen, Daniel, Empirische Ergebnisse der Großstudie Liquiditätsrisiko Deutschland, ikf institut für kredit- und finanzwirtschaft – Ruhr-Universität Bochum, Dezember 2009.

201 Vgl. Debus, Knut/Kreische, Kai, Die Liquidität im Fokus, in: Die Bank, Heft 6/2006, S. 60.

202 Vgl. European Banking Authority, Final Report – Guidelines on institution's stress testing, EBA/GL/2018/04, 19. Juli 2018, S. 42 f.

203 Vgl. Committee of European Banking Supervisors, Revised Guidelines on Stress Testing (GL 32), 26. August 2010, S. 41 ff.

204 Vgl. Europäische Zentralbank, Leitfaden der EZB für den bankinternen Prozess zur Sicherstellung einer angemessenen Liquiditätsausstattung (Internal Liquidity Adequacy Assessment Process – ILAAP), 9. November 2018, S. 31.

nach wie vor als sinnvoll angesehen werden können. Darüber hinaus haben der Baseler Ausschuss für Bankenaufsicht[205], CEBS[206] und die EBA[207] verschiedene Beispiele aufgeführt, die ebenfalls als Anhaltspunkte dienen können. Zusammengefasst könnten u. a. die folgenden Aspekte getrennt oder kombiniert betrachtet werden, um Liquiditätsrisiken in verschiedenen Stresssituationen identifizieren zu können:

- eine Verschlechterung des eigenen Ratings (Ratingherabstufung),
- Ratingherabstufungen von Ländern, in denen die Institute tätig sind,
- eine Verschlechterung des makroökonomischen Umfeldes,
- ein Ausfall bedeutender Kreditnehmer/Kreditgeber oder Refinanzierungskontrahenten,
- ein teilweiser oder vollständiger Abzug von Kundeneinlagen oder eine merkliche Zurück-haltung bei der Bereitstellung von Tagesgeld durch die Kunden,
- ein vollständiger oder teilweiser Abzug von Interbankeneinlagen,
- die Nicht-Verfügbarkeit bisher nicht ausgenutzter Kredit- oder Liquiditätslinien,
- eine Streichung wichtiger Kredit- oder Liquiditätslinien, die dem Institut eingeräumt wurden,
- eine Verschlechterung oder ein (gleichzeitiges) Austrocknen der Marktliquidität in verschie-denen (zuvor hochliquiden) Märkten,
- die mangelhafte operative Fähigkeit zur Liquidation von Vermögenswerten,
- eine Einschränkung des Zuganges zu Zentralbankgeld,
- eine eingeschränkte oder keine Verfügbarkeit von Refinanzierungsquellen mit und ohne Stellung von Sicherheiten,
- eine verstärkte Nachfrage nach zusätzlichen Sicherheiten durch die Kontrahenten (»Margin-Call«[208])[209],
- eine negative Entwicklung der Refinanzierungsbedingungen,
- eine negative Entwicklung der Eventualverbindlichkeiten, insbesondere potenzielle Ziehun-gen zugesagter Kreditlinien an Dritte oder Tochtergesellschaften, Niederlassungen bzw. die Zentrale,
- ein durch außerbilanzielle Gesellschaftskonstruktionen und Aktivitäten (einschließlich Con-duits) verstärkter Liquiditätsbedarf,
- ein Kursverfall auf den Sekundärmärkten für Wertpapiere, die für den Liquiditätspuffer verwendet werden,
- Einschränkung oder Verlust der Währungskonvertibilität und des Zugangs zu den Devisen-märkten,
- Schwierigkeiten mit der Bereitstellung von untertägiger Liquidität,
- schwere operationelle Risiken oder Störungen eines oder mehrerer Zahlungs- oder Abwick-lungssysteme,
- ein technischer Ausfall zentraler Kontrahenten,

---

205 Vgl. Basel Committee on Banking Supervision, Principles for Sound Liquidity Risk Management and Supervision, BCBS 144, 25. September 2008, S. 25 f.

206 Vgl. Committee of European Banking Supervisors, Revised Guidelines on Stress Testing (GL 32), 26. August 2010, S. 41 ff.

207 Vgl. European Banking Authority, Final Report – Guidelines on institution's stress testing, EBA/GL/2018/04, 19. Juli 2018, S. 42 f.

208 Beim Handel von Derivaten müssen je nach vertraglicher Ausgestaltung i. d. R. Sicherheiten in Form von Bareinlagen oder Wertpapieren hinterlegt werden, sofern die betroffenen Geschäfte einen negativen Marktwert aufweisen. Nachschuss-pflichten (»Margin-Calls«) bestehen immer dann, wenn diese Geschäfte bzw. die dafür gestellten Sicherheiten an Wert verlieren und damit eine bestimmte Untergrenze (»Maintenance Margin«) unterschreiten oder wenn ein vorher definier-tes Ereignis eintritt, das auf mögliche Verluste hindeutet, wie z. B. die Herabstufung eines Kontrahenten unter eine definierte Ratingschwelle. Derartige Nachschusspflichten können entweder zu einem Abfluss von Liquidität führen oder eine weitergehende Verpfändung zusätzlicher Wertpapiere zur Folge haben, die damit nicht mehr als Liquiditätsreserve zur Verfügung stehen.

209 Dieser Aspekt steht mittlerweile im besonderen Fokus der EBA. Vgl. European Banking Authority, Draft Regulatory Technical Standards on additional liquidity outflows corresponding to collateral needs resulting from the impact of an adverse market scenario on the institution's derivatives transactions, financing transactions and other contracts for liquidity reporting under Article 411 (3) of the Draft Capital Requirements Regulation, EBA/CP/2013/19, 23. Mai 2013.

– eine Einschränkung der Fähigkeit, Liquidität zwischen Einheiten, Sektoren und Ländern unter Berücksichtigung der gesellschaftsrechtlichen, regulatorischen, operationellen und Zeitzonen-bedingten Beschränkungen und Zwänge zu übertragen,
– eine große Ungenauigkeit bei der Schätzung des künftigen Bilanzwachstums.

212   Im Rahmen der Umsetzung der Bankenrichtlinie in Deutschland wurde zwischen den Anforderungen an kapitalmarktorientierte und sonstige Institute unterschieden, um den Besonderheiten der jeweiligen Refinanzierungsbasis Rechnung zu tragen. Die Refinanzierung über die Geld- und Kapitalmärkte gilt als wesentlich volatiler im Vergleich zur Refinanzierung auf einer soliden Basis von Kundeneinlagen. Darüber hinaus haben die Wechselwirkungen zwischen dem Refinanzierungsrisiko und dem Marktliquiditätsrisiko für kapitalmarktorientierte Institute tendenziell eine größere Bedeutung. Kapitalmarktorientierte Institute haben deshalb bei den auf institutseigenen bzw. marktweiten Ursachen beruhenden Szenarien zusätzlich bestimmte Aspekte zu berücksichtigen (→ BTR 3.2 Tz. 3).

213   In den Instituten dominierten einer repräsentativen Umfrage aus dem Jahre 2009 zufolge der Bank Run, die eingeschränkte Liquidierbarkeit von Wertpapieren sowie der Kursverfall liquider Wertpapiere, gefolgt von der Ziehung ungenutzter Kreditzusagen, dem Ausfall wichtiger Kreditnehmer, der Erhöhung der Refinanzierungskosten und dem Abzug bedeutender Einlagen. Insbesondere für größere Institute spielten in Abhängigkeit vom Geschäftsmodell z. B. auch der Wegfall des unbesicherten Interbankenmarktes, eine internationale Rezession oder eine verstärkte Ziehung von Liquiditätslinien durch außerbilanzielle Gesellschaftskonstruktionen eine wichtige Rolle. Integrierte Stresstests über mehrere Risikofaktoren hinweg bildeten zum Zeitpunkt der Umfrage noch die Ausnahme.[210]

8.6   Risikofaktoren für Liquiditätsrisikostresstests

214   Für die Durchführung von Stresstests müssen zunächst die wesentlichen Risikofaktoren ermittelt werden. Wie an anderer Stelle ausführlich erläutert, sind die »Risikofaktoren«, die synonym auch als »Risikotreiber« oder »Risikoparameter« bezeichnet werden, jene internen oder externen Faktoren, die sich risikomindernd oder risikoverstärkend auswirken können (→ AT 4.3.3 Tz. 1). Insofern hängt die Risikosituation eines Institutes entscheidend von der Entwicklung der wesentlichen Risikofaktoren ab.

215   Liquiditätsrisiken entstehen auf der Aktiv- und der Passivseite und können auch aus außerbilanziellen Verpflichtungen resultieren. Bei der Identifizierung der wesentlichen Risikofaktoren sind folglich die Aktiv- und Passivpositionen und die außerbilanziellen Positionen einzubeziehen. Als Orientierungsmaßstab für die Analyse der Risikofaktoren für Liquiditätsrisiken nennt die EBA ohne Anspruch auf Vollständigkeit die folgenden Kriterien[211]:
– die Auswirkungen makroökonomischer Bedingungen, z. B. die Auswirkungen von Zinsschocks auf stochastische Zahlungsströme,
– die Währungen der bilanziellen und außerbilanziellen Positionen, um dem Fremdwährungsrisiko und möglichen Störungen des Zugangs zu den Devisenmärkten Rechnung zu tragen,

---

210 Vgl. Kaltofen, Daniel, Empirische Ergebnisse der Großstudie Liquiditätsrisiko Deutschland, ikf institut für kredit- und finanzwirtschaft – Ruhr-Universität Bochum, Dezember 2009.
211 Vgl. European Banking Authority, Final Report – Guidelines on institution's stress testing, EBA/GL/2018/04, 19. Juli 2018, S. 41 f.

–   die Standorte für den Liquiditätsbedarf und die verfügbaren liquiden Mittel, gruppeninterne Liquiditätstransaktionen und mögliche Beschränkungen für den Liquiditätstransfer zwischen verschiedenen Jurisdiktionen oder Gruppenunternehmen,

–   Maßnahmen, die das Institut ergreifen kann, um seine Reputation und seinen Handlungsspielraum zu wahren (z. B. die vorzeitige Rückzahlung von kündbaren Verbindlichkeiten),

–   die Anfälligkeit der Laufzeitstruktur aufgrund externer, interner oder vertraglicher Ereignisse,

–   realistische Abflussraten in normalen Zeiten, die sich in gestressten Zeiten erhöhen,

–   Refinanzierungskonzentrationen,

–   Schätzungen des zukünftigen Bilanzwachstums und

–   die Verinnerlichung von Risiken im Zusammenhang mit bestimmten Aktivitäten, bei denen eine gewisse Symmetrie zwischen der Kauf- und der Verkaufsposition von Wertpapieren erforderlich sein könnte. So werden z. B. beim »Prime Brokerage« die Käufe aus den Erlösen von Kunden-Leerverkäufen refinanziert, so dass Reputationsrisiken die Auflösung von Geschäften auslösen könnten, die das Institut unerwartet mit Wertpapieren in seiner Bilanz belassen würden, die dann refinanziert werden müssten.

Um jene Risikofaktoren zu ermitteln und zu analysieren, die einen erheblichen Einfluss auf das Liquiditätsprofil eines Institutes und seine Anfälligkeit gegenüber bestimmten Stresssituationen haben, empfiehlt die EBA, entsprechende Sensitivitätsanalysen durchzuführen.[212]   **216**

8.7   Festlegung geeigneter Stressszenarien

Die Sensitivitätsanalysen können den geeigneten quantitativen Hintergrund für die Gestaltung der Stressszenarien liefern. Für jedes Stressszenario und jeden betrachteten Zeithorizont sollte eine Reihe von ungünstigen Verhaltensannahmen für Aktiv- und Passivkunden, andere Refinanzierungsquellen und Gegenparteien getroffen werden.[213] Das jeweilige Verhalten wird von mehreren Faktoren bestimmt und sollte analysiert werden, um realistische Annahmen bei der Festlegung der Stressszenarien zu treffen.[214]   **217**

Den Vorgaben von Art. 86 Abs. 9 CRDIV entsprechend müssen die Institute unterschiedliche Stressgrade berücksichtigen. Damit verbunden ist implizit die Anforderung, mehrere Stressszenarien durchzuspielen. Bei den Stressszenarien sollten die Institute auch außergewöhnliche, aber plausible Entwicklungen zugrunde legen, die gemessen an den Auswirkungen auf die Liquiditätsposition der Institute einen adäquaten Schweregrad aufweisen.[215] Stresstests mit Bezugnahme auf ein eher normales Marktumfeld verursachen lediglich unnötigen Aufwand und liefern vor allem keinerlei verwertbare Erkenntnisse für das Liquiditätsrisikomanagement. Sie gaukeln dem Institut stattdessen vor, alles unter Kontrolle zu haben. In der Konsequenz wird ein Institut von einer Verschlechterung des Marktumfeldes besonders hart getroffen, weil es auf derartige Situationen nicht ausreichend vorbereitet ist. Deshalb sollten die Institute auch unabhängig davon, wie stark die aktuelle Liquiditätssituation zu sein scheint, die möglichen Auswirkungen schwerer Stress-   **218**

---

212   Vgl. Basel Committee on Banking Supervision, Principles for Sound Liquidity Risk Management and Supervision, BCBS 144, 25. September 2008, S. 26 f.

213   Vgl. European Banking Authority, Final Report – Guidelines on institution's stress testing, EBA/GL/2018/04, 19. Juli 2018, S. 42 f.

214   Vgl. Committee of European Banking Supervisors, Revised Guidelines on Stress Testing (GL 32), 26. August 2010, S. 41 ff.

215   Vgl. Europäische Zentralbank, Leitfaden der EZB für den bankinternen Prozess zur Sicherstellung einer angemessenen Liquiditätsausstattung (Internal Liquidity Adequacy Assessment Process – ILAAP), 9. November 2018, S. 31.

szenarien prüfen.[216] Grundsätzlich gehen die Aufsichtsbehörden davon aus, dass die Konzentration auf die Hauptanfälligkeiten der Institute eine wesentliche Auswirkung auf ihre Liquiditätssituation zur Folge hat.[217] Auch von der EZB wird erwartet, dass die Verwendung außergewöhnlicher, aber plausibler makroökonomischer Annahmen und die Konzentration auf zentrale Schwachstellen der Institute wesentliche Auswirkungen auf deren interne und regulatorische Liquiditätsposition haben.[218]

219   Allerdings sollte nicht außer Acht gelassen werden, dass es sich um institutsindividuelle Stressszenarien handelt. Die Geschäftstätigkeit und die bekannten Schwachstellen der Institute sollten auf eine Weise berücksichtigt werden, dass die wichtigsten Liquiditätsrisiken betrachtet werden, denen sie ausgesetzt sind. Vor diesem Hintergrund sollten realistische Annahmen über die Dauer und Schwere der Stressperiode, die Verfügbarkeit der aktuell genutzten und alternativen Refinanzierungsquellen und den erwarteten Verkaufs- oder Verpfändungswert der Aktiva in Stresssituationen getroffen werden, um die Höhe der potenziellen Liquiditätsengpässe zu ermitteln. Die definierten Szenarien sollten es den Instituten gestatten, die möglichen schädlichen Auswirkungen dieser Faktoren auf ihr Liquiditätsrisiko zu bewerten.[219] Die Stressszenarien müssen insofern auf die wesentlichen Schwächen der Institute ausgerichtet sein, die sich insbesondere aus ihrem Geschäftsmodell und ihrem operativen Umfeld unter Stressbedingungen ergeben.[220] Deshalb sind bei den Stressszenarien auch die strategische Ausrichtung und das wirtschaftliche Umfeld zu berücksichtigen (→ AT 4.3.3 Tz. 3). Der Schweregrad der Stressszenarien sollte Entwicklungen entsprechen, die plausibel, aber aus Sicht der Institute so schwerwiegend sind wie Stressereignisse, die in einer Krisensituation in Bezug auf die für eine angemessene Liquiditätsausstattung des Institutes relevantesten Märkte, Faktoren oder Bereiche zu beobachten sein könnten.[221]

220   Die Stressszenarien könnten von einer Unternehmensfortführung ausgehen, was auf eingeschränkt mögliche Zuflüsse aus dem Kreditbestand, den Rückgriff auf marktfähige Vermögenswerte als Hauptquelle für die Liquiditätsbeschaffung, den Rückkauf eigener Schuldtitel zur Sicherung des künftigen Marktzugangs usw. hinausläuft. Ebenso könnten Situationen betrachtet werden, in denen sich eine schwerwiegende Störung des Geschäftsmodells nicht vermeiden lässt. Damit verbunden wären die Einstellung des Vermögensaufbaus, die Einstellung von Dividenden- und Bonuszahlungen, die Verwendung aller refinanzierungsfähigen Sicherheiten zur Beschaffung von Liquidität einschließlich der Refinanzierung über die Zentralbank, die Nichtausübung von Kündigungsoptionen für eigene Schuldtitel oder Eigenkapitalinstrumente usw.[222]

221   Zur Identifikation geeigneter Stressszenarien sollten vom Institut auch unter dem Gesichtspunkt der Praktikabilität nachvollziehbare Auswahlkriterien definiert werden. In diesem Zusammenhang sollte insbesondere geklärt werden, ob[223]:

–   der Eintritt des Stressszenarios einen direkten Einfluss auf die Liquiditätsposition des Institutes hat,

216 Vgl. Basel Committee on Banking Supervision, Principles for Sound Liquidity Risk Management and Supervision, BCBS 144, 25. September 2008, S. 25 ff.

217 Vgl. Finanzmarktaufsicht Liechtenstein, ILAAP (»Internal Liquidity Adequacy Assessment Process«), FMA-Mitteilung 2017/6, 21. November 2017, S. 10.

218 Vgl. Europäische Zentralbank, Leitfaden der EZB für den bankinternen Prozess zur Sicherstellung einer angemessenen Liquiditätsausstattung (Internal Liquidity Adequacy Assessment Process – ILAAP), 9. November 2018, S. 30.

219 Vgl. Basel Committee on Banking Supervision, Principles for Sound Liquidity Risk Management and Supervision, BCBS 144, 25. September 2008, S. 25 ff.

220 Vgl. Finanzmarktaufsicht Liechtenstein, ILAAP (»Internal Liquidity Adequacy Assessment Process«), FMA-Mitteilung 2017/6, 21. November 2017, S. 10.

221 Vgl. Europäische Zentralbank, Leitfaden der EZB für den bankinternen Prozess zur Sicherstellung einer angemessenen Liquiditätsausstattung (Internal Liquidity Adequacy Assessment Process – ILAAP), 9. November 2018, S. 31.

222 Vgl. Europäische Zentralbank, Leitfaden der EZB für den bankinternen Prozess zur Sicherstellung einer angemessenen Liquiditätsausstattung (Internal Liquidity Adequacy Assessment Process – ILAAP), 9. November 2018, S. 33.

223 Vgl. Mayer, Stephan, Management von Liquiditätsrisiken, in: Pfeifer, Guido/Ullrich, Walter (Hrsg.), MaRisk-Interpretationshilfen, 2. Auflage, Heidelberg, 2009, S. 404.

– die Auswirkungen des Stressszenarios quantifizierbar sind und folglich überprüft werden können sowie
– die Ergebnisse des Stressszenarios klar und verständlich kommuniziert werden können, um daraus geeignete Handlungsmaßnahmen abzuleiten.

Besondere Situationen, wie z. B. die Finanzmarktkrise, verdeutlichen die Schwächen historischer **222** Daten zur Vorhersage potenzieller Stresssituationen. Der Baseler Ausschuss für Bankenaufsicht empfiehlt daher, die Vergangenheit zwar als ersten Anhaltspunkt für die Gestaltung der Szenarien zu nutzen, darüber hinaus aber eher auf Expertenmeinungen zu setzen.[224] Bei der Festlegung der Stressszenarien sollten die Institute neben historischen Entwicklungen der Märkte und des Kundenverhaltens auch hypothetische Szenarien verwenden (→ AT 4.3.3 Tz. 3). Dies sollte insbesondere dann erfolgen, wenn die historischen Daten – z. B. durch Unterstützung aus dem öffentlichen Sektor – verzerrt sind und dadurch die Genauigkeit der geschätzten Stressfaktoren für die Mittelzu- und -abflüsse und der Abschläge auf den geschätzten Wert liquider Aktiva eingeschränkt wird.[225]

Die Aufsicht fordert entsprechend den gesetzlichen Vorgaben in § 25c Abs. 4a Satz 1 Nr. 3 lit. f **223** KWG bzw. § 25d Abs. 4b Satz 2 Nr. 3 lit. f KWG, im Rahmen der Stresstests auch das Gesamtrisikoprofil des Institutes (→ AT 4.3.3 Tz. 1) und ggf. der Gruppe (→ AT 4.5 Tz. 5) zu betrachten. Stresstests sollten es einem Institut ermöglichen, die Auswirkungen der Szenarien sowohl auf ihre konsolidierte konzernweite Liquidität als auch auf die Liquidität der einzelnen Einheiten und Geschäftsbereiche zu analysieren. Unabhängig von der Organisationsstruktur des Institutes und dem Grad der Zentralisierung des Liquiditätsrisikomanagements sollte ein Institut verstehen, wo genau Risiken entstehen könnten. Einzelne Einheiten innerhalb der Gruppe, die erheblichen Liquiditätsrisiken ausgesetzt sind, sollten ggf. genauer überprüft werden.[226]

8.8 Berücksichtigung besonderer Aspekte

Ein Institut, das wesentliche Liquiditätsrisiken in Fremdwährungen aufweist, hat zur Sicher- **224** stellung seiner Zahlungsverpflichtungen angemessene Verfahren zur Steuerung der Fremdwährungsliquidität in den wesentlichen Währungen zu implementieren. Hierzu gehören auch gesonderte Fremdwährungsstresstests (→ BTR 3.1 Tz. 11). Ob dafür Szenarien mit einer Einschränkung der Währungskonvertibilität und des Zugangs zu den Devisenmärkten genügen bzw. notwendig sind, hängt in erster Linie davon ab, in welchen Fremdwährungen die Liquiditätsrisiken bestehen. Die Stresstests sollten zumindest für alle wesentlichen Währungen so granular ausgestaltet sein, dass eine Analyse währungsspezifischer Annahmen in den Szenarien ermöglicht wird, wie z. B. hinsichtlich der Volatilität der Wechselkurse oder möglicher Währungsinkongruenzen.[227]

Vor dem Hintergrund der marktabhängigen Entwicklungen von Forderungen nach Sicherheiten **225** im Zusammenhang mit den Wiedereindeckungsrisiken aus OTC-Derivaten (volatile Finanzmärkte) sowie der aufsichtlichen Verpflichtung zu weitergehenden Sicherheitenstellungen im OTC-

---

224 Vgl. Basel Committee on Banking Supervision, Principles for Sound Liquidity Risk Management and Supervision, BCBS 144, 25. September 2008, S. 25 ff.

225 Vgl. Europäische Zentralbank, Leitfaden der EZB für den bankinternen Prozess zur Sicherstellung einer angemessenen Liquiditätsausstattung (Internal Liquidity Adequacy Assessment Process – ILAAP), 9. November 2018, S. 33.

226 Vgl. Basel Committee on Banking Supervision, Principles for Sound Liquidity Risk Management and Supervision, BCBS 144, 25. September 2008, S. 24.

227 Vgl. European Banking Authority, Final Report – Guidelines on institution's stress testing, EBA/GL/2018/04, 19. Juli 2018, S. 43.

BTR 3.1 Allgemeine Anforderungen

Bereich stehen in der jüngeren Vergangenheit verstärkt Stresstests für Sicherheiten-Verpflichtungen im Vordergrund.

8.9 Berücksichtigung möglicher Restriktionen

226 Bei der Durchführung von Liquiditätsstresstests auf konsolidierter Basis sollten mögliche Beschränkungen beim Liquiditätstransfer zwischen Gruppenunternehmen berücksichtigt und in die entsprechenden Szenarien übernommen werden. Stresstests auf konsolidierter Basis erfordern eine freie und ungezwungene »Verschiebung« der Liquidität zwischen den Gruppenunternehmen. In einigen Fällen gibt es rechtliche und andere Arten von Beschränkungen, die in den Szenarien berücksichtigt werden sollten. Beschränkungen können insbesondere bei der grenzüberschreitenden Übertragung von Liquidität bestehen. In diesen Fällen könnten grenzüberschreitende Liquiditätstransferprobleme berücksichtigt werden. Außerdem können Restriktionen bestehen, nach denen Finanzierungen innerhalb einer Gruppe voneinander abgeschottet sind (»ring fencing«), weshalb die betroffenen Unternehmen folglich selbst ein gewisses Maß an Liquidität vorhalten müssen. Die jeweils zuständigen Aufsichtsbehörden achten auch bei internationalen Bankengruppen auf eine angemessene Liquiditätsausstattung der inländischen Institute.[228]

8.10 Berücksichtigung vielfältiger Wechselwirkungen

227 Bei der Ausgestaltung der Stresstests sollten auch die verschiedenen Wechselwirkungen beachtet werden, die ganz unterschiedliche Bereiche betreffen. Zunächst muss davon ausgegangen werden, dass sich andere Marktteilnehmer in Stresssituationen ähnlich verhalten und auf diese Weise die negativen Marktentwicklungen noch verstärken (»Herdenverhalten«). So war während der Finanzmarktkrise z.B. deutlich zu beobachten, dass die vorhandene Liquidität aufgrund der Unsicherheit über das Investitionsvolumen der einzelnen Institute in Geschäftsbereichen, die unter der Krise besonders zu leiden hatten, nicht dem Interbankenmarkt zur Verfügung gestellt wurde. Insofern sollte die erwartete Reaktion der anderen Marktteilnehmer sowohl auf ein angespanntes Marktumfeld als auch auf das eigene Verhalten in Stresssituationen berücksichtigt werden.[229]

228 Zahlreiche Wechselwirkungen bestehen darüber hinaus zu den anderen wesentlichen Risikoarten, wie bereits ausgeführt (→ BTR 3.1 Tz. 2). Im Rahmen der Finanzmarktkrise hat sich insbesondere gezeigt, dass erhöhte Markt- und Adressenausfallrisiken bei gestiegener Unsicherheit über die Risikoabsorptionsfähigkeit der Marktteilnehmer schnell zu Verwerfungen in bestimmten Marktsegmenten und zu Liquiditätsengpässen führen können.[230] Nach den Vorstellungen der EBA sollten bereits bei der Konzeption der Stressszenarien die Auswirkungen von Stressereignissen für andere Risikoarten, wie z.B. Kreditrisikoverluste oder relevante Ereignisse mit Auswirkung auf das Reputationsrisiko, auf die Liquiditätsposition berücksichtigt werden.

---

228 Vgl. Committee of European Banking Supervisors, Revised Guidelines on Stress Testing (GL 32), 26. August 2010, S. 41 ff.

229 Vgl. Basel Committee on Banking Supervision, Principles for Sound Liquidity Risk Management and Supervision, BCBS 144, 25. September 2008, S. 25 f.

230 Vgl. Deutsche Bundesbank, Stresstests: Methoden und Anwendungsgebiete, in: Finanzstabilitätsbericht 2007, November 2007, S. 114.

Ebenso sollten die Auswirkungen von Notverkäufen (»Fire Sales«) anderer Institute oder aus dem eigenen Liquiditätspuffer auf den Marktwert der sonstigen gehaltenen Vermögenswerte beachtet werden.[231] Im Rahmen von Stresstests für wesentliche Risiken sollten auch Risiken aus außerbilanziellen Gesellschaftskonstruktionen berücksichtigt werden (→ AT4.3.3 Tz.1). Stresssituationen im Zusammenhang mit Verbriefungstransaktionen können direkte Auswirkungen auf die Liquiditätssituation, z.B. durch vertragliche Verpflichtungen zur Bereitstellung von Liquiditätslinien, oder indirekte Auswirkungen über das Reputationsrisiko haben, woraus ggf. eine freiwillige Bereitstellung von Liquiditätslinien ohne entsprechende vertragliche Verpflichtung resultieren kann. Da die Auswirkungen anderer Risiken auf die Liquidität des Institutes auch bei den Frühwarnverfahren für Liquiditätsengpässe zu berücksichtigen sind (→ BTR3.1 Tz.2), sollte bei den Stresstests in vergleichbarer Weise vorgegangen werden. Es sollte auch beachtet werden, dass die Durchführung verschiedener Maßnahmen aus dem Notfallplan für Liquiditätsengpässe negativ für die Reputation des Institutes sein kann. Ein Reputationsrisiko besteht insbesondere dann, wenn die Wirksamkeit der Notfallmaßnahmen zu wünschen übrig lässt und das operative Knowhow oder die Erfahrung zur Umsetzung dieser Maßnahmen fehlen.[232]

229 Ende 2007 waren in den Instituten erste Ansätze erkennbar, bei der Ausgestaltung der Liquiditätsrisiko-Stresstests andere Risikobereiche einzubeziehen. Damals wurden z.B. Liquiditätsrisiko-Stressszenarien für andere Risikoarten vorgegeben, Liquiditätsszenarien mit Zinsszenarien verknüpft, der Wert der liquidierbaren Aktiva bestimmt, Ausfallwahrscheinlichkeiten bedeutender Kreditnehmer oder Wertpapieremittenten berücksichtigt oder die Inanspruchnahme zugesagter Kreditlinien geschätzt. Allerdings war zu diesem Zeitpunkt lediglich ein Institut damit beschäftigt, einen integrierten Stresstest über alle Risikoarten zu implementieren. Als problematisch für eine Verzahnung der verschiedenen Risikoarten wird insbesondere angesehen, dass der Zeithorizont beim Liquiditätsrisiko eher auf die kurzfristigen Liquiditätsengpässe ausgerichtet ist und die Risikofaktoren beim Liquiditätsrisiko weniger fein parametrisiert sind.[233] Zudem lassen sich oftmals beliebig viele Szenarien miteinander kombinieren, wobei keine methodische Lösung für die optimale Auswahl eines besonders geeigneten Szenario-Sets existiert.

8.11 Zusammenhang zwischen ICAAP und ILAAP

230 Die methodischen Details eines Stresstestprogramms sollten auch Auskunft über mögliche Zusammenhänge zwischen Liquiditätsstresstests und Solvenzstresstests geben, insbesondere zur jeweiligen Größenordnung solcher dynamischen Wechselwirkungen und zur Erfassung von Rückkopplungseffekten. Deshalb sollen die Institute bei der Bewertung ihres Stresstestprogramms auch berücksichtigen, ob die möglichen Verknüpfungen zwischen Solvenz- und Liquiditätsstresstests angemessen erfolgen und auf welche Weise mögliche negative Solvenz-Liquiditäts-Kreisläufe einbezogen werden. Dies soll sich auch in der Dokumentation niederschlagen. Konkret nennt die EBA folgende Beispiele[234]:
– eine Verschlechterung der Kapitalposition (Solvenz) und der Emissionsfähigkeit von Geldmarktpapieren und Anleihen (Liquidität),

---

231 Vgl. European Banking Authority, Final Report – Guidelines on institution's stress testing, EBA/GL/2018/04, 19. Juli 2018, S. 43.

232 Vgl. Basel Committee on Banking Supervision, Principles for Sound Liquidity Risk Management and Supervision, BCBS 144, 25. September 2008, S. 25.

233 Vgl. Bundesanstalt für Finanzdienstleistungsaufsicht/Deutsche Bundesbank, Praxis des Liquiditätsrisikomanagements in ausgewählten deutschen Kreditinstituten, Januar 2008, S. 9 ff.

234 Vgl. European Banking Authority, Final Report – Guidelines on institution's stress testing, EBA/GL/2018/04, 19. Juli 2018, S. 19 f.

BTR 3.1 Allgemeine Anforderungen

– makrogetriebene Veränderungen der Ausfallwahrscheinlichkeiten (Solvenz) und eine implizite Ratingmigration unbelasteter Aktiva sowie Auswirkungen auf bei der relevanten Zentralbank hinterlegte Sicherheiten (Liquidität),

– ein Anstieg des Volumens notleidender Kredite (Solvenz) und eine Reduzierung der erwarteten Mittelzuflüsse aus Kreditrückzahlungen oder aus nichtfinanziellen Unternehmensanleihen (Liquidität),

– eine mögliche Liquiditätslücke (Liquidität) und Notverkäufe (»Fire Sales«) von Vermögensgegenständen (Solvenz) sowie

– ein Anstieg der Refinanzierungskosten (Liquidität) und mögliche GuV-Effekte (Solvenz).

231 Die Stresstestmodelle sollten die Wechselwirkungen zwischen der Solvenz und der Liquidität sowie den Kosten zur Refinanzierung berücksichtigen, um die Auswirkungen eines Schocks auf das Institut nicht systematisch und signifikant zu unterschätzen.[235] Dabei sollten die Institute berücksichtigen, dass eine Verknüpfung der Refinanzierungskosten mit der Solvenz die Qualität des Liquiditätsstresstests negativ beeinflussen kann, indem eine zu langsame Verschlechterung der Liquidität unterstellt wird.[236]

232 Die EZB erwartet, dass die ICAAP- und ILAAP-Stresstests ineinander einfließen. Umgesetzt werden soll diese Anforderung dadurch, dass die zugrundeliegenden Annahmen, die Stresstestergebnisse und die projizierten Managementmaßnahmen beiderseits Berücksichtigung finden. Wenn also beispielsweise im ILAAP-Stresstest ein Stressereignis in Bezug auf die Credit Spreads oder Ratings der Aktiva im Liquiditätspuffer getestet wird, so sollte die damit verbundene Auswirkung auch im ICAAP Berücksichtigung finden und umgekehrt. Insofern geht es vor allem darum, für den ICAAP und den ILAAP keine Szenarien zu formulieren, die vollkommen unabhängig voneinander sind. Ob dies mit der Anforderung in Einklang zu bringen ist, bei der Definition plausibler Stressszenarien den Schwerpunkt auf die größten Schwachstellen zu legen, bleibt abzuwarten. Vermutlich werden die Institute nicht umhinkommen, diese größten Schwachstellen sowohl aus Liquiditätssicht als auch vor dem Hintergrund der anderen wesentlichen Risiken separat in Szenarien zu überführen und diese Szenarien dann für alle wesentlichen Risiken einzeln durchzuspielen. Die Bewertung der potenziellen Auswirkungen dieser Szenarien soll dann die Auswirkungen auf Kapital und Liquidität gleichermaßen zum Ziel haben. Dabei sollen potenzielle Rückkoppelungen berücksichtigt werden, wie insbesondere Verluste, die aus der Verwertung von Aktiva oder einem Anstieg der Refinanzierungskosten resultieren.[237]

8.12 Betrachtungszeiträume

233 Jedes Institut hat die Stresstests individuell zu definieren, wobei unterschiedlich lange Zeithorizonte zugrundegelegt werden müssen. Die institutsindividuelle Definition der Stresstests schließt somit auch die Festlegung der von den Stresstests abgedeckten Zeithorizonte ein. Grundsätzlich sollte durch einen Stresstest zumindest jene Zeitspanne abgedeckt werden, innerhalb der ein Institut nicht allein durch Anpassung der Geschäftsvolumina oder ähnliche Maßnahmen auf

---

235 Vgl. European Banking Authority, Final Report – Guidelines on institution's stress testing, EBA/GL/2018/04, 19. Juli 2018, S. 26 f.

236 Vgl. European Banking Authority, Final Report – Guidelines on institution's stress testing, EBA/GL/2018/04, 19. Juli 2018, S. 44.

237 Vgl. Europäische Zentralbank, Leitfaden der EZB für den bankinternen Prozess zur Sicherstellung einer angemessenen Liquiditätsausstattung (Internal Liquidity Adequacy Assessment Process – ILAAP), 9. November 2018, S. 31 f.

eventuelle Verschlechterungen der Liquiditätssituation reagieren kann und insofern auf zusätzliche Zahlungsmittel angewiesen ist.

Von Seiten der deutschen Aufsicht wurde im Rahmen der vierten MaRisk-Novelle geäußert, dass **234** sie Stresstests bis zu einem Zeitraum von maximal einem Monat als kurzfristig und darüber hinaus als langfristig ansieht. Diese Erläuterung ist allerdings nicht in die MaRisk eingeflossen. Lediglich für kapitalmarktorientierte Institute besteht die Notwendigkeit, zumindest die Zeiträume von einer Woche und einem Monat zu berücksichtigen (→ BTR 3.2 Tz. 1 und 2). Üblicherweise werden in der Praxis durchaus auch Zeiträume von mehreren Monaten betrachtet, zumal ein Horizont von einem Monat auch in verschiedenen Ausarbeitungen noch als kurzfristig angesehen wird.

Mit der Betrachtung unterschiedlich langer Zeithorizonte wird Art. 86 Abs. 9 CRD IV entspro- **235** chen. Der Baseler Ausschuss für Bankenaufsicht fordert ebenfalls eine Berücksichtigung verschiedener Zeithorizonte, wobei er im Kurzfristbereich die Intraday-Betrachtung einschließt. Insbesondere sollten die Stresstests den genauen Zeitrahmen für die Liquidierung von Vermögenswerten abbilden sowie ggf. die erforderliche Zeit, um Liquidität grenzüberschreitend zu übertragen. Sofern sich ein Institut auf Liquiditätszuflüsse von einem System verlässt, um Verpflichtungen in einem anderen System zu erfüllen, sollte es darüber hinaus berücksichtigen, dass operationelle Risiken oder Störungen eines Abwicklungssystems die erwarteten Zahlungsströme zwischen den Systemen verhindern oder verzögern könnten. Dies ist besonders relevant für Institute, die auf konzerninterne Transfers oder ein zentrales Liquiditätsmanagement vertrauen.[238] Insofern müssen die geeigneten Zeithorizonte anhand der individuellen Besonderheiten festgelegt werden.

Diese Sichtweise bestätigt auch die EBA, nach deren Vorstellungen die Institute die Zeithorizon- **236** te der Stresstests im Einklang mit dem Ziel ihrer Durchführung, den Merkmalen des Portfolios wie Laufzeit und Liquidität der gestressten Positionen sowie ggf. dem Risikoprofil festlegen sollte.[239] Die Zeithorizonte sollten von über Nacht bis zu mindestens zwölf Monaten reichen. Dabei sollte eine kurze akute Stressphase über bis zu 30 Tage betrachtet werden, um solche Zeiträume abzudecken, bei denen das Geschäftsmodell nicht geändert werden muss. Daran könnte ein längerer Zeitraum mit einer weniger akuten, aber längeren Belastung zwischen drei und zwölf Monaten anschließen. Gefordert werden auch separate Stresstests für das untertägige Liquiditätsrisiko, wobei dies in erster Linie auf jene Institute zutrifft, die Echtzeit-Abwicklungs- und Zahlungsverkehrssysteme verwenden (→ BTR 3.1 Tz. 1, Erläuterung). Die Institute sollten die Stressszenarien für das kurz- bis mittelfristige Liquiditätsrisiko mit den Stressszenarien für das Refinanzierungsrisiko unter Berücksichtigung eines Zeithorizontes von mindestens zwölf Monaten kombinieren.[240]

Die geforderte Kombination mit den Stressszenarien für das Refinanzierungsrisiko ist darauf **237** zurückzuführen, dass ein Stresstest für das Liquiditätsrisiko im mittelfristigen Bereich kaum noch sinnvolle Ergebnisse liefert. Die normative Perspektive, die sich auch auf das Refinanzierungsrisiko bezieht, spielt dafür mit den adversen Szenarien und einem zukunftsgerichteten Zeithorizont von mindestens drei Jahren[241] eine größere Rolle. So wird auch von anderen Aufsichtsbehörden grundsätzlich von einer Stressperiode von zumindest 30 Tagen ausgegangen. Lediglich unter Proportionalitätsgesichtspunkten sollen größere Institute mit komplexen Geschäftsaktivitäten ergänzend auch die Auswirkungen von Stresshorizonten außerhalb dieses Monatshorizontes

---

238 Vgl. Basel Committee on Banking Supervision, Principles for Sound Liquidity Risk Management and Supervision, BCBS 144, 25. September 2008, S. 24 f.

239 Vgl. European Banking Authority, Final Report – Guidelines on institution's stress testing, EBA/GL/2018/04, 19. Juli 2018, S. 29.

240 Vgl. European Banking Authority, Final Report – Guidelines on institution's stress testing, EBA/GL/2018/04, 19. Juli 2018, S. 43.

241 Vgl. Europäische Zentralbank, Leitfaden der EZB für den bankinternen Prozess zur Sicherstellung einer angemessenen Liquiditätsausstattung (Internal Liquidity Adequacy Assessment Process – ILAAP), 9. November 2018, S. 19.

berechnen, wobei beispielhaft bis zu 60 Tage genannt werden.[242] Im Rahmen der Anhörung der EZB zur Konsultation des SSM-Leitfadens zum ILAAP am 24. April 2018 wurde darauf verwiesen, dass z. B. die geforderten Projektionen der LCR nicht über einen Zeitraum von zwölf Monaten hinausgehen müssen.

8.13   Häufigkeit von Stresstests

238   Bezüglich der Häufigkeit von Stresstests sind die Institute aufgefordert, individuelle Festlegungen zu treffen. Der Baseler Ausschuss für Bankenaufsicht empfiehlt eine Orientierung an der Größe des Institutes, seinem Liquiditätsrisiko sowie seiner relativen Bedeutung für das Finanzsystem. Gleichzeitig sollten die Institute in der Lage sein, den Turnus zur Durchführung von Stresstests unter besonderen Umständen flexibel zu erhöhen, wie z. B. bei volatilen Marktbedingungen oder auf besondere Anforderung der Aufsichtsbehörden.[243]

239   Nach den Vorstellungen der EZB sollten die Institute mindestens jährlich eine eingehende Überprüfung ihrer Schwachstellen durchführen und dabei institutsweit alle wesentlichen Risiken erfassen, die sich aus ihrem Geschäftsmodell und ihrem operativen Umfeld unter makroökonomischen und finanziellen Stressbedingungen ergeben. In Abhängigkeit von den jeweiligen Umständen sollte die Überprüfung ggf. in kürzeren Abständen stattfinden. Auf der Grundlage dieser Überprüfung sollten die Institute ein angemessenes Stresstestprogramm für die normative und die ökonomische Perspektive festlegen.[244]

240   In einigen Ländern müssen größere Institute mindestens jährlich einen Stresstest auf Gesamtbankebene und ergänzend halbjährlich Stresstests der wesentlichsten Risiken durchführen. Bei wesentlichen Änderungen des Geschäftsmodells oder der relevanten Umfeldbedingungen sind zusätzlich Ad-hoc-Stresstests durchzuführen.[245]

241   Einer repräsentativen Umfrage aus dem Jahre 2009 zufolge führten die großen Institute mit einer Bilanzsumme von mehr als 10 Mrd. Euro ca. alle 30 Tage neue Stresstests für Liquiditätsrisiken durch, während die Neuberechnung bei kleineren Instituten im Durchschnitt nach 90 Tagen erfolgte. Sämtliche Institute legten ca. 2–5 Szenarien zugrunde.[246]

8.14   Geeignete Methoden

242   Die Stresstests für Liquiditätsrisiken basieren grundsätzlich immer auf der Annahme, dass die Mittelzuflüsse später erfolgen oder geringer ausfallen bzw. die Mittelabflüsse früher erfolgen oder höher ausfallen als ursprünglich erwartet.[247] Sie können insofern als eine natürliche Erweiterung

---

242 Vgl. Finanzmarktaufsicht Liechtenstein, ILAAP (»Internal Liquidity Adequacy Assessment Process«), FMA-Mitteilung 2017/6, 21. November 2017, S. 9.

243 Vgl. Basel Committee on Banking Supervision, Principles for Sound Liquidity Risk Management and Supervision, BCBS 144, 25. September 2008, S. 25 ff.

244 Vgl. Europäische Zentralbank, Leitfaden der EZB für den bankinternen Prozess zur Sicherstellung einer angemessenen Liquiditätsausstattung (Internal Liquidity Adequacy Assessment Process – ILAAP), 9. November 2018, S. 29 f.

245 Vgl. Finanzmarktaufsicht Liechtenstein, ILAAP (»Internal Liquidity Adequacy Assessment Process«), FMA-Mitteilung 2017/6, 21. November 2017, S. 10 f.

246 Vgl. Kaltofen, Daniel, Empirische Ergebnisse der Großstudie Liquiditätsrisiko Deutschland, ikf institut für kredit- und finanzwirtschaft – Ruhr-Universität Bochum, Dezember 2009.

247 Vgl. Bundesanstalt für Finanzdienstleistungsaufsicht/Deutsche Bundesbank, Praxis des Liquiditätsrisikomanagements in ausgewählten deutschen Kreditinstituten, Januar 2008, S. 22.

der Modellierung von Zahlungsströmen angesehen werden.[248] Als wesentliche Methode zur Berechnung der Auswirkungen von Stressszenarien stellt deshalb auch die EBA auf eine gestresste Liquiditätsübersicht ab (→ BTR 3.1 Tz. 3). Für jedes Stressszenario sollen die Mittelzu- und -abflüsse für die verschiedenen Zeiträume prognostiziert werden, um die daraus resultierenden Netto-Zahlungsströme zu berechnen. Der bei kumulativer Betrachtung jeweilige niedrigste Wert ergibt folglich den kritischen Betrag unter dem betrachteten Szenario. Die ausgleichenden Liquiditätseffekte der Zentralbanken aufgrund einer entsprechenden Geldpolitik können dabei zwar in konservativer Weise berücksichtigt werden, sollten dann jedoch hervorgehoben werden.[249]

Die EBA empfiehlt, diese Analyse ggf. auf andere Metriken auszudehnen. Konkret nennt sie die **243** internen und aufsichtsrechtlichen Liquiditätskennziffern bzw. -kennzahlen, insbesondere die LCR und die NSFR, wodurch zum Ausdruck gebracht wird, dass ein angemessenes Liquiditätsrisikomanagement die Anforderungen der ersten und der zweiten Säule im Blick haben sollte. Zudem sollten die über diese Kennziffern hinausgehenden Liquiditätspuffer und die Fähigkeit, zusätzliche Liquidität zu generieren (»Liquiditätsdeckungspotenzial« bzw. »Counterbalancing Capacity«), für jedes Stressszenario untersucht werden. Dabei sollten auch die Auswirkungen auf den Anteil und die Art der belasteten Aktiva bewertet werden (→ BTR 3.1 Tz. 4). Darüber hinaus sollte der Überlebenshorizont des Institutes unter Berücksichtigung des Liquiditätsdeckungspotenzials berechnet werden. Schließlich sollen auch die Auswirkungen auf die Solvenz und die Rentabilität des Institutes untersucht werden[250], was darauf hinausläuft, die beim ILAAP betrachteten Szenarien auch für den ICAAP zu verwenden. Das wird auch von der EZB erwartet.

8.15 Überprüfung der Angemessenheit

Die Ausgestaltung der Szenarien und die zugrundeliegenden Annahmen sollten regelmäßig **244** überprüft werden, um sicherzustellen, dass deren Art und Schwere für das Institut angemessen sind. Diese Überprüfung sollte zumindest jährlich erfolgen, wie für alle wesentlichen Risiken gefordert (→ AT 4.3.3 Tz. 5). Bei der Überprüfung sollten veränderte Marktbedingungen, Veränderungen hinsichtlich Art, Umfang oder Komplexität der Geschäftsaktivitäten und bereits vorhandene Erfahrungen in Stresssituationen berücksichtigt werden.[251]

Zwischen der Methodenverantwortung und der Überprüfung der Angemessenheit der Metho- **245** den sollte zur Vermeidung von Interessenkonflikten eine gewisse Unabhängigkeit sichergestellt werden. Die Unabhängigkeit zwischen der Entwicklung und der Validierung der Risikoquantifizierungsmethoden kann auf verschiedene Weise umgesetzt werden, wobei unter Proportionalitätsgesichtspunkten sowohl eine Funktionstrennung im Sinne eines unabhängigen Bereiches oder einer unabhängigen Stelle als auch ein Vier-Augen-Prinzip infrage kommen.[252] Den allgemeinen Vorgaben der EZB zur Valdidierung interner Modelle zufolge wird ein Vier-Augen-Prinzip für systemrelevante Institute allerdings ausgeschlossen.[253]

---

248 Vgl. Hormanski, Adam, Liquiditätsrisiken, in: Bearbeitungs- und Prüfungsleitfaden Neue MaRisk, 2009, S. 405.

249 Vgl. European Banking Authority, Final Report – Guidelines on institution's stress testing, EBA/GL/2018/04, 19. Juli 2018, S. 43.

250 Vgl. European Banking Authority, Final Report – Guidelines on institution's stress testing, EBA/GL/2018/04, 19. Juli 2018, S. 43 f.

251 Vgl. Basel Committee on Banking Supervision, Principles for Sound Liquidity Risk Management and Supervision, BCBS 144, 25. September 2008, S. 26 f.

252 Vgl. Europäische Zentralbank, Leitfaden der EZB für den bankinternen Prozess zur Sicherstellung einer angemessenen Liquiditätsausstattung (Internal Liquidity Adequacy Assessment Process – ILAAP), 9. November 2018, S. 29.

253 Vgl. European Central Bank, ECB guide to internal models – General topics chapter, 15. November 2018, S. 8 f.

8.16   Inverse Stresstests

246   Ergänzend sind unter Proportionalitätsgesichtspunkten auch inverse Stresstests durchzuführen (→ AT 4.3.3 Tz. 4). Die EBA erwartet von Instituten mit bestimmten Geschäftsmodellen, wie z. B. Wertpapierfirmen, auch inverse Stresstests durchzuführen, um ihre Anfälligkeit für extreme Ereignisse zu untersuchen, insbesondere wenn ihre Risiken nicht ausreichend durch traditionelle Stressszenarien auf der Basis makroökonomischer Schocks erfasst werden.[254] Die EZB verweist darauf, dass mit dieser Art von Stresstests die Vollständigkeit und Konservativität der Annahmen des ILAAP-Rahmens hinterfragt werden sollen.[255] Aufsichtsbehörden einiger Länder beschränken die Durchführung von inversen Stresstests auf besonders bedeutende Institute.[256]

247   Die Durchführung inverser Stresstests beginnt mit der Identifikation eines im Vorfeld definierten Ergebnisses, wie etwa einem nicht mehr tragfähigen Geschäftsmodell.[257] Bei inversen Sensitivitätsanalysen für das Liquiditätsrisiko könnte z. B. von einem Stress auf Einlagen im Retail-Bereich und Umständen ausgegangen werden, unter denen die Liquiditätspuffer des Institutes verbraucht würden.[258] Anschließend sollten die Institute ermitteln, wie plausibel diese Szenarien sind und ob Abhilfemaßnahmen erforderlich sein könnten. Inverse Stresstests könnten zudem als Ausgangspunkt für die Entwicklung von Sanierungsplan-Szenarien herangezogen werden.[259] Dies ist aufgrund der vergleichbaren Zielrichtung und aus Gründen der Konsistenz auch empfehlenswert.

248   Auch im Rahmen der inversen Stresstests wird eine Kombination aus Solvenz- und Liquiditätsstress empfohlen, wenn die traditionelle Modellierung komplexe Aspekte aus realen Situationen nicht hinreichend erfassen kann. Auf diese Weise sollen das Verständnis und das Management der damit verbundenen Risiken in Extremsituationen verbessert werden. Damit sollen insbesondere die Kapital- und Liquiditätspläne infrage gestellt werden. Gegebenenfalls sollten Institute Situationen analysieren, die ein Liquiditätsstressereignis verschlimmern und in ein Solvenzstressereignis umwandeln und umgekehrt sowie schließlich in einem Geschäftsausfall gipfeln können.[260]

8.17   Zusammenhang mit der Sanierungsplanung

249   Auf den grundsätzlichen Zusammenhang zwischen den Stresstests, insbesondere den inversen Stresstests, und der Sanierungsplanung wird an anderer Stelle detailliert eingegangen (→ AT 4.3.3 Tz. 4).

250   Da eine unzureichende Liquidität eine der größten Bedrohungen für die Fortführung der Geschäftstätigkeit ist, sollten der ILAAP, der die Fortführung der Geschäftstätigkeit im Rahmen der Strategie und des angestrebten Geschäftsmodelles eines Institutes aus der Liquiditätsperspektive stützt, und der Sanierungsplan, der die finanzielle Stabilität eines in Schieflage geratenen

---

254 Vgl. European Banking Authority, Final Report – Guidelines on institution's stress testing, EBA/GL/2018/04, 19. Juli 2018, S. 31.

255 Vgl. Europäische Zentralbank, Leitfaden der EZB für den bankinternen Prozess zur Sicherstellung einer angemessenen Liquiditätsausstattung (Internal Liquidity Adequacy Assessment Process – ILAAP), 9. November 2018, S. 32.

256 Vgl. Finanzmarktaufsicht Liechtenstein, ILAAP (»Internal Liquidity« Adequacy Assessment Process«), FMA-Mitteilung 2017/6, 21. November 2017, S. 10.

257 Vgl. Europäische Zentralbank, Leitfaden der EZB für den bankinternen Prozess zur Sicherstellung einer angemessenen Liquiditätsausstattung (Internal Liquidity Adequacy Assessment Process – ILAAP), 9. November 2018, S. 32.

258 Vgl. European Banking Authority, Final Report – Guidelines on institution's stress testing, EBA/GL/2018/04, 19. Juli 2018, S. 32 f.

259 Vgl. Europäische Zentralbank, Leitfaden der EZB für den bankinternen Prozess zur Sicherstellung einer angemessenen Liquiditätsausstattung (Internal Liquidity Adequacy Assessment Process – ILAAP), 9. November 2018, S. 32.

260 Vgl. European Banking Authority, Final Report – Guidelines on institution's stress testing, EBA/GL/2018/04, 19. Juli 2018, S. 33.

Institutes wiederherstellen soll, Teil ein und desselben Risikomanagement-Rahmens sein. Das Institut sollte daher die Konsistenz und Kohärenz zwischen dem ILAAP und dem Sanierungsplan sicherstellen, z. B. in Bezug auf Frühwarnsignale und Indikatoren des Sanierungsplanes, Eskalationsverfahren und potenzielle Managementmaßnahmen. Darüber hinaus sollen potenzielle Managementmaßnahmen im ILAAP mit wesentlichen Auswirkungen unverzüglich in den Sanierungsplan einfließen und umgekehrt, damit die Verfahren und Informationen in den dazugehörigen Dokumenten konsistent und auf dem aktuellen Stand sind. Dieser Verfahrensweise sind allerdings schon dadurch Grenzen gesetzt, dass der Sanierungsplan einem aufwändigen Genehmigungs- und Abnahmeprozess unterliegt, so dass er in der Praxis auch nicht permanent angepasst werden kann. Die EZB hat deshalb in der endgültigen Fassung ihres Leitfadens die geforderte »unverzügliche« Berücksichtigung auf die ILAAP-Maßnahmen »mit wesentlichen Auswirkungen« eingeschränkt.[261]

8.18 Ermittlung des Überlebenshorizontes

Das Institut hat in den individuell festzulegenden Stressszenarien jeweils seinen voraussichtlichen Überlebenshorizont zu ermitteln. Auf welche Weise dies geschehen kann, hat die EBA in ihren Leitlinien zum SREP skizziert. Von der EBA wird dabei synonym der Begriff »Überlebensdauer« (»Survival Period«) verwendet, worunter jener Zeitraum zu verstehen ist, über den ein Institut seinen Geschäftsbetrieb unter Stressbedingungen aufrechterhalten und weiterhin seinen Zahlungsverpflichtungen nachkommen kann.[262] Der Baseler Ausschuss für Bankenaufsicht bezeichnet in Analogie dazu die »Überlebensperiode« als jenen Zeitpunkt, zu dem ein Institut in einem bestimmten Szenario über keine Liquidität mehr verfügt, und weist darauf hin, dass das Szenario-Design und die Methode bzw. das Modell für den Liquiditätsstresstest natürlich die Ergebnisse dieser Übung beeinflussen.[263] **251**

Aus diesen Definitionen folgt implizit auch die Berechnungslogik. Bei der Ermittlung der Überlebensdauer wird zum vorhandenen Liquiditätspuffer im Betrachtungszeitpunkt über einen gewissen Zeitraum der Liquiditätssaldo, d. h. die Differenz aus den kumulierten Mittelzu- und -abflüssen, addiert. Damit ermäßigt sich der Liquiditätspuffer immer dann, wenn der Liquiditätssaldo negativ ist. Der Zeitraum, an dem der Liquiditätspuffer verbraucht ist, also null oder einen negativen Wert annimmt, gibt folglich die Überlebensdauer für das zugrundeliegende Stresstestszenario an.[264] Die Fähigkeit des Institutes, in diesem Zeitraum zusätzliche Liquidität zu generieren (»Liquiditätsdeckungspotenzial« bzw. »Counterbalancing Capacity«) kann diesen Zeitraum stark beeinflussen und wird deshalb selbstverständlich auch berücksichtigt.[265] **252**

Die zuständigen Behörden sollen im Rahmen des SREP untersuchen, ob das Stresstestprogramm des Institutes für die Bestimmung der Überlebensdauer während einer ernsten, aber plausiblen Liquiditätsstressperiode angesichts des vom Institut vorgehaltenen Liquiditätspuffers und seiner **253**

261 Vgl. Europäische Zentralbank, Leitfaden der EZB für den bankinternen Prozess zur Sicherstellung einer angemessenen Liquiditätsausstattung (Internal Liquidity Adequacy Assessment Process – ILAAP), 9. November 2018, S. 12 f.

262 Vgl. European Banking Authority, Guidelines on common procedures and methodologies for the supervisory review and evaluation process (SREP) and supervisory stress testing, EBA/GL/2014/13, Consolidated version, 19. Juli 2018, S. 25.

263 Vgl. Basel Committee on Banking Supervision, Working Paper No. 24, Liquidity stress testing: a survey of theory, empirics and current industry and supervisory practices, 23. Oktober 2013, S. 33.

264 Vgl. European Banking Authority, Guidelines on common procedures and methodologies for the supervisory review and evaluation process (SREP) and supervisory stress testing, EBA/GL/2014/13, Consolidated version, 19. Juli 2018, S. 174 ff.

265 Vgl. European Banking Authority, Final Report – Guidelines on institution's stress testing, EBA/GL/2018/04, 19. Juli 2018, S. 43 f.

stabilen Refinanzierungsquellen sowie unter Berücksichtigung der Risikotoleranz des Institutes geeignet ist.[266] Falls die erwünschte oder aufsichtliche Mindestüberlebensdauer länger ist als die aktuelle Überlebensdauer des Institutes, können die zuständigen Behörden liquide Aktiva in zusätzlicher Höhe, d.h. zusätzliche Liquiditätspuffer, veranschlagen, die vom Institut zur Verlängerung seiner Überlebensdauer bis zur erforderlichen Mindestdauer vorzuhalten sind.[267] Alternativ können die zuständigen Behörden auch eine Obergrenze für Nettoabflüsse (nach Berücksichtigung der Zuflüsse) oder Bruttoabflüsse für ein oder mehrere Laufzeitbänder festlegen.[268]

8.19 Verwendung der Ergebnisse von Stresstests

254 Die Ergebnisse der Stresstests können wertvolle Hinweise auf die potenziellen Auslöser von Liquiditätsengpässen und deren Auswirkungen auf die Zahlungsströme (»Cashflows«) und die Liquiditätssituation des Institutes (→ BTR 3.1 Tz. 3) liefern, die bei den Frühwarnverfahren (→ BTR 3.1 Tz. 2) berücksichtigt werden sollten. Daraus müssen geeignete Konsequenzen gezogen werden, indem z.B. die Strategien kritisch hinterfragt, die Liquiditätspuffer qualitativ verbessert oder quantitativ aufgestockt, die Refinanzierungsquellen besser diversifiziert (→ BTR 3.1 Tz. 4), das Liquiditätsprofil mit dem Risikoappetit in Einklang gebracht (→ AT 4.2 Tz. 2) oder die im Notfallplan für Liquiditätsengpässe festgelegten Maßnahmen überprüft und ggf. angepasst werden (→ BTR 3.1 Tz. 9). Die Stresstests sind demzufolge eng mit den Frühwarnverfahren und dem Notfallplan für Liquiditätsengpässe verknüpft.

255 Bei der Liquiditätsplanung sollten die in den Stresstests beobachteten Mängel, Einschränkungen und Schwachstellen berücksichtigt werden.[269] Die Institute sollten einen klaren Zusammenhang zwischen ihrer Risikobereitschaft, ihrer Strategie und ihren Stresstests nachweisen. Insbesondere sollten die Institute ihre Kapital- und Liquiditätspläne im Einklang mit ihrer angegebenen Risikobereitschaft und Strategie und dem gesamten internen Kapitalbedarf bewerten und ihre Liquiditätspositionen neu aufbauen, sofern sie Liquiditätspuffer zur Deckung ihrer Verbindlichkeiten während einer Stressperiode verwendet haben. Sie sollten unter mindestens einem schwerwiegenden, aber plausiblen Stressszenario ein breites Spektrum von Managementmaßnahmen, auch im Rahmen des Notfallplanes für Liquiditätsengpässe, prüfen. Im Zweifel sollten die internen Konzepte in Bezug auf Liquidität und Refinanzierung überarbeitet werden.[270]

256 Im Interesse einer aussagefähigen Berichterstattung und einer Identifikation des möglichen Handlungsbedarfes sollten die für die Liquiditätssituation eines Institutes relevanten Fragen grundsätzlich bei jedem Stresstest beantwortet werden[271]:
– Wie verändert sich die Liquiditätsposition insgesamt und in einzelnen Laufzeitbändern?
– Wie verändert sich der Zugang zu den relevanten Refinanzierungsquellen?
– Wie verändert sich die Marktliquidität?
– Wie verändern sich die Liquiditätspuffer?

---

266 Vgl. European Banking Authority, Guidelines on common procedures and methodologies for the supervisory review and evaluation process (SREP) and supervisory stress testing, EBA/GL/2014/13, Consolidated version, 19. Juli 2018, S. 162.
267 Vgl. European Banking Authority, Guidelines on common procedures and methodologies for the supervisory review and evaluation process (SREP) and supervisory stress testing, EBA/GL/2014/13, Consolidated version, 19. Juli 2018, S. 175.
268 Vgl. European Banking Authority, Guidelines on common procedures and methodologies for the supervisory review and evaluation process (SREP) and supervisory stress testing, EBA/GL/2014/13, Consolidated version, 19. Juli 2018, S. 177.
269 Vgl. European Banking Authority, Final Report – Guidelines on institution's stress testing, EBA/GL/2018/04, 19. Juli 2018, S. 21.
270 Vgl. European Banking Authority, Final Report – Guidelines on institution's stress testing, EBA/GL/2018/04, 19. Juli 2018, S. 48 ff.
271 Vgl. Mayer, Stephan, Management von Liquiditätsrisiken, in: Pfeifer, Guido/Ullrich, Walter (Hrsg.), MaRisk-Interpretationshilfen, 2. Auflage, Heidelberg, 2009, S. 404.

BTR 3.1 Allgemeine Anforderungen

- Werden die relevanten Liquiditäts-, Beobachtungs- und Refinanzierungskennzahlen noch eingehalten?
- Werden der Risikoappetit des Institutes und die Liquiditätsrisikotoleranz noch eingehalten?
- Können die entstehenden Liquiditätsengpässe auf angemessene Weise gedeckt werden?

9 Notfallplan für Liquiditätsengpässe (Tz. 9)

257 9 Das Institut hat festzulegen, welche Maßnahmen im Fall eines Liquiditätsengpasses ergriffen werden sollen (Notfallplan für Liquiditätsengpässe). Dazu gehört auch die Darstellung der in diesen Fällen zur Verfügung stehenden Liquiditätsquellen unter Berücksichtigung etwaiger Mindererlöse. Die im Fall eines Liquiditätsengpasses zu verwendenden Kommunikationswege sind festzulegen. Die geplanten Maßnahmen sind regelmäßig auf ihre Durchführbarkeit zu überprüfen und ggf. anzupassen. Die Ergebnisse der Stresstests sind dabei zu berücksichtigen.

9.1 Vorbereitung auf Liquiditätsengpässe

258 Ausgehend von der Definition des Liquiditätsrisikos und dem Ziel, dieses Risiko in den Griff zu bekommen, muss ein Institut jederzeit dazu in der Lage sein, seinen Zahlungsverpflichtungen nachzukommen (→ BTR3.1 Tz.1). Um dieser Zielstellung gerecht zu werden, müssen etwaige Liquiditätsengpässe frühzeitig identifiziert (→ BTR3.1 Tz.2) und auf geeignete Weise beseitigt werden. Aufgrund des Faktors »Zeit«, dem im Umgang mit Liquiditätsrisiken eine erhebliche Bedeutung zukommt, ist es erforderlich, sich bereits im Vorfeld derartiger Ereignisse darüber klar zu werden, welche Maßnahmen unter den jeweiligen Umständen sinnvoll sind und am schnellsten zur effektiven Problemlösung beitragen können.

259 Für diese Zwecke muss – auch aufgrund internationaler Vorgaben – ein Notfallplan für Liquiditätsengpässe (»Liquidity Contingency Plan«, LCP) ausgearbeitet werden. So haben die Institute gemäß Art. 86 Abs. 10 CRDIV über wirkungsvolle Notfallpläne für Liquiditätsengpässe zu verfügen, die angemessene Strategien und geeignete Maßnahmen zur Überwindung der Liquiditätsprobleme enthalten. Der Baseler Ausschuss für Bankenaufsicht definiert einen Notfallplan für Liquiditätsengpässe als die Zusammenfassung von Strategien, Richtlinien, Verfahren und Aktionsplänen zur Reaktion auf schwere Beeinträchtigungen der Fähigkeit eines Institutes, einige oder alle seiner Zahlungsverpflichtungen rechtzeitig und zu vertretbaren Kosten zu erfüllen.[272] Die EZB erwartet von den bedeutenden Instituten, dass sie über einen formellen Liquiditätsnotfallplan verfügen, in dem die Maßnahmen zur Behebung von Liquiditätsproblemen unter Stressbedingungen dargelegt sind und der die im ILAAP identifizierten Risiken adressiert sowie den Bezug zum Sanierungsplan aufzeigt.[273] Vom IIF wurde die Festlegung eines Notfallplanes für Liquiditätsengpässe bereits vor einigen Jahren empfohlen.[274] In den MaRisk wird unter dem Notfallplan für Liquiditätsengpässe schlicht ein Maßnahmenbündel zur Bewältigung von Liquiditätsengpässen in Notsituationen verstanden.

---

272 Vgl. Basel Committee on Banking Supervision, Principles for Sound Liquidity Risk Management and Supervision, BCBS 144, 25. September 2008, S. 27.

273 Vgl. Europäische Zentralbank, Leitfaden der EZB für den bankinternen Prozess zur Sicherstellung einer angemessenen Liquiditätsausstattung (Internal Liquidity Adequacy Assessment Process – ILAAP), 9. November 2018, S. 16.

274 Vgl. Institute of International Finance, Principles of Liquidity Risk Management, März 2007, S. 19.

9.2 Inhalte des Notfallplanes für Liquiditätsengpässe

Im Notfallplan muss geregelt sein, wie Liquiditätsengpässe in verschiedenen Stresssituationen **260** beseitigt werden sollen und folglich die Liquidität des Institutes gesichert werden kann. Damit besteht ein natürlicher Zusammenhang zu den Erkenntnissen aus den Stresstests für Liquiditätsrisiken (→ BTR 3.1 Tz. 8). Auch den Vorstellungen des Baseler Ausschusses für Bankenaufsicht zufolge muss der Notfallplan klare Strategien für den Umgang mit einer Liquiditätsverknappung vorsehen – sowohl in einer institutsspezifischen als auch in einer marktweiten Stresssituation.[275] Der Baseler Ausschuss empfiehlt insbesondere die Berücksichtigung der folgenden Faktoren[276]:

- die Auswirkungen eines angespannten Marktumfeldes auf die Fähigkeit, Vermögensgegenstände zu verkaufen oder zu verpfänden (→ BTR 3.1 Tz. 4),
- den Zusammenhang zwischen dem Marktliquiditätsrisiko und dem Refinanzierungsrisiko, der sich in einem teilweisen oder vollständigen Verlust der normalerweise verfügbaren Refinanzierungsquellen äußern kann (→ BTR 3.1 Tz. 4),
- die Folgeerscheinungen und Reputationsrisiken, die mit der Durchführung von Maßnahmen aus dem Notfallplan zusammenhängen (→ BTR 3.1 Tz. 2) und
- die Möglichkeit zur Übertragung liquider Mittel und unbelasteter Vermögensgegenstände innerhalb der Gruppe unter Berücksichtigung der gesellschaftsrechtlichen, regulatorischen und operationellen Restriktionen (→ BTR 3.1 Tz. 10).

Bei der Übertragung liquider Mittel und unbelasteter Vermögensgegenstände innerhalb einer **261** Gruppe kommt es vor allem darauf an, dass genaue Kenntnisse über die dafür erforderlichen Zeiträume sowie die möglichen Beschränkungen vorhanden sind. Werden unrealistische Fristen für entsprechende Transfers unterstellt, kann der Notfallplan im Ernstfall nicht funktionieren. Ähnliche Probleme können resultieren, wenn die im Notfall als Sicherheit zur Generierung zusätzlicher Liquidität vorgesehenen Vermögensgegenstände aufgrund von Restriktionen nicht dahin übertragen werden können, wo sie benötigt werden. Insofern sollten die Maßnahmen und die Zeit berücksichtigt werden, die zur vollständigen Übertragung liquider Mittel und unbelasteter Vermögensgegenstände zwischen den Einheiten erforderlich sind.[277] Der Baseler Ausschuss für Bankenaufsicht fordert deshalb, dass die örtliche Verfügbarkeit dieser Vermögensgegenstände im Einklang mit den Refinanzierungsplänen stehen muss.[278] All diese Faktoren spielen ebenso beim Stresstest eine entscheidende Rolle (→ BTR 3.1 Tz. 8).

Insgesamt sollte die Ausgestaltung des Notfallplanes in einem angemessenen Verhältnis zu den **262** Geschäftsaktivitäten stehen bzw. – mit den Worten des Baseler Ausschusses für Bankenaufsicht – der Komplexität eines Institutes, seinem Risikoprofil, dem Umfang seiner Geschäftsaktivitäten und seiner Rolle auf den Finanzmärkten entsprechen. Die im Notfallplan enthaltenen Maßnahmen müssen klar und deutlich beschrieben sowie leicht umsetzbar sein. In Abhängigkeit vom jeweiligen Szenario unterscheiden sich die festgelegten Maßnahmen hinsichtlich ihrer Eignung. Um in verschiedenen Situationen schnell und flexibel reagieren zu können, sollten deshalb bei der Festlegung der Maßnahmen verschiedene Kriterien berücksichtigt werden, wie z. B.[279]:

- wie viel Zeit die Umsetzung der Maßnahme in Anspruch nehmen würde,

---

275 Vgl. Basel Committee on Banking Supervision, Basel III: The Liquidity Coverage Ratio and liquidity risk monitoring tools, BCBS 238, 7. Januar 2013, S. 6, Fußnote 5.

276 Vgl. Basel Committee on Banking Supervision, Principles for Sound Liquidity Risk Management and Supervision, BCBS 144, 25. September 2008, S. 29.

277 Vgl. Basel Committee on Banking Supervision, Principles for Sound Liquidity Risk Management and Supervision, BCBS 144, 25. September 2008, S. 18.

278 Vgl. Basel Committee on Banking Supervision, Principles for Sound Liquidity Risk Management and Supervision, BCBS 144, 25. September 2008, S. 29.

279 Vgl. Mayer, Stephan, Management von Liquiditätsrisiken, in: Pfeifer, Guido/Ullrich, Walter (Hrsg.), MaRisk-Interpretationshilfen, 2. Auflage, Heidelberg, 2009, S. 409.

BTR 3.1 Allgemeine Anforderungen

- wann genau ab dem Zeitpunkt der Umsetzung der Maßnahme mit einem Mittelzufluss zu rechnen wäre,
- welches Liquiditätsvolumen mit Hilfe der Maßnahme voraussichtlich generiert werden könnte,
- wie lange die Maßnahme wirksam wäre bzw. wann ein Bedarf an Folgemaßnahmen bestünde,
- welche Voraussetzungen zur Umsetzung der Maßnahme erfüllt werden müssten (z.B. die zusätzliche Stellung von Sicherheiten),
- welche Auswirkungen die Umsetzung der Maßnahme auf das Institut (z.B. eine Verschlechterung der Ertragssituation) und auf das Marktumfeld (z.B. eine Verschlechterung der Reputation) hätte sowie
- unter welchen Marktbedingungen (z.B. bis zu welchem Stressgrad) die Maßnahme überhaupt umsetzbar wäre.

263 Die geforderte Darstellung der im Notfall verfügbaren Refinanzierungsquellen ist ein wichtiger Bestandteil des Notfallplanes. Hierzu zählt z.B. die Inanspruchnahme von Kreditzusagen bei anderen Instituten. Erfahrungsgemäß versiegen diese Quellen im Falle einer Krisensituation sehr schnell. Aufgrund der dann ebenfalls eingeschränkten Marktliquidität sollte auch berücksichtigt werden, dass für die Vermögensgegenstände ggf. weniger erlöst wird als unter normalen Marktbedingungen. Außerdem könnten bestimmte Maßnahmen zur Schließung einer Liquiditätslücke unter extremen Bedingungen ggf. nicht ohne Außenwirkung bleiben. Erleidet das Institut in der Folge einen Reputationsverlust, so könnte sich dieser zusätzlich auf dessen Refinanzierungsbedingungen und damit wiederum negativ auf seine Liquiditätssituation auswirken.

264 Ein Notfallplan sollte u.a. Kreditprogramme und Sicherungsanforderungen der Zentralbank berücksichtigen, inkl. Fazilitäten, die Teil der ordentlichen Liquiditätssteuerung sind (z.B. die Verfügbarkeit von saisontypischen Krediten).[280]

265 Jene Institute, die regelmäßig voluminöse Zahlungen aufweisen und demzufolge auch ein besonderes Augenmerk auf die Sicherstellung der untertägigen Liquidität legen müssen (→ BTR 3.1 Tz. 1), sollten die Fähigkeit besitzen, kritische Zahlungen zu identifizieren und nach Priorität zu disponieren. Der Notfallplan sollte in diesen Fällen Maßnahmen enthalten, um ggf. zusätzliche Quellen zur Sicherstellung der untertägigen Liquidität zu aktivieren und damit mögliche zeitkritische Zahlungsverpflichtungen erfüllen zu können. Dabei sollte auch berücksichtigt werden, dass aufgrund von Wechselwirkungen Störungen in mehreren relevanten Zahlungs- und Abwicklungssystemen gleichzeitig auftreten können.[281]

266 Ein Institut, das wesentliche Liquiditätsrisiken in Fremdwährungen aufweist, hat zur Sicherstellung seiner Zahlungsverpflichtungen angemessene Verfahren zur Steuerung der Fremdwährungsliquidität in den wesentlichen Währungen zu implementieren. Dazu gehört auch eine explizite Berücksichtigung im Notfallplan für Liquiditätsengpässe (→ BTR 3.1 Tz. 11).

267 Nach den Vorstellungen der EZB ist der Notfallplan für Liquiditätsengpässe ein klarer und präziser Plan zur Vorgehensweise, wenn (unerwartet) Schwierigkeiten bei der Erfüllung fällig werdender Verpflichtungen auftreten. Er sollte ausführliche Informationen zu möglichen Liquiditätsnotfallmaßnahmen enthalten, wie z.B. eine Beurteilung der potenziellen Notfallliquidität, die in Stressphasen abgerufen werden kann, die für die Durchführung der Maßnahmen erforderliche Zeitspanne, die möglichen negativen Effekte auf die Gewinn- und Verlustrechnung, die Reputation, die Tragfähigkeit des Geschäftsmodells usw. sowie die Wahrscheinlichkeit der Ausführung dieser Maßnahmen unter Stressbedingungen. Diese Notfallmaßnahmen sollten mit den im ILAAP

280 Vgl. Basel Committee on Banking Supervision, Basel III: The Liquidity Coverage Ratio and liquidity risk monitoring tools, BCBS 238, 7.Januar 2013, S.6, Fußnote 5.
281 Vgl. Basel Committee on Banking Supervision, Principles for Sound Liquidity Risk Management and Supervision, BCBS 144, 25.September 2008, S.29.

identifizierten und quantifizierten Risiken im Einklang stehen. Zudem sollte die Verbindung zwischen dem Notfallplan für Liquiditätsengpässe und dem liquiditätsbezogenen Teil des Sanierungsplanes unter Berücksichtigung der unter normalen Bedingungen sowie unter Stressbedingungen identifizierten Liquiditätsrisiken dargelegt werden.[282] Dabei stellt nicht jeder Notfall (z.B. ein Systemausfall) gleichzeitig einen Sanierungsfall dar.

9.3 Entscheidungs- und Eskalationsprozess

Letztlich spielt die Zeit eine maßgebliche Rolle für den Erfolg des Notfallplanes. Um eine recht- **268** zeitige Reaktion auf die Störungen zu ermöglichen, ist es ratsam, die Reihenfolge der einzelnen Maßnahmen in Abhängigkeit vom konkreten Szenario – soweit möglich – vorher festzulegen. Außerdem sollte der Notfallplan einen klaren Entscheidungsprozess enthalten, wer die Maßnahmen auslösen kann und welche Fragen auf höhere Entscheidungsebenen im Institut eskaliert werden müssen. Aus den Festlegungen sollte insbesondere hervorgehen, wer letztlich die Befugnis hat, den Notfallplan zu aktivieren.[283]

In deutschen Instituten wird der Eskalationsprozess häufig in mehrere Stufen gegliedert: **269** Frühwarnstufe, Liquiditätsengpass, Notfall. Auslöser für die einzelnen Stufen können in aufsteigender Form z.B. folgende Ereignisse sein: die Refinanzierungsfähigkeit und die Liquiditätsspreads verschlechtern sich etwas (Stufe 1), einhergehend mit diversen Limitstreichungen sind Bondemissionen und Geldaufnahmen in handelsüblichen Größenordnungen nicht mehr möglich (Stufe 2), die Refinanzierung über den Geld- und Kapitalmarkt ist – abgesehen von bestätigten Kreditlinien und der Refinanzierung über die Zentralbank – nicht mehr möglich (Stufe 3). Entsprechend der Schwere der jeweiligen Situation werden verschiedene Maßnahmen festgelegt. Als Sofortmaßnahmen können z.B. dienen: die Nutzung freier Liquiditätsfazilitäten, der Verkauf hochliquider Aktiva, der Verkauf von Forderungen, das Verbot des Ankaufs illiquider Assets, die besicherte Mittelaufnahme unter Nutzung Repo-fähiger Vermögensgegenstände, die Reduzierung der Laufzeiten gegenüber Dritten zugesagter Kreditlinien bzw. der Kreditlinien selbst, die verstärkte Akquisition von Kundeneinlagen, die Emission von Pfandbriefen und die Reduzierung der Kreditneuvergabe.[284]

Möglich ist auch eine Orientierung der Eskalationsstufen an den Vorgaben der für die meisten **270** Institute allerdings nicht mehr maßgeblichen Liquiditätsverordnung. Gemäß §10 LiqV muss dokumentiert werden, bei welchen Niveaustufen sich ein Institut einem nennenswerten, mittleren oder hohen Risiko ausgesetzt sieht. Diese Betrachtung könnte um eine vierte Stufe für ein geringes Liquiditätsrisiko ergänzt werden.[285]

---

282 Vgl. Europäische Zentralbank, Leitfaden der EZB für den bankinternen Prozess zur Sicherstellung einer angemessenen Liquiditätsausstattung (Internal Liquidity Adequacy Assessment Process – ILAAP), 9. November 2018, S. 21 f.

283 Vgl. Basel Committee on Banking Supervision, Principles for Sound Liquidity Risk Management and Supervision, BCBS 144, 25. September 2008, S. 28.

284 Vgl. Bundesanstalt für Finanzdienstleistungsaufsicht/Deutsche Bundesbank, Praxis des Liquiditätsrisikomanagements in ausgewählten deutschen Kreditinstituten, Januar 2008, S. 9 ff.

285 Vgl. Müller, Kai-Oliver/Wolkenhauer, Klaas, Aspekte der Liquiditätssicherungsplanung, in: Bartetzky, Peter/Gruber, Walter/Wehn, Carsten S. (Hrsg.), Handbuch Liquiditätsrisiko – Identifikation, Messung und Steuerung, Stuttgart, 2008, S. 243.

9.4 Ineinandergreifen der Prozesse

271 Nachdem die Notwendigkeit der Überwachung von Liquiditätsrisiken bereits beleuchtet wurde (→ BTR 3.1 Tz. 4), rückt nunmehr deren Steuerung in den Vordergrund, für die in der Regel die Treasury verantwortlich ist. Die enge Verbindung zwischen Liquiditätsrisikosteuerung und -überwachung führt dazu, dass sich die Anforderungen dieser beiden Textziffern teilweise überschneiden bzw. ineinandergreifen. So muss laufend überprüft werden, inwieweit das Institut dazu in der Lage ist, einen auftretenden Liquiditätsbedarf zu decken (→ BTR 3.1 Tz. 4 Satz 1). Der entsprechende Nachweis kann eigentlich nur erbracht werden, indem dargelegt wird, dass die vom Institut vorgesehenen Maßnahmen im Fall eines Liquiditätsengpasses Erfolg versprechend sind (→ BTR 3.1 Tz. 9 Satz 1). Zur Deckung eines auftretenden Liquiditätsbedarfes ist wiederum insbesondere auf den Liquiditätsgrad der Vermögenswerte abzustellen (→ BTR 3.1 Tz. 4 Satz 2), um z. B. die geplanten Verkäufe von Aktivpositionen in der Realität auch umsetzen zu können. Die geforderte Darstellung der zur Verfügung stehenden Liquiditätsquellen soll schließlich unter Berücksichtigung etwaiger Mindererlöse erfolgen (→ BTR 3.1 Tz. 9 Satz 2), die typischerweise durch Abschläge beim Verkauf von Vermögensgegenständen zustande kommen. Ebenso kann sich die Refinanzierung verteuern, wobei es sich in diesem Fall eher um höhere Kosten als um Mindererlöse im eigentlichen Sinne handelt.

272 Der Notfallplan sollte darüber hinaus auf das Notfallkonzept für zeitkritische Aktivitäten und Prozesse (→ AT 7.3 Tz. 2) abgestimmt werden und selbst dann umsetzbar sein, wenn die Geschäftsfortführungspläne zum Tragen kommen. In diesem Sinne sollte eine effektive Koordinierung zwischen den Personen bzw. Teams erfolgen, die für das Management von Liquiditätskrisen und Geschäftsunterbrechungen verantwortlich sind.[286]

273 Es sollte auch nicht vernachlässigt werden, dass abgeleitete Liquiditätsrisiken, d. h. Gefahren für die Liquidität, die aus anderen Risikoarten resultieren, grundsätzlich außerhalb des Wirkungsbereiches des Liquiditätsrisikomanagements liegen. So können z. B. die Verschlechterung der Qualität des Kreditportfolios, die Ausbreitung von Marktkrisen oder bestimmte Katastrophenereignisse eine Liquiditätskrise hervorrufen. Folglich müssen die außerhalb des Institutes liegenden Ursachen für Liquiditätsprobleme sowie die Wechselwirkungen mit anderen Risikoarten möglichst genau erfasst und berücksichtigt werden.[287]

9.5 Festlegung der Kommunikationswege

274 Üblicherweise umfasst ein Notfallplan auch organisatorische Aspekte, wie z. B. die Festlegung von internen und externen Kommunikationswegen, Funktionen und Verantwortlichkeiten sowie Eskalationsverfahren. Auf dieser Basis soll ein Institut befähigt werden, die geplanten Maßnahmen rechtzeitig einzuleiten sowie zügig und erfolgreich umzusetzen. Insbesondere über die zu verwendenden Kommunikationswege muss sich ein Institut vollkommen im Klaren sein. Die Information sämtlicher Personen, die an der Umsetzung des Notfallplanes beteiligt sind, ist mitentscheidend über Erfolg oder Misserfolg der geplanten Maßnahmen.

275 Die Festlegung der im Fall eines Liquiditätsengpasses, also im Extremfall, zu verwendenden Kommunikationswege ergänzt die Anforderung für den Normalfall, nach der die Prozesse sowie

---

286 Vgl. Basel Committee on Banking Supervision, Principles for Sound Liquidity Risk Management and Supervision, BCBS 144, 25. September 2008, S. 29.

287 Vgl. Müller, Kai-Oliver/Wolkenhauer, Klaas, Aspekte der Liquiditätssicherungsplanung, in: Bartetzky, Peter/Gruber, Walter/Wehn, Carsten S. (Hrsg.), Handbuch Liquiditätsrisiko – Identifikation, Messung und Steuerung, Stuttgart, 2008, S. 234.

die damit verbundenen Aufgaben, Kompetenzen, Verantwortlichkeiten, Kontrollen sowie Kommunikationswege klar zu definieren und aufeinander abzustimmen sind (→ AT 4.3.1 Tz. 2). Darüber hinaus besteht eine Parallele zum allgemeinen Notfallkonzept für zeitkritische Aktivitäten und Prozesse, in dessen Rahmen die im Notfall zu verwendenden Kommunikationswege festgelegt werden müssen (→ AT 7.3 Tz. 2). Ursächlich für die Hervorhebung dieser Situationen ist der kritische Faktor »Zeit«. Viel Zeit steht in Notsituationen i. d. R. nicht zur Verfügung, weshalb klare Festlegungen im Vorfeld erforderlich sind. An dieser Stelle sei auch daran erinnert, dass unter Risikogesichtspunkten wesentliche Informationen unverzüglich an die Geschäftsleitung und die jeweiligen Verantwortlichen weiterzuleiten sind, so dass geeignete Maßnahmen frühzeitig eingeleitet werden können (→ AT 4.3.2 Tz. 4). Dazu gehört natürlich auch die Information über Liquiditätsengpässe.

Die Wahl geeigneter Kommunikationswege hängt u. a. von den in die Liquiditätsrisikosteuerung **276** und das Liquiditätsrisikocontrolling eingebundenen Organisationseinheiten und den jeweiligen Festlegungen zu damit verbundenen Verantwortlichkeiten ab. Die folgenden Informationen sollten bei der Festlegung der Kommunikationswege berücksichtigt werden[288]:
- die Benennung von Verantwortlichen und ihren Funktionen,
- die Benennung von Stellvertretern für die wichtigsten Funktionen sowie
- die Namen, Kontaktdaten und Standorte der Mitglieder des für die Durchführung des Notfallplanes verantwortlichen Teams.

Außerdem empfiehlt es sich, einen Krisenstab zu bilden, der die interne Koordination und **277** Entscheidungsfindung während einer Liquiditätskrise erleichtern kann. Ein derartiger Krisenstab, der sich aus hochrangigen Mitarbeitern der beteiligten Bereiche (u. a. Treasury und Risikocontrolling) und ggf. Mitgliedern der Geschäftsleitung zusammensetzen sollte, kann besonders hilfreich sein, wenn verschiedene Geschäftsbereiche und Standorte gleichzeitig von einem Liquiditätsengpass betroffen sind. Da die Mitglieder der Liquiditätskrisenteams und ihre Stellvertreter jederzeit Zugang zum Notfallplan haben müssen, sollte er in geeigneter Weise aufbewahrt werden.

Außerdem sollte geregelt sein, wie in Stresssituationen die rechtzeitige und klare Kommunika- **278** tion mit den Mitarbeitern und Externen, wie Zentralbanken, Korrespondenzbanken, Netzbetreibern, Marktteilnehmern, Kunden, Gläubigern, Aktionären und Aufsichtsbehörden sichergestellt wird, um das allgemeine Vertrauen in die Bank zu unterstützen. Dabei sollte berücksichtigt werden, dass das Verhalten dieser Parteien die Liquiditätssituation des Institutes maßgeblich beeinträchtigen und mit der zugrundeliegenden Ursache eines Problems variieren könnte.[289]

9.6   Regelmäßige Überprüfung des Notfallplanes

Die geplanten Maßnahmen sind regelmäßig auf ihre Durchführbarkeit zu überprüfen und ggf. **279** anzupassen. Diese Forderung wird in ähnlicher Weise in Art. 86 Abs. 11 CRD IV und vom Baseler Ausschuss für Bankenaufsicht[290] erhoben. Auf diese Weise soll sichergestellt werden, dass der Notfallplan durchführbar ist und die Institute auf seine Ausführung vorbereitet sind. In der

---

288 Vgl. Basel Committee on Banking Supervision, Principles for Sound Liquidity Risk Management and Supervision, BCBS 144, 25. September 2008, S. 28.
289 Vgl. Basel Committee on Banking Supervision, Principles for Sound Liquidity Risk Management and Supervision, BCBS 144, 25. September 2008, S. 28.
290 Vgl. Basel Committee on Banking Supervision, Principles for Sound Liquidity Risk Management and Supervision, BCBS 144, 25. September 2008, S. 27.

BTR 3.1 Allgemeine Anforderungen

Finanzmarktkrise wurde genau dies als Schwachstelle identifiziert.[291] Im Ergebnis der Überprüfung sollte u. a. Folgendes erreicht werden[292]:

- Sicherstellung, dass die Funktionen und Verantwortlichkeiten angemessen und verständlich sind,
- Bestätigung, dass sich die Kontaktinformationen auf dem neuesten Stand befinden,
- Nachweis, dass die Übertragbarkeit liquider Mittel und unbelasteter Vermögensgegenstände – auch innerhalb der Gruppe – gegeben ist,
- Überprüfung, ob die notwendigen Dokumentationen am richtigen Ort verfügbar sind, um den Notfallplan kurzfristig auszuführen, sowie
- Überprüfung, ob die wichtigsten Annahmen noch korrekt sind, wie z.B. die Fähigkeit, bestimmte Vermögenswerte zu verkaufen oder zu verpfänden oder in regelmäßigen Abständen Kreditlinien zu strecken.

280 Insgesamt geht es also darum, die Verantwortlichkeiten und Prozesse sowie die vom Institut als wesentlich erachteten Liquiditätsquellen in Krisensituationen zu überprüfen.[293] Ein Überprüfungsturnus wird nicht festgeschrieben. Der Baseler Ausschuss für Bankenaufsicht empfiehlt einen mindestens jährlichen Turnus, der verkürzt werden sollte, sofern sich die Marktsituation ändert.[294] Wichtig ist vor allem, dass die Erkenntnisse aus der Überprüfung genutzt werden, um Schwachstellen des Notfallplanes umgehend zu beseitigen.

281 Bei der Überprüfung der geplanten Maßnahmen zur Beseitigung von Liquiditätsengpässen auf ihre Durchführbarkeit sind die Ergebnisse der Stresstests zu berücksichtigen. Das liegt in der Natur der Sache, da der Notfallplan gerade darauf ausgerichtet ist, dass ein Institut auf eine Stresssituation, nämlich einen Liquiditätsengpass, angemessen reagieren kann. Aus diesem Grund findet sich diese Forderung auch in Art. 86 Abs. 10 CRDIV und dem Baseler Prinzipienpapier[295] wieder.

282 Die EZB beschäftigt sich ebenfalls regelmäßig mit der Angemessenheit des Notfallplanes für Liquiditätsengpässe. So haben die Institute im Zusammenhang mit der Einreichung der Risikoberichte, Kapital- und Refinanzierungspläne für die Überprüfung der Angemessenheit des ILAAP im Rahmen des SREP auch den Notfallplan für Liquiditätsengpässe abzugeben.[296] Zudem muss die Geschäftsleitung im Rahmen ihrer Erklärung zur Angemessenheit der Liquiditätsausstattung (»Liquidity Adequacy Statement«, LAS) auch erläutern, wie der ILAAP in den gesamten (Risiko-)Managementprozess eingebettet ist, indem regelmäßige Stresstests durchgeführt werden und eine regelmäßige Beurteilung des Notfallplanes für Liquiditätsengpässe erfolgt.[297]

---

291 Vgl. Heidorn, Thomas/Schmaltz, Christian, Die neuen Prinzipien für sachgerechtes Liquiditätsmanagement, in: Zeitschrift für das gesamte Kreditwesen, Heft 3/2009, S. 114.

292 Vgl. Basel Committee on Banking Supervision, Principles for Sound Liquidity Risk Management and Supervision, BCBS 144, 25. September 2008, S. 29.

293 Vgl. Müller, Kai-Oliver/Wolkenhauer, Klaas, Aspekte der Liquiditätssicherungsplanung, in: Bartetzky, Peter/Gruber, Walter/Wehn, Carsten S. (Hrsg.), Handbuch Liquiditätsrisiko – Identifikation, Messung und Steuerung, Stuttgart, 2008, S. 242.

294 Vgl. Basel Committee on Banking Supervision, Principles for Sound Liquidity Risk Management and Supervision, BCBS 144, 25. September 2008, S. 29.

295 Vgl. Basel Committee on Banking Supervision, Principles for Sound Liquidity Risk Management and Supervision, BCBS 144, 25. September 2008, S. 28.

296 Vgl. Europäische Zentralbank, Technische Umsetzung der EBA-Leitlinien zu für SREP erhobene ICAAP- und ILAAP-Informationen, Konkretisierung der aufsichtlichen Erwartungen an die Erhebung von ICAAP- und ILAAP-Informationen vom 21. Februar 2017, S. 2.

297 Vgl. Europäische Zentralbank, Technische Umsetzung der EBA-Leitlinien zu für SREP erhobene ICAAP- und ILAAP-Informationen, Konkretisierung der aufsichtlichen Erwartungen an die Erhebung von ICAAP- und ILAAP-Informationen vom 21. Februar 2017, S. 6 f.

10 Umgang mit gruppeninternen Restriktionen (Tz. 10)

10 Es ist zu überprüfen, inwieweit der Übertragung liquider Mittel und unbelasteter **283** Vermögensgegenstände innerhalb der Gruppe gesellschaftsrechtliche, regulatorische und operationelle Restriktionen entgegenstehen.

10.1 Liquiditätsversorgung innerhalb einer Gruppe

Die Liquiditätsversorgung wird innerhalb von Verbünden und Konzernen häufig durch einzelne **284** Institute sichergestellt, wie z.B. die Konzernmutter oder die Landes- bzw. Zentralbanken im Sparkassen- bzw. Genossenschaftsverbund. Das ist allerdings nur unter der Voraussetzung möglich, dass für die Übertragung von liquiden Mitteln oder unbelasteten Vermögensgegenständen keine unüberwindbaren Hindernisse bestehen. Probleme können insbesondere beim Liquiditätstransfer zwischen Gruppenunternehmen in verschiedenen Ländern durch gesellschaftsrechtliche Beschränkungen oder unterschiedliche regulatorische Vorschriften entstehen. Damit kann zumindest ein deutlich erhöhter Aufwand für das Liquiditätsrisikomanagement der Gruppe verbunden sein.

In Art. 86 Abs. 6 CRD IV wird deshalb explizit gefordert, auch den geltenden gesellschaftsrecht- **285** lichen, regulatorischen und operationellen Beschränkungen für potenzielle Übertragungen liquider Mittel und unbelasteter Vermögensgegenstände zwischen Einheiten, sowohl innerhalb als auch außerhalb des Europäischen Wirtschaftsraumes, Genüge zu tun. Insbesondere müssen die Institute laut Art. 86 Abs. 5 CRD IV neben der Liquidierbarkeit auch die rechtliche Einheit, bei der die Vermögenswerte verwahrt werden, und das Land, in dem diese mit rechtsbegründender Wirkung entweder in einem Register eingetragen oder auf einem Konto verbucht sind, berücksichtigen.

Insofern muss im Rahmen des Liquiditätsrisikomanagements geprüft werden, ob der Übertra- **286** gung liquider Mittel und unbelasteter Vermögensgegenstände innerhalb der Gruppe entsprechende Restriktionen entgegenstehen. Die Institute sollten den Grad der Übertragbarkeit der Kapital- und Liquiditätsressourcen unter angespannten Bedingungen bewerten und mögliche Hindernisse, einschließlich rechtlicher, organisatorischer und betrieblicher Art, berücksichtigen.[298] Im Grunde geht es darum, die jeweiligen Rahmenbedingungen in den verschiedenen Jurisdiktionen genauestens zu kennen und ihre Auswirkungen auf das Liquiditätsrisikomanagement zu überprüfen. Diese Überprüfung sollte auch die Situation in Krisenzeiten beinhalten (→ BTR 3.1 Tz. 8), in denen z.B. der länderübergreifende Liquiditätsfluss beschränkt oder sogar verhindert werden kann (»ring fencing«). Derartige Situationen sowie operationelle Risiken sollten im Notfallplan für Liquiditätsengpässe berücksichtigt werden (→ BTR 3.1 Tz. 9).

Nach Ansicht des Baseler Ausschusses für Bankenaufsicht sollte ein Institut unabhängig von der **287** Organisationsstruktur und dem Grad der Zentralisierung seines Liquiditätsrisikomanagements die Liquiditätsrisiken auf der Ebene der einzelnen rechtlichen Einheiten, ausländischen Niederlassungen, Tochtergesellschaften und der gesamten Gruppe aktiv überwachen und steuern, um sich mittels aggregierter Daten einen gruppenweiten Überblick über die Liquiditätsrisiken zu verschaffen und Beschränkungen bei der Übertragung liquider Mittel innerhalb der Gruppe zu identifizie-

---

298 Vgl. European Banking Authority, Final Report – Guidelines on institution's stress testing, EBA/GL/2018/04, 19. Juli 2018, S. 48.

ren. Zu diesem Zweck sollte ein Institut über das nötige Fachwissen zu länderspezifischen Besonderheiten der rechtlichen und regulatorischen Regime verfügen, die sein Liquiditätsrisikomanagement beeinflussen, einschließlich der Regelungen zum Umgang mit Problembanken, zur Einlagensicherung und zu den operationellen Konzepten sowie der Sicherheiten-Politik der jeweiligen Zentralbank. Im Falle eines regional begrenzten systemischen Stressereignisses sollte ein Institut in der Lage sein, den betroffenen Einheiten in dem Maße Ressourcen bereitzustellen, in dem die Übertragbarkeit liquider Mittel möglich ist. Die Annahmen zur Übertragbarkeit von Finanzmitteln und Sicherheiten sollten die regulatorischen, rechtlichen, buchhalterischen, kreditwirtschaftlichen, steuerlichen und internen Beschränkungen für den effektiven Transfer von Liquidität und Sicherheiten in vollem Umfang berücksichtigen. Sie sollten auch die operativen Vorkehrungen und die Zeit, die für den Abschluss derartiger Transfers im Rahmen dieser Vorkehrungen erforderlich ist, beachten.[299]

288 Zur Sicherstellung dieser Anforderung sollte die Geschäftsleitung die Struktur, Verantwortlichkeiten und Kontrollen für das Management des Liquiditätsrisikos und die Überwachung der Liquiditätspositionen aller juristischen Personen, Niederlassungen und Tochtergesellschaften in den Ländern, in denen das Institut tätig ist, festlegen.[300]

10.2 Bedeutung der Berücksichtigung von Restriktionen für den SREP

289 Im Rahmen der Bewertung der Solidität des ILAAP sollten die zuständigen Behörden u.a. überprüfen, ob die Verteilung der verfügbaren internen Liquiditätsressourcen zwischen den Geschäftsfeldern oder rechtlichen Einheiten das Risiko korrekt widerspiegelt, dem die einzelnen Geschäftsfelder oder rechtlichen Einheiten tatsächlich oder möglicherweise ausgesetzt sind, und dabei etwaige rechtliche oder operationelle Beschränkungen hinsichtlich der Übertragung dieser Ressourcen korrekt berücksichtigt werden.[301] Auch bei der Bewertung des untertägigen Liquiditätsrisikos sollten rechtliche Beschränkungen beachtet werden. In diesem Fall kann es auch erforderlich sein, für Rechtsräume, in denen die Meldung des untertägigen Liquiditätsrisikos noch nicht verfügbar ist, institutseigene Analysen durchzuführen.[302] Die zuständigen Behörden sollten auch bewerten, ob das Institut seine Fähigkeit, auf Finanzinstrumente zugreifen zu können, einschätzen kann und dabei alle etwaigen rechtlichen, regulatorischen und operativen Beschränkungen überblickt, denen diese Instrumente unterliegen können.[303]

290 Die EZB prüft ebenfalls, ob die bedeutenden Institute ihre Liquiditätsrisikopositionen und ihren Refinanzierungsbedarf aktiv sowohl innerhalb der Rechtseinheiten, Geschäftsfelder und Währungen als auch übergreifend steuern und dabei rechtliche, regulatorische und operationelle Beschränkungen des Liquiditätstransfers berücksichtigen.[304] Sie fordert auch in ihrem neuen Leitfa-

---

299 Vgl. Basel Committee on Banking Supervision, Principles for Sound Liquidity Risk Management and Supervision, BCBS 144, 25. September 2008, S. 17 f.

300 Vgl. Basel Committee on Banking Supervision, Principles for Sound Liquidity Risk Management and Supervision, BCBS 144, 25. September 2008, S. 8.

301 Vgl. European Banking Authority, Guidelines on common procedures and methodologies for the supervisory review and evaluation process (SREP) and supervisory stress testing, EBA/GL/2014/13, Consolidated version, 19. Juli 2018, S. 59 f.

302 Vgl. European Banking Authority, Guidelines on common procedures and methodologies for the supervisory review and evaluation process (SREP) and supervisory stress testing, EBA/GL/2014/13, Consolidated version, 19. Juli 2018, S. 152 f.

303 Vgl. European Banking Authority, Guidelines on common procedures and methodologies for the supervisory review and evaluation process (SREP) and supervisory stress testing, EBA/GL/2014/13, Consolidated version, 19. Juli 2018, S. 160.

304 Vgl. Europäische Zentralbank, Aufsichtliche Erwartungen an ICAAP und ILAAP sowie harmonisierte Erhebung von ICAAP- und ILAAP-Informationen, Schreiben von Daniele Nouy an die Geschäftsleitung bedeutender Banken vom 8. Januar 2016, Anhang C.2, S. 5.

den, dass im Rahmen des ILAAP bei grenzüberschreitenden Aktivitäten die Hindernisse für den Liquiditätstransfer zwischen Rechtssubjekten, Ländern und Währungen in der gesamten Gruppe beurteilt werden. Die Auswirkungen solcher Hindernisse auf die Verfügbarkeit von Liquidität müssen quantifiziert werden.[305] Da sich die Übertragbarkeit von Liquidität in Stressperioden erheblich von derjenigen in normalen Zeiten unterscheiden kann, sollte dies bei bedeutenden grenzüberschreitenden Tätigkeiten auch im Stresstestprogramm berücksichtigt werden. Die Institute sollten zudem die Auswirkungen und die Wahrscheinlichkeit weiterer Hindernisse für die Übertragbarkeit von Liquidität unter Stressbedingungen analysieren, insbesondere in Bezug auf Geschäfte außerhalb des Euroraumes. Ferner sollten sie Abhilfe- und Notfallmaßnahmen für solche Szenarien ermitteln.[306]

10.3 Besondere Anforderungen an Zweigstellen deutscher Institute in Großbritannien

Die damalige britische Aufsichtsbehörde »Financial Services Authority« (FSA) hat im Oktober 2009 **291** ein »Policy Statement« zur Stärkung der Liquiditätsstandards veröffentlicht.[307] Danach müssen grundsätzlich auch Zweigstellen von Instituten aus dem Europäischen Wirtschaftsraum (EWR) in Großbritannien über eine ausreichende eigene Liquidität verfügen, um Stresssituationen auch ohne die Hilfe anderer gruppenangehöriger Institute meistern zu können (»Principle of self sufficiency«). Unter bestimmten Voraussetzungen kann die aktuell zuständige PRA auch gestatten, dass die laufende Aufsicht über die Liquidität der Zweigstelle im Wesentlichen von der Heimatlandaufsicht durchgeführt wird (»Whole-firm liquidity modification«). Dafür müssen sowohl die Heimatlandaufsicht als auch das Institut eine Vielzahl von Anforderungen erfüllen. So müssen die regulatorischen Anforderungen an das Liquiditätsrisikomanagement des Heimatlandes im Großen und Ganzen gleichwertig mit denen der PRA sein. Die Aufsichtsbehörde des Heimatlandes muss die Beaufsichtigung der Liquiditätssituation des Institutes einmal im Jahr mit der PRA besprechen, wobei den Auffassungen der PRA angemessen Rechnung zu tragen ist. Das Institut muss der PRA zusichern, dass es der Zweigstelle im Bedarfsfall zu jeder Zeit Liquidität zur Verfügung stellt. Es muss der PRA darüber hinaus Informationen über die konzernweite Liquiditätssituation sowie detaillierte Informationen über die derzeitige und geplante Geschäftsausrichtung der Zweigstelle zur Verfügung stellen.

---

305 Vgl. Europäische Zentralbank, Leitfaden der EZB für den bankinternen Prozess zur Sicherstellung einer angemessenen Liquiditätsausstattung (Internal Liquidity Adequacy Assessment Process – ILAAP), 9. November 2018, S. 24.

306 Vgl. Europäische Zentralbank, Leitfaden der EZB für den bankinternen Prozess zur Sicherstellung einer angemessenen Liquiditätsausstattung (Internal Liquidity Adequacy Assessment Process – ILAAP), 9. November 2018, S. 30 f.

307 Financial Services Authority, Strengthening liquidity standards including feedback on CP08/22, CP09/13, CP09/14, Policy Statement 09/16, 9. Oktober 2009. Die FSA ist am 1. April 2013 aufgesplittet worden in die für den Verbraucherschutz zuständige »Financial Conduct Authority« (FCA) und die »Prudential Regulation Authority« (PRA), die für die Finanzdienstleistungsaufsicht verantwortlich ist.

11 Liquiditätsrisiken in Fremdwährungen (Tz. 11)

292 **11** Ein Institut, das wesentliche Liquiditätsrisiken in Fremdwährungen aufweist, hat zur Sicherstellung seiner Zahlungsverpflichtungen angemessene Verfahren zur Steuerung der Fremdwährungsliquidität in den wesentlichen Währungen zu implementieren. Hierzu gehören für die jeweiligen Währungen zumindest eine gesonderte Liquiditätsübersicht, gesonderte Fremdwährungsstresstests sowie eine explizite Berücksichtigung im Notfallplan für Liquiditätsengpässe.

11.1 Bedeutung von Fremdwährungen nach CRD und CRR

293 Die für den ILAAP verwendeten Strategien, Grundsätze, Verfahren und Systeme, mit denen das Liquiditätsrisiko über eine angemessene Auswahl von Zeiträumen ermittelt, gemessen, gesteuert und überwacht wird, müssen nach Art. 86 Abs. 1 CRD IV auch auf Geschäftsfelder, Währungen, Zweigniederlassungen und Rechtssubjekte zugeschnitten werden. Mögliche Liquiditätsengpässe müssen gemäß Art. 86 Abs. 11 CRD IV auch bei Zweigniederlassungen in einem anderen Mitgliedstaat vermieden werden. Zu diesem Zweck kann es auch erforderlich sein, Sicherheiten in der Währung eines anderen Mitgliedstaates oder eines Drittlandes vorzuhalten, gegenüber denen das Institut Risikopositionen hat.

294 Nach Art. 415 Abs. 2 CRR sind gesonderte Liquiditätsmeldungen für Fremdwährungen grundsätzlich bei aggregierten Verbindlichkeiten erforderlich, die sich auf mindestens 5 % der Gesamtverbindlichkeiten des Institutes oder der zusammengefassten Liquiditätsuntergruppe belaufen. Die entsprechenden Vorgaben an das Liquiditäts-Meldewesen auf europäischer Ebene sind in Art. 415 CRR niedergelegt, von der EBA konkretisiert und mittlerweile Teil der aufsichtlichen Berichterstattung.[308] Ergänzend finden sich in der CRR zahlreiche Vorgaben zur Anerkennung und Bewertung liquider Aktiva, die auf die jeweilige Währung abstellen.

295 Aufgrund der besonderen Bedeutung von Liquiditätsrisiken in Fremdwährungen werden in den von der EBA erarbeiteten Leitlinien zur Berichterstattung bestimmter Kreditinstitute über ihre Refinanzierungspläne an die zuständigen Behörden auch Angaben zur Feststellung und Bewertung von (Veränderungen der) Refinanzierungsinkongruenzen in Bezug auf spezifische Währungen gefordert. Dabei geht es um eine Hochrechnung der strukturellen Inkongruenzen bei der größten bis drittgrößten bilanzierten Währung dieser Institute.[309] Die Leitlinien der EBA basieren auf einer Empfehlung des Europäischen Ausschusses für Systemrisiken (»European Systemic Risk Board«, ESRB) vom Dezember 2012[310], die zwischenzeitlich überarbeitet wurde.[311]

---

308 Durchführungsverordnung (EU) 2017/2114 der Kommission vom 9. November 2017 zur Änderung der Durchführungsverordnung (EU) Nr. 680/2014 in Bezug auf Meldebögen und Erläuterungen, Amtsblatt der Europäischen Union vom 6. Dezember 2017, L 321/1-427.

309 Vgl. European Banking Authority, Leitlinien für harmonisierte Definitionen und Vorlagen für Finanzierungspläne von Kreditinstituten nach ESRB/2012/2, Empfehlung A Absatz 4, EBA/GL/2014/04, 19. Juni 2014, S. 5 f.

310 Empfehlung des Europäischen Ausschusses für Systemrisiken zur Finanzierung von Kreditinstituten (ESRB/2012/2) vom 20. Dezember 2012, Amtsblatt der Europäischen Union vom 25. April 2013, C 119/1-61.

311 Empfehlung des Europäischen Ausschusses für Systemrisiken zur Änderung der Empfehlung ESRB/2012/2 zur Finanzierung von Kreditinstituten (ESRB/2016/2) vom 21. März 2016, Amtsblatt der Europäischen Union vom 21. April 2016, C 140/1-2.

11.2 Wesentliche Liquiditätsrisiken in Fremdwährungen

Unter einer »Fremdwährung« wird jede Währung außer dem gesetzlichen Zahlungsmittel des **296** Mitgliedstaates, in dem das Institut ansässig ist, verstanden. Als »wesentliche Währung« bezeichnet die EBA eine Währung, in der das Institut über wesentliche bilanzielle oder außerbilanzielle Positionen verfügt.[312] Wesentliche Liquiditätsrisiken aus verschiedenen Fremdwährungen liegen insbesondere dann vor, wenn »ein bedeutender Teil« der Vermögensgegenstände oder Verbindlichkeiten auf eine fremde Währung lautet und gleichzeitig »bedeutende Währungs- oder Laufzeitinkongruenzen« zwischen den jeweiligen Fremdwährungsaktiva und -passiva bestehen (→ BTR 3.1 Tz. 11, Erläuterung).

Ein Institut muss also zunächst ermitteln, ob die auf eine fremde Währung lautenden Ver- **297** mögensgegenstände oder Verbindlichkeiten unter quantitativen Gesichtspunkten insgesamt als »bedeutend« einzustufen sind. Anschließend muss geprüft werden, inwiefern die möglichen Inkongruenzen hinsichtlich der Währung und der Laufzeit zwischen den jeweiligen Fremdwährungsaktiva und -passiva ebenfalls »bedeutend« sind. Für beide Aspekte können eigene geeignete Wesentlichkeitsschwellen festgelegt werden, wobei es aus Risikosicht letztlich auf die Kombination aus beiden Aspekten ankommt. Werden diese Schwellen nicht überschritten bzw. gibt deren Kombination keinen Anlass zur Sorge, so handelt es sich folglich auch nicht um wesentliche Liquiditätsrisiken in Fremdwährungen im Sinne der MaRisk.

11.3 Bedeutender Anteil an Aktiva bzw. Passiva in Fremdwährungen

Zur Bewertung der Wesentlichkeit kann sich ein Institut ggf. an den entsprechenden Empfeh- **298** lungen für die Kapitalrisiken orientieren. So müssen jene Institute, die wesentliche Zinsänderungsrisiken in verschiedenen Währungen eingegangen sind, auch die Zinsänderungsrisiken in jeder dieser Währungen ermitteln (→ BTR 2.3 Tz. 8). In diesem Bereich hatte die BaFin anfangs die Berechnung für alle zinssensitiven Positionen in Fremdwährungen mit einem Umfang von mehr als 5 % des Euro-Gegenwertes der Aktiva oder Passiva des Anlagebuches gefordert, wobei diese Vorgabe später wieder fallengelassen wurde.[313]

In Bezug auf Fremdwährungskreditrisiken wird die Wesentlichkeit einer entsprechenden Emp- **299** fehlung des ESRB zufolge, die auch die EBA für die Zwecke des SREP aufgegriffen hat[314], daran bestimmt, ob die Fremdwährungskredite an »nicht abgesicherte Kreditnehmer«[315] mindestens 10 % des Gesamtkreditbestandes (Gesamtkreditvergabe an nichtfinanzielle Kapitalgesellschaften und private Haushalte) betreffen, wobei dieser Gesamtkreditbestand wiederum mindestens 25 %

---

312 Vgl. European Banking Authority, Guidelines on common procedures and methodologies for the supervisory review and evaluation process (SREP) and supervisory stress testing, EBA/GL/2014/13, Consolidated version, 19. Juli 2018, S. 24.

313 Vgl. Bundesanstalt für Finanzdienstleistungsaufsicht, Zinsänderungsrisiken im Anlagebuch – Ermittlung der Auswirkungen einer plötzlichen und unerwarteten Zinsänderung, Rundschreiben 7/2007 (BA) vom 6. November 2007, S. 4.

314 Vgl. European Banking Authority, Guidelines on common procedures and methodologies for the supervisory review and evaluation process (SREP) and supervisory stress testing, EBA/GL/2014/13, Consolidated version, 19. Juli 2018, S. 72.

315 Unter »nicht abgesicherten Kreditnehmern« werden Privatpersonen sowie kleine und mittlere Unternehmen (KMU) als Kreditnehmer ohne natürliche oder finanzielle Absicherung verstanden, die Inkongruenzen zwischen der Kreditwährung und der Absicherungswährung ausgesetzt sind. Zu den natürlichen Absicherungen zählt insbesondere das Erzielen von Einkünften in Fremdwährung, z. B. durch Überweisungen oder Exporterlöse. Finanzielle Absicherungen setzen normalerweise einen Vertrag mit einem Institut voraus. Vgl. European Banking Authority, Guidelines on common procedures and methodologies for the supervisory review and evaluation process (SREP) and supervisory stress testing, EBA/GL/2014/13, Consolidated version, 19. Juli 2018, S. 25.

der Gesamtaktiva des Institutes ausmacht. Die Leitlinien der EBA zu Kapitalmaßnahmen für die Fremdwährungskreditvergabe an nicht abgesicherte Kreditnehmer im Rahmen des SREP[316] legen dasselbe Wesentlichkeitskriterium zugrunde. Sind diese Schwellenwerte überschritten oder wird das Fremdwährungskreditrisiko unabhängig von diesen Schwellenwerten als wesentlich eingestuft, sollen die nationalen Aufsichtsbehörden die Angemessenheit der Engagements, der Strategien, der Risikomanagementprozesse sowie der Eigenkapitalausstattung prüfen.

300   Für die Bestimmung der »maßgeblichen« Währungen im Rahmen der Meldeerfordernisse für die zusätzlich erforderlichen Parameter zur Liquiditätsüberwachung müssen die Institute wiederum einen Schwellenwert von 1 % der Gesamtverbindlichkeiten in allen Währungen anwenden[317], wobei daran keine zusätzlichen aufsichtlichen Anforderungen geknüpft sind.

301   Im MaRisk-Fachgremium wurde von der Aufsicht mangels Alternative eine Orientierung des Wesentlichkeitskriteriums an den Vorgaben des Baseler Ausschusses nahegelegt, ohne dies verpflichtend vorzuschreiben. Demnach könnten 5 % der Vermögensgegenstände bzw. Verbindlichkeiten als Orientierungsgröße dienen. Letztlich bleibt es den Instituten überlassen, die Wesentlichkeit anhand von geeigneten Kriterien festzulegen. Sofern bestimmte Schwellenwerte festgelegt werden, die sich auf jede einzelne Währung beziehen, sollte die Gesamtheit der Liquiditätspositionen nicht vernachlässigt werden. Schließlich können die Positionen in mehreren Währungen zwar einzeln betrachtet knapp unter dem Schwellenwert liegen, insgesamt aber einen bedeutenden Volumenteil ausmachen.

11.4   Bedeutende Inkongruenzen zwischen Fremdwährungsaktiva und -passiva

302   Schließlich spielen aus Risikosicht auch die Währungs- und Laufzeitinkongruenzen zwischen den jeweiligen Fremdwährungsaktiva und -passiva eine entscheidende Rolle. Sofern z. B. bedeutende Verbindlichkeiten in Fremdwährungen bestehen, für diese aber Vermögensgegenstände in derselben Währung mit vergleichbarer Laufzeit vorhanden sind, handelt es sich folglich um ein überschaubares Risiko. Als problematisch kann sich unter Risikogesichtspunkten hingegen die Situation erweisen, mit Blick auf bedeutende Vermögensgegenstände oder Verbindlichkeiten in Fremdwährung starken Schwankungen der Wechselkurse zu unterliegen, was bei gleichzeitigen Laufzeitinkongruenzen zwischen der Aktiv- und der Passivseite mit einem wesentlichen Liquiditätsrisiko verbunden sein könnte. Dieses Risiko muss ein Institut aktiv überwachen und steuern.

303   Ein Institut sollte seinen gesamten Bedarf an Fremdwährungsliquidität ermitteln und dafür die akzeptablen Währungsinkongruenzen bestimmen. Hinsichtlich des Umfangs der Währungsinkongruenzen sollte Folgendes berücksichtigt werden[318]:
–   die Fähigkeit des Institutes zur Ausweitung der Fremdwährungsliquidität in ausländischen Märkten,
–   die mögliche Ausweitung der Fremdwährungsliquidität durch Back-up-Lösungen im Heimatmarkt,

---

316 Vgl. European Banking Authority, Leitlinien zu Kapitalmaßnahmen für Fremdwährungskreditvergabe an nicht abgesicherte Kreditnehmer im Rahmen der aufsichtlichen Überprüfung und Bewertung, EBA/GL/2013/02, 20. Dezember 2013.

317 Durchführungsverordnung (EU) 2017/2114 der Kommission vom 9. November 2017 zur Änderung der Durchführungsverordnung (EU) Nr. 680/2014 in Bezug auf Meldebögen und Erläuterungen, Amtsblatt der Europäischen Union vom 6. Dezember 2017, L 321/366.

318 Vgl. Basel Committee on Banking Supervision, Principles for Sound Liquidity Risk Management and Supervision, BCBS 144, 25. September 2008, S. 14.

– die Fähigkeit, einen Liquiditätsüberhang zwischen verschiedenen Währungen, Jurisdiktionen und Rechtseinheiten zu übertragen,
– die voraussichtliche Konvertibilität der Währungen, in denen das Institut aktiv ist, einschließlich der Möglichkeit einer Beeinträchtigung oder vollständigen Schließung der Devisen-Swap-Märkte für bestimmte Währungspaare.[319]

Der Europäische Ausschusses für Systemrisiken (ESRB) hat mit Blick auf den US-Dollar als   **304** wesentliche Refinanzierungswährung für die Institute der EU verschiedene Empfehlungen gegeben. Der ESRB hat als zentrale Schwachstelle die Kombination aus erheblichen Laufzeitinkongruenzen, verursacht durch eine kurzfristige großvolumige Refinanzierung längerfristiger Aktiv- und Passivgeschäfte (Fristentransformation), und einem volatilen Anlegerverhalten einiger Geschäftspartner identifiziert. Kontinuierliche Engpässe auf den Märkten für die Refinanzierung in US-Dollar werden bereits seit Juni 2011 beobachtet. Diese Engpässe wirken sich kurzfristig auf die Bankenliquidität und mittelfristig durch einen Abbau der in US-Dollar herausgereichten Kredite auf die Realwirtschaft und die Solvenz dieser Institute aus, wenn der Abbau des Verschuldungsgrades zu Notverkaufspreisen erfolgen muss. Eine enge Überwachung auf der Ebene des Bankensektors und einzelner Unternehmen würde es den zuständigen Behörden erleichtern, die Entwicklungen der Liquiditäts- und Refinanzierungsrisiken in US-Dollar besser zu verstehen und die Institute zu ermutigen, die notwendigen Maßnahmen zur Begrenzung übermäßiger Risiken und zur Korrektur von Verzerrungen beim Risikomanagement ex ante zu ergreifen.[320]

11.5 Angemessene Verfahren zur Steuerung der Fremdwährungsliquidität

Sofern ein Institut wesentliche Liquiditätsrisiken in Fremdwährungen aufweist, müssen zur   **305** Sicherstellung seiner Zahlungsverpflichtungen angemessene Verfahren zur Steuerung der Fremdwährungsliquidität in den wesentlichen Währungen implementiert werden. Hierzu gehören für die jeweiligen Währungen zumindest eine gesonderte Liquiditätsübersicht, gesonderte Fremdwährungsstresstests sowie eine explizite Berücksichtigung im Notfallplan für Liquiditätsengpässe.

Diese Anforderungen ergeben sich zum Teil aus den Empfehlungen des ESRB zur Finanzierung   **306** der Kreditinstitute in US-Dollar (ESRB/2011/2) vom 22. Dezember 2011[321], Empfehlung B, und zu Fremdwährungskrediten (ESRB/2011/1) vom 21. September 2011, Empfehlung F.[322] Der ESRB empfiehlt den zuständigen Aufsichtsbehörden, die Liquiditäts- und Refinanzierungsrisiken, die von den Instituten im Zusammenhang mit Fremdwährungsdarlehen eingegangen werden, zusammen mit deren Gesamtliquiditätspositionen genau zu überwachen. Besondere Aufmerksamkeit gilt Risiken in Verbindung mit[323]

---

319 So war z.B. der Markt für Isländische Kronen auf dem Höhepunkt der Krise der isländischen Banken vollständig geschlossen.
320 Vgl. Empfehlung des Europäischen Ausschusses für Systemrisiken zu der Finanzierung der Kreditinstitute in US-Dollar (ESRB/2011/2) vom 22. Dezember 2011, Amtsblatt der Europäischen Union vom 10. März 2012, C 72/1 f.
321 Vgl. Empfehlung des Europäischen Ausschusses für Systemrisiken zu der Finanzierung der Kreditinstitute in US-Dollar (ESRB/2011/2) vom 22. Dezember 2011, Amtsblatt der Europäischen Union vom 10. März 2012, C 72/1–21.
322 Vgl. Empfehlung des Europäischen Ausschusses für Systemrisiken zu Fremdwährungskrediten (ESRB/2011/1) vom 21. September 2011, Amtsblatt der Europäischen Union vom 22. November 2011, C 342/1–47.
323 Vgl. Empfehlung des Europäischen Ausschusses für Systemrisiken zu Fremdwährungskrediten (ESRB/2011/1) vom 21. September 2011, Amtsblatt der Europäischen Union vom 22. November 2011, C 342/3.

- der Anhäufung von Fälligkeits- und Währungsinkongruenzen zwischen Aktiva und Passiva,
- der Abhängigkeit von ausländischen Märkten für Devisenswaps (inkl. Zinsswaps) sowie
- der Konzentration von Refinanzierungsquellen.

307   Speziell mit Blick auf die von den Instituten eingegangenen Liquiditäts- und Refinanzierungs-risiken in US-Dollar empfiehlt der ESRB den zuständigen Aufsichtsbehörden bestimmte Kriterien genau zu überwachen. Dazu gehören Laufzeitinkongruenzen in US-Dollar, Konzentrationen von Refinanzierungsquellen nach Arten von Geschäftspartnern unter besonderer Beachtung der Geschäftspartner für die Bereitstellung von kurzfristiger Refinanzierung, Verwendung von Devi-senswaps in US-Dollar inkl. Zins- und Währungsswaps sowie gruppeninterne Risiken. Die zuständigen Aufsichtsbehörden sollten – bevor die Liquiditäts- und Refinanzierungsrisiken in US-Dollar ein übermäßiges Ausmaß annehmen – erwägen, die Institute zur Ergreifung von Maßnahmen zu ermutigen, um die aus Laufzeitinkongruenzen in US-Dollar entstehenden Risiken angemessen zu steuern, sowie die Risiken zu begrenzen und gleichzeitig eine ungeordnete Korrektur der bisherigen Refinanzierungsstrukturen zu vermeiden.[324]

308   In einer Reihe von Mitgliedstaaten der EU hätten Fremdwährungsdarlehen insbesondere an nicht abgesicherte Kreditnehmer bereits ein übermäßiges Ausmaß angenommen. Damit bestehe das Risiko einer grenzüberschreitenden Ansteckung. Diese Empfehlung gilt allerdings ausdrück-lich auch für abgesicherte Kreditnehmer und wird damit begründet, dass die Behörden ggf. eine Beschränkung der Fremdwährungsdarlehen erwägen sollten. Sie betreffen insofern auch die Berücksichtigung der Risiken aus Fremdwährungsdarlehen im Kreditprozess (→ BTO 1.2 Tz. 2 und BTO 1.2.1 Tz. 1). Insbesondere die Aussicht auf Liquiditätshilfen führt nach Einschätzung des ESRB zur Aufrechterhaltung unhaltbarer Refinanzierungsstrukturen (»Moral Hazard«).[325]

309   Mit dem ILAAP sollte nach den Vorstellungen der EZB ein solider Prozess implementiert werden, mit dem festgelegt und überwacht wird, welche Währungen als wesentlich für das Liquiditätsrisiko und/oder das Refinanzierungsrisiko angesehen werden. Die Institute sollten alle wesentlichen Risiken eindeutig identifizieren, die dazu führen, dass Liquiditäts- oder Refinanzie-rungsrisiken (teilweise) in einer anderen Währung als der Währung des entsprechenden Puffers der liquiden Aktiva übernommen werden. Dies schließt auch Risiken aus grenzüberschreitenden Aktivitäten ein. Derartige Risiken sollten im ILAAP für jede Währung, die als wesentlich erachtet wird, sowohl unter normalen Bedingungen (Bilanzpositionen und Währungsdifferenzen) als auch unter Stressbedingungen (Liquiditätswert liquider Aktiva in Fremdwährung versus Nettoabflüsse in Fremdwährung unter Stressbedingungen) quantifiziert werden.[326]

11.6   Gesonderte Liquiditätsübersicht

310   Das Institut hat für einen geeigneten Zeitraum eine aussagekräftige Liquiditätsübersicht zu erstellen, in der die voraussichtlichen Mittelzuflüsse den voraussichtlichen Mittelabflüssen gegen-übergestellt werden. Den auch in normalen Marktphasen üblichen Schwankungen der Zahlungs-flüsse ist angemessen Rechnung zu tragen. Die Annahmen, die den Mittelzuflüssen und -abflüssen zugrundeliegen, sind festzulegen. Die Untergliederung in Zeitbänder muss geeignet sein, um auch die Entwicklung der kurzfristigen Liquiditätslage abzubilden (→ BTR 3.1 Tz. 3).

---

324 Vgl. Empfehlung des Europäischen Ausschusses für Systemrisiken zu der Finanzierung der Kreditinstitute in US-Dollar (ESRB/2011/2) vom 22. Dezember 2011, Amtsblatt der Europäischen Union vom 10. März 2012, C 72/2.

325 Vgl. Empfehlung des Europäischen Ausschusses für Systemrisiken zu Fremdwährungskrediten (ESRB/2011/1) vom 21. September 2011, Amtsblatt der Europäischen Union vom 22. November 2011, C 342/1 ff.

326 Vgl. Europäische Zentralbank, Leitfaden der EZB für den bankinternen Prozess zur Sicherstellung einer angemessenen Liquiditätsausstattung (Internal Liquidity Adequacy Assessment Process – ILAAP), 9. November 2018, S. 24 f.

Im Falle wesentlicher Liquiditätsrisiken aus verschiedenen Fremdwährungen müssen für diese **311** Währungen jeweils gesonderte Liquiditätsübersichten aufgestellt werden. Dafür gelten die in diesem Modul erläuterten Anforderungen entsprechend. Es sollte allerdings beachtet werden, dass die Erkenntnisse aus der Überwachung der einzelnen Liquiditätsübersichten an einer Stelle auch wieder zusammenfließen müssen. Schließlich können Liquiditätsprobleme in einer bestimmten Währung trotz aller möglichen Inkongruenzen ggf. auch mithilfe überschüssiger Liquidität in anderen Währungen beseitigt werden.

Es sei zudem darauf hingewiesen, dass die in den Instituten standardmäßig verwendeten **312** Verfahren zur Steuerung der Liquiditätsrisiken aufgrund der Besonderheiten im Hinblick auf die Zahlungsströme wesentlicher Fremdwährungspositionen ggf. adjustiert werden müssen. Insbesondere könnten geeignete Risikoindikatoren ergänzt werden, die z. B. die jeweiligen Schwankungsbreiten der Wechselkurse berücksichtigen.[327] Insgesamt sollte im Interesse der Gesamtbanksteuerung im Idealfall eine Verknüpfung mit der Steuerung anderer Risikoarten erfolgen, zu denen vielfältige Wechselbeziehungen bestehen. Da wäre zunächst das »Fremdwährungskreditrisiko« als das bestehende oder künftige Risiko in Bezug auf die Erträge und Eigenmittel eines Institutes infolge von Fremdwährungskrediten zu nennen.[328] So könnten sich Wechselkurse (Marktrisiken) überproportional auf das Kreditrisiko des Fremdwährungskreditportfolios eines Institutes auswirken, indem sich z. B. der Wert der ausstehenden Zahlungen erhöht und/oder die als Sicherheit hinterlegten Vermögenswerte in der Landeswährung an Wert verlieren.[329] Zu berücksichtigen ist auch das für die Steuerung der Adressenausfallrisiken bedeutsame »Transferrisiko« im Zusammenhang mit der grenzüberschreitenden Vergabe von Fremdwährungskrediten für wesentliche grenzüberschreitende Kredite und Risikopositionen in Fremdwährungen.[330] Zudem sollte unter Berücksichtigung der historischen Korrelationen zwischen den verschiedenen Währungen das Zinsänderungsrisiko für jede Währung analysiert werden, in der die Institute signifikante Positionen halten.[331] Für die Behandlung des Marktrisikos spielt außerdem das »strukturelle Fremdwährungsrisiko« eine Rolle, bei dem das Eigenkapital in Tochterunternehmen nicht der Bilanzwährung der Muttergesellschaft entspricht.[332] Schließlich wird das Ertragsrisiko aus Kursschwankungen bei Fremdwährungen i. d. R. im Rahmen der Steuerung des Marktrisikos berücksichtigt. Aus all diesen Bereichen können Erkenntnisse für die Erstellung der geforderten Liquiditätsübersichten genutzt werden.

11.7 Gesonderte Fremdwährungsstresstests

Für Liquiditätsrisiken sind regelmäßig angemessene Stresstests durchzuführen. Dabei sind sowohl **313** instituts eigene als auch marktweite Ursachen für Liquiditätsrisiken in die Betrachtung einzubeziehen. Das Institut hat die Stresstests individuell zu definieren. Dabei sind den Stresstests unterschiedlich lange Zeithorizonte zugrunde zu legen (→ BTR 3.1 Tz. 8).

---

327 Vgl. Mayer, Stephan, Management von Liquiditätsrisiken, in: Pfeifer, Guido/Ullrich, Walter (Hrsg.), MaRisk-Interpretationshilfen, 2. Auflage, Heidelberg, 2009, S. 384.

328 Vgl. European Banking Authority, Guidelines on common procedures and methodologies for the supervisory review and evaluation process (SREP) and supervisory stress testing, EBA/GL/2014/13, Consolidated version, 19. Juli 2018, S. 23.

329 Vgl. European Banking Authority, Guidelines on common procedures and methodologies for the supervisory review and evaluation process (SREP) and supervisory stress testing, EBA/GL/2014/13, Consolidated version, 19. Juli 2018, S. 80 f.

330 Vgl. European Banking Authority, Guidelines on common procedures and methodologies for the supervisory review and evaluation process (SREP) and supervisory stress testing, EBA/GL/2014/13, Consolidated version, 19. Juli 2018, S. 79.

331 Vgl. European Banking Authority, Guidelines on common procedures and methodologies for the supervisory review and evaluation process (SREP) and supervisory stress testing, EBA/GL/2014/13, Consolidated version, 19. Juli 2018, S. 123.

332 Vgl. European Banking Authority, Guidelines on common procedures and methodologies for the supervisory review and evaluation process (SREP) and supervisory stress testing, EBA/GL/2014/13, Consolidated version, 19. Juli 2018, S. 24.

BTR 3.1 Allgemeine Anforderungen

314 Für Institute, die in mehreren Währungen investiert sind, ist der Zugang zu verschiedenen Liquiditätsquellen in jeder Währung erforderlich, da die Liquidität nicht immer ohne weiteres von einer Währung in eine andere konvertiert werden kann. Für wesentliche Liquiditätspositionen in unterschiedlichen Währungen sollten daher die potenziellen Beschränkungen im Stressfall beachtet werden.[333] Sofern wesentliche Liquiditätsrisiken aus Fremdwährungen vorliegen, sind deshalb auch gesonderte Fremdwährungsstresstests durchzuführen. Dafür gelten grundsätzlich auch die allgemeinen Anforderungen an die Durchführung von Stresstests für Liquiditätsrisiken. Die Liquiditätsrisikostresstests sollten für mindestens alle wesentlichen Währungen so granular ausgestaltet sein, dass eine Analyse währungsspezifischer Annahmen in den Szenarien ermöglicht wird, wie z. B. hinsichtlich der Volatilität der Wechselkurse oder möglicher Währungsinkongruenzen.[334]

315 Der ESRB gibt zwar keine direkte Empfehlung zu gesonderten Fremdwährungsstresstests ab, weist aber an mehreren Stellen auf die besondere Bedeutung von Stresssituationen hin. Im Dezember 2010 hielten die Kreditinstitute der EU im Rahmen ihres gesamten Liquiditätsdeckungspotenzials[335] einer Datenerhebung des ESRB zufolge Bestände in Höhe von rund 570 Mrd. Euro an US-Dollar-Aktiva. Dies entsprach ungefähr 20 % der Gesamtverbindlichkeiten in US-Dollar, wenn die am weitesten gefasste Definition des Liquiditätsdeckungspotenzials zugrundegelegt wird. Davon waren etwa zwei Drittel notenbankfähige Sicherheiten. Zwar könnten liquide Aktiva in anderen Währungen verwendet werden, um auf einen US-Dollar-Schock zu reagieren. Allerdings hängt der Erfolg teilweise vom Funktionieren der Devisenmärkte ab. Eine Bewertung des ESRB auf Basis der von den nationalen Aufsichtsbehörden bereitgestellten Daten zeigt, dass die Kreditinstitute der EU in einem schweren Stressszenario eine beträchtliche Refinanzierungslücke in US-Dollar aufweisen. Mit Blick auf die vertraglichen, in US-Dollar denominierten Zu- und Abflüsse wurde damals z. B. für einen Zeitraum von zwölf Monaten eine kumulierte US-Dollar-Refinanzierungslücke von 919 Mrd. Euro berechnet.[336]

316 Bei einem Fremdwährungsstresstest sind gewisse Besonderheiten zu beachten. So besteht z. B. das Risiko, dass sich ausländische Investoren in einem Stressszenario in ihre Heimatmärkte zurückziehen oder in geringerem Maße als inländische Anleger zwischen den Unternehmen differenzieren, in die sie investiert haben. Einige Kategorien von US-Anlegern haben sich während der Krise tendenziell im Gleichlauf bewegt und besonders stark auf Negativschlagzeilen reagiert. Dies macht die Institute der EU besonders bei Konzentrationen von Anlegerkategorien anfällig für plötzliche Refinanzierungsengpässe. Die Institute der EU müssen zudem ggf. liquide Aktiva in anderen Währungen über die Devisenkassa- und -swapmärkte in US-Dollar umwandeln, sofern ein kurzfristiger Bedarf an US-Dollar in einem Stressszenario nicht über die Veräußerung von Aktiva in US-Dollar gedeckt werden kann.[337]

317 Den Vorschlägen des ESRB zufolge sollten Anreize für Institute geschaffen werden, versteckte Risiken und das Risiko von Ausnahmeereignissen (»Tail Events«) in Verbindung mit Fremdwäh-

---

333 Vgl. Basel Committee on Banking Supervision, Principles for Sound Liquidity Risk Management and Supervision, BCBS 144, 25. September 2008, S. 18 f.

334 Vgl. European Banking Authority, Final Report – Guidelines on institution's stress testing, EBA/GL/2018/04, 19. Juli 2018, S. 43.

335 Das Liquiditätsdeckungspotenzial wird vom ESRB als die Liquiditätsmenge definiert, die eine Bank zur Deckung des Liquiditätsbedarfes verfügbar machen kann. Ein Liquiditätspuffer ist normalerweise definiert als das kurze Ende des Liquiditätsdeckungspotenzials in einem Stressszenario. Er muss in vollem Umfang für einen festgelegten kurzen Zeitraum (die Survival Period) zur Verfügung stehen. Vgl. Empfehlung des Europäischen Ausschusses für Systemrisiken zu der Finanzierung der Kreditinstitute in US-Dollar (ESRB/2011/2) vom 22. Dezember 2011, Amtsblatt der Europäischen Union vom 10. März 2012, C 72/8, Fußnote 1.

336 Vgl. Empfehlung des Europäischen Ausschusses für Systemrisiken zu der Finanzierung der Kreditinstitute in US-Dollar (ESRB/2011/2) vom 22. Dezember 2011, Amtsblatt der Europäischen Union vom 10. März 2012, C 72/8 ff.

337 Vgl. Empfehlung des Europäischen Ausschusses für Systemrisiken zu der Finanzierung der Kreditinstitute in US-Dollar (ESRB/2011/2) vom 22. Dezember 2011, Amtsblatt der Europäischen Union vom 10. März 2012, C 72/12 f.

rungsdarlehen besser zu erkennen.[338] Dafür eignen sich bekanntermaßen am besten Stresstests. In der Gruppenbetrachtung steigt die Wahrscheinlichkeit einer Unterstützung der Tochtergesellschaft durch die Mutterbank nach Einschätzung des ESRB in einer Stresssituation mit dem Ausmaß des Risikos.[339] Im Rahmen ihrer Auswertung des europaweiten Stresstests im Jahre 2011 hat auch die EBA festgestellt, dass in einigen Mitgliedstaaten das größte Risiko in einer ungünstigen Wechselkursentwicklung mit Auswirkungen auf Fremdwährungskredite besteht.[340]

11.8 Berücksichtigung im Notfallplan für Liquiditätsengpässe

Das Institut hat festzulegen, welche Maßnahmen im Fall eines Liquiditätsengpasses ergriffen werden sollen (Notfallplan für Liquiditätsengpässe). Dazu gehört auch die Darstellung der in diesen Fällen zur Verfügung stehenden Liquiditätsquellen unter Berücksichtigung etwaiger Mindererlöse. Die im Fall eines Liquiditätsengpasses zu verwendenden Kommunikationswege sind festzulegen. Die geplanten Maßnahmen sind regelmäßig auf ihre Durchführbarkeit zu überprüfen und ggf. anzupassen. Die Ergebnisse der Stresstests sind dabei zu berücksichtigen (→BTR3.1 Tz.9). **318**

Liegen wesentliche Liquiditätsrisiken aus Fremdwährungen vor, so sind diese explizit im Notfallplan für Liquiditätsengpässe zu berücksichtigen. Auch der ESRB sieht ein geeignetes Mittel zur Abfederung der Refinanzierungsrisiken in US-Dollar darin, Notfall-Refinanzierungspläne bereitzuhalten, um die Verschärfung von Refinanzierungsproblemen in Ausnahmesituationen zu vermeiden. Obwohl konstatiert wird, dass Notfallpläne neue systemische Probleme schaffen könnten, wenn sie zu einem Herdenverhalten führen, gibt der ESRB den zuständigen Aufsichtsbehörden mit Fokus auf den US-Dollar die Empfehlung[341], **319**

– zu gewährleisten, dass die Institute in ihren Notfall-Refinanzierungsplänen Managementmaßnahmen zur Bewältigung von Schocks bei der Refinanzierung in US-Dollar vorsehen und deren Machbarkeit für den Fall geprüft haben, dass mehrere Institute gleichzeitig versuchen, diese Maßnahmen auszuführen. In den Notfall-Refinanzierungsplänen sollten zumindest die Notfall-Refinanzierungsquellen berücksichtigt werden, die im Fall einer Verringerung des Angebotes seitens verschiedener Kategorien von Geschäftspartnern verfügbar sind, sowie
– die Machbarkeit dieser in den Notfall-Refinanzierungsplänen enthaltenen Managementmaßnahmen auf der Ebene des Bankensektors zu beurteilen. Ergibt die Beurteilung, dass das gleichzeitige Handeln der Institute zu potenziellen systemischen Risiken führen würde, wird den zuständigen Aufsichtsbehörden empfohlen, Maßnahmen in Erwägung zu ziehen, um diese Risiken und die Folgen dieses Handelns für die Stabilität des Bankensektors der Union zu mindern.

Ein Institut sollte sich seiner Fremdwährungsliquiditätsrisiken in jeder Hinsicht bewusst sein und entsprechende Managementvorkehrungen treffen. Das Risiko einer plötzlichen Veränderung der Wechselkurse oder der Marktliquidität, das Liquiditätsdiskrepanzen deutlich ausweiten und die Wirksamkeit von Hedging-Strategien einschränken kann, sollte berücksichtigt werden. Darüber hinaus sollte ein Institut die Wahrscheinlichkeit bewerten, dass der Zugang zu den Devisenmärk- **320**

---

338 Vgl. Empfehlung des Europäischen Ausschusses für Systemrisiken zu Fremdwährungskrediten (ESRB/2011/1) vom 21. September 2011, Amtsblatt der Europäischen Union vom 22. November 2011, C 342/1ff.
339 Vgl. Empfehlung des Europäischen Ausschusses für Systemrisiken zu Fremdwährungskrediten (ESRB/2011/1) vom 21. September 2011, Amtsblatt der Europäischen Union vom 22. November 2011, C 342/20.
340 Vgl. European Banking Authority, 2011 EU-wide Stress Test Aggregate Report, 15. Juli 2011, S. 28.
341 Vgl. Empfehlung des Europäischen Ausschusses für Systemrisiken zu der Finanzierung der Kreditinstitute in US-Dollar (ESRB/2011/2) vom 22. Dezember 2011, Amtsblatt der Europäischen Union vom 10. März 2012, C 72/2.

ten versperrt wird und die wesentlichen Währungen, in denen das Institut aktiv ist, nicht mehr konvertibel sind. Dafür sollten entsprechende Notfalllösungen erarbeitet werden.[342]

11.9 Bedeutung für den SREP

321   Bei der Bewertung des kurz- und mittelfristigen Liquiditätsbedarfes sollten die zuständigen Behörden auch die jeweiligen Auswirkungen von Stresssituationen in den unterschiedlichen Währungen zur Widerspiegelung des Konvertibilitätsrisikos berücksichtigen.[343] Untersucht werden sollte zudem, ob der Limit- und Kontrollrahmen die wesentlichen Liquiditätsrisikotreiber widerspiegelt, wobei auch Laufzeit- und Währungsinkongruenzen genannt werden.[344] Vor diesem Hintergrund spielt das Risiko aufgrund von Inkongruenzen (zwischen Laufzeiten, Währungen usw.) auch bei der Vergabe des Scorewertes für das Liquiditätsrisiko eine wesentliche Rolle.[345] Bei der Bewertung der Angemessenheit der Liquiditätsausstattung eines Institutes wird auch analysiert, ob eventuelle Refinanzierungslücken in verschiedenen Währungen angemessen abgedeckt werden können.[346] Mögliche Aufsichtsmaßnahmen können sich folglich sowohl auf Vorgaben zur Zusammensetzung der liquiden Aktiva bezüglich bestimmter Währungen als auch zu Konzentrationen im Refinanzierungsprofil in Bezug auf (Inkongruenzen bei) Währungen beziehen.[347] Für die aufsichtliche Überprüfung fordert die EBA – sofern relevant – auch eine Strategie zur Refinanzierung in Fremdwährungen, einschließlich der wichtigsten Annahmen bezüglich der Verfügbarkeit und Konvertierbarkeit dieser Währungen.[348]

---

342 Vgl. Basel Committee on Banking Supervision, Principles for Sound Liquidity Risk Management and Supervision, BCBS 144, 25. September 2008, S. 14.

343 Vgl. European Banking Authority, Guidelines on common procedures and methodologies for the supervisory review and evaluation process (SREP) and supervisory stress testing, EBA/GL/2014/13, Consolidated version, 19. Juli 2018, S. 151.

344 Vgl. European Banking Authority, Guidelines on common procedures and methodologies for the supervisory review and evaluation process (SREP) and supervisory stress testing, EBA/GL/2014/13, Consolidated version, 19. Juli 2018, S. 164.

345 Vgl. European Banking Authority, Guidelines on common procedures and methodologies for the supervisory review and evaluation process (SREP) and supervisory stress testing, EBA/GL/2014/13, Consolidated version, 19. Juli 2018, S. 168 f.

346 Vgl. European Banking Authority, Guidelines on common procedures and methodologies for the supervisory review and evaluation process (SREP) and supervisory stress testing, EBA/GL/2014/13, Consolidated version, 19. Juli 2018, S. 172.

347 Vgl. European Banking Authority, Guidelines on common procedures and methodologies for the supervisory review and evaluation process (SREP) and supervisory stress testing, EBA/GL/2014/13, Consolidated version, 19. Juli 2018, S. 194.

348 Vgl. European Banking Authority, Leitlinien zu für SREP erhobene ICAAP- und ILAAP-Informationen, EBA/GL/2016/10, 3. November 2016, S. 19.

12 Interner Refinanzierungsplan (Tz. 12)

12 Das Institut hat einen internen Refinanzierungsplan aufzustellen, der die Strategien, **322** den Risikoappetit und das Geschäftsmodell angemessen widerspiegelt. Der Planungshorizont hat einen angemessen langen, in der Regel mehrjährigen Zeitraum zu umfassen. Dabei ist zu berücksichtigen, wie sich Veränderungen der eigenen Geschäftstätigkeit oder der strategischen Ziele sowie Veränderungen des wirtschaftlichen Umfelds auf den Refinanzierungsbedarf auswirken. Möglichen adversen Entwicklungen, die von den Erwartungen abweichen, ist bei der Planung angemessen Rechnung zu tragen.

12.1 Aufstellung eines internen Refinanzierungsplanes

Die Institute müssen über eine angemessene Liquiditäts- und Refinanzierungsposition verfügen und **323** damit zur Sicherstellung ihres Fortbestandes beitragen.[349] Die Liquiditätsposition wird hinsichtlich des Liquiditätssaldos in erster Linie mit Hilfe geeigneter Zeitbänder in den Liquiditätsübersichten im kurz-, mittel- und langfristigen Bereich überwacht (→ BTR 3.1 Tz. 3). Ergänzend wird ein hinreichendes Liquiditätsdeckungspotenzial vor allem vom Vorhandensein ausreichend bemessener, nachhaltiger Liquiditätspuffer, wie z. B. hochliquider, unbelasteter Vermögensgegenstände, und verlässlicher Refinanzierungsquellen abhängig gemacht (→ BTR 3.1 Tz. 4). In der Praxis decken die Liquiditätsübersichten häufig nur einen Zeitraum von 12 Monaten ab, weil die Liquiditätssalden für längere Zeiträume aufgrund zahlreicher Unwägbarkeiten nur schwer abzuschätzen sind und insofern auch keine echten Steuerungsimpulse liefern.

Nicht zuletzt vor diesem Hintergrund wurde mit der fünften MaRisk-Novelle die Forderung **324** ergänzt, einen internen Refinanzierungsplan aufzustellen, der in der Regel einen mehrjährigen Zeitraum zu umfassen hat und die Liquiditätsübersichten insofern im Langfristbereich sinnvoll ergänzt. Im Rahmen des ILAAP sollten die Institute eine angemessene Allokation von Liquiditätsressourcen über den Konjunkturzyklus hinweg ermöglichen. Diese Bewertung sollte sich in den Liquiditäts- und Refinanzierungsplänen der Institute widerspiegeln.[350]

Mit Blick auf die Anforderungen der EZB zum ILAAP läuft der geforderte Refinanzierungsplan in **325** erster Linie auf die mehrjährige Beurteilung der Fähigkeit der Institute im Rahmen der normativen Perspektive hinaus, kontinuierlich alle ihre regulatorischen und aufsichtlichen Liquiditätsanforderungen und -vorgaben zu erfüllen und sonstigen externen finanziellen Zwängen Rechnung zu tragen.[351]

---

349 Vgl. Europäische Zentralbank, Leitfaden der EZB für den bankinternen Prozess zur Sicherstellung einer angemessenen Liquiditätsausstattung (Internal Liquidity Adequacy Assessment Process – ILAAP), 9. November 2018, S. 15.

350 Vgl. European Banking Authority, Final Report – Guidelines on institution's stress testing, EBA/GL/2018/04, 19. Juli 2018, S. 47.

351 Vgl. Europäische Zentralbank, Leitfaden der EZB für den bankinternen Prozess zur Sicherstellung einer angemessenen Liquiditätsausstattung (Internal Liquidity Adequacy Assessment Process – ILAAP), 9. November 2018, S. 18.

12.2   Übereinstimmung mit den internen Vorgaben

326   Der interne Refinanzierungsplan soll die Strategien, den Risikoappetit und das Geschäftsmodell angemessen widerspiegeln. Die EZB betrachtet die Refinanzierungsplanung als ein mehrdimensionales internes Verfahren, in das die Szenarien, Strategien und Geschäftspläne der Institute einfließen und an dessen Ende ein Refinanzierungsplan steht, der eine mehrere Jahre umfassende Projektion der Refinanzierungsquellen der Institute darstellt. Neben dem Basisszenario müssen als zentraler Bestandteil der Refinanzierungsplanung die adversen Szenarien beurteilt werden, um das operative Geschäft auch in längeren Belastungsphasen fortführen zu können.[352] Zwangsläufig muss der Refinanzierungsplan auch mit den internen Liquiditätsressourcen vereinbar sein.[353]

12.3   Angemessener Planungshorizont

327   Der Planungshorizont des internen Refinanzierungsplanes hat einen angemessen langen, in der Regel mehrjährigen Zeitraum zu umfassen. Die EZB unterscheidet bei den bedeutenden Instituten zwischen der »Liquiditätsposition« für einen Zeithorizont von mindestens einem Jahr und der »Refinanzierungsposition« für mindestens drei Jahre. Es obliegt zwar den Instituten, einen angemessenen Planungszeitraum zu wählen. Konsequenterweise sollte ein detaillierter Refinanzierungsplan aber einen zukunftsgerichteten Zeithorizont von mindestens drei Jahren abdecken. Die Institute sollten zudem Entwicklungen mit absehbar wesentlichen Auswirkungen, die über diesen Mindestzeitraum hinausgehen, in angemessener Weise in ihrer strategischen Planung berücksichtigen.[354]

12.4   Berücksichtigung möglicher Veränderungen

328   Bei der Refinanzierungsplanung ist zu berücksichtigen, wie sich Veränderungen der eigenen Geschäftstätigkeit oder der strategischen Ziele sowie Veränderungen des wirtschaftlichen Umfelds auf den Refinanzierungsbedarf auswirken. Zudem sollten die Institute in der normativen Perspektive des ILAAP die Auswirkungen bevorstehender Änderungen des Rechts-, Regulierungs- oder Rechnungslegungsrahmens berücksichtigen. So sollten z. B. eher unwahrscheinliche Änderungen mit weitreichenden Auswirkungen angemessen berücksichtigt werden, z. B. beim Notfallplan für Liquiditätsengpässe. Wahrscheinlichere regulatorische Änderungen, wie z. B. die Umsetzung der strukturellen Liquiditätsquote (NSFR), sollten hingegen direkt im Liquiditäts- und Refinanzierungsplan erfasst werden. Die Institute sollten eine fundierte und begründete Entschei-

---

352 Vgl. Europäische Zentralbank, Leitfaden der EZB für den bankinternen Prozess zur Sicherstellung einer angemessenen Liquiditätsausstattung (Internal Liquidity Adequacy Assessment Process – ILAAP), 9. November 2018, S. 36 f.

353 Vgl. Europäische Zentralbank, Leitfaden der EZB für den bankinternen Prozess zur Sicherstellung einer angemessenen Liquiditätsausstattung (Internal Liquidity Adequacy Assessment Process – ILAAP), 9. November 2018, S. 19.

354 Vgl. Europäische Zentralbank, Leitfaden der EZB für den bankinternen Prozess zur Sicherstellung einer angemessenen Liquiditätsausstattung (Internal Liquidity Adequacy Assessment Process – ILAAP), 9. November 2018, S. 17 f. Für die Liquiditätsposition wurde im Entwurf vom März 2018 »mindestens ein Jahr« erwartet. Diese Klarstellung ist in der Endfassung nicht mehr enthalten. Sie ergibt sich allerdings implizit daraus, dass für die Definition der internen Liquiditätspuffer ein Zeitraum von mindestens einem Jahr zu berücksichtigen ist. Vgl. Europäische Zentralbank, Leitfaden der EZB für den bankinternen Prozess zur Sicherstellung einer angemessenen Liquiditätsausstattung (Internal Liquidity Adequacy Assessment Process – ILAAP), 9. November 2018, S. 26.

dung treffen, wie diesen Änderungen bei der Liquiditäts- und Refinanzierungsplanung Rechnung getragen wird.[355]

Die im Refinanzierungsplan vorgesehenen Maßnahmen können selbst wieder Auswirkungen   **329** auf das Refinanzierungsrisiko des Institutes haben, was bei der Planung beachtet werden sollte. Die Institute sollten die Stabilität ihres Refinanzierungsprofils unter Berücksichtigung der Diversität oder Konzentration der Refinanzierungsquellen, Märkte und Produkte beurteilen und ihren Marktzugang hinsichtlich des Geschäftsvolumens und der Preisgestaltung unter Berücksichtigung der aktuellen Belastung von Vermögenswerten und der diesbezüglich bei Durchführung des Refinanzierungsplanes zu erwartenden Änderungen einschätzen.[356]

12.5   Berücksichtigung adverser Entwicklungen

Möglichen adversen Entwicklungen, die von den Erwartungen abweichen, ist bei der Planung   **330** angemessen Rechnung zu tragen. Bei der Betrachtung des Basisszenarios sollten die Institute zunächst jene Entwicklungen zugrunde legen, die sie unter normalen Bedingungen erwarten. Dabei sind die Geschäftsstrategie und glaubwürdige Annahmen in Bezug auf Mittelzu- und -abflüsse, Risikoeintritt usw. zu berücksichtigen.[357]

In der normativen Perspektive sollte allen Aspekten Rechnung getragen werden, die sich auf die   **331** relevanten aufsichtsrechtlichen Quoten (z. B. Mittelzu- und -abflüsse sowie Liquiditätspuffer) im Planungszeitraum auswirken können. Die Institute sollten bei der Beurteilung ihrer Liquiditätsadäquanz aus der normativen Perspektive jene Annahmen berücksichtigen, die sie beim ökonomischen Ansatz zugrunde legen, und prüfen, wie diese Annahmen je nach dem angewandten Szenario die aufsichtlichen Quoten der ersten und der zweiten Säule im Planungszeitraum beeinflussen. Das kann z. B. auch eine aufsichtlich geforderte Mindestüberlebensdauer betreffen.[358] Dazu gehört die Betrachtung angemessener institutsspezifischer adverser Szenarien, die sich in der mehrjährigen Liquiditäts- und Refinanzierungsplanung widerspiegeln und mit den übergreifenden Planungszielen der Institute in Einklang stehen.[359]

12.6   Empfehlungen der EBA

Der interne Refinanzierungsplan dient ausschließlich internen Steuerungszwecken und kann,   **332** abhängig von Art und Umfang der Liquiditätsrisiken, institutsindividuell ausgestaltet werden. Davon zu unterscheiden sind Refinanzierungspläne, wie sie gemäß den EBA-Leitlinien für Refinanzierungspläne[360] gefordert und von bestimmten Instituten bei der EBA eingereicht werden.

355 Vgl. Europäische Zentralbank, Leitfaden der EZB für den bankinternen Prozess zur Sicherstellung einer angemessenen Liquiditätsausstattung (Internal Liquidity Adequacy Assessment Process – ILAAP), 9. November 2018, S. 19.

356 Vgl. Europäische Zentralbank, Leitfaden der EZB für den bankinternen Prozess zur Sicherstellung einer angemessenen Liquiditätsausstattung (Internal Liquidity Adequacy Assessment Process – ILAAP), 9. November 2018, S. 26.

357 Vgl. Europäische Zentralbank, Leitfaden der EZB für den bankinternen Prozess zur Sicherstellung einer angemessenen Liquiditätsausstattung (Internal Liquidity Adequacy Assessment Process – ILAAP), 9. November 2018, S. 31.

358 Vgl. Europäische Zentralbank, Leitfaden der EZB für den bankinternen Prozess zur Sicherstellung einer angemessenen Liquiditätsausstattung (Internal Liquidity Adequacy Assessment Process – ILAAP), 9. November 2018, S. 18 f.

359 Vgl. Europäische Zentralbank, Leitfaden der EZB für den bankinternen Prozess zur Sicherstellung einer angemessenen Liquiditätsausstattung (Internal Liquidity Adequacy Assessment Process – ILAAP), 9. November 2018, S. 15.

360 European Banking Authority, Leitlinien für harmonisierte Definitionen und Vorlagen für Finanzierungspläne von Kreditinstituten nach ESRB/2012/2, Empfehlung A Absatz 4, EBA/GL/2014/04, 19. Juni 2014.

BTR 3.1 Allgemeine Anforderungen

Diese sind nicht Gegenstand der Anforderung, gleichwohl kann die Anforderung mit einem für die EBA erstellten Refinanzierungsplan erfüllt werden (→ BTR 3.1 Tz. 12, Erläuterung).

333 Die von der Aufsicht genannten EBA-Leitlinien beruhen auf einer Empfehlung des Europäischen Ausschusses für Systemrisiken (»European Systemic Risk Board«, ESRB) vom Dezember 2012.[361] Diese Empfehlung wurde vom ESRB aufgrund einer zwischenzeitlich erforderlich gewordenen Fristverlängerung überarbeitet.[362] Die EBA-Leitlinien enthalten für ausgewählte Institute harmonisierte Vorlagen und Definitionen zur Berichterstattung über Refinanzierungspläne auf konsolidierter Ebene an die zuständigen Behörden.[363] Die EBA wertet diese Meldungen regelmäßig aus und veröffentlicht ihre Ergebnisse.[364]

334 In Abschnitt 1 geht es um eine Hochrechnung des Gesamtbestandes an Bilanzaktiva und -passiva für die nächsten drei Jahre, wobei Forderungen, Verbindlichkeiten und die Prognose der Liquiditätsquoten zu melden sind. Dabei müssen die Liquiditätsdeckungsquote (LCR) für einen Zeithorizont von einem Jahr und die strukturelle Liquiditätsquote (NSFR) für einen Zeithorizont von drei Jahren hochgerechnet werden. Eventuelle Kreditübernahmen, der Abbau von Aktiva, die Übernahme von Verbindlichkeiten aus Einlagen und Veräußerungspläne sind dabei zu berücksichtigen.

335 Abschnitt 2 beschäftigt sich mit den Refinanzierungsquellen und ist in vier Unterabschnitte gegliedert. Zunächst geht es um die Feststellung und Bewertung von (Veränderungen der) spezifischen Refinanzierungsquellen (Abschnitt 2A). Dabei werden die Einlagen, die unter ein Einlagensicherungssystem gemäß der Richtlinie 94/19/EG oder ein gleichwertiges Einlagensicherungssystem in einem Drittland fallen, die unbesicherten Einlagen, die sonstigen einlagenähnlichen Finanzinstrumente, die an Endkunden verkauft werden, die Refinanzierungsquellen, die entweder direkt oder indirekt im öffentlichen Sektor angesiedelt sind (inkl. mittel- und langfristige Refinanzierungsprogramme für Pensionsgeschäfte, Refinanzierungsprogramme für Kreditgarantien und Programme zur Unterstützung der Realwirtschaft durch Kreditgarantien), sowie die innovativen Schulden- oder schuldenähnlichen Finanzierungsstrukturen (inkl. innovative einlagenähnliche Instrumente) hochgerechnet. Anschließend erfolgt eine Bewertung der Tragfähigkeit der geplanten Refinanzierung unter Preisaspekten (Abschnitt 2B). Zu diesem Zweck werden die Renditen einzelner Vermögenswerte auf übergeordneter Ebene sowie die gesamten Refinanzierungskosten jeweils über einen Zeithorizont von einem Jahr hochgerechnet. Beleuchtet werden auch die Feststellung und Bewertung von (Veränderungen der) Refinanzierungsinkongruenzen in Bezug auf spezifische Währungen (Abschnitt 2C). Dabei geht es um strukturelle Inkongruenzen der größten bis drittgrößten bilanzierten Währung, deren spezifische Bestandteile jeweils hochgerechnet werden. Im letzten Unterabschnitt erfolgt eine Bewertung der Tragfähigkeit von Refinanzierungsplänen im Falle bevorstehender erheblicher Umstrukturierungsvorhaben (einschließlich Übernahmen) in Bezug auf die Vermögensverhältnisse der Unternehmen (Abschnitt 2D). Zu diesem Zweck werden die Forderun-

---

361 Empfehlung des Europäischen Ausschusses für Systemrisiken zur Finanzierung von Kreditinstituten (ESRB/2012/2) vom 20. Dezember 2012, Amtsblatt der Europäischen Union vom 25. April 2013, C 119/1-61.

362 Empfehlung des Europäischen Ausschusses für Systemrisiken zur Änderung der Empfehlung ESRB/2012/2 zur Finanzierung von Kreditinstituten (ESRB/2016/2) vom 21. März 2016, Amtsblatt der Europäischen Union vom 21. April 2016, C 140/1-2.

363 Vgl. European Banking Authority, Leitlinien für harmonisierte Definitionen und Vorlagen für Finanzierungspläne von Kreditinstituten nach ESRB/2012/2, Empfehlung A Absatz 4, EBA/GL/2014/04, 19. Juni 2014, S. 3.

364 Die EBA hat am 19. September 2018 ihren Bericht über die Refinanzierungspläne von 159 Instituten in der EU für einen Prognosezeitraum von drei Jahren (2018 bis 2020) veröffentlicht, um den zuständigen Behörden Informationen zur Nachhaltigkeit der wichtigsten Refinanzierungsquellen der Institute zu liefern. Demnach planen die beteiligten Institute, den Anstieg der Aktivseite in den kommenden Jahren durch ein Wachstum der Kundeneinlagen sowie der marktbasierten Refinanzierung zu kompensieren. Geplant ist ein durchschnittliches Wachstum der Bilanzsumme bis zum Jahre 2020 um 6,2 %, vornehmlich durch Kredite an private Haushalte und nichtfinanzielle Unternehmen. Bei gleichzeitigem Rückgang der kurzfristigen Schulden und Repo-Refinanzierungen wird von den Instituten ein Anstieg der Kundeneinlagen und der langfristigen Fremdfinanzierung erwartet. Außerdem rechnen sie damit, dass sich die Differenz zwischen den Zinssätzen für Kundeneinlagen und Kundenausleihungen in 2018 weiter verringern wird. Die EBA ist vor allem skeptisch, was die Einschätzung der Institute zu nahezu gleichbleibenden Refinanzierungskosten betrifft. Vgl. European Banking Authority, EBA Report on Funding Plans, 19. September 2018.

gen bzw. Verbindlichkeiten hochgerechnet, die ein Unternehmen erwerben oder veräußern möchte und/oder die für den Abbau von Aktiva vorgesehen sind.

In Abschnitt 3 geht es schließlich um eine genaue Beschreibung der bei der Konsolidierung des Refinanzierungsplanes berücksichtigten Unternehmen mit Hilfe der eindeutigen Rechtsträgerkennungen, damit Lücken oder Doppelzählungen vermieden werden.[365]

336

12.7 Bedeutung für den SREP

Im Rahmen der Überprüfung der Refinanzierungsstrategie sollten sich die zuständigen Behörden u. a. den aktuellen Refinanzierungsplan vorlegen lassen, einschließlich der Refinanzierungsquellen, Laufzeiten, wichtigsten Märkte, verwendeten Produkte usw. Der Refinanzierungsplan muss für die zuständigen Behörden nachvollziehbar sein. Insofern sollten aus ihm auch die wesentlichen Merkmale hervorgehen, wie z. B. Volumina und Preise. Gefordert wird auch eine Machbarkeitsanalyse zur Umsetzung des Refinanzierungsplanes unter Berücksichtigung der Veränderungen der Marktvolatilität, eine zukunftsorientierte Einschätzung der (gewünschten) Entwicklung der Refinanzierungssituation über einen angemessenen Zeithorizont, eine Bewertung der Refinanzierungssituation und des Refinanzierungsrisikos nach Ausführung des Refinanzierungsplanes und Informationen über eine Art Backtesting. Mit Blick auf die Refinanzierungsstrategie könnten weitere Unterlagen erforderlich sein, die z. B. Rückschlüsse auf die Sicherstellung des Marktzuganges und entsprechende Tests, den Umgang mit Konzentrationen und Wechselbeziehungen von Refinanzierungsquellen sowie die Sicherstellung von Refinanzierungen in maßgeblichen Fremdwährungen zulassen.[366]

337

Die zuständigen Behörden sollen bewerten, ob der Refinanzierungsplan durchführbar und im Hinblick auf die Art, den Umfang und die Komplexität des Institutes, seine gegenwärtigen und voraussichtlichen Geschäftstätigkeiten sowie sein Liquiditäts- und Refinanzierungsprofil angemessen ist. In diesem Zusammenhang werden u. a. die Robustheit des Refinanzierungsplanes unter widrigen Umständen, die Auswirkungen der Umsetzung des Refinanzierungsplanes auf das Institut, die Angemessenheit und Wirksamkeit des Refinanzierungsplanes, die zugrundeliegenden Annahmen, die Übereinstimmung des Refinanzierungsplanes mit der Strategie, dem Geschäftsmodell und der Liquiditätsrisikotoleranz des Institutes, der Umgang der Geschäftsleitung mit dem Refinanzierungsplan, die Anpassungsfähigkeit an veränderte Bedingungen, die Dokumentation und Einbindung in die relevanten Geschäfts- und Entscheidungsprozesse, die Übereinstimmung mit dem Liquiditäts-Meldewesen und die Qualität der Überprüfungs- und Anpassungsprozesse bewertet.[367]

338

Die zuständigen Behörden können bei entsprechenden Defiziten, die im Rahmen von Stresstests festgestellt werden, u. a. verlangen, dass der Refinanzierungsplan in einem kürzeren Turnus vorgelegt oder aber überarbeitet bzw. sogar komplett neu erstellt werden muss.[368] Der Aufsicht geht es zunehmend auch um eine Überprüfung, inwiefern sich die relevanten Ausschüsse des Aufsichtsorgans und die Geschäftsleitung mit den Kernelementen des Risikomanagements aktiv auseinandergesetzt haben. Vor diesem Hintergrund werden auch Nachweise (einschließlich

339

---

365 Vgl. European Banking Authority, Leitlinien für harmonisierte Definitionen und Vorlagen für Finanzierungspläne von Kreditinstituten nach ESRB/2012/2, Empfehlung A Absatz 4, EBA/GL/2014/04, 19. Juni 2014, S. 5 f.

366 Vgl. European Banking Authority, Leitlinien zu für SREP erhobene ICAAP- und ILAAP-Informationen, EBA/GL/2016/10, 3. November 2016, S. 19 f.

367 Vgl. European Banking Authority, Guidelines on common procedures and methodologies for the supervisory review and evaluation process (SREP) and supervisory stress testing, EBA/GL/2014/13, Consolidated version, 19. Juli 2018, S. 167 f.

368 Vgl. European Banking Authority, Guidelines on common procedures and methodologies for the supervisory review and evaluation process (SREP) and supervisory stress testing, EBA/GL/2014/13, Consolidated version, 19. Juli 2018, S. 194 f.

BTR 3.1 Allgemeine Anforderungen

Sitzungsprotokolle) angefordert, die u. a. den Prozess der Genehmigung der wichtigsten ILAAP-Elemente, wozu auch der Refinanzierungsplan gehört, und die Diskussion über die Machbarkeitsanalyse des Refinanzierungsplanes, gestützt auf Markttiefe und Volatilität, betreffen.[369]

---

369 Vgl. European Banking Authority, Leitlinien zu für SREP erhobene ICAAP- und ILAAP-Informationen, EBA/GL/2016/10, 3. November 2016, S. 25 f.

BTR 3.2 Zusätzliche Anforderungen an kapitalmarktorientierte Institute

1 Einführung und Überblick

1.1 Besondere Behandlung kapitalmarktorientierter Institute

1 In der Finanzmarktkrise hatten insbesondere jene Institute besonders anfällig auf Liquiditäts-engpässe reagiert, die sich in signifikantem Umfang über die Kapitalmärkte refinanzieren. Vor diesem Hintergrund hat die BaFin an »kapitalmarktorientierte« Institute zusätzliche Anforde-rungen gestellt. Dies betrifft insbesondere die deutlich detaillierteren Vorgaben vom Ausschuss der Europäischen Bankaufsichtsbehörden (CEBS) hinsichtlich der quantitativen und qualitati-ven Bemessung der Liquiditätspuffer.[1] Die Ausnahme der meisten deutschen Institute von diesen strengen Vorgaben begründet die BaFin damit, dass die nationalen Aufsichtsbehörden ihre Anforderungen an das Liquiditätsrisikomanagement, die Durchführung von Stresstests, die Liquiditätspuffer und die Notfallpläne den Vorgaben von CEBS zufolge auf so genannte »money centre banks« konzentrieren dürfen.[2] Dieser Begriff kann aus Sicht der BaFin am besten mit der »Kapitalmarktorientierung« eines Institutes in Einklang gebracht werden.

2 Kapitalmarktorientierte Institute müssen natürlich auch die allgemeinen Anforderungen an das Management von Liquiditätsrisiken beachten. Insofern haben auch diese Institute für kurz-fristig eintretende Verschlechterungen der Liquiditätssituation ausreichend bemessene, nach-haltige Liquiditätspuffer, wie z.B. hochliquide, unbelastete Vermögensgegenstände, vorzuhal-ten (→ BTR 3.1 Tz. 4). Allerdings werden bei kapitalmarktorientierten Instituten insbesondere an die Zusammensetzung der Liquiditätspuffer zur Überbrückung des kurzfristigen Liquiditäts-bedarfes von mindestens einer Woche strengere Anforderungen gestellt (→ BTR 3.2 Tz. 2).

3 Von sämtlichen Instituten sind regelmäßig angemessene Stresstests durchzuführen, die sowohl institutseigene als auch marktweite Ursachen für Liquiditätsrisiken berücksichtigen und beide Aspekte kombinieren (→ BTR 3.1 Tz. 8). Bei kapitalmarktorientierten Instituten werden dafür vergleichsweise strenge Vorgaben gemacht (→ BTR 3.2 Tz. 3). Der resultierende Liquiditätsbedarf ist mit den vorzuhaltenden Liquiditätspuffern zu überbrücken (→ BTR 3.2 Tz. 1).

4 Alle Institute müssen überprüfen, inwieweit der Übertragung liquider Mittel und unbelasteter Vermögensgegenstände innerhalb der Gruppe gesellschaftsrechtliche, regulatorische und opera-tionelle Restriktionen entgegenstehen (→ BTR 3.1 Tz. 10). Bei kapitalmarktorientierten Instituten müssen zusätzlich die Diversifikation und die Aufteilung der Liquiditätspuffer auf verschiedene Jurisdiktionen der Struktur und den Geschäftsaktivitäten des Institutes und der Gruppe entspre-chen (→ BTR 3.2 Tz. 4).

1.2 Liquiditätsdeckungspotenzial versus Risikodeckungspotenzial

5 Das unter normalen Bedingungen oder in Stresssituationen bestehende Liquiditätsrisiko im engeren Sinne, also das Zahlungsunfähigkeitsrisiko, ist im Allgemeinen nicht in das Risikotragfä-higkeitskonzept einzubeziehen (→ AT 4.1 Tz. 4). Insofern muss für die Absicherung gegen das Liquiditätsrisiko im engeren Sinne auch kein Risikodeckungspotenzial vorgehalten werden. Andererseits müssen jedoch ausreichend bemessene, nachhaltige Liquiditätspuffer vorhanden sein, um Stressszenarien von mindestens einem Monat zu überstehen. Dieser scheinbare Wider-spruch ist auf den Zweck der Liquiditätspuffer zurückzuführen, die der Abdeckung des zusätz-

---

1 Committee of European Banking Supervisors, Guidelines on Liquidity Buffers & Survival Periods (GL 28), 9. Dezember 2009.
2 Vgl. Committee of European Banking Supervisors, Guidelines on Liquidity Buffers & Survival Periods (GL 28), 9. Dezember 2009, S. 11.

lichen Liquiditätsbedarfes dienen, der sich über einen festgelegten kurzen Zeitraum unter Stressbedingungen ergeben kann.[3] Anstelle von Risikodeckungspotenzial dreht sich beim Liquiditätsrisiko im engeren Sinne alles um das »Liquiditätsdeckungspotenzial« (»Counterbalancing Capacity«). Das Liquiditätsdeckungspotenzial bezeichnet die Fähigkeit eines Institutes, als Reaktion auf Stressszenarien über einen kurzen, mittleren oder längeren Zeitraum zusätzliche Liquidität vorzuhalten oder Zugang zu zusätzlicher Liquidität zu erhalten.[4]

Wie eingangs dieses Moduls erläutert, können die erwarteten Zahlungsströme als »Liquidität« **6** und die unerwarteten Zahlungsströme als »Liquiditätsrisiko« interpretiert werden.[5] Auch für die Absicherung der unerwarteten Zahlungsströme können neben eventuell vorhandenen Liquiditätslinien die Liquiditätspuffer herangezogen werden. Folglich bezieht sich die ökonomische Betrachtung der Liquiditätspuffer nicht zwingend auf den Stressfall, sondern auf den potenziellen Liquiditätsbedarf aus unerwarteten Zahlungsströmen und Laufzeitinkongruenzen zwischen Mittelzu- und -abflüssen (→ BTR 3.1 Tz. 5 und 6). In diesem Modul geht es um die genaue Beschaffenheit der Liquiditätspuffer, die auch im Zusammenhang mit der Liquidity Coverage Ratio aus der ersten Säule von Basel III eine Rolle spielt.[6]

---

3 Vgl. Committee of European Banking Supervisors, Guidelines on Liquidity Buffers & Survival Periods (GL 28), 9. Dezember 2009, S. 10.

4 Vgl. European Banking Authority, Guidelines on common procedures and methodologies for the supervisory review and evaluation process (SREP) and supervisory stress testing, EBA/GL/2014/13, Consolidated version, 19. Juli 2018, S. 23.

5 Vgl. Heidorn, Thomas/Schmaltz, Christian, Interne Transferpreise für Liquidität, in: Zeitschrift für das gesamte Kreditwesen, Heft 3/2010, S. 140.

6 Vgl. Gersch, Jana/Milde, Astrid/Möhren, Tim, Liquiditätstransferpreissystem: Herausforderung für Große und Kleine (Institute), in: BankPraktiker WIKI MaRisk, März 2013, S. 36.

2 Überbrückung von Liquiditätsbedarf unter Stressbedingungen (Tz. 1)

7 **1** Das Institut muss in der Lage sein, den erforderlichen Liquiditätsbedarf, der sich aus den institutsindividuellen Stressszenarien über den Zeithorizont von mindestens einem Monat ergibt, mit den nach BTR 3.1 Tz. 4 vorzuhaltenden Liquiditätspuffern zu überbrücken, die in BTR 3.2 Tz. 2 näher spezifiziert sind.

2.1 Kapitalmarktorientierte Institute

8 Für das Kriterium der Kapitalmarktorientierung gilt §264d HGB entsprechend (→ BTR 3.2 Tz. 1, Erläuterung). Nach dem Wortlaut des Gesetzes ist eine Kapitalgesellschaft »kapitalmarktorientiert«, wenn sie einen organisierten Markt im Sinne des §2 Abs. 11 WpHG durch von ihr ausgegebene Wertpapiere im Sinne des §2 Abs. 1 WpHG in Anspruch nimmt, d. h. wenn diese Wertpapiere an einem organisierten Markt im Sinne des §2 Abs. 11 WpHG zugelassen sind, oder wenn sie die Zulassung solcher Wertpapiere zum Handel an einem organisierten Markt beantragt hat. Diverse Verweise aus anderen Vorschriften auf diese Definition führen auch für Institute, die keine Kapitalgesellschaft sind, zu einer Anwendbarkeit der damit verknüpften Vorschriften. Insofern gilt diese Definition nicht nur für Kapitalgesellschaften.

9 In Deutschland haben derzeit ca. 60 Institute an einem organisierten Markt Wertpapiere emittiert. Diese Institute müssen die Anforderungen des Moduls BTR 3.2 grundsätzlich berücksichtigen. Im Einzelfall werden in der aufsichtlichen Verwaltungspraxis auch begründete Ausnahmen zugelassen. Konkrete Kriterien für derartige Ausnahmen sind nicht bekannt. Es ist jedoch naheliegend, dass es dabei vor allem um Risikoaspekte geht.

2.2 Organisierter Markt

10 Ein »organisierter Markt« im Sinne des §2 Abs. 11 WpHG ist ein im Inland, in einem anderen Mitgliedstaat der Europäischen Union oder einem anderen Vertragsstaat des Abkommens über den Europäischen Wirtschaftsraum betriebenes oder verwaltetes, durch staatliche Stellen genehmigtes, geregeltes und überwachtes multilaterales System, das die Interessen einer Vielzahl von Personen am Kauf und Verkauf von dort zum Handel zugelassenen Finanzinstrumenten innerhalb des Systems und nach nichtdiskretionären Bestimmungen in einer Weise zusammenbringt oder das Zusammenbringen fördert, die zu einem Vertrag über den Kauf dieser Finanzinstrumente führt. Aus der alleinigen Emittierung von Schuldverschreibungen – ohne Inanspruchnahme eines organisierten Marktes im Sinne des §2 Abs. 11 WpHG – ist noch keine Kapitalmarktorientierung abzuleiten. Die so genannten »multilateralen Handelssysteme« (»Multilateral Trading Facilities«) im Sinne des §2 Abs. 8 Satz 1 Nr. 8 WpHG oder der »Deutsche Freiverkehr«, der seit Oktober 2005 als »Open Market« bezeichnet wird, sind z. B. keine organisierten Märkte im Sinne des WpHG.

2.3 Wertpapiere im Sinne des § 2 Abs. 1 WpHG

Wertpapiere im Sinne des § 2 Abs. 1 WpHG sind, auch wenn keine Urkunden über sie ausgestellt **11**
sind, alle Gattungen von übertragbaren Wertpapieren mit Ausnahme von Zahlungsinstrumenten,
die ihrer Art nach auf den Finanzmärkten handelbar sind, insbesondere
1. Aktien,
2. andere Anteile an in- oder ausländischen juristischen Personen, Personengesellschaften und
   sonstigen Unternehmen, soweit sie Aktien vergleichbar sind, sowie Zertifikate, die Aktien
   vertreten,
3. Schuldtitel,
   a) insbesondere Genussscheine und Inhaberschuldverschreibungen und Orderschuldver-
      schreibungen sowie Zertifikate, die Schuldtitel vertreten,
   b) sonstige Wertpapiere, die zum Erwerb oder zur Veräußerung von Wertpapieren nach den
      Nummern 1 und 2 berechtigen oder zu einer Barzahlung führen, die in Abhängigkeit von
      Wertpapieren, von Währungen, Zinssätzen oder anderen Erträgen, von Waren, Indizes
      oder Messgrößen bestimmt wird.[7]

Wertpapiere sind auch Anteile an Investmentvermögen, die von einer Kapitalanlagegesellschaft **12**
oder einer ausländischen Investmentgesellschaft ausgegeben werden.

2.4 Zusammenhang zwischen Stresstests und Liquiditätspuffer

Kapitalmarktorientierte Institute müssen zunächst auf institutseigenen und auf marktweiten **13**
Ursachen beruhende Stressszenarien sowohl getrennt als auch kombiniert betrachten, für die
jeweils vergleichsweise strenge Vorgaben gemacht werden (→ BTR 3.2 Tz. 3). Der daraus resultierende, zusätzlich erforderliche Liquiditätsbedarf über den Zeithorizont von mindestens einem
Monat ist mit den nach BTR 3.1 Tz. 4 vorzuhaltenden Liquiditätspuffern zu überbrücken. Dabei ist
zu berücksichtigen, dass an die Zusammensetzung dieser Liquiditätspuffer für kapitalmarktorientierte Institute spezielle Anforderungen gestellt werden (→ BTR 3.2 Tz. 2).

Für die MaRisk spielen eher die Prinzipien an das Liquiditätsrisikomanagement des Baseler **14**
Ausschusses für Bankenaufsicht aus dem Jahre 2008 eine Rolle. Auch diesen Prinzipien zufolge ist
die ständige Verfügbarkeit einer ausreichenden Reserve von unbelasteten, qualitativ hochwertigen Vermögensgegenständen, die verkauft oder verpfändet werden können, um dafür Refinanzierungsmittel zu erhalten, ein entscheidender Faktor der Widerstandsfähigkeit eines Institutes gegen
Stresssituationen. Folglich muss der Umfang der Liquiditätspuffer nicht nur mit dem Risikoappetit
im Einklang stehen, sondern auch zu den Schätzungen des Liquiditätsbedarfes in Stresssituationen in Beziehung gesetzt werden. Die Liquiditätspuffer sollten so dimensioniert sein, dass ein
Institut für die Dauer der Stressperiode weiterhin rechtzeitig seinen täglichen Zahlungs- und
Abwicklungsverpflichtungen gerecht werden kann.[8] Gemäß Art. 412 Abs. 1 CRR können die
liquiden Aktiva in Stressperioden zur Deckung der Netto-Liquiditätsabflüsse verwendet werden.

---

7 Nähere Bestimmungen enthält die Delegierte Verordnung (EU) 2017/565 (MiFID II-Durchführungsverordnung) der
   Kommission vom 25. April 2016 zur Ergänzung der Richtlinie 2014/65/EU des Europäischen Parlaments und des Rates in
   Bezug auf die organisatorischen Anforderungen an Wertpapierfirmen und die Bedingungen für die Ausübung ihrer
   Tätigkeit sowie in Bezug auf die Definition bestimmter Begriffe für die Zwecke der genannten Richtlinie (ABl. L 87 vom
   31.3.2017, S. 1), in der jeweils geltenden Fassung.
8 Vgl. Basel Committee on Banking Supervision, Principles for Sound Liquidity Risk Management and Supervision, BCBS
   144, 25. September 2008, S. 30.

3 Qualitative Anforderungen an den Liquiditätspuffer (Tz. 2)

15 **2** Zur Überbrückung des kurzfristigen Liquiditätsbedarfes von mindestens einer Woche hat das Institut neben Zentralbankgeld hochliquide Vermögensgegenstände vorzuhalten, die jederzeit ohne signifikante Wertverluste in privaten Märkten liquidiert werden können und zentralbankfähig sind. Für den weiteren Liquiditätsbedarf bis zum Ende des Zeithorizontes von mindestens einem Monat können andere Vermögensgegenstände als weitere Bestandteile der Liquiditätspuffer herangezogen werden, wenn diese ohne signifikante Wertverluste innerhalb des Zeithorizontes liquidiert werden können.

3.1 Betrachtungszeiträume

16 Grundsätzlich müssen die kapitalmarktorientierten Institute den sich aus den institutsindividuellen Stressszenarien über einen Zeithorizont von mindestens einem Monat ergebenden, zusätzlich erforderlichen Liquiditätsbedarf mit den nach BTR 3.1 Tz. 4 vorzuhaltenden Liquiditätspuffern überbrücken (→ BTR 3.2 Tz. 1). Eine Überlebensperiode (»Survival period«) von mindestens einem Monat soll unterstellt werden, um das Gesamtvolumen der Liquiditätspuffer unter den gewählten Stressszenarien zu bestimmen. Die zusätzliche Berücksichtigung eines kürzeren Zeithorizontes von mindestens einer Woche innerhalb dieser Überlebensperiode soll die Notwendigkeit eines höheren Sicherheitsniveaus im sehr kurzfristigen Bereich widerspiegeln.[9] Mit der Betrachtung des kurzen Zeithorizontes wird also ein akuter Stress unterstellt. Die Vorgaben von CEBS wurden im Rahmen der dritten MaRisk-Novelle nahezu inhaltsgleich in das Modul BTR 3.2 überführt.

17 Während CEBS auch in den überarbeiteten Leitlinien die kurze akute Stressphase noch auf bis zu ein oder zwei Wochen auf Situationen eingeschränkt hatte, in denen ein Institut sein Geschäftsmodell nicht ändern muss[10], geht die EBA deutlich darüber hinaus. Demnach sollte der Zeitraum für eine kurze akute Stressphase bis zu 30 Tage betragen, um ohne eine Anpassung des Geschäftsmodells auszukommen, gefolgt von einem längeren Zeitraum mit weniger akuter, aber längerer Belastung zwischen drei und zwölf Monaten.[11]

3.2 Zusammensetzung der Liquiditätspuffer

18 Für den akuten Stress von mindestens einer Woche sollten die Liquiditätspuffer den Vorgaben von CEBS zufolge aus Bargeld und Vermögensgegenständen bestehen, die sowohl zentralbankfähig als auch hochliquide in privaten Märkten sind.[12] In ähnlicher Weise forderte zuvor bereits der Baseler

---

9 Vgl. Committee of European Banking Supervisors, Guidelines on Liquidity Buffers & Survival Periods (GL 28), 9. Dezember 2009, S. 13.

10 Vgl. Committee of European Banking Supervisors, Revised Guidelines on Stress Testing (GL 32), 26. August 2010, S. 41 ff.

11 Vgl. European Banking Authority, Final Report – Guidelines on institution's stress testing, EBA/GL/2018/04, 19. Juli 2018, S. 42 f.

12 Vgl. Committee of European Banking Supervisors, Guidelines on Liquidity Buffers & Survival Periods (GL 28), 9. Dezember 2009, S. 14.

BTR 3.2 Zusätzliche Anforderungen an kapitalmarktorientierte Institute

Ausschuss für Bankenaufsicht, zum Schutz gegen die stärksten Stressszenarien eine Liquiditäts-reserve aus Bargeld und hochwertigen Staatsanleihen oder ähnlichen Instrumenten zu halten.[13] Vor diesem Hintergrund müssen die Institute seit der dritten MaRisk-Novelle zur Überbrückung des kurzfristigen Liquiditätsbedarfes von mindestens einer Woche neben Zentralbankgeld hoch-liquide Vermögensgegenstände vorhalten, die jederzeit ohne signifikante Wertverluste in privaten Märkten liquidiert werden können und zentralbankfähig sind. Der Ausdruck »private Märkte« ist dabei als Abgrenzung zu Transaktionen mit Zentralnotenbanken, wie z.B. Offenmarktgeschäften oder Spitzenrefinanzierungsfazilitäten, zu verstehen (→ BTR 3.2 Tz. 2, Erläuterung).

Für das »längere Ende« der Liquiditätspuffer kann laut Einschätzung von CEBS ein breiter **19** gefächertes Set von liquiden Mitteln angemessen sein, sofern das Institut seine Fähigkeit demons-trieren kann, daraus innerhalb des angegebenen Zeitraumes unter Stress Liquidität zu generie-ren.[14] Der Baseler Ausschuss für Bankenaufsicht hält es ebenfalls für legitim, zur Absicherung gegen weniger intensive, aber länger andauernde Stresssituationen die Zusammensetzung der Liquiditätspuffer um andere unbelastete Vermögensgegenstände zu erweitern, die verkauft oder als Sicherheit für Repos verwendet werden können, ohne dass daraus übermäßige Verluste oder Abschläge resultieren.[15] Insofern dürfen für den weiteren Liquiditätsbedarf bis zum Ende des Zeithorizontes von mindestens einem Monat andere Vermögensgegenstände als weitere Bestand-teile der Liquiditätspuffer herangezogen werden, wenn diese ohne signifikante Wertverluste innerhalb des Zeithorizontes liquidiert werden können (siehe Abbildung 71). Besonders geeignet für diese Reserve sind einfache Assets (Plain Vanilla), für deren Bewertung ein Marktkonsens herrscht, die zentralbankfähig und unter normalen Umständen in hoher Stückzahl ohne wesent-liche Preisabschläge handelbar sind und für die das Institut ein anerkannter Handelspartner ist.[16]

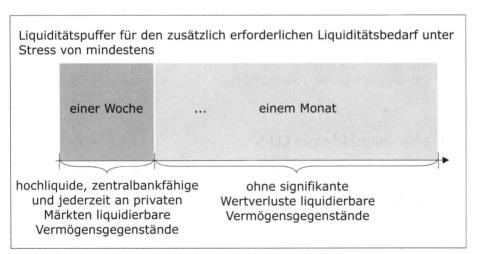

Abb. 71: Liquiditätspuffer für kapitalmarktorientierte Institute

---

13 Vgl. Basel Committee on Banking Supervision, Principles for Sound Liquidity Risk Management and Supervision, BCBS 144, 25. September 2008, S. 30.
14 Vgl. Committee of European Banking Supervisors, Guidelines on Liquidity Buffers & Survival Periods (GL 28), 9. Dezember 2009, S. 14.
15 Vgl. Basel Committee on Banking Supervision, Principles for Sound Liquidity Risk Management and Supervision, BCBS 144, 25. September 2008, S. 30.
16 Vgl. Heidorn, Thomas/Schmaltz, Christian, Die neuen Prinzipien für sachgerechtes Liquiditätsmanagement, in: Zeitschrift für das gesamte Kreditwesen, Heft 3/2009, S. 114 f.

20 Von der Kreditwirtschaft wurde insbesondere bemängelt, dass die Kriterien der Zentralbankfähigkeit und der Liquidierbarkeit in privaten Märkten nicht alternativ anerkannt werden, sondern kumulativ zu erfüllen sind. Dadurch werde ein Herdenverhalten impliziert, das eher Krisen verstärkend wirke und mit Einführung der »Liquidity Coverage Ratio« noch zunehmen werde. So könnten einerseits Kredite bei der Zentralbank hinterlegt und für Offenmarktgeschäfte genutzt werden, die gerade nicht in privaten Märkten liquidierbar seien. Andererseits hätten sich nicht zentralbankfähige Aktien von Unternehmen ausgezeichneter Bonität als absolut krisenfest erwiesen. Zudem wurde darauf hingewiesen, dass eine Liquidation von Vermögensgegenständen »ohne signifikante Wertverluste« im Grunde nie sichergestellt werden könne. Beispielhaft wurde auf den Markt für europäische Staatsanleihen (mit Ausnahme deutscher Papiere) verwiesen, der bereits in 2010 tageweise nahezu vollständig zum Erliegen kam. Derartige Wertverluste würden ohnehin im Rahmen der Messung der Marktpreisrisiken abgebildet. Insofern sei es sinnvoller, den Fokus weg von den »geringen Wertschwankungen« hin zur »jederzeitigen Verwertbarkeit« als deutlich besser geeignetem Kriterium zu verschieben.[17] Laut Kreditwirtschaft sei eine enge Pufferdefinition vor diesem Hintergrund schlicht nicht erforderlich. Andernfalls würde ein wesentlicher und belastbarer Teil der Liquiditätspuffer der Kreditinstitute nicht anerkannt. Die Anforderung, dass beide Bedingungen gleichzeitig erfüllt sein müssen, enge den Liquiditätsspielraum unnötig ein, ohne dass dies mit dem verbundenen Risiko zu begründen sei.[18]

21 Die Argumente der Kreditwirtschaft sind im Kern nicht von der Hand zu weisen. Die engen Vorgaben sind auch weniger auf bankaufsichtliche Notwendigkeiten als eher auf politische Vorgaben und die kontroverse Diskussion auf internationaler Ebene zurückzuführen. Von CEBS wird allerdings auch darauf hingewiesen, dass Zentralbanken ihre Politik in Stresszeiten bzw. bei der Rückkehr in normale Zeiten ändern können (z.B. durch Einführung bzw. Ausschluss von Assetklassen, Erhöhung bzw. Reduzierung von Haircuts, Einführung bzw. Abschaffung der Sonderbehandlung einzelner Emittenten, Erhöhung bzw. Reduzierung von Mindestratings). Insofern sollten die Institute angemessene Sicherheitsabschläge einkalkulieren. Auch sollte eine allzu große Abhängigkeit von Zentralbanken vermieden werden, wobei die regelmäßige Teilnahme an Offenmarktgeschäften nicht als eine solche Abhängigkeit interpretiert wird.[19]

3.3 Orientierungshilfe von CEBS

22 Zur Zusammensetzung der Liquiditätspuffer hat CEBS bereits im Dezember 2009 Leitlinien veröffentlicht, an denen sich ein Institut orientieren könnte[20]:
- Beim Bargeld sollten Komponenten ausgeschlossen werden, die im Rahmen der normalen Geschäftstätigkeit nicht verfügbar sind, wie z.B. Bargeld in Geldautomaten.
- Sichteinlagen im Interbankenmarkt sollten konsistent zu den für Stressszenarien getroffenen Annahmen behandelt werden.
- Bei den Zentralbankreserven sollten die Besonderheiten der verschiedenen Zentralbanken berücksichtigt werden, wie z.B. die Unterscheidung zwischen freiwilligen und obligatorischen Mindestreserven. Im Falle freiwilliger Reservesysteme sollten alle bei der Zentralbank gehalte-

---

17 Vgl. Zentraler Kreditausschuss, Stellungnahme zum Entwurf über die Mindestanforderungen an das Risikomanagement vom 9. Juli 2010, 30. August 2010, S. 21.

18 Vgl. Zentraler Kreditausschuss, Stellungnahme zum inoffiziellen Konsultationsentwurf der MaRisk vom 4. November 2010, 24. November 2010, S. 10.

19 Vgl. Committee of European Banking Supervisors, Guidelines on Liquidity Buffers & Survival Periods (GL 28), 9. Dezember 2009, S. 15.

20 Vgl. Committee of European Banking Supervisors, Guidelines on Liquidity Buffers & Survival Periods (GL 28), 9. Dezember 2009, S. 14 f.

nen Vermögensgegenstände der Liquiditätsreserve berücksichtigt werden. Im Falle obligatorischer Mindestreserven sollte der Zeithorizont betrachtet werden, über den die Reserven zur Verfügung stehen müssen. Für den kürzeren Zeithorizont von mindestens einer Woche können die gesamten Overnight-Bargeldbestände bei Zentralbanken, einschließlich der Mindestreserve, in den Liquiditätspuffer einbezogen werden. Es sollten allerdings konkrete Pläne zur Verhinderung einer Verletzung der Mindestreservepflicht erarbeitet und umgesetzt werden. Für den längeren Zeithorizont von mindestens einem Monat können nur die Liquiditätsüberschüsse oberhalb der Mindestreservepflicht einbezogen werden.

- Als zentralbankfähig und hochliquide in privaten Märkten, also einsetzbar für den akuten Stress, werden unbelastete Staatsanleihen hoher Qualität und Pfandbriefe usw. angesehen, wobei die jeweiligen rechtlichen Umstände berücksichtigt werden müssen.

- Zur Festlegung geeigneter Vermögensgegenstände für den längeren Zeitraum von mindestens einem Monat könnten die Institute verschiedene Kriterien aufstellen, z. B. zu den Emittenten von Wertpapieren und zur Tiefe und Breite des relevanten Marktes über einen ausreichend langen Zeitraum. Die Verantwortung für entsprechende Festlegungen liegt beim Institut.

- Bei der Umsetzung der verschiedenen regulatorischen Anforderungen hinsichtlich der Liquiditätspuffer sollte darauf geachtet werden, dass mögliche Überschneidungen und Zielkonflikte vermieden werden. Ebenso sollten zu große Konzentrationen einzelner Assetklassen vermieden werden. Eine angemessene Diversifikation ist insbesondere für Vermögensgegenstände mit abnehmender Liquidität von großer Bedeutung.

3.4 Orientierung an der Liquiditätsdeckungsquote

Inhaltlich besteht ebenfalls ein gewisser Zusammenhang zur Liquiditätsdeckungsquote (LCR), die **23** seit dem 1. Januar 2015 von den Instituten zunächst mit einer Quote von 60 % verbindlich eingehalten werden musste (»Phasing-in«). Seit dem 1. Januar 2018 ist die LCR zu 100 % einzuhalten. Wenngleich diese Kennzahl laut Aufsicht ausdrücklich keine Benchmark für die Anforderungen der MaRisk darstellen soll, können die Vorgaben des Baseler Ausschusses für Bankenaufsicht an »hochliquide Vermögensgegenstände« im Zähler dieser Kennziffer zumindest als Orientierungshilfe herangezogen werden. Dies gilt umso mehr, als auch diese Vermögensgegenstände dazu dienen sollen, den zusätzlich erforderlichen Liquiditätsbedarf zu decken, der sich aus bestimmten Stressszenarien über den Zeithorizont von 30 Tagen ergibt.[21]

Die LCR soll dazu beitragen, dass weltweit tätige Banken über ausreichend lastenfreie, erst- **24** klassige liquide Aktiva verfügen, um die Nettoabflüsse auszugleichen, die in einem akuten kurzfristigen Stressszenario eintreten könnten. Das betreffende Szenario geht dabei von den Umständen aus, die während der 2007 einsetzenden weltweiten Finanzmarktkrise herrschten, und beinhaltet sowohl institutsspezifische als auch systemweite Schocks. Das Szenario geht zwar von erheblichem Stress, nicht jedoch von einem »Worst-Case-Szenario« aus und beruht auf folgenden Annahmen: einer erheblichen Herabstufung des öffentlichen Ratings des Bankinstitutes, einem teilweisen Einlagenverlust, einem Verlust unbesicherter Großkundenmittel, einem erheblichen Anstieg der Abschläge auf den Sicherungswert bei besicherten Finanzierungen sowie steigenden Sicherheitenforderungen bei Derivativgeschäften und beträchtlichen Einforderungen vertraglicher und nichtvertraglicher außerbilanzieller Engagements inkl. fest zugesagter Kredit- und

---

21 Vgl. Basel Committee on Banking Supervision, Basel III: International framework for liquidity risk measurement, standards and monitoring, BCBS 188, 16. Dezember 2010, S. 8 ff.

Liquiditätsfazilitäten. Die erstklassigen liquiden Aktiva im Bestand sollten lastenfrei, in Stresszeiten marktliquide und im Idealfall notenbankfähig sein.[22]

25   Zur Beantwortung von Detailfragen im Zusammenhang mit den Liquiditätsvorschriften hat der Baseler Ausschuss zunächst einen Katalog mit Fragen und Antworten publiziert.[23] Schließlich wurde zur näheren Ausgestaltung der LCR und der Überwachungsindikatoren ein weiteres Papier veröffentlicht, in dem es u. a. um den Zähler der LCR, d. h. um die Definition der erstklassigen liquiden Aktiva (»High-Quality Liquid Assets«, HQLA) geht. Demnach müssen die Banken einen Bestand an lastenfreien (»unencumbered«) HQLA halten, der den gesamten Nettoabfluss von Barmitteln über einen Zeitraum von 30 Tagen unter einem vorgegebenen Stressszenario deckt. Dieses Stressszenario enthält eine Kombination aus institutsspezifischen und marktweiten Ursachen und fasst viele jener Schocks zusammen, die in der Finanzmarktkrise beobachtet wurden. Das Krisenszenario würde Folgendes bewirken[24]:

- den Abzug eines Teils der Einlagen von Privatkunden,
- einen teilweisen Verlust der Möglichkeit von unbesicherten Refinanzierungen am Kapitalmarkt,
- einen teilweisen Verlust von besicherten, kurzfristigen Finanzierungen mit bestimmten Sicherheiten und Gegenparteien,
- zusätzliche vertragliche Abflüsse infolge der Herabstufung des Ratings der Bank um bis zu drei Stufen, einschließlich Besicherungsanforderungen,
- Erhöhung der Marktvolatilität mit Auswirkungen auf die Qualität von Besicherungen oder auf den potenziellen zukünftigen Wert von Derivativpositionen, sodass höhere Abschläge auf den Marktwert der Sicherheiten oder zusätzliche Sicherheiten erforderlich sind oder sonstiger Liquiditätsbedarf entsteht,
- ungeplante Beanspruchung von zugesagten, aber nicht verwendeten Kredit- und Liquiditätsfazilitäten, die die Bank für ihre Kunden bereitgestellt hat, sowie
- dass die Bank möglicherweise Schuldtitel zurückkaufen oder nicht vertraglich geregelte Verpflichtungen honorieren muss, um Reputationsrisiken zu verringern.

26   Um als HQLA zu gelten, sollten die Vermögenswerte auch in angespannten Zeiten an Märkten liquide und im Idealfall zentralbankfähig sein. Bei bestimmten Arten von Vermögenswerten innerhalb der in zwei Stufen unterteilten HQLA-Kategorie gelten verschiedene Sicherheitsabschläge. Zu den Aktiva der Stufe 1 gehören im Allgemeinen Barmittel, Zentralbankguthaben sowie bestimmte marktgängige Wertpapiere, die u. a. von Staaten oder Zentralbanken garantiert werden. Diese Aktiva sind i. d. R. von höchster Qualität und sehr liquide und können daher zur Deckung der LCR ohne Begrenzung gehalten werden. Die Aktiva der Stufe 2 sind weiter in Stufe 2A und Stufe 2B unterteilt. Die Aktiva der Stufe 2A umfassen z. B. bestimmte Staatspapiere, gedeckte Schuldverschreibungen und Unternehmensschuldtitel. Zu den Aktiva der Stufe 2B gehören Unternehmensanleihen mit niedrigerem Rating, mit Wohnimmobilienhypotheken unterlegte Wertpapiere und Aktien, die gewisse Voraussetzungen erfüllen. Die Aktiva der Stufe 2 dürfen insgesamt höchstens 40 % und die darin enthaltenen Aktiva der Stufe 2B maximal 15 % des gesamten HQLA-Bestandes einer Bank ausmachen.[25]

27   Der Baseler Ausschuss schlägt u. a. einen »historischen Rückschauansatz« (»Historical Look-Back Approach«, HLBA) zur Bewertung eines ggf. erhöhten Liquiditätsbedarfes aufgrund von

---

22 Vgl. Baseler Ausschuss für Bankenaufsicht, Basel III: Ein globaler Regulierungsrahmen für widerstandsfähigere Banken und Bankensysteme, BCBS 189rev, 1. Juni 2011, S. 8 f.

23 Basel Committee on Banking Supervision, Basel III framework for liquidity – Frequently asked questions, 5. Juli 2011.

24 Vgl. Basel Committee on Banking Supervision, Basel III: The Liquidity Coverage Ratio and liquidity risk monitoring tools, BCBS 238, 7. Januar 2013, S. 6 f.

25 Vgl. Basel Committee on Banking Supervision, Basel III: The Liquidity Coverage Ratio and liquidity risk monitoring tools, BCBS 238, 7. Januar 2013, S. 13 ff.

Marktwertveränderungen bei Derivate- und anderen Geschäften vor, die gemäß Marktusancen besichert werden müssen. Dabei soll der auf tatsächlichen Ab- und Zuflüssen beruhende größte absolute Nettoabfluss von Sicherheiten innerhalb von 30 Tagen ermittelt werden, der sich innerhalb der letzten 24 Monate ergeben hat.[26]

3.5 Ergänzende Klarstellungen der EBA

In der CRR, mit deren Hilfe die Baseler Vorgaben weitgehend deckungsgleich in Europa umgesetzt **28** werden, sind bereits viele Rahmenbedingungen zur LCR festgelegt, zu denen die EBA teilweise noch zusätzliche Leitlinien oder Standards erarbeitet hat bzw. erarbeiten soll. So werden z. B. in Art. 421 Abs. 1 und 2 CRR Festlegungen hinsichtlich der Abflussraten von Privatkundeneinlagen getroffen, die durch ein Einlagensicherungssystem gemäß der Richtlinie 94/19/EG oder ein vergleichbares Einlagensicherungssystem in einem Drittland gedeckt sind. Diese Einlagen können unter bestimmten Voraussetzungen (sofern sie Bestandteil einer etablierten Geschäftsbeziehung sind oder auf einem Zahlungsverkehrskonto gehalten werden) mit 5 % angesetzt werden, andernfalls mit mindestens 10 %. In ihren Leitlinien vom Dezember 2013 schlägt die EBA gemäß Art. 421 Abs. 3 CRR auf Basis empirischer Daten bestimmte Kriterien für höhere Abflussraten von 15, 20 oder 25 % vor.[27] Die dafür erforderlichen Daten sind von den Instituten jedoch teilweise nur mit hohem Aufwand zu erheben.

In Art. 423 Abs. 1 CRR wird ein zusätzlicher Liquiditätsabfluss von 20 % für die Hinterlegung **29** bestimmter Sicherheiten im Zusammenhang mit Derivategeschäften festgelegt. Zudem müssen die Institute gemäß Art. 423 Abs. 2 CRR den zuständigen Behörden alle von ihnen eingegangenen Kontrakte melden, die bei einer wesentlichen Verschlechterung der Kreditqualität des Institutes vertragsbedingt innerhalb von 30 Tagen einen Liquiditätsabfluss oder Bedarf an zusätzlichen Sicherheiten vorsehen. Im Falle ihrer Wesentlichkeit ist dann ein zusätzlicher Liquiditätsabfluss vorgesehen. Dies gilt nach Art. 423 Abs. 3 CRR in Analogie auch für jene Sicherheiten, die aufgrund der Auswirkungen ungünstiger Marktbedingungen auf ihre wesentlichen Derivategeschäfte, Finanzierungsgeschäfte und anderen Kontrakte benötigt werden. Die EBA hat zunächst den Entwurf eines technischen Regulierungsstandards ausgearbeitet, um die Kriterien für die Bewertung der Wesentlichkeit und die Methoden zur Messung des zusätzlichen Liquiditätsabflusses festzulegen. Demzufolge sollten die Institute ihren ggf. erhöhten Liquiditätsbedarf auf Basis des höheren Wertes eines auf internen Modellen beruhenden Ansatzes (»Advanced Method for Additional Outflows«, AMAO) und des vom Baseler Ausschuss vorgeschlagenen historischen Rückschauansatzes (HLBA) berechnen. Bedenken über mögliche prozyklische Effekte des HLBA wurden letztlich nicht berücksichtigt. Ein zunächst vorgeschlagener vereinfachter Ansatz, der mit dem geringsten Umsetzungsaufwand verbunden gewesen wäre, wurde nach eingehender Prüfung wieder verworfen. Die EBA kam zu dem Schluss, dass dieser vereinfachte Ansatz keine Risikosensitivität aufweise und einen großen Einfluss auf die LCR habe und insofern zur Ermittlung der zusätzlichen Sicherheitenabflüsse nicht geeignet sei.[28]

---

26 Vgl. Basel Committee on Banking Supervision, Basel III: The Liquidity Coverage Ratio and liquidity risk monitoring tools, BCBS 238, 7. Januar 2013, S. 30.

27 Vgl. European Banking Authority, Guidelines on retail deposits subject to different outflows for purposes of liquidity reporting under Regulation (EU) No 575/2013, on prudential requirements for credit institutions and investment firms and amending Regulation (EU) No 648/2012 (Capital Requirements Regulation – CRR), EBA/GL/2013/01, 6. Dezember 2013.

28 Vgl. European Banking Authority, Final Draft Regulatory Technical Standards on additional liquidity outflows corresponding to collateral needs resulting from the impact of an adverse market scenario on the institution's derivatives transactions, financing transactions and other contracts for liquidity reporting under Article 423(3) of Regulation (EU) No 575/2013 (Capital Requirements Regulation – CRR), EBA/RTS/2014/05, 28. März 2014.

30   Nach einer Intervention der Europäischen Kommission wurde letztlich verfügt, sich bei der Berechnung streng am HLBA zu orientieren. Nunmehr gelten die Derivategeschäfte eines Institutes für die Zwecke von Art. 423 Abs. 3 Unterabsatz 1 CRR als wesentlich, wenn die Summe der Nominalbeträge dieser Geschäfte 10 % der Netto-Liquiditätsabflüsse gemäß Art. 412 Abs. 1 CRR zu einem beliebigen Zeitpunkt während der letzten zwei Jahre überschritten hat. Die Berechnung der Netto-Liquiditätsabflüsse erfolgt ohne Berücksichtigung des in Art. 423 Abs. 3 Unterabsatz 1 CRR genannten zusätzlichen Liquiditätsabflusses. Der zusätzliche Liquiditätsabfluss für Sicherheiten, die aufgrund der Auswirkungen ungünstiger Marktbedingungen auf diejenigen Derivategeschäfte eines Institutes benötigt werden, die als wesentlich gelten, entspricht dem höchsten absoluten Netto-Fluss für Sicherheiten innerhalb eines 30 Tage-Zeitraumes während der 24 Monate vor dem Datum der Berechnung der LCR. Institute dürfen Zu- und Abflüsse von Geschäften nur dann auf Nettobasis behandeln, wenn sie auf der Grundlage derselben Netting-Rahmenvereinbarung ausgeführt werden. Der absolute Netto-Fluss für Sicherheiten wird auf der Grundlage der realisierten Zu- und Abflüsse unter Netting auf Portfolio-Ebene des Institutes berechnet.[29]

31   Auch die Working Group on Liquidity der Banking Stakeholder Group der EBA hat sich intensiv mit dem Liquiditätsrisiko beschäftigt und im Ergebnis ein Positionspapier verfasst, in dem insbesondere die Kernelemente der LCR detailliert beleuchtet werden.[30]

3.6   Nutzung von Rückkaufvereinbarungen

32   Das Kriterium der Liquidierbarkeit kann auch durch die mögliche Nutzung von Rückkaufvereinbarungen (Repos) oder andere Formen der besicherten Refinanzierung erfüllt werden, sofern hierbei für die als Liquiditätspuffer zu verwendenden Vermögensgegenstände keine signifikanten Wertverluste auftreten (→ BTR 3.2 Tz. 2, Erläuterung). Wie im MaRisk-Fachgremium während der Konsultationsphase zur vierten MaRisk-Novelle zugesagt, hat die Aufsicht die Zulässigkeit von wirtschaftlich gleichartigen Refinanzierungsvereinbarungen (z. B. besicherte Wertpapierleihe) im Rahmen der fünften MaRisk-Novelle zugestanden.

33   Die Kreditwirtschaft hatte auch infrage gestellt, warum Vermögensgegenstände nicht berücksichtigt werden dürfen, sobald diese nur mit einem signifikanten Sicherheitsabschlag (»Haircut«) liquidiert werden können. Nach Ansicht der Kreditwirtschaft sollte es gestattet sein, die Liquidierbarkeit eines Vermögensgegenstandes zu berücksichtigen, sofern gewährleistet ist, dass bei dem in Anrechnung gebrachten Liquidationserlös der Haircut bereits berücksichtigt wird. Beispielhaft wurde ein im Repo zu refinanzierendes Wertpapier genannt, das mit 95 % im Markt gehandelt und exemplarisch mit einem (signifikanten) Haircut von 15 % im Repo belegt wird. Dieses Wertpapier sollte mit einem Liquidationserlös von 80 % im Liquiditätspuffer angerechnet werden.[31]

34   Die Aufsicht ist diesem Vorschlag im Rahmen der fünften MaRisk-Novelle unter bestimmten Voraussetzungen gefolgt. Die hier berücksichtigungsfähigen Vermögensgegenstände müssen von hoher Bonität, leicht zu bewerten und an auch in Stressphasen ausreichend tiefen und breiten Märkten liquidierbar sein. Die Höhe der in Stressphasen zu erzielenden Liquiditätswirkung

---

29 Delegierte Verordnung (EU) 2017/208 der Kommission vom 31. Oktober 2016 zur Ergänzung der Verordnung (EU) Nr. 575/2013 des Europäischen Parlaments und des Rates durch technische Regulierungsstandards im Hinblick auf zusätzliche Liquiditätsabflüsse für Sicherheiten, die aufgrund der Auswirkungen ungünstiger Marktbedingungen auf die Derivatgeschäfte eines Instituts benötigt werden, Amtsblatt der Europäischen Union vom 8. Februar 2017, L 33/14-15.

30 EBA's Banking Stakeholder Group, New Bank Liquidity Rules: Dangers Ahead, Position paper, 12. Oktober 2012.

31 Vgl. Deutsche Kreditwirtschaft, Stellungnahme zum Konsultationspapier 01/2012 der Bundesanstalt für Finanzdienstleistungsaufsicht (BaFin) – »Überarbeitung der MaRisk« (Zwischenentwurf vom 2. August 2012), 12. September 2012, S. 17.

spiegelt sich dabei in den vom Institut zu berücksichtigenden Wertabschlägen (»Haircuts«) wider (→ BTR 3.2 Tz. 2, Erläuterung).

Allerdings können nur Vermögensgegenstände als Bestandteil der Liquiditätspuffer angesetzt **35** werden, die nachvollziehbar die Voraussetzungen für den vorgesehenen Liquidierungsweg erfüllen. Eine lediglich voraussichtliche künftige Erfüllung der Voraussetzungen ist nicht ausreichend (→ BTR 3.2 Tz. 2, Erläuterung). In welcher Weise dieser Nachweis zu erbringen ist, bleibt abzuwarten.

4 Anforderungen an die Stressszenarien (Tz. 3)

36 **3** Das Institut hat Stressszenarien zu betrachten, nach denen auch die Liquiditätspuffer gemäß Tz. 1 zu bemessen sind. Im Rahmen der Stresstests sind zum einen Stressszenarien zu betrachten, die auf institutseigenen Ursachen beruhen. Zum anderen sind getrennt davon Stressszenarien zu betrachten, die auf marktweite Ursachen zurückzuführen sind. Darüber hinaus sind beide Aspekte kombiniert zu betrachten.

Ein Szenario, das auf institutseigenen Ursachen beruht, hat auch eine signifikante Ratingverschlechterung abzubilden, bei der mindestens folgende Annahmen zu berücksichtigen sind:
– Keine Verlängerung von unbesicherter Refinanzierung durch institutionelle Anleger mindestens innerhalb der ersten Woche des Stressszenarios,
– Abzug eines Teils der Privatkundeneinlagen.

Ferner sind für ein Szenario, das auf marktweiten Ursachen beruht, folgende Annahmen zu berücksichtigen:
– Allgemeiner Kursverfall von marktgängigen Vermögensgegenständen, insbesondere Wertpapieren,
– Allgemeine Verschlechterung der Refinanzierungsbedingungen.

4.1 Vorgeschriebene Stressszenarien

37 Die Institute müssen regelmäßig angemessene Stresstests durchführen, die sowohl institutseigene als auch marktweite Ursachen für Liquiditätsrisiken berücksichtigen und individuell zu definieren sind (→ BTR 3.1 Tz. 8). Im Verlauf der Finanzmarktkrise hat sich gezeigt, dass die Refinanzierung über die Geld- und Kapitalmärkte im Vergleich zur Refinanzierung auf einer soliden Basis von Kundeneinlagen wesentlich volatiler ist. Darüber hinaus haben die Wechselwirkungen zwischen dem Refinanzierungsrisiko und dem Marktliquiditätsrisiko für kapitalmarktorientierte Institute tendenziell eine größere Bedeutung. Deshalb werden an kapitalmarktorientierte Institute zusätzliche Anforderungen gestellt, die zu einer Einschränkung der individuellen Gestaltungsfreiheit von Stresstests führen.

38 So werden hinsichtlich der zu berücksichtigenden Szenarien sowohl für die institutseigenen als auch die marktweiten Ursachen konkrete Vorgaben gemacht. Dabei sollte allerdings nicht außer Acht gelassen werden, dass es sich um prinzipienbasierte Vorschriften handelt. Auch CEBS bringt klar zum Ausdruck, dass keine vordefinierten Parameter für Stresstests vorgegeben werden, da »One-size-fits-all-Ansätze« nicht alle Risiken richtig abdecken, denen eine Bank ausgesetzt ist. Daher muss jede Bank ein eigenes Rahmenwerk erarbeiten, das den betriebenen Geschäften und dem jeweiligen Geschäftsmodell im Einklang mit der Risikopolitik angepasst werden sollte.[32] Die Ergebnisse der Stressszenarien müssen anschließend herangezogen werden, um die Höhe und Zusammensetzung der für kapitalmarktorientierte Institute geforderten Liquiditätspuffer zu bestimmen (→ BTR 3.2 Tz. 1).

---

[32] Vgl. Committee of European Banking Supervisors, Guidelines on Liquidity Buffers & Survival Periods (GL 28), 9. Dezember 2009, S. 3.

4.2 Institutseigene Ursachen

Ein institutsspezifisches Stressszenario (idiosynkratischer Stress) ist typischerweise durch einen **39** Vertrauensverlust des Marktes in eine einzelne Bank oder Bankengruppe gekennzeichnet, der einer Ratingherabstufung um mehrere »Notches« entspricht (»Multi-Notch-Downgrade«). Es ist davon auszugehen, dass davon alle Refinanzierungsquellen des Institutes bzw. der Gruppe beeinträchtigt werden. Insbesondere sollte nicht angenommen werden, dass eine Prolongation der unbesicherten Refinanzierung durch institutionelle Anleger in der akuten Stressphase von mindestens einer Woche möglich ist. Für die besicherte Refinanzierung muss diese Auswirkung nicht unbedingt unterstellt werden, da sie von einer Ratingherabstufung vermutlich weniger stark betroffen wäre. Allerdings ist der Abfluss eines Teils der Privatkundeneinlagen als wahrscheinlich einzuschätzen. Eine signifikante Ratingherabstufung kann auch zur Folge haben, dass (vertraglich vereinbarte) Forderungen nach zusätzlichen Sicherheiten oder höheren Risikomargen durch die Geschäftspartner erhoben werden. Somit wird der Umfang der Liquiditätspuffer ausgerechnet zu einem Zeitpunkt negativ beeinflusst, wenn diese am meisten benötigt werden. Die Erfahrung zeigt, dass z. B. negative Schlagzeilen oder ein plötzlicher Vertrauensverlust des Marktes in ein Institut einen erheblichen Einfluss auf die Refinanzierungsbedingungen dieses Institutes haben können.[33]

In der Konsequenz wird u. a. gefordert, dass zumindest eines der auf institutseigenen Ursachen **40** beruhenden Szenarien auch eine signifikante Ratingverschlechterung abzubilden hat. Bei diesem Szenario ist außerdem davon auszugehen, dass ein Teil der Privatkundeneinlagen abgezogen wird und mindestens innerhalb der ersten Woche des Stressszenarios die unbesicherte Refinanzierung durch institutionelle Anleger nicht verlängert werden kann. Unter institutionellen Anlegern sind professionelle Marktteilnehmer, wie z. B. größere Banken und Versicherungen, Hedgefonds, Pensionsfonds oder andere größere Unternehmen, zu verstehen. Im Sinne dieser Anforderung gelten auch Zentralnotenbanken außerhalb des Euro-Währungsraumes als institutionelle Anleger (→ BTR 3.2 Tz. 3, Erläuterung). Durch diese Klarstellung wird u. a. berücksichtigt, dass CEBS eine Unterscheidung zwischen Finanzinstituten, anderen größeren Unternehmen sowie »kleinen und mittleren Unternehmen« (KMU) angeregt hat.[34] Mit dieser Unterscheidung wird der Tatsache Rechnung getragen, dass sich Einlagen von KMU häufig als sehr krisenfest erwiesen haben.[35] Insbesondere dort, wo Linien verbindlich zugesagt sind oder langfristige Geschäftsbeziehungen eine herausragende Rolle spielen, können in beschränktem Umfang erfahrungsgemäß weiterhin Mittel am Geldmarkt aufgenommen werden.

Die BaFin hat sich gegenüber einigen Instituten im Frühjahr 2012 schriftlich geäußert, im auf **41** institutseigenen Ursachen beruhenden Stressszenario zur Berechnung des kurzfristigen Liquiditätsbedarfes von mindestens einer Woche eine Abflussrate unbesicherter Refinanzierung institutioneller Anleger von 100 % zu unterstellen, unabhängig davon, ob die Kunden Finanzinstitute oder sonstige

---

33 Vgl. Committee of European Banking Supervisors, Guidelines on Liquidity Buffers & Survival Periods (GL 28), 9. Dezember 2009, S. 12.

34 Vgl Committee of European Banking Supervisors, Guidelines on Liquidity Buffers & Survival Periods (GL 28), 9. Dezember 2009, S. 11.

35 Vgl. Committee of European Banking Supervisors, Feedback to the public consultation on »Consultation Paper on Liquidity Buffers & Survival Periods« (CP 28), 9. Dezember 2009, S. 7.

größere Unternehmen sind und ob die Einlagen operativen oder nicht-operativen Zwecken dienen.[36] Die Aufsicht hat im MaRisk-Fachgremium darauf verwiesen, mit dieser Vorgabe zwar über internationale Gepflogenheiten hinauszugehen. Allerdings würden die geringeren Abflussraten in den »schwächeren« Baseler Regelungen für Unternehmenseinlagen allgemein (also ab 1 Mio. Euro) und darüber hinaus für einen Betrachtungszeitraum von einem kompletten Monat gelten. Der geforderte Ansatz der BaFin gelte erst für höhere Volumina und auch nur für die erste Woche und sei damit im Ergebnis nicht zwingend strenger.

42 Für die Kreditwirtschaft »stellt sich die Frage, inwiefern Kundeneinlagen ... mit einer sehr konservativen Abflussrate von 100 % faktisch noch als lange Refinanzierungsmittel im Rahmen eines internen Modells oder ggf. einer regulatorisch einzuhaltenden strukturellen Liquiditätskennzahl Berücksichtigung finden können. Die Abflussannahme von 100 % impliziert, dass das gesamte Volumen solcher Einlagen in Form von Barmitteln oder hochliquiden Aktiva gehalten werden muss, um dem möglichen, unter dem Stressszenario unterstellten Liquiditätsabfluss begegnen zu können. Liquiditätsmäßig stünden diese Einlagen gar nicht für die Ausreichung eines Firmenkundenkredites zur Verfügung. Sollte den Einlagen eine (konzeptionell fragwürdige) längerfristige Refinanzierungskapazität zugebilligt werden, so müssten hierfür zusätzliche kurzfristige Refinanzierungsmittel eingeworben werden, die den angenommen Abfluss während des einwöchigen Stresshorizontes überbrücken. Diese Mittel würden voraussichtlich vornehmlich im Interbankenmarkt aufgenommen, was zu einer Erhöhung des als schädlich angesehenen Wholesale Fundings führt und eine zusätzliche Bilanzverlängerung nach sich zieht, die u.a. dem Gedanken einer Leverage Ratio entgegensteht. Es steht zu befürchten, dass die Umsetzung der Anforderung kurzfristige Einlagen von Firmenkunden vollständig unbrauchbar macht und dem Bankensektor als Ganzes ein signifikanter Teil der bisher zumindest teilweise als stabil unterstellten Refinanzierungsbasis entzieht. ... Da es sich bei den MaRisk um eine nationale Regelung handelt, die keine Anwendung auf Geschäftsaktivitäten von Banken außerhalb von Deutschland findet, sind hier Wettbewerbsverzerrungen zu erwarten, die ggf. auch eine Verschiebung von Geschäftsaktivitäten ins Ausland nach sich ziehen.«[37]

4.3   Marktweite Ursachen

43 Ein marktweiter Stress ist i.d.R. als gleichzeitige Verschärfung der Refinanzierungsbedingungen in mehreren Märkten sowie die Unsicherheit über die Entwicklung der Vermögenswerte (bis hin zu einem allgemeinen Werteverfall) und die Auswirkungen einer Rezession (oder einer Verlangsamung der wirtschaftlichen Entwicklung) definiert. Bei einem marktweiten Schock sollte ein allgemeiner Kursverfall marktfähiger Vermögensgegenstände sowie ein negativer Einfluss auf die Marktfähigkeit bestimmter Arten von Vermögensgegenständen angenommen werden. Außerdem sollte davon ausgegangen werden, dass die unbesicherte Refinanzierung mit institutionellen Anlegern als erstes

---

36 »Beim auf institutseigenen Ursachen beruhenden Stressszenario nach BTR 3.2 Tz. 3 ist für die 1-Wochenperiode eine Abflussrate unbesicherter Refinanzierung institutioneller Anleger von 100 % zu unterstellen, unabhängig davon, ob die Kunden Finanzinstitute oder sonstige größere Unternehmen sind, und ob die Einlagen operativen oder nichtoperativen Zwecken dienen. Von der aktuellen Regulierung durch die MaRisk kann nicht unter Berufung auf eine zukünftige vermeintlich schwächere Regulierung nach Basel III abgewichen werden. Nach BTR 3.2 Tz. 3 haben kapitalmarktorientierte Institute verschiedene Stressszenarien zu betrachten. Das Szenario, welches auf institutseigenen Ursachen beruht, hat auch eine signifikante Ratingverschlechterung in der Art abzubilden, dass keinerlei unbesicherte Refinanzierung institutioneller Anleger innerhalb der ersten Woche des Stressszenarios verlängert wird. Dabei werden »institutionelle Anleger« als »professionelle Marktteilnehmer, wie z.B. größere Banken und Versicherungen, Hedgefonds, Pensionsfonds oder andere größere Unternehmen«, verstanden. Eine unterschiedliche Behandlung institutioneller Refinanzierung nach Anlagezweck oder Kundenart ist nicht vorgesehen. Auch wenn die zukünftigen Regelungen nach Basel III Erleichterungen bei den Abflussraten institutioneller Anlagen beinhalten sollten, insbesondere für Einlagen von Unternehmen, kommt eine diesbezügliche fallweise Abschwächung der geltenden Regelungen nach den MaRisk nicht in Betracht.«

37 Deutsche Kreditwirtschaft, Stellungnahme zum Konsultationspapier 01/2012 der Bundesanstalt für Finanzdienstleistungsaufsicht (BaFin) – »Überarbeitung der MaRisk« (Zwischenentwurf vom 2. August 2012), 12. September 2012, S. 19 f.

und am stärksten betroffen sein wird. Darüber hinaus kann, sofern ein allgemeiner Vertrauensverlust in dafür verwendete Finanzinstrumente einsetzt, auch die besicherte Refinanzierung in Mitleidenschaft gezogen werden. Dabei sollte ein schrittweiser Abfluss der Refinanzierungsmittel, verbunden mit einer Reduzierung der Laufzeit der verfügbaren Refinanzierung, unterstellt werden. Ein erheblicher, über das erwartete und historische Niveau hinausgehender, potenzieller Liquiditätsbedarf aus außerbilanziellen Linien sollte ebenfalls angenommen werden.[38]

Vor diesem Hintergrund werden auch für mindestens ein auf marktweiten Ursachen beruhendes **44** Szenario relativ enge Vorgaben gemacht. Bei diesem Szenario ist ein allgemeiner Kursverfall von marktgängigen Vermögensgegenständen zu unterstellen, womit insbesondere Wertpapiere gemeint sind. Zudem ist von einer allgemeinen Verschlechterung der Refinanzierungsbedingungen auszugehen. Eine derartige Verschlechterung kann z.B. durch die fehlende Verlängerung auch von besicherter Refinanzierung durch institutionelle Anleger, durch die Verkürzung der Fälligkeit der Refinanzierungsmittel oder eine allgemeine Ausweitung der Liquiditätsspreads zum Ausdruck kommen (→ BTR 3.2 Tz. 3, Erläuterung). Von der Kreditwirtschaft wurde angeregt, die Liquiditätsspreads aus der beispielhaften Aufzählung zu streichen, da sie im Gegensatz zu den anderen Indizien nicht die Möglichkeit der Liquiditätsgenerierung, sondern den Preis der Liquiditätsgenerierung hinterfragen. Die Aufsicht ist aber grundsätzlich der Ansicht, dass veränderte Liquiditätsspreads zu den relevanten Ursachen einer allgemeinen Verschlechterung der Refinanzierungsbedingungen dazugehören.

---

38 Vgl. Committee of European Banking Supervisors, Guidelines on Liquidity Buffers & Survival Periods (GL 28), 9. Dezember 2009, S. 12.

5 Angemessene Ausgestaltung der Liquiditätspuffer (Tz. 4)

45   **4** Das Institut hat sicherzustellen, dass der Nutzung der Liquiditätspuffer keine rechtlichen, regulatorischen oder operationellen Restriktionen entgegenstehen. Die Diversifikation und die Aufteilung der Liquiditätspuffer auf verschiedene Jurisdiktionen müssen der Struktur und den Geschäftsaktivitäten des Institutes und der Gruppe entsprechen.

5.1 Nutzung der Liquiditätspuffer

46   Grundsätzlich müssen alle gruppenangehörigen Institute überprüfen, inwieweit der Übertragung liquider Mittel und unbelasteter Vermögensgegenstände innerhalb der Gruppe gesellschaftsrechtliche, regulatorische oder operationelle Restriktionen entgegenstehen (→ BTR 3.1 Tz. 10). Bei kapitalmarktorientierten Instituten, die häufig auch grenzüberschreitend tätig sind, müssen derartige Restriktionen insbesondere im Hinblick auf die Liquiditätspuffer berücksichtigt werden.

47   Ein Institut sollte zwar jederzeit darauf vorbereitet sein, diese Vermögenswerte im Falle eines starken Stressereignisses zu verwenden. Die Liquiditätspuffer sollten allerdings erst dann genutzt werden, wenn auf andere Weise keine Liquidität mehr generiert werden kann.[39] Damit kommt klar zum Ausdruck, dass es sich bei der Nutzung der Liquiditätspuffer um das letzte Mittel handeln sollte. Unabhängig davon können die Institute gemäß Art. 412 Abs. 1 CRR die liquiden Aktiva in Stressperioden natürlich zur Deckung der Netto-Liquiditätsabflüsse verwenden.

5.2 Berücksichtigung von Restriktionen

48   Da rechtliche oder grenzüberschreitende regulatorische Restriktionen zur Nutzung der Liquiditätspuffer zu bestimmten Zeiten oder für bestimmte Zwecke existieren können, sollten die Institute sicherstellen, dass sie sich der besonderen Beschränkungen in einzelnen Jurisdiktionen bewusst sind. Insbesondere zur Nutzung bestimmter Refinanzierungsformen, wie z. B. Repos oder Verbriefungen, müssen die Institute über gut etablierte Plattformen verfügen, die es ihnen ermöglichen, die Refinanzierung umgehend aufzustocken. Der Aufbau entsprechender Arrangements von Grund auf erfordert typischerweise erhebliche Sorgfalt und damit Zeit. Wenn derartige Arrangements nicht Bestandteil der normalen Geschäftstätigkeit sind, sollte sich ein Institut nicht auf einen schnellen Zugang in Stresssituationen verlassen. Die Liquiditätspuffer sollten rechtliche Besonderheiten widerspiegeln, insbesondere in Bezug auf gruppeninterne Kredite.[40]

49   Die Beeinträchtigung oder der Verlust von Refinanzierungsquellen, die im Normalfall verfügbar sind, sollten den Vorstellungen des Baseler Ausschusses zufolge einkalkuliert werden. Insbesondere sollten keine gesellschaftsrechtlichen, regulatorischen und operationellen Hindernisse beste-

---

39 Vgl. Basel Committee on Banking Supervision, Principles for Sound Liquidity Risk Management and Supervision, BCBS 144, 25. September 2008, S. 30.

40 Vgl. Committee of European Banking Supervisors, Guidelines on Liquidity Buffers & Survival Periods (GL 28), 9. Dezember 2009, S. 17 f.

hen, um für diese Vermögensgegenstände Refinanzierungsmittel zu erhalten. Diese Vermögenswerte müssen zu jeder Zeit verfügbar sein, um die auftretenden Liquiditätserfordernisse zu befriedigen. Ein Institut sollte sich ein realistisches Bild davon machen, wie viel Geld es von der Zentralbank gegen refinanzierungsfähige Sicherheiten beschaffen kann. Insbesondere sollte nicht darauf vertraut werden, dass die Zentralbank die Bereitstellung von Liquidität hinsichtlich der Höhe oder der Konditionen zugunsten des Institutes ändert.[41] Vor diesem Hintergrund hat das Institut sicherzustellen, dass der Nutzung der Liquiditätspuffer keine rechtlichen, regulatorischen oder operationellen Restriktionen entgegenstehen.

5.3 Berücksichtigung von Gruppenstrukturen

Die Aufteilung und der Umfang der Liquiditätspuffer innerhalb einer Bankengruppe sollten die Struktur und die Geschäftsaktivitäten der Gruppe angemessen widerspiegeln, um die Auswirkungen von möglichen rechtlichen, regulatorischen oder operationellen Restriktionen mit Hilfe der Liquiditätspuffer zu minimieren. Bei der Bestimmung der Angemessenheit von Aufteilung und Umfang der Liquiditätspuffer für Rechtseinheiten, Jurisdiktionen und Regionen sollten die individuellen Bedürfnisse und Situationen berücksichtigt werden. Einflussfaktoren für diesen Entscheidungsprozess sind u. a. operationelle Risiken, der Grad der Zentralisierung des Liquiditätsmanagements, rechtliche Besonderheiten im Hinblick auf die Abwicklungsmodalitäten, Einlagensicherungssysteme und lokale regulatorische Anforderungen, die unterschiedliche Behandlung von Zweigniederlassungen und Tochtergesellschaften sowie Unterschiede hinsichtlich der lokalen Geschäftsmodelle, Zeitzonen und des Zugangs zu den Kapitalmärkten. Die endgültige Festlegung sollte im Dialog zwischen der Gruppe und ihren Aufsichtsbehörden des Heimat- und Gastlandes getroffen werden.[42] Zusammengefasst müssen die Diversifikation und die Aufteilung der Liquiditätspuffer auf verschiedene Jurisdiktionen der Struktur und den Geschäftsaktivitäten des Institutes und der Gruppe entsprechen.

50

5.4 Organisation des Liquiditätsrisikomanagements

Die Festlegung der Liquiditätspuffer hinsichtlich Art und Umfang der Vermögenswerte sollte auch davon abhängig gemacht werden, inwieweit ein Institut in Bezug auf seine Liquiditätsausstattung eigenverantwortlich ist, wobei u. a. berücksichtigt werden sollte, ob gruppeninterne Abhängigkeiten existieren. Die Organisation des Liquiditätsmanagements reicht vom vollständig zentralisierten Management bis zum komplett dezentralen und unabhängigen lokalen Management. Ein zentrales Management der Liquiditätspuffer kann akzeptabel sein, sofern keine Restriktionen bei der Übertragung liquider Mittel innerhalb der Gruppe existieren und die zuständigen Aufsichtsbehörden davon überzeugt sind, dass diese Fähigkeit auch in Stresssituationen Bestand hat.[43] In Bankengruppen ist das Liquiditätsrisikomanagement häufig zentral organisiert, um den Bedarf in erster Linie durch Übertragung liquider Mittel zwischen den gruppenangehörigen Unternehmen zu decken und auf diese Weise Kostenvorteile zu generieren. Um in Stresssituationen nicht in

51

---

41 Vgl. Basel Committee on Banking Supervision, Principles for Sound Liquidity Risk Management and Supervision, BCBS 144, 25. September 2008, S. 30.

42 Vgl. Committee of European Banking Supervisors, Guidelines on Liquidity Buffers & Survival Periods (GL 28), 9. Dezember 2009, S. 18.

43 Vgl. Committee of European Banking Supervisors, Guidelines on Liquidity Buffers & Survival Periods (GL 28), 9. Dezember 2009, S. 18.

Probleme zu geraten, wird empfohlen, sich dabei stärker auf eine optimale Verteilung der Liquidität innerhalb der Gruppe als auf eine möglicherweise übertriebene Reduzierung der Liquiditätspuffer auf Gruppenebene zu konzentrieren.[44]

52   Insofern ist auch ein primär zentral ausgerichtetes Management der Liquiditätspuffer zulässig, sofern die Liquiditätssteuerung im Ganzen auf einem zentralen Steuerungsansatz beruht und die Nutzung der Liquiditätspuffer damit nicht eingeschränkt wird. Allerdings wird vorausgesetzt, dass sich eine eventuelle Aufteilung der Liquiditätspuffer an den Gegebenheiten innerhalb der Gruppe orientiert und auch auf diese Weise das Risiko entsprechender Beschränkungen minimiert wird.

5.5   Liquiditätspuffer in verschiedenen Währungen

53   Sofern ein Institut über wesentliche Liquiditätspositionen in einer bestimmten Währung verfügt, hat es grundsätzlich auch ein wesentliches Liquiditätsrisiko in dieser Währung und sollte dies bei der Zusammensetzung der Liquiditätspuffer berücksichtigen. Dabei ist u.a. zu beachten, in welchem Umfang Liquidität aufgrund möglicher Störungen der FX-Swap-Märkte bzw. Fremdwährungsmärkte usw. den verschiedenen Währungen zugeteilt werden kann. Das Halten von Liquiditätspuffern in verschiedenen Währungen kann zwar zusätzliche Kosten mit sich bringen, berücksichtigt aber das Risiko möglicher Störungen im Devisenmarkt, dass die Fähigkeit zur Konvertierung von Währungen beeinträchtigen könnte.[45] Diese Anforderung ergibt sich implizit bereits daraus, dass ein Institut zur Sicherstellung seiner Zahlungsverpflichtungen angemessene Verfahren zur Steuerung der Fremdwährungsliquidität in den wesentlichen Währungen zu implementieren hat, sofern es über wesentliche Liquiditätspositionen in unterschiedlichen Währungen verfügt (→ BTR 3.1 Tz. 11).

---

44 Vgl. Committee of European Banking Supervisors, Second Part of CEBS's Technical Advice to the European Commission on Liquidity Risk Management, 18. September 2008, S. 32.

45 Vgl. Committee of European Banking Supervisors, Guidelines on Liquidity Buffers & Survival Periods (GL 28), 9. Dezember 2009, S. 18.

BTR 4 Operationelle Risiken

1 Einführung und Überblick

1.1 Bedeutung der operationellen Risiken

1 Operationelle Risiken werden im Gegensatz zu Adressenausfallrisiken oder Marktpreisrisiken vom Institut zwar grundsätzlich nicht bewusst eingegangen, um daraus Erträge zu generieren. Allerdings müssen sich die Institute z. B. bei der Einführung neuer (komplexer) Produkte oder bei Änderungen betrieblicher Prozesse und Strukturen der damit verbundenen prozessualen, rechtlichen oder sonstigen operationellen Risiken bewusst sein und diese analysieren (→ AT 8.1 Tz. 1 und AT 8.2 Tz. 1). Letztlich wohnen allen Geschäftsaktivitäten mehr oder weniger bedeutende operationelle Risiken inne. Insofern sind sie in jedem Falle eine Begleiterscheinung der gewöhnlichen Geschäftstätigkeit eines Institutes. Beim Management der operationellen Risiken kommt es deshalb in erster Linie darauf an, daraus eventuell resultierende Schadensfälle durch geeignete Maßnahmen möglichst von vornherein zu vermeiden oder zumindest wirksam zu begrenzen.

2 Die immer komplexer werdenden Finanzinstrumente und die steigende Abhängigkeit der Institute von einer modernen und leistungsstarken Informationstechnologie haben das Bewusstsein der Institute gegenüber operationellen Risiken verändert. Operationelle Risiken werden daher neben den klassischen Risikoarten seit einigen Jahren als eigenständige Risikodisziplin angesehen und behandelt. Begünstigt wurde diese Tendenz nicht zuletzt durch spektakuläre Verlustfälle (z. B. Barings, Metallgesellschaft und Sumitomo) sowie die Auswirkungen von Naturkatastrophen (z. B. Erdbeben von Kobe, Seebeben bzw. Tsunami im Indischen Ozean und Hurrikan Katrina in New Orleans) und Terroranschlägen (z. B. World Trade Center in New York). Auch die Probleme mit der zeitnahen Verfügbarkeit von aggregierten Risikodaten in der Finanzmarktkrise haben zu einem Umdenken beigetragen. Nicht zuletzt mussten einige Marktteilnehmer aufgrund von Fehlverhalten gewaltige Strafzahlungen leisten.

3 Operationelle Risiken sind darüber hinaus mit veränderten Umgebungsbedingungen verbunden. So hat sich das Financial Stability Board mit Blick auf die Finanzstabilität Mitte 2017 mit dem Markteintritt der so genannten Finanztechnologie-Unternehmen (»Financial Technology«, FinTech) auseinandergesetzt und diese als technologiegestützte Innovationen bei Finanzdienstleistungen definiert, die zu neuen Geschäftsmodellen, Anwendungen, Prozessen oder Produkten mit einem damit verbundenen wesentlichen Einfluss auf die Erbringung von Finanzdienstleistungen führen könnten. Das FSB hat die bis zu diesem Zeitpunkt angebotenen Dienstleistungen der FinTechs u. a. nach wirtschaftlichen Funktionen und Finanzinnovationen klassifiziert.[1] Anschließend hat sich der Baseler Ausschuss für Bankenaufsicht mit jenen Auswirkungen von FinTechs befasst, die für die Institute und die Aufsichtsbehörden besonders relevant sind. Er kommt u. a. zu

---

[1] Vgl. Financial Stability Board, Financial Stability Implications from FinTech – Supervisory and Regulatory Issues that Merit Authorities' Attention, 27. Juni 2017, S. 7 ff.

dem Schluss, dass mit den FinTechs für die Institute insbesondere strategische Risiken, operationelle Risiken, Cyber-Risiken und Compliance-Risiken verbunden sind. Genannt werden zudem Auslagerungsrisiken und Risiken der Zusammenarbeit mit FinTechs (»Partnering Risks«).[2] Tendenziell wird mittlerweile allgemeiner auf »Drittpartei-Risiken« (»Third-Party Risks«) abgestellt, die Auslagerungsrisiken und die hier genannten »Partnering Risks« umfassen.[3]

Den operationellen Risiken kommt daher aus Sicht der Bankaufsichtsbehörden eine ganz **4** erhebliche Bedeutung zu, die sich auch in deren Behandlung durch frühere Arbeiten des Baseler Ausschusses für Bankenaufsicht widerspiegelt. Seine elf Grundsätze zum Management operationeller Risiken aus dem Jahre 2011[4], deren Umsetzung im Jahre 2014 überprüft wurde[5], zielen auf eine Verankerung im institutsinternen Risikomanagement ab. Neben detaillierten Vorgaben zu den einzelnen Risikosteuerungs- und -controllingprozessen werden auch die Einordnung in die interne Governance und Fragen der Offenlegung operationeller Risiken beleuchtet. Die im Papier genannten Regelungsbereiche mit Relevanz für die zweite Säule sind von den MaRisk im Wesentlichen bereits abgedeckt. Abweichungen bestehen u. a. darin, dass eine Berücksichtigung operationeller Risiken bei der Preisgestaltung und Performancemessung erwartet wird. Diese Entwicklung wird seit ein paar Jahren vor dem Hintergrund des Klimawandels auch unter dem Gesichtspunkt der Nachhaltigkeit (»Sustainability«) deutlich forciert. So hat die EZB in Zusammenarbeit mit den nationalen Aufsichtsbehörden die absehbar wesentlichsten Risikofaktoren für 2019 ermittelt und dabei neben der Konkurrenz durch FinTechs und »BigTechs«[6] mit den geopolitischen Risiken, den hohen Beständen an notleidenden Krediten, den IT-Risiken, den (Fehl-)Verhaltensrisiken und den klimabedingten Risiken eine ganze Reihe operationeller Risiken als besonders prägend identifiziert.[7]

Dementsprechend hat die BaFin schon im Verlauf der Entwicklung der MaRisk ausdrücklich **5** betont, dass dem Umgang mit operationellen Risiken über alle Anforderungen hinweg ein zentraler oder sogar überragender Stellenwert eingeräumt wird.[8] Vor diesem Hintergrund werden die operationellen Risiken in nahezu allen Modulen der MaRisk behandelt. Dies betrifft neben den direkten Anforderungen an die Risikocontrolling-Funktion (→ AT 4.4.1) z. B. die Sicherstellung der Einhaltung der wesentlichen rechtlichen Regelungen und Vorgaben durch die Compliance-Funktion (→ AT 4.4.2), die Prüfung und Beurteilung der Wirksamkeit und Angemessenheit des Risikomanagements durch die Interne Revision (→ AT 4.4.3), das Erfordernis von Organisationsrichtlinien (→ AT 5), die Aufbewahrungs- und Dokumentationspflichten (→ AT 6), die Anforderungen an die quantitative und qualitative Personalausstattung (→ AT 7.1) sowie die technisch-organisatorische Ausstattung des Institutes (→ AT 7.2), die Etablierung eines Notfallkonzeptes (→ AT 7.3) und eines Neu-Produkt-Prozesses (→ AT 8.1), die Vorschriften bei Auslagerungen (→ AT 9) und generell verschiedene Anforderungen an die Aufbau- und Ablauforganisation, die insbesondere der Vermeidung von Interessenkonflikten dienen (→ BTO).

---

2 Vgl. Basel Committee on Banking Supervision, Sound Practices – Implications of fintech developments for banks and bank supervisors, BCBS d431, 19. Februar 2018, S. 24 ff.

3 Vgl. Basel Committee on Banking Supervision, Cyber-resilience: Range of practices, BCBS d454, 4. Dezember 2018, S. 6.

4 Basel Committee on Banking Supervision, Principles for the Sound Management of Operational Risk, BCBS 195, 30. Juni 2011.

5 Vgl. Basel Committee on Banking Supervision, Review of the Principles for the Sound Management of Operational Risk, BCBS 292, 6. Oktober 2014.

6 Unter »BigTechs« werden die besonders großen Technologieunternehmen verstanden, die Zugriff auf umfangreiche Kundendaten und gleichzeitig Zugang zur Finanzdienstleistungsbranche und damit einen erheblichen Einfluss auf die zukünftige Entwicklung dieser Branche haben. Insbesondere sind damit die »Big Five« aus den USA gemeint, d. h. Alphabet (Google), Amazon, Apple, Facebook und Microsoft, aber auch andere Unternehmen, wie z. B. Alibaba aus China. Die BigTechs sind selbst sehr aktiv im Umfeld der FinTechs, sei es durch Unterstützung von Start-ups in der Technologiebranche, durch Übernahme besonders innovativer Unternehmen oder durch Gründung eigener Tochterunternehmen.

7 Vgl. Europäische Zentralbank, EZB-Bankenaufsicht: Risikobewertung für 2019, 30. Oktober 2018.

8 Vgl. Bundesanstalt für Finanzdienstleistungsaufsicht, Übermittlungsschreiben zum ersten Entwurf der Mindestanforderungen an das Risikomanagement vom 2. Februar 2005, S. 7 f.

1.2 Definition und Arten von operationellen Risiken

6 Operationelle Risiken sind verknüpft mit Menschen, die Fehler machen, mit IT-Systemen, die ausfallen, oder mit Naturkatastrophen, die Unheil anrichten.[9] Unter ihnen versteht man nach der gängigen Definition in Art. 4 Abs. 1 Nr. 52 CRR das Risiko von Verlusten, die durch die Unangemessenheit oder das Versagen von internen Verfahren, Menschen und Systemen oder durch externe Ereignisse verursacht werden. Rechtsrisiken sind nach Art. 4 Abs. 1 Nr. 52 CRR ausdrücklich Bestandteil der operationellen Risiken.

Gemäß Art. 85 Abs. 1 Satz 1 CRR müssen die Institute ihr operationelles Risiko, einschließlich des Modellrisikos, und die Absicherung gegen selten eintretende Ereignisse mit gravierenden Folgen (»High Impact, Low Frequency«, HILF) mit Hilfe von Grundsätzen und Verfahren bewerten und steuern. Die Institute können nach Art. 85 Abs. 1 Satz 2 CRR theoretisch zwar selbst festlegen, was für die Zwecke dieser Grundsätze und Verfahren ein operationelles Risiko darstellt. Ihre Freiheitsgrade werden allerdings dadurch wieder eingeschränkt, dass von den maßgeblichen Aufsichtsbehörden erwartet wird, eine ganze Reihe von Risiken in diese Betrachtung einzubeziehen.

7 So wird von der EBA eine Reihe von Unterkategorien der operationellen Risiken genannt, die von den zuständigen Behörden beim SREP zu berücksichtigen sind. Dazu gehören insbesondere Auslagerungsrisiken, (Fehl-)Verhaltensrisiken, Informations- und Kommunikationstechnologie-Risiken (IKT-Risiken) und Modellrisiken.[10]

8 Auch nach den Vorgaben der EZB liegt es grundsätzlich zwar in der Verantwortung der bedeutenden Institute, einen regelmäßigen Prozess zur Identifizierung sämtlicher bestehender oder potenzieller wesentlicher Risiken zu implementieren und dabei die jeweiligen Risikokategorien und -unterkategorien festzulegen. Allerdings müssen bei den operationellen Risiken zumindest (Fehl-)Verhaltensrisiken, Rechtsrisiken und Modellrisiken in die Untersuchung einbezogen werden. Sofern das jeweilige Risiko als nicht wesentlich erachtet wird, erwartet die EZB eine Begründung.[11]

9 Die hier genannten Risikoarten, also die Rechtsrisiken, die (Fehl-)Verhaltensrisiken, die IKT-Risiken, die Modellrisiken und die Auslagerungsrisiken, werden für die Zwecke der MaRisk als Unterkategorien der operationellen Risiken betrachtet und im Folgenden näher beschrieben. Ergänzend werden auch die Compliance-Risiken den operationellen Risiken zugeordnet, da sie sich mit den Rechtsrisiken und den (Fehl-)Verhaltensrisiken deutlich überschneiden.

10 Die operationellen Risiken werden mit ihren Unterkategorien den »nicht-finanziellen Risiken« (»Non-Financial Risks«, NFR) zugeordnet. Dazu gehören u. a. die Reputationsrisiken sowie die Geschäfts- und die strategischen Risiken, die vom Baseler Ausschuss für Bankenaufsicht von der Definition der operationellen Risiken ausgenommen sind.[12] Ergänzend zählen auch die regulatorischen Risiken, die Unterstützungsrisiken (»Step-in-Risks«) und die Risiken aus den Bereichen Umwelt, Soziales und Unternehmensführung (»Environmental, Social and Governance Risks«, ESG Risks) zu den nicht-finanziellen Risiken. Diese Risikoarten werden an anderer Stelle näher beschrieben (→ BTR, Einführung).

---

9 Vgl. Hellstern, Gerhard, Quantifizierung und Steuerung operationeller Risiken, in: Becker, Axel/Gruber, Walter/Wohlert, Dirk (Hrsg.), Handbuch MaRisk, Frankfurt a. M., 2006, S. 528.

10 Vgl. European Banking Authority, Guidelines on common procedures and methodologies for the supervisory review and evaluation process (SREP) and supervisory stress testing, EBA/GL/2014/13, Consolidated version, 19. Juli 2018, S. 104 ff.

11 Vgl. Europäische Zentralbank, Aufsichtliche Erwartungen an ICAAP und ILAAP sowie harmonisierte Erhebung von ICAAP- und ILAAP-Informationen, Schreiben von Daniele Nouy an die Geschäftsleitung bedeutender Banken vom 8. Januar 2016, Anhang A, S. 3.

12 Vgl. Basel Committee on Banking Supervision, Sound Practices for the Management and Supervision of Operational Risk, BCBS 96, 25. Februar 2003, S. 2.

1.2.1 Rechtsrisiken

Das bei der Aufsicht angesiedelte Fachgremium OpRisk sieht es für die Kategorisierung als **11** entscheidend an, ob ein Institut auf derartige Risiken noch angemessen reagieren kann oder nicht. So wird zwar die Gefahr, aufgrund einer Änderung der Rechtslage (geänderte Rechtsprechung oder Gesetzesänderung) für in der Vergangenheit abgeschlossene Geschäfte Verluste zu erleiden, dem Rechtsrisiko zugeordnet, nicht hingegen das Risiko, aufgrund einer geänderten Rechtslage die zukünftige Geschäftstätigkeit umstellen zu müssen.[13]

Der Umgang mit Rechtsrisiken spielt in den MaRisk an verschiedenen Stellen eine Rolle. So haben **12** die Organisationsrichtlinien u. a. Regelungen zu enthalten, die die Einhaltung rechtlicher Regelungen und Vorgaben gewährleisten (→ AT5 Tz. 3). Für die Aufnahme von Geschäftsaktivitäten in neuen Produkten oder auf neuen Märkten (einschließlich neuer Vertriebswege) ist vorab ein Konzept auszuarbeiten, in dem auch die sich ergebenden wesentlichen rechtlichen Konsequenzen für das Management der Risiken darzustellen sind (→ AT8.1 Tz. 1 inkl. Erläuterung). Dasselbe gilt sinngemäß für Übernahmen und Fusionen (→ AT8.3 Tz. 1). Wesentliche Rechtsrisiken im Kredit- und Handelsgeschäft sind grundsätzlich in einer vom Markt und Handel unabhängigen Stelle zu überprüfen, wie z. B. der Rechtsabteilung (→ BTO Tz. 8). Das gilt ebenso für die Überprüfung des rechtlichen Bestandes von Sicherheiten (→ BTO 1.1 Tz. 7, Erläuterung). Bei Objekt- und Projekt- finanzierungen ist im Rahmen der Kreditbearbeitung sicherzustellen, dass auch die mit dem Objekt bzw. Projekt verbundenen rechtlichen Risiken in die Beurteilung einbezogen werden (→ BTO 1.2 Tz. 5). Vertragliche Vereinbarungen im Kreditgeschäft sind auf der Grundlage rechtlich geprüfter Unterlagen abzuschließen (→ BTO 1.2 Tz. 11). Für die einzelnen Kreditverträge sind rechtlich geprüfte Standardtexte zu verwenden, die anlassbezogen zu aktualisieren sind. Andernfalls ist unter Risikogesichtspunkten vor Abschluss des Vertrages ggf. die rechtliche Prüfung durch eine vom Bereich Markt unabhängige Stelle erforderlich (→ BTO 1.2 Tz. 12). Die Werthaltigkeit und der rechtliche Bestand von Sicherheiten sind vor der Kreditvergabe grundsätzlich (→ BTO 1.2.1 Tz. 3) und im Rahmen der Kreditweiterbearbeitung in Abhängigkeit von der Sicherheitenart ab einer vom Institut unter Risikogesichtspunkten festzulegenden Grenze in angemessenen Abständen (→ BTO 1.2.2 Tz. 3) zu überprüfen. Rechtliche Risiken sind auch zu prüfen, wenn sich ein Institut trotz Erfüllung der Kriterien für den Übergang in die Sanierung bzw. Abwicklung und trotz wesentlicher Leistungsstörungen für einen Verbleib in der Intensivbetreuung entscheidet (→ BTO 1.2.5 Tz. 2). Vor Abschluss von Verträgen im Zusammenhang mit Handelsgeschäften, insbesondere bei Rahmenver- einbarungen, Nettingabreden und Sicherheitenbestellungen, ist durch eine vom Handel unabhängi- ge Stelle zu prüfen, ob und inwieweit sie rechtlich durchsetzbar sind (→ BTO 2.2.1 Tz. 8). Die Institute müssen überprüfen, inwieweit der Übertragung liquider Mittel und unbelasteter Ver- mögensgegenstände innerhalb einer Gruppe gesellschaftsrechtliche, regulatorische und operationel- le Restriktionen entgegenstehen (→ BTR 3.1 Tz. 10). Außerdem ist sicherzustellen, dass der Nutzung der Liquiditätspuffer keine rechtlichen, regulatorischen oder operationellen Restriktionen entgegen- stehen (→ BTR 3.2 Tz. 4).

1.2.2 (Fehl-)Verhaltensrisiken

Unter dem »Verhaltensrisiko« (»conduct risk«) wird das bestehende oder künftige Risiko von **13** Verlusten eines Institutes infolge der unangemessenen Erbringung von Finanzdienstleistungen

---

13 Vgl. Bundesanstalt für Finanzdienstleistungsaufsicht/Deutsche Bundesbank, Empfehlungen des Fachgremiums OpRisk zur Definition des operationellen Risikos, 25. Juli 2006.

verstanden, einschließlich Fällen vorsätzlichen oder fahrlässigen Fehlverhaltens.[14] Da es insofern um ein mögliches Fehlverhalten geht, wird diese Risikoart in verschiedenen Ausarbeitungen auch als »Fehlverhaltensrisiko« (»misconduct risk«) bezeichnet.

14 Der Finanzstabilitätsrat (FSB) empfiehlt den Instituten, sich im Rahmenwerk zum Risikoappetit auch mit schwer zu quantifizierenden Risiken zu befassen, und nennt in diesem Zusammenhang neben den Reputationsrisiken auch die Fehlverhaltensrisiken sowie die Risiken im Zusammenhang mit Geldwäsche und unethischen Praktiken. Für die regelmäßige Überprüfung des Risikoprofils sollten qualitative Maßnahmen für den Umgang mit Fehlverhaltensrisiken in Erwägung gezogen werden.[15]

15 Diese Empfehlungen sind vom Baseler Ausschuss für Bankenaufsicht aufgegriffen worden.[16] Konkret wird von den Mitgliedern des Aufsichtsorgans und der Geschäftsleitung erwartet, dass sie Fehlverhaltensrisiken im Zusammenhang mit den Geschäftsaktivitäten des Institutes definieren.[17] Fälle von Fehlverhalten sind u. a. zurückzuführen auf den Fehlverkauf von Finanzprodukten an Privat- und Geschäftskunden, die Verletzung nationaler und internationaler Vorschriften (Steuervorschriften, Vorschriften zur Bekämpfung der Geldwäsche, Anti-Terrorismus-Vorschriften, Wirtschaftssanktionen usw.) und die Manipulation der Finanzmärkte (z. B. die Manipulation von Libor-Kursen und Devisenkursen). Die Geschäftsleitung sollte ein Signal setzen (»tone at the top«) und die Rolle des Managements bei der Förderung und Bewahrung einer soliden Unternehmens- und Risikokultur überwachen. Das Management sollte einen schriftlich fixierten Ehren- oder Verhaltenskodex erarbeiten. Der Kodex soll eine Kultur der Ehrlichkeit und Verantwortlichkeit fördern, um die Interessen der Kunden und Aktionäre des Institutes zu schützen.[18]

16 Auf dieser Basis sollte das Institut akzeptable und inakzeptable Verhaltensweisen definieren. Insbesondere sollten illegale Aktivitäten, wie finanzielle Falschmeldungen und Fehlverhalten, Wirtschaftskriminalität einschließlich Betrug, Verletzung von Sanktionen, Geldwäsche, wettbewerbswidrige Praktiken, Bestechung und Korruption oder die Verletzung von Verbraucherrechten ausdrücklich verboten werden. Es sollte verdeutlicht werden, dass von den Mitarbeitern erwartet wird, dass sie sich ethisch einwandfrei verhalten und ihre Arbeit mit der gebotenen Sorgfalt ausführen sowie Gesetze, Vorschriften und Unternehmensrichtlinien einhalten. Die entscheidende Bedeutung einer rechtzeitigen und offenen Diskussion und Eskalation von Problemen auf höhere Hierarchieebenen innerhalb des Institutes sollte sich in den Unternehmenswerten niederschlagen. Die Mitarbeiter sollten ermutigt und in die Lage versetzt werden, vertraulich und ohne das Risiko von Repressalien legitime Bedenken über illegale, unethische oder fragwürdige Praktiken zu äußern. Dies kann durch eine gut kommunizierte Geschäftspolitik und angemessene Verfahren und Prozesse im Einklang mit dem nationalen Recht erleichtert werden, die es den Mitarbeitern ermöglichen, materielle und aufrichtige Bedenken und Beobachtungen von Verstößen vertraulich mitzuteilen (z. B. durch Whistleblowing-Vorgaben). Dazu gehört auch die Kommunikation wesentlicher Belange an die Bankenaufsicht. Die Geschäftsleitung sollte die Whistleblowing-Vorgaben überwachen und sicherstellen, dass sich das Management mit legitimen Fragen befasst, die aufgeworfen werden. Die Geschäftsleitung sollte die Verantwortung dafür übernehmen, dass Mitarbeiter, die Bedenken äußern, vor Repressalien geschützt werden. Die Geschäftsleitung sollte überwachen und genehmigen, wie und von wem berechtigte materielle

---

14 Vgl. European Banking Authority, Guidelines on common procedures and methodologies for the supervisory review and evaluation process (SREP) and supervisory stress testing, EBA/GL/2014/13, Consolidated version, 19. Juli 2018, S. 22.

15 Vgl. Financial Stability Board, Principles for An Effective Risk Appetite Framework, 18. November 2013, S. 2 und 7 f.

16 Vgl. Basel Committee on Banking Supervision, Guidelines – Corporate governance principles for banks, BCBS d328, 8. Juli 2015, S. 2.

17 In diesem Zusammenhang wird vom Baseler Ausschuss für Bankenaufsicht auf folgende Publikationen verwiesen: The Group of Thirty, Banking Conduct and Culture – A Call for Sustained and Comprehensive Reform (G 30-Report), 1. Juli 2015; European Systemic Risk Board, Report on misconduct risk in the banking sector, 5. Juni 2015.

18 Vgl. Basel Committee on Banking Supervision, Guidelines – Corporate governance principles for banks, BCBS d328, 8. Juli 2015, S. 5.

Bedenken untersucht werden und ob sie von einem objektiven, unabhängigen internen oder externen Gremium, dem Management oder der Geschäftsleitung selbst behandelt werden.[19]

Die EBA ordnet die Fehlverhaltensrisiken den Rechtsrisiken zu und behandelt sie folglich als Unterkategorie der operationellen Risiken. In Ergänzung zu den bereits vom Baseler Ausschuss für Bankenaufsicht aufgeführten Fällen von Fehlverhalten nennt die EBA ein forciertes Cross-Selling von Produkten an Privatkunden, wie z. B. Bankkonten im Paket oder Zusatzprodukte, die Kunden nicht benötigen, Interessenkonflikte bei der Geschäftsabwicklung, unlautere Beschränkungen beim Wechsel von Finanzprodukten während ihrer Laufzeit oder beim Wechsel von Finanzdienstleistern, schlecht gestaltete Vertriebskanäle, die Interessenkonflikte mit falschen Anreizen ermöglichen können, unlautere automatische Produktverlängerungen oder Ausstiegsstrafen und eine unsachgemäße Bearbeitung von Kundenreklamationen. Sofern relevant, sollten die zuständigen Behörden im Rahmen des SREP die Stärke des Wettbewerbs auf den Märkten betrachten, auf denen das Institut operiert, um festzustellen, ob eine etwaige beherrschende Stellung des Institutes – als Alleinstellung oder innerhalb einer kleinen Gruppe – ein wesentliches Risiko für ein Fehlverhalten darstellt (z. B. infolge eines kartellartigen Verhaltens). Da Fehlverhaltensrisiken vielfältige Aspekte umfassen und zahlreichen Geschäftsprozessen und Produkten innewohnen können, sollten die zuständigen Behörden auch die Ergebnisse der Geschäftsmodellanalyse nutzen und die Anreizpolitik prüfen, um einen umfassenden Einblick in die Quellen von Fehlverhaltensrisiken zu erlangen.[20] Zudem werden die Fehlverhaltensrisiken seit dem Jahre 2016 auch in den EU-weiten Stresstests der EBA und den ergänzenden Stresstests der EZB berücksichtigt. **17**

Der FSB hat auf Basis einer Bestandsaufnahme zunächst einen Arbeitsplan zur Reduzierung des Fehlverhaltensrisikos veröffentlicht.[21] Er stellt in erster Linie auf den Einsatz von Vergütungsinstrumenten ab. Ex post könnten Vergütungsinstrumente dazu genutzt werden, Fehlverhalten zu bestrafen und damit eine Null-Toleranz-Politik zu signalisieren. Ex ante könnten mit den Mitarbeitern Zielvereinbarungen über das Arbeitsergebnis selbst, aber auch über den Weg, wie dieses Ergebnis angemessen erreicht werden kann (erwünschtes Verhalten), getroffen werden. Später hat der FSB einen Leitfaden zur Ergänzung bestehender Grundsätze und Standards für solide Vergütungspraktiken zur Konsultation veröffentlicht.[22] **18**

1.2.3 IT-Risiken und IKT-Risiken

Unter dem Begriff »IT-Risiko« versteht die deutsche Aufsicht alle Risiken für die Vermögens- und Ertragslage der Institute, die aufgrund von Mängeln entstehen, die das IT-Management bzw. die IT-Steuerung, die Verfügbarkeit, Vertraulichkeit, Integrität und Authentizität der Daten, das interne Kontrollsystem der IT-Organisation, die IT-Strategie, -Leitlinien und -Aspekte der Geschäftsordnung oder den Einsatz von Informationstechnologie betreffen.[23] Die Bedeutung des IT-Risikos kommt auch darin zum Ausdruck, dass die BaFin im Dezember 2018 die Prüfung der **19**

---

19 Vgl. Basel Committee on Banking Supervision, Guidelines – Corporate governance principles for banks, BCBS d328, 8. Juli 2015, S. 9 f.

20 Vgl. European Banking Authority, Guidelines on common procedures and methodologies for the supervisory review and evaluation process (SREP) and supervisory stress testing, EBA/GL/2014/13, Consolidated version, 19. Juli 2018, S. 109 f.

21 Financial Stability Board, Stocktake of efforts to strengthen governance frameworks to mitigate misconduct risks, 23. Mai 2017.

22 Financial Stability Board, Supplementary Guidance to the FSB Principles and Standards on Sound Compensation Practices – The use of compensation tools to address misconduct risk, 9. März 2018.

23 Vgl. Essler, Renate/Gampe, Jens, IT-Sicherheit – Aufsicht konkretisiert Anforderungen an die Kreditwirtschaft, in: BaFinJournal, Ausgabe Januar 2018, S. 18.

BTR 4 Operationelle Risiken

IT-Systeme und der dazugehörigen IT-Prozesse neben der Durchführung des LSI-Stresstests 2019 zu Schwerpunktthemen der Bankenaufsicht für das Jahr 2019 erklärt hat.[24]

20   Das »Informations- und Kommunikationstechnologie-Risiko« (IKT-Risiko) bezeichnet das Risiko von Verlusten aufgrund von Vertraulichkeitsverletzungen, mangelhafter Integrität von Systemen und Daten, der Unangemessenheit oder Nichtverfügbarkeit von Systemen und Daten oder der fehlenden Flexibilität, die Informationstechnologie innerhalb eines angemessenen Zeitraumes und zu akzeptablen Kosten anzupassen, wenn sich die Rahmenbedingungen oder Geschäftsanforderungen ändern.[25]

21   Für die Zwecke des SREP hat die EBA fünf IKT-Risikokategorien definiert und dafür jeweils eine nicht erschöpfende Liste von potenziell schwerwiegenden IKT-Risiken und/oder IKT-Risiken mit operationellen, reputationsbezogenen oder finanziellen Auswirkungen als IKT-Risikotaxonomie vorgegeben.[26] Das IKT-Verfügbarkeits- und Kontinuitätsrisiko ist das Risiko, dass die Leistung und die Verfügbarkeit von IKT-Systemen[27] und -Daten nachteilig beeinflusst werden, einschließlich der mangelnden Fähigkeit, IKT-Hardware- oder -Softwarekomponenten infolge eines Ausfalls rechtzeitig wiederherzustellen, bzw. dass die Dienste des Institutes infolge von Schwächen im IKT-Systemmanagement oder eines sonstigen Ereignisses nachteilig beeinflusst werden. Das IKT-Sicherheitsrisiko ist das Risiko eines unbefugten Zugangs zu IKT-Systemen und eines Datenzugriffs von innerhalb oder außerhalb des Institutes (z. B. Cyber-Attacken). Das IKT-Änderungsrisiko ist das Risiko, das sich aus der mangelnden Fähigkeit des Institutes ergibt, IKT-Systemänderungen zeitgerecht und kontrolliert zu steuern, insbesondere was umfangreiche und komplexe Änderungsprogramme angeht. Das IKT-Datenintegritätsrisiko ist das Risiko, dass die von IKT-Systemen gespeicherten und verarbeiteten Daten über verschiedene IKT-Systeme hinweg unvollständig, ungenau oder inkonsistent sind, beispielsweise aufgrund mangelhafter oder fehlender IKT-Kontrollen während der verschiedenen Phasen des IKT-Datenlebenszyklus (d. h. Entwurf der Datenarchitektur, Entwicklung des Datenmodells und/oder der Datenbeschreibungsverzeichnisse, Überprüfung von Dateneingaben, Kontrolle von Datenextraktionen, -übertragungen und -verarbeitungen, einschließlich gerenderter Datenausgaben), was dazu führt, dass die Fähigkeit des Institutes zur Erbringung von Dienstleistungen[28] und zur ordnungsgemäßen und zeitgerechten Produktion von (Risiko-)Management- und Finanzinformationen beeinträchtigt wird. Das IKT-Auslagerungsrisiko ist das Risiko, dass die Beauftragung eines Dritten oder eines anderen Gruppenunternehmens (gruppeninterne Auslagerung) mit der Bereitstellung von IKT-Systemen oder der Erbringung damit zusammenhängender Dienstleistungen das Leistungs- und Risikomanagement des Institutes nachteilig beeinflusst.[29] Für die ermittelten erheblichen IKT-Risiken sollten die zuständigen Behörden bewerten, ob das Institut spezifische Kontrollen, für die je IKT-Risikokategorie von der EBA Vorgaben gemacht werden, zur Bewältigung dieser Risiken eingeführt hat.[30]

22   Ähnlich wie nach den Vorgaben der MaRisk, bei der Ausgestaltung der IT-Systeme und der zugehörigen IT-Prozesse grundsätzlich auf gängige Standards abzustellen (→ AT 7.2 Tz. 2),

---

24 Vgl. Bundesanstalt für Finanzdienstleistungsaufsicht, Schwerpunkte der Aufsicht 2019, Pressemitteilung vom 18. Dezember 2018.

25 Vgl. European Banking Authority, Guidelines on common procedures and methodologies for the supervisory review and evaluation process (SREP) and supervisory stress testing, EBA/GL/2014/13, Consolidated version, 19. Juli 2018, S. 23.

26 Vgl. European Banking Authority, Leitlinien für die IKT-Risikobewertung im Rahmen des aufsichtlichen Überprüfungs- und Bewertungsprozesses (SREP), EBA/GL/2017/05, 11. September 2017, S. 27 ff.

27 Ein IKT-System ist eine IKT-Einrichtung als Teil eines Mechanismus oder eines Verbundnetzes, welche die Betriebsaktivitäten eines Institutes unterstützt.

28 IKT-Dienstleistungen sind Dienstleistungen, die von IKT-Systemen für einen oder mehrere interne oder externe Nutzer erbracht werden. Beispiele dafür sind Dienstleistungen in den Bereichen Datenerfassung, Datenspeicherung, Datenverarbeitung und Meldewesen, aber auch Dienstleistungen zur Überwachungs-, Geschäfts- und Entscheidungsunterstützung.

29 Vgl. European Banking Authority, Leitlinien für die IKT-Risikobewertung im Rahmen des aufsichtlichen Überprüfungs- und Bewertungsprozesses (SREP), EBA/GL/2017/05, 11. September 2017, S. 3 f.

30 Vgl. European Banking Authority, Leitlinien für die IKT-Risikobewertung im Rahmen des aufsichtlichen Überprüfungs- und Bewertungsprozesses (SREP), EBA/GL/2017/05, 11. September 2017, S. 18.

erwartet die EBA im Rahmen des SREP, das IKT-Risiko mit Hilfe von verschiedenen auf bewährten Industriestandards basierenden Methoden zu bewerten. Dabei sollten unter Berücksichtigung der Komplexität der IT-Architektur die Qualität und Wirksamkeit von Tests und Plänen zur Aufrechterhaltung des Geschäftsbetriebes, die Sicherheit des internen und externen Zugangs zu Systemen und Daten, die Genauigkeit und Integrität der für Berichte, Risikomanagement, Rechnungslegung, Bestandsführung usw. verwendeten Daten sowie die Agilität der Durchführung von Änderungen berücksichtigt werden. Dazu sollen auch Berichte über interne Zwischenfälle und interne Prüfberichte sowie weitere Indikatoren herangezogen werden, die vom Institut zur Messung und Überwachung des IKT-Risikos verwendet werden. Auf Basis entsprechender Sensitivitäts- und Szenarioanalysen sollte untersucht werden, in welchem Maße das IKT-Risiko zu Verlusten oder einem Reputationsschaden für das Institut führen kann.[31]

Im Dezember 2018 hat die EBA auf Basis des »EU-FinTech-Aktionsplanes« der EU-Kommission vom März 2018 ergänzende Leitlinien für das IKT- und Sicherheitsrisikomanagement bis zum 13. März 2019 zur Konsultation gestellt. Darin sind Anforderungen an die interne Unternehmensführung enthalten, die sich auf das Management von IKT-Risiken sowie die Schaffung eines soliden internen Kontrollrahmens beziehen. Insbesondere soll die Geschäftsleitung die Gesamtverantwortung für die Festlegung, Genehmigung und Überwachung der Umsetzung der IKT-Strategie übernehmen. Außerdem werden konkrete Vorgaben zur Ausgestaltung von Verträgen und Service Level Agreements gemacht, wenn operative Funktionen von Zahlungsdienstleistern und/oder IKT-Diensten und -Systemen ausgelagert werden. Weitere Anforderungen zielen auf die Risikobewertung, die Informationssicherheit, die IKT-Betriebsführung, das IKT-Projektmanagement, das Business Continuity Management sowie die Kommunikationsstrategie ab. Die wesentlichen Vorgaben überschneiden sich mit den MaRisk bzw. den BAIT. Im Rahmen des Business Continuity Management sollen die Institute auf Basis einer Analyse zu den Geschäftsauswirkungen (Business Impact Analysis, BIA) Notfallpläne zur Gewährleistung der Geschäftsfortführung (Business Continuity Plans, BCPs) entwickeln und dabei insbesondere Risiken berücksichtigen, die sich nachteilig auf ihre IKT-Systeme und -Dienste auswirken könnten. Die BCPs sollen potenzielle realistische Krisen-Szenarien unter Berücksichtigung von Cyber-Angriffen enthalten. Zudem sollen Reaktions- und Wiederherstellungspläne (Response and Recovery Plans) entwickelt werden, um die Verfügbarkeit, Kontinuität und Wiederherstellung zumindest der kritischen IKT-Systeme und -Dienste zu gewährleisten. Die BCPs sollen jährlich getestet und auf Basis der Testergebnisse ggf. überarbeitet werden. In diesem Zuge soll auch eine wirksame Krisenkommunikation sichergestellt werden.[32]

1.2.4 Modellrisiken

Das Modellrisiko bezeichnet gemäß Art. 3 Abs. 1 Nr. 11 CRD IV den potenziellen Verlust, der einem Institut als Folge von Entscheidungen entsteht, die sich grundsätzlich auf das Ergebnis interner Modelle stützen könnten, wenn diese Modelle Fehler bei der Konzeption, Ausführung oder Nutzung aufweisen.

Das Modellrisiko umfasst zwei unterschiedliche Risikoformen: Das Risiko einer Unterschätzung der Eigenmittelanforderungen durch die genehmigungspflichtigen Modelle (z.B. auf internen Ratings basierende Modelle zur Bewertung des Kreditrisikos) sollte Teil der Bewertung der jeweiligen Kapitalrisiken sein und in die Bewertung der Angemessenheit der Eigenkapitalausstattung einbezo-

23

24

25

---

31 Vgl. European Banking Authority, Guidelines on common procedures and methodologies for the supervisory review and evaluation process (SREP) and supervisory stress testing, EBA/GL/2014/13, Consolidated version, 19. Juli 2018, S. 109 f.

32 Vgl. European Banking Authority, Consultation paper – EBA draft Guidelines on ICT and security risk management, EBA/CP/2018/15, 13. Dezember 2018, S. 4 ff.

gen werden. Das Risiko von Verlusten, die durch vom Institut entwickelte, umgesetzte oder nicht korrekt verwendete andere Modelle für Entscheidungsprozesse (z. B. Produktpreisgestaltung, Bewertung von Finanzinstrumenten, Überwachung der Risikolimite) herbeigeführt werden können, sollte im Rahmen der Bewertung des operationellen Risikos berücksichtigt werden.[33]

26   In den MaRisk wird u. a. darauf hingewiesen, dass jegliche Methoden und Verfahren zur Risikoquantifizierung die Realität nicht vollständig abzubilden vermögen und insbesondere das Risiko unterschätzen könnten. Deshalb ist bei vergleichsweise komplexen Methoden und Verfahren, zugrundeliegenden Annahmen, Parametern oder einfließenden Daten eine entsprechend umfassende quantitative und qualitative Validierung dieser Komponenten sowie der Risikoergebnisse in Bezug auf ihre Verwendung erforderlich (→ AT4.1 Tz. 9, Erläuterung). Die modellmäßig ermittelten Risikowerte für die Marktpreisrisiken im Handelsbuch sind fortlaufend mit der tatsächlichen Entwicklung zu vergleichen (→ BTR2.2 Tz.4).

27   Zur Bewertung des Modellrisikos für die Zwecke des SREP setzt die EBA dieselben Maßstäbe wie bei der Anerkennung interner Modelle für die Eigenkapitalunterlegung nach der CRR. Dabei sollte beachtet werden, in welchem Maße und zu welchem Zweck (z. B. Bewertung der Aktiva, Produktpreisgestaltung, Handelsstrategien, Risikomanagement) das Institut Modelle für bedeutende Entscheidungsprozesse (z. B. beim Handel mit Finanzinstrumenten, bei der Risikomessung und beim Risikomanagement, bei der Kapitalallokation) verwendet, inwieweit sich das Institut des damit verbundenen Modellrisikos bewusst ist und in welcher Form das Modellrisikomanagement realisiert wird. Dazu sollte untersucht werden, ob vom Institut Kontrollmechanismen (z. B. Kalibrierung von Marktparametern, interne Validierung oder Rückvergleiche, Gegenprüfung anhand von Expertenurteilen) eingerichtet wurden und ob diese Mechanismen solide sind (hinsichtlich Methoden, Häufigkeit, Nachverfolgung usw.) und einen Prozess zur Modellabnahme umfassen, und ob das Institut angesichts seiner Kenntnis von Modellschwächen oder vor dem Hintergrund von Markt- und Geschäftsentwicklungen die Modelle vorsichtig anwendet (z. B. durch Erhöhung oder Senkung der entsprechenden Parameter je nach Tendenz der Positionen). Wie bedeutend die Auswirkung des Modellrisikos sein kann, sollte mittels Sensitivitäts- und Szenarioanalysen geprüft werden.[34]

1.2.5   Auslagerungsrisiken und Drittpartei-Risiken

28   Ein direkter Zusammenhang zu den operationellen Risiken besteht hinsichtlich der Risiken aus ausgelagerten Aktivitäten und Prozessen (»Outsourcing Risk«). Mangelhafte Leistungserbringung, schlecht vorbereitete Auslagerungen, insbesondere in Offshore-Regionen, unvollständige Kostenkalkulationen, Kontrollverluste und Abhängigkeiten sowie der irreversible Verlust von eigener Expertise können für die auslagernden Institute zu schwerwiegenden Konsequenzen führen (→ AT9). Risiken aus Auslagerungen müssen daher, soweit sie von wesentlicher Bedeutung sind, im Rahmen der Erstellung und Anpassung des Gesamtrisikoprofils angemessen berücksichtigt werden.

29   Lagert ein Institut bestimmte Tätigkeiten an einen externen Dienstleister aus, sollte es in der Lage sein, die zugrundeliegenden Risiken in der Auslagerungsvereinbarung in einer Weise zu identifizieren, zu bewerten und zu quantifizieren, als ob es die Tätigkeiten noch selbst ausüben würde. Die Identifizierung, Bewertung und Quantifizierung der Risiken sollten vor der Auslagerung erfolgen. Dabei sollten die Besonderheiten berücksichtigt werden, die mit der Auftragsvergabe an den externen Dienstleister verbunden sind. Insbesondere entbindet die Auslagerung einer Tätigkeit das Institut in der Regel nicht von seiner Verpflichtung, die mit der Auslagerung

33 Vgl. European Banking Authority, Guidelines on common procedures and methodologies for the supervisory review and evaluation process (SREP) and supervisory stress testing, EBA/GL/2014/13, Consolidated version, 19.Juli 2018, S.104 f.

34 Vgl. European Banking Authority, Guidelines on common procedures and methodologies for the supervisory review and evaluation process (SREP) and supervisory stress testing, EBA/GL/2014/13, Consolidated version, 19.Juli 2018, S.110 f.

verbundenen Risiken zu steuern. Somit führt sie auch nicht zu einer Übertragung der Verantwortung auf die externen Dienstleister.[35] Die Geschäftsleitung ist dafür verantwortlich, dass die mit Auslagerungsvereinbarungen verbundenen operationellen Risiken verstanden werden und wirksame Richtlinien und -praktiken zur Risikosteuerung und -überwachung der Auslagerungsaktivitäten vorhanden sind. Dazu gehören u. a. Verfahren zur Feststellung, ob und wie Tätigkeiten überhaupt ausgelagert werden können.[36]

Die EBA hat sich zunächst mit Auslagerungen an Cloud-Anbieter befasst[37] und plant nunmehr, die **30** bisherigen Leitlinien von CEBS aus dem Jahre 2006 durch neue Vorgaben zu ersetzen.[38] Diese Vorgaben weichen in verschiedenen Bereichen von den MaRisk ab bzw. gehen teilweise auch darüber hinaus. So ist im Entwurf der EBA-Leitlinien z. B. von kritischen und wichtigen Funktionen die Rede, während die MaRisk auf wesentliche Aktivitäten und Prozesse abstellen. Vor Abschluss eines Auslagerungsvertrages ist nach den Vorstellungen der EBA eine detaillierte Analyse (»Due Dilligence«) erforderlich, deren Kriterien im Detail beschrieben werden. Schließlich wird ein Auslagerungsregister gefordert, in dem sämtliche Auslagerungen mit den identifizierten Risiken erfasst werden. Auch eine Meldung an die Aufsichtsbehörden ist im Entwurf der EBA vorgesehen. Eine mittelfristige Anpassung der MaRisk ist wahrscheinlich, zumal die zuständigen Behörden im Rahmen des SREP prüfen sollen, ob die Institute eine Auslagerungspolitik verfolgen, die die Auswirkung von Auslagerungen auf ihre Geschäftstätigkeit sowie auf ihre Risikosituation berücksichtigt, und über Auslagerungsstrategien verfügen, die die Anforderungen der entsprechenden Leitlinien erfüllen.[39]

Hinsichtlich der Auslagerungsrisiken verweist der Baseler Ausschuss u. a. darauf, dass die **31** Beteiligung von mehr Parteien als bisher an der Wertschöpfungskette und damit verbundene Unklarheiten über die Verantwortlichkeiten der verschiedenen Akteure die Wahrscheinlichkeit von Betriebsstörungen erhöhen könnten. Gleichzeitig könnte eine starke Verbreitung innovativer Produkte und Dienstleistungen von Drittanbietern die Komplexität und das Risiko der Geschäftstätigkeit erhöhen, wenn die Steuerung nicht damit Schritt halten kann. Eine der größten Herausforderungen für die Institute wird darin bestehen, jene Geschäfts- und Risikomanagement-Aktivitäten zu überwachen, die bei Dritten stattfinden. Zudem könnte sich eine Konzentration der Auslagerungsrisiken ergeben, wenn ein Teil der von Dritten erbrachten Dienstleistungen von global agierenden Akteuren dominiert würde. Sind z. B. spezialisierte Fintech-Unternehmen Dienstleister oder Geschäftspartner oder stellen sie die primäre Kundenschnittstelle dar, müssen die Institute geeignete Prozesse etablieren, um eine angemessene Sorgfaltspflicht, das Vertragsmanagement sowie die laufende Steuerung und Überwachung der Geschäftstätigkeit zum Schutz der Bank und ihrer Kunden durchzuführen, d. h. die Risiken bei der Zusammenarbeit mit FinTechs (»Partnering Risks«) zu managen.[40]

Tendenziell wird mittlerweile allgemeiner auf »Drittpartei-Risiken« (»Third-Party Risks«) abge- **32** stellt, die Auslagerungsrisiken und die genannten »Partnering Risks« umfassen. So hat der Baseler Ausschuss für Bankenaufsicht Ende 2018 festgestellt, dass zwar die regulatorischen Rahmenbedingungen für Auslagerungen in allen untersuchten Rechtsordnungen recht gut etabliert sind und sehr viele Gemeinsamkeiten aufweisen. Allerdings existiert noch kein gängiger Ansatz zum

---

35 Vgl. Europäische Zentralbank, Leitfaden der EZB für den bankinternen Prozess zur Sicherstellung einer angemessenen Kapitalausstattung (Internal Capital Adequacy Assessment Process – ICAAP), 9. November 2018, S. 27.

36 Vgl. Basel Committee on Banking Supervision, Principles for the Sound Management of Operational Risk and the Role of Supervision, BCBS 292, 6. Oktober 2014, S. 16.

37 European Banking Authority, Empfehlungen zur Auslagerung an Cloud-Anbieter, EBA/REC/2017/03, 28. März 2018.

38 European Banking Authority, Consultation Paper – EBA Draft Guidelines on Outsourcing arrangements, EBA/CP/2018/11, 22. Juni 2018.

39 Vgl. European Banking Authority, Guidelines on common procedures and methodologies for the supervisory review and evaluation process (SREP) and supervisory stress testing, EBA/GL/2014/13, Consolidated version, 19. Juli 2018, S. 53.

40 Vgl. Basel Committee on Banking Supervision, Sound Practices – Implications of fintech developments for banks and bank supervisors, BCBS d431, 19. Februar 2018, S. 24 ff.

Umgang mit Drittpartei-Risiken über ausgelagerte Dienstleistungen hinaus, der einen anderen Umfang an Regulierungs- und Aufsichtsmaßnahmen impliziert. Während Dritte kostengünstige Lösungen zur Erhöhung der Widerstandsfähigkeit bereitstellen können, obliegt es den Instituten, ein angemessenes Verständnis und ein aktives Management der Abhängigkeiten von Dritten und der damit verbundenen Konzentrationen über die gesamte Wertschöpfungskette hinweg nachzuweisen. Es sollte ein ausgewogenes Modell der Verantwortlichkeiten gefunden werden, insbesondere bei Dritten, die nicht der Bankenaufsicht unterliegen.[41] Im Umkehrschluss liegt es nahe, bei der Zusammenarbeit mit Dritten, die selbst beaufsichtigt werden, andere Maßstäbe anzusetzen. Zum Beispiel könnte in diesem Fall auf eine Duplizierung von Steuerungs- und Überwachungsprozessen weitgehend verzichtet werden, wenn den auslagernden Instituten hinreichende Mitwirkungsrechte beim Dritten eingeräumt werden.

1.2.6 Compliance-Risiken

33 Das Compliance-Risiko bezeichnet das Risiko, dass gegen Gesetze, Vorschriften oder interne Regelungen verstoßen wird und daraus ein Vermögensschaden für das Institut resultiert. Mit dem Compliance-Risiko beschäftigt sich naturgemäß die Compliance-Funktion, die in verschiedenen Gesetzen und Regelwerken gefordert wird. In Deutschland wird häufig zwischen der MaRisk-Compliance, die den Vorgaben von § 25a Abs. 1 Satz 3 Nr. 3 lit. c KWG und AT 4.4.2 MaRisk entspricht, der Wertpapier-Compliance oder auch WpHG-Compliance, die sich an den Regelungen von Art. 22 Abs. 2 MiFID II-Durchführungsverordnung[42], § 80 WpHG und BT 1 MaComp orientiert, sowie der Compliance-Funktion im Zusammenhang mit der Verhinderung von Geldwäsche, Terrorismusfinanzierung oder sonstigen strafbaren Handlungen im Sinne von § 7 GwG und § 25h KWG unterschieden.

34 Um die Einhaltung der wesentlichen rechtlichen Regelungen und Vorgaben kümmert sich in erster Linie die Compliance-Funktion, die übergreifend auf die Implementierung wirksamer Verfahren und entsprechender Kontrollen hinwirken muss (→ AT 4.4.2 Tz. 1). Operativ sind für die verschiedenen Rechtsbereiche ggf. aber andere Organisationseinheiten zuständig, die dafür ihr spezialisiertes Wissen nutzen können. Insofern kann die Compliance-Funktion bei entsprechenden rechtlichen Regelungen und Vorgaben auf den Einschätzungen und Beurteilungen der jeweils zuständigen Einheiten aufsetzen und eigene Aktivitäten (weitestgehend) zurückstellen oder sogar im Wesentlichen darauf verzichten.[43]

1.3 Potenzielle und tatsächliche Schadensfälle

35 Nachdem Klarheit hinsichtlich der operationellen Risiken herrscht, können die damit verbundenen (potenziellen) Auswirkungen betrachtet werden. Das »Schlagendwerden« operationeller Risiken nennt man »Schadensfälle«, unabhängig davon, welche betriebswirtschaftlichen Auswirkungen tatsächlich mit ihnen verbunden sind. Schadensfälle führen zwar i.d.R. zu Verlusten, wirken sich also zum großen Teil negativ auf die Ertrags- oder Vermögenslage eines Institutes aus. Es ist

---

41 Vgl. Basel Committee on Banking Supervision, Cyber-resilience: Range of practices, BCBS d454, 4. Dezember 2018, S. 6.

42 Delegierte Verordnung (EU) 2017/565 (MiFID II-Durchführungsverordnung) der Kommission vom 25. April 2016 zur Ergänzung der Richtlinie 2014/65/EU des Europäischen Parlaments und des Rates in Bezug auf die organisatorischen Anforderungen an Wertpapierfirmen und die Bedingungen für die Ausübung ihrer Tätigkeit sowie in Bezug auf die Definition bestimmter Begriffe für die Zwecke der genannten Richtlinie, Amtsblatt der Europäischen Union vom 31. März 2017, L 87/1–83.

43 Vgl. Bundesanstalt für Finanzdienstleistungsaufsicht, Protokoll der Sitzung des MaRisk-Fachgremiums am 24. April 2013.

allerdings auch möglich, dass entweder keine Verluste entstehen, weil z.B. der Fehler wieder behoben werden konnte (»Beinaheverluste«), die negativen Auswirkungen bestimmter Risiken hinreichend abgesichert wurden, oder sogar Gewinne zu verzeichnen sind. Wird z.B. ein Handelsgeschäft aufgrund eines Verfahrensfehlers zu spät abgewickelt, kann der dann zu zahlende Preis im Vergleich zum »korrekten« Preis am ursprünglich vereinbarten Termin auch günstiger sein. Trotzdem handelt es sich um ein operationelles Risiko, da im Fall einer anderen Marktpreisentwicklung die Gefahr von Verlusten aufgrund einer Wiederholung dieses Fehlers besteht. Vor diesem Hintergrund können operationelle Risiken auch als potenzielle Schadensfälle bezeichnet werden.

Für regulatorische bzw. betriebswirtschaftliche Zwecke sind zwar vor allem die Schadensfälle **36** mit negativen Auswirkungen auf die Ertrags- oder Vermögenslage eines Institutes relevant (→ BTR4 Tz.1). Die Prozesse zum Management operationeller Risiken sollten aber auch den Umgang mit Beinaheverlusten umfassen (→ BTR4 Tz.1, Erläuterung).

1.4   Notfallmanagement

Es liegt natürlich im Interesse der Institute, Verluste aus Schadensfällen weitgehend zu vermeiden. **37** Nach Art. 85 Abs. 2 CRR müssen die Institute zum Management ihrer operationellen Risiken über Notfall- und Geschäftsfortführungspläne verfügen, die bei einer schwerwiegenden Betriebsunterbrechung die Fortführung der Geschäftstätigkeit und die Begrenzung von Verlusten sicherstellen. Das fordert auch der Baseler Ausschuss für Bankenaufsicht, der von den Instituten Pläne für Geschäftsstabilität und Kontinuität erwartet, um die Fähigkeit zur laufenden Geschäftstätigkeit zu gewährleisten und Verluste im Falle einer schweren Geschäftsunterbrechung zu begrenzen.[44]

Die diesbezüglichen Vorgaben der deutschen Aufsicht sind an anderer Stelle niedergelegt. So **38** müssen die Institute über ein Notfallkonzept für zeitkritische Aktivitäten und Prozesse verfügen, wobei die darin festgelegten Maßnahmen geeignet sein müssen, um das Ausmaß möglicher Schäden zu reduzieren. Die Wirksamkeit und Angemessenheit des Notfallkonzeptes ist regelmäßig durch Notfalltests zu überprüfen. Die Ergebnisse der Notfalltests sind den jeweiligen Verantwortlichen mitzuteilen. Sofern zeitkritische Aktivitäten und Prozesse ausgelagert sein sollten, haben das auslagernde Institut und das Auslagerungsunternehmen über aufeinander abgestimmte Notfallkonzepte zu verfügen (→ AT7.3 Tz.1). Das Notfallkonzept muss Geschäftsfortführungs- und Wiederanlaufpläne umfassen. Die Geschäftsfortführungspläne müssen gewährleisten, dass im Notfall zeitnah Ersatzlösungen zur Verfügung stehen. Die Wiederanlaufpläne müssen die Rückkehr zum Normalbetrieb innerhalb eines angemessenen Zeitraumes ermöglichen. Die Kommunikationswege für den Notfall sind festzulegen. Das Notfallkonzept muss den beteiligten Mitarbeitern zur Verfügung stehen (→ AT7.3 Tz.2).

1.5   Einfluss der Risikokultur

Die Geschäftsleitung sollte nach den Vorstellungen des Baseler Ausschusses für Bankenaufsicht **39** eine Unternehmenskultur etablieren, die sich von einem soliden Risikomanagement und einer soliden internen Governance leiten lässt sowie angemessene Standards und Anreize für professionelles und verantwortungsbewusstes Verhalten bietet und unterstützt. Institute mit einer starken

---

44 Vgl. Basel Committee on Banking Supervision, Principles for the Sound Management of Operational Risk and the Role of Supervision, BCBS 292, 6. Oktober 2014, S.17.

BTR 4 Operationelle Risiken

Risikokultur und ethischen Geschäftspraktiken sind weniger anfällig für potenziell schädliche operationelle Risikoereignisse und besser in der Lage, mit den auftretenden Ereignissen effektiv umzugehen. Das Handeln der Geschäftsleitung sowie Richtlinien, Prozesse und Systeme bilden die Grundlage für eine solide Risikokultur. Die Geschäftsleitung sollte einen Verhaltenskodex oder eine Ethikrichtlinie festlegen, die klare Erwartungen an Integrität und ethische Werte auf höchstem Niveau stellt sowie akzeptable und unerwünschte Geschäftspraktiken verdeutlicht. Klare Erwartungen und Verantwortlichkeiten stellen sicher, dass die Mitarbeiter ihre Rollen und Verantwortlichkeiten für Risiken sowie ihre Handlungskompetenz verstehen. Die Vergütungspolitik sollte sich am Risikoappetit des Institutes, der langfristigen strategischen Ausrichtung, den finanziellen Zielen sowie der allgemeinen Sicherheit und Solidität orientieren. Sie sollte auch ein angemessenes Gleichgewicht zwischen Risiko und Ertrag herstellen.[45]

40   Mit der fünften MaRisk-Novelle wurden die Geschäftsleiter zur Entwicklung, Förderung und Integration einer angemessenen Risikokultur innerhalb des Institutes und der Gruppe verpflichtet (→ AT 3 Tz. 1). Die Risikokultur soll allgemein die Art und Weise beschreiben, wie Mitarbeiter des Institutes im Rahmen ihrer Tätigkeit mit Risiken umgehen sollen, sowie die Identifizierung und den bewussten Umgang mit Risiken fördern und sicherstellen, dass Entscheidungsprozesse zu Ergebnissen führen, die auch unter Risikogesichtspunkten ausgewogen sind. Kennzeichnend für eine angemessene Risikokultur ist vor allem das klare Bekenntnis der Geschäftsleitung zu risikoangemessenem Verhalten, die strikte Beachtung des durch die Geschäftsleitung kommunizierten Risikoappetits durch alle Mitarbeiter und die Ermöglichung und Förderung eines transparenten und offenen Dialogs innerhalb des Institutes zu risikorelevanten Fragen (→ AT 3 Tz. 1, Erläuterung). Um dieser Anforderung gerecht zu werden, müssen die Institute in Abhängigkeit von ihrer Größe sowie der Art, dem Umfang, der Komplexität und dem Risikogehalt ihrer Geschäftsaktivitäten in den Organisationsrichtlinien einen Verhaltenskodex für die Mitarbeiter formulieren (→ AT 5 Tz. 3 lit. g).

1.6   Quantitative Anforderungen der CRR

41   Die regulatorischen Eigenmittelanforderungen für operationelle Risiken sind in Art. 312 bis 324 CRR niedergelegt. Demnach haben die Institute derzeit die Wahl zwischen drei Ansätzen, deren Verwendung mit unterschiedlich anspruchsvollen Voraussetzungen verknüpft ist:
– Der so genannte »Basisindikatoransatz« (»Basis Indicator Approach«, BIA) nach Art. 315 und 316 CRR ist das einfachste Verfahren, auf das die Institute zurückgreifen können. Die erforderlichen Eigenmittel werden als fixer Prozentsatz (15 %) des Dreijahresdurchschnittes vom Bruttoertrag (»Gross Income«) eines Institutes errechnet, wobei negative Werte mit null in die Berechnung einfließen. An die Verwendung dieses Ansatzes sind für die Zwecke der Berechnung der Eigenmittelanforderungen keine weiteren qualitativen Anforderungen geknüpft.
– Etwas ambitionierter ist der so genannte »Standardansatz« (»Standardised Approach«, SA) nach Art. 317 und 318 CRR. Maßgeblicher Indikator für die Berechnung der Eigenmittelanforderungen ist wiederum der Bruttoertrag, für den allerdings in Abhängigkeit vom Geschäftsfeld (»Business Lines«) unterschiedliche Gewichtungsfaktoren (»Betafaktoren«) zu berücksichtigen sind. Dabei sind die Eigenmittelanforderungen für acht standardisierte Geschäftsfelder (z. B. Unternehmensfinanzierung, Handel, Privat- oder Firmenkundengeschäft) zu berechnen und danach zusammenzufassen. Die konkret vorzuhaltenden Eigenmittel pro Geschäftsfeld errechnen sich aus dem Produkt des jeweiligen Betafaktors (12 %, 15 % oder

---

45 Vgl. Basel Committee on Banking Supervision, Principles for the Sound Management of Operational Risk and the Role of Supervision, BCBS 292, 6. Oktober 2014, S. 7 ff.

18 %) mit dem Dreijahresdurchschnitt vom Bruttoertrag in diesem Geschäftsfeld. In jedem Jahr können die Institute eine aus einem negativen Anteil des maßgeblichen Indikators resultierende negative Eigenmittelanforderung in einem Geschäftsfeld unbegrenzt mit den positiven Eigenmittelanforderungen in anderen Geschäftsfeldern verrechnen. Ist jedoch die gesamte Eigenmittelanforderung für alle Geschäftsfelder in einem bestimmten Jahr negativ, so muss analog zum Basisindikatoransatz vorgegangen werden. An die Verwendung des Standardansatzes sind ferner qualitative Vorgaben geknüpft. Unter bestimmten Voraussetzungen kann auch der alternative Standardansatz gemäß Art. 319 und 320 CRR verwendet werden.

– Bei den fortgeschrittenen Messansätzen (»Advanced Measurement Approaches«, AMA) nach Art. 321 bis 324 CRR zur Berechnung der erforderlichen Eigenmittel gibt die Bankenaufsicht keine festen Methoden vor. Allerdings sind an die Verwendung dieser Ansätze ebenfalls qualitative Anforderungen geknüpft, die über die Vorgaben an den Standardansatz hinausgehen. Zudem müssen sowohl die erwarteten als auch die unerwarteten Verluste einbezogen werden, sofern die erwarteten Verluste nicht bereits in angemessener Weise erfasst werden. Grundsätzlich ist dabei ein Konfidenzniveau von 99,9 % über eine Halteperiode von einem Jahr zugrunde zu legen.

Die Anforderungen der MaRisk sind im Hinblick auf die Methoden zur Berechnung der Eigenmittel **42** insofern neutral konzipiert, als sie unabhängig davon eingehalten werden können. Das gilt sowohl für Kreditrisiken als auch für operationelle Risiken. Insoweit haben auch Institute, die sich für die Anwendung des einfach ausgestalteten Basisindikatoransatzes entscheiden, die qualitativen Anforderungen der MaRisk zu den operationellen Risiken zu beachten (→ AT 1 Tz. 2).

1.7 Verwendung fortgeschrittener Messansätze

Institute, die zur Berechnung der Eigenkapitalanforderungen im OpRisk-Bereich fortgeschrittene **43** Messansätze verwenden, müssen gemäß Art. 312 Abs. 2 CRR u. a. sämtliche qualitativen und quantitativen Anforderungen der Art. 321 und 322 CRR sowie die allgemeinen Standards zum Risikomanagement entsprechend den Art. 74 und 85 CRD IV erfüllen. Dieses Rahmenwerk umfasst die Organisationsrichtlinien, die die wesentlichen Regelungen zur Identifizierung, Beurteilung, Steuerung, Überwachung sowie Kommunikation der operationellen Risiken enthalten. Hierzu gehören auch Festlegungen zur Strategie sowie eine eventuelle institutsindividuelle Definition des operationellen Risikos, die über die regulatorischen Vorgaben hinausgehen kann.[46] Es kann davon ausgegangen werden, dass derartige Institute die in diesem Modul niedergelegten qualitativen Anforderungen der MaRisk regelmäßig erfüllen, da die Anforderungen an fortgeschrittene Messansätze nach Art. 321 bis 324 CRR deutlich darüber hinausgehen.

1.8 Verwendung des Standardansatzes

Eine derartig klare Aussage kann im Prinzip auch für die Verwendung des Standardansatzes zur **44** Berechnung der Eigenkapitalanforderungen im OpRisk-Bereich getroffen werden. Diesen Ansatz dürfen gemäß Art. 312 Abs. 1 CRR nur Institute verwenden, von denen die Bedingungen des

---

46 Vgl. Bundesanstalt für Finanzdienstleistungsaufsicht/Deutsche Bundesbank, Bericht über die Industrieaktion AMA operationelles Risiko 2005, 29. September 2005, S. 9.

BTR 4 Operationelle Risiken

Art. 320 CRR sowie die allgemeinen Standards zum Risikomanagement entsprechend den Art. 74 und 85 CRD IV erfüllt werden. In Art. 320 CRR wird gefordert, dass die Institute
- über ein gut dokumentiertes System für die Bewertung und Steuerung des operationellen Risikos verfügen,
- die Zuständigkeiten und Verantwortung für dieses System klar zuweisen,
- ihre Gefährdung durch operationelle Risiken ermitteln,
- die relevanten Daten zum operationellen Risiko sammeln, einschließlich der Daten zu wesentlichen Verlusten,
- das System regelmäßig durch eine unabhängige interne oder externe Stelle überprüfen lassen, die die dafür erforderlichen Kenntnisse besitzt,
- das System eng in die Risikomanagementprozesse des Institutes einbinden,
- die Ergebnisse als festen Bestandteil der Prozesse für die Überwachung und Kontrolle des operationellen Risikoprofils des Institutes verwenden,
- ein System zur Berichterstattung an die Geschäftsleitung einführen, damit den maßgeblichen Funktionen innerhalb des Institutes über das operationelle Risiko berichtet wird, sowie
- über Verfahren verfügen, um entsprechend den in den Berichten an das Management enthaltenen Informationen geeignete Maßnahmen ergreifen zu können.

45　Diese Anforderungen werden bei Beachtung der MaRisk grundsätzlich erfüllt. Insofern verwundert es nicht, dass für die Bestimmung des Umfangs der im Rahmen des Standardansatzes zu erfüllenden qualitativen Anforderungen von der deutschen Aufsicht zunächst auf die MaRisk Bezug genommen wurde.[47]

1.9　Verwendung des Basisindikatoransatzes

46　Für die Anwendung des Basisindikatoransatzes werden in der CRR keine ergänzenden qualitativen Anforderungen formuliert. Die qualitativen Anforderungen der MaRisk an den Umgang mit operationellen Risiken sind jedoch, wie bereits ausgeführt, weder sehr umfassend noch sehr detailliert und werden demzufolge auch jene Institute nicht mit unlösbaren Problemen konfrontieren, die den Basisindikatoransatz verwenden.

1.10　Geplante Anpassungen der regulatorischen Eigenmittelanforderungen

47　Die Methoden zur Berechnung der Eigenmittelanforderungen für operationelle Risiken werden in der Fachliteratur zum Teil heftig kritisiert. Vor allem die holzschnittartigen Berechnungsformeln würden der komplexen Natur operationeller Risiken nicht ausreichend Rechnung tragen.[48] Teilweise werden die quantitativen Vorgaben insgesamt infrage gestellt und stattdessen auf die Notwendigkeit qualitativer Vorkehrungen in den Instituten verwiesen, wie z. B. klar strukturierte

---

47　Vgl. Bundesanstalt für Finanzdienstleistungsaufsicht/Deutsche Bundesbank, Empfehlungen des Fachgremiums OpRisk zu den qualitativen Anforderungen im Standardansatz, 27. Juni 2005.

48　Vgl. Pézier, Jacques, A constructive review of Basel's proposals on operational risk, ISMA Discussion Paper, September 2002, S. 1.

Prozesse und eine schriftlich fixierte Ordnung.[49] In den Leitlinien des Baseler Ausschusses zur Anwendung der fortgeschrittenen Messansätze aus dem Jahre 2011 wurden zunächst sehr weitreichende Vorschläge zur Ausgestaltung eines internen Modells unterbreitet, z. B. zur Berücksichtigung von Korrelationen, zur Sammlung von Verlustdaten und zur Validierung.[50] Darüber hinaus wurde in den vergangenen Jahren an der Weiterentwicklung der einzelnen Verfahren zum Management operationeller Risiken intensiv gearbeitet.

Fakt ist, dass sowohl der Basisindikatoransatz als auch der etwas komplexere Standardansatz aufgrund ihrer Ausrichtung auf Ertragskomponenten als wenig risikosensitiv gelten und damit nicht besonders gut geeignet sind, um die operationellen Risiken angemessen abzubilden. Gleichzeitig wird von den Aufsichtsbehörden die Verwendung interner Ansätze immer wieder infrage gestellt, obwohl daran auch strenge qualitative Kriterien und eine Abnahmeprüfung durch die zuständigen Behörden geknüpft sind. Der wesentliche Grund für diese Kritik besteht darin, dass die Ergebnisse der Institute nicht hinreichend miteinander vergleichbar sind. Für die regulatorische Eigenmittelunterlegung nach den Vorgaben der ersten Säule werden deshalb ab dem 1. Januar 2022 die Vorgaben des Baseler Ausschusses für Bankenaufsicht vom Dezember 2017[51] maßgeblich sein, die bei der Überarbeitung der CRR voraussichtlich in dieser Form berücksichtigt werden. Danach werden zukünftig weder die einfachen indikatorbasierten Ansätze noch die fortgeschrittenen Messansätze zulässig sein. Stattdessen müssen die Institute in absehbarer Zukunft einen neuen Standardansatz (»Standardised Approach«, SA) verwenden, der nach Einschätzung des Baseler Ausschusses risikosensitiver ausgestaltet ist. **48**

Für diesen Standardansatz ist ein neuer Geschäftsindikator (»Business Indicator«, BI) maßgeblich, der als Summe der Drei-Jahres-Durchschnitte einer Zins-, Leasing- und Dividendenkomponente (»Interest, Leases and Dividend Component«, ILDC), einer Dienstleistungskomponente (»Services Component«, SC) und einer Finanzkomponente (»Financial Component«, FC) berechnet wird. Die relativ komplexe Zusammensetzung der ILDC ist dem Bemühen geschuldet, Geschäftsmodelle mit einer hohen Zinsmarge oder einem hohen Anteil an Provisionserträgen nicht zu benachteiligen. In Abhängigkeit vom Volumen des Geschäftsindikators wird dieser zur Ermittlung der regulatorischen Eigenmittelanforderungen anschließend mit einem Faktor in Höhe von 12, 15 oder 18 Prozent skaliert (»Business Indicator Component«, BIC). Zumindest alle Institute, bei denen der BIC größer als 12 Prozent beträgt, müssen diesen zur Ermittlung ihrer regulatorischen Eigenmittelanforderungen zusätzlich mit einer Verlustkomponente (»Loss Component«, LC) multiplizieren. Dabei wird auf die durchschnittlichen jährlichen Verluste aus der internen Verlustdatensammlung für einen Zeitraum von zehn Jahren mit dem Faktor 15 abgestellt (»Internal Loss Mulitiplier«, ILM). Für diese Verlustdatensammlung werden diverse qualitative Vorgaben gemacht.[52] **49**

---

49 Vgl. Herring, Richard J., The Basel 2 Approach to Bank Operational Risk: Regulation on the Wrong Track, Wharton Financial Institutions Center, 2002, S. 7 ff.

50 Vgl. Basel Committee on Banking Supervision, Operational Risk – Supervisory Guidelines for the Advanced Measurement Approaches, 30. Juni 2011.

51 Basel Committee on Banking Supervision, Basel III: Finalising post-crisis reforms, BCBS d424, 7. Dezember 2017; Basel Committee on Banking Supervision, Consultative Document – Standardised Measurement Approach for operational risk, BCBS d355, 4. März 2016.

52 Zur genauen Berechnung der regulatorischen Eigenmittelanforderungen für operationelle Risiken und die damit verbundenen qualitativen Anforderungen an die Verlustdatensammlung vgl. KPMG, Operationelle Risiken – Finale Überarbeitung der Kapitalansätze in Säule I durch den Basler Ausschuss für Bankenaufsicht (»Basel IV«), 6. Februar 2018, S. 2 f.

1.11 Umgang mit operationellen Risiken im SREP

50 Die zuständigen Behörden sollten im Rahmen des SREP auf Basis eines tiefgreifenden Verständnisses des Geschäftsmodells, der Geschäfte und der Risikokultur des Institutes die Quellen und die wesentlichen Treiber des operationellen Risikos sowie deren Wechselwirkungen ermitteln sowie die Art und den Umfang des operationellen Risikos bewerten, dem ein Institut ausgesetzt ist oder sein kann. Dabei sollten die Strategie und die Risikotoleranz für das operationelle Risiko, das Geschäftsumfeld und das externe Umfeld (einschließlich geografischer Region), in dem das Institut operiert, die Eigenmittelanforderungen für das operationelle Risiko (unterschieden nach Basisindikatoransatz, Standardansatz und fortgeschrittenen Messansätzen) im Verhältnis zu den Eigenmittelanforderungen insgesamt und, sofern relevant, das für das operationelle Risiko bereitgestellte interne Kapital im Verhältnis zum gesamten internen Kapital, einschließlich historischer Trends und Prognosen (sofern verfügbar), die Höhe und Veränderung der Bruttoerträge, der Aktiva und der Verluste durch operationelle Risiken in den vergangenen Jahren, die jüngsten bedeutenden Unternehmensereignisse (wie Fusionen, Übernahmen, Veräußerungen und Umstrukturierungen), die kurz- oder mittel- bis langfristig eine Änderung des operationellen Risikoprofils des Institutes bewirken können, die Modifizierung wichtiger Elemente von IT-Systemen und/oder Prozessen, die eine Änderung des operationellen Risikoprofils bewirken können, die fehlende Einhaltung anwendbarer Rechtsvorschriften oder interner Vorschriften, die von externen Prüfern oder der Internen Revision gemeldet oder durch öffentliche Informationen ans Licht gebracht werden, die Ambitioniertheit von Geschäftsplänen sowie aggressive Anreize und Vergütungsregelungen (z. B. im Hinblick auf Umsatzziele, Personalabbau usw.), die das Risiko der Nichteinhaltung von Vorschriften, menschlichen Versagens und der Verletzung beruflicher Sorgfaltspflichten erhöhen, die Komplexität von Prozessen und Verfahren, Produkten und IT-Systemen, sofern diese zu Fehlern, Verzögerungen, falschen Spezifikationen, Sicherheitsverletzungen usw. führen können, sowie die Praktiken des Institutes für die Überwachung der Qualität ausgelagerter Dienstleistungen und in welchem Maß sich das Institut des operationellen Risikos in Verbindung mit den ausgelagerten Tätigkeiten sowie des allgemeinen Risikos in Bezug auf Dienstleister bewusst ist, in angemessener Granularität berücksichtigen. Im besonderen Fokus stehen dabei unter Verwendung der internen Schadensfalldatenbanken die Quellen und Treiber des operationellen Risikos mit den größten Auswirkungen auf das Institut, wobei die Häufigkeit und die Schwere der Ereignisse berücksichtigt werden sollten. Neben der Verwendung von Expertenurteilen werden von der EBA qualitativ ausgerichtete Analysen sowie die ergänzende Nutzung öffentlicher Datenbanken und/oder Datenbanken eines Konsortiums empfohlen. Zudem sollten die institutseigenen Szenarioanalysen verwendet und alle bereits umgesetzten und wirksamen Korrektur- und Risikominderungsmaßnahmen berücksichtigt werden.[53]

1.12 Allgemeine Anforderungen an das Management von operationellen Risiken

51 Beim Management der operationellen Risiken geht es vorrangig darum, angemessene Risikosteuerungs- und -controllingprozesse zu etablieren, um die Realisierung operationeller Risiken in Form von Verlusten weitgehend zu vermeiden oder deren negative Auswirkungen für das Institut möglichst gering zu halten. Um dieses Ziel zu erreichen, muss den operationellen Risiken durch

---

[53] Vgl. European Banking Authority, Guidelines on common procedures and methodologies for the supervisory review and evaluation process (SREP) and supervisory stress testing, EBA/GL/2014/13, Consolidated version, 19. Juli 2018, S. 105 ff.

angemessene Maßnahmen Rechnung getragen werden. Dafür ist zunächst eine institutsintern einheitliche Festlegung und Abgrenzung der operationellen Risiken erforderlich, die den Mitarbeitern auch bekannt sein muss (→ BTR4 Tz.1). Auf dieser Basis ist es möglich, die wesentlichen operationellen Risiken zu identifizieren und zu beurteilen. Dies hat zumindest jährlich zu erfolgen (→ BTR4 Tz.2). Eventuelle Schadensfälle sind in angemessener Weise zu erfassen, wobei größere Institute dafür eine Ereignisdatenbank nutzen müssen. Bedeutende Schadensfälle sind unverzüglich hinsichtlich ihrer Ursachen zu analysieren (→ BTR4 Tz.3). An diese Prozesse sind entsprechende Berichtspflichten geknüpft (→ BT3.2 Tz.6). Auf Basis der Berichterstattung – und als Bestandteil davon auch der Ursachenanalyse – ist zu entscheiden, ob und welche Maßnahmen zur Beseitigung der Ursachen zu treffen oder welche Risikosteuerungsmaßnahmen zu ergreifen sind (→ BTR4 Tz.4). Die Umsetzung der festgelegten Maßnahmen ist zu überwachen.

2 Abgrenzung von und Umgang mit operationellen Risiken (Tz. 1)

52   **1** Das Institut hat den operationellen Risiken durch angemessene Maßnahmen Rechnung zu tragen. Für diese Zwecke ist eine institutsintern einheitliche Festlegung und Abgrenzung der operationellen Risiken vorzunehmen und an die Mitarbeiter zu kommunizieren.

2.1 Festlegung und Abgrenzung der operationellen Risiken

53   Um den operationellen Risiken durch angemessene Maßnahmen Rechnung tragen zu können, muss im Institut zunächst Klarheit darüber herrschen, was unter dieser Risikoart genau zu verstehen ist. Insofern beginnt das Management operationeller Risiken mit deren Definition. Grundsätzlich werden diesbezüglich von der deutschen Aufsicht keine Vorgaben gemacht. Allerdings hat die EBA mit ihren Leitlinien zum SREP vom Dezember 2014 die Grundidee der zweiten Säule, wonach jene Risiken berücksichtigt werden sollen, die nach den Vorgaben der ersten Säule nicht oder nicht hinreichend abgedeckt sind, erstmals strikt auf die einzelnen Risikoarten bezogen. Damit wird bei der Prüfung der Angemessenheit der Kapitalausstattung jeweils auf die Einzelrisiken abgestellt (»on a risk-by-risk basis«). Das bedeutet konkret, dass u. a. die Kapitalanforderungen der ersten Säule für die dort behandelten Risikoarten jeweils als Untergrenze in die Kapitalfestsetzung der zweiten Säule eingehen.[54] Diese Vorgehensweise wird deshalb auch als »Säule-1-Plus-Ansatz« bezeichnet. Insofern ist es sicher zweckmäßig, die Definition der CRR auch für interne Zwecke zu verwenden. Dadurch kann gleichzeitig der Datenaustausch mit anderen Instituten, also die Teilnahme an Datenkonsortien, mit deren Hilfe u. a. die eigene Datenbasis für Steuerungszwecke verbessert werden kann, deutlich erleichtert werden. Gemäß Art. 4 Abs. 1 Nr. 52 CRR wird unter dem operationellen Risiko das Risiko von Verlusten verstanden, die durch die Unangemessenheit oder das Versagen von internen Verfahren, Menschen und Systemen oder durch externe Ereignisse verursacht werden.

54   Die Abgrenzung zwischen den operationellen Risiken und anderen Risikoarten ist nicht immer einfach und historisch bedingt auch nicht ganz überschneidungsfrei. So gibt es Schadensfälle, deren Ursachen vielfältiger Natur sind und deren Zuordnung daher nicht zweifelsfrei erfolgen kann. Zudem lassen sich Verluste durch operationelle Risiken in der Praxis auch nicht ohne weiteres von Verlusten aus Marktpreisrisiken unterscheiden. Um eine vollständige Datenerfassung sicherzustellen, erfolgt teilweise ein Abgleich mit den Buchungen des Handels, denen in Stichproben nachgegangen wird.[55] Als sogenannte »boundary events« können Verluste eingestuft werden, die zwar einem anderen Risiko zugerechnet werden oder bereits wurden, wie z. B. den Kreditverlusten, ihren Ursprung aber in Ereignissen wie z. B. mangelhaften Prozessen und Kontrollen haben oder hatten (→ BTR 4 Tz. 1, Erläuterung). Folglich sind in den Datenbanken in der Vergangenheit, als der Begriff operationelle Risiken noch gar nicht verwendet wurde, viele

---

54 Vgl. European Banking Authority, Leitlinien zu gemeinsamen Verfahren und Methoden für den aufsichtlichen Überprüfungs- und Bewertungsprozess (SREP), EBA/GL/2014/13, 19. Dezember 2014, S. 125. Diese Philosophie ist auch Bestandteil der überarbeiteten Leitlinien. Vgl. European Banking Authority, Guidelines on common procedures and methodologies for the supervisory review and evaluation process (SREP) and supervisory stress testing, EBA/GL/2014/13, Consolidated version, 19. Juli 2018, S. 133.

55 Vgl. Bundesanstalt für Finanzdienstleistungsaufsicht/Deutsche Bundesbank, Bericht über die Industrieaktion AMA operationelles Risiko 2005, 29. September 2005, S. 28 f.

Schadensfälle unter anderen Risikoarten – insbesondere bei den Adressenausfallrisiken – erfasst worden. Eine nachträgliche Bereinigung dieser Datenbanken ist jedoch sehr aufwendig und könnte mit Problemen für die zukünftige Verwendung dieser Datenbanken im Hinblick auf die Aussagekraft von statistischen Auswertungen verbunden sein.

Daher müssen jene Institute, die ihre regulatorischen Eigenmittelanforderungen anhand von **55** fortgeschrittenen Messansätzen berechnen (AMA-Institute), nach Art. 322 Abs. 3 lit. b CRR Verluste aufgrund des operationellen Risikos, die im Zusammenhang mit Kreditrisiken stehen und in der Vergangenheit in eine interne Kreditrisiko-Datenbank eingeflossen sind, in der Datenbank für das operationelle Risiko erfassen und separat ausweisen. Derartige Verluste unterliegen keiner Eigenmittelanforderung für das operationelle Risiko, sofern die Institute sie für die Berechnung der Eigenmittelanforderung weiterhin als Kreditrisiko behandeln müssen. Verluste aufgrund von operationellen Risiken, die im Zusammenhang mit Marktpreisrisiken stehen, werden von den Instituten hingegen bei der Berechnung der Eigenmittelanforderung für operationelle Risiken berücksichtigt.[56] Unabhängig davon sollten diese Verluste natürlich berücksichtigt werden, wenn es um die Ableitung von Managementmaßnahmen geht.

Zudem existieren verschiedene Risikokategorien oder -unterkategorien, die eine gewisse Nähe zu **56** den operationellen Risiken auszeichnet. Das trifft in besonderem Maße auf die »nicht-finanziellen Risiken« (»Non-Financial Risks«, NFR) zu, die nicht durchgängig mit den operationellen Risiken gleichgesetzt werden können. Beispielhaft sei auf die Reputationsrisiken und die strategischen Risiken verwiesen, die vom Baseler Ausschuss für Bankenaufsicht explizit vom Definitionsbereich der operationellen Risiken ausgeklammert wurden.[57] Auch andere Risiken lassen sich zumindest nicht eindeutig den in Modul BTR behandelten Risikoarten zuordnen und sollten deshalb vor dem Hintergrund möglicher Zusammenhänge mit den operationellen Risiken in diese Abgrenzung einbezogen werden. Dazu gehören z. B. Pensionsrisiken, Immobilienrisiken, Versicherungsrisiken, Fondsrisiken und das Risiko einer übermäßigen Verschuldung ($\rightarrow$ BTR, Einführung).

Für das Management der operationellen Risiken ist seit der fünften MaRisk-Novelle eine **57** institutsintern einheitliche Festlegung der operationellen Risiken inklusive einer möglichst klaren Abgrenzung zu anderen vom Institut betrachteten Risiken vorzunehmen und an die Mitarbeiter zu kommunizieren ($\rightarrow$ BTR 4 Tz. 1, Erläuterung). In Analogie dazu verweist der Baseler Ausschuss für Bankenaufsicht darauf, dass die Wirksamkeit eines OpRisk-Rahmenwerkes, das alle Institute implementieren und vollständig in die Risikosteuerungs- und -controllingprozesse des Institutes integrieren sollen, erheblich beeinträchtigt werden kann, wenn die operationellen Risiken und Verluste nicht angemessen beschrieben und klassifiziert werden. Um die Konsistenz der Risikoidentifizierung, der Risikoeinstufung und des Risikomanagements zu gewährleisten, wird eine gemeinsame Taxonomie der Begriffe für operationelle Risiken gefordert. Eine inkonsistente Taxonomie kann die Wahrscheinlichkeit erhöhen, dass bestimmte Risiken nicht identifiziert und kategorisiert werden, oder die Verantwortung für ihre Beurteilung, Überwachung, Kontrolle und Minderung nicht festgelegt wird.[58]

---

56 Diese Vorgaben aus der CRR gelten grundsätzlich auch für die Verlustdatensammlung nach dem neuen Standardansatz. Vgl. Basel Committee on Banking Supervision, Basel III: Finalising post-crisis reforms, BCBS d424, 7. Dezember 2017, S. 131.

57 Vgl. Basel Committee on Banking Supervision, Principles for the Sound Management of Operational Risk and the Role of Supervision, BCBS 292, 6. Oktober 2014, S. 3; Basel Committee on Banking Supervision, Sound Practices for the Management and Supervision of Operational Risk, BCBS 96, 25. Februar 2003, S. 2.

58 Vgl. Basel Committee on Banking Supervision, Principles for the Sound Management of Operational Risk and the Role of Supervision, BCBS 292, 6. Oktober 2014, S. 7 f.

2.2 Umgang mit operationellen Risiken

58 Die Geschäftsleitung sollte sicherstellen, dass das operationelle Risiko, das allen wesentlichen Produkten, Tätigkeiten, Prozessen und Systemen innewohnt, identifiziert und bewertet wird, um sicherzustellen, dass die inhärenten Risiken und Anreize gut verstanden werden.[59] Dabei sollte nicht vergessen werden, dass das operationelle Risiko erst seit einigen Jahren als eigenständige Risikoart behandelt wird. Seitdem wurden von den Aufsichtsbehörden verschiedene Anforderungen formuliert, die sich auf den Umgang mit sehr unterschiedlichen Unterkategorien der operationellen Risiken beziehen. Es ist unmittelbar einleuchtend, dass z. B. der Steuerung und Überwachung von Fehlverhaltensrisiken nicht dieselben Prozesse zugrundeliegen, wie dem Umgang mit IKT-Risiken, da sich deren Gefahrenquellen wesentlich voneinander unterscheiden. Insoweit könnte es nach wie vor erforderlich sein, die Mitarbeiter zunächst grundsätzlich für den Umgang mit operationellen Risiken zu sensibilisieren und anschließend permanent über neue Entwicklungen zu informieren. Dies kann z. B. durch geeignete Schulungsmaßnahmen oder Workshops erreicht werden. Letztlich müssen die Mitarbeiter eines Institutes einen wesentlichen Input bei der Identifikation operationeller Risiken leisten. Auch der Baseler Ausschuss für Bankenaufsicht erwartet, dass auf allen Ebenen des Unternehmens ein angemessenes Niveau an Schulungen zu operationellen Risiken zur Verfügung steht. Die angebotene Ausbildung sollte das Dienstalter, die Rolle und die Verantwortung der Personen widerspiegeln, für die sie bestimmt ist.[60]

59 Die Anforderungen der MaRisk zielen auf einen sachgerechten Umgang mit operationellen Risiken ab. Aus betriebswirtschaftlicher Sicht geht es bei deren Management um das Vermeiden oder Reduzieren von Schadensfällen mit negativen Auswirkungen auf die Ertrags-, Liquiditäts- oder Vermögenslage eines Institutes. Um dieses Ziel zu erreichen, müssen zunächst die potenziellen Schadensfälle mit entsprechender Bedeutung für das Institut, d. h. die wesentlichen operationellen Risiken, identifiziert und beurteilt werden (→ BTR 4 Tz. 2). Zur Identifizierung möglicher Schadensfälle bietet es sich an, die aus operationellen Risiken resultierenden tatsächlichen Verluste der Vergangenheit in geeigneter Weise zu erfassen und, zumindest im Fall von Ereignissen mit bedeutenden Auswirkungen, hinsichtlich ihrer Ursachen zu analysieren (→ BTR 4 Tz. 3). Die Erfahrungen aus der Vergangenheit können dazu genutzt werden, potenzielle Schadensfälle in der Zukunft abzuschätzen und bei Kenntnis von deren Ursachen rechtzeitig mit Steuerungsmaßnahmen zu reagieren.

60 Dabei dürfen allerdings Ereignisse, die im Endeffekt keinen Schaden zur Folge hatten, nicht ausgeblendet werden. So werden die durch Fehler oder Mängel ausgelösten Ereignisse, die letztlich zu keinem Verlust geführt haben, wie z. B. eine fehlerhafte Zahlung an einen falschen Kontrahenten, die dieser aber zurückgezahlt hat, als »Beinaheverluste« bezeichnet. Durch die Rückzahlung des Kontrahenten ist in diesem Fall zwar kein Schaden entstanden. Trotzdem hat die fehlerhafte Zahlung eine bestimmte Ursache, die es zu ermitteln gilt, um vergleichbare Probleme in Zukunft zu vermeiden. Die Prozesse zum Management operationeller Risiken sollten daher auch den Umgang mit nicht eindeutig zuordenbaren Schadensfällen, Beinaheverlusten und zusammenhängenden Ereignissen umfassen (→ BTR 4 Tz. 1, Erläuterung).

61 Die Verantwortung für alle wesentlichen Elemente des Risikomanagements trägt die Geschäftsleitung, die in diesem Zusammenhang auch die operationellen Risiken des Institutes beurteilen und die erforderlichen Maßnahmen zu ihrer Begrenzung treffen können muss (→ AT 3 Tz. 1). Hierzu ist es erforderlich, die Geschäftsleitung mindestens jährlich über bedeutende Schadensfälle und wesentliche operationelle Risiken inklusive der Art des Schadens bzw. Risikos, der Ursachen,

---

59 Vgl. Basel Committee on Banking Supervision, Principles for the Sound Management of Operational Risk and the Role of Supervision, BCBS 292, 6. Oktober 2014, S. 11.

60 Vgl. Basel Committee on Banking Supervision, Principles for the Sound Management of Operational Risk and the Role of Supervision, BCBS 292, 6. Oktober 2014, S. 7.

des Ausmaßes des Schadens bzw. Risikos und ggf. der bereits getroffenen Gegenmaßnahmen zu unterrichten (→ BT 3.2 Tz. 6). Auf Basis dieser Berichterstattung können angemessene Entscheidungen getroffen werden, ob und ggf. welche Maßnahmen zur Beseitigung der Ursachen zu treffen oder welche Risikosteuerungsmaßnahmen zu ergreifen sind (→ BTR 4 Tz. 4). Um Schadensfälle aus operationellen Risiken gänzlich auszuschließen, müsste das Institut seinen Geschäftsbetrieb komplett einstellen. Aus diesem Grund ist jeweils unter Kosten-/Nutzen-Gesichtspunkten zu entscheiden, welche operationellen Risiken vom Institut in Kauf genommen werden und welche Risiken durch steuernde Maßnahmen gemindert, vermieden oder auf Dritte übertragen werden sollen. Die Umsetzung der zu treffenden Maßnahmen ist zu überwachen (→ BTR 4 Tz. 4).

2.3 Maßnahmen zur Reduzierung operationeller Risiken

Zunächst kann sich ein Institut bewusst dafür entscheiden, bestimmte Risiken zu tragen, weil sich   **62**
z. B. entsprechende Gegensteuerungsmaßnahmen aus betriebswirtschaftlichen Überlegungen als unbrauchbar erweisen. Dies wird insbesondere dann der Fall sein, wenn die Erträge aus der jeweiligen Geschäftstätigkeit die potenziellen Verluste aus damit verbundenen operationellen Risiken deutlich übersteigen und die Kosten zur wirksamen Risikominderung höher sind als die potenziellen Verluste. Da es sich bei einer derartigen Betrachtung nur um eine Momentaufnahme handelt, sollten die Entscheidungen zum bewussten Eingehen bestimmter Risiken in regelmäßigen Abständen hinterfragt werden. Sofern das Institut bestimmte Risiken bewusst eingeht, ist darüber hinaus sicherzustellen, dass die institutsinternen Vorkehrungen diesen zusätzlichen Risiken hinreichend gerecht werden.

Sofern die Risiken nicht getragen werden sollen, können drei grundlegende Vorgehensweisen   **63**
unterschieden werden:
– Risikominderung, z. B. durch Qualifizierungsmaßnahmen der Mitarbeiter, Investition in die verwendeten Systeme und Verfahren, Neustrukturierung bestehender Prozesse, Anpassung organisatorischer Festlegungen, Optimierung von Schutzmaßnahmen, Neuausrichtung einzelner Geschäftsaktivitäten, Verbesserung der vorhandenen Kontrollmechanismen oder Einführung von Notfallplänen,
– Risikovermeidung, z. B. durch den vollständigen Rückzug aus bestimmten Geschäftsfeldern und
– Risikoübertragung, z. B. durch Abschluss geeigneter Versicherungen oder den Handel mit verbrieften Risiken (so genannten »Katastrophenbonds«).[61]

Für den normalen Geschäftsbetrieb werden i. d. R. diverse Maßnahmen zur Risikominderung   **64**
festgelegt. Die Einleitung von konkreten Schritten zur Risikovermeidung wird insbesondere dann erforderlich, wenn in der Vergangenheit strategische Fehler gemacht wurden. So erfordert z. B. der Markteintritt in bestimmte Geschäftsfelder oder hochkomplexe Produkte, wie Verbriefungen, Kreditderivate oder bestimmte Arten von Projektfinanzierungen, ein besonderes Know-how und kann mit empfindlichen Verlusten verbunden sein, wenn diesbezüglich Defizite bestehen. Diverse Maßnahmen zur Absicherung von Adressenausfallrisiken können durchaus mit operationellen Risiken einhergehen. Der Abschluss von Versicherungen bietet sich in erster Linie zur Regulierung besonders großer Schäden mit äußerst geringer Eintrittswahrscheinlichkeit (»High Impact, Low

---

61 Vgl. Bundesanstalt für Finanzdienstleistungsaufsicht/Deutsche Bundesbank, Bericht über die Industrieaktion AMA operationelles Risiko 2005, 29. September 2005, S. 10.

Frequency«, HILF) an. Die Bandbreite der Möglichkeiten zum Umgang mit operationellen Risiken ist also sehr groß.

65   Die dabei zu ergreifenden Maßnahmen müssen nicht übermäßig komplex sein, zumal sich weder aus den quantitativen Vorgaben zur Steuerung operationeller Risiken noch aus den MaRisk die zwingende Notwendigkeit ausgefeilter Methoden ableiten lässt. Entscheidend ist letztlich, dass auf das jeweilige Risikopotenzial angemessen reagiert wird. Diesbezüglich werden in der Praxis diverse Vorschläge unterbreitet. So wurde z. B. angeregt, auf wirtschaftskriminelle Handlungen, die für die Institute eine wachsende Rolle spielen und vor allem Reputationsschäden nach sich ziehen können, durch Einführung eines Verhaltenskodex zu reagieren.[62] Hier besteht eine große Nähe zu Compliance-Richtlinien, die u. a. durch die Vorgaben der MiFID und seit der vierten MaRisk-Novelle auch durch die explizite Anforderung, eine derartige Funktion zu etablieren (→ AT4.4.2 Tz.1), in der Kreditwirtschaft zunehmend an Bedeutung gewinnen. So wird der Compliance-Funktion von der EBA u. a. die Aufgabe zugewiesen, angemessene Maßnahmen gegen interne oder externe betrügerische Handlungen und Disziplinverstöße (z. B. Verletzung von internen Verfahren, Limitüberschreitungen) zu ergreifen.[63] Inwiefern die Compliance-Funktion in diesem Fall auf die Risikocontrolling-Funktion zurückgreift, kann institutsindividuell festgelegt werden (→ AT4.4.2 Tz.3).

66   Betrügerische Handlungen sind zunehmend auch auf Cyber-Angriffe und sonstige externe IKT-basierte Angriffe zurückzuführen. Die EBA nennt in diesem Zusammenhang u. a. die Ausführung betrügerischer Zahlungsvorgänge durch Hacker durch die Unterbrechung oder Umgehung der Sicherheitsvorkehrungen von E-Banking- und Zahlungsdiensten mit dem Ziel der Ausführung nicht autorisierter Transaktionen und/oder durch den Angriff auf und die Ausnutzung von Sicherheitslücken in den internen Zahlungssystemen des Institutes, wie z. B. betrügerische SWIFT-Mitteilungen. Ebenso weist die EBA auf die Ausführung betrügerischer Wertpapiertransaktionen durch Hacker durch die Unterbrechung oder Umgehung der Sicherheitsvorkehrungen der E-Banking-Dienste hin, die auch den Zugriff auf die Wertpapierdepots der Kunden ermöglichen. Bei den so genannten Pump-and-Dump-Angriffen erhalten die Angreifer Zugriff auf die E-Banking-Wertpapierdepots von Kunden und veranlassen betrügerische Kauf- oder Verkaufsaufträge, um den Marktpreis zu beeinflussen und/oder Gewinne auf Basis von früheren Wertpapierpositionen zu erzielen.[64] Die zuständigen Behörden sollen deshalb dem Management der IKT-Sicherheitsrisiken, für das sehr detaillierte Vorgaben gemacht werden, im Rahmen des SREP besondere Aufmerksamkeit widmen.[65]

2.4   Operationelle Risiken bei Auslagerungen

67   Im Zusammenhang mit der Vermeidung oder Reduzierung operationeller Risiken werden häufig auch Auslagerungen genannt. Derartigen Maßnahmen liegt die Überlegung zugrunde, dass im Fall ausgelagerter Tätigkeiten die Gefahr von Verlusten, die infolge der Unangemessenheit oder des Versagens von internen Verfahren und Systemen oder Mitarbeitern eintreten können, reduziert werden kann. Die Definition operationeller Risiken schließt jedoch auch Verluste ein, die auf

---

62 Vgl. Ramke, Thomas, Wirtschaftskriminalität als operationelles Risiko: Herausforderung für die Praxis, in: BankPraktiker, Heft 3/2007, S. 139 ff.

63 Vgl. European Banking Authority, Leitlinien zur internen Governance, EBA/GL/2017/11, 21. März 2018, S. 47.

64 Vgl. European Banking Authority, Leitlinien für die IKT-Risikobewertung im Rahmen des aufsichtlichen Überprüfungs- und Bewertungsprozesses (SREP), EBA/GL/2017/05, 11. September 2017, S. 29 f.

65 Die EBA erwartet, dass die Institute spezifische Kontrollen zur Bewältigung der ermittelten erheblichen IKT-Risiken einführen und stellt für die IKT-Verfügbarkeits- und Kontinuitätsrisiken, IKT-Sicherheitsrisiken, IKT-Änderungsrisiken, IKT-Datenintegritätsrisiken und IKT-Auslagerungsrisiken eine nicht erschöpfende Liste spezifischer Kontrollen zur Verfügung. Vgl. European Banking Authority, Leitlinien für die IKT-Risikobewertung im Rahmen des aufsichtlichen Überprüfungs- und Bewertungsprozesses (SREP), EBA/GL/2017/05, 11. September 2017, S. 18 ff.

externe Ereignisse zurückgeführt werden. Insofern können die Auslagerungsmaßnahmen selbst wieder operationelle Risiken in sich bergen. Dies betrifft z. B. die Qualität von Service Level Agreements oder die Ausweichmöglichkeiten auf andere Dienstleister im Fall eines Ausfalls.[66] Der Abschluss von Verträgen über die Auslagerung von Aktivitäten und Prozessen zählt deshalb ausdrücklich nicht zu den Instrumenten einer Risikoverlagerung.[67]

Der Baseler Ausschuss für Bankenaufsicht verweist auf den Zusammenhang zwischen Aus- **68** lagerungsrisiken und Drittpartei-Risiken. Die Beteiligung von zusätzlichen Parteien an der Wertschöpfungskette könnte mit einer Zunahme von Betriebsstörungen verbunden sein. Gleichzeitig könnte eine starke Verbreitung innovativer Produkte und Dienstleistungen von Drittanbietern die Komplexität und das Risiko der Geschäftstätigkeit erhöhen, wenn die Steuerung nicht damit Schritt halten kann. Eine der größten Herausforderungen für die Institute besteht folglich darin, jene Geschäfts- und Risikomanagement-Aktivitäten zu überwachen, die bei Dritten stattfinden.[68] Letztlich obliegt es den Instituten, ein angemessenes Verständnis und ein aktives Management der Abhängigkeiten von Dritten und der damit verbundenen Konzentrationen über die gesamte Wertschöpfungskette hinweg nachzuweisen. Es sollte ein ausgewogenes Modell der Verantwortlichkeiten gefunden werden, insbesondere bei Dritten, die nicht der Bankenaufsicht unterliegen.[69]

Zur Beurteilung der Risikosituation sollte unterschieden werden, ob sich eventuelle Verluste auf **69** Seiten des Dienstleisters überhaupt auf das Institut auswirken. Als operationelles Risiko des auslagernden Unternehmens wird deshalb nur die Gefahr von Verlusten angesehen, die durch eine mangelnde oder trotz Zuständigkeit nicht erbrachte Leistung des Dienstleistungsanbieters im Institut entstehen, wobei auch das Rechtsrisiko des Auslagerungsvertrages berücksichtigt werden muss.[70] Grundsätzlich sind alle Anforderungen zum Outsourcing geeignet, operationelle Risiken bei ausgelagerten Aktivitäten und Prozessen zu vermeiden. In erster Linie betrifft dies die Vorgaben
– zur Risikoanalyse von Auslagerungen (→ AT 9 Tz. 2),
– zur Sicherstellung der Ordnungsmäßigkeit der Geschäftsorganisation bei wesentlichen und nicht wesentlichen Auslagerungen (→ AT 9 Tz. 3 und 4),
– zur Gewährleistung der wirksamen Überwachung der vom Auslagerungsunternehmen erbrachten Dienstleistungen und zur Fortsetzung des ordnungsmäßigen Betriebes im Falle der Beendigung des Auslagerungsverhältnisses sowie zur Einschränkung der Möglichkeiten einer vollständigen Auslagerung bestimmter Funktionen (→ AT 9 Tz. 5),
– zur Sicherstellung der Kontinuität und Qualität der ausgelagerten Aktivitäten und Prozesse bei Beendigung der Auslagerungsvereinbarung (→ AT 9 Tz. 6),
– zur Ausgestaltung des Auslagerungsvertrages (→ AT 9 Tz. 7),
– zur Mitwirkung des auslagernden Institutes bei Weiterverlagerungen (→ AT 9 Tz. 8 und 11),
– zur Steuerung der mit wesentlichen Auslagerungen verbundenen Risiken (→ AT 9 Tz. 9),
– zur Überwachung der Ausführung ausgelagerter Aktivitäten und Prozesse inkl. der Leistungsbeurteilung des Auslagerungsunternehmens (→ AT 9 Tz. 9),
– zur Festlegung klarer Verantwortlichkeiten von Steuerung und Überwachung der Auslagerungen (→ AT 9 Tz. 10),

---

66 Vgl. Bundesanstalt für Finanzdienstleistungsaufsicht/Deutsche Bundesbank, Bericht über die Industrieaktion AMA operationelles Risiko 2005, 29. September 2005, S. 24.
67 Vgl. Bundesanstalt für Finanzdienstleistungsaufsicht/Deutsche Bundesbank, Empfehlungen des Fachgremiums OpRisk zur Berücksichtigung von Versicherungen in fortgeschrittenen Messansätzen, 6. Juni 2007.
68 Vgl. Basel Committee on Banking Supervision, Sound Practices – Implications of fintech developments for banks and bank supervisors, BCBS d431, 19. Februar 2018, S. 24 ff.
69 Vgl. Basel Committee on Banking Supervision, Cyber-resilience: Range of practices, BCBS d454, 4. Dezember 2018, S. 6.
70 Vgl. Bundesanstalt für Finanzdienstleistungsaufsicht/Deutsche Bundesbank, Empfehlungen des Fachgremiums OpRisk zur Definition des operationellen Risikos, 25. Juli 2006.

– zur Gewährleistung einer ordnungsgemäßen Durchführung der besonderen Funktionen im Fall ihrer vollständigen Auslagerung (→ AT 9 Tz. 10) und
– zur Einrichtung eines zentralen Auslagerungsmanagements und zur Festlegung von dessen Kernaufgaben (→ AT 9 Tz. 12 und 13).

70 Ergänzende Vorgaben zum sonstigen Fremdbezug von IT-Dienstleistungen enthalten die »Bankaufsichtlichen Anforderungen an die IT« (BAIT) sowie die bisher nur im Entwurf vorliegenden Leitlinien der EBA zu Auslagerungen[71], in denen auch die Empfehlungen zu Auslagerungen an Cloud-Anbieter aufgegangen sind.[72] Schließlich hat die deutsche Aufsicht im November 2018 eine Orientierungshilfe zu Auslagerungen an Cloud-Anbieter veröffentlicht, um ein Problembewusstsein im Umgang mit Cloud-Diensten und den damit verbundenen bankaufsichtlichen Anforderungen zu schaffen.[73]

2.5 Organisatorische Maßnahmen zum Management operationeller Risiken

71 Die Anforderungen an die Aufbau- und Ablauforganisation schließen auch die Risikosteuerungs- und -controllingprozesse mit ein. So existieren z. B. zwischen den Anforderungen an das Kreditgeschäft (→ BTO 1) und an die Adressenausfallrisiken (→ BTR 1) sowie zwischen den Anforderungen an das Handelsgeschäft (→ BTO 2) und an die Marktpreisrisiken (→ BTR 2) klare wechselseitige Zusammenhänge. Im Bereich der operationellen Risiken bestehen sogar Verknüpfungen mit sämtlichen Organisationseinheiten. Trotz dieser vielfältigen Zusammenhänge sehen die MaRisk für das Management der operationellen Risiken keine konkreten aufbauorganisatorischen Anforderungen vor, die über die allgemeinen Funktionstrennungsprinzipien hinausgehen. Es liegt demnach weitgehend im Ermessen des Institutes, aufbauorganisatorische Vorkehrungen zu treffen. Beispielhaft sei auf verschiedene Entwicklungen in der Praxis hingewiesen. Viele Institute haben in den letzten Jahren eine zentrale »OpRisk-Einheit« installiert, die für die Risikosteuerungs- und -controllingprozesse im Bereich der operationellen Risiken institutsweit verantwortlich ist. Insbesondere in kleineren Instituten handelt es sich dabei oftmals nur um eine einzelne Person. In größeren Instituten wird diese zentrale Einheit hingegen teilweise durch dezentrale »OpRisk-Stellen« unterstützt.

72 Nachfolgend soll die Ausgestaltung solcher zentralen und dezentralen Lösungen näher erläutert werden. Ausdrücklich wird allerdings darauf hingewiesen, dass die Einrichtung einer unabhängigen zentralen OpRisk-Einheit gemäß Art. 321 lit. b CRR (»Risikomanagement-Funktion für das operationelle Risiko«) nur bei Verwendung fortgeschrittener Messansätze erforderlich ist. Die Etablierung dezentraler OpRisk-Stellen wird sogar überhaupt nicht vorgeschrieben.

---

71 European Banking Authority, Consultation Paper – EBA Draft Guidelines on Outsourcing arrangements, EBA/CP/2018/11, 22. Juni 2018.
72 European Banking Authority, Empfehlungen zur Auslagerung an Cloud-Anbieter, EBA/REC/2017/03, 28. März 2018.
73 Bundesanstalt für Finanzdienstleistungsaufsicht, Merkblatt – Orientierungshilfe zu Auslagerungen an Cloud-Anbieter, 8. November 2018.

2.6 Aufgaben der zentralen OpRisk-Einheit

Die Aufgaben einer zentralen OpRisk-Einheit umfassen vor allem die Überwachung und Kommunikation der operationellen Risiken. Diese Funktionen werden in der Praxis grundsätzlich dem Risikocontrolling zugeordnet. In der Verantwortung der zentralen OpRisk-Einheit liegen z. B. die Ursachenanalyse bedeutender Schadensfälle, die Unterrichtung der Geschäftsleitung über bedeutende Schadensfälle und wesentliche operationelle Risiken, die auch Handlungsvorschläge enthalten kann, sowie die Überwachung der Umsetzung der festgelegten Maßnahmen. Sie ist die zentrale Anlaufstelle für sämtliche Fragen zum operationellen Risiko, zur Koordinierung sowie Unterstützung der Geschäftsbereiche. **73**

Weitere Aufgaben könnten z. B. sein[74]: **74**
- Entwicklung einer Strategie für die Behandlung operationeller Risiken,
- Definition, Aktualisierung und Überwachung der Umsetzung des OpRisk-Rahmenwerkes,
- Erarbeitung der fachlichen Vorgaben, wie z. B. Richtlinien und Konzepte mit Bezug zum OpRisk-Rahmenwerk,
- Entwicklung, Überprüfung und ggf. Anpassung der zugrundeliegenden qualitativen und quantitativen Methoden und Instrumente,
- systematische Überwachung des operationellen Risikos im Institut,
- Federführung bei der qualitativen Beurteilung der Risikosituation, z. B. im Rahmen eines Self-Assessments oder einer Risikoinventur[75],
- Quantifizierung der operationellen Risiken,
- Zusammenführung steuerungsrelevanter Risikoinformationen für die Berichterstattung,
- Eskalation von bedeutenden OpRisk-Sachverhalten und damit verbundene Handlungsempfehlungen oder deren Überwachung sowie
- Backtesting und Benchmarking der Modellergebnisse, Angaben zum so genannten »Use Test«, mit dem die Verwendung der fortgeschrittenen Messansätze auch für die interne Steuerung nachgewiesen werden muss, sowie Darlegung der Erfüllung der regulatorischen Anforderungen gegenüber der Aufsicht.

Der Baseler Ausschuss für Bankenaufsicht hält eine unabhängige zentrale OpRisk-Einheit (»Corporate Operational Risk Function«, CORF) als zweite Verteidigungslinie und Ergänzung zum operativen Risikomanagement der Geschäftseinheiten der ersten Verteidigungslinie für erforderlich. Die Unabhängigkeit der zentralen OpRisk-Einheit kann bei kleineren Instituten durch Aufgabentrennung und unabhängige Überprüfung von Prozessen und Funktionen erreicht werden. Die OpRisk-Einheit sollte über eine ausreichende Anzahl von Personal verfügen, das mit dem Management operationeller Risiken vertraut ist, um ihren vielfältigen Aufgaben wirksam gerecht zu werden. Bei größeren Instituten sollte die zentrale OpRisk-Einheit über eine von den risikobehafteten Geschäftsfeldern unabhängige Berichtsstruktur verfügen und für die Gestaltung, Aufrechterhaltung und Weiterentwicklung des OpRisk-Rahmenwerkes verantwortlich sein. Diese Funktion kann auch die Prozesse zur Quantifizierung des operationellen Risikos und die Verantwortung für die Berichterstattung an die Geschäftsleitung umfassen. Eine Schlüsselfunktion der zentralen OpRisk-Einheit besteht darin, die Zulieferungen der Geschäftseinheiten in die Risikosteuerungs- und -controllingprozesse sowie die Berichtssysteme und die entsprechenden Rückläufe an die Geschäftseinheiten zu hinterfragen.[76] **75**

---

74 Vgl. Bundesanstalt für Finanzdienstleistungsaufsicht/Deutsche Bundesbank, Bericht über die Industrieaktion AMA operationelles Risiko 2005, 29. September 2005, S. 12 f.

75 Denkbar wäre hier auch eine Stenarioanalyse.

76 Vgl. Basel Committee on Banking Supervision, Principles for the Sound Management of Operational Risk and the Role of Supervision, BCBS 292, 6. Oktober 2014, S. 4.

76   Die Geschäftsleitung sollte dafür Sorge tragen, dass den OpRisk-Managern eine ausreichende Bedeutung beigemessen wird, indem ihnen ein vergleichbarer Titel zugebilligt wird, wie den Funktionen in anderen Risikobereichen. Zudem sollte sichergestellt werden, dass die OpRisk-Manager mit den für das Management von Adressenausfall-, Marktpreis- und anderen Risiken verantwortlichen Mitarbeitern sowie mit denjenigen, die für die Beschaffung externer Dienstleistungen verantwortlich sind (wie Versicherungsrisikotransfer und Outsourcing-Vereinbarungen), effektiv kommunizieren. Andernfalls könnten im Risikomanagement des Institutes erhebliche Lücken oder Überschneidungen vorkommen.[77]

2.7   Aufgaben der dezentralen OpRisk-Stellen

77   Dezentrale OpRisk-Stellen stehen in der Praxis als Ansprechpartner für die Mitarbeiter in ihrer Organisationseinheit zur Verfügung und sind dafür zuständig, dass die Meldungen von Schadensfällen an die OpRisk-Einheit sämtliche Ereignisse in der vorgeschriebenen Weise berücksichtigen. Sie sind i.d.R. auch diejenigen, die anlassbezogen unter Risikogesichtspunkten wesentliche Informationen an die Geschäftsleitung, die jeweiligen Verantwortlichen, wie z.B. die zentrale OpRisk-Einheit, und ggf. die Interne Revision weiterleiten (→ AT4.3.2 Tz.4).

78   Die Mitarbeiter eines Institutes leisten durch ihre Meldungen von Schadensfällen einen wesentlichen Beitrag zur Identifikation operationeller Risiken. Bei solchen Lösungen sollte nicht vergessen werden, dass sie einem Interessenkonflikt ausgesetzt sind, wenn sie z.B. selbst eine Mitschuld am jeweiligen Schadensfall tragen. Insofern kann es sinnvoll sein, gewisse Anreize dafür zu schaffen, dass die Schäden tatsächlich gemeldet werden. Ein Institut hat für diese Zwecke z.B. ein interessantes »Versicherungssystem« installiert. Danach werden die einzelnen Bereiche zunächst mit einem nach bestimmten Kriterien ermittelten Kapitalbetrag belastet. Meldet der Bereich einen konkreten Schadensfall, so wird ihm die Hälfte der jeweiligen Bruttoschadensumme gutgeschrieben.

---

77 Vgl. Basel Committee on Banking Supervision, Principles for the Sound Management of Operational Risk and the Role of Supervision, BCBS 292, 6. Oktober 2014, S. 10.

3 Identifizierung und Beurteilung operationeller Risiken (Tz. 2)

2 Es muss gewährleistet sein, dass wesentliche operationelle Risiken zumindest jährlich identifiziert und beurteilt werden. **79**

3.1 Kriterium der Wesentlichkeit

Die Institute haben den operationellen Risiken durch angemessene Maßnahmen Rechnung zu tragen (→ BTR 4 Tz. 1). Hinsichtlich der Identifizierung und Beurteilung der operationellen Risiken sowie der Ursachenanalyse bei Schadensfällen (→ BTR 4 Tz. 3) besteht kein Vollständigkeitsanspruch. Die Institute haben sich in erster Linie mit den wesentlichen operationellen Risiken bzw. den bedeutenden Schadensfällen auseinanderzusetzen und eine angemessene Erfassung von Schadensfällen sicherzustellen. Diese Abstufung befindet sich im Einklang mit der generellen Anforderung, angemessene Risikosteuerungs- und -controllingprozesse einzurichten, die eine Identifizierung, Beurteilung, Steuerung sowie Überwachung und Kommunikation der wesentlichen Risiken gewährleisten (→ AT 4.3.2 Tz. 1). **80**

3.2 Wesentliche operationelle Risiken

Wie bereits ausgeführt, können die operationellen Risiken auch als potenzielle Schadensfälle bezeichnet werden. Es stellt sich also zunächst die Frage, wann ein potenzieller Schadensfall als wesentlich einzustufen ist und unter welchen Umständen ein tatsächlicher Schadensfall als bedeutend bezeichnet werden muss. Sinnvollerweise sollte zwischen beiden Festlegungen ein direkter Zusammenhang hergestellt werden. Die Risikosteuerungs- und -controllingprozesse dienen u. a. dazu, Verluste für das Institut weitgehend zu vermeiden oder in ihren Auswirkungen in vertretbaren Grenzen zu halten. Vor diesem Hintergrund ist es naheliegend, operationelle Risiken immer dann als »wesentlich« anzusehen, wenn sie »bedeutende« Schadensfälle zur Folge haben können. Auf diese Weise müssen einerseits institutsintern nur Festlegungen zu bedeutenden Schadensfällen getroffen werden (→ BTR 4 Tz. 3). Andererseits erfolgt eine konsistente Verknüpfung zwischen der Ursache, nämlich den operationellen Risiken, und der damit eventuell verbundenen Wirkung, also den Schadensfällen. **81**

Selbstverständlich können institutsindividuell auch eigene Festlegungen zu wesentlichen Risiken getroffen werden, die nicht mit den Regelungen zu bedeutenden Schadensfällen verknüpft sind. Gänzlich ohne Bezugnahme auf potenzielle Verluste sind sachgerechte Vereinbarungen jedoch kaum vorstellbar. Insofern scheint mit derartigen Vorgehensweisen auf den ersten Blick kein echter Mehrwert verbunden zu sein. Selbst die Ad-hoc-Berichterstattung gegenüber der Internen Revision (→ AT 4.3.2 Tz. 4, Erläuterung) könnte sich hinsichtlich der relevanten Mängel z. B. auf wesentliche operationelle Risiken beziehen, womit in den MaRisk insgesamt eine Orientierung an potenziellen und tatsächlichen bedeutenden Schadensfällen erfolgen würde. **82**

83   Gemäß Art. 85 Abs. 1 CRR müssen die Institute ihr operationelles Risiko und die Absicherung gegen selten eintretende Ereignisse mit gravierenden Folgen (»High-Impact, Low-Frequency«, HILF) mit Hilfe von Grundsätzen und Verfahren bewerten und steuern. Auf die HILF-Risiken wird in den MaRisk zwar nicht explizit hingewiesen, allerdings geht es dabei sicher um bedeutende Schadensfälle und wesentliche operationelle Risiken.

3.3   Mindestens jährliche Identifizierung und Beurteilung

84   Die wesentlichen operationellen Risiken, d. h. die bedeutenden potenziellen Schadensfälle, müssen identifiziert und beurteilt werden. Für die Identifizierung potenzieller Schadensfälle und zur Beurteilung ihrer möglichen negativen Auswirkungen auf die Ertrags- oder Vermögenslage des Institutes kann u. a. auf die in der Vergangenheit beobachteten Verluste abgestellt werden (→ BTR4 Tz.3), die Aufschluss über mögliche zukünftige Ereignisse geben können. Während bei dieser Vorgehensweise lediglich auf vorhandene Mängel reagiert wird, kann ein Institut natürlich auch im Vorfeld möglicher Schadensfälle initiativ tätig werden. Entsprechende Handlungsweisen können z. B. mit Hilfe von Stresstests abgeleitet werden, die ohnehin für die wesentlichen Risiken regelmäßig durchzuführen sind (→ AT4.3.3 Tz.1). Diese Handlungsweisen könnten direkt Eingang in die Risikostrategie finden (→ AT4.2 Tz.2). Hinweise zur Durchführung von Stresstests werden an anderer Stelle gegeben (→ AT4.3.3 Tz.1, BTR2.2 Tz.2 und BTR3.1 Tz.8). Mit Hilfe von Stresstests ist es z. B. möglich, auf Basis von Expertenschätzungen zu Eintrittswahrscheinlichkeiten und möglichen Schadenshöhen so genannte »OpRisk-Risikoprofile« zu erstellen.

85   Darüber hinaus kann eine fragenbasierte Risikoinventur durchgeführt (»Self-Assessment«) oder sogar auf Basis von geeigneten Risikoindikatoren ein Frühwarnsystem installiert werden. Schließlich können die tatsächlich beobachteten Schadensfälle sowie die Expertenschätzungen von potenziellen Schadensfällen für die Durchführung einer Risikosimulation herangezogen werden. Zur Identifizierung operationeller Risiken tragen auch zahlreiche Maßnahmen bei, die an anderer Stelle gefordert werden. Hierzu gehören neben prozessabhängigen Kontrollen insbesondere die prozessunabhängigen Kontrollen durch die Interne Revision (→ AT4.4.3 und BT2.3). Die Identifizierung und Beurteilung der wesentlichen operationellen Risiken muss zumindest jährlich erfolgen, weil die Geschäftsleitung im selben Turnus über bedeutende Schadensfälle und wesentliche operationelle Risiken zu unterrichten ist (→ BT3.2 Tz.6).

86   Der Baseler Ausschuss für Bankenaufsicht zählt verschiedene Möglichkeiten zur Identifizierung und Bewertung operationeller Risiken auf, wie z. B. die Prüfungsergebnisse der Internen Revision, die Aufschluss über inhärente Risiken aufgrund interner oder externer Faktoren geben können, die interne Erfassung und Analyse von Verlustdaten, die ergänzende externe Datenerhebung und -analyse, mit deren Hilfe mögliche Schwachstellen im Kontrollumfeld untersucht oder bisher nicht identifizierte Risikopositionen berücksichtigt werden können, die Risikobewertung (»Risk Self Assessment«, RSA), bei der die potenziellen Bedrohungen und Schwachstellen bewertet werden, die Prozesslandkarten zur Identifikation von Risikoabhängigkeiten und Schwächen des Risikomanagements, Risikoindikatoren (»Key Risk Indicators«, KRIs) und Leistungsindikatoren (»Key Performance Indicators«, KPIs), mit denen die wichtigsten Risikotreiber und betrieblichen Schwachstellen überwacht werden können, die Szenarioanalyse, mit der potenzielle operationelle Risikoereignisse identifiziert und deren potenzielles Ergebnis bewertet werden können, die

Risikoquantifizierung mit Hilfe entsprechender Modelle sowie die vergleichende Analyse unter Verwendung der Ergebnisse der verschiedenen Bewertungsinstrumente.[78]

Problematisch am jährlichen Berichtsturnus ist allerdings, dass die Risikocontrolling-Funktion **87** der Geschäftsleitung mindestens vierteljährlich einen Gesamtrisikobericht über die als wesentlich eingestuften Risikoarten vorzulegen hat (→ BT 3.2 Tz. 1) und die Geschäftsleitung wiederum das Aufsichtsorgan mindestens vierteljährlich über die Risikosituation des Institutes zu informieren hat (→ AT 4.3.2 Tz. 3 und BT 3.1 Tz. 5). Die operationellen Risiken gehören grundsätzlich zu den wesentlichen Risiken (→ AT 2.2 Tz. 1). In der Praxis könnte sich daher insbesondere bei größeren Instituten ein kürzerer Berichtsturnus von drei Monaten ergeben. Alternativ wäre es theoretisch auch möglich, auf den jeweils letzten regulären Bericht und ergänzend auf die Ad-hoc-Berichtspflicht zu verweisen, nach der unter Risikogesichtspunkten wesentliche Informationen unverzüglich an die Geschäftsleitung, die jeweiligen Verantwortlichen und ggf. die Interne Revision weiterzuleiten sind (→ AT 4.3.2 Tz. 4). Diese Informationspflicht besteht insbesondere dann, wenn relevante Mängel zu erkennen oder bedeutende Schadensfälle aufgetreten sind (→ AT 4.3.2 Tz. 4, Erläuterung).

Je genauer die Institute ihre operationellen Risiken einschätzen können, desto effizienter **88** können diese gesteuert und überwacht werden. Insbesondere Institute, die ihre interne Verlustdatensammlung noch durch externe Schadensfälle erweitern, werden zur Beurteilung aller möglichen operationellen Risiken auf einer soliden Basis aufsetzen können (→ BTR 4 Tz. 3). Allerdings haben die an einem Datenaustausch beteiligten Institute i. d. R. nur einen Anspruch auf Verlustdaten von Geschäftsfeldern, für die sie selbst Schadensfälle an das Konsortium melden.

Vor Aufnahme von Geschäftsaktivitäten in neuen Produkten oder auf neuen Märkten, für die **89** demzufolge am Anfang nicht auf externe Daten zurückgegriffen werden kann, müssen deren Risikogehalt analysiert und die sich daraus ergebenden wesentlichen Konsequenzen für das Management der Risiken dargestellt werden (→ AT 8.1 Tz. 1). Die Erkenntnisse aus diesem Neu-Produkt-Prozess sollten ebenfalls zur Steuerung und Überwachung der operationellen Risiken herangezogen werden. Dies setzt natürlich voraus, dass es für alle neuen Produkte, Aktivitäten, Prozesse und Systeme einen Genehmigungsprozess gibt, der das operationelle Risiko vollständig bewertet.[79]

3.4 Einschaltung der Rechtsabteilung und anderer Funktionen

Wesentliche Rechtsrisiken sind grundsätzlich in einer vom Markt und Handel unabhängigen Stelle **90** zu überprüfen (→ BTO Tz. 8). Hierfür kommt in erster Linie die Rechtsabteilung infrage. Werden durch die Fachabteilungen wesentliche operationelle Risiken identifiziert, bei denen die Gefahr von Verlusten aufgrund der Verletzung geltender rechtlicher Bestimmungen usw. bestehen könnte, sollte folglich die Rechtsabteilung eingebunden werden. Darüber hinaus ist es auch möglich, dass die Rechtsabteilung selbst eine Verletzung rechtlicher Bestimmungen feststellt, die z. B. auf eine geänderte Rechtsprechung zurückzuführen ist. In diesem Fall sollte die Rechtsabteilung mit der betroffenen Fachabteilung zunächst klären, welche konkreten Maßnahmen möglich sind, um das erkannte Risiko zu mildern oder zu beseitigen. Für die Zwecke einer Risiko- oder Schadensfalldatenbank sollte die OpRisk-Einheit ggf. durch die Rechtsabteilung über derartige Ereignisse informiert werden.

---

78 Vgl. Basel Committee on Banking Supervision, Principles for the Sound Management of Operational Risk and the Role of Supervision, BCBS 292, 6. Oktober 2014, S. 11 f.

79 Vgl. Basel Committee on Banking Supervision, Principles for the Sound Management of Operational Risk and the Role of Supervision, BCBS 292, 6. Oktober 2014, S. 12.

BTR 4 Operationelle Risiken

91   Die Compliance-Funktion soll den Risiken, die sich aus der Nichteinhaltung rechtlicher Regelungen und Vorgaben ergeben können, entgegenwirken (→ AT 4.4.2 Tz. 1). Insofern sind auch die Erkenntnisse der Compliance-Funktion für das Management der operationellen Risiken von großem Interesse. Ähnliches gilt für den Datenschutzbeauftragten nach Art. 35 EU-Datenschutzgrundverordnung (DSGVO) bzw. § 38 Bundesdatenschutzgesetz (BDSG), den Geldwäschebeauftragten gemäß § 7 Geldwäschegesetz (GwG) und den Informationssicherheitsbeauftragten nach Tz. 18 BAIT. Die Interne Revision nimmt in diesem Zusammenhang als Funktion der dritten Verteidigungslinie eine Sonderrolle ein, weil mit einem eventuellen Rückgriff auf ihre Erkenntnisse immer auch Aspekte der Unabhängigkeit und der Selbstprüfung verbunden sind.

4 Erfassung und Analyse von Schadensfällen (Tz. 3)

3 Das Institut hat eine angemessene Erfassung von Schadensfällen sicherzustellen. Bedeutende Schadensfälle sind unverzüglich hinsichtlich ihrer Ursachen zu analysieren. **92**

4.1 Angemessene Erfassung von Schadensfällen

Seit der fünften MaRisk-Novelle haben die Institute eine angemessene Erfassung von Schadensfällen sicherzustellen. Größere Institute haben hierfür eine Ereignisdatenbank für Schadensfälle einzurichten, bei welcher die vollständige Erfassung aller Schadensereignisse oberhalb angemessener Schwellenwerte sichergestellt ist ($\rightarrow$ BTR4 Tz. 3, Erläuterung). Bei der Beurteilung der Angemessenheit der Erfassung von Schadensfällen und der Schwellenwerte empfiehlt sich eine Orientierung an den Vorgaben der ersten Säule. **93**

Derzeit müssen nur jene Institute zwingend Verlustdaten erfassen, die ihre regulatorischen Eigenmittelanforderungen anhand von fortgeschrittenen Messansätzen berechnen (AMA-Institute). Gemäß Art. 322 Abs. 3 CRR müssen AMA-Institute ihre historischen internen Verlustdaten anhand objektiver Kriterien grundsätzlich über einen Beobachtungszeitraum von mindestens fünf Jahren erfassen und den Geschäftsfeldern nach Art. 317 CRR sowie den Ereigniskategorien nach Art. 324 CRR zuordnen. Die Angemessenheit der Verlustdatenerfassung wird dabei an verschiedenen Kriterien festgemacht. Das beginnt bereits mit der Festlegung angemessener Bagatellgrenzen und betrifft auch die mindestens zu erfassenden Informationen, wie insbesondere die Bruttoschadensumme sowie etwaige Rückflüsse, das Datum sowie Beschreibungen von Treibern und Ursachen des Verlustereignisses. Für Verlustereignisse in zentralen Funktionen oder aus Tätigkeiten, die mehr als ein Geschäftsfeld betreffen, sowie für Verlustereignisse, die zwar zeitlich aufeinanderfolgen, aber miteinander verbunden sind, müssen spezifische Erfassungskriterien festgelegt werden. Ebenso muss mittels geeigneter Verfahren die fortlaufende Relevanz historischer Verlustdaten beurteilt werden. Aus der Dokumentation muss ferner hervorgehen, in welchen Situationen, bis zu welchem Grad und durch wen Ermessensentscheidungen, Skalierungen oder sonstige Anpassungen erfolgen können. Insgesamt müssen die internen Verlustdaten eines AMA-Institutes so umfassend sein, dass sie sämtliche wesentlichen Tätigkeiten und Gefährdungen aller einschlägigen Subsysteme und geografischen Standorte erfassen. Insofern muss ein AMA-Institut auch nachweisen können, dass nicht erfasste Tätigkeiten und Gefährdungen, sowohl einzeln als auch kombiniert betrachtet, keinen wesentlichen Einfluss auf die Gesamtrisikoschätzungen hätten. **94**

Mit Einführung des neuen Standardansatzes zum 1. Januar 2022 werden zumindest jene Institute, die zur Ermittlung ihrer regulatorischen Eigenmittelanforderungen auch die Verlustkomponente (»Loss Component«, LC) heranziehen, eine interne Verlustdatensammlung für einen Zeitraum von zehn Jahren (bzw. übergangsweise von fünf Jahren) vorhalten müssen. Damit verbunden sind diverse qualitative Anforderungen, die sich teilweise an den Vorgaben der CRR für AMA-Institute orientieren und als Maßstab für die Angemessenheit der Erfassung von Verlustdaten herangezogen werden können. Demnach müssen die internen Verlustdaten eindeutig mit den laufenden Geschäftsaktivitäten, technologischen Prozessen und Risikomanagementverfahren eines Institutes verknüpft sein. Daher muss ein Institut über dokumentierte Verfahren und Prozesse zur Identifizierung, Erfassung und Behandlung von internen Verlustdaten verfügen, die regelmäßig **95** von unabhängigen Stellen überprüft werden. Zu erwarten ist auch in diesem Fall eine Zuordnung zu den Geschäftsfeldern nach Art. 317 CRR sowie den Ereigniskategorien nach Art. 324 CRR. Als Bagatellgrenze werden 20 TEUR vorgeschlagen, die bei größeren Instituten auf bis zu 100 TEUR angehoben werden kann. Erfasst werden müssen sämtliche wesentlichen Tätigkeiten und Gefährdungen aller einschlägigen Subsysteme und geografischen Standorte. Als mindestens zu erfassende Informationen werden die Bruttoschadensumme sowie etwaige Rückflüsse, das Datum, an dem das Ereignis eingetreten ist (»date of occurrence«), das Datum, an dem das Institut vom Ereignis Kenntnis erlangt hat (»date of discovery«), das Datum, an dem ein Schadensfall zu einem Verlust oder einer Rückstellung geführt hat, der/die in der Gewinn- und Verlustrechnung des Institutes erfasst wird (»date of accounting«)[80], sowie Beschreibungen von Treibern und Ursachen des Verlustereignisses vorgegeben. Der Detaillierungsgrad der Informationen sollte der Bruttoschadensumme entsprechen. Die Institute müssen über Verfahren verfügen, um die Vollständigkeit und Richtigkeit der Verlustdaten unabhängig zu überprüfen. Detaillierte Vorgaben werden vom Baseler Ausschuss zudem für die Berechnung der Bruttoschadensumme und den Ausschluss historischer Verlustdaten gemacht.[81]

4.2 Bedeutende Schadensfälle

96 Im Fokus der Ursachenanalyse stehen die bedeutenden Schadensfälle, die allerdings in den MaRisk nicht näher definiert werden. Zunächst muss also institutsindividuell festgelegt werden, was unter einem bedeutenden Schadensfall konkret zu verstehen ist. Für diese Zwecke bietet sich ggf. eine Orientierung an der so genannten »Bruttoschadensumme« an, die der absoluten Höhe des buchungswirksamen Verlustes vor Abzug jeder Schadensminderung entspricht.[82] Bei der Festlegung einer geeigneten Grenze ist z.B. eine Orientierung an der Verlusthöhe möglich, ab der einige Institute ein Verfahren zur Ergreifung von konkreten Maßnahmen einleiten.

97 Im Zusammenhang mit der Verwendung von AMA-Verfahren wurden teilweise bereits »schwerwiegende Verluste« definiert, die vom Grundgedanken mit den »bedeutenden Schadensfällen« im Sinne der MaRisk vergleichbar sind und insofern für diese Institute ggf. als Orientierungspunkt dienen könnten. Die Erfahrungswerte liegen für AMA-Institute, die tendenziell groß und international ausgerichtet sind, über alle drei Säulen des deutschen Bankensystems hinweg zwischen 25 TEUR und 500 TEUR.[83] Da lediglich bedeutende Schadensfälle hinsichtlich ihrer Ursachen zu analysieren sind, folgt implizit, dass die Erfassung von Schadensfällen schon unterhalb dieser Grenze erfolgen muss. Um den Erfassungsaufwand insgesamt in Grenzen zu halten, könnte auch dafür ein geeigneter Richtwert festgelegt werden. Die Erfassungsschwelle liegt derzeit zwischen

---

80 Für den Baseler Ausschuss ist das Datum der Bilanzierung entscheidend. Das gilt auch für Verluste im Zusammenhang mit rechtlichen Ereignissen, bei denen jenes Datum maßgeblich sein soll, an dem eine gesetzliche Rückstellung für den wahrscheinlichen geschätzten Verlust in der GuV gebildet wird und das nicht nach dem Datum der Bilanzierung liegen darf. Verluste, die durch ein gemeinsames operationelles Risikoereignis oder durch damit zusammenhängende operationelle Risikoereignisse im Zeitverlauf verursacht, aber über mehrere Jahre auf die Konten gebucht werden, sollten entsprechend ihrer bilanziellen Behandlung den entsprechenden Jahren der Verlustdatenbank zugeordnet werden. Vgl. Basel Committee on Banking Supervision, Basel III: Finalising post-crisis reforms, BCBS d424, 7.Dezember 2017, S. 133.

81 Vgl. Basel Committee on Banking Supervision, Basel III: Finalising post-crisis reforms, BCBS d424, 7.Dezember 2017, S. 130 ff.

82 Vgl. Basel Committee on Banking Supervision, Basel III: Finalising post-crisis reforms, BCBS d424, 7.Dezember 2017, S. 132; Bundesverband Öffentlicher Banken Deutschlands/Bundesverband deutscher Banken, Standard für die Erfassung operationeller Verlustdaten, 15.Januar 2005.

83 Vgl. Bundesanstalt für Finanzdienstleistungsaufsicht/Deutsche Bundesbank, Bericht über die Industrieaktion AMA operationelles Risiko 2005, 29. September 2005, S.19.

100 Euro und 10 TEUR.[84] Für den neuen Standardansatz ist ein Schwellenwert zwischen 20 TEUR und 100 TEUR vorgesehen.[85]

4.3 Unverzügliche Ursachenanalyse

Die vom Institut als bedeutend eingestuften Schadensfälle sind unverzüglich hinsichtlich ihrer **98** Ursachen zu analysieren. Auf diese Weise soll vor allem verhindert werden, dass sich derartige Schadensfälle in der Zukunft wiederholen. Aufgrund der spezifischen Kenntnisse über die jeweiligen Prozesse empfiehlt es sich, die den Schaden meldenden bzw. die vom Schaden betroffenen Organisationseinheiten auf geeignete Weise in die Ursachenanalyse einzubinden. Sind die Ursachen bekannt, können entweder Maßnahmen zu ihrer Beseitigung oder andere, im konkreten Fall besser geeignete Risikosteuerungsmaßnahmen eingeleitet werden (→ BTR4 Tz.4). Der Begriff »unverzüglich« zielt, wie im gesamten Dokument, darauf ab, keine unnötige Zeit zu verlieren, um sich alle möglichen Handlungsspielräume offenzuhalten. Er wird mit dem Rechtsbegriff »ohne schuldhaftes Zögern« gleichgesetzt und richtet sich in der Praxis nach der jeweiligen Ausgestaltung der Prozesse. An dieser Stelle sei nochmals darauf verwiesen, dass die als bedeutend eingestuften Schadensfälle auch eine unverzügliche Informationspflicht gegenüber der Internen Revision auslösen (→ AT4.3.2 Tz.4, Erläuterung), die ggf. Prüfungshandlungen nach sich ziehen kann.

Unabhängig von der Einschränkung der Analyse auf bedeutende Schadensfälle sollte darüber **99** hinaus in Erwägung gezogen werden, auch kleinere Schäden zu untersuchen, die in regelmäßigen Abständen aufgrund derselben Ursache sehr häufig auftreten (»High Frequency, Low Impact«, HFLI) und bei denen sich die aggregierte Summe der Verluste ebenfalls in Größenordnungen bewegt, die an die Grenze bedeutender Schadensfälle heranreicht. In diesen Fällen könnte ggf. mit verhältnismäßig geringem Aufwand großer Schaden vom Institut abgewendet werden. Derartige Schadensfälle werden von einigen Instituten über eine Sammelschadennummer miteinander verknüpft und als ein Verlust betrachtet.[86]

4.4 Abgrenzung zwischen den Risikoarten

Wie bereits ausgeführt, ist eine klare Trennung zwischen den operationellen Risiken und anderen **100** Risikoarten nicht immer ohne weiteres möglich (→ BTR4 Tz.1). So gibt es Schadensfälle, deren Ursachen vielfältiger Natur sind und deren Zuordnung daher nicht zweifelsfrei erfolgen kann. Manche Schadensfälle werden zwar einem anderen Risiko zugerechnet, wie z.B. den Kreditverlusten, haben aber ihren Ursprung in operationellen Risikoereignissen, wie z.B. mangelhaften Prozessen und Kontrollen (»boundary events«). Dadurch wird die geforderte Ursachenanalyse erschwert. Deshalb ist es grundsätzlich ratsam, die Zuordnung der Schadensfälle so genau wie möglich vorzunehmen, um aus den Datensammlungen z.B. mit Hilfe statistischer Verfahren verwertbare Erkenntnisse für die Risikosteuerung gewinnen zu können. Auch vor diesem Hinter-

---

84 Vgl. Bundesanstalt für Finanzdienstleistungsaufsicht/Deutsche Bundesbank, Bericht über die Industrieaktion AMA operationelles Risiko 2005, 29. September 2005, S.31.
85 Vgl. Basel Committee on Banking Supervision, Basel III: Finalising post-crisis reforms, BCBS d424, 7.Dezember 2017, S. 131.
86 Vgl. Bundesanstalt für Finanzdienstleistungsaufsicht/Deutsche Bundesbank, Bericht über die Industrieaktion AMA operationelles Risiko 2005, 29. September 2005, S.28.

grund wird von der deutschen Aufsicht seit der fünften MaRisk-Novelle eine institutsintern einheitliche Festlegung der operationellen Risiken inklusive einer möglichst klaren Abgrenzung zu anderen vom Institut betrachteten Risiken gefordert (→ BTR 4 Tz. 1, Erläuterung).

101   Zur Erfassung der durch operationelle Risiken verursachten Verluste im Zusammenhang mit anderen Risikoarten in einer Schadensfalldatenbank bietet sich aus Gründen der Praktikabilität zudem die Festlegung institutsindividueller Schwellenwerte an, ab denen z. B. eine Untersuchung der Kreditausfälle auf operationelle Risiken erfolgen soll. Hierfür hatte sich der letzten bekannten Studie zufolge in der Praxis noch kein Standard herausgebildet. Vielmehr waren die Werte mit einer Bandbreite zwischen 1 TEUR und 500 TEUR sehr breit gestreut.[87] Es ist allerdings anzunehmen, dass der untere Schwellenwert für alle Institute zukünftig deutlich angehoben wird, da für die Verlustdatensammlung im Zusammenhang mit dem neuen Standardansatz grundsätzlich eine Erfassung von Schadensfällen ab einem Wert zwischen 20 TEUR und 100 TEUR vorgesehen ist.[88] Der obere Wert der Bandbreite ist hingegen von der Größe des Institutes und anderen Faktoren abhängig, die allgemein bei Wesentlichkeitsbetrachtungen zum Tragen kommen.

4.5   Kategorisierung nach Geschäftsfeldern

102   Damit Rückschlüsse auf die einzelnen Organisationseinheiten im Institut gezogen werden können, bietet es sich an, die Schadensfälle den betroffenen Geschäftsbereichen zuzuordnen. Diesbezüglich hat der Baseler Ausschuss für Bankenaufsicht Vorgaben gemacht, die Eingang in die CRR gefunden haben und zwar nicht für den Basisindikatoransatz gelten, allerdings schon bei Verwendung des Standardansatzes berücksichtigt werden müssen. Nach Art. 317 CRR werden die Schadensfälle unter Berücksichtigung des Ausmaßes der Betroffenheit möglichst einem von acht vorgegebenen Geschäftsfeldern zugeordnet. Das sind das Depot- und Treuhandgeschäft (»Agency Services«), das Firmenkundengeschäft (»Commercial Banking«), der Handel (»Trading and Sales«), das Privatkundengeschäft (»Retail Banking«), die Unternehmensfinanzierung und -beratung (»Corporate Finance«), die Vermögensverwaltung (»Asset Management«), das Wertpapierprovisionsgeschäft (»Retail Brokerage«) sowie der Zahlungsverkehr und die Abwicklung (»Payment and Settlement«). Betrifft ein operationeller Schadensfall hingegen mehrere Geschäftsfelder in wesentlichem Maße, so wird für jedes Geschäftsfeld ein Schadensfall erfasst und über einen Gruppierungsmechanismus zum übergeordneten Ereignis zusammengefasst.[89]

103   Die Mitglieder des Fachgremiums OpRisk halten die Verwendung eines übergreifenden Geschäftsfeldes zur Erfassung von Verlusten, die das gesamte Institut betreffen, für geeigneter, als derartige Verluste auf die o. g. regulatorischen Geschäftsfelder aufzuspalten. Von einigen Datenkonsortien wird deshalb das nach Art. 322 Abs. 3 lit. b CRR für Ausnahmefälle zulässige neunte Geschäftsfeld Gesamtunternehmen (»Corporate Items«) verwendet. Auch zu internen Zwecken kann das Institut für derartige Schadensdaten ein separates Geschäftsfeld einführen und diese Klassifikation grundsätzlich auch bei der Bestimmung des OpRisk-Anrechnungsbetrages im AMA verwenden.[90]

---

87 Vgl. Bundesanstalt für Finanzdienstleistungsaufsicht/Deutsche Bundesbank, Bericht über die Industrieaktion AMA operationelles Risiko 2005, 29. September 2005, S. 28 f.

88 Vgl. Basel Committee on Banking Supervision, Basel III: Finalising post-crisis reforms, BCBS d424, 7. Dezember 2017, S. 131.

89 Vgl. Bundesverband Öffentlicher Banken Deutschlands/Bundesverband deutscher Banken, Standard für die Erfassung operationeller Verlustdaten, 15. Januar 2005.

90 Vgl. Bundesanstalt für Finanzdienstleistungsaufsicht/Deutsche Bundesbank, Empfehlungen des Fachgremiums OpRisk zur Datensammlung im AMA, 13. September 2007.

4.6 Kategorisierung nach Ereignistypen

Der Baseler Ausschuss für Bankenaufsicht hat darüber hinaus einen Vorschlag für Verlustereig- **104** niskategorien unterbreitet, an dem sich auch die CRR orientiert. Nach Art. 322 Abs. 3 lit. b CRR müssen die internen Schadensfalldaten bei Verwendung fortgeschrittener Messansätze neben bestimmten Geschäftsfeldern auch den folgenden regulatorischen Verlustereigniskategorien zugeordnet werden, die ursachenbezogen festgelegt wurden und in Art. 324 CRR näher beschrieben werden:

- interner Betrug, d.h. Verluste aufgrund von Handlungen mit betrügerischer Absicht, Veruntreuung von Eigentum, Umgehung von Verwaltungs-, Rechts- oder internen Vorschriften, mit Ausnahme von Verlusten aufgrund von Diskriminierung oder sozialer und kultureller Verschiedenheit, wenn mindestens eine interne Partei beteiligt ist,
- externer Betrug, d.h. Verluste aufgrund von Handlungen mit betrügerischer Absicht, Veruntreuung von Eigentum oder Umgehung von Rechtsvorschriften durch einen Dritten,
- Beschäftigungspraxis und Arbeitsplatzsicherheit, d.h. Verluste aufgrund von Handlungen, die gegen Beschäftigungs-, Gesundheitsschutz- oder Sicherheitsvorschriften bzw. -vereinbarungen verstoßen, Verluste aufgrund von Schadenersatzzahlungen wegen Körperverletzung, Verluste aufgrund von Diskriminierung bzw. sozialer und kultureller Verschiedenheit,
- Kunden, Produkte und Geschäftsgepflogenheiten, d.h. Verluste aufgrund einer unbeabsichtigten oder fahrlässigen Nichterfüllung geschäftlicher Verpflichtungen gegenüber bestimmten Kunden (einschließlich Anforderungen an Treuhänder und in Bezug auf Angemessenheit der Dienstleistung), Verluste aufgrund der Art oder Struktur eines Produktes,
- Sachschäden, d.h. Verluste aufgrund von Beschädigungen oder des Verlustes von Sachvermögen durch Naturkatastrophen oder andere Ereignisse,
- Geschäftsunterbrechungen und Systemausfälle, d.h. Verluste aufgrund von Geschäftsunterbrechungen oder Systemstörungen, sowie
- Ausführung, Lieferung und Prozessmanagement, d.h. Verluste aufgrund von Fehlern bei der Geschäftsabwicklung oder im Prozessmanagement, Verluste aus Beziehungen zu Geschäftspartnern und Lieferanten/Anbietern.

AMA-Institute können die Schadensfalldaten auch entsprechend ihrer internen Geschäftsstruktur **105** und ihren internen Ereigniskategorien zuordnen, sofern eine vollständige und nachvollziehbare Zuordnung auf die regulatorischen Kategorien sichergestellt ist. In Abhängigkeit von der internen Geschäftsstruktur kann es in einigen Fällen schwierig sein, die Schadensfälle eindeutig zu kategorisieren. Können operationelle Schadensfalldaten keiner der regulatorischen Verlustereigniskategorien direkt zugeordnet werden, ist eine Kategorie auszuwählen, die den Vorgang so gut wie möglich beschreibt, der unmittelbar zu dem Schadensfall geführt hat.[91] Eine daran angelehnte Kategorisierung ist für Institute, die ebenfalls Schadensfalldaten erfassen, jedoch keine fortgeschrittenen Messansätze zur Berechnung des bankaufsichtlich erforderlichen Eigenkapitals nutzen, nicht vorgeschrieben. Trotzdem empfiehlt sich auch für diese Institute eine Orientierung an den regulatorischen Verlustereigniskategorien, da auf diese Weise eine spätere Qualifizierung für höhere Verfahren sowie die Teilnahme am institutsübergreifenden Datenaustausch sichergestellt werden kann.

Von Fachspezialisten wird eingeschätzt, dass insbesondere kleinere und mittelgroße Institute **106** beim neuen Standardansatz zur Ermittlung ihrer regulatorischen Eigenmittelanforderungen mit einer Kapitalentlastung durch die Verlustkomponente rechnen können, weshalb die Investition in entsprechende Methoden und Prozesse empfohlen wird. Diese Empfehlung basiert auch auf der

---

91 Vgl. Bundesanstalt für Finanzdienstleistungsaufsicht/Deutsche Bundesbank, Empfehlungen des Fachgremiums OpRisk zur Datensammlung im AMA, 13. September 2007.

Erkenntnis, dass sich die Geschäftsindikator-Komponente weitgehend aus der geschäftspolitischen Ausrichtung eines Institutes ergibt und die Kapitalanforderungen der ersten Säule durch den »Säule-1-plus-Ansatz« auch für die ökonomischen Kapitalanforderungen relevant sind. Insofern liegt der wesentliche Hebel zur Reduzierung der zukünftigen Kapitalanforderungen in der Beeinflussung des ILM.[92]

107   Bei den erwähnten Verlustereigniskategorien handelt es sich um die so genannte »erste Ebene« der Kategorisierung. Der Baseler Ausschuss für Bankenaufsicht hat Empfehlungen für drei Ebenen abgegeben, mit deren Hilfe die jeweils höhere Kategorie weiter untergliedert wird.[93] Es ist weitgehend gelungen, vorherige Initiativen der Industrie zur Definition und Klassifizierung operationeller Risiken durch ein so genanntes »Mapping« mit den Vorgaben von Basel II in Einklang zu bringen.

4.7   Interne Schadensfalldatenbanken

108   In Abhängigkeit von den jeweils verwendeten Verfahren der internen Steuerung kann insbesondere die Erfassung und Historisierung von Schadensfällen, die auf operationelle Risiken zurückgehen, eine ähnlich große Bedeutung wie die Ausfallhistorien im Kreditrisikobereich erlangen. Institute, die zur Eigenkapitalbemessung des operationellen Risikos frühzeitig fortgeschrittene Messansätze verwenden wollten, wurden z. B. bereits seit 2005 zur Erfassung von operationellen Schadensfällen verpflichtet. Für die Zwecke dieser Datensammlung werden seit einigen Jahren interne Schadensfalldatenbanken aufgebaut.

109   Mittlerweile ist auf diesem Gebiet auch die IT-technische Unterstützung weit vorangeschritten. So existieren einige Produkte am Markt, die im Kern zwar eine Datenbank zur Erfassung von Schadensfällen sind, daneben jedoch aus diversen Modulen bestehen, mit deren Hilfe die Steuerung operationeller Risiken in den Instituten erheblich erleichtert werden kann. An derartigen Lösungen arbeiten auch einige Verbände der Kreditwirtschaft.

4.8   Berechnung der Bruttoschadensumme

110   Die »Bruttoschadensumme« (»Gross Loss«) entspricht der absoluten Höhe des buchungswirksamen Verlustes vor Abzug jeder Schadensminderung.[94] Folglich ist die »Nettoschadensumme« (»Net Loss«) der verbleibende Verlust nach Berücksichtigung von »Schadensminderungen« jeglicher Art (»Recoveries«). Die Schadensminderungen sind vom ursprünglichen Schadenereignis unabhängige und zeitlich getrennte Ereignisse, bei denen Mittel oder Zuflüsse von wirtschaftlichem Nutzen von einem Dritten erhalten werden, wie z. B. Zahlungen von Versicherern, Rück-

---

92 Vgl. KPMG, Operationelle Risiken – Finale Überarbeitung der Kapitalansätze in Säule I durch den Basler Ausschuss für Bankenaufsicht (»Basel IV«), 6. Februar 2018, S. 3 f.

93 Vgl. Basel Committee on Banking Supervision, International Convergence of Capital Measurement and Capital Standards – A Revised Framework (Basel II), 26. Juni 2004, Annex 7.

94 Vgl. Basel Committee on Banking Supervision, Basel III: Finalising post-crisis reforms, BCBS d424, 7. Dezember 2017, S. 132; Bundesverband Öffentlicher Banken Deutschlands/Bundesverband deutscher Banken, Standard für die Erfassung operationeller Verlustdaten, 15. Januar 2005.

zahlungen von Betrügern oder Rückzahlungen von fehlgeleiteten Überweisungen.[95] Für die Berechnung der Bruttoschadensumme sollten klare Festlegungen getroffen werden, wie z.B.[96]:

- Die bilanz- und GuV-wirksamen Buchungen inkl. Abschreibungen, Wertberichtigungen und Rückstellungen sind zu beachten.
- Pauschalisierte Rückstellungen werden hingegen nicht erfasst.
- Schadensfälle, deren Bruttoschaden zwar genau quantifizierbar ist, der jedoch, wie z.B. im Fall dokumentierter entgangener Erträge, in keinem Buchungsvorgang zum Ausdruck kommt, sind ebenfalls zu erfassen.
- Schadensfälle, deren Bruttoschaden nicht genau quantifizierbar ist, können auf Basis einer begründeten und dokumentierten Schätzung erfasst werden.
- Kosten und Aufwendungen, die ausschließlich im Rahmen einer internen Leistungsverrechnung zwischen Organisationseinheiten eines Institutes verbucht werden, sind nicht einzubeziehen.
- Reputationsschäden sind kein Bestandteil des buchungswirksamen Bruttoschadens. Für Schadensfälle, die u.a. Reputationsrisiken beinhalten, wird folglich ausschließlich die verbuchte Schadensumme erfasst.
- Beinaheverluste (»Near Misses«), die grundsätzlich zu einem Schadensfall hätten führen können, im konkreten Fall jedoch nicht geführt haben, sind nicht in den Bruttoschaden einzubeziehen.
- Der Bruttoschaden enthält keine vorübergehenden Verluste (»Timing Losses«), die lediglich zu einer vorübergehenden Abweichung in der Gewinn- und Verlustrechnung führen.
- Schäden, in denen eine nachzuholende Korrektur einen Zinsverlust oder einen anderen buchungswirksamen Verlust, wie z.B. Strafzahlungen, verursacht, sind bei den Bruttoschäden zu erfassen.
- Verluste, die mit anderen Risikoarten zusammenhängen, sind grundsätzlich zu erfassen, soweit sie infolge operationeller Risiken eingetreten sind.
- Operationelle Schadensfälle, die zur Ermittlung der Eigenkapitalanforderungen im Bereich Kreditrisiken zu berücksichtigen sind, müssen besonders gekennzeichnet werden.
- Schadensminderungen können direkt oder indirekt erfolgen. Zu den direkten Schadensminderungen, die sich auf einen konkreten Schadensfall beziehen, gehören z.B. unerwartete Erträge aus Zahlungen durch Kunden oder Kontrahenten sowie Kulanzleistungen durch Geschäftspartner. Indirekte Schadensminderungen, für deren Leistung im Voraus Beiträge entrichtet wurden, erfolgen i.d.R. im Rahmen von Versicherungen, Haftungsfonds oder entsprechenden Kapitalmarktprodukten.

Im Zusammenhang mit dem neuen Standardansatz erwartet der Baseler Ausschuss für Bankenaufsicht, dass in der Verlustdatensammlung die Bruttoschadensumme abgebildet wird. Zudem sollen Schadensminderungen, bei denen Forderungen nicht berücksichtigt werden dürfen, erst nach Zahlungseingang zur Reduzierung von Verlusten genutzt werden. In die Bruttoschadenberechnung einbezogen werden sollten direkte Kosten, einschließlich GuV-wirksamer Abschreibungen, Wertberichtigungen, Rückstellungen oder Rücklagen, interne und externe Folgekosten mit direktem Bezug zum Schadensereignis, wie z.B. Rechtskosten und Gebühren, die an Berater oder Anwälte gezahlt werden, sowie Kosten zur Wiederherstellung des Zustandes vor dem Schadensfall, schwebende Verluste, die vorübergehend in Zwischenkonten verbucht werden und sich noch nicht in der GuV widerspiegeln (»Pending Losses«), und wesentliche negative wirtschaftliche

111

---

95 Vgl. Basel Committee on Banking Supervision, Basel III: Finalising post-crisis reforms, BCBS d424, 7. Dezember 2017, S. 132.
96 Vgl. Bundesverband Öffentlicher Banken Deutschlands/Bundesverband deutscher Banken, Standard für die Erfassung operationeller Verlustdaten, 15. Januar 2005.

Auswirkungen, die sich auf die Cashflows oder Abschlüsse über mehr als eine Finanzbuchhaltungsperiode auswirken und lediglich zu einer vorübergehenden Abweichung in der GuV führen (»Timing Losses«). Auch wenn diese Ereignisse keine tatsächlichen finanziellen Auswirkungen auf das Institut darstellen, kann damit eine wesentliche Falschdarstellung des Jahresabschlusses und folglich ein rechtliches Risiko verbunden sein. Von der Bruttoschadenberechnung ausgenommen werden können Kosten für allgemeine Wartungsverträge über Sachanlagen, interne oder externe Aufwände zur Verbesserung des Geschäftsbetriebes nach dem Schadensereignis, wie z. B. Upgrades, Weiterentwicklungen, Risikobewertungsmaßnahmen und sonstige Verbesserungen, sowie Versicherungsprämien.[97]

4.9   Datenkonsortien

112   Um den institutsindividuellen Datenhaushalt zu erweitern und damit die Basis für die Anwendbarkeit fortgeschrittener Messansätze zu schaffen, wurden so genannte »Datenkonsortien« gebildet, in deren Rahmen ein Austausch von Schadensfällen in anonymisierter Form zwischen mehreren Instituten stattfindet, die im Idealfall eine ähnliche Geschäftsausrichtung haben und in vergleichbaren Märkten tätig sind. So haben zehn große Institute in Deutschland das erste nationale »Datenkonsortium zu operationellen Risiken (DakOR)« gegründet, das »säulenübergreifend« grundsätzlich allen Instituten offen steht.[98] Die am Konsortium beteiligten ca. 70 Institute können mit dem institutsübergreifenden Austausch von OpRisk-Schadensfalldaten einerseits aufsichtsrechtliche Auflagen erfüllen und andererseits ihr internes OpRisk-Management weiterentwickeln. Die erweiterte Datenbasis soll neben aussagekräftigen Szenarioanalysen und einem verbesserten Benchmarking insbesondere auch die Anwendung statistischer Quantifizierungsmethoden ermöglichen.[99] Für die Nutzung fortgeschrittener Messansätze ist die Verwendung relevanter externer Daten gemäß Art. 322 Abs. 4 CRR sogar vorgeschrieben.

113   Nach dem neuen Standardansatz zur Bestimmung der regulatorischen Eigenmittelanforderungen können die eigenen Datenbestände – trotz Intervention der Kreditwirtschaft – ab dem 1. Januar 2022 allerdings nicht mehr durch externe Schadensfälle angereichert werden, womit deren Nutzung für die ökonomische Kapitalermittlung aber nicht infrage gestellt wird.

114   Daneben existieren weitere verbandsinterne und sogar länderübergreifende Datenkonsortien. In der »Operational Riskdata eXchange Association (ORX)« mit Sitz in Zürich sind derzeit auch mehrere große deutsche Institute vertreten.[100] Von großer Bedeutung ist jeweils die Orientierung an einem gemeinsamen Standard zur Erfassung von Verlusten aus operationellen Schadensfällen. Das gilt nicht nur für die an einem Datenkonsortium beteiligten Institute, sondern ggf. auch Konsortium übergreifend. So kann die Teilnahme an verschiedenen Datenkonsortien durchaus sinnvoll sein, wenn ein Institut sowohl international als auch deutschlandweit bzw. regional tätig ist. Vor diesem Hintergrund haben der Bundesverband Öffentlicher Banken Deutschlands (VÖB) und der Bundesverband deutscher Banken (BdB) einen entsprechenden Standard erarbeitet, der auch als Grundlage für die Arbeit des Fachgremiums OpRisk gedient hat.[101] In Ergänzung der bankaufsichtlichen

---

97 Vgl. Basel Committee on Banking Supervision, Basel III: Finalising post-crisis reforms, BCBS d424, 7. Dezember 2017, S. 132 f.

98 Nähere Informationen unter www.dakor.org.

99 Vgl. O. V., Datenkonsortium zu operationellen Risiken gestartet, in: Bankmagazin, Heft 6/2006, S. 5.

100 Nähere Informationen unter www.orx.org.

101 Vgl. Bundesverband Öffentlicher Banken Deutschlands/Bundesverband deutscher Banken, Gemeinsame Presseerklärung vom 26. Januar 2005.

Vorgaben enthält dieser Standard Aussagen zu den Bestandteilen eines operationellen Verlustes, zu dessen Klassifizierung sowie zur Abgrenzung zu Verlusten aus Kredit- oder Marktpreisrisiken.[102]

Zur Verbreiterung der Datenbasis zu seltenen, aber hohen Schäden (»High Impact, Low Frequency«, HILF) eignen sich zudem Datenbanken mit öffentlich bekanntgewordenen Schadensfällen aus operationellen Risiken im Finanzbereich, die ab einer Schadenssumme von 100 TEUR nach Verlustereigniskategorien und Geschäftsfeldern gemäß den Vorgaben der CRR sowie nach Regionen usw. auswertbar sind.[103]

115

4.10 Festlegungen beim Datenaustausch

Eine übliche Vorgehensweise im Rahmen des institutsübergreifenden Datenaustausches ist die Festlegung einer bestimmten Mindestsumme, ab der Schadensfälle an das Datenkonsortium übermittelt werden. Diese Mindestsumme wird zur Verbesserung der institutsindividuellen Datenqualität häufig relativ niedrig angesetzt. Deshalb kann davon ausgegangen werden, dass sie sich höchstens als Richtwert zur Erfassung von Schadensfällen eignet. Die individuelle Grenze zur Analyse bedeutender Schadensfälle wird für ein teilnehmendes Institut im Normalfall deutlich über dieser Mindestsumme liegen. Die Höhe der Schadensumme wird zudem maßgeblich von den jeweiligen Bestandteilen beeinflusst, die in die Berechnung einbezogen werden.

116

---

102 Das Papier kann auf den Internetseiten der Verbände unter www.voeb.de bzw. www.bankenverband.de abgerufen werden.
103 Nähere Informationen unter www.voeb-service.de/informationsdienste/oeffschor.

5 Maßnahmen zur Beseitigung oder Vermeidung operationeller Risiken (Tz. 4)

117 4 Auf Basis der Risikoberichterstattung gemäß BT 3.2 Tz. 6 ist zu entscheiden, ob und welche Maßnahmen zur Beseitigung der Ursachen zu treffen oder welche Risikosteuerungsmaßnahmen (z. B. Versicherungen, Ersatzverfahren, Neuausrichtung von Geschäftsaktivitäten, Katastrophenschutzmaßnahmen) zu ergreifen sind. Die Umsetzung der zu treffenden Maßnahmen ist zu überwachen.

5.1 Berichterstattung als Entscheidungsgrundlage

118 Die Geschäftsleitung ist mindestens jährlich über die bedeutenden Schadensfälle und die wesentlichen operationellen Risiken zu unterrichten. Die Berichterstattung hat die Art des Schadens bzw. Risikos, die Ursachen, das Ausmaß des Schadens bzw. Risikos und ggf. bereits getroffene Gegenmaßnahmen zu umfassen. Darüber hinaus hat die Risikocontrolling-Funktion der Geschäftsleitung mindestens vierteljährlich einen Gesamtrisikobericht über die als wesentlich eingestuften Risikoarten vorzulegen (→ BT 3.2 Tz. 1), wozu grundsätzlich auch die operationellen Risiken gehören (→ AT 2.2 Tz. 1). In der Praxis könnte sich daher insbesondere bei größeren Instituten ggf. ein kürzerer Berichtsturnus von drei Monaten herauskristallisieren.

119 Darüber hinaus besteht anlassbezogen die Pflicht, unter Risikogesichtspunkten wesentliche Informationen unverzüglich an die Geschäftsleitung, die jeweiligen Verantwortlichen und ggf. die Interne Revision weiterzuleiten (→ AT 4.3.2 Tz. 4). Eine Informationspflicht gegenüber der Internen Revision existiert insbesondere dann, wenn nach Einschätzung der Fachbereiche unter Risikogesichtspunkten relevante Mängel zu erkennen oder bedeutende Schadensfälle aufgetreten sind oder ein konkreter Verdacht auf Unregelmäßigkeiten besteht (→ AT 4.3.2 Tz. 4, Erläuterung). Aus den daraus abgeleiteten Prüfungshandlungen können wiederum Feststellungen resultieren, die den fachlich zuständigen Mitgliedern der Geschäftsleitung von der Internen Revision vorgelegt werden. Wesentliche Mängel sind dabei besonders herauszustellen, im Fall von schwerwiegenden Mängeln muss der Bericht unverzüglich der Geschäftsleitung vorgelegt werden (→ BT 2.4 Tz. 1).

120 Die Institute sollten die Qualität der Berichterstattung über operationelle Risiken kontinuierlich verbessern. Ihre Berichte sollten umfassend, genau, konsistent und (hinsichtlich der Handlungsempfehlungen) umsetzbar über Geschäftsbereiche und Produkte hinweg sein. Die Berichte sollten vom Umfang her ausgewogen sein, da eine effektive Entscheidungsfindung sowohl durch übermäßige Daten als auch durch Datenmangel erschwert wird. Sie sollten auch mögliche Verstöße gegen den Risikoappetit bzw. eventuelle Schwellenwerte oder Limite enthalten.[104]

---

104 Vgl. Basel Committee on Banking Supervision, Principles for the Sound Management of Operational Risk and the Role of Supervision, BCBS 292, 6. Oktober 2014, S. 13.

5.2 Festlegung und Durchführung geeigneter Maßnahmen

In allen genannten Varianten der Berichterstattung geht es letztlich darum, auf Schwachstellen **121** hinzuweisen, um frühzeitig geeignete Maßnahmen zur Beseitigung der Ursachen zu treffen, angemessene Risikosteuerungsmaßnahmen zu ergreifen oder Prüfungshandlungen durch die Interne Revision einzuleiten. Auf diese Weise kann vom Institut weiterer Schaden abgewendet werden. Der Faktor »Zeit« spielt dabei eine wesentliche Rolle, da die Handlungsspielräume im Zeitverlauf häufig sehr schnell eingeschränkt werden. Welche Maßnahmen jeweils infrage kommen, wird an anderer Stelle ausführlich erläutert (→ BTR4 Tz.1). Für die Durchführung der festgelegten Maßnahmen ist i. d. R. die betroffene Organisationseinheit verantwortlich.

Die grundlegende Voraussetzung für ein solides Risikomanagement ist, dass die Geschäfts- **122** leitung und das obere Management die Art und Komplexität der Risiken verstehen, die dem Portfolio aus Produkten, Dienstleistungen und Aktivitäten innewohnen. Dies ist besonders wichtig für das operationelle Risiko, da es allen Geschäftsprodukten, Aktivitäten, Prozessen und Systemen innewohnt.[105] Ohne dieses Verständnis wird es letztlich auch nicht möglich sein, angemessene Maßnahmen zum sachgerechten Umgang mit operationellen Risiken zu treffen.

Jedes Institut, das nicht umgehend gegen systemische Mängel vorgeht, also konkrete Schluss- **123** folgerungen aus den analysierten Schadensfällen zieht, muss ggf. mit ernsthaften Feststellungen der Prüfer und darüber hinaus mit Maßnahmen der Bankenaufsicht rechnen. Die Beseitigung der Mängel bzw. die Einleitung geeigneter Risikosteuerungsmaßnahmen sollte daher im Eigeninteresse der Institute sehr ernst genommen und ggf. auch auf weniger bedeutende Problemfälle ausgeweitet werden, die aber häufig auftreten (»High Frequency, Low Impact«, HFLI) und daher in der Summe ebenfalls größere Verluste zur Folge haben können. Wie bereits angemerkt, sind davon jene Fälle ausgenommen, in denen sich entsprechende Gegensteuerungsmaßnahmen aus betriebswirtschaftlichen Überlegungen als unbrauchbar erweisen, weil z. B. die Kosten zur wirksamen Risikominderung höher sind als die potenziellen Verluste (→ BTR4 Tz. 1).

5.3 Überwachung der Umsetzung

Die Umsetzung der zu treffenden Maßnahmen ist zu überwachen. Dafür ist i. d. R. die zentrale **124** OpRisk-Einheit des Institutes verantwortlich, der für diesen Zweck, ähnlich wie der Internen Revision im Rahmen ihrer Tätigkeit (→ AT4.4.3 Tz.4), ein vollständiges und uneingeschränktes Informationsrecht gegenüber den betroffenen Organisationseinheiten eingeräumt werden sollte. Durch die Überwachung der Umsetzung wird einerseits sichergestellt, dass die Anweisungen der Geschäftsleitung befolgt werden, und andererseits kontrolliert, ob die festgelegten Maßnahmen überhaupt greifen. Die Ergebnisse aus dieser Überwachungstätigkeit könnten also Erkenntnisse liefern, die im Rahmen der weiteren Risikosteuerung von großem Nutzen sind. Sie sollten deshalb sinnvollerweise auch in die Risikoberichterstattung einfließen (→ BT3.2 Tz.6).

---

105 Vgl. Basel Committee on Banking Supervision, Principles for the Sound Management of Operational Risk and the Role of Supervision, BCBS 292, 6. Oktober 2014, S.7.

5.4 Einbindung der Internen Revision

125 In den Überwachungsprozess ist im Rahmen ihrer Aufgaben auch die Interne Revision eingebunden. So muss z. B. sichergestellt sein, dass kurzfristig notwendige Sonderprüfungen anlässlich deutlich gewordener Mängel oder bestimmter Informationsbedürfnisse jederzeit durchgeführt werden können (→ BT 2.3 Tz. 4). Die Interne Revision hat, im Gegensatz zur OpRisk-Einheit, die fristgerechte Beseitigung der im Rahmen von Prüfungshandlungen festgestellten Mängel in geeigneter Form zu überwachen. Gegebenenfalls ist dazu eine Nachschauprüfung anzusetzen (→ BT 2.5 Tz. 1). Werden die wesentlichen Mängel nicht in einer angemessenen Zeit beseitigt, so hat der Leiter der Internen Revision darüber zunächst den fachlich zuständigen Geschäftsleiter schriftlich zu informieren. Erfolgt die Mängelbeseitigung trotzdem nicht, ist die Geschäftsleitung spätestens im Rahmen des nächsten Gesamtberichtes schriftlich über die noch nicht beseitigten Mängel zu unterrichten (→ BT 2.5 Tz. 2).

BT 2 Besondere Anforderungen an die Ausgestaltung der Internen Revision

1 Einführung und Überblick

1.1 Bedeutung der Internen Revision

Nach den nationalen und internationalen Revisionsstandards des Deutschen Institutes für Interne Revision (DIIR)[1] und des Institute of Internal Auditors (IIA)[2] ist die Tätigkeit der Internen Revision u. a. darauf gerichtet, die Geschäftsprozesse zu verbessern. Gemäß diesen Standards unterstützt die Interne Revision die Organisation bei der Erreichung ihrer Ziele, indem sie mit einem systematischen und zielgerichteten Ansatz die Effektivität des Risikomanagements, der Kontrollen und der Führungs- und Überwachungsprozesse bewertet und diese zu verbessern hilft.[3] Die Revision trägt also durch ihre Tätigkeit dazu bei, die Funktionsfähigkeit und Wirksamkeit der institutsinternen Strukturen zu gewährleisten. **1**

Vor diesem Hintergrund ist es nicht verwunderlich, dass der Gesetzgeber der Internen Revision einen hohen Stellenwert einräumt. Nach § 25a Abs. 1 KWG umfasst ein angemessenes und wirksames Risikomanagement auch die Einrichtung einer Internen Revision. Revisionsspezifische Re- **2**

---

1 Das Deutsche Institut für Interne Revision e. V. (DIIR), Frankfurt am Main, ist der Berufsverband für Interne Revisoren in Deutschland. Es unterstützt die Fach- und Führungskräfte der Internen Revision in ihren Prüfungs- und Beratungsaufgaben, z. B. durch die Entwicklung von Qualitäts- und Verfahrensstandards, durch Tagungen und Seminare sowie durch Zertifizierungen und Berufsexamina (z. B. Certified Internal Auditor – CIA). Das DIIR wurde am 8. November 1958 in Frankfurt am Main gegründet. Mitglieder des DIIR sind 2.100 Personen sowie 760 Unternehmen und Organisationen (Stand: 31.12.2016). Das DIIR ist Mitglied der European Confederation of Institutes of Internal Auditing (ECIIA) und des Institute of Internal Auditors (IIA). DIIR, ECIIA und IIA bringen sich regelmäßig auf nationaler, europäischer und internationaler Ebene in berufsspezifische Konsultationen ein.

2 Das Institute of Internal Auditors (IAA) ist ein international anerkannter Berufsverband für Interne Revisoren mit Hauptsitz in Altamonte Springs, Florida, USA. Das IIA wurde 1941 gegründet und hat weltweit mehr als 180.000 Mitglieder aus den Bereichen Interne Revision, Risikomanagement, Führung und Überwachung, Interne Kontrollsysteme (IKS) und IT-Prüfung.

3 Vgl. Deutsches Institut für Interne Revision e. V. (DIIR), Frankfurt am Main, Institut für interne Revision Österreich (IIA Austria), Wien, Schweizer Verband für Interne Revision (IIA Switzerland), Zürich (Hrsg.), Internationale Standards für die berufliche Praxis der Internen Revision 2017 – Mission, Grundprinzipien, Definitionen, Ethikkodex, Standards, Version 6.1, 10. Januar 2018, S. 13.

BT 2 Besondere Anforderungen an die Interne Revision

gelungen sind daher auch Gegenstand der MaRisk. Grundsätzliche Anforderungen, wie etwa die allgemeine Ausrichtung der Internen Revision oder deren organisatorische Verankerung, werden im allgemeinen Teil der MaRisk adressiert (→ AT 4.4.3). Eine Präzisierung der Anforderungen an die Interne Revision erfolgt im Modul BT 2.

BT 2 Besondere Anforderungen an die Ausgestaltung der Internen Revision
BT 2.1 Aufgaben der Internen Revision
BT 2.2 Grundsätze für die Interne Revision
BT 2.3 Prüfungsplanung und -durchführung
BT 2.4 Berichtspflicht
BT 2.5 Reaktion auf festgestellte Mängel

Abb. 72: Besondere Anforderungen an die Interne Revision im Überblick

1.2 Anpassungen im Rahmen der MaRisk-Novellen

3 Unter materiellen Gesichtspunkten brachten die Novellen der MaRisk aus den Jahren 2009, 2010 und 2012 keine einschneidenden Änderungen bei den revisionsspezifischen Regelungen mit sich. Bemerkenswert war bei diesen Anpassungen zum einen, dass der Internen Revision die Begleitung von wesentlichen Projekten verbindlich vorgegeben wurde (→ BT 2.1 Tz. 2). Zum anderen kommt seitdem deutlicher zum Ausdruck, dass sich das Aufgabenspektrum der Internen Revision auch auf die Prüfung des Strategieprozesses erstreckt (→ AT 4.2 Tz. 1, Erläuterung). Darüber hinaus wurde die Geschäftsleitung dazu verpflichtet, dem Vorsitzenden des Aufsichtsorgans ein Auskunftsrecht gegenüber dem Leiter der Internen Revision einzuräumen (→ AT 4.4.3 Tz. 2).

4 Im Zuge der fünften MaRisk-Novelle aus dem Jahre 2017 wurden insbesondere die Anforderungen an die Berichtspflichten der Internen Revision an die Geschäftsleitung und das Aufsichtsorgan sowie die Vorgaben für die Konzernrevision deutlich verschärft. Die Interne Revision hat nunmehr sowohl der Geschäftsleitung als auch dem Aufsichtsorgan vierteljährlich zeitnah einen Bericht vorzulegen, in dem sie über die wesentlichen und schwerwiegenden Mängel sowie über die in diesem Zusammenhang ergriffenen Maßnahmen informiert. Zudem hat die Interne Revision vierteljährlich darzulegen, ob und inwieweit die Vorgaben des Prüfungsplanes eingehalten wurden (→ BT 2.1 Tz. 4). Darüber hinaus sind die Revisionsgrundsätze und Prüfungsstandards der Konzernrevision und der Internen Revision der gruppenangehörigen Unternehmen derart auszugestalten, dass eine Vergleichbarkeit der Prüfungsergebnisse gewährleistet ist. Die Prüfungsplanungen und die Verfahren zur Überwachung der fristgerechten Mängelbeseitigung sind auf Gruppenebene abzustimmen. Schließlich hat die Konzernrevision in angemessenen Abständen, mindestens jedoch vierteljährlich, an die Geschäftsleitung und das Aufsichtsorgan des übergeordneten Unternehmens über ihre Tätigkeit auf Gruppenebene zu berichten (→ AT 4.5 Tz. 6).

1.3 Vorgaben internationaler und europäischer Standardsetzer

Der Baseler Ausschuss für Bankenaufsicht hat im Juni 2012 seine Empfehlungen zur Internen   **5**
Revision in Banken veröffentlicht.[4] In diesem Papier geht es ebenfalls um die Unabhängigkeit und
das Aufgabengebiet der Internen Revision, wobei sich daraus kein Handlungsbedarf zur Überarbeitung der MaRisk ergeben hat. Allerdings wurde wiederholt die Diskussion über die Zuordnung
der Internen Revision zur Geschäftsleitung oder zum Aufsichtsorgan angestoßen, insbesondere vor
dem Hintergrund des angelsächsischen Modells der Unternehmensführung (→ AT 4.4.3 Tz. 2). Den
Stellungnahmen ist zu entnehmen, dass eine Anbindung an das Aufsichtsorgan selbst von einigen
Staaten mit dualistischem System positiv bewertet wird.

Zuletzt hat der Baseler Ausschuss in den überarbeiteten Prinzipien für eine angemessene Corpo-   **6**
rate Governance für Banken aus dem Jahre 2015 umfangreiche Vorgaben für die Ausgestaltung der
Internen Revision formuliert.[5] In diesem Dokument betont der Baseler Ausschuss die besondere
Bedeutung der Internen Revision als dritte Verteidigungslinie in dem vom ihm verwendeten Modell
der drei Verteidigungslinien (→ AT 4.4, Einführung). Darüber hinaus wird auch in den neuen
Prinzipien deutlich, dass der Baseler Ausschuss die Interne Revision eher als ein Instrument des
Aufsichtsorgans als der Geschäftsleitung betrachtet. Sehr weitgehend sind in diesem Dokument die
Anzeigepflichten des Institutes bei einem Wechsel des Leiters der Internen Revision. Nach den
Vorstellungen des Baseler Ausschusses soll eine Ablösung des Leiters offengelegt und mit der
Aufsichtsbehörde erörtert werden.[6] Die Überlegungen des Baseler Ausschusses wurden im Rahmen
der fünften MaRisk-Novelle aufgrund des in Deutschland vorherrschenden dualistischen Systems
der Unternehmensführung nicht in nationales Recht umgesetzt (→ AT 4.4.3 Tz. 1).

Die EBA hat in ihren Leitlinien zur internen Governance im Jahre 2011 Anforderungen an die   **7**
Ausgestaltung der Internen Revision formuliert, die durch die überarbeiteten Leitlinien aus dem Jahre
2017 ersetzt wurden.[7] Das Ziel der EBA besteht darin, die bankaufsichtlichen Anforderungen an die
interne Governance der Institute, einschließlich der Vorgaben für die besonderen Funktionen im Sinne
der MaRisk, europaweit zu harmonisieren. Die Leitlinien enthalten die bekannten Grundvoraussetzungen für eine funktionsfähige Interne Revision, wie z. B. die unmittelbare Verantwortung gegenüber
der Geschäftsleitung, die Unabhängigkeit, die Einräumung ausreichender Befugnisse und einen uneingeschränkten Zugang zu allen erforderlichen Informationen. Die Interne Revision hat ihre Tätigkeit
risikoorientiert und prozessunabhängig durchzuführen. Nach den Leitlinien muss die Interne Revision
ihre Prüfungen auf der Grundlage eines umfassenden und jährlich fortzuschreibenden Prüfungsplanes
durchführen, über die Ergebnisse berichten und die Mängelbeseitigung überwachen. Ähnlich wie vom
Baseler Ausschuss gefordert, sollte auch nach den Vorstellungen der EBA sichergestellt sein, dass die
Interne Revision, soweit erforderlich, direkt gegenüber dem Aufsichtsorgan ihre Bedenken äußern bzw.
dieses warnen kann, wenn nachteilige Entwicklungen das Institut beeinträchtigten können.[8] Gemäß
den einschlägigen Leitlinien der EBA prüft die Aufsicht im Rahmen des aufsichtlichen Überprüfungs-
und Bewertungsprozesses (SREP), ob ein Institut über eine unabhängige Interne Revision verfügt, die
den Anforderungen der EBA-Leitlinien zur internen Governance entspricht.[9]

---

4   Basel Committee on Banking Supervision, The internal audit function in banks, BCBS 223, 28. Juni 2012.

5   Vgl. Basel Committee on Banking Supervision, Guidelines – Corporate governance principles for banks, BCBS d328, 8. Juli
    2015, S. 32.

6   Vgl. Basel Committee on Banking Supervision, Guidelines – Corporate governance principles for banks, BCBS d328, 8. Juli
    2015, S. 32 f.

7   European Banking Authority, EBA Guidelines on Internal Governance (GL 44), 27. September 2011; European Banking
    Authority, Leitlinien zur internen Governance, EBA/GL/2017/11, 21. März 2018.

8   Vgl. European Banking Authority, Leitlinien zur internen Governance, EBA/GL/2017/11, 21. März 2018, S. 13.

9   Vgl. European Banking Authority, Guidelines on common procedures and methodologies for the supervisory review and
    evaluation process (SREP) and supervisory stress testing, EBA/GL/2014/13, Consolidated version, 19. Juli 2018, S. 56 f.

BT 2.1 Aufgaben der Internen Revision

1 Prüfungsumfang und risikoorientierter Prüfungsansatz (Tz. 1)

1 Die Prüfungstätigkeit der Internen Revision hat sich auf der Grundlage eines risikoor- **1**
ientierten Prüfungsansatzes grundsätzlich auf alle Aktivitäten und Prozesse des Institutes zu erstrecken.

1.1 Umfassendes Aufgabenspektrum

Gegenstand von Revisionshandlungen sind auf der Basis eines risikoorientierten Prüfungsansatzes **2**
grundsätzlich alle Aktivitäten und Prozesse des Institutes. Diese Regelung macht zum einen
deutlich, dass die Aufgaben der Revision umfassend sind und insoweit auch grundsätzlich keiner
Begrenzung unterliegen. Zum anderen entspricht es modernen Prüfungsansätzen, wenn sich die
Auswahl der Prüfungsobjekte und der Prüfungsmethoden an Risikoaspekten orientiert. Gleich-
zeitig können auf diese Weise die knappen Ressourcen der Revision effizienter eingesetzt werden.
Dem risikoorientierten Ansatz wurde bereits in den MaIR ein hoher Stellenwert eingeräumt.[1] In
den MaRisk rückt die Risikoorientierung als tragendes Prinzip noch stärker in den Mittelpunkt
(→ AT4.4.3 Tz. 3). Risikoorientierung bedeutet, dass die einem höheren Risiko unterliegenden
Prüffelder des Institutes intensiver und häufiger geprüft werden als die weniger risikobehafteten
Bereiche. Auch nach den Vorstellungen der EBA sollte die Tätigkeit der Internen Revision nach
einem Prüfungsplan und einem detaillierten Prüfungsprogramm auf der Grundlage eines risikobasierten Ansatzes durchgeführt werden.[2] Der risikoorientierte Ansatz entspricht auch den Vorgaben
der Berufsverbände für Interne Revisionen auf nationaler und internationaler Ebene.[3]

1.2 Spielräume

Der Einschub »grundsätzlich« macht deutlich, dass im Hinblick auf den Aufgabenumfang gewisse **3**
Spielräume bestehen und insofern die für die tägliche Arbeit der Revision erforderliche Flexibilität
erhalten bleibt. Solche Spielräume sind notwendig, um das grundsätzliche Erfordernis einer
Vollprüfung mit der Risikoorientierung der Revision in Einklang zu bringen. Ein an Risikoaspekten
orientiertes Vorgehen muss daher nicht zwangsläufig zu einer Vollprüfung des gesamten Institutes
innerhalb des vorgegebenen Turnus führen. Die mit der Risikoorientierung einhergehende
Gewichtung macht die bewusste Konzentration auf bestimmte Prüfungsfelder erforderlich. Bei
unter Risikogesichtspunkten weniger relevanten Prüfungsfeldern ist dementsprechend eine gerin-

---

1 Vgl. Bundesaufsichtsamt für das Kreditwesen, Mindestanforderungen an die Ausgestaltung der Internen Revision der
Kreditinstitute (MaIR), Rundschreiben 1/2000 vom 17.Januar 2000, Tz.15.
2 Vgl. European Banking Authority, Leitlinien zur internen Governance, EBA/GL/2017/11, 21. März 2018, S.49.
3 Vgl. Deutsches Institut für Interne Revision e.V. (DIIR), Frankfurt am Main, Institut für interne Revision Österreich (IIA
Austria), Wien, Schweizer Verband für Interne Revision (IIA Switzerland), Zürich (Hrsg.), Internationale Standards für die
berufliche Praxis der Internen Revision 2017 – Mission, Grundprinzipien, Definitionen, Ethikkodex, Standards, Version
6.1, 10. Januar 2018, S. 36 f.

gere Prüfungsintensität erforderlich. Die risikoorientierte Prüfungsplanung ist insoweit von zentraler Bedeutung für die Wirksamkeit der Internen Revision.

1.3 Systematisierung der Risiken

4   Damit eine derartige Abgrenzung bzw. Klassifizierung überhaupt vorgenommen werden kann, ist es erforderlich, das gesamte Institut unter den für die Revision relevanten Risikogesichtspunkten zu systematisieren. Die Voraussetzung für ein risikoorientiertes Vorgehen der Revision stellt die Analyse aller Prozesse und Aktivitäten im Hinblick auf ihren jeweiligen Risikogehalt dar. Die konkrete Ausgestaltung dieser Analysetätigkeit bleibt dabei der Revision überlassen. Allerdings benötigt sie immer einen vollständigen Überblick über das gesamte Institut. Diesen Überblick gewinnt sie durch die unerlässliche eigene Analysetätigkeit sowie unterstützend u. a. durch die Organisationsrichtlinien, deren Ausgestaltung ihr das Eintreten in die Sachprüfung ermöglichen muss (→ AT 5 Tz. 4), und die risikorelevanten Informationen, die sie von anderen Organisationseinheiten erhält (→ AT 4.3.2 Tz. 4 inkl. Erläuterung). Die Effektivität der Revision wird durch die kontinuierliche Aktualisierung dieser Informationen verbessert.

5   Die MaRisk geben den Instituten keine konkrete Methode zur Risikoidentifizierung und -bewertung vor. Es gilt der Grundsatz der Methodenfreiheit. Im Zuge der fünften MaRisk-Novelle wurden jedoch Anforderungen an die Risikobewertungsverfahren der Internen Revision aufgenommen. Danach haben die Risikobewertungsverfahren eine Analyse des Risikopotenzials der Aktivitäten und Prozesse unter Berücksichtigung absehbarer Veränderungen zu beinhalten. Dabei sind die verschiedenen Risikoquellen und die Manipulationsanfälligkeit der Prozesse durch Mitarbeiter angemessen zu berücksichtigen (→ BT 2.3 Tz. 2).

2 Projektbegleitende Tätigkeit (Tz. 2)

2 Die Interne Revision hat unter Wahrung ihrer Unabhängigkeit und unter Vermeidung von Interessenkonflikten bei wesentlichen Projekten begleitend tätig zu sein.   **6**

2.1 Projektbegleitung

Notwendige Anpassungen der institutsinternen Strukturen (z.B. aufgrund veränderter Markt-   **7**
bedingungen oder eines Strategiewechsels) lassen sich in vielen Fällen nicht auf der Basis etablierter Regelprozesse umsetzen. Um der Komplexität solcher Anpassungsprozesse Genüge zu tun, werden daher häufig Projekte initiiert. Ein »Projekt« ist ein komplexes Vorhaben, welches zeitlich durch einen definierten Anfangs- und Endtermin begrenzt sowie inhaltlich durch die Einmaligkeit seiner Bedingungen gekennzeichnet ist. Die jeweiligen Bedingungen hängen insbesondere von den Projektzielen, der Projektabgrenzung und den an der Umsetzung mitwirkenden Organisationseinheiten und Ressourcen ab. Grundsätzlich als Projekt zu qualifizieren ist auch die – zeitlich begrenzte – Erledigung bestimmter Sonderaufgaben, die bei Instituten häufig außerhalb der üblichen Projektstrukturen bspw. im Rahmen einer »Task Force« vorangetrieben wird. Die dabei behandelten Themen sind oftmals strategischer Natur, so dass von Seiten der Revision ein großes Interesse an einer Teilnahme bestehen sollte. Die Bearbeitung außerhalb der gegebenen Projektstruktur oder die Bezeichnung (»Task Force«) ändern nicht den Projektcharakter, so dass auch keine nachvollziehbaren Gründe für eine Nichtberücksichtigung der Revision vorliegen.

Die erfolgreiche Umsetzung von Projekten ist nicht nur für Kredit- und Finanzdienstleistungs-   **8**
institute von erheblicher Bedeutung. Mithin stellt die schnelle Einführung eines innovativen Prozesses oder Systems einen entscheidenden Wettbewerbsvorteil gegenüber der Konkurrenz dar. Allerdings fallen die Projektergebnisse oft weniger gut aus als vorab geplant. Das Scheitern von Projekten ist zum größten Teil direkt oder indirekt auf unzureichendes Projektmanagement zurückzuführen. Dies ist nicht verwunderlich, da die Projektmanagementpläne und -kontrollen das zentrale Rahmenwerk für die darin ablaufenden Projektaktivitäten darstellen. Projektergebnisse sind erfahrungsgemäß nur sehr selten besser als die Pläne und Vorgaben des Projektmanagements. Unklare Absprachen und ungenaue Vorgaben können z.B. eine unzureichende Qualität zur Folge haben. Eine fehlerhafte Definition und Planung der zu liefernden Projektergebnisse kann zu einer massiven Zeit- und Budgetüberschreitung führen. Verspätete Entscheidungen zur Behandlung von Projektrisiken, bspw. zur kurzfristigen Bereitstellung von

BT 2.1 Aufgaben der Internen Revision

Ressourcen mit angemessener Expertise, können sich ebenfalls gravierend auf den Zeit- und Kostenplan auswirken. Insbesondere die teilweise wenig präzisen Vorgaben in Bezug auf die Projektziele und die Rollen der Beteiligten sowie eine unzureichende oder unverbindliche Projektplanung können von den Projektteammitgliedern nicht kompensiert werden und führen oft zu erheblichen Zielverfehlungen.[4]

9 Mit der zweiten MaRisk-Novelle hat die Projektbegleitung ihren empfehlenden Charakter verloren: Von der Internen Revision wird seither explizit gefordert, unter Wahrung ihrer Unabhängigkeit und unter Vermeidung von Interessenkonflikten bei wesentlichen Projekten begleitend tätig zu sein. Durch die Begleitung von Projekten soll zum einen sichergestellt werden, dass die Revision frühzeitig auf mögliche Fehlentwicklungen hinweist. Zum anderen erhält die Interne Revision auf diese Weise zeitnah Informationen über Projektinhalte, neue Prozesse und IT-Systeme, so dass ein kontinuierlicher Know-how-Aufbau der Revisionsmitarbeiter gefördert wird.[5] Angesichts der Bedeutung von Projekten im Allgemeinen und aufgrund der beschriebenen Projektrisiken ist die risikoorientierte Prüfung von Projekten selbstverständlich auch weiterhin Gegenstand der Revisionstätigkeit, so dass eine explizite Regelung entbehrlich ist. Zur Klarstellung sei allerdings darauf hingewiesen, dass es sich um zwei unterschiedliche Sachverhalte handelt und die Projektbegleitung nicht mit der Prüfung von Projekten durch die Interne Revision zu verwechseln ist.[6]

2.2 Begleitung wesentlicher Projekte

10 Mit der Einschränkung der Anforderung auf »wesentliche« Projekte wird zum einen dem Grundsatz der Risikoorientierung Rechnung getragen. Die Interne Revision muss nur bei Projekten begleitend tätig werden, die aus Risikosicht von Relevanz sind. Zu diesem Zweck müssen alle Organisationseinheiten die Interne Revision über neue Projekte informieren, damit sie die aus ihrer Sicht wesentlichen Projekte identifizieren kann. Entsprechende Festlegungen sind von der Internen Revision eigenverantwortlich auf Basis geeigneter Kriterien zu treffen. Zum anderen wäre schon aus Kapazitätsgründen bei vielen Instituten eine Begleitung aller Projekte durch die Revision kaum möglich. Allerdings kann die Interne Revision im Falle vorhandener Kapazitäten und im Interesse des Institutes auch dort unterstützend mitwirken, wo ihre Expertise bei weniger bedeutenden Projekten zu einem schnelleren Abschluss führen könnte. Davon unabhängig können bestimmte, aus Sicht des Institutes weniger bedeutende Projekte für die Tätigkeit der Revision von speziellem Interesse sein.

---

4 Vgl. Deutsches Institut für Interne Revision e. V., DIIR-Revisionsstandard Nr. 4, Standard zur Prüfung von Projekten vom 18. Juni 2008, Abschnitt 1.1. Es sei allerdings darauf hingewiesen, dass sich die Ausführungen auf das »klassische Projektmanagement« beziehen. Ein »agiles Projektmanagement«, dessen Konzept seit Anfang des 21. Jahrhunderts kontinuierlich weiterentwickelt wird und das vor allem bei flachen Unternehmenshierarchien erfolgreich angewendet wird, unterliegt gänzlich anderen Rahmenbedingungen. So werden z. B. die Zielsetzung und die zugrundeliegenden Prozesse, sofern erforderlich, fortlaufend an die jeweils aktuelle Situation angepasst. Auf diese Weise kann insbesondere der Zeitaufwand für ein Projekt deutlich reduziert werden. Zudem werden die Kunden bereits in die Projektentwicklung eingebunden und am gesamten Prozess beteiligt, wodurch die Gefahr von Fehlentwicklungen minimiert wird. Zu den bekanntesten agilen Methoden gehören »Unified Process«, »Extreme Programming«, »Design Thinking«, »Design Sprint«, »Lean Startup«, »Scrum«, »Kanban«, »Scrumban« und die damit im Zusammenhang stehende Methode »Canvas« zur Weiterentwicklung von Geschäftsmodellen. Derartige Methoden können auch für die Arbeit der Internen Revision von Interesse sein. In diesem Zusammenhang wird z. B. »Continuous Auditing« genannt, aber auch »Design Thinking«. Zur Anwendung von »Design Thinking« auf den Prüfungsprozess, insbesondere die Prüfungsplanung und -durchführung, wird auf Walz, Hiltrud/Hess, Nicole, Design Thinking für Revisoren, in: Zeitschrift Interne Revision, Heft 3/2018, S. 145–151, verwiesen.

5 Vgl. Ullrich, Walter, Konsequenzen für die Prüfungstätigkeit, in: Pfeifer, Guido/Ullrich, Walter/Wimmer, Konrad (Hrsg.), MaRisk-Umsetzungsleitfaden, Heidelberg 2006, S. 548 ff.

6 Das DIIR hat im Jahre 2013 einen Revisionsstandard zur Prüfung von Projekten veröffentlicht, der zuletzt im September 2015 geändert wurde. Vgl. Deutsches Institut für Interne Revision e. V., DIIR Prüfungsstandard Nr. 4, Standard zur Prüfung von Projekten – Definitionen und Grundsätze, Version 2.1, Frankfurt am Main, September 2015. Für die Sparkassenorganisation existiert daneben z. B. der Standard »Projektbegleitende Prüfung der Internen Revision« (2008) des DSGV-Fachausschusses Prüfung und Kontrolle.

2.3 Wahrung der Unabhängigkeit und Vermeidung von Interessenkonflikten

Bei der Projektbegleitung stellt sich stets die Frage nach der Unabhängigkeit der Revision. **11** Schließlich werden die als Ergebnis der Projektarbeit entwickelten Strukturen, Tätigkeiten oder Prozesse zu gegebener Zeit, Gegenstand einer Prüfung durch die Revision. Die Unabhängigkeit ist insbesondere dann infrage zu stellen, wenn dieselben Revisionsmitarbeiter ein Projekt begleiten und beraten und später die Prüfung durchführen. Dieser Aspekt wird in den MaRisk bereits in allgemeiner Form berücksichtigt, indem sicherzustellen ist, dass miteinander unvereinbare Tätigkeiten durch unterschiedliche Mitarbeiter durchzuführen sind (→ AT 4.3.1 Tz. 1). Dieses Prinzip ist auch zu beachten, wenn Mitarbeiter in die Revision wechseln, die zuvor an den zu prüfenden Projekten oder Prozessen teilgenommen haben.

Insoweit ist es erforderlich, durch geeignete Vorkehrungen eine so genannte »Selbstprüfung **12** der Revision« zu vermeiden. Allgemeinen Revisionsgrundsätzen zufolge wird von einer »Selbstprüfung« gesprochen, wenn Revisionsmitarbeiter maßgeblich beim Zustandekommen des Prüfungsgegenstandes mitgewirkt haben, also z. B. über Empfehlungen hinausgehende Konzepte für Systeme oder Prozesse erstellt, installiert und betrieben haben.[7] Auf die Leitung von Projekten sollte daher revisionsseitig generell verzichtet werden. Auch eine operative Mitwirkung in einem Projekt würde über eine Projektbegleitung hinausgehen. Vielmehr erscheint es ausreichend, aber auch erforderlich, wenn die Interne Revision sich laufend auf der Basis schriftlicher Unterlagen über Projektplanung, -verlauf und -ergebnisse informiert, einen regelmäßigen Austausch mit der Projektleitung etabliert und ggf. als Gast an Sitzungen des Projektlenkungsausschusses teilnimmt. Die jeweiligen Vertreter der Internen Revision haben etwaige Hinweise oder Bedenken gegenüber den Projektverantwortlichen bzw. den Steuerungsgremien in geeigneter Weise zu adressieren und müssen für eine ausreichende Dokumentation ihrer Arbeit sorgen. Soweit agile Methoden in der Projektarbeit genutzt werden, muss die Revisionsleitung dafür sorgen, dass die Prüfer diese kennen und verstehen, um das Projekt auf Augenhöhe begleiten zu können. Im Grunde ist es die Aufgabe der Revisionsleitung, geeignete Festlegungen zu treffen, um ihre Neutralität und Unabhängigkeit zu wahren sowie Interessenkonflikte zu vermeiden. Die Revision sollte sich daher zu dieser Frage auf eine interne Leitlinie verständigen, die für ihr Handeln maßgeblich ist und ein nachvollziehbares und stringentes Vorgehen (Grundsätze, Abgrenzung, Prozessablauf, Kompetenzen etc.) erlaubt. Als Grundlage können die Vorgaben der nationalen und internationalen Berufsverbände für die Interne Revision herangezogen werden.[8] Die Leitlinie könnte zudem geeignet sein, um Kriterien dafür festzulegen, was unter »wesentlichen« Projekten zu verstehen ist.

Die deutsche Aufsicht hat das »Verbot der Selbstprüfung und -überprüfung« als allgemeines **13** Prinzip für den Wechsel von Mitarbeitern der Handels- und Marktbereiche in nachgelagerte Bereiche, wie die Marktfolge sowie die Abwicklung und Kontrolle, und in Kontrollbereiche, wie die Risikocontrolling-Funktion und die Compliance-Funktion, in den MaRisk verankert und mit angemessenen Übergangsfristen verknüpft. Dabei hat sie bewusst darauf verzichtet, den Instituten konkrete Zeiten vorzugeben, weil die Angemessenheit dieser Fristen wesentlich davon abhängt, wie groß das Konfliktpotenzial im konkreten Fall ist (→ AT 4.3.1 Tz. 1 inkl. Erläuterung). Beim Wechsel von Mitarbeitern anderer Organisationseinheiten zur Internen Revision soll diese Übergangsfrist demgegenüber in der Regel mindestens ein Jahr betragen. Innerhalb

---

7 Vgl. Deutsches Institut für Interne Revision e. V. (Hrsg.), Grundsätze für die berufliche Praxis der Internen Revision, Frankfurt a. M., 1998, Nr. 110.03; Deutsches Institut für Interne Revision e. V. (Hrsg.), Grundlagen der Internen Revision, Frankfurt a. M., 2002, Nr. 1130.A1.

8 Vgl. Deutsches Institut für Interne Revision e. V., Online-Revisionshandbuch, Stand Dezember 2017, S. 24 ff.

dieser Frist darf der neue Revisionsmitarbeiter keine Tätigkeiten prüfen, für die er im Verlauf des vorangegangenen Jahres verantwortlich war (→ BT 2.3 Tz. 3).

2.4 Projektbegleitung oder Beratung?

14 Gelegentlich kann es schwierig sein, zwischen der Projektbegleitung und einer lediglich beratenden Tätigkeit der Revision zu unterscheiden.[9] An die Revision wird häufig die Bitte herangetragen, zu einzelnen Themen kurzfristig Stellung zu nehmen oder Gutachten zu erstellen.[10] Damit können das Fachwissen der Revision nutzbringend für das Institut eingesetzt und entsprechende Synergien aus den täglichen Revisionsarbeiten gezogen werden. Ob es sich hierbei im Einzelfall um Projektarbeit handelt oder einer beratenden Funktion nachgekommen wird, ist im Ergebnis zweitrangig. Entscheidend ist letztlich, dass bei der Durchführung solcher Tätigkeiten Interessenkonflikte vermieden werden und die Unabhängigkeit der Revision gewahrt bleibt.

---

9 Vgl. Deutsches Institut für Interne Revision e. V., Online-Revisionshandbuch, Stand Dezember 2017, S. 29.
10 Vgl. Schwager, Elmar/Wegst, Heiko/Strauß, Udo, Beratung durch die Revision – ihre Rolle, ihre Risiken und ihre Chancen, in: Zeitschrift Interne Revision, Heft 6/2003, S. 250.

3 Anderweitig durchgeführte Revisionstätigkeit (Tz. 3)

3 Im Fall wesentlicher Auslagerungen auf ein anderes Unternehmen kann die Interne **15** Revision des Institutes auf eigene Prüfungshandlungen verzichten, sofern die anderweitig durchgeführte Revisionstätigkeit den Anforderungen in AT 4.4.3 und BT 2 genügt. Die Interne Revision des auslagernden Institutes hat sich von der Einhaltung dieser Voraussetzungen regelmäßig zu überzeugen. Die für das Institut relevanten Prüfungsergebnisse sind an die Interne Revision des auslagernden Institutes weiterzuleiten.

3.1 Verzicht auf eigene Prüfungshandlungen

Das Aufgabenfeld der Internen Revision erstreckt sich auf grundsätzlich alle Aktivitäten und **16** Prozesse, unabhängig davon, ob diese ausgelagert sind oder nicht.[11] Für die Revision sind ausgelagerte Aktivitäten und Prozesse regelmäßig von besonderem Interesse, da sie nur mittelbar vom Institut beeinflusst werden können und die Revision nicht mehr den unmittelbaren Zugriff auf alle für das Institut relevanten Abläufe hat. Erst durch die Einbeziehung der ausgelagerten Aktivitäten und Prozesse kann sich die Interne Revision einen umfassenden Eindruck verschaffen (→ AT 4.4.3 Tz. 3). Um dies sicherzustellen, sind im Auslagerungsvertrag Prüfungsrechte der Internen Revision des auslagernden Institutes zu vereinbaren (→ AT 9 Tz. 7 lit. b). Da jedoch Prüfungshandlungen der Revisionen der auslagernden Institute insbesondere bei Auslagerungen auf Mehrmandantendienstleister einen unverhältnismäßig hohen Prüfungsaufwand verursachen können, hat die deutsche Aufsicht den Instituten Spielräume[12] für alternative Umsetzungslösungen eingeräumt (→ AT 9 Tz. 7 lit. b, Erläuterung). So kann die Interne Revision des auslagernden Institutes auf eigene Prüfungshandlungen verzichten, wenn im Hinblick auf die »anderweitig durchgeführte Revisionstätigkeit« bestimmte Voraussetzungen erfüllt sind. Diese Vorgehensweise entspricht grundsätzlich auch den Vorstellungen der EBA.[13]

Die anderweitig durchgeführte Revisionstätigkeit wird regelmäßig selbst eine Auslagerung **17** darstellen, die nach § 25b KWG in Verbindung mit dem Modul AT 9 zu beurteilen ist. Bei einer Auslagerung von Tätigkeiten der Internen Revision gelten besondere Maßstäbe. Die Auslagerung darf nur in einem Umfang vorgenommen werden, der gewährleistet, dass hierdurch das Institut weiterhin über fundierte Kenntnisse und Erfahrungen verfügt und bei Bedarf – im Falle der Beendigung des Auslagerungsverhältnisses oder der Änderung der Gruppenstruktur – der ordnungsgemäße Betrieb in diesen Bereichen fortgesetzt werden kann (→ AT 9 Tz. 5). Soweit die Revisionstätigkeit im Auftrag mehrerer auslagernder Institute von der Internen Revision eines oder mehrerer dieser Institute (sogenannte »Joint Audits« oder »Pooled Audits«) durchgeführt wird, hängt die Beurteilung, ob hier eine Auslagerung vorliegt oder nicht, von der Weisungsabhängig-

---

11 Dies entspricht den Vorgaben der EBA. Vgl. European Banking Authority, Leitlinien zur internen Governance, EBA/GL/2017/11, 21. März 2018, S. 48; European Banking Authority, Consultation Paper – EBA Draft Guidelines on Outsourcing arrangements, EBA/CP/2018/11, 22. Juni 2018, S. 29.

12 Entsprechende Erleichterungen enthielt bereits das sogenannte Auslagerungsrundschreiben aus dem Jahre 2001. Vgl. Bundesaufsichtsamt für das Kreditwesen, Auslagerung von Bereichen auf ein anderes Unternehmen gemäß § 25a Abs. 2 KWG, Rundschreiben 11/2001 vom 6. Dezember 2001, Tz. 50.

13 Vgl. European Banking Authority, Consultation Paper – EBA Draft Guidelines on Outsourcing arrangements, EBA/CP/2018/11, 22. Juni 2018, S. 41; European Banking Authority, Empfehlungen zur Auslagerung an Cloud-Anbieter, EBA/REC/2017/03, 28. März 2018, S. 7 f.

keit der Gruppe der Internen Revisoren und von der (risikoorientierten) Bewertung der Feststellungen durch das auslagernde Institut ab.

3.2 Alternativen

18 Für den Fall des Verzichtes auf Prüfungshandlungen der Internen Revision des auslagernden Institutes kommen verschiedene Alternativen in Betracht. Die Revisionstätigkeit kann durchgeführt werden von (→ BT 2.1 Tz. 3, Erläuterung):
- der Internen Revision des Auslagerungsunternehmens,
- der Internen Revision eines oder mehrerer der auslagernden Institute im Auftrag der auslagernden Institute,
- einem Dritten im Auftrag des Auslagerungsunternehmens oder
- einem Dritten, der von den auslagernden Instituten beauftragt wird.

19 Mehrmandantendienstleister verfügen häufig über große Revisionsabteilungen, von denen die Voraussetzungen ohne weiteres erfüllt werden können. Ist dies nicht der Fall, wird vom Auslagerungsunternehmen regelmäßig ein Dritter beauftragt (z.B. eine Wirtschaftsprüfungsgesellschaft). Eine Auslagerung der Revisionstätigkeit auf den eigenen Jahresabschlussprüfer ist dagegen nicht zulässig (§ 319 Abs. 3 Nr. 3 lit. b HGB).[14]

20 In der Praxis werden die in den MaRisk genannten Erleichterungen von der Aufsicht, insbesondere der EZB, allerdings zunehmend infrage gestellt. Insbesondere in jenen Fällen, in denen die Interne Revision des Auslagerungsunternehmens selbst für die anderweitige Durchführung der Revisionstätigkeit zuständig ist, verlangt die Aufsicht von der Internen Revision des auslagernden Institutes vermehrt auch eigene Prozessprüfungen. Im Falle von Mehrmandantendienstleistern kommt erschwerend hinzu, dass somit gleich mehrere Institute eigene Prüfungen vornehmen müssten, was auch den Dienstleister vor Ressourcen-Probleme stellt. Die betroffenen Institute vereinbaren in der Praxis daher zunehmend gemeinsame Prüfungshandlungen, um den Aufwand für alle Beteiligten zu minimieren.

21 Auch die EBA hat sich bei verschiedenen Gelegenheiten kritisch dazu geäußert, dass die Interne Revision des Auslagerungsunternehmens diese Funktion im Interesse des auslagernden Institutes wahrnehmen kann. In den Empfehlungen der EBA zur Auslagerung an Cloud-Anbieter ist zwar die Möglichkeit erwähnt, auf externe oder interne Prüfberichte zurückzugreifen, die vom Dienstleister zur Verfügung gestellt werden. Bei technisch hoch komplexen Aktivitäten sollen die vom Dienstleister beauftragten Prüfer vom auslagernden Institut entsprechend auf Funktionsfähigkeit geprüft werden.[15] In den im Juni 2018 zur Konsultation gestellten EBA-Leitlinien zu Auslagerungen wird allerdings nur noch auf Pool-Lösungen oder von den Instituten beauftragte externe Prüfer eingegangen, um die Revisionstätigkeit nicht selbst ausführen zu müssen.[16] Die Deutsche Kreditwirtschaft (DK) hat sich im Rahmen der Konsultation explizit dafür ausgesprochen, dass auch zukünftig Prüfungshandlungen von der Internen Revision des Auslagerungsunternehmens im Auftrag des auslagernden Institutes durchgeführt werden kön-

---

14 Vgl. Braun, Ulrich, in: Boos, Karl-Heinz/Fischer, Reinfrid/Schulte-Mattler, Hermann (Hrsg.), Kreditwesengesetz und VO (EU) Nr. 575/2013, Band 1, 5. Auflage, München, 2016, § 25a KWG, Tz. 566.

15 Vgl. European Banking Authority, Empfehlungen zur Auslagerung an Cloud-Anbieter, EBA/REC/2017/03, 28. März 2018, S. 7 f.

16 Vgl. European Banking Authority, Consultation Paper – EBA Draft Guidelines on Outsourcing arrangements, EBA/CP/2018/11, 22. Juni 2018, S. 42.

nen.[17] Es bleibt abzuwarten, inwiefern die laufende Konsultation in dieser Frage noch zu Anpassungen der EBA-Leitlinien zu Auslagerungen führt.

3.3 Voraussetzungen

An die Inanspruchnahme der Alternativen sind verschiedene Voraussetzungen geknüpft. So hat die »anderweitig durchgeführte Revisionstätigkeit« den einschlägigen Anforderungen der MaRisk zu genügen (→ AT 4.4.3 und BT 2). Damit wird insbesondere klargestellt, dass eine Auslagerung der Aufgaben der Internen Revision grundsätzlich keine Aufweichung der damit verbundenen Mindestanforderungen zur Folge haben darf.   **22**

Die Interne Revision des auslagernden Institutes hat sich ferner regelmäßig davon zu überzeugen, dass die »anderweitig durchgeführte Revisionstätigkeit« diesen Anforderungen auch tatsächlich entspricht. In welcher Form das zu geschehen hat, bleibt den Instituten überlassen. Die Intensität hängt insbesondere von der Art und dem Risikogehalt der ausgelagerten Aufgaben ab. Von Relevanz können z. B. auch die bisherigen Erfahrungen mit dem Dienstleister oder die Dauer der Geschäftsbeziehung sein. Bezüglich der »anderweitig durchgeführten Revisionstätigkeit« stellen die Ergebnisse des Jahresabschlussprüfers zur Funktionsfähigkeit der Internen Revision des Auslagerungsunternehmens bzw. des beauftragten Dritten eine wichtige Informationsquelle dar. In diesem Zusammenhang können auch Bestätigungen bzw. Bescheinigungen nach den einschlägigen berufsständischen Standards (z. B. ISO/IEC 27001, IDW PS 951) herangezogen werden, soweit die Kontrollziele der Prüfungen mit den entsprechenden Anforderungen der MaRisk korrespondieren. Es kann aber auch erforderlich sein, dass sich die Interne Revision des auslagernden Institutes vor Ort einen Eindruck von der Funktionsfähigkeit der »anderweitig durchgeführten Revisionstätigkeit« verschaffen muss.   **23**

Schließlich ist sicherzustellen, dass alle für das auslagernde Institut »relevanten Prüfungsergebnisse« an die Revision des auslagernden Institutes weitergeleitet werden. Wie in dieser Formulierung zum Ausdruck kommt, ist bei der Frage nach der Relevanz auch die Perspektive des auslagernden Institutes zu berücksichtigen und nicht etwa nur die des Dienstleisters. Die Weitergabe kompletter Revisionsberichte ist hingegen nicht zwingend erforderlich. Diese Vereinfachung erlaubt es der Revision des auslagernden Institutes, sich auf die unter Risikogesichtspunkten maßgeblichen Ergebnisse zu konzentrieren. Sofern auf dieser Basis Fragen offenbleiben oder besonders bedeutende bzw. komplexe Sachverhalte zu klären sind, müssen durch die Revision des auslagernden Institutes weitere Informationen eingeholt werden. Auslagerungen sind insoweit kein Grund dafür, dass die Interne Revision ihre kritische und genaue Grundhaltung einschränkt. Im Übrigen gelten die allgemeinen Anforderungen an die wesentlichen Auslagerungen gemäß Modul AT 9. In jedem Fall hat der Dienstleister daher das auslagernde Institut über Entwicklungen zu informieren, die die ordnungsgemäße Erledigung der ausgelagerten Tätigkeiten und Prozesse beeinträchtigen können (→ AT 9 Tz. 7 lit. h).   **24**

Die Frage der »Relevanz« der Prüfungsergebnisse führt in der Praxis kleinerer Institute offenbar häufig dazu, dass von der Internen Revision der Auslagerungsunternehmen (Insourcer) aus Vorsichtsgründen unabhängig von Mängelfeststellungen und Mängelklassifizierungen permanent über so ziemlich jede Information an die Interne Revision des Institutes (Outsourcer) Bericht erstattet wird. Diese breite Form der Berichterstattung für die Einschätzung der Kontrollrisiken aus der Auslagerung erscheint wenig zielführend und blendet den Aspekt der »relevanten Prüfungsergeb-   **25**

---

17 Vgl. Deutsche Kreditwirtschaft (German Banking Industry Committee), Comments on EBA Draft Guidelines on Outsourcing arrangements (EBA/CP/2018/11), 24. September 2018, S. 19 f.

nisse« vollkommen aus. Es sollte auch ohne weitere Konkretisierung klar sein, dass diese Praxis nicht der Intention einer prinzipienorientierten Aufsicht entspricht und die Berichterstattung der Internen Revision von Mehrmandantendienstleistern und Zentralbanken allein aus Effizienzgründen auf ein zweckmäßiges Maß reduziert werden kann. Im Genossenschaftssektor wird daher z. B. eine unterjährige Berichterstattung über »wesentliche Mängel« gegenüber dem auslagernden Institut für ausreichend erachtet, sofern der Insourcer im Rahmen der Auslagerung vertraglich zu einer MaRisk-konformen Internen Revision verpflichtet wurde. Die Funktionsfähigkeit des dienstleistungsbezogenen internen Kontrollsystems sowie die Wirksamkeit und Ordnungsmäßigkeit der Internen Revision des Insourcers wird durch die Prüfungsbescheinigungen (z. B. IDW PS 951 Typ B plus) oder eine Ordnungsmäßigkeitsprüfung eines externen Prüfers einmal jährlich explizit bestätigt.[18]

3.4   (Ergänzende) Prüfungshandlungen

26   Ob und ggf. inwieweit sich die Interne Revision des auslagernden Institutes auf die Ergebnisse Dritter stützen kann, hängt allerdings nicht nur von praktischen Erwägungen ab, sondern insbesondere auch von der Bedeutung und der Risikorelevanz der ausgelagerten Aktivitäten und Prozesse für das Institut. Aus der Risikoanalyse können auch im Hinblick auf diese Frage wichtige Schlüsse gezogen werden. Da die Interne Revision bei der Erstellung und Anpassung der Risikoanalyse einzubinden ist, hat sie im Rahmen ihrer Aufgaben mitzuwirken (→ AT 9 Tz. 2). Die unmittelbare Einbindung der Revision des auslagernden Institutes erfolgt umso intensiver, je bedeutender oder risikobehafteter die ausgelagerten Abläufe für das Institut sind.

27   Natürlich spielen auch die Erfahrungen, die man bisher beim Rückgriff auf Dritte gesammelt hat, eine wichtige Rolle. Berechtigte Zweifel an der ordnungsgemäßen Durchführung der ausgelagerten Aktivitäten und Prozesse oder an der sachgerechten Durchführung der Revisionshandlungen durch Dritte (z. B. aufgrund mangelhafter Personal- und Sachausstattung) sind sicherlich Gründe dafür, eigene Prüfungshandlungen durchzuführen. Zu diesem Zweck müssen im Auslagerungsvertrag grundsätzlich Prüfungsrechte der Internen Revision vereinbart werden (→ AT 9 Tz. 7 lit. b). Die Interne Revision des auslagernden Institutes kann auf Basis dieser Vertragsklausel eigene (ergänzende) Prüfungshandlungen durchführen.[19] Es steht dann im Ermessen des auslagernden Institutes, ob und in welchem Umfang es auf Prüfungshandlungen verzichtet.

28   In der Praxis bereitet die Umsetzung dieser Anforderung allerdings durchaus Probleme. Dienstleister mit einer gewissen Marktmacht sind oftmals nicht bereit, entsprechende Vertragsklauseln zu akzeptieren und auf dieser Basis der Internen Revision des auslagernden Institutes zu gestatten, eigene Prüfungshandlungen beim Auslagerungsunternehmen durchzuführen.[20] Darüber hinaus erweisen sich Nachverhandlungen zu bestehenden Auslagerungsverträgen selbst bei kleineren Dienstleistern teilweise als äußerst schwierig, weil damit für das Auslagerungsunternehmen in jedem Fall ein zusätzlicher Aufwand verbunden ist. Im Extremfall kann dies dazu führen, dass allein aus Haftungsgründen über den Fortbestand von für das Institut wichtigen Verträgen ernsthaft nachgedacht werden muss, auch wenn sie über viele Jahre keinerlei Grund zu Beanstandungen gegeben haben. Diese Situation ist besonders bedenklich, wenn keine adäquate Ersatzlösung zur Verfügung steht.

---

18 Vgl. Deutsche Kreditwirtschaft, Stellungnahme zum Konsultationspapier 01/2012 der Bundesanstalt für Finanzdienstleistungsaufsicht (BaFin) – »Überarbeitung der MaRisk«, 5. Juni 2012, S. 19.

19 Ein Recht auf eigene Ergänzungsprüfungen war schon im sogenannten Auslagerungsrundschreiben aus dem Jahre 2001 vorgesehen. Vgl. Bundesaufsichtsamt für das Kreditwesen, Auslagerung von Bereichen auf ein anderes Unternehmen gemäß § 25a Abs. 2 KWG, Rundschreiben 11/2001 vom 6. Dezember 2001, Tz. 50.

20 Vgl. Deutsche Kreditwirtschaft, Comments on EBA Draft Guidelines on Outsourcing arrangements, EBA/CP/2018/11, 24. September 2018, S. 3.

BT 2.2 Grundsätze für die Interne Revision

1 Selbständigkeit und Unabhängigkeit der Internen Revision (Tz. 1)

1 **1** Die Interne Revision hat ihre Aufgaben selbständig und unabhängig wahrzunehmen. Insbesondere ist zu gewährleisten, dass sie bei der Berichterstattung und der Wertung der Prüfungsergebnisse keinen Weisungen unterworfen ist. Das Direktionsrecht der Geschäftsleitung zur Anordnung zusätzlicher Prüfungen steht der Selbständigkeit und Unabhängigkeit der Internen Revision nicht entgegen.

1.1 Besondere Rolle der Internen Revision

2 Das Prinzip der Unabhängigkeit ist sowohl für die organisatorische Einbindung der Revision als auch für ihre tägliche Arbeit von maßgeblicher Bedeutung. Sichergestellt wird es vor allem durch die besondere Stellung der Revision sowie ihre enge Anbindung an die Geschäftsleitung (→ AT4.4.3 Tz.2). Natürlich spielen in diesem Zusammenhang auch der für ihre Arbeit erforderliche Informationszugang gegenüber den anderen Bereichen des Institutes (→ AT4.4.3 Tz.4) sowie die Durchsetzung der Prüfungshandlungen und die Beseitigung der Mängel eine wichtige Rolle. Der Revision wird dadurch ermöglicht, aus eigener Initiative heraus tätig zu werden, die Prüfungsfelder nach eigenen Kriterien auszuwählen und Prüfungen anzuordnen. Schließlich soll sie in der Lage sein, ihre Prüfungshandlungen objektiv und risikogerecht durchzuführen, ein unabhängiges Urteil zu fällen und sachgerecht über die Ergebnisse zu berichten.

3 Trotz ihrer unabhängigen und diesbezüglich herausgehobenen Position ist die Revision ein Bestandteil der jeweiligen Organisation des Institutes. Die Revisionsmitarbeiter sind Beschäftigte des Unternehmens mit entsprechenden Rechten und Pflichten. Insoweit hat ihre Unabhängigkeit zumindest formale Grenzen. Damit rückt die »innere Unabhängigkeit« des jeweiligen Revisors in den Vordergrund, die maßgeblich von seinem grundsätzlichen Verständnis und von seinem Auftreten im Institut abhängt. In einem Atemzug mit der »Unabhängigkeit« der Internen Revision wird ihre »Selbständigkeit« genannt, unter der ihre Fähigkeit und Bereitschaft verstanden wird, für ihre Tätigkeit die Verantwortung zu tragen. Insofern ist die Revision insbesondere dafür verantwortlich, was sie in welchem Turnus prüft und welche Bereiche sie ggf. unberücksichtigt lässt.

1.2 Unabhängigkeit aus Sicht der Berufsverbände

4 Die einzelnen Facetten des Prinzips der Unabhängigkeit werden u.a. durch die von den Berufsverbänden auf nationaler und internationaler Ebene ausgearbeiteten Grundsätze für die berufliche Praxis der Internen Revision verdeutlicht. Dort wird die Unabhängigkeit ebenfalls an den Anfang der Überlegungen gestellt. Diesen Prinzipien zufolge muss die Interne Revision unabhängig sein, und die Revisoren müssen bei der Durchführung ihrer Aufgaben objektiv vorgehen. Unabhängigkeit bedeutet, dass keine Umstände vorliegen, die die Fähigkeit der Internen Revision beeinträchtigen, ihre Aufgaben unbeeinflusst wahrzunehmen. Um einen für die wirksame Ausführung der Revisionsaufgaben hinreichenden Grad der Unabhängigkeit zu erzielen, hat der Leiter der Internen Revision direkten und unbeschränkten Zugang zu leitenden Führungskräften sowie zur Geschäftsleitung bzw. zum Aufsichtsorgan.[1] Die nötige Objektivität wird den Vorgaben zufolge durch eine unabhängige geistige Haltung erreicht, die es den Revisoren erlaubt, ihre Aufgaben dergestalt auszuführen, dass sie ihre Arbeitsergebnisse und deren Qualität vorbehaltlos vertreten können.[2] Zur Stärkung der Unabhängig der Internen Revision hat die Aufsicht eine direkte Berichterstattungslinie an das Aufsichtsorgan gefordert. Zum organisatorischen Status gehören u. a. eine enge Anbindung an die Geschäftsleitung, eine Geschäftsordnung, die Erstellung des Revisionsplanes, ein Budget- und Ressourcenplan sowie ein mindestens jährlicher Tätigkeitsbericht.[3]

Die Grundsätze der Berufsverbände und die revisionsspezifischen Regelungen der MaRisk sind **5** insofern miteinander vergleichbar, als sie einerseits beide auf dem allgemeinen Prinzip der Unabhängigkeit basieren und sich andererseits mit ähnlicher Zielrichtung u. a. auf die Anbindung der Revision an die Geschäftsleitung, die Berichterstattungspflicht, die Erstellung des Prüfungsplanes sowie die Projektbegleitung und Beratung beziehen.

Die EBA betont, dass die Interne Revision die nationalen und internationalen Vorgaben ihres **6** Berufsstandes einhalten sollte. Als Beispiel hierfür führt die EBA die vom Institute of International Auditors (IIA) verfassten Standards an.[4]

1.3   Wertung der Prüfungsergebnisse und Berichterstattung

Als ein weiteres Merkmal im Zusammenhang mit der Unabhängigkeit der Revision wird hervor- **7** gehoben, dass sie bei der Berichterstattung und Wertung der Prüfungsergebnisse keinen Weisungen unterworfen sein darf. Damit wird das Unabhängigkeitsprinzip nochmals konkretisiert. Das Prüfungsurteil durch die Revision soll also unparteiisch, neutral und sachbezogen getroffen werden. Insoweit muss die notwendige Distanz zu den Prüfungsfeldern gewahrt bleiben. Obwohl die Revision der Geschäftsleitung unmittelbar unterstellt ist, hat die Beurteilung der Prüfungsergebnisse allein nach den Kriterien der Revision zu erfolgen. Welche internen Beurteilungskriterien für die Prüfungsfelder aufgestellt werden, kann nicht allgemeinverbindlich festgelegt werden. Diesbezüglich kommt es u. a. auf die Strukturen des Institutes, die Risikoanalyse der jeweiligen Aktivitäten und Prozesse sowie den Erfahrungshintergrund der Revisoren an. Die Revision wird also aufgefordert, geeignete Kriterien bzw. Maßstäbe selbst zu entwickeln. Die Einflussnahme der Geschäftsleitung auf die Wertung der Prüfungsergebnisse ist nicht zulässig. Eine derartige Situation könnte sich z. B. dann ergeben, wenn hinsichtlich der zur

---

1   Vgl. Deutsches Institut für Interne Revision e. V. (DIIR), Frankfurt am Main, Institut für interne Revision Österreich (IIA Austria), Wien, Schweizer Verband für Interne Revision (IIA Switzerland), Zürich (Hrsg.), Internationale Standards für die berufliche Praxis der Internen Revision 2017 – Mission, Grundprinzipien, Definitionen, Ethikkodex, Standards, Version 6.1, IIA Standard 1100, 10. Januar 2018, S. 24 f.

2   Vgl. Deutsches Institut für Interne Revision e. V. (DIIR), Frankfurt am Main, Institut für interne Revision Österreich (IIA Austria), Wien, Schweizer Verband für Interne Revision (IIA Switzerland), Zürich (Hrsg.), Internationale Standards für die berufliche Praxis der Internen Revision 2017 – Mission, Grundprinzipien, Definitionen, Ethikkodex, Standards, Version 6.1, IIA Standard 1100, 10. Januar 2018, S. 24 f.

3   Vgl. Deutsches Institut für Interne Revision e. V. (DIIR), Frankfurt am Main, Institut für interne Revision Österreich (IIA Austria), Wien, Schweizer Verband für Interne Revision (IIA Switzerland), Zürich (Hrsg.), Internationale Standards für die berufliche Praxis der Internen Revision 2017 – Mission, Grundprinzipien, Definitionen, Ethikkodex, Standards, Version 6.1, IIA Standards 1000, 1100, 1111, 2010, 2013, 2060, 10. Januar 2018.

4   Vgl. European Banking Authority, Leitlinien zur internen Governance, EBA/GL/2017/11, 21. März 2018, S. 49; European Banking Authority, Guidelines on common procedures and methodologies for the supervisory review and evaluation process (SREP) and supervisory stress testing, EBA/GL/2014/13, Consolidated version, 19. Juli 2018, S. 56 f.

Erledigung der Feststellungen zu ergreifenden Maßnahmen keine Einigkeit zwischen geprüfter Organisationseinheit und Interner Revision besteht. In diesen Fällen dürfen die entsprechenden Feststellungen nicht per Weisung »verwässert« oder auf andere Weise beeinflusst werden. Stattdessen ist von der geprüften Organisationseinheit eine Stellungnahme abzugeben (→ BT 2.4 Tz. 3). Die Geschäftsleitung kann auch keinen Verzicht auf eine bestimmte Prüfung anordnen, wenn die Durchführung dieser Prüfung nach Einschätzung der Internen Revision erforderlich ist.[5]

8 　　Dieselben Vorgaben gelten für die Art und den Umfang der Berichterstattung, die sich nicht nur auf die Ergebnisse der einzelnen Prüfungen (→ BT 2.4 Tz. 1) und der gesamten Prüfungen im Quartal bzw. im Geschäftsjahr (→ BT 2.4 Tz. 4) beschränkt. So hat die Interne Revision den Vorsitzenden des Aufsichtsorgans zu unterrichten, wenn sich im Rahmen der Prüfungen schwerwiegende Feststellungen gegen Geschäftsleiter ergeben und die Geschäftsleitung ihrer damit verbundenen Berichtspflicht nicht nachkommt oder keine sachgerechten Maßnahmen beschließt (→ BT 2.4 Tz. 5). Würde die Revision diesbezüglich Weisungen unterworfen sein, könnte das Aufsichtsorgan im Zweifel seine Aufgaben nicht erfüllen. Ein anderes Beispiel ist die Überwachung der Mängelbeseitigung. Erfolgt diese nicht in einer angemessenen Zeit, so hat der Leiter der Internen Revision darüber zunächst den fachlich zuständigen Geschäftsleiter schriftlich zu informieren. Bei ausbleibender Reaktion ist die gesamte Geschäftsleitung spätestens im Rahmen des nächsten Gesamtberichtes zu unterrichten (→ BT 2.5 Tz. 2). Auch dieser Kontrollmechanismus würde nicht funktionieren, wenn weisungsbedingt der letzte Schritt ausbliebe.

1.4　Direktionsrecht der Geschäftsleitung

9 　　Schließlich wird klargestellt, dass das Direktionsrecht der Geschäftsleitung zur Anordnung zusätzlicher Prüfungen der Unabhängigkeit und Selbständigkeit der Revision selbstverständlich nicht entgegensteht. Zum einen verlangt es schon der Aufgabenbereich der Revision, jederzeit Sonderprüfungen, durch wen auch immer angestoßen, durchführen zu können (→ BT 2.3 Tz. 4). Zum anderen ermöglicht die Zuordnung der Revision zur Geschäftsleitung, dass diese jederzeit »zusätzliche Prüfungen«, die nicht im ursprünglichen Prüfungsplan vorgesehen sind, anordnen kann. Dieses Recht der Geschäftsleitung bedeutet daher auch keine Beeinträchtigung der Selbständigkeit und der unabhängigen Stellung der Revision innerhalb des Institutes. Vielmehr ist es Teil der Revisionsaufgaben, im Auftrag der Geschäftsleitung derartige Prüfungen durchzuführen. Die Umsetzung zusätzlicher Prüfungen und die Wertung der Prüfungsergebnisse obliegen auch in diesen Fällen dem pflichtgemäßen Ermessen der Revision entsprechend ihren internen Beurteilungskriterien. Schließlich kann der Anstoß für Sonderprüfungen auch von der Revision selbst kommen, z.B. als Resultat vorangegangener Revisionsprüfungen oder aufgrund von Unregelmäßigkeiten.

5　Vgl. Braun, Ulrich, in: Boos, Karl-Heinz/Fischer, Reinfrid/Schulte-Mattler, Hermann (Hrsg.), Kreditwesengesetz und VO (EU) Nr. 575/2013, Band 1, 5. Auflage, München, 2016, § 25a KWG, Tz. 598.

2 Beratende Tätigkeit der Internen Revision (Tz. 2)

2 Die in der Internen Revision beschäftigten Mitarbeiter dürfen grundsätzlich nicht mit **10** revisionsfremden Aufgaben betraut werden. Sie dürfen insbesondere keine Aufgaben wahrnehmen, die mit der Prüfungstätigkeit nicht im Einklang stehen. Soweit die Unabhängigkeit der Internen Revision gewährleistet ist, kann sie im Rahmen ihrer Aufgaben für die Geschäftsleitung oder andere Organisationseinheiten des Institutes beratend tätig sein.

2.1 Funktionstrennung und Unabhängigkeit

Die Funktionstrennung ist eine unmittelbar notwendige Voraussetzung für die Umsetzung **11** des Prinzips der Unabhängigkeit. Die Revision kann nur dann unabhängig arbeiten, wenn für deren Mitarbeiter sichergestellt ist, dass sie über eine angemessene Distanz zu den einzelnen Prüfungsobjekten oder -feldern verfügen. Andernfalls besteht das Risiko, dass Mitarbeiter der Revision Prozesse prüfen, an deren Ausgestaltung sie zuvor maßgeblich mitgewirkt haben. Eine derartige Einbindung der Revisionsmitarbeiter in das Zustandekommen der späteren Prüfungsobjekte wird regelmäßig ein objektives Urteil über deren Stärken und Schwächen unmöglich machen oder zumindest erheblich beeinträchtigen. Die für eine effektive Revisionsarbeit erforderliche Neutralität wäre damit regelmäßig nicht mehr gegeben. Demzufolge dürfen die Revisionsmitarbeiter grundsätzlich nicht mit revisionsfremden Aufgaben betraut werden. Die beiden Grundsätze der Unabhängigkeit und der Funktionstrennung greifen also ineinander und ergänzen sich.

Das Prinzip der Funktionstrennung wird in der Revision primär an Personen festgemacht. Es **12** wiederholt und präzisiert insofern die allgemeine Festlegung, dass miteinander unvereinbare Tätigkeiten durch unterschiedliche Mitarbeiter durchzuführen sind (→ AT 4.3.1 Tz. 1). Die Revisionsmitarbeiter dürfen insbesondere keine Aufgaben wahrnehmen, die mit ihrer Prüfungstätigkeit nicht im Einklang stehen. Dieses Ausschlusskriterium resultiert bereits aus dem grundsätzlichen Verbot der so genannten »Selbstprüfung« (→ BT 2.1 Tz. 2).

2.2 Beratungstätigkeit

Mitarbeiter der Revision dürfen nach den MaRisk grundsätzlich nur für die Revision tätig **13** werden. In der Praxis ist eine solch strikte Aufgabenzuweisung allerdings kaum umsetzbar und auch nicht in jedem Fall sinnvoll. Das Fachwissen und die Erfahrung der Revision müssen – wie bei der Projektbegleitung (→ BT 2.1 Tz. 2) – im Interesse des Institutes nutzbar gemacht werden können. Dementsprechend gehört es zur betrieblichen Praxis, dass die Revision ihre Expertise auch im Rahmen beratender Tätigkeiten einsetzt.[6] Eine gewisse Form von Beratung ist schon inhärenter Bestandteil der Prüfungstätigkeit.[7] So liegt es nahe, die Prüfungsfeststellungen und die deswegen zu ergreifenden Maßnahmen, die regelmäßig zwischen der Revision und der geprüften Organisationseinheit abgestimmt werden (→ BT 2.4 Tz. 3), auch als eine Art Beratungsleistung anzusehen. Insoweit kann der Übergang von der Prüfung zur Beratung durchaus fließend sein.

14   Vor diesem Hintergrund ist es konsequent, dass die MaRisk beratende Tätigkeiten der Revision zulassen. Diese Aufgabe kann sie nicht nur für die Geschäftsleitung, gegenüber der sie ohnehin berichtspflichtig ist, sondern grundsätzlich für alle Organisationseinheiten des Institutes wahrnehmen. Eine Beratungstätigkeit der Revision wird also innerhalb bestimmter Grenzen auch als Teil ihres Aufgabenspektrums angesehen und gewünscht. Eine Beratungsleistung der Internen Revision kommt somit in den Themenbereichen in Betracht, in die die Interne Revision aufgrund aufsichtsrechtlicher Vorgaben einzubinden ist, z. B. der Neu-Produkt-Prozess, die von den Instituten bei wesentlichen Veränderungen betrieblicher Prozesse oder Strukturen durchzuführende Analyse, die Risikoanalyse bei Auslagerungen oder die der Revision im Rahmen der Vergütungsverordnung zugewiesenen Zuständigkeiten.[8]

15   Die Grenze der Beratung wird allerdings überschritten, sobald die Unabhängigkeit der Revision gefährdet ist.[9] Gegebenenfalls bietet es sich an, für diese Zwecke in der Geschäftsordnung der Internen Revision revisionsinterne Kriterien festzulegen. Solche Kriterien beziehen sich häufig auf

– die zulässigen Auftraggeber (neben der Geschäftsleitung auch weitere Leitungsebenen),
– die Entscheidungshoheit der Revision im Hinblick auf die Wahrung der Unabhängigkeit und der Zuständigkeit sowie
– die Dokumentation des Auftrages und der Ergebnisse.

---

6   Vgl. Schwager, Elmar/Wegst, Heiko/Strauß, Udo, Beratung durch die Revision – ihre Rolle, ihre Risiken und ihre Chancen, in: Zeitschrift Interne Revision, Heft 6/2003, S. 250.

7   Nach der Definition des DIIR ist Beratung in Art und Umfang mit dem Kunden (auch Auftraggeber oder Ratsuchender) vereinbart und leistet durch sachverständige Personen Verhaltens- und Handlungsempfehlungen, die als Entscheidungshilfe dienen. Das Ziel besteht darin, zur Wertschöpfung und Verbesserung der Geschäftsprozesse optimale Lösungen vorzuschlagen. Der Berater geht von einer gegebenen Situation (Ist) aus und legt seinen Empfehlungen die Zielvorstellungen des Ratsuchenden (Soll) zugrunde. Vgl. Deutsches Institut für Interne Revision e. V., Online-Revisionshandbuch, Stand Dezember 2017, S. 23.

8   Das DIIR führt folgende Themenbereiche für vorausschauende, begleitende Beratungsleistungen der Internen Revision an: Strategieentwicklungen (Findungsprozesse), jährliche Überprüfung der Geschäfts- und Risikostrategien auf Schwachstellen, Angemessenheit, Konsistenz, Nachhaltigkeit und Wirksamkeit, Grundsatzfragen zu Angemessenheit und Wirksamkeit des Risikomanagements und der Internen Kontrollverfahren, Begleitung von Ausschüssen des Aufsichtsorgans, Umsetzung von IT-Veränderungen und Release-Wechsel, Begleitung von Programmeinsatz- und Freigabeverfahren. Vgl. Deutsches Institut für Interne Revision e. V., Online-Revisionshandbuch, Stand Dezember 2017, S. 27.

9   Nach den Vorstellungen des DIIR sollte die Interne Revision im Rahmen von Beratungsleistungen objektiv bleiben und keine Managementverantwortung übernehmen. Zu Beratungsleistungen der Internen Revision vgl. Deutsches Institut für Interne Revision e. V. (DIIR), Frankfurt am Main, Institut für interne Revision Österreich (IIA Austria), Wien, Schweizer Verband für Interne Revision (IIA Switzerland), Zürich (Hrsg.), Internationale Standards für die berufliche Praxis der Internen Revision 2017 – Mission, Grundprinzipien, Definitionen, Ethikkodex, Standards, Version 6.1, 10. Januar 2018, S. 19 f. sowie die Standards 1130.A1, 1130.A2, 1130.A3, 1130.C1 und 1130.C2, S. 27 f.

3 Nutzung von Expertenwissen und Verbot der Selbstprüfung und -überprüfung (Tz. 3)

3 Mitarbeiter, die in anderen Organisationseinheiten des Institutes beschäftigt sind, **16**
dürfen grundsätzlich nicht mit Aufgaben der Internen Revision betraut werden. Das
schließt jedoch nicht aus, dass in begründeten Einzelfällen andere Mitarbeiter aufgrund
ihres Spezialwissens zeitweise für die Interne Revision tätig werden. Beim Wechsel von
Mitarbeitern anderer Organisationseinheiten zur Internen Revision sind angemessene
Übergangsfristen von in der Regel mindestens einem Jahr vorzusehen, innerhalb derer
diese Mitarbeiter keine Tätigkeiten prüfen dürfen, die gegen das Verbot der Selbstprüfung
und -überprüfung verstoßen. Erleichterungen hinsichtlich der Übergangsfristen sind für
Institute in Abhängigkeit von der Art, dem Umfang, der Komplexität und dem Risikogehalt
der betriebenen Geschäftsaktivitäten möglich.

3.1 Delegationsverbot für Revisionsaufgaben

Wie bereits ausgeführt, dürfen die in der Revision beschäftigten Mitarbeiter grundsätzlich nicht **17**
mit revisionsfremden Aufgaben betraut werden (→ BT 2.2 Tz. 2), um die Unabhängigkeit der
Revision zu gewährleisten. Diese Unabhängigkeit ist erforderlich, um die Prüfungen objektiv
und frei von Interessenkonflikten durchzuführen. Konsequenterweise können dann auch die
Mitarbeiter anderer Organisationseinheiten grundsätzlich keine Aufgaben der Internen Revision
übernehmen. Insgesamt wird damit sichergestellt, dass die Regelungen zur Unabhängigkeit und
zur Funktionstrennung im Zusammenhang mit der Tätigkeit der Internen Revision eingehalten
werden. Andernfalls wäre nicht mehr sichergestellt, dass die angemessene Distanz der Revision
zum jeweiligen Prüfungsgegenstand gegeben ist.

3.2 Nutzung von Spezialwissen anderer Mitarbeiter

Allerdings zeigt die Praxis, dass die Revision zu bestimmten Anlässen auf das ausgewiesene **18**
Spezialwissen von Mitarbeitern anderer Organisationseinheiten zurückgreifen muss. Die zunehmende Komplexität der Geschäftsaktivitäten und die damit einhergehenden steigenden Anforderungen an das Risikomanagement erfordern in nahezu allen relevanten Bereichen des
Institutes den Einsatz von Fachspezialisten. Da die Revision grundsätzlich alle Aktivitäten und
Prozesse zu prüfen und zu beurteilen hat (→ AT 4.4.3 Tz. 3), müsste sie sich theoretisch das
gesamte Spezialwissen aneignen, was sowohl aus quantitativer als auch aus qualitativer Sicht
kaum zu bewerkstelligen ist. Die MaRisk lassen es daher zu, dass Mitarbeiter anderer Abteilungen vorübergehend in der Revision tätig werden, wenn deren spezielle Fachkenntnisse
erforderlich sind. Infrage kommen dafür z. B. Experten für Sonderaufgaben im Derivatebereich,
Verbriefungsspezialisten, IT-Spezialisten oder Experten für Rechtsfragen.

19   Um eine nachvollziehbare und konsistente Beurteilung der jeweiligen Einzelfälle zu ermöglichen, könnte die Revision bestimmte Kriterien zur Nutzung von Spezialwissen aufstellen, die sich z. B. darauf beziehen,

– für welche Bereiche revisionsfremdes Spezialwissen herangezogen werden soll,
– welchen Zeitraum die unterstützende Tätigkeit von Mitarbeitern anderer Organisationseinheiten nicht überschreiten darf,
– welche Aufgaben keinesfalls übertragen werden können,
– auf welche Weise eine Begleitung durch das Revisionspersonal erfolgt und
– in welcher Form die Arbeiten und Ergebnisse dokumentiert und kommuniziert werden sollen.

20   Aufgrund der Bedeutung der Unabhängigkeit der Revision gehört die Entscheidung über den Einsatz der Spezialisten regelmäßig in die Kompetenz der Leitung der Revisionsabteilung. Dabei sollte beachtet werden, dass die jeweiligen Mitarbeiter ebenfalls die Anforderungen an die Unabhängigkeit und die Funktionstrennung einhalten (→ BT 2.2 Tz. 2).

3.3   Zeitweise Tätigkeit

21   Der Wortlaut der Regelung macht deutlich, dass die Heranziehung anderer Mitarbeiter keine permanente Lösung sein kann. Vielmehr soll diese Lösung zeitlich begrenzt werden, wobei die Dauer des Einsatzes von den Gegebenheiten des jeweiligen Einzelfalles abhängt. Falls jedoch der Rückgriff auf revisionsfremde Experten für bestimmte Bereiche längerfristig, regelmäßig und insofern auch dauerhaft erfolgen müsste, wäre dies ein deutlicher Indikator dafür, dass diese Aufgabe durch die Revision selbst wahrgenommen und nicht länger auf Mitarbeiter anderer Organisationseinheiten übertragen werden sollte. Insoweit bleibt die Revision in der Pflicht, regelmäßig die Angemessenheit einer derartigen Aufgabenverteilung zu hinterfragen.

3.4   Rückgriff auf externe Spezialisten

22   Wenngleich die Regelung lediglich auf »Mitarbeiter« abzielt, ist grundsätzlich auch ein Rückgriff auf externe Spezialisten möglich. In diesen Fällen muss zusätzlich geprüft werden, ob diese Spezialisten lediglich beratend tätig werden oder der Tatbestand einer Auslagerung vorliegt. Handelt es sich um eine Auslagerung von Tätigkeiten der Internen Revision, sind die entsprechenden Vorgaben zu beachten (→ AT 9).

3.5   Übergangsfrist beim Wechsel von Mitarbeitern zur Internen Revision

23   Bei der Ausgestaltung der Aufbau- und Ablauforganisation ist sicherzustellen, dass miteinander unvereinbare Tätigkeiten durch unterschiedliche Mitarbeiter durchgeführt und auch bei Arbeitsplatzwechseln Interessenkonflikte vermieden werden (→ AT 4.3.1 Tz. 1). Derartige Interessenkonflikte können insbesondere dann vorliegen, wenn Mitarbeiter aus anderen Organisationseinheiten in die Interne Revision wechseln. Bei einem derartigen Wechsel muss sichergestellt sein, dass der neue Revisionsmitarbeiter keine Tätigkeiten prüft, für die er in der Vergangenheit selbst verantwortlich war (»Verbot der Selbstprüfung und -überprüfung«). Vor diesem Hintergrund wurde im Zuge der fünften MaRisk-Novelle eine konkrete Fristenregelung für den Fall eines Wechsels von Mitarbeitern aus anderen Organisationseinheiten zur Internen Revision aufgenommen. Danach ist eine angemessene Übergangsfrist von »in der Regel mindestens einem Jahr« vorzusehen, innerhalb derer der neue Revisionsmitarbeiter keine Tätigkeiten prüfen darf, für die er im Verlauf des vorangegangenen Jahres verantwortlich war.[10] Das bedeutet, dass die Übergangsfrist grundsätzlich ein Jahr oder sogar länger betragen sollte. Durch den Zusatz »in der Regel« sind unter Berücksichtigung des Regelungszweckes allerdings auch kürzere Fristen denkbar.

Die Deutsche Kreditwirtschaft (DK) hat ihrer Stellungnahme zum ersten Entwurf der fünften **24** MaRisk-Novelle die Übergangsfrist von einem Jahr als relativ feste Frist für bestimmte Konstellationen als nicht sachgerecht kritisiert.[11] Die DK hat negative Auswirkungen auf die Personalentwicklung befürchtet und daher angeregt, dass ein Institut auf Übergangsfristen gänzlich verzichten kann, wenn durch angemessene (anderweitige) Kontrollen sichergestellt werden kann, dass der jeweilige Mitarbeiter keine Überprüfung bzw. Kontrolle selbstinitiierter Geschäfte o.ä. vornimmt. Nach Ansicht der DK ist eine entsprechende Erleichterung insbesondere bei kleinen Instituten notwendig.[12] Die BaFin ist der DK dahingehend entgegengekommen, dass sie in der endgültigen Fassung der fünften MaRisk-Novelle zusätzlich einen Verweis auf den Grundsatz der Proportionalität aufgenommen hat. Zwar hält die Aufsicht eine angemessene Übergangsfrist grundsätzlich weiterhin für erforderlich. Allerdings sind Erleichterungen im Hinblick auf die Dauer der Übergangsfrist in Abhängigkeit von der Art, dem Umfang, der Komplexität und dem Risikogehalt der betriebenen Geschäftstätigkeitsaktivitäten im Einzelfall möglich.

Auch der im ersten Entwurf der MaRisk-Novelle noch enthaltene Begriff »Cooling-off-Periode« **25** ist – wie von der DK vorgeschlagen – in der endgültigen Fassung der fünften MaRisk-Novelle nicht mehr enthalten. Hintergrund für diese Anpassung war die Befürchtung der Kreditwirtschaft, dass unter einer »Cooling-off-Periode« auch verstanden werden könnte, als Mitarbeiter für den neuen Bereich gar keine Tätigkeiten ausführen zu können. Entsprechende Vorgaben sind z.B. für den Wechsel von Vorstandsmitgliedern in den Aufsichtsrat einer börsennotierten AG (§ 100 Abs. 2 Nr. 4 AktG) oder von Politikern in die Wirtschaft bekannt.[13]

---

10 Die in den MaRisk verankerte angemessene Übergangsfrist von regelmäßig einem Jahr geht auf einen Standard des Institute of Internal Auditors zurück. Vgl. Deutsches Institut für Interne Revision e.V. (DIIR), Frankfurt am Main, Institut für interne Revision Österreich (IIA Austria), Wien, Schweizer Verband für Interne Revision (IIA Switzerland), Zürich (Hrsg.), Internationale Standards für die berufliche Praxis der Internen Revision 2017 – Mission, Grundprinzipien, Definitionen, Ethikkodex, Standards, Version 6.1, IIA Standard 1130.A1, 10. Januar 2018, S. 27.

11 Vgl. Deutsche Kreditwirtschaft, Stellungnahme zum Entwurf der MaRisk in der Fassung vom 18. Februar 2016 (Konsultation 02/2016) vom 27. April 2016, S. 46.

12 Vgl. Deutsche Kreditwirtschaft, Stellungnahme zum Entwurf der MaRisk in der Fassung vom 18. Februar 2016 (Konsultation 02/2016) vom 27. April 2016, S. 13.

13 Vgl. Gesetz zur Änderung des Bundesministergesetzes und des Gesetzes über die Rechtsverhältnisse der Parlamentarischen Staatssekretäre vom 17. Juli 2015 (BGBl. I Nr. 31, S. 1322), veröffentlicht am 24. Juli 2015.

BT 2.3 Prüfungsplanung und -durchführung

1 Risikoorientierte Prüfungsplanung (Tz. 1)

1 Die Tätigkeit der Internen Revision muss auf einem umfassenden und jährlich fort- **1**
zuschreibenden Prüfungsplan basieren. Die Prüfungsplanung hat risikoorientiert zu
erfolgen. Die Aktivitäten und Prozesse des Institutes sind, auch wenn diese ausgelagert sind,
in angemessenen Abständen, grundsätzlich innerhalb von drei Jahren, zu prüfen. Wenn
besondere Risiken bestehen, ist jährlich zu prüfen. Bei unter Risikogesichtspunkten nicht
wesentlichen Aktivitäten und Prozessen kann vom dreijährigen Turnus abgewichen werden.
Die Risikoeinstufung der Aktivitäten und Prozesse ist regelmäßig zu überprüfen.

1.1 Anforderungen an die Prüfungsplanung

Die Prüfungstätigkeit der Internen Revision hat sich auf der Grundlage eines risikoorientierten **2**
Prüfungsansatzes grundsätzlich auf alle Aktivitäten und Prozesse des Institutes zu erstrecken
(→ BT 2.1 Tz. 1). Um diese Aufgabe zu erfüllen, ist zunächst eine sorgfältige Planung erforderlich, die
– umfassend sein soll,
– jährlich fortzuschreiben ist,
– risikoorientiert zu erfolgen hat und
– grundsätzlich alle internen und ausgelagerten Aktivitäten und Prozesse innerhalb von drei
  Jahren berücksichtigen muss.

Das auf dieser Planung basierende Konzept entspricht in seinen Grundzügen auch dem Standard **3**
der Wirtschaftsprüfer.[1]

1.2 Umfassende Planung

Gegenstand der Prüfungstätigkeit der Internen Revision sind nicht nur alle internen Aktivitäten und **4**
Prozesse des Institutes, sondern auch jene Tätigkeiten, die auf andere Unternehmen ausgelagert sind
(→ AT 4.4.3 Tz. 3). Die Prüfungstätigkeit der Internen Revision kann aufgrund dieses Abdeckungs-
grades also durchaus als »umfassend« charakterisiert werden. Die Kunst besteht darin, auf Basis
dieses umfassenden Ansatzes eine risikoorientierte Planung zu entwickeln.
    Den Grundsätzen des DIIR zufolge müssen die Prüfungsziele jene Risiken berücksichtigen, die mit **5**
dem jeweiligen Prüfungsgegenstand verbunden sind. Dabei wird als Ziel der Risikobewertung im
Rahmen der Planungsphase das Erkennen von Prüfungsschwerpunkten beim jeweiligen Prüfungsgegenstand genannt. Der standardisierte, risikoorientierte Planungsprozess des DIIR gliedert sich
wie folgt:
– Rahmenplanung (strategisch, risikoorientiert),
– Prüfungsprogrammplanung (Prüflandkarte, »Audit Universe«),
– Risikobeurteilung (ausgerichtet an den Organisationszielen),
– Mehrjahresplanung (langfristig, nach Risiko, Umfang und Kapazität),

---

1 Vgl. Institut der Wirtschaftsprüfer, Prüfungsstandard 261 (IDW PS 261), Feststellung und Beurteilung von Fehlerrisiken und
   Reaktionen des Abschlussprüfers auf die beurteilten Fehlerrisiken, in: Die Wirtschaftsprüfung, Heft 22/2006, S. 1436, Tz. 10 ff.

BT 2.3 Prüfungsplanung und -durchführung

- Jahresplanung (operativ, genehmigungspflichtig) und
- operative Planung (zur unterjährigen dispositiven Steuerung).[2]

6 Auch in den MaRisk wird durch die Ausrichtung an den Risiken die Art und der Umfang der Planung näher bestimmt. Ausgangspunkt der Planung ist die Analyse der Risiken des Institutes und der damit in Beziehung stehenden Prozesse. Diese Analyse wird in der Verantwortung der Revision vorgenommen. Insoweit stehen der Revision zahlreiche Steuerungsparameter zur Verfügung, um ihre Ressourcen sachgerecht, risikoorientiert und angemessen einzusetzen. Der Detaillierungsgrad der Abgrenzung der Prüfungsfelder bzw. der Prüfungsschwerpunkte erlaubt es ihr, den potenziellen Umfang und die Intensität der Prüfungen so zu gestalten, dass unter Risikogesichtspunkten grundsätzlich alle Prozesse und Aktivitäten erfasst werden und gleichzeitig der Prüfungsturnus eingehalten werden kann.

1.3 Festlegung von Prüfungsfeldern

7 Das grundlegende Prinzip der Risikoorientierung besteht darin, zunächst das Institut nach bestimmten Kriterien in verschiedene Prüfungsfelder aufzuteilen und anschließend deren Risikogehalt und Relevanz zu analysieren und zu bewerten, um auf dieser Basis eine risikoorientierte Prüfungsplanung aufzustellen. Die Einteilung des Institutes in Prüfungsfelder kann sich z. B. nach folgenden Gesichtspunkten richten:
- wesentliche Prozesse,
- Produkt- bzw. Geschäftslinien (Wertschöpfungsketten),
- Hauptgeschäftsbereiche und unterstützende Bereiche,
- Management- bzw. operative Bereiche,
- ausgelagerte Aktivitäten und Prozesse sowie Sonderbereiche usw.

8 Die Festlegung der Kriterien, nach denen die Prüfungsfelder eingeteilt werden, liegt in der Verantwortung der Revision. Inhaltliche Vorgaben zu einzelnen Prüfungsfeldern werden in den MaRisk im Gegensatz zu den älteren Mindestanforderungen[3] nicht mehr gemacht. Damit wird eine Umsetzung der Vorgaben auf Basis der jeweiligen institutsindividuellen Situation ermöglicht.

9 Da im Rahmen der Prüfungsplanung die Bedeutung des jeweiligen Risikos für die Gesamtbank im Mittelpunkt steht, müssen in der Konsequenz bestimmte Prüfungsfelder entsprechend ihrer jeweiligen Risikoeinstufung intensiver geprüft werden als andere. Insoweit ist es möglich, dass einige Prüfungsfelder vollständig, andere hingegen nur auf Basis von Stichproben untersucht werden.

1.4 Risikobewertung

10 Das jeweilige Risikopotenzial wird anhand bestimmter Techniken bzw. Kriterien für die einzelnen Prüfungsfelder analysiert und bewertet. Die MaRisk geben den Instituten keine konkrete Methode zur Risikobewertung vor. Eine im Zuge der fünften MaRisk-Novelle ergänzte Anforderung an die Risikobewertungsverfahren stellt allerdings klar, dass bei der Analyse des Risikopotenzials der

---

2 Vgl. Deutsches Institut für Interne Revision e. V., Online-Revisionshandbuch, Stand Dezember 2017, S. 45 ff.
3 Vgl. Bundesaufsichtsamt für das Kreditwesen, Mindestanforderungen an das Betreiben von Handelsgeschäften der Kreditinstitute (MaH), Verlautbarung vom 23. Oktober 1995, Abschnitt 5 Abs. 1 und 2.

Aktivitäten und Prozesse absehbare Veränderungen berücksichtigt werden müssen ($\rightarrow$ BT 2.3 Tz. 2). Diesbezüglich haben sich in der Praxis verschiedene Verfahren herausgebildet, auf deren ausführliche Darstellung an dieser Stelle verzichtet wird.[4] Grundsätzlich weisen diese Verfahren einen unterschiedlichen Komplexitätsgrad auf, der von verhältnismäßig übersichtlichen Klassifizierungsverfahren, wie z.B. dem Ampelsystem oder der ABC-Analyse, über bestimmte Ranking-, Kennzahlen- oder Ratingverfahren bzw. Risikomatrizen bis hin zu sehr komplexen mathematisch-statistischen Methoden reicht. Welches Verfahren oder welche Kombination bestimmter Techniken für ein Institut angemessen ist, muss von der Revision beurteilt werden.

Häufig wird das Gesamtrisikoprofil des Institutes als Ausgangsbasis herangezogen ($\rightarrow$ AT 2.2 Tz. 1). Auch die Interne Revision berücksichtigt dabei im Wesentlichen die typischen bankgeschäftlichen Risikoarten, wie das Adressenausfallrisiko ($\rightarrow$ BTR 1), das Marktpreisrisiko inkl. des Zinsänderungsrisikos ($\rightarrow$ BTR 2), das Liquiditätsrisiko ($\rightarrow$ BTR 3) und das operationelle Risiko inkl. des Rechtsrisikos ($\rightarrow$ BTR 4). Häufig werden auch die für das Institut weiteren wesentlichen Risikoarten, wie z.B. das Compliance-Risiko oder das Reputationsrisiko, in die Betrachtung einbezogen. Damit wird gleichzeitig der Anforderung entsprochen, bei der Risikobewertung die verschiedenen Risikoquellen angemessen zu berücksichtigen ($\rightarrow$ BT 2.3 Tz. 2). **11**

Entsprechend ihrer Aufgabe, die Wirksamkeit und Angemessenheit des Risikomanagements im Allgemeinen und des internen Kontrollsystems im Besonderen sowie die Ordnungsmäßigkeit grundsätzlich aller Aktivitäten und Prozesse zu prüfen und zu beurteilen ($\rightarrow$ AT 4.4.3 Tz. 3), liegt ein Schwerpunkt der Tätigkeit der Internen Revision auf den operationellen Risiken. In diesem Zusammenhang im Zuge der fünften MaRisk-Novelle neu aufgenommen wurde die Anforderung, dass bei den Risikobewertungsverfahren die Manipulationsanfälligkeit der Prozesse durch Mitarbeiter angemessen zu berücksichtigen ist ($\rightarrow$ BT 2.3 Tz. 2). **12**

Einige Risikofaktoren mit besonderer Bedeutung für die Tätigkeit der Revision sind z.B.: **13**
- die geschäftliche Entwicklung des Institutes, die Wettbewerbssituation und das Marktumfeld,
- der Zustand des internen Kontrollsystems,
- die Komplexität der Prozesse bzw. Geschäftsfelder,
- die Form und der Umfang von Auslagerungen,
- Verfahrensumstellungen und die damit verbundenen Unsicherheiten,
- die Neuartigkeit eines Verfahrens oder Produktes,
- die Kompetenz und Integrität des Personals sowie bedeutende Personalveränderungen und
- die Beschwerden von Kunden oder Mitarbeitern.

Viele Verfahren räumen darüber hinaus der (wirtschaftlichen) Relevanz des jeweiligen Prüfungsfeldes für das Institut einen besonderen Stellenwert ein. Dabei kann z.B. auf die (externe) Bedeutung des Prüfungsfeldes für die Bilanz und die Gewinn- und Verlustrechnung (GuV) oder auf die (interne) Bedeutung für das betriebswirtschaftliche Ergebnis abgestellt werden. Bei der Beurteilung der Relevanz von Prüfungsfeldern können sehr verschiedene Aspekte eine Rolle spielen, wie z.B.: **14**
- die wesentlichen Risiko- und Ergebnistreiber,
- bestimmte Bilanzkenngrößen,
- die Dynamik bzw. die Neuartigkeit bestimmter Geschäfte, Produkte, Märkte oder Prozesse,

---

4 Vgl. hierzu z.B. Haake, Manfred, Risikoorientierte Prüfungsplanung zentrale Aufgabe, in: Betriebswirtschaftliche Blätter, Heft 10/1995, S. 483 f.; Reinecke, Bodo/Wagner, Hans-Jürgen, Risiko-Aspekte in der Arbeit der Internen Revision, in: Zeitschrift Interne Revision, Heft 5/2000, S. 194 ff.; Haake, Manfred/Leitschuh, Gerhard/Gorsulowsky, Hans-Joachim, Mindestanforderungen an die Interne Revision, in: Zeitschrift für das gesamte Kreditwesen, Heft 5/2000, S. 814; Schiffer, Thomas, Risikoorientierte Prüfungsplanung – Ein Modell für die Bankpraxis, in: Zeitschrift Interne Revision, Heft 3/2001, S. 132 ff.; Braun, Hermann/Klotz, Reinhard/Weber, Nathanael, Risikoorientierte Prüfungsplanung mit Hilfe eines Prüfungsranking, in: Betriebswirtschaftliche Blätter, Heft 12/2001, S. 583 ff.; Haake, Manfred, Risikogerechte Berichterstattung und risikoorientierte Prüfungsplanung, in: Zeitschrift Interne Revision, Heft 1/2002, S. 2 ff.; Arbeitskreis »Externe und Interne Überwachung« der Schmalenbach Gesellschaft für Betriebswirtschaft e.V., Best Practice für die Interne Revision, in: Der Betrieb, Heft 5/2006, S. 227.

– die Bedeutung für die Kerngeschäftsbereiche,
– die Bedeutung für das Handels- oder Anlagebuch,
– der Einfluss auf die externe Ratingeinstufung sowie
– der Einsatz von komplexen Ratingverfahren oder IT-Systemen.

15 In die Beurteilung der einzelnen Prüfungsfelder und der damit verbundenen Risiken fließen ferner der zeitliche Abstand zur letzten Prüfung sowie das damals erzielte Ergebnis ein. Intensität und Schwerpunkte der jeweiligen konkreten Prüfung richten sich ebenfalls regelmäßig nach der vorangegangenen Risikobewertung für das entsprechende Prüfungsgebiet. Unter besonderen Umständen, wie z. B. in Krisensituationen, können auch bisher als risikoarm eingestufte Prüfungs-felder neu bewertet werden. Einen entsprechenden Anhaltspunkt können z. B. die Ergebnisse der Stresstests liefern (→ AT 4.3.3 Tz. 1).

1.5   Erstellung des Prüfungsplanes

16 Auf Basis der geschilderten Analysetätigkeiten erfolgt eine Zuordnung zu bestimmten Bewer-tungsstufen. Diese Zuordnung kann wiederum auf verschiedenen Verfahren basieren, die von der einfachen qualitativen Einschätzung bis hin zu komplexen mathematischen Verfahren reichen. In der Praxis hat es sich als sinnvoll erwiesen, dass die Zahl der jeweiligen Bewertungsstufen möglichst konstant gehalten wird. Häufig ist zu beobachten, dass die Risikokriterien oder Bewer-tungsstufen zusätzlich gewichtet werden, um der Bedeutung bestimmter Risiken gerecht zu werden. Welche Verfahren zur Anwendung kommen, hängt i. d. R. von den verfügbaren Daten sowie der Komplexität und der Veränderungsgeschwindigkeit der jeweiligen Organisation ab.

17 Ergebnis dieser Verfahren ist regelmäßig die Zuweisung bestimmter Risikokennziffern, -noten oder -kategorien zu den einzelnen Prüfungsfeldern. Daraus wird systematisch eine Schwerpunkt-bildung der Prüfungsfelder abgeleitet und ein Prüfungsplan erstellt.

1.6   Prüfungsturnus

18 Die Prüfungen haben in angemessenen Abständen zu erfolgen, wobei grundsätzlich ein Turnus von drei Jahren unterstellt wird. Um eine risikoorientierte Prüfung zu ermöglichen, werden Abweichungen in beide Richtungen zugelassen. Wenn besondere Risiken bestehen, ist jährlich zu prüfen.[5] Bei unter Risikogesichtspunkten nicht wesentlichen Aktivitäten und Prozessen kann hingegen vom dreijährigen Turnus abgewichen werden. Im Rahmen der fünften MaRisk-Novelle hat die deutsche Aufsicht allerdings klargestellt, dass ein Abweichen vom dreijährigen Prüfungs-turnus für unter Risikogesichtspunkten nicht wesentliche Aktivitäten und Prozesse nicht gleich-bedeutend ist mit einem weitgehenden Verzicht auf Prüfungshandlungen in diesen Bereichen. Insofern sind auch diese Bereiche in die Prüfungsplanung zu integrieren und in angemessenen

---

5 Besondere Risiken sind dadurch gekennzeichnet, dass bei ihrem Eintreten die Gefahr einer deutlichen Verschlechterung der wirtschaftlichen Lage des Unternehmens besteht oder eine mögliche wirtschaftliche oder rechtliche Bestandsgefähr-dung vorliegt. Sie sind daher geeignet, Beurteilungen oder Entscheidungen von Stakeholdern zu verändern oder zu beeinflussen. Defizite im Risikomanagement, welche insbesondere durch unangemessene Risikostrategien, Regelungen zur Aufbau- und Ablauforganisation sowie Risikosteuerungs- und -controllingprozesse verursacht werden können, erhöhen die Eintrittswahrscheinlichkeit und das potenzielle Schadensausmaß von besonderen Risiken. Daneben können auch für das Institut wesentliche Projekte mit besonderen Risiken behaftet sein. Vgl. Deutsches Institut für Interne Revision e. V., Online-Revisionshandbuch, Stand Dezember 2017, S. 48.

Abständen zu prüfen (→ BT 2.3 Tz. 1, Erläuterung). Die jeweiligen Festlegungen obliegen auch in diesem Fall der Revision, die die Risikoeinstufung der Aktivitäten und Prozesse regelmäßig zu überprüfen hat. Dokumentationen schaffen dabei die notwendige Transparenz und machen die zeitliche Einordnung der Prüfungen nachvollziehbar.

Der eingeräumte Gestaltungsspielraum ist vor allem dann wichtig, wenn Bedarf an Sonder- **19** prüfungen besteht oder Prüfungen über den sonst üblichen Drei-Jahres-Turnus hinaus verschoben werden müssen. Das Ausnahme-/Regel-Verhältnis sollte über den Begriff »grundsätzlich« allerdings nicht ausgehebelt werden. In der Regel hält es die Aufsicht für erforderlich, dass sich die Revision innerhalb des in der Praxis etablierten Zeitraumes von drei Jahren einen Überblick über die relevanten Prozesse und Aktivitäten verschafft.

Ist die Prüfungsplanung auf diese Weise erstellt worden, muss sie noch von der Geschäftsleitung **20** genehmigt werden (→ BT 2.3 Tz. 5).[6] In diesem Zusammenhang ist auch sicherzustellen, dass die Revision personell und sachlich in einer Weise ausgestattet ist, die eine Einhaltung des vorgesehenen Prüfungsturnus erlaubt (→ AT 7.1 Tz. 1 und 2 sowie AT 7.2 Tz. 1). Auch die EBA betont, dass die Interne Revision über ausreichend Befugnisse, Gewicht und Ressourcen verfügen sollte.[7]

1.7 Prüfungsmethoden

Im Rahmen der Prüfungsplanung muss sich die Revision über die Art der eingesetzten Prüfungs- **21** methoden im Klaren sein, die unterschiedlich aufwendig sein können. Konkrete Vorgaben werden hierzu nicht gemacht, so dass grundsätzlich Methodenfreiheit besteht. Die Entscheidung über das konkrete Vorgehen hängt im Wesentlichen vom jeweiligen Prüfungsfeld ab. Die Revision kann dabei auf unterschiedliche Prüfungsmethoden und -ansätze zurückgreifen. Denkbar sind z. B. Ordnungsmäßigkeitsprüfungen, Bewertungsprüfungen, Einzelfallprüfungen, »Self-Auditing-Ansätze« sowie vor allem Prozess- oder Systemprüfungen, die durch risikoorientierte Stichproben ergänzt werden können.[8]

Auch nach den Vorstellungen der EBA sollte die Interne Revision insbesondere die Integrität der **22** Prozesse prüfen, damit die Zuverlässigkeit der Methoden und Verfahren des Institutes sowie die seinen internen Modellen zugrundeliegenden Annahmen und Informationsquellen (etwa Risikomodellierung und Rechnungslegung) sichergestellt sind. Darüber hinaus sollte die Interne Revision die Qualität und Nutzung von Instrumenten für die qualitative Risikoermittlung und -bewertung sowie die zur Risikominderung ergriffenen Maßnahmen beurteilen.[9]

1.8 Jährliche Fortschreibung der Planung

Das Ergebnis des Analyse- und Bewertungsprozesses ist ein Gesamtplan, der die Revision in die **23** Lage versetzen soll, alle risikorelevanten Prüfungsfelder grundsätzlich innerhalb von drei Jahren abzuarbeiten. Anschließend wird dieser Gesamtplan in detaillierte Teilpläne mit einem Jahres-

---

6 Die Regelung entspricht den Vorgaben der EBA, wonach der interne Prüfungsplan vom Leitungsorgan zu genehmigen ist. Vgl. European Banking Authority, Leitlinien zur internen Governance, EBA/GL/2017/11, 21. März 2018, S. 49.

7 Vgl. European Banking Authority, Leitlinien zur internen Governance, EBA/GL/2017/11, 21. März 2018, S. 48.

8 Vgl. hierzu z. B. Becker, Axel, Systemprüfungen durch die Interne Revision in Kreditinstituten, in: Zeitschrift Interne Revision, Heft 1/2005, S. 20–32; Becker, Axel (Hrsg.), Systemprüfungen in Kreditinstituten – Neue Prüfungsansätze für die Bankpraxis, Berlin, 2017; Schroff, Michael, Self-Auditing: Moderne Revisionspraxis in Kreditinstituten, in: Zeitschrift Interne Revision, Heft 5/2004, S. 214–221.

9 Vgl. European Banking Authority, Leitlinien zur internen Governance, EBA/GL/2017/11, 21. März 2018, S. 49.

horizont überführt. Dabei wird offengelassen, ob das Planungsjahr das Geschäftsjahr umfassen muss oder ggf. davon abweichen kann.

24   Auch zur Länge der gesamten Planungsperiode enthalten die MaRisk keine verbindlichen Vorgaben. Aus den Regelungen zur Berichterstattung kann allerdings abgeleitet werden, dass zumindest von einem Jahresplan auszugehen ist (→ BT 2.4 Tz. 4). Dies entspricht auch den Vorgaben der EBA, wonach mindestens einmal jährlich ein interner Prüfungsplan auf der Grundlage der jährlichen Prüfungsziele der Internen Revision erstellt werden sollte.[10] In der Praxis hat es sich als zweckmäßig erwiesen, dass die Revision den gesamten Drei-Jahres-Turnus planerisch vorwegnimmt, wobei der Detaillierungsgrad der Planung für das erste Planungsjahr regelmäßig am höchsten ist.

25   Die Prüfungsplanung ist »rollierend« anzulegen und jährlich fortzuschreiben. Daraus wird insbesondere deutlich, dass die ursprüngliche Planung verändert werden kann. Dafür spricht auch die Tatsache, dass die Planung regelmäßig und anlassbezogen zu überprüfen und ggf. weiterzuentwickeln ist (→ BT 2.3 Tz. 3) sowie wesentliche Anpassungen der Planung von der Geschäftsleitung zu genehmigen sind (→ BT 2.3 Tz. 5). Vor dem Hintergrund einer risikoorientierten Planung sind Anpassungen z. B. dann erforderlich, wenn sich die Risikosituation des Institutes oder die Einschätzung einzelner Prüfungsfelder verändert haben.

26   Im Zuge der fünften MaRisk-Novelle wurde die Anforderung aufgenommen, dass die Risikoeinstufung der Aktivitäten und Prozesse regelmäßig zu überprüfen ist. Dabei handelt es sich lediglich um eine Klarstellung, da in der Praxis mit der Fortschreibung der Prüfungsplanung die mindestens jährliche Überprüfung der Planung einhergeht. Insbesondere sollte regelmäßig hinterfragt werden, ob die ausgewählten Prüfungsfelder oder Prüfungsschwerpunkte noch der aktuellen Risikosituation entsprechen. Das erfordert ggf. auch eine unterjährige Überprüfung der Risikoeinschätzung und des Prüfungsplanes. Änderungen können im Hinblick auf die Prüfungsfelder zu einer neuen Schwerpunktbildung führen. Die neue Schwerpunktbildung kann entweder eine Umgruppierung zur Folge haben, das Einfügen neuer Prüfungsfelder mit neuer Risikobewertung mit sich bringen oder Verschiebungen notwendig machen, die eine neue Reihenfolge mit neuem Prüfungsturnus bedeuten und im Ergebnis sogar bei einigen Prüfungsfeldern zu einem Überschreiten des Drei-Jahres-Turnus führen können.

1.9   Prüfungsplanung der Konzernrevision

27   Nach § 25a Abs. 1 Satz 3 KWG i. V. m. § 25a Abs. 3 KWG müssen Institutsgruppen, Finanzholding-Gruppen, gemischte Finanzholding-Gruppen und Unterkonsolidierungsgruppen gemäß Art. 22 CRR über eine funktionsfähige Konzernrevision verfügen. Verantwortlich für die Errichtung der Konzernrevision ist die Geschäftsleitung des übergeordneten Unternehmens. Die Anforderungen an die Konzernrevision werden im Einzelnen im allgemeinen Teil beschrieben (→ AT 4.5 Tz. 6). Danach hat die Konzernrevision im Rahmen des Risikomanagements auf Gruppenebene ergänzend zur Internen Revision der gruppenangehörigen Unternehmen tätig zu werden. Die Konzernrevision hat sich grundsätzlich auf alle Aktivitäten und Prozesse der Gruppe zu erstrecken, wobei der Fokus auf der Einhaltung der Anforderungen auf Gruppenebene liegt.

28   Im Zuge der fünften MaRisk-Novelle wurde aufgenommen, dass die Prüfungsplanungen der Konzernrevision und der nachgeordneten Unternehmen abzustimmen sind. Für die gruppenweite Prüfungsplanung gelten im Wesentlichen die auf der Ebene des einzelnen Institutes genannten Prinzipien (Risikoorientierung, Risikobewertung, Prüfungsturnus etc.).

---

10 Vgl. European Banking Authority, Leitlinien zur internen Governance, EBA/GL/2017/11, 21. März 2018, S. 49.

2 Risikobewertungsverfahren (Tz. 2)

2 Die Risikobewertungsverfahren der Internen Revision haben eine Analyse des Risiko-   **29**
potenzials der Aktivitäten und Prozesse unter Berücksichtigung absehbarer Veränderungen zu beinhalten. Dabei sind die verschiedenen Risikoquellen und die Manipulationsanfälligkeit der Prozesse durch Mitarbeiter angemessen zu berücksichtigen.

2.1 Besondere Anforderungen an die Risikobewertung

Die MaRisk geben den Instituten keine konkrete Methode zur Risikoermittlung und -bewertung   **30**
vor. Es gilt der Grundsatz der Methodenfreiheit. Die systematische Analyse des Risikopotenzials aller Püfungsfelder muss allerdings im Institut nach einer einheitlichen Methodik erfolgen. Diese Prüfungsmethodik ist regelmäßig und anlassbezogen auf Angemessenheit zu überprüfen und weiterzuentwickeln (→ BT 2.3 Tz. 3).

Im Rahmen der fünften MaRisk-Novelle wurden neue Anforderungen an die Risikobewertungs-   **31**
verfahren der Internen Revision aufgenommen. Danach haben die Risikobewertungsverfahren der Internen Revision eine Analyse des Risikopotenzials der Aktivitäten und Prozesse unter Berücksichtigung absehbarer Veränderungen zu beinhalten, wobei die verschiedenen Risikoquellen und die Manipulationsanfälligkeit der Prozesse durch Mitarbeiter angemessen zu berücksichtigen sind.

Gefordert wird zunächst eine zukunftsorientierte Sichtweise, wie im Begriff »Risikopotenzial« und   **32**
in der Passage »unter Berücksichtigung absehbarer Veränderungen« deutlich zum Ausdruck kommt. Daneben geht es um den Aspekt der Vollständigkeit, indem die verschiedenen Risikoquellen in die Bewertung einbezogen werden müssen, d.h. keine risikorelevanten Gesichtspunkte außer Acht gelassen werden dürfen. Insofern besteht eine Parallele zur Risikoberichterstattung durch die Risikocontrolling-Funktion an die Geschäftsleitung, die u. a. eine zukunftsorientierte Risikoeinschätzung enthalten und auf vollständigen, genauen und aktuellen Daten beruhen muss (→ BT 3.1 Tz. 1).

Unter die absehbaren Veränderungen können z. B. neue Produkte des Institutes, neu erschlossene   **33**
Märkte oder bestimmte Anpassungen aufgrund regulatorischer Vorgaben bzw. laufender Projekte sowie bereits absehbare Marktentwicklungen fallen. Die Interne Revision erhält derartige Informationen über ihre Einbindung in den Neu-Produkt-Prozess (→ AT 8.1 Tz. 5) oder in die Analyse, die Institute bei wesentlichen Änderungen betrieblicher Prozesse oder Strukturen durchzuführen haben (→ AT 8.2 Tz. 1). Zudem sind der Internen Revision Weisungen und Beschlüsse der Geschäftsleitung bekanntzugeben, die für sie von Bedeutung sein können. Auch über wesentliche Änderungen im Risikomanagement ist die Interne Revision rechtzeitig zu informieren (→ AT 4.4.3 Tz. 5).

Es versteht sich von selbst, dass die Interne Revision bei der Analyse des Risikopotenzials der   **34**
Aktivitäten und Prozesse die verschiedenen Risikoquellen berücksichtigen muss. Andernfalls wäre diese Analyse schlicht unvollständig. Explizit betont wird von der deutschen Aufsicht, dass dabei auch auf die Manipulationsanfälligkeit der Prozesse durch Mitarbeiter geachtet werden muss. Insofern bezieht sich die Risikoanalyse nicht allein auf den Risikogehalt der Prozesse im Normalfall, sondern auch auf eventuelle Schwachstellen in der Prozesskette, die bewusst zum Nachteil des Institutes ausgenutzt werden könnten. Werden derartige Schwachstellen entdeckt, sollten sie umgehend durch entsprechende Schutzmaßnahmen beseitigt werden.

Die deutsche Aufsicht verlangt nicht zwingend eine quantitative Bewertung dieser besonderen   **35**
Aspekte. Auch zukünftig sind qualitative Einstufungen zulässig. Dabei erfolgt üblicherweise

zunächst eine Bewertung des inhärenten Risikos des Prüfungsfeldes, bevor anschließend die Effektivität und Funktionsfähigkeit der internen Kontrollen bewertet werden.[11]

36   Die im ersten Entwurf der fünften MaRisk-Novelle noch enthaltene Anforderung, dass bei der Analyse des Risikopotentials der Aktivitäten und Prozesse zukünftig auch das Verlustpotential berücksichtigt werden sollte, ist in der endgültigen Fassung der fünften MaRisk-Novelle nicht mehr enthalten. Diese Streichung beruht auf einem Änderungsvorschlag der Deutschen Kreditwirtschaft (DK). Die DK hatte in ihrer damaligen Stellungnahme darauf hingewiesen, dass Schäden bzw. daraus ggf. resultierende Verluste letztlich nur die Materialisierung von Risiken zum Ausdruck bringen.[12]

---

11 Vgl. auch Deutscher Sparkassen- und Giroverband, Mindestanforderungen an das Risikomanagement – Interpretationsleitfaden, Version 6, 6. April 2018, S. 407.

12 Vgl. Deutsche Kreditwirtschaft, Stellungnahme zum Entwurf der MaRisk in der Fassung vom 18. Februar 2016 (Konsultation 02/2016) vom 27. April 2016, S. 46.

3 Angemessenheit der Prüfungsplanung, -methoden und -qualität (Tz. 3)

3 Die Prüfungsplanung, -methoden und -qualität sind regelmäßig und anlassbezogen auf **37**
Angemessenheit zu überprüfen und weiterzuentwickeln.

3.1 Überprüfung und Weiterentwicklung der Konzepte

Die geforderte jährliche Fortschreibung der Prüfungsplanung (→ BT 2.3 Tz. 5) muss damit einher- **38**
gehen, dass sie regelmäßig und anlassbezogen überprüft und im Bedarfsfall weiterentwickelt wird.
Gleiches gilt für die Prüfungsmethoden und die Qualität der Prüfungen. Damit wird dem raschen
Wandel der Geschäftsaktivitäten Rechnung getragen, der sich zwangsläufig auch auf die Konzepte
der Internen Revision auswirkt.

Insofern ist die Revision zu einem regelmäßigen Hinterfragen ihrer einmal entwickelten Kon- **39**
zepte verpflichtet. Insbesondere müssen die Struktur und der Detaillierungsgrad des Prüfungsplanes sowie die von der Revision verwendeten Methoden mit der geschäftlichen und organisatorischen Entwicklung des Institutes abgeglichen werden. Auf diese Weise wird sichergestellt, dass
die ursprünglich fixierten Prämissen noch dem aktuellen Stand entsprechen. Daher hat sich die
Revision auch regelmäßig über die neuesten berufsüblichen Verfahren zu informieren und deren
Anwendungsmöglichkeiten für das eigene Haus zu überprüfen. Hinsichtlich der Anforderungen
an die Qualitätssicherung und -verbesserung kann auf die entsprechenden Veröffentlichungen der
nationalen und internationalen Berufsverbände der Internen Revision (z. B. DIIR, IIA) zurückgegriffen werden.[13]

Es entspricht dem Proportionalitätsprinzip, wenn die Umsetzung dieser Anforderung an der **40**
jeweiligen Situation des Institutes ausgerichtet wird. Das bedeutet, dass die Revision jene Prüfungsmethoden und Planungsinstrumente einsetzen sollte, die in Abhängigkeit von der Größe des
Institutes, den Geschäftsschwerpunkten und der Risikosituation am besten geeignet erscheinen.

3.2 Sicherstellung der Prüfungsqualität

Außerdem soll sichergestellt werden, dass die Qualität der Revisionsarbeit hohen Standards **41**
genügt. Dazu muss nicht nur die Qualität der zur Anwendung gebrachten Methoden überprüft
werden. Die Mitarbeiter müssen abhängig von ihren Aufgaben, Kompetenzen und Verantwortlichkeiten auch über die erforderlichen Kenntnisse und Erfahrungen verfügen. Durch geeignete
Maßnahmen ist zu gewährleisten, dass das Qualifikationsniveau der Mitarbeiter angemessen ist
(→ AT 7.1 Tz. 2).

---

13 Vgl. Deutsches Institut für Interne Revision e. V., Online-Revisionshandbuch, Stand Dezember 2017, S. 96 ff.; Deutsches
Institut für Interne Revision e. V. (DIIR), Frankfurt am Main, Institut für Interne Revision Österreich (IIA Austria), Wien,
Schweizer Verband für Interne Revision (IIA Switzerland), Zürich, (Hrsg.), Internationale Standards für die berufliche
Praxis der Internen Revision 2017 – Mission, Grundprinzipien, Definitionen, Ethikkodex, Standards, Version 6.1,
10. Januar 2018, IIA Standard 1200, S. 29 ff.

BT 2.3 Prüfungsplanung und -durchführung

42   Auch nach den Vorstellungen der EBA sollte das Institut dafür Sorge tragen, dass die Qualifikation der Mitarbeiter der Internen Revision sowie deren Ressourcen, vor allem ihre Prüfungsinstrumente und Methoden für die Risikoanalyse, für die Größe und Standorte des Institutes sowie die Art, den Umfang und die Komplexität der mit dem Geschäftsmodell, den Geschäftstätigkeiten, der Risikokultur und dem Risikoappetit des Institutes einhergehenden Risiken, angemessen sind.[14]

43   Eine Beschreibung des Anforderungsprofiles von Revisionsmitarbeitern ist aus den Veröffentlichungen der nationalen und internationalen Berufsverbände der Internen Revision (z. B. DIIR, IIA) ersichtlich.[15]

---

14 Vgl. European Banking Authority, Leitlinien zur internen Governance, EBA/GL/2017/11, 21. März 2018, S. 48.

15 Vgl. Deutsches Institut für Interne Revision e. V. (DIIR), Frankfurt am Main, Institut für interne Revision Österreich (IIA Austria), Wien, Schweizer Verband für Interne Revision (IIA Switzerland), Zürich (Hrsg.), Internationale Standards für die berufliche Praxis der Internen Revision 2017 – Mission, Grundprinzipien, Definitionen, Ethikkodex, Standards, Version 6.1, 10. Januar 2018, IIA Standard 1300, S. 32 ff.; Deutsches Institut für Interne Revision e. V., Online-Revisionshandbuch, Stand Dezember 2017, S. 107 ff.

4 Durchführung von Sonderprüfungen (Tz. 4)

4 Es muss sichergestellt sein, dass kurzfristig notwendige Sonderprüfungen, z.B. anläss-   **44**
lich deutlich gewordener Mängel oder bestimmter Informationsbedürfnisse, jederzeit
durchgeführt werden können.

4.1 Zusätzlicher Informationsbedarf

Über die regelmäßige risikoorientierte Prüfungsplanung hinaus, die eine sachgerechte Schwer-   **45**
punktbildung bei den Prüfungen sicherstellen soll, kann im Einzelfall ein ad hoc auftretender
Prüfungsbedarf entstehen. Er resultiert regelmäßig aus einem kurzfristig zu befriedigenden
Informationsbedarf hinsichtlich bestimmter Prüfungsfelder. So haben die Fachbereiche unter
Risikogesichtspunkten wesentliche Informationen unverzüglich an die Geschäftsleitung, die
jeweiligen Verantwortlichen und ggf. die Interne Revision weiterzuleiten, so dass geeignete
Maßnahmen bzw. Prüfungshandlungen frühzeitig eingeleitet werden können ($\rightarrow$ AT 4.3.2 Tz. 4).
Insbesondere ist die Interne Revision zu informieren, wenn nach Einschätzung der Fachbereiche
unter Risikogesichtspunkten relevante Mängel zu erkennen oder bedeutende Schadensfälle aufgetreten sind oder ein konkreter Verdacht auf Unregelmäßigkeiten besteht ($\rightarrow$ AT 4.3.2 Tz. 4,
Erläuterung). Diese Informationen lagen insoweit bei der Prüfungsplanung noch nicht vor oder
wurden zunächst anders bewertet.

4.2 Anlässe für Sonderprüfungen

Primärer Auslöser für Sonderprüfungen sind vermutete oder festgestellte Mängel in bestimmten   **46**
Bereichen oder Abläufen, denen eine gewisse Bedeutung zukommt. Regelmäßig wird es sich daher
um risikorelevante Schwachstellen handeln, die kurzfristig aufgetreten oder erkennbar geworden
sind. Die Durchführung von Sonderprüfungen kann aus unterschiedlichen Gründen erforderlich
sein. Hierzu zählen z.B.
- das Bewertungsergebnis einer vorangegangenen Revisionsprüfung,
- bisher nicht erkannte Handelsusancen,
- nicht richtig bzw. nicht als neu eingeschätzte Markt- oder Produktentwicklungen,
- Entwicklungen bei wichtigen Geschäftspartnern,
- Schwächen im internen Kontrollsystem,
- neue rechtliche Entwicklungen oder regulatorische Vorgaben,
- vermutete dolose (betrügerische) Handlungen,
- Betrugsfälle durch Externe oder
- ein negatives Erscheinungsbild in der Presse.

Der Anstoß für die Sonderprüfungen kann von der Geschäftsleitung, von der Revision selbst oder   **47**
von anderen Organisationseinheiten des Institutes kommen. Darüber hinaus kann eine Sonderprüfung auf der Grundlage von Erkenntnissen aus dem Hinweisgebersystem gemäß § 25a Abs. 1
Satz 6 Nr. 3 KWG (»Whistleblowing-Verfahren«) beruhen.

48   Vom Anstoß für die Sonderprüfungen zu unterscheiden ist die Zuständigkeit für die Anordnung einer Sonderprüfung. Der Auftrag zur Durchführung der zusätzlichen Sonderprüfung kommt regelmäßig von der Geschäftsleitung, die hierzu im Rahmen ihres Direktionsrechtes befugt ist (→ BT 2.2 Tz. 1). Es könnte sich ggf. auch um eine wesentliche Anpassung der Prüfungsplanung handeln, die explizit von der Geschäftsleitung zu genehmigen ist (→ BT 2.3 Tz. 5). Der Vorsitzende des Aufsichtsorgans bzw. des Prüfungsausschusses hat gegenüber dem Leiter der Internen Revision demgegenüber lediglich ein Auskunftsrecht und damit keine Befugnis zur Erteilung eines Sonderprüfungsauftrages. Es ist dem Aufsichtsorgan jedoch unbenommen, der Geschäftsleitung die Anordnung einer entsprechenden Sonderprüfung durch die Interne Revision zu empfehlen.

4.3   Priorität von Sonderprüfungen

49   Da Sonderprüfungen i. d. R. sehr kurzfristig durchzuführen sind, kommt ihnen automatisch eine hohe Priorität zu. Damit verändern sie gleichzeitig die Schwerpunkte der übrigen geplanten Prüfungshandlungen und führen regelmäßig zumindest zu einer zeitlichen Verschiebung anderer Prüfungen, weil sie nicht im ursprünglichen Prüfungsplan berücksichtigt wurden. In der Praxis wird daher für Sonderprüfungen teilweise aufgrund von Erfahrungswerten von vornherein ein bestimmtes Zeitbudget als »Platzhalter« in der Planung vorgesehen. Wird ein solcher Puffer nicht eingerichtet, sind zwangsläufig Umschichtungen bei der ursprünglichen Planung erforderlich.

50   Um genügend Freiräume für die Durchführung von Sonderprüfungen zu besitzen, ist eine flexible Planung notwendig. Ansonsten kann ein kurzfristiger Prüfungsbedarf nicht befriedigt werden. In diesem Zusammenhang zeigt sich auch, wie wichtig eine regelmäßige Planfortschreibung ist. Dies gilt umso mehr, als die Ergebnisse von Sonderprüfungen ebenfalls Veränderungen der Planung nach sich ziehen können.

4.4   Personelle Ausstattung

51   Wegen der hohen Priorität der Sonderprüfungen muss die Revision personell und sachlich in die Lage versetzt werden, diese kurzfristig umzusetzen. Gleichzeitig darf der übrige Prüfungsbetrieb, auch wenn Verschiebungen mancher Prüfungen erforderlich werden, nicht vollständig zum Erliegen kommen. Zwar kann im Einzelfall auf externe Spezialisten zurückgegriffen werden. Das sollte aber nicht der Regelfall sein, da Sonderprüfungen eine originäre Aufgabe der Internen Revision sind. Der Leiter der Internen Revision hat im Rahmen der Ressourcenplanung einen angemessenen Personalbedarf für Sonderprüfungen einzuplanen.[16]

---

16 In der Praxis haben sich hier Ansätze von 10 bis 30 Prozent der Mitarbeiterkapazität als geeignet erwiesen. Vgl. Deutsches Institut für Interne Revision e. V., Online-Revisionshandbuch, Stand Dezember 2017, S. 7.

5 Genehmigung durch die Geschäftsleitung (Tz. 5)

5 Die Prüfungsplanung sowie wesentliche Anpassungen sind von der Geschäftsleitung zu genehmigen. **52**

5.1 Genehmigungspflicht für den Prüfungsplan

Diese Anforderung ergibt sich im Grunde bereits daraus, dass die Revision ein Instrument der **53** Geschäftsleitung, ihr unmittelbar unterstellt und berichtspflichtig ist (→ AT 4.4.3 Tz. 2). Die Genehmigung der Prüfungsplanung durch die Geschäftsleitung verschafft der Internen Revision die notwendige Durchsetzungskraft innerhalb des Institutes. Die genehmigte Planung kann von der Revision unmittelbar in den einzelnen Organisationseinheiten umgesetzt werden. Darüber hinaus stellt dieses Verfahren sicher, dass die Geschäftsleitung als Auftraggeber der Revision über die Planung informiert ist und ggf. eigene Prüfungsaufträge oder -schwerpunkte einfließen lassen kann. Die Anforderung entspricht auch den Vorgaben der EBA, wonach der interne Prüfungsplan vom Leitungsorgan zu genehmigen ist.[17]

Nach den Vorstellungen der nationalen und internationalen Berufsverbände sollte das Auf- **54** sichtsorgan über den genehmigten Prüfungsplan und idealerweise auch bereits über die ursprüngliche Planung in Kenntnis gesetzt werden.[18] Hingegen fordert der Baseler Ausschuss für Bankenaufsicht vom Prüfungsausschuss des Aufsichtsorgans sogar, den Prüfungsplan, seinen Umfang und das Budget der Internen Revision zu genehmigen.[19]

Um bestimmte Prüfungsziele zu erreichen, ist es teilweise erforderlich, dass die Prüfungs- **55** planung in einem bestimmten Maße vertraulich bleibt. Dies ist z. B. notwendig, wenn bewusst nicht angekündigte Prüfungen durchgeführt werden sollen. Insoweit bleibt es häufig der Revision überlassen, über den Detaillierungsgrad der grundsätzlich offengelegten Planung zu entscheiden.

5.2 Genehmigung wesentlicher Anpassungen

Änderungen der Prüfungsplanung sind zumindest dann erneut der Geschäftsleitung vorzulegen, **56** wenn es sich um wesentliche Anpassungen handelt. Dadurch wird der Revision ein gewisser Spielraum bei der Ausgestaltung und Umsetzung des Prüfungsplanes eingeräumt. In diesem Zusammenhang wird erneut die Notwendigkeit einer systematischen, risikoorientierten Prüfungsplanung deutlich (→ BT 2.3 Tz. 1), da sie die Begründung wesentlicher Planungsanpassungen erst ermöglicht. Im Interesse klarer Vorgaben ist es ggf. sinnvoll, Kriterien zur Abgrenzung »wesentlicher Anpassungen« von »normalen Anpassungen« in den Arbeitsanweisungen der Internen Revision zu fixieren. Im Grunde sind dafür dieselben Kriterien geeignet, die schon zur Beurteilung der Relevanz von Prüfungsfeldern herangezogen werden (→ BT 2.3 Tz. 1).

---

17 Vgl. European Banking Authority, Leitlinien zur internen Governance, EBA/GL/2017/11, 21. März 2018, S. 49.
18 Vgl. Deutsches Institut für Interne Revision e. V., Online-Revisionshandbuch, Stand Dezember 2017, S. 7.
19 Vgl. Basel Committee on Banking Supervision, The internal audit function in banks, BCBS 223, 28. Juni 2012, S. 22.

BT 2.4 Berichtspflicht

1 Adressaten und Bestandteile der Prüfungsberichte (Tz. 1)

1 Über jede Prüfung muss von der Internen Revision zeitnah ein schriftlicher Bericht angefertigt und grundsätzlich den fachlich zuständigen Mitgliedern der Geschäftsleitung vorgelegt werden. Der Bericht muss insbesondere eine Darstellung des Prüfungsgegenstandes und der Prüfungsfeststellungen, ggf. einschließlich der vorgesehenen Maßnahmen, enthalten. Wesentliche Mängel sind besonders herauszustellen. Dabei sind die Prüfungsergebnisse zu beurteilen. Bei schwerwiegenden Mängeln muss der Bericht unverzüglich der Geschäftsleitung vorgelegt werden.

1.1 Schriftliche Fixierung und Vorlage der Prüfungsberichte

Nach jeder Revisionsprüfung ist zeitnah ein schriftlicher Bericht zu erstellen. Der Prüfungsbericht ist somit das zentrale Informationsinstrument der Internen Revision. Zudem werden gewisse Vorgaben zur Gliederung bzw. zu den Mindestinhalten des Berichtes gemacht, die sich auf folgende Punkte beziehen:
- eine Darstellung des Prüfungsgegenstandes,
- eine Darstellung der Prüfungsfeststellungen,
- ggf. eine Darstellung der vorgesehenen Maßnahmen,
- eine besondere Herausstellung »wesentlicher« Mängel und
- eine Beurteilung der Prüfungsergebnisse.

Insbesondere die schriftliche Fixierung der Prüfungsfeststellungen stellt die Dokumentation und Nachvollziehbarkeit der Prüfungsergebnisse, sowohl für das Institut als auch für Dritte, sicher.

Damit die Revisionsergebnisse die notwendige Verbreitung innerhalb des Institutes finden und mit dem erforderlichen Nachdruck behandelt werden, sind sie grundsätzlich den fachlich zuständigen Mitgliedern der Geschäftsleitung vorzulegen. Daraus folgt gleichzeitig, dass nicht alle Revisionsberichte der gesamten Geschäftsleitung zuzuleiten sind. Dieses Vorgehen ist praxisgerecht, weil viele Detailfragen wegen der Sachnähe am effektivsten mit den jeweils geprüften Bereichen geklärt werden können. Da die Vorlage gegenüber dem jeweiligen Mitglied der Geschäftsleitung auch nur »grundsätzlich« zu erfolgen hat, wird deutlich, dass nicht einmal jeder Bericht der Geschäftsleitung vorgelegt werden muss. Insoweit besteht eine gewisse Flexibilität, zumindest die unter Risikoaspekten weniger relevanten Prüfungsergebnisse oder die Ergebnisse bestimmter Routineprüfungen, die keine relevanten Schwachstellen offenbart haben, von der Vorlagepflicht gegenüber den zuständigen Mitgliedern der Geschäftsleitung auszunehmen und lediglich direkt dem betroffenen Bereich zuzuleiten.

Allerdings ist in der Aufsichtspraxis zu beobachten, dass die Aufsichtsbehörden von einzelnen Instituten die Zuleitung aller Berichte der Internen Revision einfordern. In diesem Fall sollten die Berichte mindestens dem zuständigen Geschäftsleiter zur Verfügung gestellt und bei kritischen Sachverhalten allen Geschäftsleitern überlassen werden. Andernfalls wären die Aufsichtsbehörden ggf. besser über die internen Prüfungsergebnisse informiert als die Geschäftsleitung, was nicht im Interesse des Institutes sein kann.

BT 2.4 Berichtspflicht

1.2 Risikoorientierte Berichterstattung

6 Aus dem risikoorientierten Prüfungsansatz folgt unmittelbar, dass eine risikoorientierte Berichterstattung erforderlich ist.[1] Damit geht eine entsprechende Beurteilung der Prüfungsergebnisse einher. Die MaRisk verlangen dabei keine zusammenfassende Bewertung des gesamten Prüfungsergebnisses, sondern lediglich eine Beurteilung der einzelnen festgestellten Mängel.[2] Die Interne Revision muss die einzelnen Feststellungen auflisten und kategorisieren bzw. bewerten. Diese Bewertung erlaubt es, die Schwere bzw. Bedeutung der Feststellungen sachgerecht einzuordnen und angemessene Maßnahmen zur Mängelbeseitigung einzuleiten.

7 Da wesentliche Mängel im Prüfungsbericht besonders herauszustellen sind, kann davon ausgegangen werden, dass derartige Berichte zwingend an die zuständigen Geschäftsleiter weiterzuleiten sind. Vorgeschrieben wird darüber hinaus, Berichte mit schwerwiegenden Mängeln unverzüglich der gesamten Geschäftsleitung vorzulegen. Bei besonders schwerwiegenden Mängeln sind Geschäftsleitung und Aufsichtsorgan unverzüglich zu informieren (→ BT 2.4 Tz. 4).

1.3 Mängelkategorien

8 An die Berichterstattung über »wesentliche« und »schwerwiegende« Mängel werden also besondere Anforderungen gestellt. Der Abstufung der Mängel kommt insofern eine wichtige Bedeutung zu. Die deutsche Aufsicht hat daher entsprechende Hinweise gegeben. In den MaRisk wird für die Zwecke der Revisionstätigkeit zwischen »wesentlichen«, »schwerwiegenden« und »besonders schwerwiegenden« Mängeln unterschieden. Damit wird hinsichtlich der (potenziellen) Bedeutung der unter Risikogesichtspunkten von der Internen Revision relevanten festgestellten Mängel eine ordinale Abstufung vorgenommen bzw. eine Reihenfolge festgelegt (→ BT 2.4 Tz. 1, Erläuterung). Dies betrifft im Übrigen auch die nach Einschätzung der Fachbereiche unter Risikogesichtspunkten »relevanten« Mängel, die der Internen Revision gemeldet und anschließend von ihr ebenfalls den vorgegebenen Kategorien zugeordnet werden (→ AT 4.3.2 Tz. 4, Erläuterung).

9 Die genaue Abgrenzung der einzelnen Stufen bleibt dem jeweiligen Institut überlassen, wobei dafür die Interne Revision zuständig ist. Insbesondere genügt es, wenn die Kategorien zur Einstufung der Mängel qualitativ beschrieben werden. Quantitative Vorgaben sind hingegen nicht erforderlich. Es liegt darüber hinaus im Ermessen des Institutes, für unter Risikogesichtspunkten weniger relevante festgestellte Mängel eigene Festlegungen zu treffen (→ BT 2.4 Tz. 1, Erläuterung). Insofern handelt sich nicht zwingend um eine abschließende Aufzählung der Mängelkategorien.[3] Die inhaltliche Ausgestaltung der vorgegebenen und der zusätzlichen Kategorien muss im Rahmen des risikoorientierten Prüfungsansatzes durch die Revision selbst erfolgen, wobei die Kategorien nachvollziehbar in der revisionsinternen Systematik erkennbar sein müssen. Der Kriterienkatalog zur Mängelkategorisierung sollte innerhalb des Institutes kommuniziert werden.

---

1 Vgl. Haake, Manfred, Risikogerechte Berichterstattung und risikoorientierte Prüfungsplanung, in: Zeitschrift Interne Revision, Heft 1/2002, S. 2.

2 Eine zusammenfassende Bewertung der Prüfungsergebnisse ist zwar nicht zwingend notwendig, kann jedoch erfolgen. Das DIIR schlägt in seinem Revisionshandbuch eine Kategorisierung in fünf Abstufungen vor (»gut«, »zufriedenstellend«, »noch zufriedenstellend«, »nicht zufriedenstellend« und »mangelhaft«). Vgl. Deutsches Institut für Interne Revision e. V., Online-Revisionshandbuch, Stand Dezember 2017, S. 61 f.

3 Das DIIR schlägt in seinem Revisionshandbuch neben den in den MaRisk vorgegebenen Kategorisierungen (»besonders schwerwiegend«, »schwerwiegend« und »wesentlich«) zwei weitere Bewertungen vor: »bemerkenswerte Feststellung« und »geringe Feststellung«. Vgl. Deutsches Institut für Interne Revision e. V., Online-Revisionshandbuch, Stand Dezember 2017, S. 63 f.

Auf diese Weise kann sichergestellt werden, dass das Klassifikationsschema konsistent angewendet wird und die Revisionsergebnisse vergleichbar bleiben.

Darüber hinaus hat die Interne Revision im Rahmen ihrer Prüfungen die Möglichkeit, »Empfehlungen« auszusprechen, die keine Feststellungen sind. Derartige Empfehlungen erscheinen immer dann angemessen, wenn aus einem geprüften Sachverhalt keine erwähnenswerten Risiken resultieren, nach Ansicht der Internen Revision jedoch für das Institut z. B. ein Potenzial zur Effizienz- oder Effektivitätssteigerung besteht.[4] **10**

1.4 Berichtspflichten als Indizien zur Mängelkategorisierung

Als Indizien zur Unterscheidung zwischen unterschiedlich relevanten Mängeln können die verschiedenen Informationsadressaten und die zeitliche Abfolge der Berichtspflichten herangezogen werden. Je schneller Feststellungen an die gesamte Geschäftsleitung zu geben sind, desto bedeutender sind sie im Regelfall für das Institut. Eine herausgehobene Berichtspflicht könnte sich z. B. auf folgende Indizien stützen, die nicht als abschließende Aufzählung zu verstehen sind: **11**
– Mängel bzw. Schwachstellen in wichtigen Kernbereichen des Institutes,
– Verstöße gegen Gesetz und Satzung, Gesellschaftsvertrag sowie bankaufsichtsrechtliche Regelungen,
– Mängel im Risikocontrolling,
– Schwachstellen im internen Kontrollsystem,
– verhältnismäßig große (potenzielle) Schäden,
– dolose (betrügerische) Handlungen einzelner Mitarbeiter sowie
– bußgeldbewehrte Vorgänge oder Straftaten.

Es besteht zwar keine explizite Verpflichtung mehr, Gefahren und Risiken für das Institut besonders darzustellen und unverzüglich mitzuteilen.[5] Allerdings kann davon ausgegangen werden, dass derartige Ereignisse als »besonders schwerwiegende« Mängel zu klassifizieren sind. Da bereits bei schwerwiegenden Mängeln eine unverzügliche Berichtsvorlage bei der gesamten Geschäftsleitung ausgelöst wird und unter Risikogesichtspunkten wesentliche Informationen unverzüglich an die Geschäftsleitung weiterzuleiten sind (→ AT 4.3.2 Tz. 4), ist diese Anforderung in den MaRisk hinreichend abgedeckt. Diese Ad-hoc-Berichtspflicht gilt im Übrigen auch für die Revision. **12**

1.5 Umfang der Prüfungsberichte

Über jede Prüfung ist ein schriftlicher Prüfungsbericht zu erstellen, der den Vorstellungen des DIIR zufolge richtig, objektiv, prägnant, klar, konstruktiv und vollständig sein muss.[6] Der Umfang bzw. **13**

---

4 Vgl. Deutsches Institut für Interne Revision e. V., Online-Revisionshandbuch, Stand Dezember 2017, S. 64.
5 Eine entsprechende Vorgabe war in den damaligen MaIR explizit enthalten. Vgl. Bundesaufsichtsamt für das Kreditwesen, Mindestanforderungen an die Ausgestaltung der Internen Revision der Kreditinstitute (MaIR), Rundschreiben 1/2000 vom 17. Januar 2000, Tz. 32.
6 Nach den Vorgaben des DIIR sollte die Interne Revision die Prüfberichte nach einem verbindlichen Berichtskonzept erstellen, das eine standardisierte Berichtsstruktur vorgibt. Gemäß dem DIIR enthalten die Prüfungsberichte regelmäßig den Prüfungsauftrag und die Auftragsdurchführung (Prüfungsziel, Prüfungsumfang, Prüfungsteam, Prüfungszeitraum, Prüfungsort, Prüfungsanlass und Art der Prüfung), das Prüfungsergebnis, Prüfungsfeststellungen nebst Bewertungen und den hieraus resultierenden Handlungsbedarf nebst vereinbarten Erledigungsterminen und Verantwortlichkeiten. Vgl. Deutsches Institut für Interne Revision e. V., Online-Revisionshandbuch, Stand Dezember 2017, S. 64.

der Detaillierungsgrad der Berichterstattung hängen vom jeweiligen Prüfungsfeld und der Art der Feststellungen ab. Dabei ist zumindest das jeweilige »Soll-Konzept« für ein Prüfungsfeld der tatsächlichen »Ist-Situation« gegenüberzustellen und zu beurteilen. Schwachstellen sind deutlich herauszuarbeiten. Über Routineprüfungen ohne gravierende Feststellungen kann tendenziell kurz und standardisiert informiert werden, wohingegen über einen komplexen Sachverhalt mit relevanten Feststellungen naturgemäß ausführlicher zu berichten sein wird. Wichtig ist, dass die risikorelevanten Sachverhalte und Feststellungen in den Mittelpunkt der Berichterstattung gerückt werden, um den Adressatenkreis mit den wesentlichen Informationen zu versorgen. Der Bericht muss die Empfänger in die Lage versetzen, auf Basis der Prüfungsfeststellungen die Risikosituation schnell zu erfassen, um ggf. weitere Entscheidungen treffen zu können.

14   Im Bedarfsfall kann im Rahmen der Berichterstattung auch auf die vorgesehenen Maßnahmen als Reaktion auf bestimmte Prüfungsfeststellungen eingegangen werden. Dabei handelt es sich um ein Wahlrecht der Revision. Die Nutzung dieses Wahlrechtes kann die Umsetzung der vorgesehenen Maßnahmen ggf. befördern. Diese Maßnahmen können sowohl von der Revision selbst vorgeschlagen als auch gemeinsam mit der jeweiligen Organisationseinheit ausgearbeitet werden. Eine Aufnahme der Maßnahmen in die Berichterstattung macht gegenüber dem Berichtsempfänger zudem deutlich, dass kurzfristig und konkret auf einzelne Prüfungsergebnisse reagiert wird, was für weitere Entscheidungen von Bedeutung sein kann.

1.6   Zeitnähe

15   Für eine risikoorientierte Berichterstattung spielt die Geschwindigkeit der Informationsweitergabe eine große Rolle, da ggf. erforderliche Maßnahmen zur Risikosteuerung im Zeitverlauf häufig sehr schnell an Wirkung verlieren. Daher ist eine rasche Berichterstattung ein Qualitätsmerkmal für die Interne Revision. Aus diesem Grund müssen die Berichte »zeitnah« erstellt werden. Der Hinweis auf die Zeitnähe macht deutlich, dass sie unmittelbar nach Beendigung der Revisionshandlungen anzufertigen sind, so dass sich schon aus der Prüfungsplanung ein zeitlicher Rahmen für die Berichterstellung ergibt. Im Grunde ist die Prüfung erst mit der Fertigstellung des Berichtes beendet. Unter Umständen durchlaufen die Berichte anschließend noch eine interne Qualitätskontrolle, die eine gewisse Zeit in Anspruch nehmen kann. Im Fall von »schwerwiegenden Mängeln« sind die Berichte hingegen unverzüglich an die Geschäftsleitung zu leiten, worunter im Kontext der MaRisk zu verstehen ist, dass dies »ohne schuldhaftes Zögern« erfolgt. Sollte die Interne Revision durch ihre Prüfungshandlungen wesentliche Risiken aufdecken, muss sie darüber der Geschäftsleitung unverzüglich Informationen zukommen lassen (→ AT4.3.2 Tz.4).

2 Dokumentation der Prüfungen (Tz. 2)

2 Die Prüfungen sind durch Arbeitsunterlagen zu dokumentieren. Aus ihnen müssen die durchgeführten Arbeiten sowie die festgestellten Mängel und Schlussfolgerungen für sachkundige Dritte nachvollziehbar hervorgehen. **16**

2.1 Arbeitsunterlagen

Die für die Einhaltung der MaRisk wesentlichen Handlungen und Festlegungen sind nachvollzieh- **17**
bar zu dokumentieren (→ AT 6 Tz. 2). Mit Bezug auf die Tätigkeit der Internen Revision betrifft
diese Anforderung in erster Linie die relevanten Unterlagen zu den einzelnen Prüfungen. Konkret
müssen aus den Arbeitsunterlagen die durchgeführten Prüfungshandlungen sowie die festgestellten Mängel und Schlussfolgerungen hervorgehen. Diese Regelung zur Dokumentation soll die
Nachvollziehbarkeit der einzelnen Prüfungshandlungen und der Ergebnisbewertung für die
Revision sowie für sachkundige Dritte, wie z. B. die Compliance-Funktion, externe Prüfer, die
Aufsichtsbehörden oder Mitglieder eines Prüfungsausschusses, sicherstellen.

Die Art und Weise sowie der Umfang der Dokumentation haben sich an üblichen Standards zu **18**
orientieren. Entsprechende Vorgaben in den Arbeitsanweisungen der Internen Revision sind
empfehlenswert.[7]

---

7   Zu den Anforderungen an die Dokumentation von Prüfungshandlungen vgl. auch Deutsches Institut für Interne Revision
e. V., Online-Revisionshandbuch, Stand Dezember 2017, S. 64.

3 Umgang mit den geforderten Maßnahmen zur Mängelbeseitigung (Tz. 3)

19 **3** Besteht hinsichtlich der zur Erledigung der Feststellungen zu ergreifenden Maßnahmen keine Einigkeit zwischen geprüfter Organisationseinheit und Interner Revision, so ist von der geprüften Organisationseinheit eine Stellungnahme hierzu abzugeben.

3.1 Reaktion auf die Prüfungsfeststellungen

20 Für die Praxis der Erstellung der Revisionsberichte wird im Regelfall unterstellt, dass die Revision und die jeweils geprüfte Organisationseinheit schon während der Prüfung oder spätestens an deren Ende zu einer Vereinbarung hinsichtlich der Beseitigung der aufgedeckten Mängel oder Schwachstellen kommen. Im Normalfall wird die Revision die Prüfungsergebnisse daher mit dem geprüften Bereich diskutieren.[8] Die in diesem Rahmen vereinbarten Maßnahmen können im Prüfungsbericht dargestellt werden (→ BT 2.4 Tz. 1).

21 Dieses Vorgehen ist besonders effektiv, da es die zeitnahe und einvernehmliche Reaktion auf die Prüfungsfeststellungen erlaubt und gleichzeitig die Akzeptanz der Revisionsfeststellungen innerhalb des Institutes stärkt. Insoweit schafft es einen kontinuierlichen und abgestimmten Prozess der Beseitigung von Mängeln in der Organisation, wodurch gleichzeitig die Sensibilität der einzelnen Organisationseinheiten für etwaige Schwachstellen erhöht wird. Im Übrigen erleichtert dieses kooperative Vorgehen zwischen der Revision und den geprüften Bereichen die Einhaltung des Prüfungsplanes, indem alle Beteiligten zeitnah in den Diskussionsprozess einbezogen werden.

3.2 Meinungsverschiedenheiten

22 Nicht in jedem Fall wird hinsichtlich der zur Erledigung der Feststellungen zu ergreifenden Maßnahmen zwischen geprüfter Organisationseinheit und Interner Revision Einigkeit bestehen. Probleme können z. B. dann auftreten, wenn bestimmte Sachverhalte unterschiedlich bewertet werden, zur Erledigung der Feststellungen von der geprüften Einheit alternative Maßnahmen bevorzugt werden oder hinsichtlich des Zeitplanes für die zu ergreifenden Maßnahmen unterschiedliche Vorstellungen bestehen. In diesem Fall ist eine Stellungnahme des geprüften Bereiches erforderlich.[9] Daraus folgt insbesondere, dass nicht zu sämtlichen Feststellungen und Empfehlungen eine Stellungnahme der geprüften Organisationseinheit verlangt wird.

23 Inhalt der Stellungnahme ist regelmäßig die Begründung der von der Revision abweichenden Auffassung und ggf. ein Vorschlag für alternative Maßnahmen oder Zeitvorstellungen. Ob diese Stellungnahme zu einer Annäherung der beiden Standpunkte führt, hängt in erster Linie von der Bedeutung des Einzelfalles und der jeweiligen Argumentation ab. Kommt es zu keiner Einigung,

---

8 Vgl. Haake, Manfred, Risikogerechte Berichterstattung und risikoorientierte Prüfungsplanung, in: Zeitschrift Interne Revision, Heft 1/2002, S. 2.

9 In der Praxis werden entsprechende Stellungnahmen zum Teil direkt in den Prüfungsbericht der Internen Revision integriert. Es ist jedoch auch denkbar, dass die Stellungnahme separat ausgewiesen und dem Bericht der Internen Revision beigefügt wird. Vgl. Deutsches Institut für Interne Revision e. V., Online-Revisionshandbuch, Stand Dezember 2017, S. 76.

kann ein Eskalationsverfahren eingeleitet werden, so dass ggf. eine Entscheidung auf Ebene der Geschäftsleitung herbeizuführen ist. Das Letztentscheidungsrecht über die Einwertung der Mängel liegt aufgrund ihrer Unabhängigkeit ausschließlich bei der Internen Revision (→ BT 2.4 Tz. 1).

Für ein derartiges Eskalationsverfahren sollten sinnvoller Weise klare Kriterien ausgearbeitet **24** werden, die regeln, in welchen Fällen die endgültige Entscheidung bei Meinungsverschiedenheiten bei der Revision verbleibt und wann die Geschäftsleitung einzuschalten ist. Dieses Verfahren ist mit der Geschäftsleitung abzustimmen und sollte im Institut offengelegt werden.

4 Adressaten und Bestandteile der Quartals- und Jahresberichte (Tz. 4)

25 **4** Die Interne Revision hat zeitnah einen Quartalsbericht über die von ihr seit dem Stichtag des letzten Quartalsberichtes durchgeführten Prüfungen zu verfassen und zeitnah der Geschäftsleitung und dem Aufsichtsorgan vorzulegen. Der Quartalsbericht muss über die wesentlichen oder höher eingestuften Mängel, die beschlossenen Maßnahmen sowie den Status dieser Maßnahmen informieren. Es ist ferner darzulegen, ob und inwieweit die Vorgaben des Prüfungsplanes eingehalten wurden. Die Interne Revision hat außerdem über die im Jahresablauf festgestellten schwerwiegenden sowie über die noch nicht behobenen wesentlichen Mängel in inhaltlich prägnanter Form an die Geschäftsleitung und das Aufsichtsorgan zu berichten (Jahresbericht). Die aufgedeckten schwerwiegenden Mängel, die beschlossenen Maßnahmen sowie der Status dieser Maßnahmen sind dabei besonders hervorzuheben. Über besonders schwerwiegende Mängel hat die Interne Revision unverzüglich zu berichten.

4.1 Vorlage von Quartalsberichten und Jahresbericht

26 Neben den einzelnen Revisionsberichten, die sich regelmäßig an die geprüften Bereiche sowie deren fachlich zuständige Geschäftsleiter richten (→ BT 2.4 Tz. 1), hat die Interne Revision der gesamten Geschäftsleitung und dem Aufsichtsorgan prüfungsübergreifende Berichte vorzulegen, wobei zwischen Quartalsberichten und Jahresbericht unterschieden wird. Bis zum Inkrafttreten des Trennbankengesetzes[10] war neben der Vorlage des jährlichen Gesamtberichtes (Jahresbericht) lediglich eine anlassbezogene Berichterstattung im Zusammenhang mit Prüfungshandlungen erforderlich (→ BT 2.4 Tz. 1). Mit dem Trennbankengesetz hat der Gesetzgeber eine regelmäßige quartalweise Berichterstattung der Internen Revision an die Geschäftsleitung verpflichtend eingeführt. Seitdem haben die Geschäftsleiter im Rahmen ihrer Gesamtverantwortung für die ordnungsgemäße Geschäftsorganisation des Institutes gemäß § 25c Abs. 4a Satz 1 Nr. 3 lit. g KWG dafür Sorge zu tragen, dass die Interne Revision in angemessenen Abständen, mindestens aber vierteljährlich, an die Geschäftsleitung berichtet. Dasselbe gilt mit Blick auf die Konzernrevision gemäß § 25c Abs. 4b Satz 2 Nr. 3 lit. g KWG für die Geschäftsleiter des übergeordneten Unternehmens im Rahmen ihrer Gesamtverantwortung für die ordnungsgemäße Geschäftsorganisation der Gruppe. Der durch das Trennbankengesetz vorgegebene vierteljährliche Berichtsturnus wurde mit der fünften MaRisk-Novelle auch im Rundschreiben verankert.[11] Die Interne Revision hat die Berichte zudem parallel dem Aufsichtsorgan vorzulegen. Damit soll das Aufsichtsorgan in der Wahrnehmung seiner Aufgaben unterstützt werden. Gleichzeitig wurde hierdurch das Konzept zur Stärkung der internen Kontrollstruktur bzw. der Corporate Governance[12] der Unternehmen aufgegriffen.

---

10 Das Trennbankengesetz ist am 1. Januar 2014 in Kraft getreten. Vgl. Gesetz zur Abschirmung von Risiken und zur Planung der Sanierung und Abwicklung von Kreditinstituten und Finanzgruppen vom 7. August 2013 (BGBl. I Nr. 47, S. 3090), veröffentlicht am 12. August 2013.

11 Da das Trennbankengesetz am 1. Januar 2014 in Kraft getreten ist, bestand die Verpflichtung zu einer quartalsweisen Berichterstattung bereits nach Ablauf des ersten Quartals 2014.

12 Vgl. Regierungskommission Deutscher Corporate Governance Kodex, Deutscher Corporate Governance Kodex, Fassung vom 7. Februar 2017, Abschnitt 5.3.2.

4.2 Darstellung von Feststellungen im Quartalsbericht

Die Interne Revision hat vierteljährlich einen Quartalsbericht über die von der Revision seit dem   **27**
Stichtag des letzten Quartalsberichts durchgeführten Prüfungen zu erstellen. Empfänger des
Quartalsberichtes sind die Geschäftsleitung und das Aufsichtsorgan. Der Bericht hat die folgenden
Informationen zu enthalten:
- die festgestellten wesentlichen oder höher eingestuften Mängel,
- die ergriffenen Maßnahmen,
- den Status der Abarbeitung der Maßnahmen, sowie
- die Einhaltung des Prüfungsplanes.

Die Darstellung der geforderten Inhalte kann akzentuiert erfolgen. Insbesondere können gleichartige   **28**
Einzelfeststellungen sowie der Stand der beschlossenen Umsetzungsmaßnahmen inhaltlich zusam-
mengefasst werden (→ BT 2.4 Tz. 4, Erläuterung). Es ist also nicht erforderlich, alle im Laufe eines
Quartals festgestellten wesentlichen oder höher eingestuften Mängel nochmals einzeln aufzuführen.
Vielmehr kann die Situation als Ganzes dargestellt werden. Entscheidend ist letztlich, dass die
gewählte Darstellungsweise die o. g. Aspekte wiedergibt.

Neben den aus Risikosicht besonders bedeutenden Feststellungen müssen die noch nicht abge-   **29**
schlossenen Umsetzungsmaßnahmen dargestellt und kommentiert werden. In diesem Zusammenhang erscheint es angemessen, die Gründe näher zu erläutern, sofern sich bestimmte Umsetzungsmaßnahmen erheblich verzögern oder von der jeweiligen Organisationseinheit (noch) nicht akzeptiert werden. Mit dem Bericht geht die Überprüfung der Einhaltung des Prüfungsplanes einher.
Insoweit wird auf Basis eines Soll-/Ist-Vergleiches (Selbst-)Kontrolle durch die Revision geübt. Vor
diesem Hintergrund kommt der risikoorientierten und rollierenden Prüfungsplanung eine wichtige
Rolle zu. Diese Methode erlaubt es, Planungsänderungen bzw. -abweichungen transparent und
nachvollziehbar zu machen.

Die Quartalsberichte können darüber hinaus weitere für die Geschäftsleitung und das Aufsichts-   **30**
organ relevante Informationen enthalten, wie Informationen über die Interne Revision selbst (z. B.
Änderung der Aufbau- oder Ablauforganisation) oder Erkenntnisse aus anderen wesentlichen Tätigkeiten der Internen Revision (z. B. Beratung, Projektbegleitung). In der Praxis enthält der Quartalsbericht oftmals auch Angaben über wesentliche oder schwerwiegende Mängel aus Prüfungen
externer Prüfer (z. B. Abschlussprüfer oder Aufsichtsbehörden). Dies wird insbesondere der Fall
sein, wenn die Geschäftsleitung die Interne Revision mit der Überwachung der Beseitigung der bei
den externen Prüfungen festgestellten Mängel beauftragt hat.[13]

4.3 Darstellung von Feststellungen im Jahresbericht

Die Interne Revision hat ferner einen Jahresbericht über die von ihr im Laufe des Geschäftsjahres   **31**
durchgeführten Prüfungen zu verfassen und der Geschäftsleitung sowie dem Aufsichtsorgan
vorzulegen.[14] Dieser Jahresbericht hat die folgenden Informationen zu enthalten:
- die festgestellten schwerwiegenden und die noch nicht behobenen wesentlichen Mängel,
- die ergriffenen Maßnahmen und
- den Status der Abarbeitung der Maßnahmen zu den schwerwiegenden Mängeln.

---

13 Eine Übersicht über mögliche Inhalte der Quartalsberichterstattung enthält z. B. das Online-Revisionshandbuch des DIIR.
    Vgl. Deutsches Institut für Interne Revision e. V., Online-Revisionshandbuch, Stand Dezember 2017, S. 81 ff.
14 Allgemein zum Jahresbericht vgl. Bünis, Michael/Gossens, Thomas, Der Jahresbericht der Internen Revision – Ein
    Plädoyer für Transparenz und Offenheit, in: Zeitschrift Interne Revision, Heft 4/2013, S. 178–183.

BT 2.4 Berichtspflicht

32 Die Darstellung hat in inhaltlich prägnanter Form zu erfolgen. Die Interne Revision kann auch im Jahresbericht Schwerpunkte setzen, indem sie einzelne schwerwiegende bzw. noch nicht behobene wesentliche Mängel und den Status ihrer Abarbeitung hervorhebt. Es ist insbesondere nicht erforderlich, alle im Laufe des Jahres festgestellten Mängel und den Umsetzungsstand der zugehörigen Maßnahmen einzeln darzustellen. Die Feststellungen und der Stand der Abarbeitung der Maßnahmen können – sofern sie inhaltlich gleichartig sind – durchaus zusammengefasst werden (→ BT 2.4 Tz. 4, Erläuterung). Somit ist im Jahresbericht eine prägnante Darstellung der Gesamtsituation möglich.

33 Der Jahresbericht ist insofern nicht als einfache Auflistung der einzelnen Prüfungsstellen des vergangenen Jahres zu verstehen. Er gibt der Revision die Möglichkeit, die aus ihrer Sicht besonders risikorelevanten Feststellungen und den Stand ihrer Beseitigung hervorzuheben sowie Rechenschaft über ihre eigene Tätigkeit abzulegen. Damit wird der Revision ein flexibles Instrument der Berichterstattung an die Hand gegeben, das die jeweilige Situation des Institutes pointiert darstellt und insofern nicht Gefahr läuft, zu einer Formalie zu werden. Mit der Auswahl der aus ihrer Sicht relevanten Themen ist gleichzeitig ein hohes Maß an Verantwortung für die Revision verbunden.

34 Die Institute können den vierten Quartalsbericht und den Jahresbericht in einem Bericht zusammenfassen, wobei allerdings eine Darstellung in gesonderten Abschnitten zu erfolgen hat (→ BT 2.4 Tz. 4, Erläuterung).

4.4 Zeitnähe

35 Im Unterschied zu den älteren MaIR, die dezidiert die Vorlage des Gesamtberichtes zum Ende des Geschäftsjahres vorsahen[15], erfordern die MaRisk eine »zeitnahe« Erstellung der Quartalsberichte und des Jahresberichtes. Zwar fehlt bei der endgültigen Fassung der fünften MaRisk-Novelle die Vorgabe an eine zeitnahe Erstellung im Hinblick auf den Jahresbericht. Allerdings dürfte es sich dabei um ein Redaktionsversehen handeln. Da auch der vierte Quartalsbericht zeitnah vorzulegen ist und mit dem Jahresbericht zusammengefasst werden kann, sollte auch von einer zeitnahen Erstellung des Jahresberichtes ausgegangen werden. Die Interne Revision sollte intern festlegen, innerhalb welches angemessenen Zeitraumes nach Abschluss der letzten Revisionsprüfung des Quartals bzw. des Geschäftsjahres die Berichte erstellt werden müssen. Dabei sollte die jeweilige Risikosituation eine entscheidende Rolle spielen.

4.5 Adressat von Quartalsberichten und Jahresbericht

36 Bis zum Inkrafttreten des Trennbankengesetzes bestanden die verschiedenen Berichtspflichten der Internen Revision grundsätzlich nur gegenüber der Geschäftsleitung. Wie bei der Risikoberichterstattung (→ AT 4.3.2 Tz. 3 und BT 3.1 Tz. 5) hatte die Geschäftsleitung das Aufsichtsorgan allerdings regelmäßig über die Ergebnisse der Revisionstätigkeit zu unterrichten. Die MaRisk enthielten für die jährliche Berichtspflicht der Geschäftsleitung an das Aufsichtsorgan konkrete Vorgaben an die Darstellung der Feststellungen, die einerseits eine adressatengerechte, risikoorientierte Information des Aufsichtsorgans gewährleisteten und andererseits eine prägnante Darstellung der unter Risikoaspekten wichtigen Vorgänge erlaubten. Als Grundlage für die

---

15 Vgl. Bundesaufsichtsamt für das Kreditwesen, Mindestanforderungen an die Ausgestaltung der Internen Revision der Kreditinstitute (MaIR), Rundschreiben 1/2000 vom 17. Januar 2000, Tz. 33.

Berichterstattung der Geschäftsleitung gegenüber dem Aufsichtsorgan diente regelmäßig der Gesamtbericht der Revision an die Geschäftsleitung, wobei die Berichte an die Geschäftsleitung und das Aufsichtsorgan identisch sein konnten, jedoch nicht deckungsgleich sein mussten.

Seit dem Inkrafttreten des Trennbankengesetzes sind die Geschäftsleitung und das Aufsichtsorgan gemeinsam Adressaten der prüfungsübergreifenden Berichte der Internen Revision. Die Interne Revision hat die Quartalsberichte und den Jahresbericht einheitlich und zeitnah sowohl der Geschäftsleitung als auch dem Aufsichtsorgan vorzulegen. Eine Differenzierung bei der Berichterstattung an die Geschäftsleitung und das Aufsichtsorgan darf nicht mehr erfolgen. Die durch das Trennbankengesetz vorgegebene gemeinsame und einheitliche Berichterstattung der Internen Revision an beide Organe wurde mit der fünften MaRisk-Novelle auch im Rundschreiben verankert. **37**

Die Berichterstattung an das Aufsichtsorgan kann allerdings nach wie vor auch über die Geschäftsleitung erfolgen, sofern dadurch keine nennenswerte Verzögerung der Information des Aufsichtsorgans verbunden und der Inhalt der Berichterstattung an Geschäftsleitung und Aufsichtsorgan deckungsgleich ist (→ BT 2.4 Tz. 4, Erläuterung). Diese im Zuge der fünften MaRisk-Novelle ergänzte Klarstellung ist aufgrund des in Deutschland vorherrschenden dualistischen Systems sachgerecht. Sie betont die Stellung der Internen Revision als Instrument der Geschäftsleitung (→ AT 4.4.3 Tz. 2) und trägt dazu bei, ihr Vertrauensverhältnis zur Geschäftsleitung nicht zu belasten. Das DIIR empfiehlt der Internen Revision, der Geschäftsleitung darüber hinaus auch alle Informationen zukommen zu lassen, die an das Aufsichtsorgan berichtet werden, um Informationsasymmetrien vorzubeugen.[16] **38**

4.6 Berichterstattung der Konzernrevision

Nach den Anforderungen an die Konzernrevision (→ AT 4.5 Tz. 6) hat sie im Rahmen des Risikomanagements auf Gruppenebene ergänzend zur Internen Revision der gruppenangehörigen Unternehmen tätig zu werden. Die Konzernrevision ist ein »Instrument der Geschäftsleitung des übergeordneten Unternehmens«. Im Zuge der fünften MaRisk-Novelle wurde explizit aufgenommen, dass die Konzernrevision in angemessenen Abständen, mindestens aber vierteljährlich, an die Geschäftsleitung und das Aufsichtsorgan des übergeordneten Unternehmens über ihre Tätigkeit auf Gruppenebene zu berichten hat. Für die Berichtspflichten gelten im Wesentlichen die auf Institutsebene genannten Prinzipien (Inhalt und Umfang der Berichte, Darstellung von Feststellungen, Zeitnähe etc.). **39**

---

16 Vgl. Deutsches Institut für Interne Revision e. V., Online-Revisionshandbuch, Stand November 2018, S. 81 f.

5 Umgang mit Feststellungen gegen Geschäftsleiter (Tz. 5)

40 5 Ergeben sich im Rahmen der Prüfungen schwerwiegende Feststellungen gegen Geschäftsleiter, so ist der Geschäftsleitung unverzüglich Bericht zu erstatten. Diese hat unverzüglich den Vorsitzenden des Aufsichtsorgans sowie die Aufsichtsinstitutionen (Bundesanstalt für Finanzdienstleistungsaufsicht, Deutsche Bundesbank) zu informieren. Kommt die Geschäftsleitung ihrer Berichtspflicht nicht nach oder beschließt sie keine sachgerechten Maßnahmen, so hat die Interne Revision den Vorsitzenden des Aufsichtsorgans zu unterrichten.

5.1 Schwerwiegende Feststellungen gegen Geschäftsleiter

41 Eine unverzügliche Berichtspflicht gegenüber der Geschäftsleitung wird ausgelöst, wenn im Rahmen der Prüfungen durch die Interne Revision schwerwiegende Feststellungen gegenüber einzelnen Geschäftsleitern getroffen werden. Anhand der vorgegebenen Mängelkategorisierung wird bereits deutlich, dass es sich in diesen Fällen um gravierende Sachverhalte handeln muss. Insbesondere müssen ihre Auswirkungen von solcher Tragweite sein, dass sie sogar eine Unterrichtung des Vorsitzenden des Aufsichtsorgans sowie der Aufsichtsinstitutionen (BaFin, Deutsche Bundesbank) durch die Geschäftsleitung erfordern. Insofern ist an gesellschaftsrechtlich oder strafrechtlich relevante Sachverhalte sowie an Vorgänge von besonderer aufsichtsrechtlicher Bedeutung zu denken.

42 Die Revision könnte interne Kriterien für diesen besonderen Fall der Berichterstattung aufstellen und entsprechend in den Mängelkategorien berücksichtigen. Als Instrument der Geschäftsleitung sollte sie diese Kriterien unmittelbar mit der Geschäftsleitung abstimmen. Das ist vor allem deshalb empfehlenswert, weil bei fehlender Reaktion der Geschäftsleitung auf diese Art von Feststellungen der Vorsitzende des Aufsichtsorgans des Institutes durch die Revision direkt zu unterrichten ist.

5.2 Direkte Berichterstattung an den Vorsitzenden des Aufsichtsorgans

43 Wird die Geschäftsleitung von der Internen Revision über schwerwiegende Feststellungen gegen Geschäftsleiter in Kenntnis gesetzt, hat sie neben der Information des Aufsichtsorgans und der Aufsichtsinstitutionen auch sachgerechte Maßnahmen zu beschließen, um die Missstände abzustellen. Beides muss von der Revision auf geeignete Weise überwacht werden. Insofern hat die Interne Revision einerseits sicherzustellen, dass sie von der Unterrichtung des Aufsichtsorgans und der Aufsichtsinstitutionen sowie von der Einleitung angemessener Maßnahmen durch die Geschäftsleitung in Kenntnis gesetzt wird. Andererseits muss sie beurteilen, ob die Maßnahmen der Geschäftsleitung sachgerecht sind. Kommt die Geschäftsleitung ihrer Berichtspflicht nicht nach oder beschließt sie keine sachgerechten Maßnahmen, so hat die Interne Revision den Vorsitzenden des Aufsichtsorgans darüber zu unterrichten.

6 Pflicht zur Aufbewahrung (Tz. 6)

6 Revisionsberichte und Arbeitsunterlagen sind sechs Jahre aufzubewahren. 44

6.1 Aufbewahrungsfristen

Geschäfts-, Kontroll- und Überwachungsunterlagen sind, vorbehaltlich gesetzlicher Regelungen, 45
grundsätzlich fünf Jahre aufzubewahren (→ AT6 Tz.1). Die bis zum Jahre 2017 in den MaRisk
enthaltenen Aufbewahrungspflichten von zwei Jahren wurden im Zuge der fünften MaRisk-Novelle
auf fünf Jahre angepasst und ergeben sich zudem aus § 25a Abs. 1 Satz6 Nr. 2 KWG.

Hinsichtlich der sechsjährigen Aufbewahrungsfristen für Revisionsberichte und Arbeitsunterla- 46
gen orientiert sich die deutsche Aufsicht hingegen offenbar weiterhin an den Vorgaben in § 257
Abs. 4 HGB. Demnach sind Jahresabschlussunterlagen zehn Jahre und Handelsbriefe sechs Jahre
aufzubewahren. Die Hervorhebung zur Aufbewahrung der Revisionsberichte stellt klar, dass diese
Dokumente zum Anwendungsbereich der gesetzlichen Regelungen gehören.

6.2 Art und Weise der Aufbewahrung

Die Art und Weise der Aufbewahrung kann ebenfalls entsprechend den handelsrechtlichen 47
Vorschriften erfolgen. Insofern können die Revisionsberichte und Arbeitsunterlagen neben der
Papierform gemäß § 257 Abs. 3 HGB auch als Wiedergabe auf einem Bildträger oder auf anderen
Datenträgern aufbewahrt werden, wenn dies den Grundsätzen ordnungsmäßiger Buchführung
entspricht und sichergestellt ist, dass
- die Wiedergabe oder die Daten mit den anderen Unterlagen inhaltlich übereinstimmen, wenn
  sie lesbar gemacht werden, und
- während der Dauer der Aufbewahrungsfrist verfügbar sind sowie jederzeit innerhalb angemessener Frist lesbar gemacht werden können.

BT 2.5 Reaktion auf festgestellte Mängel

1 Überwachung der Mängelbeseitigung (Tz. 1)

1 Die Interne Revision hat die fristgerechte Beseitigung der bei der Prüfung festgestellten **1** Mängel in geeigneter Form zu überwachen. Gegebenenfalls ist hierzu eine Nachschau-prüfung anzusetzen.

1.1 Sicherstellung der Mängelbeseitigung

Zur Beseitigung der festgestellten Mängel kann die Interne Revision geeignete Maßnahmen fest- **2** legen, die im Normalfall mit der betroffenen Organisationseinheit abgestimmt werden (→ BT 2.4 Tz. 1 und 3). Diese enthalten regelmäßig auch entsprechende Fristen. Die fristgerechte Umsetzung dieser Maßnahmen durch die betroffenen Organisationseinheiten muss von der Internen Revision überwacht werden. Das bedeutet, dass sich die Revision auf jeden Fall regelmäßig durch die betroffenen Organisationseinheiten über den Sachstand der Mängelbeseitigung berichten lassen muss, um eine »geeignete Form« der Überwachung sicherzustellen. Insofern ist es sinnvoll, wenn die Vereinbarung über die Berichterstattung bereits Teil der Maßnahmenplanung wird. Anstelle dieser individuellen Festlegungen sind allerdings auch allgemeine Kriterien denkbar, wie z. B. eine Informationspflicht der Organisationseinheiten innerhalb eines bestimmten Zeitraumes sowie kon-krete Fristen für die Dokumentation der Abschlussarbeiten, die in den Organisationsrichtlinien niedergelegt werden.

Nach den Vorgaben der EBA sollten alle Revisionsempfehlungen Gegenstand eines formalen **3** Mängelbeseitigungsverfahrens durch die jeweilige Leitungsebene sein, um ihre wirksame und fristgerechte Mängelbeseitigung sicherzustellen und entsprechend Bericht zu erstatten.[1]

1.2 Nachschauprüfungen

Mit Hilfe der Sachstandsberichte erhält die Revision einen ersten Überblick über den Fortschritt der **4** Umsetzung der vereinbarten Maßnahmen. Im Einzelfall kann es je nach Arbeitsfortschritt erfor-derlich sein, eine Nachschauprüfung anzusetzen. Nachschauprüfungen sollten primär dort vor-gesehen werden, wo es unter Risikogesichtspunkten notwendig erscheint. Dies ist insbesondere dann der Fall, wenn z. B. der Umsetzungsfortschritt unklar ist, der Zeitrahmen für die Mängel-beseitigung überschritten wird oder es sich unter Risikoaspekten um einen besonders gravieren-den Mangel oder ein bedeutendes Prüfungsfeld handelt. Einen Überblick über die Art und Weise der Umsetzung kann sich die Revision ansonsten auch auf Basis von Stichproben verschaffen.

---

1 Vgl. European Banking Authority, Leitlinien zur internen Governance, EBA/GL/2017/11, 21. März 2018, S. 49.

1.3 Dokumentation von Empfehlungen

5 Die Interne Revision hat auch die Möglichkeit, im Rahmen ihrer Prüfungen »Empfehlungen« auszusprechen, die nicht als Feststellungen einzustufen sind (→ BT 2.4 Tz. 1). Zwar wird im Vergleich zu den MaIR nicht mehr explizit gefordert, die Umsetzung dieser Empfehlungen aktenkundig zu machen.[2] Allerdings muss das Vorgehen der Revision nachvollziehbar bleiben, so dass die Dokumentation nunmehr entsprechend den allgemeinen Vorgaben zu erfolgen hat (→ AT 6 Tz. 1 und 2).

---

2   Vgl. Bundesaufsichtsamt für das Kreditwesen, Mindestanforderungen an die Ausgestaltung der Internen Revision der Kreditinstitute (MaIR), Rundschreiben 1/2000 vom 17. Januar 2000, Tz. 36.

2 Berichterstattung an die Geschäftsleitung (Tz. 2)

2 Werden die wesentlichen Mängel nicht in einer angemessenen Zeit beseitigt, so hat der
Leiter der Internen Revision darüber zunächst den fachlich zuständigen Geschäftsleiter
schriftlich zu informieren. Erfolgt die Mängelbeseitigung nicht, so ist die Geschäftsleitung
spätestens im Rahmen des nächsten Gesamtberichts schriftlich über die noch nicht beseitigten Mängel zu unterrichten.

6

2.1 Eskalationsverfahren

Werden als wesentlich oder höher kategorisierte Mängel nicht in einer angemessenen Zeit
beseitigt, besteht Handlungsbedarf. Die »angemessene Zeit« wird primär durch den in der Maßnahmenplanung festgelegten Zeitplan definiert. Nicht jede Zeitüberschreitung wird in der Praxis
sofort einen Bericht an den verantwortlichen Geschäftsleiter zur Folge haben. Je nach Verlauf der
Umsetzungsarbeiten kann der vereinbarte Zeitrahmen im Einzelfall und in Abstimmung mit der
jeweiligen Organisationseinheit von der Revision nochmals überprüft und ggf. angepasst werden.
Die Notwendigkeit von Verschiebungen der ursprünglichen Zeitplanung ist allerdings zunächst
von der betroffenen Organisationseinheit nachvollziehbar zu begründen. Sofern die Umsetzungsarbeiten trotz eventuell vereinbarter Terminverschiebungen nicht den erforderlichen Fortschritt
aufweisen, ist von der Revision ein Eskalationsverfahren in Gang zu setzen. Damit soll den
Umsetzungserfordernissen Nachdruck verliehen werden. Das Eskalationsverfahren erfordert von
der Revision die aktive Überwachung der Mängelbeseitigung. Daher ist ein kontinuierlicher
Informationsaustausch mit der geprüften Organisationseinheit erforderlich.

7

Auf der ersten Eskalationsstufe hat der Leiter der Internen Revision zunächst den für die betroffene
Organisationseinheit fachlich zuständigen Geschäftsleiter schriftlich über die Situation zu informieren. Dabei bleibt es der Revision überlassen, ob sie nur über den Sachverhalt berichtet oder diesen
auch unmittelbar bewertet, was den weiteren Prozess befördern könnte. Der zuständige Geschäftsleiter soll dadurch veranlasst werden, auf die Mängelbeseitigung nachdrücklich hinzuwirken.

8

Hat auch diese Maßnahme nicht zur Folge, dass die Umsetzung in einer den Prüfungsfeststellungen angemessenen Weise erfolgt, so ist als zweite Eskalationsstufe die gesamte Geschäftsleitung zu unterrichten. Diese Unterrichtung hat spätestens im Rahmen der nächsten Quartalsberichterstattung zu erfolgen (→ BT 2.4 Tz. 4). Kommt die Revision zur Einschätzung, dass die
Erwähnung im Quartalsbericht aufgrund der Relevanz der Mängel zu spät erfolgen würde, kann
sie die Geschäftsleitung natürlich auch vorher informieren.

9

2.2 Gesonderte Darstellung

Wie bereits ausgeführt, sollten die Gründe für die noch nicht abgeschlossenen Umsetzungsmaßnahmen im Rahmen des Quartalsberichtes näher erläutert werden. Diese Verzögerungen können
vielfältiger Natur sein und sind im einfachsten Fall darauf zurückzuführen, dass die Umsetzungsmaßnahmen wegen der zeitlichen Nähe zur Berichterstattung noch nicht beendet werden konnten

10

BT 2.5 Reaktion auf festgestellte Mängel

und der vereinbarte Erledigungstermin (»in angemessener Zeit«) noch nicht erreicht wurde. Deshalb sollten die »Eskalationsfälle« gesondert dargestellt werden, damit sie im Bericht nicht »untergehen«.

11   Letztlich sollen mit Hilfe der zweiten Stufe des Eskalationsverfahrens organisatorische Schwachstellen in einzelnen Geschäftsbereichen der gesamten Geschäftsleitung gegenüber bekanntgemacht werden. Über diesen Weg der Herstellung von innerbetrieblicher Transparenz wird ein weiterer Anreiz für eine zügige Mängelbeseitigung geschaffen.

BT 3 Anforderungen an die Risikoberichterstattung

1 Einführung und Überblick

1.1 Bedeutung der Risikoberichterstattung

1 Die Institute müssen angemessene Prozesse zur Identifizierung, Beurteilung, Steuerung sowie Überwachung und Kommunikation der wesentlichen Risiken und der damit verbundenen Risikokonzentrationen (Risikosteuerungs- und -controllingprozesse) einrichten (→ AT 4.3.2 Tz. 1). Die letzten Prozessschritte der »Überwachung und Kommunikation« der wesentlichen Risiken werden häufig mit dem Risikocontrolling gleichgesetzt, weil diese Aufgaben der Risikocontrolling-Funktion explizit zugewiesen werden (→ AT 4.4.1 Tz. 1). Im Zentrum steht die Darstellung der Ergebnisse der Risikoüberwachung mit Hilfe der Bottom-up-Risikoberichterstattung, die in erster Linie an die Geschäftsleitung gerichtet ist. Die interne Zuständigkeit für die Risikoberichterstattung liegt auch im Kredit- und Handelsgeschäft bei der Risikocontrolling-Funktion (→ BTO Tz. 2 lit. d). Das schließt nicht aus, dass Mitarbeiter aus anderen Organisationseinheiten an der Erstellung bestimmter Risikoberichte mitwirken können. Ausgenommen hiervon ist allerdings die Interne Revision, deren Aufgabe u. a. darin besteht, prozessunabhängig auch die Ordnungsmäßigkeit der Berichterstattung zu überprüfen (→ AT 4.3.3 Tz. 3).

2 Die Risikoberichterstattung ist das zentrale Informationsinstrument für die Geschäftsleitung und dient aus ihrer Sicht vor allem folgenden Zielen:
– Mit Blick auf die Zukunft hat die Risikoberichterstattung im Voraus (»ex ante«) die Funktion der Entscheidungsvorbereitung. Die Geschäftsleitung sollte auf dieser Basis auch in der Lage sein, sich abzeichnende Tendenzen einzuschätzen und diese zu berücksichtigen.
– Mit Bezug zur Vergangenheit hat die Risikoberichterstattung im Nachhinein (»ex post«) eine Kontrollfunktion. Die Geschäftsleitung kann mit ihrer Hilfe beurteilen, ob der festgelegte risikostrategische Rahmen angemessen umgesetzt wurde.
– Ist dies nicht der Fall, so kann die Geschäftsleitung auf Basis der Risikoberichterstattung zudem nachsteuernde Maßnahmen einleiten. Gegebenenfalls können solche Maßnahmen sogar eine vollständige geschäfts- und risikostrategische Neuausrichtung des Institutes zur Konsequenz haben.

3 Die besondere Bedeutung einer wirksamen Risikoberichterstattung wurde in der Finanzmarktkrise deutlich sichtbar, als die überwiegende Mehrheit der Institute nicht in der Lage war, die steuerungsrelevanten Informationen in angemessener Zeit zu generieren und damit die erforderlichen Entscheidungen der Geschäftsleitung effektiv zu unterstützen. Ein Ergebnis der Finanzmarktkrise sind die zahlreichen Regulierungsinitiativen, die darauf abzielen, ähnliche Probleme in der Zukunft zu vermeiden. Von besonderer Bedeutung für die Risikoberichterstattung sind die Vorgaben des Baseler Ausschusses für Bankenaufsicht[1], die die Standards auf europäischer und nationaler Ebene maßgeblich beeinflusst haben.

4 Nach den Vorstellungen der EBA besteht eine wesentliche Anforderung darin, dass die Berichtswege innerhalb eines Institutes klar, genau abgegrenzt, stimmig, durchsetzbar und ordnungsgemäß dokumentiert sein sollten.[2] Insbesondere sollten von den Instituten fortlaufende und

---

1   Baseler Ausschuss für Bankenaufsicht, Grundsätze für die effektive Aggregation von Risikodaten und die Risikoberichterstattung, BCBS 239, 9. Januar 2013. Auf europäischer Ebene existieren zwar keine Leitlinien oder Standards, die sich exklusiv der Umsetzung der Baseler Grundsätze widmen. Da diese Grundsätze jedoch verschiedene Bereiche des Risikomanagements tangieren, wird in mehreren EBA-Leitlinien darauf Bezug genommen. Vgl. z. B. European Banking Authority, Leitlinien zur internen Governance, EBA/GL/2017/11, 21. März 2018, S. 20 und 38 f.; European Banking Authority, Final Report – Guidelines on institution's stress testing, EBA/GL/2018/04, 19. Juli 2018, S. 22; European Banking Authority, Guidelines on common procedures and methodologies for the supervisory review and evaluation process (SREP) and supervisory stress testing, EBA/GL/2014/13, Consolidated version, 19. Juli 2018, S. 65. Die deutsche Aufsicht hat die Baseler Grundsätze 1 bis 6 im Modul AT 4.3.4 MaRisk und die Grundsätze 7 bis 11 im Modul BT 3 MaRisk umgesetzt.

2   Vgl. European Banking Authority, Leitlinien zur internen Governance, EBA/GL/2017/11, 21. März 2018, S. 20.

transparente Prozesse für die Risikoberichterstattung eingerichtet werden, damit allen relevanten Berichtsempfängern zeitnahe, genaue, präzise, verständliche und aussagekräftige Risikoberichte vorgelegt werden, die wesentliche Informationen über die Identifizierung, Messung oder Beurteilung, Überwachung und Steuerung von Risiken enthalten. Das Rahmenwerk für die Risikoberichterstattung sollte klar definiert und dokumentiert sein. Eine effektive Kommunikation und Sensibilisierung hinsichtlich der Risiken und der Risikostrategie ist für den gesamten Risikomanagementprozess, einschließlich der Überprüfungs- und Entscheidungsprozesse, von entscheidender Bedeutung. Sie trägt dazu bei, Entscheidungen zu vermeiden, durch die unwissentlich das Risiko erhöht werden könnte. Eine effektive Risikoberichterstattung setzt eine umfassende interne Würdigung und Kommunikation der Risikostrategie sowie der wichtigen Risikodaten voraus, wie z. B. der Risikopositionen und der Risikokennzahlen, sowohl horizontal im gesamten Institut als auch nach oben und unten entlang der gesamten Kette der Unternehmensführung.[3]

1.2 Anforderungen an die Risikoberichterstattung im Überblick

Im Rahmen der fünften MaRisk-Novelle hat die deutsche Aufsicht die Anforderungen an die Risikoberichterstattung an zentraler Stelle im neuen Modul BT 3 zusammengeführt. Dabei unterscheidet sie zwischen den allgemeinen Anforderungen an die Risikoberichterstattung (→ BT 3.1), bei denen es u. a. um die Qualität der Risikoberichte und der zugrundeliegenden Daten geht, sowie den zwingend zu berücksichtigenden Inhalten der verschiedenen Berichte der Risikocontrolling-Funktion zu den einzelnen Risikoarten (→ BT 3.2). Die Anforderungen an die Risikoberichterstattung sind auf alle Institute anzuwenden. **5**

Den allgemeinen Anforderungen zufolge muss die turnusmäßige Darstellung der Risikosituation in quantitativer und qualitativer Hinsicht auf vollständigen, genauen und aktuellen Daten beruhen, nachvollziehbar und aussagefähig sein, eine zukunftsorientierte Risikoeinschätzung enthalten und um eine Beurteilung der Risikosituation sowie ggf. auch Handlungsvorschläge ergänzt werden (→ BT 3.1 Tz. 1). Vergleichbare Anforderungen gelten für die Berichterstattung der Geschäftsleitung gegenüber dem Aufsichtsorgan, wobei auf besondere Risiken für die Geschäftsentwicklung und dafür geplante Maßnahmen der Geschäftsleitung gesondert einzugehen ist (→ BT 3.1 Tz. 5). In den Risikoberichten ist auch auf Risikokonzentrationen sowie auf die Ergebnisse und die zugrundeliegenden wesentlichen Annahmen der Stresstests und deren potenzielle Auswirkungen auf die Risikosituation einzugehen (→ BT 3.1 Tz. 2). Im Bedarfsfall müssen auch ad hoc Risikoinformationen für die Geschäftsleitung generiert werden (→ BT 3.1 Tz. 3). Für das Aufsichtsorgan unter Risikogesichtspunkten wesentliche Informationen sind von der Geschäftsleitung ebenfalls unverzüglich weiterzuleiten (→ BT 3.1 Tz. 5). In Abhängigkeit von der Volatilität der Risiken müssen die Berichte so zeitnah erstellt werden, dass noch eine aktive Steuerung ermöglicht wird (→ BT 3.1 Tz. 4). **6**

Die Risikocontrolling-Funktion hat mindestens vierteljährlich einen Gesamtrisikobericht über die als wesentlich eingestuften Risikoarten zu erstellen und der Geschäftsleitung vorzulegen. In Stressphasen sollte der Berichtsturnus erhöht werden, wenn dies für die aktive und zeitnahe Steuerung der Risiken erforderlich erscheint (→ BT 3.2 Tz. 1). In Ergänzung zu den allgemeinen Anforderungen hat der Gesamtrisikobericht auch Angaben zur Angemessenheit der Kapitalausstattung, zum aufsichtsrechtlichen und ökonomischen Kapital, zu den aktuellen Kapital- und Liquiditätskennzahlen, **7**

---

3 Vgl. European Banking Authority, Leitlinien zur internen Governance, EBA/GL/2017/11, 21. März 2018, S. 38 f.

zu den Refinanzierungspositionen sowie zur prognostizierten Entwicklung der Kapital- und Liquiditätskennzahlen und der Refinanzierungspositionen zu enthalten (→ BT 3.2 Tz. 2). Konkrete Vorgaben werden von der deutschen Aufsicht zu den Inhalten der Risikoberichte über die Adressenausfallrisiken (→ BT 3.2 Tz. 3), die Marktpreisrisiken einschließlich der Zinsänderungsrisiken (→ BT 3.2 Tz. 4), die Liquiditätsrisiken und die Liquiditätssituation (→ BT 3.2 Tz. 5), die bedeutenden Schadensfälle und wesentlichen operationellen Risiken (→ BT 3.2 Tz. 6) sowie die sonstigen vom Institut als wesentlich identifizierten Risiken (→ BT 3.2 Tz. 7) gemacht.

1.3 Risikoberichterstattung und Risikodatenaggregation

8 Es besteht ein enger Zusammenhang zwischen der Leistungsfähigkeit der Risikoberichterstattung und den vorhandenen Kapazitäten zur Risikodatenaggregation, wenngleich die entsprechenden Anforderungen an die Risikodatenaggregation auf systemrelevante Institute eingeschränkt sind[4] (→ AT 4.3.4 Tz. 1). Die deutsche Aufsicht hat deshalb explizit darauf hingewiesen, dass verlässliche und zeitnah verfügbare Risikodaten für die Überlebensfähigkeit eines Institutes essenziell sein können und deshalb auch die anderen Institute prüfen sollten, ob in dieser Hinsicht Optimierungsbedarf besteht.[5] Auch nach Ansicht des Baseler Ausschusses für Bankenaufsicht bestehen zwischen den Kapazitäten zur Risikodatenaggregation und der Risikoberichterstattung Zusammenhänge, weshalb diese Bereiche nicht isoliert voneinander betrachtet werden können. Hochwertige Risikoberichte erfordern entsprechend starke Datenaggregationskapazitäten, und eine solide Infrastruktur und Unternehmensführung stellen den Informationsfluss zwischen diesen beiden Bereichen sicher.[6]

9 Die systemrelevanten Institute müssen eine interne Datenarchitektur und IT-Infrastruktur entwerfen, einrichten und pflegen, von denen die Kapazitäten zur Risikodatenaggregation und die Verfahren zur Risikoberichterstattung nicht nur unter gewöhnlichen Umständen, sondern auch in Stressphasen oder Krisen vollumfänglich unterstützt werden. Sie müssen leistungsfähige Kapazitäten zur Risikodatenaggregation entwickeln und pflegen, um sicherzustellen, dass die Risikoberichte die bestehenden Risiken in verlässlicher Weise abbilden. Insofern ist die Erfüllung der Erwartungen an die Aggregation von Risikodaten eine notwendige Voraussetzung für die Erfüllung der Erwartungen an die Risikoberichterstattung.[7]

---

4 Die Anforderungen des Moduls AT 4.3.4 richten sich an systemrelevante Banken und gelten sowohl auf Gruppenebene als auch auf der Ebene der wesentlichen gruppenangehörigen Institute. Hinsichtlich der Definition der systemrelevanten Institute wird auf die global systemrelevanten Institute nach § 10h KWG (G-SRI) und die anderweitig systemrelevanten Institute nach § 10g KWG (A-SRI) verwiesen (→ AT 1 Tz. 6).

5 Vgl. Bundesanstalt für Finanzdienstleistungsaufsicht, Rundschreiben 09/2017 (BA) zur Überarbeitung der MaRisk, Übermittlungsschreiben vom 27. Oktober 2017, S. 2 f.

6 Vgl. Baseler Ausschuss für Bankenaufsicht, Grundsätze für die effektive Aggregation von Risikodaten und die Risikoberichterstattung, BCBS 239, 9. Januar 2013, S. 5.

7 Vgl. Baseler Ausschuss für Bankenaufsicht, Grundsätze für die effektive Aggregation von Risikodaten und die Risikoberichterstattung, BCBS 239, 9. Januar 2013, S. 7.

BT 3.1 Allgemeine Anforderungen an die Risikoberichterstattung

1 Bestandteile der Risikoberichterstattung (Tz. 1)

1 **1** Die Geschäftsleitung hat sich regelmäßig über die Risikosituation berichten zu lassen. Die Risikoberichterstattung ist in nachvollziehbarer, aussagefähiger Art und Weise zu verfassen. Sie hat neben einer Darstellung auch eine Beurteilung der Risikosituation zu enthalten. Die Berichte müssen auf vollständigen, genauen und aktuellen Daten beruhen. Die Risikoberichte müssen auch eine zukunftsorientierte Risikoeinschätzung abgeben und sich nicht ausschließlich auf aktuelle und historische Daten stützen. In die Risikoberichterstattung sind bei Bedarf auch Handlungsvorschläge, z. B. zur Risikoreduzierung, aufzunehmen.

1.1 Regelmäßige Berichterstattung über die Risikosituation

2 Die bisher ausschließlich in AT 4.3.2 Tz. 3 enthaltenen Vorgaben wurden im Rahmen der fünften MaRisk-Novelle zum überwiegenden Teil zwecks Bündelung der allgemeinen Anforderungen an die Risikoberichterstattung an diese Stelle verschoben und um zusätzliche Datenanforderungen sowie Anforderungen an die Zukunftsorientierung der Risikoberichterstattung ergänzt.

3 Die Geschäftsleitung hat sich »regelmäßig« bzw. »in angemessenen Abständen« (→ AT 4.3.2 Tz. 3) über die Risikosituation berichten zu lassen. Zu diesem Zweck hat die Risikocontrolling-Funktion mindestens vierteljährlich einen Gesamtrisikobericht über die als wesentlich eingestuften Risikoarten zu erstellen und der Geschäftsleitung vorzulegen (→ BT 3.2 Tz. 1). Für die wesentlichen Risikoarten werden die turnusmäßigen Berichtspflichten der Risikocontrolling-Funktion an die Geschäftsleitung mit unterschiedlichem Detaillierungsgrad präzisiert. Das betrifft die Adressenausfallrisiken (→ BT 3.2 Tz. 3), die Marktpreisrisiken einschließlich der Zinsänderungsrisiken (→ BT 3.2 Tz. 4), die Liquiditätsrisiken (→ BT 3.2 Tz. 5), die operationellen Risiken (→ BT 3.2 Tz. 6) und seit der fünften MaRisk-Novelle explizit auch die sonstigen vom Institut als wesentlich identifizierten Risiken (→ BT 3.2 Tz. 7).

4 Die Klarstellung, dass eine regelmäßige Berichterstattung auf eine mindestens vierteljährliche Vorlage des Gesamtrisikoberichtes hinausläuft, wird an verschiedenen Stellen der MaRisk präzisiert. So verweist die deutsche Aufsicht darauf, dass in Abhängigkeit von der Risikoart, der Art, dem Umfang, der Komplexität, dem Risikogehalt und der Volatilität der jeweiligen Positionen sowie der Marktentwicklung auch eine monatliche, wöchentliche oder tägliche Berichterstattung über einzelne Risikoarten erforderlich sein kann (→ BT 3.2 Tz. 1). Systemrelevante sowie kapitalmarktorientierte Institute haben den Risikobericht über die Liquiditätsrisiken und die Liquiditätssituation z. B. mindestens monatlich zu erstellen (→ BT 3.2 Tz. 5). Für das Handelsbuch sind die bestehenden Marktrisikopositionen sogar mindestens einmal täglich zum Geschäftsschluss zu Gesamtrisikopositionen zusammenzufassen und gemeinsam mit den Ergebnissen und Limitauslastungen nach Abstimmung mit dem Handelsbereich zeitnah am nächsten Geschäftstag dem für das Risikocontrolling zuständigen Geschäftsleiter zu berichten (→ BTR 2.2 Tz. 3 und BT 3.2 Tz. 4). Auf die tägliche Berichterstattung können allerdings die »Nicht-Handelsbuchinstitute« im Sinne von Art. 94 Abs. 1 CRR zugunsten eines längeren Turnus verzichten, weil in diesem Fall von unter Risikogesichtspunkten überschaubaren Positionen im Handelsbuch ausgegangen wird[1] (→ BT 3.2 Tz. 4, Erläuterung). Zudem wird von den Instituten erwartet, dass sie in Stressphasen den Berichtsturnus erhöhen, soweit dies für die aktive und zeitnahe Steuerung der Risiken erforderlich erscheint (→ BT 3.2 Tz. 1, Erläuterung).

Die EZB erwartet von den bedeutenden Instituten, die ICAAP- und ILAAP-Ergebnisse, insbesondere wesentliche Veränderungen der Risiken, der Schlüsselindikatoren usw., in angemessenen Zeitabständen in ihre interne Berichterstattung aufzunehmen. Die Berichterstattung sollte ebenfalls mindestens vierteljährlich erfolgen, wobei je nach Größe, Komplexität, Geschäftsmodell und Risikoarten des Institutes auch ein kürzerer Turnus erforderlich sein kann, um eine zeitnahe Reaktion der Geschäftsleitung zu gewährleisten.[2]   **5**

Die Häufigkeit, mit der Risikoberichte erstellt und verbreitet werden, sollte nach den Vorstellungen des Baseler Ausschusses für Bankenaufsicht in erster Linie von den jeweiligen Berichtsempfängern bestimmt werden. Dabei sind die Bedürfnisse der Adressaten ebenso zu berücksichtigen wie die Art und Volatilität der Risiken sowie die Bedeutung der Berichte für ein solides Risikomanagement und eine effektive und effiziente Entscheidungsfindung. In Stressphasen oder Krisen ist die Häufigkeit der Berichte zu erhöhen. Folglich hat ein Institut den Zweck der Risikoberichterstattung in regelmäßigen Abständen zu überprüfen und Anforderungen an die Produktionszeit sowohl unter gewöhnlichen Umständen als auch in Stressphasen oder Krisen zu stellen.[3]   **6**

1.2   Verantwortung für die Risikoberichterstattung

Die Geschäftsleitung hat sich in angemessenen Abständen über die Risikosituation berichten zu lassen (→ AT 4.3.2 Tz. 3). Insofern besteht eine so genannte »Holschuld« der Geschäftsleitung, die für alle wesentlichen Elemente des Risikomanagements verantwortlich ist und dieser Verantwortung u. a. nur dann gerecht wird, wenn sie (auf dieser Basis) die Risiken auch beurteilen und die erforderlichen Maßnahmen zu ihrer Begrenzung treffen kann (→ AT 3 Tz. 1). Diese Verantwortung der Geschäftsleitung korrespondiert mit Blick auf den mindestens vierteljährlich zu erstellenden Gesamtrisikobericht (→ BT 3.2 Tz. 1) und die möglicherweise auch in einem anderen Turnus vorzulegenden Berichte über die wesentlichen Risikoarten (→ BT 3.2 Tz. 3 bis 7) mit einer »Bringschuld« der Risikocontrolling-Funktion (»hat zu erstellen und der Geschäftsleitung vorzulegen«, »ist zu erstellen und der Geschäftsleitung zur Verfügung zu stellen«, »ist zu unterrichten«). Dies entspricht der Aufgabenzuordnung, nach der die Risikocontrolling-Funktion allgemein für die Überwachung und Kommunikation der Risiken zuständig ist (→ AT 4.4.1 Tz. 1 und BTO Tz. 2 lit. d) und speziell für die regelmäßige Erstellung der Risikoberichte für die Geschäftsleitung verantwortlich gemacht wird (→ AT 4.4.1 Tz. 2). Zusammengefasst handelt es sich bei der Risikoberichterstattung also um ein Wechselspiel zwischen der Anforderung an die Geschäftsleitung, sich berichten zu lassen (»Holschuld«), und der Verpflichtung des Risikocontrollings zur Berichterstattung an die Geschäftsleitung (»Bringschuld«).   **7**

---

1 Anders als der bis zum Inkrafttreten des CRD IV-Umsetzungsgesetzes maßgebliche § 1a KWG a. F. unterscheidet die CRR begrifflich nicht mehr zwischen »Handelsbuchinstituten« und »Nicht-Handelsbuchinstituten«. Nach Art. 94 CRR können jedoch Institute, die Handelsbuchgeschäfte nur in geringem Umfang tätigen, weiterhin Ausnahmen bei der Ermittlung der Eigenmittelanforderungen in Anspruch nehmen. Die Bagatellgrenzen des Art. 94 CRR entsprechen den Regelungen des § 2 Abs. 11 KWG a. F.

2 Vgl. Europäische Zentralbank, Leitfaden der EZB für den bankinternen Prozess zur Sicherstellung einer angemessenen Kapitalausstattung (Internal Capital Adequacy Assessment Process – ICAAP), 9. November 2018, S. 10; Europäische Zentralbank, Leitfaden der EZB für den bankinternen Prozess zur Sicherstellung einer angemessenen Liquiditätsausstattung (Internal Liquidity Adequacy Assessment Process – ILAAP), 9. November 2018, S. 11.

3 Vgl. Baseler Ausschuss für Bankenaufsicht, Grundsätze für die effektive Aggregation von Risikodaten und die Risikoberichterstattung, BCBS 239, 9. Januar 2013, S. 14.

1.3 Nachvollziehbarkeit, Aussagefähigkeit und Vollständigkeit der Risikoberichterstattung

8   Die Risikoberichterstattung ist in nachvollziehbarer und aussagefähiger Art und Weise zu verfassen. Für die Empfänger der Berichterstattung kommt es vor allem darauf an, dass die Informationen vollständig, verständlich und adressatengerecht aufbereitet sind. Dieses Ziel kann durch eine klare Strukturierung der Berichterstattung und das Verwenden von Formulierungen erreicht werden, bei denen die hoch komplexen Sachverhalte auf das Wesentliche reduziert werden. Auf Angaben, die eher neue Fragen aufwerfen, als bestehende Probleme zu lösen, sollte in der Risikoberichterstattung ganz verzichtet werden.

9   Dies darf allerdings nicht zu Lasten des erforderlichen Inhaltes gehen. Schließlich ist es für die Geschäftsleitung kaum möglich, sich über die Risikosituation einen Eindruck zu verschaffen, wenn z.B. wesentliche Risiken ausgeblendet werden. Die Inhalte der Berichterstattung sind durch die konkreten Anforderungen an die Berichte über die wesentlichen Risiken (→ BT 3.2 Tz. 3 bis 7) weitgehend vorgegeben. Es liegt im Ermessen der Institute, die einzelnen Berichtsanforderungen zu erweitern. Im Rahmen der Risikobeurteilung könnten z.B. Besonderheiten hervorgehoben werden, die (noch) keine Auswirkungen auf die Risikosituation hatten. Auf diese Weise könnten eventuelle negative Entwicklungen von vornherein vermieden oder doch zumindest hinsichtlich ihrer Wirkung abgeschwächt werden. Da Risikoaspekte nicht isoliert von Ertrags- und Kostenaspekten diskutiert werden sollten, können letztere ebenfalls in die Risikoberichterstattung aufgenommen werden (→ BT 3.2 Tz. 2, Erläuterung).

10   Im Zuge der Finanzmarktkrise wurde die Anforderung dahingehend ergänzt, dass in den Risikoberichten insbesondere auch die Ergebnisse der Stresstests und deren potenzielle Auswirkungen auf die Risikosituation und das Risikodeckungspotenzial darzustellen sind. Die Risikoberichte haben zudem die den Stresstests zugrundeliegenden wesentlichen Annahmen zu enthalten. Darüber hinaus ist auch auf Risikokonzentrationen und deren potenzielle Auswirkungen gesondert einzugehen (→ BT 3.1 Tz. 2). Seit der fünften MaRisk-Novelle werden auch Angaben zur Angemessenheit der Kapitalausstattung, zum aufsichtsrechtlichen und ökonomischen Kapital, zu den aktuellen Kapital- und Liquiditätskennzahlen, zu Refinanzierungspositionen und entsprechende Prognosen dazu erwartet (→ BT 3.2 Tz. 2).

11   Zudem kann es sinnvoll sein, die Berichterstattung durch prägnante Darstellungen (z.B. ein Management Summary) zu ergänzen (→ BT 3.2 Tz. 2, Erläuterung). Hilfreich und im Interesse der Lesbarkeit ist i.d.R. auch eine grafische Darstellung einzelner Sachverhalte. Wiederholungen gleicher Sachverhalte über mehrere Berichtsperioden hinweg können pragmatisch behandelt werden. Soweit sich im Hinblick auf Sachverhalte in vorangegangenen Berichterstattungen keine relevanten Änderungen ergeben haben, kann im Rahmen der aktuellen Berichterstattung auf diese Informationen verwiesen werden (→ BT 3.2 Tz. 2, Erläuterung). In diesem Zusammenhang wurde die in den MaK verwendete Textpassage »seit dem letzten Bericht« überall gestrichen. Ein einfacher Hinweis auf vorangegangene Berichtsinhalte wird in diesen Fällen als ausreichend angesehen. Inwiefern bestimmte Veränderungen als relevant einzustufen sind, sollte insbesondere am Risikogehalt festgemacht werden. Mit dieser Vereinfachungsregelung wird vor allem kleineren Instituten mit überschaubarem Geschäftsumfang entgegengekommen, bei denen sich z.B. über einen längeren Zeitraum keine gravierenden Änderungen im Hinblick auf die Entwicklung des Kreditportfolios nach wesentlichen Strukturmerkmalen ergeben.[4]

12   Der Baseler Ausschuss für Bankenaufsicht betont, dass genaue, vollständige und aktuelle Daten alleine noch nicht gewährleisten, dass dem Aufsichtsorgan und der Geschäftsleitung genau jene

---

4   Vgl. Bundesanstalt für Finanzdienstleistungsaufsicht, Übermittlungsschreiben zum Rundschreiben 34/2002 (BA) vom 20. Dezember 2002, S. 6.

BT 3.1 Allgemeine Anforderungen an die Risikoberichte

Informationen zur Verfügung stehen, die sie für effektive Risikoentscheidungen benötigen. Um Risiken effektiv steuern zu können, müssen den richtigen Personen die richtigen Informationen zur richtigen Zeit übermittelt werden. Die Risikoberichte müssen alle wesentlichen Risikobereiche abdecken. Der Umfang und der Detaillierungsgrad der Risikoberichte haben der Bedeutung und der Komplexität der Geschäftstätigkeit des Institutes und dessen Risikoprofil Rechnung zu tragen. Die Risikoberichte müssen genau, klar, umfassend und prägnant formuliert sein. Das bedeutet, dass sie leicht verständlich und frei von Mehrdeutigkeiten oder Unklarheiten sind sowie gleichzeitig umfassend genug, um fundierte Entscheidungen der Adressaten zu ermöglichen. Die in ihnen enthaltenen Informationen müssen insofern relevant und auf die unterschiedlichen Informationsbedürfnisse der Berichtsempfänger abgestimmt sein. Die Geschäftsleitung sollte dabei selbst bestimmen, welche Anforderungen sie an die interne Risikoberichterstattung stellt. Die Risikocontrolling-Funktion sollte in regelmäßigen Abständen mit den Adressaten Rücksprache halten, um festzustellen, ob die im Bericht enthaltenen Informationen hinsichtlich ihrer Menge und Qualität für die Bedürfnisse der Leitungsaufgaben und der Entscheidungsfindung relevant und angemessen sind.[5] In ähnlicher Weise sollten die Institute nach den Vorstellungen der EBA sicherstellen, dass ihre Risikoberichterstattung Informationen in klarer und prägnanter Weise einschließlich aussagekräftiger, auf die Bedürfnisse der Empfänger zugeschnittener Informationen übermittelt.[6] Die Risikodaten und die Risikoberichterstattung sollten die Geschäftsleitung in die Lage versetzen, die Risiken in Abhängigkeit vom bankinternen Risikoappetit zu überwachen und im Auge zu behalten.[7]

1.4 Quantitative und qualitative Aspekte

Wichtig ist der deutschen Aufsicht zudem eine inhaltlich aussagekräftige Aufbereitung der Informationen in den Risikoberichten, wozu ein ausgewogenes Verhältnis zwischen quantitativen und qualitativen Aspekten gehört.[8] Eine nachvollziehbare und aussagefähige Risikoberichterstattung setzt nach ihrer Einschätzung deshalb auch ein inhaltlich angemessenes Verhältnis zwischen quantitativen Informationen (hinsichtlich Positionsgröße, Risiko) und qualitativer Beurteilung wesentlicher Positionen und Risiken voraus (→ BT 3.1 Tz. 1, Erläuterung). Aussagekräftig ist die Risikoberichterstattung demzufolge insbesondere dann, wenn neben einer (quantitativen) Darstellung der Risikosituation auch eine (qualitative) Beurteilung erfolgt. In diesem Rahmen könnten z.B. die Veränderung der Risikotragfähigkeit des Institutes kommentiert und die Konsequenzen der beschriebenen Veränderung und der daraus abgeleiteten voraussichtlichen weiteren Entwicklung dargelegt werden. In diesem Zusammenhang ist für die Geschäftsleitung von besonderem Interesse, wie sich die Kapital- und Liquiditätsausstattung verändert und ob das Ziel der Fortführung der Geschäftstätigkeit in irgendeiner Weise gefährdet sein könnte.

Das Verhältnis zwischen detaillierten (quantitativen) Daten, qualitativer Beurteilung, Erläuterungen und Handlungsempfehlungen muss auch nach Ansicht des Baseler Ausschusses für Bankenaufsicht ausgewogen sein. Zudem müssen die Interpretationen und Erläuterungen zu den Daten, darunter auch zu den sich abzeichnenden Tendenzen, klar formuliert sein. Daher muss die inhaltliche Balance der Berichte (Risikodaten, Analyse und Interpretation sowie qualitative

13

14

5 Vgl. Baseler Ausschuss für Bankenaufsicht, Grundsätze für die effektive Aggregation von Risikodaten und die Risikoberichterstattung, BCBS 239, 9. Januar 2013, S. 11 ff.
6 Vgl. European Banking Authority, Final Report – Guidelines on institution's stress testing, EBA/GL/2018/04, 19. Juli 2018, S. 24.
7 Vgl. Baseler Ausschuss für Bankenaufsicht, Grundsätze für die effektive Aggregation von Risikodaten und die Risikoberichterstattung, BCBS 239, 9. Januar 2013, S. 4.
8 Vgl. Bundesanstalt für Finanzdienstleistungsaufsicht, Erster Entwurf zur Überarbeitung der MaRisk, Übermittlungsschreiben vom 18. Februar 2016, S. 2 f.

Erläuterungen) gewährleistet sein. Das Verhältnis zwischen quantitativer und qualitativer Information variiert dabei in Abhängigkeit von der hierarchischen Ebene im Institut und dem Aggregationsniveau der Risikoberichterstattung. Auf hierarchisch höheren Ebenen wird eine stärkere Aggregation erwartet, die wiederum eine ausführlichere qualitative Interpretation bedingt.[9]

1.5 Datenanforderungen

15 Auch wenn vollständige, genaue und aktuelle Daten allein noch nicht gewährleisten, dass den Entscheidungsträgern jene Informationen zur Verfügung stehen, die sie für effektive Risikoentscheidungen benötigen[10], so sind sie doch eine wesentliche Voraussetzung dafür. Vollständige, genaue und aktuelle Daten bilden die Basis eines effektiven Risikomanagements.[11] Daher müssen die Risikoberichte auf vollständigen, genauen und aktuellen Daten beruhen. Diese Anforderung ist vor dem Hintergrund der betriebenen Geschäftsaktivitäten und damit eingegangenen Risiken allerdings unter Proportionalitätsgesichtspunkten zu verstehen. Jedes Institut soll die für eine angemessene Berichterstattung erforderlichen Informationen in der Qualität generieren, die zur Steuerung und Überwachung der Risiken tatsächlich erforderlich ist. Insofern liegt die Messlatte für systemrelevante Institute dafür deutlich höher als bei kleinen Instituten mit überschaubaren und weniger komplexen Geschäftsaktivitäten.[12] Die deutsche Aufsicht hat dies klargestellt, indem sie seit der fünften MaRisk-Novelle darauf hinweist, dass sich die Umsetzung der Anforderung an die Vollständigkeit und Genauigkeit der Daten, aus denen sich die Risikoberichte speisen, nach den vorhandenen Risikodatenaggregationskapazitäten bemisst (→ BT 3.1 Tz. 1, Erläuterung). Dabei ist insbesondere zu berücksichtigen, dass die Anforderungen des Moduls AT 4.3.4 nur von systemrelevanten Instituten zu beachten sind.

16 Der Baseler Ausschuss für Bankenaufsicht erwartet von den systemrelevanten Instituten hinsichtlich der Vollständigkeit und Genauigkeit der Daten, dass sie in Datenreihen und Berichten nur in jenen Ausnahmefällen auf Informationen verzichten, in denen der Entscheidungsprozess eines Institutes durch die ausgelassenen Informationen nicht beeinflusst wird. Die systemrelevanten Institute haben daher die möglichen künftigen Auswirkungen zu berücksichtigen, die mit den ausgelassenen Informationen in den Entscheidungsprozessen verbunden sind. Diesen Verzicht auf Informationen sollten die Institute auch erläutern können. Dabei gestattet der Baseler Ausschuss in Ausnahmefällen den Rückgriff auf Expertenschätzungen, um unvollständige oder nicht verlässliche Datensätze zu ergänzen und die Ergebnisse im Rahmen der Risikoberichterstattung zu interpretieren. Diese Vorgehensweise gehört demzufolge vermutlich zu den sogenannten »manuellen Umgehungslösungen«, bei denen personenbasierte Prozesse und Werkzeuge für die Übertragung, Bearbeitung oder Veränderung von Daten zum Einsatz kommen.[13] Er muss klar dokumentiert und transparent sein, sodass eine unabhängige Prüfung dieses Prozesses und der bei der Entscheidungsfindung zugrundeliegenden Kriterien möglich ist.[14]

---

9 Vgl. Baseler Ausschuss für Bankenaufsicht, Grundsätze für die effektive Aggregation von Risikodaten und die Risikoberichterstattung, BCBS 239, 9. Januar 2013, S. 13 f.

10 Vgl. Baseler Ausschuss für Bankenaufsicht, Grundsätze für die effektive Aggregation von Risikodaten und die Risikoberichterstattung, BCBS 239, 9. Januar 2013, S. 4.

11 Vgl. Baseler Ausschuss für Bankenaufsicht, Grundsätze für die effektive Aggregation von Risikodaten und die Risikoberichterstattung, BCBS 239, 9. Januar 2013, S. 11.

12 Vgl. Steinbrecher, Ira, MaRisk – Neue Mindestanforderungen an das Risikomanagement der Banken, in: BaFinJournal, Ausgabe November 2017, S. 21.

13 Vgl. Baseler Ausschuss für Bankenaufsicht, Grundsätze für die effektive Aggregation von Risikodaten und die Risikoberichterstattung, BCBS 239, 9. Januar 2013, S. 19.

14 Vgl. Baseler Ausschuss für Bankenaufsicht, Grundsätze für die effektive Aggregation von Risikodaten und die Risikoberichterstattung, BCBS 239, 9. Januar 2013, S. 5.

Die systemrelevanten Institute sollten in der Lage sein, genaue und verlässliche Risikodaten zu **17** generieren, um den Genauigkeitsanforderungen für die Risikoberichterstattung unter gewöhnlichen Umständen sowie in Stressphasen oder Krisen gerecht zu werden. Sie sollten die Genauigkeit der Daten ermitteln und überwachen und angemessene Eskalationsmechanismen sowie Maßnahmenpakete bereithalten, um einer schlechten Datenqualität entgegenzuwirken.[15] Dies wird von der deutschen Aufsicht in dieser Deutlichkeit zwar nicht gefordert. Allerdings müssen die nicht systemrelevanten Institute gegenüber der Aufsicht sicher auch erläutern können, wie sie mit Problemen bei der Datenqualität umzugehen gedenken.

1.6 Regelmäßige Überprüfung

Um zu prüfen, ob die Risikoberichte genau sind und die Risiken akkurat wiedergeben, sollten die **18** Risikoberichte mit den Risikodaten in geeigneter Weise abgeglichen werden. Der Baseler Ausschuss für Bankenaufsicht setzt dafür entsprechende automatisierte und manuelle Änderungs- sowie Plausibilitätsprüfungen mit zugehörigen Validierungsregeln voraus. Dazu gehört auch der Umgang mit Datenfehlern oder Schwachstellen der Datenintegrität. Er verweist darauf, dass Näherungswerte ein fester Bestandteil der Risikoberichterstattung und des Risikomanagements sind und auch kritische Informationen für die Steuerung von Risiken liefern. Dazu zählen u. a. die Ergebnisse aus Modellen und Stresstests. Insofern müssen sich die Institute über die Verlässlichkeit dieser Werte (Genauigkeit, Aktualität usw.) Gedanken machen, um zu gewährleisten, dass sich die Geschäftsleitung bei wichtigen Risikoentscheidungen auf die ihnen zur Verfügung gestellten Informationen verlassen kann. Insbesondere sollten sie Anforderungen an die Genauigkeit bei der regelmäßigen Berichterstattung und der Berichterstattung in Stressphasen oder Krisen formulieren, die der Tragweite der Entscheidungen, die auf diesen Informationen basieren, Rechnung tragen.[16]

Auch die deutsche Aufsicht erwartet, die Angemessenheit der Methoden und Verfahren zumin- **19** dest jährlich durch die fachlich zuständigen Mitarbeiter zu überprüfen und dabei den Grenzen und Beschränkungen, die sich aus den eingesetzten Methoden und Verfahren, den ihnen zugrundeliegenden Annahmen und den in die Risikoquantifizierung einfließenden Daten ergeben, hinreichend Rechnung zu tragen. Die Stabilität und Konsistenz der Methoden und Verfahren sowie die Aussagekraft der damit ermittelten Risiken sind insofern kritisch zu analysieren (→ AT 4.1 Tz. 9).

1.7 Zukunftsorientierung der Risikoberichterstattung

Die Risikoberichte müssen auch eine zukunftsorientierte Risikoeinschätzung abgeben und sich nicht **20** ausschließlich auf aktuelle und historische Daten stützen. Damit wird dem Umstand Rechnung getragen, dass die Krisensituationen in der Vergangenheit häufig andere Ursachen hatten, als dies aus den vergangenheitsbasierten Datenbanken ablesbar gewesen wäre. Werden z. B. mögliche Limitüberschreitungen, Kapital- und Liquiditätsengpässe oder eine veränderte Risikosituation rechtzeitig erkannt, können entsprechende Gegensteuerungsmaßnahmen eingeleitet werden. Deren Wirksamkeit nimmt mit fortschreitender Zeit gewöhnlich sehr schnell ab. Ein Mittel zur Untersuchung der Auswirkungen hypothetischer Szenarien sind die bankinternen Stresstests (→ AT 4.3.3

---

15 Vgl. Baseler Ausschuss für Bankenaufsicht, Grundsätze für die effektive Aggregation von Risikodaten und die Risikoberichterstattung, BCBS 239, 9. Januar 2013, S. 8 f.

16 Vgl. Baseler Ausschuss für Bankenaufsicht, Grundsätze für die effektive Aggregation von Risikodaten und die Risikoberichterstattung, BCBS 239, 9. Januar 2013, S. 11 f.

Tz. 1), auf deren Ergebnisse und potenzielle Auswirkungen auf die Risikosituation und das Risikodeckungspotenzial ohnehin einzugehen ist (→ BT 3.2 Tz. 2). Eine weitere mögliche Quelle ist der ICAAP, zu dem u. a. eine drei Jahre in die Zukunft gerichtete Kapitalplanung in der normativen Perspektive (→ AT 4.1 Tz. 11) und eine Risikotragfähigkeitsrechnung mit einem Betrachtungshorizont von einem Jahr in der ökonomischen Perspektive (→ AT 4.1 Tz. 2) gehören. Beim ICAAP steht die Sicherstellung der Fortführung der Geschäftstätigkeit in der Zukunft im Vordergrund.

21   Auch der Baseler Ausschuss für Bankenaufsicht betrachtet Stresstests als zukunftsweisendes Instrument des Risikomanagements, das einen wichtigen Beitrag zur Risikoidentifikation, -überwachung und -bewertung leisten kann.[17] Er fordert von den Instituten, z. B. Frühwarnungen hinsichtlich potenzieller Limitüberschreitungen im Hinblick auf den Risikoappetit des Institutes zu ermöglichen. Die Risikoberichte sollten sich daher nicht ausschließlich auf aktuelle und historische Daten stützen, sondern auch auf die Ergebnisse der Stresstests. Sie sollten ein Institut in die Lage versetzen, Probleme zu antizipieren und zukunftsbezogene Risikoeinschätzungen abzugeben. Um das Aufsichtsorgan und die Geschäftsleitung über die wahrscheinliche künftige Entwicklung des Eigenkapitals und des Risikoprofils informieren zu können, müssen die Berichte Prognosen oder Szenarien für wichtige Marktvariablen und deren Auswirkungen auf das Institut beinhalten. Die Adressaten des Risikoberichtes sollten auch in der Lage sein, entstehende Tendenzen mittels Prognosen und Stresstests zu beobachten.[18] Die Risikoberichterstattung sollte auch Informationen über das externe Umfeld enthalten, um Marktbedingungen und Trends zu identifizieren, die sich auf das aktuelle oder zukünftige Risikoprofil des Institutes auswirken können.[19] Generell sollte ein Institut immer bestrebt sein, sein Risikoprofil innerhalb seines vorgegebenen Risikoappetits zu halten, und sicherstellen, dass sein Risikoprofil nicht seine Risikotragfähigkeit überschreitet (→ AT 4, Einführung).

1.8 Handlungsvorschläge

22   Die Zuständigkeit für die Erstellung der Risikoberichte liegt schwerpunktmäßig bei den Mitarbeitern, die mit dem Risikocontrolling betraut sind. Risikocontrolling wird in den MaRisk funktional definiert. Es umfasst die Funktionen der Überwachung und Kommunikation der Risiken (→ AT 4.4.1 Tz. 1 und BTO Tz. 2 lit. d). Diese Funktionen sind grundsätzlich bis einschließlich der Ebene der Geschäftsleitung von den Bereichen Markt und Handel (→ BTO Tz. 3) bzw. allgemeiner von jenen Bereichen, die für die Initiierung bzw. den Abschluss von Geschäften zuständig sind (→ AT 4.4.1 Tz. 1), zu trennen. Durch diese aufbauorganisatorische Trennung sollen die Unabhängigkeit des Risikocontrollings gestärkt und somit gleichzeitig die Qualität der Risikoberichterstattung verbessert werden.

23   Teilweise wird im Hinblick auf die erforderliche Unabhängigkeit des Risikocontrollings eine strikte Auffassung vertreten. So sollte das Risikocontrolling weder steuerungsrelevante Entscheidungen treffen können noch sollte es in irgendeiner Weise an der Entscheidungsvorbereitung mitwirken. Es liegt auf der Hand, dass die Vermengung mit steuerungsrelevanten Entscheidungen die Unabhängigkeit des Risikocontrollings beeinträchtigen könnte. Das Risikocontrolling würde sich bei solchen Konstellationen praktisch selbst überwachen. Anders ist jedoch die Mitwirkung des Risikocontrollings bei der Entscheidungsvorbereitung zu beurteilen. Das Risikocontrolling erstellt seine Berichte auf der Basis einer Vielzahl von Informationen. Es kann sich daher einen vollständigen Überblick über die

---

17 Vgl. Basel Committee on Banking Supervision, Stress testing principles, Consultative document, 20. Dezember 2017, S. 8.

18 Vgl. Baseler Ausschuss für Bankenaufsicht, Grundsätze für die effektive Aggregation von Risikodaten und die Risikoberichterstattung, BCBS 239, 9. Januar 2013, S. 5 und 13.

19 Vgl. Basel Committee on Banking Supervision, Guidelines – Corporate governance principles for banks, BCBS d328, 8. Juli 2015, S. 30.

Risikosituation des Institutes verschaffen und somit durch vorbereitende Handlungen einen effektiven Beitrag zur Verbesserung steuerungsrelevanter Entscheidungen leisten. Vor diesem Hintergrund kann die Risikoberichterstattung bei Bedarf auch Handlungsvorschläge enthalten. Eine Diskussion der Handlungsvorschläge mit den jeweils verantwortlichen Bereichen ist grundsätzlich unproblematisch, solange sichergestellt ist, dass der Informationsgehalt der Risikoberichterstattung bzw. der Handlungsvorschläge nicht auf eine unsachgerechte Weise verzerrt wird (→ BT 3.2 Tz. 2, Erläuterung).

Handlungsvorschläge können sich auf alle möglichen steuerungsrelevanten Entscheidungen **24** beziehen. Die deutsche Aufsicht hat insbesondere eine Empfehlung der EBA aufgegriffen, wonach die Risikocontrolling-Funktion die Möglichkeiten zur Risikoreduzierung bewerten und entsprechende Vorschläge für Maßnahmen in die Berichterstattung an die Geschäftsleitung aufnehmen sollte.[20] In der Praxis spielen Handlungsvorschläge häufig im Rahmen der Vorbereitung von Maßnahmen auf Portfolioebene (z.B. Einsatz von Kreditderivaten), die der Steuerung der Gesamtbank dienen, eine wichtige Rolle. Auch an anderen Stellen wird in den MaRisk explizit gefordert, über konkrete Maßnahmen nachzudenken. So sind z.B. die Ergebnisse der Stresstests stets kritisch zu reflektieren und auf einen eventuellen Handlungsbedarf zu untersuchen (→ AT 4.3.3 Tz. 6, Erläuterung).

Der Baseler Ausschuss für Bankenaufsicht empfiehlt, in der Risikoberichterstattung auch den **25** derzeitigen Stand der beschlossenen Maßnahmen zur Risikoreduzierung oder zum Umgang mit konkreten Risikosituationen anzugeben.[21] Diese Vorgehensweise könnte dazu beitragen, die Handlungsvorschläge in Relation zu den bereits beschlossenen Maßnahmen noch besser einordnen zu können. Die Geschäftsleitung sollte vorgelegte Vorschläge, Erklärungen und Informationen bei ihrer Ermessensausübung und Entscheidungsfindung in jedem Fall kritisch hinterfragen.[22]

1.9 Art und Weise der Berichterstattung

In welcher Form die Berichterstattung an die Geschäftsleitung erfolgt, kann institutsintern geregelt **26** werden. Neben der Papierform ist dem heutigen Stand der Informationstechnik entsprechend insbesondere eine Bereitstellung in Dateiform möglich, mit deren Hilfe die Papierflut wirksam eingedämmt werden kann. Für die elektronische Bereitstellung gelten allerdings dieselben Aufbewahrungsfristen (→ AT 6 Tz. 1) und Dokumentationspflichten (→ AT 6 Tz. 2) wie für die Papierform. Insofern empfiehlt es sich, über die Art der Bereitstellung, das Datum der Übermittlung, den Eingang bei der Geschäftsleitung und den Ort der (evtl. ebenfalls elektronischen) Ablage des Risikoberichtes einen geeigneten Nachweis zu führen.

Um die zeitnahe Verteilung der Risikoberichte an die richtigen Personen bzw. Personengruppen **27** zu gewährleisten, müssen nach den Vorstellungen des Baseler Ausschusses für Bankenaufsicht entsprechende Abläufe eingerichtet und angemessen mit der Pflicht zur Gewährleistung der Vertraulichkeit in Einklang gebracht werden. Die Institute müssen darüber hinaus in regelmäßigen Abständen den zeitnahen Eingang der Berichte bei den Adressaten überprüfen.[23]

---

20 Vgl. European Banking Authority, Leitlinien zur internen Governance, EBA/GL/2017/11, 21. März 2018, S. 45.
21 Vgl. Baseler Ausschuss für Bankenaufsicht, Grundsätze für die effektive Aggregation von Risikodaten und die Risikoberichterstattung, BCBS 239, 9. Januar 2013, S. 13.
22 Vgl. European Banking Authority, Leitlinien zur internen Governance, EBA/GL/2017/11, 21. März 2018, S. 12.
23 Vgl. Baseler Ausschuss für Bankenaufsicht, Grundsätze für die effektive Aggregation von Risikodaten und die Risikoberichterstattung, BCBS 239, 9. Januar 2013, S. 15.

2 Berichterstattung über Stresstests und Risikokonzentrationen (Tz. 2)

28 **2** In den Risikoberichten sind insbesondere auch die Ergebnisse der Stresstests und deren potenzielle Auswirkungen auf die Risikosituation und das Risikodeckungspotenzial darzustellen. Ebenfalls darzustellen sind die den Stresstests zugrundeliegenden wesentlichen Annahmen. Darüber hinaus ist auch auf Risikokonzentrationen und deren potenzielle Auswirkungen gesondert einzugehen.

2.1 Berichterstattung über Stresstests

29 Im Rahmen der Zusammenführung der allgemeinen Anforderungen an die Risikoberichterstattung im neuen Modul BT 3 hat die deutsche Aufsicht diese ursprünglich in AT 4.3.2 Tz. 4 enthaltene Anforderung hierher verschoben. Stresstests ergänzen die mathematisch-statistischen Verfahren bei der Bewertung der Gesamtrisikolage des Institutes. Mit ihrer Hilfe können auch extreme Marktentwicklungen simuliert und die verbundenen Risiken quantifiziert werden. Auf diese Weise kann sich ein Institut ein genaues und vollständiges Bild von seinem Risikoprofil und seiner Risikoposition machen sowie die ökonomischen Zusammenhänge in Krisensituationen besser verstehen. Dadurch kann die Risikoberichterstattung deutlich verbessert werden. Im Ergebnis kann die tatsächliche Risikoposition eines Institutes detailliert und zukunftweisend analysiert werden.[24] Insbesondere lässt sich mit Hilfe von Stresstests ermitteln, ob ein Institut bei bestimmten negativen Marktentwicklungen noch ausreichende Risikodeckungspotenziale besitzt (→ AT 4.3.3 Tz. 6). Im Rahmen der Berichterstattung ist demzufolge auch auf die Ergebnisse der Stresstests sowie deren potenzielle Auswirkungen auf die Risikosituation und die Risikodeckungspotenziale einzugehen, womit im Grunde die Entwicklung der Risikotragfähigkeit unter Stressbedingungen gemeint ist. Damit die Geschäftsleitung die Ergebnisse der Stresstests richtig einordnen kann, sind zudem die den Stresstests zugrundeliegenden wesentlichen Annahmen darzulegen.

30 Die Institute sollten nach den Anforderungen der EBA im Zusammenhang mit der Durchführung von Stresstests sicherstellen, dass ihre Risikoberichterstattung alle wesentlichen Risiken abdeckt und insbesondere die Identifizierung neu auftretender Schwachstellen ermöglicht, die mit Hilfe von Stresstests festgestellt und potenziell auch weiter bewertet werden könnten, sowie zusätzliche Informationen über die wesentlichen Annahmen, Toleranzgrenzen oder Vorbehalte bietet oder bieten kann.[25]

31 Die Risikoberichterstattung an die Geschäftsleitung sollte gemäß den Vorgaben des Baseler Ausschusses für Bankenaufsicht die Risikopositionen und die Ergebnisse von Stresstests korrekt kommunizieren und eine fundierte Diskussion beispielsweise über aktuelle und zukünftige Engagements des Institutes unter Stressszenarien, Risiko-/Ertragsverhältnisse sowie Risikoappetit und Limite ermöglichen.[26] Außerdem sollten die Institute sicherstellen, dass die Ergebnisse und alle anderen relevanten Erkenntnisse von Stresstests effektiv genutzt werden. Die Verwendung

---

24 Vgl. Bühn, Andreas/Klauck, Kai-Oliver, Mit modernen Stresstests das Risikoprofil analysieren, in: Betriebswirtschaftliche Blätter, Heft 6/2007, S. 355.

25 Vgl. European Banking Authority, Final Report – Guidelines on institution's stress testing, EBA/GL/2018/04, 19. Juli 2018, S. 24.

26 Vgl. Basel Committee on Banking Supervision, Guidelines – Corporate governance principles for banks, BCBS d328, 8. Juli 2015, S. 30.

dieser Erkenntnisse sollte die Geschäftsleitung in die Lage versetzen, die wichtigen Entscheidungen zu treffen. Zu diesem Zweck sollten die Stresstestergebnisse der Geschäftsleitung regelmäßig auf den relevanten Aggregationsebenen mitgeteilt werden. Die Berichte sollten die wichtigsten Modellierungs- und Szenarioannahmen sowie alle wesentlichen Einschränkungen enthalten. Die Ergebnisse der Stresstests sollten die Institute ggf. über die Kalibrierung der Risikobereitschaft und -limite, die Finanz- und Kapitalplanung, die Liquiditäts- und Refinanzierungsrisikobewertung, die Notfallplanung sowie die Sanierungs- und Abwicklungsplanung informieren. Beispielsweise sollten interne Stresstests die internen Bewertungen der Kapital- und der Liquiditätsadäquanz (ICAAP und ILAAP) unterstützen. Darüber hinaus sollten die Stresstestergebnisse ggf. zur Unterstützung des Portfoliomanagements, des Neu-Produkt-Prozesses und zur Unterstützung anderer Entscheidungsprozesse, wie der Bewertung strategischer Optionen, genutzt werden.[27]

2.2 Offenlegungsanforderungen von CEBS zu Stresssituationen

Wenngleich sich die interne und die externe Berichterstattung aufgrund des unterschiedlichen   **32**
Adressatenkreises und der jeweils verfolgten Zielstellung zum Teil wesentlich voneinander unterscheiden, können die Vorschläge vom Ausschuss der Europäischen Bankaufsichtsbehörden (CEBS) zur Offenlegung nützliche Hinweise für die interne Risikoberichterstattung liefern. Mit Bezug auf Stresssituationen sollten im Rahmen der Offenlegung laut CEBS folgende Hinweise beachtet werden[28]:
- Die Institute sollten die Situation und Bedeutung der ihrem Geschäftsmodell entsprechenden Aktivitäten unter Stress näher erläutern. Damit soll verdeutlicht werden, warum und in welchem Ausmaß ein Institut in Geschäften investiert ist, die auf seine finanzielle Situation wesentliche negative Auswirkungen haben kann. Neben entsprechenden Hintergrundinformationen soll insbesondere dargelegt werden, wie diese Aktivitäten zum Wertschöpfungsprozess des Institutes beitragen, in welchem Ausmaß das Institut dort engagiert ist und wie sich Stresssituationen auf die Strategie und die Ziele des Institutes ausgewirkt haben, einschließlich Änderungen in der Geschäftsausrichtung und -strategie. Im Grunde geht es also um die Frage, ob Chancen und Risiken zuvor angemessen abgewogen worden sind. Ebenso sollten eine beabsichtigte Anpassung des Geschäftsmodells oder die Einstellung bestimmter Tätigkeiten klar erläutert werden, um die jeweiligen Gründe sowie die möglichen Folgen verstehen zu können.
- Die Offenlegung sollte klare und genaue Informationen über die Auswirkungen der unter Stress stehenden Aktivitäten auf die Ergebnisse (insbesondere die Gewinn- und Verlustrechnung) und die Risikopositionen (ohne und mit Absicherungsmaßnahmen) auf einem hinreichend granularen Niveau enthalten. Dies betrifft die genaue Art der eingegangenen Risiken sowie das jeweilige Volumen im Verhältnis zu den Geschäftsaktivitäten, detaillierte Informationen über die Verluste, die Art der durchgeführten oder geplanten Maßnahmen zur Risikoreduzierung und deren quantitative Auswirkungen sowie einen Ausblick, wie sich die Situation entwickeln könnte. Insbesondere unter Fair-Value-Gesichtspunkten wäre eine Unterscheidung zwischen realisierten und unrealisierten Verlusten hilfreich, da sich unrealisierte Verluste auf die laufenden Aktivitäten beziehen und somit nicht unbedingt schlagend werden. Wünschenswert sind darüber hinaus quantitative Informationen auf Basis von Sensitivitätsanalysen zu drohenden Abschreibungen (bei unverändert schwierigen Marktbedingungen) oder zu erwarteten Gewinnen (bei einem verbesserten wirtschaftlichen Umfeld).

---

27 Vgl. Basel Committee on Banking Supervision, Stress testing principles, Consultative document, 20. Dezember 2017, S. 8 f.
28 Vgl. Committee of European Banking Supervisors, Principles for disclosures in times of stress (Lessons learnt from the financial crisis), 26. April 2010, S. 4 ff.

BT 3.1 Allgemeine Anforderungen an die Risikoberichte

- Die Offenlegung sollte Informationen über die Auswirkungen auf die Finanzlage des Institutes enthalten. Dies beinhaltet die Auswirkungen der infrage stehenden Aktivitäten auf das Kapitalniveau und den daraus resultierenden Solvabilitätskoeffizienten sowie auf die Liquiditätsposition des Institutes. Die durch das Niveau und die Qualität des Kapitals ausgewiesene Absicherung trägt wesentlich zum Marktvertrauen bei. Der Solvabilitätskoeffizient widerspiegelt die finanzielle Lage des Institutes, da er sich sowohl auf die Veränderungen der Eigenmittel als auch auf die mögliche Neubewertung der Risiken in einer sich verschlechternden Situation bezieht. Daher sind detaillierte Angaben erforderlich, um Veränderungen in der Höhe des Solvabilitätskoeffizienten unter Stress zu erläutern, um etwaige Rekapitalisierungsmaßnahmen in Extremsituationen einzuleiten. Aufgrund der Sensibilität quantitativer Daten sollte über die Liquiditätsposition zumindest in qualitativer Hinsicht berichtet werden.
- Die Institute sollten in angemessener Weise über das Management der Aktivitäten unter Stress berichten. Dies beinhaltet eine allgemeine Beschreibung der relevanten Risikomanagementpraktiken, ggf. einschließlich der damit verbundenen Governance-Regelungen, sowie eine Beschreibung aller Maßnahmen zur Verbesserung der Risikomanagementprozesse. Generische Informationen über die Risikomanagementprozesse sollten allerdings vermieden werden. Hinsichtlich der infrage stehenden Aktivitäten sollte auch auf die spezifischen Bewertungs- und Berichtsprozesse, die effektiven operativen Limite und ggf. die eingeleiteten oder geplanten Korrekturmaßnahmen, um die Prozesse zu verbessern, eingegangen werden, auch wenn diese erst nach dem Abschlussstichtag beschlossen wurden.
- Die Institute sollten detaillierte Informationen zu kritischen Rechnungslegungsfragen bereitstellen. Dies betrifft eine angemessene Beschreibung der Rechnungslegungsmethoden, die für die betreffenden Aktivitäten unter Stress von besonderer Bedeutung sind, Einzelheiten der relevanten Änderungen, sofern zutreffend, und detaillierte Informationen zu signifikanten Bewertungen. Die Informationen sollten sich vor allem auf eine Beschreibung der besonderen Situation des Institutes beziehen. Gerade in Stresssituationen, in denen das Marktvertrauen schwanken kann, sind klare Informationen über die angewendeten Methoden von größter Bedeutung, da diese die Beträge im Geschäftsabschluss wesentlich beeinflussen können, wie z.B. die Fair-Value-Bewertung (insbesondere Mark-to-Model) oder die Wertminderung von Finanzpositionen und immateriellen Vermögensgegenständen sowie leistungsorientierte Pensionspläne.

33 Andererseits sollten auch jene Institute, deren Geschäftstätigkeiten grundsätzlich keinen Stresssituationen ausgesetzt sind, dies verdeutlichen, da über diese Situation am Markt vielleicht nicht die nötige Klarheit herrscht.[29]

2.3 Berichterstattung über Risikokonzentrationen

34 Die Berichterstattung an die Geschäftsleitung muss einen Überblick über die wesentlichen Risiken des Institutes gestatten. Dabei dürfen die mit wesentlichen Risiken verbundenen Risikokonzentrationen nicht vernachlässigt werden. Das betrifft insbesondere jene Konzentrationen, die durch den Gleichlauf von Risikopositionen über verschiedene Risikoarten hinweg entstehen (Inter-Risikokonzentrationen) und insofern nicht zwingend in der Berichterstattung über die einzelnen Risikoarten enthalten sein müssen. Häufig werden zur Identifizierung von Risikokonzentrationen

---

29 Vgl. Committee of European Banking Supervisors, Principles for disclosures in times of stress (Lessons learnt from the financial crisis), 26. April 2010, S. 7.

Stresstests verwendet. Insofern ist es durchaus möglich, dass die Berichterstattung über die potenziellen Auswirkungen der Stressszenarien bereits Aussagen zu den Risikokonzentrationen umfasst. Diese sollten in geeigneter Form hervorgehoben werden, da auf Risikokonzentrationen und deren potenzielle Auswirkungen »gesondert« einzugehen ist. Da Risikokonzentrationen häufig mit Hilfe von Limitsystemen überwacht und gesteuert werden, sollte sich die Berichterstattung daran orientieren. In jedem Fall sollte die Risikoberichterstattung der Geschäftsleitung eine Beurteilung darüber ermöglichen, ob unter Einbeziehung der Risikokonzentrationen der strategisch vorgegebene Risikoappetit eingehalten wird ($\rightarrow$ AT4.2 Tz. 2) und die Risikotragfähigkeit gegeben ist ($\rightarrow$ AT4.1 Tz. 1). Des Weiteren sollte darauf eingegangen werden, ob und ggf. welche Maßnahmen zur Begrenzung von Risikokonzentrationen ergriffen wurden oder kurzfristig zu ergreifen sind ($\rightarrow$ AT4.3.2 Tz. 1). Der Baseler Ausschuss für Bankenaufsicht fordert ebenso, in den Risikoberichten aufkommende Risikokonzentrationen zu identifizieren, Angaben zu Limiten und zum Risikoappetit zu machen und ggf. Handlungsempfehlungen auszusprechen.[30]

---

30 Vgl. Baseler Ausschuss für Bankenaufsicht, Grundsätze für die effektive Aggregation von Risikodaten und die Risikoberichterstattung, BCBS 239, 9. Januar 2013, S. 13.

3 Fähigkeit zur Ad-hoc-Risikoberichterstattung (Tz. 3)

35 **3** Neben der turnusmäßigen Erstellung von Risikoberichten (Gesamtrisikobericht, Berichte über einzelne Risikoarten) muss das Institut in der Lage sein, ad hoc Risikoinformationen zu generieren, sofern dies aufgrund der aktuellen Risikosituation des Institutes oder der aktuellen Situation der Märkte, auf denen das Institut tätig ist, geboten erscheint.

3.1 Anlassbezogene Risikoberichterstattung

36 Eine ausschließlich turnusmäßige Erstellung von Risikoberichten, auf deren Basis die steuerungsrelevanten Entscheidungen der Geschäftsleitung getroffen werden sollen, würde ein Institut für die Zeiträume zwischen den Berichtsterminen ggf. in ernste Gefahr bringen, wenn sich die aktuelle Risikosituation des Institutes oder die aktuelle Situation der Märkte, auf denen das Institut tätig ist, schlagartig verschlechtert. Liegen die Informationen über derartige Entwicklungen bei den Entscheidungsträgern nicht rechtzeitig vor, kann es für wirksame Gegensteuerungsmaßnahmen beim nächsten regulären Berichtstermin ggf. schon zu spät sein.

37 Von den Instituten wird deshalb erwartet, dass sie auch dazu in der Lage sind, »ad hoc« Risikoinformationen zu generieren, sofern dies aufgrund der aktuellen Situation geboten erscheint. Voraussetzung dafür ist natürlich, dass die aktuelle Risikosituation des Institutes und die aktuelle Situation der Märkte permanent überwacht werden. Diesem Zweck dient die Anforderung, die wesentlichen Risiken – auch aus ausgelagerten Aktivitäten und Prozessen – mit Hilfe geeigneter Risikosteuerungs- und -controllingprozesse frühzeitig zu erkennen, vollständig zu erfassen und in angemessener Weise darzustellen. Hierzu hat das Institut geeignete Indikatoren für die frühzeitige Identifizierung von Risiken sowie von risikoartenübergreifenden Effekten abzuleiten, die je nach Risikoart auf quantitativen und/oder qualitativen Risikomerkmalen basieren ($\rightarrow$ AT 4.3.2 Tz. 2).

38 Auch der Baseler Ausschuss für Bankenaufsicht erwartet, dass in Stressphasen oder Krisen Berichte über alle relevanten und kritischen Kredit-, Markt- und Liquiditätspositionen/-engagements innerhalb kürzester Zeit zur Verfügung stehen. Nur so ist es möglich, sich entwickelnden Risiken effektiv zu begegnen. Informationen zu bestimmten Positionen oder Engagements müssen möglicherweise sofort (im Tagesverlauf) zur Verfügung stehen, um eine zeitnahe und effektive Reaktion zu gestatten.[31] Diese Fähigkeit verbindet er bei den systemrelevanten Instituten insbesondere mit hinreichenden Kapazitäten zur Risikodatenaggregation. Diese Kapazitäten sollen die Einbeziehung von neuen Entwicklungen der Geschäftstätigkeit oder externen Faktoren, die einen Einfluss auf das Risikoprofil des Institutes haben, und von Änderungen der regulatorischen Rahmenbedingungen gestatten. So sollten die systemrelevanten Institute in der Lage sein, aggregierte Risikodaten zu generieren, um eine große Bandbreite an Ad-hoc-Anfragen an die Risikoberichterstattung bearbeiten zu können, wie z. B. Anfragen in Stressphasen oder Krisen, Anfragen im Zusammenhang mit geänderten internen Anforderungen oder Anfragen der Aufsichtsbehörden. Insbesondere sollen nutzerspezifische und bedarfsgerechte Datenaufbereitungen und die Erstellung von Kurzberichten ermöglicht werden. Die nötige Flexibilität und Anpassungsfähigkeit der Datenaggregationskapazitäten sollen dafür sorgen, derartige Ad-hoc-Anfragen zügig bearbeiten und aufkommende Risiken schnell bewerten zu können,

---

31 Vgl. Baseler Ausschuss für Bankenaufsicht, Grundsätze für die effektive Aggregation von Risikodaten und die Risikoberichterstattung, BCBS 239, 9. Januar 2013, S. 14.

die Fähigkeit zur Erstellung von Prognosen zu verbessern und wirksame Stresstests durchführen zu können. Sie bilden also die Grundlage für schnelle Entscheidungsfindungen.[32]

Unter anderem sollte die Geschäftsleitung unverzüglich über neue oder sich abzeichnende Liquiditätsprobleme informiert werden, wie z. B. steigende Refinanzierungskosten oder -konzentrationen, eine zunehmende Refinanzierungslücke, das Austrocknen alternativer Liquiditätsquellen, materielle und/oder anhaltende Limitüberschreitungen, einen deutlichen Rückgang des Liquiditätspuffers oder Veränderungen der externen Marktbedingungen, die auf künftige Schwierigkeiten hinweisen könnten. Das Aufsichtsorgan sollte wiederum sicherstellen, dass die Geschäftsleitung geeignete Abhilfemaßnahmen ergreift, um diese Probleme zu lösen.[33] **39**

---

32 Vgl. Baseler Ausschuss für Bankenaufsicht, Grundsätze für die effektive Aggregation von Risikodaten und die Risikoberichterstattung, BCBS 239, 9. Januar 2013, S. 10 f.

33 Vgl. Basel Committee on Banking Supervision, Principles for Sound Liquidity Risk Management and Supervision, BCBS 144, 25. September 2008, S. 9.

4 Angemessener Turnus der Risikoberichterstattung (Tz. 4)

40 **4** Die Risikoberichte sind in einem zeitlich angemessenen Rahmen zu erstellen, der eine aktive und zeitnahe Steuerung der Risiken auf der Basis der Berichte ermöglicht, wobei die Produktionszeit auch von der Art und der Volatilität der Risiken abhängt.

4.1 Zeitnahe Risikoberichterstattung

41 Bei der Risikoberichterstattung kommt es allerdings nicht nur darauf an, dass die Informationen nachvollziehbar und aussagefähig sind und auf vollständigen und genauen Daten beruhen. So stellt sich die Frage, ob man noch von aktuellen Daten sprechen kann, wenn diese zum Beginn der Berichterstellung zwar direkt aus den Systemen übernommen wurden, bis zur Vorlage des Risikoberichtes jedoch relativ viel Zeit vergeht. Die deutsche Aufsicht fordert deshalb, dass die Risikoberichte in einem »zeitlich angemessenen« Rahmen erstellt werden. Als Maß für die Angemessenheit wird darauf abgestellt, ob der Risikobericht bei der Vorlage in der Geschäftsleitung als Adressat des Berichtes noch eine aktive und zeitnahe Steuerung der Risiken ermöglicht. Diese Anforderung gilt nicht nur für den mindestens vierteljährlich vorzulegenden Gesamtrisikobericht, sondern auch für die möglicherweise in einem anderen Turnus erstellten Berichte über einzelne Risikoarten. Deshalb weist die deutsche Aufsicht explizit darauf hin, dass die Produktionszeit auch von der Art und der Volatilität der Risiken abhängt.

42 Die Zielsetzung einer zeitnahen Risikoberichterstattung geht auf die Erfahrungen aus der Finanzmarktkrise zurück, als viele Institute kaum in der Lage waren, risikorelevante Informationen über bestimmte Adressen oder Produkte innerhalb eines angemessenen Zeitraumes und in hinreichender Qualität zu generieren und insofern schnell genug auf kritische Entwicklungen zu reagieren. Folglich konnten den jeweils Zuständigen keine entscheidungsrelevanten Daten und Informationen geliefert werden. Grundsätzlich wird die deutsche Aufsicht deshalb Produktionszeiten von einzelnen Berichten von zum Teil mehreren Wochen nicht mehr akzeptieren.[34]

4.2 Zeitnähe versus Qualitätsverlust

43 Risikoberichte müssen den richtigen Personen mit den richtigen Informationen zur richtigen Zeit übermittelt werden, nämlich den entsprechenden Entscheidungsträgern zu einem Zeitpunkt, der noch eine angemessene Reaktion erlaubt.[35] Die systemrelevanten Institute sollten deshalb in der Lage sein, aggregierte und aktuelle Risikodaten sowohl unter gewöhnlichen Umständen als auch in Stressphasen oder Krisen in einem angemessenen zeitlichen Rahmen zu generieren. Die Festlegung des angemessenen Zeitrahmens hängt von der Art und der potenziellen Volatilität der

---

34 Vgl. Bundesanstalt für Finanzdienstleistungsaufsicht, Erster Entwurf zur Überarbeitung der MaRisk, Übermittlungsschreiben vom 18. Februar 2016, S. 2 f.

35 Vgl. Baseler Ausschuss für Bankenaufsicht, Grundsätze für die effektive Aggregation von Risikodaten und die Risikoberichterstattung, BCBS 239, 9. Januar 2013, S. 11.

zu erfassenden Risiken ab sowie von deren Beitrag zum Gesamtrisikoprofil des Institutes. Insbesondere zu sämtlichen kritischen Risiken müssen die Risikodaten zeitnah zur Verfügung gestellt werden. Abhängig von der Art der Risiken werden verschiedenartige Daten mit unterschiedlichen zeitlichen Anforderungen benötigt, in Stressphasen oder Krisen i.d.R. deutlich schneller. Dabei müssen aber auch die Grundsätze hinsichtlich Genauigkeit, Integrität, Vollständigkeit und Anpassungsfähigkeit beachtet werden.[36] In regelmäßigen Abständen ist deshalb zu prüfen, ob innerhalb der vorgegebenen Zeiträume überhaupt hinreichend genaue Berichte erstellt werden können.[37] Ein zeitnah vorliegender Bericht, der allerdings erhebliche Qualitätsmängel aufweist, kann im Zweifel zu Entscheidungen führen, die nicht im Interesse des Institutes liegen.

---

36 Vgl. Baseler Ausschuss für Bankenaufsicht, Grundsätze für die effektive Aggregation von Risikodaten und die Risikoberichterstattung, BCBS 239, 9. Januar 2013, S. 10.

37 Vgl. Baseler Ausschuss für Bankenaufsicht, Grundsätze für die effektive Aggregation von Risikodaten und die Risikoberichterstattung, BCBS 239, 9. Januar 2013, S. 14.

5 Risikoberichterstattung an das Aufsichtsorgan (Tz. 5)

44 5 Die Geschäftsleitung hat das Aufsichtsorgan mindestens vierteljährlich über die Risikosituation in angemessener Weise schriftlich zu informieren. Die Berichterstattung ist in nachvollziehbarer, aussagefähiger Art und Weise zu verfassen und hat neben der Darstellung auch eine Beurteilung der Risikosituation zu enthalten. Auf besondere Risiken für die Geschäftsentwicklung und dafür geplante Maßnahmen der Geschäftsleitung ist gesondert einzugehen. Für das Aufsichtsorgan unter Risikogesichtspunkten wesentliche Informationen sind von der Geschäftsleitung unverzüglich weiterzuleiten. Hierfür hat die Geschäftsleitung gemeinsam mit dem Aufsichtsorgan ein geeignetes Verfahren festzulegen.

5.1 Information des Aufsichtsorgans

45 Diese ursprünglich in AT 4.3.2 Tz. 6 enthaltene Anforderung hat die deutsche Aufsicht im Zuge der fünften MaRisk-Novelle fast wortgleich hierher überführt. Geändert wurde lediglich, dass die Berichterstattung an das Aufsichtsorgan »mindestens« vierteljährlich zu erfolgen hat. Damit wird ein zeitlicher Gleichklang zur turnusmäßigen Vorlage des Gesamtrisikoberichtes der Risikocontrolling-Funktion bei der Geschäftsleitung hergestellt (→ BT 3.2 Tz. 1).

46 Das Aufsichtsorgan ist aufgrund verschiedener gesetzlicher Normen dazu verpflichtet, die Geschäftsleitung zu überwachen (→ AT 1 Tz. 1). Diese Überwachungsfunktion kann das Aufsichtsorgan nur dann sachgerecht wahrnehmen, wenn es die Risikosituation des Unternehmens überhaupt kennt. Die Geschäftsleitung hat das Aufsichtsorgan daher mindestens vierteljährlich über die Risikosituation in angemessener Weise schriftlich zu informieren. Für die Berichterstattung der Geschäftsleitung an das Aufsichtsorgan gelten grundsätzlich dieselben Vorgaben wie für die Berichterstattung an die Geschäftsleitung. Nach den Vorstellungen der EBA sollte die Geschäftsleitung das Aufsichtsorgan regelmäßig über die maßgeblichen Elemente für die Beurteilung der Lage, die Risiken und Entwicklungen, die sich auf das Institut auswirken oder auswirken könnten, z. B. wesentliche Entscheidungen zur Geschäftstätigkeit oder eingegangene Risiken, die Bewertung der wirtschaftlichen und geschäftlichen Rahmenbedingungen des Institutes, die solide Liquiditäts- und Kapitalausstattung sowie die Bewertung seiner wesentlichen Risikopositionen informieren.[38]

47 Hinsichtlich der Berichterstattung an das Aufsichtsorgan orientieren sich die MaRisk an den zahlreichen Initiativen des Gesetzgebers (Kreditwesengesetz, KWG; Aktiengesetz, AktG; Deutscher Corporate Governance Kodex, DCGK; Gesetz zur Kontrolle und Transparenz im Unternehmensbereich, KonTraG; Transparenz- und Publizitätsgesetz, TransPubG), die auf eine Stärkung der internen Strukturen in den Unternehmen abzielen und insbesondere auch die wichtige Rolle der Aufsichtsorgane betonen. So muss die Geschäftsleitung gemäß § 25c Abs. 4a Nr. 3 lit. c KWG gegenüber dem Aufsichtsorgan in angemessenen Abständen, mindestens aber vierteljährlich, über die Risikosituation berichten und dabei die Risiken beurteilen. In Analogie dazu hat der Vorstand nach § 90 AktG umfangreiche Berichtspflichten gegenüber dem Aufsichtsrat, die u. a. auch die vierteljährliche Berichterstattung über den Gang der Geschäfte und die Lage der Gesellschaft umfassen.

---

38 Vgl. European Banking Authority, Leitlinien zur internen Governance, EBA/GL/2017/11, 21. März 2018, S. 12.

5.2 Schriftliche Information des Aufsichtsorgans

Die Information des Aufsichtsorgans hat schriftlich zu erfolgen, da nicht davon auszugehen ist, **48** dass das Aufsichtsorgan ausschließlich auf der Basis von Gesprächen mit der Geschäftsleitung die Risikosituation des Institutes hinreichend nachvollziehen kann. Die Übermittlung der Risikoberichte kann neben der Papierform allerdings genauso gut auf elektronischem Wege erfolgen. Auch das Aktiengesetz und der auf börsennotierte Unternehmen anzuwendende Deutsche Corporate Governance Kodex betonen, dass die Berichts- und Informationspflichten des Vorstandes gegenüber dem Aufsichtsrat i.d.R. in Textform zu erstatten sind. Dieses Regelerfordernis lässt einen gewissen Raum für Ausnahmen von der Textform zu, etwa aus Gründen der Aktualität oder wegen eines gesteigerten Geheimhaltungsbedürfnisses.[39]

5.3 Art und Weise der Berichterstattung an das Aufsichtsorgan

Die Berichterstattung an das Aufsichtsorgan ist in nachvollziehbarer, aussagefähiger Art und **49** Weise zu verfassen und hat neben der Darstellung auch eine Beurteilung der Risikosituation zu enthalten. Exakt dieselbe Formulierung wird auch für die Risikoberichterstattung gegenüber der Geschäftsleitung verwendet (→ BT3.1 Tz.1). Damit soll das Aufsichtsorgan in die Lage versetzt werden, seinen Überwachungspflichten auf einer vergleichbaren Informationsbasis wie die Geschäftsleitung nachzukommen.

Insbesondere kann davon ausgegangen werden, dass für beide Prozesse – unter Berücksichti- **50** gung der jeweiligen Funktionen – ähnliche Maßstäbe gesetzt werden. Das bedeutet zunächst, dass die Berichterstattung an das Aufsichtsorgan vollständig, klar strukturiert und verständlich ausgeführt sein sollte und ggf. durch ein Management Summary ergänzt werden könnte (→ BT3.2 Tz.2, Erläuterung). Auf Wiederholungen gleicher Sachverhalte über mehrere Berichtsperioden hinweg kann verzichtet werden. Soweit sich im Hinblick auf Sachverhalte in vorangegangenen Berichten keine relevanten Änderungen ergeben haben, kann im Rahmen der aktuellen Berichterstattung auf diese Informationen verwiesen werden (→ BT3.2 Tz.2, Erläuterung).

Auch bei der Beurteilung der Risikosituation kann auf die Berichterstattung an die Geschäfts- **51** leitung zurückgegriffen werden. Darüber hinaus soll jedoch gesondert auf besondere Risiken für die Geschäftsentwicklung und dafür geplante Maßnahmen der Geschäftsleitung eingegangen werden. Im Grunde kann auch diesbezüglich eine Parallele zur Berichterstattung an die Geschäftsleitung gesehen werden. Die Geschäftsleitung ist über die Ergebnisse der Stresstests und ihre potenziellen Auswirkungen auf die Risikosituation und die Risikodeckungspotenziale zu informieren (→ BT3.1 Tz.2). Da sich die Stresstests auf außergewöhnliche, aber plausibel mögliche Ereignisse beziehen (→ AT4.3.3 Tz.3), werden ihre Ergebnisse – neben den normalen Risikosteuerungs- und -controllingprozessen – dazu beitragen, besondere Risiken für die Geschäftsentwicklung zu identifizieren. In die Risikoberichterstattung an die Geschäftsleitung sind bei Bedarf auch Handlungsvorschläge aufzunehmen (→ BT3.1 Tz.1). Diese Handlungsvorschläge wird die Geschäftsleitung prüfen und – ggf. in abgewandelter Form – zur Risikoreduzierung aufgreifen. Es versteht sich von selbst, dass das Aufsichtsorgan sowohl über die besonderen Risiken als auch über die zu ihrer Beseitigung geplanten Maßnahmen informiert werden muss.

---

39 Vgl. Hüffer, Uwe, Aktiengesetz, 8. Auflage, München, 2008, § 90, Tz. 13.

5.4 Berichte an das Aufsichtsorgan

52 Die Geschäftsleitung ist selbst Empfänger verschiedener Informationen ($\rightarrow$ AT3 Tz.1). Sie ist zunächst in angemessenen Abständen über die allgemeine Risikosituation des Institutes zu unterrichten ($\rightarrow$ AT4.3.2 Tz.3 und BT3.1 Tz.1). Für diesen Zweck hat ihr die Risikocontrolling-Funktion mindestens vierteljährlich einen Gesamtrisikobericht über die als wesentlich eingestuften Risikoarten vorzulegen ($\rightarrow$ BT3.2 Tz.1). Daneben bestehen mehrere besondere Berichtspflichten gegenüber der Geschäftsleitung. So sind ihr zumindest vierteljährlich Risikoberichte vorzulegen, die Informationen über die Adressenausfallrisiken ($\rightarrow$ BT3.2 Tz.3), die Marktpreisrisiken einschließlich der Zinsänderungsrisiken ($\rightarrow$ BT3.2 Tz.4), die Liquiditätsrisiken ($\rightarrow$ BT3.2 Tz.5) und seit der fünften MaRisk-Novelle explizit auch die sonstigen vom Institut als wesentlich identifizierten Risiken ($\rightarrow$ BT3.2 Tz.7) enthalten. Die Geschäftsleitung ist ferner mindestens jährlich über bedeutende Schadensfälle und wesentliche operationelle Risiken zu unterrichten ($\rightarrow$ BT3.2 Tz.6). Vor diesem Hintergrund liegt es nahe, dass die Geschäftsleitung die ihr zur Verfügung stehenden Berichte eins zu eins an das Aufsichtsorgan weiterleitet.

53 Inwieweit eine solche Information ihren Zweck erfüllt, hängt vom Einzelfall ab. Unter Umständen wünscht das Aufsichtsorgan eine prägnante Information über die Risikosituation des Institutes, die Einzelheiten (z.B. aus der Markpreisrisikoberichterstattung) weitgehend ausblendet. Die Geschäftsleitung muss daher nicht notwendigerweise die erhaltenen Risikoberichte an das Aufsichtsorgan weiterleiten. Insoweit kann bei der Information des Aufsichtsorgans auch ein eigener Bericht der Geschäftsleitung verwendet werden, der z.B. kürzer und prägnanter ausfällt. Selbstverständlich muss dieser Bericht alle wesentlichen Informationen über die Risikosituation des Institutes enthalten.

54 Letztlich kommt es vor allem darauf an, dass das Aufsichtsorgan mit der Art und dem Umfang der Risikoberichterstattung zufrieden ist. So obliegt es den Empfehlungen des Baseler Ausschusses für Bankenaufsicht zufolge dem Aufsichtsorgan des Institutes als einem der wichtigsten Adressaten von Risikoberichten, seine Anforderungen an die interne Risikoberichterstattung zu formulieren und dabei den Verpflichtungen gegenüber Aktionären und anderen wichtigen Interessengruppen nachzukommen. Das Aufsichtsorgan muss sicherstellen, dass es Informationen verlangt und erhält, die für die Erfüllung seines Auftrages für das Institut und die Risiken, denen es ausgesetzt ist, relevant sind. Erfüllt ein Risikobericht die Anforderungen des Aufsichtsorgans nicht, ist dieses verpflichtet, die Geschäftsleitung zu benachrichtigen. Gleiches gilt bei Risikoberichten, die Informationen nicht in der Art und dem Umfang beinhalten, die zur Erfüllung seines Auftrages erforderlich sind. Das Aufsichtsorgan muss insbesondere angeben, ob die Berichte detailliert genug sind und ob das Verhältnis von quantitativen und qualitativen Informationen darin ausgewogen ist.[40]

5.5 Ausschüsse des Aufsichtsorgans

55 Hinsichtlich der Information des Aufsichtsorgans über die Strategien kann ein dafür gebildeter Ausschuss eingeschaltet werden ($\rightarrow$ AT4.2 Tz.5, Erläuterung). Es erscheint naheliegend, mit der Risikoberichterstattung in ähnlicher Weise zu verfahren, zumal sich diese u.a. mit der möglichen Abweichung von den Strategien beschäftigt. Adressat der Risikoberichterstattung sollte zwar grundsätzlich jedes Mitglied des Aufsichtsorgans sein. Soweit das Aufsichtsorgan jedoch entsprechende Ausschüsse gebildet hat, kann die Weiterleitung der Informationen auch auf einen

---

40 Vgl. Baseler Ausschuss für Bankenaufsicht, Grundsätze für die effektive Aggregation von Risikodaten und die Risikoberichterstattung, BCBS 239, 9. Januar 2013, S. 14.

BT 3.1 Allgemeine Anforderungen an die Risikoberichte

Ausschuss beschränkt werden. In diesem Fall ist der Ausschuss von der Geschäftsleitung viertel-jährlich über die Risikosituation zu informieren. Voraussetzung dafür ist allerdings, dass ein entsprechender Beschluss über die Einrichtung des Ausschusses besteht und der Vorsitzende des Ausschusses regelmäßig das gesamte Aufsichtsorgan informiert. Zudem ist jedem Mitglied des Aufsichtsorgans weiterhin das Recht einzuräumen, die an den Ausschuss geleitete Berichterstattung einsehen zu können (→ BT 3.1 Tz. 5, Erläuterung). Auch die Information des Ausschusses des Aufsichtsorgans kann kürzer und prägnanter ausfallen als die Berichterstattung an die Geschäftsleitung, solange dabei keine wesentlichen Aspekte ausgeblendet werden.

Diese Erleichterung zielt auf den so genannten »Risikoausschuss« nach § 25d Abs. 8 KWG ab, **56** der von den Instituten unter Proportionalitätsgesichtspunkten zu bilden ist. Dieser Ausschuss soll das Aufsichtsorgan zur aktuellen und künftigen Gesamtrisikobereitschaft und -strategie des Institutes beraten und die Geschäftsleitung bei der Überwachung der Umsetzung dieser Strategie unterstützen. Der Risikoausschuss wacht zudem darüber, dass die Konditionen im Kunden-geschäft mit dem Geschäftsmodell und der Risikostruktur des Institutes im Einklang stehen. Soweit dies nicht der Fall ist, verlangt der Risikoausschuss von der Geschäftsleitung Vorschläge, wie die Konditionen im Kundengeschäft in Übereinstimmung mit dem Geschäftsmodell und der Risikostruktur ausgestaltet werden können, und überwacht deren Umsetzung. Der Risikoaus-schuss prüft zudem, ob die durch das Vergütungssystem gesetzten Anreize die Risiko-, Kapital- und Liquiditätsstruktur des Institutes sowie die Wahrscheinlichkeit und Fälligkeit von Einnahmen berücksichtigen. Der Vorsitzende des Risikoausschusses kann unter Einbeziehung der Geschäfts-leitung unmittelbar beim Leiter der Internen Revision und beim Leiter der Risikocontrolling-Funk-tion Auskünfte einholen. Der Risikoausschuss soll Art, Umfang, Format und Häufigkeit der Informationen bestimmen, die von der Geschäftsleitung zum Thema Strategie und Risiko vor-gelegt werden müssen.

Auch den Vorgaben der EBA zufolge sollte der Risikoausschuss, sofern er eingerichtet wurde, **57** u. a. das Aufsichtsorgan bezüglich der Überwachung des tatsächlichen und künftigen Risikoappe-tits sowie der Risikostrategie des Institutes insgesamt beraten und unterstützen, wobei allen Arten von Risiken Rechnung zu tragen ist, um sicherzustellen, dass diese mit der Geschäftsstrategie, den Zielen, der Unternehmenskultur und den Werten des Institutes im Einklang stehen. Außerdem sollte er das Aufsichtsorgan bei der Überwachung der Umsetzung der Risikostrategie des Institutes und der entsprechenden festgelegten Limite unterstützen, die Umsetzung der Strategien für das Kapital- und Liquiditätsmanagement sowie für alle anderen relevanten Risiken eines Institutes überwachen, um ihre Angemessenheit im Hinblick auf den festgelegten Risikoappetit und die festgelegte Risikostrategie zu beurteilen, dem Aufsichtsorgan Empfehlungen zu notwendigen Anpassungen an die Risikostrategie unterbreiten, die sich u. a. aus Änderungen des Geschäfts-modells des Institutes, Marktentwicklungen oder Empfehlungen der Risikocontrolling-Funktion ergeben, eine Reihe von möglichen Szenarien überprüfen, einschließlich Stressszenarien, um zu bewerten, wie das Risikoprofil des Institutes bei externen und internen Ereignissen reagieren, sowie die Übereinstimmung zwischen allen wesentlichen Finanzprodukten und -dienstleistungen, die den Kunden angeboten werden, und dem Geschäftsmodell und der Risikostrategie des Institutes überwachen. Sofern eingerichtet, muss der Risikoausschuss unbeschadet der Aufgaben des Vergütungsausschusses prüfen, ob bei den durch die Vergütungspolitik und -praxis gebotenen Anreizen das Risiko, das Kapital, die Liquidität und die Wahrscheinlichkeit sowie der Zeitpunkt von Einnahmen des Institutes berücksichtigt werden.[41]

---

41 Vgl. European Banking Authority, Leitlinien zur internen Governance, EBA/GL/2017/11, 21. März 2018, S. 16 ff.

5.6 Ad-hoc-Berichterstattung an das Aufsichtsorgan

58 Für das Aufsichtsorgan unter Risikogesichtspunkten wesentliche Informationen sind von der Geschäftsleitung unverzüglich weiterzuleiten. Auch die EBA erwartet, dass die Geschäftsleitung das Aufsichtsorgan bei Bedarf unverzüglich informiert.[42] Hierfür hat die Geschäftsleitung gemeinsam mit dem Aufsichtsorgan ein geeignetes Verfahren festzulegen. Ähnlich wie bei der regulären Berichterstattung, wird auch hinsichtlich der Ad-hoc-Berichterstattung für die Geschäftsleitung an das Aufsichtsorgan ein entsprechendes Verfahren gefordert (→ AT 4.3.2 Tz. 4).

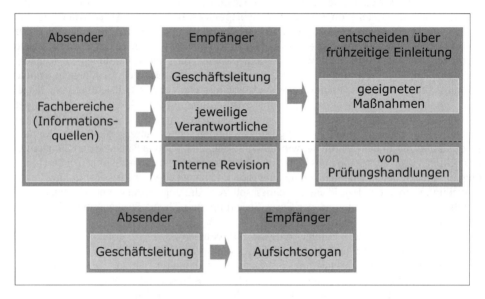

Abb. 73: Ablauf der Ad-hoc-Berichterstattung

59 Aufgrund der unterschiedlichen Aufgaben von Geschäftsleitung und Aufsichtsorgan werden allerdings nicht alle Informationen, die für die operativ tätige Geschäftsleitung oder die jeweiligen Verantwortlichen unter Risikogesichtspunkten wesentlich sind, auch für das Aufsichtsorgan von wesentlicher Bedeutung sein. So können z. B. einzelne Probleme durch kurzfristige Maßnahmen der Geschäftsleitung beseitigt werden, ohne dass das Aufsichtsorgan zwingend darüber informiert werden muss. Aus demselben Grund kann sich auch die turnusmäßige Risikoberichterstattung an Geschäftsleitung und Aufsichtsorgan voneinander unterscheiden. Um zu vermeiden, dass die Relevanz bestimmter Informationen für das Aufsichtsorgan von der Geschäftsleitung falsch eingeschätzt wird, ist das Verfahren für die Ad-hoc-Berichterstattung gemeinsam mit dem Aufsichtsorgan festzulegen. Diesbezüglich kann an Verfahrensweisen angeknüpft werden, die bereits anderweitig geregelt sind. So sehen z. B. die Sparkassengesetze der Länder teilweise eine Ad-hoc-Berichtspflicht an den Vorsitzenden des Verwaltungsrates vor.[43]

---

[42] Vgl. European Banking Authority, Leitlinien zur internen Governance, EBA/GL/2017/11, 21. März 2018, S. 12.

[43] Vgl. Deutscher Sparkassen- und Giroverband, Mindestanforderungen an das Risikomanagement – Interpretationsleitfaden, Version 6, 6. April 2018, S. 364, Fn. 383.

BT 3.2 Berichte der Risikocontrolling-Funktion

1 Angemessener Turnus für die Vorlage des Gesamtrisikoberichtes (Tz. 1)

1   **1** Die Risikocontrolling-Funktion hat regelmäßig, mindestens aber vierteljährlich, einen Gesamtrisikobericht über die als wesentlich eingestuften Risikoarten zu erstellen und der Geschäftsleitung vorzulegen. Mit Blick auf die einzelnen als wesentlich eingestuften Risikoarten kann in Abhängigkeit von der Risikoart, der Art, dem Umfang, der Komplexität, dem Risikogehalt und der Volatilität der jeweiligen Positionen sowie der Marktentwicklung auch eine monatliche, wöchentliche oder tägliche Berichterstattung über einzelne Risikoarten erforderlich sein.

1.1 Vierteljährlicher Gesamtbericht

2   Die unabhängige Risikocontrolling-Funktion ist für die Überwachung und Kommunikation der Risiken im Institut zuständig (→ AT4.4.1 Tz.1). Damit hat die Risikocontrolling-Funktion auch die Aufgabe, für die Geschäftsleitung regelmäßig die Risikoberichte zu erstellen (→ AT4.4.1 Tz.2). Die deutsche Aufsicht fordert von den Instituten mindestens vierteljährlich vorzulegende Risikoberichte über die Adressenausfallrisiken (→ BT3.2 Tz.3), die Marktpreisrisiken einschließlich der Zinsänderungsrisiken (→ BT3.2 Tz.4), die Liquiditätsrisiken (→ BT3.2 Tz.5) und seit der fünften MaRisk-Novelle explizit auch die sonstigen vom Institut als wesentlich identifizierten Risiken (→ BT3.2 Tz.7). Außerdem muss die Risikocontrolling-Funktion die Geschäftsleitung mindestens jährlich über bedeutende Schadensfälle und wesentliche operationelle Risiken unterrichten (→ BT3.2 Tz.6).

3   Mit der fünften MaRisk-Novelle wurde die Anforderung dahingehend ergänzt, dass die Risikocontrolling-Funktion regelmäßig, mindestens aber vierteljährlich, einen Gesamtrisikobericht über die als wesentlich eingestuften Risikoarten zu erstellen und der Geschäftsleitung vorzulegen hat. Die zwischenzeitlich im Entwurf enthaltene Erläuterung, wonach die Berichte zu den einzelnen wesentlichen Risiken alternativ auch gesondert erstellt und gemeinsam der Geschäftsleitung vorgelegt werden können, ist in der Endfassung der fünften MaRisk-Novelle nicht mehr enthalten. Insofern wird von der deutschen Aufsicht beim mindestens vierteljährlich zu erstellenden Gesamtrisikobericht von einem einzigen Dokument ausgegangen. In letzter Konsequenz geht es dabei auch um einen besseren Gesamtüberblick der Geschäftsleitung über die Risikosituation des Institutes.

4   Man kann sich trefflich darüber streiten, ob die Anforderung an die Berichterstattung über die operationellen Risiken im Zusammenhang mit dem Gesamtrisikobericht aus dem Rahmen fällt. Schließlich ist die Geschäftsleitung über diese Risikoart eigentlich nur jährlich zu unterrichten (→ BT3.2 Tz.6). Die deutsche Aufsicht hat an dieser Stelle jedoch ausdrücklich klargestellt, dass zu den als wesentlich eingestuften Risikoarten zumindest jene gehören, die beim Anwendungsbereich namentlich aufgeführt sind (→ BT3.2 Tz.1, Erläuterung). Da sich der Gesamtrisikobericht auf alle als wesentlich eingestuften Risikoarten bezieht, sind damit grundsätzlich auch die operationellen Risiken betroffen (→ AT2.2 Tz.1). Es wird insofern nicht möglich sein, hinsichtlich der operationellen Risiken vom mindestens vierteljährlichen Berichtsturnus abzuweichen.

1.2 Berichterstattung in kürzerem Turnus

Im Fokus der Risikoberichterstattung befinden sich alle vom Institut als wesentlich eingestuften **5** Risikoarten. Auf die jeweiligen Besonderheiten der verschiedenen Risikoarten und der zugehörigen Unterkategorien wird an anderer Stelle ausführlich eingegangen (→ BTR). Vor diesem Hintergrund weist die deutsche Aufsicht darauf hin, dass eine vierteljährliche Risikoberichterstattung in Abhängigkeit von der Risikoart, der Art, dem Umfang, der Komplexität, dem Risikogehalt und der Volatilität der jeweiligen Positionen sowie der Marktentwicklung ggf. nicht genügt, um über hinreichend viel Zeit für wirksame Gegensteuerungsmaßnahmen zu verfügen. Deshalb kann in Einzelfällen oder in besonderen Situationen auch eine monatliche, wöchentliche oder tägliche Berichterstattung über einzelne Risikoarten erforderlich sein.

Zum Beispiel haben systemrelevante sowie kapitalmarktorientierte Institute den Risikobericht über **6** die Liquiditätsrisiken und die Liquiditätssituation mindestens monatlich zu erstellen (→ BT 3.2 Tz. 5). Zudem ist es bei »Handelsbuchinstituten« erforderlich, die bestehenden Marktrisikopositionen für das Handelsbuch mindestens einmal täglich zum Geschäftsschluss zu Gesamtrisikopositionen zusammenzufassen und gemeinsam mit den Ergebnissen und Limitauslastungen nach Abstimmung mit dem Handelsbereich zeitnah am nächsten Geschäftstag dem für das Risikocontrolling zuständigen Geschäftsleiter zu berichten (→ BTR 2.2 Tz. 3 und BT 3.2 Tz. 4). Auf die tägliche Berichterstattung können die »Nicht-Handelsbuchinstitute« im Sinne von Art. 94 Abs. 1 CRR wiederum zugunsten eines längeren Turnus verzichten, weil in diesem Fall von unter Risikogesichtspunkten überschaubaren Positionen im Handelsbuch ausgegangen wird (→ BT 3.2 Tz. 4, Erläuterung).

Die EZB macht den Turnus der Risikoberichterstattung in erster Linie davon abhängig, ob eine **7** zeitnahe Reaktion der Geschäftsleitung gewährleistet werden kann.[1] Der Baseler Ausschusses für Bankenaufsicht stellt in erster Linie auf die Art und Volatilität der Risiken sowie die Bedeutung der Berichte für ein solides Risikomanagement und eine effektive und effiziente Entscheidungsfindung ab, weist aber auch auf die Bedürfnisse der jeweiligen Berichtsempfänger hin, die beachtet werden müssen.[2] Einig sind sich alle Aufsichtsbehörden darin, dass die Häufigkeit der Berichterstattung in Stressphasen oder Krisen tendenziell erhöht werden sollte. So erwartet die deutsche Aufsicht von den Instituten, dass sie in Stressphasen den Berichtsturnus erhöhen, soweit dies für die aktive und zeitnahe Steuerung der Risiken erforderlich erscheint (→ BT 3.2 Tz. 1, Erläuterung).

Neben der Möglichkeit, den Turnus der Risikoberichterstattung zu verkürzen, kann ein Institut **8** natürlich auch darauf vertrauen, dass zwischen den festgelegten Berichtsterminen die Ad-hoc-Berichterstattung als wirksames Instrument entscheidende Steuerungsimpulse generiert. So müssen die Institute außerhalb der turnusmäßigen Erstellung von Risikoberichten in der Lage sein, »ad hoc« Risikoinformationen zu generieren, sofern dies aufgrund der aktuellen Risikosituation des Institutes oder der aktuellen Situation der Märkte, auf denen das Institut tätig ist, geboten erscheint (→ BT 3.1 Tz. 3).

---

1 Vgl. Europäische Zentralbank, Leitfaden der EZB für den bankinternen Prozess zur Sicherstellung einer angemessenen Kapitalausstattung (Internal Capital Adequacy Assessment Process – ICAAP), 9. November 2018, S. 10; Europäische Zentralbank, Leitfaden der EZB für den bankinternen Prozess zur Sicherstellung einer angemessenen Liquiditätsausstattung (Internal Liquidity Adequacy Assessment Process – ILAAP), 9. November 2018, S. 11.

2 Vgl. Baseler Ausschuss für Bankenaufsicht, Grundsätze für die effektive Aggregation von Risikodaten und die Risikoberichterstattung, BCBS 239, 9. Januar 2013, S. 14.

2 Bestandteile des Gesamtrisikoberichtes (Tz. 2)

9 **2** Der Gesamtrisikobericht hat neben den wesentlichen Informationen zu den einzelnen als wesentlich eingestuften Risikoarten, den Stresstestergebnissen und Informationen zu den Risikokonzentrationen auch Angaben zur Angemessenheit der Kapitalausstattung, zum aufsichtsrechtlichen und ökonomischen Kapital, zu den aktuellen Kapital- und Liquiditätskennzahlen sowie zu Refinanzierungspositionen zu enthalten. Ferner sind auch Prognosen zur Entwicklung der Kapital- und Liquiditätskennzahlen und der Refinanzierungspositionen aufzunehmen.

2.1 Mindestvorgaben für den Gesamtrisikobericht

10 Es versteht sich von selbst, dass der Gesamtrisikobericht, wie der Name schon sagt, der Geschäftsleitung zunächst einmal einen Überblick über die als wesentlich eingestuften Risiken geben muss. Was hinsichtlich der einzelnen Risikoarten unter »wesentlichen Informationen« zu verstehen ist, wird von der deutschen Aufsicht an verschiedenen Stellen klargestellt. Konkrete inhaltliche Vorgaben werden für die Risikoberichte über die Adressenausfallrisiken (→ BT 3.2 Tz. 3), die Marktpreisrisiken einschließlich der Zinsänderungsrisiken (→ BT 3.2 Tz. 4), die Liquiditätsrisiken und die Liquiditätssituation (→ BT 3.2 Tz. 5), die bedeutenden Schadensfälle und wesentlichen operationellen Risiken (→ BT 3.2 Tz. 6) sowie die sonstigen vom Institut als wesentlich identifizierten Risiken (→ BT 3.2 Tz. 7) gemacht. Es liegt im Ermessen des Institutes, die einzelnen Berichtsanforderungen noch zu erweitern.

11 Bestandteil des Gesamtrisikoberichtes sollten darüber hinaus die Stresstestergebnisse und Informationen zu den Risikokonzentrationen sein. Diese Anforderung ergibt sich bereits daraus, dass in den Risikoberichten insbesondere auch die Ergebnisse der Stresstests und deren potenzielle Auswirkungen auf die Risikosituation und das Risikodeckungspotenzial sowie die den Stresstests zugrundeliegenden wesentlichen Annahmen darzustellen sind. Darüber hinaus ist gesondert auf Risikokonzentrationen und deren potenzielle Auswirkungen einzugehen (→ BT 3.1 Tz. 2).

12 Die Anforderungen, die ein Institut an seine interne Risikoberichterstattung stellt, sollten nach den Vorstellungen des Baseler Ausschusses für Bankenaufsicht im Einklang mit seinem Geschäftsmodell und seinem Risikoprofil stehen. Informationen zu Positionen und Engagements in allen wesentlichen Risikobereichen (z. B. Adressenausfallrisiken, Marktpreisrisiken, Liquiditätsrisiken und operationelle Risiken) und zu allen bedeutenden Komponenten dieser Risikobereiche (beim Kreditrisiko beispielsweise Einzeladressen-, Länder- und Branchenrisiken) sollten im Risikobericht ebenso enthalten sein, wie Stresstestergebnisse sowie Angaben zu Inter- und Intra-Risikokonzentrationen.[3]

13 Der Gesamtrisikobericht sollte auch als Gradmesser für die Einhaltung der Risikostrategie bzw. der möglichen Teilstrategien für die wesentlichen Risiken herangezogen werden (→ AT 4.2 Tz. 1). Wenn die Ziele der Risikosteuerung der wesentlichen Geschäftsaktivitäten nicht erreicht werden oder sich die geplanten Maßnahmen zur Erreichung dieser Ziele als unwirksam erweisen, sollte sich dies in der Risikoberichterstattung niederschlagen. Insbesondere sollte der Gesamtrisikobericht Auskunft darüber geben, ob der für die wesentlichen Risiken festgelegte Risikoappetit beachtet wird oder über die vereinbarten Beschränkungen hinausgegangen wird (→ AT 4.2 Tz. 2). Dies kann sich darin äußern, dass bestimmte quantitative Vorgaben (z. B. Limite oder Puffer)

---

3 Vgl. Baseler Ausschuss für Bankenaufsicht, Grundsätze für die effektive Aggregation von Risikodaten und die Risikoberichterstattung, BCBS 239, 9. Januar 2013, S. 12 f.

überschritten werden oder qualitative Vorgaben (z.B. Anforderung an die Besicherung von Krediten, Vermeidung bestimmter Geschäfte) unberücksichtigt bleiben. Die Geschäftsleitung kann ihrer Verantwortung für die Anpassung der Strategien nicht nachkommen, wenn sie über deren Einhaltung nicht hinreichend informiert wird (→ AT 4.2 Tz. 3). Die Ursachen für etwaige Zielabweichungen sind zu analysieren (→ AT 4.2 Tz. 4), wobei in diesem Fall vom Risikocontrolling auch Handlungsvorschläge unterbreitet werden sollten (→ BTR 3.1 Tz. 1). Unabhängig davon sollten in allen Risikoberichten Angaben zu den eventuell vergebenen Limiten und ihrer aktuellen Auslastung enthalten sein.

2.2 Einfluss von ICAAP und ILAAP auf die Berichtsinhalte

Mit der fünften MaRisk-Novelle wurde die Anforderung ergänzt, in die Berichterstattung an die Geschäftsleitung auch Angaben zur Angemessenheit der Kapitalausstattung, zum aufsichtsrechtlichen und ökonomischen Kapital, zu den aktuellen Kapital- und Liquiditätskennzahlen und zu Refinanzierungspositionen aufzunehmen. Damit rücken auch die Kennzahlen der ersten Säule in das Blickfeld der Risikoberichterstattung nach den MaRisk. Diese Berichtspflichten hängen mit den internen Prozessen zur Sicherstellung einer angemessenen Kapitalausstattung (»Internal Capital Adequacy Assessment Process«, ICAAP) und Liquiditätsausstattung (»Internal Liquidity Adequacy Assessment Process«, ILAAP) zusammen. Allerdings waren diese Themen auch vorher schon in den Risikoberichten enthalten. **14**

Die Umsetzung der einschlägigen Vorgaben zum ICAAP gemäß Art. 73 CRD IV und zum ILAAP nach Art. 86 CRD IV in nationales Recht ist über § 25a Abs. 1 Satz 3 KWG erfolgt. Demnach haben die Institute Verfahren zur Ermittlung und Sicherstellung der Risikotragfähigkeit einzurichten, wobei eine vorsichtige Ermittlung der Risiken und des zu ihrer Abdeckung verfügbaren Risikodeckungspotenzials zugrunde zu legen ist (→ AT 4.1). Außerdem müssen sie über Prozesse zur Identifizierung, Beurteilung, Steuerung sowie Überwachung und Kommunikation der in Art. 79 bis 87 CRD IV aufgeführten Risiken entsprechend den dort niedergelegten Kriterien verfügen. Dazu zählen auch die Liquiditäts- und Refinanzierungsrisiken (→ BTR 3). Dem ICAAP und dem ILAAP liegen zwei komplementäre interne Perspektiven zugrunde, deren Ergebnisse wechselseitig berücksichtigt werden sollen. In der »ökonomischen Perspektive« sollen die Institute alle wesentlichen Risiken identifizieren und quantifizieren, die ihre interne Kapital- oder Liquiditätsposition beeinträchtigen könnten, und diese Risiken entsprechend ihrem Konzept für die angemessene Kapital- oder Liquiditätsausstattung angemessen durch internes Kapital bzw. interne Liquidität absichern. Ergänzend dazu sollen sie mit der »normativen Perspektive« ihre Fähigkeit beurteilen, auf mittlere Sicht stets alle regulatorischen und aufsichtlichen Kapital- und Liquiditätsanforderungen und -vorgaben zu erfüllen und sonstigen externen finanziellen Zwängen Rechnung zu tragen.[4] Die normative Perspektive wird mit Hilfe eines zukunftsgerichteten Kapitalplanungsprozesses über einen Zeitraum von drei Jahren umgesetzt (→ AT 4.1 Tz. 11). In Ergänzung zur Kapitalplanung haben die Institute auch einen internen Refinanzierungsplan aufzustellen (→ BTR 3.1 Tz. 12). **15**

Von den Kapitalkennzahlen sollten u. a. die SREP-Gesamtkapitalanforderung (»Total SREP Capital Requirement«, TSCR) als Summe aus der Kapitalanforderung der ersten Säule gemäß Art. 92 CRR und dem »SREP-Kapitalzuschlag« bzw. der »Säule-2-Kapitalanforderung« (»Pillar 2 Requirement«, P2R) laut Art. 104a CRD V-E sowie die »Eigenmittelzielkennziffer« (EMZK) bzw. »Säule-2-Kapital- **16**

---

4 Vgl. Europäische Zentralbank, Leitfaden der EZB für den bankinternen Prozess zur Sicherstellung einer angemessenen Kapitalausstattung (Internal Capital Adequacy Assessment Process – ICAAP), 9. November 2018, S. 14 f.; Europäische Zentralbank, Leitfaden der EZB für den bankinternen Prozess zur Sicherstellung einer angemessenen Liquiditätsausstattung (Internal Liquidity Adequacy Assessment Process – ILAAP), 9. November 2018, S. 15 f.

empfehlung« (»Pillar 2 Guidance«, P2G) nach Art. 104b CRD V-E im Risikobericht enthalten sein. Von Interesse sind vermutlich auch die in Art. 128 CRD IV geforderten Kapitalpuffer, d.h. der »Kapitalerhaltungspuffer« (»Capital Conservation Buffer«, CCB) gemäß § 10c KWG, der »instituts-spezifische antizyklische Kapitalpuffer« (»Institution-specific Countercyclical Capital Buffer«, CCyB) nach § 10d KWG, der »Kapitalpuffer für global systemrelevante Institute« (G-SRI-Puffer, G-SII Buffer) laut § 10f KWG bzw. der »Kapitalpuffer für anderweitig systemrelevante Institute« (A-SRI-Puffer, O-SII Buffer) gemäß § 10g KWG und der »Kapitalpuffer für systemische Risiken« (»Systemic Risk Buffer«) nach § 10e KWG, die alle unter dem Begriff »kombinierte Kapitalpufferanforderung« (»Combined Buffer Requirement«, CBR) laut § 10i KWG zusammengefasst werden. Bei den bedeu-tenden Instituten kommen die von der EZB zusätzlich geforderten »Management-Puffer« dazu. Die Gesamtkapitalanforderung (»Overall Capital Requirements«, OCR) ergibt sich als Summe aus der TSCR und der CBR. Die P2G und der zusätzliche Management-Puffer sind darin nicht enthalten.

17   Mit Blick auf die Kapitalausstattung sollte in erster Linie über das Kernkapital (»Tier 1 capital«, T1) als Summe aus dem harten Kernkapital (»Common Equity Tier 1 capital«, CET1) und dem zusätz-lichen Kernkapital (»Additional Tier 1 capital«, AT1) sowie das Gesamtkapital (»Total capital«, TC) als Summe aus T1 und dem Ergänzungskapital (»Tier 2 capital«, T 2) berichtet werden.

18   Die wichtigsten Liquiditätskennzahlen sind die Liquiditätsdeckungsquote (»Liquidity Coverage Ratio«, LCR) nach Art. 412 Abs. 1 CRR und die strukturelle Liquiditätsquote (»Net Stable Funding Ratio«, NSFR) laut Art. 413 Abs. 1 CRR. Durch die LCR – als Quotient aus dem Bestand an hochliquiden Aktiva und dem erwarteten Nettozahlungsabfluss unter Stress – soll im kurzfristigen Bereich sicher-gestellt werden, dass die Institute in ausreichendem Maße über hochliquide Aktiva verfügen, um ein akutes Stressszenario von einem Monat zu überstehen. Anhand der NSFR – als Quotient aus der tatsächlichen und der erforderlichen stabilen Refinanzierung – soll abgeschätzt werden, ob die vor-handenen Refinanzierungsquellen ausreichen, um die längerfristige Refinanzierung sicherzustellen.

19   Die Risikoberichte müssen auch eine zukunftsorientierte Risikoeinschätzung abgeben und sich nicht ausschließlich auf aktuelle und historische Daten stützen (→ BT 3.1 Tz. 1). Da der ICAAP und der ILAAP auf die Fortführung des Geschäftsbetriebes ausgerichtet sind, liegt es nahe, vor allem zur Entwicklung der Kapital- und Liquiditätskennzahlen und der Refinanzierungspositionen auch Prognosen in die Risikoberichterstattung aufzunehmen. Sinnvoll können dabei auch Angaben zur Entwicklung der Kennzahlen im Zeitverlauf sein, um Tendenzen zu verdeutlichen und die Prognosen besser nachvollziehen zu können.

20   Der Baseler Ausschuss für Bankenaufsicht erwartet im Risikobericht ebenfalls risikorelevante Kennzahlen wie aufsichtsrechtliches und ökonomisches Kapital, Aussagen zur Angemessenheit der Kapitalausstattung, Prognosen der Kapital- und Liquiditätskennzahlen sowie Refinanzierungs-positionen und -pläne.[5] Die EZB erwartet von den bedeutenden Instituten, die ICAAP-Ergebnisse zur Risikoquantifizierung und Kapitalallokation nach entsprechender Genehmigung als Leistungs-benchmark und Zielgröße zu verwenden, an der die mit einer Risikoübernahme verbundenen Finanz- und sonstigen Ergebnisse der einzelnen Geschäftsbereiche gemessen werden könnten.[6]

2.3   Hinweise zur Risikoberichterstattung

21   Die Risikoberichterstattung an die Geschäftsleitung enthält also eine Fülle von Informationen. Zudem hat sie neben einer (quantitativen) Darstellung auch eine (qualitative) Beurteilung der

---

5   Vgl. Baseler Ausschuss für Bankenaufsicht, Grundsätze für die effektive Aggregation von Risikodaten und die Risiko-berichterstattung, BCBS 239, 9. Januar 2013, S. 12 f.

6   Vgl. Europäische Zentralbank, Leitfaden der EZB für den bankinternen Prozess zur Sicherstellung einer angemessenen Kapitalausstattung (Internal Capital Adequacy Assessment Process – ICAAP), 9. November 2018, S. 11.

Risikosituation zu enthalten, um nachvollziehbar und aussagefähig zu sein (→ BT 3.1 Tz. 1). Um der Geschäftsleitung einen Überblick über die wesentlichen Erkenntnisse zu ermöglichen, kann die Risikoberichterstattung deshalb – soweit dies aus Sicht des Institutes als sinnvoll erachtet wird – durch prägnante Darstellungen ergänzt werden. Dafür eignet sich z. B. ein »Management Summary« (→ BT 3.2 Tz. 2, Erläuterung).

Aus Effizienzgründen ist es auch nicht nötig, nahezu identische Sachverhalte wiederholt neu **22** aufzubereiten. Soweit sich im Hinblick auf Sachverhalte in vorangegangenen Berichterstattungen keine relevanten Änderungen ergeben haben, kann im Rahmen der aktuellen Berichterstattung auf diese Informationen verwiesen werden (→ BT 3.2 Tz. 2, Erläuterung).

Die Geschäftsaktivitäten eines Institutes sind grundsätzlich immer mit Chancen und Risiken **23** verbunden, die im Idealfall in einem für das Institut günstigen Verhältnis zueinander stehen. Die Chancen beziehen sich auf mögliche Ertragskonstellationen, die Risiken laufen i. d. R. auf Kostenkomponenten hinaus. Da Risikoaspekte nicht isoliert von Ertrags- und Kostenaspekten diskutiert werden sollten, können letztere ebenfalls in die Risikoberichterstattung aufgenommen werden (→ BT 3.2 Tz. 2, Erläuterung).

Management Summary
Mindestinhalte der einzelnen Berichte (Berichterstattung auch über sonstige wesentliche Risiken ohne konkrete Anforderungen)
Besondere Risiken für die Geschäftsentwicklung inkl. Maßnahmen
Ergebnisse der Stresstests und deren potenzielle Auswirkungen auf die Risikosituation und das Risikodeckungspotenzial (mit Annahmen)
Risikokonzentrationen und deren potenzielle Auswirkungen
ggf. inkl. Ertrags- und Kostenaspekten; Handlungsvorschläge bei Bedarf
Angemessenheit der Kapitalausstattung (aufsichtsrechtliches und ökonomisches Kapital)
Kapital- und Liquiditätskennziffern inkl. Prognosen (EBA-Vorgaben nur optional)
Refinanzierungspositionen inkl. Prognosen

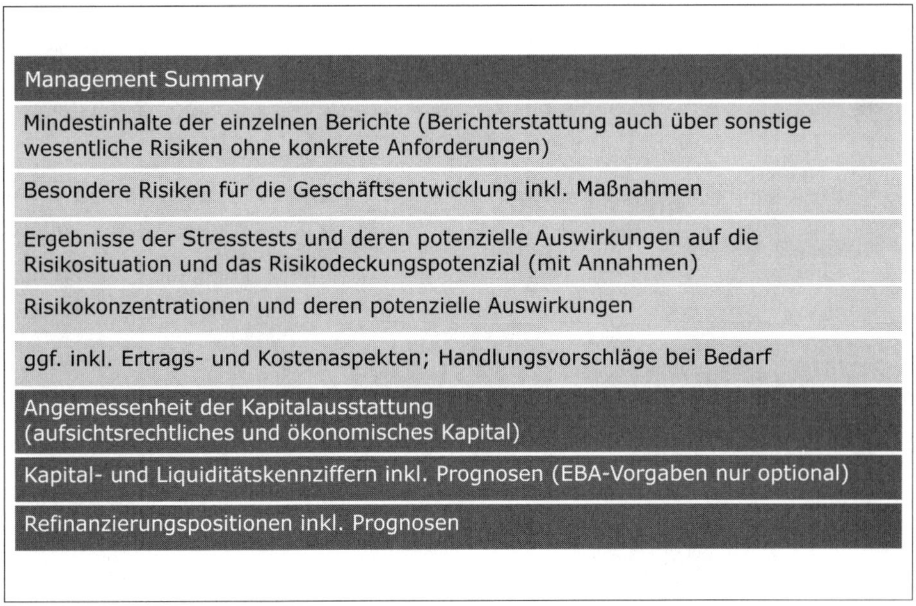

Abb. 74: Inhalte der Risikoberichterstattung

2.4 Prozessbeteiligte

Die Risikocontrolling-Funktion ist grundsätzlich für die Überwachung und Kommunikation der **24** Risiken (→ AT 4.4.1 Tz. 1 und BTO Tz. 2 lit. d) und speziell für die regelmäßige Erstellung der Risikoberichte für die Geschäftsleitung (→ AT 4.4.1 Tz. 2) zuständig. Wie an anderer Stelle bereits ausgeführt, wird konsequenter Weise die Verantwortung der Geschäftsleitung, sich regelmäßig bzw. in angemessenen Abständen über die Risikosituation berichten zu lassen (→ AT 4.3.2 Tz. 3

BT 3.2 Berichte der Risikocontrolling-Funktion

und BT 3.1 Tz. 1), mit Blick auf den Gesamtrisikobericht ($\rightarrow$ BT 3.2 Tz. 1) und die Berichte über die wesentlichen Risikoarten ($\rightarrow$ BT 3.2 Tz. 3 bis 7) auf die Risikocontrolling-Funktion übertragen.

25   Bei der Erstellung der Berichte über die wesentlichen Risiken können neben dem Risikocontrolling die jeweils verantwortlichen Organisationseinheiten eine aktive Rolle spielen. So ist eine Diskussion der Handlungsvorschläge, die bei Bedarf in die Risikoberichterstattung aufzunehmen sind ($\rightarrow$ BT 3.1 Tz. 1), mit diesen Bereichen grundsätzlich gestattet, solange der Informationsgehalt der Risikoberichterstattung bzw. der Handlungsvorschläge dadurch nicht verzerrt wird ($\rightarrow$ BT 3.2 Tz. 2, Erläuterung). In der Praxis ist auch die Erstellung der Risikoberichte häufig ein Gemeinschaftsprodukt verschiedener Organisationseinheiten, da das Risikocontrolling nicht in jedem Fall dazu in der Lage ist, die geforderten detaillierten Angaben allein bzw. ohne Rücksprache mit den verantwortlichen Bereichen zusammenzustellen. Die MaRisk schließen eine derartige Vorgehensweise nicht aus. Zudem kann auf diese Weise vermieden werden, Vorschläge zulasten Dritter zu unterbreiten, die ggf. schwer umsetzbar sind.

3 Berichterstattung über die Adressenausfallrisiken (Tz. 3)

3   In regelmäßigen Abständen, mindestens aber vierteljährlich, ist ein Risikobericht über die Adressenausfallrisiken, in dem die wesentlichen strukturellen Merkmale des Kreditgeschäftes enthalten sind, zu erstellen und der Geschäftsleitung zur Verfügung zu stellen. Der Risikobericht hat die folgenden Informationen zu umfassen: **26**

a) die Entwicklung des Kreditportfolios, z. B. nach Branchen, Ländern, Risikoklassen und Größenklassen oder Sicherheitenkategorien, unter besonderer Berücksichtigung von Risikokonzentrationen,

b) den Umfang der vergebenen Limite und externen Linien; ferner sind Großkredite und sonstige bemerkenswerte Engagements (z. B. Sanierungs- und Abwicklungskredite von wesentlicher Bedeutung, Kredite in der Intensivbetreuung von wesentlicher Bedeutung) aufzuführen und ggf. zu kommentieren,

c) ggf. eine gesonderte Darstellung der Länderrisiken,

d) bedeutende Limitüberschreitungen (einschließlich einer Begründung),

e) den Umfang und die Entwicklung des Neugeschäftes,

f) die Entwicklung der Risikovorsorge des Institutes,

g) getroffene Kreditentscheidungen von wesentlicher Bedeutung, die von den Strategien abweichen und

h) Kreditentscheidungen im risikorelevanten Kreditgeschäft, die Geschäftsleiter im Rahmen ihrer Krediteinzelkompetenz beschlossen haben, soweit diese von den Voten abweichen, oder wenn sie von einem Geschäftsleiter getroffen werden, der für den Bereich Marktfolge zuständig ist.

3.1 Turnus der Berichterstattung über Adressenausfallrisiken

Gemäß der ursprünglich in BTR 1 Tz. 7 enthaltenen Anforderungen hält die deutsche Aufsicht eine mindestens vierteljährliche Berichtsfrequenz über die Adressenausfallrisiken grundsätzlich für erforderlich. Die Geschäftsleitung soll dadurch bereits frühzeitig in die Lage versetzt werden, auf bedrohliche oder den Bestand des Institutes gefährdende Risiken reagieren zu können. In Abhängigkeit von der Risikosituation im Kreditgeschäft kann sich auch ein kürzerer Berichtsrhythmus als notwendig erweisen. Dies kann z. B. erforderlich sein, wenn sich die Rahmenbedingungen im Kreditgeschäft (Zinsniveau etc.) bzw. die Situation in bestimmten Branchen, Regionen oder Marktsegmenten verschlechtern und dieser Trend keine vorübergehende Erscheinung ist. So wird von zahlreichen Experten derzeit davon ausgegangen, dass sich die Preisentwicklung am Immobilienmarkt von der tatsächlichen Wertentwicklung abgekoppelt hat und insofern auf absehbare Zeit mit einem (regional verschiedenen) Preisverfall der Immobilien zu rechnen ist, was sich auf den Wert der Sicherheiten auswirken würde. Dieser Preisverfall könnte beschleunigt werden, wenn gleichzeitig die Zinsen steigen und damit die Finanzierung einer Immobilie für viele Interessenten schwieriger wird, als dies im aktuellen Niedrigzinsumfeld der Fall ist. In der Folge würde die Nachfrage nach Immobilien sinken. Zudem könnten einige Kreditnehmer, die langlaufende Darlehen zur Immobilienfinanzierung aufgenommen haben, nach Ablauf der Zinsbindungsfrist in einem Umfeld mit deutlich höheren Kreditzinsen Probleme bei der Anschlussfinanzierung be-   **27** kommen. Sofern diese Kreditnehmer mit ihrer aktuellen Annuität bereits die mögliche Belastungsgrenze erreicht haben, kann bei der Anschlussfinanzierung aufgrund der steigenden Zinsen bei gleichbleibender Annuität nur der Tilgungsanteil gesenkt werden. Dies würde automatisch die Laufzeit der Finanzierung verlängern, womit sich in Kombination mit den geringeren Sicherheitenwerten insgesamt das Adressenausfallrisiko erhöht.

28   Inwiefern es im Einzelfall nötig ist, den Turnus für die regelmäßige Risikoberichterstattung zu erhöhen, hängt auch davon ab, wie gut die übrigen Berichtspflichten funktionieren. So sind unter Risikogesichtspunkten wesentliche Informationen unverzüglich an die Geschäftsleitung, die jeweiligen Verantwortlichen und ggf. die Interne Revision weiterzuleiten, so dass geeignete Maßnahmen bzw. Prüfungshandlungen frühzeitig eingeleitet werden können (→ AT 4.3.2 Tz. 4). Außerdem sind Überschreitungen von Kontrahenten- und Emittentenlimiten den zuständigen Geschäftsleitern ab einer unter Risikogesichtspunkten festgelegten Höhe täglich anzuzeigen (→ BTR 1 Tz. 5).

3.2   Inhalte der Berichterstattung über Adressenausfallrisiken

29   Im Risikobericht müssen insbesondere die wesentlichen strukturellen Merkmale des Kreditgeschäftes enthalten sein. Zu diesem Zweck werden relevante gesamtgeschäfts- und kreditnehmerbezogene Informationen eingefordert und teilweise beispielhaft erläutert. Die Entwicklung des Kreditportfolios muss unter besonderer Berücksichtigung von Risikokonzentrationen kommentiert werden. Diese Ergänzung im Rahmen der zweiten MaRisk-Novelle ist auf die Finanzmarktkrise zurückzuführen. Im Grunde ergibt sich die Notwendigkeit zur Berichterstattung über Risikokonzentrationen allerdings bereits daraus, dass die Entwicklung des Kreditportfolios z. B. nach Branchen, Ländern, Risikoklassen und Größenklassen oder Sicherheitenkategorien dargestellt werden muss.

30   Die in der Liste genannten Berichtsinhalte sind selbsterklärend oder ergeben sich aus den Anforderungen an das Kreditgeschäft bzw. das Management der Adressenausfallrisiken. So finden sich neben den allgemeinen Anforderungen an die Inhalte der Berichterstattung über die wesentlichen Risiken (→ BT 3.1 Tz. 2 und BT 3.2 Tz. 2) z. B. Hinweise für die Berichterstattung zur Entwicklung des Kreditportfolios bei den Ausführungen zur Steuerung und Überwachung von Risikokonzentrationen (→ BTR 1 Tz. 6). Unter sonstigen bemerkenswerten Engagements, die keine Großkredite sind, können z. B. die Kredite von wesentlicher Bedeutung verstanden werden, die einer Intensivbetreuung (→ BTO 1.2.4) unterzogen werden oder bereits der Sanierung bzw. Abwicklung (→ BTO 1.2.5) zugeordnet sind. Wann eine Limitüberschreitung institutsintern als »bedeutend« eingestuft wird, sollte bereits im Rahmen der Festlegung eines entsprechenden Verfahrens für die Behandlung von Limitüberschreitungen (→ BTO 1.2 Tz. 8) geregelt werden. Im Rahmen der regelmäßigen Berichterstattung wird eine stichtagsbezogene Darstellung als ausreichend erachtet.[7] Zwischenzeitliche Limitüberschreitungen werden der Geschäftsleitung durch die Anforderungen an die Ad-hoc-Berichterstattung ohnehin mitgeteilt (→ AT 4.3.2 Tz. 4). In Abbildung 75 sind diese Sachverhalte grafisch dargestellt.

---

7   Vgl. Bundesanstalt für Finanzdienstleistungsaufsicht, Protokoll der zweiten Sitzung des MaRisk-Fachgremiums am 17. August 2006, S. 3.

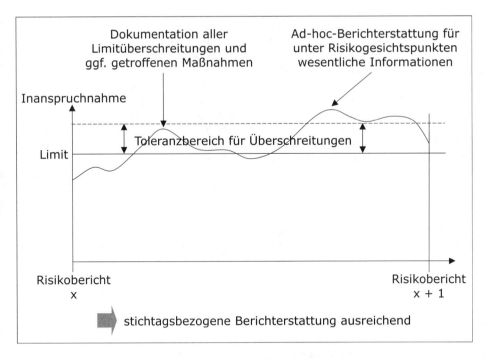

Abb. 75: Berichterstattung zu bedeutenden Limitüberschreitungen

Zum Umfang und zur Entwicklung des Neugeschäftes sowie der Risikovorsorge könnten neben **31** rein statistischen Angaben ggf. auch eine Ursachenanalyse und ein Ausblick auf die erwartete weitere Entwicklung sinnvoll sein. Welche von den Strategievorgaben abweichenden Kreditentscheidungen von so wesentlicher Bedeutung sind, dass sie Eingang in den Risikobericht finden, könnte institutsintern z. B. in Abhängigkeit von der erforderlichen Entscheidungskompetenz im Rahmen der Kreditgewährung bzw. der Ausgestaltung des damit verbundenen Eskalationsverfahrens festgelegt werden (→ BTO 1.1 Tz. 6). Denkbar ist in diesem Zusammenhang auch eine Zusammenstellung der unter Risikogesichtspunkten wesentlichen Informationen, die eine Ad-hoc-Berichterstattung zur Folge hatten (→ AT 4.3.2 Tz. 4).

3.3 Berichterstattung über Kreditentscheidungen in Einzelkompetenz

Das Erfordernis zur Berichterstattung über bestimmte Kreditentscheidungen ergibt sich grund- **32** sätzlich aus den Festlegungen zur Ausübung einer Krediteinzelkompetenz (→ BTO 1.1 Tz. 5). Dabei ist es allerdings ausreichend, wenn im Risikobericht nur über Entscheidungen berichtet wird, die das risikorelevante Kreditgeschäft betreffen.

Da über bemerkenswerte Engagements (z. B. Kredite von wesentlicher Bedeutung in der Intensiv- **33** betreuung, in der Sanierung oder in der Abwicklung) ohnehin separat berichtet wird, ist eine zusätzliche Berichtspflicht bei Entscheidungen über Sanierungskredite, die durch einen Marktfolge-

Geschäftsleiter im Rahmen seiner Einzelkompetenz getroffen wurden, ebenfalls nicht erforderlich ($\rightarrow$ BT3.2 Tz.3, Erläuterung). Dies hat außerdem den praktischen Hintergrund, dass insbesondere in der Sanierung und Abwicklung auf das Marktvotum verzichtet werden kann, da Interessenkonflikte, die das Zwei-Voten-Prinzip erforderlich machen, dort i.d.R. nicht auftreten können. Folglich sind Entscheidungen eines marktunabhängigen Geschäftsleiters in diesem Bereich ohnehin der Normalfall. Da teilweise auch im Rahmen der Abwicklung Entscheidungen zu treffen sind, die sich z.B. auf die Freigabe von Sicherheiten beziehen können, ist dort eine ähnliche Vorgehensweise denkbar.

34   Daneben kann grundsätzlich jeder Geschäftsleiter im Rahmen seiner Krediteinzelkompetenz bei der Kreditentscheidung auch von den Voten der Bereiche Markt oder Marktfolge abweichen ($\rightarrow$ BTO1.1 Tz.5). Dies betrifft nicht nur den Fall, dass vom Markt und von der Marktfolge abweichende Voten vorliegen und im Rahmen des Eskalationsverfahrens die endgültige Entscheidung auf Ebene der Geschäftsleitung getroffen wird ($\rightarrow$ BTO1.1 Tz.6). Es ist durchaus möglich, dass ein Geschäftsleiter im Rahmen seiner Krediteinzelkompetenz einen Kreditantrag genehmigt, obwohl sich die Bereiche Markt und Marktfolge beide dagegen ausgesprochen haben. In der Praxis wird dieser Fall selten auftreten und vermutlich vor allem auf jene Fälle beschränkt sein, in denen die Voten der Fachbereiche nachträglich eingeholt worden sind. Die Berichterstattung über derartige Kreditentscheidungen soll dazu beitragen, Transparenz über diese Praxis herzustellen und damit die übrigen Geschäftsleiter im Rahmen ihrer Gesamtverantwortung stärker in die Pflicht zu nehmen.

3.4   Einbeziehung von Vorratslinien

35   In Bezug auf den in die Berichterstattung einzubeziehenden Umfang der vergebenen Limite und externen Linien ist in Fachkreisen diskutiert worden, ob hierzu auch so genannte »interne Vorratslinien« zählen. Derartige Vorratslinien fokussieren nicht auf den aktuellen Kapitalbedarf des Kunden, sondern auf seine Bonität sowie seine kurz-, mittel- und langfristige Kapitaldienstfähigkeit. Sie werden intern »bis auf weiteres« (b.a.w.) genehmigt und dürfen im Außenverhältnis (gegenüber dem Kunden) nicht bekanntgemacht werden. Eine Berücksichtigung der internen Vorratslinien entspricht der Intention der deutschen Aufsicht, die Geschäftsleitung sowie das Aufsichtsorgan mittels Risikobericht über die tatsächliche bzw. potenzielle Risikosituation des Institutes zu unterrichten. Darüber hinaus werden kreditnehmerbezogene Limite, unabhängig davon, ob es sich um interne oder externe Limite handelt, von der »Liste der Kreditentscheidungen« erfasst ($\rightarrow$ AT2.3 Tz.2). Gestützt wird diese Ansicht durch die Entscheidung der BaFin, auch in der Überschreitung eines (dem Kunden nicht bekannten) internen Limits eine Kreditentscheidung zu sehen.[8]

3.5   Ausgestaltung der Berichterstattung über Adressenausfallrisiken

36   Die Risikoberichterstattung ist Bestandteil der Risikosteuerungs- und -controllingprozesse und muss insofern Art, Umfang, Komplexität und Risikogehalt der Geschäftsaktivitäten entsprechen ($\rightarrow$ AT4.3.2 Tz.1). Ausschlaggebend für die Notwendigkeit der Beachtung der einzelnen Berichtspflichten sind die jeweiligen institutsinternen Gegebenheiten. So kann z.B. auf die gesonderte Darstellung des Länder-

---

8   Vgl. Bundesanstalt für Finanzdienstleistungsaufsicht, Protokoll der ersten Sitzung des MaK-Fachgremiums am 14. Mai 2003, S. 7.

risikos verzichtet werden, wenn das mit Länderrisiken behaftete Geschäft gar nicht oder nicht in nennenswertem Umfang betrieben wird.[9] Wie genau die unter a) bis h) genannten und aus Sicht der deutschen Aufsicht erforderlichen Informationen aufbereitet und ggf. kommentiert oder begründet werden, obliegt den Instituten und richtet sich grundsätzlich nach dem jeweiligen Anspruch der Geschäftsleitung. Konkrete Vorgaben werden durch die MaRisk nicht gemacht.

---

9 Vgl. Hanenberg, Ludger/Kreische, Kai/Schneider, Andreas, Mindestanforderungen an das Kreditgeschäft der Kreditinstitute – Zum Inhalt des Rundschreibens 34/2002 (BA) der Bundesanstalt für Finanzdienstleistungsaufsicht, in: Die Wirtschaftsprüfung, Heft 8/2003, S. 408.

4 Berichterstattung über die Marktpreis- und Zinsänderungsrisiken (Tz. 4)

37   4 In regelmäßigen Abständen, mindestens aber vierteljährlich, ist ein Risikobericht über die vom Institut eingegangenen Marktpreisrisiken einschließlich der Zinsänderungsrisiken zu erstellen und der Geschäftsleitung zur Verfügung zu stellen. Der Bericht hat unter Einbeziehung der internen Handelsgeschäfte folgende Informationen zu umfassen:

   a)   einen Überblick über die Risiko- und Ergebnisentwicklung der mit Marktpreisrisiken behafteten Positionen,

   b)   bedeutende Limitüberschreitungen,

   c)   Änderungen der wesentlichen Annahmen oder Parameter, die den Verfahren zur Beurteilung der Marktpreisrisiken zugrundeliegen,

   d)   Auffälligkeiten bei der Abstimmung der Handelspositionen (z. B. hinsichtlich der Handelsvolumina, GuV-Auswirkungen, Stornoquoten).

Die nach BTR 2.2 Tz. 3 zu ermittelnden Gesamtrisikopositionen und Ergebnisse und die Limitauslastungen sind zeitnah am nächsten Geschäftstag dem für das Risikocontrolling zuständigen Geschäftsleiter zu berichten. Die Meldung ist mit dem Handelsbereich abzustimmen. Die Berichtspflichten aus BTO 2.2.1 Tz. 2 Buchstabe d (bedeutende Handelsgeschäfte zu nicht marktgerechten Bedingungen) bleiben unberührt.

4.1 Turnus der Berichterstattung über Marktpreisrisiken

38   Gemäß der ursprünglich in BTR 2.1 Tz. 5 enthaltenen Anforderungen hat die Risikoberichterstattung über die vom Institut eingegangenen Marktpreisrisiken einschließlich der Zinsänderungsrisiken mindestens vierteljährlich zu erfolgen. Diese Berichterstattung an die gesamte Geschäftsleitung orientiert sich am Turnus der Bewertung und Ergebnisermittlung für die Positionen des Anlagebuches (→ BTR 2.3 Tz. 1 und 2). Sie ergänzt die täglichen Berichtspflichten gegenüber dem für das Risikocontrolling verantwortlichen Geschäftsleiter über die Gesamtrisikopositionen, Ergebnisse und Limitauslastungen der mit Marktpreisrisiken behafteten Geschäfte des Handelsbuches (→ BTR 2.2 Tz. 3) und die anlassbezogene Berichterstattung an die Geschäftsleitung über bedeutende Handelsgeschäfte zu nicht marktgerechten Bedingungen (→ BTO 2.2.1 Tz. 2 lit. d). Die mindestens vierteljährliche Risikoberichterstattung bezieht sich sowohl auf das Handelsbuch als auch auf das Anlagebuch.

4.2 Einbeziehung interner Handelsgeschäfte

39   In den Risikobericht müssen auch die internen Handelsgeschäfte einbezogen werden, da die MaRisk für diese Geschäfte eine – wenn auch sinngemäße – Einhaltung der Anforderungen an externe Handelsgeschäfte vorsehen (→ BTO 2.2.1 Tz. 1, Erläuterung). Interne Handelsgeschäfte im Sinne der MaRisk sind Geschäfte innerhalb einer Rechtseinheit (»legal entity«), die dazu dienen, Risiken zwischen einzelnen Niederlassungen, Organisationseinheiten oder (Teil-)Portfo-

lien zu transferieren (→ BTO 2.2.1 Tz. 1, Erläuterung). Interne Handelsgeschäfte können z. B. zu Verschiebungen zwischen den Positionen des Handels- und des Anlagebuches führen, was sich nicht nur auf die jeweiligen Bearbeitungsprozesse, sondern aufgrund unterschiedlicher Bewertungsvorschriften durchaus auch nachhaltig auf die Marktrisikoposition eines Institutes auswirken kann. Die Angaben zu den internen Geschäften können allerdings auch in den übrigen Positionen des Risikoberichtes enthalten sein und müssen insofern nicht separat aufgeführt werden.

4.3 Inhalte der Berichterstattung über Marktpreisrisiken

Mit Hilfe der Risikoberichterstattung soll sich die Geschäftsleitung in erster Linie einen Überblick über **40** die Risiko- und Ergebnisentwicklung der mit Marktpreisrisiken behafteten Positionen auf Gesamtbankebene im Berichtszeitraum verschaffen. Der Risikobericht kann entweder auf die Entwicklung des handelsrechtlichen oder des betriebswirtschaftlichen Ergebnisses abgestellt werden. Wird das handelsrechtliche Ergebnis für die Berichterstattung herangezogen, sind der Vollständigkeit halber auch die schwebenden Gewinne und Verluste zu berücksichtigen, die nicht GuV-wirksam erfasst werden (→ BT 3.2 Tz. 4, Erläuterung). Trotz des engen Zusammenhangs zur so genannten »Fair-Value-Bewertung« gemäß IFRS 13 soll damit allerdings keine Bilanzierungsmethode vorgegeben werden.

Zu berichten ist darüber hinaus über bedeutende Limitüberschreitungen. In diesem Zusammen- **41** hang könnte darauf verwiesen werden, durch welche Maßnahmen sichergestellt wurde, dass Limitüberschreitungen aufgrund zwischenzeitlicher Veränderungen der Risikopositionen vermieden werden konnten, was insbesondere für die Positionen des Anlagebuches gefordert wird (→ BTR 2.3 Tz. 3), bzw. welche Maßnahmen bei Limitüberschreitungen im Berichtszeitraum eingeleitet wurden. Denkbar sind auch Hinweise auf eingeleitete bzw. noch nicht abgeschlossene Eskalationsschritte im Hinblick auf Limitüberschreitungen bei Positionen des Handelsbuches (→ BTR 2.2 Tz. 1).

Außerdem müssen die Änderungen der wesentlichen Annahmen oder Parameter, die den **42** Verfahren zur Beurteilung der Marktpreisrisiken zugrundeliegen, im Risikobericht dargestellt werden, um daraus resultierende Abweichungen zum letzten Bericht nachvollziehen zu können. Auf diese Weise wird das Verständnis der Geschäftsleitung von den im Institut eingesetzten Beurteilungsverfahren verbessert, wodurch sie ihre Verantwortung für das Risikomanagement besser wahrnehmen kann (→ AT 3 Tz. 1). Bei Verwendung des Value-at-Risk-Konzeptes könnten z. B. Anpassungen der Risikofaktoren, der Haltedauer, des Konfidenzniveaus oder der Korrelationsannahmen eine wesentliche Rolle spielen. Auch Änderungen bei der Zusammensetzung der Risikodeckungsmasse oder des Risikoappetits sollten Erwähnung finden, ebenso wie eine geänderte Handhabung von Positionen mit unbestimmter Kapital- oder Zinsbindung (→ BTR 2.3 Tz. 7). Konsequenzen aus der regelmäßigen Überprüfung der Verfahren zur Beurteilung der Marktpreisrisiken, wie z. B. die Festlegung alternativer Bewertungsmethoden, wenn für wesentliche Positionen über einen längeren Zeitraum auf fehlende, veraltete oder verzerrte Marktpreise zurückgegriffen werden musste (→ BTR 2.1 Tz. 3), sollten zudem begründet werden.

Schließlich hat der Risikobericht auch Auffälligkeiten bei der Abstimmung der Handelspositionen **43** zu umfassen. Beispielhaft genannt werden Auffälligkeiten hinsichtlich der Handelsvolumina, GuV-Auswirkungen und Stornoquoten. Während besonders hohe Stornoquoten in der Tat bei der »Abstimmung« der Handelspositionen auffallen müssten, sind Besonderheiten hinsichtlich der Handelsvolumina und der GuV-Auswirkungen eher aus deren »Entwicklung« abzulesen. Insofern wurde der Ausdruck »Abstimmung« nicht optimal gewählt. Auch diese Anforderung ist auf einige spektakuläre Betrugsfälle im Handelsgeschäft zurückzuführen. So hatte Jérôme Kerviel von der Société Générale bis zum Januar 2008 offene Positionen über 50 Mrd. Euro aufgebaut und durch fiktive Gegengeschäfte zu vertuschen versucht, die er jeweils kurz vor deren Fälligkeit wieder stornierte. In diesem Fall hatten weder eine bereits im Jahre 2007 festgestellte rechnerische Differenz zwischen dem Kassenbestand und dem GuV-Ausweis in Höhe von 1,4 Mrd. Euro noch der Aufbau auffällig hoher Positionen beim Eurostoxx und beim Dax, zu denen die deutsche Terminbörse Eurex im August 2007 um Erklärung bat, zu angemessenen Reaktionen in der Bank geführt.[10] Auch derartigen Defiziten soll zukünftig u. a. durch ein aussagekräftiges Reporting begegnet werden.

44   Unabhängig davon gelten die allgemeinen Anforderungen an die Inhalte der Berichterstattung über die wesentlichen Risiken (→ BT 3.1 Tz. 2 und BT 3.2 Tz. 2).

4.4   Mögliche Ergänzungen

45   Für die im Rahmen der Risikotragfähigkeit berücksichtigten Risiken, also i. d. R. auch für die Marktpreisrisiken, sind regelmäßig angemessene Stresstests durchzuführen (→ AT 4.3.3 Tz. 1), über die sich die Geschäftsleitung mit Hilfe des Gesamtrisikoberichtes ebenfalls unterrichten zu lassen hat (→ BT 3.1 Tz. 2, BT 3.2 Tz. 2). Insofern könnte der Risikobericht über die vom Institut insgesamt eingegangenen Marktpreisrisiken einschließlich der Zinsänderungsrisiken um diese Informationen sowie um die Ergebnisse eines eventuell durchgeführten Backtesting (→ BTR 2.2 Tz. 4) angereichert werden. Dabei sollte in Bezug auf mögliche Auswirkungen von Zinsänderungen auf das handelsrechtliche Ergebnis ein angemessener Betrachtungszeitraum über den Bilanzstichtag hinaus gewählt werden (→ BTR 2.3 Tz. 6).

46   Mit Blick auf die Anforderungen an die Prozesse im Handelsgeschäft (→ BTO 2) könnten ggf. zusätzlich jene Handelsgeschäfte von wesentlichem Interesse sein, die im Rahmen der festgelegten Ausnahmen zu nicht marktgerechten Bedingungen abgeschlossen wurden (→ BTO 2.2.1 Tz. 2). Ferner könnten Informationen über neue Produkte in die Risikoberichterstattung aufgenommen werden. Sinnvoll wäre auch ein Hinweis auf Zinsänderungsrisiken, denen das Institut in einer bestimmten Fremdwährung in besonderer Weise unterliegt. Die wesentlichen Zinsänderungsrisiken in verschiedenen Währungen müssen ohnehin ermittelt werden (→ BTR 2.3 Tz. 8).

47   Nach den Vorgaben der EBA sollten die zuständigen Behörden im Rahmen des SREP u. a. prüfen, ob die Institute über angemessene Überwachungs- und Berichterstattungsprozesse für die Marktpreisrisiken und die Zinsänderungsrisiken im Anlagebuch (»Interest Rate Risks in the Banking Book«, IRRBB) verfügen, damit durch die Geschäftsleitung oder die geeignete Managementebene im Bedarfsfall unverzüglich Maßnahmen ergriffen werden können. Dabei sollten sie berücksichtigen, ob diesem Personenkreis regelmäßig mindestens die folgenden Informationen übermittelt werden: die aktuellen Marktrisikopositionen, GuV-Ergebnisse und Risikomessgrößen (z. B. Value at Risk) im Vergleich zu den festgelegten Limiten, eine Übersicht über die aktuelle IRRBB-Risikoposition, die GuV-Ergebnisse und die Risikoberechnung sowie die Treiber für die Höhe und die Entwicklung des IRRBB, wesentliche Überschreitungen der IRRBB-Limite, Änderungen der wichtigsten Annahmen oder Parameter, auf denen die Verfahren für die Bewertung des IRRBB basieren, sowie Änderungen der Position der Zinsderivate und ob diese mit Änderungen der zugrundeliegenden Absicherungsstrategie zusammenhängen. Die Häufigkeit der Berichterstattung kann von Umfang, Komplexität und Höhe der Marktpreisrisikoposition bzw. der IRRBB-Risikoposition abhängig gemacht werden.[11]

---

10 Vgl. Alich, Holger, Wer ist hier der Zocker?, in: Handelsblatt vom 7. Juni 2010, S. 34 f.

11 Vgl. European Banking Authority, Guidelines on common procedures and methodologies for the supervisory review and evaluation process (SREP) and supervisory stress testing, EBA/GL/2014/13, Consolidated version, 19. Juli 2018, S. 101 und 128.

4.5 Ausgestaltung der Berichterstattung über Marktpreisrisiken

Gemäß den bis zur fünften MaRisk-Novelle in BTR 2.2 Tz. 3 enthaltenen Anforderungen, muss die **48** tägliche Meldung insbesondere die Gesamtrisikopositionen, Ergebnisse und Limitauslastungen enthalten. Zusätzlich zur möglichen Aufteilung in Zins-, Währungs-, Aktienkurs- und sonstige Marktpreispositionen sowie zu deren erforderlicher Darstellung in aggregierter Form (als Handelsposition des Institutes) kann z. B. nach den jeweiligen Organisationseinheiten unterschieden werden.

Im Gegensatz zur Ergebnisermittlung wird im Rahmen der Berichterstattung von den Ergeb- **49** nissen im Plural gesprochen. Das bedeutet jedoch nicht, dass neben dem betriebswirtschaftlichen Ergebnis noch weitere Sichtweisen zwingend vorgegeben sind, wenngleich z. B. das handelsrechtliche Ergebnis und seine Veränderung gegenüber dem Vortag natürlich von Interesse für die Geschäftsleitung sein können. Vielmehr muss das betriebswirtschaftliche Ergebnis für das Handelsbuch auf die jeweils gebildeten Gesamtrisikopositionen heruntergebrochen werden.

Daneben können für den zuständigen Geschäftsleiter insbesondere die bereits realisierten **50** Gewinne und Verluste sowie die betriebswirtschaftliche Ergebnisentwicklung über einen längeren Zeitraum, bis hin zum kumulierten Jahresergebnis, auf allen Gliederungsebenen von Nutzen sein. Häufig wird die Ergebnisentwicklung für das laufende Geschäftsjahr bis zum Berichtstag zusätzlich grafisch dargestellt, um den Überblick zu erleichtern.[12]

Für die Berichterstattung über die Limitauslastungen empfiehlt es sich, dieselben Gliederungs- **51** ebenen zu verwenden, wie für die Darstellung der Ergebnisentwicklung. Limitauslastungen sollten sowohl in absoluter als auch in relativer (prozentualer) Form in die Meldung einfließen. Inwiefern im Rahmen der täglichen Meldungen auch auf die mit den Handelsbuchpositionen verbundenen Adressenausfallrisiken eingegangen werden muss, hängt davon ab, ob z. B. den besonderen Kursrisiken im Rahmen der Limitierung der Marktpreisrisiken oder bei der Steuerung der Adressenausfallrisiken Rechnung getragen wird (→ BTR 1 Tz. 4, Erläuterung).

4.6 Tägliche Berichterstattung

Die tägliche Berichterstattung hatte in der Vergangenheit spätestens bis zum Geschäftsbeginn des **52** nächsten Geschäftstages zu erfolgen, d. h. grundsätzlich bis 9:00 Uhr. Um diese Anforderung formal zu erfüllen, wurde zunächst ein so genannter »Blitzreport« ausgearbeitet, der zwar bis 9:00 Uhr fertiggestellt war, jedoch die teilweise erst im Laufe der Vormittagsstunden eingehenden Informationen der Tochtergesellschaften usw. noch nicht vollständig berücksichtigen konnte. Diese Informationen mussten kontinuierlich nachgetragen werden, so dass bis ca. 12:30 Uhr der vollständige Bericht für den zuständigen Geschäftsleiter verfügbar war. Durch die im Rahmen der ersten MaRisk-Novelle geänderte Formulierung ist es mittlerweile gestattet, auf den »Blitzreport« zu verzichten. Die Zeitnähe ist auch dann gewährleistet, wenn der vollständige Bericht in den Vormittagsstunden zur Verfügung gestellt werden kann. Im Sinne der Ad-hoc-Berichterstattung empfiehlt es sich allerdings, den zuständigen Geschäftsleiter über etwaige Auffälligkeiten bereits am Beginn des Geschäftstages zu unterrichten (→ AT 4.3.2 Tz. 4).

Bei Instituten, die die Erleichterungen des Art. 94 Abs. 1 CRR in Anspruch nehmen oder nehmen **53** können (»Nicht-Handelsbuchinstitute«), ist an die tägliche Berichterstattung regelmäßig kein nennenswerter Informationsgewinn geknüpft, weil in diesem Fall von unter Risikogesichtspunkten überschaubaren Positionen im Handelsbuch ausgegangen wird. Eine entsprechende Anforde-

---

12 Vgl. z. B. Caps, Oliver/Tretter, Tobias, MaH aus Sicht der Marktpreisrisikosteuerung, in: Finanz Colloquium Heidelberg (Hrsg.), Einhaltung der MaH, Heidelberg, 2004, S. 173 f.

rung wäre auch unter Kosten-/Nutzen-Gesichtspunkten unverhältnismäßig. Deshalb kann unter diesen Voraussetzungen auf die tägliche Berichterstattung zugunsten eines längeren Turnus verzichtet werden (→ BT 3.2 Tz. 4, Erläuterung).

4.7 Unterschiedliche Behandlung von Handels- und Anlagebuchpositionen

54 Die unterschiedliche Behandlung von Positionen des Handels- und des Anlagebuches hinsichtlich der jeweils einzuhaltenden Fristen wird aus Abbildung 76 deutlich. Die allgemeinen Vorgaben zur Limitanrechnung und -auslastung sind den Anforderungen an die Risikosteuerungs- und -controllingprozesse für Adressenausfallrisiken zu entnehmen. Demnach dürfen Handelsgeschäfte, ohne Unterscheidung zwischen den Positionen des Handels- und des Anlagebuches, grundsätzlich nur mit Vertragspartnern getätigt werden, für die Kontrahentenlimite eingeräumt wurden. Auf das einzelne Limit sind alle Handelsgeschäfte mit einer bestimmten Gegenpartei anzurechnen (→ BTR 1 Tz. 3).

55 Für die Limitanrechnung der Positionen des Anlagebuches werden zunächst keine zeitlichen Vorgaben gemacht. Später wird in allgemeiner Form klargestellt, dass die »Geschäfte« unverzüglich auf die »kreditnehmerbezogenen« Limite anzurechnen sind (→ BTR 1 Tz. 5). Darunter sind zwar nicht die Handelsgeschäfte mit den Kontrahentenlimiten zu verstehen, sondern nur die Kreditgeschäfte mit den Kreditnehmer- und Kreditnehmereinheitenlimiten (→ BTR 1 Tz. 2). Allerdings sind die Positionsverantwortlichen über die für sie relevanten Limite und ihre aktuelle Ausnutzung »zeitnah« zu informieren (→ BTR 1 Tz. 3). Das ist nur möglich, wenn auch die Anrechnung zumindest zeitnah erfolgt. Dieser Begriff ist tendenziell im Sinne von »unverzüglich« zu verstehen, zumal beide Wörter manchmal synonym verwendet werden und eine zeitlich verzögerte Limitanrechnung dazu führen könnte, dass die festgelegten Limite durch den Abschluss weiterer Geschäfte überschritten werden.

56 Die übrigen Vorgaben ergeben sich aus den Anforderungen an die Risikosteuerungs- und -controllingprozesse für Marktpreisrisiken des Handelsbuches (→ BTR 2.2 Tz. 1 bis 4) bzw. des Anlagebuches (→ BTR 2.3 Tz. 1 bis 3) und den Anforderungen an den Risikobericht über die vom Institut insgesamt eingegangenen Marktpreisrisiken einschließlich der Zinsänderungsrisiken.

	Handelsbuch	Anlagebuch
Limitanrechnung	unverzüglich	zeitnah (unverzüglich)
Limitausnutzung	zeitnahe Information	zeitnahe Information
Limitüberschreitung	geeignete Maßnahmen ergreifen	durch geeignete Maßnahmen vermeiden
Positionsbewertung	täglich	mindestens vierteljährlich
Ergebnisermittlung	täglich	mindestens vierteljährlich
Gesamtrisikoposition	täglich zum Geschäftsschluss	mindestens vierteljährlich
Kommunikation	grundsätzlich zeitnah am folgenden Geschäftstag	mindestens vierteljährlich

Abb. 76: Unterschiedliche Behandlung von Handels- und Anlagebuchpositionen

4.8 Abstimmung mit den Handelsbereichen

Während eine Diskussion der Handlungsvorschläge mit den jeweils verantwortlichen Bereichen **57** im Rahmen der turnusmäßigen Risikoberichterstattung als optional angesehen wird (→ BT 3.2 Tz. 2, Erläuterung), ist die tägliche Meldung über die Gesamtrisikopositionen, Ergebnisse und Limitauslastungen ausdrücklich mit den Handelsbereichen abzustimmen. Auf diese Weise können Unstimmigkeiten rasch geklärt werden, so dass ggf. erforderliche, umfangreiche Nachforschungen von vornherein vermieden werden. Es empfiehlt sich, die Ergebnisse dieser Abstimmung nachvollziehbar zu dokumentieren.

5 Berichterstattung über die Liquiditätsrisiken und die Liquiditätssituation (Tz. 5)

58 **5** Es ist regelmäßig, mindestens aber vierteljährlich, ein Risikobericht über die Liquiditätsrisiken und die Liquiditätssituation, zu erstellen und der Geschäftsleitung zur Verfügung zu stellen. Im Risikobericht sind auch die Ergebnisse der Stresstests und wesentliche Änderungen des Notfallplanes für Liquiditätsengpässe darzustellen. Auf Liquiditätsrisiken aus außerbilanziellen Gesellschaftskonstruktionen und aus verschiedenen Fremdwährungen sowie auf etwaige untertägige Liquiditätsrisiken ist gesondert einzugehen. Systemrelevante Institute sowie kapitalmarktorientierte Institute haben den Risikobericht über die Liquiditätsrisiken und die Liquiditätssituation mindestens monatlich zu erstellen. Dabei ist zusätzlich über die Höhe, die Qualität und die Zusammensetzung der Liquiditätspuffer zu berichten.

5.1 Turnus der Berichterstattung über Liquiditätsrisiken

59 Die zuvor in BTR 3.1 Tz. 11 enthaltenen Berichtsanforderungen wurden von der deutschen Aufsicht im Rahmen der fünften MaRisk-Novelle deutlich erweitert. Gleichzeitig wurde der Turnus der regelmäßigen Berichterstattung über die Liquiditätsrisiken und die Liquiditätssituation verbindlich festgelegt. Allerdings war auch zuvor schon das Aufsichtsorgan vierteljährlich von der Geschäftsleitung über die Risikosituation des Institutes zu informieren (→ AT 4.3.2 Tz. 3 und BT 3.1 Tz. 5). Da die Berichterstattung an die Geschäftsleitung dafür grundsätzlich als Basis dient, hat sich in der Praxis bereits ein maximaler Turnus von drei Monaten ergeben. Darüber hinaus gehören sich abzeichnende Liquiditätsengpässe selbstverständlich zu jenen risikorelevanten Informationen, die eine unverzügliche Berichtspflicht an die Geschäftsleitung, die jeweiligen Verantwortlichen und ggf. die Interne Revision auslösen (→ AT 4.3.2 Tz. 4). Nicht unüblich ist eine Kombination verschiedener Berichte, die sich hinsichtlich Empfängerkreis, Frequenz und Inhalt unterscheiden und die durch spezielle Berichte, wie z.B. zu den Stresstests oder zum Backtesting der getroffenen Annahmen, ergänzt werden können.[13]

60 Einer bis Ende 2007 von der Deutschen Bundesbank und der BaFin durchgeführten Studie zufolge, an der sich u.a. vierzehn systemrelevante Institute bzw. Institutsgruppen beteiligt hatten, erfolgte die detaillierte Berichterstattung zum Liquiditätsrisiko an die Geschäftsleitung schon damals i.d.R. vierteljährlich. Darüber hinaus wurde die Geschäftsleitung dieser Studie zufolge mindestens einmal im Monat über die Liquiditätssituation des Institutes in Kenntnis gesetzt, wobei der Informationsgehalt dieser Berichte noch sehr unterschiedlich war. Teilweise wurde in noch kürzerem Turnus an einzelne Geschäftsleiter bzw. dafür gebildete Ausschüsse sowie anlassbezogen über Ereignisse von besonderer Bedeutung berichtet. Der reguläre Berichtsturnus wurde in den meisten Instituten bei Liquiditätsengpässen deutlich erhöht. Insbesondere wurde während dieser Phasen häufiger über die Ergebnisse der Stresstests berichtet.[14]

---

13 Vgl. Schröter, Dirk/Schwarz, Oliver, Optimale Strukturen und Prozesse für das Liquiditätsrisikomanagement, in: Bartetzky, Peter/Gruber, Walter/Wehn, Carsten S. (Hrsg.), Handbuch Liquiditätsrisiko – Identifikation, Messung und Steuerung, Stuttgart, 2008, S. 270 f.

14 Vgl. Bundesanstalt für Finanzdienstleistungsaufsicht/Deutsche Bundesbank, Praxis des Liquiditätsrisikomanagements in ausgewählten deutschen Kreditinstituten, Januar 2008, S. 9 f.

Im Zuge der Finanzmarktkrise wurde die Berichtsfrequenz in den meisten größeren Instituten erhöht. **61** Aufgrund der mittlerweile deutlich höheren Bedeutung des Liquiditätsrisikos ist nicht davon auszugehen, dass der kürzere Turnus wieder aufgegeben wird. Systemrelevante Institute sowie kapitalmarktorientierte Institute haben den Risikobericht über die Liquiditätsrisiken und die Liquiditätssituation ohnehin mindestens monatlich zu erstellen. Für das Kriterium der Kapitalmarktorientierung gilt § 264d HGB entsprechend (→ BTR 3.2 Tz. 1, Erläuterung).[15] Durch die verschärfte Anforderung soll dem Umstand Rechnung getragen werden, dass diese Institute regelmäßig höheren Liquiditätsrisiken ausgesetzt sind. Nähere Ausführungen dazu finden sich an anderer Stelle (→ BTR 3, Einführung).

5.2 Inhalte der Berichterstattung über Liquiditätsrisiken

Die Berichterstattung sollte die Geschäftsleitung insbesondere in die Lage versetzen, die Liquidi- **62** tätsrisiken und die aktuelle Liquiditätssituation sowie deren voraussichtliche Entwicklung unter normalen und angespannten Bedingungen beurteilen zu können, um im Bedarfsfall rechtzeitig wirksame Maßnahmen zu ergreifen.

Die EZB unterscheidet bei der zukunftsgerichteten Beurteilung einer angemessenen Liquiditäts- **63** ausstattung, d.h. dem Grad der Absicherung von Risiken durch Liquidität, zwischen der »Liquiditätsposition« für einen Zeithorizont von mindestens einem Jahr und der »Refinanzierungsposition« für mindestens drei Jahre.[16] Die Institute müssen über eine angemessene und stabile Liquiditäts- und Refinanzierungsposition verfügen und damit ihren Fortbestand sicherstellen. Zu diesem Zweck werden von den Aufsichtsbehörden für verschiedene Fristigkeiten, die bei einem Geschäftstag beginnen können, spezielle Anforderungen an die Kombination aus dem »Liquiditätssaldo«, d.h. der Differenz aus den kumulierten Mittelzu- und -abflüssen zum Betrachtungszeitpunkt, und dem »Liquiditätsdeckungspotenzial« (»Counterbalancing Capacity«), d.h. der Fähigkeit des Institutes, als Reaktion auf Stressszenarien zusätzliche Liquidität vorzuhalten oder Zugang zu zusätzlicher Liquidität zu erhalten, unter normalen Bedingungen und im Stressfall gestellt. Die Liquiditätsposition des Institutes ist die Summe aus dem Liquiditätssaldo und dem Liquiditätsdeckungspotenzial. Damit wird dem Kernanliegen des ILAAP entsprochen, dass die Institute kontinuierlich mit einer angemessenen Liquidität ausgestattet sind (→ BTR 3.1, Einführung).

Zu den Bestandteilen des Risikoberichtes werden, neben den allgemeinen Anforderungen an die **64** Inhalte der Berichterstattung über die wesentlichen Risiken (→ BT 3.1 Tz. 2 und BT 3.2 Tz. 2), nur wenige Vorgaben gemacht. Mit Blick auf die bestehenden Anforderungen an die Liquiditätsrisikosteuerung und das Liquiditätsrisikocontrolling könnten z.B. die folgenden Informationen für die Geschäftsleitung von Interesse sein:

– Angaben zu den Refinanzierungsquellen und den Liquiditätspuffern, aus denen der Grad der Diversifikation und die Maßnahmen zur Überwachung und Begrenzung von Konzentrationen hervorgehen (→ BTR 3.1 Tz. 1), z.B. auf Basis geeigneter Kennzahlen,

---

15 Nach dem Wortlaut des Gesetzes ist eine Kapitalgesellschaft »kapitalmarktorientiert«, wenn sie einen organisierten Markt im Sinne des § 2 Abs. 11 WpHG durch von ihr ausgegebene Wertpapiere im Sinne des § 2 Abs. 1 Satz 1 WpHG in Anspruch nimmt, d.h. wenn diese Wertpapiere an einem organisierten Markt im Sinne des § 2 Abs. 11 WpHG zugelassen sind, oder wenn sie die Zulassung solcher Wertpapiere zum Handel an einem organisierten Markt beantragt hat. Ein »organisierter Markt« im Sinne des § 2 Abs. 11 WpHG ist ein im Inland, in einem anderen Mitgliedstaat der Europäischen Union oder einem anderen Vertragsstaat des Abkommens über den Europäischen Wirtschaftsraum betriebenes oder verwaltetes, durch staatliche Stellen genehmigtes, geregeltes und überwachtes multilaterales System, das die Interessen einer Vielzahl von Personen am Kauf und Verkauf von dort zum Handel zugelassenen Finanzinstrumenten innerhalb des Systems und nach nichtdiskretionären Bestimmungen in einer Weise zusammenbringt oder das Zusammenbringen fördert, die zu einem Vertrag über den Kauf dieser Finanzinstrumente führt.

16 Vgl. Europäische Zentralbank, Leitfaden der EZB für den bankinternen Prozess zur Sicherstellung einer angemessenen Liquiditätsausstattung (Internal Liquidity Adequacy Assessment Process – ILAAP), 9. November 2018, S. 36.

BT 3.2 Berichte der Risikocontrolling-Funktion

- gesonderte Darstellung der untertägigen Liquiditätsrisiken mit Hinweisen auf Probleme bei der Sicherstellung der untertägigen Liquidität und Maßnahmen zu deren Steuerung, insbesondere bei Nutzung von Echtzeit-Abwicklungs- und Zahlungsverkehrssystemen (→ BTR 3.1 Tz. 1),
- Hinweise auf Liquiditätsengpässe oder Auswirkungen anderer Risiken auf die Liquidität des Institutes in der Berichtsperiode und die jeweils eingeleiteten Maßnahmen (→ BTR 3.1 Tz. 2),
- aktuelle Liquiditätsübersichten zur Darstellung der Liquiditätslage im kurz-, mittel- und langfristigen Bereich, in denen die voraussichtlichen Mittelzuflüsse den voraussichtlichen Mittelabflüssen gegenübergestellt werden, inklusive etwaiger Inanspruchnahmen aus Liquiditäts- und Kreditlinien, die das Institut Dritten zur Verfügung gestellt hat (→ BTR 3.1 Tz. 3), ggf. mit Hinweisen auf Perioden mit negativen Liquiditätssalden oder auf eine mögliche negative Entwicklung des kumulierten Liquiditätssaldos[17],
- eine Einschätzung zur Fähigkeit des Institutes, auch bei angespanntem Marktumfeld einen auftretenden Liquiditätsbedarf zu decken, inklusive einer Übersicht zum Volumen und Liquiditätsgrad der wesentlichen Vermögenswerte sowie zu den wichtigsten Refinanzierungsquellen (→ BTR 3.1 Tz. 4),
- Angaben zu den derzeit verfügbaren Mitteln und zur Zusammensetzung sowie zum Volumen der aktuellen Liquiditätspuffer sowie eine Einschätzung dazu, ob sowohl in normalen Marktphasen als auch in vorab definierten Stressszenarien auftretender Liquiditätsbedarf vollständig durch die Liquiditätspuffer überbrückt werden kann (→ BTR 3.1 Tz. 4),
- Angaben zu Höhe, Art, Umfang und Entwicklung der Belastung von Vermögensgegenständen (»Asset Encumbrance«) unter normalen und angespannten Bedingungen sowie deren Berücksichtigung beim Notfallplan für Liquiditätsengpässe (→ BTR 3.1 Tz. 4, Erläuterung),
- Hinweise auf Geschäftsaktivitäten mit verhältnismäßig hohen Liquiditätskosten und -risiken bzw. einem hohen Liquiditätsnutzen unter Berücksichtigung der zugrundeliegenden Annahmen (→ BTR 3.1 Tz. 5 und 6),
- Ergebnisse der Stresstests sowie deren Interpretation und ggf. empfohlene Maßnahmen sowie Angaben zum voraussichtlichen Überlebenshorizont (→ BTR 3.1 Tz. 8),
- Angaben zu eingetretenen Notfällen mit den ergriffenen Maßnahmen oder zu Testergebnissen und daraus resultierenden wesentlichen Änderungen des Notfallplanes für Liquiditätsengpässe (→ BTR 3.1 Tz. 9),
- Hinweise auf vorhandene gesellschaftsrechtliche, regulatorische oder operationelle Restriktionen bei der Übertragung liquider Mittel und unbelasteter Vermögensgegenstände sowie Handlungsvorschläge zur Beseitigung der Probleme (→ BTR 3.1 Tz. 10),
- Angaben zu den wesentlichen Liquiditätsrisiken in Fremdwährungen inklusive einer gesonderten Liquiditätsübersicht, der Ergebnisse der gesonderten Fremdwährungsstresstests sowie der Art der Berücksichtigung im Notfallplan für Liquiditätsengpässe (→ BTR 3.1 Tz. 11),
- Angaben zum Refinanzierungsplan für einen angemessen langen Zeitraum unter Berücksichtigung von möglichen adversen Entwicklungen sowie von Auswirkungen möglicher

---

17 Die Anforderungen an den Turnus der Meldung, die zeitliche Untergliederung und die erforderlichen Daten einer Liquiditätsübersicht sind in Europa nicht einheitlich geregelt. So verlangte z. B. die britische FSA im Rahmen des mindestens wöchentlich zu meldenden »Enhanced Mismatch Reports« (EMR) von den betroffenen Instituten die Angabe der täglichen Mittelzu- und -abflüsse bis zu drei Monaten und setzte dabei auf die vertraglichen, also nicht verhaltensangepassten, Zahlungsströme. Vgl. Eichhorn, Michael, Britische Finanzdienstleistungsaufsicht: Deutliche Verschärfung der Standards für Liquiditätsrisiken, in: Zeitschrift für das gesamte Kreditwesen, Heft 3/2009, S. 124.

Veränderungen der eigenen Geschäftstätigkeit, der strategischen Ziele sowie des wirtschaftlichen Umfeldes auf den Refinanzierungsbedarf ($\rightarrow$ BTR 3.1 Tz. 12)[18],

– eine Übersicht über die wesentlichen Annahmen, die bei der Erstellung der Liquiditätsübersicht, der Konzeption des Verrechnungssystems für Liquiditätskosten, -nutzen und -risiken, den Stresstests und der Notfallplanung zugrundegelegt wurden.

Aufgrund der negativen Erfahrungen im Rahmen der Finanzmarktkrise ist darüber hinaus auf **65** Liquiditätsrisiken aus außerbilanziellen Gesellschaftskonstruktionen gesondert einzugehen. Da die Risiken aus außerbilanziellen Gesellschaftskonstruktionen ausdrücklich dem Anwendungsbereich der MaRisk unterliegen, müssen sie ohnehin in die Berichterstattung einbezogen werden.

Weil im Gesamtrisikobericht auch auf die aktuellen Liquiditätskennzahlen und die Refinanzie- **66** rungsposition sowie deren Prognosen einzugehen ist, empfiehlt es sich, Angaben zur Liquiditätsdeckungsquote (»Liquidity Coverage Ratio«, LCR) nach Art. 412 Abs. 1 CRR und zur strukturellen Liquiditätsquote (»Net Stable Funding Ratio«, NSFR) nach Art. 413 Abs. 1 CRR in den Risikobericht über die Liquiditätsrisiken und die Liquiditätssituation zu integrieren. Dies ist auch deshalb empfehlenswert, weil die Anforderungen an die LCR und an die Liquiditätspuffer eine vergleichbare Zielrichtung haben. In beiden Fällen geht es darum, dass die Institute in ausreichendem Maße über hochliquide Aktiva verfügen, um ein akutes Stressszenario von einem Monat zu überstehen. Die NSFR stellt wiederum auf die Angemessenheit der vorhandenen Refinanzierungsquellen ab und betrifft insofern die Refinanzierungsposition des Institutes.

Die zuständigen Behörden sollten nach den Vorstellungen der EBA im Rahmen des SREP u. a. **67** bewerten, ob das Institut über geeignete Indikatoren im Hinblick auf das Management der Liquiditäts- und Refinanzierungsrisiken verfügt, die dem Geschäftsmodell sowie der Art, dem Umfang und der Komplexität der Geschäftsaktivitäten Rechnung tragen. Hierbei sollte untersucht werden, ob diese Indikatoren die wichtigsten strukturellen Refinanzierungsschwächen des Institutes abdecken, angemessen dokumentiert sind, regelmäßig überprüft werden, bei der Festlegung der Risikotoleranz einfließen, Teil der Berichterstattung an die Geschäftsleitung sind und zur Festsetzung operativer Limite herangezogen werden.[19] Insofern empfiehlt es sich, derartige Indikatoren auch in die interne Berichterstattung einzubeziehen.

Vom Baseler Ausschuss für Bankenaufsicht wird gefordert, der Geschäftsleitung regelmäßig **68** über die Liquiditätslage des Institutes und die Zusammensetzung, Merkmale und Diversifikation der Vermögensgegenstände und Refinanzierungsquellen zu berichten, damit die Refinanzierungsstrategie an veränderte Umgebungsbedingungen angepasst werden kann.[20] Diese Forderung ist nachvollziehbar, zumal die genannten Informationen einen entscheidenden Einfluss auf die Entwicklung der Liquiditäts- und Refinanzierungsposition haben. Insgesamt sollte allerdings beachtet werden, dass diese Anforderungen grundsätzlich für international tätige Institute formuliert werden und auch hierfür das Proportionalitätsprinzip gilt. Insofern sollte der Umfang und Detaillierungsgrad der Berichterstattung in einem angemessenen Verhältnis zu den Geschäfts-

---

18 Für Institute, die ihren zuständigen Behörden im Rahmen der nationalen Umsetzung der Empfehlungen des Europäischen Ausschusses für Systemrisiken (ESRB) vom 20. Dezember 2012 Refinanzierungspläne melden müssen, hat die EBA Leitlinien zu einheitlichen, effizienten und wirksamen Aufsichtspraktiken geschaffen, indem diesen Instituten harmonisierte Vorlagen und Definitionen zur Verfügung gestellt werden. Vgl. European Banking Authority, Leitlinien für harmonisierte Definitionen und Vorlagen für Finanzierungspläne von Kreditinstituten nach ESRB/2012/2, Empfehlung A Absatz 4, EBA/GL/2014/04, 19. Juni 2014. Der in den MaRisk geforderte interne Refinanzierungsplan dient zwar ausschließlich internen Steuerungszwecken und kann, abhängig von Art und Umfang der Liquiditätsrisiken, institutsindividuell ausgestaltet werden. Allerdings müssen die betroffenen Institute zur Erfüllung der MaRisk auch keinen zusätzlichen Refinanzierungsplan erstellen ($\rightarrow$ BTR 3.1 Tz. 12, Erläuterung).

19 Vgl. European Banking Authority, Guidelines on common procedures and methodologies for the supervisory review and evaluation process (SREP) and supervisory stress testing, EBA/GL/2014/13, Consolidated version, 19. Juli 2018, S. 161 f.

20 Vgl. Basel Committee on Banking Supervision, Principles for Sound Liquidity Risk Management and Supervision, BCBS 144, 25. September 2008, S. 9 und 19.

aktivitäten des Institutes stehen. Ausdrücklich sei deshalb darauf hingewiesen, dass es sich bei dieser Aufzählung nur um Beispiele und nicht um zwingend erforderliche Berichtsinhalte handelt.

69   Die an verschiedenen Stellen geforderten Handlungsvorschläge werden im Liquiditätsrisikomanagement im Übrigen häufig direkt von der Treasury gemacht und vom Risikocontrolling nur noch plausibilisiert.

5.3   Besondere Berichtsanforderungen an systemrelevante und kapitalmarktorientierte Institute

70   Systemrelevante Institute sowie kapitalmarktorientierte Institute müssen in jedem Fall über die Höhe, die Qualität und die Zusammensetzung der Liquiditätspuffer berichten. Dieses explizite Berichtserfordernis ist vermutlich darauf zurückzuführen, dass zumindest die kapitalmarktorientierten Institute in der Lage sein müssen, den erforderlichen Liquiditätsbedarf, der sich aus den institutsindividuellen Stressszenarien über den Zeithorizont von mindestens einem Monat ergibt, mit den vorzuhaltenden Liquiditätspuffern zu überbrücken (→ BTR 3.2 Tz. 1). Die Stressszenarien müssen sowohl auf institutseigene als auch auf marktweite Ursachen zurückzuführen sein und darüber hinaus beide Aspekte kombiniert betrachten (→ BTR 3.2 Tz. 3). Hinsichtlich der Liquiditätspuffer müssen zur Überbrückung des kurzfristigen Liquiditätsbedarfs von mindestens einer Woche neben Zentralbankgeld auch hochliquide Vermögensgegenstände vorgehalten werden, die jederzeit ohne signifikante Wertverluste in privaten Märkten liquidiert werden können und zentralbankfähig sind. Für den weiteren Liquiditätsbedarf bis zum Ende des Zeithorizonts von mindestens einem Monat können andere Vermögensgegenstände als weitere Bestandteile der Liquiditätspuffer herangezogen werden, wenn diese ohne signifikante Wertverluste innerhalb des Zeithorizonts liquidiert werden können (→ BTR 3.2 Tz. 2). Der Nutzung der Liquiditätspuffer dürfen keine rechtlichen, regulatorischen oder operationellen Restriktionen entgegenstehen, ihre Diversifikation und Aufteilung auf verschiedene Jurisdiktionen müssen der Struktur und den Geschäftsaktivitäten des Institutes und der Gruppe entsprechen (→ BTR 3.2 Tz. 4). Insofern spielen die Liquiditätspuffer bei kapitalmarktorientierten Instituten eine besondere Rolle. Die Erweiterung des Berichtserfordernisses auf die systemrelevanten Institute ist vermutlich auf die Erfahrungen aus der Finanzmarktkrise zurückzuführen und soll dazu beitragen, eine sich anbahnende Liquiditätskrise rechtzeitig zu erkennen.

6 Berichterstattung über bedeutende Schadensfälle und operationelle Risiken (Tz. 6)

6 Die Geschäftsleitung ist mindestens jährlich über bedeutende Schadensfälle und wesent- 71
liche operationelle Risiken zu unterrichten. Die Berichterstattung hat die Art des Schadens bzw. Risikos, die Ursachen, das Ausmaß des Schadens bzw. Risikos und ggf. bereits getroffene Gegenmaßnahmen zu umfassen.

6.1 Turnus der Berichterstattung über operationelle Risiken

Diese ursprünglich in BTR 4 Tz. 4 enthaltene Anforderung hat die deutsche Aufsicht im Zuge der 72
fünften MaRisk-Novelle hierher überführt. Die Institute müssen gewährleisten, dass wesentliche operationelle Risiken zumindest jährlich identifiziert und beurteilt werden (→ BTR4 Tz. 2). Insofern liegt es nahe, die Geschäftsleitung im selben Turnus über die wesentlichen operationellen Risiken zu unterrichten. Nicht aus allen operationellen Risiken resultieren zwingend auch Schäden. Schadensfälle müssen aber in angemessener Weise erfasst werden (→ BTR4 Tz. 3). Größere Institute haben für diesen Zweck sogar eine »Ereignisdatenbank«, die auch als »Schadensfalldatenbank« bezeichnet wird, einzurichten und darin sämtliche Schadensereignisse oberhalb angemessener Schwellenwerte vollständig zu erfassen (→ BTR4 Tz. 3, Erläuterung). Für die Erfassung der Schadensfälle werden keine zeitlichen Vorgaben gemacht. Da jedoch bedeutende Schadensfälle unverzüglich hinsichtlich ihrer Ursachen zu analysieren sind, müssen zumindest diese auch unverzüglich erfasst werden. In der Regel handelt es sich dabei ohnehin um einen kontinuierlichen Prozess, der ab dem Vorliegen eines operationellen Risikos bis zu dessen möglicher Materialisierung als Schadensfall permanent vom Institut begleitet wird. Aus Gründen der Praktikabilität hat die deutsche Aufsicht für die Berichterstattung über die bedeutenden Schadensfälle ebenfalls einen mindestens jährlichen Turnus vorgegeben, so dass über die Risiken und ihre Auswirkungen gemeinsam berichtet werden kann.

Problematisch an diesem Turnus ist allerdings, dass die Risikocontrolling-Funktion der Ge- 73
schäftsleitung mindestens vierteljährlich einen Gesamtrisikobericht über die als wesentlich eingestuften Risikoarten vorzulegen hat (→ BT3.2 Tz. 1) und die Geschäftsleitung wiederum das Aufsichtsorgan mindestens vierteljährlich über die Risikosituation des Institutes zu informieren hat (→ AT4.3.2 Tz. 3 und BT3.1 Tz. 5). Daraus könnte sich in der Praxis in beiden Fällen entweder ein kürzerer Berichtsturnus von drei Monaten ergeben, was insbesondere bei größeren Instituten der Fall sein wird. Oder die Information über die wesentlichen operationellen Risiken und bedeutenden Schadensfälle basiert unterjährig auf der Ad-hoc-Berichtspflicht der Fachbereiche, unter Risikogesichtspunkten wesentliche Informationen unverzüglich an die Geschäftsleitung, die jeweiligen Verantwortlichen und ggf. die Interne Revision weiterzuleiten (→ AT4.3.2 Tz. 4). Diese Informationspflicht besteht insbesondere dann, wenn relevante Mängel zu erkennen oder bedeutende Schadensfälle aufgetreten sind (→ AT4.3.2 Tz. 4, Erläuterung). In diesem Fall könnte beim vierteljährlichen Gesamtbericht hinsichtlich der operationellen Risiken solange auf die vorangegangenen Berichte verwiesen werden, wie es zwischenzeitlich keinen Grund für diese Ad-hoc-Berichterstattung gab (→ BT3.2 Tz. 2, Erläuterung). Andernfalls muss von relevanten Änderungen im Hinblick auf Sachverhalte in vorangegangenen Berichterstattungen ausgegangen werden.

6.2 Inhalte der Berichterstattung über operationelle Risiken

Auf Basis der Berichterstattung ist zu entscheiden, ob und ggf. welche Maßnahmen zur Beseitigung der Ursachen zu treffen oder welche Risikosteuerungsmaßnahmen zu ergreifen sind (→ BTR4 Tz. 4). Dies setzt voraus, dass die Berichterstattung entsprechend aussagekräftig ist. Dazu gehört zunächst einmal eine möglichst klare Abgrenzung der operationellen Risiken zu anderen vom Institut betrachteten Risikoarten (→ BTR4 Tz. 1, Erläuterung). Diese Abgrenzung ist schon deshalb nicht einfach, weil die operationellen Risiken auch als »nicht-finanzielle Risiken« (»Non-Financial Risks«, NFR) bezeichnet werden (→ AT2.2 Tz. 2), zu denen z. b. auch Reputationsrisiken und strategische Risiken gehören, die vom Baseler Ausschuss für Bankenaufsicht jedoch von der Definition der operationellen Risiken explizit ausgenommen sind.[21] Dazu kommt, dass nicht eindeutig zuordenbare Schadensfälle teilweise einem anderen Risiko zugerechnet werden (z. B. als Kreditverluste), obwohl sie ihren Ursprung in operationellen Risikoereignissen haben, wie z. B. in mangelhaften Prozessen und Kontrollen (»boundary events«). Schließlich gibt es auch operationelle Risikoereignisse, die zwar eindeutig durch Fehler oder Mängel ausgelöst wurden, aber aufgrund glücklicher Umstände letztlich zu keinem Verlust geführt haben (»Beinaheverluste«). Aus der Berichterstattung sollte also klar hervorgehen, wie operationelle Risiken im Institut abgegrenzt werden und wie mit nicht eindeutig zuordenbaren Schadensfällen, Beinaheverlusten und zusammenhängenden Ereignissen umgegangen wird (→ BTR4 Tz. 1, Erläuterung).

74   Die folgenden Informationen müssen mindestens an die Geschäftsleitung übermittelt werden:
- die Art des Schadens bzw. Risikos, die sich z. B. auf die für die Zwecke der regulatorischen Kapitalanforderungen vorgegebenen Geschäftsfelder laut Art. 317 CRR und die institutsindividuellen oder die regulatorischen Verlustereigniskategorien gemäß Art. 324 CRR der verschiedenen Ebenen beziehen kann,
- die Ursachen des Schadens bzw. Risikos,
- das Ausmaß des Schadens bzw. Risikos, wobei auch Angaben darüber hilfreich sind, ob es sich um einen bereits realisierten Verlust oder um eine Schätzung der Schadenssumme handelt und ob bereits Schadensminderungen berücksichtigt wurden, sowie
- ggf. bereits getroffene Gegenmaßnahmen, evtl. ergänzt um die damit erzielte Wirkung.

75   Darüber hinaus gelten auch für die operationellen Risiken die allgemeinen Anforderungen an die Inhalte der Berichterstattung über die wesentlichen Risiken (→ BT3.1 Tz. 2 und BT3.2 Tz. 2).

6.3 Weitere nützliche Informationen

76   Neben diesen obligatorischen Bestandteilen können ggf. ergänzende Informationen zur Unterstützung der Geschäftsleitung von Interesse sein. Dabei sollte jeweils abgewogen werden, ob der Aufwand zur Beschaffung zusätzlicher Informationen durch den Nutzen gerechtfertigt wird, der mit einer darauf aufbauenden, gezielten Risikosteuerung erreicht werden kann. Hierzu zählen z. B.:
- kurze verbale Beschreibung des Schadens bzw. Risikos, um die Verständlichkeit zu verbessern und dadurch die weiteren Steuerungs- und Überwachungsfunktionen besser zu unterstützen,
- Angaben zur bisherigen Entwicklung der Risikosituation des Institutes und ggf. einzelner Geschäftsbereiche im Zeitverlauf, auf die ein hoher Anteil der gesamten operationellen Risiken entfällt,

---

21 Vgl. Basel Committee on Banking Supervision, Sound Practices for the Management and Supervision of Operational Risk, BCBS 96, 25. Februar 2003, S. 2.

- Einschätzung der zukünftigen Entwicklung der operationellen Risikosituation des Institutes und ggf. einzelner Geschäftsbereiche,
- Ergebnisse der Überwachung, ob die von der Geschäftsleitung festgelegten Maßnahmen zeitnah umgesetzt wurden (→ BTR4 Tz. 4),
- Einschätzung der risikoreduzierenden Wirkung der verschiedenen Risikosteuerungsmaßnahmen, die in der Vergangenheit in Angriff genommen wurden,
- Angaben zur Art und Höhe etwaiger Rückzahlungen und Verlustminderungen, durch die sich der Gesamtschaden noch reduzieren könnte,
- Hinweise auf mögliche Folgeschäden, durch die sich der Gesamtschaden noch erhöhen könnte,
- Nennung der Geschäftsbereiche, in denen der Schaden eingetreten ist und die von dem Risikoereignis betroffen sind,
- Auflistung von besonderen Risikotreibern,
- Angaben zu den Eintritts- und Feststellungsdaten der Verlustereignisse, die Rückschlüsse auf die Prozessqualität gestatten,
- Feststellungen der Internen Revision, die im Zusammenhang mit operationellen Risiken gemacht werden, inkl. dem Stand der Mängelbeseitigung (→ BT2.5 Tz. 2),
- so genannte »Peergroup-Vergleiche« anhand von Konsortialdaten sowie Darstellung des Op-VaR und der Auslastung von Verlustlimiten.[22]

---

22 Vgl. Bundesanstalt für Finanzdienstleistungsaufsicht/Deutsche Bundesbank, Bericht über die Industrieaktion AMA operationelles Risiko 2005, September 2005, S. 16.

7 Berichterstattung über sonstige wesentliche Risiken (Tz. 7)

77 7 Die Geschäftsleitung ist mindestens vierteljährlich über die sonstigen vom Institut als wesentlich identifizierten Risiken zu unterrichten. Die Berichterstattung hat dabei das jeweilige Risiko, die Ursachen, die möglichen Implikationen sowie ggf. bereits getroffene Gegenmaßnahmen zu umfassen. Aus den Berichten muss hervorgehen, wie sich die aktuelle Risikosituation darstellt und ggf. mit welchen Maßnahmen diesen Risiken begegnet wurde bzw. begegnet werden kann.

7.1 Turnus der Berichterstattung über sonstige wesentliche Risiken

78 Mit Bezug auf den Turnus zur Vorlage des Gesamtrisikoberichtes ist die Geschäftsleitung seit der fünften MaRisk-Novelle mindestens vierteljährlich auch über die sonstigen vom Institut als wesentlich identifizierten Risiken zu unterrichten. Diese Anforderung wird hinsichtlich einiger wesentlicher Risiken möglicherweise automatisch erfüllt, weil diese als Unterkategorien der bereits behandelten Risikoarten definiert sind. Von der EBA wird eine Reihe von Unterkategorien der nach den MaRisk als wesentlich zu betrachtenden Risiken genannt, die beim SREP zu berücksichtigen sind (→ AT 2.2 Tz. 1). Beispielhaft seien die Länderrisiken als Unterkategorie der Adressenausfallrisiken, die Risiken einer Anpassung der Kreditbewertung (CVA-Risiken) und die Risiken aus Beteiligungspositionen als Unterkategorien der Marktpreisrisiken sowie die Auslagerungsrisiken, Reputationsrisiken, Fehlverhaltensrisiken, IT-Risiken und Modellrisiken als Unterkategorien der operationellen Risiken genannt.[23] Dazu kommen bei den operationellen Risiken nach einer weiteren Quelle noch die Compliance-Risiken und die Rechtsrisiken.[24]

79 Zwar wurden die Reputationsrisiken vom Baseler Ausschuss für Bankenaufsicht von der Definition der operationellen Risiken ausgenommen.[25] Die EBA ist jedoch der Ansicht, dass sich die meisten operationellen Risikoereignisse entscheidend auf die Reputation eines Institutes auswirken und diese Zuordnung deshalb sachgerecht ist. Das Ergebnis der Bewertung der Reputationsrisiken sollte allerdings wirkungsbezogen nicht in den Scorewert für die operationellen Risiken einfließen, sondern im Rahmen der Geschäftsmodellanalyse und/oder der Bewertung der Liquiditätsrisiken berücksichtigt werden.[26] In diesen Fällen ist eine separate Berichterstattung i.d.R. entbehrlich, sofern die erforderlichen Berichtsinhalte in den anderen Berichten enthalten sind.

---

23 Vgl. European Banking Authority, Guidelines on common procedures and methodologies for the supervisory review and evaluation process (SREP) and supervisory stress testing, EBA/GL/2014/13, Consolidated version, 19. Juli 2018, S. 77, 82 ff., 93 und 104 ff.

24 Vgl. European Central Bank, SSM supervisory statement on governance and risk appetite, 21. Juni 2016, S. 16.

25 Vgl. Basel Committee on Banking Supervision, Sound Practices for the Management and Supervision of Operational Risk, BCBS 96, 25. Februar 2003, S. 2.

26 Vgl. European Banking Authority, Guidelines on common procedures and methodologies for the supervisory review and evaluation process (SREP) and supervisory stress testing, EBA/GL/2014/13, Consolidated version, 19. Juli 2018, S. 104.

7.2 Inhalte der Berichterstattung über sonstige wesentliche Risiken

Auch für die sonstigen vom Institut als wesentlich identifizierten Risiken gelten zunächst die **80**
allgemeinen Anforderungen an die Inhalte der Berichterstattung über die wesentlichen Risiken
(→ BT 3.1 Tz. 2 und BT 3.2 Tz. 2). Darüber hinaus hat die Berichterstattung das jeweilige Risiko, die
Ursachen für das Risiko, die möglichen Implikationen sowie ggf. bereits getroffene Gegenmaßnahmen zu umfassen. Da es sich bei den sonstigen wesentlichen Risiken um individuelle Festlegungen handelt, hat sich die deutsche Aufsicht auf diese sehr allgemein gehaltenen Vorgaben
beschränkt. Letztlich muss aus den Berichten insbesondere hervorgehen, wie sich die aktuelle
Risikosituation darstellt und ggf. mit welchen Maßnahmen diesen Risiken begegnet wurde bzw.
begegnet werden kann.

An verschiedenen Stellen in den MaRisk und in diversen Leitlinien der EBA werden konkrete **81**
Vorgaben gemacht, die für die Berichterstattung einzelner Risiken als Orientierungsmaßstab heran-
gezogen werden können. So sollte die Compliance-Funktion u. a. sicherstellen, dass die Compliance-
Richtlinien eingehalten werden, und der Geschäftsleitung in Zusammenarbeit mit der Risikocon-
trolling-Funktion über die Ergebnisse dieser Überwachung sowie über das Compliance-Risiko des
Institutes und seine Steuerung Bericht erstatten.[27] Die Compliance-Funktion hat mindestens jährlich
sowie anlassbezogen der Geschäftsleitung über ihre Tätigkeit Bericht zu erstatten. Darin ist auf die
Angemessenheit und Wirksamkeit der Regelungen zur Einhaltung der wesentlichen rechtlichen
Regelungen und Vorgaben einzugehen. Ferner hat der Bericht auch Angaben zu möglichen Defiziten
sowie zu Maßnahmen zu deren Behebung zu enthalten (→ AT 4.4.2 Tz. 7).

Mit Blick auf das Auslagerungsrisiko ist vom zentralen Auslagerungsmanagement, sofern **82**
dieses eingerichtet wurde, mindestens jährlich ein Bericht über die wesentlichen Auslagerungen
zu erstellen und der Geschäftsleitung zur Verfügung zu stellen. Der Bericht hat unter Berücksichtigung der dem Institut vorliegenden Informationen bzw. der institutsinternen Bewertung
der Dienstleistungsqualität der Auslagerungsunternehmen eine Aussage darüber zu treffen, ob
die erbrachten Dienstleistungen der Auslagerungsunternehmen den vertraglichen Vereinbarungen entsprechen, die ausgelagerten Aktivitäten und Prozesse angemessen gesteuert und überwacht werden können und ob weitere risikomindernde Maßnahmen ergriffen werden sollen
(→ AT 9 Tz. 13). Die Institute sollten der Geschäftsleitung zudem regelmäßig über alle im
Zusammenhang mit der Auslagerung kritischer oder wichtiger Funktionen festgestellten Risiken
Bericht erstatten.[28]

Auch hinsichtlich des IT-Risikos wird bei der Berichterstattung an die Geschäftsleitung, ins- **83**
besondere zur Geschäftsfortführung und zur IT-Sicherheit, ein besonderes Augenmerk auf das
Risikomanagement der ausgelagerten Dienstleistungen während des vertraglichen Auslagerungszeitraumes gelegt.[29] Die Berichtspflichten des Informationssicherheitsbeauftragten an die Geschäftsleitung sowie der Turnus der Berichterstattung orientieren sich gemäß Tz. 15 BAIT an den
Vorgaben für die Berichte der Risikocontrolling-Funktion gemäß MaRisk. Der Informationssicherheitsbeauftragte hat der Geschäftsleitung gemäß Tz. 22 BAIT mindestens vierteljährlich sowie
anlassbezogen über den Status der Informationssicherheit zu berichten. Der Statusbericht enthält
beispielsweise die Bewertung der Informationssicherheitslage im Vergleich zum Vorbericht,
Informationen zu Projekten zur Informationssicherheit, Informationssicherheitsvorfälle sowie

---

27 Vgl. European Banking Authority, Leitlinien zur internen Governance, EBA/GL/2017/11, 21. März 2018, S. 47.
28 Vgl. European Banking Authority, Consultation Paper – EBA Draft Guidelines on Outsourcing Arrangements, EBA/
CP/2018/11, 22. Juni 2018, S. 43.
29 Vgl. European Banking Authority, Leitlinien für die IKT-Risikobewertung im Rahmen des aufsichtlichen Überprüfungs-
und Bewertungsprozesses (SREP), EBA/GL/2017/05, 11. September 2017, S. 24 f.

BT 3.2 Berichte der Risikocontrolling-Funktion

Penetrationstest-Ergebnisse. Wesentliche IT-Projekte und IT-Projektrisiken sind der Geschäfts-leitung gemäß Tz. 35 BAIT regelmäßig und anlassbezogen zu berichten.

84 Grundsätzlich bleibt es den Instituten überlassen, zu den erforderlichen Mindestinhalten der Risikoberichterstattung über die anderen wesentlichen Risiken entsprechende Festlegungen zu treffen.

Teil III:
Anlagen

Anlage 1
Bundesanstalt für Finanzdienstleistungsaufsicht (BaFin)
Entwicklung von Mindestanforderungen an das Risikomanagement (MaRisk)
Schreiben vom 15. April 2004

[...]

in den letzten Wochen sind mehrere Vertreter der Industrie und der Verbände an mich herangetreten und haben um weitere Informationen zu dem mittlerweile von mir in Angriff genommenen Projekt »Mindestanforderungen an das Risikomanagement« (MaRisk) gebeten. Diesem Informationsbedürfnis trage ich gerne Rechnung.

Lassen Sie mich zunächst näher auf die Gründe eingehen, die mich dazu bewogen haben, das Projekt MaRisk in Angriff zu nehmen. An erster Stelle sind in diesem Zusammenhang die zweite Säule des geplanten Baseler Akkords – also der Supervisory Review Process (SRP) – und die für seine konkrete Umsetzung maßgeblichen Dokumente auf EU-Ebene zu nennen, deren Inhalt in deutsches Recht umzusetzen ist. Zwar sind im Hinblick auf die endgültige Ausgestaltung des SRP noch verschiedene Einzelfragen offen, insbesondere ist der maßgebliche EU-Richtlinientext nach der Entscheidung der Kommission für eine Änderungsrichtlinie und der Berücksichtigung der Reaktion der Kreditwirtschaft auf die abgelaufene EU-Konsultationsrunde erneut in Bewegung gekommen. In diesem Zusammenhang sind u. a. terminologisch noch zahlreiche Einzelfragen zu klären. Dennoch zeichnet sich seine grundsätzliche Ausrichtung bereits jetzt deutlich ab: Der SRP berücksichtigt als neue Strategie einer präventiv agierenden Aufsicht verstärkt die Qualität der institutsinternen Verfahren zur Steuerung und Überwachung aller Risiken. Auf der Basis dieser ganzheitlichen Risikobetrachtung sind neben Adressenausfallrisiken, Marktpreisrisiken und operationellen Risiken u. a. auch Zinsänderungsrisiken im Bankbuch und Liquiditätsrisiken von den Instituten zu berücksichtigen. Darüber hinaus wird der Stellenwert bestimmter Funktionsbereiche innerhalb der Institute – wie z. B. der Internen Revision – in den maßgeblichen Brüsseler Dokumenten besonders hervorgehoben. Den nationalen Aufsichtsbehörden ist dabei abverlangt, sich – mehr als bisher – auch aus eigener Anschauung ein Bild über die Qualität dieser Verfahren zu verschaffen. Insoweit wird von dem SRP ein starker Impuls in Richtung »Qualitative Bankenaufsicht« ausgehen.

Sie werden mir sicherlich zustimmen, dass die Beurteilungen durch die Aufsicht nur auf der Basis bestimmter Rahmenvorgaben sachgerecht durchgeführt werden können. Das Fehlen jeglicher Vorgaben hätte zweifellos zur Folge, dass sich im Rahmen der Beurteilungen durch die Aufsicht extrem weit gefasste Ermessensspielräume mit der Gefahr willkürlicher bankaufsichtlicher Maßnahmen ergeben könnten. Darüber hinaus wäre eine solche Verfahrensweise wenig transparent, so dass bei den Instituten zwangsläufig große Unsicherheiten über die Erwartungen der Aufsicht entstehen würden. Dies kann aber weder im Interesse der Institute noch in meinem Interesse sein. Wenig zweckmäßig wäre umgekehrt aber auch die Vorgabe zu starrer Regelungen, die z. B. in Verordnungen oder Gesetzen niedergelegt wären. Zum einen würde man damit den laufenden Fortentwicklungen der internen Verfahren nicht gerecht werden, da diese vor allem wegen des rasanten Wandels auf den Finanzmärkten einem ständigen Anpassungsdruck ausgesetzt sind. Zum anderen würde man mit allzu starren Regelungen wohl kaum der Heterogenität des deutschen Bankensektors Rechnung tragen.

Im Hinblick auf die Beurteilung der internen Verfahren auf der Basis der erforderlichen ganzheitlichen Betrachtung lag daher eine Orientierung an der Grundstruktur bereits existierender Mindestanforderungen – also z. B. der Mindestanforderungen an das Kreditgeschäft (MaK) – nahe. Solche Rahmenbedingungen sind nicht nur als Beurteilungsmaßstab für die Aufsicht geeignet; sie sind darüber hinaus transparent und lassen den Instituten aufgrund ihres offenen und flexiblen Charakters einen angemessenen Spielraum für die konkrete Umsetzung. Vor dem Hintergrund der erforderlichen ganzheitlichen Risikobetrachtung lag es daher in einem weiteren Schritt auf der Hand, den existierenden Set an Mindestanforderungen – also insbesondere die bereits erwähnten MaK, die Mindestanforderungen an das Betreiben von Handelsgeschäften (MaH) und die Mindestanforderungen an die Ausgestaltung an die Interne Revision (MaIR) – in einem Werk zusammenfassen und dieses ggf. um weitere Elemente zu ergänzen, die im EU-Richtlinientext hervorgehoben werden und für die bislang in Deutschland noch keine Rahmenbedingungen existieren. Ergebnis dieser Zusammenführung sollen die MaRisk sein.

Mit der Entwicklung der MaRisk leistet die deutsche Aufsicht einen wichtigen Beitrag zur Umsetzung der Brüsseler Vorgaben und gibt vor allem den kleineren Instituten in Deutschland eine Richtschnur für die Erfüllung der neuen Anforderungen vor (»supervisory guidance«). Die MaRisk werden zudem die gesetzlichen Anforderungen des § 25a KWG, der u. a. die Einrichtung einer »ordnungsgemäßen Geschäftsorganisation« und die Implementierung »angemessener interner Kontrollverfahren« von den Instituten verlangt, in umfassender Weise konkretisieren. Alle betroffenen Gruppen (Institute, Prüfer, Verbände, Aufsicht) können sich daher künftig einen wesentlich besseren Überblick über die qualitativen Anforderungen der Aufsicht verschaffen. Die Integration wird daher sicherlich auch einen Beitrag in Richtung Einheitlichkeit der Verwaltungspraxis der BaFin leisten. Sie bietet zudem die Chance, dass Schnittstellenprobleme zwischen MaK, MaH und MaIR, die in erster Linie auf deren unterschiedliche Entstehungszeitpunkte zurückzuführen sind, und Redundanzen ausgeräumt werden können. Darüber hinaus können durch die Integration gewisse Wertungswidersprüche zugunsten der moderneren Regelungsansätze aufgelöst werden.

Der Aufbau der MaRisk wird einer modularen Struktur folgen. In einem allgemeinen Teil (AT) werden viele grundsätzliche Prinzipien niedergelegt, wie sie sich auch in allen existierenden Mindestanforderungen wiederfinden lassen (z. B. Gesamtverantwortung der Geschäftsleitung). Spezifische Anforderungen an einzelne Risikokategorien bzw. Geschäftsbereiche werden in einem besonderen Teil (BT) aufgegriffen. Die modulare Struktur bietet den Vorteil, dass notwendige Anpassungen in einzelnen Regelungsfeldern auf die zeitnahe Überarbeitung einzelner Module beschränkt werden können.

Bei den MaRisk wird es sich – wie ich bereits an mehreren anderen Stellen zum Ausdruck gebracht habe – um Rahmenbedingungen handeln, die abhängig von der Größe der Institute, deren Geschäftsschwerpunkten und deren Risikosituation eine flexible Umsetzung der Anforderungen ermöglichen. Insbesondere die kleineren Institute in Deutschland müssen insoweit nicht befürchten, dass ihnen mit den MaRisk das Korsett einer deutschen Großbank übergestülpt wird.

Bei der Einbettung des existierenden Sets an Mindestanforderungen in die MaRisk sollen Verzerrungen so weit wie möglich vermieden werden. An deren Regelungsinhalten wird sich grundsätzlich nichts ändern; der modulare Aufbau ermöglicht ferner einen hohen Wiedererkennungswert ihrer wesentlichen Bestandteile. Lassen Sie mich in diesem Zusammenhang betonen, dass die Regelungen der MaK, die in zwei Stufen bis Ende 2005 umzusetzen sind, inhaltlich unverändert in die MaRisk überführt werden sollen. Ihre Anstrengungen und Investitionen in diesem Bereich sind also gesichert.

Mir liegt darüber hinaus sehr viel daran, dass die MaRisk in enger Kooperation mit der Praxis entwickelt werden. Vor allem die Erfahrungen mit den MaK haben deutlich gemacht, dass ein solcher Ansatz zu praxisgerechten Regelungen führt und damit zugleich die Qualität der Aufsicht verbessert. Ich werde daher nach Fertigstellung eines ersten Entwurfs ein Fachgremium einsetzen, das für die Entwicklung der Endfassung der MaRisk zuständig sein wird. Diesem Gremium werden nach dem Vorbild des MaK-Fachgremiums Fachleute aus der Industrie, Prüfer, Verbandsvertreter sowie Bankenaufseher angehören. Es wird auch nach der Veröffentlichung der MaRisk regelmäßig tagen und auf diese Weise den Meinungsbildungsprozess der BaFin bei der Klärung von Auslegungsfragen und der Erörterung prüfungsrelevanter Sachverhalte tatkräftig unterstützen.

Ich rechne damit, dass die Endfassung der MaRisk in der zweiten Jahreshälfte 2005 veröffentlicht werden kann. Zu diesem Zwecke wird im April 2004 zunächst eine Arbeitsgruppe zwischen Bundesbank und BaFin gegründet werden, die den ersten BaFin-Entwurf der MaRisk (sog. »Rohling«) fortentwickeln wird. Das Ergebnis dieser Arbeit – also den ersten Entwurf – wird die Bankenaufsicht dann mit Ihnen und der Kreditwirtschaft in dem erwähnten Fachgremium ab voraussichtlich November 2004 ausführlich erörtern und anpassen. Wir hoffen in diesem Zusammenhang auf Ihre Unterstützung und die Fortsetzung der schon bisher engen Zusammenarbeit.

[...]

Anlage 2
Bundesanstalt für Finanzdienstleistungsaufsicht (BaFin)
Erster Entwurf der Mindestanforderungen an das Risikomanagement (MaRisk)
Übermittlungsschreiben vom 2. Februar 2005

[...]

wie in meinem o. g. Schreiben angekündigt, kann ich Ihnen nunmehr einen ersten Entwurf über die »Mindestanforderungen an das Risikomanagement« (MaRisk) zuleiten (Anlage 1). Der Entwurf wurde von Mitarbeitern der Deutschen Bundesbank und meiner Behörde ausgearbeitet; er stellt den »starting point« für den weiteren Abstimmungsprozess dar (MaRisk-Fachgremium, Konsultation), auf den ich am Ende dieses Schreibens noch näher eingehen werde. Zunächst möchte ich jedoch noch einige Punkte von materieller Bedeutung aufgreifen.

Mit den MaRisk sollen wesentliche qualitative Elemente der 2. Säule des Baseler Akkords – also des »Supervisory Review Process« (SRP) – und die für seine Umsetzung maßgeblichen Richtlinienvorhaben auf Brüsseler Ebene in deutsches Recht umgesetzt werden. Ein Kernelement des SRP ist der so genannte »Internal Capital Adequacy Assessment Process« (ICAAP). Danach ist von den Instituten sicherzustellen, dass entsprechend dem individuellen Risikoprofil genügend »internes Kapital« zur Abdeckung aller wesentlichen Risiken vorhanden ist. Wichtige Voraussetzung für diese Gegenüberstellung auf der Basis einer »ganzheitlichen Risikobetrachtung« ist das Vorhandensein angemessener Leitungs-, Steuerungs- und Kontrollprozesse (»robust governance arrangements«), die von den Instituten zu implementieren sind. Es ist demnach vor allem die Qualität der internen »Governance«-Strukturen, die verstärkt in den Fokus der nationalen Aufsichtsbehörden rückt. Den Aufsichtsbehörden wird dabei im Rahmen des »Supervisory Review and Evaluation Process« (SREP) abverlangt, sich – mehr als bisher – aus eigener Anschauung ein Bild über die Qualität dieser Strukturen zu verschaffen. Insoweit wird von dem SRP ein starker Impuls in Richtung »Qualitative Bankenaufsicht« ausgehen.

Sie werden mir sicherlich zustimmen, dass die im Rahmen des SREP vorzunehmenden Beurteilungen durch die Aufsicht nur auf der Basis bestimmter qualitativer Rahmenvorgaben sachgerecht durchgeführt werden können. In diesem Zusammenhang bietet es sich an, auf das bewährte Konzept der Mindestanforderungen[1] zurückzugreifen. Solche Rahmenvorgaben sind nicht nur als Beurteilungsmaßstab für die Aufsicht geeignet; sie sind darüber hinaus transparent und lassen den Instituten aufgrund ihres offenen und flexiblen Charakters einen angemessenen Spielraum für die konkrete Umsetzung. Angesichts der geforderten »ganzheitlichen Risikobetrachtung« liegt es daher auf der Hand, die existierenden Mindestanforderungen – also die MaK, MaH und MaIR – in einem Regelwerk zusammenzufassen und dieses um weitere Elemente zu ergänzen, die im

---

1 Mindestanforderungen an das Kreditgeschäft (MaK), Mindestanforderungen an das Betreiben von Handelsgeschäften (MaH) und die Mindestanforderungen an die Ausgestaltung der Internen Revision (MaIR).

EU-Richtlinientext hervorgehoben werden und für die bislang in Deutschland noch keine Rahmenvorgaben existieren (z. B. Zinsänderungsrisiko). Ergebnis dieser Zusammenführung und damit zugleich grundlegender Beurteilungsmaßstab der Aufsicht werden die MaRisk sein.

Der integrierte Ansatz eröffnet die große Chance zur Entwicklung eines konsistenten und umfassenden Gesamtwerks auf der Basis des § 25a Abs. 1 KWG: Alle betroffenen Gruppen – also vor allem Institute, Prüfer, Verbände aber auch die Aufsicht – können sich künftig einen wesentlich besseren Überblick über die qualitativen Anforderungen verschaffen. Ferner können Schnittstellenprobleme zwischen MaK, MaH und MaIR, die in erster Linie auf deren unterschiedliche Entstehungszeitpunkte (MaK: 2002, MaIR: 2000, MaH: 1995) zurückzuführen sind, sowie Redundanzen ausgeräumt werden. Darüber hinaus können Wertungswidersprüche zugunsten der moderneren Regelungsansätze aufgelöst werden. Dies betrifft insbesondere die Regelungen der MaH, die im Entwurf in vielen Bereichen angepasst und modernisiert wurden. Die Anforderungen der MaK und der MaIR sind – wie in meinem Schreiben vom 15.04.2004 angekündigt – weitgehend deckungsgleich in den Entwurf überführt worden.

Unabhängig von den Ergebnissen des Weiteren Abstimmungsprozesses kann ich Ihnen versichern, dass es sich bei den MaRisk – in der Tradition der MaK – um flexible Rahmenbedingungen handeln wird, die abhängig von der Größe der Institute, deren Geschäftsschwerpunkten und deren Risikosituation eine angemessene Umsetzung der Anforderungen ermöglichen. Einem »One Size fits all«-Anspruch erteile ich insoweit eine klare Absage. Vor allem kleinere Institute in Deutschland müssen daher nicht befürchten, dass ihnen mit den MaRisk das Korsett einer deutschen Großbank übergestülpt wird. Mir ist ferner daran gelegen, dass die MaRisk in enger Kooperation mit der Praxis entwickelt werden. Insbesondere die Erfahrungen mit den MaK haben gezeigt, dass ein solcher Ansatz zu praxisgerechten Regelungen führt und zugleich die Qualität der Aufsicht verbessert wird. Aus diesem Grund wird bereits im Entwicklungsstadium der MaRisk ein Fachgremium bei der BaFin eingerichtet, dessen Aufgabe darin bestehen wird, den Entwurf fachlich weiterzuentwickeln.

I. Terminologie, Aufbau und Erläuterungen zu den MaRisk

Terminologisch orientieren sich die MaRisk weitgehend am § 25a Abs. 1 KWG, der im Zuge der Umsetzung der Finanzkonglomeraterichtlinie in deutsches Recht präzisiert wurde (Bundesgesetzblatt, Jahrgang 2004, Teil I, Nr. 72, 27.12.2004). Gemäß seiner Neufassung sind die Geschäftsleiter eines Institutes u. a. für die Festlegung einer angemessenen Strategie sowie die Einrichtung angemessener interner Kontrollverfahren verantwortlich. Mit der Präzisierung des § 25a Abs. 1 KWG wurde dem Umstand Rechnung getragen, dass sich in der Aufsichtspraxis der BaFin zwischenzeitlich eine bankaufsichtliche Systematik wichtiger Begrifflichkeiten herausgebildet hat. Diese Systematik kommt bereits in den MaIR (Abschnitt 2) sowie den MaK (Abschnitt 1) deutlich zum Ausdruck.

Das »Risikomanagement« i. S. der MaRisk ist elementarer Bestandteil der institutsinternen Leitungs-, Steuerungs- und Kontrollprozesse. Es umfasst dabei – unter Berücksichtigung der Risikotragfähigkeit – als Teil einer ordnungsgemäßen Geschäftsorganisation insbesondere eine angemessene Strategie sowie die Einrichtung angemessener interner Kontrollverfahren, die aus einem internen

Kontrollsystem und der Internen Revision bestehen. Das interne Kontrollsystem beinhaltet alle Überwachungsmaßnahmen, die unmittelbar oder mittelbar in die zu überwachenden Arbeitsabläufe integriert sind. Hierzu zählen prozessabhängige Überwachungsmechanismen, die die Aufbau- und Ablauforganisation eines Institutes (z. B. Funktionstrennungen, prozess-immanente Kontrollen) betreffen sowie Prozesse zur Identifizierung, Beurteilung, Steuerung, Überwachung und Kommunikation der Risiken (Risikosteuerungs- und -controllingprozesse). Die Interne Revision ist hingegen grundsätzlich nicht in die betrieblichen Arbeitsabläufe eingebunden; sie ist als prozessunabhängige Stelle im Auftrag der Geschäftsleitung für die Überprüfung und Beurteilung der Funktionsfähigkeit des internen Kontrollsystems zuständig. Die Hierarchie zentraler Begriffe der MaRisk können Sie der Anlage 2 entnehmen.

Der Aufbau der MaRisk wird einer modularen Struktur folgen. Grundlegende Anforderungen, die keinen unmittelbaren spezifischen Bezug auf bestimmte Geschäftsarten bzw. Risikokategorien nehmen, sind in einem allgemeinen Teil (AT) vor die Klammer gezogen worden. Spezifische Anforderungen an die Aufbau- und Ablauforganisation im Kredit- und Handelsgeschäft, die Prozesse zur Identifizierung, Beurteilung, Steuerung, Überwachung und Kommunikation bestimmter Risiken (»Risikosteuerungs- und -controllingprozesse«) sowie die Interne Revision sind in einem besonderen Teil (BT) niedergelegt. Anlage 3 enthält einen Überblick über den Aufbau des Entwurfs zu den MaRisk.

Der modulare Aufbau hat verschiedene Vorteile: So ist z. B. im Hinblick auf die Integration der MaK ein sehr hoher Wiedererkennungswert gewährleistet. Grundlegende Anforderungen der MaK (z. B. Abschnitt 3.1, Verantwortung der Geschäftsleitung) sind im AT vor die Klammer gezogen worden. Die Anforderungen aus dem Abschnitt 4 der MaK (Organisation des Kreditgeschäfts) sind weitgehend deckungsgleich in BTO 1.1 integriert worden, während die Anforderungen aus Abschnitt 6 der MaK (Identifizierung, Steuerung und Überwachung im Kreditgeschäft) in den BTR 1.1 überführt wurden.

Die modulare Struktur hat darüber hinaus den großen Vorteil, dass Anpassungen der Anforderungen an neue Entwicklungen in der Praxis einfacher umgesetzt werden können, da sich die Anpassungen ggf. nur auf die zeitnahe Überarbeitung einzelner Module beschränken können. Auch mit neuen Regelungsbereichen kann in der Zukunft einfacher umgegangen werden, da – falls erforderlich – zusätzliche Module in die MaRisk integriert werden können.

Von Bedeutung sind ferner die »Erläuterungen zu den MaRisk« (Anlage 4). Sie enthalten weiterführende Hinweise zu einzelnen Textziffern der MaRisk.

II.   Integration des ICAAP in die MaRisk

Der Kerngedanke des ICAAP besteht – wie eingangs bereits erwähnt – darin, dass bei den Instituten entsprechend dem individuellen Risikoprofil genügend »internes Kapital« zur Abdeckung aller wesentlichen Risiken vorhanden sein soll. Dabei geht es nicht nur in erster Linie um die Funktion des »internen Kapitals« als Risiko-Deckungsgröße; das »interne Kapital« stellt vielmehr auch eine interne Steuerungsgröße dar, die immanenter Bestandteil einer weitergehenden Prozesskette ist (Berücksichtigung im Rahmen der Strategie und Verknüpfung mit den Verfahren zur Steuerung und Überwachung der Risiken).

Für die Zwecke der Überführung dieser Anforderungen in die MaRisk wird in erster Linie auf das Konzept der Risikotragfähigkeit abgestellt (AT4.1). Die Risikotragfähigkeit ist dann gegeben, wenn die Risiken durch das Risikodeckungspotenzial (= »internes Kapital«) abgedeckt sind. Die Risikotragfähigkeit ist im Rahmen der Festlegung der Strategie zu berücksichtigen (AT 4.2); sie ist ferner mit den Prozessen zur Identifizierung, Beurteilung, Steuerung, Überwachung und Kommunikation der Risiken zu verknüpfen (AT 4.3.2). Vergleichbare Anforderungen existieren in wesentlichen Teilbereichen bereits jetzt: So fordern etwa die MaK, dass u. a. auf der Basis der Risikotragfähigkeit eine Kreditrisikostrategie sowie die Maßnahmen zur Steuerung der Risiken im Kreditgeschäft festzulegen sind. Auch nach den MaH sind ähnliche Anforderungen bei der Ausgestaltung der Limitsysteme zu berücksichtigen. Insoweit werden durch die Integration des ICAAP in die MaRisk keine vollständig neuen Anforderungen an die deutschen Institute gestellt.

III. Operationelle Risiken

Unter operationellen Risiken versteht man nach der gängigen Definition Verlustrisiken, die ihre Ursache in inadäquaten und fehlerhaften internen Prozessen, Personen und Systemen oder externen Ereignissen haben. Den operationellen Risiken kommt eine ganz erhebliche Bedeutung zu; neben den quantitativen Regelungen sind daher auch qualitative Aspekte sowohl auf Baseler als auch auf Brüsseler Ebene adressiert worden (z. B. die »Sound Practices for the Management and Supervision of Operational Risk«).

Im Rahmen der Integration entsprechender qualitativer Anforderungen in die MaRisk ist allerdings zu berücksichtigen, dass – ausgehend von der o. g. sehr umfassenden OpRisk-Definition – in Deutschland bereits zahlreiche Aspekte durch das bestehende Set an Mindestanforderungen abgedeckt sind. So zielen z. B. etliche Anforderungen der MaK im Ergebnis auf die Reduzierung operationeller Risiken im Kreditgeschäft ab (z. B. Implementierung von Organisationsrichtlinien, Qualifikation der Mitarbeiter, Prozessanforderungen). Gleiches gilt für die Anforderungen der MaH und der MaIR.

Der »übergreifende« Charakter des operationellen Risikos spiegelt sich dementsprechend auch im Entwurf der MaRisk wieder, der eine Vielzahl von OpRisk-relevanten Anforderungen enthält (z. B. Organisationsrichtlinien – AT 5, Ressourcen – AT 7). Diese finden sich allerdings überwiegend nicht in einem separaten OpRisk-Modul, weil dadurch die Grundstruktur der MaRisk in Mitleidenschaft gezogen worden wäre. Insbesondere wäre ein hoher Wiedererkennungswert – vor allem im Hinblick auf die MaK – damit nicht mehr gewährleistet. Direkt adressiert wird das OpRisk daher nur in BTR 1.5. In diesem Modul geht es um angemessene Risikosteuerungs- und -controllingprozesse, also v. a. die Identifizierung von operationellen Risiken und eingetretenen wesentlichen Schäden, deren Analyse, Beseitigung, Überwachung und Kommunikation. Die Integration »spezifischer« OpRisk-Anforderungen in ein vergleichsweise schlankes Modul bedeutet allerdings nicht, dass dem operationellen Risiko in den MaRisk ein geringer Stellenwert eingeräumt wird. Im Gegenteil: dem Umgang mit operationellen Risiken wird über alle Anforderungen des gesamten Entwurfs hinweg ein zentraler – wenn nicht sogar überragender – Stellenwert eingeräumt.

IV.   Neue Risikokategorien

Für bestimmte Risikokategorien existieren bislang in Deutschland keine umfassenden qualitativen Standards. Hierzu gehören neben dem bereits angesprochenen OpRisk insbesondere das Zinsänderungsrisiko (auf Gesamtinstitutsebene) und das Liquiditätsrisiko. In den Modulen BTR 1.3 und 1.4 befinden sich Anforderungen an die Identifizierung, Beurteilung, Steuerung, Überwachung und Kommunikation dieser Risiken (Risikosteuerungs- und -controllingprozesse). Vor allem im Hinblick auf die qualitativen Anforderungen, die das Zinsänderungsrisiko betreffen, erhoffe ich mir im weiteren Diskussionsprozess wertvolle Hinweise von Institutsvertretern, Prüfern und Verbänden.

V.   MaRisk-Fachgremium und anschließende Konsultation

Der vorliegende Entwurf wird abweichend von dem bislang bei Konsultationen üblichen Procedere zunächst einem Fachgremium vorgelegt, dem Experten aus der Industrie, Prüfer, Verbandsvertreter sowie Aufseher angehören. Aufgabe des MaRisk-Fachgremiums wird die fachliche Weiterentwicklung des Entwurfs sein. Die konstituierende Sitzung des MaRisk-Fachgremiums wird voraussichtlich im April dieses Jahres stattfinden. Nach Abschluss der Arbeiten des Gremiums – voraussichtlich im Juli 2005 – wird ein überarbeiteter Entwurf allen Verbänden zur Konsultation vorgelegt. Nach dem gegebenen Stand der Dinge ist zu erwarten, dass die Endfassung der MaRisk im vierten Quartal dieses Jahres veröffentlicht werden kann.

Sie werden mir sicherlich zustimmen, dass die Arbeitsfähigkeit des Gremiums bei einer zu großen Anzahl von Teilnehmern erheblich beeinträchtigt sein würde. Daher können nicht alle Verbände – ob nun durch Experten aus Instituten oder durch Verbandsvertreter – im MaRisk-Fachgremium berücksichtigt werden. Ich bitte in diesem Zusammenhang um Ihr Verständnis. Die Vertreter des MaRisk-Fachgremiums stehen bereits fest und werden von mir in einem gesonderten Schreiben über Details der Arbeitsabläufe im Gremium informiert. Unabhängig davon begrüße ich es, wenn mir die nicht im Fachgremium vertretenen Verbände bis Ende März 2005 fachliche Stellungnahmen zum vorliegenden Entwurf zuleiten. Darüber hinaus besteht für diese Verbände – wie ich oben bereits erwähnte – die Möglichkeit, an dem offiziellen Konsultationsprozess teilzunehmen, der voraussichtlich ab Mitte 2005 eingeleitet wird. Über die dann anstehenden Termine werde ich alle Verbände rechtzeitig informieren.

Es ist vorgesehen, Stellungnahmen zum Entwurf auf der Homepage der BaFin zu veröffentlichen, soweit die Verfasser der Stellungnahmen dagegen keine Einwände haben.

Für alle weiteren Arbeitsschritte hoffe ich auf Ihre Unterstützung und die Fortsetzung der schon bisher konstruktiven Zusammenarbeit.

[...]

Anlage 3
Bundesanstalt für Finanzdienstleistungsaufsicht (BaFin)
Zweiter Entwurf der Mindestanforderungen an das Risikomanagement (MaRisk)
Übermittlungsschreiben vom 22. September 2005

[...]

nachdem der Inhalt des ersten Entwurfs über die »Mindestanforderungen an das Risikomanagement« (MaRisk) vom 02.02.2005 im Rahmen mehrerer Sitzungen des MaRisk-Fachgremiums intensiv diskutiert wurde, kann ich Ihnen nunmehr einen zweiten offiziellen Entwurf sowie ergänzende Dokumente zuleiten (Anlagen).

Die Diskussion im Fachgremium, dem Experten aus kleineren und größeren Kreditinstituten, Prüfer, Verbandsvertreter sowie Aufseher angehören, wurde in einer ausgesprochen konstruktiven Atmosphäre geführt. Für zahlreiche offene Punkte des ersten Entwurfs konnten praxisgerechte Lösungen gefunden werden. Zudem sind viele Anforderungen flexibler gestaltet worden, so dass sich vor allem für die kleineren Institute in Deutschland neue Gestaltungsspielräume ergeben. Die Änderungen tragen gleichzeitig dazu bei, dass bürokratischer Aufwand vermieden und damit ein Beitrag zur Deregulierung geleistet wird. Wegen der guten Erfahrungen mit dem MaRisk-Fachgremium werde ich auch künftig bei der Ausarbeitung bankaufsichtlicher Regelwerke am institutionalisierten Austausch mit der Praxis festhalten. Im Fachgremium sollen dabei – gesteuert über die jeweilige Tagesordnung – verstärkt Themen diskutiert werden, die für bestimmte Gruppen von Instituten von besonderer Relevanz sind. Ich denke in diesem Zusammenhang zunächst an die spezielle Ausganglage der kleineren Institute. Ich bitte Sie daher bereits jetzt um die Nennung von Vertretern aus kleineren Häusern.

Im Rahmen der Erstellung des zweiten Entwurfs sind natürlich auch die schriftlichen Stellungnahmen der Verbände berücksichtigt worden, die bislang nicht im Fachgremium vertreten sind. Mit den maßgeblichen Verbänden der Finanzdienstleistungsinstitute und der Kapitalanlagegesellschaften wurden darüber hinaus parallel zum Fachgremium bilaterale Gespräche geführt. Die als Resultat dieser Gespräche eingefügten Passagen in AT 2.1 (Anwenderkreis) tragen der besonderen Situation dieser Institutsgruppen Rechnung.

Folgende Änderungen sind gegenüber der Entwurfsfassung vom 02.02.2005 von besonderer Bedeutung:

– Alle Teilnehmer des Fachgremiums setzten sich im Bereich Marktpreisrisiko (BTR 2) nachdrücklich für eine Differenzierung zwischen Handelsbuch und Anlagebuch ein. Die separate Behandlung auf der Basis des §1 Abs.12 KWG (Handelsbuchdefinition) hat zunächst den Vorteil, dass für beide Bücher angemessene Berichts- und Bewertungsintervalle formuliert werden können. Zudem ist auf diese Weise das »Zinsänderungsrisiko im Anlagebuch« pragmatisch in den MaRisk adressiert worden. Die Differenzierung zwischen Handelsbuch und

Anlagebuch, die auf einen Vorschlag der Teilnehmer aus dem Genossenschaftssektor zurück-geht, ist ohne Zweifel das wichtigste Diskussionsergebnis des MaRisk-Fachgremiums.

- Alle Dokumentationsanforderungen des ersten Entwurfs wurden zugunsten einer »General-klausel« gestrichen. Damit werden den Instituten breite Spielräume im Hinblick auf erforder-liche Dokumentationen eröffnet.
- Für die nach § 25a Abs. 1a KWG erforderliche »Anwendung auf Gruppenebene« wurde eine sachgerechte Lösung gefunden, die die konkrete Ausgestaltung des Verfahrens zur Steuerung und Überwachung aller wesentlichen Risiken in das Ermessen des übergeordneten Unter-nehmens stellt und zugleich keine einheitliche Methodik vorgibt.
- Mein Vorhaben, die Regelungen der »Mindestanforderungen an das Betreiben von Handels-geschäften« (MaH) aus dem Jahr 1995 praxisgerechter zu gestalten und damit zu modernisie-ren, wurde im zweiten Entwurf konsequent fortgesetzt. So wurden in den neuen Entwurf weitere Flexibilisierungen im Bereich der prozessualen Anforderungen des BTO 2.2 eingefügt (z. B. Marktgerechtigkeitsprüfung, Einordnung von handelbaren Forderungen als Handels-oder Kreditgeschäft, Prolongationen auf alter Kursbasis).
- Der zweite Entwurf sieht gegenüber den »Mindestanforderungen an die Ausgestaltung der Internen Revision« (MaIR) eine stärkere Stellung der Konzernrevision vor, die sich unter Qualitätsgesichtspunkten, insbesondere auf der Ebene der Tochterbanken, positiv auf die Revisionstätigkeit auswirken sollte.

Der neue Entwurfstext enthält darüber hinaus eine Vielzahl weiterer Änderungen, die auf Initiative des Fachgremiums eingearbeitet wurden. Anregungen, die eher technischer Natur sind (z. B. Nummerierung der MaRisk, Hinweis auf wegfallende Schreiben) werde ich im Vorfeld der Veröffentlichung der Endfassung der MaRisk aufgreifen.

Grundsätzlicher Klärungsbedarf besteht lediglich noch im Hinblick auf § 25a Abs. 1 Nr. 1 KWG, nach dem jedes Institut eine angemessene (Geschäfts-)Strategie festzulegen hat. Die gesetzliche Regelung, die auch Gegenstand des MaRisk-Entwurfs ist, löste bei Verbänden der Kreditwirtschaft Befürchtungen aus, dass die Aufsicht in die konkrete Geschäftspolitik der Institute eingreifen könnte. Diese Befürchtungen sind unbegründet, da derartige Eingriffe weder im Einklang mit meinem Aufsichtskonzept ständen noch mit marktwirtschaftlichen Prinzipien vereinbar wären. Die deutsche Bankenaufsicht enthält sich jedweder Einflussnahme auf die geschäftspolitischen Entscheidungen der von ihr beaufsichtigten Institute. Ich habe daher zur Klarstellung einen entsprechenden Passus in die Erläuterungen des Entwurfs unter AT 4.2 (Strategie) eingefügt. Weitere Anpassungen des Regelungstextes bzw. der Erläuterungen greifen Befürchtungen im Zusammenhang mit der Detailtiefe der Strategie sowie dem Adressatenkreis der Strategie auf.

Der Wortlaut des Gesetzes sowie die korrespondierenden Passagen aus dem MaRisk-Entwurf zielen vielmehr darauf ab, dass zwischen den in der Strategie niedergelegten geschäftspolitischen Zielen und den sich daraus ergebenden risikopolitischen Notwendigkeiten (z. B. Limitvergaben) ein Zusammenhang besteht. In dieser Hinsicht besteht zwischen den Verbänden der Kreditwirt-schaft und der Aufsicht kein echter Dissens. Ich bin daher zuversichtlich, dass auch dieser letzte offene Punkt im Verlauf der weiteren Konsultationen geklärt wird.

Bezüglich eines weiteren Punktes, der die Trennung des Rechnungswesens vom Handel betrifft, bitte ich vor allem die Verbände, die größere Häuser vertreten, um Ihre Expertise. Nach dem Entwurf ist hier – im Unterschied zur geltenden MaH-Regelung, die eine Trennung des Rechnungs-wesens bis einschließlich der Ebene der Geschäftsleitung vorsieht – nur noch eine Trennung unterhalb der Ebene der Geschäftsleitung erforderlich. Aus der Praxis wurden mittlerweile Bedenken geäußert, ob eine solche Trennung – vor allem bei größeren Häusern mit signifikanten Handelsaktivitäten – wirklich sachgerecht ist. So könnte die Ansiedlung des Rechnungswesens in der Linie des Handelsvorstands vor dem Hintergrund der erheblichen Wahlrechte und Gestaltungsspielräume einschlägiger Rechnungslegungsnormen (HGB, IFRS, US-GAAP) Interessenkollisionen zur Konsequenz haben, die durch eine Trennung bis einschließlich in die Ebene der Geschäftsleitung zumindest abgeschwächt werden können.

Hinsichtlich der Zeiträume für die Umsetzung der MaRisk stehen noch keine Termine fest. Ich bin sicher, dass sich wegen dieser Frage im Verlauf der weiteren Konsultationen eine pragmatische Lösung finden wird. Von meiner Seite besteht jedenfalls nicht die Absicht, unnötigen Zeitdruck auf die Institute auszuüben.

Ich bitte Sie, Ihre Stellungnahmen bis zum 07.11.2005 der Bundesanstalt für Finanzdienstleistungsaufsicht postalisch oder via E-Mail (konsultation-07-05@bafin.de) zuzuleiten. Soweit es erforderlich sein sollte, wird nach Eingang Ihrer Stellungnahmen eine Anhörung stattfinden. Über einen Termin werde ich Sie rechtzeitig informieren.

Dieses Schreiben sowie die Anlagen sind unter www.bafin.de/Konsultationen abrufbar. Ich beabsichtige, auch Ihre Stellungnahmen im Internet zu veröffentlichen. Daher bitte ich Sie mir mitzuteilen, wenn Sie mit einer Veröffentlichung Ihrer Stellungnahme oder deren Weitergabe an Dritte nicht einverstanden sind.

[...]

Anlage 4
Bundesanstalt für Finanzdienstleistungsaufsicht (BaFin)
Rundschreiben 18/2005 (BA) über Mindestanforderungen an das Risikomanagement (MaRisk)
Übermittlungsschreiben vom 20. Dezember 2005

[...]

nach Durchsicht Ihrer Stellungnahmen zum zweiten Entwurf der »Mindestanforderungen an das Risikomanagement« (MaRisk) vom 22.09.2005 leite ich Ihnen nunmehr die Endfassung des Rundschreibens zu. Das Rundschreiben sowie ergänzende Dokumente sind diesem Schreiben als Anlage beigefügt.

Ich freue mich zunächst über den positiven Tenor Ihrer Stellungnahmen. So betonen die Spitzenverbände der Kreditwirtschaft, dass vor allem die Mitwirkung des MaRisk-Fachgremiums dazu beigetragen hat, die Anforderungen an die Praxis anzupassen und darüber hinaus zu flexibilisieren. Diese positive Haltung bestärkt mich darin, auch künftig am institutionalisierten Austausch mit der Praxis festzuhalten.

Bei der Erstellung der Endfassung des Rundschreibens sind zahlreiche Anmerkungen aus Ihren Stellungnahmen berücksichtigt worden. Für die Thematik »(Geschäfts-)Strategie vs. Risikostrategie« konnte im Verlauf der Konsultation mit den Spitzenverbänden der Kreditwirtschaft eine sachgerechte Lösung gefunden werden (AT 4.2). Folgende Punkte sind darüber hinaus von besonderer Bedeutung.

I.   MaRisk und Prüfungspraxis

Mehrere Verbände äußerten die Besorgnis, dass die flexible und risikoorientierte Grundausrichtung der MaRisk durch eine Prüfungspraxis, die allein auf das »Abhaken« formaler Kriterien abstellt, nachträglich eingeschränkt werden könnte. Solche Entwicklungen wären auch aus meiner Sicht nicht akzeptabel. Die Prüfung der Mindestanforderungen verlangt einen risikoorientierten Prüfungsansatz, der an den institutsspezifischen Gegebenheiten ansetzt und diese mitberücksichtigt (z.B. Größe des Institutes, Geschäftsumfang, Komplexität der betriebenen Geschäfte, Risikoprofil); nur so können angemessene Feststellungen getroffen werden. Ich habe daher einen Passus in den allgemeinen Teil der MaRisk eingefügt, der die Notwendigkeit risikoorientierter Prüfungshandlungen noch deutlicher als bisher zum Ausdruck bringt (AT 1 Tz. 4). Nicht gedeckt von der offenen Grundausrichtung der MaRisk sind aus meiner Sicht auch überzogene Dokumentations- und Rechtfertigungszwänge bei der Inanspruchnahme von Öffnungsklauseln durch die Institute. Ich habe daher an passender Stelle den Grundsatz der Wesentlichkeit stärker betont (AT 6 Tz. 2). Um dem von mir präferierten risikoorientierten Prüfungsansatz Nachdruck zu verleihen, werde ich zudem weitere Prüfer um ihre Mitarbeit im MaRisk-Fachgremium bitten.

II. Kleine Kreditinstitute

Bei kleinen Kreditinstituten führte die in den MaK vorgesehene Trennung der Bereiche Markt und Marktfolge bis einschließlich in die Ebene der Geschäftsleitung häufig zu Umsetzungsproblemen. Insbesondere waren aufgrund der begrenzten Zahl von qualifizierten Mitarbeitern im Kreditgeschäft keine sachgerechten Vertretungsregelungen darstellbar. Um dieser Problematik abzuhelfen, hatte ich für kleine Kreditinstitute unter bestimmten Voraussetzungen Ausnahmen von den Regelungen zur Funktionstrennung eingeräumt (Schreiben der BaFin vom 12.08.2004). Eine wesentliche Voraussetzung für die Inanspruchnahme dieser Erleichterung, die derzeit von rund 250 Kreditinstituten in Anspruch genommen werden kann, ist die Höhe des Kreditvolumens eines Kreditinstitutes (Höhe des Kreditvolumens $\leq$ 50 Mio. Euro). Dieses Kriterium habe ich jetzt auf 100 Mio. Euro erhöht (BTO 1.1 Tz. 1), so dass deutlich mehr Kreditinstitute in Deutschland diese Erleichterung in Anspruch nehmen können.

Mir liegt sehr viel daran, dass die MaRisk risikoadäquat von den Kreditinstituten umgesetzt werden können. Daher enthalten die MaRisk zahlreiche Öffnungsklauseln, die vor allem den kleinen Kreditinstituten Gestaltungsspielräume für individuelle Umsetzungslösungen einräumen. Die Mitwirkung von Vertretern kleinerer Kreditinstitute im MaRisk-Fachgremium trägt ebenfalls dazu bei, dass den berechtigten Belangen dieser Kreditinstitute Rechnung getragen wird. Um der besonderen Situation der kleinen Banken in Deutschland noch mehr Gewicht zu verleihen, sollen künftig Sondersitzungen des Fachgremiums stattfinden, zu denen neben Verbandsvertretern und Prüfern ausschließlich Vertreter kleinerer Kreditinstitute eingeladen werden.

III. MaRisk und Anforderungen der Säule II

Da von Seiten der Institute ein nachvollziehbares Interesse an Rechts- und Planungssicherheit besteht, haben sich die Spitzenverbände der Kreditwirtschaft dafür ausgesprochen, dass mit den MaRisk die an die Institute gerichteten qualitativen Anforderungen der Säule 2 (»Supervisory Review Process« – SRP) abgedeckt werden sollten. Ohne dem Gesetzgeber vorgreifen zu wollen, ist davon nach der Verabschiedung der Capital Requirements Directive (CRD), die zum 01.01.2007 in deutsches Recht umzusetzen ist, mit sehr großer Wahrscheinlichkeit auszugehen. Mit den MaRisk sollen daher auf der Basis des § 25a Abs. 1 KWG die an die Institute gerichteten qualitativen

Elemente des SRP abschließend adressiert werden. Ein Entwurf für die Neufassung des § 25a Abs. 1 KWG, der die maßgeblichen Art. 22 i. V. m. Annex V sowie Art. 123 der CRD (»Robust Governance Arrangements«, »Internal Capital Adequacy Assessment Process« – ICAAP) umsetzen soll, ist am 06.12.2005 an die Verbände gesandt worden.

Nach dem heutigen Stand der Dinge sehe ich im Zusammenhang mit der Umsetzung des SRP keinen über die MaRisk hinausgehenden Regelungsbedarf (z. B. IT-Mindestanforderungen). Soweit ein solcher Bedarf in der Zukunft für bestimmte Bereiche bestehen sollte, wird dies im Rahmen der MaRisk und unter Einbeziehung des Fachgremiums geschehen. Die modulare Struktur der MaRisk eröffnet in diesem Zusammenhang die notwendige Flexibilität für ggf. erforderliche Anpassungen oder Ergänzungen des Gesamtwerks. So ist etwa vorgesehen, das Outsourcing-Rundschreiben nach gründlicher Überarbeitung durch die Aufsicht und anschließender Diskussion im Fachgremium in die MaRisk zu integrieren. Ziel ist dabei die Entwicklung flexibler und praxisnaher Regelungen zur Auslagerung, die nahtlos an den prinzipienorientierten Ansatz der MaRisk anknüpfen.

IV.   Umsetzung der MaRisk

Die neuen Mindestanforderungen lösen meine in Anlage 6 genannten Schreiben ab. Soweit die neuen Anforderungen – auch in modifizierter Form – unmittelbar aus den bisherigen Regelwerken (MaK, MaH, MaIR) in die MaRisk überführt wurden, entfalten sie mit ihrer Veröffentlichung unmittelbare Bindungswirkung und schränken entsprechend ihrer deregulierenden Stoßrichtung die Auslegung und Anwendung des § 25a Abs. 1 KWG in der Aufsichtspraxis ein. Folglich können die hier vorgesehenen Entlastungen und zusätzlich eingeräumten Gestaltungsspielräume von den Instituten mit sofortiger Wirkung in Anspruch genommen werden. Die sonstigen, über die bisherigen Regelungen hinausgehenden Anforderungen der MaRisk, die die Vorgaben der CRD zum SRP und insbesondere zum ICAAP konkretisieren, können sinnvoll erst im Gesamtkontext der Umsetzung der CRD in deutsches Recht und damit entsprechend der durch Art. 157 Abs. 1 der CRD vorgegebenen Frist erst zum 01.01.2007 zum Tragen kommen.

Für Institute, die das Wahlrecht gemäß Art. 152 Abs. 7 der CRD in Anspruch nehmen, erlauben die EU-rechtlichen Vorgaben einen Anwendungsaufschub bis zum 01.01.2008. Mir ist selbstverständlich bewusst, dass die Arbeiten zur Vorbereitung auf die künftige, nach Umsetzung der CRD maßgebliche Rechtslage für die Institute eine große Herausforderung darstellen. Ich habe dementsprechend bereits in meinem Anschreiben zum zweiten Entwurf der MaRisk vom 22.09.2005 deutlich zum Ausdruck gebracht, dass ich hinsichtlich der Umsetzung der MaRisk keinen unnötigen Zeitdruck auf die Institute ausüben will.

Sollten sich bei der Umsetzung der MaRisk Schwierigkeiten ergeben, die nur mit nicht mehr vertretbarem Aufwand überwunden werden könnten (z. B. im Bereich komplexer IT-Anpassungen oder weil erforderliche Ressourcen durch Umsetzungsarbeiten in anderen Bereichen der Basel II-Umsetzung gebunden sind) so würde ich dies im Rahmen einer Gesamtwürdigung des jeweiligen Einzelfalls selbstverständlich berücksichtigen und aus Gründen der Verhältnismäßigkeit auf Maßnahmen auf der Grundlage des § 25a Abs. 1 KWG jedenfalls bis zum 01.01.2008 verzichten. Diese pragmatische Vorgehensweise trägt auch einem kurzfristig vorgetragenen Anliegen des Zentralen Kreditausschusses Rechnung.

Die MaRisk sind der zentrale Baustein für die neue qualitative Aufsicht in Deutschland. Mit ihnen wird die Abkehr von der traditionell Regel basierten Aufsicht hin zu einer prinzipien-orientierten Aufsicht und damit gleichzeitig ein Paradigmenwechsel eingeläutet, der sowohl Form und Stil der Regulierung als auch die bankaufsichtliche Praxis verändern wird. Den Instituten werden durch die Öffnungsklauseln der MaRisk vielfältige Gestaltungsspielräume eingeräumt, die deren Eigenverantwortung stärken. Ich gehe davon aus, dass diese Gestaltungsspielräume auf sachgerechte Weise von den Instituten mit Leben gefüllt werden.

Von Prüfern erwarte ich die Beachtung des risikoorientierten Prüfungsansatzes. Wenn alle Beteiligten (Institute, Prüfer und Aufsicht) ihrer neuen Rolle gerecht werden, wird die neue Aufsichtsphilosophie von Erfolg gekrönt sein.

[...]

Anlage 5
Bundesanstalt für Finanzdienstleistungsaufsicht (BaFin)
»Wegfallende Schreiben«
Erste Liste vom 20. Dezember 2005

Folgende Rundschreiben, Verlautbarungen, sonstigen Schreiben und Protokolle werden von den Mindestanforderungen an das Risikomanagement (MaRisk) abgelöst:

Mindestanforderungen an das Kreditgeschäft der Kreditinstitute
- Mindestanforderungen an das Kreditgeschäft der Kreditinstitute (MaK), Rundschreiben 34/2002 (BA) vom 20.12.2002
- Anschreiben zur Endfassung der MaK vom 20.12.2002
- Anschreiben zum zweiten Entwurf der MaK vom 02.10.2002
- Schreiben BA 14 – GS 5422 – 2/2004 vom 12.08.2004: Erleichterungen für bestimmte Institute hinsichtlich der Funktionstrennung
- Protokoll zur ersten Sitzung des MaK-Fachgremiums am 14.05.2003
- Protokoll zur zweiten Sitzung des MaK-Fachgremiums am 10.07.2003
- Protokoll zur dritten Sitzung des MaK-Fachgremiums am 12.11.2003
- Protokoll zur vierten Sitzung des MaK-Fachgremiums am 27.04.2004
- Protokoll zur fünften Sitzung des MaK-Fachgremiums am 23.09.2004

Mindestanforderungen an das Betreiben von Handelsgeschäften der Kreditinstitute
- Mindestanforderungen an das Betreiben von Handelsgeschäften der Kreditinstitute (MaH), Verlautbarung vom 23.10.1995
- Anschreiben zur Endfassung der MaH vom 23.10.1995
- Erläuterungen zu einzelnen Regelungen der Mindestanforderungen an das Betreiben von Handelsgeschäften der Kreditinstitute, Rundschreiben 4/1998 vom 08.04.1998
- Ergänzende Hinweise zu den Mindestanforderungen an das Betreiben von Handelsgeschäften der Kreditinstitute, Revisionsberichte und Marktgerechtigkeitsprüfung, Rundschreiben 5/2001 vom 12.09.2001

Mindestanforderungen an die Ausgestaltung der Internen Revision der Kreditinstitute
- Mindestanforderungen an die Ausgestaltung der Internen Revision der Kreditinstitute, Rundschreiben 1/2000 vom 17.10.2000

Zinsänderungsrisiko
- Schreiben I 4 – 32 vom 06.05.1974 (Risiken aus Währungstermingeschäften)
- Schreiben I 1 – 31 – 2/77 vom 23.11.1977 (Kreditgewährung zu Festzinssätzen)
- Schreiben I 1 – 31 – 2/77 vom 24.02.1983 (Zinsänderungsrisiko)
- Schreiben I 1 – 31 – 2/77 vom 12.12.1983 (Zinsänderungsrisiko)

Liste wegfallender Schreiben vom 20. Dezember 2005

– Schreiben I 1 – 31 – 2/77 vom 19.01.1984 (Zinsänderungsrisiko)
– Überprüfung von Zinsänderungsrisiken, Rundschreiben 12/1998 vom 14.08.1998

Sonstiges
– Schreiben I 3 – 362 – 3/82 vom 16.10.1992 (Grenzüberschreitende Datenfernverarbeitung im Bankbuchführungswesen)

Anlage 6
Bundesanstalt für Finanzdienstleistungsaufsicht (BaFin)
Sitzung des MaRisk-Fachgremiums am 4. Mai 2006
Protokoll

[...]

II. Informationen und Sachstandsberichte

Zinsänderungsrisiken und Outlier-Kriterium

Ein Vertreter der BaFin informiert über den derzeitigen Sachstand der Umsetzung des Artikels 124 Abs. 5 der CRD (»Outlier-Kriterium«) in nationales Recht. In der aktuellen Fassung des Konsultationspapiers (CP 11) vom Committee of European Banking Supervisors (CEBS), das den Verbänden derzeit zur Stellungnahme vorliegt, wird grundsätzlich von einem standardisierten Zinsschock in Höhe von 200 Basispunkten ausgegangen. Eine bestimmte Methode zur Berechnung der Auswirkungen des Zinsschocks auf die Institute wird in dem Papier jedoch nicht spezifiziert. Die Aufsicht sichert zu, für die nationale Umsetzung des Zinsschocks – die im Übrigen nicht im Rahmen der MaRisk erfolgt – eine pragmatische Lösung zu finden, die unnötige Belastungen von der Kreditwirtschaft fernhält. Vorgaben werden von aufsichtlicher Seite nur insoweit gemacht, wie es zur Sicherstellung eines Mindestmaßes an Vergleichbarkeit der Ergebnisse erforderlich ist. Die Aufsicht wird diesbezüglich die schon begonnenen Konsultationen mit den Verbänden fortsetzen.

Überarbeitung geltender Outsourcing-Regelungen

Die BaFin hat im Anschreiben zur Endfassung der MaRisk vom 20.12.2005 angekündigt, die geltenden Outsourcing-Regelungen grundsätzlich zu überarbeiten und anschließend in die MaRisk zu integrieren. Ziel ist die Entwicklung flexibler und praxisnaher Regelungen, die nahtlos an den prinzipienorientierten Ansatz der MaRisk anknüpfen. Für diese Zwecke führt die BaFin gegenwärtig intensive Gespräche mit Experten aus der Praxis. Die dabei gewonnenen Erkenntnisse sollen in einen so genannten »Rohling« überführt werden, der anschließend mit der Deutschen Bundesbank diskutiert wird. Nach Abstimmung mit der Bundesbank wird die BaFin einen ersten Entwurf vorlegen, der im Rahmen von Sondersitzungen des MaRisk-Fachgremiums weiterentwickelt werden soll. Zu diesen Sondersitzungen werden auch Outsourcing-Experten aus den einzelnen Verbänden eingeladen. Die erste Sondersitzung wird voraussichtlich im Spätsommer dieses Jahres stattfinden. Nach Abschluss der Diskussionen im Fachgremium findet eine offizielle Konsultationsphase statt. Nach dem gegebenen Stand der Dinge ist zu erwarten, dass die neuen Outsourcing-Regelungen gegen Ende dieses Jahres in die MaRisk integriert werden können.

Überarbeitung der Prüfungsberichtsverordnung

Die Umsetzung von Basel II sowie praktische Erwägungen machen es erforderlich, dass die Prüfungsberichtsverordnung (PrüfbV) überarbeitet wird. Die PrüfbV soll insgesamt risikoorientierter ausgestaltet und verschlankt werden, indem z. B. rein deskriptive Teile der Berichterstattung durch den Abschlussprüfer reduziert werden. Gegenwärtig diskutieren Bundesbank und BaFin, unterstützt vom Institut der Wirtschaftsprüfer (IDW), über die Neugestaltung der PrüfbV. Es ist zu erwarten, dass im Spätsommer 2006 ein erster PrüfbV-Entwurf veröffentlicht wird, der anschließend mit den Verbänden diskutiert wird.

III. MaRisk

III.1. Allgemeine Themen

Organisatorisch-strukturelle Fragen

Im Hinblick auf die Kommunikation der Ergebnisse des MaRisk-Fachgremiums wird folgende Verfahrensweise vereinbart:

- es werden Protokolle zu jeder Sitzung erstellt, die auf den Internetseiten von BaFin und Bundesbank veröffentlicht werden. Da das MaRisk-Fachgremium an den »Arbeitskreis Basel II« angebunden ist, werden die Protokolle vorab dem Arbeitskreis vorgelegt,
- soweit die Ergebnisse des Fachgremiums Anpassungen des Regelungstextes oder der Erläuterungen zu den MaRisk erforderlich machen, werden diese Anpassungen in ein Gesamtdokument (Regelungstext inklusive Erläuterungen) eingefügt und kenntlich gemacht. An den entsprechenden Stellen wird zudem auf die jeweiligen Protokolle verwiesen. Das jeweils aktuelle Gesamtdokument wird in zwei Versionen (Änderungsmodus und Lesefassung) neben der Ursprungsversion der MaRisk vom 20.12.2005 auf den Internetseiten von BaFin und Bundesbank veröffentlicht,
- die Mitglieder des Fachgremiums würden es darüber hinaus für sinnvoll halten, wenn die BaFin einen »E-Mail-Alert« zu aktuellen MaRisk-Entwicklungen einrichtet, den interessierte Kreise beziehen können. Die BaFin-Teilnehmer werden sich für diese Zwecke an die zuständigen Stellen ihres Hauses wenden.

Umsetzung von Anforderungen der Säule II in anderen Ländern

Ein Teilnehmer der Deutschen Bundesbank stellt das Ergebnis einer Recherche zu Regelungen im europäischen Ausland dar, die mit den MaRisk vergleichbar sind. Im europäischen Ausland existieren vielfältige qualitativ ausgerichtete Regelwerke, die sich auf einzelne Geschäftsarten bzw. Risikoarten beziehen (z. B. Kreditgeschäft, Interne Revision, Marktpreisrisiken). Im Unterschied zu den MaRisk sind diese jedoch in der Regel nicht in einem Gesamtwerk zusammengefasst. Ab dem 1.1.2007 können sich Interessierte einen vollständigen Überblick über die Regelungen zur Säule II in Europa verschaffen. Nach den von CEBS ausgearbeiteten »Guidelines on Supervisory Disclosure« sind zu diesem Zeitpunkt u. a. auch die von den nationalen Aufsichtsbehörden erlassenen Regelwerke im Zusammenhang mit der Umsetzung von Basel II zu veröffentlichen.

Prüfungsplanung

Vertreter der BaFin weisen darauf hin, dass die Umsetzung des SRP in Deutschland nicht zu einer höheren Prüfungsbelastung der Institute führen soll. Die BaFin wird – wie bisher auch – sorgfältig abwägen, in welchem Fall die Anordnung einer Sonderprüfung notwendig ist und damit dem Grundsatz der Verhältnismäßigkeit Rechnung tragen. Die Auswahl der Institute wird dabei grundsätzlich risikoorientiert erfolgen. Die BaFin wird allerdings weiterhin mit einer gewissen Regelmäßigkeit Einblick in alle Institute nehmen, um keine aufsichtsfreien Zonen entstehen zu lassen. Unter den Prüfungsschwerpunkten werden die Prozess- und Systemprüfungen an Gewicht gewinnen. Auf Nachfrage erklärte ein Vertreter der BaFin, dass § 30 KWG-Entwurf ein Mittel sei, um gezielt Informationen im Rahmen der Jahresabschlussprüfung in Einzelfällen zu erhalten. Er sei kein Instrument, um regelmäßig flächendeckend zusätzliche Prüfungsgegenstände im Rahmen der Jahresabschlussprüfung zu benennen.

III.2. Einzelthemen

Berichterstattung für das Handelsbuch

Nach BTR 2.2 Tz. 3 der MaRisk ist der für das Risikocontrolling zuständige Geschäftsleiter täglich über die Risikopositionen im Handelsbuch zu unterrichten. Bei Nicht-Handelsbuchinstituten mit unter Risikogesichtspunkten überschaubaren Positionen im Handelsbuch ist an die tägliche Berichterstattung regelmäßig kein nennenswerter Informationsgewinn geknüpft. Vertreter des Fachgremiums setzen sich daher dafür ein, dass in solchen Fällen von der täglichen Berichterstattung abgewichen werden kann.

Die BaFin schließt sich dieser Auffassung an. Auf die tägliche Berichterstattung kann zugunsten eines längeren Turnus verzichtet werden, soweit dies aus Sicht des einzelnen Kreditinstitutes unter Risikogesichtspunkten vertretbar ist. BTR 2.2 Tz. 3 sowie die Erläuterungen zu dieser Tz. werden entsprechend angepasst bzw. ergänzt.

Anforderungen der MaRisk auf Gruppenebene

Gemäß AT 2.1 Tz. 1 der MaRisk hat ein übergeordnetes Unternehmen ein Verfahren einzurichten, das die angemessene Steuerung und Überwachung der wesentlichen Risiken auf Gruppenebene im Rahmen der gesellschaftsrechtlichen Möglichkeiten sicherstellt. Die konkrete Ausgestaltung dieses Verfahrens liegt nach den Erläuterungen zu AT 2.1 Tz. 1 im Ermessen des übergeordneten Unternehmens. Bei der Ausgestaltung des Verfahrens müssen die organisatorischen Anforderungen der MaRisk nicht berücksichtigt werden (z. B. BTO). Aus Sicht eines Teilnehmers besteht Klärungsbedarf, ob sich

– der Klammerausdruck ausschließlich auf die Anforderungen des BTO bezieht und
– wie in diesem Zusammenhang die Formulierung »im Rahmen der gesellschaftsrechtlichen Möglichkeiten« zu interpretieren ist.

Die Teilnehmer stimmen überein, dass der Klammerausdruck lediglich beispielhaften Charakter hat. Der Verzicht auf die Nennung weiterer Beispiele darf nicht so interpretiert werden, dass andere Module der MaRisk auf Gruppenebene vollständig umzusetzen sind (z. B. BTR). Die BaFin betont in diesem Zusammenhang die Eigenart des Verfahrens auf Gruppenebene, was nicht zuletzt schon in der gewählten Terminologie zum Ausdruck kommt (»angemessenes Verfahren zur

Steuerung und Überwachung«). Hinsichtlich der Ausgestaltung des Verfahrens bestehen vielfältige Gestaltungsspielräume, die im Einzelnen in AT 2.1 Tz. 1 sowie den entsprechenden Erläuterungen niedergelegt sind.

Durch die Umschreibung »im Rahmen der gesellschaftsrechtlichen Möglichkeiten« soll zum Ausdruck kommen, dass an Gruppen gerichtete KWG-Bestimmungen im Einzelfall durch gesellschaftsrechtliche Regelungen beschränkt werden. Bspw. können nach geltendem Aktiengerecht die Eingriffsbefugnisse der Mutter gegenüber einer Tochter an ihre Grenzen stoßen, da der Vorstand der Tochter seine Gesellschaft unter eigener Verantwortung zu leiten hat (§ 76 Abs. 1 AktG). Vergleichbare Konstellationen können sich auch bei Finanzholdinggruppen gemäß § 10a Abs. 3 KWG ergeben.

Spezialfall auf Gruppenebene: Die Waiver-Regelung gem. § 2a KWG-E

Durch die Waiver-Regelung des § 2a KWG-E soll es künftig u. a. möglich sein, dass nachgeordnete Institute einer inländischen Institutsgruppe unter bestimmten Voraussetzungen auf die Erfüllung einzelner KWG-Regelungen verzichten können (Eigenmittelvorschriften, Großkreditvorschriften, internes Kontrollsystem gemäß § 25a Abs. 1 KWG). Zu den in § 2a KWG-E genannten Voraussetzungen zählt z. B., dass die »Risikobewertungs-, mess- und -kontrollverfahren« des übergeordneten Institutes die nachgeordneten Institute einschließen. Von Seiten der Aufsicht wird in diesem Zusammenhang die allgemeine Frage aufgeworfen, welcher Instrumente man sich in der Praxis bedient, um eine straffe Steuerung einer Institutsgruppe sicherzustellen. Einzelne Teilnehmer verweisen auf die Notwendigkeit gruppeneinheitlicher Rahmenbedingungen, die gemeinsam von nachgeordneten Unternehmen und übergeordnetem Unternehmen ausgearbeitet und anschließend vom übergeordneten Unternehmen festgelegt werden. Es wird zudem auf das Erfordernis ausgeprägter Steuerungs- und Controllingprozesse auf Gruppenebene hingewiesen, die alle nachgeordneten Unternehmen umfassen. Die BaFin wird die Waiver-Regelung ggf. in einer der nächsten Sitzungen des Fachgremiums nochmals adressieren.

Vorschläge über die Risikovorsorge bei bedeutenden Engagements

Nach BTO 1.1 Tz. 7 soll ein marktunabhängiger Bereich für Vorschläge über die Risikovorsorge bei bedeutenden Engagements zuständig sein. Gegenüber der Fassung der MaK stellt dies eine Änderung dar, da dort nicht von »Vorschlägen«, sondern von »Entscheidungen« die Rede war. Aus Sicht eines Teilnehmers ist die neue Formulierung problematisch, da jedem Bereich die Möglichkeit eingeräumt werden sollte, Vorschläge zu unterbreiten, solange die Entscheidung grundsätzlich bei einem markt-unabhängigen Bereich verbleibt.

Die BaFin stimmt dem zu und wird dementsprechend die Tz. 7 (wieder) anpassen. Die Befugnisse der Geschäftsleitung bei Entscheidungen über die Risikovorsorge bleiben davon unberührt.

Notfallkonzept

Für Notfälle in kritischen Aktivitäten und Prozessen ist entsprechend AT 7.3 Vorsorge zu treffen (Notfallkonzept). Von Seiten eines Teilnehmers wird die Frage aufgeworfen, ob sich diese Anforderung nur auf solche Aktivitäten und Prozesse bezieht, die sich tatsächlich in der Systemhoheit der betroffenen Institute befinden oder ob sie auch auf ausgelagerte Funktionen anzuwenden ist.

Von Seiten des Plenums wird in diesem Zusammenhang auf Auslagerungen (z. B. auf Mehrmandantendienstleister) hingewiesen. Auslagerungsunternehmen verfügen ihrerseits über Notfallkonzepte, die im Rahmen der Jahresabschlussprüfung geprüft werden. Die Prüfungsberichte werden den auslagernden Instituten zur Verfügung gestellt, so dass sie sich einen Eindruck von der Qualität der Notfallkonzepte des Auslagerungsunternehmens verschaffen können. Unter diesen Bedingungen ist es auch aus Sicht der BaFin nicht erforderlich, dass das auslagernde Institut ein eigenständiges Notfallkonzept für die ausgelagerten Funktionen ausarbeitet. Schon unter Praktikabilitätsgesichtspunkten wäre es kaum vorstellbar, dass z. B. ein kleines Institut ein Notfallkonzept für Funktionen ausarbeitet, die auf einen großen Mehrmandantendienstleister ausgelagert sind. Die BaFin wird sich dieser Thematik ggf. nochmals im Rahmen der Überarbeitung der Outsourcing-Regelungen zuwenden.

Informationspflicht gegenüber der Internen Revision

Unter Risikogesichtspunkten wesentliche Informationen sind nach AT4.3.2 Tz.5 der MaRisk unverzüglich an die Geschäftsleitung, die jeweiligen Verantwortlichen und ggf. die Interne Revision weiterzuleiten. Nach der Erläuterung zu dieser Tz. besteht gegenüber der Internen Revision dann eine Berichtspflicht, wenn »nach Einschätzung der Fachbereiche« u. a. relevante Mängel zu erkennen sind. Ein Teilnehmer stellt zur Diskussion, ob diese Formulierung auch die Möglichkeit einschließt, dass die Interne Revision verbindliche Kriterien für die Informationsweitergabe vorgibt, die den Fachbereichen bei der Einschätzung bestimmter Sachverhalte behilflich sind.

Aus Sicht der BaFin liegt es im Ermessen der Kreditinstitute, in diesem Zusammenhang eine sachgerechte Lösung zu finden. Die Vorgabe verbindlicher Kriterien durch die Interne Revision wäre ggf. eine praktikable Alternative.

Erörterung der Strategie mit dem Aufsichtsorgan

Nach AT4.2 Tz.3 hat die Geschäftsleitung die Strategien dem Aufsichtsorgan zur Kenntnis zu geben und mit diesem zu erörtern. Ein Teilnehmer wirft die Frage auf, wie mit jenen Fällen umzugehen ist, in denen kein Aufsichtsorgan vorhanden ist.

Die BaFin weist darauf hin, dass die Anforderung nur dann umgesetzt werden kann, wenn ein Aufsichtsorgan existiert. Bei einer GmbH ist dies z. B. nicht der Fall.

Bestätigungen Dritter

In Abschnitt 5 der Mindestanforderungen an das Betreiben von Handelsgeschäften (MaH) war geregelt, wie die Interne Revision bei der Abstimmung schwebender Termingeschäfte zu verfahren hat. Diese Anforderung ist im Zuge der Integration MaH-relevanter Anforderungen in die MaRisk ersatzlos gestrichen worden.

Unabhängig davon kann das Einholen von Bestätigungen Dritter in der Praxis der Jahresabschlussprüfung eine Rolle spielen, um mit hinreichender Sicherheit die geforderten Prüfungsaussagen treffen zu können. Dies liegt jedoch allein in der Verantwortung des Jahresabschlussprüfers und ist keine Frage der MaRisk.

Funktionstrennung im Handel

Nach BTO 2.1 Tz.2 kann von der Trennung bis einschließlich der Ebene der Geschäftsleitung abgesehen werden, wenn sich die Handelsaktivitäten in ihrer Gesamtheit auf Handelsgeschäfte konzentrieren, die unter Risikogesichtspunkten als nicht wesentlich einzustufen sind (»nicht risikorelevante Handelsaktivitäten«).

Soweit ein Kreditinstitut diese Erleichterung in Anspruch nimmt, können Handel und handelsunabhängige Funktionen (Abwicklung und Kontrolle, Risikocontrolling) in dem Ressort eines Geschäftsleiters angesiedelt werden. Im Hinblick auf die handelsunabhängigen Funktionen ist eine organisatorische Trennung (z. B. Ansiedlung in unterschiedlichen Stellen) ebenfalls nicht erforderlich. Nicht miteinander vereinbare Tätigkeiten (Bestehen von Interessenkonflikten) sind allerdings von unterschiedlichen Mitarbeitern durchzuführen. Mit dem Handel betraute Mitarbeiter dürfen insoweit grundsätzlich nicht für handelsunabhängige Funktionen zuständig sein.

[...]

Anlage 7
Bundesanstalt für Finanzdienstleistungsaufsicht (BaFin)
Sitzung des MaRisk-Fachgremiums am 17. August 2006
Protokoll

[...]

2. Stand der Umsetzung der MaRisk in den Instituten

Die Instituts- und Verbandsvertreter berichten eingangs über den Stand der Umsetzung der MaRisk in der Praxis. Dabei ergibt sich die Grundtendenz, dass bei den Verbänden bisher nur punktuell Rückfragen der Institute eingegangen sind. Es wird gleichzeitig auf die Möglichkeit hingewiesen, dass weitere konkrete Auslegungsfragen in der Praxis – im Zuge des noch laufenden Umsetzungsprozesses – bis zum Ende dieses Jahres und im Laufe des nächsten Jahres auflaufen könnten. Fragen haben sich bisher vornehmlich zu den neuen Anforderungen bezüglich der Zinsänderungsrisiken, der operationellen Risiken und teilweise der Liquiditätsrisiken ergeben. Als weitere Felder, die im Rahmen der Umsetzung noch abzuarbeiten seien, wurde teils die Ausgestaltung der Dokumentation, teils die konsistente Formulierung der Strategien genannt. Ein Prüfer bemerkt, dass weniger die Umsetzung der MaRisk als solche, sondern vielmehr das Ausfüllen der vorhandenen Ermessensspielräume bzw. die mögliche Inanspruchnahme von Öffnungsklauseln Fragen aufwerfe. Hinsichtlich des voraussichtlichen Abschlusses der Umsetzungsarbeiten ergibt sich kein einheitliches Bild; während einige Praxisvertreter in ihren Häusern mit einer Umsetzung zum Jahresende rechnen, wird eine größere Zahl von Instituten das Wahlrecht nach Art. 152 Abs. 7 der CRD in Anspruch nehmen.

3. Einzelthemen

a) Gesamtverantwortung der Geschäftsleitung

Gemäß AT3 Tz. 1 sind alle Geschäftsleiter für die ordnungsgemäße Geschäftsorganisation und deren Weiterentwicklung verantwortlich. Diese Verantwortung umfasst alle wesentlichen Elemente des Risikomanagements. Die Geschäftsleiter werden dieser Verantwortung nur gerecht, wenn sie die Risiken beurteilen können und die erforderlichen Maßnahmen zu ihrer Begrenzung treffen (AT3 Tz. 1 Satz 3). Satz 3 wird aus Sicht eines Teilnehmers in seiner Absolutheit für nicht umsetzbar und darüber hinaus für entbehrlich gehalten, da er auch Fragen der Geschäftsleitereignung berührt, die bereits abschließend im KWG geregelt sind. Zudem sei eine Risikobeurteilung gemäß AT4.3.2 Tz. 4 bereits im Rahmen der Risikoberichterstattung gefordert, die nach BTO Tz. 2 lit. d dem Risikocontrolling zugeordnet wird. Der Teilnehmer schlägt deshalb vor, diesen Satz entweder zu streichen oder mit Blick auf das in den MaRisk durchgängig berücksichtigte Prinzip der Wesentlichkeit zumindest redaktionell anzupassen.

Nach eingehender Diskussion besteht weitgehend Einigkeit, dass mit diesem Satz weniger eine Anforderung an die Eignung von Geschäftsleitern, sondern vielmehr eine Anforderung an die Ausgestaltung des Risikomanagements formuliert wird. Dieses muss so ausgestaltet sein, dass die Geschäftsleiter auf dessen Basis Risiken beurteilen und entsprechende Maßnahmen zur Risikobegrenzung treffen können. Die BaFin wird den Satz entsprechend redaktionell anpassen, um diesen Grundgedanken stärker zum Ausdruck zu bringen.

b) Kredite an Mitarbeiter

Bei Krediten an »leitende« Mitarbeiter und an Geschäftsleiter kann anstelle des Marktes eine geeignete Stelle mitwirken, die nicht in die Kreditbearbeitung einbezogen ist (BTO 1.1 Tz. 1, Erläuterung). Da der Marktbereich auch im Falle von Krediten an »nicht leitende« Mitarbeiter fehlt und diese Kreditvergaben ebenfalls risikorelevant sein können, regt ein Teilnehmer an, den Zusatz »leitend« zu streichen.

Die derzeitige Formulierung der Erläuterung hat seinen Ursprung in einer Diskussion im Rahmen der 3. Sitzung des MaK-Fachgremiums. Die BaFin teilt ungeachtet dessen die dargestellte Sichtweise und schließt sich dem Vorschlag an. Demgemäß wird die BaFin den Zusatz »leitend« in der Erläuterung streichen.

c) Überprüfung von Sicherheiten
c1) Überprüfung von Sicherheiten bei Kreditvergabe

Gemäß BTO 1.2.1 Tz. 2 kann bei der Kreditvergabe auf bereits vorhandene Sicherheitenwerte zurückgegriffen werden, sofern keine Anhaltspunkte für Wertveränderungen vorliegen. Ein Teilnehmer weist darauf hin, dass es für die Kreditweiterbearbeitung, z. B. bei Prolongationen, keine analoge Regelung gäbe, obwohl hier eine entsprechende Erleichterung erst wirklich nutzbar sei. Der Teilnehmer regt an, diese Erleichterung sowohl für die Kreditgewährung als auch für die Kreditweiterbearbeitung zur Anwendung kommen zu lassen.

Im Fachgremium herrscht Einigkeit darüber, dass eine solche Vorgehensweise zweckmäßig ist. Die BaFin weist darauf hin, dass es sich bei Prolongationen, ob externe oder interne, gemäß AT2.3 Tz. 2 um Kreditentscheidungen im Sinne der MaRisk handelt. Vor diesem Hintergrund berühren aus Sicht der BaFin interne Prolongationen, z. B. von extern b. a. w. zugesagten Krediten, auch den Prozess der Kreditgewährung. Es spricht daher aus Sicht der BaFin nichts dagegen, die Erleichterung hinsichtlich der Überprüfung der Werthaltigkeit von Sicherheiten auch bei »Kreditgewährungen« im Rahmen von (internen) Prolongationen zur Anwendung kommen zu lassen. Hierfür sieht die BaFin keine Notwendigkeit einer Anpassung des MaRisk-Textes.

c2) Überprüfung der Werthaltigkeit risikorelevanter Sicherheiten

Nach BTO 1.1 Tz.7 ist es gestattet, die Erstellung von Wertgutachten für bestimmte, risikorelevante Sicherheiten im Markt durchzuführen, solange eine marktunabhängige materielle Plausibilitätsprüfung durchgeführt wird. Ein Teilnehmer wirft die Frage auf, ob die Teilnahme des Marktes an der Überprüfung der Werthaltigkeit von Sicherheiten insgesamt zulässig ist, insbesondere also auch dessen Einbindung in die Überprüfung des tatsächlichen Bestandes von Sicherheiten, wie sie z.B. im Rahmen von Kundengesprächen durch Bautenstandskontrollen erfolgt.

Die BaFin spricht sich dafür aus, dass die Mitwirkung des Marktes bei der Überprüfung des tatsächlichen Bestandes von Sicherheiten, insbesondere im Rahmen von Bautenstandskontrollen, nicht per se zu beanstanden ist. Es bestand Einigkeit, dass eine materielle Plausibilitätskontrolle seitens der Marktfolge durch eine solche Vorgehensweise nicht obsolet wird. Denkbar wäre es z.B., dass sich die Marktfolgemitarbeiter aussagekräftige Fotographien des Bauobjektes vorlegen lassen, anhand derer sie die entsprechende Plausibilisierung von Bautenstandskontrollen durchführen können. Auch schließt dies nicht aus, dass die Marktfolge entsprechende Nachprüfungen vorzunehmen hat, falls eine materielle Plausibilitätsprüfung auf der Basis der Bautenstandskontrollen des Marktes nicht ohne weiteres möglich ist. Im Ergebnis wird die BaFin ein solches Vorgehen jedoch grundsätzlich nicht monieren, soweit die Vorgaben der Beleihungswertermittlungsverordnung (BelWertV), insbesondere §4 Abs.6 und §7 Abs.1 BelWertV, dem nicht entgegenstehen. Diese ist seit 01.08.2006 in Kraft.

c3) Überprüfung des rechtlichen Bestandes risikorelevanter Sicherheiten

Die nach BTO 1.1 Tz.7 zu erfolgende Überprüfung risikorelevanter Sicherheiten beinhaltet auch die Überprüfung des rechtlichen Bestandes dieser Sicherheiten. Diese Überprüfung muss außerhalb des Marktes erfolgen. Ein Teilnehmer führt dazu aus, dass bei Nutzung standardisierter Verträge für die rechtswirksame Bestellung dieser Sicherheiten zu prüfen ist, ob die jeweils verwendeten Formulare dem letzten von der Rechtsabteilung freigegebenen Stand entsprechen. Diese Tätigkeiten würden regelmäßig durch die Marktfolge durchgeführt. Bei Verwendung individueller Verträge wäre normalerweise die Rechtsabteilung verantwortlich eingebunden. Dies müsse nach BTO Tz.8 eine vom Markt und Handel unabhängige Stelle sein. Die Rechtsabteilung sei jedoch häufig einem Marktvorstand zugeordnet, was nach dem formalen Wortlaut der MaRisk einer Mitwirkung der Rechtsabteilung bei der Überprüfung risikorelevanter Sicherheiten entgegenstünde. Der Teilnehmer sieht hier allerdings keine echten Interessenkonflikte, da die Rechtsabteilung auf der zweiten Ebene von Markt und Handel zu trennen sei, was für die Zwecke der geforderten Unabhängigkeit ausreichend sein sollte.

Die BaFin stimmt der vorgetragenen Sichtweise zu. Durch die Rechtsabteilung kann eine rechtswirksame Übertragung von Sicherheiten und damit die Sicherstellung des rechtlichen Bestandes am besten gewährleistet werden. Da sie in der Regel als Stabsstelle ausgestaltet und damit von den operativen Einheiten unabhängig ist, dürfte die zu fordernde Unabhängigkeit ausreichend sichergestellt sein. Eine nachträgliche materielle Plausibilitätsprüfung durch die Marktfolge erscheint hier nicht erforderlich. Die BaFin wird die Erläuterung zu BTO 1.1 Tz.7 dahingehend anpassen, dass eine Überprüfung des rechtlichen Bestandes von Sicherheiten durch eine vom Markt und Handel unabhängige Stelle (z.B. Rechtsabteilung) erfolgen kann.

d) Jährliche Überprüfung der Risikoeinstufung

Nach BTO 1.2 Tz.5 ist jährlich eine Überprüfung der Risikoeinstufung eines Engagements durchzuführen. An die BaFin sind Anfragen herangetragen worden, ob »jährlich« im Sinne von »alle zwölf Monate« oder im Sinne von »einmal im Kalenderjahr« zu verstehen sei. Die BaFin hält an dieser Stelle keine Konkretisierung für erforderlich. Entscheidend ist letztendlich, dass die Kreditbearbeitungsprozesse hinsichtlich einer Überprüfung der Risikoeinstufung, auch hinsichtlich des

Einstufungsturnus, dem Risikogehalt der Engagements angemessen sind. Welche Fristen für eine risikoadäquate Ausgestaltung des Einstufungsprozesses letztlich zur Anwendung kommen, müssen die Institute eigenverantwortlich festsetzen. Das Fachgremium hat sich hierfür auf die Formel »12 Monate plus ×« geeinigt, die auch die BaFin grundsätzlich für praktikabel hält.

e) Darstellung der Limitüberschreitungen im Risikoreport

Nach BTR 1 Tz. 7 ist in regelmäßigen Abständen, mindestens aber vierteljährlich, ein Risikobericht zu erstellen und der Geschäftsleitung zur Verfügung zu stellen. Der Risikobericht hat u. a. bedeutende Limitüberschreitungen zu umfassen. Im Rahmen der quartalsmäßigen Berichterstattung kam vermehrt die Frage auf, ob eine stichtagsbezogene Darstellung von bedeutenden Limitüberschreitungen ausreichend ist, oder ob hier eine zeitraumbezogene Darstellung im Risikobericht nach MaRisk notwendig ist.

Die BaFin betont, dass im Rahmen der regelmäßigen Berichterstattung eine stichtagsbezogene Darstellung ausreicht. Einerseits hält die BaFin die Gefahr, dass bedeutende Limitüberschreitungen innerhalb des Berichtszeitraums durch kurzfristige Rückführungen zum Berichtszeitpunkt kaschiert werden könnten, für nicht sehr realistisch; andererseits ist auf die Ad-hoc-Berichterstattung für unter Risikogesichtspunkten wesentliche Informationen an die Geschäftsleitung (AT 4.3.2 Tz. 5) hinzuweisen, die zusätzlich zur regelmäßigen Risikoberichterstattung zur Anwendung kommt und eine zeitraumbezogene Darstellung im Risikobericht nicht zwingend erforderlich macht.

f) Behandlung bestimmter Sparprodukte

An die BaFin ist die Frage herangetragen worden, inwieweit bestimmte Sparprodukte für die Anwendung des Moduls BTO 2 relevant sein könnten und wie diese Produkte im Gesamtkontext MaRisk einzuordnen sind. Beispielhaft wird das Produkt »Zuwachssparen« genannt, bei dem aufgrund vorhandener Kündigungsrechte der Kunden gewisse Parallelen zu Optionsgeschäften gezogen werden könnten.

Das Fachgremium war sich darüber einig, dass die Anforderungen des BTO 2 (Handelsgeschäfte) für solche Sparprodukte nicht zur Anwendung kommen, da es sich bei diesen Sparprodukten nicht um Handelsgeschäfte im Sinne von AT 2.3 Tz. 3 handelt. Bei der Steuerung und Überwachung von Zinsänderungsrisiken (BTR 2.3) sind jedoch sowohl diese Produkte als auch die darin enthaltenen impliziten optionalen Bestandteile aufgrund ihrer Zinssensitivität von Bedeutung. Hinsichtlich der Berücksichtigung solcher Positionen mit unbestimmter Kapital- oder Zinsbindung sind nach BTR 2.3 Tz. 7 der MaRisk geeignete Annahmen festzulegen.

g) Marktgerechtigkeitskontrolle

Nach BTO 2.2.2 Tz. 5, Erläuterung, kann bei Handelsgeschäften, die an einer inländischen Börse oder an einem anderen Markt abgewickelt werden, der ungeachtet seines Sitzstaates die Anforderungen an einen »geregelten Markt« gemäß der Richtlinie über Märkte für Finanzinstrumente (MiFID) erfüllt, auf die Kontrolle der Marktgerechtigkeit verzichtet werden. Ein Teilnehmer weist darauf hin, dass es in der Praxis schwierig ist, für jeden einzelnen internationalen Börsenplatz eine Einschätzung zu erstellen, ob es sich um einen geregelten Markt handelt oder nicht. Es wäre daher sehr hilfreich, wenn insbesondere jene Börsenplätze als »geregelte Märkte« angesehen würden, die sich aus dem Rundschreiben 05/2001 ergeben. Noch sinnvoller sei es, wenn diese Liste regelmäßig von der Aufsicht aktualisiert würde.

Die BaFin sagt zu, dass dies in Zukunft geschehen wird. Die Liste, die im Übrigen von der Wertpapieraufsicht der BaFin erstellt wird, soll in regelmäßigen Abständen aktualisiert und im Internet veröffentlicht werden.

h) Verhältnis »Zinsschock« und MaRisk

Aus Sicht eines Teilnehmers besteht Klärungsbedarf im Hinblick auf das Verhältnis zwischen dem standardisierten »Zinsschock« und den qualitativen Anforderungen der MaRisk zum Zinsänderungsrisiko (BTR 2.3). Insbesondere stellt sich die Frage, wie zu reagieren ist, wenn in einem der beiden Bereiche eine »Verfehlung« auftritt (z. B. Outlier), während sich im anderen Bereich keine Hinweise auf Probleme ergeben (z. B. MaRisk).

Die BaFin betont, dass sie ihr Hauptaugenmerk hinsichtlich der Zinsänderungsrisiken auf die Angemessenheit des Risikomanagements und auf die Risikotragfähigkeit legen wird. Konkret heißt dies, dass bei einem Institut, das als »Outlier« zu klassifizieren ist, gleichzeitig aber über ein angemessenes Risikomanagement im Bereich der Zinsänderungsrisiken verfügt und bei dem die Gesamtrisikotragfähigkeit gegeben ist, keine weiteren aufsichtlichen Schritte eingeleitet werden. Das Outlier-Kriterium dient hier lediglich dazu, eine erste »Vorauswahl« zu treffen, bei welchen Instituten eine gesonderte Überprüfung des Zinsänderungsrisikomanagements – auf der Basis der vorhandenen Informationen – sinnvoll erscheint. Eine endgültige Entscheidung, wie das Outlier-Kriterium konkret umgesetzt werden soll, ist noch nicht gefallen. Es ist aber damit zu rechnen, dass das Kriterium in allgemeiner Form und als Anzeigevorschrift im KWG verankert und durch ein erläuterndes Rundschreiben konkretisiert wird.

i) Liquiditätsrisikosteuerung und Liquiditätsrisikocontrolling

Die Funktionstrennungsregelungen der MaRisk beziehen sich insbesondere auf das Kreditgeschäft und die Marktpreisrisiken. Hingegen enthalten die MaRisk keine entsprechenden Regelungen zum Liquiditätsrisiko. Die Praxis hat in diesem Zusammenhang die Frage aufgeworfen, welche Bedeutung das Fachgremium einer Trennung zwischen Liquiditätsrisikosteuerung und Liquiditätsrisikocontrolling beimisst. Insbesondere wird Bezug zum Treasury (Aktiv-Passiv-Management) genommen, das i. d. R. für die Marktpreisrisikosteuerung und die Liquiditätsrisikosteuerung zuständig ist.

Die BaFin stellt klar, dass die MaRisk keine Vorgaben hinsichtlich der Trennung von Liquiditätsrisikosteuerung und Liquiditätsrisikocontrolling enthalten. Es liegt daher in der Verantwortung der Institute, hier geeignete Festlegungen zu treffen. Die zu fordernde strikte Funktionstrennung zwischen Marktpreisrisikosteuerung und -controlling bleibt dadurch jedoch unberührt.

Das Fachgremium spricht sich einhellig dafür aus, das Thema Liquiditätsrisikosteuerung im Rahmen der nächsten Fachgremiums-Sitzung tiefgehender zu diskutieren.

j) Recht der Internen Revision auf Einblick in die IT-Systeme

Nach AT 4.4 Tz. 4 ist der Internen Revision zur Wahrnehmung ihrer Aufgaben ein vollständiges und uneingeschränktes Informationsrecht einzuräumen. Dieses Recht beinhaltet u. a. auch, dass der Internen Revision Einblick in die IT-Systeme zu gewähren ist. Ein Teilnehmer bittet hierzu um Klarstellung, dass es sich bei dem beschriebenen Einblick nach Möglichkeit um einen direkten Zugriff auf die IT-Systeme durch die Interne Revision handelt, sofern diesem Anliegen keine wichtigen, im Einzelfall abzuwägenden Gründe entgegenstehen.

Das Fachgremium stimmte darin überein, dass eine Festlegung in diesem Punkte nicht sinnvoll erscheint. Vielmehr sollte es den Instituten überlassen bleiben, hierfür institutsindividuelle Lösungen zu kreieren. Auch vor dem Hintergrund, dass mit einer pauschalen Festlegung in den MaRisk für ein direktes Zugriffsrecht der Internen Revision Folgeprobleme heraufbeschworen werden könnten, erscheint die Aufnahme einer Erläuterung im vorgeschlagenen Sinne nicht wünschenswert.

4. Sonstiges

Die BaFin wird in Kürze einen Gesprächskreis für kleine Institute einrichten, in dem Vertreter des genannten Adressatenkreises mit der Aufsicht über Probleme bei der Anwendung aufsichtlicher Regelungen diskutieren können. Die Diskussionen sollen dabei das gesamte bankaufsichtliche Spektrum abdecken. Das neugeschaffene Gremium soll aus etwa 40 Mitgliedern bestehen; interessierte Institute sowie Themen sollen von den Verbänden bis ca. Mitte September 2006 der BaFin mitgeteilt werden. Dem Gremium wird Herr Behle, Abteilungsleiter der BaFin und zuständig für die Beaufsichtigung der Genossenschaftsbanken, als Leiter vorstehen. Die erste Sitzung ist für Oktober 2006 angedacht; den genauen Termin wird die BaFin noch bekanntgeben.

Die BaFin weist abschließend darauf hin, dass die Umsetzung der Richtlinie über Märkte für Finanzinstrumente (MiFID) sowie der hierfür von der EU erlassenen Durchführungsrichtlinie wegen bestehender Überlappungen mit der CRD ggf. Anpassungen sowohl bei §25a KWG als auch bei den MaRisk nach sich ziehen kann. Die BaFin wird hierbei insbesondere darauf achten, dass im Rahmen der MiFID-Umsetzung keine Doppelungen hinsichtlich einzelner Regelungsinhalte auftreten.

[...]

Anlage 8
Bundesanstalt für Finanzdienstleistungsaufsicht (BaFin)
Sitzung des MaRisk-Fachgremiums am 6. März 2007
Protokoll

[...]

2. Allgemeine Themen

a) Modernisierung der Outsourcing-Regelungen: Stand der Entwicklung

Bei der Modernisierung geltender Outsourcing-Regelungen und deren Integration in die MaRisk sind Verzögerungen eingetreten, die insbesondere – so ein BaFin-Vertreter – auf die Umsetzung der MiFID zurückzuführen sind. Mittlerweile hat die BaFin einen ersten Entwurf veröffentlicht, der am 5.04.2007 an die Verbände sowie die Mitglieder des Fachgremiums gesandt wurde. Zu diesem Entwurf können alle Verbände Stellung nehmen; er soll darüber hinaus im Fachgremium MaRisk im Rahmen von Sondersitzungen diskutiert und weiterentwickelt werden. Nach Abschluss der Diskussionen im Fachgremium wird ein zweiter Entwurf veröffentlicht, zu dem wiederum alle Verbände Stellung beziehen können. Über die konkreten Planungen wird im Anschreiben zum ersten Entwurf vom 5.04.2007 informiert.

b) Anforderungen zur Ermittlung der Auswirkungen einer plötzlichen und unerwarteten Zinsänderung: Sachstand

Ein BaFin-Vertreter informiert die Teilnehmer über den weiteren geplanten Fortgang der Konsultation des Rundschreiben-Entwurfs zu Zinsänderungsrisiken im Anlagebuch, der den Verbänden am 16.02.2007 übersandt worden ist. Einige Teilnehmer der Verbände äußern die Bitte, die Abgabefrist für schriftliche Stellungnahmen um einige Wochen zu verschieben, um die Thematik mit den Instituten ausführlich diskutieren zu können. Die BaFin steht diesem Anliegen aufgeschlossen gegenüber und sichert den Verbänden und Instituten einen ausreichend bemessenen Zeitrahmen zu. Die Abgabefrist für schriftliche Stellungnahmen soll daher bis Ende April 2007 verlängert werden.

3. Kurzer Vortrag zum Thema »Liquiditätsrisikomanagement im Verbund«

Teilnehmer des Fachgremiums aus den Reihen des DSGV bzw. des BVR stellen gängige Verfahrensweisen von Sparkassen und Genossenschaftsbanken im Bereich des Liquiditätsrisikomanagements vor. Im Rahmen des Liquiditätsrisikomanagements dieser Institute sind in erster Linie Rentabilitätsgesichtspunkte von Bedeutung; solvenzrechtliche Gesichtspunkte rücken aufgrund der besonderen Situation im Verbund (hohe Liquidität, dauerhafter Zugriff auf die Linien der Zentralinstitute bzw. der Landesbanken) tendenziell in den Hintergrund. Für die konkrete Umsetzung des Moduls BTR 3 lassen sich auf der Basis des GS II bzw. der Liquiditätsverordnung insgesamt praxisgerechte Lösungen entwickeln. Die anschließende Diskussion zeigt jedoch, dass sich die Durchführung von Szenariobetrachtungen (BTR 3 Tz. 2) im Einzelfall als schwierig erweist. Der Aussagegehalt aufwendiger Szenariobetrachtungen ist – so ein Teilnehmer – vor dem Hintergrund der besonderen Situation im Verbund in der Regel als gering einzuschätzen. Von Seiten der Aufsicht wird in diesem Zusammenhang auf den Regelungstext der MaRisk verwiesen: Nach BTR 3 Tz. 2 sind »angemessene« Szenariobetrachtungen durchzuführen. Die Szenarien sind nach den Erläuterungen zu dieser Tz. vom Institut »individuell« zu definieren. Beispielhaft wird auf den Ausfall bedeutender Kreditgeber verwiesen. Insgesamt besteht somit auch unter Berücksichtigung der besonderen Situation im Verbund ein breites Spektrum für passende Umsetzungslösungen. Die Durchführung stark vereinfachter Betrachtungen kann daher im Einzelfall durchaus »angemessen« sein.

4. Einzelthemen

a) Gruppenbegriff nach KWG bzw. MaRisk

Nach AT 2.1 Tz. 1 der MaRisk hat das übergeordnete Unternehmen bzw. übergeordnete Finanzkonglomeratsunternehmen einer Institutsgruppe, Finanzholdinggruppe oder eines Finanzkonglomerats ein Verfahren einzurichten, das »eine angemessene Steuerung und Überwachung der wesentlichen Risiken« auf Gruppenebene sicherstellt. Die jeweils maßgeblichen Gruppenbegriffe werden im KWG bestimmt (§§ 10a Abs. 1 oder 2, Abs. 3 und 10b Abs. 3 KWG). Entsprechendes ergibt sich bereits aus der Erläuterung zu AT 2.1 Tz. 1. Davon abweichende Gruppenbegriffe, z. B. nach HGB, sind daher in diesem Zusammenhang grundsätzlich nicht relevant. Mit dieser Klarstellung wird dem Wunsch eines Teilnehmers entsprochen.

b) Erstausgabe von Wertpapieren/Ersterwerb aus einer Emission

Nach den Erläuterungen zu AT 2.3 Tz. 3 wird die Erstausgabe von Wertpapieren grundsätzlich nicht von der Definition der Handelsgeschäfte erfasst. Hingegen stellt der Ersterwerb aus einer Emission unter Berücksichtigung von Erleichterungsregelungen ein Handelsgeschäft im Sinne der MaRisk dar.

Aus Sicht eines Teilnehmers besteht Klärungsbedarf, ob mit der Erstausgabe von Wertpapieren die körperliche Erstellung der Stücke durch Einbuchung der Globalurkunde und entsprechender Ausbuchung der Stücke aus dem Konto/Depot der Konsortialbank bei Clearstream an den Investor zu verstehen ist. Danach würde es sich bei der Konsortialbank um eine Erstausgabe von Wertpapieren handeln.

Im Fachgremium besteht Konsens, dass die Erstausgabe von Wertpapieren bereits im Verhältnis Emittent/Konsortialbank vorliegt, so dass bei der Konsortialbank von einem Ersterwerb auszugehen ist. Das gilt unabhängig davon, ob bei der Konsortialbank ein Risiko entsteht, da auch Geschäfte mit geschlossener Position grundsätzlich als Handelsgeschäfte zu qualifizieren sind.

c) Verwendung des Begriffs »Strategien« in anderen Regelwerken

Da der Begriff »Strategien« auch in anderen Regelwerken Verwendung findet (z. B. § 135 Abs. 7 SolvV oder § 1a Abs. 6 KWG), stellt sich aus Sicht eines Teilnehmers die Frage nach dem Zusammenspiel mit dem Strategiebegriff der MaRisk. Der Teilnehmer spricht sich vor diesem Hintergrund dafür aus, dass die Strategieanforderungen aus anderen Regelwerken mittels der Geschäfts- oder Risikostrategie nach MaRisk erfüllt werden können (z. B. als Teilstrategie, Kapitel, Abschnitt, Passage). Aus Sicht der BaFin ist eine solche Handhabung grundsätzlich unproblematisch.

d) Funktionstrennung für das Rechnungswesen

Nach den Erläuterungen zu BTO Tz. 7 wird empfohlen, dass handelsintensive Kreditinstitute das Rechnungswesen in einem vom Markt und Handel unabhängigen Bereich ansiedeln. Aus Sicht eines Teilnehmers stellt sich die Frage, weshalb bei einer höheren Handelsintensität auch die Trennung des Rechnungswesens vom Markt empfohlen wird. Die »Handelsintensität« bestimmt sich nach den Aktivitäten, die im Bereich Handel betrieben werden, so dass lediglich eine Trennung zwischen Handel und Rechnungswesen empfohlen werden sollte. Die BaFin wird die Erläuterungen zu BTO Tz. 7 umformulieren, so dass sich die Empfehlung künftig nur noch auf die Trennung des Rechnungswesens vom Bereich Handel beziehen wird.

e) Nicht-risikorelevante Handelsaktivitäten

Nach BTO 2.1 Tz. 2 ist bei »nicht-risikorelevanten Handelsaktivitäten« eine Trennung des Handels bis einschließlich der Ebene der Geschäftsleitung nicht erforderlich. Aus Sicht eines Institutes stellt sich in diesem Zusammenhang die Frage, ob die in den Erläuterungen zu BTO 2.1 Tz. 2 genannten Voraussetzungen »kumulativ« oder »alternativ« zu erfüllen sind.

Bei dieser Frage sind die in den Erläuterungen genannten Voraussetzungen im Rahmen einer »Gesamtbetrachtung« zu Rate zu ziehen. Diese sollten jedoch nicht schematisch angewandt werden. Vor dem Hintergrund der risikoorientierten Ausrichtung der MaRisk kann das Ergebnis der Gesamtbetrachtung nicht von der Erfüllung jeder einzelnen Voraussetzung abhängen. Die Einschätzung, die im Rahmen einer Gesamtbetrachtung zu treffen ist, hat vielmehr unter Berücksichtigung der in der Erläuterung aufgezählten Anhaltspunkte, und somit unter deren angemessener Gewichtung im Einzelfall, zu erfolgen. Insoweit rückt die Frage, ob die Voraussetzungen »kumulativ« oder »alternativ« zu erfüllen sind in den Hintergrund. Maßgeblich ist vielmehr die Gesamtschau. Die BaFin wird diese Sichtweise durch redaktionelle Anpassungen der Erläuterungen zu BTO 2.1 Tz. 2 deutlicher zum Ausdruck bringen.

f) Abstimmung schwebender Termingeschäfte

Die Anforderung einer jährlich zu erfolgenden Abstimmung aller schwebenden Termingeschäfte durch die Interne Revision eines Kreditinstitutes, die vormals in den MaH zu finden war, existiert in den MaRisk nicht mehr. Die BaFin hat hierzu nochmals im Protokoll zur Sitzung des MaRisk-Fachgremiums vom 4.5.2006 klarstellend Stellung bezogen. In diesem Zusammenhang hat allerdings eine Passage aus dem IDW Prüfungshinweis IDW PH 9.302.1 vom 28.02.2006 bei einem Institut zu Irritationen geführt (Bestätigungen Dritter bei Kredit- und Finanzdienstleistungsinstituten, Fußnote 9 zu Tz. 22). Da der Veröffentlichungstermin des Prüfungshinweises (28.02.2006) der Sitzung des Fachgremiums vom 4.5.2006 vorgelagert war, relativiert ein Teilnehmer des Fachgremiums aus dem Bereich der Wirtschaftsprüfung die Passage aus der Fußnote des Prüfungshinweises. Hinsichtlich der früheren MaH-Anforderung sind nach wie vor die klarstellenden Ausführungen im Protokoll zur Sitzung des Fachgremiums vom 4.5.2006 als maßgeblich zu betrachten.

g) Bestimmung des Zinsänderungsrisikos

Bei der Bestimmung des Zinsänderungsrisikos (allein) über die Auswirkungen auf das handels-rechtliche Ergebnis ist nach BTR 2.3 Tz.6 eine »angemessene Betrachtung über den Bilanzstichtag hinaus erforderlich«. In diesem Zusammenhang wird die Frage nach der Länge dieser Betrachtung aufgeworfen. Die anschließende Diskussion zeigt, dass in der Praxis unterschiedliche Zeiträume angesetzt werden. Zu lange Betrachtungen werden kritisch beurteilt, da die Ungenauigkeit kumulierter Annahmen über die künftige Zinsentwicklung mit steigender Periodenzahl tenden-ziell zunimmt. Anderseits sollte durch die Länge der Betrachtung der bei Zinsänderungsrisiken regelmäßig zu beobachtende Time-lag abgedeckt werden (Ergebniswirkung von Zinsänderungen der Folgeperioden). Aus Sicht der BaFin sind die Institute aufgefordert, bei der Frage der Länge der Betrachtung sachgerechte Lösungen zu entwickeln.

h) Prüfung der MaRisk

Die BaFin ordnet bereits MaRisk-Sonderprüfungen an, die sich allerdings noch nicht auf die Regelungen beziehen, die über die »alten« Mindestanforderungen hinausgehen. Die neuen An-forderungen der MaRisk werden entsprechend dem Anschreiben zur Veröffentlichung der MaRisk für bestimmte Institute erst ab dem 1.1.2008 von Relevanz sein. Aus Sicht eines Teilnehmers stellt sich in diesem Zusammenhang die Frage, welche Konsequenzen sich bei Prüfungen in 2007 z.B. bei einer fehlenden »(Gesamt)Geschäftsstrategie« ergeben. Bundesbank und BaFin sind sich darüber im Klaren, dass sich im Hinblick auf die Erfüllung einzelner Anforderungen der MaRisk bis zum 1.1.2008 unter Umständen Abgrenzungsprobleme bei bestimmten Instituten ergeben können. Bundesbank und BaFin sichern zu, in solchen Fällen mit Augenmaß vorzugehen. Gleiches gilt im Hinblick auf die Erfüllung der Strategieanforderungen der MaRisk.

i) Plausibilisierung der Ergebnisse im Rechnungswesen und Risikocontrolling

Nach BTR 2.1 Tz.4 sind die im Rechnungswesen und Risikocontrolling ermittelten Ergebnisse regelmäßig zu plausibilisieren. Auf Wunsch eines Teilnehmers des Fachgremiums stellt die BaFin klar, dass es sich hierbei – entsprechend dem Wortlaut – um eine Plausibilisierung und nicht etwa um eine »exakte Abstimmung« der Ergebnisse handelt. Bei der Plausibilisierung geht es für die Institute darum, Abweichungen zwischen den handelsrechtlich und betriebswirtschaftlich ermit-telten Ergebnissen nachvollziehen zu können. Eine »exakte Abstimmung« ist regelmäßig nicht möglich, da beide Ergebnisse auf der Basis unterschiedlicher Methoden ermittelt werden.

j) Protokollzusatz: Funktionstrennung »Abwicklung und Kontrolle«

Nach BTO Tz.3 ist bei der Ausgestaltung der Aufbauorganisation grundsätzlich sicherzustellen, dass die Bereiche Markt und Handel bis einschließlich der Ebene der Geschäftsleitung u. a. von den Funktionen, die der Abwicklung und Kontrolle von Handelsgeschäften dienen (BTO Tz.2e), zu trennen sind.

Ein Institut mit drei Vorständen wirft die Frage auf, ob die unter BTO Tz.2e genannten Funktionen (Abwicklung und Kontrolle) unter Beachtung aller sonstigen Regelungen ohne Aus-nahme immer auch vom Bereich Markt zu trennen sind. Angabegemäß bestehen bei dem Institut keine Berührungspunkte zwischen dem Bereich Markt und den Funktionen der »Abwicklung und Kontrolle«. Im Bereich Markt werden lediglich Kreditgeschäfte, nicht jedoch Handelsgeschäfte, bearbeitet und votiert. Es bestehen geschäftsbezogen keinerlei Überschneidungen zu den Han-delsgeschäften. Aus Sicht des Institutes sind daher Interessenkollisionen ausgeschlossen. Diese Sichtweise deckt sich mit der Auffassung der BaFin: In diesem besonderen Fall müssen die genannten Bereiche/Funktionen bei Instituten mit drei oder mehr als drei Vorständen nicht zwingend voneinander getrennt werden.

   [...]

Anlage 9
Bundesanstalt für Finanzdienstleistungsaufsicht (BaFin)
Erster Entwurf zur Modernisierung der Outsourcing-Regelungen und Integration in die MaRisk
Übermittlungsschreiben vom 5. April 2007

[...]

nachdem ich im Anschreiben zur Veröffentlichung der MaRisk vom 20.12.2005 eine grundlegende Modernisierung bestehender Outsourcing-Regelungen und deren Integration in die MaRisk angekündigt hatte, kann ich Ihnen nunmehr einen ersten Entwurf vorlegen. Der Entwurf wurde von Mitarbeitern der Deutschen Bundesbank und meiner Behörde ausgearbeitet. Die neuen Passagen zur Auslagerung sowie sonstige Anpassungen habe ich direkt in einen Auszug des Regelungstextes der MaRisk überführt und farblich gekennzeichnet (Anlage). Die Neuregelungen sollen insbesondere das Rundschreiben 11/2001 vom 6.12.2001 ersetzen.

Bevor ich im Weiteren auf zentrale fachliche Aspekte des Entwurfs eingehe, möchte ich zunächst einige grundsätzliche Punkte erläutern, die mich dazu bewogen haben, die Modernisierung der Outsourcing-Regelungen in Angriff zu nehmen.

Die bestehenden Outsourcing-Regelungen, insbesondere das Rundschreiben 11/2001, zeichnen sich durch einen hohen Detaillierungs- und Komplexitätsgrad aus, so dass die Anwendung der Regelungen sowohl in der Praxis der Institute als auch bei der Aufsicht immer schwieriger wurde. Durch die Neufassung der Regelungen sollen diese Defizite beseitigt werden. Ziel der Modernisierung ist die Entwicklung flexibler und praxisnaher Regelungen, die schwerpunktmäßig auf das Management Outsourcing-spezifischer Risiken abstellen und den Instituten größere Spielräume für betriebswirtschaftlich sinnvolle Auslagerungslösungen lassen. Bestehende Regelungen sollen gleichzeitig entschlackt und auf das notwendige Maß reduziert werden. Insoweit wird die Modernisierung der Outsourcing-Regelungen auch einen Beitrag zur Deregulierung leisten.

Bei der Erstellung des Entwurfs waren zudem neue Entwicklungen auf EU-Ebene zu berücksichtigen. Neben den vom Committee of European Banking Supervisors (CEBS) veröffentlichten »Guidelines on Outsourcing« sind in diesem Zusammenhang insbesondere Anforderungen der Finanzmarktrichtlinie (MiFID) bzw. der hierzu erlassenen Durchführungsrichtlinie von Bedeutung. Die relevanten Anforderungen der Durchführungsrichtlinie sollen über §33 WpHG i. V. m. §25a KWG sowie über Anpassungen der MaRisk umgesetzt werden. Dabei geht es nicht nur um die Umsetzung Outsourcing-relevanter Anforderungen (Art. 13 und 14 der Durchführungsrichtlinie), sondern auch um allgemeine organisatorische Anforderungen (Art. 5), Anforderungen an das Risikomanagement und die Interne Revision (Art. 7 und 8) sowie um Anforderungen zur Geschäftsleiterverantwortung (Art. 9). Diese Anforderungen sind bereits weitgehend durch die geplante Neufassung des §25a KWG bzw. die bestehenden MaRisk abgedeckt. Allerdings ergibt sich insbesondere für Finanzdienstleistungsinstitute ein gewisser Ergänzungsbedarf in den MaRisk, der über die Outsourcing-relevanten Passagen hinausgeht (AT 2.1 Tz. 2-E). Im Hinblick auf den Regelungszweck der Finanzmarktrichtlinie, die Finanzmärkte in der Europäischen Union im Interesse des grenzüberschreitenden Dienstleistungsverkehrs und einheitlicher Grundlagen für den Anlegerschutz zu harmonisieren, erfahren die MaRisk ferner eine Erweiterung ihres sachlichen Anwendungsbereichs (AT 1 Tz. 3-E, AT 2.2 Tz. 1-E).

Lassen Sie mich nunmehr auf zentrale fachliche Punkte des Entwurfs eingehen. Outsourcing-spezifische Anforderungen wurden schwerpunktmäßig in das Modul AT 9 integriert. In einigen weiteren Modulen befinden sich punktuelle Ergänzungen (z. B. Hinweis auf §25a Abs. 2 KWG in AT 1 Tz. 1-E, Bezugnahme auf ausgelagerte Aktivitäten und Prozesse im Zusammenhang mit der Gesamtverantwortung der Geschäftsleitung nach AT 3 Tz. 1-E). Ferner wird im Gesamtdokument nur noch auf »Institute« und nicht mehr auf »Kreditinstitute« abgestellt. Da die für Finanzdienstleistungsinstitute, Wertpapierhandelsbanken und Kapitalanlagegesellschaften niedergelegten Sonderregelungen davon grundsätzlich unberührt bleiben (AT 2.1 Tz. 2 und 3), ist an die durchgängige Verwendung des Begriffs »Institut« keine materielle Änderung geknüpft.

I. Bestimmung der »Wesentlichkeit« der Auslagerung auf der Basis einer Risikoanalyse

Spezifische Outsourcing-relevante Anforderungen (z. B. die Festlegung von Prüfungsrechten im Auslagerungsvertrag) werden – wie bislang auch – lediglich an die Auslagerung wesentlicher Aktivitäten und Prozesse geknüpft. Bei der Beantwortung der Frage, welche Auslagerung im Einzelfall als »wesentlich« zu betrachten ist, wird jedoch der risikoorientierte Ansatz sowie die Eigenverantwortung der Institute in den Mittelpunkt rücken: Die »Wesentlichkeit« ist vom Institut selbst auf der Basis einer Risikoanalyse festzulegen (AT 9 Tz. 2-E). Der Risikoanalyse kommt insofern als institutsinternes »Self Assessment« zentrale Bedeutung zu. Bei der Risikoanalyse sind insbesondere die Risiken der Auslagerung, die Eignung des Auslagerungsunternehmens sowie betriebswirtschaftliche Aspekte zu berücksichtigen. Die maßgeblichen bankinternen Organisationseinheiten sind bei der Erstellung der Risikoanalyse einzubeziehen. Soweit eine Auslagerung als nicht wesentlich eingestuft wird, gelten die allgemeinen Anforderungen an eine ordnungsgemäße Geschäftsorganisation (AT 9 Tz. 3-E). Spezifische Outsourcing-relevante Anforderungen müssen in diesem Fall grundsätzlich nicht beachtet werden.

Der neue Ansatz knüpft nahtlos an die Konzeption der MaRisk an (z. B. bei der Festlegung des risikorelevanten Kreditgeschäfts). Er stärkt nicht nur die Eigenverantwortung der Institute, sondern macht auch die zahlreichen Beispiele im Rundschreiben 11/2001 sowie sonstige Festschreibungen zur Abgrenzung wesentlicher Auslagerungen überflüssig.

II.   Ausweitung der Auslagerungsmöglichkeiten

Nach dem Entwurf sollen, mit Ausnahme der Wahrnehmung der Verantwortung der Geschäftsleitung und deren Leitungsaufgaben, grundsätzlich alle Aktivitäten und Prozesse auslagerbar sein, solange dadurch die Ordnungsmäßigkeit der Geschäftsorganisation nicht beeinträchtigt wird (AT9 Tz. 4-E). Dieser Ansatz hat gegenüber den bestehenden Outsourcing-Regelungen nicht nur klarstellende Funktion; mit ihm sollen vor allem mehr Freiräume für betriebswirtschaftlich sinnvolle Auslagerungen geschaffen werden. Es versteht sich von selbst, dass an die Nutzung dieser Freiräume ein Mehr an Verantwortung geknüpft ist. Die Geschäftsleitung bleibt für die Ordnungsmäßigkeit der Geschäftsorganisation in vollem Umfang verantwortlich. Vor allem muss abhängig von Art, Umfang, Komplexität und Risikogehalt eine angemessene Steuerung und Überwachung der ausgelagerten Aktivitäten und Prozesse gewährleistet sein. Besonders sorgfältiger Vorkehrungen bedarf es bei der Auslagerung »leitungsnaher Funktionen« wie z. B. der Internen Revision, soweit eine derartige Auslagerung vor dem Hintergrund der Bedeutung der Internen Revision für das gesamte Risikomanagement eines Institutes im Einzelfall überhaupt in Betracht gezogen werden kann.

Unter den nicht auslagerbaren Leitungsaufgaben verstehe ich in Anlehnung an aktienrechtliche Vorgaben die Unternehmensplanung, -koordination, -kontrolle sowie die Besetzung der Führungspositionen durch die Geschäftsleitung. »Leiten« wird hier als Tätigkeit verstanden. Hierzu zählen nicht notwendigerweise die Mittel, Funktionen oder Organisationseinheiten, denen sich die Geschäftsleiter bei der Ausübung ihrer Leitungsaufgaben bedienen (also z. B. der Bereich Marktfolge). Diese können sowohl nach innen als auch nach außen delegiert werden (Erläuterungen zu AT9 Tz. 4-E). Nicht auslagerbar sind schließlich Aufgaben, die der Geschäftsleitung aufgrund gesetzlicher Vorgaben explizit vorbehalten sind. Hierzu zählen z. B. die Festlegung der Strategien oder Entscheidungen über Großkredite nach dem KWG.

III.   Angemessene Steuerung und Überwachung

Bei der Steuerung und Überwachung der ausgelagerten Aktivitäten und Prozesse kommt das in den MaRisk verankerte Proportionalitätsprinzip zum Tragen. Das Institut hat nach AT9 Tz. 7-E abhängig von Art, Umfang, Komplexität und Risikogehalt der Auslagerungen angemessene Vorkehrungen zu treffen. Die Funktion der Steuerung und Überwachung ist entweder einem Mitarbeiter mit entsprechender Expertise oder einer Organisationseinheit zu übertragen.

IV.   Vertragliche Vereinbarungen

Die unter AT9 Tz. 6-E niedergelegten vertraglichen Pflichten (z. B. Prüfungsrechte) beziehen sich auf die unter Risikogesichtspunkten wesentlichen Auslagerungen und stellen im Grunde genommen keine Neuerungen für die Institute dar. Sie ergeben sich bereits weitgehend aus dem Gesetz bzw. der geplanten Neufassung von § 25a Abs. 2 KWG. Um der besonderen Situation im Verhältnis zu Mehrmandantendienstleistern bzw. bei gruppeninternen Auslagerungen Rechnung zu tragen, habe ich das Erfordernis der Vereinbarung von Weisungsrechten flexibler gestaltet. In solchen Fällen kann – soweit erforderlich – auf Weisungsrechte verzichtet werden.

V. Wesentliche Diskussionspunkte

Das Thema gruppeninterne Auslagerungen muss m. E. jedoch in einem breiteren Kontext als nur in Bezug auf Weisungsrechte diskutiert werden. EU-Regelungen (MiFID, CEBS) und der deutsche Gesetzgeber differenzieren zwar grundsätzlich nicht zwischen gruppeninternen Auslagerungen und Auslagerungen auf sonstige Dritte. Allerdings wird sowohl in den einschlägigen EU-Regelungen als auch in der Gesetzesbegründung zu § 25a Abs. 2 KWG-E auf die besondere Situation bei gruppeninternen Auslagerungen hingewiesen. Ich bin ebenfalls der Auffassung, dass solche Auslagerungen z. B. aufgrund bestehender Durchgriffsrechte oder etwa gruppenweiter Verfahren zur Risikosteuerung unter Risikogesichtspunkten ggf. anders zu beurteilen sind als Auslagerungen auf sonstige Dritte. Als Lösung käme daher ein Ansatz in Betracht, der es den gruppenangehörigen Unternehmen ermöglicht, bestehende gruppeninterne Vorkehrungen bei der Risikoanalyse quasi »risikoreduzierend« berücksichtigen zu können. Ein solcher Ansatz würde nicht nur der besonderen Situation innerhalb von Gruppen Rechnung tragen. Er würde darüber hinaus mit der risikoorientierten Grundausrichtung der neuen Outsourcing-Regelungen korrespondieren.

Diskussionsbedarf besteht möglicherweise auch im Hinblick auf die Tz. 47 des RS 11/2001. Nach dieser Regelung wird die Einschaltung anderer Institute oder sonstiger Dritter von der Anwendung des § 25a Abs. 2 KWG ausgenommen, sofern diese »... aufgrund der Struktur des Ablaufs des jeweiligen Geschäfts für die vollständige Durchführung des Geschäfts unumgänglich oder aufgrund der besonderen Struktur und notwendigen Arbeitsteilung eines Finanzverbundes erforderlich ist«.

Ich erhoffe mir im weiteren Diskussionsprozess natürlich nicht nur im Hinblick auf die genannten Punkte wertvolle Hinweise von den beteiligten Institutsvertretern, Prüfern und Verbänden.

VI. Konsultation und Einschaltung des MaRisk-Fachgremiums

Ich bitte alle Verbände, der Deutschen Bundesbank und der BaFin bis zum 07.05.2007 postalisch oder via E-Mail (outsourcing@bafin.de, B30_MaRisk@bundesbank.de) Stellungnahmen zum Entwurf zuzuleiten. Der vorliegende Entwurf wird darüber hinaus dem MaRisk-Fachgremium vorgelegt, das sich in Sondersitzungen mit der fachlichen Weiterentwicklung der Anforderungen befassen soll. Da es im Fachgremium in erster Linie um die Diskussion Outsourcing-relevanter

Aspekte geht, bitte ich die im Fachgremium vertretenen Verbände und sonstigen Institutionen (z.B. IDW) um die Nennung entsprechender Experten, die für die Sondersitzungen an die Stelle der regulären Teilnehmer rücken können. Davon kann selbstverständlich abgesehen werden, wenn die Nennung eines Ersatzkandidaten für nicht erforderlich gehalten wird. Die erste Sondersitzung des Fachgremiums wird am 23.05.2007 stattfinden. Nach Abschluss der Arbeiten des Gremiums wird ein überarbeiteter zweiter Entwurf nochmals allen Verbänden zur Konsultation vorgelegt.

Sie werden mir sicherlich zustimmen, dass die Arbeitsfähigkeit des Fachgremiums bei einer zu großen Anzahl von Teilnehmern erheblich beeinträchtigt sein würde. Ich bitte daher um Ihr Verständnis, dass – wie schon bei der MaRisk-Entwicklung – nicht alle Verbände bei den Sondersitzungen berücksichtigt werden können. Vor diesem Hintergrund halte ich es für umso wichtiger, dass die nicht im Fachgremium vertretenen Verbände das schriftliche Konsultationsverfahren nutzen und Stellungnahmen zu den Entwürfen abgeben. Über anstehende Termine werde ich alle Verbände rechtzeitig informieren.

Es ist vorgesehen, Stellungnahmen zum Entwurf auf der Homepage der BaFin zu veröffentlichen, soweit die Verfasser der Stellungnahmen dagegen keine Einwände erheben.

Für alle weiteren Arbeitsschritte hoffe ich auf Ihre tatkräftige Unterstützung und die Fortsetzung der schon bisher konstruktiven Zusammenarbeit.

[...]

Anlage 10
Bundesanstalt für Finanzdienstleistungsaufsicht (BaFin)
Zweiter Entwurf zur Modernisierung der Outsourcing-Regelungen und Integration in die MaRisk
Übermittlungsschreiben vom 10. August 2007

[...]

nachdem die Inhalte des ersten Entwurfs zu den neuen Outsourcing-Regelungen vom 05.04.2007 intensiv im MaRisk-Fachgremium diskutiert wurden, freue ich mich, dass ich Ihnen nun den zweiten Entwurf zuleiten kann. Änderungen gegenüber dem ersten Entwurf habe ich zur leichteren Nachvollziehbarkeit farblich gekennzeichnet.

Bevor ich auf fachliche Aspekte eingehe, möchte ich mich zunächst bei den Mitgliedern des Fachgremiums bedanken. Experten aus kleineren und größeren Instituten, Prüfer, Verbandsvertreter sowie Aufseher diskutierten den Entwurf in einer ausgesprochen konstruktiven Atmosphäre. Für viele offene Punkte konnten wir praxisgerechte Lösungen finden. Hierzu haben nicht zuletzt auch die Fachkenntnisse der teilnehmenden Outsourcing-Experten aus der Industrie beigetragen.

Lassen Sie mich nun die wesentlichen Änderungen gegenüber der Entwurfsfassung vom 05.04.2007 erläutern. Zur Klarstellung habe ich an einigen Stellen redaktionelle Änderungen vorgenommen. Damit will ich deutlicher zum Ausdruck bringen, dass spezifische Outsourcing-relevante Anforderungen, wie etwa die Vereinbarung von Prüfungsrechten, nur bei einer unter Risikogesichtspunkten wesentlichen Auslagerung zu beachten sind (z.B. AT4.2 Tz.1-E, AT4.3.1 Tz.2-E).

Definition (AT9 Tz.1-E)

Im weiten Terrain der Arbeitsteilung den Tatbestand der Auslagerung sinnvoll abzugrenzen, ist kein leichtes Unterfangen. Es liegt daher in der Natur der Sache, dass die Diskussion um eine passende »Outsourcing-Definition« breiten Raum einnimmt. Die Finanzmarktrichtlinie (MiFID) sowie die »Guidelines on Outsourcing« von CEBS enthalten hierzu interessante Ansätze, die nach intensiver Diskussion im Fachgremium in den neuen Entwurf integriert wurden. Eine Auslagerung liegt dann vor, wenn ein anderes Unternehmen mit der Erbringung von Aktivitäten und Prozessen im Zusammenhang mit der Durchführung von Bankgeschäften, Finanzdienstleistungen oder sonstigen institutstypischen Dienstleistungen beauftragt wird, die ansonsten vom Institut selbst erbracht würden.

Nicht als Auslagerung zu qualifizieren ist der »sonstige Fremdbezug von Leistungen«. Zu solchen Leistungen gehört der einmalige oder gelegentliche Fremdbezug von Gütern oder Dienstleistungen. Ebenso erfasst werden Leistungen, die typischerweise von einem beaufsichtigten Unternehmen bezogen und aufgrund tatsächlicher Gegebenheiten oder rechtlicher Vorgaben regelmäßig weder zum Zeitpunkt des Fremdbezugs noch in der Zukunft vom Institut selbst erbracht werden können. Anwendungsfälle der Tz. 47 des (noch) geltenden Rundschreibens 11/2001 fallen insoweit nicht unter die Outsourcing-Definition der Neuregelungen.

Gruppeninterne Auslagerungen (AT 9 Tz. 2-E)

Wie ich bereits in meinem Anschreiben zum ersten Entwurf vom 05.04.2007 zum Ausdruck brachte, sind gruppeninterne Auslagerungen unter Risikogesichtspunkten ggf. anders einzuordnen als Auslagerungen auf sonstige Dritte. Bei gruppeninternen Auslagerungen können daher wirksame Vorkehrungen, insbesondere ein Risikomanagement auf Gruppenebene sowie Durchgriffsrechte, bei der Erstellung und Anpassung der Risikoanalyse Risiko mindernd berücksichtigt werden. Gegebenenfalls kann dies dazu führen, dass gruppeninterne Auslagerungen als nichtwesentlich eingestuft werden.

Einzelne Elemente des Auslagerungsvertrags (AT 9 Tz. 6-E)

Nach den bisherigen Regelungen ergaben sich hinsichtlich der Vereinbarung von Weisungsrechten (AT 9 Tz. 6d-E), Prüfungsrechten der Internen Revision (AT 9 Tz. 6b-E) sowie Zustimmungsvorbehalten bei Weiterverlagerungen (AT 9 Tz. 6g-E) insbesondere bei Auslagerungen auf Mehrmandantendienstleister häufig praktische Probleme. Die eingefügten Flexibilisierungen sollten dazu beitragen, diese Probleme zu beseitigen.

Auslagerung der Internen Revision

Revisionsleistungen müssen sowohl im Interesse der Institute als auch der Bankenaufsicht qualitativ hochwertig sein – unabhängig davon, ob die Revisionsleistungen intern oder extern erbracht werden. Die BaFin wird daher darauf achten, dass bei Auslagerungen der Internen Revision eine qualitativ gleichwertige Erbringung der Revisionsleistungen sichergestellt ist. Bei Vollauslagerung der Internen Revision ist ferner ein Revisionsbeauftragter zu benennen (AT 9

Tz. 8), dessen Aufgaben in Abhängigkeit von Art, Umfang, Komplexität und Risikogehalt der Geschäftsaktivitäten des Institutes entweder von einer Organisationseinheit, einem Mitarbeiter oder einem Geschäftsleiter wahrzunehmen sind. Im Übrigen gilt der Grundsatz der Proportionalität: Wenn ein großes Institut seine Interne Revision vollständig auslagerte, so hätte dieses auf der Basis der Risikoanalyse zu beurteilen, ob und wie eine Einbeziehung der ausgelagerten Prozesse in das Risikomanagement gewährleistet werden kann. Die Neuregelungen tragen somit der besonderen Bedeutung der Internen Revision weiterhin Rechnung.

Berücksichtigung einzelner Elemente der MiFID

Wie bereits im Anschreiben zum ersten Entwurf vom 05.04.2007 dargestellt, sollen durch die MaRisk auch einzelne Elemente der MiFID bzw. der hierzu erlassenen Durchführungsrichtlinie umgesetzt werden. Der Zentrale Kreditausschuss hat im Zusammenhang mit der MiFID-induzierten Verankerung des Anlegerschutzes in den MaRisk einen sinnvollen Vorschlag unterbreitet, der im neuen Entwurf berücksichtigt wurde (AT 2 Tz. 1-E).

Inkrafttreten

Hinsichtlich des Umsetzungsprozedere steht bislang lediglich ein Termin fest. Die Neuregelungen der MaRisk werden mit dem Inkrafttreten des Finanzmarktrichtlinie-Umsetzungsgesetzes (FRUG) Bindungswirkung entfalten (01.11.2007). Im Hinblick auf die Behandlung von Auslagerungsverhältnissen, die vor diesem Termin vereinbart wurden (sog. Altfälle), führen wir gegenwärtig noch Gespräche. Ich habe großes Interesse an einer pragmatischen Lösung, die zu keiner übermäßigen Belastung der Institute führt. Das genaue Umsetzungsprozedere werde ich im Anschreiben zur Veröffentlichung der Endfassung bekanntgeben. In diesem Anschreiben werde ich auch über die Schreiben der BaFin informieren, die durch die Neuregelungen abgelöst werden. In jedem Fall werden das Rundschreiben 11/2001 vom 06.12.2001 sowie der Vermerk zu den Kreditfabriken (BA 13 – 272A – 4/2003 vom 12.12.2003) entfallen.

Ich bitte Sie, Ihre Stellungnahmen zum zweiten Entwurf der Deutschen Bundesbank und der BaFin postalisch oder via E-Mail (B30_MaRisk@bundesbank.de, konsultation05-07@bafin.de) bis zum 03.09.2007 zuzuleiten.

Dieses Schreiben sowie die Anlagen sind auf der Internetseite der BaFin im Bereich »Konsultationen« und auf der Internetseite der Bundesbank abrufbar. Ich beabsichtige, die Stellungnahmen zum zweiten Entwurf im Internet zu veröffentlichen. Daher bitte ich Sie mir mitzuteilen, wenn Sie mit einer Veröffentlichung Ihrer Stellungnahme oder deren Weitergabe an Dritte nicht einverstanden sind.

[...]

Anlage 11
Bundesanstalt für Finanzdienstleistungsaufsicht (BaFin)
Rundschreiben 5/2007 (BA) zur Modernisierung der Outsourcing-Regelungen und Integration in die MaRisk
Übermittlungsschreiben vom 30. Oktober 2007

[...]

nachdem ich Ihre Stellungnahmen zum zweiten Entwurf vom 13.08.2007 ausgewertet habe, kann ich Ihnen nunmehr eine offizielle Neufassung der MaRisk zuleiten, die insbesondere um neue Outsourcing-Regelungen ergänzt wurde. Die neuen MaRisk sowie einige weitere Dokumente sind diesem Schreiben als Anlagen beigefügt. Alle Dokumente sind darüber hinaus unter www.bafin.de sowie www.bundesbank.de abrufbar.

Ziel der Modernisierung der Outsourcing-Regelungen war die Entwicklung praxisnaher Anforderungen, die nahtlos an den prinzipienorientierten Ansatz der MaRisk anknüpfen und damit zugleich die Grundlagen für eine risikoorientierte Aufsichts- und Prüfungspraxis legen. Detailregelungen und Festschreibungen wurden beseitigt; an deren Stelle treten Öffnungsklauseln, die den Instituten mehr Gestaltungsspielräume für primär betriebswirtschaftlich getriebene Umsetzungslösungen einräumen. Ich freue mich daher, dass die Spitzenverbände der Kreditwirtschaft die Neuregelungen aufgrund ihrer prinzipienorientierten Ausrichtung begrüßen. Auch den konstruktiven Dialog bei der Entwicklung der Neuregelungen haben die Verbände positiv hervorgehoben. Dem kann ich mich vorbehaltlos anschließen: Vor allem die Diskussion im MaRisk-Fachgremium hat dazu beigetragen, dass für offene Punkte praxisgerechte Lösungen gefunden werden konnten. Das Fachgremium wird daher auch künftig regelmäßig tagen, um grundsätzliche Fragen im Zusammenhang mit der Anwendung der MaRisk zu diskutieren.

Auf die maßgeblichen Beweggründe für die Modernisierung der Outsourcing-Regelungen und deren Integration in die MaRisk bin ich bereits ausführlich im Anschreiben zum ersten Entwurf vom 05.04.2007 eingegangen. Es waren vor allem Entwicklungen auf europäischer Ebene sowie der hohe Detaillierungs- und Komplexitätsgrad der alten Regelungen, die eine grundlegende Überarbeitung erforderlich machten. Unter inhaltlichen Gesichtspunkten wird jedoch weiter an sinnvollen Grundgedanken der alten Regelungen festgehalten. Zentrale Elemente des alten Rundschreibens 11/2001, wie etwa die Unterscheidung zwischen »wesentlichen« und »nicht-wesentlichen« Auslagerungen, sind aus diesem Grund auch Gegenstand der neuen Regelungen. Das eigentlich »Moderne« an den Neuregelungen besteht vielmehr darin, dass dem Management Outsourcing-spezifischer Risiken ein deutlich höherer Stellenwert als bisher eingeräumt wird. Im Kern wird es künftig für die Institute vor allem darum gehen, die ausgelagerten Aktivitäten und Prozesse in eine angemessene »Sourcing-Governance« einzubetten, um auf diese Weise den Anforderungen von §25a Abs. 2 KWG Rechnung zu tragen. So hat das Institut selbst beispielsweise die »Wesentlichkeit« einer Auslagerung auf der

Basis einer Risikoanalyse zu bestimmen (AT9 Tz.2). Die Analyse muss dabei alle Aspekte der Auslagerung umfassen, die für eine angemessene Einbindung der ausgelagerten Aktivitäten und Prozesse in das Risikomanagement maßgeblich sind. Hinsichtlich ihrer Ausgestaltung existieren keine konkreten Vorgaben; es kann daher durchaus unterschiedliche Lösungen geben, um dem Sinn und Zweck der Regelung Rechnung zu tragen. Dieser offene – an Prinzipien orientierte – Ansatz liegt natürlich auch den sonstigen Neuregelungen zugrunde.

Prinzipienorientierte Regulierung schafft Spielräume für alternative Umsetzungslösungen. Es versteht sich von selbst, dass an die Nutzung dieser Spielräume ein hohes Maß an Eigenverantwortung geknüpft ist. Die Geschäftsleitung bleibt in vollem Umfang für die Ordnungsmäßigkeit der Geschäftsorganisation des Institutes verantwortlich. Darüber hinaus sind die Grenzen der Auslagerung zu berücksichtigen: So darf eine Auslagerung nicht zur Delegation der Verantwortung der Geschäftsleitung an das Auslagerungsunternehmen führen. Unzulässig ist ferner die Auslagerung von Leitungsaufgaben der Geschäftsleitung. Bei Bausparkassen können sich ferner aufgrund spezialgesetzlicher Regelungen besondere bankaufsichtliche Maßstäbe ergeben. Dies gilt insbesondere im Hinblick auf die Steuerung des Bausparkollektivs.

Ich habe die neuen Outsourcing-Regelungen schwerpunktmäßig in das Modul AT9 der MaRisk überführt; von Relevanz sind aber auch Ergänzungen in einigen anderen Modulen, wie etwa z.B. AT3 Tz.1 oder AT4.2 Tz.1. Die Vorgaben der Finanzmarktrichtlinie machten darüber hinaus zusätzliche Anpassungen erforderlich, die nicht unmittelbar mit dem Themenkomplex Outsourcing zusammenhängen (z.B. AT1 Tz.3 und AT2 Tz.1). Die Erstellung der Neufassung wurde schließlich zum Anlass genommen, einige Korrekturen vorzunehmen. So war aufgrund der Integration der Neuregelungen beispielsweise eine Umstrukturierung des Moduls BT2 erforderlich (»Besondere Anforderungen an die Ausgestaltung der Internen Revision«). An diese Umstrukturierung sind jedoch grundsätzlich keine materiellen Änderungen geknüpft.

Die neuen Anforderungen der MaRisk treten mit dem Finanzmarktrichtlinie-Umsetzungsgesetz (FRUG) zum 01.11.2007 in Kraft. Mit dem Inkrafttreten entfallen die in Anlage 3 genannten Schreiben der Aufsicht. Sollten sich bei der Umsetzung der neuen Anforderungen Schwierigkeiten ergeben, so werde ich dies bei der Gesamtwürdigung des Einzelfalls unter dem Gesichtspunkt der Verhältnismäßigkeit selbstverständlich berücksichtigen.

Im Hinblick auf Auslagerungen, die vor dem Inkrafttreten der Neuregelungen vereinbart wurden (sog. »Altfälle«), halte ich folgende Verfahrensweise für sachgerecht: Solche Fälle sind bereits nach der (noch) geltenden Fassung des §25a Abs.2 KWG in die internen Kontrollverfahren des Institutes einzubeziehen. Substanziell ändert sich daran durch die ab dem 01.11.2007 geltende Fassung des §25a Abs.2 KWG nicht viel (»Einbeziehung in das Risikomanagement«). Ich gehe daher davon aus, dass im Hinblick auf die Altfälle grundsätzlich keine Neueinschätzungen nach Maßgabe von AT9 Tz.2 (Risikoanalyse) erforderlich sind. Sollten sich bei Altfällen Änderungen der Risikosituation ergeben, hat das Institut dem durch eine Risikoanalyse bzw. deren Anpassung Rechnung zu tragen.

[...]

Anlage 12
Bundesanstalt für Finanzdienstleistungsaufsicht (BaFin)
»Wegfallende Schreiben«
Zweite Liste vom 30. Oktober 2007

Folgende Rundschreiben, Verlautbarungen, sonstigen Schreiben und Protokolle werden durch die Neufassung der Mindestanforderungen an das Risikomanagement (MaRisk) abgelöst:

Mindestanforderungen an das Risikomanagement
- Mindestanforderungen an das Risikomanagement (MaRisk), Rundschreiben 18/2005 vom 20.12.2005
- Protokoll zur ersten Sitzung des Fachgremiums MaRisk vom 04.05.2006
- Protokoll zur zweiten Sitzung des Fachgremiums MaRisk vom 17.08.2006
- Protokoll zur dritten Sitzung des Fachgremiums MaRisk vom 06.03.2007

Inoffizielle Arbeitsversionen
- Regelungstext mit Erläuterungen auf der Basis der ersten Sitzung des Fachgremiums MaRisk vom 04.05.2006
- Regelungstext auf der Basis der ersten Sitzung des Fachgremiums MaRisk vom 04.05.2006
- Regelungstext mit Erläuterungen auf der Basis der zweiten Sitzung des Fachgremiums MaRisk vom 17.08.2006
- Regelungstext auf der Basis der zweiten Sitzung des Fachgremiums MaRisk vom 17.08.2006
- Regelungstext mit Erläuterungen auf der Basis der dritten Sitzung des Fachgremiums MaRisk vom 06.03.2007
- Regelungstext auf der Basis der dritten Sitzung des Fachgremiums MaRisk vom 06.03.2007

Auslagerung
- Auslagerung von Bereichen auf ein anderes Unternehmen gemäß § 25a Abs. 2 KWG, Rundschreiben 11/2001 vom 06.12.2001
- Zusammenstellung der aufsichtlich notwendigen Vertragselemente und Musterklauseln zur Erfüllung der Anforderungen des Rundschreibens 11/2001 vom 06.12.2001, BA 13 – GS 5481 – 1/2005 vom 10.06.2005
- »Kreditfabriken« – Aufsichtliche Rahmenbedingungen und Anforderungen, Vermerk BA 13 – 272A – 4/2003 vom 12.12.2003
- Rundschreiben 11/2001 vom 06.12.2001 – Anzeige der Altfälle gemäß Textziffer 56, Rundschreiben 10/2002 vom 10.05.2002
- Auslagerung von Bereichen auf ein anderes Unternehmen nach § 33 Abs. 2 WpHG, Rundschreiben vom 18.08.1998 (Wertpapieraufsicht)
- Grenzüberschreitende Datenfernverarbeitung deutscher Tochterunternehmen und Zweigstellen US-amerikanischer Banken, Schreiben I 3 – 362 – 3/94/I 6 – 3.3.02.0 vom 24.11.1995

Liste wegfallender Schreiben vom 30. Oktober 2007

Sonstiges

– Abschluss von Devisengeschäften zu deutlich von Marktkursen abweichenden Kursen durch Kreditinstitute; hier: Prolongation von Devisentermingeschäften, denen Waren- oder Dienstleistungsgeschäfte in Fremdwährung zugrunde liegen sowie vorzeitige Abwicklung von Devisentermingeschäften, Schreiben I 3 – 122 – 1/77 vom 30.03.1977, 20.07.1978, 24.02.1986, 22.06.1987 und 19.05.1993

– Valutagerechte Buchung von schwebenden Devisen-, Wertpapier- und Geldhandelsgeschäften, Schreiben I 4 – 35 vom 08.04.1980, Schreiben I 4 – 21231 – 4/87 vom 04.06.1992, 10.12.1992 und 26.09.1994

– Mindestanforderungen für bankinterne Kontrollmaßnahmen bei Devisengeschäften – Kassa und Termin, Schreiben I 4 – 312 – 1/83 vom 14.03.1983

– Saldierung von Devisen-Kassageschäften, die an einem Geschäftstag, in derselben Währung und mit demselben Geschäftspartner abgeschlossen werden, Schreiben I 4 – 32 vom 31.03.1982

– Warentermingeschäfte, Rundschreiben 12/97, I 1 – 3.6.1.5.1 vom 27.11.1997.

Anlage 13
Bundesanstalt für Finanzdienstleistungsaufsicht (BaFin)
Erster Entwurf zur Neufassung der MaRisk
Übermittlungsschreiben vom 16. Februar 2009

[...]

wie in der Sitzung des Arbeitskreises Bankenaufsicht am 15.07.2008 angekündigt, kann ich Ihnen nunmehr einen ersten Entwurf für eine Neufassung der MaRisk vorlegen. Mitarbeiter der Deutschen Bundesbank und meiner Behörde haben den Entwurf ausgearbeitet; er stellt den Ausgangspunkt für den weiteren Abstimmungsprozess dar, über dessen Ablauf ich Sie am Ende dieses Schreibens im Detail informieren werde (MaRisk-Fachgremium, Konsultation). Lassen Sie mich aber zunächst auf die Gründe für die Überarbeitung der MaRisk sowie die wesentlichen Neuerungen eingehen.

Wesentlicher Treiber für die Überarbeitung der MaRisk sind internationale Regulierungsinitiativen, die vor dem Hintergrund der noch schwelenden Finanzmarktkrise in Angriff genommen wurden. Von maßgeblicher Bedeutung sind dabei die Empfehlungen des Financial Stability Forums (FSF), zu deren Umsetzung sich Deutschland verpflichtet hat. Darüber hinaus sind Entwicklungen auf europäischer Ebene zu berücksichtigen. So sind bspw. aufgrund der CRD-Änderungsrichtlinie Anpassungen bei den Anforderungen zum Liquiditätsrisikomanagement der Institute erforderlich (Modul BTR 3). Was die Neuerungen im Entwurf angeht, spielen aber auch Erkenntnisse aus der laufenden Aufsichts- und Prüfungspraxis sowie bekanntgewordenen Manipulationsfällen (Société Générale) eine Rolle.

Die Anpassungen im Entwurf werden allerdings die grundsätzliche Ausrichtung der Mindestanforderungen nicht berühren. Ich kann Ihnen versichern, dass dem in § 25a KWG sowie den MaRisk fest verankerten Proportionalitätsgrundsatz auch künftig ein hoher Stellenwert eingeräumt wird. Das gilt insbesondere für die zahlreichen kleineren Institute in Deutschland, die bei der Umsetzung der Anforderungen auf große regulatorische Spielräume dringend angewiesen sind.

Unter inhaltlichen Gesichtspunkten sind vor allem die folgenden Änderungen von Bedeutung:

Stresstesting – Ergänzungen in Modul AT 4.3.2

Die Neuerungen im Bereich »Stresstesting« orientieren sich insbesondere an den Empfehlungen des FSF und Dokumenten des Baseler Ausschusses. Maßgeblich für die Terminologie (Stresstest, Sensitivitätsanalyse, Szenarioanalyse) sind die vom Committee of European Banking Supervisors

(CEBS) veröffentlichten »Technical aspects of stress testing under the supervisory review process (CP 12)« vom 14.12.2006. Unter inhaltlichen Gesichtspunkten geht es in erster Linie um die Schärfung der Konturen bereits bestehender Anforderungen. Im Vordergrund steht bspw. die Ausgestaltung der zugrundeliegenden Szenarien (historische und hypothetische Szenarien, Berücksichtigung des wirtschaftlichen Umfeldes). Die Angemessenheit der Stresstests ist zudem in regelmäßigen Abständen zu überprüfen. Auswirkungen der Stresstests auf die Risikotragfähigkeit sind bei der Berichterstattung an die Geschäftsleitung darzustellen.

Angemessene Einbindung des Aufsichtsorgans – Ergänzungen in den Modulen AT 4.3.2 und AT 4.4

Nach AT 1 Tz. 1 der MaRisk umfasst ein angemessenes und wirksames Risikomanagement auch eine angemessene Einbindung des Aufsichtsorgans. Um die Überwachungsfunktion durch das Aufsichtsorgan zu stärken, habe ich an verschiedenen Stellen Ergänzungen eingefügt. Dabei geht es zum einen um Berichtspflichten der Geschäftsleitung an das Aufsichtsorgan (AT 4.3.2 Tz. 6) und zum anderen um das Zusammenspiel von Aufsichtsorgan und Interner Revision (AT 4.4 Tz. 2). Da sowohl das Aufsichtsorgan als auch die Interne Revision im Grunde genommen das gesamte Institut im Blick haben, halte ich eine engere Zusammenarbeit für sehr sinnvoll. Der Umstand, dass die Revision ein Instrument der Geschäftsleitung ist, steht dem nicht entgegen. Vielmehr führt eine engere Zusammenarbeit zu einer Stärkung der Governance-Strukturen, die im Interesse des gesamten Institutes liegt.

Risikomanagement auf Gruppenebene – neues Modul AT 4.5

Um der Anwendung der gruppenbezogenen Anforderungen an das Risikomanagement nach §25a Abs. 1a KWG mehr Gewicht zu verleihen, habe ich bestehende Regelungen (bspw. AT 2.1 Tz. 1) ergänzt und diese in das neue Modul AT 4.5 überführt. In einer Welt, in der Konzernstrukturen immer mehr an Bedeutung gewinnen, kommt der Etablierung gruppenweiter Risikomanagement- systeme eine zunehmend größere Bedeutung zu. Erfasst werden sollen alle wesentlichen Risiken der Gruppe (also bspw. auch Risiken, die sich aus nicht konsolidierungspflichtigen Zweckgesell- schaften ergeben). Die konkrete Ausgestaltung des Risikomanagements auf Gruppenebene hängt – wie bereits bisher – von Art, Umfang, Komplexität und Risikogehalt der von der Gruppe betriebenen Geschäfte ab.

Vergütungssysteme – Ergänzungen in Modul AT7.1

Bei den Anforderungen an die Vergütungssysteme (als Teil der Anreizsysteme) war zu berücksichtigen, dass das Thema Vergütung zunächst eine institutsinterne Angelegenheit ist. Anderseits besteht kein Zweifel, dass die Ausgestaltung von Vergütungssystemen in vielen Fällen zur Ausdehnung exzessiver Risikopositionen beigetragen hat. Die bereits bestehenden Anforderungen in den MaRisk (AT7.1 Tz.4) sind daher auch vor dem Hintergrund internationaler Regulierungsinitiativen nicht mehr ausreichend. Die Ergänzungen im Entwurf orientieren sich u.a. an den Prinzipien, die das Institute of International Finance (IIF) als Interessenvertretung der globalen Finanzindustrie formuliert hat. So sollen die Vergütungssysteme bspw. sicherstellen, dass sich der variable Teil der Vergütung an dem langfristigen Erfolg des Institutes orientiert. Mitarbeiter aus »nachgelagerten« Bereichen (bspw. Abwicklung, Marktfolge) sollen entsprechend ihrer Verantwortung angemessen vergütet werden. Bei der Diskussion der neuen Anforderungen werden die noch nicht abgeschlossenen Arbeiten auf internationaler Ebene zu berücksichtigen sein. Insbesondere das FSF und CEBS befassen sich gegenwärtig noch intensiv mit dem Thema Vergütung.

Handelsgeschäft – Ergänzungen in Modul BTO 2

Erfahrungen aus der Aufsichts- und Prüfungspraxis sowie der weltweit bekanntgewordene Manipulationsfall bei der Société Générale haben mich dazu bewogen, die Anforderungen mit Bezug zum Handelsgeschäft (v.a. BTO 2) einer kritischen Prüfung zu unterziehen. Ergänzungsbedarf sehe ich vor allem bei den Anforderungen zu den Bestätigungs- und Abstimmungsverfahren, dem Umgang mit Stornierungen sowie den Zugriffsberechtigungen. Zudem wird der Handhabung von »internen Geschäften« nunmehr ein deutlich höherer Stellenwert eingeräumt.

Bewertung von »illiquiden Positionen« – BTR 2.1

Bezüglich der Bewertung illiquider Positionen halte ich es für erforderlich, dass die Institute überprüfen, ob die für diese Zwecke eingesetzten Verfahren auch bei schwerwiegenden Marktstörungen verwertbare Ergebnisse liefern. Für Fälle fehlender, veralteter oder verzerrter Marktpreise sind durch die Institute alternative Bewertungsmethoden festzulegen. Mit diesen Anforderungen trage ich aktuellen Beobachtungen und Entwicklungen an den Finanzmärkten Rechnung.

Liquiditätsrisiken – Ergänzungen in Modul BTR 3

Die Ergänzungen in Modul BTR 3 sind nicht nur auf die Empfehlungen des FSF und die Anschluss-arbeiten des Baseler Ausschusses (»Principles for Sound Liquidity Risk Management and Super-vision« vom September 2008) zurückzuführen. Sie ergeben sich insbesondere auch aus dem aktuellen Entwurf der CRD-Änderungsrichtlinie (Stand Januar 2009). Stärker betont wird bspw. die Notwendigkeit eines Verfahrens zur Früherkennung eines sich abzeichnenden Liquiditäts-bedarfes. Zudem ist der dauerhafte Zugang zu den für das Institut relevanten Refinanzierungs-quellen regelmäßig zu überprüfen. Einige der neuen Anforderungen im Modul BTR 3 habe ich mit Öffnungsklauseln versehen, damit vor allem kleinere Institute mit überschaubaren Geschäfts-aktivitäten nicht überfordert werden (bspw. bei der Abbildung der »innertägigen« Liquidität).

Konzentrationsrisiken – neues Modul BTR 5

Die Überführung und Ergänzung bestehender Anforderungen in das neue Modul BTR 5 soll dazu beitragen, dass Thema Konzentrationsrisiken noch stärker als bisher in das Bewusstsein der Institute zu rücken. Insbesondere sind von den Instituten angemessene Prozesse zur Identifizierung, Beur-teilung, Steuerung, Überwachung und Kommunikation von Konzentrationsrisiken einzurichten. Die konkreten Anforderungen des Moduls BTR 5 beziehen sich in erster Linie auf Konzentrationen im Kreditgeschäft (Adresskonzentrationen, Sektorkonzentrationen und Abhängigkeiten). Für Risiken aus sonstigen Konzentrationen (bspw. Outsourcing, IT) sind »angemessene Maßnahmen« zu ergreifen, ohne dass daran explizite Anforderungen geknüpft werden. Auch hier wird in der Praxis dem Proportionalitätsprinzip Rechnung zu tragen sein.

Weitere Anpassungen, insbesondere in Form von Klarstellungen bzw. Betonungen, betreffen bspw. Reputationsrisiken oder auch Kreditbeurteilungen auf der Basis externer Ratings. Darüber hinaus halte ich es für zweckmäßig, wenn für bestimmte Begriffe aus dem Englischen deutsche Bezeichnungen in die MaRisk eingefügt werden (z.B. für den »Internal Capital Adequacy Assess-ment Process« in AT1 Tz. 2). Schließlich möchte ich Sie darüber informieren, dass ich nunmehr beabsichtigte, dass überaus komplexe Thema »Anwendung des §2a KWG« (Waiver-Regelungen) gesondert abzuhandeln. Meine Mitarbeiter werden diesbezüglich in Kürze an die Verbände der Kreditwirtschaft herantreten.

Ich bitte alle Verbände, der Deutschen Bundesbank und der BaFin, bis zum 23.03.2009 postalisch oder via E-Mail (banken-3@bundesbank.de, konsultation-03-09@bafin.de) Stellungnahmen zum Entwurf zuzuleiten. Der vorliegende Entwurf wird darüber hinaus dem MaRisk-Fachgremium vorgelegt, das sich mit der fachlichen Weiterentwicklung der Anforderungen befassen soll. Über weitere Einzelheiten zur Sitzung werde ich die Mitglieder des Fachgremiums gesondert unterrichten.

Es ist vorgesehen, Stellungnahmen zum Entwurf auf der Homepage der BaFin zu veröffentli-chen, soweit die Verfasser der Stellungnahmen dagegen keine Einwände erheben.

Für alle weiteren Schritte hoffe ich auf Ihre tatkräftige Unterstützung und die Fortsetzung der schon bisher konstruktiven Zusammenarbeit.

[...]

Anlage 14
Bundesanstalt für Finanzdienstleistungsaufsicht (BaFin)
Zweiter Entwurf zur Neufassung der MaRisk
Übermittlungsschreiben vom 24. Juni 2009

[...]

nachdem die Inhalte des ersten MaRisk-Entwurfs vom 16.02.2009 intensiv im MaRisk-Fachgremium diskutiert wurden, freue ich mich, dass ich Ihnen nun den zweiten Entwurf zuleiten kann. Änderungen gegenüber der aktuellen MaRisk-Fassung habe ich zur leichteren Nachvollziehbarkeit farblich gekennzeichnet.

Bevor ich auf fachliche Aspekte eingehe, möchte ich mich zunächst bei den Mitgliedern des Fachgremiums bedanken. Experten aus kleineren und größeren Instituten, Prüfer, Verbandsvertreter sowie Aufseher diskutierten den Entwurf in einer ausgesprochen konstruktiven Atmosphäre. Für viele offene Punkte konnten wir praxisgerechte Lösungen finden.

Gegenüber der Entwurfsfassung vom 16.02.2009 sind vor allem die folgenden Änderungen von Relevanz:

Risikotragfähigkeit (AT 4.1 Tz. 4-E)

Verfügt ein Institut über kein geeignetes Verfahren zur Quantifizierung von Risiken, so hat es hierfür auf der Basis einer »Plausibilisierung« einen Risikobetrag festzulegen. Bei dieser Anforderung wurde die Frage aufgeworfen, ob bei solchen Risiken (bspw. Reputationsrisiken) überhaupt eine Plausibilisierung möglich ist. M.W. ist es in der Praxis nicht unüblich, dass derartige Plausibilisierungen auf der Grundlage einer qualifizierten Expertenschätzung durchgeführt werden. Ich habe daher den Regelungstext entsprechend ergänzt.

Stresstesting (AT4.3.2 Tz. 6-E)

Gegenstand der Diskussion im Fachgremium war die Frage, ob an die geforderte Berücksichtigung der Ergebnisse der Stresstests bei der Beurteilung der Risikotragfähigkeit immer auch eine Kapitalunterlegung geknüpft ist. Dies muss allerdings, je nachdem welcher Zweck mit einem Stresstest verfolgt wird, nicht zwangsläufig der Fall sein. Im Vordergrund steht vielmehr eine kritische Reflexion der Ergebnisse der Stresstests. Zudem sollte das Institut auf der Basis der Stresstests ergründen, ob und ggf. inwieweit Handlungsbedarf besteht. Der identifizierte Handlungsbedarf muss je nach Zweck des Stresstests allerdings nicht zwingend zu einer Kapitalunterlegung führen. Es sind auch andere Handlungen denkbar, um den Ergebnissen der Stresstests Rechnung zu tragen (bspw. verschärfte Überwachung der Risiken, geschäftspolitische Anpassungen).

Vergütung (AT7.1 Tzn. 4 und 5-E)

Ich habe die Diskussion im Fachgremium zum Anlass genommen, bei den Anforderungen zu den Vergütungssystemen stärker zu differenzieren. Anforderungen allgemeiner Natur beziehen sich grundsätzlich auf alle Vergütungssysteme des Institutes (bspw. Kompatibilität mit den Strategien). Besondere Anforderungen gelten für die variable Vergütung von Geschäftsleitern und Mitarbeitern, die hohe Risikopositionen begründen können (bspw. Berücksichtigung von zukünftigen negativen Entwicklungen). Diese Differenzierung korrespondiert auch mit einschlägigen Regelungen auf internationaler Ebene (Financial Stability Board) und der geplanten CRD-Änderungsrichtlinie.

Risikokonzentrationen (AT und BTR 1)

Da es unter systematischen Gesichtspunkten von Vorteil ist, habe ich die Anforderungen des Moduls BTR 5 (Konzentrationsrisiken) in den allgemeinen Teil AT überführt. Spezielle Anforderungen an Adressrisikokonzentrationen finden sich zudem im Modul BTR 1 (Adressenausfallrisiken). Inhaltliche Konsequenzen hat diese Verschiebung grundsätzlich nicht. Im Zusammenhang mit dem Management von Risikokonzentrationen möchte ich ferner darauf hinweisen, dass die Anforderungen keinen »Zwang zur Diversifizierung« statuieren (bspw. bei spezialisierten oder regional tätigen Instituten). Ebenso wenig soll die Existenz von Risikokonzentrationen per se abgestraft werden. Mir geht es in erster Linie darum, dass sich die Institute – schon aus Eigeninteresse – entsprechend intensiv mit ihren jeweiligen »Klumpen« auseinandersetzen.

Bezüglich des Umsetzungsprocedere besteht aus meiner Sicht noch Klärungsbedarf. Ich werde daher diesbezüglich in Kürze mit den Verbänden der Kreditwirtschaft in Kontakt treten. Ich bitte Sie, Ihre Stellungnahmen zum zweiten Entwurf der Deutschen Bundesbank und der BaFin postalisch oder via E-Mail (B30_MaRisk@bundesbank.de, konsultation@bafin.de) bis zum 15.07.2009 zuzuleiten.

Dieses Schreiben sowie die Anlagen sind unter www.bafin.de/Konsultationen und auf der Internetseite der Bundesbank abrufbar. Ich beabsichtige, die Stellungnahmen zum zweiten Entwurf im Internet zu veröffentlichen. Daher bitte ich Sie mir mitzuteilen, wenn Sie mit einer Veröffentlichung Ihrer Stellungnahme oder deren Weitergabe an Dritte nicht einverstanden sind.

[...]

Anlage 15
Bundesanstalt für Finanzdienstleistungsaufsicht (BaFin)
Rundschreiben 15/2009 (BA) zur Neufassung der MaRisk
Übermittlungsschreiben vom 14. August 2009

[...]

ich habe Ihre Stellungnahmen zum zweiten Entwurf vom 24.06.2009 eingehend geprüft und freue mich, Ihnen heute die offizielle Neufassung der MaRisk zuleiten zu können. Die neuen MaRisk sowie einige weitere Dokumente sind diesem Schreiben als Anlagen beigefügt. Alle Dokumente sind darüber hinaus unter www.bafin.de und www.bundesbank.de abrufbar.

Auf die maßgeblichen Beweggründe für die Neufassung der MaRisk bin ich bereits im Anschreiben zum ersten Entwurf vom 16.02.2009 eingegangen. Es sind vor allem die Empfehlungen des Financial Stability Boards sowie diverse »Anschlussarbeiten« (v. a. Baseler Ausschuss für Bankenaufsicht, EU-Richtlinienvorhaben), die eine Anpassung der MaRisk erforderlich machten. Ich habe mich ganz bewusst dafür entschieden, die grundsätzliche Ausrichtung der MaRisk von den Neuregelungen unberührt zu lassen: Dem in § 25a KWG fest verankerten Proportionalitätsgrundsatz wird auch künftig ein hoher Stellenwert eingeräumt. Dies gilt vor allem für die zahlreichen kleineren Institute in Deutschland, die auf regulatorische Spielräume angewiesen sind.

Lassen Sie mich nunmehr auf einige wichtige inhaltliche Punkte eingehen.

Einbindung des Aufsichtsorgans

Um die Governance-Strukturen der Institute weiter zu stärken, habe ich bestehende Pflichten der Geschäftsleitung gegenüber dem Aufsichtsorgan weiter ausgebaut. Insbesondere haben die Geschäftsleiter dem Aufsichtsorgan ein direktes Auskunftsrecht gegenüber der Internen Revision einzuräumen, damit es seine Überwachungsfunktion noch effektiver wahrnehmen kann. Da das Aufsichtsorgan und die Interne Revision aufgrund ihrer Aufgaben das gesamte Institut im Blick haben, bietet sich ein solches Auskunftsrecht an. In diesem Zusammenhang geäußerte Vorbehalte der Kreditwirtschaft konnte ich zum Teil nachvollziehen. Ich habe daher einige Anpassungen vorgenommen. So soll der Vorsitzende des Aufsichtsorgans sein Auskunftsersuchen an den Leiter der Internen Revision richten, um die Kommunikation zu kanalisieren. Zudem ist die Geschäftsleitung über derartige Auskunftsersuchen zu informieren.

Das Deutsche Institut für Interne Revision (DIIR) sieht im Übrigen in der Neuregelung eine »wirkungsvolle Stärkung der Unternehmensüberwachung und der Funktion der Internen Revision«. Dem schließe ich mich an, denn auch ich bin mir sicher, dass das gesamte Institut von der Neuregelung profitieren kann. Dies setzt natürlich voraus, dass dem Aufsichtsorgan die maßgeblichen Regelungen der MaRisk bekannt sind. Ich bitte daher die Geschäftsleiter der Institute, ihre Aufsichtsorgane entsprechend zu informieren.

Risikokonzentrationen

Die Finanzmarktkrise hat deutlich gezeigt, wie verheerend sich Risiken aus Konzentrationen auswirken können, wenn sie erst einmal schlagend werden. Die Anforderungen in den MaRisk sollen dazu beitragen, dass die Institute für solche Verlustgefahren sensibilisiert werden. Das gilt natürlich auch für Institute mit regionaler Ausrichtung oder spezialisierte Institute, die sich – schon aus Eigeninteresse – intensiv mit ihren jeweiligen »Klumpen« befassen sollten. Die Anforderungen der MaRisk statuieren jedoch keinen »Zwang zur Diversifizierung«, wie ich bereits im Anschreiben zum zweiten Entwurf vom 24.06.2009 zum Ausdruck brachte.

Risiken aus Konzentrationen sind vielschichtig. Sie können sich auch auf der Ertragsseite der Institute ergeben. Ich halte es daher für erforderlich, dass sich die Institute mit Ertragskonzentrationen befassen (AT4.2 Tz.2). Die Spitzenverbände der Kreditwirtschaft haben mich darum gebeten, den Sinn und Zweck dieser Anforderung näher zu erläutern. Diesem Wunsch trage ich gerne Rechnung. Die Finanzmarktkrise hat u.a. deutlich gemacht, dass bei Instituten, die stark abhängig von bestimmten Ertragsquellen sind, tendenziell eine höhere Anfälligkeit gegenüber (Markt-)Veränderungen besteht. Vor diesem Hintergrund halte ich es für zweckmäßig, dass die Institute Ertragskonzentrationen berücksichtigen. Bei der Anforderung geht es nicht um »potenzielle Ertragseinbußen« oder anspruchsvolle »Systeme zur Gesamtbanksteuerung«. Es geht allein darum, dass sich die Institute etwaiger Ertragskonzentrationen bewusst sind und diese in ihr Kalkül einbeziehen. Das setzt selbstverständlich voraus, dass die Institute ihre wesentlichen Erfolgsquellen kennen und diese voneinander abgrenzen (bspw. die Abgrenzung von Konditionen- und Strukturbeitrag im Zinsbuch).

Risikomanagement auf Gruppenebene

Um den gesetzlichen Regelungen zum gruppenweiten Risikomanagement (§25a Abs.1a KWG) noch mehr Bedeutung zu verleihen, habe ich bestehende MaRisk-Anforderungen ergänzt und diese in das neue Modul AT4.5 überführt. Die Anforderungen sind an das jeweils übergeordnete Unternehmen gerichtet und in Abstimmung mit den nachgeordneten Unternehmen umzusetzen. Die gruppenbezogenen Anforderungen erstrecken sich auf Strategien, Risikotragfähigkeit, Risikosteuerungs- und -controllingprozesse, prozessuale Vorgaben (bspw. abgestimmte Kommunikationswege) und Konzernrevision. Die Ausgestaltung des Risikomanagements auf Gruppenebene hängt von Art, Umfang, Komplexität und Risikogehalt sowie den gesellschaftsrechtlichen Möglichkeiten ab. Zu berücksichtigen sind alle wesentlichen Risiken der Gruppe, unabhängig davon, ob sie von konsolidierungspflichtigen Unternehmen verursacht werden oder nicht. Soweit sie für die Gruppe ein wesentliches Risiko darstellen, sind also auch z. B. Zweckgesellschaften oder Industrieunternehmen vom gruppenweiten Risikomanagement zu erfassen.

Vergütungssysteme

Eine bedeutende Neuerung stellen die Anforderungen an die Vergütungssysteme dar. Aggressive Vergütungssysteme haben – neben anderen Faktoren – mit zur Finanzmarktkrise beigetragen. Fehlanreize in den Vergütungssystemen führten teilweise zu extremen Ausweitungen von Risikopositionen. Vor diesem Hintergrund ist es nicht überraschend, dass sich auch die maßgeblichen internationalen Gremien des Themas »Vergütung« angenommen haben. Die neuen Regelungen der MaRisk orientieren sich insbesondere an den »Principles for Sound Compensation Practices« des Financial Stability Boards vom 02.04.2009 und den »High-level Principles for Remuneration Policies« des Committee of European Banking Supervisors (CEBS) vom 20.04.2009, die im Übrigen deckungsgleich in die Änderungsrichtlinie zur Bankenrichtlinie überführt werden sollen.

Die neuen Anforderungen stellen keinen Eingriff in die Entlohnungssysteme der Privatwirtschaft dar. Sie statuieren vielmehr Prinzipien, die bei der Ausgestaltung der Vergütungssysteme zu berücksichtigen sind. Während sich die allgemeinen Anforderungen auf alle Vergütungssysteme beziehen, geht es bei den besonderen Anforderungen um die variable Vergütung von Geschäftsleitern oder Mitarbeitern, die aufgrund ihrer Kompetenzen hohe Risikopositionen begründen können. Die besonderen Anforderungen sind insoweit an »risk taker« gerichtet und nicht etwa an Bankmitarbeiter, deren dreizehntes Monatsgehalt eine variable Vergütung darstellt.

Nach den »allgemeinen Anforderungen« ist z. B. sicherzustellen, dass die Vergütungssysteme mit den in den Strategien niedergelegten Zielen in Einklang stehen. Die Vergütungssysteme müssen ferner so ausgerichtet sein, dass schädliche Anreize zur Begründung unverhältnismäßig hoher Risikopositionen vermieden werden. Abhängig von Art, Umfang, Komplexität und Risikogehalt der Geschäftsaktivitäten sowie der Vergütungsstruktur des Institutes hat die Geschäftsleitung ferner einen Ausschuss einzurichten, der sich mit der Ausgestaltung und Weiterentwicklung der Vergütungssysteme befassen soll. Durch den Vergütungsausschuss, dem Mitarbeiter aus unterschiedlichen Bereichen angehören (bspw. Personalabteilung, Markt, Risikocontrolling, Interne Revision), können etwaige Fehlentwicklungen frühzeitig erkannt und beseitigt werden. Er schafft zudem mehr Transparenz. Solange die Geschäftsleitung im Wege der Delegation nichts anderes vorsieht, hat der Ausschuss keine Entscheidungskompetenzen. Unter dem Gesichtspunkt des Datenschutzes halte ich seine Einrichtung für unproblematisch, denn der Ausschuss soll sich mit der Ausgestaltung und Weiterentwicklung der Vergütungssysteme befassen und nicht etwa mit den Personalakten einzelner Mitarbeiter.

Die »besonderen Anforderungen« sehen u. a. vor, dass die variable Vergütung auch »künftige negative Entwicklungen« zu berücksichtigen hat. Die »risk taker« sollen also nicht nur am Erfolg partizipieren, sondern auch an einem etwaigen Verlust. Die Spitzenverbände haben in diesem Zusammenhang problematisiert, dass eine Zuordnung des Erfolgs bzw. des Nicht-Erfolgs zu den jeweils Betroffenen »realistischer Weise nicht möglich ist«. Dem kann ich nicht uneingeschränkt folgen, denn die Festlegung vergütungsrelevanter individueller Ziele ist in solchen Vergütungssegmenten bereits üblich, so dass auch eine individuelle Zuordnung möglich sein sollte.

Sollten bestehende Verträge nicht mit den neuen Vergütungsregelungen korrespondieren, empfehle ich, schon aus Eigeninteresse auf eine Anpassung hinzuwirken. Wie bei allen Neuregelungen, werden auch die neuen Vergütungsregelungen in der praktischen Anwendung eine Reihe von Fragen aufwerfen. Ich halte es daher für zweckmäßig, wenn sich das MaRisk-Fachgremium nochmals intensiv mit dem Thema auseinandersetzt. Dabei soll es allerdings nicht um eine Neuauflage der Konsultation gehen, sondern vielmehr um die Diskussion praktischer Umsetzungsbeispiele, die gemeinsam mit Vergütungsexperten geführt wird. Natürlich bieten sich auch andere Themen der MaRisk für eine derartige Diskussion an. Ich denke dabei insbesondere an den Themenkomplex »Risikotragfähigkeit«, bei dem sich in der praktischen Anwendung häufig offene Fragen ergeben.

Die neuen MaRisk sind grundsätzlich bis zum 31.12.2009 umzusetzen. Sofern sich bei der Umsetzung der Anforderungen Schwierigkeiten ergeben sollten, die nicht auf Versäumnisse des Institutes zurückzuführen sind, werde ich bis zum 31.12.2010 von bankaufsichtlichen Maßnahmen absehen. Die Krise hat deutlich gemacht, dass ein funktionsfähiges Risikomanagement von essentieller Bedeutung für jedes Institut ist. Ich bitte daher alle Institute die Umsetzungsarbeiten mit entsprechendem Nachdruck zu betreiben.

Wie ich eingangs bereits erwähnte, führt die Neufassung nicht zu einer Abkehr von der prinzipienorientierten Ausrichtung der MaRisk. Soweit es um die Qualität der bankinternen Strukturen geht, halte ich diesen Regulierungsansatz gegenüber ausbuchstabierten Detailregelungen immer noch für leistungsfähiger. Die Öffnungsklauseln der MaRisk räumen den Instituten also nach wie vor vielfältige Spielräume für maßgeschneiderte Umsetzungslösungen ein. Ich gehe davon aus, dass diese Spielräume von den Instituten auf sachgerechte Weise mit Leben gefüllt werden. Rein formale Umsetzungen oder gar ein »Schaulaufen «für die Aufsicht sind weder im Interesse der Institute noch der Aufsicht.

[...]

Anlage 16
Bundesanstalt für Finanzdienstleistungsaufsicht (BaFin)
Erster Entwurf zur Überarbeitung der MaRisk
Übermittlungsschreiben vom 9. Juli 2010

[...]

wie in der Sitzung des Arbeitskreises Bankenaufsicht am 22.03.2010 in Aussicht gestellt, übersende ich Ihnen hiermit einen ersten Entwurf für eine Überarbeitung der MaRisk, den Mitarbeiter der Deutschen Bundesbank und meiner Behörde entwickelten. Nachdem die MaRisk bereits im letzten Jahr einer umfangreichen Überarbeitung unterzogen worden waren, mag es auf den ersten Blick überraschen, dass weiterer Anpassungsbedarf erforderlich ist. Daher möchte ich Sie zunächst über die Gründe für die neuerliche MaRisk-Anpassung informieren. Im Anschluss daran gehe ich auf wesentliche Neuerungen ein, die sich aus dem vorliegenden Entwurf ergeben.

Mit der Veröffentlichung der neugefassten MaRisk am 14.08.2009 hat die BaFin die durch die Finanzkrise ausgelösten Regulierungsschritte im Bereich des Risikomanagements, die insbesondere durch das Financial Stability Board (FSB) und die EU-Kommission angestoßen worden waren, auf nationaler Ebene nachvollzogen und zu einem vorläufigen Abschluss gebracht. Gerade mit Blick auf das Risikomanagement ist die Arbeit internationaler Gremien, sei es seitens des »Committee of European Banking Supervisors« (CEBS) oder seitens des Baseler Ausschusses für Bankenaufsicht, jedoch nicht zum Stillstand gekommen. Ganz im Gegenteil: Insbesondere auf CEBS-Ebene werden derzeit eine Reihe von Themen adressiert, die ihren Niederschlag teils schon in neuen Guidelines oder aber in Konsultationspapieren gefunden haben, deren Finalisierung unmittelbar bevorsteht. Hervorzuheben sind dabei die Papiere

- »Guidelines on liquidity buffers« (veröffentlicht am 09.12.2009),
- »Guidelines on concentration Risk« (CP 31),
- »Revised Guidelines on stress testing« (CP 32),
- »Guidelines on the management of operational risk in market-related activities« (CP 35) sowie
- »Guidelines on liquidity cost benefit allocation« (CP 36).

CEBS hat sich zudem ehrgeizige Ziele hinsichtlich der Implementierung in den Mitgliedstaaten gesetzt (zumeist schon bis Ende 2010). Die Überführung der jeweiligen Anforderungen in die MaRisk ist also zeitkritisch.

Wenn auch durch die notwendigen Ergänzungen und Anpassungen einige Anforderungen (naturgemäß) konkreter gefasst werden, so ändert dies jedoch nichts an der grundsätzlichen Ausrichtung der MaRisk. An der prinzipienorientierten Ausgestaltung der MaRisk wird auch in Zukunft festgehalten. Ebenso wird der Proportionalitätsgrundsatz weiterhin große Bedeutung genießen, um die notwendigen Umsetzungsspielräume gerade auch für die kleineren Institute in Deutschland zu erhalten. So sind beispielsweise die zum Teil sehr detaillierten Anforderungen zum Management von Liquiditätsrisiken ausdrücklich nur an die Gruppe der kapitalmarktorientierten Institute gerichtet (BTR 3.2).

Inhaltlich sind vor allem folgende Anpassungen und Ergänzungen hervorzuheben:

Risikotragfähigkeit – Ergänzungen in AT4.1

Angesichts der in der Aufsichts- und Prüfungspraxis gesammelten Erfahrungen habe ich einige Ergänzungen zum Risikotragfähigkeitskonzept vorgenommen. Zum einen ist es mir wichtig, den Zukunftcharakter dieses Konzeptes zu betonen. Demgemäß sind auch absehbare Veränderungen des internen und externen Umfeldes des Institutes hinsichtlich ihrer Auswirkungen auf die Risikotragfähigkeit zu analysieren. Darüber hinaus ist bei Anknüpfung an handelsrechtliche Größen eine angemessene Betrachtung über den Bilanzstichtag hinaus erforderlich, um von einer reinen Stichtagsbetrachtung zu einer mehr zukunftsgerichteten Betrachtung zu gelangen (AT4.1 Tz.3).

Ferner habe ich neue Anforderungen an die Berücksichtigung von Diversifikationseffekten formuliert, die den aus der Prüfungspraxis gewonnenen Erfahrungen Rechnung tragen (AT4.1 Tzn. 6, 7). Insbesondere der Umstand, dass Institute bisweilen recht progressive Annahmen hinsichtlich dieser Effekte getroffen haben, die nicht in angemessener Weise aus den institutsindividuellen Verhältnissen sowie den zugrundeliegenden Daten abgeleitet wurden, haben mich zu diesem Schritt bewogen. Auch habe ich feststellen müssen, dass nicht immer eine regelmäßige Überprüfung dieser Annahmen durchgeführt wird, obwohl die Verlässlichkeit und Stabilität der getroffenen Annahmen im Zeitablauf oftmals zweifelhaft war.

Strategien – Ergänzungen in AT4.2

Anpassungsbedarf sehe ich auch im Hinblick auf die Anforderungen des Moduls AT4.2 (»Strategien«). Im vorliegenden Entwurf wird nochmals klargestellt, dass der Inhalt der Geschäftsstrategie allein in der Verantwortung der Geschäftsleitung liegt und nicht Gegenstand von Prüfungshandlungen ist. Optimierungsbedarf besteht meines Erachtens jedoch insbesondere im Hinblick auf den prozessualen Rahmen, in dem die Institute ihre Strategien entwickeln, anpassen, umsetzen und beurteilen. Nach meinem Eindruck reduziert sich die Anwendung der Anforderungen des Moduls AT4.2 in der Praxis zum Teil leider nur auf eine rein formale Umsetzung, um den Anforderungen der Aufsicht zu genügen. In anderen Fällen werden wesentliche Einflussfaktoren, wie etwa Veränderungen der ökonomischen Umwelt und ihre Bedeutung für das Institut, nicht ausreichend gewürdigt. Teilweise sind die in den Strategien niedergelegten Ziele derart unbestimmt, dass sich das Institut keinen Eindruck über den Grad der Zielerreichung verschaffen kann. Schließlich wird die in den MaRisk geforderte Konsistenz zwischen Geschäfts- und Risikostrategie nicht immer bis in die letzte Konsequenz von den Instituten gelebt. Konsistenz lässt sich jedenfalls nur schwer herstellen, wenn beide Strategien in unterschiedlichen Organisationseinheiten vorbereitet werden, ohne dass ein Austausch zwischen diesen Einheiten stattfindet. Vor diesem Hintergrund ist es nicht verwunderlich, dass auch die Spitzenorganisation der Finanzindustrie dem »strategic focus on risk management« einen hohen Stellenwert einräumt (Institute of International Finance (IIF), »Final Report of the IIF Committee on Market Best Practices: Principles of Conduct and Best Practice Recommendations«, Juli 2008, insbesondere S. 32 ff).

Im Entwurf habe ich deutlicher als bisher herausgestellt, dass das Institut bei der Festlegung und Anpassung der Geschäftsstrategie sowohl interne Einflussfaktoren (bspw. Risikotragfähigkeit, Liquidität, Personalausstattung) als auch externe Einflussfaktoren (bspw. Marktentwicklung, Wettbewerbssituation) berücksichtigen muss. Da Strategien zukunftsgerichtet sind und sich die Zukunft regelmäßig nicht perfekt vorherbestimmen lässt, hat das Institut Annahmen bzgl. der künftigen Entwicklung der Einflussfaktoren zu treffen (z.B. im Hinblick auf das Zinsniveau). Sollte sich herausstellen, dass die Realität von den maßgeblichen Annahmen abweicht, muss das Institut entsprechend nachsteuern.

Im Zentrum der neuen Anforderungen steht der sog. »Strategieprozess«. Dieser Prozess erstreckt sich insbesondere auf die Schritte

– Planung,
– Anpassung,
– Umsetzung und
– Beurteilung

der Strategien. Bei der Beurteilung geht es insbesondere um die Frage, inwieweit das Institut die Ziele tatsächlich erreicht hat, die es in seinen Strategien niedergelegt hat. Für diese Zwecke ist ein Soll/Ist-Abgleich durchzuführen. Damit ein solcher Abgleich möglich ist, muss das Zielsystem des Institutes hinreichend präzise formuliert sein (z.B. geplante Marktanteile, Wachstums- oder Ertragsziele der Geschäftsbereiche).

Bei dem Soll/Ist-Abgleich geht es nicht darum, das leitende Management im Falle von (negativen) Abweichungen zu stigmatisieren (z.B. vor der Aufsicht oder dem Aufsichtsorgan). Künftige Entwicklungen können zwar abgeschätzt werden; sie sind aber nicht komplett vorhersehbar. Es wird daher regelmäßig ein mehr oder minder großer Rest an Planungsunsicherheit bestehen, der Abweichungen von den ursprünglichen Zielplanungen verursachen kann. Durch die nach AT 4.2 Tz. 2 geforderte Analyse solcher Abweichungen wird die Geschäftsleitung in die Lage versetzt, ggf. erforderliche Korrekturmaßnahmen strategischer Natur frühzeitig einzuleiten (z.B. Rückführung von bestimmten Geschäftsaktivitäten). Die Geschäftsleitung behält insoweit die Initiative. Bei komplett unbestimmten Zielformulierungen ist dies hingegen regelmäßig nicht der Fall. Vielmehr agiert das Institut weitgehend im Dunkeln, da Abweichungen erst gar nicht identifiziert werden können. Strategie wird damit im Grunde genommen zur sinnlosen Übung. Wegen ihrer Bedeutung ist die Ursachenanalyse nach AT 4.2 Tz. 4 auch Gegenstand der Erörterung mit dem Aufsichtsorgan.

Speziell mit Blick auf die Risikostrategie ist vorgesehen, dass das Institut unter Berücksichtigung von Risikokonzentrationen Toleranzen für alle wesentlichen Risiken festlegt (AT 4.2 Tz. 2). Durch diese Risikotoleranzen bringt die Geschäftsleitung zum Ausdruck, in welchem Umfang sie jeweils dazu bereit ist, Risiken einzugehen. Da bei Instituten, die stark abhängig von bestimmten Ertragsquellen sind, tendenziell eine höhere Anfälligkeit gegenüber Marktveränderungen besteht, ist auch das Thema »Ertragskonzentrationen« Gegenstand der Risikostrategie. In Anlehnung an mein Anschreiben zur aktuell (noch) geltenden Fassung der MaRisk vom 14.08.2009 wird diese Anforderung ergänzt: Die Identifikation wesentlicher Ertragskonzentrationen setzt voraus, dass die Institute ihre Erfolgsquellen kennen und diese voneinander abgrenzen können (z.B. im Hinblick auf den Konditionen- und Strukturbeitrag im Zinsbuch).

Stresstests – neues Modul AT 4.3.3

Vor dem Hintergrund des CEBS-Papiers zu Stresstests sind die diesbezüglichen Anforderungen nochmals ergänzt und – der besseren Übersichtlichkeit wegen – in ein separates Untermodul überführt worden. Inhaltlich stellt die Anforderung an die Durchführung von sog. »reversen Stresstests« (AT 4.3.3 Tz. 3) eine echte Neuerung dar. Als Basis wird hier ein bestimmtes Stressergebnis unterstellt (Nichtfortführbarkeit des Geschäftsmodells) und in einem nächsten Schritt analysiert, welche Ursachen (auch in einer Verkettung) zu diesem Ereignis führen können. Durch reverse Stresstests kann sich das Institut ein besseres Bild über maßgebliche Risikotreiber verschaffen. Außerdem ist es möglich, die Eignung der Szenarien bei »normalen« Stresstests besser einordnen zu können, da man einen zusätzlichen Orientierungspunkt hat. Allerdings müssen im Bereich der reversen Stresstests noch Erfahrungen in der Praxis gesammelt werden, wie auch CEBS einräumt. Ich kann Ihnen versichern, dass die Aufsicht die Entwicklung reverser Stresstests in der Praxis mit Augenmaß begleiten wird. Daher kann es als Einstieg in diese Thematik zunächst ausreichen, solche Stresstests schwerpunktmäßig in Form einer qualitativen Analyse durchzuführen, bis entsprechende Praxiserfahrungen vorliegen.

Aufgenommen habe ich zudem die explizite Forderung, im Rahmen der Stresstests auch einen schweren konjunkturellen Abschwung anzunehmen und die Ergebnisse dieses Szenarios auch bei der Risikotragfähigkeit zu berücksichtigen (AT 4.3.3 Tz. 5). Auf weitergehende konkretere Vorgaben, insbesondere hinsichtlich der zugrunde zu legenden Annahmen, habe ich hingegen verzichtet. Ich gehe davon aus, dass das Durchspielen eines solchen Szenarios schon heute bei den Instituten zum Standard gehört; insofern dürfte diese Anforderung keine wirkliche Neuheit darstellen. Dass bei kleineren Instituten ein solches Szenario aufgrund einer eher überschaubaren Anzahl von Risikotreibern weniger komplex ausfallen dürfte, versteht sich aus meiner Sicht von selbst.

Ich möchte an dieser Stelle betonen, dass auch künftig die Ergebnisse der Stresstests im Rahmen des Risikotragfähigkeitskonzepts nicht automatisch mit Kapital unterlegt werden müssen. Vielmehr ist kritisch zu reflektieren, ob und ggf. welche Maßnahmen angesichts der Ergebnisse zu ergreifen sind. Diesbezüglich ergeben sich also keine Änderungen.

Risikokonzentrationen

Auch die Anforderungen an die Berücksichtigung von Risikokonzentrationen sind mit Blick auf die CEBS-Anforderungen nochmals geschärft worden. Dabei hält sich der Anpassungsbedarf aufgrund der schon vorhandenen MaRisk-Anforderungen eher in Grenzen (an mehreren Stellen in AT 2.2, AT 4.3.2, AT 4.3.3 und BTR 2.1). Mir kommt es vor allem auf zweierlei an: einerseits sollen sich die Institute nicht nur auf solche Risikokonzentrationen beschränken, die innerhalb einer Risikoart auftreten. Vielmehr muss es darum gehen zu analysieren, ob bestimmte Risikofaktoren risikoartenübergreifend wirken, z.B. sich gleichermaßen negativ auf Adressenausfallrisiken als auch auf Marktpreisrisiken auswirken (AT 2.2 Tz. 1, Erläuterung). Ebenso wäre es möglich, dass Risikofaktoren verschiedener Risikoarten gegenseitige Abhängigkeiten aufweisen, die letztlich zu Risikokonzentrationen führen. Insofern steht hier im Vordergrund, das sog. »Silo«-Problem zu überwinden. Andererseits haben die Institute dafür Sorge zu tragen, dass mögliche Risikokonzentrationen angemessen in den Risikosteuerungs- und -controllingprozessen abgebildet werden. Dies gilt auch für die zur Risikobegrenzung getroffenen Maßnahmen, wie Limitsysteme, sog. »Ampelsysteme« oder andere Vorkehrungen (AT 4.3.2 Tz. 2). Dabei ist es sekundär, ob Risikokonzentrationen als eigenständige Risikoart interpretiert werden oder als impliziter Bestandteil »originärer« Risiken, solange sie in den einzelnen Prozessschritten der Identifizierung, Beurteilung, Steuerung und Überwachung angemessenen berücksichtigt werden. Dieser Grundgedanke wird nunmehr stärker risikoartenübergreifend hervorgehoben.

Liquiditätsreserven – neues Untermodul BTR 3.2

Die Anforderung angemessener Liquiditätsreserven für Liquiditätsengpässe ist für sich genommen nicht neu und auch schon in der aktuellen Fassung der MaRisk enthalten (Erläuterung zu BTR 3 Tz. 5). Aufgrund der Konvergenzarbeiten von CEBS (»Guidelines on Liquidity Buffers«) ergeben sich allerdings künftig deutlich detailliertere Vorgaben hinsichtlich der quantitativen und qualitativen Bemessung dieser Reserven. Diesen Vorgaben habe ich mit einem neuen Untermodul Rechnung getragen, in dem entsprechende Anforderungen – inhaltlich deckungsgleich zu denen des CEBS-Papiers – formuliert sind. Die Erfahrungen der Finanzkrise, wonach insbesondere solche Institute besonders anfällig auf Liquiditätsengpässe reagieren, die sich in signifikantem Umfang über die Kapitalmärkte refinanzieren, haben mich dazu bewogen, diesbezügliche Anforderungen ausschließlich auf kapitalmarktorientierte Institute zu beschränken. Die Masse der Institute ist somit davon nicht betroffen. Die allgemeinen Anforderungen, die sich nun im Untermodul BTR 3.1 befinden, sind selbstverständlich weiterhin von allen Instituten zu beachten.

Weitere Änderungen und Ergänzungen finden sich u. a. im AT 4.3.1, im BTO 2.2.2 sowie im BTR 4. Ihnen ist gemein, dass sie den Gedanken der Betrugsprävention stärker betonen. Gerade dieses Thema ist aktuell – auch aufgrund einschlägiger Fälle in der Praxis – stärker in die Diskussion gerückt. Ausfluss dieser Diskussion ist das oben erwähnte CEBS-Papier »Guidelines on the management of operational risk in market-related activities« (CP 35). Da die meisten der dort angeführten Anforderungen ohnehin schon in den aktuellen MaRisk verankert waren, hält sich an dieser Stelle der Anpassungsbedarf jedoch in Grenzen.

Ich bitte alle Verbände, der Deutschen Bundesbank und der BaFin Stellungnahmen zum Entwurf postalisch oder via E-Mail (banken-3@bundesbank.de; Konsultation-05-10@bafin.de) bis zum 30.08.2010 zuzuleiten. Der Entwurf wird darüber hinaus Diskussionsgegenstand im MaRisk-Fachgremium sein, das sich – wie schon in der Vergangenheit – mit der fachlichen Weiterentwicklung der Anforderungen beschäftigen wird. Einzelheiten zu dieser Sitzung werden den Mitgliedern des Fachgremiums gesondert mitgeteilt.

Es ist vorgesehen, Stellungnahmen zum Entwurf auf den Homepages von BaFin und Bundesbank zu veröffentlichen, soweit die Verfasser der Stellungnahmen dagegen keine Einwände erheben.

Ich darf Sie an dieser Stelle um Ihre fachliche Unterstützung bei der Weiterentwicklung der Anforderungen bitten und hoffe, dass die konstruktive Zusammenarbeit auch diesmal ihre Fortsetzung finden wird.

[...]

Anlage 17
Bundesanstalt für Finanzdienstleistungsaufsicht (BaFin)
Rundschreiben 11/2010 (BA) zur Überarbeitung der MaRisk
Übermittlungsschreiben vom 15. Dezember 2010

[...]

nach eingehender Prüfung Ihrer Stellungnahmen zum Entwurf der MaRisk vom 09.07.2010 und anschließender Diskussion im Rahmen des Fachgremiums MaRisk am 07.10.2010 kann ich Ihnen heute die offizielle Neufassung der MaRisk zuleiten. Die entsprechenden Dokumente sind diesem Schreiben als Anlagen beigefügt. Sie sind zudem unter www.bafin.de und www.bundesbank.de abrufbar.

Über die Gründe einer erneuten Anpassung der Anforderungen habe ich Sie bereits im Anschreiben zum ersten Entwurf ausführlich informiert. Seit der Veröffentlichung der vorangegangenen Fassung der MaRisk am 14.08.2009 wurden die Arbeiten auf internationaler Ebene, insbesondere im Baseler Ausschuss für Bankenaufsicht sowie im »Committee of European Banking Supervisors« (CEBS) zu einzelnen, das Risikomanagement betreffenden Themen verstärkt vorangetrieben. Gerade auf CEBS-Ebene sind eine Reihe von neuen Guidelines (z. B. zu Liquiditätspuffern, Risikokonzentrationen oder Stresstests, um nur die wichtigsten zu nennen) veröffentlicht worden, deren Anforderungen in die MaRisk zu überführen waren. Zugleich habe ich gesammelte Erfahrungen aus der Aufsichts- und Prüfungspraxis zum Anlass genommen, entsprechende Ergänzungen insbesondere bezüglich des Risikotragfähigkeitskonzepts (AT 4.1) und der Strategien (AT 4.2) vorzunehmen.

An der grundsätzlichen Ausrichtung der MaRisk ändert dies jedoch nichts. Wie ich schon mehrfach zum Ausdruck gebracht habe, werde ich auch zukünftig am prinzipienorientierten Charakter der MaRisk festhalten und weiterhin dem Proportionalitätsgedanken großes Gewicht einräumen. Die Erhaltung notwendiger Umsetzungsspielräume bezüglich der Qualität des bankinternen Risikomanagements halte ich gerade mit Blick auf kleinere Institute auch in Zukunft für alternativlos.

Lassen Sie mich nun auf einige wichtige inhaltliche Punkte eingehen.

Risikoinventur und Risikotragfähigkeitskonzept

Die erstmals explizit aufgenommene Forderung nach einer Risikoinventur zur Identifizierung der für das Institut wesentlichen Risiken ist im Kern keine materielle Neuerung. Auch bisher schon haben die Institute ein Gesamtrisikoprofil zu erstellen, um sich einen Überblick über ihre Risiken zu verschaffen. Die Notwendigkeit einer diesbezüglich strukturierten Vorgehensweise wird nunmehr durch die explizite Forderung einer Risikoinventur stärker betont. Damit ist auch klargestellt, dass sich die Identifizierung wesentlicher Risiken nicht auf eine rein »mechanische« Festlegung der in den MaRisk genannten Risiken beschränken kann. Vielmehr haben die Institute zu untersuchen, ob nicht ggf. weitere Risiken als wesentlich einzustufen sind.

Die Anforderungen an die Berücksichtigung von Diversifikationseffekten sind im Vergleich zur Entwurfsfassung noch etwas deutlicher formuliert. Ich möchte an dieser Stelle betonen, dass Diversifikationsannahmen auf der Basis externer Daten, z. B. bei Poollösungen, zwar grundsätzlich möglich sind. Dies setzt jedoch voraus, dass die Institute in der Lage sind plausibel darzulegen, dass die zugrundeliegenden Daten tatsächlich auf die eigene Geschäfts- und Risikostruktur übertragbar sind. Ebenso weise ich darauf hin, dass Diversifikationsannahmen hinreichend konservativ zu treffen sind. Progressiv getroffene Annahmen, die in konjunkturellen Abschwungphasen oder in für das Institut sehr ungünstigen Marktphasen keinen Bestand mehr haben, dürfen im Risikotragfähigkeitskonzept keine Berücksichtigung mehr finden.

Strategien

Zu den Beweggründen für die Anpassung der Anforderungen an die Strategien habe ich mich schon im Anschreiben zum Entwurf umfassend geäußert. Die Anpassungen entspringen meinen Eindrücken, dass teilweise die Anforderungen des Moduls AT 4.2 in der Praxis nicht gelebt werden, sondern sich auf eine rein formale Umsetzung beschränken. Bisweilen werden interne und externe Einflussfaktoren, die für strategische Weichenstellungen bedeutend sind, nicht ausreichend gewürdigt; teils sind strategische Ziele auch derart unbestimmt formuliert, dass Zielabweichungen erst gar nicht identifiziert werden können. Eine so verstandene Strategieauswahl und -festlegung läuft ins Leere, da somit strategische und operative Planung isoliert nebeneinanderstehen und keine plausible Ableitung operativer Ziele aus den Strategien möglich ist.

Aus diesem Grund halte ich eine strukturierte Auseinandersetzung mit der Festlegung strategischer Ziele und ihrer Umsetzung, Beurteilung und Anpassung, wie sie insbesondere in dem nun geforderten Strategieprozess zum Ausdruck kommt, für zwingend. Besonders wichtig ist mir dabei eine Überprüfung des Zielerreichungsgrades und eine Ursachenanalyse der Zielabweichungen, da gerade eine Analyse negativer Zielabweichungen wichtige Steuerungsimpulse für das unternehmerische Handeln liefern kann und so die Grundlage für frühzeitige Korrekturmaßnahmen bildet. Dies setzt wiederum eine hinreichend konkrete Zielformulierung voraus. Nur so ist eine sinnvolle Überprüfung des Zielerreichungsgrades überhaupt erst möglich.

Gleichzeitig bedeutet dies jedoch nicht, dass alle strategischen Ziele – auch solche, die von Natur aus eher qualitativ sind – zwingend »in Zahlen gegossen« werden müssen, wie es bisweilen befürchtet wurde. Auch geht es nicht darum, operative Ziele, z. B. in Form von konkreten Kennziffern, in den Strategien vorwegzunehmen. Vielmehr sollen sich die operativen Ziele aus den strategischen Zielen – die die Eckpunkte für die operative Planung abstecken – plausibel ableiten lassen. Dieser Gedanke wird in der Endfassung nun deutlicher herausgestellt.

Gemeinsame Ertrags- und Risikosteuerung

Die neuen MaRisk sehen vor, dass die Risikosteuerungs- und -controllingprozesse in eine gemeinsame Ertrags- und Risikosteuerung einzubinden sind. Im Rahmen der Konsultation wurde die Befürchtung an mich herangetragen, dass damit in jedem Fall ein stringentes und integriertes System im Sinne einer risikoadjustierten Renditesteuerung über das Gesamtinstitut gemeint sein könnte. Ich kann Ihnen versichern, dass ich ein solches System, das extrem hohe methodische Anforderungen stellt, zum gegenwärtigen Zeitpunkt nicht zwingend von allen Instituten einfordern werde. Vielmehr geht es hier zunächst darum, stärker als bisher Ertrags- und Risikoaspekte gemeinsam im Blick zu haben, da beide in der Praxis eng miteinander verknüpft sind. Die Interaktionen zwischen Erträgen und Risiken sind daher stärker als bisher zu betrachten. Die Ausgestaltung der entsprechenden Verfahren ist abhängig von der Größe des Institutes sowie von Art, Umfang, Komplexität und Risikogehalt der Geschäftsaktivitäten. Dies bedeutet auch, dass ich von größeren Instituten weitere Schritte hin zu einer Implementierung solcher Systeme erwarte.

Stresstests

Viele der Anpassungen im Bereich der Stresstests konkretisieren Aspekte, die auch bisher schon in den MaRisk adressiert wurden. Die erstmals adressierten »inversen Stresstests« stellen hingegen eine echte Neuerung dar. Das Grundprinzip dieser Stresstests besteht darin, dass im Gegensatz zu »normalen« Stresstests ein bestimmtes Ergebnis (hier: Nichtfortführbarkeit des Geschäftsmodells) von vornherein unterstellt und anschließend untersucht wird, welche Szenarien zu diesem Ergebnis führen können. Ziel ist es, sich ein besseres Bild über maßgebliche Risikotreiber zu verschaffen, die, auch in Verkettung miteinander, die Geschäftsaktivitäten besonders beeinflussen können. Ferner lässt sich dadurch ein zusätzlicher Orientierungspunkt gewinnen, wie anfällig ein Institut für existenzgefährdende Entwicklungen ist. Auch kann dadurch die Eignung der Szenarien bei »normalen« Stresstests besser eingeordnet werden. Wie ich schon im Anschreiben zum Entwurf ausgeführt habe, fehlen bei vielen Instituten noch entsprechende Praxiserfahrungen mit der Durchführung solcher Stresstests, weshalb die Aufsicht die Entwicklung auf diesem Gebiet mit Augenmaß begleiten wird. Bis entsprechende Praxiserfahrungen gesammelt sind, halte ich es daher zunächst für ausreichend, solche Stresstests schwerpunktmäßig qualitativ (z.B. in Form einer qualitativen Analyse) durchzuführen. Bei größeren Instituten erwarte ich jedoch gleichzeitig auch ergänzende quantitative Analysen. Zudem halte ich eine regelmäßige Durchführung solcher Stresstests auf zunächst mindestens jährlicher Basis für angemessen.

Die weiteren Ergänzungen im Bereich der Stresstests haben in der Konsultation an mancher Stelle offenbar zu dem Eindruck geführt, dass die Aufsicht eine Vielzahl von zusätzlichen Szenariobetrachtungen von den Instituten einfordert. Ich kann Ihnen versichern, dass dies nicht die Zielrichtung der Anforderungen ist. Vielmehr soll das von einem Institut entwickelte Stresstestprogramm als Ganzes die Anforderungen des Moduls AT4.3.3 erfüllen, um zielgerichtet risikorelevante Informationen für das Institut zu liefern. Die konkrete Ausgestaltung und der Umfang der Stresstests sind selbstverständlich von jedem Institut mit Blick auf Art, Umfang, Komplexität und Risikogehalt der Geschäftsaktivitäten individuell festzulegen.

Risikokonzentrationen

Vor dem Hintergrund der CEBS-Vorgaben habe ich die Anforderungen an die Berücksichtigung von Risikokonzentrationen dahingehend ergänzt, dass risikoartenübergreifende Komponenten von Risikokonzentrationen stärker in den Fokus rücken. Die Institute sollen analysieren, ob bestimmte Risikofaktoren sich gleichermaßen auf verschiedene Risikoarten auswirken bzw. verschiedene Risikofaktoren unterschiedlicher Risikoarten in die gleiche Richtung wirken können. Nur so kann letztlich dem sog. »Silo-Problem« wirksam entgegengewirkt werden.

Die geforderte angemessene Abbildung von Risikokonzentrationen in den Risikosteuerungs- und -controllingprozessen sowie die Berücksichtigung bei der Beurteilung der Risikotragfähigkeit bedeutet im Übrigen nicht, dass künftig eine isolierte Steuerung und Limitierung von Risikokonzentrationen parallel zur Risikosteuerung der wesentlichen Risiken zu erfolgen hat.

Liquiditätspuffer

Bei der Ausgestaltung des neuen Moduls BTR 3.2 zu Liquiditätspuffern kapitalmarktorientierter Institute habe ich mich eng an den Vorgaben der einschlägigen CEBS-Guidelines orientiert. Die Tatsache, dass hier eine Einschränkung der Anforderungen auf kapitalmarktorientierte Institute erfolgt, ist den Erfahrungen aus der Finanzkrise geschuldet, dass gerade Institute, die sich in signifikantem Umfang über den Kapitalmarkt refinanzieren, besonders anfällig auf Liquiditätsengpässe reagieren. Für die Masse der Institute sind damit diese neuen Anforderungen nicht zu beachten.

Inkrafttreten

Die neuen MaRisk treten mit dem Zeitpunkt ihrer Veröffentlichung in Kraft. Um den Instituten trotzdem ausreichende Umsetzungszeiträume einzuräumen, müssen die Institute neue Anforderungen der MaRisk erst bis zum 31.12.2011 vollumfänglich umgesetzt haben. Bis zu diesem Zeitpunkt haben die Institute diesbezüglich nicht mit aufsichtlichen Sanktionen zu rechnen.

Die beschriebenen Umsetzungsfristen gelten hingegen nicht für die neuen Anforderungen an kapitalmarktorientierte Institute bezüglich ausreichend bemessener Liquiditätspuffer. Aufgrund existierender CEBS-Fristen haben die Institute unmittelbar nach Veröffentlichung mit dem Aufbau entsprechender Puffer zu beginnen, die den MaRisk-Anforderungen entsprechen. Hinsichtlich des notwendigen Zeitrahmens, der hierfür erforderlich sein wird, bietet es sich für die betroffenen Institute an, den Aufbau der Liquiditätspuffer in Abstimmung mit den zuständigen Aufsehern zu vollziehen.

Wenn auch die Umsetzung der meisten neuen Anforderungen der MaRisk erst bis Ende nächsten Jahres abgeschlossen sein muss, so appelliere ich aufgrund der Bedeutung dieser Themen für ein angemessenes Risikomanagement nichtsdestotrotz an die Institute, entsprechende Umsetzungsschritte zeitnah in die Wege zu leiten.

[...]

Anlage 18
Bundesanstalt für Finanzdienstleistungsaufsicht (BaFin)
Erster Entwurf zur Überarbeitung der MaRisk
Übermittlungsschreiben vom 26. April 2012

[...]

hiermit übersende ich Ihnen den ersten Entwurf für eine Überarbeitung der MaRisk, den Mitarbeiterinnen und Mitarbeiter der Deutschen Bundesbank und meines Hauses entwickelt haben. Die erneute Überarbeitung ist einerseits auf die Überarbeitung der EU-Bankenrichtlinie (»CRDIV«) zurückzuführen. Andererseits hat die EBA schon im September 2011 mit den »EBA Guidelines on Internal Governance« ein Regelwerk vorgelegt, das zum einen Corporate Governance-Anforderungen adressiert (im Sinne von Regelungen, die das Zusammenspiel der Unternehmensorgane Vorstand und Aufsichtsorgan zum Gegenstand haben), zum anderen aber auch die sog. »Internal Governance« im engeren Sinne betrifft und damit das Risikomanagement nach §25a KWG berührt. Wie Sie wissen, haben die Umsetzungsarbeiten auf nationaler Ebene eine grundlegende Überarbeitung des KWG zur Folge, in deren Rahmen viele der neuen Anforderungen adressiert werden. Einige Aspekte, die einen speziellen Risikomanagement-Bezug aufweisen, finden im beiliegenden MaRisk-Entwurf ihren Niederschlag.

Zwei weitere wichtige Quellen, die den Anstoß zu inhaltlichen Ergänzungen der MaRisk gegeben haben, sollen nicht unerwähnt bleiben. Dabei handelt es sich zum einen um die »CEBS Guidelines on Liquidity Cost Benefit Allocation«, deren Anforderungen aufgrund der späten Finalisierung der Guidelines im Jahre 2010 bei der letzten MaRisk-Anpassung keine Berücksichtigung mehr finden konnten. Zum anderen hat der Europäische Ausschuss für Systemrisiken («European Systemic Risk Board« – ESRB), mittlerweile zwei Empfehlungen veröffentlicht (zu Fremdwährungsdarlehen und zur US-Dollar-Refinanzierung). Diese werden im BTO 1 (Fremdwährungsdarlehen) bzw. BTR 3 (Fremdwährungsrefinanzierung) aufgegriffen.

Auch diesmal haben sich die europäischen Institutionen zu ausgesprochen knappen Umsetzungsfristen bekannt, welche die Überführung der Neuregelungen in die nationale Aufsichtspraxis erheblichen zeitlichen Restriktionen unterwirft. Nichtsdestotrotz halte ich es für richtig, dass die Umsetzung von CRDIV und anderer Vorgaben, auch aufgrund thematischer Schnittmengen, möglichst »im Gleichschritt« erfolgt.

Mir ist bewusst, dass aufgrund der internationalen Dynamik in den Regulierungsprozessen die Regelungsdichte zunimmt. Umso mehr halte ich es grundsätzlich für erforderlich, am prinzipienorientierten Charakter der MaRisk festzuhalten und dem Proportionalitätsprinzip ausreichend Geltung zu verschaffen. So wird es auch bei den Neuregelungen Öffnungsklauseln geben, die insbesondere kleineren Institute zugutekommen. Beispielhaft sei hier auf die Anforderungen an die Compliance-Funktion (AT4.4.3) sowie auf das Liquiditätstransferpreissystem (BTR 3) verwiesen. Ich möchte allerdings an dieser Stelle auch noch einmal nachdrücklich darauf hinweisen, dass sich das in den MaRisk angelegte Proportionalitätsprinzip nicht auf eine weniger anspruchsvolle Anwendung beschränkt. Vielmehr ist es gerade für Institute, die aufgrund ihrer Größe und

Bedeutung, der Komplexität oder Internationalität der von ihnen betriebenen Geschäfte eine besondere Relevanz besitzen, notwendig, über die an kleinere Institute gestellen aufsichtlichen Erwartungen deutlich hinausgehende Vorkehrungen im Bereich des Risikomanagements zu treffen. Große, international agierende Institute sollten sich bei der Ausgestaltung ihres Risikomanagements auch an den internationalen Regulierungsvorgaben orientieren. Dies erachte ich für unabdingbar, um der gesetzlichen Zielrichtung des § 25a Abs. 1 KWG, welche u. a. auf die Wirksamkeit des Risikomanagements abzielt, gerecht zu werden.

Lassen Sie mich nun einige wesentliche Anpassungen und Ergänzungen des Entwurfs besonders hervorheben:

Kapitalplanungsprozess (AT 4.1 Tz. 9)

Mit der neuen Tz. 9 im AT 4.1 wird erstmalig ein Kapitalplanungsprozess eingefordert, der das Risikotragfähigkeitskonzept um eine stärker zukunftsgerichtete Komponente ergänzen soll. Ein solcher Prozess ist nicht nur international üblich, sondern wird auch von großen Teilen der deutschen Kreditwirtschaft heute schon aufgesetzt. Dabei ist es wichtig zu betonen, dass damit nicht ein Risikotragfähigkeitskonzept im bisher bekannten Sinne (üblicherweise einjähriger Risikobetrachtungshorizont) gemeint ist, das nun auf mehrere Jahre auszuweiten wäre, um eine Kapitalunterlegung auf mehrere Jahre hinaus sicherzustellen. Vielmehr behandelt die Textziffer Aspekte, wie sie bisher schon in der Tz. 3 enthalten waren: Wie wirken sich Veränderungen der eigenen Geschäftstätigkeit oder der strategischen Ziele sowie Veränderungen des wirtschaftlichen Umfeldes auf die Kapitalausstattung des Institutes aus? Welche Kapitalbestandteile laufen in den nächsten Jahren aus und wie können diese Bestandteile ersetzt werden? In der jüngsten Vergangenheit wurde deutlich, dass gerade in Zeiten krisenhafter Entwicklungen eine Kapitalbeschaffung nur unter sehr restriktiven Umständen möglich war und ist. Umso dringlicher erscheint ein Planungsinstrument, das zukünftigen Kapitalbedarf rechtzeitig identifiziert und dem Institut die Möglichkeit an die Hand gibt, geeignete Maßnahmen in einem möglichst frühen Stadium in die Wege zu leiten.

Risikosteuerungs- und -controllingprozesse (AT 4.3.2)

Auch im Modul AT 4.3.2 habe ich Ergänzungen vorgenommen, die die Bedeutung der Risikosteuerungs- und -controllingprozesse für die laufende Sicherstellung der Risikotragfähigkeit stärker betonen sollen. Wie schon bisher für Adressenausfallrisiken und Marktpreisrisiken (BTR 1, BTR 2) geschehen, wird nunmehr für alle im Risikotragfähigkeitskonzept berücksichtigten Risiken ein Limitsystem zur Begrenzung der Risiken gefordert. Gerade mit Blick auf schwerer quantifizierbare Risiken muss dies aber nicht zwingend auf der Basis »harter« Limite, die mathematisch korrekt bis auf die unterste Ebene heruntergebrochen werden, geschehen. Der begrenzende Charakter kann ggf. – je nach Art des Risikos – auch durch Ampel- oder Warnsysteme erreicht werden. Entscheidend ist aber letztlich, dass die Prozesse als Ganzes im Hinblick auf das vorhandene Risikodeckungspotenzial rechtzeitig Steuerungsimpulse auslösen, die eine übermäßige Risikonahme, die das übergeordnete Ziel der Risikotragfähigkeit gefährdet, verhindern können.

Auch in Tz. 2 habe ich eine Ergänzung vorgenommen, die die Wichtigkeit einer frühzeitigen Erkennung von Risiken herausstellt. Verfahren zur Früherkennung von Risiken werden im MaRisk-Kontext schon für Einzelkreditengagements (BTO 1.3) sowie für Liquiditätsengpässe (BTR 3 Tz. 2) gefordert und werden nun auf eine allgemeinere Basis gestellt. Sie werden mir sicher zustimmen, dass die in Tz. 1 dargestellte Prozesskette nur dann ihre volle Wirksamkeit entfalten kann, wenn Fehlentwicklungen schon in einem Stadium erkannt werden, in dem Gegensteuerungsmaßnahmen (noch) wirksam werden können und nicht ergebnislos verpuffen. Insbesondere auch die Erfahrungen der jüngeren Vergangenheit haben gezeigt, dass gerade solche Institute die Verwerfungen an den Märkten vergleichsweise gut überstanden haben, die aufgrund entsprechender Frühwarnindikatoren deutlich schneller auf sich anbahnende Ereignisse reagieren konnten. Dies erfordert nicht unbedingt komplex konstruierte Indikatoren; vielmehr können auch recht einfache Indikatoren – die kontinuierliche Beobachtung ihrer Entwicklung vorausgesetzt – die erwünschte Steuerungswirkung entfalten.

Besondere Funktionen (AT 4.4)

Vor dem Hintergrund der schon erwähnten EBA Guidelines on Internal Governance ist das Modul AT 4.4 umfassender gestaltet worden und beinhaltet mit dem Risikocontrolling und der Compliance-Funktion nun zwei weitere wichtige Bausteine der internen Kontrollverfahren.

Risikocontrolling (AT 4.4.1)

Die in dem neuen Untermodul AT 4.4.1 enthaltenen Anforderungen an das Risikocontrolling stellen in weiten Teilen nichts Neues dar. Vor dem Hintergrund der EBA Guidelines on Internal Governance erschien es jedoch sinnvoll, diese Anforderungen in gebündelter Form in einem gesonderten Modul niederzulegen und insbesondere den Aufgabenzuschnitt des Risikocontrollings im Geiste der EBA Guidelines zu schärfen. Hervorgehoben wird nun die besondere Rolle des Leiters des Risikocontrollings. Seine Beteiligung bei allen wichtigen risikopolitischen Entscheidungen war bisher in dieser Form nicht gefordert, wird aber der internationalen regulatorischen Grundausrichtung gerecht, wonach eine deutliche Stärkung der Risikosicht bei wichtigen Geschäftsentscheidungen eingefordert wird. Die besondere Stellung des Leiters Risikocontrolling wird zudem dadurch gestärkt, dass analog zu den EBA Guidelines ein Wechsel auf dieser Position eine Einbeziehung des Aufsichtsorgans erfordert. Zusätzlich sind auch bei der Besetzung dieser Position (wie auch beim Leiter der Internen Revision sowie beim Leiter der Compliance) besondere Maßstäbe hinsichtlich der qualitativen Anforderungen anzulegen, was die erforderlichen fachlichen Kenntnisse sowie Erfahrungen angeht (siehe dazu auch AT 7.1). Eine Besonderheit erfährt diese Position bei großen Instituten. Grundsätzlich kann die Leitung des Risikocontrollings von einem Geschäftsleiter oder einem Mitarbeiter unterhalb der Geschäftsleiterebene ausgeübt werden. Mit der Erläuterung in Tz. 4 macht die Aufsicht jedoch deutlich, dass sie bei großen Instituten erwartet, dass diese Aufgabe zwingend einem Geschäftsleiter zugeordnet wird. Damit spiegelt sich ein im internationalen Kontext üblicher Zuschnitt der Verantwortlichkeiten auch auf nationaler Ebene wider.

Compliance (AT 4.4.3)

Die Anforderung zur Einrichtung einer Compliance-Funktion ist im deutschen Aufsichtsrecht kein Novum. Eine entsprechende Funktion wird schon nach § 33 WpHG i. V. mit dem Rundschreiben »MaComp« gefordert. Die dort genannte Funktion bleibt jedoch naturgemäß – entsprechend der Rechtsgrundlage – auf Wertpapierdienstleistungen beschränkt. Das in den EBA Guidelines on Internal Governance angelegte Konzept ist hingegen weiter gefasst. Die hier einzurichtende Compliance-Funktion ist allgemein auf die Einhaltung von gesetzlichen Bestimmungen und sonstigen Vorgaben ausgerichtet und hat sich mit dem Risiko der Nichteinhaltung solcher Bestimmungen auseinanderzusetzen. Inhaltlich orientiert sich die Ausgestaltung an den Vorgaben der EBA Guidelines und steht im Einklang mit § 33 WpHG i. V. mit den MaComp. Es sei hinzugefügt, dass die MaComp – als Ausfluss der gesetzlichen Regelung des § 33 WpHG – in vollem Umfang gültig bleiben.

Änderungen betrieblicher Prozesse oder Strukturen (AT 8 Tz. 7)

Mit der neu eingefügten Tz. 7 bekommt das Modul AT 8 eine erweiterte Grundausrichtung. Wenn auch weiterhin schwerpunktmäßig auf den Neuprodukteprozess abzielend, halte ich es für ebenso erforderlich, dass sich die Institute bei wesentlichen Veränderungen in der Aufbau- und Ablauforganisation und – wegen der besonderen Bedeutung für nahezu sämtliche Risikomanagementprozesse – den IT-Systemen mit den Auswirkungen dieser Veränderungen auf ihre Kontrollverfahren und – prozesse sorgfältig auseinandersetzen. Gerade das reibungslose Ineinandergreifen von Abläufen ist für ein effektives Risikomanagement essenziell. Umso wichtiger ist es, dass durch Veränderungen betrieblicher Abläufe ggf. ausgelöste Kontrollschwächen rechtzeitig identifiziert werden können und einer entsprechenden Analyse unterzogen werden. Dass die Intensität dieser Tätigkeiten je nach Umfang der Veränderungen variieren kann, bedarf im Grunde keiner gesonderten Erwähnung.

Liquiditätstransferpreissystem (BTR 3)

Die neu eingefügten Passagen zum Liquiditätstransferpreissystem knüpfen an der schon vorhandenen Anforderung zur Berücksichtigung von Liquiditätskosten und -risiken bei der Steuerung der Geschäftsaktivitäten an und basieren auf den »CEBS Guidelines on Liquidity Cost Benefit Allocation«. Damit werden die dort niedergelegten Anforderungen in die MaRisk überführt. Ziel ist es, Liquiditätskosten, -nutzen und -risiken möglichst verursachungsgerecht bei der Steuerung und der Kalkulation der Transaktionen einfließen zu lassen. Damit soll verhindert werden, dass durch deren unvollständige Berücksichtigung Fehlanreize für Refinanzierungsstrukturen gesetzt werden, die sich während der Turbulenzen auf den Finanzmärkten als extrem instabil erwiesen, teilweise sogar zur Verschärfung der Krise beigetragen haben. Auch die Ausgestaltung dieses Liquiditätstransferpreissystems steht – wie bisher auch – unter dem Primat der Proportionalität. Dabei hängt die konkrete Ausgestaltung nicht nur von der Art, dem Umfang, der Komplexität und dem Risikogehalt, sondern auch von der konkreten Refinanzierungsstruktur eines Instituts ab. Im Übrigen gehe ich davon aus, dass in jedem Institut schon heute Allokationsmechanismen eingerichtet sind, die die verursachungsgerechte interne Verrechnung von Kosten, Nutzen und Risiken zum Ziel haben und auf die das Liquiditätstransferpreissystem aufgesetzt werden kann.

Ich bitte Sie hiermit, der Deutschen Bundesbank und der BaFin schriftliche Stellungnahmen zum Entwurf postalisch oder via E-Mail (banken-3@bundesbank.de; Konsultation-01-12@bafin.de) bis zum 04.06.2012 zukommen zu lassen. Wie bisher auch, wird der Entwurf anschließend wieder Gegenstand einer Sitzung des Fachgremiums MaRisk sein. Einzelheiten zu dieser Sitzung werden den Mitgliedern des Fachgremiums gesondert mitgeteilt.

Es ist vorgesehen, Stellungnahmen zum Entwurf auf den Homepages von BaFin und Bundesbank zu veröffentlichen, soweit die Verfasser der Stellungnahmen dagegen keine Einwände erheben.

Ich bin zuversichtlich, dass Ihre fachliche Unterstützung und die bewährte Zusammenarbeit im Rahmen des Fachgremiums MaRisk auch diesmal dazu führen wird, dass die Ausgestaltung der MaRisk als praxisorientiertes Regelwerk weiterhin erhalten bleibt.

[...]

Anlage 19
Bundesanstalt für Finanzdienstleistungsaufsicht (BaFin)
Rundschreiben 10/2012 (BA) zur Überarbeitung der MaRisk
Übermittlungsschreiben vom 14. Dezember 2012

[...]

in der Anlage übersende ich Ihnen die offizielle Endfassung der überarbeiteten MaRisk, die den Schlusspunkt einer mehrmonatigen Konsultation mit der Kreditwirtschaft bildet. Vorangegangen waren intensive Diskussionen mit Verbänden und Praxisvertetern zum Entwurf der MaRisk, aus der eine Reihe von konstruktiven Lösungsansätzen hervorgingen, die demgemäß auch in die Endfassung eingeflossen sind. Das neue Rundschreiben sowie einige weitere relevante Dokumente sind diesem Schreiben als Anlagen beigefügt. Alle Dokumente können zudem unter www.bafin.de und www.bundesbank.de abgerufen werden.

Über die Hintergründe für die erneute Überarbeitung, die schwerpunktmäßig in den internationalen Regulierungsvorhaben (CRDIV, EBA Guidelines on Internal Governance, CEBS Guidelines on Liquidity Cost Benefit Allocation) zu suchen sind, hatte ich Sie schon mit dem Anschreiben zum ersten Entwurf vom 26.04.2012 informiert. Sichtbaren Niederschlag haben diese internationalen Vorgaben vor allem in den neuen Modulen AT4.4.1 (Risikocontrolling-Funktion) und AT4.4.2 (Compliance-Funktion) sowie in den Änderungen des BTR 3.1 (Verrechnungssystem für Liquiditätskosten, -nutzen und -risiken) gefunden. Weiterhin ist das Modul AT8 nun in drei Untermodule aufgeteilt, um die verschiedenen Aspekte, die dort abgehandelt werden – Neu-Produkt-Prozess, Änderungen betrieblicher Strukturen, Übernahmen/Fusionen – stärker voneinander abzugrenzen. Weitere Anpassungen haben teils internationalen Hintergrund (z.B. Mindestabwesenheiten von Händlern), teils dienen sie aber auch dazu, die Erwartungshaltung der Aufsicht hinsichtlich schon existierender Vorgaben stärker zu verdeutlichen (z.B. Anpassungen in AT4.1 Tz.8, AT4.3.2).

Bevor ich auf die wesentlichen Punkte der Neufassung näher eingehe, möchte ich an dieser Stelle noch zwei Aspekte aufgreifen, die mir wichtig erscheinen. Zum einen ist in der nun vorgelegten MaRisk-Fassung dem Prinzip der sog. »Proportionalität nach oben« ein stärkeres Gewicht als bisher eingeräumt. Mir ist sehr daran gelegen, dass das in den MaRisk angelegte Proportionalitätsprinzip nicht ausschließlich im Zusammenhang mit einer weniger anspruchsvollen Anwendung bei weniger großen Instituten diskutiert wird. Die von großen Instituten geforderte Einbeziehung von Inhalten einschlägiger Papiere zum Risikomanagement des Baseler Ausschusses für Bankenaufsicht und des Financial Stability Board bedeutet im Übrigen nicht, dass betroffene Institute schablonenhaft die Inhalte dieser Papiere zu sichten und undifferenziert umzusetzen hätten. Vielmehr sollen deren Inhalte in die eigenen Überlegungen zur Verbesserung des eigenen Risikomanagements einbezogen werden, um ggf. Punkte zu adressieren, die im prinzipienorientierten Rahmen der MaRisk nicht explizit in dieser Form aufgegriffen werden.

Dieser Passus im AT1 besitzt vornehmlich Appellcharakter und ist somit nicht unbedingt als (rechts-)verbindliche Vorgabe zu verstehen. Ich behalte mir aber vor, einzelne Themen aus internationalen Papieren aufzugreifen und ihre Adressierung im Risikomanagement mit den betroffenen Instituten zu diskutieren.

Zum anderen möchte ich an dieser Stelle ankündigen, dass BaFin und Deutsche Bundesbank möglichst frühzeitig – idealerweise noch in der ersten Jahreshälfte 2013 – Sitzungen des Fachgremiums MaRisk zu einzelnen neuen Themenbereichen der MaRisk anberaumen werden, um mit der Praxis diesbezügliche Auslegungs- und Anwendungsfragen zu diskutieren. Hierfür kommen aus meiner Sicht insbesondere die Themenbereiche Compliance-Funktion und Verrechnungssysteme für Liquiditätskosten, -nutzen und -risiken infrage. Dabei bietet sich für beide Seiten – Aufsicht und Praxis – die Gelegenheit, einen vertieften Austausch bezüglich dieser MaRisk-Neuerungen zu führen und auf diese Weise sinnvolle Lösungswege zur Umsetzung der neuen Anforderungen zu erörtern.

Zu den wichtigsten Anpassungen und Ergänzungen in den MaRisk im Einzelnen:

Kapitalplanungsprozess

Mit dem Kapitalplanungsprozess, wie er nun in AT4.1 Tz.9 gefordert wird, soll das Risikotragfähigkeitskonzept um eine stärker zukunftsgerichtete Komponente ergänzt werden. Ziel ist die frühzeitige Identifizierung etwaigen Kapitalbedarfes, weshalb die Kapitalplanung einen mehrjährigen Zeitraum über den Risikobetrachtungshorizont des Risikotragfähigkeitskonzepts hinweg betrachten soll (in der Regel 2 bis 3 Jahre über den Risikobetrachtungshorizont hinweg). Ich möchte nochmals betonen, dass dies nicht bedeutet, dass das Risikotragfähigkeitskonzept im Sinne der MaRisk nun über einen mehrjährigen Zeitraum ausgedehnt werden soll. So zielt die Anforderung nicht etwa auf eine Ausdehnung des Risikobetrachtungshorizonts, auf den die Risikoquantifizierung im Risikotragfähigkeitskonzept abstellt. Auch bedeutet der Hinweis auf adverse Entwicklungen, denen bei der Planung Rechnung zu tragen sind, nicht automatisch die Durchführung von Stresstests im Sinne des AT4.3.3. Institute werden naturgemäß mit Annahmen arbeiten müssen, was die Kapitalbestandteile und die ihnen gegenübergestellten Risiken im Rahmen der Planung angeht. Die Institute werden jedoch auch Überlegungen anzustellen haben, welche Auswirkungen auf die Kapitalausstattung und den Kapitalbedarf ausgehen, sollten die erwartete Entwicklung des Institutes und die zugrundeliegenden Annahmen ein zu positives Bild zeichnen. Diese Überlegungen in unterschiedlichen Szenarien abzubilden, denen jeweils unterschiedliche Annahmen zugrundeliegen, dürfte i.d.R. eine sinnvolle Vorgehensweise darstellen. Während der Konsultation ist zudem die Frage aufgekommen, ob der Kapitalplanungsprozess auf internes Kapital, auf regulatorisches Kapital oder auf beide Komponenten abzustellen hat. Wenn auch im MaRisk-Kontext die Betrachtung internen Kapitals üblich ist, bin ich der Überzeugung, dass sowohl die Betrachtung internen als auch regulatorischen Kapitals sinnvoll und erforderlich ist. In der Endfassung wird dieser Aspekt nun klargestellt.

Risikocontrolling-Funktion

Die inhaltlichen Anforderungen an die Risikocontrolling-Funktion in AT 4.4.1 (neu) stellen im Wesentlichen nichts Neues, sondern im Kern eine gebündelte Darstellung dessen dar, was schon heute im MaRisk-Kontext – implizit oder explizit – gefordert wird. Tz. 4 enthält hingegen eine Anforderung, die in dieser Form bisher nicht in den MaRisk zu finden war. Demnach ist die Leitung der Risikocontrolling-Funktion einer Person auf einer ausreichend hohen Führungsebene zu übertragen und in Abhängigkeit von der Größe des Institutes sowie des Umfangs, der Komplexität und des Risikogehalts der Geschäftsaktivitäten grundsätzlich in exklusiver Weise wahrzunehmen. Außerdem ist die Leitung der Risikocontrolling-Funktion bei wichtigen risikopolitischen Entscheidungen der Geschäftsleitung zu beteiligen. Ausdrückliche Zielsetzung ist dabei die Stärkung der Governance-Strukturen in den Instituten und insbesondere eine Stärkung der Risikosicht bei wichtigen risikopolitischen Entscheidungen. Um der Risikocontrolling-Funktion die hierfür nötige Durchschlagskraft und Unabhängigkeit zu verschaffen, sehen zudem sowohl Bankenrichtlinie als auch die einschlägigen EBA Guidelines on Internal Governance vor, dass die mit der Leitung der Risikocontrolling-Funktion betraute Person diese Aufgabe in exklusiver Weise wahrnimmt. Dabei ist es bei großen, international tätigen Instituten international gängige Praxis, dass die Leitung dieser Funktion durch einen eigenständigen Risikovorstand (»CRO«) ausgeübt wird, um somit risikopolitische Fragestellungen auf Geschäftsleiterebene frühzeitig, nachdrücklich und hochrangig zu adressieren. Diese Aspekte schlagen sich auch in den MaRisk nieder, wobei ich betonen möchte, dass ich die exklusive Wahrnehmung dieser Aufgabe auf Vorstandsebene ausdrücklich nur von großen, international tätigen Instituten mit komplexen Geschäftsaktivitäten verlange. Mir ist natürlich bewusst, dass bei vielen großen Instituten das Risikocontrolling auch mit anderen Bereichen (z. B. Finanzen, Marktfolge) in einem Vorstandressort gebündelt ist. Teilweise übernimmt dabei das Risikocontrolling unterhalb der Vorstandsebene auch Aufgaben, die eher dem Bereich Finanzen zugeordnet werden können oder zumindest für diesen Bereich unterstützend wirken. Inwieweit eine solche Kombination von Aufgaben bei größeren Instituten zukünftig als zulässig erachtet werden kann, hängt in meinen Augen auch vom konkreten Aufgabenzuschnitt ab. Die Trennung des Risikocontrollings von den Bereichen Finanzen und Marktfolge auf Vorstandsebene bei großen, international tätigen Instituten bleibt davon jedoch unberührt.

Compliance-Funktion

Die Diskussionen während der Konsultation bezüglich des neuen Untermoduls AT 4.4.2 haben gezeigt, dass in der Praxis noch viel Unsicherheit hinsichtlich der aufsichtlichen Erwartungshaltung herrscht. Dies betrifft sowohl den Umfang der rechtlichen Regelungen und Vorgaben, die diese Funktion im Fokus haben soll, als auch die organisatorische Einordnung und den konkreten Aufgabenumfang. Hier einige klarstellende Bemerkungen:

Im Kern zielen die neuen Anforderungen an die Compliance-Funktion auf eine angemessene Compliance-Kultur innerhalb des Institutes ab, die natürlich auch die Geschäftsbereiche umfasst. Diese werden in letzter Konsequenz für die Implementierung wirksamer Verfahren, die die Einhaltung der rechtlichen Regelungen und Vorgaben sicherstellen, auch weiterhin verantwortlich bleiben. Die Compliance-Funktion wird demgegenüber auch eine stärker beratende und koordinierende Funktion ausüben. Sie soll darauf achten, dass die Geschäftsbereiche dieser oben genannten Verantwortung nachkommen und keine unerwünschten Regelungslücken im Institut auftreten.

Während der Konsultation ist mehrfach die Frage aufgekommen, welche rechtlichen Regelungen und Vorgaben dabei zu betrachten sind. Bisweilen wurde und wird befürchtet, die Aufsicht verlange einen umfassenden Ansatz, der (nahezu) alle relevanten Rechtsbereiche eines Instituts umfasst. Ich kann Ihnen versichern, dass solche Befürchtungen völlig unbegründet sind. Es würde auch die Tatsache ignorieren, dass einige wichtige Bereiche schon heute durch andere Kontroll- und Stabseinheiten bzw. spezialisierte Mitarbeiter adressiert werden. Das Risikocontrolling, das Rechnungswesen oder der Bereich Recht seien hier exemplarisch angeführt. Wesentliche rechtliche Regelungen und Vorgaben, die im Zusammenhang mit der Compliance-Funktion relevant sind, können als solche angesehen werden, denen ein wesentliches Compliance-Risiko anhaftet. Demzufolge lassen sich die Rechtsbereiche, um die es hier in letzter Konsequenz gehen soll, deutlich stärker eingrenzen: Vorgaben zu Wertpapierdienstleistungen (WpHG), Geldwäsche und Terrorismusfinanzierung, allgemeine Verbraucherschutzvorgaben (z.B. auch mit Bezug auf das Kreditgeschäft oder andere Aktivitäten), Datenschutzvorgaben, Verhinderung doloser Handlungen zu Lasten des Institutes, ggf. weitere rechtliche Regelungen und Vorgaben, soweit sie vom Institut als unter Compliance-Gesichtspunkten wesentlich eingestuft wurden. Viele dieser Rechtsbereiche sind schon heute Gegenstand von Compliance-Vorgaben. Es erscheint mir praktikabel, die diesbezüglichen Aufgaben soweit wie möglich zu bündeln, auch wenn die MaRisk dies nicht zwingend einfordern. Eine dezentrale Wahrnehmung wird grundsätzlich auch weiterhin möglich sein, wobei spezielle aufsichtliche Vorgaben zu einzelnen Bereichen weiterhin zu beachten sind. Wichtig ist, dass die genannten Rechtsbereiche unter Compliance-Gesichtspunkten adressiert werden und eine entsprechende Berichterstattung an die Geschäftsleitung erfolgt.

In den MaRisk ist ferner klargestellt, dass die Aufgaben der Compliance-Funktion nicht bei der Internen Revision angesiedelt werden dürfen. Damit wird die prozessunabhängige Rolle der Revision nochmals hervorgehoben. Insbesondere soll verdeutlicht werden, dass die Durchführung von Prüfungen – unbeschadet der Durchführung von Kontrollhandlungen der Compliance-Funktion, wie sie sich auch teilweise aus speziellen rechtlichen Regelungen und Vorgaben für einzelne Bereiche ergeben – uneingeschränkt Aufgabe der Internen Revision ist und bleibt. Dies schließt im Übrigen auch die Ordnungsmäßigkeit der Compliance-Funktion selbst mit ein.

Verrechnungssystem für Liquiditätskosten, -nutzen und -risiken

Ich habe die Diskussionen im Rahmen der Konsultation zum Anlass genommen, die Anforderungen an Verrechnungssysteme für Liquiditätskosten, -nutzen und -risiken stärker zu differenzieren. Enthält Tz. 5 nun die allgemeine Anforderung zur Einrichtung eines solchen Verrechnungssystems, finden sich die detaillierten Anforderungen, wie sie sich auch aus den einschlägigen CEBS Guidelines ergeben, nun in den Tzn. 6 und 7 wieder. Die Anwendung dieser Anforderungen bleibt zudem auf große Institute mit komplexen Geschäftsaktivitäten beschränkt. Weniger große Institute mit weniger komplexen Geschäftsaktivitäten können hingegen einfachere Verfahren zur internen Verrechnung der Liquiditätskosten, -nutzen und -risiken zur Anwendung bringen. Insbesondere können Institute mit vorwiegend kleinteiligem Kundengeschäft und einer stabilen Refinanzierung hierfür auf einfache Kostenverrechnungssysteme zurückgreifen. Damit werden der Masse der Institute keine unüberwindbaren Hürden für eine Umsetzung gestellt.

Auch die detaillierten Anforderungen an große Institute sind im Vergleich zum ersten Entwurf offener gestaltet. So wird nun klargestellt, dass bei der Verrechnung der Kosten, Nutzen und Risiken eine Zusammenfassung von Produkten mit gleichartigen Liquiditätseigenschaften möglich ist. Nichtsdestotrotz kann die Verrechnung nicht auf Positionsebene stehenbleiben, sondern soll möglichst auf Transaktionsebene heruntergebrochen werden. Ferner kann die Verrechnung der Kosten für das Halten von Liquiditätsreserven auf die Liquidität verbrauchenden Einheiten allgemein innerhalb des Verrechnungssystems erfolgen und muss nicht zwingend in den »originären« internen Preisen enthalten sein.

Inkrafttreten

Die neue Fassung der MaRisk tritt mit dem 01.01.2013 in Kraft. Um den Instituten trotzdem ausreichende Umsetzungszeiträume einzuräumen, sind Anforderungen, die im MaRisk-Kontext neu sind und nicht lediglich Klarstellungen ohnehin schon vorhandener Anforderungen darstellen, bis zum 31.12.2013 umzusetzen. Die Institute müssen also bis zu diesem Tag mit Blick auf diese neuen Anforderungen nicht mit aufsichtlichen Sanktionen rechnen.

Grundsätzlich gilt Gleiches auch für die neuen Anforderungen an die Verrechnungssysteme für Liquiditätskosten, -nutzen und -risiken. Ich bin mir allerdings darüber im Klaren, dass gerade die detaillierteren Anforderungen, die sich ausschließlich an große Institute wenden, ggf. einen größeren zeitlichen Vorlauf benötigen. Ich werde daher bei der aufsichtlichen Beurteilung bezüglich dieser neuen Anforderungen über den Umsetzungszeitraum hinaus mit Augenmaß vorgehen, soweit Verzögerungen im Einzelfall nicht auf Versäumnisse des Institutes zurückzuführen sind. Ich erwarte aber, dass die Institute diesbezügliche Arbeiten frühzeitig angehen, schon vorhandene Mechanismen überprüfen – auch mit Blick auf schon existierende Anforderungen zur Identifizierung von Liquiditätskosten und -risiken – und möglichst frühzeitig Verbesserungen an ihren Systemen und Verfahren vornehmen, soweit dies möglich und sinnvoll erscheint.

[...]

Anlage 20
Deutsche Kreditwirtschaft (DK)
Schreiben an die BaFin zur Leitung der
Risikocontrolling-Funktion vom 13. März 2013

[...]

ein Schwerpunkt der vierten MaRisk-Novelle vom 14. Dezember 2012 war die Stärkung der Risikocontrolling-Funktion durch das neue Untermodul AT 4.4.1, die wir grundsätzlich unterstützen.

Im Zusammenhang mit der Risikocontrolling-Funktion sehen die EBA Guidelines zur internen Governance vor, dass die Verantwortung für das Risikomanagement in exklusiver Weise durch einen so genannten Chief Risk Officer (CRO) wahrgenommen werden sollte. Diese Anforderung wurde in AT 4.4.1 Tz. 4 MaRisk dergestalt umgesetzt, dass die Leitung der Risikocontrolling-Funktion auf einer ausreichend hohen Führungsebene anzusiedeln ist und die exklusive Wahrnehmung dieser Aufgabe unter das Proportionalitätsprinzip gestellt wird. Von großen, international tätigen Instituten mit komplexen Geschäftsaktivitäten wird jedoch erwartet, dass die Leitung der Risikocontrolling-Funktion durch einen Geschäftsleiter erfolgt.

Wie bereits im Rahmen des Konsultationsprozesses zur vierten MaRisk-Novelle erwähnt, ist die exklusive Wahrnehmung der Leitung des Risikocontrollings durch einen Geschäftsleiter aus unserer Sicht nicht immer angemessen und mit vermeidbaren praktischen Problemen verbunden. Aufgrund der Regelungen des BTO Tz. 4 MaRisk haben Institute in Deutschland bereits heute recht weitreichende Funktionstrennungen zu beachten. So wird durch die Trennung von Markt und Marktfolge und die Abgrenzung bestimmter risikosensitiver Funktionen vom Marktbereich eine Vielzahl von Interessenkonflikten von vornherein ausgeschlossen. Nach unserer Kenntnis ist diese Art der Funktionstrennung in Europa nicht generell anzutreffen. Vor diesem Hintergrund mag es verständlich sein, dass die EBA die Installation eines CRO fordert, um ein Sicherheitsniveau herzustellen, wie es in deutschen Kreditinstituten schon heute vorzufinden ist.

Vor diesem Hintergrund halten wir eine Ausweitung der Funktionstrennung in Deutschland weder für erforderlich noch für angemessen. Verschiedenen Gesprächen zwischen den kreditwirtschaftlichen Verbänden und Vertretern der BaFin haben wir entnommen, dass Sie – unabhängig von der Institutsgröße – zumindest eine gemeinsame Zuständigkeit für die Ressorts Risikocontrolling und Marktfolge auf Geschäftsleiterebene für akzeptabel halten, sofern eine Trennung auf einer nachgelagerten Ebene erfolgt. Diese Sichtweise ist indirekt auch dem gerade erschienenen Fachartikel von Herrn Hofer im BaFinJournal 3/2013 zu entnehmen. Hier heißt es: »Bei weiteren Aufgaben, die nicht den Bereichen Markt oder Handel zuzuordnen sind, wird die BaFin im Einzelfall prüfen, inwieweit sie mit der Kernaufgabe des Risikocontrollings, der unabhängigen Überwachung und Kommunikation der Risiken des Instituts, im Einklang stehen und somit beim Risikovorstand angesiedelt sein dürfen.« Nichtsdestotrotz würden wir es sehr begrüßen, wenn Sie uns diese Interpretation bestätigen könnten.

Wir haben auch zur Kenntnis genommen, dass die Möglichkeit eines kombinierten »Chief Risk & Financial Officer« (CRO/CFO) bei großen, international tätigen Instituten zukünftig nicht mehr bestehen wird, obwohl uns dies insbesondere vor dem Hintergrund der gewünschten Weiterentwicklung der Gesamtbanksteuerung nach wie vor sinnvoll erscheint. Im Übermittlungsschreiben zur

Endfassung der MaRisk haben Sie zudem erwähnt, dass eine Kombination des Risikocontrollings mit »Aufgaben, die eher dem Bereich Finanzen zugeordnet werden können oder zumindest für diesen Bereich unterstützend wirken«, in Abhängigkeit vom konkreten Aufgabenzuschnitt auch bei größeren Instituten weiterhin zulässig sein könne. Wir nehmen an, dass damit das klassische Controlling (auch als Finanzcontrolling bezeichnet) gemeint ist. Derzeit ist das Controlling i.d.R. entweder dem CRO oder dem CFO zugeordnet, weil es im Grunde mit beiden Funktionen Überschneidungen gibt. Wir gehen davon aus, dass es nicht im Interesse der Aufsicht liegt, eine der beiden Varianten zum Standard für alle Institute zu erklären und damit noch stärker in die Organisationshoheit der Geschäftsleitung einzugreifen.

Für unsere Mitgliedsinstitute, die derzeit intensiv mit der Umsetzung der neuen Anforderungen beschäftigt sind, ist Planungssicherheit in diesen organisatorischen Fragen von besonderer Bedeutung. Insbesondere große, international tätige Institute sehen sich bei der Erfüllung des Exklusivitätserfordernisses mit weitreichenden Änderungen der Aufbau- und Ablauforganisation oder sogar mit einer Erweiterung der Geschäftsleitung konfrontiert. Diese überaus kostenintensiven Maßnahmen könnten unterbleiben, sofern Sie das Exklusivitätserfordernis im ausgeführten Sinne relativieren würden. Diesbezüglich ist eine zeitnahe Klarstellung vonnöten, da die Institute durch das nahende Ende der Umsetzungsfrist in Zugzwang geraten. Wir bitten Sie daher, diesen Sachverhalt nochmals zu erwägen und uns baldmöglichst über Ihre Ansicht zu informieren.

[...]

Anlage 21
Bundesanstalt für Finanzdienstleistungsaufsicht (BaFin)
Sitzung des MaRisk-Fachgremiums am 24. April 2013
Protokoll

1.   Begrüßung

2.   Allgemeine Anmerkungen zum Thema Compliance-Funktion

Die BaFin fasst zu Beginn der Sitzung kurz ihre Sichtweise zum Thema Compliance-Funktion zusammen, wie sie sie im Ansatz auch schon im Anschreiben zur Endfassung zur MaRisk-Novelle zum Ausdruck gebracht hat. Die neu in die MaRisk eingefügten Anforderungen zur Compliance-Funktion basieren schwerpunktmäßig auf einschlägigen Passagen in den EBA Guidelines on Internal Governance.[1] Weitere Aspekte hierzu, die in die gleiche Richtung zielen, lassen sich einem Papier des Baseler Ausschusses zum Thema Compliance[2] entnehmen. Mit der Compliance-Funktion soll nicht nur den Risiken, die sich aus der Nichteinhaltung rechtlicher Regelungen und Vorgaben ergeben können, begegnet werden. Sie ist vielmehr auch ein wichtiger Baustein zur Förderung einer einheitlichen Compliance-Kultur im Institut.

Beim Themenkomplex Compliance handelt es sich im Grunde nicht um eine neue Materie. Zunächst ist es natürlich eine Selbstverständlichkeit, dass Unternehmen – gleich welcher Branche – sicherzustellen haben, dass gesetzliche Regelungen und Vorgaben in Gänze befolgt und beachtet werden. Auch existierten schon vor der MaRisk-Überarbeitung Rechtsgebiete, die mit speziellen Compliance-Vorgaben belegt waren und sind. Namentlich sind hier die Vorgaben des WpHG

---

1   EBA Guidelines on Internal Governance (GL 44), 27.09.2011; abrufbar unter http://www.eba.europa.eu/Publications/Guidelines.aspx

2   BCBS: Compliance and the compliance function in banks, 29.04.2005; abrufbar unter http://www.bis.org/publ/bcbs113.htm

(MaComp), des §25c KWG (Geldwäsche, sonstige strafbare Handlungen) und des Datenschutz-gesetzes zu nennen. Die Tatsache, dass alle gesetzlichen Regelungen und Vorgaben zu beachten sind, bedeutet hingegen nicht, dass alle Rechtsbereiche gleichermaßen von einer speziell dafür eingerichteten Compliance-Funktion abgedeckt werden müssen. Diese wird sich aus Sicht der Aufsicht auf ganz bestimmte rechtliche Regelungen konzentrieren, nämlich auf solche, die mit Compliance-Risiken behaftet sind. In den einschlägigen internationalen Papieren wird weder der genaue Aufgabenumfang der Compliance-Funktion beschrieben noch eine abschließende Defini-tion von Compliance-Risiken vorgenommen. Gleichwohl lässt sich konstatieren, dass die hier im Fokus stehenden Compliance-Risiken sich insbesondere dadurch »auszeichnen«, dass bei einer Nichtbeachtung von rechtlichen Regelungen und Vorgaben vor allem (Geld-)Strafen/Bußgelder, Schadenersatzansprüche und/oder die Nichtigkeit von Verträgen drohen, die zu einer Gefährdung des Vermögens des Institutes führen können. So interpretiert, lassen sich daraus Rückschlüsse ziehen, welche Art von rechtlichen Regelungen und Vorgaben (mindestens) von der Compliance-Funktion aufzugreifen sind. Neben jenen Rechtsbereichen, die schon aufgrund spezialgesetzlicher Anforderungen besonderen Compliance-Anforderungen unterliegen, sind weitere rechtliche Re-gelungen und Vorgaben, die von der Compliance-Funktion abzudecken sind, eigenverantwortlich vom Institut zu identifizieren. Insofern wird eine vorgelagerte Identifizierung bzw. Analyse möglicher Compliance-Risiken eine wichtige Rolle einnehmen.

Was die organisatorische Anbindung betrifft, weist die BaFin darauf hin, dass unter der Einhaltung der Grundprämisse, nämlich der direkten Anbindung an die Geschäftsleitung, grund-sätzlich mehrere Lösungen denkbar und möglich sind. Weitere Einzelheiten hierzu werden unter dem Themenpunkt »Organisatorische Einbindung« diskutiert.

3. Anwendungsbereich; Umfang der abzudeckenden rechtlichen Regelungen und Vorgaben

Anknüpfend an den einleitenden Ausführungen zeigt die BaFin auf, welche rechtlichen Regelungen und Vorgaben in jedem Fall in den Anwendungsbereich der Compliance-Funktion fallen. Hierzu gehören zunächst die Vorgaben des WpHG, die schon Gegenstand der MaComp sind, weiterhin die Vorgaben zur Vermeidung von Geldwäsche und Terrorismusfinanzierung; Vorgaben zur Vermei-dung sonstiger strafbarer Handlungen (die zusammen mit den Vorgaben zur Geldwäscheprävention in §25c KWG geregelt sind), Vorgaben zum Datenschutz sowie weitere Vorgaben zum Verbraucher-schutz (z. B. zu Verbraucherkrediten, AGB, Zahlungsverkehr; oftmals außerhalb des Aufsichtsrechts geregelt). Demgegenüber lassen sich aus Sicht der BaFin rechtliche Regelungen und Vorgaben nennen, deren Einhaltung zwar nicht weniger zwingend ist, die jedoch nicht unbedingt einer Adressierung durch die Compliance-Funktion unterliegen müssen. In vielen Fällen handelt es sich dabei um nicht-branchenspezifisches Recht: Arbeitsrecht/Personalrecht, Lohn-/Einkommensteuer-recht etc. Eine Ausklammerung solcher Rechtsbereiche aus dem Tätigkeitsbereich der Compliance-Funktion erscheint vor dem Hintergrund des Regulierungszweckes – Vermeidung oder zumindest Verminderung von Compliance-Risiken im beschriebenen Sinn – grundsätzlich nachvollziehbar. Explizit weist die BaFin auch auf den Umgang von rechtlichen Regelungen und Vorgaben hin, die die Bereiche Risikocontrolling und Rechnungslegung/Finanzen betreffen. Gerade für diese Bereiche kann eine Compliance-Funktion auf spezialisiertes Wissen der fachlich zuständigen Einheiten zurückgreifen und aufbauen. Insofern erscheint es aus Sicht der BaFin plausibel, bei entsprechenden rechtlichen Regelungen und Vorgaben, die das Risikocontrolling (z. B. solche zur Risikotragfähigkeit, zu Risikocontrollingprozessen, zur (regulatorischen) Kapitalunterlegung) oder die Rechnungslegung (Bilanzrecht) betreffen, auf den Einschätzungen und Beurteilungen der jeweils zuständigen Einheiten aufzusetzen und eigene Aktivitäten der Compliance-Funktion (weitestgehend) zurückzustellen oder sogar im Wesentlichen darauf zu verzichten.

Neben den rechtlichen Regelungen und Vorgaben, die zwingend von der Compliance-Funktion abzudecken sind, sind weitere Regelungen und Vorgaben, die von dieser aufgegriffen werden (sollen), letztendlich institutsindividuell zu identifizieren. Auf Fragen von Institutsvertretern, ob bspw. das Gesellschaftsrecht oder das Kartellrecht hierzu zu zählen haben, verweist die BaFin auf die Eigenverantwortlichkeit der Institute. Gleichzeitig macht die BaFin deutlich, dass eine vorgelagerte Bestandsaufnahme/Risikoanalyse, die möglichst umfassend ausgestaltet ist und regelmäßig überprüft werden soll, in diesem Kontext von besonderer Bedeutung ist. Es besteht grundsätzlich Einigkeit, dass eine abschließende Aufzählung von Rechtsbereichen, die von der Compliance-Funktion zu adressieren sind und für alle Institute gleichermaßen zutreffend ist, nicht zielführend sein kann. Vielmehr ist die Thematik Compliance immer institutsindividuell vor dem Hintergrund der konkreten Geschäftsaktivitäten und der konkreten Märkte, auf dem sich das jeweilige Institut bewegt, zu sehen. Gleichermaßen wichtig ist jedoch auch eine möglichst umfassende Betrachtung aller Bereiche, um mögliche Compliance-Risiken zu identifizieren – dies betrifft grundsätzlich auch Rechtsbereiche, die später wieder aus dem Tätigkeitsfeld der Compliance-Funktion ausgeklammert werden.

4. Aufgaben der Compliance-Funktion

Aus der allgemeinen Aufgabe der Compliance-Funktion – des Hinwirkens auf die Implementierung wirksamer Verfahren zur Einhaltung der für das Institut wesentlichen rechtlichen Regelungen und Vorgaben und entsprechender Kontrollen – sowie der unmittelbaren Anbindung dieser Funktion an die Geschäftsleitung lassen sich aus Sicht der BaFin bestimmte konkrete Aufgaben ableiten. Zunächst wird damit deutlich, dass der Fokus nicht ausschließlich auf neuen Regelungen, sondern auch auf schon bestehenden liegt. Daher muss die Compliance-Funktion nicht nur Neuregelungen im Auge haben, sondern auch die Rechtsprechung im Rahmen bestehender rechtlicher Regelungen und Vorgaben verfolgen, sofern diese Auswirkungen für das Institut haben könnte. Die Diskussion ergab, dass bei der Identifizierung von Handlungsbedarf aus Compliance-Sicht umfangreiche Unterstützungsleistungen aus den jeweiligen Fachbereichen und den Rechtsabteilungen der Institute geleistet werden. In Einzelfällen werden offenbar auch Projektteams gebildet, die sich aus unterschiedlichen Bereichen zusammensetzen (auch aus der Compliance-Funktion) und einzelne Themen, die sich aus Neuregelungen oder veränderter Rechtsprechung ergeben, sukzessive abarbeiten. Verbundangehörige Institute werden bei der Informationsgewinnung zu Änderungen des rechtlichen Umfeldes der Institute zusätzlich von den jeweiligen Verbänden unterstützt.

Die BaFin stellt klar, dass die Implementierung von wirksamen Verfahren zur Einhaltung wesentlicher gesetzlicher Regelungen und Vorgaben in der Verantwortung der jeweils betroffenen Fachbereiche liegt und nicht automatisch bei der Compliance-Funktion. Diese wiederum hat darauf zu achten, dass die betroffenen Fachbereiche ihrer Verantwortung auch tatsächlich nachkommen und dass keine Rechtsbereiche bestehen, in denen zwar Handlungsbedarf besteht, die mangels eindeutiger Zuständigkeiten jedoch gewissermaßen »brach liegen«. So gesehen hat die

Compliance-Funktion auch einen schwerpunktmäßig koordinierenden Charakter und – als Ausdruck der direkten Anbindung an die Geschäftsleitung – eine beratende Funktion gegenüber der Geschäftsleitung, welche auch weiterhin die Letztverantwortung für die Einhaltung rechtlicher Regelungen und Vorgaben im Institut trägt. Besonderheiten, die sich für bestimmte Rechtsbereiche aus spezialgesetzlichen Vorgaben ergeben können, bleiben jedoch unberührt. Dies ist schon in der Endfassung der neugefassten MaRisk ausdrücklich klargestellt. So weist die BaFin auf die Frage, inwieweit die Compliance-Funktion Überwachungshandlungen vorzunehmen hat, auf entsprechenden Vorgaben z. B. der MaComp hin, die mit Blick auf die WpHG-Compliance explizit einen Überwachungsplan fordern und damit entsprechende Überwachungshandlungen erwarten. Auch unter MaRisk-Gesichtspunkten hält es die BaFin für erforderlich, dass die Compliance-Funktion Kontrollhandlungen zumindest durchführen können muss und insoweit auch entsprechende Kontrollrechte eingeräumt bekommt. Der tatsächliche Umfang vorzunehmender Kontrollhandlungen wird von BaFin-Seite nicht vorgegeben, sondern verbleibt in der Eigenverantwortung der Institute. Auch die Frage nach möglicherweise erforderlichen Weisungsrechten lässt sich nicht abschließend beantworten. Grundsätzlich erwartet die BaFin nicht, dass der Compliance-Funktion umfassende Weisungsrechte gegenüber den Fachbereichen eingeräumt werden, da sie eine »Eskalation«bei Mängeln in den Kontrollprozessen im Regelfall durch eine (Ad-hoc-)Berichterstattung an die Geschäftsleitung für zielführend erachtet. Dabei ist jedoch zu beachten, dass nach der spezialgesetzlichen Norm des § 25c KWG der Geldwäschebeauftragte mit einem solchen Weisungsrecht auszustatten ist, soweit geldwäscherelevante Fragen betroffen sind.

5. Organisatorische Einbindung

Die organisatorische Einbindung der Compliance-Funktion wirft bei den Teilnehmern eine Reihe von Fragen auf, auf die die BaFin im Folgenden weiter eingeht. In der aufsichtlichen Praxis existieren bereits Vorgaben zur aufbauorganisatorischen Einbindung von Compliance-Einheiten (z. B. nach WpHG/MaComp). Daher scheint es sowohl aus institutsinterner als auch aufsichtlicher Perspektive sinnvoll zu prüfen, inwieweit die Compliance-Funktion (nach MaRisk) in bereits bestehende Compliance-Strukturen integriert werden kann. Die Aufsicht hat daher bewusst in die Möglichkeit geschaffen, die Compliance-Funktion an andere Kontrolleinheiten anzubinden. Es ist unter Berücksichtigung des Proportionalitätsprinzips für kleinere Institute nicht notwendig, eine neue, eigenständige Stelle zu schaffen. Eine Einschränkung gilt jedoch für größere Institute – von diesen Instituten erwartet die Aufsicht, dass diese eine eigenständige Organisationseinheit für die Compliance implementieren. Dies entspricht im Allgemeinen aber schon heute der gängigen Praxis.

Die BaFin hat noch einmal betont, dass die Compliance-Funktion, unabhängig davon, ob es sich um eine separate Organisationseinheit handelt oder eine Anbindung an eine andere Kontrolleinheit erfolgt, unmittelbar der Geschäftsleitung zu unterstellen ist. Weiterhin ist sie der Geschäftsleitung berichtspflichtig. Aus diesem Grund kann die Compliance-Funktion nicht als untergeordnete Stelle in der organisatorischen Struktur des Institutes angesiedelt werden. Nur eine unmittelbare organisatorische Zuordnung zur Geschäftsleitung verschafft ihr das notwendige Gehör auf Geschäftsleiterebene und fördert dadurch ihre Funktionsfähigkeit. Im Hinblick auf die Anbindung an bereits bestehende Kontrolleinheiten – mit Ausnahme der Internen Revision – sind durchaus verschiedene Konstellationen denkbar. Wichtig ist hierbei, dass die organisatorische Zuordnung zu einem vom Markt und Handel unabhängigen Bereich erfolgt und die Compliance-Funktion der Geschäftsleitung unmittelbar unterstellt ist. Beispielhaft ist eine Bündelung beim Geldwäschebeauftragten ebenso möglich wie eine Anbindung an das Risikocontrolling. Die Bedeutung der Risikocontrolling-Funktion wurde im Rahmen der MaRisk-Novelle 2012 dahingehend unterstrichen, dass die Risikocontrolling-Funktion von großen, international tätigen Instituten von einem Geschäftsleiter in exklusiver Weise wahrzunehmen ist. Die BaFin stellt klar, dass bei einer exklusiven Wahrnehmung der Risikocontrolling-Funktion durch einen Geschäftsleiter einer Zuordnung der Compliance-Funktion beim Risikocontrolling nichts entgegensteht.

Sollte ein Institut eine eigenständige zentrale Organisationseinheit für alle Compliance-Bereiche vorhalten, ergäbe sich daraus zwangsläufig eine Personalunion des Leiters Compliance mit dem WpHG-Compliance-Beauftragten sowie dem Geldwäschebeauftragten. Eine solche Lösung, wie sie bereits in der Praxis vorzufinden ist, wird von der BaFin durchaus als zulässig angesehen. Weiterhin möglich ist jedoch auch eine dezentral aufgestellte Compliance-Funktion, bei der die Beauftragten nach WpHG/MaComp, nach § 25c KWG (Geldwäsche und sonstige strafbare Handlungen) sowie der Geldwäschebeauftragte separat agieren. Die diesbezüglichen Vorgaben der spezialgesetzlichen Regelungen – insbesondere auch zur Berichterstattung – sind auch dabei weiterhin zu beachten. Besonderheiten können sich hinsichtlich des Datenschutzbeauftragten gemäß BDSG ergeben. Dieser hat in seiner Funktion u. a. darauf zu achten, dass den Grundsätzen der Datenvermeidung und Datensparsamkeit Rechnung getragen wird. Dies könnte zu Interessenkonflikten führen, sollte der Datenschutzbeauftragte in einer zentral aufgestellten Compliance-Funktion integriert werden.

6. Schlussbemerkungen

Die Diskussion im Fachgremium zeigt, dass die Thematik Compliance durchaus sehr unterschiedlich in den Instituten gehandhabt wird. Dies soll auch in Zukunft nicht per se in Frage gestellt werden, sofern die aufsichtlichen Vorgaben – auch auf Basis der speziellen aufsichtlichen Regelungen – weiterhin erfüllt werden. Aus den Diskussionen wird auch deutlich, dass unterschiedlichste Ansätze und Ausgestaltungen dem aufsichtlichen Ziel einer Stärkung der Compliance in den Instituten gleichermaßen gerecht werden können. Gerade im Hinblick auf die Ausgestaltung der Compliance-Funktion haben die Institute großen Gestaltungsspielraum, der aus Sicht der BaFin genutzt werden soll, um die schon vorhandenen Compliance-Vorkehrungen um noch nicht berücksichtigte Bereiche zu ergänzen und so die Anforderungen der MaRisk vollständig zu erfüllen. Dabei ist sich die BaFin im Klaren darüber, dass es auch in Zukunft keine einheitliche Vorgehensweise in der Praxis geben muss und kann, da die Anforderungen sehr unterschiedlich mit Leben gefüllt werden können.

Anlage 22
Bundesanstalt für Finanzdienstleistungsaufsicht (BaFin)
Antwortschreiben an die DK zur Leitung der Risikocontrolling-Funktion vom 18. Juli 2013

[...]

vielen Dank für Ihr Schreiben zum Thema »Leitung der Risikocontrolling-Funktion« (AT 4.4.1 Tz. 4 MaRisk). Sie bitten mich darin um Klarstellung, inwieweit die exklusive Wahrnehmung der Leitung der Risikocontrolling-Funktion auf Geschäftsleiterebene mit der gleichzeitigen Zuständigkeit für den Bereich Marktfolge im Einklang steht. Ferner bitten Sie um eine Stellungnahme, ob Ihre Sichtweise, dass das klassische Controlling (oder: Finanzcontrolling) weiterhin entweder dem Chief Risk Officer (CRO) oder dem Chief Financial Officer (CFO) zugeordnet werden könne, von der Aufsicht geteilt werden kann. Lassen Sie mich dazu Folgendes bemerken:

Grundsätzlich hat die Risikocontrolling-Funktion mit der neuen Fassung der MaRisk vom 14.12.2012 eine hervorgehobenere Rolle innerhalb der Institute erhalten. Es wird deutlicher gemacht, dass die Leitung der Risikocontrolling-Funktion bei wichtigen risikopolitischen Entscheidungen der Geschäftsleitung einzubinden ist. Darüber hinaus soll die mit der Leitung dieser Funktion betraute Person auf einer hinreichend hohen Führungsebene angesiedelt sein. Bei großen, international tätigen Instituten mit komplexen Geschäftsaktivitäten hat dies durch einen Geschäftsleiter – und damit durch einen eigenen Risikovorstand – zu erfolgen. Hiermit ist die Zielsetzung verbunden, die Risikosensibilität in den Instituten zu erhöhen, indem Risikothemen frühzeitig, nachhaltig und hochrangig durch einen eigenen Risikovorstand adressiert und im Regelfall auch beeinflusst werden, wodurch eine Verbesserung der Reaktion der Institute gerade auf schwierige Situationen erreicht werden soll.

Dies bedingt aber auch eine Unabhängigkeit von den Geschäftsbereichen und Funktionen im Institut, deren Risiken die Risikocontrolling-Funktion zu überwachen hat.

Der Hinweis auf die exklusive Ausübung der Risikocontrolling-Funktion verdeutlicht, dass der verantwortliche Risikovorstand bei großen, international tätigen Instituten mit komplexen Geschäftsaktivitäten nicht für Markt- und Handelsbereiche (wie bisher auch schon) und darüber hinaus auch nicht für den Bereich Finanzen/Rechnungswesen zuständig sein kann. Damit ist insbesondere eine gleichzeitige Ausübung der Aufgaben des CRO (Risikovorstand) mit denen des CFO (Finanzvorstand) bei großen, international tätigen Instituten nicht mehr möglich. Dies steht im Einklang mit internationalen Vorgaben wie den Prinzipien des Baseler Ausschusses für Bankenaufsicht (BCBS – »Principles for enhancing corporate governance«), die eine klare Trennung des CRO von anderen Aufgabenbereichen auf Vorstandsebene (z. B. CFO, COO) zumindest für besagte große Institute explizit vorsehen.

Konkret haben Sie in Ihrem Schreiben die Frage der Vereinbarkeit einer gemeinsamen Zuständigkeit für die Bereiche Risikocontrolling und Marktfolge auf Geschäftsleiterebene aufgeworfen. Bei strikter Interpretation stände eine exklusive Wahrnehmung der Leitung der Risikocontrolling-Funktion einer gleichzeitigen Verantwortung für Bereiche der Marktfolge entgegen. Ich halte es indes für vertretbar, auf diese strikte Trennung zu verzichten, soweit gewährleistet ist, dass zumindest direkt unterhalb der Vorstandsebene eine klare Trennung zwischen Risikocontrolling-Funktion einerseits und den Marktfolgeeinheiten andererseits vorgenommen wird. Mitarbeiter der Risikocontrolling-Funktion dürfen insofern keine Aufgaben wahrnehmen, die gemeinhin der Marktfolge zuzuordnen sind (Zweitvotierung, Tätigkeiten im Rahmen der operativen Kreditprozesse bei den einzelnen Kreditengagements), um auf diesem Wege die Neutralität der Risikocontrolling-Funktion zu stärken.

Der Begriff des Finanzcontrollings wird nicht einheitlich benutzt. Die Aufgaben bestehen aber oftmals (unter anderem) in der Planung von Zahlungsströmen, der Entwicklung von Verfahren zur Optimierung von Kapital- und Investitionsentscheidungen und der Unterstützung des Bereiches Rechnungslegung durch entsprechende Vorschaurechnungen. Aus diesen Aufgaben lässt sich eine gewisse Nähe zum Rechnungswesen herauslesen, weshalb bei einigen Instituten ein derart ausgestaltetes Controlling beim Bereich Rechnungslegung/Finanzen aufgehängt ist. Auf der anderen Seite halte ich es auch mit Blick auf eine gemeinsame Ertrags- und Risikosteuerung für vertretbar und nachvollziehbar, Aufgaben des (Finanz-)Controllings und des Risikocontrollings im Ressort des Risikovorstands zu bündeln. Insofern verfügen die Institute hier über entsprechenden Spielraum bezüglich der konkreten organisatorischen Anbindung des oben beschriebenen Finanzcontrollings, soweit konkrete Aufgaben im Einzelfall nicht der unabhängigen Überwachung und Berichterstattung des Risikocontrollings entgegenstehen. Auf eine starre Festlegung auf die eine oder andere organisatorische Variante wird die Aufsicht in jedem Fall verzichten.

[...]

Anlage 23
Bundesanstalt für Finanzdienstleistungsaufsicht (BaFin)
Erster Entwurf zur Überarbeitung der MaRisk
Übermittlungsschreiben vom 18. Februar 2016

[...]

ich kann Ihnen nun den ersten Entwurf einer neuen Fassung der MaRisk vorlegen, den Mitarbeiterinnen und Mitarbeiter von BaFin und Deutscher Bundesbank gemeinsam entwickelt haben. Seit der letzten Überarbeitung der MaRisk im Jahre 2012 sind einige Themen zum Risikomanagement in den Vordergrund gerückt, die bisher noch nicht bzw. noch nicht explizit in den MaRisk verankert waren und daher als Haupttreiber einer Novellierung angesehen werden können. Dabei stehen vor allem die Inhalte des Baseler Papiers zur Risikodatenaggregation und Risikoberichterstattung (BCBS 239) im Vordergrund, die eine Ergänzung der MaRisk erforderlich machen. Als weiteres Schwerpunktthema hat sich in letzter Zeit das Erfordernis einer angemessenen Risikokultur herauskristallisiert, das international intensiv diskutiert wird und demzufolge auch in internationalen Papieren seinen Niederschlag gefunden hat. Das einschlägige Papier des Financial Stability Board (FSB) – »Guidance on Supervisory Interaction with financial institutions on Risk Culture« – kann hier stellvertretend angeführt werden. Hinweise hierzu finden sich aber auch in den einschlägigen Publikationen der EBA, so zuletzt in den EBA »Guidelines on common procedures and methodologies for the SREP«. Daneben habe ich mich entschlossen, einige Änderungen im Modul AT 9 – Auslagerung – vorzunehmen, wobei hier die stärkere Herausarbeitung der Grenzen von Auslagerungslösungen sowie die institutsinterne Überwachung von ausgelagerten Aktivitäten und Prozessen im Vordergrund stehen. Eine Reihe weiterer Anpassungen, die teils an der schon geltenden Rechtslage anknüpfen (z.B. Anpassungen in AT 4.3.3, BT 2), die aktuelle Verwaltungspraxis der Aufsicht widerspiegeln oder Erfahrungen aus der Verwaltungspraxis aufgreifen, runden das Spektrum der geplanten Anpassungen in den MaRisk ab.

Lassen sich mich nun auf die oben genannten Schwerpunktthemen im Einzelnen eingehen:

Risikodatenaggregation und Risikoberichterstattung

Mit der nun eingeläuteten MaRisk-Überarbeitung sollen insbesondere die Inhalte des Baseler Papiers BCBS 239 zur Risikodatenaggregation und zur Risikoberichterstattung in die Aufsichtspraxis übernommen werden. Erklärtes Ziel ist es, die IT-Infrastruktur der großen, systemrelevanten Institute dahingehend zu verbessern, dass eine umfassende, genaue und zeitnahe Aggregation der Risikopositionen eines Instituts ermöglicht wird und diese Informationen zeitnah für das Berichtswesen der Bank zur Verfügung gestellt werden können. Diese Zielsetzung speist sich insbesondere aus den während der Finanzkrise gemachten Erfahrungen der Aufsichtsbehörden, dass Institute oftmals kaum in der Lage waren, Informationen zu Gesamtexposures gegenüber bestimmten Adressen und in bestimmten Produkten innerhalb eines möglichst kurzen Zeitraums zu generieren. Als Folge davon konnten Institute bisweilen nicht schnell genug auf kritische Entwicklungen reagieren, da aktuelle, belastbare Zahlen fehlten. Zudem hat sich gezeigt, dass die teilweise erst nach Wochen zur Verfügung stehenden Informationen nicht hinreichend qualitätsgesichert waren. Genau an dieser Stelle setzt das Papier des Baseler Ausschusses an, wobei die Fähigkeit zur umfassenden, genauen und zeitnahen Aggregation von Risikopositionen vor allem dem Zweck dient, den jeweiligen Entscheidungsträgern entscheidungsrelevante Daten und Informationen über das institutsinterne Berichtswesen an die Hand zu geben. Außerdem sollen manuelle Eingriffe bei der Aggregation der Risikodaten möglichst auf das absolut Notwendige reduziert werden. Mir ist klar, dass der Um- und Ausbau der IT-Systeme bei den betroffenen Banken zu erheblichen Anstrengungen führen wird, bin mir aber auch sicher, dass sich dies in einer deutlich verbesserten Berichterstattung niederschlagen wird.

Das neue Modul AT 4.3.4 adressiert jene Teile des Baseler Papiers, die sich mit der Datenarchitektur und der IT-Infrastruktur auseinandersetzen. Diese richten sich gemäß der Zielrichtung des BCBS 239 ausschließlich an große und komplexe Institute. Ich möchte an dieser Stelle aber auch an andere Institute appellieren zu prüfen, inwieweit Datenaggregationskapazitäten weiter verbessert und ausgebaut werden können, denn das Thema Risikodatenaggregation betrifft natürlich nicht nur große, systemrelevante Institute. Jene Inhalte des Baseler Papiers, die sich explizit mit der Risikoberichterstattung beschäftigen, werden im neuen Modul BT 3 (Berichtswesen) aufgegriffen und mit den ohnehin schon existierenden Berichtpflichten an dieser Stelle gebündelt. Das Modul BT 3 gilt für alle Institute, die inhaltliche Ausgestaltung in der Praxis unterliegt, wie bisher, dem Proportionalitätsprinzip. Am grundsätzlichen Meldeturnus wird sich zwar zunächst nichts ändern, grundsätzlich können allerdings Produktionszeiten von einzelnen Berichten von zum Teil mehreren Wochen nicht mehr akzeptiert werden. Wichtig ist mir zudem eine inhaltlich aussagekräftige Aufbereitung der Informationen, was ein ausgewogenes Verhältnis zwischen quantitativen und qualitativen Informationen beinhaltet.

Risikokultur

Als Teil ihrer Gesamtverantwortung für eine ordnungsgemäße Geschäftsorganisation haben die Geschäftsleiter künftig gemäß AT 3 Tz. 1 eine angemessene Risikokultur innerhalb des Instituts und der Gruppe zu entwickeln, zu integrieren und zu fördern. Diese Anforderung hat ihren Ursprung im Erwägungsgrund 54 der Bankenrichtlinie CRD IV (Capital Requirements Directive IV), wonach die Institute Grundsätze und Standards einführen sollen, die eine wirksame Kontrolle von Risiken durch die Leitungsorgane gewährleisten. Diese Grundsätze sollen, als Teil eines wirksamen Risikomanagements, eine solide Risikokultur auf allen Unternehmensebenen fördern. Auch die EBA Leitlinien zu gemeinsamen Verfahren und Methoden für den aufsichtlichen Überprüfungs- und Bewertungsprozess (SREP) erwarten eine Überprüfung der Risikokultur der Institute durch die zuständige Aufsichtsbehörde und setzen damit voraus, dass Institute eine angemessene Risikokultur als Teil ihres Risikomanagements implementiert haben.

Ich möchte betonen, dass mit dem Konzept der angemessenen Risikokultur kein neuer Risikomanagementansatz angestrebt wird. Vielmehr beinhaltet dieser Begriff eine Reihe von bereits in den MaRisk vorhandenen Elementen, die im Zusammenhang mit einer angemessenen Risikokultur wichtig sind, wie z. B. die Festlegung strategischer Ziele und des Risikoappetits (bislang als »Risikotoleranzen« bezeichnet) inklusive der umfassenden Kommunikation dieser Ziele im Institut oder auch die Anforderungen an Kontrollen bzw. Kontrollfunktionen. Der eigentliche Inhalt einer angemessenen Risikokultur geht aber weiter. Zweck dieser neuen Anforderung ist es, die bewusste Auseinandersetzung mit Risiken im täglichen Geschäft fest in der Unternehmenskultur der Institute zu verankern und sowohl bei der Geschäftsleitung als auch bei den Mitarbeitern auf den verschiedenen Ebenen des Instituts ein Risikobewusstsein zu schaffen, das das tägliche Denken und Handeln prägt. Dies beinhaltet auch den kritischen Dialog innerhalb des Instituts, der von den Führungsebenen entsprechend gefördert werden soll. Eine angemessene Risikokultur setzt im Idealfall ein offenes und kollegiales Führungskonzept voraus. Wesentlich ist es daher, Mitarbeiter dazu zu motivieren, sich entsprechend dem Wertesystem und dem Verhaltenskodex zu verhalten und innerhalb der festgelegten Risikotoleranzen zu agieren. Hier können materielle und immaterielle Anreize sinnvoll sein. Vor allem aber ist es unerlässlich, innerhalb des Instituts Überzeugungsarbeit zu leisten, sodass ethisch und ökonomisch wünschenswertes Verhalten nicht nur durch finanzielle Anreize vermittelt wird. Wenngleich die Anforderung in AT 3 allgemeine Gültigkeit für alle Institute besitzt, so sehe ich doch große Institute mit weitverzweigten und komplexen Geschäftsaktivitäten besonders in der Pflicht, sich mit diesem Thema intensiv auseinander zu setzen.

Die Maßnahmen zur Erreichung der gewünschten Risikokultur soll allen Beteiligten nicht nur vermitteln, welches Verhalten erwünscht bzw. unerwünscht ist, sondern auch, welche Risiken und Geschäfte überhaupt eingegangen werden können und welche nicht. Hierfür ist ein entsprechender Verhaltenskodex für Mitarbeiter eine wesentliche Voraussetzung. Deswegen werden die Institute künftig gemäß AT 5 Tz. 3 verpflichtet, einen solchen Verhaltenskodex vorzuhalten.

Auslagerungen

Erfahrungen aus der Aufsichtspraxis, die wiederholt Unklarheiten, aber auch Mängel in der Anwendung der aufsichtlichen Anforderungen bei Auslagerungsverhältnissen zu Tage gefördert haben, haben mich bewogen, einige Ergänzungen und Konkretisierungen im AT 9 vorzunehmen. Zunächst wird klargestellt, dass die Frage des Auslagerungstatbestands unabhängig von möglichen zivilrechtlichen Ausgestaltungen ist. Dies ist seit vielen Jahren gelebte Aufsichtspraxis, soll aber aufgrund immer wieder auftauchender Fragen und Unklarheiten nochmals ausdrücklich betont werden. In AT 9 Tz. 5 wird zudem deutlich gemacht, dass eine Auslagerung in Kernbankbereichen und in den wichtigen Kontrollbereichen (nur) dann zulässig ist, wenn in diesen Bereichen weiterhin fundierte Kenntnisse und Erfahrungen vorgehalten werden, die es ermöglichen, die Steuerung dieser ausgelagerten Bereiche effektiv wahrzunehmen und bei Bedarf auch eine Rückverlagerung in das Institut ohne Störungen des Betriebsablaufes zu gewährleisten. Mein besonderes Augenmerk gilt dabei auch den Kontrollbereichen Risikocontrolling, Compliance und Interne Revision, die als Steuerungs- und Kontrollinstrumente für die Geschäftsleitung von besonderer Wichtigkeit sind. In meinen Augen wird es der besonderen Bedeutung dieser Bereiche gerecht, wenn Vollauslagerungen der Risikocontrolling-Funktion gar nicht, Vollauslagerungen der Compliance-Funktion und der

Internen Revision nur bei kleinen Instituten möglich sind, bei denen die Einrichtung letztgenannter Funktionen vor dem Hintergrund der Institutsgröße und der betriebenen Geschäfte unverhältnismäßig wäre. Dies berührt die Möglichkeit von Teilauslagerungen in den genannten Funktionen und Bereichen (Risikocontrolling, Compliance, IR) nicht, denn insbesondere auch kleinen Instituten soll und muss die Möglichkeit offenstehen, weiterhin Expertise von außen zu gewinnen, wenn in bestimmten Aufgabenfeldern diese Expertise nicht oder nur unter unverhältnismäßigen Aufwand innerhalb des Instituts zur Verfügung steht. Wichtig ist mir dabei, dass diese für die Leitung eines Instituts wichtigen Steuerungsinstrumente nicht vollständig in die Hände Dritter gelegt werden und dadurch dem direkten Zugriff des Instituts entzogen sind. Wie schon oben erwähnt, gelten aber hierbei für kleine Institute besondere Maßstäbe.

Zusätzlich sehe ich zumindest bei Instituten mit umfangreichen Auslagerungslösungen ein zentrales Auslagerungsmanagement für geboten, um sicherzustellen, dass eine Stelle im Institut einen Gesamtüberblick über ausgelagerte Prozesse und Aktivitäten hat und so ein möglichst einheitlicher Umgang mit den besonderen Risiken aus Auslagerungen und deren Überwachung sichergestellt werden kann.

[...]

Anlage 24
Bundesanstalt für Finanzdienstleistungsaufsicht (BaFin)
Öffentliche Konsultation des Rundschreibens »Bankaufsichtliche Anforderungen an die IT« (BAIT) Übermittlungsschreiben vom 22. März 2017

[...]

Vertreterinnen und Vertreter meines Bereiches und auch der Deutschen Bundesbank wurden in den letzten Jahren seitens der Kreditwirtschaft verstärkt daraufhin angesprochen, dass die Anforderungen, die der § 25a Abs. 1 Kreditwesengesetz (KWG) an die ordnungsgemäße Geschäftsorganisation stellt – hier insbesondere bezogen auf die Informationstechnologie – aus Sicht der Industrie bislang nur unzureichend in den Mindestanforderungen an das Risikomanagement (MaRisk) abgebildet seien und deshalb im Zuge der sich erheblich beschleunigenden Digitalisierung im Finanzsektor einer Konkretisierung bedürfen.

Mit den »Bankaufsichtlichen Anforderungen an die IT« (BAIT), die sich primär an die Geschäftsleitungen der Kreditinstitute richten, wollen Deutsche Bundesbank und BaFin die Erwartungshaltung der Aufsicht an die Institute transparenter darstellen.

Ich kann Ihnen nun den Entwurf des Rundschreibens zu den BAIT vorlegen, den Mitarbeiterinnen und Mitarbeiter von BaFin und Deutscher Bundesbank gemeinsam entwickelt haben. Unterstützt wurden sie hierbei vom Fachgremium IT. Dieses Gremium umfasst neben Vertreterinnen und Vertretern der Aufsicht insbesondere Vertreterinnen und Vertreter von großen und kleinen Instituten und bedeutenden IT-Dienstleistern sowie Vertreterinnen und Vertreter von Banken- und Prüfungsverbänden sowie der Wissenschaft.

Ziele des Rundschreibens zu den BAIT

Das nun vorliegende Rundschreiben zu den BAIT besteht aus insgesamt acht Themenbereichen. In den einzelnen Themenbereichen verweisen Leitsätze auf die jeweiligen Textziffern der MaRisk, die IT-spezifisch konkretisiert werden.

Zentrales Ziel dieses Rundschreibens zu den BAIT ist es, dem Management der Institute auf der Grundlage des § 25a Abs. 1 KWG einen flexiblen und praxisnahen Rahmen für die Ausgestaltung der Informationstechnik der Institute, insbesondere auch für das Management der IT-Ressourcen und für das IT-Risikomanagement vorzugeben. Es konkretisiert ferner die Anforderungen des § 25a Abs. 3 KWG (Risikomanagement auf Gruppenebene) sowie des § 25b KWG (Auslagerung).

Die prinzipienorientierten Anforderungen des Rundschreibens zu den BAIT tragen – analog zu den MaRisk – dem Proportionalitätsprinzip Rechnung.

Die in den MaRisk enthaltenen Anforderungen bleiben unberührt und werden im Rahmen ihres Gegenstands durch die BAIT konkretisiert. Die in den BAIT konkretisierten Themenbereiche sind nach Regelungstiefe und -umfang nicht abschließender Natur. Jedes Institut bleibt folglich auch insbesondere jenseits der Konkretisierungen der BAIT gemäß § 25a Abs. 1 Nr. 4 KWG i. V. m. AT 7.2 Tz. 2 MaRisk verpflichtet, bei der Ausgestaltung der IT-Systeme und der dazugehörigen IT-Prozesse grundsätzlich auf gängige Standards sowie grundsätzlich auf den Stand der Technik abzustellen.

Konsultation des Rundschreibens zu den BAIT

Ich bitte Sie hiermit, bei Bedarf der Deutschen Bundesbank und der BaFin schriftliche Stellungnahmen zum beigefügten Rundschreiben zu den BAIT postalisch oder per E-Mail (Konsultation-02-17@bafin.de sowie b32_marisk@bundesbank.de) bis zum 05.05.2017 zukommen zu lassen.

Deutsche Bundesbank und BaFin werden die eingegangenen Stellungnahmen bewerten und konsolidieren. Im Anschluss daran wird das Ergebnis Gegenstand einer weiteren Sitzung des Fachgremiums IT sein. Meine Mitarbeiter werden die Mitglieder des Fachgremiums IT hierzu gesondert informieren.

Es ist vorgesehen, die eingegangenen Stellungnahmen auf den Homepages von BaFin und Deutscher Bundesbank zu veröffentlichen, soweit die Verfasser der Stellungnahmen dagegen keine Einwände erheben.

Ich freue mich auf Ihre fachliche Unterstützung und bin zuversichtlich, dass in dem Rundschreiben zu den BAIT Lösungen formuliert sind, die eine praxistaugliche Anwendung der BAIT im Sinne der IT-spezifischen Konkretisierung der MaRisk für Industrie und Aufsicht gewährleisten.

[...]

Anlage 25
Bundesanstalt für Finanzdienstleistungsaufsicht (BaFin)
Entwurf zur Neuausrichtung des Leitfadens zur aufsichtlichen Beurteilung bankinterner Risikotragfähigkeitskonzepte
Übermittlungsschreiben vom 5. September 2017

[...]

die bankinternen Verfahren zur Sicherstellung der Risikotragfähigkeit haben für die Bank-steuerung eine große Bedeutung. Auch die Aufsicht hat diesem Thema seit jeher eine große Aufmerksamkeit geschenkt, was in den einschlägigen Regelungen und Anforderungen des KWG und der MaRisk einerseits und dem aktuell noch geltenden aufsichtlichen Leitfaden zur aufsicht-lichen Beurteilung bankinterner Risikotragfähigkeitskonzepte vom 07.12.2011 dementsprechend zum Ausdruck kommt.

Mit dem Single Supervisory Mechanism (SSM) und den damit verbundenen neuen Aufgaben und Kompetenzen der EZB sowie den Leitlinien zum aufsichtlichen Überwachungs- und Bewer-tungsprozess (SREP) der European Banking Authority (EBA) haben sich seit der Veröffentlichung des bislang gültigen aufsichtlichen Risikotragfähigkeitsleitfadens signifikante Veränderungen in der europäischen Aufsichtsstruktur und -praxis ergeben. Diese beeinflussen nicht zuletzt auch die bankaufsichtliche Beurteilung der bankinternen Risikotragfähigkeitskonzepte (ICAAP) in einem nicht unerheblichen Maße. Zudem besteht insbesondere auch auf Seiten der Institute der Bedarf für Anpassungen der bestehenden Risikotragfähigkeitskonzepte, um auf die veränderten Rah-menbedingungen zu reagieren.

Die EZB hat mittlerweile ihre Erwartungen an den institutsinternen ICAAP bei bedeutenden Instituten (SIs) veröffentlicht und um Stellungnahmen gebeten. Entsprechende Erwartungen der EZB bezüglich der Ausgestaltung des ICAAP mit Blick auf die weniger bedeutenden Institute (LSIs) werden ebenfalls entwickelt. Vor diesem Hintergrund halte ich es für erforderlich, die aufsicht-lichen Beurteilungskriterien zu bankinternen Risikotragfähigkeitskonzepten auf eine neue Basis zu stellen und den veränderten Gegebenheiten innerhalb des SSM anzupassen.

In der Anlage übersende ich Ihnen daher den Entwurf eines neu strukturierten und inhaltlich angepassten Leitfadens zur aufsichtlichen Beurteilung bankinterner Risikotragfähigkeitskonzepte, der den neuen Gegebenheiten und auch den Beurteilungskriterien innerhalb des SSM Rechnung trägt. Inhaltlich orientiert sich dieses Papier an Erwartungen der EZB zum ICAAP und antizipiert auch die Entwicklung der Erwartungen für weniger bedeutende Institute. Damit wird sicher-gestellt, dass die nationale Vorgehensweise bei der Beurteilung der institutsinternen ICAAPs bei den Instituten, die der unmittelbaren deutschen Aufsicht unterstehen, im Einklang mit der harmonisierten Vorgehensweise innerhalb des SSM steht.

Wenngleich der neue Leitfaden den Übergang in die modifizierte Verfahrensweise zur Beurteilung des ICAAP darstellt, so halte ich es bis auf weiteres für zulässig, dass Institute ihren bisherigen ICAAP-Ansatz fortführen, wenn dieser dadurch geprägt ist, dass jene Teile der Risikodeckungsmasse, die für die Erfüllung der verbindlichen aufsichtlichen Kapitalanforderungen notwendig sind (inklusive des SREP-Zuschlags), nicht im Risikotragfähigkeitskonzept berücksichtigt werden (sog. »Going-Concern-Ansätze« alter Prägung). Entsprechende Anforderungen, wie sie bisher im alten Leitfaden enthalten waren, finden sich im Annex des vorliegenden Entwurfes.

Gerne gebe ich Ihnen Gelegenheit, zu dem vorliegenden Papier Stellung zu nehmen. Stellungnahmen können Sie bis zum 17.10.2017 per Mail parallel an die Deutsche Bundesbank (B30_MaRisk@bundesbank.de) und die BaFin (Risikotragfähigkeitsrechnung@bafin.de) senden. Ferner beabsichtige ich, die Inhalte des Papiers im Rahmen einer Sitzung des Fachgremiums MaRisk zu diskutieren. Den konkreten Termin und Ort dieser Sitzung werde ich Ihnen noch gesondert mitteilen.

[...]

Anlage 26
Bundesanstalt für Finanzdienstleistungsaufsicht (BaFin)
Rundschreiben 09/2017 (BA) zur Überarbeitung der MaRisk
Übermittlungsschreiben vom 27. Oktober 2017

[...]

ich freue mich, Ihnen nunmehr die finale Fassung der MaRisk vorlegen zu können. Diese bildet den Schlusspunkt des im Februar 2016 begonnenen Konsultationsverfahrens zu den MaRisk, in dessen Verlauf die intensiven Diskussionen mit Praxis- und Verbandsvertretern sowie Prüfern im Rahmen des Fachgremiums MaRisk zu einer Reihe von konstruktiven und praxisorientierten Lösungen für strittige Punkte geführt haben. Im Vergleich zur Konsultationsfassung haben sich daher an einigen Stellen Änderungen ergeben, die teils die aufsichtliche Zielrichtung stärker herausstellen sollen, teils aber auch berechtigten Interessen insbesondere auch kleinerer Institute gerecht werden.

Über die Hintergründe für die abgeschlossene Überarbeitung habe ich Sie schon im Anschreiben zum Konsultationsentwurf vom 19.02.2016 informiert. Haupttreiber der aktuellen Überarbeitung waren vor allem die »Grundsätze für die effektive Aggregation von Risikodaten und die Risikoberichterstattung« (BCBS 239) sowie die internationalen Diskussionen rund um das Thema Risikokultur in Banken, das in prominentester Form in dem im Jahr 2014 veröffentlichten Papier »Guidance on Supervisory Interaction with financial institutions on Risk Culture« des Financial Stability Boards (FSB) seinen Niederschlag gefunden hat. Weiterhin sind auch diesmal Erfahrungen aus der Aufsichtspraxis in die Überarbeitung eingeflossen. Von besonderer Bedeutung sind dabei sicherlich die Anpassungen im Modul AT 9 (Auslagerungen) zu nennen, die neben den oben genannten Themen den dritten großen Baustein der Überarbeitung darstellen.

Mit der Umsetzung des Baseler Papiers BCBS 239 sowie internationaler Papiere zur Risikokultur setzt die BaFin im Übrigen ihre bewährte Praxis fort, Anforderungen zum Risikomanagement in einem ganzheitlichen aufsichtlichen Rahmenwerk – den MaRisk – zu bündeln. Diese genannten Papiere sind aber nicht die einzigen Leitlinien bzw. Grundsätze dieser Art, die in die MaRisk eingeflossen sind. Ich darf an dieser Stelle darauf verweisen, dass bereits in der Vergangenheit in den MaRisk wesentliche Teile der EU-Richtlinienanforderungen zum Risikomanagement, aber auch einschlägige Leitlinien von CEBS bzw. der EBA in die nationale Aufsichtspraxis überführt wurden. Namentlich genannt seien an dieser Stelle folgende von CEBS bzw. der EBA veröffentlichten Leitlinien: Zu Liquiditätspuffern (Dezember 2009), zu Stresstests (GL32 – August 2010), zu Risikokonzentrationen (GL31 – September 2010), zu operationellen Risiken in Handelsaktivitäten (Oktober 2010), zur Liquiditätskostenverrechnung (Oktober 2010) sowie wesentliche Teile der Leitlinien zur »Internal Governance« (GL 44 – September 2011), soweit diese nicht ohnehin durch KWG oder anderweitiges Recht umgesetzt werden.

Das diesem Schreiben beigefügte Rundschreiben sowie die dazugehörigen Anlagen können auch auf den Internetseiten der BaFin und der Deutschen Bundesbank abgerufen werden (www.bafin.de; www.bundesbank.de).

Lassen Sie mich nun kurz auf die wesentlichen Änderungen und Aspekte in den MaRisk eingehen:

AT 4.3.4 und BT 3 – Risikodatenaggregation und Risikoberichterstattung

Mit dem neuen Modul AT 4.3.4 werden die Anforderungen an die Datenaggregation näher spezifiziert. Mit diesen neuen Anforderungen soll sichergestellt werden, dass entscheidungsrelevante Risikoinformationen schnell die verantwortlichen Entscheidungsträger erreichen und auf möglichst vollständigen, genauen und zeitnah vorliegenden Daten basieren.

Das neu eingeführte Modul AT 4.3.4, mit dem die BaFin gleichzeitig die entsprechenden Anforderungen des BCBS 239 umgesetzt hat, wendet sich ausschließlich an global und anderweitig systemrelevante Institute. Dies entspricht ausdrücklich dem Adressatenkreis des BCBS 239. Gerade bei diesen großen, überwiegend komplexen Instituten können Schwächen in der Aggregation von Risikodaten erhebliche negative Folgen nach sich ziehen. Nicht nur während der Finanzkrise, sondern auch in den darauffolgenden Jahren mussten die Aufsichtsbehörden feststellen, dass einige größere Institute nicht in der Lage waren, Informationen zu Gesamtexposures gegenüber bestimmten Adressen und in bestimmten Produkten innerhalb eines möglichst kurzen Zeitraums zu generieren, so dass sie nicht schnell genug auf kritische Entwicklungen reagieren konnten. Gerade in krisenhaften Situationen sind jedoch schnelle und fundierte Entscheidungen für das Wohl eines Unternehmens von großer Wichtigkeit, weshalb verlässliche Risikodaten, die möglichst zeitnah zur Verfügung stehen, für die Überlebensfähigkeit eines Unternehmens essenziell sein können. Mit den neuen Anforderungen soll daher auch die Reaktionsfähigkeit der Institute deutlich verbessert werden. Gleichzeitig möchte ich darauf hinweisen, dass natürlich auch für andere Institute eine angemessene Risikodatenaggregation ein wichtiges Thema darstellt. Daher sollten auch Institute, die nicht den Anforderungen des AT 4.3.4 unterliegen, im wohlverstandenen Eigeninteresse prüfen, ob mit Blick auf die Risikodatenaggregationskapazitäten Optimierungsbedarf besteht. Mir ist bewusst, dass der Prozess zur Verbesserung der Risikodatenaggregationskapazitäten den betroffenen Instituten einiges abverlangen wird, ich bin jedoch der Überzeugung, dass sich die damit einhergehende verbesserte Entscheidungsbasis langfristig positiv auf die Institute auswirken wird.

Das neue Modul BT 3 (Risikoberichterstattung) richtet sich hingegen an alle Institute. Es führt die bisher schon existierenden Anforderungen an die Risikoberichterstattung zusammen und gewährleistet damit gleichzeitig die Umsetzung einschlägiger Anforderungen des BCBS 239. Die inhaltliche Ausgestaltung unterliegt, wie bisher, dem Proportionalitätsprinzip. Ich möchte betonen, dass dies – wie in der Konsultation bisweilen befürchtet – nicht bedeutet, dass Anforderungen, die gemäß BCBS 239 nur an systemrelevante Institute gerichtet werden, quasi »durch die Hintertür« auch für alle anderen Institute Geltung beanspruchen. Institute, die nicht in den Anwendungsbereich des AT 4.3.4 fallen, können daher auch weiterhin die Ausgestaltung ihrer Risikoberichterstattung nach ihren individuellen Bedürfnissen und Notwendigkeiten zuschneiden (unter Beachtung der sonstigen Anforderungen der MaRisk). Voraussetzung ist jedoch, dass das bisher schon geltende übergeordnete Ziel der nachvollziehbaren und aussagekräftigen Berichterstattung nicht negativ tangiert wird. Wichtig ist mir insbesondere eine inhaltlich aussagekräftige Aufbereitung der Informationen, was auch ein ausgewogenes Verhältnis zwischen quantitativen und qualitativen Informationen beinhaltet.

AT 3, AT 5 – Risikokultur, Verhaltenskodex

Die Hintergründe, das Thema Risikokultur expliziter in den MaRisk zu verankern, habe ich schon im Begleitschreiben zum Konsultationsentwurf im Februar 2016 dargelegt. An dieser Stelle möchte ich nochmals betonen, dass mit der Anforderung, eine angemessene Risikokultur im Institut zu verankern, beileibe kein neuer Risikomanagementansatz gefordert wird. Mir ist aber wichtig, dass sich die Institute zukünftig stärker mit dieser Thematik auseinandersetzen und für sich definieren, welche Geschäfte, Verhaltensweisen und Praktiken letztlich als wünschenswert angesehen werden und welche nicht. Weiterhin wird es vor allem an den Führungsebenen in den Instituten sein, die Mitarbeiter auf gemeinsame Werte und Praktiken einzuschwören und den kritischen Dialog über die mit den Geschäften verbundenen Risiken im Institut zu fördern. Der in AT 5 geforderte Verhaltenskodex kann zwar einen wertvollen Beitrag dazu liefern, dass tatsächlich nur solche Geschäfte abgeschlossen und nur solche Geschäftspraktiken an den Tag gelegt werden, die von der Geschäftsleitung als zulässig bzw. wünschenswert deklariert wurden, dies allein gewährleistet jedoch noch keine angemessene Risikokultur. Das eigene »Vorleben« dessen, was man als Geschäftsleitung als angemessene Risikokultur definiert hat, Mitarbeiter in die Pflicht zu nehmen, sich an diesen definierten Werten zu orientieren und entsprechende Anreize zu setzen, die beileibe nicht nur monetär sein sollten, dies werden die Aufgaben sein, auf die sich die Institute bei der Stärkung der Risikokultur werden fokussieren müssen.

Im Übrigen ist die Anforderung zur Aufstellung eines Verhaltenskodex in AT 5 abhängig von Art, Umfang, Komplexität und Risikogehalt der Geschäftsaktivitäten. Dies trägt dem Umstand Rechnung, dass zwar ein solcher Kodex bei größeren Instituten mit weiter verzweigten Geschäftsaktivitäten ein sinnvolles Instrument ist, bei kleineren Instituten jedoch oftmals die persönliche Ansprache der Mitarbeiter durch die Führungskräfte des Instituts das direktere und im Zweifel auch effektivere Mittel ist, die Mitarbeiter auf die gemeinsamen Werte und Ziele einzuschwören. Bei kleineren Instituten mit weniger komplexen Aktivitäten erscheint ein solcher Kodex daher verzichtbar. Die Tatsache, dass persönliche Ansprache bisweilen als das wirksamere Mittel anzusehen ist, bedeutet jedoch nicht, dass Institute einer besonderen Beweislast ausgesetzt wären, wenn sie zu diesem Instrument greifen und eine entsprechende Dokumentation hierfür gegenüber der Aufsicht vorhalten müssten. Dies wird definitiv nicht der Fall sein.

Mir ist bewusst, dass das Thema Risikokultur nur schwer greifbar ist und eine angemessene Risikokultur gelebt werden muss. Regularien, aber auch dem Instrumentarium der Prüfung sind hier in meinen Augen Grenzen gesetzt. Nichtsdestotrotz wird sich die Aufsicht im Laufe der Zeit ein Bild machen und auch machen müssen, wie es um die Risikokultur in den jeweiligen Instituten bestellt ist, und bei Instituten, bei denen an dieser Stelle Nachholbedarf angezeigt erscheint, das direkte Gespräch mit den Geschäftsleitern suchen. Ich möchte aber an dieser Stelle an alle Institute appellieren, die Anforderungen an eine Risikokultur als ein wesentliches Werkzeug für ein angemessenes Risikomanagement zu begreifen und dieses auch zu nutzen.

AT 9 – Auslagerungen

In der Aufsichtspraxis sind bei Auslagerungsverhältnissen vielfach nicht nur Unklarheiten, sondern auch Mängel in der Anwendung des AT 9 sichtbar geworden, die mich dazu bewogen haben, Neuerungen, Konkretisierungen und Klarstellungen in diesem Modul vorzunehmen. An einigen Stellen wird die schon existierende aufsichtliche Verwaltungspraxis stärker betont, vor allem aber wird die aufsichtliche Sichtweise zu den Grenzen der Auslagerbarkeit deutlicher herausgearbeitet und neu definiert.

Die Institute sollen künftig das Management besonderer, mit Auslagerungen verbundener Risiken effektiver gestalten und vor allem möglichen Kontrollverlusten entgegenwirken. Hierfür erscheint es mir insbesondere wichtig, dass die Aufgaben und Tätigkeiten der Kontrollfunktionen, namentlich der Risikocontrolling-Funktion, der Compliance-Funktion und der Internen Revision, nicht vollständig in die Hände Dritter gegeben werden, um hiermit dem Verlust von solcher Expertise vorzubeugen, die für die effektive Aufgabenwahrnehmung dieser besonderen Funktionen notwendig ist. Mir ist aber auch bewusst, dass vor allem kleinere Institute auch auf Auslagerungsvereinbarungen zurückgreifen möchten, um in manchen Gebieten spezielle Fachexpertise zu generieren. Daher sind Erleichterungen für kleine Institute vorgesehen; diese können ihre Compliance-Funktion und die Interne Revision weiterhin vollständig auslagern. Ferner konnten für nicht wesentliche Tochterinstitute innerhalb einer Institutsgruppe mit Blick auf Auslagerungen solcher Funktionen auf das übergeordnete Institut Sonderregelungen gefunden werden, die den Beziehungen innerhalb solcher Gruppen Rechnung tragen. Auslagerungen einzelner Tätigkeiten und Prozesse in den genannten Kontrollfunktionen sind ohnehin weiterhin möglich – nicht nur bei kleinen, sondern auch bei größeren Instituten.

Zusätzlich halte ich zumindest bei größeren Instituten bzw. Instituten mit umfangreichen Auslagerungslösungen ein zentrales Auslagerungsmanagement für erforderlich, damit eine Stelle im Institut einen Gesamtüberblick über ausgelagerte Prozesse und Aktivitäten hat und so ein möglichst einheitlicher Umgang mit den besonderen Risiken aus Auslagerungen und deren Überwachung sichergestellt werden kann.

Besonders intensiv waren im Fachgremium MaRisk die Diskussionen um die Abgrenzung des sonstigen Fremdbezugs von Auslagerungen, gerade mit Blick auf eingesetzte Softwarelösungen. Hier konnte aus meiner Sicht aber ein pragmatischer Lösungsansatz gefunden werden, der den Interessen aller Beteiligten gerecht wird. So ist klargestellt, dass der reine Erwerb von Software für sich genommen keine Auslagerung darstellt. Hingegen fallen bei Softwarelösungen, die für die Steuerung, Messung, Überwachung der Risiken eingesetzt werden sowie für die Wahrnehmung bankgeschäftlicher Aufgaben wesentlich sind, die oftmals umfangreichen Unterstützungsleistungen der Anbieter sehr wohl in den Anwendungsbereich des AT 9. Entsprechende Klarstellungen hierzu sind nun in AT 9 Tz. 1 – Erläuterung – zu finden.

Die Anpassungen zu Weiterverlagerungen sollen die seit jeher geltende aufsichtliche Sichtweise klarer zum Ausdruck bringen, da auch hier immer wieder Zweifelsfragen und auch Mängel aufgetreten sind. Diese Anpassungen stehen in vollem Einklang mit den geltenden CEBS Leitlinien zu Auslagerungen und sollen gewährleisten, dass bei Beauftragung von Subunternehmen durch das Auslagerungsunternehmen die gleichen Anforderungen und Maßstäbe zur Anwendung kommen wie bei der ursprünglichen Auslagerung.

Übergangsfristen

Die neue Fassung der MaRisk tritt mit Veröffentlichung in Kraft. Wie bereits in der Vergangenheit enthalten die überarbeiteten MaRisk auch diesmal eine Reihe von Klarstellungen, die keine neuen Regelungsinhalte mit sich bringen und lediglich die existierende Verwaltungspraxis widerspiegeln. Konkret bedeutet dies, dass Änderungen, die lediglich klarstellender Natur sind, unmittelbar nach Veröffentlichung von den Instituten anzuwenden sind. Um den Instituten ausreichende Umsetzungszeiträume für Änderungen einzuräumen, die im MaRisk-Kontext neu sind und nicht lediglich Klarstellungen ohnehin schon vorhandener Anforderungen sind, gilt für diese neuen Anforderungen eine Umsetzungsfrist bis zum 31.10.2018.

Davon abweichende Umsetzungsfristen ergeben sich für die Anforderungen des neuen Moduls AT 4.3.4. Instituten, die die Anforderungen des AT 4.3.4 erfüllen müssen, wird – entsprechend der Empfehlungen des Baseler Ausschusses für Bankenaufsicht – für diese Anforderungen eine Umsetzungsfrist von drei Jahren gewährt. Diese gilt grundsätzlich ab dem Zeitpunkt der Einstufung als (anderweitig) systemrelevantes Institut. Klarstellend möchte ich hinzufügen, dass global systemrelevante Institute diese Anforderungen schon seit Januar 2016 zu erfüllen haben; die hier getroffene Übergangsfrist gilt dementsprechend für diese Institute nicht. Soweit ein Institut erst nach der Veröffentlichung der MaRisk erstmalig als systemrelevant eingestuft wird, gilt die dreijährige Frist ab Zeitpunkt dieser Einstufung.

Sollte sich in Einzelfällen herausstellen, dass die vollständige Umsetzung von Anforderungen, die im MaRisk-Kontext neu sind und nicht lediglich klarstellender Natur sind, trotz entsprechender Anstrengungen des Instituts nicht im gesetzten Zeitrahmen erfolgen kann, behalte ich mir vor, solche Einzelfälle separat zu adressieren. Hier wäre dann ggf. ein individueller Fahrplan zur vollständigen Umsetzung mit der Aufsicht zu vereinbaren. Dies stellt aber aus meiner Sicht den Ausnahmefall dar.

[...]

Anlage 27
Bundesanstalt für Finanzdienstleistungsaufsicht (BaFin)
Mindestanforderungen an das Risikomanagement (MaRisk) inkl. Erläuterungen
Rundschreiben 09/2017 (BA) vom 27. Oktober 2017

MaRisk vom 27. Oktober 2017

AT 1   Vorbemerkung

1   Dieses Rundschreiben gibt auf der Grundlage des § 25a Abs. 1 des Kreditwesengesetzes (KWG) einen flexiblen und praxisnahen Rahmen für die Ausgestaltung des Risikomanagements der Institute vor. Es präzisiert ferner die Anforderungen des § 25a Abs. 3 KWG (Risikomanagement auf Gruppenebene) sowie des § 25b KWG (Auslagerung). Ein angemessenes und wirksames

Risikomanagement umfasst unter Berücksichtigung der Risikotragfähigkeit insbesondere die Festlegung von Strategien sowie die Einrichtung interner Kontrollverfahren. Die internen Kontrollverfahren bestehen aus dem internen Kontrollsystem und der Internen Revision. Das interne Kontrollsystem umfasst insbesondere

- Regelungen zur Aufbau- und Ablauforganisation,
- Prozesse zur Identifizierung, Beurteilung, Steuerung, Überwachung sowie Kommunikation der Risiken (Risikosteuerungs- und -controllingprozesse) und
- eine Risikocontrolling-Funktion und eine Compliance-Funktion.

Das Risikomanagement schafft eine Grundlage für die sachgerechte Wahrnehmung der Überwachungsfunktionen des Aufsichtsorgans und beinhaltet deshalb auch dessen angemessene Einbindung.

Erläuterung: Zweigstellen gemäß § 53 KWG
Da bei Zweigstellen von Unternehmen mit Sitz im Ausland gemäß § 53 KWG kein Aufsichtsorgan vorhanden ist, haben diese Institute stattdessen in angemessener Form ihre Unternehmenszentralen einzubeziehen.

Das Rundschreiben gibt zudem einen qualitativen Rahmen für die Umsetzung maßgeblicher **2** Artikel der Richtlinie 2013/36/EU (Bankenrichtlinie – »CRD IV«) zur Organisation und zum Risikomanagement der Institute vor. Danach sind von den Instituten insbesondere angemessene Leitungs-, Steuerungs- und Kontrollprozesse (»Robust Governance Arrangements«), wirksame Verfahren zur Ermittlung, Steuerung, Überwachung und Kommunikation tatsächlicher oder potenzieller Risiken sowie angemessene interne Kontrollmechanismen einzurichten. Ferner müssen sie über wirksame und umfassende Verfahren und Methoden verfügen, die gewährleisten, dass genügend internes Kapital zur Abdeckung aller wesentlichen Risiken vorhanden ist (Interner Prozess zur Sicherstellung der Risikotragfähigkeit – »Internal Capital Adequacy Assessment Process«). Die Angemessenheit und Wirksamkeit dieser Verfahren, Methoden und Prozesse sind von der Aufsicht gemäß Art. 97 der Bankenrichtlinie im Rahmen des bankaufsichtlichen Überwachungsprozesses regelmäßig zu beurteilen (»Supervisory Review and Evaluation Process«). Das Rundschreiben ist daher unter Berücksichtigung des Prinzips der doppelten Proportionalität der Regelungsrahmen für die qualitative Aufsicht in Deutschland. Im Hinblick auf die Methoden zur Berechnung der aufsichtsrechtlich erforderlichen Eigenmittel der Bankenrichtlinie sind die Anforderungen des Rundschreibens insofern neutral konzipiert, als sie unabhängig von der gewählten Methode eingehalten werden können.

Der sachgerechte Umgang mit dem Proportionalitätsprinzip seitens der Institute beinhaltet in **3** dem prinzipienorientierten Aufbau der MaRisk auch, dass Institute im Einzelfall über bestimmte, in den MaRisk explizit formulierte Anforderungen hinaus weitergehende Vorkehrungen treffen, soweit dies zur Sicherstellung der Angemessenheit und Wirksamkeit des Risikomanagements erforderlich sein sollte. Insofern haben Institute, die besonders groß sind oder deren Geschäftsaktivitäten durch besondere Komplexität, Internationalität oder eine besondere Risikoexponierung gekennzeichnet sind, weitergehende Vorkehrungen im Bereich des Risikomanagements zu treffen als weniger große Institute mit weniger komplex strukturierten Geschäftsaktivitäten, die keine außergewöhnliche Risikoexponierung aufweisen. Erstgenannte Institute haben dabei auch die Inhalte einschlägiger Veröffentlichungen zum Risikomanagement des Baseler Ausschusses für Bankenaufsicht und des Financial Stability Board in eigenverantwortlicher Weise in ihre Überlegungen zur angemessenen Ausgestaltung des Risikomanagements einzubeziehen.

Durch das Rundschreiben wird zudem über § 33 Abs. 1 des Gesetzes über den Wertpapier- **4** handel (WpHG) in Verbindung mit § 25a Abs. 1 KWG Art. 13 der Richtlinie 2004/39/EG (Finanzmarktrichtlinie) umgesetzt, soweit diese auf Kreditinstitute und Finanzdienstleistungsinstitute gleichermaßen Anwendung findet. Dies betrifft die allgemeinen organisatorischen Anforderungen gemäß Art. 5, die Anforderungen an das Risikomanagement und die Interne Revision gemäß Art. 7 und 8, die Anforderungen zur Geschäftsleiterverantwortung gemäß Art. 9 sowie an Auslagerungen gemäß Art. 13 und 14 der Richtlinie 2006/73/EG (Durchführungsrichtlinie zur Finanzmarktrichtlinie). Diese Anforderungen dienen der Verwirklichung des Ziels der Finanzmarktrichtlinie, die Finanzmärkte in der Europäischen Union im Interesse des grenzüberschreitenden Finanzdienstleistungsverkehrs und einheitlicher Grundlagen für den Anlegerschutz zu harmonisieren.

5   Das Rundschreiben trägt der heterogenen Institutsstruktur und der Vielfalt der Geschäftsaktivitäten Rechnung. Es enthält zahlreiche Öffnungsklauseln, die abhängig von der Größe der Institute, den Geschäftsschwerpunkten und der Risikosituation eine vereinfachte Umsetzung ermöglichen. Insoweit kann es vor allem auch von kleineren Instituten flexibel umgesetzt werden. Das Rundschreiben ist gegenüber der laufenden Fortentwicklung der Prozesse und Verfahren im Risikomanagement offen, soweit diese im Einklang mit den Zielen des Rundschreibens stehen. Für diese Zwecke wird die Bundesanstalt für Finanzdienstleistungsaufsicht einen fortlaufenden Dialog mit der Praxis führen.

6   Soweit in den MaRisk auf systemrelevante Institute referenziert wird, handelt es sich dabei um global systemrelevante Institute nach § 10f KWG und um anderweitig systemrelevante Institute nach § 10g KWG.

7   Die Bundesanstalt für Finanzdienstleistungsaufsicht erwartet, dass der flexiblen Grundausrichtung des Rundschreibens im Rahmen von Prüfungshandlungen Rechnung getragen wird. Prüfungen sind daher auf der Basis eines risikoorientierten Prüfungsansatzes durchzuführen.

8   Das Rundschreiben ist modular strukturiert, so dass notwendige Anpassungen in bestimmten Regelungsfeldern auf die zeitnahe Überarbeitung einzelner Module beschränkt werden können. In einem allgemeinen Teil (Modul AT) befinden sich grundsätzliche Prinzipien für die Ausgestaltung des Risikomanagements. Spezifische Anforderungen an die Organisation des Kredit- und Handelsgeschäfts sind in einem besonderen Teil niedergelegt (Modul BT). Unter Berücksichtigung von Risikokonzentrationen werden in diesem Modul auch Anforderungen an die Identifizierung, Beurteilung, Steuerung sowie die Überwachung und Kommunikation von Adressenausfallrisiken, Marktpreisrisiken, Liquiditätsrisiken sowie operationellen Risiken gestellt. Darüber hinaus wird in Modul BT ein Rahmen für die Ausgestaltung der Internen Revision in den Instituten sowie für die Ausgestaltung der Risikoberichterstattung vorgegeben.

AT 2   Anwendungsbereich

1   Die Beachtung der Anforderungen des Rundschreibens durch die Institute soll dazu beitragen, Missständen im Kredit- und Finanzdienstleistungswesen entgegenzuwirken, welche die Sicherheit der den Instituten anvertrauten Vermögenswerte gefährden, die ordnungsgemäße Durchführung der Bankgeschäfte oder Finanzdienstleistungen beeinträchtigen oder erhebliche Nachteile für die Gesamtwirtschaft herbeiführen können. Bei der Erbringung von Wertpapierdienstleistungen und Wertpapiernebendienstleistungen müssen die Institute die Anforderungen darüber hinaus mit der Maßgabe einhalten, die Interessen der Wertpapierdienstleistungskunden zu schützen.

AT 2.1 Anwenderkreis

Die Anforderungen des Rundschreibens sind von allen Instituten im Sinne von § 1 Abs. 1b KWG **1** bzw. im Sinne von § 53 Abs. 1 KWG zu beachten. Sie gelten auch für die Zweigniederlassungen deutscher Institute im Ausland. Auf Zweigniederlassungen von Unternehmen mit Sitz in einem anderen Staat des Europäischen Wirtschaftsraums nach § 53b KWG finden sie keine Anwendung. Die Anforderungen in Modul AT 4.5 des Rundschreibens sind von übergeordneten Unternehmen bzw. übergeordneten Finanzkonglomeratsunternehmen einer Institutsgruppe, einer Finanzholdinggruppe oder eines Finanzkonglomerats auf Gruppenebene zu beachten.

Finanzdienstleistungsinstitute und Wertpapierhandelsbanken haben die Anforderungen des **2** Rundschreibens insoweit zu beachten, wie dies vor dem Hintergrund der Institutsgröße sowie von Art, Umfang, Komplexität und Risikogehalt der Geschäftsaktivitäten zur Einhaltung der gesetzlichen Pflichten aus §§ 25a und 25b KWG geboten erscheint. Dies gilt insbesondere für die Module AT 3, AT 5, AT 7 und AT 9.

AT 2.2 Risiken

Die Anforderungen des Rundschreibens beziehen sich auf das Management der für das Institut **1** wesentlichen Risiken. Zur Beurteilung der Wesentlichkeit hat sich die Geschäftsleitung regelmäßig und anlassbezogen im Rahmen einer Risikoinventur einen Überblick über die Risiken des Instituts zu verschaffen (Gesamtrisikoprofil). Die Risiken sind auf der Ebene des gesamten Instituts zu erfassen, unabhängig davon, in welcher Organisationseinheit die Risiken verursacht wurden.

Grundsätzlich sind zumindest die folgenden Risiken als wesentlich einzustufen:
a) Adressenausfallrisiken (einschließlich Länderrisiken),
b) Marktpreisrisiken,
c) Liquiditätsrisiken und
d) operationelle Risiken.

Mit wesentlichen Risiken verbundene Risikokonzentrationen sind zu berücksichtigen. Für Risiken, die als nicht wesentlich eingestuft werden, sind angemessene Vorkehrungen zu treffen.

Erläuterung: Risikokonzentrationen
Neben solchen Risikopositionen gegenüber Einzeladressen, die allein aufgrund ihrer Größe eine Risikokonzentration darstellen, können Risikokonzentrationen sowohl durch den Gleichlauf von Risikopositionen innerhalb einer Risikoart (»Intra-Risikokonzentrationen«) als auch durch den Gleichlauf von Risikopositionen über verschiedene Risikoarten hinweg (durch gemeinsame Risikofaktoren oder durch Interaktionen verschiedener Risikofaktoren unterschiedlicher Risikoarten – »Inter-Risikokonzentrationen«) entstehen.

Das Institut hat im Rahmen der Risikoinventur zu prüfen, welche Risiken die Vermögenslage **2** (inklusive Kapitalausstattung), die Ertragslage oder die Liquiditätslage wesentlich beeinträchtigen können. Die Risikoinventur darf sich dabei nicht ausschließlich an den Auswirkungen in der Rechnungslegung sowie an formalrechtlichen Ausgestaltungen orientieren.

Erläuterung: Ganzheitliche Risikoinventur
Bei der Risikoinventur sind auch Risiken aus außerbilanziellen Gesellschaftskonstruktionen zu betrachten (z.B. Risiken aus nicht konsolidierungspflichtigen Zweckgesellschaften). Abhängig

vom konkreten Gesamtrisikoprofil des Instituts sind ggf. auch sonstige Risiken, wie etwa Reputationsrisiken, als wesentlich einzustufen.

AT 2.3   Geschäfte

1   Kreditgeschäfte im Sinne dieses Rundschreibens sind grundsätzlich Geschäfte nach Maßgabe des § 19 Abs. 1 KWG (Bilanzaktiva und außerbilanzielle Geschäfte mit Adressenausfallrisiken).

Erläuterung: Kreditgeschäfte
Die Einstufung als Kreditgeschäft gilt unabhängig davon, ob die maßgeblichen Positionen Gegenstand von Verbriefungen sein sollen oder nicht.

2   Im Sinne dieses Rundschreibens gilt als Kreditentscheidung jede Entscheidung über Neukredite, Krediterhöhungen, Beteiligungen, Limitüberschreitungen, die Festlegung von kreditnehmerbezogenen Limiten sowie von Kontrahenten- und Emittentenlimiten, Prolongationen und Änderungen risikorelevanter Sachverhalte, die dem Kreditbeschluss zugrunde lagen (z. B. Sicherheiten, Verwendungszweck). Dabei ist es unerheblich, ob diese Entscheidung ausschließlich vom Institut selbst oder gemeinsam mit anderen Instituten getroffen wird (so genanntes Konsortialgeschäft).

Erläuterung: Prolongationen
Hinsichtlich des Begriffes »Prolongationen« wird nicht zwischen externen und internen Prolongationen (z. B. interne Verlängerung von extern b. a. w. zugesagten Krediten) unterschieden. Interne »Überwachungsvorlagen«, die lediglich der Kreditüberwachung während der Laufzeit dienen, gelten hingegen nicht als Prolongationen und damit nicht als Kreditentscheidungen im Sinne dieses Rundschreibens.

Erläuterung: Zinsanpassungen
Nach Ablauf von Zinsbindungsfristen (die nicht mit der Gesamtlaufzeit übereinstimmen) erfolgende Zinsanpassungen können als Bestandteil des Gesamtkreditvertrages angesehen werden, die vor Kreditvergabe (mit)geprüft werden. Es handelt sich daher grundsätzlich nicht um eine gesonderte Kreditentscheidung im Sinne dieses Rundschreibens.

Erläuterung: Stundungen
Stundungen stellen keine von vornherein geplanten Änderungen des Kreditverhältnisses dar. Sie dienen z. B. der kurzzeitigen Überbrückung der Zeit bis zu einer Sanierung und sind somit als Kreditentscheidung im Sinne dieses Rundschreibens zu qualifizieren.

3   Handelsgeschäfte sind grundsätzlich alle Abschlüsse, die ein
   a) Geldmarktgeschäft,
   b) Wertpapiergeschäft,
   c) Devisengeschäft,
   d) Geschäft in handelbaren Forderungen (z. B. Handel in Schuldscheinen),
   e) Geschäft in Waren oder
   f) Geschäft in Derivaten
zur Grundlage haben und die im eigenen Namen und für eigene Rechnung abgeschlossen werden. Als Wertpapiergeschäfte gelten auch Geschäfte mit Namensschuldverschreibungen sowie die Wertpapierleihe, nicht aber die Erstausgabe von Wertpapieren. Handelsgeschäfte sind auch,

ungeachtet des Geschäftsgegenstandes, Vereinbarungen von Rückgabe- oder Rücknahmeverpflichtungen sowie Pensionsgeschäfte.

Erläuterung: Emissionsgeschäft

Die Erstausgabe von Wertpapieren ist grundsätzlich kein Handelsgeschäft im Sinne dieses Rundschreibens. Hingegen stellt der Ersterwerb aus einer Emission ein Handelsgeschäft im Sinne dieses Rundschreibens dar. Beim Ersterwerb sind Erleichterungen im Hinblick auf die Marktgerechtigkeitskontrolle möglich (Erläuterungen zu BTO 2.2.2 Tz. 5).

Erläuterung: Einordnung von Forderungen als Handelsgeschäfte

Zu d): Forderungen sind dann als Handelsgeschäfte zu qualifizieren, wenn von Seiten des Instituts eine Handelsabsicht besteht. Hierzu hat das Institut geeignete Kriterien festzulegen.

Erläuterung: Warengeschäfte

Zu e): Zu den Geschäften in Waren zählen insbesondere der Handel mit Edelmetallen und Rohwaren sowie der CO_2-Handel und der Stromhandel. Geschäfte in Waren im Sinne dieses Rundschreibens umfassen nicht die Warengeschäfte, die infolge fest getroffener Vereinbarungen über die Abnahme bzw. Lieferung der jeweiligen Ware zum Zeitpunkt der Erfüllung geschlossene Positionen während der gesamten Geschäftsdauer begründen.

Erläuterung: Traditionelles Warengeschäft von gemischtwirtschaftlichen Kreditgenossenschaften

Für das traditionelle Warengeschäft von gemischtwirtschaftlichen Kreditgenossenschaften kann in Abhängigkeit von Art, Umfang und Risikogehalt dieser Geschäftsaktivitäten eine sinngemäße Umsetzung der Anforderungen für das Handelsgeschäft angemessen sein.

Zu den Geschäften in Derivaten gehören Termingeschäfte, deren Preis sich von einem zugrunde- **4**
liegenden Aktivum, von einem Referenzpreis, Referenzzins, Referenzindex oder einem im Voraus definierten Ereignis ableitet.

Erläuterung: Garantien/Avale

Garantien/Avale und Ähnliches fallen nicht unter die Derivate-Definition des Rundschreibens.

AT 3   Gesamtverantwortung der Geschäftsleitung

Alle Geschäftsleiter (§ 1 Abs. 2 KWG) sind, unabhängig von der internen Zuständigkeitsregelung, für **1**
die ordnungsgemäße Geschäftsorganisation und deren Weiterentwicklung verantwortlich. Diese Verantwortung bezieht sich unter Berücksichtigung ausgelagerter Aktivitäten und Prozesse auf alle wesentlichen Elemente des Risikomanagements. Die Geschäftsleiter werden dieser Verantwortung nur gerecht, wenn sie die Risiken beurteilen können und die erforderlichen Maßnahmen zu ihrer Begrenzung treffen. Hierzu zählen auch die Entwicklung, Förderung und Integration einer angemessenen Risikokultur innerhalb des Instituts und der Gruppe. Die Geschäftsleiter eines übergeordneten Unternehmens einer Institutsgruppe oder Finanzholding-Gruppe bzw. eines übergeordneten Finanz-

konglomeratsunternehmens sind zudem für die ordnungsgemäße Geschäftsorganisation in der Gruppe und somit auch für ein angemessenes und wirksames Risikomanagement auf Gruppenebene verantwortlich (§ 25a Abs. 3 KWG).

Erläuterung: Risikokultur

Die Risikokultur beschreibt allgemein die Art und Weise, wie Mitarbeiter des Instituts im Rahmen ihrer Tätigkeit mit Risiken umgehen (sollen). Die Risikokultur soll die Identifizierung und den bewussten Umgang mit Risiken fördern und sicherstellen, dass Entscheidungsprozesse zu Ergebnissen führen, die auch unter Risikogesichtspunkten ausgewogen sind. Kennzeichnend für eine angemessene Risikokultur ist vor allem das klare Bekenntnis der Geschäftsleitung zu risikoangemessenem Verhalten, die strikte Beachtung des durch die Geschäftsleitung kommunizierten Risikoappetits durch alle Mitarbeiter und die Ermöglichung und Förderung eines transparenten und offenen Dialogs innerhalb des Instituts zu risikorelevanten Fragen.

2   Ungeachtet der Gesamtverantwortung der Geschäftsleitung für die ordnungsgemäße Geschäftsorganisation und insbesondere für ein angemessenes und wirksames Risikomanagement ist jeder Geschäftsleiter für die Einrichtung angemessener Kontroll- und Überwachungsprozesse in seinem jeweiligen Zuständigkeitsbereich verantwortlich.

AT 4   Allgemeine Anforderungen an das Risikomanagement

AT 4.1   Risikotragfähigkeit

1   Auf der Grundlage des Gesamtrisikoprofils ist sicherzustellen, dass die wesentlichen Risiken des Instituts durch das Risikodeckungspotenzial, unter Berücksichtigung von Risikokonzentrationen, laufend abgedeckt sind und damit die Risikotragfähigkeit gegeben ist.

2   Das Institut hat einen internen Prozess zur Sicherstellung der Risikotragfähigkeit einzurichten. Die hierzu eingesetzten Verfahren haben sowohl das Ziel der Fortführung des Instituts als auch den Schutz der Gläubiger vor Verlusten aus ökonomischer Sicht angemessen zu berücksichtigen. Die Risikotragfähigkeit ist bei der Festlegung der Strategien (AT 4.2) sowie bei deren Anpassung zu berücksichtigen. Zur Umsetzung der Strategien bzw. zur Gewährleistung der Risikotragfähigkeit sind ferner geeignete Risikosteuerungs- und -controllingprozesse (AT 4.3.2) einzurichten.

Erläuterung: Fortführungsziel und Gläubigerschutz

Ist ein konkreter Steuerungsansatz aus der Perspektive eines der beiden Ziele (Fortführung des Instituts oder Gläubigerschutz) ausgestaltet, so ist ggf. dem jeweils anderen Ziel durch entsprechende Adjustierungen bzw. Ergänzungen des Steuerungsansatzes Rechnung zu tragen. Einzelheiten ergeben sich aus dem Leitfaden zur aufsichtlichen Beurteilung bankinterner Risikotragfähigkeitskonzepte.

3   Knüpft das Risikotragfähigkeitskonzept an Jahresabschluss-Größen an, so ist eine angemessene Betrachtung über den Bilanzstichtag hinaus erforderlich.

Erläuterung: Betrachtung über den Bilanzstichtag hinaus
Bei Anknüpfung des Risikotragfähigkeitskonzeptes an Jahresabschluss-Größen können in der Regel eine Betrachtung bis zum übernächsten Bilanzstichtag spätestens ab Mitte des Jahres oder eine rollierende 12-Monats-Betrachtung angemessene Lösungsansätze sein.

Wesentliche Risiken, die nicht in das Risikotragfähigkeitskonzept einbezogen werden, sind fest- 4
zulegen. Ihre Nichtberücksichtigung ist nachvollziehbar zu begründen und nur dann möglich, wenn das jeweilige Risiko aufgrund seiner Eigenart nicht sinnvoll durch Risikodeckungspotenzial begrenzt werden kann (z. B. das Zahlungsunfähigkeitsrisiko). Es ist sicherzustellen, dass solche Risiken angemessen in den Risikosteuerungs- und -controllingprozessen berücksichtigt werden.

Verfügt ein Institut über keine geeigneten Verfahren zur Quantifizierung einzelner Risiken, die 5
in das Risikotragfähigkeitskonzept einbezogen werden sollen, so ist für diese auf der Basis einer Plausibilisierung ein Risikobetrag festzulegen. Die Plausibilisierung kann auf der Basis einer qualifizierten Expertenschätzung durchgeführt werden.

Soweit ein Institut innerhalb oder zwischen Risikoarten risikomindernde Diversifikationseffekte 6
im Risikotragfähigkeitskonzept berücksichtigt, müssen die zugrundeliegenden Annahmen an-hand einer Analyse der institutsindividuellen Verhältnisse getroffen werden und auf Daten basieren, die auf die individuelle Risikosituation des Instituts als übertragbar angesehen werden können. Die zugrundeliegenden Datenhistorien müssen ausreichend lang sein, um Veränderun-gen von Diversifikationseffekten in konjunkturellen Auf- und Abschwungphasen widerzuspie-geln. Diversifikationseffekte müssen so konservativ geschätzt werden, dass sie auch in konjunk-turellen Abschwungphasen sowie bei im Hinblick auf die Geschäfts- und Risikostruktur des Instituts ungünstigen Marktverhältnissen als ausreichend stabil angenommen werden können.

Erläuterung: Datenhistorien
Die Ableitung von Diversifikationseffekten in Form einer reinen Durchschnittsbildung über konjunkturelle Auf- und Abschwungphasen hinweg ist nur dann ausreichend, wenn sich die Diversifikationseffekte über den gesamten Konjunkturzyklus hinweg als sehr stabil erwiesen haben und keine Anhaltspunkte dafür vorliegen, dass sie in Zukunft nicht stabil bleiben werden. Ergibt die Analyse der Datenhistorie, dass diese Bedingungen nicht erfüllt sind, können Diver-sifikationseffekte höchstens in dem Ausmaß berücksichtigt werden, wie sie auch in für das Institut sehr ungünstigen Marktphasen Bestand haben.

Die Festlegung von Diversifikationsannahmen innerhalb der Marktpreisrisiken kann ggf. auf Zeitreihen beruhen, die nicht alle Phasen eines Konjunkturzyklus abdecken. Es ist jedoch sicher-zustellen, dass Diversifikationseffekte auch auf der Basis eines Zeitraums ermittelt werden, der im Hinblick auf das aktuelle Portfolio des Instituts eine ungünstige Marktphase darstellt. Beinhaltet die beobachtbare Historie keine entsprechend geeignete Marktphase, kann anstelle einer histori-schen ausnahmsweise eine hypothetische Marktphase berücksichtigt werden, die entsprechend konservativ ausgestaltet sein muss.

Die Verlässlichkeit und die Stabilität der Diversifikationsannahmen sind regelmäßig und ggf. 7
anlassbezogen zu überprüfen.

Die Wahl der Methoden und Verfahren zur Beurteilung der Risikotragfähigkeit liegt in der 8
Verantwortung des Instituts. Die den Methoden und Verfahren zugrundeliegenden Annahmen sind nachvollziehbar zu begründen. Die Festlegung wesentlicher Elemente der Risikotragfähig-keitssteuerung sowie wesentlicher zugrundeliegender Annahmen ist von der Geschäftsleitung zu genehmigen.

Die Angemessenheit der Methoden und Verfahren ist zumindest jährlich durch die fachlich 9
zuständigen Mitarbeiter zu überprüfen. Im Rahmen der Überprüfung ist den Grenzen und Beschränkungen, die sich aus den eingesetzten Methoden und Verfahren, den ihnen zugrundelie-

genden Annahmen und den in die Risikoquantifizierung einfließenden Daten ergeben, hinreichend Rechnung zu tragen. Die Stabilität und Konsistenz der Methoden und Verfahren sowie die Aussagekraft der damit ermittelten Risiken sind insofern kritisch zu analysieren.

Erläuterung: Überprüfung der eingesetzten Methoden und Verfahren

Das Institut muss gewährleisten, dass es jederzeit einen vollständigen und aktuellen Überblick über die Methoden und Verfahren hat, die zur Risikoquantifizierung verwendet werden.

Da jegliche Methoden und Verfahren zur Risikoquantifizierung die Realität nicht vollständig abzubilden vermögen, ist dem Umstand, dass die Risikowerte Ungenauigkeiten – sowohl auf Ebene der Einzelrisiken als auch auf aggregierter Ebene – aufweisen oder das Risiko unterschätzen könnten, bei der Beurteilung der Risikotragfähigkeit hinreichend Rechnung zu tragen.

Sind bei vergleichsweise einfachen und transparenten Verfahren die damit ermittelten Risikowerte im Hinblick auf die Grenzen und Beschränkungen der Verfahren erkennbar hinreichend konservativ, kann auf eine weitergehende Analyse verzichtet werden.

Sind die Methoden und Verfahren, die ihnen zugrundeliegenden Annahmen, Parameter oder die einfließenden Daten vergleichsweise komplex, so ist eine entsprechend umfassende quantitative und qualitative Validierung dieser Komponenten sowie der Risikoergebnisse in Bezug auf ihre Verwendung erforderlich.

Erläuterung: Externe Daten

In die Risikodeckungspotenzial- und Risikoermittlung sowie die Aggregation von Risikodaten dürfen keine Parameter einfließen, die auf der Basis von externen Daten und Annahmen ermittelt werden, die unreflektiert aus anderen Quellen übernommen wurden. Dies gilt nicht für die inhaltliche Überprüfung der Richtigkeit von öffentlich zugänglichen Marktinformationen (Zinssätzen, Marktpreisen, Renditen etc.). Auf externen Daten beruhende Annahmen zu Parametern der Risiko- oder Risikodeckungspotenzialermittlung setzen voraus, dass das Institut plausibel darlegen kann, dass die zugrundeliegenden Daten die tatsächlichen Verhältnisse des Instituts angemessen widerspiegeln.

Basiert die Risikoermittlung auf Berechnungen Dritter (z.B. bei Fondsgesellschaften), hat sich das Institut aussagekräftige Informationen hierzu, insbesondere zu wesentlichen Annahmen und Parametern und zu Änderungen dieser Annahmen und Parameter vorlegen zu lassen.

10 Ist aufgrund der vergleichsweisen Komplexität der Verfahren und Methoden, der zugrundeliegenden Annahmen oder der einfließenden Daten eine umfassende Validierung dieser Komponenten gemäß Tz. 9 durchzuführen, ist hierbei eine angemessene Unabhängigkeit zwischen Methodenentwicklung und Validierung zu gewährleisten. Die wesentlichen Ergebnisse der Validierung und ggf. Vorschläge für Maßnahmen zum Umgang mit bekannten Grenzen und Beschränkungen der Methoden und Verfahren sind der Geschäftsleitung vorzulegen.

11 Jedes Institut muss über einen Prozess zur Planung des zukünftigen Kapitalbedarfs verfügen. Der Planungshorizont muss einen angemessen langen, mehrjährigen Zeitraum umfassen. Dabei ist zu berücksichtigen, wie sich über den Risikobetrachtungshorizont des Risikotragfähigkeitskonzepts hinaus Veränderungen der eigenen Geschäftstätigkeit oder der strategischen Ziele sowie Veränderungen des wirtschaftlichen Umfelds auf den Kapitalbedarf auswirken. Möglichen adversen Entwicklungen, die von den Erwartungen abweichen, ist bei der Planung angemessen Rechnung zu tragen.

Erläuterung: Zukunftsgerichteter Kapitalplanungsprozess

Der zukunftsgerichtete Kapitalplanungsprozess ist eine Ergänzung des Risikotragfähigkeitskonzeptes, um auch die zukünftige Fähigkeit, die eigenen Risiken tragen zu können, angemessen zu überwachen und zu planen. Bei der Kapitalplanung geht es darum, etwaigen Kapitalbedarf (intern und regulatorisch), der sich über den Risikobetrachtungshorizont hinaus ergeben könnte, rechtzeitig zu identifizieren und erforderlichenfalls frühzeitig geeignete Maßnahmen einzuleiten.

AT 4.2 Strategien

Die Geschäftsleitung hat eine nachhaltige Geschäftsstrategie festzulegen, in der die Ziele des **1** Instituts für jede wesentliche Geschäftsaktivität sowie die Maßnahmen zur Erreichung dieser Ziele dargestellt werden. Bei der Festlegung und Anpassung der Geschäftsstrategie sind sowohl externe Einflussfaktoren (z. B. Marktentwicklung, Wettbewerbssituation, regulatorisches Umfeld) als auch interne Einflussfaktoren (z. B. Risikotragfähigkeit, Liquidität, Ertragslage, personelle und technisch-organisatorische Ressourcen) zu berücksichtigen. Im Hinblick auf die zukünftige Entwicklung der relevanten Einflussfaktoren sind Annahmen zu treffen. Die Annahmen sind einer regelmäßigen und anlassbezogenen Überprüfung zu unterziehen; erforderlichenfalls ist die Geschäftsstrategie anzupassen.

Erläuterung: Prüfungshandlungen durch Jahresabschlussprüfer oder die Interne Revision
Der Inhalt der Geschäftsstrategie liegt allein in der Verantwortung der Geschäftsleitung und ist nicht Gegenstand von Prüfungshandlungen durch Jahresabschlussprüfer oder die Interne Revision. Bei der Überprüfung der Risikostrategie ist die Geschäftsstrategie heranzuziehen, um die Konsistenz zwischen beiden Strategien nachvollziehen zu können. Gegenstand der Prüfung ist außerdem der Strategieprozess nach AT 4.2 Tz. 4.

Erläuterung: Strategische Ziele sowie Maßnahmen zu deren Erreichung
Die Darstellung der strategischen Ziele sowie der Maßnahmen zur Erreichung dieser Ziele stecken die Eckpunkte für die operative Planung ab und müssen daher hinreichend konkret formuliert sein, um plausibel in die operative Unternehmensplanung überführt werden zu können.

Erläuterung: Besondere strategische Aspekte
Aufgrund der Bedeutung für das Funktionieren der Prozesse im Institut hat das Institut in Abhängigkeit von Art, Umfang, Komplexität und Risikogehalt der Geschäftsaktivitäten auch Aussagen zur zukünftig geplanten Ausgestaltung der IT-Systeme zu treffen.

Systemrelevante Institute haben zudem Aussagen zur Möglichkeit der Verbesserung von Aggregationskapazitäten für Risikodaten zu treffen.

Im Falle umfangreicher Auslagerungen sind auch entsprechende Ausführungen hierzu erforderlich.

Die Geschäftsleitung hat eine mit der Geschäftsstrategie und den daraus resultierenden Risiken **2** konsistente Risikostrategie festzulegen. Die Risikostrategie hat, ggf. unterteilt in Teilstrategien für die wesentlichen Risiken, die Ziele der Risikosteuerung der wesentlichen Geschäftsaktivitäten sowie die Maßnahmen zur Erreichung dieser Ziele zu umfassen. Insbesondere ist, unter Berücksichtigung von Risikokonzentrationen, für alle wesentlichen Risiken der Risikoappetit des Instituts festzulegen. Risikokonzentrationen sind dabei auch mit Blick auf die Ertragssituation des Instituts (Ertragskonzentrationen) zu berücksichtigen. Dies setzt voraus, dass das Institut seine Erfolgsquellen voneinander abgrenzen und diese quantifizieren kann (z. B. im Hinblick auf den Konditionen- und den Strukturbeitrag im Zinsbuch).

Erläuterung: Risikoappetit

Mit der Festlegung des Risikoappetits trifft die Geschäftsleitung eine bewusste Entscheidung darüber, in welchem Umfang sie bereit ist, Risiken einzugehen. Der Risikoappetit kann in vielfacher Weise zum Ausdruck gebracht werden. Neben rein quantitativen Vorgaben (z. B. Strenge der Risikomessung, Globallimite, Festlegung von Puffern für bestimmte Stressszenarien) kann der Risikoappetit auch in der Festlegung von qualitativen Vorgaben zur Geltung kommen (z. B. Anforderung an die Besicherung von Krediten, Vermeidung bestimmter Geschäfte).

3   Die Geschäftsleitung ist verantwortlich für die Festlegung und Anpassung der Strategien; diese Verantwortung ist nicht delegierbar. Die Geschäftsleitung muss für die Umsetzung der Strategien Sorge tragen. Der Detaillierungsgrad der Strategien ist abhängig von Umfang und Komplexität sowie dem Risikogehalt der geplanten Geschäftsaktivitäten. Es bleibt dem Institut überlassen, die Risikostrategie in die Geschäftsstrategie zu integrieren.

4   Die Geschäftsleitung hat einen Strategieprozess einzurichten, der sich insbesondere auf die Prozessschritte Planung, Umsetzung, Beurteilung und Anpassung der Strategien erstreckt. Für die Zwecke der Beurteilung sind die in den Strategien niedergelegten Ziele so zu formulieren, dass eine sinnvolle Überprüfung der Zielerreichung möglich ist. Die Ursachen für etwaige Abweichungen sind zu analysieren.

5   Die Strategien sowie ggf. erforderliche Anpassungen der Strategien sind dem Aufsichtsorgan des Instituts zur Kenntnis zu geben und mit diesem zu erörtern. Die Erörterung erstreckt sich auch auf die Ursachenanalyse nach AT 4.2 Tz. 4 im Falle von Zielabweichungen.

Erläuterung: Ausschüsse des Aufsichtsorgans

Adressat der Strategien sollte grundsätzlich jedes Mitglied des Aufsichtsorgans sein. Soweit das Aufsichtsorgan Ausschüsse gebildet hat, können die Strategien auch an einen Ausschuss weitergeleitet und mit diesem erörtert werden. Voraussetzung dafür ist, dass ein entsprechender Beschluss über die Einrichtung des Ausschusses besteht und der Vorsitzende des Ausschusses regelmäßig das gesamte Aufsichtsorgan informiert. Zudem ist jedem Mitglied des Aufsichtsorgans weiterhin das Recht einzuräumen, die an den Ausschuss geleiteten Strategien einsehen zu können.

6   Die Inhalte sowie Änderungen der Strategien sind innerhalb des Instituts in geeigneter Weise zu kommunizieren.

AT 4.3   Internes Kontrollsystem

1   In jedem Institut sind entsprechend Art, Umfang, Komplexität und Risikogehalt der Geschäftsaktivitäten
a) Regelungen zur Aufbau- und Ablauforganisation zu treffen,
b) Risikosteuerungs- und -controllingprozesse einzurichten und
c) eine Risikocontrolling-Funktion und eine Compliance-Funktion zu implementieren.

AT 4.3.1   Aufbau- und Ablauforganisation

1   Bei der Ausgestaltung der Aufbau- und Ablauforganisation ist sicherzustellen, dass miteinander unvereinbare Tätigkeiten durch unterschiedliche Mitarbeiter durchgeführt und auch bei Arbeitsplatzwechseln Interessenkonflikte vermieden werden. Beim Wechsel von Mitarbeitern der Han-

dels- und Marktbereiche in nachgelagerte Bereiche und Kontrollbereiche sind für Tätigkeiten, die gegen das Verbot der Selbstprüfung und -überprüfung verstoßen, angemessene Übergangsfristen vorzusehen.

Erläuterung: Nachgelagerte Bereiche und Kontrollbereiche
Als nachgelagerte Bereiche und Kontrollbereiche im Sinne dieser Textziffer sind anzusehen:
– Risikocontrolling-Funktion,
– Compliance-Funktion,
– Marktfolge,
– Abwicklung und Kontrolle.

Sofern die Übergangsfristen zu einer unverhältnismäßigen Verzögerung im Betriebsablauf führen, können kleinere, weniger komplexe Institute abweichend hiervon alternative angemessene Kontrollmechanismen einrichten.

Prozesse sowie die damit verbundenen Aufgaben, Kompetenzen, Verantwortlichkeiten, Kontrollen sowie Kommunikationswege sind klar zu definieren und aufeinander abzustimmen. Berechtigungen und Kompetenzen sind nach dem Sparsamkeitsgrundsatz (Need-to-know-Prinzip) zu vergeben und bei Bedarf zeitnah anzupassen. Dies beinhaltet auch die regelmäßige und anlassbezogene Überprüfung von IT-Berechtigungen, Zeichnungsberechtigungen und sonstigen eingeräumten Kompetenzen innerhalb angemessener Fristen. Die Fristen orientieren sich dabei an der Bedeutung der Prozesse und, bei IT-Berechtigungen, dem Schutzbedarf verarbeiteter Informationen. Das gilt auch bezüglich der Schnittstellen zu wesentlichen Auslagerungen. **2**

Erläuterung: Überprüfung von Berechtigungen und Kompetenzen
Zeichnungsberechtigungen in Verbindung mit Zahlungsverkehrskonten und wesentliche IT-Berechtigungen sind mindestens jährlich zu überprüfen, alle anderen mindestens alle drei Jahre. Besonders kritische IT-Berechtigungen, wie sie beispielsweise Administratoren aufweisen, sind mindestens halbjährlich zu überprüfen.

AT 4.3.2   Risikosteuerungs- und -controllingprozesse

Das Institut hat angemessene Risikosteuerungs- und -controllingprozesse einzurichten, die eine   **1**
a) Identifizierung,
b) Beurteilung,
c) Steuerung sowie
d) Überwachung und Kommunikation
der wesentlichen Risiken und damit verbundener Risikokonzentrationen gewährleisten. Diese Prozesse sind in eine gemeinsame Ertrags- und Risikosteuerung (»Gesamtbanksteuerung«) einzubinden. Durch geeignete Maßnahmen ist zu gewährleisten, dass die Risiken und die damit verbundenen Risikokonzentrationen unter Berücksichtigung der Risikotragfähigkeit und des Risikoappetits wirksam begrenzt und überwacht werden.

MaRisk vom 27. Oktober 2017

Erläuterung: Begrenzung und Überwachung von Risiken und damit verbundenen Risikokonzentrationen

Geeignete Maßnahmen zur Begrenzung von Risiken und damit verbundenen Risikokonzentrationen können quantitative Instrumente (z.B. Limitsysteme, Ampelsysteme) und qualitative Instrumente (z.B. regelmäßige Risikoanalysen) umfassen.

Die Begrenzung und Überwachung von im Risikotragfähigkeitskonzept einbezogenen Risiken erfolgt in der Regel, soweit sinnvoll, auf der Basis eines wirksamen Limitsystems. Bei Risiken, die nicht sinnvoll anhand einer Limitierung begrenzt und überwacht werden können, können auch andere, schwerpunktmäßig qualitative Instrumente eingesetzt werden.

Erläuterung: Intragruppenforderungen

Intragruppenforderungen sind in den Risikosteuerungs- und -controllingprozessen angemessen abzubilden.

2   Die Risikosteuerungs- und -controllingprozesse müssen gewährleisten, dass die wesentlichen Risiken – auch aus ausgelagerten Aktivitäten und Prozessen – frühzeitig erkannt, vollständig erfasst und in angemessener Weise dargestellt werden können. Hierzu hat das Institut geeignete Indikatoren für die frühzeitige Identifizierung von Risiken sowie von risikoartenübergreifenden Effekten abzuleiten, die je nach Risikoart auf quantitativen und/oder qualitativen Risikomerkmalen basieren.

3   Die Geschäftsleitung hat sich in angemessenen Abständen über die Risikosituation berichten zu lassen. Zudem hat die Geschäftsleitung das Aufsichtsorgan mindestens vierteljährlich über die Risikosituation in angemessener Weise schriftlich zu informieren. Einzelheiten zur Risikoberichterstattung an die Geschäftsleitung und an das Aufsichtsorgan sind in BT 3 geregelt.

4   Unter Risikogesichtspunkten wesentliche Informationen sind unverzüglich an die Geschäftsleitung, die jeweiligen Verantwortlichen und ggf. die Interne Revision weiterzuleiten, so dass geeignete Maßnahmen bzw. Prüfungshandlungen frühzeitig eingeleitet werden können. Hierfür ist ein geeignetes Verfahren festzulegen.

Erläuterung: Informationspflicht gegenüber der Internen Revision

Eine Informationspflicht gegenüber der Internen Revision besteht dann, wenn nach Einschätzung der Fachbereiche unter Risikogesichtspunkten relevante Mängel zu erkennen oder bedeutende Schadensfälle aufgetreten sind oder ein konkreter Verdacht auf Unregelmäßigkeiten besteht.

5   Die Risikosteuerungs- und -controllingprozesse sowie die zur Risikoquantifizierung eingesetzten Methoden und Verfahren sind regelmäßig sowie bei sich ändernden Bedingungen auf ihre Angemessenheit zu überprüfen und ggf. anzupassen. Dies betrifft insbesondere auch die Plausibilisierung der ermittelten Ergebnisse und der zugrundeliegenden Daten. AT 4.1 Tz. 9 ist entsprechend anzuwenden.

AT 4.3.3   Stresstests

1   Es sind regelmäßig sowie anlassbezogen angemessene Stresstests für die wesentlichen Risiken durchzuführen, die Art, Umfang, Komplexität und den Risikogehalt der Geschäftsaktivitäten widerspiegeln. Hierfür sind die für die jeweiligen Risiken wesentlichen Risikofaktoren zu identifizieren. Die Stresstests haben sich auch auf die angenommenen Risikokonzentrationen und Diversifikationseffekte innerhalb und zwischen den Risikoarten zu erstrecken. Risiken aus außer-

bilanziellen Gesellschaftskonstruktionen und Verbriefungstransaktionen sind im Rahmen der Stresstests zu berücksichtigen.

Erläuterung: Stresstests

Der Ausdruck »Stresstests« wird im Folgenden als Oberbegriff für die unterschiedlichen Methoden gebraucht, mit denen die Institute ihr individuelles Gefährdungspotenzial auch bezüglich außergewöhnlicher, aber plausibel möglicher Ereignisse auf den jeweils relevanten Ebenen des Instituts (z. B. Portfolioebene, Gesamtinstitutsebene, Geschäftsbereichsebene) überprüfen. Dies beinhaltet z. B. auch Sensitivitätsanalysen (bei denen im Allgemeinen nur ein Risikofaktor variiert wird) oder Szenarioanalysen (bei denen mehrere oder alle Risikofaktoren, deren Änderung sich aus einem vordefinierten Ereignis ergeben, simultan verändert werden).

Regelmäßige und ggf. anlassbezogene Stresstests sind auch für das Gesamtrisikoprofil des Instituts 2
durchzuführen. Dazu sind ausgehend von Art, Umfang, Komplexität und Risikogehalt der Geschäftsaktivitäten geeignete übergeordnete Szenarien zu definieren, die sowohl institutseigene als auch marktweite Ursachen berücksichtigen. Deren potenzielle Auswirkungen auf die wesentlichen Risikoarten sind kombiniert in einer Weise abzubilden, die die Wechselwirkungen zwischen den Risikoarten berücksichtigt.

Die Stresstests haben auch außergewöhnliche, aber plausibel mögliche Ereignisse abzubilden. 3
Dabei sind geeignete historische und hypothetische Szenarien darzustellen. Anhand der Stresstests sind dabei auch die Auswirkungen eines schweren konjunkturellen Abschwungs auf Gesamtinstitutsebene zu analysieren. Bei der Festlegung der Szenarien sind die strategische Ausrichtung des Instituts und sein wirtschaftliches Umfeld zu berücksichtigen.

Das Institut hat auch sogenannte »inverse Stresstests« durchzuführen. Die Ausgestaltung und 4
Durchführung ist abhängig von Art, Umfang, Komplexität und Risikogehalt der Geschäftsaktivitäten und kann qualitativ oder quantitativ erfolgen.

Erläuterung: Inverse Stresstests

Bei inversen Stresstests wird untersucht, welche Ereignisse das Institut in seiner Überlebensfähigkeit gefährden könnten. Die Überlebensfähigkeit ist dann als gefährdet anzunehmen, wenn sich das ursprüngliche Geschäftsmodell als nicht mehr durchführbar bzw. tragbar erweist.

Inverse Stresstests stellen eine Ergänzung der sonstigen Stresstests dar. Aufgrund ihrer Konstruktionsweise steht bei inversen Stresstests die kritische Reflexion der Ergebnisse im Vordergrund. Die Ergebnisse müssen in der Regel bei der Beurteilung der Risikotragfähigkeit nicht berücksichtigt werden.

Die Angemessenheit der Stresstests sowie deren zugrundeliegende Annahmen sind in regelmäßi- 5
gen Abständen, mindestens aber jährlich, zu überprüfen.

Die Ergebnisse der Stresstests sind kritisch zu reflektieren. Dabei ist zu ergründen, inwieweit 6
und, wenn ja, welcher Handlungsbedarf besteht. Die Ergebnisse der Stresstests sind auch bei der Beurteilung der Risikotragfähigkeit angemessen zu berücksichtigen. Dabei ist den Auswirkungen eines schweren konjunkturellen Abschwungs besondere Aufmerksamkeit zu schenken.

Erläuterung: Handlungsbedarf

Identifizierter Handlungsbedarf muss nicht automatisch in eine Unterlegung mit Risikodeckungspotenzial münden. Alternativ dazu können auch andere Maßnahmen wie z. B. eine verschärfte Überwachung der Risiken, Limitanpassungen oder Anpassungen in der geschäftspolitischen Ausrichtung geeignet sein. Eine Unterlegung mit Risikodeckungspotenzial ist dann erforderlich, wenn die Stresstests bewusst zur Quantifizierung des internen Kapitalbedarfs eingesetzt werden.

AT 4.3.4 Datenmanagement, Datenqualität und Aggregation von Risikodaten

1 Die Anforderungen dieses Moduls richten sich an systemrelevante Institute und gelten sowohl auf Gruppenebene als auch auf der Ebene der wesentlichen gruppenangehörigen Einzelinstitute. Das Institut hat institutsweit und gruppenweit geltende Grundsätze für das Datenmanagement, die Datenqualität und die Aggregation von Risikodaten festzulegen, die von der Geschäftsleitung zu genehmigen und in Kraft zu setzen sind.

Erläuterung: Aggregation von Risikodaten
Unter der Aggregation von Risikodaten ist die gesamte Verfahrens- und Prozesskette von der Erhebung und Erfassung von Daten über die Verarbeitung bis hin zur Auswertung nach bestimmten Kriterien und zur Berichterstattung von Risikodaten zu verstehen.

2 Datenstruktur und Datenhierarchie müssen gewährleisten, dass Daten zweifelsfrei identifiziert, zusammengeführt und ausgewertet werden können sowie zeitnah zur Verfügung stehen. Hierfür sind, soweit möglich, einheitliche Namenskonventionen und Kennzeichnungen von Daten festzulegen und innerhalb des Instituts zu kommunizieren. Bei unterschiedlichen Namenskonventionen und Kennzeichnungen hat das Institut sicherzustellen, dass Daten automatisiert ineinander überleitbar sind.

3 Das Institut hat zu gewährleisten, dass Risikodaten genau und vollständig sind. Daten müssen nach unterschiedlichen Kategorien auswertbar sein und sollten, soweit möglich und sinnvoll, automatisiert aggregiert werden können. Der Einsatz und der Umfang manueller Prozesse und Eingriffe sind zu begründen und zu dokumentieren und auf das notwendige Maß zu beschränken. Die Datenqualität und die Datenvollständigkeit sind anhand geeigneter Kriterien zu überwachen. Hierfür hat das Institut interne Anforderungen an die Genauigkeit und Vollständigkeit der Daten zu formulieren.

Erläuterung: Auswertbarkeit nach verschiedenen Kategorien
Die Auswertbarkeit umfasst neben den Risikokategorien und -unterkategorien u. a. die Kategorien Geschäftsfeld, Konzerngesellschaft, Art des Vermögenswerts, Branche, Region; abhängig vom betrachteten Risiko können weitere Kategorien erforderlich sein. Auswertungen müssen in angemessener Weise auch mehrdimensional nach kombinierten Kategorien möglich sein.

4 Die Risikodaten sind mit anderen im Institut vorhandenen Informationen abzugleichen und zu plausibilisieren. Es sind Verfahren und Prozesse zum Abgleich der Risikodaten und der Daten in den Risikoberichten einzurichten, mittels derer Datenfehler und Schwachstellen in der Datenqualität identifiziert werden können.

Erläuterung: Andere im Institut vorhandene Informationen
Der Abgleich und die Plausibilisierung der Risikodaten sind z. B. mit Daten aus dem Rechnungswesen und ggf. dem Meldewesen vorzunehmen.

5 Die Datenaggregationskapazitäten müssen gewährleisten, dass aggregierte Risikodaten, sowohl unter gewöhnlichen Umständen als auch in Stressphasen, zeitnah zur Verfügung stehen. Das Institut hat unter Berücksichtigung der Häufigkeit von Risikoberichten den zeitlichen Rahmen zu definieren, innerhalb dessen die aggregierten Risikodaten vorliegen müssen.

Erläuterung: Risikodaten in Stressphasen
Zu den Daten, die auch in Stressphasen zeitnah zur Verfügung stehen müssen, gehören u. a.:
- Adressenausfallrisiko auf Gesamtbank-/Gruppenebene,
- Aggregiertes Exposure gegenüber großen Unternehmensschuldnern,
- Kontrahentenrisiken (auch aus Derivaten) – zusammengefasst und aufgeteilt auf einzelne Adressen,
- Marktpreisrisiken, Handelspositionen und operative Limite/Limitauslastungen inklusive möglicher Konzentrationen,
- Indikatoren für mögliche Liquiditätsrisiken/-engpässe,
- Zeitkritische Indikatoren für operationelle Risiken.

Die Datenaggregationskapazitäten müssen hinreichend flexibel sein, um Informationen ad hoc **6** nach unterschiedlichen Kategorien ausweisen und analysieren zu können. Dazu gehört auch die Möglichkeit, Risikopositionen auf den unterschiedlichsten Ebenen (Geschäftsfelder, Portfolios, ggf. Einzelgeschäfte) auszuweisen und zu analysieren.

Erläuterung: Ad-hoc-Informationen nach verschiedenen Kategorien
Eine Generierung und Analysefähigkeit der Risikopositionen nach Ländern, Branchen, Geschäftsfeldern etc. muss auch bei Ad-hoc-Informationsbedürfnissen gegeben sein. Dabei sollten die wesentlichen Kategorien, soweit möglich und sinnvoll, bis hinunter zur Einzelgeschäftsebene aufgegliedert werden können.

Für alle Prozessschritte sind Verantwortlichkeiten festzulegen und entsprechende prozessabhän- **7** gige Kontrollen einzurichten. Daneben ist regelmäßig zu überprüfen, ob die institutsinternen Regelungen, Verfahren, Methoden und Prozesse von den Mitarbeitern eingehalten werden. Die Überprüfung ist von einer von den geschäftsinitiierenden bzw. geschäftsabschließenden Organisationseinheiten unabhängigen Stelle wahrzunehmen.

Erläuterung: Überprüfung durch eine unabhängige Stelle
Die mit der Überprüfung betrauten Mitarbeiter sollten möglichst über hinreichende Kenntnisse bezüglich der IT-Systeme und des Berichtswesens verfügen.

AT 4.4 Besondere Funktionen

AT 4.4.1 Risikocontrolling-Funktion

Jedes Institut muss über eine unabhängige Risikocontrolling-Funktion verfügen, die für die Über- **1** wachung und Kommunikation der Risiken zuständig ist. Die Risikocontrolling-Funktion ist aufbauorganisatorisch bis einschließlich der Ebene der Geschäftsleitung von den Bereichen zu trennen, die für die Initiierung bzw. den Abschluss von Geschäften zuständig sind.

Erläuterung: Funktionstrennung
Die speziellen Funktionstrennungsanforderungen des BTO bleiben unberührt.

Erläuterung: Initiierung und Abschluss von Geschäften
Zu den Bereichen, die Geschäfte initiieren bzw. abschließen, zählen der Bereich Markt, der Bereich Handel sowie andere Bereiche, die über Positionsverantwortung verfügen (z. B. Treasury). Grund-

sätzlich gehören dazu auch solche Bereiche, die sog. »nicht-risikorelevantes Kreditgeschäft« initiieren und abschließen. Bei Instituten mit maximal drei Geschäftsleitern ist eine aufbauorganisatorische Trennung des Bereiches Markt für »nicht-risikorelevantes« Kreditgeschäft von der Risikocontrolling-Funktion bis unmittelbar unterhalb der Geschäftsleiterebene in der Regel ausreichend, sofern keine Interessenkonflikte erkennbar sind und keine Konzentration von Verantwortlichkeiten beim betroffenen Geschäftsleiter vorliegt.

2   Die Risikocontrolling-Funktion hat insbesondere die folgenden Aufgaben:
- Unterstützung der Geschäftsleitung in allen risikopolitischen Fragen, insbesondere bei der Entwicklung und Umsetzung der Risikostrategie sowie bei der Ausgestaltung eines Systems zur Begrenzung der Risiken,
- Durchführung der Risikoinventur und Erstellung des Gesamtrisikoprofils,
- Unterstützung der Geschäftsleitung bei der Einrichtung und Weiterentwicklung der Risikosteuerungs- und -controllingprozesse,
- Einrichtung und Weiterentwicklung eines Systems von Risikokennzahlen und eines Risikofrüherkennungsverfahrens,
- Laufende Überwachung der Risikosituation des Instituts und der Risikotragfähigkeit sowie der Einhaltung der eingerichteten Risikolimite,
- Regelmäßige Erstellung der Risikoberichte für die Geschäftsleitung,
- Verantwortung für die Prozesse zur unverzüglichen Weitergabe von unter Risikogesichtspunkten wesentlichen Informationen an die Geschäftsleitung, die jeweiligen Verantwortlichen und ggf. die Interne Revision.

3   Den Mitarbeitern der Risikocontrolling-Funktion sind alle notwendigen Befugnisse und ein uneingeschränkter Zugang zu allen Informationen einzuräumen, die für die Erfüllung ihrer Aufgaben erforderlich sind. Hierzu gehört insbesondere auch ein uneingeschränkter und jederzeitiger Zugang zu den Risikodaten des Instituts.

4   Die Leitung der Risikocontrolling-Funktion ist bei wichtigen risikopolitischen Entscheidungen der Geschäftsleitung zu beteiligen. Diese Aufgabe ist einer Person auf einer ausreichend hohen Führungsebene zu übertragen. Sie hat ihre Aufgaben in Abhängigkeit von der Größe des Instituts sowie Art, Umfang, Komplexität und Risikogehalt der Geschäftsaktivitäten grundsätzlich in exklusiver Weise auszufüllen.

Erläuterung: Exklusive Wahrnehmung der Leitung der Risikocontrolling-Funktion
Die exklusive Wahrnehmung der Leitung der Risikocontrolling-Funktion bedeutet die ausschließliche Wahrnehmung von Risikocontrolling-Aufgaben in der Regel unmittelbar unterhalb der Geschäftsleiterebene (2. Ebene). Dies umfasst auch eine klare aufbauorganisatorische Trennung von Risikocontrolling-Funktion und Marktfolge bis unterhalb der Geschäftsleiterebene. Bei Instituten mit maximal drei Geschäftsleitern können Risikocontrolling-Funktion und Marktfolge auch unter einheitlicher Leitung der 2. Ebene stehen und dieser Leitung auch Votierungskompetenzen eingeräumt werden, sofern daraus keine wesentlichen Interessenkonflikte erkennbar sind und diese Leitung weder Geschäfte initiiert noch in die Kundenbetreuung eingebunden ist. Ferner kann bei solchen Instituten die Leitung der Risikocontrolling-Funktion auch auf der 3. Ebene angesiedelt sein, sofern eine direkte Berichtslinie zur Geschäftsleiterebene besteht. Hinsichtlich der Trennung der Risikocontrolling-Funktion bei rechtlich unselbständigen Auslandszweigstellen gilt BTO Tz. 3, Erläuterung 1 entsprechend.

5   Bei systemrelevanten Instituten hat die exklusive Wahrnehmung der Leitung der Risikocontrolling-Funktion grundsätzlich durch einen Geschäftsleiter zu erfolgen (»Chief Risk Officer« – CRO). Er kann auch für die Marktfolge zuständig sein, sofern eine klare aufbauorganisatorische Tren-

nung von Risikocontrolling-Funktion und Marktfolge bis unterhalb der Geschäftsleiterebene erfolgt. Der CRO darf weder für den Bereich Finanzen/Rechnungswesen (»Chief Financial Officer« – CFO) noch für den Bereich Organisation/IT (»Chief Operational Officer« – COO) verantwortlich sein. Ausnahmen hiervon sind lediglich im Vertretungsfall möglich.

Wechselt die Leitung der Risikocontrolling-Funktion, ist das Aufsichtsorgan rechtzeitig vorab **6** unter Angabe der Gründe für den Wechsel zu informieren.

AT 4.4.2 Compliance-Funktion

Jedes Institut muss über eine Compliance-Funktion verfügen, um den Risiken, die sich aus der **1** Nichteinhaltung rechtlicher Regelungen und Vorgaben ergeben können, entgegenzuwirken. Die Compliance-Funktion hat auf die Implementierung wirksamer Verfahren zur Einhaltung der für das Institut wesentlichen rechtlichen Regelungen und Vorgaben und entsprechender Kontrollen hinzuwirken. Ferner hat die Compliance-Funktion die Geschäftsleitung hinsichtlich der Einhaltung dieser rechtlichen Regelungen und Vorgaben zu unterstützen und zu beraten.

Erläuterung: Verantwortung der Geschäftsleiter und der Geschäftsbereiche
Unbeschadet der Aufgaben der Compliance-Funktion bleiben die Geschäftsleiter und die Geschäftsbereiche für die Einhaltung rechtlicher Regelungen und Vorgaben uneingeschränkt verantwortlich.

Erläuterung: Verhältnis zu anderen aufsichtlichen Vorgaben
Alle sonstigen Vorgaben zur Compliance-Funktion, die sich aus anderen Aufsichtsgesetzen ergeben (insbesondere § 33 WpHG in Verbindung mit dem Rundschreiben »MaComp«; § 25h KWG in Verbindung mit konkretisierenden Verwaltungsvorschriften), bleiben unberührt.

Die Identifizierung der wesentlichen rechtlichen Regelungen und Vorgaben, deren Nichteinhaltung **2** zu einer Gefährdung des Vermögens des Instituts führen kann, erfolgt unter Berücksichtigung von Risikogesichtspunkten in regelmäßigen Abständen durch die Compliance-Funktion.

Grundsätzlich ist die Compliance-Funktion unmittelbar der Geschäftsleitung unterstellt und **3** berichtspflichtig. Sie kann auch an andere Kontrolleinheiten angebunden werden, sofern eine direkte Berichtslinie zur Geschäftsleitung existiert. Zur Erfüllung ihrer Aufgaben kann die Compliance-Funktion auch auf andere Funktionen und Stellen zurückgreifen. Die Compliance-Funktion ist abhängig von der Größe des Institutes sowie der Art, dem Umfang, der Komplexität und dem Risikogehalt der Geschäftsaktivitäten in einem von den Bereichen Markt und Handel unabhängigen Bereich anzusiedeln.

Erläuterung: Anbindung an andere Kontrolleinheiten
Andere Kontrolleinheiten können z.B. das Risikocontrolling oder der Geldwäschebeauftragte, nicht jedoch die Interne Revision sein.

Systemrelevante Institute haben für die Compliance-Funktion eine eigenständige Organisations- **4** einheit einzurichten.

Das Institut hat einen Compliance-Beauftragten zu benennen, der für die Erfüllung der Auf- **5** gaben der Compliance-Funktion verantwortlich ist. Abhängig von Art, Umfang, Komplexität und Risikogehalt der Geschäftsaktivitäten sowie der Größe des Instituts kann im Ausnahmefall die Funktion des Compliance-Beauftragten auch einem Geschäftsleiter übertragen werden.

6   Den Mitarbeitern der Compliance-Funktion sind ausreichende Befugnisse und ein uneingeschränkter Zugang zu allen Informationen einzuräumen, die für die Erfüllung ihrer Aufgaben
erforderlich sind. Weisungen und Beschlüsse der Geschäftsleitung, die für die Compliance-Funktion wesentlich sind, sind ihr bekanntzugeben. Über wesentliche Änderungen der Regelungen, die
die Einhaltung der wesentlichen rechtlichen Regelungen und Vorgaben gewährleisten sollen, sind
die Mitarbeiter der Compliance-Funktion rechtzeitig zu informieren.

7   Die Compliance-Funktion hat mindestens jährlich sowie anlassbezogen der Geschäftsleitung
über ihre Tätigkeit Bericht zu erstatten. Darin ist auf die Angemessenheit und Wirksamkeit der
Regelungen zur Einhaltung der wesentlichen rechtlichen Regelungen und Vorgaben einzugehen.
Ferner hat der Bericht auch Angaben zu möglichen Defiziten sowie zu Maßnahmen zu deren
Behebung zu enthalten. Die Berichte sind auch an das Aufsichtsorgan und die Interne Revision
weiterzuleiten.

8   Wechselt die Position des Compliance-Beauftragten, ist das Aufsichtsorgan rechtzeitig vorab
unter Angabe der Gründe für den Wechsel zu informieren.

AT 4.4.3   Interne Revision

1   Jedes Institut muss über eine funktionsfähige Interne Revision verfügen. Bei Instituten, bei denen
aus Gründen der Betriebsgröße die Einrichtung einer Revisionseinheit unverhältnismäßig ist,
können die Aufgaben der Internen Revision von einem Geschäftsleiter erfüllt werden.

2   Die Interne Revision ist ein Instrument der Geschäftsleitung, ihr unmittelbar unterstellt und
berichtspflichtig. Sie kann auch einem Mitglied der Geschäftsleitung, nach Möglichkeit dem
Vorsitzenden, unterstellt sein. Unbeschadet dessen ist sicherzustellen, dass der Vorsitzende des
Aufsichtsorgans unter Einbeziehung der Geschäftsleitung direkt bei dem Leiter der Internen
Revision Auskünfte einholen kann.

Erläuterung: Einholung von Auskünften durch den Vorsitzenden des Aufsichtsorgans
Wenn das Institut einen Prüfungsausschuss eingerichtet hat, kann alternativ sichergestellt werden, dass der Vorsitzende des Prüfungsausschusses Auskünfte beim Leiter der Internen Revision
einholen kann.

3   Die Interne Revision hat risikoorientiert und prozessunabhängig die Wirksamkeit und Angemessenheit des Risikomanagements im Allgemeinen und des internen Kontrollsystems im Besonderen
sowie die Ordnungsmäßigkeit grundsätzlich aller Aktivitäten und Prozesse zu prüfen und zu
beurteilen, unabhängig davon, ob diese ausgelagert sind oder nicht. BT 2.1 Tz. 3 bleibt hiervon
unberührt.

4   Zur Wahrnehmung ihrer Aufgaben ist der Internen Revision ein vollständiges und uneingeschränktes Informationsrecht einzuräumen. Dieses Recht ist jederzeit zu gewährleisten. Der Internen Revision sind insoweit unverzüglich die erforderlichen Informationen zu erteilen, die notwendigen Unterlagen zur Verfügung zu stellen und Einblick in die Aktivitäten und Prozesse sowie die
IT-Systeme des Instituts zu gewähren.

5   Weisungen und Beschlüsse der Geschäftsleitung, die für die Interne Revision von Bedeutung
sein können, sind ihr bekanntzugeben. Über wesentliche Änderungen im Risikomanagement ist
die Interne Revision rechtzeitig zu informieren.

6   Wechselt die Leitung der Internen Revision, ist das Aufsichtsorgan rechtzeitig vorab unter
Angabe der Gründe für den Wechsel zu informieren.

AT 4.5   Risikomanagement auf Gruppenebene

Nach § 25a Abs. 3 KWG sind die Geschäftsleiter des übergeordneten Unternehmens einer Instituts- **1** gruppe oder Finanzholding-Gruppe sowie die Geschäftsleiter des übergeordneten Finanzkonglomeratsunternehmens eines Finanzkonglomerats für die Einrichtung eines angemessenen und wirksamen Risikomanagements auf Gruppenebene verantwortlich. Die Reichweite des Risikomanagements auf Gruppenebene erstreckt sich auf alle wesentlichen Risiken der Gruppe, unabhängig davon, ob diese von konsolidierungspflichtigen Unternehmen begründet werden oder nicht (z.B. Risiken aus nicht konsolidierungspflichtigen Zweckgesellschaften). Die eingesetzten Methoden und Verfahren (z.B. IT-Systeme) dürfen der Wirksamkeit des Risikomanagements auf Gruppenebene nicht entgegenstehen. Besondere Maßstäbe für das Risikomanagement auf Gruppenebene können sich aus spezialgesetzlichen Regelungen ergeben, wie z.B. bei Bausparkassen hinsichtlich der Kollektivsteuerung oder bei Pfandbriefbanken.

Erläuterung: Ausgestaltung des Risikomanagements auf Gruppenebene
Die konkrete Ausgestaltung des Risikomanagements auf Gruppenebene hängt insbesondere von Art, Umfang, Komplexität und Risikogehalt der von der Gruppe betriebenen Geschäftsaktivitäten sowie den gesellschaftsrechtlichen Möglichkeiten ab.

Erläuterung: Bezugnahme auf wesentliche Risiken
Das Risikomanagement auf Gruppenebene erstreckt sich auf alle wesentlichen Risiken. Daher können z.B. nachgeordnete Unternehmen, deren Risiken aus Sicht des übergeordneten Unternehmens als nicht wesentlich eingestuft werden, von den Anforderungen an das Risikomanagement auf Gruppenebene ausgenommen werden. Das gilt nicht, wenn die Risiken bei zusammengefasster Betrachtung aller nachgeordneten Unternehmen mit jeweils unwesentlichem Risiko insgesamt als wesentlich einzustufen sind.

Die Geschäftsleitung des übergeordneten Unternehmens hat eine Geschäftsstrategie sowie eine **2** dazu konsistente Risikostrategie festzulegen (»gruppenweite Strategien«). Die strategische Ausrichtung der gruppenangehörigen Unternehmen ist mit den gruppenweiten Strategien abzustimmen. Die Geschäftsleitung des übergeordneten Unternehmens muss für die Umsetzung der gruppenweiten Strategien Sorge tragen.

Das übergeordnete Unternehmen hat auf der Grundlage des Gesamtrisikoprofils der Gruppe **3** einen internen Prozess zur Sicherstellung der Risikotragfähigkeit auf Gruppenebene einzurichten (AT 4.1 Tz. 2). Die Risikotragfähigkeit der Gruppe ist laufend sicherzustellen.

Es sind angemessene ablauforganisatorische Vorkehrungen auf Gruppenebene zu treffen. Das **4** heißt, dass Prozesse sowie damit verbundene Aufgaben, Kompetenzen, Verantwortlichkeiten, Kontrollen sowie Kommunikationswege innerhalb der Gruppe klar zu definieren und aufeinander abzustimmen sind. An die Geschäftsleiter des übergeordneten Unternehmens ist zeitnah Bericht zu erstatten.

Das übergeordnete Unternehmen hat angemessene Risikosteuerungs- und -controllingprozesse **5** einzurichten, die die gruppenangehörigen Unternehmen einbeziehen. Für die wesentlichen Risiken auf Gruppenebene sind regelmäßig angemessene Stresstests durchzuführen. Regelmäßige und ggf. anlassbezogene Stresstests sind auch für das Gesamtrisikoprofil auf Gruppenebene durchzuführen. Das übergeordnete Unternehmen hat sich in angemessenen Abständen über die Risikosituation der Gruppe zu informieren.

Die Konzernrevision hat im Rahmen des Risikomanagements auf Gruppenebene ergänzend zur **6** Internen Revision der gruppenangehörigen Unternehmen tätig zu werden. Dabei kann die Konzernrevision auch die Prüfungsergebnisse der Internen Revisionen der gruppenangehörigen

Unternehmen berücksichtigen. Es ist sicherzustellen, dass für die Konzernrevision und die Internen Revisionen der gruppenangehörigen Unternehmen Revisionsgrundsätze und Prüfungsstandards gelten, die eine Vergleichbarkeit der Prüfungsergebnisse gewährleisten. Des Weiteren sind die Prüfungsplanungen sowie die Verfahren zur Überwachung der fristgerechten Beseitigung von Mängeln aufeinander abzustimmen. Die Konzernrevision hat in angemessenen Abständen, mindestens aber vierteljährlich, an die Geschäftsleitung und das Aufsichtsorgan des übergeordneten Unternehmens über ihre Tätigkeit auf Gruppenebene in analoger Anwendung von BT 2.4 Tz. 4 zu berichten.

AT 5   Organisationsrichtlinien

1   Das Institut hat sicherzustellen, dass die Geschäftsaktivitäten auf der Grundlage von Organisationsrichtlinien betrieben werden (z.B. Handbücher, Arbeitsanweisungen oder Arbeitsablaufbeschreibungen). Der Detaillierungsgrad der Organisationsrichtlinien hängt von Art, Umfang, Komplexität und Risikogehalt der Geschäftsaktivitäten ab.

Erläuterung: Darstellung der Organisationsrichtlinien
Hinsichtlich der Darstellung der Organisationsrichtlinien kommt es in erster Linie darauf an, dass diese sachgerecht und für die Mitarbeiter des Instituts nachvollziehbar sind. Die konkrete Art der Darstellung bleibt dem Institut überlassen.

2   Die Organisationsrichtlinien müssen schriftlich fixiert und den betroffenen Mitarbeitern in geeigneter Weise bekanntgemacht werden. Es ist sicherzustellen, dass sie den Mitarbeitern in der jeweils aktuellen Fassung zur Verfügung stehen. Die Richtlinien sind bei Veränderungen der Aktivitäten und Prozesse zeitnah anzupassen.

3   Die Organisationsrichtlinien haben vor allem Folgendes zu beinhalten:
a) Regelungen für die Aufbau- und Ablauforganisation sowie zur Aufgabenzuweisung, Kompetenzordnung und zu den Verantwortlichkeiten,
b) Regelungen hinsichtlich der Ausgestaltung der Risikosteuerungs- und -controllingprozesse,
c) Regelungen zu den Verfahren, Methoden und Prozessen der Aggregation von Risikodaten (bei systemrelevanten Instituten),
d) Regelungen zur Internen Revision,
e) Regelungen, die die Einhaltung rechtlicher Regelungen und Vorgaben (z.B. Datenschutz, Compliance) gewährleisten,
f) Regelungen zu Verfahrensweisen bei wesentlichen Auslagerungen,
g) abhängig von der Größe des Institutes sowie der Art, dem Umfang, der Komplexität und dem Risikogehalt der Geschäftsaktivitäten, einen Verhaltenskodex für die Mitarbeiter.

4   Die Ausgestaltung der Organisationsrichtlinien muss es der Internen Revision ermöglichen, in die Sachprüfung einzutreten.

AT 6   Dokumentation

Geschäfts-, Kontroll- und Überwachungsunterlagen sind systematisch und für sachkundige Dritte   **1**
nachvollziehbar abzufassen und grundsätzlich fünf Jahre aufzubewahren. Die Aktualität und
Vollständigkeit der Aktenführung ist sicherzustellen.

Die für die Einhaltung dieses Rundschreibens wesentlichen Handlungen und Festlegungen sind   **2**
nachvollziehbar zu dokumentieren. Dies beinhaltet auch Festlegungen hinsichtlich der Inanspruchnahme wesentlicher Öffnungsklauseln, die ggf. zu begründen ist.

AT 7   Ressourcen

AT 7.1   Personal

Die quantitative und qualitative Personalausstattung des Instituts hat sich insbesondere an   **1**
betriebsinternen Erfordernissen, den Geschäftsaktivitäten sowie der Risikosituation zu orientieren. Dies gilt auch beim Rückgriff auf Leiharbeitnehmer.

Die Mitarbeiter sowie deren Vertreter müssen abhängig von ihren Aufgaben, Kompetenzen und   **2**
Verantwortlichkeiten über die erforderlichen Kenntnisse und Erfahrungen verfügen. Durch geeignete
Maßnahmen ist zu gewährleisten, dass das Qualifikationsniveau der Mitarbeiter angemessen ist.

Erläuterung: Anforderungen an die Qualifikation bei besonderen Funktionen
Die mit der Leitung der Risikocontrolling-Funktion und der Leitung der Internen Revision
betrauten Personen sowie der Compliance-Beauftragte haben besonderen qualitativen Anforderungen entsprechend ihres Aufgabengebietes zu genügen.

Die Abwesenheit oder das Ausscheiden von Mitarbeitern sollte nicht zu nachhaltigen Störungen   **3**
der Betriebsabläufe führen.

AT 7.2   Technisch-organisatorische Ausstattung

Umfang und Qualität der technisch-organisatorischen Ausstattung haben sich insbesondere an   **1**
betriebsinternen Erfordernissen, den Geschäftsaktivitäten sowie der Risikosituation zu orientieren.

Die IT-Systeme (Hardware- und Software-Komponenten) und die zugehörigen IT-Prozesse   **2**
müssen die Integrität, die Verfügbarkeit, die Authentizität sowie die Vertraulichkeit der Daten
sicherstellen. Für diese Zwecke ist bei der Ausgestaltung der IT-Systeme und der zugehörigen
IT-Prozesse grundsätzlich auf gängige Standards abzustellen, insbesondere sind Prozesse für eine
angemessene IT-Berechtigungsvergabe einzurichten, die sicherstellen, dass jeder Mitarbeiter nur
über die Rechte verfügt, die er für seine Tätigkeit benötigt; die Zusammenfassung von Berechtigungen in einem Rollenmodell ist möglich. Die Eignung der IT-Systeme und der zugehörigen
Prozesse ist regelmäßig von den fachlich und technisch zuständigen Mitarbeitern zu überprüfen.

Erläuterung: Standards zur Ausgestaltung der IT-Systeme

Zu solchen Standards zählen z. B. der IT-Grundschutzkatalog des Bundesamtes für Sicherheit in der Informationstechnik (BSI) und der internationale Sicherheitsstandard ISO/IEC 2700X der International Organization for Standardization. Das Abstellen auf gängige Standards zielt nicht auf die Verwendung von Standardhardware bzw. -software ab. Eigenentwicklungen sind grundsätzlich ebenso möglich.

Erläuterung: Zugriffsrechte

Die eingerichteten Berechtigungen dürfen nicht im Widerspruch zur organisatorischen Zuordnung von Mitarbeitern stehen. Insbesondere bei Berechtigungsvergaben im Rahmen von Rollenmodellen ist darauf zu achten, dass Funktionstrennungen beibehalten bzw. Interessenkonflikte vermieden werden.

3   Die IT-Systeme sind vor ihrem erstmaligen Einsatz und nach wesentlichen Veränderungen zu testen und von den fachlich sowie auch von den technisch zuständigen Mitarbeitern abzunehmen. Hierfür ist ein Regelprozess der Entwicklung, des Testens, der Freigabe und der Implementierung in die Produktionsprozesse zu etablieren. Produktions- und Testumgebung sind dabei grundsätzlich voneinander zu trennen.

Erläuterung: Veränderungen an IT-Systemen

Bei der Beurteilung der Wesentlichkeit von Veränderungen ist nicht auf den Umfang der Veränderungen, sondern auf die Auswirkungen, die eine Veränderung auf die Funktionsfähigkeit des betroffenen IT-Systems haben kann, abzustellen.

Erläuterung: Abnahme durch die technisch und fachlich zuständigen Mitarbeiter

Bei der Abnahme durch die fachlich und die technisch zuständigen Mitarbeiter steht die Eignung und Angemessenheit der IT-Systeme für die spezifische Situation des jeweiligen Instituts im Mittelpunkt. Gegebenenfalls vorliegende Testate Dritter können bei der Abnahme berücksichtigt werden, sie können die Abnahme jedoch nicht vollständig ersetzen.

4   Für IT-Risiken sind angemessene Überwachungs- und Steuerungsprozesse einzurichten, die insbesondere die Festlegung von IT-Risikokriterien, die Identifikation von IT-Risiken, die Festlegung des Schutzbedarfs, daraus abgeleitete Schutzmaßnahmen für den IT-Betrieb sowie die Festlegung entsprechender Maßnahmen zur Risikobehandlung und -minderung umfassen. Beim Bezug von Software sind die damit verbundenen Risiken angemessen zu bewerten.

5   Die Anforderungen aus AT 7.2 sind auch beim Einsatz von durch die Fachbereiche selbst entwickelten Anwendungen (Individuelle Datenverarbeitung – »IDV«) entsprechend der Kritikalität der unterstützten Geschäftsprozesse und der Bedeutung der Anwendungen für diese Prozesse zu beachten. Die Festlegung von Maßnahmen zur Sicherstellung der Datensicherheit hat sich am Schutzbedarf der verarbeiteten Daten zu orientieren.

AT 7.3   Notfallkonzept

1   Für Notfälle in zeitkritischen Aktivitäten und Prozessen ist Vorsorge zu treffen (Notfallkonzept). Die im Notfallkonzept festgelegten Maßnahmen müssen dazu geeignet sein, das Ausmaß möglicher Schäden zu reduzieren. Die Wirksamkeit und Angemessenheit des Notfallkonzeptes ist regelmäßig durch Notfalltests zu überprüfen. Die Ergebnisse der Notfalltests sind den jeweiligen

Verantwortlichen mitzuteilen. Im Fall der Auslagerung von zeitkritischen Aktivitäten und Prozessen haben das auslagernde Institut und das Auslagerungsunternehmen über aufeinander abgestimmte Notfallkonzepte zu verfügen.

Das Notfallkonzept muss Geschäftsfortführungs- sowie Wiederanlaufpläne umfassen. Die Geschäftsfortführungspläne müssen gewährleisten, dass im Notfall zeitnah Ersatzlösungen zur Verfügung stehen. Die Wiederanlaufpläne müssen innerhalb eines angemessenen Zeitraums die Rückkehr zum Normalbetrieb ermöglichen. Die im Notfall zu verwendenden Kommunikationswege sind festzulegen. Das Notfallkonzept muss den beteiligten Mitarbeitern zur Verfügung stehen. **2**

AT 8   Anpassungsprozesse

AT 8.1   Neu-Produkt-Prozess

Jedes Institut muss die von ihm betriebenen Geschäftsaktivitäten verstehen. Für die Aufnahme von Geschäftsaktivitäten in neuen Produkten oder auf neuen Märkten (einschließlich neuer Vertriebswege) ist vorab ein Konzept auszuarbeiten. Grundlage des Konzeptes müssen das Ergebnis der Analyse des Risikogehalts dieser neuen Geschäftsaktivitäten sowie deren Auswirkungen auf das Gesamtrisikoprofil sein. In dem Konzept sind die sich daraus ergebenden wesentlichen Konsequenzen für das Management der Risiken darzustellen. **1**

Erläuterung: Inhalt des Konzeptes

Zu den darzustellenden Konsequenzen gehören solche bezüglich der Organisation, des Personals, der notwendigen Anpassungen der IT-Systeme, der Methoden zur Beurteilung damit verbundener Risiken sowie rechtliche Konsequenzen (Bilanz- und Steuerrecht etc.), soweit sie von wesentlicher Bedeutung sind.

Das Institut hat einen Katalog jener Produkte und Märkte vorzuhalten, die Gegenstand der Geschäftsaktivitäten sein sollen. In einem angemessenen Turnus ist zu überprüfen, ob die Produkte noch verwendet werden. Produkte, die über einen längeren Zeitraum nicht mehr Gegenstand der Geschäftstätigkeit waren, sind zu kennzeichnen. Der Abbau von Positionen ist davon unberührt. Das Auslaufen oder die Bestandsführung von Positionen begründet keine Produktverwendung. Vor der Wiederaufnahme der Geschäftstätigkeit in gekennzeichneten Produkten ist die Bestätigung der in die Arbeitsabläufe eingebundenen Organisationseinheiten über das Fortbestehen der beim letztmaligen Geschäftsabschluss vorherrschenden Geschäftsprozesse einzuholen. Bei Veränderungen ist zu prüfen, ob der Neu-Produkt-Prozess erneut zu durchlaufen ist. **2**

Bei der Entscheidung, ob es sich um Geschäftsaktivitäten in neuen Produkten oder auf neuen Märkten handelt, ist ein vom Markt bzw. vom Handel unabhängiger Bereich einzubinden. **3**

Bei Handelsgeschäften ist vor dem laufenden Handel in neuen Produkten oder auf neuen Märkten grundsätzlich eine Testphase durchzuführen. Während der Testphase dürfen Handelsgeschäfte nur in überschaubarem Umfang durchgeführt werden. Es ist sicherzustellen, dass der laufende Handel erst beginnt, wenn die Testphase erfolgreich abgeschlossen ist und geeignete Risikosteuerungs- und -controllingprozesse vorhanden sind. **4**

Erläuterung: Kreditgeschäfte und Testphase

Bei Kreditgeschäften kann je nach Komplexität auch eine Testphase Grundlage des Konzeptes sein.

Erläuterung: Einmalgeschäfte

Im Rahmen von Einmalgeschäften kann auf eine Testphase verzichtet werden.

5   Sowohl in die Erstellung des Konzeptes als auch in die Testphase sind die später in die Arbeitsabläufe eingebundenen Organisationseinheiten einzuschalten. Im Rahmen ihrer Aufgaben sind auch die Risikocontrolling-Funktion, die Compliance-Funktion und die Interne Revision zu beteiligen.

6   Das Konzept und die Aufnahme der laufenden Geschäftätigkeit sind von den zuständigen Geschäftsleitern unter Einbeziehung der für die Überwachung der Geschäfte verantwortlichen Geschäftsleiter zu genehmigen. Diese Genehmigungen können delegiert werden, sofern dafür klare Vorgaben erlassen wurden und die Geschäftsleitung zeitnah über die Entscheidungen informiert wird.

7   Soweit nach Einschätzung der in die Arbeitsabläufe eingebundenen Organisationseinheiten Aktivitäten in einem neuen Produkt oder auf einem neuen Markt sachgerecht gehandhabt werden können, ist die Ausarbeitung eines Konzeptes nach Tz. 1 und die Durchführung einer Testphase nach Tz. 4 nicht erforderlich.

8   Treten im Neu-Produkt-Prozess Häufungen von Fällen auf, bei denen
– die in den Konzepten getroffenen Annahmen und die damit verbundenen Analysen des Risikogehalts der Aktivitäten in neuen Produkten oder auf neuen Märkten im Wesentlichen unzutreffend waren oder
– die in den Konzepten und aus den Testphasen gezogenen Konsequenzen im Wesentlichen unzutreffend waren oder
– gemäß Tz. 7 getroffene Einschätzungen, dass Aktivitäten in neuen Produkten oder auf neuen Märkten sachgerecht gehandhabt werden können, sich als unzutreffend erwiesen haben,
ist eine anlassbezogene Prüfung des Neu-Produkt-Prozesses durchzuführen. Bei Mängeln ist der Prozess unverzüglich anzupassen.

AT 8.2   Änderungen betrieblicher Prozesse oder Strukturen

1   Vor wesentlichen Veränderungen in der Aufbau- und Ablauforganisation sowie in den IT-Systemen hat das Institut die Auswirkungen der geplanten Veränderungen auf die Kontrollverfahren und die Kontrollintensität zu analysieren. In diese Analysen sind die später in die Arbeitsabläufe eingebundenen Organisationseinheiten einzuschalten. Im Rahmen ihrer Aufgaben sind auch die Risikocontrolling-Funktion, die Compliance-Funktion und die Interne Revision zu beteiligen.

AT 8.3   Übernahmen und Fusionen

1   Vor der Übernahme anderer Unternehmen oder Fusionen mit anderen Unternehmen hat das Institut ein Konzept zu erarbeiten, in dem die wesentlichen strategischen Ziele, die voraussichtlichen wesentlichen Konsequenzen für das Management der Risiken und die wesentlichen Auswirkungen auf das Gesamtrisikoprofil des Instituts bzw. der Gruppe dargestellt werden. Dies umfasst auch die mittelfristig geplante Entwicklung der Vermögens-, Finanz- und Ertragslage, die

voraussichtliche Höhe der Risikopositionen, die notwendigen Anpassungen der Risikosteuerungs- und -controllingprozesse und der IT-Systeme (inklusive der Datenaggregationskapazitäten) sowie die Darstellung wesentlicher rechtlicher Konsequenzen (Bilanzrecht, Steuerrecht etc.).

AT 9   Auslagerung

Eine Auslagerung liegt vor, wenn ein anderes Unternehmen mit der Wahrnehmung solcher **1** Aktivitäten und Prozesse im Zusammenhang mit der Durchführung von Bankgeschäften, Finanzdienstleistungen oder sonstigen institutstypischen Dienstleistungen beauftragt wird, die ansonsten vom Institut selbst erbracht würden. Zivilrechtliche Gestaltungen und Vereinbarungen können dabei das Vorliegen einer Auslagerung nicht von vornherein ausschließen.

Erläuterung: Sonstiger Fremdbezug von Leistungen
Nicht als Auslagerung im Sinne dieses Rundschreibens zu qualifizieren ist der sonstige Fremdbezug von Leistungen. Hierzu zählt zunächst der einmalige oder gelegentliche Fremdbezug von Gütern und Dienstleistungen. Ebenso erfasst werden Leistungen, die typischerweise von einem beaufsichtigten Unternehmen bezogen und aufgrund tatsächlicher Gegebenheiten oder rechtlicher Vorgaben regelmäßig weder zum Zeitpunkt des Fremdbezugs noch in der Zukunft vom Institut selbst erbracht werden können (z.B. die Nutzung von Zentralbankfunktionen (innerhalb von Finanzverbünden) bzw. Clearingstellen im Rahmen des Zahlungsverkehrs und der Wertpapierabwicklung, die Inanspruchnahme von Liquiditätslinien, die Einschaltung von Korrespondenzbanken oder die Verwahrung von Vermögensgegenständen von Kunden nach dem Depotgesetz). Die Anwendung der einschlägigen Regelungen zu § 25b KWG ist angesichts der besonderen, mit solchen Konstellationen einhergehenden Risiken regelmäßig nicht angemessen. Dessen ungeachtet hat das Institut auch beim sonstigen Fremdbezug von Leistungen die allgemeinen Anforderungen an die Ordnungsmäßigkeit der Geschäftsorganisation gemäß § 25a Abs. 1 KWG zu beachten.

Der isolierte Bezug von Software ist in der Regel als sonstiger Fremdbezug einzustufen. Hierzu gehören u.a. auch die folgenden Unterstützungsleistungen:
- die Anpassung der Software an die Erfordernisse des Kreditinstituts,
- die entwicklungstechnische Umsetzung von Änderungswünschen (Programmierung),
- das Testen, die Freigabe und die Implementierung der Software in die Produktionsprozesse beim erstmaligen Einsatz und bei wesentlichen Veränderungen insbesondere von programmtechnischen Vorgaben,
- Fehlerbehebungen (Wartung) gemäß der Anforderungs-/Fehlerbeschreibung des Auftraggebers oder Herstellers,
- sonstige Unterstützungsleistungen, die über die reine Beratung hinausgehen.

Dies gilt nicht für Software, die zur Identifizierung, Beurteilung, Steuerung, Überwachung und Kommunikation der Risiken eingesetzt wird oder die für die Durchführung von bankgeschäftlichen Aufgaben von wesentlicher Bedeutung ist; bei dieser Software sind Unterstützungsleistungen als Auslagerung einzustufen. Ferner gilt der Betrieb der Software durch einen externen Dritten als Auslagerung.

Erläuterung: Sonstige institutstypische Dienstleistungen
Durch die Bezugnahme auf sonstige institutstypische Dienstleistungen wird Art. 13 Abs. 5 Satz 1 der Finanzmarktrichtlinie insoweit Rechnung getragen, als dieser sich auf die Auslagerung betrieblicher Aufgaben bezieht, die für die kontinuierliche und ordnungsgemäße Erbringung und Ausübung von Dienstleistungen für Kunden und Anlagetätigkeiten wichtig sind. Zu den sonstigen institutstypischen Dienstleistungen zählen z. B. auch die in Anhang I Abschnitt B der Finanzmarktrichtlinie genannten Nebendienstleistungen.

2   Das Institut muss auf der Grundlage einer Risikoanalyse eigenverantwortlich festlegen, welche Auslagerungen von Aktivitäten und Prozessen unter Risikogesichtspunkten wesentlich sind (wesentliche Auslagerungen). Diese ist auf der Grundlage von institutsweit bzw. gruppenweit einheitlichen Rahmenvorgaben sowohl regelmäßig als auch anlassbezogen durchzuführen. Die maßgeblichen Organisationseinheiten sind bei der Erstellung der Risikoanalyse einzubeziehen. Im Rahmen ihrer Aufgaben ist auch die Interne Revision zu beteiligen.

Erläuterung: Risikoanalyse
Bei der Risikoanalyse sind alle für das Institut relevanten Aspekte im Zusammenhang mit der Auslagerung zu berücksichtigen (z. B. die wesentlichen Risiken der Auslagerung einschließlich möglicher Risikokonzentrationen und Risiken aus Weiterverlagerungen, Eignung des Auslagerungsunternehmens), wobei die Intensität der Analyse von Art, Umfang, Komplexität und Risikogehalt der ausgelagerten Aktivitäten und Prozesse abhängt. Daher ist bei Auslagerungen von erheblicher Tragweite, wie z. B. der vollständigen oder teilweisen Auslagerung der besonderen Funktionen Risikocontrolling-Funktion, Compliance-Funktion, Interne Revision oder von Kernbankbereichen, entsprechend intensiv zu prüfen, ob und wie eine Einbeziehung der ausgelagerten Aktivitäten und Prozesse in das Risikomanagement sichergestellt werden kann.

Erläuterung: Gruppeninterne Auslagerungen
Bei gruppeninternen Auslagerungen können wirksame Vorkehrungen, insbesondere ein einheitliches und umfassendes Risikomanagement auf Gruppenebene sowie Durchgriffsrechte, bei der Erstellung und Anpassung der Risikoanalyse risikomindernd berücksichtigt werden.

3   Bei unter Risikogesichtspunkten nicht wesentlichen Auslagerungen sind die allgemeinen Anforderungen an die Ordnungsmäßigkeit der Geschäftsorganisation gemäß § 25a Abs. 1 KWG zu beachten.

4   Grundsätzlich sind Aktivitäten und Prozesse auslagerbar, solange dadurch die Ordnungsmäßigkeit der Geschäftsorganisation gemäß § 25a Abs. 1 KWG nicht beeinträchtigt wird. Die Auslagerung darf nicht zu einer Delegation der Verantwortung der Geschäftsleitung an das Auslagerungsunternehmen führen. Die Leitungsaufgaben der Geschäftsleitung sind nicht auslagerbar. Besondere Maßstäbe für Auslagerungsmaßnahmen ergeben sich bei der vollständigen oder teilweisen Auslagerung der besonderen Funktionen Risikocontrolling-Funktion, Compliance-Funktion und Interne Revision. Besondere Maßstäbe können sich ferner aus spezialgesetzlichen Regelungen ergeben, wie z. B. bei Bausparkassen hinsichtlich der Kollektivsteuerung oder bei Pfandbriefbanken hinsichtlich der Deckungsregisterführung und der Deckungsrechnung.

Erläuterung: Leitungsaufgaben der Geschäftsleitung
Zu den nicht auslagerbaren Leitungsaufgaben der Geschäftsleitung zählen die Unternehmensplanung, -koordination, -kontrolle und die Besetzung der Führungskräfte. Hierzu gehören auch Aufgaben, die der Geschäftsleitung durch den Gesetzgeber oder durch sonstige Regelungen explizit zugewiesen sind (z. B. die Entscheidung über Großkredite nach § 13 KWG oder die Festlegung der Strategien). Von den Leitungsaufgaben abzugrenzen sind Funktionen oder Orga-

nisationseinheiten, deren sich die Geschäftsleitung bei der Ausübung ihrer Leitungsaufgaben bedient (insbesondere Risikocontrolling-Funktion, Compliance-Funktion, Interne Revision). Diese können sowohl nach innen als auch – unter den Voraussetzungen der Tz. 5 – durch Auslagerung nach außen delegiert werden.

Eine Auslagerung von Aktivitäten und Prozessen in Kontrollbereichen und Kernbankbereichen **5** kann unter Beachtung der in Tz. 4 genannten Anforderungen in einem Umfang vorgenommen werden, der gewährleistet, dass hierdurch das Institut weiterhin über Kenntnisse und Erfahrungen verfügt, die eine wirksame Überwachung der vom Auslagerungsunternehmen erbrachten Dienstleistungen gewährleistet. Es ist sicherzustellen, dass bei Bedarf – im Falle der Beendigung des Auslagerungsverhältnisses oder der Änderung der Gruppenstruktur – der ordnungsmäßige Betrieb in diesen Bereichen fortgesetzt werden kann. Eine vollständige Auslagerung der besonderen Funktionen Risikocontrolling-Funktion, Compliance-Funktion und Interne Revision ist lediglich für Tochterinstitute innerhalb einer Institutsgruppe zulässig, sofern das übergeordnete Institut Auslagerungsunternehmen ist und das Tochterinstitut sowohl hinsichtlich seiner Größe, Komplexität und dem Risikogehalt der Geschäftsaktivitäten für den nationalen Finanzsektor als auch hinsichtlich seiner Bedeutung innerhalb der Gruppe als nicht wesentlich einzustufen ist. Gleiches gilt für Gruppen, wenn das Mutterunternehmen kein Institut und im Inland ansässig ist. Eine vollständige Auslagerung der Compliance-Funktion oder der Internen Revision ist ferner nur bei kleinen Instituten möglich, sofern deren Einrichtung vor dem Hintergrund der Institutsgröße sowie der Art, des Umfangs, der Komplexität und des Risikogehalts der betriebenen Geschäftsaktivitäten nicht angemessen erscheint.

Das Institut hat bei wesentlichen Auslagerungen im Fall der beabsichtigten oder erwarteten **6** Beendigung der Auslagerungsvereinbarung Vorkehrungen zu treffen, um die Kontinuität und Qualität der ausgelagerten Aktivitäten und Prozesse auch nach Beendigung zu gewährleisten. Für Fälle unbeabsichtigter oder unerwarteter Beendigung dieser Auslagerungen, die mit einer erheblichen Beeinträchtigung der Geschäftstätigkeit verbunden sein können, hat das Institut etwaige Handlungsoptionen auf ihre Durchführbarkeit zu prüfen und zu verabschieden. Dies beinhaltet auch, soweit sinnvoll und möglich, die Festlegung entsprechender Ausstiegsprozesse. Die Handlungsoptionen sind regelmäßig und anlassbezogen zu überprüfen.

Erläuterung: Handlungsoptionen und Ausstiegsprozesse
Ausstiegsprozesse sind mit dem Ziel festzulegen, die notwendige Kontinuität und Qualität der ausgelagerten Aktivitäten und Prozesse aufrechtzuerhalten bzw. in angemessener Zeit wieder herstellen zu können. Bei gruppen- und verbundinternen Auslagerungen kann auf die Erstellung solcher Prozesse verzichtet werden.
Existieren keine Handlungsoptionen, ist zumindest eine angemessene Berücksichtigung in der Notfallplanung erforderlich.

Bei wesentlichen Auslagerungen ist im Auslagerungsvertrag insbesondere Folgendes zu verein- **7** baren:
a) Spezifizierung und ggf. Abgrenzung der vom Auslagerungsunternehmen zu erbringenden Leistung,
b) Festlegung angemessener Informations- und Prüfungsrechte der Internen Revision sowie externer Prüfer,
c) Sicherstellung der uneingeschränkten Informations- und Prüfungsrechte sowie der Kontrollmöglichkeiten der gemäß § 25b Absatz 3 KWG zuständigen Behörden bezüglich der ausgelagerten Aktivitäten und Prozesse,
d) soweit erforderlich Weisungsrechte,

e) Regelungen, die sicherstellen, dass datenschutzrechtliche Bestimmungen und sonstige Sicherheitsanforderungen beachtet werden,

f) Kündigungsrechte und angemessene Kündigungsfristen,

g) Regelungen über die Möglichkeit und über die Modalitäten einer Weiterverlagerung, die sicherstellen, dass das Institut die bankaufsichtsrechtlichen Anforderungen weiterhin einhält,

h) Verpflichtung des Auslagerungsunternehmens, das Institut über Entwicklungen zu informieren, die die ordnungsgemäße Erledigung der ausgelagerten Aktivitäten und Prozesse beeinträchtigen können.

Erläuterung: Weisungsrechte des Instituts/Prüfungen der Internen Revision

Auf eine explizite Vereinbarung von Weisungsrechten zugunsten des Instituts kann verzichtet werden, wenn die vom Auslagerungsunternehmen zu erbringende Leistung hinreichend klar im Auslagerungsvertrag spezifiziert ist. Ferner kann die Interne Revision des auslagernden Instituts unter den Voraussetzungen von BT 2.1 Tz. 3 auf eigene Prüfungshandlungen verzichten. Diese Erleichterungen können auch bei Auslagerungen auf so genannte Mehrmandantendienstleister in Anspruch genommen werden.

Erläuterung: Eskalation bei Schlechtleistung

Bereits bei der Vertragsanbahnung hat das Institut intern festzulegen, welchen Grad einer Schlechtleistung es akzeptieren möchte.

Erläuterung: Sonstige Sicherheitsanforderungen

Zu den sonstigen Sicherheitsanforderungen zählen vor allem Zugangsbestimmungen zu Räumen und Gebäuden (z. B. bei Rechenzentren) sowie Zugriffsberechtigungen auf Softwarelösungen zum Schutz wesentlicher Daten und Informationen.

8 Mit Blick auf Weiterverlagerungen sind möglichst Zustimmungsvorbehalte des auslagernden Instituts oder konkrete Voraussetzungen, wann Weiterverlagerungen einzelner Arbeits- und Prozessschritte möglich sind, im Auslagerungsvertrag zu vereinbaren. Zumindest ist vertraglich sicherzustellen, dass die Vereinbarungen des Auslagerungsunternehmens mit Subunternehmen im Einklang mit den vertraglichen Vereinbarungen des originären Auslagerungsvertrags stehen. Ferner haben die vertraglichen Anforderungen bei Weiterverlagerungen auch eine Informationspflicht des Auslagerungsunternehmens an das auslagernde Institut zu umfassen. Das Auslagerungsunternehmen bleibt im Falle einer Weiterverlagerung auf ein Subunternehmen weiterhin gegenüber dem auslagernden Institut berichtspflichtig.

9 Das Institut hat die mit wesentlichen Auslagerungen verbundenen Risiken angemessen zu steuern und die Ausführung der ausgelagerten Aktivitäten und Prozesse ordnungsgemäß zu überwachen. Dies umfasst auch die regelmäßige Beurteilung der Leistung des Auslagerungsunternehmens anhand vorzuhaltender Kriterien.

10 Für die Steuerung und Überwachung wesentlicher Auslagerungen hat das Institut klare Verantwortlichkeiten festzulegen. Soweit besondere Funktionen nach Maßgabe von Tz. 5 vollständig ausgelagert werden, hat die Geschäftsleitung jeweils einen Beauftragten zu benennen, der eine ordnungsgemäße Durchführung der jeweiligen Aufgaben gewährleisten muss. Die Anforderungen des AT 4.4 und BT 2 sind entsprechend zu beachten.

Erläuterung: Besondere Aufgaben des Revisionsbeauftragten

Der Revisionsbeauftragte hat den Prüfungsplan gemeinsam mit dem beauftragten Dritten zu erstellen. Er hat, ggf. gemeinsam mit dem beauftragten Dritten, zudem den Gesamtbericht nach BT 2.4 Tz. 4 zu verfassen und nach Maßgabe von BT 2.5 zu prüfen, ob die festgestellten Mängel beseitigt wurden. Die Aufgaben des Revisionsbeauftragten können in Abhängigkeit von Art, Umfang, Komplexität und Risikogehalt der Geschäftsaktivitäten des Instituts von einer Organisationseinheit, einem Mitarbeiter oder einem Geschäftsleiter wahrgenommen werden. Ausreichende Kenntnisse und die erforderliche Unabhängigkeit sind jeweils sicherzustellen.

Die Anforderungen an die Auslagerung von Aktivitäten und Prozessen sind auch bei der Weiter- **11** verlagerung ausgelagerter Aktivitäten und Prozesse zu beachten.

Das Institut hat abhängig von der Art, dem Umfang und der Komplexität der Auslagerungs- **12** aktivitäten ein zentrales Auslagerungsmanagement einzurichten. Zu dessen Aufgaben zählen insbesondere:
a) Implementierung und Weiterentwicklung eines angemessenen Auslagerungsmanagements und entsprechender Kontroll- und Überwachungsprozesse,
b) Erstellung und Pflege einer vollständigen Dokumentation der Auslagerungen (einschließlich Weiterverlagerungen),
c) Unterstützung der Fachbereiche bezüglich der institutsinternen und gesetzlichen Anforderungen bei Auslagerungen,
d) Koordination und Überprüfung der durch die zuständigen Bereiche durchgeführten Risikoanalyse gemäß Tz. 2.

Das zentrale Auslagerungsmanagement hat mindestens jährlich einen Bericht über die wesentli- **13** chen Auslagerungen zu erstellen und der Geschäftsleitung zur Verfügung zu stellen. Der Bericht hat unter Berücksichtigung der dem Institut vorliegenden Informationen bzw. der institutsinternen Bewertung der Dienstleistungsqualität der Auslagerungsunternehmen eine Aussage darüber zu treffen, ob die erbrachten Dienstleistungen der Auslagerungsunternehmen den vertraglichen Vereinbarungen entsprechen, die ausgelagerten Aktivitäten und Prozesse angemessen gesteuert und überwacht werden können und ob weitere risikomindernde Maßnahmen ergriffen werden sollen.

BT 1   Besondere Anforderungen an das interne Kontrollsystem

In diesem Modul werden besondere Anforderungen an die Ausgestaltung des internen Kontroll- **1** systems gestellt. Die Anforderungen beziehen sich vor allem auf die Ausgestaltung der Aufbau- und Ablauforganisation im Kredit- und Handelsgeschäft (BTO). Darüber hinaus werden unter Berücksichtigung von Risikokonzentrationen Anforderungen an die Ausgestaltung der Risikosteuerungs- und -controllingprozesse für Adressenausfallrisiken, Marktpreisrisiken, Liquiditätsrisiken und operationelle Risiken gestellt (BTR).

BTO Anforderungen an die Aufbau- und Ablauforganisation

1 Dieses Modul stellt vor allem Anforderungen an die Aufbau- und Ablauforganisation im Kredit- und Handelsgeschäft. Abhängig von der Größe der Institute, den Geschäftsschwerpunkten und der Risikosituation ist eine vereinfachte Umsetzung der Anforderungen in BTO möglich.

2 Für die Zwecke des Rundschreibens werden folgende Bereiche unterschieden:
a) Der Bereich, der Kreditgeschäfte initiiert und bei den Kreditentscheidungen über ein Votum verfügt (Markt),
b) der Bereich, der bei den Kreditentscheidungen über ein weiteres Votum verfügt (Marktfolge) sowie
c) der Bereich Handel.

Darüber hinaus werden folgende Funktionen unterschieden:
d) Die Funktionen, die der Überwachung und Kommunikation der Risiken (Risikocontrolling) dienen und
e) die Funktionen, die der Abwicklung und Kontrolle der Handelsgeschäfte dienen.

Erläuterung: Verwendung der Begriffe »Bereich« und »Stelle«

Eine »vom Markt und Handel unabhängige Stelle« kann auch innerhalb der Geschäftsleiterlinie Handel bzw. Markt angesiedelt sein. Ein »Bereich außerhalb des Handels und Marktes« liegt nur dann vor, wenn dieser aufbauorganisatorisch bis einschließlich der Ebene der Geschäftsleitung vom Handel und Markt getrennt ist.

3 Grundsätzlich ist bei der Ausgestaltung der Aufbauorganisation sicherzustellen, dass die Bereiche Markt und Handel bis einschließlich der Ebene der Geschäftsleitung von denen in Tz. 2 unter b), d) und e) sowie den in BTO 1.1 Tz. 7, BTO 1.2 Tz. 1, BTO 1.2.4 Tz. 1, BTO 1.2.5 Tz. 1 und BTO 1.4 Tz. 2 genannten Bereichen oder Funktionen getrennt sind.

Erläuterung: Funktionstrennung bei rechtlich unselbständigen Auslandsniederlassungen

Eine aufbauorganisatorische Trennung bis einschließlich der Ebene der Geschäftsleitung bedeutet eine sowohl fachliche als auch disziplinarische Trennung der Verantwortlichkeiten. Ein Auseinanderfallen von fachlicher und disziplinarischer Verantwortung ist jedoch bei rechtlich unselbständigen Auslandsniederlassungen vertretbar. Voraussetzung hierfür ist, dass zumindest die Trennung der fachlichen Verantwortlichkeiten dem dargestellten Funktionstrennungsprinzip bis einschließlich der Ebene der Geschäftsleitung entspricht.

Erläuterung: Halbsatz 2

BTO 1.1 Tz. 7: Die Überprüfung bestimmter, unter Risikogesichtspunkten festzulegender Sicherheiten sowie die Entscheidungen über die Risikovorsorge bei bedeutenden Engagements.

BTO 1.2 Tz. 1: Die Verantwortung für die Entwicklung und Qualität der Kreditbearbeitung, der Kreditbearbeitungskontrolle, der Intensivbetreuung, der Problemkreditbearbeitung und der Risikovorsorge.

BTO 1.2.4 Tz. 1: Die Verantwortung für die Entwicklung und Qualität sowie die regelmäßige Überprüfung der Kriterien, wann ein Engagement der Intensivbetreuung zuzuordnen ist.

TO 1.2.5 Tz. 1: Die Verantwortung für die Entwicklung und Qualität sowie die regelmäßige Überprüfung der Kriterien, wann ein Engagement an die Sanierung bzw. Abwicklung abgegeben wird sowie die Federführung für den Sanierungs- bzw. Abwicklungsprozess oder die Überwachung dieser Prozesse.

BTO 1.4 Tz. 2: Die Verantwortung für Entwicklung, Qualität und Überwachung der Anwendung der Risikoklassifizierungsverfahren.

Funktionen des Marktpreisrisikocontrollings sind bis einschließlich der Ebene der Geschäfts-   4
leitung von Bereichen zu trennen, die die Positionsverantwortung tragen.

Die Funktionstrennungen sind auch im Vertretungsfall zu beachten. Die Vertretung kann dabei   5
grundsätzlich auch von einem geeigneten Mitarbeiter unterhalb der Ebene der Geschäftsleitung
wahrgenommen werden.

Die Mitwirkung des für die Funktionen des Risikocontrollings zuständigen Geschäftsleiters in   6
einem von der Geschäftsleitung mit der Steuerung der Risiken betrauten Ausschuss steht dem
Grundsatz der Funktionstrennung nicht entgegen.

Das Rechnungswesen, insbesondere die Aufstellung der Kontierungsregeln sowie die Entwick-   7
lung der Buchungssystematik, ist in einer vom Markt und Handel unabhängigen Stelle anzusiedeln.

Erläuterung: Funktionstrennung bei handelsintensiven Instituten

Aufgrund der erheblichen Bewertungsspielräume bei bestimmten Handelsgeschäften (z. B. strukturierte Produkte) sollten handelsintensive Institute das Rechnungswesen in einem vom Handel unabhängigen Bereich ansiedeln.

Wesentliche Rechtsrisiken sind grundsätzlich in einer vom Markt und Handel unabhängigen Stelle   8
(z. B. der Rechtsabteilung) zu überprüfen.

Bei IT-gestützter Bearbeitung ist die Funktionstrennung durch entsprechende Verfahren und   9
Schutzmaßnahmen sicherzustellen.

BTO 1   Kreditgeschäft

Dieses Modul stellt Anforderungen an die Ausgestaltung der Aufbau- und Ablauforganisation, die   1
Verfahren zur Früherkennung von Risiken und die Verfahren zur Klassifizierung der Risiken im
Kreditgeschäft. Bei Handelsgeschäften und Beteiligungen kann von der Umsetzung einzelner
Anforderungen dieses Moduls abgesehen werden, soweit deren Umsetzung vor dem Hintergrund
der Besonderheiten dieser Geschäftsarten nicht zweckmäßig ist (z. B. die Anforderungen zur
Kreditverwendungskontrolle unter BTO 1.2.2 Tz. 1).

Erläuterung: Sinngemäße Umsetzung bei Beteiligungen

Die sinngemäße Umsetzung bei Beteiligungen umfasst – unabhängig davon, ob es sich im Einzelfall um kreditnahe bzw. kreditsubstituierende oder strategische Beteiligungen handelt – eine Beteiligungsstrategie sowie die Einrichtung eines Beteiligungscontrollings. Soweit es sich um kreditnahe bzw. kreditsubstituierende Beteiligungen handelt, sind darüber hinaus grundsätzlich auch die aufbau- und ablauforganisatorischen Anforderungen zu beachten. Bei Verbundbeteiligungen oder Pflichtbeteiligungen (z. B. Beteiligungen, die nach den Sparkassengesetzen oder satzungsmäßig vorgegeben sind oder Beteiligungen an der SWIFT) ist nicht zwingend ein gesondertes Risikocontrolling erforderlich. Der notwendigen Überwachung kann in diesen Fällen auch durch andere Maßnahmen Rechnung getragen werden (z. B. mittels Durchsicht von Jahresabschlüssen oder Geschäftsberichten oder Kontrolle der Beteiligungskonten).

BTO 1.1   Funktionstrennung und Votierung

1   Maßgeblicher Grundsatz für die Ausgestaltung der Prozesse im Kreditgeschäft ist die klare aufbauorganisatorische Trennung der Bereiche Markt und Marktfolge bis einschließlich der Ebene der Geschäftsleitung. Bei kleinen Instituten sind unter bestimmten Voraussetzungen Ausnahmen hinsichtlich der Funktionstrennung möglich.

Erläuterung: Erleichterungen für kleine Institute
Soweit ein Festhalten an der Einhaltung der geforderten Funktionstrennung zwischen der Marktfolge bzw. sonstiger marktunabhängiger Funktionen und dem Markt bis einschließlich der Ebene der Geschäftsleitung angesichts der geringen Größe des Instituts nicht mehr verhältnismäßig ist, kann auf die Funktionstrennung verzichtet werden, wenn durch die unmittelbare Einschaltung der Geschäftsleitung in die Vergabe risikorelevanter Kredite eine ordnungsgemäße, den bestehenden Risiken angemessene Handhabung des Kreditgeschäfts sichergestellt bleibt. Insoweit müssen die Bearbeitung und die Beschlussfassung von risikorelevanten Krediten von der Geschäftsleitung selbst durchgeführt werden. Abwesende Geschäftsleiter müssen im Nachhinein über Entscheidungen im risikorelevanten Geschäft informiert werden.

Diese Erleichterung kann in Anspruch genommen werden, wenn in einer Gesamtbetrachtung folgende Voraussetzungen erfüllt sind:
– Das Kreditvolumen beträgt höchstens 100 Mio. Euro,
– es gibt nur zwei Geschäftsleiter und
– das Kreditgeschäft ist einfach strukturiert.

Erläuterung: Kredite an Mitarbeiter
Bei Krediten an Mitarbeiter und an Geschäftsleiter können die aufbauorganisatorischen Anforderungen regelmäßig nicht eins zu eins umgesetzt werden, da es vor allem am Bereich Markt fehlt. Grundsätzlich hat bei solchen Kreditentscheidungen eine geeignete Stelle, die nicht in die Kreditbearbeitung einbezogen ist (z. B. die Personalabteilung), mitzuwirken. Die eigentliche Bearbeitung kann ggf. auch von den für die Kreditbearbeitung zuständigen Mitarbeitern durchgeführt werden.

2   Abhängig von Art, Umfang, Komplexität und Risikogehalt des Kreditengagements erfordert eine Kreditentscheidung zwei zustimmende Voten der Bereiche Markt und Marktfolge. Weitergehende Beschlussfassungsvorschriften (z. B. KWG, Satzung) bleiben hiervon unberührt. Soweit die Entscheidungen von einem Ausschuss getroffen werden, sind die Mehrheitsverhältnisse innerhalb eines Ausschusses so festzulegen, dass der Bereich Marktfolge nicht überstimmt werden kann.

Erläuterung: Darstellung der Voten und materielle Plausibilitätsprüfung
Die zusammenfassende Darstellung der Voten in einem Dokument ist möglich. Die (positive) marktunabhängige Votierung kommt in diesem Fall durch die Unterschrift des zuständigen Mitarbeiters zum Ausdruck. Dabei darf es sich nicht um eine Gefälligkeitsunterschrift handeln.

Der marktunabhängigen Votierung hat je nach Zuordnung der Kreditprozesse auf den Markt und den marktunabhängigen Bereich zumindest eine materielle Plausibilitätsprüfung zugrunde zu liegen. Im Rahmen der materiellen Plausibilitätsprüfung brauchen die bereits im Markt durchgeführten Tätigkeiten nicht wiederholt zu werden. Vielmehr stehen die Nachvollziehbarkeit und die Vertretbarkeit der Kreditentscheidung im Vordergrund. Hierzu zählt die Überprüfung der Aussagekraft des Markt-Votums und inwieweit die Kreditvergabe der Höhe und der Form nach vertretbar ist. Die Intensität der materiellen Plausibilitätsprüfung hängt ferner von der Komplexität der zu beurteilenden Kreditgeschäfte ab. Der für die marktunabhängige Votierung zuständige Mitarbeiter muss dabei zumindest Zugang zu allen wesentlichen Kreditunterlagen besitzen.

Bei Handelsgeschäften sind Kontrahenten- und Emittentenlimite durch eine Votierung aus dem Bereich Marktfolge festzulegen. **3**

Für Kreditentscheidungen bei Geschäften, die unter Risikogesichtspunkten als nicht wesentlich **4** einzustufen sind, kann das Institut bestimmen, dass nur ein Votum erforderlich ist (»nicht-risikorelevante Kreditgeschäfte«). Vereinfachungen sind auch dann möglich, wenn Kreditgeschäfte von Dritten initiiert werden. Insoweit ist die aufbauorganisatorische Trennung zwischen Markt und Marktfolge nur für Kreditgeschäfte maßgeblich, bei denen zwei Voten erforderlich sind. Falls ein zweites Votum nicht erforderlich sein sollte, ist eine angemessene Umsetzung der Anforderungen in BTO 1.2 sicherzustellen.

Erläuterung: Abgrenzung zwischen risikorelevantem und nicht-risikorelevantem Kreditgeschäft
Die Abgrenzungen zwischen risikorelevantem und nicht-risikorelevantem Kreditgeschäft sind von jedem Institut eigenverantwortlich und unter Risikogesichtspunkten festzulegen. Zu den nicht risikorelevanten Kreditgeschäften dürfte z.B. regelmäßig das standardisierte Mengengeschäft zu rechnen sein.

Erläuterung: Initiierung durch Dritte
Vereinfachungen im Hinblick auf die Funktionstrennung sind auch dann möglich, wenn es sich um Kreditgeschäfte handelt, die von Dritten initiiert wurden. So ist es im Fördergeschäft in der Regel nicht erforderlich, zwei institutsinterne Voten einzuholen, da die Kreditgeschäfte häufig von einer Hausbank oder einer Beteiligungsgesellschaft initiiert werden. Vergleichbare Konstellationen ergeben sich z.B. bei Kreditgeschäften von Instituten über Händlerorganisationen, bei Bausparkassen über Handelsvertreter, bei Bürgschaftsbanken über Hausbanken oder, bezogen auf den Konsorten, vom Konsortialführer bei gemeinschaftlich vergebenen Engagements. Bei risikorelevanten Kreditentscheidungen sollte das im Institut einzuholende weitere Votum grundsätzlich vertriebsunabhängig, also in der Marktfolge, sofern vorhanden, wahrgenommen werden.

Erläuterung: Initiierung durch Dritte/Normierung der Abläufe durch externe Vorgaben
Vom Einholen eines weiteren Votums kann auch dann abgewichen werden, wenn die Entscheidungsabläufe durch Dritte so stark normiert werden (z.B. im Rahmen gesetzlicher Vorgaben wie dem Wohnraumfördergesetz), dass es zu einer Standardisierung der Abläufe im Institut und damit zu einer Beschränkung der Ermessensspielräume bei der Kreditvergabe kommt.

Erläuterung: Bagatellgrenzen
In einem gewissen Umfang sind Bagatellgrenzen im Rahmen der Abgrenzung des risikorelevanten Geschäfts sachgerecht. So sind Vereinfachungen bei einem zusätzlichen Kreditantrag über einen relativ geringen Betrag denkbar, auch wenn das Gesamtobligo des Kunden als risikorelevant eingestuft wird.

5   Jeder Geschäftsleiter kann im Rahmen seiner Krediteinzelkompetenz eigenständig Kreditentscheidungen treffen und auch Kundenkontakte wahrnehmen. Die aufbauorganisatorische Trennung der Bereiche Markt und Marktfolge bleibt davon unberührt. Zudem sind zwei Voten einzuholen, soweit dies unter Risikogesichtspunkten erforderlich sein sollte. Falls die im Rahmen einer Krediteinzelkompetenz getroffenen Entscheidungen von den Voten abweichen oder wenn sie vom Geschäftsleiter getroffen werden, der für den Bereich Marktfolge zuständig ist, sind sie im Risikobericht besonders hervorzuheben (BT 3.2 Tz. 3).

Erläuterung: Krediteinzelkompetenz und Geschäftsleiter

Die Krediteinzelkompetenz kann nur durch einen Geschäftsleiter ausgeübt werden. Das Recht eines Geschäftsleiters, im Rahmen seiner Krediteinzelkompetenz eigenständig Kreditentscheidungen zu treffen, geht nicht automatisch auf seinen – unterhalb der Ebene der Geschäftsleitung angesiedelten – Vertreter über.

Auch bei risikorelevanten Kreditentscheidungen, die von der gesamten Geschäftsleitung oder von mehreren Geschäftsleitern gemeinsam getroffen werden, sind grundsätzlich eine sachgerechte Bearbeitung sowie das Einholen zweier Voten aus den Bereichen erforderlich.

6   Das Institut hat eine klare und konsistente Kompetenzordnung für Entscheidungen im Kreditgeschäft festzulegen. Für den Fall voneinander abweichender Voten sind in der Kompetenzordnung Entscheidungsregeln zu treffen: Der Kredit ist in diesen Fällen abzulehnen oder zur Entscheidung auf eine höhere Kompetenzstufe zu verlagern (Eskalationsverfahren).

7   Die Überprüfung bestimmter, unter Risikogesichtspunkten festzulegender Sicherheiten ist außerhalb des Bereichs Markt durchzuführen. Diese Zuordnung gilt auch für Entscheidungen über die Risikovorsorge bei bedeutenden Engagements. Die Zuordnung aller anderen in BTO 1.2 genannten Prozesse bzw. Teilprozesse liegt, soweit dieses Rundschreiben nichts anderes vorsieht, im Ermessen der Institute (z. B. die Kreditbearbeitung oder Teilprozesse der Kreditbearbeitung).

Erläuterung: Erstellung von Wertgutachten

Die Erstellung von Wertgutachten für bestimmte Sicherheiten kann auch von fachlich geeigneten Mitarbeitern aus dem Bereich Markt durchgeführt werden, solange eine marktunabhängige Überprüfung der Wertansätze im Sinne einer materiellen Plausibilitätsprüfung gewährleistet ist.

Erläuterung: Überprüfung des rechtlichen Bestandes

Die Überprüfung des rechtlichen Bestandes von Sicherheiten kann auch durch eine vom Markt und Handel unabhängige Stelle (z. B. Rechtsabteilung) erfolgen.

BTO 1.2   Anforderungen an die Prozesse im Kreditgeschäft

1   Das Institut hat Prozesse für die Kreditbearbeitung (Kreditgewährung und Kreditweiterbearbeitung), die Kreditbearbeitungskontrolle, die Intensivbetreuung, die Problemkreditbearbeitung und die Risikovorsorge einzurichten. Die Verantwortung für deren Entwicklung und Qualität muss außerhalb des Bereichs Markt angesiedelt sein.

Erläuterung: Methodenverantwortung

Die Entwicklung der Prozesse kann auch im Bereich Markt erfolgen, sofern gewährleistet ist, dass die Qualitätssicherung von einem marktunabhängigen Bereich auf der Basis einer materiellen Plausibilitätsprüfung wahrgenommen wird.

Das Institut hat Bearbeitungsgrundsätze für die Prozesse im Kreditgeschäft zu formulieren, die, soweit erforderlich, in geeigneter Weise zu differenzieren sind (z. B. nach Kreditarten). Darüber hinaus sind die vom Institut akzeptieren Sicherheitenarten sowie die Verfahren zur Wertermittlung, Verwaltung und Verwertung dieser Sicherheiten festzulegen. Bei der Festlegung der Verfahren zur Wertermittlung von Sicherheiten ist auf geeignete Wertermittlungsverfahren abzustellen. **2**

Erläuterung: Differenzierte Bearbeitungsgrundsätze
Differenzierte Bearbeitungsgrundsätze sind auch für Geschäfte mit Hedgefonds und Private-Equity-Unternehmen zu formulieren, z. B. im Hinblick auf die Beschaffung finanzieller und sonstiger Informationen, die Analyse des Zwecks und der Struktur der zu finanzierenden Transaktion, die Art der Sicherheitenstellung oder die Analyse der Rückzahlungsfähigkeit.

Differenzierte Bearbeitungsgrundsätze sind auch für Fremdwährungsdarlehen zu formulieren, die den besonderen Risiken dieser Kreditart Rechnung tragen.

Die für das Adressenausfallrisiko eines Kreditengagements bedeutsamen Aspekte sind herauszuarbeiten und zu beurteilen, wobei die Intensität dieser Tätigkeiten vom Risikogehalt des Engagements abhängt. Branchen- und ggf. Länderrisiken sind in angemessener Weise zu berücksichtigen. Kritische Punkte eines Engagements sind hervorzuheben und ggf. unter der Annahme verschiedener Szenarien darzustellen. **3**

Die Verwendung externer Bonitätseinschätzungen enthebt das Institut nicht von seiner Verpflichtung, sich ein Urteil über das Adressenausfallrisiko zu bilden und dabei eigene Erkenntnisse und Informationen in die Kreditentscheidung einfließen zu lassen. **4**

Bei Objekt-/Projektfinanzierungen ist im Rahmen der Kreditbearbeitung sicherzustellen, dass neben der wirtschaftlichen Betrachtung insbesondere auch die technische Machbarkeit und Entwicklung sowie die mit dem Objekt/Projekt verbundenen rechtlichen Risiken in die Beurteilung einbezogen werden. Dabei kann auch auf die Expertise einer vom Kreditnehmer unabhängigen sach- und fachkundigen Organisationseinheit zurückgegriffen werden. Soweit externe Personen für diese Zwecke herangezogen werden, ist vorher deren Eignung zu überprüfen. In unter Risikogesichtspunkten festzulegenden Abständen sind während der Entwicklungsphase des Projektes/Objektes Besichtigungen und Bautenstandskontrollen durchzuführen. **5**

Erläuterung: Objekt-/Projektfinanzierungen
Unter Objekt-/Projektfinanzierungen werden Finanzierungen solcher Objekte/Projekte verstanden, deren Rückzahlungen sich in erster Linie aus den durch die finanzierten Vermögenswerte generierten Einkünften und nicht aus der unabhängigen Kapitaldienstfähigkeit des Kreditnehmers speist.

Erläuterung: Wirtschaftliche Betrachtung und technische Machbarkeit
Die wirtschaftliche Betrachtung kann z. B. folgende Aspekte beinhalten:
- Projektanalyse,
- Finanzierungsstruktur/Eigenkapitalquote,
- Sicherheitenkonzept oder
- Vor- und Nachkalkulation.

Die technische Machbarkeit und Entwicklung kann auch im Rahmen der Besichtigungen oder Bautenstandskontrollen berücksichtigt werden.

Abhängig vom Risikogehalt der Kreditgeschäfte sind sowohl im Rahmen der Kreditentscheidung als auch bei turnusmäßigen oder anlassbezogenen Beurteilungen die Risiken eines Engagements **6** mit Hilfe eines Risikoklassifizierungsverfahrens zu bewerten. Eine Überprüfung der Risikoeinstufung ist jährlich durchzuführen.

Erläuterung: Umfang der Beurteilungsintensität
Die Pflicht zur jährlichen Beurteilung der Risiken existiert, schon aus handelsrechtlichen Gründen, auch für Engagements, die aufgrund ihres geringen Risikogehaltes nicht dem Risikoklassifizierungsverfahren unterliegen. Allerdings kann in diesen Fällen die Beurteilungsintensität geringer ausfallen und sich z.B. lediglich auf die Prüfung der Ordnungsmäßigkeit der Tilgung durch den Kreditnehmer erstrecken.

7 Zwischen der Einstufung im Risikoklassifizierungsverfahren und der Konditionengestaltung sollte ein sachlich nachvollziehbarer Zusammenhang bestehen.

8 Das Institut hat ein der Kompetenzordnung entsprechendes Verfahren einzurichten, in dem festgelegt ist, wie Überschreitungen von Limiten zu behandeln sind. Soweit unter Risikogesichtspunkten vertretbar, ist für Limitüberschreitungen und Prolongationen auf der Grundlage klarer Vorgaben eine vereinfachte Umsetzung der Anforderungen in BTO 1.1 sowie BTO 1.2 möglich.

9 Im Hinblick auf die erforderlichen Kreditunterlagen ist ein Verfahren einzurichten, das deren zeitnahe Einreichung überwacht und eine zeitnahe Auswertung gewährleistet. Für ausstehende Unterlagen ist ein entsprechendes Mahnverfahren einzurichten.

10 Das Institut hat standardisierte Kreditvorlagen zu verwenden, soweit dies in Anbetracht der jeweiligen Geschäftsarten möglich und zweckmäßig ist, wobei die Ausgestaltung der Kreditvorlagen von Art, Umfang, Komplexität und Risikogehalt der Kreditgeschäfte abhängt.

11 Vertragliche Vereinbarungen im Kreditgeschäft sind auf der Grundlage rechtlich geprüfter Unterlagen abzuschließen.

12 Für die einzelnen Kreditverträge sind rechtlich geprüfte Standardtexte zu verwenden, die anlassbezogen zu aktualisieren sind. Falls bei einem Engagement (z.B. im Rahmen von Individualvereinbarungen) von den Standardtexten abgewichen werden soll, ist, soweit unter Risikogesichtspunkten erforderlich, vor Abschluss des Vertrages die rechtliche Prüfung durch eine vom Bereich Markt unabhängige Stelle notwendig.

Erläuterung: Prüfung durch sachverständigen Mitarbeiter des Bereichs Markt
Soweit von der Verwendung rechtlich geprüfter Standardtexte abgewichen wird, kann bei nichtrisikorelevanten Kreditgeschäften auch eine Prüfung durch einen sachverständigen Mitarbeiter aus dem Bereich Markt erfolgen.

BTO 1.2.1   Kreditgewährung

1 Der Prozess der Kreditgewährung umfasst die bis zur Bereitstellung des Kredites erforderlichen Arbeitsabläufe. Dabei sind die für die Beurteilung des Risikos wichtigen Faktoren unter besonderer Berücksichtigung der Kapitaldienstfähigkeit des Kreditnehmers bzw. des Objektes/Projektes zu analysieren und zu beurteilen, wobei die Intensität der Beurteilung vom Risikogehalt der Engagements abhängt (z.B. Kreditwürdigkeitsprüfung, Risikoeinstufung im Risikoklassifizierungsverfahren oder eine Beurteilung auf der Grundlage eines vereinfachten Verfahrens).

Erläuterung: Fremdwährungsdarlehen
Fremdwährungsdarlehen sollten nur an Kreditnehmer vergeben werden, deren Kreditwürdigkeit dahingehend geprüft wurde, ob sie auch bei besonders ungünstigen Entwicklungen der Wechsel-

kurse und des Fremdwährungszinsniveaus voraussichtlich in der Lage sind, den Kredit zurückzuzahlen.

Erläuterung: Kapitaldienstfähigkeit

Die besondere Berücksichtigung der Kapitaldienstfähigkeit erfordert grundsätzlich eine individuelle Berücksichtigung der wirtschaftlichen Verhältnisse des Kreditnehmers, wobei Risiken für die
zukünftige Vermögens- und ggf. Liquiditätslage des Kreditnehmers in die Betrachtung einzufließ-
ßen haben. Die Intensität der Beurteilung hängt vom Risikogehalt ab. Die Beurteilung der Kapitaldienstfähigkeit auf der Basis eines vereinfachten Verfahrens bedeutet hingegen nicht einen
generellen Verzicht auf diese Tätigkeiten.

Bei Immobiliar-Verbraucherdarlehen sind auch zukünftige, als wahrscheinlich anzusehende 2
Einkommensschwankungen in die Beurteilung der Kapitaldienstfähigkeit einzubeziehen. Alle für
die Kreditgewährung relevanten Informationen sind vollständig zu dokumentieren und über die
Laufzeit des Kredites aufzubewahren.

Die Werthaltigkeit und der rechtliche Bestand von Sicherheiten sind grundsätzlich vor der 3
Kreditvergabe zu überprüfen. Der Wertansatz muss hinsichtlich wertbeeinflussender Umstände
nachvollziehbar und in den Annahmen und Parametern begründet sein. Bei der Überprüfung der
Werthaltigkeit kann auf bereits vorhandene Sicherheitenwerte zurückgegriffen werden, sofern
keine Anhaltspunkte für Wertveränderungen vorliegen.

Erläuterung: Überprüfung der Werthaltigkeit von Sicherheiten

Im Rahmen der Kreditgewährung und ggf. auch der Kreditweiterbearbeitung beinhaltet die
Überprüfung der Werthaltigkeit einer Sicherheit in Abhängigkeit von der Sicherheitenart ab einer
vom Institut unter Risikogesichtspunkten festzulegenden Grenze eine Objektbesichtigung.

Hängt der Sicherheitenwert maßgeblich von den Verhältnissen eines Dritten ab (z. B. Bürgschaft), so 4
ist eine angemessene Überprüfung der Adressenausfallrisiken des Dritten durchzuführen.

BTO 1.2.2   Kreditweiterbearbeitung

Im Rahmen der Kreditweiterbearbeitung ist zu überwachen, ob die vertraglichen Vereinbarungen 1
vom Kreditnehmer eingehalten werden. Bei zweckgebundenen Kreditvergaben ist zu kontrollieren, ob die valutierten Mittel der vereinbarten Verwendung zukommen (Kreditverwendungskontrolle).

Eine Beurteilung der Adressenausfallrisiken ist jährlich durchzuführen, wobei die Intensität der 2
Beurteilungen vom Risikogehalt der Engagements abhängt (z. B. Kreditwürdigkeitsprüfung, Risikoeinstufung im Risikoklassifizierungsverfahren oder eine Beurteilung auf der Grundlage eines
vereinfachten Verfahrens).

Die Werthaltigkeit und der rechtliche Bestand von Sicherheiten sind im Rahmen der Kredit- 3
weiterbearbeitung in Abhängigkeit von der Sicherheitenart ab einer vom Institut unter Risikogesichtspunkten festzulegenden Grenze in angemessenen Abständen zu überprüfen.

Erläuterung: Einsatz von Marktschwankungskonzepten bei Immobiliensicherheiten

Da Marktschwankungskonzepte lediglich eine erste Indikation für allgemeine Geschehnisse im
jeweiligen Marktsegment liefern können, ist ihr alleiniger Einsatz zur Überprüfung der Werthaltigkeit von Immobiliensicherheiten nicht geeignet. Vielmehr hat das Institut Immobiliensicherheiten

ab einer unter Risikogesichtspunkten festzulegenden Grenze eigenverantwortlich zu beobachten und Risiken für die Werthaltigkeit der Sicherheit zu identifizieren und zu steuern.

4 Außerordentliche Überprüfungen von Engagements einschließlich der Sicherheiten sind zumindest dann unverzüglich durchzuführen, wenn dem Institut aus externen oder internen Quellen Informationen bekannt werden, die auf eine wesentliche negative Änderung der Risikoeinschätzung der Engagements oder der Sicherheiten hindeuten. Derartige Informationen sind unverzüglich an alle einzubindenden Organisationseinheiten weiterzuleiten.

BTO 1.2.3 Kreditbearbeitungskontrolle

1 Für die Kreditbearbeitung sind prozessabhängige Kontrollen einzurichten, die gewährleisten, dass die Vorgaben der Organisationsrichtlinien eingehalten werden. Die Kontrollen können auch im Rahmen des üblichen Vier-Augen-Prinzips erfolgen.

2 Insbesondere ist zu kontrollieren, ob die Kreditentscheidung entsprechend der festgelegten Kompetenzordnung erfolgte und ob vor der Valutierung die Voraussetzungen bzw. Auflagen aus dem Kreditvertrag erfüllt sind.

BTO 1.2.4 Intensivbetreuung

1 Das Institut hat Kriterien festzulegen, wann ein Engagement einer gesonderten Beobachtung (Intensivbetreuung) zu unterziehen ist. Die Verantwortung für die Entwicklung und Qualität dieser Kriterien sowie deren regelmäßige Überprüfung muss außerhalb des Bereichs Markt angesiedelt sein.

Erläuterung: Kriterien für den Übergang in die Intensivbetreuung
Ob die Kriterien einen Automatismus statuieren oder ob es sich um Indikatoren handelt, auf deren Grundlage die Überprüfung durchgeführt wird, liegt im Ermessen des Instituts. Ziel ist die zügige Identifikation der problembehafteten Engagements, um möglichst frühzeitig geeignete Maßnahmen einleiten zu können. Entsprechendes gilt für die Kriterien, die maßgeblich für den Übergang in die Problemkreditbearbeitung sind (BTO 1.2.5 Tz. 1).

Erläuterung: Ausnahmen von der Intensivbetreuung, Sanierung und Abwicklung
Analog zur Anwendung des Verfahrens zur Früherkennung von Risiken kann das Institut unter Risikogesichtspunkten festzulegende Arten von Kreditgeschäften oder Kreditgeschäfte unterhalb bestimmter Größenordnungen von der Intensivbetreuung sowie der Sanierung und Abwicklung ausnehmen.

Von der Intensivbetreuung bzw. der Problemkreditbearbeitung kann auch abgesehen werden, wenn der Zugriff auf die dafür erforderlichen Daten aufgrund objektiver Gegebenheiten eingeschränkt ist und insofern bereits auf die Einrichtung eines Verfahrens zur Früherkennung von Risiken verzichtet wird (drittinitiiertes Geschäft). Das Institut hat dabei sicherzustellen, dass es über alle wesentlichen Vorkommnisse bei dem Kreditnehmer informiert wird.

Erläuterung: Berücksichtigung von Zugeständnissen zugunsten des Kreditnehmers (»Forbearance«)
Bei der Festlegung der Kriterien hat das Institut auch die Engagements hinsichtlich eines Übergangs in die Intensivbetreuung angemessen zu berücksichtigen, bei denen Zugeständnisse hinsicht-

lich der Rückzahlungsmodalitäten zugunsten des Kreditnehmers gemacht wurden (Forbearance). Entsprechendes gilt für die Kriterien, die maßgeblich für den Übergang in die Sanierung bzw. Abwicklung sind (BTO 1.2.5 Tz. 1).

Forbearance-Maßnahmen bestehen bspw. aus vertraglichen Zugeständnissen aufgrund sich abzeichnender finanzieller Schwierigkeiten eines Kreditnehmers. Eine genaue Definition und Abgrenzung von Forbearance kann das Institut institutsindividuell vornehmen, ggf. auch in Anlehnung an Definitionen internationaler Aufsichtsinstitutionen (z. B. EBA).

Die Erkenntnisse aus Forbearance-Maßnahmen sind zudem angemessen bei den Verfahren zur Früherkennung von Risiken (BTO 1.3), beim Risikoklassifizierungsverfahren (BTO 1.4) und bei der Bildung der Risikovorsorge (BTO 1.2.6) zu berücksichtigen.

Die einer Intensivbetreuung unterliegenden Engagements sind nach einem festzulegenden Turnus **2** auf ihre weitere Behandlung hin zu überprüfen (weitere Intensivbetreuung, Rückführung in die Normalbetreuung, Abgabe an die Abwicklung oder die Sanierung).

BTO 1.2.5   Behandlung von Problemkrediten

Das Institut hat Kriterien festzulegen, die die Abgabe eines Engagements an die auf die Sanierung **1** bzw. Abwicklung spezialisierten Mitarbeiter oder Bereiche bzw. deren Einschaltung regeln. Die Verantwortung für die Entwicklung und die Qualität dieser Kriterien sowie deren regelmäßige Überprüfung muss außerhalb des Bereichs Markt angesiedelt sein. Die Federführung für den Sanierungs- bzw. den Abwicklungsprozess oder die Überwachung dieser Prozesse ist außerhalb des Bereichs Markt wahrzunehmen.

Erläuterung: Kriterien für den Übergang in die Problemkreditbearbeitung
Hinsichtlich der Kriterien für den Übergang in die Problemkreditbearbeitung gelten die Erläuterungen zu den Kriterien der Intensivbetreuung analog (vgl. BTO 1.2.4 Tz. 1).

Erläuterung: Prüfung nicht-standardisierter Verträge bei Sanierungsfällen
Von der Prüfung nicht-standardisierter Verträge durch eine unabhängige Stelle kann bei Sanierungsfällen abgesehen werden, wenn die Sanierung von Spezialisten begleitet wird, die aufgrund ihrer Fachkenntnisse und Erfahrungen in der Lage sind, solche Vertragswerke eigenständig und ohne weitere unabhängige Prüfung zu verfassen.

Erläuterung: Votierung bei Sanierungskrediten und Engagements in Abbauportfolien
Im Rahmen von Entscheidungen über Sanierungskredite ist eine Votierung aus dem marktunabhängigen Bereich ausreichend. Dies gilt auch für Engagements in so genannten »Abbauportfolien«, wobei die Bestände sowie die jeweils verfolgte Intention vom Institut nachvollziehbar darzustellen sind (z. B. in einem »Abbaukonzept«).

Entscheidet sich das Institut trotz Erfüllung der Kriterien für den Übergang in die Sanierung bzw. **2** Abwicklung und trotz wesentlicher Leistungsstörungen für einen Verbleib in der Intensivbetreuung, ist sicherzustellen, dass das Adressenausfallrisiko des Kredits verringert oder begrenzt werden kann. Das Vorgehen ist mit den auf die Sanierung bzw. Abwicklung spezialisierten Mitarbeitern abzustimmen. Rechtliche Risiken sind dabei zu prüfen.

Zieht ein Institut die Begleitung einer Sanierung in Betracht, hat es sich ein Sanierungskonzept **3** zur Beurteilung der Sanierungsfähigkeit des Kreditnehmers vorlegen zu lassen und auf dieser Grundlage ein eigenständiges Urteil darüber zu treffen, ob eine Sanierung erreicht werden kann.

4   Die Umsetzung des Sanierungskonzeptes sowie die Auswirkungen der Maßnahmen sind vom Institut zu überwachen.

5   Die zuständigen Geschäftsleiter sind bei bedeutenden Engagements regelmäßig über den Stand der Sanierung zu informieren. Erforderlichenfalls kann bei dem Sanierungsprozess auf externe Spezialisten mit entsprechenden Kenntnissen zurückgegriffen werden.

6   Für den Fall der Abwicklung eines Engagements ist ein Abwicklungskonzept zu erstellen. In den Prozess der Verwertung der Sicherheiten sind Mitarbeiter oder ggf. externe Spezialisten mit entsprechenden Kenntnissen einzubeziehen.

BTO 1.2.6   Risikovorsorge

1   Das Institut hat Kriterien festzulegen, auf deren Grundlage unter Beachtung der angewandten Rechnungslegungsnormen Wertberichtigungen, Abschreibungen und Rückstellungen für das Kreditgeschäft (einschließlich der Länderrisikovorsorge) zu bilden sind (z. B. ein institutsinternes Forderungsbewertungsverfahren).

2   Die erforderliche Risikovorsorge ist zeitnah zu ermitteln und fortzuschreiben. Ein erheblicher Risikovorsorgebedarf ist der Geschäftsleitung unverzüglich mitzuteilen.

BTO 1.3   Verfahren zur Früherkennung von Risiken

1   Das Verfahren zur Früherkennung von Risiken dient insbesondere der rechtzeitigen Identifizierung von Kreditnehmern, bei deren Engagements sich erhöhte Risiken abzuzeichnen beginnen. Damit soll das Institut in die Lage versetzt werden, in einem möglichst frühen Stadium Gegenmaßnahmen einleiten zu können (z. B. Intensivbetreuung von Engagements).

2   Für diese Zwecke hat das Institut auf der Basis quantitativer und qualitativer Risikomerkmale Indikatoren für eine frühzeitige Risikoidentifizierung zu entwickeln.

3   Das Institut kann bestimmte, unter Risikogesichtspunkten festzulegende Arten von Kreditgeschäften oder Kreditgeschäfte unterhalb bestimmter Größenordnungen von der Anwendung des Verfahrens zur Früherkennung von Risiken ausnehmen. Die Funktion der Früherkennung von Risiken kann auch von einem Risikoklassifizierungsverfahren wahrgenommen werden, soweit es eine Früherkennung von Risiken ermöglicht.

Erläuterung: Ausnahmen bei Krediten über eine Hausbank
Von der Einrichtung eines Verfahrens zur Früherkennung von Risiken kann abgesehen werden, wenn ein Zugriff auf die für eine Risikofrüherkennung erforderlichen Daten aufgrund objektiver Gegebenheiten eingeschränkt ist. Solche Konstellationen liegen dann vor, wenn die Kreditgeschäfte über ein drittes Institut initiiert und im Weiteren von diesem betreut werden (z. B. Hausbank im Kreditgeschäft der Förderbanken oder auch im Kreditgeschäft der Bürgschaftsbanken). Das kreditierende Institut hat dabei sicherzustellen, dass es über wesentliche Vorkommnisse bei dem Kreditnehmer informiert wird.

Erläuterung: Risikoklassifizierungsverfahren und Früherkennung von Risiken
Ein Risikoklassifizierungsverfahren hat unter Berücksichtigung betriebswirtschaftlicher Aspekte insbesondere folgende Komponenten zu enthalten, um gleichzeitig als Verfahren zur Früherkennung von Risiken dienen zu können:

– Die dem Verfahren zugrundeliegenden Indikatoren (z. B. Kontoumsätze, Scheckrückgaben) sollten dazu geeignet sein, dass sich abzeichnende Risiken möglichst frühzeitig erkannt werden können (»indikatoren-bezogene Komponente«),

– auf der Grundlage der Indikatoren sollte eine laufende Identifizierung von sich abzeichnenden Risiken möglich sein (»zeitraumbezogene Komponente«) und

– Signale des Verfahrens zur Früherkennung von Risiken sollten ferner zeitnah zu geeigneten Maßnahmen des Instituts führen (z. B. Intensivierung des Kundenkontaktes, Hereinnahme neuer Sicherheiten, Tilgungsaussetzungen), so dass sich Risiken möglichst nicht in Form von Verlusten materialisieren (»prozessbezogene Komponente«).

BTO 1.4   Risikoklassifizierungsverfahren

In jedem Institut sind aussagekräftige Risikoklassifizierungsverfahren für die erstmalige bzw. die turnusmäßige oder anlassbezogene Beurteilung der Adressenausfallrisiken sowie ggf. der Objekt-/ Projektrisiken einzurichten. Es sind Kriterien festzulegen, die im Rahmen der Beurteilung der Risiken eine nachvollziehbare Zuweisung in eine Risikoklasse gewährleisten.   **1**

Die Verantwortung für Entwicklung, Qualität und Überwachung der Anwendung der Risiko-klassifizierungsverfahren muss außerhalb des Bereichs Markt angesiedelt sein.   **2**

Maßgebliche Indikatoren für die Bestimmung der Adressenausfallrisiken im Risikoklassifizie-rungsverfahren müssen neben quantitativen auch, soweit möglich, qualitative Kriterien sein. Es ist insbesondere zu berücksichtigen, inwieweit der Kreditnehmer in der Lage ist, künftig Erträge zu erwirtschaften, um den ausgereichten Kredit zurückzuführen.   **3**

Die Klassifizierungsverfahren sind in angemessener Weise in die Prozesse des Kreditgeschäfts und ggf. die Kompetenzordnung einzubinden.   **4**

BTO 2   Handelsgeschäft

Dieses Modul stellt Anforderungen an die Ausgestaltung der Aufbau- und Ablauforganisation im Handelsgeschäft.   **1**

BTO 2.1   Funktionstrennung

Maßgeblicher Grundsatz für die Ausgestaltung der Prozesse im Handelsgeschäft ist die klare aufbauorganisatorische Trennung des Bereichs Handel von den Funktionen des Risikocontrollings sowie der Abwicklung und Kontrolle bis einschließlich der Ebene der Geschäftsleitung.   **1**

Erläuterung: Kundenberater
Es ist mit dem Rundschreiben vereinbar, wenn Kundenberater innerhalb eines bestimmten Limitrahmens für die Preisgestaltung Kundenaufträge an die Handelsabteilung weitergeben. Sie sollten keine unabhängige Kursstellung vornehmen und keine eigenen Positionen aufbauen.

2 Von der Trennung bis einschließlich der Ebene der Geschäftsleitung kann abgesehen werden, wenn sich die Handelsaktivitäten in ihrer Gesamtheit auf Handelsgeschäfte konzentrieren, die unter Risikogesichtspunkten als nicht wesentlich einzustufen sind (»nicht-risikorelevante Handelsaktivitäten«).

Erläuterung: Nicht-risikorelevante Handelsaktivitäten
Diese Erleichterung kann in Anspruch genommen werden, wenn in einer Gesamtbetrachtung folgende Voraussetzungen erfüllt werden:
– Das Institut nimmt die Erleichterungen des Artikel 94 Absatz 1 CRR in Anspruch oder kann sie in Anspruch nehmen (kein Handelsbuchinstitut),
– der Schwerpunkt der Handelsaktivitäten liegt beim Anlagevermögen bzw. der Liquiditätsreserve,
– das Volumen der Handelsaktivitäten ist gemessen am Geschäftsvolumen gering,
– die Struktur der Handelsaktivitäten ist einfach, die Komplexität, die Volatilität und der Risikogehalt der Positionen gering.

Die genannten Voraussetzungen müssen nicht kumulativ erfüllt werden. Maßgeblich ist vielmehr die Gesamtbetrachtung, d.h., die Einschätzung hat unter Berücksichtigung der genannten Anhaltspunkte und unter deren angemessener Gewichtung im Einzelfall zu erfolgen.

Soweit ein Institut diese Erleichterung in Anspruch nimmt, ist im Hinblick auf handelsunabhängige Funktionen eine organisatorische Trennung, z.B. Ansiedlung in unterschiedlichen Stellen, ebenfalls nicht erforderlich. Nicht miteinander vereinbare Tätigkeiten sind allerdings von unterschiedlichen Mitarbeitern durchzuführen (AT 4.3.1 Tz. 1). Mit dem Handel betraute Mitarbeiter dürfen insoweit grundsätzlich nicht für handelsunabhängige Funktionen zuständig sein.

Erläuterung: Erleichterungen bei kleinen Instituten bzw. bei sehr geringen Handelsaktivitäten
Ist eine Funktionstrennung im Bereich der Handelsgeschäfte aus Gründen der Betriebsgröße nicht möglich, so muss die ordnungsgemäße Abwicklung der Handelsgeschäfte durch die unmittelbare Einschaltung der Geschäftsleitung gewährleistet sein. Betreibt ein Institut nur in sehr geringem Umfang Handelsaktivitäten, so dass ein einzelner Mitarbeiter nicht ausgelastet wäre, kann der Trennung der Funktionen durch eine vorübergehende Zuordnung anderer Mitarbeiter, die ansonsten nicht mit Handelsgeschäften betraut sind, Rechnung getragen werden.

BTO 2.2 Anforderungen an die Prozesse im Handelsgeschäft

BTO 2.2.1 Handel

1 Bei Abschluss von Handelsgeschäften müssen die Konditionen einschließlich der Nebenabreden vollständig vereinbart werden. Das Institut hat standardisierte Vertragstexte zu verwenden, soweit dies in Anbetracht der jeweiligen Geschäftsarten möglich und zweckmäßig ist. Interne Handelsgeschäfte dürfen nur auf der Basis klarer Regelungen abgeschlossen werden.

Erläuterung: Interne Handelsgeschäfte

Interne Handelsgeschäfte im Sinne dieses Rundschreibens sind Geschäfte innerhalb einer Rechtseinheit, die dazu dienen, Risiken zwischen einzelnen Organisationseinheiten bzw. Teilportfolien zu transferieren (z. B. Handelsgeschäfte zwischen eigenen Niederlassungen, Organisationseinheiten, Portfolios etc.). Für interne Handelsgeschäfte ist eine sinngemäße Einhaltung der Anforderungen an externe Handelsgeschäfte sicherzustellen.

Handelsgeschäfte zu nicht marktgerechten Bedingungen sind grundsätzlich unzulässig. Ausnahmen hiervon sind im Einzelfall möglich, wenn   **2**
a) sie auf Kundenwunsch erfolgen, sachlich begründet sind und die Abweichung von den marktgerechten Bedingungen aus den Geschäftsunterlagen deutlich ersichtlich ist,
b) sie aufgrund von internen Vorgaben erfolgen, die die Geschäftsarten, den Kundenkreis, den Umfang und die Ausgestaltung dieser Handelsgeschäfte festlegen,
c) die Abweichung von den marktgerechten Bedingungen gegenüber dem Kunden in der Geschäftsbestätigung offengelegt wird und
d) sie bei entsprechender Bedeutung an die Geschäftsleitung berichtet werden.

Geschäftsabschlüsse außerhalb der Geschäftsräume sind nur im Rahmen interner Vorgaben   **3**
zulässig. Dabei sind insbesondere die Berechtigten, der Zweck, der Umfang und die Erfassung festzulegen. Für solche Handelsgeschäfte ist vom Kontrahenten eine unverzügliche fernschriftliche Bestätigung zu verlangen. Diese Handelsgeschäfte sind vom Händler unverzüglich in geeigneter Form dem eigenen Institut anzuzeigen, besonders zu kennzeichnen und dem zuständigen Geschäftsleiter bzw. einer von ihm autorisierten Organisationseinheit zur Kenntnis zu bringen.

Die Geschäftsgespräche der Händler sollten grundsätzlich auf Tonträger aufgezeichnet werden   **4**
und sind mindestens drei Monate aufzubewahren.

Handelsgeschäfte sind unverzüglich nach Geschäftsabschluss mit allen maßgeblichen Abschlussdaten zu erfassen, bei der Ermittlung der jeweiligen Position zu berücksichtigen (Fortschreibung der Bestände) und mit allen Unterlagen an die Abwicklung weiterzuleiten. Die   **5**
Weiterleitung der Abschlussdaten kann auch automatisiert über ein Abwicklungssystem erfolgen.

Erläuterung: Abschlussdaten

Maßgebliche Abschlussdaten sind u. a. Geschäftsart, Volumen, Konditionen, Fälligkeit, Kontrahent, Datum, Uhrzeit, Händler, fortlaufende Nummer, Nebenabreden.

Bei Direkterfassung in den IT-Systemen muss sichergestellt sein, dass ein Händler nur unter seiner   **6**
eigenen Händleridentifikation Handelsgeschäfte eingeben kann. Erfassungstag und -uhrzeit sowie fortlaufende Geschäftsnummern müssen automatisch vorgegeben werden und dürfen vom Händler nicht veränderbar sein.

Handelsgeschäfte, die nach Erfassungsschluss der Abwicklung abgeschlossen werden (Spätgeschäfte), sind als solche zu kennzeichnen und bei den Positionen des Abschlusstages (ein-   **7**
schließlich der Nacherfassung) zu berücksichtigen, wenn sie zu wesentlichen Veränderungen führen. Abschlussdaten und Unterlagen über Spätgeschäfte sind unverzüglich an einen Bereich außerhalb des Handels weiterzuleiten.

Erläuterung: Kennzeichnungspflicht für Spätgeschäfte

Auf eine separate Kennzeichnung als Spätgeschäft kann verzichtet werden, wenn für den Erfassungsschluss der Abwicklung ein fester Zeitrahmen vorgegeben ist und sich der Charakter eines Spätgeschäftes insofern eindeutig aus der Uhrzeit oder ggf. der Zeitzone des Geschäftsabschlusses ergibt.

8 Vor Abschluss von Verträgen im Zusammenhang mit Handelsgeschäften, insbesondere bei Rahmenvereinbarungen, Nettingabreden und Sicherheitenbestellungen, ist durch eine vom Handel unabhängige Stelle zu prüfen, ob und inwieweit sie rechtlich durchsetzbar sind.

9 Organisatorisch dem Handelsbereich zugeordnete Mitarbeiter dürfen nur gemeinsam mit Mitarbeitern eines handelsunabhängigen Bereichs über Zeichnungsberechtigungen für Zahlungsverkehrskonten verfügen.

10 Das Institut hat durch geeignete Maßnahmen sicherzustellen, dass die Positionsverantwortung von Händlern jährlich für einen ununterbrochenen Zeitraum von mindestens 10 Handelstagen an einen anderen Mitarbeiter übertragen wird. In diesem Zeitraum hat das Institut dafür Sorge zu tragen, dass kein Zugriff eines abwesenden Händlers auf die von ihm verantworteten Positionen erfolgt.

BTO 2.2.2 Abwicklung und Kontrolle

1 Bei der Abwicklung sind auf Basis der vom Handel erhaltenen Abschlussdaten die Geschäftsbestätigungen bzw. die Abrechnungen auszufertigen sowie daran anschließende Abwicklungsaufgaben durchzuführen.

Erläuterung: Abwicklungssysteme

In Abhängigkeit von Art, Umfang, Komplexität und Risikogehalt sind Handelsgeschäfte grundsätzlich elektronisch abzuwickeln; vorhandene Abwicklungssysteme sind, soweit möglich, zu nutzen.

2 Grundsätzlich sind Handelsgeschäfte unverzüglich schriftlich oder in gleichwertiger Form zu bestätigen. Die Bestätigung muss die erforderlichen Abschlussdaten enthalten. Bei Handelsgeschäften über Makler muss der Makler benannt werden. Der unverzügliche Eingang der Gegenbestätigungen ist zu überwachen, wobei sichergestellt sein muss, dass die eingehenden Gegenbestätigungen zuerst und direkt in die Abwicklung gelangen und nicht an den Handel adressiert sind. Fehlende bzw. unvollständige Gegenbestätigungen sind unverzüglich zu reklamieren, es sei denn, es handelt sich um ein Handelsgeschäft, das in allen Teilen ordnungsgemäß erfüllt ist.

Erläuterung: Gegenbestätigungen bei Auslandsgeschäften

Wenn Gegenbestätigungen nicht eingeholt werden können, hat das Institut auf andere geeignete Weise die Existenz und den Inhalt der Geschäfte zu verifizieren.

Erläuterung: Bestätigungsverfahren bei komplexen Produkten

Ist bei komplexen Produkten in den Rahmenverträgen festgelegt, dass nur einer der beiden Partner den Vertrag erstellt, genügt eine beiderseitige Ad-hoc-Bestätigung (Kurzform) und die einseitige Vertragserstellung (Langform) nach Klärung aller Details. Die Ad-hoc-Bestätigung sollte die wesentlichen Angaben zum vereinbarten Handelsgeschäft enthalten.

Erläuterung: Stornierungen und Korrekturen

Bei den Bestätigungs- und Abstimmungsverfahren ist ein besonderes Augenmerk auf die Häufung von Stornierungen und Korrekturen bei einzelnen Mitarbeitern oder bestimmten Geschäften zu richten.

3 Bei Handelsgeschäften, die über ein Abwicklungssystem abgerechnet werden, das einen automatischen Abgleich der maßgeblichen Abschlussdaten gewährleistet (so genanntes Matching)

und Handelsgeschäfte nur bei Übereinstimmung der Daten durchführt, kann auf das Bestätigungsverfahren verzichtet werden. Sofern kein automatischer Abgleich der maßgeblichen Abschlussdaten erfolgt, kann auf das Bestätigungsverfahren verzichtet werden, wenn das Abwicklungssystem beiden Kontrahenten den jederzeitigen Abruf der Abschlussdaten ermöglicht und eine Kontrolle dieser Daten vorgenommen wird.

Die Handelsgeschäfte sind einer laufenden Kontrolle zu unterziehen. Dabei ist insbesondere zu   **4** kontrollieren, ob

a) die Geschäftsunterlagen vollständig und zeitnah vorliegen,
b) die Angaben der Händler richtig und vollständig sind und, soweit vorhanden, mit den Angaben auf Maklerbestätigungen, Ausdrucken aus Handelssystemen oder Ähnlichem übereinstimmen,
c) die Abschlüsse sich hinsichtlich Art und Umfang im Rahmen der festgesetzten Limite bewegen,
d) marktgerechte Bedingungen vereinbart sind und
e) Abweichungen von vorgegebenen Standards (z. B. Stammdaten, Anschaffungswege, Zahlungswege) vereinbart sind.

Änderungen und Stornierungen der Abschlussdaten oder Buchungen sind außerhalb des Bereichs Handel zu kontrollieren.

Erläuterung: Automatische Weiterleitung an die Abwicklung

Auf Kontrollen gemäß Buchstabe a) und b) kann verzichtet werden, sofern die von den Händlern eingegebenen Abschlussdaten automatisch und ohne weitere Eingriffsmöglichkeiten der Händler an die Abwicklung weitergeleitet werden.

Für die Kontrolle der Marktgerechtigkeit von Geschäftsabschlüssen sind geeignete Verfahren, ggf.   **5** differenziert nach Handelsgeschäftsarten, einzurichten. Der für die Marktgerechtigkeitskontrolle zuständige Geschäftsleiter ist unverzüglich zu unterrichten, wenn abweichend von BTO 2.2.1 Tz. 2 Handelsgeschäfte zu nicht marktgerechten Bedingungen abgeschlossen werden.

Erläuterung: Hinweise zur Kontrolle der Marktgerechtigkeit

Für marktliquide Kassa- und Termininstrumente können die Kontrollen in Stichproben erfolgen, soweit dies unter Risikogesichtspunkten vertretbar ist.

Bei Handelsgeschäften, die direkt oder über Dritte (z. B. über eine Korrespondenzbank)
–   an einer inländischen Börse oder
–   an einem anderen geregelten Markt, ungeachtet seines Sitzstaates,
abgewickelt werden, kann auf die Kontrolle der Marktgerechtigkeit verzichtet werden. Zur Identifizierung der Märkte, die als geregelte Märkte im Sinne dieser Anforderung angesehen werden können, kann auf folgende Aufstellungen zurückgegriffen werden:
–   Übersicht der »European Securities and Markets Authority« (ESMA) zu geregelten Märkten in den Mitgliedstaaten der EU sowie in den anderen Vertragsstaaten des Abkommens über den Europäischen Wirtschaftsraum (abrufbar unter: www.esma.europa.eu/Registries and Databases/Regulated Markets database),
–   »Liste der zugelassenen Börsen und der anderen organisierten Märkte gemäß § 193 Abs. 1 Nr. 2 und 4 KAGB« für geregelte Märkte in Ländern außerhalb der Mitgliedstaaten der EU sowie außerhalb der anderen Vertragsstaaten des Abkommens über den Europäischen Wirtschaftsraum (Schreiben der BaFin vom 16.02.2011; zuletzt geändert am 19.08.2013).

Beim Ersterwerb aus einer Emission sind abhängig von der Art und der Struktur des Geschäftes Erleichterungen bei der Marktgerechtigkeitskontrolle möglich. So reduziert sich die Marktgerechtigkeitskontrolle z. B. bei einer Emission im Wege der öffentlichen Versteigerung/Bietung auf die Kontrolle der richtigen Abrechnung des Emissionskurses.

In die Kontrolle der Marktgerechtigkeit sind auch interne Handelsgeschäfte einzubeziehen. Ausnahmen sind, unter analoger Anwendung der in BTO 2.2.1 Tz. 2 aufgeführten Voraussetzungen, möglich.

6   Unstimmigkeiten und Auffälligkeiten, die im Rahmen der Abwicklung und Kontrolle festgestellt wurden, sind unter der Federführung eines vom Handel unabhängigen Bereichs unverzüglich zu klären. Für Unstimmigkeiten und Auffälligkeiten, die nicht plausibel geklärt werden können, hat das Institut angemessene Eskalationsverfahren einzurichten.

7   Die im Handel ermittelten Positionen sind regelmäßig mit den in den nachgelagerten Prozessen und Funktionen (z. B. Abwicklung, Rechnungswesen) geführten Positionen abzustimmen. In die Abstimmungsaktivitäten sind auch inaktive Portfolien (»dormant portfolios«) und fiktive Kontrahenten (»dummy counterparts«) einzubeziehen. Besonderes Augenmerk ist auf die Abstimmung von Zwischen- und Auffangkonten zu richten. Auffälligkeiten im Zusammenhang mit diesen Konten sind unverzüglich zu klären.

Erläuterung: Audit Trail

Zur Sicherstellung angemessener Abstimmungsprozesse kann es notwendig sein, dass das Institut Prozesse und Verfahren etabliert, die eine jederzeitige Verifizierung der Entstehungshistorie von Positionen und Cashflows gewährleisten (»Audit Trail«).

BTO 2.2.3   Abbildung im Risikocontrolling

1   Handelsgeschäfte einschließlich solcher Nebenabreden, die zu Positionen führen, sind unverzüglich im Risikocontrolling abzubilden.

Erläuterung: Abbildung im Risikocontrolling

Die Möglichkeit, für die Zwecke des Risikocontrollings auf Daten des Rechnungswesens zuzugreifen, bleibt hierdurch bestehen.

BTR Anforderungen an die Risikosteuerungs- und -controllingprozesse

1   Dieses Modul enthält unter Berücksichtigung von Risikokonzentrationen besondere Anforderungen an die Ausgestaltung der Risikosteuerungs- und -controllingprozesse (AT 4.3.2) für
a)   Adressenausfallrisiken (BTR 1),
b)   Marktpreisrisiken (BTR 2),
c)   Liquiditätsrisiken (BTR 3) und
d)   operationelle Risiken (BTR 4).

BTR 1   Adressenausfallrisiken

Das Institut hat durch geeignete Maßnahmen sicherzustellen, dass Adressenausfallrisiken und   1
damit verbundene Risikokonzentrationen unter Berücksichtigung der Risikotragfähigkeit begrenzt
werden können.

Erläuterung: Risikokonzentrationen bei Adressenausfallrisiken
Hierbei handelt es sich um Adressen- und Sektorkonzentrationen, regionale Konzentrationen und
sonstige Konzentrationen im Kreditgeschäft, die relativ gesehen zum Risikodeckungspotenzial zu
erheblichen Verlusten führen können (z. B. Konzentrationen nach Kreditnehmern, Produkten
oder Underlyings strukturierter Produkte, nach Branchen, Verteilungen von Engagements auf
Größen- und Risikoklassen, Sicherheiten, ggf. Ländern und sonstige hoch korrelierte Risiken).

Ohne kreditnehmerbezogenes Limit (Kreditnehmerlimit, Kreditnehmereinheitenlimit), also einen   2
Kreditbeschluss, darf kein Kreditgeschäft abgeschlossen werden.

    Handelsgeschäfte dürfen grundsätzlich nur mit Vertragspartnern getätigt werden, für die Kon-   3
trahentenlimite eingeräumt wurden. Auf das einzelne Limit sind alle Handelsgeschäfte mit einer
bestimmten Gegenpartei anzurechnen. Bei der Ermittlung der Auslastung der Kontrahentenlimite
sind Wiedereindeckungsrisiken und Erfüllungsrisiken zu berücksichtigen. Die Positionsverantwortlichen sind über die für sie relevanten Limite und ihre aktuelle Ausnutzung zeitnah zu informieren.

Erläuterung: Kontrahentenlimite
Ausgenommen hiervon sind Börsengeschäfte sowie Kassageschäfte, bei denen der Gegenwert
angeschafft wurde bzw. Zug um Zug anzuschaffen ist oder bei denen entsprechende Deckung
besteht.

Darüber hinaus sind bei Handelsgeschäften grundsätzlich auch Emittentenlimite einzurichten.   4
Soweit im Bereich Handel für Emittenten noch keine Limitierungen vorliegen, können auf der
Grundlage klarer Vorgaben Emittentenlimite kurzfristig zu Zwecken des Handels eingeräumt
werden, ohne dass vorab der jeweils unter Risikogesichtspunkten festgelegte Bearbeitungsprozess
vollständig durchlaufen werden muss. Der jeweils festgelegte Bearbeitungsprozess ist spätestens
nach drei Monaten durchzuführen. Die maßgeblichen Vorgaben müssen Risikogesichtspunkten
Rechnung tragen. Sie müssen mit den in den Strategien niedergelegten Zielen im Einklang stehen.

Erläuterung: Berücksichtigung des spezifischen Risikos eines Emittenten
Auf eine gesonderte Limitierung der Adressenausfallrisiken des Emittenten kann verzichtet
werden, soweit dem spezifischen Risiko des Emittenten im Rahmen der Limitierung der Marktpreisrisiken auf der Basis geeigneter Verfahren angemessen Rechnung getragen wird. Risikokonzentrationen sind dabei angemessen zu berücksichtigen.

Erläuterung: Liquide Kreditprodukte (z. B. »Loan Trading«)
Vor der Aufnahme der Handelstätigkeit mit liquiden Kreditprodukten, die auf den Sekundärmärkten wie Wertpapiere gehandelt werden, sind im Einklang mit diesem Rundschreiben Kontrahen-
ten- bzw. Emittentenlimite festzulegen. Bei der Festlegung von Emittentenlimiten können die
Vereinfachungen der Tz. 4 in Anspruch genommen werden.

Die Geschäfte sind unverzüglich auf die kreditnehmerbezogenen Limite anzurechnen. Die Ein-   5
haltung der Limite ist zu überwachen. Limitüberschreitungen und die deswegen ggf. getroffenen
Maßnahmen sind festzuhalten. Ab einer unter Risikogesichtspunkten festgelegten Höhe sind

Überschreitungen von Kontrahenten- und Emittentenlimiten den zuständigen Geschäftsleitern täglich anzuzeigen.

6   Risikokonzentrationen sind zu identifizieren. Gegebenenfalls vorhandene Abhängigkeiten sind dabei zu berücksichtigen. Bei der Beurteilung der Risikokonzentrationen ist auf qualitative und, soweit möglich, auf quantitative Verfahren abzustellen. Risikokonzentrationen sind mit Hilfe geeigneter Verfahren zu steuern und zu überwachen (z.B. Limite, Ampelsysteme oder auf Basis anderer Vorkehrungen).

Erläuterung: Abhängigkeiten

Vorhandene Abhängigkeiten können in Form von wirtschaftlichen Verflechtungen, juristischen Abhängigkeiten zwischen Unternehmen u. ä. vorliegen.

7   Das Institut hat eine angemessene Erfassung der Erlöse aus der Abwicklung von Kreditengage- ments sowie der zugehörigen historischen Werte der Kreditsicherheiten in einer Erlösquoten- sammlung zu gewährleisten. Die Erkenntnisse aus der Erlösquotensammlung sind bei der Steue- rung der Adressenausfallrisiken angemessen zu berücksichtigen.

BTR 2   Marktpreisrisiken

BTR 2.1   Allgemeine Anforderungen

1   Auf der Grundlage der Risikotragfähigkeit ist ein System von Limiten zur Begrenzung der Markt- preisrisiken unter Berücksichtigung von Risikokonzentrationen einzurichten.

Erläuterung: Aufbau von BTR 2

Das Rundschreiben stellt in BTR 2.1 allgemeine Anforderungen auf, die für alle Marktpreisrisiken Geltung beanspruchen (einschließlich Zinsänderungsrisiken des Anlagebuches). BTR 2.2 ergänzt BTR 2.1 um Regelungen, die sich auf Marktpreisrisiken des Handelsbuches beziehen. BTR 2.3 stellt erleichternde Regelungen für die Marktpreisrisiken des Anlagebuches auf.

Erläuterung: Marktpreisrisiken

Zu den Marktpreisrisiken sind zu zählen:
– Kursrisiken,
– Zinsänderungsrisiken,
– Währungsrisiken sowie
– Marktpreisrisiken aus Warengeschäften (einschl. Stromderivaten und CO_2-Emissionszertifi- katen). Marktpreisrisiken aus dem traditionellen Warengeschäft von gemischtwirtschaftlichen Kreditgenossenschaften sind jedoch nicht zu berücksichtigen.

Marktbezogene Risiken, die aus der Veränderung der Bonität einer Adresse resultieren (z.B. spezifisches Risiko eines Emittenten bzw. potenzielle Änderungen von Bonitätsspreads) oder auf die Marktliquidität zurückzuführen sind, sind im Rahmen der Risikosteuerungs- und -controlling- prozesse in angemessener Weise zu berücksichtigen.

Ohne Marktpreisrisikolimit darf kein mit Marktpreisrisiken behaftetes Geschäft abgeschlossen werden. **2**

Die Verfahren zur Beurteilung der Marktpreisrisiken sind regelmäßig zu überprüfen. Es ist zu überprüfen, ob die Verfahren auch bei schwerwiegenden Marktstörungen zu verwertbaren Ergebnissen führen. Für länger anhaltende Fälle fehlender, veralteter oder verzerrter Marktpreise sind für wesentliche Positionen alternative Bewertungsmethoden festzulegen. **3**

Die im Rechnungswesen und Risikocontrolling ermittelten Ergebnisse sind regelmäßig zu plausibilisieren. **4**

BTR 2.2 Marktpreisrisiken des Handelsbuches

Es ist sicherzustellen, dass die mit Marktpreisrisiken behafteten Geschäfte des Handelsbuches unverzüglich auf die einschlägigen Limite angerechnet werden und der Positionsverantwortliche über die für ihn relevanten Limite und ihre aktuelle Ausnutzung zeitnah informiert ist. Bei Limitüberschreitungen sind geeignete Maßnahmen zu treffen. Ggf. ist ein Eskalationsverfahren einzuleiten. **1**

Die mit Marktpreisrisiken behafteten Positionen des Handelsbuches sind täglich zu bewerten. **2**

Es ist täglich ein Ergebnis für das Handelsbuch zu ermitteln. Die bestehenden Risikopositionen sind mindestens einmal täglich zum Geschäftsschluss zu Gesamtrisikopositionen zusammenzufassen. **3**

Die modellmäßig ermittelten Risikowerte sind fortlaufend mit der tatsächlichen Entwicklung zu vergleichen. **4**

BTR 2.3 Marktpreisrisiken des Anlagebuches (einschließlich Zinsänderungsrisiken)

Die mit Marktpreisrisiken behafteten Positionen des Anlagebuches sind mindestens vierteljährlich zu bewerten. **1**

Ebenfalls mindestens vierteljährlich ist ein Ergebnis für das Anlagebuch zu ermitteln. **2**

Durch geeignete Maßnahmen ist sicherzustellen, dass Limitüberschreitungen aufgrund zwischenzeitlicher Veränderungen der Risikopositionen vermieden werden können. **3**

Abhängig von Art, Umfang, Komplexität und Risikogehalt der Positionen im Anlagebuch kann auch eine tägliche, wöchentliche oder monatliche Bewertung, Ergebnisermittlung und Kommunikation der Risiken erforderlich sein. **4**

Die Verfahren zur Beurteilung der Zinsänderungsrisiken des Anlagebuches müssen die wesentlichen Ausprägungen der Zinsänderungsrisiken erfassen. **5**

Erläuterung: Behandlung der Zinsänderungsrisiken des Anlagebuches
Grundsätzlich bleibt es dem Institut überlassen, auf welchem Wege es Zinsänderungsrisiken des Anlagebuches berücksichtigt. Sowohl eine getrennte Behandlung in Handels- und Anlagebuch als auch eine integrierte Behandlung der Zinsänderungsrisiken auf Ebene des Gesamtinstituts (unter Beachtung der für das Handelsbuch zwingenden täglichen Bewertung der Risikopositionen und der täglichen Ergebnisermittlung) ist möglich.

Erläuterung: Umfang der einzubeziehenden Positionen

Es sind die bilanziellen und außerbilanziellen Positionen des Anlagebuches in die Betrachtung einzubeziehen, die Zinsänderungsrisiken unterliegen.

6   Bei der Bestimmung der Zinsänderungsrisiken kann auf die Auswirkungen von Zinsänderungen auf das handelsrechtliche Ergebnis des Instituts oder die Markt- bzw. Barwerte der betroffenen Positionen als primär steuerungsrelevantes Verfahren abgestellt werden. Die Auswirkungen aus der jeweils anderen Steuerungsperspektive sind angemessen zu berücksichtigen. Sofern sich hieraus weitergehende Zinsänderungsrisiken in bedeutendem Umfang ergeben, ist diesen im Rahmen der Risikosteuerungs- und -controllingprozesse sowie bei der Beurteilung der Risikotragfähigkeit Rechnung zu tragen. Bei einer Bestimmung über die Auswirkungen auf das handelsrechtliche Ergebnis ist eine angemessene Betrachtung über den Bilanzstichtag hinaus erforderlich.

Erläuterung: Betrachtung über den Bilanzstichtag hinaus bei handelsrechtlichen Ansätzen

Die Betrachtung über den Bilanzstichtag hinaus trägt dem Umstand Rechnung, dass sich Zinsänderungsrisiken regelmäßig erst mit zeitlicher Verzögerung auf das handelsrechtliche Ergebnis auswirken. Die Länge des Betrachtungszeitraums sollte unter Berücksichtigung der individuellen Portfoliostruktur gewählt werden. Anhaltspunkt für eine angemessene Länge kann z.B. die durchschnittliche Zinsbindungsdauer der in die Bestimmung einbezogenen bilanziellen und außerbilanziellen Positionen sein.

7   Hinsichtlich der Berücksichtigung von Positionen mit unbestimmter Kapital- oder Zinsbindung sind geeignete Annahmen festzulegen.

Erläuterung: Positionen mit unbestimmter Kapital- oder Zinsbindung

Positionen mit unbestimmter Kapital- oder Zinsbindung können z.B. sein:
–   Positionen, bei denen die faktische Zinsbindung von der rechtlichen Zinsbindung abweicht (vor allem Sicht- und Spareinlagen), oder
–   optionale Bestandteile (z.B. Kündigungsrechte des Kunden, Sondertilgungsoptionen, Rückzahlungsoptionen).

Eigenkapitalbestandteile, die dem Institut zeitlich unbegrenzt zur Verfügung stehen, dürfen nicht in die barwertige Ermittlung der Zinsänderungsrisiken einbezogen werden.

8   Institute, die wesentliche Zinsänderungsrisiken in verschiedenen Währungen eingegangen sind, müssen die Zinsänderungsrisiken in jeder dieser Währungen ermitteln.

BTR 3   Liquiditätsrisiken

BTR 3.1   Allgemeine Anforderungen

1   Das Institut hat sicherzustellen, dass es seine Zahlungsverpflichtungen jederzeit erfüllen kann. Das Institut hat dabei, soweit erforderlich, auch Maßnahmen zur Steuerung des untertägigen Liquiditätsrisikos zu ergreifen. Es ist eine ausreichende Diversifikation der Refinanzierungsquellen

und der Liquiditätspuffer zu gewährleisten. Konzentrationen sind wirksam zu überwachen und zu begrenzen.

Erläuterung: Verbundlösungen
Die Anforderung in Satz 3 kann auch durch bestehende Verbund- oder Konzernstrukturen erfüllt werden.

Erläuterung: Diversifikation der Refinanzierungsquellen und der Liquiditätspuffer
Maßgebliche Kriterien für die Diversifikation können bspw. Geschäftspartner bzw. Emittenten, Produkte, Laufzeiten und Regionen sein.

Erläuterung: Untertägige Liquiditätsrisiken
Untertägige Liquiditätsrisiken können insbesondere bei Nutzung von Echtzeit-Abwicklungs- und Zahlungsverkehrssystemen vorliegen.

Das Institut hat zu gewährleisten, dass ein sich abzeichnender Liquiditätsengpass frühzeitig **2**
erkannt wird. Hierfür sind Verfahren einzurichten, deren Angemessenheit regelmäßig, mindestens aber jährlich, zu überprüfen ist. Auswirkungen anderer Risiken auf die Liquidität des Instituts (z.B. Reputationsrisiken) sind bei den Verfahren zu berücksichtigen.

Das Institut hat für einen geeigneten Zeitraum eine oder mehrere aussagekräftige Liquiditäts- **3**
übersichten zu erstellen, in denen die voraussichtlichen Mittelzuflüsse den voraussichtlichen Mittelabflüssen gegenübergestellt werden. Die Liquiditätsübersichten müssen geeignet sein, um die Liquiditätslage im kurz-, mittel- und langfristigen Bereich darzustellen. Dies hat sich in den getroffenen Annahmen, die den Mittelzu- und -abflüssen zugrundeliegen, und in der Untergliederung in Zeitbändern angemessen widerzuspiegeln. Den auch in normalen Marktphasen üblichen Schwankungen der Zahlungsflüsse ist in den Liquiditätsübersichten angemessen Rechnung zu tragen.

Erläuterung: Annahmen zu Mittelzu- und –abflüssen
Die Annahmen müssen auch etwaige Inanspruchnahmen aus Liquiditäts- und Kreditlinien berücksichtigen, die das Institut Dritten zur Verfügung gestellt hat.

Es ist laufend zu überprüfen, inwieweit das Institut, auch bei angespanntem Marktumfeld, in der **4**
Lage ist, einen auftretenden Liquiditätsbedarf zu decken. Dabei ist insbesondere auch auf den Liquiditätsgrad der Vermögenswerte abzustellen. Der dauerhafte Zugang zu den für das Institut relevanten Refinanzierungsquellen ist regelmäßig zu überprüfen. Für kurzfristig eintretende Verschlechterungen der Liquiditätssituation hat das Institut ausreichend bemessene, nachhaltige Liquiditätspuffer (z.B. hochliquide, unbelastete Vermögensgegenstände) vorzuhalten.

Erläuterung: Bemessung der Liquiditätspuffer
Die Liquiditätspuffer sind so zu bemessen, dass sowohl in normalen Marktphasen als auch in vorab definierten Stressszenarien auftretender Liquiditätsbedarf vollständig durch die Liquiditätspuffer überbrückt werden kann.

Erläuterung: Berücksichtigung von belasteten Vermögenswerten (Asset Encumbrance)
Die Verfahren zur Steuerung und Beurteilung der Liquiditätsrisiken haben auch zu gewährleisten, dass Höhe, Art, Umfang und Entwicklung der Belastung von Vermögensgegenständen zeitnah identifiziert und an die Geschäftsleitung berichtet werden. Dabei sind auch die Auswirkungen von Stressszenarien angemessen zu berücksichtigen. Auch beim Notfallplan für Liquiditätsengpässe (Tz. 9) ist die Belastung von Vermögenswerten angemessen zu berücksichtigen.

5 Das Institut hat ein geeignetes Verrechnungssystem zur verursachungsgerechten internen Verrechnung der jeweiligen Liquiditätskosten, -nutzen und -risiken einzurichten. Die Ausgestaltung des Verrechnungssystems ist abhängig von Art, Umfang, Komplexität und Risikogehalt der Geschäftsaktivitäten sowie der Refinanzierungsstruktur des Instituts. Das Verrechnungssystem ist von der Geschäftsleitung zu genehmigen.

Erläuterung: Vereinfachte Umsetzung bei kleinteiligem Kundengeschäft

Institute mit überwiegend kleinteiligem Kundengeschäft auf Aktiv- und Passivseite und einer stabilen Refinanzierung können den Anforderungen auch durch ein einfaches Verrechnungssystem gerecht werden.

6 Große Institute mit komplexen Geschäftsaktivitäten haben ein Liquiditätstransferpreissystem zur verursachungsgerechten internen Verrechnung der jeweiligen Liquiditätskosten, -nutzen und -risiken zu etablieren. Die ermittelten Transferpreise sind im Rahmen der Ertrags- und Risikosteuerung zu berücksichtigen, indem die Verrechnung möglichst auf Transaktionsebene erfolgt. Dies gilt für bilanzwirksame und außerbilanzielle Geschäftsaktivitäten. Die Aspekte Haltedauer und Marktliquidität der Vermögensgegenstände sind bei der Ermittlung der jeweiligen Transferpreise zu berücksichtigen. Für unsichere Zahlungsströme sind geeignete Annahmen zu treffen. Das Liquiditätstransferpreissystem hat auch die Kosten für vorzuhaltende Liquiditätspuffer zu verrechnen.

Erläuterung: Liquiditätstransferpreissystem

Ein Liquiditätstransferpreissystem im Sinne dieser Anforderung ist ein Spezialfall des Verrechnungssystems gemäß Tz. 5 und ist zumeist gekennzeichnet durch eine bankinterne Transferierung von Kosten, Nutzen und Risiken mittels zentral gestellter Transferpreise.

Erläuterung: Verursachungsgerechte interne Verrechnung bei Liquiditätstransferpreissystemen

Im Rahmen von Liquiditätstransferpreissystemen hat die Verrechnung möglichst auf Transaktionsebene zu erfolgen, wobei Produkte und Geschäfte mit gleichartigen Liquiditätseigenschaften zusammengefasst werden können.

7 Die Verantwortung für die Entwicklung und Qualität sowie die regelmäßige Überprüfung des Liquiditätstransferpreissystems ist in einem vom Markt und Handel unabhängigen Bereich wahrzunehmen. Die jeweils gültigen Liquiditätstransferpreise sind den betroffenen Mitarbeitern transparent zu machen. Die Konsistenz der eingesetzten Liquiditätstransferpreissysteme innerhalb der Gruppe muss gewährleistet sein.

8 Für Liquiditätsrisiken sind regelmäßig angemessene Stresstests durchzuführen. Dabei sind sowohl institutseigene als auch marktweite Ursachen für Liquiditätsrisiken in die Betrachtung einzubeziehen. Darüber hinaus sind beide Aspekte kombiniert zu betrachten. Das Institut hat die Stresstests individuell zu definieren. Dabei sind den Stresstests unterschiedlich lange Zeithorizonte zugrunde zu legen. Das Institut hat in den Stressszenarien seinen voraussichtlichen Überlebenshorizont zu ermitteln.

Erläuterung: Institutseigene und marktweite Ursachen

Institutseigene Ursachen können sich z. B. im Abzug von Kundeneinlagen bei einem bestimmten Institut zeigen. Marktweite Ursachen können z. B. zu einer Verschlechterung der Refinanzierungsbedingungen einiger oder aller Institute führen.

Das Institut hat festzulegen, welche Maßnahmen im Fall eines Liquiditätsengpasses ergriffen 9
werden sollen (Notfallplan für Liquiditätsengpässe). Dazu gehört auch die Darstellung der in
diesen Fällen zur Verfügung stehenden Liquiditätsquellen unter Berücksichtigung etwaiger Mindererlöse. Die im Fall eines Liquiditätsengpasses zu verwendenden Kommunikationswege sind
festzulegen. Die geplanten Maßnahmen sind regelmäßig auf ihre Durchführbarkeit zu überprüfen
und ggf. anzupassen. Die Ergebnisse der Stresstests sind dabei zu berücksichtigen.

Es ist zu überprüfen, inwieweit der Übertragung liquider Mittel und unbelasteter Vermögens- 10
gegenstände innerhalb der Gruppe gesellschaftsrechtliche, regulatorische und operationelle Restriktionen entgegenstehen.

Ein Institut, das wesentliche Liquiditätsrisiken in Fremdwährungen aufweist, hat zur Sicher- 11
stellung seiner Zahlungsverpflichtungen angemessene Verfahren zur Steuerung der Fremdwährungsliquidität in den wesentlichen Währungen zu implementieren. Hierzu gehören für die
jeweiligen Währungen zumindest eine gesonderte Liquiditätsübersicht, gesonderte Fremdwährungsstresstests sowie eine explizite Berücksichtigung im Notfallplan für Liquiditätsengpässe.

Erläuterung: Wesentliche Liquiditätsrisiken aus verschiedenen Fremdwährungen
Wesentliche Liquiditätsrisiken aus verschiedenen Fremdwährungen liegen insbesondere dann
vor, wenn ein bedeutender Teil der Vermögensgegenstände oder Verbindlichkeiten auf eine
fremde Währung lautet und gleichzeitig bedeutende Währungsinkongruenzen oder Laufzeitinkongruenzen zwischen den jeweiligen Fremdwährungsaktiva und –passiva bestehen.

Das Institut hat einen internen Refinanzierungsplan aufzustellen, der die Strategien, den Risiko- 12
appetit und das Geschäftsmodell angemessen widerspiegelt. Der Planungshorizont hat einen
angemessen langen, in der Regel mehrjährigen Zeitraum zu umfassen. Dabei ist zu berücksichtigen, wie sich Veränderungen der eigenen Geschäftstätigkeit oder der strategischen Ziele
sowie Veränderungen des wirtschaftlichen Umfelds auf den Refinanzierungsbedarf auswirken.
Möglichen adversen Entwicklungen, die von den Erwartungen abweichen, ist bei der Planung
angemessen Rechnung zu tragen.

Erläuterung: Interner Refinanzierungsplan
Der interne Refinanzierungsplan dient ausschließlich internen Steuerungszwecken und kann,
abhängig von Art und Umfang der Liquiditätsrisiken, institutsindividuell ausgestaltet werden.
Davon zu unterscheiden sind Refinanzierungspläne, wie sie gemäß der EBA Leitlinien für
Refinanzierungspläne von Kreditinstituten (EBA/GL/2014/04) gefordert und von bestimmten
Instituten bei der EBA eingereicht werden. Diese sind nicht Gegenstand der Anforderung, gleich-
wohl kann die Anforderung mit einem für die EBA erstellten Refinanzierungsplan erfüllt werden.

BTR 3.2 Zusätzliche Anforderungen an kapitalmarktorientierte Institute

Das Institut muss in der Lage sein, den erforderlichen Liquiditätsbedarf, der sich aus den 1
institutsindividuellen Stressszenarien über den Zeithorizont von mindestens einem Monat ergibt,
mit den nach BTR 3.1 Tz. 4 vorzuhaltenden Liquiditätspuffern zu überbrücken, die in BTR 3.2
Tz. 2 näher spezifiziert sind.

Erläuterung: Kapitalmarktorientierte Institute
Für das Kriterium der Kapitalmarktorientierung gilt § 264d HGB entsprechend.

2 Zur Überbrückung des kurzfristigen Liquiditätsbedarfs von mindestens einer Woche hat das Institut neben Zentralbankgeld hochliquide Vermögensgegenstände vorzuhalten, die jederzeit ohne signifikante Wertverluste in privaten Märkten liquidiert werden können und zentralbankfähig sind. Für den weiteren Liquiditätsbedarf bis zum Ende des Zeithorizonts von mindestens einem Monat können andere Vermögensgegenstände als weitere Bestandteile der Liquiditätspuffer herangezogen werden, wenn diese ohne signifikante Wertverluste innerhalb des Zeithorizonts liquidiert werden können.

Erläuterung: Private Märkte
Der Ausdruck »private Märkte« ist als Abgrenzung zu Transaktionen mit Zentralnotenbanken (z. B. Offenmarktgeschäfte oder Spitzenrefinanzierungs-fazilitäten) zu verstehen.

Erläuterung: Liquidierbarkeit ohne signifikante Wertverluste
Das Kriterium der Liquidierbarkeit kann auch durch die mögliche Nutzung von Rückkaufvereinbarungen (Repos) oder andere Formen der besicherten Refinanzierung erfüllt werden, sofern hierbei für die als Liquiditätspuffer zu verwendenden Vermögensgegenstände keine signifikanten Wertverluste auftreten.

Die hier berücksichtigungsfähigen Vermögensgegenstände müssen von hoher Bonität, leicht zu bewerten und an auch in Stressphasen ausreichend tiefen und breiten Märkten liquidierbar sein.

Die Höhe der in Stressphasen zu erzielenden Liquiditätswirkung spiegelt sich dabei in den vom Institut zu berücksichtigenden Wertabschlägen (»Haircuts«) wider.

Es können nur Vermögensgegenstände als Bestandteil der Liquiditätspuffer angesetzt werden, die nachvollziehbar die Voraussetzungen für den vorgesehenen Liquidierungsweg erfüllen. Eine lediglich voraussichtliche künftige Erfüllung der Voraussetzungen ist nicht ausreichend.

3 Das Institut hat Stressszenarien zu betrachten, nach denen auch die Liquiditätspuffer gemäß Tz. 1 zu bemessen sind. Im Rahmen der Stresstests sind zum einen Stressszenarien zu betrachten, die auf institutseigenen Ursachen beruhen. Zum anderen sind getrennt davon Stressszenarien zu betrachten, die auf marktweite Ursachen zurückzuführen sind. Darüber hinaus sind beide Aspekte kombiniert zu betrachten.

Ein Szenario, das auf institutseigenen Ursachen beruht, hat auch eine signifikante Ratingverschlechterung abzubilden, bei der mindestens folgende Annahmen zu berücksichtigen sind:
- Keine Verlängerung von unbesicherter Refinanzierung durch institutionelle Anleger mindestens innerhalb der ersten Woche des Stressszenarios,
- Abzug eines Teils der Privatkundeneinlagen.

Ferner sind für ein Szenario, das auf marktweiten Ursachen beruht, folgende Annahmen zu berücksichtigen:
- Allgemeiner Kursverfall von marktgängigen Vermögensgegenständen, insbesondere Wertpapieren,
- Allgemeine Verschlechterung der Refinanzierungsbedingungen.

Erläuterung: Institutionelle Anleger
Unter institutionellen Anlegern sind professionelle Marktteilnehmer wie z. B. größere Banken und Versicherungen, Hedgefonds, Pensionsfonds oder andere größere Unternehmen zu verstehen. Im Sinne dieser Anforderung gelten auch Zentralnotenbanken außerhalb des Euro-Währungsraumes als institutionelle Anleger.

Erläuterung: Allgemeine Verschlechterung der Refinanzierungsbedingungen

Eine allgemeine Verschlechterung der Refinanzierungsbedingungen kann z. B. durch die fehlende Verlängerung auch von besicherter institutioneller Refinanzierung, durch die Verkürzung der Fälligkeit der Refinanzierungsmittel oder eine allgemeine Ausweitung der Refinanzierungsspreads zum Ausdruck kommen.

Das Institut hat sicherzustellen, dass der Nutzung der Liquiditätspuffer keine rechtlichen, regulatorischen oder operationellen Restriktionen entgegenstehen. Die Diversifikation und die Aufteilung der Liquiditätspuffer auf verschiedene Jurisdiktionen müssen der Struktur und den Geschäftsaktivitäten des Instituts und der Gruppe entsprechen. **4**

BTR 4   Operationelle Risiken

Das Institut hat den operationellen Risiken durch angemessene Maßnahmen Rechnung zu tragen. Für diese Zwecke ist eine institutsintern einheitliche Festlegung und Abgrenzung der operationellen Risiken vorzunehmen und an die Mitarbeiter zu kommunizieren. **1**

Erläuterung: Definition von operationellen Risiken

Die Festlegung sollte auch eine möglichst klare Abgrenzung zu anderen vom Institut betrachteten Risiken enthalten.

Erläuterung: Umgang mit nicht eindeutig zuordenbaren Schadensfällen oder Beinaheverlusten

Die Prozesse zum Management operationeller Risiken sollten auch den Umgang mit nicht eindeutig zuordenbaren Schadensfällen (»boundary events«), Beinaheverlusten und zusammenhängenden Ereignissen umfassen.

Als sogenannte »boundary events« können Verluste eingestuft werden, die zwar einem anderen Risiko zugerechnet werden oder bereits wurden (z. B. Kreditverluste), die aber ihren Ursprung in Ereignissen wie z. B. mangelhaften Prozessen und Kontrollen haben oder hatten.

Als »Beinaheverluste« können durch Fehler oder Mängel ausgelöste Ereignisse bezeichnet werden, die zu keinem Verlust geführt haben (z. B. fehlerhafte Zahlung an falschen Kontrahenten; Rückzahlung durch den Kontrahenten).

Es muss gewährleistet sein, dass wesentliche operationelle Risiken zumindest jährlich identifiziert und beurteilt werden. **2**

Das Institut hat eine angemessene Erfassung von Schadensfällen sicherzustellen. Bedeutende Schadensfälle sind unverzüglich hinsichtlich ihrer Ursachen zu analysieren. **3**

Erläuterung: Erfassung von Schadensfällen

Größere Institute haben hierfür eine Ereignisdatenbank für Schadensfälle einzurichten, bei welcher die vollständige Erfassung aller Schadensereignisse oberhalb angemessener Schwellenwerte sichergestellt ist.

4   Auf Basis der Risikoberichterstattung gemäß BT 3.2 Tz. 6 ist zu entscheiden, ob und welche Maßnahmen zur Beseitigung der Ursachen zu treffen oder welche Risikosteuerungsmaßnahmen (z. B. Versicherungen, Ersatzverfahren, Neuausrichtung von Geschäftsaktivitäten, Katastrophenschutzmaßnahmen) zu ergreifen sind. Die Umsetzung der zu treffenden Maßnahmen ist zu überwachen.

BT 2   Besondere Anforderungen an die Ausgestaltung der Internen Revision

BT 2.1   Aufgaben der Internen Revision

1   Die Prüfungstätigkeit der Internen Revision hat sich auf der Grundlage eines risikoorientierten Prüfungsansatzes grundsätzlich auf alle Aktivitäten und Prozesse des Instituts zu erstrecken.

2   Die Interne Revision hat unter Wahrung ihrer Unabhängigkeit und unter Vermeidung von Interessenkonflikten bei wesentlichen Projekten begleitend tätig zu sein.

3   Im Fall wesentlicher Auslagerungen auf ein anderes Unternehmen kann die Interne Revision des Instituts auf eigene Prüfungshandlungen verzichten, sofern die anderweitig durchgeführte Revisionstätigkeit den Anforderungen in AT 4.4 und BT 2 genügt. Die Interne Revision des auslagernden Instituts hat sich von der Einhaltung dieser Voraussetzungen regelmäßig zu überzeugen. Die für das Institut relevanten Prüfungsergebnisse sind an die Interne Revision des auslagernden Instituts weiterzuleiten.

Erläuterung: Anderweitige Durchführung der Revisionstätigkeit
Die Revisionstätigkeit kann übernommen werden durch:
– die Interne Revision des Auslagerungsunternehmens,
– die Interne Revision eines oder mehrerer der auslagernden Institute im Auftrag der auslagernden Institute,
– einen vom Auslagerungsunternehmen beauftragten Dritten oder
– einen von den auslagernden Instituten beauftragten Dritten.

BT 2.2   Grundsätze für die Interne Revision

1   Die Interne Revision hat ihre Aufgaben selbständig und unabhängig wahrzunehmen. Insbesondere ist zu gewährleisten, dass sie bei der Berichterstattung und der Wertung der Prüfungsergebnisse keinen Weisungen unterworfen ist. Das Direktionsrecht der Geschäftsleitung zur Anordnung zusätzlicher Prüfungen steht der Selbständigkeit und Unabhängigkeit der Internen Revision nicht entgegen.

2   Die in der Internen Revision beschäftigten Mitarbeiter dürfen grundsätzlich nicht mit revisionsfremden Aufgaben betraut werden. Sie dürfen insbesondere keine Aufgaben wahrnehmen, die mit der Prüfungstätigkeit nicht im Einklang stehen. Soweit die Unabhängigkeit der Internen Revision gewährleistet ist, kann sie im Rahmen ihrer Aufgaben für die Geschäftsleitung oder andere Organisationseinheiten des Instituts beratend tätig sein.

Mitarbeiter, die in anderen Organisationseinheiten des Instituts beschäftigt sind, dürfen grund- 3
sätzlich nicht mit Aufgaben der Internen Revision betraut werden. Das schließt jedoch nicht aus,
dass in begründeten Einzelfällen andere Mitarbeiter aufgrund ihres Spezialwissens zeitweise für
die Interne Revision tätig werden. Beim Wechsel von Mitarbeitern anderer Organisationseinheiten
zur Internen Revision sind angemessene Übergangsfristen von in der Regel mindestens einem Jahr
vorzusehen, innerhalb derer diese Mitarbeiter keine Tätigkeiten prüfen dürfen, die gegen das
Verbot der Selbstprüfung und -überprüfung verstoßen. Erleichterungen hinsichtlich der Übergangsfristen sind für Institute in Abhängigkeit von der Art, dem Umfang, der Komplexität und dem
Risikogehalt der betriebenen Geschäftsaktivitäten möglich.

BT 2.3   Prüfungsplanung und -durchführung

Die Tätigkeit der Internen Revision muss auf einem umfassenden und jährlich fortzuschreibenden 1
Prüfungsplan basieren. Die Prüfungsplanung hat risikoorientiert zu erfolgen. Die Aktivitäten und
Prozesse des Instituts sind, auch wenn diese ausgelagert sind, in angemessenen Abständen,
grundsätzlich innerhalb von drei Jahren, zu prüfen. Wenn besondere Risiken bestehen, ist jährlich
zu prüfen. Bei unter Risikogesichtspunkten nicht wesentlichen Aktivitäten und Prozessen kann
vom dreijährigen Turnus abgewichen werden. Die Risikoeinstufung der Aktivitäten und Prozesse
ist regelmäßig zu überprüfen.

Erläuterung: Unter Risikogesichtspunkten nicht wesentliche Aktivitäten und Prozesse
Ein Abweichen vom dreijährigen Prüfungsturnus für unter Risikogesichtspunkten nicht wesentliche Aktivitäten und Prozesse ist nicht gleichbedeutend mit einem weitgehenden Verzicht von
Prüfungshandlungen in diesen Bereichen. Auch diese sind in die Prüfungsplanung zu integrieren
und in angemessenen Abständen zu prüfen.

Die Risikobewertungsverfahren der Internen Revision haben eine Analyse des Risikopotenzials 2
der Aktivitäten und Prozesse unter Berücksichtigung absehbarer Veränderungen zu beinhalten.
Dabei sind die verschiedenen Risikoquellen und die Manipulationsanfälligkeit der Prozesse durch
Mitarbeiter angemessen zu berücksichtigen.
    Die Prüfungsplanung, -methoden und -qualität sind regelmäßig und anlassbezogen auf Ange- 3
messenheit zu überprüfen und weiterzuentwickeln.
    Es muss sichergestellt sein, dass kurzfristig notwendige Sonderprüfungen, z.B. anlässlich 4
deutlich gewordener Mängel oder bestimmter Informationsbedürfnisse, jederzeit durchgeführt
werden können.
    Die Prüfungsplanung sowie wesentliche Anpassungen sind von der Geschäftsleitung zu geneh- 5
migen.

BT 2.4   Berichtspflicht

Über jede Prüfung muss von der Internen Revision zeitnah ein schriftlicher Bericht angefertigt und 1
grundsätzlich den fachlich zuständigen Mitgliedern der Geschäftsleitung vorgelegt werden. Der
Bericht muss insbesondere eine Darstellung des Prüfungsgegenstandes und der Prüfungsfeststellungen, ggf. einschließlich der vorgesehenen Maßnahmen, enthalten. Wesentliche Mängel sind

besonders herauszustellen. Dabei sind die Prüfungsergebnisse zu beurteilen. Bei schwerwiegenden Mängeln muss der Bericht unverzüglich der Geschäftsleitung vorgelegt werden.

Erläuterung: Abstufung der Mängel

Das Rundschreiben unterscheidet in BT 2 zwischen »wesentlichen«, »schwerwiegenden« und »besonders schwerwiegenden« Mängeln. Damit wird eine ordinale Abstufung hinsichtlich der (potenziellen) Bedeutung der unter Risikogesichtspunkten relevanten festgestellten Mängel erreicht. Die genaue Abgrenzung der einzelnen Stufen bleibt dem jeweiligen Institut überlassen. Es liegt im Ermessen des Instituts, für unter Risikogesichtspunkten weniger relevante festgestellte Mängel eigene Festlegungen zu treffen.

2 Die Prüfungen sind durch Arbeitsunterlagen zu dokumentieren. Aus ihnen müssen die durchgeführten Arbeiten sowie die festgestellten Mängel und Schlussfolgerungen für sachkundige Dritte nachvollziehbar hervorgehen.

3 Besteht hinsichtlich der zur Erledigung der Feststellungen zu ergreifenden Maßnahmen keine Einigkeit zwischen geprüfter Organisationseinheit und Interner Revision, so ist von der geprüften Organisationseinheit eine Stellungnahme hierzu abzugeben.

4 Die Interne Revision hat zeitnah einen Quartalsbericht über die von ihr seit dem Stichtag des letzten Quartalsberichts durchgeführten Prüfungen zu verfassen und zeitnah der Geschäftsleitung und dem Aufsichtsorgan vorzulegen. Der Quartalsbericht muss über die wesentlichen oder höher eingestuften Mängel, die beschlossenen Maßnahmen sowie den Status dieser Maßnahmen informieren. Es ist ferner darzulegen, ob und inwieweit die Vorgaben des Prüfungsplans eingehalten wurden. Die Interne Revision hat außerdem über die im Jahresablauf festgestellten schwerwiegenden sowie über die noch nicht behobenen wesentlichen Mängel in inhaltlich prägnanter Form an die Geschäftsleitung und das Aufsichtsorgan zu berichten (Jahresbericht). Die aufgedeckten schwerwiegenden Mängel, die beschlossenen Maßnahmen sowie der Status dieser Maßnahmen sind dabei besonders hervorzuheben. Über besonders schwerwiegende Mängel hat die Interne Revision unverzüglich zu berichten.

Erläuterung: Darstellung von Feststellungen im Quartalsbericht

Die Darstellung kann dabei akzentuiert vorgenommen werden. Gleichartige Einzelfeststellungen sowie der Stand der beschlossenen Umsetzungsmaßnahmen können inhaltlich zusammengefasst werden.

Erläuterung: Berichterstattung an das Aufsichtsorgan

Die Berichterstattung an das Aufsichtsorgan kann auch über die Geschäftsleitung erfolgen, sofern dadurch keine nennenswerte Verzögerung der Information des Aufsichtsorgans verbunden und der Inhalt der Berichterstattung an Geschäftsleitung und Aufsichtsorgan deckungsgleich ist.

Erläuterung: Zusammenfassung des vierten Quartalsberichts und des Jahresberichts

Der vierte Quartalsbericht und der Jahresbericht können auch als jeweils gesonderte Abschnitte in einem Bericht zusammengefasst werden.

5 Ergeben sich im Rahmen der Prüfungen schwerwiegende Feststellungen gegen Geschäftsleiter, so ist der Geschäftsleitung unverzüglich Bericht zu erstatten. Diese hat unverzüglich den Vorsitzenden des Aufsichtsorgans sowie die Aufsichtsinstitutionen (Bundesanstalt für Finanzdienstleistungsaufsicht, Deutsche Bundesbank) zu informieren. Kommt die Geschäftsleitung ihrer Berichtspflicht nicht nach oder beschließt sie keine sachgerechten Maßnahmen, so hat die Interne Revision den Vorsitzenden des Aufsichtsorgans zu unterrichten.

6 Revisionsberichte und Arbeitsunterlagen sind sechs Jahre aufzubewahren.

BT 2.5   Reaktion auf festgestellte Mängel

Die Interne Revision hat die fristgerechte Beseitigung der bei der Prüfung festgestellten Mängel in **1** geeigneter Form zu überwachen. Gegebenenfalls ist hierzu eine Nachschauprüfung anzusetzen.

Werden die wesentlichen Mängel nicht in einer angemessenen Zeit beseitigt, so hat der Leiter **2** der Internen Revision darüber zunächst den fachlich zuständigen Geschäftsleiter schriftlich zu informieren. Erfolgt die Mängelbeseitigung nicht, so ist die Geschäftsleitung spätestens im Rahmen des nächsten Gesamtberichts schriftlich über die noch nicht beseitigten Mängel zu unterrichten.

BT 3   Anforderungen an die Risikoberichterstattung

BT 3.1   Allgemeine Anforderungen an die Risikoberichte

Die Geschäftsleitung hat sich regelmäßig über die Risikosituation berichten zu lassen. Die Risiko- **1** berichterstattung ist in nachvollziehbarer, aussagefähiger Art und Weise zu verfassen. Sie hat neben einer Darstellung auch eine Beurteilung der Risikosituation zu enthalten. Die Berichte müssen auf vollständigen, genauen und aktuellen Daten beruhen. Die Risikoberichte müssen auch eine zukunftsorientierte Risikoeinschätzung abgeben und sich nicht ausschließlich auf aktuelle und historische Daten stützen. In die Risikoberichterstattung sind bei Bedarf auch Handlungsvorschläge, z. B. zur Risikoreduzierung, aufzunehmen.

Erläuterung: Nachvollziehbarkeit und Aussagefähigkeit der Risikoberichte
Eine nachvollziehbare und aussagefähige Risikoberichterstattung setzt auch ein inhaltlich angemessenes Verhältnis zwischen quantitativen Informationen (hinsichtlich Positionsgröße, Risiko) und qualitativer Beurteilung wesentlicher Positionen und Risiken voraus.

Erläuterung: Vollständigkeit und Genauigkeit der Daten in Risikoberichten
Die Umsetzung der Anforderung nach Vollständigkeit und Genauigkeit der Daten, aus denen sich die Risikoberichte speisen, bemisst sich nach den vorhandenen Risikodatenaggregationskapazitäten (vgl. auch AT 4.3.4) und ist dementsprechend proportional umzusetzen.

In den Risikoberichten sind insbesondere auch die Ergebnisse der Stresstests und deren potenziel- **2** le Auswirkungen auf die Risikosituation und das Risikodeckungspotenzial darzustellen. Ebenfalls darzustellen sind die den Stresstests zugrundeliegenden wesentlichen Annahmen. Darüber hinaus ist auch auf Risikokonzentrationen und deren potenzielle Auswirkungen gesondert einzugehen.

Neben der turnusmäßigen Erstellung von Risikoberichten (Gesamtrisikobericht, Berichte über **3** einzelne Risikoarten) muss das Institut in der Lage sein, ad hoc Risikoinformationen zu generieren, sofern dies aufgrund der aktuellen Risikosituation des Instituts oder der aktuellen Situation der Märkte, auf denen das Institut tätig ist, geboten erscheint.

Die Risikoberichte sind in einem zeitlich angemessenen Rahmen zu erstellen, der eine aktive **4** und zeitnahe Steuerung der Risiken auf der Basis der Berichte ermöglicht, wobei die Produktionszeit auch von der Art und der Volatilität der Risiken abhängt.

5   Die Geschäftsleitung hat das Aufsichtsorgan mindestens vierteljährlich über die Risikosituation in angemessener Weise schriftlich zu informieren. Die Berichterstattung ist in nachvollziehbarer, aussagefähiger Art und Weise zu verfassen und hat neben der Darstellung auch eine Beurteilung der Risikosituation zu enthalten. Auf besondere Risiken für die Geschäftsentwicklung und dafür geplante Maßnahmen der Geschäftsleitung ist gesondert einzugehen. Für das Aufsichtsorgan unter Risikogesichtspunkten wesentliche Informationen sind von der Geschäftsleitung unverzüglich weiterzuleiten. Hierfür hat die Geschäftsleitung gemeinsam mit dem Aufsichtsorgan ein geeignetes Verfahren festzulegen.

Erläuterung: Ausschüsse des Aufsichtsorgans
Adressat der Risikoberichterstattung sollte grundsätzlich jedes Mitglied des Aufsichtsorgans sein. Soweit das Aufsichtsorgan Ausschüsse gebildet hat, kann die Weiterleitung der Informationen auch auf einen Ausschuss beschränkt werden. Voraussetzung dafür ist, dass ein entsprechender Beschluss über die Einrichtung des Ausschusses besteht und der Vorsitzende des Ausschusses regelmäßig das gesamte Aufsichtsorgan informiert. Zudem ist jedem Mitglied des Aufsichtsorgans weiterhin das Recht einzuräumen, die an den Ausschuss geleitete Berichterstattung einsehen zu können.

BT 3.2   Berichte der Risikocontrolling-Funktion

1   Die Risikocontrolling-Funktion hat regelmäßig, mindestens aber vierteljährlich, einen Gesamtrisikobericht über die als wesentlich eingestuften Risikoarten zu erstellen und der Geschäftsleitung vorzulegen. Mit Blick auf die einzelnen als wesentlich eingestuften Risikoarten kann in Abhängigkeit von der Risikoart, der Art, dem Umfang, der Komplexität, dem Risikogehalt und der Volatilität der jeweiligen Positionen sowie der Marktentwicklung auch eine monatliche, wöchentliche oder tägliche Berichterstattung über einzelne Risikoarten erforderlich sein.

Erläuterung: Berichterstattung in Stressphasen
Von den Instituten wird erwartet, dass sie in Stressphasen des eigenen Instituts den Berichtsturnus erhöhen, soweit dies für die aktive und zeitnahe Steuerung der Risiken erforderlich erscheint.

Erläuterung: Als wesentlich eingestufte Risikoarten
Zu den als wesentlich eingestuften Risikoarten gehören zumindest jene, die in AT 2.2 Tz. 1 aufgeführt sind.

2   Der Gesamtrisikobericht hat neben den wesentlichen Informationen zu den einzelnen als wesentlich eingestuften Risikoarten, den Stresstestergebnissen und Informationen zu den Risikokonzentrationen auch Angaben zur Angemessenheit der Kapitalausstattung, zum aufsichtsrechtlichen und ökonomischen Kapital, zu den aktuellen Kapital- und Liquiditätskennzahlen sowie zu Refinanzierungspositionen zu enthalten. Ferner sind auch Prognosen zur Entwicklung der Kapital- und Liquiditätskennzahlen und der Refinanzierungspositionen aufzunehmen.

Erläuterung: Hinweise zur Risikoberichterstattung
Die Risikoberichterstattung an die Geschäftsleitung kann – soweit dies aus Sicht des Instituts als sinnvoll erachtet wird – durch prägnante Darstellungen ergänzt werden (z.B. ein Management Summary).

Soweit sich im Hinblick auf Sachverhalte in vorangegangenen Berichterstattungen keine relevanten Änderungen ergeben haben, kann im Rahmen der aktuellen Berichterstattung auf diese Informationen verwiesen werden.

Da Risikoaspekte nicht isoliert von Ertrags- und Kostenaspekten diskutiert werden können, können letztere ebenfalls in die Risikoberichterstattung aufgenommen werden. Auch eine Diskussion der Handlungsvorschläge mit den jeweils verantwortlichen Bereichen ist grundsätzlich unproblematisch, solange sichergestellt ist, dass der Informationsgehalt der Risikoberichterstattung bzw. der Handlungsvorschläge nicht auf eine unsachgerechte Weise verzerrt wird.

In regelmäßigen Abständen, mindestens aber vierteljährlich, ist ein Risikobericht über die Adressenausfallrisiken, in dem die wesentlichen strukturellen Merkmale des Kreditgeschäfts enthalten sind, zu erstellen und der Geschäftsleitung zur Verfügung zu stellen. Der Risikobericht hat die folgenden Informationen zu umfassen: **3**

a) Die Entwicklung des Kreditportfolios, z.B. nach Branchen, Ländern, Risikoklassen und Größenklassen oder Sicherheitenkategorien, unter besonderer Berücksichtigung von Risikokonzentrationen,

b) den Umfang der vergebenen Limite und externen Linien; ferner sind Großkredite und sonstige bemerkenswerte Engagements (z.B. Sanierungs- und Abwicklungskredite von wesentlicher Bedeutung, Kredite in der Intensivbetreuung von wesentlicher Bedeutung) aufzuführen und ggf. zu kommentieren,

c) ggf. eine gesonderte Darstellung der Länderrisiken,

d) bedeutende Limitüberschreitungen (einschließlich einer Begründung),

e) den Umfang und die Entwicklung des Neugeschäfts,

f) die Entwicklung der Risikovorsorge des Instituts,

g) getroffene Kreditentscheidungen von wesentlicher Bedeutung, die von den Strategien abweichen, und

h) Kreditentscheidungen im risikorelevanten Kreditgeschäft, die Geschäftsleiter im Rahmen ihrer Krediteinzelkompetenz beschlossen haben, soweit diese von den Voten abweichen, oder wenn sie von einem Geschäftsleiter getroffen werden, der für den Bereich Marktfolge zuständig ist.

Erläuterung: Wahrnehmung der Einzelkompetenz durch den Marktfolge-Geschäftsleiter bei Sanierungskrediten

Da nach Tz. 3 b) über bemerkenswerte Engagements (z.B. Sanierungs- und Abwicklungskredite von wesentlicher Bedeutung) zu berichten ist, ist eine zusätzliche Berichtspflicht bei Entscheidungen über Sanierungskredite, die durch einen Marktfolge-Geschäftsleiter im Rahmen seiner Einzelkompetenz getroffen werden, nicht erforderlich.

In regelmäßigen Abständen, mindestens aber vierteljährlich, ist ein Risikobericht über die vom Institut insgesamt eingegangenen Marktpreisrisiken einschließlich der Zinsänderungsrisiken zu erstellen und der Geschäftsleitung zur Verfügung zu stellen. Der Bericht hat unter Einbeziehung der internen Handelsgeschäfte folgende Informationen zu umfassen: **4**

a) Einen Überblick über die Risiko- und Ergebnisentwicklung der mit Marktpreisrisiken behafteten Positionen,

b) bedeutende Limitüberschreitungen,

c) Änderungen der wesentlichen Annahmen oder Parameter, die den Verfahren zur Beurteilung der Marktpreisrisiken zugrundeliegen,

d) Auffälligkeiten bei der Abstimmung der Handelspositionen (z.B. hinsichtlich der Handelsvolumina, GuV-Auswirkungen, Stornoquoten).

Die nach BTR 2.2 Tz. 3 zu ermittelnden Gesamtrisikopositionen und Ergebnisse und die Limitauslastungen sind zeitnah am nächsten Geschäftstag dem für das Risikocontrolling zuständigen Geschäftsleiter zu berichten. Die Meldung ist mit dem Handelsbereich abzustimmen.

Die Berichtspflichten aus BTO 2.2.1 Tz. 2 Buchstabe d (bedeutende Handelsgeschäfte zu nicht marktgerechten Bedingungen) bleiben unberührt.

Erläuterung: Ergebnisentwicklung
Für die Zwecke des Risikoberichts kann auf die Entwicklung des handelsrechtlichen Ergebnisses (einschließlich schwebender Gewinne und Verluste) oder auf die Entwicklung des betriebswirtschaftlichen Ergebnisses abgestellt werden.

Erläuterung: Tägliche Berichterstattung
Bei Instituten, die die Erleichterungen des Artikel 94 Absatz 1 CRR in Anspruch nehmen oder nehmen können (Nicht-Handelsbuchinstitute), mit unter Risikogesichtspunkten überschaubaren Positionen im Handelsbuch kann auf die tägliche Berichterstattung zugunsten eines längeren Turnus verzichtet werden.

5   Es ist regelmäßig, mindestens aber vierteljährlich, ein Risikobericht über die Liquiditätsrisiken und die Liquiditätssituation zu erstellen und der Geschäftsleitung zur Verfügung zu stellen. Im Risikobericht sind auch die Ergebnisse der Stresstests und wesentliche Änderungen des Notfallplans für Liquiditätsengpässe darzustellen. Auf Liquiditätsrisiken aus außerbilanziellen Gesellschaftskonstruktionen und aus verschiedenen Fremdwährungen sowie auf etwaige untertägige Liquiditätsrisiken ist gesondert einzugehen. Systemrelevante Institute sowie kapitalmarktorientierte Institute haben den Risikobericht über die Liquiditätsrisiken und die Liquiditätssituation mindestens monatlich zu erstellen. Dabei ist zusätzlich über die Höhe, die Qualität und die Zusammensetzung der Liquiditätspuffer zu berichten.

6   Die Geschäftsleitung ist mindestens jährlich über bedeutende Schadensfälle und wesentliche operationelle Risiken zu unterrichten. Die Berichterstattung hat die Art des Schadens bzw. Risikos, die Ursachen, das Ausmaß des Schadens bzw. Risikos und ggf. bereits getroffene Gegenmaßnahmen zu umfassen.

7   Die Geschäftsleitung ist mindestens vierteljährlich über die sonstigen vom Institut als wesentlich identifizierten Risiken zu unterrichten. Die Berichterstattung hat dabei das jeweilige Risiko, die Ursachen, die möglichen Implikationen sowie ggf. bereits getroffene Gegenmaßnahmen zu umfassen. Aus den Berichten muss hervorgehen, wie sich die aktuelle Risikosituation darstellt und ggf. mit welchen Maßnahmen diesen Risiken begegnet wurde bzw. begegnet werden kann.

Anlage 28
Bundesanstalt für Finanzdienstleistungsaufsicht (BaFin)
Rundschreiben 10/2017 (BA) zu den BAIT
Übermittlungsschreiben vom 3. November 2017

[...]

die Informationstechnik ist – und deshalb steht sie auch zunehmend im Fokus von Angriffen – die Basisinfrastruktur für sämtliche bankfachlichen, aber auch alle nichtbankfachlichen Prozesse in den Instituten.

In einer globalisierten Finanzwelt, in der immer mehr Menschen digital bezahlen bzw. Geld transferieren und in der viele Anleger ihre Geldanlage online bestreiten, sind IT-Governance und Informationssicherheit keine Randthemen mehr, sondern haben auch für die Aufsicht inzwischen den gleichen Stellenwert wie die Ausstattung der Institute mit Kapital und Liquidität.

Um den Geschäftsleitungen der Institute die Erwartungshaltung der Bankenaufsicht hinsichtlich der sicheren Ausgestaltung der IT-Systeme sowie zugehörigen IT-Prozesse (Integrität, Verfügbarkeit, Authentizität sowie Vertraulichkeit der Daten) sowie die diesbezüglichen Anforderungen an die IT-Governance transparent zu machen, wurden – insbesondere auch auf Anregung aus der Kreditwirtschaft – die Bankaufsichtlichen Anforderungen an die IT (BAIT) formuliert, deren offizielle Endfassung nunmehr vorliegt.

Dem vorangegangen waren im Fachgremium IT – mit Vertretern der Verbände, der Institute und der Wissenschaft – intensive Diskussionen zum Entwurf der BAIT, aus denen eine Reihe von konstruktiven Lösungsansätzen hervorgingen, die auch in diese Endfassung eingeflossen sind.

Bei der Erstellung der Endfassung des Rundschreibens wurden zudem zahlreiche Anmerkungen aus Ihren Stellungnahmen im Rahmen der öffentlichen Konsultation des BAIT-Entwurfs berücksichtigt.

Die Spitzenverbände der Kreditwirtschaft haben in ihrer abschließenden Stellungnahme betont, dass vor allem die Mitwirkung des Fachgremiums IT dazu beigetragen hat, die Anforderungen praxisgerecht auszugestalten. Diese positive Haltung bestärkt mich darin, auch künftig an diesem institutionalisierten Austausch festzuhalten.

Ich bedanke mich an dieser Stelle insbesondere für die konstruktive Zusammenarbeit aller Teilnehmer des Fachgremiums IT bei der Erarbeitung der BAIT.

Die BAIT interpretieren – wie die MaRisk auch – die gesetzlichen Anforderungen des § 25a Absatz 1 Satz 3 Nummern 4 und 5 KWG. Die Aufsicht erläutert darin, was sie unter einer angemessenen technisch-organisatorischen Ausstattung der IT-Systeme, unter besonderer Berücksichtigung der Anforderungen an die Informationssicherheit sowie eines angemessenen Notfallkonzepts, versteht. Da die Institute weiter zunehmend IT-Services, sowohl im Rahmen von Auslagerungen von IT-Dienstleistungen als auch durch den sonstigen Fremdbezug von IT-Dienstleistungen, von Dritten beziehen, wird auch der § 25b KWG in diese Interpretation einbezogen.

Insoweit sind die BAIT nunmehr der zentrale Baustein für die IT-Aufsicht im Bankensektor in Deutschland.

BaFin-Schreiben vom 3. November 2017

Soweit auf dezidierte Textziffern der MaRisk referenziert wird, sind diese in einer Gesamtschau mit den einschlägigen Textziffern in den BAIT anzuwenden. Die übrigen Textziffern der MaRisk bleiben unberührt. Dies gilt insbesondere für die Anwendung von AT 7.3 MaRisk (Notfallkonzept).

Die modulare Struktur der BAIT eröffnet die notwendige Flexibilität für künftig erforderliche Anpassungen oder Ergänzungen des Gesamtwerks. Derzeit werden beispielsweise Anpassungen im Hinblick auf die Umsetzung der »G7 -Fundamental Elements of Cybersecurity« geprüft. Des Weiteren wird derzeit – in Zusammenarbeit mit dem Bundesamt für Sicherheit in der Informationstechnik – ebenfalls geprüft, ein spezielles Modul »Kritische Infrastrukturen« zu erarbeiten und in die BAIT zu überführen. Dies soll ausschließlich für die Kritis-Betreiber des Sektors Finanz- und Versicherungswesen im Sinne des § 2 Abs. 10 BSI-Gesetz die notwendigen Anforderungen beinhalten, um den einschlägigen Vorgaben des BSI-Gesetzes nachzukommen.

Das Rundschreiben tritt mit Veröffentlichung in Kraft. Da die BAIT keine neuen Anforderungen an die Institute bzw. ihre IT-Dienstleister kodifizieren, sondern lediglich Klarstellungen ohnehin schon vorhandener Anforderungen darstellen, habe ich keine Umsetzungsfristen vorgesehen.

Das BAIT-Rundschreiben ist als Rundschreiben 10/2017 (BA) diesem Schreiben als Anlage beigefügt. Die Dokumente können zudem unter www.bafin.de und www.bundesbank.de abgerufen werden.

[...]

Anlage 29
Bundesanstalt für Finanzdienstleistungsaufsicht (BaFin)
Sitzung des MaRisk-Fachgremiums am 15. März 2018
Protokoll

[...]

2. Abgrenzung Auslagerung von Fremdbezug – Reichweite des Auslagerungsbegriffs

Die Aufsicht fasst ihre Sichtweise hinsichtlich der Frage zusammen, wann der Anwendungsbereich des § 25b KWG eröffnet ist und wie sich Fremdbezug und Auslagerung voneinander abgrenzen. Es wird darauf hingewiesen, dass im Gesetzeswortlaut die wesentlichen Kriterien zur Unterscheidung enthalten sind. Eine Auslagerung liegt dann vor, wenn Aktivitäten und Prozesse Bestandteil von Bankgeschäften, Finanzdienstleistungen (siehe § 1 KWG) oder sonstigen institutstypischen Dienstleistungen sind und ein anderes Unternehmen mit der Wahrnehmung dieser Aktivitäten und Prozesse beauftragt wird, die ansonsten von dem Institut selbst erbracht würden. Darüber hinaus wird seitens der Aufsicht klargestellt, dass Fremdbezug nicht gleichbedeutend mit dem Nichtvorliegen eines Risikos ist. Auf der anderen Seite begründet das Vorhandensein eines operationellen Risikos per se noch keine Auslagerung, sofern der Anwendungsbereich der gesetzlichen Regelung des § 25b KWG nicht eröffnet ist.

Im Weiteren wird die Unterscheidung von »wesentlichen« und »unwesentlichen« Auslagerungen diskutiert. Mittels Risikoanalyse ist zunächst erst einmal zu prüfen, welche Risiken mit der geplanten Maßnahme überhaupt verbunden sind und ob diese Risiken in einer Gesamtschau wesentlich oder unwesentlich sind. Dabei können unterschiedlichste Aspekte eine Rolle spielen (konkreter Gegenstand der Auslagerung, Auswirkungen der Maßnahme auf das Institut, Ort der Leistungserbringung, Komplexität der geplanten Maßnahme, Eignung potenzieller Dienstleister etc.). Schließlich wird mittels Risikoanalyse – quasi als deren Ausfluss – auch festgestellt, ob eine Auslagerung als wesentlich oder unwesentlich anzusehen ist. Im Ergebnis wird sich das Institut mithilfe der Risikoanalyse der Risiken durch die Auslagerung bewusst.

Die Aufsicht weist darauf hin, dass die CEBS-Guidelines on Outsourcing (CEBS-Guidelines), die am 14. Dezember 2006 veröffentlicht wurden, über § 25b KWG in deutsches Recht überführt wurden, der insbesondere durch AT 9 MaRisk, letztmalig in deren Novelle 2017, konkretisiert wird. Die zukünftigen EBA-Guidelines on Outsourcing arrangements (EBAGuidelines), die sich aktuell im Entwurfsstadium befinden, sollen ebenfalls in den MaRisk Berücksichtigung finden. Die ersten Entwürfe deuten aus Sicht der Aufsicht darauf hin, dass die neuen Leitlinien deutlich umfangreicher und detaillierter als ihre Vorgängerversion ausfallen werden und die EBA nach dem bisherigen Kenntnisstand noch in diesem Jahr plant, diese EBA-Guidelines zu verabschieden.

Aus dem Teilnehmerkreis wird die Frage nach der Bedeutung des Satzes in AT 9 Tz. 1 MaRisk aufgeworfen: »Zivilrechtliche Gestaltungen und Vereinbarungen können dabei das Vorliegen einer Auslagerung nicht von vornherein ausschließen.« Die Aufsicht erläutert dazu, dass der Hintergrund für diesen Passus – der im Übrigen wortgleich auch in den MaComp zu finden ist – die Tatsache ist, dass bestimmte rechtliche Fallgestaltungen (z. B. Arbeitnehmerüberlassungen) nicht per se vom Anwendungsbereich des § 25b KWG ausgeschlossen werden können. Auf die formal-rechtliche Hülle kommt es daher nicht an, sondern »lediglich« auf die konkrete materielle Ausgestaltung und Bedeutung im Einzelfall. Die Aufsicht wird daher auch weiterhin die aus ihrer Sicht bewährte Einzelfallbetrachtung fortführen und keine pauschalen Ausnahmen vom § 25b KWG i. V. m. AT 9 MaRisk schaffen. Eine Ausweitung von Auslagerungstatbeständen ist damit keinesfalls intendiert, diese sind ohnehin durch § 25b KWG relativ klar umrissen (siehe oben).

3. Mehrmandantendienstleister und gruppen- / verbundinterne Auslagerungen

Die Behandlung von Mehrmandantendienstleistern wird insbesondere hinsichtlich der Aspekte Verantwortung (der Geschäftsleiter; § 25a Abs. 1 Satz 2 KWG) und Berichtswesen diskutiert. Die Aufsicht weist darauf hin, dass die Problematik der Mehrmandantendienstleister im Rahmen dieser Sitzung nicht abschließend geklärt werden kann.

Hinsichtlich des Aspektes Verantwortung wird von einzelnen Teilnehmern die Schwierigkeit herausgestellt, dass der Mehrmandantendienstleister aufsichtsrechtlich nicht die Verantwortung trägt, da gegenüber der Aufsicht die Geschäftsleiter des auslagernden Instituts für die Ordnungs-mäßigkeit der Aktivitäten und Prozesse, folglich auch für damit zusammenhängende Mängel verantwortlich sind. Es existiert keine Rechtsgrundlage im KWG, um den Mehrmandantendienst-leister direkt in die Pflicht zu nehmen. Da eine Aufsicht über einen Mehrmandantendienstleister in der Praxis nicht vorgesehen ist (mangels Rechtsgrundlage), werden Feststellungen, die faktisch die Ebene des Mehrmandantendienstleisters betreffen, in den Prüfungsbericht des jeweiligen Instituts aufgenommen. Folglich ist das Institut in der Pflicht, die Mängel unter Einbeziehung des Mehrmandantendienstleisters zu beheben bzw. darauf hinzuwirken, dass die Mängel vom Dienst-leister beseitigt werden, was wiederum entsprechende Überwachungshandlungen zur Leistungs-erbringung und zur Einhaltung rechtlicher Vorgaben voraussetzt. Der Aufsicht ist bewusst, dass dies in einzelnen Fällen die Institute vor besondere Herausforderungen stellt, vor allem dann, wenn der Einfluss eines einzelnen Instituts auf den Mehrmandantendienstleister gering ist. Aufgrund der aktuellen Rechtslage, die im Übrigen mit aktuellen europäischen und interna-tionalen Vorgaben korrespondiert, ist dies aber kaum zu vermeiden.

Für Verbundinstitute ist es zudem immer zu empfehlen, dass das Institut über den Verbund etwaige Mängel an den Mehrmandantendienstleister heranträgt. Dies entspricht nach aufsicht-lichem Kenntnisstand der bisherigen Praxis.

Hinsichtlich des Aspektes Berichtspflicht wird von den Teilnehmern die Problematik erläutert, dass Rechenzentren sehr umfangreiche Berichte an die Institute weitergeben, die von diesen aufwendig analysiert werden müssen. Die Aufsicht stellt in diesem Zusammenhang klar, dass sie nicht das Problem der adressatengerechten Berichterstattung lösen kann, allerdings können nach Ansicht der Aufsicht zentrale Interpretationshilfen für die Analyse der Berichte von den Instituten genutzt werden. Darüber hinaus ist denkbar, dass sich insbesondere verbandsgeprüfte Institute aufgrund ihrer grundsätzlich homogeneren Struktur einer zentralen verbandsseitigen Auswertung bedienen, wo dies sinnvoll möglich ist.

Bei der Behandlung internationaler Gruppen merkt die Aufsicht an, dass eine vollständige Auslagerung hinsichtlich bestimmter Bereiche/Funktionen in Drittstaaten, insbesondere solche mit steuernder Funktion (Geschäftsabschließende Bereiche, Kontroll- und Überwachungsfunktionen) schwer vorstellbar ist. Sie weist darauf hin, dass sich die EZB im Rahmen der Brexit-diskussion bereits dahingehend positioniert hat, dass eine vollständige Auslagerung der Kontrollfunktionen in Drittstaaten nicht möglich sein soll. Vorstellbar ist jedoch, dass Teile dieser Funktionen (einzelne Prozesse oder Aktivitäten) an Dienstleister in Drittstaaten ausgelagert werden können.

4. Auslagerung Kontrollfunktionen/Kernbankbereiche

AT 9 Tz. 5 MaRisk schränkt die Auslagerung der besonderen Funktionen anhand bestimmter Kriterien ein. Demnach ist »eine vollständige Auslagerung der besonderen Funktionen Risikocontrolling-Funktion, Compliance-Funktion oder Interne Revision [...] lediglich für Tochterinstitute innerhalb einer Institutsgruppe zulässig, sofern das übergeordnete Institut Auslagerungsunternehmen ist und das Tochterinstitut sowohl hinsichtlich seiner Größe, Komplexität und dem Risikogehalt der Geschäftsaktivitäten für den nationalen Finanzsektor als auch hinsichtlich seiner Bedeutung innerhalb der Gruppe als nicht wesentlich einzustufen ist.« Die Teilnehmer bewerten den Umstand, dass nur das übergeordnete Institut Auslagerungsunternehmen sein darf, als schwierig.

Des Weiteren besagt AT 9 Tz. 5 MaRisk, dass »eine vollständige Auslagerung der Compliance-Funktion oder der Internen Revision [...] ferner nur bei kleinen Instituten möglich [ist], sofern deren Einrichtung vor dem Hintergrund der Institutsgröße sowie der Art, des Umfangs, der Komplexität und des Risikogehalts der betriebenen Geschäftsaktivitäten nicht angemessen erscheint.« Die Teilnehmer fragen nach, wie ein »kleines Institut« definiert ist. Die Aufsicht stellt klar, dass sie auch in Zukunft keine starre – quantitative – Abgrenzung hierzu vorgeben wird, um den Handlungsspielraum in der Aufsichtspraxis nicht von vornherein unnötig einzuschränken. Hinsichtlich der Compliance-Funktion wird seitens der Teilnehmer angemerkt, dass die Beschränkung auf »kleine« Institute für Verbundinstitute zu streng ist, da verbundinterne Auslagerungen auch für mittelgroße Institute angemessen sein können.

Die Frage der Teilnehmer nach einer Definition für Kernbankbereiche beantwortet die Aufsicht dahingehend, dass eine pauschale Definition nicht gegeben werden kann, da sie vom Geschäftsmodell des jeweiligen Instituts abhängt. Die Relevanz kann sich z. B. im Hinblick auf den Anteil am Gesamtertrag und Gesamtrisiko ergeben. Bei Universalbanken, Sparkassen oder Genossenschaftsbanken wird z. B. die Kreditbearbeitung als Kernbankbereich angesehen. Oft können die dazugehörigen IT-Prozesse nicht von der Geschäftsseite getrennt gesehen werden. So gesehen ist grundsätzlich auch die IT-Unterstützung solcher Aktivitäten und Prozesse als Bestandteil des Kernbank-bereiches anzusehen. Demgegenüber ist aber z.B. nicht jeder noch so kleine Teil eines erlaub-nispflichtigen Geschäfts i. S. v. § 1 Abs. 1 KWG als Kernbankbereich einzustufen, auch hier kommt es auf das Geschäftsmodell des Instituts an.

Die Teilnehmer werfen die Frage auf, ob eine Auslagerung vorliegt, wenn die Revision im Institut auf Spezialisten der Konzernrevision zurückgreift, um bestimmte Sachverhalte besser untersuchen zu können. Die Aufsicht merkt an, dass es sich in diesem Fall - unter dem Vorbehalt, dass der Einzelfall genau zu prüfen ist - um eine Auslagerung gem. AT 9 Tz. 1 MaRisk handelt. Ob diese wesentlich oder unwesentlich ist, hängt vom konkreten Einzelfall ab.

In der Erläuterung zu AT 9 Tz. 2 MaRisk kommt der Begriff »Auslagerungen von erheblicher Tragweite« vor. Die Teilnehmer fragen nach dem Unterschied zwischen der »Auslagerung von erheblicher Tragweite« und der »wesentlichen Auslagerung«. Die »erhebliche Tragweite« zielt nach Erläuterung der Aufsicht auf das Risikobewusstsein des auslagernden Instituts ab, d. h. eine solche Auslagerung soll gut überlegt sein. Im Vorfeld entsprechender Auslagerungsmaßnahmen sollte z.B. über Überwachungsmechanismen, die Komplexität einer eventuellen Zurückholung der ausgelagerten Funktion und die Abhängigkeit des Instituts mit Blick auf das Kernbankgeschäft kritisch reflektiert werden. Bei teilweisen Auslagerungen von besonderen Funktionen oder Kern-bankbereichen ist als Ergebnis der Risikoanalyse eine Einstufung als nicht wesentliche Auslage-rung durchaus möglich.

5. Abgrenzung Auslagerung von Fremdbezug – Software/ IT-Dienstleistungen

Diskutiert wird seitens der Mitglieder des Fachgremiums, ob der Betrieb von Software in einer Cloud einen Auslagerungstatbestand darstellt. Der Betrieb von Software in einer Cloud ist immer dann als Auslagerung einzustufen, wenn die Cloud nicht vom Institut selbst erstellt worden ist, nicht unter eigener Kontrolle des Instituts steht sowie Software betrieben wird, die zur Durchführung von Bankgeschäften, Finanzdienstleistungen oder sonstigen institutstypischen Dienstleistungen genutzt wird. Das ist jedenfalls dann der Fall, wenn sie für die Risikosteuerung eingesetzt wird oder für die Durchführung von bankgeschäftlichen Aufgaben von wesentlicher Bedeutung ist. D. h., beim externen Betrieb gelten die gleichen Abgrenzungskriterien für Software wie bei den zuvor in AT 9 Tz. 1 Erl. genannten Unterstützungsleistungen.

Die Aufsicht stellt darüber hinaus klar, dass zu berücksichtigen ist, wofür eine Software verwendet wird. Wenn die Nutzung der Software z.B. von wesentlicher Bedeutung für die Durchführung von Bankgeschäften ist, gilt dies auch für die entsprechenden Unterstützungs-leistungen. Diese Unterstützungsleistungen (und nur diese, nicht der Bezug der Software als solche, unabhängig davon, ob die Software gekauft wurde oder eine Lizenz zur Nutzung der Software vorliegt) sind gemäß AT 9 Tz. 1 Erläuterung MaRisk als Auslagerung einzustufen.

Im Zuge der Diskussion kommt die Frage nach der Bedeutung des Begriffs »Wartung« im Sinne der MaRisk auf. Die Wartung einer Software schließt die Behebung von Fehlern des Programms mit ein. Wenn das Institut, die gelieferten »Patches« vor dem Einspielen in das System selbst testet, handelt es sich nicht zwangsläufig um eine Auslagerung, da das Institut sich eigenständig ein Bild zu den erweiterten Funktionen oder Fehlerbehebungen macht und eigenständig die Funktionsweise im eigenen System prüft. Wenn ein Dritter die Software wartet, ohne dass von dem Institut die Neuerungen im Rahmen der Wartung selbst getestet werden, liegt hingegen eine Auslagerung vor.

6.   Auslagerungssteuerung

a. Risikoanalyse:

Die Aufsicht stellt zunächst die Zielrichtung der in den MaRisk geforderten Risikoanalyse dar. Mittels Risikoanalyse ist im ersten Schritt zu prüfen welche Risiken mit der geplanten Maßnahme überhaupt verbunden sind. In einer Gesamtschau wird anschließend entschieden, ob diese Risiken wesentlich oder unwesentlich sind. AT 9 Tz. 2 MaRisk mit den dazugehörigen Erläuterungen ist so zu verstehen, dass, auch wenn alle Auslagerungen als wesentlich eingestuft worden sind, eine aussagefähige und nachvollziehbare Risikoanalyse durchgeführt werden muss. Ein hoher Standardisierungsgrad ist für eine Risikoanalyse sicherlich von Vorteil, allerdings muss auch gewährleistet sein, dass eine individuelle Beurteilung der jeweiligen Situation erfolgen kann.

Der Turnus für die Durchführung einer Risikoanalyse bzw. dessen Überprüfung wird in den MaRisk nicht weiter spezifiziert, ist für wesentliche und unwesentliche Auslagerungen naturgemäß aber differenziert zu betrachten. Als Richtschnur hat sich in der Aufsichtspraxis für wesentliche Auslagerungen eine jährliche Analyse und für unwesentliche Auslagerungen ein Turnus von drei Jahren etabliert. Ein Abweichen davon im Einzelfall ist nicht ausgeschlossen.

In eine Risikoanalyse ist die Möglichkeit einer Weiterverlagerung einzubeziehen. Dies wird auch durch die diesbezüglichen Anforderungen an die Ausgestaltung des Auslagerungsvertrags bei wesentlichen Auslagerungen deutlich (Zustimmungsvorbehalte bei Weiterverlagerungen oder Festlegung konkreter Kriterien, wann diese möglich sein soll). Die Risikoanalyse ist vom Institut bei einer Weiterverlagerung durch den Dienstleister zu überprüfen, da sich die Risikolage geändert haben könnte.

Die Risikobewertung gemäß Tz. 53 BAIT ist nicht gleich zu setzen mit der Risikoanalyse gemäß AT 9 Tz. 2 MaRisk. Sie muss für jeden IT-Fremdbezug erfolgen, nachvollziehbar abgefasst sein und kann weniger detailliert, strukturiert und umfangreich ausfallen als eine Risikoanalyse nach AT 9 Tz. 2 MaRisk. Sofern ein Institut die Risikoanalyse auch für jeden IT-Fremdbezug durchführen möchte, so steht ihm dies selbstverständlich frei. Bei der Risikobewertung von Fremdbezügen gemäß BAIT kann auf die Schutzbedarfsklassen Bezug genommen werden.

b. Auslagerungsvertrag:

Die Aufsicht macht zudem deutlich, dass es keinen Bestandsschutz für bestehende Auslagerungsverträge gibt. Diese sind im Zeitverlauf an die neuen Anforderungen der MaRisk anzupassen.

Seitens der Aufsicht werden keine Vorgaben gemacht, wann der Dienstleister wegen einer Schlechtleistung zu wechseln ist. Sowohl die Entscheidung über einen Anbieterwechsel als auch die Aufstellung eines Maßnahmenkatalogs für Schlechtleistungen obliegen dem Institut.

c. Weiterverlagerungen:

Die Aufsicht stellt auf Nachfrage von Teilnehmern klar, dass die erweiterten Anforderungen gemäß AT 9 MaRisk für wesentliche Auslagerungen auch nur für unter Risikogesichtspunkten wesentliche Weiterverlagerungen gelten.

d. Zentrales Auslagerungsmanagement:

Die Einrichtung eines zentralen Auslagerungsmanagements ist abhängig davon, ob Institute eine hohe Anzahl von Auslagerungen, eine hohe Komplexität der Auslagerungen und einen hohen Abstimmungsaufwand aufweisen. Es gibt diesbezüglich jedoch keine festgelegten Grenzen. Die Kriterien müssen institutsindividuell definiert und bewertet werden. Die Regelung zur Einrichtung zielt insgesamt eher auf größere Institute ab, da davon auszugehen ist, dass bei kleinen Instituten eine Koordinierung und ein Überblick hinsichtlich der Auslagerungen leichter möglich sind.

Die Aufsicht stellt im Laufe der Diskussion klar, dass ein Auslagerungsmanagement nicht bei der Internen Revision anzusiedeln ist. Eine eigenständige Organisationseinheit wird nicht gefordert. Die Dokumentationsanforderungen im Auslagerungsmanagement sollen zudem nur einen Überblick (z.B. durch ein Register) gewährleisten. Es ist nicht gefordert, die Dokumentation zu den einzelnen Auslagerungen zusätzlich zu den Dokumentationen der zuständigen Geschäftsbereiche zu doppeln. Die Aufsicht weist des Weiteren darauf hin, dass nicht pauschal festgelegt werden kann, dass ein rein zentrales Auslagerungsmanagement auf Gruppenebene ausreicht. Hier ist der Einzelfall zu prüfen.

Anlage 30
Bundesanstalt für Finanzdienstleistungsaufsicht (BaFin)
Veröffentlichung der Endfassung des Leitfadens zur aufsichtlichen Beurteilung bankinterner Risikotragfähigkeitskonzepte
Übermittlungsschreiben vom 24. Mai 2018

[...]

ich freue mich, Ihnen in der Anlage den neugefassten Leitfaden zur aufsichtlichen Beurteilung bankinterner Risikotragfähigkeitskonzepte übersenden zu können. Dieser stellt die Kriterien und Beurteilungsmaßstäbe der nationalen Aufsicht bezüglich der Risikotragfähigkeitskonzepte der Banken auf eine neue Basis und schlägt gleichzeitig die Brücke in die neue Aufsichtsstruktur und -praxis innerhalb des »Single Supervisory Mechanism« (SSM). Damit wird auch der mehrmonatige Diskussionsprozess mit Verbänden und Praxis im Rahmen der Konsultation erfolgreich abgeschlossen. Für den konstruktiven Dialog und die hilfreichen Hinweise und Anmerkungen während dieser Diskussionsphase darf ich mich an dieser Stelle bei allen Beteiligten ausdrücklich bedanken.

Über die Beweggründe für die notwendige Neustrukturierung des Leitfadens habe ich Sie schon in meinem Schreiben vom 05.09.2017 ausführlich informiert. Mit dem runderneuerten Leitfaden legt die deutsche Aufsicht ein praxisorientiertes Papier vor, das die künftigen Bewertungsmaßstäbe der Aufsicht in Bezug auf den ICAAP transparent macht und diesen Teil des nationalen Aufsichtsprozesses durch umfängliches Aufgreifen aktueller Entwicklungen innerhalb des SSM für die Zukunft aufstellt.

Das Risikomanagement und die aufsichtliche Bewertung der dahinterstehenden Konzepte werden sich fortwährend weiterentwickeln und immer wieder eine gewisse Neuadjustierung entsprechender aufsichtlicher Kriterien notwendig machen. Die deutsche Aufsicht wird die Entwicklungen auf dem Gebiet des ICAAP genau verfolgen und darauf hinwirken, dass diesbezügliche aufsichtliche Beurteilungskriterien praxistauglich bleiben und dass das für die deutsche Bankenlandschaft so wichtige Proportionalitätsprinzip auch weiterhin ausreichend zur Geltung kommt.

Wie schon im Schreiben vom 05.09.2017 deutlich gemacht, können sog. »Going-Concern«-Ansätze alter Prägung bis auf weiteres von den Instituten genutzt werden. Entsprechende Kriterien und Maßstäbe zur aufsichtlichen Beurteilung finden sich in einem Annex, der die schon aus dem alten Leitfaden bekannten Maßstäbe umfasst. Umsetzungsfristen sind im Übrigen mit dem neuen Leitfaden nicht verbunden; es gibt derzeit keine konkreten Fristen, wann sich Banken spätestens in die neue »ICAAP-Welt« begeben müssen. Banken, die die bisherigen »Going-Concern«-Ansätze weiter nutzen möchten, sollten sich aber schon heute Gedanken darüber machen, wie die neuen Ansätze sinnvoll in eigene Risikotragfähigkeitskonzepte transformiert werden können. Es ist zu erwarten, dass die Zukunft dieser »Going-Concern«-Ansätze, auch vor dem Hintergrund der aus meiner Sicht berechtigten Harmonisierungsbestrebungen innerhalb des SSM, wohl eher zeitlich begrenzt sein dürfte (wenngleich ohne genaue Frist). Hier bleibt die weitere Entwicklung innerhalb des SSM, gerade auch mit Blick auf die sog. »less significant institutions« (LSIs), abzuwarten. Neue Entwicklungen in diesem Bereich, die zu einer Änderung der aufsichtlichen Sichtweise führen können, wird die Aufsicht rechtzeitig vorher mit Verbänden und Industrie erörtern.

[...]

Anlage 31
Bundesanstalt für Finanzdienstleistungsaufsicht/ Deutsche Bundesbank
Aufsichtliche Beurteilung bankinterner Risikotragfähigkeitskonzepte und deren prozessualer Einbindung in die Gesamtbanksteuerung (»ICAAP«) – Neuausrichtung
Leitfaden vom 24. Mai 2018

1.   Einleitung

1   Gemäß Artikel 73 der EU-Bankenrichtlinie (Richtlinie 2013/36/EU) müssen Institute über solide, wirksame und umfassende Strategien und Verfahren verfügen, mit denen sie die Höhe, die Arten und die Verteilung des internen Kapitals, das sie zur quantitativen und qualitativen Absicherung ihrer aktuellen und etwaigen künftigen Risiken für angemessen halten, kontinuierlich bewerten und auf einem ausreichend hohen Stand halten können (Internal Capital Adequacy Assessment Process – »ICAAP«). Die Überprüfung der Angemessenheit und Wirksamkeit des ICAAP ist gemäß Artikel 97 der EU-Bankenrichtlinie Bestandteil des bankaufsichtlichen Überprüfungs- und Bewertungsprozesses (Supervisory Review and Evaluation Process – »SREP«) und von den zuständigen Aufsichtsbehörden regelmäßig durchzuführen.

2   Die europäische Bankenaufsichtsbehörde EBA hat in ihren Leitlinien zu gemeinsamen Verfahren und Methoden für den SREP (EBA/GL/2014/13 vom 19. Dezember 2014) Konkretisierungen zu den Inhalten der Überprüfung des ICAAP der Institute im Rahmen des SREP vorgenommen. Demnach sollen die Aufsichtsbehörden den ICAAP (und auch den ILAAP) regelmäßig überprüfen und dessen Solidität, Wirksamkeit und Vollständigkeit beurteilen. Ferner soll bewertet werden, wie der ICAAP in das Gesamtrisikomanagement und das strategische Management (einschließlich Kapital- und Liquiditätsplanung) integriert ist. Diese Bewertungen sollen zudem für die Berechnung der zusätzlichen Eigenmittelanforderungen und für die Bewertung der Angemessenheit der Eigenkapitalausstattung herangezogen werden.

3   Die Umsetzung der genannten einschlägigen Vorgaben zum ICAAP in nationales Recht ist über § 25a Abs. 1 Satz 3 Nr. 2 KWG erfolgt. Demnach haben die Institute Verfahren zur Ermittlung und Sicherstellung der Risikotragfähigkeit einzurichten, wobei eine vorsichtige Ermittlung der Risiken und des zu ihrer Abdeckung verfügbaren Risikodeckungspotenzials (RDP) zugrunde zu legen ist. Diese rechtliche Anforderung ist vor allem in AT 4.1 des BaFin-Rundschreibens »Mindestanforderungen an das Risikomanagement der Institute« (MaRisk) in der jeweils aktuellen Fassung näher spezifiziert. Der dort geforderte interne Prozess zur Sicherstellung der Risikotragfähigkeit (Risikotragfähigkeitskonzept; AT 4.1 Tz. 2) ist einerseits mit der Geschäfts- und Risikostrategie zu verknüpfen, andererseits sind zur Umsetzung der Strategien und zur Gewährleistung der Risiko-

tragfähigkeit geeignete Risikosteuerungs- und -controllingprozesse für die wesentlichen Risiken einzurichten.

Dieses Papier enthält Grundsätze, Prinzipien und Kriterien, die – auf der Basis der rechtlichen Vorgaben im KWG und der darauf basierenden Anforderungen in den MaRisk – von der Aufsicht bei der Beurteilung der bankinternen Risikotragfähigkeitskonzepte von Instituten[1], die der unmittelbaren deutschen Bankenaufsicht unterstehen, zugrundegelegt werden. Die Grundsätze berücksichtigen insbesondere auch die aktuellen Entwicklungen innerhalb des einheitlichen Bankenaufsichtsmechanismus (Single Supervisory Mechanism – »SSM«).   **4**

Da die aufsichtliche Beurteilung bankinterner Risikotragfähigkeitskonzepte auch aufgrund internationaler Arbeiten sich im Zeitablauf ändern kann, wird die Aufsicht die Entwicklung auf diesem Gebiet mit besonderer Aufmerksamkeit verfolgen und dafür Sorge tragen, dass die hier verankerten Grundsätze praxistauglich bleiben und das Proportionalitätsprinzip gewahrt bleibt.   **5**

Der aufsichtlichen Anforderung hinsichtlich der Angemessenheit und Wirksamkeit der Risikotragfähigkeitskonzepte können Institute grundsätzlich durch unterschiedlich ausgestaltete interne Verfahren entsprechen. Diese grundsätzlich vorhandene Methodenfreiheit findet ihre Grenze dort, wo die internen Verfahren das aufsichtsrechtlich vorgegebene Ziel »Sicherstellung der Risikotragfähigkeit« unter Beachtung der gesetzlichen Vorgaben des § 25a Abs. 1 Satz 3 Nr. 2 KWG nicht hinreichend zu gewährleisten in der Lage sind.   **6**

Von der institutsinternen Ermittlung der Risikotragfähigkeit und der damit verbundenen Ermittlung der Höhe der wesentlichen Risiken zu unterscheiden ist die aufsichtliche Kapitalfestsetzung im Rahmen des SREP. Die Aufsicht ist gehalten, das Kapital, das für die Risikoabdeckung der wesentlichen Risiken aus ihrer Sicht notwendig ist, nach den in den EBA Leitlinien zum SREP niedergelegten Kriterien, Verfahren und Methoden zu ermitteln und den Instituten über eine verbindliche Kapitalfestsetzung den aufsichtlichen Kapitalbedarf zu kommunizieren. Die Risikoermittlung und Ermittlung der Risikodeckungspotenziale der Institute und die aufsichtliche Ermittlung der Höhe der Risiken und des aufsichtlichen Kapitalbedarfs unterscheiden sich in der Regel aufgrund unterschiedlicher Verfahren und Methoden. Diese Unterschiede präjudizieren jedoch nicht die Beurteilung der Angemessenheit der institutsinternen Risikotragfähigkeitskonzepte. Die institutsintern ermittelten Ergebnisse für die wesentlichen Risiken können darüber hinaus nicht automatisch, eins zu eins, in die aufsichtliche Kapitalfestsetzung übernommen werden. Die im Rahmen des SREP aufsichtsseitig vorgenommene Festsetzung des aufsichtlichen Gesamtkapitalbedarfs ist daher nicht Gegenstand dieses Papiers.   **7**

In Abweichung von den im Folgenden beschriebenen verschiedenen Perspektiven im Rahmen der Risikotragfähigkeitskonzepte hält die Aufsicht es bis auf Weiteres für zulässig, auf solche Ansätze für die Sicherstellung der Risikotragfähigkeit aufzubauen, die jenen Teil der regulatorischen Eigenmittel, der mindestens für die Erfüllung der im Rahmen des SREP festgesetzten aufsichtlichen Gesamtkapitalanforderungen notwendig ist, nicht im Risikotragfähigkeitskonzept zur Risikoabdeckung berücksichtigen (sog. »Going-Concern-Ansätze« alter Prägung). Die Aufsicht wird hier bei ihrer Beurteilung die schon aus älteren aufsichtlichen Papieren bekannten Prinzipien und Kriterien anwenden, wobei sie zwischenzeitig eingetretene Änderungen der relevanten rechtlichen Vorgaben konsistent berücksichtigen wird. Im Annex sind diese bisherigen Prinzipien   **8**

---

1   Die in diesem Leitfaden niedergelegten Kriterien und Grundsätze knüpfen an AT 4.1 MaRisk an und sind ausdrücklich auf Kreditinstitute zugeschnitten. Da Finanzdienstleistungsinstitute gemäß AT 2.1 Tz. 2 die Anforderungen der MaRisk nur insofern zu beachten haben, wie dies vor dem Hintergrund der Institutsgröße sowie von Art, Umfang, Komplexität und Risikogehalt der Geschäftsaktivitäten zur Einhaltung der gesetzlichen Pflichten nach § 25a KWG geboten erscheint, ist eine Übertragbarkeit der Grundsätze und Kriterien aus diesem Leitfaden auf Finanzdienstleistungsinstitute nicht ohne weiteres möglich und geboten. Beispielhaft können hier die Ausführungen zur normativen Perspektive angeführt werden. Diese beanspruchen keine Geltung für Finanzdienstleistungsinstitute, die jenseits der Verpflichtung zur laufenden Sicherstellung ihrer Risikotragfähigkeit keinen regulatorischen Anforderungen an ihre Eigenmittelausstattung unterliegen. Bei Finanzdienstleistungsinstituten müssen vielmehr stärker an den jeweiligen Geschäftsaktivitäten ausgerichtete Lösungsansätze in Betracht gezogen werden.

und Kriterien – in gebündelter und aktualisierter Form – nochmals niedergelegt. Insofern finden für Institute, die solche Ansätze weiter nutzen, die Abschnitte 3.2, 4, 5, 6 und 7 keine Anwendung.

2. Grundsätze der aufsichtlichen Beurteilung

9 Nach den Art. 94ff. der EBA Leitlinien zum SREP haben die Aufsichtsbehörden im Rahmen des aufsichtlichen Überprüfungsprozesses den institutsinternen ICAAP regelmäßig zu beurteilen. Dies hat – den Grundprinzipien der EBA-Leitlinien folgend – im Hinblick auf Solidität, Wirksamkeit und Vollständigkeit zu geschehen:
- *Solidität:* Sind die Verfahren, Methoden und Prozesse des Risikotragfähigkeitskonzepts vor dem Hintergrund der Art, des Umfangs und der Komplexität der Geschäfte angemessen und kann anhand dieser Verfahren, Methoden und Prozesse die Angemessenheit der Kapitalausstattung beurteilt und die Risikotragfähigkeit sichergestellt werden?
- *Wirksamkeit:* Wie sind die Verfahren, Methoden und Prozesse des Risikotragfähigkeitskonzepts in die Gesamtbanksteuerung und die Entscheidungsprozesse des Instituts eingebettet und wie werden diese Verfahren, Methoden und Prozesse für das Risikomanagement und das Kapitalmanagement genutzt?
- *Vollständigkeit:* Decken die Verfahren, Methoden und Prozesse alle wesentlichen (Einzel-)Risiken des Instituts ab und erfüllen sie die rechtlichen Anforderungen an das Risikotragfähigkeitskonzept?

10 Bei der Beurteilung der internen Verfahren im Rahmen des bankaufsichtlichen Überprüfungsprozesses orientiert sich die Aufsicht unter Berücksichtigung des Proportionalitätsprinzips an den Geboten der Vollständigkeit der Risikoabbildung, der Konsistenz und Wirksamkeit der Verfahren sowie dem Vorsichtsprinzip.[2] Als Konkretisierung dieser Grundsätze legt sie in ihrer Aufsichtspraxis grundsätzlich die Prinzipien und Kriterien zugrunde, die in diesem Papier festgehalten sind. Damit wird zugleich die gebotene Einheitlichkeit des Verwaltungshandelns sichergestellt. Sofern die Besonderheiten eines Einzelfalls dies rechtfertigen, kann bei nachvollziehbarer und schlüssiger Begründung des Instituts ein Abweichen von den im Papier niedergelegten Prinzipien und Kriterien angezeigt sein.

11 Ob die bankinternen Verfahren und Methoden angemessen sind oder nicht, beurteilt die Bankenaufsicht grundsätzlich in Form einer Gesamtwürdigung aller Elemente der Risikotragfähigkeitssteuerung im jeweiligen Einzelfall. Im Hinblick auf einzelne Elemente können zwar ggf. konkrete Fallgestaltungen von vornherein als inkonsistent oder nicht hinreichend konservativ erkannt werden. Abseits solcher eindeutigen Mängel bleibt die Beurteilung der Risikotragfähigkeitssteuerung einer Gesamtbetrachtung aller Elemente vorbehalten.

12 Dieses Papier kann nicht alle mit Risikotragfähigkeitskonzepten verbundenen Aspekte aufgreifen, die aus Einzelfällen resultieren können. Die Aufsicht behält sich daher vor, in die Beurteilung institutsinterner Verfahren, Methoden und Prozesse ggf. zusätzliche Gesichtspunkte einfließen zu lassen, die hier nicht behandelt werden, aber für die Beurteilung der Solidität, Wirksamkeit und Vollständigkeit im Einzelfall von Relevanz sind.

---

2 Entsprechend § 25a Abs. 1 Satz 3 Nr. 2 KWG: »ordnungsgemäße Geschäftsorganisation umfasst Verfahren zur Ermittlung und Sicherstellung der Risikotragfähigkeit, wobei eine **vorsichtige** Ermittlung der Risiken und des zu ihrer Abdeckung verfügbaren Risikodeckungspotenzials zugrunde zu legen ist«.

3. Ziele und Grundsätze des ICAAP

3.1 Allgemeines

Der ICAAP ist als Gesamtheit aller Verfahren, Methoden und Prozesse zu verstehen, die gewähr-leisten, dass genügend Kapital für die wesentlichen Risiken alloziert wird und dieses Kapital auf einem ausreichend hohen Niveau gehalten werden kann. Dazu gehört eine Risikoinventur, im Rahmen derer die für das jeweilige Institut wesentlichen Risiken zu identifizieren sind. **13**

Der ICAAP ist als laufender Prozess angelegt und soll kontinuierlich die Angemessenheit der Kapitalausstattung eines Instituts gewährleisten. Dieser Prozess ist als originäre Leitungsaufgabe aufzufassen, der den Führungsebenen eines Instituts Steuerungssignale für die operative Ge-schäftstätigkeit liefern soll und daher für das Management der Risiken und der angemessenen Kapitalallokation von erheblicher Bedeutung ist. Die Ausgestaltung des ICAAP, inklusive der Festlegung wesentlicher Elemente sowie wesentlicher zugrundeliegender Annahmen, liegt in der originären Verantwortung der Geschäftsleitung. **14**

Übergeordnetes Ziel eines jeden ICAAP, unabhängig von der konkreten Ausgestaltung des Ansatzes und der damit verbundenen Steuerungssignale, ist es, die Risikotragfähigkeit jederzeit und somit auch das langfristige Fortführen der Unternehmenstätigkeit auf Basis der eigenen Substanz und Ertragskraft sicherzustellen. Es sind daher nur solche Ansätze der Risikotragfähig-keitsbetrachtung angemessen, die auf die Risikotragfähigkeit des Instituts aus eigener derzeitiger Substanz und Ertragskraft heraus abstellen. Die Berücksichtigung erhoffter Leistungen Dritter, auf die bei eigenem Unvermögen, schlagend werdende Risiken auszugleichen, etwaige Lasten abge-wälzt werden sollen, widerspricht dieser übergeordneten Zielsetzung interner Risikotragfähig-keitskonzepte. Diese sollen gerade verhindern, dass die Überlebensfähigkeit von Instituten bzw. die Gläubigerbefriedigung nur durch Stützungsleistungen Dritter gewährleistet werden können.[3] **15**

Die auf internationaler Ebene gebräuchlichen Begriffe und Abgrenzungen zum ICAAP weichen teils von der nationalen Terminologie ab, wenngleich die für den ICAAP konstituierenden Ele-mente auch auf nationaler Ebene vollständig adressiert werden. Um Missverständnissen zur Reichweite und zur Abgrenzung des ICAAP vorzubeugen, sollen an dieser Stelle folgende Begriffs-abgrenzungen vorgenommen werden: **16**
- ICAAP = Interner Prozess zur Sicherstellung der Risikotragfähigkeit gemäß § 25a Abs. 1 Satz 3 Nr. 2 KWG i. V. m. AT 4.1 Tz. 1 MaRisk
- Interner Prozess zur Sicherstellung der Risikotragfähigkeit gemäß § 25a Abs. 1 Satz 3 Nr. 2 KWG i. V. m. AT 4.1 Tz. 1 MaRisk umfasst: ein Risikotragfähigkeitskonzept mit einer Risiko-tragfähigkeitsrechnung und einer Kapitalplanung sowie ergänzende Stresstests und die pro-zessuale Verknüpfung mit der Festlegung der Strategien einerseits und den Risikosteuerungs- und -controllingprozessen andererseits

In der Risikoinventur nach AT 2.2 MaRisk sind insbesondere auch solche Risiken zu berück-sichtigen, die sich u. U. erst im Zeitablauf, d. h. nach Ablauf des einjährigen Risikobetrachtungs-horizonts der Risikotragfähigkeitsrechnung materialisieren bzw. materialisieren können (z. B. Zinsänderungsrisiken). **17**

Es wird von den Instituten erwartet, dass im Rahmen der Risikotragfähigkeitsrechnung die dort einbezogenen Risiken auch mit strengen, auf seltene Verlustausprägungen abstellenden Risiko-maßen und Parametern quantifiziert bzw. beurteilt werden. Dementsprechend kann das gesamte Risikodeckungspotenzial den ermittelten Risiken gegenübergestellt werden. **18**

---

3 Die Möglichkeit eines »Waivers« nach Art. 7 CRR bleibt unter den dort genannten Voraussetzungen unberührt.

19   Die weiteren Ausführungen in diesem Papier fokussieren sich ausschließlich auf die Aspekte Risikotragfähigkeitskonzept mit einer Risikotragfähigkeitsrechnung und einer Kapitalplanung sowie ergänzender Stresstests.

3.2   Perspektiven des Risikotragfähigkeitskonzepts

20   Gemäß AT 4.1 Tz.2 MaRisk haben die zur Sicherstellung der Risikotragfähigkeit eingesetzten Verfahren sowohl das Ziel der Fortführung des Instituts als auch den Schutz der Gläubiger vor Verlusten aus ökonomischer Sicht angemessen zu berücksichtigen.

21   Die deutsche Aufsicht erwartet von den Instituten zur Erfüllung dieser beiden Schutzziele zwei Perspektiven für ihr Risikotragfähigkeitskonzept zugrunde zu legen: eine normative Perspektive und eine ökonomische Perspektive.

4.   Normative Perspektive

22   In der normativen Perspektive sind alle regulatorischen und aufsichtlichen Anforderungen sowie die darauf basierenden internen Anforderungen zu berücksichtigen. Relevante Steuerungsgrößen der normativen Perspektive sind demnach insbesondere die Kapitalgrößen Kernkapitalanforderung, SREP-Gesamtkapitalanforderung, die kombinierte Pufferanforderung und die Eigenmittelzielkennziffer sowie sämtliche Strukturanforderungen hinsichtlich des Kapitals, wie beispielsweise die Höchstverschuldungsquote und Großkreditgrenzen.

4.1   Ausgangspunkt der normativen Perspektive

23   Ausgangspunkt der normativen Perspektive sind die regulatorischen und aufsichtlichen Kennzahlen sowie deren Berechnungslogik. Diese können aus dem aufsichtlichen Meldewesen übernommen werden (bspw. risikogewichtete Aktiva, Gesamtrisikobetrag, Eigenmittel). Auch die Berechnungslogik für zukünftige Perioden im Rahmen der Kapitalplanung ist aufsichtlich determiniert; lediglich die Variation der Parameter ist vom Institut in verschiedenen Szenarien (Planszenario und zumindest ein adverses Szenario) zu bestimmen.[4] Weiterer Ausgangspunkt ist die aufsichtliche SREP-Kapitalfestsetzung für das jeweilige wesentliche Risiko, die in der Kapitalplanung plausibel fortgeschrieben wird. Darüber hinaus sind im Rahmen der Kapitalplanung Planergebnisse künftiger Perioden eine wichtige Eingangsgröße in der normativen Perspektive.

24   Für das aufsichtliche Verständnis der institutsinternen Steuerungsphilosophie ist Transparenz über sämtliche für die Steuerung relevanten Aspekte notwendig. Knüpfen Steuerungsprozesse an

---

4   Beispielsweise ist die Berechnungslogik für die Größe »risikogewichtete Positionsbeträge« aufsichtlich vorgegeben. Abhängig vom gewählten Ansatz zur Messung der Risiken in Säule 1 hat eine Veränderung der Parameter PD, LGD, EaD aber einen Einfluss auf die Höhe der risikogewichteten Aktiva aus Adressenausfallrisiken in zukünftigen Perioden.

institutsintern definierten Warnschwellen, Managementpuffern oder ähnlichem an, ist auch darüber Transparenz herzustellen.

Die Betrachtungen in der normativen Perspektive dienen dem in AT 4.1 Tz.2 MaRisk geforderten Ziel der Fortführung des Instituts.   **25**

4.2   Risikodeckungspotenzial in der normativen Perspektive

Das Risikodeckungspotenzial in der normativen Perspektive besteht aus regulatorischen Eigen-mitteln sowie ggf. aus weiteren Kapitalbestandteilen, soweit diese aufsichtsseitig zur Abdeckung von aufsichtlichen Kapitalanforderungen und -erwartungen (einschließlich Eigenmittelzielkenn-ziffer) anerkannt werden (namentlich § 340f HGB-Reserven, die im Rahmen des ICAAP als verlustabsorbierend angenommen werden).   **26**

Für die Ermittlung der zur Verfügung stehenden regulatorischen Eigenmittel in späteren Planungsperioden sind die entsprechenden Positionen der Gewinn- und Verlustrechnung zu planen. Vorgesehene Umwandlungen von § 340f HGB-Reserven (bzw. Reserven gemäß § 26a KWG a.F.) in Rücklagen können dabei berücksichtigt werden. Soweit die Vorsorgereserven zuvor in das Ergänzungskapital einbezogen wurden, ist die mit der Umwandlung einhergehende Verringerung des Ergänzungskapitals konsistent bei den künftigen Eigenmitteln zu berück-sichtigen. Da davon auszugehen ist, dass die Unsicherheit bezüglich der Angemessenheit der Planungsannahmen bei weiter in der Zukunft liegenden Planungszeiträumen höher ist, ist dem Vorsichtsprinzip insbesondere für solche Zeiträume ausreichend Rechnung zu tragen.   **27**

4.3   Risikoarten und Risikoquantifizierung in der normativen Perspektive

Die in der normativen Perspektive anzuwendenden Verfahren zur Risikoquantifizierung erge-ben sich für Adressenausfallrisiken, Marktpreisrisiken und operationelle Risiken aus den recht-lichen Anforderungen der CRR, mit denen risikogewichtete Positionsbeträge zu ermitteln sind.   **28**

In der normativen Perspektive ist der Einjahreshorizont der Risikomessung bereits in den aufsichtlich vorgegebenen Verfahren zur Risikomessung verankert.   **29**

Weiterhin sind auch in der normativen Perspektive sämtliche wesentlichen Risiken aus der Risikoinventur (siehe Abschnitt 3.1) einzubeziehen, sofern sie aufgrund ihrer Eigenart sinnvoll durch Risikodeckungspotenzial begrenzt werden können (AT 4.1 Tz. 4 MaRisk). Dies geschieht auf der Basis interner Verfahren im Rahmen der Kapitalplanung in der normativen Perspektive (siehe Abschnitt 4.4). Wesentliche Risiken, die in der ökonomischen Perspektive sichtbar werden, sind dahingehend zu analysieren, wie sie sich auf zukünftige GuV-, Eigenmittel- und Gesamt-risikobetrag-Positionen auswirken können und diese Auswirkungen sind quantitativ zu berück-sichtigen.[5]   **30**

---

5 Beispiele: Das Migrationsrisiko als Risiko aus der ökonomischen Perspektive kann sich in unterschiedlicher Ausprägung auf die GuV auswirken (in Abhängigkeit vom Rechnungslegungsstandard und der Buchungskategorie). Darüber hinaus wirkt es sich aber unabhängig vom Rechnungslegungsstandard und der Buchungskategorie auf die risikogewichteten Aktiva in zukünftigen Perioden aus: Direkt in IRB-Verfahren (erhöhte PD), indirekt im KSA (Risikopositionsklasse mit anderem Risikogewicht).

4.4 Kapitalplanung in der normativen Perspektive

31 Zur Sicherstellung der Risikotragfähigkeit hat jedes Institut eine Kapitalplanung zu erstellen, die sich zum Zeitpunkt der Erstellung über einen Zeitraum von mindestens drei Jahren erstreckt und mindestens jährlich fortgeschrieben wird.

32 Erwartete Veränderungen der eigenen Geschäftstätigkeit oder der strategischen Ziele, Veränderungen des Markt- und Wettbewerbsumfelds sowie bindende oder bereits beschlossene rechtliche/regulatorische Änderungen sind im Basisszenario (**Planszenario**) zu berücksichtigen. In diesem Szenario erwartet die Aufsicht, dass alle regulatorischen Anforderungen und Zielgrößen[6] eingehalten werden.

	Kapitalplanung Planszenario	Kapitalplanung Adverses Szenario
Eigenmittelanforderungen nach CRR sowie erhöhte Eigenmittelanforderungen nach § 10 Abs. 3 oder 4 KWG	Ja	Ja
darunter: SREP-Gesamtkapitalanforderung	*Ja*	*Ja*
Kombinierte Kapitalpufferanforderung nach § 10 i Abs. 1 KWG	Ja	Nein
Eigenmittelzielkennziffer	Ja*	Nein

Tabelle 1: Aufsichtliche Erwartung zu regulatorischen und aufsichtlichen Kapitalanforderungen/Zielgrößen

* Siehe hierzu auch Fußnote 6.

33 Die Planung hat sich auch auf mögliche **adverse Entwicklungen**, die von den Erwartungen abweichen, zu erstrecken. Das Institut hat sicherzustellen, dass mindestens die SREP-Gesamtkapitalanforderung auch unter solchen adversen Bedingungen eingehalten wird. Die Nutzung regulatorischer Eigenkapitalelemente zur Risikoabdeckung in adversen Szenarien muss konsistent zur Schwere der angenommenen Szenarien und dem Risikoappetit des Instituts sein, d. h. insbesondere eine Unterschreitung der kombinierten Kapitalpufferanforderung nach § 10i KWG sollte nur in schweren adversen Szenarien angenommen werden. Das Institut hat für diesen Fall Handlungsoptionen zur Wiederherstellung der Einhaltung aller regulatorischen und aufsichtlichen Anforderungen und Zielgrößen darzustellen.[7] Vorgesehene potenzielle Maßnahmen zur Wiederherstellung müssen grundsätzlich im Einklang mit der Strategie des Instituts und einem ggf. bestehenden Sanierungsplan stehen.

---

6   Insbesondere die Kapitalgrößen Kernkapitalanforderung, SREP-Gesamtkapitalanforderung, kombinierte Pufferanforderung und Höchstverschuldungsquote. Die Eigenmittelzielkennziffer begründet keine verbindlichen Kapitalanforderungen, entfaltet als aufsichtliche »Erwartungsgröße« für Stressphasen jedoch eine gewisse Leitwirkung dahingehend, dass die Aufsicht deutlich macht, welche Gesamtkapitalausstattung sie bei Eintritt von bestimmten adversen Szenarien als erforderlich ansieht bzw. ansehen wird. Eine Berücksichtigung in der Kapitalplanung kann auch in einem sukzessiven Aufbau des Kapitals, das für die vollständige Erfüllung dieser Zielkennziffer notwendig ist, bestehen. Vor allem aber muss das jeweilige Institut in der Lage sein, der Aufsicht anhand der Kapitalplanung nachzuweisen, dass auch beim Eintritt adverser Szenarien die SREP-Gesamtkapitalanforderungen (voraussichtlich) jederzeit eingehalten werden können.

7   Institute, die einen Sanierungsplan nach MaSan erstellen müssen, können diesen hierfür heranziehen.

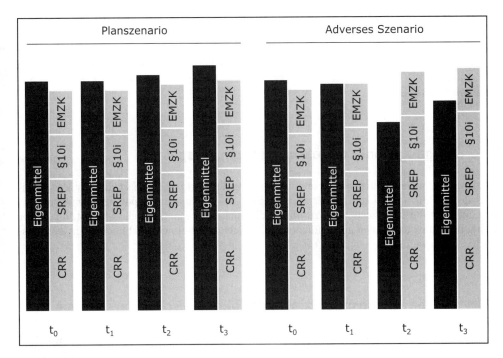

Abbildung 1: Normative Perspektive, Entwicklung über die Zeit im Plan- und adversen Szenario (illustratives Beispiel; die Höhe der Eigenmittel und Kapitalanforderungen (inkl. EMZK) in den jeweiligen Perioden ist zufällig gewählt)

§ 10i: Kombinierte Pufferanforderungen; EMZK: Eigenmittelzielkennziffer (P2G)

Risiken aus der ökonomischen Perspektive (vgl. Abschnitt 5) sind im Rahmen von adversen **34** Szenarien sowohl in der Gewinn- und Verlustrechnung, den regulatorischen Eigenmitteln, als auch in den risikogewichteten Positionsbeträgen des Instituts unter der Maßgabe von Tz. 31 quantitativ zu berücksichtigen.

Die bei der Kapitalplanung zu betrachtenden adversen Entwicklungen müssen nicht zwingend **35** die (maximale) Schwere der vom Institut durchgeführten Stresstests besitzen. Es wird aber vor dem Hintergrund des Vorsichtsprinzips erwartet, dass adverse Entwicklungen für das Institut widrige Entwicklungen widerspiegeln, die einen spürbaren Einfluss auf die zukünftige Kapitalausstattung und Kapitalplanung des Instituts haben oder haben können, und insofern mit Auswirkungen einer Rezession oder eines für das Institut ähnlich schweren Szenarios vergleichbar sind. Eine Verwendung des nach AT 4.3.3 MaRisk geforderten Szenarios eines schweren konjunkturellen Abschwungs für diese Zwecke ist gestattet, sofern dieses Szenario für das jeweilige Institut einen spürbaren Einfluss auf Kapitalausstattung und Kapitalplanung aufweist.

Mit einer den Tzn. 32 bis 36 entsprechenden Kapitalplanung in der normativen Perspektive **36** werden die Institute der in AT 4.1 Tz. 11 MaRisk beschriebenen Kapitalplanung vollumfänglich gerecht.

5.   Ökonomische Perspektive

37   Die ökonomische Perspektive dient der langfristigen Sicherung der Substanz des Instituts und mithin dem in AT 4.1 Tz.2 MaRisk 2017 geforderten Schutz der Gläubiger vor Verlusten aus ökonomischer Sicht.

5.1   Ausgangspunkt der ökonomischen Perspektive

38   Die ökonomische Perspektive basiert auf der Methodik des Instituts. Dabei ist vom Institut sowohl auf Seite der Risikoquantifizierung als auch auf Seite des Risikodeckungspotenzials eine Betrachtung auf ökonomischer Basis durchzuführen, die auch solche Bestandteile umfasst, die in der Rechnungslegung und in den aufsichtlichen Eigenmittelanforderungen nicht oder nicht angemessen abgebildet werden.

5.2   Risikodeckungspotenzial in der ökonomischen Perspektive

39   In der ökonomischen Perspektive erwartet die Aufsicht eine Ableitung des Risikodeckungspotenzials unabhängig von den Bilanzierungskonventionen in der externen Rechnungslegung. Mithin kommen in einer solchen Sichtweise bilanzielle Ansatz- und Bewertungsregeln nicht zum Tragen, die im Hinblick auf die ökonomische Betrachtung verzerrend wirken können.

40   Dabei können auch Verfahren angemessen sein, die von Bilanzgrößen oder aufsichtlichen Kapitalgrößen ausgehen, diese Größen aber in eine ökonomische Betrachtung überführen, insbesondere durch Berücksichtigung stiller Lasten und Reserven.[8]

41   Bei einer barwertigen Ermittlung des Risikodeckungspotenzials ist der Barwert sämtlicher Vermögenswerte und Verbindlichkeiten des Instituts zu ermitteln. Auch außerbilanzielle Positionen sind zu berücksichtigen.

42   In Übereinstimmung mit den aufsichtlichen Anforderungen an die Ermittlung von Zinsänderungsrisiken im Anlagebuch ist bei der Ermittlung der Barwerte von einer statischen Betrachtung auszugehen. Ertragsbestandteile, die auf geplantem Neugeschäft beruhen, dürfen daher grundsätzlich nicht angesetzt werden. Nur in Ausnahmefällen, insbesondere bei transaktions-/handelslastigen Instituten mit geringem Bestandsgeschäft dürfen (voraussichtlich erzielbare) Ertragsbestandteile für die bestehende Geschäftstätigkeit bei unverändertem Geschäftsumfang angesetzt werden, sofern diese hinreichend konservativ angesetzt und plausibel begründet werden.

43   Ungeachtet dessen sind zur Ermittlung des Barwerts aus Positionen mit unbestimmter Laufzeit oder möglichen vertraglichen Optionen angemessene Annahmen über Ablauffiktionen und Ausübungen zu treffen.

44   Die Ermittlung des ökonomischen Risikodeckungspotenzials muss Verwaltungskosten in konsistenter Weise berücksichtigen, die für die Fortführung und Verwaltung der Positionen über die

---

8   So kann beispielsweise das Verfahren im Jahresabschluss zur verlustfreien Bewertung des Zinsgeschäfts (IDW RS BFA3) genutzt werden, um stille Reserven und Lasten im Bankbuch zu berücksichtigen. Im Falle von wesentlichen Wertpapierbeständen ist jedoch ein Abgleich mit Marktwerten erforderlich; bei wesentlichen Abweichungen ist der niedrigere Wert zur Bestimmung des barwertnahen Risikodeckungspotenzials heranzuziehen.

gesamte Laufzeit voraussichtlich erforderlich sind. Bei der Ermittlung des Barwerts aktivischer Positionen sind darüber hinaus erwartete Verluste (z. B. erwartete Ausfälle, durchschnittlich erwartete operationelle Schäden) zu berücksichtigen. Die Berücksichtigung erwarteter Verluste kann durch eine Anpassung der Zahlungsströme, die Verwendung risikogerechter Zinssätze bei der Abzinsung der Cashflows bzw. den Abzug von Standardrisikokosten für die betrachtete Totalperiode vom ermittelten Barwert erfolgen. Bei der Berechnung von Standardrisikokosten und Verwaltungskosten ist darauf zu achten, dass diese auch die Laufzeit der betrachteten Portfolien angemessen berücksichtigen (z. B. anhand der durchschnittlichen Kapitalbindungsdauer). Die Ermittlung von Verwaltungskosten kann auch mithilfe von vereinfachten Verfahren bzw. Ansätzen erfolgen.

Wendet ein Institut zur Ermittlung des Barwerts der eigenen Verbindlichkeiten Abzinsungssätze **45** an, die im Vergleich mit einem risikolosen Zins einen Spread beinhalten, so führt dies grundsätzlich zu einem zu niedrigen Ansatz der Verbindlichkeiten. Lediglich in eng begrenzten Ausnahmefällen (bspw. wenn die zinsbedingte Wertentwicklung bestimmter Aktiva perfekt mit der zinsbedingten Wertentwicklung bestimmter Passiva korreliert) kann die Abzinsung mit einem oberhalb der risikolosen Zinskurve[9] liegenden Zinssatz akzeptiert werden. Hierbei darf indes allenfalls der allgemeine Spread der Assetklasse, der das Institut angehört, Berücksichtigung finden. Ein negativer Eigenbonitätseffekt darf nicht zu einer Erhöhung des ermittelten barwertigen Reinvermögens führen.

5.3 Risikoarten und Risikoquantifizierung in der ökonomischen Perspektive

5.3.1 Generelle Hinweise zur Risikoquantifizierung

Bei den als wesentlich identifizierten Risiken muss die Risikoquantifizierung sowohl **erwartete** als **46** auch **unerwartete Verluste** umfassen.[10] Auf die Abbildung erwarteter Verluste kann insoweit auf der Risikoseite verzichtet werden, wie sie bereits bei Bestimmung des RDP berücksichtigt wurden.

Die Risiken sind konsistent zur Definition des Risikodeckungspotenzials zu beurteilen bzw. zu **47** messen. Ausgehend von einer barwertigen Ableitung des Risikodeckungspotenzials sind Risiken somit ebenfalls barwertig zu messen. Sofern bei der Ableitung des Risikodeckungspotenzials auf Vereinfachungen zurückgegriffen wird, kann dies auch bei der Berechnung der Risiken widergespiegelt werden[11] (barwertnahe Risikoermittlung).

Sehr kleine und zugleich wenig komplexe Institute können zur Annäherung an die ökonomische **48** Perspektive auch einen Ansatz verwenden, bei dem zu den Risikowerten der Säule 1 nur vereinfacht quantifizierte Risikowerte (z. B. Anknüpfung an die Auswirkungen einer plötzlichen und unerwarteten Zinsänderung (»Zinsschock« gemäß BaFin-Rundschreiben »Zinsänderungsrisiken im Anlagebuch«) oder Risikobeträge auf Basis einer Plausibilisierung nach AT 4.1 Tz. 5 MaRisk) für nicht hinreichend in Säule 1 berücksichtigte und weitere wesentliche Risikoarten addiert werden (Säule 1 + Ansatz).

Der jeweiligen Modellierung zugrundeliegende Annahmen müssen transparent sein. **49**

---

9 Die risikolose Zinskurve wird z. B. durch die »Overnight index swap« (OIS)-Kurve abgebildet oder approximativ als Zinskurve von Bundesanleihen abzüglich des laufzeitabhängigen »CDS-Spreads Bund« berechnet.

10 Eine Quantifizierung der Risiken mit mathematisch-statistischen Verfahren wird damit nicht zwingend verlangt.

11 Beispielsweise kann dieses für Zinsänderungs- und Spreadrisiken über die Rückstellungsprüfung gemäß verlustfreier Bewertung des Zinsgeschäfts (IDW RS BFA 3) im Risikofall erfolgen.

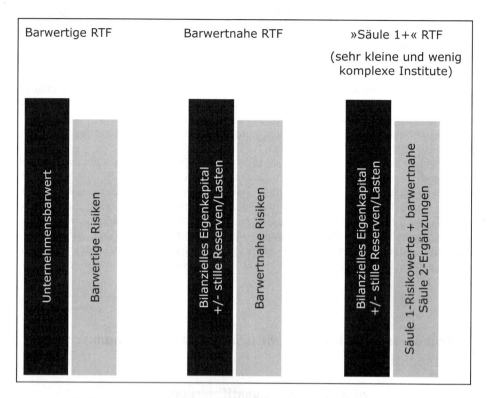

Abbildung 2: Umsetzungsmöglichkeiten der ökonomischen Perspektive

5.3.2 Weiterführende Hinweise zur Risikoquantifizierung

50   Für die Risikotragfähigkeitsbetrachtung in der ökonomischen Perspektive sind die Risiken grundsätzlich rollierend über einen **einheitlich langen künftigen Zeitraum** zu ermitteln, der ein Jahr beträgt (Risikobetrachtungshorizont).

51   Bei **Marktpreisrisiken** muss sichergestellt sein, dass auch bei wechselnden Positionen und zwischenzeitlichen Glattstellungen insgesamt nicht mehr Risikodeckungspotenzial aufgezehrt werden kann, als für diese Risiken für den gesamten Risikobetrachtungshorizont alloziert ist.

52   Eine konsistente Messung der Marktpreisrisiken im Rahmen der Risikotragfähigkeitsbetrachtung erfordert die Festlegung von Haltedauern für Marktrisikopositionen sowie ein konsistentes Limitsystem, um die Risikonahme über den gesamten Risikobetrachtungshorizont steuern zu können.

53   Bei der Festlegung der Haltedauer von Marktrisikopositionen kann daher ein potenzieller Abbau von Risikopositionen nur insoweit berücksichtigt werden, wie das Institut nachweisen kann, dass eine solche Steuerungsmaßnahme mit den Strategien, Risikosteuerungs- und -controllingprozessen sowie der Portfoliostruktur im Einklang steht. Dies schließt die konsistente Berücksichtigung der Ertrags- und Kostensituation nach einem unterstellten Abbau von Risikopositionen ein.

54   Die Logik einer wertorientierten Ermittlung des Risikodeckungspotenzials erfordert grundsätzlich die Berücksichtigung von **Credit Spread Risiken** unabhängig davon, welcher Rechnungslegungskategorie die betroffenen Positionen zugeordnet sind. Soweit jedoch keine aussagekräfti-

gen Marktinformationen zu den Kreditnehmern im Hinblick auf das Credit Spread Risiko zu erhalten sind, kann auf die Berücksichtigung verzichtet werden.

Zur Sicherstellung einer angemessenen Betrachtung im Rahmen der Risikotragfähigkeits-betrachtung ist bei Wesentlichkeit der Gesamtfondsposition eine Durchschau auf Einzelpositionen durchzuführen.   55

In die Messung des Adressenausfallrisikos sind auch bereits ausgefallene Positionen und Eventualverbindlichkeiten einzubeziehen. Dabei ist das Risiko einer (ggf. weiteren) Wertver-schlechterung der Positionen zu schätzen.   56

Bei Beteiligungsrisiken müssen die Risikoquantifizierungsverfahren zur Abbildung möglicher Wertschwankungen dem Charakter der Positionen gerecht werden.[12]   57

Als ein Aspekt des Adressenausfallrisikos sind grundsätzlich auch **Migrationsrisiken** zu be-trachten. Eine Berücksichtigung kann innerhalb eines Kreditportfoliomodells geschehen. Sofern kein Migrationen abbildendes Kreditportfoliomodell verwendet wird, kann eine Einbeziehung durch eine Verschiebung der Ausfallwahrscheinlichkeiten (PD-Shift) erfolgen.   58

Erbringt ein Kreditinstitut den Nachweis, dass sich Migrations- und Credit Spread Risiken überschneiden, so kann es den anzusetzenden Risikobetrag insoweit bereinigen.   59

Fließen beobachtete Entwicklungen der Vergangenheit in die Risikoberechnung ein und bein-haltet der Beobachtungszeitraum ausschließlich oder überwiegend Zeiten geordneter und ruhiger Marktverhältnisse, so sind auch die Auswirkungen von stärkeren Parameterveränderungen bei der Risikoermittlung angemessen zu berücksichtigen, wenn diese für den in der Risikotragfähig-keitsbetrachtung angenommenen Risikohorizont nicht auszuschließen sind.   60

Die Konservativität des Risikoansatzes soll sich bei allen Methoden zur Risikobeurteilung insgesamt an dem Niveau der internen Modelle der Säule 1 orientieren[13] und zwischen den verschiedenen Risikoarten konsistent sein.   61

Diversifikationseffekte innerhalb oder zwischen Risikoarten können nur unter den in AT 4.1 Tzn. 6f. der MaRisk genannten Voraussetzungen risikomindernd berücksichtigt werden. Diver-sifikationseffekte zwischen Risikoarten werden im Rahmen der aufsichtlichen Kapitalfestsetzung nicht berücksichtigt. Institute müssen in der Lage sein, ihre wesentlichen Risiken auch ohne Diversifikationseffekte auszuweisen (Bruttobetrachtung).   62

6.   Stresstests

Stresstests, die ein Institut nach AT 4.3.3 MaRisk durchzuführen hat, sollen auch die Anfälligkeit des Instituts für außergewöhnliche, aber plausibel mögliche Ereignisse aufzeigen. Sofern Institute die in Tz. 36 genannte Erleichterung in Anspruch nehmen und ihr adverses Szenario der Kapital-planung identisch dem schweren konjunkturellen Abschwung (unter den in Tz. 36 genannten Voraussetzungen) ausgestalten, erfüllen sie damit im Regelfall sämtliche Mindestanforderungen an Stresstests für das Gesamtrisikoprofil gemäß MaRisk.   63

Darüber hinaus müssen in der ökonomischen Perspektive in angemessenem Umfang Stresstests durchgeführt werden, die sich von den zugrundeliegenden Prämissen der eingesetzten Risiko-   64

---

12 Börsennotierte Beteiligungen typischerweise mittels Börsenkursen; sonstige Unternehmensbeteiligungen typischerweise durch Mapping auf Indizes/Einzelwerte; Verbundbeteiligungen typischerweise als plausibler Pauschalbetrag.

13 Unter Berücksichtigung aller Parameter sollte das Konservativitätsniveau in etwa dem 99,9 % Konfidenzniveau entspre-chen.

messverfahren lösen. Dabei sind potenzielle Ereignisse zu analysieren, die in einer wahrschein-lichkeitsbasierten Risikoquantifizierung nicht oder nicht hinreichend abgebildet sind, weil bspw. die Marktverhältnisse während des Beobachtungszeitraums wenig volatil waren.

7. Steuerungsaspekte beider Perspektiven

65   Gemäß AT 4.3.2 Tz.1 MaRisk sind die Risikosteuerungs- und -controllingprozesse in eine gemein-same Ertrags- und Risikosteuerung (»Gesamtbanksteuerung«) einzubinden. Von Instituten wird erwartet, dass eine Einbindung in die Gesamtbanksteuerung konsistent über alle Risikoarten (inklusive Liquiditätsrisiken) und Perspektiven hinweg geschieht. Es ist deshalb nachvollziehbar zu dokumentieren, wie beide Perspektiven in der Steuerung berücksichtigt werden.

66   Darüber hinaus ist auf das Verhältnis zur Liquiditätssteuerung, dabei insbesondere auf die Konsistenz der kapital- und liquiditätsseitig verwendeten Szenarien, und zu weiteren Steuerungs-bereichen, wie bspw. Bilanzplanung, Volumen- und Margenplanung, einzugehen.

67   Normative und ökonomische Perspektive sind eng verwoben, bieten aber unterschiedliche Blick-winkel auf die Risikotragfähigkeit eines Instituts. Ein Zusammenspiel dieser beiden Perspektiven ist notwendige Voraussetzung für eine gleichgerichtete Steuerung. Insbesondere ist in den Szenario-betrachtungen im Kapitalplanungsprozess der normativen Perspektive auch der Eintritt von Risiken aus der ökonomischen Perspektive unter Maßgabe von Tz. 31 zu berücksichtigen, die einen Einfluss auf das in der normativen Perspektive zur Verfügung stehende Kapital haben (siehe Kasten). Für den Eintritt von Risiken, die in der normativen und ökonomischen Perspektive unterschiedliche Ausprägungen erfahren, ist eine unterschiedliche Abbildung in den beiden Perspektiven angezeigt (siehe Kasten).

Beispiel für das Zusammenspiel von normativer und ökonomischer Perspektive:

Beispiel Credit-Spread-Risiken in Positionen des Bankbuchs: Diese werden in der ökonomischen Perspektive modelliert, schlagen aber erst auf die normative Perspektive durch, wenn ein Abschreibungsbedarf wegen voraussichtlich dauerhafter Wertminderung induziert wird. Dies ist in adversen Szenarien jedoch vom Institut zu beurteilen.

Beispiel Zinsänderungsrisiken im Bankbuch: Der Barwert des Zinsbuches ändert sich im Rahmen eines (adversen) Szenarios. Der Effekt in der normativen Perspektive ist jedoch ein anderer: Hier kann sich das Zinsergebnis deutlich weniger verändern, als der Barwert in der ökonomischen Perspektive. Darüber hinaus sind allerdings auch die Auswirkungen auf die verlustfreie Bewertung des Zinsbuches zu quantifizieren und in der normativen Perspektive zu zeigen.

Annex: Umgang mit bestehenden Ansätzen

Für die Sicherstellung der Risikotragfähigkeit hält die Aufsicht es bis auf Weiteres für zulässig, auch Ansätze zu nutzen, die den Teil der regulatorischen Eigenmittel, der mindestens für die Erfüllung der im Rahmen des SREP festgesetzten aufsichtlichen Kapitalanforderungen notwendig ist, nicht im Risikotragfähigkeitskonzept zur Risikoabdeckung berücksichtigen (sog. Going-Concern-Ansätze alter Prägung). Zur Beurteilung wird die Aufsicht die schon aus älteren aufsichtlichen Papieren bekannten Prinzipien und Kriterien anwenden, die im Folgenden – in gebündelter Form – nochmals niedergelegt sind.

1. Definition von Going-Concern-Ansätzen

Allgemein werden solche Steuerungskreise als Going-Concern-Ansätze bezeichnet, bei denen das **1** Institut unter Einhaltung der bankaufsichtlichen Mindestkapitalanforderungen noch fortgeführt werden könnte, selbst wenn alle Positionen des zur Risikoabdeckung angesetzten RDP durch schlagend werdende Risiken aufgezehrt würden.

In solchen Ansätzen darf jener Teil der regulatorischen Eigenmittel, der mindestens zur **2** Erfüllung der bankaufsichtlichen Mindesteigenkapitalanforderungen gemäß CRR sowie der erhöhten Eigenmittelanforderungen nach § 10 Abs. 3 oder 4 KWG notwendig ist, folgerichtig nicht im Risikotragfähigkeitskonzept zur Risikoabdeckung berücksichtigt werden. Die Aufsicht geht davon aus, dass die wesentlichen Risiken eines Instituts zumindest in einem Steuerungskreis mit strengen, auf seltene Verlustausprägungen abstellenden Risikomaßen und Parametern quantifiziert werden.[14] In einem solchen Steuerungskreis kann auch jener Teil der kombinierten Kapitalpufferanforderung nach § 10i KWG zur Abdeckung der Risiken herangezogen werden, der der Höhe nach dem Kapitalerhaltungspuffer nach § 10c KWG entspricht.

2. Risikodeckungspotenzial bei GuV-/bilanzorientierter RDP-Ableitung

2.1 Planergebnisse

Die Berücksichtigung noch nicht erzielter aber geplanter Gewinne als Risikodeckungspotenzial **3** setzt voraus, dass sie vorsichtig ermittelt wurden. Je volatiler bzw. unsicherer Ergebniskomponenten sind, die mit positiven Ergebnisbeiträgen in einen als RDP angesetzten Plangewinn einfließen, um so mehr ist dem damit verbundenen Risiko negativer Abweichungen durch Abschläge vom Plangewinn oder bei der Risikoquantifizierung Rechnung zu tragen.

In einem schlüssigen Gesamtkonzept sind sowohl erwartete als auch unerwartete Verluste zu **4** berücksichtigen (vgl. Abschnitt 3.2). Wird als RDP-Bestandteil das geplante »Ergebnis vor Bewertung« angesetzt, so kann sich die Ermittlung der Risikobeträge nicht auf unerwartete Verluste beschränken. Vielmehr müssen in diesem Fall auch die erwarteten Bewertungsaufwendungen als Risikobetrag angesetzt werden. Demgegenüber kann sich der Risikoansatz grundsätzlich auf

---

14 Hier gelten unverändert die Maßstäbe, die auch bislang bei Going-Concern-Ansätzen angelegt wurden. Die an die Risikoquantifizierung in der ökonomischen Perspektive gestellten Anforderungen gelten explizit nicht.

unerwartete Bewertungsverluste beschränken, wenn als RDP-Position das geplante »Ergebnis nach Bewertung« angesetzt wird, das die (konservativ kalkulierten) geplanten Bewertungsaufwendungen bereits beinhaltet.

5   Über die anfänglich konsistente und hinreichend konservative Kalkulation des Plangewinns hinaus muss gewährleistet sein, dass unterjährig eintretende Veränderungen, die negative Abweichungen von der ursprünglichen Planung auslösen, im Jahresverlauf verfolgt werden. Erforderlichenfalls ist der ursprünglich angesetzte Plangewinn anzupassen.

6   Soweit der Plangewinn auch Neugeschäft berücksichtigt, muss sichergestellt sein, dass die den Neugeschäftsannahmen immanenten Risiken angemessen abgebildet werden. Dies kann entweder durch den Ansatz auf der Risikoseite oder eine entsprechend konservative Kalkulation der Plangewinnbestandteile erfolgen.

7   Geht ein Kreditinstitut in seiner Planung bereits von einem Verlust aus, so ist der Planverlust stets vom RDP abzuziehen. Ergeben sich im Jahresverlauf indes Erkenntnisse, die einen gegenüber dem Planwert geringeren Verlust (oder nunmehr einen Gewinn) erwarten lassen, so kann der angesetzte Verlust entsprechend reduziert werden.

2.2   Bilanzielles Eigenkapital und ähnliche Positionen

8   Im Hinblick auf ihre Haftungsfunktion können bilanzielle Eigenkapitalpositionen ebenso wie in Säule 1 auch bei der internen Risikotragfähigkeitssteuerung als RDP angesetzt werden.[15]

9   Wiederum parallel zu Säule 1 kann grundsätzlich auch der Fonds für allgemeine Bankrisiken nach § 340g HGB in der Regel als RDP Berücksichtigung finden.

10   Beim Fonds für allgemeine Bankrisiken ist jedoch zu berücksichtigen, dass gemäß § 340e Abs. 4 HGB aus dem Nettoertrag des Handelsbestands eine Risikoreserve dotiert werden muss, die separat, ggf. als Davon-Vermerk, im Fonds für allgemeine Bankrisiken auszuweisen ist. Da die Bildung dieser Unterposition zwingend ist und nicht der Disposition des Instituts unterliegt, kann sie nicht beliebig zum Verlustausgleich herangezogen werden. Ein Ansatz dieser Risikoreserve als RDP kommt daher nur in Frage

a) insoweit, wie auf der anderen Seite Risiken des Handelsbestands angesetzt sind und diese Risiken einen geplanten Nettoertrag des Handelsbestands übersteigen, sofern dieser als Bestandteil des Planergebnisses in das RDP einfließt (§ 340e Abs. 4 Satz 2 Nr. 1 HGB),

b) sofern dem RDP kein Gewinnvortrag aus dem Vorjahr hinzugerechnet wurde oder die gebildete Risikoreserve einen als RDP angesetzten Gewinnvortrag übersteigt (§ 340e Abs. 4 Satz 2 Nr. 2 HGB),

c) soweit ein Verlustvortrag aus dem Vorjahr RDP-mindernd berücksichtigt wurde (§ 340e Abs. 4 Satz 2 Nr. 3 HGB) oder

d) soweit die gebildete Risikoreserve 50 % des Durchschnitts der letzten fünf jährlichen Nettoerträge des Handelsbestands übersteigt (§ 340e Abs. 4 Satz 2 Nr. 4 HGB).

Sind die Voraussetzungen nach mehreren der Buchstaben a) bis d) erfüllt, so kann ein entsprechend addierter Betrag der gebildeten Risikoreserve als RDP angesetzt werden.

---

15 Ebenso, wie in Säule 1 sind dabei eigene Anteile im Bestand des Instituts selbstverständlich abzuziehen.

2.3 Anteile im Fremdbesitz

Bei der Ermittlung der Risikotragfähigkeit auf Gruppenebene ist zu berücksichtigen, dass Anteile an   **11**
Tochterunternehmen, die nicht von gruppenangehörigen Unternehmen, sondern von Dritten gehalten werden, grundsätzlich nur für Risiken haften, die bei dem jeweiligen Tochterunternehmen
schlagend werden.

Um diesem Umstand gerecht zu werden, stehen auf Gruppenebene[16] grundsätzlich zwei   **12**
Möglichkeiten alternativ offen:

a) Fremdanteile werden höchstens in der Höhe als RDP der Gruppe angesetzt, wie es ihrem   **13**
prozentualen Anteil am quantifizierten Risikobetrag der jeweiligen Tochter entspricht. Ein die
anteiligen Risiken übersteigender Wert der Fremdanteile wird hingegen bei Ermittlung des
Gruppen-RDP eliminiert.

Ggf. ist bei dieser Variante darüber hinaus eine weitere Verringerung des auf Gruppenebene   **14**
ansetzbaren Anteils der Fremdanteile geboten, wenn der Beitrag der betreffenden Tochter zum
Gesamtrisikowert der Gruppe deutlich geringer ist als der Risikobetrag auf Einzelebene der
Tochter. Dies kann z. B. dadurch verursacht sein, dass bei der Gruppen-Risikotragfähigkeitsermitt-
lung ein Netting der Positionen über die rechtlichen Einheiten hinweg erfolgt.

Oder

b) Risiken und RDP der Tochterunternehmen werden jeweils quotal, entsprechend der Betei-   **15**
ligungsquote der Gruppe, in der Risikotragfähigkeitsbetrachtung der Gruppe angesetzt.

2.4 Stille Reserven

a) Vorsorgereserven nach § 340f HGB[17]

Hinsichtlich ihrer Verlustausgleichsfunktion haben Vorsorgereserven nach § 340f HGB eine mit   **16**
den offenen Eigenkapitalposten vergleichbare Qualität. Ihr Ansatz als RDP ist deshalb bei Konzepten, die an die HGB-Rechnungslegung anknüpfen, grundsätzlich möglich. Etwas anderes gilt
nur für die anstelle der Bildung von EWB oder Rückstellungen gebundenen Vorsorgereserven.
Soweit Vorsorgereserven bereits den regulatorischen Eigenmitteln hinzugerechnet werden, ist bei
Ermittlung des RDP eine Doppelanrechnung zu vermeiden.

b) Sonstige Bewertungsreserven

Nach Wegfall des Beibehaltungswahlrechts im deutschen Rechnungslegungsrecht ergeben sich   **17**
abseits der § 340f HGB-Vorsorgereserven (und der faktisch identischen Positionen; vgl. Fußnote
13) grundsätzlich zum Bilanzstichtag keine stillen Reserven mehr, die in vergleichbarer Weise
durch schlichten Buchungsvorgang gehoben werden könnten.[18]

Unterjährig können indes rechnungslegungsrelevante Bewertungsgewinne auflaufen, die aus   **18**
dem (zwingenden) Wertaufholungsgebot resultieren. Entsprechende Wertaufholungsbeträge
können mithin grundsätzlich dem Risikodeckungspotenzial zugerechnet werden. Hierbei ist aber
einerseits darauf zu achten, dass etwaige steuerliche Belastungen, die bei Realisierung der Reserve

---

16 In den Steuerungskreisen der Töchter können selbstverständlich die Minderheitenanteile, auch soweit sie die tatsächlichen
    anteiligen Risiken auf Ebene der jeweiligen Tochter übersteigen, als RDP berücksichtigt werden.

17 »Alt-Reserven« nach § 26a (alt) KWG sowie »versteuerte Pauschalwertberichtigungen« gem. § 336 Abs. 2 (alt) i. V. m.
    §§ 279 (alt) und 253 Abs. 4 (alt) HGB oder nach § 253 Abs. 3 Satz 3 (alt) HGB haben eine mit § 340f-HGB-Vorsorgereserven
    vergleichbare Qualität. Die unter a) getroffenen Aussagen gelten daher auch für diese Positionen, soweit sie nach Art. 67
    Abs. 4 EGHGB fortgeführt werden, in gleicher Weise.

18 Auf den Sonderfall etwaiger »Zuschreibungsreserven«, die noch aus Wertminderungen herrühren, welche vor Inkraft-
    treten des BilMoG vorgenommen wurden, sei hier nicht näher eingegangen. Sie haben eine im Zeitablauf abnehmende
    Bedeutung.

entstehen würden, berücksichtigt werden. Zum anderen ist sicherzustellen, dass auch die Risikomessung auf Basis des erhöhten Wertes erfolgt.

c) Durch Transaktionen realisierbare stille Reserven

19 Das dem deutschen Rechnungslegungsrecht zugrundeliegende Anschaffungskostenprinzip führt dazu, dass die Buchwerte von Aktiva ggf. unter deren aktuell realisierbaren Marktwerten liegen, ohne dass eine Zuschreibung im Jahresabschluss zulässig wäre. Anders als bei den unter a) und b) behandelten Positionen können diese Reserven mithin nur durch Transaktionsvorgänge realisiert werden.

20 Ein Ansatz derartiger Reserven als RDP ist an strenge Maßstäbe zu knüpfen.

21 Analog zu b) ist der um die stillen Reserven vergrößerten Basis in der Risikomessung Rechnung zu tragen. Ferner müssen auch hier steuerliche Effekte, die sich aus einer Hebung der stillen Reserve ergäben, mindernd angesetzt werden.

22 Wenig fungible Positionen sind mit einer erhöhten Unsicherheit hinsichtlich ihrer Bewertung wie auch im Hinblick auf eine etwaige Realisierung verbunden. Stille Reserven in nicht handelbaren Beteiligungen oder in Immobilien werden deshalb von der Aufsicht grundsätzlich nicht als RDP akzeptiert. Eine Abweichung von diesem Grundsatz setzt voraus, dass zeitnahe und valide Bewertungsgutachten den Wert, der dem betroffenen Aktivum beigemessen wird, bestätigen und dabei vorsichtige Annahmen und nachvollziehbare Bewertungsparameter zugrunde gelegt und ferner die mit der Realisierung der stillen Reserven verbundenen Risiken angemessen berücksichtigt werden. Auch bei Vorliegen dieser Voraussetzungen kommt der Ansatz stiller Reserven in Immobilien oder nicht handelbaren Beteiligungswerten nur in Betracht, wenn den damit verbundenen Unsicherheiten durch angemessen hohe Wertabschläge Rechnung getragen wird.

23 Allgemein ist darauf zu achten, dass der Ansatz stiller Reserven nicht inkonsistent zu anderen Elementen des Risikotragfähigkeitskonzeptes ist. So könnte bspw. eine Doppelanrechnung von RDP daraus resultieren, dass die in einem Festzins-Aktivum ruhende zinsinduzierte stille Reserve als RDP angesetzt und zugleich der im laufenden Jahr erwartete Zinsertrag aus dieser Position in einen ebenfalls als RDP berücksichtigten Plangewinn einfließt. Ferner könnte sich eine Inkonsistenz ergeben, soweit stille Reserven als RDP angesetzt werden, deren Realisierung Sicherungsbeziehungen »aufreißen« würde.

24 Knüpft die RDP-Definition in einem Steuerungskreis an die IFRS-Rechnungslegung an, so gelten die Ausführungen unter b) und c) analog für stille Reserven, die sich aus Anwendung der IFRS-Vorschriften ergeben.

2.5 Stille Lasten bei Wertpapieren im Anlagebestand[19]

2.5.1 Grundsätzliche Herangehensweise

25 Nach den einschlägigen Rechnungslegungsvorschriften dürfen Wertpapiere[20], die wie Anlagevermögen bewertet werden, im HGB-Jahresabschluss nur dann mit einem höheren als dem zum Bilanzstichtag beizulegenden Zeitwert angesetzt werden, wenn davon auszugehen ist, dass die daraus resultierende stille Last sich im Zeitablauf wieder auflöst, also eine entsprechende Wertaufholung erfolgt. Voraussetzung für die Höherbewertung im Jahresabschluss ist, dass das bilanzierende Institut das entsprechende Aktivum dauerhaft zu halten beabsichtigt und hierzu auch in der Lage ist.

---

19 Die Ausführungen dieses Abschnitts stellen auf die HGB-Rechnungslegung ab. Knüpft die RDP-Definition in einem Steuerungskreis an die IFRS-Rechnungslegung an, so gelten die Ausführungen analog für stille Lasten in Wertpapieren der nicht zum Fair Value bewerteten IFRS-Kategorien.

20 Die hier getroffenen Aussagen gelten auch für Schuldscheindarlehen, soweit diese in der internen Steuerung eines Instituts wie Wertpapiere behandelt werden.

Bei Going-Concern-Ansätzen ist eine Bereinigung der stillen Lasten in Wertpapieren des Anlage- **26** bestands nicht erforderlich, sofern sich keine Zweifel an der unterstellten Dauerhalteabsicht und -fähigkeit sowie der angenommenen Wertaufholung ergeben.

Sind Zweifel am Vorliegen dieser Voraussetzungen begründet, so ist bei einem Going-Concern- **27** Ansatz von einer Realisierung der stillen Lasten in Wertpapieren des Anlagebestands auszugehen. Die stillen Lasten sind daher insoweit vom RDP abzuziehen oder auf der Risikoseite als Risiko- betrag anzusetzen.

Liegen stille Lasten in Wertpapieren des Anlagebestands in erheblicher Größenordnung vor, so **28** erwartet die Aufsicht, dass diese vollständig berücksichtigt werden.

Soweit es sich um ausschließlich zinsinduzierte stille Lasten handelt, die sich bei Wertpapieren **29** ergeben, welche in die verlustfreie Bewertung des Zinsbuchs nach IDW RS BFA 3 einfließen, sind Rdn. 27 und 28 nicht anwendbar.

Die in diesem Abschnitt dargestellte Herangehensweise ist grundsätzlich auch für Wertpapiere **30** angezeigt, die der Deckungsmasse für Pfandbriefe nach dem PfandBG zugeordnet sind.

2.5.2 Sonderfall Bewertungsmodelle

Liegt für Wertpapiere des Anlagebestands kein aktiver Markt vor, so kann als Referenzgröße zur **31** Ermittlung etwaiger stiller Lasten auf Werte zurückgegriffen werden, die anhand anerkannter Bewertungsmodelle (z.B. Discounted-Cashflow-Modelle) ermittelt wurden. Analog zur Hand- habung bei wie Umlaufvermögen bewerteten Wertpapieren, deren beizulegender Zeitwert für die Rechnungslegung mit anerkannten Bewertungsmodellen bestimmt werden darf, muss die Diffe- renz zwischen Modelle-Wert und ggf. vorhandenem indikativen Wert hier grundsätzlich nicht als stille Last behandelt werden.

Macht ein Institut von vorstehender Regelung Gebrauch, so hat es die Entwicklung der **32** Differenzen zwischen Modelle-Werten und ggf. vorliegenden indikativen Werten regelmäßig zu beobachten und zu analysieren.

2.6 Stille Lasten aus Pensionsverpflichtungen

a) IFRS-Rechnungslegung

Hinsichtlich der Abbildung von versicherungsmathematischen Gewinnen und Verlusten schreibt **33** IAS 19 (rev. 2011) die Vereinnahmung über die Eigenkapitalposition »Other comprehensive income« vor.

In Going-Concern-Ansätzen sind die möglichen künftigen Wertschwankungen des Planver- **34** mögens als Risiko zu berücksichtigen.

b) HGB-Rechnungslegung

Der Gesetzgeber hat den Unternehmen zugestanden, die aus der Methodikumstellung nach **35** BilMoG resultierenden Rückstellungs-Fehlbeträge über einen Zeitraum von maximal 15 Jahren gestreckt aufzustocken.

Wird ein (HGB-) Plangewinn als RDP-Position angesetzt, so ist darin der in der betreffenden **36** Periode zu erwartende Aufstockungsbetrag aus der Methodikumstellung zu berücksichtigen.

Über die vorgenannten stillen Lasten hinaus, können in der HGB-Rechnungslegung weitere **37** stille Lasten aus Altzusagen (vor 01.01.1987) resultieren. Gemäß Art. 28 EGHGB kann hier auf die Bildung von Rückstellungen nach § 249 Abs. 1 Satz 1 HGB verzichtet werden. Ergeben sich bei einem Institut, dessen RDP-Definition auf HGB-Werte abstellt, derartige stille Lasten, so sind diese in angemessener Weise zu ermitteln.

2.7 Eigenbonitätseffekt bei IFRS-Bilanzierung

38 Bei der IFRS-Bilanzierung erfolgt die Erstbewertung finanzieller Verbindlichkeiten grundsätzlich zum beizulegenden Zeitwert. In bestimmten Fällen ist auch die Folgebewertung von Verbindlichkeiten mit dem zum jeweiligen Bilanzstichtag beizulegenden Zeitwert vorzunehmen bzw. als Wahlrecht zulässig.

39 Daraus folgt, dass Entwicklungen, die hinsichtlich der Refinanzierung eines Instituts eigentlich negativ sind, eine Verbesserung der in der Rechnungslegung ausgewiesenen Verhältnisse nach sich ziehen. Gleiches gilt für die in einem Steuerungskreis ermittelte Risikotragfähigkeit, sofern das IFRS-Eigenkapital ungefiltert als RDP angesetzt ist.

40 Soweit die Verbesserung der in der Rechnungslegung ausgewiesenen Verhältnisse auf dem individuell allein das jeweilige Institut betreffenden Bonitätseffekt (Eigenbonitätseffekt) beruht, ist dieser bei der RDP-Ermittlung zu eliminieren.

41 Vorstehendes gilt analog für Institute, die das RDP ausgehend von der HGB-Rechnungslegung ermitteln und dabei stille Reserven aus eigenen Verbindlichkeiten als RDP-Position ansetzen.

2.8 Aktive latente Steuern

42 Aktive latente Steuern lassen sich materiell als Steuerentlastung in zukünftigen Perioden interpretieren, da die ihnen zugrundeliegenden abweichenden Wertansätze eine aus IFRS-/handelsbilanzieller Sicht zunächst zu hohe tatsächliche Steuerzahlung bedingen. In der Rechnungslegung resultiert aus dem Ansatz aktiver latenter Steuern eine Erhöhung des bilanziell ausgewiesenen Eigenkapitals.

43 Der in den aktiven latenten Steuern abgebildete künftige Steuerentlastungseffekt realisiert sich indes grundsätzlich nur insoweit, wie in den zukünftigen Perioden ein steuerpflichtiges Einkommen erzielt wird.

44 Ist bei einem Institut unter der Going-Concern-Prämisse zumindest mittelfristig von steuerlichen Ertragsüberschüssen in entsprechender Größenordnung auszugehen, was mit der Realisierbarkeit der aktiven latenten Steuern einherginge, so ist eine Eliminierung der latenten Steuern bei einem als RDP angesetzten Plangewinn insoweit verzichtbar. Sprechen jedoch Anhaltspunkte dafür, dass ein Institut auch über mehrere Jahre hinweg keinen steuerlichen Gewinn erzielen wird, so ist eine Auflösung der gebildeten aktiven latenten Steuern im nächsten Jahresabschluss zu unterstellen. Sie sind daher in diesem Fall bei Ermittlung eines als RDP angesetzten Plangewinns zu eliminieren.

45 Ungeachtet der Frage, ob hinreichende steuerliche Ertragsüberschüsse zu erwarten sind, müssen aktive latente Steuern stets gemäß den einschlägigen CRR-Vorschriften eliminiert werden, sofern die nicht zur Einhaltung der regulatorischen Anforderungen erforderlichen Eigenmittel (freie Eigenmittel) als RDP berücksichtigt werden.

2.9 Goodwill

46 Ein Goodwill im Sinne eines derivativen Geschäfts- oder Firmenwerts stellt eine rechentechnische Restgröße dar.

47 Werden freie Eigenmittel als RDP angesetzt, so ist ein Goodwill gemäß den einschlägigen CRR-Vorschriften zu eliminieren.

2.10 Patronatserklärungen, Haftsummenzuschläge u. ä

Im Hinblick auf die fehlende effektive Kapitalaufbringung sind Patronatserklärungen, die bspw. **48** von Muttergesellschaften für ihre Tochterbanken abgegeben werden, bei Letzteren nicht als RDP ansetzbar.

Gleiches gilt für allgemeine Beistandserklärungen, wie sie bspw. Verbundorganisationen für **49** ihre Mitgliedsinstitute abgeben. Werden hingegen von Dritten (bspw. Verbundeinrichtungen bzw. Sicherungseinrichtungen) konkrete Ausfallgarantien für bestimmte bzw. exakt bestimmbare Assets rechtsverbindlich abgegeben, so kann dies auf der Risikoseite, z.B. durch ein geringeres Risikogewicht, berücksichtigt werden.

Haftsummenzuschläge der Kreditgenossenschaften stehen nicht unmittelbar im Institut zum **50** Verlustausgleich zur Verfügung. Sie sind daher nicht als RDP ansetzbar.

3. Risikoarten und Risikoquantifizierung

3.1 Spezifische Aspekte der zu berücksichtigenden Risikoarten

Hinsichtlich der in der Risikotragfähigkeitssteuerung zu berücksichtigenden Risikoarten sind **51** folgende Aspekte zu beachten:

In einem Going-Concern-Ansatz mit GuV-/bilanzorientierter RDP-Ableitung kann es im Hin- **52** blick auf die Bewertungsvorschriften zur externen Rechnungslegung ggf. akzeptiert werden, wenn hier Kursrisiken bei Positionen im Anlagebestand unberücksichtigt bleiben. Analog zur Hand-habung stiller Lasten setzt dies jedoch voraus, dass das Institut die Positionen dauerhaft halten will und kann und eine Realisierung der Kursrisiken in der Rechnungslegung im betrachteten Zeitho-rizont nicht zu erwarten ist (vgl. 2.5.1).

Bei Ermittlung des Zinsänderungsrisikos ist neben dem Zinsspannenrisiko auch der Gefahr eines **53** Rückstellungsbedarfs im Rahmen der verlustfreien Bewertung des Zinsbuchs nach IDW RS BFA 3 Rechnung zu tragen. Soweit stille Reserven im Zinsbuch vorliegen, die bei etwaiger Materialisie-rung dieses Risikos einen Rückstellungsbedarf vermeiden würden, kann auf den Ansatz des Risikos bei der Risikotragfähigkeitssteuerung verzichtet werden.

Für zinstragende Geschäfte im Depot A sind grundsätzlich auch Credit Spread Risiken zu **54** berücksichtigen, wobei eine differenzierte Herangehensweise geboten ist:

Da Credit Spread Risiken bei Depot-A-Positionen, die dem Handelsbestand zugeordnet bzw. wie **55** Umlaufvermögen bewertet sind[21], im Falle ihrer Realisierung grundsätzlich eine Wertanpassung in der Rechnungslegung auslösen, sind sie in Steuerungskreisen mit GuV-/bilanzorientierter RDP-Ableitung stets zu berücksichtigen.

Bei Depot-A-Positionen des Anlagebestands kann hingegen auf den Ansatz von Credit Spread **56** Risiken in einem Going-Concern-Ansatz mit GuV-/bilanzorientierter RDP-Ableitung verzichtet werden, sofern Positionen die unter 2.5.1 erwähnten Anforderungen an eine Nichtberücksichti-gung stiller Lasten erfüllen. Die Verwirklichung der Credit Spread Risiken hätte hier nur die Entstehung/Erhöhung stiller Lasten zur Folge, die aber nicht zwingend rechnungslegungswirk-sam würden.

---

21 Die hier getroffenen Aussagen zu Depot-A-Beständen, die dem Handelsbestand zugeordnet bzw. wie Umlaufvermögen bewertet sind, gelten bei Ansätzen, die auf der IFRS-Rechnungslegung basieren, entsprechend für die mit dem Fair Value bewerteten Depot-A-Bestände. Die Aussagen zu dem Anlagebestand zugeordneten Depot-A-Positionen gelten analog für die in der IFRS-Rechnungslegung nicht zum Fair Value bewerteten Positionen.

3.2 Erwartete und unerwartete Verluste

57 Bei den als wesentlich identifizierten Risiken muss das Gesamtkonzept sowohl erwartete als auch unerwartete Verluste umfassen. Auf die Abbildung erwarteter Verluste kann insoweit auf der Risikoseite verzichtet werden, wie sie bereits adäquat bei Bestimmung des RDP berücksichtigt wurden (vgl. 2.1).

3.3 Risikobetrachtungshorizont

58 Für die Risikotragfähigkeitsbetrachtung sind die Risiken über einen einheitlich langen künftigen Zeitraum zu ermitteln, der üblicherweise ein Jahr beträgt (Risikobetrachtungshorizont). AT 4.1 Tz. 3 MaRisk bleibt unberührt.

59 Bei Marktpreisrisiken muss sichergestellt sein, dass auch bei wechselnden Positionen und zwischenzeitlichen Glattstellungen insgesamt nicht mehr RDP aufgezehrt werden kann, als für diese Risiken für den gesamten Risikobetrachtungshorizont allokiert ist.

60 Eine konsistente Messung der Marktpreisrisiken im Rahmen der Risikotragfähigkeitsbetrachtung erfordert die Festlegung einer Haltedauer für Marktrisikopositionen sowie ein konsistentes Limitsystem, um die Risikonahme über den gesamten Risikobetrachtungshorizont steuern zu können.

61 Bei der Festlegung der Haltedauer von Marktrisikopositionen kann daher ein potenzieller Abbau von Risikopositionen nur insoweit berücksichtigt werden, wie das Institut nachweisen kann, dass eine solche Steuerungsmaßnahme mit den Strategien, Risikosteuerungs- und -controllingprozessen sowie der Portfoliostruktur im Einklang steht. Dies schließt die konsistente Berücksichtigung der Ertrags- und Kostensituation nach einem unterstellten Abbau von Risikopositionen ein.

62 Die Auswirkungen etwaiger Marktverwerfungen sind in Stresstests abzubilden. Je weniger solche Stressgesichtspunkte bei Festlegung der Haltedauern berücksichtigt wurden, umso mehr müssen sie in den Stresstests (vgl. 6.) Berücksichtigung finden.

3.4 Beobachtungszeitraum

63 Die von den Instituten verwendeten Ansätze zur Risikoquantifizierung beruhen im Regelfall zumindest teilweise auf beobachteten Entwicklungen aus der Vergangenheit. Diese bilden dann einen Teil der Berechnungsgrundlage für die Bewertung des (in die Zukunft gerichteten) Risikos.

64 Beinhaltet der Beobachtungszeitraum ausschließlich oder überwiegend Zeiten geordneter und ruhiger Marktverhältnisse, so sind auch die Auswirkungen von stärkeren Parameterveränderungen bei der Risikoermittlung angemessen zu berücksichtigen, wenn diese für die bei der Risikotragfähigkeitsbetrachtung angenommene Haltedauer nicht auszuschließen sind.

3.5 Weitere Parameter der Risikoquantifizierung

65 Je nach Wahl der Risikomaße, anhand derer die Risiken quantifiziert werden, haben über die vorgenannten Größen hinaus weitere Parameter wesentlichen Einfluss auf die resultierenden Risikowerte (bspw. Konfidenzniveau, Korrelationskoeffizienten).

Die Wahl der Parameter muss mit der Perspektive der Risikotragfähigkeitsbetrachtung im **66**
Einklang stehen. Bei Going-Concern-Ansätzen sind die Parameter der Risikomessung in Abhängigkeit davon festzulegen, wie eng die RDP-Definition ist.

Anlage 32
Bundesanstalt für Finanzdienstleistungsaufsicht (BaFin)
Rundschreiben 10/2017 (BA) zu den BAIT
Übermittlungsschreiben vom 14. September 2018

[...]

ich freue mich, Ihnen die Bankaufsichtlichen Anforderungen an die IT (BAIT) vorzulegen, die nunmehr um ein weiteres Modul ergänzt sind, das sich an diejenigen Unternehmen richtet, die die BAIT einzuhalten haben und die zugleich Betreiber kritischer Infrastrukturen im Sinne des BSI-Gesetzes sind (»KRITIS-Modul«).

Um für diese Institute zusätzliche Belastungen durch das Hinzutreten der Anforderungen des § 8a BSI-Gesetzes neben denen des § 25a KWG möglichst gering zu halten, haben die Präsidenten der BaFin und des BSI bereits in ihrem gemeinsamen Schreiben am 03.08.2018 an die Geschäftsleitungen der KRITIS-Betreiber im Sektor Finanz- und Versicherungswesen die Veröffentlichung des KRITIS-Moduls angekündigt. Das KRITIS-Modul beschreibt für den einschlägigen Adressatenkreis, welche zusätzlichen Anforderungen zu berücksichtigen sind, um den Nachweis gemäß § 8a Abs. 3 BSI-Gesetz durch den Jahresabschlussprüfer erbringen zu lassen. Dieser bewertet im Rahmen der Prüfung des Risikomanagements und der Geschäftsorganisation des Unternehmens auch die Einhaltung und die wirksame Umsetzung der Anforderungen des § 13 Prüfungsberichtsverordnung und er kann nunmehr gleichzeitig auch die Erfüllung der Anforderungen des § 8a Abs. 1 BSI-Gesetz überprüfen und bestätigen.

Die zur Nachweiserbringung gemäß § 8a Abs. 3 BSI-Gesetz erforderlichen Formblätter sind durch den jeweiligen KRITIS-Betreiber fristgerecht beim BSI einzureichen.

Alternativ können die KRITIS-Betreiber auch einen unternehmensindividuellen Ansatz verfolgen oder einen branchenspezifischen Sicherheitsstandard (B3S) gemäß § 8a Abs. 2 BSI-Gesetz erstellen. Der Nachweis gemäß § 8a Abs. 3 BSI-Gesetz ist in diesen Fällen unter Hinzuziehung einer geeigneten Prüfstelle (vgl. »Orientierungshilfe zu Nachweisen gemäß § 8a (3) BSIG«) zu erstellen.

Zwischenzeitlich hat die BaFin das KRITIS-Modul mit dem BSI und der Deutschen Bundesbank abgestimmt.

Von einem Konsultationsverfahren hat die BaFin abgesehen, weil sich das KRITIS-Modul im Gegensatz zu den übrigen Modulen der BAIT nur an diejenigen Unternehmen richtet, die die BAIT einzuhalten haben und außerdem KRITIS-Betreiber sind. Diesen Unternehmen steht es außerdem selbst frei, das Modul anzuwenden. Um den KRITIS-Betreibern dennoch einen Überblick über den Inhalt des Moduls zu geben, hat die BaFin die Verbände zu einem Workshop eingeladen, von denen sie vertreten werden. In diesem Workshop hat die BaFin die Verbandsvertreter über Hintergrund und Inhalt des KRITIS-Moduls informiert.

Das um das KRITIS-Modul ergänzte BAIT-Rundschreiben ist diesem Schreiben als Anlage beigefügt. Die Dokumente können unter www.bafin.de und www.bundesbank.de abgerufen werden.

[...]

Anlage 33
Bundesanstalt für Finanzdienstleistungsaufsicht (BaFin)
Bankaufsichtliche Anforderungen an die IT (BAIT) inkl. Erläuterungen
Rundschreiben 10/2017 (BA) in der Fassung vom 14. September 2018

I. Vorbemerkung

Der Einsatz von Informationstechnik (IT) in den Instituten, auch unter Einbeziehung von IT-Services, die durch IT-Dienstleister bereitgestellt werden, hat eine zentrale Bedeutung für die Finanzwirtschaft und wird weiter an Bedeutung gewinnen. Dieses Rundschreiben gibt auf der Grundlage des § 25a Abs. 1 des Kreditwesengesetzes (KWG) einen flexiblen und praxisnahen Rahmen für die technisch-organisatorische Ausstattung der Institute – insbesondere für das Management der IT-Ressourcen und für das IT-Risikomanagement – vor. Es präzisiert ferner die Anforderungen des § 25b KWG (Auslagerung von Aktivitäten und Prozessen). **1**

2 Die in den Mindestanforderungen an das Risikomanagement (MaRisk) enthaltenen Anforderungen bleiben unberührt und werden im Rahmen seines Gegenstands durch dieses Rundschreiben konkretisiert. Die Themenbereiche dieses Rundschreibens sind nach Regelungstiefe und -umfang nicht abschließender Natur. Das Institut bleibt folglich auch insbesondere jenseits der Konkretisierungen in diesem Rundschreiben gemäß § 25a Abs. 1 Satz 3 Nr. 4 KWG i. V. m. AT 7.2 Tz. 2 MaRisk verpflichtet, bei der Ausgestaltung der IT-Systeme und der dazugehörigen IT-Prozesse grundsätzlich auf gängige Standards abzustellen. Zu diesen zählen beispielsweise die IT-Grundschutzkataloge des Bundesamts für Sicherheit in der Informationstechnik und der internationale Sicherheitsstandard ISO/IEC 2700X der International Organization for Standardization.

3 Die prinzipienorientierten Anforderungen dieses Rundschreibens ermöglichen die Umsetzung des Prinzips der doppelten Proportionalität (vgl. insbesondere AT 1 Tzn. 3, 5 und 7 sowie AT 2.1 Tz. 2 MaRisk).

4 Der Anwenderkreis dieses Rundschreibens ergibt sich aus AT 2.1 MaRisk entsprechend.

II.   Anforderungen

1.   IT-Strategie

1 Die IT-Strategie hat die Anforderungen nach AT 4.2 der MaRisk zu erfüllen. Dies beinhaltet insbesondere, dass die Geschäftsleitung eine nachhaltige IT-Strategie festlegt, in der die Ziele, sowie die Maßnahmen zur Erreichung dieser Ziele dargestellt werden.

2 Die Geschäftsleitung hat eine mit der Geschäftsstrategie konsistente IT-Strategie festzulegen. Mindestinhalte der IT-Strategie sind:

a) Strategische Entwicklung der IT-Aufbau- und IT-Ablauforganisation des Instituts sowie der Auslagerungen von IT-Dienstleistungen

b) Zuordnung der gängigen Standards, an denen sich das Institut orientiert, auf die Bereiche der IT

c) Zuständigkeiten und Einbindung der Informationssicherheit in die Organisation

d) Strategische Entwicklung der IT-Architektur

e) Aussagen zum Notfallmanagement unter Berücksichtigung der IT-Belange

f) Aussagen zu den in den Fachbereichen selbst betriebenen bzw. entwickelten IT-Systemen (Hardware- und Software-Komponenten)

Erläuterung

Da bei Zweigstellen von Unternehmen mit Sitz im Ausland gemäß § 53 KWG kein Aufsichtsorgan vorhanden ist, haben diese Institute stattdessen in angemessener Form ihre Unternehmenszentralen einzubeziehen.

Zu a): Beschreibung der Rolle, der Positionierung und des Selbstverständnisses der IT im Hinblick auf Personaleinsatz und Budget der IT-Aufbau- und IT-Ablauforganisation sowie die Darstellung und strategische Einordnung der IT-Dienstleistungen. Aussagen zu Auslagerungen von IT-Dienstleistungen können auch in den strategischen Ausführungen zu Auslagerungen enthalten sein.

Zu b): Auswahl der gängigen Standards und Umsetzung auf die IT-Prozesse des Instituts sowie Darstellung des avisierten Implementierungsumfangs der jeweiligen Standards

Zu c): Beschreibung der Bedeutung der Informationssicherheit im Institut sowie der Einbettung der Informationssicherheit in die Fachbereiche und in das jeweilige Zusammenarbeits-modell mit den IT-Dienstleistern

Zu d): Darstellung des Zielbilds der IT-Architektur in Form eines Überblicks über die Anwendungslandschaft

2. IT-Governance

Die IT-Governance ist die Struktur zur Steuerung sowie Überwachung des Betriebs und der **3** Weiterentwicklung der IT-Systeme einschließlich der dazugehörigen IT-Prozesse auf Basis der IT-Strategie. Hierfür maßgeblich sind insbesondere die Regelungen zur IT-Aufbau- und IT-Ablauforganisation (vgl. AT 4.3.1 MaRisk), zum Informationsrisiko- sowie Informationssicherheitsmanagement (vgl. AT 4.3.2 MaRisk, AT 7.2 Tzn. 2 und 4 MaRisk), zur quantitativ und qualitativ angemessenen Personalausstattung der IT (vgl. AT 7.1 MaRisk) sowie zum Umfang und zur Qualität der technisch-organisatorischen Ausstattung (vgl. AT 7.2 Tz. 1 MaRisk). Regelungen für die IT-Aufbau- und IT-Ablauforganisation sind bei Veränderungen der Aktivitäten und Prozesse zeitnah anzupassen (vgl. AT 5 Tzn. 1 und 2 MaRisk).

Die Geschäftsleitung ist dafür verantwortlich, dass auf Basis der IT-Strategie die Regelungen zur **4** IT-Aufbau- und IT-Ablauforganisation festgelegt und bei Veränderungen der Aktivitäten und Prozesse zeitnah angepasst werden. Es ist sicherzustellen, dass die Regelungen zur IT-Aufbau- und IT-Ablauforganisation wirksam umgesetzt werden.

Das Institut hat insbesondere das Informationsrisikomanagement, das Informationssicherheits- **5** management, den IT-Betrieb und die Anwendungsentwicklung quantitativ und qualitativ angemessen mit Personal auszustatten.

Erläuterung
Hinsichtlich der Maßnahmen zur Erhaltung einer angemessenen qualitativen Personalausstattung werden insbesondere der Stand der Technik sowie die aktuelle und zukünftige Entwicklung der Bedrohungslage berücksichtigt.

Interessenkonflikte und unvereinbare Tätigkeiten innerhalb der IT-Aufbau- und IT-Ablauforgani- **6** sation sind zu vermeiden.

Erläuterung
Interessenkonflikten zwischen Aktivitäten, die beispielsweise im Zusammenhang mit der Anwendungsentwicklung und den Aufgaben des IT-Betriebs stehen, kann durch aufbau- oder ablauforganisatorische Maßnahmen bzw. durch eine adäquate Rollendefinition begegnet werden.

Zur Steuerung der für den Betrieb und die Weiterentwicklung der IT-Systeme zuständigen **7** Bereiche durch die Geschäftsleitung sind angemessene quantitative oder qualitative Kriterien festzulegen, und deren Einhaltung ist zu überwachen.

Erläuterung
Bei der Festlegung der Kriterien können z.B. die Qualität der Leistungserbringungen, die Verfügbarkeit, Wartbarkeit, Anpassbarkeit an neue Anforderungen, Sicherheit der IT-Systeme oder der dazugehörigen IT-Prozesse sowie deren Kosten berücksichtigt werden.

BAIT vom 14. September 2018

3. Informationsrisikomanagement

8 Die Informationsverarbeitung und -weitergabe in Geschäfts- und Serviceprozessen wird durch datenverarbeitende IT-Systeme und zugehörige IT-Prozesse unterstützt. Deren Umfang und Qualität ist insbesondere an betriebsinternen Erfordernissen, den Geschäftsaktivitäten sowie an der Risikosituation zu orientieren (vgl. AT 7.2 Tz. 1 MaRisk). IT-Systeme und zugehörige IT-Prozesse müssen die Integrität, die Verfügbarkeit, die Authentizität sowie die Vertraulichkeit der Daten sicherstellen (vgl. AT 7.2 Tz. 2 MaRisk). Das Institut hat die mit dem Management der Informationsrisiken verbundenen Aufgaben, Kompetenzen, Verantwortlichkeiten, Kontrollen und Kommunikationswege zu definieren und aufeinander abzustimmen (vgl. AT 4.3.1 Tz. 2 MaRisk). Hierfür hat das Institut angemessene Überwachungs- und Steuerungsprozesse einzurichten (vgl. AT 7.2 Tz. 4 MaRisk) und diesbezügliche Berichtspflichten zu definieren (vgl. BT 3.2 Tz. 1 MaRisk).

9 Die Bestandteile eines Systems zum Management der Informationsrisiken sind unter Mitwirkung aller maßgeblichen Stellen und Funktionen kompetenzgerecht und frei von Interessenkonflikten umzusetzen.

Erläuterung

Zu den maßgeblichen Stellen gehören auch die Fachbereiche, die Eigentümer der Informationen sind.

10 Das Institut hat über einen aktuellen Überblick über die Bestandteile des festgelegten Informationsverbunds sowie deren Abhängigkeiten und Schnittstellen zu verfügen. Das Institut sollte sich hierbei insbesondere an den betriebsinternen Erfordernissen, den Geschäftsaktivitäten sowie an der Risikosituation orientieren.

Erläuterung

Zu einem Informationsverbund gehören beispielsweise geschäftsrelevante Informationen, Geschäftsprozesse, IT-Systeme sowie Netz- und Gebäudeinfrastrukturen.

11 Die Methodik zur Ermittlung des Schutzbedarfs (insbesondere im Hinblick auf die Schutzziele »Integrität«, »Verfügbarkeit«, »Vertraulichkeit« und »Authentizität«) hat die Konsistenz der resultierenden Schutzbedarfe nachvollziehbar sicherzustellen.

Erläuterung

Schutzbedarfskategorien sind beispielhaft »Niedrig«, »Mittel«, »Hoch« und »Sehr hoch«.

12 Die Anforderungen des Instituts zur Umsetzung der Schutzziele in den Schutzbedarfskategorien sind festzulegen und in geeigneter Form zu dokumentieren (Sollmaßnahmenkatalog).

Erläuterung

Der Sollmaßnahmenkatalog enthält lediglich die Anforderung, nicht jedoch deren konkrete Umsetzung.

13 Die Risikoanalyse auf Basis der festgelegten Risikokriterien hat auf Grundlage eines Vergleichs der Sollmaßnahmen mit den jeweils wirksam umgesetzten Maßnahmen zu erfolgen. Sonstige risikoreduzierende Maßnahmen aufgrund unvollständig umgesetzter Sollmaßnahmen sind wirksam zu koordinieren, zu dokumentieren, zu überwachen und zu steuern. Die Ergebnisse der Risikoanalyse sind zu genehmigen und in den Prozess des Managements der operationellen Risiken zu überführen.

Erläuterung

Risikokriterien enthalten bspw. mögliche Bedrohungen, das Schadenspotenzial, die Schadenshäufigkeit sowie den Risikoappetit.

Die Geschäftsleitung ist regelmäßig, mindestens jedoch vierteljährlich, insbesondere über die **14** Ergebnisse der Risikoanalyse sowie Veränderungen an der Risikosituation zu unterrichten.

4. Informationssicherheitsmanagement

Das Informationssicherheitsmanagement macht Vorgaben zur Informationssicherheit, definiert **15** Prozesse und steuert deren Umsetzung (vgl. AT 7.2 Tz. 2 MaRisk). Das Informationssicherheitsmanagement folgt einem fortlaufenden Prozess, der die Phasen Planung, Umsetzung, Erfolgskontrolle sowie Optimierung und Verbesserung umfasst. Die inhaltlichen Berichtspflichten des Informationssicherheitsbeauftragten an die Geschäftsleitung sowie der Turnus der Berichterstattung orientieren sich an BT 3.2 Tz. 1 MaRisk.

Die Geschäftsleitung hat eine Informationssicherheitsleitlinie zu beschließen und innerhalb des **16** Instituts angemessen zu kommunizieren. Die Informationssicherheitsleitlinie hat im Einklang mit den Strategien des Instituts zu stehen.

Erläuterung

In der Informationssicherheitsleitlinie werden die Ziele und der Geltungsbereich für die Informationssicherheit festgelegt und die wesentlichen organisatorischen Aspekte des Informationssicherheitsmanagements beschrieben. Regelmäßige Überprüfungen und Anpassungen an geänderte Bedingungen werden risikoorientiert vorgenommen. Veränderungen der Aufbau- und Ablauforganisation sowie der IT-Systeme einer Institution (Geschäftsprozesse, Fachaufgaben, organisatorische Gliederung) werden hierbei ebenso berücksichtigt wie Veränderungen der äußeren Rahmenbedingungen (z.B. gesetzliche Regelungen, regulatorische Anforderungen), der Bedrohungsszenarien oder der Sicherheitstechnologien.

Auf Basis der Informationssicherheitsleitlinie sind konkretisierende, den Stand der Technik **17** berücksichtigende Informationssicherheitsrichtlinien und Informationssicherheitsprozesse mit den Teilprozessen Identifizierung, Schutz, Entdeckung, Reaktion und Wiederherstellung zu definieren.

Erläuterung

Informationssicherheitsrichtlinien werden bspw. für die Bereiche Netzwerksicherheit, Kryptografie, Authentisierung und Protokollierung erstellt.

Informationssicherheitsprozesse dienen in erster Linie zur Erreichung der vereinbarten Schutzziele. Dazu gehört u. a., Informationssicherheitsvorfällen vorzubeugen und diese zu identifizieren sowie die angemessene Reaktion und Kommunikation im weiteren Verlauf.

Das Institut hat die Funktion des Informationssicherheitsbeauftragten einzurichten. Diese Funk- **18** tion umfasst die Verantwortung für die Wahrnehmung aller Belange der Informationssicherheit innerhalb des Instituts und gegenüber Dritten. Sie stellt sicher, dass die in der IT-Strategie, der Informationssicherheitsleitlinie und den Informationssicherheitsrichtlinien des Instituts niedergelegten Ziele und Maßnahmen hinsichtlich der Informationssicherheit sowohl intern als auch gegenüber Dritten transparent gemacht und deren Einhaltung überprüft und überwacht werden.

Erläuterung

Die Funktion des Informationssicherheitsbeauftragten umfasst insbesondere die nachfolgenden Aufgaben:

- die Geschäftsleitung beim Festlegen und Anpassen der Informationssicherheitsleitlinie zu unterstützen und in allen Fragen der Informationssicherheit zu beraten; dies umfasst auch Hilfestellungen bei der Lösung von Zielkonflikten (z. B. Wirtschaftlichkeit kontra Informationssicherheit)
- Erstellung von Informationssicherheitsrichtlinien und ggf. weiterer einschlägigen Regelungen sowie die Kontrolle ihrer Einhaltung
- den Informationssicherheitsprozess im Institut zu steuern und zu koordinieren sowie diesen gegenüber IT-Dienstleistern zu überwachen und bei allen damit zusammenhängenden Aufgaben mitzuwirken
- Beteiligung bei der Erstellung und Fortschreibung des Notfallkonzepts bzgl. der IT-Belange
- die Realisierung von Informationssicherheitsmaßnahmen zu initiieren und zu überwachen
- Beteiligung bei Projekten mit IT-Relevanz
- als Ansprechpartner für Fragen der Informationssicherheit innerhalb des Instituts und für Dritte bereitzustehen
- Informationssicherheitsvorfälle zu untersuchen und diesbezüglich an die Geschäftsleitung zu berichten
- Sensibilisierungs- und Schulungsmaßnahmen zur Informationssicherheit zu initiieren und zu koordinieren.

19 Die Funktion des Informationssicherheitsbeauftragten ist organisatorisch und prozessual unabhängig auszugestalten, um mögliche Interessenkonflikte zu vermeiden.

Erläuterung

Zur Vermeidung möglicher Interessenkonflikte werden insbesondere folgende Maßnahmen beachtet:

- Funktions- und Stellenbeschreibung für den Informationssicherheitsbeauftragten und seinen Vertreter
- Festlegung der erforderlichen Ressourcenausstattung für die Funktion des Informationssicherheitsbeauftragten
- ein der Funktion zugewiesenes Budget für Informationssicherheitsschulungen im Institut und die persönliche Weiterbildung des Informationssicherheitsbeauftragten sowie seines Vertreters
- unmittelbare und jederzeitige Gelegenheit zur Berichterstattung des Informationssicherheitsbeauftragten an die Geschäftsleitung
- Verpflichtung der Beschäftigten des Instituts sowie der IT-Dienstleister zur sofortigen und umfassenden Unterrichtung des Informationssicherheitsbeauftragten über alle bekanntgewordenen IT-sicherheitsrelevanten Sachverhalte, die das Institut betreffen
- Die Funktion des Informationssicherheitsbeauftragten wird aufbauorganisatorisch von den Bereichen getrennt, die für den Betrieb und die Weiterentwicklung der IT-Systeme zuständig sind.
- Der Informationssicherheitsbeauftragte nimmt keinesfalls Aufgaben der Internen Revision wahr.

20 Jedes Institut hat die Funktion des Informationssicherheitsbeauftragten grundsätzlich im eigenen Haus vorzuhalten.

Erläuterung

Im Hinblick auf regional tätige (insbesondere verbundangehörige) Institute sowie kleine (insbesondere gruppenangehörige) Institute ohne wesentliche eigenbetriebene IT mit einem gleichgerichteten Geschäftsmodell und gemeinsamen IT-Dienstleistern für die Abwicklung von bankfachlichen Prozessen ist es im Hinblick auf die regelmäßig (verbund- oder gruppenseitig) vorhandenen Kontrollmechanismen zulässig, dass mehrere Institute einen gemeinsamen Informationssicherheitsbeauftragten bestellen, wobei vertraglich sicherzustellen ist, dass dieser gemeinsame Informationssicherheitsbeauftragte die Wahrnehmung der einschlägigen Aufgaben der Funktion in allen betreffenden Instituten jederzeit gewährleisten kann. In diesem Fall ist jedoch in jedem Institut eine zuständige Ansprechperson für den Informationssicherheitsbeauftragten zu benennen.

Institute können die Funktion des Informationssicherheitsbeauftragten grundsätzlich mit anderen Funktionen im Institut kombinieren.

Die Möglichkeit, sich externer Unterstützung per Servicevertrag zu bedienen, bleibt für die Institute unberührt.

Nach einem Informationssicherheitsvorfall sind die Auswirkungen auf die Informationssicherheit **21** zu analysieren und angemessene Nachsorgemaßnahmen zu veranlassen.

Erläuterung

Die Definition des Begriffes »Informationssicherheitsvorfall« nach Art und Umfang basiert auf dem Schutzbedarf der betroffenen Geschäftsprozesse, IT-Systeme und den zugehörigen IT-Prozessen. Ein Informationssicherheitsvorfall kann auch dann vorliegen, wenn mindestens eines der Schutzziele (»Verfügbarkeit«, »Integrität«, »Vertraulichkeit«, »Authentizität«) gemäß den Vorgaben des institutsspezifischen Sollkonzepts der Informationssicherheit – über dem definierten Schwellenwert – verletzt ist. Der Begriff »Informationssicherheitsvorfall« ist nachvollziehbar vom Begriff »Abweichung vom Regelbetrieb« (im Sinne von »Störung im Tagesbetrieb«) abzugrenzen.

Der Informationssicherheitsbeauftragte hat der Geschäftsleitung regelmäßig, mindestens viertel- **22** jährlich, über den Status der Informationssicherheit sowie anlassbezogen zu berichten.

Erläuterung

Der Statusbericht enthält beispielsweise die Bewertung der Informationssicherheitslage im Vergleich zum Vorbericht, Informationen zu Projekten zur Informationssicherheit, Informationssicherheitsvorfälle sowie Penetrationstest-Ergebnisse.

5. Benutzerberechtigungsmanagement

Ein Benutzerberechtigungsmanagement stellt sicher, dass den Benutzern eingeräumte Berechti- **23** gungen so ausgestaltet sind und genutzt werden, wie es den organisatorischen und fachlichen Vorgaben des Instituts entspricht. Das Benutzerberechtigungsmanagement hat die Anforderungen nach AT 4.3.1 Tz. 2, AT 7.2 Tz. 2, sowie BTO Tz. 9 der MaRisk zu erfüllen.

Berechtigungskonzepte legen den Umfang und die Nutzungsbedingungen der Berechtigungen **24** für die IT-Systeme konsistent zum ermittelten Schutzbedarf sowie vollständig und nachvollziehbar ableitbar für alle von einem IT-System bereitgestellten Berechtigungen fest. Berechtigungskonzepte haben die Vergabe von Berechtigungen an Benutzer nach dem Sparsamkeitsgrundsatz (Need-to-know-Prinzip) sicherzustellen, die Funktionstrennung zu wahren und Interessenkonflikte des Personals zu vermeiden.

Erläuterung

Eine mögliche Nutzungsbedingung ist die Befristung der eingeräumten Berechtigungen.

Berechtigungen können sowohl für personalisierte, für nicht personalisierte als auch für technische Benutzer vorliegen.

25 Nicht personalisierte Berechtigungen müssen jederzeit zweifelsfrei einer handelnden Person (möglichst automatisiert) zuzuordnen sein. Abweichungen in begründeten Ausnahmefällen und die hieraus resultierenden Risiken sind zu genehmigen und zu dokumentieren.

26 Die Verfahren zur Einrichtung, Änderung, Deaktivierung oder Löschung von Berechtigungen für Benutzer haben durch Genehmigungs- und Kontrollprozesse sicherzustellen, dass die Vorgaben des Berechtigungskonzepts eingehalten werden. Dabei ist die fachlich verantwortliche Stelle angemessen einzubinden, so dass sie ihrer fachlichen Verantwortung nachkommen kann.

Erläuterung

Die Einrichtung, Änderung, Deaktivierung oder Löschung von Berechtigungen umfassen jeweils die Umsetzung des Berechtigungsantrags im Zielsystem.

27 Bei der Überprüfung, ob die eingeräumten Berechtigungen weiterhin benötigt werden und ob diese den Vorgaben des Berechtigungskonzepts entsprechen (Rezertifizierung), sind die für die Einrichtung, Änderung, Deaktivierung oder Löschung von Berechtigungen zuständigen Kontrollinstanzen mit einzubeziehen.

Erläuterung

Fällt im Rahmen der Rezertifizierung auf, dass außerhalb des vorgeschriebenen Verfahrens Berechtigungen eingeräumt wurden, so werden diese gemäß den Regelverfahren zur Einrichtung, Änderung und Löschung von Berechtigungen entzogen.

28 Die Einrichtung, Änderung, Deaktivierung sowie Löschung von Berechtigungen und die Rezertifizierung sind nachvollziehbar und auswertbar zu dokumentieren.

29 Das Institut hat nach Maßgabe des Schutzbedarfs und der Soll-Anforderungen Prozesse zur Protokollierung und Überwachung einzurichten, die überprüfbar machen, dass die Berechtigungen nur wie vorgesehen eingesetzt werden.

Erläuterung

Die übergeordnete Verantwortung für die Prozesse zur Protokollierung und Überwachung von Berechtigungen wird einer Stelle zugeordnet, die unabhängig vom berechtigten Benutzer oder dessen Organisationseinheit ist. Aufgrund weitreichender Eingriffsmöglichkeiten privilegierter Benutzer wird das Institut insbesondere für deren Aktivitäten angemessene Prozesse zur Protokollierung und Überwachung einrichten.

30 Durch begleitende technisch-organisatorische Maßnahmen ist einer Umgehung der Vorgaben der Berechtigungskonzepte vorzubeugen.

Erläuterung

Technisch-organisatorische Maßnahmen hierzu sind beispielsweise:
- Auswahl angemessener Authentifizierungsverfahren
- Implementierung einer Richtlinie zur Wahl sicherer Passwörter
- automatischer passwortgesicherter Bildschirmschoner
- Verschlüsselung von Daten

- eine manipulationssichere Implementierung der Protokollierung
- Maßnahmen zur Sensibilisierung der Mitarbeiter.

6. IT-Projekte, Anwendungsentwicklung (inkl. durch Endbenutzer in den Fachbereichen)

Wesentliche Veränderungen in den IT-Systemen im Rahmen von IT-Projekten, deren Auswirkung **31** auf die IT-Aufbau- und IT-Ablauforganisation sowie die dazugehörigen IT-Prozesse sind im Rahmen einer Auswirkungsanalyse zu bewerten (vgl. AT 8.2 Tz. 1 MaRisk). Im Hinblick auf den erstmaligen Einsatz sowie wesentliche Veränderungen von IT-Systemen sind die Anforderungen des AT 7.2 (insbesondere Tz. 3 und Tz. 5) MaRisk, AT 8.2 Tz. 1 MaRisk sowie AT 8.3 Tz. 1 MaRisk zu erfüllen.

Die organisatorischen Grundlagen von IT-Projekten (inkl. Qualitätssicherungsmaßnahmen) **32** und die Kriterien für deren Anwendung sind zu regeln.

IT-Projekte sind angemessen zu steuern, insbesondere unter Berücksichtigung der Risiken im **33** Hinblick auf die Dauer, den Ressourcenverbrauch und die Qualität von IT-Projekten. Hierfür sind Vorgehensmodelle festzulegen, deren Einhaltung zu überwachen ist.

Erläuterung
Beispielsweise kann die Entscheidung über den Übergang zwischen den Projektphasen von eindeutigen Qualitätskriterien des jeweiligen Vorgehensmodells abhängen.

Das Portfolio der IT-Projekte ist angemessen zu überwachen und zu steuern. Dabei ist zu berück- **34** sichtigen, dass auch aus Abhängigkeiten verschiedener Projekte voneinander Risiken resultieren können.

Erläuterung
Die Portfoliosicht ermöglicht einen Überblick über die IT-Projekte mit den entsprechenden Projektdaten, Ressourcen, Risiken und Abhängigkeiten.

Wesentliche IT-Projekte und IT-Projektrisiken sind der Geschäftsleitung regelmäßig und anlass- **35** bezogen zu berichten. Wesentliche Projektrisiken sind im Risikomanagement zu berücksichtigen.

Für die Anwendungsentwicklung sind angemessene Prozesse festzulegen, die Vorgaben zur **36** Anforderungsermittlung, zum Entwicklungsziel, zur (technischen) Umsetzung (einschließlich Programmierrichtlinien), zur Qualitätssicherung, sowie zu Test, Abnahme und Freigabe enthalten.

Erläuterung
Anwendungsentwicklung umfasst beispielsweise die Entwicklung von Software zur Unterstützung bankfachlicher Prozesse oder die von Endbenutzern in den Fachbereichen selbst entwickelten Anwendungen (z. B. Individuelle Datenverarbeitung – IDV).

Die Ausgestaltung der Prozesse erfolgt risikoorientiert.

Anforderungen an die Funktionalität der Anwendung müssen ebenso erhoben, bewertet und **37** dokumentiert werden wie nichtfunktionale Anforderungen.

Die Verantwortung für die Erhebung und Bewertung der Anforderungen liegt in den Fachbereichen.

Erläuterung

Anforderungsdokumente sind beispielsweise:
- Fachkonzept (Lastenheft bzw. User-Story)
- Technisches Fachkonzept (Pflichtenheft bzw. Product Back-Log).

Nichtfunktionale Anforderungen an IT-Systeme sind beispielsweise:
- Ergebnisse der Schutzbedarfsfeststellung
- Zugriffsregelungen
- Ergonomie
- Wartbarkeit
- Antwortzeiten
- Resilienz.

38   Im Rahmen der Anwendungsentwicklung sind nach Maßgabe des Schutzbedarfs angemessene Vorkehrungen im Hinblick darauf zu treffen, dass nach Produktivsetzung der Anwendung die Vertraulichkeit, Integrität, Verfügbarkeit und Authentizität der zu verarbeitenden Daten nachvollziehbar sichergestellt werden.

Erläuterung

Geeignete Vorkehrungen können sein:
- Prüfung der Eingabedaten
- Systemzugangskontrolle
- Nutzer-Authentifizierung
- Transaktionsautorisierung
- Protokollierung der Systemaktivität
- Prüfpfade (Audit Logs)
- Verfolgung von sicherheitsrelevanten Ereignissen
- Behandlung von Ausnahmen.

39   Im Rahmen der Anwendungsentwicklung müssen Vorkehrungen getroffen werden, die erkennen lassen, ob eine Anwendung versehentlich geändert oder absichtlich manipuliert wurde.

Erläuterung

Eine geeignete Vorkehrung unter Berücksichtigung des Schutzbedarfs kann die Überprüfung des Quellcodes im Rahmen der Anwendungsentwicklung sein. Die Überprüfung des Quellcodes ist eine methodische Untersuchung zur Identifizierung von Risiken.

40   Die Anwendung sowie deren Entwicklung sind übersichtlich und für sachkundige Dritte nachvollziehbar zu dokumentieren.

Erläuterung

Die Dokumentation der Anwendung umfasst mindestens folgende Inhalte:
- Anwenderdokumentation
- Technische Systemdokumentation
- Betriebsdokumentation.

Zur Nachvollziehbarkeit der Anwendungsentwicklung trägt beispielsweise eine Versionierung des Quellcodes und der Anforderungsdokumente bei.

Es ist eine Methodik für das Testen von Anwendungen vor ihrem erstmaligen Einsatz und nach **41** wesentlichen Änderungen zu definieren und einzuführen. Die Tests haben in ihrem Umfang die Funktionalität der Anwendung, die Sicherheitskontrollen und die Systemleistung unter verschiedenen Stressbelastungsszenarien einzubeziehen. Die Durchführung von fachlichen Abnahmetests verantwortet der für die Anwendung zuständige Fachbereich. Testumgebungen zur Durchführung der Abnahmetests haben in für den Test wesentlichen Aspekten der Produktionsumgebung zu entsprechen. Testaktivitäten und Testergebnisse sind zu dokumentieren.

Erläuterung

Dies umfasst einschlägige Expertise sowie eine angemessen ausgestaltete Unabhängigkeit von den Anwendungsentwicklern.

Eine Testdokumentation enthält mindestens folgende Punkte:
- Testfallbeschreibung
- Dokumentation der zugrunde gelegten Parametrisierung des Testfalls
- Testdaten
- erwartetes Testergebnis
- erzieltes Testergebnis
- aus den Tests abgeleitete Maßnahmen.

Nach Produktivsetzung der Anwendung sind mögliche Abweichungen vom Regelbetrieb zu über- **42** wachen, deren Ursachen zu untersuchen und ggf. Maßnahmen zur Nachbesserung zu veranlassen.

Erläuterung

Hinweise auf erhebliche Mängel können z.B. Häufungen der Abweichungen vom Regelbetrieb sein.

Ein angemessenes Verfahren für die Klassifizierung/Kategorisierung (Schutzbedarfsklasse) und **43** den Umgang mit den von Endbenutzern des Fachbereichs entwickelten oder betriebenen Anwendungen ist festzulegen.

Erläuterung

Die Einhaltung von Programmierstandards wird auch für die von Endbenutzern in den Fachbereichen entwickelten Anwendungen (z.B. IDV-Anwendung) sichergestellt.

Jede dieser Anwendungen wird einer Schutzbedarfsklasse zugeordnet. Übersteigt der ermittelte Schutzbedarf die technische Schutzmöglichkeit dieser Anwendungen, werden Schutzmaßnahmen in Abhängigkeit der Ergebnisse der Schutzbedarfsklassifizierung ergriffen.

Die Vorgaben zur Identifizierung aller von Endbenutzern des Fachbereichs entwickelten oder **44** betriebenen Anwendungen, zur Dokumentation, zu den Programmierrichtlinien und zur Methodik des Testens, zur Schutzbedarfsfeststellung und zum Rezertifizierungsprozess der Berechtigungen sind zu regeln (z.B. in einer IDV-Richtlinie).

Erläuterung

Für einen Überblick und zur Vermeidung von Redundanzen wird ein zentrales Register dieser Anwendungen geführt, und es werden mindestens folgende Informationen erhoben:
- Name und Zweck der Anwendung
- Versionierung, Datumsangabe
- Fremd- oder Eigenentwicklung
- Fachverantwortliche(r) Mitarbeiter
- Technisch verantwortliche(r) Mitarbeiter

– Technologie
– Ergebnis der Risikoklassifizierung/Schutzbedarfseinstufung und ggf. die daraus abgeleiteten Schutzmaßnahmen.

7.   IT-Betrieb (inkl. Datensicherung)

45   Der IT-Betrieb hat die Erfüllung der Anforderungen, die sich aus der Umsetzung der Geschäftsstrategie sowie aus den IT-unterstützten Geschäftsprozessen ergeben, umzusetzen (vgl. AT 7.2 Tz. 1 und Tz. 2 MaRisk).

46   Die Komponenten der IT-Systeme sowie deren Beziehungen zueinander sind in geeigneter Weise zu verwalten und die hierzu erfassten Bestandsangaben regelmäßig sowie anlassbezogen zu aktualisieren.

Erläuterung

Zu den Bestandsangaben zählen insbesondere:
– Bestand und Verwendungszweck der Komponenten der IT-Systeme mit den relevanten Konfigurationsangaben
– Standort der Komponenten der IT-Systeme
– Aufstellung der relevanten Angaben zu Gewährleistungen und sonstigen Supportverträgen (ggf. Verlinkung)
– Angaben zum Ablaufdatum des Supportzeitraums der Komponenten der IT-Systeme
– Akzeptierter Zeitraum der Nichtverfügbarkeit der IT-Systeme sowie der maximal tolerierbare Datenverlust.

47   Das Portfolio aus IT-Systemen ist angemessen zu steuern. Hierbei werden auch die Risiken aus veralteten IT-Systemen berücksichtigt (Lebens-Zyklus Management).

48   Die Prozesse zur Änderung von IT-Systemen sind abhängig von Art, Umfang, Komplexität und Risikogehalt auszugestalten und umzusetzen. Dies gilt ebenso für Neu- bzw. Ersatzbeschaffungen von IT-Systemen sowie für sicherheitsrelevante Nachbesserungen (Sicherheitspatches).

Erläuterung

Beispiele für Änderungen sind:
– Funktionserweiterungen oder Fehlerbehebungen von Software-Komponenten
– Datenmigrationen
– Änderungen an Konfigurationseinstellungen von IT-Systemen
– Austausch von Hardware-Komponenten (Server, Router etc.)
– Einsatz neuer Hardware-Komponenten
– Umzug der IT-Systeme zu einem anderen Standort.

49   Anträge zur Änderung von IT-Systemen sind in geordneter Art und Weise aufzunehmen, zu dokumentieren, unter Berücksichtigung möglicher Umsetzungsrisiken zu bewerten, zu priorisieren, zu genehmigen sowie koordiniert und sicher umzusetzen.

Erläuterung

Der sicheren Umsetzung der Änderungen in den produktiven Betrieb dienen beispielsweise:

- Risikoanalyse in Bezug auf die bestehenden IT-Systeme (insbesondere auch das Netzwerk und die vor- und nachgelagerten IT-Systeme), auch im Hinblick auf mögliche Sicherheits- oder Kompatibilitätsprobleme, als Bestandteil der Änderungsanforderung
- Tests von Änderungen vor Produktivsetzung auf mögliche Inkompatibilitäten der Änderungen sowie mögliche sicherheitskritische Aspekte bei maßgeblichen bestehenden IT-Systemen
- Tests von Patches vor Produktivsetzung unter Berücksichtigung ihrer Kritikalität (z.B. bei Sicherheits- oder Notfallpatches)
- Datensicherungen der betroffenen IT-Systeme
- Rückabwicklungspläne, um eine frühere Version des IT-Systems wiederherstellen zu können, wenn während oder nach der Produktivsetzung ein Problem auftritt
- alternative Wiederherstellungsoptionen, um dem Fehlschlagen primärer Rückabwicklungspläne begegnen zu können.

Für risikoarme Konfigurationsänderungen/Parametereinstellungen (z.B. Änderungen am Layout von Anwendungen, Austausch von defekten Hardwarekomponenten, Zuschaltung von Prozessoren) können abweichende prozessuale Vorgaben/Kontrollen definiert werden (z.B. Vier-Augen-Prinzip, Dokumentation der Änderungen oder der nachgelagerten Kontrolle).

Die Meldungen über ungeplante Abweichungen vom Regelbetrieb (Störungen) und deren Ursachen sind in geeigneter Weise zu erfassen, zu bewerten, insbesondere hinsichtlich möglicherweise resultierender Risiken zu priorisieren und entsprechend festgelegter Kriterien zu eskalieren. Bearbeitung, Ursachenanalyse und Lösungsfindung inkl. Nachverfolgung sind zu dokumentieren. Ein geordneter Prozess zur Analyse möglicher Korrelationen von Störungen und deren Ursachen muss vorhanden sein. Der Bearbeitungsstand offener Meldungen über Störungen, wie auch die Angemessenheit der Bewertung und Priorisierung, ist zu überwachen und zu steuern. Das Institut hat geeignete Kriterien für die Information der Geschäftsleitung über Störungen festzulegen. **50**

Erläuterung

Die Identifikation der Risiken kann beispielsweise anhand des Aufzeigens der Verletzung der Schutzziele erfolgen.

Die Ursachenanalyse erfolgt auch dann, wenn mehrere IT-Systeme zur Störungs- und Ursachenerfassung sowie -bearbeitung eingesetzt werden.

Die Vorgaben für die Verfahren zur Datensicherung (ohne Datenarchivierung) sind schriftlich in einem Datensicherungskonzept zu regeln. Die im Datensicherungskonzept dargestellten Anforderungen an die Verfügbarkeit, Lesbarkeit und Aktualität der Kunden- und Geschäftsdaten sowie an die für deren Verarbeitung notwendigen IT-Systeme sind aus den Anforderungen der Geschäftsprozesse und den Geschäftsfortführungsplänen abzuleiten. Die Verfahren zur Wiederherstellbarkeit im erforderlichen Zeitraum und zur Lesbarkeit von Datensicherungen sind regelmäßig, mindestens jährlich, im Rahmen einer Stichprobe sowie anlassbezogen zu testen. **51**

Erläuterung

Die Anforderungen an die Ausgestaltung und Lagerung der Datensicherungen sowie an die durchzuführenden Tests ergeben sich aus diesbezüglichen Risikoanalysen. Hinsichtlich der Standorte für die Lagerung der Datensicherungen können eine oder mehrere weitere Lokationen erforderlich sein.

8. Auslagerungen und sonstiger Fremdbezug von IT-Dienstleistungen

52 IT-Dienstleistungen umfassen alle Ausprägungen des Bezugs von IT; dazu zählen insbesondere die Bereitstellung von IT-Systemen, Projekte/Gewerke oder Personalgestellung. Die Auslagerungen der IT-Dienstleistungen haben die Anforderungen nach AT 9 der MaRisk zu erfüllen. Dies gilt auch für Auslagerungen von IT-Dienstleistungen, die dem Institut durch ein Dienstleistungsunternehmen über ein Netz bereitgestellt werden (z. B. Rechenleistung, Speicherplatz, Plattformen oder Software) und deren Angebot, Nutzung und Abrechnung dynamisch und an den Bedarf angepasst über definierte technische Schnittstellen sowie Protokolle erfolgen (Cloud-Dienstleistungen). Das Institut hat auch beim sonstigen Fremdbezug von IT-Dienstleistungen die allgemeinen Anforderungen an die Ordnungsmäßigkeit der Geschäftsorganisation gemäß § 25a Abs. 1 KWG zu beachten (vgl. AT 9 Tz. 1 – Erläuterungen – MaRisk). Bei jedem Bezug von Software sind die damit verbundenen Risiken angemessen zu bewerten (vgl. AT 7.2 Tz. 4 Satz 2 MaRisk).

53 Wegen der grundlegenden Bedeutung der IT für das Institut ist auch für jeden sonstigen Fremdbezug von IT-Dienstleistungen vorab eine Risikobewertung durchzuführen.

Erläuterung

Art und Umfang einer Risikobewertung kann das Institut unter Proportionalitätsgesichtspunkten nach Maßgabe seines allgemeinen Risikomanagements flexibel festlegen.

Für gleichartige Formen des sonstigen Fremdbezugs von IT-Dienstleistungen kann auf bestehende Risikobewertungen zurückgegriffen werden.

Die für Informationssicherheit und Notfallmanagement verantwortlichen Funktionen des Instituts werden eingebunden.

54 Der sonstige Fremdbezug von IT-Dienstleistungen ist im Einklang mit den Strategien unter Berücksichtigung der Risikobewertung des Instituts zu steuern. Die Erbringung der vom Dienstleister geschuldeten Leistung ist entsprechend der Risikobewertung zu überwachen.

Erläuterung

Hierfür wird eine vollständige, strukturierte Vertragsübersicht vorgehalten. Die Steuerung kann auf der Basis dieser Vertragsübersicht durch Bündelung von Verträgen des sonstigen Fremdbezugs von IT-Dienstleistungen (Vertragsportfolio) erfolgen.

Bestehende Steuerungsmechanismen können hierzu genutzt werden.

55 Die aus der Risikobewertung zum sonstigen Fremdbezug von IT-Dienstleistungen abgeleiteten Maßnahmen sind angemessen in der Vertragsgestaltung zu berücksichtigen. Die Ergebnisse der Risikobewertung sind in angemessener Art und Weise im Managementprozess des operationellen Risikos, vor allem im Bereich der Gesamtrisikobewertung des operationellen Risikos, zu berücksichtigen.

Erläuterung

Dies beinhaltet beispielsweise Vereinbarungen zum Informationsrisikomanagement, zum Informationssicherheitsmanagement und zum Notfallmanagement, die im Regelfall den Zielvorgaben des Instituts entsprechen.

Bei Relevanz wird auch die Möglichkeit eines Ausfalls eines IT-Dienstleisters berücksichtigt und eine diesbezügliche Exit- bzw. Alternativ-Strategie entwickelt und dokumentiert.

Als erforderlich erkannte Maßnahmen sind auch im Fall der Einbindung von Subunternehmen zu berücksichtigen.

Die Risikobewertungen in Bezug auf den sonstigen Fremdbezug von IT-Dienstleistungen sind **56** regelmäßig und anlassbezogen zu überprüfen und ggf. inkl. der Vertragsinhalte anzupassen.

9. Kritische Infrastrukturen

Dieses Modul richtet sich – im Kontext mit den anderen Modulen der BAIT und den sonstigen **57** einschlägigen bankaufsichtlichen Anforderungen in Bezug auf die Sicherstellung angemessener Vorkehrungen zur Gewährleistung von Verfügbarkeit, Integrität, Authentizität und Vertraulichkeit der Informationsverarbeitung – eigens an die Betreiber kritischer Infrastrukturen (KRITIS-Betreiber[1]).

Es ergänzt insoweit die bankaufsichtlichen Anforderungen an die IT um Anforderungen an die wirksame Umsetzung besonderer Maßnahmen zum Erreichen des KRITIS-Schutzziels. Als KRITIS-Schutzziel wird nachfolgend das Bewahren der Versorgungssicherheit der Gesellschaft mit den in § 7 BSI-Kritisverordnung genannten kritischen Dienstleistungen (Bargeldversorgung, kartengestützter Zahlungsverkehr, konventioneller Zahlungsverkehr sowie Verrechnung und Abwicklung von Wertpapier- und Derivatgeschäften) verstanden, da deren Ausfall oder Beeinträchtigung zu erheblichen Versorgungsengpässen oder zu Gefährdungen der öffentlichen Sicherheit führen könnte.

Für kritische Dienstleistungen sind von den jeweiligen KRITIS-Betreibern (und im Falle von Auslagerungen zusätzlich von ihren IT-Dienstleistern) geeignete Maßnahmen zu beschreiben und wirksam umzusetzen, die die Risiken für den sicheren Betrieb kritischer Infrastrukturen auf ein dem KRITIS-Schutzziel angemessenes Niveau senken. Hierzu müssen sich die KRITIS-Betreiber sowie ihre IT-Dienstleister an den einschlägigen Standards orientieren und Konzepte der Hochverfügbarkeit berücksichtigen. Dabei soll der Stand der Technik eingehalten werden.

Dieses Modul kann optional verwendet werden, um im Rahmen einer Jahresabschlussprüfung den Nachweis nach § 8a Abs. 3 BSIG zu erbringen. Dazu müssen alle informationstechnischen Systeme, Komponenten oder Prozesse der kritischen Infrastrukturen in der Prüfung komplett abgedeckt sein.

Alternativ können die KRITIS-Betreiber einen unternehmensindividuellen Ansatz verfolgen oder einen branchenspezifischen Sicherheitsstandard (B3S) gemäß § 8a Abs. 2 BSIG erstellen. Der Nachweis gemäß § 8a Abs. 3 BSIG ist in diesen Fällen unter Hinzuziehung einer geeigneten prüfenden Stelle (siehe einschlägige FAQ auf der BSI-Website) zu erstellen.

Der Geltungsbereich der kritischen Infrastrukturen innerhalb des Informationsverbundes ist **58** eindeutig zu kennzeichnen. Hierbei sind alle relevanten Schnittstellen einzubeziehen.

Alle einschlägigen Anforderungen der BAIT und der sonstigen aufsichtlichen Anforderungen sind nachvollziehbar auch auf alle Komponenten und Bereiche der kritischen Dienstleistung anzuwenden.

Kritische Dienstleistungen sind angemessen zu überwachen. Mögliche Auswirkungen von Sicherheitsvorfällen auch auf die kritischen Dienstleistungen sind zu bewerten.

Erläuterung

Dies kann bspw. erfolgen, indem im Inventar entsprechend Tz. 46 BAIT (beispielsweise in einer Configuration Management Database CMDB) die Komponenten und Bereiche des Informationsverbundes zusätzlich gekennzeichnet werden, die zu den kritischen Infrastrukturen gehören. Der Bezug zu den jeweiligen zu prüfenden Anlagenkategorien des KRITIS-Betreibers ist darzustellen.

Durch geeignete Maßnahmen ist sicherzustellen, dass die für die kritischen Dienstleistungen betriebsrelevanten Systeme einer resilienten Architektur unterliegen.

---

1   Siehe Erste Verordnung zur Änderung der BSI-Kritisverordnung vom 21. Juni 2017.

59 Im Rahmen des Informationsrisiko- und Informationssicherheits-managements gemäß den BAIT-Modulen 3. und 4. ist das KRITIS-Schutzziel zu beachten und Maßnahmen zu dessen Einhaltung wirksam umzusetzen. Insbesondere sind Risiken, die die kritischen Dienstleistungen in relevantem Maße beeinträchtigen können, durch angemessene Maßnahmen der Risikominderung oder -vermeidung auf ein dem KRITIS-Schutzziel angemessenes Niveau zu senken. Hierzu sind insbesondere solche Maßnahmen geeignet, mit denen den Risiken für die Verfügbarkeit bei einem hohen und sehr hohen Schutzbedarf begegnet werden kann. Unter anderem sollten daher Konzepte der Hochverfügbarkeit geprüft und soweit geeignet, angewandt werden.

Erläuterung

Grundsätzlich sind für Risiken geeignete Maßnahmen zur Mitigation zu treffen. Dabei soll der Stand der Technik eingehalten werden.

Hierbei ist allerdings die Angemessenheit zu wahren: Der erforderliche Aufwand soll im Verhältnis zu den Folgen eines Ausfalls oder einer Beeinträchtigung der betroffenen Kritischen Infrastruktur stehen. Dies bedeutet, dass Risiken zwar auch akzeptiert oder übertragen werden können, dies aber nicht allein nach betriebswirtschaftlichen Gesichtspunkten entschieden werden darf, sondern nur unter Gewährleistung der Versorgungssicherheit. Risiken, die die kritische Dienstleistung betreffen, dürfen beispielsweise nicht akzeptiert werden, sofern Vorkehrungen nach dem Stand der Technik möglich und angemessen sind. Auch ein Transfer der Risiken, z.B. durch Versicherungen, ist kein Ersatz für angemessene Vorkehrungen. Der Abschluss einer Versicherung, z.B. aus betriebswirtschaftlichem Interesse, steht dem nicht entgegen.

60 Das KRITIS-Schutzziel ist von der Schutzbedarfsermittlung über die Definition angemessener Maßnahmen bis hin zur wirksamen Umsetzung dieser Maßnahmen einschließlich der Implementierung und des regelmäßigen Testens entsprechender Notfallvorsorgemaßnahmen stets mit zu berücksichtigen.

Erläuterung

Insbesondere ist dies bei den folgenden Aspekten zu beachten:
- Das KRITIS-Schutzziel ist auch bei Auslagerungen von Dienstleistungen entsprechend §§ 25a, 25b KWG i.V.m. AT 9 und AT 5 Tz. 3. f) MaRisk sowie Modul 8. BAIT zu berücksichtigen.
- Im Rahmen der Notfallvorsorge sind Maßnahmen zu ergreifen, mit denen die kritischen Dienstleistungen auch im Notfall aufrechterhalten werden können.

61 Die Nachweiserbringung gemäß § 8a Abs. 3 BSIG bzgl. der Einhaltung der Anforderungen gemäß § 8a Abs. 1 BSIG kann im Rahmen der Jahresabschlussprüfung erfolgen. Der KRITIS-Betreiber hat die einschlägigen Nachweisdokumente fristgerecht beim BSI einzureichen, entsprechend den jeweils gültigen Vorgaben des BSI.

Erläuterung

Bei der Nachweiserbringung im Rahmen der Jahresabschlussprüfung sollte die Einhaltung der Anforderungen gemäß § 8a Abs. 1 BSIG durch den KRITIS-Betreiber erstmals auf den Jahresabschluss 2018 referenziert werden und ist anschließend mindestens alle zwei Jahre gegenüber dem BSI nachzuweisen.

Neben der Prüfung im Rahmen des Jahresabschlusses sind weitere Möglichkeiten zur Nachweiserbringung zulässig. Die KRITIS-Betreiber sollten entsprechend die »Orientierungshilfe zu Nachweisen gemäß § 8a Abs. 3 BSIG«in der jeweils aktuellen Fassung beachten.

Literaturverzeichnis[1]

Achtelik, Olaf, in: Herzog, Felix (Hrsg.), Geldwäschegesetz, 3. Auflage, München, 2018, § 24c KWG, § 25h KWG und § 6 GwG.

ACI Deutschland e. V. – Arbeitsgruppe Liquiditätsmanagement, Diskussionspapier über Mindeststandards für interne Modelle im Liquiditätsmanagement von Kreditinstituten, Dezember 2005.

ACI Deutschland e. V., Stellungnahme zu dem Entwurf der BaFin vom 4. Februar 2005 über die »Mindestanforderungen an das Risikomanagement« (MaRisk) vom 30. März 2005.

ACI Deutschland e. V. – Fachausschuss Liquiditätsmanagement/Geldmarktsteuerung, Liquiditätssteuerung, -sicherung im neuen Umfeld, Köln, März 2004.

Akmann, Michael/Beck, Andreas/Hermann, Rolf/Stückler, Ralf, Die Liquiditätsrisiken dürfen nicht vernachlässigt werden, in: Betriebswirtschaftliche Blätter, Heft 10/2005, S. 556–559.

Albrecht, Peter/Maurer, Raimond, Investment- und Risikomanagement, 3. Auflage, Stuttgart, 2008.

Alich, Holger, Wer ist hier der Zocker?, in: Handelsblatt vom 7. Juni 2010, S. 34–35.

Anders, Ulrich, An Integrated Framework for the Governance of Companies, in: Operational Risk, Heft 3/2004, S. 24–28.

Andrae, Silvio, Geschäftsmodelle im Banking – Analyse und Entwicklung, Stuttgart, 2017.

Arbeitskreis »Externe und Interne Überwachung« der Schmalenbach Gesellschaft für Betriebswirtschaft e. V., Best Practice für die Interne Revision, in: Der Betrieb, Heft 5/2006, S. 225–229.

Arndorfer, Isabella/Minto, Andrea, The »four lines of defence model« for financial institutions – Taking the three-lines-of-defence model further to reflect specific governance features of regulated financial institutions, Financial Stability Institute, Occasional Paper No 11, 23. Dezember 2015.

Artopoeus, Wolfgang, Kreditrisiko: Erfahrungen und Ansichten eines Aufsehers, in: Herausforderung Kreditrisiko – The Challenge of Credit Risk, Zusammenstellung der Redebeiträge des Symposiums der Deutschen Bundesbank am 24. November 1998, Frankfurt a. M., 1998.

Artzner, Philippe/Delbaen, Freddy/Eber, Jean-Marc/Heath, David, Coherent Measures of Risk, in: Mathematical Finance, Heft 9 (3)/1999, S. 203–228.

Association of German Banks/Association of German Public Banks, Position paper on the design of the EBA's 2013 stress test, 19. Oktober 2012.

Atzler, Elisabeth/Kroder, Titus, Der Charme der Heuschrecken, in: Financial Times Deutschland vom 22. Mai 2006, S. 12.

AT&T, Business Continuity – Notfallplanung für Geschäftsprozesse, Juli 2005.

Auerbach, Dirk/Hentschel, Simone, in: Schwennicke, Andreas/Auerbach, Dirk (Hrsg.), KWG, 3. Auflage, München, 2016, § 25h.

Auslegungshilfe zur Verordnung über die aufsichtsrechtlichen Anforderungen an Vergütungssysteme von Instituten (Institutsvergütungsverordnung – InstitutsVergV) in der Fassung vom 15. Februar 2018.

---

1 Hinweis zur Benutzung des Literaturverzeichnisses: Sofern es sich bei den Autoren bzw. Herausgebern um Organisationen handelt, sind die aufgeführten Werke i. d. R. auf der Internetseite der jeweiligen Organisation verfügbar.

Literaturverzeichnis

Auslegungshilfe zur Verordnung über die aufsichtsrechtlichen Anforderungen an Vergütungs-systeme von Instituten (Institutsvergütungsverordnung – InstitutsVergV) in der Fassung vom 1. Januar 2014.

Bales, Klaus, Das Kreditgeschäft in der Insolvenz des Kunden – Konsequenzen aus der neuen Insolvenzordnung, in: Sparkasse, Heft 8/2000, S. 374–380.

Bank for International Settlements, Monetary and Economic Department, Triennial and semian-nual surveys on positions in global over-the-counter (OTC) derivatives markets at end-June 2007, November 2007.

Bank for International Settlements, 75th Annual Report, Juni 2005.

Bank for International Settlements, The global OTC derivatives market continues to grow, Press release, 13. November 2000.

Banse, Gerhard, Herkunft und Anspruch der Risikoforschung, in: Banse, Gerhard (Hrsg.), Risiko-forschung zwischen Disziplinarität und Interdisziplinarität, Berlin, 1996.

Bantleon, Ulrich/Mauer, Stephan, Überwachung des Risikomanagements durch Prüfungsaus-schüsse – Trends für eine erfolgreiche Zusammenarbeit mit der Internen Revision in Deutsch-land, in: Zeitschrift für Corporate Governance (ZCG), Heft 2/2010, S. 94–99.

Bartetzky, Peter, Praxis der Gesamtbanksteuerung: Methoden – Lösungen – Anforderungen der Aufsicht, Stuttgart, 2012.

Bartetzky, Peter, Liquiditätsrisikomanagement – Status quo, in: Bartetzky, Peter/Gruber, Walter/ Wehn, Carsten S. (Hrsg.), Handbuch Liquiditätsrisiko – Identifikation, Messung und Steuerung, Stuttgart, 2008, S. 1–27.

Basel Committee on Banking Supervision, Cyber-resilience: Range of practices, BCBS d454, 4. Dezember 2018.

Basel Committee on Banking Supervision, Stress testing principles, BCBS d450, 17. Oktober 2018.

Basel Committee on Banking Supervision, Progress in adopting the principles for effective risk data aggregation and risk reporting, BCBS d443, 21. Juni 2018.

Basel Committee on Banking Supervision, Consultative document – Revisions to the minimum capital requirements for market risk, BCBS d436, 22. März 2018.

Basel Committee on Banking Supervision, Sound Practices – Implications of fintech developments for banks and bank supervisors, BCBS d431, 19. Februar 2018.

Basel Committee on Banking Supervision, Stress testing principles, Consultative document, 20. Dezember 2017.

Basel Committee on Banking Supervision, Basel III: Finalising post-crisis reforms, BCBS d424, 7. Dezember 2017.

Basel Committee on Banking Supervision, Guidelines – Identification and management of step-in risk, BCBS 423, 25. Oktober 2017.

Basel Committee on Banking Supervision, Progress in adopting the principles for effective risk data aggregation and risk reporting, BCBS d399, 28. März 2017.

Basel Committee on Banking Supervision, Revisions to the securitization framework, BCBS 374, 11. Juli 2016.

Basel Committee on Banking Supervision, Consultative Document – Standardised Measurement Approach for operational risk, BCBS d355, 4. März 2016.

Basel Committee on Banking Supervision, Standards – Minimum capital requirements for market risk, BCBS d352, 14. Januar 2016.

Basel Committee on Banking Supervision, Progress in adopting the principles for effective risk data aggregation and risk reporting, BCBS d348, 16. Dezember 2015.

Basel Committee on Banking Supervision, Guidelines – Corporate governance principles for banks, BCBS 328, 8. Juli 2015.

Basel Committee on Banking Supervision, Net Stable Funding Ratio disclosure standards, BCBS d324, 22. Juni 2015.

Basel Committee on Banking Supervision, Progress in adopting the principles for effective risk data aggregation and risk reporting, BCBS d308, 23. Januar 2015.

Basel Committee on Banking Supervision, Revisions to the securitization framework, BCBS 303, 11. Dezember 2014.

Basel Committee on Banking Supervision, The G-SIB assessment methodology – score calculation, BCBS d296, 6. November 2014.

Basel Committee on Banking Supervision, Basel III: the net stable funding ratio, BCBS d295, 31. Oktober 2014.

Basel Committee on Banking Supervision, Review of the Principles for the Sound Management of Operational Risk, BCBS 292, 6. Oktober 2014.

Basel Committee on Banking Supervision, Guidance for Supervisors on Market-Based Indicators of Liquidity, BCBS 273, 12. Januar 2014.

Basel Committee on Banking Supervision, Liquidity coverage ratio disclosure standards, BCBS 272, 12. Januar 2014.

Basel Committee on Banking Supervision, Revisions to Basel III: The Liquidity Coverage Ratio and liquidity risk monitoring tools, 12. Januar 2014.

Basel Committee on Banking Supervision, Progress in adopting the principles for effective risk data aggregation and risk reporting, BCBS 268, 18. Dezember 2013.

Basel Committee on Banking Supervision, Capital requirements for banks' equity investments in funds, BCBS 266, 13. Dezember 2013.

Basel Committee on Banking Supervision, Working Paper No. 24, Liquidity stress testing: a survey of theory, empirics and current industry and supervisory practices, 23. Oktober 2013.

Basel Committee on Banking Supervision, Global systemically important banks: updated assessment methodology and the higher loss absorbency requirement, BCBS 255, 3. Juli 2013.

Basel Committee on Banking Supervision, Monitoring tools for intraday liquidity management, BCBS 248, 11. April 2013.

Basel Committee on Banking Supervision, Basel III: The Liquidity Coverage Ratio and liquidity risk monitoring tools, BCBS 238, 7. Januar 2013.

Basel Committee on Banking Supervision, A framework for dealing with domestic systemically important banks, Oktober 2012.

Basel Committee on Banking Supervision, The internal audit function in banks, BCBS 223, 28. Juni 2012.

Basel Committee on Banking Supervision, Fundamental review of the trading book, Consultative document, 3. Mai 2012.

Basel Committee on Banking Supervision, The Internal Audit Function in Banks, Consultative document, BCBS 210, 2. Dezember 2011.

Basel Committee on Banking Supervision, Basel III framework for liquidity – Frequently asked questions, 5. Juli 2011.

Basel Committee on Banking Supervision, Operational Risk – Supervisory Guidelines for the Advanced Measurement Approaches, 30. Juni 2011.

Basel Committee on Banking Supervision, Principles for the Sound Management of Operational Risk, BCBS 195, 30. Juni 2011.

Basel Committee on Banking Supervision, Basel III: A global regulatory framework for more resilient banks and banking systems – revised version, 1. Juni 2011.

Basel Committee on Banking Supervision, Capitalisation of bank exposures to central counterparties, Consultative document, 20. Dezember 2010.

Literaturverzeichnis

Basel Committee on Banking Supervision, Basel III: A global regulatory framework for more resilient banks and banking systems, 16. Dezember 2010.

Basel Committee on Banking Supervision, Basel III: International framework for liquidity risk measurement, standards and monitoring, 16. Dezember 2010.

Basel Committee on Banking Supervision, Basel III: A global regulatory framework for more resilient banks and banking systems, BCBS 189, 16. Dezember 2010.

Basel Committee on Banking Supervision, Sound practices for backtesting counterparty credit risk models, BCBS 185, 10. Dezember 2010.

Basel Committee on Banking Supervision, Principles for enhancing corporate governance, BCBS 176, 4. Oktober 2010.

Basel Committee on Banking Supervision, Sound practices for backtesting counterparty credit risk models, Consultative document, BCBS 171, 14. April 2010.

Basel Committee on Banking Supervision, Vendor models for credit risk measurement and management, Working Paper Nr. 17, Februar 2010.

Basel Committee on Banking Supervision, Strengthening the resilience of the banking sector, Consultative document, BCBS 164, 17. Dezember 2009.

Basel Committee on Banking Supervision, Guidelines for computing capital for incremental risk in the trading book, BCBS 159, 13. Juli 2009.

Basel Committee on Banking Supervision, Principles for sound stress testing practices and supervision, BCBS 155, 20. Mai 2009.

Basel Committee on Banking Supervision, Findings on the Interaction of Market and Credit Risk, Working Paper Nr. 16, 14. Mai 2009.

Basel Committee on Banking Supervision, Range of practices and issues in economic capital frameworks, März 2009.

Basel Committee on Banking Supervision, Principles for Sound Liquidity Risk Management and Supervision, BCBS 144, 25. September 2008.

Basel Committee on Banking Supervision, Core Principles Methodology, Oktober 2006.

Basel Committee on Banking Supervision, Use of Vendor Products in the Basel II IRB Framework, Newsletter Nr. 8, März 2006.

Basel Committee on Banking Supervision, Compliance and the compliance function in banks, BCBS 113, 29. April 2005.

Basel Committee on Banking Supervision, Principles for the Management and Supervision of Interest Rate Risk, BCBS 108, 14. Juli 2004.

Basel Committee on Banking Supervision, International Convergence of Capital Measurement and Capital Standards – A Revised Framework (Basel II), 26. Juni 2004.

Basel Committee on Banking Supervision, Sound Practices for the Management and Supervision of Operational Risk, BCBS 96, 25. Februar 2003.

Basel Committee on Banking Supervision, Internal audit in banks and the supervisor's relationship with auditors, 28. August 2001.

Basel Committee on Banking Supervision, Principles for the Management of Credit Risk, BCBS 75, 27. September 2000.

Basel Committee on Banking Supervision, Sound Practices for Managing Liquidity in Banking Organisations, BCBS 69, 1. Februar 2000.

Basel Committee on Banking Supervision, Framework for the Evaluation of Internal Control Systems, Januar 1998.

Basel Committee on Banking Supervision, Risk Management Guidelines for Derivatives, Juli 1994.

Basel Committee on Banking Supervision, International convergence of capital measurement and capital standards (Basel I), Juli 1988.

Baseler Ausschuss für Bankenaufsicht, Grundlagen für ein solides Verfahren zur Kapitalplanung – Solide Praktiken, BCBS 277, 23. Januar 2014.

Baseler Ausschuss für Bankenaufsicht, Grundsätze für die effektive Aggregation von Risikodaten und die Risikoberichterstattung, BCBS 239, 9. Januar 2013.

Baseler Ausschuss für Bankenaufsicht, Basel III: Ein globaler Regulierungsrahmen für widerstandsfähigere Banken und Bankensysteme, BCBS 189rev, 1. Juni 2011.

Bauer, Helmut/Schneider, Andreas, Bankenaufsicht im 21. Jahrhundert: von der Quantität zur Qualität, in: Rolfes, Bernd (Hrsg.), Herausforderung Bankmanagement – Entwicklungslinien und Steuerungsansätze, Festschrift zum 60. Geburtstag von Henner Schierenbeck, Frankfurt a. M., 2006, S. 711–730.

Bauer, Helmut/Schneider, Andreas, Outsourcing und Ordnungsmäßigkeit der Geschäftsorganisation, in: Sparkassen Management Praxis, Heft 52/2006, S. 71–77.

Bauer, Karl-Heinz, Insolvenzrechtsreform schafft keine Lösung der Probleme von Sanierungskrediten, in: Sparkasse, Heft 17/2000, S. 36–39.

Bea, Franz Xaver/Göbel, Elisabeth, Organisation, 3. Auflage, Stuttgart, 2006.

Beales, Richard, Errors double in Derivatives Trading, in: Financial Times vom 31. Mai 2006, S. 29.

Beck, Andreas/Lesko, Michael, Adressrisiko-Bepreisung von Krediten – Zentraler Bestandteil eines wertorientierten Adressrisikomanagements und der regulatorischen Anforderungen, in: Eller, Roland/Gruber, Walter/Reif, Markus (Hrsg.), Handbuch MaK, Stuttgart, 2003, S. 313–334.

Beck, Andreas/Lesko, Michael/Wimmer, Konrad, Copulas im Risikomanagement, in: Zeitschrift für das gesamte Kreditwesen, Heft 14/2006, S. 29–33.

Beck, Ullrich, Risikogesellschaft – Auf dem Weg in eine andere Moderne, Frankfurt a. M., 1986.

Becke, Guido, Auf dem Weg zur Nachhaltigkeit – Vom Change Management zum Mindful Change, in: OrganisationsEntwicklung, Heft 4/2010, S. 4–11.

Becker, Axel, Systemprüfungen durch die Interne Revision in Kreditinstituten, in: Zeitschrift Interne Revision, Heft 1/2005, S. 27–35.

Becker, Axel (Hrsg.), Systemprüfungen in Kreditinstituten – Neue Prüfungsansätze für die Bankpraxis, Berlin, 2017.

Beckmann, Kai M./Selbeck, Frank, Entwurf eines Standards zur Integration von ESG-Risiken in Risikomanagementsysteme, Im Fokus – Integriertes Risk Management, Mazars, August 2018.

Beecken, Grit, Deutsche Bank will mit HP sparen, in: Börsen-Zeitung vom 25. Februar 2016, S. 3.

Begründung zur Verordnung über die Prüfung der Jahresabschlüsse der Kreditinstitute und Finanzdienstleistungsinstitute sowie die darüber zu erstellenden Berichte (Prüfungsberichtsverordnung – PrüfbV) vom 23. November 2009.

Behrens, Stefan/Schmitz, Christopher, Ein Bezugsrahmen für die Implementierung von IT-Outsourcing-Governance, in: HMD Praxis der Wirtschaftsinformatik, Heft 245/2006, S. 28–36.

Beike, Rolf/Köhler, Andreas, Risk-Management mit Finanzderivaten, München, 1997.

Bellavite-Hövermann, Yvette/Lindner, Grit/Lüthje, Bernd, Leitfaden für den Aufsichtsrat: Betriebswirtschaftliche und rechtliche Grundlagen für die Aufsichtsratsarbeit, Stuttgart, 2005.

Benzler, Marc/Krieger, Kai, in: Binder, Jens-Hinrich/Glos, Alexander/Riege, Jan (Hrsg.), Handbuch Bankaufsichtsrecht, Köln, 2018, § 11 KWG.

Berthel, Jürgen/Becker, Fred G., Personalmanagement, 7. Auflage, Stuttgart, 2003.

Betsch, Oskar/Thomas, Peter, Industrialisierung der Kreditwirtschaft, Wiesbaden, 2005.

Bickelhaupt, Norbert/Klein, Arnd/Ziesenitz, Thomas-Andreas, Bankaufsichtliches Marktschwankungskonzept, in: BankPraktiker, Heft 12/2008, S. 544–551.

Bieta, Volker, Wenn der Mensch ins Glücksrad greift: die Grenzen des Physikalismus im Risikomanagement, in: Zeitschrift für das gesamte Kreditwesen, Heft 8/2005, S. 417–420.

Literaturverzeichnis

Birnbacher, Dieter/Schicha, Christian, Vorsorge statt Nachhaltigkeit – ethische Grundlagen der Zukunftsverantwortung, in: Kastenholz, H.G./Erdmann, K.-H./Wolff, M. (Hrsg.), Nachhaltige Entwicklung – Zukunftschancen für Mensch und Umwelt, Berlin, 1996, S. 141–156.

Bitterwolf/Manfred, in: Reischauer, Friedrich/Kleinhans, Joachim, Kreditwesengesetz, Berlin, 2018, Anhang 1 zu § 25a.

Board of Governors of the Federal Reserve System, Division of Banking Supervision and Regulation, Supervisory Guidance on Complex Wholesale Borrowings, Supervision and Regulation Letters SR 01-8 (SUP), Washington D.C., 5. April 2001.

Bock, Hellmuth, in: Boos, Karl-Heinz/Fischer, Reinfrid/Schulte-Mattler, Hermann (Hrsg.), Kreditwesengesetz und VO (EU) Nr. 575/2013, Band 1, 5. Auflage, München, 2016, § 19 KWG.

Bockslaff, Klaus/Lüders, Uwe, Notfallplanung in Kreditinstituten, in: Risikomanager, Heft 1/2006, S. 19–21.

Bohdal, Udo, Change Management bei Outsourcing-Vorhaben, in: Hermes, Heinz-Josef/Schwarz, Gerd, Outsourcing, München, 2005, S. 137–156.

Boos, Karl-Heinz/Fischer, Reinfrid/Schulte-Mattler, Hermann (Hrsg.), Kreditwesengesetz und VO (EU) Nr. 575/2013, Band 1, 5. Auflage, München, 2016.

Boos, Karl-Heinz/Fischer, Reinfrid/Schulte-Mattler, Hermann (Hrsg.), Kreditwesengesetz, 4. Auflage, München, 2012.

Bott, Claudia/Rönn, Oliver von, Risikotragfähigkeitsanalyse und aktuelle Veränderungen aufsichtlicher Anforderungen vor dem Hintergrund der Finanzmarktkrise, in: Becker, Axel/Gruber, Walter/Wohlert, Dirk (Hrsg.), Handbuch MaRisk und Basel III, Frankfurt a.M., 2012, S. 419–466.

Braun, Hermann/Klotz, Reinhard/Weber, Nathanael, Risikoorientierte Prüfungsplanung mit Hilfe eines Prüfungsranking, in: Betriebswirtschaftliche Blätter, Heft 12/2001, S. 583–585.

Braun, Ulrich, in: Boos, Karl-Heinz/Fischer, Reinfrid/Schulte-Mattler, Hermann (Hrsg.), Kreditwesengesetz und VO (EU) Nr. 575/2013, Band 1, 5. Auflage, München, 2016, § 25a, § 25c und § 25d KWG.

Braun, Ulrich, in: Boos, Karl-Heinz/Fischer, Reinfrid/Schulte-Mattler, Hermann (Hrsg.), Kreditwesengesetz, 4. Auflage, München, 2012, § 44 KWG.

Brehme, Annett/Neubert, Boris, Strategien zur Immunisierung der Zinsspanne in einer wertorientierten Zinsbuchsteuerung, Reihe zeb/Themen, Münster, Januar 2006.

Breuer, Stefan/Nikitina, Valeria, Einrichtung und Überwachung der Internen Revision, Der Konzern, Heft 12/2015, S. 537-544.

Breuer, Wolfgang/Kreuz, Claudia, Shared Service Center – eine lohnende Investition? Arbeitspapiere der Betrieblichen Finanzwirtschaft (Rheinisch-Westfälische Technische Hochschule Aachen), 10. Mai 2006.

Brienen, Thomas/Quick, Markus, Identifizierung, Bewertung und Steuerung von Geschäftsrisiken – Ein Ansatz für eine umfassendere Risikobetrachtung, in: Risiko Manager, Ausgabe 25–26/2006, S. 8–13.

Brixner, Joachim/Schaber, Mathias, Bankenaufsicht, Stuttgart, 2016.

Buchberger, Robert, Risikotragfähigkeitsrechnung im Wandel, Vortrag beim »BaFin-Forum Risikotragfähigkeit bei Kreditinstituten«, Bonn, 4. Dezember 2012.

Bucher, Silvan/Holstein, William K./Campell, Duri, Wie sich Strategien erfolgreich umsetzen lassen, in: io new management, Heft 12/2007, S. 57–61.

Buchmüller, Patrik/Lindenau, Jan/Mährle, Christine, Neue Vorgaben zu Datenmanagement, Datenqualität und Risikodatenaggregation, in: MaRisk-Interpretationshilfen, 5. Auflage, Heidelberg, 2018.

Buchmüller, Patrick/Rahn, Ulrich/Braune, Alexander/Nickisch, Sebastian, Integration von Stresstests in Risikosteuerung und Risikocontrolling, in: Buchmüller, Patrick/Pfeifer, Guido (Hrsg.), MaRisk-Interpretationshilfen, 5. Auflage, Heidelberg, 2018.

Bühler, Alfred/Hies, Michael, Zinsrisiken und Key-Rate-Duration, in: Die Bank, Heft 2/1995, S. 112–118.

Bühn, Andreas/Klauck, Kai-Oliver, Mit modernen Stresstests das Risikoprofil analysieren, in: Betriebswirtschaftliche Blätter, Heft 6/2007, S. 352–355.

Bürkle, Jürgen, in: Bürkle, Jürgen/Hauschka, E. Christoph, Der Compliance Officer, Ein Handbuch in eigener Sache, München, 2015.

Bünis, Michael/Gossens, Thomas, Der Jahresbericht der Internen Revision – Ein Plädoyer für Transparenz und Offenheit, in: Zeitschrift Interne Revision, Heft 4/2013, S. 178-183.

Büschgen, Hans E., Bankbetriebslehre, Bankgeschäfte und Bankmanagement, 5. Auflage, Wiesbaden, 1998.

Buhr, Reinhard, Messung von Betriebsrisiken – ein methodischer Ansatz, in: Die Bank, Heft 3/2000, S. 186–190.

Bulling, Volker/Schlemminger, Ralf B., Liquiditätsspreads sind kritische Punkte in der Kalkulation, in: Betriebswirtschaftliche Blätter, Heft 11/2011, S. 649–655.

Bundesamt für Sicherheit in der Informationstechnik, BSI-Standard 200-2, 15. November 2017.

Bundesamt für Sicherheit und Informationstechnik, IT-Grundschutz-Kataloge, Gefährdungskatalog Organisatorische Mängel, 14. Ergänzungslieferung, Bonn, 19. Dezember 2014.

Bundesamt für Sicherheit und Informationstechnik, IT-Grundschutz-Kataloge, Maßnahmenkatalog Notfallvorsorge, 13. Ergänzungslieferung, Bonn, 10. September 2013.

Bundesamt für Sicherheit und Informationstechnik, IT-Grundschutz-Kataloge, Maßnahmenkatalog Organisation, 13. Ergänzungslieferung, Bonn, 10. September 2013.

Bundesamt für Sicherheit und Informationstechnik, Leitfaden Informationssicherheit in der Fassung vom Februar 2012.

Bundesamt für Sicherheit und Informationstechnik, IT-Grundschutz-Kataloge, Baustein Notfallmanagement, 11. Ergänzungslieferung, Bonn, 19. Oktober 2009.

Bundesamt für Sicherheit in der Informationstechnik, IT-Grundschutzbuch, Mai 2002.

Bundesanstalt für Finanzdienstleistungsaufsicht, In Deutschland identifizierte anderweitig systemrelevante Institute und deren Kapitalpuffer, 20. Dezember 2018.

Bundesanstalt für Finanzdienstleistungsaufsicht, Schwerpunkte der Aufsicht 2019, Pressemitteilung vom 18. Dezember 2018.

Bundesanstalt für Finanzdienstleistungsaufsicht, Merkblatt zu den Mitgliedern von Verwaltungs- und Aufsichtsorganen gemäß KWG und KAGB vom 4. Januar 2016, zuletzt geändert am 12. November 2018.

Bundesanstalt für Finanzdienstleistungsaufsicht, Merkblatt zu den Geschäftsleitern gemäß KWG, ZAG und KAGB vom 4. Januar 2016, zuletzt geändert am 12. November 2018.

Bundesanstalt für Finanzdienstleistungsaufsicht, Merkblatt – Orientierungshilfe zu Auslagerungen an Cloud-Anbieter, 8. November 2018.

Bundesanstalt für Finanzdienstleistungsaufsicht, Bankaufsichtliche Anforderungen an die IT (BAIT), Rundschreiben 10/2017 (BA) vom 3. November 2017, geändert am 14. September 2018.

Bundesanstalt für Finanzdienstleistungsaufsicht, Rundschreiben 10/2017 (BA) zu den BAIT, Übermittlungsschreiben vom 3. November 2017.

Bundesanstalt für Finanzdienstleistungsaufsicht, Konsultation 13/2018 (BA) – Entwurf eines Rundschreibens zur Umsetzung der EBA-Leitlinien zu verbundenen Kunden gemäß Artikel 4 Absatz 1 Nummer 39 der Verordnung (EU) Nr. 575/2013 vom 20. Juli 2018.

Bundesanstalt für Finanzdienstleistungsaufsicht, Zinsänderungsrisiken im Anlagebuch – Ermittlung der Auswirkungen einer plötzlichen und unerwarteten Zinsänderung, Rundschreiben 9/2018 (BA) vom 12. Juni 2018.

Bundesanstalt für Finanzdienstleistungsaufsicht, Anschreiben zum Rundschreiben 9/2018 (BA) – Zinsänderungsrisiken im Anlagebuch vom 12. Juni 2018.

Literaturverzeichnis

Bundesanstalt für Finanzdienstleistungsaufsicht, Verzicht auf Risikotragfähigkeitsinformationen nach § 25 KWG zum Meldestichtag 30.06.2018, Schreiben an die Verbände der Kreditwirtschaft vom 12. Juni 2018.

Bundesanstalt für Finanzdienstleistungsaufsicht, Risikotragfähigkeitsleitfaden – Neuausrichtung 2018, Bonn, 29. Mai 2018.

Bundesanstalt für Finanzdienstleistungsaufsicht/Deutsche Bundesbank, Aufsichtliche Beurteilung bankinterner Risikotragfähigkeitskonzepte und deren prozessualer Einbindung in die Gesamtbanksteuerung (»ICAAP«) – Neuausrichtung, Leitfaden vom 24. Mai 2018.

Bundesanstalt für Finanzdienstleistungsaufsicht, Veröffentlichung der Endfassung des Leitfadens zur aufsichtlichen Beurteilung bankinterner Risikotragfähigkeitskonzepte, Übermittlungsschreiben vom 24. Mai 2018.

Bundesanstalt für Finanzdienstleistungsaufsicht, Zinsänderungsrisiken im Anlagebuch, Rundschreiben 07/2018 (BA) vom 24. Mai 2018.

Bundesanstalt für Finanzdienstleistungsaufsicht, Mindestanforderungen an die Compliance-Funktion und weitere Verhaltens-, Organisations- und Transparenzpflichten – MaComp, Rundschreiben 05/2018 (WA) vom 19. April 2018, zuletzt geändert am 9. Mai 2018.

Bundesanstalt für Finanzdienstleistungsaufsicht, Mindestanforderungen an das Beschwerdemanagement, Rundschreiben 06/2018 (BA und WA) vom 4. Mai 2018.

Bundesanstalt für Finanzdienstleistungsaufsicht, Jahresbericht 2017, 3. Mai 2018.

Bundesanstalt für Finanzdienstleistungsaufsicht, Protokoll zur Sondersitzung des Fachgremiums MaRisk zum Thema Auslagerung am 15. März 2018.

Bundesanstalt für Finanzdienstleistungsaufsicht, Mindestanforderungen an die Geschäftsorganisation von Versicherungsunternehmen (MaGo), Rundschreiben 2/2017 (VA) vom 25. Januar 2017, geändert am 2. März 2018.

Bundesanstalt für Finanzdienstleistungsaufsicht, Europäische Aufsichtsbehörden: BaFin übernimmt grundsätzlich alle Leitlinien sowie Fragen und Antworten in ihre Verwaltungspraxis, Pressemeldung vom 15. Februar 2018.

Bundesanstalt für Finanzdienstleistungsaufsicht, Auslegungshilfe zur Institutsvergütungsverordnung in der Fassung vom 15. Februar 2018.

Bundesanstalt für Finanzdienstleistungsaufsicht/Deutsche Bundesbank, Zweiter Entwurf zur Neuausrichtung des Leitfadens zur aufsichtlichen Beurteilung bankinterner Risikotragfähigkeitskonzepte, 21. Dezember 2017.

Bundesanstalt für Finanzdienstleistungsaufsicht, Liquiditätsstresstests deutscher Kapitalverwaltungsgesellschaften – Bericht mit Leitlinien, 8. Dezember 2017.

Bundesanstalt für Finanzdienstleistungsaufsicht, Merkblatt – Hinweise zum Zahlungsdiensteaufsichtsgesetz (ZAG), 22. Dezember 2011, geändert am 29. November 2017.

Bundesanstalt für Finanzdienstleistungsaufsicht, Häufige Fragen zum Thema Auslagerung gemäß § 36 KAGB, 10. Juli 2013, geändert am 15. November 2017.

Bundesanstalt für Finanzdienstleistungsaufsicht, Mindestanforderungen an das Risikomanagement (MaRisk), Rundschreiben 09/2017 (BA) vom 27. Oktober 2017.

Bundesanstalt für Finanzdienstleistungsaufsicht, Rundschreiben 09/2017 (BA) zur Überarbeitung der MaRisk, Übermittlungsschreiben vom 27. Oktober 2017.

Bundesanstalt für Finanzdienstleistungsaufsicht/Deutsche Bundesbank, Entwurf zur Neuausrichtung des Leitfadens zur aufsichtlichen Beurteilung bankinterner Risikotragfähigkeitskonzepte, 5. September 2017.

Bundesanstalt für Finanzdienstleistungsaufsicht/Deutsche Bundesbank, Ergebnisse der Niedrigzinsumfrage 2017, Gemeinsame Pressenotiz vom 30. August 2017.

Bundesanstalt für Finanzdienstleistungsaufsicht/Deutsche Bundesbank, Nutzung der von Fondsgesellschaften bereitgestellten Kennzahlen im Risikomanagement der Kreditinstitute, Antwortschreiben an die Deutsche Kreditwirtschaft (DK) und den Bundesverband Investment und Asset Management (BVI) vom 1. Juni 2017.

Bundesanstalt für Finanzdienstleistungsaufsicht, Jahresbericht 2016, 9. Mai 2017.

Bundesanstalt für Finanzdienstleistungsaufsicht/Deutsche Bundesbank, Merkblatt zur Zulassung zum IRBA, 1. April 2007.

Bundesanstalt für Finanzdienstleistungsaufsicht, Merkblatt zu den Geschäftsleitern gemäß KWG, ZAG und KAGB vom 4. Januar 2016, geändert am 31. Januar 2017.

Bundesanstalt für Finanzdienstleistungsaufsicht, Mindestanforderungen an das Risikomanagement von Kapitalverwaltungsgesellschaften (KAMaRisk), Rundschreiben 01/2017 (WA) vom 10. Januar 2017.

Bundesanstalt für Finanzdienstleistungsaufsicht, Neues SREP-Konzept der Aufsicht, Bonn, 4. Mai 2016.

Bundesanstalt für Finanzdienstleistungsaufsicht, Erster Entwurf der MaRisk, Konsultation 02/2016 (BA) vom 18. Februar 2016.

Bundesanstalt für Finanzdienstleistungsaufsicht, Erster Entwurf zur Überarbeitung der MaRisk, Übermittlungsschreiben vom 18. Februar 2016.

Bundesanstalt für Finanzdienstleistungsaufsicht, Mindestanforderungen an die Sicherheit von Internetzahlungen (MaSI), Rundschreiben 4/2015 (BA) vom 5. Mai 2015.

Bundesanstalt für Finanzdienstleistungsaufsicht/Deutsche Bundesbank, Merkblatt zu aufsichtlichen Rückvergleichen bei internen Marktrisikomodellen, 31. Juli 2014.

Bundesanstalt für Finanzdienstleistungsaufsicht/Deutsche Bundesbank, Formular zur Anzeige von Überschreitungen bei Rückvergleichen bei internen Marktrisikomodellen gemäß Art. 366 CRR, 31. Juli 2014

Bundesanstalt für Finanzdienstleistungsaufsicht, Mindestanforderungen an die Ausgestaltung von Sanierungsplänen (MaSan), Rundschreiben 3/2014 (BA) vom 25. April 2014.

Bundesanstalt für Finanzdienstleistungsaufsicht, Erläuterungen zu den MaSan 03/2014, 25. April 2014

Bundesanstalt für Finanzdienstleistungsaufsicht, Häufig gestellte Fragen zum Hochfrequenzhandelsgesetz, Stand per 28. Februar 2014.

Bundesanstalt für Finanzdienstleistungsaufsicht, Anforderungen an Systeme und Kontrollen für den Algorithmushandel von Instituten, Rundschreiben 2/2013 (BA) vom 18. Dezember 2013.

Bundesanstalt für Finanzdienstleistungsaufsicht, Merkblatt Platzierungsgeschäft vom 10. Dezember 2009, geändert am 25. Juli 2013.

Bundesanstalt für Finanzdienstleistungsaufsicht, Antwortschreiben an die DK zur Leitung der Risikocontrolling-Funktion vom 18. Juli 2013.

Bundesanstalt für Finanzdienstleistungsaufsicht, Protokoll der Sitzung des MaRisk-Fachgremiums am 18. Juni 2013.

Bundesanstalt für Finanzdienstleistungsaufsicht, Protokoll der 22. Sitzung des Gesprächskreises kleiner Institute vom 15. Mai 2013.

Bundesanstalt für Finanzdienstleistungsaufsicht, Jahresbericht 2012, 28. Mai 2013.

Bundesanstalt für Finanzdienstleistungsaufsicht, Protokoll der Sitzung des MaRisk-Fachgremiums am 24. April 2013.

Bundesanstalt für Finanzdienstleistungsaufsicht, Mindestanforderungen an das Risikomanagement (MaRisk), Rundschreiben 10/2012 (BA) vom 14. Dezember 2012.

Bundesanstalt für Finanzdienstleistungsaufsicht, Übermittlungsschreiben zum Rundschreiben 10/2012 (BA) vom 14. Dezember 2012.

Literaturverzeichnis

Bundesanstalt für Finanzdienstleistungsaufsicht, Besondere Organisatorische Anforderungen für den Betrieb eines multilateralen Handelssystems nach §§ 31 f und 31 g WpHG (MaComp II), Rundschreiben 8/2012 (WA) vom 10. Dezember 2012.

Bundesanstalt für Finanzdienstleistungsaufsicht, Forum Risikotragfähigkeit bei Kreditinstituten, Bonn, 4. Dezember 2012.

Bundesanstalt für Finanzdienstleistungsaufsicht, Entwurf eines Rundschreibens zu Mindestanforderungen an die Ausgestaltung von Sanierungsplänen (MaSan), Konsultation 12/2012 (BA) vom 2. November 2012.

Bundesanstalt für Finanzdienstleistungsaufsicht, Protokoll der 20. Sitzung des Gesprächskreises kleiner Institute vom 12. September 2012.

Bundesanstalt für Finanzdienstleistungsaufsicht, Konsultation 01/2012 – »Überarbeitung der MaRisk«, Zwischenentwurf vom 2. August 2012.

Bundesanstalt für Finanzdienstleistungsaufsicht, Konsultation 01/2012 – »Überarbeitung der MaRisk«, erster Entwurf vom 26. April 2012.

Bundesanstalt für Finanzdienstleistungsaufsicht, Übermittlungsschreiben zum ersten Entwurf zur Überarbeitung der Mindestanforderungen an das Risikomanagement vom 26. April 2012.

Bundesanstalt für Finanzdienstleistungsaufsicht/Deutsche Bundesbank, Aufsichtliche Beurteilung bankinterner Risikotragfähigkeitskonzepte, Leitfaden vom 7. Dezember 2011.

Bundesanstalt für Finanzdienstleistungsaufsicht, Zinsänderungsrisiken im Anlagebuch; Ermittlung der Auswirkungen einer plötzlichen und unerwarteten Zinsänderung, Rundschreiben 11/20011 (BA) vom 9. November 2011.

Bundesanstalt für Finanzdienstleistungsaufsicht/Deutsche Bundesbank, Modernisierung des deutschen Meldewesens – Konzept der deutschen Bankenaufsicht, Entwurf vom 23. Februar 2011.

Bundesanstalt für Finanzdienstleistungsaufsicht, Mindestanforderungen an das Risikomanagement (MaRisk), Rundschreiben 11/2010 (BA) vom 15. Dezember 2010.

Bundesanstalt für Finanzdienstleistungsaufsicht, Übermittlungsschreiben zum Rundschreiben 11/2010 (BA) vom 15. Dezember 2010.

Bundesanstalt für Finanzdienstleistungsaufsicht/Deutsche Bundesbank, Range of Practice – Aufsichtliche Schlussfolgerungen, Vortrag im Rahmen einer Sondersitzung des MaRisk-Fachgremiums zum ICAAP am 29. November 2010.

Bundesanstalt für Finanzdienstleistungsaufsicht/Deutsche Bundesbank, Risikotragfähigkeitskonzepte im Überblick – Erkenntnisse aus den Umfragen und der Prüfungspraxis, Vortrag im Rahmen einer Sondersitzung des MaRisk-Fachgremiums zum ICAAP am 29. November 2010.

Bundesanstalt für Finanzdienstleistungsaufsicht, Mindestanforderungen an das Risikomanagement (MaRisk), zweiter Entwurf vom 4. November 2010.

Bundesanstalt für Finanzdienstleistungsaufsicht/Deutsche Bundesbank, Gemeinsame Pressenotiz zu den Ergebnissen der EU-weiten Stresstests für Deutschland, 23. Juli 2010.

Bundesanstalt für Finanzdienstleistungsaufsicht, Übermittlungsschreiben zum ersten Entwurf zur Überarbeitung der MaRisk vom 9. Juli 2010.

Bundesanstalt für Finanzdienstleistungsaufsicht, Mindestanforderungen an das Risikomanagement für Investmentgesellschaften (InvMaRisk), Rundschreiben 5/2010 (WA) vom 30. Juni 2010.

Bundesanstalt für Finanzdienstleistungsaufsicht, Mindestanforderungen an Compliance und die weiteren Verhaltens-, Organisations- und Transparenzpflichten nach §§ 31 ff. WpHG (MaComp), Rundschreiben 4/2010 (WA) vom 7. Juni 2010.

Bundesanstalt für Finanzdienstleistungsaufsicht, Jahresbericht 2009, 25. Mai 2010.

Bundesanstalt für Finanzdienstleistungsaufsicht/Deutsche Bundesbank, Merkblatt zu Modelländerungen bei internen Marktrisikomodellen, 19. April 2010.

Bundesanstalt für Finanzdienstleistungsaufsicht/Deutsche Bundesbank, Empfehlungen des Fachgremiums Kredit zur Überwachung der Werte von Immobilien und zur Neubewertung von Immobilien, 18. Februar 2010.

Bundesanstalt für Finanzdienstleistungsaufsicht, Aufsichtsrechtliche Anforderungen an die Vergütungssysteme von Instituten, Rundschreiben 22/2009 (BA) vom 21. Dezember 2009.

Bundesanstalt für Finanzdienstleistungsaufsicht/Deutsche Bundesbank, Merkblatt zur Meldung von Ausnahmen bei Rückvergleichen bei internen Marktrisikomodellen gemäß § 318 SolvV, 30. Oktober 2009.

Bundesanstalt für Finanzdienstleistungsaufsicht/Deutsche Bundesbank, Begleitschreiben für Finanzierungsleasing- und Factoringinstitute zu den Mindestanforderungen an das Risikomanagement (MaRisk) vom 22. September 2009.

Bundesanstalt für Finanzdienstleistungsaufsicht, Mindestanforderungen an das Risikomanagement (MaRisk), Rundschreiben 15/2009 (BA) vom 14. August 2009.

Bundesanstalt für Finanzdienstleistungsaufsicht, Übermittlungsschreiben zum Rundschreiben 15/2009 (BA) vom 14. August 2009.

Bundesanstalt für Finanzdienstleistungsaufsicht, Übermittlungsschreiben zum zweiten Entwurf der Mindestanforderungen an das Risikomanagement vom 26. Juni 2009.

Bundesanstalt für Finanzdienstleistungsaufsicht, Auslegungsentscheidung zu einer Anfrage des Bundesverbandes Öffentlicher Banken Deutschlands (VÖB) vom 27. Februar 2009.

Bundesanstalt für Finanzdienstleistungsaufsicht, Aufsichtsrechtliche Mindestanforderungen an das Risikomanagement (MaRisk VA), Rundschreiben 3/2009 (VA) vom 21. Januar 2009.

Bundesanstalt für Finanzdienstleistungsaufsicht/Deutsche Bundesbank, Praxis des Liquiditätsrisikomanagements in ausgewählten deutschen Kreditinstituten, Januar 2008.

Bundesanstalt für Finanzdienstleistungsaufsicht/Deutsche Bundesbank, Empfehlungen des Fachgremiums IRBA (jetzt Fachgremium Kredit) zum Transferrisiko, 21. Dezember 2007.

Bundesanstalt für Finanzdienstleistungsaufsicht/Deutsche Bundesbank, Empfehlungen des Fachgremiums IRBA (jetzt Fachgremium Kredit) zu Stresstests, 21. Dezember 2007.

Bundesanstalt für Finanzdienstleistungsaufsicht/Deutsche Bundesbank, Bankaufsichtliches Risikoprofil als Teil der bankaufsichtlichen Überprüfung und Bewertung von Instituten, November 2007.

Bundesanstalt für Finanzdienstleistungsaufsicht, Zinsänderungsrisiken im Anlagebuch – Ermittlung der Auswirkungen einer plötzlichen und unerwarteten Zinsänderung, Rundschreiben 7/2007 (BA) vom 6. November 2007.

Bundesanstalt für Finanzdienstleistungsaufsicht (BaFin), Mindestanforderungen an das Risikomanagement (MaRisk), Rundschreiben 5/2007 (BA) vom 30. Oktober 2007.

Bundesanstalt für Finanzdienstleistungsaufsicht, Übermittlungsschreiben zum Rundschreiben 5/2007 (BA) vom 30. Oktober 2007.

Bundesanstalt für Finanzdienstleistungsaufsicht/Deutsche Bundesbank, Merkblatt zur Zulassung eines bankinternen Liquiditätsmess- und -steuerungsverfahrens nach § 10 Liquiditätsverordnung vom 15. Oktober 2007.

Bundesanstalt für Finanzdienstleistungsaufsicht/Deutsche Bundesbank, Empfehlungen des Fachgremiums OpRisk zur Datensammlung im AMA, 13. September 2007.

Bundesanstalt für Finanzdienstleistungsaufsicht, Merkblatt zu § 2a KWG (Waiver-Regelung), Entwurf vom 21. August 2007.

Bundesanstalt für Finanzdienstleistungsaufsicht, Übermittlungsschreiben zum zweiten Entwurf zur Modernisierung der Outsourcing-Regelungen und Integration in die MaRisk vom 10. August 2007.

Literaturverzeichnis

Bundesanstalt für Finanzdienstleistungsaufsicht/Deutsche Bundesbank, Empfehlungen des Fachgremiums OpRisk zur Berücksichtigung von Versicherungen in fortgeschrittenen Messansätzen, 6. Juni 2007.

Bundesanstalt für Finanzdienstleistungsaufsicht und Deutsche Bundesbank, Merkblatt zur Zulassung zum IRBA, 1. April 2007.

Bundesanstalt für Finanzdienstleistungsaufsicht, Protokoll der dritten Sitzung des MaRisk-Fachgremiums am 6. März 2007.

Bundesanstalt für Finanzdienstleistungsaufsicht, Protokoll der zweiten Sitzung des MaRisk-Fachgremiums am 17. August 2006.

Bundesanstalt für Finanzdienstleistungsaufsicht/Deutsche Bundesbank, Empfehlungen des Fachgremiums OpRisk zur Definition des operationellen Risikos, 25. Juli 2006.

Bundesanstalt für Finanzdienstleistungsaufsicht, Protokoll der ersten Sitzung des MaRisk-Fachgremiums am 4. Mai 2006.

Bundesanstalt für Finanzdienstleistungsaufsicht, Mindestanforderungen an das Risikomanagement (MaRisk), Rundschreiben 18/2005 (BA) vom 20. Dezember 2005.

Bundesanstalt für Finanzdienstleistungsaufsicht, Übermittlungsschreiben zum Rundschreiben 18/2005 (BA) vom 20. Dezember 2005.

Bundesanstalt für Finanzdienstleistungsaufsicht, Finanzierung aus einer Hand, Rundschreiben 17/2005 (BA) vom 15. November 2005.

Bundesanstalt für Finanzdienstleistungsaufsicht/Deutsche Bundesbank, Bericht über die Industrieaktion AMA operationelles Risiko 2005, 29. September 2005.

Bundesanstalt für Finanzdienstleistungsaufsicht, Mindestanforderungen an das Risikomanagement (MaRisk), zweiter Entwurf eines Rundschreibens vom 22. September 2005.

Bundesanstalt für Finanzdienstleistungsaufsicht, Übermittlungsschreiben zum zweiten Entwurf der Mindestanforderungen an das Risikomanagement vom 22. September 2005.

Bundesanstalt für Finanzdienstleistungsaufsicht/Deutsche Bundesbank, Bericht über die Industrieaktion AMA operationelles Risiko 2005, September 2005.

Bundesanstalt für Finanzdienstleistungsaufsicht/Deutsche Bundesbank, Empfehlungen des Fachgremiums OpRisk zu den qualitativen Anforderungen im Standardansatz, 27. Juni 2005.

Bundesanstalt für Finanzdienstleistungsaufsicht, Schreiben an den Zentralen Kreditausschuss zu § 18 KWG vom 9. Mai 2005.

Bundesanstalt für Finanzdienstleistungsaufsicht, Mindestanforderungen an das Risikomanagement (MaRisk), erster Entwurf eines Rundschreibens vom 2. Februar 2005.

Bundesanstalt für Finanzdienstleistungsaufsicht, Übermittlungsschreiben zum ersten Entwurf der Mindestanforderungen an das Risikomanagement vom 2. Februar 2005.

Bundesanstalt für Finanzdienstleistungsaufsicht/Deutsche Bundesbank, Empfehlungen des Fachgremiums IRBA (jetzt Fachgremium Kredit) zur Ratingübernahme, 4. Oktober 2004.

Bundesanstalt für Finanzdienstleistungsaufsicht, Protokoll der vierten Sitzung des MaK-Fachgremiums am 27. April 2004.

Bundesanstalt für Finanzdienstleistungsaufsicht, Entwicklung von Mindestanforderungen an das Risikomanagement (MaRisk), Schreiben vom 15. April 2004.

Bundesanstalt für Finanzdienstleistungsaufsicht, Schreiben zu »Kreditfabriken« – Aufsichtliche Rahmenbedingungen und Anforderungen, 12. Dezember 2003.

Bundesanstalt für Finanzdienstleistungsaufsicht, Protokoll der dritten Sitzung des MaK-Fachgremiums am 12. November 2003.

Bundesanstalt für Finanzdienstleistungsaufsicht, Protokoll der zweiten Sitzung des MaK-Fachgremiums am 10. Juli 2003.

Bundesanstalt für Finanzdienstleistungsaufsicht, Protokoll der ersten Sitzung des MaK-Fachgremiums am 14. Mai 2003.

Bundesanstalt für Finanzdienstleistungsaufsicht, Mindestanforderungen an das Kreditgeschäft der Kreditinstitute (MaK), Rundschreiben 34/2002 (BA) vom 20. Dezember 2002.

Bundesanstalt für Finanzdienstleistungsaufsicht, Übermittlungsschreiben zum Rundschreiben 34/2002 (BA) vom 20. Dezember 2002.

Bundesanstalt für Finanzdienstleistungsaufsicht, Übermittlungsschreiben zum zweiten Entwurf der Mindestanforderungen an das Kreditgeschäft vom 2. Oktober 2002.

Bundesanstalt für Finanzdienstleistungsaufsicht, Übermittlungsschreiben zum zweiten Entwurf der Mindestanforderungen an das Kreditgeschäft der Kreditinstitute (MaK) vom 2. Oktober 2002.

Bundesanstalt für Finanzdienstleistungsaufsicht, Bekanntmachung über die Anforderungen an die Ordnungsmäßigkeit des Depotgeschäfts und der Erfüllung von Wertpapierlieferungsverpflichtungen vom 21. Dezember 1998.

Bundesaufsichtsamt für das Kreditwesen, Auslagerung von Bereichen auf ein anderes Unternehmen gemäß § 25a Abs. 2 KWG, Rundschreiben 11/2001 vom 6. Dezember 2001.

Bundesaufsichtsamt für das Kreditwesen, Ergänzende Hinweise zu den Mindestanforderungen an das Betreiben von Handelsgeschäften der Kreditinstitute (MaH) – Revisionsberichte und Marktgerechtigkeitsprüfung, Rundschreiben 5/2001 vom 12. September 2001.

Bundesaufsichtsamt für das Kreditwesen, Rundschreiben 1/2001 über die Modellierung des besonderen Kursrisikos im Grundsatz I vom 22. Januar 2001.

Bundesaufsichtsamt für das Kreditwesen, Mindestanforderungen an die Ausgestaltung der Internen Revision der Kreditinstitute (MaIR), Rundschreiben 1/2000 vom 17. Januar 2000.

Bundesaufsichtsamt für das Kreditwesen, Bekanntmachung über die Änderung und Ergänzung der Grundsätze über die Eigenmittel und die Liquidität der Institute vom 25. November 1998.

Bundesaufsichtsamt für das Kreditwesen, Erläuterungen zu einzelnen Regelungen der Mindestanforderungen an das Betreiben von Handelsgeschäften der Kreditinstitute (MaH), Rundschreiben 4/1998 vom 8. April 1998.

Bundesaufsichtsamt für das Kreditwesen, Warentermingeschäfte, Rundschreiben 12/97 vom 7. November 1997.

Bundesaufsichtsamt für das Kreditwesen, Anforderungen an die Ausgestaltung der Innenrevision, Schreiben vom 28. Mai 1976.

Bundesaufsichtsamt für das Kreditwesen, Mindestanforderungen an das Betreiben von Handelsgeschäften der Kreditinstitute (MaH), Verlautbarung vom 23. Oktober 1995.

Bundesaufsichtsamt für das Kreditwesen, Übermittlungsschreiben zu den Mindestanforderungen an das Betreiben von Handelsgeschäften der Kreditinstitute vom 23. Oktober 1995.

Bundesaufsichtsamt für das Kreditwesen, Betreiben von Warentermingeschäften, Schreiben vom 24. Oktober 1974.

Bundesaufsichtsamt für das Kreditwesen, Risiken aus Währungstermingeschäften, Schreiben vom 6. Mai 1974.

Bundesministerium der Finanzen, Gesetz zur Ergänzung des Gesetzes über steuerliche Begleitregelungen zum Austritt des Vereinigten Königreichs Großbritannien und Nordirland aus der Europäischen Union (Brexit-Steuerbegleitgesetz – Brexit-StBG), Referentenentwurf vom 20. November 2018.

Bundesministerium der Finanzen, Arbeitsentwurf eines Gesetzes zur Abschirmung von Risiken und zur Planung der Sanierung und Abwicklung von Kreditinstituten, 30. Januar 2013.

Bundesministerium des Innern, Personalentwicklungskonzept, März 2006.

Bundesverband der Volks- und Raiffeisenbanken, Stellungnahme für die dritte Sitzung des MaRisk-Fachgremiums im Rahmen des Konsultationsverfahrens vom 20. bis 22. Juni 2005.

Bundesverband deutscher Banken, Stellungnahme für die zweite Sitzung des MaRisk-Fachgremiums im Rahmen des Konsultationsverfahrens vom 19. bis 20. Mai 2005.

Literaturverzeichnis

Bundesverband Informationswirtschaft, Telekommunikation und neue Medien e.V. (BITKOM), Compliance in IT-Outsourcing-Projekten – Leitfaden zur Umsetzung rechtlicher Rahmenbedingungen, 3. August 2006.

Bundesverband Informationswirtschaft, Telekommunikation und neue Medien e.V. (BITKOM), Kompass der IT-Sicherheitsstandards, Heft 3/2005.

Bundesverband Öffentlicher Banken Deutschlands, Kreditwirtschaftlich wichtige Vorhaben in der EU, Berlin/Brüssel, September 2009.

Bundesverband Öffentlicher Banken Deutschlands, Leitfaden zur Erstellung eines Beurteilungssystems nach §18 KWG, Berlin, 4. Oktober 2005.

Bundesverband Öffentlicher Banken Deutschlands, Stellungnahme für die zweite Sitzung des MaRisk-Fachgremiums im Rahmen des Konsultationsverfahrens vom 19. bis 20. Mai 2005.

Bundesverband Öffentlicher Banken Deutschlands/Bundesverband deutscher Banken, Gemeinsame Presseerklärung vom 26. Januar 2005.

Bundesverband Öffentlicher Banken Deutschlands/Bundesverband deutscher Banken, Standard für die Erfassung operationeller Verlustdaten, 15. Januar 2005.

Buscher, Arne Martin/Link, Vivien/von Harbou, Christopher/Weigl, Thomas, Verordnung über die aufsichtsrechtlichen Anforderungen an Vergütungssysteme von Instituten (Institutsvergütungsverordnung – InstitutsVergV), 2. Auflage, Stuttgart, 2018.

C&L Deutsche Revision, Anforderungen an den Einsatz von Finanzinstrumenten bei Industrieunternehmen, 2. Auflage, Frankfurt a. M., 1998.

Caps, Oliver/Tretter, Tobias, MaH aus Sicht der Marktpreisrisikosteuerung, in: Finanz Colloquium Heidelberg (Hrsg.), Einhaltung der MaH, Heidelberg, 2004, S. 125–175.

Carny, Hans-Georg/Neusüß, Martin, Das Finanzmarktrichtlinie-Umsetzungsgesetz, in: BaFinJournal, Ausgabe Mai 2007, S. 14–19.

Chrubasik, Bodo/Schütz, Armin, Auslagerungen in der Kreditwirtschaft, Göttingen, 2018.

Clausewitz, Carl von, Vom Kriege, 19. Auflage, Bonn, 1980.

Clifford Chance, MiFID-Connect – Guideline on the Application of the Outsourcing Requirements under the FSA Rules implementing MiFID and the CRD in the UK, 2007.

Commission Bancaire, Regulation 97–2, Paris, 21. Februar 1997.

Commission Bancaire et Financiere, Rundschreiben 97/4, Brüssel, 30. Juni 1997.

Committee of European Banking Supervisors, Guidelines on Remuneration Policies and Practices (GL 42), 10. Dezember 2010.

Committee of European Banking Supervisors, Consultation paper on the Guidebook on Internal Governance (CP 44), 13. Oktober 2010.

Committee of European Banking Supervisors, Guidelines on Liquidity Cost Benefit Allocation (GL 36), 27. Oktober 2010.

Committee of European Banking Supervisors, Guidelines on the management of operational risks in market-related activities (GL 35), 12. Oktober 2010.

Committee of European Banking Supervisors, CEBS's position paper on the recognition of diversification benefits under Pillar 2, 2. September 2010.

Committee of European Banking Supervisors, Revised Guidelines on the management of concentration risk under the supervisory review process (GL 31), 2. September 2010.

Committee of European Banking Supervisors, Revised Guidelines on Stress Testing (GL 32), 26. August 2010.

Committee of European Banking Supervisors, Principles for disclosures in times of stress (Lessons learnt from the financial crisis), 26. April 2010.

Committee of European Banking Supervisors, High level principles for risk management, 16. Februar 2010.

Committee of European Banking Supervisors, Guidelines on Stress Testing (CP 32), Consultative document, 14. Dezember 2009.

Committee of European Banking Supervisors, Feedback to the public consultation on »Consultation Paper on Liquidity Buffers & Survival Periods« (CP 28), 9. Dezember 2009.

Committee of European Banking Supervisors, Guidelines on Liquidity Buffers & Survival Periods (GL 28), 9. Dezember 2009.

Committee of European Supervisors, Draft CEBS deliverables, 2. November 2009.

Committee of European Banking Supervisors/Committee of European Securities Regulators/Committee of European Insurance and Occupational Pensions Supervisors, Guidelines for the prudential assessment of acquisitions and increases in holdings in the financial sector required by Directive 2007/44/EC, 18. Dezember 2008.

Committee of European Banking Supervisors, Second Part of CEBS's Technical Advice to the European Commission on Liquidity Risk Management, 18. September 2008.

Committee of European Banking Supervisors, Consultation paper on technical aspects of diversification under Pillar 2 (CP 20), 27. Juni 2008.

Committee of European Banking Supervisors, Second Part of CEBS' Technical Advice to the European Commission on Liquidity Risk Management – Analysis of specific issues listed by the Commission and challenges not currently addressed in the EEA, 17. Juni 2008.

Committee of European Banking Supervisors, Guidelines on Outsourcing, 14. Dezember 2006.

Committee of European Banking Supervisors, Guidelines on technical aspects of the management of interest rate risk arising from nontrading activities under the supervisory review process (GL 11), 3. Oktober 2006.

Committee of European Banking Supervisors, Guidelines on the Application of the Supervisory Review Process under Pillar 2 (GL 03), 25. Januar 2006.

Committee of Sponsoring Organizations of the Treadway Commission, Enterprise Risk Management – Integrating with Strategy and Performance, 11. Juni 2017.

Committee on Payment and Settlement Systems/Technical Committee of the International Organization of Securities Commissions, Principles for financial market infrastructures, 5. April 2012.

Committee on the Global Financial System, Stress testing at major financial institutions: survey results and practice, Januar 2005.

Comptroller of the Currency, Comptroller's Handbook: Liquidity, Februar 2001.

Darwin, Charles, The Origin of Species by Means of Natural Selection, New York, 1859.

Dauber, Markus/Pfeifer, Guido/Ullrich, Walter/Eberl, Holger, Allgemeine Anforderungen der MaRisk, in: Pfeifer, Guido/Ullrich, Walter/Wimmer, Konrad (Hrsg.), MaRisk-Umsetzungsleitfaden, Heidelberg, 2006, S. 105–164.

Debus, Knut/Kreische Kai, Eigenkapital und barwertiges Zinsänderungsrisiko, in: Betriebswirtschaftliche Blätter, Heft 11/2006, S. 643–656.

Debus, Knut/Kreische, Kai, Die Liquidität im Fokus, in: Die Bank, Heft 6/2006, S. 59–63.

Delegierte Verordnung (EU) 2017/565 (MiFID II-Durchführungsverordnung) der Kommission vom 25. April 2016 zur Ergänzung der Richtlinie 2014/65/EU des Europäischen Parlaments und des Rats in Bezug auf die organisatorischen Anforderungen an Wertpapierfirmen und die Bedingungen für die Ausübung ihrer Tätigkeit sowie in Bezug auf die Definition bestimmter Begriffe für die Zwecke der genannten Richtlinie, Amtsblatt der Europäischen Union vom 31. März 2017, L 879/1-83.

Delegierte Verordnung (EU) 2017/208 der Kommission vom 31. Oktober 2016 zur Ergänzung der Verordnung (EU) Nr. 575/2013 des Europäischen Parlaments und des Rates durch technische Regulierungsstandards im Hinblick auf zusätzliche Liquiditätsabflüsse für Sicherheiten, die auf-

Literaturverzeichnis

grund der Auswirkungen ungünstiger Marktbedingungen auf die Derivatgeschäfte eines Instituts benötigt werden, Amtsblatt der Europäischen Union vom 8. Februar 2017, L 33/14-15.

Delegierte Verordnung (EU) 2017/180 der Kommission vom 24. Oktober 2016 zur Ergänzung der Richtlinie 2013/36/EU des Europäischen Parlaments und des Rates durch technische Regulierungsstandards zur Festlegung der Normen für die Referenzportfoliobewertung und der Verfahren für die gemeinsame Nutzung der Bewertungen, Amtsblatt der Europäischen Union vom 3. Februar 2017, L 29/1-9.

Delegierte Verordnung (EU) 2016/1075/EU der Kommission zur Ergänzung der Richtlinie 2014/59/EU des Europäischen Parlaments und des Rates durch technische Regulierungsstandards, in denen der Inhalt von Sanierungsplänen, Abwicklungsplänen und Gruppenabwicklungsplänen, die Mindestkriterien, anhand deren die zuständige Behörde Sanierungs- und Gruppensanierungspläne zu bewerten hat, die Voraussetzungen für gruppeninterne finanzielle Unterstützung, die Anforderungen an die Unabhängigkeit der Bewerter, die vertragliche Anerkennung von Herabschreibungs- und Umwandlungsbefugnissen, die Verfahren und Inhalte von Mitteilungen und Aussetzungsbekanntmachungen und die konkrete Arbeitsweise der Abwicklungskollegien festgelegt wird, Amtsblatt der Europäischen Union vom 8. Juli 2016, L 184/1-71.

Delegierte Verordnung (EU) 2016/101 der Kommission vom 26. Oktober 2015 zur Ergänzung der Verordnung (EU) Nr. 575/2013 des Europäischen Parlaments und des Rates im Hinblick auf technische Regulierungsstandards für die vorsichtige Bewertung nach Artikel 105 Absatz 14, Amtsblatt der Europäischen Union vom 28. Januar 2016, L 21/54–65.

Delegierte Verordnung (EU) 2015/1798 der Kommission vom 2. Juli 2015 zur Berichtigung der delegierten Verordnung (EU) Nr. 625/2014 zur Ergänzung der Verordnung (EU) Nr. 575/2013 des Europäischen Parlaments und des Rates durch technische Regulierungsstandards zur Präzisierung der Anforderungen, denen Anleger, Sponsoren, ursprüngliche Kreditgeber und Originatoren in Bezug auf Risikopositionen aus übertragenen Kreditrisiken unterliegen, Amtsblatt der Europäischen Union vom 8. Oktober 2015, L 263/12–13.

Delegierte Verordnung (EU) 2015/35 (Solvabilitätsverodnung II) der Kommission vom 10. Oktober 2014 zur Ergänzung der Richtlinie 2009/138/EG des Europäischen Parlaments und des Rates betreffend die Aufnahme und Ausübung der Versicherungs- und der Rückversicherungstätigkeit (Solvabilität II), Amtsblatt der Europäischen Union vom 1. Januar 2015, L 12/1–797.

Delegierte Verordnung (EU) Nr. 1222/2014 der Kommission vom 8. Oktober 2014 zur Ergänzung der Richtlinie 2013/36/EU des Europäischen Parlaments und des Rates durch technische Regulierungsstandards zur Festlegung der Methode zur Bestimmung global systemrelevanter Institute und zur Festlegung der Teilkategorien global systemrelevanter Institute, Amtsblatt der Europäischen Union vom 15. November 2014, L 330/27-36.

Delegierte Verordnung (EU) Nr. 625/2014 der Kommission vom 13. März 2014 zur Ergänzung der Verordnung (EU) Nr. 575/2013 des Europäischen Parlaments und des Rates durch technische Regulierungsstandards zur Präzisierung der Anforderungen, denen Anleger, Sponsoren, ursprüngliche Kreditgeber und Originatoren in Bezug auf Risikopositionen aus übertragenen Kreditrisiken unterliegen, Amtsblatt der Europäischen Union vom 13. Juni 2014, L 174/16–25.

Delegierte Verordnung (EU) Nr. 604/2014 der Kommission vom 4. März 2014 zur Ergänzung der Richtlinie 2013/36/EU des Europäischen Parlaments und des Rates im Hinblick auf technische Regulierungsstandards in Bezug auf qualitative und angemessene quantitative Kriterien zur Ermittlung der Mitarbeiterkategorien, deren berufliche Tätigkeit sich wesentlich auf das Risikoprofil eines Instituts auswirkt, Amtsblatt der Europäischen Union vom 6. Juni 2014, L 167/30-35.

Delegierte Verordnung (EU) Nr. 529/2014 der Kommission vom 12. März 2014 zur Ergänzung der Verordnung (EU) Nr. 575/2013 des Europäischen Parlaments und des Rates durch technische Regulierungsstandards für die Beurteilung der Wesentlichkeit von Erweiterungen und Änderungen des auf internen Beurteilungen basierenden Ansatzes und des fortgeschrittenen Messansatzes, Amtsblatt der Europäischen Union vom 20. Mai 2014, L 148/36-49.

Delegierte Verordnung (EU) Nr. 231/2013 der Kommission vom 19. Dezember 2012 zur Ergänzung der Richtlinie 2011/61/EU des Europäischen Parlaments und des Rates im Hinblick auf Ausnahmen, die Bedingungen für die Ausübung der Tätigkeit, Verwahrstellen, Hebelfinanzierung, Transparenz und Beaufsichtigung, Amtsblatt der Europäischen Union vom 22. März 2013, L 83/1-95.

Deloitte, Calling a Chance in the Outsourcing Market: The Realities for the World's Largest Organizations, April 2005.

Deloitte Touch Tohmatsu, 2005 Global Security Survey, 2005.

Denter, Klaus, Die Bedeutung der MaRisk für die Abschlussprüfung, in: Becker, Axel/Gruber, Walter/Wohlert, Dirk (Hrsg.), Handbuch MaRisk, Frankfurt a. M., 2006, S. 617–638.

Department of the Treasury/Office of the Comptroller of the Currency/Federal Reserve System/ Federal Deposit Insurance Corporation, Interagency Guidance on Leveraged Lending vom 22. März 2013, veröffentlicht im Federal Register Vol. 78, No. 56, S. 17766-17776.

Der Thüringer Landesbeauftragte für den Datenschutz, Zweiter Tätigkeitsbericht des TLfD über den Zeitraum vom 1. Januar 1996 bis 31. Dezember 1997.

Derivatives Policy Group, Framework for voluntary oversight: A framework for voluntary oversight of the OTC derivatives activities of securities firm affiliates to promote confidence and stability in financial markets, März 1995.

Deutsche Bank Research, Credit Derivatives: Effects on the Stability of Financial Markets, in: Current Issues, Juni 2004, S. 1–12.

Deutsche Bank Research, IT-Outsourcing: Zwischen Hungerkur und Nouvelle Cuisine, 6. April 2004.

Deutsche Bundesbank, Bericht zum Basel III-Monitoring für deutsche Institute, 4. Oktober 2018.

Deutsche Bundesbank, Der aufsichtliche Überprüfungs- und Bewertungsprozess für kleinere Institute und Überlegungen zur Proportionalität, in: Monatsbericht, Oktober 2017, S. 48 ff.

Deutsche Bundesbank, Der Start in die Bankenunion, in: Monatsbericht, Oktober 2014, S. 52f.

Deutsche Bundesbank, Instrumente zum Kreditrisikotransfer: Einsatz bei deutschen Banken und Aspekte der Finanzstabilität, in: Monatsbericht, April 2004, S. 36 ff.

Deutsche Bundesbank, Gemeinsame europäische Bankenaufsicht – Erster Schritt auf dem Weg zur Bankenunion, in: Monatsbericht, Juli 2013, S. 15–33.

Deutsche Bundesbank, Bankinterne Methoden zur Ermittlung und Sicherstellung der Risikotragfähigkeit und ihre bankaufsichtliche Bedeutung, in: Monatsbericht, März 2013, S. 31–45.

Deutsche Bundesbank, »Range of Practice« zur Sicherstellung der Risikotragfähigkeit bei deutschen Kreditinstituten, 11. November 2010.

Deutsche Bundesbank, Finanzstabilitätsbericht 2010, November 2010.

Deutsche Bundesbank, Änderung der neu gefassten EU-Bankenrichtlinie und der EU-Kapitaladäquanzrichtlinie sowie Anpassung der Mindestanforderungen an das Risikomanagement, in: Monatsbericht, September 2009, S. 67–83.

Deutsche Bundesbank, Zur Steuerung von Liquiditätsrisiken in Kreditinstituten, in: Monatsbericht, September 2008, S. 59–74.

Deutsche Bundesbank, Zum aktuellen Stand der bankinternen Risikosteuerung und der Bewertung der Kapitaladäquanz im Rahmen des aufsichtlichen Überprüfungsprozesses, in: Monatsbericht, Dezember 2007, S. 57–72.

Deutsche Bundesbank, Stresstests: Methoden und Anwendungsgebiete, in: Finanzstabilitätsbericht 2007, November 2007, S. 99–115.

Deutsche Bundesbank, Konzentrationsrisiken in Kreditportfolios, in: Monatsbericht, Juni 2006, S. 35–54.

Literaturverzeichnis

Deutsche Bundesbank, Stresstests bei deutschen Banken – Methoden und Ergebnisse, Monatsbericht, Oktober 2004, S. 79–88.

Deutsche Bundesbank, Instrumente zum Kreditrisikotransfer: Einsatz bei deutschen Banken und Aspekte der Finanzstabilität, in: Monatsbericht, April 2004, S. 27–45.

Deutsche Bundesbank, Das deutsche Bankensystem im Stresstest, in: Monatsbericht, Dezember 2003, S. 55–63.

Deutsche Bundesbank, Mindestanforderungen an das Betreiben von Handelsgeschäften der Kreditinstitute, in: Monatsbericht, März 1996, S. 55–64.

Deutsche Kreditwirtschaft (German Banking Industry Committee), Comments on EBA Draft Guidelines on Outsourcing arrangements (EBA/CP/2018/11), 24. September 2018.

Deutsche Kreditwirtschaft, Position Paper on the Revision of the Capital Requirements Directive (CRD) and the Capital Requirements Regulation (CRR), 22. September 2017.

Deutsche Kreditwirtschaft, Stellungnahme zur Umsetzung der ESMA/EBA-Leitlinien zur Beschwerdeabwicklung – Konsultation der BaFin vom 23. Juni 2017; Entwurf eines Rundschreibens »Mindestanforderungen an das Beschwerdemanagement« (BaFin-Konsultation 06/2017) und Anhörung zu einer Allgemeinverfügung zur Einreichung von Berichten über Kundenbeschwerden durch CRR-Kreditinstitute, 4. August 2017.

Deutsche Kreditwirtschaft, Stellungnahme zur Konsultation des Rundschreibens »Bankaufsichtliche Anforderungen an die IT« (BAIT) vom 22. März 2017, 4. Mai 2017.

Deutsche Kreditwirtschaft (German Banking Industry Committee), Comments EBA Draft Guidelines on internal governance, Schreiben vom 27. Januar 2017.

Deutsche Kreditwirtschaft, Stellungnahme BaFin-Konsultation 08/2016 der Verordnung zur Änderung der Institutsvergütungsverordnung (InstitutsVergV), 12. September 2016.

Deutsche Kreditwirtschaft, Stellungnahme zum Konsultationspapier 02/2016 der Bundesanstalt für Finanzdienstleistungsaufsicht (BaFin) zur Überarbeitung der MaRisk (Zwischenentwurf vom 24. Juni 2016), 22. Juli 2016.

Deutsche Kreditwirtschaft, Stellungnahme zum Entwurf der MaRisk in der Fassung vom 18. Februar 2016 (Konsultation 02/2016) vom 27. April 2016.

Deutsche Kreditwirtschaft, Stellungnahme zum Entwurf eines Gesetzes zur Abschirmung von Risiken und zur Planung der Sanierung und Abwicklung von Kreditinstituten, 17. April 2013.

Deutsche Kreditwirtschaft, Schreiben an die BaFin zur Leitung der Risikocontrolling-Funktion, 13. März 2013.

Deutsche Kreditwirtschaft (German Banking Industry Committee), Comments on the Basel Committee's consultative document published in July 2012, 13. September 2012.

Deutsche Kreditwirtschaft, Stellungnahme zum Konsultationspapier 01/2012 der Bundesanstalt für Finanzdienstleistungsaufsicht (BaFin) – »Überarbeitung der MaRisk« (Zwischenentwurf vom 2. August 2012), 12. September 2012.

Deutsche Kreditwirtschaft, Stellungnahme zum Konsultationspapier 01/2012 der Bundesanstalt für Finanzdienstleistungsaufsicht (BaFin) – »Überarbeitung der MaRisk«, 5. Juni 2012.

Deutsche Kreditwirtschaft (German Banking Industry Committee), Comments on the Basel Committee on Banking Supervision's Consultative Document »The internal audit function in banks«, 12. März 2012.

Deutscher Genossenschafts- und Raiffeisenverband e. V., Das Risikomanagement als Grundsatz ordnungsmäßiger Geschäftsführung, DGRV-Schriftenreihe, Band 42, Wiesbaden, 2000.

Deutscher Sparkassen- und Giroverband, Mindestanforderungen an das Risikomanagement – Interpretationsleitfaden, Version 6, 6. April 2018.

Deutscher Sparkassen- und Giroverband, Mindestanforderungen an das Risikomanagement – Interpretationsleitfaden, Version 5.0, Berlin, März 2013.

Deutscher Sparkassen- und Giroverband, Mindestanforderungen an das Risikomanagement – Interpretationsleitfaden, Version 3.0, Berlin, November 2009.

Deutsches Institut für Interne Revision e. V. (DIIR), Frankfurt am Main, Institut für interne Revision Österreich (IIA Austria), Wien, Schweizer Verband für Interne Revision (IIA Switzerland), Zürich, (Hrsg.), Internationale Standards für die berufliche Praxis der Internen Revision 2017 – Mission, Grundprinzipien, Definitionen, Ethikkodex, Standards, Version 6.1, 10. Januar 2018

Deutsches Institut für Interne Revision e. V., Online-Revisionshandbuch, Stand Dezember 2017.

Deutsches Institut für Interne Revision e. V., DIIR Prüfungsstandard Nr. 4, Standard zur Prüfung von Projekten – Definitionen und Grundsätze, Version 2.1, Frankfurt am Main, September 2015.

Deutsches Institut für Interne Revision e. V., Stellungnahme zur Neufassung der MaRisk – Konsultation 03/2009, 23. März 2009.

Deutsches Institut für Interne Revision e. V., DIIR-Revisionsstandard Nr. 4, Standard zur Prüfung von Projekten vom 18. Juni 2008.

Deutsches Institut für Interne Revision e. V., Anmerkungen zur Modernisierung der Outsourcing-Regelungen und Integration in die MaRisk in der Version vom 13. August 2007, Stellungnahme vom 31. August 2007.

Deutsches Institut für Interne Revision e. V., Arbeitskreis »Revision des Kreditgeschäftes«, Fachbeiträge zur Revision des Kreditgeschäftes, Berlin, 2002.

Deutsches Institut für Interne Revision e. V. (Hrsg.), Grundlagen der Internen Revision, Frankfurt a. M., 2002.

Deutsches Institut für Interne Revision e. V., Fachliche Mitteilungen des IIR, IIR Revisionsstandard Nr. 3, Qualitätsmanagement in der Internen Revision, in: Zeitschrift Interne Revision, Heft 5/2002, S. 214–224.

Deutsches Institut für Interne Revision e. V. (Hrsg.), Grundsätze für die berufliche Praxis der Internen Revision, Frankfurt a. M., 1998.

Deutsches Institut für Wirtschaftsforschung e. V. (DIW Berlin), Evaluierungsuntersuchungen zur Bewertung der Aufsicht der Kreditwirtschaft und Erstellung eines Erfahrungsberichts (Erfahrungsbericht Bankenaufsicht), Reihe »Politikberatung kompakt« Nr. 24, 2. Auflage, Berlin, 2006.

Dietz, Thomas/Petersen, Thomas, Liquiditätsverordnung: Anforderungen an interne Risikomodelle, in: BaFinJournal, Ausgabe Januar 2008, S. 13–18.

Drehmann, Mathias, A Market Based Macro Stress Test for the Corporate Credit Exposure of UK Banks, Working Paper, Bank of England, April 2005.

Drüen, Jörg/Florin, Sascha, Reverse Stresstests: Stress-Kennzahlen für die praktische Banksteuerung, in: Risikomanager, Heft 10/2010, S. 1 und 6–9.

Duening, Thomas N./Click, Rick L., Essentials of Business Process Outsourcing, New Jersey, 2005.

Düllmann, Klaus, Messung von Konzentrationsrisiken in Kreditportfolios im Rahmen der Baseler Säule II, Vortrag im Rahmen des Bundesbank Symposium 2006 »Bankenaufsicht im Dialog«, 5. Juli 2006.

Düllmann, Klaus/Erdelmeier, Martin, Stress testing German banks in a downturn in the automobile industry, Deutsche Bundesbank, Discussion Paper, Series 2: Banking and Financial Studies, No. 2/2009.

Durchführungsverordnung (EU) 2017/2114 der Kommission vom 9. November 2017 zur Änderung der Durchführungsverordnung (EU) Nr. 680/2014 in Bezug auf Meldebögen und Erläuterungen, Amtsblatt der Europäischen Union vom 6. Dezember 2017, L 321/1-427.

Durchführungsverordnung (EU) 2016/313 der Kommission vom 1. März 2016 zur Änderung der Durchführungsverordnung (EU) Nr. 680/2014 im Hinblick auf zusätzliche Parameter für die Liquiditätsüberwachung, Amtsblatt der Europäischen Union vom 5. März 2016, L 60/5-58.

Literaturverzeichnis

Durchführungsverordnung (EU) 2015/79 der Kommission vom 18. Dezember 2014 zur Änderung der Durchführungsverordnung (EU) Nr. 680/2014 zur Festlegung technischer Durchführungsstandards für die aufsichtlichen Meldungen der Institute gemäß der Verordnung (EU) Nr. 575/2013 des Europäischen Parlaments und des Rates in Bezug auf die Belastung von Vermögenswerten, ein einheitliches Datenpunktmodell und Validierungsregeln, Amtsblatt der Europäischen Union vom 21. Januar 2015, L 14/1-44.

Durchführungsverordnung (EU) Nr. 680/2014 der Kommission vom 16. April 2014 zur Festlegung technischer Durchführungsstandards für die aufsichtlichen Meldungen der Institute gemäß der Verordnung (EU) Nr. 575/2013 des Europäischen Parlaments und des Rates, Amtsblatt der Europäischen Union vom 28. Juni 2014, L 191/1-1861.

Durchführungsverordnung (EU) Nr. 602/2014 der Kommission vom 4. Juni 2014 zur Festlegung technischer Durchführungsstandards zur Erleichterung der Konvergenz der Aufsichtspraxis bezüglich der Anwendung zusätzlicher Risikogewichte gemäß Verordnung (EU) Nr. 575/2013 des Europäischen Parlaments und des Rates, Amtsblatt der Europäischen Union vom 5. Juni 2014, L 166/22-24.

Duttweiler, Rudolf, Liquidität als Teil der bankbetriebswirtschaftlichen Finanzpolitik, in: Bartetzky, Peter/Gruber, Walter/Wehn, Carsten S. (Hrsg.), Handbuch Liquiditätsrisiko – Identifikation, Messung und Steuerung, Stuttgart, 2008, S. 29-50.

EBA's Banking Stakeholder Group, Comments on the Consultation Paper EBA Draft Guidelines on Outsourcing arrangements, EBA/CP/2018/11, London, 24. September 2018.

EBA's Banking Stakeholder Group, New Bank Liquidity Rules: Dangers Ahead, Position paper, 12. Oktober 2012.

Eberl, Holger, Neue Vorgaben für Prozesse im Handelsgeschäft, in: Pfeifer, Guido/Ullrich, Walter (Hrsg.), MaRisk-Interpretationshilfen, 2. Auflage, Heidelberg, 2009, S. 220-279.

Eberl, Holger, MaRisk und die Organisation des Kredit- und Handelsgeschäfts, in: Pfeifer, Guido/Ullrich, Walter/Wimmer, Konrad (Hrsg.), MaRisk-Umsetzungsleitfaden, Heidelberg, 2006, S. 165-218.

Eichhorn, Michael, Britische Finanzdienstleistungsaufsicht: Deutliche Verschärfung der Standards für Liquiditätsrisiken, in: Zeitschrift für das gesamte Kreditwesen, Heft 3/2009, S. 121-125.

Eichler, Alexander, Vertragsgestaltung und -verhandlungen, Vortrag an der Universität Jena am 19. November 2004.

Eidgenössische Bankenkommission, Rundschreiben 2017/1 – Corporate Governance – Banken vom 22. September 2016,

Eidgenössische Bankenkommission, Überwachung und interne Kontrolle, Rundschreiben 06/06 vom 27. September 2006.

Eidgenössische Bankenkommission, Interne Revision (Inspektorat), Rundschreiben vom 14. Dezember 1995.

Eidgenössisches Personalamt, Personalentwicklung in der Bundesverwaltung, genehmigt vom Eidgenössischen Finanzdepartment am 30. Oktober 2003.

Eisert, Matthias, AT 4.3.4 – Neue Anforderungen an das Datenmanagement in den MaRisk 2016, PwC Risk Blog, 3. Mai 2016.

Eller, Roland/Kurfels, Matthias, Praxisorientierte Dokumentation der MaRisk-Umsetzung, in: BankPraktiker, Heft 5/2007, S. 272-277.

Eller, Roland/Wenzel, Andreas, MaRisk – Entwicklung und Umsetzung von Mindestanforderungen an das Risikomanagement, in: Eller, Roland (Hrsg.), Gesamtbanksteuerung und qualitatives Aufsichtsrecht, Stuttgart, 2005, S. 175-181.

Empfehlung des Europäischen Ausschusses für Systemrisiken zur Änderung der Empfehlung ESRB/2012/2 zur Finanzierung von Kreditinstituten (ESRB/2016/2) vom 21. März 2016, Amtsblatt der Europäischen Union vom 21. April 2016, C 140/1-2.

Empfehlung des Europäischen Ausschusses für Systemrisiken zu Zwischenzielen und Instrumenten für makroprudenzielle Maßnahmen (ESRB/2013/1) vom 4. April 2013, Amtsblatt der Europäischen Union vom 15. Juni 2013, C 170/1–19.

Empfehlung des Europäischen Ausschusses für Systemrisiken zur Finanzierung von Kreditinstituten (ESRB/2012/2) vom 20. Dezember 2012, Amtsblatt der Europäischen Union vom 25. April 2013, C 119/1-61.

Empfehlung des Europäischen Ausschusses für Systemrisiken zu der Finanzierung der Kreditinstitute in US-Dollar (ESRB/2011/2) vom 22. Dezember 2011, Amtsblatt der Europäischen Union vom 10. März 2012, C 72/1–21.

Empfehlung des Europäischen Ausschusses für Systemrisiken zu Fremdwährungskrediten (ESRB/2011/1) vom 21. September 2011, Amtsblatt der Europäischen Union vom 22. November 2011, C 342/1–47.

Englisch, Rainer, BAIT-Anforderungen bezüglich des IDV-Einsatzes in Banken – Beobachtungen aus der Prüfungspraxis, Präsentation anlässlich der Veranstaltung IT-Aufsicht bei Banken in Frankfurt am Main, 27. September 2018.

Entwurf eines Gesetzes zur Umsetzung der Richtlinie 2002/87/EG des Europäischen Parlaments und des Rates (Finanzkonglomeraterichtlinie-Umsetzungsgesetz) vom 16. Dezember 2002, Bundestags-Drucksache 15/3641 vom 12. August 2004.

Erfahrungsaustausch öffentlicher und genossenschaftlicher Banken zum »Outsourcing« am 1. Februar 2009 in Berlin.

Erfahrungsaustausch öffentlicher, privater und genossenschaftlicher Banken zum »Neu-Produkt-Prozess« am 13. Juli 2007 in Hamburg.

Erfahrungsaustausch öffentlicher, privater und genossenschaftlicher Banken zum »Neu-Produkt-Prozess« am 18. April 2007 in Berlin.

Erfahrungsaustausch öffentlicher, privater und genossenschaftlicher Banken zum »Neu-Produkt-Prozess« am 26. Januar 2007 in Berlin.

Ernst & Young GmbH, EY Global Consumer Banking Survey 2016 – Welche Bedeutung und Relevanz haben Banken für ihre Kunden noch? Pressegespräch, 17. Oktober 2016.

Essler, Renate/Gampe, Jens, IT-Sicherheit – Aufsicht konkretisiert Anforderungen an die Kreditwirtschaft, in: BaFinJournal, Ausgabe Januar 2018, S. 17-21.

Eulering, Georg, Integration von Stresstests in Risikosteuerung und -controlling, in: Pfeifer, Guido/ Ullrich, Walter (Hrsg.), MaRisk-Interpretationshilfen, 2. Auflage, Heidelberg, 2009, S. 125–161.

Europäische Kommission, Vorschlag für eine Verordnung des Europäischen Parlaments und des Rates zur Änderung der Verordnung (EU) Nr. 1093/2010 zur Errichtung einer Europäischen Aufsichtsbehörde (Europäische Bankenaufsichtsbehörde), der Verordnung (EU) Nr. 1094 zur Errichtung einer Europäischen Aufsichtsbehörde (Europäische Aufsichtsbehörde für das Versicherungswesen und die betriebliche Altersversorgung), der Verordnung (EU) Nr. 1095/2010 zur Errichtung einer Europäischen Aufsichtsbehörde (Europäische Wertpapier- und Marktaufsichtsbehörde), der Verordnung (EU) Nr. 345/2013 über Europäische Risikokapitalfonds, der Verordnung (EU) Nr. 346/2013 über europäische Fonds für soziales Unternehmertum, der Verordnung (EU) Nr. 600/2014 über Märkte für Finanzinstrumente, der Verordnung (EU) 2015/760 über europäische langfristige Investmentfonds, der Verordnung (EU) 2016/1011 über Indizes, die bei Finanzinstrumenten und Finanzkontrakten als Referenzwert oder zur Messung der Wertentwicklung eines Investmentfonds verwendet werden, und der Verordnung (EU) 2017/1129 über den Prospekt, der beim öffentlichen Angebot von Wertpapieren oder bei deren Zulassung zum Handel auf einem geregelten Markt zu veröffentlichen ist, vom 20. September 2017.

Europäische Kommission, Vorschlag für eine Verordnung des Europäischen Parlaments und des Rates zur Änderung der Verordnung (EU) Nr. 575/2013 in Bezug auf die Verschuldensquote, die strukturelle Liquiditätsquote, Anforderungen an Eigenmittel und berücksichtigungsfähige Ver-

Literaturverzeichnis

bindlichkeiten, das Gegenparteiausfallrisiko, das Marktrisiko, Risikopositionen gegenüber zentralen Gegenparteien, Risikopositionen gegenüber Organismen für gemeinsame Anlagen, Großkredite, Melde- und Offenlegungspflichten und zur Änderung der Verordnung (EU) Nr. 648/2012 vom 23. November 2016.

Europäische Kommission, Vorschlag für eine Richtlinie des Europäischen Parlaments und des Rates zur Änderung der Richtlinie 2013/36/EU im Hinblick auf von der Anwendung ausgenommene Unternehmen, Finanzholdinggesellschaften, gemischte Finanzholdinggesellschaften, Vergütung, Aufsichtsmaßnahmen und -befugnisse und Kapitalerhaltungsmaßnahmen vom 23. November 2016

Europäische Zentralbank, Leitfaden der EZB für den bankinternen Prozess zur Sicherstellung einer angemessenen Kapitalausstattung (Internal Capital Adequacy Assessment Process – ICAAP), 9. November 2018.

Europäische Zentralbank, Leitfaden der EZB für den bankinternen Prozess zur Sicherstellung einer angemessenen Liquiditätsausstattung (Internal Liquidity Adequacy Assessment Process – ILAAP), 9. November 2018.

Europäische Zentralbank, EZB-Bankenaufsicht: Risikobewertung für 2019, 30. Oktober 2018.

Europäische Zentralbank, Leitfaden für Vor-Ort-Prüfungen und Prüfungen interner Modelle, 21. September 2018.

Europäische Zentralbank, SSM-LSI-SREP-Methodik, Ausgabe 2018, 4. Juli 2018.

Europäische Zentralbank, Leitfaden zur Beurteilung der fachlichen Qualifikation und persönlichen Zuverlässigkeit, 28. Mai 2018.

Europäische Zentralbank, Liste bedeutender beaufsichtigter Unternehmen, Stand: 1. April 2018.

Europäische Zentralbank, Leitfaden der EZB zu internen Modellen, Kapitel General Topics, Konsultationspapier, 28. März 2018.

Europäische Zentralbank, Ergänzung zum EZB-Leitfaden für Banken zu notleidenden Krediten: Aufsichtlicher Risikovorsorge-Backstop für notleidende Risikopositionen, 15. März 2018.

Europäische Zentralbank, Leitfaden der EZB zu internen Modellen – Kapitel General Topics, 15. März 2018.

Europäische Zentralbank, Leitfaden der EZB für den internen Prozess zur Beurteilung der Angemessenheit des Kapitals (Internal Capital Adequacy Assessment Process – ICAAP), 2. März 2018.

Europäische Zentralbank, Leitfaden der EZB für den internen Prozess zur Beurteilung der Angemessenheit der Liquidität (Internal Liquidity Adequacy Assessment Process – ILAAP), 2. März 2018.

Europäische Zentralbank, Broschüre zur SREP-Methodik des SSM, Dezember 2017.

Europäische Zentralbank, Leitfaden zur Beurteilung der fachlichen Qualifikation und persönlichen Zuverlässigkeit, 15. Mai 2017.

Europäische Zentralbank, Leitfaden für Banken zu notleidenden Krediten, 20. März 2017

Europäische Zentralbank, Technische Umsetzung der EBA-Leitlinien zu für SREP erhobene ICAAP- und ILAAP-Informationen, Konkretisierung der aufsichtlichen Erwartungen an die Erhebung von ICAAP- und ILAAP-Informationen vom 21. Februar 2017.

Europäische Zentralbank, SSM-Leitfaden zum ILAAP, Entwurf im Rahmen einer Mehrjahresplanung vom 20. Februar 2017.

Europäische Zentralbank, EZB-Bankenaufsicht: Prioritäten des SSM im Jahr 2017, 15. Dezember 2016.

Europäische Zentralbank, Aufsichtliche Erwartungen an ICAAP und ILAAP sowie harmonisierte Erhebung von ICAAP- und ILAAP-Informationen, Schreiben von Daniele Nouy an die Geschäftsleitung bedeutender Banken vom 8. Januar 2016.

Europäische Zentralbank, Leitfaden zur Anhörung der Europäischen Zentralbank durch die nationalen Behörden zu Entwürfen für Rechtsvorschriften, Oktober 2015.

Europäische Zentralbank, Broschüre zur SREP-Methodik des SSM, Februar 2015.

Europäische Zentralbank, Leitfaden zur Bankenaufsicht, 3. November 2014.

European Banking Authority, Consultation paper – EBA draft Guidelines on ICT and security risk management, EBA/CP/2018/15, 13. Dezember 2018.

European Banking Authority, Risk Assessment of the European Banking System, 14. Dezember 2018.

European Banking Authority, Final Report – Guidelines on management of non-performing and forborne exposures, EBA/GL/2018/06, 31. Oktober 2018.

European Banking Authority, EBA Report on Asset Encumbrance, 19. September 2018.

European Banking Authority, EBA Final Draft Regulatory Technical Standards – Specifying the requirements for originators, sponsors and original lenders relating to risk retention pursuant to Article 6(7) of Regulation (EU) 2017/2402, EBA/RTS/2018/01, 31. Juli 2018.

European Banking Authority, Guidelines on common procedures and methodologies for the supervisory review and evaluation process (SREP) and supervisory stress testing, EBA/GL/2014/13, Consolidated version, 19. Juli 2018.

European Banking Authority, Final Report – Guidelines on institution's stress testing, EBA/GL/2018/04, 19. Juli 2018.

European Banking Authority, Final Report – Guidelines on the management of interest rate risk arising from non-trading book activities, EBA/GL/2018/02, 19. Juli 2018.

European Banking Authority, Risk Dashboard – Data as of Q1 2018, 19. Juli 2018.

European Banking Authority, Risk Assessment Questionnaire – Summary of Results, 19. Juli 2018.

European Banking Authority, Consultation Paper – EBA Draft Guidelines on Outsourcing arrangements, EBA/CP/2018/11, 22. Juni 2018.

European Banking Authority, EBA 2016 CVA Risk Monitoring Exercise – Main Results, 4. Mai 2018.

European Banking Authority, Leitlinien für die PD-Schätzung, die LGD-Schätzung und die Behandlung von ausgefallenen Risikopositionen, EBA/GL/2017/16, 23. April 2018.

European Banking Authority, Draft Guidelines on the STS criteria for ABCP securitisation, EBA/CP/2018/04, 20. April 2018.

European Banking Authority, Leitlinien zur internen Governance, EBA/GL/2017/11, 21. März 2018.

European Banking Authority/European Securities and Markets Authority, Leitlinien zur Bewertung der Eignung von Mitgliedern des Leitungsorgans und Inhabern von Schlüsselfunktionen, EBA/GL/2017/12, 21. März 2018.

European Banking Authority, Leitlinien zu verbundenen Kunden gemäß Artikel 4 Absatz 1 Nummer 39 der Verordnung (EU) Nr. 575/2013, EBA/GL/2017/15, 23. Februar 2018.

European Banking Authority, 2018 EU-Wide Stress Test – Methodological Note, 31. Januar 2018.

European Banking Authority, Leitlinien für die Meldung schwerwiegender Vorfälle gemäß der Richtlinie (EU) 2015/2366 (PSD 2), EBA/GL/2017/10, 19. Dezember 2017.

European Banking Authority, Final Report – Guidelines on internal governance under Directive 2013/36/EU, EBA/GL/2017/11, 26. September 2017.

European Banking Authority, Leitlinien für die IKT-Risikobewertung im Rahmen des aufsichtlichen Überprüfungs- und Bewertungsprozesses (SREP), EBA/GL/2017/05, 11. September 2017.

European Banking Authority, EBA 2015 CVA Risk Monitoring Exercise – Main Results, 21. Juni 2017.

Literaturverzeichnis

European Banking Authority, Guidelines on LCR disclosure to complement the disclosure of liquidity risk management under Article 435 of Regulation (EU) No 575/2013, EBA/GL/2017/01, 21. Juni 2017.

European Banking Authority, Leitlinien zu für SREP erhobene ICAAP- und ILAAP-Informationen, EBA/GL/2016/10, 10. Februar 2017.

European Banking Authority, EBA Final draft Regulatory Technical Standards on the specification of the assessment methodology for competent authorities regarding compliance of an institution with the requirements to use internal models for market risk and assessment of significant share under points (b) and (c) of Article 363(4) of Regulation (EU) No 575/2013, EBA/RTS/2016/07, 22. November 2016.

European Banking Authority, Draft Implementing technical standards amending Implementing Regulation (EU) No 680/2014 with regard to additional monitoring metrics for liquidity reporting, EBA/CP/2016/22, 16. November 2016.

European Banking Authority, Leitlinien zu für SREP erhobene ICAAP- und ILAAP-Informationen, EBA/GL/2016/10, 3. November 2016.

European Banking Authority, NSFR – EBA reply to the Call for Advice (Core Funding Ratio: A descriptive Analysis in the EU), EBA/Op/2016/15, 5. September 2016.

European Banking Authority, Final Draft Regulatory Technical Standards on the specification of the assessment methodology for competent authorities regarding compliance of an institution with the requirements to use the IRB Approach in accordance with Articles 144(2), 173(3) and 180(3)(b) of Regulation (EU) No 575/2013, EBA/RTS/2016/03, 21. Juli 2016.

European Banking Authority, Information update on the 2016 EU-wide stress test, 1. Juli 2016.

European Banking Authority, Leitlinien für eine solide Vergütungspolitik gemäß Artikel 74 Absatz 3 und Artikel 75 Absatz 2 der Richtlinie 2013/36/EU und Angaben gemäß Artikel 450 der Verordnung (EU) Nr. 575/2013, EBA/GL/2015/22, 27. Juni 2016.

European Banking Authority, Leitlinien zu Obergrenzen für Risikopositionen gegenüber Schattenbankunternehmen, die außerhalb eines Regelungsrahmens Banktätigkeiten ausüben, gemäß Artikel 395 Absatz 2 der Verordnung (EU) Nr. 575/2013, EBA/GL/2015/20, 3. Juni 2016.

European Banking Authority, Opinion of the European Banking Authority on the interaction of Pillar 1, Pillar 2 and combined buffer requirements and restrictions on distributions, EBA/Op/2015/24, 16. Dezember 2015.

European Banking Authority, EBA Report on Net Stable Funding Requirements under Article 510 of the CRR, EBA/Op/2015/22, 15. Dezember 2015.

European Banking Authority, Guidelines on the treatment of CVA risk under the supervisory review and evaluation process (SREP), EBA/CP/2015/21, 12. November 2015.

European Banking Authority, Leitlinien zur Steuerung des Zinsänderungsrisikos bei Geschäften des Anlagebuchs, EBA/GL/2015/08, 5. Oktober 2015.

European Banking Authority, Opinion of the European Banking Authority on Credit Valuation Adjustment (CVA), EBA/Op/2015/02, 25. Februar 2015.

European Banking Authority, EBA Final draft Regulatory Technical Standards on prudent valuation under Article 105 (14) of Regulation (EU) No 575/2013 (Capital Requirements Regulation – CRR), EBA/RTS/2014/06/rev1, 23. Januar 2015.

European Banking Authority, Leitlinien zu gemeinsamen Verfahren und Methoden für den aufsichtlichen Überprüfungs- und Bewertungsprozess (SREP), EBA/GL/2014/13, 19. Dezember 2014.

European Banking Authority, Final guidelines on the security of internet payments, EBA/GL/2014/12Rev1, 19. Dezember 2014.

European Banking Authority, Leitlinien für die Kriterien zur Festlegung der Anwendungsvoraussetzungen für Artikel 131 Absatz 3 der Richtlinie 2013/36/EU (CRD) in Bezug auf die Bewertung von anderen systemrelevanten Instituten (A-SRI), EBA/GL/2014/10, 16. Dezember 2014.

European Banking Authority, Final Draft Implementing Technical Standards on Asset Encumbrance Reporting under Article 100 of Capital Requirements Regulation (CRR), EBA/ITS/2013/04/rev1, 24. Juli 2014.

European Banking Authority, Guidelines on the range of scenarios to be used in recovery plans, EBA/GL/2014/06, 18. Juli 2014.

European Banking Authority, Leitlinien für harmonisierte Definitionen und Vorlagen für Finanzierungspläne von Kreditinstituten nach ESRB/2012/2, Empfehlung A Absatz 4, EBA/GL/2014/04, 19. Juni 2014.

European Banking Authority, Final Draft Regulatory Technical Standards on additional liquidity outflows corresponding to collateral needs resulting from the impact of an adverse market scenario on the institution's derivatives transactions, financing transactions and other contracts for liquidity reporting under Article 423(3) of Regulation (EU) No 575/2013 (Capital Requirements Regulation – CRR), EBA/RTS/2014/05, 28. März 2014.

European Banking Authority, Leitlinien zu Kapitalmaßnahmen für Fremdwährungskreditvergabe an nicht abgesicherte Kreditnehmer im Rahmen der aufsichtlichen Überprüfung und Bewertung, EBA/GL/2013/02, 20. Dezember 2013.

European Banking Authority, Final Draft Implementing Technical Standards on Additional Liquidity Monitoring Metrics under Article 415 (3) (b) of Regulation (EU) No 575/2013, 18. Dezember 2013.

European Banking Authority, EBA Final Draft Regulatory Technical Standards on the retention of net economic interest and other requirements relating to exposures to transferred credit risk (Articles 405, 406, 408 and 409) of Regulation (EU) No 575/2013, EBA/RTS/2013/12, 17. Dezember 2013.

European Banking Authority, EBA Final Draft Implementing Technical Standards Relating to the convergence of supervisory practices with regard to the implementation of additional risk weights (Article 407) of Regulation (EU) No 575/2013, EBA/ITS/2013/08, 17. Dezember 2013.

European Banking Authority, Guidelines on retail deposits subject to different outflows for purposes of liquidity reporting under Regulation (EU) No 575/2013, on prudential requirements for credit institutions and investment firms and amending Regulation (EU) No 648/2012 (Capital Requirements Regulation – CRR), EBA/GL/2013/01, 6. Dezember 2013.

European Banking Authority, Draft Regulatory Technical Standards on additional liquidity outflows corresponding to collateral needs resulting from the impact of an adverse market scenario on the institution's derivatives transactions, financing transactions and other contracts for liquidity reporting under Article 411(3) of the Draft Capital Requirements Regulation, EBA/CP/2013/19, 23. Mai 2013.

European Banking Authority, Consultation paper – Draft Regulatory Technical Standards on the assessment of recovery plans under the draft directive establishing a framework for the recovery and resolution of credit institutions and investment firms, EBA/CP/2013/08, 20. Mai 2013.

European Banking Authority, Consultation paper – Draft Regulatory Technical Standards specifying the range of scenarios to be used in recovery plans under the draft directive establishing a framework for the recovery and resolution of credit institutions and investment firms, EBA/CP/2013/09, 20. Mai 2013.

European Banking Authority, Consultation paper – Draft Regulatory Technical Standards on the content of recovery plans under the draft directive establishing a framework for the recovery and resolution of credit institutions and investment firms, EBA/CP/2013/01, 11. März 2013.

Literaturverzeichnis

European Banking Authority, Recommendation on the development of recovery plans, EBA/REC/2013/02, 23.Januar 2013.

European Banking Authority, Leitlinien zur Beurteilung der Eignung von Mitgliedern des Leitungsorgans und von Inhabern von Schlüsselfunktionen, EBA/GL/2012/06, 22.November 2012.

European Banking Authority, Guidelines on Stressed Value at Risk (Stressed VaR), EBA/GL/2012/2, 16. Mai 2012.

European Banking Authority, EBA Guidelines on Internal Governance (GL 44), 27.September 2011.

European Banking Authority, 2011 EU-wide Stress Test Aggregate Report, 15.Juli 2011.

European Central Bank, ECB guide to internal models – General topics chapter, 15. November 2018.

European Central Bank, Draft ECB guide to internal models – Risk-type-specific chapters, Consultation paper, 7. September 2018.

European Central Bank, Financial Stability Review, 15. Mai 2018.

European Central Bank, Report on the Thematic Review on effective risk data aggregation and risk reporting, 9. Mai 2018.

European Central Bank, Outsourcing opportunities and challenges, 14. Februar 2018.

European Central Bank, Guidance on leveraged transactions, 16.Mai 2017.

European Central Bank, Guide for the Targeted Review of Internal Models (TRIM), Consultation paper, 28. Februar 2017.

European Central Bank, The Supervisory Review and Evaluation Process: what's new? Newsletter articles, 16. November 2016.

European Central Bank, SSM supervisory statement on governance and risk appetite, 21. Juni 2016.

European Central Bank, Recommendations for the Security of Internet Payments, 31. Januar 2013.

European Central Bank, Beyond ROE – How to measure Bank Performance, September 2010.

European Central Bank, EU Bank's Funding Structures and Policies, Mai 2009.

European Central Bank, Report on EU banking structure, November 2004.

European Commission, Proposal for a Directive of the European Parliament and of the Council establishing a framework for the recovery and resolution of credit institutions and investment firms and amending Council Directives 77/91/EEC and 82/891/EC, Directives 2001/24/EC, 2002/47/EC, 2004/25/EC, 2005/56/EC, 2007/36/EC and 2011/35/EC and Regulation (EU) No 1093/2010, 6. Juni 2012.

European Commission, Proposal for a Directive of the European Parliament and of the Council on the access to the activity of credit institutions and the prudential supervision of credit institutions and investment firms and amending Directive 2002/87/EC of the European Parliament and of the Council on the supplementary supervision of credit institutions, insurance undertakings and investment firms in a financial conglomerate, 20.Juli 2011.

European Commission, Proposal for a Regulation of the European Parliament and of the Council on prudential requirements for credit institutions and investment firms, 20.Juli 2011.

European Commission, Corporate governance in financial institutions and remuneration policies, Green paper, 2.Juni 2010.

European Commission, Background Note, Draft Commission Directive implementing the Markets in Financial Instruments Directive 2004/39/EC (MiFID), 6.Februar 2006.

European Securities and Markets Authority/European Banking Authority, Leitlinien zur Bewertung der Eignung von Mitgliedern des Leitungsorgans und Inhabern von Schlüsselfunktionen, EBA/GL/2017/12, 21. März 2018.

European Securities and Markets Authority, Leitlinien zu Vergütungsgrundsätzen und -verfahren (MiFID), 3. Juni 2013

European Securities and Markets Authority, Leitlinien zu einigen Aspekten der MiFID-Anforderungen an die Compliance-Funktion, 25. Juni 2012.

European Securities and Markets Authority, Leitlinien zu einigen Aspekten der MiFID-Anforderungen an die Eignung, 25. Juni 2012.

European Securities and Markets Authority, Systeme und Kontrollen für Handelsplattformen, Wertpapierfirmen und zuständige Behörden in einem automatisierten Handelsumfeld, Leitlinien vom 24. Februar 2012.

European Systemic Risk Board, ESRB risk dashboard, 14. Juni 2018.

European Systemic Risk Board, Adverse macro-financial scenario for the 2018 EU-wide banking sector stress test, 16. Januar 2018.

European Systemic Risk Board, Report on misconduct risk in the banking sector, 5. Juni 2015.

Federal Reserve Bank of San Francisco, Stress Tests: Useful Complements to Financial Risk Models, in: FRBSF Economic Letter 2005-14, Juni 2005.

Federal Reserve Bank of New York, Outsourcing Financial Services Activities: Industry Practices to Mitigate Risks, 20. Oktober 1999.

Ferstl, Matthias, Neuregelung des § 25a KWG/MaRisk für das Outsourcing – erste Erfahrungen aus Bankensicht, in: Grieser, Simon/Heemann, Manfred (Hrsg.), Bankaufsichtsrecht, 1. Auflage, Frankfurt, 2010.

Financial Services Authority, The prudential regime for trading activities – A fundamental review, Discussion Paper 10/4, August 2010.

Financial Services Authority, Strengthening liquidity standards including feedback on CP08/22, CP09/13, CP09/14, Policy Statement 09/16, 9. Oktober 2009

Financial Services Authority, FSA confirmation of Industry Guidance, PS 07/16, September 2007.

Financial Services Authority, Principles-based regulation, April 2007.

Financial Services Authority, Organisational Systems and Controls – Common Platform for Firms, CP 06/09, Mai 2006.

Financial Services Authority, Reader's Guide: an introduction to the Handbook, Juli 2005.

Financial Services Authority, Offshore Operations: Industry Feedback, April 2005.

Financial Stability Board, 2018 list of global systemically important banks (G-SIBs) vom 16. November 2018.

Financial Stability Board, Supplementary Guidance to the FSB Principles and Standards on Sound Compensation Practices – The use of compensation tools to address misconduct risk, 9. März 2018.

Financial Stability Board, Financial Stability Implications from FinTech – Supervisory and Regulatory Issues that Merit Authorities' Attention, 27. Juni 2017.

Financial Stability Board, Stocktake of efforts to strengthen governance frameworks to mitigate misconduct risks, 23. Mai 2017.

Financial Stability Board, Guidance on Supervisory Interaction with Financial Institutions on Risk Culture – A Framework for Assessing Risk Culture, 7. April 2014.

Financial Stability Board, Principles for An Effective Risk Appetite Framework, 18. November 2013.

Financial Stability Board, Recovery and Resolution Planning for Systemically Important Financial Institutions: Guidance on Recovery Triggers and Stress Scenarios, 16. Juli 2013.

Financial Stability Board, Key Attributes of Effective Resolution Regimes for Financial Institutions, 4. November 2011.

Literaturverzeichnis

Financial Stability Board, Intensity and Effectiveness of SIFI Supervision – Progress report on implementing the recommendations on enhanced supervision, 27. Oktober 2011.

Financial Stability Board, Intensity and Effectiveness of SIFI Supervision, 2. November 2010.

Financial Stability Forum, Report of the Financial Stability Forum on Enhancing Market and Institutional Resilience, 7. April 2008.

Finanzmarktaufsicht Liechtenstein, ILAAP (»Internal Liquidity Adequacy Assessment Process«), FMA-Mitteilung 2017/6, 21. November 2017.

Finanzmarktaufsicht/Österreichische Nationalbank, Leitfaden zur Gesamtbankrisikosteuerung: Internal Capital Adequacy Assessment Process, Januar 2006.

Fingerlos, Uwe/Golla, Guido/Pastwa, Alexander, Datenqualität im Risikomanagement – Konkretisierung der Anforderungen aus AT 4.3.4 MaRisk, in: Risiko-Manager, Heft 10/2016, S. 10–14.

Fischer, Thomas H./Petri, Jens-Holger/Steidle, Roland, Outsourcing im Bankbereich – neue aufsichtsrechtliche Anforderungen nach § 25a KWG und MaRisk, in: Wertpapier-Mitteilungen, Heft 50/2007, S. 2313–2321.

Frank, Wolfgang, Aufsichtsrechtliche Aspekte beim Outsourcing, in: Outsourcing und Insourcing in der Finanzwirtschaft, Köln, 2008.

Frauenfelder, Paul, Begriffe und Kennzahlen der BWL, Eidgenössische Technische Hochschule Zürich, 2007.

Frère, Eric/Reuse, Svend, GuV-Effekte eines barwertigen VaR in der Zinsbuchsteuerung, in: BankPraktiker, Heft 3/2007, S. 130–134.

Fuchs, Michael/Göddecke, Christine, CRD II: Änderungen der Großkreditregeln, in: BaFinJournal, Ausgabe Dezember 2010, S. 8–9.

G20, Leaders' Statement: The Pittsburgh Summit, September 2009.

G20 Green Finance Study Group, G20 Green Finance Synthesis Report, 5. September 2016.

Galati, Gabriele, Das Erfüllungsrisiko im Devisenhandel und die CLS-Bank, in: BIZ-Quartalsbericht, Dezember 2002, S. 63–74.

Gebauer, Stefan, in: Hauschka, Christoph E., Corporate Compliance – Handbuch der Haftungsvermeidung im Unternehmen, München, 2007, § 31. Compliance-Organisation in der Banken- und Wertpapierdienstleistungsbranche, S. 651–669.

Gebhard, Rüdiger/Reeder, Johannes, Regelungen zu Handelsgeschäften auf dem Prüfstand, in: BaFinJournal, Ausgabe August 2011, S. 14–19.

Gersch, Jana/Milde, Astrid/Möhren, Tim, Liquiditätstransferpreissystem: Herausforderung für Große und Kleine (Institute), in: BankPraktiker WIKI MaRisk, März 2013, S. 33–42.

Gesetz über die Beaufsichtigung der Versicherungsunternehmen (Versicherungsaufsichtsgesetz – VAG) vom 1. April 2015 (BGBl. I S. 434), das zuletzt durch Artikel 6 des Gesetzes vom 17. August 2017 (BGBl. I S. 3214) geändert worden ist.

Gesetz über die Beaufsichtigung von Zahlungsdiensten (Zahlungsdiensteaufsichtsgesetz – ZAG) vom 17. Juli 2017 (BGBl. I S. 2446).

Gesetz zur Stärkung der nichtfinanziellen Berichterstattung der Unternehmen in ihren Lage- und Konzernlageberichten (CSR-Richtlinie-Umsetzungsgesetz) vom 11. April 2017 (BGBl. I Nr. 20, S. 802), veröffentlicht am 18. April 2017.

Gesetz zur Regelung der Arbeitnehmerüberlassung (Arbeitnehmerüberlassungsgesetz – AÜG) in der Fassung der Bekanntmachung vom 3. Februar 1995 (BGBl. I S. 158), zuletzt geändert durch Art. 1 des Gesetzes vom 21. Februar 2017 (BGBl. I S. 258).

Gesetz zur Neuordnung der Aufgaben der Bundesanstalt für Finanzmarktstabilisierung (FMSA-Neuordnungsgesetz – FMSANeuOG) vom 23. Dezember 2016 (BGBl. I Nr. 65 S. 3171), veröffentlicht am 28. Dezember 2016.

Gesetz zur Sanierung und Abwicklung von Instituten und Finanzgruppen (Sanierungs- und Abwicklungsgesetz – SAG) vom 10. Dezember 2014 (BGBl. I S. 2091), das zuletzt durch Artikel 3 des Gesetzes vom 23. Dezember 2016 (BGBl. I S. 3171) geändert worden ist.

Gesetz zur Anpassung des nationalen Bankenabwicklungsrechts an den Einheitlichen Abwicklungsmechanismus und die europäischen Vorgaben zur Bankenabgabe (Abwicklungsmechanismusgesetz – AbwMechG) in der Fassung vom 2. November 2015 (BGBl. I Nr. 43 S. 1864), veröffentlicht am 5. November 2015.

Gesetz zur Änderung des Bundesministergesetzes und des Gesetzes über die Rechtsverhältnisse der Parlamentarischen Staatssekretäre vom 17. Juli 2015 (BGBl. I Nr. 31, S. 1322), veröffentlicht am 24. Juli 2015.

Gesetz zur Umsetzung der Richtlinie 2014/59/EU des Europäischen Parlaments und des Rates vom 15. Mai 2014 zur Festlegung eines Rahmens für die Sanierung und Abwicklung von Kreditinstituten und Wertpapierfirmen und zur Änderung der Richtlinie 82/891/EWG des Rates, der Richtlinien 2001/24/EG, 2002/47/EG, 2004/25/EG, 2005/56/EG, 2007/36/EG, 2011/35/EU, 2012/30/EU und 2013/36/EU sowie der Verordnungen (EU) Nr. 1093/2010 und (EU) Nr. 648/2012 des Europäischen Parlaments und des Rates (BRRD-Umsetzungsgesetz) vom 10. Dezember 2014 (BGBl. I Nr. 59 S. 2091), veröffentlicht am 18. Dezember 2014.

Gesetz zur Anpassung von Gesetzen auf dem Gebiet des Finanzmarktes vom 15. Juli 2014 (BGBl. I Nr. 30, S. 934), veröffentlicht am 18. Juli 2014.

Gesetz zur Umsetzung der Richtlinie 2013/36/EU über den Zugang zur Tätigkeit von Kreditinstituten und die Beaufsichtigung von Kreditinstituten und Wertpapierfirmen und zur Anpassung des Aufsichtsrechts an die Verordnung (EU) Nr. 575/2013 über Aufsichtsanforderungen an Kreditinstitute und Wertpapierfirmen (CRD IV-Umsetzungsgesetz) vom 28. August 2013 (BGBl. I Nr. 53, S. 3395), veröffentlicht am 3. September 2013.

Gesetz zur Abschirmung von Risiken und zur Planung der Sanierung und Abwicklung von Kreditinstituten und Finanzgruppen vom 7. August 2013 (BGBl. I Nr. 47, S. 3090), veröffentlicht am 12. August 2013.

Gesetz zur Umsetzung der Richtlinie 2011/89/EU des Europäischen Parlaments und des Rates vom 16. November 2011 zur Änderung der Richtlinien 98/78/EG, 2002/87/EG, 2006/48/EG und 2009/138/EG hinsichtlich der zusätzlichen Beaufsichtigung der Finanzunternehmen eines Finanzkonglomerats vom 27. Juni 2013 (BGBl. I Nr. 33, S. 1862), veröffentlicht am 3. Juli 2013.

Gesetz über die aufsichtsrechtlichen Anforderungen an die Vergütungssysteme von Instituten und Versicherungsunternehmen (VergAnfG) vom 21. Juli 2010 (BGBl. I Nr. 38, S. 950), veröffentlicht am 26. Juli 2010.

Gesetz zur Änderung des Investmentgesetzes und zur Anpassung anderer Vorschriften (Investmentänderungsgesetz) vom 21. Dezember 2007 (BGBl. I Nr. 68, S. 3089), veröffentlicht am 27. Dezember 2007.

Gesetz zur Umsetzung der Richtlinie über Märkte für Finanzinstrumente und der Durchführungsrichtlinie der Kommission (Finanzmarktrichtlinie-Umsetzungsgesetz) vom 16. Juli 2007 (BGBl. I Nr. 31, S. 1330), veröffentlicht am 19. Juli 2007.

Gesetz zur Umsetzung der Richtlinie 2002/87/EG des Europäischen Parlaments und des Rates (Finanzkonglomeraterichtlinie-Umsetzungsgesetz) vom 16. Dezember 2002 (BGBl. I Nr. 72, S. 3610), veröffentlicht am 27. Dezember 2004.

Gesetzentwurf der Bunderegierung zur Anpassung des nationalen Bankenabwicklungsrechts an den Einheitlichen Abwicklungsmechanismus und die europäischen Vorgaben zur Bankenabgabe (Abwicklungsmechanismusgesetz) vom 26. Mai 2015, Bundestags-Drucksache 18/500.

Gesetzesbeschluss des Deutschen Bundestages zur Abschirmung von Risiken und zur Planung der Sanierung und Abwicklung von Kreditinstituten und Finanzgruppen (Trennbankengesetz) vom 17. Mai 2013, Bundesrats-Drucksache 378/13 vom 17. Mai 2013.

Literaturverzeichnis

Gesetzesbeschluss des Deutschen Bundestages zur Umsetzung der Richtlinie 2013/.../EU über den Zugang zur Tätigkeit von Kreditinstituten und die Beaufsichtigung von Kreditinstituten und Wertpapierfirmen und zur Anpassung des Aufsichtsrechts an die Verordnung (EU) Nr. .../2013 über die Aufsichtsanforderungen an Kreditinstitute und Wertpapierfirmen (CRD IV-Umsetzungsgesetz) vom 16. Mai 2013, Bundesrats-Drucksache 374/13 vom 17. Mai 2013.

Gisdakis, Philip, Kreditportfolio-Tranchierung: Einfache Einsichten in ein komplexes Problem, in: Risiko-Manager, Heft 11/2008, S. 1 und 6–12.

Glos, Alexander/Benzing, Markus, in: Binder, Jens-Hinrich/Glos, Alexander/Riege, Jan (Hrsg.), Handbuch Bankenaufsichtsrecht, Köln, 2018, § 2 KWG.

Göttgens, Michael, Risikomanagementsysteme und Geschäftsmodelle von Banken – Welche Erkenntnisse erlauben Abschluss- und Sonderprüfung? in: Die Wirtschaftsprüfung, Sonderheft 2/2010, S. S74–S76.

Göttgens, Michael/Wolfgarten, Wilhelm, Die Prüfung des internen Kontrollsystems von Kreditinstituten im Rahmen der Abschlussprüfung (Teil 1), in: Die Wirtschaftsprüfung, Heft 24/2005, S. 1364–1371.

Gordy, Michael B./Lütkebohmert, Eva, Granularity Adjustment for Basel II, Deutsche Bundesbank, Discussion Paper, Series 2: Banking and Financial Studies, Nr. 01/2007, 9. Februar 2007.

Grant, Joel, Liquidity transfer pricing: a guide to better practice, Occasional Paper No 10, Financial Stability Institute, Dezember 2011.

Gross, Jürgen/Bordt, Jörg/Musmacher, Matias, Business Process Outsourcing, Wiesbaden, 2006.

Großmann, Stefan, Aktuelle stochastische Methoden zur Anwendung im Rahmen von Stresstests, in: Klauck, Kai-Oliver/Stegmann, Claus, Stresstests in Banken – Von Basel II bis ICAAP, Stuttgart, 2006, S. 23–41.

Groupe de Contact, The Causes of Banking Difficulties in the EEA 1988–1998, August 1999.

Grund, Markus, Fair-Value-Ermittlung in der Finanzkrise, in: BaFinJournal, Ausgabe März 2009, S. 7–9.

Grunwald, Egon/Grunwald, Stephan, Bonitätsanalyse im Firmenkundengeschäft, Stuttgart, 1999.

Haake, Manfred, Risikogerechte Berichterstattung und risikoorientierte Prüfungsplanung, in: Zeitschrift Interne Revision, Heft 1/2002, S. 2–5.

Haake, Manfred, Risikoorientierte Prüfungsplanung zentrale Aufgabe, in: Betriebswirtschaftliche Blätter, Heft 10/1995, S. 482–484.

Haake, Manfred/Leitschuh, Gerhard/Gorsulowsky, Hans-Joachim, Mindestanforderungen an die Interne Revision, in: Zeitschrift für das gesamte Kreditwesen, Heft 5/2000, S. 812–818.

Habel, Falk-Michael, Bank-Checklisten für Sanierungsgutachten, in: BankPraktiker, Heft 3/2006, S. 112–117.

Häger, Michael, Checkbuch Überschuldung und Sanierung, Köln, 2002.

Hagen, Hans von der/Finke, Björn, Erst Haus, dann Auto, am Ende der Fernseher, Interview mit Jochen Felsenheimer, in: Süddeutsche Zeitung vom 5. Dezember 2007, S. 34.

Hanenberg, Ludger, Internationale Konzepte für die Aufsicht über Großbanken – Neue Perspektiven für die Governance und das Risikomanagement der Institute, in: Die Wirtschaftsprüfung, Heft 20/2012, S. 1097–1106.

Hanenberg, Ludger, Das neue Konzept einer risikoorientierten Prüfungsberichtsverordnung der Kreditinstitute, in: Die Wirtschaftsprüfung, Heft 14/2009, S. 713–722.

Hanenberg, Ludger, Neue Entwicklungen bei Revisionsfragen – eine Perspektive der Bankenaufsicht, in: Becker, Axel/Wolf, Martin (Hrsg.), Prüfungen in Kreditinstituten und Finanzdienstleistungsunternehmen, Stuttgart, 2005, S. 595–607.

Hanenberg, Ludger, Zur Verlautbarung über Mindestanforderungen an das Betreiben von Handelsgeschäften, in: Die Wirtschaftsprüfung, Heft 18/1996, S. 637–648.

Hanenberg, Ludger/Kreische, Kai/Schneider, Andreas, Mindestanforderungen an das Kreditgeschäft der Kreditinstitute – Zum Inhalt des Rundschreibens 34/2002 (BA) der Bundesanstalt für Finanzdienstleistungsaufsicht, in: Die Wirtschaftsprüfung, Heft 8/2003, S. 396–409.

Hanenberg, Ludger/Schneider, Andreas, Bankaufsichtliche Rahmenbedingungen für interne Überwachungssysteme, in: Die Wirtschaftsprüfung, Heft 19/2001, S. 1058–1064.

Hannemann, Ralf, Die MaRisk im Kontext internationaler Vorschriften, Zeitschrift für das gesamte Kreditwesen, Heft 5/2018, S. 19–21.

Hannemann, Ralf, Wesentliche Aspekte in der Diskussion über die Mindestanforderungen an das Risikomanagement (MaRisk), in: BankPraktiker, Beilage 1/2005 zu Heft 1/2005, November 2005.

Hannemann, Ralf, MaK eröffnen Möglichkeiten zum Verzicht auf das Zwei-Voten-Prinzip, in: Börsen-Zeitung vom 20. September 2003, S. 19.

Hannemann, Ralf, Die Mindestanforderungen an das Kreditgeschäft der Kreditinstitute – Überblick und Öffnungsklauseln, in: Eller, Roland/Gruber, Walter/Reif, Markus (Hrsg.), Handbuch MaK, Stuttgart, 2003, S. 3–42.

Hannemann, Ralf, Interpretationshilfen für die Umsetzung der Mindestanforderungen an das Kreditgeschäft der Kreditinstitute (MaK), Bundesverband Öffentlicher Banken Deutschlands (Hrsg.), März 2003.

Hannemann, Ralf/Schneider, Andreas, Wesentliche Neuerungen der MaRisk, in: BankPraktiker, Heft 10/2009, S. 456–461.

Hannemann, Ralf/Schneider, Andreas/Hanenberg, Ludger, Mindestanforderungen an das Kreditgeschäft (MaK) – Eine einführende Kommentierung, Stuttgart, 2003.

Harreis, Holger/Tavakoli, Asin/Ho, Tony/Machado, Jorge/Rowshankish, Kayvaun/Merrath, Peter, Living with BCBS 239, McKinsey & Company, Mai 2017.

Hartmann-Wendels, Thomas/Pfingsten, Andreas/Weber, Martin, Bankbetriebslehre, Berlin, 2004.

Hauschildt, Jürgen, Von der Krisenerkennung zum präventiven Krisenmanagement – Zum Umgang der Betriebswirtschaftslehre mit der Unternehmenskrise, in: Krisen-, Sanierungs- und Insolvenzberatung (KSI), Heft 1/2005, S. 1–7.

Hedrich, Carl-Christoph/Hepp, Dominic, Staatsschulden und Banken – Ein konkreter Regulierungsvorschlag, in: Wirtschaftsdienst – Zeitschrift für Wirtschaftspolitik, Heft 11/2015, S. 758-765.

Heidorn, Thomas/Schmaltz, Christian, Interne Transferpreise für Liquidität, in: Zeitschrift für das gesamte Kreditwesen, Heft 3/2010, S. 140–144.

Heidorn, Thomas/Schmaltz, Christian, Interne Transferpreise für Liquidität, Frankfurt School of Finance & Management, Working Paper Nr. 125, August 2009.

Heidorn, Thomas/Schmaltz, Christian, Die neuen Prinzipien für sachgerechtes Liquiditätsmanagement, in: Zeitschrift für das gesamte Kreditwesen, Heft 3/2009, S. 112–117.

Held, Markus/Kokert, Josef, IT-Sicherheit – Erwartungen der Bankenaufsicht, in: BaFinJournal, Ausgabe November 2013, S. 22–26.

Helfer, Michael/Ullrich, Walter (Hrsg.), Interne Kontrollsysteme in Banken und Sparkassen, 2. Auflage, Heidelberg, 2010.

Hellstern, Gerhard, in: Luz, Günther/Neus, Werner/Schaber, Mathias/Schneider, Peter/Wagner, Claus-Peter/Weber, Max (Hrsg.), KWG und CRR, Band 1, 3. Auflage, Stuttgart, 2015.

Hellstern, Gerhard, Quantifizierung und Steuerung operationeller Risiken, in: Becker, Axel/Gruber, Walter/Wohlert, Dirk (Hrsg.), Handbuch MaRisk, Frankfurt a.M., 2006, S. 527–547.

Literaturverzeichnis

Helmis, Sven, Corporate Governance in Deutschland – Eigentums- und Kontrollstrukturen und rechtliche Rahmenbedingungen in der »Deutschland AG«, Institute for Mergers & Acquisitions (IMA), September 2002.

Herring, Richard J., The Basel 2 Approach to Bank Operational Risk: Regulation on the Wrong Track, Wharton Financial Institutions Center, 2002.

Herzog, Margaretha, Die Prüfung der Produkteinführung im Kreditgeschäft gemäß den Mindestanforderungen an das Kreditgeschäft der Kreditinstitute, in: Becker, Axel/Wolf, Martin (Hrsg.), Prüfungen in Kreditinstituten und Finanzdienstleistungsunternehmen, Stuttgart, 2005, S. 609–620.

Higher Education Funding Council for England (HEFCE), Risk Management, Mai 2001.

Höfner, Klaus, Der Markttest für Konsumgüter in Deutschland, Stuttgart, 1996.

Hofer, Markus, Neue MaRisk, BaFinJournal, Ausgabe März 2013, S. 15–18.

Hofer, Markus, MaRisk: Erneute Überarbeitung vor dem Hintergrund internationaler Standards, in: BaFinJournal, Ausgabe Januar 2011, S. 6–10.

Hoffmann-Becking, Michael, Risiko und Risikosteuerung im Aktienrecht, in: Die Wirtschaftsprüfung, Sonderheft 2/2010, S. S103-S105.

Hollekamp, Marco, Strategisches Outsourcing von Geschäftsprozessen, München, 2005.

Horat, Robert, Kreditderivate, in: Der Schweizer Treuhänder, Heft 11/2003, S. 969–976.

Hormanski, Adam, Liquiditätsrisiken, in: Bearbeitungs- und Prüfungsleitfaden Neue MaRisk, 2009, S. 390–415.

Horn, Christoph, Stellungnahme zum zweiten Entwurf über die Mindestanforderungen an das Risikomanagement vom 24. Juni 2009.

Hrebiniak, Lawrence G., Making Strategy Work: Leading Effective Execution and Change, New Jersey, 2005.

Hüffer, Uwe, Aktiengesetz, 12. Auflage, München, 2016, § 76 und § 77.

Hüffer, Uwe, Aktiengesetz, 8. Auflage, München, 2008, § 77 und § 90.

Institut der deutschen Wirtschaft Köln, Arbeitsweise der Bankenaufsicht vor dem Hintergrund der Finanzmarktkrise, 17. Februar 2009.

Institut der Wirtschaftsprüfer, IDW Stellungnahme zur Rechnungslegung: Einzelfragen der verlustfreien Bewertung von zinsbezogenen Geschäften des Bankbuchs (IDW RS BFA 3), 16. Oktober 2017.

Institut der Wirtschaftsprüfer, Prüfungsstandard 525 (IDW PS 525), Die Prüfung des Risikomanagements von Kreditinstituten im Rahmen der Abschlussprüfung, in: Die Wirtschaftsprüfung Supplement, Heft 3/2010, S. 4 ff.

Institut der Wirtschaftsprüfer, Standard 6 (IDW S 6), Anforderungen an die Erstellung von Sanierungskonzepten, in: Die Wirtschaftsprüfung, Supplement 4/2009, S. 145 ff.

Institut der Wirtschaftsprüfer, Neufassung der MaRisk – Veröffentlichung des ersten Entwurfs – Konsultation 03/2009, Stellungnahme vom 20. März 2009.

Institut der Wirtschaftsprüfer, Entwurf IDW Standard 6 (IDW ES 6), Anforderungen an die Erstellung von Sanierungskonzepten, in: Die Wirtschaftsprüfung, Supplement 3/2008, FN-IDW 2008, 1. August 2008.

Institut der Wirtschaftsprüfer, Modernisierung der Outsourcing-Regelungen und Integration in die MaRisk, Stellungnahme vom 11. Mai 2007.

Institut der Wirtschaftsprüfer, Prüfungsstandard 261 (IDW PS 261), Feststellung und Beurteilung von Fehlerrisiken und Reaktionen des Abschlussprüfers auf die beurteilten Fehlerrisiken, in: Die Wirtschaftsprüfung, Heft 22/2006, S. 1433–1445.

Institut der Wirtschaftsprüfer, Prüfungsstandard 230 (IDW PS 230), Kenntnisse über die Geschäftstätigkeit sowie das wirtschaftliche und rechtliche Umfeld des zu prüfenden Unternehmens im Rahmen der Abschlussprüfung, in: Die Wirtschaftsprüfung, Heft 4/2006, S. 218 ff.

Institut der Wirtschaftsprüfer, Satzung des Instituts der Wirtschaftsprüfer in der Fassung der auf dem 27. Wirtschaftsprüfertag am 19. September 2005 in Neuss beschlossenen Satzungsänderung.

Institut der Wirtschaftsprüfer, Prüfungsstandard 330 (IDW PS 330), Abschlussprüfung bei Einsatz von Informationstechnologie, in: Die Wirtschaftsprüfung, Heft 21/2002, S. 1167 ff.

Institut der Wirtschaftsprüfer, Stellungnahme zur Rechnungslegung (IDW RS FAIT 1), Grundsätze ordnungsgemäßer Buchführung bei Einsatz von Informationstechnologie, in: Die Wirtschaftsprüfung, Heft 21/2002, S. 1157 ff.

Institut der Wirtschaftsprüfer, Prüfungsstandard 340 (IDW PS 340), Die Prüfung des Risikofrüherkennungssystems nach § 317 Abs. 4 HGB, in: Die Wirtschaftsprüfung, Heft 16/1999, S. 658 ff.

Institut für die Standardisierung von Unternehmenssanierungen (Hrsg.), Mindestanforderungen an Sanierungskonzepte (MaS), Heidelberg, 2008.

Institut Monétaire de Luxembourgeois, Rundschreiben 98/143, 1. April 1998.

Institute of International Finance, Final Report of the IIF Committee on Market Best Practices: Principles of Conduct and Best Practice Recommendations, Financial Services Industry Response to the Market Turmoil of 2007–2008, 21. Juli 2008.

Institute of International Finance, Interim Report of the IIF Committee on Market Best Practices, April 2008.

Institute of International Finance, Principles of Liquidity Risk Management, März 2007.

International Group of Controlling (IGC), Controller Leitbild, Parma, 14. September 2002.

Iversen, Ernst-Johannes/Schillings, Robert, Stresstests im Liquiditätsrisikomanagement – Teil 1: Liquidität und Liquiditätsrisiko, in: Finanz Colloquium Heidelberg, Banken-Times Spezial, Banksteuerung/Treasury-Management, August & September 2010.

Joint Committee of the European Supervisory Authorities, Final Report on Good Supervisory Practices for Reducing Mechanistic Reliance on Credit Ratings, JC 2016 71, 20. Dezember 2016.

Joint Committee of the European Supervisory Authorities, Leitlinien zur Beschwerdeabwicklung für den Wertpapierhandel (ESMA) und das Bankwesen (EBA), 27. Mai 2014.

Joint Technical Committee, Australian/New Zealand Standard: Risk Management, AS/NZS 4360:2004, Wellington, 2004.

Joint Technical Committee, Australian/New Zealand Standard: Guidelines for Managing Risk in Outsourcing, AS/NZS HB 240-2004, Wellington, 2001.

Kaltofen, Daniel, Empirische Ergebnisse der Großstudie Liquiditätsrisiko Deutschland, ikf institut für kredit- und finanzwirtschaft – Ruhr-Universität Bochum, Dezember 2009.

Kapitalanlagegesetzbuch (KAGB) vom 4. Juli 2013 (BGBl. I S. 1981), zuletzt geändert durch Art. 9 des Gesetzes vom 10. Juli 2018 (BGBl. I S. 1102).

Kette, Sven/Kussin, Matthias, Normen an ihren Grenzen – Zur Beherrschbarkeit eines wissensbasierten Finanzsystems, Vortrag im Rahmen der Veranstaltungsreihe »Wandel des Staates – Transformation von Herrschaft?« am 1. April 2006 in Bremen.

Klauer, Bernd, Was ist Nachhaltigkeit und wie kann man eine nachhaltige Entwicklung erreichen?, Zeitschrift für angewandte Umweltforschung (ZAU), Heft 1/1999, S. 69–97.

Klein, Jana/Ölger, Mehtap/Wetzel, André, Investmentfonds – Umgang mit Liquiditätsrisiken, in: BaFinJournal, Ausgabe Januar 2018, S. 22–26.

Knight, Frank H., Risk, Uncertainty and Profit, Boston, 1921.

Knippschild, Martin, Bankinterne Kapitalsteuerung vor dem Hintergrund der Anforderungen von Basel II/Säule II, in: Rolfes, Bernd (Hrsg.), Herausforderung Bankmanagement – Entwicklungslinien und Steuerungsansätze, Festschrift zum 60. Geburtstag von Henner Schierenbeck, Frankfurt a. M., 2006, S. 685–710.

Literaturverzeichnis

Ködel, Wilhelm, Risikoorientierte Abschlussprüfung: Integration in das Risikomanagement von Prüfungsunternehmen, Wiesbaden, 1997.

Köhler, Matthias/Lang, Gunnar, Trends im Retail-Banking: Outsourcing im deutschen Bankensektor, Zentrum für Europäische Wirtschaftsforschung GmbH, Dokumentation Nr. 08-04, 2008.

Koller, Ingo, in: Assmann, Heinz-Dieter/Schneider, Uwe H., Wertpapierhandelsgesetz, 4. Auflage, Köln, 2006, § 33 KWG.

Konschalla, Thomas, Outsourcing – BaFin vergleicht Auslagerungen bei Instituten, in: BaFinJournal, Ausgabe August 2013, S. 22–25.

KPMG, Operationelle Risiken – Finale Überarbeitung der Kapitalansätze in Säule I durch den Basler Ausschuss für Bankenaufsicht (»Basel IV«), 6. Februar 2018.

KPMG, Kreditinstitute und Unternehmenskrisen: Ergebnisse der Umfrage 2002, Berlin/Leipzig, 2002.

KPMG, Financial Instruments, 2. Auflage, Frankfurt a. M., 1995.

Kramer, Dirk, Algorithmushandel – BaFin-Rundschreiben stellt hohe Anforderungen an Systeme und Kontrollen in Instituten, in: BaFinJournal, Ausgabe April 2014, S. 12–14.

Kraus, Karl-Joachim/Gless, Sven-Erik, Unternehmensrestrukturierung/-sanierung und strategische Neuausrichtung, in: Buth, Andrea/Hermanns, Michael (Hrsg.), Restrukturierung, Sanierung und Insolvenz, 2. Auflage, München, 2004, S. 115–146.

Krause, Ralf Henning/Patock, Ralf, Konkrete Lösungen für eine optimierte Kreditbearbeitung, in: Die Sparkasse, Heft 5/2003, S. 226–229.

Krautheuser, Rüdiger in: Luz, Günther/Neus, Werner/Schaber, Mathias/Schneider, Peter/Wagner, Claus-Peter/Weber, Max (Hrsg.), KWG und CRR, 3. Auflage, Stuttgart, 2015, § 25b, KWG.

Kreische, Kai/Bretz, Jörg, Anforderungen an die Informationstechnologie der Kreditinstitute, in: Die Bank, Heft 5/2003, S. 321–325.

Kreutzer, Markus/Lechner, Christoph, Implementierung von Strategien, in: OrganisationsEntwicklung, Heft 1/2009, S. 4–13.

Krimphove, Dieter, Das BaFin-Rundschreiben »Aufsichtrechtliche Mindestanforderungen an die Geschäftsorganisation von Versicherungsunternehmen« (MaGo), Zeitschrift für Versicherungsrecht, 15. März 2017, S. 327.

Kröner, Henriette/Heinrichs, Stefan, MaRisk: Verrechnung der Liquiditätskosten, in: Zeitschrift für das gesamte Kreditwesen, Heft 24/2012, S. 1279–1282.

Kuhner, Christoph/Schilling, Dirk, Wertpapiere, in: Ballwieser, Wolfgang/Coenenberg, Adolf G./Wysocki, Klaus von (Hrsg.), Handwörterbuch der Rechnungslegung und Prüfung, 3. Auflage, Stuttgart, 2002, S. 2677–2687.

Kurfels, Matthias, Beitrag eines Risikohandbuchs zur Erfüllung der MaRisk, in: BankPraktiker, Heft 4/2006, S. 174–181.

Kuthe, Thorsten/Zipperle, Madeleine, MaComp – Compliance-Standards für alle? in: Corporate Finance Law, Heft 5/2010, S. 337–345.

Lach, Niklas/Neubert, Boris/Kirmße, Stefan, Integrierte Zinsbuchsteuerung, Reihe zeb/Themen, 2. Auflage, Münster, Mai 2003.

Lang, Margit, Marktschwankungen bei Immobilien – aktuelle Prüfungspraxis, Vortrag im Rahmen der 21. Sitzung des Gesprächskreises kleiner Institute vom 15. November 2012

Langen, Markus, in: Schwennicke, Andreas/Auerbach, Dirk (Hrsg.), KWG, 3. Auflage, München, 2016

Langen, Markus, Die Zweite MaRisk-Novelle in der Bankenaufsicht, in: Zeitschrift für Bank- und Kapitalmarktrecht, Heft 8/2009, S. 309–316.

Lamberti, Hermann-Josef, Industrialisierung des Bankgeschäfts, in: Die Bank, Heft 6/2004, S. 370–375.

Laurin, Alain/Majnoni, Giovanni, Bank loan classification and provisioning practices in selected developed and emerging countries, The World Bank, Washington D.C., 2003.

Lehmann, Matthias/Manger-Nestler, Cornelia, Das neue europäische Finanzaufsichtssystem, Zeitschrift für Bankrecht und Bankwirtschaft (ZBB), Heft 1/2011, S. 7-13.

Leistenschneider, Armin, Methoden zur Ermittlung von Transferpreisen für Liquiditätsrisiken, in: Bartetzky, Peter/Gruber, Walter/Wehn, Carsten S. (Hrsg.), Handbuch Liquiditätsrisiko – Identifikation, Messung und Steuerung, Stuttgart, 2008, S. 171–192.

Lenz, Stephan, Problemfelder im Rahmen einer externen MaH-Prüfung, in: Finanz Colloquium Heidelberg (Hrsg.), Einhaltung der MaH, Heidelberg, 2004, S. 297–335.

Ludwig, Björn, Potenziell systemgefährdende Institute – Ganzheitliche Identifizierungsmethode für eine konsistente und kohärente Aufsicht, in: BaFinJournal, Ausgabe Mai 2016, S. 11–15.

Lück, Wolfgang, Redepflicht des Abschlussprüfers – Redepflicht auch für die Interne Revision?, in: Zeitschrift Interne Revision, Heft 3/2004, S. 126–129.

Lück, Wolfgang, Managementrisiken, in: Dörner, Dietrich/Horváth, Peter/Kagermann, Henning (Hrsg.), Praxis des Risikomanagements, Stuttgart, 2000, S. 311–344.

Lück, Wolfgang, Elemente eines Risiko-Managementsystems, in: Der Betrieb, Heft 1 und 2/1998, S. 8–14.

Lützenrath, Christian/Peppmaier, Kai/Schuppener, Jörg, Bankstrategien für Unternehmenssanierungen, Köln, 2003.

Mager, Ferdinand/Schmieder, Christian, Stress testing of real credit portfolios, Deutsche Bundesbank, Discussion Paper, Series 2: Banking and Financial Studies, No. 17/2008.

Mahnke, Sven, Erfahrungen aus einer §44er Prüfung, Vortrag beim Erfahrungsaustausch öffentlicher, privater und genossenschaftlicher Banken zum »Neu-Produkt-Prozess« am 13. Juli 2007 in Hamburg.

Mantell, Gordon, Risikofrüherkennung im Kontext der MaRisk, in: Bearbeitungs- und Prüfungsleitfaden Neue MaRisk, 2009, S. 260–285.

Matz, Leonard/Neu, Peter (Hrsg.), Liquidity Risk – Measurement and Management, Singapur, 2007.

Mayer, Stephan, Management von Liquiditätsrisiken, in: Pfeifer, Guido/Ullrich, Walter (Hrsg.), MaRisk-Interpretationshilfen, 2. Auflage, Heidelberg, 2009, S. 367–415

Monetary Authority of Singapore, Guidelines on Outsourcing, 1. Juli 2005.

Monetary Authority of Singapore, Technical Paper on Credit Stress-Testing, MAS Information Paper 01/2003, März 2003.

Moser, Nina, Personalrisiken, in: BankPraktiker, Heft 5/2007, S. 250–255.

Mülbert, Peter O., Bonitätsgestufte Zinsabreden in Festzinskrediten als eine Antwort auf Basel II, in: Wertpapier-Mitteilungen, Heft 25/2004, S. 1205–1256.

Mülbert, Peter O./Wilhelm, Alexander, Risikomanagement und Compliance im Finanzmarktrecht – Entwicklungen der aufsichtsrechtlichen Anforderungen, in: Zeitschrift für das gesamte Handelsrecht und Wirtschaftsrecht (ZHR) 178 (2014), S. 537 f.

Müller, Georg, MaRisk und Anforderungen an Stresstests im europäischen Regulierungskontext, in: Wimmer, Konrad (Hrsg.), MaRisk NEU – Handlungsbedarf in der Banksteuerung, Heidelberg, 2009, S. 53–63.

Müller, Kai-Oliver/Wolkenhauer, Klaas, Aspekte der Liquiditätssicherungsplanung, in: Bartetzky, Peter/Gruber, Walter/Wehn, Carsten S. (Hrsg.), Handbuch Liquiditätsrisiko – Identifikation, Messung und Steuerung, Stuttgart, 2008, S. 231–246.

Müller, Klaus-Rainer, Stellungnahme zum ersten Entwurf der Mindestanforderungen an das Risikomanagement vom 16. Februar 2009, S. 1.

Literaturverzeichnis

Österreichische Finanzmarktaufsicht (FMA), FMA-Mindeststandards für die interne Revision vom 18. Februar 2005.

Osman, Yasmin, Basiswissen Bankenaufsicht, Stuttgart, 2018.

Osterwalder, Alexander/Pigneur, Yves, Business Modell Generation, John Wiley & Sons, Hoboken NJ, 2010.

Ott, Klaus/Kögl, Martina, Basel Committee on Banking Supervision: Empfehlungen für die Interne Revision in Banken, in: RevisionsPraktiker, Heft 2–3/2013, S. 26–32.

O. V., Ausschuss für Finanzstabilität: Neues Gremium für die makroprudenzielle Überwachung des deutschen Finanzsystems, in: BaFinJournal, Ausgabe April 2013, S. 14–16.

O. V., Compliance 2009 – die Zukunftsenergie, in: pwc:financial services, Januar 2009.

O. V., Eigeninteresse versus Selbstlosigkeit – Ist nachhaltiges Wirtschaften mit den Interessen der Anleger vereinbar?, Interview mit Paola Ghillani, in: NZZ Online vom 22. Januar 2008.

O. V., Datenkonsortium zu operationellen Risiken gestartet, in: Bankmagazin, Heft 6/2006, S. 5.

Paul, Angelika, Direktes Auskunftsrecht des Aufsichtsorgans gegenüber der Internen Revision in den MaRisk – Eine rechtliche und empirische Analyse, DHBW Villingen-Schwenningen, Diskussionsbeiträge Nr. 10/10, Dezember 2010.

Paust, Michael/Essler, Renate, Bankaufsichtliche Anforderungen an die IT (BAIT), Präsentation anlässlich der Veranstaltung IT-Aufsicht bei Banken in Frankfurt am Main, 27. September 2018.

Pézier, Jacques, A constructive review of Basel's proposals on operational risk, ISMA Discussion Paper, September 2002.

Piepel, Bernhard, MaRisk-Novelle: Erschwerter Zugang zur Geschäftsleiterposition? in: Bank-Praktiker, Heft 9/2010, S. 312–315.

Poppe, Peter, Techniken und Anwendungsbereiche von Scoringsystemen – eine systematische Betrachtung unter dem Aspekt der MaK, in: Eller, Roland/Gruber, Walter/Reif, Markus (Hrsg.), Handbuch MaK, Stuttgart, 2003, S. 225–238.

Porter, Michael E., What is Strategy? in: Porter, Michael E. (Hrsg.), On Competition, Boston, 1998, S. 39–74.

PricewaterhouseCoopers (PwC), Fit für die Zukunft – Wie sich bankfachliche Dienstleister erfolgreich für den Business Process Outsourcing Markt 2020 aufstellen, Business Process Outsourcing Studie, Frankfurt am Main, Dezember 2016.

PricewaterhouseCoopers/Economist Intelligence Unit, Effective capital management: Economic capital as an industry standard? PwC Global Financial Services Briefing Programme, Dezember 2005.

Principles for Responsible Investment, Shifting Perceptions: ESG, Credit Risk and Ratings – Part 2: Exploring the Disconnects, 13. Juni 2018.

Principles for Responsible Investment, Shifting Perceptions: ESG, Credit Risk and Ratings – Part 1: The State of Play, 4. Juli 2017.

Principles for Responsible Investment, Fixed Income Investor Guide – Putting Responsible Investment into Practice in Fixed Income, 30. September 2014.

Principles for Responsible Investment, Corporate bonds: Spotlight on ESG risks, 12. Dezember 2013.

Principles for Responsible Investment, Sovereign bonds: Spotlight on ESG risks, 9. September 2013.

Quinten, Daniel/Wehn, Carsten, SSM, SREP und Säule I + , Stuttgart, 2017.

Ramke, Thomas, Wirtschaftskriminalität als operationelles Risiko: Herausforderung für die Praxis, in: BankPraktiker, Heft 3/2007, S. 136–140.

Ramke, Thomas/Schöning, Stephan, MaRisk: Einbeziehung von Liquiditätsrisiken in das Risikomanagement, in: Zeitschrift für das gesamte Kreditwesen, Heft 13/2006, S. 31–35.

Regierungsbegründung zum Entwurf eines Gesetzes zur Umsetzung der neu gefassten Bankenrichtlinie und der neu gefassten Kapitaladäquanzrichtlinie, Bundesrats-Drucksache 153/06, 24. Februar 2006.

Regierungsbegründung zum Entwurf eines Gesetzes zur Umsetzung der Richtlinie über Märkte für Finanzinstrumente und der Durchführungsrichtlinie der Kommission (Finanzmarktrichtlinie-Umsetzungsgesetz), Bundesrats-Drucksache 833/06, 8. Dezember 2006.

Regierungskommission Deutscher Corporate Governance Kodex, Deutscher Corporate Governance Kodex, Fassung vom 7. Februar 2017.

Rehbein, Ronny, Auslegungsfragen der MaRisk, in: Ramke, Thomas/Wohlert, Dirk (Hrsg.), Risikomanagement im Handelsgeschäft, Stuttgart, 2009, S. 199–213.

Rehbein, Ronny, Neue Produkte/Märkte aus Prüfersicht, Vortrag beim Erfahrungsaustausch öffentlicher, privater und genossenschaftlicher Banken zum »Neu-Produkt-Prozess« am 13. Juli 2007 in Hamburg.

Reinecke, Bodo/Wagner, Hans-Jürgen, Risiko-Aspekte in der Arbeit der Internen Revision, in: Zeitschrift Interne Revision, Heft 5/2000, S. 194–197.

Reischauer, Friedrich/Kleinhans, Joachim, Loseblattkommentar zum Kreditwesengesetz (KWG), Berlin, 2004.

Reitz, Stefan, Stresstests, in: Becker, Axel/Gruber, Walter/Wohlert, Dirk (Hrsg.), Handbuch MaRisk, Frankfurt a. M., 2006, S. 571–592.

Reuse, Svend, Marktpreisrisiken auf Gesamtbankebene, in: Pfeifer, Guido/Ullrich, Walter/Wimmer, Konrad (Hrsg.), MaRisk-Umsetzungsleitfaden, Heidelberg, 2006, S. 377–436.

Richtlinie (EU) 2015/2366 (Zahlungsdiensterichtlinie II – PSD II) des Europäischen Parlaments und des Rates vom 25. November 2015 über Zahlungsdienste im Binnenmarkt, zur Änderung der Richtlinien 2002/65/EG, 2009/110/EG und 2013/36/EU und der Verordnung (EU) Nr. 1093/2010 sowie zur Aufhebung der Richtlinie 2007/64/EG, Amtsblatt der Europäischen Union vom 23. Dezember 2015, L 337/35–127.

Richtlinie 2014/65/EU (MiFID II) des Europäischen Parlaments und des Rates vom 15. Mai 2014 über Märkte für Finanzinstrumente sowie zur Änderung der Richtlinien 2002/92/EG und 2011/61/EU, Amtsblatt der Europäischen Union vom 12. Juni 2014, L 173/349–496.

Richtlinie 2014/59/EU (Sanierungs- und Abwicklungsrichtlinie) des Europäischen Parlaments und des Rates vom 15. Mai 2014 zur Festlegung eines Rahmens für die Sanierung und Abwicklung von Kreditinstituten und Wertpapierfirmen und zur Änderung der Richtlinie 82/891/EWG des Rates, der Richtlinien 2001/24/EG, 2002/47/EG, 2004/25/EG, 2005/56/EG, 2007/36/EG, 2011/35/EU, 2012/30/EU und 2013/36/EU sowie der Verordnungen (EU) Nr. 1093/2010 und (EU) Nr. 648/2012 des Europäischen Parlaments und des Rates, Amtsblatt der Europäischen Union vom 12. Juni 2014, L 173/190–348.

Richtlinie 2014/49/EU (Einlagensicherungsrichtlinie – DGSD) des Europäischen Parlaments und des Rates vom 16. April 2014 über Einlagensicherungssysteme, Amtsblatt der Europäischen Union vom 12. Juni 2014, L 173/149–178.

Richtlinie 2006/43/EG des Europäischen Parlaments und des Rates vom 17. Mai 2016 über Abschlussprüfungen von Jahresabschlüssen und konsolidierten Abschlüssen, zur Änderung der Richtlinien 78/660/EWG und 83/349/EWG des Rates und zur Aufhebung der Richtlinie 84/253/EWG des Rates (ABl. L 157 vom 9.6.2006, S. 87), zuletzt geändert durch die Richtlinie 2014/56/EU des Europäischen Parlaments und des Rates vom 16. April 2014.

Literaturverzeichnis

Richtlinie 2014/17/EU des Europäischen Parlaments und des Rates vom 4. Februar 2014 über Wohnimmobilienkreditverträge für Verbraucher und zur Änderung der Richtlinien 2008/48/EG und 2013/36/EU und der Verordnung (EU) Nr. 1093/2010 (ABl. L 60 vom 28.2.2014, S. 34; L 47 vom 20.2.2015, S. 34; L 246 vom 23.9.2015, S. 11), die zuletzt durch die Verordnung (EU) 2016/1011 (ABl. L 171 vom 29.6.2016, S. 1) geändert worden ist.

Richtlinie 2013/36/EU (Bankenrichtlinie – CRD IV) des Europäischen Parlaments und des Rates vom 26. Juni 2013 über den Zugang zur Tätigkeit von Kreditinstituten und die Beaufsichtigung von Kreditinstituten und Wertpapierfirmen, zur Änderung der Richtlinie 2002/87/EG und zur Aufhebung der Richtlinien 2006/48/EG und 2006/49/EG, Amtsblatt der Europäischen Union vom 27. Juni 2013, L 176/338–436.

Richtlinie 2011/61/EU (AIFM-Richtlinie) des Europäischen Parlaments und des Rates vom 8. Juni 2011 über die Verwalter alternativer Investmentfonds und zur Änderung der Richtlinien 2003/41/EG und 2009/65/EG und der Verordnungen (EG) Nr. 1060/2009 und (EU) Nr. 1095/2010, Amtsblatt der Europäischen Union vom 1. Juli 2011, L 174/1–73.

Richtlinie 2010/76/EU (Bankenrichtlinie – CRD III) des Europäischen Parlaments und des Rates vom 24. November 2010 zur Änderung der Richtlinien 2006/48/EG und 2006/49/EG im Hinblick auf die Eigenkapitalanforderungen für Handelsbuch und Wiederverbriefungen und im Hinblick auf die aufsichtliche Überprüfung der Vergütungspolitik vom 24. November 2010, Amtsblatt der Europäischen Union vom 14. Dezember 2010, L 329/3-35.

Richtlinie 2009/111/EG (CRD II) des Europäischen Parlaments und des Rates vom 16. September 2009 zur Änderung der Richtlinien 2006/48/EG, 2006/49/EG und 2007/64/EG hinsichtlich Zentralorganisationen zugeordneter Banken, bestimmter Eigenmittelbestandteile, Großkredite, Aufsichtsregelungen und Krisenmanagement, Amtsblatt der Europäischen Union vom 17. September 2009, L 302/97–119.

Richtlinie 2009/138/EG (Solvabilität II) des Europäischen Parlaments und des Rates vom 25. November 2009 betreffend die Aufnahme und Ausübung der Versicherungs- und der Rückversicherungstätigkeit (Neufassung), Amtsblatt der Europäischen Union vom 17. Dezember 2009, L 335/1–155.

Richtlinie 2006/73/EG (MiFID-Durchführungsrichtlinie) der Europäischen Kommission vom 10. August 2006 zur Durchführung der Richtlinie 2004/39/EG des Europäischen Parlaments und des Rates in Bezug auf die organisatorischen Anforderungen an Wertpapierfirmen und die Bedingungen für die Ausübung ihrer Tätigkeit sowie in Bezug auf die Definition bestimmter Begriffe für die Zwecke der genannten Richtlinie, Amtsblatt der Europäischen Union vom 2. September 2006, L 241/26–58.

Richtlinie 2006/48/EG (Bankenrichtlinie – CRD) des Europäischen Parlaments und des Rates vom 14. Juni 2006 über die Aufnahme und Ausübung der Tätigkeit der Kreditinstitute (Neufassung), Amtsblatt der Europäischen Union vom 30. Juni 2006, L 177/1–200.

Richtlinie 2006/49/EG (Kapitaladäquanzrichtlinie – CAD) des Europäischen Parlaments und des Rates vom 14. Juni 2006 über die angemessene Eigenkapitalausstattung von Wertpapierfirmen und Kreditinstituten (Neufassung), Amtsblatt der Europäischen Union vom 30. Juni 2006, L 177/201–255.

Richtlinie 2004/39/EG (MiFID) des Europäischen Parlaments und des Rates vom 21. April 2004 über Märkte für Finanzinstrumente, Amtsblatt der Europäischen Union vom 30. April 2004, L 145/1–44.

Richtlinie 85/611/EWG des Rates zur Koordinierung der Rechts- und Verwaltungsvorschriften betreffend bestimmte Organismen für gemeinsame Anlagen in Wertpapieren (OGAW) vom 20. Dezember 1985.

Riskmetrics Group, Risk Management. A Practical Guide, August 1999.

Rodewald, Bernd, Objektsicherheit, Datensicherheit und Datenschutz im Bankbetrieb, in: Stein, Johann Heinrich von/Terrahe, Jürgen (Hrsg.), Handbuch Bankorganisation, 2. Auflage, Wiesbaden, 1995, S. 525–538.

Rohrmann, Jürgen/Stein, Henrik, Konzernrevision – Aufbau und Aufgabenwahrnehmung vor dem Hintergrund von § 25a Abs. 1a KWG, Vortrag im Rahmen des IIR-Forums Kreditinstitute in Bremen, 9. Oktober 2006.

Rolfes, Bernd, Gesamtbanksteuerung, Stuttgart, 1999.

Rolfes, Bernd/Koch, Ulrich, Gesamtbankbezogene Zinsrisikosteuerung – Dynamisierung des Barwertansatzes, in: Die Bank, Heft 8/2000, S. 540–544.

Rowe, David, Whither stress testing?, in: Risk, Heft 18/2005, Nr. 10, S. 65.

Rudolph, Bernd, Die internationale Finanzkrise: Ursachen, Treiber, Veränderungsbedarf und Reformansätze, Fakultät für Betriebswirtschaft der Ludwig-Maximilians-Universität München, Diskussionspapier, August 2009.

Rudolph, Bernd/Johanning, Lutz, Entwicklungslinien im Risikomanagement, in: Johanning, Lutz/Rudolph, Bernd (Hrsg.), Handbuch Risikomanagement, Band 1, Bad Soden/Taunus, 2000, S. 15–52.

Sachverständigenrat zur Begutachtung der gesamtwirtschaftlichen Entwicklung, Für eine zukunftsorientierte Wirtschaftspolitik, Jahresgutachten 2017/18, 8. November 2017.

Sanio, Jochen, Bankenaufsicht und Systemrisiko, in: Burghof, Hans-Peter/Johanning, Lutz/Schäfer, Klaus/Wagner, Hannes/Rodt, Sabine (Hrsg.), Risikomanagement und kapitalmarktorientierte Finanzierung, Festschrift zum 65. Geburtstag von Bernd Rudolph, Frankfurt a. M., 2009.

Sanio, Jochen, Die MaRisk und die neue Aufsicht, in: Die SparkassenZeitung vom 23. Juni 2006, S. 3.

Sanio, Jochen, »The times, they are a-changing«, in: Genossenschaftsblatt für Rheinland und Westfalen, Heft 3/2006, S. 4–9.

Sanio, Jochen, Outsourcing aus aufsichtsrechtlicher Sicht, Vortrag im Rahmen der Betriebswirtschaftlichen Tagung für Sparkassenvorstände des Rheinischen Sparkassen- und Giroverbandes, Wesel, 17. April 2002.

Schäfer, Frank A., in: Boos, Karl-Heinz/Fischer, Reinfrid/Schulte-Mattler, Hermann (Hrsg.), Kreditwesengesetz, 4. Auflage, München, 2012.

Schierenbeck, Henner, Ertragsorientiertes Bankmanagement, Band 1: Grundlagen, Marktzinsmethode und Rentabilitäts-Controlling, 8. Auflage, Wiesbaden, 2003.

Schierenbeck, Henner, Ertragsorientiertes Bankmanagement, Band 2: Risiko-Controlling und integrierte Rendite-/Risikosteuerung, 8. Auflage, Wiesbaden, 2003.

Schierenbeck, Henner, Grundzüge der Betriebswirtschaftslehre, 16. Auflage, München/Wien, 2003.

Schierenbeck, Henner/Grüter, Marc D./Kunz, Michael J., Management von Reputationsrisiken in Banken, WWZ Discussion Paper, Juni 2004.

Schiffer, Thomas, Risikoorientierte Prüfungsplanung – Ein Modell für die Bankpraxis, in: Zeitschrift Interne Revision, Heft 3/2001, S. 132–138.

Schirsch, Claudia, Bankindividuelle Stresstests – pragmatische Umsetzung in der Bankpraxis, in: Wimmer, Konrad (Hrsg.), MaRisk NEU – Handlungsbedarf in der Banksteuerung, Heidelberg, 2009, S. 84–91.

Schmaal, Christian, Zinsänderungsrisiken des Anlagebuchs – ein alter Hut?, Vortrag auf dem 35. Expertenforum der Fintegral Deutschland AG, Frankfurt am Main, 13. September 2018.

Schmidt, Carsten/Uhlenbruck, Wilhelm, Die GmbH in Krise, Sanierung und Insolvenz, Köln, 2002.

Literaturverzeichnis

Schmitz-Lippert, Thomas/Schneider, Andreas, Die qualitative Aufsicht der Zukunft: ein weiterer Schritt – Der zweite Entwurf der BaFin zu den Mindestanforderungen an das Risikomanagement vom 22.9.2005, in: Die Wirtschaftsprüfung, Heft 24/2005, S. 1353–1364.

Schmoll, Anton, Handbuch der Kreditüberwachung, Wien, 1990.

Schneider, Andreas, Finanzmarktkrise und Risikomanagement: Die neuen Mindestanforderungen an das Risikomanagement der deutschen Bankenaufsicht, in: Die Wirtschaftsprüfung, Heft 6/2010, S. 269–277.

Schober, Holger, Dekonstruktion der Wertkette in Banken: Outsourcing oder Kooperation, in: Aschenbach, Wieland/Moormann, Jürgen/Schober, Holger (Hrsg.), Sourcing in der Bankwirtschaft, Frankfurt a. M., 2004, S. 23–44.

Schröter, Dirk/Schwarz, Oliver, Optimale Strukturen und Prozesse für das Liquiditätsrisikomanagement, in: Bartetzky, Peter/Gruber, Walter/Wehn, Carsten S. (Hrsg.), Handbuch Liquiditätsrisiko – Identifikation, Messung und Steuerung, Stuttgart, 2008, S. 247–278.

Schroff, Michael, Self-Auditing: Moderne Revisionspraxis in Kreditinstituten, in: Zeitschrift Interne Revision, Heft 5/2004, S. 214–221.

Schroff, Michael, Notfallplanung bei Banken, in: Die Bank, Heft 6/2000, S. 42–47.

Stähler, Patrick, Geschäftsmodelle in der digitalen Ökonomie: Merkmale, Strategien und Auswirkungen, Josef Eul Verlag, Köln-Lohmar, 2001.

Schulte, Michael, Bank-Controlling II: Risikopolitik in Kreditinstituten, Frankfurt a. M., 1998.

Schulte, Michael/Horsch, Andreas, Wertorientierte Banksteuerung II: Risikomanagement, Frankfurt a. M., 2002.

Schulte-Mattler, Herrmann/Gaumert, Uwe, Value-at-Risk – Ein modernes Instrument für die Steuerung der Preisrisiken des Bankbetriebs, in: Becker, Axel/Gruber, Walter/Wohlert, Dirk (Hrsg.), Handbuch MaRisk, Frankfurt a. M., 2006, S. 183–224.

Schwager, Elmar/Wegst, Heiko/Strauß, Udo, Beratung durch die Revision – ihre Rolle, ihre Risiken und ihre Chancen, in: Zeitschrift Interne Revision, Heft 6/2003, S. 244–252.

Schwarz, Gerd, Shared-Service-Projekte managen – ein Fünfphasenmodell, in: Hermes, Heinz-Josef/Schwarz, Gerd, Outsourcing, München, 2005, S. 119–136.

Schwarze, Lars/Müller, Peter P., IT-Outsourcing – Erfahrungen, Status und zukünftige Herausforderungen, in: HMD Praxis der Wirtschaftsinformatik, Heft 245/2006, S. 6–17.

Schwennicke, Andreas, in: Schwennicke, Andreas/Auerbach, Dirk (Hrsg.), KWG, 3. Auflage, München, 2016, § 25c KWG.

Schwonke, Sven, Aktivitäten in neuen Produkten oder auf neuen Märkten – Praxiserfahrungen zum Neu-Produkt-Prozess nach den MaRisk sowie den Vorgängernormen MaH und MaK, Vortrag beim Erfahrungsaustausch öffentlicher, privater und genossenschaftlicher Banken zum »Neu-Produkt-Prozess« am 18. April 2007 in Berlin.

Seip, Stefan, Neues Investmentgesetz stärkt den Fondsstandort, in: Sonderbeilage der Börsenzeitung vom 10. November 2007, S. B1.

Senior Supervisors Group, Observations on Developments in Risk Appetite Frameworks and IT Infrastructure, 23. Dezember 2010.

SKS Schweers, Kemps & Schuhmann Unternehmensberatung GmbH & Co. KG, Stress Testing, http://www.sks-ub.info/risikomanagement-stress-testing.html.

Smith, Adam, Der Wohlstand der Nationen, 8. Auflage, München, 1999.

Söbbing, Thomas/Weinbrenner, Christoph, Die Zulässigkeit der Auslagerung von IT-Dienstleistungen durch Institute in sog. Offshore-Regionen, in: Wertpapier-Mitteilungen, Heft 4/2006, S. 165–173.

Söbbing, Thomas/Wöhlermann, Katharina, Rechtliche Fragen im IT-Outsourcing, in: HMD Praxis der Wirtschaftsinformatik, Heft 245/2006, S. 48–64.

Sönksen, Wolfgang/Klemmer, Hans-Wilhelm, Erfahrungsbericht zur Umsetzung von Basel II und der KWG-Novelle, in: BankPraktiker, Heft 11/2007, S. 518–522.

Staehle, Wolfgang H., Management, 4. Auflage, München, 1989.

Stähler, Patrick, Geschäftsmodelle in der digitalen Ökonomie: Merkmale, Strategien und Auswirkungen, Köln-Lohmar, 2001.

Standard & Poor's Financial Services LLC, S&P Global Ratings' Proposal For Environmental, Social, And Governance (ESG) Evaluations, 24. September 2018.

Steinbrecher, Ira, MaRisk – Neue Mindestanforderungen an das Risikomanagement der Banken, in: BaFinJournal, Ausgabe November 2017, S. 19–22.

Steinbrecher, Ira, Risikokultur – Anforderungen an eine verantwortungsvolle Unternehmensführung, in: BaFinJournal, Ausgabe August 2015, S. 20-23.

Steinmeyer, Anja, Problemfelder im Rahmen einer externen MaH-Prüfung, in: Finanz Colloquium Heidelberg (Hrsg.), Einhaltung der MaH, Heidelberg, 2004, S. 53–124.

Strulik, Torsten/Kussin, Matthias, Finanzmarktregulierung und Wissenspolitik, in: Zeitschrift für Rechtssoziologie, Heft 1/2005, S. 101–129.

Struwe, Hans/Koch, Clemens, § 18 KWG – gibt es Handlungsbedarf?, in: BankPraktiker, Heft 2/2005, S. 84–87.

Stützel, Wolfgang, Bankpolitik – heute und morgen, 3. Auflage, Frankfurt a. M., 1983.

Stützle, Wolfgang, Prozess der Weiterentwicklung der Mindestanforderungen (MaH, MaIR, MaK) zu den Mindestanforderungen an das Risikomanagement (MaRisk), in: Becker, Axel/Gruber, Walter/Wohlert, Dirk (Hrsg.), Handbuch MaRisk, Frankfurt a. M., 2006, S. 9–28.

Stützle, Wolfgang, Zehn Jahre MaH, in: Eller, Roland (Hrsg.), Gesamtbanksteuerung und qualitatives Aufsichtsrecht, Stuttgart, 2005, S. 13–32.

Sure, Matthias, Vorbereitung, Planung und Realisierung von Business Process Outsourcing bei kaufmännischen und administrativen Backoffice-Prozessen, in: Wullenkord, Axel (Hrsg.), Praxishandbuch Outsourcing, München, 2005, S. 261–282.

The Group of Thirty, Banking Conduct and Culture – A Call for Sustained and Comprehensive Reform (G 30-Report), 1. Juli 2015.

The High-Level Group on Financial Supervision in the EU, Chaired by Jacques de Larosière, Report (De-Larosière-Bericht), Brüssel, 25. Februar 2009.

The Institute of Internal Auditors, Stellungnahme zum Financial Stability Institute Occasional Paper No 11 – The »four lines of defence model« for financial institutions, Schreiben vom 27. Januar 2016.

The Joint Forum, Cross-sectoral review of group-wide identification and management of risk concentrations, 25. April 2008.

The Joint Forum, High-level principles for business continuity, 29. August 2006.

The Joint Forum, The management of liquidity risk in financial groups, 3. Mai 2006.

The Joint Forum, Outsourcing in Financial Services, 15. Februar 2005.

The Joint Forum, Risk Concentrations Principles, Dezember 1999.

Theewen, Eckhard, Haftungsrisiken der Kreditinstitute in der Krise ihrer Schuldner, in: Zeitschrift für Bank- und Kapitalmarktrecht, Heft 4/2003, S. 141–148.

Theilacker, Bertram, Warum Banken Strategien einfach brauchen, in: Börsen-Zeitung vom 4. Januar 2006, S. 4.

Tölle, Harald, Outsourcing: Auslagerung von Geschäftsbereichen als Alternative zu Fusionen, in: BankPraktiker, Heft 12/2007, S. 600–606.

Tollmann, Claus, in: Boos, Karl-Heinz/Fischer, Reinfrid/Schulte-Mattler, Hermann (Hrsg.), Kreditwesengesetz, 4. Auflage, München, 2012, § 22a KWG.

Literaturverzeichnis

Totzek, Alfred, MaK aus Sicht der Kreditpraxis, in: Gröning, Jörg u. a. (Hrsg.), MaK-Praktiker-handbuch, Heidelberg, 2004, S. 231–316.

Tschoegl, Adrian E., The Key to Risk Management: Management, Wharton Financial Institutions Center, 1999.

Turiaux, André/Knigge, Dagmar, Vorstandshaftung ohne Grenzen? – Rechtssichere Vorstands- und Unternehmensorganisation als Instrument der Risikominimierung, in: Der Betrieb, Heft 41/2004, S. 2199–2207.

Uhlmann, Torsten, Management des untertägigen Liquiditätsrisikos anhand adäquater Über-wachungskennzahlen, Fachbeitrag der 1 PLUS i GmbH, 23. Juli 2012.

Ullrich, Walter, Konsequenzen für die Prüfungstätigkeit, in: Pfeifer, Guido/Ullrich, Walter/Wim-mer, Konrad (Hrsg.), MaRisk-Umsetzungsleitfaden, Heidelberg 2006, S. 548–565.

United Nations Environment Programme, The Financial System We Need – Aligning the Financial System with Sustainable Development, The UNEP Inquiry Report, 1. Oktober 2015.

Vahldiek, Wolfgang, in: Boos, Karl-Heinz/Fischer, Reinfrid/Schulte-Mattler, Hermann (Hrsg.), Kreditwesengesetz, 4. Auflage, München, 2012, § 53 KWG.

van Rixtel, Adrian/Gasperini, Gabriele, Financial crises and bank funding: recent experience in the euro area, BIS Working Papers No 406, 8. März 2013.

Verband der Auslandsbanken, Modernisierung der Outsourcing-Regelungen und Integration in die MaRisk, Stellungnahme vom 8. Mai 2007.

Verband der Privaten Bausparkassen/Bundesgeschäftsstelle der Landesbausparkassen, Moderni-sierung der Outsourcing-Regelungen und Integration in die MaRisk, Stellungnahme vom 3. September 2007.

Verordnung (EU) 2018/1717 des Europäischen Parlaments und des Rates vom 14. November 2018 zur Änderung der Verordnung (EU) Nr. 1093/2010 in Bezug auf den Sitz der Europäischen Bankenaufsichtsbehörde, Amtsblatt der Europäischen Union vom 16. November 2018.

Verordnung zur Einreichung von Finanz- und Risikotragfähigkeitsinformationen nach dem Kre-ditwesengesetz (Finanz- und Risikotragfähigkeitsinformationenverordnung – FinaRisikoV) vom 6. Dezember 2013 (BGBl. I S. 4209), zuletzt geändert durch Art. 1 der Verordnung vom 4. Juli 2018 (BGBl. I S. 1086).

Verordnung zur Festlegung von Leitlinien zu den Kriterien und Methoden der Kreditwürdigkeits-prüfung bei Immobiliar-Verbraucherdarlehensverträgen (Immobiliar-Kreditwürdigkeitsprü-fungsleitlinien-Verordnung – ImmoKWPLV)1 vom 24. April 2018, veröffentlicht im Bundes-gesetzblatt BGBl. I 2018, Nr. 15, S. 529, ausgegeben am 30. April 2018.

Verordnung über die Prüfung der Jahresabschlüsse der Kreditinstitute und Finanzdienstleistungs-institute sowie über die darüber zu erstellenden Berichte (Prüfungsberichtsverordnung – PrüfbV) vom 11. Juni 2015 (BGBl. I S. 930), zuletzt geändert durch Art. 1 der Verordnung vom 16. Januar 2018 (BGBl. I S. 134).

Verordnung (EU) 2017/2402 (Verbriefungsverordnung) des Europäischen Parlaments und des Rates vom 12. Dezember 2017 zur Festlegung eines allgemeinen Rahmens für Verbriefungen und zur Schaffung eines spezifischen Rahmens für einfache, transparente und standardisierte Verbriefung und zur Änderung der Richtlinien 2009/65/EG, 2009/138/EG, 2011/61/EU und der Verordnungen (EG) Nr. 1060/2009 und (EU) Nr. 648/2012, Amtsblatt der Europäischen Union vom 28. Dezember 2017, L 347/35–80.

Verordnung zur Ergänzung der Großkreditvorschriften nach der Verordnung (EU) Nr. 575/2013 des Europäischen Parlaments und des Rates vom 26. Juni 2013 über Aufsichtsanforderungen an Kreditinstitute und Wertpapierfirmen und zur Änderung der Verordnung (EU) Nr. 646/2012 und zur Ergänzung der Millionenkreditvorschriften nach dem Kreditwesengesetz (Großkredit-

und Millionenkreditverordnung – GroMiKV) vom 6. Dezember 2013 (BGBl. I S. 4183), zuletzt geändert durch Artikel 1 und 2 der Verordnung vom 20. Dezember 2017 (BGBl. I S. 4024).

Verordnung zur Änderung der Institutsvergütungsverordnung vom 25. Juli 2017 (BGBl. I Nr. 54, S. 3042), veröffentlicht am 3. August 2017.

Verordnung zur angemessenen Eigenmittelausstattung von Instituten, Institutsgruppen, Finanzholdinggruppen und gemischten Finanzholding-Gruppen (Solvabilitätsverordnung – SolvV) vom 6. Dezember 2013 (BGBl. I Nr. 73, S. 4168), zuletzt geändert durch Artikel 1 der Verordnung vom 12. September 2016 (BGBl. I Nr. 44, S. 2146).

Verordnung (EU) Nr. 909/2014 des Europäischen Parlaments und des Rates vom 23. Juli 2014 zur Verbesserung der Wertpapierlieferungen und -abrechnungen in der Europäischen Union und über Zentralverwahrer sowie zur Änderung der Richtlinien 98/26/EG und 2014/65/EU und der Verordnung (EU) Nr. 236/2012, Amtsblatt der Europäischen Union vom 28. August 2014, L 257/1–72.

Verordnung (EU) Nr. 806/2014 (SRM-Verordnung) des Europäischen Parlaments und des Rates vom 15. Juli 2014 zur Festlegung einheitlicher Vorschriften und eines einheitlichen Verfahrens für die Abwicklung von Kreditinstituten und bestimmten Wertpapierfirmen im Rahmen eines einheitlichen Abwicklungsmechanismus und eines einheitlichen Abwicklungsfonds sowie zur Änderung der Verordnung (EU) Nr. 1093/2010, Amtsblatt der Europäischen Union vom 30. Juli 2014, L 225/1–90.

Verordnung (EU) Nr. 600/2014 (MiFIR) des Europäischen Parlaments und des Rates vom 15. Mai 2014 über Märkte für Finanzinstrumente und zur Änderung der Verordnung (EU) Nr. 648/2012, Amtsblatt der Europäischen Union vom 12. Juni 2014, L 173/84–148.

Verordnung (EU) Nr. 596/2014 (Marktmissbrauchsverordnung) des Europäischen Parlaments und des Rates vom 16. April 2014 über Marktmissbrauch und zur Aufhebung der Richtlinie 2003/6/EG des Europäischen Parlaments und des Rates und der Richtlinien 2003/124/EG, 2003/125/EG und 2004/72/EG der Kommission, Amtsblatt der Europäischen Union vom 12. Juni 2014, L 173/1–61.

Verordnung (EU) Nr. 468/2014 der Europäischen Zentralbank vom 16. April 2014 zur Errichtung eines Rahmenwerks für die Zusammenarbeit zwischen der Europäischen Zentralbank und den nationalen zuständigen Behörden und den nationalen benannten Behörden innerhalb des einheitlichen Aufsichtsmechanismus (SSM-Rahmenverordnung), Amtsblatt der Europäischen Union vom 14. Mai 2014, L 141/1–50.

Verordnung über die aufsichtsrechtlichen Anforderungen an Vergütungssysteme von Instituten (Institutsvergütungsverordnung – InstitutsVergV) in der Fassung vom 16. Dezember 2013 (BGBl. I Nr. 74, S. 4270), veröffentlicht am 19. Dezember 2013.

Verordnung über die angemessene Eigenmittelausstattung von Instituten, Institutsgruppen und Finanzholdinggruppen (Solvabilitätsverordnung – SolvV) vom 14. Dezember 2006 (BGBl. I Nr. 61, S. 2926), aufgehoben durch § 39 der Verordnung vom 6. Dezember 2013 (BGBl. I Nr. 73, S. 4168).

Verordnung (EU) Nr. 1024/2013 des Rates vom 15. Oktober 2013 zur Übertragung besonderer Aufgaben im Zusammenhang mit der Aufsicht über Kreditinstitute auf die Europäische Zentralbank (SSM-Verordnung), Amtsblatt der Europäischen Union vom 29. Oktober 2013, L 287/63–89.

Verordnung (EU) Nr. 575/2013 (Bankenverordnung – CRR) des Europäischen Parlaments und des Rates vom 26. Juni 2013 über Aufsichtsanforderungen an Kreditinstitute und Wertpapierfirmen und zur Änderung der Verordnung (EU) Nr. 646/2012, Amtsblatt der Europäischen Union vom 27. Juni 2013, L 176/1–337.

Verordnung (EU) Nr. 462/2013 (Ratingagenturverordnung – CRA III) des Europäischen Parlaments und des Rates vom 21. Mai 2013 zur Änderung der Verordnung (EG) Nr. 1060/2009 über Ratingagenturen, Amtsblatt der Europäischen Union vom 31. Mai 2013, L 146/1–33.

Literaturverzeichnis

Verordnung (EU) Nr. 648/2012 (EMIR) des Europäischen Parlaments und des Rates vom 4. Juli 2012 über OTC-Derivate, zentrale Gegenparteien und Transaktionsregister, Amtsblatt der Europäischen Union vom 27. Juli 2012, L 201/1–59.

Verordnung über die aufsichtsrechtlichen Anforderungen an Vergütungssysteme von Instituten (Instituts-Vergütungsverordnung – InstitutsVergV) in der Fassung vom 6. Oktober 2010 (BGBl. I Nr. 50, S. 1374), veröffentlicht am 12. Oktober 2010.

Verordnung über die Pflichten der Makler, Darlehens- und Anlagenvermittler, Bauträger und Baubetreuer (Makler- und Bauträgerverordnung – MaBV), in der Bekanntmachung vom 7. November 1990 (BGBl. I, S. 2479), zuletzt geändert durch Artikel 2 der Verordnung vom 9. März 2010 (BGBl. I, S. 264).

Verordnung über die Liquidität der Institute (Liquiditätsverordnung – LiqV) in der Fassung vom 14. Dezember 2006 (BGBl. I Nr. 61, S. 3117), veröffentlicht am 20. Dezember 2006.

Verordnung über die Ermittlung der Beleihungswerte von Grundstücken nach § 16 Abs. 1 und 2 des Pfandbriefgesetzes (Beleihungswertermittlungsverordnung – BelWertV) vom 12. Mai 2006, veröffentlicht im Bundesgesetzblatt BGBl. I 2006, Nr. 30, S. 1385–1424, ausgegeben am 30. Juni 2006.

Viertes Finanzmarktförderungsgesetz vom 21. Juni 2002 (BGBl. I, S. 2010), veröffentlicht am 29. Juni 2002.

Vogt, Tobias/Bahlmann, Björn, Benchmarks im Kontext der barwertigen Zinsbuchsteuerung, Reihe Lazard Standpunkt, Frankfurt a. M., November 2005.

Voigt, Eckhard von/Keienburg, Carsten, Vertragsgestaltung und arbeitsrechtliche Aspekte bei Outsourcing, in: Hermes, Heinz-Josef/Schwarz, Gerd, Outsourcing, München, 2005, S. 235–255.

Volk, Tobias, Risikotragfähigkeit von Kreditinstituten, in: BankPraktiker, Heft 6/2013, S. 228–231.

Volk, Tobias/Wiesemann, Bernd, Aufsichtliche Beurteilung bankinterner Risikotragfähigkeitskonzepte, in: Zeitschrift für das gesamte Kreditwesen, Heft 6/2012, S. 17–22 (267–272).

von Werder, Axel, Ökonomische Grundfragen der Corporate Governance, in: Hommelhoff, Peter/Hopt, Klaus J./von Werder, Axel (Hrsg.), Handbuch Corporate Governance – Leitung und Überwachung börsennotierter Unternehmen in der Rechts- und Wirtschaftspraxis, 2. Auflage, Stuttgart, 2009, S. 3–38.

Wabnitz, Constanze/Lange, Oliver/Isensee, Alexander/Redenz, Till, MaRisk – IT-Kompetenz in der Geschäftsleitung – BaFin passt Entscheidungsmaßstäbe für Bestellung von IT-Spezialisten zu Geschäftsleitern an, in: BaFinJournal, Ausgabe Dezember 2017, S. 15–18.

Wagemann, Ralf, Prozessoptimierung und Outsourcing, in: Sparkassen Management Praxis, Heft 52/2006, S. 10–14.

Walker, David, A Review of Corporate Governance in UK Banks and other Financial Industry Entities – Final Recommendations (»Walker Review«), 26. November 2009.

Walz, Hiltrud/Hess, Nicole, Design Thinking für Revisoren, in: Zeitschrift Interne Revision, Heft 3/2018, S. 145–151.

Weber, Charles A./Current, John R./Desai, Anand, Vendor: A Structured Approach to Vendor Selection and Negotiation, Journal of Business Logistics, Heft 1/2000, S. 135–167.

Weber, Max/Seifert, Susanne, in: Luz, Günther/Neus, Werner/Schaber, Mathias/Schneider, Peter/Wagner, Claus-Peter/Weber, Max (Hrsg.), KWG und CRR, Band 1, 3. Auflage, Stuttgart, 2015, § 2a KWG.

Wegner, Olaf/Sievi, Christian/Schumacher, Matthias, Szenarien der wertorientierten Steuerung des Zinsänderungsrisikos, in: Betriebswirtschaftliche Blätter, Heft 3/2001, S. 138–145.

Wehn, Carsten S./ von Zanthier, Ulrich, Risikosteuerung im Rahmen der ökonomischen Kapitalsteuerung, in: Bartetzky, Peter, Praxis der Gesamtbanksteuerung: Methoden – Lösungen – Anforderungen der Aufsicht, Stuttgart, 2012, S. 163–177.

Weidemann, Morten/Wieben, Hans-Jürgen, Zur Zertifizierbarkeit von Risikomanagement-Systemen, in: Der Betrieb, Heft 34/2001, S. 1789–1795.

Weis, Ditmar, MaK aus Sicht der Sanierungspraxis, in: Gröning, Jörg u. a. (Hrsg.), MaK-Praktikerhandbuch, Heidelberg, 2004, S. 397–443.

Weis, Ditmar, Neuorganisation der Problemkreditbearbeitung aus Sicht von Kreditinstituten vor dem Hintergrund der MaK, in: Zeitschrift für Bank- und Kapitalmarktrecht, Heft 5/2003, S. 181–189.

Welge, Martin/Al-Laham, Andreas, Strategisches Management, 4. Auflage, Wiesbaden, 2003.

Wieben, Hans-Jürgen, Integration von ESG-Risiken in das Risikomanagement von Unternehmen, in: Die Wirtschaftsprüfung, Heft 12/2018, S. 788–792.

Wiedemann, Arnd, Messung von Zinsrisiken mit dem Value at Risk-Konzept II, in: Das Wirtschaftsstudium, Heft 12/2002, S. 1548–1553.

Wiedemann, Arnd, Messung von Zinsrisiken mit dem Value at Risk-Konzept I, in: Das Wirtschaftsstudium, Heft 11/2002, S. 1416–1423.

Wiesemann, Bernd, Aufsichtliche Beurteilung von Risikotragfähigkeitskonzepten, in: BaFinJournal, Ausgabe Februar 2012, S. 18–22.

Willke, Helmut, Dystopia – Studien zur Krisis des Wissens in der modernen Gesellschaft, Frankfurt a. M., 2002.

Wimmer, Konrad/Wagner, Roland, Risiken ohne Kapitalunterlegung, in: Wimmer, Konrad (Hrsg.), MaRisk NEU – Handlungsbedarf in der Banksteuerung, Heidelberg, 2009, S. 132–142.

Winkler, Tobias, in: Boos, Karl-Heinz/Fischer, Reinfrid/Schulte-Mattler, Hermann (Hrsg.), Kreditwesengesetz, 4. Auflage, München, 2012, §§ 71 ff. KWG.

Wirtz, Bernd W., Business Model Management: Design – Instrumente – Erfolgsfaktoren von Geschäftsmodellen, Wiesbaden, 2010.

Wolfgarten, Wilhelm, in: Boos, Karl-Heinz/Fischer, Reinfrid/Schulte-Mattler, Hermann (Hrsg.), Kreditwesengesetz und VO (EU) Nr. 575/2013, Band 1, 5. Auflage, München, 2016, § 25b KWG.

Zentraler Kreditausschuss, Stellungnahme zum inoffiziellen Konsultationsentwurf der MaRisk vom 4. November 2010, 24. November 2010.

Zentraler Kreditausschuss, Stellungnahme zum Entwurf über die Mindestanforderungen an das Risikomanagement vom 9. Juli 2010, 30. August 2010.

Zentraler Kreditausschuss, Stellungnahme zum ersten Entwurf einer Neufassung der Mindestanforderungen an das Risikomanagement (MaRisk) vom 16. Februar 2009 – Konsultation 03/2009, 23. März 2009.

Zentraler Kreditausschuss, Stellungnahme zum Konsultationspapier »Principles for sound stress testing practices and supervision« des Baseler Ausschusses für Bankenaufsicht, 13. März 2009.

Zentraler Kreditausschuss, Stellungnahme zum ersten Entwurf der Mindestanforderungen an das Risikomanagement vom 16. Februar 2009.

Zentraler Kreditausschuss, Stellungnahme zum ersten Entwurf der neuen Auslagerungsregelungen in den MaRisk, 14. Mai 2007.

Zentraler Kreditausschuss, Stellungnahme zum Referentenentwurf eines Gesetzes zur Umsetzung der neu gefassten Bankenrichtlinie und der neu gefassten Kapitaladäquanzrichtlinie vom 17. Januar 2006.

Zentraler Kreditausschuss, Stellungnahme zum zweiten offiziellen Entwurf über die Mindestanforderungen an das Risikomanagement (MaRisk) vom 22. November 2005.

Zentraler Kreditausschuss, Stellungnahme zum zweiten Entwurf der Mindestanforderungen an das Kreditgeschäft der Kreditinstitute vom 8. November 2002.

Zentraler Kreditausschuss, Stellungnahme zum ersten Entwurf der Mindestanforderungen an das Kreditgeschäft der Kreditinstitute vom 17. Mai 2002.

Literaturverzeichnis

Zeranski, Stefan, Liquiditätsmanagement im Licht der Subprime-Krise, in: portfolio institutionell, Ausgabe 9, November 2007, S. 18–20.

Zeranski, Stefan, Liquidity at Risk bankbetrieblicher Zahlungsströme, in: BankPraktiker, Heft 5/2006, S. 252–257.

Zeranski, Stefan, Liquidity at Risk zur Steuerung des liquiditätsmäßig-finanziellen Bereichs von Kreditinstituten, Chemnitz, 2005.

Zweite Verordnung zur Änderung der Liquiditätsverordnung vom 22. Dezember 2017 (BGBl. I Nr. 80, S. 4033), veröffentlicht am 29. Dezember 2017.

Zweites Gesetz zur Novellierung von Finanzmarktvorschriften aufgrund europäischer Rechtsakte (Zweites Finanzmarktnovellierungsgesetz – 2. FiMaNoG) vom 23. Juni 2017 (BGBl. I Nr. 39), veröffentlicht am 24. Juni 2017, S. 1693 ff.

Stichwortregister

Stichwortregister

Baseler Ausschuss für Bankenaufsicht
- Empfehlungen **AT 3**, 60; **AT 4.4.3**, 7; **BT 2**, 5; **BTO**, 81; **BTR 2.3**, 71; **BTR 3**, 57; **BTR 3.1**, 60, 131; **BTR 4**, 102, 104; **Teil I**, 25, 34

Basel I **Teil I**, 17

Basel II **Teil I**, 17

Basel III **BTR 3**, 48; **BTR 3.1**, 81; **Teil I**, 46

Basisindikatoransatz **BTR 4**, 41, 46, 102

Basisrisiko
- Bedeutung **BTR 2.3**, 22
- Definition **BTR 2**, 29; **BTR 2.3**, 22

Bausparkasse **AT 2.3**, 14; **AT 9**, 180, 182; **BTO 1.1**, 48

BCBS 239 **Teil I**, 55
- Anwenderkreis **AT 4.3.4**, 14
- Einhaltung **AT 4.3.4**, 18
- Überblick **AT 4.3.4**, 5
- Überprüfung **AT 4.3.4**, 24
- Umsetzungsempfehlungen **AT 4.3.4**, 21
- Umsetzungsfristen **AT 4.3.4**, 14

Bearbeitungsprozess
- risikoabhängiger **BTR 1**, 98
- verkürzter **BTR 1**, 99

Bedingung
- marktgerechte **BTO 2**, 5; **BTO 2.2.1**, 13; **BTO 2.2.2**, 31, 35
- sich ändernde **AT 1**, 92; **AT 4.1**, 291; **AT 4.3.2**, 67; **BTR 2.2**, 40

Beobachtungszeitraum **AT 4.1**, 60

Berechtigung **AT 4.3.1**, 28
- für Zahlungsverkehrskonten **BTO**, 96; **BTO 2.2.1**, 58
- Überprüfung **AT 4.3.1**, 34; **BTO 2.2.1**, 60
- Vergabe **AT 7.2**, 29

Bereich
- vom Handel unabhängiger **AT 8.1**, 13, 28, 36, 74; **BTO**, 12, 57, 71, 96; **BTO 1.1**, 30; **BTO 2**, 4; **BTO 2.1**, 3; **BTO 2.2.1**, 2, 45 f., 48, 57, 59; **BTO 2.2.2**, 37, 50, 53, 56; **BTR 2**, 36; **Teil I**, 27
- vom Markt unabhängiger **AT 8.1**, 13, 28, 36, 74; **BTO**, 12, 18, 57; **BTO 1**, 9; **BTO 1.1**, 26, 30, 53, 87, 99, 105; **BTO 1.2**, 5, 9; **BTO 1.2.3**, 7; **BTO 1.2.4**, 3; **BTO 1.2.5**, 11, 15, 17

Berichterstattung *siehe auch »Risikobericht-erstattung«*
- an das Aufsichtsorgan **BT 2.4**, 25, 36
- der Internen Revision **BT 2.2**, 7
- risikoorientierte **BT 2.4**, 6
- über Feststellungen gegen Geschäftsleiter **BT 2.2**, 8; **BT 2.4**, 40
- über Risikokonzentrationen **BT 3.1**, 34
- über Stresstests **BT 3.1**, 29

Berücksichtigung
- bedeutsamer Aspekte **BTO 1.2**, 35 f., 47; **BTO 1.2.2**, 10; **BTO 1.3**, 3; **BTO 1.4**, 3
- der institutsindividuellen Verhältnisse **AT 4.1**, 298
- der internen Vorratslinien **BT 3.2**, 35
- des spezifischen Risikos **BTR 1**, 103
- etwaiger Mindererlöse **BTR 3.1**, 257, 271
- qualitativer Faktoren **BTO 1.4**, 31
- rechtlicher Aspekte **BTO 1.2.1**, 42

Beschwerdemanagement **Teil I**, 226
- Mindestanforderungen **Teil I**, 226

Besicherungsrisiko
- Bedeutung **BTR 1**, 38, 134
- Definition **BTR 1**, 38

Bestätigungsverfahren **AT 4.3.1**, 26; **BTO**, 95; **BTO 2.2.1**, 35, 53; **BTO 2.2.2**, 10 f., 13, 22, 26 ff., 52; **Teil I**, 27
- automatisiertes **BTO 2.2.2**, 11
- Bedeutung **BTO 2.2.2**, 10
- Zweck **BTO 2.2.2**, 8

Beteiligung **AT 2.3**, 8, 26
- kreditnahe **AT 2.3**, 9, 26; **BTO 1**, 21
- sinngemäße Umsetzung **BTO 1**, 20
- strategische **AT 2.3**, 8, 26; **BTO 1**, 22 f.; **BTO 1.1**, 9

Beteiligungscontrolling **BTO 1**, 23
- Einrichtung **AT 2.3**, 8; **BTO 1**, 23

Beteiligungsrisiko **AT 4.1**, 64
- Bedeutung **BTR 2**, 26
- Definition **BTR 2**, 26

Beteiligungsstrategie **AT 2.3**, 8; **BTO 1**, 23

Betrachtung
- über den Bilanzstichtag hinaus **BTR 2.3**, 32
- wirtschaftliche **BTO 1.2**, 63

Beurteilung
- aller Aktivitäten und Prozesse **AT 4.4.3**, 17
- auf der Grundlage eines vereinfachten Verfahrens **BTO 1.2.1**, 1; **BTO 1.2.2**, 7
- der technischen Entwicklung **BTO 1.2**, 70
- der wichtigen Risikofaktoren **BTO 1.2.1**, 8
- turnusmäßige **BTO 1.2.2**, 9

Beurteilung der Risiken *siehe »Risikobeurteilung«*

Bewertung
- der Vermögensgegenstände **BTO 1.2.6**, 3

Bewertung der Risiken *siehe »Risikobeurteilung«*

Bilanzaktiva **AT 2.3**, 7

Bilanzannahme
- dynamische **AT 4.3.3**, 31
- statische **AT 4.3.3**, 30

Bonität **BT 1**, 19; **BT 3.2**, 35; **BTO 1.1**, 39; **BTO 1.2**, 39, 83, 86, 88 f., 91; **BTO 1.2.1**, 4, 32, 35, 42, 46; **BTO 1.2.2**, 6, 13; **BTO 1.3**, 24; **BTO 1.4**, 5, 14, 16 f.; **BTO 2.1**, 12; **BTR 1**, 2, 4, 13, 96, 98, 102; **BTR 2**, 13, 16; **BTR 2.1**, 13; **BTR 3**, 41; **BTR 3.1**, 18

Bonitätseinschätzung
- externe **BTO 1.2**, 50

Bonitätsspread **BTR 2**, 13; **BTR 2.1**, 13

Bottom-up-Stresstest **AT 4.3.3**, 26

Branchenrisiko
- Berücksichtigung **BTO 1.2**, 39
- Beurteilung **BTR 1**, 62
- Definition **BTO 1.2**, 39

BRRD **Teil I**, 99

Bruttoschadensumme
- Berechnung **BTR 4**, 110

Buchungssystematik
- Entwicklung **BTO**, 68 f.; **BTO 1**, 10

Bürgschaft **AT 2.1**, 7; **AT 2.3**, 2, 14; **BTO 1.1**, 96, 98; **BTO 1.2**, 28; **BTO 1.2.1**, 8, 33, 37, 45 f.

Bürgschaftsbank **BTO 1.1**, 48

Capital Requirements Directive *siehe »CRD«*

Capital Requirements Regulation *siehe »CRR«*

Cashflow-at-Risk *siehe »Liquidity-at-Risk«*

Cashflows *siehe »Zahlungsströme«*

Stichwortregister

Stichwortregister

Stichwortregister

Stichwortregister

Stichwortregister

Stichwortregister

Stichwortregister

Stichwortregister

Stichwortregister